Synoptic Concordance

A Greek Concordance to the First Three Gospels
in Synoptic Arrangement, statistically evaluated,
including occurrences in Acts

Griechische Konkordanz zu den ersten drei Evangelien
in synoptischer Darstellung, statistisch ausgewertet,
mit Berücksichtigung der Apostelgeschichte

Paul Hoffmann, Thomas Hieke, Ulrich Bauer

Volume 2
E – I

Walter de Gruyter · Berlin · New York
2000

♾ Printed on acid-free paper which falls within the
guidelines of the ANSI to ensure permanence and durability.

Die Deutsche Bibliothek – Cataloging-in-Publication Data

Hoffmann, Paul:
Synoptic Concordance : griechische Konkordanz zu den ersten drei Evangelien in synoptischer Darstellung, statistisch ausgewertet, mit Berücksichtigung der Apostelgeschichte / Paul Hoffmann ; Thomas Hieke ; Ulrich Bauer. – Berlin ; New York : de Gruyter
Vol. 2. E–I. – 2000
ISBN 3-11-016617-8

Printed in Germany

Printing: Werner Hildebrand, Berlin
Binding: Lüderitz & Bauer-GmbH, Berlin

Preface to Volume Two

Not quite a year after the first volume of the *Synoptic Concordance* was published, the second volume (E through I) is ready. The third (K through O) and fourth volume (Π through Ω) will follow in intervals of six months.

The brief description from the introduction of volume one (page xxxiv through xxxix) is reprinted in this volume in order to allow a quick orientation. The more comprehensive introduction in volume one provides further information and more detailed explanations.

We gratefully acknowledge the care and skill of Martin Fromm, M.A., who checked the many details of this work and offered many suggestions for improvement.

This project has been made possible by the continued financial support of the Deutsche Forschungsgemeinschaft. We also like to thank the publisher, Walter de Gruyter, and Mr. Klaus Otterburig in particular, for the cooperation and support during the realization of this undertaking.

Bamberg, January 2000 *The Editors*

Vorwort zum zweiten Band

Ein knappes Jahr nach Erscheinen des ersten Bandes der *Synoptic Concordance* wird nun der zweite Band (E bis I) vorgelegt. Der dritte (K bis O) und vierte Band (Π bis Ω) werden jeweils im Abstand von etwa einem halben Jahr folgen.

Die Kurzbeschreibung aus der Einführung des ersten Bandes (Seite lxviii bis lxxiii) wurde auch in diesem Band nochmals abgedruckt, um eine schnelle Orientierung zu ermöglichen. Weitere Informationen und ausführliche Erläuterungen bietet die Einführung in Band 1.

Anerkennung und Dank gebühren Martin Fromm, Diplom-Historiker (Univ.), für die gründlichen Korrekturen und seine konstruktiven Verbesserungsvorschläge.

Die Deutsche Forschungsgemeinschaft hat die Arbeit an dem Projekt durch ihre finanzielle Förderung weiterhin möglich gemacht. Dem Verlag Walter de Gruyter, insbesondere Herrn Klaus Otterburig, gilt unser Dank für die gute Zusammenarbeit bei der Realisierung dieses Unternehmens.

Bamberg, im Januar 2000 *Die Herausgeber*

Table of Contents

A Short Description of the Synoptic Concordance

Inhalt

Kurzbeschreibung der Synoptischen Konkordanz

The Synoptic Concordance

A Short Description of the Synoptic Concordance

1 The Synoptic Concordance At a Glance

key word

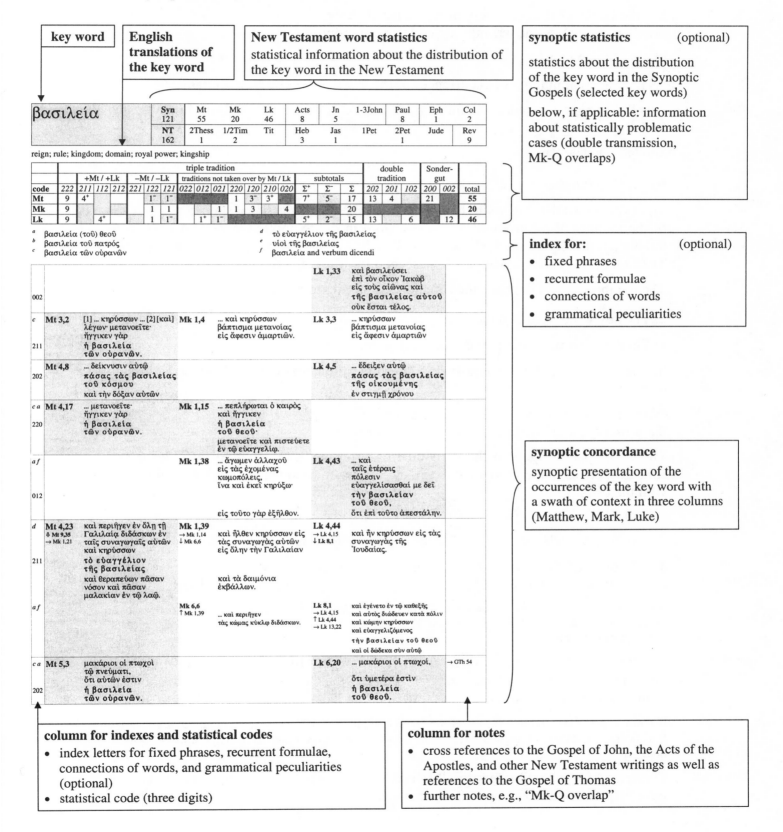

English translations of the key word

New Testament word statistics
statistical information about the distribution of the key word in the New Testament

synoptic statistics (optional)

statistics about the distribution of the key word in the Synoptic Gospels (selected key words)

below, if applicable: information about statistically problematic cases (double transmission, Mk-Q overlaps)

βασιλεία	Syn 121	Mt 55	Mk 20	Lk 46	Acts 8	Jn 5	1-3John	Paul 8	Eph 1	Col 2
	NT 162	2Thess 1	1/2Tim 2	Tit	Heb 3	Jas 1	1Pet	2Pet 1	Jude	Rev 9

reign; rule; kingdom; domain; royal power; kingship

	triple tradition																	double tradition			Sondergut		
		+Mt / +Lk			–Mt / –Lk			traditions not taken over by Mt / Lk							subtotals								
code	*222*	*211*	*112*	*212*	*221*	*122*	*121*	*022*	*012*	*021*	*220*	*120*	*210*	*020*	Σ^+	Σ^-	Σ	*202*	*201*	*102*	*200*	*002*	total
Mt	9	4^+				1^-	1^-				1	3^-	3^+		7^+	5^-	17	13	4		21		**55**
Mk	9					1	1			1	1	3		4			20						**20**
Lk	9		4^+			1	1^-		1^+	1^-					5^+	2^-	15	13		6		12	**46**

a βασιλεία (τοῦ) θεοῦ
b βασιλεία τοῦ πατρός
c βασιλεία τῶν οὐρανῶν
d τὸ εὐαγγέλιον τῆς βασιλείας
e υἱοὶ τῆς βασιλείας
f βασιλεία and verbum dicendi

index for: (optional)

- fixed phrases
- recurrent formulae
- connections of words
- grammatical peculiarities

002					**Lk 1,33**	καὶ βασιλεύσει ἐπὶ τὸν οἶκον Ἰακὼβ εἰς τοὺς αἰῶνας καὶ **τῆς βασιλείας αὐτοῦ** οὐκ ἔσται τέλος.	
c 211	**Mt 3,2**	[1] ... κηρύσσων ... [2] [καὶ] λέγων· μετανοεῖτε· ἤγγικεν γὰρ **ἡ βασιλεία** **τῶν οὐρανῶν.**	**Mk 1,4**	... καὶ κηρύσσων βάπτισμα μετανοίας εἰς ἄφεσιν ἁμαρτιῶν.	**Lk 3,3**	... κηρύσσων βάπτισμα μετανοίας εἰς ἄφεσιν ἁμαρτιῶν	
202	**Mt 4,8**	... δείκνυσιν αὐτῷ **πάσας τὰς βασιλείας** **τοῦ κόσμου** καὶ τὴν δόξαν αὐτῶν			**Lk 4,5**	... ἔδειξεν αὐτῷ **πάσας τὰς βασιλείας** **τῆς οἰκουμένης** ἐν στιγμῇ χρόνου	
c a 220	**Mt 4,17**	... μετανοεῖτε· ἤγγικεν γὰρ **ἡ βασιλεία** **τῶν οὐρανῶν.**	**Mk 1,15**	... πεπλήρωται ὁ καιρὸς καὶ ἤγγικεν **ἡ βασιλεία** **τοῦ θεοῦ·** μετανοεῖτε καὶ πιστεύετε ἐν τῷ εὐαγγελίῳ.			
a f 012			**Mk 1,38**	... ἄγωμεν ἀλλαχοῦ εἰς τὰς ἐχομένας κωμοπόλεις, ἵνα καὶ ἐκεῖ κηρύξω· εἰς τοῦτο γὰρ ἐξῆλθον.	**Lk 4,43**	... καὶ ταῖς ἑτέραις πόλεσιν εὐαγγελίσασθαί με δεῖ **τὴν βασιλείαν** **τοῦ θεοῦ,** ὅτι ἐπὶ τοῦτο ἀπεστάλην.	
d 211	**Mt 4,23** ⇩ Mt 9,35 → Mk 1,21	καὶ περιῆγεν ἐν ὅλῃ τῇ Γαλιλαίᾳ διδάσκων ἐν ταῖς συναγωγαῖς αὐτῶν καὶ κηρύσσων **τὸ εὐαγγέλιον** **τῆς βασιλείας** καὶ θεραπεύων πᾶσαν νόσον καὶ πᾶσαν μαλακίαν ἐν τῷ λαῷ.	**Mk 1,39** → Mk 1,14 ↓ Mk 6,6	καὶ ἦλθεν κηρύσσων εἰς τὰς συναγωγὰς αὐτῶν εἰς ὅλην τὴν Γαλιλαίαν καὶ τὰ δαιμόνια ἐκβάλλων.	**Lk 4,44** → Lk 4,15 ↓ Lk 8,1	καὶ ἦν κηρύσσων εἰς τὰς συναγωγὰς τῆς Ἰουδαίας.	
a f			**Mk 6,6** ↑ Mk 1,39	... καὶ περιῆγεν τὰς κώμας κύκλῳ διδάσκων.	**Lk 8,1** → Lk 4,15 ↑ Lk 4,44 → Lk 13,22	καὶ ἐγένετο ἐν τῷ καθεξῆς καὶ αὐτὸς διώδευεν κατὰ πόλιν καὶ κώμην κηρύσσων καὶ εὐαγγελιζόμενος **τὴν βασιλείαν τοῦ θεοῦ** καὶ οἱ δώδεκα σὺν αὐτῷ	
c a 202	**Mt 5,3**	μακάριοι οἱ πτωχοὶ τῷ πνεύματι, ὅτι αὐτῶν ἐστιν **ἡ βασιλεία** **τῶν οὐρανῶν.**			**Lk 6,20**	... μακάριοι οἱ πτωχοί, ὅτι ὑμετέρα ἐστὶν **ἡ βασιλεία** **τοῦ θεοῦ.**	→ GTh 54

synoptic concordance

synoptic presentation of the occurrences of the key word with a swath of context in three columns (Matthew, Mark, Luke)

column for indexes and statistical codes

- index letters for fixed phrases, recurrent formulae, connections of words, and grammatical peculiarities (optional)
- statistical code (three digits)

column for notes

- cross references to the Gospel of John, the Acts of the Apostles, and other New Testament writings as well as references to the Gospel of Thomas
- further notes, e.g., "Mk-Q overlap"

2 New Testament Word Statistics

At the beginning of each entry a chart with the New Testament word statistics gives information about the distribution of the key word in the whole New Testament.

For the books of the New Testament the usual abbreviations are used (see Vol. 1, section 7, p. xxxiii). Some writings are collected in groups:

Syn — "Syn": Mt + Mk + Lk

NT — "NT": The total number of occurrences of the key word in the New Testament

Paul — "Paul": Romans, 1 and 2 Corinthians, Galatians, Philippians, 1 Thessalonians, and Philemon.

See Vol. 1, section 4, p. xx.

3 Synoptic Statistics

Mt
Mk
Lk
code

The synoptic statistics give in three lines (Mt, Mk, Lk) a classified statistical overview of the number of occurrences of the key word in the Synoptic Gospels. A chart containing a three-digit statistical code classifies the synoptic situation in several columns. The first digit stands for Matthew, the second for Mark, the third for Luke.

222, 211, 112, 212 etc. — The numbers 2, 1, 0 describe the situation for the single occurrence:

2 — 2: The key word occurs in the verse.

1 — 1: There is a parallel, but it does not contain the key word.

0 — 0: There is no parallel in the gospel in question, or the text unit or pericope is missing completely.

With this statistical code the synoptic statistics (if displayed) are closely connected to the presentation of the texts in the synoptic concordance.

The code appears again at the individual occurrences in the column for indexes and statistical codes in the synoptic concordance. Thus one can verify the statistical figures with the texts.

See Vol. 1, section 5.1, p. xxi.

The statistical codes are arranged according to the following groups:

triple tradition — The term "*triple tradition*" refers to all verses of the Gospel of Mark as well as to those verses of the Gospels of Matthew and Luke that have a parallel in Mark.

If the *Synoptic Concordance* speaks of the "triple tradition", there is always a Markan verse at issue. In the statistical code the second digit is either "1" or "2". On the two-document hypothesis one can speak of the Markan tradition.

double tradition — The term "*double tradition*" refers to all verses of the Gospel of Matthew with a parallel in Luke, but not in Mark, and to all verses of the Gospel of Luke with a parallel in Matthew, but not in Mark.

If the *Synoptic Concordance* speaks of the "double tradition", a Markan verse is not at issue. In the statistical code the second digit is "0". On the two-document hypothesis one can speak of the Q tradition.

Sondergut — The term "*Sondergut*" refers to all verses in the Gospels of Matthew and Luke that have no parallels in the other two Synoptic Gospels.

The statistical code is *200* for Matthew, and *002* for Luke. On the two-document hypothesis one can speak of special traditions or editorial creations.

The term *Sondergut* used with regard to Mark refers to text units from Mark that have neither a parallel in Matthew nor in Luke. They are subsumed among the triple tradition, since a Markan tradition is at issue. The coding is *020*.

The *white boxes* indicate that the key word occurs in the gospel in question.

The boxes with *light grey shading* indicate that there is a parallel verse which, however, does not contain the key word.

The *dark grey boxes* indicate that there is no parallel in the gospel in question.

+Mt / +Lk — The key word does *not* occur in Mark, but *only in Matthew and/or Luke*. On the two-document hypothesis, Matthew or Luke (or both) have added it to the Markan source (raised "+").

–Mt / –Lk — The key word occurs *in Mark*, but *not in Matthew and/or Luke*. On the two-document hypothesis, Matthew or Luke (or both) have omitted it from the Markan source (raised "–").

traditions not taken over by Mt / Lk — In Matthew and/or Luke a parallel to Mark is missing. The box of the evangelist that has no parallel is dark grey.

On the two-document hypothesis additions to the Markan tradition are indicated by a raised "+", omissions by a raised "–".

subtotals — The subtotals (symbol: Σ) add *on the basis of the two-document hypothesis* how Matthew and Luke have edited the Gospel of Mark.

Σ^+ — Σ^+: all occurrences in which Matthew or Luke have added the key word to Mark (i.e., all figures with a raised "+"), expressed according to the codes:

Mt: *211 + 212 + 210*   Lk: *112 + 212 + 012.*

Σ^- — Σ^-: all occurrences in which Matthew or Luke have omitted the key word from Mark (i.e., all figures with a raised "–"), expressed according to the codes:

Mt: *122 + 121 + 120*   Lk: *221 + 121 + 021.*

Σ — subtotal for all cases in which a Markan verse is at issue.

total — total of all occurrences of the key word in the related gospel.

The numbers in the light grey boxes are "omissions" and therefore are not to be added or subtracted when the total of occurrences is calculated.

See Vol. 1, section 5.2, p. xxii.

Mk-Q overlap — In certain cases the synoptic situation indicates that Matthew and Luke have used a second source ("Q") besides the Markan tradition, which overlaps in some cases with the Markan tradition, but at the same time differs characteristically from it. Statistically problematic cases are noted below the chart of the synoptic statistics with the header "Mk-Q overlap".

Mk-Q overlap? — If it is doubtful whether there is an overlap between the triple and double tradition (Mark and Q), a question mark is placed after the note "Mk-Q overlap".

The same notes apply in the column for notes of the synoptic concordance at the problematic occurrences.

See Vol. 1, section 5.4, p. xxiv.

4 Index

The index lists

- fixed phrases,
- recurrent formulae,
- connections of words,
- grammatical peculiarities.

a b c Small raised letters in italics are used. With these index letters one can find these phrases in the synoptic concordance by referring to the column for indexes and statistical codes.

See Vol. 1, section 3.8, p. xix.

5 The Synoptic Concordance

The synoptic concordance is arranged in three sections: at the left the column for indexes and statistical codes, in the middle the columns with the texts, at the right the column for notes.

5.1 Column For Indexes and Statistical Codes

a b c The small raised letters in italics indicate that a fixed phrase, a recurrent formula etc. occurs in the row in question. The indexes are classified in the list at the beginning of the entry.

If more than one letter occurs, the letters are arranged according to the sequence of the occurrence of the phrase in the row.

222, 211, 112, 212 etc. The statistical code indicates how the history of the tradition of the occurrence and its parallels was evaluated. For the meaning of the code see above, section 3, p. vi.

With the help of the synoptic statistics and the synoptic codes one can focus on certain situations in the tradition. For example, if one looks for instances in the Matthew-Luke tradition (on the two-document hypothesis: "Q"), only those lines must be taken into account where the code has a "0" (zero) at the second digit (Mark). If one, however, is interested in cases where, e.g., Matthew omitted a word from Mark, one has to consider those lines in which the code starts with the digits "02x" (the section in Mark has no parallel in Matthew) or "12x" (Matthew has a parallel, but not the key word). The Lukan position, indicated here by "x", can either be "0" (Luke does not have a parallel), "1" (Luke has a parallel, but not the key word in it), or "2" (Luke has the key word). The code "121" is also worth noting: Both Matthew and Luke have omitted the word from the Markan source. The counterpart is "212": Both Matthew and Luke have inserted the key word into their Markan source. On the two-document hypothesis one would call that a *minor agreement*.

5.2 The Text Columns of the Synoptic Concordance

The synoptic concordance presents the occurrences of the key word in its context together with their synoptic parallels. Matthew, Mark, and Luke are arranged in three columns next to each other.

A grey shading indicates the sequence of the occurrences of the key word for each gospel. With the help of the grey shading all occurrences of the key word can be traced in the original sequence of the gospel in question.

Since the sequence of pericopes differs between the Synoptic Gospels, in some cases a parallel verse has to be repeated outside the original sequence of the gospel. If therefore an occurrence appears as a synoptic parallel in a position differing from the gospel's original sequence, the grey shading is omitted. This occurrence will appear again with a grey shading in the original sequence of the gospel. — See Vol. 1, section 3.3, p. xiv.

καὶ ἦλθεν κηρύσσων ... Fine print is used in cases in which one has to consider a complex problem of transmission: double transmission, Mk-Q overlap, redactional doublets etc.

See Vol. 1, section 2.4, p. x, and Vol. 1, section 3.4, p. xv.

... Three dots mark the ellipsis of parts of the text.

[1] Numbers in square brackets give references of verses that are quoted in addition to the main verse (e.g., Mt 3,2 in bold type).

↔ A double-pointed arrow "↔" indicates that the text of the gospel is continued immediately and without omissions, even if there is a horizontal line (and perhaps one or more empty fields) in the column. This arrow is repeated at the beginning of the continuation.

The arrow ↔ does *not* occur, if the horizontal line separates two verses that follow each other. If there are no ellipsis (...), the successive verse numbers (e.g., Mk 4,1; Mk 4,2) indicate that the text of the gospel is printed without interruption.

See Vol. 1, section 3.1, p. xii.

→ Mk 6,6
⇨ Mt 4,23 Cross references to passages (here: Mk 6,6) which cannot be found in the list of the current key word, but which are of interest regarding the comparison of the texts.

↑ Mk 6,6
↓ Mk 6,6 Arrows pointing up or down: The text can be found in the synoptic concordance of the current key word – one must look in the related column (here the column for Mark) further up (↑) or down (↓).

⇧ Mt 4,23
⇨ Mt 4,23
⇩ Mt 4,23 Outlined arrows (⇧, ⇩, ⇨): The verse in question is a doublet from tradition or a redactional doublet by the evangelist.

↑ **Mk 6,6**
↓ **Mk 6,6**
⇧ **Mt 4,23**
⇩ **Mt 4,23** Bold type: The verse indicated (here Mk 6,6 or Mt 4,23) contains the current key word.

See Vol. 1, section 3.5, p. xvii.

εὐλογημένος ὁ ἐρχόμενος
➢ Ps 118,26 Quotations from the Old Testament in the text of the Synoptic Gospels and the Acts of the Apostles are indicated by italics. The Old Testament verse reference follows just below the verse and is indicated by an arrow (➢).

See Vol. 1, section 3.9, p. xix.

5.3 Column For Notes

→ Jn 20,32 Cross references to a passage outside of the Synoptic Gospels which are relevant for the comparison of texts. The cross reference is in the last column at the right hand side.

→ Jn 20,32 If the cross reference is printed in bold, the verse (here: Jn 20,32) contains the key word.

→ GTh 39,3 **(POxy 655)** Cross references to the Gospel of Thomas (GTh): POxy 655 indicates that the saying also occurs in the Greek fragments. If this note is printed bold, the Greek fragment contains the current key word.

See Vol. 1, section 3.6, p. xvii.

Mk-Q overlap — The note "Mk-Q overlap" is added to occurrences where Matthew and Luke follow a second source ("Q") other than the Markan tradition.

Mk-Q overlap? — If it is doubtful whether there is an overlap between triple and double tradition (Mark and Q), a question mark is placed after the note "Mk-Q overlap".

See Vol. 1, section 3.4, p. xv, and Vol. 1, section 6.2, p. xxvi.

Corrigendum: introduction Vol. 1

p. xxxi:

20	**Mt 18,6**	**Mk 9,42**	**Lk 17,2**	**B**

It is disputed whether Lk 17,2 goes back to a Q tradition.

p. xxxii:

Mt 18,5	**19**
Mt 18,6	**20**

Abbreviations

Syn	The Synoptic Gospels: The figure below this abbreviation gives the number of occurrences of the key word in the three Gospels Matthew, Mark, and Luke.
NT	The New Testament: The figure below this abbreviation gives the number of occurrences of the key word in the whole New Testament.
Mt	The Gospel of Matthew
Mk	The Gospel of Mark
Lk	The Gospel of Luke
Acts	The Acts of the Apostles
Jn	The Gospel of John
1-3John	The letters of John
Paul	The letters of the Apostle Paul (Romans, 1/2 Corinthians, Galatians, Philippians, 1 Thessalonians, Philemon)
Eph	The letter to the Ephesians
Col	The letter to the Colossians
2Thess	The second letter to the Thessalonians
1/2Tim	The letters to Timothy
Tit	The letter to Titus
Heb	The letter to the Hebrews
Jas	The letter of James
1Pet	The first letter of Peter
2Pet	The second letter of Peter
Jude	The letter of Jude
Rev	The Revelation to John
GTh	The Gospel of Thomas
POxy	The Greek fragments of the Gospel of Thomas in the papyri from Oxyrhynchus

Gen	Genesis
Exod	Exodus
Lev	Leviticus
Num	Numbers
Deut	Deuteronomy
Josh	Joshua
Judg	Judges
Ruth	Ruth
1-2 Sam	1-2 Samuel
1-2 Kings	1-2 Kings
1-2 Chron	1-2 Chronicles
Ezra	Ezra
Neh	Nehemiah
Esther	Esther
Job	Job
Ps	Psalms
Prov	Proverbs
Qoh	Qoheleth, Ecclesiastes
Cant	Canticles, Song of Solomon
Isa	Isaiah
Jer	Jeremiah
Lam	Lamentations
Ezek	Ezekiel
Dan	Daniel
Hos	Hosea
Joel	Joel
Amos	Amos
Obad	Obadiah
Jonah	Jonah
Micah	Micah
Nahum	Nahum
Hab	Habakkuk
Zeph	Zephaniah
Hag	Haggai
Zech	Zechariah
Mal	Malachi
1-2 Esdras	1-2 Esdras
Tob	Tobit
Jdt	Judith
Wis	Wisdom of Solomon
Sir	Sirach, Ecclesiasticus
Bar	Baruch
1-2 Macc	1-2 Maccabees

Kurzbeschreibung der Synoptischen Konkordanz

1 Die Synoptische Konkordanz auf einem Blick

Stichwort

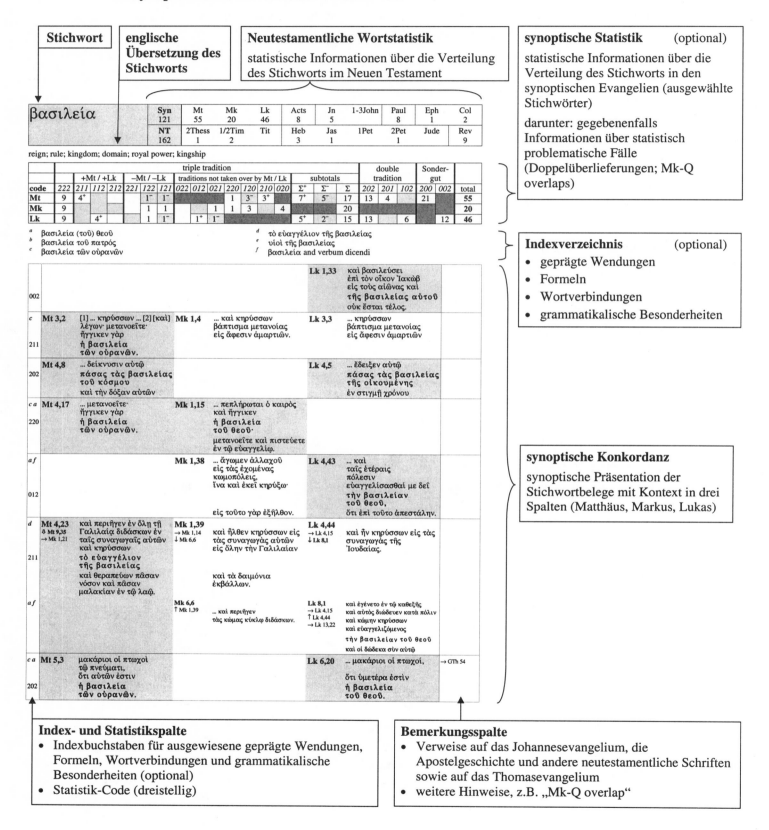

englische Übersetzung des Stichworts

Neutestamentliche Wortstatistik

statistische Informationen über die Verteilung des Stichworts im Neuen Testament

synoptische Statistik (optional)

statistische Informationen über die Verteilung des Stichworts in den synoptischen Evangelien (ausgewählte Stichwörter)

darunter: gegebenenfalls Informationen über statistisch problematische Fälle (Doppelüberlieferungen; Mk-Q overlaps)

Indexverzeichnis (optional)

- geprägte Wendungen
- Formeln
- Wortverbindungen
- grammatikalische Besonderheiten

synoptische Konkordanz

synoptische Präsentation der Stichwortbelege mit Kontext in drei Spalten (Matthäus, Markus, Lukas)

βασιλεία	Syn 121	Mt 55	Mk 20	Lk 46	Acts 8	Jn 5	1-3John	Paul 8	Eph 1	Col 2
	NT 162	2Thess 1	1/2Tim 2	Tit	Heb 3	Jas 1	1Pet	2Pet 1	Jude	Rev 9

reign; rule; kingdom; domain; royal power; kingship

	triple tradition																	double tradition			Sondergut		
		+Mt / +Lk			−Mt / −Lk			traditions not taken over by Mt / Lk							subtotals								
code	222	211	112	212	221	122	121	022	012	021	220	120	210	020	Σ⁺	Σ⁻	Σ	202	201	102	200	002	total
Mt	9	4⁺				1⁻	1⁻				1	3⁻	3⁺		7⁺	5⁻	17	13	4		21		55
Mk	9					1	1			1	1	3		4			20						20
Lk	9		4⁺			1	1⁻		1⁺	1⁻					5⁺	2⁻	15	13		6		12	46

[a] βασιλεία (τοῦ) θεοῦ
[b] βασιλεία τοῦ πατρός
[c] βασιλεία τῶν οὐρανῶν
[d] τὸ εὐαγγέλιον τῆς βασιλείας
[e] υἱοὶ τῆς βασιλείας
[f] βασιλεία and verbum dicendi

002					Lk 1,33	καὶ βασιλεύσει ἐπὶ τὸν οἶκον Ἰακὼβ εἰς τοὺς αἰῶνας καὶ **τῆς βασιλείας αὐτοῦ** οὐκ ἔσται τέλος.	
c 211	Mt 3,2	[1] ... κηρύσσων ... [2] [καὶ] λέγων· μετανοεῖτε· ἤγγικεν γὰρ **ἡ βασιλεία** **τῶν οὐρανῶν.**	Mk 1,4	... καὶ κηρύσσων βάπτισμα μετανοίας εἰς ἄφεσιν ἁμαρτιῶν.	Lk 3,3	... κηρύσσων βάπτισμα μετανοίας εἰς ἄφεσιν ἁμαρτιῶν	
202	Mt 4,8	... δείκνυσιν αὐτῷ **πάσας τὰς βασιλείας** **τοῦ κόσμου** καὶ τὴν δόξαν αὐτῶν			Lk 4,5	... ἔδειξεν αὐτῷ **πάσας τὰς βασιλείας** **τῆς οἰκουμένης** ἐν στιγμῇ χρόνου	
c a 220	Mt 4,17	... μετανοεῖτε· ἤγγικεν γὰρ **ἡ βασιλεία** **τῶν οὐρανῶν.**	Mk 1,15	... πεπλήρωται ὁ καιρὸς καὶ ἤγγικεν **ἡ βασιλεία** **τοῦ θεοῦ·** μετανοεῖτε καὶ πιστεύετε ἐν τῷ εὐαγγελίῳ.			
a f 012			Mk 1,38	... ἄγωμεν ἀλλαχοῦ εἰς τὰς ἐχομένας κωμοπόλεις, ἵνα καὶ ἐκεῖ κηρύξω· εἰς τοῦτο γὰρ ἐξῆλθον.	Lk 4,43	... καὶ ταῖς ἑτέραις πόλεσιν εὐαγγελίσασθαί με δεῖ **τὴν βασιλείαν** **τοῦ θεοῦ,** ὅτι ἐπὶ τοῦτο ἀπεστάλην.	
d 211	Mt 4,23 ⇩ Mt 9,35 → Mk 1,21	καὶ περιῆγεν ἐν ὅλῃ τῇ Γαλιλαίᾳ διδάσκων ἐν ταῖς συναγωγαῖς αὐτῶν καὶ κηρύσσων **τὸ εὐαγγέλιον** **τῆς βασιλείας** καὶ θεραπεύων πᾶσαν νόσον καὶ πᾶσαν μαλακίαν ἐν τῷ λαῷ.	Mk 1,39 → Mk 1,14 ↓ Mk 6,6	καὶ ἦλθεν κηρύσσων εἰς τὰς συναγωγὰς αὐτῶν εἰς ὅλην τὴν Γαλιλαίαν καὶ τὰ δαιμόνια ἐκβάλλων.	Lk 4,44 → Lk 4,15 ↓ Lk 8,1	καὶ ἦν κηρύσσων εἰς τὰς συναγωγὰς τῆς Ἰουδαίας.	
a f			Mk 6,6 ↑ Mk 1,39	... καὶ περιῆγεν τὰς κώμας κύκλῳ διδάσκων.	Lk 8,1 → Lk 4,15 ↑ Lk 4,44 → Lk 13,22	καὶ ἐγένετο ἐν τῷ καθεξῆς καὶ αὐτὸς διώδευεν κατὰ πόλιν καὶ κώμην κηρύσσων καὶ εὐαγγελιζόμενος **τὴν βασιλείαν τοῦ θεοῦ** καὶ οἱ δώδεκα σὺν αὐτῷ	
c a 202	Mt 5,3	μακάριοι οἱ πτωχοὶ τῷ πνεύματι, ὅτι αὐτῶν ἐστιν **ἡ βασιλεία** **τῶν οὐρανῶν.**			Lk 6,20	... μακάριοι οἱ πτωχοί, ὅτι ὑμετέρα ἐστὶν **ἡ βασιλεία** **τοῦ θεοῦ.**	→ GTh 54

Index- und Statistikspalte

- Indexbuchstaben für ausgewiesene geprägte Wendungen, Formeln, Wortverbindungen und grammatikalische Besonderheiten (optional)
- Statistik-Code (dreistellig)

Bemerkungsspalte

- Verweise auf das Johannesevangelium, die Apostelgeschichte und andere neutestamentliche Schriften sowie auf das Thomasevangelium
- weitere Hinweise, z.B. „Mk-Q overlap"

2 Neutestamentliche Wortstatistik

Die neutestamentliche Wortstatistik am Anfang jedes Stichworts bietet Informationen über die Verteilung des Stichworts im gesamten Neuen Testament.

Für die Schriften des Neuen Testaments werden die gebräuchlichen Abkürzungen verwendet (siehe Vol. 1, Abschnitt 7, S. lxvii). Einige Schriften werden zu Gruppen zusammengefasst:

Syn — „Syn“: Mt + Mk + Lk

NT — „NT:“ Gesamtzahl der Belege im Neuen Testament

Paul — „Paul“: Römer-, 1. und 2. Korinther-, Galater-, Philipper-, 1. Thessalonicher- und Philemonbrief

Siehe Vol. 1, Abschnitt 4, S. liv.

3 Synoptische Statistik

Mt
Mk
Lk
code

Die synoptische Statistik gibt in drei Zeilen (Mt, Mk, Lk) einen differenzierten statistischen Überblick in Tabellenform über die Zahl der Belege des Stichworts in den synoptischen Evangelien. Mit Hilfe eines dreistelligen Codes wird in den einzelnen Spalten der synoptische Befund genauer klassifiziert. Dabei steht die erste Stelle des Codes für Matthäus, die zweite für Markus, die dritte für Lukas.

222, 211, 112, 212 etc. — Die Ziffern beschreiben den Befund für diesen Wortbeleg:

2 — 2: Das Stichwort ist vorhanden.

1 — 1: Eine Parallele ist vorhanden, aber sie enthält nicht das Stichwort.

0 — 0: Der Evangelist hat an dieser Stelle keine Parallele bzw. die Texteinheit oder Perikope fehlt ganz.

Über diesen Statistik-Code ist die synoptische Statistik (sofern vorhanden) eng mit der Darstellung der Textbelege in der synoptischen Konkordanz verknüpft.

Der Code findet sich wieder in der Index- und Statistikspalte der synoptischen Konkordanz bei den Einzelbelegen, um die statistischen Zahlen an den Texten verifizieren zu können.

Siehe Vol. 1, Abschnitt 5.1, S. lv.

Die Statistik-Codes sind zu folgenden Gruppen zusammengefasst:

triple tradition — „*dreifache Tradition*“ („triple tradition“): Alle Markus-Verse sowie alle Matthäus- und Lukas-Verse, die bei Markus einen Parallelvers haben.

Bei der „dreifachen Tradition“ ist Markus immer beteiligt. Im Statistik-Code ist demnach die mittlere Ziffer, die für Markus steht, entweder eine „1“ oder eine „2“. Im Sinne der Zwei-Quellen-Theorie kann auch von der Markus-Tradition gesprochen werden.

double tradition — „*zweifache Tradition*“ („double tradition“): alle Matthäus-Verse mit einer Parallele bei Lukas, aber nicht bei Markus, sowie alle Lukas-Verse mit einer Parallele bei Matthäus, aber nicht bei Markus.

Bei der „zweifachen Tradition“ ist Markus nicht beteiligt. Im Statistik-Code ist dazu die mittlere Ziffer eine „0“. Im Sinne der Zwei-Quellen-Theorie kann auch von der Q-Tradition gesprochen werden.

Sondergut — „*Sondergut*“: alle Matthäus- und Lukas-Texteinheiten, die in keinem der anderen synoptischen Evangelien eine Parallele haben.

Der Statistik-Code lautet *200* für Matthäus und *002* für Lukas. Im Sinne der Zwei-Quellen-Theorie handelt es sich hier um Sondertraditionen oder redaktionelle Bildungen.

Das „Sondergut“ des Markus sind Texteinheiten aus Markus, die weder bei Matthäus noch bei Lukas eine Parallele haben. Sie werden unter die dreifache Tradition subsumiert, da hier Markusüberlieferung vorliegt. Die Codierung ist *020*.

Die *weißen Felder* in der Tabelle signalisieren, dass die betreffenden Evangelien das Stichwort haben.

Die *hellgrau unterlegten Felder* signalisieren, dass zwar ein Parallelvers vorhanden ist, dieser das Stichwort aber nicht enthält.

Die *dunkelgrauen Felder* signalisieren, dass sich im jeweiligen Evangelium keine Parallele findet.

+Mt / +Lk — Das Stichwort kommt *nicht bei Markus* vor, sondern *nur bei Matthäus und/oder Lukas*. Im Sinne der Zwei-Quellen-Theorie haben es Matthäus oder Lukas (oder beide) der Markus-Vorlage hinzugefügt (hochgestelltes „+“).

–Mt / –Lk — Das Stichwort kommt *bei Markus* vor, aber *nicht bei Matthäus und/oder Lukas*. Im Sinne der Zwei-Quellen-Theorie haben es Matthäus oder Lukas (oder beide) aus der Markus-Vorlage weggelassen (hochgestelltes „–“).

traditions not taken over by Mt / Lk — Bei Matthäus und/oder Lukas fehlt eine Parallele zu Markus. Das Feld desjenigen Evangelisten, der keine Parallele aufweist, ist dunkelgrau.

Im Sinne der Zwei-Quellen-Theorie sind Hinzufügungen zur Markus-Tradition mit einem hochgestellten „+“, Auslassungen mit einem hochgestellten „–“ gekennzeichnet.

subtotals — Die Zwischensummen (Symbol: Σ) fassen *im Sinne der Zwei-Quellen-Theorie* zusammen, wie Matthäus und Lukas das Markusevangelium rezipiert haben.

Σ^+ — Σ^+: alle Belege, bei denen Matthäus bzw. Lukas das Stichwort zu Markus hinzugefügt haben (alle Zahlen mit einem hochgestellten „+“), ausgedrückt in Codes:

Mt: *211 + 212 + 210* Lk: *112 + 212 + 012.*

Σ^- — Σ^-: alle Fälle, in denen Matthäus bzw. Lukas das Stichwort aus Markus weggelassen haben (alle Zahlen mit einem hochgestellten „–“), ausgedrückt in Codes:

Mt: *122 + 121 + 120* Lk: *221 + 121 + 021.*

Σ — Zwischensumme für alle Fälle, in denen Markus beteiligt ist.

total — Summe aller Belege des Stichworts im jeweiligen Evangelium

Die Zahlenwerte in den hellgrauen Feldern sind „Weglassungen“ und werden bei der Errechnung der Gesamtsumme der Belege nicht berücksichtigt.

Siehe Vol. 1, Abschnitt 5.2, S. lvi.

Mk-Q overlap — An einigen Stellen ist aufgrund des Textbefundes zu vermuten, dass Matthäus und/oder Lukas neben der Markus-Tradition noch einer anderen Überlieferung („Q“) folgen, die sich zwar mit der Markus-Tradition berührt, aber doch auch zugleich von ihr charakteristisch unterschieden ist. Auf statistische Problemfälle wird gegebenenfalls unterhalb der synoptischen Statistik mit der Überschrift „Mk-Q-overlap“ hingewiesen.

Mk-Q overlap? — Wo es zweifelhaft ist, ob neben der Markusüberlieferung auch eine Q-Tradition vorliegt, wird hinter die Bemerkung „Mk-Q overlap“ ein Fragezeichen gesetzt.

Dieselben Hinweise finden sich auch in der Bemerkungsspalte der synoptischen Konkordanz an der betreffenden Belegstelle.

Siehe Vol. 1, Abschnitt 5.4, S. lix.

4 Indexverzeichnis

Das Indexverzeichnis zeigt

- geprägte Wendungen,
- Formeln,
- Wortverbindungen,
- grammatikalische Besonderheiten.

a b c Sie sind mit einem hochgestellten, kursiv gesetzten Indexbuchstaben versehen. Anhand dieser Indexbuchstaben kann in der Index- und Statistikspalte der synoptischen Konkordanz das Vorkommen dieser Wendungen, Formeln etc. in den synoptischen Evangelien verfolgt werden.

Siehe Vol. 1, Abschnitt 3.8, S. liii.

5 Die Synoptische Konkordanz

Die synoptische Konkordanz ist in drei Bereiche gegliedert: links die Index- und Statistikspalte, in der Mitte die Textspalten und rechts die Bemerkungsspalte.

5.1 Index- und Statistikspalte

a b c Die kleinen, kursiv gesetzten Buchstaben zeigen an, dass in dieser Zeile eine Formel, eine geprägte Wendung etc. vorkommt. Die Indices werden im Indexverzeichnis am Beginn des Eintrags aufgeschlüsselt.

Stehen mehrere Buchstaben nebeneinander, sind die Buchstaben in der Reihenfolge des Auftretens der Formel oder Wendung in der Zeile angeordnet.

222, 211, 112, 212 etc. Der Statistik-Code zeigt an, wie die traditionsgeschichtliche Situation bei diesem Beleg und seinen synoptischen Parallelen bewertet wurde. Zur Bedeutung der Codierung siehe oben Abschnitt 3, S. xiii.

Mit der synoptischen Statistik und dem Statistik-Code können bestimmte Überlieferungssituationen ins Auge gefasst werden. Beispielsweise müssen für die Matthäus-Lukas-Tradition („Q“ im Sinne der Zwei-Quellen-Theorie) nur diejenigen Zeilen berücksichtigt werden, deren Code an der mittleren Stelle (Markus) eine „0“ aufweist. Ist man dagegen an den Fällen interessiert, wo beispielsweise Matthäus ein Wort aus Markus weggelassen hat, so sind die Fälle zu berücksichtigen, deren Code mit den Ziffern „02x“ (die Markus-Stelle hat bei Matthäus keine Parallele) oder „12x“ (Matthäus hat eine Parallele, aber nicht das Stichwort) beginnt. Die Lukas-Stelle, hier durch „x“ repräsentiert, kann dabei „0“ sein (Lukas hat keine Parallele), „1“ (Lukas hat eine Parallele, aber nicht das Stichwort) oder „2“ (Lukas hat das Stichwort). Beachtenswert ist z.B. auch der Code „121“: Sowohl Matthäus als auch Lukas haben das Wort aus ihrer Markus-Vorlage weggelassen. Das Gegenstück ist „212“: Sowohl Matthäus als auch Lukas haben das Wort in die Markus-Vorlage eingefügt. Im Sinne der Zwei-Quellen-Theorie würde man hier von einem *minor agreement* sprechen.

5.2 Die Textspalten der Synoptischen Konkordanz

In der synoptischen Konkordanz werden die Belege für das Stichwort in synoptischer Darstellung zusammen mit ihrem Kontext präsentiert. Matthäus, Markus und Lukas sind in drei Spalten nebeneinander angeordnet.

Mit grauer Schattierung wird die Reihenfolge der Stichwortbelege innerhalb eines Evangeliums angezeigt. Anhand der Schattierung können die Belege jedes einzelnen Evangeliums in der Reihenfolge verfolgt werden, in der sie im Evangelium stehen. — Wegen der unterschiedlichen Perikopenabfolge bei den drei Evangelien ist es nicht zu vermeiden, dass ein Beleg außerhalb der internen Abfolge des Evangeliums als synoptische Parallele wiederholt werden muss. Erscheint ein Beleg infolgedessen nicht in der richtigen Position innerhalb seines Evangeliums, entfällt die graue Schattierung. Er findet sich aber dann ein weiteres Mal mit grauer Schattierung dort, wo es seiner Position im Evangelium entspricht.

Siehe Vol. 1, Abschnitt 3.3, S. xlviii.

καὶ ἦλθεν κηρύσσων ...

Kleindruck wird bei komplexeren Überlieferungssituationen verwendet: Doppelüberlieferungen, „Mk-Q overlap", redaktionelle Doppelungen usw.

Siehe Vol. 1, Abschnitt 2.4, S. xliv, und Vol. 1, Abschnitt 3.4, S. xlix.

...

Drei Punkte markieren die Auslassung von Textteilen.

[1]

Zahlen in Klammern bezeichnen Verse, die zusätzlich zum Hauptvers zitiert werden (z.B. Mt 3,2 in Fettdruck).

↔

Ein Pfeil mit zwei Spitzen „↔" zeigt an, dass der Evangelientext unmittelbar und ohne Auslassung fortgesetzt wird, auch wenn eine horizontale Trennlinie (und gegebenenfalls auch leere Felder) in der Spalte folgen. Am Anfang der Fortsetzung wird dieser Pfeil wiederholt.

Der Pfeil ↔ wird *nicht* gesetzt, wenn die horizontale Linie zwei aufeinander folgende Verse trennt. Fehlen zwischen den beiden Versen Auslassungspunkte („ ... "), lassen die einander folgenden Versangaben (z.B. Mk 4,1; Mk 4,2) erkennen, dass der Evangelientext ohne Unterbrechung abgedruckt ist.

Siehe Vol. 1, Abschnitt 3.1, S. xlvi.

→ Mk 6,6
⇨ Mt 4,23

Verweis auf Stellen, die nicht in der synoptischen Konkordanz zum aktuellen Stichwort auftreten, aber für die Beurteilung des Belegs von Interesse sind.

↑ Mk 6,6
↓ Mk 6,6

Pfeile nach oben oder unten: Der Text befindet sich in der synoptischen Konkordanz zum aktuellen Stichwort und kann in der entsprechenden Spalte (hier in der Markus-Spalte) weiter oben (↑) bzw. weiter unten (↓) gefunden werden.

⇧ Mt 4,23
⇨ Mt 4,23
⇩ Mt 4,23

Doppelpfeile (⇧, ⇩, ⇨): Beim Verweisziel handelt es sich um eine Doppelüberlieferung oder um eine redaktionelle Doppelung durch einen Evangelisten.

↑ Mk 6,6
↓ Mk 6,6
⇧ Mt 4,23
⇩ Mt 4,23

Fettdruck: Das Verweisziel enthält (hier Mk 6,6 bzw. Mt 4,23) das aktuelle Stichwort.

Siehe Vol. 1, Abschnitt 3.5, S. li.

εὐλογημένος ὁ ἐρχόμενος
➤ Ps 118,26

Zitate aus dem Alten Testament im Text der Synoptiker und der Apostelgeschichte werden durch Kursivdruck gekennzeichnet. Die Stellenangabe steht unmittelbar unter dem Zitat nach einem Pfeil (➤).

Siehe Vol. 1, Abschnitt 3.9, S. liii.

5.3 Bemerkungsspalte

→ Jn 20,32

Verweise auf Stellen außerhalb der Synoptiker, die für den Textvergleich relevant sind, finden sich in der Bemerkungsspalte auf der rechten Seite.

→ Jn 20,32

Ist der Verweis fett gedruckt, so enthält das Verweisziel (hier Jn 20,32) das Stichwort.

→ GTh 39,3 **(POxy 655)**

Verweise auf das Thomasevangelium (GTh). POxy 655 zeigt an, dass es die entsprechende Stelle auch in den griechischen Fragmenten gibt. Ist diese Angabe fett gedruckt, enthält das griechische Fragment das aktuelle Stichwort.

Siehe Vol. 1, Abschnitt 3.6, S. lii.

Mk-Q overlap Die Bemerkung „Mk-Q overlap" steht bei den Stellen, an denen Matthäus und/oder Lukas neben der Markus-Tradition noch einer anderen Überlieferung („Q") folgen.

Mk-Q overlap? Wo es zweifelhaft ist, ob neben der Markusüberlieferung auch eine Q-Tradition vorliegt, wird hinter die Bemerkung „Mk-Q overlap" ein Fragezeichen gesetzt.

Siehe Vol. 1, Abschnitt 3.4, S. xlix, und Vol. 1, Abschnitt 6.2, S. lx.

Corrigendum: Einführung Vol. 1

S. lxv:

20	**Mt 18,6**	**Mk 9,42**	**Lk 17,2**	**B**	Es ist umstritten, ob hinter Lk 17,2 eine Q-Tradition steht.

S. lxvi:

Mt 18,5	**19**
Mt 18,6	**20**

Abkürzungen

Syn	Die synoptischen Evangelien: Die Zahl unter dieser Abkürzung gibt die Anzahl der Belege des Stichwortes in den drei Evangelien Matthäus, Markus und Lukas an.
NT	Das Neue Testament: Die Zahl unter dieser Abkürzung gibt die Anzahl der Belege des Stichwortes im gesamten Neuen Testament an.
Mt	Matthäusevangelium
Mk	Markusevangelium
Lk	Lukasevangelium
Acts	Apostelgeschichte
Jn	Johannesevangelium
1-3John	Erster bis dritter Johannesbrief
Paul	Die Briefe des Apostels Paulus (Römer-, 1. und 2. Korinther-, Galater-, Philipper-, 1. Thessalonicher- und Philemonbrief)
Eph	Der Brief an die Epheser
Col	Der Brief an die Kolosser
2Thess	Der zweite Brief an die Thessalonicher
1/2Tim	Der erste und zweite Brief an Timotheus
Tit	Der Brief an Titus
Heb	Der Brief an die Hebräer
Jas	Der Brief des Jakobus
1Pet	Der erste Brief des Petrus
2Pet	Der zweite Brief des Petrus
Jude	Der Brief des Judas
Rev	Die Offenbarung des Johannes
GTh	Das Thomasevangelium
POxy	Die griechischen Fragmente des Thomasevangeliums auf den Oxyrhynchus-Papyri.

Gen	Genesis
Exod	Exodus
Lev	Levitikus
Num	Numeri
Deut	Deuteronomium
Josh	Josua
Judg	Richter
Ruth	Rut
1-2 Sam	1-2 Samuel
1-2 Kings	1-2 Könige
1-2 Chron	1-2 Chronik
Ezra	Esra
Neh	Nehemia
Esther	Ester
Job	Ijob
Ps	Psalmen
Prov	Sprichwörter (Proverbien)
Qoh	Kohelet
Cant	Das Hohelied
Isa	Jesaja
Jer	Jeremia
Lam	Klagelieder
Ezek	Ezechiel
Dan	Daniel
Hos	Hosea
Joel	Joël
Amos	Amos
Obad	Obadja
Jonah	Jona
Micah	Micha
Nahum	Nahum
Hab	Habakkuk
Zeph	Zefania
Hag	Haggai
Zech	Sacharja
Mal	Maleachi
1-2 Esdras	1-2 Esra
Tob	Tobit
Jdt	Judit
Wis	Das Buch der Weisheit
Sir	Jesus Sirach
Bar	Baruch
1-2 Macc	1-2 Makkabäer

E

ἔα	Syn 1	Mt	Mk	Lk 1	Acts	Jn	1-3John	Paul	Eph	Col
	NT 1	2Thess	1/2Tim	Tit	Heb	Jas	1Pet	2Pet	Jude	Rev

exclamation of surprise or displeasure: ah!, ha!

012	→ Mt 8,29		**Mk 1,24** → Mk 5,7	[23] ... καὶ ἀνέκραξεν [24] λέγων· τί ἡμῖν καὶ σοί, Ἰησοῦ Ναζαρηνέ; ...	**Lk 4,34** → Lk 8,28	[33] ... ἀνέκραξεν φωνῇ μεγάλῃ· [34] ἔα, τί ἡμῖν καὶ σοί, Ἰησοῦ Ναζαρηνέ; ...	

ἐάν	Syn 130	Mt 64	Mk 35	Lk 31	Acts 11	Jn 63	1-3John 24	Paul 85	Eph 1	Col 4
	NT 349	2Thess 1	1/2Tim 6	Tit	Heb 6	Jas 8	1Pet 1	2Pet	Jude	Rev 9

if; even if

	triple tradition																	double tradition			Sondergut		
		+Mt / +Lk			−Mt / −Lk			traditions not taken over by Mt / Lk							subtotals								
code	*222*	*211*	*112*	*212*	*221*	*122*	*121*	*022*	*012*	*021*	*220*	*120*	*210*	*020*	Σ^+	Σ^-	Σ	*202*	*201*	*102*	*200*	*002*	total
Mt	4	4^+		2^+	2		5^-				6	8^-	4^+		10^+	13^-	22	10	15		17		**64**
Mk	4				2		5			2	6	8		8			35						**35**
Lk	4			2^+	2^-		5^-			2^-					2^+	9^-	6	10		4		11	**31**

Mk-Q overlap: 221: Mt 12,29 / Mk 3,27 / Lk 11,22 (?)

- *a* ἐάν with present subjunctive
- *b* ἐάν with aorist subjunctive
- *c* ἐὰν (δέ, γὰρ) μή
- *d* ἐὰν οὖν
- *e* ἐὰν (δέ) καί
- *f* ὅς (γὰρ) ἐὰν (μή) in place of ἄν
- *g* ὅ τι ἐάν, ἥτις ἐὰν in place of ἄν
- *h* ὅσος ἐὰν (μή) in place of ἄν
- *j* ὅπου ἐὰν in place of ἄν
- *k* κἄν

a f 102	**Mt 4,9**	καὶ εἶπεν αὐτῷ· ταῦτά σοι πάντα δώσω,			**Lk 4,6** → Mt 4,8	καὶ εἶπεν αὐτῷ ὁ διάβολος· σοὶ δώσω τὴν ἐξουσίαν ταύτην ἅπασαν καὶ τὴν δόξαν αὐτῶν, ὅτι ἐμοὶ παραδέδοται καὶ ᾧ ἐὰν θέλω δίδωμι αὐτήν·	
b 202		ἐὰν πεσὼν προσκυνήσῃς μοι.			**Lk 4,7**	σὺ οὖν ἐὰν προσκυνήσῃς ἐνώπιον ἐμοῦ, ἔσται σοῦ πᾶσα.	
a 222	**Mt 8,2**	καὶ ἰδοὺ λεπρὸς ... λέγων· κύριε, ἐὰν θέλῃς δύνασαί με καθαρίσαι.	**Mk 1,40**	καὶ ἔρχεται πρὸς αὐτὸν λεπρὸς ... λέγων αὐτῷ ὅτι ἐὰν θέλῃς δύνασαί με καθαρίσαι.	**Lk 5,12** → Lk 17,12-13	... ἰδοὺ ἀνὴρ πλήρης λέπρας· ... λέγων· κύριε, ἐὰν θέλῃς δύνασαί με καθαρίσαι.	
b e 202	**Mt 5,13**	ὑμεῖς ἐστε τὸ ἅλας τῆς γῆς· ἐὰν δὲ τὸ ἅλας μωρανθῇ, ἐν τίνι ἁλισθήσεται; ...	**Mk 9,50**	καλὸν τὸ ἅλας· ἐὰν δὲ τὸ ἅλας ἄναλον γένηται, ἐν τίνι αὐτὸ ἀρτύσετε; ...	**Lk 14,34**	καλὸν οὖν τὸ ἅλας· ἐὰν δὲ καὶ τὸ ἅλας μωρανθῇ, ἐν τίνι ἀρτυθήσεται;	Mk-Q overlap

b d f 200	**Mt 5,19**	ὃς **ἐὰν** οὖν λύσῃ μίαν τῶν ἐντολῶν τούτων τῶν ἐλαχίστων καὶ διδάξῃ οὕτως τοὺς ἀνθρώπους, ἐλάχιστος κληθήσεται ἐν τῇ βασιλείᾳ τῶν οὐρανῶν· ...					
b c 200	**Mt 5,20**	λέγω γὰρ ὑμῖν ὅτι **ἐὰν μὴ** περισσεύσῃ ὑμῶν ἡ δικαιοσύνη πλεῖον τῶν γραμματέων καὶ Φαρισαίων, οὐ μὴ εἰσέλθητε εἰς τὴν βασιλείαν τῶν οὐρανῶν.					→ GTh 27 **(POxy 1)**
a d 200	**Mt 5,23** ↓ Mk 11,25	**ἐὰν** οὖν προσφέρῃς τὸ δῶρόν σου ἐπὶ τὸ θυσιαστήριον κἀκεῖ μνησθῇς ὅτι ὁ ἀδελφός σου ἔχει τι κατὰ σοῦ					
b f 201	**Mt 5,32** ⇨ Mt 19,9	... πᾶς ὁ ἀπολύων τὴν γυναῖκα αὐτοῦ παρεκτὸς λόγου πορνείας ποιεῖ αὐτὴν μοιχευθῆναι, καὶ ὃς **ἐὰν** ἀπολελυμένην γαμήσῃ, μοιχᾶται.	**Mk 10,11** ↓ **Mk 10,12**	... ὃς ἂν ἀπολύσῃ τὴν γυναῖκα αὐτοῦ καὶ γαμήσῃ ἄλλην μοιχᾶται ἐπ' αὐτήν·	**Lk 16,18**	πᾶς ὁ ἀπολύων τὴν γυναῖκα αὐτοῦ καὶ γαμῶν ἑτέραν μοιχεύει, καὶ ὁ ἀπολελυμένην ἀπὸ ἀνδρὸς γαμῶν μοιχεύει.	→ 1Cor 7,10 → **1Cor 7,11** Mk-Q overlap
b 201	**Mt 5,46**	**ἐὰν** γὰρ ἀγαπήσητε τοὺς ἀγαπῶντας ὑμᾶς, τίνα μισθὸν ἔχετε;			**Lk 6,32** ⇩ **Lk 6,33**	καὶ **εἰ** ἀγαπᾶτε τοὺς ἀγαπῶντας ὑμᾶς, ποία ὑμῖν χάρις ἐστίν; καὶ γὰρ οἱ ἁμαρτωλοὶ τοὺς ἀγαπῶντας αὐτοὺς ἀγαπῶσιν.	
a 102		οὐχὶ καὶ οἱ τελῶναι τὸ αὐτὸ ποιοῦσιν;			**Lk 6,33** ⇧ Lk 6,32	καὶ [γὰρ] **ἐὰν** ἀγαθοποιῆτε τοὺς ἀγαθοποιοῦντας ὑμᾶς, ποία ὑμῖν χάρις ἐστίν; καὶ οἱ ἁμαρτωλοὶ τὸ αὐτὸ ποιοῦσιν.	
b 202	**Mt 5,47**	καὶ **ἐὰν** ἀσπάσησθε τοὺς ἀδελφοὺς ὑμῶν μόνον, τί περισσὸν ποιεῖτε; οὐχὶ καὶ οἱ ἐθνικοὶ τὸ αὐτὸ ποιοῦσιν;			**Lk 6,34** → Mt 5,42	καὶ **ἐὰν** δανίσητε παρ' ὧν ἐλπίζετε λαβεῖν, ποία ὑμῖν χάρις [ἐστίν]; καὶ ἁμαρτωλοὶ ἁμαρτωλοῖς δανίζουσιν ἵνα ἀπολάβωσιν τὰ ἴσα.	→ GTh 95
b 210	**Mt 6,14** → Mt 6,12 → Lk 11,4	**ἐὰν** γὰρ ἀφῆτε τοῖς ἀνθρώποις τὰ παραπτώματα αὐτῶν, ἀφήσει καὶ ὑμῖν ὁ πατὴρ ὑμῶν ὁ οὐράνιος·	**Mk 11,25** ↑ **Mt 5,23**	καὶ ὅταν στήκετε προσευχόμενοι, ἀφίετε εἴ τι ἔχετε κατά τινος, ἵνα καὶ ὁ πατὴρ ὑμῶν ὁ ἐν τοῖς οὐρανοῖς ἀφῇ ὑμῖν τὰ παραπτώματα ὑμῶν.			
b c 200	**Mt 6,15** ↓ **Mt 18,35**	**ἐὰν δὲ μὴ** ἀφῆτε τοῖς ἀνθρώποις, οὐδὲ ὁ πατὴρ ὑμῶν ἀφήσει τὰ παραπτώματα ὑμῶν.					Mk 11,26 is textcritically uncertain.

a d 201	**Mt 6,22**	ὁ λύχνος τοῦ σώματός ἐστιν ὁ ὀφθαλμός. **ἐὰν** οὖν ᾖ ὁ ὀφθαλμός σου ἁπλοῦς, ὅλον τὸ σῶμά σου φωτεινὸν ἔσται·			**Lk 11,34**	ὁ λύχνος τοῦ σώματός ἐστιν ὁ ὀφθαλμός σου. **ὅταν** ὁ ὀφθαλμός σου ἁπλοῦς ᾖ, καὶ ὅλον τὸ σῶμά σου φωτεινόν ἐστιν·	→ GTh 24 **(POxy 655 - restoration)**
a 201	**Mt 6,23**	**ἐὰν** δὲ ὁ ὀφθαλμός σου πονηρὸς ᾖ, ὅλον τὸ σῶμά σου σκοτεινὸν ἔσται. ...				**ἐπὰν** δὲ πονηρὸς ᾖ, καὶ τὸ σῶμά σου σκοτεινόν.	
a h 201	**Mt 7,12**	πάντα οὖν **ὅσα ἐὰν** θέλητε ἵνα ποιῶσιν ὑμῖν οἱ ἄνθρωποι, οὕτως καὶ ὑμεῖς ποιεῖτε αὐτοῖς· ...			**Lk 6,31**	καὶ **καθὼς** θέλετε ἵνα ποιῶσιν ὑμῖν οἱ ἄνθρωποι ποιεῖτε αὐτοῖς ὁμοίως.	
a 222	**Mt 8,2**	καὶ ἰδοὺ λεπρὸς ... λέγων· κύριε, **ἐὰν** θέλῃς δύνασαί με καθαρίσαι.	**Mk 1,40**	καὶ ἔρχεται πρὸς αὐτὸν λεπρὸς ... λέγων αὐτῷ ὅτι **ἐὰν** θέλῃς δύνασαί με καθαρίσαι.	**Lk 5,12** → Lk 17,12-13	... ἰδοὺ ἀνὴρ πλήρης λέπρας· ... λέγων· κύριε, **ἐὰν** θέλῃς δύνασαί με καθαρίσαι.	
a j 202	**Mt 8,19**	... διδάσκαλε, ἀκολουθήσω σοι **ὅπου ἐὰν** ἀπέρχῃ.			**Lk 9,57**	... ἀκολουθήσω σοι **ὅπου ἐὰν** ἀπέρχῃ.	
b 220	**Mt 9,21** → Lk 8,47	ἔλεγεν γὰρ ἐν ἑαυτῇ· **ἐὰν** μόνον ἅψωμαι τοῦ ἱματίου αὐτοῦ σωθήσομαι.	**Mk 5,28** **(2)** → Lk 8,47	ἔλεγεν γὰρ ὅτι **ἐὰν** ἅψωμαι κἂν τῶν ἱματίων αὐτοῦ σωθήσομαι.			
a 202 *a c* 201	**Mt 10,13** **(2)**	καὶ **ἐὰν** μὲν ᾖ ἡ οἰκία ἀξία, ἐλθάτω ἡ εἰρήνη ὑμῶν ἐπ᾽ αὐτήν, **ἐὰν δὲ μὴ ᾖ ἀξία,** ἡ εἰρήνη ὑμῶν πρὸς ὑμᾶς ἐπιστραφήτω.			**Lk 10,6**	καὶ **ἐὰν** ἐκεῖ ᾖ υἱὸς εἰρήνης, ἐπαναπαήσεται ἐπ᾽ αὐτὸν ἡ εἰρήνη ὑμῶν· **εἰ δὲ μή γε,** ἐφ᾽ ὑμᾶς ἀνακάμψει.	
b f 202	**Mt 11,6**	καὶ μακάριός ἐστιν **ὃς ἐὰν** μὴ σκανδαλισθῇ ἐν ἐμοί.			**Lk 7,23**	καὶ μακάριός ἐστιν **ὃς ἐὰν** μὴ σκανδαλισθῇ ἐν ἐμοί.	
a f 202	**Mt 11,27**	... καὶ οὐδεὶς ἐπιγινώσκει τὸν υἱὸν εἰ μὴ ὁ πατήρ, οὐδὲ τὸν πατέρα τις ἐπιγινώσκει εἰ μὴ ὁ υἱὸς καὶ **ᾧ ἐὰν** βούληται ὁ υἱὸς ἀποκαλύψαι.			**Lk 10,22**	... καὶ οὐδεὶς γινώσκει τίς ἐστιν ὁ υἱὸς εἰ μὴ ὁ πατήρ, καὶ τίς ἐστιν ὁ πατὴρ εἰ μὴ ὁ υἱὸς καὶ **ᾧ ἐὰν** βούληται ὁ υἱὸς ἀποκαλύψαι.	
b 201	**Mt 12,11**	... τίς ἔσται ἐξ ὑμῶν ἄνθρωπος ὃς ἕξει πρόβατον ἓν καὶ **ἐὰν** ἐμπέσῃ τοῦτο τοῖς σάββασιν εἰς βόθυνον, οὐχὶ κρατήσει αὐτὸ καὶ ἐγερεῖ;			**Lk 14,5** → Lk 13,15	... τίνος ὑμῶν υἱὸς ἢ βοῦς εἰς φρέαρ πεσεῖται, καὶ οὐκ εὐθέως ἀνασπάσει αὐτὸν ἐν ἡμέρᾳ τοῦ σαββάτου;	

b 020	Mt 12,25	... πᾶσα βασιλεία μερισθεῖσα καθ' ἑαυτῆς ἐρημοῦται	Mk 3,24 → Mt 12,26 → Lk 11,18	καὶ ἐὰν βασιλεία ἐφ' ἑαυτὴν μερισθῇ, οὐ δύναται σταθῆναι ἡ βασιλεία ἐκείνη·	Lk 11,17	... πᾶσα βασιλεία ἐφ' ἑαυτὴν διαμερισθεῖσα ἐρημοῦται	Mk-Q overlap
b 020		καὶ πᾶσα πόλις ἢ οἰκία μερισθεῖσα καθ' ἑαυτῆς οὐ σταθήσεται.	Mk 3,25	καὶ ἐὰν οἰκία ἐφ' ἑαυτὴν μερισθῇ, οὐ δυνήσεται ἡ οἰκία ἐκείνη σταθῆναι.		καὶ οἶκος ἐπὶ οἶκον πίπτει.	Mk-Q overlap
b c 221	Mt 12,29	ἢ πῶς δύναταί τις εἰσελθεῖν εἰς τὴν οἰκίαν τοῦ ἰσχυροῦ καὶ τὰ σκεύη αὐτοῦ ἁρπάσαι, ἐὰν μὴ πρῶτον δήσῃ τὸν ἰσχυρόν; καὶ τότε τὴν οἰκίαν αὐτοῦ διαρπάσει.	Mk 3,27	ἀλλ' οὐ δύναται οὐδεὶς εἰς τὴν οἰκίαν τοῦ ἰσχυροῦ εἰσελθὼν τὰ σκεύη αὐτοῦ διαρπάσαι, ἐὰν μὴ πρῶτον τὸν ἰσχυρὸν δήσῃ, καὶ τότε τὴν οἰκίαν αὐτοῦ διαρπάσει.	Lk 11,22	[21] ὅταν ὁ ἰσχυρὸς καθωπλισμένος φυλάσσῃ τὴν ἑαυτοῦ αὐλήν, ἐν εἰρήνῃ ἐστὶν τὰ ὑπάρχοντα αὐτοῦ· [22] ἐπὰν δὲ ἰσχυρότερος αὐτοῦ ἐπελθὼν νικήσῃ αὐτόν, τὴν πανοπλίαν αὐτοῦ αἴρει ἐφ' ᾗ ἐπεποίθει, καὶ τὰ σκῦλα αὐτοῦ διαδίδωσιν.	→ GTh 21,5 → GTh 35 Mk-Q overlap?
b h 120	Mt 12,31	... πᾶσα ἁμαρτία καὶ βλασφημία ἀφεθήσεται τοῖς ἀνθρώποις, ...	Mk 3,28 ↓ Mt 12,32 ↓ Lk 12,10	... πάντα ἀφεθήσεται τοῖς υἱοῖς τῶν ἀνθρώπων τὰ ἁμαρτήματα καὶ αἱ βλασφημίαι ὅσα ἐὰν βλασφημήσωσιν·			→ GTh 44
b f 201	Mt 12,32 ↑ Mk 3,28	καὶ ὃς ἐὰν εἴπῃ λόγον κατὰ τοῦ υἱοῦ τοῦ ἀνθρώπου, ἀφεθήσεται αὐτῷ· ὃς δ' ἂν εἴπῃ κατὰ τοῦ πνεύματος τοῦ ἁγίου, οὐκ ἀφεθήσεται αὐτῷ ...	Mk 3,29	ὃς δ' ἂν βλασφημήσῃ εἰς τὸ πνεῦμα τὸ ἅγιον, οὐκ ἔχει ἄφεσιν ...	Lk 12,10 ↑ Mk 3,28	καὶ πᾶς ὃς ἐρεῖ λόγον εἰς τὸν υἱὸν τοῦ ἀνθρώπου, ἀφεθήσεται αὐτῷ· τῷ δὲ εἰς τὸ ἅγιον πνεῦμα βλασφημήσαντι οὐκ ἀφεθήσεται.	→ GTh 44 Mk-Q overlap
b ç 021			Mk 4,22	οὐ γάρ ἐστιν κρυπτὸν ἐὰν μὴ ἵνα φανερωθῇ, οὐδὲ ἐγένετο ἀπόκρυφον ἀλλ' ἵνα ἔλθῃ εἰς φανερόν.	Lk 8,17 ⇩ Lk 12,2	οὐ γάρ ἐστιν κρυπτὸν ὃ οὐ φανερὸν γενήσεται οὐδὲ ἀπόκρυφον ὃ οὐ μὴ γνωσθῇ καὶ εἰς φανερὸν ἔλθῃ.	→ GTh 5 → GTh 6,5-6 (POxy 654) Mk-Q overlap
	Mt 10,26	... οὐδὲν γάρ ἐστιν κεκαλυμμένον ὃ οὐκ ἀποκαλυφθήσεται καὶ κρυπτὸν ὃ οὐ γνωσθήσεται.			Lk 12,2 ⇧ Lk 8,17	οὐδὲν δὲ συγκεκαλυμμένον ἐστὶν ὃ οὐκ ἀποκαλυφθήσεται καὶ κρυπτὸν ὃ οὐ γνωσθήσεται.	
b 220 k 120	Mt 9,21 → Lk 8,47	ἔλεγεν γὰρ ἐν ἑαυτῇ· ἐὰν μόνον ἅψωμαι τοῦ ἱματίου αὐτοῦ σωθήσομαι.	Mk 5,28 (2) → Lk 8,47	ἔλεγεν γὰρ ὅτι ἐὰν ἅψωμαι κἂν τῶν ἱματίων αὐτοῦ σωθήσομαι.			

b j 021	Mt 10,11 ⇨ Lk 10,8	**εἰς ἣν δ' ἂν** πόλιν ἢ κώμην εἰσέλθητε, ἐξετάσατε τίς ἐν αὐτῇ ἄξιός ἐστιν· ↔	Mk 6,10	... **ὅπου ἐὰν** εἰσέλθητε εἰς οἰκίαν,	Lk 9,4 ⇩ Lk 10,5 ⇩ Lk 10,7	**καὶ εἰς ἣν ἂν** οἰκίαν εἰσέλθητε,	→ GTh 14,4 Mk-Q overlap
	Mt 10,11	↔ κἀκεῖ μείνατε ἕως ἂν ἐξέλθητε.		ἐκεῖ μένετε ἕως ἂν ἐξέλθητε ἐκεῖθεν.		ἐκεῖ μένετε καὶ ἐκεῖθεν ἐξέρχεσθε.	
	Mt 10,12	εἰσερχόμενοι δὲ εἰς τὴν οἰκίαν ἀσπάσασθε αὐτήν·			Lk 10,5 ⇧ Lk 9,4	**εἰς ἣν δ' ἂν** εἰσέλθητε οἰκίαν, πρῶτον λέγετε· εἰρήνη τῷ οἴκῳ τούτῳ. [6] ... [7] ἐν αὐτῇ δὲ τῇ οἰκίᾳ μένετε, ... [8] καὶ εἰς ἣν ἂν πόλιν εἰσέρχησθε καὶ δέχωνται ὑμᾶς, ἐσθίετε τὰ παρατιθέμενα ὑμῖν	Mk-Q overlap
	Mt 14,6	... ὠρχήσατο ἡ θυγάτηρ τῆς Ἡρῳδιάδος ἐν τῷ μέσῳ καὶ ἤρεσεν τῷ Ἡρῴδῃ	Mk 6,22	καὶ εἰσελθούσης τῆς θυγατρὸς αὐτοῦ Ἡρῳδιάδος καὶ ὀρχησαμένης ἤρεσεν τῷ Ἡρῴδῃ καὶ τοῖς συνανακειμένοις.			
a f 020				εἶπεν ὁ βασιλεὺς τῷ κορασίῳ· αἴτησόν με **ὃ ἐὰν** θέλῃς, καὶ δώσω σοι·			
b f g 220	Mt 14,7	ὅθεν μεθ' ὅρκου ὡμολόγησεν αὐτῇ δοῦναι **ὃ ἐὰν** αἰτήσηται.	Mk 6,23	καὶ ὤμοσεν αὐτῇ [πολλά], **ὅ τι ἐάν** με αἰτήσῃς δώσω σοι ἕως ἡμίσους τῆς βασιλείας μου.			
b k 120	Mt 14,36 → Mt 9,20	καὶ παρεκάλουν αὐτὸν ἵνα **μόνον** ἅψωνται τοῦ κρασπέδου τοῦ ἱματίου αὐτοῦ· ...	Mk 6,56 → Mk 5,27	... καὶ παρεκάλουν αὐτὸν ἵνα **κἂν** τοῦ κρασπέδου τοῦ ἱματίου αὐτοῦ ἅψωνται· ...	→ Lk 8,44		
b c 020			Mk 7,3	οἱ γὰρ Φαρισαῖοι καὶ πάντες οἱ Ἰουδαῖοι **ἐὰν μὴ** πυγμῇ νίψωνται τὰς χεῖρας οὐκ ἐσθίουσιν, ...			
b c 020			Mk 7,4 → Mt 23,25 → Lk 11,39	καὶ ἀπ' ἀγορᾶς **ἐὰν μὴ** βαπτίσωνται οὐκ ἐσθίουσιν, ...			
b 120 *b f* 220	Mt 15,5	ὑμεῖς δὲ λέγετε· **ὃς ἂν** εἴπῃ τῷ πατρὶ ἢ τῇ μητρί· δῶρον **ὃ ἐὰν** ἐξ ἐμοῦ ὠφεληθῇς	Mk 7,11 (2)	ὑμεῖς δὲ λέγετε· **ἐὰν** εἴπῃ ἄνθρωπος τῷ πατρὶ ἢ τῇ μητρί· κορβᾶν, ὅ ἐστιν δῶρον, **ὃ ἐὰν** ἐξ ἐμοῦ ὠφεληθῇς			
a 201	Mt 15,14	... τυφλοί εἰσιν ὁδηγοί [τυφλῶν]· τυφλὸς δὲ τυφλὸν **ἐὰν** ὁδηγῇ, ἀμφότεροι εἰς βόθυνον πεσοῦνται.			Lk 6,39	... μήτι δύναται τυφλὸς τυφλὸν ὁδηγεῖν; οὐχὶ ἀμφότεροι εἰς βόθυνον ἐμπεσοῦνται;	→ GTh 34

b 120	**Mt 15,32** → Mt 14,15	... καὶ ἀπολῦσαι αὐτοὺς νήστεις οὐ θέλω, μήποτε ἐκλυθῶσιν ἐν τῇ ὁδῷ.	**Mk 8,3** → Mk 6,36	καὶ **ἐὰν** ἀπολύσω αὐτοὺς νήστεις εἰς οἶκον αὐτῶν, ἐκλυθήσονται ἐν τῇ ὁδῷ· ...	→ Lk 9,12		
bf 200 *bf* 200	**Mt 16,19** **(2)** → Mt 23,13 → Lk 11,52 ↓ **Mt 18,18**	... καὶ ὃ **ἐὰν** δήσῃς ἐπὶ τῆς γῆς ἔσται δεδεμένον ἐν τοῖς οὐρανοῖς, καὶ ὃ **ἐὰν** λύσῃς ἐπὶ τῆς γῆς ἔσται λελυμένον ἐν τοῖς οὐρανοῖς.					→ Jn 20,23
af 221	**Mt 16,25** ⇩ Mt 10,39	ὃς γὰρ **ἐὰν** θέλῃ τὴν ψυχὴν αὐτοῦ σῶσαι ἀπολέσει αὐτήν· ...	**Mk 8,35**	ὃς γὰρ **ἐὰν** θέλῃ τὴν ψυχὴν αὐτοῦ σῶσαι ἀπολέσει αὐτήν· ...	**Lk 9,24** ⇩ **Lk 17,33**	ὃς γὰρ **ἂν** θέλῃ τὴν ψυχὴν αὐτοῦ σῶσαι ἀπολέσει αὐτήν· ...	→ Jn 12,25 → GTh 55 Mk-Q overlap
b 211	**Mt 16,26**	τί γὰρ ὠφεληθήσεται ἄνθρωπος **ἐὰν** τὸν κόσμον ὅλον κερδήσῃ τὴν δὲ ψυχὴν αὐτοῦ ζημιωθῇ; ...	**Mk 8,36**	τί γὰρ ὠφελεῖ ἄνθρωπον κερδῆσαι τὸν κόσμον ὅλον καὶ ζημιωθῆναι τὴν ψυχὴν αὐτοῦ;	**Lk 9,25**	τί γὰρ ὠφελεῖται ἄνθρωπος κερδήσας τὸν κόσμον ὅλον ἑαυτὸν δὲ ἀπολέσας ἢ ζημιωθείς;	
bf 121	**Mt 16,27** ↓ Mt 10,33	μέλλει γὰρ ὁ υἱὸς τοῦ ἀνθρώπου ἔρχεσθαι ... καὶ τότε *ἀποδώσει ἑκάστῳ κατὰ* *τὴν πρᾶξιν αὐτοῦ.* ➤ Ps 62,13/Prov 24,12/Sir 35,22 LXX	**Mk 8,38**	ὃς γὰρ **ἐὰν** ἐπαισχυνθῇ με καὶ τοὺς ἐμοὺς λόγους ἐν τῇ γενεᾷ ταύτῃ τῇ μοιχαλίδι καὶ ἁμαρτωλῷ, καὶ ὁ υἱὸς τοῦ ἀνθρώπου ἐπαισχυνθήσεται αὐτόν, ὅταν ἔλθῃ ...	**Lk 9,26** ⇩ Lk 12,9	ὃς γὰρ **ἂν** ἐπαισχυνθῇ με καὶ τοὺς ἐμοὺς λόγους, τοῦτον ὁ υἱὸς τοῦ ἀνθρώπου ἐπαισχυνθήσεται, ὅταν ἔλθῃ ...	Mk-Q overlap
	Mt 10,33 ↑ Mt 16,27	ὅστις δ' ἂν ἀρνήσηταί με ἔμπροσθεν τῶν ἀνθρώπων, ἀρνήσομαι κἀγὼ αὐτὸν ἔμπροσθεν τοῦ πατρός μου τοῦ ἐν [τοῖς] οὐρανοῖς.			**Lk 12,9** ⇧ Lk 9,26	ὁ δὲ ἀρνησάμενός με ἐνώπιον τῶν ἀνθρώπων ἀπαρνηθήσεται ἐνώπιον τῶν ἀγγέλων τοῦ θεοῦ.	
bj 121	**Mt 17,15**	... σεληνιάζεται καὶ κακῶς πάσχει· ...	**Mk 9,18**	[17] ... ἔχοντα πνεῦμα ἄλαλον· [18] καὶ ὅπου **ἐὰν** αὐτὸν καταλάβῃ ...	**Lk 9,39**	καὶ ἰδοὺ πνεῦμα λαμβάνει αὐτὸν ...	
a 201	**Mt 17,20** ↓ **Mt 21,21**	... **ἐὰν** ἔχητε πίστιν ὡς κόκκον σινάπεως, ...	**Mk 11,22**	... ἔχετε πίστιν θεοῦ.	**Lk 17,6**	... **εἰ** ἔχετε πίστιν ὡς κόκκον σινάπεως, ...	
bc 211	**Mt 18,3**	... ἀμὴν λέγω ὑμῖν, **ἐὰν μὴ** στραφῆτε καὶ γένησθε ὡς τὰ παιδία, οὐ μὴ εἰσέλθητε εἰς τὴν βασιλείαν τῶν οὐρανῶν.	**Mk 10,15**	ἀμὴν λέγω ὑμῖν, ὃς **ἂν μὴ** δέξηται τὴν βασιλείαν τοῦ θεοῦ ὡς παιδίον, οὐ μὴ εἰσέλθῃ εἰς αὐτήν.	**Lk 18,17**	ἀμὴν λέγω ὑμῖν, ὃς **ἂν μὴ** δέξηται τὴν βασιλείαν τοῦ θεοῦ ὡς παιδίον, οὐ μὴ εἰσέλθῃ εἰς αὐτήν.	→ **Jn 3,3** → GTh 22 → GTh 46
bf 212	**Mt 18,5** ⇨ Mt 10,40 → Mt 10,41	καὶ ὃς **ἐὰν** δέξηται ἓν παιδίον τοιοῦτο ἐπὶ τῷ ὀνόματί μου, ἐμὲ δέχεται.	**Mk 9,37**	ὃς **ἂν** ἓν τῶν τοιούτων παιδίων δέξηται ἐπὶ τῷ ὀνόματί μου, ἐμὲ δέχεται· ...	**Lk 9,48** ⇨ Lk 10,16	... ὃς **ἐὰν** δέξηται τοῦτο τὸ παιδίον ἐπὶ τῷ ὀνόματί μου, ἐμὲ δέχεται· ...	→ Jn 5,23 → Jn 12,44-45 → Jn 13,20

a 120	**Mt 18,8** ⇩ Mt 5,30 ↓ **Mk 9,45**	**εἰ** δὲ ἡ χείρ σου ἢ ὁ πούς σου σκανδαλίζει σε, ἔκκοψον αὐτὸν καὶ βάλε ἀπὸ σοῦ· ...	**Mk 9,43**	καὶ **ἐὰν** σκανδαλίζῃ σε ἡ χείρ σου, ἀπόκοψον αὐτήν· ...			
a 020			**Mk 9,45** ↑ Mt 18,8	καὶ **ἐὰν** ὁ πούς σου σκανδαλίζῃ σε, ἀπόκοψον αὐτόν· ...			
	Mt 5,30 ⇧ Mt 18,8	καὶ **εἰ** ἡ δεξιά σου χεὶρ σκανδαλίζει σε, ἔκκοψον αὐτὴν καὶ βάλε ἀπὸ σοῦ· ...					
a 120	**Mt 18,9** ⇩ Mt 5,29	καὶ **εἰ** ὁ ὀφθαλμός σου σκανδαλίζει σε, ἔξελε αὐτὸν καὶ βάλε ἀπὸ σοῦ· ...	**Mk 9,47**	καὶ **ἐὰν** ὁ ὀφθαλμός σου σκανδαλίζῃ σε, ἔκβαλε αὐτόν· ...			
	Mt 5,29 ⇧ Mt 18,9	**εἰ** δὲ ὁ ὀφθαλμός σου ὁ δεξιὸς σκανδαλίζει σε, ἔξελε αὐτὸν καὶ βάλε ἀπὸ σοῦ· ...					
b e 020	**Mt 5,13**	ὑμεῖς ἐστε τὸ ἅλας τῆς γῆς· **ἐὰν** δὲ τὸ ἅλας μωρανθῇ, ἐν τίνι ἁλισθήσεται; ...	**Mk 9,50**	καλὸν τὸ ἅλας· **ἐὰν** δὲ τὸ ἅλας ἄναλον γένηται, ἐν τίνι αὐτὸ ἀρτύσετε; ...	**Lk 14,34**	καλὸν οὖν τὸ ἅλας· **ἐὰν** δὲ καὶ τὸ ἅλας μωρανθῇ, ἐν τίνι ἀρτυθήσεται;	Mk-Q overlap
b 201	**Mt 18,12**	τί ὑμῖν δοκεῖ; **ἐὰν** γένηταί τινι ἀνθρώπῳ ἑκατὸν πρόβατα ...			**Lk 15,4**	τίς ἄνθρωπος ἐξ ὑμῶν ἔχων ἑκατὸν πρόβατα ...	→ GTh 107
b 201	**Mt 18,13**	καὶ **ἐὰν** γένηται εὑρεῖν αὐτό, ἀμὴν λέγω ὑμῖν ὅτι χαίρει ...			**Lk 15,5**	καὶ εὑρὼν ἐπιτίθησιν ἐπὶ τοὺς ὤμους αὐτοῦ χαίρων	→ GTh 107
b 202	**Mt 18,15** **(2)** ↓ Mt 18,21-22	**ἐὰν** δὲ ἁμαρτήσῃ [εἰς σὲ] ὁ ἀδελφός σου, ὕπαγε ἔλεγξον αὐτὸν μεταξὺ σοῦ καὶ αὐτοῦ μόνου.			**Lk 17,3** **(2)** ↓ **Lk 17,4**	... **ἐὰν** ἁμάρτῃ ὁ ἀδελφός σου ἐπιτίμησον αὐτῷ,	
b 202		**ἐάν** σου ἀκούσῃ, ἐκέρδησας τὸν ἀδελφόν σου·				καὶ **ἐὰν** μετανοήσῃ ἄφες αὐτῷ.	
b c 200	**Mt 18,16**	**ἐὰν δὲ μὴ** ἀκούσῃ, παράλαβε μετὰ σοῦ ἔτι ἕνα ἢ δύο, ἵνα *ἐπὶ στόματος δύο μαρτύρων ἢ τριῶν σταθῇ πᾶν ῥῆμα·* ➤ Deut 19,15					
b 200	**Mt 18,17** **(2)**	**ἐὰν** δὲ παρακούσῃ αὐτῶν, εἰπὲ τῇ ἐκκλησίᾳ·					
b e 200		**ἐὰν** δὲ καὶ τῆς ἐκκλησίας παρακούσῃ, ἔστω σοι ὥσπερ ὁ ἐθνικὸς καὶ ὁ τελώνης.					

b h 200 *b h* 200	**Mt 18,18** **(2)** ↑ Mt 16,19	ἀμὴν λέγω ὑμῖν· ὅσα ἐὰν δήσητε ἐπὶ τῆς γῆς ἔσται δεδεμένα ἐν οὐρανῷ, καὶ ὅσα ἐὰν λύσητε ἐπὶ τῆς γῆς ἔσται λελυμένα ἐν οὐρανῷ.					→ Jn 20,23
b 200 *b f* 200	**Mt 18,19** **(2)** → Mt 21,22 → Mk 11,24	πάλιν [ἀμὴν] λέγω ὑμῖν ὅτι ἐὰν δύο συμφωνήσωσιν ἐξ ὑμῶν ἐπὶ τῆς γῆς περὶ παντὸς πράγματος οὗ ἐὰν αἰτήσωνται, γενήσεται αὐτοῖς παρὰ τοῦ πατρός μου τοῦ ἐν οὐρανοῖς.					→ GTh 30 **(POxy 1)** → GTh 48 → GTh 106
b c 200	**Mt 18,35** ↑ Mt 6,15	οὕτως καὶ ὁ πατήρ μου ὁ οὐράνιος ποιήσει ὑμῖν, ἐὰν μὴ ἀφῆτε ἕκαστος τῷ ἀδελφῷ αὐτοῦ ἀπὸ τῶν καρδιῶν ὑμῶν.					
a j 202	**Mt 8,19**	... διδάσκαλε, ἀκολουθήσω σοι ὅπου ἐὰν ἀπέρχῃ.			**Lk 9,57**	... ἀκολουθήσω σοι ὅπου ἐὰν ἀπέρχῃ.	
a 202	**Mt 10,13** **(2)**	καὶ ἐὰν μὲν ᾖ ἡ οἰκία ἀξία, ἐλθάτω ἡ εἰρήνη ὑμῶν ἐπ᾽ αὐτήν, ...			**Lk 10,6**	καὶ ἐὰν ἐκεῖ ᾖ υἱὸς εἰρήνης, ἐπαναπαήσεται ἐπ᾽ αὐτὸν ἡ εἰρήνη ὑμῶν· ...	
a f 202	**Mt 11,27**	... καὶ οὐδεὶς ἐπιγινώσκει τὸν υἱὸν εἰ μὴ ὁ πατήρ, οὐδὲ τὸν πατέρα τις ἐπιγινώσκει εἰ μὴ ὁ υἱὸς καὶ ᾧ ἐὰν βούληται ὁ υἱὸς ἀποκαλύψαι.			**Lk 10,22**	... καὶ οὐδεὶς γινώσκει τίς ἐστιν ὁ υἱὸς εἰ μὴ ὁ πατήρ, καὶ τίς ἐστιν ὁ πατὴρ εἰ μὴ ὁ υἱὸς καὶ ᾧ ἐὰν βούληται ὁ υἱὸς ἀποκαλύψαι.	→ GTh 61,3
b k 002 *b k* 002					**Lk 12,38** **(2)** → Mt 24,42 → Mk 13,35-36 → Mt 24,44 → Lk 12,40 → Lk 21,36	κἂν ἐν τῇ δευτέρᾳ κἂν ἐν τῇ τρίτῃ φυλακῇ ἔλθῃ καὶ εὕρῃ οὕτως, μακάριοί εἰσιν ἐκεῖνοι.	
b 202	**Mt 24,48**	ἐὰν δὲ εἴπῃ ὁ κακὸς δοῦλος ἐκεῖνος ἐν τῇ καρδίᾳ αὐτοῦ· χρονίζει μου ὁ κύριος			**Lk 12,45**	ἐὰν δὲ εἴπῃ ὁ δοῦλος ἐκεῖνος ἐν τῇ καρδίᾳ αὐτοῦ· χρονίζει ὁ κύριός μου ἔρχεσθαι, ...	
a c 002					**Lk 13,3**	οὐχί, λέγω ὑμῖν, ἀλλ᾽ ἐὰν μὴ μετανοῆτε πάντες ὁμοίως ἀπολεῖσθε.	
a c 002					**Lk 13,5**	οὐχί, λέγω ὑμῖν, ἀλλ᾽ ἐὰν μὴ μετανοῆτε πάντες ὡσαύτως ἀπολεῖσθε.	

b k 002					**Lk 13,9**	**κἂν μὲν** ποιήσῃ καρπὸν εἰς τὸ μέλλον· εἰ δὲ μή γε, ἐκκόψεις αὐτήν.	
b e 202	**Mt 5,13**	ὑμεῖς ἐστε τὸ ἅλας τῆς γῆς· **ἐὰν** δὲ τὸ ἅλας μωρανθῇ, ἐν τίνι ἁλισθήσεται; ...	**Mk 9,50**	καλὸν τὸ ἅλας· **ἐὰν** δὲ τὸ ἅλας ἄναλον γένηται, ἐν τίνι αὐτὸ ἀρτύσετε; ...	**Lk 14,34**	καλὸν οὖν τὸ ἅλας· **ἐὰν** δὲ καὶ τὸ ἅλας μωρανθῇ, ἐν τίνι ἀρτυθήσεται;	Mk-Q overlap
b 002					**Lk 15,8**	ἢ τίς γυνὴ δραχμὰς ἔχουσα δέκα **ἐὰν** ἀπολέσῃ δραχμὴν μίαν, ...	
b 002					**Lk 16,30**	... οὐχί, πάτερ Ἀβραάμ, ἀλλ' **ἐάν** τις ἀπὸ νεκρῶν πορευθῇ πρὸς αὐτοὺς μετανοήσουσιν.	
b 002					**Lk 16,31**	... εἰ Μωϋσέως καὶ τῶν προφητῶν οὐκ ἀκούουσιν, οὐδ' **ἐάν** τις ἐκ νεκρῶν ἀναστῇ πεισθήσονται.	
b 202 *b* 202	**Mt 18,15** **(2)**	**ἐὰν** δὲ ἁμαρτήσῃ [εἰς σὲ] ὁ ἀδελφός σου, ὕπαγε ἔλεγξον αὐτὸν μεταξὺ σοῦ καὶ αὐτοῦ μόνου. **ἐάν** σου ἀκούσῃ, ἐκέρδησας τὸν ἀδελφόν σου·			**Lk 17,3** **(2)**	... **ἐὰν** ἁμάρτῃ ὁ ἀδελφός σου ἐπιτίμησον αὐτῷ, καὶ **ἐὰν** μετανοήσῃ ἄφες αὐτῷ.	
b 102	**Mt 18,21**	τότε προσελθὼν ὁ Πέτρος εἶπεν αὐτῷ· κύριε, ποσάκις ἁμαρτήσει εἰς ἐμὲ ὁ ἀδελφός μου καὶ ἀφήσω αὐτῷ; ἕως ἑπτάκις; [22] λέγει αὐτῷ ὁ Ἰησοῦς· οὐ λέγω σοι ἕως ἑπτάκις ἀλλὰ ἕως ἑβδομηκοντάκις ἑπτά.			**Lk 17,4**	καὶ **ἐὰν** ἑπτάκις τῆς ἡμέρας ἁμαρτήσῃ εἰς σὲ καὶ ἑπτάκις ἐπιστρέψῃ πρὸς σὲ λέγων· μετανοῶ, ἀφήσεις αὐτῷ.	
a b *f* 102	**Mt 10,39** ⇧ Mt 16,25	ὁ εὑρὼν τὴν ψυχὴν αὐτοῦ ἀπολέσει αὐτήν, ...	**Mk 8,35**	**ὃς γὰρ ἐὰν** θέλῃ τὴν ψυχὴν αὐτοῦ σῶσαι ἀπολέσει αὐτήν· ...	**Lk 17,33** ⇧ Lk 9,24	**ὃς ἐὰν** ζητήσῃ τὴν ψυχὴν αὐτοῦ περιποιήσασθαι ἀπολέσει αὐτήν, ...	→ Jn 12,25 Mk-Q overlap
b 020			**Mk 10,12** ↑ Mt 5,32 → Mt 19,9 ↑ Lk 16,18 ↑ Mk 10,11	καὶ **ἐὰν** αὐτὴ ἀπολύσασα τὸν ἄνδρα αὐτῆς γαμήσῃ ἄλλον μοιχᾶται.			
b c 121	**Mt 19,29**	... ἑκατονταπλασίονα λήμψεται καὶ ζωὴν αἰώνιον κληρονομήσει.	**Mk 10,30**	**ἐὰν μὴ** λάβῃ ἑκατονταπλασίονα νῦν ἐν τῷ καιρῷ τούτῳ ... καὶ ἐν τῷ αἰῶνι τῷ ἐρχομένῳ ζωὴν αἰώνιον.	**Lk 18,30**	**ὃς οὐχὶ μὴ** [ἀπο]λάβῃ πολλαπλασίονα ἐν τῷ καιρῷ τούτῳ καὶ ἐν τῷ αἰῶνι τῷ ἐρχομένῳ ζωὴν αἰώνιον.	

af 200	**Mt 20,4**	... ὑπάγετε καὶ ὑμεῖς εἰς τὸν ἀμπελῶνα, καὶ ὃ ἐὰν ᾖ δίκαιον δώσω ὑμῖν.					
bf 120	**Mt 20,20**	τότε προσῆλθεν αὐτῷ ἡ μήτηρ τῶν υἱῶν Ζεβεδαίου μετὰ τῶν υἱῶν αὐτῆς προσκυνοῦσα καὶ αἰτοῦσά τι ἀπ' αὐτοῦ.	**Mk 10,35**	καὶ προσπορεύονται αὐτῷ Ἰάκωβος καὶ Ἰωάννης οἱ υἱοὶ Ζεβεδαίου λέγοντες αὐτῷ· διδάσκαλε, θέλομεν ἵνα ὃ ἐὰν αἰτήσωμέν σε ποιήσῃς ἡμῖν.			
af 211	**Mt 20,26** ⇨ Mt 23,11	οὐχ οὕτως ἔσται ἐν ὑμῖν, ἀλλ' ὃς ἐὰν θέλῃ ἐν ὑμῖν μέγας γενέσθαι ἔσται ὑμῶν διάκονος	**Mk 10,43** ⇨ Mk 9,35	οὐχ οὕτως δέ ἐστιν ἐν ὑμῖν, ἀλλ' ὃς ἂν θέλῃ μέγας γενέσθαι ἐν ὑμῖν ἔσται ὑμῶν διάκονος	**Lk 22,26**	ὑμεῖς δὲ οὐχ οὕτως, ἀλλ' ὁ μείζων ἐν ὑμῖν γινέσθω ὡς ὁ νεώτερος ...	
ba 222	**Mt 21,3**	καὶ ἐάν τις ὑμῖν εἴπῃ τι, ἐρεῖτε ὅτι ὁ κύριος αὐτῶν χρείαν ἔχει· ...	**Mk 11,3**	καὶ ἐάν τις ὑμῖν εἴπῃ· τί ποιεῖτε τοῦτο; εἴπατε· ὁ κύριος αὐτοῦ χρείαν ἔχει, ...	**Lk 19,31**	καὶ ἐάν τις ὑμᾶς ἐρωτᾷ· διὰ τί λύετε; οὕτως ἐρεῖτε· ὅτι ὁ κύριος αὐτοῦ χρείαν ἔχει.	
002					**Lk 19,40** → Mt 21,15-16	... λέγω ὑμῖν, ἐὰν οὗτοι σιωπήσουσιν, οἱ λίθοι κράξουσιν.	
a 210	**Mt 21,21** ↑ Mt 17,20 ↑ Lk 17,6	... ἀμὴν λέγω ὑμῖν, ἐὰν ἔχητε πίστιν	**Mk 11,22** ↑ Mt 17,20 ↑ Lk 17,6	... ἔχετε πίστιν θεοῦ.			
bk 210		καὶ μὴ διακριθῆτε, οὐ μόνον τὸ τῆς συκῆς ποιήσετε, ἀλλὰ κἂν τῷ ὄρει τούτῳ εἴπητε· ἄρθητι καὶ βλήθητι εἰς τὴν θάλασσαν, γενήσεται·	**Mk 11,23** → Mk 9,23	ἀμὴν λέγω ὑμῖν ὅτι ὃς ἂν εἴπῃ τῷ ὄρει τούτῳ· ἄρθητι καὶ βλήθητι εἰς τὴν θάλασσαν, καὶ μὴ διακριθῇ ἐν τῇ καρδίᾳ αὐτοῦ ἀλλὰ πιστεύῃ ὅτι ὃ λαλεῖ γίνεται, ἔσται αὐτῷ.			→ GTh 48 → GTh 106
bf 211	**Mt 21,24**	... ἐρωτήσω ὑμᾶς κἀγὼ λόγον ἕνα, ὃν ἐὰν εἴπητέ μοι κἀγὼ ὑμῖν ἐρῶ ἐν ποίᾳ ἐξουσίᾳ ταῦτα ποιῶ·	**Mk 11,29**	... ἐπερωτήσω ὑμᾶς ἕνα λόγον, καὶ ἀποκρίθητέ μοι καὶ ἐρῶ ὑμῖν ἐν ποίᾳ ἐξουσίᾳ ταῦτα ποιῶ·	**Lk 20,3**	... ἐρωτήσω ὑμᾶς κἀγὼ λόγον, καὶ εἴπατέ μοι·	
b 222	**Mt 21,25**	... οἱ δὲ διελογίζοντο ἐν ἑαυτοῖς λέγοντες· ἐὰν εἴπωμεν· ἐξ οὐρανοῦ, ἐρεῖ ἡμῖν· διὰ τί οὖν οὐκ ἐπιστεύσατε αὐτῷ;	**Mk 11,31**	καὶ διελογίζοντο πρὸς ἑαυτοὺς λέγοντες· ἐὰν εἴπωμεν· ἐξ οὐρανοῦ, ἐρεῖ· διὰ τί [οὖν] οὐκ ἐπιστεύσατε αὐτῷ;	**Lk 20,5**	οἱ δὲ συνελογίσαντο πρὸς ἑαυτοὺς λέγοντες ὅτι ἐὰν εἴπωμεν· ἐξ οὐρανοῦ, ἐρεῖ· διὰ τί οὐκ ἐπιστεύσατε αὐτῷ;	
b 212	**Mt 21,26**	ἐὰν δὲ εἴπωμεν· ἐξ ἀνθρώπων, φοβούμεθα τὸν ὄχλον, ...	**Mk 11,32**	ἀλλὰ εἴπωμεν· ἐξ ἀνθρώπων; - ἐφοβοῦντο τὸν ὄχλον· ...	**Lk 20,6**	ἐὰν δὲ εἴπωμεν· ἐξ ἀνθρώπων, ὁ λαὸς ἅπας καταλιθάσει ἡμᾶς, ...	

b h 201	**Mt 22,9**	πορεύεσθε οὖν ἐπὶ τὰς διεξόδους τῶν ὁδῶν καὶ ὅσους ἐὰν εὕρητε καλέσατε εἰς τοὺς γάμους.			**Lk 14,23** → Mt 22,10 ⇨ Lk 14,21 → Lk 16,16	... ἔξελθε εἰς τὰς ὁδοὺς καὶ φραγμοὺς καὶ ἀνάγκασον εἰσελθεῖν, ...	→ GTh 64
b 222	**Mt 22,24**	... διδάσκαλε, Μωϋσῆς εἶπεν· *ἐάν* *τις ἀποθάνῃ* *μὴ ἔχων τέκνα*, ... ➤ Deut 25,5	**Mk 12,19**	διδάσκαλε, Μωϋσῆς ἔγραψεν ἡμῖν ὅτι *ἐάν* *τινος ἀδελφὸς ἀποθάνῃ* καὶ καταλίπῃ γυναῖκα *καὶ μὴ ἀφῇ τέκνον*, ... ➤ Deut 25,5	**Lk 20,28**	... διδάσκαλε, Μωϋσῆς ἔγραψεν ἡμῖν, *ἐάν* *τινος ἀδελφὸς ἀποθάνῃ* ἔχων γυναῖκα, καὶ οὗτος *ἄτεκνος ᾖ*, ... ➤ Deut 25,5	
b h 200	**Mt 23,3**	πάντα οὖν ὅσα ἐὰν εἴπωσιν ὑμῖν ποιήσατε καὶ τηρεῖτε, ...					
b f 121	**Mt 10,19**	... μὴ μεριμνήσητε πῶς ἢ τί λαλήσητε· δοθήσεται γὰρ ὑμῖν ἐν ἐκείνῃ τῇ ὥρᾳ τί λαλήσητε·	**Mk 13,11**	... μὴ προμεριμνᾶτε τί λαλήσητε, ἀλλ' ὃ ἐὰν δοθῇ ὑμῖν ἐν ἐκείνῃ τῇ ὥρᾳ τοῦτο λαλεῖτε· ...	**Lk 21,15** ⇩ Lk 12,12	θέτε οὖν ἐν ταῖς καρδίαις ὑμῶν μὴ προμελετᾶν ἀπολογηθῆναι· ἐγὼ γὰρ δώσω ὑμῖν στόμα καὶ σοφίαν ...	→ Acts 6,10 Mk-Q overlap
					Lk 12,12 ⇧ Lk 21,15	[11] ... μὴ μεριμνήσητε πῶς ἢ τί ἀπολογήσησθε ἢ τί εἴπητε· [12] τὸ γὰρ ἅγιον πνεῦμα διδάξει ὑμᾶς ἐν αὐτῇ τῇ ὥρᾳ ἃ δεῖ εἰπεῖν.	→ Jn 14,26 Mk-Q overlap
b 220	**Mt 24,23** ⇩ Mt 24,26 → Mt 24,5	τότε ἐάν τις ὑμῖν εἴπῃ· ἰδοὺ ὧδε ὁ χριστός, ἤ· ὧδε, μὴ πιστεύσητε·	**Mk 13,21** → Mk 13,6	καὶ τότε ἐάν τις ὑμῖν εἴπῃ· ἴδε ὧδε ὁ χριστός, ἴδε ἐκεῖ, μὴ πιστεύετε·	→ Lk 17,21 ↓ Lk 17,23 → Lk 21,8		→ GTh 113
b d 201	**Mt 24,26** ⇧ Mt 24,23	ἐὰν οὖν εἴπωσιν ὑμῖν· ἰδοὺ ἐν τῇ ἐρήμῳ ἐστίν, μὴ ἐξέλθητε· ἰδοὺ ἐν τοῖς ταμείοις, μὴ πιστεύσητε·	**Mk 13,21** → Mt 24,5 → Mk 13,6 → Lk 21,8	καὶ τότε ἐάν τις ὑμῖν εἴπῃ· ἴδε ὧδε ὁ χριστός, ἴδε ἐκεῖ, μὴ πιστεύετε·	**Lk 17,23** → Lk 17,21	καὶ ἐροῦσιν ὑμῖν· ἰδοὺ ἐκεῖ, [ἤ·] ἰδοὺ ὧδε· μὴ ἀπέλθητε μηδὲ διώξητε.	→ GTh 113
a j 201	**Mt 24,28**	ὅπου ἐὰν ᾖ τὸ πτῶμα, ἐκεῖ συναχθήσονται οἱ ἀετοί.			**Lk 17,37**	... ὅπου τὸ σῶμα, ἐκεῖ καὶ οἱ ἀετοὶ ἐπισυναχθήσονται.	
b 202	**Mt 24,48**	ἐὰν δὲ εἴπῃ ὁ κακὸς δοῦλος ἐκεῖνος ἐν τῇ καρδίᾳ αὐτοῦ· χρονίζει μου ὁ κύριος			**Lk 12,45**	ἐὰν δὲ εἴπῃ ὁ δοῦλος ἐκεῖνος ἐν τῇ καρδίᾳ αὐτοῦ· χρονίζει ὁ κύριός μου ἔρχεσθαι, ...	
b j 220	**Mt 26,13**	ἀμὴν λέγω ὑμῖν, ὅπου ἐὰν κηρυχθῇ τὸ εὐαγγέλιον τοῦτο ἐν ὅλῳ τῷ κόσμῳ, λαληθήσεται καὶ ὃ ἐποίησεν αὕτη εἰς μνημόσυνον αὐτῆς.	**Mk 14,9**	ἀμὴν δὲ λέγω ὑμῖν, ὅπου ἐὰν κηρυχθῇ τὸ εὐαγγέλιον εἰς ὅλον τὸν κόσμον, καὶ ὃ ἐποίησεν αὕτη λαληθήσεται εἰς μνημόσυνον αὐτῆς.			
b j 121	**Mt 26,18**	... εἴπατε αὐτῷ· ὁ διδάσκαλος λέγει· ...	**Mk 14,14**	[13] ... ἀκολουθήσατε αὐτῷ [14] καὶ ὅπου ἐὰν εἰσέλθῃ εἴπατε τῷ οἰκοδεσπότῃ ὅτι ὁ διδάσκαλος λέγει· ...	**Lk 22,10**	... ἀκολουθήσατε αὐτῷ εἰς τὴν οἰκίαν εἰς ἣν εἰσπορεύεται. [11] καὶ ἐρεῖτε τῷ οἰκοδεσπότῃ τῆς οἰκίας· λέγει σοι ὁ διδάσκαλος· ...	

a k 220	**Mt 26,35** → Lk 22,33	λέγει αὐτῷ ὁ Πέτρος· **κἂν** δέῃ με σὺν σοὶ ἀποθανεῖν, οὐ μή σε ἀπαρνήσομαι. ...	**Mk 14,31** → Lk 22,33	ὁ δὲ ἐκπερισσῶς ἐλάλει· **ἐὰν** δέῃ με συναποθανεῖν σοι, οὐ μή σε ἀπαρνήσομαι. ...			→ Jn 13,37
b c 210	**Mt 26,42** → Mt 6,10 → Lk 22,42	πάλιν ἐκ δευτέρου ἀπελθὼν προσηύξατο λέγων· πάτερ μου, εἰ οὐ δύναται τοῦτο παρελθεῖν **ἐὰν μὴ** αὐτὸ πίω, γενηθήτω τὸ θέλημά σου.	**Mk 14,39**	καὶ πάλιν ἀπελθὼν προσηύξατο τὸν αὐτὸν λόγον εἰπών.			
	Mt 26,64 → Mt 27,42-43	[63] ... καὶ ὁ ἀρχιερεὺς εἶπεν αὐτῷ· ἐξορκίζω σε κατὰ τοῦ θεοῦ τοῦ ζῶντος ἵνα ἡμῖν εἴπῃς εἰ σὺ εἶ ὁ χριστὸς ὁ υἱὸς τοῦ θεοῦ. [64] λέγει αὐτῷ ὁ Ἰησοῦς· ↔	**Mk 14,62** → Mk 15,32	[61] ... πάλιν ὁ ἀρχιερεὺς ἐπηρώτα αὐτὸν καὶ λέγει αὐτῷ· σὺ εἶ ὁ χριστὸς ὁ υἱὸς τοῦ εὐλογητοῦ; [62] ὁ δὲ Ἰησοῦς εἶπεν· ↔	**Lk 22,67** ⇩ Lk 22,70 → Lk 23,35	λέγοντες· εἰ σὺ εἶ ὁ χριστός, εἰπὸν ἡμῖν. εἶπεν δὲ αὐτοῖς·	→ Jn 10,24-25
b 002						**ἐὰν** ὑμῖν εἴπω οὐ μὴ πιστεύσητε·	
b 002					**Lk 22,68**	**ἐὰν** δὲ ἐρωτήσω, οὐ μὴ ἀποκριθῆτε.	
	Mt 26,64	↔ σὺ εἶπας· ...	**Mk 14,62**	↔ ἐγώ εἰμι, ...	**Lk 22,70** ⇧ Lk 22,67	εἶπαν δὲ πάντες· σὺ οὖν εἶ ὁ υἱὸς τοῦ θεοῦ; ὁ δὲ πρὸς αὐτοὺς ἔφη· ὑμεῖς λέγετε ὅτι ἐγώ εἰμι.	→ Jn 10,36
b 200	**Mt 28,14**	καὶ **ἐὰν** ἀκουσθῇ τοῦτο ἐπὶ τοῦ ἡγεμόνος, ἡμεῖς πείσομεν [αὐτὸν] ...					

b c g **Acts 3,23** *ἔσται δὲ πᾶσα ψυχὴ* ***ἥτις ἐὰν μὴ*** *ἀκούσῃ τοῦ προφήτου ἐκείνου ἐξολεθρευθήσεται ἐκ τοῦ λαοῦ.* ➤ Lev 23,29

b k **Acts 5,15** ὥστε καὶ εἰς τὰς πλατείας ἐκφέρειν τοὺς ἀσθενεῖς καὶ τιθέναι ἐπὶ κλιναρίων καὶ κραβάττων, ἵνα ἐρχομένου Πέτρου **κἂν** ἡ σκιὰ ἐπισκιάσῃ τινὶ αὐτῶν.

a **Acts 5,38** ... ὅτι **ἐὰν** ᾖ ἐξ ἀνθρώπων ἡ βουλὴ αὕτη ἢ τὸ ἔργον τοῦτο, καταλυθήσεται

f **Acts 7,7** *καὶ τὸ ἔθνος* ***ᾧ ἐὰν*** *δουλεύσουσιν κρινῶ ἐγώ,* ὁ θεὸς εἶπεν, ... ➤ Gen 15,14

b f **Acts 8,19** ... δότε κἀμοὶ τὴν ἐξουσίαν ταύτην ἵνα **ᾧ ἐὰν** ἐπιθῶ τὰς χεῖρας λαμβάνῃ πνεῦμα ἅγιον.

c **Acts 8,31** ... πῶς γὰρ ἂν δυναίμην **ἐὰν μή** τις ὁδηγήσει με; ...

b **Acts 9,2** ᾐτήσατο παρ᾽ αὐτοῦ ἐπιστολὰς εἰς Δαμασκὸν πρὸς τὰς συναγωγάς, ὅπως **ἐάν** τινας εὕρῃ τῆς ὁδοῦ ὄντας, ἄνδρας τε καὶ γυναῖκας, δεδεμένους ἀγάγῃ εἰς Ἰερουσαλήμ.

a **Acts 13,41** ... ἔργον *ὃ οὐ μὴ πιστεύσητε* ***ἐάν*** *τις ἐκδιηγῆται ὑμῖν.* ➤ Hab 1,5 LXX

b c **Acts 15,1** καί τινες κατελθόντες ἀπὸ τῆς Ἰουδαίας ἐδίδασκον τοὺς ἀδελφοὺς ὅτι, **ἐὰν μὴ** περιτμηθῆτε τῷ ἔθει τῷ Μωϋσέως, οὐ δύνασθε σωθῆναι.

a **Acts 26,5** [4] ... ἴσασι πάντες [οἱ] Ἰουδαῖοι [5] προγινώσκοντές με ἄνωθεν, **ἐὰν** θέλωσι μαρτυρεῖν, ...

b c **Acts 27,31** ... **ἐὰν μὴ** οὗτοι μείνωσιν ἐν τῷ πλοίῳ, ὑμεῖς σωθῆναι οὐ δύνασθε.

ἑαυτοῦ	Syn 113	Mt 32	Mk 24	Lk 57	Acts 20	Jn 27	1-3John 5	Paul 86	Eph 14	Col 2
	NT 319	2Thess 4	1/2Tim 8	Tit 2	Heb 13	Jas 5	1Pet 4	2Pet 1	Jude 7	Rev 8

reflexive pronoun of the third person singular/plural: himself; herself; itself; themselves;
possessive pronoun: his; hers; *reciprocal pronoun:* one another; each other

	triple tradition																	double tradition			Sondergut		
		+Mt / +Lk			–Mt / –Lk			traditions not taken over by Mt / Lk							subtotals								
code	*222*	*211*	*112*	*212*	*221*	*122*	*121*	*022*	*012*	*021*	*220*	*120*	*210*	*020*	Σ⁺	Σ⁻	Σ	*202*	*201*	*102*	*200*	*002*	total
Mt	3	2⁺			3		4⁻				1	3⁻	4⁺		6⁺	7⁻	13	7	3		9		**32**
Mk	3				3		4			3	1	3		7			24						**24**
Lk	3		8⁺		3⁻		4⁻			3⁻					8⁺	10⁻	11	7		10		29	**57**

Mk-Q overlap: 112: Mt 12,29 / Mk 3,27 / Lk 11,21 (?)

a ἐν ἑαυτῷ, ἐν ἑαυτοῖς

002					**Lk 1,24**	μετὰ δὲ ταύτας τὰς ἡμέρας συνέλαβεν Ἐλισάβετ ἡ γυνὴ αὐτοῦ καὶ περιέκρυβεν **ἑαυτὴν** μῆνας πέντε ...	
002					**Lk 2,3**	καὶ ἐπορεύοντο πάντες ἀπογράφεσθαι, ἕκαστος **εἰς τὴν ἑαυτοῦ πόλιν.**	
002					**Lk 2,39** → Mt 2,22-23	... ἐπέστρεψαν εἰς τὴν Γαλιλαίαν **εἰς πόλιν ἑαυτῶν Ναζαρέθ.**	
a 202	**Mt 3,9**	καὶ μὴ δόξητε λέγειν **ἐν ἑαυτοῖς·** πατέρα ἔχομεν τὸν Ἀβραάμ. ...			**Lk 3,8**	... καὶ μὴ ἄρξησθε λέγειν **ἐν ἑαυτοῖς·** πατέρα ἔχομεν τὸν Ἀβραάμ. ...	
021			**Mk 1,27**	καὶ ἐθαμβήθησαν ἅπαντες, ὥστε συζητεῖν **πρὸς ἑαυτοὺς** λέγοντας· τί ἐστιν τοῦτο; ...	**Lk 4,36**	καὶ ἐγένετο θάμβος ἐπὶ πάντας καὶ συνελάλουν **πρὸς ἀλλήλους** λέγοντες· τίς ὁ λόγος οὗτος ...	
a 121	**Mt 9,4** → Mt 12,25a	καὶ ἰδὼν ὁ Ἰησοῦς τὰς ἐνθυμήσεις αὐτῶν εἶπεν· ἱνατί ἐνθυμεῖσθε πονηρὰ ἐν ταῖς καρδίαις ὑμῶν;	**Mk 2,8**	καὶ εὐθὺς ἐπιγνοὺς ὁ Ἰησοῦς τῷ πνεύματι αὐτοῦ ὅτι οὕτως διαλογίζονται **ἐν ἑαυτοῖς** λέγει αὐτοῖς· τί ταῦτα διαλογίζεσθε ἐν ταῖς καρδίαις ὑμῶν;	**Lk 5,22** → Lk 11,17a → Lk 6,8	ἐπιγνοὺς δὲ ὁ Ἰησοῦς τοὺς διαλογισμοὺς αὐτῶν ἀποκριθεὶς εἶπεν πρὸς αὐτούς· τί διαλογίζεσθε ἐν ταῖς καρδίαις ὑμῶν;	
200	**Mt 6,34**	μὴ οὖν μεριμνήσητε εἰς τὴν αὔριον, ἡ γὰρ αὔριον μεριμνήσει **ἑαυτῆς·** ἀρκετὸν τῇ ἡμέρᾳ ἡ κακία αὐτῆς.					
202	**Mt 8,22**	... καὶ ἄφες τοὺς νεκροὺς θάψαι **τοὺς ἑαυτῶν νεκρούς.**			**Lk 9,60**	... ἄφες τοὺς νεκροὺς θάψαι **τοὺς ἑαυτῶν νεκρούς, ...**	
a 211	**Mt 9,3**	καὶ ἰδού τινες τῶν γραμματέων εἶπαν **ἐν ἑαυτοῖς· ...**	**Mk 2,6** → Lk 5,17	ἦσαν δέ τινες τῶν γραμματέων ἐκεῖ καθήμενοι καὶ διαλογιζόμενοι **ἐν ταῖς καρδίαις αὐτῶν·**	**Lk 5,21** ↓ Lk 7,49	καὶ ἤρξαντο διαλογίζεσθαι οἱ γραμματεῖς καὶ οἱ Φαρισαῖοι λέγοντες· ...	

a 210	**Mt 9,21** → Lk 8,47	ἔλεγεν γὰρ **ἐν ἑαυτῇ·** ἐὰν μόνον ἅψωμαι τοῦ ἱματίου αὐτοῦ σωθήσομαι.	**Mk 5,28** → Lk 8,47	ἔλεγεν γὰρ ὅτι ἐὰν ἅψωμαι κἂν τῶν ἱματίων αὐτοῦ σωθήσομαι.			
102	**Mt 21,32**	ἦλθεν γὰρ Ἰωάννης πρὸς ὑμᾶς ἐν ὁδῷ δικαιοσύνης, καὶ οὐκ ἐπιστεύσατε αὐτῷ, ...			**Lk 7,30**	οἱ δὲ Φαρισαῖοι καὶ οἱ νομικοὶ τὴν βουλὴν τοῦ θεοῦ ἠθέτησαν **εἰς ἑαυτούς** μὴ βαπτισθέντες ὑπ' αὐτοῦ.	
a 002					**Lk 7,39**	ἰδὼν δὲ ὁ Φαρισαῖος ὁ καλέσας αὐτὸν εἶπεν **ἐν ἑαυτῷ** λέγων· οὗτος εἰ ἦν προφήτης, ...	
a 002					**Lk 7,49** ↑ Mt 9,3 ↑ Mk 2,6 ↑ Lk 5,21	καὶ ἤρξαντο οἱ συνανακείμενοι λέγειν **ἐν ἑαυτοῖς·** τίς οὗτός ἐστιν ὃς καὶ ἁμαρτίας ἀφίησιν;	
020	Mt 12,25 (2)	... πᾶσα βασιλεία μερισθεῖσα **καθ' ἑαυτῆς** ἐρημοῦται	**Mk 3,24**	καὶ ἐὰν βασιλεία **ἐφ' ἑαυτὴν** μερισθῇ, οὐ δύναται σταθῆναι ἡ βασιλεία ἐκείνη·	Lk 11,17	... πᾶσα βασιλεία **ἐφ' ἑαυτὴν** διαμερισθεῖσα ἐρημοῦται	Mk-Q overlap
020		καὶ πᾶσα πόλις ἢ οἰκία μερισθεῖσα **καθ' ἑαυτῆς** οὐ σταθήσεται.	**Mk 3,25**	καὶ ἐὰν οἰκία **ἐφ' ἑαυτὴν** μερισθῇ, οὐ δυνήσεται ἡ οἰκία ἐκείνη σταθῆναι.		καὶ οἶκος ἐπὶ οἶκον πίπτει.	Mk-Q overlap
020	Mt 12,26	καὶ εἰ ὁ σατανᾶς τὸν σατανᾶν ἐκβάλλει, **ἐφ' ἑαυτὸν** ἐμερίσθη· πῶς οὖν σταθήσεται ἡ βασιλεία αὐτοῦ;	**Mk 3,26**	καὶ εἰ ὁ σατανᾶς ἀνέστη **ἐφ' ἑαυτὸν** καὶ ἐμερίσθη, οὐ δύναται στῆναι ἀλλὰ τέλος ἔχει.	Lk 11,18 → Mt 9,34 → Mt 12,24 → Mk 3,22 → Lk 11,15	εἰ δὲ καὶ ὁ σατανᾶς **ἐφ' ἑαυτὸν** διεμερίσθη, πῶς σταθήσεται ἡ βασιλεία αὐτοῦ; ...	Mk-Q overlap
202	**Mt 12,25** **(2)**	... πᾶσα βασιλεία μερισθεῖσα **καθ' ἑαυτῆς** ἐρημοῦται	Mk 3,24	καὶ ἐὰν βασιλεία **ἐφ' ἑαυτὴν** μερισθῇ, οὐ δύναται σταθῆναι ἡ βασιλεία ἐκείνη·	**Lk 11,17**	... πᾶσα βασιλεία **ἐφ' ἑαυτὴν** διαμερισθεῖσα ἐρημοῦται	Mk-Q overlap
201		καὶ πᾶσα πόλις ἢ οἰκία μερισθεῖσα **καθ' ἑαυτῆς** οὐ σταθήσεται.	Mk 3,25	καὶ ἐὰν οἰκία **ἐφ' ἑαυτὴν** μερισθῇ, οὐ δυνήσεται ἡ οἰκία ἐκείνη σταθῆναι.		καὶ οἶκος ἐπὶ οἶκον πίπτει.	
202	**Mt 12,26**	καὶ εἰ ὁ σατανᾶς τὸν σατανᾶν ἐκβάλλει, **ἐφ' ἑαυτὸν** ἐμερίσθη· πῶς οὖν σταθήσεται ἡ βασιλεία αὐτοῦ;	Mk 3,26	καὶ εἰ ὁ σατανᾶς ἀνέστη **ἐφ' ἑαυτὸν** καὶ ἐμερίσθη, οὐ δύναται στῆναι ἀλλὰ τέλος ἔχει.	**Lk 11,18** → Mt 9,34 → Mt 12,24 → Mk 3,22 → Lk 11,15	εἰ δὲ καὶ ὁ σατανᾶς **ἐφ' ἑαυτὸν** διεμερίσθη, πῶς σταθήσεται ἡ βασιλεία αὐτοῦ; ...	Mk-Q overlap
  201 202	**Mt 12,45** **(2)** → Mk 9,25	τότε πορεύεται καὶ παραλαμβάνει **μεθ' ἑαυτοῦ** ἑπτὰ ἕτερα πνεύματα **πονηρότερα ἑαυτοῦ** καὶ εἰσελθόντα κατοικεῖ ἐκεῖ· ...			**Lk 11,26** → Mk 9,25	τότε πορεύεται καὶ παραλαμβάνει ἕτερα πνεύματα **πονηρότερα ἑαυτοῦ** ἑπτὰ καὶ εἰσελθόντα κατοικεῖ ἐκεῖ· ...	

a 221	Mt 13,21	οὐκ ἔχει δὲ ῥίζαν **ἐν ἑαυτῷ** ἀλλὰ πρόσκαιρός ἐστιν, ...	Mk 4,17	καὶ οὐκ ἔχουσιν ῥίζαν **ἐν ἑαυτοῖς** ἀλλὰ πρόσκαιροί εἰσιν, ...	Lk 8,13	... καὶ οὗτοι ῥίζαν οὐκ ἔχουσιν, οἳ πρὸς καιρὸν πιστεύουσιν ...	
021			Mk 5,5	καὶ διὰ παντὸς νυκτὸς καὶ ἡμέρας ἐν τοῖς μνήμασιν καὶ ἐν τοῖς ὄρεσιν ἦν κράζων καὶ κατακόπτων **ἑαυτὸν** λίθοις.	Lk 8,29	... ἠλαύνετο ὑπὸ τοῦ δαιμονίου εἰς τὰς ἐρήμους.	
a 021			Mk 5,30 → Lk 6,19	καὶ εὐθὺς ὁ Ἰησοῦς ἐπιγνοὺς **ἐν ἑαυτῷ** τὴν ἐξ αὐτοῦ δύναμιν ἐξελθοῦσαν ἐπιστραφεὶς ἐν τῷ ὄχλῳ ἔλεγεν· τίς μου ἥψατο τῶν ἱματίων;	Lk 8,46 → Lk 6,19	ὁ δὲ Ἰησοῦς εἶπεν· ἥψατό μού τις, ἐγὼ γὰρ ἔγνων δύναμιν ἐξεληλυθυῖαν ἀπ᾽ ἐμοῦ.	
221	Mt 14,15 → Mt 14,16 → Mt 15,32	... ἀπόλυσον τοὺς ὄχλους, ἵνα ἀπελθόντες εἰς τὰς κώμας ἀγοράσωσιν **ἑαυτοῖς** βρώματα.	Mk 6,36 → Mk 6,37 → Mk 8,3	ἀπόλυσον αὐτούς, ἵνα ἀπελθόντες εἰς τοὺς κύκλῳ ἀγροὺς καὶ κώμας ἀγοράσωσιν **ἑαυτοῖς** τί φάγωσιν.	Lk 9,12 → Lk 9,13	... ἀπόλυσον τὸν ὄχλον, ἵνα πορευθέντες εἰς τὰς κύκλῳ κώμας καὶ ἀγροὺς καταλύσωσιν καὶ εὕρωσιν ἐπισιτισμόν, ...	
a 120	Mt 14,33	οἱ δὲ ἐν τῷ πλοίῳ προσεκύνησαν αὐτῷ ...	Mk 6,51	... καὶ λίαν [ἐκ περισσοῦ] **ἐν ἑαυτοῖς** ἐξίσταντο·			
210	Mt 15,30 → Mt 4,24b → Mt 8,16	καὶ προσῆλθον αὐτῷ ὄχλοι πολλοὶ ἔχοντες **μεθ᾽ ἑαυτῶν** χωλούς, τυφλούς, κυλλούς, κωφούς, καὶ ἑτέρους πολλοὺς καὶ ἔρριψαν αὐτοὺς παρὰ τοὺς πόδας αὐτοῦ, ...	Mk 7,32 → Mk 1,32	καὶ φέρουσιν αὐτῷ κωφὸν καὶ μογιλάλον καὶ παρακαλοῦσιν αὐτὸν ἵνα ἐπιθῇ αὐτῷ τὴν χεῖρα.			
120	Mt 16,5	καὶ ἐλθόντες οἱ μαθηταὶ εἰς τὸ πέραν ἐπελάθοντο ἄρτους λαβεῖν.	Mk 8,14	καὶ ἐπελάθοντο λαβεῖν ἄρτους καὶ εἰ μὴ ἕνα ἄρτον οὐκ εἶχον **μεθ᾽ ἑαυτῶν** ἐν τῷ πλοίῳ.			
a 210	Mt 16,7	οἱ δὲ διελογίζοντο **ἐν ἑαυτοῖς** λέγοντες ὅτι ἄρτους οὐκ ἐλάβομεν.	Mk 8,16	καὶ διελογίζοντο **πρὸς ἀλλήλους** ὅτι ἄρτους οὐκ ἔχουσιν.			
a 210	Mt 16,8	γνοὺς δὲ ὁ Ἰησοῦς εἶπεν· τί διαλογίζεσθε **ἐν ἑαυτοῖς**, ὀλιγόπιστοι, ὅτι ἄρτους οὐκ ἔχετε;	Mk 8,17	καὶ γνοὺς λέγει αὐτοῖς· τί διαλογίζεσθε ὅτι ἄρτους οὐκ ἔχετε; ...			
222	Mt 16,24 ⇩ Mt 10,38	... εἴ τις θέλει ὀπίσω μου ἐλθεῖν, ἀπαρνησάσθω **ἑαυτὸν** καὶ ἀράτω τὸν σταυρὸν αὐτοῦ καὶ ἀκολουθείτω μοι.	Mk 8,34	... εἴ τις θέλει ὀπίσω μου ἀκολουθεῖν, ἀπαρνησάσθω **ἑαυτὸν** καὶ ἀράτω τὸν σταυρὸν αὐτοῦ καὶ ἀκολουθείτω μοι.	Lk 9,23 ⇩ Lk 14,27	... εἴ τις θέλει ὀπίσω μου ἔρχεσθαι, ἀρνησάσθω **ἑαυτὸν** καὶ ἀράτω τὸν σταυρὸν αὐτοῦ καθ᾽ ἡμέραν, καὶ ἀκολουθείτω μοι.	→ GTh 55 Mk-Q overlap
112	Mt 16,26	τί γὰρ ὠφεληθήσεται ἄνθρωπος ἐὰν τὸν κόσμον ὅλον κερδήσῃ **τὴν δὲ ψυχὴν αὐτοῦ** ζημιωθῇ; ...	Mk 8,36	τί γὰρ ὠφελεῖ ἄνθρωπον κερδῆσαι τὸν κόσμον ὅλον καὶ ζημιωθῆναι **τὴν ψυχὴν αὐτοῦ**;	Lk 9,25	τί γὰρ ὠφελεῖται ἄνθρωπος κερδήσας τὸν κόσμον ὅλον **ἑαυτὸν** δὲ ἀπολέσας ἢ ζημιωθείς;	

121	Mt 17,8	ἐπάραντες δὲ τοὺς ὀφθαλμοὺς αὐτῶν οὐδένα εἶδον εἰ μὴ αὐτὸν Ἰησοῦν μόνον.	Mk 9,8	καὶ ἐξάπινα περιβλεψάμενοι οὐκέτι οὐδένα εἶδον ἀλλὰ τὸν Ἰησοῦν μόνον **μεθ' ἑαυτῶν.**	Lk 9,36	καὶ ἐν τῷ γενέσθαι τὴν φωνὴν εὑρέθη Ἰησοῦς μόνος. ...	
020			Mk 9,10	καὶ τὸν λόγον ἐκράτησαν **πρὸς ἑαυτοὺς** συζητοῦντες τί ἐστιν τὸ ἐκ νεκρῶν ἀναστῆναι.			
112	Mt 18,2	καὶ προσκαλεσάμενος παιδίον ἔστησεν αὐτὸ **ἐν μέσῳ αὐτῶν** [3] καὶ εἶπεν· ...	Mk 9,36	καὶ λαβὼν παιδίον ἔστησεν αὐτὸ **ἐν μέσῳ αὐτῶν** καὶ ἐναγκαλισάμενος αὐτὸ εἶπεν αὐτοῖς·	Lk 9,47	... ἐπιλαβόμενος παιδίον ἔστησεν αὐτὸ **παρ' ἑαυτῷ** [48] καὶ εἶπεν αὐτοῖς· ...	
200	Mt 18,4 ↓ Mt 23,12 ↓ Lk 14,11 ↓ Lk 18,14	ὅστις οὖν ταπεινώσει **ἑαυτὸν** ὡς τὸ παιδίον τοῦτο, οὗτός ἐστιν ὁ μείζων ἐν τῇ βασιλείᾳ τῶν οὐρανῶν.					
a 020	Mt 5,13	... ἐὰν δὲ τὸ ἅλας μωρανθῇ, ἐν τίνι ἁλισθήσεται; ...	Mk 9,50	... ἐὰν δὲ τὸ ἅλας ἄναλον γένηται, ἐν τίνι αὐτὸ ἀρτύσετε; ἔχετε **ἐν ἑαυτοῖς** ἅλα καὶ εἰρηνεύετε ἐν ἀλλήλοις.	Lk 14,34	... ἐὰν δὲ καὶ τὸ ἅλας μωρανθῇ, ἐν τίνι ἀρτυθήσεται;	
200	Mt 18,31	... καὶ ἐλθόντες διεσάφησαν **τῷ κυρίῳ ἑαυτῶν** πάντα τὰ γενόμενα.					
202	Mt 8,22	... καὶ ἄφες τοὺς νεκροὺς θάψαι **τοὺς ἑαυτῶν νεκρούς.**			Lk 9,60	... ἄφες τοὺς νεκροὺς θάψαι **τοὺς ἑαυτῶν νεκρούς,** ...	
002					Lk 10,29	ὁ δὲ θέλων δικαιῶσαι **ἑαυτὸν** εἶπεν πρὸς τὸν Ἰησοῦν· καὶ τίς ἐστίν μου πλησίον;	
202	Mt 12,25 (2)	... πᾶσα βασιλεία μερισθεῖσα **καθ' ἑαυτῆς** ἐρημοῦται ...	Mk 3,24	καὶ ἐὰν βασιλεία **ἐφ' ἑαυτὴν** μερισθῇ, οὐ δύναται σταθῆναι ἡ βασιλεία ἐκείνη·	Lk 11,17	... πᾶσα βασιλεία **ἐφ' ἑαυτὴν** διαμερισθεῖσα ἐρημοῦται ...	Mk-Q overlap
202	Mt 12,26	καὶ εἰ ὁ σατανᾶς τὸν σατανᾶν ἐκβάλλει, **ἐφ' ἑαυτὸν** ἐμερίσθη· πῶς οὖν σταθήσεται ἡ βασιλεία αὐτοῦ;	Mk 3,26	καὶ εἰ ὁ σατανᾶς ἀνέστη **ἐφ' ἑαυτὸν** καὶ ἐμερίσθη, οὐ δύναται στῆναι ἀλλὰ τέλος ἔχει.	Lk 11,18 → Mt 9,34 → Mt 12,24 → Mk 3,22 → Lk 11,15	εἰ δὲ καὶ ὁ σατανᾶς **ἐφ' ἑαυτὸν** διεμερίσθη, πῶς σταθήσεται ἡ βασιλεία αὐτοῦ; ...	Mk-Q overlap
112	Mt 12,29	ἢ πῶς δύναταί τις εἰσελθεῖν **εἰς τὴν οἰκίαν τοῦ ἰσχυροῦ** καὶ τὰ σκεύη αὐτοῦ ἁρπάσαι, ...	Mk 3,27	ἀλλ' οὐ δύναται οὐδεὶς **εἰς τὴν οἰκίαν τοῦ ἰσχυροῦ** εἰσελθὼν τὰ σκεύη αὐτοῦ διαρπάσαι, ...	Lk 11,21	ὅταν ὁ ἰσχυρὸς καθωπλισμένος φυλάσσῃ **τὴν ἑαυτοῦ αὐλήν,** ἐν εἰρήνῃ ἐστὶν τὰ ὑπάρχοντα αὐτοῦ·	→ GTh 21,5 → GTh 35 Mk-Q overlap?
202	Mt 12,45 (2) → Mk 9,25	τότε πορεύεται καὶ παραλαμβάνει μεθ' ἑαυτοῦ ἑπτὰ ἕτερα πνεύματα **πονηρότερα ἑαυτοῦ** καὶ εἰσελθόντα κατοικεῖ ἐκεῖ· ...			Lk 11,26 → Mk 9,25	τότε πορεύεται καὶ παραλαμβάνει ἕτερα πνεύματα **πονηρότερα ἑαυτοῦ** ἑπτὰ καὶ εἰσελθόντα κατοικεῖ ἐκεῖ· ...	

112	**Mt 16,6** ⇨ Mt 16,11	... ὁρᾶτε καὶ προσέχετε ἀπὸ τῆς ζύμης τῶν Φαρισαίων καὶ Σαδδουκαίων.	**Mk 8,15**	... ὁρᾶτε, βλέπετε ἀπὸ τῆς ζύμης τῶν Φαρισαίων καὶ τῆς ζύμης Ἡρῴδου.	**Lk 12,1** → Mt 16,12	... προσέχετε **ἑαυτοῖς** ἀπὸ τῆς ζύμης, ἥτις ἐστὶν ὑπόκρισις, τῶν Φαρισαίων.	
a 002					**Lk 12,17**	καὶ διελογίζετο **ἐν ἑαυτῷ** λέγων· τί ποιήσω, ὅτι οὐκ ἔχω ποῦ συνάξω τοὺς καρπούς μου;	→ GTh 63
002					**Lk 12,21** → Mt 6,19	οὕτως ὁ θησαυρίζων **ἑαυτῷ** καὶ μὴ εἰς θεὸν πλουτῶν.	→ GTh 63
102	**Mt 6,20** → Mt 19,21	θησαυρίζετε δὲ **ὑμῖν** θησαυροὺς ἐν οὐρανῷ, ...	→ Mk 10,21		**Lk 12,33** → Mt 6,19 ↓ **Lk 14,33** ↓ **Lk 16,9** → Lk 18,22	πωλήσατε τὰ ὑπάρχοντα ὑμῶν καὶ δότε ἐλεημοσύνην· ποιήσατε **ἑαυτοῖς** βαλλάντια μὴ παλαιούμενα, θησαυρὸν ἀνέκλειπτον ἐν τοῖς οὐρανοῖς, ...	→ Acts 2,45 → GTh 76,3
002					**Lk 12,36**	καὶ ὑμεῖς ὅμοιοι ἀνθρώποις προσδεχομένοις **τὸν κύριον ἑαυτῶν** πότε ἀναλύσῃ ἐκ τῶν γάμων, ...	
002					**Lk 12,57**	τί δὲ καὶ **ἀφ᾽ ἑαυτῶν** οὐ κρίνετε τὸ δίκαιον;	
102	**Mt 13,31**	ἄλλην παραβολὴν παρέθηκεν αὐτοῖς λέγων· ὁμοία ἐστὶν ἡ βασιλεία τῶν οὐρανῶν κόκκῳ σινάπεως, ὃν λαβὼν ἄνθρωπος ἔσπειρεν **ἐν τῷ ἀγρῷ αὐτοῦ·**	**Mk 4,31**	[30] καὶ ἔλεγεν· πῶς ὁμοιώσωμεν τὴν βασιλείαν τοῦ θεοῦ ἢ ἐν τίνι αὐτὴν παραβολῇ θῶμεν; [31] ὡς κόκκῳ σινάπεως, ὃς ὅταν σπαρῇ **ἐπὶ τῆς γῆς, ...**	**Lk 13,19**	[18] ἔλεγεν οὖν· τίνι ὁμοία ἐστὶν ἡ βασιλεία τοῦ θεοῦ καὶ τίνι ὁμοιώσω αὐτήν; [19] ὁμοία ἐστὶν κόκκῳ σινάπεως, ὃν λαβὼν ἄνθρωπος ἔβαλεν **εἰς κῆπον ἑαυτοῦ, ...**	→ GTh 20 Mk-Q overlap
102	**Mt 23,37**	... ποσάκις ἠθέλησα ἐπισυναγαγεῖν τὰ τέκνα σου, ὃν τρόπον ὄρνις ἐπισυνάγει **τὰ νοσσία αὐτῆς** ὑπὸ τὰς πτέρυγας, καὶ οὐκ ἠθελήσατε.			**Lk 13,34**	... ποσάκις ἠθέλησα ἐπισυνάξαι τὰ τέκνα σου ὃν τρόπον ὄρνις **τὴν ἑαυτῆς νοσσιὰν** ὑπὸ τὰς πτέρυγας, καὶ οὐκ ἠθελήσατε.	
202	**Mt 23,12** **(2)** ↑ **Mt 18,4**	ὅστις δὲ ὑψώσει **ἑαυτὸν** ταπεινωθήσεται			**Lk 14,11** **(2)** ↓ **Lk 18,14b**	ὅτι πᾶς ὁ ὑψῶν **ἑαυτὸν** ταπεινωθήσεται,	
202		καὶ ὅστις ταπεινώσει **ἑαυτὸν** ὑψωθήσεται.				καὶ ὁ ταπεινῶν **ἑαυτὸν** ὑψωθήσεται.	

102 102	**Mt 10,37** → Mt 19,29	ὁ φιλῶν **πατέρα** ἢ μητέρα ὑπὲρ ἐμὲ οὐκ ἔστιν μου ἄξιος, καὶ ὁ φιλῶν υἱὸν ἢ θυγατέρα ὑπὲρ ἐμὲ οὐκ ἔστιν μου ἄξιος·	→ Mk 10,29		**Lk 14,26** **(2)** → Lk 18,29	εἴ τις ἔρχεται πρός με καὶ οὐ μισεῖ **τὸν πατέρα ἑαυτοῦ** καὶ τὴν μητέρα καὶ τὴν γυναῖκα καὶ τὰ τέκνα καὶ τοὺς ἀδελφοὺς καὶ τὰς ἀδελφὰς ἔτι τε καὶ **τὴν ψυχὴν ἑαυτοῦ,** οὐ δύναται εἶναί μου μαθητής.	→ GTh 55 → GTh 101
102	**Mt 10,38** ⇑ Mt 16,24	καὶ ὃς οὐ λαμβάνει **τὸν σταυρὸν αὐτοῦ** καὶ ἀκολουθεῖ ὀπίσω μου, οὐκ ἔστιν μου ἄξιος.	**Mk 8,34**	... εἴ τις θέλει ὀπίσω μου ἀκολουθεῖν, ἀπαρνησάσθω ἑαυτὸν καὶ ἀράτω **τὸν σταυρὸν αὐτοῦ** καὶ ἀκολουθείτω μοι.	**Lk 14,27** ⇑ Lk 9,23	ὅστις οὐ βαστάζει **τὸν σταυρὸν ἑαυτοῦ** καὶ ἔρχεται ὀπίσω μου οὐ δύναται εἶναί μου μαθητής.	→ GTh 55 → GTh 101 Mk-Q overlap
002					**Lk 14,33** ↑ Lk 12,33	οὕτως οὖν πᾶς ἐξ ὑμῶν ὃς οὐκ ἀποτάσσεται **πᾶσιν τοῖς ἑαυτοῦ** **ὑπάρχουσιν** οὐ δύναται εἶναί μου μαθητής.	→ Acts 2,45
002					**Lk 15,17**	**εἰς ἑαυτὸν** δὲ ἐλθὼν ἔφη· πόσοι μίσθιοι τοῦ πατρός μου περισσεύονται ἄρτων, ...	
002					**Lk 15,20**	καὶ ἀναστὰς ἦλθεν **πρὸς τὸν πατέρα** **ἑαυτοῦ.** ...	
a 002					**Lk 16,3**	εἶπεν δὲ **ἐν ἑαυτῷ** ὁ οἰκονόμος· τί ποιήσω, ...	
002					**Lk 16,5**	καὶ προσκαλεσάμενος ἕνα ἕκαστον τῶν χρεοφειλετῶν **τοῦ κυρίου ἑαυτοῦ** ἔλεγεν τῷ πρώτῳ· πόσον ὀφείλεις τῷ κυρίῳ μου;	
002					**Lk 16,8**	... ὅτι οἱ υἱοὶ τοῦ αἰῶνος τούτου φρονιμώτεροι ὑπὲρ τοὺς υἱοὺς τοῦ φωτὸς **εἰς τὴν γενεὰν** **τὴν ἑαυτῶν** εἰσιν.	
002					**Lk 16,9** ↑ Lk 12,33	καὶ ἐγὼ ὑμῖν λέγω, **ἑαυτοῖς** ποιήσατε φίλους ἐκ τοῦ μαμωνᾶ τῆς ἀδικίας, ...	
002					**Lk 16,15** ↓ Lk 18,9.14 ↓ Lk 20,20	... ὑμεῖς ἐστε οἱ δικαιοῦντες **ἑαυτοὺς** ἐνώπιον τῶν ἀνθρώπων, ὁ δὲ θεὸς γινώσκει τὰς καρδίας ὑμῶν· ...	
102	**Mt 18,15**	ἐὰν δὲ ἁμαρτήσῃ [εἰς σὲ] ὁ ἀδελφός σου, ὕπαγε ἔλεγξον αὐτὸν μεταξὺ σοῦ καὶ αὐτοῦ μόνου. ...			**Lk 17,3**	προσέχετε **ἑαυτοῖς.** ἐὰν ἁμάρτῃ ὁ ἀδελφός σου ἐπιτίμησον αὐτῷ, ...	

002					Lk 17,14 → Mt 8,4 → Mk 1,44 → Lk 5,14	... πορευθέντες ἐπιδείξατε **ἑαυτοὺς** τοῖς ἱερεῦσιν. ... ➤ Lev 13,49; 14,2-4	
a 002					Lk 18,4	... μετὰ δὲ ταῦτα εἶπεν **ἐν ἑαυτῷ·** εἰ καὶ τὸν θεὸν οὐ φοβοῦμαι οὐδὲ ἄνθρωπον ἐντρέπομαι	
002					Lk 18,9 ↑ Lk 16,15 ↓ Lk 20,20	εἶπεν δὲ καὶ πρός τινας τοὺς πεποιθότας **ἐφ' ἑαυτοῖς** ὅτι εἰσὶν δίκαιοι καὶ ἐξουθενοῦντας τοὺς λοιποὺς τὴν παραβολὴν ταύτην·	
002					Lk 18,11	ὁ Φαρισαῖος σταθεὶς **πρὸς ἑαυτὸν** ταῦτα προσηύχετο· ὁ θεός, εὐχαριστῶ σοι ὅτι οὐκ εἰμὶ ὥσπερ οἱ λοιποὶ τῶν ἀνθρώπων, ...	
002 002					Lk 18,14 (2) ↑ Mt 18,4 ↑ Lk 14,11 ↑ Lk 16,15 ↓ Mt 23,12	λέγω ὑμῖν, κατέβη οὗτος δεδικαιωμένος εἰς τὸν οἶκον αὐτοῦ παρ' ἐκεῖνον· ὅτι πᾶς ὁ ὑψῶν **ἑαυτὸν** ταπεινωθήσεται, ὁ δὲ ταπεινῶν **ἑαυτὸν** ὑψωθήσεται.	
200	Mt 19,12	... καὶ εἰσὶν εὐνοῦχοι οἵτινες εὐνούχισαν **ἑαυτοὺς** διὰ τὴν βασιλείαν τῶν οὐρανῶν. ...					
121	Mt 19,25	ἀκούσαντες δὲ οἱ μαθηταὶ ἐξεπλήσσοντο σφόδρα λέγοντες· τίς ἄρα δύναται σωθῆναι;	Mk 10,26	οἱ δὲ περισσῶς ἐξεπλήσσοντο λέγοντες **πρὸς ἑαυτούς·** καὶ τίς δύναται σωθῆναι;	Lk 18,26	εἶπαν δὲ οἱ ἀκούσαντες· καὶ τίς δύναται σωθῆναι;	
102	Mt 25,14	ὥσπερ γὰρ ἄνθρωπος ἀποδημῶν	Mk 13,34	ὡς ἄνθρωπος ἀπόδημος ἀφεὶς τὴν οἰκίαν αὐτοῦ	Lk 19,12	... ἄνθρωπός τις εὐγενὴς ἐπορεύθη εἰς χώραν μακρὰν λαβεῖν **ἑαυτῷ** βασιλείαν καὶ ὑποστρέψαι.	Mk-Q overlap
102		ἐκάλεσεν **τοὺς ἰδίους δούλους** καὶ παρέδωκεν αὐτοῖς τὰ ὑπάρχοντα αὐτοῦ, [15] καὶ ᾧ μὲν ἔδωκεν πέντε τάλαντα, ...		καὶ δοὺς **τοῖς δούλοις αὐτοῦ** τὴν ἐξουσίαν ...	Lk 19,13	καλέσας δὲ **δέκα δούλους ἑαυτοῦ** ἔδωκεν αὐτοῖς δέκα μνᾶς ...	
211	Mt 21,8	ὁ δὲ πλεῖστος ὄχλος ἔστρωσαν **ἑαυτῶν τὰ ἱμάτια** ἐν τῇ ὁδῷ, ...	Mk 11,8	καὶ πολλοὶ **τὰ ἱμάτια αὐτῶν** ἔστρωσαν εἰς τὴν ὁδόν, ...	Lk 19,36	πορευομένου δὲ αὐτοῦ ὑπεστρώννυον **τὰ ἱμάτια αὐτῶν** ἐν τῇ ὁδῷ.	→ Jn 12,13

a 222	Mt 21,25	... οἱ δὲ διελογίζοντο **ἐν ἑαυτοῖς** λέγοντες· ἐὰν εἴπωμεν· ἐξ οὐρανοῦ, ἐρεῖ ἡμῖν· διὰ τί οὖν οὐκ ἐπιστεύσατε αὐτῷ;	Mk 11,31	καὶ διελογίζοντο **πρὸς ἑαυτοὺς** λέγοντες· ἐὰν εἴπωμεν· ἐξ οὐρανοῦ, ἐρεῖ· διὰ τί [οὖν] οὐκ ἐπιστεύσατε αὐτῷ;	Lk 20,5	οἱ δὲ συνελογίσαντο **πρὸς ἑαυτοὺς** λέγοντες ὅτι ἐὰν εἴπωμεν· ἐξ οὐρανοῦ, ἐρεῖ· διὰ τί οὐκ ἐπιστεύσατε αὐτῷ;	
a 221	Mt 21,38	οἱ δὲ γεωργοὶ ἰδόντες τὸν υἱὸν εἶπον **ἐν ἑαυτοῖς·** οὗτός ἐστιν ὁ κληρονόμος· ...	Mk 12,7	ἐκεῖνοι δὲ οἱ γεωργοὶ **πρὸς ἑαυτοὺς** εἶπαν ὅτι οὗτός ἐστιν ὁ κληρονόμος· ...	Lk 20,14	ἰδόντες δὲ αὐτὸν οἱ γεωργοὶ διελογίζοντο **πρὸς ἀλλήλους** λέγοντες· οὗτός ἐστιν ὁ κληρονόμος· ...	→ GTh 65
112	Mt 22,15 → Mt 26,4	τότε πορευθέντες οἱ Φαρισαῖοι συμβούλιον ἔλαβον ὅπως αὐτὸν παγιδεύσωσιν ἐν λόγῳ. [16] καὶ ἀποστέλλουσιν αὐτῷ τοὺς μαθητὰς αὐτῶν μετὰ τῶν Ἡρῳδιανῶν ...	Mk 12,13	καὶ ἀποστέλλουσιν πρὸς αὐτόν τινας τῶν Φαρισαίων καὶ τῶν Ἡρῳδιανῶν ἵνα αὐτὸν ἀγρεύσωσιν λόγῳ.	Lk 20,20 ↑ Lk 16,15 ↑ Lk 18,9 ↓ Lk 23,2	καὶ παρατηρήσαντες ἀπέστειλαν ἐγκαθέτους ὑποκρινομένους **ἑαυτοὺς** δικαίους εἶναι, ἵνα ἐπιλάβωνται αὐτοῦ λόγου, ὥστε παραδοῦναι αὐτὸν τῇ ἀρχῇ καὶ τῇ ἐξουσίᾳ τοῦ ἡγεμόνος.	
020			Mk 12,33	... καὶ τὸ *ἀγαπᾶν* *τὸν πλησίον* ***ὡς ἑαυτὸν*** περισσότερόν ἐστιν πάντων τῶν ὁλοκαυτωμάτων καὶ θυσιῶν. ➤ Lev 19,18			
202 202	Mt 23,12 (2) ↑ Mt 18,4	ὅστις δὲ ὑψώσει **ἑαυτὸν** ταπεινωθήσεται καὶ ὅστις ταπεινώσει **ἑαυτὸν** ὑψωθήσεται.			Lk 14,11 (2) ↑ Lk 18,14b	ὅτι πᾶς ὁ ὑψῶν **ἑαυτὸν** ταπεινωθήσεται, καὶ ὁ ταπεινῶν **ἑαυτὸν** ὑψωθήσεται.	
201	Mt 23,31	ὥστε μαρτυρεῖτε **ἑαυτοῖς** ὅτι υἱοί ἐστε τῶν φονευσάντων τοὺς προφήτας. [32] καὶ ὑμεῖς πληρώσατε τὸ μέτρον τῶν πατέρων ὑμῶν.			Lk 11,48	ἄρα μάρτυρές ἐστε καὶ συνευδοκεῖτε τοῖς ἔργοις τῶν πατέρων ὑμῶν, ὅτι αὐτοὶ μὲν ἀπέκτειναν αὐτούς, ὑμεῖς δὲ οἰκοδομεῖτε.	
121	Mt 10,17 ⇩ Mt 24,9 → Mt 23,34	προσέχετε δὲ ἀπὸ τῶν ἀνθρώπων· παραδώσουσιν γὰρ ὑμᾶς ...	Mk 13,9	βλέπετε δὲ ὑμεῖς **ἑαυτούς·** παραδώσουσιν ὑμᾶς ...	Lk 21,12 → Lk 11,49 → Lk 12,11	πρὸ δὲ τούτων πάντων ἐπιβαλοῦσιν ἐφ' ὑμᾶς τὰς χεῖρας αὐτῶν καὶ διώξουσιν, παραδιδόντες ...	
	Mt 24,9 ⇧ Mt 10,17	τότε παραδώσουσιν ὑμᾶς ...					
112	Mt 24,32	... ὅταν ἤδη ὁ κλάδος αὐτῆς γένηται ἁπαλὸς καὶ τὰ φύλλα ἐκφύῃ, γινώσκετε ὅτι ἐγγὺς τὸ θέρος·	Mk 13,28	... ὅταν ἤδη ὁ κλάδος αὐτῆς ἁπαλὸς γένηται καὶ ἐκφύῃ τὰ φύλλα, γινώσκετε ὅτι ἐγγὺς τὸ θέρος ἐστίν·	Lk 21,30	ὅταν προβάλωσιν ἤδη, βλέποντες **ἀφ' ἑαυτῶν** γινώσκετε ὅτι ἤδη ἐγγὺς τὸ θέρος ἐστίν·	

002					Lk 21,34 → Mt 24,49 → Lk 12,45 → Mk 13,33 → Mk 13,36	προσέχετε δὲ **ἑαυτοῖς** μήποτε βαρηθῶσιν ὑμῶν αἱ καρδίαι ἐν κραιπάλῃ ...	
200	Mt 25,1	... αἵτινες λαβοῦσαι **τὰς λαμπάδας** **ἑαυτῶν** ἐξῆλθον εἰς ὑπάντησιν τοῦ νυμφίου.					
200	Mt 25,3	αἱ γὰρ μωραὶ λαβοῦσαι τὰς λαμπάδας αὐτῶν οὐκ ἔλαβον **μεθ' ἑαυτῶν** ἔλαιον.					
200	Mt 25,4	αἱ δὲ φρόνιμοι ἔλαβον ἔλαιον ἐν τοῖς ἀγγείοις **μετὰ τῶν λαμπάδων** **ἑαυτῶν.**					
200	Mt 25,7	τότε ἠγέρθησαν πᾶσαι αἱ παρθένοι ἐκεῖναι καὶ ἐκόσμησαν **τὰς λαμπάδας** **ἑαυτῶν.**					
200	Mt 25,9	... πορεύεσθε μᾶλλον πρὸς τοὺς πωλοῦντας καὶ ἀγοράσατε **ἑαυταῖς.**					
120	Mt 26,8	ἰδόντες δὲ οἱ μαθηταὶ ἠγανάκτησαν λέγοντες· εἰς τί ἡ ἀπώλεια αὕτη;	Mk 14,4	ἦσαν δέ τινες ἀγανακτοῦντες **πρὸς ἑαυτούς·** εἰς τί ἡ ἀπώλεια αὕτη τοῦ μύρου γέγονεν;			→ Jn 12,4
220	Mt 26,11	πάντοτε γὰρ τοὺς πτωχοὺς ἔχετε **μεθ' ἑαυτῶν,** ἐμὲ δὲ οὐ πάντοτε ἔχετε·	Mk 14,7	πάντοτε γὰρ τοὺς πτωχοὺς ἔχετε **μεθ' ἑαυτῶν** καὶ ὅταν θέλητε δύνασθε αὐτοῖς εὖ ποιῆσαι, ἐμὲ δὲ οὐ πάντοτε ἔχετε.			→ Jn 12,8
002					Lk 22,17 → Mt 26,27 → Mk 14,23	... λάβετε τοῦτο καὶ διαμερίσατε **εἰς ἑαυτούς·**	
112	Mt 26,22 → Mt 26,25	καὶ λυπούμενοι σφόδρα ἤρξαντο λέγειν **αὐτῷ** εἷς ἕκαστος· μήτι ἐγώ εἰμι, κύριε;	Mk 14,19	ἤρξαντο λυπεῖσθαι καὶ λέγειν **αὐτῷ** εἷς κατὰ εἷς· μήτι ἐγώ;	Lk 22,23	καὶ αὐτοὶ ἤρξαντο συζητεῖν **πρὸς ἑαυτοὺς** τὸ τίς ἄρα εἴη ἐξ αὐτῶν ὁ τοῦτο μέλλων πράσσειν.	→ Jn 13,22.25
112	Mt 27,12	καὶ ἐν τῷ κατηγορεῖσθαι αὐτὸν ὑπὸ τῶν ἀρχιερέων καὶ πρεσβυτέρων οὐδὲν ἀπεκρίνατο.	Mk 15,3	καὶ κατηγόρουν αὐτοῦ οἱ ἀρχιερεῖς πολλά.	Lk 23,2 ↑ Lk 20,20 → Lk 20,25 ⇨ Lk 23,10 → Lk 23,14	ἤρξαντο δὲ κατηγορεῖν αὐτοῦ λέγοντες· τοῦτον εὕραμεν διαστρέφοντα τὸ ἔθνος ἡμῶν καὶ κωλύοντα φόρους Καίσαρι διδόναι καὶ λέγοντα **ἑαυτὸν** χριστὸν βασιλέα εἶναι.	→ Jn 19,12 → Acts 17,7
002					Lk 23,28	... μὴ κλαίετε ἐπ' ἐμέ· πλὴν **ἐφ' ἑαυτὰς** κλαίετε καὶ ἐπὶ τὰ τέκνα ὑμῶν	
222	Mt 27,42 → Mt 27,40	ἄλλους ἔσωσεν, **ἑαυτὸν** οὐ δύναται σῶσαι· ...	Mk 15,31 → Mk 15,30	... ἄλλους ἔσωσεν, **ἑαυτὸν** οὐ δύναται σῶσαι·	Lk 23,35 → Lk 23,39	... ἄλλους ἔσωσεν, σωσάτω **ἑαυτόν, ...**	

	Mt		Mk		Lk		
020			Mk 16,3	καὶ ἔλεγον **πρὸς ἑαυτάς·** τίς ἀποκυλίσει ἡμῖν τὸν λίθον ἐκ τῆς θύρας τοῦ μνημείου;			
002					Lk 24,12 → Lk 24,24	... καὶ ἀπῆλθεν **πρὸς ἑαυτὸν** θαυμάζων τὸ γεγονός.	→ Jn 20,3-10
002					Lk 24,27 → Lk 24,44	καὶ ἀρξάμενος ἀπὸ Μωϋσέως καὶ ἀπὸ πάντων τῶν προφητῶν διερμήνευσεν αὐτοῖς ἐν πάσαις ταῖς γραφαῖς **τὰ περὶ ἑαυτοῦ.**	

Acts 1,3 οἷς καὶ παρέστησεν **ἑαυτὸν** ζῶντα μετὰ τὸ παθεῖν αὐτὸν ἐν πολλοῖς τεκμηρίοις, ...

Acts 5,35 ... ἄνδρες Ἰσραηλῖται, προσέχετε **ἑαυτοῖς** ἐπὶ τοῖς ἀνθρώποις τούτοις τί μέλλετε πράσσειν.

Acts 5,36 ... ἀνέστη Θευδᾶς λέγων εἶναί τινα **ἑαυτόν,** ᾧ προσεκλίθη ἀνδρῶν ἀριθμὸς ὡς τετρακοσίων· ...

Acts 7,21 ... ἀνείλατο αὐτὸν ἡ θυγάτηρ Φαραὼ καὶ ἀνεθρέψατο αὐτὸν **ἑαυτῇ** εἰς υἱόν.

Acts 8,9 ... καὶ ἐξιστάνων τὸ ἔθνος τῆς Σαμαρείας, λέγων εἶναί τινα **ἑαυτὸν** μέγαν

Acts 8,34 ... δέομαί σου, περὶ τίνος ὁ προφήτης λέγει τοῦτο; **περὶ ἑαυτοῦ** ἢ περὶ ἑτέρου τινός;

a **Acts 10,17** ὡς δὲ **ἐν ἑαυτῷ** διηπόρει ὁ Πέτρος τί ἂν εἴη τὸ ὅραμα ὃ εἶδεν, ...

a **Acts 12,11** καὶ ὁ Πέτρος **ἐν ἑαυτῷ** γενόμενος εἶπεν· ...

Acts 13,46 ... ἐπειδὴ ἀπωθεῖσθε αὐτὸν καὶ οὐκ ἀξίους κρίνετε **ἑαυτοὺς** τῆς αἰωνίου ζωῆς, ἰδοὺ στρεφόμεθα εἰς τὰ ἔθνη.

Acts 15,29 ἀπέχεσθαι εἰδωλοθύτων καὶ αἵματος καὶ πνικτῶν καὶ πορνείας, ἐξ ὧν διατηροῦντες **ἑαυτοὺς** εὖ πράξετε. ...

Acts 16,27 ... σπασάμενος [τὴν] μάχαιραν ἤμελλεν **ἑαυτὸν** ἀναιρεῖν νομίζων ἐκπεφευγέναι τοὺς δεσμίους.

Acts 19,31 ... πέμψαντες πρὸς αὐτὸν παρεκάλουν μὴ δοῦναι **ἑαυτὸν** εἰς τὸ θέατρον.

Acts 20,28 προσέχετε **ἑαυτοῖς** καὶ παντὶ τῷ ποιμνίῳ, ...

Acts 21,11 καὶ ἐλθὼν πρὸς ἡμᾶς καὶ ἄρας τὴν ζώνην τοῦ Παύλου, δήσας **ἑαυτοῦ τοὺς πόδας καὶ τὰς χεῖρας** εἶπεν· ...

Acts 21,23 ... εἰσὶν ἡμῖν ἄνδρες τέσσαρες εὐχὴν ἔχοντες **ἐφ' ἑαυτῶν.**

Acts 23,12 ... οἱ Ἰουδαῖοι ἀνεθεμάτισαν **ἑαυτοὺς** λέγοντες μήτε φαγεῖν μήτε πίειν ἕως οὗ ἀποκτείνωσιν τὸν Παῦλον.

Acts 23,14 ... ἀναθέματι ἀνεθεματίσαμεν **ἑαυτοὺς** μηδενὸς γεύσασθαι ἕως οὗ ἀποκτείνωμεν τὸν Παῦλον.

Acts 23,21 ... οἵτινες ἀνεθεμάτισαν **ἑαυτοὺς** μήτε φαγεῖν μήτε πιεῖν ἕως οὗ ἀνέλωσιν αὐτόν, ...

Acts 25,4 ὁ μὲν οὖν Φῆστος ἀπεκρίθη τηρεῖσθαι τὸν Παῦλον εἰς Καισάρειαν, **ἑαυτὸν** δὲ μέλλειν ἐν τάχει ἐκπορεύεσθαι·

Acts 28,16 ὅτε δὲ εἰσήλθομεν εἰς Ῥώμην, ἐπετράπη τῷ Παύλῳ μένειν **καθ' ἑαυτὸν** σὺν τῷ φυλάσσοντι αὐτὸν στρατιώτῃ.

ἐάω	Syn 3	Mt 1	Mk	Lk 2	Acts 7	Jn	1-3John	Paul 1	Eph	Col
	NT 11	2Thess	1/2Tim	Tit	Heb	Jas	1Pet	2Pet	Jude	Rev

let; permit; let go; leave alone

	Mt		Mk		Lk	
012			Mk 1,34 ↓ Mt 12,16 ↓ Mk 3,12	... καὶ **οὐκ ἤφιεν** λαλεῖν τὰ δαιμόνια, ὅτι ᾔδεισαν αὐτόν.	Lk 4,41	... καὶ ἐπιτιμῶν **οὐκ εἴα** αὐτὰ λαλεῖν, ὅτι ᾔδεισαν τὸν χριστὸν αὐτὸν εἶναι.
	Mt 12,16	καὶ ἐπετίμησεν αὐτοῖς ἵνα μὴ φανερὸν αὐτὸν ποιήσωσιν	Mk 3,12 ↑ Mk 1,34	καὶ πολλὰ ἐπετίμα αὐτοῖς ἵνα μὴ αὐτὸν φανερὸν ποιήσωσιν.		

	Mt		Lk		
201	Mt 24,43	ἐκεῖνο δὲ γινώσκετε ὅτι εἰ ᾔδει ὁ οἰκοδεσπότης ποίᾳ φυλακῇ ὁ κλέπτης ἔρχεται, ἐγρηγόρησεν ἂν καὶ **οὐκ ἂν εἴασεν** διορυχθῆναι τὴν οἰκίαν αὐτοῦ.	Lk 12,39	τοῦτο δὲ γινώσκετε ὅτι εἰ ᾔδει ὁ οἰκοδεσπότης ποίᾳ ὥρᾳ ὁ κλέπτης ἔρχεται, **οὐκ ἂν ἀφῆκεν** διορυχθῆναι τὸν οἶκον αὐτοῦ.	→ GTh 21,5 → GTh 103
002	Mt 26,52	τότε λέγει αὐτῷ ὁ Ἰησοῦς· ἀπόστρεψον τὴν μάχαιράν σου εἰς τὸν τόπον αὐτῆς· ...	Lk 22,51	ἀποκριθεὶς δὲ ὁ Ἰησοῦς εἶπεν· **ἐᾶτε** ἕως τούτου· ...	→ Jn 18,11

Acts 14,16 ὃς ἐν ταῖς παρῳχημέναις γενεαῖς **εἴασεν** πάντα τὰ ἔθνη πορεύεσθαι ταῖς ὁδοῖς αὐτῶν·

Acts 16,7 ... καὶ **οὐκ εἴασεν** αὐτοὺς τὸ πνεῦμα Ἰησοῦ·

Acts 19,30 Παύλου δὲ βουλομένου εἰσελθεῖν εἰς τὸν δῆμον **οὐκ εἴων** αὐτὸν οἱ μαθηταί·

Acts 23,32 τῇ δὲ ἐπαύριον **ἐάσαντες** τοὺς ἱππεῖς ἀπέρχεσθαι σὺν αὐτῷ ὑπέστρεψαν εἰς τὴν παρεμβολήν·

Acts 27,32 τότε ἀπέκοψαν οἱ στρατιῶται τὰ σχοινία τῆς σκάφης καὶ **εἴασαν** αὐτὴν ἐκπεσεῖν.

Acts 27,40 καὶ τὰς ἀγκύρας περιελόντες **εἴων** εἰς τὴν θάλασσαν, ...

Acts 28,4 ... πάντως φονεύς ἐστιν ὁ ἄνθρωπος οὗτος ὃν διασωθέντα ἐκ τῆς θαλάσσης ἡ δίκη ζῆν **οὐκ εἴασεν.**

ἑβδομήκοντα	Syn 2	Mt	Mk	Lk 2	Acts 1	Jn	1-3John	Paul	Eph	Col
	NT 3	2Thess	1/2Tim	Tit	Heb	Jas	1Pet	2Pet	Jude	Rev

seventy

	Mt	Lk		
002		Lk 10,1 → Mt 10,1 → Mk 6,7 → Lk 9,1	μετὰ δὲ ταῦτα ἀνέδειξεν ὁ κύριος **ἑτέρους ἑβδομήκοντα [δύο]** καὶ ἀπέστειλεν αὐτοὺς ...	
002		Lk 10,17 → Lk 9,10	ὑπέστρεψαν δὲ **οἱ ἑβδομήκοντα [δύο]** μετὰ χαρᾶς λέγοντες· κύριε, καὶ τὰ δαιμόνια ὑποτάσσεται ἡμῖν ἐν τῷ ὀνόματί σου.	

Acts 7,14 ἀποστείλας δὲ Ἰωσὴφ μετεκαλέσατο Ἰακὼβ τὸν πατέρα αὐτοῦ καὶ πᾶσαν τὴν συγγένειαν **ἐν ψυχαῖς ἑβδομήκοντα πέντε.**

Acts 23,23 ... ἑτοιμάσατε στρατιώτας διακοσίους, ὅπως πορευθῶσιν ἕως Καισαρείας, καὶ **ἱππεῖς ἑβδομήκοντα** καὶ δεξιολάβους διακοσίους, ...

Acts 27,37 ἤμεθα δὲ αἱ πᾶσαι ψυχαὶ ἐν τῷ πλοίῳ **διακόσιαι ἑβδομήκοντα ἕξ.**

ἑβδομηκοντάκις	Syn 1	Mt 1	Mk	Lk	Acts	Jn	1-3John	Paul	Eph	Col
	NT 1	2Thess	1/2Tim	Tit	Heb	Jas	1Pet	2Pet	Jude	Rev

seventy times

code	Mt	Mk	Lk	
201	**Mt 18,22** → Mt 18,15 [21] ... κύριε, ποσάκις ἁμαρτήσει εἰς ἐμὲ ὁ ἀδελφός μου καὶ ἀφήσω αὐτῷ; ἕως ἑπτάκις; [22] λέγει αὐτῷ ὁ Ἰησοῦς· οὐ λέγω σοι ἕως ἑπτάκις ἀλλὰ **ἕως ἑβδομηκοντάκις ἑπτά.**		**Lk 17,4** → Lk 17,3 καὶ ἐὰν ἑπτάκις τῆς ἡμέρας ἁμαρτήσῃ εἰς σὲ καὶ ἑπτάκις ἐπιστρέψῃ πρὸς σὲ λέγων· μετανοῶ, ἀφήσεις αὐτῷ.	

᾿Έβερ	Syn 1	Mt	Mk	Lk 1	Acts	Jn	1-3John	Paul	Eph	Col
	NT 1	2Thess	1/2Tim	Tit	Heb	Jas	1Pet	2Pet	Jude	Rev

Eber

code	Mt	Mk	Lk	
002			**Lk 3,35** ... τοῦ Φάλεκ **τοῦ ῎Εβερ** τοῦ Σαλὰ	

ἐγγίζω	Syn 28	Mt 7	Mk 3	Lk 18	Acts 6	Jn	1-3John	Paul 2	Eph	Col
	NT 42	2Thess	1/2Tim	Tit	Heb 2	Jas 3	1Pet 1	2Pet	Jude	Rev

approach; come near; draw near

	triple tradition																	double tradition			Sondergut		
		+Mt / +Lk			–Mt / –Lk			traditions not taken over by Mt / Lk							subtotals								
code	222	211	112	212	221	122	121	022	012	021	220	120	210	020	Σ⁺	Σ⁻	Σ	202	201	102	200	002	total
Mt	1	2⁺									2		1⁺		3⁺		6	1					**7**
Mk	1										2						3						**3**
Lk	1		7⁺												7⁺		8	1		2		7	**18**

code	Mt	Mk	Lk	
211	**Mt 3,2** ↓ Mt 4,17 ↓ Mk 1,15 ↓ Mt 10,7 ↓ Lk 10,9 [1] ... κηρύσσων ἐν τῇ ἐρήμῳ τῆς Ἰουδαίας [2] [καὶ] λέγων· μετανοεῖτε· **ἤγγικεν** γὰρ ἡ βασιλεία τῶν οὐρανῶν.	**Mk 1,4** → Mt 3,1 ... κηρύσσων βάπτισμα μετανοίας εἰς ἄφεσιν ἁμαρτιῶν.	**Lk 3,3** → Mt 3,1 ... κηρύσσων βάπτισμα μετανοίας εἰς ἄφεσιν ἁμαρτιῶν	→ Acts 13,24 → Acts 19,4
220	**Mt 4,17** ↑ Mt 3,2 ↓ Mt 10,7 ↓ Lk 10,9 ἀπὸ τότε ἤρξατο ὁ Ἰησοῦς κηρύσσειν καὶ λέγειν· μετανοεῖτε· **ἤγγικεν** γὰρ ἡ βασιλεία τῶν οὐρανῶν.	**Mk 1,15** [14] ἦλθεν ὁ Ἰησοῦς εἰς τὴν Γαλιλαίαν κηρύσσων τὸ εὐαγγέλιον τοῦ θεοῦ [15] καὶ λέγων ὅτι πεπλήρωται ὁ καιρὸς καὶ **ἤγγικεν** ἡ βασιλεία τοῦ θεοῦ· μετανοεῖτε καὶ πιστεύετε ἐν τῷ εὐαγγελίῳ.		
002			**Lk 7,12** ὡς δὲ **ἤγγισεν** τῇ πύλῃ τῆς πόλεως, καὶ ἰδοὺ ἐξεκομίζετο τεθνηκὼς μονογενὴς υἱὸς τῇ μητρὶ αὐτοῦ ...	

	Mt		Mk		Lk		
202	Mt 10,7 ↑ Mt 3,2 ↑ Mt 4,17 ↑ Mk 1,15	πορευόμενοι δὲ κηρύσσετε λέγοντες ὅτι **ἤγγικεν** ἡ βασιλεία τῶν οὐρανῶν. [8] ἀσθενοῦντας θεραπεύετε, ...			Lk 10,9 → Lk 9,2 ⇩ Lk 10,11	καὶ θεραπεύετε τοὺς ἐν αὐτῇ ἀσθενεῖς καὶ λέγετε αὐτοῖς· **ἤγγικεν** ἐφ' ὑμᾶς ἡ βασιλεία τοῦ θεοῦ.	
102	Mt 10,14	... ἐξερχόμενοι ἔξω τῆς οἰκίας ἢ τῆς πόλεως ἐκείνης ἐκτινάξατε τὸν κονιορτὸν τῶν ποδῶν ὑμῶν.	Mk 6,11	... ἐκπορευόμενοι ἐκεῖθεν ἐκτινάξατε τὸν χοῦν τὸν ὑποκάτω τῶν ποδῶν ὑμῶν εἰς μαρτύριον αὐτοῖς.	Lk 10,11 ⇨ Lk 9,5 ⇧ Lk 10,9	[10] ... ἐξελθόντες εἰς τὰς πλατείας αὐτῆς εἴπατε· [11] καὶ τὸν κονιορτὸν τὸν κολληθέντα ἡμῖν ἐκ τῆς πόλεως ὑμῶν εἰς τοὺς πόδας ἀπομασσόμεθα ὑμῖν· πλὴν τοῦτο γινώσκετε ὅτι **ἤγγικεν** ἡ βασιλεία τοῦ θεοῦ.	→ Acts 13,51 → Acts 18,6 Mk-Q overlap
102	Mt 6,20 → Mt 19,21	θησαυρίζετε δὲ ὑμῖν θησαυροὺς ἐν οὐρανῷ, ὅπου οὔτε σὴς οὔτε βρῶσις ἀφανίζει, καὶ ὅπου κλέπται **οὐ διορύσσουσιν** οὐδὲ κλέπτουσιν·	→ Mk 10,21		Lk 12,33 → Mt 6,19 → Lk 14,33 → Lk 16,9 → Lk 18,22	... ποιήσατε ἑαυτοῖς βαλλάντια μὴ παλαιούμενα, θησαυρὸν ἀνέκλειπτον ἐν τοῖς οὐρανοῖς, ὅπου κλέπτης **οὐκ ἐγγίζει** οὐδὲ σὴς διαφθείρει·	→ Acts 2,45 → GTh 76,3
002					Lk 15,1 → Lk 5,29	ἦσαν δὲ αὐτῷ **ἐγγίζοντες** πάντες οἱ τελῶναι καὶ οἱ ἁμαρτωλοὶ ἀκούειν αὐτοῦ.	
002					Lk 15,25	... καὶ ὡς ἐρχόμενος **ἤγγισεν** τῇ οἰκίᾳ, ἤκουσεν συμφωνίας καὶ χορῶν	
112	Mt 20,29 ⇩ Mt 9,27	καὶ ἐκπορευομένων αὐτῶν ἀπὸ Ἰεριχὼ ἠκολούθησεν αὐτῷ ὄχλος πολύς. [30] καὶ ἰδοὺ δύο τυφλοὶ καθήμενοι παρὰ τὴν ὁδόν ...	Mk 10,46	καὶ ἔρχονται εἰς Ἰεριχώ. καὶ ἐκπορευομένου αὐτοῦ ἀπὸ Ἰεριχὼ καὶ τῶν μαθητῶν αὐτοῦ καὶ ὄχλου ἱκανοῦ ὁ υἱὸς Τιμαίου Βαρτιμαῖος, τυφλὸς προσαίτης, ἐκάθητο παρὰ τὴν ὁδόν.	Lk 18,35	ἐγένετο δὲ **ἐν τῷ ἐγγίζειν** αὐτὸν εἰς Ἰεριχὼ τυφλός τις ἐκάθητο παρὰ τὴν ὁδὸν ἐπαιτῶν.	
	Mt 9,27 ⇧ Mt 20,29-30	καὶ **παράγοντι** ἐκεῖθεν τῷ Ἰησοῦ ἠκολούθησαν [αὐτῷ] δύο τυφλοὶ ...					
112	Mt 20,32	καὶ στὰς ὁ Ἰησοῦς ἐφώνησεν αὐτοὺς καὶ εἶπεν· ...	Mk 10,50	[49] καὶ στὰς ὁ Ἰησοῦς εἶπεν· φωνήσατε αὐτόν. καὶ φωνοῦσιν τὸν τυφλὸν λέγοντες αὐτῷ· θάρσει, ἔγειρε, φωνεῖ σε. [50] ὁ δὲ ἀποβαλὼν τὸ ἱμάτιον αὐτοῦ ἀναπηδήσας **ἦλθεν** πρὸς τὸν Ἰησοῦν. [51] καὶ ἀποκριθεὶς αὐτῷ ὁ Ἰησοῦς εἶπεν· ...	Lk 18,40	σταθεὶς δὲ ὁ Ἰησοῦς ἐκέλευσεν αὐτὸν ἀχθῆναι πρὸς αὐτόν. **ἐγγίσαντος** δὲ αὐτοῦ ἐπηρώτησεν αὐτόν·	
	Mt 9,28	ἐλθόντι δὲ εἰς τὴν οἰκίαν **προσῆλθον** αὐτῷ οἱ τυφλοί, καὶ λέγει αὐτοῖς ὁ Ἰησοῦς· ...					

222	Mt 21,1	καὶ ὅτε ἤγγισαν εἰς Ἱεροσόλυμα καὶ ἦλθον εἰς Βηθφαγὴ εἰς τὸ ὄρος τῶν ἐλαιῶν, τότε Ἰησοῦς ἀπέστειλεν δύο μαθητὰς	Mk 11,1	καὶ ὅτε ἐγγίζουσιν εἰς Ἱεροσόλυμα εἰς Βηθφαγὴ καὶ Βηθανίαν πρὸς τὸ ὄρος τῶν ἐλαιῶν, ἀποστέλλει δύο τῶν μαθητῶν αὐτοῦ	Lk 19,29	[28] ... ἀναβαίνων εἰς Ἱεροσόλυμα. [29] καὶ ἐγένετο ὡς ἤγγισεν εἰς Βηθφαγὴ καὶ Βηθανία[ν] πρὸς τὸ ὄρος τὸ καλούμενον Ἐλαιῶν, ἀπέστειλεν δύο τῶν μαθητῶν	→ Jn 12,12
112	Mt 21,9	οἱ δὲ ὄχλοι οἱ προάγοντες αὐτὸν καὶ οἱ ἀκολουθοῦντες ἔκραζον ...	Mk 11,9	καὶ οἱ προάγοντες καὶ οἱ ἀκολουθοῦντες ἔκραζον· ...	Lk 19,37	ἐγγίζοντος δὲ αὐτοῦ ἤδη πρὸς τῇ καταβάσει τοῦ ὄρους τῶν ἐλαιῶν ἤρξαντο ἅπαν τὸ πλῆθος τῶν μαθητῶν χαίροντες αἰνεῖν τὸν θεὸν φωνῇ μεγάλῃ περὶ πασῶν ὧν εἶδον δυνάμεων	→ Jn 12,13
002					Lk 19,41 → Mt 21,10 → Mk 11,11	καὶ ὡς ἤγγισεν ἰδὼν τὴν πόλιν ἔκλαυσεν ἐπ' αὐτήν	
211	Mt 21,34	ὅτε δὲ ἤγγισεν ὁ καιρὸς τῶν καρπῶν, ἀπέστειλεν τοὺς δούλους αὐτοῦ πρὸς τοὺς γεωργοὺς λαβεῖν τοὺς καρποὺς αὐτοῦ.	Mk 12,2	καὶ ἀπέστειλεν πρὸς τοὺς γεωργοὺς τῷ καιρῷ δοῦλον ἵνα παρὰ τῶν γεωργῶν λάβῃ ἀπὸ τῶν καρπῶν τοῦ ἀμπελῶνος·	Lk 20,10	καὶ καιρῷ ἀπέστειλεν πρὸς τοὺς γεωργοὺς δοῦλον ἵνα ἀπὸ τοῦ καρποῦ τοῦ ἀμπελῶνος δώσουσιν αὐτῷ· ...	→ GTh 65
112	Mt 24,5 → Mt 24,23-24 → Mt 24,26 → Mt 24,11	πολλοὶ γὰρ ἐλεύσονται ἐπὶ τῷ ὀνόματί μου λέγοντες· ἐγώ εἰμι ὁ χριστός, καὶ πολλοὺς πλανήσουσιν.	Mk 13,6 → Mk 13,21-22	πολλοὶ ἐλεύσονται ἐπὶ τῷ ὀνόματί μου λέγοντες ὅτι ἐγώ εἰμι, καὶ πολλοὺς πλανήσουσιν.	Lk 21,8 → Lk 17,23	... πολλοὶ γὰρ ἐλεύσονται ἐπὶ τῷ ὀνόματί μου λέγοντες· ἐγώ εἰμι, καί· ὁ καιρὸς ἤγγικεν. μὴ πορευθῆτε ὀπίσω αὐτῶν.	
112	Mt 24,15	ὅταν οὖν ἴδητε *τὸ* *βδέλυγμα τῆς ἐρημώσεως* τὸ ῥηθὲν διὰ Δανιὴλ τοῦ προφήτου ἑστὸς ἐν τόπῳ ἁγίῳ, ὁ ἀναγινώσκων νοείτω, [16] τότε οἱ ἐν τῇ Ἰουδαίᾳ φευγέτωσαν εἰς τὰ ὄρη ➤ Dan 9,27/11,31/12,11	Mk 13,14	ὅταν δὲ ἴδητε *τὸ* *βδέλυγμα τῆς ἐρημώσεως* ἑστηκότα ὅπου οὐ δεῖ, ὁ ἀναγινώσκων νοείτω, τότε οἱ ἐν τῇ Ἰουδαίᾳ φευγέτωσαν εἰς τὰ ὄρη ➤ Dan 9,27/11,31/12,11	Lk 21,20 → Lk 19,43	ὅταν δὲ ἴδητε κυκλουμένην ὑπὸ στρατοπέδων Ἰερουσαλήμ, τότε γνῶτε ὅτι ἤγγικεν ἡ ἐρήμωσις αὐτῆς. [21] τότε οἱ ἐν τῇ Ἰουδαίᾳ φευγέτωσαν εἰς τὰ ὄρη ...	
002					Lk 21,28	... καὶ ἐπάρατε τὰς κεφαλὰς ὑμῶν, διότι ἐγγίζει ἡ ἀπολύτρωσις ὑμῶν.	
112	Mt 26,2	οἴδατε ὅτι μετὰ δύο ἡμέρας τὸ πάσχα γίνεται, ...	Mk 14,1	ἦν δὲ τὸ πάσχα καὶ τὰ ἄζυμα μετὰ δύο ἡμέρας. ...	Lk 22,1	ἤγγιζεν δὲ ἡ ἑορτὴ τῶν ἀζύμων ἡ λεγομένη πάσχα.	
210	Mt 26,45 → Lk 22,53	... καθεύδετε [τὸ] λοιπὸν καὶ ἀναπαύεσθε· ἰδοὺ ἤγγικεν ἡ ὥρα καὶ ὁ υἱὸς τοῦ ἀνθρώπου παραδίδοται ...	Mk 14,41 → Lk 22,53	... καθεύδετε τὸ λοιπὸν καὶ ἀναπαύεσθε· ἀπέχει· ἦλθεν ἡ ὥρα, ἰδοὺ παραδίδοται ὁ υἱὸς τοῦ ἀνθρώπου ...			→ Jn 12,23 → Jn 12,27

	Mt	Mk	Lk	
220	**Mt 26,46** ἐγείρεσθε ἄγωμεν· ἰδοὺ **ἤγγικεν** ὁ παραδιδούς με.	**Mk 14,42** ἐγείρεσθε ἄγωμεν· ἰδοὺ ὁ παραδιδούς με **ἤγγικεν.**		→ Jn 14,30-31
112	**Mt 26,49** καὶ εὐθέως **προσελθὼν** τῷ Ἰησοῦ εἶπεν· χαῖρε, ῥαββί, καὶ κατεφίλησεν αὐτόν.	**Mk 14,45** καὶ ἐλθὼν εὐθὺς **προσελθὼν** αὐτῷ λέγει· ῥαββί, καὶ κατεφίλησεν αὐτόν.	**Lk 22,47** ... καὶ **ἤγγισεν** τῷ Ἰησοῦ φιλῆσαι αὐτόν.	→ Jn 18,5
002			**Lk 24,15** ... καὶ αὐτὸς Ἰησοῦς **ἐγγίσας** συνεπορεύετο αὐτοῖς	
002			**Lk 24,28** καὶ **ἤγγισαν** εἰς τὴν κώμην οὗ ἐπορεύοντο, ...	

Acts 7,17 καθὼς δὲ
ἤγγιζεν
ὁ χρόνος τῆς ἐπαγγελίας
ἧς ὡμολόγησεν ὁ θεὸς
τῷ Ἀβραάμ, ...

Acts 9,3 ἐν δὲ τῷ πορεύεσθαι
ἐγένετο αὐτὸν
ἐγγίζειν
τῇ Δαμασκῷ, ...

Acts 10,9 τῇ δὲ ἐπαύριον,
ὁδοιπορούντων ἐκείνων
καὶ τῇ πόλει
ἐγγιζόντων,
ἀνέβη Πέτρος ἐπὶ τὸ
δῶμα προσεύξασθαι ...

Acts 21,33 τότε
ἐγγίσας
ὁ χιλίαρχος ἐπελάβετο
αὐτοῦ ...

Acts 22,6 ἐγένετο δέ μοι
πορευομένῳ καὶ
ἐγγίζοντι
τῇ Δαμασκῷ ...

Acts 23,15 ... ἡμεῖς δὲ
πρὸ τοῦ ἐγγίσαι
αὐτὸν ἕτοιμοί ἐσμεν
τοῦ ἀνελεῖν αὐτόν.

ἐγγράφω

	Syn	Mt	Mk	Lk	Acts	Jn	1-3John	Paul	Eph	Col
	1			1				2		
	NT	2Thess	1/2Tim	Tit	Heb	Jas	1Pet	2Pet	Jude	Rev
	3									

write in; record

	Mt	Mk	Lk
002			**Lk 10,20** ... χαίρετε δὲ ὅτι τὰ ὀνόματα ὑμῶν **ἐγγέγραπται** ἐν τοῖς οὐρανοῖς.

ἐγγύς

	Syn	Mt	Mk	Lk	Acts	Jn	1-3John	Paul	Eph	Col
	8	3	2	3	3	11		3	2	
	NT	2Thess	1/2Tim	Tit	Heb	Jas	1Pet	2Pet	Jude	Rev
	31				2					2

near; close to

	Mt	Mk	Lk
002			**Lk 19,11** ... εἶπεν παραβολὴν **διὰ τὸ ἐγγὺς εἶναι** Ἰερουσαλὴμ αὐτὸν ...
222	**Mt 24,32** ... ὅταν ἤδη ὁ κλάδος αὐτῆς γένηται ἁπαλὸς καὶ τὰ φύλλα ἐκφύῃ, γινώσκετε ὅτι **ἐγγὺς** τὸ θέρος·	**Mk 13,28** ... ὅταν ἤδη ὁ κλάδος αὐτῆς ἁπαλὸς γένηται καὶ ἐκφύῃ τὰ φύλλα, γινώσκετε ὅτι **ἐγγὺς** τὸ θέρος ἐστίν·	**Lk 21,30** ὅταν προβάλωσιν ἤδη, βλέποντες ἀφ' ἑαυτῶν γινώσκετε ὅτι ἤδη **ἐγγὺς** τὸ θέρος ἐστίν·

code	Mt		Mk		Lk		
222	**Mt 24,33**	οὕτως καὶ ὑμεῖς, ὅταν ἴδητε πάντα ταῦτα, γινώσκετε ὅτι **ἐγγύς** ἐστιν ἐπὶ θύραις.	**Mk 13,29**	οὕτως καὶ ὑμεῖς, ὅταν ἴδητε ταῦτα γινόμενα, γινώσκετε ὅτι **ἐγγύς** ἐστιν ἐπὶ θύραις.	**Lk 21,31**	οὕτως καὶ ὑμεῖς, ὅταν ἴδητε ταῦτα γινόμενα, γινώσκετε ὅτι **ἐγγύς** ἐστιν ἡ βασιλεία τοῦ θεοῦ.	
211	**Mt 26,18**	... καὶ εἴπατε αὐτῷ· ὁ διδάσκαλος λέγει· ὁ καιρός μου **ἐγγύς** ἐστιν, πρὸς σὲ ποιῶ τὸ πάσχα μετὰ τῶν μαθητῶν μου.	**Mk 14,14**	... εἴπατε τῷ οἰκοδεσπότῃ ὅτι ὁ διδάσκαλος λέγει· ποῦ ἐστιν τὸ κατάλυμά μου ὅπου τὸ πάσχα μετὰ τῶν μαθητῶν μου φάγω;	**Lk 22,11**	καὶ ἐρεῖτε τῷ οἰκοδεσπότῃ τῆς οἰκίας· λέγει σοι ὁ διδάσκαλος· ποῦ ἐστιν τὸ κατάλυμα ὅπου τὸ πάσχα μετὰ τῶν μαθητῶν μου φάγω;	

Acts 1,12 → Lk 24,52	τότε ὑπέστρεψαν εἰς Ἰερουσαλὴμ ἀπὸ ὄρους τοῦ καλουμένου Ἐλαιῶνος, ὅ ἐστιν **ἐγγὺς** Ἰερουσαλὴμ σαββάτου ἔχον ὁδόν.	**Acts 9,38**	**ἐγγὺς** δὲ οὔσης Λύδδας τῇ Ἰόππῃ οἱ μαθηταὶ ἀκούσαντες ὅτι Πέτρος ἐστὶν ἐν αὐτῇ ...	**Acts 27,8**	... ἤλθομεν εἰς τόπον τινὰ καλούμενον Καλοὺς λιμένας ᾧ **ἐγγὺς** πόλις ἦν Λασαία.

ἐγείρω

Syn 72	Mt 36	Mk 18	Lk 18	Acts 13	Jn 13	1-3John	Paul 37	Eph 2	Col 1
NT 143	2Thess	1/2Tim 1	Tit	Heb 1	Jas 1	1Pet 1	2Pet	Jude	Rev 1

active: wake; rouse; raise up; erect; restore; come into being; *passive:* wake up; awaken from; be raised; rise; appear

	triple tradition																	double tradition			Sondergut		
		+Mt / +Lk			–Mt / –Lk			traditions not taken over by Mt / Lk							subtotals								
code	*222*	*211*	*112*	*212*	*221*	*122*	*121*	*022*	*012*	*021*	*220*	*120*	*210*	*020*	Σ^+	Σ^-	Σ	*202*	*201*	*102*	*200*	*002*	total
Mt	4	7^+		1^+	3	2^-	3^-				3		1^+		9^+	5^-	19	3	3		11		**36**
Mk	4				3	2	3	2			3			1			18						**18**
Lk	4			1^+	3^-	2	3^-	2							1^+	6^-	9	3				6	**18**

[a] ἐγήγερται / ἠγέρθη / ἤγειρεν ἐκ (τῶν) νεκρῶν
[b] ἠγέρθη / ἐγερθῇ ἀπὸ τῶν νεκρῶν
[c] νεκροὶ ἐγείρονται and similar phrases
[d] ἐγείρω referring to the resurrection of Jesus

code	Mt		Mk		Lk		
002					**Lk 1,69**	καὶ **ἤγειρεν** κέρας σωτηρίας ἡμῖν ἐν οἴκῳ Δαυὶδ παιδὸς αὐτοῦ	
200	**Mt 1,24**	**ἐγερθεὶς** δὲ ὁ Ἰωσὴφ ἀπὸ τοῦ ὕπνου ἐποίησεν ὡς προσέταξεν αὐτῷ ὁ ἄγγελος κυρίου ...					
200	**Mt 2,13**	... ἄγγελος κυρίου φαίνεται κατ᾽ ὄναρ τῷ Ἰωσὴφ λέγων· **ἐγερθεὶς** παράλαβε τὸ παιδίον καὶ τὴν μητέρα αὐτοῦ καὶ φεῦγε εἰς Αἴγυπτον ...					
200	**Mt 2,14**	ὁ δὲ **ἐγερθεὶς** παρέλαβεν τὸ παιδίον καὶ τὴν μητέρα αὐτοῦ νυκτὸς καὶ ἀνεχώρησεν εἰς Αἴγυπτον					

200	Mt 2,20	[19] ... ἄγγελος κυρίου φαίνεται κατ' ὄναρ τῷ Ἰωσὴφ ἐν Αἰγύπτῳ [20] λέγων· **ἐγερθεὶς** παράλαβε τὸ παιδίον καὶ τὴν μητέρα αὐτοῦ καὶ πορεύου εἰς γῆν Ἰσραήλ· ...					
200	Mt 2,21	ὁ δὲ **ἐγερθεὶς** παρέλαβεν τὸ παιδίον καὶ τὴν μητέρα αὐτοῦ καὶ εἰσῆλθεν εἰς γῆν Ἰσραήλ.					
202	Mt 3,9	... δύναται ὁ θεὸς ἐκ τῶν λίθων τούτων **ἐγεῖραι** τέκνα τῷ Ἀβραάμ.			Lk 3,8	... δύναται ὁ θεὸς ἐκ τῶν λίθων τούτων **ἐγεῖραι** τέκνα τῷ Ἀβραάμ.	
121 211	Mt 8,15	καὶ ἥψατο τῆς χειρὸς αὐτῆς, καὶ ἀφῆκεν αὐτὴν ὁ πυρετός, καὶ **ἠγέρθη** καὶ διηκόνει αὐτῷ.	Mk 1,31	καὶ προσελθὼν **ἤγειρεν** αὐτὴν κρατήσας τῆς χειρός· καὶ ἀφῆκεν αὐτὴν ὁ πυρετός, καὶ διηκόνει αὐτοῖς.	Lk 4,39	καὶ ἐπιστὰς ἐπάνω αὐτῆς ἐπετίμησεν τῷ πυρετῷ· καὶ ἀφῆκεν αὐτήν· παραχρῆμα δὲ **ἀναστᾶσα** διηκόνει αὐτοῖς.	
221	Mt 8,25	καὶ προσελθόντες **ἤγειραν** αὐτὸν λέγοντες· κύριε, σῶσον, ἀπολλύμεθα.	Mk 4,38	... καὶ **ἐγείρουσιν** αὐτὸν καὶ λέγουσιν αὐτῷ· διδάσκαλε, οὐ μέλει σοι ὅτι ἀπολλύμεθα;	Lk 8,24	προσελθόντες δὲ **διήγειραν** αὐτὸν λέγοντες· ἐπιστάτα ἐπιστάτα, ἀπολλύμεθα.	
211	Mt 8,26	... τότε **ἐγερθεὶς** ἐπετίμησεν τοῖς ἀνέμοις καὶ τῇ θαλάσσῃ, καὶ ἐγένετο γαλήνη μεγάλη.	Mk 4,39	καὶ **διεγερθεὶς** ἐπετίμησεν τῷ ἀνέμῳ καὶ εἶπεν τῇ θαλάσσῃ· σιώπα, πεφίμωσο. καὶ ἐκόπασεν ὁ ἄνεμος καὶ ἐγένετο γαλήνη μεγάλη.		ὁ δὲ **διεγερθεὶς** ἐπετίμησεν τῷ ἀνέμῳ καὶ τῷ κλύδωνι τοῦ ὕδατος· καὶ ἐπαύσαντο καὶ ἐγένετο γαλήνη.	
222	Mt 9,5	... ἢ εἰπεῖν· **ἔγειρε** καὶ περιπάτει;	Mk 2,9	... ἢ εἰπεῖν· **ἔγειρε** καὶ ἆρον τὸν κράβαττόν σου καὶ περιπάτει;	Lk 5,23	... ἢ εἰπεῖν· **ἔγειρε** καὶ περιπάτει;	
222	Mt 9,6	... **ἐγερθεὶς** ἆρόν σου τὴν κλίνην καὶ ὕπαγε εἰς τὸν οἶκόν σου.	Mk 2,11	σοὶ λέγω, **ἔγειρε** ἆρον τὸν κράβαττόν σου καὶ ὕπαγε εἰς τὸν οἶκόν σου.	Lk 5,24	... σοὶ λέγω, **ἔγειρε** καὶ ἄρας τὸ κλινίδιόν σου πορεύου εἰς τὸν οἶκόν σου.	→ Jn 5,8
221	Mt 9,7	καὶ **ἐγερθεὶς** ἀπῆλθεν εἰς τὸν οἶκον αὐτοῦ.	Mk 2,12	καὶ **ἠγέρθη** καὶ εὐθὺς ἄρας τὸν κράβαττον ἐξῆλθεν ἔμπροσθεν πάντων, ...	Lk 5,25	καὶ παραχρῆμα **ἀναστὰς** ἐνώπιον αὐτῶν, ἄρας ἐφ' ὃ κατέκειτο, ἀπῆλθεν εἰς τὸν οἶκον αὐτοῦ ...	→ Jn 5,9
022			Mk 3,3	καὶ λέγει τῷ ἀνθρώπῳ τῷ τὴν ξηρὰν χεῖρα ἔχοντι· **ἔγειρε** εἰς τὸ μέσον.	Lk 6,8	... εἶπεν δὲ τῷ ἀνδρὶ τῷ ξηρὰν ἔχοντι τὴν χεῖρα· **ἔγειρε** καὶ στῆθι εἰς τὸ μέσον· καὶ ἀναστὰς ἔστη.	

211	Mt 9,19	καὶ **ἐγερθεὶς** ὁ Ἰησοῦς ἠκολούθησεν αὐτῷ καὶ οἱ μαθηταὶ αὐτοῦ.	Mk 5,24	καὶ ἀπῆλθεν μετ' αὐτοῦ. καὶ ἠκολούθει αὐτῷ ὄχλος πολὺς καὶ συνέθλιβον αὐτόν.	Lk 8,42	... ἐν δὲ τῷ ὑπάγειν αὐτὸν οἱ ὄχλοι συνέπνιγον αὐτόν.	
211	Mt 9,25	... ἐκράτησεν τῆς χειρὸς αὐτῆς, καὶ **ἠγέρθη** τὸ κοράσιον.	Mk 5,42	[41] καὶ κρατήσας τῆς χειρὸς τοῦ παιδίου λέγει αὐτῇ· ταλιθα κουμ, ὅ ἐστιν μεθερμηνευόμενον· τὸ κοράσιον, σοὶ λέγω, ἔγειρε. [42] καὶ εὐθὺς **ἀνέστη** τὸ κοράσιον καὶ περιεπάτει· ...	Lk 8,55	[54] αὐτὸς δὲ κρατήσας τῆς χειρὸς αὐτῆς ἐφώνησεν λέγων· ἡ παῖς, ἔγειρε. [55] καὶ ἐπέστρεψεν τὸ πνεῦμα αὐτῆς καὶ **ἀνέστη** παραχρῆμα ...	
201	Mt 10,8	[7] πορευόμενοι δὲ κηρύσσετε λέγοντες ὅτι ἤγγικεν ἡ βασιλεία τῶν οὐρανῶν. [8] ἀσθενοῦντας θεραπεύετε, νεκροὺς **ἐγείρετε,** λεπροὺς καθαρίζετε, δαιμόνια ἐκβάλλετε· ...			Lk 10,9	καὶ θεραπεύετε τοὺς ἐν αὐτῇ ἀσθενεῖς καὶ λέγετε αὐτοῖς· ἤγγικεν ἐφ' ὑμᾶς ἡ βασιλεία τοῦ θεοῦ.	→ GTh 14,4
002					Lk 7,14	... καὶ εἶπεν· νεανίσκε, σοὶ λέγω, **ἐγέρθητι.**	
002					Lk 7,16	... προφήτης μέγας **ἠγέρθη** ἐν ἡμῖν ...	
c 202	Mt 11,5 → Mt 15,31	*τυφλοὶ ἀναβλέπουσιν* καὶ χωλοὶ περιπατοῦσιν, λεπροὶ καθαρίζονται καὶ *κωφοὶ ἀκούουσιν,* καὶ *νεκροὶ* **ἐγείρονται** καὶ πτωχοὶ εὐαγγελίζονται· ➤ Isa 29,18; 35,5-6; 42,18; 26,19			Lk 7,22 → Lk 4,18	... *τυφλοὶ ἀναβλέπουσιν,* χωλοὶ περιπατοῦσιν, λεπροὶ καθαρίζονται καὶ *κωφοὶ ἀκούουσιν, νεκροὶ* **ἐγείρονται,** πτωχοὶ εὐαγγελίζονται· ➤ Isa 29,18; 35,5-6; 42,18; 26,19	
201	Mt 11,11	ἀμὴν λέγω ὑμῖν· **οὐκ ἐγήγερται** ἐν γεννητοῖς γυναικῶν μείζων Ἰωάννου τοῦ βαπτιστοῦ· ...			Lk 7,28	λέγω ὑμῖν, μείζων ἐν γεννητοῖς γυναικῶν Ἰωάννου **οὐδείς ἐστιν·** ...	→ GTh 46
201	Mt 12,11	... τίς ἔσται ἐξ ὑμῶν ἄνθρωπος ὃς ἕξει πρόβατον ἓν καὶ ἐὰν ἐμπέσῃ τοῦτο τοῖς σάββασιν εἰς βόθυνον, **οὐχὶ κρατήσει αὐτὸ καὶ ἐγερεῖ;**			Lk 14,5 → Lk 13,15	... τίνος ὑμῶν υἱὸς ἢ βοῦς εἰς φρέαρ πεσεῖται, καὶ **οὐκ εὐθέως ἀνασπάσει αὐτὸν** ἐν ἡμέρᾳ τοῦ σαββάτου;	
202	Mt 12,42	βασίλισσα νότου **ἐγερθήσεται** ἐν τῇ κρίσει μετὰ τῆς γενεᾶς ταύτης καὶ κατακρινεῖ αὐτήν, ...			Lk 11,31	βασίλισσα νότου **ἐγερθήσεται** ἐν τῇ κρίσει μετὰ τῶν ἀνδρῶν τῆς γενεᾶς ταύτης καὶ κατακρινεῖ αὐτούς, ...	

020			Mk 4,27	καὶ καθεύδῃ καὶ **ἐγείρηται** νύκτα καὶ ἡμέραν, καὶ ὁ σπόρος βλαστᾷ ...			
221	Mt 8,25	καὶ προσελθόντες **ἤγειραν** αὐτὸν λέγοντες· κύριε, σῶσον, ἀπολλύμεθα.	Mk 4,38	... καὶ **ἐγείρουσιν** αὐτὸν καὶ λέγουσιν αὐτῷ· διδάσκαλε, οὐ μέλει σοι ὅτι ἀπολλύμεθα;	Lk 8,24	προσελθόντες δὲ **διήγειραν** αὐτὸν λέγοντες· ἐπιστάτα ἐπιστάτα, ἀπολλύμεθα. ...	
122	Mt 9,25	... ἐκράτησεν τῆς χειρὸς αὐτῆς, καὶ ἠγέρθη τὸ κοράσιον.	Mk 5,41	καὶ κρατήσας τῆς χειρὸς τοῦ παιδίου λέγει αὐτῇ· ταλιθα κουμ, ὅ ἐστιν μεθερμηνευόμενον· τὸ κοράσιον, σοὶ λέγω, **ἔγειρε.** [42] καὶ εὐθὺς ἀνέστη τὸ κοράσιον ...	Lk 8,54	αὐτὸς δὲ κρατήσας τῆς χειρὸς αὐτῆς ἐφώνησεν λέγων· ἡ παῖς, **ἔγειρε.** [55] καὶ ἐπέστρεψεν τὸ πνεῦμα αὐτῆς καὶ ἀνέστη παραχρῆμα ...	
	Mt 14,1	ἐν ἐκείνῳ τῷ καιρῷ ἤκουσεν Ἡρῴδης ὁ τετραάρχης τὴν ἀκοὴν Ἰησοῦ,	Mk 6,14	καὶ ἤκουσεν ὁ βασιλεὺς Ἡρῴδης, φανερὸν γὰρ ἐγένετο τὸ ὄνομα αὐτοῦ,	Lk 9,7	ἤκουσεν δὲ Ἡρῴδης ὁ τετραάρχης τὰ γινόμενα πάντα	
a 022			→ Mk 8,28 ↓ Mt 14,2	καὶ ἔλεγον ὅτι Ἰωάννης ὁ βαπτίζων **ἐγήγερται** ἐκ νεκρῶν ...	→ Lk 9,19	καὶ διηπόρει διὰ τὸ λέγεσθαι ὑπό τινων ὅτι Ἰωάννης **ἠγέρθη** ἐκ νεκρῶν	
b 221	Mt 14,2 → Mt 16,14 ↑ Mk 6,14	καὶ εἶπεν τοῖς παισὶν αὐτοῦ· οὗτός ἐστιν Ἰωάννης ὁ βαπτιστής· αὐτὸς **ἠγέρθη** ἀπὸ τῶν νεκρῶν ...	Mk 6,16 → Mk 6,27	ἀκούσας δὲ ὁ Ἡρῴδης ἔλεγεν· ὃν ἐγὼ ἀπεκεφάλισα Ἰωάννην, οὗτος **ἠγέρθη.**	Lk 9,9	εἶπεν δὲ Ἡρῴδης· Ἰωάννην ἐγὼ ἀπεκεφάλισα· τίς δέ ἐστιν οὗτος ...;	
d 212	Mt 16,21 ↓ Mt 17,23 ↓ Mt 20,19 ↓ Mt 27,63-64	ἀπὸ τότε ἤρξατο ὁ Ἰησοῦς δεικνύειν τοῖς μαθηταῖς αὐτοῦ ὅτι δεῖ αὐτὸν εἰς Ἱεροσόλυμα ἀπελθεῖν καὶ πολλὰ παθεῖν ἀπὸ τῶν πρεσβυτέρων καὶ ἀρχιερέων καὶ γραμματέων καὶ ἀποκτανθῆναι καὶ τῇ τρίτῃ ἡμέρᾳ **ἐγερθῆναι.**	Mk 8,31 ↓ Mk 9,31 ↓ Mk 10,34	καὶ ἤρξατο διδάσκειν αὐτοὺς ὅτι δεῖ τὸν υἱὸν τοῦ ἀνθρώπου πολλὰ παθεῖν καὶ ἀποδοκιμασθῆναι ὑπὸ τῶν πρεσβυτέρων καὶ τῶν ἀρχιερέων καὶ τῶν γραμματέων καὶ ἀποκτανθῆναι καὶ μετὰ τρεῖς ἡμέρας **ἀναστῆναι·**	Lk 9,22 ↓ Lk 9,44 → Lk 17,25 ↓ Lk 18,33 → Lk 24,7 → Lk 24,26 → Lk 24,46	εἰπὼν ὅτι δεῖ τὸν υἱὸν τοῦ ἀνθρώπου πολλὰ παθεῖν καὶ ἀποδοκιμασθῆναι ἀπὸ τῶν πρεσβυτέρων καὶ ἀρχιερέων καὶ γραμματέων καὶ ἀποκτανθῆναι καὶ τῇ τρίτῃ ἡμέρᾳ **ἐγερθῆναι.**	
200	Mt 17,7	καὶ προσῆλθεν ὁ Ἰησοῦς καὶ ἁψάμενος αὐτῶν εἶπεν· **ἐγέρθητε** καὶ μὴ φοβεῖσθε.					
a d 211	Mt 17,9	... ἐνετείλατο αὐτοῖς ὁ Ἰησοῦς λέγων· μηδενὶ εἴπητε τὸ ὅραμα ἕως οὗ ὁ υἱὸς τοῦ ἀνθρώπου ἐκ νεκρῶν **ἐγερθῇ.**	Mk 9,9	... διεστείλατο αὐτοῖς ἵνα μηδενὶ ἃ εἶδον διηγήσωνται, εἰ μὴ ὅταν ὁ υἱὸς τοῦ ἀνθρώπου ἐκ νεκρῶν **ἀναστῇ.**	Lk 9,36	... καὶ αὐτοὶ ἐσίγησαν καὶ οὐδενὶ ἀπήγγειλαν ἐν ἐκείναις ταῖς ἡμέραις οὐδὲν ὧν ἑώρακαν.	
121	Mt 17,18	... καὶ ἐθεραπεύθη ὁ παῖς ἀπὸ τῆς ὥρας ἐκείνης.	Mk 9,27	ὁ δὲ Ἰησοῦς κρατήσας τῆς χειρὸς αὐτοῦ **ἤγειρεν** αὐτόν, καὶ ἀνέστη.	Lk 9,42 → Lk 7,15	... καὶ ἰάσατο τὸν παῖδα καὶ ἀπέδωκεν αὐτὸν τῷ πατρὶ αὐτοῦ.	

d 211	**Mt 17,23** ↑ Mt 16,21 ↓ Mt 20,19 ↓ Mt 27,63-64	[22] ... μέλλει ὁ υἱὸς τοῦ ἀνθρώπου παραδίδοσθαι εἰς χεῖρας ἀνθρώπων, [23] καὶ ἀποκτενοῦσιν αὐτόν, καὶ τῇ τρίτῃ ἡμέρᾳ **ἐγερθήσεται**. ...	**Mk 9,31** ↑ Mk 8,31 ↓ Mk 10,34	... ὁ υἱὸς τοῦ ἀνθρώπου παραδίδοται εἰς χεῖρας ἀνθρώπων, καὶ ἀποκτενοῦσιν αὐτόν, καὶ ἀποκτανθεὶς μετὰ τρεῖς ἡμέρας **ἀναστήσεται**.	**Lk 9,44** ↑ Lk 9,22 → Lk 17,25 ↓ Lk 18,33 → Lk 24,7 → Lk 24,26 → Lk 24,46	... ὁ γὰρ υἱὸς τοῦ ἀνθρώπου μέλλει παραδίδοσθαι εἰς χεῖρας ἀνθρώπων.	
002					**Lk 11,8**	... διά γε τὴν ἀναίδειαν αὐτοῦ **ἐγερθεὶς** δώσει αὐτῷ ὅσων χρῄζει.	
202	**Mt 12,42**	βασίλισσα νότου **ἐγερθήσεται** ἐν τῇ κρίσει μετὰ τῆς γενεᾶς ταύτης καὶ κατακρινεῖ αὐτήν, ...			**Lk 11,31**	βασίλισσα νότου **ἐγερθήσεται** ἐν τῇ κρίσει μετὰ τῶν ἀνδρῶν τῆς γενεᾶς ταύτης καὶ κατακρινεῖ αὐτούς, ...	
002	**Mt 25,10**	... **ἦλθεν** ὁ νυμφίος, καὶ αἱ ἕτοιμοι εἰσῆλθον μετ' αὐτοῦ εἰς τοὺς γάμους καὶ ἐκλείσθη ἡ θύρα.			**Lk 13,25**	ἀφ' οὗ ἂν **ἐγερθῇ** ὁ οἰκοδεσπότης καὶ ἀποκλείσῃ τὴν θύραν ...	
d 211	**Mt 20,19** ↑ Mt 16,21 ↑ Mt 17,23 ↓ Mt 27,63-64	[18] ... ὁ υἱὸς τοῦ ἀνθρώπου παραδοθήσεται τοῖς ἀρχιερεῦσιν καὶ γραμματεῦσιν, καὶ κατακρινοῦσιν αὐτὸν θανάτῳ [19] καὶ παραδώσουσιν αὐτὸν τοῖς ἔθνεσιν εἰς τὸ ἐμπαῖξαι καὶ μαστιγῶσαι καὶ σταυρῶσαι, καὶ τῇ τρίτῃ ἡμέρᾳ **ἐγερθήσεται**.	**Mk 10,34** ↑ Mk 8,31 ↑ Mk 9,31	[33] ... ὁ υἱὸς τοῦ ἀνθρώπου παραδοθήσεται τοῖς ἀρχιερεῦσιν καὶ τοῖς γραμματεῦσιν, καὶ κατακρινοῦσιν αὐτὸν θανάτῳ καὶ παραδώσουσιν αὐτὸν τοῖς ἔθνεσιν [34] καὶ ἐμπαίξουσιν αὐτῷ καὶ ἐμπτύσουσιν αὐτῷ καὶ μαστιγώσουσιν αὐτὸν καὶ ἀποκτενοῦσιν, καὶ μετὰ τρεῖς ἡμέρας **ἀναστήσεται**.	**Lk 18,33** ↑ Lk 9,22 ↑ Lk 9,44 → Lk 17,25 → Lk 24,7 → Lk 24,26 → Lk 24,46	[31] ... τελεσθήσεται πάντα τὰ γεγραμμένα διὰ τῶν προφητῶν τῷ υἱῷ τοῦ ἀνθρώπου· [32] παραδοθήσεται γὰρ τοῖς ἔθνεσιν καὶ ἐμπαιχθήσεται καὶ ὑβρισθήσεται καὶ ἐμπτυσθήσεται [33] καὶ μαστιγώσαντες ἀποκτενοῦσιν αὐτόν, καὶ τῇ ἡμέρᾳ τῇ τρίτῃ **ἀναστήσεται**.	
121	**Mt 20,32** ⇨ Mt 9,28	καὶ στὰς ὁ Ἰησοῦς ἐφώνησεν αὐτοὺς ...	**Mk 10,49**	καὶ στὰς ὁ Ἰησοῦς εἶπεν· φωνήσατε αὐτόν. καὶ φωνοῦσιν τὸν τυφλὸν λέγοντες αὐτῷ· θάρσει, **ἔγειρε**, φωνεῖ σε.	**Lk 18,40**	σταθεὶς δὲ ὁ Ἰησοῦς ἐκέλευσεν αὐτὸν ἀχθῆναι πρὸς αὐτόν. ...	
c 122	**Mt 22,31**	**περὶ δὲ τῆς** **ἀναστάσεως** **τῶν νεκρῶν** οὐκ ἀνέγνωτε τὸ ῥηθὲν ὑμῖν ὑπὸ τοῦ θεοῦ λέγοντος·	**Mk 12,26**	**περὶ δὲ τῶν νεκρῶν** **ὅτι ἐγείρονται** οὐκ ἀνέγνωτε ἐν τῇ βίβλῳ Μωϋσέως ἐπὶ τοῦ βάτου πῶς εἶπεν αὐτῷ ὁ θεὸς λέγων· ...	**Lk 20,37**	 **ὅτι δὲ ἐγείρονται** **οἱ νεκροί**, καὶ Μωϋσῆς ἐμήνυσεν ἐπὶ τῆς βάτου, ὡς λέγει ...	
222	**Mt 24,7**	**ἐγερθήσεται** γὰρ ἔθνος ἐπὶ ἔθνος καὶ βασιλεία ἐπὶ βασιλείαν ...	**Mk 13,8**	**ἐγερθήσεται** γὰρ ἔθνος ἐπ' ἔθνος καὶ βασιλεία ἐπὶ βασιλείαν, ...	**Lk 21,10**	... **ἐγερθήσεται** ἔθνος ἐπ' ἔθνος καὶ βασιλεία ἐπὶ βασιλείαν	
200	**Mt 24,11** ↓ Mt 24,24 ↓ Mk 13,22 → Mt 24,5	καὶ πολλοὶ ψευδοπροφῆται **ἐγερθήσονται** καὶ πλανήσουσιν πολλούς·					
220	**Mt 24,24** ↑ Mt 24,11	**ἐγερθήσονται** γὰρ ψευδόχριστοι καὶ ψευδοπροφῆται ...	**Mk 13,22**	**ἐγερθήσονται** γὰρ ψευδόχριστοι καὶ ψευδοπροφῆται ...			

200	Mt 25,7	τότε **ἠγέρθησαν** πᾶσαι αἱ παρθένοι ἐκεῖναι καὶ ἐκόσμησαν τὰς λαμπάδας ἑαυτῶν.					
d 220	Mt 26,32 ↓Mt 28,7	**μετὰ δὲ τὸ ἐγερθῆναί** με προάξω ὑμᾶς εἰς τὴν Γαλιλαίαν.	Mk 14,28 ↓Mk 16,7	**ἀλλὰ μετὰ τὸ ἐγερθῆναί** με προάξω ὑμᾶς εἰς τὴν Γαλιλαίαν.			
220	Mt 26,46	**ἐγείρεσθε** ἄγωμεν· ἰδοὺ ἤγγικεν ὁ παραδιδούς με.	Mk 14,42	**ἐγείρεσθε** ἄγωμεν· ἰδοὺ ὁ παραδιδούς με ἤγγικεν.			→ Jn 14,31
200	Mt 27,52	καὶ τὰ μνημεῖα ἀνεῴχθησαν καὶ πολλὰ σώματα τῶν κεκοιμημένων ἁγίων **ἠγέρθησαν**					
d 200	Mt 27,63 → Mt 12,40 ↑Mt 16,21 ↑Mt 17,23 ↑Mt 20,19	... κύριε, ἐμνήσθημεν ὅτι ἐκεῖνος ὁ πλάνος εἶπεν ἔτι ζῶν· μετὰ τρεῖς ἡμέρας **ἐγείρομαι.**					
b d 200	Mt 27,64 ↑Mt 16,21 ↑Mt 17,23 ↑Mt 20,19	... μήποτε ἐλθόντες οἱ μαθηταὶ αὐτοῦ κλέψωσιν αὐτὸν καὶ εἴπωσιν τῷ λαῷ· **ἠγέρθη** ἀπὸ τῶν νεκρῶν, ...					
d 222	Mt 28,6	[5] ... οἶδα γὰρ ὅτι Ἰησοῦν τὸν ἐσταυρωμένον ζητεῖτε· [6] οὐκ ἔστιν ὧδε, **ἠγέρθη** γὰρ καθὼς εἶπεν· δεῦτε ἴδετε τὸν τόπον ὅπου ἔκειτο.	Mk 16,6	... Ἰησοῦν ζητεῖτε τὸν Ναζαρηνὸν τὸν ἐσταυρωμένον· **ἠγέρθη,** οὐκ ἔστιν ὧδε· ἴδε ὁ τόπος ὅπου ἔθηκαν αὐτόν.	Lk 24,6 → Lk 24,23	[5] ... τί ζητεῖτε τὸν ζῶντα μετὰ τῶν νεκρῶν· [6] οὐκ ἔστιν ὧδε, ἀλλὰ **ἠγέρθη.** μνήσθητε ὡς ἐλάλησεν ὑμῖν ἔτι ὢν ἐν τῇ Γαλιλαίᾳ	
b d 210	Mt 28,7 ↑Mt 26,32 → Mt 28,10.16	καὶ ταχὺ πορευθεῖσαι εἴπατε τοῖς μαθηταῖς αὐτοῦ ὅτι **ἠγέρθη** ἀπὸ τῶν νεκρῶν, καὶ ἰδοὺ προάγει ὑμᾶς εἰς τὴν Γαλιλαίαν, ...	Mk 16,7 ↑Mk 14,28	ἀλλὰ ὑπάγετε εἴπατε τοῖς μαθηταῖς αὐτοῦ καὶ τῷ Πέτρῳ ὅτι προάγει ὑμᾶς εἰς τὴν Γαλιλαίαν· ...			→ Jn 20,17 → Jn 21,1
d 002					Lk 24,34	λέγοντας ὅτι ὄντως **ἠγέρθη** ὁ κύριος καὶ ὤφθη Σίμωνι.	→ 1Cor 15,4 → 1Cor 15,5

Acts 3,6 ... ἐν τῷ ὀνόματι Ἰησοῦ Χριστοῦ τοῦ Ναζωραίου **[ἔγειρε** καὶ] περιπάτει.

Acts 3,7 καὶ πιάσας αὐτὸν τῆς δεξιᾶς χειρὸς **ἤγειρεν** αὐτόν· ...

a d **Acts 3,15** τὸν δὲ ἀρχηγὸν τῆς ζωῆς ἀπεκτείνατε ὃν ὁ θεὸς **ἤγειρεν** ἐκ νεκρῶν, οὗ ἡμεῖς μάρτυρές ἐσμεν.

a d **Acts 4,10** ... ἐν τῷ ὀνόματι Ἰησοῦ Χριστοῦ τοῦ Ναζωραίου ὃν ὑμεῖς ἐσταυρώσατε, ὃν ὁ θεὸς **ἤγειρεν** ἐκ νεκρῶν, ...

d **Acts 5,30** ὁ θεὸς τῶν πατέρων ἡμῶν **ἤγειρεν** Ἰησοῦν ὃν ὑμεῖς διεχειρίσασθε κρεμάσαντες ἐπὶ ξύλου·

Acts 9,8 **ἠγέρθη** δὲ Σαῦλος ἀπὸ τῆς γῆς, ἀνεῳγμένων δὲ τῶν ὀφθαλμῶν αὐτοῦ οὐδὲν ἔβλεπεν· ...

Acts 10,26 ὁ δὲ Πέτρος **ἤγειρεν** αὐτὸν λέγων· ἀνάστηθι· ...

d **Acts 10,40** τοῦτον ὁ θεὸς **ἤγειρεν** [ἐν] τῇ τρίτῃ ἡμέρᾳ καὶ ἔδωκεν αὐτὸν ἐμφανῆ γενέσθαι

Acts 12,7 ... πατάξας δὲ τὴν πλευρὰν τοῦ Πέτρου **ἤγειρεν** αὐτὸν λέγων· ἀνάστα ἐν τάχει. ...

Acts 13,22 καὶ μεταστήσας αὐτὸν **ἤγειρεν** τὸν Δαυὶδ αὐτοῖς εἰς βασιλέα ᾧ καὶ εἶπεν μαρτυρήσας· ... ➤ Ps 89,21/1Sam 13,14/Isa 44,28	*a d* **Acts 13,30** ὁ δὲ θεὸς **ἤγειρεν** αὐτὸν ἐκ νεκρῶν *d* **Acts 13,37** ὃν δὲ ὁ θεὸς **ἤγειρεν,** οὐκ εἶδεν διαφθοράν.	**Acts 26,8** τί ἄπιστον κρίνεται παρ' ὑμῖν εἰ ὁ θεὸς νεκροὺς **ἐγείρει;**

ἔγερσις

	Syn	Mt	Mk	Lk	Acts	Jn	1-3John	Paul	Eph	Col
	1	1								
	NT	2Thess	1/2Tim	Tit	Heb	Jas	1Pet	2Pet	Jude	Rev
	1									

resurrection

200	**Mt 27,53** καὶ ἐξελθόντες ἐκ τῶν μνημείων **μετὰ τὴν ἔγερσιν αὐτοῦ** εἰσῆλθον εἰς τὴν ἁγίαν πόλιν ...			

ἐγκάθετος

	Syn	Mt	Mk	Lk	Acts	Jn	1-3John	Paul	Eph	Col
	1			1						
	NT	2Thess	1/2Tim	Tit	Heb	Jas	1Pet	2Pet	Jude	Rev
	1									

hired to lie in wait; spy

112	**Mt 22,15** → Lk 20,19 → Mt 26,4 τότε πορευθέντες οἱ Φαρισαῖοι συμβούλιον ἔλαβον ὅπως αὐτὸν παγιδεύσωσιν ἐν λόγῳ. [16] καὶ ἀποστέλλουσιν αὐτῷ τοὺς μαθητὰς αὐτῶν μετὰ τῶν Ἡρῳδιανῶν ...	**Mk 12,13** → Lk 20,19 καὶ ἀποστέλλουσιν πρὸς αὐτόν τινας τῶν Φαρισαίων καὶ τῶν Ἡρῳδιανῶν ἵνα αὐτὸν ἀγρεύσωσιν λόγῳ.	**Lk 20,20** → Lk 16,15 → Lk 18,9 → Lk 23,2 καὶ παρατηρήσαντες ἀπέστειλαν **ἐγκαθέτους** ὑποκρινομένους ἑαυτοὺς δικαίους εἶναι, ἵνα ἐπιλάβωνται αὐτοῦ λόγου, ὥστε παραδοῦναι αὐτὸν τῇ ἀρχῇ καὶ τῇ ἐξουσίᾳ τοῦ ἡγεμόνος.	

ἐγκακέω

	Syn	Mt	Mk	Lk	Acts	Jn	1-3John	Paul	Eph	Col
	1			1				3	1	
	NT	2Thess	1/2Tim	Tit	Heb	Jas	1Pet	2Pet	Jude	Rev
	6	1								

become weary, tired; lose heart; despair

002			**Lk 18,1** → Lk 21,36 ἔλεγεν δὲ παραβολὴν αὐτοῖς πρὸς τὸ δεῖν πάντοτε προσεύχεσθαι αὐτοὺς καὶ **μὴ ἐγκακεῖν**	

ἐγκαταλείπω

Syn 2	Mt 1	Mk 1	Lk	Acts 2	Jn	1-3John	Paul 2	Eph	Col
NT 10	2Thess	1/2Tim 2	Tit	Heb 2	Jas	1Pet	2Pet	Jude	Rev

leave behind; forsake; abandon; desert, leave

	Mt	Mk	Lk	
220	**Mt 27,46** ... τοῦτ' ἔστιν· *θεέ μου θεέ μου, ἱνατί με* ***ἐγκατέλιπες;*** ➢ Ps 22,2	**Mk 15,34** ... ὅ ἐστιν μεθερμηνευόμενον *ὁ θεός μου ὁ θεός μου, εἰς τί* ***ἐγκατέλιπές*** *με;* ➢ Ps 22,2		

Acts 2,27 ὅτι *οὐκ* ***ἐγκαταλείψεις*** *τὴν ψυχήν μου εἰς ᾅδην οὐδὲ δώσεις τὸν ὅσιόν σου ἰδεῖν διαφθοράν.* ➢ Ps 15,10 LXX

Acts 2,31 προϊδὼν ἐλάλησεν περὶ τῆς ἀναστάσεως τοῦ Χριστοῦ ὅτι οὔτε **ἐγκατελείφθη** εἰς ᾅδην οὔτε ἡ σὰρξ αὐτοῦ εἶδεν διαφθοράν. ➢ Ps 16,10

ἐγκρύπτω

Syn 2	Mt 1	Mk	Lk 1	Acts	Jn	1-3John	Paul	Eph	Col
NT 2	2Thess	1/2Tim	Tit	Heb	Jas	1Pet	2Pet	Jude	Rev

hide; put something into something

	Mt	Mk	Lk	
202	**Mt 13,33** ... ὁμοία ἐστὶν ἡ βασιλεία τῶν οὐρανῶν ζύμῃ, ἣν λαβοῦσα γυνὴ **ἐνέκρυψεν** εἰς ἀλεύρου σάτα τρία ἕως οὗ ἐζυμώθη ὅλον.		**Lk 13,21** [20] ... τίνι ὁμοιώσω τὴν βασιλείαν τοῦ θεοῦ; [21] ὁμοία ἐστὶν ζύμῃ, ἣν λαβοῦσα γυνὴ **[ἐν]έκρυψεν** εἰς ἀλεύρου σάτα τρία ἕως οὗ ἐζυμώθη ὅλον.	→ GTh 96

ἔγκυος

Syn 1	Mt	Mk	Lk 1	Acts	Jn	1-3John	Paul	Eph	Col
NT 1	2Thess	1/2Tim	Tit	Heb	Jas	1Pet	2Pet	Jude	Rev

pregnant

	Mt	Mk	Lk	
002			**Lk 2,5** ἀπογράψασθαι σὺν Μαριὰμ τῇ ἐμνηστευμένῃ αὐτῷ, οὔσῃ **ἐγκύῳ**.	

ἐγώ (all cases)	Syn 546	Mt 221	Mk 106	Lk 219	Acts 189	Jn 493	1-3John 3	Paul 355	Eph 17	Col 11
	NT 1799	2Thess	1/2Tim 39	Tit 4	Heb 36	Jas 16	1Pet 2	2Pet 5	Jude	Rev 83

personal pronoun for the first person singular

ἐμοῦ	p. 44	ἐμοί	p. 62	ἐμέ	p. 70
μου	p. 47	μοι	p. 64	με	p. 72

ἐγώ	Syn 79	Mt 37	Mk 16	Lk 26	Acts 48	Jn 158	1-3John 2	Paul 91	Eph 4	Col 2
	NT 421	2Thess	1/2Tim 5	Tit 2	Heb 8	Jas 2	1Pet 1	2Pet 1	Jude	Rev 18

personal pronoun for the first person singular nominative: I; me

	triple tradition																double tradition			Sondergut		
		+Mt / +Lk			–Mt / –Lk			traditions not taken over by Mt / Lk							subtotals							
code	*222*	*211*	*112*	*212*	*221*	*122*	*121*	*022*	*012*	*021*	*220*	*120*	*210*	*020*	Σ⁺	Σ⁻	Σ	*202*	*201*	*102*	*200*	*002*	total
Mt	2	2^+		1^+	4	2^-	1^-				2	4^-			3^+	7^-	11	5	9		12		**37**
Mk	2				4	2	1				2	4		1			16						**16**
Lk	2		2^+	1^+	4^-	2	1^-		1^+						4^+	5^-	8	5		2		11	**26**

Mk-Q overlap: 201: Mt 11,10 / Mk 1,2 / Lk 7,27

a ἰδοὺ ἐγώ
b ἐγώ (εἰμι) without predicate nominative
c ἐγώ (εἰμι) with predicate nominative
d ἐγὼ μέν
e ἐγὼ δέ without λέγω ὑμῖν (see g)
f καὶ ἐγώ / κἀγώ
g ἐγώ (δὲ) λέγω ὑμῖν / ἐγώ ὑμῖν λέγω

code	Mt		Mk		Lk		
c 002					**Lk 1,18**	... κατὰ τί γνώσομαι τοῦτο; **ἐγὼ** γάρ εἰμι πρεσβύτης ...	
c 002					**Lk 1,19**	καὶ ἀποκριθεὶς ὁ ἄγγελος εἶπεν αὐτῷ· **ἐγώ** εἰμι Γαβριὴλ ὁ παρεστηκὼς ἐνώπιον τοῦ θεοῦ ...	
f 200	**Mt 2,8**	... ἐπὰν δὲ εὕρητε, ἀπαγγείλατέ μοι, ὅπως **κἀγὼ** ἐλθὼν προσκυνήσω αὐτῷ.					
f 002					**Lk 2,48**	... ἰδοὺ ὁ πατήρ σου **κἀγὼ** ὀδυνώμενοι ἐζητοῦμέν σε.	
d 020	**Mt 3,11**	**ἐγὼ** μὲν ὑμᾶς βαπτίζω ἐν ὕδατι εἰς μετάνοιαν, ὁ δὲ ὀπίσω μου ἐρχόμενος ἰσχυρότερός μού ἐστιν, οὗ οὐκ εἰμὶ ἱκανὸς τὰ ὑποδήματα βαστάσαι· αὐτὸς ὑμᾶς βαπτίσει ἐν πνεύματι ἁγίῳ καὶ πυρί·	**Mk 1,8**	[7] ἔρχεται ὁ ἰσχυρότερός μου ὀπίσω μου, οὗ οὐκ εἰμὶ ἱκανὸς κύψας λῦσαι τὸν ἱμάντα τῶν ὑποδημάτων αὐτοῦ. [8] **ἐγὼ** ἐβάπτισα ὑμᾶς ὕδατι, αὐτὸς δὲ βαπτίσει ὑμᾶς ἐν πνεύματι ἁγίῳ.	**Lk 3,16** → Lk 12,49	... **ἐγὼ** μὲν ὕδατι βαπτίζω ὑμᾶς· ἔρχεται δὲ ὁ ἰσχυρότερός μου, οὗ οὐκ εἰμὶ ἱκανὸς λῦσαι τὸν ἱμάντα τῶν ὑποδημάτων αὐτοῦ· αὐτὸς ὑμᾶς βαπτίσει ἐν πνεύματι ἁγίῳ καὶ πυρί·	→ **Jn 1,26** → Acts 1,5 → Acts 11,16 → **Acts 13,25** → Acts 19,4 Mk-Q overlap

d 202	**Mt 3,11**	**ἐγὼ** μὲν ὑμᾶς βαπτίζω ἐν ὕδατι εἰς μετάνοιαν, ὁ δὲ ὀπίσω μου ἐρχόμενος ἰσχυρότερός μού ἐστιν, οὗ οὐκ εἰμὶ ἱκανὸς τὰ ὑποδήματα βαστάσαι· αὐτὸς ὑμᾶς βαπτίσει ἐν πνεύματι ἁγίῳ καὶ πυρί·	**Mk 1,8**	[7] ἔρχεται ὁ ἰσχυρότερός μου ὀπίσω μου, οὗ οὐκ εἰμὶ ἱκανὸς κύψας λῦσαι τὸν ἱμάντα τῶν ὑποδημάτων αὐτοῦ. [8] **ἐγὼ** ἐβάπτισα ὑμᾶς ὕδατι, αὐτὸς δὲ βαπτίσει ὑμᾶς ἐν πνεύματι ἁγίῳ.	**Lk 3,16** → Lk 12,49	... **ἐγὼ** μὲν ὕδατι βαπτίζω ὑμᾶς· ἔρχεται δὲ ὁ ἰσχυρότερός μου, οὗ οὐκ εἰμὶ ἱκανὸς λῦσαι τὸν ἱμάντα τῶν ὑποδημάτων αὐτοῦ· αὐτὸς ὑμᾶς βαπτίσει ἐν πνεύματι ἁγίῳ καὶ πυρί·	**→ Jn 1,26** → Acts 1,5 → Acts 11,16 **→ Acts 13,25** → Acts 19,4 Mk-Q overlap
200	**Mt 3,14**	ὁ δὲ Ἰωάννης διεκώλυεν αὐτὸν λέγων· **ἐγὼ** χρείαν ἔχω ὑπὸ σοῦ βαπτισθῆναι, καὶ σὺ ἔρχῃ πρός με;					
g 200	**Mt 5,22**	**ἐγὼ** δὲ λέγω ὑμῖν ὅτι πᾶς ὁ ὀργιζόμενος τῷ ἀδελφῷ αὐτοῦ ἔνοχος ἔσται τῇ κρίσει· ...					
g 200	**Mt 5,28**	**ἐγὼ** δὲ λέγω ὑμῖν ὅτι πᾶς ὁ βλέπων γυναῖκα πρὸς τὸ ἐπιθυμῆσαι αὐτὴν ἤδη ἐμοίχευσεν αὐτὴν ἐν τῇ καρδίᾳ αὐτοῦ.					
g 201	**Mt 5,32** ⇨ Mt 19,9	**ἐγὼ** δὲ λέγω ὑμῖν ὅτι πᾶς ὁ ἀπολύων τὴν γυναῖκα αὐτοῦ παρεκτὸς λόγου πορνείας ποιεῖ αὐτὴν μοιχευθῆναι, ...	**Mk 10,11**	... ὃς ἂν ἀπολύσῃ τὴν γυναῖκα αὐτοῦ καὶ γαμήσῃ ἄλλην μοιχᾶται ἐπ᾽ αὐτήν·	**Lk 16,18**	πᾶς ὁ ἀπολύων τὴν γυναῖκα αὐτοῦ καὶ γαμῶν ἑτέραν μοιχεύει, ...	**→ 1Cor 7,10** → 1Cor 7,11 Mk-Q overlap
g 200	**Mt 5,34** → Mt 23,22	**ἐγὼ** δὲ λέγω ὑμῖν μὴ ὀμόσαι ὅλως· ...					
g 201	**Mt 5,39**	**ἐγὼ** δὲ λέγω ὑμῖν μὴ ἀντιστῆναι τῷ πονηρῷ· ἀλλ᾽ ὅστις σε ῥαπίζει εἰς τὴν δεξιὰν σιαγόνα [σου], στρέψον αὐτῷ καὶ τὴν ἄλλην·			**Lk 6,29**	τῷ τύπτοντί σε ἐπὶ τὴν σιαγόνα πάρεχε καὶ τὴν ἄλλην, ...	
g 201	**Mt 5,44**	**ἐγὼ** δὲ λέγω ὑμῖν· ἀγαπᾶτε τοὺς ἐχθροὺς ὑμῶν ...			**Lk 6,27** ⇩ Lk 6,35 **Lk 6,35** ⇧ Lk 6,27	ἀλλὰ ὑμῖν λέγω τοῖς ἀκούουσιν· ἀγαπᾶτε τοὺς ἐχθροὺς ὑμῶν, ... πλὴν ἀγαπᾶτε τοὺς ἐχθροὺς ὑμῶν ...	
201	**Mt 8,7** → Lk 7,6	καὶ λέγει αὐτῷ· **ἐγὼ** ἐλθὼν θεραπεύσω αὐτόν.			**Lk 7,3**	... ἐρωτῶν αὐτὸν ὅπως ἐλθὼν διασώσῃ τὸν δοῦλον αὐτοῦ.	→ Jn 4,47
c 202	**Mt 8,9**	καὶ γὰρ **ἐγὼ** ἄνθρωπός εἰμι ὑπὸ ἐξουσίαν, ...			**Lk 7,8**	καὶ γὰρ **ἐγὼ** ἄνθρωπός εἰμι ὑπὸ ἐξουσίαν ...	

a 201	**Mt 10,16**	ἰδοὺ **ἐγὼ** ἀποστέλλω ὑμᾶς ὡς πρόβατα ἐν μέσῳ λύκων· ...			**Lk 10,3**	ὑπάγετε· ἰδοὺ ἀποστέλλω ὑμᾶς ὡς ἄρνας ἐν μέσῳ λύκων.	
f 201	**Mt 10,32**	πᾶς οὖν ὅστις ὁμολογήσει ἐν ἐμοὶ ἔμπροσθεν τῶν ἀνθρώπων, ὁμολογήσω **κἀγὼ** ἐν αὐτῷ ἔμπροσθεν τοῦ πατρός μου τοῦ ἐν [τοῖς] οὐρανοῖς·			**Lk 12,8**	... πᾶς ὃς ἂν ὁμολογήσῃ ἐν ἐμοὶ ἔμπροσθεν τῶν ἀνθρώπων, **καὶ ὁ υἱὸς τοῦ ἀνθρώπου** ὁμολογήσει ἐν αὐτῷ ἔμπροσθεν τῶν ἀγγέλων τοῦ θεοῦ·	
f 201	**Mt 10,33** → Mt 16,27	ὅστις δ' ἂν ἀρνήσηταί με ἔμπροσθεν τῶν ἀνθρώπων, ἀρνήσομαι **κἀγὼ** αὐτὸν ἔμπροσθεν τοῦ πατρός μου τοῦ ἐν [τοῖς] οὐρανοῖς.	**Mk 8,38**	ὃς γὰρ ἐὰν ἐπαισχυνθῇ με καὶ τοὺς ἐμοὺς λόγους ἐν τῇ γενεᾷ ταύτῃ τῇ μοιχαλίδι καὶ ἁμαρτωλῷ, **καὶ ὁ υἱὸς τοῦ ἀνθρώπου** ἐπαισχυνθήσεται αὐτόν, ὅταν ἔλθῃ ἐν τῇ δόξῃ τοῦ πατρὸς αὐτοῦ μετὰ τῶν ἀγγέλων τῶν ἁγίων.	**Lk 12,9** ⇨ Lk 9,26	ὁ δὲ ἀρνησάμενός με ἐνώπιον τῶν ἀνθρώπων ἀπαρνηθήσεται ἐνώπιον τῶν ἀγγέλων τοῦ θεοῦ.	Mk-Q overlap
a 201	**Mt 11,10**	... *ἰδοὺ* ***ἐγὼ*** *ἀποστέλλω τὸν ἄγγελόν μου πρὸ προσώπου* σου, ... ➤ Exod 23,20/Mal 3,1	**Mk 1,2** → Mt 3,3 → Lk 3,4	... *ἰδοὺ* *ἀποστέλλω τὸν ἄγγελόν μου πρὸ προσώπου* σου, ... ➤ Exod 23,20/Mal 3,1	**Lk 7,27**	... *ἰδοὺ* *ἀποστέλλω τὸν ἄγγελόν μου πρὸ προσώπου* σου, ... ➤ Exod 23,20/Mal 3,1	Mk-Q overlap. Mt 11,10/ Lk 7,27 counted as Q tradition.
f 200	**Mt 11,28**	δεῦτε πρός με πάντες οἱ κοπιῶντες καὶ πεφορτισμένοι, **κἀγὼ** ἀναπαύσω ὑμᾶς.					→ GTh 90
202	**Mt 12,27**	καὶ εἰ **ἐγὼ** ἐν Βεελζεβοὺλ ἐκβάλλω τὰ δαιμόνια, ...			**Lk 11,19**	εἰ δὲ **ἐγὼ** ἐν Βεελζεβοὺλ ἐκβάλλω τὰ δαιμόνια, ...	
202	**Mt 12,28**	εἰ δὲ ἐν πνεύματι θεοῦ **ἐγὼ** ἐκβάλλω τὰ δαιμόνια, ἄρα ἔφθασεν ἐφ' ὑμᾶς ἡ βασιλεία τοῦ θεοῦ.			**Lk 11,20**	εἰ δὲ ἐν δακτύλῳ θεοῦ **[ἐγὼ]** ἐκβάλλω τὰ δαιμόνια, ἄρα ἔφθασεν ἐφ' ὑμᾶς ἡ βασιλεία τοῦ θεοῦ.	
012			**Mk 5,30** → Lk 6,19	καὶ εὐθὺς ὁ Ἰησοῦς ἐπιγνοὺς ἐν ἑαυτῷ τὴν ἐξ αὐτοῦ δύναμιν ἐξελθοῦσαν ἐπιστραφεὶς ἐν τῷ ὄχλῳ ἔλεγεν· τίς μου ἥψατο τῶν ἱματίων;	**Lk 8,46** → Lk 6,19	ὁ δὲ Ἰησοῦς εἶπεν· ἥψατό μού τις, **ἐγὼ** γὰρ ἔγνων δύναμιν ἐξεληλυθυῖαν ἀπ' ἐμοῦ.	
122	**Mt 14,2**	καὶ εἶπεν τοῖς παισὶν αὐτοῦ· οὗτός ἐστιν Ἰωάννης ὁ βαπτιστής· αὐτὸς ἠγέρθη ἀπὸ τῶν νεκρῶν ...	**Mk 6,16** → Mk 6,27	ἀκούσας δὲ ὁ Ἡρῴδης ἔλεγεν· ὃν **ἐγὼ** ἀπεκεφάλισα Ἰωάννην, οὗτος ἠγέρθη.	**Lk 9,9**	εἶπεν δὲ Ἡρῴδης· Ἰωάννην **ἐγὼ** ἀπεκεφάλισα· τίς δέ ἐστιν οὗτος ...	
b 220	**Mt 14,27**	εὐθὺς δὲ ἐλάλησεν [ὁ Ἰησοῦς] αὐτοῖς λέγων· θαρσεῖτε, **ἐγώ** εἰμι· μὴ φοβεῖσθε.	**Mk 6,50**	... ὁ δὲ εὐθὺς ἐλάλησεν μετ' αὐτῶν, καὶ λέγει αὐτοῖς· θαρσεῖτε, **ἐγώ** εἰμι· μὴ φοβεῖσθε.			**→ Jn 6,20**
f 200	**Mt 16,18**	**κἀγὼ** δέ σοι λέγω ὅτι σὺ εἶ Πέτρος, ...					

121	Mt 17,18	καὶ ἐπετίμησεν αὐτῷ ὁ Ἰησοῦς ...	Mk 9,25 → Mt 12,43-46 → Lk 11,24-26	ἰδὼν δὲ ὁ Ἰησοῦς ὅτι ἐπισυντρέχει ὄχλος, ἐπετίμησεν τῷ πνεύματι τῷ ἀκαθάρτῳ λέγων αὐτῷ· τὸ ἄλαλον καὶ κωφὸν πνεῦμα, **ἐγὼ** ἐπιτάσσω σοι, ἔξελθε ἐξ αὐτοῦ καὶ μηκέτι εἰσέλθῃς εἰς αὐτόν.	Lk 9,42	... ἐπετίμησεν δὲ ὁ Ἰησοῦς τῷ πνεύματι τῷ ἀκαθάρτῳ ...	
f 200	Mt 18,33 → Mt 6,12 → Lk 11,4	οὐκ ἔδει καὶ σὲ ἐλεῆσαι τὸν σύνδουλόν σου, ὡς **κἀγὼ** σὲ ἠλέησα;					
002					Lk 10,35	... ἐπιμελήθητι αὐτοῦ, καὶ ὅ τι ἂν προσδαπανήσῃς **ἐγὼ** ἐν τῷ ἐπανέρχεσθαί με ἀποδώσω σοι.	
f 102	Mt 7,7	αἰτεῖτε καὶ δοθήσεται ὑμῖν, ζητεῖτε καὶ εὑρήσετε, ...			Lk 11,9	**κἀγὼ** ὑμῖν λέγω, αἰτεῖτε καὶ δοθήσεται ὑμῖν, ζητεῖτε καὶ εὑρήσετε, ...	→ GTh 2 (POxy 654) → GTh 92
202	Mt 12,27	καὶ εἰ **ἐγὼ** ἐν Βεελζεβοὺλ ἐκβάλλω τὰ δαιμόνια, ...			Lk 11,19	εἰ δὲ **ἐγὼ** ἐν Βεελζεβοὺλ ἐκβάλλω τὰ δαιμόνια, ...	
202	Mt 12,28	εἰ δὲ ἐν πνεύματι θεοῦ **ἐγὼ** ἐκβάλλω τὰ δαιμόνια, ἄρα ἔφθασεν ἐφ' ὑμᾶς ἡ βασιλεία τοῦ θεοῦ.			Lk 11,20	εἰ δὲ ἐν δακτύλῳ θεοῦ **[ἐγὼ]** ἐκβάλλω τὰ δαιμόνια, ἄρα ἔφθασεν ἐφ' ὑμᾶς ἡ βασιλεία τοῦ θεοῦ.	
e 002					Lk 15,17	... πόσοι μίσθιοι τοῦ πατρός μου περισσεύονται ἄρτων, **ἐγὼ** δὲ λιμῷ ὧδε ἀπόλλυμαι.	
f g 002					Lk 16,9 → Lk 12,33	καὶ **ἐγὼ** ὑμῖν λέγω, ἑαυτοῖς ποιήσατε φίλους ἐκ τοῦ μαμωνᾶ τῆς ἀδικίας, ...	
c 200	Mt 20,15	... ἢ ὁ ὀφθαλμός σου πονηρός ἐστιν ὅτι **ἐγὼ** ἀγαθός εἰμι;					
220 120	Mt 20,22	... δύνασθε πιεῖν τὸ ποτήριον ὃ **ἐγὼ** μέλλω πίνειν;	Mk 10,38 (2)	... δύνασθε πιεῖν τὸ ποτήριον ὃ **ἐγὼ** πίνω ἢ τὸ βάπτισμα ὃ **ἐγὼ** βαπτίζομαι βαπτισθῆναι;	Lk 12,50	βάπτισμα δὲ ἔχω βαπτισθῆναι, καὶ πῶς συνέχομαι ἕως ὅτου τελεσθῇ.	
120 120	Mt 20,23	... τὸ μὲν ποτήριόν **μου** πίεσθε, ...	Mk 10,39 (2)	... τὸ ποτήριον ὃ **ἐγὼ** πίνω πίεσθε καὶ τὸ βάπτισμα ὃ **ἐγὼ** βαπτίζομαι βαπτισθήσεσθε			

c 102	Mt 25,26	... πονηρὲ δοῦλε καὶ ὀκνηρέ, ᾔδεις ὅτι θερίζω ὅπου οὐκ ἔσπειρα καὶ συνάγω ὅθεν οὐ διεσκόρπισα;			Lk 19,22	... ἐκ τοῦ στόματός σου κρίνω σε, πονηρὲ δοῦλε. ᾔδεις ὅτι **ἐγὼ** ἄνθρωπος αὐστηρός εἰμι, αἴρων ὃ οὐκ ἔθηκα καὶ θερίζων ὃ οὐκ ἔσπειρα;	
f 202	Mt 25,27	ἔδει σε οὖν βαλεῖν τὰ ἀργύριά μου τοῖς τραπεζίταις, **καὶ ἐλθὼν ἐγὼ** ἐκομισάμην ἂν τὸ ἐμὸν σὺν τόκῳ.			Lk 19,23	καὶ διὰ τί οὐκ ἔδωκάς μου τὸ ἀργύριον ἐπὶ τράπεζαν; **κἀγὼ ἐλθὼν** σὺν τόκῳ ἂν αὐτὸ ἔπραξα.	
f 212 f 211	Mt 21,24 (2)	ἀποκριθεὶς δὲ ὁ Ἰησοῦς εἶπεν αὐτοῖς· ἐρωτήσω ὑμᾶς **κἀγὼ** λόγον ἕνα, ὃν ἐὰν εἴπητέ μοι **κἀγὼ** ὑμῖν ἐρῶ ἐν ποίᾳ ἐξουσίᾳ ταῦτα ποιῶ·	Mk 11,29	ὁ δὲ Ἰησοῦς εἶπεν αὐτοῖς· ἐπερωτήσω ὑμᾶς ἕνα λόγον, καὶ ἀποκρίθητέ μοι **καὶ** ἐρῶ ὑμῖν ἐν ποίᾳ ἐξουσίᾳ ταῦτα ποιῶ·	Lk 20,3	ἀποκριθεὶς δὲ εἶπεν πρὸς αὐτούς· ἐρωτήσω ὑμᾶς **κἀγὼ** λόγον, καὶ εἴπατέ μοι·	
g 222	Mt 21,27	... ἔφη αὐτοῖς καὶ αὐτός· οὐδὲ **ἐγὼ** λέγω ὑμῖν ἐν ποίᾳ ἐξουσίᾳ ταῦτα ποιῶ.	Mk 11,33	... καὶ ὁ Ἰησοῦς λέγει αὐτοῖς· οὐδὲ **ἐγὼ** λέγω ὑμῖν ἐν ποίᾳ ἐξουσίᾳ ταῦτα ποιῶ.	Lk 20,8	καὶ ὁ Ἰησοῦς εἶπεν αὐτοῖς· οὐδὲ **ἐγὼ** λέγω ὑμῖν ἐν ποίᾳ ἐξουσίᾳ ταῦτα ποιῶ.	
b 200	Mt 21,30	... ὁ δὲ ἀποκριθεὶς εἶπεν· **ἐγώ,** κύριε· καὶ οὐκ ἀπῆλθεν.					
c 221	Mt 22,32	[31] περὶ δὲ τῆς ἀναστάσεως τῶν νεκρῶν οὐκ ἀνέγνωτε τὸ ῥηθὲν ὑμῖν ὑπὸ τοῦ θεοῦ λέγοντος· [32] ***ἐγώ*** *εἰμι ὁ θεὸς Ἀβραὰμ καὶ ὁ θεὸς Ἰσαὰκ καὶ ὁ θεὸς Ἰακώβ;* ... ➤ Exod 3,6	Mk 12,26	περὶ δὲ τῶν νεκρῶν ὅτι ἐγείρονται οὐκ ἀνέγνωτε ἐν τῇ βίβλῳ Μωϋσέως ἐπὶ τοῦ βάτου πῶς εἶπεν αὐτῷ ὁ θεὸς λέγων· ***ἐγὼ*** *ὁ θεὸς Ἀβραὰμ καὶ [ὁ] θεὸς Ἰσαὰκ καὶ [ὁ] θεὸς Ἰακώβ;* ➤ Exod 3,6	Lk 20,37	ὅτι δὲ ἐγείρονται οἱ νεκροί, καὶ Μωϋσῆς ἐμήνυσεν ἐπὶ τῆς βάτου, ὡς λέγει ***κύριον*** *τὸν θεὸν Ἀβραὰμ καὶ θεὸν Ἰσαὰκ καὶ θεὸν Ἰακώβ·* ➤ Exod 3,6	→ Acts 7,32
a 201	Mt 23,34	διὰ τοῦτο ἰδοὺ **ἐγὼ** ἀποστέλλω πρὸς ὑμᾶς προφήτας καὶ σοφοὺς καὶ γραμματεῖς· ...			Lk 11,49	διὰ τοῦτο καὶ **ἡ σοφία τοῦ θεοῦ** εἶπεν· ἀποστελῶ εἰς αὐτοὺς προφήτας καὶ ἀποστόλους, ...	
c b 222	Mt 24,5 → Mt 24,23-24 → Mt 24,26 → Mt 24,11	πολλοὶ γὰρ ἐλεύσονται ἐπὶ τῷ ὀνόματί μου λέγοντες· **ἐγώ** εἰμι ὁ χριστός, καὶ πολλοὺς πλανήσουσιν.	Mk 13,6 → Mk 13,21-22	πολλοὶ ἐλεύσονται ἐπὶ τῷ ὀνόματί μου λέγοντες ὅτι **ἐγώ** εἰμι, καὶ πολλοὺς πλανήσουσιν.	Lk 21,8 → Lk 17,23	... πολλοὶ γὰρ ἐλεύσονται ἐπὶ τῷ ὀνόματί μου λέγοντες· **ἐγώ** εἰμι, καί· ὁ καιρὸς ἤγγικεν. μὴ πορευθῆτε ὀπίσω αὐτῶν.	
112	Mt 10,19	... μὴ μεριμνήσητε πῶς ἢ τί λαλήσητε· δοθήσεται γὰρ ὑμῖν ἐν ἐκείνῃ τῇ ὥρᾳ τί λαλήσητε·	Mk 13,11	... μὴ προμεριμνᾶτε τί λαλήσητε, ἀλλ' ὃ ἐὰν δοθῇ ὑμῖν ἐν ἐκείνῃ τῇ ὥρᾳ τοῦτο λαλεῖτε· ...	Lk 21,15 ⇨ Lk 12,12	[14] θέτε οὖν ἐν ταῖς καρδίαις ὑμῶν μὴ προμελετᾶν ἀπολογηθῆναι· [15] **ἐγὼ** γὰρ δώσω ὑμῖν στόμα καὶ σοφίαν ...	Mk-Q overlap

f 202	**Mt 25,27**	ἔδει σε οὖν βαλεῖν τὰ ἀργύριά μου τοῖς τραπεζίταις, **καὶ ἐλθὼν ἐγὼ** ἐκομισάμην ἂν τὸ ἐμὸν σὺν τόκῳ.			**Lk 19,23**	καὶ διὰ τί οὐκ ἔδωκάς μου τὸ ἀργύριον ἐπὶ τράπεζαν; **κἀγὼ ἐλθὼν** σὺν τόκῳ ἂν αὐτὸ ἔπραξα.	
f 211	**Mt 26,15**	[14] τότε πορευθεὶς εἷς τῶν δώδεκα, ὁ λεγόμενος Ἰούδας Ἰσκαριώτης, πρὸς τοὺς ἀρχιερεῖς [15] εἶπεν· τί θέλετέ μοι δοῦναι, **κἀγὼ** ὑμῖν παραδώσω αὐτόν; ...	**Mk 14,10**	καὶ Ἰούδας Ἰσκαριὼθ ὁ εἷς τῶν δώδεκα ἀπῆλθεν πρὸς τοὺς ἀρχιερεῖς ἵνα αὐτὸν παραδοῖ αὐτοῖς.	**Lk 22,4**	[3] εἰσῆλθεν δὲ σατανᾶς εἰς Ἰούδαν τὸν καλούμενον Ἰσκαριώτην, ὄντα ἐκ τοῦ ἀριθμοῦ τῶν δώδεκα· [4] καὶ ἀπελθὼν συνελάλησεν τοῖς ἀρχιερεῦσιν καὶ στρατηγοῖς τὸ πῶς αὐτοῖς παραδῷ αὐτόν.	
b 221	**Mt 26,22** ↓ Mt 26,25	καὶ λυπούμενοι σφόδρα ἤρξαντο λέγειν αὐτῷ εἷς ἕκαστος· μήτι **ἐγώ** εἰμι, κύριε;	**Mk 14,19**	ἤρξαντο λυπεῖσθαι καὶ λέγειν αὐτῷ εἷς κατὰ εἷς· μήτι **ἐγώ;**	**Lk 22,23**	καὶ αὐτοὶ ἤρξαντο συζητεῖν πρὸς ἑαυτοὺς τὸ τίς ἄρα εἴη ἐξ αὐτῶν ὁ τοῦτο μέλλων πράσσειν.	→ Jn 13,22.25
b 200	**Mt 26,25** ↑ Mt 26,22	ἀποκριθεὶς δὲ Ἰούδας ὁ παραδιδοὺς αὐτὸν εἶπεν· μήτι **ἐγώ** εἰμι, ῥαββί; λέγει αὐτῷ· σὺ εἶπας.					→ **Jn 13,26**-27
c e 112	**Mt 20,28**	ὥσπερ **ὁ υἱὸς τοῦ ἀνθρώπου** οὐκ ἦλθεν διακονηθῆναι ἀλλὰ διακονῆσαι ...	**Mk 10,45**	καὶ γὰρ **ὁ υἱὸς τοῦ ἀνθρώπου** οὐκ ἦλθεν διακονηθῆναι ἀλλὰ διακονῆσαι ...	**Lk 22,27** → Lk 12,37	... **ἐγὼ** δὲ ἐν μέσῳ ὑμῶν εἰμι ὡς ὁ διακονῶν.	→ Jn 13,13 → **Jn 13,14**
f 002					**Lk 22,29** → Lk 1,33	**κἀγὼ** διατίθεμαι ὑμῖν καθὼς διέθετό μοι ὁ πατήρ μου βασιλείαν	
e 002					**Lk 22,32**	**ἐγὼ** δὲ ἐδεήθην περὶ σοῦ ἵνα μὴ ἐκλίπῃ ἡ πίστις σου· ...	
221	**Mt 26,33**	... εἰ πάντες σκανδαλισθήσονται ἐν σοί, **ἐγὼ** οὐδέποτε σκανδαλισθήσομαι.	**Mk 14,29**	... εἰ καὶ πάντες σκανδαλισθήσονται, ἀλλ᾽ οὐκ **ἐγώ.**	**Lk 22,33** → Mt 26,35 → Mk 14,31	... κύριε, μετὰ σοῦ ἕτοιμός εἰμι καὶ εἰς φυλακὴν καὶ εἰς θάνατον πορεύεσθαι.	→ Jn 13,37
221	**Mt 26,39**	... παρελθάτω ἀπ᾽ ἐμοῦ τὸ ποτήριον τοῦτο· πλὴν **οὐχ ὡς ἐγὼ θέλω** ἀλλ᾽ ὡς σύ.	**Mk 14,36**	... παρένεγκε τὸ ποτήριον τοῦτο ἀπ᾽ ἐμοῦ· ἀλλ᾽ **οὐ τί ἐγὼ θέλω** ἀλλὰ τί σύ.	**Lk 22,42** → Mt 26,42	... παρένεγκε τοῦτο τὸ ποτήριον ἀπ᾽ ἐμοῦ· πλὴν **μὴ τὸ θέλημά μου** ἀλλὰ τὸ σὸν γινέσθω.	→ Jn 18,11 → Acts 21,14
120	**Mt 26,61** → Mt 27,40	... οὗτος ἔφη· δύναμαι καταλῦσαι τὸν ναὸν τοῦ θεοῦ καὶ διὰ τριῶν ἡμερῶν οἰκοδομῆσαι.	**Mk 14,58** → Mk 15,29	... ἡμεῖς ἠκούσαμεν αὐτοῦ λέγοντος ὅτι **ἐγὼ** καταλύσω τὸν ναὸν τοῦτον τὸν χειροποίητον καὶ διὰ τριῶν ἡμερῶν ἄλλον ἀχειροποίητον οἰκοδομήσω.			→ Jn 2,19 → Acts 6,14 → GTh 71

b 122	**Mt 26,64**	[63] ... καὶ ὁ ἀρχιερεὺς εἶπεν αὐτῷ· ἐξορκίζω σε κατὰ τοῦ θεοῦ τοῦ ζῶντος ἵνα ἡμῖν εἴπῃς εἰ σὺ εἶ ὁ χριστὸς ὁ υἱὸς τοῦ θεοῦ. [64] λέγει αὐτῷ ὁ Ἰησοῦς· σὺ εἶπας· πλὴν λέγω ὑμῖν· ἀπ' ἄρτι ὄψεσθε *τὸν υἱὸν τοῦ ἀνθρώπου* καθήμενον ἐκ δεξιῶν τῆς δυνάμεως καὶ *ἐρχόμενον ἐπὶ τῶν νεφελῶν τοῦ οὐρανοῦ.* ➢ Dan 7,13	**Mk 14,62**	[61] ... πάλιν ὁ ἀρχιερεὺς ἐπηρώτα αὐτὸν καὶ λέγει αὐτῷ· σὺ εἶ ὁ χριστὸς ὁ υἱὸς τοῦ εὐλογητοῦ; [62] ὁ δὲ Ἰησοῦς εἶπεν· **ἐγώ** εἰμι, καὶ ὄψεσθε *τὸν υἱὸν τοῦ ἀνθρώπου* ἐκ δεξιῶν καθήμενον τῆς δυνάμεως καὶ *ἐρχόμενον μετὰ τῶν νεφελῶν τοῦ οὐρανοῦ.* ➢ Dan 7,13	**Lk 22,70** → Mt 27,43	[67] ... εἰ σὺ εἶ ὁ χριστός, εἰπὸν ἡμῖν. εἶπεν δὲ αὐτοῖς· ἐὰν ὑμῖν εἴπω οὐ μὴ πιστεύσητε· [68] ἐὰν δὲ ἐρωτήσω, οὐ μὴ ἀποκριθῆτε. [69] ἀπὸ τοῦ νῦν δὲ ἔσται ὁ υἱὸς τοῦ ἀνθρώπου καθήμενος ἐκ δεξιῶν τῆς δυνάμεως τοῦ θεοῦ. [70] εἶπαν δὲ πάντες· σὺ οὖν εἶ ὁ υἱὸς τοῦ θεοῦ; ὁ δὲ πρὸς αὐτοὺς ἔφη· ὑμεῖς λέγετε ὅτι **ἐγώ** εἰμι.	→ Jn 10,36
a 002					**Lk 23,14** → Lk 23,2 → Lk 23,4 → Mt 27,23 → Mk 15,14 → Lk 23,22	... καὶ ἰδοὺ **ἐγὼ** ἐνώπιον ὑμῶν ἀνακρίνας οὐθὲν εὗρον ἐν τῷ ἀνθρώπῳ τούτῳ αἴτιον ὧν κατηγορεῖτε κατ' αὐτοῦ.	**→ Jn 18,38b** → Jn 19,4 → Acts 13,28
c 002					**Lk 24,39**	ἴδετε τὰς χεῖράς μου καὶ τοὺς πόδας μου ὅτι **ἐγώ** εἰμι αὐτός· ...	→ Jn 20,20.27
a 002					**Lk 24,49**	καὶ [ἰδοὺ] **ἐγὼ** ἀποστέλλω τὴν ἐπαγγελίαν τοῦ πατρός μου ἐφ' ὑμᾶς· ...	→ Acts 1,8 → Acts 2,33
a c 200	**Mt 28,20** → Lk 24,47	... καὶ ἰδοὺ **ἐγὼ** μεθ' ὑμῶν εἰμι πάσας τὰς ἡμέρας ἕως τῆς συντελείας τοῦ αἰῶνος.					

Acts 7,7 *καὶ τὸ ἔθνος ᾧ ἐὰν δουλεύσουσιν κρινῶ*
ἐγώ,
ὁ θεὸς εἶπεν, ...
➢ Gen 15,14

c **Acts 7,32** → Lk 20,37 ***ἐγὼ***
ὁ θεὸς τῶν πατέρων σου, ὁ θεὸς Ἀβραὰμ καὶ Ἰσαὰκ καὶ Ἰακώβ. ...
➢ Exod 3,6

c **Acts 9,5** εἶπεν δέ· τίς εἶ, κύριε; ὁ δέ·
ἐγώ
εἰμι Ἰησοῦς ὃν σὺ διώκεις·

a b **Acts 9,10** ... εἶπεν πρὸς αὐτὸν ἐν ὁράματι ὁ κύριος· Ἁνανία. ὁ δὲ εἶπεν· ἰδοὺ
ἐγώ,
κύριε.

Acts 9,16 **ἐγὼ**
γὰρ ὑποδείξω αὐτῷ ὅσα δεῖ αὐτὸν ὑπὲρ τοῦ ὀνόματός μου παθεῖν.

Acts 10,20 ... πορεύου σὺν αὐτοῖς μηδὲν διακρινόμενος ὅτι
ἐγὼ
ἀπέσταλκα αὐτούς.

a c **Acts 10,21** καταβὰς δὲ Πέτρος πρὸς τοὺς ἄνδρας εἶπεν· ἰδοὺ
ἐγώ
εἰμι ὃν ζητεῖτε· ...

c f **Acts 10,26** ... ἀνάστηθι· καὶ
ἐγὼ
αὐτὸς ἄνθρωπός εἰμι.

Acts 11,5 **ἐγὼ**
ἤμην ἐν πόλει Ἰόππῃ προσευχόμενος καὶ εἶδον ἐν ἐκστάσει ὅραμα, ...

Acts 11,17 εἰ οὖν τὴν ἴσην δωρεὰν ἔδωκεν αὐτοῖς ὁ θεὸς ὡς καὶ ἡμῖν πιστεύσασιν ἐπὶ τὸν κύριον Ἰησοῦν Χριστόν,
ἐγὼ
τίς ἤμην δυνατὸς κωλῦσαι τὸν θεόν;

b **Acts 13,25** **→ Mt 3,11** → Mk 1,7 **→ Lk 3,16** **→ Jn 1,27** ... τί ἐμὲ ὑπονοεῖτε εἶναι; οὐκ εἰμὶ
ἐγώ·
ἀλλ' ἰδοὺ ἔρχεται μετ' ἐμὲ οὗ οὐκ εἰμὶ ἄξιος τὸ ὑπόδημα τῶν ποδῶν λῦσαι.

Acts 13,33 ... ὡς καὶ ἐν τῷ ψαλμῷ γέγραπται τῷ δευτέρῳ, *υἱός μου εἶ σύ,*
ἐγὼ
σήμερον γεγέννηκά σε.
➢ Ps 2,7

Acts 13,41 ... *ὅτι ἔργον ἐργάζομαι*
ἐγὼ
ἐν ταῖς ἡμέραις ὑμῶν, ἔργον ὃ οὐ μὴ πιστεύσητε ἐάν τις ἐκδιηγῆται ὑμῖν.
➢ Hab 1,5 LXX

Acts 15,19 διὸ
ἐγὼ
κρίνω μὴ παρενοχλεῖν τοῖς ἀπὸ τῶν ἐθνῶν ἐπιστρέφουσιν ἐπὶ τὸν θεόν

Acts 17,3 ... οὗτός ἐστιν ὁ χριστός [ὁ] Ἰησοῦς ὃν
ἐγὼ
καταγγέλλω ὑμῖν.

Acts 17,23 ... εὗρον καὶ βωμὸν ἐν ᾧ ἐπεγέγραπτο· Ἀγνώστῳ θεῷ. ὃ οὖν ἀγνοοῦντες εὐσεβεῖτε, τοῦτο
ἐγὼ
καταγγέλλω ὑμῖν.

Acts 18,6 ... τὸ αἷμα ὑμῶν ἐπὶ τὴν κεφαλὴν ὑμῶν· καθαρὸς
→ Mt 27,24-25 → Acts 20,26
ἐγώ
ἀπὸ τοῦ νῦν εἰς τὰ ἔθνη πορεύσομαι.

b **Acts 18,10** [9] ... μὴ φοβοῦ, ἀλλὰ λάλει καὶ μὴ σιωπήσῃς, [10] διότι
ἐγώ
εἰμι μετὰ σοῦ ...

Acts 18,15 ... κριτὴς
ἐγὼ
τούτων οὐ βούλομαι εἶναι.

Acts 20,22 καὶ νῦν ἰδοὺ δεδεμένος
ἐγὼ
τῷ πνεύματι πορεύομαι εἰς Ἰερουσαλὴμ ...

a **Acts 20,25** καὶ νῦν ἰδοὺ
ἐγὼ
οἶδα ὅτι οὐκέτι ὄψεσθε τὸ πρόσωπόν μου ...

Acts 20,29 **ἐγὼ**
οἶδα ὅτι εἰσελεύσονται μετὰ τὴν ἄφιξίν μου λύκοι βαρεῖς εἰς ὑμᾶς ...

Acts 21,13 ... τί ποιεῖτε κλαίοντες καὶ συνθρύπτοντές μου τὴν καρδίαν;
ἐγὼ
γὰρ οὐ μόνον δεθῆναι ἀλλὰ καὶ ἀποθανεῖν εἰς Ἰερουσαλὴμ ἑτοίμως ἔχω ...

c **Acts 21,39** εἶπεν δὲ ὁ Παῦλος·
ἐγὼ
ἄνθρωπος μέν εἰμι Ἰουδαῖος, Ταρσεὺς τῆς Κιλικίας, ...

c **Acts 22,3** **ἐγώ**
εἰμι ἀνὴρ Ἰουδαῖος, γεγεννημένος ἐν Ταρσῷ τῆς Κιλικίας, ...

e **Acts 22,8** (2) **ἐγὼ**
δὲ ἀπεκρίθην· τίς εἶ, κύριε;

c εἶπέν τε πρός με·
ἐγώ
εἰμι Ἰησοῦς ὁ Ναζωραῖος, ὃν σὺ διώκεις.

f **Acts 22,13** ... Σαοὺλ ἀδελφέ, ἀνάβλεψον.
κἀγὼ
αὐτῇ τῇ ὥρᾳ ἀνέβλεψα εἰς αὐτόν.

Acts 22,19 ... κύριε, αὐτοὶ ἐπίστανται ὅτι
ἐγὼ
ἤμην φυλακίζων καὶ δέρων κατὰ τὰς συναγωγὰς τοὺς πιστεύοντας ἐπὶ σέ

f **Acts 22,19** **κἀγὼ**
εἶπον· κύριε, αὐτοὶ ἐπίστανται ὅτι ἐγὼ ἤμην ...

Acts 22,21 ... πορεύου, ὅτι
ἐγὼ
εἰς ἔθνη μακρὰν ἐξαποστελῶ σε.

Acts 22,28 (2) ἀπεκρίθη δὲ ὁ χιλίαρχος·
ἐγὼ
πολλοῦ κεφαλαίου τὴν πολιτείαν ταύτην ἐκτησάμην.

e ὁ δὲ Παῦλος ἔφη·
ἐγὼ
δὲ καὶ γεγέννημαι.

Acts 23,1 ... ἄνδρες ἀδελφοί,
ἐγὼ
πάσῃ συνειδήσει ἀγαθῇ πεπολίτευμαι τῷ θεῷ ἄχρι ταύτης τῆς ἡμέρας.

c **Acts 23,6** (2) ... ἄνδρες ἀδελφοί,
ἐγὼ
Φαρισαῖός εἰμι, υἱὸς Φαρισαίων,

περὶ ἐλπίδος καὶ ἀναστάσεως νεκρῶν
[ἐγὼ]
κρίνομαι.

Acts 24,21 ... περὶ ἀναστάσεως νεκρῶν
ἐγὼ
κρίνομαι σήμερον ἐφ' ὑμῶν.

Acts 25,18 περὶ οὗ σταθέντες οἱ κατήγοροι οὐδεμίαν αἰτίαν ἔφερον ὧν
ἐγὼ
ὑπενόουν πονηρῶν

Acts 25,20 ἀπορούμενος δὲ
ἐγὼ
τὴν περὶ τούτων ζήτησιν ἔλεγον εἰ βούλοιτο πορεύεσθαι εἰς Ἱεροσόλυμα ...

e **Acts 25,25** **ἐγὼ**
δὲ κατελαβόμην μηδὲν ἄξιον αὐτὸν θανάτου πεπραχέναι, ...

d **Acts 26,9** **ἐγὼ**
μὲν οὖν ἔδοξα ἐμαυτῷ πρὸς τὸ ὄνομα Ἰησοῦ τοῦ Ναζωραίου δεῖν πολλὰ ἐναντία πρᾶξαι,

Acts 26,10 ὃ καὶ ἐποίησα ἐν Ἱεροσολύμοις, καὶ πολλούς τε τῶν ἁγίων
ἐγὼ
ἐν φυλακαῖς κατέκλεισα τὴν παρὰ τῶν ἀρχιερέων ἐξουσίαν λαβών ...

e **Acts 26,15** (2) **ἐγὼ**
δὲ εἶπα· τίς εἶ, κύριε;

c ὁ δὲ κύριος εἶπεν·
ἐγώ
εἰμι Ἰησοῦς ὃν σὺ διώκεις.

Acts 26,17 ἐξαιρούμενός σε ἐκ τοῦ λαοῦ καὶ ἐκ τῶν ἐθνῶν εἰς οὓς
ἐγὼ
ἀποστέλλω σε

c **Acts 26,29** ... καὶ πάντας τοὺς ἀκούοντάς μου σήμερον γενέσθαι τοιούτους ὁποῖος καὶ
ἐγώ
εἰμι παρεκτὸς τῶν δεσμῶν τούτων.

b **Acts 27,23** παρέστη γάρ μοι ταύτῃ τῇ νυκτὶ τοῦ θεοῦ, οὗ εἰμι
[ἐγώ]
ᾧ καὶ λατρεύω, ἄγγελος

Acts 28,17 ... συνελθόντων δὲ αὐτῶν ἔλεγεν πρὸς αὐτούς·
ἐγώ,
ἄνδρες ἀδελφοί, οὐδὲν ἐναντίον ποιήσας τῷ λαῷ ...

ἐμοῦ	Syn 45	Mt 18	Mk 8	Lk 19	Acts 6	Jn 24	1-3John	Paul 16	Eph 1	Col
	NT 109	2Thess	1/2Tim 4	Tit 1	Heb 1	Jas	1Pet	2Pet	Jude	Rev 11

personal pronoun for the first person singular genitive

	triple tradition																	double tradition			Sondergut		
		+Mt / +Lk			–Mt / –Lk			traditions not taken over by Mt / Lk							subtotals								
code	*222*	*211*	*112*	*212*	*221*	*122*	*121*	*022*	*012*	*021*	*220*	*120*	*210*	*020*	Σ^+	Σ^-	Σ	*202*	*201*	*102*	*200*	*002*	total
Mt	2	1^+			1	1^-	1^-				3		2^+		3^+	2^-	9	4	2		3		**18**
Mk	2				1	1	1				3						8						**8**
Lk	2				1^-	1	1^-		1^+						1^+	2^-	4	4		3		8	**19**

a ἕνεκεν ἐμοῦ

102	**Mt 4,9**	... ταῦτά σοι πάντα δώσω, ἐὰν πεσὼν προσκυνήσῃς **μοι.**			**Lk 4,7**	[6] ... σοὶ δώσω τὴν ἐξουσίαν ταύτην ἅπασαν ... [7] σὺ οὖν ἐὰν προσκυνήσῃς **ἐνώπιον ἐμοῦ,** ἔσται σοῦ πᾶσα.	
002					**Lk 5,8**	... ἔξελθε **ἀπ' ἐμοῦ,** ὅτι ἀνὴρ ἁμαρτωλός εἰμι, κύριε.	
a 201	**Mt 5,11**	μακάριοί ἐστε ὅταν ὀνειδίσωσιν ὑμᾶς καὶ διώξωσιν καὶ εἴπωσιν πᾶν πονηρὸν καθ' ὑμῶν [ψευδόμενοι] **ἕνεκεν ἐμοῦ.**			**Lk 6,22**	μακάριοί ἐστε ὅταν μισήσωσιν ὑμᾶς οἱ ἄνθρωποι καὶ ὅταν ἀφορίσωσιν ὑμᾶς καὶ ὀνειδίσωσιν καὶ ἐκβάλωσιν τὸ ὄνομα ὑμῶν ὡς πονηρὸν **ἕνεκα τοῦ υἱοῦ τοῦ** **ἀνθρώπου·**	→ GTh 68 → GTh 69,1
202	**Mt 7,23** → Mt 13,41 → Mt 25,12 ↓ Mt 25,41	... οὐδέποτε ἔγνων ὑμᾶς· *ἀποχωρεῖτε* ***ἀπ' ἐμοῦ*** *οἱ ἐργαζόμενοι* *τὴν ἀνομίαν.* ➤ Ps 6,9/1Macc 3,6			**Lk 13,27** → Lk 13,25	... οὐκ οἶδα [ὑμᾶς] πόθεν ἐστέ· *ἀπόστητε* ***ἀπ' ἐμοῦ,*** *πάντες ἐργάται* *ἀδικίας.* ➤ Ps 6,9/1Macc 3,6	
a 221	**Mt 10,18**	καὶ ἐπὶ ἡγεμόνας δὲ καὶ βασιλεῖς ἀχθήσεσθε **ἕνεκεν ἐμοῦ** εἰς μαρτύριον αὐτοῖς καὶ τοῖς ἔθνεσιν.	**Mk 13,9**	... καὶ ἐπὶ ἡγεμόνων καὶ βασιλέων σταθήσεσθε **ἕνεκεν ἐμοῦ** εἰς μαρτύριον αὐτοῖς.	**Lk 21,12** → Lk 12,11	... ἀπαγομένους ἐπὶ βασιλεῖς καὶ ἡγεμόνας **ἕνεκεν τοῦ ὀνόματός** **μου·** [13] ἀποβήσεται ὑμῖν εἰς μαρτύριον.	
a 201	**Mt 10,39** ⇩ Mt 16,25	... καὶ ὁ ἀπολέσας τὴν ψυχὴν αὐτοῦ **ἕνεκεν ἐμοῦ** εὑρήσει αὐτήν.	**Mk 8,35**	... ὃς δ' ἂν ἀπολέσει τὴν ψυχὴν αὐτοῦ **ἕνεκεν ἐμοῦ** καὶ τοῦ εὐαγγελίου σώσει αὐτήν.	**Lk 17,33** ⇩ Lk 9,24	... ὃς δ' ἂν ἀπολέσῃ ζῳογονήσει αὐτήν.	→ Jn 12,25 Mk-Q overlap
200	**Mt 11,29**	ἄρατε τὸν ζυγόν μου ἐφ' ὑμᾶς καὶ μάθετε **ἀπ' ἐμοῦ,** ὅτι πραΰς εἰμι ...					
202 202 202	**Mt 12,30** **(3)**	ὁ μὴ ὢν **μετ' ἐμοῦ** **κατ' ἐμοῦ** ἐστιν, καὶ ὁ μὴ συνάγων **μετ' ἐμοῦ** σκορπίζει.	→ Mk 9,40		**Lk 11,23** **(3)** → Lk 9,50	ὁ μὴ ὢν **μετ' ἐμοῦ** **κατ' ἐμοῦ** ἐστιν, καὶ ὁ μὴ συνάγων **μετ' ἐμοῦ** σκορπίζει.	

012			Mk 5,30 → Lk 6,19	καὶ εὐθὺς ὁ Ἰησοῦς ἐπιγνοὺς ἐν ἑαυτῷ τὴν **ἐξ αὐτοῦ** δύναμιν ἐξελθοῦσαν ἐπιστραφεὶς ἐν τῷ ὄχλῳ ἔλεγεν· τίς μου ἥψατο τῶν ἱματίων;	Lk 8,46 → Lk 6,19	ὁ δὲ Ἰησοῦς εἶπεν· ἥψατό μού τις, ἐγὼ γὰρ ἔγνων δύναμιν ἐξεληλυθυῖαν **ἀπ' ἐμοῦ.**	
220	Mt 15,8	*ὁ λαὸς οὗτος τοῖς χείλεσίν με τιμᾷ, ἡ δὲ καρδία αὐτῶν πόρρω ἀπέχει **ἀπ' ἐμοῦ·** *➤ Isa 29,13 LXX	Mk 7,6	*... οὗτος ὁ λαὸς τοῖς χείλεσίν με τιμᾷ, ἡ δὲ καρδία αὐτῶν πόρρω ἀπέχει **ἀπ' ἐμοῦ·** *➤ Isa 29,13 LXX			
220	Mt 15,5	ὑμεῖς δὲ λέγετε· ὃς ἂν εἴπῃ τῷ πατρὶ ἢ τῇ μητρί· δῶρον ὃ ἐὰν **ἐξ ἐμοῦ** ὠφεληθῇς	Mk 7,11	ὑμεῖς δὲ λέγετε· ἐὰν εἴπῃ ἄνθρωπος τῷ πατρὶ ἢ τῇ μητρί· κορβᾶν, ὅ ἐστιν δῶρον, ὃ ἐὰν **ἐξ ἐμοῦ** ὠφεληθῇς			
220	Mt 15,8	*ὁ λαὸς οὗτος τοῖς χείλεσίν με τιμᾷ, ἡ δὲ καρδία αὐτῶν πόρρω ἀπέχει **ἀπ' ἐμοῦ·** *➤ Isa 29,13 LXX	Mk 7,6	*... οὗτος ὁ λαὸς τοῖς χείλεσίν με τιμᾷ, ἡ δὲ καρδία αὐτῶν πόρρω ἀπέχει **ἀπ' ἐμοῦ·** *➤ Isa 29,13 LXX			
210	Mt 16,23 → Mt 4,10	... ὕπαγε ὀπίσω μου, σατανᾶ· σκάνδαλον εἶ **ἐμοῦ,** ὅτι οὐ φρονεῖς τὰ τοῦ θεοῦ ἀλλὰ τὰ τῶν ἀνθρώπων.	Mk 8,33 → Mt 4,10	... ὕπαγε ὀπίσω μου, σατανᾶ, ὅτι οὐ φρονεῖς τὰ τοῦ θεοῦ ἀλλὰ τὰ τῶν ἀνθρώπων.			
a 222	Mt 16,25 ⇧ Mt 10,39	... ὃς δ' ἂν ἀπολέσῃ τὴν ψυχὴν αὐτοῦ **ἕνεκεν ἐμοῦ** εὑρήσει αὐτήν.	Mk 8,35	... ὃς δ' ἂν ἀπολέσει τὴν ψυχὴν αὐτοῦ **ἕνεκεν ἐμοῦ** **καὶ τοῦ εὐαγγελίου** σώσει αὐτήν.	Lk 9,24 ⇧ Lk 17,33	... ὃς δ' ἂν ἀπολέσῃ τὴν ψυχὴν αὐτοῦ **ἕνεκεν ἐμοῦ,** οὗτος σώσει αὐτήν.	→ Jn 12,25 Mk-Q overlap
200	Mt 17,27	... καὶ ἀνοίξας τὸ στόμα αὐτοῦ εὑρήσεις στατῆρα· ἐκεῖνον λαβὼν δὸς αὐτοῖς **ἀντὶ ἐμοῦ** καὶ σοῦ.					
102	Mt 10,40 ⇨ Mt 18,5 → Mt 10,41	ὁ δεχόμενος ὑμᾶς **ἐμὲ** δέχεται, ...	Mk 9,37	ὃς ἂν ἓν τῶν τοιούτων παιδίων δέξηται ἐπὶ τῷ ὀνόματί μου, **ἐμὲ** δέχεται· ...	Lk 10,16 ⇨ Lk 9,48	ὁ ἀκούων ὑμῶν **ἐμοῦ** ἀκούει, καὶ ὁ ἀθετῶν ὑμᾶς ἐμὲ ἀθετεῖ· ...	→ Jn 13,20
002					Lk 11,7	... τὰ παιδία μου **μετ' ἐμοῦ** εἰς τὴν κοίτην εἰσίν· ...	
202 202 202	Mt 12,30 (3)	ὁ μὴ ὢν **μετ' ἐμοῦ** **κατ' ἐμοῦ** ἐστιν, καὶ ὁ μὴ συνάγων **μετ' ἐμοῦ** σκορπίζει.	→ Mk 9,40		Lk 11,23 (3) → Lk 9,50	ὁ μὴ ὢν **μετ' ἐμοῦ** **κατ' ἐμοῦ** ἐστιν, καὶ ὁ μὴ συνάγων **μετ' ἐμοῦ** σκορπίζει.	
002					Lk 12,13	... διδάσκαλε, εἰπὲ τῷ ἀδελφῷ μου μερίσασθαι **μετ' ἐμοῦ** τὴν κληρονομίαν.	→ GTh 72

	Mt		Mk		Lk		
202	**Mt 7,23** → Mt 13,41 → Mt 25,12 ↓ **Mt 25,41**	... οὐδέποτε ἔγνων ὑμᾶς· *ἀποχωρεῖτε* **ἀπ' ἐμοῦ** *οἱ ἐργαζόμενοι* *τὴν ἀνομίαν.* ➤ Ps 6,9/1Macc 3,6			**Lk 13,27** → Lk 13,25	... οὐκ οἶδα [ὑμᾶς] πόθεν ἐστέ· *ἀπόστητε* **ἀπ' ἐμοῦ,** *πάντες ἐργάται* *ἀδικίας.* ➤ Ps 6,9/1Macc 3,6	
002					**Lk 15,31**	... τέκνον, σὺ πάντοτε **μετ' ἐμοῦ** εἶ, καὶ πάντα τὰ ἐμὰ σά ἐστιν·	
002					**Lk 16,3**	... τί ποιήσω, ὅτι ὁ κύριός μου ἀφαιρεῖται τὴν οἰκονομίαν **ἀπ' ἐμοῦ;** ...	
a 121	**Mt 19,29** → Mt 10,37	καὶ πᾶς ὅστις ἀφῆκεν οἰκίας ἢ ἀδελφοὺς ἢ ἀδελφὰς ἢ πατέρα ἢ μητέρα ἢ τέκνα ἢ ἀγροὺς **ἕνεκεν τοῦ ὀνόματός μου,** ...	**Mk 10,29**	... οὐδείς ἐστιν ὃς ἀφῆκεν οἰκίαν ἢ ἀδελφοὺς ἢ ἀδελφὰς ἢ μητέρα ἢ πατέρα ἢ τέκνα ἢ ἀγροὺς **ἕνεκεν ἐμοῦ καὶ ἕνεκεν τοῦ εὐαγγελίου**	**Lk 18,29** → Lk 14,26	... οὐδείς ἐστιν ὃς ἀφῆκεν οἰκίαν ἢ γυναῖκα ἢ ἀδελφοὺς ἢ γονεῖς ἢ τέκνα **ἕνεκεν τῆς βασιλείας τοῦ θεοῦ**	→ GTh 55 → GTh 101
a 221	**Mt 10,18**	καὶ ἐπὶ ἡγεμόνας δὲ καὶ βασιλεῖς ἀχθήσεσθε **ἕνεκεν ἐμοῦ** εἰς μαρτύριον αὐτοῖς καὶ τοῖς ἔθνεσιν.	**Mk 13,9**	... καὶ ἐπὶ ἡγεμόνων καὶ βασιλέων σταθήσεσθε **ἕνεκεν ἐμοῦ** εἰς μαρτύριον αὐτοῖς.	**Lk 21,12** → Lk 12,11	... ἀπαγομένους ἐπὶ βασιλεῖς καὶ ἡγεμόνας **ἕνεκεν τοῦ ὀνόματός μου·** [13] ἀποβήσεται ὑμῖν εἰς μαρτύριον.	
200	**Mt 25,41** ↑ **Mt 7,23** ↑ **Lk 13,27**	... πορεύεσθε **ἀπ' ἐμοῦ** [οἱ] κατηραμένοι εἰς τὸ πῦρ τὸ αἰώνιον ...					
122	**Mt 26,21**	... ἀμὴν λέγω ὑμῖν ὅτι εἷς ἐξ ὑμῶν παραδώσει με.	**Mk 14,18**	... ἀμὴν λέγω ὑμῖν ὅτι εἷς ἐξ ὑμῶν παραδώσει με ὁ ἐσθίων **μετ' ἐμοῦ.**	**Lk 22,21** ↓ **Mt 26,23** ↓ **Mk 14,20**	πλὴν ἰδοὺ ἡ χεὶρ τοῦ παραδιδόντος με **μετ' ἐμοῦ** ἐπὶ τῆς τραπέζης·	→ Jn 13,21
220	**Mt 26,23** ↑ **Lk 22,21**	... ὁ ἐμβάψας **μετ' ἐμοῦ** τὴν χεῖρα ἐν τῷ τρυβλίῳ οὗτός με παραδώσει.	**Mk 14,20** ↑ **Lk 22,21**	... εἷς τῶν δώδεκα, ὁ ἐμβαπτόμενος **μετ' ἐμοῦ** εἰς τὸ τρύβλιον.			→ Jn 13,26
102	**Mt 19,28**	... ὑμεῖς οἱ ἀκολουθήσαντές **μοι** ...			**Lk 22,28**	ὑμεῖς δέ ἐστε οἱ διαμεμενηκότες **μετ' ἐμοῦ** ἐν τοῖς πειρασμοῖς μου·	
002					**Lk 22,37** → Mt 27,38 → Mk 15,27 → Lk 23,33	... τοῦτο τὸ γεγραμμένον δεῖ τελεσθῆναι ἐν ἐμοί, τό· *καὶ μετὰ ἀνόμων ἐλογίσθη·* καὶ γὰρ **τὸ περὶ ἐμοῦ** τέλος ἔχει. ➤ Isa 53,12	→ Jn 19,18
210	**Mt 26,38**	... *περίλυπός ἐστιν ἡ ψυχή μου* ἕως θανάτου· μείνατε ὧδε καὶ γρηγορεῖτε **μετ' ἐμοῦ.** ➤ Ps 42,6.12/43,5	**Mk 14,34**	... *περίλυπός ἐστιν ἡ ψυχή μου* ἕως θανάτου· μείνατε ὧδε καὶ γρηγορεῖτε. ➤ Ps 42,6.12/43,5			→ Jn 12,27

code	Mt	Mk	Lk	
222	**Mt 26,39** ... καὶ λέγων· πάτερ μου, εἰ δυνατόν ἐστιν, παρελθάτω **ἀπ' ἐμοῦ** τὸ ποτήριον τοῦτο· πλὴν οὐχ ὡς ἐγὼ θέλω ἀλλ' ὡς σύ.	**Mk 14,36** καὶ ἔλεγεν· αββα ὁ πατήρ, πάντα δυνατά σοι· παρένεγκε τὸ ποτήριον τοῦτο **ἀπ' ἐμοῦ·** ἀλλ' οὐ τί ἐγὼ θέλω ἀλλὰ τί σύ.	**Lk 22,42** → Mt 26,42 λέγων· πάτερ, εἰ βούλει παρένεγκε τοῦτο τὸ ποτήριον **ἀπ' ἐμοῦ·** πλὴν μὴ τὸ θέλημά μου ἀλλὰ τὸ σὸν γινέσθω.	→ Jn 18,11
211	**Mt 26,40** ... οὕτως οὐκ ἰσχύσατε μίαν ὥραν γρηγορῆσαι **μετ' ἐμοῦ;** [41] γρηγορεῖτε καὶ προσεύχεσθε, ἵνα μὴ εἰσέλθητε εἰς πειρασμόν· ...	**Mk 14,37** ... Σίμων, καθεύδεις; οὐκ ἴσχυσας μίαν ὥραν γρηγορῆσαι; [38] γρηγορεῖτε καὶ προσεύχεσθε, ἵνα μὴ ἔλθητε εἰς πειρασμόν· ...	**Lk 22,46** → Lk 22,40 ... τί καθεύδετε; ἀναστάντες προσεύχεσθε, ἵνα μὴ εἰσέλθητε εἰς πειρασμόν.	
002			**Lk 23,43** ... σήμερον **μετ' ἐμοῦ** ἔσῃ ἐν τῷ παραδείσῳ.	
002			**Lk 24,44** → Lk 24,27 ... δεῖ πληρωθῆναι πάντα τὰ γεγραμμένα ἐν τῷ νόμῳ Μωϋσέως καὶ τοῖς προφήταις καὶ ψαλμοῖς **περὶ ἐμοῦ.**	

Acts 8,24 ... δεήθητε ὑμεῖς **ὑπὲρ ἐμοῦ** πρὸς τὸν κύριον ...

Acts 11,5 ... καταβαῖνον σκεῦός τι ... ἐκ τοῦ οὐρανοῦ, καὶ ἦλθεν **ἄχρι ἐμοῦ.**

Acts 20,34 αὐτοὶ γινώσκετε ὅτι ταῖς χρείαις μου καὶ τοῖς οὖσιν **μετ' ἐμοῦ** ὑπηρέτησαν αἱ χεῖρες αὗται.

Acts 22,18 ... σπεῦσον καὶ ἔξελθε ἐν τάχει ἐξ Ἰερουσαλήμ, διότι οὐ παραδέξονταί σου μαρτυρίαν **περὶ ἐμοῦ.**

Acts 23,11 ... θάρσει· ὡς γὰρ διεμαρτύρω **τὰ περὶ ἐμοῦ** εἰς Ἰερουσαλήμ, οὕτω σε δεῖ καὶ εἰς Ῥώμην μαρτυρῆσαι.

Acts 25,9 ... θέλεις εἰς Ἱεροσόλυμα ἀναβὰς ἐκεῖ περὶ τούτων κριθῆναι **ἐπ' ἐμοῦ;**

μου

μου	**Syn** 211	Mt 84	Mk 39	Lk 88	Acts 49	Jn 102	1-3John 1	Paul 116	Eph 5	Col 4
	NT 563	2Thess	1/2Tim 9	Tit	Heb 18	Jas 13	1Pet 1	2Pet 3	Jude	Rev 31

personal pronoun for the first person singular genitive

	triple tradition																	double tradition			Sondergut		
		+Mt / +Lk			–Mt / –Lk			traditions not taken over by Mt / Lk							subtotals								
code	*222*	*211*	*112*	*212*	*221*	*122*	*121*	*022*	*012*	*021*	*220*	*120*	*210*	*020*	Σ⁺	Σ⁻	Σ	*202*	*201*	*102*	*200*	*002*	total
Mt	16	5^+			4	1^-	2^-				8	2^-	5^+		10^+	5^-	38	14	10		22		**84**
Mk	16				4	1	2	1			8	2		5			39						**39**
Lk	16		5^+		4^-	1	2^-	1							5^+	6^-	23	14		6		45	**88**

Mk-Q overlap: 222: Mt 3,17 / Mk 1,11 / Lk 3,22 (?) 020: Mt 11,10 / Mk 1,2 / Lk 7,27 202: Mt 11,10 / Mk 1,2 / Lk 7,27

[a] μου in the prepositive position [b] πατήρ μου

code	Mt	Mk	Lk
002			**Lk 1,18** ... ἐγὼ γάρ εἰμι πρεσβύτης καὶ **ἡ γυνή μου** προβεβηκυῖα ἐν ταῖς ἡμέραις αὐτῆς.
002			**Lk 1,20** ... ἀνθ' ὧν οὐκ ἐπίστευσας **τοῖς λόγοις μου,** οἵτινες πληρωθήσονται εἰς τὸν καιρὸν αὐτῶν.

002					Lk 1,25	ὅτι οὕτως μοι πεποίηκεν κύριος ἐν ἡμέραις αἷς ἐπεῖδεν ἀφελεῖν **ὄνειδός μου** ἐν ἀνθρώποις.	
002					Lk 1,43	καὶ πόθεν μοι τοῦτο ἵνα ἔλθῃ **ἡ μήτηρ τοῦ κυρίου μου** πρὸς ἐμέ;	
002 002					Lk 1,44 (2)	ἰδοὺ γὰρ ὡς ἐγένετο ἡ φωνὴ τοῦ ἀσπασμοῦ σου **εἰς τὰ ὦτά μου,** ἐσκίρτησεν ἐν ἀγαλλιάσει τὸ βρέφος **ἐν τῇ κοιλίᾳ μου.**	
002					Lk 1,46	... μεγαλύνει **ἡ ψυχή μου** τὸν κύριον,	
002 002					Lk 1,47 (2)	καὶ ἠγαλλίασεν **τὸ πνεῦμά μου** ἐπὶ τῷ θεῷ **τῷ σωτῆρί μου**	
002					Lk 2,30	ὅτι εἶδον **οἱ ὀφθαλμοί μου** τὸ σωτήριόν σου	
200	Mt 2,6	*... ἐκ σοῦ γὰρ ἐξελεύσεται ἡγούμενος, ὅστις ποιμανεῖ* ***τὸν λαόν μου*** *τὸν Ἰσραήλ.* ➤ Micah 5,1.3; 2Sam 5,2/1Chron 11,2					
200	Mt 2,15	... ἵνα πληρωθῇ τὸ ῥηθὲν ὑπὸ κυρίου διὰ τοῦ προφήτου λέγοντος· *ἐξ Αἰγύπτου ἐκάλεσα* ***τὸν υἱόν μου.*** ➤ Hos 11,1					
b 002					Lk 2,49	... οὐκ ᾔδειτε ὅτι **ἐν τοῖς τοῦ πατρός μου** δεῖ εἶναί με;	
020	Mt 11,10	*... ἰδοὺ ἐγὼ ἀποστέλλω* ***τὸν ἄγγελόν μου*** *πρὸ προσώπου* σου, ... ➤ Exod 23,20/Mal 3,1	Mk 1,2 → Mt 3,3 → Lk 3,4	*... ἰδοὺ ἀποστέλλω* ***τὸν ἄγγελόν μου*** *πρὸ προσώπου* σου, ... ➤ Exod 23,20/Mal 3,1	Lk 7,27	*... ἰδοὺ ἀποστέλλω* ***τὸν ἄγγελόν μου*** *πρὸ προσώπου* σου, ... ➤ Exod 23,20/Mal 3,1	Mk-Q overlap. Mt 11,10/ Lk 7,27 counted as Q tradition.
020 020	Mt 3,11 (2)	... ὁ δὲ ὀπίσω **μου** ἐρχόμενος ἰσχυρότερός **μού** ἐστιν, οὗ οὐκ εἰμὶ ἱκανὸς τὰ ὑποδήματα βαστάσαι· ...	Mk 1,7 (2)	... ἔρχεται ὁ ἰσχυρότερός **μου** ὀπίσω **μου,** οὗ οὐκ εἰμὶ ἱκανὸς κύψας λῦσαι τὸν ἱμάντα τῶν ὑποδημάτων αὐτοῦ.	Lk 3,16	... ἔρχεται δὲ ὁ ἰσχυρότερός **μου,** οὗ οὐκ εἰμὶ ἱκανὸς λῦσαι τὸν ἱμάντα τῶν ὑποδημάτων αὐτοῦ· ...	→ Jn 1,27 → Acts 13,25 Mk-Q overlap
202 201	Mt 3,11 (2)	... ὁ δὲ ὀπίσω **μου** ἐρχόμενος ἰσχυρότερός **μού** ἐστιν, οὗ οὐκ εἰμὶ ἱκανὸς τὰ ὑποδήματα βαστάσαι· ...	Mk 1,7 (2)	... ἔρχεται ὁ ἰσχυρότερός **μου** ὀπίσω **μου,** οὗ οὐκ εἰμὶ ἱκανὸς κύψας λῦσαι τὸν ἱμάντα τῶν ὑποδημάτων αὐτοῦ.	Lk 3,16	... ἔρχεται δὲ ὁ ἰσχυρότερός **μου,** οὗ οὐκ εἰμὶ ἱκανὸς λῦσαι τὸν ἱμάντα τῶν ὑποδημάτων αὐτοῦ· ...	→ Jn 1,27 → Acts 13,25 Mk-Q overlap

222	Mt 3,17 ↓Mt 17,5 ↓Mt 12,18	καὶ ἰδοὺ φωνὴ ἐκ τῶν οὐρανῶν λέγουσα· οὗτός ἐστιν **ὁ υἱός μου** **ὁ ἀγαπητός,** ἐν ᾧ εὐδόκησα.	Mk 1,11 ↓Mk 9,7	καὶ φωνὴ ἐγένετο ἐκ τῶν οὐρανῶν· σὺ εἶ **ὁ υἱός μου** **ὁ ἀγαπητός,** ἐν σοὶ εὐδόκησα.	Lk 3,22 ↓Lk 9,35	... καὶ φωνὴν ἐξ οὐρανοῦ γενέσθαι· σὺ εἶ **ὁ υἱός μου** **ὁ ἀγαπητός,** ἐν σοὶ εὐδόκησα.	→ Jn 1,34 → Jn 12,28 Mk-Q overlap?
221	Mt 4,19	... δεῦτε **ὀπίσω μου,** καὶ ποιήσω ὑμᾶς ἁλιεῖς ἀνθρώπων.	Mk 1,17	... δεῦτε **ὀπίσω μου,** καὶ ποιήσω ὑμᾶς γενέσθαι ἁλιεῖς ἀνθρώπων.	Lk 5,10	... μὴ φοβοῦ· ἀπὸ τοῦ νῦν ἀνθρώπους ἔσῃ ζωγρῶν.	
b 201	Mt 7,21 ↓Mt 12,50	οὐ πᾶς ὁ λέγων μοι· κύριε κύριε, εἰσελεύσεται εἰς τὴν βασιλείαν τῶν οὐρανῶν, ἀλλ' ὁ ποιῶν **τὸ θέλημα** **τοῦ πατρός μου** τοῦ ἐν τοῖς οὐρανοῖς.	↓Mk 3,35		Lk 6,46 ↓Lk 8,21	τί δέ με καλεῖτε· κύριε κύριε, καὶ οὐ ποιεῖτε **ἃ λέγω;**	
a 202	Mt 7,24	πᾶς οὖν ὅστις ἀκούει **μου τοὺς λόγους** **τούτους** καὶ ποιεῖ αὐτούς, ὁμοιωθήσεται ἀνδρὶ φρονίμῳ, ...			Lk 6,47	πᾶς ὁ ἐρχόμενος πρός με καὶ ἀκούων **μου τῶν λόγων** καὶ ποιῶν αὐτούς, ὑποδείξω ὑμῖν τίνι ἐστὶν ὅμοιος· [48] ὅμοιός ἐστιν ἀνθρώπῳ ...	
a 201	Mt 7,26	καὶ πᾶς ὁ ἀκούων **μου τοὺς λόγους** **τούτους** καὶ μὴ ποιῶν αὐτοὺς ὁμοιωθήσεται ἀνδρὶ μωρῷ, ...			Lk 6,49	ὁ δὲ ἀκούσας καὶ μὴ ποιήσας ὅμοιός ἐστιν ἀνθρώπῳ ...	
201	Mt 8,6	[5] ... ἑκατόνταρχος ... [6] καὶ λέγων· κύριε, **ὁ παῖς μου** βέβληται ἐν τῇ οἰκίᾳ παραλυτικός, δεινῶς βασανιζόμενος.			Lk 7,2	ἑκατοντάρχου δέ τινος **δοῦλος** κακῶς ἔχων ἤμελλεν τελευτᾶν, ὃς ἦν αὐτῷ ἔντιμος.	→ Jn 4,46-47
a 202	Mt 8,8 (2)	... κύριε, οὐκ εἰμὶ ἱκανὸς ἵνα **μου ὑπὸ τὴν στέγην** εἰσέλθῃς,			Lk 7,6	... κύριε, μὴ σκύλλου, οὐ γὰρ ἱκανός εἰμι ἵνα **ὑπὸ τὴν στέγην μου** εἰσέλθῃς·	
202		ἀλλὰ μόνον εἰπὲ λόγῳ, καὶ ἰαθήσεται **ὁ παῖς μου.**			Lk 7,7	διὸ οὐδὲ ἐμαυτὸν ἠξίωσα πρὸς σὲ ἐλθεῖν· ἀλλὰ εἰπὲ λόγῳ, καὶ ἰαθήτω **ὁ παῖς μου.**	→ Jn 4,49
202	Mt 8,9	... καὶ λέγω τούτῳ· πορεύθητι, καὶ πορεύεται, καὶ ἄλλῳ· ἔρχου, καὶ ἔρχεται, καὶ **τῷ δούλῳ μου·** ποίησον τοῦτο, καὶ ποιεῖ.			Lk 7,8	... καὶ λέγω τούτῳ· πορεύθητι, καὶ πορεύεται, καὶ ἄλλῳ· ἔρχου, καὶ ἔρχεται, καὶ **τῷ δούλῳ μου·** ποίησον τοῦτο, καὶ ποιεῖ.	
b 202	Mt 8,21	... κύριε, ἐπίτρεψόν μοι πρῶτον ἀπελθεῖν καὶ θάψαι **τὸν πατέρα μου.**			Lk 9,59	... [κύριε,] ἐπίτρεψόν μοι ἀπελθόντι πρῶτον θάψαι **τὸν πατέρα μου.**	

221	**Mt 9,18**	... λέγων ὅτι **ἡ θυγάτηρ μου** ἄρτι ἐτελεύτησεν· ἀλλὰ ἐλθὼν ἐπίθες τὴν χεῖρά σου ἐπ' αὐτήν, καὶ ζήσεται.	**Mk 5,23**	καὶ παρακαλεῖ αὐτὸν πολλὰ λέγων ὅτι **τὸ θυγάτριόν μου** ἐσχάτως ἔχει, ἵνα ἐλθὼν ἐπιθῇς τὰς χεῖρας αὐτῇ ἵνα σωθῇ καὶ ζήσῃ.	**Lk 8,42** → Mk 5,42	... παρεκάλει αὐτὸν εἰσελθεῖν εἰς τὸν οἶκον αὐτοῦ, [42] ὅτι **θυγάτηρ μονογενὴς** ἦν αὐτῷ ὡς ἐτῶν δώδεκα καὶ αὐτὴ ἀπέθνῃσκεν. ...	
222	**Mt 10,22** ⇩ Mt 24,9	καὶ ἔσεσθε μισούμενοι ὑπὸ πάντων **διὰ τὸ ὄνομά μου**· ...	**Mk 13,13**	καὶ ἔσεσθε μισούμενοι ὑπὸ πάντων **διὰ τὸ ὄνομά μου**. ...	**Lk 21,17**	καὶ ἔσεσθε μισούμενοι ὑπὸ πάντων **διὰ τὸ ὄνομά μου**. ...	
b 201	**Mt 10,32**	... ὁμολογήσω κἀγὼ ἐν αὐτῷ **ἔμπροσθεν τοῦ** **πατρός μου** τοῦ ἐν [τοῖς] οὐρανοῖς·			**Lk 12,8**	... καὶ ὁ υἱὸς τοῦ ἀνθρώπου ὁμολογήσει ἐν αὐτῷ **ἔμπροσθεν τῶν** **ἀγγέλων τοῦ θεοῦ**·	
b 201	**Mt 10,33** → Mt 16,27	... ἀρνήσομαι κἀγὼ αὐτὸν **ἔμπροσθεν τοῦ** **πατρός μου** τοῦ ἐν [τοῖς] οὐρανοῖς.	**Mk 8,38**	... καὶ ὁ υἱὸς τοῦ ἀνθρώπου ἐπαισχυνθήσεται αὐτόν, ὅταν ἔλθῃ ἐν τῇ δόξῃ τοῦ πατρὸς αὐτοῦ **μετὰ τῶν ἀγγέλων τῶν** **ἁγίων**.	**Lk 12,9** ⇨ Lk 9,26	... ἀπαρνηθήσεται **ἐνώπιον τῶν** **ἀγγέλων τοῦ θεοῦ**.	Mk-Q overlap
201 *a* 202	**Mt 10,37** **(2)** ↓ Mt 19,29	ὁ φιλῶν πατέρα ἢ μητέρα ὑπὲρ ἐμὲ οὐκ ἔστιν **μου ἄξιος**, καὶ ὁ φιλῶν υἱὸν ἢ θυγατέρα ὑπὲρ ἐμὲ οὐκ ἔστιν μου **μου ἄξιος**·	↓ Mk 10,29		**Lk 14,26** ↓ Lk 18,29	εἴ τις ἔρχεται πρός με καὶ οὐ μισεῖ τὸν πατέρα ἑαυτοῦ καὶ τὴν μητέρα καὶ τὴν γυναῖκα καὶ τὰ τέκνα καὶ τοὺς ἀδελφοὺς καὶ τὰς ἀδελφὰς ἔτι τε καὶ τὴν ψυχὴν ἑαυτοῦ, οὐ δύναται εἶναί **μου μαθητής**.	→ GTh 55 → GTh 101
202 *a* 202	**Mt 10,38** **(2)** ⇩ Mt 16,24	καὶ ὃς οὐ λαμβάνει τὸν σταυρὸν αὐτοῦ καὶ ἀκολουθεῖ **ὀπίσω μου**, οὐκ ἔστιν **μου ἄξιος**.	**Mk 8,34**	... εἴ τις θέλει **ὀπίσω μου** ἀκολουθεῖν, ἀπαρνησάσθω ἑαυτὸν καὶ ἀράτω τὸν σταυρὸν αὐτοῦ καὶ ἀκολουθείτω μοι.	**Lk 14,27** **(2)** ⇩ Lk 9,23	ὅστις οὐ βαστάζει τὸν σταυρὸν ἑαυτοῦ καὶ ἔρχεται **ὀπίσω μου** οὐ δύναται εἶναί **μου μαθητής**.	→ GTh 55 → GTh 101 Mk-Q overlap
202	**Mt 11,10**	... *ἰδοὺ ἐγὼ ἀποστέλλω* ***τὸν ἄγγελόν μου*** *πρὸ προσώπου* σου, ... ➤ Exod 23,20/Mal 3,1	**Mk 1,2** → Mt 3,3 → Lk 3,4	... *ἰδοὺ ἀποστέλλω* ***τὸν ἄγγελόν μου*** *πρὸ προσώπου* σου, ... ➤ Exod 23,20/Mal 3,1	**Lk 7,27**	... *ἰδοὺ ἀποστέλλω* ***τὸν ἄγγελόν μου*** *πρὸ προσώπου* σου, ... ➤ Exod 23,20/Mal 3,1	Mk-Q overlap. Mt 11,10/ Lk 7,27 counted as Q tradition.
a 002					**Lk 7,44**	... αὕτη δὲ τοῖς δάκρυσιν ἔβρεξέν **μου τοὺς πόδας** καὶ ταῖς θριξὶν αὐτῆς ἐξέμαξεν.	
a 002					**Lk 7,45**	... αὕτη δὲ ἀφ' ἧς εἰσῆλθον οὐ διέλιπεν καταφιλοῦσά **μου τοὺς πόδας**.	
002 002					**Lk 7,46** **(2)**	ἐλαίῳ **τὴν κεφαλήν μου** οὐκ ἤλειψας· αὕτη δὲ μύρῳ ἤλειψεν **τοὺς πόδας μου**.	

b 202	**Mt 11,27** → Mt 28,18	πάντα μοι παρεδόθη **ὑπὸ τοῦ πατρός μου,** καὶ οὐδεὶς ἐπιγινώσκει τὸν υἱὸν εἰ μὴ ὁ πατήρ, ...			**Lk 10,22** → Mt 28,18	πάντα μοι παρεδόθη **ὑπὸ τοῦ πατρός μου,** καὶ οὐδεὶς γινώσκει τίς ἐστιν ὁ υἱὸς εἰ μὴ ὁ πατήρ, ...	→ GTh 61,3
200	**Mt 11,29**	ἄρατε **τὸν ζυγόν μου** ἐφ' ὑμᾶς καὶ μάθετε ἀπ' ἐμοῦ, ...					→ GTh 90
200 200	**Mt 11,30** (2)	**ὁ γὰρ ζυγός μου** χρηστὸς καὶ **τὸ φορτίον μου** ἐλαφρόν ἐστιν.					→ GTh 90
200 200 200 200	**Mt 12,18** (4) ↑ Mt 3,17 ↑ Mk 1,11 ↑ Lk 3,22 → Mt 3,16 → Mk 1,10	*ἰδοὺ* ***ὁ παῖς μου*** *ὃν ᾑρέτισα,* ***ὁ ἀγαπητός μου*** *εἰς ὃν εὐδόκησεν* ***ἡ ψυχή μου·*** *θήσω* ***τὸ πνεῦμά μου*** *ἐπ' αὐτόν, καὶ κρίσιν τοῖς ἔθνεσιν ἀπαγγελεῖ.* ➤ Isa 42,1					
202	**Mt 12,44** → Mk 9,25	τότε λέγει· **εἰς τὸν οἶκόν μου** ἐπιστρέψω ὅθεν ἐξῆλθον· ...			**Lk 11,24** → Mk 9,25	... [τότε] λέγει· ὑποστρέψω **εἰς τὸν οἶκόν μου** ὅθεν ἐξῆλθον·	
221 221	**Mt 12,48** (2)	ὁ δὲ ἀποκριθεὶς εἶπεν τῷ λέγοντι αὐτῷ· τίς ἐστιν **ἡ μήτηρ μου** καὶ τίνες εἰσὶν **οἱ ἀδελφοί μου;**	**Mk 3,33** (2)	καὶ ἀποκριθεὶς αὐτοῖς λέγει· τίς ἐστιν **ἡ μήτηρ μου** καὶ **οἱ ἀδελφοί [μου];**	**Lk 8,21** (2)	ὁ δὲ ἀποκριθεὶς εἶπεν πρὸς αὐτούς· ↔	→ GTh 99
220 220	**Mt 12,49** (2)	καὶ ἐκτείνας τὴν χεῖρα αὐτοῦ ἐπὶ τοὺς μαθητὰς αὐτοῦ εἶπεν· ἰδοὺ **ἡ μήτηρ μου** καὶ **οἱ ἀδελφοί μου·**	**Mk 3,34** (2)	καὶ περιβλεψάμενος τοὺς περὶ αὐτὸν κύκλῳ καθημένους λέγει· ἴδε **ἡ μήτηρ μου** καὶ **οἱ ἀδελφοί μου.**			→ GTh 99
b 211 112 *a* 222	**Mt 12,50** (2) ↑ Mt 7,21	ὅστις γὰρ ἂν ποιήσῃ **τὸ θέλημα** **τοῦ πατρός μου** τοῦ ἐν οὐρανοῖς αὐτός **μου ἀδελφὸς** καὶ ἀδελφὴ καὶ μήτηρ ἐστίν.	**Mk 3,35**	ὃς [γὰρ] ἂν ποιήσῃ **τὸ θέλημα** **τοῦ θεοῦ,** οὗτος **ἀδελφός μου** καὶ ἀδελφὴ καὶ μήτηρ ἐστίν.	**Lk 8,21** (2) ↑ Mt 12,48-49 ↑ Mk 3,33-34 ↑ Lk 6,46 → Lk 11,28	↔ **μήτηρ μου** καὶ **ἀδελφοί μου** οὗτοί εἰσιν οἱ τὸν λόγον τοῦ θεοῦ ἀκούοντες καὶ ποιοῦντες.	→ **Jn 15,14** → GTh 99 → GTh 99
200	**Mt 13,30** → Mt 3,12 → Lk 3,17	... τὸν δὲ σῖτον συναγάγετε **εἰς τὴν ἀποθήκην μου.**					→ GTh 57

200	Mt 13,35	ὅπως πληρωθῇ τὸ ῥηθὲν διὰ τοῦ προφήτου λέγοντος· *ἀνοίξω ἐν παραβολαῖς* ***τὸ στόμα μου,*** *ἐρεύξομαι κεκρυμμένα* *ἀπὸ καταβολῆς* [κόσμου]. ➤ Ps 78,2					
221	Mt 9,18	... λέγων ὅτι **ἡ θυγάτηρ μου** ἄρτι ἐτελεύτησεν· ἀλλὰ ἐλθὼν ἐπίθες τὴν χεῖρά σου ἐπ' αὐτήν, καὶ ζήσεται.	Mk 5,23	καὶ παρακαλεῖ αὐτὸν πολλὰ λέγων ὅτι **τὸ θυγάτριόν μου** ἐσχάτως ἔχει, ἵνα ἐλθὼν ἐπιθῇς τὰς χεῖρας αὐτῇ ἵνα σωθῇ καὶ ζήσῃ.	Lk 8,42 → Mk 5,42	... παρεκάλει αὐτὸν εἰσελθεῖν εἰς τὸν οἶκον αὐτοῦ, [42] ὅτι **θυγάτηρ μονογενὴς** ἦν αὐτῷ ὡς ἐτῶν δώδεκα καὶ αὐτὴ ἀπέθνῃσκεν. ...	
a 122	Mt 9,22	ὁ δὲ Ἰησοῦς στραφεὶς ...	Mk 5,30 ↓ Lk 8,46	καὶ εὐθὺς ὁ Ἰησοῦς ἐπιγνοὺς ἐν ἑαυτῷ τὴν ἐξ αὐτοῦ δύναμιν ἐξελθοῦσαν ἐπιστραφεὶς ἐν τῷ ὄχλῳ ἔλεγεν· τίς **μου ἥψατο τῶν** **ἱματίων;**	Lk 8,45	καὶ εἶπεν ὁ Ἰησοῦς· τίς **ὁ ἁψάμενός μου;** ↔	
022			Mk 5,31	καὶ ἔλεγον αὐτῷ οἱ μαθηταὶ αὐτοῦ· βλέπεις τὸν ὄχλον συνθλίβοντά σε καὶ λέγεις· τίς **μου** ἥψατο;	Lk 8,46 ↑ Mk 5,30	↔ [45] ἀρνουμένων δὲ πάντων εἶπεν ὁ Πέτρος· ἐπιστάτα, οἱ ὄχλοι συνέχουσίν σε καὶ ἀποθλίβουσιν. [46] ὁ δὲ Ἰησοῦς εἶπεν· ἥψατό **μού** τις, ἐγὼ γὰρ ἔγνων δύναμιν ἐξεληλυθυῖαν ἀπ' ἐμοῦ.	
120	Mt 14,7	ὅθεν μεθ' ὅρκου ὡμολόγησεν αὐτῇ δοῦναι ὃ ἐὰν αἰτήσηται.	Mk 6,23	καὶ ὤμοσεν αὐτῇ [πολλά], ὅ τι ἐάν με αἰτήσῃς δώσω σοι **ἕως ἡμίσους τῆς** **βασιλείας μου.**			
120	Mt 15,10	καὶ προσκαλεσάμενος τὸν ὄχλον εἶπεν αὐτοῖς· ἀκούετε καὶ συνίετε·	Mk 7,14	καὶ προσκαλεσάμενος πάλιν τὸν ὄχλον ἔλεγεν αὐτοῖς· ἀκούσατέ **μου** πάντες καὶ σύνετε.			
b 200	Mt 15,13	... πᾶσα φυτεία ἣν οὐκ ἐφύτευσεν **ὁ πατήρ μου** **ὁ οὐράνιος** ἐκριζωθήσεται.					
210	Mt 15,22 → Mk 7,24 → Mk 7,26	καὶ ἰδοὺ γυνὴ Χαναναία ἀπὸ τῶν ὁρίων ἐκείνων ἐξελθοῦσα ἔκραζεν λέγουσα· ἐλέησόν με, κύριε υἱὸς Δαυίδ· **ἡ θυγάτηρ μου** κακῶς δαιμονίζεται.	Mk 7,25	ἀλλ' εὐθὺς ἀκούσασα γυνὴ περὶ αὐτοῦ, ἧς εἶχεν **τὸ θυγάτριον αὐτῆς** πνεῦμα ἀκάθαρτον, ...			
b 200	Mt 16,17	... σὰρξ καὶ αἷμα οὐκ ἀπεκάλυψέν σοι ἀλλ' **ὁ πατήρ μου** ὁ ἐν τοῖς οὐρανοῖς.					

a 200	**Mt 16,18**	... ἐπὶ ταύτῃ τῇ πέτρᾳ οἰκοδομήσω **μου τὴν ἐκκλησίαν** καὶ πύλαι ᾅδου οὐ κατισχύσουσιν αὐτῆς.					
220	**Mt 16,23** → Mt 4,10	... ὕπαγε **ὀπίσω μου,** σατανᾶ· σκάνδαλον εἶ ἐμοῦ, ὅτι οὐ φρονεῖς τὰ τοῦ θεοῦ ἀλλὰ τὰ τῶν ἀνθρώπων.	**Mk 8,33** → Mt 4,10	... ὕπαγε **ὀπίσω μου,** σατανᾶ, ὅτι οὐ φρονεῖς τὰ τοῦ θεοῦ ἀλλὰ τὰ τῶν ἀνθρώπων.			
222	**Mt 16,24** ⇧ Mt 10,38	... εἴ τις θέλει **ὀπίσω μου** ἐλθεῖν, ἀπαρνησάσθω ἑαυτὸν ...	**Mk 8,34**	... εἴ τις θέλει **ὀπίσω μου** ἀκολουθεῖν, ἀπαρνησάσθω ἑαυτὸν ...	**Lk 9,23** ⇩ Lk 14,27	... εἴ τις θέλει **ὀπίσω μου** ἔρχεσθαι, ἀρνησάσθω ἑαυτὸν ...	→ GTh 55 Mk-Q overlap
222	**Mt 17,5** ↑ Mt 3,17	... οὗτός ἐστιν **ὁ υἱός μου** **ὁ ἀγαπητός,** ἐν ᾧ εὐδόκησα· ἀκούετε αὐτοῦ.	**Mk 9,7** ↑ Mk 1,11	... οὗτός ἐστιν **ὁ υἱός μου** **ὁ ἀγαπητός,** ἀκούετε αὐτοῦ.	**Lk 9,35** ↑ Lk 3,22	... οὗτός ἐστιν **ὁ υἱός μου** **ὁ ἐκλελεγμένος,** αὐτοῦ ἀκούετε.	→ Jn 12,28
a 222	**Mt 17,15**	... κύριε, ἐλέησόν **μου τὸν υἱόν,** ὅτι σεληνιάζεται καὶ κακῶς πάσχει· ...	**Mk 9,17**	... διδάσκαλε, ἤνεγκα **τὸν υἱόν μου** πρὸς σέ, ἔχοντα πνεῦμα ἄλαλον· [18] καὶ ὅπου ἐὰν αὐτὸν καταλάβῃ ...	**Lk 9,38**	... διδάσκαλε, δέομαί σου ἐπιβλέψαι **ἐπὶ τὸν υἱόν μου,** ὅτι μονογενής μοί ἐστιν, [39] καὶ ἰδοὺ πνεῦμα λαμβάνει αὐτὸν ...	
a 020			**Mk 9,24**	... πιστεύω· βοήθει **μου τῇ ἀπιστίᾳ.**			
222	**Mt 18,5** ⇩ Mt 10,40 → Mt 10,41	καὶ ὃς ἐὰν δέξηται ἓν παιδίον τοιοῦτο **ἐπὶ τῷ ὀνόματί μου,** ἐμὲ δέχεται.	**Mk 9,37**	ὃς ἂν ἓν τῶν τοιούτων παιδίων δέξηται **ἐπὶ τῷ ὀνόματί μου,** ἐμὲ δέχεται· ...	**Lk 9,48** ⇩ Lk 10,16	... ὃς ἐὰν δέξηται τοῦτο τὸ παιδίον **ἐπὶ τῷ ὀνόματί μου,** ἐμὲ δέχεται· ...	
	Mt 10,40 ⇧ Mt 18,5 → Mt 10,41	ὁ δεχόμενος ὑμᾶς ἐμὲ δέχεται, ...			**Lk 10,16** ⇧ Lk 9,48	ὁ ἀκούων ὑμῶν ἐμοῦ ἀκούει, καὶ ὁ ἀθετῶν ὑμᾶς ἐμὲ ἀθετεῖ· ...	→ Jn 13,20
020			**Mk 9,39**	... οὐδεὶς γάρ ἐστιν ὃς ποιήσει δύναμιν **ἐπὶ τῷ ὀνόματί μου** καὶ δυνήσεται ταχὺ κακολογῆσαί με·			
b 200	**Mt 18,10** → Mt 18,6 → Mk 9,42 → Lk 17,2	... οἱ ἄγγελοι αὐτῶν ἐν οὐρανοῖς διὰ παντὸς βλέπουσι **τὸ πρόσωπον τοῦ πατρός μου** τοῦ ἐν οὐρανοῖς.					
b 200	**Mt 18,19** → Mt 21,22 → Mk 11,24	... ἐὰν δύο συμφωνήσωσιν ἐξ ὑμῶν ἐπὶ τῆς γῆς περὶ παντὸς πράγματος οὗ ἐὰν αἰτήσωνται, γενήσεται αὐτοῖς **παρὰ τοῦ πατρός μου** τοῦ ἐν οὐρανοῖς.					→ GTh 30 (POxy 1) → GTh 48 → GTh 106
201	**Mt 18,21** → Mt 18,15	τότε προσελθὼν ὁ Πέτρος εἶπεν αὐτῷ· κύριε, ποσάκις ἁμαρτήσει εἰς ἐμὲ **ὁ ἀδελφός μου** καὶ ἀφήσω αὐτῷ; ἕως ἑπτάκις; [22] λέγει αὐτῷ ὁ Ἰησοῦς· οὐ λέγω σοι ἕως ἑπτάκις ἀλλὰ ἕως ἑβδομηκοντάκις ἑπτά.			**Lk 17,4** → Lk 17,3	καὶ ἐὰν ἑπτάκις τῆς ἡμέρας ἁμαρτήσῃ εἰς σὲ καὶ ἑπτάκις ἐπιστρέψῃ πρὸς σὲ λέγων· μετανοῶ, ἀφήσεις αὐτῷ.	

b 200	**Mt 18,35** → Mt 6,15	οὕτως καὶ **ὁ πατήρ μου** **ὁ οὐράνιος** ποιήσει ὑμῖν, ἐὰν μὴ ἀφῆτε ἕκαστος τῷ ἀδελφῷ αὐτοῦ ἀπὸ τῶν καρδιῶν ὑμῶν.					
b 202	**Mt 8,21**	... κύριε, ἐπίτρεψόν μοι πρῶτον ἀπελθεῖν καὶ θάψαι **τὸν πατέρα μου.**			**Lk 9,59**	... [κύριε,] ἐπίτρεψόν μοι ἀπελθόντι πρῶτον θάψαι **τὸν πατέρα μου.**	
002					**Lk 9,61**	... πρῶτον δὲ ἐπίτρεψόν μοι ἀποτάξασθαι τοῖς **εἰς τὸν οἶκόν μου.**	
b 202	**Mt 11,27** → Mt 28,18	πάντα μοι παρεδόθη **ὑπὸ τοῦ πατρός μου,** καὶ οὐδεὶς ἐπιγινώσκει τὸν υἱὸν εἰ μὴ ὁ πατήρ, ...			**Lk 10,22** → Mt 28,18	πάντα μοι παρεδόθη **ὑπὸ τοῦ πατρός μου,** καὶ οὐδεὶς γινώσκει τίς ἐστιν ὁ υἱὸς εἰ μὴ ὁ πατήρ, ...	→ GTh 61,3
a 002					**Lk 10,29**	ὁ δὲ θέλων δικαιῶσαι ἑαυτὸν εἶπεν πρὸς τὸν Ἰησοῦν· καὶ τίς ἐστίν **μου πλησίον;**	
002					**Lk 10,40**	... κύριε, οὐ μέλει σοι ὅτι **ἡ ἀδελφή μου** μόνην με κατέλιπεν διακονεῖν; ...	
002					**Lk 11,6**	ἐπειδὴ **φίλος μου** παρεγένετο ἐξ ὁδοῦ πρός με καὶ οὐκ ἔχω ὃ παραθήσω αὐτῷ·	
002					**Lk 11,7**	... ἤδη ἡ θύρα κέκλεισται καὶ **τὰ παιδία μου** μετ' ἐμοῦ εἰς τὴν κοίτην εἰσίν· ...	
202	**Mt 12,44** → Mk 9,25	τότε λέγει· **εἰς τὸν οἶκόν μου** ἐπιστρέψω ὅθεν ἐξῆλθον· ...			**Lk 11,24** → Mk 9,25	... [τότε] λέγει· ὑποστρέψω **εἰς τὸν οἶκόν μου** ὅθεν ἐξῆλθον·	
102	**Mt 10,28**	καὶ μὴ φοβεῖσθε ἀπὸ τῶν ἀποκτεννόντων τὸ σῶμα, ...			**Lk 12,4**	λέγω δὲ ὑμῖν **τοῖς φίλοις μου,** μὴ φοβηθῆτε ἀπὸ τῶν ἀποκτεινόντων τὸ σῶμα ...	
002					**Lk 12,13**	... διδάσκαλε, εἰπὲ **τῷ ἀδελφῷ μου** μερίσασθαι μετ' ἐμοῦ τὴν κληρονομίαν.	→ GTh 72
002					**Lk 12,17**	... τί ποιήσω, ὅτι οὐκ ἔχω ποῦ συνάξω **τοὺς καρπούς μου;**	→ GTh 63
a 002 002					**Lk 12,18** (2)	... καθελῶ **μου τὰς ἀποθήκας** καὶ μείζονας οἰκοδομήσω, καὶ συνάξω ἐκεῖ πάντα τὸν σῖτον καὶ **τὰ ἀγαθά μου,**	→ GTh 63

002					Lk 12,19	καὶ ἐρῶ **τῇ ψυχῇ μου·** ψυχή, ἔχεις πολλὰ ἀγαθὰ κείμενα εἰς ἔτη πολλά· ...	→ GTh 63
a 202	Mt 24,48	ἐὰν δὲ εἴπῃ ὁ κακὸς δοῦλος ἐκεῖνος ἐν τῇ καρδίᾳ αὐτοῦ· χρονίζει **μου ὁ κύριος**			Lk 12,45	ἐὰν δὲ εἴπῃ ὁ δοῦλος ἐκεῖνος ἐν τῇ καρδίᾳ αὐτοῦ· χρονίζει **ὁ κύριός μου** ἔρχεσθαι, ...	
a 102	Mt 22,10	[9] πορεύεσθε οὖν ἐπὶ τὰς διεξόδους τῶν ὁδῶν καὶ ὅσους ἐὰν εὕρητε καλέσατε εἰς τοὺς γάμους. [10] καὶ ἐξελθόντες οἱ δοῦλοι ἐκεῖνοι εἰς τὰς ὁδοὺς συνήγαγον πάντας οὓς εὗρον, πονηρούς τε καὶ ἀγαθούς· καὶ ἐπλήσθη **ὁ γάμος** ἀνακειμένων.			Lk 14,23 ⇨ Lk 14,21 → Lk 16,16	... ἔξελθε εἰς τὰς ὁδοὺς καὶ φραγμοὺς καὶ ἀνάγκασον εἰσελθεῖν, ἵνα γεμισθῇ **μου ὁ οἶκος·**	
a 102	Mt 22,8	... ὁ μὲν γάμος ἕτοιμός ἐστιν, οἱ δὲ κεκλημένοι οὐκ ἦσαν ἄξιοι·			Lk 14,24	... οὐδεὶς τῶν ἀνδρῶν ἐκείνων τῶν κεκλημένων γεύσεταί **μου τοῦ δείπνου.**	→ GTh 64
a 202	Mt 10,37 (2) ↓ Mt 19,29	ὁ φιλῶν πατέρα ἢ μητέρα ὑπὲρ ἐμὲ οὐκ ἔστιν μου ἄξιος, καὶ ὁ φιλῶν υἱὸν ἢ θυγατέρα ὑπὲρ ἐμὲ οὐκ ἔστιν **μου ἄξιος·**	↓ Mk 10,29		Lk 14,26 ↓ Lk 18,29	εἴ τις ἔρχεται πρός με καὶ οὐ μισεῖ τὸν πατέρα ἑαυτοῦ καὶ τὴν μητέρα καὶ τὴν γυναῖκα καὶ τὰ τέκνα καὶ τοὺς ἀδελφοὺς καὶ τὰς ἀδελφὰς ἔτι τε καὶ τὴν ψυχὴν ἑαυτοῦ, οὐ δύναταί εἶναί **μου μαθητής.**	→ GTh 55 → GTh 101
202 *a* 202	Mt 10,38 (2) ⇧ Mt 16,24	καὶ ὃς οὐ λαμβάνει τὸν σταυρὸν αὐτοῦ καὶ ἀκολουθεῖ **ὀπίσω μου,** οὐκ ἔστιν **μου ἄξιος.**	Mk 8,34	... εἴ τις θέλει **ὀπίσω μου** ἀκολουθεῖν, ἀπαρνησάσθω ἑαυτὸν καὶ ἀράτω τὸν σταυρὸν αὐτοῦ καὶ ἀκολουθείτω μοι.	Lk 14,27 (2) ⇧ Lk 9,23	ὅστις οὐ βαστάζει τὸν σταυρὸν ἑαυτοῦ καὶ ἔρχεται **ὀπίσω μου** οὐ δύναταί εἶναί **μου μαθητής.**	→ GTh 55 → GTh 101 Mk-Q overlap
a 002					Lk 14,33 → Lk 12,33	οὕτως οὖν πᾶς ἐξ ὑμῶν ὃς οὐκ ἀποτάσσεται πᾶσιν τοῖς ἑαυτοῦ ὑπάρχουσιν οὐ δύναταί εἶναί **μου μαθητής.**	→ Acts 2,45
002					Lk 15,6	... συγχάρητέ μοι, ὅτι εὗρον **τὸ πρόβατόν μου** τὸ ἀπολωλός.	
b 002					Lk 15,17	εἰς ἑαυτὸν δὲ ἐλθὼν ἔφη· **πόσοι μίσθιοι τοῦ πατρός μου** περισσεύονται ἄρτων, ἐγὼ δὲ λιμῷ ὧδε ἀπόλλυμαι.	

b 002					Lk 15,18	ἀναστὰς πορεύσομαι **πρὸς τὸν πατέρα μου** καὶ ἐρῶ αὐτῷ· πάτερ, ἥμαρτον εἰς τὸν οὐρανὸν καὶ ἐνώπιόν σου	
002					Lk 15,24 → Lk 15,32	ὅτι **οὗτος ὁ υἱός μου** νεκρὸς ἦν καὶ ἀνέζησεν, ἦν ἀπολωλὼς καὶ εὑρέθη. ...	
002					Lk 15,29	... καὶ ἐμοὶ οὐδέποτε ἔδωκας ἔριφον ἵνα **μετὰ τῶν φίλων μου** εὐφρανθῶ·	
002					Lk 16,3	... τί ποιήσω, ὅτι **ὁ κύριός μου** ἀφαιρεῖται τὴν οἰκονομίαν ἀπ' ἐμοῦ; ...	
002					Lk 16,5	... ἔλεγεν τῷ πρώτῳ· πόσον ὀφείλεις **τῷ κυρίῳ μου;**	
002					Lk 16,24	... ἵνα βάψῃ τὸ ἄκρον τοῦ δακτύλου αὐτοῦ ὕδατος καὶ καταψύξῃ **τὴν γλῶσσάν μου,** ὅτι ὀδυνῶμαι ἐν τῇ φλογὶ ταύτῃ.	
b 002					Lk 16,27	... ἐρωτῶ σε οὖν, πάτερ, ἵνα πέμψῃς αὐτὸν **εἰς τὸν οἶκον τοῦ** **πατρός μου**	
002					Lk 18,3	χήρα δὲ ἦν ἐν τῇ πόλει ἐκείνῃ καὶ ἤρχετο πρὸς αὐτὸν λέγουσα· ἐκδίκησόν με **ἀπὸ τοῦ ἀντιδίκου** **μου.**	
121	Mt 19,20	... πάντα ταῦτα ἐφύλαξα· τί ἔτι ὑστερῶ;	Mk 10,20	... διδάσκαλε, ταῦτα πάντα ἐφυλαξάμην **ἐκ νεότητός μου.** [21] ὁ δὲ Ἰησοῦς ... εἶπεν αὐτῷ· ἕν σε ὑστερεῖ·	Lk 18,21	... ταῦτα πάντα ἐφύλαξα **ἐκ νεότητος.** [22] ὁ δὲ Ἰησοῦς ... εἶπεν αὐτῷ· ἕν σε ὑστερεῖ·	
211	Mt 19,29 ↑ Mt 10,37	καὶ πᾶς ὅστις ἀφῆκεν οἰκίας ἢ ἀδελφοὺς ἢ ἀδελφὰς ἢ πατέρα ἢ μητέρα ἢ τέκνα ἢ ἀγροὺς **ἕνεκεν τοῦ ὀνόματός** **μου, ...**	Mk 10,29	... οὐδείς ἐστιν ὃς ἀφῆκεν οἰκίαν ἢ ἀδελφοὺς ἢ ἀδελφὰς ἢ μητέρα ἢ πατέρα ἢ τέκνα ἢ ἀγροὺς **ἕνεκεν ἐμοῦ** **καὶ ἕνεκεν** **τοῦ εὐαγγελίου**	Lk 18,29 ↑ Lk 14,26	... οὐδείς ἐστιν ὃς ἀφῆκεν οἰκίαν ἢ γυναῖκα ἢ ἀδελφοὺς ἢ γονεῖς ἢ τέκνα **ἕνεκεν τῆς** **βασιλείας τοῦ θεοῦ**	→ GTh 55 → GTh 101
210	Mt 20,21	... λέγει αὐτῷ· εἰπὲ ἵνα καθίσωσιν **οὗτοι οἱ δύο υἱοί μου** εἷς ἐκ δεξιῶν σου καὶ εἷς ἐξ εὐωνύμων σου ἐν τῇ βασιλείᾳ σου.	Mk 10,37	οἱ δὲ εἶπαν αὐτῷ· δὸς **ἡμῖν** ἵνα εἷς σου ἐκ δεξιῶν καὶ εἷς ἐξ ἀριστερῶν καθίσωμεν ἐν τῇ δόξῃ σου.			

210	Mt 20,23 (3)	... **τὸ μὲν ποτήριόν μου** πίεσθε,	Mk 10,39	... **τὸ ποτήριον ὃ ἐγὼ πίνω** πίεσθε καὶ τὸ βάπτισμα ὃ ἐγὼ βαπτίζομαι βαπτισθήσεσθε,			
220 b 210		τὸ δὲ καθίσαι **ἐκ δεξιῶν μου** καὶ ἐξ εὐωνύμων οὐκ ἔστιν ἐμὸν [τοῦτο] δοῦναι, ἀλλ᾽ οἷς ἡτοίμασται **ὑπὸ τοῦ πατρός μου.**	Mk 10,40	τὸ δὲ καθίσαι **ἐκ δεξιῶν μου** ἢ ἐξ εὐωνύμων οὐκ ἔστιν ἐμὸν δοῦναι, ἀλλ᾽ οἷς ἡτοίμασται.			
002					Lk 19,8 → Lk 3,13	... ἰδοὺ **τὰ ἡμίσιά μου τῶν ὑπαρχόντων,** κύριε, τοῖς πτωχοῖς δίδωμι, ...	
a 202	Mt 25,27	ἔδει σε οὖν βαλεῖν **τὰ ἀργύριά μου** τοῖς τραπεζίταις, καὶ ἐλθὼν ἐγὼ ἐκομισάμην ἂν τὸ ἐμὸν σὺν τόκῳ.			Lk 19,23	καὶ διὰ τί οὐκ ἔδωκάς **μου τὸ ἀργύριον** ἐπὶ τράπεζαν; κἀγὼ ἐλθὼν σὺν τόκῳ ἂν αὐτὸ ἔπραξα.	
002 002					Lk 19,27 (2)	πλὴν **τοὺς ἐχθρούς μου τούτους** τοὺς μὴ θελήσαντάς με βασιλεῦσαι ἐπ᾽ αὐτοὺς ἀγάγετε ὧδε καὶ κατασφάξατε αὐτοὺς **ἔμπροσθέν μου.**	
222	Mt 21,13	... γέγραπται· ***ὁ οἶκός μου*** *οἶκος προσευχῆς κληθήσεται*, ... ➤ Isa 56,7	Mk 11,17	... οὐ γέγραπται ὅτι ***ὁ οἶκός μου*** *οἶκος προσευχῆς κληθήσεται πᾶσιν τοῖς ἔθνεσιν;* ... ➤ Isa 56,7	Lk 19,46	... γέγραπται· *καὶ ἔσται* ***ὁ οἶκός μου*** *οἶκος προσευχῆς*, ... ➤ Isa 56,7	→ Jn 2,16
222	Mt 21,37	ὕστερον δὲ ἀπέστειλεν πρὸς αὐτοὺς τὸν υἱὸν αὐτοῦ λέγων· ἐντραπήσονται **τὸν υἱόν μου.**	Mk 12,6	ἔτι ἕνα εἶχεν, υἱὸν ἀγαπητόν· ἀπέστειλεν αὐτὸν ἔσχατον πρὸς αὐτοὺς λέγων ὅτι ἐντραπήσονται **τὸν υἱόν μου.**	Lk 20,13	εἶπεν δὲ ὁ κύριος τοῦ ἀμπελῶνος· τί ποιήσω; πέμψω **τὸν υἱόν μου** τὸν ἀγαπητόν· ἴσως τοῦτον ἐντραπήσονται.	→ GTh 65
201 201	Mt 22,4 (2)	πάλιν ἀπέστειλεν ἄλλους δούλους λέγων· εἴπατε τοῖς κεκλημένοις· ἰδοὺ **τὸ ἄριστόν μου** ἡτοίμακα, **οἱ ταῦροί μου** καὶ τὰ σιτιστὰ τεθυμένα καὶ πάντα ἕτοιμα· δεῦτε εἰς τοὺς γάμους.			Lk 14,17	... εἰπεῖν τοῖς κεκλημένοις· ἔρχεσθε, ὅτι ἤδη ἕτοιμά ἐστιν.	→ GTh 64
222 222	Mt 22,44 (2) → Mt 26,64	*εἶπεν κύριος* ***τῷ κυρίῳ μου·*** *κάθου* ***ἐκ δεξιῶν μου*** *ἕως ἂν θῶ τοὺς ἐχθρούς σου ὑποκάτω τῶν ποδῶν σου,* ➤ Ps 110,1	Mk 12,36 (2) → Mk 14,62	... *εἶπεν κύριος* ***τῷ κυρίῳ μου·*** *κάθου* ***ἐκ δεξιῶν μου,*** *ἕως ἂν θῶ τοὺς ἐχθρούς σου ὑποκάτω τῶν ποδῶν σου.* ➤ Ps 110,1	Lk 20,42 (2) → Lk 22,69	... *εἶπεν κύριος* ***τῷ κυρίῳ μου·*** *κάθου* ***ἐκ δεξιῶν μου,*** [43] *ἕως ἂν θῶ τοὺς ἐχθρούς σου ὑποπόδιον τῶν ποδῶν σου.* ➤ Ps 110,1	

222	Mt 24,5 → Mt 24,23-24 → Mt 24,26 → Mt 24,11	πολλοὶ γὰρ ἐλεύσονται **ἐπὶ τῷ ὀνόματί μου** λέγοντες· ἐγώ εἰμι ὁ χριστός, ...	Mk 13,6 → Mk 13,21-22	πολλοὶ ἐλεύσονται **ἐπὶ τῷ ὀνόματί μου** λέγοντες ὅτι ἐγώ εἰμι, ...	Lk 21,8 → Lk 17,23	... πολλοὶ γὰρ ἐλεύσονται **ἐπὶ τῷ ὀνόματί μου** λέγοντες· ἐγώ εἰμι, ...	
112	Mt 10,18	καὶ ἐπὶ ἡγεμόνας δὲ καὶ βασιλεῖς ἀχθήσεσθε **ἕνεκεν ἐμοῦ** εἰς μαρτύριον αὐτοῖς καὶ τοῖς ἔθνεσιν.	Mk 13,9	... καὶ ἐπὶ ἡγεμόνων καὶ βασιλέων σταθήσεσθε **ἕνεκεν ἐμοῦ** εἰς μαρτύριον αὐτοῖς.	Lk 21,12 → Lk 12,11	... ἀπαγομένους ἐπὶ βασιλεῖς καὶ ἡγεμόνας **ἕνεκεν τοῦ ὀνόματός μου·** [13] ἀποβήσεται ὑμῖν εἰς μαρτύριον.	
222	Mt 10,22 ⇩ Mt 24,9	καὶ ἔσεσθε μισούμενοι ὑπὸ πάντων **διὰ τὸ ὄνομά μου·** ...	Mk 13,13	καὶ ἔσεσθε μισούμενοι ὑπὸ πάντων **διὰ τὸ ὄνομά μου.** ...	Lk 21,17	καὶ ἔσεσθε μισούμενοι ὑπὸ πάντων **διὰ τὸ ὄνομά μου.** ...	
200	Mt 24,9 ⇧ Mt 10,22 → Mt 24,10	... καὶ ἔσεσθε μισούμενοι ὑπὸ πάντων τῶν ἐθνῶν **διὰ τὸ ὄνομά μου.**					
222	Mt 24,35 → Mt 5,18	ὁ οὐρανὸς καὶ ἡ γῆ παρελεύσεται, **οἱ δὲ λόγοι μου** οὐ μὴ παρέλθωσιν.	Mk 13,31	ὁ οὐρανὸς καὶ ἡ γῆ παρελεύσονται, **οἱ δὲ λόγοι μου** οὐ μὴ παρελεύσονται.	Lk 21,33 → Lk 16,17	ὁ οὐρανὸς καὶ ἡ γῆ παρελεύσονται, **οἱ δὲ λόγοι μου** οὐ μὴ παρελεύσονται.	→ GTh 11,1
a 202	Mt 24,48	ἐὰν δὲ εἴπῃ ὁ κακὸς δοῦλος ἐκεῖνος ἐν τῇ καρδίᾳ αὐτοῦ· χρονίζει **μου ὁ κύριος**			Lk 12,45	ἐὰν δὲ εἴπῃ ὁ δοῦλος ἐκεῖνος ἐν τῇ καρδίᾳ αὐτοῦ· χρονίζει **ὁ κύριός μου** ἔρχεσθαι, ...	
a 202	Mt 25,27	ἔδει σε οὖν βαλεῖν **τὰ ἀργύριά μου** τοῖς τραπεζίταις, καὶ ἐλθὼν ἐγὼ ἐκομισάμην ἂν τὸ ἐμὸν σὺν τόκῳ.			Lk 19,23	καὶ διὰ τί οὐκ ἔδωκάς **μου τὸ ἀργύριον** ἐπὶ τράπεζαν; κἀγὼ ἐλθὼν σὺν τόκῳ ἂν αὐτὸ ἔπραξα.	
b 200	Mt 25,34	τότε ἐρεῖ ὁ βασιλεὺς τοῖς ἐκ δεξιῶν αὐτοῦ· δεῦτε, **οἱ εὐλογημένοι τοῦ πατρός μου,** κληρονομήσατε τὴν ἡτοιμασμένην ὑμῖν βασιλείαν ἀπὸ καταβολῆς κόσμου·					
200	Mt 25,40	... ἀμὴν λέγω ὑμῖν, ἐφ' ὅσον ἐποιήσατε **ἑνὶ τούτων τῶν ἀδελφῶν μου τῶν ἐλαχίστων,** ἐμοὶ ἐποιήσατε.					
220	Mt 26,12	βαλοῦσα γὰρ αὕτη τὸ μύρον τοῦτο **ἐπὶ τοῦ σώματός μου** πρὸς τὸ ἐνταφιάσαι με ἐποίησεν.	Mk 14,8	... προέλαβεν μυρίσαι **τὸ σῶμά μου** εἰς τὸν ἐνταφιασμόν.			→ Jn 12,7
211	Mt 26,18 (2)	... ὁ διδάσκαλος λέγει· **ὁ καιρός μου** ἐγγύς ἐστιν,	Mk 14,14 (2)	... ὁ διδάσκαλος λέγει·	Lk 22,11	... λέγει σοι ὁ διδάσκαλος·	
121				ποῦ ἐστιν **τὸ κατάλυμά μου**		ποῦ ἐστιν **τὸ κατάλυμα**	
222		πρὸς σὲ ποιῶ τὸ πάσχα **μετὰ τῶν μαθητῶν μου.**		ὅπου τὸ πάσχα **μετὰ τῶν μαθητῶν μου** φάγω;		ὅπου τὸ πάσχα **μετὰ τῶν μαθητῶν μου** φάγω;	
222	Mt 26,26	... λάβετε φάγετε, τοῦτό ἐστιν **τὸ σῶμά μου.**	Mk 14,22	... λάβετε, τοῦτό ἐστιν **τὸ σῶμά μου.**	Lk 22,19	... τοῦτό ἐστιν **τὸ σῶμά μου** ...	→ 1Cor 11,24

222	Mt 26,28	τοῦτο γάρ ἐστιν **τὸ αἷμά μου** τῆς διαθήκης τὸ περὶ πολλῶν ἐκχυννόμενον εἰς ἄφεσιν ἁμαρτιῶν.	Mk 14,24	... τοῦτό ἐστιν **τὸ αἷμά μου** τῆς διαθήκης τὸ ἐκχυννόμενον ὑπὲρ πολλῶν.	Lk 22,20	... τοῦτο τὸ ποτήριον ἡ καινὴ διαθήκη **ἐν τῷ αἵματί μου,** τὸ ὑπὲρ ὑμῶν ἐκχυννόμενον.	→ 1Cor 11,25
b 211	Mt 26,29	λέγω δὲ ὑμῖν, οὐ μὴ πίω ἀπ᾿ ἄρτι ἐκ τούτου τοῦ γενήματος τῆς ἀμπέλου ἕως τῆς ἡμέρας ἐκείνης ὅταν αὐτὸ πίνω μεθ᾿ ὑμῶν καινὸν **ἐν τῇ βασιλείᾳ** **τοῦ πατρός μου.**	Mk 14,25	ἀμὴν λέγω ὑμῖν ὅτι οὐκέτι οὐ μὴ πίω ἐκ τοῦ γενήματος τῆς ἀμπέλου ἕως τῆς ἡμέρας ἐκείνης ὅταν αὐτὸ πίνω καινὸν **ἐν τῇ βασιλείᾳ** **τοῦ θεοῦ.**	Lk 22,18 → Lk 22,16	λέγω γὰρ ὑμῖν, [ὅτι] οὐ μὴ πίω ἀπὸ τοῦ νῦν ἀπὸ τοῦ γενήματος τῆς ἀμπέλου ἕως οὗ **ἡ βασιλεία** **τοῦ θεοῦ** ἔλθῃ.	
102	Mt 19,28	... ἀμὴν λέγω ὑμῖν ὅτι ὑμεῖς οἱ ἀκολουθήσαντές μοι ↔			Lk 22,28	ὑμεῖς δέ ἐστε οἱ διαμεμενηκότες μετ᾿ ἐμοῦ **ἐν τοῖς πειρασμοῖς** **μου·**	
b 002					Lk 22,29 → Lk 1,33	κἀγὼ διατίθεμαι ὑμῖν καθὼς διέθετό μοι **ὁ πατήρ μου** βασιλείαν,	
102 102	Mt 19,28	↔ ἐν τῇ παλιγγενεσίᾳ, ὅταν καθίσῃ ὁ υἱὸς τοῦ ἀνθρώπου ἐπὶ θρόνου δόξης αὐτοῦ, καθήσεσθε καὶ ὑμεῖς ἐπὶ δώδεκα θρόνους κρίνοντες τὰς δώδεκα φυλὰς τοῦ Ἰσραήλ.			Lk 22,30 (2) → Lk 14,15 → Lk 12,37	ἵνα ἔσθητε καὶ πίνητε **ἐπὶ τῆς τραπέζης μου** **ἐν τῇ βασιλείᾳ μου,** καὶ καθήσεσθε ἐπὶ θρόνων τὰς δώδεκα φυλὰς κρίνοντες τοῦ Ἰσραήλ.	
220	Mt 26,38	... *περίλυπός ἐστιν* ***ἡ ψυχή μου*** ἕως θανάτου· μείνατε ὧδε καὶ γρηγορεῖτε μετ᾿ ἐμοῦ. ➤ Ps 42,6.12/43,5	Mk 14,34	... *περίλυπός ἐστιν* ***ἡ ψυχή μου*** ἕως θανάτου· μείνατε ὧδε καὶ γρηγορεῖτε. ➤ Ps 42,6.12/43,5			→ Jn 12,27
b 211 112	Mt 26,39	... **πάτερ μου,** εἰ δυνατόν ἐστιν, παρελθάτω ἀπ᾿ ἐμοῦ τὸ ποτήριον τοῦτο· πλὴν **οὐχ ὡς ἐγὼ θέλω** ἀλλ᾿ ὡς σύ.	Mk 14,36	... **αββα ὁ πατήρ,** πάντα δυνατά σοι· παρένεγκε τὸ ποτήριον τοῦτο ἀπ᾿ ἐμοῦ· ἀλλ᾿ **οὐ τί ἐγὼ θέλω** ἀλλὰ τί σύ.	Lk 22,42 ↓ Mt 26,42	... **πάτερ,** εἰ βούλει παρένεγκε τοῦτο τὸ ποτήριον ἀπ᾿ ἐμοῦ· πλὴν **μὴ τὸ θέλημά μου** ἀλλὰ τὸ σὸν γινέσθω.	→ Jn 18,11 → Acts 21,14
b 210	Mt 26,42 → Mt 6,10 ↑ Lk 22,42	πάλιν ἐκ δευτέρου ἀπελθὼν προσηύξατο λέγων· **πάτερ μου,** εἰ οὐ δύναται τοῦτο παρελθεῖν ἐὰν μὴ αὐτὸ πίω, γενηθήτω τὸ θέλημά σου.	Mk 14,39	καὶ πάλιν ἀπελθὼν προσηύξατο τὸν αὐτὸν λόγον εἰπών.			
b 200	Mt 26,53	ἢ δοκεῖς ὅτι οὐ δύναμαι παρακαλέσαι **τὸν πατέρα μου,** καὶ παραστήσει μοι ἄρτι πλείω δώδεκα λεγιῶνας ἀγγέλων;					→ Jn 18,36

112	Mt 26,55	... καθ' ἡμέραν ἐν τῷ ἱερῷ **ἐκαθεζόμην** διδάσκων καὶ οὐκ ἐκρατήσατέ με.	Mk 14,49	καθ' ἡμέραν **ἤμην** πρὸς ὑμᾶς ἐν τῷ ἱερῷ διδάσκων καὶ οὐκ ἐκρατήσατέ με· ...	Lk 22,53	καθ' ἡμέραν **ὄντος μου** μεθ' ὑμῶν ἐν τῷ ἱερῷ οὐκ ἐξετείνατε τὰς χεῖρας ἐπ' ἐμέ, ...	→ Jn 18,20
002					Lk 23,42	... Ἰησοῦ, μνήσθητί **μου** ὅταν ἔλθῃς εἰς τὴν βασιλείαν σου.	
220 220	Mt 27,46 (2)	... τοῦτ' ἔστιν· ***θεέ μου*** ***θεέ μου,*** *ἱνατί με ἐγκατέλιπες;* ➤ Ps 22,2	Mk 15,34 (2)	... ὅ ἐστιν μεθερμηνευόμενον ***ὁ θεός μου*** ***ὁ θεός μου,*** *εἰς τί ἐγκατέλιπές με;* ➤ Ps 22,2			
112	Mt 27,50	ὁ δὲ Ἰησοῦς πάλιν κράξας φωνῇ μεγάλῃ ἀφῆκεν τὸ πνεῦμα.	Mk 15,37	ὁ δὲ Ἰησοῦς ἀφεὶς φωνὴν μεγάλην ἐξέπνευσεν.	Lk 23,46	καὶ φωνήσας φωνῇ μεγάλῃ ὁ Ἰησοῦς εἶπεν· πάτερ, *εἰς χεῖράς σου παρατίθεμαι* ***τὸ πνεῦμά μου.*** τοῦτο δὲ εἰπὼν ἐξέπνευσεν. ➤ Ps 31,6	→ Jn 19,30 → Acts 7,59
200	Mt 28,10 → Mt 28,7 → Mk 16,7 → Mt 28,16	... μὴ φοβεῖσθε· ὑπάγετε ἀπαγγείλατε **τοῖς ἀδελφοῖς μου** ἵνα ἀπέλθωσιν εἰς τὴν Γαλιλαίαν, ...					→ Jn 20,17
002 002					Lk 24,39 (2)	ἴδετε **τὰς χεῖράς μου** καὶ **τοὺς πόδας μου** ὅτι ἐγώ εἰμι αὐτός· ...	→ Jn 20,27
002					Lk 24,44	εἶπεν δὲ πρὸς αὐτούς· **οὗτοι οἱ λόγοι μου** οὓς ἐλάλησα πρὸς ὑμᾶς ἔτι ὢν σὺν ὑμῖν, ...	
b 002					Lk 24,49	καὶ [ἰδοὺ] ἐγὼ ἀποστέλλω **τὴν ἐπαγγελίαν τοῦ πατρός μου** ἐφ' ὑμᾶς· ...	→ Acts 1,8 → Acts 2,33

Acts 1,4 ... παρήγγειλεν αὐτοῖς ἀπὸ Ἱεροσολύμων μὴ χωρίζεσθαι ἀλλὰ περιμένειν τὴν ἐπαγγελίαν τοῦ πατρὸς ἣν ἠκούσατέ **μου**

a **Acts 1,8** (→ Lk 24,49; → Acts 2,33; → Acts 13,47) ... καὶ ἔσεσθέ **μου μάρτυρες** ἔν τε Ἰερουσαλὴμ καὶ [ἐν] πάσῃ τῇ Ἰουδαίᾳ καὶ Σαμαρείᾳ καὶ ἕως ἐσχάτου τῆς γῆς.

Acts 2,14 ... τοῦτο ὑμῖν γνωστὸν ἔστω καὶ ἐνωτίσασθε **τὰ ῥήματά μου.**

Acts 2,17 ... *ἐκχεῶ* ***ἀπὸ τοῦ πνεύματός μου*** *ἐπὶ πᾶσαν σάρκα, ...*
➤ Joel 3,1 LXX

Acts 2,18 (3) *καί γε* ***ἐπὶ τοὺς δούλους μου*** *καὶ* ***ἐπὶ τὰς δούλας μου*** *ἐν ταῖς ἡμέραις ἐκείναις* *ἐκχεῶ* ***ἀπὸ τοῦ πνεύματός μου,*** καὶ προφητεύσουσιν.
➤ Joel 3,2 LXX

Acts 2,25 (2) Δαυὶδ γὰρ λέγει εἰς αὐτόν· *προορώμην τὸν κύριον* ***ἐνώπιόν μου*** *διὰ παντός,* *ὅτι* ***ἐκ δεξιῶν μού*** *ἐστιν ἵνα μὴ σαλευθῶ.*
➤ Ps 15,8 LXX

Acts 2,26 (3) *διὰ τοῦτο ηὐφράνθη* ***ἡ καρδία μου*** *καὶ ἠγαλλιάσατο* ***ἡ γλῶσσά μου,*** *ἔτι δὲ καὶ* ***ἡ σάρξ μου*** *κατασκηνώσει ἐπ' ἐλπίδι,*
➤ Ps 15,9 LXX

Acts 2,27 *ὅτι οὐκ ἐγκαταλείψεις* ***τὴν ψυχήν μου*** *εἰς ᾅδην οὐδὲ δώσεις τὸν ὅσιόν σου ἰδεῖν διαφθοράν.*
➤ Ps 15,10 LXX

Acts 2,34 (2) οὐ γὰρ Δαυὶδ ἀνέβη εἰς τοὺς οὐρανούς, λέγει δὲ αὐτός· *εἶπεν [ὁ] κύριος* ***τῷ κυρίῳ μου·*** *κάθου* ***ἐκ δεξιῶν μου***
➤ Ps 109,1 LXX

Acts 7,34 *ἰδὼν εἶδον*
τὴν κάκωσιν τοῦ λαοῦ μου
τοῦ ἐν Αἰγύπτῳ καὶ τοῦ στεναγμοῦ αὐτῶν ἤκουσα, ...
➢ Exod 3,7

Acts 7,49 (2) → Mt 5,34-35
ὁ οὐρανός μοι θρόνος, ἡ δὲ γῆ
ὑποπόδιον τῶν ποδῶν μου·
ποῖον οἶκον οἰκοδομήσετέ μοι, λέγει κύριος, ἢ
τίς τόπος τῆς καταπαύσεώς μου;
➢ Isa 66,1

Acts 7,50 οὐχὶ
ἡ χείρ μου
ἐποίησεν ταῦτα πάντα;
➢ Isa 66,2

Acts 7,59 → Lk 23,46
καὶ ἐλιθοβόλουν τὸν Στέφανον ἐπικαλούμενον καὶ λέγοντα· κύριε Ἰησοῦ, δέξαι
τὸ πνεῦμά μου.

Acts 9,15 ... πορεύου, ὅτι σκεῦος ἐκλογῆς ἐστίν μοι οὗτος τοῦ βαστάσαι
τὸ ὄνομά μου
ἐνώπιον ἐθνῶν τε καὶ βασιλέων υἱῶν τε Ἰσραήλ·

Acts 9,16 ἐγὼ γὰρ ὑποδείξω αὐτῷ ὅσα δεῖ αὐτὸν
ὑπὲρ τοῦ ὀνόματός μου
παθεῖν.

Acts 10,30 (2) ... ἤμην τὴν ἐνάτην προσευχόμενος
ἐν τῷ οἴκῳ μου,
καὶ ἰδοὺ ἀνὴρ ἔστη
ἐνώπιόν μου
ἐν ἐσθῆτι λαμπρᾷ

Acts 11,8 ... μηδαμῶς, κύριε, ὅτι κοινὸν ἢ ἀκάθαρτον οὐδέποτε εἰσῆλθεν
εἰς τὸ στόμα μου.

Acts 13,22 (2) ... εὗρον Δαυὶδ τὸν τοῦ Ἰεσσαί, ἄνδρα
κατὰ τὴν καρδίαν μου,
ὃς ποιήσει
πάντα τὰ θελήματά μου.
➢ Ps 89,21/1Sam 13,14/Isa 44,28

Acts 13,33 ... ὡς καὶ ἐν τῷ ψαλμῷ γέγραπται τῷ δευτέρῳ,
υἱός μου
εἶ σύ, ἐγὼ σήμερον γεγέννηκά σε.
➢ Ps 2,7

Acts 15,7 ... ὑμεῖς ἐπίστασθε ὅτι ἀφ᾽ ἡμερῶν ἀρχαίων ἐν ὑμῖν ἐξελέξατο ὁ θεὸς
διὰ τοῦ στόματός μου
ἀκοῦσαι τὰ ἔθνη τὸν λόγον τοῦ εὐαγγελίου καὶ πιστεῦσαι.

Acts 15,13 ... ἄνδρες ἀδελφοί, ἀκούσατέ
μου.

Acts 15,17 *... καὶ πάντα τὰ ἔθνη ἐφ᾽ οὓς ἐπικέκληται*
τὸ ὄνομά μου
ἐπ᾽ αὐτούς, λέγει κύριος ποιῶν ταῦτα
➢ Amos 9,12 LXX

Acts 16,15 ... εἰ κεκρίκατέ με πιστὴν τῷ κυρίῳ εἶναι, εἰσελθόντες
εἰς τὸν οἶκόν μου
μένετε· ...

Acts 20,24 ἀλλ᾽ οὐδενὸς λόγου ποιοῦμαι τὴν ψυχὴν τιμίαν ἐμαυτῷ ὡς τελειῶσαι
τὸν δρόμον μου
καὶ τὴν διακονίαν ἣν ἔλαβον παρὰ τοῦ κυρίου Ἰησοῦ, ...

Acts 20,25 καὶ νῦν ἰδοὺ ἐγὼ οἶδα ὅτι οὐκέτι ὄψεσθε
τὸ πρόσωπόν μου
ὑμεῖς πάντες ἐν οἷς διῆλθον κηρύσσων τὴν βασιλείαν.

Acts 20,29 ἐγὼ οἶδα ὅτι εἰσελεύσονται
μετὰ τὴν ἄφιξίν μου
λύκοι βαρεῖς εἰς ὑμᾶς μὴ φειδόμενοι τοῦ ποιμνίου

Acts 20,34 αὐτοὶ γινώσκετε ὅτι
ταῖς χρείαις μου
καὶ τοῖς οὖσιν μετ᾽ ἐμοῦ ὑπηρέτησαν αἱ χεῖρες αὗται.

a **Acts 21,13** ... τί ποιεῖτε κλαίοντες καὶ συνθρύπτοντές
μου τὴν καρδίαν; ...

Acts 22,1 ἄνδρες ἀδελφοὶ καὶ πατέρες, ἀκούσατέ
μου
τῆς πρὸς ὑμᾶς νυνὶ ἀπολογίας.

Acts 22,17 ἐγένετο δέ μοι ὑποστρέψαντι εἰς Ἰερουσαλὴμ καὶ προσευχομένου
μου
ἐν τῷ ἱερῷ γενέσθαι με ἐν ἐκστάσει

Acts 24,13 οὐδὲ παραστῆσαι δύνανταί σοι περὶ ὧν νυνὶ κατηγοροῦσίν
μου.

Acts 24,17 δι᾽ ἐτῶν δὲ πλειόνων ἐλεημοσύνας ποιήσων
εἰς τὸ ἔθνος μου
παρεγενόμην καὶ προσφοράς

Acts 24,20 ἢ αὐτοὶ οὗτοι εἰπάτωσαν τί εὗρον ἀδίκημα στάντος
μου
ἐπὶ τοῦ συνεδρίου

Acts 25,11 ... εἰ δὲ οὐδέν ἐστιν ὧν οὗτοι κατηγοροῦσίν
μου,
οὐδείς με δύναται αὐτοῖς χαρίσασθαι· Καίσαρα ἐπικαλοῦμαι.

Acts 25,15 περὶ οὗ γενομένου
μου
εἰς Ἱεροσόλυμα ἐνεφάνισαν οἱ ἀρχιερεῖς καὶ οἱ πρεσβύτεροι τῶν Ἰουδαίων ...

Acts 26,3 ... διὸ δέομαι μακροθύμως ἀκοῦσαί
μου.

Acts 26,4 (2) **τὴν μὲν οὖν βίωσίν μου**
[τὴν] ἐκ νεότητος τὴν ἀπ᾽ ἀρχῆς γενομένην
ἐν τῷ ἔθνει μου
ἔν τε Ἱεροσολύμοις ἴσασι πάντες [οἱ] Ἰουδαῖοι

Acts 26,29 ... εὐξαίμην ἂν τῷ θεῷ καὶ ἐν ὀλίγῳ καὶ ἐν μεγάλῳ οὐ μόνον σὲ ἀλλὰ καὶ πάντας τοὺς ἀκούοντάς
μου
σήμερον γενέσθαι τοιούτους ὁποῖος καὶ ἐγώ εἰμι παρεκτὸς τῶν δεσμῶν τούτων.

Acts 28,19 ἀντιλεγόντων δὲ τῶν Ἰουδαίων ἠναγκάσθην ἐπικαλέσασθαι Καίσαρα
οὐχ ὡς τοῦ ἔθνους μου
ἔχων τι κατηγορεῖν.

ἐμοί	Syn 16	Mt 7	Mk 2	Lk 7	Acts 6	Jn 27	1-3John	Paul 42	Eph 1	Col 1
	NT 97	2Thess	1/2Tim 2	Tit	Heb 2	Jas	1Pet	2Pet	Jude	Rev

personal pronoun for the first person singular dative

	triple tradition																	double tradition			Sondergut		
		+Mt / +Lk			–Mt / –Lk			traditions not taken over by Mt / Lk							subtotals								
code	*222*	*211*	*112*	*212*	*221*	*122*	*121*	*022*	*012*	*021*	*220*	*120*	*210*	*020*	Σ^+	Σ^-	Σ	*202*	*201*	*102*	*200*	*002*	total
Mt						1^-						1^-	1^+		1^+	2^-	1	2			4		**7**
Mk						1						1					2						**2**
Lk						1											1	2		1		3	**7**

a κἀμοί

a 002					**Lk 1,3**	ἔδοξε **κἀμοὶ** παρηκολουθηκότι ἄνωθεν πᾶσιν ἀκριβῶς καθεξῆς σοι γράψαι, κράτιστε Θεόφιλε
102	**Mt 4,9**	... ταῦτά σοι πάντα δώσω, ἐὰν πεσὼν προσκυνήσῃς μοι.			**Lk 4,6**	... σοὶ δώσω τὴν ἐξουσίαν ταύτην ἅπασαν καὶ τὴν δόξαν αὐτῶν, ὅτι **ἐμοὶ** παραδέδοται καὶ ᾧ ἐὰν θέλω δίδωμι αὐτήν· [7] σὺ οὖν ἐὰν προσκυνήσῃς ἐνώπιον ἐμοῦ, ἔσται σοῦ πᾶσα.
202	**Mt 10,32**	πᾶς οὖν ὅστις ὁμολογήσει **ἐν ἐμοὶ** ἔμπροσθεν τῶν ἀνθρώπων, ...			**Lk 12,8**	... πᾶς ὃς ἂν ὁμολογήσῃ **ἐν ἐμοὶ** ἔμπροσθεν τῶν ἀνθρώπων, ...
202	**Mt 11,6**	καὶ μακάριός ἐστιν ὃς ἐὰν μὴ σκανδαλισθῇ **ἐν ἐμοί.**			**Lk 7,23**	καὶ μακάριός ἐστιν ὃς ἐὰν μὴ σκανδαλισθῇ **ἐν ἐμοί.**
122	**Mt 8,29**	καὶ ἰδοὺ ἔκραξαν λέγοντες· τί **ἡμῖν** καὶ σοί, υἱὲ τοῦ θεοῦ; ...	**Mk 5,7** → Mk 1,23-24	καὶ κράξας φωνῇ μεγάλῃ λέγει· τί **ἐμοὶ** καὶ σοί, Ἰησοῦ υἱὲ τοῦ θεοῦ τοῦ ὑψίστου; ...	**Lk 8,28** → Lk 4,33-34	... ἀνακράξας προσέπεσεν αὐτῷ καὶ φωνῇ μεγάλῃ εἶπεν· τί **ἐμοὶ** καὶ σοί, Ἰησοῦ υἱὲ τοῦ θεοῦ τοῦ ὑψίστου; ...
200	**Mt 18,26**	πεσὼν οὖν ὁ δοῦλος προσεκύνει αὐτῷ λέγων· μακροθύμησον **ἐπ' ἐμοί,** καὶ πάντα ἀποδώσω σοι.				
200	**Mt 18,29**	πεσὼν οὖν ὁ σύνδουλος αὐτοῦ παρεκάλει αὐτὸν λέγων· μακροθύμησον **ἐπ' ἐμοί,** καὶ ἀποδώσω σοι.				
202	**Mt 10,32**	πᾶς οὖν ὅστις ὁμολογήσει **ἐν ἐμοὶ** ἔμπροσθεν τῶν ἀνθρώπων, ...			**Lk 12,8**	... πᾶς ὃς ἂν ὁμολογήσῃ **ἐν ἐμοὶ** ἔμπροσθεν τῶν ἀνθρώπων, ...

	Mt	Mk	Lk	
002			**Lk 15,29** ... ἰδοὺ τοσαῦτα ἔτη δουλεύω σοι καὶ οὐδέποτε ἐντολήν σου παρῆλθον, καὶ **ἐμοὶ** οὐδέποτε ἔδωκας ἔριφον ἵνα μετὰ τῶν φίλων μου εὐφρανθῶ·	
200	**Mt 25,40** ... ἐφ' ὅσον ἐποιήσατε ἑνὶ τούτων τῶν ἀδελφῶν μου τῶν ἐλαχίστων, **ἐμοὶ** ἐποιήσατε.			
200	**Mt 25,45** ... ἐφ' ὅσον οὐκ ἐποιήσατε ἑνὶ τούτων τῶν ἐλαχίστων, οὐδὲ **ἐμοὶ** ἐποιήσατε.			
120	**Mt 26,10** ... τί κόπους παρέχετε τῇ γυναικί; ἔργον γὰρ καλὸν ἠργάσατο **εἰς ἐμέ·**	**Mk 14,6** ... τί αὐτῇ κόπους παρέχετε; καλὸν ἔργον ἠργάσατο **ἐν ἐμοί.**		→ Jn 12,7
002			**Lk 22,37** → Mt 27,38 → Mk 15,27 → Lk 23,33 ... τοῦτο τὸ γεγραμμένον δεῖ τελεσθῆναι **ἐν ἐμοί,** τό· *καὶ μετὰ ἀνόμων ἐλογίσθη·* καὶ γὰρ τὸ περὶ ἐμοῦ τέλος ἔχει. ➤ Isa 53,12	→ Jn 19,18
210	**Mt 26,31** ... πάντες ὑμεῖς σκανδαλισθήσεσθε **ἐν ἐμοὶ** ἐν τῇ νυκτὶ ταύτῃ	**Mk 14,27** ... πάντες σκανδαλισθήσεσθε, ...		

a **Acts 8,19** λέγων· δότε **κἀμοὶ** τὴν ἐξουσίαν ταύτην ἵνα ᾧ ἐὰν ἐπιθῶ τὰς χεῖρας λαμβάνῃ πνεῦμα ἅγιον.

a **Acts 10,28** ἔφη τε πρὸς αὐτούς· ὑμεῖς ἐπίστασθε ὡς ἀθέμιτόν ἐστιν ἀνδρὶ Ἰουδαίῳ κολλᾶσθαι ἢ προσέρχεσθαι ἀλλοφύλῳ· **κἀμοὶ** ὁ θεὸς ἔδειξεν μηδένα κοινὸν ἢ ἀκάθαρτον λέγειν ἄνθρωπον·

Acts 11,12 ... ἦλθον δὲ **σὺν ἐμοὶ** καὶ οἱ ἓξ ἀδελφοὶ οὗτοι ...

Acts 22,9 οἱ δὲ **σὺν ἐμοὶ** ὄντες τὸ μὲν φῶς ἐθεάσαντο τὴν δὲ φωνὴν οὐκ ἤκουσαν τοῦ λαλοῦντός μοι.

Acts 26,13 ... οὐρανόθεν ὑπὲρ τὴν λαμπρότητα τοῦ ἡλίου περιλάμψαν με φῶς καὶ τοὺς **σὺν ἐμοὶ** πορευομένους.

Acts 28,18 οἵτινες ἀνακρίναντές με ἐβούλοντο ἀπολῦσαι διὰ τὸ μηδεμίαν αἰτίαν θανάτου ὑπάρχειν **ἐν ἐμοί.**

μοι	Syn 66	Mt 29	Mk 9	Lk 28	Acts 35	Jn 39	1-3John	Paul 45	Eph 4	Col 2
	NT 225	2Thess	1/2Tim 7	Tit	Heb 5	Jas 1	1Pet	2Pet 1	Jude	Rev 20

personal pronoun for the first person singular dative

	triple tradition																double tradition			Sondergut		
		+Mt / +Lk			–Mt / –Lk			traditions not taken over by Mt / Lk							subtotals							
code	222	211	112	212	221	122	121	022	012	021	220	120	210	020	Σ^+	Σ^-	Σ	202	201	102	200	002	total
Mt	5	3^+					1^-				2		1^+		4^+	1^-	11	3	6		9		**29**
Mk	5						1			1	2						9						**9**
Lk	5		1^+				1^-			1^-					1^+	2^-	6	3				19	**28**

code	Mt		Mk		Lk	
002					**Lk 1,25**	ὅτι οὕτως **μοι** πεποίηκεν κύριος ἐν ἡμέραις αἷς ἐπεῖδεν ἀφελεῖν ὄνειδός μου ἐν ἀνθρώποις.
002					**Lk 1,38**	... ἰδοὺ ἡ δούλη κυρίου· γένοιτό **μοι** κατὰ τὸ ῥῆμά σου. ...
002					**Lk 1,43**	καὶ πόθεν **μοι** τοῦτο ἵνα ἔλθῃ ἡ μήτηρ τοῦ κυρίου μου πρὸς ἐμέ;
002					**Lk 1,49**	ὅτι ἐποίησέν **μοι** μεγάλα ὁ δυνατός. ...
200	**Mt 2,8**	... ἐπὰν δὲ εὕρητε, ἀπαγγείλατέ **μοι**, ὅπως κἀγὼ ἐλθὼν προσκυνήσω αὐτῷ.				
201	**Mt 4,9**	... ταῦτά σοι πάντα δώσω, ἐὰν πεσὼν προσκυνήσῃς **μοι**.			**Lk 4,7**	[6] ... σοὶ δώσω τὴν ἐξουσίαν ταύτην ἅπασαν ... [7] σὺ οὖν ἐὰν προσκυνήσῃς **ἐνώπιον ἐμοῦ**, ἔσται σοῦ πᾶσα.
002					**Lk 4,23**	... πάντως ἐρεῖτέ **μοι** τὴν παραβολὴν ταύτην· ἰατρέ, θεράπευσον σεαυτόν· ...
201	**Mt 7,21** → Mt 12,50	οὐ πᾶς ὁ λέγων **μοι**· κύριε κύριε, εἰσελεύσεται εἰς τὴν βασιλείαν τῶν οὐρανῶν, ἀλλ' ὁ ποιῶν τὸ θέλημα τοῦ πατρός μου τοῦ ἐν τοῖς οὐρανοῖς.	→ Mk 3,35		**Lk 6,46** → Lk 8,21	τί δέ **με** καλεῖτε· κύριε κύριε, καὶ οὐ ποιεῖτε ἃ λέγω;
201	**Mt 7,22** → Mt 25,11	πολλοὶ ἐροῦσίν **μοι** ἐν ἐκείνῃ τῇ ἡμέρᾳ· κύριε κύριε, οὐ τῷ σῷ ὀνόματι ἐπροφητεύσαμεν, καὶ τῷ σῷ ὀνόματι δαιμόνια ἐξεβάλομεν, ...			**Lk 13,26**	τότε ἄρξεσθε λέγειν· ἐφάγομεν ἐνώπιόν σου καὶ ἐπίομεν καὶ ἐν ταῖς πλατείαις ἡμῶν ἐδίδαξας·

202	Mt 8,21	... κύριε, ἐπίτρεψόν μοι πρῶτον ἀπελθεῖν καὶ θάψαι τὸν πατέρα μου.			Lk 9,59 (2)	... [κύριε,] ἐπίτρεψόν μοι ἀπελθόντι πρῶτον θάψαι τὸν πατέρα μου.	
202	Mt 8,22	ὁ δὲ Ἰησοῦς λέγει αὐτῷ· ἀκολούθει μοι, καὶ ἄφες τοὺς νεκροὺς θάψαι τοὺς ἑαυτῶν νεκρούς.			Lk 9,59 (2)	εἶπεν δὲ πρὸς ἕτερον· ἀκολούθει μοι. ὁ δὲ εἶπεν· [κύριε,] ἐπίτρεψόν μοι ἀπελθόντι πρῶτον θάψαι τὸν πατέρα μου. [60] εἶπεν δὲ αὐτῷ· ἄφες τοὺς νεκροὺς θάψαι τοὺς ἑαυτῶν νεκρούς, σὺ δὲ ἀπελθὼν διάγγελλε τὴν βασιλείαν τοῦ θεοῦ.	
222	Mt 9,9	καὶ παράγων ὁ Ἰησοῦς ἐκεῖθεν εἶδεν ἄνθρωπον καθήμενον ἐπὶ τὸ τελώνιον, Μαθθαῖον λεγόμενον, καὶ λέγει αὐτῷ· ἀκολούθει μοι. ...	Mk 2,14	καὶ παράγων εἶδεν Λευὶν τὸν τοῦ Ἁλφαίου καθήμενον ἐπὶ τὸ τελώνιον, καὶ λέγει αὐτῷ· ἀκολούθει μοι. ...	Lk 5,27	καὶ μετὰ ταῦτα ἐξῆλθεν καὶ ἐθεάσατο τελώνην ὀνόματι Λευὶν καθήμενον ἐπὶ τὸ τελώνιον, καὶ εἶπεν αὐτῷ· ἀκολούθει μοι.	
002					Lk 7,44	... εἰσῆλθόν σου εἰς τὴν οἰκίαν, ὕδωρ μοι ἐπὶ πόδας οὐκ ἔδωκας· ...	
002					Lk 7,45	φίλημά μοι οὐκ ἔδωκας· ...	
021			Mk 5,9	καὶ ἐπηρώτα αὐτόν· τί ὄνομά σοι; καὶ λέγει αὐτῷ· λεγιὼν ὄνομά μοι, ὅτι πολλοί ἐσμεν.	Lk 8,30	ἐπηρώτησεν δὲ αὐτὸν ὁ Ἰησοῦς· τί σοι ὄνομά ἐστιν; ὁ δὲ εἶπεν· λεγιών, ὅτι εἰσῆλθεν δαιμόνια πολλὰ εἰς αὐτόν.	
202	Mt 11,27 ↓ Mt 28,18	πάντα μοι παρεδόθη ὑπὸ τοῦ πατρός μου, ...			Lk 10,22 ↓ Mt 28,18	πάντα μοι παρεδόθη ὑπὸ τοῦ πατρός μου, ...	→ GTh 61,3
220	Mt 14,8	... δός μοι, φησίν, ὧδε ἐπὶ πίνακι τὴν κεφαλὴν Ἰωάννου τοῦ βαπτιστοῦ.	Mk 6,25	... θέλω ἵνα ἐξαυτῆς δῷς μοι ἐπὶ πίνακι τὴν κεφαλὴν Ἰωάννου τοῦ βαπτιστοῦ.			
200	Mt 14,18	ὁ δὲ εἶπεν· φέρετέ μοι ὧδε αὐτούς.					
210	Mt 15,25	ἡ δὲ ἐλθοῦσα προσεκύνει αὐτῷ λέγουσα· κύριε, βοήθει μοι.	Mk 7,26	[25] ... ἐλθοῦσα προσέπεσεν πρὸς τοὺς πόδας αὐτοῦ· [26] ... καὶ ἠρώτα αὐτὸν ἵνα τὸ δαιμόνιον ἐκβάλῃ ἐκ τῆς θυγατρὸς αὐτῆς.			
220	Mt 15,32 → Mt 14,14	... σπλαγχνίζομαι ἐπὶ τὸν ὄχλον, ὅτι ἤδη ἡμέραι τρεῖς προσμένουσίν μοι καὶ οὐκ ἔχουσιν τί φάγωσιν· ...	Mk 8,2 → Mk 6,34	σπλαγχνίζομαι ἐπὶ τὸν ὄχλον, ὅτι ἤδη ἡμέραι τρεῖς προσμένουσίν μοι καὶ οὐκ ἔχουσιν τί φάγωσιν·			

222	**Mt 16,24** ⇩ Mt 10,38	... ἀπαρνησάσθω ἑαυτὸν καὶ ἀράτω τὸν σταυρὸν αὐτοῦ καὶ ἀκολουθείτω **μοι.**	**Mk 8,34**	... ἀπαρνησάσθω ἑαυτὸν καὶ ἀράτω τὸν σταυρὸν αὐτοῦ καὶ ἀκολουθείτω **μοι.**	**Lk 9,23** ⇩ Lk 14,27	... ἀρνησάσθω ἑαυτὸν καὶ ἀράτω τὸν σταυρὸν αὐτοῦ καθ' ἡμέραν, καὶ ἀκολουθείτω **μοι.**	→ GTh 55 Mk-Q overlap
	Mt 10,38 ⇧ Mt 16,24	καὶ ὃς οὐ λαμβάνει τὸν σταυρὸν αὐτοῦ καὶ ἀκολουθεῖ **ὀπίσω μου,** οὐκ ἔστιν μου ἄξιος.			**Lk 14,27** ⇧ Lk 9,23	ὅστις οὐ βαστάζει τὸν σταυρὸν ἑαυτοῦ καὶ ἔρχεται **ὀπίσω μου** οὐ δύναται εἶναί μου μαθητής.	→ GTh 101
112	**Mt 17,15**	καὶ λέγων· κύριε, ἐλέησόν μου τὸν υἱόν, ὅτι σεληνιάζεται καὶ κακῶς πάσχει· ...	**Mk 9,17**	... διδάσκαλε, ἤνεγκα τὸν υἱόν μου πρὸς σέ, ἔχοντα πνεῦμα ἄλαλον· [18] καὶ ὅπου ἐὰν αὐτὸν καταλάβῃ ...	**Lk 9,38**	... διδάσκαλε, δέομαί σου ἐπιβλέψαι ἐπὶ τὸν υἱόν μου, ὅτι μονογενής **μοί** ἐστιν, [39] καὶ ἰδοὺ πνεῦμα λαμβάνει αὐτὸν ...	
211	**Mt 17,17**	... ἕως πότε μεθ' ὑμῶν ἔσομαι; ἕως πότε ἀνέξομαι ὑμῶν; φέρετέ **μοι αὐτὸν ὧδε.**	**Mk 9,19**	... ἕως πότε πρὸς ὑμᾶς ἔσομαι; ἕως πότε ἀνέξομαι ὑμῶν; φέρετε **αὐτὸν πρός με.**	**Lk 9,41**	... ἕως πότε ἔσομαι πρὸς ὑμᾶς καὶ ἀνέξομαι ὑμῶν; προσάγαγε **ὧδε τὸν υἱόν σου.**	
202	**Mt 8,22**	ὁ δὲ Ἰησοῦς λέγει αὐτῷ· ἀκολούθει **μοι, ...**			**Lk 9,59** **(2)**	εἶπεν δὲ πρὸς ἕτερον· ἀκολούθει **μοι.** ὁ δὲ εἶπεν·	
202	**Mt 8,21**	... κύριε, ἐπίτρεψόν **μοι** πρῶτον ἀπελθεῖν καὶ θάψαι τὸν πατέρα μου.				[κύριε,] ἐπίτρεψόν **μοι** ἀπελθόντι πρῶτον θάψαι τὸν πατέρα μου.	
002					**Lk 9,61**	... ἀκολουθήσω σοι, κύριε· πρῶτον δὲ ἐπίτρεψόν **μοι** ἀποτάξασθαι τοῖς εἰς τὸν οἶκόν μου.	
202	**Mt 11,27** ↓ Mt 28,18	πάντα **μοι** παρεδόθη ὑπὸ τοῦ πατρός μου, ...			**Lk 10,22** ↓ Mt 28,18	πάντα **μοι** παρεδόθη ὑπὸ τοῦ πατρός μου, ...	→ GTh 61,3
002					**Lk 10,40**	... εἰπὲ οὖν αὐτῇ ἵνα **μοι** συναντιλάβηται.	
002					**Lk 11,5**	... τίς ἐξ ὑμῶν ἕξει φίλον καὶ πορεύσεται πρὸς αὐτὸν μεσονυκτίου καὶ εἴπῃ αὐτῷ· φίλε, χρῆσόν **μοι** τρεῖς ἄρτους	
002					**Lk 11,7**	κἀκεῖνος ἔσωθεν ἀποκριθεὶς εἴπῃ· μή **μοι** κόπους πάρεχε· ἤδη ἡ θύρα κέκλεισται ...	
002					**Lk 15,6**	... συγχάρητέ **μοι,** ὅτι εὗρον τὸ πρόβατόν μου τὸ ἀπολωλός.	
002					**Lk 15,9**	... συγχάρητέ **μοι,** ὅτι εὗρον τὴν δραχμὴν ἣν ἀπώλεσα.	

002					Lk 15,12	... πάτερ, δός μοι τὸ ἐπιβάλλον μέρος τῆς οὐσίας. ...	
002					Lk 17,8	... ἑτοίμασον τί δειπνήσω καὶ περιζωσάμενος διακόνει μοι ἕως φάγω καὶ πίω, καὶ μετὰ ταῦτα φάγεσαι καὶ πίεσαι σύ;	
002					Lk 18,5	διά γε τὸ παρέχειν μοι κόπον τὴν χήραν ταύτην ἐκδικήσω αὐτήν, ...	
002					Lk 18,13	... ὁ θεός, ἱλάσθητί μοι τῷ ἁμαρτωλῷ.	
222	Mt 19,21 → Mt 6,20	... ὕπαγε πώλησόν σου τὰ ὑπάρχοντα καὶ δὸς [τοῖς] πτωχοῖς, καὶ ἕξεις θησαυρὸν ἐν οὐρανοῖς, καὶ δεῦρο ἀκολούθει μοι.	Mk 10,21	... ὕπαγε, ὅσα ἔχεις πώλησον καὶ δὸς [τοῖς] πτωχοῖς, καὶ ἕξεις θησαυρὸν ἐν οὐρανῷ, καὶ δεῦρο ἀκολούθει μοι.	Lk 18,22 → Lk 12,33	... πάντα ὅσα ἔχεις πώλησον καὶ διάδος πτωχοῖς, καὶ ἕξεις θησαυρὸν ἐν [τοῖς] οὐρανοῖς, καὶ δεῦρο ἀκολούθει μοι.	→ Acts 2,45
201	Mt 19,28	... ὑμεῖς οἱ ἀκολουθήσαντές μοι ...			Lk 22,28	ὑμεῖς δέ ἐστε οἱ διαμεμενηκότες μετ' ἐμοῦ ἐν τοῖς πειρασμοῖς μου·	
200	Mt 20,13	... ἑταῖρε, οὐκ ἀδικῶ σε· οὐχὶ δηναρίου συνεφώνησάς μοι;					
200	Mt 20,15	[ἢ] οὐκ ἔξεστίν μοι ὃ θέλω ποιῆσαι ἐν τοῖς ἐμοῖς; ...					
211	Mt 21,2	... εὑρήσετε ὄνον δεδεμένην καὶ πῶλον μετ' αὐτῆς· λύσαντες ἀγάγετέ μοι.	Mk 11,2	... εὑρήσετε πῶλον δεδεμένον ἐφ' ὃν οὐδεὶς οὔπω ἀνθρώπων ἐκάθισεν· λύσατε αὐτὸν καὶ φέρετε.	Lk 19,30	... εὑρήσετε πῶλον δεδεμένον, ἐφ' ὃν οὐδεὶς πώποτε ἀνθρώπων ἐκάθισεν, καὶ λύσαντες αὐτὸν ἀγάγετε.	
222	Mt 21,24	... ἐρωτήσω ὑμᾶς κἀγὼ λόγον ἕνα, ὃν ἐὰν εἴπητέ μοι κἀγὼ ὑμῖν ἐρῶ ἐν ποίᾳ ἐξουσίᾳ ταῦτα ποιῶ·	Mk 11,29	... ἐπερωτήσω ὑμᾶς ἕνα λόγον, καὶ ἀποκρίθητέ μοι καὶ ἐρῶ ὑμῖν ἐν ποίᾳ ἐξουσίᾳ ταῦτα ποιῶ·	Lk 20,3	... ἐρωτήσω ὑμᾶς κἀγὼ λόγον, καὶ εἴπατέ μοι·	
121	Mt 21,25	τὸ βάπτισμα τὸ Ἰωάννου πόθεν ἦν; ἐξ οὐρανοῦ ἢ ἐξ ἀνθρώπων; ...	Mk 11,30	τὸ βάπτισμα τὸ Ἰωάννου ἐξ οὐρανοῦ ἦν ἢ ἐξ ἀνθρώπων; ἀποκρίθητέ μοι.	Lk 20,4	τὸ βάπτισμα Ἰωάννου ἐξ οὐρανοῦ ἦν ἢ ἐξ ἀνθρώπων;	
222	Mt 22,19	ἐπιδείξατέ μοι τὸ νόμισμα τοῦ κήνσου. οἱ δὲ προσήνεγκαν αὐτῷ δηνάριον.	Mk 12,15	... φέρετέ μοι δηνάριον ἵνα ἴδω. [16] οἱ δὲ ἤνεγκαν. ...	Lk 20,24	δείξατέ μοι δηνάριον· ...	→ GTh 100
201	Mt 25,20	... κύριε, πέντε τάλαντά μοι παρέδωκας· ἴδε ἄλλα πέντε τάλαντα ἐκέρδησα.			Lk 19,16	... κύριε, ἡ μνᾶ σου δέκα προσηργάσατο μνᾶς.	

201	**Mt 25,22**	... κύριε, δύο τάλαντά μοι παρέδωκας· ἴδε ἄλλα δύο τάλαντα ἐκέρδησα.			**Lk 19,18**	... ἡ μνᾶ σου, κύριε, ἐποίησεν πέντε μνᾶς.	
200	**Mt 25,35**	ἐπείνασα γὰρ καὶ ἐδώκατέ μοι φαγεῖν, ...					
200	**Mt 25,42**	ἐπείνασα γὰρ καὶ οὐκ ἐδώκατέ μοι φαγεῖν, ...					
211	**Mt 26,15**	[14] τότε πορευθεὶς εἷς τῶν δώδεκα, ὁ λεγόμενος Ἰούδας Ἰσκαριώτης, πρὸς τοὺς ἀρχιερεῖς [15] εἶπεν· τί θέλετέ μοι δοῦναι, κἀγὼ ὑμῖν παραδώσω αὐτόν; ...	**Mk 14,10**	καὶ Ἰούδας Ἰσκαριὼθ ὁ εἷς τῶν δώδεκα ἀπῆλθεν πρὸς τοὺς ἀρχιερεῖς ἵνα αὐτὸν παραδοῖ αὐτοῖς.	**Lk 22,4**	[3] εἰσῆλθεν δὲ σατανᾶς εἰς Ἰούδαν τὸν καλούμενον Ἰσκαριώτην, ὄντα ἐκ τοῦ ἀριθμοῦ τῶν δώδεκα· [4] καὶ ἀπελθὼν συνελάλησεν τοῖς ἀρχιερεῦσιν καὶ στρατηγοῖς τὸ πῶς αὐτοῖς παραδῷ αὐτόν.	
002					**Lk 22,29** → Lk 1,33	κἀγὼ διατίθεμαι ὑμῖν καθὼς διέθετό μοι ὁ πατήρ μου βασιλείαν	
200	**Mt 26,53**	ἢ δοκεῖς ὅτι οὐ δύναμαι παρακαλέσαι τὸν πατέρα μου, καὶ παραστήσει μοι ἄρτι πλείω δώδεκα λεγιῶνας ἀγγέλων;					→ Jn 18,36
200	**Mt 27,10**	καὶ ἔδωκαν αὐτὰ εἰς τὸν ἀγρὸν τοῦ κεραμέως, *καθὰ συνέταξέν* μοι *κύριος.* ➤ Exod 9,12 LXX					
002					**Lk 23,14** → Lk 23,2 → Lk 23,4 → Mt 27,23 → Mk 15,14 → Lk 23,22	... προσηνέγκατέ μοι τὸν ἄνθρωπον τοῦτον ὡς ἀποστρέφοντα τὸν λαόν, ...	→ Jn 18,38b → Jn 19,4 → Acts 13,28
200	**Mt 28,18** ↑ Mt 11,27 ↑ Lk 10,22	... ἐδόθη μοι πᾶσα ἐξουσία ἐν οὐρανῷ καὶ ἐπὶ [τῆς] γῆς.					

Acts 2,28 *ἐγνώρισάς*
μοι
ὁδοὺς ζωῆς, πληρώσεις με εὐφροσύνης μετὰ τοῦ προσώπου σου.
➤ Ps 15,11 LXX

Acts 3,6 ... ἀργύριον καὶ χρυσίον οὐχ ὑπάρχει
μοι,
ὃ δὲ ἔχω τοῦτό σοι δίδωμι· ...

Acts 5,8 ... εἰπέ
μοι,
εἰ τοσούτου τὸ χωρίον ἀπέδοσθε; ...

Acts 7,7 ... *καὶ μετὰ ταῦτα ἐξελεύσονται* καὶ λατρεύσουσίν
μοι
ἐν τῷ τόπῳ τούτῳ.
➤ Gen 15,14

Acts 7,42 ... *μὴ σφάγια καὶ θυσίας προσηνέγκατέ*
μοι
ἔτη τεσσεράκοντα ἐν τῇ ἐρήμῳ, οἶκος Ἰσραήλ;
➤ Amos 5,25 LXX

Acts 7,49 *ὁ οὐρανός*
(2) *μοι*
→ Mt 5,34-35 *θρόνος, ἡ δὲ γῆ ὑποπόδιον τῶν ποδῶν μου·*
ποῖον οἶκον οἰκοδομήσετέ
μοι,
λέγει κύριος, ἢ τίς τόπος τῆς καταπαύσεώς μου;
➤ Isa 66,1

Acts 9,15 ... πορεύου, ὅτι σκεῦος ἐκλογῆς ἐστίν
μοι
οὗτος τοῦ βαστάσαι τὸ ὄνομά μου ἐνώπιον ἐθνῶν τε καὶ βασιλέων υἱῶν τε Ἰσραήλ·

Acts 11,7 ἤκουσα δὲ καὶ φωνῆς λεγούσης
μοι·
ἀναστάς, Πέτρε, θῦσον καὶ φάγε.

Acts 11,12 εἶπεν δὲ τὸ πνεῦμά
μοι
συνελθεῖν αὐτοῖς μηδὲν διακρίναντα. ...

Acts 12,8 ... περιβαλοῦ τὸ ἱμάτιόν σου καὶ ἀκολούθει
μοι.

Acts 13,2 ... ἀφορίσατε δή
μοι
τὸν Βαρναβᾶν καὶ Σαῦλον εἰς τὸ ἔργον ὃ προσκέκλημαι αὐτούς.

Acts 18,10 ... διότι λαός ἐστί
μοι
πολὺς ἐν τῇ πόλει ταύτῃ.

Acts 20,19 δουλεύων τῷ κυρίῳ μετὰ πάσης ταπεινοφροσύνης καὶ δακρύων καὶ πειρασμῶν τῶν συμβάντων
μοι
ἐν ταῖς ἐπιβουλαῖς τῶν Ἰουδαίων

Acts 20,22 καὶ νῦν ἰδοὺ δεδεμένος ἐγὼ τῷ πνεύματι πορεύομαι εἰς Ἰερουσαλὴμ τὰ ἐν αὐτῇ συναντήσοντά
μοι
μὴ εἰδώς,

Acts 20,23 πλὴν ὅτι τὸ πνεῦμα τὸ ἅγιον κατὰ πόλιν διαμαρτύρεταί
μοι
λέγον ὅτι δεσμὰ καὶ θλίψεις με μένουσιν.

Acts 21,37 ... εἰ ἔξεστίν
μοι
εἰπεῖν τι πρὸς σέ; ...

Acts 21,39 ... δέομαι δέ σου, ἐπίτρεψόν
μοι
λαλῆσαι πρὸς τὸν λαόν.

Acts 22,5 ὡς καὶ ὁ ἀρχιερεὺς μαρτυρεῖ
μοι
καὶ πᾶν τὸ πρεσβυτέριον, ...

Acts 22,6 ἐγένετο δέ
μοι
πορευομένῳ καὶ ἐγγίζοντι τῇ Δαμασκῷ ...

Acts 22,7 ἔπεσά τε εἰς τὸ ἔδαφος καὶ ἤκουσα φωνῆς λεγούσης
μοι·
Σαοὺλ Σαούλ, τί με διώκεις;

Acts 22,9 ... τὴν δὲ φωνὴν οὐκ ἤκουσαν τοῦ λαλοῦντός
μοι.

Acts 22,11 ... χειραγωγούμενος ὑπὸ τῶν συνόντων
μοι
ἦλθον εἰς Δαμασκόν.

Acts 22,13 ἐλθὼν πρός με καὶ ἐπιστὰς εἶπέν
μοι·
Σαοὺλ ἀδελφέ, ἀνάβλεψον. ...

Acts 22,17 ἐγένετο δέ
μοι
ὑποστρέψαντι εἰς Ἰερουσαλὴμ καὶ προσευχομένου μου ἐν τῷ ἱερῷ γενέσθαι με ἐν ἐκστάσει

Acts 22,18 καὶ ἰδεῖν αὐτὸν λέγοντά
μοι·
σπεῦσον καὶ ἔξελθε ἐν τάχει ἐξ Ἰερουσαλήμ, ...

Acts 22,27 ... λέγε
μοι,
σὺ Ῥωμαῖος εἶ; ...

Acts 23,19 ... τί ἐστιν ὃ ἔχεις ἀπαγγεῖλαί
μοι;

Acts 23,30 μηνυθείσης δέ
μοι
ἐπιβουλῆς εἰς τὸν ἄνδρα ἔσεσθαι ...

Acts 24,11 δυναμένου σου ἐπιγνῶναι ὅτι οὐ πλείους εἰσίν
μοι
ἡμέραι δώδεκα ἀφ᾽ ἧς ἀνέβην προσκυνήσων εἰς Ἰερουσαλήμ.

Acts 25,24 ... θεωρεῖτε τοῦτον περὶ οὗ ἅπαν τὸ πλῆθος τῶν Ἰουδαίων ἐνέτυχόν
μοι
ἔν τε Ἱεροσολύμοις καὶ ἐνθάδε βοῶντες μὴ δεῖν αὐτὸν ζῆν μηκέτι.

Acts 25,27 ἄλογον γάρ
μοι
δοκεῖ πέμποντα δέσμιον μὴ καὶ τὰς κατ᾽ αὐτοῦ αἰτίας σημᾶναι.

Acts 27,21 ... ἔδει μέν, ὦ ἄνδρες, πειθαρχήσαντάς
μοι
μὴ ἀνάγεσθαι ἀπὸ τῆς Κρήτης ...

Acts 27,23 παρέστη γάρ
μοι
ταύτῃ τῇ νυκτὶ τοῦ θεοῦ, οὗ εἰμι [ἐγώ] ᾧ καὶ λατρεύω, ἄγγελος

Acts 27,25 ... πιστεύω γὰρ τῷ θεῷ ὅτι οὕτως ἔσται καθ᾽ ὃν τρόπον λελάληταί
μοι.

ἐμέ	Syn 23	Mt 9	Mk 5	Lk 9	Acts 8	Jn 42	1-3John	Paul 15	Eph 1	Col 1
	NT 92	2Thess	1/2Tim 1	Tit	Heb	Jas	1Pet	2Pet	Jude	Rev 1

personal pronoun for the first person singular accusative

	triple tradition																	double tradition			Sonder-gut		
		+Mt / +Lk			–Mt / –Lk			traditions not taken over by Mt / Lk							subtotals								
code	*222*	*211*	*112*	*212*	*221*	*122*	*121*	*022*	*012*	*021*	*220*	*120*	*210*	*020*	Σ⁺	Σ⁻	Σ	*202*	*201*	*102*	*200*	*002*	total
Mt	1				1	1⁻	1⁻				1		1⁺		1⁺	2⁻	4	1	4				**9**
Mk	1				1	1	1				1						5						**5**
Lk	1		1⁺		1⁻	1	1⁻								1⁺	2⁻	3	1		1		4	**9**

Mk-Q overlap: 221: Mt 18,6 / Mk 9,42 / Lk 17,2 (?)

code	Mt		Mk		Lk		
002					**Lk 1,43**	καὶ πόθεν μοι τοῦτο ἵνα ἔλθῃ ἡ μήτηρ τοῦ κυρίου μου **πρὸς ἐμέ;**	
002					**Lk 4,18** → Mt 11,5 → Lk 7,22 → Lk 3,22	*πνεῦμα κυρίου* ***ἐπ' ἐμὲ*** *οὗ εἵνεκεν ἔχρισέν με εὐαγγελίσασθαι πτωχοῖς, ἀπέσταλκέν με, κηρύξαι αἰχμαλώτοις ἄφεσιν καὶ τυφλοῖς ἀνάβλεψιν, ...* ➤ Isa 61,1 LXX	→ Acts 4,27 → Acts 10,38
201 201	**Mt 10,37** **(2)** → Mt 19,29	ὁ φιλῶν πατέρα ἢ μητέρα **ὑπὲρ ἐμὲ** οὐκ ἔστιν μου ἄξιος, καὶ ὁ φιλῶν υἱὸν ἢ θυγατέρα **ὑπὲρ ἐμὲ** οὐκ ἔστιν μου ἄξιος·	→ Mk 10,29		**Lk 14,26** → Lk 18,29	εἴ τις ἔρχεται πρός με καὶ οὐ μισεῖ τὸν πατέρα ἑαυτοῦ καὶ τὴν μητέρα καὶ τὴν γυναῖκα καὶ τὰ τέκνα καὶ τοὺς ἀδελφοὺς καὶ τὰς ἀδελφὰς ἔτι τε καὶ τὴν ψυχὴν ἑαυτοῦ, οὐ δύναται εἶναί μου μαθητής.	→ GTh 55 → GTh 101
201 202	**Mt 10,40** **(2)** ⇩ Mt 18,5 → Mt 10,41	ὁ δεχόμενος ὑμᾶς **ἐμὲ** δέχεται, καὶ ὁ **ἐμὲ** δεχόμενος δέχεται τὸν ἀποστείλαντά με.	**Mk 9,37** (3)	ὃς ἂν ἓν τῶν τοιούτων παιδίων δέξηται ἐπὶ τῷ ὀνόματί μου, ἐμὲ δέχεται· καὶ ὃς ἂν ἐμὲ δέχηται, οὐκ ἐμὲ δέχεται ἀλλὰ τὸν ἀποστείλαντά με.	**Lk 10,16** **(2)** ⇩ Lk 9,48	ὁ ἀκούων ὑμῶν **ἐμοῦ** ἀκούει, καὶ ὁ ἀθετῶν ὑμᾶς ἐμὲ ἀθετεῖ· ὁ δὲ **ἐμὲ** ἀθετῶν ἀθετεῖ τὸν ἀποστείλαντά με.	**→ Jn 13,20** → Jn 5,23 **→ Jn 12,44-45**
222 122 121	**Mt 18,5** ⇧ Mt 10,40 → Mt 10,41	καὶ ὃς ἐὰν δέξηται ἓν παιδίον τοιοῦτο ἐπὶ τῷ ὀνόματί μου, **ἐμὲ** δέχεται.	**Mk 9,37** **(3)**	ὃς ἂν ἓν τῶν τοιούτων παιδίων δέξηται ἐπὶ τῷ ὀνόματί μου, **ἐμὲ** δέχεται· καὶ ὃς ἂν **ἐμὲ** δέχηται, **οὐκ ἐμὲ** δέχεται ἀλλὰ τὸν ἀποστείλαντά με.	**Lk 9,48** **(2)** ⇩ Lk 10,16	καὶ εἶπεν αὐτοῖς· ὃς ἐὰν δέξηται τοῦτο τὸ παιδίον ἐπὶ τῷ ὀνόματί μου, **ἐμὲ** δέχεται· καὶ ὃς ἂν **ἐμὲ** δέξηται, δέχεται τὸν ἀποστείλαντά με· ...	→ Jn 5,23 **→ Jn 12,44-45** **→ Jn 13,20**

221	**Mt 18,6** → Mt 18,10	ὃς δ' ἂν σκανδαλίσῃ ἕνα τῶν μικρῶν τούτων τῶν πιστευόντων **εἰς ἐμέ,** συμφέρει αὐτῷ ἵνα κρεμασθῇ μύλος ὀνικὸς περὶ τὸν τράχηλον αὐτοῦ καὶ καταποντισθῇ ἐν τῷ πελάγει τῆς θαλάσσης.	**Mk 9,42**	καὶ ὃς ἂν σκανδαλίσῃ ἕνα τῶν μικρῶν τούτων τῶν πιστευόντων **[εἰς ἐμέ],** καλόν ἐστιν αὐτῷ μᾶλλον εἰ περίκειται μύλος ὀνικὸς περὶ τὸν τράχηλον αὐτοῦ καὶ βέβληται εἰς τὴν θάλασσαν.	**Lk 17,2**	λυσιτελεῖ αὐτῷ εἰ λίθος μυλικὸς περίκειται περὶ τὸν τράχηλον αὐτοῦ καὶ ἔρριπται εἰς τὴν θάλασσαν ἢ ἵνα σκανδαλίσῃ τῶν μικρῶν τούτων ἕνα.	Mk-Q overlap?
201	**Mt 18,21** → Mt 18,15	τότε προσελθὼν ὁ Πέτρος εἶπεν αὐτῷ· κύριε, ποσάκις ἁμαρτήσει **εἰς ἐμὲ** ὁ ἀδελφός μου καὶ ἀφήσω αὐτῷ; ἕως ἑπτάκις; [22] λέγει αὐτῷ ὁ Ἰησοῦς· οὐ λέγω σοι ἕως ἑπτάκις ἀλλὰ ἕως ἑβδομηκοντάκις ἑπτά.			**Lk 17,4** → Lk 17,3	καὶ ἐὰν ἑπτάκις τῆς ἡμέρας ἁμαρτήσῃ **εἰς σὲ** καὶ ἑπτάκις ἐπιστρέψῃ πρὸς σὲ λέγων· μετανοῶ, ἀφήσεις αὐτῷ.	
102	**Mt 10,40 (2)** ⇧ **Mt 18,5** → Mt 10,41	ὁ δεχόμενος ὑμᾶς ἐμὲ δέχεται,	**Mk 9,37 (3)**	ὃς ἂν ἓν τῶν τοιούτων παιδίων δέξηται ἐπὶ τῷ ὀνόματί μου, ἐμὲ δέχεται·	**Lk 10,16 (2)** ⇧ **Lk 9,48**	ὁ ἀκούων ὑμῶν ἐμοῦ ἀκούει, καὶ ὁ ἀθετῶν ὑμᾶς **ἐμὲ** ἀθετεῖ·	→ **Jn 13,20** → Jn 5,23 → **Jn 12,44-45**
202		καὶ ὁ **ἐμὲ** δεχόμενος δέχεται τὸν ἀποστείλαντά με.		καὶ ὃς ἂν **ἐμὲ** δέχηται, οὐκ ἐμὲ δέχεται ἀλλὰ τὸν ἀποστείλαντά με.		ὁ δὲ **ἐμὲ** ἀθετῶν ἀθετεῖ τὸν ἀποστείλαντά με.	
210	**Mt 26,10**	... τί κόπους παρέχετε τῇ γυναικί; ἔργον γὰρ καλὸν ἠργάσατο **εἰς ἐμέ·**	**Mk 14,6**	... ἄφετε αὐτήν· τί αὐτῇ κόπους παρέχετε; καλὸν ἔργον ἠργάσατο **ἐν ἐμοί.**			→ Jn 12,7
220	**Mt 26,11**	πάντοτε γὰρ τοὺς πτωχοὺς ἔχετε μεθ' ἑαυτῶν, **ἐμὲ** δὲ οὐ πάντοτε ἔχετε·	**Mk 14,7**	πάντοτε γὰρ τοὺς πτωχοὺς ἔχετε μεθ' ἑαυτῶν καὶ ὅταν θέλητε δύνασθε αὐτοῖς εὖ ποιῆσαι, **ἐμὲ** δὲ οὐ πάντοτε ἔχετε.			→ **Jn 12,8**
112	**Mt 26,55**	... καθ' ἡμέραν ἐν τῷ ἱερῷ ἐκαθεζόμην διδάσκων καὶ οὐκ ἐκρατήσατέ **με.**	**Mk 14,49**	καθ' ἡμέραν ἤμην πρὸς ὑμᾶς ἐν τῷ ἱερῷ διδάσκων καὶ οὐκ ἐκρατήσατέ **με·** ...	**Lk 22,53**	καθ' ἡμέραν ὄντος μου μεθ' ὑμῶν ἐν τῷ ἱερῷ οὐκ ἐξετείνατε τὰς χεῖρας **ἐπ' ἐμέ,** ...	→ Jn 18,20
002					**Lk 23,28**	... θυγατέρες Ἰερουσαλήμ, μὴ κλαίετε **ἐπ' ἐμέ·** πλὴν ἐφ' ἑαυτὰς κλαίετε καὶ ἐπὶ τὰ τέκνα ὑμῶν	
002					**Lk 24,39**	... πνεῦμα σάρκα καὶ ὀστέα οὐκ ἔχει **καθὼς ἐμὲ** θεωρεῖτε ἔχοντα.	→ Jn 20,20.27

Acts 3,22 ... *προφήτην ὑμῖν ἀναστήσει κύριος ὁ θεὸς ὑμῶν ἐκ τῶν ἀδελφῶν ὑμῶν* **ὡς ἐμέ·** *αὐτοῦ ἀκούσεσθε ...*
➤ Deut 18,15

Acts 7,37 ... *προφήτην ὑμῖν ἀναστήσει ὁ θεὸς ἐκ τῶν ἀδελφῶν ὑμῶν* **ὡς ἐμέ.**
➤ Deut 18,15

Acts 8,24 ... δεήθητε ὑμεῖς ὑπὲρ ἐμοῦ πρὸς τὸν κύριον ὅπως μηδὲν ἐπέλθῃ **ἐπ' ἐμὲ** ὧν εἰρήκατε.

Acts 13,25 (2) ... τί **ἐμὲ** ὑπονοεῖτε εἶναι; οὐκ εἰμὶ ἐγώ· ἀλλ' ἰδοὺ ἔρχεται **μετ' ἐμὲ** οὗ οὐκ εἰμὶ ἄξιος τὸ ὑπόδημα τῶν ποδῶν λῦσαι.
→ Mt 3,11 → Mk 1,7 → Lk 3,16 → Jn 1,27

Acts 22,6 ... περὶ μεσημβρίαν ἐξαίφνης ἐκ τοῦ οὐρανοῦ περιαστράψαι φῶς ἱκανὸν **περὶ ἐμέ**

Acts 24,19 τινὲς δὲ ἀπὸ τῆς Ἀσίας Ἰουδαῖοι, οὓς ἔδει ἐπὶ σοῦ παρεῖναι καὶ κατηγορεῖν εἴ τι ἔχοιεν **πρὸς ἐμέ.**

Acts 26,18 ... τοῦ λαβεῖν αὐτοὺς ἄφεσιν ἁμαρτιῶν καὶ κλῆρον ἐν τοῖς ἡγιασμένοις **πίστει τῇ εἰς ἐμέ.**

με	Syn 106	Mt 37	Mk 27	Lk 42	Acts 37	Jn 101	1-3John	Paul 30	Eph 1	Col 1
	NT 292	2Thess	1/2Tim 11	Tit 1	Heb 2	Jas	1Pet	2Pet	Jude	Rev 2

personal pronoun for the first person singular accusative

	triple tradition																	double tradition			Sondergut		
		+Mt / +Lk			–Mt / –Lk			traditions not taken over by Mt / Lk							subtotals								
code	*222*	*211*	*112*	*212*	*221*	*122*	*121*	*022*	*012*	*021*	*220*	*120*	*210*	*020*	Σ^+	Σ^-	Σ	*202*	*201*	*102*	*200*	*002*	total
Mt	7				3	6^-	1^-				6	2^-	3^+		3^+	9^-	19	3			15		**37**
Mk	7				3	6	1				6	2		2			27						**27**
Lk	7				3^-	6	1^-		1^+						1^+	4^-	14	3		6		19	**42**

code	Mt	Mk	Lk	
002			**Lk 1,48** → Lk 1,45 → Lk 11,27 ... ἰδοὺ γὰρ ἀπὸ τοῦ νῦν μακαριοῦσίν **με** πᾶσαι αἱ γενεαί	
002 002			**Lk 2,49** (2) ... τί ὅτι ἐζητεῖτέ **με;** οὐκ ᾔδειτε ὅτι ἐν τοῖς τοῦ πατρός μου δεῖ εἶναί **με;**	
200	**Mt 3,14** ... ἐγὼ χρείαν ἔχω ὑπὸ σοῦ βαπτισθῆναι, καὶ σὺ ἔρχῃ **πρός με;**			
002 002			**Lk 4,18** (2) → Lk 3,22 *πνεῦμα κυρίου ἐπ' ἐμὲ οὗ εἵνεκεν ἔχρισέν* ***με*** *εὐαγγελίσασθαι πτωχοῖς,* *ἀπέσταλκέν* ***με,*** → Mt 11,5 → Lk 7,22 → Lk 13,16 *κηρύξαι αἰχμαλώτοις ἄφεσιν καὶ τυφλοῖς ἀνάβλεψιν, ἀποστεῖλαι τεθραυσμένους ἐν ἀφέσει* ➤ Isa 61,1 LXX; 58,6	→ Acts 4,27 → Acts 10,38
012		**Mk 1,38** ... ἄγωμεν ἀλλαχοῦ εἰς τὰς ἐχομένας κωμοπόλεις, ἵνα καὶ ἐκεῖ κηρύξω· εἰς τοῦτο γὰρ ἐξῆλθον.	**Lk 4,43** ... καὶ ταῖς ἑτέραις πόλεσιν εὐαγγελίσασθαί **με** δεῖ τὴν βασιλείαν τοῦ θεοῦ, ὅτι ἐπὶ τοῦτο ἀπεστάλην.	

222	**Mt 8,2**	... κύριε, ἐὰν θέλῃς δύνασαί **με** καθαρίσαι.	**Mk 1,40**	... ἐὰν θέλῃς δύνασαί **με** καθαρίσαι.	**Lk 5,12** → Lk 17,13	... κύριε, ἐὰν θέλῃς δύνασαί **με** καθαρίσαι.	
102	**Mt 7,21** → Mt 12,50	οὐ πᾶς ὁ λέγων **μοι**· κύριε κύριε, εἰσελεύσεται εἰς τὴν βασιλείαν τῶν οὐρανῶν, ἀλλ' ὁ ποιῶν τὸ θέλημα τοῦ πατρός μου τοῦ ἐν τοῖς οὐρανοῖς.	→ Mk 3,35		**Lk 6,46** → Lk 8,21	τί δέ **με** καλεῖτε· κύριε κύριε, καὶ οὐ ποιεῖτε ἃ λέγω;	
102	**Mt 7,24**	πᾶς οὖν ὅστις ἀκούει μου τοὺς λόγους τούτους καὶ ποιεῖ αὐτούς, ...			**Lk 6,47**	πᾶς ὁ ἐρχόμενος **πρός με** καὶ ἀκούων μου τῶν λόγων καὶ ποιῶν αὐτούς, ...	
202	**Mt 10,33**	ὅστις δ' ἂν ἀρνήσηταί **με** ἔμπροσθεν τῶν ἀνθρώπων, ...	**Mk 8,38**	ὃς γὰρ ἐὰν ἐπαισχυνθῇ **με** καὶ τοὺς ἐμοὺς λόγους ἐν τῇ γενεᾷ ταύτῃ ...	**Lk 12,9** ⇩ Lk 9,26	ὁ δὲ ἀρνησάμενός **με** ἐνώπιον τῶν ἀνθρώπων ...	Mk-Q overlap
202	**Mt 10,40** ⇩ Mt 18,5 → Mt 10,41	... καὶ ὁ ἐμὲ δεχόμενος δέχεται τὸν ἀποστείλαντά **με**.	**Mk 9,37**	... καὶ ὃς ἂν ἐμὲ δέχηται, οὐκ ἐμὲ δέχεται ἀλλὰ τὸν ἀποστείλαντά **με**.	**Lk 10,16** ⇩ Lk 9,48	... ὁ δὲ ἐμὲ ἀθετῶν ἀθετεῖ τὸν ἀποστείλαντά **με**.	→ Jn 13,20 → Jn 5,23 → Jn 12,44-45
200	**Mt 11,28**	δεῦτε **πρός με** πάντες οἱ κοπιῶντες καὶ πεφορτισμένοι, ...					→ GTh 90
122	**Mt 8,29**	... τί ἡμῖν καὶ σοί, υἱὲ τοῦ θεοῦ; ἦλθες ὧδε πρὸ καιροῦ βασανίσαι **ἡμᾶς**;	**Mk 5,7** → Mk 1,24	... τί ἐμοὶ καὶ σοί, Ἰησοῦ υἱὲ τοῦ θεοῦ τοῦ ὑψίστου; ὁρκίζω σε τὸν θεόν, μή **με** βασανίσῃς.	**Lk 8,28** → Lk 4,34	... τί ἐμοὶ καὶ σοί, Ἰησοῦ υἱὲ τοῦ θεοῦ τοῦ ὑψίστου; δέομαί σου, μή **με** βασανίσῃς.	
	Mt 14,6	... ὠρχήσατο ἡ θυγάτηρ τῆς Ἡρῳδιάδος ἐν τῷ μέσῳ καὶ ἤρεσεν τῷ Ἡρῴδῃ	**Mk 6,22**	... ὀρχησαμένης ἤρεσεν τῷ Ἡρῴδῃ καὶ τοῖς συνανακειμένοις.			
020				εἶπεν ὁ βασιλεὺς τῷ κορασίῳ· αἴτησόν **με** ὃ ἐὰν θέλῃς, καὶ δώσω σοι·			
120	**Mt 14,7**	ὅθεν μεθ' ὅρκου ὡμολόγησεν αὐτῇ δοῦναι ὃ ἐὰν αἰτήσηται.	**Mk 6,23**	καὶ ὤμοσεν αὐτῇ [πολλά], ὅ τι ἐάν **με** αἰτήσῃς δώσω σοι ἕως ἡμίσους τῆς βασιλείας μου.			
200	**Mt 14,28**	... κύριε, εἰ σὺ εἶ, κέλευσόν **με** ἐλθεῖν πρὸς σὲ ἐπὶ τὰ ὕδατα.					
200	**Mt 14,30**	... καὶ ἀρξάμενος καταποντίζεσθαι ἔκραξεν λέγων· κύριε, σῶσόν **με**.					

220	**Mt 15,8**	*ὁ λαὸς οὗτος τοῖς χείλεσίν* *με* *τιμᾷ, ἡ δὲ καρδία αὐτῶν πόρρω ἀπέχει ἀπ᾽ ἐμοῦ·* ➤ Isa 29,13 LXX	**Mk 7,6**	... *οὗτος ὁ λαὸς τοῖς χείλεσίν* *με* *τιμᾷ, ἡ δὲ καρδία αὐτῶν πόρρω ἀπέχει ἀπ᾽ ἐμοῦ·* ➤ Isa 29,13 LXX			
220	**Mt 15,9**	*μάτην δὲ σέβονταί* *με* *διδάσκοντες διδασκαλίας ἐντάλματα ἀνθρώπων.* ➤ Isa 29,13 LXX	**Mk 7,7**	*μάτην δὲ σέβονταί* *με* *διδάσκοντες διδασκαλίας ἐντάλματα ἀνθρώπων.* ➤ Isa 29,13 LXX			
210	**Mt 15,22** → Mk 7,24 → Mk 7,26	καὶ ἰδοὺ γυνὴ Χαναναία ἀπὸ τῶν ὁρίων ἐκείνων ἐξελθοῦσα ἔκραζεν λέγουσα· ἐλέησόν **με,** κύριε υἱὸς Δαυίδ· ἡ θυγάτηρ μου κακῶς δαιμονίζεται.	**Mk 7,25**	ἀλλ᾽ εὐθὺς ἀκούσασα γυνὴ περὶ αὐτοῦ, ἧς εἶχεν τὸ θυγάτριον αὐτῆς πνεῦμα ἀκάθαρτον, ...			
122	**Mt 16,13**	... τίνα λέγουσιν οἱ ἄνθρωποι εἶναι **τὸν υἱὸν τοῦ ἀνθρώπου;**	**Mk 8,27**	... τίνα **με** λέγουσιν οἱ ἄνθρωποι εἶναι;	**Lk 9,18**	... τίνα **με** λέγουσιν οἱ ὄχλοι εἶναι;	→ GTh 13
222	**Mt 16,15**	... ὑμεῖς δὲ τίνα **με** λέγετε εἶναι;	**Mk 8,29**	... ὑμεῖς δὲ τίνα **με** λέγετε εἶναι; ...	**Lk 9,20**	... ὑμεῖς δὲ τίνα **με** λέγετε εἶναι; ...	→ GTh 13
122	**Mt 16,27** ↑ Mt 10,33	μέλλει γὰρ ὁ υἱὸς τοῦ ἀνθρώπου ἔρχεσθαι ... καὶ τότε *ἀποδώσει ἑκάστῳ κατὰ τὴν πρᾶξιν αὐτοῦ.* ➤ Ps 62,13/Prov 24,12/Sir 35,22 LXX	**Mk 8,38**	ὃς γὰρ ἐὰν ἐπαισχυνθῇ **με** καὶ τοὺς ἐμοὺς λόγους ἐν τῇ γενεᾷ ταύτῃ τῇ μοιχαλίδι καὶ ἁμαρτωλῷ, καὶ ὁ υἱὸς τοῦ ἀνθρώπου ἐπαισχυνθήσεται αὐτόν, ὅταν ἔλθῃ ...	**Lk 9,26** ⇩ Lk 12,9	ὃς γὰρ ἂν ἐπαισχυνθῇ **με** καὶ τοὺς ἐμοὺς λόγους, τοῦτον ὁ υἱὸς τοῦ ἀνθρώπου ἐπαισχυνθήσεται, ὅταν ἔλθῃ ...	Mk-Q overlap
121	**Mt 17,17**	... ἕως πότε μεθ᾽ ὑμῶν ἔσομαι; ἕως πότε ἀνέξομαι ὑμῶν; φέρετέ **μοι αὐτὸν ὧδε.**	**Mk 9,19**	... ἕως πότε πρὸς ὑμᾶς ἔσομαι; ἕως πότε ἀνέξομαι ὑμῶν; φέρετε **αὐτὸν πρός με.**	**Lk 9,41**	... ἕως πότε ἔσομαι πρὸς ὑμᾶς καὶ ἀνέξομαι ὑμῶν; προσάγαγε **ὧδε τὸν υἱόν σου.**	
122	**Mt 18,5** ⇧ Mt 10,40	... ἐμὲ δέχεται.	**Mk 9,37**	... ἐμὲ δέχεται· καὶ ὃς ἂν ἐμὲ δέχηται, οὐκ ἐμὲ δέχεται ἀλλὰ τὸν ἀποστείλαντά **με.**	**Lk 9,48** ⇩ Lk 10,16	... ἐμὲ δέχεται· καὶ ὃς ἂν ἐμὲ δέξηται, δέχεται τὸν ἀποστείλαντά **με·** ...	→ Jn 5,23 → **Jn 12,44-45** → **Jn 13,20**
020			**Mk 9,39**	... οὐδεὶς γάρ ἐστιν ὃς ποιήσει δύναμιν ἐπὶ τῷ ὀνόματί μου καὶ δυνήσεται ταχὺ κακολογῆσαί **με·**			
200	**Mt 18,32**	... δοῦλε πονηρέ, πᾶσαν τὴν ὀφειλὴν ἐκείνην ἀφῆκά σοι, ἐπεὶ παρεκάλεσάς **με·**					
202	**Mt 10,40** ⇧ Mt 18,5	... καὶ ὁ ἐμὲ δεχόμενος δέχεται τὸν ἀποστείλαντά **με.**	Mk 9,37	... καὶ ὃς ἂν ἐμὲ δέχηται, οὐκ ἐμὲ δέχεται ἀλλὰ τὸν ἀποστείλαντά με.	**Lk 10,16** ⇧ Lk 9,48	... ὁ δὲ ἐμὲ ἀθετῶν ἀθετεῖ τὸν ἀποστείλαντά **με.**	→ **Jn 13,20** → Jn 5,23 → **Jn 12,44-45**

002					Lk 10,35	... καὶ ὅ τι ἂν προσδαπανήσῃς ἐγὼ ἐν τῷ ἐπανέρχεσθαί **με** ἀποδώσω σοι.	
002					Lk 10,40	... κύριε, οὐ μέλει σοι ὅτι ἡ ἀδελφή μου **μόνην με** κατέλιπεν διακονεῖν; ...	
002					Lk 11,6	ἐπειδὴ φίλος μου παρεγένετο ἐξ ὁδοῦ **πρός με** καὶ οὐκ ἔχω ὃ παραθήσω αὐτῷ·	
102	Mt 12,26	καὶ εἰ ὁ σατανᾶς τὸν σατανᾶν ἐκβάλλει, ἐφ᾽ ἑαυτὸν ἐμερίσθη· πῶς οὖν σταθήσεται ἡ βασιλεία αὐτοῦ;	Mk 3,26	καὶ εἰ ὁ σατανᾶς ἀνέστη ἐφ᾽ ἑαυτὸν καὶ ἐμερίσθη, οὐ δύναται στῆναι ἀλλὰ τέλος ἔχει.	Lk 11,18 → Mt 9,34 → Mt 12,24 → Mk 3,22 → Lk 11,15	εἰ δὲ καὶ ὁ σατανᾶς ἐφ᾽ ἑαυτὸν διεμερίσθη, πῶς σταθήσεται ἡ βασιλεία αὐτοῦ; ὅτι λέγετε ἐν Βεελζεβοὺλ ἐκβάλλειν **με** τὰ δαιμόνια.	Mk-Q overlap
202	Mt 10,33 ↑ Mt 16,27	ὅστις δ᾽ ἂν ἀρνήσηταί **με** ἔμπροσθεν τῶν ἀνθρώπων, ...	Mk 8,38	ὃς γὰρ ἐὰν ἐπαισχυνθῇ **με** καὶ τοὺς ἐμοὺς λόγους ἐν τῇ γενεᾷ ταύτῃ ...	Lk 12,9 ⇑ Lk 9,26	ὁ δὲ ἀρνησάμενός **με** ἐνώπιον τῶν ἀνθρώπων ...	Mk-Q overlap
002					Lk 12,14	... ἄνθρωπε, τίς **με** κατέστησεν κριτὴν ἢ μεριστὴν ἐφ᾽ ὑμᾶς;	→ GTh 72
002					Lk 13,33	πλὴν δεῖ **με** σήμερον καὶ αὔριον καὶ τῇ ἐχομένῃ πορεύεσθαι, ...	
202	Mt 23,39	... οὐ μή **με** ἴδητε ἀπ᾽ ἄρτι ἕως ἂν εἴπητε· *εὐλογημένος ὁ ἐρχόμενος ἐν ὀνόματι κυρίου.* ➤ Ps 118,26			Lk 13,35	... οὐ μὴ ἴδητέ **με** ἕως [ἥξει ὅτε] εἴπητε· *εὐλογημένος ὁ ἐρχόμενος ἐν ὀνόματι κυρίου.* ➤ Ps 118,26	
102	Mt 22,5	οἱ δὲ ἀμελήσαντες ἀπῆλθον, ὃς μὲν εἰς τὸν ἴδιον ἀγρόν,			Lk 14,18	καὶ ἤρξαντο ἀπὸ μιᾶς πάντες παραιτεῖσθαι. ὁ πρῶτος εἶπεν αὐτῷ· ἀγρὸν ἠγόρασα καὶ ἔχω ἀνάγκην ἐξελθὼν ἰδεῖν αὐτόν· ἐρωτῶ σε, ἔχε **με** παρῃτημένον.	→ GTh 64
102		ὃς δὲ ἐπὶ τὴν ἐμπορίαν αὐτοῦ·			Lk 14,19	καὶ ἕτερος εἶπεν· ζεύγη βοῶν ἠγόρασα πέντε καὶ πορεύομαι δοκιμάσαι αὐτά· ἐρωτῶ σε, ἔχε **με** παρῃτημένον.	→ GTh 64
102	Mt 10,37 → Mt 19,29	ὁ φιλῶν πατέρα ἢ μητέρα ὑπὲρ ἐμὲ ...	→ Mk 10,29		Lk 14,26 → Lk 18,29	εἴ τις ἔρχεται **πρός με** καὶ οὐ μισεῖ τὸν πατέρα ἑαυτοῦ καὶ τὴν μητέρα ...	→ GTh 55 → GTh 101

002					Lk 15,19	οὐκέτι εἰμὶ ἄξιος κληθῆναι υἱός σου· ποίησόν **με** ὡς ἕνα τῶν μισθίων σου.	
002					Lk 16,4	ἔγνων τί ποιήσω, ἵνα ὅταν μετασταθῶ ἐκ τῆς οἰκονομίας δέξωνταί **με** εἰς τοὺς οἴκους αὐτῶν.	
002					Lk 16,24	... πάτερ Ἀβραάμ, ἐλέησόν **με** καὶ πέμψον Λάζαρον ...	
002					Lk 18,3	... ἐκδίκησόν **με** ἀπὸ τοῦ ἀντιδίκου μου.	
002					Lk 18,5	... ἵνα μὴ εἰς τέλος ἐρχομένη ὑπωπιάζῃ **με.**	
222	Mt 19,14	... ἄφετε τὰ παιδία καὶ μὴ κωλύετε αὐτὰ ἐλθεῖν **πρός με,** ...	Mk 10,14	... ἄφετε τὰ παιδία ἔρχεσθαι **πρός με,** μὴ κωλύετε αὐτά, ...	Lk 18,16	... ἄφετε τὰ παιδία ἔρχεσθαι **πρός με** καὶ μὴ κωλύετε αὐτά, ...	→ GTh 22
222	Mt 19,17	ὁ δὲ εἶπεν αὐτῷ· τί **με** ἐρωτᾷς περὶ τοῦ ἀγαθοῦ; ...	Mk 10,18	ὁ δὲ Ἰησοῦς εἶπεν αὐτῷ· τί **με** λέγεις ἀγαθόν; ...	Lk 18,19	εἶπεν δὲ αὐτῷ ὁ Ἰησοῦς· τί **με** λέγεις ἀγαθόν; ...	
120	Mt 20,21	ὁ δὲ εἶπεν αὐτῇ· τί θέλεις; ...	Mk 10,36	ὁ δὲ εἶπεν αὐτοῖς· τί θέλετέ **[με]** ποιήσω ὑμῖν;			
122	Mt 20,30 ⇩ Mt 9,27 Mt 9,27 ⇧ Mt 20,30	... ἔκραξαν λέγοντες· ἐλέησον **ἡμᾶς,** [κύριε,] υἱὸς Δαυίδ. ... κράζοντες καὶ λέγοντες· ἐλέησον **ἡμᾶς,** υἱὸς Δαυίδ.	Mk 10,47	... ἤρξατο κράζειν καὶ λέγειν· υἱὲ Δαυὶδ Ἰησοῦ, ἐλέησόν **με.**	Lk 18,38	καὶ ἐβόησεν λέγων· Ἰησοῦ υἱὲ Δαυίδ, ἐλέησόν **με.**	
122	Mt 20,31	... οἱ δὲ μεῖζον ἔκραξαν λέγοντες· ἐλέησον **ἡμᾶς,** κύριε, υἱὸς Δαυίδ.	Mk 10,48	... ὁ δὲ πολλῷ μᾶλλον ἔκραζεν· υἱὲ Δαυίδ, ἐλέησόν **με.**	Lk 18,39	... αὐτὸς δὲ πολλῷ μᾶλλον ἔκραζεν· υἱὲ Δαυίδ, ἐλέησόν **με.**	
002					Lk 19,5	... σήμερον γὰρ ἐν τῷ οἴκῳ σου δεῖ **με** μεῖναι.	
002					Lk 19,27	πλὴν τοὺς ἐχθρούς μου τούτους τοὺς μὴ θελήσαντάς **με** βασιλεῦσαι ἐπ' αὐτοὺς ἀγάγετε ὧδε ...	

221	**Mt 22,18**	γνοὺς δὲ ὁ Ἰησοῦς τὴν πονηρίαν αὐτῶν εἶπεν· τί **με** πειράζετε, ὑποκριταί;	**Mk 12,15**	ὁ δὲ εἰδὼς αὐτῶν τὴν ὑπόκρισιν εἶπεν αὐτοῖς· τί **με** πειράζετε; ...	**Lk 20,23**	κατανοήσας δὲ αὐτῶν τὴν πανουργίαν εἶπεν πρὸς αὐτούς·	
202	**Mt 23,39**	... οὐ μή **με** ἴδητε ἀπ᾽ ἄρτι ἕως ἂν εἴπητε· *εὐλογημένος* *ὁ ἐρχόμενος* *ἐν ὀνόματι κυρίου.* ➤ Ps 118,26			**Lk 13,35**	... οὐ μὴ ἴδητέ **με** ἕως [ἥξει ὅτε] εἴπητε· *εὐλογημένος* *ὁ ἐρχόμενος* *ἐν ὀνόματι κυρίου.* ➤ Ps 118,26	
200 200	**Mt 25,35** **(2)**	ἐπείνασα γὰρ καὶ ἐδώκατέ μοι φαγεῖν, ἐδίψησα καὶ ἐποτίσατέ **με**, ξένος ἤμην καὶ συνηγάγετέ **με**,					
200 200 200	**Mt 25,36** **(3)**	γυμνὸς καὶ περιεβάλετέ **με**, ἠσθένησα καὶ ἐπεσκέψασθέ **με**, ἐν φυλακῇ ἤμην καὶ ἤλθατε πρός **με**.					
200	**Mt 25,42**	ἐπείνασα γὰρ καὶ οὐκ ἐδώκατέ μοι φαγεῖν, ἐδίψησα καὶ οὐκ ἐποτίσατέ **με**,					
200 200 200	**Mt 25,43** **(3)**	ξένος ἤμην καὶ οὐ συνηγάγετέ **με**, γυμνὸς καὶ οὐ περιεβάλετέ **με**, ἀσθενὴς καὶ ἐν φυλακῇ καὶ οὐκ ἐπεσκέψασθέ **με**.					
210	**Mt 26,12**	βαλοῦσα γὰρ αὕτη τὸ μύρον τοῦτο ἐπὶ τοῦ σώματός μου πρὸς τὸ ἐνταφιάσαι **με** ἐποίησεν.	**Mk 14,8**	... προέλαβεν μυρίσαι τὸ σῶμά μου εἰς τὸν ἐνταφιασμόν.			→ Jn 12,7
002					**Lk 22,15**	... ἐπιθυμίᾳ ἐπεθύμησα τοῦτο τὸ πάσχα φαγεῖν μεθ᾽ ὑμῶν πρὸ τοῦ **με** παθεῖν·	
222	**Mt 26,21**	... ἀμὴν λέγω ὑμῖν ὅτι εἷς ἐξ ὑμῶν παραδώσει **με**.	**Mk 14,18**	... ἀμὴν λέγω ὑμῖν ὅτι εἷς ἐξ ὑμῶν παραδώσει **με** ὁ ἐσθίων μετ᾽ ἐμοῦ.	**Lk 22,21** ↓ Mt 26,23 ↓ Mk 14,20	πλὴν ἰδοὺ ἡ χεὶρ τοῦ παραδιδόντος **με** μετ᾽ ἐμοῦ ἐπὶ τῆς τραπέζης·	**→ Jn 13,21**
210	**Mt 26,23** ↑ Lk 22,21	... ὁ ἐμβάψας μετ᾽ ἐμοῦ τὴν χεῖρα ἐν τῷ τρυβλίῳ οὗτός **με** παραδώσει.	**Mk 14,20** ↑ Lk 22,21	... εἷς τῶν δώδεκα, ὁ ἐμβαπτόμενος μετ᾽ ἐμοῦ εἰς τὸ τρύβλιον.			→ Jn 13,26

220	**Mt 26,32** → Mt 28,7	μετὰ δὲ τὸ ἐγερθῆναί **με** προάξω ὑμᾶς εἰς τὴν Γαλιλαίαν.	**Mk 14,28** → Mk 16,7	ἀλλὰ μετὰ τὸ ἐγερθῆναί **με** προάξω ὑμᾶς εἰς τὴν Γαλιλαίαν.			
222	**Mt 26,34**	... ἀμὴν λέγω σοι ὅτι ἐν ταύτῃ τῇ νυκτὶ πρὶν ἀλέκτορα φωνῆσαι τρὶς ἀπαρνήσῃ **με**.	**Mk 14,30**	... ἀμὴν λέγω σοι ὅτι σὺ σήμερον ταύτῃ τῇ νυκτὶ πρὶν ἢ δὶς ἀλέκτορα φωνῆσαι τρίς **με** ἀπαρνήσῃ.	**Lk 22,34**	... λέγω σοι, Πέτρε, οὐ φωνήσει σήμερον ἀλέκτωρ ἕως τρίς **με** ἀπαρνήσῃ εἰδέναι.	→ **Jn 13,38**
220	**Mt 26,35** → Lk 22,33	... κἂν δέῃ **με** σὺν σοὶ ἀποθανεῖν, οὐ μή σε ἀπαρνήσομαι. ...	**Mk 14,31** → Lk 22,33	... ἐὰν δέῃ **με** συναποθανεῖν σοι, οὐ μή σε ἀπαρνήσομαι. ...			→ Jn 13,37
220	**Mt 26,46**	ἐγείρεσθε ἄγωμεν· ἰδοὺ ἤγγικεν ὁ παραδιδούς **με**.	**Mk 14,42**	ἐγείρεσθε ἄγωμεν· ἰδοὺ ὁ παραδιδούς **με** ἤγγικεν.			→ Jn 14,30-31
221	**Mt 26,55 (2)**	... ὡς ἐπὶ λῃστὴν ἐξήλθατε μετὰ μαχαιρῶν καὶ ξύλων συλλαβεῖν **με**;	**Mk 14,48**	... ὡς ἐπὶ λῃστὴν ἐξήλθατε μετὰ μαχαιρῶν καὶ ξύλων συλλαβεῖν **με**;	**Lk 22,52** → Lk 22,54	... ὡς ἐπὶ λῃστὴν ἐξήλθατε μετὰ μαχαιρῶν καὶ ξύλων;	
221		καθ' ἡμέραν ἐν τῷ ἱερῷ ἐκαθεζόμην διδάσκων καὶ οὐκ ἐκρατήσατέ **με**.	**Mk 14,49**	καθ' ἡμέραν ἤμην πρὸς ὑμᾶς ἐν τῷ ἱερῷ διδάσκων καὶ οὐκ ἐκρατήσατέ **με**· ...	**Lk 22,53**	καθ' ἡμέραν ὄντος μου μεθ' ὑμῶν ἐν τῷ ἱερῷ οὐκ ἐξετείνατε τὰς χεῖρας **ἐπ' ἐμέ**, ...	→ Jn 18,20
222	**Mt 26,75**	καὶ ἐμνήσθη ὁ Πέτρος τοῦ ῥήματος Ἰησοῦ εἰρηκότος ὅτι πρὶν ἀλέκτορα φωνῆσαι τρὶς ἀπαρνήσῃ **με**· ...	**Mk 14,72**	... καὶ ἀνεμνήσθη ὁ Πέτρος τὸ ῥῆμα ὡς εἶπεν αὐτῷ ὁ Ἰησοῦς ὅτι πρὶν ἀλέκτορα φωνῆσαι δὶς τρίς **με** ἀπαρνήσῃ· ...	**Lk 22,61**	... καὶ ὑπεμνήσθη ὁ Πέτρος τοῦ ῥήματος τοῦ κυρίου ὡς εἶπεν αὐτῷ ὅτι πρὶν ἀλέκτορα φωνῆσαι σήμερον ἀπαρνήσῃ **με** τρίς.	
220	**Mt 27,46**	... *θεέ μου θεέ μου, ἱνατί **με** ἐγκατέλιπες;* ➤ Ps 22,2	**Mk 15,34**	... *ὁ θεός μου ὁ θεός μου, εἰς τί ἐγκατέλιπές **με**;* ➤ Ps 22,2			
200	**Mt 28,10** → Mt 28,7 → Mk 16,7 → Mt 28,16	... ὑπάγετε ἀπαγγείλατε τοῖς ἀδελφοῖς μου ἵνα ἀπέλθωσιν εἰς τὴν Γαλιλαίαν, κἀκεῖ **με** ὄψονται.					→ Jn 20,17
002					**Lk 24,39**	... ψηλαφήσατέ **με** καὶ ἴδετε, ὅτι πνεῦμα σάρκα καὶ ὀστέα οὐκ ἔχει καθὼς ἐμὲ θεωρεῖτε ἔχοντα.	→ Jn 20,20.27

Acts 2,28 *ἐγνώρισάς μοι ὁδοὺς ζωῆς, πληρώσεις **με** εὐφροσύνης μετὰ τοῦ προσώπου σου.* ➤ Ps 15,11 LXX

Acts 7,28 *μὴ ἀνελεῖν **με** σὺ θέλεις ὃν τρόπον ἀνεῖλες ἐχθὲς τὸν Αἰγύπτιον;* ➤ Exod 2,14

Acts 8,31 ... πῶς γὰρ ἂν δυναίμην ἐὰν μή τις ὁδηγήσει **με**; ...

Acts 8,36 ... ἰδοὺ ὕδωρ, τί κωλύει **με** βαπτισθῆναι;

Acts 9,4 ... Σαοὺλ Σαούλ, τί **με** διώκεις;

Acts 9,17 ... Σαοὺλ ἀδελφέ, ὁ κύριος ἀπέσταλκέν
με,
Ἰησοῦς ὁ ὀφθείς σοι ἐν τῇ ὁδῷ ᾗ ἤρχου, ...

Acts 10,29 ... πυνθάνομαι οὖν τίνι λόγῳ μετεπέμψασθέ
με;

Acts 11,11 ... ἀπεσταλμένοι ἀπὸ Καισαρείας
πρός με.

Acts 11,15 ἐν δὲ τῷ ἄρξασθαί
με
λαλεῖν ἐπέπεσεν τὸ πνεῦμα τὸ ἅγιον ἐπ' αὐτοὺς ὥσπερ καὶ ἐφ' ἡμᾶς ἐν ἀρχῇ.

Acts 12,11 ... νῦν οἶδα ἀληθῶς ὅτι ἐξαπέστειλεν [ὁ] κύριος τὸν ἄγγελον αὐτοῦ καὶ ἐξείλατό
με
ἐκ χειρὸς Ἡρῴδου ...

Acts 16,15 ... εἰ κεκρίκατέ
με
πιστὴν τῷ κυρίῳ εἶναι, εἰσελθόντες εἰς τὸν οἶκόν μου μένετε· ...

Acts 16,30 ... κύριοι, τί
με
δεῖ ποιεῖν ἵνα σωθῶ;

Acts 19,21 (2) ... μετὰ τὸ γενέσθαι
με
ἐκεῖ δεῖ
με
καὶ Ῥώμην ἰδεῖν.

Acts 20,23 πλὴν ὅτι τὸ πνεῦμα τὸ ἅγιον κατὰ πόλιν διαμαρτύρεταί μοι λέγον ὅτι δεσμὰ καὶ θλίψεις
με
μένουσιν.

Acts 22,7 ... Σαοὺλ Σαούλ, τί
με
διώκεις;

Acts 22,8 ἐγὼ δὲ ἀπεκρίθην· τίς εἶ, κύριε; εἶπέν τε
πρός με·
ἐγώ εἰμι Ἰησοῦς ὁ Ναζωραῖος, ὃν σὺ διώκεις.

Acts 22,10 εἶπον δέ· τί ποιήσω, κύριε; ὁ δὲ κύριος εἶπεν
πρός με·
ἀναστὰς πορεύου εἰς Δαμασκὸν ...

Acts 22,13 ἐλθὼν
πρός με
καὶ ἐπιστὰς εἶπέν μοι· Σαοὺλ ἀδελφέ, ἀνάβλεψον. ...

Acts 22,17 ... προσευχομένου μου ἐν τῷ ἱερῷ γενέσθαι
με
ἐν ἐκστάσει

Acts 22,21 καὶ εἶπεν
πρός με·
πορεύου, ὅτι ἐγὼ εἰς ἔθνη μακρὰν ἐξαποστελῶ σε.

Acts 23,3 (2) ... καὶ σὺ κάθῃ κρίνων
με
κατὰ τὸν νόμον
καὶ παρανομῶν κελεύεις
με
τύπτεσθαι;

Acts 23,18 ... ὁ δέσμιος Παῦλος προσκαλεσάμενός
με
ἠρώτησεν τοῦτον τὸν νεανίσκον ἀγαγεῖν πρὸς σέ ἔχοντά τι λαλῆσαί σοι.

Acts 23,22 ὁ μὲν οὖν χιλίαρχος ἀπέλυσε τὸν νεανίσκον παραγγείλας μηδενὶ ἐκλαλῆσαι ὅτι ταῦτα ἐνεφάνισας
πρός με.

Acts 24,12 καὶ οὔτε ἐν τῷ ἱερῷ εὗρόν
με
πρός τινα διαλεγόμενον ἢ ἐπίστασιν ποιοῦντα ὄχλου ...

Acts 24,18 ἐν αἷς εὗρόν
με
ἡγνισμένον ἐν τῷ ἱερῷ οὐ μετὰ ὄχλου οὐδὲ μετὰ θορύβου

Acts 25,10 ... ἐπὶ τοῦ βήματος Καίσαρός ἑστώς εἰμι, οὗ
με
δεῖ κρίνεσθαι. ...

Acts 25,11 ... εἰ δὲ οὐδέν ἐστιν ὧν οὗτοι κατηγοροῦσίν μου, οὐδείς
με
δύναται αὐτοῖς χαρίσασθαι· ...

Acts 26,5 προγινώσκοντές
με
ἄνωθεν, ἐὰν θέλωσι μαρτυρεῖν, ...

Acts 26,13 ... οὐρανόθεν ὑπὲρ τὴν λαμπρότητα τοῦ ἡλίου περιλάμψαν
με
φῶς καὶ τοὺς σὺν ἐμοὶ πορευομένους.

Acts 26,14 (2) ... ἤκουσα φωνὴν λέγουσαν
πρός με
τῇ Ἑβραΐδι διαλέκτῳ·
Σαοὺλ Σαούλ, τί
με
διώκεις; ...

Acts 26,16 ... εἰς τοῦτο γὰρ ὤφθην σοι, προχειρίσασθαί σε ὑπηρέτην καὶ μάρτυρα ὧν τε εἶδές
[με]
ὧν τε ὀφθήσομαί σοι

Acts 26,21 ἕνεκα τούτων
με
Ἰουδαῖοι συλλαβόμενοι [ὄντα] ἐν τῷ ἱερῷ ἐπειρῶντο διαχειρίσασθαι.

Acts 26,28 ... ἐν ὀλίγῳ
με
πείθεις Χριστιανὸν ποιῆσαι.

Acts 28,18 οἵτινες ἀνακρίναντές
με
ἐβούλοντο ἀπολῦσαι διὰ τὸ μηδεμίαν αἰτίαν θανάτου ὑπάρχειν ἐν ἐμοί.

ἐδαφίζω

ἐδαφίζω	Syn	Mt	Mk	Lk	Acts	Jn	1-3John	Paul	Eph	Col
	1			1						
	NT	2Thess	1/2Tim	Tit	Heb	Jas	1Pet	2Pet	Jude	Rev
	1									

dash; raze to the ground

002	**Lk 19,44** → Mt 24,2 → Mk 13,2 → Lk 21,6 → Lk 21,24	καὶ **ἐδαφιοῦσίν** σε καὶ τὰ τέκνα σου ἐν σοί, καὶ οὐκ ἀφήσουσιν λίθον ἐπὶ λίθον ἐν σοί, ...

Ἑζεκίας	Syn	Mt	Mk	Lk	Acts	Jn	1-3John	Paul	Eph	Col
	2	2								
	NT	2Thess	1/2Tim	Tit	Heb	Jas	1Pet	2Pet	Jude	Rev
	2									

Hezekiah

	Mt		Mk	Lk	
200	**Mt 1,9**	... Ἀχὰζ δὲ ἐγέννησεν **τὸν Ἑζεκίαν,**			
200	**Mt 1,10**	**Ἑζεκίας** δὲ ἐγέννησεν τὸν Μανασσῆ, ...			

ἐθίζω	Syn	Mt	Mk	Lk	Acts	Jn	1-3John	Paul	Eph	Col
	1			1						
	NT	2Thess	1/2Tim	Tit	Heb	Jas	1Pet	2Pet	Jude	Rev
	1									

accustom

	Mt	Mk	Lk		
002			**Lk 2,27**	... καὶ ἐν τῷ εἰσαγαγεῖν τοὺς γονεῖς τὸ παιδίον Ἰησοῦν τοῦ ποιῆσαι αὐτοὺς **κατὰ τὸ εἰθισμένον τοῦ νόμου** περὶ αὐτοῦ	

ἐθνικός	Syn	Mt	Mk	Lk	Acts	Jn	1-3John	Paul	Eph	Col
	3	3					1			
	NT	2Thess	1/2Tim	Tit	Heb	Jas	1Pet	2Pet	Jude	Rev
	4									

pagan; heathen; Gentile

	Mt		Mk	Lk		
201	**Mt 5,47**	καὶ ἐὰν ἀσπάσησθε τοὺς ἀδελφοὺς ὑμῶν μόνον, τί περισσὸν ποιεῖτε; οὐχὶ καὶ **οἱ ἐθνικοὶ** τὸ αὐτὸ ποιοῦσιν;		**Lk 6,34** → Mt 5,42	καὶ ἐὰν δανίσητε παρ᾽ ὧν ἐλπίζετε λαβεῖν, ποία ὑμῖν χάρις [ἐστίν]; καὶ **ἁμαρτωλοὶ** ἁμαρτωλοῖς δανίζουσιν ἵνα ἀπολάβωσιν τὰ ἴσα.	→ GTh 95
200	**Mt 6,7**	προσευχόμενοι δὲ μὴ βατταλογήσητε **ὥσπερ οἱ ἐθνικοί,** δοκοῦσιν γὰρ ὅτι ἐν τῇ πολυλογίᾳ αὐτῶν εἰσακουσθήσονται.				
200	**Mt 18,17**	... ἐὰν δὲ καὶ τῆς ἐκκλησίας παρακούσῃ, ἔστω σοι **ὥσπερ ὁ ἐθνικὸς** καὶ ὁ τελώνης.				

ἔθνος	Syn 34	Mt 15	Mk 6	Lk 13	Acts 43	Jn 5	1-3John	Paul 45	Eph 5	Col 1
	NT 162	2Thess	1/2Tim 3	Tit	Heb	Jas	1Pet 3	2Pet	Jude	Rev 23

nation; people; heathen; pagans; gentiles

	triple tradition																	double tradition			Sondergut		
		+Mt / +Lk			−Mt / −Lk			traditions not taken over by Mt / Lk							subtotals								
code	222	211	112	212	221	122	121	022	012	021	220	120	210	020	Σ+	Σ−	Σ	202	201	102	200	002	total
Mt	4	1^+					1^-				1				1^+	1^-	6	1			8		**15**
Mk	4						1				1						6						**6**
Lk	4		2^+				1^-								2^+	1^-	6	1				6	**13**

[a] (τὰ) ἔθνη

[b] πᾶν ἔθνος, πάντα τὰ ἔθνη

code	Mt		Mk		Lk		
a 002					**Lk 2,32**	[30] ... τὸ σωτήριόν σου, [31] ὃ ἡτοίμασας κατὰ πρόσωπον πάντων τῶν λαῶν, [32] φῶς **εἰς ἀποκάλυψιν** **ἐθνῶν** καὶ δόξαν λαοῦ σου Ἰσραήλ.	
a 200	**Mt 4,15**	*γῆ Ζαβουλὼν καὶ* *γῆ Νεφθαλίμ,* *ὁδὸν θαλάσσης,* *πέραν τοῦ Ἰορδάνου,* ***Γαλιλαία τῶν ἐθνῶν*** ➤ Isa 8,23					
002					**Lk 7,5**	ἀγαπᾷ γὰρ **τὸ ἔθνος ἡμῶν** καὶ τὴν συναγωγὴν αὐτὸς ᾠκοδόμησεν ἡμῖν.	→ Acts 10,2 → **Acts 10,22**
a 202	**Mt 6,32** → Mt 6,8	πάντα γὰρ ταῦτα **τὰ ἔθνη** ἐπιζητοῦσιν· οἶδεν γὰρ ὁ πατὴρ ὑμῶν ὁ οὐράνιος ὅτι χρῄζετε τούτων ἁπάντων.			**Lk 12,30**	ταῦτα γὰρ πάντα **τὰ ἔθνη τοῦ κόσμου** ἐπιζητοῦσιν, ὑμῶν δὲ ὁ πατὴρ οἶδεν ὅτι χρῄζετε τούτων.	
a 200	**Mt 10,5** → Mt 15,24	... **εἰς ὁδὸν ἐθνῶν** μὴ ἀπέλθητε καὶ εἰς πόλιν Σαμαριτῶν μὴ εἰσέλθητε·					
a 211	**Mt 10,18**	καὶ ἐπὶ ἡγεμόνας δὲ καὶ βασιλεῖς ἀχθήσεσθε ἕνεκεν ἐμοῦ εἰς μαρτύριον αὐτοῖς καὶ **τοῖς ἔθνεσιν.**	**Mk 13,9** ↓ Mt 24,14	... καὶ ἐπὶ ἡγεμόνων καὶ βασιλέων σταθήσεσθε ἕνεκεν ἐμοῦ εἰς μαρτύριον αὐτοῖς.	**Lk 21,13**	[12] ... ἀπαγομένους ἐπὶ βασιλεῖς καὶ ἡγεμόνας ἕνεκεν τοῦ ὀνόματός μου· [13] ἀποβήσεται ὑμῖν εἰς μαρτύριον.	
a 200	**Mt 12,18** → Mt 3,16 → Mk 1,10 → Lk 3,22	... *θήσω τὸ πνεῦμά μου* *ἐπ' αὐτόν, καὶ κρίσιν* ***τοῖς ἔθνεσιν*** *ἀπαγγελεῖ.* ➤ Isa 42,1					
a 200	**Mt 12,21**	*καὶ τῷ ὀνόματι αὐτοῦ* ***ἔθνη*** *ἐλπιοῦσιν.* ➤ Isa 42,4					
a 222	**Mt 20,19** → Mt 16,21 → Mt 17,22-23	[18] ... ὁ υἱὸς τοῦ ἀνθρώπου ... [19] καὶ παραδώσουσιν αὐτὸν **τοῖς ἔθνεσιν** εἰς τὸ ἐμπαῖξαι ...	**Mk 10,33** → Mk 8,31 → Mk 9,31	... ὁ υἱὸς τοῦ ἀνθρώπου ... καὶ παραδώσουσιν αὐτὸν **τοῖς ἔθνεσιν** [34] καὶ ἐμπαίξουσιν αὐτῷ ...	**Lk 18,32** → Lk 9,22 → Lk 9,44 → Lk 17,25 → Lk 24,7 → Lk 24,26 → Lk 24,46	[31] ... τῷ υἱῷ τοῦ ἀνθρώπου· [32] παραδοθήσεται γὰρ **τοῖς ἔθνεσιν** καὶ ἐμπαιχθήσεται ...	

a 222	**Mt 20,25**	... οἴδατε ὅτι οἱ ἄρχοντες τῶν ἐθνῶν κατακυριεύουσιν αὐτῶν καὶ οἱ μεγάλοι κατεξουσιάζουσιν αὐτῶν.	**Mk 10,42**	... οἴδατε ὅτι οἱ δοκοῦντες ἄρχειν τῶν ἐθνῶν κατακυριεύουσιν αὐτῶν καὶ οἱ μεγάλοι αὐτῶν κατεξουσιάζουσιν αὐτῶν.	**Lk 22,25**	... οἱ βασιλεῖς τῶν ἐθνῶν κυριεύουσιν αὐτῶν καὶ οἱ ἐξουσιάζοντες αὐτῶν εὐεργέται καλοῦνται.	
b 121	**Mt 21,13**	... γέγραπται· *ὁ οἶκός μου οἶκος* *προσευχῆς κληθήσεται,* ὑμεῖς δὲ αὐτὸν ποιεῖτε *σπήλαιον λῃστῶν.* ➤ Isa 56,7; Jer 7,11	**Mk 11,17**	... οὐ γέγραπται ὅτι *ὁ οἶκός μου οἶκος* *προσευχῆς κληθήσεται* *πᾶσιν τοῖς ἔθνεσιν;* ὑμεῖς δὲ πεποιήκατε αὐτὸν *σπήλαιον λῃστῶν.* ➤ Isa 56,7; Jer 7,11	**Lk 19,46**	... γέγραπται· *καὶ ἔσται* *ὁ οἶκός μου οἶκος* *προσευχῆς,* ὑμεῖς δὲ αὐτὸν ἐποιήσατε *σπήλαιον λῃστῶν.* ➤ Isa 56,7; Jer 7,11	→ Jn 2,16
200	**Mt 21,43** → Mt 21,41	... ἀρθήσεται ἀφ᾽ ὑμῶν ἡ βασιλεία τοῦ θεοῦ καὶ δοθήσεται ἔθνει ποιοῦντι τοὺς καρποὺς αὐτῆς.					
222 222	**Mt 24,7** **(2)**	ἐγερθήσεται γὰρ ἔθνος ἐπὶ ἔθνος καὶ βασιλεία ἐπὶ βασιλείαν καὶ ἔσονται λιμοὶ καὶ σεισμοὶ κατὰ τόπους·	**Mk 13,8** **(2)**	ἐγερθήσεται γὰρ ἔθνος ἐπ᾽ ἔθνος καὶ βασιλεία ἐπὶ βασιλείαν, ἔσονται σεισμοὶ κατὰ τόπους, ἔσονται λιμοί· ...	**Lk 21,10** **(2)**	... ἐγερθήσεται ἔθνος ἐπ᾽ ἔθνος καὶ βασιλεία ἐπὶ βασιλείαν, [11] σεισμοί τε μεγάλοι καὶ κατὰ τόπους λιμοὶ καὶ λοιμοὶ ἔσονται, ...	
b 200	**Mt 24,9** ⇨ Mt 10,22 → Mt 10,17 ↑ Mk 13,9 → Mt 24,10	... καὶ ἔσεσθε μισούμενοι ὑπὸ πάντων τῶν ἐθνῶν διὰ τὸ ὄνομά μου.	**Mk 13,13**	καὶ ἔσεσθε μισούμενοι ὑπὸ πάντων διὰ τὸ ὄνομά μου. ...	**Lk 21,17**	καὶ ἔσεσθε μισούμενοι ὑπὸ πάντων διὰ τὸ ὄνομά μου.	
b 220	**Mt 24,14** ↑ **Mt 10,18** ↑ Mk 13,9 ↑ Lk 21,13 ↓ **Mt 28,19**	καὶ κηρυχθήσεται τοῦτο τὸ εὐαγγέλιον τῆς βασιλείας ἐν ὅλῃ τῇ οἰκουμένῃ εἰς μαρτύριον πᾶσιν τοῖς ἔθνεσιν, καὶ τότε ἥξει τὸ τέλος.	**Mk 13,10**	καὶ εἰς πάντα τὰ ἔθνη πρῶτον δεῖ κηρυχθῆναι τὸ εὐαγγέλιον.			
b 002 *a* 002 *a* 002					**Lk 21,24** **(3)** → Lk 19,44	καὶ πεσοῦνται στόματι μαχαίρης καὶ αἰχμαλωτισθήσονται εἰς τὰ ἔθνη πάντα, καὶ Ἰερουσαλὴμ ἔσται πατουμένη ὑπὸ ἐθνῶν, ἄχρι οὗ πληρωθῶσιν καιροὶ ἐθνῶν.	
a 112	**Mt 24,29**	... *ὁ ἥλιος* *σκοτισθήσεται, καὶ* *ἡ σελήνη οὐ δώσει* *τὸ φέγγος αὐτῆς,* *καὶ οἱ ἀστέρες* *πεσοῦνται* ἀπὸ τοῦ οὐρανοῦ, ... ➤ Isa 13,10; 34,4	**Mk 13,25**	[24] ... *ὁ ἥλιος* *σκοτισθήσεται, καὶ* *ἡ σελήνη οὐ δώσει* *τὸ φέγγος αὐτῆς,* [25] *καὶ οἱ ἀστέρες* *ἔσονται* ἐκ τοῦ οὐρανοῦ *πίπτοντες,* ... ➤ Isa 13,10; 34,4	**Lk 21,25** → Lk 21,11	καὶ ἔσονται σημεῖα ἐν ἡλίῳ καὶ σελήνῃ καὶ ἄστροις, καὶ ἐπὶ τῆς γῆς συνοχὴ ἐθνῶν ἐν ἀπορίᾳ ἤχους θαλάσσης καὶ σάλου	→ Acts 2,19
b 200	**Mt 25,32**	καὶ συναχθήσονται ἔμπροσθεν αὐτοῦ πάντα τὰ ἔθνη, καὶ ἀφορίσει αὐτοὺς ἀπ᾽ ἀλλήλων, ...					

	Mt		Mk		Lk		
a 222	**Mt 20,25**	... οἴδατε ὅτι **οἱ ἄρχοντες τῶν ἐθνῶν** κατακυριεύουσιν αὐτῶν καὶ οἱ μεγάλοι κατεξουσιάζουσιν αὐτῶν.	**Mk 10,42**	... οἴδατε ὅτι **οἱ δοκοῦντες ἄρχειν τῶν ἐθνῶν** κατακυριεύουσιν αὐτῶν καὶ οἱ μεγάλοι αὐτῶν κατεξουσιάζουσιν αὐτῶν.	**Lk 22,25**	**... οἱ βασιλεῖς τῶν ἐθνῶν** κυριεύουσιν αὐτῶν καὶ οἱ ἐξουσιάζοντες αὐτῶν εὐεργέται καλοῦνται.	
112	**Mt 27,12**	καὶ ἐν τῷ κατηγορεῖσθαι αὐτὸν ὑπὸ τῶν ἀρχιερέων καὶ πρεσβυτέρων οὐδὲν ἀπεκρίνατο.	**Mk 15,3**	καὶ κατηγόρουν αὐτοῦ οἱ ἀρχιερεῖς πολλά.	**Lk 23,2** → Lk 20,20 → Lk 20,25 → Lk 23,5 ⇨ Lk 23,10 → Lk 23,14	ἤρξαντο δὲ κατηγορεῖν αὐτοῦ λέγοντες· τοῦτον εὕραμεν διαστρέφοντα **τὸ ἔθνος ἡμῶν** καὶ κωλύοντα φόρους Καίσαρι διδόναι καὶ λέγοντα ἑαυτὸν χριστὸν βασιλέα εἶναι.	→ Jn 19,12 → Acts 17,7
b 002					**Lk 24,47** ↓ Mt 28,19	καὶ κηρυχθῆναι ἐπὶ τῷ ὀνόματι αὐτοῦ μετάνοιαν εἰς ἄφεσιν ἁμαρτιῶν **εἰς πάντα τὰ ἔθνη. ...**	
b 200	**Mt 28,19** ↑ Mt 24,14 ↑ Mk 13,10 ↑ Lk 24,47	πορευθέντες οὖν μαθητεύσατε **πάντα τὰ ἔθνη,** βαπτίζοντες αὐτοὺς ...					

b **Acts 2,5** ἦσαν δὲ εἰς Ἰερουσαλὴμ κατοικοῦντες Ἰουδαῖοι, ἄνδρες εὐλαβεῖς
ἀπὸ παντὸς ἔθνους
τῶν ὑπὸ τὸν οὐρανόν.

a **Acts 4,25** ... *ἱνατί ἐφρύαξαν*
ἔθνη
καὶ λαοὶ ἐμελέτησαν κενά;
➤ Ps 2,1 LXX

a **Acts 4,27** συνήχθησαν γὰρ ἐπ᾽ ἀληθείας ἐν τῇ πόλει ταύτῃ ἐπὶ τὸν ἅγιον παῖδά σου Ἰησοῦν ὃν ἔχρισας, Ἡρῴδης τε καὶ Πόντιος Πιλᾶτος
σὺν ἔθνεσιν
καὶ λαοῖς Ἰσραήλ

Acts 7,7 *καὶ*
τὸ ἔθνος
ᾧ ἐὰν δουλεύσουσιν κρινῶ ἐγώ, ...
➤ Gen 15,14

a **Acts 7,45** ἣν καὶ εἰσήγαγον διαδεξάμενοι οἱ πατέρες ἡμῶν μετὰ Ἰησοῦ
ἐν τῇ κατασχέσει τῶν ἐθνῶν,
ὧν ἐξῶσεν ὁ θεὸς ἀπὸ προσώπου τῶν πατέρων ἡμῶν ἕως τῶν ἡμερῶν Δαυίδ

Acts 8,9 ἀνὴρ δέ τις ὀνόματι Σίμων προϋπῆρχεν ἐν τῇ πόλει μαγεύων καὶ ἐξιστάνων
τὸ ἔθνος τῆς Σαμαρείας,
λέγων εἶναί τινα ἑαυτὸν μέγαν

a **Acts 9,15** ... πορεύου, ὅτι σκεῦος ἐκλογῆς ἐστίν μοι οὗτος τοῦ βαστάσαι τὸ ὄνομά μου
ἐνώπιον ἐθνῶν τε καὶ βασιλέων υἱῶν τε Ἰσραήλ·

Acts 10,22 ... Κορνήλιος ἑκατοντάρχης, ἀνὴρ δίκαιος καὶ φοβούμενος τὸν θεὸν, μαρτυρούμενός τε
→ Lk 7,5
ὑπὸ ὅλου τοῦ ἔθνους τῶν Ἰουδαίων,
ἐχρηματίσθη ὑπὸ ἀγγέλου ἁγίου μεταπέμψασθαί σε εἰς τὸν οἶκον αὐτοῦ ...

b **Acts 10,35** ἀλλ᾽
ἐν παντὶ ἔθνει
ὁ φοβούμενος αὐτὸν καὶ ἐργαζόμενος δικαιοσύνην δεκτὸς αὐτῷ ἐστιν.

a **Acts 10,45** καὶ ἐξέστησαν οἱ ἐκ περιτομῆς πιστοὶ ὅσοι συνῆλθαν τῷ Πέτρῳ, ὅτι καὶ
ἐπὶ τὰ ἔθνη
ἡ δωρεὰ τοῦ ἁγίου πνεύματος ἐκκέχυται·

a **Acts 11,1** ἤκουσαν δὲ οἱ ἀπόστολοι καὶ οἱ ἀδελφοὶ οἱ ὄντες κατὰ τὴν Ἰουδαίαν ὅτι καὶ
τὰ ἔθνη
ἐδέξαντο τὸν λόγον τοῦ θεοῦ.

a **Acts 11,18** ... ἄρα καὶ
τοῖς ἔθνεσιν
ὁ θεὸς τὴν μετάνοιαν εἰς ζωὴν ἔδωκεν.

a **Acts 13,19** καὶ καθελὼν
ἔθνη ἑπτὰ
ἐν γῇ Χανάαν κατεκληρονόμησεν τὴν γῆν αὐτῶν

a **Acts 13,46** ... ἐπειδὴ ἀπωθεῖσθε αὐτὸν καὶ οὐκ ἀξίους κρίνετε ἑαυτοὺς τῆς αἰωνίου ζωῆς, ἰδοὺ στρεφόμεθα
εἰς τὰ ἔθνη.

a **Acts 13,47** ... *τέθεικά σε*
→ Acts 1,8
εἰς φῶς ἐθνῶν
τοῦ εἶναί σε εἰς σωτηρίαν ἕως ἐσχάτου τῆς γῆς.
➤ Isa 49,6

a **Acts 13,48** ἀκούοντα δὲ
τὰ ἔθνη
ἔχαιρον καὶ ἐδόξαζον τὸν λόγον τοῦ κυρίου ...

a **Acts 14,2** οἱ δὲ ἀπειθήσαντες Ἰουδαῖοι ἐπήγειραν καὶ ἐκάκωσαν
τὰς ψυχὰς τῶν ἐθνῶν
κατὰ τῶν ἀδελφῶν.

a **Acts 14,5** ὡς δὲ ἐγένετο
ὁρμὴ τῶν ἐθνῶν
τε καὶ Ἰουδαίων σὺν τοῖς ἄρχουσιν αὐτῶν ὑβρίσαι καὶ λιθοβολῆσαι αὐτούς

b **Acts 14,16** ὃς ἐν ταῖς παρῳχημέναις γενεαῖς εἴασεν
πάντα τὰ ἔθνη
πορεύεσθαι ταῖς ὁδοῖς αὐτῶν·

a **Acts 14,27** ... ἀνήγγελλον ὅσα ἐποίησεν ὁ θεὸς μετ' αὐτῶν καὶ ὅτι ἤνοιξεν
τοῖς ἔθνεσιν
θύραν πίστεως.

a **Acts 15,3** ... ἐκδιηγούμενοι
τὴν ἐπιστροφὴν τῶν ἐθνῶν
καὶ ἐποίουν χαρὰν μεγάλην πᾶσιν τοῖς ἀδελφοῖς.

a **Acts 15,7** ... ὑμεῖς ἐπίστασθε ὅτι ἀφ' ἡμερῶν ἀρχαίων ἐν ὑμῖν ἐξελέξατο ὁ θεὸς διὰ τοῦ στόματός μου ἀκοῦσαι
τὰ ἔθνη
τὸν λόγον τοῦ εὐαγγελίου καὶ πιστεῦσαι.

a **Acts 15,12** ... ὅσα ἐποίησεν ὁ θεὸς σημεῖα καὶ τέρατα
ἐν τοῖς ἔθνεσιν
δι' αὐτῶν.

a **Acts 15,14** Συμεὼν ἐξηγήσατο καθὼς πρῶτον ὁ θεὸς ἐπεσκέψατο λαβεῖν
ἐξ ἐθνῶν
λαὸν τῷ ὀνόματι αὐτοῦ.

b **Acts 15,17** *ὅπως ἂν ἐκζητήσωσιν οἱ κατάλοιποι τῶν ἀνθρώπων τὸν κύριον καὶ*
πάντα τὰ ἔθνη
ἐφ' οὓς ἐπικέκληται τὸ ὄνομά μου ἐπ' αὐτούς, ...
➤ Amos 9,12 LXX

a **Acts 15,19** διὸ ἐγὼ κρίνω μὴ παρενοχλεῖν τοῖς
ἀπὸ τῶν ἐθνῶν
ἐπιστρέφουσιν ἐπὶ τὸν θεόν

a **Acts 15,23** ... οἱ ἀπόστολοι καὶ οἱ πρεσβύτεροι ἀδελφοὶ τοῖς κατὰ τὴν Ἀντιόχειαν καὶ Συρίαν καὶ Κιλικίαν ἀδελφοῖς
τοῖς ἐξ ἐθνῶν
χαίρειν.

b **Acts 17,26** ἐποίησέν τε ἐξ ἑνὸς
πᾶν ἔθνος
ἀνθρώπων κατοικεῖν ἐπὶ παντὸς προσώπου τῆς γῆς, ...

a **Acts 18,6** ... τὸ αἷμα ὑμῶν ἐπὶ τὴν κεφαλὴν ὑμῶν· καθαρὸς ἐγὼ ἀπὸ τοῦ νῦν
→ Mt 27,24-25
→ Acts 20,26
εἰς τὰ ἔθνη
πορεύσομαι.

a **Acts 21,11** ... τὸν ἄνδρα οὗ ἐστιν ἡ ζώνη αὕτη, οὕτως δήσουσιν ἐν Ἰερουσαλὴμ οἱ Ἰουδαῖοι καὶ παραδώσουσιν
→ Mt 17,22
→ Mk 9,31
→ Lk 9,44
→ Lk 24,7
εἰς χεῖρας ἐθνῶν.

a **Acts 21,19** καὶ ἀσπασάμενος αὐτοὺς ἐξηγεῖτο καθ' ἓν ἕκαστον, ὧν ἐποίησεν ὁ θεὸς
ἐν τοῖς ἔθνεσιν
διὰ τῆς διακονίας αὐτοῦ.

a **Acts 21,21** κατηχήθησαν δὲ περὶ σοῦ ὅτι ἀποστασίαν διδάσκεις ἀπὸ Μωϋσέως τοὺς
κατὰ τὰ ἔθνη
πάντας Ἰουδαίους λέγων μὴ περιτέμνειν αὐτοὺς τὰ τέκνα μηδὲ τοῖς ἔθεσιν περιπατεῖν.

a **Acts 21,25** **περὶ δὲ τῶν πεπιστευκότων ἐθνῶν**
→ Acts 15,20
→ Acts 15,29
ἡμεῖς ἐπεστείλαμεν κρίναντες φυλάσσεσθαι αὐτοὺς τό τε εἰδωλόθυτον καὶ αἷμα καὶ πνικτὸν καὶ πορνείαν.

a **Acts 22,21** καὶ εἶπεν πρός με· πορεύου, ὅτι ἐγὼ
εἰς ἔθνη
μακρὰν ἐξαποστελῶ σε.

Acts 24,2 ... πολλῆς εἰρήνης τυγχάνοντες διὰ σοῦ καὶ διορθωμάτων γινομένων
τῷ ἔθνει τούτῳ
διὰ τῆς σῆς προνοίας

Acts 24,10 ... ἐκ πολλῶν ἐτῶν ὄντα σε κριτὴν
τῷ ἔθνει τούτῳ
ἐπιστάμενος εὐθύμως τὰ περὶ ἐμαυτοῦ ἀπολογοῦμαι

Acts 24,17 δι' ἐτῶν δὲ πλειόνων ἐλεημοσύνας ποιήσων
εἰς τὸ ἔθνος μου
παρεγενόμην καὶ προσφοράς

Acts 26,4 τὴν μὲν οὖν βίωσίν μου [τὴν] ἐκ νεότητος τὴν ἀπ' ἀρχῆς γενομένην
ἐν τῷ ἔθνει μου
ἔν τε Ἱεροσολύμοις ἴσασι πάντες [οἱ] Ἰουδαῖοι

a **Acts 26,17** ἐξαιρούμενός σε ἐκ τοῦ λαοῦ καὶ
ἐκ τῶν ἐθνῶν
εἰς οὓς ἐγὼ ἀποστέλλω σε

a **Acts 26,20** ἀλλὰ τοῖς ἐν Δαμασκῷ πρῶτόν τε καὶ Ἱεροσολύμοις, πᾶσάν τε τὴν χώραν τῆς Ἰουδαίας καὶ
τοῖς ἔθνεσιν
ἀπήγγελλον μετανοεῖν καὶ ἐπιστρέφειν ἐπὶ τὸν θεόν, ...

a **Acts 26,23** εἰ παθητὸς ὁ χριστός, εἰ πρῶτος ἐξ ἀναστάσεως νεκρῶν φῶς μέλλει καταγγέλλειν τῷ τε λαῷ καὶ
τοῖς ἔθνεσιν.

Acts 28,19 ἀντιλεγόντων δὲ τῶν Ἰουδαίων ἠναγκάσθην ἐπικαλέσασθαι Καίσαρα οὐχ ὡς
τοῦ ἔθνους μου
ἔχων τι κατηγορεῖν.

a **Acts 28,28** γνωστὸν οὖν ἔστω ὑμῖν ὅτι
τοῖς ἔθνεσιν
ἀπεστάλη τοῦτο τὸ σωτήριον τοῦ θεοῦ· ...

ἔθος	Syn 3	Mt	Mk	Lk 3	Acts 7	Jn 1	1-3John	Paul	Eph	Col
	NT 12	2Thess	1/2Tim	Tit	Heb 1	Jas	1Pet	2Pet	Jude	Rev

habit; usage; custom; law

code	Mt	Mk	Lk	
002			**Lk 1,9** **κατὰ τὸ ἔθος τῆς ἱερατείας** ἔλαχε τοῦ θυμιᾶσαι εἰσελθὼν εἰς τὸν ναὸν τοῦ κυρίου	
002			**Lk 2,42** καὶ ὅτε ἐγένετο ἐτῶν δώδεκα, ἀναβαινόντων αὐτῶν **κατὰ τὸ ἔθος τῆς ἑορτῆς**	
112	**Mt 26,30** καὶ ὑμνήσαντες ἐξῆλθον εἰς τὸ ὄρος τῶν ἐλαιῶν.	**Mk 14,26** καὶ ὑμνήσαντες ἐξῆλθον εἰς τὸ ὄρος τῶν ἐλαιῶν.	**Lk 22,39** καὶ ἐξελθὼν ἐπορεύθη **κατὰ τὸ ἔθος** εἰς τὸ ὄρος τῶν ἐλαιῶν, ...	→ Jn 14,31 → Jn 18,1

Acts 6,14 (→ Mt 26,61 → Mk 14,58 → Mt 27,40 → Mk 15,29) ἀκηκόαμεν γὰρ αὐτοῦ λέγοντος ὅτι Ἰησοῦς ὁ Ναζωραῖος οὗτος καταλύσει τὸν τόπον τοῦτον καὶ ἀλλάξει **τὰ ἔθη** ἃ παρέδωκεν ἡμῖν Μωϋσῆς.

Acts 15,1 καί τινες κατελθόντες ἀπὸ τῆς Ἰουδαίας ἐδίδασκον τοὺς ἀδελφοὺς ὅτι, ἐὰν μὴ περιτμηθῆτε **τῷ ἔθει τῷ Μωϋσέως**, οὐ δύνασθε σωθῆναι.

Acts 16,21 καὶ καταγγέλλουσιν **ἔθη** ἃ οὐκ ἔξεστιν ἡμῖν παραδέχεσθαι οὐδὲ ποιεῖν Ῥωμαίοις οὖσιν.

Acts 21,21 ... λέγων μὴ περιτέμνειν αὐτοὺς τὰ τέκνα μηδὲ **τοῖς ἔθεσιν** περιπατεῖν.

Acts 25,16 πρὸς οὓς ἀπεκρίθην ὅτι οὐκ ἔστιν **ἔθος** Ῥωμαίοις χαρίζεσθαί τινα ἄνθρωπον πρὶν ἢ ὁ κατηγορούμενος κατὰ πρόσωπον ἔχοι τοὺς κατηγόρους τόπον τε ἀπολογίας λάβοι περὶ τοῦ ἐγκλήματος.

Acts 26,3 μάλιστα γνώστην ὄντα σε **πάντων τῶν κατὰ Ἰουδαίους ἐθῶν** τε καὶ ζητημάτων, διὸ δέομαι μακροθύμως ἀκοῦσαί μου.

Acts 28,17 ... ἐγώ, ἄνδρες ἀδελφοί, οὐδὲν ἐναντίον ποιήσας τῷ λαῷ ἢ **τοῖς ἔθεσι τοῖς πατρῴοις** δέσμιος ἐξ Ἱεροσολύμων παρεδόθην εἰς τὰς χεῖρας τῶν Ῥωμαίων

εἰ	Syn 143	Mt 55	Mk 35	Lk 53	Acts 35	Jn 49	1-3John 8	Paul 180	Eph 4	Col 4
	NT 502	2Thess 2	1/2Tim 17	Tit 1	Heb 16	Jas 10	1Pet 15	2Pet 2	Jude	Rev 16

if; whether; that; if only; surely; since

	triple tradition																	double tradition			Sonder-gut		
		+Mt / +Lk			−Mt / −Lk			traditions not taken over by Mt / Lk							subtotals								
code	222	211	112	212	221	122	121	022	012	021	220	120	210	020	Σ⁺	Σ⁻	Σ	202	201	102	200	002	total
Mt	4	7^+		2^+	3	4^-	3^-				6	6^-	5^+		14^+	13^-	27	12	5		11		**55**
Mk	4				3	4	3	1			6	6		8			35						**35**
Lk	4		3^+	2^+	3^-	4	3^-	1							5^+	6^-	14	12		5		22	**53**

Mk-Q overlap: 122: Mt 18,6 / Mk 9,42 / Lk 17,2 (?)

a εἰ μή
b εἰ δὲ μή (γε)
c εἰ οὖν
d εἰ interrogative

code	Mt	Mk	Lk
202	**Mt 4,3** (↓ Mt 27,40) καὶ προσελθὼν ὁ πειράζων εἶπεν αὐτῷ· **εἰ** υἱὸς εἶ τοῦ θεοῦ, εἰπὲ ἵνα οἱ λίθοι οὗτοι ἄρτοι γένωνται.		**Lk 4,3** εἶπεν δὲ αὐτῷ ὁ διάβολος· **εἰ** υἱὸς εἶ τοῦ θεοῦ, εἰπὲ τῷ λίθῳ τούτῳ ἵνα γένηται ἄρτος.

202	Mt 4,6 ↓Mt 27,40	καὶ λέγει αὐτῷ· **εἰ** υἱὸς εἶ τοῦ θεοῦ, βάλε σεαυτὸν κάτω· ...			Lk 4,9	... καὶ εἶπεν αὐτῷ· **εἰ** υἱὸς εἶ τοῦ θεοῦ, βάλε σεαυτὸν ἐντεῦθεν κάτω·	
a 002					Lk 4,26	καὶ πρὸς οὐδεμίαν αὐτῶν ἐπέμφθη Ἠλίας **εἰ μὴ** εἰς Σάρεπτα τῆς Σιδωνίας πρὸς γυναῖκα χήραν.	
a 002					Lk 4,27	καὶ πολλοὶ λεπροὶ ἦσαν ἐν τῷ Ἰσραὴλ ἐπὶ Ἐλισαίου τοῦ προφήτου, καὶ οὐδεὶς αὐτῶν ἐκαθαρίσθη **εἰ μὴ** Ναιμὰν ὁ Σύρος.	
a 122	Mt 9,3	... οὗτος βλασφημεῖ.	Mk 2,7	τί οὗτος οὕτως λαλεῖ; βλασφημεῖ· τίς δύναται ἀφιέναι ἁμαρτίας **εἰ μὴ** εἷς ὁ θεός;	Lk 5,21 →Lk 7,49	... τίς ἐστιν οὗτος ὃς λαλεῖ βλασφημίας; τίς δύναται ἁμαρτίας ἀφεῖναι **εἰ μὴ** μόνος ὁ θεός;	
b 122	Mt 9,16	οὐδεὶς δὲ ἐπιβάλλει ἐπίβλημα ῥάκους ἀγνάφου ἐπὶ ἱματίῳ παλαιῷ· αἴρει **γὰρ** τὸ πλήρωμα αὐτοῦ ἀπὸ τοῦ ἱματίου καὶ χεῖρον σχίσμα γίνεται.	Mk 2,21	οὐδεὶς ἐπίβλημα ῥάκους ἀγνάφου ἐπιράπτει ἐπὶ ἱμάτιον παλαιόν· **εἰ δὲ μή,** αἴρει τὸ πλήρωμα ἀπ' αὐτοῦ τὸ καινὸν τοῦ παλαιοῦ, καὶ χεῖρον σχίσμα γίνεται.	Lk 5,36	... οὐδεὶς ἐπίβλημα ἀπὸ ἱματίου καινοῦ σχίσας ἐπιβάλλει ἐπὶ ἱμάτιον παλαιόν· **εἰ δὲ μή γε,** καὶ τὸ καινὸν σχίσει καὶ τῷ παλαιῷ οὐ συμφωνήσει τὸ ἐπίβλημα τὸ ἀπὸ τοῦ καινοῦ.	→ GTh 47,5
b 222	Mt 9,17	οὐδὲ βάλλουσιν οἶνον νέον εἰς ἀσκοὺς παλαιούς· **εἰ δὲ μή γε,** ῥήγνυνται οἱ ἀσκοὶ καὶ ὁ οἶνος ἐκχεῖται καὶ οἱ ἀσκοὶ ἀπόλλυνται· ...	Mk 2,22	καὶ οὐδεὶς βάλλει οἶνον νέον εἰς ἀσκοὺς παλαιούς· **εἰ δὲ μή,** ῥήξει ὁ οἶνος τοὺς ἀσκοὺς καὶ ὁ οἶνος ἀπόλλυται καὶ οἱ ἀσκοί· ...	Lk 5,37	καὶ οὐδεὶς βάλλει οἶνον νέον εἰς ἀσκοὺς παλαιούς· **εἰ δὲ μή γε,** ῥήξει ὁ οἶνος ὁ νέος τοὺς ἀσκοὺς καὶ αὐτὸς ἐκχυθήσεται καὶ οἱ ἀσκοὶ ἀπολοῦνται·	→ GTh 47,4
a 222	Mt 12,4	... καὶ τοὺς ἄρτους τῆς προθέσεως ἔφαγον, ὃ οὐκ ἐξὸν ἦν αὐτῷ φαγεῖν οὐδὲ τοῖς μετ' αὐτοῦ **εἰ μὴ** τοῖς ἱερεῦσιν μόνοις;	Mk 2,26	... καὶ τοὺς ἄρτους τῆς προθέσεως ἔφαγεν, οὓς οὐκ ἔξεστιν φαγεῖν **εἰ μὴ** τοὺς ἱερεῖς, καὶ ἔδωκεν καὶ τοῖς σὺν αὐτῷ οὖσιν;	Lk 6,4	... καὶ τοὺς ἄρτους τῆς προθέσεως λαβὼν ἔφαγεν καὶ ἔδωκεν τοῖς μετ' αὐτοῦ, οὓς οὐκ ἔξεστιν φαγεῖν **εἰ μὴ** μόνους τοὺς ἱερεῖς;	
d 222	Mt 12,10	... καὶ ἐπηρώτησαν αὐτὸν λέγοντες· **εἰ** ἔξεστιν τοῖς σάββασιν θεραπεῦσαι; ἵνα κατηγορήσωσιν αὐτοῦ.	Mk 3,2	καὶ παρετήρουν αὐτὸν **εἰ** τοῖς σάββασιν θεραπεύσει αὐτόν, ἵνα κατηγορήσωσιν αὐτοῦ.	Lk 6,7 →Lk 14,3	παρετηροῦντο δὲ αὐτὸν οἱ γραμματεῖς καὶ οἱ Φαρισαῖοι **εἰ** ἐν τῷ σαββάτῳ θεραπεύει, ἵνα εὕρωσιν κατηγορεῖν αὐτοῦ.	
d 112	Mt 12,12	πόσῳ οὖν διαφέρει ἄνθρωπος προβάτου. ὥστε ἔξεστιν τοῖς σάββασιν καλῶς ποιεῖν.	Mk 3,4	... ἔξεστιν τοῖς σάββασιν ἀγαθὸν ποιῆσαι ἢ κακοποιῆσαι, ψυχὴν σῶσαι ἢ ἀποκτεῖναι; ...	Lk 6,9 →Lk 13,14 →Lk 14,3	... ἐπερωτῶ ὑμᾶς **εἰ** ἔξεστιν τῷ σαββάτῳ ἀγαθοποιῆσαι ἢ κακοποιῆσαι, ψυχὴν σῶσαι ἢ ἀπολέσαι;	

a 201	**Mt 5,13**	ὑμεῖς ἐστε τὸ ἅλας τῆς γῆς· ἐὰν δὲ τὸ ἅλας μωρανθῇ, ἐν τίνι ἁλισθήσεται; εἰς οὐδὲν ἰσχύει ἔτι **εἰ μὴ** βληθὲν ἔξω καταπατεῖσθαι ὑπὸ τῶν ἀνθρώπων.	**Mk 9,50**	καλὸν τὸ ἅλας· ἐὰν δὲ τὸ ἅλας ἄναλον γένηται, ἐν τίνι αὐτὸ ἀρτύσετε; ...	**Lk 14,35**	[34] καλὸν οὖν τὸ ἅλας· ἐὰν δὲ καὶ τὸ ἅλας μωρανθῇ, ἐν τίνι ἀρτυθήσεται; [35] οὔτε εἰς γῆν οὔτε εἰς κοπρίαν εὔθετόν ἐστιν, ἔξω βάλλουσιν αὐτό. ...	Mk-Q overlap
200	**Mt 5,29** ⇩ Mt 18,9	**εἰ δὲ** ὁ ὀφθαλμός σου ὁ δεξιὸς σκανδαλίζει σε, ἔξελε αὐτὸν καὶ βάλε ἀπὸ σοῦ· ...	**Mk 9,47**	**καὶ ἐὰν** ὁ ὀφθαλμός σου σκανδαλίζῃ σε, ἔκβαλε αὐτόν· ...			
200	**Mt 5,30** ⇩ Mt 18,8	καὶ **εἰ** ἡ δεξιά σου χεὶρ σκανδαλίζει σε, ἔκκοψον αὐτὴν καὶ βάλε ἀπὸ σοῦ· ...	**Mk 9,43**	καὶ **ἐὰν** σκανδαλίζῃ σε ἡ χείρ σου, ἀπόκοψον αὐτήν· ...			
102	**Mt 5,46**	**ἐὰν** γὰρ ἀγαπήσητε τοὺς ἀγαπῶντας ὑμᾶς, τίνα μισθὸν ἔχετε; ...			**Lk 6,32** ⇨ Lk 6,33	καὶ **εἰ** ἀγαπᾶτε τοὺς ἀγαπῶντας ὑμᾶς, ποία ὑμῖν χάρις ἐστίν; ...	
b 200	**Mt 6,1** → Mt 23,5	προσέχετε [δὲ] τὴν δικαιοσύνην ὑμῶν μὴ ποιεῖν ἔμπροσθεν τῶν ἀνθρώπων πρὸς τὸ θεαθῆναι αὐτοῖς· **εἰ δὲ μή γε,** μισθὸν οὐκ ἔχετε παρὰ τῷ πατρὶ ὑμῶν τῷ ἐν τοῖς οὐρανοῖς.					
c 201	**Mt 6,23**	ἐὰν δὲ ὁ ὀφθαλμός σου πονηρὸς ᾖ, ὅλον τὸ σῶμά σου σκοτεινὸν ἔσται. **εἰ** οὖν τὸ φῶς τὸ ἐν σοὶ σκότος ἐστίν, τὸ σκότος πόσον.			**Lk 11,35** → Lk 11,36	[34] ... ἐπὰν δὲ πονηρὸς ᾖ, καὶ τὸ σῶμά σου σκοτεινόν. [35] σκόπει οὖν μὴ τὸ φῶς τὸ ἐν σοὶ σκότος ἐστίν.	→ GTh 24 (POxy 655 - restoration)
202	**Mt 6,30**	**εἰ** δὲ τὸν χόρτον τοῦ ἀγροῦ σήμερον ὄντα καὶ αὔριον εἰς κλίβανον βαλλόμενον ὁ θεὸς οὕτως ἀμφιέννυσιν, οὐ πολλῷ μᾶλλον ὑμᾶς, ὀλιγόπιστοι;			**Lk 12,28**	**εἰ** δὲ ἐν ἀγρῷ τὸν χόρτον ὄντα σήμερον καὶ αὔριον εἰς κλίβανον βαλλόμενον ὁ θεὸς οὕτως ἀμφιέζει, πόσῳ μᾶλλον ὑμᾶς, ὀλιγόπιστοι.	→ GTh 36,2 (only POxy 655)
c 202	**Mt 7,11**	**εἰ** οὖν ὑμεῖς πονηροὶ ὄντες οἴδατε δόματα ἀγαθὰ διδόναι τοῖς τέκνοις ὑμῶν, ...			**Lk 11,13**	**εἰ** οὖν ὑμεῖς πονηροὶ ὑπάρχοντες οἴδατε δόματα ἀγαθὰ διδόναι τοῖς τέκνοις ὑμῶν, ...	
211	**Mt 8,31**	οἱ δὲ δαίμονες παρεκάλουν αὐτὸν λέγοντες· **εἰ** ἐκβάλλεις ἡμᾶς, ἀπόστειλον ἡμᾶς εἰς τὴν ἀγέλην τῶν χοίρων.	**Mk 5,12**	καὶ παρεκάλεσαν αὐτὸν λέγοντες· πέμψον ἡμᾶς εἰς τοὺς χοίρους, ἵνα εἰς αὐτοὺς εἰσέλθωμεν.	**Lk 8,32**	... καὶ παρεκάλεσαν αὐτὸν ἵνα ἐπιτρέψῃ αὐτοῖς εἰς ἐκείνους εἰσελθεῖν· ...	

b 222	**Mt 9,17**	οὐδὲ βάλλουσιν οἶνον νέον εἰς ἀσκοὺς παλαιούς· **εἰ δὲ μή γε,** ῥήγνυνται οἱ ἀσκοὶ καὶ ὁ οἶνος ἐκχεῖται καὶ οἱ ἀσκοὶ ἀπόλλυνται· ...	**Mk 2,22**	καὶ οὐδεὶς βάλλει οἶνον νέον εἰς ἀσκοὺς παλαιούς· **εἰ δὲ μή,** ῥήξει ὁ οἶνος τοὺς ἀσκοὺς καὶ ὁ οἶνος ἀπόλλυται καὶ οἱ ἀσκοί· ...	**Lk 5,37**	καὶ οὐδεὶς βάλλει οἶνον νέον εἰς ἀσκοὺς παλαιούς· **εἰ δὲ μή γε,** ῥήξει ὁ οἶνος ὁ νέος τοὺς ἀσκοὺς καὶ αὐτὸς ἐκχυθήσεται καὶ οἱ ἀσκοὶ ἀπολοῦνται·	→ GTh 47,4
200	**Mt 10,25**	... **εἰ** τὸν οἰκοδεσπότην Βεελζεβοὺλ ἐπεκάλεσαν, πόσῳ μᾶλλον τοὺς οἰκιακοὺς αὐτοῦ.					
200	**Mt 11,14** → Mt 17,12 → Mk 9,13 → Lk 1,17	καὶ **εἰ** θέλετε δέξασθαι, αὐτός ἐστιν Ἠλίας ὁ μέλλων ἔρχεσθαι.					
002					**Lk 7,39**	... οὗτος **εἰ** ἦν προφήτης, ἐγίνωσκεν ἂν τίς καὶ ποταπὴ ἡ γυνὴ ...	
202	**Mt 11,21**	οὐαί σοι, Χοραζίν, οὐαί σοι, Βηθσαϊδά· ὅτι **εἰ** ἐν Τύρῳ καὶ Σιδῶνι ἐγένοντο αἱ δυνάμεις αἱ γενόμεναι ἐν ὑμῖν, ...			**Lk 10,13**	οὐαί σοι, Χοραζίν, οὐαί σοι, Βηθσαϊδά· ὅτι **εἰ** ἐν Τύρῳ καὶ Σιδῶνι ἐγενήθησαν αἱ δυνάμεις αἱ γενόμεναι ἐν ὑμῖν, ...	
201	**Mt 11,23**	καὶ σύ, Καφαρναούμ, μὴ ἕως οὐρανοῦ ὑψωθήσῃ; *ἕως ᾅδου καταβήσῃ·* ὅτι **εἰ** ἐν Σοδόμοις ἐγενήθησαν αἱ δυνάμεις αἱ γενόμεναι ἐν σοί, ἔμεινεν ἂν μέχρι τῆς σήμερον. ➢ Isa 14,13.15			**Lk 10,15**	καὶ σύ, Καφαρναούμ, μὴ ἕως οὐρανοῦ ὑψωθήσῃ; *ἕως τοῦ ᾅδου καταβήσῃ.* ➢ Isa 14,13.15	
a 202 *a* 202	**Mt 11,27** (2)	... καὶ οὐδεὶς ἐπιγινώσκει τὸν υἱὸν **εἰ μὴ** ὁ πατήρ, οὐδὲ τὸν πατέρα τις ἐπιγινώσκει **εἰ μὴ** ὁ υἱὸς καὶ ᾧ ἐὰν βούληται ὁ υἱὸς ἀποκαλύψαι.			**Lk 10,22** (2)	... καὶ οὐδεὶς γινώσκει τίς ἐστιν ὁ υἱὸς **εἰ μὴ** ὁ πατήρ, καὶ τίς ἐστιν ὁ πατὴρ **εἰ μὴ** ὁ υἱὸς καὶ ᾧ ἐὰν βούληται ὁ υἱὸς ἀποκαλύψαι.	→ GTh 61,3
a 222	**Mt 12,4**	... καὶ τοὺς ἄρτους τῆς προθέσεως ἔφαγον, ὃ οὐκ ἐξὸν ἦν αὐτῷ φαγεῖν οὐδὲ τοῖς μετ᾽ αὐτοῦ **εἰ μὴ** τοῖς ἱερεῦσιν μόνοις;	**Mk 2,26**	... καὶ τοὺς ἄρτους τῆς προθέσεως ἔφαγεν, οὓς οὐκ ἔξεστιν φαγεῖν **εἰ μὴ** τοὺς ἱερεῖς, καὶ ἔδωκεν καὶ τοῖς σὺν αὐτῷ οὖσιν;	**Lk 6,4**	... καὶ τοὺς ἄρτους τῆς προθέσεως λαβὼν ἔφαγεν καὶ ἔδωκεν τοῖς μετ᾽ αὐτοῦ, οὓς οὐκ ἔξεστιν φαγεῖν **εἰ μὴ** μόνους τοὺς ἱερεῖς;	
200	**Mt 12,7** ⇨ Mt 9,13	**εἰ** δὲ ἐγνώκειτε τί ἐστιν· *ἔλεος θέλω καὶ οὐ* *θυσίαν,* οὐκ ἂν κατεδικάσατε τοὺς ἀναιτίους. ➢ Hos 6,6					

d 222	Mt 12,10	... καὶ ἐπηρώτησαν αὐτὸν λέγοντες· εἰ ἔξεστιν τοῖς σάββασιν θεραπεῦσαι; ἵνα κατηγορήσωσιν αὐτοῦ.	Mk 3,2	καὶ παρετήρουν αὐτὸν εἰ τοῖς σάββασιν θεραπεύσει αὐτόν, ἵνα κατηγορήσωσιν αὐτοῦ.	Lk 6,7 → Lk 14,3	παρετηροῦντο δὲ αὐτὸν οἱ γραμματεῖς καὶ οἱ Φαρισαῖοι εἰ ἐν τῷ σαββάτῳ θεραπεύει, ἵνα εὕρωσιν κατηγορεῖν αὐτοῦ.	
a 201	Mt 12,24 ⇒ Mt 9,34	... οὗτος οὐκ ἐκβάλλει τὰ δαιμόνια εἰ μὴ ἐν τῷ Βεελζεβοὺλ ἄρχοντι τῶν δαιμονίων.	Mk 3,22	... Βεελζεβοὺλ ἔχει, καὶ ὅτι ἐν τῷ ἄρχοντι τῶν δαιμονίων ἐκβάλλει τὰ δαιμόνια.	Lk 11,15	... ἐν Βεελζεβοὺλ τῷ ἄρχοντι τῶν δαιμονίων ἐκβάλλει τὰ δαιμόνια·	Mk-Q overlap
020	Mt 12,26	καὶ εἰ ὁ σατανᾶς τὸν σατανᾶν ἐκβάλλει, ἐφ' ἑαυτὸν ἐμερίσθη· πῶς οὖν σταθήσεται ἡ βασιλεία αὐτοῦ;	Mk 3,26	καὶ εἰ ὁ σατανᾶς ἀνέστη ἐφ' ἑαυτὸν καὶ ἐμερίσθη, οὐ δύναται στῆναι ἀλλὰ τέλος ἔχει.	Lk 11,18 → Mt 9,34	εἰ δὲ καὶ ὁ σατανᾶς ἐφ' ἑαυτὸν διεμερίσθη, πῶς σταθήσεται ἡ βασιλεία αὐτοῦ; ...	Mk-Q overlap
202	Mt 12,26	καὶ εἰ ὁ σατανᾶς τὸν σατανᾶν ἐκβάλλει, ἐφ' ἑαυτὸν ἐμερίσθη· πῶς οὖν σταθήσεται ἡ βασιλεία αὐτοῦ;	Mk 3,26	καὶ εἰ ὁ σατανᾶς ἀνέστη ἐφ' ἑαυτὸν καὶ ἐμερίσθη, οὐ δύναται στῆναι ἀλλὰ τέλος ἔχει.	Lk 11,18 → Mt 9,34	εἰ δὲ καὶ ὁ σατανᾶς ἐφ' ἑαυτὸν διεμερίσθη, πῶς σταθήσεται ἡ βασιλεία αὐτοῦ; ...	Mk-Q overlap
202	Mt 12,27	καὶ εἰ ἐγὼ ἐν Βεελζεβοὺλ ἐκβάλλω τὰ δαιμόνια, ...			Lk 11,19	εἰ δὲ ἐγὼ ἐν Βεελζεβοὺλ ἐκβάλλω τὰ δαιμόνια, ...	
202	Mt 12,28	εἰ δὲ ἐν πνεύματι θεοῦ ἐγὼ ἐκβάλλω τὰ δαιμόνια, ἄρα ἔφθασεν ἐφ' ὑμᾶς ἡ βασιλεία τοῦ θεοῦ.			Lk 11,20	εἰ δὲ ἐν δακτύλῳ θεοῦ [ἐγὼ] ἐκβάλλω τὰ δαιμόνια, ἄρα ἔφθασεν ἐφ' ὑμᾶς ἡ βασιλεία τοῦ θεοῦ.	
a 202	Mt 12,39 ⇓ Mt 16,4	... γενεὰ πονηρὰ καὶ μοιχαλὶς σημεῖον ἐπιζητεῖ, καὶ σημεῖον οὐ δοθήσεται αὐτῇ εἰ μὴ τὸ σημεῖον Ἰωνᾶ τοῦ προφήτου.	Mk 8,12	... τί ἡ γενεὰ αὕτη ζητεῖ σημεῖον; ἀμὴν λέγω ὑμῖν, εἰ δοθήσεται τῇ γενεᾷ ταύτῃ σημεῖον.	Lk 11,29	... ἡ γενεὰ αὕτη γενεὰ πονηρά ἐστιν· σημεῖον ζητεῖ, καὶ σημεῖον οὐ δοθήσεται αὐτῇ εἰ μὴ τὸ σημεῖον Ἰωνᾶ.	Mk-Q overlap
020			Mk 4,23	εἴ τις ἔχει ὦτα ἀκούειν ἀκουέτω.			
a 022			Mk 5,37	καὶ οὐκ ἀφῆκεν οὐδένα μετ' αὐτοῦ συνακολουθῆσαι εἰ μὴ τὸν Πέτρον καὶ Ἰάκωβον καὶ Ἰωάννην τὸν ἀδελφὸν Ἰακώβου.	Lk 8,51	... οὐκ ἀφῆκεν εἰσελθεῖν τινα σὺν αὐτῷ εἰ μὴ Πέτρον καὶ Ἰωάννην καὶ Ἰάκωβον ...	
a 221	Mt 13,57	... οὐκ ἔστιν προφήτης ἄτιμος εἰ μὴ ἐν τῇ πατρίδι καὶ ἐν τῇ οἰκίᾳ αὐτοῦ.	Mk 6,4	... οὐκ ἔστιν προφήτης ἄτιμος εἰ μὴ ἐν τῇ πατρίδι αὐτοῦ καὶ ἐν τοῖς συγγενεῦσιν αὐτοῦ καὶ ἐν τῇ οἰκίᾳ αὐτοῦ.	Lk 4,24	... ἀμὴν λέγω ὑμῖν ὅτι οὐδεὶς προφήτης δεκτός ἐστιν ἐν τῇ πατρίδι αὐτοῦ.	→ Jn 4,44 → GTh 31 (POxy 1)

a 120	**Mt 13,58**	καὶ οὐκ ἐποίησεν ἐκεῖ δυνάμεις πολλὰς διὰ τὴν ἀπιστίαν αὐτῶν.	**Mk 6,5**	καὶ οὐκ ἐδύνατο ἐκεῖ ποιῆσαι οὐδεμίαν δύναμιν, **εἰ μὴ** ὀλίγοις ἀρρώστοις ἐπιθεὶς τὰς χεῖρας ἐθεράπευσεν· [6] καὶ ἐθαύμαζεν διὰ τὴν ἀπιστίαν αὐτῶν. ...			
a 121	**Mt 10,10**	[9] μὴ κτήσησθε χρυσὸν μηδὲ ἄργυρον μηδὲ χαλκὸν εἰς τὰς ζώνας ὑμῶν, [10] μὴ πήραν εἰς ὁδὸν μηδὲ δύο χιτῶνας μηδὲ ὑποδήματα **μηδὲ** ῥάβδον· ...	**Mk 6,8**	... ἵνα μηδὲν αἴρωσιν εἰς ὁδὸν **εἰ μὴ** ῥάβδον μόνον, μὴ ἄρτον, μὴ πήραν, μὴ εἰς τὴν ζώνην χαλκόν, [9] ἀλλὰ ὑποδεδεμένους σανδάλια, καὶ μὴ ἐνδύσησθε δύο χιτῶνας.	**Lk 9,3** ⇩ Lk 10,4 → Lk 22,35-36	... μηδὲν αἴρετε εἰς τὴν ὁδόν, **μήτε** ῥάβδον μήτε πήραν μήτε ἄρτον μήτε ἀργύριον μήτε [ἀνὰ] δύο χιτῶνας ἔχειν.	Mk-Q overlap
					Lk 10,4 ⇧ Lk 9,3 → Lk 22,35-36	μὴ βαστάζετε βαλλάντιον, μὴ πήραν, μὴ ὑποδήματα, καὶ μηδένα κατὰ τὴν ὁδὸν ἀσπάσησθε.	Mk-Q overlap
a 211 *a* 112	**Mt 14,17** → Mt 15,34	οἱ δὲ λέγουσιν αὐτῷ· οὐκ ἔχομεν ὧδε **εἰ μὴ** πέντε ἄρτους καὶ δύο ἰχθύας.	**Mk 6,38** → Mk 8,5	[37] ... καὶ λέγουσιν αὐτῷ· ἀπελθόντες ἀγοράσωμεν δηναρίων διακοσίων ἄρτους ... [38] ὁ δὲ λέγει αὐτοῖς· πόσους ἄρτους ἔχετε; ὑπάγετε ἴδετε. καὶ γνόντες λέγουσιν· πέντε, καὶ δύο ἰχθύας.	**Lk 9,13**	... οἱ δὲ εἶπαν· οὐκ εἰσὶν ἡμῖν πλεῖον ἢ ἄρτοι πέντε καὶ ἰχθύες δύο, **εἰ μήτι** πορευθέντες ἡμεῖς ἀγοράσωμεν εἰς πάντα τὸν λαὸν τοῦτον βρώματα.	→ Jn 6,7.9
200	**Mt 14,28**	... κύριε, **εἰ** σὺ εἶ, κέλευσόν με ἐλθεῖν πρὸς σὲ ἐπὶ τὰ ὕδατα.					
a 200	**Mt 15,24** → Mt 10,6	... οὐκ ἀπεστάλην **εἰ μὴ** εἰς τὰ πρόβατα τὰ ἀπολωλότα οἴκου Ἰσραήλ.					
120 *a* 210	**Mt 16,4** ⇧ Mt 12,39	γενεὰ πονηρὰ καὶ μοιχαλὶς σημεῖον ἐπιζητεῖ, καὶ σημεῖον **οὐ δοθήσεται** αὐτῇ **εἰ μὴ** τὸ σημεῖον Ἰωνᾶ. ...	**Mk 8,12**	... τί ἡ γενεὰ αὕτη ζητεῖ σημεῖον; ἀμὴν λέγω ὑμῖν, **εἰ δοθήσεται** τῇ γενεᾷ ταύτῃ σημεῖον.	**Lk 11,29**	... ἡ γενεὰ αὕτη γενεὰ πονηρά ἐστιν· σημεῖον ζητεῖ, καὶ σημεῖον **οὐ δοθήσεται** αὐτῇ **εἰ μὴ** τὸ σημεῖον Ἰωνᾶ.	Mk-Q overlap
a 120	**Mt 16,5**	καὶ ἐλθόντες οἱ μαθηταὶ εἰς τὸ πέραν ἐπελάθοντο ἄρτους λαβεῖν.	**Mk 8,14**	καὶ ἐπελάθοντο λαβεῖν ἄρτους καὶ **εἰ μὴ** ἕνα ἄρτον οὐκ εἶχον μεθ' ἑαυτῶν ἐν τῷ πλοίῳ.			

d 020			**Mk 8,23** → Mt 9,29 → Mt 20,34 → Mk 7,33	... ἐπιθεὶς τὰς χεῖρας αὐτῷ ἐπηρώτα αὐτόν· **εἴ** τι βλέπεις;			→ Jn 9,6
222	**Mt 16,24** ⇩ Mt 10,38	... **εἴ** τις θέλει ὀπίσω μου ἐλθεῖν, ἀπαρνησάσθω ἑαυτὸν καὶ ἀράτω τὸν σταυρὸν αὐτοῦ καὶ ἀκολουθείτω μοι.	**Mk 8,34**	... **εἴ** τις θέλει ὀπίσω μου ἀκολουθεῖν, ἀπαρνησάσθω ἑαυτὸν καὶ ἀράτω τὸν σταυρὸν αὐτοῦ καὶ ἀκολουθείτω μοι.	**Lk 9,23** ⇩ Lk 14,27	... **εἴ** τις θέλει ὀπίσω μου ἔρχεσθαι, ἀρνησάσθω ἑαυτὸν καὶ ἀράτω τὸν σταυρὸν αὐτοῦ καθ' ἡμέραν, καὶ ἀκολουθείτω μοι.	→ GTh 55 Mk-Q overlap
	Mt 10,38 ⇧ **Mt 16,24**	καὶ ὃς οὐ λαμβάνει τὸν σταυρὸν αὐτοῦ καὶ ἀκολουθεῖ ὀπίσω μου, οὐκ ἔστιν μου ἄξιος.			**Lk 14,27** ⇧ **Lk 9,23**	ὅστις οὐ βαστάζει τὸν σταυρὸν ἑαυτοῦ καὶ ἔρχεται ὀπίσω μου οὐ δύναται εἶναί μου μαθητής.	→ GTh 55 → GTh 101 Mk-Q overlap
211	**Mt 17,4**	... κύριε, καλόν ἐστιν ἡμᾶς ὧδε εἶναι· **εἰ** θέλεις, ποιήσω ὧδε τρεῖς σκηνάς, ...	**Mk 9,5**	... ῥαββί, καλόν ἐστιν ἡμᾶς ὧδε εἶναι, καὶ ποιήσωμεν τρεῖς σκηνάς, ...	**Lk 9,33**	... ἐπιστάτα, καλόν ἐστιν ἡμᾶς ὧδε εἶναι, καὶ ποιήσωμεν σκηνὰς τρεῖς, ...	
a 211	**Mt 17,8**	ἐπάραντες δὲ τοὺς ὀφθαλμοὺς αὐτῶν οὐδένα εἶδον **εἰ μὴ** αὐτὸν Ἰησοῦν μόνον.	**Mk 9,8**	καὶ ἐξάπινα περιβλεψάμενοι οὐκέτι οὐδένα εἶδον **ἀλλὰ** τὸν Ἰησοῦν μόνον μεθ' ἑαυτῶν.	**Lk 9,36**	καὶ ἐν τῷ γενέσθαι τὴν φωνὴν εὑρέθη Ἰησοῦς μόνος.	
a 121	**Mt 17,9**	... ἐνετείλατο αὐτοῖς ὁ Ἰησοῦς λέγων· μηδενὶ εἴπητε τὸ ὅραμα **ἕως οὗ** ὁ υἱὸς τοῦ ἀνθρώπου ἐκ νεκρῶν ἐγερθῇ.	**Mk 9,9**	... διεστείλατο αὐτοῖς ἵνα μηδενὶ ἃ εἶδον διηγήσωνται, **εἰ μὴ ὅταν** ὁ υἱὸς τοῦ ἀνθρώπου ἐκ νεκρῶν ἀναστῇ.		καὶ αὐτοὶ ἐσίγησαν καὶ οὐδενὶ ἀπήγγειλαν ἐν ἐκείναις ταῖς ἡμέραις οὐδὲν ὧν ἑώρακαν.	
020			**Mk 9,22**	... ἀλλ' **εἴ** τι δύνῃ, βοήθησον ἡμῖν σπλαγχνισθεὶς ἐφ' ἡμᾶς.			
020			**Mk 9,23** → Mt 17,20 → Lk 17,6 → Mt 21,21 → Mk 11,23	ὁ δὲ Ἰησοῦς εἶπεν αὐτῷ· τὸ **εἰ** δύνῃ, πάντα δυνατὰ τῷ πιστεύοντι.			
a 120	**Mt 17,20**	ὁ δὲ λέγει αὐτοῖς· διὰ τὴν ὀλιγοπιστίαν ὑμῶν· ...	**Mk 9,29**	καὶ εἶπεν αὐτοῖς· τοῦτο τὸ γένος ἐν οὐδενὶ δύναται ἐξελθεῖν **εἰ μὴ** ἐν προσευχῇ.			
020			**Mk 9,35** → Mt 20,26-27 ⇨ Mk 10,43-44 → Lk 22,26 → Mt 23,11 → Mk 10,31	καὶ καθίσας ἐφώνησεν τοὺς δώδεκα καὶ λέγει αὐτοῖς· **εἴ** τις θέλει πρῶτος εἶναι, ἔσται πάντων ἔσχατος καὶ πάντων διάκονος.			

122	Mt 18,6 → Mt 18,10	ὃς δ᾽ ἂν σκανδαλίσῃ ἕνα τῶν μικρῶν τούτων τῶν πιστευόντων εἰς ἐμέ, συμφέρει αὐτῷ ἵνα κρεμασθῇ μύλος ὀνικὸς περὶ τὸν τράχηλον αὐτοῦ καὶ καταποντισθῇ ἐν τῷ πελάγει τῆς θαλάσσης.	Mk 9,42	καὶ ὃς ἂν σκανδαλίσῃ ἕνα τῶν μικρῶν τούτων τῶν πιστευόντων [εἰς ἐμέ], καλόν ἐστιν αὐτῷ μᾶλλον εἰ περίκειται μύλος ὀνικὸς περὶ τὸν τράχηλον αὐτοῦ καὶ βέβληται εἰς τὴν θάλασσαν.	Lk 17,2	λυσιτελεῖ αὐτῷ εἰ λίθος μυλικὸς περίκειται περὶ τὸν τράχηλον αὐτοῦ καὶ ἔρριπται εἰς τὴν θάλασσαν ἢ ἵνα σκανδαλίσῃ τῶν μικρῶν τούτων ἕνα.	Mk-Q overlap?
210	Mt 18,8 ⇧ Mt 5,30	εἰ δὲ ἡ χείρ σου ἢ ὁ πούς σου σκανδαλίζει σε, ἔκκοψον αὐτὸν καὶ βάλε ἀπὸ σοῦ· ...	Mk 9,43 Mk 9,45	καὶ ἐὰν σκανδαλίζῃ σε ἡ χείρ σου, ἀπόκοψον αὐτήν· ... καὶ ἐὰν ὁ πούς σου σκανδαλίζῃ σε, ἀπόκοψον αὐτόν· ...			
210	Mt 18,9 ⇧ Mt 5,29	καὶ εἰ ὁ ὀφθαλμός σου σκανδαλίζει σε, ἔξελε αὐτὸν καὶ βάλε ἀπὸ σοῦ· ...	Mk 9,47	καὶ ἐὰν ὁ ὀφθαλμός σου σκανδαλίζῃ σε, ἔκβαλε αὐτόν· ...			
200	Mt 18,28	... καὶ κρατήσας αὐτὸν ἔπνιγεν λέγων· ἀπόδος εἴ τι ὀφείλεις.					
b 102	Mt 10,13	καὶ ἐὰν μὲν ᾖ ἡ οἰκία ἀξία, ἐλθάτω ἡ εἰρήνη ὑμῶν ἐπ᾽ αὐτήν, ἐὰν δὲ μὴ ᾖ ἀξία, ἡ εἰρήνη ὑμῶν πρὸς ὑμᾶς ἐπιστραφήτω.			Lk 10,6	καὶ ἐὰν ἐκεῖ ᾖ υἱὸς εἰρήνης, ἐπαναπαήσεται ἐπ᾽ αὐτὸν ἡ εἰρήνη ὑμῶν· εἰ δὲ μή γε, ἐφ᾽ ὑμᾶς ἀνακάμψει.	
202	Mt 11,21	οὐαί σοι, Χοραζίν, οὐαί σοι, Βηθσαϊδά· ὅτι εἰ ἐν Τύρῳ καὶ Σιδῶνι ἐγένοντο αἱ δυνάμεις αἱ γενόμεναι ἐν ὑμῖν, ...			Lk 10,13	οὐαί σοι, Χοραζίν, οὐαί σοι, Βηθσαϊδά· ὅτι εἰ ἐν Τύρῳ καὶ Σιδῶνι ἐγενήθησαν αἱ δυνάμεις αἱ γενόμεναι ἐν ὑμῖν, ...	
a 202 a 202	Mt 11,27 (2)	... καὶ οὐδεὶς ἐπιγινώσκει τὸν υἱὸν εἰ μὴ ὁ πατήρ, οὐδὲ τὸν πατέρα τις ἐπιγινώσκει εἰ μὴ ὁ υἱὸς καὶ ᾧ ἐὰν βούληται ὁ υἱὸς ἀποκαλύψαι.			Lk 10,22 (2)	... καὶ οὐδεὶς γινώσκει τίς ἐστιν ὁ υἱὸς εἰ μὴ ὁ πατήρ, καὶ τίς ἐστιν ὁ πατὴρ εἰ μὴ ὁ υἱὸς καὶ ᾧ ἐὰν βούληται ὁ υἱὸς ἀποκαλύψαι.	→ GTh 61,3
002					Lk 11,8	λέγω ὑμῖν, εἰ καὶ οὐ δώσει αὐτῷ ἀναστὰς διὰ τὸ εἶναι φίλον αὐτοῦ, ...	
c 202	Mt 7,11	εἰ οὖν ὑμεῖς πονηροὶ ὄντες οἴδατε δόματα ἀγαθὰ διδόναι τοῖς τέκνοις ὑμῶν, ...			Lk 11,13	εἰ οὖν ὑμεῖς πονηροὶ ὑπάρχοντες οἴδατε δόματα ἀγαθὰ διδόναι τοῖς τέκνοις ὑμῶν, ...	

202	Mt 12,26	καὶ **εἰ** ὁ σατανᾶς τὸν σατανᾶν ἐκβάλλει, ἐφ' ἑαυτὸν ἐμερίσθη· πῶς οὖν σταθήσεται ἡ βασιλεία αὐτοῦ;	Mk 3,26	καὶ **εἰ** ὁ σατανᾶς ἀνέστη ἐφ' ἑαυτὸν καὶ ἐμερίσθη, οὐ δύναται στῆναι ἀλλὰ τέλος ἔχει.	Lk 11,18 → Mt 9,34	**εἰ** δὲ καὶ ὁ σατανᾶς ἐφ' ἑαυτὸν διεμερίσθη, πῶς σταθήσεται ἡ βασιλεία αὐτοῦ; ...	Mk-Q overlap
202	Mt 12,27	καὶ **εἰ** ἐγὼ ἐν Βεελζεβοὺλ ἐκβάλλω τὰ δαιμόνια, ...			Lk 11,19	**εἰ** δὲ ἐγὼ ἐν Βεελζεβοὺλ ἐκβάλλω τὰ δαιμόνια, ...	
202	Mt 12,28	**εἰ** δὲ ἐν πνεύματι θεοῦ ἐγὼ ἐκβάλλω τὰ δαιμόνια, ἄρα ἔφθασεν ἐφ' ὑμᾶς ἡ βασιλεία τοῦ θεοῦ.			Lk 11,20	**εἰ** δὲ ἐν δακτύλῳ θεοῦ [ἐγὼ] ἐκβάλλω τὰ δαιμόνια, ἄρα ἔφθασεν ἐφ' ὑμᾶς ἡ βασιλεία τοῦ θεοῦ.	
a 202	Mt 12,39 ⇧ Mt 16,4	... γενεὰ πονηρὰ καὶ μοιχαλὶς σημεῖον ἐπιζητεῖ, καὶ σημεῖον οὐ δοθήσεται αὐτῇ **εἰ μὴ** τὸ σημεῖον Ἰωνᾶ τοῦ προφήτου.	Mk 8,12	... τί ἡ γενεὰ αὕτη ζητεῖ σημεῖον; ἀμὴν λέγω ὑμῖν, εἰ δοθήσεται τῇ γενεᾷ ταύτῃ σημεῖον.	Lk 11,29	... ἡ γενεὰ αὕτη γενεὰ πονηρά ἐστιν· σημεῖον ζητεῖ, καὶ σημεῖον οὐ δοθήσεται αὐτῇ **εἰ μὴ** τὸ σημεῖον Ἰωνᾶ.	Mk-Q overlap
c 002					Lk 11,36 → Lk 11,35	**εἰ** οὖν τὸ σῶμά σου ὅλον φωτεινόν, μὴ ἔχον μέρος τι σκοτεινόν, ...	→ GTh 24 (POxy 655 - restoration)
c 102	Mt 6,28	καὶ περὶ ἐνδύματος τί μεριμνᾶτε; καταμάθετε τὰ κρίνα τοῦ ἀγροῦ πῶς αὐξάνουσιν· ...			Lk 12,26	**εἰ** οὖν οὐδὲ ἐλάχιστον δύνασθε, τί περὶ τῶν λοιπῶν μεριμνᾶτε; [27] κατανοήσατε τὰ κρίνα πῶς αὐξάνει· ...	→ GTh 36,2 (only POxy 655)
202	Mt 6,30	**εἰ** δὲ τὸν χόρτον τοῦ ἀγροῦ σήμερον ὄντα καὶ αὔριον εἰς κλίβανον βαλλόμενον ὁ θεὸς οὕτως ἀμφιέννυσιν, οὐ πολλῷ μᾶλλον ὑμᾶς, ὀλιγόπιστοι;			Lk 12,28	**εἰ** δὲ ἐν ἀγρῷ τὸν χόρτον ὄντα σήμερον καὶ αὔριον εἰς κλίβανον βαλλόμενον ὁ θεὸς οὕτως ἀμφιέζει, πόσῳ μᾶλλον ὑμᾶς, ὀλιγόπιστοι.	→ GTh 36,2 (only POxy 655)
202	Mt 24,43	ἐκεῖνο δὲ γινώσκετε ὅτι **εἰ** ᾔδει ὁ οἰκοδεσπότης ποίᾳ φυλακῇ ὁ κλέπτης ἔρχεται, ...			Lk 12,39	τοῦτο δὲ γινώσκετε ὅτι **εἰ** ᾔδει ὁ οἰκοδεσπότης ποίᾳ ὥρᾳ ὁ κλέπτης ἔρχεται, ...	→ GTh 21,5 → GTh 103
002					Lk 12,49 → Mt 3,11 → Lk 3,16	πῦρ ἦλθον βαλεῖν ἐπὶ τὴν γῆν, καὶ τί θέλω **εἰ** ἤδη ἀνήφθη.	→ GTh 10
b 002					Lk 13,9	κἂν μὲν ποιήσῃ καρπὸν εἰς τὸ μέλλον· **εἰ δὲ μή γε,** ἐκκόψεις αὐτήν.	
d 002					Lk 13,23 → Mt 7,14	εἶπεν δέ τις αὐτῷ· κύριε, **εἰ** ὀλίγοι οἱ σῳζόμενοι; ...	

102	**Mt 10,37** → Mt 19,29	ὁ φιλῶν πατέρα ἢ μητέρα ὑπὲρ ἐμὲ οὐκ ἔστιν μου ἄξιος, ...	→ Mk 10,29		**Lk 14,26** → Lk 18,29	**εἴ** τις ἔρχεται πρός με καὶ οὐ μισεῖ τὸν πατέρα ἑαυτοῦ καὶ τὴν μητέρα ... οὐ δύναται εἶναί μου μαθητής.	→ GTh 55 → GTh 101
d 002					**Lk 14,28**	... οὐχὶ πρῶτον καθίσας ψηφίζει τὴν δαπάνην, **εἰ** ἔχει εἰς ἀπαρτισμόν;	
d 002					**Lk 14,31**	... οὐχὶ καθίσας πρῶτον βουλεύσεται **εἰ** δυνατός ἐστιν ἐν δέκα χιλιάσιν ὑπαντῆσαι τῷ μετὰ εἴκοσι χιλιάδων ἐρχομένῳ ἐπ' αὐτόν;	
b 002					**Lk 14,32**	**εἰ δὲ μή γε,** ἔτι αὐτοῦ πόρρω ὄντος πρεσβείαν ἀποστείλας ἐρωτᾷ τὰ πρὸς εἰρήνην.	
c 002					**Lk 16,11**	**εἰ** οὖν ἐν τῷ ἀδίκῳ μαμωνᾷ πιστοὶ οὐκ ἐγένεσθε, τὸ ἀληθινὸν τίς ὑμῖν πιστεύσει;	
002					**Lk 16,12**	καὶ **εἰ** ἐν τῷ ἀλλοτρίῳ πιστοὶ οὐκ ἐγένεσθε, τὸ ὑμέτερον τίς ὑμῖν δώσει;	
002					**Lk 16,31**	εἶπεν δὲ αὐτῷ· **εἰ** Μωϋσέως καὶ τῶν προφητῶν οὐκ ἀκούουσιν, οὐδ' ἐάν τις ἐκ νεκρῶν ἀναστῇ πεισθήσονται.	
122	**Mt 18,6** → Mt 18,10	ὃς δ' ἂν σκανδαλίσῃ ἕνα τῶν μικρῶν τούτων τῶν πιστευόντων εἰς ἐμέ, συμφέρει αὐτῷ **ἵνα** κρεμασθῇ μύλος ὀνικὸς περὶ τὸν τράχηλον αὐτοῦ καὶ καταποντισθῇ ἐν τῷ πελάγει τῆς θαλάσσης.	**Mk 9,42**	καὶ ὃς ἂν σκανδαλίσῃ ἕνα τῶν μικρῶν τούτων τῶν πιστευόντων [εἰς ἐμέ], καλόν ἐστιν αὐτῷ μᾶλλον **εἰ** περίκειται μύλος ὀνικὸς περὶ τὸν τράχηλον αὐτοῦ καὶ βέβληται εἰς τὴν θάλασσαν.	**Lk 17,2**	λυσιτελεῖ αὐτῷ **εἰ** λίθος μυλικὸς περίκειται περὶ τὸν τράχηλον αὐτοῦ καὶ ἔρριπται εἰς τὴν θάλασσαν ἢ ἵνα σκανδαλίσῃ τῶν μικρῶν τούτων ἕνα.	Mk-Q overlap?
102	**Mt 17,20**	... **ἐὰν** ἔχητε πίστιν ὡς κόκκον σινάπεως, ...	**Mk 11,22**	... ἔχετε πίστιν θεοῦ.	**Lk 17,6** → Mt 21,21	... **εἰ** ἔχετε πίστιν ὡς κόκκον σινάπεως, ...	
a 002					**Lk 17,18**	οὐχ εὑρέθησαν ὑποστρέψαντες δοῦναι δόξαν τῷ θεῷ **εἰ μὴ** ὁ ἀλλογενὴς οὗτος;	
002					**Lk 18,4**	... μετὰ δὲ ταῦτα εἶπεν ἐν ἑαυτῷ· **εἰ** καὶ τὸν θεὸν οὐ φοβοῦμαι οὐδὲ ἄνθρωπον ἐντρέπομαι	

d 220	**Mt 19,3**	καὶ προσῆλθον αὐτῷ Φαρισαῖοι πειράζοντες αὐτὸν καὶ λέγοντες· **εἰ** ἔξεστιν ἀνθρώπῳ ἀπολῦσαι τὴν γυναῖκα αὐτοῦ κατὰ πᾶσαν αἰτίαν;	**Mk 10,2**	καὶ προσελθόντες Φαρισαῖοι ἐπηρώτων αὐτὸν **εἰ** ἔξεστιν ἀνδρὶ γυναῖκα ἀπολῦσαι, πειράζοντες αὐτόν.			
  200	**Mt 19,10**	λέγουσιν αὐτῷ οἱ μαθηταὶ [αὐτοῦ]· **εἰ** οὕτως ἐστὶν ἡ αἰτία τοῦ ἀνθρώπου μετὰ τῆς γυναικός, οὐ συμφέρει γαμῆσαι.					
a 122 211	**Mt 19,17**	... τί με ἐρωτᾷς περὶ τοῦ ἀγαθοῦ; εἷς ἐστιν ὁ ἀγαθός· **εἰ** δὲ θέλεις εἰς τὴν ζωὴν εἰσελθεῖν, τήρησον τὰς ἐντολάς.	**Mk 10,18**	... τί με λέγεις ἀγαθόν; οὐδεὶς ἀγαθὸς **εἰ μὴ** εἷς ὁ θεός. [19] τὰς ἐντολὰς οἶδας· ...	**Lk 18,19**	... τί με λέγεις ἀγαθόν; οὐδεὶς ἀγαθὸς **εἰ μὴ** εἷς ὁ θεός. [20] τὰς ἐντολὰς οἶδας· ...	
  211	**Mt 19,21** → Mt 6,20	ἔφη αὐτῷ ὁ Ἰησοῦς· **εἰ** θέλεις τέλειος εἶναι, ὕπαγε πώλησόν σου τὰ ὑπάρχοντα καὶ δὸς [τοῖς] πτωχοῖς, ...	**Mk 10,21**	ὁ δὲ Ἰησοῦς ... εἶπεν αὐτῷ· ἕν σε ὑστερεῖ· ὕπαγε, ὅσα ἔχεις πώλησον καὶ δὸς [τοῖς] πτωχοῖς, ...	**Lk 18,22** → Lk 12,33	ἀκούσας δὲ ὁ Ἰησοῦς εἶπεν αὐτῷ· ἔτι ἕν σοι λείπει· πάντα ὅσα ἔχεις πώλησον καὶ διάδος πτωχοῖς, ...	→ Acts 2,45
   002					**Lk 19,8** → Lk 3,13	... ἰδοὺ τὰ ἡμίσιά μου τῶν ὑπαρχόντων, κύριε, τοῖς πτωχοῖς δίδωμι, καὶ **εἴ** τινός τι ἐσυκοφάντησα ἀποδίδωμι τετραπλοῦν.	
 002					**Lk 19,42**	λέγων ὅτι **εἰ** ἔγνως ἐν τῇ ἡμέρᾳ ταύτῃ καὶ σὺ τὰ πρὸς εἰρήνην· ...	
d 120 *a* 220	**Mt 21,19** → Lk 13,6	καὶ ἰδὼν συκῆν μίαν ἐπὶ τῆς ὁδοῦ ἦλθεν ἐπ' αὐτὴν καὶ οὐδὲν εὗρεν ἐν αὐτῇ **εἰ μὴ** φύλλα μόνον, ...	**Mk 11,13** **(2)** → Lk 13,6	καὶ ἰδὼν συκῆν ἀπὸ μακρόθεν ἔχουσαν φύλλα ἦλθεν, **εἰ** ἄρα τι εὑρήσει ἐν αὐτῇ, καὶ ἐλθὼν ἐπ' αὐτὴν οὐδὲν εὗρεν **εἰ μὴ** φύλλα· ὁ γὰρ καιρὸς οὐκ ἦν σύκων.			
  120	**Mt 6,14** → Mt 6,12 → Lk 11,4	ἐὰν γὰρ ἀφῆτε τοῖς ἀνθρώποις **τὰ παραπτώματα** **αὐτῶν,** ἀφήσει καὶ ὑμῖν ὁ πατὴρ ὑμῶν ὁ οὐράνιος·	**Mk 11,25** → Mt 5,23-24	καὶ ὅταν στήκετε προσευχόμενοι, ἀφίετε **εἴ τι ἔχετε κατά** **τινος,** ἵνα καὶ ὁ πατὴρ ὑμῶν ὁ ἐν τοῖς οὐρανοῖς ἀφῇ ὑμῖν τὰ παραπτώματα ὑμῶν.			
c 211	**Mt 22,45**	**εἰ** οὖν Δαυὶδ καλεῖ αὐτὸν κύριον, πῶς υἱὸς αὐτοῦ ἐστιν;	**Mk 12,37**	 αὐτὸς Δαυὶδ λέγει αὐτὸν κύριον, καὶ πόθεν αὐτοῦ ἐστιν υἱός; ...	**Lk 20,44**	 Δαυὶδ οὖν κύριον αὐτὸν καλεῖ, καὶ πῶς αὐτοῦ υἱός ἐστιν;	

201	Mt 23,30	[29] ... οἰκοδομεῖτε τοὺς τάφους τῶν προφητῶν καὶ κοσμεῖτε τὰ μνημεῖα τῶν δικαίων, [30] καὶ λέγετε· εἰ ἤμεθα ἐν ταῖς ἡμέραις τῶν πατέρων ἡμῶν, οὐκ ἂν ἤμεθα αὐτῶν κοινωνοὶ ἐν τῷ αἵματι τῶν προφητῶν.			Lk 11,47	... ὅτι οἰκοδομεῖτε τὰ μνημεῖα τῶν προφητῶν, οἱ δὲ πατέρες ὑμῶν ἀπέκτειναν αὐτούς.	
a 220	Mt 24,22	καὶ εἰ μὴ ἐκολοβώθησαν αἱ ἡμέραι ἐκεῖναι, οὐκ ἂν ἐσώθη πᾶσα σάρξ· ...	Mk 13,20	καὶ εἰ μὴ ἐκολόβωσεν κύριος τὰς ἡμέρας, οὐκ ἂν ἐσώθη πᾶσα σάρξ· ...			
220	Mt 24,24 → Mt 24,5 → Mt 24,11	... καὶ δώσουσιν σημεῖα μεγάλα καὶ τέρατα ὥστε πλανῆσαι, εἰ δυνατόν, καὶ τοὺς ἐκλεκτούς·	Mk 13,22 → Mk 13,6	... καὶ δώσουσιν σημεῖα καὶ τέρατα πρὸς τὸ ἀποπλανᾶν, εἰ δυνατόν, τοὺς ἐκλεκτούς.			
a 220	Mt 24,36	περὶ δὲ τῆς ἡμέρας ἐκείνης καὶ ὥρας οὐδεὶς οἶδεν, οὐδὲ οἱ ἄγγελοι τῶν οὐρανῶν οὐδὲ ὁ υἱός, εἰ μὴ ὁ πατὴρ μόνος.	Mk 13,32	περὶ δὲ τῆς ἡμέρας ἐκείνης ἢ τῆς ὥρας οὐδεὶς οἶδεν, οὐδὲ οἱ ἄγγελοι ἐν οὐρανῷ οὐδὲ ὁ υἱός, εἰ μὴ ὁ πατήρ.			
202	Mt 24,43	ἐκεῖνο δὲ γινώσκετε ὅτι εἰ ᾔδει ὁ οἰκοδεσπότης ποίᾳ φυλακῇ ὁ κλέπτης ἔρχεται, ...			Lk 12,39	τοῦτο δὲ γινώσκετε ὅτι εἰ ᾔδει ὁ οἰκοδεσπότης ποίᾳ ὥρᾳ ὁ κλέπτης ἔρχεται, ...	→ GTh 21,5 → GTh 103
221	Mt 26,24	... οὐαὶ δὲ τῷ ἀνθρώπῳ ἐκείνῳ δι' οὗ ὁ υἱὸς τοῦ ἀνθρώπου παραδίδοται· καλὸν ἦν αὐτῷ εἰ οὐκ ἐγεννήθη ὁ ἄνθρωπος ἐκεῖνος.	Mk 14,21	... οὐαὶ δὲ τῷ ἀνθρώπῳ ἐκείνῳ δι' οὗ ὁ υἱὸς τοῦ ἀνθρώπου παραδίδοται· καλὸν αὐτῷ εἰ οὐκ ἐγεννήθη ὁ ἄνθρωπος ἐκεῖνος.	Lk 22,22	... πλὴν οὐαὶ τῷ ἀνθρώπῳ ἐκείνῳ δι' οὗ παραδίδοται.	
221	Mt 26,33	ἀποκριθεὶς δὲ ὁ Πέτρος εἶπεν αὐτῷ· εἰ πάντες σκανδαλισθήσονται ἐν σοί, ἐγὼ οὐδέποτε σκανδαλισθήσομαι.	Mk 14,29	ὁ δὲ Πέτρος ἔφη αὐτῷ· εἰ καὶ πάντες σκανδαλισθήσονται, ἀλλ' οὐκ ἐγώ.	Lk 22,33 → Mt 26,35 → Mk 14,31	ὁ δὲ εἶπεν αὐτῷ· κύριε, μετὰ σοῦ ἕτοιμός εἰμι καὶ εἰς φυλακὴν καὶ εἰς θάνατον πορεύεσθαι.	→ Jn 13,37
121	Mt 26,39	καὶ προελθὼν μικρὸν ἔπεσεν ἐπὶ πρόσωπον αὐτοῦ προσευχόμενος	Mk 14,35	καὶ προελθὼν μικρὸν ἔπιπτεν ἐπὶ τῆς γῆς καὶ προσηύχετο ἵνα εἰ δυνατόν ἐστιν παρέλθῃ ἀπ' αὐτοῦ ἡ ὥρα,	Lk 22,41	καὶ αὐτὸς ἀπεσπάσθη ἀπ' αὐτῶν ὡσεὶ λίθου βολὴν καὶ θεὶς τὰ γόνατα προσηύχετο	
212		καὶ λέγων· πάτερ μου, εἰ δυνατόν ἐστιν, παρελθάτω ἀπ' ἐμοῦ τὸ ποτήριον τοῦτο· πλὴν οὐχ ὡς ἐγὼ θέλω ἀλλ' ὡς σύ.	Mk 14,36	καὶ ἔλεγεν· αββα ὁ πατήρ, πάντα δυνατά σοι· παρένεγκε τὸ ποτήριον τοῦτο ἀπ' ἐμοῦ· ἀλλ' οὐ τί ἐγὼ θέλω ἀλλὰ τί σύ.	Lk 22,42 ↓ Mt 26,42	λέγων· πάτερ, εἰ βούλει παρένεγκε τοῦτο τὸ ποτήριον ἀπ' ἐμοῦ· πλὴν μὴ τὸ θέλημά μου ἀλλὰ τὸ σὸν γινέσθω.	→ Jn 18,11

210	**Mt 26,42** → Mt 6,10 ↑ **Lk 22,42**	πάλιν ἐκ δευτέρου ἀπελθὼν προσηύξατο λέγων· πάτερ μου, **εἰ** οὐ δύναται τοῦτο παρελθεῖν ἐὰν μὴ αὐτὸ πίω, γενηθήτω τὸ θέλημά σου.	**Mk 14,39**	καὶ πάλιν ἀπελθὼν προσηύξατο τὸν αὐτὸν λόγον εἰπών.			
d 002	→ Mt 26,51		→ Mk 14,47		**Lk 22,49** → Lk 22,38 → Lk 22,50	ἰδόντες δὲ οἱ περὶ αὐτὸν τὸ ἐσόμενον εἶπαν· κύριε, **εἰ** πατάξομεν ἐν μαχαίρῃ;	
d 212	**Mt 26,63** ↓ **Mt 27,43**	... καὶ ὁ ἀρχιερεὺς εἶπεν αὐτῷ· ἐξορκίζω σε κατὰ τοῦ θεοῦ τοῦ ζῶντος ἵνα ἡμῖν εἴπῃς **εἰ** σὺ εἶ ὁ χριστὸς ὁ υἱὸς τοῦ θεοῦ.	**Mk 14,61** → Mk 15,32	... πάλιν ὁ ἀρχιερεὺς ἐπηρώτα αὐτὸν καὶ λέγει αὐτῷ· σὺ εἶ ὁ χριστὸς ὁ υἱὸς τοῦ εὐλογητοῦ;	**Lk 22,67** ⇩ Lk 22,70 ↓ **Lk 23,35**	λέγοντες· **εἰ** σὺ εἶ ὁ χριστός, εἰπὸν ἡμῖν. ...	→ **Jn 10,24**
					Lk 22,70 ⇧ Lk 22,67	εἶπαν δὲ πάντες· σὺ οὖν εἶ ὁ υἱὸς τοῦ θεοῦ; ...	→ Jn 10,36
d 002					**Lk 23,6**	Πιλᾶτος δὲ ἀκούσας ἐπηρώτησεν **εἰ** ὁ ἄνθρωπος Γαλιλαῖός ἐστιν	
002					**Lk 23,31**	ὅτι **εἰ** ἐν τῷ ὑγρῷ ξύλῳ ταῦτα ποιοῦσιν, ἐν τῷ ξηρῷ τί γένηται;	
210	**Mt 27,40** ↑ **Mt 4,3.6** ↓ Mt 27,42	[39] οἱ δὲ παραπορευόμενοι ... [40] καὶ λέγοντες· ... σῶσον σεαυτόν, **εἰ** υἱὸς εἶ τοῦ θεοῦ, [καὶ] κατάβηθι ἀπὸ τοῦ σταυροῦ.	**Mk 15,30** ↓ Mk 15,31	[29] καὶ οἱ παραπορευόμενοι ... καὶ λέγοντες· ... [30] σῶσον σεαυτὸν καταβὰς ἀπὸ τοῦ σταυροῦ.	**Lk 23,37** ↓ **Lk 23,35** → Lk 23,39	[36] ... οἱ στρατιῶται προσερχόμενοι, ... [37] καὶ λέγοντες· εἰ σὺ εἶ ὁ βασιλεὺς τῶν Ἰουδαίων, σῶσον σεαυτόν.	
112	**Mt 27,42** ↑ **Mt 27,40** ↓ **Lk 23,37**	[41] ὁμοίως καὶ οἱ ἀρχιερεῖς ἐμπαίζοντες μετὰ τῶν γραμματέων καὶ πρεσβυτέρων ἔλεγον· [42] ἄλλους ἔσωσεν, ἑαυτὸν οὐ δύναται σῶσαι· βασιλεὺς Ἰσραήλ ἐστιν, καταβάτω νῦν ἀπὸ τοῦ σταυροῦ ...	**Mk 15,31** ↑ Mk 15,30 ↓ **Lk 23,37**	[31] ὁμοίως καὶ οἱ ἀρχιερεῖς ἐμπαίζοντες πρὸς ἀλλήλους μετὰ τῶν γραμματέων ἔλεγον· ἄλλους ἔσωσεν, ἑαυτὸν οὐ δύναται σῶσαι· [32] ὁ χριστὸς ὁ βασιλεὺς Ἰσραὴλ καταβάτω νῦν ἀπὸ τοῦ σταυροῦ, ...	**Lk 23,35** ↑ **Lk 22,67** → Lk 23,39	... ἐξεμυκτήριζον δὲ καὶ οἱ ἄρχοντες λέγοντες· ἄλλους ἔσωσεν, σωσάτω ἑαυτόν, **εἰ** οὗτός ἐστιν ὁ χριστὸς τοῦ θεοῦ ὁ ἐκλεκτός.	
200	**Mt 27,43** ↑ **Mt 26,63** ↑ Mk 14,61 ↑ Lk 22,70	*πέποιθεν ἐπὶ τὸν θεόν, ῥυσάσθω νῦν* ***εἰ*** *θέλει αὐτόν·* εἶπεν γὰρ ὅτι θεοῦ εἰμι υἱός. ➤ Ps 22,9					

002	**Mt 27,40** ↑ **Mt 4,3.6** ↑ Mt 27,42	[39] οἱ δὲ παραπορευόμενοι ... [40] καὶ λέγοντες· ... σῶσον σεαυτόν, **εἰ** υἱὸς εἶ τοῦ θεοῦ, [καὶ] κατάβηθι ἀπὸ τοῦ σταυροῦ.	**Mk 15,30** ↑ Mk 15,31	[29] καὶ οἱ παραπορευόμενοι ... καὶ λέγοντες· ... [30] σῶσον σεαυτὸν καταβὰς ἀπὸ τοῦ σταυροῦ.	**Lk 23,37** ↑ **Lk 23,35** → Lk 23,39	[36] ... οἱ στρατιῶται προσερχόμενοι, ... [37] καὶ λέγοντες· **εἰ** σὺ εἶ ὁ βασιλεὺς τῶν Ἰουδαίων, σῶσον σεαυτόν.	
	Mt 27,42	... βασιλεὺς Ἰσραήλ ἐστιν, καταβάτω νῦν ἀπὸ τοῦ σταυροῦ ...	**Mk 15,32**	ὁ χριστὸς ὁ βασιλεὺς Ἰσραὴλ καταβάτω νῦν ἀπὸ τοῦ σταυροῦ, ...			
d 220	**Mt 27,49**	... ἄφες ἴδωμεν **εἰ** ἔρχεται Ἠλίας σώσων αὐτόν.	**Mk 15,36**	... ἄφετε ἴδωμεν **εἰ** ἔρχεται Ἠλίας καθελεῖν αὐτόν.			
d 020			**Mk 15,44** (2)	ὁ δὲ Πιλᾶτος ἐθαύμασεν **εἰ** ἤδη τέθνηκεν			
d 020				καὶ προσκαλεσάμενος τὸν κεντυρίωνα ἐπηρώτησεν αὐτὸν **εἰ** πάλαι ἀπέθανεν·			

d **Acts 1,6** ... κύριε,
εἰ
ἐν τῷ χρόνῳ τούτῳ ἀποκαθιστάνεις τὴν βασιλείαν τῷ Ἰσραήλ;

Acts 4,9 **εἰ**
ἡμεῖς σήμερον ἀνακρινόμεθα ἐπὶ εὐεργεσίᾳ ἀνθρώπου ἀσθενοῦς ἐν τίνι οὗτος σέσωται

d **Acts 4,19** ... **εἰ**
δίκαιόν ἐστιν ἐνώπιον τοῦ θεοῦ ὑμῶν ἀκούειν μᾶλλον ἢ τοῦ θεοῦ, κρίνατε·

d **Acts 5,8** ... εἰπέ μοι,
εἰ
τοσούτου τὸ χωρίον ἀπέδοσθε; ...

Acts 5,39 **εἰ**
δὲ ἐκ θεοῦ ἐστιν, οὐ δυνήσεσθε καταλῦσαι αὐτούς, ...

d **Acts 7,1** εἶπεν δὲ ὁ ἀρχιερεύς·
εἰ
ταῦτα οὕτως ἔχει;

d **Acts 8,22** μετανόησον οὖν ἀπὸ τῆς κακίας σου ταύτης καὶ δεήθητι τοῦ κυρίου,
εἰ
ἄρα ἀφεθήσεταί σοι ἡ ἐπίνοια τῆς καρδίας σου

d **Acts 10,18** καὶ φωνήσαντες ἐπυνθάνοντο
εἰ
Σίμων ὁ ἐπικαλούμενος Πέτρος ἐνθάδε ξενίζεται.

c **Acts 11,17** **εἰ**
οὖν τὴν ἴσην δωρεὰν ἔδωκεν αὐτοῖς ὁ θεὸς ὡς καὶ ἡμῖν πιστεύσασιν ἐπὶ τὸν κύριον Ἰησοῦν Χριστόν, ...

a **Acts 11,19** ... μηδενὶ λαλοῦντες τὸν λόγον
εἰ μὴ
μόνον Ἰουδαίοις.

Acts 13,15 ... ἄνδρες ἀδελφοί,
εἴ
τίς ἐστιν ἐν ὑμῖν λόγος παρακλήσεως πρὸς τὸν λαόν, λέγετε.

Acts 16,15 ὡς δὲ ἐβαπτίσθη καὶ ὁ οἶκος αὐτῆς, παρεκάλεσεν λέγουσα·
εἰ
κεκρίκατέ με πιστὴν τῷ κυρίῳ εἶναι, ...

d **Acts 17,11** ... οἵτινες ἐδέξαντο τὸν λόγον μετὰ πάσης προθυμίας καθ' ἡμέραν ἀνακρίνοντες τὰς γραφὰς
εἰ
ἔχοι ταῦτα οὕτως.

d **Acts 17,27** ζητεῖν τὸν θεόν,
εἰ
ἄρα γε ψηλαφήσειαν αὐτὸν καὶ εὕροιεν, ...

Acts 18,14 ... εἶπεν ὁ Γαλλίων πρὸς τοὺς Ἰουδαίους·
εἰ
μὲν ἦν ἀδίκημά τι ἢ ῥᾳδιούργημα πονηρόν, ὦ Ἰουδαῖοι, κατὰ λόγον ἂν ἀνεσχόμην ὑμῶν,

Acts 18,15 **εἰ**
δὲ ζητήματά ἐστιν περὶ λόγου καὶ ὀνομάτων καὶ νόμου τοῦ καθ' ὑμᾶς, ὄψεσθε αὐτοί· ...

d **Acts 19,2** εἶπέν τε πρὸς αὐτούς·
(2) **εἰ**
πνεῦμα ἅγιον ἐλάβετε πιστεύσαντες;

d οἱ δὲ πρὸς αὐτόν· ἀλλ'
οὐδ' εἰ
πνεῦμα ἅγιον ἔστιν ἠκούσαμεν.

Acts 19,38 **εἰ**
μὲν οὖν Δημήτριος καὶ οἱ σὺν αὐτῷ τεχνῖται ἔχουσι πρός τινα λόγον, ...

Acts 19,39 **εἰ**
δέ τι περαιτέρω ἐπιζητεῖτε, ἐν τῇ ἐννόμῳ ἐκκλησίᾳ ἐπιλυθήσεται.

Acts 20,16 ... ἔσπευδεν γὰρ
εἰ
δυνατὸν εἴη αὐτῷ τὴν ἡμέραν τῆς πεντηκοστῆς γενέσθαι εἰς Ἱεροσόλυμα.

d **Acts 21,37** ... ὁ Παῦλος λέγει τῷ χιλιάρχῳ·
εἰ
ἔξεστίν μοι εἰπεῖν τι πρὸς σέ; ...

d **Acts 22,25** ... εἶπεν πρὸς τὸν ἑστῶτα ἑκατόνταρχον ὁ Παῦλος·
εἰ
ἄνθρωπον Ῥωμαῖον καὶ ἀκατάκριτον ἔξεστιν ὑμῖν μαστίζειν;

Acts 23,9 ... οὐδὲν κακὸν εὑρίσκομεν ἐν τῷ ἀνθρώπῳ τούτῳ· **εἰ** δὲ πνεῦμα ἐλάλησεν αὐτῷ ἢ ἄγγελος;

Acts 24,19 τινὲς δὲ ἀπὸ τῆς Ἀσίας Ἰουδαῖοι, οὓς ἔδει ἐπὶ σοῦ παρεῖναι καὶ κατηγορεῖν **εἴ** τι ἔχοιεν πρὸς ἐμέ.

Acts 25,5 οἱ οὖν ἐν ὑμῖν, φησίν, δυνατοὶ συγκαταβάντες **εἴ** τί ἐστιν ἐν τῷ ἀνδρὶ ἄτοπον κατηγορείτωσαν αὐτοῦ.

Acts 25,11 (2) **εἰ** μὲν οὖν ἀδικῶ καὶ ἄξιον θανάτου πέπραχά τι, οὐ παραιτοῦμαι τὸ ἀποθανεῖν· **εἰ** δὲ οὐδέν ἐστιν ὧν οὗτοι κατηγοροῦσίν μου, οὐδείς με δύναται αὐτοῖς χαρίσασθαι· ...

d **Acts 25,20** ἀπορούμενος δὲ ἐγὼ τὴν περὶ τούτων ζήτησιν ἔλεγον **εἰ** βούλοιτο πορεύεσθαι εἰς Ἱεροσόλυμα κἀκεῖ κρίνεσθαι περὶ τούτων.

Acts 26,8 τί ἄπιστον κρίνεται παρ᾽ ὑμῖν **εἰ** ὁ θεὸς νεκροὺς ἐγείρει;

Acts 26,23 (2) **εἰ** παθητὸς ὁ χριστός, **εἰ** πρῶτος ἐξ ἀναστάσεως νεκρῶν φῶς μέλλει καταγγέλλειν τῷ τε λαῷ καὶ τοῖς ἔθνεσιν.

a **Acts 26,32** ... ἀπολελύσθαι ἐδύνατο ὁ ἄνθρωπος οὗτος **εἰ μὴ** ἐπεκέκλητο Καίσαρα.

d **Acts 27,12** ... οἱ πλείονες ἔθεντο βουλὴν ἀναχθῆναι ἐκεῖθεν, **εἴ** πως δύναιντο καταντήσαντες εἰς Φοίνικα παραχειμάσαι λιμένα τῆς Κρήτης βλέποντα κατὰ λίβα καὶ κατὰ χῶρον.

d **Acts 27,39** ... κόλπον δέ τινα κατενόουν ἔχοντα αἰγιαλὸν εἰς ὃν ἐβουλεύοντο **εἰ** δύναιντο ἐξῶσαι τὸ πλοῖον.

εἶ → εἰμί

εἰδέα

	Syn	Mt	Mk	Lk	Acts	Jn	1-3John	Paul	Eph	Col
	1	1								
	NT	2Thess	1/2Tim	Tit	Heb	Jas	1Pet	2Pet	Jude	Rev
	1									

appearance

	Mt		Mk		Lk		
200	**Mt 28,3**	[2] ... ἄγγελος γὰρ κυρίου ... [3] ἦν δὲ **ἡ εἰδέα αὐτοῦ** ὡς ἀστραπὴ καὶ τὸ ἔνδυμα αὐτοῦ λευκὸν ὡς χιών.	**Mk 16,5**	... εἶδον νεανίσκον καθήμενον ἐν τοῖς δεξιοῖς περιβεβλημένον στολὴν λευκήν, ...	**Lk 24,4** → Lk 24,23	... καὶ ἰδοὺ ἄνδρες δύο ἐπέστησαν αὐταῖς ἐν ἐσθῆτι ἀστραπτούσῃ.	→ Jn 20,12

εἶδον → ὁράω

εἶδος	Syn	Mt	Mk	Lk	Acts	Jn	1-3John	Paul	Eph	Col
	2			2		1		2		
	NT	2Thess	1/2Tim	Tit	Heb	Jas	1Pet	2Pet	Jude	Rev
	5									

form; outward appearance; kind; sight

112	**Mt 3,16** → Mt 12,38	... καὶ ἰδοὺ ἠνεῴχθησαν [αὐτῷ] οἱ οὐρανοί, καὶ εἶδεν [τὸ] πνεῦμα [τοῦ] θεοῦ καταβαῖνον ὡσεὶ περιστερὰν [καὶ] ἐρχόμενον ἐπ' αὐτόν·	**Mk 1,10**	... εἶδεν σχιζομένους τοὺς οὐρανοὺς καὶ τὸ πνεῦμα ὡς περιστερὰν καταβαῖνον εἰς αὐτόν·	**Lk 3,22** → Lk 4,18	[21] ... καὶ προσευχομένου ἀνεῳχθῆναι τὸν οὐρανὸν [22] καὶ καταβῆναι τὸ πνεῦμα τὸ ἅγιον **σωματικῷ εἴδει** ὡς περιστερὰν ἐπ' αὐτόν, ...	→ Jn 1,32 Mk-Q overlap?
112	**Mt 17,2**	καὶ **μετεμορφώθη ἔμπροσθεν αὐτῶν, καὶ ἔλαμψεν τὸ πρόσωπον αὐτοῦ ὡς ὁ ἥλιος, ...**	**Mk 9,2**	... καὶ **μετεμορφώθη ἔμπροσθεν αὐτῶν**	**Lk 9,29**	**καὶ ἐγένετο ἐν τῷ προσεύχεσθαι αὐτὸν τὸ εἶδος τοῦ προσώπου αὐτοῦ ἕτερον ...**	

εἴη → εἰμί

εἴκοσι	Syn	Mt	Mk	Lk	Acts	Jn	1-3John	Paul	Eph	Col
	1			1	2	1		1		
	NT	2Thess	1/2Tim	Tit	Heb	Jas	1Pet	2Pet	Jude	Rev
	11									6

twenty

002					**Lk 14,31**	... εἰ δυνατός ἐστιν ἐν δέκα χιλιάσιν ὑπαντῆσαι τῷ **μετὰ εἴκοσι χιλιάδων** ἐρχομένῳ ἐπ' αὐτόν;	

Acts 1,15 ... ἦν τε ὄχλος ὀνομάτων ἐπὶ τὸ αὐτὸ **ὡσεὶ ἑκατὸν εἴκοσι**·

Acts 27,28 καὶ βολίσαντες εὗρον **ὀργυιὰς εἴκοσι**, ...

εἰκών	Syn	Mt	Mk	Lk	Acts	Jn	1-3John	Paul	Eph	Col
	3	1	1	1				7		2
	NT	2Thess	1/2Tim	Tit	Heb	Jas	1Pet	2Pet	Jude	Rev
	23				1					10

image; likeness; form; appearance

222	**Mt 22,20**	... τίνος **ἡ εἰκὼν αὕτη** καὶ ἡ ἐπιγραφή;	**Mk 12,16**	... τίνος **ἡ εἰκὼν αὕτη** καὶ ἡ ἐπιγραφή; ...	**Lk 20,24**	... τίνος ἔχει **εἰκόνα** καὶ ἐπιγραφήν; ...	→ GTh 100

εἰμί (all forms)	Syn 842	Mt 289	Mk 192	Lk 361	Acts 278	Jn 444	1-3John 107	Paul 421	Eph 48	Col 26
	NT 2461	2Thess 7	1/2Tim 45	Tit 16	Heb 55	Jas 32	1Pet 13	2Pet 13	Jude 4	Rev 110

be; exist; live; reside; take place; occur, be present

εἰμί	Syn 34	Mt 14	Mk 4	Lk 16	Acts 15	Jn 54	1-3John	Paul 22	Eph	Col 1
	NT 140	2Thess	1/2Tim 1	Tit	Heb 1	Jas	1Pet 1	2Pet 1	Jude	Rev 10

person singular present indicative

	triple tradition																	double tradition			Sondergut		
		+Mt / +Lk			–Mt / –Lk			traditions not taken over by Mt / Lk							subtotals								
code	*222*	*211*	*112*	*212*	*221*	*122*	*121*	*022*	*012*	*021*	*220*	*120*	*210*	*020*	Σ^+	Σ^-	Σ	*202*	*201*	*102*	*200*	*002*	total
Mt	1	2^+				1^-					1				2^+	1^-	4	3			7		**14**
Mk	1					1					1			1			4						**4**
Lk	1		3^+			1									3^+		5	3		1		7	**16**

[a] εἰμί with participle (periphrastic constructions)

002					**Lk 1,18**	... κατὰ τί γνώσομαι τοῦτο; ἐγὼ γάρ **εἰμι** πρεσβύτης ...	
002					**Lk 1,19**	... ἐγώ **εἰμι** Γαβριὴλ ὁ παρεστηκὼς ἐνώπιον τοῦ θεοῦ ...	
020	Mt 3,11	... ὁ δὲ ὀπίσω μου ἐρχόμενος ἰσχυρότερός μού ἐστιν, οὗ **οὐκ εἰμὶ** ἱκανὸς τὰ ὑποδήματα βαστάσαι· ...	**Mk 1,7**	... ἔρχεται ὁ ἰσχυρότερός μου ὀπίσω μου, οὗ **οὐκ εἰμὶ** ἱκανὸς κύψας λῦσαι τὸν ἱμάντα τῶν ὑποδημάτων αὐτοῦ.	Lk 3,16	... ἔρχεται δὲ ὁ ἰσχυρότερός μου, οὗ **οὐκ εἰμὶ** ἱκανὸς λῦσαι τὸν ἱμάντα τῶν ὑποδημάτων αὐτοῦ· ...	→ Jn 1,27 → Acts 13,25 Mk-Q overlap
202	**Mt 3,11**	... ὁ δὲ ὀπίσω μου ἐρχόμενος ἰσχυρότερός μού ἐστιν, οὗ **οὐκ εἰμὶ** ἱκανὸς τὰ ὑποδήματα βαστάσαι· ...	Mk 1,7	... ἔρχεται ὁ ἰσχυρότερός μου ὀπίσω μου, οὗ **οὐκ εἰμὶ** ἱκανὸς κύψας λῦσαι τὸν ἱμάντα τῶν ὑποδημάτων αὐτοῦ.	**Lk 3,16**	... ἔρχεται δὲ ὁ ἰσχυρότερός μου, οὗ **οὐκ εἰμὶ** ἱκανὸς λῦσαι τὸν ἱμάντα τῶν ὑποδημάτων αὐτοῦ· ...	→ Jn 1,27 → Acts 13,25 Mk-Q overlap
002					**Lk 5,8**	... ἔξελθε ἀπ᾽ ἐμοῦ, ὅτι ἀνὴρ ἁμαρτωλός **εἰμι**, κύριε.	
202	**Mt 8,8**	... κύριε, **οὐκ εἰμὶ ἱκανὸς** ἵνα μου ὑπὸ τὴν στέγην εἰσέλθῃς, ...			**Lk 7,6**	... κύριε, μὴ σκύλλου, **οὐ γὰρ ἱκανός εἰμι** ἵνα ὑπὸ τὴν στέγην μου εἰσέλθῃς·	
202	**Mt 8,9**	καὶ γὰρ ἐγὼ ἄνθρωπός **εἰμι** ὑπὸ ἐξουσίαν, ἔχων ὑπ᾽ ἐμαυτὸν στρατιώτας, ...			**Lk 7,8**	καὶ γὰρ ἐγὼ ἄνθρωπός **εἰμι** ὑπὸ ἐξουσίαν τασσόμενος ἔχων ὑπ᾽ ἐμαυτὸν στρατιώτας, ...	

200	**Mt 11,29**	ἄρατε τὸν ζυγόν μου ἐφ' ὑμᾶς καὶ μάθετε ἀπ' ἐμοῦ, ὅτι πραΰς **εἰμι** καὶ ταπεινὸς τῇ καρδίᾳ, ...					→ GTh 90
220	**Mt 14,27**	... θαρσεῖτε, ἐγώ **εἰμι·** μὴ φοβεῖσθε.	**Mk 6,50**	... θαρσεῖτε, ἐγώ **εἰμι·** μὴ φοβεῖσθε.			**→ Jn 6,20**
200	**Mt 18,20**	οὗ γάρ εἰσιν δύο ἢ τρεῖς συνηγμένοι εἰς τὸ ἐμὸν ὄνομα, ἐκεῖ **εἰμι** ἐν μέσῳ αὐτῶν.					→ GTh 30 **(POxy 1)** → GTh 48 → GTh 106
002					**Lk 15,19**	[18] ἀναστὰς πορεύσομαι πρὸς τὸν πατέρα μου καὶ ἐρῶ αὐτῷ· πάτερ, ἥμαρτον εἰς τὸν οὐρανὸν καὶ ἐνώπιόν σου, [19] **οὐκέτι εἰμὶ** ἄξιος κληθῆναι υἱός σου· ...	
002					**Lk 15,21**	... πάτερ, ἥμαρτον εἰς τὸν οὐρανὸν καὶ ἐνώπιόν σου, **οὐκέτι εἰμὶ** ἄξιος κληθῆναι υἱός σου.	
002					**Lk 18,11**	... ὁ θεός, εὐχαριστῶ σοι ὅτι **οὐκ εἰμὶ** ὥσπερ οἱ λοιποὶ τῶν ἀνθρώπων, ...	
200	**Mt 20,15**	... ἢ ὁ ὀφθαλμός σου πονηρός ἐστιν ὅτι ἐγὼ ἀγαθός **εἰμι;**					
102	**Mt 25,26**	... πονηρὲ δοῦλε καὶ ὀκνηρέ, ᾔδεις ὅτι θερίζω ὅπου οὐκ ἔσπειρα καὶ συνάγω ὅθεν οὐ διεσκόρπισα;			**Lk 19,22**	... πονηρὲ δοῦλε. ᾔδεις ὅτι ἐγὼ ἄνθρωπος αὐστηρός **εἰμι,** αἴρων ὃ οὐκ ἔθηκα καὶ θερίζων ὃ οὐκ ἔσπειρα;	
211	**Mt 22,32**	*ἐγώ* ***εἰμι*** *ὁ θεὸς Ἀβραὰμ* *καὶ ὁ θεὸς Ἰσαὰκ* *καὶ ὁ θεὸς Ἰακώβ;* ... ➤ Exod 3,6	**Mk 12,26**	... *ἐγὼ* *ὁ θεὸς Ἀβραὰμ* *καὶ [ὁ] θεὸς Ἰσαὰκ* *καὶ [ὁ] θεὸς Ἰακώβ;* ➤ Exod 3,6	**Lk 20,37**	... ὡς λέγει *κύριον* *τὸν θεὸν Ἀβραὰμ* *καὶ θεὸν Ἰσαὰκ* *καὶ θεὸν Ἰακώβ·* ➤ Exod 3,6	
222	**Mt 24,5** → Mt 24,23-24 → Mt 24,26 → Mt 24,11	πολλοὶ γὰρ ἐλεύσονται ἐπὶ τῷ ὀνόματί μου λέγοντες· ἐγώ **εἰμι** ὁ χριστός, καὶ πολλοὺς πλανήσουσιν.	**Mk 13,6** → Mk 13,21-22	πολλοὶ ἐλεύσονται ἐπὶ τῷ ὀνόματί μου λέγοντες ὅτι ἐγώ **εἰμι,** καὶ πολλοὺς πλανήσουσιν.	**Lk 21,8** → Lk 17,23	... πολλοὶ γὰρ ἐλεύσονται ἐπὶ τῷ ὀνόματί μου λέγοντες· ἐγώ **εἰμι,** καί· ὁ καιρὸς ἤγγικεν. μὴ πορευθῆτε ὀπίσω αὐτῶν.	
211	**Mt 26,22** ↓ Mt 26,25	καὶ λυπούμενοι σφόδρα ἤρξαντο λέγειν αὐτῷ εἷς ἕκαστος· μήτι ἐγώ **εἰμι,** κύριε;	**Mk 14,19**	ἤρξαντο λυπεῖσθαι καὶ λέγειν αὐτῷ εἷς κατὰ εἷς· μήτι ἐγώ;	**Lk 22,23**	καὶ αὐτοὶ ἤρξαντο συζητεῖν πρὸς ἑαυτοὺς τὸ τίς ἄρα **εἴη** ἐξ αὐτῶν ὁ τοῦτο μέλλων πράσσειν.	→ Jn 13,22.25

200	Mt 26,25 ↑ Mt 26,22	ἀποκριθεὶς δὲ Ἰούδας ὁ παραδιδοὺς αὐτὸν εἶπεν· μήτι ἐγώ **εἰμι,** ῥαββί; λέγει αὐτῷ· σὺ εἶπας.					→ Jn 13,26-27
112	Mt 20,28	ὥσπερ ὁ υἱὸς τοῦ ἀνθρώπου οὐκ ἦλθεν διακονηθῆναι ἀλλὰ διακονῆσαι καὶ δοῦναι τὴν ψυχὴν αὐτοῦ λύτρον ἀντὶ πολλῶν.	Mk 10,45	καὶ γὰρ ὁ υἱὸς τοῦ ἀνθρώπου οὐκ ἦλθεν διακονηθῆναι ἀλλὰ διακονῆσαι καὶ δοῦναι τὴν ψυχὴν αὐτοῦ λύτρον ἀντὶ πολλῶν.	Lk 22,27 → Lk 12,37	τίς γὰρ μείζων, ὁ ἀνακείμενος ἢ ὁ διακονῶν; οὐχὶ ὁ ἀνακείμενος; ἐγὼ δὲ ἐν μέσῳ ὑμῶν **εἰμι** ὡς ὁ διακονῶν.	→ Jn 13,13-14
112	Mt 26,33	... εἰ πάντες σκανδαλισθήσονται ἐν σοί, ἐγὼ οὐδέποτε σκανδαλισθήσομαι.	Mk 14,29	... εἰ καὶ πάντες σκανδαλισθήσονται, ἀλλ᾽ οὐκ ἐγώ.	Lk 22,33 → Mt 26,35 → Mk 14,31	... κύριε, μετὰ σοῦ ἕτοιμός **εἰμι** καὶ εἰς φυλακὴν καὶ εἰς θάνατον πορεύεσθαι.	→ Jn 13,37
112	Mt 26,72	[71] ... οὗτος ἦν μετὰ Ἰησοῦ τοῦ Ναζωραίου. [72] καὶ πάλιν ἠρνήσατο μετὰ ὅρκου ὅτι **οὐκ οἶδα** τὸν ἄνθρωπον.	Mk 14,70	[69] ... οὗτος ἐξ αὐτῶν ἐστιν. [70] ὁ δὲ πάλιν ἠρνεῖτο. ...	Lk 22,58	... καὶ σὺ ἐξ αὐτῶν εἶ. ὁ δὲ Πέτρος ἔφη· ἄνθρωπε, **οὐκ εἰμί.**	→ Jn 18,25
122	Mt 26,64	λέγει αὐτῷ ὁ Ἰησοῦς· σὺ εἶπας· ...	Mk 14,62	ὁ δὲ Ἰησοῦς εἶπεν· ἐγώ **εἰμι**, ...	Lk 22,70 ⇨ Lk 22,67 ↓ Mt 27,43	... ὁ δὲ πρὸς αὐτοὺς ἔφη· ὑμεῖς λέγετε ὅτι ἐγώ **εἰμι.**	→ Jn 10,36
200	Mt 27,24	... λαβὼν ὕδωρ ἀπενίψατο τὰς χεῖρας ἀπέναντι τοῦ ὄχλου λέγων· ἀθῷός **εἰμι** ἀπὸ τοῦ αἵματος τούτου· ὑμεῖς ὄψεσθε.					→ Acts 18,6 → Acts 20,26
200	Mt 27,43 ↑ Mt 26,64 ↑ Mk 14,62 ↑ Lk 22,70	*πέποιθεν ἐπὶ τὸν θεόν,* *ῥυσάσθω νῦν εἰ θέλει* *αὐτόν·* εἶπεν γὰρ ὅτι θεοῦ **εἰμι** υἱός. ➤ Ps 22,9					
002					Lk 24,39	ἴδετε τὰς χεῖράς μου καὶ τοὺς πόδας μου ὅτι ἐγώ **εἰμι** αὐτός· ...	→ Jn 20,20.27
200	Mt 28,20 → Lk 24,47	... καὶ ἰδοὺ ἐγὼ μεθ᾽ ὑμῶν **εἰμι** πάσας τὰς ἡμέρας ἕως τῆς συντελείας τοῦ αἰῶνος.					

Acts 9,5 εἶπεν δέ· τίς εἶ, κύριε; ὁ δέ· ἐγώ **εἰμι** Ἰησοῦς ὃν σὺ διώκεις·

Acts 10,21 ... ἰδοὺ ἐγώ **εἰμι** ὃν ζητεῖτε· τίς ἡ αἰτία δι᾽ ἣν πάρεστε;

Acts 10,26 ... ἀνάστηθι· καὶ ἐγὼ αὐτὸς ἄνθρωπός **εἰμι.**

Acts 13,25 (2) ὡς δὲ ἐπλήρου Ἰωάννης τὸν δρόμον, ἔλεγεν· τί ἐμὲ ὑπονοεῖτε εἶναι; οὐκ **εἰμὶ** ἐγώ· ἀλλ᾽ ἰδοὺ ἔρχεται μετ᾽ ἐμὲ οὗ **οὐκ εἰμὶ** ἄξιος τὸ ὑπόδημα τῶν ποδῶν λῦσαι.
→ Mt 3,11
→ Mk 1,7
→ Lk 3,16
→ Jn 1,27

Acts 18,10 διότι ἐγώ **εἰμι** μετὰ σοῦ καὶ οὐδεὶς ἐπιθήσεταί σοι τοῦ κακῶσαί σε, ...

Acts 20,26 διότι μαρτύρομαι ὑμῖν ἐν τῇ σήμερον ἡμέρᾳ ὅτι καθαρός **εἰμι** ἀπὸ τοῦ αἵματος πάντων·
→ Mt 27,24
→ Apg 18,6

Acts 21,39 εἶπεν δὲ ὁ Παῦλος· ἐγὼ ἄνθρωπος μέν
εἰμι
Ἰουδαῖος, Ταρσεὺς τῆς Κιλικίας, ...

Acts 22,3 ἐγώ
εἰμι
ἀνὴρ Ἰουδαῖος, γεγεννημένος ἐν Ταρσῷ τῆς Κιλικίας, ...

Acts 22,8 ἐγὼ δὲ ἀπεκρίθην· τίς εἶ, κύριε; εἶπέν τε πρός με· ἐγώ
εἰμι
Ἰησοῦς ὁ Ναζωραῖος, ὃν σὺ διώκεις.

Acts 23,6 ... ἄνδρες ἀδελφοί, ἐγὼ Φαρισαῖός
εἰμι,
υἱὸς Φαρισαίων, περὶ ἐλπίδος καὶ ἀναστάσεως νεκρῶν [ἐγὼ] κρίνομαι.

a **Acts 25,10** ... ἐπὶ τοῦ βήματος Καίσαρός ἑστώς
εἰμι,
οὗ με δεῖ κρίνεσθαι. ...

Acts 26,15 ἐγὼ δὲ εἶπα· τίς εἶ, κύριε; ὁ δὲ κύριος εἶπεν· ἐγώ
εἰμι
Ἰησοῦς ὃν σὺ διώκεις.

Acts 26,29 ... εὐξαίμην ἂν τῷ θεῷ καὶ ἐν ὀλίγῳ καὶ ἐν μεγάλῳ οὐ μόνον σὲ ἀλλὰ καὶ πάντας τοὺς ἀκούοντάς μου σήμερον γενέσθαι τοιούτους ὁποῖος καὶ ἐγώ
εἰμι
παρεκτὸς τῶν δεσμῶν τούτων.

Acts 27,23 παρέστη γάρ μοι ταύτῃ τῇ νυκτὶ τοῦ θεοῦ, οὗ
εἰμι
[ἐγώ] ᾧ καὶ λατρεύω, ἄγγελος

εἶ

εἶ	Syn 43	Mt 17	Mk 10	Lk 16	Acts 6	Jn 26	1-3John	Paul 4	Eph	Col
	NT 92	2Thess	1/2Tim	Tit	Heb 3	Jas 2	1Pet	2Pet	Jude	Rev 8

second person singular present indicative of εἰμί

	triple tradition																	double tradition			Sondergut		
		+Mt / +Lk			–Mt / –Lk			traditions not taken over by Mt / Lk							subtotals								
code	*222*	*211*	*112*	*212*	*221*	*122*	*121*	*022*	*012*	*021*	*220*	*120*	*210*	*020*	Σ^+	Σ^-	Σ	*202*	*201*	*102*	*200*	*002*	total
Mt	2				3	1^-	1^-						3^+		3^+	2^-	8	4	1		4		**17**
Mk	2				3	1	1	2		1							10						**10**
Lk	2		2^+		3^-	1	1^-	2		1^-					2^+	5^-	7	4				5	**16**

Mk-Q overlap: 122: Mt 3,17 / Mk 1,11 / Lk 3,22 (?)

a εἶ with ὁ and participle

code	Mt		Mk		Lk		
200	**Mt 2,6**	*καὶ σύ, Βηθλέεμ,* γῆ Ἰούδα, οὐδαμῶς *ἐλαχίστη* ***εἶ*** *ἐν τοῖς ἡγεμόσιν Ἰούδα·* ... ➤ Micah 5,1					
122	**Mt 3,17** → Mt 17,5 → Mt 12,18	καὶ ἰδοὺ φωνὴ ἐκ τῶν οὐρανῶν λέγουσα· οὗτός **ἐστιν** ὁ υἱός μου ὁ ἀγαπητός, ...	**Mk 1,11** → Mk 9,7	καὶ φωνὴ ἐγένετο ἐκ τῶν οὐρανῶν· σὺ **εἶ** ὁ υἱός μου ὁ ἀγαπητός, ...	**Lk 3,22** → Lk 9,35	... καὶ φωνὴν ἐξ οὐρανοῦ γενέσθαι· σὺ **εἶ** ὁ υἱός μου ὁ ἀγαπητός, ...	→ Jn 1,34 → Jn 12,28 Mk-Q overlap?
202	**Mt 4,3** ↓ Mt 27,40	... εἰ υἱὸς **εἶ** τοῦ θεοῦ, εἰπὲ ἵνα οἱ λίθοι οὗτοι ἄρτοι γένωνται.			**Lk 4,3**	... εἰ υἱὸς **εἶ** τοῦ θεοῦ, εἰπὲ τῷ λίθῳ τούτῳ ἵνα γένηται ἄρτος.	
202	**Mt 4,6** ↓ Mt 27,40	... εἰ υἱὸς **εἶ** τοῦ θεοῦ, βάλε σεαυτὸν κάτω· ...			**Lk 4,9**	... εἰ υἱὸς **εἶ** τοῦ θεοῦ, βάλε σεαυτὸν ἐντεῦθεν κάτω·	
022	→ Mt 8,29		**Mk 1,24** → Mk 5,7	... ἦλθες ἀπολέσαι ἡμᾶς; οἶδά σε τίς **εἶ,** ὁ ἅγιος τοῦ θεοῦ.	**Lk 4,34** → Lk 8,28	... ἦλθες ἀπολέσαι ἡμᾶς; οἶδά σε τίς **εἶ,** ὁ ἅγιος τοῦ θεοῦ.	
022			**Mk 3,11**	... καὶ ἔκραζον λέγοντες ὅτι σὺ **εἶ** ὁ υἱὸς τοῦ θεοῦ.	**Lk 4,41**	... κρ[αυγ]άζοντα καὶ λέγοντα ὅτι σὺ **εἶ** ὁ υἱὸς τοῦ θεοῦ. ...	

201	**Mt 5,25** → Mt 18,34	ἴσθι εὐνοῶν τῷ ἀντιδίκῳ σου ταχὺ, ἕως ὅτου εἶ μετ᾽ αὐτοῦ ἐν τῇ ὁδῷ, ...			**Lk 12,58**	ὡς γὰρ ὑπάγεις μετὰ τοῦ ἀντιδίκου σου ἐπ᾽ ἄρχοντα, ἐν τῇ ὁδῷ δὸς ἐργασίαν ἀπηλλάχθαι ἀπ᾽ αὐτοῦ, ...	
a 202	**Mt 11,3**	[2] ὁ δὲ Ἰωάννης ... πέμψας διὰ τῶν μαθητῶν αὐτοῦ [3] εἶπεν αὐτῷ· σὺ εἶ ὁ ἐρχόμενος ἢ ἕτερον προσδοκῶμεν;			**Lk 7,19**	[18] ... καὶ προσκαλεσάμενος δύο τινὰς τῶν μαθητῶν αὐτοῦ ὁ Ἰωάννης [19] ἔπεμψεν πρὸς τὸν κύριον λέγων· σὺ εἶ ὁ ἐρχόμενος ἢ ἄλλον προσδοκῶμεν;	
a 002					**Lk 7,20**	... Ἰωάννης ὁ βαπτιστὴς ἀπέστειλεν ἡμᾶς πρὸς σὲ λέγων· σὺ εἶ ὁ ἐρχόμενος ἢ ἄλλον προσδοκῶμεν;	
200	**Mt 14,28**	... κύριε, εἰ σὺ εἶ, κέλευσόν με ἐλθεῖν πρὸς σὲ ἐπὶ τὰ ὕδατα.					
210	**Mt 14,33** ↓ Mt 16,16	οἱ δὲ ἐν τῷ πλοίῳ προσεκύνησαν αὐτῷ λέγοντες· ἀληθῶς θεοῦ υἱὸς εἶ.	**Mk 6,51**	... καὶ λίαν [ἐκ περισσοῦ] ἐν ἑαυτοῖς ἐξίσταντο·			
221	**Mt 16,16** ↑ Mt 14,33	ἀποκριθεὶς δὲ Σίμων Πέτρος εἶπεν· σὺ εἶ ὁ χριστὸς ὁ υἱὸς τοῦ θεοῦ τοῦ ζῶντος.	**Mk 8,29**	... ἀποκριθεὶς ὁ Πέτρος λέγει αὐτῷ· σὺ εἶ ὁ χριστός.	**Lk 9,20**	... Πέτρος δὲ ἀποκριθεὶς εἶπεν· τὸν χριστὸν τοῦ θεοῦ.	→ Jn 6,69 → GTh 13
200	**Mt 16,17**	ἀποκριθεὶς δὲ ὁ Ἰησοῦς εἶπεν αὐτῷ· μακάριος εἶ, Σίμων Βαριωνᾶ, ...					
200	**Mt 16,18**	κἀγὼ δέ σοι λέγω ὅτι σὺ εἶ Πέτρος, καὶ ἐπὶ ταύτῃ τῇ πέτρᾳ οἰκοδομήσω μου τὴν ἐκκλησίαν ...					
210	**Mt 16,23** → Mt 4,10	... ὕπαγε ὀπίσω μου, σατανᾶ· σκάνδαλον εἶ ἐμοῦ, ὅτι οὐ φρονεῖς τὰ τοῦ θεοῦ ἀλλὰ τὰ τῶν ἀνθρώπων.	**Mk 8,33** → Mt 4,10	... ὕπαγε ὀπίσω μου, σατανᾶ, ὅτι οὐ φρονεῖς τὰ τοῦ θεοῦ ἀλλὰ τὰ τῶν ἀνθρώπων.			
002					**Lk 15,31**	... τέκνον, σὺ πάντοτε μετ᾽ ἐμοῦ εἶ, καὶ πάντα τὰ ἐμὰ σά ἐστιν·	

221	**Mt 22,16**	... διδάσκαλε, οἴδαμεν ὅτι ἀληθὴς **εἶ** καὶ τὴν ὁδὸν τοῦ θεοῦ ἐν ἀληθείᾳ διδάσκεις καὶ οὐ μέλει σοι περὶ οὐδενός. οὐ γὰρ βλέπεις εἰς πρόσωπον ἀνθρώπων	**Mk 12,14**	... διδάσκαλε, οἴδαμεν ὅτι ἀληθὴς **εἶ** καὶ οὐ μέλει σοι περὶ οὐδενός· οὐ γὰρ βλέπεις εἰς πρόσωπον ἀνθρώπων, ἀλλ' ἐπ' ἀληθείας τὴν ὁδὸν τοῦ θεοῦ διδάσκεις· ...	**Lk 20,21**	... διδάσκαλε, οἴδαμεν ὅτι ὀρθῶς **λέγεις** καὶ διδάσκεις καὶ οὐ λαμβάνεις πρόσωπον, ἀλλ' ἐπ' ἀληθείας τὴν ὁδὸν τοῦ θεοῦ διδάσκεις·	→ Jn 3,2
021			**Mk 12,34**	... εἶπεν αὐτῷ· οὐ μακρὰν **εἶ** ἀπὸ τῆς βασιλείας τοῦ θεοῦ. ...	**Lk 10,28**	εἶπεν δὲ αὐτῷ· ὀρθῶς ἀπεκρίθης· τοῦτο ποίει καὶ ζήσῃ.	
202	**Mt 25,24**	... ἔγνων σε ὅτι σκληρὸς **εἶ** ἄνθρωπος, θερίζων ὅπου οὐκ ἔσπειρας καὶ συνάγων ὅθεν οὐ διεσκόρπισας			**Lk 19,21** → Mt 25,25	ἐφοβούμην γάρ σε, ὅτι ἄνθρωπος αὐστηρὸς **εἶ**, αἴρεις ὃ οὐκ ἔθηκας καὶ θερίζεις ὃ οὐκ ἔσπειρας.	
112	**Mt 26,71**	... οὗτος **ἦν** μετὰ Ἰησοῦ τοῦ Ναζωραίου.	**Mk 14,69**	... οὗτος ἐξ αὐτῶν **ἐστιν.**	**Lk 22,58**	... καὶ σὺ ἐξ αὐτῶν **εἶ**. ...	**→ Jn 18,25**
222	**Mt 26,63** → Mt 27,42-43	... καὶ ὁ ἀρχιερεὺς εἶπεν αὐτῷ· ἐξορκίζω σε κατὰ τοῦ θεοῦ τοῦ ζῶντος ἵνα ἡμῖν εἴπῃς εἰ σὺ **εἶ** ὁ χριστὸς ὁ υἱὸς τοῦ θεοῦ.	**Mk 14,61** → Mk 15,32	... πάλιν ὁ ἀρχιερεὺς ἐπηρώτα αὐτὸν καὶ λέγει αὐτῷ· σὺ **εἶ** ὁ χριστὸς ὁ υἱὸς τοῦ εὐλογητοῦ;	**Lk 22,67** **⇩ Lk 22,70** → Lk 23,35	λέγοντες· εἰ σὺ **εἶ** ὁ χριστός, εἰπὸν ἡμῖν. ...	**→ Jn 10,24**
002					**Lk 22,70** **⇧ Lk 22,67**	εἶπαν δὲ πάντες· σὺ οὖν **εἶ** ὁ υἱὸς τοῦ θεοῦ; ...	→ Jn 10,36
221	**Mt 26,73**	... ἀληθῶς καὶ σὺ ἐξ αὐτῶν **εἶ**, καὶ γὰρ ἡ λαλιά σου δῆλόν σε ποιεῖ.	**Mk 14,70** **(2)**	... ἀληθῶς ἐξ αὐτῶν **εἶ**, καὶ γὰρ Γαλιλαῖος	**Lk 22,59**	... ἐπ' ἀληθείας καὶ οὗτος μετ' αὐτοῦ **ἦν**, καὶ γὰρ Γαλιλαῖός	→ Jn 18,26
121				**εἶ**.		**ἐστιν.**	
222	**Mt 27,11**	... καὶ ἐπηρώτησεν αὐτὸν ὁ ἡγεμὼν λέγων· σὺ **εἶ** ὁ βασιλεὺς τῶν Ἰουδαίων; ...	**Mk 15,2**	καὶ ἐπηρώτησεν αὐτὸν ὁ Πιλᾶτος· σὺ **εἶ** ὁ βασιλεὺς τῶν Ἰουδαίων; ...	**Lk 23,3**	ὁ δὲ Πιλᾶτος ἠρώτησεν αὐτὸν λέγων· σὺ **εἶ** ὁ βασιλεὺς τῶν Ἰουδαίων; ...	**→ Jn 18,33** **→ Jn 18,37**
210	**Mt 27,40** **↑ Mt 4,3.6** ↓ Mt 27,42	[39] οἱ δὲ παραπορευόμενοι ... [40] καὶ λέγοντες· ... σῶσον σεαυτόν, εἰ υἱὸς **εἶ** τοῦ θεοῦ, [καὶ] κατάβηθι ἀπὸ τοῦ σταυροῦ.	**Mk 15,30** ↓ Mk 15,31-32	[29] καὶ οἱ παραπορευόμενοι ... καὶ λέγοντες· ... [30] σῶσον σεαυτὸν καταβὰς ἀπὸ τοῦ σταυροῦ.	**Lk 23,37** → Lk 23,35 **↓ Lk 23,39**	[36] ... οἱ στρατιῶται προσερχόμενοι, ... [37] καὶ λέγοντες· εἰ σὺ **εἶ** ὁ βασιλεὺς τῶν Ἰουδαίων, σῶσον σεαυτόν.	

code	Mt		Mk		Lk	
002	**Mt 27,40** ↑ Mt 4,3.6	[39] οἱ δὲ παραπορευόμενοι ... [40] καὶ λέγοντες· ... σῶσον σεαυτόν, εἰ υἱὸς **εἶ** τοῦ θεοῦ, [καὶ] κατάβηθι ἀπὸ τοῦ σταυροῦ.	**Mk 15,30**	[29] καὶ οἱ παραπορευόμενοι ... καὶ λέγοντες· ... [30] σῶσον σεαυτὸν καταβὰς ἀπὸ τοῦ σταυροῦ.	**Lk 23,37** → Lk 23,35 ↓ Lk 23,39	[36] ἐνέπαιξαν δὲ αὐτῷ οἱ στρατιῶται προσερχόμενοι, ... [37] καὶ λέγοντες· εἰ σὺ **εἶ** ὁ βασιλεὺς τῶν Ἰουδαίων, σῶσον σεαυτόν.
	Mt 27,42 ↑ Mt 27,40	[41] ... οἱ ἀρχιερεῖς ἐμπαίζοντες μετὰ τῶν γραμματέων καὶ πρεσβυτέρων ἔλεγον· [42] ἄλλους ἔσωσεν, ἑαυτὸν οὐ δύναται σῶσαι· βασιλεὺς Ἰσραήλ **ἐστιν,** καταβάτω νῦν ἀπὸ τοῦ σταυροῦ καὶ πιστεύσομεν ἐπ᾽ αὐτόν.	**Mk 15,32** ↑ Mk 15,30	[31] ... οἱ ἀρχιερεῖς ἐμπαίζοντες ... μετὰ τῶν γραμματέων ἔλεγον· ἄλλους ἔσωσεν, ἑαυτὸν οὐ δύναται σῶσαι· [32] ὁ χριστὸς ὁ βασιλεὺς Ἰσραὴλ καταβάτω νῦν ἀπὸ τοῦ σταυροῦ, ἵνα ἴδωμεν καὶ πιστεύσωμεν. ...		
112	**Mt 27,44**	τὸ δ᾽ αὐτὸ καὶ οἱ λῃσταὶ οἱ συσταυρωθέντες σὺν αὐτῷ ὠνείδιζον αὐτόν.	**Mk 15,32**	... καὶ οἱ συνεσταυρωμένοι σὺν αὐτῷ ὠνείδιζον αὐτόν.	**Lk 23,39** → Lk 23,35 ↑ Lk 23,37	εἷς δὲ τῶν κρεμασθέντων κακούργων ἐβλασφήμει αὐτὸν λέγων· οὐχὶ σὺ **εἶ** ὁ χριστός; σῶσον σεαυτὸν καὶ ἡμᾶς.
002					**Lk 23,40**	... οὐδὲ φοβῇ σὺ τὸν θεόν, ὅτι ἐν τῷ αὐτῷ κρίματι **εἶ;**

Acts 9,5 εἶπεν δέ· τίς
εἶ,
κύριε; ὁ δέ· ἐγώ εἰμι Ἰησοῦς ὃν σὺ διώκεις·

Acts 13,33 ... ὡς καὶ ἐν τῷ ψαλμῷ γέγραπται τῷ δευτέρῳ, *υἱός μου*
εἶ
σύ, ἐγὼ σήμερον γεγέννηκά σε.
➢ Ps 2,7

Acts 21,38 οὐκ ἄρα σὺ
εἶ
ὁ Αἰγύπτιος ὁ πρὸ τούτων τῶν ἡμερῶν ἀναστατώσας ...

Acts 22,8 ἐγὼ δὲ ἀπεκρίθην· τίς
εἶ,
κύριε; εἶπέν τε πρός με· ἐγώ εἰμι Ἰησοῦς ὁ Ναζωραῖος, ὃν σὺ διώκεις.

Acts 22,27 προσελθὼν δὲ ὁ χιλίαρχος εἶπεν αὐτῷ· λέγε μοι, σὺ Ῥωμαῖος
εἶ;
ὁ δὲ ἔφη· ναί.

Acts 26,15 ἐγὼ δὲ εἶπα· τίς
εἶ,
κύριε; ὁ δὲ κύριος εἶπεν· ἐγώ εἰμι Ἰησοῦς ὃν σὺ διώκεις.

ἐστίν, ἔστιν

Syn	Mt	Mk	Lk	Acts	Jn	1-3John	Paul	Eph	Col
293	118	73	102	70	166	79	148	22	18
NT	2Thess	1/2Tim	Tit	Heb	Jas	1Pet	2Pet	Jude	Rev
897	5	18	3	17	17	7	5		29

third person singular present indicative of εἰμί

	triple tradition																	double tradition			Sondergut		
		+Mt / +Lk			–Mt / –Lk			traditions not taken over by Mt / Lk							subtotals								
code	*222*	*211*	*112*	*212*	*221*	*122*	*121*	*022*	*012*	*021*	*220*	*120*	*210*	*020*	Σ^+	Σ^-	Σ	*202*	*201*	*102*	*200*	*002*	total
Mt	16	16^+		4^+	6	3^-	14^-				10	7^-	4^+		24^+	24^-	56	15	11		36		**118**
Mk	16				6	3	14	3		5	10	7		9			73						**73**
Lk	16		13^+	4^+	6^-	3	14^-	3	1^+	5^-					18^+	25^-	40	15		21		26	**102**

Mk-Q overlap: 211: Mt 3,17 / Mk 1,11 / Lk 3,22 (?) 112: Mt 12,29 / Mk 3,27 / Lk 11,21 (?) 121: Mt 18,6 / Mk 9,42 / Lk 17,2 (?)

a ἐστίν, ἔστιν with participle (periphrastic constructions)
b ἐστίν with ὁ and participle
c ἐστίν with subject neuter plural

code	Mt		Mk		Lk	
002					**Lk 1,36**	... καὶ αὐτὴ συνείληφεν υἱὸν ἐν γήρει αὐτῆς καὶ οὗτος μὴν ἕκτος **ἐστὶν** αὐτῇ τῇ καλουμένῃ στείρᾳ·

002					**Lk 1,61**	... οὐδείς ἐστιν ἐκ τῆς συγγενείας σου ὃς καλεῖται τῷ ὀνόματι τούτῳ.	
002					**Lk 1,63**	... Ἰωάννης ἐστὶν ὄνομα αὐτοῦ. καὶ ἐθαύμασαν πάντες.	
200	**Mt 1,20** → Lk 1,35	... τὸ γὰρ ἐν αὐτῇ γεννηθὲν ἐκ πνεύματός ἐστιν ἁγίου·					
a 200	**Mt 1,23**	... *καὶ καλέσουσιν τὸ ὄνομα αὐτοῦ Ἐμμανουήλ*, ὅ ἐστιν μεθερμηνευόμενον *μεθ' ἡμῶν ὁ θεός.* ➤ Isa 7,14 LXX; 8,8.10 LXX					
002					**Lk 2,11**	ὅτι ἐτέχθη ὑμῖν σήμερον σωτὴρ ὅς ἐστιν χριστὸς κύριος ἐν πόλει Δαυίδ.	
200	**Mt 2,2**	λέγοντες· ποῦ ἐστιν ὁ τεχθεὶς βασιλεὺς τῶν Ἰουδαίων; ...					
b 211	**Mt 3,3**	οὗτος γάρ ἐστιν ὁ ῥηθεὶς διὰ Ἠσαΐου τοῦ προφήτου λέγοντος· ...	**Mk 1,2** ↓ **Mt 11,10** ↓ **Lk 7,27**	καθὼς γέγραπται ἐν τῷ Ἠσαΐᾳ τῷ προφήτῃ· ...	**Lk 3,4**	ὡς γέγραπται ἐν βίβλῳ λόγων Ἠσαΐου τοῦ προφήτου· ...	
201	**Mt 3,11**	... ὁ δὲ ὀπίσω μου ἐρχόμενος ἰσχυρότερός μού ἐστιν, οὗ οὐκ εἰμὶ ἱκανὸς τὰ ὑποδήματα βαστάσαι· ...	**Mk 1,7**	... ἔρχεται ὁ ἰσχυρότερός μου ὀπίσω μου, οὗ οὐκ εἰμὶ ἱκανὸς κύψας λῦσαι τὸν ἱμάντα τῶν ὑποδημάτων αὐτοῦ.	**Lk 3,16**	... ἔρχεται δὲ ὁ ἰσχυρότερός μου, οὗ οὐκ εἰμὶ ἱκανὸς λῦσαι τὸν ἱμάντα τῶν ὑποδημάτων αὐτοῦ· ...	→ Jn 1,27 → Acts 13,25 **→ Acts 19,4** Mk-Q overlap
a 200	**Mt 3,15**	... ἄφες ἄρτι, οὕτως γὰρ πρέπον ἐστὶν ἡμῖν πληρῶσαι πᾶσαν δικαιοσύνην. ...					
211	**Mt 3,17** ↓ **Mt 17,5** → Mt 12,18	καὶ ἰδοὺ φωνὴ ἐκ τῶν οὐρανῶν λέγουσα· οὗτός ἐστιν ὁ υἱός μου ὁ ἀγαπητός, ...	**Mk 1,11** ↓ **Mk 9,7**	καὶ φωνὴ ἐγένετο ἐκ τῶν οὐρανῶν· σὺ εἶ ὁ υἱός μου ὁ ἀγαπητός, ...	**Lk 3,22** ↓ **Lk 9,35**	... καὶ φωνὴν ἐξ οὐρανοῦ γενέσθαι· σὺ εἶ ὁ υἱός μου ὁ ἀγαπητός, ...	**→ Jn 1,34** → Jn 12,28 Mk-Q overlap?
222	**Mt 13,55** → Mt 1,16	οὐχ οὗτός ἐστιν ὁ τοῦ τέκτονος υἱός; οὐχ ἡ μήτηρ αὐτοῦ λέγεται Μαριὰμ ...	**Mk 6,3** → Mt 1,16	οὐχ οὗτός ἐστιν ὁ τέκτων, ὁ υἱὸς τῆς Μαρίας ...	**Lk 4,22** → Lk 3,23	... οὐχὶ υἱός ἐστιν Ἰωσὴφ οὗτος;	**→ Jn 6,42**
222	**Mt 13,57**	... οὐκ ἔστιν προφήτης ἄτιμος εἰ μὴ ἐν τῇ πατρίδι καὶ ἐν τῇ οἰκίᾳ αὐτοῦ.	**Mk 6,4**	... οὐκ ἔστιν προφήτης ἄτιμος εἰ μὴ ἐν τῇ πατρίδι αὐτοῦ καὶ ἐν τοῖς συγγενεῦσιν αὐτοῦ καὶ ἐν τῇ οἰκίᾳ αὐτοῦ.	**Lk 4,24**	... οὐδεὶς προφήτης δεκτός ἐστιν ἐν τῇ πατρίδι αὐτοῦ.	→ Jn 4,44 → GTh 31 **(POxy 1)**

	Mt		Mk		Lk		
021	→ Mt 7,29		Mk 1,27 → Mk 1,22	... τί **ἐστιν** τοῦτο; διδαχὴ καινὴ κατ᾽ ἐξουσίαν· καὶ τοῖς πνεύμασι τοῖς ἀκαθάρτοις ἐπιτάσσει, καὶ ὑπακούουσιν αὐτῷ.	Lk 4,36 → Lk 4,32	... τίς ὁ λόγος οὗτος ὅτι ἐν ἐξουσίᾳ καὶ δυνάμει ἐπιτάσσει τοῖς ἀκαθάρτοις πνεύμασιν καὶ ἐξέρχονται;	
121	Mt 9,1	... καὶ ἦλθεν εἰς τὴν ἰδίαν πόλιν.	Mk 2,1	καὶ εἰσελθὼν πάλιν εἰς Καφαρναοὺμ δι᾽ ἡμερῶν ἠκούσθη ὅτι ἐν οἴκῳ **ἐστίν.**	Lk 5,17	καὶ ἐγένετο ἐν μιᾷ τῶν ἡμερῶν καὶ αὐτὸς ἦν διδάσκων, ...	
112	Mt 9,3	 ... οὗτος βλασφημεῖ.	Mk 2,7	τί οὗτος οὕτως λαλεῖ; βλασφημεῖ· τίς δύναται ἀφιέναι ἁμαρτίας εἰ μὴ εἷς ὁ θεός;	Lk 5,21 → Lk 7,49	... τίς **ἐστιν** οὗτος ὃς λαλεῖ βλασφημίας; τίς δύναται ἁμαρτίας ἀφεῖναι εἰ μὴ μόνος ὁ θεός;	
222	Mt 9,5	τί γάρ **ἐστιν** εὐκοπώτερον, εἰπεῖν· ἀφίενταί σου αἱ ἁμαρτίαι, ...	Mk 2,9	τί **ἐστιν** εὐκοπώτερον, εἰπεῖν τῷ παραλυτικῷ· ἀφίενταί σου αἱ ἁμαρτίαι, ...	Lk 5,23	τί **ἐστιν** εὐκοπώτερον, εἰπεῖν· ἀφέωνταί σοι αἱ ἁμαρτίαι σου, ...	
222	Mt 9,15	... μὴ δύνανται οἱ υἱοὶ τοῦ νυμφῶνος πενθεῖν ἐφ᾽ ὅσον μετ᾽ αὐτῶν **ἐστιν** ὁ νυμφίος; ...	Mk 2,19	... μὴ δύνανται οἱ υἱοὶ τοῦ νυμφῶνος ἐν ᾧ ὁ νυμφίος μετ᾽ αὐτῶν **ἐστιν** νηστεύειν; ...	Lk 5,34	... μὴ δύνασθε τοὺς υἱοὺς τοῦ νυμφῶνος ἐν ᾧ ὁ νυμφίος μετ᾽ αὐτῶν **ἐστιν** ποιῆσαι νηστεῦσαι;	→ GTh 104
002					Lk 5,39	[καὶ] οὐδεὶς πιὼν παλαιὸν θέλει νέον· λέγει γάρ· ὁ παλαιὸς χρηστός **ἐστιν.**	→ GTh 47,3
222	Mt 12,8	κύριος γάρ **ἐστιν** τοῦ σαββάτου ὁ υἱὸς τοῦ ἀνθρώπου.	Mk 2,28	ὥστε κύριός **ἐστιν** ὁ υἱὸς τοῦ ἀνθρώπου καὶ τοῦ σαββάτου.	Lk 6,5	... κύριός **ἐστιν** τοῦ σαββάτου ὁ υἱὸς τοῦ ἀνθρώπου.	
202	Mt 5,3	μακάριοι οἱ πτωχοὶ τῷ πνεύματι, ὅτι αὐτῶν **ἐστιν** ἡ βασιλεία τῶν οὐρανῶν.			Lk 6,20	... μακάριοι οἱ πτωχοί, ὅτι ὑμετέρα **ἐστὶν** ἡ βασιλεία τοῦ θεοῦ.	→ GTh 54
200	Mt 5,10	μακάριοι οἱ δεδιωγμένοι ἕνεκεν δικαιοσύνης, ὅτι αὐτῶν **ἐστιν** ἡ βασιλεία τῶν οὐρανῶν.					→ GTh 69,1 → GTh 68
200	Mt 5,34 → Mt 23,22	ἐγὼ δὲ λέγω ὑμῖν μὴ ὀμόσαι ὅλως· μήτε ἐν τῷ οὐρανῷ, ὅτι θρόνος **ἐστὶν** τοῦ θεοῦ,					→ Acts 7,49
200 200	Mt 5,35 (2)	μήτε ἐν τῇ γῇ, ὅτι ὑποπόδιόν **ἐστιν** τῶν ποδῶν αὐτοῦ, μήτε εἰς Ἱεροσόλυμα, ὅτι πόλις **ἐστὶν** τοῦ μεγάλου βασιλέως					→ Acts 7,49
200	Mt 5,37	ἔστω δὲ ὁ λόγος ὑμῶν ναὶ ναί, οὒ οὔ· τὸ δὲ περισσὸν τούτων ἐκ τοῦ πονηροῦ **ἐστιν.**					

102	**Mt 5,46**	ἐὰν γὰρ ἀγαπήσητε τοὺς ἀγαπῶντας ὑμᾶς, τίνα μισθὸν **ἔχετε;**	**Lk 6,32** ⇩ Lk 6,33	καὶ εἰ ἀγαπᾶτε τοὺς ἀγαπῶντας ὑμᾶς, ποία ὑμῖν χάρις **ἐστίν;** καὶ γὰρ οἱ ἁμαρτωλοὶ τοὺς ἀγαπῶντας αὐτοὺς ἀγαπῶσιν.	
102		οὐχὶ καὶ οἱ τελῶναι τὸ αὐτὸ ποιοῦσιν;	**Lk 6,33** ⇧ Lk 6,32	καὶ [γὰρ] ἐὰν ἀγαθοποιῆτε τοὺς ἀγαθοποιοῦντας ὑμᾶς, ποία ὑμῖν χάρις **ἐστίν;** καὶ οἱ ἁμαρτωλοὶ τὸ αὐτὸ ποιοῦσιν.	
102	**Mt 5,47**	καὶ ἐὰν ἀσπάσησθε τοὺς ἀδελφοὺς ὑμῶν μόνον, τί περισσὸν **ποιεῖτε;** οὐχὶ καὶ οἱ ἐθνικοὶ τὸ αὐτὸ ποιοῦσιν;	**Lk 6,34** → Mt 5,42	καὶ ἐὰν δανίσητε παρ' ὧν ἐλπίζετε λαβεῖν, ποία ὑμῖν χάρις **[ἐστίν];** καὶ ἁμαρτωλοὶ ἁμαρτωλοῖς δανίζουσιν ἵνα ἀπολάβωσιν τὰ ἴσα.	→ GTh 95
102	**Mt 5,45**	ὅπως γένησθε υἱοὶ τοῦ πατρὸς ὑμῶν τοῦ ἐν οὐρανοῖς, ὅτι τὸν ἥλιον αὐτοῦ ἀνατέλλει ἐπὶ πονηροὺς καὶ ἀγαθοὺς καὶ βρέχει ἐπὶ δικαίους καὶ ἀδίκους.	**Lk 6,35**	... καὶ ἔσεσθε υἱοὶ ὑψίστου, ὅτι αὐτὸς χρηστός **ἐστιν** ἐπὶ τοὺς ἀχαρίστους καὶ πονηρούς.	→ GTh 3 **(POxy 654)**
202	**Mt 5,48**	ἔσεσθε οὖν ὑμεῖς τέλειοι ὡς ὁ πατὴρ ὑμῶν ὁ οὐράνιος τέλειός **ἐστιν.**	**Lk 6,36**	γίνεσθε οἰκτίρμονες καθὼς [καὶ] ὁ πατὴρ ὑμῶν οἰκτίρμων **ἐστίν.**	
202	**Mt 6,21**	ὅπου γάρ **ἐστιν** ὁ θησαυρός σου, ἐκεῖ ἔσται καὶ ἡ καρδία σου.	**Lk 12,34**	ὅπου γάρ **ἐστιν** ὁ θησαυρὸς ὑμῶν, ἐκεῖ καὶ ἡ καρδία ὑμῶν ἔσται.	
202	**Mt 6,22**	ὁ λύχνος τοῦ σώματός **ἐστιν** ὁ ὀφθαλμός. ...	**Lk 11,34** **(2)**	ὁ λύχνος τοῦ σώματός **ἐστιν** ὁ ὀφθαλμός σου. ...	→ GTh 24 **(POxy 655 – restoration)**
202	**Mt 6,23**	... εἰ οὖν τὸ φῶς τὸ ἐν σοὶ σκότος **ἐστίν,** τὸ σκότος πόσον.	**Lk 11,35** → Lk 11,36	σκόπει οὖν μὴ τὸ φῶς τὸ ἐν σοὶ σκότος **ἐστίν.**	→ GTh 24 **(POxy 655 - restoration)**
202	**Mt 6,25**	... οὐχὶ ἡ ψυχὴ πλεῖόν **ἐστιν** τῆς τροφῆς καὶ τὸ σῶμα τοῦ ἐνδύματος;	**Lk 12,23**	ἡ γὰρ ψυχὴ πλεῖόν **ἐστιν** τῆς τροφῆς καὶ τὸ σῶμα τοῦ ἐνδύματος.	
202	**Mt 10,24**	**οὐκ ἔστιν** μαθητὴς ὑπὲρ τὸν διδάσκαλον οὐδὲ δοῦλος ὑπὲρ τὸν κύριον αὐτοῦ.	**Lk 6,40**	**οὐκ ἔστιν** μαθητὴς ὑπὲρ τὸν διδάσκαλον· ...	
201	**Mt 7,9**	ἢ τίς **ἐστιν** ἐξ ὑμῶν ἄνθρωπος, ὃν αἰτήσει ὁ υἱὸς αὐτοῦ ἄρτον, μὴ λίθον ἐπιδώσει αὐτῷ; [10] ἢ καὶ ἰχθὺν αἰτήσει, μὴ ὄφιν ἐπιδώσει αὐτῷ;	**Lk 11,11**	τίνα δὲ ἐξ ὑμῶν τὸν πατέρα αἰτήσει ὁ υἱὸς ἰχθύν, καὶ ἀντὶ ἰχθύος ὄφιν αὐτῷ ἐπιδώσει; [12] ἢ καὶ αἰτήσει ᾠόν, ἐπιδώσει αὐτῷ σκορπίον;	

201	Mt 7,12 → Mt 22,40	πάντα οὖν ὅσα ἐὰν θέλητε ἵνα ποιῶσιν ὑμῖν οἱ ἄνθρωποι, οὕτως καὶ ὑμεῖς ποιεῖτε αὐτοῖς· οὗτος γάρ **ἐστιν** ὁ νόμος καὶ οἱ προφῆται.			Lk 6,31	καὶ καθὼς θέλετε ἵνα ποιῶσιν ὑμῖν οἱ ἄνθρωποι ποιεῖτε αὐτοῖς ὁμοίως.	
a 102	Mt 7,18	**οὐ δύναται** δένδρον ἀγαθὸν καρποὺς πονηροὺς ποιεῖν ...			Lk 6,43	**οὐ γάρ ἐστιν** δένδρον καλὸν ποιοῦν καρπὸν σαπρόν, ...	
102	Mt 7,24	πᾶς οὖν ὅστις ἀκούει μου τοὺς λόγους τούτους καὶ ποιεῖ αὐτούς,			Lk 6,47	πᾶς ὁ ἐρχόμενος πρός με καὶ ἀκούων μου τῶν λόγων καὶ ποιῶν αὐτούς, ὑποδείξω ὑμῖν τίνι **ἐστὶν ὅμοιος·**	
102		**ὁμοιωθήσεται** ἀνδρὶ φρονίμῳ, ὅστις ᾠκοδόμησεν αὐτοῦ τὴν οἰκίαν ἐπὶ τὴν πέτραν·			Lk 6,48	**ὅμοιός ἐστιν** ἀνθρώπῳ οἰκοδομοῦντι οἰκίαν ὃς ἔσκαψεν καὶ ἐβάθυνεν καὶ ἔθηκεν θεμέλιον ἐπὶ τὴν πέτραν· ...	
102	Mt 7,26	καὶ πᾶς ὁ ἀκούων μου τοὺς λόγους τούτους καὶ μὴ ποιῶν αὐτοὺς **ὁμοιωθήσεται** ἀνδρὶ μωρῷ, ὅστις ᾠκοδόμησεν αὐτοῦ τὴν οἰκίαν ἐπὶ τὴν ἄμμον.			Lk 6,49	ὁ δὲ ἀκούσας καὶ μὴ ποιήσας **ὅμοιός ἐστιν** ἀνθρώπῳ οἰκοδομήσαντι οἰκίαν ἐπὶ τὴν γῆν χωρὶς θεμελίου, ...	
002					Lk 7,4	... ἄξιός **ἐστιν** ᾧ παρέξῃ τοῦτο·	
222	Mt 8,27	... ποταπός **ἐστιν** οὗτος ὅτι καὶ οἱ ἄνεμοι καὶ ἡ θάλασσα αὐτῷ ὑπακούουσιν;	Mk 4,41	... τίς ἄρα οὗτός **ἐστιν** ὅτι καὶ ὁ ἄνεμος καὶ ἡ θάλασσα ὑπακούει αὐτῷ;	Lk 8,25	... τίς ἄρα οὗτός **ἐστιν** ὅτι καὶ τοῖς ἀνέμοις ἐπιτάσσει καὶ τῷ ὕδατι, καὶ ὑπακούουσιν αὐτῷ;	
222	Mt 9,5	τί γάρ **ἐστιν** εὐκοπώτερον, εἰπεῖν· ἀφίενταί σου αἱ ἁμαρτίαι, ...	Mk 2,9	τί **ἐστιν** εὐκοπώτερον, εἰπεῖν τῷ παραλυτικῷ· ἀφίενταί σου αἱ ἁμαρτίαι, ...	Lk 5,23	τί **ἐστιν** εὐκοπώτερον, εἰπεῖν· ἀφέωνταί σοι αἱ ἁμαρτίαι σου, ...	
211	Mt 9,13 ⇩ Mt 12,7	πορευθέντες δὲ μάθετε τί **ἐστιν·** *ἔλεος θέλω καὶ οὐ* *θυσίαν*· οὐ γὰρ ἦλθον καλέσαι δικαίους ἀλλὰ ἁμαρτωλούς. ➤ Hos 6,6	Mk 2,17	... οὐκ ἦλθον καλέσαι δικαίους ἀλλὰ ἁμαρτωλούς.	Lk 5,32	οὐκ ἐλήλυθα καλέσαι δικαίους ἀλλὰ ἁμαρτωλοὺς εἰς μετάνοιαν.	
222	Mt 9,15	... μὴ δύνανται οἱ υἱοὶ τοῦ νυμφῶνος πενθεῖν ἐφ' ὅσον μετ' αὐτῶν **ἐστιν** ὁ νυμφίος; ...	Mk 2,19	... μὴ δύνανται οἱ υἱοὶ τοῦ νυμφῶνος ἐν ᾧ ὁ νυμφίος μετ' αὐτῶν **ἐστιν** νηστεύειν; ...	Lk 5,34	... μὴ δύνασθε τοὺς υἱοὺς τοῦ νυμφῶνος ἐν ᾧ ὁ νυμφίος μετ' αὐτῶν **ἐστιν** ποιῆσαι νηστεῦσαι;	→ GTh 104

	Mt		Mk		Lk		
c 211	Mt 10,2	τῶν δὲ δώδεκα ἀποστόλων τὰ ὀνόματά **ἐστιν** ταῦτα· πρῶτος Σίμων ὁ λεγόμενος Πέτρος	Mk 3,16	... καὶ ἐπέθηκεν ὄνομα τῷ Σίμωνι Πέτρον,	Lk 6,14	Σίμωνα, ὃν καὶ ὠνόμασεν Πέτρον,	→ Jn 1,42
121		καὶ Ἀνδρέας ὁ ἀδελφὸς αὐτοῦ, καὶ Ἰάκωβος ὁ τοῦ Ζεβεδαίου καὶ Ἰωάννης ὁ ἀδελφὸς αὐτοῦ	Mk 3,17	καὶ Ἰάκωβον τὸν τοῦ Ζεβεδαίου καὶ Ἰωάννην τὸν ἀδελφὸν τοῦ Ἰακώβου καὶ ἐπέθηκεν αὐτοῖς ὀνόμα[τα] Βοανηργές, ὅ **ἐστιν** υἱοὶ βροντῆς·		καὶ Ἀνδρέαν τὸν ἀδελφὸν αὐτοῦ, καὶ Ἰάκωβον καὶ Ἰωάννην ...	
201	Mt 10,11	εἰς ἣν δ' ἂν πόλιν ἢ κώμην εἰσέλθητε, ἐξετάσατε τίς ἐν αὐτῇ ἄξιός **ἐστιν**· ...			Lk 10,8 → Lk 10,10	καὶ εἰς ἣν ἂν πόλιν εἰσέρχησθε καὶ δέχωνται ὑμᾶς, ...	→ GTh 14,4
202	Mt 10,24	οὐκ **ἔστιν** μαθητὴς ὑπὲρ τὸν διδάσκαλον οὐδὲ δοῦλος ὑπὲρ τὸν κύριον αὐτοῦ.			Lk 6,40	οὐκ **ἔστιν** μαθητὴς ὑπὲρ τὸν διδάσκαλον· ...	
a 202	Mt 10,26	... οὐδὲν γάρ **ἐστιν** κεκαλυμμένον ὃ οὐκ ἀποκαλυφθήσεται καὶ κρυπτὸν ὃ οὐ γνωσθήσεται.	Mk 4,22	οὐ γάρ **ἐστιν** κρυπτὸν ἐὰν μὴ ἵνα φανερωθῇ, οὐδὲ ἐγένετο ἀπόκρυφον ἀλλ' ἵνα ἔλθῃ εἰς φανερόν.	Lk 12,2 ⇩ Lk 8,17	οὐδὲν δὲ συγκεκαλυμμένον **ἐστὶν** ὃ οὐκ ἀποκαλυφθήσεται καὶ κρυπτὸν ὃ οὐ γνωσθήσεται.	→ GTh 5 → GTh 6,5-6 **(POxy 654)** Mk-Q overlap
201 201	Mt 10,37 (2) ↓ Mt 19,29	ὁ φιλῶν πατέρα ἢ μητέρα ὑπὲρ ἐμὲ **οὐκ ἔστιν** μου ἄξιος, καὶ ὁ φιλῶν υἱὸν ἢ θυγατέρα ὑπὲρ ἐμὲ **οὐκ ἔστιν** μου ἄξιος·	↓ Mk 10,29		Lk 14,26 ↓ Lk 18,29	εἴ τις ἔρχεται πρός με καὶ οὐ μισεῖ τὸν πατέρα ἑαυτοῦ καὶ τὴν μητέρα καὶ τὴν γυναῖκα καὶ τὰ τέκνα καὶ τοὺς ἀδελφοὺς καὶ τὰς ἀδελφὰς ἔτι τε καὶ τὴν ψυχὴν ἑαυτοῦ, **οὐ δύναται εἶναί** μου μαθητής.	→ GTh 55 → GTh 101
201	Mt 10,38 ⇩ Mt 16,24	καὶ ὃς οὐ λαμβάνει τὸν σταυρὸν αὐτοῦ καὶ ἀκολουθεῖ ὀπίσω μου, **οὐκ ἔστιν** μου ἄξιος.			Lk 14,27 ⇩ Lk 9,23	ὅστις οὐ βαστάζει τὸν σταυρὸν ἑαυτοῦ καὶ ἔρχεται ὀπίσω μου **οὐ δύναται εἶναί** μου μαθητής.	→ GTh 55 → GTh 101 Mk-Q overlap
	Mt 16,24 ⇧ Mt 10,38	... εἴ τις θέλει ὀπίσω μου ἐλθεῖν, ἀπαρνησάσθω ἑαυτὸν καὶ ἀράτω τὸν σταυρὸν αὐτοῦ καὶ ἀκολουθείτω μοι.	Mk 8,34	... εἴ τις θέλει ὀπίσω μου ἀκολουθεῖν, ἀπαρνησάσθω ἑαυτὸν καὶ ἀράτω τὸν σταυρὸν αὐτοῦ καὶ ἀκολουθείτω μοι.	Lk 9,23 ⇧ Lk 14,27	... εἴ τις θέλει ὀπίσω μου ἔρχεσθαι, ἀρνησάσθω ἑαυτὸν καὶ ἀράτω τὸν σταυρὸν αὐτοῦ καθ' ἡμέραν, καὶ ἀκολουθείτω μοι.	→ GTh 55
202	Mt 11,6	καὶ μακάριός **ἐστιν** ὃς ἐὰν μὴ σκανδαλισθῇ ἐν ἐμοί.			Lk 7,23	καὶ μακάριός **ἐστιν** ὃς ἐὰν μὴ σκανδαλισθῇ ἐν ἐμοί.	
202	Mt 11,10	οὗτός **ἐστιν** περὶ οὗ γέγραπται· *ἰδοὺ ἐγὼ ἀποστέλλω* *τὸν ἄγγελόν μου ...* ➤ Exod 23,20/Mal 3,1	Mk 1,2 ↑ Mt 3,3 ↑ Lk 3,4	καθὼς γέγραπται ἐν τῷ Ἠσαΐᾳ τῷ προφήτῃ· *ἰδοὺ ἀποστέλλω* *τὸν ἄγγελόν μου ...* ➤ Exod 23,20/Mal 3,1	Lk 7,27	οὗτός **ἐστιν** περὶ οὗ γέγραπται· *ἰδοὺ ἀποστέλλω* *τὸν ἄγγελόν μου ...* ➤ Exod 23,20/Mal 3,1	

102 202	**Mt 11,11**	... οὐκ ἐγήγερται ἐν γεννητοῖς γυναικῶν μείζων Ἰωάννου τοῦ βαπτιστοῦ· ὁ δὲ μικρότερος ἐν τῇ βασιλείᾳ τῶν οὐρανῶν μείζων αὐτοῦ **ἐστιν.**			**Lk 7,28** **(2)**	... μείζων ἐν γεννητοῖς γυναικῶν Ἰωάννου οὐδείς **ἐστιν·** ὁ δὲ μικρότερος ἐν τῇ βασιλείᾳ τοῦ θεοῦ μείζων αὐτοῦ **ἐστιν.**	→ GTh 46
200	**Mt 11,14** → Mt 17,12 → Mk 9,13 → Lk 1,17	καὶ εἰ θέλετε δέξασθαι, αὐτός **ἐστιν** Ἠλίας ὁ μέλλων ἔρχεσθαι.					
201	**Mt 11,16**	τίνι δὲ ὁμοιώσω τὴν γενεὰν ταύτην; ὁμοία **ἐστὶν** παιδίοις καθημένοις ἐν ταῖς ἀγοραῖς ...			**Lk 7,32**	[31] τίνι οὖν ὁμοιώσω τοὺς ἀνθρώπους τῆς γενεᾶς ταύτης καὶ τίνι εἰσὶν ὅμοιοι; [32] ὅμοιοί **εἰσιν** παιδίοις τοῖς ἐν ἀγορᾷ καθημένοις ...	
002					**Lk 7,39**	... οὗτος εἰ ἦν προφήτης, ἐγίνωσκεν ἂν τίς καὶ ποταπὴ ἡ γυνὴ ἥτις ἅπτεται αὐτοῦ, ὅτι ἁμαρτωλός **ἐστιν.**	
002					**Lk 7,49** ↑ Mt 9,3 ↑ Mk 2,7 ↑ **Lk 5,21**	καὶ ἤρξαντο οἱ συνανακείμενοι λέγειν ἐν ἑαυτοῖς· τίς οὗτός **ἐστιν** ὃς καὶ ἁμαρτίας ἀφίησιν;	
200	**Mt 11,30**	ὁ γὰρ ζυγός μου χρηστὸς καὶ τὸ φορτίον μου ἐλαφρόν **ἐστιν.**					→ GTh 90
200	**Mt 12,6** → Mt 12,41-42 → Lk 11,31-32	λέγω δὲ ὑμῖν ὅτι τοῦ ἱεροῦ μεῖζόν **ἐστιν** ὧδε.					
200	**Mt 12,7** ⇧ **Mt 9,13**	εἰ δὲ ἐγνώκειτε τί **ἐστιν·** *ἔλεος θέλω καὶ οὐ* *θυσίαν,* οὐκ ἂν κατεδικάσατε τοὺς ἀναιτίους. ➤ Hos 6,6					
222	**Mt 12,8**	κύριος γάρ **ἐστιν** τοῦ σαββάτου ὁ υἱὸς τοῦ ἀνθρώπου.	**Mk 2,28**	ὥστε κύριός **ἐστιν** ὁ υἱὸς τοῦ ἀνθρώπου καὶ τοῦ σαββάτου.	**Lk 6,5**	... κύριός **ἐστιν** τοῦ σαββάτου ὁ υἱὸς τοῦ ἀνθρώπου.	
200	**Mt 12,23** ⇨ Mt 9,33	καὶ ἐξίσταντο πάντες οἱ ὄχλοι καὶ ἔλεγον· μήτι οὗτός **ἐστιν** ὁ υἱὸς Δαυίδ;			**Lk 11,14**	... καὶ ἐθαύμασαν οἱ ὄχλοι.	
202	**Mt 12,30**	ὁ μὴ ὢν μετ᾽ ἐμοῦ κατ᾽ ἐμοῦ **ἐστιν,** καὶ ὁ μὴ συνάγων μετ᾽ ἐμοῦ σκορπίζει.	↓ **Mk 9,40**		**Lk 11,23** ↓ **Lk 9,50**	ὁ μὴ ὢν μετ᾽ ἐμοῦ κατ᾽ ἐμοῦ **ἐστιν,** καὶ ὁ μὴ συνάγων μετ᾽ ἐμοῦ σκορπίζει.	

120	Mt 12,32	[31] ... ἡ δὲ τοῦ πνεύματος βλασφημία οὐκ ἀφεθήσεται. [32] ... ὃς δ' ἂν εἴπῃ κατὰ τοῦ πνεύματος τοῦ ἁγίου, οὐκ ἀφεθήσεται αὐτῷ οὔτε ἐν τούτῳ τῷ αἰῶνι οὔτε ἐν τῷ μέλλοντι.	Mk 3,29	ὃς δ' ἂν βλασφημήσῃ εἰς τὸ πνεῦμα τὸ ἅγιον, οὐκ ἔχει ἄφεσιν εἰς τὸν αἰῶνα, ἀλλὰ ἔνοχός **ἐστιν** αἰωνίου ἁμαρτήματος.	Lk 12,10	... τῷ δὲ εἰς τὸ ἅγιον πνεῦμα βλασφημήσαντι οὐκ ἀφεθήσεται.	→ GTh 44 Mk-Q overlap
221	Mt 12,48	ὁ δὲ ἀποκριθεὶς εἶπεν τῷ λέγοντι αὐτῷ· τίς **ἐστιν** ἡ μήτηρ μου καὶ τίνες εἰσὶν οἱ ἀδελφοί μου;	Mk 3,33	καὶ ἀποκριθεὶς αὐτοῖς λέγει· τίς **ἐστιν** ἡ μήτηρ μου καὶ οἱ ἀδελφοί [μου];	Lk 8,21	ὁ δὲ ἀποκριθεὶς εἶπεν πρὸς αὐτούς·	→ GTh 99
221	Mt 12,50 → Mt 7,21	ὅστις γὰρ ἂν ποιήσῃ τὸ θέλημα τοῦ πατρός μου τοῦ ἐν οὐρανοῖς αὐτός μου ἀδελφὸς καὶ ἀδελφὴ καὶ μήτηρ **ἐστίν**.	Mk 3,35	ὃς [γὰρ] ἂν ποιήσῃ τὸ θέλημα τοῦ θεοῦ, οὗτος ἀδελφός μου καὶ ἀδελφὴ καὶ μήτηρ **ἐστίν**.	→ Lk 6,46 → Lk 11,28	μήτηρ μου καὶ ἀδελφοί μου οὗτοί **εἰσιν** οἱ τὸν λόγον τοῦ θεοῦ ἀκούοντες καὶ ποιοῦντες.	→ Jn 15,14 → GTh 99
112	Mt 13,18	ὑμεῖς οὖν ἀκούσατε τὴν παραβολὴν	Mk 4,13	... οὐκ οἴδατε τὴν παραβολὴν ταύτην, καὶ πῶς πάσας τὰς παραβολὰς γνώσεσθε;	Lk 8,11 (2)	**ἔστιν** δὲ αὕτη ἡ παραβολή·	
112		τοῦ σπείραντος.	Mk 4,14	ὁ σπείρων τὸν λόγον σπείρει.		ὁ σπόρος **ἐστὶν** ὁ λόγος τοῦ θεοῦ.	
b 211	Mt 13,19	παντὸς ἀκούοντος τὸν λόγον τῆς βασιλείας καὶ μὴ συνιέντος, ἔρχεται ὁ πονηρὸς καὶ ἁρπάζει τὸ ἐσπαρμένον ἐν τῇ καρδίᾳ αὐτοῦ, οὗτός **ἐστιν** ὁ παρὰ τὴν ὁδὸν σπαρείς.	Mk 4,15	οὗτοι δέ **εἰσιν** οἱ παρὰ τὴν ὁδόν· ὅπου σπείρεται ὁ λόγος καὶ ὅταν ἀκούσωσιν, εὐθὺς ἔρχεται ὁ σατανᾶς καὶ αἴρει τὸν λόγον τὸν ἐσπαρμένον εἰς αὐτούς.	Lk 8,12	οἱ δὲ παρὰ τὴν ὁδόν **εἰσιν** οἱ ἀκούσαντες, εἶτα ἔρχεται ὁ διάβολος καὶ αἴρει τὸν λόγον ἀπὸ τῆς καρδίας αὐτῶν, ἵνα μὴ πιστεύσαντες σωθῶσιν.	
b 211	Mt 13,20	ὁ δὲ ἐπὶ τὰ πετρώδη σπαρείς, οὗτός **ἐστιν** ὁ τὸν λόγον ἀκούων καὶ εὐθὺς μετὰ χαρᾶς λαμβάνων αὐτόν,	Mk 4,16	καὶ οὗτοί **εἰσιν** οἱ ἐπὶ τὰ πετρώδη σπειρόμενοι, οἳ ὅταν ἀκούσωσιν τὸν λόγον εὐθὺς μετὰ χαρᾶς λαμβάνουσιν αὐτόν,	Lk 8,13	οἱ δὲ ἐπὶ τῆς πέτρας οἳ ὅταν ἀκούσωσιν μετὰ χαρᾶς δέχονται τὸν λόγον,	
211	Mt 13,21	οὐκ ἔχει δὲ ῥίζαν ἐν ἑαυτῷ ἀλλὰ πρόσκαιρός **ἐστιν**, γενομένης δὲ θλίψεως ἢ διωγμοῦ διὰ τὸν λόγον εὐθὺς σκανδαλίζεται.	Mk 4,17	καὶ οὐκ ἔχουσιν ῥίζαν ἐν ἑαυτοῖς ἀλλὰ πρόσκαιροί **εἰσιν**, εἶτα γενομένης θλίψεως ἢ διωγμοῦ διὰ τὸν λόγον εὐθὺς σκανδαλίζονται.		καὶ οὗτοι ῥίζαν οὐκ ἔχουσιν, οἳ πρὸς καιρὸν **πιστεύουσιν** καὶ ἐν καιρῷ πειρασμοῦ ἀφίστανται.	

	Mt		Mk		Lk		
b 211	Mt 13,22	ὁ δὲ εἰς τὰς ἀκάνθας σπαρείς, οὗτός ἐστιν ὁ τὸν λόγον ἀκούων, καὶ ἡ μέριμνα τοῦ αἰῶνος καὶ ἡ ἀπάτη τοῦ πλούτου συμπνίγει τὸν λόγον ...	Mk 4,18	καὶ ἄλλοι εἰσὶν οἱ εἰς τὰς ἀκάνθας σπειρόμενοι· οὗτοί εἰσιν οἱ τὸν λόγον ἀκούσαντες, [19] καὶ αἱ μέριμναι τοῦ αἰῶνος καὶ ἡ ἀπάτη τοῦ πλούτου καὶ αἱ περὶ τὰ λοιπὰ ἐπιθυμίαι εἰσπορευόμεναι συμπνίγουσιν τὸν λόγον ...	Lk 8,14	τὸ δὲ εἰς τὰς ἀκάνθας πεσόν, οὗτοί εἰσιν οἱ ἀκούσαντες, καὶ ὑπὸ μεριμνῶν καὶ πλούτου καὶ ἡδονῶν τοῦ βίου πορευόμενοι συμπνίγονται ...	
b 211	Mt 13,23	ὁ δὲ ἐπὶ τὴν καλὴν γῆν σπαρείς, οὗτός ἐστιν ὁ τὸν λόγον ἀκούων καὶ συνιείς, ὃς δὴ καρποφορεῖ καὶ ποιεῖ ὃ μὲν ἑκατόν, ὃ δὲ ἑξήκοντα, ὃ δὲ τριάκοντα.	Mk 4,20	καὶ ἐκεῖνοί εἰσιν οἱ ἐπὶ τὴν γῆν τὴν καλὴν σπαρέντες, οἵτινες ἀκούουσιν τὸν λόγον καὶ παραδέχονται καὶ καρποφοροῦσιν ἓν τριάκοντα καὶ ἓν ἑξήκοντα καὶ ἓν ἑκατόν.	Lk 8,15	τὸ δὲ ἐν τῇ καλῇ γῇ, οὗτοί εἰσιν οἵτινες ἐν καρδίᾳ καλῇ καὶ ἀγαθῇ ἀκούσαντες τὸν λόγον κατέχουσιν καὶ καρποφοροῦσιν ἐν ὑπομονῇ.	
a 022	Mt 10,26	... οὐδὲν γάρ ἐστιν κεκαλυμμένον ὃ οὐκ ἀποκαλυφθήσεται καὶ κρυπτὸν ὃ οὐ γνωσθήσεται.	Mk 4,22	οὐ γάρ ἐστιν κρυπτὸν ἐὰν μὴ ἵνα φανερωθῇ, οὐδὲ ἐγένετο ἀπόκρυφον ἀλλ' ἵνα ἔλθῃ εἰς φανερόν.	Lk 8,17 ⇩ Lk 12,2	οὐ γάρ ἐστιν κρυπτὸν ὃ οὐ φανερὸν γενήσεται οὐδὲ ἀπόκρυφον ὃ οὐ μὴ γνωσθῇ καὶ εἰς φανερὸν ἔλθῃ.	→ GTh 5 → GTh 6,5-6 **(POxy 654)** Mk-Q overlap
020			Mk 4,26	... οὕτως ἐστὶν ἡ βασιλεία τοῦ θεοῦ ὡς ἄνθρωπος βάλῃ τὸν σπόρον ἐπὶ τῆς γῆς			
202	Mt 13,31	ἄλλην παραβολὴν παρέθηκεν αὐτοῖς λέγων· ὁμοία ἐστὶν ἡ βασιλεία τῶν οὐρανῶν κόκκῳ σινάπεως, ὃν λαβὼν ἄνθρωπος ἔσπειρεν ἐν τῷ ἀγρῷ αὐτοῦ·	Mk 4,31	[30] ... πῶς ὁμοιώσωμεν τὴν βασιλείαν τοῦ θεοῦ ἢ ἐν τίνι αὐτὴν παραβολῇ θῶμεν; [31] ὡς κόκκῳ σινάπεως, ὃς ὅταν σπαρῇ ἐπὶ τῆς γῆς, ↔	Lk 13,19	[18] ... τίνι ὁμοία ἐστὶν ἡ βασιλεία τοῦ θεοῦ καὶ τίνι ὁμοιώσω αὐτήν; [19] ὁμοία ἐστὶν κόκκῳ σινάπεως, ὃν λαβὼν ἄνθρωπος ἔβαλεν εἰς κῆπον ἑαυτοῦ,	→ GTh 20 Mk-Q overlap
210	Mt 13,32 (2)	ὃ μικρότερον μέν ἐστιν πάντων τῶν σπερμάτων,	Mk 4,31	↔ μικρότερον ὂν πάντων τῶν σπερμάτων τῶν ἐπὶ τῆς γῆς,			→ GTh 20
201		ὅταν δὲ αὐξηθῇ μεῖζον τῶν λαχάνων ἐστὶν καὶ γίνεται δένδρον, ὥστε ἐλθεῖν *τὰ πετεινὰ τοῦ οὐρανοῦ* *καὶ κατασκηνοῦν ἐν τοῖς* *κλάδοις αὐτοῦ.* ➢ Ps 103,12 LXX	Mk 4,32	καὶ ὅταν σπαρῇ, ἀναβαίνει καὶ γίνεται μεῖζον πάντων τῶν λαχάνων καὶ ποιεῖ κλάδους μεγάλους, ὥστε δύνασθαι ὑπὸ τὴν σκιὰν αὐτοῦ *τὰ πετεινὰ τοῦ οὐρανοῦ* *κατασκηνοῦν.* ➢ Ps 103,12 LXX		καὶ ηὔξησεν καὶ ἐγένετο εἰς δένδρον, καὶ *τὰ πετεινὰ τοῦ οὐρανοῦ* *κατεσκήνωσεν ἐν τοῖς* *κλάδοις αὐτοῦ.* ➢ Ps 103,12 LXX	→ GTh 20 Mk-Q overlap
202	Mt 13,33	ἄλλην παραβολὴν ἐλάλησεν αὐτοῖς· ὁμοία ἐστὶν ἡ βασιλεία τῶν οὐρανῶν ζύμῃ, ἣν λαβοῦσα γυνὴ ἐνέκρυψεν εἰς ἀλεύρου σάτα τρία ἕως οὗ ἐζυμώθη ὅλον.			Lk 13,21	[20] ... τίνι ὁμοιώσω τὴν βασιλείαν τοῦ θεοῦ; [21] ὁμοία ἐστὶν ζύμῃ, ἣν λαβοῦσα γυνὴ [ἐν]έκρυψεν εἰς ἀλεύρου σάτα τρία ἕως οὗ ἐζυμώθη ὅλον.	→ GTh 96

200	**Mt 13,37**	... ὁ σπείρων τὸ καλὸν σπέρμα **ἐστὶν** ὁ υἱὸς τοῦ ἀνθρώπου,					
200	**Mt 13,38**	ὁ δὲ ἀγρός **ἐστιν** ὁ κόσμος, ...					
200 200	**Mt 13,39 (2)**	ὁ δὲ ἐχθρὸς ὁ σπείρας αὐτά **ἐστιν** ὁ διάβολος, ὁ δὲ θερισμὸς συντέλεια αἰῶνός **ἐστιν,** οἱ δὲ θερισταὶ ἄγγελοί εἰσιν.					
200	**Mt 13,44**	ὁμοία **ἐστὶν** ἡ βασιλεία τῶν οὐρανῶν θησαυρῷ κεκρυμμένῳ ἐν τῷ ἀγρῷ, ...					→ GTh 109
200	**Mt 13,45**	πάλιν ὁμοία **ἐστὶν** ἡ βασιλεία τῶν οὐρανῶν ἀνθρώπῳ ἐμπόρῳ ζητοῦντι καλοὺς μαργαρίτας·					→ GTh 76,1-2
200	**Mt 13,47**	πάλιν ὁμοία **ἐστὶν** ἡ βασιλεία τῶν οὐρανῶν σαγήνῃ βληθείσῃ εἰς τὴν θάλασσαν ...					→ GTh 8
200	**Mt 13,52**	... πᾶς γραμματεὺς μαθητευθεὶς τῇ βασιλείᾳ τῶν οὐρανῶν ὅμοιός **ἐστιν** ἀνθρώπῳ οἰκοδεσπότῃ, ...					
222	**Mt 8,27**	... ποταπός **ἐστιν** οὗτος ὅτι καὶ οἱ ἄνεμοι καὶ ἡ θάλασσα αὐτῷ ὑπακούουσιν;	**Mk 4,41**	... τίς ἄρα οὗτός **ἐστιν** ὅτι καὶ ὁ ἄνεμος καὶ ἡ θάλασσα ὑπακούει αὐτῷ;	**Lk 8,25**	... τίς ἄρα οὗτός **ἐστιν** ὅτι καὶ τοῖς ἀνέμοις ἐπιτάσσει καὶ τῷ ὕδατι, καὶ ὑπακούουσιν αὐτῷ;	
112	**Mt 8,28**	καὶ ἐλθόντος αὐτοῦ εἰς τὸ πέραν εἰς τὴν χώραν τῶν Γαδαρηνῶν ...	**Mk 5,1**	καὶ ἦλθον εἰς τὸ πέραν τῆς θαλάσσης εἰς τὴν χώραν τῶν Γερασηνῶν.	**Lk 8,26**	καὶ κατέπλευσαν εἰς τὴν χώραν τῶν Γερασηνῶν, ἥτις **ἐστὶν** ἀντιπέρα τῆς Γαλιλαίας.	
012			**Mk 5,9**	καὶ ἐπηρώτα αὐτόν· τί ὄνομά σοι; καὶ λέγει αὐτῷ· λεγιὼν ὄνομά μοι, ὅτι πολλοί ἐσμεν.	**Lk 8,30**	ἐπηρώτησεν δὲ αὐτὸν ὁ Ἰησοῦς· τί σοι ὄνομά **ἐστιν;** ὁ δὲ εἶπεν· λεγιών, ὅτι εἰσῆλθεν δαιμόνια πολλὰ εἰς αὐτόν.	
b 121	**Mt 8,34**	καὶ ἰδοὺ πᾶσα ἡ πόλις ἐξῆλθεν εἰς ὑπάντησιν τῷ Ἰησοῦ ...	**Mk 5,14**	... καὶ ἦλθον ἰδεῖν τί **ἐστιν** τὸ γεγονός [15] καὶ ἔρχονται πρὸς τὸν Ἰησοῦν, ...	**Lk 8,35**	ἐξῆλθον δὲ ἰδεῖν τὸ γεγονὸς καὶ ἦλθον πρὸς τὸν Ἰησοῦν ...	

a 121	Mt 9,25	... ἐκράτησεν τῆς χειρὸς αὐτῆς, ...	Mk 5,41	καὶ κρατήσας τῆς χειρὸς τοῦ παιδίου λέγει αὐτῇ· ταλιθα κουμ, ὅ **ἐστιν** μεθερμηνευόμενον· τὸ κοράσιον, σοὶ λέγω, ἔγειρε.	Lk 8,54	αὐτὸς δὲ κρατήσας τῆς χειρὸς αὐτῆς ἐφώνησεν λέγων· ἡ παῖς, ἔγειρε.	
222	Mt 13,55 → Mt 1,16	οὐχ οὗτός **ἐστιν** ὁ τοῦ τέκτονος υἱός; οὐχ ἡ μήτηρ αὐτοῦ λέγεται Μαριὰμ ...	Mk 6,3 → Mt 1,16	οὐχ οὗτός **ἐστιν** ὁ τέκτων, ὁ υἱὸς τῆς Μαρίας ...	Lk 4,22 → Lk 3,23	... οὐχὶ υἱός **ἐστιν** Ἰωσὴφ οὗτος;	→ Jn 6,42
222	Mt 13,57	... οὐκ **ἔστιν** προφήτης ἄτιμος εἰ μὴ ἐν τῇ πατρίδι καὶ ἐν τῇ οἰκίᾳ αὐτοῦ.	Mk 6,4	... οὐκ **ἔστιν** προφήτης ἄτιμος εἰ μὴ ἐν τῇ πατρίδι αὐτοῦ καὶ ἐν τοῖς συγγενεῦσιν αὐτοῦ καὶ ἐν τῇ οἰκίᾳ αὐτοῦ.	Lk 4,24	... οὐδεὶς προφήτης δεκτός **ἐστιν** ἐν τῇ πατρίδι αὐτοῦ.	→ Jn 4,44 → GTh 31 (POxy 1)
021	→ Mt 16,14		Mk 6,15 → Mk 8,28	ἄλλοι δὲ ἔλεγον ὅτι Ἠλίας **ἐστίν·** ἄλλοι δὲ ἔλεγον ὅτι προφήτης ὡς εἷς τῶν προφητῶν.	Lk 9,8 → Lk 9,19	ὑπό τινων δὲ ὅτι Ἠλίας **ἐφάνη,** ἄλλων δὲ ὅτι προφήτης τις τῶν ἀρχαίων ἀνέστη.	
212	Mt 14,2	καὶ εἶπεν τοῖς παισὶν αὐτοῦ· οὗτός **ἐστιν** Ἰωάννης ὁ βαπτιστής· αὐτὸς ἠγέρθη ἀπὸ τῶν νεκρῶν καὶ διὰ τοῦτο αἱ δυνάμεις ἐνεργοῦσιν ἐν αὐτῷ.	Mk 6,16 → Mk 6,27 Mk 6,14	ἀκούσας δὲ ὁ Ἡρῴδης ἔλεγεν· ὃν ἐγὼ ἀπεκεφάλισα Ἰωάννην, οὗτος ἠγέρθη. ... καὶ ἔλεγον ὅτι Ἰωάννης ὁ βαπτίζων ἐγήγερται ἐκ νεκρῶν καὶ διὰ τοῦτο ἐνεργοῦσιν αἱ δυνάμεις ἐν αὐτῷ.	Lk 9,9 Lk 9,7	εἶπεν δὲ Ἡρῴδης· Ἰωάννην ἐγὼ ἀπεκεφάλισα· τίς δέ **ἐστιν** οὗτος περὶ οὗ ἀκούω τοιαῦτα; ... ... καὶ διηπόρει διὰ τὸ λέγεσθαι ὑπό τινων ὅτι Ἰωάννης ἠγέρθη ἐκ νεκρῶν	
221	Mt 14,15	... ἔρημός **ἐστιν** ὁ τόπος καὶ ἡ ὥρα ἤδη παρῆλθεν· ...	Mk 6,35	... ἔρημός **ἐστιν** ὁ τόπος καὶ ἤδη ὥρα πολλή·	Lk 9,12	... ὅτι ὧδε ἐν ἐρήμῳ τόπῳ **ἐσμέν.**	
220	Mt 14,26	οἱ δὲ μαθηταὶ ἰδόντες αὐτὸν ἐπὶ τῆς θαλάσσης περιπατοῦντα ἐταράχθησαν λέγοντες ὅτι φάντασμά **ἐστιν,** καὶ ἀπὸ τοῦ φόβου ἔκραξαν.	Mk 6,49	οἱ δὲ ἰδόντες αὐτὸν ἐπὶ τῆς θαλάσσης περιπατοῦντα ἔδοξαν ὅτι φάντασμά **ἐστιν,** καὶ ἀνέκραξαν·			→ Jn 6,19
120	Mt 14,35	... οἱ ἄνδρες τοῦ τόπου ἐκείνου ἀπέστειλαν εἰς ὅλην τὴν περίχωρον ἐκείνην καὶ προσήνεγκαν αὐτῷ πάντας τοὺς κακῶς ἔχοντας	Mk 6,55	περιέδραμον ὅλην τὴν χώραν ἐκείνην καὶ ἤρξαντο ἐπὶ τοῖς κραβάττοις τοὺς κακῶς ἔχοντας περιφέρειν ὅπου ἤκουον ὅτι **ἐστίν.**			
020			Mk 7,2 → Lk 11,38	καὶ ἰδόντες τινὰς τῶν μαθητῶν αὐτοῦ ὅτι κοιναῖς χερσίν, τοῦτ' **ἔστιν** ἀνίπτοις, ἐσθίουσιν τοὺς ἄρτους			

c 020			**Mk 7,4** → Mt 23,25 → Lk 11,39	καὶ ἀπ᾽ ἀγορᾶς ἐὰν μὴ βαπτίσωνται οὐκ ἐσθίουσιν, καὶ ἄλλα πολλά ἐστιν ἃ παρέλαβον κρατεῖν, ...			
   120	**Mt 15,5**	ὑμεῖς δὲ λέγετε· ὃς ἂν εἴπῃ τῷ πατρὶ ἢ τῇ μητρί· δῶρον ὃ ἐὰν ἐξ ἐμοῦ ὠφεληθῇς	**Mk 7,11**	ὑμεῖς δὲ λέγετε· ἐὰν εἴπῃ ἄνθρωπος τῷ πατρὶ ἢ τῇ μητρί· κορβᾶν, ὅ ἐστιν δῶρον, ὃ ἐὰν ἐξ ἐμοῦ ὠφεληθῇς			
a 120 *b c* 120	**Mt 15,11**	οὐ τὸ εἰσερχόμενον εἰς τὸ στόμα κοινοῖ τὸν ἄνθρωπον, ἀλλὰ τὸ ἐκπορευόμενον ἐκ τοῦ στόματος τοῦτο κοινοῖ τὸν ἄνθρωπον.	**Mk 7,15** (2)	οὐδέν ἐστιν ἔξωθεν τοῦ ἀνθρώπου εἰσπορευόμενον εἰς αὐτὸν ὃ δύναται κοινῶσαι αὐτόν, ἀλλὰ τὰ ἐκ τοῦ ἀνθρώπου ἐκπορευόμενά ἐστιν τὰ κοινοῦντα τὸν ἄνθρωπον.			→ GTh 14,5
b c 210	**Mt 15,20** → Mt 15,2	ταῦτά ἐστιν τὰ κοινοῦντα τὸν ἄνθρωπον, ...	**Mk 7,23**	πάντα ταῦτα τὰ πονηρὰ ἔσωθεν ἐκπορεύεται καὶ κοινοῖ τὸν ἄνθρωπον.			→ GTh 14,5
  220	**Mt 15,26**	 ... οὐκ ἔστιν καλὸν λαβεῖν τὸν ἄρτον τῶν τέκνων καὶ βαλεῖν τοῖς κυναρίοις.	**Mk 7,27**	... ἄφες πρῶτον χορτασθῆναι τὰ τέκνα, οὐ γάρ ἐστιν καλὸν λαβεῖν τὸν ἄρτον τῶν τέκνων καὶ τοῖς κυναρίοις βαλεῖν.			
 020			**Mk 7,34**	... εφφαθα, ὅ ἐστιν διανοίχθητι.			
   211	**Mt 16,20**	τότε διεστείλατο τοῖς μαθηταῖς ἵνα μηδενὶ εἴπωσιν ὅτι αὐτός ἐστιν ὁ χριστός.	**Mk 8,30**	καὶ ἐπετίμησεν αὐτοῖς ἵνα μηδενὶ λέγωσιν περὶ αὐτοῦ.	**Lk 9,21**	ὁ δὲ ἐπιτιμήσας αὐτοῖς παρήγγειλεν μηδενὶ λέγειν τοῦτο	→ GTh 13
 222	**Mt 17,4**	... κύριε, καλόν ἐστιν ἡμᾶς ὧδε εἶναι· ...	**Mk 9,5**	... ῥαββί, καλόν ἐστιν ἡμᾶς ὧδε εἶναι, ...	**Lk 9,33**	... ἐπιστάτα, καλόν ἐστιν ἡμᾶς ὧδε εἶναι, ...	
 222	**Mt 17,5** ↑ Mt 3,17	... οὗτός ἐστιν ὁ υἱός μου ὁ ἀγαπητός, ἐν ᾧ εὐδόκησα· ἀκούετε αὐτοῦ.	**Mk 9,7** ↑ Mk 1,11	... οὗτός ἐστιν ὁ υἱός μου ὁ ἀγαπητός, ἀκούετε αὐτοῦ.	**Lk 9,35** ↑ Lk 3,22	... οὗτός ἐστιν ὁ υἱός μου ὁ ἐκλελεγμένος, αὐτοῦ ἀκούετε.	→ Jn 12,28
   020			**Mk 9,10**	καὶ τὸν λόγον ἐκράτησαν πρὸς ἑαυτοὺς συζητοῦντες τί ἐστιν τὸ ἐκ νεκρῶν ἀναστῆναι.			
   112	**Mt 17,15**	... κύριε, ἐλέησόν μου τὸν υἱόν, ὅτι σεληνιάζεται καὶ κακῶς πάσχει· ...	**Mk 9,17**	... διδάσκαλε, ἤνεγκα τὸν υἱόν μου πρὸς σέ, ἔχοντα πνεῦμα ἄλαλον· [18] καὶ ὅπου ἐὰν αὐτὸν καταλάβῃ ...	**Lk 9,38**	... διδάσκαλε, δέομαί σου ἐπιβλέψαι ἐπὶ τὸν υἱόν μου, ὅτι μονογενής μοί ἐστιν, [39] καὶ ἰδοὺ πνεῦμα λαμβάνει αὐτὸν ...	

020			Mk 9,21	... πόσος χρόνος **ἐστὶν** ὡς τοῦτο γέγονεν αὐτῷ; ...			
211	Mt 18,1	ἐν ἐκείνῃ τῇ ὥρᾳ προσῆλθον οἱ μαθηταὶ τῷ Ἰησοῦ λέγοντες· τίς ἄρα μείζων **ἐστὶν** ἐν τῇ βασιλείᾳ τῶν οὐρανῶν;	Mk 9,34	[33] ... τί ἐν τῇ ὁδῷ διελογίζεσθε; [34] οἱ δὲ ἐσιώπων· πρὸς ἀλλήλους γὰρ διελέχθησαν ἐν τῇ ὁδῷ τίς μείζων.	Lk 9,46 → Lk 22,24	εἰσῆλθεν δὲ διαλογισμὸς ἐν αὐτοῖς, τὸ τίς ἂν **εἴη** μείζων αὐτῶν.	→ GTh 12
200	Mt 18,4 → Mt 23,12 → Lk 14,11 → Lk 18,14	ὅστις οὖν ταπεινώσει ἑαυτὸν ὡς τὸ παιδίον τοῦτο, οὗτός **ἐστιν** ὁ μείζων ἐν τῇ βασιλείᾳ τῶν οὐρανῶν.					
112	Mt 18,5 ⇨ Mt 10,40	καὶ ὃς ἐὰν δέξηται ἓν παιδίον τοιοῦτο ἐπὶ τῷ ὀνόματί μου, ἐμὲ δέχεται.	Mk 9,37	ὃς ἂν ἓν τῶν τοιούτων παιδίων δέξηται ἐπὶ τῷ ὀνόματί μου, ἐμὲ δέχεται· καὶ ὃς ἂν ἐμὲ δέχηται, οὐκ ἐμὲ δέχεται ἀλλὰ τὸν ἀποστείλαντά με.	Lk 9,48 ⇨ Lk 10,16	... ὃς ἐὰν δέξηται τοῦτο τὸ παιδίον ἐπὶ τῷ ὀνόματί μου, ἐμὲ δέχεται· καὶ ὃς ἂν ἐμὲ δέξηται, δέχεται τὸν ἀποστείλαντά με· ὁ γὰρ μικρότερος ἐν πᾶσιν ὑμῖν ὑπάρχων οὗτός **ἐστιν** μέγας.	→ Jn 5,23 → Jn 12,44-45 → Jn 13,20
020			Mk 9,39	... οὐδεὶς γάρ **ἐστιν** ὃς ποιήσει δύναμιν ἐπὶ τῷ ὀνόματί μου καὶ δυνήσεται ταχὺ κακολογῆσαί με·			
022 022	↑ Mt 12,30		Mk 9,40 (2)	ὃς γὰρ **οὐκ ἔστιν** καθ᾽ ἡμῶν, ὑπὲρ ἡμῶν **ἐστιν.**	Lk 9,50 (2) ↓ Lk 11,23	... ὃς γὰρ **οὐκ ἔστιν** καθ᾽ ὑμῶν, ὑπὲρ ὑμῶν **ἐστιν.**	
121	Mt 18,6 → Mt 18,10	ὃς δ᾽ ἂν σκανδαλίσῃ ἕνα τῶν μικρῶν τούτων τῶν πιστευόντων εἰς ἐμέ, **συμφέρει** αὐτῷ ἵνα κρεμασθῇ μύλος ὀνικὸς περὶ τὸν τράχηλον αὐτοῦ καὶ καταποντισθῇ ἐν τῷ πελάγει τῆς θαλάσσης.	Mk 9,42	καὶ ὃς ἂν σκανδαλίσῃ ἕνα τῶν μικρῶν τούτων τῶν πιστευόντων [εἰς ἐμέ], **καλόν ἐστιν** αὐτῷ μᾶλλον εἰ περίκειται μύλος ὀνικὸς περὶ τὸν τράχηλον αὐτοῦ καὶ βέβληται εἰς τὴν θάλασσαν.	Lk 17,2	**λυσιτελεῖ** αὐτῷ εἰ λίθος μυλικὸς περίκειται περὶ τὸν τράχηλον αὐτοῦ καὶ ἔρριπται εἰς τὴν θάλασσαν ἢ ἵνα σκανδαλίσῃ τῶν μικρῶν τούτων ἕνα.	Mk-Q overlap?

220	**Mt 18,8** ⇩ Mt 5,30 ↓ Mk 9,45	... καλόν σοί **ἐστιν** εἰσελθεῖν εἰς τὴν ζωὴν κυλλὸν ἢ χωλόν ἢ δύο χεῖρας ἢ δύο πόδας ἔχοντα βληθῆναι εἰς τὸ πῦρ τὸ αἰώνιον.	**Mk 9,43**	... καλόν **ἐστίν** σε κυλλὸν εἰσελθεῖν εἰς τὴν ζωὴν ἢ τὰς δύο χεῖρας ἔχοντα ἀπελθεῖν εἰς τὴν γέενναν, εἰς τὸ πῦρ τὸ ἄσβεστον.			
020			**Mk 9,45** ↑ Mt 18,8	... καλόν **ἐστίν** σε εἰσελθεῖν εἰς τὴν ζωὴν χωλὸν ἢ τοὺς δύο πόδας ἔχοντα βληθῆναι εἰς τὴν γέενναν.			
	Mt 5,30 ⇧ Mt 18,8	... **συμφέρει** γάρ σοι ἵνα ἀπόληται ἓν τῶν μελῶν σου καὶ μὴ ὅλον τὸ σῶμά σου εἰς γέενναν ἀπέλθῃ.					
220	**Mt 18,9** ⇩ Mt 5,29	... καλόν σοί **ἐστιν** μονόφθαλμον εἰς τὴν ζωὴν εἰσελθεῖν ἢ δύο ὀφθαλμοὺς ἔχοντα βληθῆναι εἰς τὴν γέενναν τοῦ πυρός.	**Mk 9,47**	... καλόν σέ **ἐστιν** μονόφθαλμον εἰσελθεῖν εἰς τὴν βασιλείαν τοῦ θεοῦ ἢ δύο ὀφθαλμοὺς ἔχοντα βληθῆναι εἰς τὴν γέενναν			
	Mt 5,29 ⇧ Mt 18,9	... **συμφέρει** γάρ σοι ἵνα ἀπόληται ἓν τῶν μελῶν σου καὶ μὴ ὅλον τὸ σῶμά σου βληθῇ εἰς γέενναν.					
200	**Mt 18,14** → Lk 15,7	οὕτως **οὐκ ἔστιν** θέλημα ἔμπροσθεν τοῦ πατρὸς ὑμῶν τοῦ ἐν οὐρανοῖς ἵνα ἀπόληται ἓν τῶν μικρῶν τούτων.					
002					**Lk 9,62**	... οὐδεὶς ἐπιβαλὼν τὴν χεῖρα ἐπ' ἄροτρον καὶ βλέπων εἰς τὰ ὀπίσω εὔθετός **ἐστιν** τῇ βασιλείᾳ τοῦ θεοῦ.	
102	**Mt 11,27** → Mt 28,18	πάντα μοι παρεδόθη ὑπὸ τοῦ πατρός μου, καὶ οὐδεὶς ἐπιγινώσκει τὸν υἱὸν εἰ μὴ ὁ πατήρ,			**Lk 10,22 (2)** → Mt 28,18	πάντα μοι παρεδόθη ὑπὸ τοῦ πατρός μου, καὶ οὐδεὶς γινώσκει τίς **ἐστιν** ὁ υἱὸς εἰ μὴ ὁ πατήρ,	→ GTh 61,3
102		οὐδὲ τὸν πατέρα τις ἐπιγινώσκει εἰ μὴ ὁ υἱὸς καὶ ᾧ ἐὰν βούληται ὁ υἱὸς ἀποκαλύψαι.				καὶ τίς **ἐστιν** ὁ πατὴρ εἰ μὴ ὁ υἱὸς καὶ ᾧ ἐὰν βούληται ὁ υἱὸς ἀποκαλύψαι.	
002					**Lk 10,29**	ὁ δὲ θέλων δικαιῶσαι ἑαυτὸν εἶπεν πρὸς τὸν Ἰησοῦν· καὶ τίς **ἐστίν** μου πλησίον;	
002					**Lk 10,42**	ἑνὸς δέ **ἐστιν** χρεία· Μαριὰμ γὰρ τὴν ἀγαθὴν μερίδα ἐξελέξατο ἥτις οὐκ ἀφαιρεθήσεται αὐτῆς.	

c 112	**Mt 12,29**	ἢ πῶς δύναταί τις εἰσελθεῖν εἰς τὴν οἰκίαν τοῦ ἰσχυροῦ καὶ τὰ σκεύη αὐτοῦ ἁρπάσαι, ...	**Mk 3,27**	ἀλλ' οὐ δύναται οὐδεὶς εἰς τὴν οἰκίαν τοῦ ἰσχυροῦ εἰσελθὼν τὰ σκεύη αὐτοῦ διαρπάσαι, ...	**Lk 11,21**	ὅταν ὁ ἰσχυρὸς καθωπλισμένος φυλάσσῃ τὴν ἑαυτοῦ αὐλήν, ἐν εἰρήνῃ **ἐστὶν** τὰ ὑπάρχοντα αὐτοῦ·	→ GTh 21,5 → GTh 35 Mk-Q overlap?
202	**Mt 12,30**	ὁ μὴ ὢν μετ' ἐμοῦ κατ' ἐμοῦ **ἐστιν,** καὶ ὁ μὴ συνάγων μετ' ἐμοῦ σκορπίζει.	↑ Mk 9,40		**Lk 11,23** ↑ Lk 9,50	ὁ μὴ ὢν μετ' ἐμοῦ κατ' ἐμοῦ **ἐστιν,** καὶ ὁ μὴ συνάγων μετ' ἐμοῦ σκορπίζει.	
102	**Mt 12,39** ⇩ Mt 16,4	... γενεὰ πονηρὰ καὶ μοιχαλὶς σημεῖον ἐπιζητεῖ, καὶ σημεῖον οὐ δοθήσεται αὐτῇ εἰ μὴ τὸ σημεῖον Ἰωνᾶ τοῦ προφήτου.			**Lk 11,29**	... ἡ γενεὰ αὕτη γενεὰ πονηρά **ἐστιν·** σημεῖον ζητεῖ, καὶ σημεῖον οὐ δοθήσεται αὐτῇ εἰ μὴ τὸ σημεῖον Ἰωνᾶ.	Mk-Q overlap
	Mt 16,4 ⇧ Mt 12,39	γενεὰ πονηρὰ καὶ μοιχαλὶς σημεῖον ἐπιζητεῖ, καὶ σημεῖον οὐ δοθήσεται αὐτῇ εἰ μὴ τὸ σημεῖον Ἰωνᾶ. ...	**Mk 8,12**	... τί ἡ γενεὰ αὕτη ζητεῖ σημεῖον; ἀμὴν λέγω ὑμῖν, εἰ δοθήσεται τῇ γενεᾷ ταύτῃ σημεῖον.			
202 102	**Mt 6,22**	ὁ λύχνος τοῦ σώματός **ἐστιν** ὁ ὀφθαλμός. ἐὰν οὖν ᾖ ὁ ὀφθαλμός σου ἁπλοῦς, ὅλον τὸ σῶμά σου φωτεινὸν **ἔσται·** [23] ἐὰν δὲ ὁ ὀφθαλμός σου πονηρὸς ᾖ, ὅλον τὸ σῶμά σου σκοτεινὸν ἔσται. ↔			**Lk 11,34** **(2)**	ὁ λύχνος τοῦ σώματός **ἐστιν** ὁ ὀφθαλμός σου. ὅταν ὁ ὀφθαλμός σου ἁπλοῦς ᾖ, καὶ ὅλον τὸ σῶμά σου φωτεινόν **ἐστιν·** ἐπὰν δὲ πονηρὸς ᾖ, καὶ τὸ σῶμά σου σκοτεινόν.	→ GTh 24 **(POxy 655 - restoration)**
202	**Mt 6,23**	↔ εἰ οὖν τὸ φῶς τὸ ἐν σοὶ σκότος **ἐστίν,** τὸ σκότος πόσον.			**Lk 11,35** → Lk 11,36	σκόπει οὖν μὴ τὸ φῶς τὸ ἐν σοὶ σκότος **ἐστίν.**	→ GTh 24 **(POxy 655 - restoration)**
c 102	**Mt 23,26**	... καθάρισον πρῶτον τὸ ἐντὸς τοῦ ποτηρίου, ἵνα **γένηται** καὶ τὸ ἐκτὸς αὐτοῦ καθαρόν.			**Lk 11,41**	πλὴν τὰ ἐνόντα δότε ἐλεημοσύνην, καὶ ἰδοὺ πάντα καθαρὰ ὑμῖν **ἐστιν.**	→ GTh 89
112	**Mt 16,6** ⇨ Mt 16,11	... ὁρᾶτε καὶ προσέχετε ἀπὸ τῆς ζύμης τῶν Φαρισαίων καὶ Σαδδουκαίων.	**Mk 8,15**	... ὁρᾶτε, βλέπετε ἀπὸ τῆς ζύμης τῶν Φαρισαίων καὶ τῆς ζύμης Ἡρῴδου.	**Lk 12,1** → Mt 16,12	... προσέχετε ἑαυτοῖς ἀπὸ τῆς ζύμης, ἥτις **ἐστὶν** ὑπόκρισις, τῶν Φαρισαίων.	
a 202	**Mt 10,26**	... οὐδὲν γάρ **ἐστιν** κεκαλυμμένον ὃ οὐκ ἀποκαλυφθήσεται καὶ κρυπτὸν ὃ οὐ γνωσθήσεται.	**Mk 4,22**	οὐ γάρ **ἐστιν** κρυπτὸν ἐὰν μὴ ἵνα φανερωθῇ, οὐδὲ ἐγένετο ἀπόκρυφον ἀλλ' ἵνα ἔλθῃ εἰς φανερόν.	**Lk 12,2** ⇧ Lk 8,17	οὐδὲν δὲ συγκεκαλυμμένον **ἐστὶν** ὃ οὐκ ἀποκαλυφθήσεται καὶ κρυπτὸν ὃ οὐ γνωσθήσεται.	→ GTh 5 → GTh 6,5-6 **(POxy 654)** Mk-Q overlap
a 102	**Mt 10,29**	οὐχὶ δύο στρουθία ἀσσαρίου πωλεῖται; καὶ ἓν ἐξ αὐτῶν **οὐ πεσεῖται ἐπὶ τὴν γῆν** ἄνευ τοῦ πατρὸς ὑμῶν.			**Lk 12,6**	οὐχὶ πέντε στρουθία πωλοῦνται ἀσσαρίων δύο; καὶ ἓν ἐξ αὐτῶν **οὐκ ἔστιν ἐπιλελησμένον** ἐνώπιον τοῦ θεοῦ.	

002					Lk 12,15	... οὐκ ἐν τῷ περισσεύειν τινὶ ἡ ζωὴ αὐτοῦ **ἐστιν** ἐκ τῶν ὑπαρχόντων αὐτῷ.	
202	Mt 6,25	... οὐχὶ ἡ ψυχὴ πλεῖόν **ἐστιν** τῆς τροφῆς καὶ τὸ σῶμα τοῦ ἐνδύματος;			Lk 12,23	ἡ γὰρ ψυχὴ πλεῖόν **ἐστιν** τῆς τροφῆς καὶ τὸ σῶμα τοῦ ἐνδύματος.	
102	Mt 6,26	ἐμβλέψατε εἰς τὰ πετεινὰ τοῦ οὐρανοῦ ὅτι οὐ σπείρουσιν οὐδὲ θερίζουσιν **οὐδὲ συνάγουσιν** εἰς ἀποθήκας, ...			Lk 12,24	κατανοήσατε τοὺς κόρακας ὅτι οὐ σπείρουσιν οὐδὲ θερίζουσιν, **οἷς οὐκ ἔστιν** ταμεῖον οὐδὲ ἀποθήκη, ...	
202	Mt 6,21	ὅπου γάρ **ἐστιν** ὁ θησαυρός σου, ἐκεῖ ἔσται καὶ ἡ καρδία σου.			Lk 12,34	ὅπου γάρ **ἐστιν** ὁ θησαυρὸς ὑμῶν, ἐκεῖ καὶ ἡ καρδία ὑμῶν ἔσται.	
202	Mt 24,45	τίς ἄρα **ἐστὶν** ὁ πιστὸς δοῦλος καὶ φρόνιμος ...			Lk 12,42	... τίς ἄρα **ἐστὶν** ὁ πιστὸς οἰκονόμος ὁ φρόνιμος, ...	
102	Mt 13,31	ἄλλην παραβολὴν παρέθηκεν αὐτοῖς λέγων·	Mk 4,30	... πῶς ὁμοιώσωμεν τὴν βασιλείαν τοῦ θεοῦ ἢ ἐν τίνι αὐτὴν παραβολῇ θῶμεν;	Lk 13,18	... τίνι **ὁμοία ἐστὶν** ἡ βασιλεία τοῦ θεοῦ καὶ τίνι ὁμοιώσω αὐτήν;	
202		**ὁμοία ἐστὶν** ἡ βασιλεία τῶν οὐρανῶν κόκκῳ σινάπεως, ὃν λαβὼν ἄνθρωπος ἔσπειρεν ἐν τῷ ἀγρῷ αὐτοῦ·	Mk 4,31	ὡς κόκκῳ σινάπεως, ὃς ὅταν σπαρῇ ἐπὶ τῆς γῆς, ...	Lk 13,19	**ὁμοία ἐστὶν** κόκκῳ σινάπεως, ὃν λαβὼν ἄνθρωπος ἔβαλεν εἰς κῆπον ἑαυτοῦ, ...	→ GTh 20 Mk-Q overlap
202	Mt 13,33	ἄλλην παραβολὴν ἐλάλησεν αὐτοῖς· **ὁμοία ἐστὶν** ἡ βασιλεία τῶν οὐρανῶν ζύμῃ, ἣν λαβοῦσα γυνὴ ἐνέκρυψεν εἰς ἀλεύρου σάτα τρία ἕως οὗ ἐζυμώθη ὅλον.			Lk 13,21	[20] ... τίνι ὁμοιώσω τὴν βασιλείαν τοῦ θεοῦ; **[21] ὁμοία ἐστὶν** ζύμῃ, ἣν λαβοῦσα γυνὴ [ἐν]έκρυψεν εἰς ἀλεύρου σάτα τρία ἕως οὗ ἐζυμώθη ὅλον.	→ GTh 96
c 102	Mt 22,4	... ἰδοὺ τὸ ἄριστόν μου ἡτοίμακα, οἱ ταῦροί μου καὶ τὰ σιτιστὰ τεθυμένα καὶ πάντα ἕτοιμα· δεῦτε εἰς τοὺς γάμους.			Lk 14,17	... ἔρχεσθε, ὅτι ἤδη ἕτοιμά **ἐστιν.**	→ GTh 64
002					Lk 14,22	καὶ εἶπεν ὁ δοῦλος· κύριε, γέγονεν ὃ ἐπέταξας, καὶ ἔτι τόπος **ἐστίν.**	
002					Lk 14,31	ἢ τίς βασιλεὺς πορευόμενος ἑτέρῳ βασιλεῖ συμβαλεῖν εἰς πόλεμον οὐχὶ καθίσας πρῶτον βουλεύσεται εἰ δυνατός **ἐστιν** ἐν δέκα χιλιάσιν ὑπαντῆσαι τῷ μετὰ εἴκοσι χιλιάδων ἐρχομένῳ ἐπ᾽ αὐτόν;	

102	**Mt 5,13**	ὑμεῖς ἐστε τὸ ἅλας τῆς γῆς· ἐὰν δὲ τὸ ἅλας μωρανθῇ, ἐν τίνι ἁλισθήσεται; εἰς οὐδὲν **ἰσχύει** ἔτι εἰ μὴ βληθὲν ἔξω καταπατεῖσθαι ὑπὸ τῶν ἀνθρώπων.	**Mk 9,50**	καλὸν τὸ ἅλας· ἐὰν δὲ τὸ ἅλας ἄναλον γένηται, ἐν τίνι αὐτὸ ἀρτύσετε; ...	**Lk 14,35**	[34] καλὸν οὖν τὸ ἅλας· ἐὰν δὲ καὶ τὸ ἅλας μωρανθῇ, ἐν τίνι ἀρτυθήσεται; [35] οὔτε εἰς γῆν οὔτε εἰς κοπρίαν **εὔθετόν ἐστιν,** ἔξω βάλλουσιν αὐτό. ὁ ἔχων ὦτα ἀκούειν ἀκουέτω.	Mk-Q overlap
c 002					**Lk 15,31**	... τέκνον, σὺ πάντοτε μετ᾽ ἐμοῦ εἶ, καὶ πάντα τὰ ἐμὰ σά **ἐστιν·**	
002 002					**Lk 16,10 (2)** → Mt 25,21 → Lk 19,17	ὁ πιστὸς ἐν ἐλαχίστῳ καὶ ἐν πολλῷ πιστός **ἐστιν,** καὶ ὁ ἐν ἐλαχίστῳ ἄδικος καὶ ἐν πολλῷ ἄδικός **ἐστιν.**	
102	**Mt 5,18** → Mt 24,35	... ἕως ἂν παρέλθῃ ὁ οὐρανὸς καὶ ἡ γῆ, ἰῶτα ἓν ἢ μία κεραία οὐ μὴ παρέλθῃ ἀπὸ τοῦ νόμου ἕως ἂν πάντα γένηται.	→ Mk 13,31		**Lk 16,17** → Lk 21,33	εὐκοπώτερον δέ **ἐστιν** τὸν οὐρανὸν καὶ τὴν γῆν παρελθεῖν ἢ τοῦ νόμου μίαν κεραίαν πεσεῖν.	
102	**Mt 18,7**	οὐαὶ τῷ κόσμῳ ἀπὸ τῶν σκανδάλων· **ἀνάγκη** γὰρ ἐλθεῖν τὰ σκάνδαλα, πλὴν οὐαὶ τῷ ἀνθρώπῳ δι᾽ οὗ τὸ σκάνδαλον ἔρχεται.			**Lk 17,1**	εἶπεν δὲ πρὸς τοὺς μαθητὰς αὐτοῦ· **ἀνένδεκτόν ἐστιν** τοῦ τὰ σκάνδαλα μὴ ἐλθεῖν, πλὴν οὐαὶ δι᾽ οὗ ἔρχεται·	
002					**Lk 17,21** → Mt 24,23 → Mk 13,21 ↓ **Mt 24,26** ↓ Lk 17,23	οὐδὲ ἐροῦσιν· ἰδοὺ ὧδε ἤ· ἐκεῖ, ἰδοὺ γὰρ ἡ βασιλεία τοῦ θεοῦ ἐντὸς ὑμῶν **ἐστιν.**	→ GTh 3,3 **(POxy 654)** → GTh 113
200	**Mt 19,10**	... εἰ οὕτως **ἐστὶν** ἡ αἰτία τοῦ ἀνθρώπου μετὰ τῆς γυναικός, οὐ συμφέρει γαμῆσαι.					
222	**Mt 19,14**	... ἄφετε τὰ παιδία καὶ μὴ κωλύετε αὐτὰ ἐλθεῖν πρός με, τῶν γὰρ τοιούτων **ἐστὶν** ἡ βασιλεία τῶν οὐρανῶν.	**Mk 10,14**	... ἄφετε τὰ παιδία ἔρχεσθαι πρός με, μὴ κωλύετε αὐτά, τῶν γὰρ τοιούτων **ἐστὶν** ἡ βασιλεία τοῦ θεοῦ.	**Lk 18,16**	... ἄφετε τὰ παιδία ἔρχεσθαι πρός με καὶ μὴ κωλύετε αὐτά, τῶν γὰρ τοιούτων **ἐστὶν** ἡ βασιλεία τοῦ θεοῦ.	→ GTh 22
211	**Mt 19,17**	... τί με ἐρωτᾷς περὶ τοῦ ἀγαθοῦ; εἷς **ἐστιν** ὁ ἀγαθός· ...	**Mk 10,18**	... τί με λέγεις ἀγαθόν; οὐδεὶς ἀγαθὸς εἰ μὴ εἷς ὁ θεός.	**Lk 18,19**	... τί με λέγεις ἀγαθόν; οὐδεὶς ἀγαθὸς εἰ μὴ εἷς ὁ θεός.	

120	Mt 19,24	πάλιν δὲ λέγω ὑμῖν,	Mk 10,24	... ὁ δὲ Ἰησοῦς πάλιν ἀποκριθεὶς λέγει αὐτοῖς· τέκνα, πῶς δύσκολόν **ἐστιν** εἰς τὴν βασιλείαν τοῦ θεοῦ εἰσελθεῖν·			
222		εὐκοπώτερόν **ἐστιν** κάμηλον διὰ τρυπήματος ῥαφίδος διελθεῖν ἢ πλούσιον εἰσελθεῖν εἰς τὴν βασιλείαν τοῦ θεοῦ.	Mk 10,25	εὐκοπώτερόν **ἐστιν** κάμηλον διὰ [τῆς] τρυμαλιᾶς [τῆς] ῥαφίδος διελθεῖν ἢ πλούσιον εἰς τὴν βασιλείαν τοῦ θεοῦ εἰσελθεῖν.	Lk 18,25	εὐκοπώτερον γάρ **ἐστιν** κάμηλον διὰ τρήματος βελόνης εἰσελθεῖν ἢ πλούσιον εἰς τὴν βασιλείαν τοῦ θεοῦ εἰσελθεῖν.	
c 212	Mt 19,26	... παρὰ ἀνθρώποις τοῦτο ἀδύνατόν **ἐστιν,** παρὰ δὲ θεῷ πάντα δυνατά.	Mk 10,27	... παρὰ ἀνθρώποις ἀδύνατον, ἀλλ' οὐ παρὰ θεῷ· πάντα γὰρ δυνατὰ παρὰ τῷ θεῷ.	Lk 18,27	... τὰ ἀδύνατα παρὰ ἀνθρώποις δυνατὰ παρὰ τῷ θεῷ **ἐστιν.**	
122	Mt 19,29 ↑ Mt 10,37	καὶ πᾶς ὅστις ἀφῆκεν οἰκίας ἢ ἀδελφοὺς ἢ ἀδελφὰς ἢ πατέρα ἢ μητέρα ἢ τέκνα ἢ ἀγροὺς ἕνεκεν τοῦ ὀνόματός μου, ...	Mk 10,29	... οὐδείς **ἐστιν** ὃς ἀφῆκεν οἰκίαν ἢ ἀδελφοὺς ἢ ἀδελφὰς ἢ μητέρα ἢ πατέρα ἢ τέκνα ἢ ἀγροὺς ἕνεκεν ἐμοῦ καὶ ἕνεκεν τοῦ εὐαγγελίου	Lk 18,29 ↑ Lk 14,26	... οὐδείς **ἐστιν** ὃς ἀφῆκεν οἰκίαν ἢ γυναῖκα ἢ ἀδελφοὺς ἢ γονεῖς ἢ τέκνα ἕνεκεν τῆς βασιλείας τοῦ θεοῦ	→ GTh 55 → GTh 101
200	Mt 20,1	ὁμοία γάρ **ἐστιν** ἡ βασιλεία τῶν οὐρανῶν ἀνθρώπῳ οἰκοδεσπότῃ, ...					
200	Mt 20,15	... ἢ ὁ ὀφθαλμός σου πονηρός **ἐστιν** ὅτι ἐγὼ ἀγαθός εἰμι;					
220	Mt 20,23	... τὸ δὲ καθίσαι ἐκ δεξιῶν μου καὶ ἐξ εὐωνύμων **οὐκ ἔστιν** ἐμὸν [τοῦτο] δοῦναι, ...	Mk 10,40	τὸ δὲ καθίσαι ἐκ δεξιῶν μου ἢ ἐξ εὐωνύμων **οὐκ ἔστιν** ἐμὸν δοῦναι, ...			
121	Mt 20,26 ⇩ Mt 23,11 Mt 23,11 ⇧ Mt 20,26	οὐχ οὕτως **ἔσται** ἐν ὑμῖν, ἀλλ' ὃς ἐὰν θέλῃ ἐν ὑμῖν μέγας γενέσθαι ἔσται ὑμῶν διάκονος ὁ δὲ μείζων ὑμῶν ἔσται ὑμῶν διάκονος.	Mk 10,43 ⇨ Mk 9,35	οὐχ οὕτως δέ **ἐστιν** ἐν ὑμῖν, ἀλλ' ὃς ἂν θέλῃ μέγας γενέσθαι ἐν ὑμῖν ἔσται ὑμῶν διάκονος	Lk 22,26	ὑμεῖς δὲ οὐχ οὕτως, ἀλλ' ὁ μείζων ἐν ὑμῖν γινέσθω ὡς ὁ νεώτερος ...	
121	Mt 20,30 ⇨ Mt 9,27	... ἀκούσαντες ὅτι Ἰησοῦς **παράγει,** ἔκραξαν λέγοντες· ἐλέησον ἡμᾶς, [κύριε,] υἱὸς Δαυίδ.	Mk 10,47	καὶ ἀκούσας ὅτι Ἰησοῦς ὁ Ναζαρηνός **ἐστιν** ἤρξατο κράζειν καὶ λέγειν· υἱὲ Δαυὶδ Ἰησοῦ, ἐλέησόν με.	Lk 18,37	[36] ἀκούσας δὲ ὄχλου διαπορευομένου ἐπυνθάνετο τί εἴη τοῦτο. [37] ἀπήγγειλαν δὲ αὐτῷ ὅτι Ἰησοῦς ὁ Ναζωραῖος **παρέρχεται.** [38] καὶ ἐβόησεν λέγων· Ἰησοῦ υἱὲ Δαυίδ, ἐλέησόν με.	
002					Lk 19,3	καὶ ἐζήτει ἰδεῖν τὸν Ἰησοῦν τίς **ἐστιν** καὶ οὐκ ἠδύνατο ἀπὸ τοῦ ὄχλου, ὅτι τῇ ἡλικίᾳ μικρὸς ἦν.	

002					Lk 19,9 → Lk 13,16	... καθότι καὶ αὐτὸς υἱὸς Ἀβραάμ **ἐστιν**·	
210	Mt 21,10 → Mt 2,3 → Lk 19,41	καὶ εἰσελθόντος αὐτοῦ εἰς Ἱεροσόλυμα ἐσείσθη πᾶσα ἡ πόλις λέγουσα· τίς **ἐστιν** οὗτος;	Mk 11,11 → Mt 21,12 → Mk 11,15 → Lk 19,41	καὶ εἰσῆλθεν εἰς Ἱεροσόλυμα εἰς τὸ ἱερὸν καὶ περιβλεψάμενος πάντα, ...			→ Jn 2,13
200	Mt 21,11	οἱ δὲ ὄχλοι ἔλεγον· οὗτός **ἐστιν** ὁ προφήτης Ἰησοῦς ὁ ἀπὸ Ναζαρὲθ τῆς Γαλιλαίας.					
b 112	Mt 21,23	... ἐν ποίᾳ ἐξουσίᾳ ταῦτα ποιεῖς; καὶ τίς σοι ἔδωκεν τὴν ἐξουσίαν ταύτην;	Mk 11,28	... ἐν ποίᾳ ἐξουσίᾳ ταῦτα ποιεῖς; ἢ τίς σοι ἔδωκεν τὴν ἐξουσίαν ταύτην ἵνα ταῦτα ποιῇς;	Lk 20,2	... εἰπὸν ἡμῖν ἐν ποίᾳ ἐξουσίᾳ ταῦτα ποιεῖς, ἢ τίς **ἐστιν** ὁ δούς σοι τὴν ἐξουσίαν ταύτην;	
a 112	Mt 21,26	... φοβούμεθα τὸν ὄχλον, πάντες γὰρ ὡς προφήτην ἔχουσιν τὸν Ἰωάννην.	Mk 11,32	... ἐφοβοῦντο τὸν ὄχλον· ἅπαντες γὰρ εἶχον τὸν Ἰωάννην **ὄντως** ὅτι προφήτης ἦν.	Lk 20,6	... ὁ λαὸς ἅπας καταλιθάσει ἡμᾶς, πεπεισμένος γάρ **ἐστιν** Ἰωάννην προφήτην εἶναι.	
222	Mt 21,38	οἱ δὲ γεωργοὶ ἰδόντες τὸν υἱὸν εἶπον ἐν ἑαυτοῖς· οὗτός **ἐστιν** ὁ κληρονόμος· ...	Mk 12,7	ἐκεῖνοι δὲ οἱ γεωργοὶ πρὸς ἑαυτοὺς εἶπαν ὅτι οὗτός **ἐστιν** ὁ κληρονόμος· ...	Lk 20,14	ἰδόντες δὲ αὐτὸν οἱ γεωργοὶ διελογίζοντο πρὸς ἀλλήλους λέγοντες· οὗτός **ἐστιν** ὁ κληρονόμος· ...	→ GTh 65
b 112	Mt 21,42	... οὐδέποτε ἀνέγνωτε ἐν ταῖς γραφαῖς· *λίθον ὃν* *ἀπεδοκίμασαν* *οἱ οἰκοδομοῦντες, οὗτος* *ἐγενήθη εἰς κεφαλὴν* *γωνίας·* ➤ Ps 118,22	Mk 12,10	οὐδὲ τὴν γραφὴν ταύτην ἀνέγνωτε· *λίθον ὃν* *ἀπεδοκίμασαν* *οἱ οἰκοδομοῦντες, οὗτος* *ἐγενήθη εἰς κεφαλὴν* *γωνίας·* ➤ Ps 118,22	Lk 20,17	... τί οὖν **ἐστιν** τὸ γεγραμμένον τοῦτο· *λίθον ὃν* *ἀπεδοκίμασαν* *οἱ οἰκοδομοῦντες, οὗτος* *ἐγενήθη εἰς κεφαλὴν* *γωνίας;* ➤ Ps 118,22	→ Acts 4,11 → GTh 66
220		*παρὰ κυρίου ἐγένετο* *αὕτη καὶ* ***ἔστιν*** *θαυμαστὴ ἐν ὀφθαλμοῖς* *ἡμῶν;* ➤ Ps 118,23	Mk 12,11	*παρὰ κυρίου ἐγένετο* *αὕτη καὶ* ***ἔστιν*** *θαυμαστὴ ἐν ὀφθαλμοῖς* *ἡμῶν;* ➤ Ps 118,23			
201	Mt 22,8	... ὁ μὲν γάμος ἕτοιμός **ἐστιν**, οἱ δὲ κεκλημένοι οὐκ ἦσαν ἄξιοι·			Lk 14,24	λέγω γὰρ ὑμῖν ὅτι οὐδεὶς τῶν ἀνδρῶν ἐκείνων τῶν κεκλημένων γεύσεταί μου τοῦ δείπνου.	→ GTh 64
222	Mt 22,32	... **οὐκ ἔστιν** [ὁ] θεὸς νεκρῶν ἀλλὰ ζώντων.	Mk 12,27	**οὐκ ἔστιν** θεὸς νεκρῶν ἀλλὰ ζώντων· πολὺ πλανᾶσθε.	Lk 20,38	θεὸς δὲ **οὐκ ἔστιν** νεκρῶν ἀλλὰ ζώντων, πάντες γὰρ αὐτῷ ζῶσιν.	
121	Mt 22,36 → Mt 19,16	διδάσκαλε, ποία ἐντολὴ μεγάλη ἐν τῷ νόμῳ;	Mk 12,28 → Mk 10,17	... ποία **ἐστὶν** ἐντολὴ πρώτη πάντων;	Lk 10,25 ⇨ Lk 18,18	... διδάσκαλε, τί ποιήσας ζωὴν αἰώνιον κληρονομήσω;	

121 121	Mt 22,37	ὁ δὲ ἔφη αὐτῷ· *ἀγαπήσεις κύριον τὸν θεόν σου ...* ➤ Deut 6,5	Mk 12,29 (2)	ἀπεκρίθη ὁ Ἰησοῦς ὅτι πρώτη **ἐστίν**· *ἄκουε, Ἰσραήλ, κύριος ὁ θεὸς ἡμῶν κύριος εἷς* ***ἐστιν,*** [30] *καὶ ἀγαπήσεις κύριον τὸν θεόν σου ...* ➤ Deut 6,4-5	Lk 10,26	ὁ δὲ εἶπεν πρὸς αὐτόν· ἐν τῷ νόμῳ τί γέγραπται; πῶς ἀναγινώσκεις; [27] *ἀγαπήσεις κύριον τὸν θεόν σου ...* ➤ Deut 6,5	
220	Mt 22,38	αὕτη **ἐστὶν** ἡ μεγάλη καὶ πρώτη ἐντολή.	Mk 12,31 → Mt 22,40	... μείζων τούτων ἄλλη ἐντολὴ **οὐκ ἔστιν.**			
021 021			Mk 12,32 (2)	καὶ εἶπεν αὐτῷ ὁ γραμματεύς· καλῶς, διδάσκαλε, ἐπ' ἀληθείας εἶπες ὅτι *εἷς* ***ἐστιν*** *καὶ* ***οὐκ ἔστιν*** *ἄλλος πλὴν αὐτοῦ·* ➤ Deut 6,4	Lk 20,39 → Mk 12,28a	ἀποκριθέντες δέ τινες τῶν γραμματέων εἶπαν· διδάσκαλε, καλῶς εἶπας.	
020			Mk 12,33	καὶ τὸ *ἀγαπᾶν αὐτὸν ...* καὶ τὸ *ἀγαπᾶν τὸν πλησίον ὡς ἑαυτὸν* περισσότερόν **ἐστιν** πάντων τῶν ὁλοκαυτωμάτων καὶ θυσιῶν. ➤ Deut 6,5; Lev 19,18			
221	Mt 22,42	... τί ὑμῖν δοκεῖ περὶ τοῦ χριστοῦ; τίνος υἱός **ἐστιν;** λέγουσιν αὐτῷ· τοῦ Δαυίδ.	Mk 12,35	... πῶς λέγουσιν οἱ γραμματεῖς ὅτι ὁ χριστὸς υἱὸς Δαυίδ **ἐστιν;**	Lk 20,41	... πῶς λέγουσιν τὸν χριστὸν **εἶναι** Δαυὶδ υἱόν;	
222	Mt 22,45	εἰ οὖν Δαυὶδ καλεῖ αὐτὸν κύριον, πῶς υἱὸς αὐτοῦ **ἐστιν;**	Mk 12,37	αὐτὸς Δαυὶδ λέγει αὐτὸν κύριον, καὶ πόθεν αὐτοῦ **ἐστιν** υἱός; ...	Lk 20,44	Δαυὶδ οὖν κύριον αὐτὸν καλεῖ, καὶ πῶς αὐτοῦ υἱός **ἐστιν;**	
200	Mt 23,8	ὑμεῖς δὲ μὴ κληθῆτε ῥαββί· εἷς γάρ **ἐστιν** ὑμῶν ὁ διδάσκαλος, πάντες δὲ ὑμεῖς ἀδελφοί ἐστε.					
200	Mt 23,9	καὶ πατέρα μὴ καλέσητε ὑμῶν ἐπὶ τῆς γῆς, εἷς γάρ **ἐστιν** ὑμῶν ὁ πατὴρ ὁ οὐράνιος.					
200	Mt 23,10	μηδὲ κληθῆτε καθηγηταί, ὅτι καθηγητὴς ὑμῶν **ἐστιν** εἷς ὁ Χριστός.					→ GTh 13,4-5
200	Mt 23,16	οὐαὶ ὑμῖν, ὁδηγοὶ τυφλοὶ οἱ λέγοντες· ὃς ἂν ὀμόσῃ ἐν τῷ ναῷ, οὐδέν **ἐστιν**· ὃς δ' ἂν ὀμόσῃ ἐν τῷ χρυσῷ τοῦ ναοῦ ὀφείλει.					

200	Mt 23,17	μωροὶ καὶ τυφλοί, τίς γὰρ μείζων ἐστίν, ὁ χρυσὸς ἢ ὁ ναὸς ὁ ἁγιάσας τὸν χρυσόν;					
200	Mt 23,18	καί· ὃς ἂν ὀμόσῃ ἐν τῷ θυσιαστηρίῳ, οὐδέν ἐστιν· ὃς δ' ἂν ὀμόσῃ ἐν τῷ δώρῳ τῷ ἐπάνω αὐτοῦ, ὀφείλει.					
021			Mk 12,42	καὶ ἐλθοῦσα μία χήρα πτωχὴ ἔβαλεν λεπτὰ δύο, ὅ ἐστιν κοδράντης.	Lk 21,2	εἶδεν δέ τινα χήραν πενιχρὰν βάλλουσαν ἐκεῖ λεπτὰ δύο	
211	Mt 24,6	... δεῖ γὰρ γενέσθαι, ἀλλ' οὔπω ἐστὶν τὸ τέλος.	Mk 13,7	... δεῖ γενέσθαι, ἀλλ' οὔπω τὸ τέλος.	Lk 21,9	... δεῖ γὰρ ταῦτα γενέσθαι πρῶτον, ἀλλ' οὐκ εὐθέως τὸ τέλος.	
201	Mt 24,26 ⇨ Mt 24,23	... ἰδοὺ ἐν τῇ ἐρήμῳ ἐστίν, μὴ ἐξέλθητε· ἰδοὺ ἐν τοῖς ταμείοις, μὴ πιστεύσητε·	Mk 13,21 → Mt 24,5 → Mk 13,6 → Lk 21,8	... ἴδε ὧδε ὁ χριστός, ἴδε ἐκεῖ, μὴ πιστεύετε·	Lk 17,23 ↑ Lk 17,21	... ἰδοὺ ἐκεῖ, [ἤ·] ἰδοὺ ὧδε· μὴ ἀπέλθητε μηδὲ διώξητε.	→ GTh 113
122	Mt 24,32	... ὅταν ἤδη ὁ κλάδος αὐτῆς γένηται ἁπαλὸς καὶ τὰ φύλλα ἐκφύῃ, γινώσκετε ὅτι ἐγγὺς τὸ θέρος·	Mk 13,28	... ὅταν ἤδη ὁ κλάδος αὐτῆς ἁπαλὸς γένηται καὶ ἐκφύῃ τὰ φύλλα, γινώσκετε ὅτι ἐγγὺς τὸ θέρος ἐστίν·	Lk 21,30	ὅταν προβάλωσιν ἤδη, βλέποντες ἀφ' ἑαυτῶν γινώσκετε ὅτι ἤδη ἐγγὺς τὸ θέρος ἐστίν·	
222	Mt 24,33	οὕτως καὶ ὑμεῖς, ὅταν ἴδητε πάντα ταῦτα, γινώσκετε ὅτι ἐγγύς ἐστιν ἐπὶ θύραις.	Mk 13,29	οὕτως καὶ ὑμεῖς, ὅταν ἴδητε ταῦτα γινόμενα, γινώσκετε ὅτι ἐγγύς ἐστιν ἐπὶ θύραις.	Lk 21,31	οὕτως καὶ ὑμεῖς, ὅταν ἴδητε ταῦτα γινόμενα, γινώσκετε ὅτι ἐγγύς ἐστιν ἡ βασιλεία τοῦ θεοῦ.	
121	Mt 25,13 → Mt 24,42 → Mt 24,44 → Mt 24,50	γρηγορεῖτε οὖν, ὅτι οὐκ οἴδατε τὴν ἡμέραν οὐδὲ τὴν ὥραν.	Mk 13,33 → Lk 21,34	βλέπετε, ἀγρυπνεῖτε· οὐκ οἴδατε γὰρ πότε ὁ καιρός ἐστιν.	Lk 21,36 → Lk 12,35-38 → Lk 18,1	ἀγρυπνεῖτε δὲ ἐν παντὶ καιρῷ δεόμενοι ἵνα κατισχύσητε ἐκφυγεῖν ταῦτα πάντα τὰ μέλλοντα γίνεσθαι καὶ σταθῆναι ἔμπροσθεν τοῦ υἱοῦ τοῦ ἀνθρώπου.	
202	Mt 24,45	τίς ἄρα ἐστὶν ὁ πιστὸς δοῦλος καὶ φρόνιμος ...			Lk 12,42	... τίς ἄρα ἐστὶν ὁ πιστὸς οἰκονόμος ὁ φρόνιμος, ...	
211 122	Mt 26,18	... ὁ διδάσκαλος λέγει· ὁ καιρός μου ἐγγύς ἐστιν, πρὸς σὲ ποιῶ τὸ πάσχα μετὰ τῶν μαθητῶν μου.	Mk 14,14	... ὁ διδάσκαλος λέγει· ποῦ ἐστιν τὸ κατάλυμά μου ὅπου τὸ πάσχα μετὰ τῶν μαθητῶν μου φάγω;	Lk 22,11	... λέγει σοι ὁ διδάσκαλος· ποῦ ἐστιν τὸ κατάλυμα ὅπου τὸ πάσχα μετὰ τῶν μαθητῶν μου φάγω;	
222	Mt 26,26	... λάβετε φάγετε, τοῦτό ἐστιν τὸ σῶμά μου.	Mk 14,22	... λάβετε, τοῦτό ἐστιν τὸ σῶμά μου.	Lk 22,19	... τοῦτό ἐστιν τὸ σῶμά μου τὸ ὑπὲρ ὑμῶν διδόμενον· ...	→ 1Cor 11,24

221	**Mt 26,28**	τοῦτο γάρ ἐστιν τὸ αἷμά μου τῆς διαθήκης τὸ περὶ πολλῶν ἐκχυννόμενον εἰς ἄφεσιν ἁμαρτιῶν.	**Mk 14,24**	... τοῦτό ἐστιν τὸ αἷμά μου τῆς διαθήκης τὸ ἐκχυννόμενον ὑπὲρ πολλῶν.	**Lk 22,20**	... τοῦτο τὸ ποτήριον ἡ καινὴ διαθήκη ἐν τῷ αἵματί μου, τὸ ὑπὲρ ὑμῶν ἐκχυννόμενον.	→ 1Cor 11,25
002					**Lk 22,38** → Lk 22,49	οἱ δὲ εἶπαν· κύριε, ἰδοὺ μάχαιραι ὧδε δύο. ὁ δὲ εἶπεν αὐτοῖς· ἱκανόν ἐστιν.	
220	**Mt 26,38**	... *περίλυπός* *ἐστιν* *ἡ ψυχή μου* ἕως θανάτου· ... ➤ Ps 42,6.12/43,5	**Mk 14,34**	... *περίλυπός* *ἐστιν* *ἡ ψυχή μου* ἕως θανάτου· ... ➤ Ps 42,6.12/43,5			→ Jn 12,27
121	**Mt 26,39**	καὶ προελθὼν μικρὸν ἔπεσεν ἐπὶ πρόσωπον αὐτοῦ προσευχόμενος	**Mk 14,35**	καὶ προελθὼν μικρὸν ἔπιπτεν ἐπὶ τῆς γῆς καὶ προσηύχετο ἵνα εἰ δυνατόν ἐστιν παρέλθῃ ἀπ' αὐτοῦ ἡ ὥρα,	**Lk 22,41**	καὶ αὐτὸς ἀπεσπάσθη ἀπ' αὐτῶν ὡσεὶ λίθου βολὴν καὶ θεὶς τὰ γόνατα προσηύχετο	
211		καὶ λέγων· πάτερ μου, εἰ δυνατόν ἐστιν, παρελθάτω ἀπ' ἐμοῦ τὸ ποτήριον τοῦτο· ...	**Mk 14,36**	καὶ ἔλεγεν· αββα ὁ πατήρ, πάντα δυνατά σοι· παρένεγκε τὸ ποτήριον τοῦτο ἀπ' ἐμοῦ· ...	**Lk 22,42** → Mt 26,42	λέγων· πάτερ, εἰ βούλει παρένεγκε τοῦτο τὸ ποτήριον ἀπ' ἐμοῦ· ...	→ Jn 18,11
220	**Mt 26,48**	... ὃν ἂν φιλήσω αὐτός ἐστιν, κρατήσατε αὐτόν.	**Mk 14,44**	... ὃν ἂν φιλήσω αὐτός ἐστιν, κρατήσατε αὐτὸν καὶ ἀπάγετε ἀσφαλῶς.			
112	**Mt 26,55**	... καθ' ἡμέραν ἐν τῷ ἱερῷ ἐκαθεζόμην διδάσκων καὶ οὐκ ἐκρατήσατέ με. [56] τοῦτο δὲ ὅλον γέγονεν ἵνα πληρωθῶσιν αἱ γραφαὶ τῶν προφητῶν. ...	**Mk 14,49**	καθ' ἡμέραν ἤμην πρὸς ὑμᾶς ἐν τῷ ἱερῷ διδάσκων καὶ οὐκ ἐκρατήσατέ με· ἀλλ' ἵνα πληρωθῶσιν αἱ γραφαί.	**Lk 22,53** → Mt 26,45 → Mk 14,41	καθ' ἡμέραν ὄντος μου μεθ' ὑμῶν ἐν τῷ ἱερῷ οὐκ ἐξετείνατε τὰς χεῖρας ἐπ' ἐμέ, ἀλλ' αὕτη ἐστὶν ὑμῶν ἡ ὥρα καὶ ἡ ἐξουσία τοῦ σκότους.	→ Jn 14,30 → Jn 18,20
112	**Mt 26,73**	... ἀληθῶς καὶ σὺ ἐξ αὐτῶν εἶ, καὶ γὰρ ἡ λαλιά σου δῆλόν σε ποιεῖ.	**Mk 14,70**	... ἀληθῶς ἐξ αὐτῶν εἶ, καὶ γὰρ Γαλιλαῖος εἶ.	**Lk 22,59**	... ἐπ' ἀληθείας καὶ οὗτος μετ' αὐτοῦ ἦν, καὶ γὰρ Γαλιλαῖός ἐστιν.	→ Jn 18,26
210	**Mt 26,66** → Lk 24,20	... οἱ δὲ ἀποκριθέντες εἶπαν· ἔνοχος θανάτου ἐστίν.	**Mk 14,64** → Lk 24,20	... οἱ δὲ πάντες κατέκριναν αὐτὸν ἔνοχον εἶναι θανάτου.			
b 212	**Mt 26,68**	... προφήτευσον ἡμῖν, χριστέ, τίς ἐστιν ὁ παίσας σε;	**Mk 14,65**	... προφήτευσον, καὶ οἱ ὑπηρέται ῥαπίσμασιν αὐτὸν ἔλαβον.	**Lk 22,64**	... προφήτευσον, τίς ἐστιν ὁ παίσας σε;	
121	**Mt 26,71**	... οὗτος ἦν μετὰ Ἰησοῦ τοῦ Ναζωραίου.	**Mk 14,69**	... οὗτος ἐξ αὐτῶν ἐστιν.	**Lk 22,58**	... καὶ σὺ ἐξ αὐτῶν εἶ. ...	→ Jn 18,25
200	**Mt 27,6**	... οὐκ ἔξεστιν βαλεῖν αὐτὰ εἰς τὸν κορβανᾶν, ἐπεὶ τιμὴ αἵματός ἐστιν.					

002					Lk 23,6	Πιλᾶτος δὲ ἀκούσας ἐπηρώτησεν εἰ ὁ ἄνθρωπος Γαλιλαῖός **ἐστιν**,	
002					Lk 23,7	καὶ ἐπιγνοὺς ὅτι ἐκ τῆς ἐξουσίας Ἡρῴδου **ἐστὶν** ἀνέπεμψεν αὐτὸν πρὸς Ἡρῴδην, ...	
a 002					Lk 23,15	ἀλλ’ οὐδὲ Ἡρῴδης, ἀνέπεμψεν γὰρ αὐτὸν πρὸς ἡμᾶς, καὶ ἰδοὺ οὐδὲν ἄξιον θανάτου **ἐστὶν** πεπραγμένον αὐτῷ·	→ Jn 18,38
120	Mt 27,27 → Lk 23,11	τότε οἱ στρατιῶται τοῦ ἡγεμόνος παραλαβόντες τὸν Ἰησοῦν εἰς τὸ πραιτώριον συνήγαγον ἐπ’ αὐτὸν ὅλην τὴν σπεῖραν.	Mk 15,16 → Lk 23,11	οἱ δὲ στρατιῶται ἀπήγαγον αὐτὸν ἔσω τῆς αὐλῆς, ὅ **ἐστιν** πραιτώριον, καὶ συγκαλοῦσιν ὅλην τὴν σπεῖραν.			
a 221	Mt 27,33	καὶ ἐλθόντες εἰς τόπον λεγόμενον Γολγοθᾶ, ὅ **ἐστιν** Κρανίου Τόπος λεγόμενος	Mk 15,22	καὶ φέρουσιν αὐτὸν ἐπὶ τὸν Γολγοθᾶν τόπον, ὅ **ἐστιν** μεθερμηνευόμενον Κρανίου Τόπος.	Lk 23,33	καὶ ὅτε ἦλθον ἐπὶ τὸν τόπον τὸν καλούμενον Κρανίον, ...	→ Jn 19,17
211	Mt 27,37	καὶ ἐπέθηκαν ἐπάνω τῆς κεφαλῆς αὐτοῦ τὴν αἰτίαν αὐτοῦ γεγραμμένην· οὗτός **ἐστιν** Ἰησοῦς ὁ βασιλεὺς τῶν Ἰουδαίων.	Mk 15,26	καὶ ἦν ἡ ἐπιγραφὴ τῆς αἰτίας αὐτοῦ ἐπιγεγραμμένη· ὁ βασιλεὺς τῶν Ἰουδαίων.	Lk 23,38	ἦν δὲ καὶ ἐπιγραφὴ ἐπ’ αὐτῷ· ὁ βασιλεὺς τῶν Ἰουδαίων οὗτος.	→ Jn 19,19
212	Mt 27,42 → Mt 26,63-64	[41] ... οἱ ἀρχιερεῖς ἐμπαίζοντες μετὰ τῶν γραμματέων καὶ πρεσβυτέρων ἔλεγον· [42] ἄλλους ἔσωσεν, ἑαυτὸν οὐ δύναται σῶσαι· βασιλεὺς Ἰσραήλ **ἐστιν**, καταβάτω νῦν ἀπὸ τοῦ σταυροῦ καὶ πιστεύσομεν ἐπ’ αὐτόν.	Mk 15,32 → Mk 14,61-62	[31] ὁμοίως καὶ οἱ ἀρχιερεῖς ἐμπαίζοντες πρὸς ἀλλήλους μετὰ τῶν γραμματέων ἔλεγον· ἄλλους ἔσωσεν, ἑαυτὸν οὐ δύναται σῶσαι· [32] ὁ χριστὸς ὁ βασιλεὺς Ἰσραὴλ καταβάτω νῦν ἀπὸ τοῦ σταυροῦ, ἵνα ἴδωμεν καὶ πιστεύσωμεν. ...	Lk 23,35 → Lk 22,67 → Lk 23,39	... ἐξεμυκτήριζον δὲ καὶ οἱ ἄρχοντες λέγοντες· ἄλλους ἔσωσεν, σωσάτω ἑαυτόν, εἰ οὗτός **ἐστιν** ὁ χριστὸς τοῦ θεοῦ ὁ ἐκλεκτός.	
					Lk 23,37 → Mt 27,40 → Mk 15,30	[36] ἐνέπαιξαν δὲ αὐτῷ οἱ στρατιῶται ... [37] καὶ λέγοντες· εἰ σὺ **εἶ** ὁ βασιλεὺς τῶν Ἰουδαίων, σῶσον σεαυτόν.	
a 220	Mt 27,46	... *ηλι ηλι λεμα* *σαβαχθανι;* τοῦτ’ **ἔστιν**· *θεέ μου θεέ μου,* *ἱνατί με ἐγκατέλιπες;* ➤ Ps 22,2	Mk 15,34	... *ελωι ελωι λεμα* *σαβαχθανι;* ὅ **ἐστιν** μεθερμηνευόμενον *ὁ θεός μου ὁ θεός μου,* *εἰς τί ἐγκατέλιπές με;* ➤ Ps 22,2			
121	Mt 27,57	ὀψίας δὲ γενομένης ...	Mk 15,42	καὶ ἤδη ὀψίας γενομένης, ἐπεὶ ἦν παρασκευή, ὅ **ἐστιν** προσάββατον	Lk 23,54	καὶ ἡμέρα ἦν παρασκευῆς καὶ σάββατον ἐπέφωσκεν.	→ Jn 19,42

200	Mt 27,62	τῇ δὲ ἐπαύριον, ἥτις **ἐστὶν** μετὰ τὴν παρασκευήν, συνήχθησαν οἱ ἀρχιερεῖς καὶ οἱ Φαρισαῖοι πρὸς Πιλᾶτον					
222	Mt 28,6	**οὐκ ἔστιν** ὧδε, ἠγέρθη γὰρ καθὼς εἶπεν· δεῦτε ἴδετε τὸν τόπον ὅπου ἔκειτο.	Mk 16,6	... ἠγέρθη, **οὐκ ἔστιν** ὧδε· ἴδε ὁ τόπος ὅπου ἔθηκαν αὐτόν.	Lk 24,6 → Lk 24,23	**οὐκ ἔστιν** ὧδε, ἀλλὰ ἠγέρθη. μνήσθητε ὡς ἐλάλησεν ὑμῖν ἔτι ὢν ἐν τῇ Γαλιλαίᾳ	
b 002					Lk 24,21	ἡμεῖς δὲ ἠλπίζομεν ὅτι αὐτός **ἐστιν** ὁ μέλλων λυτροῦσθαι τὸν Ἰσραήλ· ...	
002					Lk 24,29 → Lk 9,12	... μεῖνον μεθ' ἡμῶν, ὅτι πρὸς ἑσπέραν **ἐστὶν** καὶ κέκλικεν ἤδη ἡ ἡμέρα. ...	

Acts 1,7 ... οὐχ ὑμῶν **ἐστιν** γνῶναι χρόνους ἢ καιροὺς οὓς ὁ πατὴρ ἔθετο ἐν τῇ ἰδίᾳ ἐξουσίᾳ

Acts 1,12 → Lk 24,52 τότε ὑπέστρεψαν εἰς Ἰερουσαλὴμ ἀπὸ ὄρους τοῦ καλουμένου Ἐλαιῶνος, ὅ **ἐστιν** ἐγγὺς Ἰερουσαλὴμ σαββάτου ἔχον ὁδόν.

Acts 1,19 → Mt 27,8 ... ὥστε κληθῆναι τὸ χωρίον ἐκεῖνο τῇ ἰδίᾳ διαλέκτῳ αὐτῶν Ἁκελδαμάχ, τοῦτ' **ἔστιν** χωρίον αἵματος.

Acts 2,15 οὐ γὰρ ὡς ὑμεῖς ὑπολαμβάνετε οὗτοι μεθύουσιν, **ἔστιν** γὰρ ὥρα τρίτη τῆς ἡμέρας,

b **Acts 2,16** ἀλλὰ τοῦτό **ἐστιν** τὸ εἰρημένον διὰ τοῦ προφήτου Ἰωήλ·

Acts 2,25 ... *προορώμην τὸν κύριον ἐνώπιόν μου διὰ παντός, ὅτι ἐκ δεξιῶν μού* ***ἐστιν*** *ἵνα μὴ σαλευθῶ.* ➤ Ps 15,8 LXX

Acts 2,29 ... καὶ ἐτελεύτησεν καὶ ἐτάφη, καὶ τὸ μνῆμα αὐτοῦ **ἔστιν** ἐν ἡμῖν ἄχρι τῆς ἡμέρας ταύτης.

Acts 2,39 ὑμῖν γάρ **ἐστιν** ἡ ἐπαγγελία καὶ τοῖς τέκνοις ὑμῶν καὶ πᾶσιν τοῖς εἰς μακράν, ...

Acts 4,11 → Mt 21,42 → Mk 12,10 → Lk 20,17 οὗτός **ἐστιν** ὁ λίθος, ὁ ἐξουθενηθεὶς ὑφ' ὑμῶν τῶν οἰκοδόμων, ... ➤ Ps 118,22

Acts 4,12 (2) καὶ **οὐκ ἔστιν** ἐν ἄλλῳ οὐδενὶ ἡ σωτηρία, οὐδὲ γὰρ ὄνομά **ἐστιν** ἕτερον ὑπὸ τὸν οὐρανὸν τὸ δεδομένον ἐν ἀνθρώποις ἐν ᾧ δεῖ σωθῆναι ἡμᾶς.

Acts 4,19 ... εἰ δίκαιόν **ἐστιν** ἐνώπιον τοῦ θεοῦ ὑμῶν ἀκούειν μᾶλλον ἢ τοῦ θεοῦ, κρίνατε·

a **Acts 4,36** Ἰωσὴφ δὲ ὁ ἐπικληθεὶς Βαρναβᾶς ἀπὸ τῶν ἀποστόλων, ὅ **ἐστιν** μεθερμηνευόμενον υἱὸς παρακλήσεως, Λευίτης, Κύπριος τῷ γένει

Acts 5,39 εἰ δὲ ἐκ θεοῦ **ἐστιν,** οὐ δυνήσεσθε καταλῦσαι αὐτούς, ...

Acts 6,2 ... οὐκ ἀρεστόν **ἐστιν** ἡμᾶς καταλείψαντας τὸν λόγον τοῦ θεοῦ διακονεῖν τραπέζαις.

Acts 7,33 ... *λῦσον τὸ ὑπόδημα τῶν ποδῶν σου, ὁ γὰρ τόπος ἐφ' ᾧ ἕστηκας γῆ ἁγία* ***ἐστίν.*** ➤ Exod 3,5

Acts 7,37 οὗτός **ἐστιν** ὁ Μωϋσῆς ὁ εἴπας τοῖς υἱοῖς Ἰσραήλ· ...

b **Acts 7,38** οὗτός **ἐστιν** ὁ γενόμενος ἐν τῇ ἐκκλησίᾳ ἐν τῇ ἐρήμῳ μετὰ τοῦ ἀγγέλου τοῦ λαλοῦντος αὐτῷ ἐν τῷ ὄρει Σινᾶ καὶ τῶν πατέρων ἡμῶν, ...

Acts 8,10 ... οὗτός **ἐστιν** ἡ δύναμις τοῦ θεοῦ ἡ καλουμένη μεγάλη.

Acts 8,21 (2) **οὐκ ἔστιν** σοι μερὶς οὐδὲ κλῆρος ἐν τῷ λόγῳ τούτῳ, ἡ γὰρ καρδία σου **οὐκ ἔστιν** εὐθεῖα ἔναντι τοῦ θεοῦ.

Acts 8,26 ... ἐπὶ τὴν ὁδὸν τὴν καταβαίνουσαν ἀπὸ Ἰερουσαλὴμ εἰς Γάζαν, αὕτη **ἐστὶν** ἔρημος.

Acts 9,15 ... πορεύου, ὅτι σκεῦος ἐκλογῆς
ἐστίν
μοι οὗτος τοῦ βαστάσαι τὸ ὄνομά μου ἐνώπιον ἐθνῶν τε καὶ βασιλέων υἱῶν τε Ἰσραήλ·

Acts 9,20 καὶ εὐθέως ἐν ταῖς συναγωγαῖς ἐκήρυσσεν τὸν Ἰησοῦν ὅτι οὗτός
ἐστιν
ὁ υἱὸς τοῦ θεοῦ.

b **Acts 9,21** ... οὐχ οὗτός
ἐστιν
ὁ πορθήσας εἰς Ἰερουσαλὴμ τοὺς ἐπικαλουμένους τὸ ὄνομα τοῦτο, ...

Acts 9,22 ... συμβιβάζων ὅτι οὗτός
ἐστιν
ὁ χριστός.

Acts 9,26 ... καὶ πάντες ἐφοβοῦντο αὐτὸν μὴ πιστεύοντες ὅτι
ἐστὶν
μαθητής.

Acts 9,38 ἐγγὺς δὲ οὔσης Λύδδας τῇ Ἰόππῃ οἱ μαθηταὶ ἀκούσαντες ὅτι Πέτρος
ἐστὶν
ἐν αὐτῇ ἀπέστειλαν δύο ἄνδρας πρὸς αὐτὸν ...

Acts 10,4 ὁ δὲ ἀτενίσας αὐτῷ καὶ ἔμφοβος γενόμενος εἶπεν· τί
ἐστιν,
κύριε; ...

Acts 10,6 οὗτος ξενίζεται παρά τινι Σίμωνι βυρσεῖ, ᾧ
ἐστιν
οἰκία παρὰ θάλασσαν.

Acts 10,28 ... ὑμεῖς ἐπίστασθε ὡς ἀθέμιτόν
ἐστιν
ἀνδρὶ Ἰουδαίῳ κολλᾶσθαι ἢ προσέρχεσθαι ἀλλοφύλῳ· ...

Acts 10,34 ... ἐπ᾽ ἀληθείας καταλαμβάνομαι ὅτι
οὐκ ἔστιν
προσωπολήμπτης ὁ θεός,

Acts 10,35 ἀλλ᾽ ἐν παντὶ ἔθνει ὁ φοβούμενος αὐτὸν καὶ ἐργαζόμενος δικαιοσύνην δεκτὸς αὐτῷ
ἐστιν.

Acts 10,36 ... διὰ Ἰησοῦ Χριστοῦ, οὗτός
ἐστιν
πάντων κύριος

b **Acts 10,42** ... οὗτός
ἐστιν
ὁ ὡρισμένος ὑπὸ τοῦ θεοῦ κριτὴς ζώντων καὶ νεκρῶν.

Acts 12,3 ἰδὼν δὲ ὅτι ἀρεστόν
ἐστιν
τοῖς Ἰουδαίοις, προσέθετο συλλαβεῖν καὶ Πέτρον, ...

Acts 12,9 καὶ ἐξελθὼν ἠκολούθει καὶ οὐκ ᾔδει ὅτι ἀληθές
ἐστιν
τὸ γινόμενον διὰ τοῦ ἀγγέλου· ...

Acts 12,15 ... οἱ δὲ ἔλεγον· ὁ ἄγγελός
ἐστιν
αὐτοῦ.

Acts 13,15 ... ἄνδρες ἀδελφοί, εἴ τίς
ἐστιν
ἐν ὑμῖν λόγος παρακλήσεως πρὸς τὸν λαόν, λέγετε.

Acts 16,12 κἀκεῖθεν εἰς Φιλίππους, ἥτις
ἐστὶν
πρώτη[ς] μερίδος τῆς Μακεδονίας πόλις, κολωνία. ...

Acts 17,3 διανοίγων καὶ παρατιθέμενος ὅτι τὸν χριστὸν ἔδει παθεῖν καὶ ἀναστῆναι ἐκ νεκρῶν καὶ ὅτι οὗτός
ἐστιν
ὁ χριστός [ὁ] Ἰησοῦς ὃν ἐγὼ καταγγέλλω ὑμῖν.

Acts 18,10 διότι ἐγώ εἰμι μετὰ σοῦ καὶ οὐδεὶς ἐπιθήσεταί σοι τοῦ κακῶσαί σε, διότι λαός
ἐστί
μοι πολὺς ἐν τῇ πόλει ταύτῃ.

c **Acts 18,15** εἰ δὲ ζητήματά
ἐστιν
περὶ λόγου καὶ ὀνομάτων καὶ νόμου τοῦ καθ᾽ ὑμᾶς, ὄψεσθε αὐτοί· ...

Acts 19,2 ... οἱ δὲ πρὸς αὐτόν· ἀλλ᾽ οὐδ᾽ εἰ πνεῦμα ἅγιον
ἔστιν
ἠκούσαμεν.

Acts 19,4 ... Ἰωάννης ἐβάπτισεν βάπτισμα μετανοίας τῷ λαῷ λέγων εἰς τὸν ἐρχόμενον μετ᾽ αὐτὸν ἵνα πιστεύσωσιν, τοῦτ᾽
ἔστιν
εἰς τὸν Ἰησοῦν.
→ Mt 3,1-2
→ Mk 1,4
→ Lk 3,3
→ Acts 13,24
→ **Mt 3,11**
→ Mk 1,7-8
→ Lk 3,16

Acts 19,25 ... ἄνδρες, ἐπίστασθε ὅτι ἐκ ταύτης τῆς ἐργασίας ἡ εὐπορία ἡμῖν
ἐστιν

Acts 19,34 ἐπιγνόντες δὲ ὅτι Ἰουδαῖός
ἐστιν,
φωνὴ ἐγένετο μία ἐκ πάντων ὡς ἐπὶ ὥρας δύο κραζόντων· ...

Acts 19,35 ... ἄνδρες Ἐφέσιοι, τίς γάρ
ἐστιν
ἀνθρώπων ὃς οὐ γινώσκει τὴν Ἐφεσίων πόλιν νεωκόρον οὖσαν τῆς μεγάλης Ἀρτέμιδος καὶ τοῦ διοπετοῦς;

Acts 19,36 ἀναντιρρήτων οὖν ὄντων τούτων δέον
ἐστὶν
ὑμᾶς κατεσταλμένους ὑπάρχειν καὶ μηδὲν προπετὲς πράσσειν.

Acts 20,10 ... μὴ θορυβεῖσθε, ἡ γὰρ ψυχὴ αὐτοῦ ἐν αὐτῷ
ἐστιν.

Acts 20,35 ... μακάριόν
ἐστιν
μᾶλλον διδόναι ἢ λαμβάνειν.

Acts 21,11 ... τάδε λέγει τὸ πνεῦμα τὸ ἅγιον· τὸν ἄνδρα οὗ
ἐστιν
ἡ ζώνη αὕτη, οὕτως δήσουσιν ἐν Ἰερουσαλὴμ οἱ Ἰουδαῖοι ...

Acts 21,22 τί οὖν
ἐστιν;
πάντως ἀκούσονται ὅτι ἐλήλυθας.

Acts 21,24 ... καὶ γνώσονται πάντες ὅτι ὧν κατήχηνται περὶ σοῦ οὐδέν
ἐστιν
ἀλλὰ στοιχεῖς καὶ αὐτὸς φυλάσσων τὸν νόμον.

Acts 21,28 ... ἄνδρες Ἰσραηλῖται, βοηθεῖτε· οὗτός
ἐστιν
ὁ ἄνθρωπος ὁ κατὰ τοῦ λαοῦ καὶ τοῦ νόμου καὶ τοῦ τόπου τούτου πάντας πανταχῇ διδάσκων, ...

a **Acts 21,33** ... καὶ ἐπυνθάνετο τίς εἴη καὶ τί
ἐστιν
πεποιηκώς.

Acts 22,26 ... τί μέλλεις ποιεῖν; ὁ γὰρ ἄνθρωπος οὗτος Ῥωμαῖός
ἐστιν.

Acts 22,29 ... καὶ ὁ χιλίαρχος δὲ ἐφοβήθη ἐπιγνοὺς ὅτι Ῥωμαῖός
ἐστιν
καὶ ὅτι αὐτὸν ἦν δεδεκώς.

Acts 23,5 ... οὐκ ᾔδειν, ἀδελφοί, ὅτι
ἐστὶν
ἀρχιερεύς· ...

Acts 23,6 γνοὺς δὲ ὁ Παῦλος ὅτι τὸ ἓν μέρος
ἐστὶν
Σαδδουκαίων τὸ δὲ ἕτερον Φαρισαίων ἔκραζεν ἐν τῷ συνεδρίῳ· ...

Acts 23,19 ἐπιλαβόμενος δὲ τῆς χειρὸς αὐτοῦ ὁ χιλίαρχος καὶ ἀναχωρήσας κατ' ἰδίαν ἐπυνθάνετο, τί
ἐστιν
ὃ ἔχεις ἀπαγγεῖλαί μοι;

Acts 23,27 ... ἐπιστὰς σὺν τῷ στρατεύματι ἐξειλάμην, μαθὼν ὅτι Ῥωμαῖός
ἐστιν·

Acts 23,34 ἀναγνοὺς δὲ καὶ ἐπερωτήσας ἐκ ποίας ἐπαρχείας
ἐστίν,
καὶ πυθόμενος ὅτι ἀπὸ Κιλικίας

Acts 25,5 οἱ οὖν ἐν ὑμῖν, φησίν, δυνατοὶ συγκαταβάντες εἴ τί
ἐστιν
ἐν τῷ ἀνδρὶ ἄτοπον κατηγορείτωσαν αὐτοῦ.

Acts 25,11 ... εἰ δὲ οὐδέν
ἐστιν
ὧν οὗτοι κατηγοροῦσίν μου, οὐδείς με δύναται αὐτοῖς χαρίσασθαι· ...

a **Acts 25,14** ... ἀνήρ τίς
ἐστιν
καταλελειμμένος ὑπὸ Φήλικος δέσμιος

Acts 25,16 πρὸς οὓς ἀπεκρίθην ὅτι
οὐκ ἔστιν
ἔθος Ῥωμαίοις χαρίζεσθαί τινα ἄνθρωπον πρὶν ἢ ὁ κατηγορούμενος κατὰ πρόσωπον ἔχοι τοὺς κατηγόρους τόπον τε ἀπολογίας λάβοι περὶ τοῦ ἐγκλήματος.

a **Acts 26,26** ... οὐ γάρ
ἐστιν
ἐν γωνίᾳ πεπραγμένον τοῦτο.

Acts 28,4 ... πάντως φονεύς
ἐστιν
ὁ ἄνθρωπος οὗτος ὃν διασωθέντα ἐκ τῆς θαλάσσης ἡ δίκη ζῆν οὐκ εἴασεν.

Acts 28,22 ... περὶ μὲν γὰρ τῆς αἱρέσεως ταύτης γνωστὸν ἡμῖν
ἐστιν
ὅτι πανταχοῦ ἀντιλέγεται.

ἐσμέν

	Syn	Mt	Mk	Lk	Acts	Jn	1-3John	Paul	Eph	Col
	3		1	2	8	4	8	22	3	
	NT	2Thess	1/2Tim	Tit	Heb	Jas	1Pet	2Pet	Jude	Rev
	52				4					

first person plural present indicative of εἰμί

	Mt		Mk		Lk		
021			**Mk 5,9**	... λεγιὼν ὄνομά μοι, ὅτι πολλοί **ἐσμεν.**	**Lk 8,30**	... λεγιών, ὅτι **εἰσῆλθεν** δαιμόνια πολλὰ εἰς αὐτόν.	
112	**Mt 14,15**	... ἔρημός **ἐστιν** ὁ τόπος καὶ ἡ ὥρα ἤδη παρῆλθεν· ...	**Mk 6,35**	... ἔρημός **ἐστιν** ὁ τόπος καὶ ἤδη ὥρα πολλή·	**Lk 9,12**	... ὅτι ὧδε ἐν ἐρήμῳ τόπῳ **ἐσμέν.**	
002					**Lk 17,10**	... δοῦλοι ἀχρεῖοί **ἐσμεν,** ὃ ὠφείλομεν ποιῆσαι πεποιήκαμεν.	

Acts 2,32 τοῦτον τὸν Ἰησοῦν ἀνέστησεν ὁ θεός, οὗ πάντες ἡμεῖς
ἐσμεν
μάρτυρες·

Acts 3,15 τὸν δὲ ἀρχηγὸν τῆς ζωῆς ἀπεκτείνατε ὃν ὁ θεὸς ἤγειρεν ἐκ νεκρῶν, οὗ ἡμεῖς μάρτυρές
ἐσμεν.

Acts 5,32 καὶ ἡμεῖς
ἐσμεν
μάρτυρες τῶν ῥημάτων τούτων ...

Acts 14,15 ... καὶ ἡμεῖς ὁμοιοπαθεῖς
ἐσμεν
ὑμῖν ἄνθρωποι εὐαγγελιζόμενοι ὑμᾶς ἀπὸ τούτων τῶν ματαίων ἐπιστρέφειν ἐπὶ θεὸν ζῶντα, ...

Acts 16,28 ... μηδὲν πράξῃς σεαυτῷ κακόν, ἅπαντες γάρ
ἐσμεν
ἐνθάδε.

Acts 17,28 (2) [27] ζητεῖν τὸν θεόν, ... [28] ἐν αὐτῷ γὰρ ζῶμεν καὶ κινούμεθα καὶ
ἐσμέν,
ὥς καί τινες τῶν καθ' ὑμᾶς ποιητῶν εἰρήκασιν· τοῦ γὰρ καὶ γένος
ἐσμέν.

Acts 23,15 ... ἡμεῖς δὲ πρὸ τοῦ ἐγγίσαι αὐτὸν ἕτοιμοί
ἐσμεν
τοῦ ἀνελεῖν αὐτόν.

ἐστέ	Syn 21	Mt 9	Mk 4	Lk 8	Acts 4	Jn 17	1-3John 2	Paul 40	Eph 4	Col 1
	NT 92	2Thess	1/2Tim	Tit	Heb 2	Jas 1	1Pet	2Pet	Jude	Rev

second person plural present indicative of εἰμί

	triple tradition																	double tradition			Sondergut		
		+Mt / +Lk			–Mt / –Lk			traditions not taken over by Mt / Lk							subtotals								
code	*222*	*211*	*112*	*212*	*221*	*122*	*121*	*022*	*012*	*021*	*220*	*120*	*210*	*020*	Σ⁺	Σ⁻	Σ	*202*	*201*	*102*	*200*	*002*	total
Mt					1						2	1^-				1^-	3	1	2		3		**9**
Mk					1						2	1					4						**4**
Lk					1^-											1^-		1		4		3	**8**

a ἐστέ with participle (periphrastic constructions)

b ἐστέ with ὁ and participle

code	Mt		Mk		Lk		
202	**Mt 5,11**	μακάριοί **ἐστε** ὅταν ὀνειδίσωσιν ὑμᾶς καὶ διώξωσιν ...			**Lk 6,22**	μακάριοί **ἐστε** ὅταν μισήσωσιν ὑμᾶς οἱ ἄνθρωποι καὶ ὅταν ἀφορίσωσιν ὑμᾶς καὶ ὀνειδίσωσιν ...	→ GTh 68 → GTh 69,1
201	**Mt 5,13**	ὑμεῖς **ἐστε** τὸ ἅλας τῆς γῆς· ἐὰν δὲ τὸ ἅλας μωρανθῇ, ἐν τίνι ἁλισθήσεται; ...	**Mk 9,50**	καλὸν τὸ ἅλας· ἐὰν δὲ τὸ ἅλας ἄναλον γένηται, ἐν τίνι αὐτὸ ἀρτύσετε; ...	**Lk 14,34**	καλὸν οὖν τὸ ἅλας· ἐὰν δὲ καὶ τὸ ἅλας μωρανθῇ, ἐν τίνι ἀρτυθήσεται;	
200	**Mt 5,14**	ὑμεῖς **ἐστε** τὸ φῶς τοῦ κόσμου. οὐ δύναται πόλις κρυβῆναι ἐπάνω ὄρους κειμένη·					→ Jn 8,12 → GTh 32 (POxy 1)
221	**Mt 8,26**	... τί δειλοί **ἐστε,** ὀλιγόπιστοι; ...	**Mk 4,40**	... τί δειλοί **ἐστε;** οὔπω ἔχετε πίστιν;	**Lk 8,25**	... ποῦ ἡ πίστις ὑμῶν; ...	
b 220	**Mt 10,20** → Lk 12,12	οὐ γὰρ ὑμεῖς **ἐστε** οἱ λαλοῦντες ἀλλὰ τὸ πνεῦμα τοῦ πατρὸς ὑμῶν τὸ λαλοῦν ἐν ὑμῖν.	**Mk 13,11**	... οὐ γάρ **ἐστε** ὑμεῖς οἱ λαλοῦντες ἀλλὰ τὸ πνεῦμα τὸ ἅγιον.			
220	**Mt 15,16**	... ἀκμὴν καὶ ὑμεῖς ἀσύνετοί **ἐστε;** [17] οὐ νοεῖτε ὅτι πᾶν τὸ εἰσπορευόμενον εἰς τὸ στόμα ...	**Mk 7,18**	... οὕτως καὶ ὑμεῖς ἀσύνετοί **ἐστε;** οὐ νοεῖτε ὅτι πᾶν τὸ ἔξωθεν εἰσπορευόμενον εἰς τὸν ἄνθρωπον ...			
120	**Mt 10,42**	καὶ ὃς ἂν ποτίσῃ ἕνα τῶν μικρῶν τούτων ποτήριον ψυχροῦ μόνον **εἰς ὄνομα μαθητοῦ,** ἀμὴν λέγω ὑμῖν, οὐ μὴ ἀπολέσῃ τὸν μισθὸν αὐτοῦ.	**Mk 9,41**	ὃς γὰρ ἂν ποτίσῃ ὑμᾶς ποτήριον ὕδατος **ἐν ὀνόματι ὅτι** **Χριστοῦ ἐστε,** ἀμὴν λέγω ὑμῖν ὅτι οὐ μὴ ἀπολέσῃ τὸν μισθὸν αὐτοῦ.			
102	**Mt 23,27**	οὐαὶ ὑμῖν, γραμματεῖς καὶ Φαρισαῖοι ὑποκριταί, ὅτι **παρομοιάζετε** τάφοις κεκονιαμένοις, οἵτινες ἔξωθεν μὲν φαίνονται ὡραῖοι, ἔσωθεν δὲ γέμουσιν ὀστέων νεκρῶν καὶ πάσης ἀκαθαρσίας.			**Lk 11,44**	οὐαὶ ὑμῖν, ὅτι **ἐστὲ ὡς** τὰ μνημεῖα τὰ ἄδηλα, καὶ οἱ ἄνθρωποι [οἱ] περιπατοῦντες ἐπάνω οὐκ οἴδασιν.	

102	**Mt 23,31**	ὥστε **μαρτυρεῖτε ἑαυτοῖς** ὅτι υἱοί ἐστε τῶν φονευσάντων τοὺς προφήτας. [32] καὶ ὑμεῖς πληρώσατε τὸ μέτρον τῶν πατέρων ὑμῶν.			**Lk 11,48**	ἄρα **μάρτυρές ἐστε** καὶ συνευδοκεῖτε τοῖς ἔργοις τῶν πατέρων ὑμῶν, ὅτι αὐτοὶ μὲν ἀπέκτειναν αὐτούς, ὑμεῖς δὲ οἰκοδομεῖτε.	
002	**Mt 25,12** ↓ Mt 7,23	ὁ δὲ ἀποκριθεὶς εἶπεν· ἀμὴν λέγω ὑμῖν, οὐκ οἶδα ὑμᾶς.			**Lk 13,25** ↓ Lk 13,27	... καὶ ἀποκριθεὶς ἐρεῖ ὑμῖν· οὐκ οἶδα ὑμᾶς πόθεν **ἐστέ.**	
102	**Mt 7,23** → Mt 13,41 ↑ Mt 25,12 → Mt 25,41	... οὐδέποτε ἔγνων ὑμᾶς· *ἀποχωρεῖτε ἀπ' ἐμοῦ οἱ* *ἐργαζόμενοι τὴν ἀνομίαν.* ➤ Ps 6,9/1Macc 3,6			**Lk 13,27** ↑ Lk 13,25	... οὐκ οἶδα [ὑμᾶς] πόθεν **ἐστέ·** *ἀπόστητε ἀπ' ἐμοῦ,* *πάντες ἐργάται ἀδικίας.* ➤ Ps 6,9/1Macc 3,6	
b 002					**Lk 16,15** → Lk 18,9.14 → Lk 20,20	... ὑμεῖς **ἐστε** οἱ δικαιοῦντες ἑαυτοὺς ἐνώπιον τῶν ἀνθρώπων, ὁ δὲ θεὸς γινώσκει τὰς καρδίας ὑμῶν· ...	
200	**Mt 23,8**	... εἷς γάρ ἐστιν ὑμῶν ὁ διδάσκαλος, πάντες δὲ ὑμεῖς ἀδελφοί **ἐστε.**					
200	**Mt 23,28**	οὕτως καὶ ὑμεῖς ἔξωθεν μὲν φαίνεσθε τοῖς ἀνθρώποις δίκαιοι, ἔσωθεν δέ **ἐστε** μεστοὶ ὑποκρίσεως καὶ ἀνομίας.					
201	**Mt 23,31**	ὥστε μαρτυρεῖτε ἑαυτοῖς ὅτι υἱοί **ἐστε** τῶν φονευσάντων τοὺς προφήτας. [32] καὶ ὑμεῖς πληρώσατε τὸ μέτρον τῶν πατέρων ὑμῶν.			**Lk 11,48**	ἄρα μάρτυρές ἐστε καὶ συνευδοκεῖτε τοῖς ἔργοις τῶν πατέρων ὑμῶν, ὅτι αὐτοὶ μὲν ἀπέκτειναν αὐτούς, ὑμεῖς δὲ οἰκοδομεῖτε.	
220	**Mt 10,20**	οὐ γὰρ ὑμεῖς **ἐστε** οἱ λαλοῦντες ἀλλὰ τὸ πνεῦμα τοῦ πατρὸς ὑμῶν τὸ λαλοῦν ἐν ὑμῖν.	**Mk 13,11** → Lk 12,12	... οὐ γάρ **ἐστε** ὑμεῖς οἱ λαλοῦντες ἀλλὰ τὸ πνεῦμα τὸ ἅγιον.			
b 102	**Mt 19,28**	... ἀμὴν λέγω ὑμῖν ὅτι ὑμεῖς οἱ ἀκολουθήσαντές μοι ...			**Lk 22,28**	ὑμεῖς δέ **ἐστε** οἱ διαμεμενηκότες μετ' ἐμοῦ ἐν τοῖς πειρασμοῖς μου·	
a 002					**Lk 24,38**	... τί τεταραγμένοι **ἐστὲ** καὶ διὰ τί διαλογισμοὶ ἀναβαίνουσιν ἐν τῇ καρδίᾳ ὑμῶν;	

Acts 3,25 ὑμεῖς **ἐστε** οἱ υἱοὶ τῶν προφητῶν καὶ τῆς διαθήκης ἧς διέθετο ὁ θεὸς πρὸς τοὺς πατέρας ὑμῶν ...

Acts 7,26 ... ἄνδρες, ἀδελφοί **ἐστε**· ἱνατί ἀδικεῖτε ἀλλήλους;

Acts 19,15 ... τὸν [μὲν] Ἰησοῦν γινώσκω καὶ τὸν Παῦλον ἐπίσταμαι, ὑμεῖς δὲ τίνες **ἐστέ**;

Acts 22,3 ... ζηλωτὴς ὑπάρχων τοῦ θεοῦ καθὼς πάντες ὑμεῖς **ἐστε** σήμερον·

εἰσίν

Syn 51	Mt 22	Mk 10	Lk 19	Acts 13	Jn 13	1-3John 5	Paul 30	Eph 1	Col 1
NT 156	2Thess	1/2Tim 5	Tit 2	Heb 5	Jas	1Pet	2Pet 2	Jude 3	Rev 25

third person plural present indicative of εἰμί

	triple tradition																	double tradition			Sondergut		
		+Mt / +Lk			−Mt / −Lk			traditions not taken over by Mt / Lk							subtotals								
code	*222*	*211*	*112*	*212*	*221*	*122*	*121*	*022*	*012*	*021*	*220*	*120*	*210*	*020*	Σ⁺	Σ⁻	Σ	*202*	*201*	*102*	*200*	*002*	total
Mt	2	1^+				3^-	3^-				2				1^+	6^-	5	1	4		12		**22**
Mk	2					3	3				2						10						**10**
Lk	2		3^+			3	3^-								3^+	3^-	8	1		4		6	**19**

[a] εἰσίν with participle (periphrastic constructions)

[b] εἰσίν with ὁ and participle

code	Mt	Mk	Lk	
200	**Mt 2,18** ... *Ῥαχὴλ κλαίουσα τὰ τέκνα αὐτῆς, καὶ οὐκ ἤθελεν παρακληθῆναι, ὅτι* ***οὐκ εἰσίν.*** ➤ Jer 31,15			
b 201	**Mt 7,13** εἰσέλθατε διὰ τῆς στενῆς πύλης· ὅτι πλατεῖα ἡ πύλη καὶ εὐρύχωρος ἡ ὁδὸς ἡ ἀπάγουσα εἰς τὴν ἀπώλειαν, καὶ πολλοί **εἰσιν** οἱ εἰσερχόμενοι δι᾽ αὐτῆς·		**Lk 13,24** ἀγωνίζεσθε εἰσελθεῖν διὰ τῆς στενῆς θύρας,	
b 201	**Mt 7,14** → Lk 13,23 τί στενὴ ἡ πύλη καὶ τεθλιμμένη ἡ ὁδὸς ἡ ἀπάγουσα εἰς τὴν ζωὴν καὶ ὀλίγοι **εἰσὶν** οἱ εὑρίσκοντες αὐτήν.		ὅτι πολλοί, λέγω ὑμῖν, ζητήσουσιν εἰσελθεῖν καὶ οὐκ ἰσχύσουσιν.	
200	**Mt 7,15** προσέχετε ἀπὸ τῶν ψευδοπροφητῶν, οἵτινες ἔρχονται πρὸς ὑμᾶς ἐν ἐνδύμασιν προβάτων, ἔσωθεν δέ **εἰσιν** λύκοι ἅρπαγες.			
a 201	**Mt 10,30** ὑμῶν δὲ καὶ αἱ τρίχες τῆς κεφαλῆς πᾶσαι **ἠριθμημέναι εἰσίν.**		**Lk 12,7** → Lk 21,18 ἀλλὰ καὶ αἱ τρίχες τῆς κεφαλῆς ὑμῶν πᾶσαι **ἠρίθμηνται.** ...	→ Acts 27,34
202	**Mt 11,8** ... ἰδοὺ οἱ τὰ μαλακὰ φοροῦντες ἐν τοῖς οἴκοις τῶν βασιλέων **εἰσίν.**		**Lk 7,25** ... ἰδοὺ οἱ ἐν ἱματισμῷ ἐνδόξῳ καὶ τρυφῇ ὑπάρχοντες ἐν τοῖς βασιλείοις **εἰσίν.**	→ GTh 78

102	Mt 11,16	τίνι δὲ ὁμοιώσω τὴν γενεὰν ταύτην;			Lk 7,31	τίνι οὖν ὁμοιώσω τοὺς ἀνθρώπους τῆς γενεᾶς ταύτης καὶ τίνι **εἰσὶν** ὅμοιοι;	
102		ὁμοία **ἐστὶν** παιδίοις καθημένοις ἐν ταῖς ἀγοραῖς ...			Lk 7,32	ὅμοιοί **εἰσιν** παιδίοις τοῖς ἐν ἀγορᾷ καθημένοις ...	
200	Mt 12,5	ἢ οὐκ ἀνέγνωτε ἐν τῷ νόμῳ ὅτι τοῖς σάββασιν οἱ ἱερεῖς ἐν τῷ ἱερῷ τὸ σάββατον βεβηλοῦσιν καὶ ἀναίτιοί **εἰσιν**;					
211	Mt 12,48	ὁ δὲ ἀποκριθεὶς εἶπεν τῷ λέγοντι αὐτῷ· τίς ἐστιν ἡ μήτηρ μου καὶ τίνες **εἰσὶν** οἱ ἀδελφοί μου;	Mk 3,33	καὶ ἀποκριθεὶς αὐτοῖς λέγει· τίς ἐστιν ἡ μήτηρ μου καὶ οἱ ἀδελφοί [μου];	Lk 8,21	ὁ δὲ ἀποκριθεὶς εἶπεν πρὸς αὐτούς· ...	→ GTh 99
122	Mt 13,19	παντὸς ἀκούοντος τὸν λόγον τῆς βασιλείας καὶ μὴ συνιέντος, ἔρχεται ὁ πονηρὸς καὶ ἁρπάζει τὸ ἐσπαρμένον ἐν τῇ καρδίᾳ αὐτοῦ, οὗτός **ἐστιν** ὁ παρὰ τὴν ὁδὸν σπαρείς.	Mk 4,15	οὗτοι δέ **εἰσιν** οἱ παρὰ τὴν ὁδόν· ὅπου σπείρεται ὁ λόγος καὶ ὅταν ἀκούσωσιν, εὐθὺς ἔρχεται ὁ σατανᾶς καὶ αἴρει τὸν λόγον τὸν ἐσπαρμένον εἰς αὐτούς.	Lk 8,12	οἱ δὲ παρὰ τὴν ὁδόν **εἰσιν** οἱ ἀκούσαντες, εἶτα ἔρχεται ὁ διάβολος καὶ αἴρει τὸν λόγον ἀπὸ τῆς καρδίας αὐτῶν, ἵνα μὴ πιστεύσαντες σωθῶσιν.	
121	Mt 13,20	ὁ δὲ ἐπὶ τὰ πετρώδη σπαρείς, οὗτός **ἐστιν** ὁ τὸν λόγον ἀκούων καὶ εὐθὺς μετὰ χαρᾶς λαμβάνων αὐτόν,	Mk 4,16	καὶ οὗτοί **εἰσιν** οἱ ἐπὶ τὰ πετρώδη σπειρόμενοι, οἳ ὅταν ἀκούσωσιν τὸν λόγον εὐθὺς μετὰ χαρᾶς λαμβάνουσιν αὐτόν,	Lk 8,13	οἱ δὲ ἐπὶ τῆς πέτρας οἳ ὅταν ἀκούσωσιν μετὰ χαρᾶς δέχονται τὸν λόγον,	
121	Mt 13,21	οὐκ ἔχει δὲ ῥίζαν ἐν ἑαυτῷ ἀλλὰ πρόσκαιρός **ἐστιν**, γενομένης δὲ θλίψεως ἢ διωγμοῦ διὰ τὸν λόγον εὐθὺς σκανδαλίζεται.	Mk 4,17	καὶ οὐκ ἔχουσιν ῥίζαν ἐν ἑαυτοῖς ἀλλὰ πρόσκαιροί **εἰσιν**, εἶτα γενομένης θλίψεως ἢ διωγμοῦ διὰ τὸν λόγον εὐθὺς σκανδαλίζονται.		καὶ οὗτοι ῥίζαν οὐκ ἔχουσιν, οἳ πρὸς καιρὸν **πιστεύουσιν** καὶ ἐν καιρῷ πειρασμοῦ ἀφίστανται.	
b 121 *b* 122	Mt 13,22	 ὁ δὲ εἰς τὰς ἀκάνθας σπαρείς, οὗτός **ἐστιν** ὁ τὸν λόγον ἀκούων, καὶ ἡ μέριμνα τοῦ αἰῶνος καὶ ἡ ἀπάτη τοῦ πλούτου συμπνίγει τὸν λόγον ...	Mk 4,18 (2)	καὶ ἄλλοι **εἰσὶν** οἱ εἰς τὰς ἀκάνθας σπειρόμενοι· οὗτοί **εἰσιν** οἱ τὸν λόγον ἀκούσαντες, [19] καὶ αἱ μέριμναι τοῦ αἰῶνος καὶ ἡ ἀπάτη τοῦ πλούτου καὶ αἱ περὶ τὰ λοιπὰ ἐπιθυμίαι εἰσπορευόμεναι συμπνίγουσιν τὸν λόγον ...	Lk 8,14	 τὸ δὲ εἰς τὰς ἀκάνθας πεσόν, οὗτοί **εἰσιν** οἱ ἀκούσαντες, καὶ ὑπὸ μεριμνῶν καὶ πλούτου καὶ ἡδονῶν τοῦ βίου πορευόμενοι συμπνίγονται ...	

	Mt		Mk		Lk		
b 122	Mt 13,23	ὁ δὲ ἐπὶ τὴν καλὴν γῆν σπαρείς, οὗτός **ἐστιν** ὁ τὸν λόγον ἀκούων καὶ συνιείς, ὃς δὴ καρποφορεῖ καὶ ποιεῖ ὃ μὲν ἑκατόν, ὃ δὲ ἑξήκοντα, ὃ δὲ τριάκοντα.	Mk 4,20	καὶ ἐκεῖνοί **εἰσιν** οἱ ἐπὶ τὴν γῆν τὴν καλὴν σπαρέντες, οἵτινες ἀκούουσιν τὸν λόγον καὶ παραδέχονται καὶ καρποφοροῦσιν ἓν τριάκοντα καὶ ἓν ἑξήκοντα καὶ ἓν ἑκατόν.	Lk 8,15	τὸ δὲ ἐν τῇ καλῇ γῇ, οὗτοί **εἰσιν** οἵτινες ἐν καρδίᾳ καλῇ καὶ ἀγαθῇ ἀκούσαντες τὸν λόγον κατέχουσιν καὶ καρποφοροῦσιν ἐν ὑπομονῇ.	
200 200	Mt 13,38 (2)	ὁ δὲ ἀγρός ἐστιν ὁ κόσμος, τὸ δὲ καλὸν σπέρμα, οὗτοί **εἰσιν** οἱ υἱοὶ τῆς βασιλείας· τὰ δὲ ζιζάνιά **εἰσιν** οἱ υἱοὶ τοῦ πονηροῦ,					
200	Mt 13,39	ὁ δὲ ἐχθρὸς ὁ σπείρας αὐτά ἐστιν ὁ διάβολος, ὁ δὲ θερισμὸς συντέλεια αἰῶνός ἐστιν, οἱ δὲ θερισταὶ ἄγγελοί **εἰσιν.**					
b 112	Mt 12,50 → Mt 7,21	ὅστις γὰρ ἂν ποιήσῃ τὸ θέλημα τοῦ πατρός μου τοῦ ἐν οὐρανοῖς αὐτός μου ἀδελφὸς καὶ ἀδελφὴ καὶ μήτηρ **ἐστίν.**	Mk 3,35	ὃς [γὰρ] ἂν ποιήσῃ τὸ θέλημα τοῦ θεοῦ, οὗτος ἀδελφός μου καὶ ἀδελφὴ καὶ μήτηρ **ἐστίν.**	Lk 8,21 → Lk 6,46 → Lk 11,28	... μήτηρ μου καὶ ἀδελφοί μου οὗτοί **εἰσιν** οἱ τὸν λόγον τοῦ θεοῦ ἀκούοντες καὶ ποιοῦντες.	→ Jn 15,14 → GTh 99
220	Mt 13,56	καὶ αἱ ἀδελφαὶ αὐτοῦ οὐχὶ πᾶσαι πρὸς ἡμᾶς **εἰσιν;** πόθεν οὖν τούτῳ ταῦτα πάντα; [57] καὶ ἐσκανδαλίζοντο ἐν αὐτῷ.	Mk 6,3	... καὶ οὐκ **εἰσὶν** αἱ ἀδελφαὶ αὐτοῦ ὧδε πρὸς ἡμᾶς; καὶ ἐσκανδαλίζοντο ἐν αὐτῷ.			
112	Mt 14,17 → Mt 15,34	οἱ δὲ λέγουσιν αὐτῷ· **οὐκ ἔχομεν** ὧδε εἰ μὴ πέντε ἄρτους καὶ δύο ἰχθύας.	Mk 6,38 → Mk 8,5	[37] ... καὶ λέγουσιν αὐτῷ· ἀπελθόντες ἀγοράσωμεν δηναρίων διακοσίων ἄρτους καὶ δώσομεν αὐτοῖς φαγεῖν; [38] ὁ δὲ λέγει αὐτοῖς· πόσους ἄρτους **ἔχετε;** ὑπάγετε ἴδετε. καὶ γνόντες λέγουσιν· πέντε, καὶ δύο ἰχθύας.	Lk 9,13	... οἱ δὲ εἶπαν· **οὐκ εἰσὶν ἡμῖν** πλεῖον ἢ ἄρτοι πέντε καὶ ἰχθύες δύο, εἰ μήτι πορευθέντες ἡμεῖς ἀγοράσωμεν εἰς πάντα τὸν λαὸν τοῦτον βρώματα.	→ Jn 6,7.9
201	Mt 15,14	ἄφετε αὐτούς· τυφλοί **εἰσιν** ὁδηγοί [τυφλῶν]· τυφλὸς δὲ τυφλὸν ἐὰν ὁδηγῇ, ἀμφότεροι εἰς βόθυνον πεσοῦνται.			Lk 6,39	εἶπεν δὲ καὶ παραβολὴν αὐτοῖς· μήτι δύναται τυφλὸς τυφλὸν ὁδηγεῖν; οὐχὶ ἀμφότεροι εἰς βόθυνον ἐμπεσοῦνται;	→ GTh 34

222	**Mt 16,28** → Mt 24,34	ἀμὴν λέγω ὑμῖν ὅτι **εἰσίν** τινες τῶν ὧδε ἑστώτων οἵτινες οὐ μὴ γεύσωνται θανάτου ἕως ἂν ἴδωσιν τὸν υἱὸν τοῦ ἀνθρώπου ἐρχόμενον ἐν τῇ βασιλείᾳ αὐτοῦ.	**Mk 9,1** → Mk 13,30	... ἀμὴν λέγω ὑμῖν ὅτι **εἰσίν** τινες ὧδε τῶν ἑστηκότων οἵτινες οὐ μὴ γεύσωνται θανάτου ἕως ἂν ἴδωσιν τὴν βασιλείαν τοῦ θεοῦ ἐληλυθυῖαν ἐν δυνάμει.	**Lk 9,27** → Lk 21,32	λέγω δὲ ὑμῖν ἀληθῶς, **εἰσίν** τινες τῶν αὐτοῦ ἑστηκότων οἳ οὐ μὴ γεύσωνται θανάτου ἕως ἂν ἴδωσιν τὴν βασιλείαν τοῦ θεοῦ.	→ Jn 21,22-23
200	**Mt 17,26**	... ἔφη αὐτῷ ὁ Ἰησοῦς· ἄρα γε ἐλεύθεροί **εἰσιν** οἱ υἱοί.					
a 200	**Mt 18,20**	οὗ γάρ **εἰσιν** δύο ἢ τρεῖς συνηγμένοι εἰς τὸ ἐμὸν ὄνομα, ἐκεῖ εἰμι ἐν μέσῳ αὐτῶν.					→ GTh 30 **(POxy 1)** → GTh 48 → GTh 106
002					**Lk 11,7**	... ἤδη ἡ θύρα κέκλεισται καὶ τὰ παιδία μου μετ' ἐμοῦ εἰς τὴν κοίτην **εἰσίν·** οὐ δύναμαι ἀναστὰς δοῦναί σοι.	
002					**Lk 12,38** → Mt 24,42 → Mk 13,35 → Mt 24,44 → Lk 12,40	κἂν ἐν τῇ δευτέρᾳ κἂν ἐν τῇ τρίτῃ φυλακῇ ἔλθῃ καὶ εὕρῃ οὕτως, μακάριοί **εἰσιν** ἐκεῖνοι.	
002					**Lk 13,14** → Mt 12,12 → Mk 3,4 → Lk 6,9 → Lk 14,3	... ἔλεγεν τῷ ὄχλῳ ὅτι ἓξ ἡμέραι **εἰσὶν** ἐν αἷς δεῖ ἐργάζεσθαι· ἐν αὐταῖς οὖν ἐρχόμενοι θεραπεύεσθε καὶ μὴ τῇ ἡμέρᾳ τοῦ σαββάτου.	
102 102	**Mt 20,16** ⇩ Mt 19,30	οὕτως **ἔσονται** οἱ ἔσχατοι πρῶτοι καὶ οἱ πρῶτοι ἔσχατοι.			**Lk 13,30** **(2)**	καὶ ἰδοὺ **εἰσὶν** ἔσχατοι οἳ ἔσονται πρῶτοι, καὶ **εἰσὶν** πρῶτοι οἳ ἔσονται ἔσχατοι.	→ GTh 4,2 **(POxy 654)** Mk-Q overlap
	Mt 19,30 ⇧ Mt 20,16	πολλοὶ δὲ **ἔσονται** πρῶτοι ἔσχατοι καὶ ἔσχατοι πρῶτοι.	**Mk 10,31**	πολλοὶ δὲ **ἔσονται** πρῶτοι ἔσχατοι καὶ [οἱ] ἔσχατοι πρῶτοι.			
002					**Lk 16,8**	... οἱ υἱοὶ τοῦ αἰῶνος τούτου φρονιμώτεροι ὑπὲρ τοὺς υἱοὺς τοῦ φωτὸς εἰς τὴν γενεὰν τὴν ἑαυτῶν **εἰσιν.**	
002					**Lk 18,9** → Lk 20,20 → Lk 16,15	εἶπεν δὲ καὶ πρός τινας τοὺς πεποιθότας ἐφ' ἑαυτοῖς ὅτι **εἰσὶν** δίκαιοι καὶ ἐξουθενοῦντας τοὺς λοιποὺς τὴν παραβολὴν ταύτην·	
220	**Mt 19,6**	[5] ... *καὶ ἔσονται οἱ δύο εἰς σάρκα μίαν.* [6] ὥστε **οὐκέτι εἰσὶν** δύο ἀλλὰ σὰρξ μία. ... ➤ Gen 2,24 LXX	**Mk 10,8**	*καὶ ἔσονται οἱ δύο εἰς σάρκα μίαν·* ὥστε **οὐκέτι εἰσὶν** δύο ἀλλὰ μία σάρξ. ➤ Gen 2,24 LXX			

200	**Mt 19,12** **(3)**	εἰσὶν γὰρ εὐνοῦχοι οἵτινες ἐκ κοιλίας μητρὸς ἐγεννήθησαν οὕτως, καὶ					
200		εἰσὶν εὐνοῦχοι οἵτινες εὐνουχίσθησαν ὑπὸ τῶν ἀνθρώπων, καὶ					
200		εἰσὶν εὐνοῦχοι οἵτινες εὐνούχισαν ἑαυτοὺς διὰ τὴν βασιλείαν τῶν οὐρανῶν. ...					
200	**Mt 22,14**	πολλοὶ γάρ εἰσιν κλητοί, ὀλίγοι δὲ ἐκλεκτοί.					→ GTh 23
222	**Mt 22,30**	ἐν γὰρ τῇ ἀναστάσει οὔτε γαμοῦσιν οὔτε γαμίζονται, ἀλλ᾽ ὡς ἄγγελοι ἐν τῷ οὐρανῷ εἰσιν.	**Mk 12,25**	ὅταν γὰρ ἐκ νεκρῶν ἀναστῶσιν οὔτε γαμοῦσιν οὔτε γαμίζονται, ἀλλ᾽ εἰσὶν ὡς ἄγγελοι ἐν τοῖς οὐρανοῖς.	**Lk 20,36** **(2)**	[35] οἱ δὲ καταξιωθέντες τοῦ αἰῶνος ἐκείνου τυχεῖν καὶ τῆς ἀναστάσεως τῆς ἐκ νεκρῶν οὔτε γαμοῦσιν οὔτε γαμίζονται· [36] οὐδὲ γὰρ ἀποθανεῖν ἔτι δύνανται, ἰσάγγελοι γάρ εἰσιν	
112						καὶ υἱοί εἰσιν θεοῦ τῆς ἀναστάσεως υἱοὶ ὄντες.	
002					**Lk 21,22**	ὅτι ἡμέραι ἐκδικήσεως αὗταί εἰσιν τοῦ πλησθῆναι πάντα τὰ γεγραμμένα.	

Acts 2,7 ... οὐχ ἰδοὺ ἅπαντες οὗτοί εἰσιν οἱ λαλοῦντες Γαλιλαῖοι;

a **Acts 2,13** ἕτεροι δὲ διαχλευάζοντες ἔλεγον ὅτι γλεύκους μεμεστωμένοι εἰσίν.

Acts 4,13 θεωροῦντες δὲ τὴν τοῦ Πέτρου παρρησίαν καὶ Ἰωάννου καὶ καταλαβόμενοι ὅτι ἄνθρωποι ἀγράμματοί εἰσιν καὶ ἰδιῶται, ...

a **Acts 5,25** ... ἰδοὺ οἱ ἄνδρες οὓς ἔθεσθε ἐν τῇ φυλακῇ εἰσὶν ἐν τῷ ἱερῷ ἑστῶτες καὶ διδάσκοντες τὸν λαόν.

Acts 13,31 ὃς ὤφθη ἐπὶ ἡμέρας πλείους τοῖς συναναβᾶσιν αὐτῷ ἀπὸ τῆς Γαλιλαίας εἰς Ἰερουσαλήμ, οἵτινες [νῦν] εἰσιν μάρτυρες αὐτοῦ πρὸς τὸν λαόν.

Acts 16,17 ... οὗτοι οἱ ἄνθρωποι δοῦλοι τοῦ θεοῦ τοῦ ὑψίστου εἰσίν, οἵτινες καταγγέλλουσιν ὑμῖν ὁδὸν σωτηρίας.

Acts 16,38 ... ἐφοβήθησαν δὲ ἀκούσαντες ὅτι Ῥωμαῖοί εἰσιν

Acts 19,26 ... ὁ Παῦλος οὗτος πείσας μετέστησεν ἱκανὸν ὄχλον λέγων ὅτι οὐκ εἰσὶν θεοὶ οἱ διὰ χειρῶν γινόμενοι.

Acts 19,38 εἰ μὲν οὖν Δημήτριος καὶ οἱ σὺν αὐτῷ τεχνῖται ἔχουσι πρός τινα λόγον, ἀγοραῖοι ἄγονται καὶ ἀνθύπατοί εἰσιν, ἐγκαλείτωσαν ἀλλήλοις.

Acts 21,20 ... θεωρεῖς, ἀδελφέ, πόσαι μυριάδες εἰσὶν ἐν τοῖς Ἰουδαίοις τῶν πεπιστευκότων ...

Acts 21,23 τοῦτο οὖν ποίησον ὅ σοι λέγομεν· εἰσὶν ἡμῖν ἄνδρες τέσσαρες εὐχὴν ἔχοντες ἐφ᾽ ἑαυτῶν.

Acts 23,21 ... οἵτινες ἀνεθεμάτισαν ἑαυτοὺς μήτε φαγεῖν μήτε πιεῖν ἕως οὗ ἀνέλωσιν αὐτόν, καὶ νῦν εἰσιν ἕτοιμοι προσδεχόμενοι τὴν ἀπὸ σοῦ ἐπαγγελίαν.

Acts 24,11 δυναμένου σου ἐπιγνῶναι ὅτι οὐ πλείους εἰσίν μοι ἡμέραι δώδεκα ἀφ᾽ ἧς ἀνέβην προσκυνήσων εἰς Ἰερουσαλήμ.

ἤμην, ἦς, ἦν ...	Syn 192	Mt 38	Mk 56	Lk 98	Acts 86	Jn 112	1-3John 6	Paul 24	Eph 3	Col 1
	NT 456	2Thess 1	1/2Tim	Tit 1	Heb 8	Jas 2	1Pet 1	2Pet 2	Jude	Rev 17

imperfect indicative of εἰμί

	triple tradition																	double tradition			Sondergut		
		+Mt / +Lk			–Mt / –Lk			traditions not taken over by Mt / Lk							subtotals								
code	*222*	*211*	*112*	*212*	*221*	*122*	*121*	*022*	*012*	*021*	*220*	*120*	*210*	*020*	Σ^+	Σ^-	Σ	*202*	*201*	*102*	*200*	*002*	total
Mt	8	4^+		1^+	1	5^-	19^-				5	7^-	3^+		8^+	31^-	22		8		8		**38**
Mk	8				1	5	19	2		3	5	7		6			56						**56**
Lk	8		17^+	1^+	1^-	5	19^-	2	6^+	3^-					24^+	23^-	39			3		56	**98**

[a] ἤμην etc. with present participle (periphrastic constructions)

[b] ἤμην etc. with perfect or aorist participle (periphrastic constructions)

code	Mt	Mk	Lk		
002			**Lk 1,6**	ἦσαν δὲ δίκαιοι ἀμφότεροι ἐναντίον τοῦ θεοῦ, ...	
002 002 *b* 002			**Lk 1,7** **(3)**	καὶ οὐκ ἦν αὐτοῖς τέκνον, καθότι ἦν ἡ Ἐλισάβετ στεῖρα, καὶ ἀμφότεροι προβεβηκότες ἐν ταῖς ἡμέραις αὐτῶν ἦσαν.	
a 002			**Lk 1,10**	καὶ πᾶν τὸ πλῆθος ἦν τοῦ λαοῦ προσευχόμενον ἔξω τῇ ὥρᾳ τοῦ θυμιάματος.	
a 002			**Lk 1,21**	καὶ ἦν ὁ λαὸς προσδοκῶν τὸν Ζαχαρίαν καὶ ἐθαύμαζον ἐν τῷ χρονίζειν ἐν τῷ ναῷ αὐτόν.	
a 002			**Lk 1,22**	... καὶ ἐπέγνωσαν ὅτι ὀπτασίαν ἑώρακεν ἐν τῷ ναῷ· καὶ αὐτὸς ἦν διανεύων αὐτοῖς, καὶ διέμενεν κωφός.	
002			**Lk 1,66**	... τί ἄρα τὸ παιδίον τοῦτο ἔσται; καὶ γὰρ χεὶρ κυρίου ἦν μετ' αὐτοῦ.	
002			**Lk 1,80** → Lk 3,2	τὸ δὲ παιδίον ηὔξανεν καὶ ἐκραταιοῦτο πνεύματι, καὶ ἦν ἐν ταῖς ἐρήμοις ἕως ἡμέρας ἀναδείξεως αὐτοῦ πρὸς τὸν Ἰσραήλ.	

200	**Mt 1,18** → Lk 1,27 → Lk 1,35	τοῦ δὲ Ἰησοῦ Χριστοῦ ἡ γένεσις οὕτως **ἦν.** μνηστευθείσης τῆς μητρὸς αὐτοῦ Μαρίας τῷ Ἰωσήφ, ...					
002					**Lk 2,7**	... καὶ ἀνέκλινεν αὐτὸν ἐν φάτνῃ, διότι **οὐκ ἦν** αὐτοῖς τόπος ἐν τῷ καταλύματι.	
a 002					**Lk 2,8**	καὶ ποιμένες **ἦσαν** ἐν τῇ χώρᾳ τῇ αὐτῇ ἀγραυλοῦντες καὶ φυλάσσοντες φυλακὰς ...	
002 002					**Lk 2,25** **(2)**	καὶ ἰδοὺ ἄνθρωπος **ἦν** ἐν Ἰερουσαλὴμ ᾧ ὄνομα Συμεὼν ... καὶ πνεῦμα **ἦν** ἅγιον ἐπ᾽ αὐτόν·	
b 002					**Lk 2,26**	καὶ **ἦν** αὐτῷ κεχρηματισμένον ὑπὸ τοῦ πνεύματος τοῦ ἁγίου μὴ ἰδεῖν θάνατον πρὶν [ἢ] ἂν ἴδῃ τὸν χριστὸν κυρίου.	
a 002					**Lk 2,33**	καὶ **ἦν** ὁ πατὴρ αὐτοῦ καὶ ἡ μήτηρ θαυμάζοντες ἐπὶ τοῖς λαλουμένοις περὶ αὐτοῦ.	
002					**Lk 2,36**	καὶ **ἦν** Ἅννα προφῆτις, θυγάτηρ Φανουήλ, ἐκ φυλῆς Ἀσήρ· ...	
002					**Lk 2,40**	τὸ δὲ παιδίον ηὔξανεν καὶ ἐκραταιοῦτο πληρούμενον σοφίᾳ, καὶ χάρις θεοῦ **ἦν** ἐπ᾽ αὐτό.	
200	**Mt 2,9**	... καὶ ἰδοὺ ὁ ἀστὴρ, ὃν εἶδον ἐν τῇ ἀνατολῇ, προῆγεν αὐτούς, ἕως ἐλθὼν ἐστάθη ἐπάνω οὗ **ἦν** τὸ παιδίον.					
200	**Mt 2,15**	καὶ **ἦν** ἐκεῖ ἕως τῆς τελευτῆς Ἡρῴδου· ...					
a 002					**Lk 2,51**	καὶ κατέβη μετ᾽ αὐτῶν καὶ ἦλθεν εἰς Ναζαρὲθ καὶ **ἦν** ὑποτασσόμενος αὐτοῖς. ...	

	Mt		Mk		Lk		
b 120 210	**Mt 3,4** → Lk 7,33	αὐτὸς δὲ ὁ Ἰωάννης **εἶχεν** τὸ ἔνδυμα αὐτοῦ ἀπὸ τριχῶν καμήλου καὶ ζώνην δερματίνην περὶ τὴν ὀσφὺν αὐτοῦ, **ἡ δὲ τροφὴ ἦν αὐτοῦ** ἀκρίδες καὶ μέλι ἄγριον.	**Mk 1,6** → Lk 7,33	καὶ **ἦν** ὁ Ἰωάννης ἐνδεδυμένος τρίχας καμήλου καὶ ζώνην δερματίνην περὶ τὴν ὀσφὺν αὐτοῦ, **καὶ ἐσθίων** ἀκρίδας καὶ μέλι ἄγριον.			
a 002	**Mt 1,16** → Mt 13,55 → Mk 6,3	Ἰακὼβ δὲ ἐγέννησεν τὸν Ἰωσὴφ τὸν ἄνδρα Μαρίας, ἐξ ἧς ἐγεννήθη Ἰησοῦς ὁ λεγόμενος χριστός.			**Lk 3,23** → Lk 4,22	καὶ αὐτὸς **ἦν** Ἰησοῦς ἀρχόμενος ὡσεὶ ἐτῶν τριάκοντα, ὢν υἱός, ὡς ἐνομίζετο, Ἰωσὴφ τοῦ Ἠλὶ	
a 020	**Mt 4,1**	τότε ὁ Ἰησοῦς ἀνήχθη εἰς τὴν ἔρημον ὑπὸ τοῦ πνεύματος πειρασθῆναι ὑπὸ τοῦ διαβόλου.	**Mk 1,13 (2)** → Mt 4,2	[12] καὶ εὐθὺς τὸ πνεῦμα αὐτὸν ἐκβάλλει εἰς τὴν ἔρημον. [13] καὶ **ἦν** ἐν τῇ ἐρήμῳ τεσσεράκοντα ἡμέρας πειραζόμενος ὑπὸ τοῦ σατανᾶ,	**Lk 4,2** → Mt 4,2	[1] Ἰησοῦς ... ἤγετο ἐν τῷ πνεύματι ἐν τῇ ἐρήμῳ [2] ἡμέρας τεσσεράκοντα πειραζόμενος ὑπὸ τοῦ διαβόλου. ...	Mk-Q overlap
 120	**Mt 4,11**	τότε ἀφίησιν αὐτὸν ὁ διάβολος, καὶ ἰδοὺ ἄγγελοι προσῆλθον καὶ διηκόνουν αὐτῷ.		καὶ **ἦν** μετὰ τῶν θηρίων, καὶ οἱ ἄγγελοι διηκόνουν αὐτῷ.	**Lk 4,13**	καὶ συντελέσας πάντα πειρασμὸν ὁ διάβολος ἀπέστη ἀπ' αὐτοῦ ἄχρι καιροῦ.	
b 112	**Mt 13,54**	καὶ ἐλθὼν εἰς τὴν πατρίδα αὐτοῦ ἐδίδασκεν αὐτοὺς ἐν τῇ συναγωγῇ αὐτῶν, ...	**Mk 6,1**	καὶ ἐξῆλθεν ἐκεῖθεν καὶ ἔρχεται εἰς τὴν πατρίδα αὐτοῦ, καὶ ἀκολουθοῦσιν αὐτῷ οἱ μαθηταὶ αὐτοῦ. [2] καὶ γενομένου σαββάτου ἤρξατο διδάσκειν ἐν τῇ συναγωγῇ, ...	**Lk 4,16**	καὶ ἦλθεν εἰς Ναζαρά, οὗ **ἦν** τεθραμμένος καὶ εἰσῆλθεν κατὰ τὸ εἰωθὸς αὐτῷ ἐν τῇ ἡμέρᾳ τῶν σαββάτων εἰς τὴν συναγωγὴν καὶ ἀνέστη ἀναγνῶναι.	
b 002					**Lk 4,17**	... εὗρεν τὸν τόπον οὗ **ἦν** γεγραμμένον·	
a 002					**Lk 4,20**	... καὶ πάντων οἱ ὀφθαλμοὶ ἐν τῇ συναγωγῇ **ἦσαν** ἀτενίζοντες αὐτῷ.	
002					**Lk 4,25**	... πολλαὶ χῆραι **ἦσαν** ἐν ταῖς ἡμέραις Ἠλίου ἐν τῷ Ἰσραήλ, ...	
002					**Lk 4,27**	καὶ πολλοὶ λεπροὶ **ἦσαν** ἐν τῷ Ἰσραὴλ ἐπὶ Ἐλισαίου τοῦ προφήτου, ...	

220	**Mt 4,18**	... εἶδεν δύο ἀδελφούς, Σίμωνα τὸν λεγόμενον Πέτρον καὶ Ἀνδρέαν τὸν ἀδελφὸν αὐτοῦ, βάλλοντας ἀμφίβληστρον εἰς τὴν θάλασσαν· **ἦσαν** γὰρ ἁλιεῖς.	**Mk 1,16**	... εἶδεν Σίμωνα καὶ Ἀνδρέαν τὸν ἀδελφὸν Σίμωνος ἀμφιβάλλοντας ἐν τῇ θαλάσσῃ· **ἦσαν** γὰρ ἁλιεῖς.	**Lk 5,2**	καὶ εἶδεν δύο πλοῖα ἑστῶτα παρὰ τὴν λίμνην· οἱ δὲ ἁλιεῖς ἀπ' αὐτῶν ἀποβάντες ἔπλυνον τὰ δίκτυα.	**→ Jn 1,40**
a 012	**Mt 4,13**	καὶ καταλιπὼν τὴν Ναζαρὰ ἐλθὼν κατῴκησεν εἰς Καφαρναοὺμ ...	**Mk 1,21** → Mt 4,23	καὶ εἰσπορεύονται εἰς Καφαρναούμ· καὶ εὐθὺς τοῖς σάββασιν εἰσελθὼν εἰς τὴν συναγωγὴν **ἐδίδασκεν.**	**Lk 4,31**	καὶ κατῆλθεν εἰς Καφαρναοὺμ πόλιν τῆς Γαλιλαίας. καὶ **ἦν διδάσκων** αὐτοὺς ἐν τοῖς σάββασιν·	→ Jn 2,12
a 222	**Mt 7,29** → Mt 22,33	[28] ἐξεπλήσσοντο οἱ ὄχλοι ἐπὶ τῇ διδαχῇ αὐτοῦ· **[29] ἦν** γὰρ διδάσκων αὐτοὺς ὡς ἐξουσίαν ἔχων ...	**Mk 1,22** → Mk 1,27 → Mk 11,18b	καὶ ἐξεπλήσσοντο ἐπὶ τῇ διδαχῇ αὐτοῦ· **ἦν** γὰρ διδάσκων αὐτοὺς ὡς ἐξουσίαν ἔχων ...	**Lk 4,32** → Lk 4,36	καὶ ἐξεπλήσσοντο ἐπὶ τῇ διδαχῇ αὐτοῦ, ὅτι ἐν ἐξουσίᾳ **ἦν** ὁ λόγος αὐτοῦ.	
a 022			**Mk 1,23**	καὶ εὐθὺς **ἦν** ἐν τῇ συναγωγῇ αὐτῶν ἄνθρωπος ἐν πνεύματι ἀκαθάρτῳ, ...	**Lk 4,33**	καὶ ἐν τῇ συναγωγῇ **ἦν** ἄνθρωπος ἔχων πνεῦμα δαιμονίου ἀκαθάρτου ...	
a 112	**Mt 8,14**	... εἶδεν τὴν πενθερὰν αὐτοῦ βεβλημένην καὶ πυρέσσουσαν·	**Mk 1,30**	ἡ δὲ πενθερὰ Σίμωνος κατέκειτο πυρέσσουσα, ...	**Lk 4,38**	... πενθερὰ δὲ τοῦ Σίμωνος **ἦν** συνεχομένη πυρετῷ μεγάλῳ ...	
b 020			**Mk 1,33**	καὶ **ἦν** ὅλη ἡ πόλις ἐπισυνηγμένη πρὸς τὴν θύραν.			
a 112	**Mt 4,23** ⇩ Mt 9,35 → Mk 1,21	καὶ **περιῆγεν** ἐν ὅλῃ τῇ Γαλιλαίᾳ διδάσκων ἐν ταῖς συναγωγαῖς αὐτῶν καὶ κηρύσσων τὸ εὐαγγέλιον τῆς βασιλείας ...	**Mk 1,39** → Mk 1,14 ↓ Mk 6,6	καὶ **ἦλθεν** κηρύσσων εἰς τὰς συναγωγὰς αὐτῶν εἰς ὅλην τὴν Γαλιλαίαν ...	**Lk 4,44** → Lk 4,15 ↓ Lk 8,1	καὶ **ἦν** κηρύσσων εἰς τὰς συναγωγὰς τῆς Ἰουδαίας.	
	Mt 9,35 ⇧ Mt 4,23 → Mk 1,21	καὶ **περιῆγεν** ὁ Ἰησοῦς τὰς πόλεις πάσας καὶ τὰς κώμας διδάσκων ἐν ταῖς συναγωγαῖς αὐτῶν καὶ κηρύσσων τὸ εὐαγγέλιον τῆς βασιλείας ...	**Mk 6,6** ↑ Mk 1,39	... καὶ **περιῆγεν** τὰς κώμας κύκλῳ διδάσκων.	**Lk 8,1** ↑ **Lk 4,44** → Lk 13,22	... καὶ αὐτὸς **διώδευεν** κατὰ πόλιν καὶ κώμην κηρύσσων καὶ εὐαγγελιζόμενος τὴν βασιλείαν τοῦ θεοῦ ...	
b 002	**Mt 4,18**	περιπατῶν δὲ παρὰ τὴν θάλασσαν τῆς Γαλιλαίας	**Mk 1,16**	καὶ παράγων παρὰ τὴν θάλασσαν τῆς Γαλιλαίας	**Lk 5,1** ↓ Mt 13,2 ↓ Mk 4,1 ↓ Lk 8,4	ἐγένετο δὲ ἐν τῷ τὸν ὄχλον ἐπικεῖσθαι αὐτῷ καὶ ἀκούειν τὸν λόγον τοῦ θεοῦ καὶ αὐτὸς **ἦν** ἑστὼς παρὰ τὴν λίμνην Γεννησαρέτ	
002		εἶδεν δύο ἀδελφούς, Σίμωνα τὸν λεγόμενον Πέτρον καὶ Ἀνδρέαν τὸν ἀδελφὸν αὐτοῦ, ...		εἶδεν Σίμωνα καὶ Ἀνδρέαν τὸν ἀδελφὸν Σίμωνος ...	**Lk 5,3**	ἐμβὰς δὲ εἰς ἓν τῶν πλοίων, ὃ **ἦν** Σίμωνος, ἠρώτησεν αὐτὸν ἀπὸ τῆς γῆς ἐπαναγαγεῖν ὀλίγον· ...	**→ Jn 1,40**

112	**Mt 4,21**	καὶ προβὰς ἐκεῖθεν εἶδεν ἄλλους δύο ἀδελφούς, Ἰάκωβον τὸν τοῦ Ζεβεδαίου καὶ Ἰωάννην τὸν ἀδελφὸν αὐτοῦ, ...	**Mk 1,19**	καὶ προβὰς ὀλίγον εἶδεν Ἰάκωβον τὸν τοῦ Ζεβεδαίου καὶ Ἰωάννην τὸν ἀδελφὸν αὐτοῦ, ...	**Lk 5,10**	ὁμοίως δὲ καὶ Ἰάκωβον καὶ Ἰωάννην υἱοὺς Ζεβεδαίου, οἳ **ἦσαν** κοινωνοὶ τῷ Σίμωνι. ...	
a 022			**Mk 1,45** → Mk 1,35 → Mk 1,37	... ὥστε μηκέτι αὐτὸν δύνασθαι φανερῶς εἰς πόλιν εἰσελθεῖν, ἀλλ᾽ ἔξω ἐπ᾽ ἐρήμοις τόποις **ἦν·** καὶ ἤρχοντο πρὸς αὐτὸν πάντοθεν.	**Lk 5,16** → Lk 4,42	[15] ... καὶ συνήρχοντο ὄχλοι πολλοὶ ἀκούειν καὶ θεραπεύεσθαι ἀπὸ τῶν ἀσθενειῶν αὐτῶν· [16] αὐτὸς δὲ **ἦν** ὑποχωρῶν ἐν ταῖς ἐρήμοις καὶ προσευχόμενος.	
a 012 *a* 012 *b* 012 012			**Mk 2,2** → Mk 3,20	καὶ συνήχθησαν πολλοὶ ὥστε μηκέτι χωρεῖν μηδὲ τὰ πρὸς τὴν θύραν, καὶ **ἐλάλει αὐτοῖς τὸν λόγον.**	**Lk 5,17** **(4)** ↓ Lk 5,21	καὶ ἐγένετο ἐν μιᾷ τῶν ἡμερῶν καὶ αὐτὸς **ἦν διδάσκων** καὶ **ἦσαν** καθήμενοι Φαρισαῖοι καὶ νομοδιδάσκαλοι οἳ **ἦσαν** ἐληλυθότες ἐκ πάσης κώμης τῆς Γαλιλαίας καὶ Ἰουδαίας καὶ Ἰερουσαλήμ· καὶ δύναμις κυρίου **ἦν** εἰς τὸ ἰᾶσθαι αὐτόν.	
b 112	**Mt 9,2**	καὶ ἰδοὺ προσέφερον αὐτῷ παραλυτικὸν ἐπὶ κλίνης βεβλημένον. ...	**Mk 2,3**	καὶ ἔρχονται φέροντες πρὸς αὐτὸν παραλυτικὸν αἰρόμενον ὑπὸ τεσσάρων.	**Lk 5,18**	καὶ ἰδοὺ ἄνδρες φέροντες ἐπὶ κλίνης ἄνθρωπον ὃς **ἦν** παραλελυμένος καὶ ἐζήτουν αὐτὸν εἰσενεγκεῖν καὶ θεῖναι [αὐτὸν] ἐνώπιον αὐτοῦ.	
021			**Mk 2,4**	καὶ μὴ δυνάμενοι προσενέγκαι αὐτῷ διὰ τὸν ὄχλον ἀπεστέγασαν τὴν στέγην ὅπου **ἦν,** καὶ ἐξορύξαντες χαλῶσι τὸν κράβαττον ὅπου ὁ παραλυτικὸς κατέκειτο.	**Lk 5,19**	καὶ μὴ εὑρόντες ποίας εἰσενέγκωσιν αὐτὸν διὰ τὸν ὄχλον, ἀναβάντες ἐπὶ τὸ δῶμα διὰ τῶν κεράμων καθῆκαν αὐτὸν σὺν τῷ κλινιδίῳ εἰς τὸ μέσον ἔμπροσθεν τοῦ Ἰησοῦ.	
a 121	**Mt 9,3**	καὶ ἰδού τινες τῶν γραμματέων εἶπαν ἐν ἑαυτοῖς· οὗτος βλασφημεῖ.	**Mk 2,6** ↑ Lk 5,17	**ἦσαν** δέ τινες τῶν γραμματέων ἐκεῖ καθήμενοι καὶ διαλογιζόμενοι ἐν ταῖς καρδίαις αὐτῶν· [7] τί οὗτος οὕτως λαλεῖ; βλασφημεῖ· ...	**Lk 5,21** → Lk 7,49	καὶ ἤρξαντο διαλογίζεσθαι οἱ γραμματεῖς καὶ οἱ Φαρισαῖοι λέγοντες· τίς ἐστιν οὗτος ὃς λαλεῖ βλασφημίας; ...	

a 112 a 112 121	**Mt 9,10**	καὶ ἐγένετο αὐτοῦ ἀνακειμένου ἐν τῇ οἰκίᾳ, καὶ ἰδοὺ πολλοὶ τελῶναι καὶ ἁμαρτωλοὶ ἐλθόντες συνανέκειντο τῷ Ἰησοῦ καὶ τοῖς μαθηταῖς αὐτοῦ.	**Mk 2,15**	καὶ γίνεται κατακεῖσθαι αὐτὸν ἐν τῇ οἰκίᾳ αὐτοῦ, καὶ πολλοὶ τελῶναι καὶ ἁμαρτωλοὶ συνανέκειντο τῷ Ἰησοῦ καὶ τοῖς μαθηταῖς αὐτοῦ· **ἦσαν** γὰρ πολλοὶ καὶ ἠκολούθουν αὐτῷ.	**Lk 5,29** **(2)** ↓Lk 15,1	καὶ ἐποίησεν δοχὴν μεγάλην Λευὶς αὐτῷ ἐν τῇ οἰκίᾳ αὐτοῦ, καὶ **ἦν** ὄχλος πολὺς τελωνῶν καὶ ἄλλων οἳ **ἦσαν** μετ᾽ αὐτῶν κατακείμενοι.	
a 121	**Mt 9,14**	τότε προσέρχονται αὐτῷ οἱ μαθηταὶ Ἰωάννου λέγοντες· διὰ τί ἡμεῖς καὶ οἱ Φαρισαῖοι νηστεύομεν [πολλά], ...	**Mk 2,18**	καὶ **ἦσαν** οἱ μαθηταὶ Ἰωάννου καὶ οἱ Φαρισαῖοι νηστεύοντες. καὶ ἔρχονται καὶ λέγουσιν αὐτῷ· διὰ τί οἱ μαθηταὶ Ἰωάννου καὶ οἱ μαθηταὶ τῶν Φαρισαίων νηστεύουσιν, ...	**Lk 5,33**	οἱ δὲ εἶπαν πρὸς αὐτόν· οἱ μαθηταὶ Ἰωάννου νηστεύουσιν ...	→ GTh 104
a 122 112	**Mt 12,10**	[9] καὶ μεταβὰς ἐκεῖθεν ἦλθεν εἰς τὴν συναγωγὴν αὐτῶν· [10] καὶ ἰδοὺ ἄνθρωπος χεῖρα **ἔχων** ξηράν. ...	**Mk 3,1**	καὶ εἰσῆλθεν πάλιν εἰς τὴν συναγωγήν. καὶ **ἦν** ἐκεῖ ἄνθρωπος ἐξηραμμένην **ἔχων** τὴν χεῖρα.	**Lk 6,6** **(2)** ↓Lk 13,10-11 ↓Lk 14,1-2	ἐγένετο δὲ ἐν ἑτέρῳ σαββάτῳ εἰσελθεῖν αὐτὸν εἰς τὴν συναγωγὴν καὶ διδάσκειν. καὶ **ἦν** ἄνθρωπος ἐκεῖ καὶ ἡ χεὶρ αὐτοῦ ἡ δεξιὰ **ἦν** ξηρά.	
a 112	**Mt 5,1**	ἰδὼν δὲ τοὺς ὄχλους ἀνέβη εἰς τὸ ὄρος, ...	**Mk 3,13**	καὶ ἀναβαίνει εἰς τὸ ὄρος ...	**Lk 6,12**	... ἐξελθεῖν αὐτὸν εἰς τὸ ὄρος προσεύξασθαι, καὶ **ἦν** διανυκτερεύων ἐν τῇ προσευχῇ τοῦ θεοῦ.	
201	**Mt 7,27**	καὶ κατέβη ἡ βροχὴ καὶ ἦλθον οἱ ποταμοὶ καὶ ἔπνευσαν οἱ ἄνεμοι καὶ προσέκοψαν τῇ οἰκίᾳ ἐκείνῃ, καὶ ἔπεσεν, καὶ **ἦν** ἡ πτῶσις αὐτῆς μεγάλη.			**Lk 6,49**	... ᾗ προσέρηξεν ὁ ποταμός, καὶ εὐθὺς συνέπεσεν καὶ **ἐγένετο** τὸ ῥῆγμα τῆς οἰκίας ἐκείνης μέγα.	
a 222	**Mt 7,29** →Mt 22,33	[28] ἐξεπλήσσοντο οἱ ὄχλοι ἐπὶ τῇ διδαχῇ αὐτοῦ· **[29] ἦν** γὰρ διδάσκων αὐτοὺς ὡς ἐξουσίαν ἔχων ...	**Mk 1,22** →Mk 1,27 →Mk 11,18b	καὶ ἐξεπλήσσοντο ἐπὶ τῇ διδαχῇ αὐτοῦ· **ἦν** γὰρ διδάσκων αὐτοὺς ὡς ἐξουσίαν ἔχων ...	**Lk 4,32** →Lk 4,36	καὶ ἐξεπλήσσοντο ἐπὶ τῇ διδαχῇ αὐτοῦ, ὅτι ἐν ἐξουσίᾳ **ἦν** ὁ λόγος αὐτοῦ.	
102	**Mt 8,6**	[5] ... ἑκατόνταρχος ... [6] ... κύριε, ὁ παῖς μου βέβληται ἐν τῇ οἰκίᾳ παραλυτικός, δεινῶς βασανιζόμενος.			**Lk 7,2**	ἑκατοντάρχου δέ τινος δοῦλος κακῶς ἔχων ἤμελλεν τελευτᾶν, ὃς **ἦν** αὐτῷ ἔντιμος.	→ Jn 4,46
a 222	**Mt 8,30**	**ἦν** δὲ μακρὰν ἀπ᾽ αὐτῶν ἀγέλη χοίρων πολλῶν βοσκομένη.	**Mk 5,11**	**ἦν** δὲ ἐκεῖ πρὸς τῷ ὄρει ἀγέλη χοίρων μεγάλη βοσκομένη·	**Lk 8,32**	**ἦν** δὲ ἐκεῖ ἀγέλη χοίρων ἱκανῶν βοσκομένη ἐν τῷ ὄρει· ...	

b 220	**Mt 9,36** → Mt 14,14	ἰδὼν δὲ τοὺς ὄχλους ἐσπλαγχνίσθη περὶ αὐτῶν, ὅτι **ἦσαν** ἐσκυλμένοι καὶ ἐρριμμένοι *ὡσεὶ πρόβατα μὴ ἔχοντα ποιμένα.* ➢ Num 27,17/Jdt 11,19/2Chron 18,16	**Mk 6,34**	καὶ ἐξελθὼν εἶδεν πολὺν ὄχλον, καὶ ἐσπλαγχνίσθη ἐπ᾽ αὐτούς, ὅτι **ἦσαν** *ὡς πρόβατα μὴ ἔχοντα ποιμένα*, ... ➢ Num 27,17/Jdt 11,19/2Chron 18,16			
002 002					**Lk 7,12** **(2)**	ὡς δὲ ἤγγισεν τῇ πύλῃ τῆς πόλεως, καὶ ἰδοὺ ἐξεκομίζετο τεθνηκὼς μονογενὴς υἱὸς τῇ μητρὶ αὐτοῦ καὶ αὐτὴ **ἦν** χήρα, καὶ ὄχλος τῆς πόλεως ἱκανὸς **ἦν** σὺν αὐτῇ.	
002	Mt 26,7	προσῆλθεν αὐτῷ γυνὴ ἔχουσα ἀλάβαστρον μύρου βαρυτίμου ...	Mk 14,3	... ἦλθεν γυνὴ ἔχουσα ἀλάβαστρον μύρου νάρδου πιστικῆς πολυτελοῦς, ...	**Lk 7,37**	καὶ ἰδοὺ γυνὴ ἥτις **ἦν** ἐν τῇ πόλει ἁμαρτωλός, καὶ ἐπιγνοῦσα ὅτι κατάκειται ἐν τῇ οἰκίᾳ τοῦ Φαρισαίου, κομίσασα ἀλάβαστρον μύρου	→ Jn 12,3
002					**Lk 7,39**	... οὗτος εἰ **ἦν** προφήτης, ἐγίνωσκεν ἂν τίς καὶ ποταπὴ ἡ γυνὴ ἥτις ἅπτεται αὐτοῦ, ὅτι ἁμαρτωλός ἐστιν.	
002					**Lk 7,41**	δύο χρεοφειλέται **ἦσαν** δανιστῇ τινι· ...	
b 002					**Lk 8,2** ↓ Mt 27,55 ↓ Mk 15,40 ↓ Lk 23,49.55	καὶ γυναῖκές τινες αἳ **ἦσαν** τεθεραπευμέναι ἀπὸ πνευμάτων πονηρῶν καὶ ἀσθενειῶν, ...	
a 211	**Mt 12,4**	... καὶ τοὺς ἄρτους τῆς προθέσεως ἔφαγον, ὃ **οὐκ ἐξὸν ἦν** αὐτῷ φαγεῖν οὐδὲ τοῖς μετ᾽ αὐτοῦ εἰ μὴ τοῖς ἱερεῦσιν μόνοις;	**Mk 2,26**	... καὶ τοὺς ἄρτους τῆς προθέσεως ἔφαγεν, οὓς **οὐκ ἔξεστιν** φαγεῖν εἰ μὴ τοὺς ἱερεῖς, καὶ ἔδωκεν καὶ τοῖς σὺν αὐτῷ οὖσιν;	**Lk 6,4**	... καὶ τοὺς ἄρτους τῆς προθέσεως λαβὼν ἔφαγεν καὶ ἔδωκεν τοῖς μετ᾽ αὐτοῦ, οὓς **οὐκ ἔξεστιν** φαγεῖν εἰ μὴ μόνους τοὺς ἱερεῖς;	
201	**Mt 12,40** → Mt 27,63	ὥσπερ γὰρ ***ἦν*** *Ἰωνᾶς ἐν τῇ κοιλίᾳ τοῦ κήτους τρεῖς ἡμέρας καὶ τρεῖς νύκτας*, ... ➢ Jonah 2,1			**Lk 11,30**	καθὼς γὰρ **ἐγένετο** Ἰωνᾶς τοῖς Νινευίταις σημεῖον, ...	

121	**Mt 13,2**	καὶ συνήχθησαν πρὸς αὐτὸν ὄχλοι πολλοί, ὥστε αὐτὸν εἰς πλοῖον ἐμβάντα καθῆσθαι, καὶ πᾶς ὁ ὄχλος ἐπὶ τὸν αἰγιαλὸν εἱστήκει.	**Mk 4,1** → Mk 3,9 ↓ Mk 4,36	... καὶ συνάγεται πρὸς αὐτὸν ὄχλος πλεῖστος, ὥστε αὐτὸν εἰς πλοῖον ἐμβάντα καθῆσθαι ἐν τῇ θαλάσσῃ, καὶ πᾶς ὁ ὄχλος πρὸς τὴν θάλασσαν ἐπὶ τῆς γῆς ἦσαν.	**Lk 8,4** ↑ Lk 5,1 **Lk 5,3**	συνιόντος δὲ ὄχλου πολλοῦ καὶ τῶν κατὰ πόλιν ἐπιπορευομένων πρὸς αὐτὸν ... [1] ἐγένετο δὲ ἐν τῷ τὸν ὄχλον ἐπικεῖσθαι αὐτῷ ... [3] ... καθίσας δὲ ἐκ τοῦ πλοίου ἐδίδασκεν τοὺς ὄχλους.	
121 121	**Mt 8,23**	καὶ ἐμβάντι αὐτῷ εἰς τὸ πλοῖον ἠκολούθησαν αὐτῷ οἱ μαθηταὶ αὐτοῦ.	**Mk 4,36** **(2)** ↑ Mk 4,1	καὶ ἀφέντες τὸν ὄχλον παραλαμβάνουσιν αὐτὸν ὡς ἦν ἐν τῷ πλοίῳ, καὶ ἄλλα πλοῖα ἦν μετ' αὐτοῦ.	**Lk 8,22**	... αὐτὸς ἐνέβη εἰς πλοῖον καὶ οἱ μαθηταὶ αὐτοῦ ...	
a 121	**Mt 8,24**	... αὐτὸς δὲ ἐκάθευδεν.	**Mk 4,38**	καὶ αὐτὸς ἦν ἐν τῇ πρύμνῃ ἐπὶ τὸ προσκεφάλαιον καθεύδων. ...	**Lk 8,23**	πλεόντων δὲ αὐτῶν ἀφύπνωσεν. ...	
a 021			**Mk 5,5**	καὶ διὰ παντὸς νυκτὸς καὶ ἡμέρας ἐν τοῖς μνήμασιν καὶ ἐν τοῖς ὄρεσιν ἦν κράζων καὶ κατακόπτων ἑαυτὸν λίθοις.	**Lk 8,29**	... ἠλαύνετο ὑπὸ τοῦ δαιμονίου εἰς τὰς ἐρήμους.	
a 222	**Mt 8,30**	ἦν δὲ μακρὰν ἀπ' αὐτῶν ἀγέλη χοίρων πολλῶν βοσκομένη.	**Mk 5,11**	ἦν δὲ ἐκεῖ πρὸς τῷ ὄρει ἀγέλη χοίρων μεγάλη βοσκομένη·	**Lk 8,32**	ἦν δὲ ἐκεῖ ἀγέλη χοίρων ἱκανῶν βοσκομένη ἐν τῷ ὄρει· ...	
121 *a* 112	**Mt 9,1**	καὶ ἐμβὰς εἰς πλοῖον διεπέρασεν ...	**Mk 5,21**	[18] καὶ ἐμβαίνοντος αὐτοῦ εἰς τὸ πλοῖον ... [21] καὶ διαπεράσαντος τοῦ Ἰησοῦ [ἐν τῷ πλοίῳ] πάλιν εἰς τὸ πέραν συνήχθη ὄχλος πολὺς ἐπ' αὐτόν, καὶ ἦν παρὰ τὴν θάλασσαν.	**Lk 8,40**	[37] ... αὐτὸς δὲ ἐμβὰς εἰς πλοῖον ὑπέστρεψεν. [38] ... [40] ἐν δὲ τῷ ὑποστρέφειν τὸν Ἰησοῦν ἀπεδέξατο αὐτὸν ὁ ὄχλος· ἦσαν γὰρ πάντες προσδοκῶντες αὐτόν.	
121	**Mt 9,25**	ὅτε δὲ ἐξεβλήθη ὁ ὄχλος εἰσελθὼν ἐκράτησεν τῆς χειρὸς αὐτῆς, ...	**Mk 5,40**	[37] καὶ οὐκ ἀφῆκεν οὐδένα μετ' αὐτοῦ συνακολουθῆσαι εἰ μὴ ... [40] ... αὐτὸς δὲ ἐκβαλὼν πάντας παραλαμβάνει τὸν πατέρα τοῦ παιδίου καὶ τὴν μητέρα καὶ τοὺς μετ' αὐτοῦ καὶ εἰσπορεύεται ὅπου ἦν τὸ παιδίον. [41] καὶ κρατήσας τῆς χειρὸς τοῦ παιδίου ...	**Lk 8,54**	[51] ... οὐκ ἀφῆκεν εἰσελθεῖν τινα σὺν αὐτῷ εἰ μὴ ... καὶ τὸν πατέρα τῆς παιδὸς καὶ τὴν μητέρα. [52] ... [54] αὐτὸς δὲ κρατήσας τῆς χειρὸς αὐτῆς ...	

	Mt		Mk		Lk		Jn
122	**Mt 9,18**	[18] ... προσεκύνει αὐτῷ λέγων ὅτι ἡ θυγάτηρ μου ἄρτι ἐτελεύτησεν· ...	**Mk 5,42**	[22] ... πίπτει πρὸς τοὺς πόδας αὐτοῦ [23] καὶ παρακαλεῖ αὐτὸν πολλὰ λέγων ὅτι τὸ θυγάτριόν μου ... [42] ... **ἦν** γὰρ ἐτῶν δώδεκα. ... [23] ... ἐσχάτως ἔχει, ...	**Lk 8,42**	[41] ... πεσὼν παρὰ τοὺς πόδας [τοῦ] Ἰησοῦ παρεκάλει αὐτὸν εἰσελθεῖν εἰς τὸν οἶκον αὐτοῦ, [42] ὅτι θυγάτηρ μονογενὴς **ἦν** αὐτῷ ὡς ἐτῶν δώδεκα καὶ αὐτὴ ἀπέθνῃσκεν. ...	
020			**Mk 6,31**	... ἀναπαύσασθε ὀλίγον. **ἦσαν** γὰρ οἱ ἐρχόμενοι καὶ οἱ ὑπάγοντες πολλοί, καὶ οὐδὲ φαγεῖν εὐκαίρουν.			
b 220	**Mt 9,36** → Mt 14,14	ἰδὼν δὲ τοὺς ὄχλους ἐσπλαγχνίσθη περὶ αὐτῶν, ὅτι **ἦσαν** ἐσκυλμένοι καὶ ἐρριμμένοι *ὡσεὶ πρόβατα μὴ ἔχοντα ποιμένα.* ➤ Num 27,17/Jdt 11,19/2Chron 18,16	**Mk 6,34**	καὶ ἐξελθὼν εἶδεν πολὺν ὄχλον, καὶ ἐσπλαγχνίσθη ἐπ' αὐτοὺς, ὅτι **ἦσαν** *ὡς πρόβατα μὴ ἔχοντα ποιμένα,* ... ➤ Num 27,17/Jdt 11,19/2Chron 18,16			
222	**Mt 14,21** ↓ Mt 15,38	οἱ δὲ ἐσθίοντες **ἦσαν** ἄνδρες ὡσεὶ πεντακισχίλιοι χωρὶς γυναικῶν καὶ παιδίων.	**Mk 6,44** ↓ Mk 8,9	καὶ **ἦσαν** οἱ φαγόντες [τοὺς ἄρτους] πεντακισχίλιοι ἄνδρες.	**Lk 9,14**	 **ἦσαν** γὰρ ὡσεὶ ἄνδρες πεντακισχίλιοι. ...	→ Jn 6,10
120	**Mt 14,24**	τὸ δὲ πλοῖον ἤδη σταδίους πολλοὺς ἀπὸ τῆς γῆς **ἀπεῖχεν** ...	**Mk 6,47**	καὶ ὀψίας γενομένης **ἦν** τὸ πλοῖον ἐν μέσῳ τῆς θαλάσσης, ↔			
210	**Mt 14,23**	... ὀψίας δὲ γενομένης μόνος **ἦν** ἐκεῖ.	**Mk 6,47**	↔ καὶ αὐτὸς μόνος ἐπὶ τῆς γῆς.			
220	**Mt 14,24**	 ... βασανιζόμενον ὑπὸ τῶν κυμάτων, **ἦν** γὰρ ἐναντίος ὁ ἄνεμος.	**Mk 6,48**	καὶ ἰδὼν αὐτοὺς βασανιζομένους ἐν τῷ ἐλαύνειν, **ἦν** γὰρ ὁ ἄνεμος ἐναντίος αὐτοῖς, ...			→ Jn 6,18
b 020			**Mk 6,52** → Mt 16,9 → Mk 8,17	οὐ γὰρ συνῆκαν ἐπὶ τοῖς ἄρτοις, ἀλλ' **ἦν** αὐτῶν ἡ καρδία πεπωρωμένη.			
120	**Mt 15,25** → Mk 7,24 → Mk 7,25	[22] ... γυνὴ Χαναναία ἀπὸ τῶν ὁρίων ἐκείνων ... [25] ... λέγουσα· κύριε, βοήθει μοι.	**Mk 7,26**	ἡ δὲ γυνὴ **ἦν** Ἑλληνίς, Συροφοινίκισσα τῷ γένει· καὶ ἠρώτα αὐτὸν ἵνα τὸ δαιμόνιον ἐκβάλῃ ἐκ τῆς θυγατρὸς αὐτῆς.			
220	**Mt 15,38** ↑ Mt 14,21	οἱ δὲ ἐσθίοντες **ἦσαν** τετρακισχίλιοι ἄνδρες χωρὶς γυναικῶν καὶ παιδίων.	**Mk 8,9** ↑ Mk 6,44	 **ἦσαν** δὲ ὡς τετρακισχίλιοι. ...	↑ Lk 9,14a		

a 121 112	Mt 17,3 → Lk 9,31	καὶ ἰδοὺ ὤφθη αὐτοῖς Μωϋσῆς καὶ Ἠλίας **συλλαλοῦντες** μετ' αὐτοῦ.	Mk 9,4 → Lk 9,31	καὶ ὤφθη αὐτοῖς Ἠλίας σὺν Μωϋσεῖ καὶ **ἦσαν συλλαλοῦντες** τῷ Ἰησοῦ.	Lk 9,30	καὶ ἰδοὺ ἄνδρες δύο **συνελάλουν** αὐτῷ, οἵτινες **ἦσαν** Μωϋσῆς καὶ Ἠλίας	
b 002					Lk 9,32	ὁ δὲ Πέτρος καὶ οἱ σὺν αὐτῷ **ἦσαν** βεβαρημένοι ὕπνῳ· ...	
b 112	Mt 17,23	... καὶ ἐλυπήθησαν σφόδρα.	Mk 9,32 ↓ Lk 18,34	οἱ δὲ ἠγνόουν τὸ ῥῆμα, καὶ ἐφοβοῦντο αὐτὸν ἐπερωτῆσαι.	Lk 9,45 ↓ Lk 18,34	οἱ δὲ ἠγνόουν τὸ ῥῆμα τοῦτο καὶ **ἦν** παρακεκαλυμμένον ἀπ' αὐτῶν ἵνα μὴ αἴσθωνται αὐτό, καὶ ἐφοβοῦντο ἐρωτῆσαι αὐτὸν περὶ τοῦ ῥήματος τούτου.	
a 002					Lk 9,53	καὶ οὐκ ἐδέξαντο αὐτόν, ὅτι τὸ πρόσωπον αὐτοῦ **ἦν** πορευόμενον εἰς Ἰερουσαλήμ.	
002					Lk 10,39	καὶ τῇδε **ἦν** ἀδελφὴ καλουμένη Μαριάμ, [ἣ] καὶ παρακαθεσθεῖσα πρὸς τοὺς πόδας τοῦ κυρίου ἤκουεν τὸν λόγον αὐτοῦ.	
a 102 102	Mt 9,32 ⇩ Mt 12,22 Mt 12,22 ⇧ Mt 9,32-33	αὐτῶν δὲ ἐξερχομένων ἰδοὺ προσήνεγκαν αὐτῷ ἄνθρωπον κωφὸν δαιμονιζόμενον. [33] καὶ ἐκβληθέντος τοῦ δαιμονίου ἐλάλησεν ὁ κωφός. τότε προσηνέχθη αὐτῷ δαιμονιζόμενος τυφλὸς καὶ κωφός, ...			Lk 11,14 (2)	καὶ **ἦν** ἐκβάλλων δαιμόνιον [καὶ αὐτὸ **ἦν**] κωφόν· ἐγένετο δὲ τοῦ δαιμονίου ἐξελθόντος ἐλάλησεν ὁ κωφὸς ...	
a 002					Lk 13,10 ↑ Mt 12,9 ↑ Mk 3,1 ↑ Lk 6,6 ↓ Lk 14,1	**ἦν** δὲ διδάσκων ἐν μιᾷ τῶν συναγωγῶν ἐν τοῖς σάββασιν.	
a 002					Lk 13,11 ↑ Mt 12,10 ↑ Mk 3,1 ↑ Lk 6,6 ↓ Lk 14,2	καὶ ἰδοὺ γυνὴ πνεῦμα ἔχουσα ἀσθενείας ἔτη δεκαοκτὼ καὶ **ἦν** συγκύπτουσα καὶ μὴ δυναμένη ἀνακύψαι εἰς τὸ παντελές.	
a 002					Lk 14,1 ↑ Mt 12,9-10 ↑ Mk 3,1-2 ↑ Lk 6,6-7 ↑ Lk 13,10	καὶ ἐγένετο ἐν τῷ ἐλθεῖν αὐτὸν εἰς οἶκόν τινος τῶν ἀρχόντων [τῶν] Φαρισαίων σαββάτῳ φαγεῖν ἄρτον καὶ αὐτοὶ **ἦσαν** παρατηρούμενοι αὐτόν.	

002					**Lk 14,2** → Mt 12,10 ↑ Mk 3,1 ↑ Lk 6,6 ↑ Lk 13,11	καὶ ἰδοὺ ἄνθρωπός τις ἦν ὑδρωπικὸς ἔμπροσθεν αὐτοῦ.	
a 002					**Lk 15,1** ↑ Lk 5,29	ἦσαν δὲ αὐτῷ ἐγγίζοντες πάντες οἱ τελῶναι καὶ οἱ ἁμαρτωλοὶ ἀκούειν αὐτοῦ.	
002 *b* 002					**Lk 15,24 (2)** ↓ Lk 15,32	ὅτι οὗτος ὁ υἱός μου νεκρὸς ἦν καὶ ἀνέζησεν, ἦν ἀπολωλὼς καὶ εὑρέθη. καὶ ἤρξαντο εὐφραίνεσθαι.	
002					**Lk 15,25**	ἦν δὲ ὁ υἱὸς αὐτοῦ ὁ πρεσβύτερος ἐν ἀγρῷ· ...	
002					**Lk 15,32** ↑ Lk 15,24	εὐφρανθῆναι δὲ καὶ χαρῆναι ἔδει, ὅτι ὁ ἀδελφός σου οὗτος νεκρὸς ἦν καὶ ἔζησεν, καὶ ἀπολωλὼς καὶ εὑρέθη.	
002					**Lk 16,1**	... ἄνθρωπός τις ἦν πλούσιος ὃς εἶχεν οἰκονόμον, ...	
002					**Lk 16,19**	ἄνθρωπος δέ τις ἦν πλούσιος, καὶ ἐνεδιδύσκετο πορφύραν καὶ βύσσον ...	
002					**Lk 17,16** → Mt 8,2 → Mk 1,40 → Lk 5,12	καὶ ἔπεσεν ἐπὶ πρόσωπον παρὰ τοὺς πόδας αὐτοῦ εὐχαριστῶν αὐτῷ· καὶ αὐτὸς ἦν Σαμαρίτης.	
002					**Lk 18,2**	... κριτής τις ἦν ἔν τινι πόλει ...	
002					**Lk 18,3**	χήρα δὲ ἦν ἐν τῇ πόλει ἐκείνῃ ...	
a 222	**Mt 19,22**	ἀκούσας δὲ ὁ νεανίσκος τὸν λόγον ἀπῆλθεν λυπούμενος· ἦν γὰρ ἔχων κτήματα πολλά.	**Mk 10,22**	ὁ δὲ στυγνάσας ἐπὶ τῷ λόγῳ ἀπῆλθεν λυπούμενος· ἦν γὰρ ἔχων κτήματα πολλά.	**Lk 18,23**	ὁ δὲ ἀκούσας ταῦτα περίλυπος ἐγενήθη· ἦν γὰρ πλούσιος σφόδρα.	

a 121 *a* 121	Mt 20,17	καὶ ἀναβαίνων ὁ Ἰησοῦς εἰς Ἱεροσόλυμα παρέλαβεν τοὺς δώδεκα [μαθητὰς] κατ᾽ ἰδίαν ...	Mk 10,32 (2)	ἦσαν δὲ ἐν τῇ ὁδῷ ἀναβαίνοντες εἰς Ἱεροσόλυμα, καὶ ἦν προάγων αὐτοὺς ὁ Ἰησοῦς, καὶ ἐθαμβοῦντο, οἱ δὲ ἀκολουθοῦντες ἐφοβοῦντο. καὶ παραλαβὼν πάλιν τοὺς δώδεκα ...	Lk 18,31	παραλαβὼν δὲ τοὺς δώδεκα ...	
b 002					Lk 18,34 ↑ Mk 9,32 ↑ Lk 9,45	καὶ αὐτοὶ οὐδὲν τούτων συνῆκαν καὶ ἦν τὸ ῥῆμα τοῦτο κεκρυμμένον ἀπ᾽ αὐτῶν ...	
002					Lk 19,2	καὶ ἰδοὺ ἀνὴρ ὀνόματι καλούμενος Ζακχαῖος, καὶ αὐτὸς ἦν ἀρχιτελώνης καὶ αὐτὸς πλούσιος·	
002					Lk 19,3	καὶ ἐζήτει ἰδεῖν τὸν Ἰησοῦν τίς ἐστιν καὶ οὐκ ἠδύνατο ἀπὸ τοῦ ὄχλου, ὅτι τῇ ἡλικίᾳ μικρὸς ἦν.	
120	Mt 21,19 → Lk 13,6	καὶ ἰδὼν συκῆν μίαν ἐπὶ τῆς ὁδοῦ ἦλθεν ἐπ᾽ αὐτὴν καὶ οὐδὲν εὗρεν ἐν αὐτῇ εἰ μὴ φύλλα μόνον, ...	Mk 11,13 → Lk 13,6	καὶ ἰδὼν συκῆν ἀπὸ μακρόθεν ἔχουσαν φύλλα ἦλθεν, εἰ ἄρα τι εὑρήσει ἐν αὐτῇ, καὶ ἐλθὼν ἐπ᾽ αὐτὴν οὐδὲν εὗρεν εἰ μὴ φύλλα· ὁ γὰρ καιρὸς οὐκ ἦν σύκων.			
a 012			Mk 11,18 → Mt 21,45-46	καὶ ἤκουσαν οἱ ἀρχιερεῖς καὶ οἱ γραμματεῖς καὶ ἐζήτουν πῶς αὐτὸν ἀπολέσωσιν· ἐφοβοῦντο γὰρ αὐτόν, ...	Lk 19,47 ↓ Lk 21,38 → Lk 21,38	καὶ ἦν διδάσκων τὸ καθ᾽ ἡμέραν ἐν τῷ ἱερῷ. οἱ δὲ ἀρχιερεῖς καὶ οἱ γραμματεῖς ἐζήτουν αὐτὸν ἀπολέσαι καὶ οἱ πρῶτοι τοῦ λαοῦ	
222	Mt 21,25	τὸ βάπτισμα τὸ Ἰωάννου πόθεν ἦν; ἐξ οὐρανοῦ ἢ ἐξ ἀνθρώπων; ...	Mk 11,30	τὸ βάπτισμα τὸ Ἰωάννου ἐξ οὐρανοῦ ἦν ἢ ἐξ ἀνθρώπων; ἀποκρίθητέ μοι.	Lk 20,4	τὸ βάπτισμα Ἰωάννου ἐξ οὐρανοῦ ἦν ἢ ἐξ ἀνθρώπων;	
121	Mt 21,26	... φοβούμεθα τὸν ὄχλον, πάντες γὰρ ὡς προφήτην ἔχουσιν τὸν Ἰωάννην.	Mk 11,32	... ἐφοβοῦντο τὸν ὄχλον· ἅπαντες γὰρ εἶχον τὸν Ἰωάννην ὄντως ὅτι προφήτης ἦν.	Lk 20,6	... ὁ λαὸς ἅπας καταλιθάσει ἡμᾶς, πεπεισμένος γάρ ἐστιν Ἰωάννην προφήτην εἶναι.	
211	Mt 21,33	ἄλλην παραβολὴν ἀκούσατε. ἄνθρωπος ἦν οἰκοδεσπότης ὅστις ἐφύτευσεν ἀμπελῶνα ...	Mk 12,1	καὶ ἤρξατο αὐτοῖς ἐν παραβολαῖς λαλεῖν· ἀμπελῶνα ἄνθρωπος ἐφύτευσεν ...	Lk 20,9	ἤρξατο δὲ πρὸς τὸν λαὸν λέγειν τὴν παραβολὴν ταύτην· ἄνθρωπός [τις] ἐφύτευσεν ἀμπελῶνα ...	→ GTh 65

201	Mt 22,8	... ὁ μὲν γάμος ἕτοιμός ἐστιν, οἱ δὲ κεκλημένοι **οὐκ ἦσαν** ἄξιοι·			Lk 14,24	λέγω γὰρ ὑμῖν ὅτι οὐδεὶς τῶν ἀνδρῶν ἐκείνων τῶν κεκλημένων γεύσεταί μου τοῦ δείπνου.	→ GTh 64
222	Mt 22,25	**ἦσαν** δὲ παρ' ἡμῖν ἑπτὰ ἀδελφοί· καὶ ὁ πρῶτος γήμας ἐτελεύτησεν, καὶ μὴ ἔχων σπέρμα ἀφῆκεν τὴν γυναῖκα αὐτοῦ τῷ ἀδελφῷ αὐτοῦ·	Mk 12,20	ἑπτὰ ἀδελφοὶ **ἦσαν**· καὶ ὁ πρῶτος ἔλαβεν γυναῖκα καὶ ἀποθνῄσκων οὐκ ἀφῆκεν σπέρμα·	Lk 20,29	ἑπτὰ οὖν ἀδελφοὶ **ἦσαν**· καὶ ὁ πρῶτος λαβὼν γυναῖκα ἀπέθανεν ἄτεκνος·	
201 201	Mt 23,30 (2)	[29] ... οἰκοδομεῖτε τοὺς τάφους τῶν προφητῶν καὶ κοσμεῖτε τὰ μνημεῖα τῶν δικαίων, [30] καὶ λέγετε· εἰ **ἤμεθα** ἐν ταῖς ἡμέραις τῶν πατέρων ἡμῶν, **οὐκ ἂν ἤμεθα** αὐτῶν κοινωνοὶ ἐν τῷ αἵματι τῶν προφητῶν.			Lk 11,47	... οἰκοδομεῖτε τὰ μνημεῖα τῶν προφητῶν, οἱ δὲ πατέρες ὑμῶν ἀπέκτειναν αὐτούς.	
a 201	Mt 24,38	ὡς γὰρ **ἦσαν** ἐν ταῖς ἡμέραις [ἐκείναις] ταῖς πρὸ τοῦ κατακλυσμοῦ τρώγοντες καὶ πίνοντες, γαμοῦντες καὶ γαμίζοντες, ἄχρι ἧς ἡμέρας εἰσῆλθεν Νῶε εἰς τὴν κιβωτόν			Lk 17,27	ἤσθιον, ἔπινον, ἐγάμουν, ἐγαμίζοντο, ἄχρι ἧς ἡμέρας εἰσῆλθεν Νῶε εἰς τὴν κιβωτόν, ...	
200	Mt 25,2	πέντε δὲ ἐξ αὐτῶν **ἦσαν** μωραὶ καὶ πέντε φρόνιμοι.					
201	Mt 25,21 → Mt 24,47	... εὖ, δοῦλε ἀγαθὲ καὶ πιστέ, ἐπὶ ὀλίγα **ἦς** πιστός, ἐπὶ πολλῶν σε καταστήσω· ...			Lk 19,17 → Lk 16,10	... εὖγε, ἀγαθὲ δοῦλε, ὅτι ἐν ἐλαχίστῳ πιστὸς **ἐγένου**, ἴσθι ἐξουσίαν ἔχων ἐπάνω δέκα πόλεων.	
201	Mt 25,23 → Mt 24,47	... εὖ, δοῦλε ἀγαθὲ καὶ πιστέ, ἐπὶ ὀλίγα **ἦς** πιστός, ἐπὶ πολλῶν σε καταστήσω· ...			Lk 19,19	... καὶ σὺ ἐπάνω γίνου πέντε πόλεων.	
200	Mt 25,35	... ἐδίψησα καὶ ἐποτίσατέ με, ξένος **ἤμην** καὶ συνηγάγετέ με,					
200	Mt 25,36	... ἐν φυλακῇ **ἤμην** καὶ ἤλθατε πρός με.					
200	Mt 25,43	ξένος **ἤμην** καὶ οὐ συνηγάγετέ με, ...					

a 002	Mt 21,17	καὶ καταλιπὼν αὐτοὺς ἐξῆλθεν ἔξω τῆς πόλεως εἰς Βηθανίαν, καὶ ηὐλίσθη ἐκεῖ.	Mk 11,11	καὶ εἰσῆλθεν εἰς Ἱεροσόλυμα εἰς τὸ ἱερὸν καὶ περιβλεψάμενος πάντα, ὀψίας ἤδη οὔσης τῆς ὥρας, ἐξῆλθεν εἰς Βηθανίαν μετὰ τῶν δώδεκα.	Lk 21,37 ↑ Lk 19,47 → Mk 11,19	ἦν δὲ τὰς ἡμέρας ἐν τῷ ἱερῷ διδάσκων, τὰς δὲ νύκτας ἐξερχόμενος ηὐλίζετο εἰς τὸ ὄρος τὸ καλούμενον Ἐλαιῶν·	→ [[Jn 8,1]]
121	Mt 26,2	οἴδατε ὅτι μετὰ δύο ἡμέρας τὸ πάσχα γίνεται, ...	Mk 14,1	ἦν δὲ τὸ πάσχα καὶ τὰ ἄζυμα μετὰ δύο ἡμέρας. ...	Lk 22,1	ἤγγιζεν δὲ ἡ ἑορτὴ τῶν ἀζύμων ἡ λεγομένη πάσχα.	
a 120	Mt 26,8	ἰδόντες δὲ οἱ μαθηταὶ ἠγανάκτησαν λέγοντες· εἰς τί ἡ ἀπώλεια αὕτη;	Mk 14,4	ἦσαν δέ τινες ἀγανακτοῦντες πρὸς ἑαυτούς· εἰς τί ἡ ἀπώλεια αὕτη τοῦ μύρου γέγονεν;			→ Jn 12,4
211	Mt 26,24	... οὐαὶ δὲ τῷ ἀνθρώπῳ ἐκείνῳ δι' οὗ ὁ υἱὸς τοῦ ἀνθρώπου παραδίδοται· καλὸν ἦν αὐτῷ εἰ οὐκ ἐγεννήθη ὁ ἄνθρωπος ἐκεῖνος.	Mk 14,21	... οὐαὶ δὲ τῷ ἀνθρώπῳ ἐκείνῳ δι' οὗ ὁ υἱὸς τοῦ ἀνθρώπου παραδίδοται· καλὸν αὐτῷ εἰ οὐκ ἐγεννήθη ὁ ἄνθρωπος ἐκεῖνος.	Lk 22,22	... πλὴν οὐαὶ τῷ ἀνθρώπῳ ἐκείνῳ δι' οὗ παραδίδοται.	
b a 220	Mt 26,43	καὶ ἐλθὼν πάλιν εὗρεν αὐτοὺς καθεύδοντας, ἦσαν γὰρ αὐτῶν οἱ ὀφθαλμοὶ βεβαρημένοι.	Mk 14,40	καὶ πάλιν ἐλθὼν εὗρεν αὐτοὺς καθεύδοντας, ἦσαν γὰρ αὐτῶν οἱ ὀφθαλμοὶ καταβαρυνόμενοι, ...			
a 121	Mt 26,55	... καθ' ἡμέραν ἐν τῷ ἱερῷ ἐκαθεζόμην διδάσκων καὶ οὐκ ἐκρατήσατέ με.	Mk 14,49	καθ' ἡμέραν ἤμην πρὸς ὑμᾶς ἐν τῷ ἱερῷ διδάσκων καὶ οὐκ ἐκρατήσατέ με· ...	Lk 22,53	καθ' ἡμέραν ὄντος μου μεθ' ὑμῶν ἐν τῷ ἱερῷ οὐκ ἐξετείνατε τὰς χεῖρας ἐπ' ἐμέ, ...	→ Jn 18,20
a 121	Mt 26,58	ὁ δὲ Πέτρος ἠκολούθει αὐτῷ ἀπὸ μακρόθεν ἕως τῆς αὐλῆς τοῦ ἀρχιερέως καὶ εἰσελθὼν ἔσω ἐκάθητο μετὰ τῶν ὑπηρετῶν ἰδεῖν τὸ τέλος.	Mk 14,54	καὶ ὁ Πέτρος ἀπὸ μακρόθεν ἠκολούθησεν αὐτῷ ἕως ἔσω εἰς τὴν αὐλὴν τοῦ ἀρχιερέως καὶ ἦν συγκαθήμενος μετὰ τῶν ὑπηρετῶν καὶ θερμαινόμενος πρὸς τὸ φῶς.	Lk 22,55	[54] ... ὁ δὲ Πέτρος ἠκολούθει μακρόθεν. [55] περιαψάντων δὲ πῦρ ἐν μέσῳ τῆς αὐλῆς καὶ συγκαθισάντων ἐκάθητο ὁ Πέτρος μέσος αὐτῶν.	**→ Jn 18,18**
120	Mt 26,60	καὶ οὐχ εὗρον πολλῶν προσελθόντων ψευδομαρτύρων. ...	Mk 14,56	[55] ... καὶ οὐχ ηὕρισκον· [56] πολλοὶ γὰρ ἐψευδομαρτύρουν κατ' αὐτοῦ, καὶ ἴσαι αἱ μαρτυρίαι οὐκ ἦσαν.			
020			Mk 14,59	καὶ οὐδὲ οὕτως ἴση ἦν ἡ μαρτυρία αὐτῶν.			
222	Mt 26,69	... καὶ σὺ ἦσθα μετὰ Ἰησοῦ τοῦ Γαλιλαίου.	Mk 14,67	... καὶ σὺ μετὰ τοῦ Ναζαρηνοῦ ἦσθα τοῦ Ἰησοῦ.	Lk 22,56	... καὶ οὗτος σὺν αὐτῷ ἦν.	→ Jn 18,17
211	Mt 26,71	... οὗτος ἦν μετὰ Ἰησοῦ τοῦ Ναζωραίου.	Mk 14,69	... οὗτος ἐξ αὐτῶν ἐστιν.	Lk 22,58	... καὶ σὺ ἐξ αὐτῶν εἶ. ...	**→ Jn 18,25**

112	**Mt 26,73**	... ἀληθῶς καὶ σὺ ἐξ αὐτῶν εἶ, καὶ γὰρ ἡ λαλιά σου δῆλόν σε ποιεῖ.	**Mk 14,70**	... ἀληθῶς ἐξ αὐτῶν εἶ, καὶ γὰρ Γαλιλαῖος εἶ.	**Lk 22,59**	... ἐπ᾽ ἀληθείας καὶ οὗτος μετ᾽ αὐτοῦ ἦν, καὶ γὰρ Γαλιλαῖός ἐστιν.	→ Jn 18,26
a 002					**Lk 23,8** → Lk 9,9	ὁ δὲ Ἡρῴδης ἰδὼν τὸν Ἰησοῦν ἐχάρη λίαν, ἦν γὰρ ἐξ ἱκανῶν χρόνων θέλων ἰδεῖν αὐτὸν ...	
b 122	**Mt 27,16** → Mt 27,26	εἶχον δὲ τότε δέσμιον ἐπίσημον λεγόμενον [Ἰησοῦν] Βαραββᾶν.	**Mk 15,7** → Mk 15,15	ἦν δὲ ὁ λεγόμενος Βαραββᾶς μετὰ τῶν στασιαστῶν δεδεμένος οἵτινες ἐν τῇ στάσει φόνον πεποιήκεισαν.	**Lk 23,19** → Lk 23,25	ὅστις ἦν διὰ στάσιν τινὰ γενομένην ἐν τῇ πόλει καὶ φόνον βληθεὶς ἐν τῇ φυλακῇ.	**→ Jn 18,40**
020			**Mk 15,25**	ἦν δὲ ὥρα τρίτη καὶ ἐσταύρωσαν αὐτόν.			
b 122	**Mt 27,37**	καὶ ἐπέθηκαν ἐπάνω τῆς κεφαλῆς αὐτοῦ τὴν αἰτίαν αὐτοῦ γεγραμμένην· οὗτός ἐστιν Ἰησοῦς ὁ βασιλεὺς τῶν Ἰουδαίων.	**Mk 15,26**	καὶ ἦν ἡ ἐπιγραφὴ τῆς αἰτίας αὐτοῦ ἐπιγεγραμμένη· ὁ βασιλεὺς τῶν Ἰουδαίων.	**Lk 23,38**	ἦν δὲ καὶ ἐπιγραφὴ ἐπ᾽ αὐτῷ· ὁ βασιλεὺς τῶν Ἰουδαίων οὗτος.	**→ Jn 19,19**
112	**Mt 27,45**	ἀπὸ δὲ ἕκτης ὥρας σκότος ἐγένετο ἐπὶ πᾶσαν τὴν γῆν ἕως ὥρας ἐνάτης.	**Mk 15,33**	καὶ γενομένης ὥρας ἕκτης σκότος ἐγένετο ἐφ᾽ ὅλην τὴν γῆν ἕως ὥρας ἐνάτης.	**Lk 23,44** → Lk 23,45	καὶ ἦν ἤδη ὡσεὶ ὥρα ἕκτη καὶ σκότος ἐγένετο ἐφ᾽ ὅλην τὴν γῆν ἕως ὥρας ἐνάτης	
222	**Mt 27,54**	... ἀληθῶς θεοῦ υἱὸς ἦν οὗτος.	**Mk 15,39**	... ἀληθῶς οὗτος ὁ ἄνθρωπος υἱὸς θεοῦ ἦν.	**Lk 23,47**	... ὄντως ὁ ἄνθρωπος οὗτος δίκαιος ἦν.	
a 221	**Mt 27,55** ↓ Mt 27,61	ἦσαν δὲ ἐκεῖ γυναῖκες πολλαὶ ἀπὸ μακρόθεν θεωροῦσαι,	**Mk 15,40** ↓ Mk 15,47	ἦσαν δὲ καὶ γυναῖκες ἀπὸ μακρόθεν θεωροῦσαι, ...	**Lk 23,49** ↓ Lk 23,55	εἱστήκεισαν δὲ πάντες οἱ γνωστοὶ αὐτῷ ἀπὸ μακρόθεν καὶ γυναῖκες	→ Jn 19,25
121		αἵτινες ἠκολούθησαν τῷ Ἰησοῦ ἀπὸ τῆς Γαλιλαίας διακονοῦσαι αὐτῷ·	**Mk 15,41**	αἳ ὅτε ἦν ἐν τῇ Γαλιλαίᾳ ἠκολούθουν αὐτῷ καὶ διηκόνουν αὐτῷ, ...	↑ Lk 8,2	αἱ συνακολουθοῦσαι αὐτῷ ἀπὸ τῆς Γαλιλαίας ὁρῶσαι ταῦτα.	
210	**Mt 27,56** ↓ Mt 27,61 ↓ Mt 28,1	ἐν αἷς ἦν Μαρία ἡ Μαγδαληνὴ καὶ Μαρία ἡ τοῦ Ἰακώβου καὶ Ἰωσὴφ μήτηρ καὶ ἡ μήτηρ τῶν υἱῶν Ζεβεδαίου.	**Mk 15,40** ↓ Mk 15,47 ↓ Mk 16,1	... ἐν αἷς καὶ Μαρία ἡ Μαγδαληνὴ καὶ Μαρία ἡ Ἰακώβου τοῦ μικροῦ καὶ Ἰωσῆτος μήτηρ καὶ Σαλώμη			→ Jn 19,25

122	**Mt 27,57**	ὀψίας δὲ γενομένης	**Mk 15,42**	καὶ ἤδη ὀψίας γενομένης, ἐπεὶ **ἦν** παρασκευή, ὅ ἐστιν προσάββατον,	**Lk 23,54**	καὶ ἡμέρα **ἦν** παρασκευῆς καὶ σάββατον ἐπέφωσκεν.	→ **Jn 19,42**
b 112		ἦλθεν ἄνθρωπος πλούσιος ἀπὸ Ἁριμαθαίας, τοὔνομα Ἰωσήφ,	**Mk 15,43**	ἐλθὼν Ἰωσὴφ [ὁ] ἀπὸ Ἁριμαθαίας εὐσχήμων βουλευτής,	**Lk 23,51**	[50] καὶ ἰδοὺ ἀνὴρ ὀνόματι Ἰωσὴφ βουλευτὴς ὑπάρχων [καὶ] ἀνὴρ ἀγαθὸς καὶ δίκαιος [51] - οὗτος **οὐκ ἦν** συγκατατεθειμένος τῇ βουλῇ καὶ τῇ πράξει αὐτῶν - ἀπὸ Ἁριμαθαίας πόλεως τῶν Ἰουδαίων,	
a 121		ὃς καὶ αὐτὸς ἐμαθητεύθη τῷ Ἰησοῦ·		ὃς καὶ αὐτὸς **ἦν** προσδεχόμενος τὴν βασιλείαν τοῦ θεοῦ, ...		ὃς προσεδέχετο τὴν βασιλείαν τοῦ θεοῦ	→ Jn 19,38
b 121	**Mt 27,60**	[59] καὶ λαβὼν τὸ σῶμα ὁ Ἰωσὴφ ἐνετύλιξεν αὐτὸ [ἐν] σινδόνι καθαρᾷ [60] καὶ ἔθηκεν αὐτὸ ἐν τῷ καινῷ αὐτοῦ μνημείῳ ὃ ἐλατόμησεν ἐν τῇ πέτρᾳ	**Mk 15,46**	καὶ ἀγοράσας σινδόνα καθελὼν αὐτὸν ἐνείλησεν τῇ σινδόνι καὶ ἔθηκεν αὐτὸν ἐν μνημείῳ ὃ **ἦν** λελατομημένον ἐκ πέτρας	**Lk 23,53**	καὶ καθελὼν ἐνετύλιξεν αὐτὸ σινδόνι καὶ ἔθηκεν αὐτὸν ἐν μνήματι λαξευτῷ	→ **Jn 19,41**
a 112		καὶ προσκυλίσας λίθον μέγαν τῇ θύρᾳ τοῦ μνημείου ἀπῆλθεν.		καὶ προσεκύλισεν λίθον ἐπὶ τὴν θύραν τοῦ μνημείου.		οὗ **οὐκ ἦν** οὐδεὶς οὔπω κείμενος.	
122	**Mt 27,57**	ὀψίας δὲ γενομένης ...	**Mk 15,42**	καὶ ἤδη ὀψίας γενομένης, ἐπεὶ **ἦν** παρασκευή, ὅ ἐστιν προσάββατον	**Lk 23,54**	καὶ ἡμέρα **ἦν** παρασκευῆς καὶ σάββατον ἐπέφωσκεν.	→ **Jn 19,42**
b 212	**Mt 27,61** ↑ **Mt 27,55-56** ↓ Mt 28,1 ↓ **Lk 24,10**	**ἦν** δὲ ἐκεῖ Μαριὰμ ἡ Μαγδαληνὴ καὶ ἡ ἄλλη Μαρία καθήμεναι ἀπέναντι τοῦ τάφου.	**Mk 15,47** ↑ **Mk 15,40-41** ↓ Mk 16,1 ↓ **Lk 24,10**	ἡ δὲ Μαρία ἡ Μαγδαληνὴ καὶ Μαρία ἡ Ἰωσῆτος ἐθεώρουν ποῦ τέθειται.	**Lk 23,55** ↑ Lk 23,49 ↑ **Lk 8,2-3**	κατακολουθήσασαι δὲ αἱ γυναῖκες, αἵτινες **ἦσαν** συνεληλυθυῖαι ἐκ τῆς Γαλιλαίας αὐτῷ, ἐθεάσαντο τὸ μνημεῖον καὶ ὡς ἐτέθη τὸ σῶμα αὐτοῦ	
200	**Mt 28,3**	[2] ... ἄγγελος γὰρ κυρίου ... [3] **ἦν** δὲ ἡ εἰδέα αὐτοῦ ὡς ἀστραπὴ καὶ τὸ ἔνδυμα αὐτοῦ λευκὸν ὡς χιών.	**Mk 16,5**	... εἶδον νεανίσκον καθήμενον ἐν τοῖς δεξιοῖς περιβεβλημένον στολὴν λευκήν, ...	**Lk 24,4** → Lk 24,23	... καὶ ἰδοὺ ἄνδρες δύο ἐπέστησαν αὐταῖς ἐν ἐσθῆτι ἀστραπτούσῃ.	→ Jn 20,12
021	**Mt 28,2**	... ἄγγελος γὰρ κυρίου καταβὰς ἐξ οὐρανοῦ καὶ προσελθὼν ἀπεκύλισεν τὸν λίθον καὶ ἐκάθητο ἐπάνω αὐτοῦ.	**Mk 16,4**	καὶ ἀναβλέψασαι θεωροῦσιν ὅτι ἀποκεκύλισται ὁ λίθος· **ἦν** γὰρ μέγας σφόδρα.	**Lk 24,2**	εὗρον δὲ τὸν λίθον ἀποκεκυλισμένον ἀπὸ τοῦ μνημείου	→ Jn 20,1
112	**Mt 28,1** ↑ **Mt 27,56** ↑ **Mt 27,61**	... ἦλθεν Μαριὰμ ἡ Μαγδαληνὴ καὶ ἡ ἄλλη Μαρία ...	**Mk 16,1** ↑ **Mk 15,40** ↑ Mk 15,47	... Μαρία ἡ Μαγδαληνὴ καὶ Μαρία ἡ [τοῦ] Ἰακώβου καὶ Σαλώμη ...	**Lk 24,10** → Lk 23,56 → Lk 24,1 ↑ **Lk 8,2-3**	**ἦσαν** δὲ ἡ Μαγδαληνὴ Μαρία καὶ Ἰωάννα καὶ Μαρία ἡ Ἰακώβου καὶ αἱ λοιπαὶ σὺν αὐταῖς. ...	→ Jn 20,18

a 002	Lk 24,13	καὶ ἰδοὺ δύο ἐξ αὐτῶν ἐν αὐτῇ τῇ ἡμέρᾳ **ἦσαν** πορευόμενοι εἰς κώμην ἀπέχουσαν σταδίους ἑξήκοντα ἀπὸ Ἰερουσαλήμ, ᾗ ὄνομα Ἐμμαοῦς	
a 002	Lk 24,32	... οὐχὶ ἡ καρδία ἡμῶν καιομένη **ἦν** [ἐν ἡμῖν] ὡς ἐλάλει ἡμῖν ἐν τῇ ὁδῷ, ὡς διήνοιγεν ἡμῖν τὰς γραφάς;	
a 002	Lk 24,53	καὶ **ἦσαν** διὰ παντὸς ἐν τῷ ἱερῷ εὐλογοῦντες τὸν θεόν.	→ Acts 1,14 → Acts 2,46

a **Acts 1,10** καὶ ὡς ἀτενίζοντες
ἦσαν
εἰς τὸν οὐρανὸν πορευομένου αὐτοῦ, ...

a **Acts 1,13** ... εἰς τὸ ὑπερῷον ἀνέβησαν οὗ
ἦσαν
καταμένοντες, ...

a **Acts 1,14** (→ Lk 8,2-3; → Lk 24,53) οὗτοι πάντες
ἦσαν
προσκαρτεροῦντες ὁμοθυμαδὸν τῇ προσευχῇ ...

Acts 1,15 ... ἀναστὰς Πέτρος ἐν μέσῳ τῶν ἀδελφῶν εἶπεν·
ἦν
τε ὄχλος ὀνομάτων ἐπὶ τὸ αὐτὸ ὡσεὶ ἑκατὸν εἴκοσι·

b **Acts 1,17** ὅτι κατηριθμημένος
ἦν
ἐν ἡμῖν ...

Acts 2,1 καὶ ἐν τῷ συμπληροῦσθαι τὴν ἡμέραν τῆς πεντηκοστῆς
ἦσαν
πάντες ὁμοῦ ἐπὶ τὸ αὐτό.

a **Acts 2,2** ... καὶ ἐπλήρωσεν ὅλον τὸν οἶκον οὗ
ἦσαν
καθήμενοι

a **Acts 2,5** **ἦσαν**
δὲ εἰς Ἰερουσαλὴμ κατοικοῦντες Ἰουδαῖοι, ...

Acts 2,24 ὃν ὁ θεὸς ἀνέστησεν λύσας τὰς ὠδῖνας τοῦ θανάτου, καθότι
οὐκ ἦν
δυνατὸν κρατεῖσθαι αὐτὸν ὑπ᾽ αὐτοῦ.

a **Acts 2,42** **ἦσαν**
δὲ προσκαρτεροῦντες τῇ διδαχῇ τῶν ἀποστόλων καὶ τῇ κοινωνίᾳ, ...

Acts 2,44 πάντες δὲ οἱ πιστεύοντες
ἦσαν
ἐπὶ τὸ αὐτὸ καὶ εἶχον ἅπαντα κοινά

Acts 3,10 ἐπεγίνωσκον δὲ αὐτὸν ὅτι αὐτὸς
ἦν
ὁ πρὸς τὴν ἐλεημοσύνην καθήμενος ἐπὶ τῇ ὡραίᾳ πύλῃ τοῦ ἱεροῦ ...

Acts 4,3 καὶ ἐπέβαλον αὐτοῖς τὰς χεῖρας καὶ ἔθεντο εἰς τήρησιν εἰς τὴν αὔριον·
ἦν
γὰρ ἑσπέρα ἤδη.

Acts 4,6 καὶ Ἅννας ὁ ἀρχιερεὺς καὶ Καϊάφας καὶ Ἰωάννης καὶ Ἀλέξανδρος καὶ ὅσοι
ἦσαν
ἐκ γένους ἀρχιερατικοῦ

Acts 4,13 ... ἐθαύμαζον ἐπεγίνωσκόν τε αὐτοὺς ὅτι σὺν τῷ Ἰησοῦ
ἦσαν

Acts 4,22 ἐτῶν γὰρ
ἦν
πλειόνων τεσσεράκοντα ὁ ἄνθρωπος ἐφ᾽ ὃν γεγόνει τὸ σημεῖον τοῦτο τῆς ἰάσεως.

b **Acts 4,31** καὶ δεηθέντων αὐτῶν ἐσαλεύθη ὁ τόπος ἐν ᾧ
ἦσαν
συνηγμένοι, ...

Acts 4,32 (2) τοῦ δὲ πλήθους τῶν πιστευσάντων
ἦν
καρδία καὶ ψυχὴ μία,
καὶ οὐδὲ εἷς τι τῶν ὑπαρχόντων αὐτῷ ἔλεγεν ἴδιον εἶναι ἀλλ᾽
ἦν
αὐτοῖς ἅπαντα κοινά.

Acts 4,33 ... χάρις τε μεγάλη
ἦν
ἐπὶ πάντας αὐτούς.

Acts 4,34 οὐδὲ γὰρ ἐνδεής τις
ἦν
ἐν αὐτοῖς· ...

Acts 5,12 ... καὶ
ἦσαν
ὁμοθυμαδὸν ἅπαντες ἐν τῇ στοᾷ Σολομῶντος

Acts 7,9 καὶ οἱ πατριάρχαι ζηλώσαντες τὸν Ἰωσὴφ ἀπέδοντο εἰς Αἴγυπτον. καὶ
ἦν
ὁ θεὸς μετ᾽ αὐτοῦ

Acts 7,20 ἐν ᾧ καιρῷ ἐγεννήθη Μωϋσῆς καὶ
ἦν
ἀστεῖος τῷ θεῷ· ...

Acts 7,22 καὶ ἐπαιδεύθη Μωϋσῆς [ἐν] πάσῃ σοφίᾳ Αἰγυπτίων,
ἦν
δὲ δυνατὸς ἐν λόγοις καὶ ἔργοις αὐτοῦ.

Acts 7,44 ἡ σκηνὴ τοῦ μαρτυρίου
ἦν
τοῖς πατράσιν ἡμῶν ἐν τῇ ἐρήμῳ ...

a **Acts 8,1** Σαῦλος δὲ
ἦν
συνευδοκῶν τῇ ἀναιρέσει αὐτοῦ. ...

a **Acts 8,13** ὁ δὲ Σίμων καὶ αὐτὸς ἐπίστευσεν καὶ βαπτισθεὶς
ἦν
προσκαρτερῶν τῷ Φιλίππῳ, ...

b **Acts 8,16** οὐδέπω γὰρ
ἦν
ἐπ᾽ οὐδενὶ αὐτῶν ἐπιπεπτωκός, ...

Acts 8,27 ... καὶ ἰδοὺ ἀνὴρ Αἰθίοψ εὐνοῦχος δυνάστης Κανδάκης βασιλίσσης Αἰθιόπων, ὃς
ἦν
ἐπὶ πάσης τῆς γάζης αὐτῆς, ὃς ἐληλύθει προσκυνήσων εἰς Ἰερουσαλήμ,

a **Acts 8,28** ἦν
τε ὑποστρέφων καὶ καθήμενος ἐπὶ τοῦ ἅρματος αὐτοῦ ...

Acts 8,32 ἡ δὲ περιοχὴ τῆς γραφῆς ἣν ἀνεγίνωσκεν
ἦν
αὕτη· *ὡς πρόβατον ἐπὶ σφαγὴν ἤχθη* ...
➤ Isa 53,7

a **Acts 9,9** καὶ
ἦν
ἡμέρας τρεῖς μὴ βλέπων καὶ οὐκ ἔφαγεν οὐδὲ ἔπιεν.

Acts 9,10 ἦν
δέ τις μαθητὴς ἐν Δαμασκῷ ὀνόματι Ἁνανίας, ...

a **Acts 9,28** καὶ
ἦν
μετ' αὐτῶν εἰσπορευόμενος καὶ ἐκπορευόμενος εἰς Ἰερουσαλήμ, ...

b **Acts 9,33** εὗρεν δὲ ἐκεῖ ἄνθρωπόν τινα ὀνόματι Αἰνέαν ἐξ ἐτῶν ὀκτὼ κατακείμενον ἐπὶ κραβάττου, ὃς
ἦν
παραλελυμένος.

Acts 9,36 (2) ἐν Ἰόππῃ δέ τις
ἦν
μαθήτρια ὀνόματι Ταβιθά, ἣ διερμηνευομένη λέγεται Δορκάς·
αὕτη
ἦν
πλήρης ἔργων ἀγαθῶν ...

a **Acts 10,24** ... ὁ δὲ Κορνήλιος
ἦν
προσδοκῶν αὐτούς ...

a **Acts 10,30** ... ἀπὸ τετάρτης ἡμέρας μέχρι ταύτης τῆς ὥρας
ἤμην
τὴν ἐνάτην προσευχόμενος ἐν τῷ οἴκῳ μου, ...

Acts 10,38 → Lk 4,18 → Lk 13,16 → Lk 24,19 ... ὃς διῆλθεν εὐεργετῶν καὶ ἰώμενος πάντας τοὺς καταδυναστευομένους ὑπὸ τοῦ διαβόλου, ὅτι ὁ θεὸς
ἦν
μετ' αὐτοῦ.

a **Acts 11,5** ἐγὼ
ἤμην
ἐν πόλει Ἰόππῃ προσευχόμενος καὶ εἶδον ἐν ἐκστάσει ὅραμα, ...

Acts 11,11 καὶ ἰδοὺ ἐξαυτῆς τρεῖς ἄνδρες ἐπέστησαν ἐπὶ τὴν οἰκίαν ἐν ᾗ
ἦμεν,
ἀπεσταλμένοι ἀπὸ Καισαρείας πρός με.

Acts 11,17 ... ἐγὼ τίς
ἤμην
δυνατὸς κωλῦσαι τὸν θεόν;

Acts 11,20 ἦσαν
δέ τινες ἐξ αὐτῶν ἄνδρες Κύπριοι καὶ Κυρηναῖοι, ...

Acts 11,21 καὶ
ἦν
χεὶρ κυρίου μετ' αὐτῶν, ...

Acts 11,24 ὅτι
ἦν
ἀνὴρ ἀγαθὸς καὶ πλήρης πνεύματος ἁγίου καὶ πίστεως. ...

Acts 12,3 ἰδὼν δὲ ὅτι ἀρεστόν ἐστιν τοῖς Ἰουδαίοις, προσέθετο συλλαβεῖν καὶ Πέτρον, -
ἦσαν
δὲ [αἱ] ἡμέραι τῶν ἀζύμων -

a **Acts 12,5** ὁ μὲν οὖν Πέτρος ἐτηρεῖτο ἐν τῇ φυλακῇ· προσευχὴ δὲ
ἦν
ἐκτενῶς γινομένη ὑπὸ τῆς ἐκκλησίας πρὸς τὸν θεὸν περὶ αὐτοῦ.

a **Acts 12,6** ὅτε δὲ ἤμελλεν προαγαγεῖν αὐτὸν ὁ Ἡρῴδης, τῇ νυκτὶ ἐκείνῃ
ἦν
ὁ Πέτρος κοιμώμενος μεταξὺ δύο στρατιωτῶν ...

a b **Acts 12,12** συνιδών τε ἦλθεν ἐπὶ τὴν οἰκίαν τῆς Μαρίας τῆς μητρὸς Ἰωάννου τοῦ ἐπικαλουμένου Μάρκου, οὗ
ἦσαν
ἱκανοὶ συνηθροισμένοι καὶ προσευχόμενοι.

Acts 12,18 γενομένης δὲ ἡμέρας
ἦν
τάραχος οὐκ ὀλίγος ἐν τοῖς στρατιώταις τί ἄρα ὁ Πέτρος ἐγένετο.

a **Acts 12,20** ἦν
δὲ θυμομαχῶν Τυρίοις καὶ Σιδωνίοις· ...

Acts 13,1 ἦσαν
δὲ ἐν Ἀντιοχείᾳ κατὰ τὴν οὖσαν ἐκκλησίαν προφῆται καὶ διδάσκαλοι ...

Acts 13,7 ὃς
ἦν
σὺν τῷ ἀνθυπάτῳ Σεργίῳ Παύλῳ, ἀνδρὶ συνετῷ. ...

Acts 13,46 ... ὑμῖν
ἦν
ἀναγκαῖον πρῶτον λαληθῆναι τὸν λόγον τοῦ θεοῦ· ...

b **Acts 13,48** ... καὶ ἐπίστευσαν ὅσοι
ἦσαν
τεταγμένοι εἰς ζωὴν αἰώνιον·

Acts 14,4 ἐσχίσθη δὲ τὸ πλῆθος τῆς πόλεως, καὶ οἱ μὲν
ἦσαν
σὺν τοῖς Ἰουδαίοις, οἱ δὲ σὺν τοῖς ἀποστόλοις.

a **Acts 14,7** κἀκεῖ εὐαγγελιζόμενοι
ἦσαν.

Acts 14,12 ἐκάλουν τε τὸν Βαρναβᾶν Δία, τὸν δὲ Παῦλον Ἑρμῆν, ἐπειδὴ αὐτὸς
ἦν
ὁ ἡγούμενος τοῦ λόγου.

b **Acts 14,26** κἀκεῖθεν ἀπέπλευσαν εἰς Ἀντιόχειαν, ὅθεν
ἦσαν
παραδεδομένοι τῇ χάριτι τοῦ θεοῦ εἰς τὸ ἔργον ὃ ἐπλήρωσαν.

Acts 16,1 ... καὶ ἰδοὺ μαθητής τις
ἦν
ἐκεῖ ὀνόματι Τιμόθεος, ...

b **Acts 16,9** καὶ ὅραμα διὰ [τῆς] νυκτὸς τῷ Παύλῳ ὤφθη, ἀνὴρ Μακεδών τις
ἦν
ἑστὼς καὶ παρακαλῶν αὐτὸν ...

a **Acts 16,12** κἀκεῖθεν εἰς Φιλίππους, ἥτις ἐστὶν πρώτη[ς] μερίδος τῆς Μακεδονίας πόλις, κολωνία.
ἦμεν
δὲ ἐν ταύτῃ τῇ πόλει διατρίβοντες ἡμέρας τινάς.

Acts 17,1 ... ἦλθον εἰς Θεσσαλονίκην ὅπου
ἦν
συναγωγὴ τῶν Ἰουδαίων.

Acts 17,11 οὗτοι δὲ
ἦσαν
εὐγενέστεροι τῶν ἐν Θεσσαλονίκῃ, ...

Acts 18,3 καὶ διὰ τὸ ὁμότεχνον εἶναι ἔμενεν παρ' αὐτοῖς, καὶ ἠργάζετο·
ἦσαν
γὰρ σκηνοποιοὶ τῇ τέχνῃ.

a **Acts 18,7** ... Τιτίου Ἰούστου σεβομένου τὸν θεόν, οὗ ἡ οἰκία
ἦν
συνομοροῦσα τῇ συναγωγῇ.

Acts 18,14 ... εἰ μὲν
ἦν
ἀδίκημά τι ἢ ῥᾳδιούργημα πονηρόν, ὦ Ἰουδαῖοι, κατὰ λόγον ἂν ἀνεσχόμην ὑμῶν

b **Acts 18,25** οὗτος
ἦν
κατηχημένος τὴν ὁδὸν τοῦ κυρίου καὶ ζέων τῷ πνεύματι ἐλάλει ...

Acts 19,7 **ἦσαν**
δὲ οἱ πάντες ἄνδρες ὡσεὶ δώδεκα.

a **Acts 19,14** **ἦσαν**
δέ τινος Σκευᾶ Ἰουδαίου ἀρχιερέως ἑπτὰ υἱοὶ τοῦτο ποιοῦντες.

Acts 19,16 καὶ ἐφαλόμενος ὁ ἄνθρωπος ἐπ' αὐτοὺς ἐν ᾧ
ἦν
τὸ πνεῦμα τὸ πονηρὸν κατακυριεύσας ἀμφοτέρων ἴσχυσεν κατ' αὐτῶν ...

b **Acts 19,32** ἄλλοι μὲν οὖν ἄλλο τι ἔκραζον·
ἦν
γὰρ ἡ ἐκκλησία συγκεχυμένη ...

Acts 20,8 (2) **ἦσαν**
δὲ λαμπάδες ἱκαναὶ ἐν τῷ ὑπερῴῳ

b οὗ
ἦμεν
συνηγμένοι.

b **Acts 20,13** ... οὕτως γὰρ διατεταγμένος
ἦν
μέλλων αὐτὸς πεζεύειν.

a **Acts 21,3** ... ἐκεῖσε γὰρ τὸ πλοῖον
ἦν
ἀποφορτιζόμενον τὸν γόμον.

Acts 21,9 τούτῳ δὲ
ἦσαν
θυγατέρες τέσσαρες παρθένοι προφητεύουσαι.

b **Acts 21,29** **ἦσαν**
γὰρ προεωρακότες Τρόφιμον τὸν Ἐφέσιον ἐν τῇ πόλει σὺν αὐτῷ, ...

a **Acts 22,19** ... κύριε, αὐτοὶ ἐπίστανται ὅτι ἐγὼ
ἤμην
φυλακίζων καὶ δέρων ...

a b **Acts 22,20** καὶ ὅτε ἐξεχύννετο τὸ αἷμα Στεφάνου τοῦ μάρτυρός σου, καὶ αὐτὸς
ἤμην
ἐφεστὼς ...

b **Acts 22,29** ... καὶ ὁ χιλίαρχος δὲ ἐφοβήθη ἐπιγνοὺς ὅτι Ῥωμαῖός ἐστιν καὶ ὅτι αὐτὸν
ἦν
δεδεκώς.

Acts 23,13 **ἦσαν**
δὲ πλείους τεσσεράκοντα οἱ ταύτην τὴν συνωμοσίαν ποιησάμενοι

Acts 27,8 ... ἤλθομεν εἰς τόπον τινὰ καλούμενον Καλοὺς λιμένας ᾧ ἐγγὺς πόλις
ἦν
Λασαία.

Acts 27,37 **ἤμεθα**
δὲ αἱ πᾶσαι ψυχαὶ ἐν τῷ πλοίῳ διακόσιαι ἑβδομήκοντα ἕξ.

ἔσομαι, ἔσῃ, ἔσται ...	Syn 113	Mt 49	Mk 17	Lk 47	Acts 9	Jn 6	1-3John 4	Paul 19	Eph 2	Col 1
	NT 186	2Thess	1/2Tim 6	Tit	Heb 7	Jas 2	1Pet 1	2Pet 1	Jude 1	Rev 14

future indicative of εἰμί

	triple tradition																double tradition			Sondergut		
		+Mt / +Lk			–Mt / –Lk			traditions not taken over by Mt / Lk							subtotals							
code	*222*	*211*	*112*	*212*	*221*	*122*	*121*	*022*	*012*	*021*	*220*	*120*	*210*	*020*	Σ^+	Σ^-	Σ	*202*	*201*	*102*	*200*	*002*	total
Mt	5	2^+			3		4^-				2	2^-	1^+		3^+	6^-	13	11	6		19		**49**
Mk	5				3		4				2	2		1			17						**17**
Lk	5		6^+		3^-		4^-								6^+	7^-	11	11		8		17	**47**

a ἔσομαι, ἔσῃ with present participle (periphrastic constructions)

b ἔσομαι, ἔσῃ with perfect participle (periphrastic constructions)

002		**Lk 1,14**	καὶ **ἔσται** χαρά σοι καὶ ἀγαλλίασις ...
002		**Lk 1,15**	**ἔσται** γὰρ μέγας ἐνώπιον [τοῦ] κυρίου, ...
a 002		**Lk 1,20**	καὶ ἰδοὺ **ἔσῃ** σιωπῶν καὶ μὴ δυνάμενος λαλῆσαι ἄχρι ἧς ἡμέρας γένηται ταῦτα, ...

002					Lk 1,32	οὗτος **ἔσται** μέγας καὶ υἱὸς ὑψίστου κληθήσεται ...	
002					Lk 1,33 → Lk 22,29	... καὶ τῆς βασιλείας αὐτοῦ **οὐκ ἔσται** τέλος.	
002					Lk 1,34	... πῶς **ἔσται** τοῦτο, ἐπεὶ ἄνδρα οὐ γινώσκω;	
002					Lk 1,45 → Lk 1,48 → Lk 11,28	καὶ μακαρία ἡ πιστεύσασα ὅτι **ἔσται** τελείωσις τοῖς λελαλημένοις αὐτῇ παρὰ κυρίου.	
002					Lk 1,66	... τί ἄρα τὸ παιδίον τοῦτο **ἔσται;** καὶ γὰρ χεὶρ κυρίου ἦν μετ' αὐτοῦ.	
002					Lk 2,10	... μὴ φοβεῖσθε, ἰδοὺ γὰρ εὐαγγελίζομαι ὑμῖν χαρὰν μεγάλην ἥτις **ἔσται** παντὶ τῷ λαῷ	
002					Lk 3,5	... *καὶ* ***ἔσται*** *τὰ σκολιὰ εἰς εὐθείαν καὶ αἱ τραχεῖαι εἰς ὁδοὺς λείας·* ➤ Isa 40,4 LXX	
102	Mt 4,9	... ταῦτά σοι πάντα δώσω, ἐὰν πεσὼν προσκυνήσῃς μοι.			Lk 4,7	[6] ... σοὶ δώσω τὴν ἐξουσίαν ταύτην ἅπασαν ... [7] σὺ οὖν ἐὰν προσκυνήσῃς ἐνώπιον ἐμοῦ, **ἔσται** σοῦ πᾶσα.	
a 112	Mt 4,19	... δεῦτε ὀπίσω μου, καὶ ποιήσω ὑμᾶς ἁλιεῖς ἀνθρώπων.	Mk 1,17	... δεῦτε ὀπίσω μου, καὶ ποιήσω ὑμᾶς **γενέσθαι** ἁλιεῖς ἀνθρώπων.	Lk 5,10	... μὴ φοβοῦ· ἀπὸ τοῦ νῦν ἀνθρώπους **ἔσῃ** ζωγρῶν.	
200	Mt 5,21	ἠκούσατε ὅτι ἐρρέθη τοῖς ἀρχαίοις· *οὐ φονεύσεις·* ὃς δ' ἂν φονεύσῃ, ἔνοχος **ἔσται** τῇ κρίσει. ➤ Exod 20,13/Deut 5,17					

	Mt 5,22 (3)	ἐγὼ δὲ λέγω ὑμῖν ὅτι πᾶς ὁ ὀργιζόμενος τῷ ἀδελφῷ αὐτοῦ ἔνοχος			
200		**ἔσται**			
		τῇ κρίσει· ὃς δ' ἂν εἴπῃ τῷ ἀδελφῷ αὐτοῦ· ῥακά, ἔνοχος			
200		**ἔσται**			
		τῷ συνεδρίῳ· ὃς δ' ἂν εἴπῃ· μωρέ, ἔνοχος			
200		**ἔσται**			
		εἰς τὴν γέενναν τοῦ πυρός.			
102	**Mt 5,45**		**Lk 6,35 (2)**	... καὶ **ἔσται** ὁ μισθὸς ὑμῶν πολύς,	
102		ὅπως **γένησθε** υἱοὶ τοῦ πατρὸς ὑμῶν τοῦ ἐν οὐρανοῖς, ...		καὶ **ἔσεσθε** υἱοὶ ὑψίστου, ...	→ GTh 3 (POxy 654)
201	**Mt 5,48**	**ἔσεσθε** οὖν ὑμεῖς τέλειοι ὡς ὁ πατὴρ ὑμῶν ὁ οὐράνιος τέλειός ἐστιν.	**Lk 6,36**	**γίνεσθε** οἰκτίρμονες καθὼς [καὶ] ὁ πατὴρ ὑμῶν οἰκτίρμων ἐστίν.	
200	**Mt 6,5**	καὶ ὅταν προσεύχησθε, **οὐκ ἔσεσθε** ὡς οἱ ὑποκριταί, ὅτι φιλοῦσιν ἐν ταῖς συναγωγαῖς καὶ ἐν ταῖς γωνίαις τῶν πλατειῶν ἑστῶτες προσεύχεσθαι, ...			→ GTh 6,1 (POxy 654)
202	**Mt 6,21**	ὅπου γάρ ἐστιν ὁ θησαυρός σου, ἐκεῖ **ἔσται** καὶ ἡ καρδία σου.	**Lk 12,34**	ὅπου γάρ ἐστιν ὁ θησαυρὸς ὑμῶν, ἐκεῖ καὶ ἡ καρδία ὑμῶν **ἔσται.**	
201	**Mt 6,22**	ὁ λύχνος τοῦ σώματός ἐστιν ὁ ὀφθαλμός. ἐὰν οὖν ᾖ ὁ ὀφθαλμός σου ἁπλοῦς, ὅλον τὸ σῶμά σου φωτεινὸν **ἔσται·**	**Lk 11,34**	ὁ λύχνος τοῦ σώματός ἐστιν ὁ ὀφθαλμός σου. ὅταν ὁ ὀφθαλμός σου ἁπλοῦς ᾖ, καὶ ὅλον τὸ σῶμά σου φωτεινόν **ἐστιν·**	→ GTh 24 (POxy 655 - restoration)
201	**Mt 6,23**	ἐὰν δὲ ὁ ὀφθαλμός σου πονηρὸς ᾖ, ὅλον τὸ σῶμά σου σκοτεινὸν **ἔσται. ...**		ἐπὰν δὲ πονηρὸς ᾖ, καὶ τὸ σῶμά σου σκοτεινόν.	→ GTh 24 (POxy 655 - restoration)
102	**Mt 10,25**	[24] οὐκ ἔστιν μαθητὴς ὑπὲρ τὸν διδάσκαλον οὐδὲ δοῦλος ὑπὲρ τὸν κύριον αὐτοῦ. [25] ἀρκετὸν τῷ μαθητῇ ἵνα **γένηται** ὡς ὁ διδάσκαλος αὐτοῦ καὶ ὁ δοῦλος ὡς ὁ κύριος αὐτοῦ. ...	**Lk 6,40**	οὐκ ἔστιν μαθητὴς ὑπὲρ τὸν διδάσκαλον· κατηρτισμένος δὲ πᾶς **ἔσται** ὡς ὁ διδάσκαλος αὐτοῦ.	

202	**Mt 8,12**	[11] ... καὶ ἀνακλιθήσονται μετὰ Ἀβραὰμ καὶ Ἰσαὰκ καὶ Ἰακὼβ ἐν τῇ βασιλείᾳ τῶν οὐρανῶν, [12] οἱ δὲ υἱοὶ τῆς βασιλείας ἐκβληθήσονται εἰς τὸ σκότος τὸ ἐξώτερον· ἐκεῖ **ἔσται** ὁ κλαυθμὸς καὶ ὁ βρυγμὸς τῶν ὀδόντων.			**Lk 13,28**	ἐκεῖ **ἔσται** ὁ κλαυθμὸς καὶ ὁ βρυγμὸς τῶν ὀδόντων, ὅταν ὄψεσθε Ἀβραὰμ καὶ Ἰσαὰκ καὶ Ἰακὼβ καὶ πάντας τοὺς προφήτας ἐν τῇ βασιλείᾳ τοῦ θεοῦ, ὑμᾶς δὲ ἐκβαλλομένους ἔξω.	
202	**Mt 10,15** ⇩ Mt 11,24	ἀμὴν λέγω ὑμῖν, ἀνεκτότερον **ἔσται** γῇ Σοδόμων καὶ Γομόρρων ἐν ἡμέρᾳ κρίσεως ἢ τῇ πόλει ἐκείνῃ.			**Lk 10,12**	λέγω ὑμῖν ὅτι Σοδόμοις ἐν τῇ ἡμέρᾳ ἐκείνῃ ἀνεκτότερον **ἔσται** ἢ τῇ πόλει ἐκείνῃ.	
a 222	**Mt 10,22** ⇩ Mt 24,9	καὶ **ἔσεσθε** μισούμενοι ὑπὸ πάντων διὰ τὸ ὄνομά μου· ...	**Mk 13,13**	καὶ **ἔσεσθε** μισούμενοι ὑπὸ πάντων διὰ τὸ ὄνομά μου. ...	**Lk 21,17**	καὶ **ἔσεσθε** μισούμενοι ὑπὸ πάντων διὰ τὸ ὄνομά μου.	
202	**Mt 11,22**	πλὴν λέγω ὑμῖν, Τύρῳ καὶ Σιδῶνι ἀνεκτότερον **ἔσται** ἐν ἡμέρᾳ κρίσεως ἢ ὑμῖν.			**Lk 10,14**	πλὴν Τύρῳ καὶ Σιδῶνι ἀνεκτότερον **ἔσται** ἐν τῇ κρίσει ἢ ὑμῖν.	
200	**Mt 11,24** ⇧ Mt 10,15	πλὴν λέγω ὑμῖν ὅτι γῇ Σοδόμων ἀνεκτότερον **ἔσται** ἐν ἡμέρᾳ κρίσεως ἢ σοί.			Lk 10,12	λέγω ὑμῖν ὅτι Σοδόμοις ἐν τῇ ἡμέρᾳ ἐκείνῃ ἀνεκτότερον **ἔσται** ἢ τῇ πόλει ἐκείνῃ.	
201	**Mt 12,11**	... τίς **ἔσται** ἐξ ὑμῶν ἄνθρωπος ὃς ἕξει πρόβατον ἓν καὶ ἐὰν ἐμπέσῃ τοῦτο τοῖς σάββασιν εἰς βόθυνον, οὐχὶ κρατήσει αὐτὸ καὶ ἐγερεῖ;			**Lk 14,5** → Lk 13,15	... τίνος ὑμῶν υἱὸς ἢ βοῦς εἰς φρέαρ πεσεῖται, καὶ οὐκ εὐθέως ἀνασπάσει αὐτὸν ἐν ἡμέρᾳ τοῦ σαββάτου;	
202	**Mt 12,27**	... διὰ τοῦτο αὐτοὶ κριταὶ **ἔσονται** ὑμῶν.			**Lk 11,19**	... διὰ τοῦτο αὐτοὶ ὑμῶν κριταὶ **ἔσονται.**	
202	**Mt 12,40** → Mt 27,63	ὥσπερ γὰρ *ἦν Ἰωνᾶς ἐν τῇ κοιλίᾳ τοῦ κήτους τρεῖς ἡμέρας καὶ τρεῖς νύκτας,* οὕτως **ἔσται** ὁ υἱὸς τοῦ ἀνθρώπου ἐν τῇ καρδίᾳ τῆς γῆς τρεῖς ἡμέρας καὶ τρεῖς νύκτας. ➤ Jonah 2,1			**Lk 11,30**	καθὼς γὰρ ἐγένετο Ἰωνᾶς τοῖς Νινευίταις σημεῖον, οὕτως **ἔσται** καὶ ὁ υἱὸς τοῦ ἀνθρώπου τῇ γενεᾷ ταύτῃ.	
201	**Mt 12,45**	... καὶ γίνεται τὰ ἔσχατα τοῦ ἀνθρώπου ἐκείνου χείρονα τῶν πρώτων. οὕτως **ἔσται** καὶ τῇ γενεᾷ ταύτῃ τῇ πονηρᾷ.			**Lk 11,26**	... καὶ γίνεται τὰ ἔσχατα τοῦ ἀνθρώπου ἐκείνου χείρονα τῶν πρώτων.	

200	**Mt 13,40**	ὥσπερ οὖν συλλέγεται τὰ ζιζάνια καὶ πυρὶ [κατα]καίεται, οὕτως **ἔσται** ἐν τῇ συντελείᾳ τοῦ αἰῶνος·					
200	**Mt 13,42** → Mt 25,46	καὶ *βαλοῦσιν αὐτοὺς εἰς τὴν κάμινον τοῦ πυρός·* ἐκεῖ **ἔσται** ὁ κλαυθμὸς καὶ ὁ βρυγμὸς τῶν ὀδόντων. ➤ Dan 3,6					
200	**Mt 13,49**	οὕτως **ἔσται** ἐν τῇ συντελείᾳ τοῦ αἰῶνος· ἐξελεύσονται οἱ ἄγγελοι καὶ ἀφοριοῦσιν τοὺς πονηροὺς ἐκ μέσου τῶν δικαίων					
200	**Mt 13,50** → Mt 25,46	καὶ *βαλοῦσιν αὐτοὺς εἰς τὴν κάμινον τοῦ πυρός·* ἐκεῖ **ἔσται** ὁ κλαυθμὸς καὶ ὁ βρυγμὸς τῶν ὀδόντων. ➤ Dan 3,6					
b 200 *b* 200	**Mt 16,19** **(2)** → Mt 23,13 → Lk 11,52 ↓ **Mt 18,18**	... ὃ ἐὰν δήσῃς ἐπὶ τῆς γῆς **ἔσται** δεδεμένον ἐν τοῖς οὐρανοῖς, καὶ ὃ ἐὰν λύσῃς ἐπὶ τῆς γῆς **ἔσται** λελυμένον ἐν τοῖς οὐρανοῖς.					→ Jn 20,23
210	**Mt 16,22**	καὶ προσλαβόμενος αὐτὸν ὁ Πέτρος ἤρξατο ἐπιτιμᾶν αὐτῷ λέγων· ἵλεώς σοι, κύριε· **οὐ μὴ ἔσται** σοι τοῦτο.	**Mk 8,32**	... καὶ προσλαβόμενος ὁ Πέτρος αὐτὸν ἤρξατο ἐπιτιμᾶν αὐτῷ.			
222	**Mt 17,17**	... ὦ γενεὰ ἄπιστος καὶ διεστραμμένη, ἕως πότε μεθ' ὑμῶν **ἔσομαι;** ἕως πότε ἀνέξομαι ὑμῶν; ...	**Mk 9,19**	... ὦ γενεὰ ἄπιστος, ἕως πότε πρὸς ὑμᾶς **ἔσομαι;** ἕως πότε ἀνέξομαι ὑμῶν; ...	**Lk 9,41**	... ὦ γενεὰ ἄπιστος καὶ διεστραμμένη, ἕως πότε **ἔσομαι** πρὸς ὑμᾶς καὶ ἀνέξομαι ὑμῶν; ...	
020			**Mk 9,35** ↓ **Mt 20,26-27** ⇩ **Mk 10,43-44** ↓ Lk 22,26 ↓ **Mt 23,11** ↓ **Mk 10,31**	... εἴ τις θέλει πρῶτος εἶναι, **ἔσται** πάντων ἔσχατος καὶ πάντων διάκονος.			
b 200 *b* 200	**Mt 18,18** **(2)** ↑ **Mt 16,19**	... ὅσα ἐὰν δήσητε ἐπὶ τῆς γῆς **ἔσται** δεδεμένα ἐν οὐρανῷ, καὶ ὅσα ἐὰν λύσητε ἐπὶ τῆς γῆς **ἔσται** λελυμένα ἐν οὐρανῷ.					→ Jn 20,23

	Mt		Lk		
202	**Mt 10,15** ⇧ Mt 11,24	ἀμὴν λέγω ὑμῖν, ἀνεκτότερον **ἔσται** γῇ Σοδόμων καὶ Γομόρρων ἐν ἡμέρᾳ κρίσεως ἢ τῇ πόλει ἐκείνῃ.	**Lk 10,12**	λέγω ὑμῖν ὅτι Σοδόμοις ἐν τῇ ἡμέρᾳ ἐκείνῃ ἀνεκτότερον **ἔσται** ἢ τῇ πόλει ἐκείνῃ.	
202	**Mt 11,22**	πλὴν λέγω ὑμῖν, Τύρῳ καὶ Σιδῶνι ἀνεκτότερον **ἔσται** ἐν ἡμέρᾳ κρίσεως ἢ ὑμῖν.	**Lk 10,14**	πλὴν Τύρῳ καὶ Σιδῶνι ἀνεκτότερον **ἔσται** ἐν τῇ κρίσει ἢ ὑμῖν.	
202	**Mt 12,27**	... διὰ τοῦτο αὐτοὶ κριταὶ **ἔσονται** ὑμῶν.	**Lk 11,19**	... διὰ τοῦτο αὐτοὶ ὑμῶν κριταὶ **ἔσονται**.	
202	**Mt 12,40** → Mt 27,63	ὥσπερ γὰρ *ἦν Ἰωνᾶς ἐν* *τῇ κοιλίᾳ τοῦ κήτους* *τρεῖς ἡμέρας καὶ τρεῖς* *νύκτας*, οὕτως **ἔσται** ὁ υἱὸς τοῦ ἀνθρώπου ἐν τῇ καρδίᾳ τῆς γῆς τρεῖς ἡμέρας καὶ τρεῖς νύκτας. ➤ Jonah 2,1	**Lk 11,30**	καθὼς γὰρ ἐγένετο Ἰωνᾶς τοῖς Νινευίταις σημεῖον, οὕτως **ἔσται** καὶ ὁ υἱὸς τοῦ ἀνθρώπου τῇ γενεᾷ ταύτῃ.	
002			**Lk 11,36** → Lk 11,35	εἰ οὖν τὸ σῶμά σου ὅλον φωτεινόν, μὴ ἔχον μέρος τι σκοτεινόν, **ἔσται** φωτεινὸν ὅλον ὡς ὅταν ὁ λύχνος τῇ ἀστραπῇ φωτίζῃ σε.	→ GTh 24 (POxy 655 - restoration)
002			**Lk 12,20**	... ἄφρων, ταύτῃ τῇ νυκτὶ τὴν ψυχήν σου ἀπαιτοῦσιν ἀπὸ σοῦ· ἃ δὲ ἡτοίμασας, τίνι **ἔσται**;	→ GTh 63
202	**Mt 6,21**	ὅπου γάρ ἐστιν ὁ θησαυρός σου, ἐκεῖ **ἔσται** καὶ ἡ καρδία σου.	**Lk 12,34**	ὅπου γάρ ἐστιν ὁ θησαυρὸς ὑμῶν, ἐκεῖ καὶ ἡ καρδία ὑμῶν **ἔσται**.	
b 002			**Lk 12,52** → Mt 10,35 → Lk 12,53	**ἔσονται** γὰρ ἀπὸ τοῦ νῦν πέντε ἐν ἑνὶ οἴκῳ διαμεμερισμένοι, ...	→ GTh 16
102	**Mt 16,3**	[καὶ πρωΐ· σήμερον χειμών, πυρράζει γὰρ στυγνάζων ὁ οὐρανός. ...]	**Lk 12,55**	καὶ ὅταν νότον πνέοντα, λέγετε ὅτι καύσων **ἔσται**, καὶ γίνεται.	→ GTh 91 Mt 16,3 is textcritically uncertain.

202	**Mt 8,12**	[11] ... καὶ ἀνακλιθήσονται μετὰ Ἀβραὰμ καὶ Ἰσαὰκ καὶ Ἰακὼβ ἐν τῇ βασιλείᾳ τῶν οὐρανῶν, [12] οἱ δὲ υἱοὶ τῆς βασιλείας ἐκβληθήσονται εἰς τὸ σκότος τὸ ἐξώτερον· ἐκεῖ **ἔσται** ὁ κλαυθμὸς καὶ ὁ βρυγμὸς τῶν ὀδόντων.			**Lk 13,28**	ἐκεῖ **ἔσται** ὁ κλαυθμὸς καὶ ὁ βρυγμὸς τῶν ὀδόντων, ὅταν ὄψεσθε Ἀβραὰμ καὶ Ἰσαὰκ καὶ Ἰακὼβ καὶ πάντας τοὺς προφήτας ἐν τῇ βασιλείᾳ τοῦ θεοῦ, ὑμᾶς δὲ ἐκβαλλομένους ἔξω.	
202 102	**Mt 20,16** ⇩ Mt 19,30	οὕτως **ἔσονται** οἱ ἔσχατοι πρῶτοι καὶ οἱ πρῶτοι ἔσχατοι.			**Lk 13,30** **(2)**	καὶ ἰδοὺ εἰσὶν ἔσχατοι οἳ **ἔσονται** πρῶτοι, καὶ εἰσὶν πρῶτοι οἳ **ἔσονται** ἔσχατοι.	→ GTh 4,2 **(POxy 654)** Mk-Q overlap
	Mt 19,30 ⇩ **Mt 20,16**	πολλοὶ δὲ **ἔσονται** πρῶτοι ἔσχατοι καὶ ἔσχατοι πρῶτοι.	**Mk 10,31**	πολλοὶ δὲ **ἔσονται** πρῶτοι ἔσχατοι καὶ [οἱ] ἔσχατοι πρῶτοι.			
002					**Lk 14,10**	... φίλε, προσανάβηθι ἀνώτερον· τότε **ἔσται** σοι δόξα ἐνώπιον πάντων τῶν συνανακειμένων σοι.	
002					**Lk 14,14**	καὶ μακάριος **ἔσῃ**, ὅτι οὐκ ἔχουσιν ἀνταποδοῦναί σοι, ...	
102	**Mt 18,13**	καὶ ἐὰν γένηται εὑρεῖν αὐτό, ἀμὴν λέγω ὑμῖν ὅτι χαίρει ἐπ' αὐτῷ μᾶλλον ἢ ἐπὶ τοῖς ἐνενήκοντα ἐννέα τοῖς μὴ πεπλανημένοις.			**Lk 15,7**	[5] καὶ εὑρὼν ἐπιτίθησιν ἐπὶ τοὺς ὤμους αὐτοῦ χαίρων [6] ... [7] λέγω ὑμῖν ὅτι οὕτως χαρὰ ἐν τῷ οὐρανῷ **ἔσται** ἐπὶ ἑνὶ ἁμαρτωλῷ μετανοοῦντι ἢ ἐπὶ ἐνενήκοντα ἐννέα δικαίοις οἵτινες οὐ χρείαν ἔχουσιν μετανοίας.	→ GTh 107
202	**Mt 24,27**	ὥσπερ γὰρ ἡ ἀστραπὴ ἐξέρχεται ἀπὸ ἀνατολῶν καὶ φαίνεται ἕως δυσμῶν, οὕτως **ἔσται** ἡ παρουσία τοῦ υἱοῦ τοῦ ἀνθρώπου·			**Lk 17,24**	ὥσπερ γὰρ ἡ ἀστραπὴ ἀστράπτουσα ἐκ τῆς ὑπὸ τὸν οὐρανὸν εἰς τὴν ὑπ' οὐρανὸν λάμπει, οὕτως **ἔσται** ὁ υἱὸς τοῦ ἀνθρώπου [ἐν τῇ ἡμέρᾳ αὐτοῦ].	
202	**Mt 24,37**	ὥσπερ γὰρ αἱ ἡμέραι τοῦ Νῶε, οὕτως **ἔσται** ἡ παρουσία τοῦ υἱοῦ τοῦ ἀνθρώπου.			**Lk 17,26**	καὶ καθὼς ἐγένετο ἐν ταῖς ἡμέραις Νῶε, οὕτως **ἔσται** καὶ ἐν ταῖς ἡμέραις τοῦ υἱοῦ τοῦ ἀνθρώπου·	

202	Mt 24,39	... οὕτως ἔσται [καὶ] ἡ παρουσία τοῦ υἱοῦ τοῦ ἀνθρώπου.			Lk 17,30	κατὰ τὰ αὐτὰ ἔσται ᾗ ἡμέρᾳ ὁ υἱὸς τοῦ ἀνθρώπου ἀποκαλύπτεται.	
112	Mt 24,17	ὁ ἐπὶ τοῦ δώματος μὴ καταβάτω ἆραι τὰ ἐκ τῆς οἰκίας αὐτοῦ	Mk 13,15	ὁ [δὲ] ἐπὶ τοῦ δώματος μὴ καταβάτω μηδὲ εἰσελθάτω ἆραί τι ἐκ τῆς οἰκίας αὐτοῦ	Lk 17,31	ἐν ἐκείνῃ τῇ ἡμέρᾳ ὃς ἔσται ἐπὶ τοῦ δώματος καὶ τὰ σκεύη αὐτοῦ ἐν τῇ οἰκίᾳ, μὴ καταβάτω ἆραι αὐτά, ...	
202	Mt 24,40	τότε δύο ἔσονται ἐν τῷ ἀγρῷ, εἷς παραλαμβάνεται καὶ εἷς ἀφίεται·			Lk 17,34	... ταύτῃ τῇ νυκτὶ ἔσονται δύο ἐπὶ κλίνης μιᾶς, ὁ εἷς παραλημφθήσεται καὶ ὁ ἕτερος ἀφεθήσεται·	→ GTh 61,1
b 102	Mt 24,41	δύο ἀλήθουσαι ἐν τῷ μύλῳ, μία παραλαμβάνεται καὶ μία ἀφίεται.			Lk 17,35	ἔσονται δύο ἀλήθουσαι ἐπὶ τὸ αὐτό, ἡ μία παραλημφθήσεται, ἡ δὲ ἑτέρα ἀφεθήσεται.	→ GTh 61,1
220	Mt 19,5	... *καὶ* *ἔσονται* *οἱ δύο εἰς σάρκα μίαν.* ➤ Gen 2,24 LXX	Mk 10,8	*καὶ* *ἔσονται* *οἱ δύο εἰς σάρκα μίαν·* ... ➤ Gen 2,24 LXX			
211	Mt 19,27	τότε ἀποκριθεὶς ὁ Πέτρος εἶπεν αὐτῷ· ἰδοὺ ἡμεῖς ἀφήκαμεν πάντα καὶ ἠκολουθήσαμέν σοι· τί ἄρα ἔσται ἡμῖν;	Mk 10,28	ἤρξατο λέγειν ὁ Πέτρος αὐτῷ· ἰδοὺ ἡμεῖς ἀφήκαμεν πάντα καὶ ἠκολουθήκαμέν σοι.	Lk 18,28	εἶπεν δὲ ὁ Πέτρος· ἰδοὺ ἡμεῖς ἀφέντες τὰ ἴδια ἠκολουθήσαμέν σοι.	
220	Mt 19,30 ⇩ Mt 20,16	πολλοὶ δὲ ἔσονται πρῶτοι ἔσχατοι καὶ ἔσχατοι πρῶτοι.	Mk 10,31 ↑ Mk 9,35	πολλοὶ δὲ ἔσονται πρῶτοι ἔσχατοι καὶ [οἱ] ἔσχατοι πρῶτοι.	Lk 13,30 (2)	καὶ ἰδοὺ εἰσὶν ἔσχατοι οἳ ἔσονται πρῶτοι, καὶ εἰσὶν πρῶτοι οἳ ἔσονται ἔσχατοι.	→ GTh 4,2 **(POxy 654)** Mk-Q overlap
202	Mt 20,16 ⇧ Mt 19,30	οὕτως ἔσονται οἱ ἔσχατοι πρῶτοι καὶ οἱ πρῶτοι ἔσχατοι.	Mk 10,31	πολλοὶ δὲ ἔσονται πρῶτοι ἔσχατοι καὶ [οἱ] ἔσχατοι πρῶτοι.	Lk 13,30 (2)	καὶ ἰδοὺ εἰσὶν ἔσχατοι οἳ ἔσονται πρῶτοι, καὶ εἰσὶν πρῶτοι οἳ ἔσονται ἔσχατοι.	→ GTh 4,2 **(POxy 654)** Mk-Q overlap
211 221	Mt 20,26 (2) ⇩ Mt 23,11	οὐχ οὕτως ἔσται ἐν ὑμῖν, ἀλλ' ὃς ἐὰν θέλῃ ἐν ὑμῖν μέγας γενέσθαι ἔσται ὑμῶν διάκονος,	Mk 10,43 ⇧ Mk 9,35	οὐχ οὕτως δέ ἐστιν ἐν ὑμῖν, ἀλλ' ὃς ἂν θέλῃ μέγας γενέσθαι ἐν ὑμῖν ἔσται ὑμῶν διάκονος,	Lk 22,26	ὑμεῖς δὲ οὐχ οὕτως, ἀλλ' ὁ μείζων ἐν ὑμῖν γινέσθω ὡς ὁ νεώτερος	
221	Mt 20,27	καὶ ὃς ἂν θέλῃ ἐν ὑμῖν εἶναι πρῶτος ἔσται ὑμῶν δοῦλος·	Mk 10,44 ⇧ Mk 9,35	καὶ ὃς ἂν θέλῃ ἐν ὑμῖν εἶναι πρῶτος ἔσται πάντων δοῦλος·	↓ Mt 23,11	καὶ ὁ ἡγούμενος ὡς ὁ διακονῶν.	
112	Mt 21,13	... γέγραπται· *ὁ οἶκός μου οἶκος* *προσευχῆς* *κληθήσεται,* ὑμεῖς δὲ αὐτὸν ποιεῖτε *σπήλαιον λῃστῶν.* ➤ Isa 56,7; Jer 7,11	Mk 11,17	... οὐ γέγραπται ὅτι *ὁ οἶκός μου οἶκος* *προσευχῆς* *κληθήσεται* *πᾶσιν τοῖς ἔθνεσιν;* ὑμεῖς δὲ πεποιήκατε αὐτὸν *σπήλαιον λῃστῶν.* ➤ Isa 56,7; Jer 7,11	Lk 19,46	... γέγραπται· *καὶ* *ἔσται* *ὁ οἶκός μου οἶκος* *προσευχῆς,* ὑμεῖς δὲ αὐτὸν ἐποιήσατε *σπήλαιον λῃστῶν.* ➤ Isa 56,7; Jer 7,11	→ Jn 2,16

120	**Mt 21,21** ↓ Mt 17,20	... ἀμὴν λέγω ὑμῖν, ἐὰν ἔχητε πίστιν καὶ μὴ διακριθῆτε, οὐ μόνον τὸ τῆς συκῆς ποιήσετε, ἀλλὰ κἂν τῷ ὄρει τούτῳ εἴπητε· ἄρθητι καὶ βλήθητι εἰς τὴν θάλασσαν, **γενήσεται·**	**Mk 11,23** → Mk 9,23	[22] ... ἔχετε πίστιν θεοῦ. [23] ἀμὴν λέγω ὑμῖν ὅτι ὃς ἂν εἴπῃ τῷ ὄρει τούτῳ· ἄρθητι καὶ βλήθητι εἰς τὴν θάλασσαν, καὶ μὴ διακριθῇ ἐν τῇ καρδίᾳ αὐτοῦ ἀλλὰ πιστεύῃ ὅτι ὃ λαλεῖ γίνεται, **ἔσται** αὐτῷ.	↓ Lk 17,6		→ GTh 48 → GTh 106
	Mt 17,20 ↑ Mt 21,21	... ἀμὴν γὰρ λέγω ὑμῖν, ἐὰν ἔχητε πίστιν ὡς κόκκον σινάπεως, ἐρεῖτε τῷ ὄρει τούτῳ, μετάβα ἔνθεν ἐκεῖ, καὶ μεταβήσεται· καὶ οὐδὲν ἀδυνατήσει ὑμῖν.			**Lk 17,6**	... εἰ ἔχετε πίστιν ὡς κόκκον σινάπεως, ἐλέγετε ἂν τῇ συκαμίνῳ [ταύτῃ]· ἐκριζώθητι καὶ φυτεύθητι ἐν τῇ θαλάσσῃ· καὶ ὑπήκουσεν ἂν ὑμῖν.	→ GTh 48 → GTh 106
120	**Mt 21,22** → Mt 7,8 → Mt 18,19	καὶ πάντα ὅσα ἂν αἰτήσητε ἐν τῇ προσευχῇ πιστεύοντες **λήμψεσθε.**	**Mk 11,24**	διὰ τοῦτο λέγω ὑμῖν, πάντα ὅσα προσεύχεσθε καὶ αἰτεῖσθε, πιστεύετε ὅτι ἐλάβετε, καὶ **ἔσται ὑμῖν.**	→ Lk 11,10		
121	**Mt 21,38**	... οὗτός ἐστιν ὁ κληρονόμος· δεῦτε ἀποκτείνωμεν αὐτὸν καὶ **σχῶμεν** τὴν κληρονομίαν αὐτοῦ	**Mk 12,7**	... οὗτός ἐστιν ὁ κληρονόμος· δεῦτε ἀποκτείνωμεν αὐτόν, καὶ **ἡμῶν ἔσται** ἡ κληρονομία.	**Lk 20,14**	... οὗτός ἐστιν ὁ κληρονόμος· ἀποκτείνωμεν αὐτόν, ἵνα **ἡμῶν γένηται** ἡ κληρονομία.	→ GTh 65
200	**Mt 22,13**	... ἐκβάλετε αὐτὸν εἰς τὸ σκότος τὸ ἐξώτερον· ἐκεῖ **ἔσται** ὁ κλαυθμὸς καὶ ὁ βρυγμὸς τῶν ὀδόντων.					
221	**Mt 22,28**	ἐν τῇ ἀναστάσει οὖν τίνος τῶν ἑπτὰ **ἔσται** γυνή; πάντες γὰρ ἔσχον αὐτήν·	**Mk 12,23**	ἐν τῇ ἀναστάσει [ὅταν ἀναστῶσιν] τίνος αὐτῶν **ἔσται** γυνή; οἱ γὰρ ἑπτὰ ἔσχον αὐτὴν γυναῖκα.	**Lk 20,33**	ἡ γυνὴ οὖν ἐν τῇ ἀναστάσει τίνος αὐτῶν **γίνεται** γυνή; οἱ γὰρ ἑπτὰ ἔσχον αὐτὴν γυναῖκα.	
200	**Mt 23,11** ⇑ Mt 20,26	ὁ δὲ μείζων ὑμῶν **ἔσται** ὑμῶν διάκονος.	**Mk 10,43** ⇑ Mk 9,35	... ὃς ἂν θέλῃ μέγας γενέσθαι ἐν ὑμῖν **ἔσται** ὑμῶν διάκονος	**Lk 22,26**	... ὁ μείζων ἐν ὑμῖν **γινέσθω** ὡς ὁ νεώτερος καὶ ὁ ἡγούμενος ὡς ὁ διακονῶν.	
222	**Mt 24,3**	... εἰπὲ ἡμῖν, πότε ταῦτα **ἔσται** καὶ τί τὸ σημεῖον τῆς σῆς παρουσίας καὶ συντελείας τοῦ αἰῶνος;	**Mk 13,4**	εἰπὸν ἡμῖν, πότε ταῦτα **ἔσται** καὶ τί τὸ σημεῖον ὅταν μέλλῃ ταῦτα συντελεῖσθαι πάντα;	**Lk 21,7**	... διδάσκαλε, πότε οὖν ταῦτα **ἔσται** καὶ τί τὸ σημεῖον ὅταν μέλλῃ ταῦτα γίνεσθαι;	

	Mt 24,7	ἐγερθήσεται γὰρ ἔθνος ἐπὶ ἔθνος καὶ βασιλεία ἐπὶ βασιλείαν καὶ	Mk 13,8 (2)	ἐγερθήσεται γὰρ ἔθνος ἐπ' ἔθνος καὶ βασιλεία ἐπὶ βασιλείαν,	Lk 21,11 (2) ↓ Lk 21,25	[10] ... ἐγερθήσεται ἔθνος ἐπ' ἔθνος καὶ βασιλεία ἐπὶ βασιλείαν, [11] σεισμοί τε μεγάλοι καὶ κατὰ τόπους λιμοὶ καὶ λοιμοὶ	
222		**ἔσονται** λιμοὶ καὶ σεισμοὶ κατὰ τόπους·		**ἔσονται** σεισμοὶ κατὰ τόπους,		**ἔσονται,**	
121				**ἔσονται** λιμοί·			
112						φόβητρά τε καὶ ἀπ' οὐρανοῦ σημεῖα μεγάλα **ἔσται.**	→ Acts 2,19
		[8] πάντα δὲ ταῦτα ἀρχὴ ὠδίνων.		ἀρχὴ ὠδίνων ταῦτα.			
a 222	Mt 10,22 ⇩ Mt 24,9	καὶ **ἔσεσθε** μισούμενοι ὑπὸ πάντων διὰ τὸ ὄνομά μου· ...	Mk 13,13	καὶ **ἔσεσθε** μισούμενοι ὑπὸ πάντων διὰ τὸ ὄνομά μου. ...	Lk 21,17	καὶ **ἔσεσθε** μισούμενοι ὑπὸ πάντων διὰ τὸ ὄνομά μου.	
a 200	Mt 24,9 ⇧ Mt 10,22 → Mt 10,17 → Mk 13,9 → Mt 24,10	... καὶ **ἔσεσθε** μισούμενοι ὑπὸ πάντων τῶν ἐθνῶν διὰ τὸ ὄνομά μου.					
222	Mt 24,21	**ἔσται** γὰρ τότε θλῖψις μεγάλη οἵα οὐ γέγονεν ἀπ' ἀρχῆς κόσμου ἕως τοῦ νῦν οὐδ' οὐ μὴ γένηται.	Mk 13,19	**ἔσονται** γὰρ αἱ ἡμέραι ἐκεῖναι θλῖψις οἵα οὐ γέγονεν τοιαύτη ἀπ' ἀρχῆς κτίσεως ἣν ἔκτισεν ὁ θεὸς ἕως τοῦ νῦν καὶ οὐ μὴ γένηται.	Lk 21,23	... **ἔσται** γὰρ ἀνάγκη μεγάλη ἐπὶ τῆς γῆς καὶ ὀργὴ τῷ λαῷ τούτῳ,	
a 002					Lk 21,24 → Lk 19,44	... καὶ Ἰερουσαλὴμ **ἔσται** πατουμένη ὑπὸ ἐθνῶν, ἄχρι οὗ πληρωθῶσιν καιροὶ ἐθνῶν.	
202	Mt 24,27	ὥσπερ γὰρ ἡ ἀστραπὴ ἐξέρχεται ἀπὸ ἀνατολῶν καὶ φαίνεται ἕως δυσμῶν, οὕτως **ἔσται** ἡ παρουσία τοῦ υἱοῦ τοῦ ἀνθρώπου·			Lk 17,24	ὥσπερ γὰρ ἡ ἀστραπὴ ἀστράπτουσα ἐκ τῆς ὑπὸ τὸν οὐρανὸν εἰς τὴν ὑπ' οὐρανὸν λάμπει, οὕτως **ἔσται** ὁ υἱὸς τοῦ ἀνθρώπου [ἐν τῇ ἡμέρᾳ αὐτοῦ].	
112	Mt 24,29	εὐθέως δὲ μετὰ τὴν θλῖψιν τῶν ἡμερῶν ἐκείνων *ὁ ἥλιος σκοτισθήσεται,* *καὶ ἡ σελήνη οὐ δώσει* *τὸ φέγγος αὐτῆς,*	Mk 13,24	ἀλλὰ ἐν ἐκείναις ταῖς ἡμέραις μετὰ τὴν θλῖψιν ἐκείνην *ὁ ἥλιος σκοτισθήσεται,* *καὶ ἡ σελήνη οὐ δώσει* *τὸ φέγγος αὐτῆς,* ➤ Isa 13,10	Lk 21,25 ↑ Lk 21,11	καὶ **ἔσονται** σημεῖα ἐν ἡλίῳ καὶ σελήνῃ	→ Acts 2,19
a 121		*καὶ οἱ ἀστέρες* *πεσοῦνται* ἀπὸ τοῦ οὐρανοῦ, ... ➤ Isa 13,10; 34,4	Mk 13,25	*καὶ οἱ ἀστέρες* ***ἔσονται*** ἐκ τοῦ οὐρανοῦ *πίπτοντες*, ... ➤ Isa 34,4		καὶ ἄστροις, καὶ ἐπὶ τῆς γῆς συνοχὴ ἐθνῶν ἐν ἀπορίᾳ ἤχους θαλάσσης καὶ σάλου	
202	Mt 24,37	ὥσπερ γὰρ αἱ ἡμέραι τοῦ Νῶε, οὕτως **ἔσται** ἡ παρουσία τοῦ υἱοῦ τοῦ ἀνθρώπου.			Lk 17,26	καὶ καθὼς ἐγένετο ἐν ταῖς ἡμέραις Νῶε, οὕτως **ἔσται** καὶ ἐν ταῖς ἡμέραις τοῦ υἱοῦ τοῦ ἀνθρώπου·	

202	**Mt 24,39**	... οὕτως ἔσται [καὶ] ἡ παρουσία τοῦ υἱοῦ τοῦ ἀνθρώπου.			**Lk 17,30**	κατὰ τὰ αὐτὰ ἔσται ᾗ ἡμέρᾳ ὁ υἱὸς τοῦ ἀνθρώπου ἀποκαλύπτεται.	
202	**Mt 24,40**	τότε δύο ἔσονται ἐν τῷ ἀγρῷ, εἷς παραλαμβάνεται καὶ εἷς ἀφίεται·			**Lk 17,34**	... ταύτῃ τῇ νυκτὶ ἔσονται δύο ἐπὶ κλίνης μιᾶς, ὁ εἷς παραλημφθήσεται καὶ ὁ ἕτερος ἀφεθήσεται·	→ GTh 61,1
201	**Mt 24,51**	καὶ διχοτομήσει αὐτὸν καὶ τὸ μέρος αὐτοῦ μετὰ τῶν ὑποκριτῶν θήσει· ἐκεῖ ἔσται ὁ κλαυθμὸς καὶ ὁ βρυγμὸς τῶν ὀδόντων.			**Lk 12,46**	... καὶ διχοτομήσει αὐτὸν καὶ τὸ μέρος αὐτοῦ μετὰ τῶν ἀπίστων θήσει.	
200	**Mt 25,30**	καὶ τὸν ἀχρεῖον δοῦλον ἐκβάλετε εἰς τὸ σκότος τὸ ἐξώτερον· ἐκεῖ ἔσται ὁ κλαυθμὸς καὶ ὁ βρυγμὸς τῶν ὀδόντων.					
121	**Mt 26,5**	... μὴ ἐν τῇ ἑορτῇ, ἵνα μὴ θόρυβος γένηται ἐν τῷ λαῷ.	**Mk 14,2**	... μὴ ἐν τῇ ἑορτῇ, μήποτε ἔσται θόρυβος τοῦ λαοῦ.	**Lk 22,2**	... ἐφοβοῦντο γὰρ τὸν λαόν.	
a 112	**Mt 26,64** → Mt 22,44 → Mt 27,42-43	... ἀπ' ἄρτι ὄψεσθε *τὸν υἱὸν τοῦ ἀνθρώπου* καθήμενον ἐκ δεξιῶν τῆς δυνάμεως καὶ *ἐρχόμενον ἐπὶ τῶν* *νεφελῶν τοῦ οὐρανοῦ.* ➤ Dan 7,13	**Mk 14,62** → Mk 12,36 → Mk 15,32	... ὄψεσθε *τὸν υἱὸν τοῦ ἀνθρώπου* ἐκ δεξιῶν καθήμενον τῆς δυνάμεως καὶ *ἐρχόμενον μετὰ τῶν* *νεφελῶν τοῦ οὐρανοῦ.* ➤ Dan 7,13	**Lk 22,69** → Lk 20,42 → Lk 23,35	ἀπὸ τοῦ νῦν δὲ ἔσται ὁ υἱὸς τοῦ ἀνθρώπου καθήμενος ἐκ δεξιῶν τῆς δυνάμεως τοῦ θεοῦ.	→ Acts 7,56
002					**Lk 23,43**	... σήμερον μετ' ἐμοῦ ἔσῃ ἐν τῷ παραδείσῳ.	
200	**Mt 27,64**	... μήποτε ἐλθόντες οἱ μαθηταὶ αὐτοῦ κλέψωσιν αὐτὸν καὶ εἴπωσιν τῷ λαῷ· ἠγέρθη ἀπὸ τῶν νεκρῶν, καὶ ἔσται ἡ ἐσχάτη πλάνη χείρων τῆς πρώτης.					

Acts 1,8 ... καὶ
ἔσεσθέ
μου μάρτυρες ...

Acts 2,17 *καὶ*
ἔσται
ἐν ταῖς ἐσχάταις
ἡμέραις, λέγει ὁ θεός,
ἐκχεῶ ἀπὸ τοῦ
πνεύματός μου ἐπὶ
πᾶσαν σάρκα, ...
➤ Joel 3,1 LXX

Acts 2,21 *καὶ*
ἔσται
πᾶς ὃς ἂν ἐπικαλέσηται
τὸ ὄνομα κυρίου
σωθήσεται.
➤ Joel 3,5 LXX

Acts 3,23 *ἔσται*
δὲ πᾶσα ψυχὴ ἥτις
ἐὰν μὴ ἀκούσῃ τοῦ
προφήτου ἐκείνου
ἐξολεθρευθήσεται
ἐκ τοῦ λαοῦ.
➤ Lev 23,29

Acts 7,6 ἐλάλησεν δὲ οὕτως
ὁ θεὸς ὅτι
ἔσται
τὸ σπέρμα αὐτοῦ
πάροικον ἐν γῇ ἀλλοτρίᾳ
...
➤ Gen 15,13; Exod 2,22

Acts 13,11 καὶ νῦν ἰδοὺ χεὶρ κυρίου
ἐπὶ σὲ καὶ
ἔσῃ
τυφλὸς μὴ βλέπων τὸν
ἥλιον ἄχρι καιροῦ. ...

Acts 22,15 ὅτι
ἔσῃ
μάρτυς αὐτῷ πρὸς
πάντας ἀνθρώπους ὧν
ἑώρακας καὶ ἤκουσας.

Acts 27,22 ... ἀποβολὴ γὰρ ψυχῆς
οὐδεμία
ἔσται
ἐξ ὑμῶν πλὴν τοῦ πλοίου.

Acts 27,25 ... πιστεύω γὰρ τῷ θεῷ ὅτι
οὕτως
ἔσται
καθ' ὃν τρόπον
λελάληταί μοι.

ὦ, ᾖς, ᾖ ...	Syn 14	Mt 7	Mk 2	Lk 5	Acts 1	Jn 17	1-3John 2	Paul 26	Eph 2	Col
	NT 69	2Thess	1/2Tim 3	Tit 2	Heb	Jas 2	1Pet	2Pet	Jude	Rev

present subjunctive of εἰμί

	triple tradition																	double tradition			Sondergut		
		+Mt / +Lk			–Mt / –Lk			traditions not taken over by Mt / Lk							subtotals								
code	222	211	112	212	221	122	121	022	012	021	220	120	210	020	Σ⁺	Σ⁻	Σ	202	201	102	200	002	total
Mt																		3	2		2		7
Mk										2							2						2
Lk			1⁺							2⁻					1⁺	2⁻	1	3				1	5

a ᾖ with participle (periphrastic constructions)

code	Mt		Mk		Lk		
200	**Mt 6,4**	ὅπως ᾖ σου ἡ ἐλεημοσύνη ἐν τῷ κρυπτῷ· ...					
202	**Mt 6,22**	ὁ λύχνος τοῦ σώματός ἐστιν ὁ ὀφθαλμός. ἐὰν οὖν ᾖ ὁ ὀφθαλμός σου ἁπλοῦς, ὅλον τὸ σῶμά σου φωτεινὸν ἔσται·			**Lk 11,34 (2)**	ὁ λύχνος τοῦ σώματός ἐστιν ὁ ὀφθαλμός σου. ὅταν ὁ ὀφθαλμός σου ἁπλοῦς ᾖ, καὶ ὅλον τὸ σῶμά σου φωτεινόν ἐστιν·	→ GTh 24 (POxy 655 - restoration)
202	**Mt 6,23**	ἐὰν δὲ ὁ ὀφθαλμός σου πονηρὸς ᾖ, ὅλον τὸ σῶμά σου σκοτεινὸν ἔσται. ...				ἐπὰν δὲ πονηρὸς ᾖ, καὶ τὸ σῶμά σου σκοτεινόν.	→ GTh 24 (POxy 655 - restoration)
021	Mt 10,1	καὶ προσκαλεσάμενος τοὺς δώδεκα μαθητὰς αὐτοῦ ... [5] τούτους τοὺς δώδεκα ἀπέστειλεν ὁ Ἰησοῦς ...	**Mk 3,14** ↓ Mk 5,18 → Mk 6,7 → Lk 9,2	[13] ... καὶ προσκαλεῖται οὓς ἤθελεν αὐτός, ... [14] καὶ ἐποίησεν δώδεκα, [οὓς καὶ ἀποστόλους ὠνόμασεν] ἵνα ὦσιν μετ' αὐτοῦ καὶ ἵνα ἀποστέλλῃ αὐτοὺς κηρύσσειν	**Lk 6,13**	... προσεφώνησεν τοὺς μαθητὰς αὐτοῦ, καὶ ἐκλεξάμενος ἀπ' αὐτῶν δώδεκα, οὓς καὶ ἀποστόλους ὠνόμασεν·	
202 201	**Mt 10,13 (2)**	καὶ ἐὰν μὲν ᾖ ἡ οἰκία ἀξία, ἐλθάτω ἡ εἰρήνη ὑμῶν ἐπ' αὐτήν, ἐὰν δὲ μὴ ᾖ ἀξία, ἡ εἰρήνη ὑμῶν πρὸς ὑμᾶς ἐπιστραφήτω.			**Lk 10,6**	καὶ ἐὰν ἐκεῖ ᾖ υἱὸς εἰρήνης, ἐπαναπαήσεται ἐπ' αὐτὸν ἡ εἰρήνη ὑμῶν· εἰ δὲ μή γε, ἐφ' ὑμᾶς ἀνακάμψει.	
021			**Mk 5,18**	... παρεκάλει αὐτὸν ὁ δαιμονισθεὶς ἵνα μετ' αὐτοῦ ᾖ.	**Lk 8,38**	ἐδεῖτο δὲ αὐτοῦ ὁ ἀνὴρ ἀφ' οὗ ἐξεληλύθει τὰ δαιμόνια εἶναι σὺν αὐτῷ· ...	

202	**Mt 6,22**	ὁ λύχνος τοῦ σώματός ἐστιν ὁ ὀφθαλμός. ἐὰν οὖν ᾖ ὁ ὀφθαλμός σου ἁπλοῦς, ὅλον τὸ σῶμά σου φωτεινὸν ἔσται·			**Lk 11,34** **(2)**	ὁ λύχνος τοῦ σώματός ἐστιν ὁ ὀφθαλμός σου. ὅταν ὁ ὀφθαλμός σου ἁπλοῦς ᾖ, καὶ ὅλον τὸ σῶμά σου φωτεινόν ἐστιν·	→ GTh 24 (POxy 655 - restoration)
202	**Mt 6,23**	ἐὰν δὲ ὁ ὀφθαλμός σου πονηρὸς ᾖ, ὅλον τὸ σῶμά σου σκοτεινὸν ἔσται. ...				ἐπὰν δὲ πονηρὸς ᾖ, καὶ τὸ σῶμά σου σκοτεινόν.	
a 002					**Lk 14,8**	... μὴ κατακλιθῇς εἰς τὴν πρωτοκλισίαν, μήποτε ἐντιμότερός σου ᾖ κεκλημένος ὑπ᾽ αὐτοῦ	
200	**Mt 20,4**	... ὑπάγετε καὶ ὑμεῖς εἰς τὸν ἀμπελῶνα, καὶ ὃ ἐὰν ᾖ δίκαιον δώσω ὑμῖν.					
112	**Mt 22,24**	... *ἐάν τις* *ἀποθάνῃ* ***μὴ ἔχων τέκνα,*** *ἐπιγαμβρεύσει ὁ ἀδελφὸς* *αὐτοῦ τὴν γυναῖκα* *αὐτοῦ καὶ ἀναστήσει* *σπέρμα τῷ ἀδελφῷ* *αὐτοῦ·* ➤ Deut 25,5; Gen 38,8	**Mk 12,19**	... *ἐάν τινος ἀδελφὸς* *ἀποθάνῃ* καὶ καταλίπῃ γυναῖκα *καὶ* ***μὴ ἀφῇ τέκνον,*** *ἵνα λάβῃ ὁ ἀδελφὸς* *αὐτοῦ τὴν γυναῖκα* *καὶ ἐξαναστήσῃ* *σπέρμα τῷ ἀδελφῷ* *αὐτοῦ.* ➤ Deut 25,5; Gen 38,8	**Lk 20,28**	... *ἐάν τινος ἀδελφὸς* *ἀποθάνῃ* ἔχων γυναῖκα, καὶ οὗτος ***ἄτεκνος ᾖ,*** *ἵνα λάβῃ ὁ ἀδελφὸς* *αὐτοῦ τὴν γυναῖκα* *καὶ ἐξαναστήσῃ* *σπέρμα τῷ ἀδελφῷ* *αὐτοῦ.* ➤ Deut 25,5; Gen 38,8	
201	**Mt 24,28**	ὅπου ἐὰν ᾖ τὸ πτῶμα, ἐκεῖ συναχθήσονται οἱ ἀετοί.			**Lk 17,37**	... ὅπου τὸ σῶμα, ἐκεῖ καὶ οἱ ἀετοὶ ἐπισυναχθήσονται.	

Acts 5,38	... ὅτι ἐὰν ᾖ ἐξ ἀνθρώπων ἡ βουλὴ αὕτη ἢ τὸ ἔργον τοῦτο, καταλυθήσεται

εἴη	Syn 7	Mt	Mk	Lk 7	Acts 4	Jn 1	1-3John	Paul	Eph	Col
	NT 12	2Thess	1/2Tim	Tit	Heb	Jas	1Pet	2Pet	Jude	Rev

present optative of εἰμί

002					Lk 1,29	ἡ δὲ ἐπὶ τῷ λόγῳ διεταράχθη καὶ διελογίζετο ποταπὸς **εἴη** ὁ ἀσπασμὸς οὗτος.	
002					Lk 3,15	... διαλογιζομένων πάντων ἐν ταῖς καρδίαις αὐτῶν περὶ τοῦ Ἰωάννου, μήποτε αὐτὸς **εἴη** ὁ χριστός	
112	Mt 13,10	... οἱ μαθηταὶ εἶπαν αὐτῷ· διὰ τί ἐν παραβολαῖς λαλεῖς αὐτοῖς;	Mk 4,10 → Mk 7,17	... ἠρώτων αὐτὸν οἱ περὶ αὐτὸν σὺν τοῖς δώδεκα τὰς παραβολάς.	Lk 8,9 → Mk 7,17	ἐπηρώτων δὲ αὐτὸν οἱ μαθηταὶ αὐτοῦ τίς αὕτη **εἴη** ἡ παραβολή.	
112	Mt 18,1	ἐν ἐκείνῃ τῇ ὥρᾳ προσῆλθον οἱ μαθηταὶ τῷ Ἰησοῦ λέγοντες· τίς ἄρα μείζων **ἐστὶν** ἐν τῇ βασιλείᾳ τῶν οὐρανῶν;	Mk 9,34	[33] ... τί ἐν τῇ ὁδῷ διελογίζεσθε; [34] οἱ δὲ ἐσιώπων· πρὸς ἀλλήλους γὰρ διελέχθησαν ἐν τῇ ὁδῷ τίς μείζων.	Lk 9,46 → Lk 22,24	εἰσῆλθεν δὲ διαλογισμὸς ἐν αὐτοῖς, τὸ τίς ἂν **εἴη** μείζων αὐτῶν.	→ GTh 12
002					Lk 15,26	καὶ προσκαλεσάμενος ἕνα τῶν παίδων ἐπυνθάνετο τί ἂν **εἴη** ταῦτα.	
112	Mt 20,30 ⇨ Mt 9,27	... ἀκούσαντες ὅτι Ἰησοῦς παράγει, ...	Mk 10,47	καὶ ἀκούσας ὅτι Ἰησοῦς ὁ Ναζαρηνός ἐστιν ...	Lk 18,36	ἀκούσας δὲ ὄχλου διαπορευομένου ἐπυνθάνετο τί **εἴη** τοῦτο. [37] ἀπήγγειλαν δὲ αὐτῷ ὅτι Ἰησοῦς ὁ Ναζωραῖος παρέρχεται.	
112	Mt 26,22 → Mt 26,25	καὶ λυπούμενοι σφόδρα ἤρξαντο λέγειν αὐτῷ εἷς ἕκαστος· μήτι ἐγώ **εἰμι**, κύριε;	Mk 14,19	ἤρξαντο λυπεῖσθαι καὶ λέγειν αὐτῷ εἷς κατὰ εἷς· μήτι ἐγώ;	Lk 22,23	καὶ αὐτοὶ ἤρξαντο συζητεῖν πρὸς ἑαυτοὺς τὸ τίς ἄρα **εἴη** ἐξ αὐτῶν ὁ τοῦτο μέλλων πράσσειν.	→ Jn 13,22.25

Acts 8,20 ... τὸ ἀργύριόν σου σὺν σοὶ
εἴη
εἰς ἀπώλειαν ...

Acts 10,17 ὡς δὲ ἐν ἑαυτῷ διηπόρει ὁ Πέτρος τί ἂν
εἴη
τὸ ὅραμα ὃ εἶδεν, ...

Acts 20,16 ... ἔσπευδεν γὰρ εἰ δυνατὸν
εἴη
αὐτῷ τὴν ἡμέραν τῆς πεντηκοστῆς γενέσθαι εἰς Ἱεροσόλυμα.

Acts 21,33 ... καὶ ἐπυνθάνετο τίς
εἴη
καὶ τί ἐστιν πεποιηκώς.

ἴσθι, ἔστω, ἔστωσαν	Syn 7	Mt 4	Mk 1	Lk 2	Acts 5	Jn	1-3John	Paul 4	Eph	Col
	NT 21	2Thess	1/2Tim 2	Tit	Heb	Jas 2	1Pet 1	2Pet	Jude	Rev

present imperative of εἰμί. (The NT statistics include ἤτω in 1Cor 16,22 and Jas 5,12.)

[a] ἴσθι, ἔστωσαν with participle (periphrastic constructions) [b] ἔστω with ὁ and participle

200	**Mt 2,13**	... φεῦγε εἰς Αἴγυπτον καὶ **ἴσθι** ἐκεῖ ἕως ἂν εἴπω σοι· ...					
a 201	**Mt 5,25** → Mt 18,34	**ἴσθι εὐνοῶν** τῷ ἀντιδίκῳ σου ταχὺ, ἕως ὅτου εἶ μετ' αὐτοῦ ἐν τῇ ὁδῷ, μήποτέ σε παραδῷ ὁ ἀντίδικος τῷ κριτῇ ...			**Lk 12,58**	ὡς γὰρ ὑπάγεις μετὰ τοῦ ἀντιδίκου σου ἐπ' ἄρχοντα, ἐν τῇ ὁδῷ **δὸς ἐργασίαν** **ἀπηλλάχθαι** ἀπ' αὐτοῦ, μήποτε κατασύρῃ σε πρὸς τὸν κριτήν, ...	
200	**Mt 5,37**	**ἔστω** δὲ ὁ λόγος ὑμῶν ναὶ ναί, οὒ οὔ· ...					
121	**Mt 9,22** → Mk 5,29 → Lk 8,44	... θάρσει, θύγατερ· ἡ πίστις σου σέσωκέν σε. ...	**Mk 5,34**	... θυγάτηρ, ἡ πίστις σου σέσωκέν σε· ὕπαγε εἰς εἰρήνην καὶ **ἴσθι** ὑγιὴς ἀπὸ τῆς μάστιγός σου.	**Lk 8,48**	... θυγάτηρ, ἡ πίστις σου σέσωκέν σε· πορεύου εἰς εἰρήνην.	
a 002					**Lk 12,35**	**ἔστωσαν** *ὑμῶν αἱ ὀσφύες* *περιεζωσμέναι* καὶ οἱ λύχνοι καιόμενοι· ➢ Exod 12,11	→ GTh 21,7 → GTh 103
200	**Mt 18,17**	... ἐὰν δὲ καὶ τῆς ἐκκλησίας παρακούσῃ, **ἔστω** σοι ὥσπερ ὁ ἐθνικὸς καὶ ὁ τελώνης.					
a 102	**Mt 25,21** → Mt 24,47	... εὖ, δοῦλε ἀγαθὲ καὶ πιστέ, ἐπὶ ὀλίγα ἧς πιστός, ἐπὶ πολλῶν **σε καταστήσω**· ...			**Lk 19,17** → Lk 16,10	... εὖγε, ἀγαθὲ δοῦλε, ὅτι ἐν ἐλαχίστῳ πιστὸς ἐγένου, **ἴσθι ἐξουσίαν ἔχων** ἐπάνω δέκα πόλεων.	

b **Acts 1,20** ... *γενηθήτω ἡ ἔπαυλις αὐτοῦ ἔρημος καὶ* ***μὴ ἔστω*** *ὁ κατοικῶν ἐν αὐτῇ*, ... ➢ Ps 69,26

Acts 2,14 ... ἄνδρες Ἰουδαῖοι καὶ οἱ κατοικοῦντες Ἰερουσαλὴμ πάντες, τοῦτο ὑμῖν γνωστὸν **ἔστω** καὶ ἐνωτίσασθε τὰ ῥήματά μου.

Acts 4,10 γνωστὸν **ἔστω** πᾶσιν ὑμῖν καὶ παντὶ τῷ λαῷ Ἰσραὴλ ...

Acts 13,38 γνωστὸν οὖν **ἔστω** ὑμῖν, ἄνδρες ἀδελφοί, ὅτι διὰ τούτου ὑμῖν ἄφεσις ἁμαρτιῶν καταγγέλλεται, ...

Acts 28,28 γνωστὸν οὖν **ἔστω** ὑμῖν ὅτι τοῖς ἔθνεσιν ἀπεστάλη τοῦτο τὸ σωτήριον τοῦ θεοῦ· ...

εἶναι	Syn 36	Mt 6	Mk 7	Lk 23	Acts 20	Jn 3	1-3John 1	Paul 39	Eph 3	Col
	NT 124	2Thess	1/2Tim 6	Tit 6	Heb 3	Jas 3	1Pet 2	2Pet	Jude	Rev 2

present infinitive of εἰμί

	triple tradition																	double tradition			Sondergut		
		+Mt / +Lk			–Mt / –Lk			traditions not taken over by Mt / Lk							subtotals								
code	*222*	*211*	*112*	*212*	*221*	*122*	*121*	*022*	*012*	*021*	*220*	*120*	*210*	*020*	Σ^+	Σ^-	Σ	*202*	*201*	*102*	*200*	*002*	total
Mt	4	1^+			1							1^-			1^+	1^-	6						**6**
Mk	4				1							1		1			7						**7**
Lk	4		6^+		1^-				2^+						8^+	1^-	12			2		9	**23**

[a] εἶναι with nominative
[b] εἶναι: accusative with infinitive
[c] διὰ τὸ εἶναι
[d] ἐν τῷ εἶναι

code	Mt		Mk		Lk		
c 002					**Lk 2,4**	ἀνέβη δὲ καὶ Ἰωσὴφ ... εἰς πόλιν Δαυὶδ ἥτις καλεῖται Βηθλέεμ, **διὰ τὸ εἶναι** αὐτὸν ἐξ οἴκου καὶ πατριᾶς Δαυίδ	
d 002					**Lk 2,6**	ἐγένετο δὲ **ἐν τῷ εἶναι** αὐτοὺς ἐκεῖ ἐπλήσθησαν αἱ ἡμέραι τοῦ τεκεῖν αὐτήν	
b 002					**Lk 2,44**	νομίσαντες δὲ αὐτὸν **εἶναι** ἐν τῇ συνοδίᾳ ἦλθον ἡμέρας ὁδὸν ...	
b 002					**Lk 2,49**	... οὐκ ᾔδειτε ὅτι ἐν τοῖς τοῦ πατρός μου δεῖ **εἶναί** με;	
b 012			**Mk 1,34** ↓ Mk 12,16 ↓ Mk 3,12	... καὶ οὐκ ἤφιεν λαλεῖν τὰ δαιμόνια, ὅτι ᾔδεισαν αὐτόν.	**Lk 4,41**	... καὶ ἐπιτιμῶν οὐκ εἴα αὐτὰ λαλεῖν, ὅτι ᾔδεισαν τὸν χριστὸν αὐτὸν **εἶναι.**	
	Mt 12,16	καὶ ἐπετίμησεν αὐτοῖς ἵνα μὴ φανερὸν αὐτὸν ποιήσωσιν	**Mk 3,12** ↑ Mk 1,34	καὶ πολλὰ ἐπετίμα αὐτοῖς ἵνα μὴ αὐτὸν φανερὸν ποιήσωσιν.			
d 112	**Mt 8,2**	καὶ ἰδοὺ λεπρὸς προσελθὼν προσεκύνει αὐτῷ ...	**Mk 1,40**	καὶ ἔρχεται πρὸς αὐτὸν λεπρὸς παρακαλῶν αὐτὸν [καὶ γονυπετῶν] ...	**Lk 5,12** → Lk 17,12.16	καὶ ἐγένετο **ἐν τῷ εἶναι** αὐτὸν ἐν μιᾷ τῶν πόλεων καὶ ἰδοὺ ἀνὴρ πλήρης λέπρας· ...	
012			**Mk 5,18**	... παρεκάλει αὐτὸν ὁ δαιμονισθεὶς ἵνα μετ᾽ αὐτοῦ **ᾖ.**	**Lk 8,38**	ἐδεῖτο δὲ αὐτοῦ ὁ ἀνὴρ ἀφ᾽ οὗ ἐξεληλύθει τὰ δαιμόνια **εἶναι** σὺν αὐτῷ· ...	
d 112	**Mt 16,13**	ἐλθὼν δὲ ὁ Ἰησοῦς εἰς τὰ μέρη Καισαρείας τῆς Φιλίππου	**Mk 8,27**	καὶ ἐξῆλθεν ὁ Ἰησοῦς καὶ οἱ μαθηταὶ αὐτοῦ εἰς τὰς κώμας Καισαρείας τῆς Φιλίππου·	**Lk 9,18 (2)** → Mt 14,23 → Mk 6,46	καὶ ἐγένετο **ἐν τῷ εἶναι** αὐτὸν προσευχόμενον κατὰ μόνας συνῆσαν αὐτῷ οἱ μαθηταί,	
b 222		ἠρώτα τοὺς μαθητὰς αὐτοῦ λέγων· τίνα λέγουσιν οἱ ἄνθρωποι **εἶναι** τὸν υἱὸν τοῦ ἀνθρώπου;		καὶ ἐν τῇ ὁδῷ ἐπηρώτα τοὺς μαθητὰς αὐτοῦ λέγων αὐτοῖς· τίνα με λέγουσιν οἱ ἄνθρωποι **εἶναι;**		καὶ ἐπηρώτησεν αὐτοὺς λέγων· τίνα με λέγουσιν οἱ ὄχλοι **εἶναι;**	→ GTh 13

b 222	**Mt 16,15**	... ὑμεῖς δὲ τίνα με λέγετε **εἶναι;**	**Mk 8,29**	... ὑμεῖς δὲ τίνα με λέγετε **εἶναι;** ...	**Lk 9,20**	... ὑμεῖς δὲ τίνα με λέγετε **εἶναι;** ...	→ GTh 13
b 222	**Mt 17,4**	... κύριε, καλόν ἐστιν ἡμᾶς ὧδε **εἶναι·** ...	**Mk 9,5**	... ῥαββί, καλόν ἐστιν ἡμᾶς ὧδε **εἶναι,** ...	**Lk 9,33**	... ἐπιστάτα, καλόν ἐστιν ἡμᾶς ὧδε **εἶναι,** ...	
a 020			**Mk 9,35** ↓ Mt 20,27 ⇩ Mk 10,44 ↓ Lk 22,26 → Mt 23,11 → Mk 10,31	... εἴ τις θέλει πρῶτος **εἶναι,** ἔσται πάντων ἔσχατος καὶ πάντων διάκονος.			
d 002					**Lk 11,1**	καὶ ἐγένετο **ἐν τῷ εἶναι** αὐτὸν ἐν τόπῳ τινὶ προσευχόμενον, ...	
c 002					**Lk 11,8**	... εἰ καὶ οὐ δώσει αὐτῷ ἀναστὰς **διὰ τὸ εἶναι** φίλον αὐτοῦ, διά γε τὴν ἀναίδειαν αὐτοῦ ἐγερθεὶς δώσει αὐτῷ ὅσων χρῄζει.	
a 102	**Mt 10,37** → Mt 19,29	ὁ φιλῶν πατέρα ἢ μητέρα ὑπὲρ ἐμὲ οὐκ ἔστιν μου ἄξιος, καὶ ὁ φιλῶν υἱὸν ἢ θυγατέρα ὑπὲρ ἐμὲ **οὐκ ἔστιν** μου ἄξιος·	→ Mk 10,29		**Lk 14,26** → Lk 18,29	εἴ τις ἔρχεται πρός με καὶ οὐ μισεῖ τὸν πατέρα ἑαυτοῦ καὶ τὴν μητέρα καὶ τὴν γυναῖκα καὶ τὰ τέκνα καὶ τοὺς ἀδελφοὺς καὶ τὰς ἀδελφὰς ἔτι τε καὶ τὴν ψυχὴν ἑαυτοῦ, **οὐ δύναται εἶναί** μου μαθητής.	→ GTh 55 → GTh 101
a 102	**Mt 10,38** ⇩ Mt 16,24	καὶ ὃς οὐ λαμβάνει τὸν σταυρὸν αὐτοῦ καὶ ἀκολουθεῖ ὀπίσω μου, **οὐκ ἔστιν** μου ἄξιος.			**Lk 14,27** ⇩ Lk 9,23	ὅστις οὐ βαστάζει τὸν σταυρὸν ἑαυτοῦ καὶ ἔρχεται ὀπίσω μου **οὐ δύναται εἶναί** μου μαθητής.	→ GTh 55 → GTh 101 Mk-Q overlap
	Mt 16,24 ⇧ Mt 10,38	... εἴ τις θέλει ὀπίσω μου ἐλθεῖν, ἀπαρνησάσθω ἑαυτὸν καὶ ἀράτω τὸν σταυρὸν αὐτοῦ καὶ ἀκολουθείτω μοι.	**Mk 8,34**	... εἴ τις θέλει ὀπίσω μου ἀκολουθεῖν, ἀπαρνησάσθω ἑαυτὸν καὶ ἀράτω τὸν σταυρὸν αὐτοῦ καὶ ἀκολουθείτω μοι.	**Lk 9,23** ⇧ **Lk 14,27**	... εἴ τις θέλει ὀπίσω μου ἔρχεσθαι, ἀρνησάσθω ἑαυτὸν καὶ ἀράτω τὸν σταυρὸν αὐτοῦ καθ᾽ ἡμέραν, καὶ ἀκολουθείτω μοι.	
a 002					**Lk 14,33** → Lk 12,33	οὕτως οὖν πᾶς ἐξ ὑμῶν ὃς οὐκ ἀποτάσσεται πᾶσιν τοῖς ἑαυτοῦ ὑπάρχουσιν **οὐ δύναται εἶναί** μου μαθητής.	→ Acts 2,45
a 211	**Mt 19,21** → Mt 6,20	... εἰ θέλεις τέλειος **εἶναι,** ὕπαγε πώλησόν σου τὰ ὑπάρχοντα καὶ δὸς [τοῖς] πτωχοῖς, ...	**Mk 10,21**	... ἕν σε ὑστερεῖ· ὕπαγε, ὅσα ἔχεις πώλησον καὶ δὸς [τοῖς] πτωχοῖς, ...	**Lk 18,22** → Lk 12,33	... ἔτι ἕν σοι λείπει· πάντα ὅσα ἔχεις πώλησον καὶ διάδος πτωχοῖς, ...	→ Acts 2,45
a 221	**Mt 20,27**	καὶ ὃς ἂν θέλῃ ἐν ὑμῖν **εἶναι** πρῶτος ἔσται ὑμῶν δοῦλος·	**Mk 10,44** ⇧ Mk 9,35	καὶ ὃς ἂν θέλῃ ἐν ὑμῖν **εἶναι** πρῶτος ἔσται πάντων δοῦλος·	**Lk 22,26** → Mt 23,11	... ἀλλ᾽ ὁ μείζων ἐν ὑμῖν γινέσθω ὡς ὁ νεώτερος καὶ ὁ ἡγούμενος ὡς ὁ διακονῶν.	
c 002					**Lk 19,11**	... εἶπεν παραβολὴν **διὰ τὸ ἐγγὺς εἶναι** Ἰερουσαλὴμ αὐτὸν ...	

b 112	**Mt 21,26**	... φοβούμεθα τὸν ὄχλον, πάντες γὰρ ὡς προφήτην ἔχουσιν τὸν Ἰωάννην.	**Mk 11,32**	... ἐφοβοῦντο τὸν ὄχλον· ἅπαντες γὰρ εἶχον τὸν Ἰωάννην ὄντως ὅτι προφήτης **ἦν.**	**Lk 20,6**	... ὁ λαὸς ἅπας καταλιθάσει ἡμᾶς, πεπεισμένος γάρ ἐστιν Ἰωάννην προφήτην **εἶναι.**	
b 112	**Mt 22,15** → Mt 26,4	τότε πορευθέντες οἱ Φαρισαῖοι συμβούλιον ἔλαβον ὅπως αὐτὸν παγιδεύσωσιν ἐν λόγῳ. [16] καὶ ἀποστέλλουσιν αὐτῷ τοὺς μαθητὰς αὐτῶν μετὰ τῶν Ἡρῳδιανῶν ...	**Mk 12,13**	καὶ ἀποστέλλουσιν πρὸς αὐτόν τινας τῶν Φαρισαίων καὶ τῶν Ἡρῳδιανῶν ἵνα αὐτὸν ἀγρεύσωσιν λόγῳ.	**Lk 20,20** → Lk 16,15 → Lk 18,9 ↓ Lk 23,2	καὶ παρατηρήσαντες ἀπέστειλαν ἐγκαθέτους ὑποκρινομένους ἑαυτοὺς δικαίους **εἶναι,** ἵνα ἐπιλάβωνται αὐτοῦ λόγου, ὥστε παραδοῦναι αὐτὸν τῇ ἀρχῇ καὶ τῇ ἐξουσίᾳ τοῦ ἡγεμόνος.	
b 222	**Mt 22,23**	ἐν ἐκείνῃ τῇ ἡμέρᾳ προσῆλθον αὐτῷ Σαδδουκαῖοι, λέγοντες **μὴ εἶναι** ἀνάστασιν, καὶ ἐπηρώτησαν αὐτὸν	**Mk 12,18**	καὶ ἔρχονται Σαδδουκαῖοι πρὸς αὐτόν, οἵτινες λέγουσιν ἀνάστασιν **μὴ εἶναι,** καὶ ἐπηρώτων αὐτὸν ...	**Lk 20,27**	προσελθόντες δέ τινες τῶν Σαδδουκαίων, οἱ [ἀντι]λέγοντες ἀνάστασιν **μὴ εἶναι,** ἐπηρώτησαν αὐτὸν	
b 112	**Mt 22,42**	... τί ὑμῖν δοκεῖ περὶ τοῦ χριστοῦ; τίνος υἱός **ἐστιν;** λέγουσιν αὐτῷ· τοῦ Δαυίδ.	**Mk 12,35**	... πῶς λέγουσιν οἱ γραμματεῖς ὅτι ὁ χριστὸς υἱὸς Δαυίδ **ἐστιν;**	**Lk 20,41**	... πῶς λέγουσιν τὸν χριστὸν **εἶναι** Δαυὶδ υἱόν;	
a 002					**Lk 22,24** → Lk 9,46	ἐγένετο δὲ καὶ φιλονεικία ἐν αὐτοῖς, τὸ τίς αὐτῶν δοκεῖ **εἶναι** μείζων.	
b 120	**Mt 26,66** → Lk 24,20	... οἱ δὲ ἀποκριθέντες εἶπαν· ἔνοχος θανάτου **ἐστίν.**	**Mk 14,64** → Lk 24,20	... οἱ δὲ πάντες κατέκριναν αὐτὸν ἔνοχον **εἶναι** θανάτου.			
b 112	**Mt 27,12**	καὶ ἐν τῷ κατηγορεῖσθαι αὐτὸν ὑπὸ τῶν ἀρχιερέων καὶ πρεσβυτέρων οὐδὲν ἀπεκρίνατο.	**Mk 15,3**	καὶ κατηγόρουν αὐτοῦ οἱ ἀρχιερεῖς πολλά.	**Lk 23,2** ↑ Lk 20,20 → Lk 20,25 ⇨ Lk 23,10 → Lk 23,14	ἤρξαντο δὲ κατηγορεῖν αὐτοῦ λέγοντες· τοῦτον εὕραμεν διαστρέφοντα τὸ ἔθνος ἡμῶν καὶ κωλύοντα φόρους Καίσαρι διδόναι καὶ λέγοντα ἑαυτὸν χριστὸν βασιλέα **εἶναι.**	→ Acts 17,7

a **Acts 2,12** ... ἄλλος πρὸς ἄλλον λέγοντες· τί θέλει τοῦτο **εἶναι;**

b **Acts 4,32** ... καὶ οὐδὲ εἷς τι τῶν ὑπαρχόντων αὐτῷ ἔλεγεν ἴδιον **εἶναι** ἀλλ' ἦν αὐτοῖς ἅπαντα κοινά.

b **Acts 5,36** πρὸ γὰρ τούτων τῶν ἡμερῶν ἀνέστη Θευδᾶς λέγων **εἶναί** τινα ἑαυτόν, ...

b **Acts 8,9** ἀνὴρ δέ τις ὀνόματι Σίμων προϋπῆρχεν ἐν τῇ πόλει μαγεύων καὶ ἐξιστάνων τὸ ἔθνος τῆς Σαμαρείας, λέγων **εἶναί** τινα ἑαυτὸν μέγαν

b **Acts 13,25** (→ Mt 3,11; → Mk 1,7; → Lk 3,16) ... τί ἐμὲ ὑπονοεῖτε **εἶναι;** οὐκ εἰμὶ ἐγώ· ἀλλ' ἰδοὺ ἔρχεται μετ' ἐμὲ οὗ οὐκ εἰμὶ ἄξιος τὸ ὑπόδημα τῶν ποδῶν λῦσαι.

b **Acts 13,47** (→ Acts 1,8) ... *τέθεικά σε εἰς φῶς ἐθνῶν* ***τοῦ εἶναί*** *σε εἰς σωτηρίαν ἕως ἐσχάτου τῆς γῆς.* ➤ Isa 49,6

b **Acts 16,13** ... παρὰ ποταμὸν οὗ ἐνομίζομεν προσευχὴν **εἶναι,** καὶ καθίσαντες ἐλαλοῦμεν ταῖς συνελθούσαις γυναιξίν.

b **Acts 16,15** ... εἰ κεκρίκατέ με πιστὴν τῷ κυρίῳ **εἶναι,** εἰσελθόντες εἰς τὸν οἶκόν μου μένετε· ...

b **Acts 17,7** → Lk 23,2 ... καὶ οὗτοι πάντες ἀπέναντι τῶν δογμάτων Καίσαρος πράσσουσι βασιλέα ἕτερον λέγοντες **εἶναι** Ἰησοῦν.

a **Acts 17,18** ... οἱ δέ· ξένων δαιμονίων δοκεῖ καταγγελεὺς **εἶναι**, ...

a **Acts 17,20** ... βουλόμεθα οὖν γνῶναι τίνα θέλει ταῦτα **εἶναι**.

b **Acts 17,29** γένος οὖν ὑπάρχοντες τοῦ θεοῦ οὐκ ὀφείλομεν νομίζειν χρυσῷ ἢ ἀργύρῳ ἢ λίθῳ, χαράγματι τέχνης καὶ ἐνθυμήσεως ἀνθρώπου, τὸ θεῖον **εἶναι** ὅμοιον.

c **Acts 18,3** καὶ **διὰ τὸ ὁμότεχνον εἶναι** ἔμενεν παρ' αὐτοῖς, καὶ ἠργάζετο· ...

b **Acts 18,5** ... συνείχετο τῷ λόγῳ ὁ Παῦλος διαμαρτυρόμενος τοῖς Ἰουδαίοις **εἶναι** τὸν χριστὸν Ἰησοῦν.

a **Acts 18,15** ... κριτὴς ἐγὼ τούτων οὐ βούλομαι **εἶναι**.

b **Acts 18,28** εὐτόνως γὰρ τοῖς Ἰουδαίοις διακατηλέγχετο δημοσίᾳ ἐπιδεικνὺς διὰ τῶν γραφῶν **εἶναι** τὸν χριστὸν Ἰησοῦν.

d **Acts 19,1** ἐγένετο δὲ **ἐν τῷ τὸν Ἀπολλῶ εἶναι** ἐν Κορίνθῳ Παῦλον διελθόντα τὰ ἀνωτερικὰ μέρη ...

b **Acts 23,8** Σαδδουκαῖοι μὲν γὰρ λέγουσιν **μὴ εἶναι** ἀνάστασιν μήτε ἄγγελον μήτε πνεῦμα, ...

c **Acts 27,4** κἀκεῖθεν ἀναχθέντες ὑπεπλεύσαμεν τὴν Κύπρον **διὰ τὸ τοὺς ἀνέμους εἶναι** ἐναντίους

b **Acts 28,6** ... μεταβαλόμενοι ἔλεγον αὐτὸν **εἶναι** θεόν.

ὤν, οὖσα, ὄν

Syn 27	Mt 5	Mk 7	Lk 15	Acts 33	Jn 25	1-3John	Paul 43	Eph 8	Col 3
NT 159	2Thess 1	1/2Tim 4	Tit 2	Heb 5	Jas 1	1Pet	2Pet 2	Jude	Rev 5

present participle masculine, feminine, and neuter of εἰμί

	triple tradition																	double tradition			Sondergut		
		+Mt / +Lk			−Mt / −Lk			traditions not taken over by Mt / Lk							subtotals								
code	*222*	*211*	*112*	*212*	*221*	*122*	*121*	*022*	*012*	*021*	*220*	*120*	*210*	*020*	Σ⁺	Σ⁻	Σ	*202*	*201*	*102*	*200*	*002*	total
Mt						1^-	1^-					5^-				7^-		2	1		2		**5**
Mk						1	1					5					7						**7**
Lk			5^+			1	1^-								5^+	1^-	6	2				7	**15**

a ὄντος, οὔσης, ὄντων in the genitive absolute

b ὤν with the article: nominalized participle

code	Mt	Mk	Lk	
200	**Mt 1,19** Ἰωσὴφ δὲ ὁ ἀνὴρ αὐτῆς, δίκαιος **ὢν** καὶ μὴ θέλων αὐτὴν δειγματίσαι, ἐβουλήθη λάθρᾳ ἀπολῦσαι αὐτήν.			
002			**Lk 2,5** ἀπογράψασθαι σὺν Μαριὰμ τῇ ἐμνηστευμένῃ αὐτῷ, **οὔσῃ** ἐγκύῳ.	
002	**Mt 1,16** → Mt 13,55 → Mk 6,3 Ἰακὼβ δὲ ἐγέννησεν τὸν Ἰωσὴφ τὸν ἄνδρα Μαρίας, ἐξ ἧς ἐγεννήθη Ἰησοῦς ὁ λεγόμενος χριστός.		**Lk 3,23** → Lk 4,22 καὶ αὐτὸς ἦν Ἰησοῦς ἀρχόμενος ὡσεὶ ἐτῶν τριάκοντα, **ὢν** υἱός, ὡς ἐνομίζετο, Ἰωσὴφ τοῦ Ἠλὶ	
b 112	**Mt 12,3** ... οὐκ ἀνέγνωτε τί ἐποίησεν Δαυὶδ ὅτε ἐπείνασεν καὶ **οἱ μετ' αὐτοῦ**,	**Mk 2,25** ... οὐδέποτε ἀνέγνωτε τί ἐποίησεν Δαυίδ, ὅτε χρείαν ἔσχεν καὶ ἐπείνασεν αὐτὸς καὶ **οἱ μετ' αὐτοῦ**,	**Lk 6,3** ... οὐδὲ τοῦτο ἀνέγνωτε ὃ ἐποίησεν Δαυὶδ ὅτε ἐπείνασεν αὐτὸς καὶ **οἱ μετ' αὐτοῦ [ὄντες]**,	

b 121	**Mt 12,4**	πῶς εἰσῆλθεν εἰς τὸν οἶκον τοῦ θεοῦ καὶ τοὺς ἄρτους τῆς προθέσεως ἔφαγον, ὃ οὐκ ἐξὸν ἦν αὐτῷ φαγεῖν οὐδὲ **τοῖς μετ᾽ αὐτοῦ** εἰ μὴ τοῖς ἱερεῦσιν μόνοις;	**Mk 2,26**	πῶς εἰσῆλθεν εἰς τὸν οἶκον τοῦ θεοῦ ἐπὶ Ἀβιαθὰρ ἀρχιερέως καὶ τοὺς ἄρτους τῆς προθέσεως ἔφαγεν, οὓς οὐκ ἔξεστιν φαγεῖν εἰ μὴ τοὺς ἱερεῖς, καὶ ἔδωκεν καὶ **τοῖς σὺν αὐτῷ οὖσιν;**	**Lk 6,4**	[ὡς] εἰσῆλθεν εἰς τὸν οἶκον τοῦ θεοῦ καὶ τοὺς ἄρτους τῆς προθέσεως λαβὼν ἔφαγεν καὶ ἔδωκεν **τοῖς μετ᾽ αὐτοῦ,** οὓς οὐκ ἔξεστιν φαγεῖν εἰ μὴ μόνους τοὺς ἱερεῖς;	
202	**Mt 6,30**	εἰ δὲ τὸν χόρτον τοῦ ἀγροῦ σήμερον **ὄντα** καὶ αὔριον εἰς κλίβανον βαλλόμενον ὁ θεὸς οὕτως ἀμφιέννυσιν, οὐ πολλῷ μᾶλλον ὑμᾶς, ὀλιγόπιστοι;			**Lk 12,28**	εἰ δὲ ἐν ἀγρῷ τὸν χόρτον **ὄντα** σήμερον καὶ αὔριον εἰς κλίβανον βαλλόμενον ὁ θεὸς οὕτως ἀμφιέζει, πόσῳ μᾶλλον ὑμᾶς, ὀλιγόπιστοι.	→ GTh 36,2 (only POxy 655)
201	**Mt 7,11**	εἰ οὖν ὑμεῖς πονηροὶ **ὄντες** οἴδατε δόματα ἀγαθὰ διδόναι τοῖς τέκνοις ὑμῶν, ...			**Lk 11,13**	εἰ οὖν ὑμεῖς πονηροὶ **ὑπάρχοντες** οἴδατε δόματα ἀγαθὰ διδόναι τοῖς τέκνοις ὑμῶν, ...	
b 202	**Mt 12,30**	**ὁ μὴ ὢν** μετ᾽ ἐμοῦ κατ᾽ ἐμοῦ ἐστιν, ...	→ Mk 9,40		**Lk 11,23** → Lk 9,50	**ὁ μὴ ὢν** μετ᾽ ἐμοῦ κατ᾽ ἐμοῦ ἐστιν, ...	
200	**Mt 12,34** → Mt 3,7 → Lk 3,7 → Mt 23,33	γεννήματα ἐχιδνῶν, πῶς δύνασθε ἀγαθὰ λαλεῖν πονηροὶ **ὄντες;** ...					
	Mt 13,31	ἄλλην παραβολὴν παρέθηκεν αὐτοῖς λέγων· ὁμοία ἐστὶν ἡ βασιλεία τῶν οὐρανῶν κόκκῳ σινάπεως, ὃν λαβὼν ἄνθρωπος ἔσπειρεν ἐν τῷ ἀγρῷ αὐτοῦ·	**Mk 4,31**	[30] ... πῶς ὁμοιώσωμεν τὴν βασιλείαν τοῦ θεοῦ ἢ ἐν τίνι αὐτὴν παραβολῇ θῶμεν; [31] ὡς κόκκῳ σινάπεως, ὃς ὅταν σπαρῇ ἐπὶ τῆς γῆς,	Lk 13,19	[18] ...τίνι ὁμοία ἐστὶν ἡ βασιλεία τοῦ θεοῦ καὶ τίνι ὁμοιώσω αὐτήν; [19] ὁμοία ἐστὶν κόκκῳ σινάπεως, ὃν λαβὼν ἄνθρωπος ἔβαλεν εἰς κῆπον ἑαυτοῦ, ...	Mk-Q overlap
120	**Mt 13,32**	ὃ μικρότερον μέν **ἐστιν** πάντων τῶν σπερμάτων, ...		μικρότερον **ὂν** πάντων τῶν σπερμάτων τῶν ἐπὶ τῆς γῆς			→ GTh 20
122	**Mt 9,20**	καὶ ἰδοὺ **γυνὴ** **αἱμορροοῦσα** δώδεκα ἔτη ...	**Mk 5,25**	καὶ **γυνὴ οὖσα** **ἐν ῥύσει αἵματος** δώδεκα ἔτη	**Lk 8,43**	καὶ **γυνὴ οὖσα** **ἐν ῥύσει αἵματος** ἀπὸ ἐτῶν δώδεκα, ...	
a 120	**Mt 15,32**	 ὁ δὲ Ἰησοῦς προσκαλεσάμενος τοὺς μαθητὰς αὐτοῦ εἶπεν· ...	**Mk 8,1**	ἐν ἐκείναις ταῖς ἡμέραις πάλιν πολλοῦ ὄχλου **ὄντος** καὶ μὴ ἐχόντων τί φάγωσιν, προσκαλεσάμενος τοὺς μαθητὰς λέγει αὐτοῖς·			
b 202	**Mt 12,30**	**ὁ μὴ ὢν** μετ᾽ ἐμοῦ κατ᾽ ἐμοῦ ἐστιν, ...	→ Mk 9,40		**Lk 11,23** → Lk 9,50	**ὁ μὴ ὢν** μετ᾽ ἐμοῦ κατ᾽ ἐμοῦ ἐστιν, ...	
202	**Mt 6,30**	εἰ δὲ τὸν χόρτον τοῦ ἀγροῦ σήμερον **ὄντα** καὶ αὔριον εἰς κλίβανον βαλλόμενον ὁ θεὸς οὕτως ἀμφιέννυσιν, οὐ πολλῷ μᾶλλον ὑμᾶς, ὀλιγόπιστοι;			**Lk 12,28**	εἰ δὲ ἐν ἀγρῷ τὸν χόρτον **ὄντα** σήμερον καὶ αὔριον εἰς κλίβανον βαλλόμενον ὁ θεὸς οὕτως ἀμφιέζει, πόσῳ μᾶλλον ὑμᾶς, ὀλιγόπιστοι.	→ GTh 36,2 (only POxy 655)

002					Lk 13,16 → Lk 19,9	ταύτην δὲ θυγατέρα Ἀβραὰμ **οὖσαν,** ἣν ἔδησεν ὁ σατανᾶς ἰδοὺ δέκα καὶ ὀκτὼ ἔτη, ...	→ Acts 10,38
a 002					Lk 14,32	εἰ δὲ μή γε, ἔτι αὐτοῦ πόρρω **ὄντος** πρεσβείαν ἀποστείλας ἐρωτᾷ τὰ πρὸς εἰρήνην.	
a 120	Mt 21,17	[16] καὶ εἰσελθόντος αὐτοῦ εἰς Ἱεροσόλυμα ... [17] καὶ καταλιπὼν αὐτοὺς ἐξῆλθεν ἔξω τῆς πόλεως εἰς Βηθανίαν, καὶ ηὐλίσθη ἐκεῖ.	Mk 11,11	καὶ εἰσῆλθεν εἰς Ἱεροσόλυμα εἰς τὸ ἱερὸν καὶ περιβλεψάμενος πάντα, ὀψίας ἤδη **οὔσης** τῆς ὥρας, ἐξῆλθεν εἰς Βηθανίαν μετὰ τῶν δώδεκα.	Lk 21,37 → Mk 11,19 → Lk 19,47	ἦν δὲ τὰς ἡμέρας ἐν τῷ ἱερῷ διδάσκων, τὰς δὲ νύκτας ἐξερχόμενος ηὐλίζετο εἰς τὸ ὄρος τὸ καλούμενον Ἐλαιῶν·	→ [[Jn 8,1]]
112	Mt 22,30	... οὔτε γαμοῦσιν οὔτε γαμίζονται, ἀλλ' ὡς ἄγγελοι ἐν τῷ οὐρανῷ εἰσιν.	Mk 12,25	... οὔτε γαμοῦσιν οὔτε γαμίζονται, ἀλλ' εἰσὶν ὡς ἄγγελοι ἐν τοῖς οὐρανοῖς.	Lk 20,36	[35] ... οὔτε γαμοῦσιν οὔτε γαμίζονται· [36] οὐδὲ γὰρ ἀποθανεῖν ἔτι δύνανται, ἰσάγγελοι γάρ εἰσιν καὶ υἱοί εἰσιν θεοῦ τῆς ἀναστάσεως υἱοὶ **ὄντες.**	
a 120	Mt 26,6 → Lk 7,40	τοῦ δὲ Ἰησοῦ **γενομένου** ἐν Βηθανίᾳ ἐν οἰκίᾳ Σίμωνος τοῦ λεπροῦ	Mk 14,3 → Lk 7,40	καὶ **ὄντος** αὐτοῦ ἐν Βηθανίᾳ ἐν τῇ οἰκίᾳ Σίμωνος τοῦ λεπροῦ, ...	Lk 7,36	... καὶ **εἰσελθὼν** εἰς τὸν οἶκον τοῦ Φαρισαίου ...	→ Jn 12,1-2
112	Mt 26,14	τότε πορευθεὶς εἷς τῶν δώδεκα, ὁ λεγόμενος Ἰούδας Ἰσκαριώτης, ...	Mk 14,10	 καὶ Ἰούδας Ἰσκαριὼθ ὁ εἷς τῶν δώδεκα ἀπῆλθεν ...	Lk 22,3	εἰσῆλθεν δὲ σατανᾶς εἰς Ἰούδαν τὸν καλούμενον Ἰσκαριώτην, **ὄντα** ἐκ τοῦ ἀριθμοῦ τῶν δώδεκα· [4] καὶ ἀπελθὼν ...	
a 112	Mt 26,55	... καθ' ἡμέραν ἐν τῷ ἱερῷ **ἐκαθεζόμην** διδάσκων καὶ οὐκ ἐκρατήσατέ με.	Mk 14,49	καθ' ἡμέραν **ἤμην** πρὸς ὑμᾶς ἐν τῷ ἱερῷ διδάσκων καὶ οὐκ ἐκρατήσατέ με· ...	Lk 22,53	καθ' ἡμέραν **ὄντος μου** μεθ' ὑμῶν ἐν τῷ ἱερῷ οὐκ ἐξετείνατε τὰς χεῖρας ἐπ' ἐμέ, ...	→ Jn 18,20
a 120	Mt 26,69	ὁ δὲ Πέτρος **ἐκάθητο** ἔξω ἐν τῇ αὐλῇ· ...	Mk 14,66	καὶ **ὄντος** τοῦ Πέτρου κάτω ἐν τῇ αὐλῇ ...			→ Jn 18,17
002					Lk 23,7	... ἀνέπεμψεν αὐτὸν πρὸς Ἡρῴδην, **ὄντα** καὶ αὐτὸν ἐν Ἱεροσολύμοις ...	
002					Lk 23,12	... προϋπῆρχον γὰρ ἐν ἔχθρᾳ **ὄντες** πρὸς αὐτούς.	
112	Mt 28,6	οὐκ ἔστιν ὧδε, ἠγέρθη γὰρ καθὼς εἶπεν· δεῦτε ἴδετε τὸν τόπον ὅπου ἔκειτο.	Mk 16,6	... ἠγέρθη, οὐκ ἔστιν ὧδε· ἴδε ὁ τόπος ὅπου ἔθηκαν αὐτόν.	Lk 24,6 → Lk 24,23	οὐκ ἔστιν ὧδε, ἀλλὰ ἠγέρθη. μνήσθητε ὡς ἐλάλησεν ὑμῖν ἔτι **ὢν** ἐν τῇ Γαλιλαίᾳ	

002		Lk 24,44	... οὗτοι οἱ λόγοι μου οὓς ἐλάλησα πρὸς ὑμᾶς ἔτι **ὢν** σὺν ὑμῖν, ...

Acts 5,17 ἀναστὰς δὲ ὁ ἀρχιερεὺς καὶ πάντες οἱ σὺν αὐτῷ, ἡ **οὖσα** αἵρεσις τῶν Σαδδουκαίων, ἐπλήσθησαν ζήλου

Acts 7,2 ... ὁ θεὸς τῆς δόξης ὤφθη τῷ πατρὶ ἡμῶν Ἀβραὰμ **ὄντι** ἐν τῇ Μεσοποταμίᾳ ...

a **Acts 7,5** ... καὶ ἐπηγγείλατο *δοῦναι αὐτῷ εἰς κατάσχεσιν αὐτὴν καὶ τῷ σπέρματι αὐτοῦ μετ' αὐτόν,* οὐκ **ὄντος** αὐτῷ τέκνου.
➢ Gen 48,4

Acts 7,12 ἀκούσας δὲ Ἰακὼβ **ὄντα** σιτία εἰς Αἴγυπτον ἐξαπέστειλεν τοὺς πατέρας ἡμῶν πρῶτον.

Acts 8,23 εἰς γὰρ χολὴν πικρίας καὶ σύνδεσμον ἀδικίας ὁρῶ σε **ὄντα**.

Acts 9,2 ... πρὸς τὰς συναγωγάς, ὅπως ἐάν **τινας εὕρῃ τῆς ὁδοῦ ὄντας,** ἄνδρας τε καὶ γυναῖκας, δεδεμένους ἀγάγῃ εἰς Ἰερουσαλήμ.

a **Acts 9,38** ἐγγὺς δὲ **οὔσης** Λύδδας τῇ Ἰόππῃ ....

Acts 9,39 ... καὶ παρέστησαν αὐτῷ πᾶσαι αἱ χῆραι κλαίουσαι καὶ ἐπιδεικνύμεναι χιτῶνας καὶ ἱμάτια ὅσα ἐποίει μετ' αὐτῶν **οὖσα** ἡ Δορκάς.

Acts 11,1 ἤκουσαν δὲ οἱ ἀπόστολοι καὶ οἱ ἀδελφοὶ **οἱ ὄντες** κατὰ τὴν Ἰουδαίαν ὅτι καὶ τὰ ἔθνη ἐδέξαντο τὸν λόγον τοῦ θεοῦ.

Acts 11,22 ἠκούσθη δὲ ὁ λόγος εἰς τὰ ὦτα τῆς ἐκκλησίας **τῆς οὔσης** ἐν Ἰερουσαλὴμ περὶ αὐτῶν καὶ ἐξαπέστειλαν Βαρναβᾶν [διελθεῖν] ἕως Ἀντιοχείας.

Acts 13,1 ἦσαν δὲ ἐν Ἀντιοχείᾳ **κατὰ τὴν οὖσαν ἐκκλησίαν** προφῆται καὶ διδάσκαλοι ...

Acts 14,13 ὅ τε ἱερεὺς τοῦ Διὸς **τοῦ ὄντος** πρὸ τῆς πόλεως ταύρους καὶ στέμματα ἐπὶ τοὺς πυλῶνας ...

Acts 15,32 Ἰούδας τε καὶ Σιλᾶς καὶ αὐτοὶ προφῆται **ὄντες** διὰ λόγου πολλοῦ παρεκάλεσαν τοὺς ἀδελφοὺς καὶ ἐπεστήριξαν

Acts 16,3 ... καὶ λαβὼν περιέτεμεν αὐτὸν διὰ τοὺς Ἰουδαίους **τοὺς ὄντας** ἐν τοῖς τόποις ἐκείνοις· ᾔδεισαν γὰρ ἅπαντες ὅτι Ἕλλην ὁ πατὴρ αὐτοῦ ὑπῆρχεν.

Acts 16,21 καὶ καταγγέλλουσιν ἔθη ἃ οὐκ ἔξεστιν ἡμῖν παραδέχεσθαι οὐδὲ ποιεῖν Ῥωμαίοις **οὖσιν**.

Acts 17,16 ... παρωξύνετο τὸ πνεῦμα αὐτοῦ ἐν αὐτῷ θεωροῦντος κατείδωλον **οὖσαν** τὴν πόλιν.

a **Acts 18,12** Γαλλίωνος δὲ ἀνθυπάτου **ὄντος** τῆς Ἀχαΐας κατεπέστησαν ὁμοθυμαδὸν οἱ Ἰουδαῖοι τῷ Παύλῳ ...

Acts 18,24 Ἰουδαῖος δέ τις Ἀπολλῶς ὀνόματι, Ἀλεξανδρεὺς τῷ γένει, ἀνὴρ λόγιος, κατήντησεν εἰς Ἔφεσον, δυνατὸς **ὢν** ἐν ταῖς γραφαῖς.

Acts 19,31 τινὲς δὲ καὶ τῶν Ἀσιαρχῶν, **ὄντες** αὐτῷ φίλοι, πέμψαντες πρὸς αὐτὸν ...

Acts 19,35 ... τίς γάρ ἐστιν ἀνθρώπων ὃς οὐ γινώσκει τὴν Ἐφεσίων πόλιν νεωκόρον **οὖσαν** τῆς μεγάλης Ἀρτέμιδος καὶ τοῦ διοπετοῦς;

a **Acts 19,36** ἀναντιρρήτων οὖν **ὄντων** τούτων δέον ἐστὶν ὑμᾶς κατεσταλμένους ὑπάρχειν ...

b **Acts 20,34** αὐτοὶ γινώσκετε ὅτι ταῖς χρείαις μου καὶ **τοῖς οὖσιν** μετ' ἐμοῦ ὑπηρέτησαν αἱ χεῖρες αὗται.

Acts 21,8 ... καὶ εἰσελθόντες εἰς τὸν οἶκον Φιλίππου τοῦ εὐαγγελιστοῦ, **ὄντος** ἐκ τῶν ἑπτά, ἐμείναμεν παρ' αὐτῷ.

Acts 22,5 ... παρ' ὧν καὶ ἐπιστολὰς δεξάμενος πρὸς τοὺς ἀδελφοὺς εἰς Δαμασκὸν ἐπορευόμην, ἄξων καὶ **τοὺς ἐκεῖσε ὄντας** δεδεμένους εἰς Ἰερουσαλὴμ ἵνα τιμωρηθῶσιν.

b **Acts 22,9** **οἱ δὲ σὺν ἐμοὶ ὄντες** τὸ μὲν φῶς ἐθεάσαντο τὴν δὲ φωνὴν οὐκ ἤκουσαν τοῦ λαλοῦντός μοι.

Acts 24,10 ... ἐκ πολλῶν ἐτῶν **ὄντα** σε κριτὴν τῷ ἔθνει τούτῳ ...

Acts 24,24 ... παραγενόμενος ὁ Φῆλιξ σὺν Δρουσίλλῃ τῇ ἰδίᾳ γυναικὶ **οὔσῃ** Ἰουδαίᾳ ...

Acts 26,3 μάλιστα γνώστην **ὄντα** σε πάντων τῶν κατὰ Ἰουδαίους ἐθῶν τε καὶ ζητημάτων, ...

Acts 26,21 ἕνεκα τούτων με Ἰουδαῖοι συλλαβόμενοι **[ὄντα]** ἐν τῷ ἱερῷ ἐπειρῶντο διαχειρίσασθαι.

a **Acts 27,2** ... μέλλοντι πλεῖν εἰς τοὺς κατὰ τὴν Ἀσίαν τόπους ἀνήχθημεν **ὄντος** σὺν ἡμῖν Ἀριστάρχου Μακεδόνος Θεσσαλονικέως.

a **Acts 27,9** ἱκανοῦ δὲ χρόνου διαγενομένου καὶ **ὄντος** ἤδη ἐπισφαλοῦς τοῦ πλοὸς διὰ τὸ καὶ τὴν νηστείαν ἤδη παρεληλυθέναι παρῄνει ὁ Παῦλος

b **Acts 28,17** ... συγκαλέσασθαι αὐτὸν **τοὺς ὄντας τῶν Ἰουδαίων πρώτους·** συνελθόντων δὲ αὐτῶν ἔλεγεν πρὸς αὐτούς· ...

Acts 28,25 ἀσύμφωνοι δὲ **ὄντες** πρὸς ἀλλήλους ἀπελύοντο εἰπόντος τοῦ Παύλου ῥῆμα ἕν, ...

ἐσόμενος

ἐσόμενος	Syn 1	Mt	Mk	Lk 1	Acts	Jn	1-3John	Paul	Eph	Col
	NT 1	2Thess	1/2Tim	Tit	Heb	Jas	1Pet	2Pet	Jude	Rev

future participle of εἰμί

002	→ Mt 26,51	→ Mk 14,47	**Lk 22,49** → Lk 22,38 → Lk 22,50	ἰδόντες δὲ οἱ περὶ αὐτὸν **τὸ ἐσόμενον** εἶπαν· κύριε, εἰ πατάξομεν ἐν μαχαίρῃ;

εἶπον → λέγω

εἰρηνεύω

εἰρηνεύω	Syn 1	Mt	Mk 1	Lk	Acts	Jn	1-3John	Paul 3	Eph	Col
	NT 4	2Thess	1/2Tim	Tit	Heb	Jas	1Pet	2Pet	Jude	Rev

live in peace; be at peace; keep the peace

020	**Mt 5,13** ... ἐὰν δὲ τὸ ἅλας μωρανθῇ, ἐν τίνι ἁλισθήσεται; ...	**Mk 9,50** ... ἐὰν δὲ τὸ ἅλας ἄναλον γένηται, ἐν τίνι αὐτὸ ἀρτύσετε; ἔχετε ἐν ἑαυτοῖς ἅλα καὶ **εἰρηνεύετε** ἐν ἀλλήλοις.	**Lk 14,34** ... ἐὰν δὲ καὶ τὸ ἅλας μωρανθῇ, ἐν τίνι ἀρτυθήσεται;

εἰρήνη

εἰρήνη	Syn 19	Mt 4	Mk 1	Lk 14	Acts 7	Jn 6	1-3John 2	Paul 26	Eph 8	Col 2
	NT 92	2Thess 3	1/2Tim 3	Tit 1	Heb 4	Jas 3	1Pet 3	2Pet 2	Jude 1	Rev 2

peace; harmony; order; welfare; health

	triple tradition																double tradition			Sondergut		
		+Mt / +Lk			−Mt / −Lk			traditions not taken over by Mt / Lk							subtotals							
code	222	211	112	212	221	122	121	022	012	021	220	120	210	020	Σ^+	Σ^-	Σ	202	201	102	200	002	total
Mt						1^-										1^-		2	2				4
Mk						1											1						1
Lk			2^+			1									2^+		3	2		2		7	14

Mk-Q overlap: 112: Mt 12,29 / Mk 3,27 / Lk 11,21 (?)

a πορεύου εἰς εἰρήνην

b ἐν εἰρήνῃ·

002	**Lk 1,79** ... τοῦ κατευθῦναι τοὺς πόδας ἡμῶν **εἰς ὁδὸν εἰρήνης.**

002					Lk 2,14 ↓ Mt 21,9 ↓ Mk 11,10 ↓ Lk 19,38	δόξα ἐν ὑψίστοις θεῷ καὶ ἐπὶ γῆς **εἰρήνη** ἐν ἀνθρώποις εὐδοκίας.	
b 002					Lk 2,29	νῦν ἀπολύεις τὸν δοῦλόν σου, δέσποτα, κατὰ τὸ ῥῆμά σου **ἐν εἰρήνῃ·**	
a 002					Lk 7,50	... ἡ πίστις σου σέσωκέν σε· πορεύου **εἰς εἰρήνην.**	
a 122	Mt 9,22	... θάρσει, θύγατερ· ἡ πίστις σου σέσωκέν σε. ...	Mk 5,34	... θυγάτηρ, ἡ πίστις σου σέσωκέν σε· ὕπαγε **εἰς εἰρήνην ...**	Lk 8,48	... θυγάτηρ, ἡ πίστις σου σέσωκέν σε· πορεύου **εἰς εἰρήνην.**	
102	Mt 10,12	εἰσερχόμενοι δὲ εἰς τὴν οἰκίαν ἀσπάσασθε αὐτήν·			Lk 10,5 ⇩ Lk 9,4	εἰς ἣν δ' ἂν εἰσέλθητε οἰκίαν, πρῶτον λέγετε· **εἰρήνη** τῷ οἴκῳ τούτῳ. [6] ... [7] ἐν αὐτῇ δὲ τῇ οἰκίᾳ μένετε, ἐσθίοντες καὶ πίνοντες τὰ παρ' αὐτῶν· ...	Mk-Q overlap
	Mt 10,11	εἰς ἣν δ' ἂν πόλιν ἢ κώμην εἰσέλθητε, ἐξετάσατε τίς ἐν αὐτῇ ἄξιός ἐστιν· κἀκεῖ μείνατε ἕως ἂν ἐξέλθητε.	Mk 6,10	... ὅπου ἐὰν εἰσέλθητε εἰς οἰκίαν, ἐκεῖ μένετε ἕως ἂν ἐξέλθητε ἐκεῖθεν.	Lk 9,4 ⇧ Lk 10,5 ⇧ Lk 10,7	καὶ εἰς ἣν ἂν οἰκίαν εἰσέλθητε, ἐκεῖ μένετε καὶ ἐκεῖθεν ἐξέρχεσθε.	→ GTh 14,4
102 202 201	Mt 10,13 (2)	καὶ ἐὰν μὲν ᾖ ἡ οἰκία **ἀξία,** ἐλθάτω **ἡ εἰρήνη ὑμῶν** ἐπ' αὐτήν, ἐὰν δὲ μὴ ᾖ ἀξία, **ἡ εἰρήνη ὑμῶν** πρὸς ὑμᾶς ἐπιστραφήτω.			Lk 10,6 (2)	καὶ ἐὰν ἐκεῖ ᾖ **υἱὸς εἰρήνης,** ἐπαναπαήσεται ἐπ' αὐτὸν **ἡ εἰρήνη ὑμῶν·** εἰ δὲ μή γε, ἐφ' ὑμᾶς ἀνακάμψει.	
b 112	Mt 12,29	ἢ πῶς δύναταί τις εἰσελθεῖν εἰς τὴν οἰκίαν τοῦ ἰσχυροῦ καὶ τὰ σκεύη αὐτοῦ ἁρπάσαι, ...	Mk 3,27	ἀλλ' οὐ δύναται οὐδεὶς εἰς τὴν οἰκίαν τοῦ ἰσχυροῦ εἰσελθὼν τὰ σκεύη αὐτοῦ διαρπάσαι, ...	Lk 11,21	ὅταν ὁ ἰσχυρὸς καθωπλισμένος φυλάσσῃ τὴν ἑαυτοῦ αὐλήν, **ἐν εἰρήνῃ** ἐστὶν τὰ ὑπάρχοντα αὐτοῦ·	→ GTh 21,5 → GTh 35 Mk-Q overlap?
202 201	Mt 10,34 (2)	μὴ νομίσητε ὅτι ἦλθον βαλεῖν **εἰρήνην** ἐπὶ τὴν γῆν· οὐκ ἦλθον βαλεῖν **εἰρήνην** ἀλλὰ μάχαιραν.			Lk 12,51	δοκεῖτε ὅτι **εἰρήνην** παρεγενόμην δοῦναι ἐν τῇ γῇ; οὐχί, λέγω ὑμῖν, ἀλλ' ἢ διαμερισμόν.	→ GTh 16
002					Lk 14,32	εἰ δὲ μή γε, ἔτι αὐτοῦ πόρρω ὄντος πρεσβείαν ἀποστείλας ἐρωτᾷ **τὰ πρὸς εἰρήνην.**	

	Mt	Mk	Lk	
112	**Mt 21,9** ... *ὡσαννὰ* τῷ υἱῷ Δαυίδ· *εὐλογημένος ὁ ἐρχόμενος* *ἐν ὀνόματι κυρίου·* *ὡσαννὰ ἐν τοῖς ὑψίστοις.* ➤ Ps 118,25-26 ➤ Ps 148,1/Job 16,19	**Mk 11,10** [9] ... *ὡσαννά·* *εὐλογημένος ὁ ἐρχόμενος* *ἐν ὀνόματι κυρίου·* [10] εὐλογημένη ἡ ἐρχομένη βασιλεία τοῦ πατρὸς ἡμῶν Δαυίδ· *ὡσαννὰ ἐν τοῖς ὑψίστοις.* ➤ Ps 118,25-26 ➤ Ps 148,1/Job 16,19	**Lk 19,38** ↑ Lk 2,14 ... *εὐλογημένος* *ὁ ἐρχόμενος*, ὁ βασιλεὺς *ἐν ὀνόματι κυρίου·* ἐν οὐρανῷ **εἰρήνη** καὶ δόξα ἐν ὑψίστοις. ➤ Ps 118,26	→ Jn 12,13
002			**Lk 19,42** ... εἰ ἔγνως ἐν τῇ ἡμέρᾳ ταύτῃ καὶ σὺ **τὰ πρὸς εἰρήνην·** νῦν δὲ ἐκρύβη ἀπὸ ὀφθαλμῶν σου.	
002			**Lk 24,36** ... αὐτὸς ἔστη ἐν μέσῳ αὐτῶν καὶ λέγει αὐτοῖς· **εἰρήνη** ὑμῖν.	→ Jn 20,19

Acts 7,26 ... καὶ συνήλλασσεν αὐτοὺς **εἰς εἰρήνην** εἰπών· ἄνδρες, ἀδελφοί ἐστε· ...

Acts 9,31 ἡ μὲν οὖν ἐκκλησία καθ' ὅλης τῆς Ἰουδαίας καὶ Γαλιλαίας καὶ Σαμαρείας εἶχεν **εἰρήνην** οἰκοδομουμένη καὶ πορευομένη τῷ φόβῳ τοῦ κυρίου ...

Acts 10,36 τὸν λόγον [ὃν] ἀπέστειλεν τοῖς υἱοῖς Ἰσραὴλ εὐαγγελιζόμενος **εἰρήνην** διὰ Ἰησοῦ Χριστοῦ, ...

Acts 12,20 ... καὶ πείσαντες Βλάστον, τὸν ἐπὶ τοῦ κοιτῶνος τοῦ βασιλέως, ᾐτοῦντο **εἰρήνην** διὰ τὸ τρέφεσθαι αὐτῶν τὴν χώραν ἀπὸ τῆς βασιλικῆς.

Acts 15,33 ποιήσαντες δὲ χρόνον ἀπελύθησαν **μετ' εἰρήνης** ἀπὸ τῶν ἀδελφῶν πρὸς τοὺς ἀποστείλαντας αὐτούς.

b **Acts 16,36** ... νῦν οὖν ἐξελθόντες πορεύεσθε **ἐν εἰρήνῃ.**

Acts 24,2 κληθέντος δὲ αὐτοῦ ἤρξατο κατηγορεῖν ὁ Τέρτυλλος λέγων· **πολλῆς εἰρήνης** τυγχάνοντες διὰ σοῦ καὶ διορθωμάτων γινομένων τῷ ἔθνει τούτῳ διὰ τῆς σῆς προνοίας, [3] πάντῃ τε καὶ πανταχοῦ ἀποδεχόμεθα, κράτιστε Φῆλιξ, μετὰ πάσης εὐχαριστίας.

# εἰρηνοποιός	Syn 1	Mt 1	Mk	Lk	Acts	Jn	1-3John	Paul	Eph	Col
	NT 1	2Thess	1/2Tim	Tit	Heb	Jas	1Pet	2Pet	Jude	Rev

making peace; peace-maker

	Mt	Mk	Lk	
200	**Mt 5,9** μακάριοι **οἱ εἰρηνοποιοί,** ὅτι αὐτοὶ υἱοὶ θεοῦ κληθήσονται.			

εἰς	Syn 609	Mt 218	Mk 165	Lk 226	Acts 302	Jn 182	1-3John 13	Paul 316	Eph 37	Col 19
	NT 1759	2Thess 14	1/2Tim 37	Tit 2	Heb 74	Jas 15	1Pet 42	2Pet 11	Jude 6	Rev 80

into; to; in; at; on; upon; by; near; among; against; concerning; as

	triple tradition																	double tradition			Sondergut		
		+Mt / +Lk			–Mt / –Lk			traditions not taken over by Mt / Lk							subtotals								
code	*222*	*211*	*112*	*212*	*221*	*122*	*121*	*022*	*012*	*021*	*220*	*120*	*210*	*020*	Σ^{+}	Σ^{-}	Σ	*202*	*201*	*102*	*200*	*002*	total
Mt	39	14^{+}		2^{+}	14	10^{-}	19^{-}				33	23^{-}	9^{+}		25^{+}	52^{-}	111	19	19		69		**218**
Mk	39				14	10	19	8		7	33	23		12			165						**165**
Lk	39		20^{+}	2^{+}	14^{-}	10	19^{-}	8	7^{+}	7^{-}					29^{+}	40^{-}	86	19		21		100	**226**

Mk-Q overlap: 121: Mt 3,16 / Mk 1,10 / Lk 3,22 (?)
221: Mt 12,29 / Mk 3,27 / Lk 11,21 (?)
221: Mt 18,6 / Mk 9,42 / Lk 17,2 (?)
122: Mt 18,6 / Mk 9,42 / Lk 17,2 (?)

- *a* εἰς with reference to time
- *b* εἰς with composite verb εἰσ-
- *c* εἰς with composite verb ἀνα-, ἐπανα-, συνανα-
- *d* εἰς with composite verb ἐν-
- *e* εἰς τὸ (μὴ) and infinitive
- *f* εἰς (τὸ) and adjective neuter singular
- *g* εἰς αὐτό, εἰς τοῦτο, εἰς τί, εἰς οὐδέν
- *h* εἰμί and εἰς, γίνομαι and εἰς replacing the predicate nominative
- *j* εἰς and ἀπέρχομαι

b 002	**Lk 1,9**	κατὰ τὸ ἔθος τῆς ἱερατείας ἔλαχε τοῦ θυμιᾶσαι εἰσελθὼν **εἰς τὸν ναὸν τοῦ κυρίου**	
a 002	**Lk 1,20**	... ἀνθ᾽ ὧν οὐκ ἐπίστευσας τοῖς λόγοις μου, οἵτινες πληρωθήσονται **εἰς τὸν καιρὸν αὐτῶν.**	
j 002	**Lk 1,23**	καὶ ἐγένετο ὡς ἐπλήσθησαν αἱ ἡμέραι τῆς λειτουργίας αὐτοῦ, ἀπῆλθεν **εἰς τὸν οἶκον αὐτοῦ.**	
002	**Lk 1,26**	... ἀπεστάλη ὁ ἄγγελος Γαβριὴλ ἀπὸ τοῦ θεοῦ **εἰς πόλιν τῆς Γαλιλαίας** ᾗ ὄνομα Ναζαρὲθ	
a 002	**Lk 1,33** → Lk 22,29	καὶ βασιλεύσει ἐπὶ τὸν οἶκον Ἰακὼβ **εἰς τοὺς αἰῶνας** καὶ τῆς βασιλείας αὐτοῦ οὐκ ἔσται τέλος.	
002 002	**Lk 1,39 (2)**	ἀναστᾶσα δὲ Μαριὰμ ἐν ταῖς ἡμέραις ταύταις ἐπορεύθη **εἰς τὴν ὀρεινὴν** μετὰ σπουδῆς **εἰς πόλιν Ἰούδα,**	
b 002	**Lk 1,40**	καὶ εἰσῆλθεν **εἰς τὸν οἶκον Ζαχαρίου** καὶ ἠσπάσατο τὴν Ἐλισάβετ.	
002	**Lk 1,44**	ἰδοὺ γὰρ ὡς ἐγένετο ἡ φωνὴ τοῦ ἀσπασμοῦ σου **εἰς τὰ ὦτά μου,** ἐσκίρτησεν ἐν ἀγαλλιάσει τὸ βρέφος ἐν τῇ κοιλίᾳ μου.	
a 002	**Lk 1,50**	καὶ τὸ ἔλεος αὐτοῦ **εἰς γενεὰς καὶ γενεὰς** τοῖς φοβουμένοις αὐτόν.	
a 002	**Lk 1,55**	[54] ... μνησθῆναι ἐλέους, [55] καθὼς ἐλάλησεν πρὸς τοὺς πατέρας ἡμῶν, τῷ Ἀβραὰμ καὶ τῷ σπέρματι αὐτοῦ **εἰς τὸν αἰῶνα.**	
002	**Lk 1,56**	ἔμεινεν δὲ Μαριὰμ σὺν αὐτῇ ὡς μῆνας τρεῖς, καὶ ὑπέστρεψεν **εἰς τὸν οἶκον αὐτῆς.**	
002	**Lk 1,79**	... τοῦ κατευθῦναι τοὺς πόδας ἡμῶν **εἰς ὁδὸν εἰρήνης.**	
002	**Lk 2,3**	καὶ ἐπορεύοντο πάντες ἀπογράφεσθαι, ἕκαστος **εἰς τὴν ἑαυτοῦ πόλιν.**	
c 002 002	**Lk 2,4 (2)**	ἀνέβη δὲ καὶ Ἰωσὴφ ἀπὸ τῆς Γαλιλαίας ἐκ πόλεως Ναζαρὲθ **εἰς τὴν Ἰουδαίαν** **εἰς πόλιν Δαυὶδ** ἥτις καλεῖται Βηθλέεμ, ...	
j 002	**Lk 2,15**	καὶ ἐγένετο ὡς ἀπῆλθον ἀπ᾽ αὐτῶν **εἰς τὸν οὐρανὸν** οἱ ἄγγελοι, οἱ ποιμένες ἐλάλουν πρὸς ἀλλήλους· ...	

c 002				Lk 2,22	... ἀνήγαγον αὐτὸν **εἰς Ἱεροσόλυμα** παραστῆσαι τῷ κυρίῳ	
002				Lk 2,27	καὶ ἦλθεν ἐν τῷ πνεύματι **εἰς τὸ ἱερόν· ...**	
002				Lk 2,28	καὶ αὐτὸς ἐδέξατο αὐτὸ **εἰς τὰς ἀγκάλας** καὶ εὐλόγησεν τὸν θεὸν ...	
002				Lk 2,32	[30] ... εἶδον οἱ ὀφθαλμοί μου τὸ σωτήριόν σου, ... [31] ... [32] φῶς **εἰς ἀποκάλυψιν ἐθνῶν** καὶ δόξαν λαοῦ σου Ἰσραήλ.	
002 002				Lk 2,34 (2)	... ἰδοὺ οὗτος κεῖται **εἰς πτῶσιν καὶ ἀνάστασιν πολλῶν** ἐν τῷ Ἰσραὴλ καὶ **εἰς σημεῖον ἀντιλεγόμενον -**	
002 002				Lk 2,39 (2) ↓ Mt 2,22-23	καὶ ὡς ἐτέλεσαν πάντα τὰ κατὰ τὸν νόμον κυρίου, ἐπέστρεψαν **εἰς τὴν Γαλιλαίαν εἰς πόλιν ἑαυτῶν Ναζαρέθ.**	
200	Mt 2,1	... ἰδοὺ μάγοι ἀπὸ ἀνατολῶν παρεγένοντο **εἰς Ἱεροσόλυμα**				
200	Mt 2,8	καὶ πέμψας αὐτοὺς **εἰς Βηθλέεμ** εἶπεν· πορευθέντες ἐξετάσατε ἀκριβῶς περὶ τοῦ παιδίου· ...				
200	Mt 2,11	καὶ ἐλθόντες **εἰς τὴν οἰκίαν** εἶδον τὸ παιδίον μετὰ Μαρίας τῆς μητρὸς αὐτοῦ, ...				
c 200	Mt 2,12	... δι᾽ ἄλλης ὁδοῦ ἀνεχώρησαν **εἰς τὴν χώραν αὐτῶν.**				
200	Mt 2,13	... φεῦγε **εἰς Αἴγυπτον** καὶ ἴσθι ἐκεῖ ἕως ἂν εἴπω σοι· ...				
c 200	Mt 2,14	... καὶ ἀνεχώρησεν **εἰς Αἴγυπτον**				
200	Mt 2,20	... πορεύου **εἰς γῆν Ἰσραήλ· ...**				
b 200	Mt 2,21	... καὶ εἰσῆλθεν **εἰς γῆν Ἰσραήλ.**				
c 200	Mt 2,22 ↑ Lk 2,39	... χρηματισθεὶς δὲ κατ᾽ ὄναρ ἀνεχώρησεν **εἰς τὰ μέρη τῆς Γαλιλαίας,**				
200	Mt 2,23 ↑ Lk 2,39	καὶ ἐλθὼν κατῴκησεν **εἰς πόλιν λεγομένην Ναζαρέτ· ...**				

002					**Lk 2,41**	καὶ ἐπορεύοντο οἱ γονεῖς αὐτοῦ κατ᾽ ἔτος **εἰς Ἰερουσαλὴμ** τῇ ἑορτῇ τοῦ πάσχα.	
002					**Lk 2,45**	καὶ μὴ εὑρόντες ὑπέστρεψαν **εἰς Ἰερουσαλὴμ** ἀναζητοῦντες αὐτόν.	
002					**Lk 2,51**	καὶ κατέβη μετ᾽ αὐτῶν καὶ ἦλθεν **εἰς Ναζαρὲθ** καὶ ἦν ὑποτασσόμενος αὐτοῖς. ...	
102	**Mt 3,5**	τότε ἐξεπορεύετο πρὸς αὐτὸν Ἱεροσόλυμα καὶ πᾶσα ἡ Ἰουδαία καὶ **πᾶσα ἡ περίχωρος τοῦ Ἰορδάνου**	**Mk 1,5** → Lk 3,7	καὶ ἐξεπορεύετο πρὸς αὐτὸν πᾶσα ἡ Ἰουδαία χώρα καὶ οἱ Ἱεροσολυμῖται πάντες, ...	**Lk 3,3** **(2)** ⇩ Mt 3,1 ⇩ **Mk 1,4**	[2] ... ἐγένετο ῥῆμα θεοῦ ἐπὶ Ἰωάννην τὸν Ζαχαρίου υἱὸν ἐν τῇ ἐρήμῳ. [3] καὶ ἦλθεν **εἰς πᾶσαν [τὴν] περίχωρον τοῦ Ἰορδάνου**	
122	**Mt 3,2**	[1] ... παραγίνεται Ἰωάννης ὁ βαπτιστὴς κηρύσσων ἐν τῇ ἐρήμῳ τῆς Ἰουδαίας [2] [καὶ] λέγων· μετανοεῖτε· ἤγγικεν γὰρ ἡ βασιλεία τῶν οὐρανῶν.	**Mk 1,4**	ἐγένετο Ἰωάννης [ὁ] βαπτίζων ἐν τῇ ἐρήμῳ καὶ κηρύσσων βάπτισμα μετανοίας **εἰς ἄφεσιν ἁμαρτιῶν.**		κηρύσσων βάπτισμα μετανοίας **εἰς ἄφεσιν ἁμαρτιῶν**	→ Acts 13,24 → **Acts 19,4**
h 002 *h* 002					**Lk 3,5** **(2)**	*... καὶ ἔσται τὰ σκολιὰ* ***εἰς εὐθεῖαν*** *καὶ αἱ τραχεῖαι* ***εἰς ὁδοὺς λείας·*** ➤ Isa 40,4 LXX	
202	**Mt 3,10** ⇩ **Mt 7,19**	... πᾶν οὖν δένδρον μὴ ποιοῦν καρπὸν καλὸν ἐκκόπτεται καὶ **εἰς πῦρ** βάλλεται.			**Lk 3,9**	... πᾶν οὖν δένδρον μὴ ποιοῦν καρπὸν καλὸν ἐκκόπτεται καὶ **εἰς πῦρ** βάλλεται.	
201	**Mt 3,11**	ἐγὼ μὲν ὑμᾶς βαπτίζω ἐν ὕδατι **εἰς μετάνοιαν, ...**	**Mk 1,8**	ἐγὼ ἐβάπτισα ὑμᾶς ὕδατι, ...	**Lk 3,16**	... ἐγὼ μὲν ὕδατι βαπτίζω ὑμᾶς· ...	→ Jn 1,26 → Acts 1,5 → Acts 11,16 → **Acts 19,4** Mk-Q overlap
202	**Mt 3,12** ↓ **Mt 13,30**	... καὶ συνάξει τὸν σῖτον αὐτοῦ **εἰς τὴν ἀποθήκην,** τὸ δὲ ἄχυρον κατακαύσει πυρὶ ἀσβέστῳ.			**Lk 3,17**	... καὶ συναγαγεῖν τὸν σῖτον **εἰς τὴν ἀποθήκην αὐτοῦ,** τὸ δὲ ἄχυρον κατακαύσει πυρὶ ἀσβέστῳ.	
121	**Mt 3,13**	τότε παραγίνεται ὁ Ἰησοῦς ἀπὸ τῆς Γαλιλαίας **ἐπὶ τὸν Ἰορδάνην** πρὸς τὸν Ἰωάννην τοῦ βαπτισθῆναι ὑπ᾽ αὐτοῦ.	**Mk 1,9**	... ἦλθεν Ἰησοῦς ἀπὸ Ναζαρὲτ τῆς Γαλιλαίας καὶ ἐβαπτίσθη **εἰς τὸν Ἰορδάνην** ὑπὸ Ἰωάννου.	**Lk 3,21**	ἐγένετο δὲ ἐν τῷ βαπτισθῆναι ἅπαντα τὸν λαὸν καὶ Ἰησοῦ βαπτισθέντος ↔	

121	Mt 3,16 ↓ Mt 12,18	βαπτισθεὶς δὲ ὁ Ἰησοῦς εὐθὺς ἀνέβη ἀπὸ τοῦ ὕδατος· καὶ ἰδοὺ ἠνεῴχθησαν [αὐτῷ] οἱ οὐρανοί, καὶ εἶδεν [τὸ] πνεῦμα [τοῦ] θεοῦ καταβαῖνον ὡσεὶ περιστερὰν [καὶ] ἐρχόμενον **ἐπ' αὐτόν·**	Mk 1,10	καὶ εὐθὺς ἀναβαίνων ἐκ τοῦ ὕδατος εἶδεν σχιζομένους τοὺς οὐρανοὺς καὶ τὸ πνεῦμα ὡς περιστερὰν καταβαῖνον **εἰς αὐτόν·**	Lk 3,22 → Lk 4,18	↔ [21] καὶ προσευχομένου ἀνεῳχθῆναι τὸν οὐρανὸν [22] καὶ καταβῆναι τὸ πνεῦμα τὸ ἅγιον σωματικῷ εἴδει ὡς περιστερὰν **ἐπ' αὐτόν**, ...	→ Jn 1,32 Mk-Q overlap?
c 020	Mt 4,1	τότε ὁ Ἰησοῦς ἀνήχθη **εἰς τὴν ἔρημον** ὑπὸ τοῦ πνεύματος ...	Mk 1,12	καὶ εὐθὺς τὸ πνεῦμα αὐτὸν ἐκβάλλει **εἰς τὴν ἔρημον.**	Lk 4,1	Ἰησοῦς δὲ ... ἤγετο ἐν τῷ πνεύματι **ἐν τῇ ἐρήμῳ**	Mk-Q overlap
c 201	Mt 4,1	τότε ὁ Ἰησοῦς ἀνήχθη **εἰς τὴν ἔρημον** ὑπὸ τοῦ πνεύματος ...	Mk 1,12	καὶ εὐθὺς τὸ πνεῦμα αὐτὸν ἐκβάλλει **εἰς τὴν ἔρημον.**	Lk 4,1	Ἰησοῦς δὲ ... ἤγετο ἐν τῷ πνεύματι **ἐν τῇ ἐρήμῳ**	Mk-Q overlap
202	Mt 4,5	τότε παραλαμβάνει αὐτὸν ὁ διάβολος **εἰς τὴν ἁγίαν πόλιν** καὶ ἔστησεν αὐτὸν ἐπὶ τὸ πτερύγιον τοῦ ἱεροῦ			Lk 4,9	ἤγαγεν δὲ αὐτὸν **εἰς Ἰερουσαλὴμ** καὶ ἔστησεν ἐπὶ τὸ πτερύγιον τοῦ ἱεροῦ ...	
201	Mt 4,8	πάλιν παραλαμβάνει αὐτὸν ὁ διάβολος **εἰς ὄρος ὑψηλὸν λίαν** καὶ δείκνυσιν αὐτῷ πάσας τὰς βασιλείας τοῦ κόσμου ...			Lk 4,5	καὶ ἀναγαγὼν αὐτὸν ἔδειξεν αὐτῷ πάσας τὰς βασιλείας τῆς οἰκουμένης ...	
c 222	Mt 4,12 → Lk 3,20	ἀκούσας δὲ ὅτι Ἰωάννης παρεδόθη ἀνεχώρησεν **εἰς τὴν Γαλιλαίαν.**	Mk 1,14 → Lk 3,20	μετὰ δὲ τὸ παραδοθῆναι τὸν Ἰωάννην ἦλθεν ὁ Ἰησοῦς **εἰς τὴν Γαλιλαίαν** ...	Lk 4,14	καὶ ὑπέστρεψεν ὁ Ἰησοῦς ἐν τῇ δυνάμει τοῦ πνεύματος **εἰς τὴν Γαλιλαίαν** ...	→ Jn 4,3
b 200	Mt 4,13	καὶ καταλιπὼν τὴν Ναζαρὰ ἐλθὼν κατῴκησεν **εἰς Καφαρναοὺμ** τὴν παραθαλασσίαν ἐν ὁρίοις Ζαβουλὼν καὶ Νεφθαλίμ·	Mk 1,21 (2)	καὶ εἰσπορεύονται **εἰς Καφαρναούμ·** ...	Lk 4,31	καὶ κατῆλθεν **εἰς Καφαρναοὺμ** πόλιν τῆς Γαλιλαίας. ...	→ Jn 2,12
222	Mt 13,54	καὶ ἐλθὼν **εἰς τὴν πατρίδα αὐτοῦ**	Mk 6,1	καὶ ἐξῆλθεν ἐκεῖθεν καὶ ἔρχεται **εἰς τὴν πατρίδα αὐτοῦ,** καὶ ἀκολουθοῦσιν αὐτῷ οἱ μαθηταὶ αὐτοῦ.	Lk 4,16 (2)	καὶ ἦλθεν **εἰς Ναζαρά, οὗ ἦν τεθραμμένος**	
b 112		ἐδίδασκεν αὐτοὺς **ἐν τῇ συναγωγῇ αὐτῶν**, ...	Mk 6,2	καὶ γενομένου σαββάτου ἤρξατο διδάσκειν **ἐν τῇ συναγωγῇ**, ...		καὶ εἰσῆλθεν κατὰ τὸ εἰωθὸς αὐτῷ ἐν τῇ ἡμέρᾳ τῶν σαββάτων **εἰς τὴν συναγωγὴν** καὶ ἀνέστη ἀναγνῶναι.	
002					Lk 4,23	... ἰατρέ, θεράπευσον σεαυτόν· ὅσα ἠκούσαμεν γενόμενα **εἰς τὴν Καφαρναοὺμ** ποίησον καὶ ὧδε ἐν τῇ πατρίδι σου.	

002					Lk 4,26	καὶ πρὸς οὐδεμίαν αὐτῶν ἐπέμφθη Ἠλίας εἰ μὴ **εἰς Σάρεπτα τῆς Σιδωνίας** πρὸς γυναῖκα χήραν.	
210	Mt 4,18	... εἶδεν δύο ἀδελφούς, Σίμωνα τὸν λεγόμενον Πέτρον καὶ Ἀνδρέαν τὸν ἀδελφὸν αὐτοῦ, βάλλοντας ἀμφίβληστρον **εἰς τὴν θάλασσαν·** ἦσαν γὰρ ἁλιεῖς.	Mk 1,16	... εἶδεν Σίμωνα καὶ Ἀνδρέαν τὸν ἀδελφὸν Σίμωνος ἀμφιβάλλοντας **ἐν τῇ θαλάσσῃ·** ἦσαν γὰρ ἁλιεῖς.	Lk 5,2 → Mt 4,21 → Mk 1,19	καὶ εἶδεν δύο πλοῖα ἑστῶτα παρὰ τὴν λίμνην· οἱ δὲ ἁλιεῖς ἀπ' αὐτῶν ἀποβάντες ἔπλυνον τὰ δίκτυα.	→ Jn 1,40
b 022	Mt 4,13	... ἐλθὼν κατῴκησεν **εἰς Καφαρναοὺμ** τὴν παραθαλασσίαν ἐν ὁρίοις Ζαβουλὼν καὶ Νεφθαλίμ·	Mk 1,21 (2)	καὶ εἰσπορεύονται **εἰς Καφαρναούμ·**	Lk 4,31	καὶ κατῆλθεν **εἰς Καφαρναοὺμ** πόλιν τῆς Γαλιλαίας.	→ Jn 2,12
b 021			→ Mt 4,23	καὶ εὐθὺς τοῖς σάββασιν εἰσελθὼν **εἰς τὴν συναγωγὴν** ἐδίδασκεν.		καὶ ἦν διδάσκων αὐτοὺς ἐν τοῖς σάββασιν·	
f 012			Mk 1,26	καὶ σπαράξαν αὐτὸν τὸ πνεῦμα τὸ ἀκάθαρτον καὶ φωνῆσαν φωνῇ μεγάλῃ ἐξῆλθεν ἐξ αὐτοῦ.	Lk 4,35	... καὶ ῥίψαν αὐτὸν τὸ δαιμόνιον **εἰς τὸ μέσον** ἐξῆλθεν ἀπ' αὐτοῦ μηδὲν βλάψαν αὐτόν.	
j 022	Mt 4,24 ↓ Mt 9,26 → Mk 3,8	καὶ ἀπῆλθεν ἡ ἀκοὴ αὐτοῦ **εἰς ὅλην τὴν Συρίαν·** ...	Mk 1,28	καὶ ἐξῆλθεν ἡ ἀκοὴ αὐτοῦ εὐθὺς πανταχοῦ **εἰς ὅλην τὴν περίχωρον τῆς Γαλιλαίας.**	Lk 4,37	καὶ ἐξεπορεύετο ἦχος περὶ αὐτοῦ **εἰς πάντα τόπον τῆς περιχώρου.**	
b 222	Mt 8,14	καὶ ἐλθὼν ὁ Ἰησοῦς **εἰς τὴν οἰκίαν Πέτρου** εἶδεν τὴν πενθερὰν αὐτοῦ βεβλημένην καὶ πυρέσσουσαν·	Mk 1,29	καὶ εὐθὺς ἐκ τῆς συναγωγῆς ἐξελθόντες ἦλθον **εἰς τὴν οἰκίαν Σίμωνος καὶ Ἀνδρέου** μετὰ Ἰακώβου καὶ Ἰωάννου. [30] ἡ δὲ πενθερὰ Σίμωνος κατέκειτο πυρέσσουσα, ...	Lk 4,38	ἀναστὰς δὲ ἀπὸ τῆς συναγωγῆς εἰσῆλθεν **εἰς τὴν οἰκίαν Σίμωνος.** πενθερὰ δὲ τοῦ Σίμωνος ἦν συνεχομένη πυρετῷ μεγάλῳ ...	
j 022			Mk 1,35 ↓ Mk 1,45	καὶ πρωῒ ἔννυχα λίαν ἀναστὰς ἐξῆλθεν καὶ ἀπῆλθεν **εἰς ἔρημον τόπον** κἀκεῖ προσηύχετο.	Lk 4,42 → Lk 5,16	γενομένης δὲ ἡμέρας ἐξελθὼν ἐπορεύθη **εἰς ἔρημον τόπον·** ...	
021			Mk 1,38 (2)	... ἄγωμεν ἀλλαχοῦ **εἰς τὰς ἐχομένας κωμοπόλεις,** ἵνα καὶ ἐκεῖ κηρύξω·	Lk 4,43	... καὶ **ταῖς ἑτέραις πόλεσιν** εὐαγγελίσασθαί με δεῖ τὴν βασιλείαν τοῦ θεοῦ, ὅτι	
g 021				**εἰς τοῦτο** γὰρ ἐξῆλθον.		**ἐπὶ τοῦτο** ἀπεστάλην.	

122	Mt 4,23 ↑ Mk 1,21 ⇩ Mt 9,35	... διδάσκων **ἐν ταῖς συναγωγαῖς αὐτῶν** ...	Mk 1,39 (2)	καὶ ἦλθεν κηρύσσων **εἰς τὰς συναγωγὰς αὐτῶν**	Lk 4,44 → Lk 4,15	καὶ ἦν κηρύσσων **εἰς τὰς συναγωγὰς**	
121	Mt 4,23	καὶ περιῆγεν **ἐν ὅλῃ τῇ Γαλιλαίᾳ** διδάσκων ἐν ταῖς συναγωγαῖς αὐτῶν καὶ κηρύσσων τὸ εὐαγγέλιον τῆς βασιλείας καὶ θεραπεύων πᾶσαν νόσον καὶ πᾶσαν μαλακίαν ἐν τῷ λαῷ.	↓ Mk 6,6	**εἰς ὅλην τὴν Γαλιλαίαν** καὶ τὰ δαιμόνια ἐκβάλλων.	↓ Lk 8,1	**τῆς Ἰουδαίας.**	
	Mt 9,35 ⇧ Mt 4,23	καὶ περιῆγεν ὁ Ἰησοῦς τὰς πόλεις πάσας καὶ τὰς κώμας διδάσκων **ἐν ταῖς συναγωγαῖς αὐτῶν** καὶ κηρύσσων τὸ εὐαγγέλιον τῆς βασιλείας καὶ θεραπεύων πᾶσαν νόσον καὶ πᾶσαν μαλακίαν.	Mk 6,6 ↑ Mk 1,39	... καὶ περιῆγεν τὰς κώμας κύκλῳ διδάσκων.	Lk 8,1 ↑ Lk 4,44 → Lk 13,22	καὶ ἐγένετο ἐν τῷ καθεξῆς καὶ αὐτὸς διώδευεν κατὰ πόλιν καὶ κώμην κηρύσσων καὶ εὐαγγελιζόμενος τὴν βασιλείαν τοῦ θεοῦ καὶ οἱ δώδεκα σὺν αὐτῷ	
d 002	Mt 13,2	καὶ συνήχθησαν πρὸς αὐτὸν ὄχλοι πολλοί, ὥστε αὐτὸν **εἰς πλοῖον** ἐμβάντα καθῆσθαι, ...	Mk 4,1 → Mk 3,9	... καὶ συνάγεται πρὸς αὐτὸν ὄχλος πλεῖστος, ὥστε αὐτὸν **εἰς πλοῖον** ἐμβάντα καθῆσθαι ἐν τῇ θαλάσσῃ, ...	Lk 5,3 ⇩ Lk 8,4	[1] ἐγένετο δὲ ἐν τῷ τὸν ὄχλον ἐπικεῖσθαι αὐτῷ ... [3] ἐμβὰς δὲ **εἰς ἓν τῶν πλοίων,** ὃ ἦν Σίμωνος, ἠρώτησεν αὐτὸν ἀπὸ τῆς γῆς ἐπαναγαγεῖν ὀλίγον· ...	
c 002 002					Lk 5,4 (2)	... εἶπεν πρὸς τὸν Σίμωνα· ἐπανάγαγε **εἰς τὸ βάθος** καὶ χαλάσατε τὰ δίκτυα ὑμῶν **εἰς ἄγραν.**	→ Jn 21,6
222	Mt 8,4	... προσένεγκον τὸ δῶρον ὃ προσέταξεν Μωϋσῆς, **εἰς μαρτύριον** αὐτοῖς. ➢ Lev 13,49; 14,2-4	Mk 1,44	... προσένεγκε περὶ τοῦ καθαρισμοῦ σου ἃ προσέταξεν Μωϋσῆς, **εἰς μαρτύριον** αὐτοῖς. ➢ Lev 13,49; 14,2-4	Lk 5,14 → Lk 17,14	... προσένεγκε περὶ τοῦ καθαρισμοῦ σου καθὼς προσέταξεν Μωϋσῆς, **εἰς μαρτύριον** αὐτοῖς. ➢ Lev 13,49; 14,2-4	
b 021			Mk 1,45 → Mt 9,31 ↑ Mk 1,35	ὁ δὲ ἐξελθὼν ἤρξατο κηρύσσειν πολλὰ καὶ διαφημίζειν τὸν λόγον, ὥστε μηκέτι αὐτὸν δύνασθαι φανερῶς **εἰς πόλιν** εἰσελθεῖν, ἀλλ' ἔξω ἐπ' ἐρήμοις τόποις ἦν· καὶ ἤρχοντο πρὸς αὐτὸν πάντοθεν.	Lk 5,15 → Lk 7,17	διήρχετο δὲ μᾶλλον ὁ λόγος περὶ αὐτοῦ, καὶ συνήρχοντο ὄχλοι πολλοὶ ... [16] αὐτὸς δὲ ἦν ὑποχωρῶν ἐν ταῖς ἐρήμοις καὶ προσευχόμενος.	
b 221	Mt 9,1 (2)	... καὶ ἦλθεν **εἰς τὴν ἰδίαν πόλιν.**	Mk 2,1	καὶ εἰσελθὼν πάλιν **εἰς Καφαρναοὺμ** δι' ἡμερῶν ἠκούσθη ὅτι ἐν οἴκῳ ἐστίν.	Lk 5,17	καὶ ἐγένετο ἐν μιᾷ τῶν ἡμερῶν	
e 012			Mk 2,2 ↓ Mk 3,20	καὶ συνήχθησαν πολλοὶ ὥστε μηκέτι χωρεῖν μηδὲ τὰ πρὸς τὴν θύραν, καὶ ἐλάλει αὐτοῖς τὸν λόγον.		καὶ αὐτὸς ἦν διδάσκων, καὶ ἦσαν καθήμενοι Φαρισαῖοι καὶ νομοδιδάσκαλοι οἳ ἦσαν ἐληλυθότες ἐκ πάσης κώμης τῆς Γαλιλαίας καὶ Ἰουδαίας καὶ Ἰερουσαλήμ· καὶ δύναμις κυρίου ἦν **εἰς τὸ ἰᾶσθαι** αὐτόν.	

f 012			Mk 2,4	... ἀπεστέγασαν τὴν στέγην ὅπου ἦν, καὶ ἐξορύξαντες χαλῶσι τὸν κράβαττον ὅπου ὁ παραλυτικὸς κατέκειτο.	Lk 5,19	... ἀναβάντες ἐπὶ τὸ δῶμα διὰ τῶν κεράμων καθῆκαν αὐτὸν σὺν τῷ κλινιδίῳ **εἰς τὸ μέσον** ἔμπροσθεν τοῦ Ἰησοῦ.	
222	Mt 9,6	... ἐγερθεὶς ἆρόν σου τὴν κλίνην καὶ ὕπαγε **εἰς τὸν οἶκόν σου.**	Mk 2,11	σοὶ λέγω, ἔγειρε ἆρον τὸν κράβαττόν σου καὶ ὕπαγε **εἰς τὸν οἶκόν σου.**	Lk 5,24	... σοὶ λέγω, ἔγειρε καὶ ἄρας τὸ κλινίδιόν σου πορεύου **εἰς τὸν οἶκόν σου.**	→ Jn 5,8
j 212	Mt 9,7	καὶ ἐγερθεὶς ἀπῆλθεν **εἰς τὸν οἶκον αὐτοῦ.**	Mk 2,12	καὶ ἠγέρθη καὶ εὐθὺς ἄρας τὸν κράβαττον ἐξῆλθεν ἔμπροσθεν πάντων, ...	Lk 5,25	καὶ παραχρῆμα ἀναστὰς ἐνώπιον αὐτῶν, ἄρας ἐφ' ὃ κατέκειτο, ἀπῆλθεν **εἰς τὸν οἶκον αὐτοῦ** δοξάζων τὸν θεόν.	→ Jn 5,9
112	Mt 9,13	... οὐ γὰρ ἦλθον καλέσαι δικαίους ἀλλὰ ἁμαρτωλούς.	Mk 2,17	... οὐκ ἦλθον καλέσαι δικαίους ἀλλὰ ἁμαρτωλούς.	Lk 5,32	οὐκ ἐλήλυθα καλέσαι δικαίους ἀλλὰ ἁμαρτωλοὺς **εἰς μετάνοιαν.**	
222	Mt 9,17 (2)	οὐδὲ βάλλουσιν οἶνον νέον **εἰς ἀσκοὺς παλαιούς·** εἰ δὲ μή γε, ῥήγνυνται οἱ ἀσκοὶ καὶ ὁ οἶνος ἐκχεῖται καὶ οἱ ἀσκοὶ ἀπόλλυνται·	Mk 2,22 (2)	καὶ οὐδεὶς βάλλει οἶνον νέον **εἰς ἀσκοὺς παλαιούς·** εἰ δὲ μή, ῥήξει ὁ οἶνος τοὺς ἀσκοὺς καὶ ὁ οἶνος ἀπόλλυται καὶ οἱ ἀσκοί·	Lk 5,37	καὶ οὐδεὶς βάλλει οἶνον νέον **εἰς ἀσκοὺς παλαιούς·** εἰ δὲ μή γε, ῥήξει ὁ οἶνος ὁ νέος τοὺς ἀσκοὺς καὶ αὐτὸς ἐκχυθήσεται καὶ οἱ ἀσκοὶ ἀπολοῦνται·	→ GTh 47,4
222		ἀλλὰ βάλλουσιν οἶνον νέον **εἰς ἀσκοὺς καινούς,** καὶ ἀμφότεροι συντηροῦνται.		ἀλλὰ οἶνον νέον **εἰς ἀσκοὺς καινούς.**	Lk 5,38	ἀλλὰ οἶνον νέον **εἰς ἀσκοὺς καινοὺς** βλητέον.	
b 222	Mt 12,4	πῶς εἰσῆλθεν **εἰς τὸν οἶκον τοῦ θεοῦ** καὶ τοὺς ἄρτους τῆς προθέσεως ἔφαγον, ...	Mk 2,26	πῶς εἰσῆλθεν **εἰς τὸν οἶκον τοῦ θεοῦ** ἐπὶ Ἀβιαθὰρ ἀρχιερέως καὶ τοὺς ἄρτους τῆς προθέσεως ἔφαγεν, ...	Lk 6,4	[ὡς] εἰσῆλθεν **εἰς τὸν οἶκον τοῦ θεοῦ** καὶ τοὺς ἄρτους τῆς προθέσεως λαβὼν ἔφαγεν ...	
b 222	Mt 12,9	καὶ μεταβὰς ἐκεῖθεν ἦλθεν **εἰς τὴν συναγωγὴν αὐτῶν·**	Mk 3,1	καὶ εἰσῆλθεν πάλιν **εἰς τὴν συναγωγήν.** ...	Lk 6,6 → Lk 13,10 ↓ Lk 14,1	ἐγένετο δὲ ἐν ἑτέρῳ σαββάτῳ εἰσελθεῖν αὐτὸν **εἰς τὴν συναγωγὴν** καὶ διδάσκειν. ...	
f 022			Mk 3,3	καὶ λέγει τῷ ἀνθρώπῳ τῷ τὴν ξηρὰν χεῖρα ἔχοντι· ἔγειρε **εἰς τὸ μέσον.**	Lk 6,8	... εἶπεν δὲ τῷ ἀνδρὶ τῷ ξηρὰν ἔχοντι τὴν χεῖρα· ἔγειρε καὶ στῆθι **εἰς τὸ μέσον·** καὶ ἀναστὰς ἔστη.	
j 200	Mt 4,24 ↓ Mt 9,26 → Mk 3,8	καὶ ἀπῆλθεν ἡ ἀκοὴ αὐτοῦ **εἰς ὅλην τὴν Συρίαν·** ...	Mk 1,28	καὶ ἐξῆλθεν ἡ ἀκοὴ αὐτοῦ εὐθὺς πανταχοῦ **εἰς ὅλην τὴν περίχωρον τῆς Γαλιλαίας.**	Lk 4,37 → Lk 4,14	καὶ ἐξεπορεύετο ἦχος περὶ αὐτοῦ **εἰς πάντα τόπον τῆς περιχώρου.**	

c 222	Mt 5,1	ἰδὼν δὲ τοὺς ὄχλους ἀνέβη **εἰς τὸ ὄρος,** καὶ καθίσαντος αὐτοῦ	Mk 3,13	καὶ ἀναβαίνει **εἰς τὸ ὄρος** ...	Lk 6,12	ἐγένετο δὲ ἐν ταῖς ἡμέραις ταύταις ἐξελθεῖν αὐτὸν **εἰς τὸ ὄρος** προσεύξασθαι, ...	
102		προσῆλθαν αὐτῷ **οἱ μαθηταὶ αὐτοῦ·** [2] καὶ ἀνοίξας τὸ στόμα αὐτοῦ ἐδίδασκεν αὐτοὺς λέγων·			Lk 6,20	καὶ αὐτὸς ἐπάρας τοὺς ὀφθαλμοὺς αὐτοῦ **εἰς τοὺς μαθητὰς αὐτοῦ** ἔλεγεν·	
g 202	Mt 5,13	... ἐὰν δὲ τὸ ἅλας μωρανθῇ, ἐν τίνι ἁλισθήσεται; **εἰς οὐδὲν** ἰσχύει ἔτι εἰ μὴ βληθὲν ἔξω καταπατεῖσθαι ὑπὸ τῶν ἀνθρώπων.	Mk 9,50	... ἐὰν δὲ τὸ ἅλας ἄναλον γένηται, ἐν τίνι αὐτὸ ἀρτύσετε; ...	Lk 14,35 (2)	[34] ... ἐὰν δὲ καὶ τὸ ἅλας μωρανθῇ, ἐν τίνι ἀρτυθήσεται; **[35] οὔτε εἰς γῆν οὔτε εἰς κοπρίαν** εὔθετόν ἐστιν, ἔξω βάλλουσιν αὐτό. ...	
b 200	Mt 5,20	... ἐὰν μὴ περισσεύσῃ ὑμῶν ἡ δικαιοσύνη πλεῖον τῶν γραμματέων καὶ Φαρισαίων, οὐ μὴ εἰσέλθητε **εἰς τὴν βασιλείαν τῶν οὐρανῶν.**					→ GTh 27 (POxy 1)
200	Mt 5,22	... ὃς δ' ἂν εἴπῃ· μωρέ, ἔνοχος ἔσται **εἰς τὴν γέενναν τοῦ πυρός.**					
202	Mt 5,25 → Mt 18,34	... μήποτέ σε παραδῷ ὁ ἀντίδικος τῷ κριτῇ καὶ ὁ κριτὴς τῷ ὑπηρέτῃ, καὶ **εἰς φυλακὴν** βληθήσῃ·			Lk 12,58	... μήποτε κατασύρῃ σε πρὸς τὸν κριτήν, καὶ ὁ κριτής σε παραδώσει τῷ πράκτορι, καὶ ὁ πράκτωρ σε βαλεῖ **εἰς φυλακήν.**	
200	Mt 5,29 ⇩ Mt 18,9	... συμφέρει γάρ σοι ἵνα ἀπόληται ἓν τῶν μελῶν σου καὶ μὴ ὅλον τὸ σῶμά σου βληθῇ **εἰς γέενναν.**	Mk 9,47 (2)	... καλόν σέ ἐστιν μονόφθαλμον εἰσελθεῖν εἰς τὴν βασιλείαν τοῦ θεοῦ ἢ δύο ὀφθαλμοὺς ἔχοντα βληθῆναι **εἰς τὴν γέενναν**			
j 200	Mt 5,30 ⇩ Mt 18,8	... συμφέρει γάρ σοι ἵνα ἀπόληται ἓν τῶν μελῶν σου καὶ μὴ ὅλον τὸ σῶμά σου **εἰς γέενναν** ἀπέλθῃ.	Mk 9,43 (3)	... καλόν ἐστίν σε κυλλὸν εἰσελθεῖν εἰς τὴν ζωὴν ἢ τὰς δύο χεῖρας ἔχοντα ἀπελθεῖν **εἰς τὴν γέενναν,** εἰς τὸ πῦρ τὸ ἄσβεστον.			
200	Mt 5,35	[34] ... μὴ ὀμόσαι ὅλως· ... [35] μήτε ἐν τῇ γῇ, ὅτι ὑποπόδιόν ἐστιν τῶν ποδῶν αὐτοῦ, **μήτε εἰς Ἱεροσόλυμα,** ὅτι πόλις ἐστὶν τοῦ μεγάλου βασιλέως					→ Acts 7,49
201	Mt 5,39	... ἀλλ' ὅστις σε ῥαπίζει **εἰς τὴν δεξιὰν σιαγόνα [σου],** στρέψον αὐτῷ καὶ τὴν ἄλλην·			Lk 6,29	τῷ τύπτοντί σε **ἐπὶ τὴν σιαγόνα** πάρεχε καὶ τὴν ἄλλην, ...	

b 200	**Mt 6,6**	σὺ δὲ ὅταν προσεύχῃ, εἴσελθε **εἰς τὸ ταμεῖόν σου** καὶ κλείσας τὴν θύραν σου ...			→ GTh 6 (POxy 654)
b 202	**Mt 6,13**	καὶ μὴ εἰσενέγκῃς ἡμᾶς **εἰς πειρασμόν,** ἀλλὰ ῥῦσαι ἡμᾶς ἀπὸ τοῦ πονηροῦ.	**Lk 11,4**	... καὶ μὴ εἰσενέγκῃς ἡμᾶς **εἰς πειρασμόν.**	
d 201 201	**Mt 6,26** **(2)**	ἐμβλέψατε **εἰς τὰ πετεινὰ τοῦ οὐρανοῦ** ὅτι οὐ σπείρουσιν οὐδὲ θερίζουσιν οὐδὲ συνάγουσιν **εἰς ἀποθήκας,** καὶ ὁ πατὴρ ὑμῶν ὁ οὐράνιος τρέφει αὐτά· ...	**Lk 12,24**	κατανοήσατε **τοὺς κόρακας** ὅτι οὐ σπείρουσιν οὐδὲ θερίζουσιν, οἷς οὐκ ἔστιν **ταμεῖον οὐδὲ ἀποθήκη,** καὶ ὁ θεὸς τρέφει αὐτούς· ...	
202	**Mt 6,30**	εἰ δὲ τὸν χόρτον τοῦ ἀγροῦ σήμερον ὄντα καὶ αὔριον **εἰς κλίβανον** βαλλόμενον ὁ θεὸς οὕτως ἀμφιέννυσιν, οὐ πολλῷ μᾶλλον ὑμᾶς, ὀλιγόπιστοι;	**Lk 12,28**	εἰ δὲ ἐν ἀγρῷ τὸν χόρτον ὄντα σήμερον καὶ αὔριον **εἰς κλίβανον** βαλλόμενον ὁ θεὸς οὕτως ἀμφιέζει, πόσῳ μᾶλλον ὑμᾶς, ὀλιγόπιστοι.	→ GTh 36,2 (only POxy 655)
a 200	**Mt 6,34**	μὴ οὖν μεριμνήσητε **εἰς τὴν αὔριον,** ἡ γὰρ αὔριον μεριμνήσει ἑαυτῆς· ...			
002			**Lk 6,38**	... μέτρον καλὸν πεπιεσμένον σεσαλευμένον ὑπερεκχυννόμενον δώσουσιν **εἰς τὸν κόλπον ὑμῶν·** ...	
d 202	**Mt 15,14**	... τυφλοί εἰσιν ὁδηγοί [τυφλῶν]· τυφλὸς δὲ τυφλὸν ἐὰν ὁδηγῇ, ἀμφότεροι **εἰς βόθυνον** πεσοῦνται.	**Lk 6,39**	... μήτι δύναται τυφλὸς τυφλὸν ὁδηγεῖν; οὐχὶ ἀμφότεροι **εἰς βόθυνον** ἐμπεσοῦνται;	→ GTh 34
201	**Mt 7,13**	εἰσέλθατε διὰ τῆς στενῆς πύλης· ὅτι πλατεῖα ἡ πύλη καὶ εὐρύχωρος ἡ ὁδὸς ἡ ἀπάγουσα **εἰς τὴν ἀπώλειαν,** καὶ πολλοί εἰσιν οἱ εἰσερχόμενοι δι' αὐτῆς·	**Lk 13,24**	ἀγωνίζεσθε εἰσελθεῖν διὰ τῆς στενῆς θύρας,	
201	**Mt 7,14** → Lk 13,23	τί στενὴ ἡ πύλη καὶ τεθλιμμένη ἡ ὁδὸς ἡ ἀπάγουσα **εἰς τὴν ζωὴν** καὶ ὀλίγοι εἰσὶν οἱ εὑρίσκοντες αὐτήν.		ὅτι πολλοί, λέγω ὑμῖν, ζητήσουσιν εἰσελθεῖν καὶ οὐκ ἰσχύσουσιν.	

200	Mt 7,19 ⇧ Mt 3,10	πᾶν δένδρον μὴ ποιοῦν καρπὸν καλὸν ἐκκόπτεται καὶ **εἰς πῦρ** βάλλεται.			Lk 3,9	... πᾶν οὖν δένδρον μὴ ποιοῦν καρπὸν καλὸν ἐκκόπτεται καὶ **εἰς πῦρ** βάλλεται.	
b 201	Mt 7,21 → Mt 12,50	οὐ πᾶς ὁ λέγων μοι· κύριε κύριε, εἰσελεύσεται **εἰς τὴν βασιλείαν** **τῶν οὐρανῶν,** ἀλλ' ὁ ποιῶν τὸ θέλημα τοῦ πατρός μου τοῦ ἐν τοῖς οὐρανοῖς.	→ Mk 3,35		Lk 6,46 → Lk 8,21	τί δέ με καλεῖτε· κύριε κύριε, καὶ οὐ ποιεῖτε ἃ λέγω;	
222	Mt 8,4	... προσένεγκον τὸ δῶρον ὃ προσέταξεν Μωϋσῆς, **εἰς μαρτύριον** αὐτοῖς. ➤ Lev 13,49; 14,2-4	Mk 1,44	... προσένεγκε περὶ τοῦ καθαρισμοῦ σου ἃ προσέταξεν Μωϋσῆς, **εἰς μαρτύριον** αὐτοῖς. ➤ Lev 13,49; 14,2-4	Lk 5,14 → Lk 17,14	... προσένεγκε περὶ τοῦ καθαρισμοῦ σου καθὼς προσέταξεν Μωϋσῆς, **εἰς μαρτύριον** αὐτοῖς. ➤ Lev 13,49; 14,2-4	
102	Mt 7,28 → Lk 4,32	καὶ ἐγένετο ὅτε ἐτέλεσεν ὁ Ἰησοῦς τοὺς λόγους τούτους, ...			Lk 7,1 (2)	ἐπειδὴ ἐπλήρωσεν πάντα τὰ ῥήματα αὐτοῦ **εἰς τὰς ἀκοὰς** **τοῦ λαοῦ,**	
b 202	Mt 8,5	εἰσελθόντος δὲ αὐτοῦ **εἰς Καφαρναοὺμ** ...				εἰσῆλθεν **εἰς Καφαρναούμ.**	
201	Mt 8,12	οἱ δὲ υἱοὶ τῆς βασιλείας ἐκβληθήσονται **εἰς τὸ σκότος** **τὸ ἐξώτερον·** ...			Lk 13,28	... ὑμᾶς δὲ ἐκβαλλομένους **ἔξω.**	
102	Mt 8,13	... ὕπαγε, ὡς ἐπίστευσας γενηθήτω σοι. καὶ ἰάθη ὁ παῖς [αὐτοῦ] ἐν τῇ ὥρᾳ ἐκείνῃ.			Lk 7,10 ↓ Mk 7,30	καὶ ὑποστρέψαντες **εἰς τὸν οἶκον** οἱ πεμφθέντες εὗρον τὸν δοῦλον ὑγιαίνοντα.	→ Jn 4,50-51
b 222	Mt 8,14	καὶ ἐλθὼν ὁ Ἰησοῦς **εἰς τὴν οἰκίαν** **Πέτρου** εἶδεν τὴν πενθερὰν αὐτοῦ βεβλημένην καὶ πυρέσσουσαν·	Mk 1,29	καὶ εὐθὺς ἐκ τῆς συναγωγῆς ἐξελθόντες ἦλθον **εἰς τὴν οἰκίαν** **Σίμωνος** **καὶ Ἀνδρέου** μετὰ Ἰακώβου καὶ Ἰωάννου. [30] ἡ δὲ πενθερὰ Σίμωνος κατέκειτο πυρέσσουσα, ...	Lk 4,38	ἀναστὰς δὲ ἀπὸ τῆς συναγωγῆς εἰσῆλθεν **εἰς τὴν οἰκίαν** **Σίμωνος.** πενθερὰ δὲ τοῦ Σίμωνος ἦν συνεχομένη πυρετῷ μεγάλῳ ...	
j 222	Mt 8,18	ἰδὼν δὲ ὁ Ἰησοῦς ὄχλον περὶ αὐτὸν ἐκέλευσεν ἀπελθεῖν **εἰς τὸ πέραν.**	Mk 4,35	καὶ λέγει αὐτοῖς ἐν ἐκείνῃ τῇ ἡμέρᾳ ὀψίας γενομένης· διέλθωμεν **εἰς τὸ πέραν.**	Lk 8,22 (2) ↓ Mt 8,23 ↓ Mk 4,36	ἐγένετο δὲ ἐν μιᾷ τῶν ἡμερῶν καὶ αὐτὸς ἐνέβη εἰς πλοῖον καὶ οἱ μαθηταὶ αὐτοῦ καὶ εἶπεν πρὸς αὐτούς· διέλθωμεν **εἰς τὸ πέραν** **τῆς λίμνης,** καὶ ἀνήχθησαν.	
d 212	Mt 8,23	καὶ ἐμβάντι αὐτῷ **εἰς τὸ πλοῖον** ἠκολούθησαν αὐτῷ οἱ μαθηταὶ αὐτοῦ.	Mk 4,36 ↓ Mk 4,1	καὶ ἀφέντες τὸν ὄχλον παραλαμβάνουσιν αὐτὸν ὡς ἦν **ἐν τῷ πλοίῳ,** καὶ ἄλλα πλοῖα ἦν μετ' αὐτοῦ.	Lk 8,22 (2)	ἐγένετο δὲ ἐν μιᾷ τῶν ἡμερῶν καὶ αὐτὸς ἐνέβη **εἰς πλοῖον** καὶ οἱ μαθηταὶ αὐτοῦ ...	

221 222	Mt 8,28 (2)	καὶ ἐλθόντος αὐτοῦ **εἰς τὸ πέραν** **εἰς τὴν χώραν** **τῶν Γαδαρηνῶν ...**	Mk 5,1 (2)	καὶ ἦλθον **εἰς τὸ πέραν** **τῆς θαλάσσης** **εἰς τὴν χώραν** **τῶν Γερασηνῶν.**	Lk 8,26	καὶ κατέπλευσαν **εἰς τὴν χώραν** **τῶν Γερασηνῶν,** ἥτις ἐστὶν ἀντιπέρα τῆς Γαλιλαίας.	
b 222	Mt 8,31	οἱ δὲ δαίμονες παρεκάλουν αὐτὸν λέγοντες· εἰ ἐκβάλλεις ἡμᾶς, ἀπόστειλον ἡμᾶς **εἰς τὴν ἀγέλην** **τῶν χοίρων.**	Mk 5,12 (2)	καὶ παρεκάλεσαν αὐτὸν λέγοντες· πέμψον ἡμᾶς **εἰς τοὺς χοίρους,** ἵνα εἰς αὐτοὺς εἰσέλθωμεν.	Lk 8,32	... καὶ παρεκάλεσαν αὐτὸν ἵνα ἐπιτρέψῃ αὐτοῖς **εἰς ἐκείνους** εἰσελθεῖν· ...	
j b 222 222	Mt 8,32 (2)	... οἱ δὲ ἐξελθόντες ἀπῆλθον **εἰς τοὺς χοίρους·** καὶ ἰδοὺ ὥρμησεν πᾶσα ἡ ἀγέλη κατὰ τοῦ κρημνοῦ **εἰς τὴν θάλασσαν** καὶ ἀπέθανον ἐν τοῖς ὕδασιν.	Mk 5,13 (2)	... καὶ ἐξελθόντα τὰ πνεύματα τὰ ἀκάθαρτα εἰσῆλθον **εἰς τοὺς χοίρους,** καὶ ὥρμησεν ἡ ἀγέλη κατὰ τοῦ κρημνοῦ **εἰς τὴν θάλασσαν,** ὡς δισχίλιοι, καὶ ἐπνίγοντο ἐν τῇ θαλάσσῃ.	Lk 8,33 (2)	ἐξελθόντα δὲ τὰ δαιμόνια ἀπὸ τοῦ ἀνθρώπου εἰσῆλθον **εἰς τοὺς χοίρους,** καὶ ὥρμησεν ἡ ἀγέλη κατὰ τοῦ κρημνοῦ **εἰς τὴν λίμνην** καὶ ἀπεπνίγη.	
j 222	Mt 8,33	οἱ δὲ βόσκοντες ἔφυγον, καὶ ἀπελθόντες **εἰς τὴν πόλιν** ἀπήγγειλαν πάντα ...	Mk 5,14 (2)	καὶ οἱ βόσκοντες αὐτοὺς ἔφυγον καὶ ἀπήγγειλαν **εἰς τὴν πόλιν** καὶ εἰς τοὺς ἀγρούς· ↔	Lk 8,34 (2)	ἰδόντες δὲ οἱ βόσκοντες τὸ γεγονὸς ἔφυγον καὶ ἀπήγγειλαν **εἰς τὴν πόλιν** καὶ εἰς τοὺς ἀγρούς.	
211	Mt 8,34	καὶ ἰδοὺ πᾶσα ἡ πόλις ἐξῆλθεν **εἰς ὑπάντησιν** τῷ Ἰησοῦ ...	Mk 5,15	↔ [14] καὶ ἦλθον ἰδεῖν τί ἐστιν τὸ γεγονός [15] καὶ ἔρχονται πρὸς τὸν Ἰησοῦν, ...	Lk 8,35	ἐξῆλθον δὲ ἰδεῖν τὸ γεγονὸς καὶ ἦλθον πρὸς τὸν Ἰησοῦν ...	
d 222	Mt 9,1 (2)	καὶ ἐμβὰς **εἰς πλοῖον** διεπέρασεν	Mk 5,18	καὶ ἐμβαίνοντος αὐτοῦ **εἰς τὸ πλοῖον ...**	Lk 8,37	... αὐτὸς δὲ ἐμβὰς **εἰς πλοῖον** ὑπέστρεψεν.	
b 221		καὶ ἦλθεν **εἰς τὴν ἰδίαν πόλιν.**	Mk 2,1	καὶ εἰσελθὼν πάλιν **εἰς Καφαρναοὺμ** δι᾽ ἡμερῶν ἠκούσθη ὅτι ἐν οἴκῳ ἐστίν.	Lk 5,17	καὶ ἐγένετο ἐν μιᾷ τῶν ἡμερῶν ...	
222	Mt 9,6	... ἐγερθεὶς ἆρόν σου τὴν κλίνην καὶ ὕπαγε **εἰς τὸν οἶκόν σου.**	Mk 2,11	σοὶ λέγω, ἔγειρε ἆρον τὸν κράβαττόν σου καὶ ὕπαγε **εἰς τὸν οἶκόν σου.**	Lk 5,24	... σοὶ λέγω, ἔγειρε καὶ ἄρας τὸ κλινίδιόν σου πορεύου **εἰς τὸν οἶκόν σου.**	→ Jn 5,8
j 212	Mt 9,7	καὶ ἐγερθεὶς ἀπῆλθεν **εἰς τὸν οἶκον αὐτοῦ.**	Mk 2,12	καὶ ἠγέρθη καὶ εὐθὺς ἄρας τὸν κράβαττον ἐξῆλθεν ἔμπροσθεν πάντων, ...	Lk 5,25	καὶ παραχρῆμα ἀναστὰς ἐνώπιον αὐτῶν, ἄρας ἐφ᾽ ὃ κατέκειτο, ἀπῆλθεν **εἰς τὸν οἶκον αὐτοῦ** δοξάζων τὸν θεόν.	→ Jn 5,9

222	Mt 9,17 (2)	οὐδὲ βάλλουσιν οἶνον νέον **εἰς ἀσκοὺς παλαιούς·** εἰ δὲ μή γε, ῥήγνυνται οἱ ἀσκοὶ καὶ ὁ οἶνος ἐκχεῖται καὶ οἱ ἀσκοὶ ἀπόλλυνται·	Mk 2,22 (2)	καὶ οὐδεὶς βάλλει οἶνον νέον **εἰς ἀσκοὺς παλαιούς·** εἰ δὲ μή, ῥήξει ὁ οἶνος τοὺς ἀσκοὺς καὶ ὁ οἶνος ἀπόλλυται καὶ οἱ ἀσκοί·	Lk 5,37	καὶ οὐδεὶς βάλλει οἶνον νέον **εἰς ἀσκοὺς παλαιούς·** εἰ δὲ μή γε, ῥήξει ὁ οἶνος ὁ νέος τοὺς ἀσκοὺς καὶ αὐτὸς ἐκχυθήσεται καὶ οἱ ἀσκοὶ ἀπολοῦνται·	→ GTh 47,4
222		ἀλλὰ βάλλουσιν οἶνον νέον **εἰς ἀσκοὺς καινούς,** καὶ ἀμφότεροι συντηροῦνται.		ἀλλὰ οἶνον νέον **εἰς ἀσκοὺς καινούς.**	Lk 5,38	ἀλλὰ οἶνον νέον **εἰς ἀσκοὺς καινοὺς** βλητέον.	
222	Mt 9,23	καὶ ἐλθὼν ὁ Ἰησοῦς **εἰς τὴν οἰκίαν τοῦ ἄρχοντος** ...	Mk 5,38	καὶ ἔρχονται **εἰς τὸν οἶκον τοῦ ἀρχισυναγώγου,** ...	Lk 8,51	ἐλθὼν δὲ **εἰς τὴν οἰκίαν** ...	
200	Mt 9,26 ↑ Mt 4,24a → Mt 9,31 ↑ Mk 1,28 ↑ Lk 4,37	καὶ ἐξῆλθεν ἡ φήμη αὕτη **εἰς ὅλην τὴν γῆν ἐκείνην.**					
200	Mt 9,28	ἐλθόντι δὲ **εἰς τὴν οἰκίαν** προσῆλθον αὐτῷ οἱ τυφλοί, ...	Mk 10,49	καὶ στὰς ὁ Ἰησοῦς εἶπεν· φωνήσατε αὐτόν. ... [50] ὁ δὲ ἀποβαλὼν τὸ ἱμάτιον αὐτοῦ ἀναπηδήσας ἦλθεν πρὸς τὸν Ἰησοῦν.	Lk 18,40	σταθεὶς δὲ ὁ Ἰησοῦς ἐκέλευσεν αὐτὸν ἀχθῆναι πρὸς αὐτόν. ἐγγίσαντος δὲ αὐτοῦ ...	
202	Mt 9,38	δεήθητε οὖν τοῦ κυρίου τοῦ θερισμοῦ ὅπως ἐκβάλῃ ἐργάτας **εἰς τὸν θερισμὸν αὐτοῦ.**			Lk 10,2	... δεήθητε οὖν τοῦ κυρίου τοῦ θερισμοῦ ὅπως ἐργάτας ἐκβάλῃ **εἰς τὸν θερισμὸν αὐτοῦ.**	→ GTh 73
j 200 *b* 200	Mt 10,5 (2)	... **εἰς ὁδὸν ἐθνῶν** μὴ ἀπέλθητε καὶ **εἰς πόλιν Σαμαριτῶν** μὴ εἰσέλθητε·					
221	Mt 10,9	μὴ κτήσησθε χρυσὸν μηδὲ ἄργυρον μηδὲ χαλκὸν **εἰς τὰς ζώνας ὑμῶν,**	Mk 6,8 (2)	... ἵνα μηδὲν αἴρωσιν εἰς ὁδὸν εἰ μὴ ῥάβδον μόνον, μὴ ἄρτον, μὴ πήραν, μὴ **εἰς τὴν ζώνην** χαλκόν	Lk 9,3 ⇩ Lk 10,4 → Lk 22,35-36	μηδὲν αἴρετε εἰς τὴν ὁδόν, μήτε ῥάβδον μήτε πήραν μήτε ἄρτον μήτε ἀργύριον μήτε [ἀνὰ] δύο χιτῶνας ἔχειν.	
222	Mt 10,10	μὴ πήραν **εἰς ὁδὸν** μηδὲ δύο χιτῶνας μηδὲ ὑποδήματα μηδὲ ῥάβδον· ...	Mk 6,8 (2)	καὶ παρήγγειλεν αὐτοῖς ἵνα μηδὲν αἴρωσιν **εἰς ὁδὸν** εἰ μὴ ῥάβδον μόνον, μὴ ἄρτον, μὴ πήραν, μὴ εἰς τὴν ζώνην χαλκόν, [9] ἀλλὰ ὑποδεδεμένους σανδάλια, καὶ μὴ ἐνδύσησθε δύο χιτῶνας.	Lk 9,3 ⇩ Lk 10,4 → Lk 22,35-36	μηδὲν αἴρετε **εἰς τὴν ὁδόν,** μήτε ῥάβδον μήτε πήραν μήτε ἄρτον μήτε ἀργύριον μήτε [ἀνὰ] δύο χιτῶνας ἔχειν.	
					Lk 10,4 ⇩ Lk 9,3	μὴ βαστάζετε βαλλάντιον, μὴ πήραν, μὴ ὑποδήματα, καὶ μηδένα κατὰ τὴν ὁδὸν ἀσπάσησθε.	

b 202	**Mt 10,11**	**εἰς ἣν δ' ἂν πόλιν ἢ κώμην** εἰσέλθητε, ἐξετάσατε τίς ἐν αὐτῇ ἄξιός ἐστιν· ↔			**Lk 10,8** ↓ Lk 10,10	**καὶ εἰς ἣν ἂν πόλιν** εἰσέρχησθε καὶ δέχωνται ὑμᾶς, ἐσθίετε τὰ παρατιθέμενα ὑμῖν	→ GTh 14,4
b	Mt 10,11	↔ κἀκεῖ μείνατε ἕως ἂν ἐξέλθητε.	Mk 6,10	... ὅπου ἐὰν εἰσέλθητε **εἰς οἰκίαν,** ἐκεῖ μένετε ἕως ἂν ἐξέλθητε ἐκεῖθεν.	Lk 9,4 ⇩ Lk 10,5.7	καὶ **εἰς ἣν ἂν οἰκίαν** εἰσέλθητε, ἐκεῖ μένετε καὶ ἐκεῖθεν ἐξέρχεσθε.	Mk-Q overlap
b 202	**Mt 10,12**	**εἰσερχόμενοι δὲ εἰς τὴν οἰκίαν** ἀσπάσασθε αὐτήν·	Mk 6,10	... ὅπου ἐὰν εἰσέλθητε εἰς οἰκίαν, ἐκεῖ μένετε ἕως ἂν ἐξέλθητε ἐκεῖθεν.	**Lk 10,5** ⇩ Lk 9,4	**εἰς ἣν δ' ἂν εἰσέλθητε οἰκίαν,** πρῶτον λέγετε· εἰρήνη τῷ οἴκῳ τούτῳ.	Mk-Q overlap
221	**Mt 10,17** ⇩ Mt 24,9 ↓ Mt 23,34	... παραδώσουσιν γὰρ ὑμᾶς **εἰς συνέδρια** καὶ ἐν ταῖς συναγωγαῖς αὐτῶν μαστιγώσουσιν ὑμᾶς·	**Mk 13,9** **(3)**	... παραδώσουσιν ὑμᾶς **εἰς συνέδρια** καὶ εἰς συναγωγὰς δαρήσεσθε	**Lk 21,12** ↓ Lk 11,49 → Lk 12,11	... παραδιδόντες εἰς τὰς συναγωγὰς καὶ φυλακάς, ↔	
222	**Mt 10,18**	καὶ ἐπὶ ἡγεμόνας δὲ καὶ βασιλεῖς ἀχθήσεσθε ἕνεκεν ἐμοῦ **εἰς μαρτύριον** αὐτοῖς καὶ τοῖς ἔθνεσιν.	↓ Mt 24,14	καὶ ἐπὶ ἡγεμόνων καὶ βασιλέων σταθήσεσθε ἕνεκεν ἐμοῦ **εἰς μαρτύριον** αὐτοῖς.	**Lk 21,13**	↔ [12] ἀπαγομένους ἐπὶ βασιλεῖς καὶ ἡγεμόνας ἕνεκεν τοῦ ὀνόματός μου· [13] ἀποβήσεται ὑμῖν **εἰς μαρτύριον.**	
221	**Mt 10,21** ⇩ Mt 24,9 → Mt 10,35 → Mt 24,10	παραδώσει δὲ ἀδελφὸς ἀδελφὸν **εἰς θάνατον** καὶ πατὴρ τέκνον, καὶ ἐπαναστήσονται τέκνα ἐπὶ γονεῖς καὶ θανατώσουσιν αὐτούς.	**Mk 13,12**	καὶ παραδώσει ἀδελφὸς ἀδελφὸν **εἰς θάνατον** καὶ πατὴρ τέκνον, καὶ ἐπαναστήσονται τέκνα ἐπὶ γονεῖς καὶ θανατώσουσιν αὐτούς·	**Lk 21,16** → Lk 12,53	παραδοθήσεσθε δὲ καὶ ὑπὸ γονέων καὶ ἀδελφῶν καὶ συγγενῶν καὶ φίλων, καὶ θανατώσουσιν ἐξ ὑμῶν	
a 221	**Mt 10,22** ⇩ Mt 24,13	... ὁ δὲ ὑπομείνας **εἰς τέλος** οὗτος σωθήσεται.	**Mk 13,13**	... ὁ δὲ ὑπομείνας **εἰς τέλος** οὗτος σωθήσεται.	**Lk 21,19**	ἐν τῇ ὑπομονῇ ὑμῶν κτήσασθε τὰς ψυχὰς ὑμῶν.	
200	**Mt 10,23** ↓ Mt 23,34 ↓ Lk 11,49	ὅταν δὲ διώκωσιν ὑμᾶς ἐν τῇ πόλει ταύτῃ, φεύγετε **εἰς τὴν ἑτέραν· ...**					
201	**Mt 10,27**	ὃ λέγω ὑμῖν ἐν τῇ σκοτίᾳ εἴπατε ἐν τῷ φωτί, καὶ ὃ **εἰς τὸ οὖς** ἀκούετε κηρύξατε ἐπὶ τῶν δωμάτων.			**Lk 12,3**	ἀνθ' ὧν ὅσα ἐν τῇ σκοτίᾳ εἴπατε ἐν τῷ φωτὶ ἀκουσθήσεται, καὶ ὃ **πρὸς τὸ οὖς** ἐλαλήσατε ἐν τοῖς ταμείοις κηρυχθήσεται ἐπὶ τῶν δωμάτων.	→ GTh 33,1 **(POxy 1)**
200 200	**Mt 10,41** **(2)** → Mt 10,40 → Mt 18,5 → Mk 9,37 → Lk 9,48	ὁ δεχόμενος προφήτην **εἰς ὄνομα προφήτου** μισθὸν προφήτου λήμψεται, καὶ ὁ δεχόμενος δίκαιον **εἰς ὄνομα δικαίου** μισθὸν δικαίου λήμψεται.					
210	**Mt 10,42**	καὶ ὃς ἂν ποτίσῃ ἕνα τῶν μικρῶν τούτων ποτήριον ψυχροῦ μόνον **εἰς ὄνομα μαθητοῦ,** ἀμὴν λέγω ὑμῖν, οὐ μὴ ἀπολέσῃ τὸν μισθὸν αὐτοῦ.	**Mk 9,41**	ὃς γὰρ ἂν ποτίσῃ ὑμᾶς ποτήριον ὕδατος **ἐν ὀνόματι ὅτι Χριστοῦ ἐστε,** ἀμὴν λέγω ὑμῖν ὅτι οὐ μὴ ἀπολέσῃ τὸν μισθὸν αὐτοῦ.			

002					Lk 7,11	καὶ ἐγένετο ἐν τῷ ἑξῆς ἐπορεύθη εἰς πόλιν καλουμένην Ναΐν καὶ συνεπορεύοντο αὐτῷ οἱ μαθηταὶ αὐτοῦ καὶ ὄχλος πολύς.	
202	Mt 11,7	... τί ἐξήλθατε εἰς τὴν ἔρημον θεάσασθαι; κάλαμον ὑπὸ ἀνέμου σαλευόμενον;			Lk 7,24	... τί ἐξήλθατε εἰς τὴν ἔρημον θεάσασθαι; κάλαμον ὑπὸ ἀνέμου σαλευόμενον;	→ GTh 78
102	Mt 21,32	ἦλθεν γὰρ Ἰωάννης πρὸς ὑμᾶς ἐν ὁδῷ δικαιοσύνης, καὶ οὐκ ἐπιστεύσατε αὐτῷ, ...			Lk 7,30	οἱ δὲ Φαρισαῖοι καὶ οἱ νομικοὶ τὴν βουλὴν τοῦ θεοῦ ἠθέτησαν εἰς ἑαυτούς μὴ βαπτισθέντες ὑπ᾽ αὐτοῦ.	
b 002	Mt 26,6 → Lk 7,40	τοῦ δὲ Ἰησοῦ γενομένου ἐν Βηθανίᾳ ἐν οἰκίᾳ Σίμωνος τοῦ λεπροῦ, [7] ... αὐτοῦ ἀνακειμένου.	Mk 14,3 → Lk 7,40	καὶ ὄντος αὐτοῦ ἐν Βηθανίᾳ ἐν τῇ οἰκίᾳ Σίμωνος τοῦ λεπροῦ, κατακειμένου αὐτοῦ ...	Lk 7,36	ἠρώτα δέ τις αὐτὸν τῶν Φαρισαίων ἵνα φάγῃ μετ᾽ αὐτοῦ, καὶ εἰσελθὼν εἰς τὸν οἶκον τοῦ Φαρισαίου κατεκλίθη.	→ Jn 12,1-2
b 002					Lk 7,44	... εἰσῆλθόν σου εἰς τὴν οἰκίαν, ὕδωρ μοι ἐπὶ πόδας οὐκ ἔδωκας· ...	
002					Lk 7,50	... ἡ πίστις σου σέσωκέν σε· πορεύου εἰς εἰρήνην.	
b 222	Mt 12,4	πῶς εἰσῆλθεν εἰς τὸν οἶκον τοῦ θεοῦ καὶ τοὺς ἄρτους τῆς προθέσεως ἔφαγον, ...	Mk 2,26	πῶς εἰσῆλθεν εἰς τὸν οἶκον τοῦ θεοῦ ἐπὶ Ἀβιαθὰρ ἀρχιερέως καὶ τοὺς ἄρτους τῆς προθέσεως ἔφαγεν, ...	Lk 6,4	[ὡς] εἰσῆλθεν εἰς τὸν οἶκον τοῦ θεοῦ καὶ τοὺς ἄρτους τῆς προ-θέσεως λαβὼν ἔφαγεν ...	
b 222	Mt 12,9	καὶ μεταβὰς ἐκεῖθεν ἦλθεν εἰς τὴν συναγωγὴν αὐτῶν·	Mk 3,1	καὶ εἰσῆλθεν πάλιν εἰς τὴν συναγωγήν. ...	Lk 6,6 → Lk 13,10 → Lk 14,1-2	ἐγένετο δὲ ἐν ἑτέρῳ σαββάτῳ εἰσελθεῖν αὐτὸν εἰς τὴν συναγωγὴν καὶ διδάσκειν. ...	
d 202	Mt 12,11	... τίς ἔσται ἐξ ὑμῶν ἄνθρωπος ὃς ἕξει πρόβατον ἓν καὶ ἐὰν ἐμπέσῃ τοῦτο τοῖς σάββασιν εἰς βόθυνον, οὐχὶ κρατήσει αὐτὸ καὶ ἐγερεῖ;			Lk 14,5 → Lk 13,15	... τίνος ὑμῶν υἱὸς ἢ βοῦς εἰς φρέαρ πεσεῖται, καὶ οὐκ εὐθέως ἀνασπάσει αὐτὸν ἐν ἡμέρᾳ τοῦ σαββάτου;	
200	Mt 12,18 ↑ Mt 3,16 ↑ Mk 1,10 ↑ Lk 3,22 → Mt 3,17 → Mk 1,11	*ἰδοὺ ὁ παῖς μου ὃν ᾑρέτισα, ὁ ἀγαπητός μου* *εἰς ὃν* *εὐδόκησεν ἡ ψυχή μου· θήσω τὸ πνεῦμά μου ἐπ᾽ αὐτόν, ...* > Isa 42,1					

200	**Mt 12,20**	*κάλαμον συντετριμμένον οὐ κατεάξει καὶ λίνον τυφόμενον οὐ σβέσει, ἕως ἂν ἐκβάλῃ* **εἰς νῖκος** τὴν *κρίσιν.* ➤ Isa 42,3-4					
020			**Mk 3,20** ↑ Mk 2,2	καὶ ἔρχεται **εἰς οἶκον·** καὶ συνέρχεται πάλιν [ὁ] ὄχλος, ...			
b 221	**Mt 12,29**	ἢ πῶς δύναταί τις εἰσελθεῖν **εἰς τὴν οἰκίαν τοῦ ἰσχυροῦ** καὶ τὰ σκεύη αὐτοῦ ἁρπάσαι, ...	**Mk 3,27**	ἀλλ' οὐ δύναται οὐδεὶς **εἰς τὴν οἰκίαν τοῦ ἰσχυροῦ** εἰσελθὼν τὰ σκεύη αὐτοῦ διαρπάσαι, ...	**Lk 11,21**	ὅταν ὁ ἰσχυρὸς καθωπλισμένος φυλάσσῃ **τὴν ἑαυτοῦ αὐλήν,** ἐν εἰρήνῃ ἐστὶν τὰ ὑπάρχοντα αὐτοῦ·	→ GTh 21,5 → GTh 35 Mk-Q overlap?
120	**Mt 12,31**	... **ἡ δὲ τοῦ πνεύματος βλασφημία** οὐκ ἀφεθήσεται.	**Mk 3,29** (2)	ὃς δ' ἂν **βλασφημήσῃ εἰς τὸ πνεῦμα τὸ ἅγιον,** οὐκ ἔχει ἄφεσιν			
a 120	**Mt 12,32**	... ὃς δ' ἂν εἴπῃ κατὰ τοῦ πνεύματος τοῦ ἁγίου, οὐκ ἀφεθήσεται αὐτῷ **οὔτε ἐν τούτῳ τῷ αἰῶνι οὔτε ἐν τῷ μέλλοντι.**		**εἰς τὸν αἰῶνα,** ἀλλὰ ἔνοχός ἐστιν αἰωνίου ἁμαρτήματος.	**Lk 12,10** (2)	... τῷ δὲ εἰς τὸ ἅγιον πνεῦμα βλασφημήσαντι οὐκ ἀφεθήσεται.	Mk-Q overlap
202	**Mt 12,41** → Mt 12,6	ἄνδρες Νινευῖται ... μετενόησαν **εἰς τὸ κήρυγμα Ἰωνᾶ,** καὶ ἰδοὺ πλεῖον Ἰωνᾶ ὧδε.			**Lk 11,32**	ἄνδρες Νινευῖται ... μετενόησαν **εἰς τὸ κήρυγμα Ἰωνᾶ,** καὶ ἰδοὺ πλεῖον Ἰωνᾶ ὧδε.	
202	**Mt 12,44**	τότε λέγει· **εἰς τὸν οἶκόν μου** ἐπιστρέψω ὅθεν ἐξῆλθον· ...			**Lk 11,24**	... [τότε] λέγει· ὑποστρέψω **εἰς τὸν οἶκόν μου** ὅθεν ἐξῆλθον·	
d 221	**Mt 13,2** → Lk 5,1	καὶ συνήχθησαν πρὸς αὐτὸν ὄχλοι πολλοί, ὥστε αὐτὸν **εἰς πλοῖον** ἐμβάντα καθῆσθαι, ...	**Mk 4,1** → Mk 3,9 ↑ Mk 4,36 → Lk 5,1	... καὶ συνάγεται πρὸς αὐτὸν ὄχλος πλεῖστος, ὥστε αὐτὸν **εἰς πλοῖον** ἐμβάντα καθῆσθαι ἐν τῇ θαλάσσῃ, ...	**Lk 8,4** ⇑ Lk 5,3	συνιόντος δὲ ὄχλου πολλοῦ καὶ τῶν κατὰ πόλιν ἐπιπορευομένων πρὸς αὐτὸν ...	
121	**Mt 13,7**	ἄλλα δὲ ἔπεσεν **ἐπὶ τὰς ἀκάνθας,** καὶ ἀνέβησαν αἱ ἄκανθαι καὶ ἔπνιξαν αὐτά.	**Mk 4,7**	καὶ ἄλλο ἔπεσεν **εἰς τὰς ἀκάνθας,** καὶ ἀνέβησαν αἱ ἄκανθαι καὶ συνέπνιξαν αὐτό, καὶ καρπὸν οὐκ ἔδωκεν.	**Lk 8,7**	καὶ ἕτερον ἔπεσεν **ἐν μέσῳ τῶν ἀκανθῶν,** καὶ συμφυεῖσαι αἱ ἄκανθαι ἀπέπνιξαν αὐτό.	→ GTh 9
122	**Mt 13,8**	ἄλλα δὲ ἔπεσεν **ἐπὶ τὴν γῆν τὴν καλὴν** καὶ ἐδίδου καρπόν, ...	**Mk 4,8**	καὶ ἄλλα ἔπεσεν **εἰς τὴν γῆν τὴν καλὴν** καὶ ἐδίδου καρπὸν ...	**Lk 8,8**	καὶ ἕτερον ἔπεσεν **εἰς τὴν γῆν τὴν ἀγαθὴν** καὶ φυὲν ἐποίησεν καρπὸν ...	→ GTh 9

121	**Mt 13,19**	... ἔρχεται ὁ πονηρὸς καὶ ἁρπάζει τὸ ἐσπαρμένον **ἐν τῇ καρδίᾳ αὐτοῦ**, ...	**Mk 4,15**	... εὐθὺς ἔρχεται ὁ σατανᾶς καὶ αἴρει τὸν λόγον τὸν ἐσπαρμένον **εἰς αὐτούς**.	**Lk 8,12**	... εἶτα ἔρχεται ὁ διάβολος καὶ αἴρει τὸν λόγον **ἀπὸ τῆς καρδίας αὐτῶν**, ἵνα μὴ πιστεύσαντες σωθῶσιν.	
222	**Mt 13,22**	ὁ δὲ **εἰς τὰς ἀκάνθας** σπαρείς, οὗτός ἐστιν ὁ τὸν λόγον ἀκούων, ...	**Mk 4,18**	καὶ ἄλλοι εἰσὶν οἱ **εἰς τὰς ἀκάνθας** σπειρόμενοι· οὗτοί εἰσιν οἱ τὸν λόγον ἀκούσαντες	**Lk 8,14**	τὸ δὲ **εἰς τὰς ἀκάνθας** πεσόν, οὗτοί εἰσιν οἱ ἀκούσαντες, ...	
f 022			**Mk 4,22**	οὐ γάρ ἐστιν κρυπτὸν ἐὰν μὴ ἵνα φανερωθῇ, οὐδὲ ἐγένετο ἀπόκρυφον ἀλλ' ἵνα ἔλθῃ **εἰς φανερόν**.	**Lk 8,17** ⇩ Lk 12,2	οὐ γάρ ἐστιν κρυπτὸν ὃ οὐ φανερὸν γενήσεται οὐδὲ ἀπόκρυφον ὃ οὐ μὴ γνωσθῇ καὶ **εἰς φανερὸν** ἔλθῃ.	→ GTh 5 → GTh 6,5-6 (POxy 654) Mk-Q overlap
	Mt 10,26	... οὐδὲν γάρ ἐστιν κεκαλυμμένον ὃ οὐκ ἀποκαλυφθήσεται καὶ κρυπτὸν ὃ οὐ γνωσθήσεται.			**Lk 12,2** ⇧ Lk 8,17	οὐδὲν δὲ συγκεκαλυμμένον ἐστὶν ὃ οὐκ ἀποκαλυφθήσεται καὶ κρυπτὸν ὃ οὐ γνωσθήσεται.	
200 200	**Mt 13,30** **(2)** ↑ Mt 3,12 ↑ Lk 3,17	... συλλέξατε πρῶτον τὰ ζιζάνια καὶ δήσατε αὐτὰ **εἰς δέσμας** πρὸς τὸ κατακαῦσαι αὐτά, τὸν δὲ σῖτον συναγάγετε **εἰς τὴν ἀποθήκην μου**.					→ GTh 57
d 202	**Mt 13,33**	... ὁμοία ἐστὶν ἡ βασιλεία τῶν οὐρανῶν ζύμῃ, ἣν λαβοῦσα γυνὴ ἐνέκρυψεν **εἰς ἀλεύρου σάτα τρία** ἕως οὗ ἐζυμώθη ὅλον.			**Lk 13,21**	[20] ... τίνι ὁμοιώσω τὴν βασιλείαν τοῦ θεοῦ; [21] ὁμοία ἐστὶν ζύμῃ, ἣν λαβοῦσα γυνὴ [ἐν]έκρυψεν **εἰς ἀλεύρου σάτα τρία** ἕως οὗ ἐζυμώθη ὅλον.	→ GTh 96
200	**Mt 13,36**	τότε ἀφεὶς τοὺς ὄχλους ἦλθεν **εἰς τὴν οἰκίαν**. καὶ προσῆλθον αὐτῷ οἱ μαθηταὶ αὐτοῦ ...					
200	**Mt 13,42** ↓ Mt 25,46	καὶ *βαλοῦσιν αὐτοὺς* ***εἰς τὴν κάμινον τοῦ πυρός·*** ἐκεῖ ἔσται ὁ κλαυθμὸς καὶ ὁ βρυγμὸς τῶν ὀδόντων. ➤ Dan 3,6					
200	**Mt 13,47**	πάλιν ὁμοία ἐστὶν ἡ βασιλεία τῶν οὐρανῶν σαγήνῃ βληθείσῃ **εἰς τὴν θάλασσαν** καὶ ἐκ παντὸς γένους συναγαγούσῃ·					→ GTh 8
200	**Mt 13,48**	... καὶ καθίσαντες συνέλεξαν τὰ καλὰ **εἰς ἄγγη**, τὰ δὲ σαπρὰ ἔξω ἔβαλον.					→ GTh 8

200	Mt 13,50 ↓ Mt 25,46	καὶ *βαλοῦσιν αὐτοὺς* *εἰς τὴν κάμινον* *τοῦ πυρός*· ... ➤ Dan 3,6					
d	Mt 8,23	καὶ ἐμβάντι αὐτῷ	Mk 4,36 ↑ Mk 4,1	καὶ ἀφέντες τὸν ὄχλον παραλαμβάνουσιν αὐτὸν ὡς ἦν	Lk 8,22 (2)	ἐγένετο δὲ ἐν μιᾷ τῶν ἡμερῶν καὶ αὐτὸς ἐνέβη	
212		εἰς τὸ πλοῖον		ἐν τῷ πλοίῳ,		εἰς πλοῖον	
		ἠκολούθησαν αὐτῷ οἱ μαθηταὶ αὐτοῦ.		καὶ ἄλλα πλοῖα ἦν μετ' αὐτοῦ.		καὶ οἱ μαθηταὶ αὐτοῦ	
j	Mt 8,18	ἰδὼν δὲ ὁ Ἰησοῦς ὄχλον περὶ αὐτὸν ἐκέλευσεν ἀπελθεῖν	Mk 4,35	καὶ λέγει αὐτοῖς ἐν ἐκείνῃ τῇ ἡμέρᾳ ὀψίας γενομένης· διέλθωμεν		καὶ εἶπεν πρὸς αὐτούς· διέλθωμεν	
222		εἰς τὸ πέραν.		εἰς τὸ πέραν.		εἰς τὸ πέραν τῆς λίμνης, καὶ ἀνήχθησαν.	
	Mt 8,24	καὶ ἰδοὺ σεισμὸς μέγας ἐγένετο	Mk 4,37	καὶ γίνεται λαῖλαψ μεγάλη ἀνέμου,	Lk 8,23	... καὶ κατέβη λαῖλαψ ἀνέμου	
112		ἐν τῇ θαλάσσῃ,				εἰς τὴν λίμνην,	
		ὥστε		καὶ τὰ κύματα ἐπέβαλλεν			
121		τὸ πλοῖον		εἰς τὸ πλοῖον,			
		καλύπτεσθαι ὑπὸ τῶν κυμάτων, ...		ὥστε ἤδη γεμίζεσθαι τὸ πλοῖον.		καὶ συνεπληροῦντο καὶ ἐκινδύνευον.	
221	Mt 8,28 (2)	καὶ ἐλθόντος αὐτοῦ εἰς τὸ πέραν	Mk 5,1 (2)	καὶ ἦλθον εἰς τὸ πέραν τῆς θαλάσσης	Lk 8,26	καὶ κατέπλευσαν	
222		εἰς τὴν χώραν τῶν Γαδαρηνῶν ...		εἰς τὴν χώραν τῶν Γερασηνῶν.		εἰς τὴν χώραν τῶν Γερασηνῶν, ἥτις ἐστὶν ἀντιπέρα τῆς Γαλιλαίας.	
			Mk 5,5	... καὶ	Lk 8,29	... ἠλαύνετο ὑπὸ τοῦ δαιμονίου	
012				ἐν τοῖς ὄρεσιν ἦν κράζων καὶ κατακόπτων ἑαυτὸν λίθοις.		εἰς τὰς ἐρήμους.	
b			Mk 5,9	... καὶ λέγει αὐτῷ· λεγιὼν ὄνομά μοι, ὅτι πολλοί ἐσμεν.	Lk 8,30	... ὁ δὲ εἶπεν· λεγιών, ὅτι εἰσῆλθεν δαιμόνια πολλὰ	
012						εἰς αὐτόν.	
j			Mk 5,10	καὶ παρεκάλει αὐτὸν πολλὰ ἵνα μὴ αὐτὰ ἀποστείλῃ	Lk 8,31	καὶ παρεκάλουν αὐτὸν ἵνα μὴ ἐπιτάξῃ αὐτοῖς	
012				ἔξω τῆς χώρας.		εἰς τὴν ἄβυσσον ἀπελθεῖν.	
b	Mt 8,31	οἱ δὲ δαίμονες παρεκάλουν αὐτὸν λέγοντες· εἰ ἐκβάλλεις ἡμᾶς, ἀπόστειλον ἡμᾶς	Mk 5,12 (2)	καὶ παρεκάλεσαν αὐτὸν λέγοντες· πέμψον ἡμᾶς	Lk 8,32	... καὶ παρεκάλεσαν αὐτὸν ἵνα ἐπιτρέψῃ αὐτοῖς	
222		εἰς τὴν ἀγέλην τῶν χοίρων.		εἰς τοὺς χοίρους,		εἰς ἐκείνους	
b 121				ἵνα εἰς αὐτοὺς εἰσέλθωμεν.		εἰσελθεῖν· ...	

j b 222 222	**Mt 8,32** (2)	... οἱ δὲ ἐξελθόντες ἀπῆλθον **εἰς τοὺς χοίρους·** καὶ ἰδοὺ ὥρμησεν πᾶσα ἡ ἀγέλη κατὰ τοῦ κρημνοῦ **εἰς τὴν θάλασσαν** καὶ ἀπέθανον ἐν τοῖς ὕδασιν.	**Mk 5,13** (2)	... καὶ ἐξελθόντα τὰ πνεύματα τὰ ἀκάθαρτα εἰσῆλθον **εἰς τοὺς χοίρους,** καὶ ὥρμησεν ἡ ἀγέλη κατὰ τοῦ κρημνοῦ **εἰς τὴν θάλασσαν,** ὡς δισχίλιοι, καὶ ἐπνίγοντο ἐν τῇ θαλάσσῃ.	**Lk 8,33** (2)	ἐξελθόντα δὲ τὰ δαιμόνια ἀπὸ τοῦ ἀνθρώπου εἰσῆλθον **εἰς τοὺς χοίρους,** καὶ ὥρμησεν ἡ ἀγέλη κατὰ τοῦ κρημνοῦ **εἰς τὴν λίμνην** καὶ ἀπεπνίγη.	
j 222 122	**Mt 8,33**	οἱ δὲ βόσκοντες ἔφυγον, καὶ ἀπελθόντες **εἰς τὴν πόλιν** ἀπήγγειλαν πάντα ...	**Mk 5,14** (2)	καὶ οἱ βόσκοντες αὐτοὺς ἔφυγον καὶ ἀπήγγειλαν **εἰς τὴν πόλιν** καὶ **εἰς τοὺς ἀγρούς· ...**	**Lk 8,34** (2)	ἰδόντες δὲ οἱ βόσκοντες τὸ γεγονὸς ἔφυγον καὶ ἀπήγγειλαν **εἰς τὴν πόλιν** καὶ **εἰς τοὺς ἀγρούς.**	
d 222	**Mt 9,1** (2)	καὶ ἐμβὰς **εἰς πλοῖον** ↔	**Mk 5,18**	καὶ ἐμβαίνοντος αὐτοῦ **εἰς τὸ πλοῖον ...**	**Lk 8,37**	... αὐτὸς δὲ ἐμβὰς **εἰς πλοῖον** ὑπέστρεψεν.	
022			**Mk 5,19**	... ὕπαγε **εἰς τὸν οἶκόν σου** πρὸς τοὺς σοὺς καὶ ἀπάγγειλον αὐτοῖς ὅσα ὁ κύριός σοι πεποίηκεν καὶ ἠλέησέν σε.	**Lk 8,39**	ὑπόστρεφε **εἰς τὸν οἶκόν σου,** καὶ διηγοῦ ὅσα σοι ἐποίησεν ὁ θεός. ...	
121	**Mt 9,1** (2)	↔ διεπέρασεν ...	**Mk 5,21**	καὶ διαπεράσαντος τοῦ Ἰησοῦ [ἐν τῷ πλοίῳ] πάλιν **εἰς τὸ πέραν** συνήχθη ὄχλος πολὺς ἐπ᾽ αὐτόν, ...	**Lk 8,40**	ἐν δὲ τῷ ὑποστρέφειν τὸν Ἰησοῦν ἀπεδέξατο αὐτὸν ὁ ὄχλος· ...	
b 112	**Mt 9,18**	... λέγων ὅτι ἡ θυγάτηρ μου ἄρτι ἐτελεύτησεν· ἀλλὰ ἐλθὼν ἐπίθες τὴν χεῖρά σου ἐπ᾽ αὐτήν, καὶ ζήσεται.	**Mk 5,23**	καὶ παρακαλεῖ αὐτὸν πολλὰ λέγων ὅτι τὸ θυγάτριόν μου ἐσχάτως ἔχει, ἵνα ἐλθὼν ἐπιθῇς τὰς χεῖρας αὐτῇ ἵνα σωθῇ καὶ ζήσῃ.	**Lk 8,41** → Mk 5,42	... παρεκάλει αὐτὸν εἰσελθεῖν **εἰς τὸν οἶκον αὐτοῦ,** [42] ὅτι θυγάτηρ μονογενὴς ἦν αὐτῷ ὡς ἐτῶν δώδεκα καὶ αὐτὴ ἀπέθνῃσκεν. ...	
f 021			**Mk 5,26**	καὶ πολλὰ παθοῦσα ὑπὸ πολλῶν ἰατρῶν ... καὶ μηδὲν ὠφεληθεῖσα ἀλλὰ μᾶλλον **εἰς τὸ χεῖρον** ἐλθοῦσα	**Lk 8,43**	... ἥτις [ἰατροῖς προσαναλώσασα ὅλον τὸν βίον] οὐκ ἴσχυσεν ἀπ᾽ οὐδενὸς θεραπευθῆναι	
122	**Mt 9,22**	... θάρσει, θύγατερ· ἡ πίστις σου σέσωκέν σε. ...	**Mk 5,34**	... θυγάτηρ, ἡ πίστις σου σέσωκέν σε· ὕπαγε **εἰς εἰρήνην ...**	**Lk 8,48**	... θυγάτηρ, ἡ πίστις σου σέσωκέν σε· πορεύου **εἰς εἰρήνην.**	
222	**Mt 9,23**	καὶ ἐλθὼν ὁ Ἰησοῦς **εἰς τὴν οἰκίαν** **τοῦ ἄρχοντος** ...	**Mk 5,38**	καὶ ἔρχονται **εἰς τὸν οἶκον** **τοῦ ἀρχισυναγώγου,** ...	**Lk 8,51**	ἐλθὼν δὲ **εἰς τὴν οἰκίαν** ...	
222	**Mt 13,54**	καὶ ἐλθὼν **εἰς τὴν πατρίδα** **αὐτοῦ ...**	**Mk 6,1**	καὶ ἐξῆλθεν ἐκεῖθεν καὶ ἔρχεται **εἰς τὴν πατρίδα** **αὐτοῦ,** καὶ ἀκολουθοῦσιν αὐτῷ οἱ μαθηταὶ αὐτοῦ.	**Lk 4,16** (2)	καὶ ἦλθεν **εἰς Ναζαρά, οὗ ἦν** **τεθραμμένος ...**	

222	Mt 10,10	μὴ πήραν **εἰς ὁδὸν** μηδὲ δύο χιτῶνας μηδὲ ὑποδήματα μηδὲ ῥάβδον· ...	Mk 6,8 (2)	... ἵνα μηδὲν αἴρωσιν **εἰς ὁδὸν** εἰ μὴ ῥάβδον μόνον, μὴ ἄρτον, μὴ πήραν,	Lk 9,3 ⇩ Lk 10,4 → Lk 22,35-36	... μηδὲν αἴρετε **εἰς τὴν ὁδόν,** μήτε ῥάβδον μήτε πήραν μήτε ἄρτον	
221	Mt 10,9	μὴ κτήσησθε χρυσὸν μηδὲ ἄργυρον μηδὲ χαλκὸν **εἰς τὰς ζώνας ὑμῶν**		μὴ **εἰς τὴν ζώνην** χαλκόν, [9] ἀλλὰ ὑποδεδεμένους σανδάλια, καὶ μὴ ἐνδύσησθε δύο χιτῶνας.		μήτε ἀργύριον μήτε [ἀνὰ] δύο χιτῶνας ἔχειν.	
	Mt 10,9	μὴ κτήσησθε χρυσὸν μηδὲ ἄργυρον μηδὲ χαλκὸν **εἰς τὰς ζώνας ὑμῶν,**			Lk 10,4 ⇧ Lk 9,3 → Lk 22,35-36	μὴ βαστάζετε βαλλάντιον,	Mk-Q overlap
	Mt 10,10	μὴ πήραν **εἰς ὁδὸν** μηδὲ δύο χιτῶνας μηδὲ ὑποδήματα μηδὲ ῥάβδον· ...				μὴ πήραν, μὴ ὑποδήματα, καὶ μηδένα κατὰ τὴν ὁδὸν ἀσπάσησθε.	
b 022	Mt 10,11 ⇩ Lk 10,8	**εἰς ἣν δ᾽ ἂν πόλιν ἢ κώμην** εἰσέλθητε, ἐξετάσατε τίς ἐν αὐτῇ ἄξιός ἐστιν· ↔	Mk 6,10	... ὅπου ἐὰν εἰσέλθητε **εἰς οἰκίαν,**	Lk 9,4 ⇩ Lk 10,5	καὶ **εἰς ἣν ἂν οἰκίαν** εἰσέλθητε,	→ GTh 14,4
	Mt 10,11	↔ κἀκεῖ μείνατε ἕως ἂν ἐξέλθητε.		ἐκεῖ μένετε ἕως ἂν ἐξέλθητε ἐκεῖθεν.		ἐκεῖ μένετε καὶ ἐκεῖθεν ἐξέρχεσθε.	Mk-Q overlap
b	Mt 10,12	**εἰσερχόμενοι δὲ εἰς τὴν οἰκίαν** ἀσπάσασθε αὐτήν·			Lk 10,5 ⇧ Lk 9,4	**εἰς ἣν δ᾽ ἂν εἰσέλθητε οἰκίαν,** πρῶτον λέγετε· εἰρήνη τῷ οἴκῳ τούτῳ.	
122	Mt 10,14	... ἐξερχόμενοι ἔξω τῆς οἰκίας ἢ τῆς πόλεως ἐκείνης ἐκτινάξατε τὸν κονιορτὸν τῶν ποδῶν ὑμῶν.	Mk 6,11	... ἐκπορευόμενοι ἐκεῖθεν ἐκτινάξατε τὸν χοῦν τὸν ὑποκάτω τῶν ποδῶν ὑμῶν **εἰς μαρτύριον** αὐτοῖς.	Lk 9,5 ⇩ Lk 10,10-11	... ἐξερχόμενοι ἀπὸ τῆς πόλεως ἐκείνης τὸν κονιορτὸν ἀπὸ τῶν ποδῶν ὑμῶν ἀποτινάσσετε **εἰς μαρτύριον** ἐπ᾽ αὐτούς.	→ Acts 13,51 → Acts 18,6
					Lk 10,11 ⇧ Lk 9,5	καὶ τὸν κονιορτὸν τὸν κολληθέντα ἡμῖν ἐκ τῆς πόλεως ὑμῶν εἰς τοὺς πόδας ἀπομασσόμεθα ὑμῖν· ...	Mk-Q overlap
020			Mk 6,31	... δεῦτε ὑμεῖς αὐτοὶ κατ᾽ ἰδίαν **εἰς ἔρημον τόπον** καὶ ἀναπαύσασθε ὀλίγον. ...			
c j 222	Mt 14,13	ἀκούσας δὲ ὁ Ἰησοῦς ἀνεχώρησεν ἐκεῖθεν ἐν πλοίῳ **εἰς ἔρημον τόπον** κατ᾽ ἰδίαν· ...	Mk 6,32	καὶ ἀπῆλθον ἐν τῷ πλοίῳ **εἰς ἔρημον τόπον** κατ᾽ ἰδίαν.	Lk 9,10 ↓ Mk 6,45	... καὶ παραλαβὼν αὐτοὺς ὑπεχώρησεν κατ᾽ ἰδίαν **εἰς πόλιν καλουμένην Βηθσαϊδά.**	
j 222	Mt 14,15 ↓ Mt 14,16 ↓ Mt 15,32	... ἀπόλυσον τοὺς ὄχλους, ἵνα ἀπελθόντες **εἰς τὰς κώμας** ἀγοράσωσιν ἑαυτοῖς βρώματα.	Mk 6,36 ↓ Mk 6,37 ↓ Mk 8,3	ἀπόλυσον αὐτούς, ἵνα ἀπελθόντες **εἰς τοὺς κύκλῳ ἀγροὺς καὶ κώμας** ἀγοράσωσιν ἑαυτοῖς τί φάγωσιν.	Lk 9,12 ↓ Lk 9,13	... ἀπόλυσον τὸν ὄχλον, ἵνα πορευθέντες **εἰς τὰς κύκλῳ κώμας καὶ ἀγροὺς** καταλύσωσιν καὶ εὕρωσιν ἐπισιτισμόν, ...	

	Mt		Mk		Lk		Jn
112	**Mt 14,16** ↑ Mt 14,15 → Mt 15,33-34	ὁ δὲ [Ἰησοῦς] εἶπεν αὐτοῖς· οὐ χρείαν ἔχουσιν ἀπελθεῖν, δότε αὐτοῖς ὑμεῖς φαγεῖν. [17] οἱ δὲ λέγουσιν αὐτῷ· οὐκ ἔχομεν ὧδε εἰ μὴ πέντε ἄρτους καὶ δύο ἰχθύας.	**Mk 6,37** ↑ Mk 6,36 → Mk 8,4-5	ὁ δὲ ἀποκριθεὶς εἶπεν αὐτοῖς· δότε αὐτοῖς ὑμεῖς φαγεῖν. καὶ λέγουσιν αὐτῷ· ἀπελθόντες ἀγοράσωμεν δηναρίων διακοσίων ἄρτους καὶ δώσομεν **αὐτοῖς** φαγεῖν; [38] ὁ δὲ λέγει αὐτοῖς· πόσους ἄρτους ἔχετε; ὑπάγετε ἴδετε. καὶ γνόντες λέγουσιν· πέντε, καὶ δύο ἰχθύας.	**Lk 9,13** ↑ Lk 9,12	εἶπεν δὲ πρὸς αὐτούς· δότε αὐτοῖς ὑμεῖς φαγεῖν. οἱ δὲ εἶπαν· οὐκ εἰσὶν ἡμῖν πλεῖον ἢ ἄρτοι πέντε καὶ ἰχθύες δύο, εἰ μήτι πορευθέντες ἡμεῖς ἀγοράσωμεν **εἰς πάντα** **τὸν λαὸν τοῦτον** βρώματα.	→ Jn 6,5-7 → Jn 6,9
c 222	**Mt 14,19** → Mt 15,36 ↓ Mt 26,26	... λαβὼν τοὺς πέντε ἄρτους καὶ τοὺς δύο ἰχθύας, ἀναβλέψας **εἰς τὸν οὐρανὸν** εὐλόγησεν ...	**Mk 6,41** → Mk 8,6-7 ↓ Mk 14,22	καὶ λαβὼν τοὺς πέντε ἄρτους καὶ τοὺς δύο ἰχθύας ἀναβλέψας **εἰς τὸν οὐρανὸν** εὐλόγησεν ...	**Lk 9,16** ↓ Lk 22,19	λαβὼν δὲ τοὺς πέντε ἄρτους καὶ τοὺς δύο ἰχθύας ἀναβλέψας **εἰς τὸν οὐρανὸν** εὐλόγησεν αὐτοὺς ...	→ Jn 6,11
d 220 220	**Mt 14,22** (2) ↓ Mt 15,39	καὶ εὐθέως ἠνάγκασεν τοὺς μαθητὰς ἐμβῆναι **εἰς τὸ πλοῖον** καὶ προάγειν αὐτὸν **εἰς τὸ πέραν,** ἕως οὗ ἀπολύσῃ τοὺς ὄχλους.	**Mk 6,45** (2) ↓ Mk 8,10 ↑ Lk 9,10b	καὶ εὐθὺς ἠνάγκασεν τοὺς μαθητὰς αὐτοῦ ἐμβῆναι **εἰς τὸ πλοῖον** καὶ προάγειν **εἰς τὸ πέραν** πρὸς Βηθσαϊδάν, ἕως αὐτὸς ἀπολύει τὸν ὄχλον.			→ Jn 6,17
c j 220	**Mt 14,23** ↓ Mt 15,39 ↓ Lk 9,18	καὶ ἀπολύσας τοὺς ὄχλους ἀνέβη **εἰς τὸ ὄρος** κατ᾽ ἰδίαν προσεύξασθαι. ...	**Mk 6,46** ↓ Mk 8,9 ↓ Lk 9,18	καὶ ἀποταξάμενος αὐτοῖς ἀπῆλθεν **εἰς τὸ ὄρος** προσεύξασθαι.			→ Jn 6,15
g 200	**Mt 14,31**	... ὀλιγόπιστε, **εἰς τί** ἐδίστασας;					
c 220	**Mt 14,32**	καὶ ἀναβάντων αὐτῶν **εἰς τὸ πλοῖον** ἐκόπασεν ὁ ἄνεμος.	**Mk 6,51**	καὶ ἀνέβη πρὸς αὐτοὺς **εἰς τὸ πλοῖον** καὶ ἐκόπασεν ὁ ἄνεμος, ...			→ Jn 6,21
220	**Mt 14,34**	καὶ διαπεράσαντες ἦλθον ἐπὶ τὴν γῆν **εἰς Γεννησαρέτ.**	**Mk 6,53**	καὶ διαπεράσαντες ἐπὶ τὴν γῆν ἦλθον **εἰς Γεννησαρὲτ** καὶ προσωρμίσθησαν.			
210	**Mt 14,35**	... ἀπέστειλαν **εἰς ὅλην τὴν** **περίχωρον ἐκείνην** καὶ προσήνεγκαν αὐτῷ πάντας τοὺς κακῶς ἔχοντας,	**Mk 6,55**	περιέδραμον **ὅλην τὴν** **χώραν ἐκείνην** καὶ ἤρξαντο ἐπὶ τοῖς κραβάττοις τοὺς κακῶς ἔχοντας περιφέρειν ὅπου ἤκουον ὅτι ἐστίν.			

b 120 b 120 b 120	Mt 14,36 → Mt 9,20	καὶ παρεκάλουν αὐτὸν ἵνα μόνον ἅψωνται τοῦ κρασπέδου τοῦ ἱματίου αὐτοῦ· ...	Mk 6,56 (3) → Mk 5,27	καὶ ὅπου ἂν εἰσεπορεύετο **εἰς κώμας** **ἢ εἰς πόλεις** **ἢ εἰς ἀγρούς,** ἐν ταῖς ἀγοραῖς ἐτίθεσαν τοὺς ἀσθενοῦντας, καὶ παρεκάλουν αὐτὸν ἵνα κἂν τοῦ κρασπέδου τοῦ ἱματίου αὐτοῦ ἅψωνται· ...	→ Lk 8,44		
b 220	Mt 15,11	οὐ τὸ εἰσερχόμενον **εἰς τὸ στόμα** κοινοῖ τὸν ἄνθρωπον, ...	Mk 7,15	οὐδέν ἐστιν ἔξωθεν τοῦ ἀνθρώπου εἰσπορευόμενον **εἰς αὐτὸν** ὃ δύναται κοινῶσαι αὐτόν, ...			→ GTh 14,5
d 202	Mt 15,14	ἄφετε αὐτούς· τυφλοί εἰσιν ὁδηγοί [τυφλῶν]· τυφλὸς δὲ τυφλὸν ἐὰν ὁδηγῇ, ἀμφότεροι **εἰς βόθυνον** πεσοῦνται.			Lk 6,39	... μήτι δύναται τυφλὸς τυφλὸν ὁδηγεῖν; οὐχὶ ἀμφότεροι **εἰς βόθυνον** ἐμπεσοῦνται;	→ GTh 34
b 120	Mt 15,15	ἀποκριθεὶς δὲ ὁ Πέτρος εἶπεν αὐτῷ· φράσον ἡμῖν τὴν παραβολὴν [ταύτην].	Mk 7,17 → Mk 4,10 → Lk 8,9 → Mt 15,12	καὶ ὅτε εἰσῆλθεν **εἰς οἶκον** ἀπὸ τοῦ ὄχλου, ἐπηρώτων αὐτὸν οἱ μαθηταὶ αὐτοῦ τὴν παραβολήν.			
b 220	Mt 15,17 (3)	οὐ νοεῖτε ὅτι πᾶν τὸ εἰσπορευόμενον **εἰς τὸ στόμα**	Mk 7,18	... οὐ νοεῖτε ὅτι πᾶν τὸ ἔξωθεν εἰσπορευόμενον **εἰς τὸν ἄνθρωπον** οὐ δύναται αὐτὸν κοινῶσαι,			→ GTh 14,5
b 120 b 220 220		**εἰς τὴν κοιλίαν** χωρεῖ καὶ **εἰς ἀφεδρῶνα** ἐκβάλλεται;	Mk 7,19 (3)	ὅτι οὐκ εἰσπορεύεται αὐτοῦ **εἰς τὴν καρδίαν** ἀλλ' **εἰς τὴν κοιλίαν,** καὶ **εἰς τὸν ἀφεδρῶνα** ἐκπορεύεται, καθαρίζων πάντα τὰ βρώματα;			
c j 220 b 120	Mt 15,21	καὶ ἐξελθὼν ἐκεῖθεν ὁ Ἰησοῦς ἀνεχώρησεν **εἰς τὰ μέρη Τύρου καὶ Σιδῶνος.**	Mk 7,24 (2) → Mt 15,22	ἐκεῖθεν δὲ ἀναστὰς ἀπῆλθεν **εἰς τὰ ὅρια Τύρου.** καὶ εἰσελθὼν **εἰς οἰκίαν** οὐδένα ἤθελεν γνῶναι, καὶ οὐκ ἠδυνήθη λαθεῖν·			
200	Mt 15,24 → Mt 10,6	... οὐκ ἀπεστάλην εἰ μὴ **εἰς τὰ πρόβατα τὰ ἀπολωλότα οἴκου Ἰσραήλ.**					
j 120	Mt 15,28	... καὶ ἰάθη ἡ θυγάτηρ αὐτῆς ἀπὸ τῆς ὥρας ἐκείνης.	Mk 7,30 ↑ Lk 7,10	καὶ ἀπελθοῦσα **εἰς τὸν οἶκον αὐτῆς** εὗρεν τὸ παιδίον βεβλημένον ἐπὶ τὴν κλίνην καὶ τὸ δαιμόνιον ἐξεληλυθός.			

120 c 210	**Mt 15,29**	καὶ μεταβὰς ἐκεῖθεν ὁ Ἰησοῦς ἦλθεν **παρὰ τὴν θάλασσαν** **τῆς Γαλιλαίας,** καὶ ἀναβὰς **εἰς τὸ ὄρος** ἐκάθητο ἐκεῖ.	**Mk 7,31**	καὶ πάλιν ἐξελθὼν ἐκ τῶν ὁρίων Τύρου ἦλθεν διὰ Σιδῶνος **εἰς τὴν θάλασσαν** **τῆς Γαλιλαίας** ἀνὰ μέσον τῶν ὁρίων Δεκαπόλεως.		
020			**Mk 7,33** ↓ Mk 8,23	... ἔβαλεν τοὺς δακτύλους αὐτοῦ **εἰς τὰ ὦτα αὐτοῦ** καὶ πτύσας ἥψατο τῆς γλώσσης αὐτοῦ,		
c 020			**Mk 7,34**	καὶ ἀναβλέψας **εἰς τὸν οὐρανὸν** ἐστέναξεν, καὶ λέγει αὐτῷ· εφφαθα, ὅ ἐστιν διανοίχθητι.		
120	**Mt 15,32** ↑ Mt 14,15	... καὶ ἀπολῦσαι αὐτοὺς νήστεις οὐ θέλω, μήποτε ἐκλυθῶσιν ἐν τῇ ὁδῷ.	**Mk 8,3** ↑ Mk 6,36	καὶ ἐὰν ἀπολύσω αὐτοὺς νήστεις **εἰς οἶκον αὐτῶν,** ἐκλυθήσονται ἐν τῇ ὁδῷ· καί τινες αὐτῶν ἀπὸ μακρόθεν ἥκασιν.	↑ Lk 9,12	
d 220 220	**Mt 15,39** (2) ↑ Mt 14,22-23	καὶ ἀπολύσας τοὺς ὄχλους ἐνέβη **εἰς τὸ πλοῖον,** καὶ ἦλθεν **εἰς τὰ ὅρια** **Μαγαδάν.**	**Mk 8,10** (2) ↑ Mk 6,45-46	[9] ... καὶ ἀπέλυσεν αὐτούς. [10] καὶ εὐθὺς ἐμβὰς **εἰς τὸ πλοῖον** μετὰ τῶν μαθητῶν αὐτοῦ ἦλθεν **εἰς τὰ μέρη** **Δαλμανουθά.**		
j 220	**Mt 16,5**	[4] ... καὶ καταλιπὼν αὐτοὺς ἀπῆλθεν. [5] καὶ ἐλθόντες οἱ μαθηταὶ **εἰς τὸ πέραν** ἐπελάθοντο ἄρτους λαβεῖν.	**Mk 8,13**	καὶ ἀφεὶς αὐτοὺς πάλιν ἐμβὰς ἀπῆλθεν **εἰς τὸ πέραν.** [14] καὶ ἐπελάθοντο λαβεῖν ἄρτους ...		
120	**Mt 16,9**	οὔπω νοεῖτε, οὐδὲ μνημονεύετε τοὺς πέντε ἄρτους **τῶν** **πεντακισχιλίων** καὶ πόσους κοφίνους ἐλάβετε;	**Mk 8,19**	[17] ... οὔπω νοεῖτε ... [18] ... οὐ μνημονεύετε, [19] ὅτε τοὺς πέντε ἄρτους ἔκλασα **εἰς τοὺς** **πεντακισχιλίους,** πόσους κοφίνους κλασμάτων πλήρεις ἤρατε; λέγουσιν αὐτῷ· δώδεκα.		
120	**Mt 16,10**	οὐδὲ τοὺς ἑπτὰ ἄρτους **τῶν τετρακισχιλίων** καὶ πόσας σπυρίδας ἐλάβετε;	**Mk 8,20**	ὅτε τοὺς ἑπτὰ **εἰς τοὺς** **τετρακισχιλίους,** πόσων σπυρίδων πληρώματα κλασμάτων ἤρατε; καὶ λέγουσιν [αὐτῷ]· ἑπτά.		
020			**Mk 8,22**	καὶ ἔρχονται **εἰς Βηθσαϊδάν.** καὶ φέρουσιν αὐτῷ τυφλὸν καὶ παρακαλοῦσιν αὐτὸν ἵνα αὐτοῦ ἅψηται.		

020			Mk 8,23 → Mt 9,29 → Mt 20,34 ↑ Mk 7,33	καὶ ἐπιλαβόμενος τῆς χειρὸς τοῦ τυφλοῦ ἐξήνεγκεν αὐτὸν ἔξω τῆς κώμης καὶ πτύσας **εἰς τὰ ὄμματα αὐτοῦ,** ἐπιθεὶς τὰς χεῖρας αὐτῷ ἐπηρώτα αὐτόν· εἴ τι βλέπεις;			→ Jn 9,6
020 b 020			Mk 8,26 (2)	καὶ ἀπέστειλεν αὐτὸν **εἰς οἶκον αὐτοῦ** λέγων· μηδὲ **εἰς τὴν κώμην** εἰσέλθῃς.			
221	Mt 16,13	ἐλθὼν δὲ ὁ Ἰησοῦς **εἰς τὰ μέρη Καισαρείας τῆς Φιλίππου** ἠρώτα τοὺς μαθητὰς αὐτοῦ λέγων· τίνα λέγουσιν οἱ ἄνθρωποι εἶναι τὸν υἱὸν τοῦ ἀνθρώπου;	Mk 8,27	καὶ ἐξῆλθεν ὁ Ἰησοῦς καὶ οἱ μαθηταὶ αὐτοῦ **εἰς τὰς κώμας Καισαρείας τῆς Φιλίππου·** καὶ ἐν τῇ ὁδῷ ἐπηρώτα τοὺς μαθητὰς αὐτοῦ λέγων αὐτοῖς· τίνα με λέγουσιν οἱ ἄνθρωποι εἶναι;	Lk 9,18 ↑ Mt 14,23 ↑ Mk 6,46	καὶ ἐγένετο ἐν τῷ εἶναι αὐτὸν προσευχόμενον κατὰ μόνας συνῆσαν αὐτῷ οἱ μαθηταί, καὶ ἐπηρώτησεν αὐτοὺς λέγων· τίνα με λέγουσιν οἱ ὄχλοι εἶναι;	→ GTh 13
j 211	Mt 16,21 ↓ Mt 17,22 → Mt 17,23 ↓ Mt 20,18-19	ἀπὸ τότε ἤρξατο ὁ Ἰησοῦς δεικνύειν τοῖς μαθηταῖς αὐτοῦ ὅτι δεῖ αὐτὸν **εἰς Ἱεροσόλυμα** ἀπελθεῖν καὶ πολλὰ παθεῖν ...	Mk 8,31 ↓ Mk 9,31 ↓ Mk 10,33 → Mk 10,34	καὶ ἤρξατο διδάσκειν αὐτοὺς ὅτι δεῖ τὸν υἱὸν τοῦ ἀνθρώπου πολλὰ παθεῖν ...	Lk 9,22 ↓ Lk 9,44 → Lk 17,25 ↓ Lk 18,31-33 ↓ Lk 24,7 ↓ Lk 24,26 → Lk 24,46	εἰπὼν ὅτι δεῖ τὸν υἱὸν τοῦ ἀνθρώπου πολλὰ παθεῖν ..	
c 222	Mt 17,1	... καὶ ἀναφέρει αὐτοὺς **εἰς ὄρος ὑψηλὸν** κατ' ἰδίαν.	Mk 9,2	... καὶ ἀναφέρει αὐτοὺς **εἰς ὄρος ὑψηλὸν** κατ' ἰδίαν μόνους. ...	Lk 9,28	... ἀνέβη **εἰς τὸ ὄρος** προσεύξασθαι.	
b 112	Mt 17,5	... ἰδοὺ νεφέλη φωτεινὴ ἐπεσκίασεν αὐτούς, ...	Mk 9,7	καὶ ἐγένετο νεφέλη ἐπισκιάζουσα αὐτοῖς, ...	Lk 9,34	... ἐγένετο νεφέλη καὶ ἐπεσκίαζεν αὐτούς· ἐφοβήθησαν δὲ ἐν τῷ εἰσελθεῖν αὐτοὺς **εἰς τὴν νεφέλην.**	
220 220	Mt 17,15 (2)	... πολλάκις γὰρ πίπτει **εἰς τὸ πῦρ** καὶ πολλάκις **εἰς τὸ ὕδωρ.**	Mk 9,22 (2)	καὶ πολλάκις καὶ **εἰς πῦρ** αὐτὸν ἔβαλεν καὶ **εἰς ὕδατα** ἵνα ἀπολέσῃ αὐτόν· ...			
b 121	Mt 17,18	καὶ ἐπετίμησεν αὐτῷ ὁ Ἰησοῦς καὶ ἐξῆλθεν ἀπ' αὐτοῦ τὸ δαιμόνιον ...	Mk 9,25	ἰδὼν δὲ ὁ Ἰησοῦς ὅτι ἐπισυντρέχει ὄχλος, ἐπετίμησεν τῷ πνεύματι τῷ ἀκαθάρτῳ λέγων αὐτῷ· τὸ ἄλαλον καὶ κωφὸν πνεῦμα, ἐγὼ ἐπιτάσσω σοι, ἔξελθε ἐξ αὐτοῦ καὶ μηκέτι εἰσέλθῃς **εἰς αὐτόν.** [26] καὶ κράξας καὶ πολλὰ σπαράξας ἐξῆλθεν· ...	Lk 9,42	... ἐπετίμησεν δὲ ὁ Ἰησοῦς τῷ πνεύματι τῷ ἀκαθάρτῳ ...	

b 120	Mt 17,19	τότε προσελθόντες οἱ μαθηταὶ τῷ Ἰησοῦ κατ' ἰδίαν εἶπον· διὰ τί ἡμεῖς οὐκ ἠδυνήθημεν ἐκβαλεῖν αὐτό;	Mk 9,28	καὶ εἰσελθόντος αὐτοῦ **εἰς οἶκον** οἱ μαθηταὶ αὐτοῦ κατ' ἰδίαν ἐπηρώτων αὐτόν· ὅτι ἡμεῖς οὐκ ἠδυνήθημεν ἐκβαλεῖν αὐτό;			
112	Mt 17,22		Mk 9,31		Lk 9,44 (2)	θέσθε ὑμεῖς **εἰς τὰ ὦτα ὑμῶν** τοὺς λόγους τούτους·	
222	↑ Mt 16,21 ↓ Mt 20,18-19	... μέλλει ὁ υἱὸς τοῦ ἀνθρώπου παραδίδοσθαι **εἰς χεῖρας ἀνθρώπων**	↑ Mk 8,31 ↓ Mk 10,33-34	... ὁ υἱὸς τοῦ ἀνθρώπου παραδίδοται **εἰς χεῖρας ἀνθρώπων**, ...	↑ Lk 9,22 → Lk 17,25 ↓ Lk 18,31-33 ↓ Lk 24,7 ↓ Lk 24,26 → Lk 24,46	ὁ γὰρ υἱὸς τοῦ ἀνθρώπου μέλλει παραδίδοσθαι **εἰς χεῖρας ἀνθρώπων**.	
220	Mt 17,24	ἐλθόντων δὲ αὐτῶν **εἰς Καφαρναοὺμ** ...	Mk 9,33	καὶ ἦλθον **εἰς Καφαρναούμ**. ...			
200	Mt 17,25	... καὶ ἐλθόντα **εἰς τὴν οἰκίαν** προέφθασεν αὐτὸν ὁ Ἰησοῦς λέγων· τί σοι δοκεῖ, Σίμων; ...					
200	Mt 17,27	ἵνα δὲ μὴ σκανδαλίσωμεν αὐτούς, πορευθεὶς **εἰς θάλασσαν** βάλε ἄγκιστρον καὶ τὸν ἀναβάντα πρῶτον ἰχθὺν ἆρον, ...					
b 222	Mt 18,3	... ἐὰν μὴ στραφῆτε καὶ γένησθε ὡς τὰ παιδία, οὐ μὴ εἰσέλθητε **εἰς τὴν βασιλείαν τῶν οὐρανῶν**.	Mk 10,15	... ὃς ἂν μὴ δέξηται τὴν βασιλείαν τοῦ θεοῦ ὡς παιδίον, οὐ μὴ εἰσέλθῃ **εἰς αὐτήν**.	Lk 18,17	... ὃς ἂν μὴ δέξηται τὴν βασιλείαν τοῦ θεοῦ ὡς παιδίον, οὐ μὴ εἰσέλθῃ **εἰς αὐτήν**.	→ Jn 3,3 → GTh 22 → GTh 46
221	Mt 18,6 → Mt 18,10	ὃς δ' ἂν σκανδαλίσῃ ἕνα τῶν μικρῶν τούτων τῶν πιστευόντων **εἰς ἐμέ**, συμφέρει αὐτῷ ἵνα κρεμασθῇ μύλος ὀνικὸς περὶ τὸν τράχηλον αὐτοῦ	Mk 9,42 (2)	καὶ ὃς ἂν σκανδαλίσῃ ἕνα τῶν μικρῶν τούτων τῶν πιστευόντων **[εἰς ἐμέ]**, καλόν ἐστιν αὐτῷ μᾶλλον εἰ περίκειται μύλος ὀνικὸς περὶ τὸν τράχηλον αὐτοῦ	Lk 17,2	λυσιτελεῖ αὐτῷ εἰ λίθος μυλικὸς περίκειται περὶ τὸν τράχηλον αὐτοῦ	Mk-Q overlap?
122		καὶ καταποντισθῇ **ἐν τῷ πελάγει τῆς θαλάσσης**.		καὶ βέβληται **εἰς τὴν θάλασσαν**.		καὶ ἔρριπται **εἰς τὴν θάλασσαν** ἢ ἵνα σκανδαλίσῃ τῶν μικρῶν τούτων ἕνα.	Mk-Q overlap?

[a] εἰς with reference to time
[b] εἰς with composite verb εἰσ-
[c] εἰς with composite verb ἀνα-, ἐπανα-, συνανα-
[d] εἰς with composite verb ἐν-
[e] εἰς τὸ (μὴ) and infinitive
[f] εἰς (τὸ) and adjective neuter singular
[g] εἰς αὐτό, εἰς τοῦτο, εἰς τί, εἰς οὐδέν
[h] εἰμί and εἰς, γίνομαι and εἰς replacing the predicate nominative
[j] εἰς and ἀπέρχομαι

b 220 j 120 j 220	**Mt 18,8** (2) ⇑ Mt 5,30 ↓ Mk 9,45	... καλόν σοί ἐστιν εἰσελθεῖν **εἰς τὴν ζωὴν** κυλλὸν ἢ χωλόν ἢ δύο χεῖρας ἢ δύο πόδας ἔχοντα βληθῆναι **εἰς τὸ πῦρ** **τὸ αἰώνιον.**	**Mk 9,43** (3)	... καλόν ἐστίν σε κυλλὸν εἰσελθεῖν **εἰς τὴν ζωὴν** ἢ τὰς δύο χεῖρας ἔχοντα ἀπελθεῖν **εἰς τὴν γέενναν,** **εἰς τὸ πῦρ** **τὸ ἄσβεστον.**			
j	Mt 5,30 ⇑ Mt 18,8	... συμφέρει γάρ σοι ἵνα ἀπόληται ἓν τῶν μελῶν σου καὶ μὴ ὅλον τὸ σῶμά σου **εἰς γέενναν** ἀπέλθῃ.					
b 020 020	Mt 18,8 (2)	... καλόν σοί ἐστιν εἰσελθεῖν **εἰς τὴν ζωὴν** κυλλὸν ἢ χωλόν ἢ δύο χεῖρας ἢ δύο πόδας ἔχοντα βληθῆναι εἰς τὸ πῦρ τὸ αἰώνιον.	**Mk 9,45** (2)	... καλόν ἐστίν σε εἰσελθεῖν **εἰς τὴν ζωὴν** χωλὸν ἢ τοὺς δύο πόδας ἔχοντα βληθῆναι **εἰς τὴν γέενναν.**			
b 220 220	**Mt 18,9** (2) ⇑ Mt 5,29	... καλόν σοί ἐστιν μονόφθαλμον **εἰς τὴν ζωὴν** εἰσελθεῖν ἢ δύο ὀφθαλμοὺς ἔχοντα βληθῆναι **εἰς τὴν γέενναν** **τοῦ πυρός.**	**Mk 9,47** (2)	... καλόν σέ ἐστιν μονόφθαλμον εἰσελθεῖν **εἰς τὴν βασιλείαν** **τοῦ θεοῦ** ἢ δύο ὀφθαλμοὺς ἔχοντα βληθῆναι **εἰς τὴν γέενναν,** [48] ὅπου *ὁ σκώληξ αὐτῶν οὐ τελευτᾷ καὶ τὸ πῦρ οὐ σβέννυται.* ➢ Isa 66,24			
	Mt 5,29 ⇑ Mt 18,9	... συμφέρει γάρ σοι ἵνα ἀπόληται ἓν τῶν μελῶν σου καὶ μὴ ὅλον τὸ σῶμά σου βληθῇ **εἰς γέενναν.**					
201	**Mt 18,15** ↓ Mt 18,21 ↓ Mt 18,22	ἐὰν δὲ ἁμαρτήσῃ **[εἰς σὲ]** ὁ ἀδελφός σου, ὕπαγε ἔλεγξον αὐτὸν μεταξὺ σοῦ καὶ αὐτοῦ μόνου. ἐάν σου ἀκούσῃ, ἐκέρδησας τὸν ἀδελφόν σου·			**Lk 17,3** ↓ Lk 17,4	... ἐὰν ἁμάρτῃ ὁ ἀδελφός σου ἐπιτίμησον αὐτῷ, καὶ ἐὰν μετανοήσῃ ἄφες αὐτῷ.	
200	**Mt 18,20**	οὗ γάρ εἰσιν δύο ἢ τρεῖς συνηγμένοι **εἰς τὸ ἐμὸν ὄνομα,** ἐκεῖ εἰμι ἐν μέσῳ αὐτῶν.					→ GTh 30 (POxy 1) → GTh 48 → GTh 106
202	**Mt 18,21** ↑ Mt 18,15	τότε προσελθὼν ὁ Πέτρος εἶπεν αὐτῷ· κύριε, ποσάκις ἁμαρτήσει **εἰς ἐμὲ** ὁ ἀδελφός μου καὶ ἀφήσω αὐτῷ; ἕως ἑπτάκις; [22] λέγει αὐτῷ ὁ Ἰησοῦς· οὐ λέγω σοι ἕως ἑπτάκις ἀλλὰ ἕως ἑβδομηκοντάκις ἑπτά.			**Lk 17,4** ↑ Lk 17,3	καὶ ἐὰν ἑπτάκις τῆς ἡμέρας ἁμαρτήσῃ **εἰς σὲ** καὶ ἑπτάκις ἐπιστρέψῃ πρὸς σὲ λέγων· μετανοῶ, ἀφήσεις αὐτῷ.	

200	Mt 18,30	ὁ δὲ οὐκ ἤθελεν ἀλλὰ ἀπελθὼν ἔβαλεν αὐτὸν **εἰς φυλακὴν** ἕως ἀποδῷ τὸ ὀφειλόμενον.					
002					Lk 9,51 ↓ Mt 19,1 ↓ Mk 10,1 ↓ Lk 24,51	ἐγένετο δὲ ἐν τῷ συμπληροῦσθαι τὰς ἡμέρας τῆς ἀναλήμψεως αὐτοῦ καὶ αὐτὸς τὸ πρόσωπον ἐστήρισεν τοῦ πορεύεσθαι **εἰς Ἰερουσαλήμ.**	→ Acts 1,2.9 → Acts 1, **11**.22
b 002					Lk 9,52	... καὶ πορευθέντες εἰσῆλθον **εἰς κώμην Σαμαριτῶν,** ὡς ἑτοιμάσαι αὐτῷ·	
002					Lk 9,53	καὶ οὐκ ἐδέξαντο αὐτόν, ὅτι τὸ πρόσωπον αὐτοῦ ἦν πορευόμενον **εἰς Ἰερουσαλήμ.**	
002					Lk 9,56	καὶ ἐπορεύθησαν **εἰς ἑτέραν κώμην.**	
002					Lk 9,61	... πρῶτον δὲ ἐπίτρεψόν μοι ἀποτάξασθαι τοῖς **εἰς τὸν οἶκόν μου.**	
002					Lk 9,62	... οὐδεὶς ἐπιβαλὼν τὴν χεῖρα ἐπ' ἄροτρον καὶ βλέπων **εἰς τὰ ὀπίσω** εὔθετός ἐστιν τῇ βασιλείᾳ τοῦ θεοῦ.	
002					Lk 10,1 → Mt 10,1 → Mk 6,7 → Lk 9,1	μετὰ δὲ ταῦτα ἀνέδειξεν ὁ κύριος ἑτέρους ἑβδομήκοντα [δύο] καὶ ἀπέστειλεν αὐτοὺς ἀνὰ δύο [δύο] πρὸ προσώπου αὐτοῦ **εἰς πᾶσαν πόλιν καὶ τόπον** οὗ ἤμελλεν αὐτὸς ἔρχεσθαι.	
202	Mt 9,38	δεήθητε οὖν τοῦ κυρίου τοῦ θερισμοῦ ὅπως ἐκβάλῃ ἐργάτας **εἰς τὸν θερισμὸν αὐτοῦ.**			Lk 10,2	... δεήθητε οὖν τοῦ κυρίου τοῦ θερισμοῦ ὅπως ἐργάτας ἐκβάλῃ **εἰς τὸν θερισμὸν αὐτοῦ.**	→ GTh 73
b 202	Mt 10,12	**εἰσερχόμενοι δὲ εἰς τὴν οἰκίαν** ἀσπάσασθε αὐτήν·	Mk 6,10	... ὅπου ἐὰν εἰσέλθητε εἰς οἰκίαν, ἐκεῖ μένετε ἕως ἂν ἐξέλθητε ἐκεῖθεν.	Lk 10,5 ⇑ Lk 9,4	**εἰς ἣν δ' ἂν εἰσέλθητε οἰκίαν,** πρῶτον λέγετε· εἰρήνη τῷ οἴκῳ τούτῳ.	Mk-Q overlap
102	Mt 10,10	... ἄξιος γὰρ ὁ ἐργάτης τῆς τροφῆς αὐτοῦ.			Lk 10,7 ⇑ Lk 9,4	ἐν αὐτῇ δὲ τῇ οἰκίᾳ μένετε, ἐσθίοντες καὶ πίνοντες τὰ παρ' αὐτῶν· ἄξιος γὰρ ὁ ἐργάτης τοῦ μισθοῦ αὐτοῦ. μὴ μεταβαίνετε ἐξ οἰκίας **εἰς οἰκίαν.**	→ GTh 14,4 Mk-Q overlap
	Mt 10,11	... κἀκεῖ μείνατε ἕως ἂν ἐξέλθητε.	Mk 6,10	... ἐκεῖ μένετε ἕως ἂν ἐξέλθητε ἐκεῖθεν.	Lk 9,4	... ἐκεῖ μένετε καὶ ἐκεῖθεν ἐξέρχεσθε.	

b 202	**Mt 10,11**	**εἰς ἣν δ' ἂν πόλιν ἢ κώμην** εἰσέλθητε, ἐξετάσατε τίς ἐν αὐτῇ ἄξιός ἐστιν· ...			**Lk 10,8** ⇧ Lk 9,4 ↓ Lk 10,10	**καὶ εἰς ἣν ἂν πόλιν** εἰσέρχησθε καὶ δέχωνται ὑμᾶς, ἐσθίετε τὰ παρατιθέμενα ὑμῖν	→ GTh 14,4
b 102	**Mt 10,14**	**καὶ ὃς ἂν** μὴ δέξηται ὑμᾶς μηδὲ ἀκούσῃ τοὺς λόγους ὑμῶν,	**Mk 6,11**	**καὶ ὃς ἂν τόπος** μὴ δέξηται ὑμᾶς μηδὲ ἀκούσωσιν ὑμῶν,	**Lk 10,10 (2)** ⇧ Lk 9,5 ↑ Lk 10,8	**εἰς ἣν δ' ἂν πόλιν** εἰσέλθητε καὶ μὴ δέχωνται ὑμᾶς,	Mk-Q overlap
102		ἐξερχόμενοι **ἔξω τῆς οἰκίας ἢ τῆς πόλεως ἐκείνης**		ἐκπορευόμενοι **ἐκεῖθεν**		ἐξελθόντες **εἰς τὰς πλατείας αὐτῆς** εἴπατε·	
102		ἐκτινάξατε τὸν κονιορτὸν **τῶν ποδῶν ὑμῶν.**		ἐκτινάξατε τὸν χοῦν τὸν **ὑποκάτω τῶν ποδῶν ὑμῶν** εἰς μαρτύριον αὐτοῖς.	**Lk 10,11** ⇧ Lk 9,5 → Lk 10,9	καὶ τὸν κονιορτὸν τὸν κολληθέντα ἡμῖν ἐκ τῆς πόλεως ὑμῶν **εἰς τοὺς πόδας** ἀπομασσόμεθα ὑμῖν· πλὴν τοῦτο γινώσκετε ὅτι ἤγγικεν ἡ βασιλεία τοῦ θεοῦ.	→ Acts 13,51 → Acts 18,6 Mk-Q overlap
002					**Lk 10,30**	... ἄνθρωπός τις κατέβαινεν ἀπὸ Ἰερουσαλὴμ **εἰς Ἰεριχὼ** καὶ λησταῖς περιέπεσεν, ...	
002					**Lk 10,34**	... ἐπιβιβάσας δὲ αὐτὸν ἐπὶ τὸ ἴδιον κτῆνος ἤγαγεν αὐτὸν **εἰς πανδοχεῖον** καὶ ἐπεμελήθη αὐτοῦ.	
d 002					**Lk 10,36**	τίς τούτων τῶν τριῶν πλησίον δοκεῖ σοι γεγονέναι τοῦ ἐμπεσόντος **εἰς τοὺς λῃστάς;**	
b 002					**Lk 10,38**	ἐν δὲ τῷ πορεύεσθαι αὐτοὺς αὐτὸς εἰσῆλθεν **εἰς κώμην τινά·** γυνὴ δέ τις ὀνόματι Μάρθα ὑπεδέξατο αὐτόν.	
b 202	**Mt 6,13**	καὶ μὴ εἰσενέγκῃς ἡμᾶς **εἰς πειρασμόν,** ἀλλὰ ῥῦσαι ἡμᾶς ἀπὸ τοῦ πονηροῦ.			**Lk 11,4**	... καὶ μὴ εἰσενέγκῃς ἡμᾶς **εἰς πειρασμόν.**	
002					**Lk 11,7**	... ἤδη ἡ θύρα κέκλεισται καὶ τὰ παιδία μου μετ' ἐμοῦ **εἰς τὴν κοίτην** εἰσίν· ...	
202	**Mt 12,44**	τότε λέγει· **εἰς τὸν οἶκόν μου** ἐπιστρέψω ὅθεν ἐξῆλθον· ...			**Lk 11,24**	... [τότε] λέγει· ὑποστρέψω **εἰς τὸν οἶκόν μου** ὅθεν ἐξῆλθον·	
202	**Mt 12,41** → Mt 12,6	ἄνδρες Νινευῖται ... μετενόησαν **εἰς τὸ κήρυγμα Ἰωνᾶ,** καὶ ἰδοὺ πλεῖον Ἰωνᾶ ὧδε.			**Lk 11,32**	ἄνδρες Νινευῖται ... μετενόησαν **εἰς τὸ κήρυγμα Ἰωνᾶ,** καὶ ἰδοὺ πλεῖον Ἰωνᾶ ὧδε.	

	Mt		Mk		Lk		
102	**Mt 5,15**	οὐδὲ καίουσιν λύχνον καὶ τιθέασιν αὐτὸν ὑπὸ τὸν μόδιον ...	**Mk 4,21**	... μήτι ἔρχεται ὁ λύχνος ἵνα ὑπὸ τὸν μόδιον τεθῇ ἢ ὑπὸ τὴν κλίνην; ...	**Lk 11,33** ⇨ Lk 8,16	οὐδεὶς λύχνον ἅψας **εἰς κρύπτην** τίθησιν [οὐδὲ ὑπὸ τὸν μόδιον] ...	→ GTh 33,2-3 Mk-Q overlap
102	**Mt 23,34**	διὰ τοῦτο ἰδοὺ ἐγὼ ἀποστέλλω **πρὸς ὑμᾶς** προφήτας καὶ σοφοὺς καὶ γραμματεῖς· ...			**Lk 11,49**	διὰ τοῦτο καὶ ἡ σοφία τοῦ θεοῦ εἶπεν· ἀποστελῶ **εἰς αὐτοὺς** προφήτας καὶ ἀποστόλους, ...	
d 102	**Mt 10,28**	... φοβεῖσθε δὲ μᾶλλον τὸν δυνάμενον καὶ ψυχὴν καὶ σῶμα ἀπολέσαι **ἐν γεέννῃ.**			**Lk 12,5**	... φοβήθητε τὸν μετὰ τὸ ἀποκτεῖναι ἔχοντα ἐξουσίαν ἐμβαλεῖν **εἰς τὴν γέενναν·** ναὶ λέγω ὑμῖν, τοῦτον φοβήθητε.	
102 102	**Mt 12,32** → Mk 3,28	καὶ ὃς ἐὰν εἴπῃ λόγον **κατὰ τοῦ υἱοῦ τοῦ ἀνθρώπου,** ἀφεθήσεται αὐτῷ· ὃς δ' ἂν εἴπῃ **κατὰ τοῦ πνεύματος τοῦ ἁγίου,** οὐκ ἀφεθήσεται αὐτῷ οὔτε ἐν τούτῳ τῷ αἰῶνι οὔτε ἐν τῷ μέλλοντι.	**Mk 3,29** **(2)**	 ὃς δ' ἂν βλασφημήσῃ **εἰς τὸ πνεῦμα τὸ ἅγιον,** οὐκ ἔχει ἄφεσιν εἰς τὸν αἰῶνα, ἀλλὰ ἔνοχός ἐστιν αἰωνίου ἁμαρτήματος.	**Lk 12,10** **(2)** → Mk 3,28	καὶ πᾶς ὃς ἐρεῖ λόγον **εἰς τὸν υἱὸν τοῦ ἀνθρώπου,** ἀφεθήσεται αὐτῷ· τῷ δὲ **εἰς τὸ ἅγιον πνεῦμα** βλασφημήσαντι οὐκ ἀφεθήσεται.	→ GTh 44 Mk-Q overlap
a 002					**Lk 12,19**	... ψυχή, ἔχεις πολλὰ ἀγαθὰ κείμενα **εἰς ἔτη πολλά·** ἀναπαύου, φάγε, πίε, εὐφραίνου.	→ GTh 63
002					**Lk 12,21** → Mt 6,19	οὕτως ὁ θησαυρίζων ἑαυτῷ καὶ μὴ **εἰς θεὸν** πλουτῶν.	→ GTh 63
202	**Mt 6,30**	εἰ δὲ τὸν χόρτον τοῦ ἀγροῦ σήμερον ὄντα καὶ αὔριον **εἰς κλίβανον** βαλλόμενον ὁ θεὸς οὕτως ἀμφιέννυσιν, οὐ πολλῷ μᾶλλον ὑμᾶς, ὀλιγόπιστοι;			**Lk 12,28**	εἰ δὲ ἐν ἀγρῷ τὸν χόρτον ὄντα σήμερον καὶ αὔριον **εἰς κλίβανον** βαλλόμενον ὁ θεὸς οὕτως ἀμφιέζει, πόσῳ μᾶλλον ὑμᾶς, ὀλιγόπιστοι.	→ GTh 36,2 (only POxy 655)
202	**Mt 5,25** → Mt 18,34	... μήποτέ σε παραδῷ ὁ ἀντίδικος τῷ κριτῇ καὶ ὁ κριτὴς τῷ ὑπηρέτῃ, καὶ **εἰς φυλακὴν** βληθήσῃ·			**Lk 12,58**	... μήποτε κατασύρῃ σε πρὸς τὸν κριτήν, καὶ ὁ κριτής σε παραδώσει τῷ πράκτορι, καὶ ὁ πράκτωρ σε βαλεῖ **εἰς φυλακήν.**	
a 002					**Lk 13,9**	κἂν μὲν ποιήσῃ καρπὸν **εἰς τὸ μέλλον·** εἰ δὲ μή γε, ἐκκόψεις αὐτήν.	
cf 002					**Lk 13,11** → Mt 12,10 ↑ **Mk 3,1** ↑ **Lk 6,6** → Lk 14,2	... ἦν συγκύπτουσα καὶ μὴ δυναμένη ἀνακύψαι **εἰς τὸ παντελές.**	

102	Mt 13,31	ἄλλην παραβολὴν παρέθηκεν αὐτοῖς λέγων· ὁμοία ἐστὶν ἡ βασιλεία τῶν οὐρανῶν κόκκῳ σινάπεως, ὃν λαβὼν ἄνθρωπος ἔσπειρεν **ἐν τῷ ἀγρῷ αὐτοῦ·**	Mk 4,31	[30] καὶ ἔλεγεν· πῶς ὁμοιώσωμεν τὴν βασιλείαν τοῦ θεοῦ ἢ ἐν τίνι αὐτὴν παραβολῇ θῶμεν; [31] ὡς κόκκῳ σινάπεως, ὃς ὅταν σπαρῇ **ἐπὶ τῆς γῆς**, ...	Lk 13,19 (2)	[18] ἔλεγεν οὖν· τίνι ὁμοία ἐστὶν ἡ βασιλεία τοῦ θεοῦ καὶ τίνι ὁμοιώσω αὐτήν; [19] ὁμοία ἐστὶν κόκκῳ σινάπεως, ὃν λαβὼν ἄνθρωπος ἔβαλεν **εἰς κῆπον ἑαυτοῦ,**	→ GTh 20 Mk-Q overlap
h 102	Mt 13,32	... ὅταν δὲ αὐξηθῇ μεῖζον τῶν λαχάνων ἐστὶν καὶ γίνεται **δένδρον,** ὥστε ἐλθεῖν *τὰ πετεινὰ* *τοῦ οὐρανοῦ καὶ* *κατασκηνοῦν ἐν τοῖς* *κλάδοις αὐτοῦ.* ➤ Ps 103,12 LXX	Mk 4,32	καὶ ὅταν σπαρῇ, ἀναβαίνει καὶ γίνεται μεῖζον πάντων τῶν λαχάνων καὶ ποιεῖ **κλάδους μεγάλους,** ὥστε δύνασθαι ὑπὸ τὴν σκιὰν αὐτοῦ *τὰ πετεινὰ τοῦ οὐρανοῦ* *κατασκηνοῦν.* ➤ Ps 103,12 LXX		καὶ ηὔξησεν καὶ ἐγένετο **εἰς δένδρον,** καὶ *τὰ πετεινὰ τοῦ* *οὐρανοῦ* *κατεσκήνωσεν ἐν τοῖς* *κλάδοις αὐτοῦ.* ➤ Ps 103,12 LXX	
d 202	Mt 13,33	... ὁμοία ἐστὶν ἡ βασιλεία τῶν οὐρανῶν ζύμῃ, ἣν λαβοῦσα γυνὴ ἐνέκρυψεν **εἰς ἀλεύρου** **σάτα τρία** ἕως οὗ ἐζυμώθη ὅλον.			Lk 13,21	[20] ... τίνι ὁμοιώσω τὴν βασιλείαν τοῦ θεοῦ; [21] ὁμοία ἐστὶν ζύμῃ, ἣν λαβοῦσα γυνὴ [ἐν]έκρυψεν **εἰς ἀλεύρου** **σάτα τρία** ἕως οὗ ἐζυμώθη ὅλον.	→ GTh 96
002					Lk 13,22 → Lk 8,1	καὶ διεπορεύετο κατὰ πόλεις καὶ κώμας διδάσκων καὶ πορείαν ποιούμενος **εἰς Ἱεροσόλυμα.**	
002					Lk 14,1 ↑ Mt 12,9 ↑ Mk 3,1 ↑ Lk 6,6 → Lk 13,10	καὶ ἐγένετο ἐν τῷ ἐλθεῖν αὐτὸν **εἰς οἶκόν τινος** **τῶν ἀρχόντων** **[τῶν] Φαρισαίων** σαββάτῳ φαγεῖν ἄρτον ...	
d 202	Mt 12,11	... τίς ἔσται ἐξ ὑμῶν ἄνθρωπος ὃς ἕξει πρόβατον ἓν καὶ ἐὰν ἐμπέσῃ τοῦτο τοῖς σάββασιν **εἰς βόθυνον,** οὐχὶ κρατήσει αὐτὸ καὶ ἐγερεῖ;			Lk 14,5 → Lk 13,15	... τίνος ὑμῶν υἱὸς ἢ βοῦς **εἰς φρέαρ** πεσεῖται, καὶ οὐκ εὐθέως ἀνασπάσει αὐτὸν ἐν ἡμέρᾳ τοῦ σαββάτου;	
002 002					Lk 14,8 (2)	ὅταν κληθῇς ὑπό τινος **εἰς γάμους,** μὴ κατακλιθῇς **εἰς τὴν** **πρωτοκλισίαν,** μήποτε ἐντιμότερός σου ᾖ κεκλημένος ὑπ᾽ αὐτοῦ	
c 002					Lk 14,10	ἀλλ᾽ ὅταν κληθῇς, πορευθεὶς ἀνάπεσε **εἰς τὸν ἔσχατον** **τόπον,** ἵνα ὅταν ἔλθῃ ὁ κεκληκώς σε ἐρεῖ σοι· ...	

002					**Lk 14,21** ↓ Mt 22,9 ⇩ Lk 14,23 → Lk 14,13	... ἔξελθε ταχέως **εἰς τὰς πλατείας καὶ ῥύμας τῆς πόλεως,** καὶ τοὺς πτωχοὺς καὶ ἀναπείρους καὶ τυφλοὺς καὶ χωλοὺς εἰσάγαγε ὧδε.	→ GTh 64
102	**Mt 22,9**	πορεύεσθε οὖν **ἐπὶ τὰς διεξόδους τῶν ὁδῶν** καὶ ὅσους ἐὰν εὕρητε καλέσατε εἰς τοὺς γάμους.			**Lk 14,23** ↓ Mt 22,10 ⇧ Lk 14,21 ↓ Lk 16,16	... ἔξελθε **εἰς τὰς ὁδοὺς καὶ φραγμοὺς** καὶ ἀνάγκασον εἰσελθεῖν, ...	→ GTh 64
002					**Lk 14,28**	τίς γὰρ ἐξ ὑμῶν θέλων πύργον οἰκοδομῆσαι οὐχὶ πρῶτον καθίσας ψηφίζει τὴν δαπάνην, εἰ ἔχει **εἰς ἀπαρτισμόν;**	
002					**Lk 14,31**	ἢ τίς βασιλεὺς πορευόμενος ἑτέρῳ βασιλεῖ συμβαλεῖν **εἰς πόλεμον** οὐχὶ καθίσας πρῶτον βουλεύσεται εἰ δυνατός ἐστιν ...	
g 202 102	**Mt 5,13**	... ἐὰν δὲ τὸ ἅλας μωρανθῇ, ἐν τίνι ἁλισθήσεται; **εἰς οὐδὲν** ἰσχύει ἔτι εἰ μὴ βληθὲν ἔξω καταπατεῖσθαι ὑπὸ τῶν ἀνθρώπων.	**Mk 9,50**	... ἐὰν δὲ τὸ ἅλας ἄναλον γένηται, ἐν τίνι αὐτὸ ἀρτύσετε; ...	**Lk 14,35** (2)	[34] ... ἐὰν δὲ καὶ τὸ ἅλας μωρανθῇ, ἐν τίνι ἀρτυθήσεται; **[35] οὔτε εἰς γῆν** **οὔτε εἰς κοπρίαν** εὔθετόν ἐστιν, ἔξω βάλλουσιν αὐτό. ὁ ἔχων ὦτα ἀκούειν ἀκουέτω.	Mk-Q overlap
002					**Lk 15,6**	καὶ ἐλθὼν **εἰς τὸν οἶκον** συγκαλεῖ τοὺς φίλους καὶ τοὺς γείτονας ...	
002					**Lk 15,13**	... συναγαγὼν πάντα ὁ νεώτερος υἱὸς ἀπεδήμησεν **εἰς χώραν μακρὰν** καὶ ἐκεῖ διεσκόρπισεν τὴν οὐσίαν αὐτοῦ ζῶν ἀσώτως.	
002					**Lk 15,15**	... καὶ ἔπεμψεν αὐτὸν **εἰς τοὺς ἀγροὺς αὐτοῦ** βόσκειν χοίρους	
002					**Lk 15,17**	**εἰς ἑαυτὸν** δὲ ἐλθὼν ἔφη· πόσοι μίσθιοι τοῦ πατρός μου περισσεύονται ἄρτων, ...	
002					**Lk 15,18**	... ἐρῶ αὐτῷ· πάτερ, ἥμαρτον **εἰς τὸν οὐρανὸν** καὶ ἐνώπιόν σου	
002					**Lk 15,21**	... πάτερ, ἥμαρτον **εἰς τὸν οὐρανὸν** καὶ ἐνώπιόν σου, ...	
002 002					**Lk 15,22** (2)	... καὶ δότε δακτύλιον **εἰς τὴν χεῖρα αὐτοῦ** καὶ ὑποδήματα **εἰς τοὺς πόδας**	

002					**Lk 16,4**	ἔγνων τί ποιήσω, ἵνα ὅταν μετασταθῶ ἐκ τῆς οἰκονομίας δέξωνταί με **εἰς τοὺς οἴκους αὐτῶν.**	
002					**Lk 16,8**	... ὅτι οἱ υἱοὶ τοῦ αἰῶνος τούτου φρονιμώτεροι ὑπὲρ τοὺς υἱοὺς τοῦ φωτὸς **εἰς τὴν γενεὰν τὴν ἑαυτῶν** εἰσιν.	
002					**Lk 16,9** → Lk 12,33	... ἑαυτοῖς ποιήσατε φίλους ἐκ τοῦ μαμωνᾶ τῆς ἀδικίας, ἵνα ὅταν ἐκλίπῃ δέξωνται ὑμᾶς **εἰς τὰς αἰωνίους σκηνάς.**	
102	**Mt 11,12**	ἀπὸ δὲ τῶν ἡμερῶν Ἰωάννου τοῦ βαπτιστοῦ ἕως ἄρτι ἡ βασιλεία τῶν οὐρανῶν βιάζεται καὶ βιασταὶ ἁρπάζουσιν **αὐτήν.**			**Lk 16,16** ↓ Mt 22,9 ↑ Lk 14,23	... ἀπὸ τότε ἡ βασιλεία τοῦ θεοῦ εὐαγγελίζεται καὶ πᾶς **εἰς αὐτὴν** βιάζεται.	
002					**Lk 16,22**	ἐγένετο δὲ ἀποθανεῖν τὸν πτωχὸν καὶ ἀπενεχθῆναι αὐτὸν ὑπὸ τῶν ἀγγέλων **εἰς τὸν κόλπον Ἀβραάμ·** ἀπέθανεν δὲ καὶ ὁ πλούσιος καὶ ἐτάφη.	
002					**Lk 16,27**	... ἐρωτῶ σε οὖν, πάτερ, ἵνα πέμψῃς αὐτὸν **εἰς τὸν οἶκον τοῦ πατρός μου,**	
002					**Lk 16,28**	ἔχω γὰρ πέντε ἀδελφούς, ὅπως διαμαρτύρηται αὐτοῖς, ἵνα μὴ καὶ αὐτοὶ ἔλθωσιν **εἰς τὸν τόπον τοῦτον τῆς βασάνου.**	
122	**Mt 18,6** → Mt 18,10	ὃς δ' ἂν σκανδαλίσῃ ἕνα τῶν μικρῶν τούτων τῶν πιστευόντων εἰς ἐμέ, συμφέρει αὐτῷ ἵνα κρεμασθῇ μύλος ὀνικὸς περὶ τὸν τράχηλον αὐτοῦ καὶ καταποντισθῇ **ἐν τῷ πελάγει τῆς θαλάσσης.**	**Mk 9,42** **(2)**	καὶ ὃς ἂν σκανδαλίσῃ ἕνα τῶν μικρῶν τούτων τῶν πιστευόντων [εἰς ἐμέ], καλόν ἐστιν αὐτῷ μᾶλλον εἰ περίκειται μύλος ὀνικὸς περὶ τὸν τράχηλον αὐτοῦ καὶ βέβληται **εἰς τὴν θάλασσαν.**	**Lk 17,2**	λυσιτελεῖ αὐτῷ εἰ λίθος μυλικὸς περίκειται περὶ τὸν τράχηλον αὐτοῦ καὶ ἔρριπται **εἰς τὴν θάλασσαν** ἢ ἵνα σκανδαλίσῃ τῶν μικρῶν τούτων ἕνα.	Mk-Q overlap?
202	**Mt 18,21** ↑ Mt 18,15	τότε προσελθὼν ὁ Πέτρος εἶπεν αὐτῷ· κύριε, ποσάκις ἁμαρτήσει **εἰς ἐμὲ** ὁ ἀδελφός μου καὶ ἀφήσω αὐτῷ; ἕως ἑπτάκις; [22] λέγει αὐτῷ ὁ Ἰησοῦς· οὐ λέγω σοι ἕως ἑπτάκις ἀλλὰ ἕως ἑβδομηκοντάκις ἑπτά.			**Lk 17,4** ↑ Lk 17,3	καὶ ἐὰν ἑπτάκις τῆς ἡμέρας ἁμαρτήσῃ **εἰς σὲ** καὶ ἑπτάκις ἐπιστρέψῃ πρὸς σὲ λέγων· μετανοῶ, ἀφήσεις αὐτῷ.	

002					Lk 17,11	καὶ ἐγένετο ἐν τῷ πορεύεσθαι εἰς Ἰερουσαλὴμ καὶ αὐτὸς διήρχετο διὰ μέσον Σαμαρείας καὶ Γαλιλαίας.	
b 002					Lk 17,12 → Mt 8,2 → Mk 1,40 → Lk 5,12	καὶ εἰσερχομένου αὐτοῦ εἴς τινα κώμην ἀπήντησαν [αὐτῷ] δέκα λεπροὶ ἄνδρες, οἳ ἔστησαν πόρρωθεν	
102	Mt 24,27	ὥσπερ γὰρ ἡ ἀστραπὴ ἐξέρχεται ἀπὸ ἀνατολῶν καὶ φαίνεται ἕως δυσμῶν, οὕτως ἔσται ἡ παρουσία τοῦ υἱοῦ τοῦ ἀνθρώπου·			Lk 17,24	ὥσπερ γὰρ ἡ ἀστραπὴ ἀστράπτουσα ἐκ τῆς ὑπὸ τὸν οὐρανὸν εἰς τὴν ὑπ' οὐρανὸν λάμπει, οὕτως ἔσται ὁ υἱὸς τοῦ ἀνθρώπου [ἐν τῇ ἡμέρᾳ αὐτοῦ].	
b 202	Mt 24,38	... ἄχρι ἧς ἡμέρας εἰσῆλθεν Νῶε εἰς τὴν κιβωτόν, [39] καὶ οὐκ ἔγνωσαν ἕως ἦλθεν ὁ κατακλυσμὸς καὶ ἦρεν ἅπαντας, ...			Lk 17,27	... ἄχρι ἧς ἡμέρας εἰσῆλθεν Νῶε εἰς τὴν κιβωτόν, καὶ ἦλθεν ὁ κατακλυσμὸς καὶ ἀπώλεσεν πάντας.	
122	Mt 24,18	καὶ ὁ ἐν τῷ ἀγρῷ μὴ ἐπιστρεψάτω ὀπίσω ἆραι τὸ ἱμάτιον αὐτοῦ.	Mk 13,16 (2)	καὶ ὁ εἰς τὸν ἀγρὸν μὴ ἐπιστρεψάτω εἰς τὰ ὀπίσω ἆραι τὸ ἱμάτιον αὐτοῦ.	Lk 17,31 ↓ Lk 21,21	... καὶ ὁ ἐν ἀγρῷ ὁμοίως μὴ ἐπιστρεψάτω εἰς τὰ ὀπίσω.	
a 002					Lk 18,5	διά γε τὸ παρέχειν μοι κόπον τὴν χήραν ταύτην ἐκδικήσω αὐτήν, ἵνα μὴ εἰς τέλος ἐρχομένη ὑπωπιάζῃ με.	
c 002					Lk 18,10	ἄνθρωποι δύο ἀνέβησαν εἰς τὸ ἱερὸν προσεύξασθαι, ὁ εἷς Φαρισαῖος καὶ ὁ ἕτερος τελώνης.	
002					Lk 18,13	ὁ δὲ τελώνης μακρόθεν ἑστὼς οὐκ ἤθελεν οὐδὲ τοὺς ὀφθαλμοὺς ἐπᾶραι εἰς τὸν οὐρανόν, ...	
002					Lk 18,14 → Lk 16,15	λέγω ὑμῖν, κατέβη οὗτος δεδικαιωμένος εἰς τὸν οἶκον αὐτοῦ παρ' ἐκεῖνον· ...	
220	Mt 19,1 ↑ Lk 9,51	... μετῆρεν ἀπὸ τῆς Γαλιλαίας καὶ ἦλθεν εἰς τὰ ὅρια τῆς Ἰουδαίας πέραν τοῦ Ἰορδάνου.	Mk 10,1 ↑ Lk 9,51	καὶ ἐκεῖθεν ἀναστὰς ἔρχεται εἰς τὰ ὅρια τῆς Ἰουδαίας [καὶ] πέραν τοῦ Ἰορδάνου, ...			
h 220	Mt 19,5	... *καὶ ἔσονται οἱ δύο* *εἰς σάρκα μίαν.* [6] ὥστε οὐκέτι εἰσὶν δύο ἀλλὰ σὰρξ μία. ➤ Gen 2,24 LXX	Mk 10,8	*καὶ ἔσονται οἱ δύο* *εἰς σάρκα μίαν·* ὥστε οὐκέτι εἰσὶν δύο ἀλλὰ μία σάρξ. ➤ Gen 2,24 LXX			
020			Mk 10,10	καὶ εἰς τὴν οἰκίαν πάλιν οἱ μαθηταὶ περὶ τούτου ἐπηρώτων αὐτόν.			

b 222	Mt 18,3	... ἐὰν μὴ στραφῆτε καὶ γένησθε ὡς τὰ παιδία, οὐ μὴ εἰσέλθητε **εἰς τὴν βασιλείαν τῶν οὐρανῶν**.	Mk 10,15	... ὃς ἂν μὴ δέξηται τὴν βασιλείαν τοῦ θεοῦ ὡς παιδίον, οὐ μὴ εἰσέλθῃ **εἰς αὐτήν**.	Lk 18,17	... ὃς ἂν μὴ δέξηται τὴν βασιλείαν τοῦ θεοῦ ὡς παιδίον, οὐ μὴ εἰσέλθῃ **εἰς αὐτήν**.	→ Jn 3,3 → GTh 22 → GTh 46
121	Mt 19,16	καὶ ἰδοὺ εἷς προσελθὼν αὐτῷ εἶπεν· ...	Mk 10,17 → Mt 19,15	καὶ ἐκπορευομένου αὐτοῦ **εἰς ὁδὸν** προσδραμὼν εἷς καὶ γονυπετήσας αὐτὸν ἐπηρώτα αὐτόν· ...	Lk 18,18	καὶ ἐπηρώτησέν τις αὐτὸν ἄρχων λέγων· ...	
b 211	Mt 19,17	... τί με ἐρωτᾷς περὶ τοῦ ἀγαθοῦ; εἷς ἐστιν ὁ ἀγαθός· εἰ δὲ θέλεις **εἰς τὴν ζωὴν** εἰσελθεῖν, τήρησον τὰς ἐντολάς.	Mk 10,18	... τί με λέγεις ἀγαθόν; οὐδεὶς ἀγαθὸς εἰ μὴ εἷς ὁ θεός. [19] τὰς ἐντολὰς οἶδας· ...	Lk 18,19	... τί με λέγεις ἀγαθόν; οὐδεὶς ἀγαθὸς εἰ μὴ εἷς ὁ θεός. [20] τὰς ἐντολὰς οἶδας· ...	
b 222	Mt 19,23	... ἀμὴν λέγω ὑμῖν ὅτι πλούσιος δυσκόλως εἰσελεύσεται **εἰς τὴν βασιλείαν τῶν οὐρανῶν**.	Mk 10,23	... πῶς δυσκόλως οἱ τὰ χρήματα ἔχοντες **εἰς τὴν βασιλείαν τοῦ θεοῦ** εἰσελεύσονται.	Lk 18,24	... πῶς δυσκόλως οἱ τὰ χρήματα ἔχοντες **εἰς τὴν βασιλείαν τοῦ θεοῦ** εἰσπορεύονται·	
b 120	Mt 19,24	πάλιν δὲ λέγω ὑμῖν,	Mk 10,24	... ὁ δὲ Ἰησοῦς πάλιν ἀποκριθεὶς λέγει αὐτοῖς· τέκνα, πῶς δύσκολόν ἐστιν **εἰς τὴν βασιλείαν τοῦ θεοῦ** εἰσελθεῖν·			
b 222		εὐκοπώτερόν ἐστιν κάμηλον διὰ τρυπήματος ῥαφίδος διελθεῖν ἢ πλούσιον εἰσελθεῖν **εἰς τὴν βασιλείαν τοῦ θεοῦ**.	Mk 10,25	εὐκοπώτερόν ἐστιν κάμηλον διὰ [τῆς] τρυμαλιᾶς [τῆς] ῥαφίδος διελθεῖν ἢ πλούσιον **εἰς τὴν βασιλείαν τοῦ θεοῦ** εἰσελθεῖν.	Lk 18,25	εὐκοπώτερον γάρ ἐστιν κάμηλον διὰ τρήματος βελόνης εἰσελθεῖν ἢ πλούσιον **εἰς τὴν βασιλείαν τοῦ θεοῦ** εἰσελθεῖν.	
200	Mt 20,1	ὁμοία γάρ ἐστιν ἡ βασιλεία τῶν οὐρανῶν ἀνθρώπῳ οἰκοδεσπότῃ, ὅστις ἐξῆλθεν ἅμα πρωῒ μισθώσασθαι ἐργάτας **εἰς τὸν ἀμπελῶνα αὐτοῦ**.					
200	Mt 20,2	συμφωνήσας δὲ μετὰ τῶν ἐργατῶν ἐκ δηναρίου τὴν ἡμέραν ἀπέστειλεν αὐτοὺς **εἰς τὸν ἀμπελῶνα αὐτοῦ**.					
200	Mt 20,4	... ὑπάγετε καὶ ὑμεῖς **εἰς τὸν ἀμπελῶνα**, καὶ ὃ ἐὰν ᾖ δίκαιον δώσω ὑμῖν.					
200	Mt 20,7	... ὑπάγετε καὶ ὑμεῖς **εἰς τὸν ἀμπελῶνα**.					

c 221	**Mt 20,17**	καὶ ἀναβαίνων ὁ Ἰησοῦς **εἰς Ἱεροσόλυμα** παρέλαβεν τοὺς δώδεκα [μαθητὰς] κατ' ἰδίαν καὶ ἐν τῇ ὁδῷ εἶπεν αὐτοῖς·	**Mk 10,32**	ἦσαν δὲ ἐν τῇ ὁδῷ ἀναβαίνοντες **εἰς Ἱεροσόλυμα,** καὶ ἦν προάγων αὐτοὺς ὁ Ἰησοῦς, καὶ ἐθαμβοῦντο, οἱ δὲ ἀκολουθοῦντες ἐφοβοῦντο. καὶ παραλαβὼν πάλιν τοὺς δώδεκα ἤρξατο αὐτοῖς λέγειν τὰ μέλλοντα αὐτῷ συμβαίνειν,	**Lk 18,31**	παραλαβὼν δὲ τοὺς δώδεκα εἶπεν πρὸς αὐτούς·	
c 222	**Mt 20,18** ↑ **Mt 16,21** ↑ **Mt 17,22-23**	ἰδοὺ ἀναβαίνομεν **εἰς Ἱεροσόλυμα,** καὶ ὁ υἱὸς τοῦ ἀνθρώπου παραδοθήσεται τοῖς ἀρχιερεῦσιν καὶ γραμματεῦσιν, καὶ κατακρινοῦσιν αὐτὸν θανάτῳ	**Mk 10,33** ↑ Mk 8,31 ↑ **Mk 9,31**	ὅτι ἰδοὺ ἀναβαίνομεν **εἰς Ἱεροσόλυμα,** καὶ ὁ υἱὸς τοῦ ἀνθρώπου παραδοθήσεται τοῖς ἀρχιερεῦσιν καὶ τοῖς γραμματεῦσιν, καὶ κατακρινοῦσιν αὐτὸν θανάτῳ ↔	↑ Lk 9,22 ↑ **Lk 9,44** → Lk 17,25 ↓ **Lk 24,7** ↓ **Lk 24,26** → Lk 24,46	ἰδοὺ ἀναβαίνομεν **εἰς Ἰερουσαλήμ,** καὶ τελεσθήσεται πάντα τὰ γεγραμμένα διὰ τῶν προφητῶν τῷ υἱῷ τοῦ ἀνθρώπου·	
e 211	**Mt 20,19** ↑ **Mt 16,21** ↑ **Mt 17,22** → Mt 17,23	καὶ παραδώσουσιν αὐτὸν τοῖς ἔθνεσιν **εἰς τὸ ἐμπαῖξαι** καὶ μαστιγῶσαι καὶ σταυρῶσαι, καὶ τῇ τρίτῃ ἡμέρᾳ ἐγερθήσεται.	**Mk 10,34** ↑ Mk 8,31 ↑ **Mk 9,31**	↔ [33] καὶ παραδώσουσιν αὐτὸν τοῖς ἔθνεσιν [34] καὶ **ἐμπαίξουσιν** αὐτῷ καὶ ἐμπτύσουσιν αὐτῷ καὶ μαστιγώσουσιν αὐτὸν καὶ ἀποκτενοῦσιν, καὶ μετὰ τρεῖς ἡμέρας ἀναστήσεται.	**Lk 18,32** ↑ Lk 9,22 ↑ **Lk 9,44** → Lk 17,25 ↓ **Lk 24,7** ↓ **Lk 24,26** → Lk 24,46	παραδοθήσεται γὰρ τοῖς ἔθνεσιν καὶ **ἐμπαιχθήσεται** καὶ ὑβρισθήσεται καὶ ἐμπτυσθήσεται [33] καὶ μαστιγώσαντες ἀποκτενοῦσιν αὐτόν, καὶ τῇ ἡμέρᾳ τῇ τρίτῃ ἀναστήσεται.	
122	**Mt 20,29** ⇩ Mt 9,27 **Mt 9,27** ⇧ Mt 20,29	καὶ ἐκπορευομένων αὐτῶν ἀπὸ Ἰεριχὼ ἠκολούθησεν αὐτῷ ὄχλος πολύς. [30] καὶ ἰδοὺ δύο τυφλοὶ καθήμενοι παρὰ τὴν ὁδόν ... καὶ παράγοντι ἐκεῖθεν τῷ Ἰησοῦ ἠκολούθησαν [αὐτῷ] δύο τυφλοὶ ...	**Mk 10,46**	καὶ ἔρχονται **εἰς Ἰεριχώ.** καὶ ἐκπορευομένου αὐτοῦ ἀπὸ Ἰεριχὼ καὶ τῶν μαθητῶν αὐτοῦ καὶ ὄχλου ἱκανοῦ ὁ υἱὸς Τιμαίου Βαρτιμαῖος, τυφλὸς προσαίτης, ἐκάθητο παρὰ τὴν ὁδόν.	**Lk 18,35**	ἐγένετο δὲ ἐν τῷ ἐγγίζειν αὐτὸν **εἰς Ἰεριχὼ** τυφλός τις ἐκάθητο παρὰ τὴν ὁδὸν ἐπαιτῶν.	
002					**Lk 19,4**	καὶ προδραμὼν **εἰς τὸ ἔμπροσθεν** ἀνέβη ἐπὶ συκομορέαν ἵνα ἴδῃ αὐτὸν ὅτι ἐκείνης ἤμελλεν διέρχεσθαι.	
102	**Mt 25,14**	ὥσπερ γὰρ ἄνθρωπος ἀποδημῶν ...	**Mk 13,34**	ὡς ἄνθρωπος ἀπόδημος ἀφεὶς τὴν οἰκίαν αὐτοῦ ...	**Lk 19,12**	... ἄνθρωπός τις εὐγενὴς ἐπορεύθη **εἰς χώραν μακρὰν** λαβεῖν ἑαυτῷ βασιλείαν καὶ ὑποστρέψαι.	Mk-Q overlap
c 222	**Mt 21,1** **(3)**	καὶ ὅτε ἤγγισαν **εἰς Ἱεροσόλυμα**	**Mk 11,1** **(2)**	καὶ ὅτε ἐγγίζουσιν **εἰς Ἱεροσόλυμα**	**Lk 19,28**	καὶ εἰπὼν ταῦτα ἐπορεύετο ἔμπροσθεν ἀναβαίνων **εἰς Ἱεροσόλυμα.**	→ **Jn 12,12**
222 211		καὶ ἦλθον **εἰς Βηθφαγὴ** **εἰς τὸ ὄρος τῶν ἐλαιῶν,** τότε Ἰησοῦς ἀπέστειλεν δύο μαθητὰς		**εἰς Βηθφαγὴ καὶ Βηθανίαν** **πρὸς τὸ ὄρος τῶν ἐλαιῶν,** ἀποστέλλει δύο τῶν μαθητῶν αὐτοῦ	**Lk 19,29**	καὶ ἐγένετο ὡς ἤγγισεν **εἰς Βηθφαγὴ καὶ Βηθανία[ν]** **πρὸς τὸ ὄρος τὸ καλούμενον Ἐλαιῶν,** ἀπέστειλεν δύο τῶν μαθητῶν	

222 b 121	Mt 21,2	λέγων αὐτοῖς· πορεύεσθε **εἰς τὴν κώμην τὴν κατέναντι ὑμῶν,** καὶ εὐθέως εὑρήσετε ὄνον δεδεμένην καὶ πῶλον μετ᾽ αὐτῆς· ...	Mk 11,2 (2)	καὶ λέγει αὐτοῖς· ὑπάγετε **εἰς τὴν κώμην τὴν κατέναντι ὑμῶν,** καὶ εὐθὺς εἰσπορευόμενοι **εἰς αὐτὴν** εὑρήσετε πῶλον δεδεμένον ...	Lk 19,30	λέγων· ὑπάγετε **εἰς τὴν κατέναντι κώμην,** **ἐν ᾗ** εἰσπορευόμενοι εὑρήσετε πῶλον δεδεμένον, ...	
121	Mt 21,8	ὁ δὲ πλεῖστος ὄχλος ἔστρωσαν ἑαυτῶν τὰ ἱμάτια **ἐν τῇ ὁδῷ,** ἄλλοι δὲ ἔκοπτον κλάδους ἀπὸ τῶν δένδρων καὶ ἐστρώννυον ἐν τῇ ὁδῷ.	Mk 11,8	καὶ πολλοὶ τὰ ἱμάτια αὐτῶν ἔστρωσαν **εἰς τὴν ὁδόν,** ἄλλοι δὲ στιβάδας κόψαντες ἐκ τῶν ἀγρῶν.	Lk 19,36	πορευομένου δὲ αὐτοῦ ὑπεστρώννυον τὰ ἱμάτια αὐτῶν **ἐν τῇ ὁδῷ.**	→ Jn 12,13
b 220 b 120	Mt 21,10 → Lk 19,41 → Mt 2,3	καὶ εἰσελθόντος αὐτοῦ **εἰς Ἱεροσόλυμα** ἐσείσθη πᾶσα ἡ πόλις λέγουσα· τίς ἐστιν οὗτος;	Mk 11,11 (3) ↓ Mt 21,12 ↓ Mk 11,15 → Lk 19,41	καὶ εἰσῆλθεν **εἰς Ἱεροσόλυμα** **εἰς τὸ ἱερὸν** καὶ περιβλεψάμενος πάντα,			→ Jn 2,13
220	Mt 21,17	καὶ καταλιπὼν αὐτοὺς ἐξῆλθεν ἔξω τῆς πόλεως **εἰς Βηθανίαν,** καὶ ηὐλίσθη ἐκεῖ.		ὀψίας ἤδη οὔσης τῆς ὥρας, ἐξῆλθεν **εἰς Βηθανίαν** μετὰ τῶν δώδεκα.	Lk 21,37 → Mk 11,19 → Lk 19,47	ἦν δὲ τὰς ἡμέρας ἐν τῷ ἱερῷ διδάσκων, τὰς δὲ νύκτας ἐξερχόμενος ηὐλίζετο **εἰς τὸ ὄρος τὸ καλούμενον Ἐλαιῶν·**	→ [[Jn 8,1]]
a 220	Mt 21,19 → Mk 11,20	... μηκέτι ἐκ σοῦ καρπὸς γένηται **εἰς τὸν αἰῶνα.** ...	Mk 11,14	... μηκέτι **εἰς τὸν αἰῶνα** ἐκ σοῦ μηδεὶς καρπὸν φάγοι. ...			
121 b 222	Mt 21,12	καὶ εἰσῆλθεν Ἰησοῦς **εἰς τὸ ἱερὸν** καὶ ἐξέβαλεν πάντας τοὺς πωλοῦντας ...	Mk 11,15 (2) ↑ Mt 21,10 ↑ Mk 11,11	καὶ ἔρχονται **εἰς Ἱεροσόλυμα.** καὶ εἰσελθὼν **εἰς τὸ ἱερὸν** ἤρξατο ἐκβάλλειν τοὺς πωλοῦντας ...	Lk 19,45	καὶ εἰσελθὼν **εἰς τὸ ἱερὸν** ἤρξατο ἐκβάλλειν τοὺς πωλοῦντας	→ Jn 2,14-16
220	Mt 21,17	καὶ καταλιπὼν αὐτοὺς ἐξῆλθεν ἔξω τῆς πόλεως **εἰς Βηθανίαν,** καὶ ηὐλίσθη ἐκεῖ.	Mk 11,11 (3)	... ὀψίας ἤδη οὔσης τῆς ὥρας, ἐξῆλθεν **εἰς Βηθανίαν** μετὰ τῶν δώδεκα.	Lk 21,37 → Mk 11,19 → Lk 19,47	ἦν δὲ τὰς ἡμέρας ἐν τῷ ἱερῷ διδάσκων, τὰς δὲ νύκτας ἐξερχόμενος ηὐλίζετο **εἰς τὸ ὄρος τὸ καλούμενον Ἐλαιῶν·**	→ [[Jn 8,1]]
c 210	Mt 21,18	πρωῒ δὲ ἐπανάγων **εἰς τὴν πόλιν** ἐπείνασεν.	Mk 11,12	καὶ τῇ ἐπαύριον ἐξελθόντων αὐτῶν **ἀπὸ Βηθανίας** ἐπείνασεν.			
a 220	Mt 21,19 → Mk 11,20	... μηκέτι ἐκ σοῦ καρπὸς γένηται **εἰς τὸν αἰῶνα.** ...	Mk 11,14	... μηκέτι **εἰς τὸν αἰῶνα** ἐκ σοῦ μηδεὶς καρπὸν φάγοι. ...			

220	**Mt 21,21** ↓ Mt 17,20	... ἀμὴν λέγω ὑμῖν, ἐὰν ἔχητε πίστιν καὶ μὴ διακριθῆτε, οὐ μόνον τὸ τῆς συκῆς ποιήσετε, ἀλλὰ κἂν τῷ ὄρει τούτῳ εἴπητε· ἄρθητι καὶ βλήθητι **εἰς τὴν θάλασσαν,** γενήσεται·	**Mk 11,23** → Mk 9,23	[22] ... ἔχετε πίστιν θεοῦ. [23] ἀμὴν λέγω ὑμῖν ὅτι ὃς ἂν εἴπῃ τῷ ὄρει τούτῳ· ἄρθητι καὶ βλήθητι **εἰς τὴν θάλασσαν,** καὶ μὴ διακριθῇ ἐν τῇ καρδίᾳ αὐτοῦ ἀλλὰ πιστεύῃ ὅτι ὃ λαλεῖ γίνεται, ἔσται αὐτῷ.	↓ Lk 17,6		→ GTh 48 → GTh 106
	Mt 17,20 ↑ **Mt 21,21**	... διὰ τὴν ὀλιγοπιστίαν ὑμῶν· ἀμὴν γὰρ λέγω ὑμῖν, ἐὰν ἔχητε πίστιν ὡς κόκκον σινάπεως, ἐρεῖτε τῷ ὄρει τούτῳ, μετάβα ἔνθεν **ἐκεῖ,** καὶ μεταβήσεται· καὶ οὐδὲν ἀδυνατήσει ὑμῖν.			**Lk 17,6**	... εἰ ἔχετε πίστιν ὡς κόκκον σινάπεως, ἐλέγετε ἂν τῇ συκαμίνῳ [ταύτῃ]· ἐκριζώθητι καὶ φυτεύθητι **ἐν τῇ θαλάσσῃ·** καὶ ὑπήκουσεν ἂν ὑμῖν.	→ GTh 48 → GTh 106
121 211	**Mt 21,23**	καὶ ἐλθόντος αὐτοῦ **εἰς τὸ ἱερὸν** προσῆλθον αὐτῷ διδάσκοντι οἱ ἀρχιερεῖς καὶ οἱ πρεσβύτεροι τοῦ λαοῦ ...	**Mk 11,27**	καὶ ἔρχονται πάλιν **εἰς Ἱεροσόλυμα.** καὶ **ἐν τῷ ἱερῷ** περιπατοῦντος αὐτοῦ ἔρχονται πρὸς αὐτὸν οἱ ἀρχιερεῖς καὶ οἱ γραμματεῖς καὶ οἱ πρεσβύτεροι	**Lk 20,1**	καὶ ἐγένετο ἐν μιᾷ τῶν ἡμερῶν διδάσκοντος αὐτοῦ τὸν λαὸν **ἐν τῷ ἱερῷ** καὶ εὐαγγελιζομένου ἐπέστησαν οἱ ἀρχιερεῖς καὶ οἱ γραμματεῖς σὺν τοῖς πρεσβυτέροις	
200	**Mt 21,31**	... ἀμὴν λέγω ὑμῖν ὅτι οἱ τελῶναι καὶ αἱ πόρναι προάγουσιν ὑμᾶς **εἰς τὴν βασιλείαν τοῦ θεοῦ.**					
h 222	**Mt 21,42**	... *λίθον ὃν ἀπεδοκίμασαν οἱ οἰκοδομοῦντες, οὗτος ἐγενήθη* ***εἰς κεφαλὴν γωνίας·*** ... ➤ Ps 118,22	**Mk 12,10**	... *λίθον ὃν ἀπεδοκίμασαν οἱ οἰκοδομοῦντες, οὗτος ἐγενήθη* ***εἰς κεφαλὴν γωνίας·*** ➤ Ps 118,22	**Lk 20,17**	... *λίθον ὃν ἀπεδοκίμασαν οἱ οἰκοδομοῦντες, οὗτος ἐγενήθη* ***εἰς κεφαλὴν γωνίας;*** ➤ Ps 118,22	→ **Acts 4,11** → GTh 66
211	**Mt 21,46** → Mt 21,26	... ἐφοβήθησαν τοὺς ὄχλους, ἐπεὶ **εἰς προφήτην** αὐτὸν εἶχον.	**Mk 12,12**	... καὶ ἐφοβήθησαν τὸν ὄχλον, ...	**Lk 20,19**	... καὶ ἐφοβήθησαν τὸν λαόν, ...	
201	**Mt 22,3**	καὶ ἀπέστειλεν τοὺς δούλους αὐτοῦ καλέσαι τοὺς κεκλημένους **εἰς τοὺς γάμους,** καὶ οὐκ ἤθελον ἐλθεῖν.			**Lk 14,17**	καὶ ἀπέστειλεν τὸν δοῦλον αὐτοῦ τῇ ὥρᾳ τοῦ δείπνου	→ GTh 64
201	**Mt 22,4**	... εἴπατε τοῖς κεκλημένοις· ἰδοὺ τὸ ἄριστόν μου ἡτοίμακα, οἱ ταῦροί μου καὶ τὰ σιτιστὰ τεθυμένα καὶ πάντα ἕτοιμα· δεῦτε **εἰς τοὺς γάμους.**				εἰπεῖν τοῖς κεκλημένοις· ἔρχεσθε, ὅτι ἤδη ἕτοιμά ἐστιν.	→ GTh 64
j 201	**Mt 22,5**	οἱ δὲ ἀμελήσαντες ἀπῆλθον, ὃς μὲν **εἰς τὸν ἴδιον ἀγρόν,** ...			**Lk 14,18**	καὶ ἤρξαντο ἀπὸ μιᾶς πάντες παραιτεῖσθαι. ὁ πρῶτος εἶπεν αὐτῷ· **ἀγρὸν** ἠγόρασα καὶ ἔχω ἀνάγκην ἐξελθὼν ἰδεῖν αὐτόν· ...	→ GTh 64

201	**Mt 22,9** ↑ Lk 16,16	πορεύεσθε οὖν ἐπὶ τὰς διεξόδους τῶν ὁδῶν καὶ ὅσους ἐὰν εὕρητε καλέσατε **εἰς τοὺς γάμους.**			**Lk 14,23** ↓ Mt 22,10 ⇧ Lk 14,21 ↑ Lk 16,16	... ἔξελθε εἰς τὰς ὁδοὺς καὶ φραγμοὺς καὶ ἀνάγκασον εἰσελθεῖν, ...	→ GTh 64
200	**Mt 22,10** ↑ Lk 14,23	καὶ ἐξελθόντες οἱ δοῦλοι ἐκεῖνοι **εἰς τὰς ὁδοὺς** συνήγαγον πάντας οὓς εὗρον, πονηρούς τε καὶ ἀγαθούς· ...					→ GTh 64
200	**Mt 22,13**	... ἐκβάλετε αὐτὸν **εἰς τὸ σκότος τὸ ἐξώτερον·** ἐκεῖ ἔσται ὁ κλαυθμὸς καὶ ὁ βρυγμὸς τῶν ὀδόντων.					
221	**Mt 22,16**	... οὐ γὰρ βλέπεις **εἰς πρόσωπον ἀνθρώπων**	**Mk 12,14**	... οὐ γὰρ βλέπεις **εἰς πρόσωπον ἀνθρώπων, ...**	**Lk 20,21**	... καὶ οὐ λαμβάνεις **πρόσωπον, ...**	
201	**Mt 23,34** ↑ Mt 10,17 ↑ Mt 10,23	... ἐξ αὐτῶν ἀποκτενεῖτε καὶ σταυρώσετε καὶ ἐξ αὐτῶν μαστιγώσετε ἐν ταῖς συναγωγαῖς ὑμῶν καὶ διώξετε ἀπὸ πόλεως **εἰς πόλιν·**			**Lk 11,49**	... καὶ ἐξ αὐτῶν ἀποκτενοῦσιν καὶ διώξουσιν	
022			**Mk 12,41**	καὶ καθίσας κατέναντι τοῦ γαζοφυλακίου ἐθεώρει πῶς ὁ ὄχλος βάλλει χαλκὸν **εἰς τὸ γαζοφυλάκιον.** καὶ πολλοὶ πλούσιοι ἔβαλλον πολλά·	**Lk 21,1**	ἀναβλέψας δὲ εἶδεν τοὺς βάλλοντας **εἰς τὸ γαζοφυλάκιον** τὰ δῶρα αὐτῶν πλουσίους.	
021			**Mk 12,43**	... ἡ χήρα αὕτη ἡ πτωχὴ πλεῖον πάντων ἔβαλεν τῶν βαλλόντων **εἰς τὸ γαζοφυλάκιον·**	**Lk 21,3**	... ἡ χήρα αὕτη ἡ πτωχὴ πλεῖον πάντων ἔβαλεν·	
012			**Mk 12,44**	πάντες γὰρ ἐκ τοῦ περισσεύοντος αὐτοῖς ἔβαλον, αὕτη δὲ ἐκ τῆς ὑστερήσεως αὐτῆς πάντα ὅσα εἶχεν ἔβαλεν ὅλον τὸν βίον αὐτῆς.	**Lk 21,4**	πάντες γὰρ οὗτοι ἐκ τοῦ περισσεύοντος αὐτοῖς ἔβαλον **εἰς τὰ δῶρα,** αὕτη δὲ ἐκ τοῦ ὑστερήματος αὐτῆς πάντα τὸν βίον ὃν εἶχεν ἔβαλεν.	
121	**Mt 24,3**	καθημένου δὲ αὐτοῦ **ἐπὶ τοῦ ὄρους τῶν ἐλαιῶν** προσῆλθον αὐτῷ οἱ μαθηταὶ κατ' ἰδίαν λέγοντες· ...	**Mk 13,3**	καὶ καθημένου αὐτοῦ **εἰς τὸ ὄρος τῶν ἐλαιῶν** κατέναντι τοῦ ἱεροῦ ἐπηρώτα αὐτὸν κατ' ἰδίαν Πέτρος καὶ Ἰάκωβος καὶ Ἰωάννης καὶ Ἀνδρέας·	**Lk 21,7**	ἐπηρώτησαν δὲ αὐτὸν λέγοντες· ...	

	Mt		Mk		Lk		
221 122	**Mt 10,17** ⇩ Mt 24,9 ↑ Mt 23,34	... παραδώσουσιν γὰρ ὑμᾶς **εἰς συνέδρια** καὶ **ἐν ταῖς συναγωγαῖς αὐτῶν** μαστιγώσουσιν ὑμᾶς·	**Mk 13,9** **(3)**	... παραδώσουσιν ὑμᾶς **εἰς συνέδρια** καὶ **εἰς συναγωγὰς** δαρήσεσθε	**Lk 21,12** ↑ Lk 11,49 → Lk 12,11	... παραδιδόντες **εἰς τὰς συναγωγὰς καὶ φυλακάς,** ↔	
222	**Mt 10,18**	καὶ ἐπὶ ἡγεμόνας δὲ καὶ βασιλεῖς ἀχθήσεσθε ἕνεκεν ἐμοῦ **εἰς μαρτύριον** αὐτοῖς καὶ τοῖς ἔθνεσιν.	↓ Mt 24,14	καὶ ἐπὶ ἡγεμόνων καὶ βασιλέων σταθήσεσθε ἕνεκεν ἐμοῦ **εἰς μαρτύριον** αὐτοῖς.	**Lk 21,13**	↔ [12] ἀπαγομένους ἐπὶ βασιλεῖς καὶ ἡγεμόνας ἕνεκεν τοῦ ὀνόματός μου· [13] ἀποβήσεται ὑμῖν **εἰς μαρτύριον.**	
220	**Mt 24,14**	καὶ κηρυχθήσεται τοῦτο τὸ εὐαγγέλιον τῆς βασιλείας ἐν ὅλῃ τῇ οἰκουμένῃ **εἰς μαρτύριον πᾶσιν τοῖς ἔθνεσιν,** καὶ τότε ἥξει τὸ τέλος.	**Mk 13,10**	καὶ **εἰς πάντα τὰ ἔθνη** πρῶτον δεῖ κηρυχθῆναι τὸ εὐαγγέλιον.			
221	**Mt 10,21** ⇩ Mt 24,9 → Mt 10,35 → Mt 24,10	παραδώσει δὲ ἀδελφὸς ἀδελφὸν **εἰς θάνατον** καὶ πατὴρ τέκνον, καὶ ἐπαναστήσονται τέκνα ἐπὶ γονεῖς καὶ θανατώσουσιν αὐτούς.	**Mk 13,12**	καὶ παραδώσει ἀδελφὸς ἀδελφὸν **εἰς θάνατον** καὶ πατὴρ τέκνον, καὶ ἐπαναστήσονται τέκνα ἐπὶ γονεῖς καὶ θανατώσουσιν αὐτούς·	**Lk 21,16** → Lk 12,53	παραδοθήσεσθε δὲ καὶ ὑπὸ γονέων καὶ ἀδελφῶν καὶ συγγενῶν καὶ φίλων, καὶ θανατώσουσιν ἐξ ὑμῶν	
a 221	**Mt 10,22** ⇩ Mt 24,13	καὶ ἔσεσθε μισούμενοι ὑπὸ πάντων διὰ τὸ ὄνομά μου· ὁ δὲ ὑπομείνας **εἰς τέλος** οὗτος σωθήσεται.	**Mk 13,13**	καὶ ἔσεσθε μισούμενοι ὑπὸ πάντων διὰ τὸ ὄνομά μου. ὁ δὲ ὑπομείνας **εἰς τέλος** οὗτος σωθήσεται.	**Lk 21,19**	[17] καὶ ἔσεσθε μισούμενοι ὑπὸ πάντων διὰ τὸ ὄνομά μου. [18] ... [19] ἐν τῇ ὑπομονῇ ὑμῶν κτήσασθε τὰς ψυχὰς ὑμῶν.	
200	**Mt 24,9** ⇧ Mt 10,17 ⇧ Mt 10,21	τότε παραδώσουσιν ὑμᾶς **εἰς θλῖψιν** καὶ ἀποκτενοῦσιν ὑμᾶς, καὶ ἔσεσθε μισούμενοι ὑπὸ πάντων τῶν ἐθνῶν διὰ τὸ ὄνομά μου.					
a 200	**Mt 24,13** ⇧ Mt 10,22	ὁ δὲ ὑπομείνας **εἰς τέλος** οὗτος σωθήσεται.					
220	**Mt 24,14** ↑ Mt 10,18 ↑ Mk 13,9 ↑ Lk 21,13 ↓ Mt 28,19	καὶ κηρυχθήσεται τοῦτο τὸ εὐαγγέλιον τῆς βασιλείας ἐν ὅλῃ τῇ οἰκουμένῃ **εἰς μαρτύριον πᾶσιν τοῖς ἔθνεσιν,** καὶ τότε ἥξει τὸ τέλος.	**Mk 13,10**	καὶ **εἰς πάντα τὰ ἔθνη** πρῶτον δεῖ κηρυχθῆναι τὸ εὐαγγέλιον.			
222 *b* 112	**Mt 24,16**	τότε οἱ ἐν τῇ Ἰουδαίᾳ φευγέτωσαν **εἰς τὰ ὄρη**	**Mk 13,14**	... τότε οἱ ἐν τῇ Ἰουδαίᾳ φευγέτωσαν **εἰς τὰ ὄρη**	**Lk 21,21** **(2)** ↑ Lk 17,31	τότε οἱ ἐν τῇ Ἰουδαίᾳ φευγέτωσαν **εἰς τὰ ὄρη** καὶ οἱ ἐν μέσῳ αὐτῆς ἐκχωρείτωσαν καὶ οἱ ἐν ταῖς χώραις μὴ εἰσερχέσθωσαν **εἰς αὐτήν**	

121 122	**Mt 24,18**	καὶ **ὁ ἐν τῷ ἀγρῷ** μὴ ἐπιστρεψάτω **ὀπίσω** ἆραι τὸ ἱμάτιον αὐτοῦ.	**Mk 13,16** (2)	καὶ **ὁ εἰς τὸν ἀγρὸν** μὴ ἐπιστρεψάτω **εἰς τὰ ὀπίσω** ἆραι τὸ ἱμάτιον αὐτοῦ.	**Lk 17,31** ↑ Lk 21,21	... καὶ **ὁ ἐν ἀγρῷ** ὁμοίως μὴ ἐπιστρεψάτω **εἰς τὰ ὀπίσω.**	
002					**Lk 21,24** → Lk 19,44	καὶ πεσοῦνται στόματι μαχαίρης καὶ αἰχμαλωτισθήσονται **εἰς τὰ ἔθνη πάντα,** καὶ Ἰερουσαλὴμ ἔσται πατουμένη ὑπὸ ἐθνῶν, ...	
b 202	**Mt 24,38**	... ἄχρι ἧς ἡμέρας εἰσῆλθεν Νῶε **εἰς τὴν κιβωτόν,** [39] καὶ οὐκ ἔγνωσαν ἕως ἦλθεν ὁ κατακλυσμὸς καὶ ἦρεν ἅπαντας, ...			**Lk 17,27**	... ἄχρι ἧς ἡμέρας εἰσῆλθεν Νῶε **εἰς τὴν κιβωτόν,** καὶ ἦλθεν ὁ κατακλυσμὸς καὶ ἀπώλεσεν πάντας.	
200	**Mt 25,1**	... δέκα παρθένοις, αἵτινες λαβοῦσαι τὰς λαμπάδας ἑαυτῶν ἐξῆλθον **εἰς ὑπάντησιν τοῦ νυμφίου.**					
200	**Mt 25,6**	... ἰδοὺ ὁ νυμφίος, ἐξέρχεσθε **εἰς ἀπάντησιν [αὐτοῦ].**					
b 200	**Mt 25,10**	... ἦλθεν ὁ νυμφίος, καὶ αἱ ἕτοιμοι εἰσῆλθον μετ' αὐτοῦ **εἰς τοὺς γάμους** καὶ ἐκλείσθη ἡ θύρα.			Lk 13,25	ἀφ' οὗ ἂν ἐγερθῇ ὁ οἰκοδεσπότης καὶ ἀποκλείσῃ τὴν θύραν ...	
b 201	**Mt 25,21** → Mt 24,47	... ἐπὶ ὀλίγα ἧς πιστός, ἐπὶ πολλῶν σε καταστήσω· εἴσελθε **εἰς τὴν χαρὰν τοῦ κυρίου σου.**			**Lk 19,17** → Lk 16,10	... ἐν ἐλαχίστῳ πιστὸς ἐγένου, ἴσθι ἐξουσίαν ἔχων ἐπάνω δέκα πόλεων.	
b 201	**Mt 25,23** → Mt 24,47	... ἐπὶ ὀλίγα ἧς πιστός, ἐπὶ πολλῶν σε καταστήσω· εἴσελθε **εἰς τὴν χαρὰν τοῦ κυρίου σου.**			**Lk 19,19**	... καὶ σὺ ἐπάνω γίνου πέντε πόλεων.	
200	**Mt 25,30**	καὶ τὸν ἀχρεῖον δοῦλον ἐκβάλετε **εἰς τὸ σκότος τὸ ἐξώτερον·** ἐκεῖ ἔσται ὁ κλαυθμὸς καὶ ὁ βρυγμὸς τῶν ὀδόντων.					
200	**Mt 25,41** → Mt 7,23 → Lk 13,27	... πορεύεσθε ἀπ' ἐμοῦ [οἱ] κατηραμένοι **εἰς τὸ πῦρ τὸ αἰώνιον** τὸ ἡτοιμασμένον τῷ διαβόλῳ καὶ τοῖς ἀγγέλοις αὐτοῦ.					
j 200 *j* 200	**Mt 25,46** (2) ↑ Mt 13,42.50 → Mt 13,43	καὶ ἀπελεύσονται οὗτοι **εἰς κόλασιν αἰώνιον,** οἱ δὲ δίκαιοι **εἰς ζωὴν αἰώνιον.**					

002	Mt 21,17	καὶ καταλιπὼν αὐτοὺς ἐξῆλθεν ἔξω τῆς πόλεως εἰς Βηθανίαν, καὶ ηὐλίσθη ἐκεῖ.	Mk 11,11 (3)	... ὀψίας ἤδη οὔσης τῆς ὥρας, ἐξῆλθεν εἰς Βηθανίαν μετὰ τῶν δώδεκα.	Lk 21,37 → Mk 11,19 → Lk 19,47	ἦν δὲ τὰς ἡμέρας ἐν τῷ ἱερῷ διδάσκων, τὰς δὲ νύκτας ἐξερχόμενος ηὐλίζετο εἰς τὸ ὄρος τὸ καλούμενον Ἐλαιῶν·	→ [[Jn 8,1]]
e 211	Mt 26,2	οἴδατε ὅτι μετὰ δύο ἡμέρας τὸ πάσχα γίνεται, καὶ ὁ υἱὸς τοῦ ἀνθρώπου παραδίδοται εἰς τὸ σταυρωθῆναι.	Mk 14,1	ἦν δὲ τὸ πάσχα καὶ τὰ ἄζυμα μετὰ δύο ἡμέρας.	Lk 22,1	ἤγγιζεν δὲ ἡ ἑορτὴ τῶν ἀζύμων ἡ λεγομένη πάσχα.	
211	Mt 26,3	τότε συνήχθησαν οἱ ἀρχιερεῖς καὶ οἱ πρεσβύτεροι τοῦ λαοῦ εἰς τὴν αὐλὴν τοῦ ἀρχιερέως τοῦ λεγομένου Καϊάφα [4] καὶ συνεβουλεύσαντο ἵνα τὸν Ἰησοῦν δόλῳ κρατήσωσιν καὶ ἀποκτείνωσιν·		καὶ ἐζήτουν οἱ ἀρχιερεῖς καὶ οἱ γραμματεῖς πῶς αὐτὸν ἐν δόλῳ κρατήσαντες ἀποκτείνωσιν·	Lk 22,2	καὶ ἐζήτουν οἱ ἀρχιερεῖς καὶ οἱ γραμματεῖς τὸ πῶς ἀνέλωσιν αὐτόν, ...	
g 220	Mt 26,8	ἰδόντες δὲ οἱ μαθηταὶ ἠγανάκτησαν λέγοντες· εἰς τί ἡ ἀπώλεια αὕτη;	Mk 14,4	ἦσαν δέ τινες ἀγανακτοῦντες πρὸς ἑαυτούς· εἰς τί ἡ ἀπώλεια αὕτη τοῦ μύρου γέγονεν;			→ Jn 12,4
210	Mt 26,10	... τί κόπους παρέχετε τῇ γυναικί; ἔργον γὰρ καλὸν ἠργάσατο εἰς ἐμέ·	Mk 14,6	... ἄφετε αὐτήν· τί αὐτῇ κόπους παρέχετε; καλὸν ἔργον ἠργάσατο ἐν ἐμοί.			→ Jn 12,7
120	Mt 26,12	βαλοῦσα γὰρ αὕτη τὸ μύρον τοῦτο ἐπὶ τοῦ σώματός μου πρὸς τὸ ἐνταφιάσαι με ἐποίησεν.	Mk 14,8	... προέλαβεν μυρίσαι τὸ σῶμά μου εἰς τὸν ἐνταφιασμόν.			→ Jn 12,7
120 220	Mt 26,13	... ὅπου ἐὰν κηρυχθῇ τὸ εὐαγγέλιον τοῦτο ἐν ὅλῳ τῷ κόσμῳ, λαληθήσεται καὶ ὃ ἐποίησεν αὕτη εἰς μνημόσυνον αὐτῆς.	Mk 14,9 (2)	... ὅπου ἐὰν κηρυχθῇ τὸ εὐαγγέλιον εἰς ὅλον τὸν κόσμον, καὶ ὃ ἐποίησεν αὕτη λαληθήσεται εἰς μνημόσυνον αὐτῆς.			
b 112	Mt 26,14	τότε πορευθεὶς εἷς τῶν δώδεκα, ὁ λεγόμενος Ἰούδας Ἰσκαριώτης, πρὸς τοὺς ἀρχιερεῖς	Mk 14,10	καὶ Ἰούδας Ἰσκαριὼθ ὁ εἷς τῶν δώδεκα ἀπῆλθεν πρὸς τοὺς ἀρχιερεῖς ...	Lk 22,3	εἰσῆλθεν δὲ σατανᾶς εἰς Ἰούδαν τὸν καλούμενον Ἰσκαριώτην, ὄντα ἐκ τοῦ ἀριθμοῦ τῶν δώδεκα· [4] καὶ ἀπελθὼν συνελάλησεν τοῖς ἀρχιερεῦσιν καὶ στρατηγοῖς ...	

b 222 112	Mt 26,18	... ὑπάγετε εἰς τὴν πόλιν πρὸς τὸν δεῖνα	Mk 14,13	... ὑπάγετε εἰς τὴν πόλιν, καὶ ἀπαντήσει ὑμῖν ἄνθρωπος κεράμιον ὕδατος βαστάζων· ἀκολουθήσατε αὐτῷ	Lk 22,10 (3)	... ἰδοὺ εἰσελθόντων ὑμῶν εἰς τὴν πόλιν συναντήσει ὑμῖν ἄνθρωπος κεράμιον ὕδατος βαστάζων· ἀκολουθήσατε αὐτῷ εἰς τὴν οἰκίαν	
112		καὶ εἴπατε αὐτῷ· ὁ διδάσκαλος λέγει· ...	Mk 14,14	καὶ ὅπου ἐὰν εἰσέλθῃ εἴπατε τῷ οἰκοδεσπότῃ ὅτι ὁ διδάσκαλος λέγει· ...		εἰς ἣν εἰσπορεύεται. [11] καὶ ἐρεῖτε τῷ οἰκοδεσπότῃ τῆς οἰκίας· λέγει σοι ὁ διδάσκαλος· ...	
121	Mt 26,19	καὶ ἐποίησαν οἱ μαθηταὶ ὡς συνέταξεν αὐτοῖς ὁ Ἰησοῦς καὶ ἡτοίμασαν τὸ πάσχα.	Mk 14,16	καὶ ἐξῆλθον οἱ μαθηταὶ καὶ ἦλθον εἰς τὴν πόλιν καὶ εὗρον καθὼς εἶπεν αὐτοῖς καὶ ἡτοίμασαν τὸ πάσχα.	Lk 22,13	ἀπελθόντες δὲ εὗρον καθὼς εἰρήκει αὐτοῖς καὶ ἡτοίμασαν τὸ πάσχα.	
d 120	Mt 26,23 → Lk 22,21	... ὁ ἐμβάψας μετ᾽ ἐμοῦ τὴν χεῖρα ἐν τῷ τρυβλίῳ οὗτός με παραδώσει.	Mk 14,20 → Lk 22,21	... εἷς τῶν δώδεκα, ὁ ἐμβαπτόμενος μετ᾽ ἐμοῦ εἰς τὸ τρύβλιον.			→ Jn 13,26
002					Lk 22,17 → Mt 26,27 → Mk 14,23	καὶ δεξάμενος ποτήριον εὐχαριστήσας εἶπεν· λάβετε τοῦτο καὶ διαμερίσατε εἰς ἑαυτούς·	
112	Mt 26,26 ↑ Mt 14,19	... λαβὼν ὁ Ἰησοῦς ἄρτον καὶ εὐλογήσας ἔκλασεν καὶ δοὺς τοῖς μαθηταῖς εἶπεν· λάβετε φάγετε, τοῦτό ἐστιν τὸ σῶμά μου.	Mk 14,22 ↑ Mk 6,41	... λαβὼν ἄρτον εὐλογήσας ἔκλασεν καὶ ἔδωκεν αὐτοῖς καὶ εἶπεν· λάβετε, τοῦτό ἐστιν τὸ σῶμά μου.	Lk 22,19 ↑ Lk 9,16	καὶ λαβὼν ἄρτον εὐχαριστήσας ἔκλασεν καὶ ἔδωκεν αὐτοῖς λέγων· τοῦτό ἐστιν τὸ σῶμά μου τὸ ὑπὲρ ὑμῶν διδόμενον· τοῦτο ποιεῖτε εἰς τὴν ἐμὴν ἀνάμνησιν.	→ 1Cor 11,24
211	Mt 26,28	τοῦτο γάρ ἐστιν τὸ αἷμά μου τῆς διαθήκης τὸ περὶ πολλῶν ἐκχυννόμενον εἰς ἄφεσιν ἁμαρτιῶν.	Mk 14,24	... τοῦτό ἐστιν τὸ αἷμά μου τῆς διαθήκης τὸ ἐκχυννόμενον ὑπὲρ πολλῶν.	Lk 22,20	... τοῦτο τὸ ποτήριον ἡ καινὴ διαθήκη ἐν τῷ αἵματί μου, τὸ ὑπὲρ ὑμῶν ἐκχυννόμενον.	→ 1Cor 11,25
112 112	Mt 26,33	... εἰ πάντες σκανδαλισθήσονται ἐν σοί, ἐγὼ οὐδέποτε σκανδαλισθήσομαι.	Mk 14,29	... εἰ καὶ πάντες σκανδαλισθήσονται, ἀλλ᾽ οὐκ ἐγώ.	Lk 22,33 (2) → Mt 26,35 → Mk 14,31	... κύριε, μετὰ σοῦ ἕτοιμός εἰμι καὶ εἰς φυλακὴν καὶ εἰς θάνατον πορεύεσθαι.	 → Jn 13,37
222	Mt 26,30	καὶ ὑμνήσαντες ἐξῆλθον εἰς τὸ ὄρος τῶν ἐλαιῶν.	Mk 14,26	καὶ ὑμνήσαντες ἐξῆλθον εἰς τὸ ὄρος τῶν ἐλαιῶν.	Lk 22,39	καὶ ἐξελθὼν ἐπορεύθη κατὰ τὸ ἔθος εἰς τὸ ὄρος τῶν ἐλαιῶν, ...	→ Jn 14,31 → Jn 18,1
220	Mt 26,32 ↓ Mt 28,7	μετὰ δὲ τὸ ἐγερθῆναί με προάξω ὑμᾶς εἰς τὴν Γαλιλαίαν.	Mk 14,28 ↓ Mk 16,7	ἀλλὰ μετὰ τὸ ἐγερθῆναί με προάξω ὑμᾶς εἰς τὴν Γαλιλαίαν.			

221 b 112	**Mt 26,36**	τότε ἔρχεται μετ᾽ αὐτῶν ὁ Ἰησοῦς **εἰς χωρίον** λεγόμενον Γεθσημανὶ καὶ λέγει τοῖς μαθηταῖς· καθίσατε αὐτοῦ ἕως [οὗ] ἀπελθὼν ἐκεῖ προσεύξωμαι.	**Mk 14,32**	καὶ ἔρχονται **εἰς χωρίον** οὗ τὸ ὄνομα Γεθσημανὶ καὶ λέγει τοῖς μαθηταῖς αὐτοῦ· καθίσατε ὧδε ἕως προσεύξωμαι.	**Lk 22,40** ↓ Mt 26,41 ↓ Mk 14,38 ↓ Lk 22,46	γενόμενος δὲ **ἐπὶ τοῦ τόπου** εἶπεν αὐτοῖς· προσεύχεσθε μὴ εἰσελθεῖν **εἰς πειρασμόν.**	
b 222	**Mt 26,41**	γρηγορεῖτε καὶ προσεύχεσθε, ἵνα μὴ εἰσέλθητε **εἰς πειρασμόν·** τὸ μὲν πνεῦμα πρόθυμον ἡ δὲ σὰρξ ἀσθενής.	**Mk 14,38**	γρηγορεῖτε καὶ προσεύχεσθε, ἵνα μὴ ἔλθητε **εἰς πειρασμόν·** τὸ μὲν πνεῦμα πρόθυμον ἡ δὲ σὰρξ ἀσθενής.	**Lk 22,46** ↑ Lk 22,40	... ἀναστάντες προσεύχεσθε, ἵνα μὴ εἰσέλθητε **εἰς πειρασμόν.**	
220	**Mt 26,45** → Lk 22,53	... ἰδοὺ ἤγγικεν ἡ ὥρα καὶ ὁ υἱὸς τοῦ ἀνθρώπου παραδίδοται **εἰς χεῖρας ἁμαρτωλῶν.**	**Mk 14,41** → Lk 22,53	... ἦλθεν ἡ ὥρα, ἰδοὺ παραδίδοται ὁ υἱὸς τοῦ ἀνθρώπου **εἰς τὰς χεῖρας τῶν ἁμαρτωλῶν.**			→ Jn 12,23 → **Jn 12,27**
200	**Mt 26,52**	τότε λέγει αὐτῷ ὁ Ἰησοῦς· ἀπόστρεψον τὴν μάχαιράν σου **εἰς τὸν τόπον αὐτῆς·** πάντες γὰρ οἱ λαβόντες μάχαιραν ἐν μαχαίρῃ ἀπολοῦνται.			Lk 22,51	ἀποκριθεὶς δὲ ὁ Ἰησοῦς εἶπεν· ἐᾶτε ἕως τούτου· καὶ ἁψάμενος τοῦ ὠτίου ἰάσατο αὐτόν.	→ **Jn 18,11**
b 112	**Mt 26,57**	οἱ δὲ κρατήσαντες τὸν Ἰησοῦν ἀπήγαγον **πρὸς Καϊάφαν τὸν ἀρχιερέα, ...**	**Mk 14,53**	καὶ ἀπήγαγον τὸν Ἰησοῦν **πρὸς τὸν ἀρχιερέα,** ...	**Lk 22,54** → Mt 26,50 → Mk 14,46 → Lk 22,52	συλλαβόντες δὲ αὐτὸν ἤγαγον καὶ εἰσήγαγον **εἰς τὴν οἰκίαν τοῦ ἀρχιερέως·** ↔	→ Jn 18,12-14
121	**Mt 26,58**	ὁ δὲ Πέτρος ἠκολούθει αὐτῷ ἀπὸ μακρόθεν **ἕως τῆς αὐλῆς τοῦ ἀρχιερέως** καὶ εἰσελθὼν ἔσω ἐκάθητο μετὰ τῶν ὑπηρετῶν ἰδεῖν τὸ τέλος.	**Mk 14,54**	καὶ ὁ Πέτρος ἀπὸ μακρόθεν ἠκολούθησεν αὐτῷ **ἕως ἔσω εἰς τὴν αὐλὴν τοῦ ἀρχιερέως** καὶ ἦν συγκαθήμενος μετὰ τῶν ὑπηρετῶν καὶ θερμαινόμενος πρὸς τὸ φῶς.	**Lk 22,55**	↔ [54] ὁ δὲ Πέτρος ἠκολούθει μακρόθεν. [55] περιαψάντων δὲ πῦρ **ἐν μέσῳ τῆς αὐλῆς** καὶ συγκαθισάντων ἐκάθητο ὁ Πέτρος μέσος αὐτῶν.	→ Jn 18,18
e 120	**Mt 26,59**	οἱ δὲ ἀρχιερεῖς καὶ τὸ συνέδριον ὅλον ἐζήτουν ψευδομαρτυρίαν κατὰ τοῦ Ἰησοῦ **ὅπως αὐτὸν θανατώσωσιν**	**Mk 14,55**	οἱ δὲ ἀρχιερεῖς καὶ ὅλον τὸ συνέδριον ἐζήτουν κατὰ τοῦ Ἰησοῦ μαρτυρίαν **εἰς τὸ θανατῶσαι αὐτόν, ...**			
c f 120	**Mt 26,62**	καὶ ἀναστὰς ὁ ἀρχιερεὺς εἶπεν αὐτῷ· οὐδὲν ἀποκρίνῃ τί οὗτοί σου καταμαρτυροῦσιν;	**Mk 14,60**	καὶ ἀναστὰς ὁ ἀρχιερεὺς **εἰς μέσον** ἐπηρώτησεν τὸν Ἰησοῦν λέγων· οὐκ ἀποκρίνῃ οὐδέν τί οὗτοί σου καταμαρτυροῦσιν;			
d 211	**Mt 26,67** ↓ Mt 27,30	τότε ἐνέπτυσαν **εἰς τὸ πρόσωπον αὐτοῦ** καὶ ἐκολάφισαν αὐτόν, οἱ δὲ ἐράπισαν	**Mk 14,65** ↓ Mk 15,19	καὶ ἤρξαντό τινες ἐμπτύειν **αὐτῷ** ... καὶ κολαφίζειν αὐτὸν ...	**Lk 22,63**	καὶ οἱ ἄνδρες οἱ συνέχοντες αὐτὸν ἐνέπαιζον **αὐτῷ** δέροντες	
002					**Lk 22,65**	καὶ ἕτερα πολλὰ βλασφημοῦντες ἔλεγον **εἰς αὐτόν.**	

220	Mt 26,71	ἐξελθόντα δὲ **εἰς τὸν πυλῶνα** ...	Mk 14,68	... καὶ ἐξῆλθεν ἔξω **εἰς τὸ προαύλιον** [καὶ ἀλέκτωρ ἐφώνησεν].			
112	Mt 26,57	... ὅπου οἱ γραμματεῖς καὶ οἱ πρεσβύτεροι συνήχθησαν.	Mk 14,53	... καὶ συνέρχονται πάντες οἱ ἀρχιερεῖς καὶ οἱ πρεσβύτεροι καὶ οἱ γραμματεῖς.	Lk 22,66	καὶ ὡς ἐγένετο ἡμέρα, συνήχθη τὸ πρεσβυτέριον τοῦ λαοῦ, ἀρχιερεῖς τε καὶ γραμματεῖς, καὶ ἀπήγαγον αὐτὸν **εἰς τὸ συνέδριον αὐτῶν**	
	Mt 27,1	πρωΐας δὲ γενομένης συμβούλιον ἔλαβον πάντες οἱ ἀρχιερεῖς καὶ οἱ πρεσβύτεροι τοῦ λαοῦ κατὰ τοῦ Ἰησοῦ ...	Mk 15,1	καὶ εὐθὺς πρωῒ συμβούλιον ποιήσαντες οἱ ἀρχιερεῖς μετὰ τῶν πρεσβυτέρων καὶ γραμματέων καὶ **ὅλον τὸ συνέδριον**, ...			
200	Mt 27,5	καὶ ῥίψας τὰ ἀργύρια **εἰς τὸν ναὸν** ἀνεχώρησεν, καὶ ἀπελθὼν ἀπήγξατο.					→ Acts 1,18
200	Mt 27,6	... οὐκ ἔξεστιν βαλεῖν αὐτὰ **εἰς τὸν κορβανᾶν**, ἐπεὶ τιμὴ αἵματός ἐστιν.					
200	Mt 27,7	συμβούλιον δὲ λαβόντες ἠγόρασαν ἐξ αὐτῶν τὸν ἀγρὸν τοῦ κεραμέως **εἰς ταφὴν** τοῖς ξένοις.					→ Acts 1,18
200	Mt 27,10	καὶ ἔδωκαν αὐτὰ **εἰς τὸν ἀγρὸν τοῦ κεραμέως**, *καθὰ συνέταξέν* μοι *κύριος*. ➤ Exod 9,12 LXX					
112	Mt 27,26 → Mt 27,16	τότε ἀπέλυσεν αὐτοῖς τὸν Βαραββᾶν, τὸν δὲ Ἰησοῦν φραγελλώσας παρέδωκεν ἵνα σταυρωθῇ.	Mk 15,15 → Mk 15,7	... ἀπέλυσεν αὐτοῖς τὸν Βαραββᾶν, καὶ παρέδωκεν τὸν Ἰησοῦν φραγελλώσας ἵνα σταυρωθῇ.	Lk 23,25 → Lk 23,19	ἀπέλυσεν δὲ τὸν διὰ στάσιν καὶ φόνον βεβλημένον **εἰς φυλακὴν** ὃν ᾐτοῦντο, τὸν δὲ Ἰησοῦν παρέδωκεν τῷ θελήματι αὐτῶν.	→ Jn 19,16
210	Mt 27,27 → Lk 23,11	τότε οἱ στρατιῶται τοῦ ἡγεμόνος παραλαβόντες τὸν Ἰησοῦν **εἰς τὸ πραιτώριον** συνήγαγον ἐπ' αὐτὸν ὅλην τὴν σπεῖραν.	Mk 15,16 → Lk 23,11	οἱ δὲ στρατιῶται ἀπήγαγον αὐτὸν **ἔσω τῆς αὐλῆς, ὅ ἐστιν πραιτώριον**, καὶ συγκαλοῦσιν ὅλην τὴν σπεῖραν.			
d 210	Mt 27,30 (2) ↑ Mt 26,67	καὶ ἐμπτύσαντες **εἰς αὐτὸν** ἔλαβον τὸν κάλαμον	Mk 15,19 ↑ Mk 14,65	... καὶ ἐνέπτυον **αὐτῷ** καὶ τιθέντες τὰ γόνατα προσεκύνουν αὐτῷ.			
210		καὶ ἔτυπτον **εἰς τὴν κεφαλὴν αὐτοῦ**.	Mk 15,19	καὶ ἔτυπτον **αὐτοῦ τὴν κεφαλὴν** καλάμῳ ...			
e 211	Mt 27,31	... καὶ ἀπήγαγον αὐτὸν **εἰς τὸ σταυρῶσαι**.	Mk 15,20	... καὶ ἐξάγουσιν αὐτὸν **ἵνα σταυρώσωσιν** αὐτόν.	Lk 23,26	καὶ ὡς ἀπήγαγον αὐτόν, ...	

	Mt		Mk		Lk		Jn / Acts
211	Mt 27,33	καὶ ἐλθόντες **εἰς τόπον λεγόμενον Γολγοθᾶ,** ὅ ἐστιν Κρανίου Τόπος λεγόμενος	Mk 15,22	καὶ φέρουσιν αὐτὸν **ἐπὶ τὸν Γολγοθᾶν τόπον,** ὅ ἐστιν μεθερμηνευόμενον Κρανίου Τόπος.	Lk 23,33	καὶ ὅτε ἦλθον **ἐπὶ τὸν τόπον** τὸν καλούμενον Κρανίον, ...	→ Jn 19,17
002					Lk 23,42	... Ἰησοῦ, μνήσθητί μου ὅταν ἔλθῃς **εἰς τὴν βασιλείαν σου.**	
g 120	Mt 27,46	... τοῦτ᾽ ἔστιν· *θεέ μου θεέ μου,* ***ἱνατί*** *με ἐγκατέλιπες;* ➤ Ps 22,2	Mk 15,34	... ὅ ἐστιν μεθερμηνευόμενον *ὁ θεός μου ὁ θεός μου,* ***εἰς τί*** *ἐγκατέλιπές με;* ➤ Ps 22,2			
112	Mt 27,50	ὁ δὲ Ἰησοῦς πάλιν κράξας φωνῇ μεγάλῃ ἀφῆκεν τὸ πνεῦμα.	Mk 15,37	ὁ δὲ Ἰησοῦς ἀφεὶς φωνὴν μεγάλην ἐξέπνευσεν.	Lk 23,46	καὶ φωνήσας φωνῇ μεγάλῃ ὁ Ἰησοῦς εἶπεν· πάτερ, ***εἰς χεῖράς σου*** *παρατίθεμαι τὸ πνεῦμά μου.* τοῦτο δὲ εἰπὼν ἐξέπνευσεν. ➤ Ps 31,6	→ Jn 19,30 → Acts 7,59
221	Mt 27,51	καὶ ἰδοὺ τὸ καταπέτασμα τοῦ ναοῦ ἐσχίσθη ἀπ᾽ ἄνωθεν ἕως κάτω **εἰς δύο** ...	Mk 15,38	καὶ τὸ καταπέτασμα τοῦ ναοῦ ἐσχίσθη **εἰς δύο** ἀπ᾽ ἄνωθεν ἕως κάτω.	Lk 23,45	... ἐσχίσθη δὲ τὸ καταπέτασμα τοῦ ναοῦ μέσον.	
b 200	Mt 27,53	καὶ ἐξελθόντες ἐκ τῶν μνημείων μετὰ τὴν ἔγερσιν αὐτοῦ εἰσῆλθον **εἰς τὴν ἁγίαν πόλιν** καὶ ἐνεφανίσθησαν πολλοῖς.					
c 121	Mt 27,55 → Mt 27,61	ἦσαν δὲ ἐκεῖ γυναῖκες πολλαὶ ἀπὸ μακρόθεν θεωροῦσαι, αἵτινες ἠκολούθησαν τῷ Ἰησοῦ ἀπὸ τῆς Γαλιλαίας διακονοῦσαι αὐτῷ·	Mk 15,41 → Mk 15,47	[40] ἦσαν δὲ καὶ γυναῖκες ... [41] αἳ ὅτε ἦν ἐν τῇ Γαλιλαίᾳ ἠκολούθουν αὐτῷ καὶ διηκόνουν αὐτῷ, καὶ ἄλλαι πολλαὶ αἱ συναναβᾶσαι αὐτῷ **εἰς Ἱεροσόλυμα.**	Lk 23,49 → Lk 23,55 → Lk 8,2-3	εἱστήκεισαν δὲ πάντες οἱ γνωστοὶ αὐτῷ ἀπὸ μακρόθεν καὶ γυναῖκες αἱ συνακολουθοῦσαι αὐτῷ ἀπὸ τῆς Γαλιλαίας ὁρῶσαι ταῦτα.	
a 211	Mt 28,1 → Mt 27,56 → Mt 27,61	ὀψὲ δὲ σαββάτων, τῇ ἐπιφωσκούσῃ **εἰς μίαν σαββάτων** ἦλθεν Μαριὰμ ἡ Μαγδαληνὴ καὶ ἡ ἄλλη Μαρία θεωρῆσαι τὸν τάφον.	Mk 16,2 → Mk 15,40 → Mk 15,47	[1] καὶ διαγενομένου τοῦ σαββάτου Μαρία ἡ Μαγδαληνὴ καὶ Μαρία ἡ [τοῦ] Ἰακώβου καὶ Σαλώμη ἠγόρασαν ἀρώματα ἵνα ἐλθοῦσαι ἀλείψωσιν αὐτόν. [2] καὶ λίαν πρωῒ **τῇ μιᾷ τῶν σαββάτων** ἔρχονται ἐπὶ τὸ μνημεῖον ἀνατείλαντος τοῦ ἡλίου.	Lk 24,1 → Lk 24,22 → Lk 8,2-3	[23,56] ὑποστρέψασαι δὲ ἡτοίμασαν ἀρώματα καὶ μύρα. καὶ τὸ μὲν σάββατον ἡσύχασαν κατὰ τὴν ἐντολήν. **[1] τῇ δὲ μιᾷ τῶν σαββάτων** ὄρθρου βαθέως ἐπὶ τὸ μνῆμα ἦλθον φέρουσαι ἃ ἡτοίμασαν ἀρώματα. [2] ... [10] ἦσαν δὲ ἡ Μαγδαληνὴ Μαρία καὶ Ἰωάννα καὶ Μαρία ἡ Ἰακώβου καὶ αἱ λοιπαὶ σὺν αὐταῖς ...	→ Jn 20,1 → Jn 20,18

b 021	Mt 28,2	καὶ ἰδοὺ σεισμὸς ἐγένετο μέγας· ἄγγελος γὰρ κυρίου καταβὰς ἐξ οὐρανοῦ καὶ προσελθὼν ἀπεκύλισεν τὸν λίθον καὶ ἐκάθητο ἐπάνω αὐτοῦ. [3] ἦν δὲ ἡ εἰδέα αὐτοῦ ὡς ἀστραπὴ καὶ τὸ ἔνδυμα αὐτοῦ λευκὸν ὡς χιών.	Mk 16,5	καὶ εἰσελθοῦσαι **εἰς τὸ μνημεῖον** εἶδον νεανίσκον καθήμενον ἐν τοῖς δεξιοῖς περιβεβλημένον στολὴν λευκήν, ↔	Lk 24,3 → Lk 24,23	εἰσελθοῦσαι δὲ οὐχ εὗρον τὸ σῶμα τοῦ κυρίου Ἰησοῦ. [4] καὶ ἐγένετο ἐν τῷ ἀπορεῖσθαι αὐτὰς περὶ τούτου καὶ ἰδοὺ ἄνδρες δύο ἐπέστησαν αὐταῖς ἐν ἐσθῆτι ἀστραπτούσῃ.	→ Jn 20,11
112	Mt 28,5	ἀποκριθεὶς δὲ ὁ ἄγγελος εἶπεν ταῖς γυναιξίν· μὴ φοβεῖσθε ὑμεῖς, οἶδα γὰρ ὅτι Ἰησοῦν τὸν ἐσταυρωμένον ζητεῖτε·	Mk 16,6	↔ [5] καὶ ἐξεθαμβήθησαν. [6] ὁ δὲ λέγει αὐταῖς· μὴ ἐκθαμβεῖσθε· Ἰησοῦν ζητεῖτε τὸν Ναζαρηνὸν τὸν ἐσταυρωμένον· ...	Lk 24,5 → Lk 24,23	ἐμφόβων δὲ γενομένων αὐτῶν καὶ κλινουσῶν τὰ πρόσωπα **εἰς τὴν γῆν** εἶπαν πρὸς αὐτάς· τί ζητεῖτε τὸν ζῶντα μετὰ τῶν νεκρῶν·	
002	↑ Mt 16,21 ↑ Mt 17,22 → Mt 17,23 ↑ Mt 20,18-19		↑ Mk 8,31 ↑ Mk 9,31 ↑ Mk 10,33-34		Lk 24,7 ↑ Lk 9,22 ↑ Lk 9,44 → Lk 17,25 ↑ Lk 18,31-33 ↓ Lk 24,26 → Lk 24,46	λέγων τὸν υἱὸν τοῦ ἀνθρώπου ὅτι δεῖ παραδοθῆναι **εἰς χεῖρας ἀνθρώπων ἁμαρτωλῶν** καὶ σταυρωθῆναι καὶ τῇ τρίτῃ ἡμέρᾳ ἀναστῆναι.	→ Acts 21,11
220	Mt 28,7 ↑ Mt 26,32 ↓ Mt 28,10.16	καὶ ταχὺ πορευθεῖσαι εἴπατε τοῖς μαθηταῖς αὐτοῦ ὅτι ἠγέρθη ἀπὸ τῶν νεκρῶν, καὶ ἰδοὺ προάγει ὑμᾶς **εἰς τὴν Γαλιλαίαν,** ἐκεῖ αὐτὸν ὄψεσθε· ...	Mk 16,7 ↑ Mk 14,28	ἀλλὰ ὑπάγετε εἴπατε τοῖς μαθηταῖς αὐτοῦ καὶ τῷ Πέτρῳ ὅτι προάγει ὑμᾶς **εἰς τὴν Γαλιλαίαν·** ἐκεῖ αὐτὸν ὄψεσθε, ...			→ Jn 20,17 → Jn 21,1
j 200	Mt 28,10 ↑ Mt 28,7 ↑ Mk 16,7 ↓ Mt 28,16	... ὑπάγετε ἀπαγγείλατε τοῖς ἀδελφοῖς μου ἵνα ἀπέλθωσιν **εἰς τὴν Γαλιλαίαν,** κἀκεῖ με ὄψονται.					→ Jn 20,17
200	Mt 28,11	πορευομένων δὲ αὐτῶν ἰδού τινες τῆς κουστωδίας ἐλθόντες **εἰς τὴν πόλιν** ἀπήγγειλαν τοῖς ἀρχιερεῦσιν ἅπαντα τὰ γενόμενα.					
002					Lk 24,13	καὶ ἰδοὺ δύο ἐξ αὐτῶν ἐν αὐτῇ τῇ ἡμέρᾳ ἦσαν πορευόμενοι **εἰς κώμην** ἀπέχουσαν σταδίους ἑξήκοντα ἀπὸ Ἰερουσαλήμ, ᾗ ὄνομα Ἐμμαοῦς	
002					Lk 24,20 → Mt 26,66 → Mk 14,64	ὅπως τε παρέδωκαν αὐτὸν οἱ ἀρχιερεῖς καὶ οἱ ἄρχοντες ἡμῶν **εἰς κρίμα θανάτου** καὶ ἐσταύρωσαν αὐτόν.	

	Mt	Mk	Lk	Acts
b 002	↑ **Mt 16,21** ↑ **Mt 17,22** → Mt 17,23 ↑ **Mt 20,18**-19	↑ Mk 8,31 ↑ **Mk 9,31** ↑ **Mk 10,33**-34	**Lk 24,26** οὐχὶ ταῦτα ἔδει παθεῖν τὸν χριστὸν καὶ εἰσελθεῖν **εἰς τὴν δόξαν αὐτοῦ;** ↑ Lk 9,22 ↑ **Lk 9,44** → Lk 17,25 ↑ **Lk 18,31**-33 ↑ **Lk 24,7** → Lk 24,46	→ **Acts 14,22**
002			**Lk 24,28** καὶ ἤγγισαν **εἰς τὴν κώμην** οὗ ἐπορεύοντο, ...	
002			**Lk 24,33** καὶ ἀναστάντες αὐτῇ τῇ ὥρᾳ ὑπέστρεψαν **εἰς Ἰερουσαλὴμ** καὶ εὗρον ἠθροισμένους τοὺς ἕνδεκα καὶ τοὺς σὺν αὐτοῖς	
002 002			**Lk 24,47 (2)** καὶ κηρυχθῆναι ἐπὶ τῷ ὀνόματι αὐτοῦ μετάνοιαν **εἰς ἄφεσιν ἁμαρτιῶν** **εἰς πάντα τὰ ἔθνη.** ἀρξάμενοι ἀπὸ Ἰερουσαλήμ· ↓ **Mt 28,19** → Mt 28,20	
200 200	**Mt 28,16 (2)** οἱ δὲ ἕνδεκα μαθηταὶ ἐπορεύθησαν **εἰς τὴν Γαλιλαίαν** **εἰς τὸ ὄρος** οὗ ἐτάξατο αὐτοῖς ὁ Ἰησοῦς ↑ **Mt 28,7** ↑ **Mk 16,7** ↑ **Mt 28,10**			
200	**Mt 28,19** πορευθέντες οὖν μαθητεύσατε πάντα τὰ ἔθνη, βαπτίζοντες αὐτοὺς **εἰς τὸ ὄνομα τοῦ πατρὸς καὶ τοῦ υἱοῦ καὶ τοῦ ἁγίου πνεύματος** ↑ **Mt 24,14** ↑ **Mk 13,10** ↑ **Lk 24,47**			
c 002			**Lk 24,51** ... διέστη ἀπ' αὐτῶν καὶ ἀνεφέρετο **εἰς τὸν οὐρανόν.** ↑ **Lk 9,51**	→ Acts 1,2.9 → Acts 1, **11.22**
002			**Lk 24,52** καὶ αὐτοὶ προσκυνήσαντες αὐτὸν ὑπέστρεψαν **εἰς Ἰερουσαλὴμ** μετὰ χαρᾶς μεγάλης	→ **Acts 1,12**

a εἰς with reference to time
b εἰς with composite verb εἰσ-
c εἰς with composite verb ἀνα-, ἐπανα-, συνανα-
d εἰς with composite verb ἐν-
e εἰς τὸ (μὴ) and infinitive
f εἰς (τὸ) and adjective neuter singular
g εἰς αὐτό, εἰς τοῦτο, εἰς τί, εἰς οὐδέν
h εἰμί and εἰς, γίνομαι and εἰς replacing the predicate nominative
j εἰς and ἀπέρχομαι

Acts 1,10 καὶ ὡς ἀτενίζοντες ἦσαν
εἰς τὸν οὐρανὸν
πορευομένου αὐτοῦ, ...

d **Acts 1,11 (3)** ... ἄνδρες Γαλιλαῖοι, τί ἑστήκατε [ἐμ]βλέποντες
εἰς τὸν οὐρανόν;

c **→ Lk 9,51 → Lk 24,51** οὗτος ὁ Ἰησοῦς ὁ ἀναλημφθεὶς ἀφ᾽ ὑμῶν
εἰς τὸν οὐρανὸν
οὕτως ἐλεύσεται ὃν τρόπον ἐθεάσασθε αὐτὸν πορευόμενον
εἰς τὸν οὐρανόν.

Acts 1,12 → Lk 24,52 τότε ὑπέστρεψαν
εἰς Ἰερουσαλὴμ
ἀπὸ ὄρους τοῦ καλουμένου Ἐλαιῶνος, ...

c **Acts 1,13** καὶ ὅτε εἰσῆλθον,
εἰς τὸ ὑπερῷον
ἀνέβησαν οὗ ἦσαν καταμένοντες, ...

Acts 1,25 λαβεῖν τὸν τόπον τῆς διακονίας ταύτης καὶ ἀποστολῆς ἀφ᾽ ἧς παρέβη Ἰούδας πορευθῆναι
εἰς τὸν τόπον τὸν ἴδιον.

Acts 2,5 ἦσαν δὲ
εἰς Ἰερουσαλὴμ
κατοικοῦντες Ἰουδαῖοι, ἄνδρες εὐλαβεῖς ἀπὸ παντὸς ἔθνους τῶν ὑπὸ τὸν οὐρανόν.

Acts 2,20 (2) *ὁ ἥλιος μεταστραφήσεται*
εἰς σκότος
καὶ ἡ σελήνη
εἰς αἷμα
πρὶν ἐλθεῖν ἡμέραν κυρίου τὴν μεγάλην καὶ ἐπιφανῆ.
➤ Joel 3,4 LXX

Acts 2,22 → Lk 24,19 ... Ἰησοῦν τὸν Ναζωραῖον, ἄνδρα ἀποδεδειγμένον ἀπὸ τοῦ θεοῦ
εἰς ὑμᾶς
δυνάμεσι καὶ τέρασι καὶ σημείοις ...

Acts 2,25 Δαυὶδ γὰρ λέγει
εἰς αὐτόν·
προορώμην τὸν κύριον ἐνώπιόν μου διὰ παντός, ...
➤ Ps 15,8 LXX

d **Acts 2,27** *ὅτι οὐκ ἐγκαταλείψεις τὴν ψυχήν μου*
εἰς ᾅδην
οὐδὲ δώσεις τὸν ὅσιόν σου ἰδεῖν διαφθοράν.
➤ Ps 15,10 LXX

d **Acts 2,31** προϊδὼν ἐλάλησεν περὶ τῆς ἀναστάσεως τοῦ Χριστοῦ ὅτι οὔτε ἐγκατελείφθη
εἰς ᾅδην
οὔτε ἡ σὰρξ αὐτοῦ εἶδεν διαφθοράν.
➤ Ps 16,10

c **Acts 2,34** οὐ γὰρ Δαυὶδ ἀνέβη
εἰς τοὺς οὐρανούς,
λέγει δὲ αὐτός· *εἶπεν [ὁ] κύριος τῷ κυρίῳ μου· κάθου ἐκ δεξιῶν μου*
➤ Ps 109,1 LXX

Acts 2,38 ... καὶ βαπτισθήτω ἕκαστος ὑμῶν ἐπὶ τῷ ὀνόματι Ἰησοῦ Χριστοῦ
εἰς ἄφεσιν τῶν ἁμαρτιῶν ὑμῶν
καὶ λήμψεσθε τὴν δωρεὰν τοῦ ἁγίου πνεύματος.

Acts 2,39 ὑμῖν γάρ ἐστιν ἡ ἐπαγγελία καὶ τοῖς τέκνοις ὑμῶν καὶ
πᾶσιν τοῖς εἰς μακρὰν,
ὅσους ἂν προσκαλέσηται κύριος ὁ θεὸς ἡμῶν.

c **Acts 3,1** Πέτρος δὲ καὶ Ἰωάννης ἀνέβαινον
εἰς τὸ ἱερὸν
ἐπὶ τὴν ὥραν τῆς προσευχῆς τὴν ἐνάτην.

b **Acts 3,2** ... τοῦ αἰτεῖν ἐλεημοσύνην παρὰ τῶν εἰσπορευομένων
εἰς τὸ ἱερόν·

b **Acts 3,3** ὃς ἰδὼν Πέτρον καὶ Ἰωάννην μέλλοντας εἰσιέναι
εἰς τὸ ἱερὸν,
ἠρώτα ἐλεημοσύνην λαβεῖν.

Acts 3,4 (2) ἀτενίσας δὲ Πέτρος
εἰς αὐτὸν
σὺν τῷ Ἰωάννῃ εἶπεν·
βλέψον
εἰς ἡμᾶς.

b **Acts 3,8** ... εἰσῆλθεν σὺν αὐτοῖς
εἰς τὸ ἱερὸν
περιπατῶν καὶ ἁλλόμενος καὶ αἰνῶν τὸν θεόν.

e **Acts 3,19** μετανοήσατε οὖν καὶ ἐπιστρέψατε
εἰς τὸ ἐξαλειφθῆναι
ὑμῶν τὰς ἁμαρτίας

Acts 4,3 (2) καὶ ἐπέβαλον αὐτοῖς τὰς χεῖρας καὶ ἔθεντο
εἰς τήρησιν

a **εἰς τὴν αὔριον·**
ἦν γὰρ ἑσπέρα ἤδη.

h **Acts 4,11 → Mt 21,42 → Mk 12,10 → Lk 20,17** οὗτός ἐστιν ὁ λίθος, ὁ ἐξουθενηθεὶς ὑφ᾽ ὑμῶν τῶν οἰκοδόμων, ὁ γενόμενος
εἰς κεφαλὴν γωνίας.
➤ Ps 118,22

Acts 4,17 ἀλλ᾽ ἵνα μὴ ἐπὶ πλεῖον διανεμηθῇ
εἰς τὸν λαόν
ἀπειλησώμεθα αὐτοῖς ...

Acts 4,30 ἐν τῷ τὴν χεῖρά [σου] ἐκτείνειν σε
εἰς ἴασιν
καὶ σημεῖα καὶ τέρατα γίνεσθαι διὰ τοῦ ὀνόματος τοῦ ἁγίου παιδός σου Ἰησοῦ.

Acts 5,15 ὥστε καὶ
εἰς τὰς πλατείας
ἐκφέρειν τοὺς ἀσθενεῖς καὶ τιθέναι ἐπὶ κλιναρίων καὶ κραβάττων, ...

b **Acts 5,21 (2)** ἀκούσαντες δὲ εἰσῆλθον ὑπὸ τὸν ὄρθρον
εἰς τὸ ἱερὸν
καὶ ἐδίδασκον.
παραγενόμενος δὲ ὁ ἀρχιερεὺς καὶ οἱ σὺν αὐτῷ συνεκάλεσαν τὸ συνέδριον καὶ πᾶσαν τὴν γερουσίαν τῶν υἱῶν Ἰσραὴλ καὶ ἀπέστειλαν
εἰς τὸ δεσμωτήριον
ἀχθῆναι αὐτούς.

g h **Acts 5,36** ... καὶ πάντες ὅσοι ἐπείθοντο αὐτῷ διελύθησαν καὶ ἐγένοντο
εἰς οὐδέν.

Acts 6,11 ... ἀκηκόαμεν αὐτοῦ λαλοῦντος ῥήματα βλάσφημα
εἰς Μωϋσῆν
καὶ τὸν θεόν.

Acts 6,12 ... καὶ ἐπιστάντες συνήρπασαν αὐτὸν καὶ ἤγαγον
εἰς τὸ συνέδριον

Acts 6,15 καὶ ἀτενίσαντες
εἰς αὐτὸν
πάντες οἱ καθεζόμενοι ἐν τῷ συνεδρίῳ ...

Acts 7,3 ... *ἔξελθε ἐκ τῆς γῆς σου καὶ [ἐκ] τῆς συγγενείας σου καὶ δεῦρο*
εἰς τὴν γῆν
ἣν ἄν σοι δείξω.
➤ Gen 12,1

Acts 7,4 (2) ... κἀκεῖθεν μετὰ τὸ ἀποθανεῖν τὸν πατέρα αὐτοῦ μετῴκισεν αὐτὸν
εἰς τὴν γῆν ταύτην
εἰς ἣν
ὑμεῖς νῦν κατοικεῖτε,

Acts 7,5 ... καὶ ἐπηγγείλατο *δοῦναι αὐτῷ*
εἰς κατάσχεσιν
αὐτὴν καὶ τῷ σπέρματι αὐτοῦ μετ' αὐτόν, οὐκ ὄντος αὐτῷ τέκνου.
➤ Gen 48,4

Acts 7,9 καὶ οἱ πατριάρχαι ζηλώσαντες τὸν Ἰωσὴφ ἀπέδοντο
εἰς Αἴγυπτον.
καὶ ἦν ὁ θεὸς μετ' αὐτοῦ

Acts 7,12 ἀκούσας δὲ Ἰακὼβ ὄντα σιτία
εἰς Αἴγυπτον
ἐξαπέστειλεν τοὺς πατέρας ἡμῶν πρῶτον.

Acts 7,15 καὶ κατέβη Ἰακὼβ
εἰς Αἴγυπτον
καὶ ἐτελεύτησεν αὐτὸς καὶ οἱ πατέρες ἡμῶν,

Acts 7,16 καὶ μετετέθησαν
εἰς Συχὲμ
καὶ ἐτέθησαν ἐν τῷ μνήματι ...

e **Acts 7,19** οὗτος κατασοφισάμενος τὸ γένος ἡμῶν ἐκάκωσεν τοὺς πατέρας [ἡμῶν] τοῦ ποιεῖν τὰ βρέφη ἔκθετα αὐτῶν
εἰς τὸ μὴ ζῳογονεῖσθαι.

c **Acts 7,21** ἐκτεθέντος δὲ αὐτοῦ ἀνείλατο αὐτὸν ἡ θυγάτηρ Φαραὼ καὶ ἀνεθρέψατο αὐτὸν ἑαυτῇ
εἰς υἱόν.

Acts 7,26 τῇ τε ἐπιούσῃ ἡμέρᾳ ὤφθη αὐτοῖς μαχομένοις καὶ συνήλλασσεν αὐτοὺς
εἰς εἰρήνην
εἰπών· ἄνδρες, ἀδελφοί ἐστε· ...

Acts 7,34 ... *καὶ κατέβην ἐξελέσθαι αὐτούς· καὶ νῦν δεῦρο ἀποστείλω σε*
εἰς Αἴγυπτον.
➤ Exod 3,8.10

Acts 7,39 ... ἀλλὰ ἀπώσαντο καὶ ἐστράφησαν ἐν ταῖς καρδίαις αὐτῶν
εἰς Αἴγυπτον

Acts 7,53 οἵτινες ἐλάβετε τὸν νόμον
εἰς διαταγὰς ἀγγέλων
καὶ οὐκ ἐφυλάξατε.

Acts 7,55 ὑπάρχων δὲ πλήρης πνεύματος ἁγίου ἀτενίσας
εἰς τὸν οὐρανὸν
εἶδεν δόξαν θεοῦ καὶ Ἰησοῦν ἑστῶτα ἐκ δεξιῶν τοῦ θεοῦ

Acts 8,3 ... σύρων τε ἄνδρας καὶ γυναῖκας παρεδίδου
εἰς φυλακήν.

Acts 8,5 Φίλιππος δὲ κατελθὼν
εἰς [τὴν] πόλιν τῆς Σαμαρείας
ἐκήρυσσεν αὐτοῖς τὸν Χριστόν.

Acts 8,16 οὐδέπω γὰρ ἦν ἐπ' οὐδενὶ αὐτῶν ἐπιπεπτωκός, μόνον δὲ βεβαπτισμένοι ὑπῆρχον
εἰς τὸ ὄνομα τοῦ κυρίου Ἰησοῦ.

h **Acts 8,20** ... τὸ ἀργύριόν σου σὺν σοὶ εἴη
εἰς ἀπώλειαν
ὅτι τὴν δωρεὰν τοῦ θεοῦ ἐνόμισας διὰ χρημάτων κτᾶσθαι·

h **Acts 8,23** **εἰς γὰρ χολὴν πικρίας**
καὶ σύνδεσμον ἀδικίας ὁρῶ σε ὄντα.

Acts 8,25 οἱ μὲν οὖν διαμαρτυράμενοι καὶ λαλήσαντες τὸν λόγον τοῦ κυρίου ὑπέστρεφον
εἰς Ἱεροσόλυμα,
πολλάς τε κώμας τῶν Σαμαριτῶν εὐηγγελίζοντο.

Acts 8,26 ... ἀνάστηθι καὶ πορεύου κατὰ μεσημβρίαν ἐπὶ τὴν ὁδὸν τὴν καταβαίνουσαν ἀπὸ Ἰερουσαλὴμ
εἰς Γάζαν,
αὕτη ἐστὶν ἔρημος.

Acts 8,27 ... καὶ ἰδοὺ ἀνὴρ Αἰθίοψ ..., ὃς ἐληλύθει προσκυνήσων
εἰς Ἰερουσαλήμ

Acts 8,38 καὶ ἐκέλευσεν στῆναι τὸ ἅρμα καὶ κατέβησαν ἀμφότεροι
εἰς τὸ ὕδωρ,
ὅ τε Φίλιππος καὶ ὁ εὐνοῦχος, καὶ ἐβάπτισεν αὐτόν.

Acts 8,40 (2) Φίλιππος δὲ εὑρέθη
εἰς Ἄζωτον·
καὶ διερχόμενος εὐηγγελίζετο τὰς πόλεις πάσας ἕως τοῦ ἐλθεῖν αὐτὸν
εἰς Καισάρειαν.

d **Acts 9,1** ὁ δὲ Σαῦλος ἔτι ἐμπνέων ἀπειλῆς καὶ φόνου
εἰς τοὺς μαθητὰς τοῦ κυρίου,
προσελθὼν τῷ ἀρχιερεῖ

Acts 9,2 (2) ᾐτήσατο παρ' αὐτοῦ ἐπιστολὰς
εἰς Δαμασκὸν
πρὸς τὰς συναγωγάς, ὅπως ἐάν τινας εὕρῃ τῆς ὁδοῦ ὄντας,
ἄνδρας τε καὶ γυναῖκας, δεδεμένους ἀγάγῃ
εἰς Ἰερουσαλήμ.

b **Acts 9,6** ἀλλὰ ἀνάστηθι καὶ εἴσελθε
εἰς τὴν πόλιν
καὶ λαληθήσεταί σοι ὅ τί σε δεῖ ποιεῖν.

b **Acts 9,8** ... χειραγωγοῦντες δὲ αὐτὸν εἰσήγαγον
εἰς Δαμασκόν.

b **Acts 9,17** ἀπῆλθεν δὲ Ἁνανίας καὶ εἰσῆλθεν
εἰς τὴν οἰκίαν
καὶ ἐπιθεὶς ἐπ' αὐτὸν τὰς χεῖρας εἶπεν· ...

Acts 9,21 (2) ... οὐχ οὗτός ἐστιν ὁ πορθήσας
εἰς Ἰερουσαλὴμ
τοὺς ἐπικαλουμένους τὸ ὄνομα τοῦτο,

g καὶ ὧδε
εἰς τοῦτο
ἐληλύθει ἵνα δεδεμένους αὐτοὺς ἀγάγῃ ἐπὶ τοὺς ἀρχιερεῖς;

Acts 9,26 παραγενόμενος δὲ
εἰς Ἰερουσαλὴμ
ἐπείραζεν κολλᾶσθαι τοῖς μαθηταῖς, ...

b **Acts 9,28** καὶ ἦν μετ' αὐτῶν εἰσπορευόμενος καὶ ἐκπορευόμενος
εἰς Ἰερουσαλήμ,
παρρησιαζόμενος ἐν τῷ ὀνόματι τοῦ κυρίου

Acts 9,30 (2) ἐπιγνόντες δὲ οἱ ἀδελφοὶ κατήγαγον αὐτὸν
εἰς Καισάρειαν
καὶ ἐξαπέστειλαν αὐτὸν
εἰς Ταρσόν.

c **Acts 9,39** ... ὃν παραγενόμενον ἀνήγαγον
εἰς τὸ ὑπερῷον ...

c **Acts 10,4** → Lk 1,13 ... αἱ προσευχαί σου καὶ αἱ ἐλεημοσύναι σου ἀνέβησαν
εἰς μνημόσυνον
ἔμπροσθεν τοῦ θεοῦ.

Acts 10,5 καὶ νῦν πέμψον ἄνδρας
εἰς Ἰόππην
καὶ μετάπεμψαι Σίμωνά τινα ὃς ἐπικαλεῖται Πέτρος·

Acts 10,8 καὶ ἐξηγησάμενος ἅπαντα αὐτοῖς ἀπέστειλεν αὐτοὺς
εἰς τὴν Ἰόππην.

c **Acts 10,16** τοῦτο δὲ ἐγένετο ἐπὶ τρὶς καὶ εὐθὺς ἀνελήμφθη τὸ σκεῦος
εἰς τὸν οὐρανόν.

Acts 10,22 ... ἐχρηματίσθη ὑπὸ ἀγγέλου ἁγίου μεταπέμψασθαί σε
εἰς τὸν οἶκον αὐτοῦ
καὶ ἀκοῦσαι ῥήματα παρὰ σοῦ.

b **Acts 10,24** τῇ δὲ ἐπαύριον εἰσῆλθεν
εἰς τὴν Καισάρειαν.
...

Acts 10,32 πέμψον οὖν
εἰς Ἰόππην
καὶ μετακάλεσαι Σίμωνα ὃς ἐπικαλεῖται Πέτρος, ...

Acts 10,43 τούτῳ πάντες οἱ προφῆται μαρτυροῦσιν ἄφεσιν ἁμαρτιῶν λαβεῖν διὰ τοῦ ὀνόματος αὐτοῦ πάντα τὸν πιστεύοντα
εἰς αὐτόν.

c **Acts 11,2** ὅτε δὲ ἀνέβη Πέτρος
εἰς Ἰερουσαλήμ,
διεκρίνοντο πρὸς αὐτὸν οἱ ἐκ περιτομῆς

Acts 11,6 **εἰς ἣν**
ἀτενίσας κατενόουν καὶ εἶδον τὰ τετράποδα τῆς γῆς καὶ τὰ θηρία καὶ τὰ ἑρπετὰ καὶ τὰ πετεινὰ τοῦ οὐρανοῦ.

b **Acts 11,8** ... μηδαμῶς, κύριε, ὅτι κοινὸν ἢ ἀκάθαρτον οὐδέποτε εἰσῆλθεν
εἰς τὸ στόμα μου.

c **Acts 11,10** τοῦτο δὲ ἐγένετο ἐπὶ τρίς, καὶ ἀνεσπάσθη πάλιν ἅπαντα
εἰς τὸν οὐρανόν.

b **Acts 11,12** ... ἦλθον δὲ σὺν ἐμοὶ καὶ οἱ ἓξ ἀδελφοὶ οὗτοι καὶ εἰσήλθομεν
εἰς τὸν οἶκον τοῦ ἀνδρός.

Acts 11,13 ... ἀπόστειλον
εἰς Ἰόππην
καὶ μετάπεμψαι Σίμωνα τὸν ἐπικαλούμενον Πέτρον

Acts 11,18 ... ἄρα καὶ τοῖς ἔθνεσιν ὁ θεὸς τὴν μετάνοιαν
εἰς ζωὴν
ἔδωκεν.

b **Acts 11,20** ἦσαν δέ τινες ἐξ αὐτῶν ἄνδρες Κύπριοι καὶ Κυρηναῖοι, οἵτινες ἐλθόντες
εἰς Ἀντιόχειαν
ἐλάλουν καὶ πρὸς τοὺς Ἑλληνιστάς εὐαγγελιζόμενοι τὸν κύριον Ἰησοῦν.

Acts 11,22 ἠκούσθη δὲ ὁ λόγος
εἰς τὰ ὦτα τῆς ἐκκλησίας
τῆς οὔσης ἐν Ἰερουσαλὴμ περὶ αὐτῶν ...

Acts 11,25 ἐξῆλθεν δὲ
εἰς Ταρσὸν
ἀναζητῆσαι Σαῦλον,

Acts 11,26 καὶ εὑρὼν ἤγαγεν
εἰς Ἀντιόχειαν. ...

Acts 11,27 ἐν ταύταις δὲ ταῖς ἡμέραις κατῆλθον ἀπὸ Ἱεροσολύμων προφῆται
εἰς Ἀντιόχειαν.

Acts 11,29 τῶν δὲ μαθητῶν, καθὼς εὐπορεῖτό τις, ὥρισαν ἕκαστος αὐτῶν
εἰς διακονίαν
πέμψαι τοῖς κατοικοῦσιν ἐν τῇ Ἰουδαίᾳ ἀδελφοῖς·

Acts 12,4 ὃν καὶ πιάσας ἔθετο
εἰς φυλακήν
παραδοὺς τέσσαρσιν τετραδίοις στρατιωτῶν φυλάσσειν αὐτόν, ...

Acts 12,10 διελθόντες δὲ πρώτην φυλακὴν καὶ δευτέραν ἦλθαν ἐπὶ τὴν πύλην τὴν σιδηρᾶν τὴν φέρουσαν
εἰς τὴν πόλιν,
ἥτις αὐτομάτη ἠνοίγη αὐτοῖς, ...

Acts 12,17 ... καὶ ἐξελθὼν ἐπορεύθη
εἰς ἕτερον τόπον.

Acts 12,19 ... καὶ κατελθὼν ἀπὸ τῆς Ἰουδαίας
εἰς Καισάρειαν
διέτριβεν.

Acts 12,25 Βαρναβᾶς δὲ καὶ Σαῦλος ὑπέστρεψαν
εἰς Ἰερουσαλὴμ
πληρώσαντες τὴν διακονίαν, ...

Acts 13,2 ... ἀφορίσατε δή μοι τὸν Βαρναβᾶν καὶ Σαῦλον
εἰς τὸ ἔργον
ὃ προσκέκλημαι αὐτούς.

Acts 13,4 (2) αὐτοὶ μὲν οὖν ἐκπεμφθέντες ὑπὸ τοῦ ἁγίου πνεύματος κατῆλθον
εἰς Σελεύκειαν,
ἐκεῖθέν τε ἀπέπλευσαν
εἰς Κύπρον

Acts 13,9 Σαῦλος δέ, ὁ καὶ Παῦλος, πλησθεὶς πνεύματος ἁγίου ἀτενίσας
εἰς αὐτὸν

Acts 13,13 (2) ἀναχθέντες δὲ ἀπὸ τῆς Πάφου οἱ περὶ Παῦλον ἦλθον
εἰς Πέργην τῆς Παμφυλίας,
Ἰωάννης δὲ ἀποχωρήσας ἀπ' αὐτῶν ὑπέστρεψεν
εἰς Ἱεροσόλυμα.

Acts 13,14 (2) αὐτοὶ δὲ διελθόντες ἀπὸ τῆς Πέργης παρεγένοντο
εἰς Ἀντιόχειαν
τὴν Πισιδίαν,
b καὶ [εἰσ]ελθόντες
εἰς τὴν συναγωγὴν
τῇ ἡμέρᾳ τῶν σαββάτων ἐκάθισαν.

Acts 13,22 καὶ μεταστήσας αὐτὸν ἤγειρεν τὸν Δαυὶδ αὐτοῖς
εἰς βασιλέα
ᾧ καὶ εἶπεν μαρτυρήσας·
...

Acts 13,29 ... καθελόντες ἀπὸ τοῦ ξύλου ἔθηκαν
εἰς μνημεῖον.

c **Acts 13,31** ὃς ὤφθη ἐπὶ ἡμέρας πλείους τοῖς συναναβᾶσιν αὐτῷ ἀπὸ τῆς Γαλιλαίας
εἰς Ἰερουσαλήμ,
οἵτινες [νῦν] εἰσιν μάρτυρες αὐτοῦ πρὸς τὸν λαόν.

Acts 13,34 ὅτι δὲ ἀνέστησεν αὐτὸν ἐκ νεκρῶν μηκέτι μέλλοντα ὑποστρέφειν
εἰς διαφθοράν,
οὕτως εἴρηκεν ὅτι δώσω *ὑμῖν τὰ ὅσια Δαυὶδ τὰ πιστά.*
➤ Isa 55,3 LXX

a **Acts 13,42** ἐξιόντων δὲ αὐτῶν παρεκάλουν
εἰς τὸ μεταξὺ σάββατον
λαληθῆναι αὐτοῖς τὰ ῥήματα ταῦτα.

Acts 13,46 ... ἐπειδὴ ἀπωθεῖσθε αὐτὸν καὶ οὐκ ἀξίους κρίνετε ἑαυτοὺς τῆς αἰωνίου ζωῆς, ἰδοὺ στρεφόμεθα
εἰς τὰ ἔθνη.

Acts 13,47 (2) οὕτως γὰρ ἐντέταλται ἡμῖν ὁ κύριος· *τέθεικά σε*
εἰς φῶς ἐθνῶν
h → Acts 1,8 *τοῦ εἶναί σε*
εἰς σωτηρίαν
ἕως ἐσχάτου τῆς γῆς.
➤ Isa 49,6

Acts 13,48 ... καὶ ἐπίστευσαν ὅσοι ἦσαν τεταγμένοι
εἰς ζωὴν αἰώνιον·

Acts 13,51 → Mt 10,14 → Mk 6,11 → Lk 9,5 → Lk 10,11 οἱ δὲ ἐκτιναξάμενοι τὸν κονιορτὸν τῶν ποδῶν ἐπ' αὐτοὺς ἦλθον
εἰς Ἰκόνιον

b **Acts 14,1** ἐγένετο δὲ ἐν Ἰκονίῳ κατὰ τὸ αὐτὸ εἰσελθεῖν αὐτοὺς
εἰς τὴν συναγωγὴν τῶν Ἰουδαίων ...

Acts 14,6 συνιδόντες κατέφυγον
εἰς τὰς πόλεις τῆς Λυκαονίας Λύστραν καὶ Δέρβην καὶ τὴν περίχωρον

Acts 14,14 ... διαρρήξαντες τὰ ἱμάτια αὐτῶν ἐξεπήδησαν
εἰς τὸν ὄχλον
κράζοντες

b **Acts 14,20** (2) κυκλωσάντων δὲ τῶν μαθητῶν αὐτὸν ἀναστὰς εἰσῆλθεν
εἰς τὴν πόλιν.
καὶ τῇ ἐπαύριον ἐξῆλθεν σὺν τῷ Βαρναβᾷ
εἰς Δέρβην.

Acts 14,21 (3) εὐαγγελισάμενοί τε τὴν πόλιν ἐκείνην καὶ μαθητεύσαντες ἱκανοὺς ὑπέστρεψαν
εἰς τὴν Λύστραν
καὶ
εἰς Ἰκόνιον
καὶ
εἰς Ἀντιόχειαν

b **Acts 14,22** → Lk 24,26 ... διὰ πολλῶν θλίψεων δεῖ ἡμᾶς εἰσελθεῖν
εἰς τὴν βασιλείαν τοῦ θεοῦ.

Acts 14,23 ... προσευξάμενοι μετὰ νηστειῶν παρέθεντο αὐτοὺς τῷ κυρίῳ
εἰς ὃν
πεπιστεύκεισαν.

Acts 14,24 καὶ διελθόντες τὴν Πισιδίαν ἦλθον
εἰς τὴν Παμφυλίαν

Acts 14,25 καὶ λαλήσαντες ἐν Πέργῃ τὸν λόγον κατέβησαν
εἰς Ἀττάλειαν·

Acts 14,26 (2) κἀκεῖθεν ἀπέπλευσαν
εἰς Ἀντιόχειαν,
ὅθεν ἦσαν παραδεδομένοι τῇ χάριτι τοῦ θεοῦ
εἰς τὸ ἔργον
ὃ ἐπλήρωσαν.

c **Acts 15,2** ... ἔταξαν ἀναβαίνειν Παῦλον καὶ Βαρναβᾶν καί τινας ἄλλους ἐξ αὐτῶν πρὸς τοὺς ἀποστόλους καὶ πρεσβυτέρους
εἰς Ἰερουσαλὴμ
περὶ τοῦ ζητήματος τούτου.

Acts 15,4 παραγενόμενοι δὲ
εἰς Ἰερουσαλὴμ
παρεδέχθησαν ἀπὸ τῆς ἐκκλησίας ...

Acts 15,22 τότε ἔδοξε τοῖς ἀποστόλοις καὶ τοῖς πρεσβυτέροις σὺν ὅλῃ τῇ ἐκκλησίᾳ ἐκλεξαμένους ἄνδρας ἐξ αὐτῶν πέμψαι
εἰς Ἀντιόχειαν
σὺν τῷ Παύλῳ καὶ Βαρναβᾷ, ...

Acts 15,30 οἱ μὲν οὖν ἀπολυθέντες κατῆλθον
εἰς Ἀντιόχειαν,
καὶ συναγαγόντες τὸ πλῆθος ἐπέδωκαν τὴν ἐπιστολήν.

Acts 15,38 Παῦλος δὲ ἠξίου, τὸν ἀποστάντα ἀπ' αὐτῶν ἀπὸ Παμφυλίας καὶ μὴ συνελθόντα αὐτοῖς
εἰς τὸ ἔργον
μὴ συμπαραλαμβάνειν τοῦτον.

Acts 15,39 ... τόν τε Βαρναβᾶν παραλαβόντα τὸν Μᾶρκον ἐκπλεῦσαι
εἰς Κύπρον

Acts 16,1 (2) κατήντησεν δὲ [καὶ]
εἰς Δέρβην
καὶ
εἰς Λύστραν. ...

Acts 16,7 ἐλθόντες δὲ κατὰ τὴν Μυσίαν ἐπείραζον
εἰς τὴν Βιθυνίαν
πορευθῆναι, ...

Acts 16,8 παρελθόντες δὲ τὴν Μυσίαν κατέβησαν
εἰς Τρῳάδα.

Acts 16,9 ... διαβὰς
εἰς Μακεδονίαν
βοήθησον ἡμῖν.

Acts 16,10 ὡς δὲ τὸ ὅραμα εἶδεν, εὐθέως ἐζητήσαμεν ἐξελθεῖν
εἰς Μακεδονίαν
συμβιβάζοντες ὅτι προσκέκληται ἡμᾶς ὁ θεὸς εὐαγγελίσασθαι αὐτούς.

Acts 16,11 (2) ἀναχθέντες δὲ ἀπὸ Τρῳάδος εὐθυδρομήσαμεν
εἰς Σαμοθρᾴκην,
τῇ δὲ ἐπιούσῃ
εἰς Νέαν πόλιν

Acts 16,12 κἀκεῖθεν
εἰς Φιλίππους,
ἥτις ἐστὶν πρώτη[ς] μερίδος τῆς Μακεδονίας πόλις, κολωνία. ...

b **Acts 16,15** ... εἰ κεκρίκατέ με πιστὴν τῷ κυρίῳ εἶναι, εἰσελθόντες
εἰς τὸν οἶκόν μου
μένετε· καὶ παρεβιάσατο ἡμᾶς.

Acts 16,16 ἐγένετο δὲ πορευομένων ἡμῶν
εἰς τὴν προσευχὴν
παιδίσκην τινὰ ἔχουσαν πνεῦμα πύθωνα ὑπαντῆσαι ἡμῖν, ...

Acts 16,19 ... ἐπιλαβόμενοι τὸν Παῦλον καὶ τὸν Σιλᾶν εἵλκυσαν
εἰς τὴν ἀγορὰν
ἐπὶ τοὺς ἄρχοντας

Acts 16,23 πολλάς τε ἐπιθέντες αὐτοῖς πληγὰς ἔβαλον
εἰς φυλακὴν
παραγγείλαντες τῷ δεσμοφύλακι ἀσφαλῶς τηρεῖν αὐτούς.

Acts 16,24 (2) ὃς παραγγελίαν τοιαύτην λαβὼν ἔβαλεν αὐτοὺς
εἰς τὴν ἐσωτέραν φυλακὴν
καὶ τοὺς πόδας ἠσφαλίσατο αὐτῶν
εἰς τὸ ξύλον.

c **Acts 16,34** ἀναγαγών τε αὐτοὺς
εἰς τὸν οἶκον
παρέθηκεν τράπεζαν καὶ ἠγαλλιάσατο πανοικεὶ πεπιστευκὼς τῷ θεῷ.

Acts 16,37 ... ἀνθρώπους Ῥωμαίους ὑπάρχοντας, ἔβαλαν
εἰς φυλακήν,
καὶ νῦν λάθρᾳ ἡμᾶς ἐκβάλλουσιν; ...

Acts 17,1 διοδεύσαντες δὲ τὴν Ἀμφίπολιν καὶ τὴν Ἀπολλωνίαν ἦλθον
εἰς Θεσσαλονίκην
ὅπου ἦν συναγωγὴ τῶν Ἰουδαίων.

Acts 17,5 ... καὶ ἐπιστάντες τῇ οἰκίᾳ Ἰάσονος ἐζήτουν αὐτοὺς προαγαγεῖν
εἰς τὸν δῆμον·

Acts 17,10 (2) οἱ δὲ ἀδελφοὶ εὐθέως διὰ νυκτὸς ἐξέπεμψαν τόν τε Παῦλον καὶ τὸν Σιλᾶν
εἰς Βέροιαν,
οἵτινες παραγενόμενοι
εἰς τὴν συναγωγὴν τῶν Ἰουδαίων
ἀπῄεσαν.

b **Acts 17,20** ξενίζοντα γάρ τινα εἰσφέρεις
εἰς τὰς ἀκοὰς ἡμῶν·
βουλόμεθα οὖν γνῶναι τίνα θέλει ταῦτα εἶναι.

f **Acts 17,21** Ἀθηναῖοι δὲ πάντες καὶ οἱ ἐπιδημοῦντες ξένοι
εἰς οὐδὲν ἕτερον
ηὐκαίρουν ἢ λέγειν τι ἢ ἀκούειν τι καινότερον.

Acts 18,1 μετὰ ταῦτα χωρισθεὶς ἐκ τῶν Ἀθηνῶν ἦλθεν
εἰς Κόρινθον.

Acts 18,6 ... ἐκτιναξάμενος τὰ ἱμάτια εἶπεν πρὸς αὐτούς· τὸ αἷμα ὑμῶν ἐπὶ τὴν κεφαλὴν ὑμῶν· καθαρὸς ἐγὼ ἀπὸ τοῦ νῦν
εἰς τὰ ἔθνη
πορεύσομαι.
→ Mt 10,14
→ **Mk 6,11**
→ **Lk 9,5**
→ **Lk 10,11**
→ Mt 27,24-25
→ Acts 20,26

b **Acts 18,7** καὶ μεταβὰς ἐκεῖθεν εἰσῆλθεν
εἰς οἰκίαν τινὸς ὀνόματι Τιτίου Ἰούστου
σεβομένου τὸν θεόν, ...

Acts 18,18 ὁ δὲ Παῦλος ἔτι προσμείνας ἡμέρας ἱκανὰς τοῖς ἀδελφοῖς ἀποταξάμενος ἐξέπλει
εἰς τὴν Συρίαν,
καὶ σὺν αὐτῷ Πρίσκιλλα καὶ Ἀκύλας, ...

Acts 18,19 (2) κατήντησαν δὲ
εἰς Ἔφεσον
κἀκείνους κατέλιπεν αὐτοῦ,
b αὐτὸς δὲ εἰσελθὼν
εἰς τὴν συναγωγὴν
διελέξατο τοῖς Ἰουδαίοις.

Acts 18,22 (2) [21] ... ἀνήχθη ἀπὸ τῆς Ἐφέσου, [22] καὶ κατελθὼν
εἰς Καισάρειαν,
ἀναβὰς καὶ ἀσπασάμενος τὴν ἐκκλησίαν
κατέβη
εἰς Ἀντιόχειαν.

Acts 18,24 Ἰουδαῖος δέ τις Ἀπολλῶς ὀνόματι, ... κατήντησεν
εἰς Ἔφεσον,
δυνατὸς ὢν ἐν ταῖς γραφαῖς.

Acts 18,27 βουλομένου δὲ αὐτοῦ διελθεῖν
εἰς τὴν Ἀχαΐαν,
προτρεψάμενοι οἱ ἀδελφοὶ ἔγραψαν τοῖς μαθηταῖς ἀποδέξασθαι αὐτόν, ...

Acts 19,1 ... Παῦλον διελθόντα τὰ ἀνωτερικὰ μέρη [κατ]ελθεῖν
εἰς Ἔφεσον
καὶ εὑρεῖν τινας μαθητάς

g **Acts 19,3 (2)** εἶπέν τε·
εἰς τί
οὖν ἐβαπτίσθητε;
οἱ δὲ εἶπαν·
εἰς τὸ Ἰωάννου βάπτισμα.

Acts 19,4 (2) εἶπεν δὲ Παῦλος· Ἰωάννης ἐβάπτισεν βάπτισμα μετανοίας τῷ λαῷ λέγων
εἰς τὸν ἐρχόμενον
μετ᾽ αὐτὸν ἵνα πιστεύσωσιν,
τοῦτ᾽ ἔστιν
εἰς τὸν Ἰησοῦν.
→ Mt 3,1-2
→ **Mk 1,4**
→ **Lk 3,3**
→ Acts 13,24
→ **Mt 3,11**
→ Mk 1,7-8
→ Lk 3,16

Acts 19,5 ἀκούσαντες δὲ ἐβαπτίσθησαν
εἰς τὸ ὄνομα τοῦ κυρίου Ἰησοῦ

b **Acts 19,8** εἰσελθὼν δὲ
εἰς τὴν συναγωγὴν
ἐπαρρησιάζετο ἐπὶ μῆνας τρεῖς διαλεγόμενος ...

Acts 19,21 ... ἔθετο ὁ Παῦλος ἐν τῷ πνεύματι διελθὼν τὴν Μακεδονίαν καὶ Ἀχαΐαν πορεύεσθαι
εἰς Ἱεροσόλυμα
εἰπὼν ὅτι μετὰ τὸ γενέσθαι με ἐκεῖ δεῖ με καὶ Ῥώμην ἰδεῖν.

Acts 19,22 (2) ἀποστείλας δὲ
εἰς τὴν Μακεδονίαν
δύο τῶν διακονούντων αὐτῷ,
Τιμόθεον καὶ Ἔραστον, αὐτὸς ἐπέσχεν χρόνον
εἰς τὴν Ἀσίαν.

Acts 19,27 (2) οὐ μόνον δὲ τοῦτο κινδυνεύει ἡμῖν τὸ μέρος
εἰς ἀπελεγμὸν
ἐλθεῖν
ἀλλὰ καὶ τὸ τῆς μεγάλης θεᾶς Ἀρτέμιδος ἱερὸν
εἰς οὐθὲν
λογισθῆναι, ...

Acts 19,29 καὶ ἐπλήσθη ἡ πόλις τῆς συγχύσεως, ὥρμησάν τε ὁμοθυμαδὸν
εἰς τὸ θέατρον
συναρπάσαντες Γάϊον καὶ Ἀρίσταρχον Μακεδόνας, συνεκδήμους Παύλου.

b **Acts 19,30** Παύλου δὲ βουλομένου εἰσελθεῖν
εἰς τὸν δῆμον
οὐκ εἴων αὐτὸν οἱ μαθηταί·

Acts 19,31 τινὲς δὲ καὶ τῶν Ἀσιαρχῶν, ὄντες αὐτῷ φίλοι, πέμψαντες πρὸς αὐτὸν παρεκάλουν μὴ δοῦναι ἑαυτὸν
εἰς τὸ θέατρον.

Acts 20,1 ... ἀσπασάμενος ἐξῆλθεν πορεύεσθαι
εἰς Μακεδονίαν.

Acts 20,2 διελθὼν δὲ τὰ μέρη ἐκεῖνα καὶ παρακαλέσας αὐτοὺς λόγῳ πολλῷ ἦλθεν
εἰς τὴν Ἑλλάδα

c **Acts 20,3** ... γενομένης ἐπιβουλῆς αὐτῷ ὑπὸ τῶν Ἰουδαίων μέλλοντι ἀνάγεσθαι
εἰς τὴν Συρίαν,
ἐγένετο γνώμης τοῦ ὑποστρέφειν διὰ Μακεδονίας.

Acts 20,6 ἡμεῖς δὲ ἐξεπλεύσαμεν μετὰ τὰς ἡμέρας τῶν ἀζύμων ἀπὸ Φιλίππων καὶ ἤλθομεν πρὸς αὐτοὺς
εἰς τὴν Τρῳάδα
ἄχρι ἡμερῶν πέντε, ...

Acts 20,14 (2) ὡς δὲ συνέβαλλεν ἡμῖν
εἰς τὴν Ἆσσον,
ἀναλαβόντες αὐτὸν ἤλθομεν
εἰς Μιτυλήνην,

Acts 20,15 (2) ... τῇ δὲ ἑτέρᾳ παρεβάλομεν
εἰς Σάμον,
τῇ δὲ ἐχομένῃ ἤλθομεν
εἰς Μίλητον.

Acts 20,16 ... ἔσπευδεν γὰρ εἰ δυνατὸν εἴη αὐτῷ τὴν ἡμέραν τῆς πεντηκοστῆς γενέσθαι
εἰς Ἱεροσόλυμα.

Acts 20,17 ἀπὸ δὲ τῆς Μιλήτου πέμψας
εἰς Ἔφεσον
μετεκαλέσατο τοὺς πρεσβυτέρους τῆς ἐκκλησίας.

Acts 20,18 ... ὑμεῖς ἐπίστασθε, ἀπὸ πρώτης ἡμέρας ἀφ᾽ ἧς ἐπέβην
εἰς τὴν Ἀσίαν,
πῶς μεθ᾽ ὑμῶν τὸν πάντα χρόνον ἐγενόμην

Acts 20,21 (2) διαμαρτυρόμενος Ἰουδαίοις τε καὶ Ἕλλησιν τὴν
εἰς θεὸν
μετάνοιαν
καὶ πίστιν
εἰς τὸν κύριον ἡμῶν Ἰησοῦν.

Acts 20,22 καὶ νῦν ἰδοὺ δεδεμένος ἐγὼ τῷ πνεύματι πορεύομαι
εἰς Ἰερουσαλὴμ
τὰ ἐν αὐτῇ συναντήσοντά μοι μὴ εἰδώς

b **Acts 20,29** ἐγὼ οἶδα ὅτι εἰσελεύσονται μετὰ τὴν ἄφιξίν μου λύκοι βαρεῖς
εἰς ὑμᾶς
μὴ φειδόμενοι τοῦ ποιμνίου

Acts 20,38 ... προέπεμπον δὲ αὐτὸν
εἰς τὸ πλοῖον.

Acts 21,1 (3) ὡς δὲ ἐγένετο ἀναχθῆναι ἡμᾶς ἀποσπασθέντας ἀπ᾽ αὐτῶν, εὐθυδρομήσαντες ἤλθομεν
εἰς τὴν Κῶ,
τῇ δὲ ἑξῆς
εἰς τὴν Ῥόδον,
κἀκεῖθεν
εἰς Πάταρα,

Acts 21,2 καὶ εὑρόντες πλοῖον διαπερῶν
εἰς Φοινίκην
ἐπιβάντες ἀνήχθημεν.

Acts 21,3 (2) ... ἐπλέομεν
εἰς Συρίαν
καὶ κατήλθομεν
εἰς Τύρον· ...

Acts 21,4 ... οἵτινες τῷ Παύλῳ ἔλεγον διὰ τοῦ πνεύματος μὴ ἐπιβαίνειν
εἰς Ἱεροσόλυμα.

c **Acts 21,6 (2)** ἀπησπασάμεθα ἀλλήλους καὶ ἀνέβημεν
εἰς τὸ πλοῖον,
ἐκεῖνοι δὲ ὑπέστρεψαν
εἰς τὰ ἴδια.

Acts 21,7 ἡμεῖς δὲ τὸν πλοῦν διανύσαντες ἀπὸ Τύρου κατηντήσαμεν
εἰς Πτολεμαΐδα
καὶ ἀσπασάμενοι τοὺς ἀδελφοὺς ...

Acts 21,8 (2) τῇ δὲ ἐπαύριον ἐξελθόντες ἤλθομεν
εἰς Καισάρειαν
b καὶ εἰσελθόντες
εἰς τὸν οἶκον Φιλίππου τοῦ εὐαγγελιστοῦ,
ὄντος ἐκ τῶν ἑπτά, ...

Acts 21,11 ... τὸν ἄνδρα οὗ ἐστιν ἡ ζώνη αὕτη, οὕτως δήσουσιν ἐν Ἰερουσαλὴμ οἱ Ἰουδαῖοι καὶ παραδώσουσιν
εἰς χεῖρας ἐθνῶν.

c **Acts 21,12** ... παρεκαλοῦμεν ἡμεῖς τε καὶ οἱ ἐντόπιοι τοῦ μὴ ἀναβαίνειν αὐτὸν
εἰς Ἰερουσαλήμ.

Acts 21,13 ... ἐγὼ γὰρ οὐ μόνον δεθῆναι ἀλλὰ καὶ ἀποθανεῖν
εἰς Ἰερουσαλὴμ
ἑτοίμως ἔχω ὑπὲρ τοῦ ὀνόματος τοῦ κυρίου Ἰησοῦ.

c **Acts 21,15** μετὰ δὲ τὰς ἡμέρας ταύτας ἐπισκευασάμενοι ἀνεβαίνομεν
εἰς Ἱεροσόλυμα·

Acts 21,17 γενομένων δὲ ἡμῶν
εἰς Ἱεροσόλυμα
ἀσμένως ἀπεδέξαντο ἡμᾶς οἱ ἀδελφοί.

b **Acts 21,26** τότε ὁ Παῦλος ... εἰσῄει
εἰς τὸ ἱερόν
διαγγέλλων τὴν ἐκπλήρωσιν τῶν ἡμερῶν τοῦ ἁγνισμοῦ ...

b **Acts 21,28** ... ἔτι τε καὶ Ἕλληνας εἰσήγαγεν
εἰς τὸ ἱερὸν
καὶ κεκοίνωκεν τὸν ἅγιον τόπον τοῦτον.

b **Acts 21,29** ἦσαν γὰρ προεωρακότες Τρόφιμον τὸν Ἐφέσιον ἐν τῇ πόλει σὺν αὐτῷ, ὃν ἐνόμιζον ὅτι
εἰς τὸ ἱερὸν
εἰσήγαγεν ὁ Παῦλος.

Acts 21,34 ... μὴ δυναμένου δὲ αὐτοῦ γνῶναι τὸ ἀσφαλὲς διὰ τὸν θόρυβον ἐκέλευσεν ἄγεσθαι αὐτὸν
εἰς τὴν παρεμβολήν.

b **Acts 21,37** μέλλων τε εἰσάγεσθαι
εἰς τὴν παρεμβολὴν
ὁ Παῦλος λέγει τῷ χιλιάρχῳ· ...

Acts 21,38 οὐκ ἄρα σὺ εἶ ὁ Αἰγύπτιος ὁ πρὸ τούτων τῶν ἡμερῶν ἀναστατώσας καὶ ἐξαγαγὼν
εἰς τὴν ἔρημον
τοὺς τετρακισχιλίους ἄνδρας τῶν σικαρίων;

Acts 22,4 ὃς ταύτην τὴν ὁδὸν ἐδίωξα ἄχρι θανάτου δεσμεύων καὶ παραδιδοὺς
εἰς φυλακὰς
ἄνδρας τε καὶ γυναῖκας,

Acts 22,5 (2) ὡς καὶ ὁ ἀρχιερεὺς μαρτυρεῖ μοι καὶ πᾶν τὸ πρεσβυτέριον, παρ᾽ ὧν καὶ ἐπιστολὰς δεξάμενος πρὸς τοὺς ἀδελφοὺς
εἰς Δαμασκὸν
ἐπορευόμην,
ἄξων καὶ τοὺς ἐκεῖσε ὄντας δεδεμένους
εἰς Ἰερουσαλὴμ
ἵνα τιμωρηθῶσιν.

Acts 22,7 ἔπεσά τε
εἰς τὸ ἔδαφος
καὶ ἤκουσα φωνῆς λεγούσης μοι· Σαοὺλ Σαούλ, τί με διώκεις;

Acts 22,10 ... ἀναστὰς πορεύου
εἰς Δαμασκόν
κἀκεῖ σοι λαληθήσεται περὶ πάντων ὧν τέτακταί σοι ποιῆσαι.

Acts 22,11 ... χειραγωγούμενος ὑπὸ τῶν συνόντων μοι ἦλθον
εἰς Δαμασκόν.

c **Acts 22,13** ... κἀγὼ αὐτῇ τῇ ὥρᾳ ἀνέβλεψα
εἰς αὐτόν.

Acts 22,17 ἐγένετο δέ μοι ὑποστρέψαντι
εἰς Ἰερουσαλὴμ
καὶ προσευχομένου μου ἐν τῷ ἱερῷ γενέσθαι με ἐν ἐκστάσει

Acts 22,21 ... πορεύου, ὅτι ἐγὼ
εἰς ἔθνη
μακρὰν ἐξαποστελῶ σε.

Acts 22,23 κραυγαζόντων τε αὐτῶν καὶ ῥιπτούντων τὰ ἱμάτια καὶ κονιορτὸν βαλλόντων
εἰς τὸν ἀέρα,

b **Acts 22,24** ἐκέλευσεν ὁ χιλίαρχος εἰσάγεσθαι αὐτὸν
εἰς τὴν παρεμβολήν,
εἴπας μάστιξιν ἀνετάζεσθαι αὐτὸν ἵνα ἐπιγνῷ δι' ἣν αἰτίαν οὕτως ἐπεφώνουν αὐτῷ.

Acts 22,30 ... καὶ καταγαγὼν τὸν Παῦλον ἔστησεν
εἰς αὐτούς.

Acts 23,10 ... ἐκέλευσεν τὸ στράτευμα καταβὰν ἁρπάσαι αὐτὸν ἐκ μέσου αὐτῶν ἄγειν τε
εἰς τὴν παρεμβολήν.

Acts 23,11 (2) ... θάρσει· ὡς γὰρ διεμαρτύρω τὰ περὶ ἐμοῦ
εἰς Ἰερουσαλήμ,
οὕτω σε δεῖ καὶ
εἰς Ῥώμην
μαρτυρῆσαι.

Acts 23,15 νῦν οὖν ὑμεῖς ἐμφανίσατε τῷ χιλιάρχῳ σὺν τῷ συνεδρίῳ ὅπως καταγάγῃ αὐτὸν
εἰς ὑμᾶς
ὡς μέλλοντας διαγινώσκειν ἀκριβέστερον τὰ περὶ αὐτοῦ· ...

b **Acts 23,16** ... παραγενόμενος καὶ εἰσελθὼν
εἰς τὴν παρεμβολὴν
ἀπήγγειλεν τῷ Παύλῳ.

Acts 23,20 ... ὅπως αὔριον τὸν Παῦλον καταγάγῃς
εἰς τὸ συνέδριον
ὡς μέλλον τι ἀκριβέστερον πυνθάνεσθαι περὶ αὐτοῦ.

Acts 23,28 βουλόμενός τε ἐπιγνῶναι τὴν αἰτίαν δι' ἣν ἐνεκάλουν αὐτῷ, κατήγαγον
εἰς τὸ συνέδριον αὐτῶν

Acts 23,30 μηνυθείσης δέ μοι ἐπιβουλῆς
εἰς τὸν ἄνδρα
ἔσεσθαι ἐξαυτῆς ἔπεμψα πρὸς σέ ...

Acts 23,31 ... ἀναλαβόντες τὸν Παῦλον ἤγαγον διὰ νυκτὸς
εἰς τὴν Ἀντιπατρίδα,

Acts 23,32 τῇ δὲ ἐπαύριον ἐάσαντες τοὺς ἱππεῖς ἀπέρχεσθαι σὺν αὐτῷ ὑπέστρεψαν
εἰς τὴν παρεμβολήν·

b **Acts 23,33** οἵτινες εἰσελθόντες
εἰς τὴν Καισάρειαν
καὶ ἀναδόντες τὴν ἐπιστολὴν τῷ ἡγεμόνι παρέστησαν καὶ τὸν Παῦλον αὐτῷ.

c **Acts 24,11** δυναμένου σου ἐπιγνῶναι ὅτι οὐ πλείους εἰσίν μοι ἡμέραι δώδεκα ἀφ' ἧς ἀνέβην προσκυνήσων
εἰς Ἰερουσαλήμ.

Acts 24,15 ἐλπίδα ἔχων
εἰς τὸν θεόν
ἣν καὶ αὐτοὶ οὗτοι προσδέχονται, ...

Acts 24,17 δι' ἐτῶν δὲ πλειόνων ἐλεημοσύνας ποιήσων
εἰς τὸ ἔθνος μου
παρεγενόμην καὶ προσφοράς

Acts 24,24 ... μετεπέμψατο τὸν Παῦλον καὶ ἤκουσεν αὐτοῦ
περὶ τῆς εἰς Χριστὸν Ἰησοῦν πίστεως.

c **Acts 25,1** Φῆστος οὖν ἐπιβὰς τῇ ἐπαρχείᾳ μετὰ τρεῖς ἡμέρας ἀνέβη
εἰς Ἱεροσόλυμα
ἀπὸ Καισαρείας

Acts 25,3 αἰτούμενοι χάριν κατ' αὐτοῦ ὅπως μεταπέμψηται αὐτὸν
εἰς Ἰερουσαλήμ,
ἐνέδραν ποιοῦντες ἀνελεῖν αὐτὸν κατὰ τὴν ὁδόν.

Acts 25,4 ὁ μὲν οὖν Φῆστος ἀπεκρίθη τηρεῖσθαι τὸν Παῦλον
εἰς Καισάρειαν,
ἑαυτὸν δὲ μέλλειν ἐν τάχει ἐκπορεύεσθαι·

Acts 25,6 διατρίψας δὲ ἐν αὐτοῖς ἡμέρας οὐ πλείους ὀκτὼ ἢ δέκα καταβὰς
εἰς Καισάρειαν,
τῇ ἐπαύριον καθίσας ἐπὶ τοῦ βήματος ἐκέλευσεν τὸν Παῦλον ἀχθῆναι.

Acts 25,8 (3) τοῦ Παύλου ἀπολογουμένου ὅτι οὔτε
εἰς τὸν νόμον τῶν Ἰουδαίων
οὔτε
εἰς τὸ ἱερὸν
οὔτε
εἰς Καίσαρά
τι ἥμαρτον.

c **Acts 25,9** ... θέλεις
εἰς Ἱεροσόλυμα
ἀναβὰς ἐκεῖ περὶ τούτων κριθῆναι ἐπ' ἐμοῦ;

Acts 25,13 ... Ἀγρίππας ὁ βασιλεὺς καὶ Βερνίκη κατήντησαν
εἰς Καισάρειαν
ἀσπασάμενοι τὸν Φῆστον.

Acts 25,15 περὶ οὗ γενομένου μου
εἰς Ἱεροσόλυμα
ἐνεφάνισαν οἱ ἀρχιερεῖς καὶ οἱ πρεσβύτεροι τῶν Ἰουδαίων αἰτούμενοι κατ' αὐτοῦ καταδίκην.

Acts 25,20 ἀπορούμενος δὲ ἐγὼ τὴν περὶ τούτων ζήτησιν ἔλεγον εἰ βούλοιτο πορεύεσθαι
εἰς Ἱεροσόλυμα
κἀκεῖ κρίνεσθαι περὶ τούτων.

Acts 25,21 τοῦ δὲ Παύλου ἐπικαλεσαμένου τηρηθῆναι αὐτὸν
εἰς τὴν τοῦ Σεβαστοῦ διάγνωσιν, ...

b **Acts 25,23** ... καὶ εἰσελθόντων
εἰς τὸ ἀκροατήριον
σύν τε χιλιάρχοις καὶ ἀνδράσιν τοῖς κατ' ἐξοχὴν τῆς πόλεως ...

Acts 26,6 καὶ νῦν ἐπ' ἐλπίδι τῆς
εἰς τοὺς πατέρας ἡμῶν
ἐπαγγελίας γενομένης ὑπὸ τοῦ θεοῦ ἕστηκα κρινόμενος,

Acts 26,7 **εἰς ἣν**
τὸ δωδεκάφυλον ἡμῶν ἐν ἐκτενείᾳ νύκτα καὶ ἡμέραν λατρεῦον ἐλπίζει καταντῆσαι, ...

Acts 26,11 ... ἠνάγκαζον βλασφημεῖν περισσῶς τε ἐμμαινόμενος αὐτοῖς ἐδίωκον ἕως καὶ
εἰς τὰς ἔξω πόλεις.

Acts 26,12 ἐν οἷς πορευόμενος
εἰς τὴν Δαμασκὸν
μετ' ἐξουσίας καὶ ἐπιτροπῆς τῆς τῶν ἀρχιερέων

Acts 26,14 πάντων τε καταπεσόντων ἡμῶν
εἰς τὴν γῆν
ἤκουσα φωνὴν λέγουσαν πρός με τῇ Ἑβραΐδι διαλέκτῳ· Σαοὺλ Σαούλ, τί με διώκεις; ...

g **Acts 26,16** ἀλλὰ ἀνάστηθι καὶ στῆθι ἐπὶ τοὺς πόδας σου·
εἰς τοῦτο
γὰρ ὤφθην σοι, ...

Acts 26,17 ἐξαιρούμενός σε ἐκ τοῦ λαοῦ καὶ ἐκ τῶν ἐθνῶν
εἰς οὓς
ἐγὼ ἀποστέλλω σε

Acts 26,18 (2) ἀνοῖξαι ὀφθαλμοὺς αὐτῶν, τοῦ ἐπιστρέψαι ἀπὸ σκότους
εἰς φῶς
καὶ τῆς ἐξουσίας τοῦ σατανᾶ ἐπὶ τὸν θεόν,
τοῦ λαβεῖν αὐτοὺς ἄφεσιν ἁμαρτιῶν καὶ κλῆρον ἐν τοῖς ἡγιασμένοις
πίστει τῇ εἰς ἐμέ.

Acts 26,24 ... μαίνῃ, Παῦλε· τὰ πολλά σε γράμματα
εἰς μανίαν
περιτρέπει.

Acts 27,1 ὡς δὲ ἐκρίθη τοῦ ἀποπλεῖν ἡμᾶς
εἰς τὴν Ἰταλίαν,
παρεδίδουν τόν τε Παῦλον ...

Acts 27,2 ἐπιβάντες δὲ πλοίῳ Ἀδραμυττηνῷ μέλλοντι πλεῖν
εἰς τοὺς κατὰ τὴν Ἀσίαν τόπους
ἀνήχθημεν ὄντος σὺν ἡμῖν Ἀριστάρχου Μακεδόνος Θεσσαλονικέως.

Acts 27,3 τῇ τε ἑτέρᾳ κατήχθημεν
εἰς Σιδῶνα, ...

Acts 27,5 ... κατήλθομεν
εἰς Μύρα τῆς Λυκίας.

Acts 27,6 (2) κἀκεῖ εὑρὼν ὁ ἑκατοντάρχης πλοῖον Ἀλεξανδρῖνον πλέον
εἰς τὴν Ἰταλίαν
d ἐνεβίβασεν ἡμᾶς
g **εἰς αὐτό.**

Acts 27,8 μόλις τε παραλεγόμενοι αὐτὴν ἤλθομεν
εἰς τόπον τινὰ
καλούμενον Καλοὺς λιμένας ᾧ ἐγγὺς πόλις ἦν Λασαία.

Acts 27,12 ... εἴ πως δύναιντο καταντήσαντες
εἰς Φοίνικα
παραχειμάσαι λιμένα τῆς Κρήτης βλέποντα κατὰ λίβα καὶ κατὰ χῶρον.

Acts 27,17 ... φοβούμενοί τε μὴ
εἰς τὴν Σύρτιν
ἐκπέσωσιν, χαλάσαντες τὸ σκεῦος οὕτως ἐφέροντο.

Acts 27,26 **εἰς νῆσον δέ τινα**
δεῖ ἡμᾶς ἐκπεσεῖν.

Acts 27,30 ... καὶ χαλασάντων τὴν σκάφην
εἰς τὴν θάλασσαν
προφάσει ὡς ἐκ πρῴρης ἀγκύρας μελλόντων ἐκτείνειν

Acts 27,38 κορεσθέντες δὲ τροφῆς ἐκούφιζον τὸ πλοῖον ἐκβαλλόμενοι τὸν σῖτον
εἰς τὴν θάλασσαν.

Acts 27,39 ... κόλπον δέ τινα κατενόουν ἔχοντα αἰγιαλὸν
εἰς ὃν
ἐβουλεύοντο εἰ δύναιντο ἐξῶσαι τὸ πλοῖον.

Acts 27,40 (2) καὶ τὰς ἀγκύρας περιελόντες εἴων
εἰς τὴν θάλασσαν,
ἅμα ἀνέντες τὰς ζευκτηρίας τῶν πηδαλίων
καὶ ἐπάραντες τὸν ἀρτέμωνα τῇ πνεούσῃ κατεῖχον
εἰς τὸν αἰγιαλόν.

Acts 27,41 περιπεσόντες δὲ
εἰς τόπον διθάλασσον
ἐπέκειλαν τὴν ναῦν ...

Acts 28,5 ὁ μὲν οὖν ἀποτινάξας τὸ θηρίον
εἰς τὸ πῦρ
ἔπαθεν οὐδὲν κακόν

Acts 28,6 ... ἐπὶ πολὺ δὲ αὐτῶν προσδοκώντων καὶ θεωρούντων μηδὲν ἄτοπον
εἰς αὐτὸν
γινόμενον μεταβαλόμενοι ἔλεγον αὐτὸν εἶναι θεόν.

Acts 28,12 καὶ καταχθέντες
εἰς Συρακούσας
ἐπεμείναμεν ἡμέρας τρεῖς,

Acts 28,13 (2) ὅθεν περιελόντες κατηντήσαμεν
εἰς Ῥήγιον.
καὶ μετὰ μίαν ἡμέραν ἐπιγενομένου νότου δευτεραῖοι ἤλθομεν
εἰς Ποτιόλους,

Acts 28,14 ... καὶ οὕτως
εἰς τὴν Ῥώμην
ἤλθαμεν.

Acts 28,15 κἀκεῖθεν οἱ ἀδελφοὶ ἀκούσαντες τὰ περὶ ἡμῶν ἦλθαν
εἰς ἀπάντησιν
ἡμῖν ἄχρι Ἀππίου φόρου καὶ Τριῶν ταβερνῶν, ...

b **Acts 28,16** ὅτε δὲ εἰσήλθομεν
εἰς Ῥώμην,
ἐπετράπη τῷ Παύλῳ μένειν καθ' ἑαυτὸν σὺν τῷ φυλάσσοντι αὐτὸν στρατιώτῃ.

Acts 28,17 ... ἐγώ, ἄνδρες ἀδελφοί, οὐδὲν ἐναντίον ποιήσας τῷ λαῷ ἢ τοῖς ἔθεσι τοῖς πατρῴοις δέσμιος ἐξ Ἱεροσολύμων παρεδόθην
εἰς τὰς χεῖρας τῶν Ῥωμαίων

Acts 28,23 ταξάμενοι δὲ αὐτῷ ἡμέραν ἦλθον πρὸς αὐτὸν
εἰς τὴν ξενίαν
πλείονες οἷς ἐξετίθετο διαμαρτυρόμενος τὴν βασιλείαν τοῦ θεοῦ, ...

εἷς, μία, ἕν	Syn 153	Mt 66	Mk 44	Lk 43	Acts 21	Jn 38	1-3John 1	Paul 69	Eph 15	Col 2
	NT 343	2Thess 1	1/2Tim 5	Tit 2	Heb 5	Jas 3	1Pet	2Pet 3	Jude	Rev 25

one; a; an; single; only one

	triple tradition																	double tradition			Sondergut		
		+Mt / +Lk			–Mt / –Lk			traditions not taken over by Mt / Lk							subtotals								
code	*222*	*211*	*112*	*212*	*221*	*122*	*121*	*022*	*012*	*021*	*220*	*120*	*210*	*020*	Σ^+	Σ^-	Σ	*202*	*201*	*102*	*200*	*002*	total
Mt	8				13	1^-	12^-				5	2^-	4^+		4^+	15^-	30	8	8		20		**66**
Mk	8				13	1	12			3	5	2					44						**44**
Lk	8		7^+		13^-	1	12^-			3^-					7^+	28^-	16	8		4		15	**43**

Mk-Q overlap: 222: Mt 18,6 / Mk 9,42 / Lk 17,2 (?)

a εἷς ... εἷς
b εἷς ... ἕτερος
c εἷς τῶν δώδεκα
d εἷς ἕκαστος

d 112	**Mt 8,16** ⇩ Mt 4,24 → Mt 12,15 **Mt 4,24** ⇧ Mt 8,16 → Mt 12,15	... καὶ ἐξέβαλεν τὰ πνεύματα λόγῳ καὶ πάντας τοὺς κακῶς ἔχοντας ἐθεράπευσεν ... καὶ ἐθεράπευσεν αὐτούς.	**Mk 1,34** → Mk 3,10	καὶ ἐθεράπευσεν πολλοὺς κακῶς ἔχοντας ποικίλαις νόσοις καὶ δαιμόνια πολλὰ ἐξέβαλεν, ...	**Lk 4,40** → Lk 6,18	... ὁ δὲ **ἑνὶ ἑκάστῳ αὐτῶν** τὰς χεῖρας ἐπιτιθεὶς ἐθεράπευεν αὐτούς. [41] ἐξήρχετο δὲ καὶ δαιμόνια ἀπὸ πολλῶν ...	
002	**Mt 13,2**	καὶ συνήχθησαν πρὸς αὐτὸν ὄχλοι πολλοί, ὥστε αὐτὸν **εἰς πλοῖον** ἐμβάντα καθῆσθαι, ...	**Mk 4,1** → Mk 3,9	... καὶ συνάγεται πρὸς αὐτὸν ὄχλος πλεῖστος, ὥστε αὐτὸν **εἰς πλοῖον** ἐμβάντα καθῆσθαι ἐν τῇ θαλάσσῃ, ...	**Lk 5,3** ⇨ Lk 8,4	[1] ἐγένετο δὲ ἐν τῷ τὸν ὄχλον ἐπικεῖσθαι αὐτῷ ... [3] ἐμβὰς δὲ · **εἰς ἓν τῶν πλοίων,** ὃ ἦν Σίμωνος, ἠρώτησεν αὐτὸν ἀπὸ τῆς γῆς ἐπαναγαγεῖν ὀλίγον· ...	
112	**Mt 8,2**	καὶ ἰδοὺ λεπρὸς προσελθὼν προσεκύνει αὐτῷ ...	**Mk 1,40**	καὶ ἔρχεται πρὸς αὐτὸν λεπρὸς παρακαλῶν αὐτὸν [καὶ γονυπετῶν] ...	**Lk 5,12** → Lk 17,12.16	καὶ ἐγένετο ἐν τῷ εἶναι αὐτὸν **ἐν μιᾷ τῶν πόλεων** καὶ ἰδοὺ ἀνὴρ πλήρης λέπρας· ἰδὼν δὲ τὸν Ἰησοῦν, πεσὼν ἐπὶ πρόσωπον ἐδεήθη αὐτοῦ ...	
112	**Mt 9,1**	... καὶ ἦλθεν εἰς τὴν ἰδίαν πόλιν.	**Mk 2,1**	καὶ εἰσελθὼν πάλιν εἰς Καφαρναοὺμ **δι' ἡμερῶν** ἠκούσθη ὅτι ἐν οἴκῳ ἐστίν.	**Lk 5,17**	καὶ ἐγένετο **ἐν μιᾷ τῶν ἡμερῶν** καὶ αὐτὸς ἦν διδάσκων, ...	
121	**Mt 9,3**	... οὗτος βλασφημεῖ.	**Mk 2,7**	τί οὗτος οὕτως λαλεῖ; βλασφημεῖ· τίς δύναται ἀφιέναι ἁμαρτίας εἰ μὴ **εἷς ὁ θεός;**	**Lk 5,21** → Lk 7,49 ↓ **Lk 18,19**	... τίς ἐστιν οὗτος ὃς λαλεῖ βλασφημίας; τίς δύναται ἁμαρτίας ἀφεῖναι εἰ μὴ **μόνος ὁ θεός;**	
201 202	**Mt 5,18 (2)** → Mt 24,35	ἀμὴν γὰρ λέγω ὑμῖν· ἕως ἂν παρέλθῃ ὁ οὐρανὸς καὶ ἡ γῆ, **ἰῶτα ἓν** ἢ **μία κεραία** οὐ μὴ παρέλθῃ ἀπὸ τοῦ νόμου ἕως ἂν πάντα γένηται.	→ Mk 13,31		**Lk 16,17** → Lk 21,33	εὐκοπώτερον δέ ἐστιν τὸν οὐρανὸν καὶ τὴν γῆν παρελθεῖν ἢ τοῦ νόμου **μίαν κεραίαν** πεσεῖν.	

200	Mt 5,19	ὃς ἐὰν οὖν λύσῃ **μίαν τῶν ἐντολῶν τούτων τῶν ἐλαχίστων** καὶ διδάξῃ οὕτως τοὺς ἀνθρώπους, ἐλάχιστος κληθήσεται ἐν τῇ βασιλείᾳ τῶν οὐρανῶν· ...					
200	Mt 5,29 ⇨ Mt 18,9	... συμφέρει γάρ σοι ἵνα ἀπόληται **ἓν τῶν μελῶν σου** καὶ μὴ ὅλον τὸ σῶμά σου βληθῇ εἰς γέενναν.	Mk 9,47	... καλόν σέ ἐστιν μονόφθαλμον εἰσελθεῖν εἰς τὴν βασιλείαν τοῦ θεοῦ ἢ δύο ὀφθαλμοὺς ἔχοντα βληθῆναι εἰς τὴν γέενναν			
200	Mt 5,30 ⇨ Mt 18,8	... συμφέρει γάρ σοι ἵνα ἀπόληται **ἓν τῶν μελῶν σου** καὶ μὴ ὅλον τὸ σῶμά σου εἰς γέενναν ἀπέλθῃ.	Mk 9,43	... καλόν ἐστίν σε κυλλὸν εἰσελθεῖν εἰς τὴν ζωὴν ἢ τὰς δύο χεῖρας ἔχοντα ἀπελθεῖν εἰς τὴν γέενναν, εἰς τὸ πῦρ τὸ ἄσβεστον.			
200	Mt 5,36	[34] ... μὴ ὀμόσαι ὅλως· ... [36] μήτε ἐν τῇ κεφαλῇ σου ὀμόσῃς, ὅτι οὐ δύνασαι **μίαν τρίχα** λευκὴν ποιῆσαι ἢ μέλαιναν.					
200	Mt 5,41	καὶ ὅστις σε ἀγγαρεύσει **μίλιον ἕν,** ὕπαγε μετ' αὐτοῦ δύο.					
b 202 *b* 202	Mt 6,24 (2)	οὐδεὶς δύναται δυσὶ κυρίοις δουλεύειν· ἢ γὰρ **τὸν ἕνα** μισήσει καὶ τὸν ἕτερον ἀγαπήσει, ἢ **ἑνὸς** ἀνθέξεται καὶ τοῦ ἑτέρου καταφρονήσει. ...			Lk 16,13 (2)	οὐδεὶς οἰκέτης δύναται δυσὶ κυρίοις δουλεύειν· ἢ γὰρ **τὸν ἕνα** μισήσει καὶ τὸν ἕτερον ἀγαπήσει, ἢ **ἑνὸς** ἀνθέξεται καὶ τοῦ ἑτέρου καταφρονήσει. ...	→ GTh 47,1-2
201	Mt 6,27	τίς δὲ ἐξ ὑμῶν μεριμνῶν δύναται προσθεῖναι ἐπὶ τὴν ἡλικίαν αὐτοῦ **πῆχυν ἕνα;**			Lk 12,25	τίς δὲ ἐξ ὑμῶν μεριμνῶν δύναται ἐπὶ τὴν ἡλικίαν αὐτοῦ προσθεῖναι **πῆχυν;**	→ GTh 36,4 (only POxy 655)
202	Mt 6,29	... οὐδὲ Σολομὼν ἐν πάσῃ τῇ δόξῃ αὐτοῦ περιεβάλετο **ὡς ἓν τούτων.**			Lk 12,27	... οὐδὲ Σολομὼν ἐν πάσῃ τῇ δόξῃ αὐτοῦ περιεβάλετο **ὡς ἓν τούτων.**	
201	Mt 8,19	καὶ προσελθὼν **εἷς γραμματεὺς** εἶπεν αὐτῷ· διδάσκαλε, ἀκολουθήσω σοι ὅπου ἐὰν ἀπέρχῃ.			Lk 9,57	καὶ πορευομένων αὐτῶν ἐν τῇ ὁδῷ εἶπέν **τις** πρὸς αὐτόν· ἀκολουθήσω σοι ὅπου ἐὰν ἀπέρχῃ.	
221	Mt 9,18	ταῦτα αὐτοῦ λαλοῦντος αὐτοῖς, ἰδοὺ **ἄρχων εἷς** ἐλθὼν προσεκύνει αὐτῷ ...	Mk 5,22	καὶ ἔρχεται **εἷς τῶν ἀρχισυναγώγων,** ὀνόματι Ἰάϊρος, καὶ ἰδὼν αὐτὸν πίπτει πρὸς τοὺς πόδας αὐτοῦ	Lk 8,41	καὶ ἰδοὺ ἦλθεν ἀνὴρ ᾧ ὄνομα Ἰάϊρος καὶ οὗτος **ἄρχων τῆς συναγωγῆς** ὑπῆρχεν, καὶ πεσὼν παρὰ τοὺς πόδας [τοῦ] Ἰησοῦ ...	

	Mt 10,29	οὐχὶ δύο στρουθία ἀσσαρίου πωλεῖται; καὶ			Lk 12,6	οὐχὶ πέντε στρουθία πωλοῦνται ἀσσαρίων δύο; καὶ	
202		ἓν				ἓν	
		ἐξ αὐτῶν οὐ πεσεῖται ἐπὶ τὴν γῆν ἄνευ τοῦ πατρὸς ὑμῶν.				ἐξ αὐτῶν οὐκ ἔστιν ἐπιλελησμένον ἐνώπιον τοῦ θεοῦ.	
	Mt 10,42	καὶ ὃς ἂν ποτίσῃ	Mk 9,41	ὃς γὰρ ἂν ποτίσῃ			
210		ἕνα τῶν μικρῶν τούτων		ὑμᾶς			
		ποτήριον ψυχροῦ μόνον εἰς ὄνομα μαθητοῦ, ἀμὴν λέγω ὑμῖν, οὐ μὴ ἀπολέσῃ τὸν μισθὸν αὐτοῦ.		ποτήριον ὕδατος ἐν ὀνόματι ὅτι Χριστοῦ ἐστε, ἀμὴν λέγω ὑμῖν ὅτι οὐ μὴ ἀπολέσῃ τὸν μισθὸν αὐτοῦ.			
b					Lk 7,41	δύο χρεοφειλέται ἦσαν δανιστῇ τινι·	
002						ὁ εἷς	
						ὤφειλεν δηνάρια πεντακόσια, ὁ δὲ ἕτερος πεντήκοντα.	
	Mt 12,11	... τίς ἔσται ἐξ ὑμῶν ἄνθρωπος ὃς ἕξει			Lk 14,5 → Lk 13,15	... τίνος ὑμῶν	
201		πρόβατον ἕν				υἱὸς ἢ βοῦς	
		καὶ ἐὰν ἐμπέσῃ τοῦτο τοῖς σάββασιν εἰς βόθυνον, οὐχὶ κρατήσει αὐτὸ καὶ ἐγερεῖ;				εἰς φρέαρ πεσεῖται, καὶ οὐκ εὐθέως ἀνασπάσει αὐτὸν ἐν ἡμέρᾳ τοῦ σαββάτου;	
a	Mt 13,8	ἄλλα δὲ ἔπεσεν ἐπὶ τὴν γῆν τὴν καλὴν καὶ ἐδίδου καρπόν,	Mk 4,8 (3)	καὶ ἄλλα ἔπεσεν εἰς τὴν γῆν τὴν καλὴν καὶ ἐδίδου καρπὸν ἀναβαίνοντα καὶ αὐξανόμενα καὶ ἔφερεν	Lk 8,8	καὶ ἕτερον ἔπεσεν εἰς τὴν γῆν τὴν ἀγαθὴν καὶ φυὲν ἐποίησεν καρπὸν	→ GTh 9
121		ὃ μὲν		ἓν			
		ἑκατόν,		τριάκοντα			
a		ὃ δὲ		καὶ ἓν			
121		ἑξήκοντα,		ἑξήκοντα			
a		ὃ δὲ		καὶ ἓν			
121		τριάκοντα.		ἑκατόν.		ἑκατονταπλασίονα. ...	
a	Mt 13,23	ὁ δὲ ἐπὶ τὴν καλὴν γῆν σπαρείς, οὗτός ἐστιν ὁ τὸν λόγον ἀκούων καὶ συνιείς, ὃς δὴ καρποφορεῖ καὶ ποιεῖ	Mk 4,20 (3)	καὶ ἐκεῖνοί εἰσιν οἱ ἐπὶ τὴν γῆν τὴν καλὴν σπαρέντες, οἵτινες ἀκούουσιν τὸν λόγον καὶ παραδέχονται καὶ καρποφοροῦσιν	Lk 8,15	τὸ δὲ ἐν τῇ καλῇ γῇ, οὗτοί εἰσιν οἵτινες ἐν καρδίᾳ καλῇ καὶ ἀγαθῇ ἀκούσαντες τὸν λόγον κατέχουσιν καὶ καρποφοροῦσιν ἐν ὑπομονῇ.	
121		ὃ μὲν		ἓν			
		ἑκατόν,		τριάκοντα			
a		ὃ δὲ		καὶ ἓν			
121		ἑξήκοντα,		ἑξήκοντα			
a		ὃ δὲ		καὶ ἓν			
121		τριάκοντα.		ἑκατόν.			
	Mt 13,46	εὑρὼν δὲ					→ GTh 76,1-2
200		ἕνα πολύτιμον μαργαρίτην					
		ἀπελθὼν πέπρακεν πάντα ὅσα εἶχεν καὶ ἠγόρασεν αὐτόν.					

112	**Mt 8,18**	ἰδὼν δὲ ὁ Ἰησοῦς ὄχλον περὶ αὐτὸν ἐκέλευσεν ἀπελθεῖν εἰς τὸ πέραν.	**Mk 4,35**	καὶ λέγει αὐτοῖς **ἐν ἐκείνῃ τῇ ἡμέρᾳ** ὀψίας γενομένης· διέλθωμεν εἰς τὸ πέραν.	**Lk 8,22** → Mt 8,23 → Mk 4,36	ἐγένετο δὲ **ἐν μιᾷ τῶν ἡμερῶν** καὶ αὐτὸς ἐνέβη εἰς πλοῖον καὶ οἱ μαθηταὶ αὐτοῦ καὶ εἶπεν πρὸς αὐτούς· διέλθωμεν εἰς τὸ πέραν τῆς λίμνης, καὶ ἀνήχθησαν.	
221	**Mt 9,18**	ταῦτα αὐτοῦ λαλοῦντος αὐτοῖς, ἰδοὺ **ἄρχων εἷς** ἐλθὼν προσεκύνει αὐτῷ ...	**Mk 5,22**	καὶ ἔρχεται **εἷς τῶν** **ἀρχισυναγώγων,** ὀνόματι Ἰάϊρος, καὶ ἰδὼν αὐτὸν πίπτει πρὸς τοὺς πόδας αὐτοῦ	**Lk 8,41**	καὶ ἰδοὺ ἦλθεν ἀνὴρ ᾧ ὄνομα Ἰάϊρος καὶ οὗτος **ἄρχων** **τῆς συναγωγῆς** ὑπῆρχεν, καὶ πεσὼν παρὰ τοὺς πόδας [τοῦ] Ἰησοῦ ...	
021	↓ Mt 16,14		**Mk 6,15** ↓ Mk 8,28	ἄλλοι δὲ ἔλεγον ὅτι Ἠλίας ἐστίν· ἄλλοι δὲ ἔλεγον ὅτι προφήτης **ὡς εἷς τῶν** **προφητῶν.**	**Lk 9,8** ↓ Lk 9,19	ὑπό τινων δὲ ὅτι Ἠλίας ἐφάνη, ἄλλων δὲ ὅτι **προφήτης τις τῶν** **ἀρχαίων** ἀνέστη.	
120	**Mt 16,5**	... ἐπελάθοντο ἄρτους λαβεῖν.	**Mk 8,14**	καὶ ἐπελάθοντο λαβεῖν ἄρτους καὶ εἰ μὴ **ἕνα ἄρτον** οὐκ εἶχον μεθ᾽ ἑαυτῶν ἐν τῷ πλοίῳ.			
221	**Mt 16,14** → Mt 14,2	οἱ δὲ εἶπαν· οἱ μὲν Ἰωάννην τὸν βαπτιστήν, ἄλλοι δὲ Ἠλίαν, ἕτεροι δὲ Ἰερεμίαν ἢ **ἕνα τῶν προφητῶν.**	**Mk 8,28** ↑ Mk 6,15	οἱ δὲ εἶπαν αὐτῷ λέγοντες [ὅτι] Ἰωάννην τὸν βαπτιστήν, καὶ ἄλλοι Ἠλίαν, ἄλλοι δὲ ὅτι **εἷς τῶν προφητῶν.**	**Lk 9,19** ↑ Lk 9,8	οἱ δὲ ἀποκριθέντες εἶπαν· Ἰωάννην τὸν βαπτιστήν, ἄλλοι δὲ Ἠλίαν, ἄλλοι δὲ ὅτι **προφήτης τις** **τῶν ἀρχαίων** ἀνέστη.	→ GTh 13
a 222 *a* 222 *a* 222	**Mt 17,4** (3)	... εἰ θέλεις, ποιήσω ὧδε τρεῖς σκηνάς, **σοὶ μίαν** **καὶ Μωϋσεῖ μίαν** **καὶ Ἠλίᾳ μίαν.**	**Mk 9,5** (3)	... καὶ ποιήσωμεν τρεῖς σκηνάς, **σοὶ μίαν** **καὶ Μωϋσεῖ μίαν** **καὶ Ἠλίᾳ μίαν.**	**Lk 9,33** (3)	... καὶ ποιήσωμεν σκηνὰς τρεῖς, **μίαν σοὶ** **καὶ μίαν Μωϋσεῖ** **καὶ μίαν Ἠλίᾳ, ...**	
121	**Mt 17,14**	... προσῆλθεν αὐτῷ **ἄνθρωπος** γονυπετῶν αὐτὸν [15] καὶ λέγων· ...	**Mk 9,17**	καὶ ἀπεκρίθη αὐτῷ **εἷς** ἐκ τοῦ ὄχλου· ...	**Lk 9,38**	καὶ ἰδοὺ **ἀνὴρ** ἀπὸ τοῦ ὄχλου ἐβόησεν λέγων· ...	
221	**Mt 18,5** ⇩ Mt 10,40 → Mt 10,41	καὶ ὃς ἐὰν δέξηται **ἓν παιδίον τοιοῦτο** ἐπὶ τῷ ὀνόματί μου, ἐμὲ δέχεται.	**Mk 9,37**	ὃς ἂν **ἓν τῶν τοιούτων** **παιδίων** δέξηται ἐπὶ τῷ ὀνόματί μου, ἐμὲ δέχεται· ...	**Lk 9,48** ⇩ Lk 10,16	... ὃς ἐὰν δέξηται **τοῦτο τὸ παιδίον** ἐπὶ τῷ ὀνόματί μου, ἐμὲ δέχεται· ...	
	Mt 10,40 ⇧ Mt 18,5 → Mt 10,41	ὁ δεχόμενος **ὑμᾶς** ἐμὲ δέχεται, ...			**Lk 10,16** ⇧ Lk 9,48	ὁ ἀκούων **ὑμῶν** ἐμοῦ ἀκούει, καὶ ὁ ἀθετῶν ὑμᾶς ἐμὲ ἀθετεῖ· ...	→ Jn 13,20

222	Mt 18,6 ↓ Mt 18,10	ὃς δ' ἂν σκανδαλίσῃ **ἕνα τῶν μικρῶν τούτων** τῶν πιστευόντων εἰς ἐμέ, συμφέρει αὐτῷ ἵνα κρεμασθῇ μύλος ὀνικὸς περὶ τὸν τράχηλον αὐτοῦ καὶ καταποντισθῇ ἐν τῷ πελάγει τῆς θαλάσσης.	Mk 9,42	καὶ ὃς ἂν σκανδαλίσῃ **ἕνα τῶν μικρῶν τούτων** τῶν πιστευόντων [εἰς ἐμέ], καλόν ἐστιν αὐτῷ μᾶλλον εἰ περίκειται μύλος ὀνικὸς περὶ τὸν τράχηλον αὐτοῦ καὶ βέβληται εἰς τὴν θάλασσαν.	Lk 17,2	λυσιτελεῖ αὐτῷ εἰ λίθος μυλικὸς περίκειται περὶ τὸν τράχηλον αὐτοῦ καὶ ἔρριπται εἰς τὴν θάλασσαν ἢ ἵνα σκανδαλίσῃ **τῶν μικρῶν τούτων ἕνα.**	Mk-Q overlap?
200	Mt 18,10 ↑ Mt 18,6 ↑ Mk 9,42 ↓ Lk 17,2	ὁρᾶτε μὴ καταφρονήσητε **ἑνὸς τῶν μικρῶν τούτων·** λέγω γὰρ ὑμῖν ὅτι οἱ ἄγγελοι αὐτῶν ἐν οὐρανοῖς διὰ παντὸς βλέπουσι τὸ πρόσωπον τοῦ πατρός μου τοῦ ἐν οὐρανοῖς.					
202	Mt 18,12	τί ὑμῖν δοκεῖ; ἐὰν γένηταί τινι ἀνθρώπῳ ἑκατὸν πρόβατα καὶ πλανηθῇ **ἓν** ἐξ αὐτῶν, οὐχὶ ἀφήσει τὰ ἐνενήκοντα ἐννέα ἐπὶ τὰ ὄρη καὶ πορευθεὶς ζητεῖ τὸ πλανώμενον;			Lk 15,4	τίς ἄνθρωπος ἐξ ὑμῶν ἔχων ἑκατὸν πρόβατα καὶ ἀπολέσας ἐξ αὐτῶν **ἓν** οὐ καταλείπει τὰ ἐνενήκοντα ἐννέα ἐν τῇ ἐρήμῳ καὶ πορεύεται ἐπὶ τὸ ἀπολωλὸς ...	→ GTh 107
200	Mt 18,14 → Lk 15,7	οὕτως οὐκ ἔστιν θέλημα ἔμπροσθεν τοῦ πατρὸς ὑμῶν τοῦ ἐν οὐρανοῖς ἵνα ἀπόληται **ἓν τῶν μικρῶν τούτων.**					→ GTh 107
200	Mt 18,16	ἐὰν δὲ μὴ ἀκούσῃ, παράλαβε μετὰ σοῦ ἔτι **ἕνα** ἢ δύο, ἵνα *ἐπὶ στόματος δύο μαρτύρων ἢ τριῶν σταθῇ πᾶν ῥῆμα·* ➤ Deut 19,15					
200	Mt 18,24	ἀρξαμένου δὲ αὐτοῦ συναίρειν προσηνέχθη αὐτῷ **εἷς ὀφειλέτης μυρίων ταλάντων.**					
200	Mt 18,28	ἐξελθὼν δὲ ὁ δοῦλος ἐκεῖνος εὗρεν **ἕνα τῶν συνδούλων αὐτοῦ,** ὃς ὤφειλεν αὐτῷ ἑκατὸν δηνάρια, ...					
002					Lk 10,42	**ἑνὸς** δέ ἐστιν χρεία· Μαριὰμ γὰρ τὴν ἀγαθὴν μερίδα ἐξελέξατο ...	

102	**Mt 23,4**	δεσμεύουσιν δὲ φορτία βαρέα [καὶ δυσβάστακτα] καὶ ἐπιτιθέασιν ἐπὶ τοὺς ὤμους τῶν ἀνθρώπων, αὐτοὶ δὲ **τῷ δακτύλῳ αὐτῶν** οὐ θέλουσιν κινῆσαι αὐτά.	**Lk 11,46**	... φορτίζετε τοὺς ἀνθρώπους φορτία δυσβάστακτα, καὶ αὐτοὶ **ἑνὶ τῶν δακτύλων ὑμῶν** οὐ προσψαύετε τοῖς φορτίοις.	
202	**Mt 10,29**	οὐχὶ δύο στρουθία ἀσσαρίου πωλεῖται; καὶ **ἓν** ἐξ αὐτῶν οὐ πεσεῖται ἐπὶ τὴν γῆν ἄνευ τοῦ πατρὸς ὑμῶν.	**Lk 12,6**	οὐχὶ πέντε στρουθία πωλοῦνται ἀσσαρίων δύο; καὶ **ἓν** ἐξ αὐτῶν οὐκ ἔστιν ἐπιλελησμένον ἐνώπιον τοῦ θεοῦ.	
202	**Mt 6,29**	... οὐδὲ Σολομὼν ἐν πάσῃ τῇ δόξῃ αὐτοῦ περιεβάλετο **ὡς ἓν τούτων.**	**Lk 12,27**	... οὐδὲ Σολομὼν ἐν πάσῃ τῇ δόξῃ αὐτοῦ περιεβάλετο **ὡς ἓν τούτων.**	
002			**Lk 12,52** → Mt 10,35 → Lk 12,53	ἔσονται γὰρ ἀπὸ τοῦ νῦν πέντε **ἐν ἑνὶ οἴκῳ** διαμεμερισμένοι, τρεῖς ἐπὶ δυσὶν καὶ δύο ἐπὶ τρισίν	→ GTh 16
002			**Lk 13,10** → Mt 12,9 → Mk 3,1 → Lk 6,6 → Lk 14,1	ἦν δὲ διδάσκων **ἐν μιᾷ τῶν συναγωγῶν** ἐν τοῖς σάββασιν.	
102	**Mt 22,5**	 οἱ δὲ ἀμελήσαντες ἀπῆλθον, ὃς μὲν εἰς τὸν ἴδιον ἀγρόν, ...	**Lk 14,18**	καὶ ἤρξαντο **ἀπὸ μιᾶς** πάντες παραιτεῖσθαι. ὁ πρῶτος εἶπεν αὐτῷ· ἀγρὸν ἠγόρασα καὶ ἔχω ἀνάγκην ἐξελθὼν ἰδεῖν αὐτόν· ...	→ GTh 64
202	**Mt 18,12**	τί ὑμῖν δοκεῖ; ἐὰν γένηταί τινι ἀνθρώπῳ ἑκατὸν πρόβατα καὶ πλανηθῇ **ἓν** ἐξ αὐτῶν, οὐχὶ ἀφήσει τὰ ἐνενήκοντα ἐννέα ἐπὶ τὰ ὄρη καὶ πορευθεὶς ζητεῖ τὸ πλανώμενον;	**Lk 15,4**	 τίς ἄνθρωπος ἐξ ὑμῶν ἔχων ἑκατὸν πρόβατα καὶ ἀπολέσας ἐξ αὐτῶν **ἓν** οὐ καταλείπει τὰ ἐνενήκοντα ἐννέα ἐν τῇ ἐρήμῳ καὶ πορεύεται ἐπὶ τὸ ἀπολωλὸς ...	→ GTh 107
102	**Mt 18,13**	καὶ ἐὰν γένηται εὑρεῖν αὐτό, ἀμὴν λέγω ὑμῖν ὅτι χαίρει **ἐπ' αὐτῷ** μᾶλλον ἢ ἐπὶ τοῖς ἐνενήκοντα ἐννέα τοῖς μὴ πεπλανημένοις.	**Lk 15,7** ↓ Lk 15,10	[5] καὶ εὑρὼν ἐπιτίθησιν ἐπὶ τοὺς ὤμους αὐτοῦ χαίρων [6] ... [7] λέγω ὑμῖν ὅτι οὕτως χαρὰ ἐν τῷ οὐρανῷ ἔσται **ἐπὶ ἑνὶ ἁμαρτωλῷ μετανοοῦντι** ἢ ἐπὶ ἐνενήκοντα ἐννέα δικαίοις οἵτινες οὐ χρείαν ἔχουσιν μετανοίας.	→ GTh 107
002			**Lk 15,8**	ἢ τίς γυνὴ δραχμὰς ἔχουσα δέκα ἐὰν ἀπολέσῃ **δραχμὴν μίαν,** οὐχὶ ἅπτει λύχνον καὶ σαροῖ τὴν οἰκίαν καὶ ζητεῖ ἐπιμελῶς ἕως οὗ εὕρῃ;	

002					Lk 15,10 ↑ Lk 15,7	οὕτως, λέγω ὑμῖν, γίνεται χαρὰ ἐνώπιον τῶν ἀγγέλων τοῦ θεοῦ **ἐπὶ ἑνὶ ἁμαρτωλῷ μετανοοῦντι.**	
002					Lk 15,15	καὶ πορευθεὶς ἐκολλήθη **ἑνὶ τῶν πολιτῶν τῆς χώρας ἐκείνης,** καὶ ἔπεμψεν αὐτὸν εἰς τοὺς ἀγροὺς αὐτοῦ βόσκειν χοίρους	
002					Lk 15,19	οὐκέτι εἰμὶ ἄξιος κληθῆναι υἱός σου· ποίησόν με **ὡς ἕνα τῶν μισθίων σου.**	
002					Lk 15,26	καὶ προσκαλεσάμενος **ἕνα τῶν παίδων** ἐπυνθάνετο τί ἂν εἴη ταῦτα.	
d 002					Lk 16,5	καὶ προσκαλεσάμενος **ἕνα ἕκαστον τῶν χρεοφειλετῶν τοῦ κυρίου ἑαυτοῦ** ἔλεγεν τῷ πρώτῳ· πόσον ὀφείλεις τῷ κυρίῳ μου;	
b 202 *b* 202	Mt 6,24 (2)	οὐδεὶς δύναται δυσὶ κυρίοις δουλεύειν· ἢ γὰρ **τὸν ἕνα** μισήσει καὶ τὸν ἕτερον ἀγαπήσει, ἢ **ἑνὸς** ἀνθέξεται καὶ τοῦ ἑτέρου καταφρονήσει. ...			Lk 16,13 (2)	οὐδεὶς οἰκέτης δύναται δυσὶ κυρίοις δουλεύειν· ἢ γὰρ **τὸν ἕνα** μισήσει καὶ τὸν ἕτερον ἀγαπήσει, ἢ **ἑνὸς** ἀνθέξεται καὶ τοῦ ἑτέρου καταφρονήσει. ...	→ GTh 47,1-2
202	Mt 5,18 (2) → Mt 24,35	ἀμὴν γὰρ λέγω ὑμῖν· ἕως ἂν παρέλθῃ ὁ οὐρανὸς καὶ ἡ γῆ, **ἰῶτα ἓν ἢ μία κεραία** οὐ μὴ παρέλθῃ ἀπὸ τοῦ νόμου ἕως ἂν πάντα γένηται.	→ Mk 13,31		Lk 16,17 → Lk 21,33	εὐκοπώτερον δέ ἐστιν τὸν οὐρανὸν καὶ τὴν γῆν παρελθεῖν ἢ **τοῦ νόμου μίαν κεραίαν** πεσεῖν.	
222	Mt 18,6 ↑ Mt 18,10	ὃς δ' ἂν σκανδαλίσῃ **ἕνα τῶν μικρῶν τούτων** τῶν πιστευόντων εἰς ἐμέ, συμφέρει αὐτῷ ἵνα κρεμασθῇ μύλος ὀνικὸς περὶ τὸν τράχηλον αὐτοῦ καὶ καταποντισθῇ ἐν τῷ πελάγει τῆς θαλάσσης.	Mk 9,42	καὶ ὃς ἂν σκανδαλίσῃ **ἕνα τῶν μικρῶν τούτων** τῶν πιστευόντων [εἰς ἐμέ], καλόν ἐστιν αὐτῷ μᾶλλον εἰ περίκειται μύλος ὀνικὸς περὶ τὸν τράχηλον αὐτοῦ καὶ βέβληται εἰς τὴν θάλασσαν.	Lk 17,2	λυσιτελεῖ αὐτῷ εἰ λίθος μυλικὸς περίκειται περὶ τὸν τράχηλον αὐτοῦ καὶ ἔρριπται εἰς τὴν θάλασσαν ἢ ἵνα σκανδαλίσῃ **τῶν μικρῶν τούτων ἕνα.**	Mk-Q overlap?
002					Lk 17,15	**εἷς** δὲ ἐξ αὐτῶν, ἰδὼν ὅτι ἰάθη, ὑπέστρεψεν μετὰ φωνῆς μεγάλης δοξάζων τὸν θεόν	

002					**Lk 17,22**	... ἐλεύσονται ἡμέραι ὅτε ἐπιθυμήσετε **μίαν τῶν ἡμερῶν τοῦ υἱοῦ τοῦ ἀνθρώπου** ἰδεῖν καὶ οὐκ ὄψεσθε.	
102 *a b* 202	**Mt 24,40** (2)	τότε δύο ἔσονται **ἐν τῷ ἀγρῷ,** **εἷς** παραλαμβάνεται καὶ εἷς ἀφίεται·			**Lk 17,34** (2)	λέγω ὑμῖν, ταύτῃ τῇ νυκτὶ ἔσονται δύο **ἐπὶ κλίνης μιᾶς,** **ὁ εἷς** παραλημφθήσεται καὶ ὁ ἕτερος ἀφεθήσεται·	→ GTh 61,1
a b 202	**Mt 24,41** (2)	δύο ἀλήθουσαι ἐν τῷ μύλῳ, **μία** παραλαμβάνεται καὶ μία ἀφίεται.			**Lk 17,35**	ἔσονται δύο ἀλήθουσαι ἐπὶ τὸ αὐτό, **ἡ μία** παραλημφθήσεται, ἡ δὲ ἑτέρα ἀφεθήσεται.	→ GTh 61,1
b 002					**Lk 18,10**	ἄνθρωποι δύο ἀνέβησαν εἰς τὸ ἱερὸν προσεύξασθαι, **ὁ εἷς** Φαρισαῖος καὶ ὁ ἕτερος τελώνης.	
220	**Mt 19,5**	... *καὶ ἔσονται οἱ δύο* ***εἰς σάρκα μίαν.*** ➤ Gen 2,24 LXX	**Mk 10,8** (2)	*καὶ ἔσονται οἱ δύο* ***εἰς σάρκα μίαν·*** ➤ Gen 2,24 LXX			
220	**Mt 19,6**	ὥστε οὐκέτι εἰσὶν δύο ἀλλὰ **σὰρξ μία.** ...		ὥστε οὐκέτι εἰσὶν δύο ἀλλὰ **μία σάρξ.**			
221	**Mt 19,16** ↓ Mt 22,35	καὶ ἰδοὺ **εἷς** προσελθὼν αὐτῷ εἶπεν· διδάσκαλε, τί ἀγαθὸν ποιήσω ἵνα σχῶ ζωὴν αἰώνιον;	**Mk 10,17** ↓ Mk 12,28	καὶ ἐκπορευομένου αὐτοῦ εἰς ὁδὸν προσδραμὼν **εἷς** καὶ γονυπετήσας αὐτὸν ἐπηρώτα αὐτόν· διδάσκαλε ἀγαθέ, τί ποιήσω ἵνα ζωὴν αἰώνιον κληρονομήσω;	**Lk 18,18** ⇩ Lk 10,25	καὶ ἐπηρώτησέν **τις αὐτὸν ἄρχων** λέγων· διδάσκαλε ἀγαθέ, τί ποιήσας ζωὴν αἰώνιον κληρονομήσω;	
222	**Mt 19,17**	... τί με ἐρωτᾷς περὶ τοῦ ἀγαθοῦ; **εἷς** ἐστιν ὁ ἀγαθός· ...	**Mk 10,18**	... τί με λέγεις ἀγαθόν; οὐδεὶς ἀγαθὸς εἰ μὴ **εἷς** ὁ θεός.	**Lk 18,19** ↑ Lk 5,21	... τί με λέγεις ἀγαθόν; οὐδεὶς ἀγαθὸς εἰ μὴ **εἷς** ὁ θεός.	
122	**Mt 19,21** → Mt 6,20	ἔφη αὐτῷ ὁ Ἰησοῦς· εἰ θέλεις τέλειος εἶναι, ὕπαγε πώλησόν σου τὰ ὑπάρχοντα καὶ δὸς [τοῖς] πτωχοῖς, ...	**Mk 10,21**	ὁ δὲ Ἰησοῦς ἐμβλέψας αὐτῷ ἠγάπησεν αὐτὸν καὶ εἶπεν αὐτῷ· **ἕν** σε ὑστερεῖ· ὕπαγε, ὅσα ἔχεις πώλησον καὶ δὸς [τοῖς] πτωχοῖς, ...	**Lk 18,22** → Lk 12,33	ἀκούσας δὲ ὁ Ἰησοῦς εἶπεν αὐτῷ· ἔτι **ἕν** σοι λείπει· πάντα ὅσα ἔχεις πώλησον καὶ διάδος πτωχοῖς, ...	→ Acts 2,45
200	**Mt 20,12**	... οὗτοι οἱ ἔσχατοι **μίαν ὥραν** ἐποίησαν, ...					
200	**Mt 20,13**	ὁ δὲ ἀποκριθεὶς **ἑνὶ αὐτῶν** εἶπεν· ἑταῖρε, οὐκ ἀδικῶ σε· ...					

a 220 a 220	**Mt 20,21** **(2)**	... εἰπὲ ἵνα καθίσωσιν οὗτοι οἱ δύο υἱοί μου **εἷς** ἐκ δεξιῶν σου καὶ **εἷς** ἐξ εὐωνύμων σου ἐν τῇ βασιλείᾳ σου.	**Mk 10,37** **(2)**	... δὸς ἡμῖν ἵνα **εἷς** σου ἐκ δεξιῶν καὶ **εἷς** ἐξ ἀριστερῶν καθίσωμεν ἐν τῇ δόξῃ σου.			
210	**Mt 21,19** → Lk 13,6	καὶ ἰδὼν **συκῆν μίαν** ἐπὶ τῆς ὁδοῦ ἦλθεν ἐπ' αὐτὴν ...	**Mk 11,13** → Lk 13,6	καὶ ἰδὼν **συκῆν** ἀπὸ μακρόθεν ἔχουσαν φύλλα ἦλθεν, ...			
112	**Mt 21,23**	καὶ ἐλθόντος αὐτοῦ εἰς τὸ ἱερὸν προσῆλθον αὐτῷ διδάσκοντι οἱ ἀρχιερεῖς καὶ οἱ πρεσβύτεροι τοῦ λαοῦ ...	**Mk 11,27**	... καὶ ἐν τῷ ἱερῷ περιπατοῦντος αὐτοῦ ἔρχονται πρὸς αὐτὸν οἱ ἀρχιερεῖς καὶ οἱ γραμματεῖς καὶ οἱ πρεσβύτεροι	**Lk 20,1**	καὶ ἐγένετο **ἐν μιᾷ τῶν ἡμερῶν** διδάσκοντος αὐτοῦ τὸν λαὸν ἐν τῷ ἱερῷ καὶ εὐαγγελιζομένου ἐπέστησαν οἱ ἀρχιερεῖς καὶ οἱ γραμματεῖς σὺν τοῖς πρεσβυτέροις	→ Jn 2,18
221	**Mt 21,24**	... ἐρωτήσω ὑμᾶς κἀγὼ **λόγον ἕνα,** ὃν ἐὰν εἴπητέ μοι κἀγὼ ὑμῖν ἐρῶ ἐν ποίᾳ ἐξουσίᾳ ταῦτα ποιῶ·	**Mk 11,29**	... ἐπερωτήσω ὑμᾶς **ἕνα λόγον,** καὶ ἀποκρίθητέ μοι καὶ ἐρῶ ὑμῖν ἐν ποίᾳ ἐξουσίᾳ ταῦτα ποιῶ·	**Lk 20,3**	... ἐρωτήσω ὑμᾶς κἀγὼ **λόγον,** καὶ εἴπατέ μοι·	
121	**Mt 21,37**	 ὕστερον δὲ ἀπέστειλεν πρὸς αὐτοὺς τὸν υἱὸν αὐτοῦ λέγων· ἐντραπήσονται τὸν υἱόν μου.	**Mk 12,6**	ἔτι **ἕνα** εἶχεν, υἱὸν ἀγαπητόν· ἀπέστειλεν αὐτὸν ἔσχατον πρὸς αὐτοὺς λέγων ὅτι ἐντραπήσονται τὸν υἱόν μου.	**Lk 20,13**	 εἶπεν δὲ ὁ κύριος τοῦ ἀμπελῶνος· τί ποιήσω; πέμψω τὸν υἱόν μου τὸν ἀγαπητόν· ἴσως τοῦτον ἐντραπήσονται.	→ GTh 65
221	**Mt 22,35** ↑ Mt 19,16	[34] οἱ δὲ Φαρισαῖοι ἀκούσαντες ὅτι ἐφίμωσεν τοὺς Σαδδουκαίους συνήχθησαν ἐπὶ τὸ αὐτό, [35] καὶ ἐπηρώτησεν **εἷς ἐξ αὐτῶν [νομικὸς]** πειράζων αὐτόν·	**Mk 12,28** ↑ Mk 10,17 ↓ Lk 20,39	 καὶ προσελθὼν **εἷς τῶν γραμματέων** ἀκούσας αὐτῶν συζητούντων, ἰδὼν ὅτι καλῶς ἀπεκρίθη αὐτοῖς ἐπηρώτησεν αὐτόν· ...	**Lk 10,25** ⇧ Lk 18,18	 καὶ ἰδοὺ **νομικός τις** ἀνέστη ἐκπειράζων αὐτὸν ...	
121	**Mt 22,37**	ὁ δὲ ἔφη αὐτῷ· ...	**Mk 12,29**	ἀπεκρίθη ὁ Ἰησοῦς ὅτι πρώτη ἐστίν· *ἄκουε,* *Ἰσραήλ, κύριος ὁ θεὸς* *ἡμῶν κύριος* ***εἷς*** *ἐστιν* ➤ Deut 6,4	**Lk 10,26**	ὁ δὲ εἶπεν πρὸς αὐτόν· ἐν τῷ νόμῳ τί γέγραπται; πῶς ἀναγινώσκεις;	
021			**Mk 12,32**	καὶ εἶπεν αὐτῷ ὁ γραμματεύς· καλῶς, διδάσκαλε, ἐπ' ἀληθείας εἶπες ὅτι ***εἷς*** *ἐστιν καὶ οὐκ ἔστιν* *ἄλλος πλὴν αὐτοῦ·* ... ➤ Deut 6,4	**Lk 20,39** ↑ Mk 12,28	ἀποκριθέντες δέ τινες τῶν γραμματέων εἶπαν· διδάσκαλε, καλῶς εἶπας.	
200	**Mt 23,8**	ὑμεῖς δὲ μὴ κληθῆτε ῥαββί· **εἷς** γάρ ἐστιν ὑμῶν ὁ διδάσκαλος, πάντες δὲ ὑμεῖς ἀδελφοί ἐστε.					

200	Mt 23,9	καὶ πατέρα μὴ καλέσητε ὑμῶν ἐπὶ τῆς γῆς, **εἷς** γάρ ἐστιν ὑμῶν ὁ πατὴρ ὁ οὐράνιος.					
200	Mt 23,10	μηδὲ κληθῆτε καθηγηταί, ὅτι καθηγητὴς ὑμῶν ἐστιν **εἷς** ὁ Χριστός.					→ GTh 13,4-5
200	Mt 23,15	οὐαὶ ὑμῖν, γραμματεῖς καὶ Φαρισαῖοι ὑποκριταί, ὅτι περιάγετε τὴν θάλασσαν καὶ τὴν ξηρὰν ποιῆσαι **ἕνα προσήλυτον,** καὶ ὅταν γένηται ποιεῖτε αὐτὸν υἱὸν γεέννης διπλότερον ὑμῶν.					
021			Mk 12,42	καὶ ἐλθοῦσα **μία χήρα πτωχὴ** ἔβαλεν λεπτὰ δύο, ὅ ἐστιν κοδράντης.	Lk 21,2	εἶδεν δέ **τινα χήραν πενιχρὰν** βάλλουσαν ἐκεῖ λεπτὰ δύο	
121	Mt 24,1	καὶ ἐξελθὼν ὁ Ἰησοῦς ἀπὸ τοῦ ἱεροῦ ἐπορεύετο, καὶ προσῆλθον **οἱ μαθηταὶ αὐτοῦ** ἐπιδεῖξαι αὐτῷ τὰς οἰκοδομὰς τοῦ ἱεροῦ.	Mk 13,1	καὶ ἐκπορευομένου αὐτοῦ ἐκ τοῦ ἱεροῦ λέγει αὐτῷ **εἷς τῶν μαθητῶν αὐτοῦ·** διδάσκαλε, ἴδε ποταποὶ λίθοι καὶ ποταπαὶ οἰκοδομαί.	Lk 21,5	καί **τινων** λεγόντων περὶ τοῦ ἱεροῦ ὅτι λίθοις καλοῖς καὶ ἀναθήμασιν κεκόσμηται ...	
a b 202 *a* 201	Mt 24,40 (2)	τότε δύο ἔσονται ἐν τῷ ἀγρῷ, **εἷς** παραλαμβάνεται καὶ **εἷς** ἀφίεται·			Lk 17,34 (2)	λέγω ὑμῖν, ταύτῃ τῇ νυκτὶ ἔσονται δύο ἐπὶ κλίνης μιᾶς, **ὁ εἷς** παραλημφθήσεται καὶ **ὁ ἕτερος** ἀφεθήσεται·	→ GTh 61,1
a b 202 *a* 201	Mt 24,41 (2)	δύο ἀλήθουσαι ἐν τῷ μύλῳ, **μία** παραλαμβάνεται **καὶ μία** ἀφίεται.			Lk 17,35	ἔσονται δύο ἀλήθουσαι ἐπὶ τὸ αὐτό, **ἡ μία** παραλημφθήσεται, **ἡ δὲ ἑτέρα** ἀφεθήσεται.	→ GTh 61,1
201	Mt 25,15	[14] ... ἐκάλεσεν τοὺς ἰδίους δούλους καὶ παρέδωκεν αὐτοῖς τὰ ὑπάρχοντα αὐτοῦ, [15] καὶ ᾧ μὲν ἔδωκεν πέντε τάλαντα, ᾧ δὲ δύο, ᾧ δὲ **ἕν,** ἑκάστῳ κατὰ τὴν ἰδίαν δύναμιν, καὶ ἀπεδήμησεν. ...	Mk 13,34	... καὶ δοὺς τοῖς δούλοις αὐτοῦ τὴν ἐξουσίαν ἑκάστῳ τὸ ἔργον αὐτοῦ, καὶ τῷ θυρωρῷ ἐνετείλατο ἵνα γρηγορῇ.	Lk 19,13	καλέσας δὲ δέκα δούλους ἑαυτοῦ ἔδωκεν αὐτοῖς δέκα μνᾶς καὶ εἶπεν πρὸς αὐτούς· πραγματεύσασθε ἐν ᾧ ἔρχομαι.	Mk-Q overlap
200	Mt 25,18 ↓ Lk 19,20	**ὁ δὲ τὸ ἓν λαβὼν** ἀπελθὼν ὤρυξεν γῆν καὶ ἔκρυψεν τὸ ἀργύριον τοῦ κυρίου αὐτοῦ.					

201	Mt 25,24 → Lk 19,21	προσελθὼν δὲ καὶ **ὁ τὸ ἓν τάλαντον εἰληφὼς** εἶπεν· κύριε, ... [25] καὶ φοβηθεὶς ἀπελθὼν ἔκρυψα τὸ τάλαντόν σου ἐν τῇ γῇ· ἴδε ἔχεις τὸ σόν.			Lk 19,20 ↑ Mt 25,18	καὶ **ὁ ἕτερος** ἦλθεν λέγων· κύριε, ἰδοὺ ἡ μνᾶ σου ἣν εἶχον ἀποκειμένην ἐν σουδαρίῳ·	
200	Mt 25,40	... ἀμὴν λέγω ὑμῖν, ἐφ' ὅσον ἐποιήσατε **ἑνὶ τούτων τῶν ἀδελφῶν μου τῶν ἐλαχίστων,** ἐμοὶ ἐποιήσατε.					
200	Mt 25,45	... ἀμὴν λέγω ὑμῖν, ἐφ' ὅσον οὐκ ἐποιήσατε **ἑνὶ τούτων τῶν ἐλαχίστων,** οὐδὲ ἐμοὶ ἐποιήσατε.					
c 221	Mt 26,14	τότε πορευθεὶς **εἷς τῶν δώδεκα,** ὁ λεγόμενος Ἰούδας Ἰσκαριώτης, πρὸς τοὺς ἀρχιερεῖς [15] εἶπεν· ...	Mk 14,10	καὶ Ἰούδας Ἰσκαριὼθ **ὁ εἷς τῶν δώδεκα** ἀπῆλθεν πρὸς τοὺς ἀρχιερεῖς ...	Lk 22,3	εἰσῆλθεν δὲ σατανᾶς εἰς Ἰούδαν τὸν καλούμενον Ἰσκαριώτην, **ὄντα ἐκ τοῦ ἀριθμοῦ τῶν δώδεκα·** [4] καὶ ἀπελθὼν συνελάλησεν τοῖς ἀρχιερεῦσιν καὶ στρατηγοῖς ...	
221	Mt 26,21	... ἀμὴν λέγω ὑμῖν ὅτι **εἷς** ἐξ ὑμῶν παραδώσει με.	Mk 14,18	... ἀμὴν λέγω ὑμῖν ὅτι **εἷς** ἐξ ὑμῶν παραδώσει με ὁ ἐσθίων μετ' ἐμοῦ.	Lk 22,21 ↓ Mt 26,23 ↓ Mk 14,20	πλὴν ἰδοὺ ἡ χεὶρ τοῦ παραδιδόντος με μετ' ἐμοῦ ἐπὶ τῆς τραπέζης·	→ Jn 13,21
d a 221 a 121	Mt 26,22 → Mt 26,25	καὶ λυπούμενοι σφόδρα ἤρξαντο λέγειν αὐτῷ **εἷς** **ἕκαστος·** μήτι ἐγώ εἰμι, κύριε;	Mk 14,19 (2)	ἤρξαντο λυπεῖσθαι καὶ λέγειν αὐτῷ **εἷς** **κατὰ εἷς·** μήτι ἐγώ;	Lk 22,23	καὶ αὐτοὶ ἤρξαντο συζητεῖν πρὸς ἑαυτοὺς τὸ τίς ἄρα εἴη ἐξ αὐτῶν ὁ τοῦτο μέλλων πράσσειν.	→ Jn 13,22.25
c 120	Mt 26,23 ↑ Lk 22,21	ὁ δὲ ἀποκριθεὶς εἶπεν· ὁ ἐμβάψας μετ' ἐμοῦ τὴν χεῖρα ἐν τῷ τρυβλίῳ οὗτός με παραδώσει.	Mk 14,20 ↑ Lk 22,21	ὁ δὲ εἶπεν αὐτοῖς· **εἷς τῶν δώδεκα,** ὁ ἐμβαπτόμενος μετ' ἐμοῦ εἰς τὸ τρύβλιον.			→ Jn 13,26
221	Mt 26,40	... καὶ λέγει τῷ Πέτρῳ· οὕτως οὐκ ἰσχύσατε **μίαν ὥραν** γρηγορῆσαι μετ' ἐμοῦ;	Mk 14,37	... καὶ λέγει τῷ Πέτρῳ· Σίμων, καθεύδεις; οὐκ ἴσχυσας **μίαν ὥραν** γρηγορῆσαι;	Lk 22,46	καὶ εἶπεν αὐτοῖς· τί καθεύδετε; ...	
c 222	Mt 26,47	καὶ ἔτι αὐτοῦ λαλοῦντος ἰδοὺ Ἰούδας **εἷς τῶν δώδεκα** ἦλθεν καὶ μετ' αὐτοῦ ὄχλος πολὺς ...	Mk 14,43	καὶ εὐθὺς ἔτι αὐτοῦ λαλοῦντος παραγίνεται Ἰούδας **εἷς τῶν δώδεκα** καὶ μετ' αὐτοῦ ὄχλος ...	Lk 22,47	ἔτι αὐτοῦ λαλοῦντος ἰδοὺ ὄχλος, καὶ ὁ λεγόμενος Ἰούδας **εἷς τῶν δώδεκα** προήρχετο αὐτοὺς ...	→ Jn 18,3

222	Mt 26,51	καὶ ἰδοὺ εἷς τῶν μετὰ Ἰησοῦ ἐκτείνας τὴν χεῖρα ἀπέσπασεν τὴν μάχαιραν αὐτοῦ καὶ πατάξας τὸν δοῦλον τοῦ ἀρχιερέως ἀφεῖλεν αὐτοῦ τὸ ὠτίον.	Mk 14,47	εἷς δέ [τις] τῶν παρεστηκότων σπασάμενος τὴν μάχαιραν ἔπαισεν τὸν δοῦλον τοῦ ἀρχιερέως καὶ ἀφεῖλεν αὐτοῦ τὸ ὠτάριον.	Lk 22,50	[49] ... κύριε, εἰ πατάξομεν ἐν μαχαίρῃ; [50] καὶ ἐπάταξεν εἷς τις ἐξ αὐτῶν τοῦ ἀρχιερέως τὸν δοῦλον καὶ ἀφεῖλεν τὸ οὖς αὐτοῦ τὸ δεξιόν.	→ Jn 18,10
221	Mt 26,69	... καὶ προσῆλθεν αὐτῷ μία παιδίσκη λέγουσα· καὶ σὺ ἦσθα μετὰ Ἰησοῦ τοῦ Γαλιλαίου.	Mk 14,66	... ἔρχεται μία τῶν παιδισκῶν τοῦ ἀρχιερέως [67] καὶ ἰδοῦσα τὸν Πέτρον θερμαινόμενον ἐμβλέψασα αὐτῷ λέγει· καὶ σὺ μετὰ τοῦ Ναζαρηνοῦ ἦσθα τοῦ Ἰησοῦ.	Lk 22,56	ἰδοῦσα δὲ αὐτὸν παιδίσκη τις καθήμενον πρὸς τὸ φῶς καὶ ἀτενίσασα αὐτῷ εἶπεν· καὶ οὗτος σὺν αὐτῷ ἦν.	→ Jn 18,17
112	Mt 26,73	μετὰ μικρὸν δὲ προσελθόντες οἱ ἑστῶτες εἶπον τῷ Πέτρῳ· ἀληθῶς καὶ σὺ ἐξ αὐτῶν εἶ, ...	Mk 14,70	... καὶ μετὰ μικρὸν πάλιν οἱ παρεστῶτες ἔλεγον τῷ Πέτρῳ· ἀληθῶς ἐξ αὐτῶν εἶ, ...	Lk 22,59	καὶ διαστάσης ὡσεὶ ὥρας μιᾶς ἄλλος τις διϊσχυρίζετο λέγων· ἐπ' ἀληθείας καὶ οὗτος μετ' αὐτοῦ ἦν, ..	**→ Jn 18,26**
210	Mt 27,14	καὶ οὐκ ἀπεκρίθη αὐτῷ πρὸς οὐδὲ ἓν ῥῆμα, ὥστε θαυμάζειν τὸν ἡγεμόνα λίαν.	Mk 15,5	ὁ δὲ Ἰησοῦς οὐκέτι οὐδὲν ἀπεκρίθη, ὥστε θαυμάζειν τὸν Πιλᾶτον.	Lk 23,9	... αὐτὸς δὲ οὐδὲν ἀπεκρίνατο αὐτῷ.	Mt/Mk: before Pilate; Lk: before Herod
220	Mt 27,15	κατὰ δὲ ἑορτὴν εἰώθει ὁ ἡγεμὼν ἀπολύειν ἕνα τῷ ὄχλῳ δέσμιον ὃν ἤθελον.	Mk 15,6	κατὰ δὲ ἑορτὴν ἀπέλυεν αὐτοῖς ἕνα δέσμιον ὃν παρῃτοῦντο.			**→ Jn 18,39** Lk 23,17 is textcritically uncertain.
a 221 *a* 221	Mt 27,38 (2) → Lk 23,32	τότε σταυροῦνται σὺν αὐτῷ δύο λῃσταί, εἷς ἐκ δεξιῶν καὶ εἷς ἐξ εὐωνύμων.	Mk 15,27 (2) → Lk 23,32	καὶ σὺν αὐτῷ σταυροῦσιν δύο λῃστάς, ἕνα ἐκ δεξιῶν καὶ ἕνα ἐξ εὐωνύμων αὐτοῦ.	Lk 23,33 → Lk 22,37	... ἐκεῖ ἐσταύρωσαν αὐτὸν καὶ τοὺς κακούργους, ὃν μὲν ἐκ δεξιῶν ὃν δὲ ἐξ ἀριστερῶν.	→ Jn 19,18
112	Mt 27,44	τὸ δ' αὐτὸ καὶ οἱ λῃσταὶ οἱ συσταυρωθέντες σὺν αὐτῷ ὠνείδιζον αὐτόν.	Mk 15,32	... καὶ οἱ συνεσταυρωμένοι σὺν αὐτῷ ὠνείδιζον αὐτόν.	Lk 23,39 → Lk 23,35	εἷς δὲ τῶν κρεμασθέντων κακούργων ἐβλασφήμει αὐτὸν ...	
210	Mt 27,48	καὶ εὐθέως δραμὼν εἷς ἐξ αὐτῶν καὶ λαβὼν σπόγγον πλήσας τε ὄξους καὶ περιθεὶς καλάμῳ ἐπότιζεν αὐτόν.	Mk 15,36	δραμὼν δέ τις [καὶ] γεμίσας σπόγγον ὄξους περιθεὶς καλάμῳ ἐπότιζεν αὐτὸν ...	Lk 23,36 ↑ Lk 23,39	ἐνέπαιξαν δὲ αὐτῷ καὶ οἱ στρατιῶται προσερχόμενοι, ὄξος προσφέροντες αὐτῷ	→ Jn 19,29

222	**Mt 28,1** → Mt 27,56 → Mt 27,61	ὀψὲ δὲ σαββάτων, τῇ ἐπιφωσκούσῃ **εἰς μίαν σαββάτων** ἦλθεν Μαριὰμ ἡ Μαγδαληνὴ καὶ ἡ ἄλλη Μαρία θεωρῆσαι τὸν τάφον.	**Mk 16,2** → Mk 15,40 → Mk 15,47	[1] καὶ διαγενομένου τοῦ σαββάτου Μαρία ἡ Μαγδαληνὴ καὶ Μαρία ἡ [τοῦ] Ἰακώβου καὶ Σαλώμη ἠγόρασαν ἀρώματα ἵνα ἐλθοῦσαι ἀλείψωσιν αὐτόν. [2] καὶ λίαν πρωῒ **τῇ μιᾷ τῶν σαββάτων** ἔρχονται ἐπὶ τὸ μνημεῖον ἀνατείλαντος τοῦ ἡλίου.	**Lk 24,1** → Lk 24,22 → Lk 8,2-3	[23,56] ὑποστρέψασαι δὲ ἡτοίμασαν ἀρώματα καὶ μύρα. καὶ τὸ μὲν σάββατον ἡσύχασαν κατὰ τὴν ἐντολήν. **[1] τῇ δὲ μιᾷ τῶν σαββάτων** ὄρθρου βαθέως ἐπὶ τὸ μνῆμα ἦλθον φέρουσαι ἃ ἡτοίμασαν ἀρώματα. [2] ... [10] ἦσαν δὲ ἡ Μαγδαληνὴ Μαρία καὶ Ἰωάννα καὶ Μαρία ἡ Ἰακώβου καὶ αἱ λοιπαὶ σὺν αὐταῖς ...	→ **Jn 20,1** → Jn 20,18
002					**Lk 24,18**	ἀποκριθεὶς δὲ **εἷς** ὀνόματι Κλεοπᾶς εἶπεν πρὸς αὐτόν· ...	

Acts 1,22 ... μάρτυρα τῆς ἀναστάσεως αὐτοῦ σὺν ἡμῖν γενέσθαι **ἕνα τούτων.**

Acts 1,24 ... σὺ κύριε καρδιογνῶστα πάντων, ἀνάδειξον ὃν ἐξελέξω ἐκ τούτων τῶν δύο **ἕνα**

d **Acts 2,3** καὶ ὤφθησαν αὐτοῖς διαμεριζόμεναι γλῶσσαι ὡσεὶ πυρὸς καὶ ἐκάθισεν **ἐφ' ἕνα ἕκαστον αὐτῶν**

d **Acts 2,6** ... ἤκουον **εἷς ἕκαστος** τῇ ἰδίᾳ διαλέκτῳ λαλούντων αὐτῶν.

Acts 4,32 (2) τοῦ δὲ πλήθους τῶν πιστευσάντων ἦν **καρδία καὶ ψυχὴ μία,** καὶ **οὐδὲ εἷς** τι τῶν ὑπαρχόντων αὐτῷ ἔλεγεν ἴδιον εἶναι ἀλλ' ἦν αὐτοῖς ἅπαντα κοινά.

Acts 11,28 ἀναστὰς δὲ **εἷς** ἐξ αὐτῶν ὀνόματι Ἅγαβος ...

Acts 12,10 ... καὶ ἐξελθόντες προῆλθον **ῥύμην μίαν,** καὶ εὐθέως ἀπέστη ὁ ἄγγελος ἀπ' αὐτοῦ.

Acts 17,26 ἐποίησέν τε **ἐξ ἑνὸς** πᾶν ἔθνος ἀνθρώπων κατοικεῖν ἐπὶ παντὸς προσώπου τῆς γῆς, ...

d **Acts 17,27** ... καί γε οὐ μακρὰν **ἀπὸ ἑνὸς ἑκάστου ἡμῶν** ὑπάρχοντα.

Acts 19,34 ἐπιγνόντες δὲ ὅτι Ἰουδαῖός ἐστιν, **φωνὴ ἐγένετο μία** ἐκ πάντων ὡς ἐπὶ ὥρας δύο κραζόντων· ...

Acts 20,7 **ἐν δὲ τῇ μιᾷ τῶν σαββάτων** συνηγμένων ἡμῶν κλάσαι ἄρτον, ...

d **Acts 20,31** ... οὐκ ἐπαυσάμην μετὰ δακρύων νουθετῶν **ἕνα ἕκαστον.**

Acts 21,7 ... καὶ ἀσπασάμενοι τοὺς ἀδελφοὺς ἐμείναμεν **ἡμέραν μίαν** παρ' αὐτοῖς.

d **Acts 21,19** καὶ ἀσπασάμενος αὐτοὺς ἐξηγεῖτο **καθ' ἓν ἕκαστον,** ὧν ἐποίησεν ὁ θεὸς ἐν τοῖς ἔθνεσιν διὰ τῆς διακονίας αὐτοῦ.

d **Acts 21,26** ... ἕως οὗ προσηνέχθη **ὑπὲρ ἑνὸς ἑκάστου αὐτῶν** ἡ προσφορά.

b **Acts 23,6** γνοὺς δὲ ὁ Παῦλος ὅτι **τὸ ἓν μέρος** ἐστὶν Σαδδουκαίων τὸ δὲ ἕτερον Φαρισαίων ...

Acts 23,17 προσκαλεσάμενος δὲ ὁ Παῦλος **ἕνα τῶν ἑκατονταρχῶν** ἔφη· τὸν νεανίαν τοῦτον ἀπάγαγε πρὸς τὸν χιλίαρχον, ...

Acts 24,21 [20] ... τί εὗρον ἀδίκημα στάντος μου ἐπὶ τοῦ συνεδρίου, [21] ἢ **περὶ μιᾶς ταύτης φωνῆς** ἧς ἐκέκραξα ἐν αὐτοῖς ἑστὼς ὅτι περὶ ἀναστάσεως νεκρῶν ἐγὼ κρίνομαι σήμερον ἐφ' ὑμῶν.

Acts 28,13 ... καὶ **μετὰ μίαν ἡμέραν** ἐπιγενομένου νότου δευτεραῖοι ἤλθομεν εἰς Ποτιόλους

Acts 28,25 ... εἰπόντος τοῦ Παύλου **ῥῆμα ἕν,** ὅτι καλῶς τὸ πνεῦμα τὸ ἅγιον ἐλάλησεν ...

εἰσάγω	Syn 3	Mt	Mk	Lk 3	Acts 6	Jn 1	1-3John	Paul	Eph	Col
	NT 11	2Thess	1/2Tim	Tit	Heb 1	Jas	1Pet	2Pet	Jude	Rev

bring, lead in, into

	Mt		Mk		Lk		
002					Lk 2,27	... καὶ **ἐν τῷ εἰσαγαγεῖν** τοὺς γονεῖς τὸ παιδίον Ἰησοῦν τοῦ ποιῆσαι αὐτοὺς κατὰ τὸ εἰθισμένον τοῦ νόμου περὶ αὐτοῦ	
002					Lk 14,21 → Mt 22,9 ⇨ Lk 14,23 → Lk 14,13	... καὶ τοὺς πτωχοὺς καὶ ἀναπείρους καὶ τυφλοὺς καὶ χωλοὺς **εἰσάγαγε** ὧδε.	→ GTh 64
112	Mt 26,57	οἱ δὲ κρατήσαντες τὸν Ἰησοῦν **ἀπήγαγον** πρὸς Καϊάφαν τὸν ἀρχιερέα, ...	Mk 14,53	καὶ **ἀπήγαγον** τὸν Ἰησοῦν πρὸς τὸν ἀρχιερέα, ...	Lk 22,54 → Mt 26,50 → Mk 14,46	συλλαβόντες δὲ αὐτὸν **ἤγαγον καὶ εἰσήγαγον** εἰς τὴν οἰκίαν τοῦ ἀρχιερέως· ...	→ Jn 18,12-14

Acts 7,45 ἣν καὶ **εἰσήγαγον** διαδεξάμενοι οἱ πατέρες ἡμῶν μετὰ Ἰησοῦ ἐν τῇ κατασχέσει τῶν ἐθνῶν, ...

Acts 9,8 ... χειραγωγοῦντες δὲ αὐτὸν **εἰσήγαγον** εἰς Δαμασκόν.

Acts 21,28 ... ἔτι τε καὶ Ἕλληνας **εἰσήγαγεν** εἰς τὸ ἱερὸν καὶ κεκοίνωκεν τὸν ἅγιον τόπον τοῦτον.

Acts 21,29 ἦσαν γὰρ προεωρακότες Τρόφιμον τὸν Ἐφέσιον ἐν τῇ πόλει σὺν αὐτῷ, ὃν ἐνόμιζον ὅτι εἰς τὸ ἱερὸν **εἰσήγαγεν** ὁ Παῦλος.

Acts 21,37 μέλλων τε **εἰσάγεσθαι** εἰς τὴν παρεμβολὴν ὁ Παῦλος λέγει τῷ χιλιάρχῳ· ...

Acts 22,24 ἐκέλευσεν ὁ χιλίαρχος **εἰσάγεσθαι** αὐτὸν εἰς τὴν παρεμβολήν, ...

εἰσακούω	Syn 2	Mt 1	Mk	Lk 1	Acts 1	Jn	1-3John	Paul 1	Eph	Col
	NT 5	2Thess	1/2Tim	Tit	Heb 1	Jas	1Pet	2Pet	Jude	Rev

obey; hear

	Mt		Mk		Lk		
002					Lk 1,13	... μὴ φοβοῦ, Ζαχαρία, διότι **εἰσηκούσθη** ἡ δέησίς σου, ...	→ Acts 10,4
200	Mt 6,7	... μὴ βατταλογήσητε ὥσπερ οἱ ἐθνικοί, δοκοῦσιν γὰρ ὅτι ἐν τῇ πολυλογίᾳ αὐτῶν **εἰσακουσθήσονται.**					

Acts 10,31 ... Κορνήλιε, **εἰσηκούσθη** σου ἡ προσευχὴ καὶ αἱ ἐλεημοσύναι σου ἐμνήσθησαν ἐνώπιον τοῦ θεοῦ.

εἰσέρχομαι	Syn 116	Mt 36	Mk 30	Lk 50	Acts 34	Jn 15	1-3John	Paul 4	Eph	Col
	NT 194	2Thess	1/2Tim	Tit	Heb 17	Jas 3	1Pet	2Pet	Jude	Rev 5

come (in, into); go (in, into); enter

	triple tradition																double tradition			Sondergut		
		+Mt / +Lk			–Mt / –Lk			traditions not taken over by Mt / Lk							subtotals							
code	222	211	112	212	221	122	121	022	012	021	220	120	210	020	Σ⁺	Σ⁻	Σ	202	201	102	200	002	total
Mt	4	3⁺		1⁺	2	3⁻	6⁻				3	6⁻	1⁺		5⁺	15⁻	14	9	5		8		**36**
Mk	4				2	3	6	2		2	3	6		2			30						**30**
Lk	4		10⁺	1⁺	2⁻	3	6⁻	2	2⁺	2⁻					13⁺	10⁻	22	9		3		16	**50**

Mk-Q overlap: 221: Mt 12,29 / Mk 3,27 / Lk 11,21 (?)

a εἰσέρχομαι εἰς (τὴν) οἰκίαν, ~ εἰς (τὸν) οἶκον
b εἰσέρχομαι εἰς τὴν βασιλείαν
c εἰσέρχομαι εἰς τὴν ζωήν
d εἰσέρχομαι + τοῦ and infinitive
e εἰσέρχομαι and ἐξέρχομαι
f εἰσέρχομαι εἰς τὴν συναγωγὴν

002					**Lk 1,9**	κατὰ τὸ ἔθος τῆς ἱερατείας ἔλαχε τοῦ θυμιᾶσαι **εἰσελθὼν** εἰς τὸν ναὸν τοῦ κυρίου	
002					**Lk 1,28**	καὶ **εἰσελθὼν** πρὸς αὐτὴν εἶπεν· χαῖρε, κεχαριτωμένη, ὁ κύριος μετὰ σοῦ.	
a 002					**Lk 1,40**	καὶ **εἰσῆλθεν** εἰς τὸν οἶκον Ζαχαρίου καὶ ἠσπάσατο τὴν Ἐλισάβετ.	
200	**Mt 2,21**	ὁ δὲ ἐγερθεὶς παρέλαβεν τὸ παιδίον καὶ τὴν μητέρα αὐτοῦ καὶ **εἰσῆλθεν** εἰς γῆν Ἰσραήλ.					
f 112	**Mt 13,54**	καὶ ἐλθὼν εἰς τὴν πατρίδα αὐτοῦ ἐδίδασκεν αὐτοὺς ἐν τῇ συναγωγῇ αὐτῶν, ...	**Mk 6,1**	καὶ ἐξῆλθεν ἐκεῖθεν καὶ ἔρχεται εἰς τὴν πατρίδα αὐτοῦ, καὶ ἀκολουθοῦσιν αὐτῷ οἱ μαθηταὶ αὐτοῦ. [2] καὶ γενομένου σαββάτου ἤρξατο διδάσκειν ἐν τῇ συναγωγῇ, ...	**Lk 4,16**	καὶ ἦλθεν εἰς Ναζαρά, οὗ ἦν τεθραμμένος καὶ **εἰσῆλθεν** κατὰ τὸ εἰωθὸς αὐτῷ ἐν τῇ ἡμέρᾳ τῶν σαββάτων εἰς τὴν συναγωγὴν καὶ ἀνέστη ἀναγνῶναι.	
f 021	**Mt 4,13**	... ἐλθὼν κατῴκησεν εἰς Καφαρναοὺμ τὴν παραθαλασσίαν ἐν ὁρίοις Ζαβουλὼν καὶ Νεφθαλίμ·	**Mk 1,21** → Mt 4,23	καὶ εἰσπορεύονται εἰς Καφαρναούμ· καὶ εὐθὺς τοῖς σάββασιν **εἰσελθὼν** εἰς τὴν συναγωγὴν ἐδίδασκεν.	**Lk 4,31**	καὶ κατῆλθεν εἰς Καφαρναοὺμ πόλιν τῆς Γαλιλαίας. καὶ ἦν διδάσκων αὐτοὺς ἐν τοῖς σάββασιν·	→ Jn 2,12
a 112	**Mt 8,14**	καὶ **ἐλθὼν** ὁ Ἰησοῦς εἰς τὴν οἰκίαν Πέτρου ...	**Mk 1,29**	καὶ εὐθὺς ἐκ τῆς συναγωγῆς ἐξελθόντες **ἦλθον** εἰς τὴν οἰκίαν Σίμωνος καὶ Ἀνδρέου μετὰ Ἰακώβου καὶ Ἰωάννου.	**Lk 4,38**	ἀναστὰς δὲ ἀπὸ τῆς συναγωγῆς **εἰσῆλθεν** εἰς τὴν οἰκίαν Σίμωνος. ...	

021			Mk 1,45 → Mt 9,31	ὁ δὲ ἐξελθὼν ἤρξατο κηρύσσειν πολλὰ καὶ διαφημίζειν τὸν λόγον, ὥστε μηκέτι αὐτὸν δύνασθαι φανερῶς εἰς πόλιν **εἰσελθεῖν**, ἀλλ᾽ ἔξω ἐπ᾽ ἐρήμοις τόποις ἦν· καὶ ἤρχοντο πρὸς αὐτὸν πάντοθεν.	Lk 5,15 → Lk 6,18 → Lk 7,17	διήρχετο δὲ μᾶλλον ὁ λόγος περὶ αὐτοῦ, καὶ συνήρχοντο ὄχλοι πολλοὶ ... [16] αὐτὸς δὲ ἦν ὑποχωρῶν ἐν ταῖς ἐρήμοις καὶ προσευχόμενος.	
121	Mt 9,1	καὶ ἐμβὰς εἰς πλοῖον διεπέρασεν καὶ **ἦλθεν** εἰς τὴν ἰδίαν πόλιν.	Mk 2,1	καὶ **εἰσελθὼν** πάλιν εἰς Καφαρναοὺμ δι᾽ ἡμερῶν ἠκούσθη ὅτι ἐν οἴκῳ ἐστίν.	Lk 5,17	καὶ ἐγένετο ἐν μιᾷ τῶν ἡμερῶν καὶ αὐτὸς ἦν διδάσκων, ...	
a 222	Mt 12,4	πῶς **εἰσῆλθεν** εἰς τὸν οἶκον τοῦ θεοῦ καὶ τοὺς ἄρτους τῆς προθέσεως ἔφαγον, ...	Mk 2,26	πῶς **εἰσῆλθεν** εἰς τὸν οἶκον τοῦ θεοῦ ἐπὶ Ἀβιαθὰρ ἀρχιερέως καὶ τοὺς ἄρτους τῆς προθέσεως ἔφαγεν, ...	Lk 6,4	[ὡς] **εἰσῆλθεν** εἰς τὸν οἶκον τοῦ θεοῦ καὶ τοὺς ἄρτους τῆς προθέσεως λαβὼν ἔφαγεν ...	
f 122	Mt 12,9	καὶ μεταβὰς ἐκεῖθεν **ἦλθεν** εἰς τὴν συναγωγὴν αὐτῶν·	Mk 3,1	καὶ **εἰσῆλθεν** πάλιν εἰς τὴν συναγωγήν. ...	Lk 6,6 → Lk 13,10 → Lk 14,1-2	ἐγένετο δὲ ἐν ἑτέρῳ σαββάτῳ **εἰσελθεῖν** αὐτὸν εἰς τὴν συναγωγὴν καὶ διδάσκειν. ...	
b 200	Mt 5,20	... ἐὰν μὴ περισσεύσῃ ὑμῶν ἡ δικαιοσύνη πλεῖον τῶν γραμματέων καὶ Φαρισαίων, **οὐ μὴ εἰσέλθητε** εἰς τὴν βασιλείαν τῶν οὐρανῶν.					→ GTh 27 (POxy 1)
200	Mt 6,6	σὺ δὲ ὅταν προσεύχῃ, **εἴσελθε** εἰς τὸ ταμεῖόν σου καὶ κλείσας τὴν θύραν σου ...					→ GTh 6 (POxy 654)
202 201	Mt 7,13 (2)	**εἰσέλθατε** διὰ τῆς στενῆς πύλης· ὅτι πλατεῖα ἡ πύλη καὶ εὐρύχωρος ἡ ὁδὸς ἡ ἀπάγουσα εἰς τὴν ἀπώλειαν, καὶ πολλοί εἰσιν **οἱ εἰσερχόμενοι** δι᾽ αὐτῆς· [14] τί στενὴ ἡ πύλη καὶ τεθλιμμένη ἡ ὁδὸς ἡ ἀπάγουσα εἰς τὴν ζωὴν καὶ ὀλίγοι εἰσὶν οἱ εὑρίσκοντες αὐτήν.			Lk 13,24 (2)	ἀγωνίζεσθε **εἰσελθεῖν** διὰ τῆς στενῆς θύρας, ὅτι πολλοί, λέγω ὑμῖν, ζητήσουσιν εἰσελθεῖν καὶ οὐκ ἰσχύσουσιν.	
b 201	Mt 7,21 → Mt 12,50	οὐ πᾶς ὁ λέγων μοι· κύριε κύριε, **εἰσελεύσεται** εἰς τὴν βασιλείαν τῶν οὐρανῶν, ἀλλ᾽ ὁ ποιῶν τὸ θέλημα τοῦ πατρός μου τοῦ ἐν τοῖς οὐρανοῖς.	→ Mk 3,35		Lk 6,46 → Lk 8,21	τί δέ με καλεῖτε· κύριε κύριε, καὶ οὐ ποιεῖτε ἃ λέγω;	

202	Mt 8,5	**εἰσελθόντος** δὲ αὐτοῦ εἰς Καφαρναοὺμ ...			Lk 7,1	... **εἰσῆλθεν** εἰς Καφαρναούμ.	
202	Mt 8,8	... κύριε, οὐκ εἰμὶ ἱκανὸς ἵνα μου ὑπὸ τὴν στέγην **εἰσέλθῃς,** ἀλλὰ μόνον εἰπὲ λόγῳ, καὶ ἰαθήσεται ὁ παῖς μου.			Lk 7,6	... κύριε, μὴ σκύλλου, οὐ γὰρ ἱκανός εἰμι ἵνα ὑπὸ τὴν στέγην μου **εἰσέλθῃς·** [7] διὸ οὐδὲ ἐμαυτὸν ἠξίωσα πρὸς σὲ ἐλθεῖν· ἀλλὰ εἰπὲ λόγῳ, καὶ ἰαθήτω ὁ παῖς μου.	→ Jn 4,49
211	Mt 9,25	ὅτε δὲ ἐξεβλήθη ὁ ὄχλος **εἰσελθὼν** ἐκράτησεν τῆς χειρὸς αὐτῆς, ...	Mk 5,40	[37] καὶ οὐκ ἀφῆκεν οὐδένα μετ' αὐτοῦ συνακολουθῆσαι εἰ μὴ τὸν Πέτρον καὶ Ἰάκωβον καὶ Ἰωάννην τὸν ἀδελφὸν Ἰακώβου. [40] ... αὐτὸς δὲ ἐκβαλὼν πάντας παραλαμβάνει τὸν πατέρα τοῦ παιδίου καὶ τὴν μητέρα καὶ τοὺς μετ' αὐτοῦ καὶ **εἰσπορεύεται** ὅπου ἦν τὸ παιδίον. [41] καὶ κρατήσας τῆς χειρὸς τοῦ παιδίου ...	Lk 8,54	[51] ... οὐκ ἀφῆκεν εἰσελθεῖν τινα σὺν αὐτῷ εἰ μὴ Πέτρον καὶ Ἰωάννην καὶ Ἰάκωβον καὶ τὸν πατέρα τῆς παιδὸς καὶ τὴν μητέρα. [52] ... [54] αὐτὸς δὲ κρατήσας τῆς χειρὸς αὐτῆς ...	
200	Mt 10,5	... εἰς ὁδὸν ἐθνῶν μὴ ἀπέλθητε καὶ εἰς πόλιν Σαμαριτῶν **μὴ εἰσέλθητε·**					
202	Mt 10,11	εἰς ἣν δ' ἂν πόλιν ἢ κώμην **εἰσέλθητε,** ἐξετάσατε τίς ἐν αὐτῇ ἄξιός ἐστιν· ↔			Lk 10,8 ↓ Lk 10,10	[7] ἐν αὐτῇ δὲ τῇ οἰκίᾳ μένετε, ... [8] καὶ εἰς ἣν ἂν πόλιν **εἰσέρχησθε** καὶ δέχωνται ὑμᾶς, ἐσθίετε τὰ παρατιθέμενα ὑμῖν	→ GTh 14,4
a e	Mt 10,11	↔ κἀκεῖ μείνατε ἕως ἂν ἐξέλθητε.	Mk 6,10	... ὅπου ἐὰν **εἰσέλθητε** εἰς οἰκίαν, ἐκεῖ μένετε ἕως ἂν ἐξέλθητε ἐκεῖθεν.	Lk 9,4 ⇩ Lk 10,5	καὶ εἰς ἣν ἂν οἰκίαν **εἰσέλθητε,** ἐκεῖ μένετε καὶ ἐκεῖθεν ἐξέρχεσθε.	Mk-Q overlap
a 202	Mt 10,12	**εἰσερχόμενοι** δὲ εἰς τὴν οἰκίαν ἀσπάσασθε αὐτήν·	Mk 6,10	... ὅπου ἐὰν **εἰσέλθητε** εἰς οἰκίαν, ...	Lk 10,5 ⇩ Lk 9,4	εἰς ἣν δ' ἂν **εἰσέλθητε** οἰκίαν, πρῶτον λέγετε· εἰρήνη τῷ οἴκῳ τούτῳ.	Mk-Q overlap
a 002	Mt 26,6 → Lk 7,40	τοῦ δὲ Ἰησοῦ **γενομένου** ἐν Βηθανίᾳ ἐν οἰκίᾳ Σίμωνος τοῦ λεπροῦ, [7] ... αὐτοῦ ἀνακειμένου.	Mk 14,3 → Lk 7,40	καὶ **ὄντος** αὐτοῦ ἐν Βηθανίᾳ ἐν τῇ οἰκίᾳ Σίμωνος τοῦ λεπροῦ, κατακειμένου αὐτοῦ ...	Lk 7,36	ἠρώτα δέ τις αὐτὸν τῶν Φαρισαίων ἵνα φάγῃ μετ' αὐτοῦ, καὶ **εἰσελθὼν** εἰς τὸν οἶκον τοῦ Φαρισαίου κατεκλίθη.	→ Jn 12,1-2
a 002					Lk 7,44	... **εἰσῆλθόν** σου εἰς τὴν οἰκίαν, ὕδωρ μοι ἐπὶ πόδας οὐκ ἔδωκας· ...	
002					Lk 7,45	φίλημά μοι οὐκ ἔδωκας· αὕτη δὲ ἀφ' ἧς **εἰσῆλθον** οὐ διέλιπεν καταφιλοῦσά μου τοὺς πόδας.	

a 222	Mt 12,4	πῶς εἰσῆλθεν εἰς τὸν οἶκον τοῦ θεοῦ καὶ τοὺς ἄρτους τῆς προθέσεως ἔφαγον, ...	Mk 2,26	πῶς εἰσῆλθεν εἰς τὸν οἶκον τοῦ θεοῦ ἐπὶ Ἀβιαθὰρ ἀρχιερέως καὶ τοὺς ἄρτους τῆς προθέσεως ἔφαγεν, ...	Lk 6,4	[ὡς] εἰσῆλθεν εἰς τὸν οἶκον τοῦ θεοῦ καὶ τοὺς ἄρτους τῆς προθέσεως λαβὼν ἔφαγεν ...	
a 221	Mt 12,29	ἢ πῶς δύναταί τις εἰσελθεῖν εἰς τὴν οἰκίαν τοῦ ἰσχυροῦ καὶ τὰ σκεύη αὐτοῦ ἁρπάσαι, ...	Mk 3,27	ἀλλ' οὐ δύναται οὐδεὶς εἰς τὴν οἰκίαν τοῦ ἰσχυροῦ εἰσελθὼν τὰ σκεύη αὐτοῦ διαρπάσαι, ...	Lk 11,21	ὅταν ὁ ἰσχυρὸς καθωπλισμένος φυλάσσῃ τὴν ἑαυτοῦ αὐλήν, ἐν εἰρήνῃ ἐστὶν τὰ ὑπάρχοντα αὐτοῦ·	→ GTh 21,5 → GTh 35 Mk-Q overlap?
     202	Mt 12,45 ↓ Mk 9,25	τότε πορεύεται καὶ παραλαμβάνει μεθ' ἑαυτοῦ ἑπτὰ ἕτερα πνεύματα πονηρότερα ἑαυτοῦ καὶ εἰσελθόντα κατοικεῖ ἐκεῖ· ...			Lk 11,26 ↓ Mk 9,25	τότε πορεύεται καὶ παραλαμβάνει ἕτερα πνεύματα πονηρότερα ἑαυτοῦ ἑπτὰ καὶ εἰσελθόντα κατοικεῖ ἐκεῖ· ...	
  012			Mk 5,9	... καὶ λέγει αὐτῷ· λεγιὼν ὄνομά μοι, ὅτι πολλοί ἐσμεν.	Lk 8,30	... ὁ δὲ εἶπεν· λεγιών, ὅτι εἰσῆλθεν δαιμόνια πολλὰ εἰς αὐτόν.	
       122	Mt 8,31	οἱ δὲ δαίμονες παρεκάλουν αὐτὸν λέγοντες· εἰ ἐκβάλλεις ἡμᾶς, ἀπόστειλον ἡμᾶς εἰς τὴν ἀγέλην τῶν χοίρων.	Mk 5,12	καὶ παρεκάλεσαν αὐτὸν λέγοντες· πέμψον ἡμᾶς εἰς τοὺς χοίρους, ἵνα εἰς αὐτοὺς εἰσέλθωμεν.	Lk 8,32	... καὶ παρεκάλεσαν αὐτὸν ἵνα ἐπιτρέψῃ αὐτοῖς εἰς ἐκείνους εἰσελθεῖν· ...	
e 122	Mt 8,32	... οἱ δὲ ἐξελθόντες ἀπῆλθον εἰς τοὺς χοίρους· ...	Mk 5,13	... καὶ ἐξελθόντα τὰ πνεύματα τὰ ἀκάθαρτα εἰσῆλθον εἰς τοὺς χοίρους, ...	Lk 8,33	ἐξελθόντα δὲ τὰ δαιμόνια ἀπὸ τοῦ ἀνθρώπου εἰσῆλθον εἰς τοὺς χοίρους, ...	
a 112	Mt 9,18	 ... λέγων ὅτι ἡ θυγάτηρ μου ἄρτι ἐτελεύτησεν· ἀλλὰ ἐλθὼν ἐπίθες τὴν χεῖρά σου ἐπ' αὐτήν, καὶ ζήσεται.	Mk 5,23	καὶ παρακαλεῖ αὐτὸν πολλὰ λέγων ὅτι τὸ θυγάτριόν μου ἐσχάτως ἔχει, ἵνα ἐλθὼν ἐπιθῇς τὰς χεῖρας αὐτῇ ἵνα σωθῇ καὶ ζήσῃ.	Lk 8,41 → Mk 5,42	... παρεκάλει αὐτὸν εἰσελθεῖν εἰς τὸν οἶκον αὐτοῦ, [42] ὅτι θυγάτηρ μονογενὴς ἦν αὐτῷ ὡς ἐτῶν δώδεκα καὶ αὐτὴ ἀπέθνῃσκεν. ...	
  012			Mk 5,37	καὶ οὐκ ἀφῆκεν οὐδένα μετ' αὐτοῦ συνακολουθῆσαι εἰ μὴ τὸν Πέτρον καὶ Ἰάκωβον καὶ Ἰωάννην τὸν ἀδελφὸν Ἰακώβου. [38] ... [40] ... παραλαμβάνει τὸν πατέρα τοῦ παιδίου καὶ τὴν μητέρα καὶ τοὺς μετ' αὐτοῦ ...	Lk 8,51	... οὐκ ἀφῆκεν εἰσελθεῖν τινα σὺν αὐτῷ εἰ μὴ Πέτρον καὶ Ἰωάννην καὶ Ἰάκωβον καὶ τὸν πατέρα τῆς παιδὸς καὶ τὴν μητέρα.	
 121	Mt 9,24	 ἔλεγεν· ἀναχωρεῖτε, οὐ γὰρ ἀπέθανεν τὸ κοράσιον ἀλλὰ καθεύδει. ...	Mk 5,39	καὶ εἰσελθὼν λέγει αὐτοῖς· τί θορυβεῖσθε καὶ κλαίετε; τὸ παιδίον οὐκ ἀπέθανεν ἀλλὰ καθεύδει.	Lk 8,52	 ... ὁ δὲ εἶπεν· μὴ κλαίετε, οὐ γὰρ ἀπέθανεν ἀλλὰ καθεύδει.	

e a 022	Mt 10,11 ⇩ Lk 10,8	εἰς ἣν δ' ἂν πόλιν ἢ κώμην **εἰσέλθητε,** ἐξετάσατε τίς ἐν αὐτῇ ἄξιός ἐστιν· ↔	Mk 6,10	... ὅπου ἐὰν **εἰσέλθητε** εἰς οἰκίαν,	Lk 9,4 ⇩ Lk 10,5	καὶ εἰς ἣν ἂν οἰκίαν **εἰσέλθητε,**	→ GTh 14,4 Mk-Q overlap
	Mt 10,11	↔ κἀκεῖ μείνατε ἕως ἂν ἐξέλθητε.		ἐκεῖ μένετε ἕως ἂν ἐξέλθητε ἐκεῖθεν.	⇩ Lk 10,7	ἐκεῖ μένετε καὶ ἐκεῖθεν ἐξέρχεσθε.	
a	Mt 10,12	**εἰσερχόμενοι** δὲ εἰς τὴν οἰκίαν ἀσπάσασθε αὐτήν·			Lk 10,5 ⇧ Lk 9,4	εἰς ἣν δ' ἂν **εἰσέλθητε** οἰκίαν, πρῶτον λέγετε· εἰρήνη τῷ οἴκῳ τούτῳ. [6] ... [7] ἐν αὐτῇ δὲ τῇ οἰκίᾳ μένετε, ...	Mk-Q overlap
120	Mt 14,6	γενεσίοις δὲ γενομένοις τοῦ Ἡρῴδου ὠρχήσατο ἡ θυγάτηρ τῆς Ἡρῳδιάδος ἐν τῷ μέσῳ ...	Mk 6,22	[21] καὶ γενομένης ἡμέρας εὐκαίρου ὅτε Ἡρῴδης τοῖς γενεσίοις αὐτοῦ ... [22] καὶ **εἰσελθούσης** τῆς θυγατρὸς αὐτοῦ Ἡρῳδιάδος καὶ ὀρχησαμένης ...			
e 120	Mt 14,8	ἡ δὲ προβιβασθεῖσα ὑπὸ τῆς μητρὸς αὐτῆς· δός μοι, φησίν, ὧδε ἐπὶ πίνακι τὴν κεφαλὴν Ἰωάννου τοῦ βαπτιστοῦ.	Mk 6,25	[24] καὶ ἐξελθοῦσα εἶπεν τῇ μητρὶ αὐτῆς· τί αἰτήσωμαι; ἡ δὲ εἶπεν· τὴν κεφαλὴν Ἰωάννου τοῦ βαπτίζοντος. [25] καὶ **εἰσελθοῦσα** εὐθὺς μετὰ σπουδῆς πρὸς τὸν βασιλέα ᾐτήσατο λέγουσα· θέλω ἵνα ἐξαυτῆς δῷς μοι ἐπὶ πίνακι τὴν κεφαλὴν Ἰωάννου τοῦ βαπτιστοῦ.			
210	Mt 15,11	οὐ **τὸ εἰσερχόμενον** εἰς τὸ στόμα κοινοῖ τὸν ἄνθρωπον, ...	Mk 7,15	**οὐδέν ἐστιν ἔξωθεν τοῦ ἀνθρώπου εἰσπορευόμενον** εἰς αὐτὸν ὃ δύναται κοινῶσαι αὐτόν, ...			→ GTh 14,5
a 120	Mt 15,15	ἀποκριθεὶς δὲ ὁ Πέτρος εἶπεν αὐτῷ· φράσον ἡμῖν τὴν παραβολήν [ταύτην].	Mk 7,17 → Mk 4,10 → Lk 8,9 → Mt 15,12	καὶ ὅτε **εἰσῆλθεν** εἰς οἶκον ἀπὸ τοῦ ὄχλου, ἐπηρώτων αὐτὸν οἱ μαθηταὶ αὐτοῦ τὴν παραβολήν.			
a 120	Mt 15,21	καὶ ἐξελθὼν ἐκεῖθεν ὁ Ἰησοῦς ἀνεχώρησεν εἰς τὰ μέρη Τύρου καὶ Σιδῶνος.	Mk 7,24 → Mt 15,22	ἐκεῖθεν δὲ ἀναστὰς ἀπῆλθεν εἰς τὰ ὅρια Τύρου. καὶ **εἰσελθὼν** εἰς οἰκίαν οὐδένα ἤθελεν γνῶναι, καὶ οὐκ ἠδυνήθη λαθεῖν·			
020			Mk 8,26	καὶ ἀπέστειλεν αὐτὸν εἰς οἶκον αὐτοῦ λέγων· μηδὲ εἰς τὴν κώμην **εἰσέλθῃς.**			
112	Mt 17,5	... ἰδοὺ νεφέλη φωτεινὴ ἐπεσκίασεν αὐτούς, ...	Mk 9,7	καὶ ἐγένετο νεφέλη ἐπισκιάζουσα αὐτοῖς, ...	Lk 9,34	... ἐγένετο νεφέλη καὶ ἐπεσκίαζεν αὐτούς· ἐφοβήθησαν δὲ **ἐν τῷ εἰσελθεῖν** αὐτοὺς εἰς τὴν νεφέλην.	

e 121	**Mt 17,18**	καὶ ἐπετίμησεν αὐτῷ ὁ Ἰησοῦς ...	**Mk 9,25** ↑ Mt 12,45 ↓ Lk 11,26	ἰδὼν δὲ ὁ Ἰησοῦς ὅτι ἐπισυντρέχει ὄχλος, ἐπετίμησεν τῷ πνεύματι τῷ ἀκαθάρτῳ λέγων αὐτῷ· τὸ ἄλαλον καὶ κωφὸν πνεῦμα, ἐγὼ ἐπιτάσσω σοι, ἔξελθε ἐξ αὐτοῦ καὶ μηκέτι **εἰσέλθῃς** εἰς αὐτόν.	**Lk 9,42**	... ἐπετίμησεν δὲ ὁ Ἰησοῦς τῷ πνεύματι τῷ ἀκαθάρτῳ ...	
a 120	**Mt 17,19**	τότε **προσελθόντες** οἱ μαθηταὶ τῷ Ἰησοῦ κατ᾽ ἰδίαν εἶπον· διὰ τί ἡμεῖς οὐκ ἠδυνήθημεν ἐκβαλεῖν αὐτό;	**Mk 9,28**	καὶ **εἰσελθόντος** αὐτοῦ εἰς οἶκον οἱ μαθηταὶ αὐτοῦ κατ᾽ ἰδίαν ἐπηρώτων αὐτόν· ὅτι ἡμεῖς οὐκ ἠδυνήθημεν ἐκβαλεῖν αὐτό;			
112	**Mt 18,1**	ἐν ἐκείνῃ τῇ ὥρᾳ προσῆλθον οἱ μαθηταὶ τῷ Ἰησοῦ λέγοντες· τίς ἄρα μείζων ἐστὶν ἐν τῇ βασιλείᾳ τῶν οὐρανῶν;	**Mk 9,33**	... καὶ ἐν τῇ οἰκίᾳ γενόμενος ἐπηρώτα αὐτούς· τί ἐν τῇ ὁδῷ διελογίζεσθε; [34] οἱ δὲ ἐσιώπων· πρὸς ἀλλήλους γὰρ διελέχθησαν ἐν τῇ ὁδῷ τίς μείζων.	**Lk 9,46** → Lk 22,24	**εἰσῆλθεν** δὲ διαλογισμὸς ἐν αὐτοῖς, τὸ τίς ἂν εἴη μείζων αὐτῶν.	→ GTh 12
b 222	**Mt 18,3**	... ἀμὴν λέγω ὑμῖν, ἐὰν μὴ στραφῆτε καὶ γένησθε ὡς τὰ παιδία, **οὐ μὴ εἰσέλθητε** εἰς τὴν βασιλείαν τῶν οὐρανῶν.	**Mk 10,15**	ἀμὴν λέγω ὑμῖν, ὃς ἂν μὴ δέξηται τὴν βασιλείαν τοῦ θεοῦ ὡς παιδίον, **οὐ μὴ εἰσέλθῃ** εἰς αὐτήν.	**Lk 18,17**	ἀμὴν λέγω ὑμῖν, ὃς ἂν μὴ δέξηται τὴν βασιλείαν τοῦ θεοῦ ὡς παιδίον, **οὐ μὴ εἰσέλθῃ** εἰς αὐτήν.	→ Jn 3,3 → GTh 22 → GTh 46
c 220	**Mt 18,8** ⇩ Mt 5,30 ↓ Mk 9,45	... καλόν σοί ἐστιν **εἰσελθεῖν** εἰς τὴν ζωὴν κυλλὸν ἢ χωλὸν ἢ δύο χεῖρας ἢ δύο πόδας ἔχοντα βληθῆναι εἰς τὸ πῦρ τὸ αἰώνιον.	**Mk 9,43**	... καλόν ἐστίν σε κυλλὸν **εἰσελθεῖν** εἰς τὴν ζωὴν ἢ τὰς δύο χεῖρας ἔχοντα ἀπελθεῖν εἰς τὴν γέενναν, εἰς τὸ πῦρ τὸ ἄσβεστον.			
c 020	**Mt 5,30** ⇧ Mt 18,8	... συμφέρει γάρ σοι ἵνα ἀπόληται ἓν τῶν μελῶν σου καὶ μὴ ὅλον τὸ σῶμά σου εἰς γέενναν ἀπέλθῃ.	**Mk 9,45** ↑ Mt 18,8	... καλόν ἐστίν σε **εἰσελθεῖν** εἰς τὴν ζωὴν χωλὸν ἢ τοὺς δύο πόδας ἔχοντα βληθῆναι εἰς τὴν γέενναν.			
c b 220	**Mt 18,9** ⇩ Mt 5,29	... καλόν σοί ἐστιν μονόφθαλμον εἰς τὴν ζωὴν **εἰσελθεῖν** ἢ δύο ὀφθαλμοὺς ἔχοντα βληθῆναι εἰς τὴν γέενναν τοῦ πυρός.	**Mk 9,47**	... καλόν σέ ἐστιν μονόφθαλμον **εἰσελθεῖν** εἰς τὴν βασιλείαν τοῦ θεοῦ ἢ δύο ὀφθαλμοὺς ἔχοντα βληθῆναι εἰς τὴν γέενναν			
	Mt 5,29 ⇧ Mt 18,9	... συμφέρει γάρ σοι ἵνα ἀπόληται ἓν τῶν μελῶν σου καὶ μὴ ὅλον τὸ σῶμά σου βληθῇ εἰς γέενναν.					

002					Lk 9,52	... καὶ πορευθέντες **εἰσῆλθον** εἰς κώμην Σαμαριτῶν, ὡς ἑτοιμάσαι αὐτῷ·	
a 202	Mt 10,12	**εἰσερχόμενοι** δὲ εἰς τὴν οἰκίαν ἀσπάσασθε αὐτήν·	Mk 6,10	... ὅπου ἐὰν **εἰσέλθητε** εἰς οἰκίαν, ...	Lk 10,5 ⇧ Lk 9,4	εἰς ἣν δ᾽ ἂν **εἰσέλθητε** οἰκίαν, πρῶτον λέγετε· εἰρήνη τῷ οἴκῳ τούτῳ.	Mk-Q overlap
202	Mt 10,11	εἰς ἣν δ᾽ ἂν πόλιν ἢ κώμην **εἰσέλθητε,** ἐξετάσατε τίς ἐν αὐτῇ ἄξιός ἐστιν· ...			Lk 10,8 ⇧ Lk 9,4 ⇧ Mk 6,10 ↓ Lk 10,10	καὶ εἰς ἣν ἂν πόλιν **εἰσέρχησθε** καὶ δέχωνται ὑμᾶς, ἐσθίετε τὰ παρατιθέμενα ὑμῖν	→ GTh 14,4
e 102	Mt 10,14	καὶ ὃς ἂν μὴ δέξηται ὑμᾶς μηδὲ ἀκούσῃ τοὺς λόγους ὑμῶν, ἐξερχόμενοι ...	Mk 6,11	καὶ ὃς ἂν τόπος μὴ δέξηται ὑμᾶς μηδὲ ἀκούσωσιν ὑμῶν, ἐκπορευόμενοι ...	Lk 10,10 ⇨ Lk 9,5 ↑ Lk 10,8	εἰς ἣν δ᾽ ἂν πόλιν **εἰσέλθητε** καὶ μὴ δέχωνται ὑμᾶς, ἐξελθόντες ...	Mk-Q overlap
002					Lk 10,38	ἐν δὲ τῷ πορεύεσθαι αὐτοὺς αὐτὸς **εἰσῆλθεν** εἰς κώμην τινά· ...	
202	Mt 12,45 ↑ Mk 9,25	τότε πορεύεται καὶ παραλαμβάνει μεθ᾽ ἑαυτοῦ ἑπτὰ ἕτερα πνεύματα πονηρότερα ἑαυτοῦ καὶ **εἰσελθόντα** κατοικεῖ ἐκεῖ· ...			Lk 11,26 ↑ Mk 9,25	τότε πορεύεται καὶ παραλαμβάνει ἕτερα πνεύματα πονηρότερα ἑαυτοῦ ἑπτὰ καὶ **εἰσελθόντα** κατοικεῖ ἐκεῖ· ...	
002					Lk 11,37 → Mt 15,1 → Mk 7,1	ἐν δὲ τῷ λαλῆσαι ἐρωτᾷ αὐτὸν Φαρισαῖος ὅπως ἀριστήσῃ παρ᾽ αὐτῷ· **εἰσελθὼν** δὲ ἀνέπεσεν.	
202 202	Mt 23,13 (3) → Mt 16,19	οὐαὶ δὲ ὑμῖν, γραμματεῖς καὶ Φαρισαῖοι ὑποκριταί, ὅτι κλείετε τὴν βασιλείαν τῶν οὐρανῶν ἔμπροσθεν τῶν ἀνθρώπων· ὑμεῖς γὰρ **οὐκ εἰσέρχεσθε** οὐδὲ **τοὺς εἰσερχομένους** ἀφίετε εἰσελθεῖν.			Lk 11,52 (2)	οὐαὶ ὑμῖν τοῖς νομικοῖς, ὅτι ἤρατε τὴν κλεῖδα τῆς γνώσεως· αὐτοὶ **οὐκ εἰσήλθατε** καὶ **τοὺς εἰσερχομένους** ἐκωλύσατε.	→ GTh 39,1-2 (POxy 655) → GTh 102
202	Mt 7,13 (2)	**εἰσέλθατε** διὰ τῆς στενῆς πύλης· ὅτι πλατεῖα ἡ πύλη καὶ εὐρύχωρος ἡ ὁδὸς ἡ ἀπάγουσα εἰς τὴν ἀπώλειαν, καὶ πολλοί εἰσιν οἱ εἰσερχόμενοι δι᾽ αὐτῆς·			Lk 13,24 (2)	ἀγωνίζεσθε **εἰσελθεῖν** διὰ τῆς στενῆς θύρας,	
102	Mt 7,14	τί στενὴ ἡ πύλη καὶ τεθλιμμένη ἡ ὁδὸς ἡ ἀπάγουσα εἰς τὴν ζωὴν καὶ ὀλίγοι εἰσὶν οἱ εὑρίσκοντες αὐτήν.				ὅτι πολλοί, λέγω ὑμῖν, ζητήσουσιν **εἰσελθεῖν** καὶ οὐκ ἰσχύσουσιν.	

e 102	**Mt 22,9**	πορεύεσθε οὖν ἐπὶ τὰς διεξόδους τῶν ὁδῶν καὶ ὅσους ἐὰν εὕρητε καλέσατε εἰς τοὺς γάμους. [10] ... καὶ ἐπλήσθη ὁ γάμος ἀνακειμένων.			**Lk 14,23** ⇨ Lk 14,21 → Lk 16,16	... ἔξελθε εἰς τὰς ὁδοὺς καὶ φραγμοὺς καὶ ἀνάγκασον **εἰσελθεῖν**, ἵνα γεμισθῇ μου ὁ οἶκος·	→ GTh 64
e 002					**Lk 15,28**	ὠργίσθη δὲ καὶ οὐκ ἤθελεν **εἰσελθεῖν**, ὁ δὲ πατὴρ αὐτοῦ ἐξελθὼν παρεκάλει αὐτόν.	
002					**Lk 17,7**	τίς δὲ ἐξ ὑμῶν δοῦλον ἔχων ἀροτριῶντα ἢ ποιμαίνοντα, ὃς **εἰσελθόντι** ἐκ τοῦ ἀγροῦ ἐρεῖ αὐτῷ· εὐθέως παρελθὼν ἀνάπεσε	
002					**Lk 17,12** → Mt 8,2 → Mk 1,40 → Lk 5,12	καὶ **εἰσερχομένου** αὐτοῦ εἴς τινα κώμην ἀπήντησαν [αὐτῷ] δέκα λεπροὶ ἄνδρες, ...	
202	**Mt 24,38**	... ἄχρι ἧς ἡμέρας **εἰσῆλθεν** Νῶε εἰς τὴν κιβωτόν			**Lk 17,27**	... ἄχρι ἧς ἡμέρας **εἰσῆλθεν** Νῶε εἰς τὴν κιβωτόν, ...	
b 222	**Mt 18,3**	... ἀμὴν λέγω ὑμῖν, ἐὰν μὴ στραφῆτε καὶ γένησθε ὡς τὰ παιδία, **οὐ μὴ εἰσέλθητε** εἰς τὴν βασιλείαν τῶν οὐρανῶν.	**Mk 10,15**	ἀμὴν λέγω ὑμῖν, ὃς ἂν μὴ δέξηται τὴν βασιλείαν τοῦ θεοῦ ὡς παιδίον, **οὐ μὴ εἰσέλθῃ** εἰς αὐτήν.	**Lk 18,17**	ἀμὴν λέγω ὑμῖν, ὃς ἂν μὴ δέξηται τὴν βασιλείαν τοῦ θεοῦ ὡς παιδίον, **οὐ μὴ εἰσέλθῃ** εἰς αὐτήν.	→ Jn 3,3 → GTh 22 → GTh 46
c 211	**Mt 19,17**	... τί με ἐρωτᾷς περὶ τοῦ ἀγαθοῦ; εἷς ἐστιν ὁ ἀγαθός· εἰ δὲ θέλεις εἰς τὴν ζωὴν **εἰσελθεῖν**, τήρησον τὰς ἐντολάς.	**Mk 10,18**	... τί με λέγεις ἀγαθόν; οὐδεὶς ἀγαθὸς εἰ μὴ εἷς ὁ θεός. [19] τὰς ἐντολὰς οἶδας· ...	**Lk 18,19**	... τί με λέγεις ἀγαθόν; οὐδεὶς ἀγαθὸς εἰ μὴ εἷς ὁ θεός. [20] τὰς ἐντολὰς οἶδας· ...	
b 221	**Mt 19,23**	... ἀμὴν λέγω ὑμῖν ὅτι πλούσιος δυσκόλως **εἰσελεύσεται** εἰς τὴν βασιλείαν τῶν οὐρανῶν.	**Mk 10,23**	... πῶς δυσκόλως οἱ τὰ χρήματα ἔχοντες εἰς τὴν βασιλείαν τοῦ θεοῦ **εἰσελεύσονται**.	**Lk 18,24**	... πῶς δυσκόλως οἱ τὰ χρήματα ἔχοντες εἰς τὴν βασιλείαν τοῦ θεοῦ **εἰσπορεύονται**·	
b 120	**Mt 19,24**	πάλιν δὲ λέγω ὑμῖν,	**Mk 10,24**	... ὁ δὲ Ἰησοῦς πάλιν ἀποκριθεὶς λέγει αὐτοῖς· τέκνα, πῶς δύσκολόν ἐστιν εἰς τὴν βασιλείαν τοῦ θεοῦ **εἰσελθεῖν**·			
112 *b* 222		εὐκοπώτερόν ἐστιν κάμηλον διὰ τρυπήματος ῥαφίδος **διελθεῖν** ἢ πλούσιον **εἰσελθεῖν** εἰς τὴν βασιλείαν τοῦ θεοῦ.	**Mk 10,25**	εὐκοπώτερόν ἐστιν κάμηλον διὰ [τῆς] τρυμαλιᾶς [τῆς] ῥαφίδος **διελθεῖν** ἢ πλούσιον εἰς τὴν βασιλείαν τοῦ θεοῦ **εἰσελθεῖν**.	**Lk 18,25** **(2)**	εὐκοπώτερον γάρ ἐστιν κάμηλον διὰ τρήματος βελόνης **εἰσελθεῖν** ἢ πλούσιον εἰς τὴν βασιλείαν τοῦ θεοῦ **εἰσελθεῖν**.	
002					**Lk 19,1**	καὶ **εἰσελθὼν** διήρχετο τὴν Ἰεριχώ.	

	Mt		Mk		Lk		
002					**Lk 19,7** → Mt 9,11 → Mk 2,16 → Lk 5,30 → Lk 15,2	καὶ ἰδόντες πάντες διεγόγγυζον λέγοντες ὅτι παρὰ ἁμαρτωλῷ ἀνδρὶ **εἰσῆλθεν** καταλῦσαι.	
e 220	**Mt 21,10** → Mt 2,3 → Lk 19,41	καὶ **εἰσελθόντος** αὐτοῦ εἰς Ἱεροσόλυμα ἐσείσθη πᾶσα ἡ πόλις λέγουσα· τίς ἐστιν οὗτος;	**Mk 11,11** ↓ Mt 21,12 ↓ Mk 11,15 → Lk 19,41	καὶ **εἰσῆλθεν** εἰς Ἱεροσόλυμα εἰς τὸ ἱερὸν καὶ περιβλεψάμενος πάντα, ... ἐξῆλθεν εἰς Βηθανίαν ...			→ Jn 2,13
222	**Mt 21,12**	καὶ **εἰσῆλθεν** Ἰησοῦς εἰς τὸ ἱερὸν καὶ ἐξέβαλεν πάντας τοὺς πωλοῦντας ...	**Mk 11,15** ↑ Mt 21,10 ↑ Mk 11,11	... καὶ **εἰσελθὼν** εἰς τὸ ἱερὸν ἤρξατο ἐκβάλλειν τοὺς πωλοῦντας ...	**Lk 19,45**	καὶ **εἰσελθὼν** εἰς τὸ ἱερὸν ἤρξατο ἐκβάλλειν τοὺς πωλοῦντας	→ Jn 2,14-16
200	**Mt 22,11**	**εἰσελθὼν** δὲ ὁ βασιλεὺς θεάσασθαι τοὺς ἀνακειμένους ...					
200	**Mt 22,12**	καὶ λέγει αὐτῷ· ἑταῖρε, πῶς **εἰσῆλθες** ὧδε μὴ ἔχων ἔνδυμα γάμου; ...					
202 202 201	**Mt 23,13** (3) → Mt 16,19	οὐαὶ δὲ ὑμῖν, γραμματεῖς καὶ Φαρισαῖοι ὑποκριταί, ὅτι κλείετε τὴν βασιλείαν τῶν οὐρανῶν ἔμπροσθεν τῶν ἀνθρώπων· ὑμεῖς γὰρ **οὐκ εἰσέρχεσθε** οὐδὲ **τοὺς εἰσερχομένους** ἀφίετε **εἰσελθεῖν.**			**Lk 11,52** (2)	οὐαὶ ὑμῖν τοῖς νομικοῖς, ὅτι ἤρατε τὴν κλεῖδα τῆς γνώσεως· αὐτοὶ **οὐκ εἰσήλθατε** καὶ **τοὺς εἰσερχομένους** ἐκωλύσατε.	→ GTh 39,1-2 **(POxy 655)** → GTh 102
112	**Mt 24,16**	τότε οἱ ἐν τῇ Ἰουδαίᾳ φευγέτωσαν εἰς τὰ ὄρη,	**Mk 13,14**	... τότε οἱ ἐν τῇ Ἰουδαίᾳ φευγέτωσαν εἰς τὰ ὄρη,	**Lk 21,21**	τότε οἱ ἐν τῇ Ἰουδαίᾳ φευγέτωσαν εἰς τὰ ὄρη καὶ οἱ ἐν μέσῳ αὐτῆς ἐκχωρείτωσαν καὶ οἱ ἐν ταῖς χώραις **μὴ εἰσερχέσθωσαν** εἰς αὐτήν	
121	**Mt 24,17**	ὁ ἐπὶ τοῦ δώματος μὴ καταβάτω ἆραι τὰ ἐκ τῆς οἰκίας αὐτοῦ	**Mk 13,15**	ὁ [δὲ] ἐπὶ τοῦ δώματος μὴ καταβάτω **μηδὲ εἰσελθάτω** ἆραί τι ἐκ τῆς οἰκίας αὐτοῦ	**Lk 17,31**	ἐν ἐκείνῃ τῇ ἡμέρᾳ ὃς ἔσται ἐπὶ τοῦ δώματος καὶ τὰ σκεύη αὐτοῦ ἐν τῇ οἰκίᾳ, μὴ καταβάτω ἆραι αὐτά, ...	
202	**Mt 24,38**	... ἄχρι ἧς ἡμέρας **εἰσῆλθεν** Νῶε εἰς τὴν κιβωτόν			**Lk 17,27**	... ἄχρι ἧς ἡμέρας **εἰσῆλθεν** Νῶε εἰς τὴν κιβωτόν, ...	
200	**Mt 25,10**	ἀπερχομένων δὲ αὐτῶν ἀγοράσαι ἦλθεν ὁ νυμφίος, καὶ αἱ ἕτοιμοι **εἰσῆλθον** μετ' αὐτοῦ εἰς τοὺς γάμους καὶ ἐκλείσθη ἡ θύρα.			**Lk 13,25**	ἀφ' οὗ ἂν ἐγερθῇ ὁ οἰκοδεσπότης καὶ ἀποκλείσῃ τὴν θύραν ...	

201	Mt 25,21 → Mt 24,47	... εὖ, δοῦλε ἀγαθὲ καὶ πιστέ, ἐπὶ ὀλίγα ἦς πιστός, ἐπὶ πολλῶν σε καταστήσω· εἴσελθε εἰς τὴν χαρὰν τοῦ κυρίου σου.			Lk 19,17 → Lk 16,10	... εὖγε, ἀγαθὲ δοῦλε, ὅτι ἐν ἐλαχίστῳ πιστὸς ἐγένου, ἴσθι ἐξουσίαν ἔχων ἐπάνω δέκα πόλεων.	
201	Mt 25,23 → Mt 24,47	... εὖ, δοῦλε ἀγαθὲ καὶ πιστέ, ἐπὶ ὀλίγα ἦς πιστός, ἐπὶ πολλῶν σε καταστήσω· εἴσελθε εἰς τὴν χαρὰν τοῦ κυρίου σου.			Lk 19,19	... καὶ σὺ ἐπάνω γίνου πέντε πόλεων.	
112	Mt 26,14	τότε πορευθεὶς εἷς τῶν δώδεκα, ὁ λεγόμενος Ἰούδας Ἰσκαριώτης, πρὸς τοὺς ἀρχιερεῖς	Mk 14,10	καὶ Ἰούδας Ἰσκαριὼθ ὁ εἷς τῶν δώδεκα ἀπῆλθεν πρὸς τοὺς ἀρχιερεῖς ...	Lk 22,3	εἰσῆλθεν δὲ σατανᾶς εἰς Ἰούδαν τὸν καλούμενον Ἰσκαριώτην, ὄντα ἐκ τοῦ ἀριθμοῦ τῶν δώδεκα· [4] καὶ ἀπελθὼν συνελάλησεν τοῖς ἀρχιερεῦσιν καὶ στρατηγοῖς ...	
112	Mt 26,18	... ὑπάγετε εἰς τὴν πόλιν πρὸς τὸν δεῖνα	Mk 14,13	... ὑπάγετε εἰς τὴν πόλιν, καὶ ἀπαντήσει ὑμῖν ἄνθρωπος κεράμιον ὕδατος βαστάζων· ...	Lk 22,10	... ἰδοὺ εἰσελθόντων ὑμῶν εἰς τὴν πόλιν συναντήσει ὑμῖν ἄνθρωπος κεράμιον ὕδατος βαστάζων· ...	
121		καὶ εἴπατε αὐτῷ· ὁ διδάσκαλος λέγει· ...	Mk 14,14	[13] ... ἀκολουθήσατε αὐτῷ [14] καὶ ὅπου ἐὰν εἰσέλθῃ εἴπατε τῷ οἰκοδεσπότῃ ὅτι ὁ διδάσκαλος λέγει· ...	Lk 22,10	... ἀκολουθήσατε αὐτῷ εἰς τὴν οἰκίαν εἰς ἣν εἰσπορεύεται. [11] καὶ ἐρεῖτε τῷ οἰκοδεσπότῃ τῆς οἰκίας· λέγει σοι ὁ διδάσκαλος· ...	
112	Mt 26,36	... καθίσατε αὐτοῦ ἕως [οὗ] ἀπελθὼν ἐκεῖ προσεύξωμαι.	Mk 14,32	... καθίσατε ὧδε ἕως προσεύξωμαι.	Lk 22,40 ↓ Mt 26,41 ↓ Mk 14,38 ↓ Lk 22,46	... προσεύχεσθε μὴ εἰσελθεῖν εἰς πειρασμόν.	
212	Mt 26,41	γρηγορεῖτε καὶ προσεύχεσθε, ἵνα μὴ εἰσέλθητε εἰς πειρασμόν· ...	Mk 14,38	γρηγορεῖτε καὶ προσεύχεσθε, ἵνα μὴ ἔλθητε εἰς πειρασμόν· ...	Lk 22,46 ↑ Lk 22,40	... ἀναστάντες προσεύχεσθε, ἵνα μὴ εἰσέλθητε εἰς πειρασμόν.	
211	Mt 26,58	ὁ δὲ Πέτρος ἠκολούθει αὐτῷ ἀπὸ μακρόθεν ἕως τῆς αὐλῆς τοῦ ἀρχιερέως καὶ εἰσελθὼν ἔσω ἐκάθητο μετὰ τῶν ὑπηρετῶν ἰδεῖν τὸ τέλος.	Mk 14,54	καὶ ὁ Πέτρος ἀπὸ μακρόθεν ἠκολούθησεν αὐτῷ ἕως ἔσω εἰς τὴν αὐλὴν τοῦ ἀρχιερέως καὶ ἦν συγκαθήμενος μετὰ τῶν ὑπηρετῶν καὶ θερμαινόμενος πρὸς τὸ φῶς.	Lk 22,55	[54] ... ὁ δὲ Πέτρος ἠκολούθει μακρόθεν. [55] περιαψάντων δὲ πῦρ ἐν μέσῳ τῆς αὐλῆς καὶ συγκαθισάντων ἐκάθητο ὁ Πέτρος μέσος αὐτῶν.	→ Jn 18,18
e 200	Mt 27,53	καὶ ἐξελθόντες ἐκ τῶν μνημείων μετὰ τὴν ἔγερσιν αὐτοῦ εἰσῆλθον εἰς τὴν ἁγίαν πόλιν καὶ ἐνεφανίσθησαν πολλοῖς.					
121	Mt 27,58	οὗτος προσελθὼν τῷ Πιλάτῳ ᾐτήσατο τὸ σῶμα τοῦ Ἰησοῦ. ...	Mk 15,43	... τολμήσας εἰσῆλθεν πρὸς τὸν Πιλᾶτον καὶ ᾐτήσατο τὸ σῶμα τοῦ Ἰησοῦ.	Lk 23,52	οὗτος προσελθὼν τῷ Πιλάτῳ ᾐτήσατο τὸ σῶμα τοῦ Ἰησοῦ	→ Jn 19,38

	Mt	Mk	Lk	
022	**Mt 28,2** καὶ ἰδοὺ σεισμὸς ἐγένετο μέγας· ἄγγελος γὰρ κυρίου καταβὰς ἐξ οὐρανοῦ καὶ προσελθὼν ἀπεκύλισεν τὸν λίθον καὶ ἐκάθητο ἐπάνω αὐτοῦ. [3] ἦν δὲ ἡ εἰδέα αὐτοῦ ὡς ἀστραπὴ καὶ τὸ ἔνδυμα αὐτοῦ λευκὸν ὡς χιών.	**Mk 16,5** καὶ **εἰσελθοῦσαι** εἰς τὸ μνημεῖον εἶδον νεανίσκον καθήμενον ἐν τοῖς δεξιοῖς περιβεβλημένον στολὴν λευκήν, ...	**Lk 24,3** → Lk 24,23 **εἰσελθοῦσαι** δὲ οὐχ εὗρον τὸ σῶμα τοῦ κυρίου Ἰησοῦ. [4] καὶ ἐγένετο ἐν τῷ ἀπορεῖσθαι αὐτὰς περὶ τούτου καὶ ἰδοὺ ἄνδρες δύο ἐπέστησαν αὐταῖς ἐν ἐσθῆτι ἀστραπτούσῃ.	→ Jn 20,11
002	→ Mt 16,21 → Mt 17,22-23 → Mt 20,18-19	→ Mk 8,31 → Mk 9,31 → Mk 10,33-34	**Lk 24,26** → Lk 9,22 → Lk 9,44 → Lk 17,25 → Lk 18,31-33 → Lk 24,7 → Lk 24,46 οὐχὶ ταῦτα ἔδει παθεῖν τὸν χριστὸν καὶ **εἰσελθεῖν** εἰς τὴν δόξαν αὐτοῦ;	**→ Acts 14,22**
d 002			**Lk 24,29** ... καὶ **εἰσῆλθεν** τοῦ μεῖναι σὺν αὐτοῖς.	

Acts 1,13 καὶ ὅτε
εἰσῆλθον,
εἰς τὸ ὑπερῷον ἀνέβησαν οὗ ἦσαν καταμένοντες, ...

e **Acts 1,21** δεῖ οὖν τῶν συνελθόντων ἡμῖν ἀνδρῶν ἐν παντὶ χρόνῳ ᾧ
εἰσῆλθεν
καὶ ἐξῆλθεν ἐφ᾽ ἡμᾶς ὁ κύριος Ἰησοῦς, [22] ... μάρτυρα τῆς ἀναστάσεως αὐτοῦ σὺν ἡμῖν γενέσθαι ἕνα τούτων.

Acts 3,8 καὶ ἐξαλλόμενος ἔστη καὶ περιεπάτει καὶ
εἰσῆλθεν
σὺν αὐτοῖς εἰς τὸ ἱερὸν περιπατῶν καὶ ἁλλόμενος καὶ αἰνῶν τὸν θεόν.

Acts 5,7 ἐγένετο δὲ ὡς ὡρῶν τριῶν διάστημα καὶ ἡ γυνὴ αὐτοῦ μὴ εἰδυῖα τὸ γεγονὸς
εἰσῆλθεν.

Acts 5,10 ἔπεσεν δὲ παραχρῆμα πρὸς τοὺς πόδας αὐτοῦ καὶ ἐξέψυξεν·
εἰσελθόντες
δὲ οἱ νεανίσκοι εὗρον αὐτὴν νεκρὰν καὶ ἐξενέγκαντες ἔθαψαν πρὸς τὸν ἄνδρα αὐτῆς

Acts 5,21 ἀκούσαντες δὲ
εἰσῆλθον
ὑπὸ τὸν ὄρθρον εἰς τὸ ἱερὸν καὶ ἐδίδασκον. ...

Acts 9,6 ἀλλὰ ἀνάστηθι καὶ
εἴσελθε
εἰς τὴν πόλιν καὶ λαληθήσεταί σοι ὅ τί σε δεῖ ποιεῖν.

Acts 9,12 καὶ εἶδεν ἄνδρα [ἐν ὁράματι] Ἁνανίαν ὀνόματι
εἰσελθόντα
καὶ ἐπιθέντα αὐτῷ [τὰς] χεῖρας ὅπως ἀναβλέψῃ.

a **Acts 9,17** ἀπῆλθεν δὲ Ἁνανίας καὶ
εἰσῆλθεν
εἰς τὴν οἰκίαν καὶ ἐπιθεὶς ἐπ᾽ αὐτὸν τὰς χεῖρας εἶπεν· ...

Acts 10,3 εἶδεν ἐν ὁράματι φανερῶς ὡσεὶ περὶ ὥραν ἐνάτην τῆς ἡμέρας ἄγγελον τοῦ θεοῦ
εἰσελθόντα
πρὸς αὐτὸν καὶ εἰπόντα αὐτῷ· Κορνήλιε.

e **Acts 10,24** [23] ... ἐξῆλθεν σὺν αὐτοῖς ... [24] τῇ δὲ ἐπαύριον
εἰσῆλθεν
εἰς τὴν Καισάρειαν. ...

Acts 10,25 ὡς δὲ ἐγένετο
τοῦ εἰσελθεῖν
τὸν Πέτρον, συναντήσας αὐτῷ ὁ Κορνήλιος πεσὼν ἐπὶ τοὺς πόδας προσεκύνησεν.

Acts 10,27 καὶ συνομιλῶν αὐτῷ
εἰσῆλθεν
καὶ εὑρίσκει συνεληλυθότας πολλούς

Acts 11,3 λέγοντες ὅτι
εἰσῆλθες
πρὸς ἄνδρας ἀκροβυστίαν ἔχοντας καὶ συνέφαγες αὐτοῖς.

Acts 11,8 ... μηδαμῶς, κύριε, ὅτι κοινὸν ἢ ἀκάθαρτον
οὐδέποτε εἰσῆλθεν
εἰς τὸ στόμα μου.

a **Acts 11,12** ... ἦλθον δὲ σὺν ἐμοὶ καὶ οἱ ἓξ ἀδελφοὶ οὗτοι καὶ
εἰσήλθομεν
εἰς τὸν οἶκον τοῦ ἀνδρός.

f **Acts 13,14** αὐτοὶ δὲ διελθόντες ἀπὸ τῆς Πέργης παρεγένοντο εἰς Ἀντιόχειαν τὴν Πισιδίαν, καὶ
[εἰσ]ελθόντες
εἰς τὴν συναγωγὴν τῇ ἡμέρᾳ τῶν σαββάτων ἐκάθισαν.

f **Acts 14,1** ἐγένετο δὲ ἐν Ἰκονίῳ κατὰ τὸ αὐτὸ
εἰσελθεῖν
αὐτοὺς εἰς τὴν συναγωγὴν τῶν Ἰουδαίων ...

e **Acts 14,20** κυκλωσάντων δὲ τῶν μαθητῶν αὐτὸν ἀναστὰς
εἰσῆλθεν
εἰς τὴν πόλιν. καὶ τῇ ἐπαύριον ἐξῆλθεν σὺν τῷ Βαρναβᾷ εἰς Δέρβην.

b **Acts 14,22** ... διὰ πολλῶν θλίψεων
→ Lk 24,26 δεῖ ἡμᾶς
εἰσελθεῖν
εἰς τὴν βασιλείαν τοῦ θεοῦ.

a **Acts 16,15** ... εἰ κεκρίκατέ με πιστὴν τῷ κυρίῳ εἶναι,
εἰσελθόντες
εἰς τὸν οἶκόν μου μένετε· ...

e **Acts 16,40** ἐξελθόντες δὲ ἀπὸ τῆς φυλακῆς
εἰσῆλθον
πρὸς τὴν Λυδίαν ...

Acts 17,2 κατὰ δὲ τὸ εἰωθὸς τῷ Παύλῳ **εἰσῆλθεν** πρὸς αὐτοὺς καὶ ἐπὶ σάββατα τρία διελέξατο αὐτοῖς ἀπὸ τῶν γραφῶν

a **Acts 18,7** καὶ μεταβὰς ἐκεῖθεν **εἰσῆλθεν** εἰς οἰκίαν τινὸς ὀνόματι Τιτίου Ἰούστου ...

f **Acts 18,19** κατήντησαν δὲ εἰς Ἔφεσον κἀκείνους κατέλιπεν αὐτοῦ, αὐτὸς δὲ **εἰσελθὼν** εἰς τὴν συναγωγὴν διελέξατο τοῖς Ἰουδαίοις.

f **Acts 19,8** **εἰσελθὼν** δὲ εἰς τὴν συναγωγὴν ἐπαρρησιάζετο ἐπὶ μῆνας τρεῖς διαλεγόμενος ...

Acts 19,30 Παύλου δὲ βουλομένου **εἰσελθεῖν** εἰς τὸν δῆμον οὐκ εἴων αὐτὸν οἱ μαθηταί·

Acts 20,29 ἐγὼ οἶδα ὅτι **εἰσελεύσονται** μετὰ τὴν ἄφιξίν μου λύκοι βαρεῖς εἰς ὑμᾶς ...

a e **Acts 21,8** τῇ δὲ ἐπαύριον ἐξελθόντες ἤλθομεν εἰς Καισάρειαν καὶ **εἰσελθόντες** εἰς τὸν οἶκον Φιλίππου τοῦ εὐαγγελιστοῦ, ...

Acts 23,16 ἀκούσας δὲ ὁ υἱὸς τῆς ἀδελφῆς Παύλου τὴν ἐνέδραν, παραγενόμενος καὶ **εἰσελθὼν** εἰς τὴν παρεμβολὴν ἀπήγγειλεν τῷ Παύλῳ.

Acts 23,33 οἵτινες **εἰσελθόντες** εἰς τὴν Καισάρειαν ...

Acts 25,23 τῇ οὖν ἐπαύριον ἐλθόντος τοῦ Ἀγρίππα καὶ τῆς Βερνίκης μετὰ πολλῆς φαντασίας καὶ **εἰσελθόντων** εἰς τὸ ἀκροατήριον ...

Acts 28,8 ἐγένετο δὲ τὸν πατέρα τοῦ Ποπλίου πυρετοῖς καὶ δυσεντερίῳ συνεχόμενον κατακεῖσθαι, πρὸς ὃν ὁ Παῦλος **εἰσελθὼν** καὶ προσευξάμενος ἐπιθεὶς τὰς χεῖρας αὐτῷ ἰάσατο αὐτόν.

Acts 28,16 ὅτε δὲ **εἰσήλθομεν** εἰς Ῥώμην, ἐπετράπη τῷ Παύλῳ μένειν καθ' ἑαυτὸν σὺν τῷ φυλάσσοντι αὐτὸν στρατιώτῃ.

εἰσίν → εἰμί

εἰσπορεύομαι	Syn 14	Mt 1	Mk 8	Lk 5	Acts 4	Jn	1-3John	Paul	Eph	Col
	NT 18	2Thess	1/2Tim	Tit	Heb	Jas	1Pet	2Pet	Jude	Rev

come, go in; enter

	triple tradition																	double tradition			Sondergut		
		+Mt / +Lk			−Mt / −Lk			traditions not taken over by Mt / Lk							subtotals								
code	222	211	112	212	221	122	121	022	012	021	220	120	210	020	Σ⁺	Σ⁻	Σ	202	201	102	200	002	total
Mt						1^-	2^-				1	3^-				6^-	1						**1**
Mk						1	2			1	1	3					8						**8**
Lk			2^+			1	2^-		1^+	1^-					3^+	3^-	4			1			**5**

code	Mt		Mk		Lk		
021	Mt 4,13	καὶ καταλιπὼν τὴν Ναζαρὰ **ἐλθὼν κατῴκησεν** εἰς Καφαρναοὺμ τὴν παραθαλασσίαν ἐν ὁρίοις Ζαβουλὼν καὶ Νεφθαλίμ·	**Mk 1,21**	καὶ **εἰσπορεύονται** εἰς Καφαρναούμ· ...	**Lk 4,31**	καὶ **κατῆλθεν** εἰς Καφαρναοὺμ πόλιν τῆς Γαλιλαίας. ...	→ Jn 2,12
121	**Mt 13,22**	... καὶ ἡ μέριμνα τοῦ αἰῶνος καὶ ἡ ἀπάτη τοῦ πλούτου συμπνίγει τὸν λόγον καὶ ἄκαρπος γίνεται.	**Mk 4,19**	καὶ αἱ μέριμναι τοῦ αἰῶνος καὶ ἡ ἀπάτη τοῦ πλούτου καὶ αἱ περὶ τὰ λοιπὰ ἐπιθυμίαι **εἰσπορευόμεναι** συμπνίγουσιν τὸν λόγον καὶ ἄκαρπος γίνεται.	**Lk 8,14**	... καὶ ὑπὸ μεριμνῶν καὶ πλούτου καὶ ἡδονῶν τοῦ βίου **πορευόμενοι** συμπνίγονται καὶ οὐ τελεσφοροῦσιν.	
012	Mt 5,15	οὐδὲ καίουσιν λύχνον καὶ τιθέασιν αὐτὸν ὑπὸ τὸν μόδιον ἀλλ' ἐπὶ τὴν λυχνίαν, καὶ λάμπει πᾶσιν τοῖς ἐν τῇ οἰκίᾳ.	**Mk 4,21**	... μήτι ἔρχεται ὁ λύχνος ἵνα ὑπὸ τὸν μόδιον τεθῇ ἢ ὑπὸ τὴν κλίνην; οὐχ ἵνα ἐπὶ τὴν λυχνίαν τεθῇ;	**Lk 8,16** ⇩ Lk 11,33	οὐδεὶς δὲ λύχνον ἅψας καλύπτει αὐτὸν σκεύει ἢ ὑποκάτω κλίνης τίθησιν, ἀλλ' ἐπὶ λυχνίας τίθησιν, ἵνα **οἱ εἰσπορευόμενοι** βλέπωσιν τὸ φῶς.	→ GTh 33,2-3 Mk-Q overlap

121	Mt 9,25	ὅτε δὲ ἐξεβλήθη ὁ ὄχλος εἰσελθὼν ἐκράτησεν τῆς χειρὸς αὐτῆς, ...	Mk 5,40	[37] καὶ οὐκ ἀφῆκεν οὐδένα μετ᾽ αὐτοῦ συνακολουθῆσαι εἰ μὴ τὸν Πέτρον καὶ Ἰάκωβον καὶ Ἰωάννην τὸν ἀδελφὸν Ἰακώβου. [40] ... αὐτὸς δὲ ἐκβαλὼν πάντας παραλαμβάνει τὸν πατέρα τοῦ παιδίου καὶ τὴν μητέρα καὶ τοὺς μετ᾽ αὐτοῦ καὶ εἰσπορεύεται ὅπου ἦν τὸ παιδίον. [41] καὶ κρατήσας τῆς χειρὸς τοῦ παιδίου ...	Lk 8,54	[51] ... οὐκ ἀφῆκεν εἰσελθεῖν τινα σὺν αὐτῷ εἰ μὴ Πέτρον καὶ Ἰωάννην καὶ Ἰάκωβον καὶ τὸν πατέρα τῆς παιδὸς καὶ τὴν μητέρα. [52] ... [54] αὐτὸς δὲ κρατήσας τῆς χειρὸς αὐτῆς ...	
120	Mt 14,36 → Mt 9,20	καὶ παρεκάλουν αὐτὸν ἵνα μόνον ἅψωνται τοῦ κρασπέδου τοῦ ἱματίου αὐτοῦ· ...	Mk 6,56 → Mk 5,27	καὶ ὅπου ἂν εἰσεπορεύετο εἰς κώμας ἢ εἰς πόλεις ἢ εἰς ἀγρούς, ἐν ταῖς ἀγοραῖς ἐτίθεσαν τοὺς ἀσθενοῦντας, καὶ παρεκάλουν αὐτὸν ἵνα κἂν τοῦ κρασπέδου τοῦ ἱματίου αὐτοῦ ἅψωνται· ...	→ Lk 8,44		
120	Mt 15,11	οὐ τὸ εἰσερχόμενον εἰς τὸ στόμα κοινοῖ τὸν ἄνθρωπον, ...	Mk 7,15	οὐδέν ἐστιν ἔξωθεν τοῦ ἀνθρώπου εἰσπορευόμενον εἰς αὐτὸν ὃ δύναται κοινῶσαι αὐτόν, ...			→ GTh 14,5
220	Mt 15,17	οὐ νοεῖτε ὅτι πᾶν τὸ εἰσπορευόμενον εἰς τὸ στόμα	Mk 7,18	... οὐ νοεῖτε ὅτι πᾶν τὸ ἔξωθεν εἰσπορευόμενον εἰς τὸν ἄνθρωπον οὐ δύναται αὐτὸν κοινῶσαι,			→ GTh 14,5
120		εἰς τὴν κοιλίαν χωρεῖ καὶ εἰς ἀφεδρῶνα ἐκβάλλεται;	Mk 7,19	ὅτι οὐκ εἰσπορεύεται αὐτοῦ εἰς τὴν καρδίαν ἀλλ᾽ εἰς τὴν κοιλίαν, καὶ εἰς τὸν ἀφεδρῶνα ἐκπορεύεται, καθαρίζων πάντα τὰ βρώματα;			
102	Mt 5,15	οὐδὲ καίουσιν λύχνον καὶ τιθέασιν αὐτὸν ὑπὸ τὸν μόδιον ἀλλ᾽ ἐπὶ τὴν λυχνίαν, καὶ λάμπει πᾶσιν τοῖς ἐν τῇ οἰκίᾳ.	Mk 4,21	... μήτι ἔρχεται ὁ λύχνος ἵνα ὑπὸ τὸν μόδιον τεθῇ ἢ ὑπὸ τὴν κλίνην; οὐχ ἵνα ἐπὶ τὴν λυχνίαν τεθῇ;	Lk 11,33 ⇧ Lk 8,16	οὐδεὶς λύχνον ἅψας εἰς κρύπτην τίθησιν [οὐδὲ ὑπὸ τὸν μόδιον] ἀλλ᾽ ἐπὶ τὴν λυχνίαν, ἵνα οἱ εἰσπορευόμενοι τὸ φῶς βλέπωσιν.	→ GTh 33,2-3
112	Mt 19,23	... ἀμὴν λέγω ὑμῖν ὅτι πλούσιος δυσκόλως εἰσελεύσεται εἰς τὴν βασιλείαν τῶν οὐρανῶν.	Mk 10,23	... πῶς δυσκόλως οἱ τὰ χρήματα ἔχοντες εἰς τὴν βασιλείαν τοῦ θεοῦ εἰσελεύσονται.	Lk 18,24	... πῶς δυσκόλως οἱ τὰ χρήματα ἔχοντες εἰς τὴν βασιλείαν τοῦ θεοῦ εἰσπορεύονται·	
122	Mt 21,2	... πορεύεσθε εἰς τὴν κώμην τὴν κατέναντι ὑμῶν, καὶ εὐθέως εὑρήσετε ὄνον δεδεμένην καὶ πῶλον μετ᾽ αὐτῆς· ...	Mk 11,2	... ὑπάγετε εἰς τὴν κώμην τὴν κατέναντι ὑμῶν, καὶ εὐθὺς εἰσπορευόμενοι εἰς αὐτὴν εὑρήσετε πῶλον δεδεμένον ...	Lk 19,30	... ὑπάγετε εἰς τὴν κατέναντι κώμην, ἐν ᾗ εἰσπορευόμενοι εὑρήσετε πῶλον δεδεμένον, ...	

	Mt		Mk		Lk		
112	Mt 26,18	... καὶ εἴπατε αὐτῷ· ὁ διδάσκαλος λέγει· ...	Mk 14,14	[13] ... ἀκολουθήσατε αὐτῷ [14] καὶ ὅπου ἐὰν **εἰσέλθῃ** εἴπατε τῷ οἰκοδεσπότῃ ὅτι ὁ διδάσκαλος λέγει· ...	Lk 22,10	... ἀκολουθήσατε αὐτῷ εἰς τὴν οἰκίαν εἰς ἣν **εἰσπορεύεται.** [11] καὶ ἐρεῖτε τῷ οἰκοδεσπότῃ τῆς οἰκίας· λέγει σοι ὁ διδάσκαλος· ...	

Acts 3,2 ... τοῦ αἰτεῖν ἐλεημοσύνην **παρὰ τῶν εἰσπορευομένων** εἰς τὸ ἱερόν·

Acts 8,3 Σαῦλος δὲ ἐλυμαίνετο τὴν ἐκκλησίαν κατὰ τοὺς οἴκους **εἰσπορευόμενος,** σύρων τε ἄνδρας καὶ γυναῖκας παρεδίδου εἰς φυλακήν.

Acts 9,28 καὶ ἦν μετ᾽ αὐτῶν **εἰσπορευόμενος** καὶ ἐκπορευόμενος εἰς Ἰερουσαλήμ, ...

Acts 28,30 ... ἀπεδέχετο **πάντας τοὺς εἰσπορευομένους** πρὸς αὐτόν

# εἰσφέρω	Syn	Mt	Mk	Lk	Acts	Jn	1-3John	Paul	Eph	Col
	5	1		4	1					
	NT	2Thess	1/2Tim	Tit	Heb	Jas	1Pet	2Pet	Jude	Rev
	8		1		1					

bring in; carry in

	Mt		Mk		Lk		
112	Mt 9,2	καὶ ἰδοὺ προσέφερον αὐτῷ παραλυτικὸν ἐπὶ κλίνης βεβλημένον. ...	Mk 2,3	καὶ ἔρχονται φέροντες πρὸς αὐτὸν παραλυτικὸν αἰρόμενον ὑπὸ τεσσάρων.	Lk 5,18	καὶ ἰδοὺ ἄνδρες φέροντες ἐπὶ κλίνης ἄνθρωπον ὃς ἦν παραλελυμένος καὶ ἐζήτουν αὐτὸν **εἰσενεγκεῖν** καὶ θεῖναι [αὐτὸν] ἐνώπιον αὐτοῦ.	
012			Mk 2,4	καὶ μὴ δυνάμενοι **προσενέγκαι** αὐτῷ διὰ τὸν ὄχλον ...	Lk 5,19	καὶ μὴ εὑρόντες ποίας **εἰσενέγκωσιν** αὐτὸν διὰ τὸν ὄχλον, ...	
202	Mt 6,13	καὶ **μὴ εἰσενέγκῃς** ἡμᾶς εἰς πειρασμόν, ...			Lk 11,4	... καὶ **μὴ εἰσενέγκῃς** ἡμᾶς εἰς πειρασμόν.	
102	Mt 10,19	ὅταν δὲ **παραδῶσιν ὑμᾶς,** μὴ μεριμνήσητε πῶς ἢ τί λαλήσητε· ...	Mk 13,11	καὶ ὅταν **ἄγωσιν ὑμᾶς παραδιδόντες,** μὴ προμεριμνᾶτε τί λαλήσητε, ...	Lk 12,11 ⇨ Lk 21,14-15 → Lk 21,12	ὅταν δὲ **εἰσφέρωσιν ὑμᾶς** ἐπὶ τὰς συναγωγὰς καὶ τὰς ἀρχὰς καὶ τὰς ἐξουσίας, μὴ μεριμνήσητε πῶς ἢ τί ἀπολογήσησθε ἢ τί εἴπητε·	

Acts 17,20 ξενίζοντα γάρ τινα **εἰσφέρεις** εἰς τὰς ἀκοὰς ἡμῶν· ...

εἶτα, εἶτεν	Syn 5	Mt	Mk 4	Lk 1	Acts	Jn 3	1-3John	Paul 3	Eph	Col
	NT 15	2Thess	1/2Tim 2	Tit	Heb 1	Jas 1	1Pet	2Pet	Jude	Rev

then; next; furthermore

112	**Mt 13,19**	παντὸς ἀκούοντος τὸν λόγον τῆς βασιλείας καὶ μὴ συνιέντος, ἔρχεται ὁ πονηρὸς καὶ ἁρπάζει τὸ ἐσπαρμένον ἐν τῇ καρδίᾳ αὐτοῦ, οὗτός ἐστιν ὁ παρὰ τὴν ὁδὸν σπαρείς.	**Mk 4,15**	οὗτοι δέ εἰσιν οἱ παρὰ τὴν ὁδὸν· ὅπου σπείρεται ὁ λόγος καὶ ὅταν ἀκούσωσιν, **εὐθὺς** ἔρχεται ὁ σατανᾶς καὶ αἴρει τὸν λόγον τὸν ἐσπαρμένον εἰς αὐτούς.	**Lk 8,12**	οἱ δὲ παρὰ τὴν ὁδόν εἰσιν οἱ ἀκούσαντες, **εἶτα** ἔρχεται ὁ διάβολος καὶ αἴρει τὸν λόγον ἀπὸ τῆς καρδίας αὐτῶν, ἵνα μὴ πιστεύσαντες σωθῶσιν.	
121	**Mt 13,21**	οὐκ ἔχει δὲ ῥίζαν ἐν ἑαυτῷ ἀλλὰ πρόσκαιρός ἐστιν, γενομένης **δὲ** θλίψεως ἢ διωγμοῦ διὰ τὸν λόγον εὐθὺς σκανδαλίζεται.	**Mk 4,17**	καὶ οὐκ ἔχουσιν ῥίζαν ἐν ἑαυτοῖς ἀλλὰ πρόσκαιροί εἰσιν, **εἶτα** γενομένης θλίψεως ἢ διωγμοῦ διὰ τὸν λόγον εὐθὺς σκανδαλίζονται.	**Lk 8,13**	... καὶ οὗτοι ῥίζαν οὐκ ἔχουσιν, οἳ πρὸς καιρὸν πιστεύουσιν **καὶ** ἐν καιρῷ πειρασμοῦ ἀφίστανται.	
020 020			**Mk 4,28** **(2)**	αὐτομάτη ἡ γῆ καρποφορεῖ, πρῶτον χόρτον **εἶτα** στάχυν **εἶτα** πλήρη[ς] σῖτον ἐν τῷ στάχυϊ.			
020			**Mk 8,25** → Mt 9,29 → Mt 20,34	**εἶτα** πάλιν ἐπέθηκεν τὰς χεῖρας ἐπὶ τοὺς ὀφθαλμοὺς αὐτοῦ, ...			

εἴωθα	Syn 3	Mt 1	Mk 1	Lk 1	Acts 1	Jn	1-3John	Paul	Eph	Col
	NT 4	2Thess	1/2Tim	Tit	Heb	Jas	1Pet	2Pet	Jude	Rev

be accustomed

112	**Mt 13,54**	καὶ ἐλθὼν εἰς τὴν πατρίδα αὐτοῦ ἐδίδασκεν αὐτοὺς ἐν τῇ συναγωγῇ αὐτῶν, ...	**Mk 6,1**	... καὶ ἔρχεται εἰς τὴν πατρίδα αὐτοῦ, καὶ ἀκολουθοῦσιν αὐτῷ οἱ μαθηταὶ αὐτοῦ. [2] καὶ γενομένου σαββάτου ἤρξατο διδάσκειν ἐν τῇ συναγωγῇ, ...	**Lk 4,16**	καὶ ἦλθεν εἰς Ναζαρά, οὗ ἦν τεθραμμένος καὶ εἰσῆλθεν **κατὰ τὸ εἰωθὸς** αὐτῷ ἐν τῇ ἡμέρᾳ τῶν σαββάτων εἰς τὴν συναγωγὴν καὶ ἀνέστη ἀναγνῶναι.	
120	**Mt 19,2**	καὶ ἠκολούθησαν αὐτῷ ὄχλοι πολλοί, καὶ ἐθεράπευσεν αὐτοὺς ἐκεῖ.	**Mk 10,1**	... καὶ συμπορεύονται πάλιν ὄχλοι πρὸς αὐτόν, καὶ ὡς **εἰώθει** πάλιν ἐδίδασκεν αὐτούς.			

210	**Mt 27,15** κατὰ δὲ ἑορτὴν **εἰώθει** ὁ ἡγεμὼν ἀπολύειν ἕνα τῷ ὄχλῳ δέσμιον ὃν ἤθελον.	**Mk 15,6** κατὰ δὲ ἑορτὴν ἀπέλυεν αὐτοῖς ἕνα δέσμιον ὃν παρῃτοῦντο.		→ Jn 18,39 Lk 23,17 is textcritically uncertain.

Acts 17,2 **κατὰ δὲ τὸ εἰωθὸς** τῷ Παύλῳ εἰσῆλθεν πρὸς αὐτοὺς καὶ ἐπὶ σάββατα τρία διελέξατο αὐτοῖς ἀπὸ τῶν γραφῶν

ἐκ, ἐξ	Syn 234	Mt 82	Mk 65	Lk 87	Acts 84	Jn 165	1-3John 37	Paul 175	Eph 8	Col 11
	NT 912	2Thess 1	1/2Tim 9	Tit 4	Heb 21	Jas 13	1Pet 8	2Pet 5	Jude 2	Rev 135

from; out from; away from; by; by means of; by reason of; because; for; on; at; of

	triple tradition																	double tradition			Sonder-gut		
		+Mt / +Lk			–Mt / –Lk			traditions not taken over by Mt / Lk							subtotals								
code	222	211	112	212	221	122	121	022	012	021	220	120	210	020	Σ⁺	Σ⁻	Σ	202	201	102	200	002	total
Mt	11	1^+			7	4^-	14^-				10	6^-	6^+		7^+	24^-	35	11	5		31		**82**
Mk	11				7	4	14	3		4	10	6		6			65						**65**
Lk	11		6^+		7^-	4	14^-	3	1^+	4^-					7^+	25^-	25	11		11		40	**87**

Mk-Q overlap: 121: Mt 3,16 / Mk 1,10 / Lk 3,21 (?) 222: Mt 3,17 / Mk 1,11 / Lk 3,22 (?)

- *a* ἐκ, ἐξ with reference to time
- *b* ἐκ, ἐξ with composite verb ἐκ-
- *c* ἐκ, ἐξ with composite verb συν-
- *d* ἐκ, ἐξ with composite verb κατα-
- *e* ἐκ, ἐξ with composite verb ἀνα-
- *f* ὁ, τὸ ἐκ / ἐξ; τίς, τις ἐκ / ἐξ; εἷς ἐξ
- *g* ἐκ ... as adverb

200	**Mt 1,3** Ἰούδας δὲ ἐγέννησεν τὸν Φάρες καὶ τὸν Ζάρα **ἐκ τῆς Θαμάρ,** Φάρες δὲ ἐγέννησεν τὸν Ἑσρώμ, ...	**Lk 3,33**	... τοῦ Ἑσρὼμ τοῦ Φάρες τοῦ Ἰούδα	
200	**Mt 1,5 (2)** Σαλμὼν δὲ ἐγέννησεν τὸν Βόες **ἐκ τῆς Ῥαχάβ,**	**Lk 3,32**	... τοῦ Σαλὰ ...	
200	Βόες δὲ ἐγέννησεν τὸν Ἰωβὴδ **ἐκ τῆς Ῥούθ,** Ἰωβὴδ δὲ ἐγέννησεν τὸν Ἰεσσαί,	**Lk 3,32**	τοῦ Ἰεσσαὶ τοῦ Ἰωβὴδ τοῦ Βόος ...	
200	**Mt 1,6** ... Δαυὶδ δὲ ἐγέννησεν τὸν Σολομῶνα **ἐκ τῆς τοῦ Οὐρίου**	**Lk 3,31**	... τοῦ Ναθὰμ τοῦ Δαυὶδ	
200	**Mt 1,16** → Mt 13,55 → Mk 6,3 Ἰακὼβ δὲ ἐγέννησεν τὸν Ἰωσὴφ τὸν ἄνδρα Μαρίας, **ἐξ ἧς** ἐγεννήθη Ἰησοῦς ὁ λεγόμενος χριστός.	**Lk 3,23**	καὶ αὐτὸς ἦν Ἰησοῦς ἀρχόμενος ὡσεὶ ἐτῶν τριάκοντα, ὢν υἱός, ὡς ἐνομίζετο, Ἰωσὴφ τοῦ Ἠλὶ	

002 002					Lk 1,5 (2)	ἐγένετο ἐν ταῖς ἡμέραις Ἡρῴδου βασιλέως τῆς Ἰουδαίας ἱερεύς τις ὀνόματι Ζαχαρίας **ἐξ ἐφημερίας Ἀβιά,** καὶ γυνὴ αὐτῷ **ἐκ τῶν θυγατέρων Ἀαρὼν** καὶ τὸ ὄνομα αὐτῆς Ἐλισάβετ.	
002					Lk 1,11	ὤφθη δὲ αὐτῷ ἄγγελος κυρίου ἑστὼς **ἐκ δεξιῶν τοῦ θυσιαστηρίου τοῦ θυμιάματος.**	
a 002					Lk 1,15	... καὶ πνεύματος ἁγίου πλησθήσεται ἔτι **ἐκ κοιλίας μητρὸς αὐτοῦ**	
002					Lk 1,27 ↓ Mt 1,18 ↓ Mt 1,20	πρὸς παρθένον ἐμνηστευμένην ἀνδρὶ ᾧ ὄνομα Ἰωσὴφ **ἐξ οἴκου Δαυὶδ** καὶ τὸ ὄνομα τῆς παρθένου Μαριάμ.	
002					Lk 1,61	καὶ εἶπαν πρὸς αὐτὴν ὅτι οὐδείς ἐστιν **ἐκ τῆς συγγενείας σου** ὃς καλεῖται τῷ ὀνόματι τούτῳ.	
002 002					Lk 1,71 (2)	σωτηρίαν **ἐξ ἐχθρῶν ἡμῶν** καὶ **ἐκ χειρὸς πάντων τῶν μισούντων** ἡμᾶς	
002					Lk 1,74	ἀφόβως **ἐκ χειρὸς ἐχθρῶν** ῥυσθέντας λατρεύειν αὐτῷ	
002					Lk 1,78	διὰ σπλάγχνα ἐλέους θεοῦ ἡμῶν, ἐν οἷς ἐπισκέψεται ἡμᾶς ἀνατολὴ **ἐξ ὕψους**	
200	Mt 1,18 ↑ Lk 1,27 → Lk 1,35	... μνηστευθείσης τῆς μητρὸς αὐτοῦ Μαρίας τῷ Ἰωσήφ, πρὶν ἢ συνελθεῖν αὐτοὺς εὑρέθη ἐν γαστρὶ ἔχουσα **ἐκ πνεύματος ἁγίου.**					
200	Mt 1,20 ↑ Lk 1,27 → Lk 1,30 → Lk 1,35	... Ἰωσὴφ υἱὸς Δαυίδ, μὴ φοβηθῇς παραλαβεῖν Μαριὰμ τὴν γυναῖκά σου, τὸ γὰρ ἐν αὐτῇ γεννηθὲν **ἐκ πνεύματός ἐστιν ἁγίου·**					

e 002					Lk 2,4 (2)	ἀνέβη δὲ καὶ Ἰωσὴφ ἀπὸ τῆς Γαλιλαίας **ἐκ πόλεως Ναζαρὲθ** εἰς τὴν Ἰουδαίαν εἰς πόλιν Δαυὶδ ἥτις καλεῖται Βηθλέεμ,	
002						διὰ τὸ εἶναι αὐτὸν **ἐξ οἴκου καὶ** **πατριᾶς Δαυίδ**	
002					Lk 2,35	... ὅπως ἂν ἀποκαλυφθῶσιν **ἐκ πολλῶν καρδιῶν** διαλογισμοί.	
002					Lk 2,36	καὶ ἦν Ἅννα προφῆτις, θυγάτηρ Φανουήλ, **ἐκ φυλῆς Ἀσήρ·** αὕτη προβεβηκυῖα ἐν ἡμέραις πολλαῖς, ...	
b 200	Mt 2,6	*καὶ σύ, Βηθλέεμ,* γῆ Ἰούδα, οὐδαμῶς *ἐλαχίστη εἶ ἐν τοῖς* *ἡγεμόσιν Ἰούδα·* ***ἐκ σοῦ*** *γὰρ ἐξελεύσεται* *ἡγούμενος, ὅστις* *ποιμανεῖ τὸν λαόν μου* *τὸν Ἰσραήλ.* ➤ Micah 5,1.3; 2Sam 5,2/1Chron 11,2					
200	Mt 2,15	... ἵνα πληρωθῇ τὸ ῥηθὲν ὑπὸ κυρίου διὰ τοῦ προφήτου λέγοντος· ***ἐξ Αἰγύπτου*** *ἐκάλεσα τὸν υἱόν μου.* ➤ Hos 11,1					
202	Mt 3,9	... δύναται ὁ θεὸς **ἐκ τῶν λίθων τούτων** ἐγεῖραι τέκνα τῷ Ἀβραάμ.			Lk 3,8	... δύναται ὁ θεὸς **ἐκ τῶν λίθων τούτων** ἐγεῖραι τέκνα τῷ Ἀβραάμ.	
e 121	Mt 3,16	βαπτισθεὶς δὲ ὁ Ἰησοῦς εὐθὺς ἀνέβη **ἀπὸ τοῦ ὕδατος·** καὶ ἰδοὺ ἠνεῴχθησαν [αὐτῷ] οἱ οὐρανοί, ...	Mk 1,10	καὶ εὐθὺς ἀναβαίνων **ἐκ τοῦ ὕδατος** εἶδεν σχιζομένους τοὺς οὐρανοὺς ...	Lk 3,21	... βαπτισθέντος καὶ προσευχομένου ἀνεῳχθῆναι τὸν οὐρανὸν	Mk-Q overlap?
222	Mt 3,17 ↓ Mt 17,5 → Mt 12,18	καὶ ἰδοὺ φωνὴ **ἐκ τῶν οὐρανῶν** λέγουσα· οὗτός ἐστιν ὁ υἱός μου ὁ ἀγαπητός, ...	Mk 1,11 ↓ Mk 9,7	καὶ φωνὴ ἐγένετο **ἐκ τῶν οὐρανῶν·** σὺ εἶ ὁ υἱός μου ὁ ἀγαπητός, ...	Lk 3,22 ↓ Lk 9,35	... καὶ φωνὴν **ἐξ οὐρανοῦ** γενέσθαι· σὺ εἶ ὁ υἱός μου ὁ ἀγαπητός, ...	→ Jn 1,34 → Jn 12,28 Mk-Q overlap?
b 112	Mt 13,54	καὶ ἐλθὼν εἰς τὴν πατρίδα αὐτοῦ ἐδίδασκεν αὐτοὺς ἐν τῇ συναγωγῇ αὐτῶν, ὥστε ἐκπλήσσεσθαι αὐτοὺς ...	Mk 6,2	καὶ γενομένου σαββάτου ἤρξατο διδάσκειν ἐν τῇ συναγωγῇ, καὶ πολλοὶ ἀκούοντες ἐξεπλήσσοντο ...	Lk 4,22	καὶ πάντες ἐμαρτύρουν αὐτῷ καὶ ἐθαύμαζον ἐπὶ τοῖς λόγοις τῆς χάριτος τοῖς ἐκπορευομένοις **ἐκ τοῦ στόματος** **αὐτοῦ ...**	
b 021			Mk 1,25	καὶ ἐπετίμησεν αὐτῷ ὁ Ἰησοῦς λέγων· φιμώθητι καὶ ἔξελθε **ἐξ αὐτοῦ.**	Lk 4,35	καὶ ἐπετίμησεν αὐτῷ ὁ Ἰησοῦς λέγων· φιμώθητι καὶ ἔξελθε **ἀπ' αὐτοῦ.**	
b 021			Mk 1,26	καὶ σπαράξαν αὐτὸν τὸ πνεῦμα τὸ ἀκάθαρτον καὶ φωνῆσαν φωνῇ μεγάλῃ ἐξῆλθεν **ἐξ αὐτοῦ.**		καὶ ῥίψαν αὐτὸν τὸ δαιμόνιον εἰς τὸ μέσον ἐξῆλθεν **ἀπ' αὐτοῦ** μηδὲν βλάψαν αὐτόν.	

b 121	**Mt 8,14**	καὶ ἐλθὼν ὁ Ἰησοῦς εἰς τὴν οἰκίαν Πέτρου ...	**Mk 1,29**	καὶ εὐθὺς **ἐκ τῆς συναγωγῆς** ἐξελθόντες ἦλθον εἰς τὴν οἰκίαν Σίμωνος καὶ Ἀνδρέου μετὰ Ἰακώβου καὶ Ἰωάννου.	**Lk 4,38**	ἀναστὰς δὲ **ἀπὸ τῆς συναγωγῆς** εἰσῆλθεν εἰς τὴν οἰκίαν Σίμωνος. ...	
002	Mt 13,2	... καθῆσθαι, καὶ πᾶς ὁ ὄχλος ἐπὶ τὸν αἰγιαλὸν εἱστήκει. [3] καὶ ἐλάλησεν αὐτοῖς ...	Mk 4,1 → Mk 3,9	... καθῆσθαι ἐν τῇ θαλάσσῃ, καὶ πᾶς ὁ ὄχλος πρὸς τὴν θάλασσαν ἐπὶ τῆς γῆς ἦσαν. [2] καὶ ἐδίδασκεν αὐτοὺς ...	**Lk 5,3** ⇨ Lk 8,4	... καθίσας δὲ **ἐκ τοῦ πλοίου** ἐδίδασκεν τοὺς ὄχλους.	
012			**Mk 2,2** → Mk 3,20	καὶ συνήχθησαν πολλοὶ ὥστε μηκέτι χωρεῖν μηδὲ τὰ πρὸς τὴν θύραν, καὶ ἐλάλει αὐτοῖς τὸν λόγον.	**Lk 5,17**	καὶ ἐγένετο ἐν μιᾷ τῶν ἡμερῶν καὶ αὐτὸς ἦν διδάσκων, καὶ ἦσαν καθήμενοι Φαρισαῖοι καὶ νομοδιδάσκαλοι οἳ ἦσαν ἐληλυθότες **ἐκ πάσης κώμης τῆς Γαλιλαίας καὶ Ἰουδαίας** καὶ Ἰερουσαλήμ· καὶ δύναμις κυρίου ἦν εἰς τὸ ἰᾶσθαι αὐτόν.	
200	**Mt 5,37**	ἔστω δὲ ὁ λόγος ὑμῶν ναὶ ναί, οὒ οὔ· τὸ δὲ περισσὸν τούτων **ἐκ τοῦ πονηροῦ** ἐστιν.					
f 202	**Mt 6,27**	**τίς δὲ ἐξ ὑμῶν** μεριμνῶν δύναται προσθεῖναι ἐπὶ τὴν ἡλικίαν αὐτοῦ πῆχυν ἕνα;			**Lk 12,25**	**τίς δὲ ἐξ ὑμῶν** μεριμνῶν δύναται ἐπὶ τὴν ἡλικίαν αὐτοῦ προσθεῖναι πῆχυν;	→ GTh 36,4 (only POxy 655)
b 201	**Mt 7,4**	ἢ πῶς ἐρεῖς τῷ ἀδελφῷ σου· ἄφες ἐκβάλω τὸ κάρφος **ἐκ τοῦ ὀφθαλμοῦ σου,** καὶ ἰδοὺ ἡ δοκὸς ἐν τῷ ὀφθαλμῷ σοῦ;			**Lk 6,42**	πῶς δύνασαι λέγειν τῷ ἀδελφῷ σου· ἀδελφέ, ἄφες ἐκβάλω τὸ κάρφος τὸ **ἐν τῷ ὀφθαλμῷ σου,** αὐτὸς τὴν ἐν τῷ ὀφθαλμῷ σοῦ δοκὸν οὐ βλέπων;	→ GTh 26
b 202	**Mt 7,5** **(2)**	ὑποκριτά, ἔκβαλε πρῶτον **ἐκ τοῦ ὀφθαλμοῦ σοῦ** τὴν δοκόν,				ὑποκριτά, ἔκβαλε πρῶτον τὴν δοκὸν **ἐκ τοῦ ὀφθαλμοῦ σοῦ,**	
b 201		καὶ τότε διαβλέψεις ἐκβαλεῖν τὸ κάρφος **ἐκ τοῦ ὀφθαλμοῦ τοῦ ἀδελφοῦ σου.**				καὶ τότε διαβλέψεις τὸ κάρφος τὸ **ἐν τῷ ὀφθαλμῷ τοῦ ἀδελφοῦ σου** ἐκβαλεῖν.	→ GTh 26 (POxy 1)
f 202	**Mt 7,9**	**ἢ τίς ἐστιν ἐξ ὑμῶν** ἄνθρωπος, ὃν αἰτήσει ὁ υἱὸς αὐτοῦ ἄρτον, μὴ λίθον ἐπιδώσει αὐτῷ; [10] ἢ καὶ ἰχθὺν αἰτήσει, μὴ ὄφιν ἐπιδώσει αὐτῷ;			**Lk 11,11**	**τίνα δὲ ἐξ ὑμῶν** τὸν πατέρα αἰτήσει ὁ υἱὸς ἰχθύν, καὶ ἀντὶ ἰχθύος ὄφιν αὐτῷ ἐπιδώσει; [12] ἢ καὶ αἰτήσει ᾠόν, ἐπιδώσει αὐτῷ σκορπίον;	

102 *c* 102 102	**Mt 7,16** ⇩ Mt 7,20 ⇩ **Mt 12,33**	ἀπὸ τῶν καρπῶν αὐτῶν ἐπιγνώσεσθε αὐτούς. μήτι συλλέγουσιν ἀπὸ ἀκανθῶν σταφυλὰς ἢ ἀπὸ τριβόλων σῦκα;			**Lk 6,44** **(3)**	ἕκαστον γὰρ δένδρον ἐκ τοῦ ἰδίου καρποῦ γινώσκεται· οὐ γὰρ ἐξ ἀκανθῶν συλλέγουσιν σῦκα οὐδὲ ἐκ βάτου σταφυλὴν τρυγῶσιν.	→ GTh 45,1
	Mt 7,20 ⇧ Mt 7,16 ↑ **Lk 6,44** ↓ **Mt 12,33**	ἄρα γε ἀπὸ τῶν καρπῶν αὐτῶν ἐπιγνώσεσθε αὐτούς.					
b 202 *b* 202	**Mt 12,35** **(2)** ↓ **Mt 13,52**	ὁ ἀγαθὸς ἄνθρωπος ἐκ τοῦ ἀγαθοῦ θησαυροῦ ἐκβάλλει ἀγαθά, καὶ ὁ πονηρὸς ἄνθρωπος ἐκ τοῦ πονηροῦ θησαυροῦ ἐκβάλλει πονηρά.			**Lk 6,45** **(3)**	ὁ ἀγαθὸς ἄνθρωπος ἐκ τοῦ ἀγαθοῦ θησαυροῦ τῆς καρδίας προφέρει τὸ ἀγαθόν, καὶ ὁ πονηρὸς ἐκ τοῦ πονηροῦ προφέρει τὸ πονηρόν·	→ GTh 45,2-3
202	**Mt 12,34**	... ἐκ γὰρ τοῦ περισσεύματος τῆς καρδίας τὸ στόμα λαλεῖ.				ἐκ γὰρ περισσεύματος καρδίας λαλεῖ τὸ στόμα αὐτοῦ.	→ GTh 45,4
002					**Lk 8,3** → Mt 27,55-56 → Mk 15,40-41 → Lk 23,49 ↓ **Lk 23,55** → Lk 24,10	καὶ Ἰωάννα γυνὴ Χουζᾶ ἐπιτρόπου Ἡρῴδου καὶ Σουσάννα καὶ ἕτεραι πολλαί, αἵτινες διηκόνουν αὐτοῖς ἐκ τῶν ὑπαρχόντων αὐταῖς.	→ Acts 1,14
b 121 *b* 222	**Mt 8,28**	 ... ὑπήντησαν αὐτῷ δύο δαιμονιζόμενοι ἐκ τῶν μνημείων ἐξερχόμενοι, ...	**Mk 5,2** **(2)**	καὶ ἐξελθόντος αὐτοῦ ἐκ τοῦ πλοίου εὐθὺς ὑπήντησεν αὐτῷ ἐκ τῶν μνημείων ἄνθρωπος ἐν πνεύματι ἀκαθάρτῳ	**Lk 8,27**	ἐξελθόντι δὲ αὐτῷ ἐπὶ τὴν γῆν ὑπήντησεν ἀνήρ τις ἐκ τῆς πόλεως ἔχων δαιμόνια ...	
b 021			**Mk 5,8**	ἔλεγεν γὰρ αὐτῷ· ἔξελθε τὸ πνεῦμα τὸ ἀκάθαρτον ἐκ τοῦ ἀνθρώπου.	**Lk 8,29**	παρήγγειλεν γὰρ τῷ πνεύματι τῷ ἀκαθάρτῳ ἐξελθεῖν ἀπὸ τοῦ ἀνθρώπου. ...	
b 021			**Mk 5,30** → Lk 6,19	καὶ εὐθὺς ὁ Ἰησοῦς ἐπιγνοὺς ἐν ἑαυτῷ τὴν ἐξ αὐτοῦ δύναμιν ἐξελθοῦσαν ἐπιστραφεὶς ἐν τῷ ὄχλῳ ἔλεγεν· τίς μου ἥψατο τῶν ἱματίων;	**Lk 8,46** → Lk 6,19	ὁ δὲ Ἰησοῦς εἶπεν· ἥψατό μού τις, ἐγὼ γὰρ ἔγνων δύναμιν ἐξεληλυθυῖαν ἀπ' ἐμοῦ.	
f 202	**Mt 10,29**	οὐχὶ δύο στρουθία ἀσσαρίου πωλεῖται; καὶ ἓν ἐξ αὐτῶν οὐ πεσεῖται ἐπὶ τὴν γῆν ἄνευ τοῦ πατρὸς ὑμῶν.			**Lk 12,6**	οὐχὶ πέντε στρουθία πωλοῦνται ἀσσαρίων δύο; καὶ ἓν ἐξ αὐτῶν οὐκ ἔστιν ἐπιλελησμένον ἐνώπιον τοῦ θεοῦ.	

f 201	**Mt 12,11**	... **τίς ἔσται ἐξ ὑμῶν ἄνθρωπος** ὃς ἕξει πρόβατον ἓν καὶ ἐὰν ἐμπέσῃ τοῦτο τοῖς σάββασιν εἰς βόθυνον, οὐχὶ κρατήσει αὐτὸ καὶ ἐγερεῖ;	**Lk 14,5** → Lk 13,15	... **τίνος ὑμῶν** υἱὸς ἢ βοῦς εἰς φρέαρ πεσεῖται, καὶ οὐκ εὐθέως ἀνασπάσει αὐτὸν ἐν ἡμέρᾳ τοῦ σαββάτου;	
200	**Mt 12,33** ⇑ Mt 7,16	... **ἐκ γὰρ τοῦ καρποῦ** τὸ δένδρον γινώσκεται.	**Lk 6,44** (3)	ἕκαστον γὰρ δένδρον **ἐκ τοῦ ἰδίου καρποῦ** γινώσκεται· ...	
202	**Mt 12,34**	... **ἐκ γὰρ τοῦ περισσεύματος τῆς καρδίας** τὸ στόμα λαλεῖ.	**Lk 6,45** (3)	... **ἐκ γὰρ περισσεύματος καρδίας** λαλεῖ τὸ στόμα αὐτοῦ.	→ GTh 45,4
b 202 *b* 202	**Mt 12,35** (2) ↓ Mt 13,52	ὁ ἀγαθὸς ἄνθρωπος **ἐκ τοῦ ἀγαθοῦ θησαυροῦ** ἐκβάλλει ἀγαθά, καὶ ὁ πονηρὸς ἄνθρωπος **ἐκ τοῦ πονηροῦ θησαυροῦ** ἐκβάλλει πονηρά.	**Lk 6,45** (3)	ὁ ἀγαθὸς ἄνθρωπος **ἐκ τοῦ ἀγαθοῦ θησαυροῦ τῆς καρδίας** προφέρει τὸ ἀγαθόν, καὶ ὁ πονηρὸς **ἐκ τοῦ πονηροῦ** προφέρει τὸ πονηρόν· ...	→ GTh 45,2-3
200 *d* 200	**Mt 12,37** (2)	**ἐκ γὰρ τῶν λόγων σου** δικαιωθήσῃ, καὶ **ἐκ τῶν λόγων σου** καταδικασθήσῃ.			
202	**Mt 12,42**	βασίλισσα νότου ... ἦλθεν **ἐκ τῶν περάτων τῆς γῆς** ἀκοῦσαι τὴν σοφίαν Σολομῶνος, ...	**Lk 11,31**	βασίλισσα νότου ... ἦλθεν **ἐκ τῶν περάτων τῆς γῆς** ἀκοῦσαι τὴν σοφίαν Σολομῶνος, ...	
c 200	**Mt 13,41** → Mt 7,23 → Lk 13,27 ↓ Mt 24,31 ↓ Mk 13,27	ἀποστελεῖ ὁ υἱὸς τοῦ ἀνθρώπου τοὺς ἀγγέλους αὐτοῦ, καὶ συλλέξουσιν **ἐκ τῆς βασιλείας αὐτοῦ** πάντα τὰ σκάνδαλα καὶ τοὺς ποιοῦντας τὴν ἀνομίαν			
c 200	**Mt 13,47**	πάλιν ὁμοία ἐστὶν ἡ βασιλεία τῶν οὐρανῶν σαγήνῃ βληθείσῃ εἰς τὴν θάλασσαν καὶ **ἐκ παντὸς γένους** συναγαγούσῃ·			→ GTh 8
200	**Mt 13,49**	... ἐξελεύσονται οἱ ἄγγελοι καὶ ἀφοριοῦσιν τοὺς πονηροὺς **ἐκ μέσου τῶν δικαίων**			
b 200	**Mt 13,52** ↑ Mt 12,35 ↑ Lk 6,45	... διὰ τοῦτο πᾶς γραμματεὺς μαθητευθεὶς τῇ βασιλείᾳ τῶν οὐρανῶν ὅμοιός ἐστιν ἀνθρώπῳ οἰκοδεσπότῃ, ὅστις ἐκβάλλει **ἐκ τοῦ θησαυροῦ αὐτοῦ** καινὰ καὶ παλαιά.			

022	Mt 14,2 → Mt 16,14	καὶ εἶπεν τοῖς παισὶν αὐτοῦ· οὗτός ἐστιν Ἰωάννης ὁ βαπτιστής· αὐτὸς ἠγέρθη **ἀπὸ τῶν νεκρῶν** καὶ διὰ τοῦτο αἱ δυνάμεις ἐνεργοῦσιν ἐν αὐτῷ.	Mk 6,14 → Mk 8,28	καὶ ἤκουσεν ὁ βασιλεὺς Ἡρῴδης, φανερὸν γὰρ ἐγένετο τὸ ὄνομα αὐτοῦ, καὶ ἔλεγον ὅτι Ἰωάννης ὁ βαπτίζων ἐγήγερται **ἐκ νεκρῶν** καὶ διὰ τοῦτο ἐνεργοῦσιν αἱ δυνάμεις ἐν αὐτῷ.	Lk 9,7 → Lk 9,19	ἤκουσεν δὲ Ἡρῴδης ὁ τετραάρχης τὰ γινόμενα πάντα καὶ διηπόρει διὰ τὸ λέγεσθαι ὑπό τινων ὅτι Ἰωάννης ἠγέρθη **ἐκ νεκρῶν**	
g 120	Mt 14,33 → Mt 16,16	οἱ δὲ ἐν τῷ πλοίῳ προσεκύνησαν αὐτῷ λέγοντες· ἀληθῶς θεοῦ υἱὸς εἶ.	Mk 6,51	... καὶ λίαν **[ἐκ περισσοῦ]** ἐν ἑαυτοῖς ἐξίσταντο·			
b 120	Mt 14,35	καὶ ἐπιγνόντες αὐτὸν οἱ ἄνδρες τοῦ τόπου ἐκείνου ...	Mk 6,54	καὶ ἐξελθόντων αὐτῶν **ἐκ τοῦ πλοίου** εὐθὺς ἐπιγνόντες αὐτὸν			
220	Mt 15,5	ὑμεῖς δὲ λέγετε· ὃς ἂν εἴπῃ τῷ πατρὶ ἢ τῇ μητρί· δῶρον ὃ ἐὰν **ἐξ ἐμοῦ** ὠφεληθῇς	Mk 7,11	ὑμεῖς δὲ λέγετε· ἐὰν εἴπῃ ἄνθρωπος τῷ πατρὶ ἢ τῇ μητρί· κορβᾶν, ὅ ἐστιν δῶρον, ὃ ἐὰν **ἐξ ἐμοῦ** ὠφεληθῇς			
b 220	Mt 15,11	... ἀλλὰ τὸ ἐκπορευόμενον **ἐκ τοῦ στόματος** τοῦτο κοινοῖ τὸν ἄνθρωπον.	Mk 7,15	... ἀλλὰ τὰ **ἐκ τοῦ ἀνθρώπου** ἐκπορευόμενά ἐστιν τὰ κοινοῦντα τὸν ἄνθρωπον.			→ GTh 14,5
b 220 *b* 210	Mt 15,18 (2)	τὰ δὲ ἐκπορευόμενα **ἐκ τοῦ στόματος** **ἐκ τῆς καρδίας** ἐξέρχεται, κἀκεῖνα κοινοῖ τὸν ἄνθρωπον.	Mk 7,20	... τὸ **ἐκ τοῦ ἀνθρώπου** ἐκπορευόμενον, ἐκεῖνο κοινοῖ τὸν ἄνθρωπον.			→ GTh 14,5
b 220	Mt 15,19	**ἐκ γὰρ τῆς καρδίας** ἐξέρχονται διαλογισμοὶ πονηροί, φόνοι, μοιχεῖαι, πορνεῖαι, κλοπαί, ...	Mk 7,21	ἔσωθεν γὰρ **ἐκ τῆς καρδίας** **τῶν ἀνθρώπων** οἱ διαλογισμοὶ οἱ κακοὶ ἐκπορεύονται, πορνεῖαι, κλοπαί, φόνοι, [22] μοιχεῖαι, ...			→ GTh 14,5
b 120	Mt 15,25	ἡ δὲ ἐλθοῦσα προσεκύνει αὐτῷ λέγουσα· κύριε, βοήθει μοι.	Mk 7,26	[25] ... ἐλθοῦσα προσέπεσεν πρὸς τοὺς πόδας αὐτοῦ· [26] ... καὶ ἠρώτα αὐτὸν ἵνα τὸ δαιμόνιον ἐκβάλῃ **ἐκ τῆς θυγατρὸς** **αὐτῆς.**			
b 120	Mt 15,28	... ὦ γύναι, μεγάλη σου ἡ πίστις· γενηθήτω σοι ὡς θέλεις. καὶ ἰάθη ἡ θυγάτηρ αὐτῆς ἀπὸ τῆς ὥρας ἐκείνης.	Mk 7,29	... διὰ τοῦτον τὸν λόγον ὕπαγε, ἐξελήλυθεν **ἐκ τῆς θυγατρός σου** τὸ δαιμόνιον. [30] καὶ ἀπελθοῦσα εἰς τὸν οἶκον αὐτῆς εὗρεν τὸ παιδίον βεβλημένον ἐπὶ τὴν κλίνην καὶ τὸ δαιμόνιον ἐξεληλυθός.			
b 120	Mt 15,29	καὶ μεταβὰς **ἐκεῖθεν** ὁ Ἰησοῦς ἦλθεν παρὰ τὴν θάλασσαν τῆς Γαλιλαίας, ...	Mk 7,31	καὶ πάλιν ἐξελθὼν **ἐκ τῶν ὁρίων Τύρου** ἦλθεν διὰ Σιδῶνος εἰς τὴν θάλασσαν τῆς Γαλιλαίας ...			

210	**Mt 16,1** ⇩ Mt 12,38	καὶ προσελθόντες οἱ Φαρισαῖοι καὶ Σαδδουκαῖοι πειράζοντες ἐπηρώτησαν αὐτὸν σημεῖον **ἐκ τοῦ οὐρανοῦ** ἐπιδεῖξαι αὐτοῖς.	**Mk 8,11**	καὶ ἐξῆλθον οἱ Φαρισαῖοι καὶ ἤρξαντο συζητεῖν αὐτῷ, ζητοῦντες παρ' αὐτοῦ σημεῖον **ἀπὸ τοῦ οὐρανοῦ**, πειράζοντες αὐτόν.	Lk 11,16	ἕτεροι δὲ πειράζοντες σημεῖον **ἐξ οὐρανοῦ** ἐζήτουν παρ' αὐτοῦ.	Mk-Q overlap
222	**Mt 17,5** ⇑ Mt 3,17	... καὶ ἰδοὺ φωνὴ **ἐκ τῆς νεφέλης** λέγουσα· οὗτός ἐστιν ὁ υἱός μου ὁ ἀγαπητός, ...	**Mk 9,7** ⇑ Mk 1,11	... καὶ ἐγένετο φωνὴ **ἐκ τῆς νεφέλης**· οὗτός ἐστιν ὁ υἱός μου ὁ ἀγαπητός, ...	**Lk 9,35** ⇑ Lk 3,22	καὶ φωνὴ ἐγένετο **ἐκ τῆς νεφέλης** λέγουσα· οὗτός ἐστιν ὁ υἱός μου ὁ ἐκλελεγμένος, ...	→ Jn 12,28
d 221	**Mt 17,9** (2)	καὶ καταβαινόντων αὐτῶν **ἐκ τοῦ ὄρους**	**Mk 9,9** (2)	καὶ καταβαινόντων αὐτῶν **ἐκ τοῦ ὄρους**	**Lk 9,37**	ἐγένετο δὲ τῇ ἑξῆς ἡμέρᾳ κατελθόντων αὐτῶν **ἀπὸ τοῦ ὄρους** ...	
e 221		ἐνετείλατο αὐτοῖς ὁ Ἰησοῦς λέγων· μηδενὶ εἴπητε τὸ ὅραμα ἕως οὗ ὁ υἱὸς τοῦ ἀνθρώπου **ἐκ νεκρῶν** ἐγερθῇ.		διεστείλατο αὐτοῖς ἵνα μηδενὶ ἃ εἶδον διηγήσωνται, εἰ μὴ ὅταν ὁ υἱὸς τοῦ ἀνθρώπου **ἐκ νεκρῶν** ἀναστῇ.	**Lk 9,36**	... καὶ αὐτοὶ ἐσίγησαν καὶ οὐδενὶ ἀπήγγειλαν ἐν ἐκείναις ταῖς ἡμέραις οὐδὲν ὧν ἑώρακαν.	
e 020			**Mk 9,10**	καὶ τὸν λόγον ἐκράτησαν πρὸς ἑαυτοὺς συζητοῦντες τί ἐστιν τὸ **ἐκ νεκρῶν** ἀναστῆναι.			
121	**Mt 17,14**	... προσῆλθεν αὐτῷ ἄνθρωπος γονυπετῶν αὐτὸν [15] καὶ λέγων· κύριε, ἐλέησόν μου τὸν υἱόν ...	**Mk 9,17**	καὶ ἀπεκρίθη αὐτῷ εἷς **ἐκ τοῦ ὄχλου**· διδάσκαλε, ἤνεγκα τὸν υἱόν μου πρὸς σέ, ...	**Lk 9,38**	καὶ ἰδοὺ ἀνὴρ **ἀπὸ τοῦ ὄχλου** ἐβόησεν λέγων· διδάσκαλε, δέομαί σου ἐπιβλέψαι ἐπὶ τὸν υἱόν μου, ...	
a 020			**Mk 9,21**	... πόσος χρόνος ἐστὶν ὡς τοῦτο γέγονεν αὐτῷ; ὁ δὲ εἶπεν· **ἐκ παιδιόθεν**·			
b 121	**Mt 17,18**	καὶ ἐπετίμησεν αὐτῷ ὁ Ἰησοῦς ...	**Mk 9,25** → Mt 12,43-46 → Lk 11,24-26	ἰδὼν δὲ ὁ Ἰησοῦς ὅτι ἐπισυντρέχει ὄχλος, ἐπετίμησεν τῷ πνεύματι τῷ ἀκαθάρτῳ λέγων αὐτῷ· τὸ ἄλαλον καὶ κωφὸν πνεῦμα, ἐγὼ ἐπιτάσσω σοι, ἔξελθε **ἐξ αὐτοῦ** καὶ μηκέτι εἰσέλθῃς εἰς αὐτόν.	**Lk 9,42**	 ... ἐπετίμησεν δὲ ὁ Ἰησοῦς τῷ πνεύματι τῷ ἀκαθάρτῳ ...	
f 202	**Mt 18,12**	... ἐὰν γένηταί τινι ἀνθρώπῳ ἑκατὸν πρόβατα καὶ πλανηθῇ **ἓν ἐξ αὐτῶν**, οὐχὶ ἀφήσει τὰ ἐνενήκοντα ἐννέα ἐπὶ τὰ ὄρη καὶ πορευθεὶς ζητεῖ τὸ πλανώμενον;			**Lk 15,4** (2)	τίς ἄνθρωπος ἐξ ὑμῶν ἔχων ἑκατὸν πρόβατα καὶ ἀπολέσας **ἐξ αὐτῶν ἓν** οὐ καταλείπει τὰ ἐνενήκοντα ἐννέα ἐν τῇ ἐρήμῳ καὶ πορεύεται ἐπὶ τὸ ἀπολωλὸς ἕως εὕρῃ αὐτό;	→ GTh 107
c 200	**Mt 18,19** → Mt 21,22 → Mk 11,24	... ἐὰν δύο συμφωνήσωσιν **ἐξ ὑμῶν** ἐπὶ τῆς γῆς περὶ παντὸς πράγματος οὗ ἐὰν αἰτήσωνται, ...					→ GTh 30 (POxy 1) → GTh 48 → GTh 106

102	Mt 10,10	... ἄξιος γὰρ ὁ ἐργάτης τῆς τροφῆς αὐτοῦ.			Lk 10,7	ἐν αὐτῇ δὲ τῇ οἰκίᾳ μένετε, ἐσθίοντες καὶ πίνοντες τὰ παρ' αὐτῶν· ἄξιος γὰρ ὁ ἐργάτης τοῦ μισθοῦ αὐτοῦ. μὴ μεταβαίνετε **ἐξ οἰκίας** εἰς οἰκίαν.	Mk-Q overlap
	Mt 10,11	... κἀκεῖ μείνατε ἕως ἂν ἐξέλθητε.	Mk 6,10	... ἐκεῖ μένετε ἕως ἂν ἐξέλθητε ἐκεῖθεν.	Lk 9,4	... ἐκεῖ μένετε καὶ ἐκεῖθεν ἐξέρχεσθε.	
102	Mt 10,14	... ἐκτινάξατε τὸν κονιορτὸν τῶν ποδῶν ὑμῶν.			Lk 10,11 ⇩ Lk 9,5	καὶ τὸν κονιορτὸν τὸν κολληθέντα ἡμῖν **ἐκ τῆς πόλεως ὑμῶν** εἰς τοὺς πόδας ἀπομασσόμεθα ὑμῖν· ...	→ Acts 13,51 → Acts 18,6 Mk-Q overlap
			Mk 6,11	... ἐκπορευόμενοι ἐκεῖθεν ἐκτινάξατε τὸν χοῦν τὸν ὑποκάτω τῶν ποδῶν ὑμῶν εἰς μαρτύριον αὐτοῖς.	Lk 9,5 ⇧ Lk 10,11	... ἐξερχόμενοι ἀπὸ τῆς πόλεως ἐκείνης τὸν κονιορτὸν ἀπὸ τῶν ποδῶν ὑμῶν ἀποτινάσσετε εἰς μαρτύριον ἐπ' αὐτούς.	
002					Lk 10,18	... ἐθεώρουν τὸν σατανᾶν ὡς ἀστραπὴν **ἐκ τοῦ οὐρανοῦ** πεσόντα.	
122	Mt 22,37	*... ἀγαπήσεις κύριον τὸν θεόν σου **ἐν ὅλῃ τῇ καρδίᾳ σου** καὶ ἐν ὅλῃ τῇ ψυχῇ σου καὶ ἐν ὅλῃ τῇ διανοίᾳ σου·* ➢ Deut 6,5; Josh 22,5 LXX	Mk 12,30 (4)	*καὶ ἀγαπήσεις κύριον τὸν θεόν σου **ἐξ ὅλης τῆς καρδίας σου** καὶ ἐξ ὅλης τῆς ψυχῆς σου καὶ ἐξ ὅλης τῆς διανοίας σου καὶ ἐξ ὅλης τῆς ἰσχύος σου.* ➢ Deut 6,5; Josh 22,5 LXX	Lk 10,27	*... ἀγαπήσεις κύριον τὸν θεόν σου **ἐξ ὅλης [τῆς] καρδίας σου** καὶ ἐν ὅλῃ τῇ ψυχῇ σου καὶ ἐν ὅλῃ τῇ ἰσχύϊ σου καὶ ἐν ὅλῃ τῇ διανοίᾳ σου, ...* ➢ Deut 6,5; Josh 22,5 LXX	
f 002					Lk 11,5	... **τίς ἐξ ὑμῶν** ἕξει φίλον καὶ πορεύσεται πρὸς αὐτὸν μεσονυκτίου ...	
002					Lk 11,6	ἐπειδὴ φίλος μου παρεγένετο **ἐξ ὁδοῦ** πρός με καὶ οὐκ ἔχω ὃ παραθήσω αὐτῷ·	
f 202	Mt 7,9	**ἢ τίς ἐστιν ἐξ ὑμῶν** ἄνθρωπος, ὃν αἰτήσει ὁ υἱὸς αὐτοῦ ἄρτον, μὴ λίθον ἐπιδώσει αὐτῷ; [10] ἢ καὶ ἰχθὺν αἰτήσει, μὴ ὄφιν ἐπιδώσει αὐτῷ;			Lk 11,11	**τίνα δὲ ἐξ ὑμῶν** τὸν πατέρα αἰτήσει ὁ υἱὸς ἰχθύν, καὶ ἀντὶ ἰχθύος ὄφιν αὐτῷ ἐπιδώσει; [12] ἢ καὶ αἰτήσει ᾠόν, ἐπιδώσει αὐτῷ σκορπίον;	
102	Mt 7,11	... πόσῳ μᾶλλον ὁ πατὴρ ὑμῶν **ὁ ἐν τοῖς οὐρανοῖς** δώσει ἀγαθὰ τοῖς αἰτοῦσιν αὐτόν.			Lk 11,13	... πόσῳ μᾶλλον ὁ πατὴρ **[ὁ] ἐξ οὐρανοῦ** δώσει πνεῦμα ἅγιον τοῖς αἰτοῦσιν αὐτόν.	
f 102	Mt 12,24 ⇩ Mt 9,34	οἱ δὲ Φαρισαῖοι ἀκούσαντες εἶπον· οὗτος οὐκ ἐκβάλλει τὰ δαιμόνια εἰ μὴ ἐν τῷ Βεελζεβοὺλ ἄρχοντι τῶν δαιμονίων.	Mk 3,22	καὶ οἱ γραμματεῖς οἱ ἀπὸ Ἱεροσολύμων καταβάντες ἔλεγον ὅτι Βεελζεβοὺλ ἔχει, καὶ ὅτι ἐν τῷ ἄρχοντι τῶν δαιμονίων ἐκβάλλει τὰ δαιμόνια.	Lk 11,15 → Lk 11,18	**τινὲς δὲ ἐξ αὐτῶν** εἶπον· ἐν Βεελζεβοὺλ τῷ ἄρχοντι τῶν δαιμονίων ἐκβάλλει τὰ δαιμόνια·	Mk-Q overlap
	Mt 9,34 ⇧ Mt 12,24	οἱ δὲ Φαρισαῖοι ἔλεγον· ἐν τῷ ἄρχοντι τῶν δαιμονίων ἐκβάλλει τὰ δαιμόνια.					

102	**Mt 12,38** ⇑ Mt 16,1	... τινες τῶν γραμματέων καὶ Φαρισαίων λέγοντες· διδάσκαλε, θέλομεν ἀπὸ σοῦ σημεῖον ἰδεῖν.	**Mk 8,11**	καὶ ἐξῆλθον οἱ Φαρισαῖοι καὶ ἤρξαντο συζητεῖν αὐτῷ, ζητοῦντες παρ᾽ αὐτοῦ σημεῖον **ἀπὸ τοῦ οὐρανοῦ,** πειράζοντες αὐτόν.	**Lk 11,16**	ἕτεροι δὲ πειράζοντες σημεῖον **ἐξ οὐρανοῦ** ἐζήτουν παρ᾽ αὐτοῦ.	Mk-Q overlap
002					**Lk 11,27** → Lk 1,48	... ἐπάρασά τις φωνὴν γυνὴ **ἐκ τοῦ ὄχλου** εἶπεν αὐτῷ· μακαρία ἡ κοιλία ἡ βαστάσασά σε καὶ μαστοὶ οὓς ἐθήλασας.	→ GTh 79
202	**Mt 12,42**	βασίλισσα νότου ... ἦλθεν **ἐκ τῶν περάτων** **τῆς γῆς** ἀκοῦσαι τὴν σοφίαν Σολομῶνος, ...			**Lk 11,31**	βασίλισσα νότου ... ἦλθεν **ἐκ τῶν περάτων** **τῆς γῆς** ἀκοῦσαι τὴν σοφίαν Σολομῶνος, ...	
202	**Mt 23,34** **(2)** → Mt 10,17 → Mt 10,23	διὰ τοῦτο ἰδοὺ ἐγὼ ἀποστέλλω πρὸς ὑμᾶς προφήτας καὶ σοφοὺς καὶ γραμματεῖς· **ἐξ αὐτῶν** ἀποκτενεῖτε ... καὶ διώξετε ...			**Lk 11,49**	διὰ τοῦτο καὶ ἡ σοφία τοῦ θεοῦ εἶπεν· ἀποστελῶ εἰς αὐτοὺς προφήτας καὶ ἀποστόλους, καὶ **ἐξ αὐτῶν** ἀποκτενοῦσιν καὶ διώξουσιν	
f 002					**Lk 11,54** → Lk 6,7 → Lk 20,20	ἐνεδρεύοντες αὐτὸν θηρεῦσαί **τι ἐκ τοῦ στόματος** **αὐτοῦ.**	
f 202	**Mt 10,29**	οὐχὶ δύο στρουθία ἀσσαρίου πωλεῖται; καὶ **ἓν ἐξ αὐτῶν** οὐ πεσεῖται ἐπὶ τὴν γῆν ἄνευ τοῦ πατρὸς ὑμῶν.			**Lk 12,6**	οὐχὶ πέντε στρουθία πωλοῦνται ἀσσαρίων δύο; καὶ **ἓν ἐξ αὐτῶν** οὐκ ἔστιν ἐπιλελησμένον ἐνώπιον τοῦ θεοῦ.	
f 002					**Lk 12,13**	εἶπεν δέ **τις ἐκ τοῦ ὄχλου** αὐτῷ· διδάσκαλε, εἰπὲ τῷ ἀδελφῷ μου μερίσασθαι μετ᾽ ἐμοῦ τὴν κληρονομίαν.	→ GTh 72
002					**Lk 12,15**	... οὐκ ἐν τῷ περισσεύειν τινὶ ἡ ζωὴ αὐτοῦ ἐστιν **ἐκ τῶν ὑπαρχόντων** αὐτῷ.	
f 202	**Mt 6,27**	**τίς δὲ ἐξ ὑμῶν** μεριμνῶν δύναται προσθεῖναι ἐπὶ τὴν ἡλικίαν αὐτοῦ πῆχυν ἕνα;			**Lk 12,25**	**τίς δὲ ἐξ ὑμῶν** μεριμνῶν δύναται ἐπὶ τὴν ἡλικίαν αὐτοῦ προσθεῖναι πῆχυν;	→ GTh 36,4 (only POxy 655)
e 002					**Lk 12,36**	καὶ ὑμεῖς ὅμοιοι ἀνθρώποις προσδεχομένοις τὸν κύριον ἑαυτῶν πότε ἀναλύσῃ **ἐκ τῶν γάμων,** ἵνα ἐλθόντος καὶ κρούσαντος εὐθέως ἀνοίξωσιν αὐτῷ.	

	Mt		Mk		Lk		
f 002					Lk 14,28	**τίς γὰρ ἐξ ὑμῶν** θέλων πύργον οἰκοδομῆσαι οὐχὶ πρῶτον καθίσας ψηφίζει τὴν δαπάνην, εἰ ἔχει εἰς ἀπαρτισμόν;	
002					Lk 14,33 → Lk 12,33	οὕτως οὖν πᾶς **ἐξ ὑμῶν** ὃς οὐκ ἀποτάσσεται πᾶσιν τοῖς ἑαυτοῦ ὑπάρχουσιν οὐ δύναται εἶναί μου μαθητής.	→ Acts 2,45
f 102 *f* 202	Mt 18,12	τί ὑμῖν δοκεῖ; ἐὰν γένηταί **τινι ἀνθρώπῳ** ἑκατὸν πρόβατα καὶ πλανηθῇ **ἓν ἐξ αὐτῶν,** οὐχὶ ἀφήσει τὰ ἐνενήκοντα ἐννέα ἐπὶ τὰ ὄρη καὶ πορευθεὶς ζητεῖ τὸ πλανώμενον;			Lk 15,4 (2)	**τίς ἄνθρωπος ἐξ ὑμῶν** ἔχων ἑκατὸν πρόβατα καὶ ἀπολέσας **ἐξ αὐτῶν ἓν** οὐ καταλείπει τὰ ἐνενήκοντα ἐννέα ἐν τῇ ἐρήμῳ καὶ πορεύεται ἐπὶ τὸ ἀπολωλὸς ἕως εὕρῃ αὐτό;	→ GTh 107
002					Lk 15,16	καὶ ἐπεθύμει χορτασθῆναι **ἐκ τῶν κερατίων** ὧν ἤσθιον οἱ χοῖροι, καὶ οὐδεὶς ἐδίδου αὐτῷ.	
002					Lk 16,4	ἔγνων τί ποιήσω, ἵνα ὅταν μετασταθῶ **ἐκ τῆς οἰκονομίας** δέξωνταί με εἰς τοὺς οἴκους αὐτῶν.	
002					Lk 16,9 → Lk 12,33	... ἑαυτοῖς ποιήσατε φίλους **ἐκ τοῦ μαμωνᾶ τῆς ἀδικίας, ...**	
e 002					Lk 16,31	... εἰ Μωϋσέως καὶ τῶν προφητῶν οὐκ ἀκούουσιν, οὐδ᾽ ἐάν τις **ἐκ νεκρῶν** ἀναστῇ πεισθήσονται.	
f 002 002					Lk 17,7 (2)	**τίς δὲ ἐξ ὑμῶν** δοῦλον ἔχων ἀροτριῶντα ἢ ποιμαίνοντα, ὃς εἰσελθόντι **ἐκ τοῦ ἀγροῦ** ἐρεῖ αὐτῷ· εὐθέως παρελθὼν ἀνάπεσε	
f 002					Lk 17,15	**εἷς δὲ ἐξ αὐτῶν,** ἰδὼν ὅτι ἰάθη, ὑπέστρεψεν μετὰ φωνῆς μεγάλης δοξάζων τὸν θεόν	
102	Mt 24,27	ὥσπερ γὰρ ἡ ἀστραπὴ ἐξέρχεται **ἀπὸ ἀνατολῶν** καὶ φαίνεται ἕως δυσμῶν, ...			Lk 17,24	ὥσπερ γὰρ ἡ ἀστραπὴ ἀστράπτουσα **ἐκ τῆς ὑπὸ τὸν οὐρανὸν** εἰς τὴν ὑπ᾽ οὐρανὸν λάμπει, ...	

200	**Mt 19,12**	εἰσὶν γὰρ εὐνοῦχοι οἵτινες **ἐκ κοιλίας μητρὸς** ἐγεννήθησαν οὕτως, ...					
a 122	**Mt 19,20**	... πάντα ταῦτα ἐφύλαξα· τί ἔτι ὑστερῶ;	**Mk 10,20**	... διδάσκαλε, ταῦτα πάντα ἐφυλαξάμην **ἐκ νεότητός μου.** [21] ὁ δὲ Ἰησοῦς ... εἶπεν αὐτῷ· ἕν σε ὑστερεῖ· ...	**Lk 18,21**	... ταῦτα πάντα ἐφύλαξα **ἐκ νεότητος.** [22] ὁ δὲ Ἰησοῦς ... εἶπεν αὐτῷ· ἕν σε ὑστερεῖ· ...	
g 200	**Mt 20,2**	συμφωνήσας δὲ μετὰ τῶν ἐργατῶν **ἐκ δηναρίου** τὴν ἡμέραν ἀπέστειλεν αὐτοὺς εἰς τὸν ἀμπελῶνα αὐτοῦ.					
220 220	**Mt 20,21** **(2)**	... εἰπὲ ἵνα καθίσωσιν οὗτοι οἱ δύο υἱοί μου εἷς **ἐκ δεξιῶν σου** καὶ εἷς **ἐξ εὐωνύμων σου** ἐν τῇ βασιλείᾳ σου.	**Mk 10,37** **(2)**	... δὸς ἡμῖν ἵνα εἷς **σου ἐκ δεξιῶν** καὶ εἷς **ἐξ ἀριστερῶν** καθίσωμεν ἐν τῇ δόξῃ σου.			
220 220	**Mt 20,23** **(2)**	... τὸ δὲ καθίσαι **ἐκ δεξιῶν μου** καὶ **ἐξ εὐωνύμων** οὐκ ἔστιν ἐμὸν [τοῦτο] δοῦναι, ἀλλ' οἷς ἡτοίμασται ὑπὸ τοῦ πατρός μου.	**Mk 10,40** **(2)**	τὸ δὲ καθίσαι **ἐκ δεξιῶν μου** ἢ **ἐξ εὐωνύμων** οὐκ ἔστιν ἐμὸν δοῦναι, ἀλλ' οἷς ἡτοίμασται.			
102	**Mt 25,26**	... εἶπεν αὐτῷ· πονηρὲ δοῦλε καὶ ὀκνηρέ, ...			**Lk 19,22**	λέγει αὐτῷ· **ἐκ τοῦ στόματός σου** κρίνω σε, πονηρὲ δοῦλε. ...	
121	**Mt 21,8**	ὁ δὲ πλεῖστος ὄχλος ἔστρωσαν ἑαυτῶν τὰ ἱμάτια ἐν τῇ ὁδῷ, ἄλλοι δὲ ἔκοπτον κλάδους **ἀπὸ τῶν δένδρων** καὶ ἐστρώννυον ἐν τῇ ὁδῷ.	**Mk 11,8**	καὶ πολλοὶ τὰ ἱμάτια αὐτῶν ἔστρωσαν εἰς τὴν ὁδόν, ἄλλοι δὲ στιβάδας κόψαντες **ἐκ τῶν ἀγρῶν.**	**Lk 19,36**	πορευομένου δὲ αὐτοῦ ὑπεστρώννυον τὰ ἱμάτια αὐτῶν ἐν τῇ ὁδῷ.	→ Jn 12,13
d 200	**Mt 21,16** → Lk 19,39-40	... οὐδέποτε ἀνέγνωτε ὅτι ***ἐκ στόματος νηπίων καὶ θηλαζόντων*** *κατηρτίσω αἶνον;* ➤ Ps 8,3 LXX					
220	**Mt 21,19** ↓ Mk 11,20	... μηκέτι **ἐκ σοῦ** καρπὸς γένηται εἰς τὸν αἰῶνα. ↔	**Mk 11,14**	... μηκέτι εἰς τὸν αἰῶνα **ἐκ σοῦ** μηδεὶς καρπὸν φάγοι. ...			
120	**Mt 21,20**	↔ [19] καὶ ἐξηράνθη παραχρῆμα ἡ συκῆ. [20] καὶ ἰδόντες οἱ μαθηταὶ ἐθαύμασαν λέγοντες· πῶς παραχρῆμα ἐξηράνθη ἡ συκῆ;	**Mk 11,20** ↑ Mt 21,19 ↑ Mk 11,14	καὶ παραπορευόμενοι πρωῒ εἶδον τὴν συκῆν ἐξηραμμένην **ἐκ ῥιζῶν.** [21] καὶ ἀναμνησθεὶς ὁ Πέτρος λέγει αὐτῷ· ῥαββί, ἴδε ἡ συκῆ ἣν κατηράσω ἐξήρανται.			

222 222	**Mt 21,25** **(3)**	τὸ βάπτισμα τὸ Ἰωάννου πόθεν ἦν; **ἐξ οὐρανοῦ** ἢ **ἐξ ἀνθρώπων;**	**Mk 11,30** **(2)**	τὸ βάπτισμα τὸ Ἰωάννου **ἐξ οὐρανοῦ** ἦν ἢ **ἐξ ἀνθρώπων;** ἀποκρίθητέ μοι.	**Lk 20,4** **(2)**	τὸ βάπτισμα Ἰωάννου **ἐξ οὐρανοῦ** ἦν ἢ **ἐξ ἀνθρώπων;**	
222		οἱ δὲ διελογίζοντο ἐν ἑαυτοῖς λέγοντες· ἐὰν εἴπωμεν· **ἐξ οὐρανοῦ,** ἐρεῖ ἡμῖν· διὰ τί οὖν οὐκ ἐπιστεύσατε αὐτῷ;	**Mk 11,31**	καὶ διελογίζοντο πρὸς ἑαυτοὺς λέγοντες· ἐὰν εἴπωμεν· **ἐξ οὐρανοῦ,** ἐρεῖ· διὰ τί [οὖν] οὐκ ἐπιστεύσατε αὐτῷ;	**Lk 20,5**	οἱ δὲ συνελογίσαντο πρὸς ἑαυτοὺς λέγοντες ὅτι ἐὰν εἴπωμεν· **ἐξ οὐρανοῦ,** ἐρεῖ· διὰ τί οὐκ ἐπιστεύσατε αὐτῷ;	
222	**Mt 21,26**	ἐὰν δὲ εἴπωμεν· **ἐξ ἀνθρώπων,** φοβούμεθα τὸν ὄχλον, πάντες γὰρ ὡς προφήτην ἔχουσιν τὸν Ἰωάννην.	**Mk 11,32**	ἀλλὰ εἴπωμεν· **ἐξ ἀνθρώπων;** - ἐφοβοῦντο τὸν ὄχλον· ἅπαντες γὰρ εἶχον τὸν Ἰωάννην ὄντως ὅτι προφήτης ἦν.	**Lk 20,6**	ἐὰν δὲ εἴπωμεν· **ἐξ ἀνθρώπων,** ὁ λαὸς ἅπας καταλιθάσει ἡμᾶς, πεπεισμένος γάρ ἐστιν Ἰωάννην προφήτην εἶναι.	
f 200	**Mt 21,31**	**τίς ἐκ τῶν δύο** ἐποίησεν τὸ θέλημα τοῦ πατρός; ...					
e 122	**Mt 22,30**	**ἐν γὰρ τῇ ἀναστάσει** οὔτε γαμοῦσιν οὔτε γαμίζονται, ..	**Mk 12,25**	ὅταν γὰρ **ἐκ νεκρῶν** **ἀναστῶσιν** οὔτε γαμοῦσιν οὔτε γαμίζονται, ...	**Lk 20,35**	οἱ δὲ καταξιωθέντες τοῦ αἰῶνος ἐκείνου τυχεῖν καὶ **τῆς ἀναστάσεως** **τῆς ἐκ νεκρῶν** οὔτε γαμοῦσιν οὔτε γαμίζονται·	
211	**Mt 22,35** → Mt 19,16	[34] οἱ δὲ Φαρισαῖοι ἀκούσαντες ὅτι ἐφίμωσεν τοὺς Σαδδουκαίους συνήχθησαν ἐπὶ τὸ αὐτό, [35] καὶ ἐπηρώτησεν **εἷς ἐξ αὐτῶν** **[νομικὸς]** πειράζων αὐτόν·	**Mk 12,28** → Mk 10,17 → Lk 20,39	καὶ προσελθὼν **εἷς τῶν γραμματέων** ἀκούσας αὐτῶν συζητούντων, ἰδὼν ὅτι καλῶς ἀπεκρίθη αὐτοῖς ἐπηρώτησεν αὐτόν· ...	**Lk 10,25** ⇨ Lk 18,18	καὶ ἰδοὺ **νομικός τις** ἀνέστη ἐκπειράζων αὐτὸν ...	
122 121 121	**Mt 22,37**	... *ἀγαπήσεις* *κύριον τὸν θεόν σου* ***ἐν ὅλῃ*** ***τῇ καρδίᾳ σου*** *καὶ* ***ἐν ὅλῃ*** ***τῇ ψυχῇ σου*** *καὶ* ***ἐν ὅλῃ*** ***τῇ διανοίᾳ σου·*** ➤ Deut 6,5; Josh 22,5 LXX	**Mk 12,30** **(4)**	*καὶ ἀγαπήσεις* *κύριον τὸν θεόν σου* ***ἐξ ὅλης*** ***τῆς καρδίας σου*** *καὶ* ***ἐξ ὅλης*** ***τῆς ψυχῆς σου*** *καὶ* ***ἐξ ὅλης*** ***τῆς διανοίας σου***	**Lk 10,27**	... *ἀγαπήσεις* *κύριον τὸν θεόν σου* ***ἐξ ὅλης*** ***[τῆς] καρδίας σου*** *καὶ* ***ἐν ὅλῃ*** ***τῇ ψυχῇ σου*** *καὶ ἐν ὅλῃ τῇ ἰσχύϊ σου* *καὶ* ***ἐν ὅλῃ*** ***τῇ διανοίᾳ σου, ...*** ➤ Deut 6,5; Josh 22,5 LXX	
121				*καὶ* ***ἐξ ὅλης*** ***τῆς ἰσχύος σου.*** ➤ Deut 6,5; Josh 22,5 LXX	**Lk 10,27**	... *καὶ* ***ἐν ὅλῃ*** ***τῇ ἰσχύϊ σου ...*** ➤ Deut 6,5	

020 020 020			Mk 12,33 (3)	καὶ τὸ *ἀγαπᾶν αὐτὸν* ***ἐξ ὅλης τῆς καρδίας*** *καὶ* ***ἐξ ὅλης τῆς συνέσεως*** *καὶ* ***ἐξ ὅλης τῆς ἰσχύος*** καὶ τὸ *ἀγαπᾶν τὸν πλησίον ὡς ἑαυτὸν* περισσότερόν ἐστιν πάντων τῶν ὁλοκαυτωμάτων καὶ θυσιῶν. ➤ Deut 6,5; Josh 22,5 LXX ➤ Lev 19,18			
222	Mt 22,44 ↓ Mt 26,64	*εἶπεν κύριος τῷ κυρίῳ μου· κάθου* ***ἐκ δεξιῶν μου*** *ἕως ἂν θῶ τοὺς ἐχθρούς σου ὑποκάτω τῶν ποδῶν σου;* ➤ Ps 110,1	Mk 12,36 ↓ Mk 14,62	... *εἶπεν κύριος τῷ κυρίῳ μου· κάθου* ***ἐκ δεξιῶν μου,*** *ἕως ἂν θῶ τοὺς ἐχθρούς σου ὑποκάτω τῶν ποδῶν σου.* ➤ Ps 110,1	Lk 20,42 ↓ Lk 22,69	... *εἶπεν κύριος τῷ κυρίῳ μου· κάθου* ***ἐκ δεξιῶν μου,*** [43] *ἕως ἂν θῶ τοὺς ἐχθρούς σου ὑποπόδιον τῶν ποδῶν σου.* ➤ Ps 110,1	
201	Mt 23,25 → Mk 7,4	... καθαρίζετε τὸ ἔξωθεν τοῦ ποτηρίου καὶ τῆς παροψίδος, ἔσωθεν δὲ γέμουσιν **ἐξ ἁρπαγῆς** καὶ ἀκρασίας.			Lk 11,39 → Mk 7,4	... τὸ ἔξωθεν τοῦ ποτηρίου καὶ τοῦ πίνακος καθαρίζετε, τὸ δὲ ἔσωθεν ὑμῶν γέμει **ἁρπαγῆς** καὶ πονηρίας.	→ GTh 89
202 201	Mt 23,34 (2) → Mt 10,17 → Mt 10,23	διὰ τοῦτο ἰδοὺ ἐγὼ ἀποστέλλω πρὸς ὑμᾶς προφήτας καὶ σοφοὺς καὶ γραμματεῖς· **ἐξ αὐτῶν** ἀποκτενεῖτε καὶ σταυρώσετε καὶ **ἐξ αὐτῶν** μαστιγώσετε ἐν ταῖς συναγωγαῖς ὑμῶν καὶ διώξετε ἀπὸ πόλεως εἰς πόλιν·			Lk 11,49	διὰ τοῦτο καὶ ἡ σοφία τοῦ θεοῦ εἶπεν· ἀποστελῶ εἰς αὐτοὺς προφήτας καὶ ἀποστόλους, καὶ **ἐξ αὐτῶν** ἀποκτενοῦσιν καὶ διώξουσιν	
022 022			Mk 12,44 (2)	πάντες γὰρ **ἐκ τοῦ περισσεύοντος** αὐτοῖς ἔβαλον, αὕτη δὲ **ἐκ τῆς ὑστερήσεως αὐτῆς** πάντα ὅσα εἶχεν ἔβαλεν ὅλον τὸν βίον αὐτῆς.	Lk 21,4 (2)	πάντες γὰρ οὗτοι **ἐκ τοῦ περισσεύοντος** αὐτοῖς ἔβαλον εἰς τὰ δῶρα, αὕτη δὲ **ἐκ τοῦ ὑστερήματος αὐτῆς** πάντα τὸν βίον ὃν εἶχεν ἔβαλεν.	
b 121	Mt 24,1	καὶ ἐξελθὼν ὁ Ἰησοῦς **ἀπὸ τοῦ ἱεροῦ** ἐπορεύετο, καὶ προσῆλθον οἱ μαθηταὶ αὐτοῦ ἐπιδεῖξαι αὐτῷ τὰς οἰκοδομὰς τοῦ ἱεροῦ.	Mk 13,1	καὶ ἐκπορευομένου αὐτοῦ **ἐκ τοῦ ἱεροῦ** λέγει αὐτῷ εἷς τῶν μαθητῶν αὐτοῦ· διδάσκαλε, ἴδε ποταποὶ λίθοι καὶ ποταπαὶ οἰκοδομαί.	Lk 21,5	καί τινων λεγόντων περὶ τοῦ ἱεροῦ ὅτι λίθοις καλοῖς καὶ ἀναθήμασιν κεκόσμηται ...	

112	**Mt 10,21** ⇩ Mt 24,9 → Mt 10,35 → Mt 24,10	παραδώσει δὲ ἀδελφὸς ἀδελφὸν εἰς θάνατον καὶ πατὴρ τέκνον, καὶ ἐπαναστήσονται τέκνα ἐπὶ γονεῖς καὶ θανατώσουσιν **αὐτούς.**	**Mk 13,12**	καὶ παραδώσει ἀδελφὸς ἀδελφὸν εἰς θάνατον καὶ πατὴρ τέκνον, καὶ ἐπαναστήσονται τέκνα ἐπὶ γονεῖς καὶ θανατώσουσιν **αὐτούς·**	**Lk 21,16** → Lk 12,53	παραδοθήσεσθε δὲ καὶ ὑπὸ γονέων καὶ ἀδελφῶν καὶ συγγενῶν καὶ φίλων, καὶ θανατώσουσιν **ἐξ ὑμῶν**	
	Mt 24,9 ⇧ Mt 10,21	τότε παραδώσουσιν ὑμᾶς εἰς θλῖψιν καὶ ἀποκτενοῦσιν ὑμᾶς, ...					
002					**Lk 21,18** → Mt 10,30 → Lk 12,7	καὶ θρὶξ **ἐκ τῆς κεφαλῆς ὑμῶν** οὐ μὴ ἀπόληται.	→ Acts 27,34
f 221	**Mt 24,17**	ὁ ἐπὶ τοῦ δώματος μὴ καταβάτω ἆραι **τὰ ἐκ τῆς οἰκίας αὐτοῦ**	**Mk 13,15**	ὁ [δὲ] ἐπὶ τοῦ δώματος μὴ καταβάτω μηδὲ εἰσελθάτω ἆραί **τι ἐκ τῆς οἰκίας αὐτοῦ**	**Lk 17,31**	ἐν ἐκείνῃ τῇ ἡμέρᾳ ὃς ἔσται ἐπὶ τοῦ δώματος καὶ τὰ σκεύη αὐτοῦ ἐν τῇ οἰκίᾳ, μὴ καταβάτω ἆραι **αὐτά,** ...	
121	**Mt 24,29**	... *ὁ ἥλιος σκοτισθήσεται, καὶ ἡ σελήνη οὐ δώσει τὸ φέγγος αὐτῆς, καὶ οἱ ἀστέρες πεσοῦνται* **ἀπὸ τοῦ οὐρανοῦ,** ... ➢ Isa 13,10; 34,4	**Mk 13,25**	[24] ... *ὁ ἥλιος σκοτισθήσεται, καὶ ἡ σελήνη οὐ δώσει τὸ φέγγος αὐτῆς,* [25] *καὶ οἱ ἀστέρες ἔσονται* **ἐκ τοῦ οὐρανοῦ** *πίπτοντες,* ... ➢ Isa 13,10; 34,4	**Lk 21,25** → Lk 21,11	καὶ ἔσονται σημεῖα ἐν ἡλίῳ καὶ σελήνῃ καὶ ἄστροις, καὶ ἐπὶ τῆς γῆς συνοχὴ ἐθνῶν ἐν ἀπορίᾳ ἤχους θαλάσσης καὶ σάλου	→ Acts 2,19
c 220	**Mt 24,31** ↑ Mt 13,41	καὶ ἀποστελεῖ τοὺς ἀγγέλους αὐτοῦ μετὰ σάλπιγγος μεγάλης, καὶ ἐπισυνάξουσιν τοὺς ἐκλεκτοὺς αὐτοῦ **ἐκ τῶν τεσσάρων ἀνέμων** ἀπ' ἄκρων οὐρανῶν ἕως [τῶν] ἄκρων αὐτῶν.	**Mk 13,27**	καὶ τότε ἀποστελεῖ τοὺς ἀγγέλους καὶ ἐπισυνάξει τοὺς ἐκλεκτοὺς [αὐτοῦ] **ἐκ τῶν τεσσάρων ἀνέμων** ἀπ' ἄκρου γῆς ἕως ἄκρου οὐρανοῦ.			
200	**Mt 25,2**	πέντε δὲ **ἐξ αὐτῶν** ἦσαν μωραὶ καὶ πέντε φρόνιμοι.					
200	**Mt 25,8**	... δότε ἡμῖν **ἐκ τοῦ ἐλαίου ὑμῶν,** ὅτι αἱ λαμπάδες ἡμῶν σβέννυνται.					
200 200	**Mt 25,33** **(2)**	καὶ στήσει τὰ μὲν πρόβατα **ἐκ δεξιῶν αὐτοῦ,** τὰ δὲ ἐρίφια **ἐξ εὐωνύμων.**					
f 200	**Mt 25,34**	τότε ἐρεῖ ὁ βασιλεὺς **τοῖς ἐκ δεξιῶν αὐτοῦ·** δεῦτε, οἱ εὐλογημένοι τοῦ πατρός μου, ...					
f 200	**Mt 25,41** → Mt 7,23 → Lk 13,27	τότε ἐρεῖ καὶ **τοῖς ἐξ εὐωνύμων·** πορεύεσθε ἀπ' ἐμοῦ [οἱ] κατηραμένοι εἰς τὸ πῦρ τὸ αἰώνιον ...					

	Mt		Mk		Lk		
112	Mt 26,14	τότε πορευθεὶς εἷς τῶν δώδεκα, ὁ λεγόμενος Ἰούδας Ἰσκαριώτης, πρὸς τοὺς ἀρχιερεῖς [15] εἶπεν· ...	Mk 14,10	καὶ Ἰούδας Ἰσκαριὼθ ὁ εἷς τῶν δώδεκα ἀπῆλθεν πρὸς τοὺς ἀρχιερεῖς ...	Lk 22,3	εἰσῆλθεν δὲ σατανᾶς εἰς Ἰούδαν τὸν καλούμενον Ἰσκαριώτην, ὄντα ἐκ τοῦ ἀριθμοῦ τῶν δώδεκα· [4] καὶ ἀπελθὼν συνελάλησεν τοῖς ἀρχιερεῦσιν καὶ στρατηγοῖς ...	
f 221	Mt 26,21	... ἀμὴν λέγω ὑμῖν ὅτι εἷς ἐξ ὑμῶν παραδώσει με.	Mk 14,18	... ἀμὴν λέγω ὑμῖν ὅτι εἷς ἐξ ὑμῶν παραδώσει με ὁ ἐσθίων μετ' ἐμοῦ.	Lk 22,21 → Mt 26,23 → Mk 14,20	πλὴν ἰδοὺ ἡ χεὶρ τοῦ παραδιδόντος με μετ' ἐμοῦ ἐπὶ τῆς τραπέζης·	→ Jn 13,21
221	Mt 26,27 → Lk 22,17	καὶ λαβὼν ποτήριον καὶ εὐχαριστήσας ἔδωκεν αὐτοῖς λέγων· πίετε ἐξ αὐτοῦ πάντες	Mk 14,23 → Lk 22,17	καὶ λαβὼν ποτήριον εὐχαριστήσας ἔδωκεν αὐτοῖς, καὶ ἔπιον ἐξ αὐτοῦ πάντες.	Lk 22,20	καὶ τὸ ποτήριον ὡσαύτως μετὰ τὸ δειπνῆσαι, ...	→ 1Cor 11,25
221	Mt 26,29	λέγω δὲ ὑμῖν, οὐ μὴ πίω ἀπ' ἄρτι ἐκ τούτου τοῦ γενήματος τῆς ἀμπέλου ἕως τῆς ἡμέρας ἐκείνης ὅταν αὐτὸ πίνω μεθ' ὑμῶν καινὸν ἐν τῇ βασιλείᾳ τοῦ πατρός μου.	Mk 14,25	ἀμὴν λέγω ὑμῖν ὅτι οὐκέτι οὐ μὴ πίω ἐκ τοῦ γενήματος τῆς ἀμπέλου ἕως τῆς ἡμέρας ἐκείνης ὅταν αὐτὸ πίνω καινὸν ἐν τῇ βασιλείᾳ τοῦ θεοῦ.	Lk 22,18 → Lk 22,16	λέγω γὰρ ὑμῖν, [ὅτι] οὐ μὴ πίω ἀπὸ τοῦ νῦν ἀπὸ τοῦ γενήματος τῆς ἀμπέλου ἕως οὗ ἡ βασιλεία τοῦ θεοῦ ἔλθῃ.	
f 112	Mt 26,22 → Mt 26,25	καὶ λυπούμενοι σφόδρα ἤρξαντο λέγειν αὐτῷ εἷς ἕκαστος· μήτι ἐγώ εἰμι, κύριε;	Mk 14,19	ἤρξαντο λυπεῖσθαι καὶ λέγειν αὐτῷ εἷς κατὰ εἷς· μήτι ἐγώ;	Lk 22,23	καὶ αὐτοὶ ἤρξαντο συζητεῖν πρὸς ἑαυτοὺς τὸ τίς ἄρα εἴη ἐξ αὐτῶν ὁ τοῦτο μέλλων πράσσειν.	→ Jn 13,22.25
g 210	Mt 26,42	πάλιν ἐκ δευτέρου ἀπελθὼν προσηύξατο λέγων· ...	Mk 14,39	καὶ πάλιν ἀπελθὼν προσηύξατο τὸν αὐτὸν λόγον εἰπών.			
g 210	Mt 26,44	καὶ ἀφεὶς αὐτοὺς πάλιν ἀπελθὼν προσηύξατο ἐκ τρίτου τὸν αὐτὸν λόγον εἰπὼν πάλιν. [45] τότε ἔρχεται πρὸς τοὺς μαθητὰς καὶ λέγει αὐτοῖς· ...	Mk 14,41	καὶ ἔρχεται τὸ τρίτον καὶ λέγει αὐτοῖς· ...			
f 112	Mt 26,51	καὶ ἰδοὺ εἷς τῶν μετὰ Ἰησοῦ ἐκτείνας τὴν χεῖρα ἀπέσπασεν τὴν μάχαιραν αὐτοῦ καὶ πατάξας τὸν δοῦλον τοῦ ἀρχιερέως ἀφεῖλεν αὐτοῦ τὸ ὠτίον.	Mk 14,47	εἷς δέ [τις] τῶν παρεστηκότων σπασάμενος τὴν μάχαιραν ἔπαισεν τὸν δοῦλον τοῦ ἀρχιερέως καὶ ἀφεῖλεν αὐτοῦ τὸ ὠτάριον.	Lk 22,50	[49] ... κύριε, εἰ πατάξομεν ἐν μαχαίρῃ; [50] καὶ ἐπάταξεν εἷς τις ἐξ αὐτῶν τοῦ ἀρχιερέως τὸν δοῦλον καὶ ἀφεῖλεν τὸ οὖς αὐτοῦ τὸ δεξιόν.	→ Jn 18,10
122	Mt 26,71	... εἶδεν αὐτὸν ἄλλη καὶ λέγει τοῖς ἐκεῖ· οὗτος ἦν μετὰ Ἰησοῦ τοῦ Ναζωραίου.	Mk 14,69	καὶ ἡ παιδίσκη ἰδοῦσα αὐτὸν ἤρξατο πάλιν λέγειν τοῖς παρεστῶσιν ὅτι οὗτος ἐξ αὐτῶν ἐστιν.	Lk 22,58	καὶ μετὰ βραχὺ ἕτερος ἰδὼν αὐτὸν ἔφη· καὶ σὺ ἐξ αὐτῶν εἶ. ...	→ Jn 18,25

222	**Mt 26,64** ↑ Mt 22,44 → Mt 27,42-43	... ἀπ᾽ ἄρτι ὄψεσθε *τὸν υἱὸν τοῦ ἀνθρώπου* **καθήμενον ἐκ δεξιῶν** **τῆς δυνάμεως** *καὶ ἐρχόμενον ἐπὶ τῶν* *νεφελῶν τοῦ οὐρανοῦ.* ➤ Dan 7,13	**Mk 14,62** ↑ Mk 12,36 → Mk 15,32	... καὶ ὄψεσθε *τὸν υἱὸν τοῦ ἀνθρώπου* **ἐκ δεξιῶν καθήμενον** **τῆς δυνάμεως** *καὶ ἐρχόμενον μετὰ τῶν* *νεφελῶν τοῦ οὐρανοῦ.* ➤ Dan 7,13	**Lk 22,69** ↑ Lk 20,42 → Lk 23,35	ἀπὸ τοῦ νῦν δὲ ἔσται ὁ υἱὸς τοῦ ἀνθρώπου **καθήμενος ἐκ δεξιῶν** **τῆς δυνάμεως** **τοῦ θεοῦ.**	→ Acts 7,55-56
122	**Mt 26,71**	... εἶδεν αὐτὸν ἄλλη καὶ λέγει τοῖς ἐκεῖ· οὗτος ἦν **μετὰ Ἰησοῦ** **τοῦ Ναζωραίου.**	**Mk 14,69**	καὶ ἡ παιδίσκη ἰδοῦσα αὐτὸν ἤρξατο πάλιν λέγειν τοῖς παρεστῶσιν ὅτι οὗτος **ἐξ αὐτῶν** ἐστιν.	**Lk 22,58**	καὶ μετὰ βραχὺ ἕτερος ἰδὼν αὐτὸν ἔφη· καὶ σὺ **ἐξ αὐτῶν** εἶ. ...	→ Jn 18,25
221	**Mt 26,73**	... ἀληθῶς καὶ σὺ **ἐξ αὐτῶν** εἶ, καὶ γὰρ ἡ λαλιά σου δῆλόν σε ποιεῖ.	**Mk 14,70**	... ἀληθῶς **ἐξ αὐτῶν** εἶ, καὶ γὰρ Γαλιλαῖος εἶ.	**Lk 22,59**	... ἐπ᾽ ἀληθείας καὶ οὗτος **μετ᾽ αὐτοῦ** ἦν, καὶ γὰρ Γαλιλαῖός ἐστιν.	→ Jn 18,26
g 121	**Mt 26,74**	... καὶ εὐθέως ἀλέκτωρ ἐφώνησεν. [75] καὶ ἐμνήσθη ὁ Πέτρος τοῦ ῥήματος Ἰησοῦ εἰρηκότος ὅτι πρὶν ἀλέκτορα φωνῆσαι τρὶς ἀπαρνήσῃ με· ...	**Mk 14,72**	καὶ εὐθὺς **ἐκ δευτέρου** ἀλέκτωρ ἐφώνησεν. καὶ ἀνεμνήσθη ὁ Πέτρος τὸ ῥῆμα ὡς εἶπεν αὐτῷ ὁ Ἰησοῦς ὅτι πρὶν ἀλέκτορα φωνῆσαι δὶς τρίς με ἀπαρνήσῃ· ...	**Lk 22,60**	... καὶ παραχρῆμα ἔτι λαλοῦντος αὐτοῦ ἐφώνησεν ἀλέκτωρ. [61] καὶ στραφεὶς ὁ κύριος ἐνέβλεψεν τῷ Πέτρῳ, καὶ ὑπεμνήσθη ὁ Πέτρος τοῦ ῥήματος τοῦ κυρίου ὡς εἶπεν αὐτῷ ὅτι πρὶν ἀλέκτορα φωνῆσαι σήμερον ἀπαρνήσῃ με τρίς.	→ Jn 18,27
200	**Mt 27,7**	συμβούλιον δὲ λαβόντες ἠγόρασαν **ἐξ αὐτῶν** τὸν ἀγρὸν τοῦ κεραμέως ...					→ Acts 1,18
002					**Lk 23,7**	καὶ ἐπιγνοὺς ὅτι **ἐκ τῆς ἐξουσίας** **Ἡρῴδου** ἐστὶν ἀνέπεμψεν αὐτὸν πρὸς Ἡρῴδην, ...	
a g 002					**Lk 23,8** → Lk 9,9	ὁ δὲ Ἡρῴδης ἰδὼν τὸν Ἰησοῦν ἐχάρη λίαν, ἦν γὰρ **ἐξ ἱκανῶν χρόνων** θέλων ἰδεῖν αὐτὸν διὰ τὸ ἀκούειν περὶ αὐτοῦ, ...	
210	**Mt 27,29**	καὶ πλέξαντες **στέφανον** **ἐξ ἀκανθῶν** ἐπέθηκαν ἐπὶ τῆς κεφαλῆς αὐτοῦ ...	**Mk 15,17**	... καὶ περιτιθέασιν αὐτῷ πλέξαντες **ἀκάνθινον** **στέφανον·**	**Lk 23,11** → Mt 27,27 → Mk 15,16	ἐξουθενήσας δὲ αὐτὸν [καὶ] ὁ Ἡρῴδης σὺν τοῖς στρατεύμασιν αὐτοῦ ...	→ Jn 19,2
222 222	**Mt 27,38** **(2)** → Lk 23,32	τότε σταυροῦνται σὺν αὐτῷ δύο λῃσταί, εἷς **ἐκ δεξιῶν** καὶ εἷς **ἐξ εὐωνύμων.**	**Mk 15,27** **(2)** → Lk 23,32	καὶ σὺν αὐτῷ σταυροῦσιν δύο λῃστάς, ἕνα **ἐκ δεξιῶν** καὶ ἕνα **ἐξ εὐωνύμων αὐτοῦ.**	**Lk 23,33** **(2)** → Lk 22,37	... ἐκεῖ ἐσταύρωσαν αὐτὸν καὶ τοὺς κακούργους, ὃν μὲν **ἐκ δεξιῶν** ὃν δὲ **ἐξ ἀριστερῶν.**	→ Jn 19,18

	Mt		Mk		Lk		Jn
f 210	Mt 27,48	καὶ εὐθέως δραμὼν εἷς ἐξ αὐτῶν καὶ λαβὼν σπόγγον πλήσας τε ὄξους καὶ περιθεὶς καλάμῳ ἐπότιζεν αὐτόν.	Mk 15,36	δραμὼν δέ τις [καὶ] γεμίσας σπόγγον ὄξους περιθεὶς καλάμῳ ἐπότιζεν αὐτὸν ...	Lk 23,36 → Lk 23,39	ἐνέπαιξαν δὲ αὐτῷ καὶ οἱ στρατιῶται προσερχόμενοι, ὄξος προσφέροντες αὐτῷ	→ Jn 19,29
b 200	Mt 27,53	καὶ ἐξελθόντες ἐκ τῶν μνημείων μετὰ τὴν ἔγερσιν αὐτοῦ εἰσῆλθον εἰς τὴν ἁγίαν πόλιν ...					
121	Mt 27,54	ὁ δὲ ἑκατόνταρχος καὶ οἱ μετ᾽ αὐτοῦ τηροῦντες τὸν Ἰησοῦν ἰδόντες τὸν σεισμὸν καὶ τὰ γενόμενα ἐφοβήθησαν σφόδρα, λέγοντες· ἀληθῶς θεοῦ υἱὸς ἦν οὗτος.	Mk 15,39	ἰδὼν δὲ ὁ κεντυρίων ὁ παρεστηκὼς ἐξ ἐναντίας αὐτοῦ ὅτι οὕτως ἐξέπνευσεν εἶπεν· ἀληθῶς οὗτος ὁ ἄνθρωπος υἱὸς θεοῦ ἦν.	Lk 23,47	ἰδὼν δὲ ὁ ἑκατοντάρχης τὸ γενόμενον ἐδόξαζεν τὸν θεὸν λέγων· ὄντως ὁ ἄνθρωπος οὗτος δίκαιος ἦν.	
121	Mt 27,60	καὶ ἔθηκεν αὐτὸ ἐν τῷ καινῷ αὐτοῦ μνημείῳ ὃ ἐλατόμησεν ἐν τῇ πέτρᾳ καὶ προσκυλίσας λίθον μέγαν τῇ θύρᾳ τοῦ μνημείου ἀπῆλθεν.	Mk 15,46	... καὶ ἔθηκεν αὐτὸν ἐν μνημείῳ ὃ ἦν λελατομημένον ἐκ πέτρας καὶ προσεκύλισεν λίθον ἐπὶ τὴν θύραν τοῦ μνημείου.	Lk 23,53	... καὶ ἔθηκεν αὐτὸν ἐν μνήματι λαξευτῷ οὗ οὐκ ἦν οὐδεὶς οὔπω κείμενος.	→ Jn 19,41
c 112	Mt 27,61 → Mt 27,55-56 → Mt 28,1 → Lk 24,10	ἦν δὲ ἐκεῖ Μαριὰμ ἡ Μαγδαληνὴ καὶ ἡ ἄλλη Μαρία καθήμεναι ἀπέναντι τοῦ τάφου.	Mk 15,47 → Mk 15,40-41 → Mk 16,1 → Lk 24,10	ἡ δὲ Μαρία ἡ Μαγδαληνὴ καὶ Μαρία ἡ Ἰωσῆτος ἐθεώρουν ποῦ τέθειται.	Lk 23,55 → Lk 23,49 ↑ Lk 8,3 → Lk 8,2	κατακολουθήσασαι δὲ αἱ γυναῖκες, αἵτινες ἦσαν συνεληλυθυῖαι ἐκ τῆς Γαλιλαίας αὐτῷ, ἐθεάσαντο τὸ μνημεῖον καὶ ὡς ἐτέθη τὸ σῶμα αὐτοῦ	
020			Mk 16,3	καὶ ἔλεγον πρὸς ἑαυτάς· τίς ἀποκυλίσει ἡμῖν τὸν λίθον ἐκ τῆς θύρας τοῦ μνημείου;			
d 200	Mt 28,2	... ἄγγελος γὰρ κυρίου καταβὰς ἐξ οὐρανοῦ καὶ προσελθὼν ἀπεκύλισεν τὸν λίθον καὶ ἐκάθητο ἐπάνω αὐτοῦ.	Mk 16,4	καὶ ἀναβλέψασαι θεωροῦσιν ὅτι ἀποκεκύλισται ὁ λίθος· ἦν γὰρ μέγας σφόδρα. [5] ... εἶδον νεανίσκον ...	Lk 24,2	εὗρον δὲ τὸν λίθον ἀποκεκυλισμένον ἀπὸ τοῦ μνημείου, [3] ... [4] ... καὶ ἰδοὺ ἄνδρες δύο ...	→ Jn 20,1
002					Lk 24,13	καὶ ἰδοὺ δύο ἐξ αὐτῶν ἐν αὐτῇ τῇ ἡμέρᾳ ἦσαν πορευόμενοι εἰς κώμην ...	
002					Lk 24,22 → Mt 28,1 → Mk 16,1-2 → Lk 24,1	ἀλλὰ καὶ γυναῖκές τινες ἐξ ἡμῶν ἐξέστησαν ἡμᾶς, γενόμεναι ὀρθριναὶ ἐπὶ τὸ μνημεῖον	→ Jn 20,1
e 002	→ Mt 16,21 → Mt 17,22-23 → Mt 20,18-19		→ Mk 8,31 → Mk 9,31 → Mk 10,33-34		Lk 24,46 → Lk 9,22 → Lk 9,44 → Lk 17,25 → Lk 18,31-33 → Lk 24,7 → Lk 24,26	... οὕτως γέγραπται παθεῖν τὸν χριστὸν καὶ ἀναστῆναι ἐκ νεκρῶν τῇ τρίτῃ ἡμέρᾳ	

002		Lk 24,49	... ὑμεῖς δὲ καθίσατε ἐν τῇ πόλει ἕως οὗ ἐνδύσησθε **ἐξ ὕψους** δύναμιν.	→ Acts 1,8 → Acts 2,33

Acts 1,18 → Mt 27,7 οὗτος μὲν οὖν ἐκτήσατο χωρίον **ἐκ μισθοῦ τῆς ἀδικίας** ...

e **Acts 1,24** ... σὺ κύριε καρδιογνῶστα πάντων, ἀνάδειξον ὃν ἐξελέξω **ἐκ τούτων τῶν δύο** ἕνα

Acts 2,2 καὶ ἐγένετο ἄφνω **ἐκ τοῦ οὐρανοῦ** ἦχος ὥσπερ φερομένης πνοῆς βιαίας ...

Acts 2,25 ... *προορώμην τὸν κύριον ἐνώπιόν μου διὰ παντός, ὅτι* ***ἐκ δεξιῶν μού*** *ἐστιν ἵνα μὴ σαλευθῶ.* ➤ Ps 15,8 LXX

Acts 2,30 προφήτης οὖν ὑπάρχων καὶ εἰδὼς ὅτι ὅρκῳ ὤμοσεν αὐτῷ ὁ θεὸς **ἐκ καρποῦ τῆς ὀσφύος αὐτοῦ** καθίσαι ἐπὶ τὸν θρόνον αὐτοῦ ➤ Ps 132,11

Acts 2,34 ... *εἶπεν [ὁ] κύριος τῷ κυρίῳ μου· κάθου* ***ἐκ δεξιῶν μου*** ➤ Ps 109,1 LXX

a **Acts 3,2** καί τις ἀνὴρ χωλὸς **ἐκ κοιλίας μητρὸς αὐτοῦ** ὑπάρχων ἐβαστάζετο, ...

Acts 3,15 τὸν δὲ ἀρχηγὸν τῆς ζωῆς ἀπεκτείνατε ὃν ὁ θεὸς ἤγειρεν **ἐκ νεκρῶν,** οὗ ἡμεῖς μάρτυρές ἐσμεν.

e **Acts 3,22** ... *προφήτην ὑμῖν ἀναστήσει κύριος ὁ θεὸς ὑμῶν* ***ἐκ τῶν ἀδελφῶν ὑμῶν*** *ὡς ἐμέ·* ... ➤ Deut 18,15

b **Acts 3,23** *ἔσται δὲ πᾶσα ψυχὴ ἥτις ἐὰν μὴ ἀκούσῃ τοῦ προφήτου ἐκείνου ἐξολεθρευθήσεται* ***ἐκ τοῦ λαοῦ.*** ➤ Lev 23,29

Acts 4,2 διαπονούμενοι διὰ τὸ διδάσκειν αὐτοὺς τὸν λαὸν καὶ καταγγέλλειν ἐν τῷ Ἰησοῦ **τὴν ἀνάστασιν τὴν ἐκ νεκρῶν**

Acts 4,6 ... καὶ ὅσοι ἦσαν **ἐκ γένους ἀρχιερατικοῦ**

Acts 4,10 ... ὃν ὁ θεὸς ἤγειρεν **ἐκ νεκρῶν,** ἐν τούτῳ οὗτος παρέστηκεν ἐνώπιον ὑμῶν ὑγιής.

Acts 5,38 ... ὅτι ἐὰν ᾖ **ἐξ ἀνθρώπων** ἡ βουλὴ αὕτη ἢ τὸ ἔργον τοῦτο, καταλυθήσεται,

Acts 5,39 εἰ δὲ **ἐκ θεοῦ** ἐστιν, οὐ δυνήσεσθε καταλῦσαι αὐτούς, ...

Acts 6,3 ἐπισκέψασθε δέ, ἀδελφοί, ἄνδρας **ἐξ ὑμῶν** μαρτυρουμένους ἑπτά, ...

f **Acts 6,9** ἀνέστησαν δέ **τινες τῶν ἐκ τῆς συναγωγῆς** τῆς λεγομένης Λιβερτίνων ...

b **Acts 7,3 (2)** ... *ἔξελθε* ***ἐκ τῆς γῆς σου***

b *καὶ* ***[ἐκ] τῆς συγγενείας σου*** *καὶ δεῦρο εἰς τὴν γῆν ἣν ἄν σοι δείξω.* ➤ Gen 12,1

b **Acts 7,4** τότε ἐξελθὼν **ἐκ γῆς Χαλδαίων** κατῴκησεν ἐν Χαρράν. ...

b **Acts 7,10** καὶ ἐξείλατο αὐτὸν **ἐκ πασῶν τῶν θλίψεων αὐτοῦ** καὶ ἔδωκεν αὐτῷ χάριν καὶ σοφίαν ...

e **Acts 7,37** ... *προφήτην ὑμῖν ἀναστήσει ὁ θεὸς* ***ἐκ τῶν ἀδελφῶν ὑμῶν*** *ὡς ἐμέ.* ➤ Deut 18,15

b **Acts 7,40** ... *ποίησον ἡμῖν θεοὺς οἳ προπορεύσονται ἡμῶν· ὁ γὰρ Μωϋσῆς οὗτος, ὃς ἐξήγαγεν ἡμᾶς* ***ἐκ γῆς Αἰγύπτου,*** *οὐκ οἴδαμεν τί ἐγένετο αὐτῷ.* ➤ Exod 32,1.23

Acts 7,55 ... εἶδεν δόξαν θεοῦ καὶ Ἰησοῦν ἑστῶτα **ἐκ δεξιῶν τοῦ θεοῦ**

Acts 7,56 → Lk 22,69 ... ἰδοὺ θεωρῶ τοὺς οὐρανοὺς διηνοιγμένους καὶ τὸν υἱὸν τοῦ ἀνθρώπου **ἐκ δεξιῶν ἑστῶτα τοῦ θεοῦ.**

e **Acts 8,39** ὅτε δὲ ἀνέβησαν **ἐκ τοῦ ὕδατος,** πνεῦμα κυρίου ἥρπασεν τὸν Φίλιππον, ...

Acts 9,3 ... ἐξαίφνης τε αὐτὸν περιήστραψεν φῶς **ἐκ τοῦ οὐρανοῦ**

a **Acts 9,33** εὗρεν δὲ ἐκεῖ ἄνθρωπόν τινα ὀνόματι Αἰνέαν **ἐξ ἐτῶν ὀκτὼ** κατακείμενον ἐπὶ κραβάττου, ...

Acts 10,1 ἀνὴρ δέ τις ἐν Καισαρείᾳ ὀνόματι Κορνήλιος, ἑκατοντάρχης **ἐκ σπείρης τῆς καλουμένης Ἰταλικῆς**

g **Acts 10,15** καὶ φωνὴ πάλιν **ἐκ δευτέρου** πρὸς αὐτόν· ἃ ὁ θεὸς ἐκαθάρισεν, σὺ μὴ κοίνου.

e **Acts 10,41** ... ἡμῖν, οἵτινες συνεφάγομεν καὶ συνεπίομεν αὐτῷ μετὰ τὸ ἀναστῆναι αὐτὸν **ἐκ νεκρῶν·**

Acts 10,45 καὶ ἐξέστησαν οἱ **ἐκ περιτομῆς** πιστοὶ ὅσοι συνῆλθαν τῷ Πέτρῳ, ...

f **Acts 11,2** ὅτε δὲ ἀνέβη Πέτρος εἰς Ἰερουσαλήμ, διεκρίνοντο πρὸς αὐτὸν **οἱ ἐκ περιτομῆς**

d **Acts 11,5** ... καταβαῖνον σκεῦός τι ὡς ὀθόνην μεγάλην τέσσαρσιν ἀρχαῖς καθιεμένην **ἐκ τοῦ οὐρανοῦ,** καὶ ἦλθεν ἄχρι ἐμοῦ.

g **Acts 11,9 (2)** ἀπεκρίθη δὲ φωνὴ **ἐκ δευτέρου**

ἐκ τοῦ οὐρανοῦ· ἃ ὁ θεὸς ἐκαθάρισεν, σὺ μὴ κοίνου.

f **Acts 11,20** ἦσαν δέ
τινες ἐξ αὐτῶν
ἄνδρες Κύπριοι καὶ Κυρηναῖοι, ...

f **Acts 11,28** ἀναστὰς δὲ
εἷς ἐξ αὐτῶν
ὀνόματι Ἅγαβος ἐσήμανεν διὰ τοῦ πνεύματος λιμὸν μεγάλην μέλλειν ἔσεσθαι ...

b **Acts 12,7** ... ἀνάστα ἐν τάχει. καὶ ἐξέπεσαν αὐτοῦ αἱ ἁλύσεις
ἐκ τῶν χειρῶν.

b **Acts 12,11** ... νῦν οἶδα ἀληθῶς ὅτι ἐξαπέστειλεν [ὁ] κύριος τὸν ἄγγελον αὐτοῦ καὶ ἐξείλατό με
ἐκ χειρὸς Ἡρῴδου καὶ πάσης τῆς προσδοκίας τοῦ λαοῦ τῶν Ἰουδαίων.

b **Acts 12,17** κατασείσας δὲ αὐτοῖς τῇ χειρὶ σιγᾶν διηγήσατο [αὐτοῖς] πῶς ὁ κύριος αὐτὸν ἐξήγαγεν
ἐκ τῆς φυλακῆς
εἶπέν τε· ...

b **Acts 13,17** ... καὶ μετὰ βραχίονος ὑψηλοῦ ἐξήγαγεν αὐτοὺς
ἐξ αὐτῆς

Acts 13,21 ... καὶ ἔδωκεν αὐτοῖς ὁ θεὸς τὸν Σαοὺλ υἱὸν Κίς, ἄνδρα
ἐκ φυλῆς Βενιαμίν,
ἔτη τεσσεράκοντα.

Acts 13,30 ὁ δὲ θεὸς ἤγειρεν αὐτὸν
ἐκ νεκρῶν

e **Acts 13,34** ὅτι δὲ ἀνέστησεν αὐτὸν
ἐκ νεκρῶν
μηκέτι μέλλοντα ὑποστρέφειν εἰς διαφθοράν, ...

a **Acts 14,8** καί τις ἀνὴρ ἀδύνατος ἐν Λύστροις τοῖς ποσὶν ἐκάθητο, χωλὸς
ἐκ κοιλίας μητρὸς αὐτοῦ
ὃς οὐδέποτε περιεπάτησεν.

f **Acts 15,2** ... ἔταξαν ἀναβαίνειν Παῦλον καὶ Βαρναβᾶν καί
τινας ἄλλους ἐξ αὐτῶν
πρὸς τοὺς ἀποστόλους καὶ πρεσβυτέρους ...

Acts 15,14 Συμεὼν ἐξηγήσατο καθὼς πρῶτον ὁ θεὸς ἐπεσκέψατο λαβεῖν
ἐξ ἐθνῶν
λαὸν τῷ ὀνόματι αὐτοῦ.

a **Acts 15,21** Μωϋσῆς γὰρ
ἐκ γενεῶν ἀρχαίων
κατὰ πόλιν τοὺς κηρύσσοντας αὐτὸν ἔχει ...

b **Acts 15,22** τότε ἔδοξε τοῖς ἀποστόλοις καὶ τοῖς πρεσβυτέροις σὺν ὅλῃ τῇ ἐκκλησίᾳ ἐκλεξαμένους ἄνδρας
ἐξ αὐτῶν
πέμψαι εἰς Ἀντιόχειαν σὺν τῷ Παύλῳ καὶ Βαρναβᾷ, ...

f **Acts 15,23** ... οἱ ἀπόστολοι καὶ οἱ πρεσβύτεροι ἀδελφοὶ τοῖς κατὰ τὴν Ἀντιόχειαν καὶ Συρίαν καὶ Κιλικίαν ἀδελφοῖς
τοῖς ἐξ ἐθνῶν
χαίρειν.

b *f* **Acts 15,24** ἐπειδὴ ἠκούσαμεν ὅτι
τινὲς ἐξ ἡμῶν
[ἐξελθόντες] ἐτάραξαν ὑμᾶς λόγοις ἀνασκευάζοντες τὰς ψυχὰς ὑμῶν οἷς οὐ διεστειλάμεθα

Acts 15,29 ἀπέχεσθαι εἰδωλοθύτων καὶ αἵματος καὶ πνικτῶν καὶ πορνείας,
ἐξ ὧν
διατηροῦντες ἑαυτοὺς εὖ πράξετε. ...

e **Acts 17,3** διανοίγων καὶ παρατιθέμενος ὅτι τὸν χριστὸν ἔδει παθεῖν καὶ ἀναστῆναι
ἐκ νεκρῶν
καὶ ὅτι οὗτός ἐστιν ὁ χριστός [ὁ] Ἰησοῦς ...

f **Acts 17,4** καί
τινες ἐξ αὐτῶν
ἐπείσθησαν καὶ προσεκληρώθησαν τῷ Παύλῳ καὶ τῷ Σιλᾷ, ...

Acts 17,12 πολλοὶ μὲν οὖν
ἐξ αὐτῶν
ἐπίστευσαν καὶ τῶν Ἑλληνίδων γυναικῶν τῶν εὐσχημόνων καὶ ἀνδρῶν οὐκ ὀλίγοι.

Acts 17,26 ἐποίησέν τε
ἐξ ἑνὸς
πᾶν ἔθνος ἀνθρώπων κατοικεῖν ἐπὶ παντὸς προσώπου τῆς γῆς, ...

e **Acts 17,31** ... ἐν ἀνδρὶ ᾧ ὥρισεν, πίστιν παρασχὼν πᾶσιν ἀναστήσας αὐτὸν
ἐκ νεκρῶν.

b **Acts 17,33** οὕτως ὁ Παῦλος ἐξῆλθεν
ἐκ μέσου αὐτῶν.

Acts 18,1 μετὰ ταῦτα χωρισθεὶς
ἐκ τῶν Ἀθηνῶν
ἦλθεν εἰς Κόρινθον.

b **Acts 19,16** ... ὥστε γυμνοὺς καὶ τετραυματισμένους ἐκφυγεῖν
ἐκ τοῦ οἴκου ἐκείνου.

Acts 19,25 ... ἄνδρες, ἐπίστασθε ὅτι
ἐκ ταύτης τῆς ἐργασίας
ἡ εὐπορία ἡμῖν ἐστιν

c **Acts 19,33** **ἐκ δὲ τοῦ ὄχλου**
συνεβίβασαν Ἀλέξανδρον, προβαλόντων αὐτὸν τῶν Ἰουδαίων· ...

Acts 19,34 ... φωνὴ ἐγένετο μία
ἐκ πάντων
ὡς ἐπὶ ὥρας δύο κραζόντων· μεγάλη ἡ Ἄρτεμις Ἐφεσίων.

e **Acts 20,30** καὶ
ἐξ ὑμῶν αὐτῶν
ἀναστήσονται ἄνδρες λαλοῦντες διεστραμμένα τοῦ ἀποσπᾶν τοὺς μαθητὰς ὀπίσω αὐτῶν.

Acts 21,8 ... καὶ εἰσελθόντες εἰς τὸν οἶκον Φιλίππου τοῦ εὐαγγελιστοῦ, ὄντος
ἐκ τῶν ἑπτά,
ἐμείναμεν παρ᾽ αὐτῷ.

Acts 22,6 ἐγένετο δέ μοι πορευομένῳ καὶ ἐγγίζοντι τῇ Δαμασκῷ περὶ μεσημβρίαν ἐξαίφνης
ἐκ τοῦ οὐρανοῦ
περιαστράψαι φῶς ἱκανὸν περὶ ἐμέ

Acts 22,14 ... καὶ ἰδεῖν τὸν δίκαιον καὶ ἀκοῦσαι φωνὴν
ἐκ τοῦ στόματος αὐτοῦ

b **Acts 22,18** ... σπεῦσον καὶ ἔξελθε ἐν τάχει
ἐξ Ἰερουσαλήμ,
διότι οὐ παραδέξονταί σου μαρτυρίαν περὶ ἐμοῦ.

Acts 23,10 ... ἐκέλευσεν τὸ στράτευμα καταβὰν ἁρπάσαι αὐτὸν
ἐκ μέσου αὐτῶν
ἄγειν τε εἰς τὴν παρεμβολήν.

Acts 23,21 ... ἐνεδρεύουσιν γὰρ αὐτὸν
ἐξ αὐτῶν
ἄνδρες πλείους τεσσεράκοντα, ...

Acts 23,34 ἀναγνοὺς δὲ καὶ ἐπερωτήσας
ἐκ ποίας ἐπαρχείας
ἐστὶν, καὶ πυθόμενος ὅτι ἀπὸ Κιλικίας

a **Acts 24,10** ἀπεκρίθη τε ὁ Παῦλος νεύσαντος αὐτῷ τοῦ ἡγεμόνος λέγειν·
ἐκ πολλῶν ἐτῶν
ὄντα σε κριτὴν τῷ ἔθνει τούτῳ ἐπιστάμενος εὐθύμως τὰ περὶ ἐμαυτοῦ ἀπολογοῦμαι

a **Acts 26,4** τὴν μὲν οὖν βίωσίν μου [τὴν]
ἐκ νεότητος
τὴν ἀπ' ἀρχῆς γενομένην ἐν τῷ ἔθνει μου ἔν τε Ἱεροσολύμοις ἴσασι πάντες [οἱ] Ἰουδαῖοι

b **Acts 26,17 (2)** ἐξαιρούμενός σε
ἐκ τοῦ λαοῦ

b καὶ
ἐκ τῶν ἐθνῶν
εἰς οὓς ἐγὼ ἀποστέλλω σε

Acts 26,23 εἰ παθητὸς ὁ χριστός, εἰ πρῶτος
ἐξ ἀναστάσεως νεκρῶν
φῶς μέλλει καταγγέλλειν τῷ τε λαῷ καὶ τοῖς ἔθνεσιν.

Acts 27,22 ... ἀποβολὴ γὰρ ψυχῆς οὐδεμία ἔσται
ἐξ ὑμῶν
πλὴν τοῦ πλοίου.

Acts 27,29 φοβούμενοί τε μή που κατὰ τραχεῖς τόπους ἐκπέσωμεν,
ἐκ πρύμνης
ῥίψαντες ἀγκύρας τέσσαρας ηὔχοντο ἡμέραν γενέσθαι.

Acts 27,30 (2) τῶν δὲ ναυτῶν ζητούντων φυγεῖν
ἐκ τοῦ πλοίου

b καὶ χαλασάντων τὴν σκάφην εἰς τὴν θάλασσαν προφάσει ὡς
ἐκ πρῴρης
ἀγκύρας μελλόντων ἐκτείνειν

Acts 28,4 (2) ὡς δὲ εἶδον οἱ βάρβαροι κρεμάμενον τὸ θηρίον
ἐκ τῆς χειρὸς αὐτοῦ,
πρὸς ἀλλήλους ἔλεγον·
πάντως φονεύς ἐστιν ὁ ἄνθρωπος οὗτος ὃν διασωθέντα
ἐκ τῆς θαλάσσης
ἡ δίκη ζῆν οὐκ εἴασεν.

Acts 28,17 ... ἐγώ, ἄνδρες ἀδελφοί, οὐδὲν ἐναντίον ποιήσας τῷ λαῷ ἢ τοῖς ἔθεσι τοῖς πατρῴοις δέσμιος
ἐξ Ἱεροσολύμων
παρεδόθην εἰς τὰς χεῖρας τῶν Ῥωμαίων

ἕκαστος

	Syn	Mt	Mk	Lk	Acts	Jn	1-3John	Paul	Eph	Col
	10	4	1	5	11	3		35	5	1
	NT	2Thess	1/2Tim	Tit	Heb	Jas	1Pet	2Pet	Jude	Rev
	81	1			5	1	2			7

each; every

	triple tradition																	double tradition			Sondergut		
		+Mt / +Lk			–Mt / –Lk			traditions not taken over by Mt / Lk							subtotals								
code	*222*	*211*	*112*	*212*	*221*	*122*	*121*	*022*	*012*	*021*	*220*	*120*	*210*	*020*	Σ⁺	Σ⁻	Σ	*202*	*201*	*102*	*200*	*002*	total
Mt		2^{+}													2^{+}		2		1		1		**4**
Mk														1			1						**1**
Lk			1^{+}												1^{+}		1			1		3	**5**

a εἷς ἕκαστος

code	Mt		Mk		Lk		
002					**Lk 2,3**	καὶ ἐπορεύοντο πάντες ἀπογράφεσθαι, **ἕκαστος** εἰς τὴν ἑαυτοῦ πόλιν.	
a 112	**Mt 8,16** ⇩ Mt 4,24 → Mt 12,15	... καὶ ἐξέβαλεν τὰ πνεύματα λόγῳ καὶ πάντας τοὺς κακῶς ἔχοντας ἐθεράπευσεν	**Mk 1,34** → Mk 3,10	καὶ ἐθεράπευσεν πολλοὺς κακῶς ἔχοντας ποικίλαις νόσοις καὶ δαιμόνια πολλὰ ἐξέβαλεν, ...	**Lk 4,40** → Lk 6,18	... ὁ δὲ **ἑνὶ ἑκάστῳ αὐτῶν** τὰς χεῖρας ἐπιτιθεὶς ἐθεράπευεν αὐτούς. [41] ἐξήρχετο δὲ καὶ δαιμόνια ἀπὸ πολλῶν ...	
	Mt 4,24 ⇧ Mt 8,16 → Mt 12,15	... καὶ ἐθεράπευσεν αὐτούς.					

102	**Mt 7,16** ⇨ Mt 7,20 ⇩ Mt 12,33	ἀπὸ τῶν καρπῶν αὐτῶν ἐπιγνώσεσθε αὐτούς. ...			**Lk 6,44**	**ἕκαστον** γὰρ δένδρον ἐκ τοῦ ἰδίου καρποῦ γινώσκεται· ...	
	Mt 12,33 ⇧ Mt 7,16	... ἐκ γὰρ τοῦ καρποῦ τὸ δένδρον γινώσκεται.					
211	**Mt 16,27** → Mt 10,33	μέλλει γὰρ ὁ υἱὸς τοῦ ἀνθρώπου ἔρχεσθαι ἐν τῇ δόξῃ τοῦ πατρὸς αὐτοῦ μετὰ τῶν ἀγγέλων αὐτοῦ, καὶ τότε *ἀποδώσει* ***ἑκάστῳ*** *κατὰ τὴν πρᾶξιν αὐτοῦ.* ➤ Ps 62,13/Prov 24,12/Sir 35,22 LXX	**Mk 8,38**	... καὶ ὁ υἱὸς τοῦ ἀνθρώπου ἐπαισχυνθήσεται αὐτόν, ὅταν ἔλθῃ ἐν τῇ δόξῃ τοῦ πατρὸς αὐτοῦ μετὰ τῶν ἀγγέλων τῶν ἁγίων.	**Lk 9,26** ⇨ Lk 12,9	... τοῦτον ὁ υἱὸς τοῦ ἀνθρώπου ἐπαισχυνθήσεται, ὅταν ἔλθῃ ἐν τῇ δόξῃ αὐτοῦ καὶ τοῦ πατρὸς καὶ τῶν ἁγίων ἀγγέλων.	Mk-Q overlap
200	**Mt 18,35** → Mt 6,15	οὕτως καὶ ὁ πατήρ μου ὁ οὐράνιος ποιήσει ὑμῖν, ἐὰν μὴ ἀφῆτε **ἕκαστος** τῷ ἀδελφῷ αὐτοῦ ἀπὸ τῶν καρδιῶν ὑμῶν.					
002					**Lk 13,15** → Mt 12,11 → Lk 14,5	... ὑποκριταί, **ἕκαστος ὑμῶν** τῷ σαββάτῳ οὐ λύει τὸν βοῦν αὐτοῦ ἢ τὸν ὄνον ἀπὸ τῆς φάτνης καὶ ἀπαγαγὼν ποτίζει;	
a 002					**Lk 16,5**	καὶ προσκαλεσάμενος **ἕνα ἕκαστον τῶν χρεοφειλετῶν τοῦ κυρίου ἑαυτοῦ** ἔλεγεν τῷ πρώτῳ· πόσον ὀφείλεις τῷ κυρίῳ μου;	
020	Mt 25,15	[14] ὥσπερ γὰρ ἄνθρωπος ἀποδημῶν ἐκάλεσεν τοὺς ἰδίους δούλους καὶ παρέδωκεν αὐτοῖς τὰ ὑπάρχοντα αὐτοῦ, [15] καὶ ᾧ μὲν ἔδωκεν πέντε τάλαντα, ᾧ δὲ δύο, ᾧ δὲ ἕν, **ἑκάστῳ** κατὰ τὴν ἰδίαν δύναμιν, καὶ ἀπεδήμησεν. ...	**Mk 13,34**	ὡς ἄνθρωπος ἀπόδημος ἀφεὶς τὴν οἰκίαν αὐτοῦ καὶ δοὺς τοῖς δούλοις αὐτοῦ τὴν ἐξουσίαν **ἑκάστῳ** τὸ ἔργον αὐτοῦ, καὶ τῷ θυρωρῷ ἐνετείλατο ἵνα γρηγορῇ.	Lk 19,13	[12] ... ἄνθρωπός τις εὐγενὴς ἐπορεύθη εἰς χώραν μακρὰν ... [13] καλέσας δὲ δέκα δούλους ἑαυτοῦ ἔδωκεν αὐτοῖς δέκα μνᾶς καὶ εἶπεν πρὸς αὐτούς· πραγματεύσασθε ἐν ᾧ ἔρχομαι.	Mk-Q overlap
201	**Mt 25,15**	[14] ... ἐκάλεσεν τοὺς ἰδίους δούλους καὶ παρέδωκεν αὐτοῖς τὰ ὑπάρχοντα αὐτοῦ, [15] καὶ ᾧ μὲν ἔδωκεν πέντε τάλαντα, ᾧ δὲ δύο, ᾧ δὲ ἕν, **ἑκάστῳ** κατὰ τὴν ἰδίαν δύναμιν, καὶ ἀπεδήμησεν. ...	Mk 13,34	ὡς ἄνθρωπος ἀπόδημος ἀφεὶς τὴν οἰκίαν αὐτοῦ καὶ δοὺς τοῖς δούλοις αὐτοῦ τὴν ἐξουσίαν **ἑκάστῳ** τὸ ἔργον αὐτοῦ, καὶ τῷ θυρωρῷ ἐνετείλατο ἵνα γρηγορῇ.	**Lk 19,13**	καλέσας δὲ δέκα δούλους ἑαυτοῦ ἔδωκεν αὐτοῖς δέκα μνᾶς καὶ εἶπεν πρὸς αὐτούς· πραγματεύσασθε ἐν ᾧ ἔρχομαι.	Mk-Q overlap
a 211	**Mt 26,22** → Mt 26,25	καὶ λυπούμενοι σφόδρα ἤρξαντο λέγειν αὐτῷ **εἷς ἕκαστος·** μήτι ἐγώ εἰμι, κύριε;	**Mk 14,19**	ἤρξαντο λυπεῖσθαι καὶ λέγειν αὐτῷ **εἷς κατὰ εἷς·** μήτι ἐγώ;	**Lk 22,23**	καὶ αὐτοὶ ἤρξαντο συζητεῖν πρὸς ἑαυτοὺς τὸ τίς ἄρα εἴη ἐξ αὐτῶν ὁ τοῦτο μέλλων πράσσειν.	→ Jn 13,22.25

a **Acts 2,3** καὶ ὤφθησαν αὐτοῖς διαμεριζόμεναι γλῶσσαι ὡσεὶ πυρὸς καὶ ἐκάθισεν **ἐφ' ἕνα ἕκαστον αὐτῶν**

a **Acts 2,6** ... ἤκουον **εἷς ἕκαστος** τῇ ἰδίᾳ διαλέκτῳ λαλούντων αὐτῶν.

Acts 2,8 καὶ πῶς ἡμεῖς ἀκούομεν **ἕκαστος** τῇ ἰδίᾳ διαλέκτῳ ἡμῶν ἐν ᾗ ἐγεννήθημεν;

Acts 2,38 ... μετανοήσατε, [φησίν,] καὶ βαπτισθήτω **ἕκαστος ὑμῶν** ἐπὶ τῷ ὀνόματι Ἰησοῦ Χριστοῦ ...

Acts 3,26 ὑμῖν πρῶτον ἀναστήσας ὁ θεὸς τὸν παῖδα αὐτοῦ ἀπέστειλεν αὐτὸν εὐλογοῦντα ὑμᾶς ἐν τῷ ἀποστρέφειν **ἕκαστον** ἀπὸ τῶν πονηριῶν ὑμῶν.

Acts 4,35 καὶ ἐτίθουν παρὰ τοὺς πόδας τῶν ἀποστόλων, διεδίδετο δὲ **ἑκάστῳ** καθότι ἄν τις χρείαν εἶχεν.

Acts 11,29 τῶν δὲ μαθητῶν, καθὼς εὐπορεῖτό τις, ὥρισαν **ἕκαστος αὐτῶν** εἰς διακονίαν πέμψαι τοῖς κατοικοῦσιν ἐν τῇ Ἰουδαίᾳ ἀδελφοῖς·

a **Acts 17,27** ... καί γε οὐ μακρὰν **ἀπὸ ἑνὸς ἑκάστου ἡμῶν** ὑπάρχοντα.

a **Acts 20,31** ... οὐκ ἐπαυσάμην μετὰ δακρύων νουθετῶν **ἕνα ἕκαστον.**

a **Acts 21,19** καὶ ἀσπασάμενος αὐτοὺς ἐξηγεῖτο **καθ' ἓν ἕκαστον,** ὧν ἐποίησεν ὁ θεὸς ἐν τοῖς ἔθνεσιν διὰ τῆς διακονίας αὐτοῦ.

a **Acts 21,26** ... ἕως οὗ προσηνέχθη **ὑπὲρ ἑνὸς ἑκάστου αὐτῶν** ἡ προσφορά.

# ἑκατόν	Syn	Mt	Mk	Lk	Acts	Jn	1-3John	Paul	Eph	Col
	10	4	3	3	1	2				
	NT	2Thess	1/2Tim	Tit	Heb	Jas	1Pet	2Pet	Jude	Rev
	17									4

one hundred

	triple tradition																	double tradition			Sonder-gut		
		+Mt / +Lk			–Mt / –Lk			traditions not taken over by Mt / Lk							subtotals								
code	*222*	*211*	*112*	*212*	*221*	*122*	*121*	*022*	*012*	*021*	*220*	*120*	*210*	*020*	Σ⁺	Σ⁻	Σ	*202*	*201*	*102*	*200*	*002*	total
Mt					2		1⁻									1⁻	2	1			1		**4**
Mk					2		1										3						**3**
Lk					2⁻		1⁻									3⁻		1				2	**3**

code	Mt		Mk		Lk		
221	**Mt 13,8**	... καὶ ἐδίδου καρπόν, ὃ μὲν **ἑκατόν,** ὃ δὲ ἑξήκοντα, ὃ δὲ τριάκοντα.	**Mk 4,8**	... καὶ ἐδίδου καρπὸν ἀναβαίνοντα καὶ αὐξανόμενα καὶ ἔφερεν ἓν τριάκοντα καὶ ἓν ἑξήκοντα καὶ ἓν **ἑκατόν.**	**Lk 8,8**	... καὶ φυὲν ἐποίησεν καρπὸν **ἑκατονταπλασίονα.** ...	→ GTh 9
221	**Mt 13,23**	... οὗτός ἐστιν ὁ τὸν λόγον ἀκούων καὶ συνιείς, ὃς δὴ καρποφορεῖ καὶ ποιεῖ ὃ μὲν **ἑκατόν,** ὃ δὲ ἑξήκοντα, ὃ δὲ τριάκοντα.	**Mk 4,20**	... οἵτινες ἀκούουσιν τὸν λόγον καὶ παραδέχονται καὶ καρποφοροῦσιν ἓν τριάκοντα καὶ ἓν ἑξήκοντα καὶ ἓν **ἑκατόν.**	**Lk 8,15**	... οὗτοί εἰσιν οἵτινες ἐν καρδίᾳ καλῇ καὶ ἀγαθῇ ἀκούσαντες τὸν λόγον κατέχουσιν καὶ καρποφοροῦσιν ἐν ὑπομονῇ.	
121	**Mt 14,19** → Mt 15,35	καὶ κελεύσας τοὺς ὄχλους ἀνακλιθῆναι ἐπὶ τοῦ χόρτου, ...	**Mk 6,40** → Mk 8,6	[39] καὶ ἐπέταξεν αὐτοῖς ἀνακλῖναι πάντας συμπόσια συμπόσια ἐπὶ τῷ χλωρῷ χόρτῳ. [40] καὶ ἀνέπεσαν πρασιαὶ πρασιαὶ **κατὰ ἑκατὸν** καὶ κατὰ πεντήκοντα.	**Lk 9,14**	... εἶπεν δὲ πρὸς τοὺς μαθητὰς αὐτοῦ· κατακλίνατε αὐτοὺς κλισίας [ὡσεὶ] ἀνὰ πεντήκοντα. [15] καὶ ἐποίησαν οὕτως καὶ κατέκλιναν ἅπαντας.	→ Jn 6,10

202	Mt 18,12	τί ὑμῖν δοκεῖ; ἐὰν γένηταί τινι ἀνθρώπῳ **ἑκατὸν πρόβατα** καὶ πλανηθῇ ἓν ἐξ αὐτῶν, ...			Lk 15,4	τίς ἄνθρωπος ἐξ ὑμῶν ἔχων **ἑκατὸν πρόβατα** καὶ ἀπολέσας ἐξ αὐτῶν ἓν ...	→ GTh 107
200	Mt 18,28	ἐξελθὼν δὲ ὁ δοῦλος ἐκεῖνος εὗρεν ἕνα τῶν συνδούλων αὐτοῦ, ὃς ὤφειλεν αὐτῷ **ἑκατὸν δηνάρια**, ...					
002					Lk 16,6	ὁ δὲ εἶπεν· **ἑκατὸν βάτους ἐλαίου.** ὁ δὲ εἶπεν αὐτῷ· δέξαι σου τὰ γράμματα καὶ καθίσας ταχέως γράψον πεντήκοντα.	
002					Lk 16,7	... ὁ δὲ εἶπεν· **ἑκατὸν κόρους σίτου.** λέγει αὐτῷ· δέξαι σου τὰ γράμματα καὶ γράψον ὀγδοήκοντα.	

Acts 1,15 ... ἦν τε ὄχλος ὀνομάτων
ἐπὶ τὸ αὐτὸ
ὡσεὶ ἑκατὸν εἴκοσι·

ἑκατονταπλασίων	Syn 3	Mt 1	Mk 1	Lk 1	Acts	Jn	1-3John	Paul	Eph	Col
	NT 3	2Thess	1/2Tim	Tit	Heb	Jas	1Pet	2Pet	Jude	Rev

hundred fold

112	Mt 13,8	... καὶ ἐδίδου καρπόν, ὃ μὲν **ἑκατόν**, ὃ δὲ ἑξήκοντα, ὃ δὲ τριάκοντα.	Mk 4,8	... καὶ ἐδίδου καρπὸν ἀναβαίνοντα καὶ αὐξανόμενα καὶ ἔφερεν ἓν τριάκοντα καὶ ἓν ἑξήκοντα καὶ ἓν **ἑκατόν.**	Lk 8,8	... καὶ φυὲν ἐποίησεν καρπὸν **ἑκατονταπλασίονα.** ...	→ GTh 9
221	Mt 19,29	... **ἑκατονταπλασίονα** λήμψεται καὶ ζωὴν αἰώνιον κληρονομήσει.	Mk 10,30	ἐὰν μὴ λάβῃ **ἑκατονταπλασίονα** νῦν ἐν τῷ καιρῷ τούτῳ οἰκίας καὶ ἀδελφοὺς καὶ ἀδελφὰς καὶ μητέρας καὶ τέκνα καὶ ἀγροὺς μετὰ διωγμῶν, καὶ ἐν τῷ αἰῶνι τῷ ἐρχομένῳ ζωὴν αἰώνιον.	Lk 18,30	ὃς οὐχὶ μὴ [ἀπο]λάβῃ **πολλαπλασίονα** ἐν τῷ καιρῷ τούτῳ καὶ ἐν τῷ αἰῶνι τῷ ἐρχομένῳ ζωὴν αἰώνιον.	

ἑκατοντάρχης, ἑκατόνταρχος

Syn	Mt	Mk	Lk	Acts	Jn	1-3John	Paul	Eph	Col
7	4		3	13					
NT	2Thess	1/2Tim	Tit	Heb	Jas	1Pet	2Pet	Jude	Rev
20									

centurion; captain

	triple tradition																	double tradition			Sondergut		
		+Mt / +Lk			−Mt / −Lk			traditions not taken over by Mt / Lk							subtotals								
code	*222*	*211*	*112*	*212*	*221*	*122*	*121*	*022*	*012*	*021*	*220*	*120*	*210*	*020*	Σ^+	Σ^-	Σ	*202*	*201*	*102*	*200*	*002*	total
Mt				1^+											1^+		1	2	1				**4**
Mk																							
Lk				1^+											1^+		1	2					**3**

code	Mt	Mk	Lk	
202	**Mt 8,5** εἰσελθόντος δὲ αὐτοῦ εἰς Καφαρναοὺμ προσῆλθεν αὐτῷ **ἑκατόνταρχος** παρακαλῶν αὐτὸν [6] καὶ λέγων· κύριε, ὁ παῖς μου βέβληται ἐν τῇ οἰκίᾳ παραλυτικός, δεινῶς βασανιζόμενος.		**Lk 7,2** [1] ... εἰσῆλθεν εἰς Καφαρναούμ. [2] **ἑκατοντάρχου δέ τινος** δοῦλος κακῶς ἔχων ἤμελλεν τελευτᾶν, ...	→ Jn 4,46-47
202	**Mt 8,8** καὶ ἀποκριθεὶς **ὁ ἑκατόνταρχος** ἔφη· κύριε, οὐκ εἰμὶ ἱκανὸς ἵνα μου ὑπὸ τὴν στέγην εἰσέλθῃς, ...		**Lk 7,6** ... ἔπεμψεν φίλους **ὁ ἑκατοντάρχης** λέγων αὐτῷ· κύριε, μὴ σκύλλου, οὐ γὰρ ἱκανός εἰμι ἵνα ὑπὸ τὴν στέγην μου εἰσέλθῃς·	→ Jn 4,49
201	**Mt 8,13** καὶ εἶπεν ὁ Ἰησοῦς **τῷ ἑκατοντάρχῃ·** ὕπαγε, ὡς ἐπίστευσας γενηθήτω σοι. καὶ ἰάθη ὁ παῖς [αὐτοῦ] ἐν τῇ ὥρᾳ ἐκείνῃ.		**Lk 7,10** → Mk 7,30 καὶ ὑποστρέψαντες εἰς τὸν οἶκον οἱ πεμφθέντες εὗρον τὸν δοῦλον ὑγιαίνοντα.	→ Jn 4,50-51
212	**Mt 27,54** **ὁ δὲ ἑκατόνταρχος** καὶ οἱ μετ' αὐτοῦ τηροῦντες τὸν Ἰησοῦν ἰδόντες τὸν σεισμὸν καὶ τὰ γενόμενα ἐφοβήθησαν σφόδρα, λέγοντες· ἀληθῶς θεοῦ υἱὸς ἦν οὗτος.	**Mk 15,39** ἰδὼν δὲ **ὁ κεντυρίων** ὁ παρεστηκὼς ἐξ ἐναντίας αὐτοῦ ὅτι οὕτως ἐξέπνευσεν εἶπεν· ἀληθῶς οὗτος ὁ ἄνθρωπος υἱὸς θεοῦ ἦν.	**Lk 23,47** ἰδὼν δὲ **ὁ ἑκατοντάρχης** τὸ γενόμενον ἐδόξαζεν τὸν θεὸν λέγων· ὄντως ὁ ἄνθρωπος οὗτος δίκαιος ἦν.	

Acts 10,1 ἀνὴρ δέ τις ἐν Καισαρείᾳ ὀνόματι Κορνήλιος, **ἑκατοντάρχης** ἐκ σπείρης τῆς καλουμένης Ἰταλικῆς

Acts 10,22 → Lk 7,5 ... Κορνήλιος **ἑκατοντάρχης,** ἀνὴρ δίκαιος καὶ φοβούμενος τὸν θεόν, ...

Acts 21,32 ὃς ἐξαυτῆς παραλαβὼν στρατιώτας καὶ **ἑκατοντάρχας** κατέδραμεν ἐπ' αὐτούς, ...

Acts 22,25 ... εἶπεν **πρὸς τὸν ἑστῶτα ἑκατόνταρχον** ὁ Παῦλος· εἰ ἄνθρωπον Ῥωμαῖον καὶ ἀκατάκριτον ἔξεστιν ὑμῖν μαστίζειν;

Acts 22,26 ἀκούσας δὲ **ὁ ἑκατοντάρχης** προσελθὼν τῷ χιλιάρχῳ ἀπήγγειλεν λέγων· τί μέλλεις ποιεῖν; ...

Acts 23,17 προσκαλεσάμενος δὲ ὁ Παῦλος **ἕνα τῶν ἑκατονταρχῶν** ἔφη· τὸν νεανίαν τοῦτον ἀπάγαγε πρὸς τὸν χιλίαρχον, ...

Acts 23,23 καὶ προσκαλεσάμενος **δύο [τινὰς] τῶν ἑκατονταρχῶν** εἶπεν· ἑτοιμάσατε στρατιώτας διακοσίους, ...

Acts 24,23 διαταξάμενος **τῷ ἑκατοντάρχῃ** τηρεῖσθαι αὐτὸν ἔχειν τε ἄνεσιν ...

Acts 27,1 ... παρεδίδουν τόν τε Παῦλον καί τινας ἑτέρους δεσμώτας **ἑκατοντάρχῃ** ὀνόματι Ἰουλίῳ σπείρης Σεβαστῆς.

Acts 27,6 κἀκεῖ εὑρὼν **ὁ ἑκατοντάρχης** πλοῖον Ἀλεξανδρῖνον πλέον εἰς τὴν Ἰταλίαν ἐνεβίβασεν ἡμᾶς εἰς αὐτό.

Acts 27,11 ὁ δὲ **ἑκατοντάρχης** τῷ κυβερνήτῃ καὶ τῷ ναυκλήρῳ μᾶλλον ἐπείθετο ἢ τοῖς ὑπὸ Παύλου λεγομένοις.

Acts 27,31 εἶπεν ὁ Παῦλος **τῷ ἑκατοντάρχῃ** καὶ τοῖς στρατιώταις· ἐὰν μὴ οὗτοι μείνωσιν ἐν τῷ πλοίῳ, ὑμεῖς σωθῆναι οὐ δύνασθε.

Acts 27,43 ὁ δὲ **ἑκατοντάρχης** βουλόμενος διασῶσαι τὸν Παῦλον ἐκώλυσεν αὐτοὺς τοῦ βουλήματος, ...

ἐκβάλλω	**Syn** 64	Mt 28	Mk 16	Lk 20	Acts 5	Jn 6	1-3John 1	Paul 1	Eph	Col
	NT 79	2Thess	1/2Tim	Tit	Heb	Jas 1	1Pet	2Pet	Jude	Rev 1

drive out; expel; send out; take out; remove

	triple tradition																	double tradition			Sondergut		
		+Mt / +Lk			−Mt / −Lk			traditions not taken over by Mt / Lk							subtotals								
code	*222*	*211*	*112*	*212*	*221*	*122*	*121*	*022*	*012*	*021*	*220*	*120*	*210*	*020*	Σ^+	Σ^-	Σ	*202*	*201*	*102*	*200*	*002*	total
Mt	2	1^+			2	1^-	1^-				2	2^-	1^+		2^+	4^-	8	9	6		5		**28**
Mk	2				2	1	1	1		1	2	2		4			16						**16**
Lk	2		1^+		2^-	1	1^-	1		1^-					1^+	4^-	5	9		3		3	**20**

a ἐκβάλλω δαιμόνιον and similar phrases

code		Mt		Mk		Lk	
020	Mt 4,1	τότε ὁ Ἰησοῦς **ἀνήχθη** εἰς τὴν ἔρημον ὑπὸ τοῦ πνεύματος ...	**Mk 1,12**	καὶ εὐθὺς τὸ πνεῦμα αὐτὸν **ἐκβάλλει** εἰς τὴν ἔρημον.	Lk 4,1	Ἰησοῦς δὲ πλήρης πνεύματος ἁγίου ὑπέστρεψεν ἀπὸ τοῦ Ἰορδάνου καὶ **ἤγετο** ἐν τῷ πνεύματι ἐν τῇ ἐρήμῳ	Mk-Q overlap
002					**Lk 4,29**	καὶ ἀναστάντες **ἐξέβαλον** αὐτὸν ἔξω τῆς πόλεως ...	
a 221	**Mt 8,16** ⇨ Mt 4,24	... καὶ **ἐξέβαλεν** τὰ πνεύματα λόγῳ καὶ πάντας τοὺς κακῶς ἔχοντας ἐθεράπευσεν	**Mk 1,34** → Mk 3,11	καὶ ἐθεράπευσεν πολλοὺς κακῶς ἔχοντας ποικίλαις νόσοις καὶ δαιμόνια πολλὰ **ἐξέβαλεν,** καὶ οὐκ ἤφιεν λαλεῖν τὰ δαιμόνια, ...	**Lk 4,41** → Lk 6,18	[40] ... ὁ δὲ ἑνὶ ἑκάστῳ αὐτῶν τὰς χεῖρας ἐπιτιθεὶς ἐθεράπευεν αὐτούς. [41] **ἐξήρχετο** δὲ καὶ δαιμόνια ἀπὸ πολλῶν κρ[αυγ]άζοντα καὶ λέγοντα ὅτι σὺ εἶ ὁ υἱὸς τοῦ θεοῦ. καὶ ἐπιτιμῶν οὐκ εἴα αὐτὰ λαλεῖν, ...	
a 121	**Mt 4,23** ⇩ Mt 9,35 → Mk 1,21	καὶ περιῆγεν ἐν ὅλῃ τῇ Γαλιλαίᾳ διδάσκων ἐν ταῖς συναγωγαῖς αὐτῶν καὶ κηρύσσων τὸ εὐαγγέλιον τῆς βασιλείας καὶ θεραπεύων πᾶσαν νόσον καὶ πᾶσαν μαλακίαν ἐν τῷ λαῷ.	**Mk 1,39** ↓ Mk 6,6	καὶ ἦλθεν κηρύσσων εἰς τὰς συναγωγὰς αὐτῶν εἰς ὅλην τὴν Γαλιλαίαν καὶ τὰ δαιμόνια **ἐκβάλλων.**	**Lk 4,44** → Lk 4,15 ↓ Lk 8,1	καὶ ἦν κηρύσσων εἰς τὰς συναγωγὰς τῆς Ἰουδαίας.	
	Mt 9,35 ⇧ Mt 4,23	καὶ περιῆγεν ὁ Ἰησοῦς τὰς πόλεις πάσας καὶ τὰς κώμας διδάσκων ἐν ταῖς συναγωγαῖς αὐτῶν καὶ κηρύσσων τὸ εὐαγγέλιον τῆς βασιλείας καὶ θεραπεύων πᾶσαν νόσον καὶ πᾶσαν μαλακίαν.	Mk 6,6 ↑ Mk 1,39	... καὶ περιῆγεν τὰς κώμας κύκλῳ διδάσκων.	Lk 8,1 ↑ Lk 4,44 → Lk 13,22	καὶ ἐγένετο ἐν τῷ καθεξῆς καὶ αὐτὸς διώδευεν κατὰ πόλιν καὶ κώμην κηρύσσων καὶ εὐαγγελιζόμενος τὴν βασιλείαν τοῦ θεοῦ καὶ οἱ δώδεκα σὺν αὐτῷ	
020			**Mk 1,43**	καὶ ἐμβριμησάμενος αὐτῷ εὐθὺς **ἐξέβαλεν** αὐτόν			

102	**Mt 5,11**	μακάριοί ἐστε ὅταν ὀνειδίσωσιν ὑμᾶς καὶ διώξωσιν καὶ **εἴπωσιν πᾶν πονηρὸν καθ᾽ ὑμῶν** [ψευδόμενοι] ἕνεκεν ἐμοῦ.			**Lk 6,22**	μακάριοί ἐστε ὅταν μισήσωσιν ὑμᾶς οἱ ἄνθρωποι καὶ ὅταν ἀφορίσωσιν ὑμᾶς καὶ ὀνειδίσωσιν καὶ **ἐκβάλωσιν τὸ ὄνομα ὑμῶν ὡς πονηρὸν** ἕνεκα τοῦ υἱοῦ τοῦ ἀνθρώπου·	→ GTh 68 → GTh 69,1
202	**Mt 7,4**	ἢ πῶς ἐρεῖς τῷ ἀδελφῷ σου· ἄφες **ἐκβάλω** τὸ κάρφος ἐκ τοῦ ὀφθαλμοῦ σου, καὶ ἰδοὺ ἡ δοκὸς ἐν τῷ ὀφθαλμῷ σοῦ;			**Lk 6,42** **(3)**	πῶς δύνασαι λέγειν τῷ ἀδελφῷ σου· ἀδελφέ, ἄφες **ἐκβάλω** τὸ κάρφος τὸ ἐν τῷ ὀφθαλμῷ σου, αὐτὸς τὴν ἐν τῷ ὀφθαλμῷ σοῦ δοκὸν οὐ βλέπων;	→ GTh 26
202 202	**Mt 7,5** **(2)**	ὑποκριτά, **ἔκβαλε** πρῶτον ἐκ τοῦ ὀφθαλμοῦ σοῦ τὴν δοκόν, καὶ τότε διαβλέψεις **ἐκβαλεῖν** τὸ κάρφος ἐκ τοῦ ὀφθαλμοῦ τοῦ ἀδελφοῦ σου.				ὑποκριτά, **ἔκβαλε** πρῶτον τὴν δοκὸν ἐκ τοῦ ὀφθαλμοῦ σοῦ, καὶ τότε διαβλέψεις τὸ κάρφος τὸ ἐν τῷ ὀφθαλμῷ τοῦ ἀδελφοῦ σου **ἐκβαλεῖν.**	→ GTh 26 **(POxy 1)**
a 201	**Mt 7,22** → Mt 25,11	... κύριε κύριε, οὐ τῷ σῷ ὀνόματι ἐπροφητεύσαμεν, καὶ τῷ σῷ ὀνόματι δαιμόνια **ἐξεβάλομεν,** καὶ τῷ σῷ ὀνόματι δυνάμεις πολλὰς ἐποιήσαμεν;			**Lk 13,26**	... ἐφάγομεν ἐνώπιόν σου καὶ ἐπίομεν καὶ ἐν ταῖς πλατείαις ἡμῶν ἐδίδαξας·	
202	**Mt 8,12** → Lk 13,29	[11] ... καὶ ἀνακλιθήσονται μετὰ Ἀβραὰμ καὶ Ἰσαὰκ καὶ Ἰακὼβ ἐν τῇ βασιλείᾳ τῶν οὐρανῶν, [12] οἱ δὲ υἱοὶ τῆς βασιλείας **ἐκβληθήσονται** εἰς τὸ σκότος τὸ ἐξώτερον· ἐκεῖ ἔσται ὁ κλαυθμὸς καὶ ὁ βρυγμὸς τῶν ὀδόντων.			**Lk 13,28**	ἐκεῖ ἔσται ὁ κλαυθμὸς καὶ ὁ βρυγμὸς τῶν ὀδόντων, ὅταν ὄψεσθε Ἀβραὰμ καὶ Ἰσαὰκ καὶ Ἰακὼβ καὶ πάντας τοὺς προφήτας ἐν τῇ βασιλείᾳ τοῦ θεοῦ, ὑμᾶς δὲ **ἐκβαλλομένους** ἔξω.	
a 221	**Mt 8,16** ⇨ Mt 4,24	... καὶ **ἐξέβαλεν** τὰ πνεύματα λόγῳ καὶ πάντας τοὺς κακῶς ἔχοντας ἐθεράπευσεν	**Mk 1,34** → Mk 3,11	καὶ ἐθεράπευσεν πολλοὺς κακῶς ἔχοντας ποικίλαις νόσοις καὶ δαιμόνια πολλὰ **ἐξέβαλεν,** καὶ οὐκ ἤφιεν λαλεῖν τὰ δαιμόνια, ...	**Lk 4,41** → Lk 6,18	[40] ... ὁ δὲ ἑνὶ ἑκάστῳ αὐτῶν τὰς χεῖρας ἐπιτιθεὶς ἐθεράπευεν αὐτούς. **[41] ἐξήρχετο** δὲ καὶ δαιμόνια ἀπὸ πολλῶν κρ[αυγ]άζοντα καὶ λέγοντα ὅτι σὺ εἶ ὁ υἱὸς τοῦ θεοῦ. καὶ ἐπιτιμῶν οὐκ εἴα αὐτὰ λαλεῖν, ...	
a 211	**Mt 8,31**	οἱ δὲ δαίμονες παρεκάλουν αὐτὸν λέγοντες· εἰ **ἐκβάλλεις** ἡμᾶς, ἀπόστειλον ἡμᾶς εἰς τὴν ἀγέλην τῶν χοίρων.	**Mk 5,12**	καὶ παρεκάλεσαν αὐτὸν λέγοντες· πέμψον ἡμᾶς εἰς τοὺς χοίρους, ἵνα εἰς αὐτοὺς εἰσέλθωμεν.	**Lk 8,32**	... καὶ παρεκάλεσαν αὐτὸν ἵνα ἐπιτρέψῃ αὐτοῖς εἰς ἐκείνους εἰσελθεῖν· ...	

221	Mt 9,25	ὅτε δὲ **ἐξεβλήθη** ὁ ὄχλος εἰσελθὼν ἐκράτησεν τῆς χειρὸς αὐτῆς, ...	Mk 5,40	... αὐτὸς δὲ **ἐκβαλὼν** πάντας ... εἰσπορεύεται ὅπου ἦν τὸ παιδίον. [41] καὶ κρατήσας τῆς χειρὸς τοῦ παιδίου ...	Lk 8,54	αὐτὸς δὲ κρατήσας τῆς χειρὸς αὐτῆς ...	→ Acts 9,40
a 201	Mt 9,33 ⇩ Mt 12,22	[32] ... ἰδοὺ προσήνεγκαν αὐτῷ ἄνθρωπον κωφὸν δαιμονιζόμενον. [33] καὶ **ἐκβληθέντος** τοῦ δαιμονίου ἐλάλησεν ὁ κωφός. καὶ ἐθαύμασαν οἱ ὄχλοι ...			Lk 11,14	καὶ ἦν ἐκβάλλων δαιμόνιον [καὶ αὐτὸ ἦν] κωφόν· ἐγένετο δὲ τοῦ δαιμονίου **ἐξελθόντος** ἐλάλησεν ὁ κωφὸς καὶ ἐθαύμασαν οἱ ὄχλοι.	
a 200	Mt 9,34 ⇩ Mt 12,24 ↓ Lk 11,18	... ἐν τῷ ἄρχοντι τῶν δαιμονίων **ἐκβάλλει** τὰ δαιμόνια.	Mk 3,22	... Βεελζεβοὺλ ἔχει, καὶ ὅτι ἐν τῷ ἄρχοντι τῶν δαιμονίων **ἐκβάλλει** τὰ δαιμόνια.	Lk 11,15	... ἐν Βεελζεβοὺλ τῷ ἄρχοντι τῶν δαιμονίων **ἐκβάλλει** τὰ δαιμόνια·	
202	Mt 9,38	δεήθητε οὖν τοῦ κυρίου τοῦ θερισμοῦ ὅπως **ἐκβάλῃ** ἐργάτας εἰς τὸν θερισμὸν αὐτοῦ.			Lk 10,2	... δεήθητε οὖν τοῦ κυρίου τοῦ θερισμοῦ ὅπως ἐργάτας **ἐκβάλῃ** εἰς τὸν θερισμὸν αὐτοῦ.	→ GTh 73
	Mt 10,1	καὶ προσκαλεσάμενος τοὺς δώδεκα μαθητὰς αὐτοῦ ἔδωκεν αὐτοῖς ἐξουσίαν πνευμάτων ἀκαθάρτων	Mk 6,7 ↓ Mk 3,14 ↓ Mk 3,15	καὶ προσκαλεῖται τοὺς δώδεκα καὶ ἤρξατο αὐτοὺς ἀποστέλλειν δύο δύο καὶ ἐδίδου αὐτοῖς ἐξουσίαν τῶν πνευμάτων τῶν ἀκαθάρτων	Lk 9,1 → Lk 10,1	συγκαλεσάμενος δὲ τοὺς δώδεκα ἔδωκεν αὐτοῖς δύναμιν καὶ ἐξουσίαν ἐπὶ πάντα τὰ δαιμόνια καὶ νόσους θεραπεύειν [2] καὶ ἀπέστειλεν αὐτοὺς ...	
a 220	→ Mk 3,13	ὥστε **ἐκβάλλειν** αὐτὰ καὶ θεραπεύειν πᾶσαν νόσον καὶ πᾶσαν μαλακίαν.	Mk 3,15 ↑ Mk 6,7 ↑ Lk 9,1 → Mt 10,5	[14] καὶ ἐποίησεν δώδεκα, ... ἵνα ἀποστέλλῃ αὐτοὺς κηρύσσειν [15] καὶ ἔχειν ἐξουσίαν **ἐκβάλλειν** τὰ δαιμόνια·			
a 201	Mt 10,8	[7] πορευόμενοι δὲ κηρύσσετε λέγοντες ὅτι ἤγγικεν ἡ βασιλεία τῶν οὐρανῶν. [8] ἀσθενοῦντας θεραπεύετε, νεκροὺς ἐγείρετε, λεπροὺς καθαρίζετε, δαιμόνια **ἐκβάλλετε**· δωρεὰν ἐλάβετε, δωρεὰν δότε.			Lk 10,9	καὶ θεραπεύετε τοὺς ἐν αὐτῇ ἀσθενεῖς καὶ λέγετε αὐτοῖς· ἤγγικεν ἐφ᾽ ὑμᾶς ἡ βασιλεία τοῦ θεοῦ.	→ GTh 14,4
200	Mt 12,20	*κάλαμον συντετριμμένον οὐ κατεάξει καὶ λίνον τυφόμενον οὐ σβέσει, ἕως ἂν* ***ἐκβάλῃ*** εἰς νῖκος τὴν *κρίσιν.* ➤ Isa 42,3-4					

a 020	Mt 12,24 ⇑ Mt 9,34	... οὗτος **οὐκ ἐκβάλλει** τὰ δαιμόνια εἰ μὴ ἐν τῷ Βεελζεβοὺλ ἄρχοντι τῶν δαιμονίων.	Mk 3,22	... Βεελζεβοὺλ ἔχει, καὶ ὅτι ἐν τῷ ἄρχοντι τῶν δαιμονίων **ἐκβάλλει** τὰ δαιμόνια.	Lk 11,15 ↓ Lk 11,18	... ἐν Βεελζεβοὺλ τῷ ἄρχοντι τῶν δαιμονίων **ἐκβάλλει** τὰ δαιμόνια·	Mk-Q overlap
a 020	Mt 12,25 → Mt 9,4	εἰδὼς δὲ τὰς ἐνθυμήσεις αὐτῶν εἶπεν αὐτοῖς· πᾶσα βασιλεία μερισθεῖσα καθ' ἑαυτῆς ...	Mk 3,23 ↓ Mt 12,26	καὶ προσκαλεσάμενος αὐτοὺς ἐν παραβολαῖς ἔλεγεν αὐτοῖς· πῶς δύναται σατανᾶς σατανᾶν **ἐκβάλλειν;** [24] καὶ ἐὰν βασιλεία ἐφ' ἑαυτὴν μερισθῇ, ...	Lk 11,17 → Lk 5,22 → Lk 6,8	αὐτὸς δὲ εἰδὼς αὐτῶν τὰ διανοήματα εἶπεν αὐτοῖς· πᾶσα βασιλεία ἐφ' ἑαυτὴν διαμερισθεῖσα ...	Mk-Q overlap
a 202	Mt 12,24 ⇑ Mt 9,34	... οὗτος **οὐκ ἐκβάλλει** τὰ δαιμόνια εἰ μὴ ἐν τῷ Βεελζεβοὺλ ἄρχοντι τῶν δαιμονίων.	Mk 3,22	... Βεελζεβοὺλ ἔχει, καὶ ὅτι ἐν τῷ ἄρχοντι τῶν δαιμονίων **ἐκβάλλει** τὰ δαιμόνια.	Lk 11,15 ↓ Lk 11,18	... ἐν Βεελζεβοὺλ τῷ ἄρχοντι τῶν δαιμονίων **ἐκβάλλει** τὰ δαιμόνια·	Mk-Q overlap
a 201	Mt 12,26 ↑ Mk 3,23	καὶ εἰ ὁ σατανᾶς τὸν σατανᾶν **ἐκβάλλει,** ἐφ' ἑαυτὸν ἐμερίσθη· πῶς οὖν σταθήσεται ἡ βασιλεία αὐτοῦ;	Mk 3,26	καὶ εἰ ὁ σατανᾶς **ἀνέστη** ἐφ' ἑαυτὸν καὶ ἐμερίσθη, οὐ δύναται στῆναι ἀλλὰ τέλος ἔχει.	Lk 11,18	εἰ δὲ καὶ ὁ σατανᾶς ἐφ' ἑαυτὸν διεμερίσθη, πῶς σταθήσεται ἡ βασιλεία αὐτοῦ; ...	Mk-Q overlap
a 202 *a* 202	Mt 12,27 (2)	καὶ εἰ ἐγὼ ἐν Βεελζεβοὺλ **ἐκβάλλω** τὰ δαιμόνια, οἱ υἱοὶ ὑμῶν ἐν τίνι **ἐκβάλλουσιν;** διὰ τοῦτο αὐτοὶ κριταὶ ἔσονται ὑμῶν.			Lk 11,19 (2)	εἰ δὲ ἐγὼ ἐν Βεελζεβοὺλ **ἐκβάλλω** τὰ δαιμόνια, οἱ υἱοὶ ὑμῶν ἐν τίνι **ἐκβάλλουσιν;** διὰ τοῦτο αὐτοὶ ὑμῶν κριταὶ ἔσονται.	
a 202	Mt 12,28	εἰ δὲ ἐν πνεύματι θεοῦ ἐγὼ **ἐκβάλλω** τὰ δαιμόνια, ἄρα ἔφθασεν ἐφ' ὑμᾶς ἡ βασιλεία τοῦ θεοῦ.			Lk 11,20	εἰ δὲ ἐν δακτύλῳ θεοῦ [ἐγὼ] **ἐκβάλλω** τὰ δαιμόνια, ἄρα ἔφθασεν ἐφ' ὑμᾶς ἡ βασιλεία τοῦ θεοῦ.	
201 201	Mt 12,35 (2) ↓ Mt 13,52	ὁ ἀγαθὸς ἄνθρωπος ἐκ τοῦ ἀγαθοῦ θησαυροῦ **ἐκβάλλει** ἀγαθά, καὶ ὁ πονηρὸς ἄνθρωπος ἐκ τοῦ πονηροῦ θησαυροῦ **ἐκβάλλει** πονηρά.			Lk 6,45	ὁ ἀγαθὸς ἄνθρωπος ἐκ τοῦ ἀγαθοῦ θησαυροῦ τῆς καρδίας **προφέρει** τὸ ἀγαθόν, καὶ ὁ πονηρὸς ἐκ τοῦ πονηροῦ **προφέρει** τὸ πονηρόν· ...	→ GTh 45,2-3
200	Mt 13,52 ↑ Mt 12,35 ↑ Lk 6,45	... ὅμοιός ἐστιν ἀνθρώπῳ οἰκοδεσπότῃ, ὅστις **ἐκβάλλει** ἐκ τοῦ θησαυροῦ αὐτοῦ καινὰ καὶ παλαιά.					
221	Mt 9,25	ὅτε δὲ **ἐξεβλήθη** ὁ ὄχλος εἰσελθὼν ἐκράτησεν τῆς χειρὸς αὐτῆς, ...	Mk 5,40	... αὐτὸς δὲ **ἐκβαλὼν** πάντας ... εἰσπορεύεται ὅπου ἦν τὸ παιδίον. [41] καὶ κρατήσας τῆς χειρὸς τοῦ παιδίου ...	Lk 8,54	αὐτὸς δὲ κρατήσας τῆς χειρὸς αὐτῆς ...	→ Acts 9,40

a 021			Mk 6,13	[12] καὶ ἐξελθόντες ἐκήρυξαν ἵνα μετανοῶσιν, [13] καὶ δαιμόνια πολλὰ **ἐξέβαλλον,** καὶ ἤλειφον ἐλαίῳ πολλοὺς ἀρρώστους καὶ ἐθεράπευον.	Lk 9,6	ἐξερχόμενοι δὲ διήρχοντο κατὰ τὰς κώμας εὐαγγελιζόμενοι καὶ θεραπεύοντες πανταχοῦ.	
210	Mt 15,17	... εἰς τὴν κοιλίαν χωρεῖ καὶ εἰς ἀφεδρῶνα **ἐκβάλλεται;**	Mk 7,19	ὅτι οὐκ εἰσπορεύεται αὐτοῦ εἰς τὴν καρδίαν ἀλλ' εἰς τὴν κοιλίαν, καὶ εἰς τὸν ἀφεδρῶνα **ἐκπορεύεται,** καθαρίζων πάντα τὰ βρώματα;			→ GTh 14,5
a 120	Mt 15,25	ἡ δὲ ἐλθοῦσα προσεκύνει αὐτῷ λέγουσα· κύριε, βοήθει μοι.	Mk 7,26	[25] ... ἐλθοῦσα προσέπεσεν πρὸς τοὺς πόδας αὐτοῦ· [26] ... καὶ ἠρώτα αὐτὸν ἵνα τὸ δαιμόνιον **ἐκβάλῃ** ἐκ τῆς θυγατρὸς αὐτῆς.			
a 122	Mt 17,16	καὶ προσήνεγκα αὐτὸν τοῖς μαθηταῖς σου, καὶ οὐκ ἠδυνήθησαν αὐτὸν θεραπεῦσαι.	Mk 9,18	... καὶ εἶπα τοῖς μαθηταῖς σου ἵνα αὐτὸ **ἐκβάλωσιν,** καὶ οὐκ ἴσχυσαν.	Lk 9,40	καὶ ἐδεήθην τῶν μαθητῶν σου ἵνα **ἐκβάλωσιν** αὐτό, καὶ οὐκ ἠδυνήθησαν.	
a 220	Mt 17,19	... διὰ τί ἡμεῖς οὐκ ἠδυνήθημεν **ἐκβαλεῖν** αὐτό;	Mk 9,28	... ὅτι ἡμεῖς οὐκ ἠδυνήθημεν **ἐκβαλεῖν** αὐτό;			
a 022			Mk 9,38	... διδάσκαλε, εἴδομέν τινα ἐν τῷ ὀνόματί σου **ἐκβάλλοντα** δαιμόνια καὶ ἐκωλύομεν αὐτόν, ὅτι οὐκ ἠκολούθει ἡμῖν.	Lk 9,49	... ἐπιστάτα, εἴδομέν τινα ἐν τῷ ὀνόματί σου **ἐκβάλλοντα** δαιμόνια καὶ ἐκωλύομεν αὐτὸν, ὅτι οὐκ ἀκολουθεῖ μεθ' ἡμῶν.	→ Acts 19,13
120	Mt 18,9 ⇩ Mt 5,29 Mt 5,29 ⇧ Mt 18,9	καὶ εἰ ὁ ὀφθαλμός σου σκανδαλίζει σε, **ἔξελε αὐτὸν καὶ βάλε** ἀπὸ σοῦ· ... εἰ δὲ ὁ ὀφθαλμός σου ὁ δεξιὸς σκανδαλίζει σε, **ἔξελε αὐτὸν καὶ βάλε** ἀπὸ σοῦ· ...	Mk 9,47	καὶ ἐὰν ὁ ὀφθαλμός σου σκανδαλίζῃ σε, **ἔκβαλε αὐτόν·** ...			
202	Mt 9,38	δεήθητε οὖν τοῦ κυρίου τοῦ θερισμοῦ ὅπως **ἐκβάλῃ** ἐργάτας εἰς τὸν θερισμὸν αὐτοῦ.			Lk 10,2	... δεήθητε οὖν τοῦ κυρίου τοῦ θερισμοῦ ὅπως ἐργάτας **ἐκβάλῃ** εἰς τὸν θερισμὸν αὐτοῦ.	→ GTh 73
002					Lk 10,35	καὶ ἐπὶ τὴν αὔριον **ἐκβαλὼν** ἔδωκεν δύο δηνάρια τῷ πανδοχεῖ ...	

a 102	**Mt 9,32** ⇩ Mt 12,22 **Mt 12,22** ⇧ Mt 9,33	... ἰδοὺ προσήνεγκαν αὐτῷ ἄνθρωπον κωφὸν δαιμονιζόμενον. [33] καὶ ἐκβληθέντος τοῦ δαιμονίου ἐλάλησεν ὁ κωφός. καὶ ἐθαύμασαν οἱ ὄχλοι ... τότε προσηνέχθη αὐτῷ δαιμονιζόμενος τυφλὸς καὶ κωφός, καὶ **ἐθεράπευσεν** αὐτόν, ὥστε τὸν κωφὸν λαλεῖν καὶ βλέπειν.			**Lk 11,14**	καὶ ἦν **ἐκβάλλων** δαιμόνιον [καὶ αὐτὸ ἦν] κωφόν· ἐγένετο δὲ τοῦ δαιμονίου ἐξελθόντος ἐλάλησεν ὁ κωφὸς καὶ ἐθαύμασαν οἱ ὄχλοι.	
a 202	**Mt 12,24** ⇧ Mt 9,34	... οὗτος **οὐκ ἐκβάλλει** τὰ δαιμόνια εἰ μὴ ἐν τῷ Βεελζεβοὺλ ἄρχοντι τῶν δαιμονίων.	**Mk 3,22**	... Βεελζεβοὺλ ἔχει, καὶ ὅτι ἐν τῷ ἄρχοντι τῶν δαιμονίων **ἐκβάλλει** τὰ δαιμόνια.	**Lk 11,15** ↓ Lk 11,18	... ἐν Βεελζεβοὺλ τῷ ἄρχοντι τῶν δαιμονίων **ἐκβάλλει** τὰ δαιμόνια·	Mk-Q overlap
a 102	**Mt 12,26**	... πῶς οὖν σταθήσεται ἡ βασιλεία αὐτοῦ;	**Mk 3,26**	... οὐ δύναται στῆναι ἀλλὰ τέλος ἔχει.	**Lk 11,18** ↑ Mt 9,34 ↑ Mt 12,24 ↑ Mk 3,22 ↑ Lk 11,15	... πῶς σταθήσεται ἡ βασιλεία αὐτοῦ; ὅτι λέγετε ἐν Βεελζεβοὺλ **ἐκβάλλειν** με τὰ δαιμόνια.	Mk-Q overlap
a 202 *a* 202	**Mt 12,27** (2)	καὶ εἰ ἐγὼ ἐν Βεελζεβοὺλ **ἐκβάλλω** τὰ δαιμόνια, οἱ υἱοὶ ὑμῶν ἐν τίνι **ἐκβάλλουσιν;** διὰ τοῦτο αὐτοὶ κριταὶ ἔσονται ὑμῶν.			**Lk 11,19** (2)	εἰ δὲ ἐγὼ ἐν Βεελζεβοὺλ **ἐκβάλλω** τὰ δαιμόνια, οἱ υἱοὶ ὑμῶν ἐν τίνι **ἐκβάλλουσιν;** διὰ τοῦτο αὐτοὶ ὑμῶν κριταὶ ἔσονται.	
a 202	**Mt 12,28**	εἰ δὲ ἐν πνεύματι θεοῦ ἐγὼ **ἐκβάλλω** τὰ δαιμόνια, ἄρα ἔφθασεν ἐφ' ὑμᾶς ἡ βασιλεία τοῦ θεοῦ.			**Lk 11,20**	εἰ δὲ ἐν δακτύλῳ θεοῦ [ἐγὼ] **ἐκβάλλω** τὰ δαιμόνια, ἄρα ἔφθασεν ἐφ' ὑμᾶς ἡ βασιλεία τοῦ θεοῦ.	
202	**Mt 8,12** → Lk 13,29	[11] ... καὶ ἀνακλιθήσονται μετὰ Ἀβραὰμ καὶ Ἰσαὰκ καὶ Ἰακὼβ ἐν τῇ βασιλείᾳ τῶν οὐρανῶν, [12] οἱ δὲ υἱοὶ τῆς βασιλείας **ἐκβληθήσονται** εἰς τὸ σκότος τὸ ἐξώτερον· ἐκεῖ ἔσται ὁ κλαυθμὸς καὶ ὁ βρυγμὸς τῶν ὀδόντων.			**Lk 13,28**	ἐκεῖ ἔσται ὁ κλαυθμὸς καὶ ὁ βρυγμὸς τῶν ὀδόντων, ὅταν ὄψεσθε Ἀβραὰμ καὶ Ἰσαὰκ καὶ Ἰακὼβ καὶ πάντας τοὺς προφήτας ἐν τῇ βασιλείᾳ τοῦ θεοῦ, ὑμᾶς δὲ **ἐκβαλλομένους** ἔξω.	
a 002					**Lk 13,32**	... ἰδοὺ **ἐκβάλλω** δαιμόνια καὶ ἰάσεις ἀποτελῶ σήμερον καὶ αὔριον καὶ τῇ τρίτῃ τελειοῦμαι.	
222	**Mt 21,12**	καὶ εἰσῆλθεν Ἰησοῦς εἰς τὸ ἱερὸν καὶ **ἐξέβαλεν** πάντας τοὺς πωλοῦντας ...	**Mk 11,15**	... καὶ εἰσελθὼν εἰς τὸ ἱερὸν ἤρξατο **ἐκβάλλειν** τοὺς πωλοῦντας ...	**Lk 19,45**	καὶ εἰσελθὼν εἰς τὸ ἱερὸν ἤρξατο **ἐκβάλλειν** τοὺς πωλοῦντας	→ Jn 2,15

	Mt		Mk		Lk		
112	Mt 21,35 → Mt 22,6	... ὃν δὲ ἀπέκτειναν, ὃν δὲ ἐλιθοβόλησαν.	Mk 12,5 → Mt 21,34	καὶ ἄλλον ἀπέστειλεν· κἀκεῖνον ἀπέκτειναν, καὶ πολλοὺς ἄλλους, οὓς μὲν δέροντες, οὓς δὲ ἀποκτέννοντες.	Lk 20,12	καὶ προσέθετο τρίτον πέμψαι· οἱ δὲ καὶ τοῦτον τραυματίσαντες **ἐξέβαλον**.	→ GTh 65
222	Mt 21,39	καὶ λαβόντες αὐτὸν **ἐξέβαλον** ἔξω τοῦ ἀμπελῶνος καὶ ἀπέκτειναν.	Mk 12,8	καὶ λαβόντες ἀπέκτειναν αὐτὸν καὶ **ἐξέβαλον** αὐτὸν ἔξω τοῦ ἀμπελῶνος.	Lk 20,15	καὶ **ἐκβαλόντες** αὐτὸν ἔξω τοῦ ἀμπελῶνος ἀπέκτειναν. ...	→ GTh 65
200	Mt 22,13	... δήσαντες αὐτοῦ πόδας καὶ χεῖρας **ἐκβάλετε** αὐτὸν εἰς τὸ σκότος τὸ ἐξώτερον· ...					
200	Mt 25,30	καὶ τὸν ἀχρεῖον δοῦλον **ἐκβάλετε** εἰς τὸ σκότος τὸ ἐξώτερον· ...					

Acts 7,58 καὶ **ἐκβαλόντες** ἔξω τῆς πόλεως ἐλιθοβόλουν. ...

Acts 9,40 (→ Mt 9,25; → Mk 5,40) **ἐκβαλὼν** δὲ ἔξω πάντας ὁ Πέτρος καὶ θεὶς τὰ γόνατα προσηύξατο ...

Acts 13,50 ... καὶ ἐπήγειραν διωγμὸν ἐπὶ τὸν Παῦλον καὶ Βαρναβᾶν καὶ **ἐξέβαλον** αὐτοὺς ἀπὸ τῶν ὁρίων αὐτῶν.

Acts 16,37 ... καὶ νῦν λάθρᾳ ἡμᾶς **ἐκβάλλουσιν**; οὐ γάρ, ἀλλὰ ἐλθόντες αὐτοὶ ἡμᾶς ἐξαγαγέτωσαν.

Acts 27,38 κορεσθέντες δὲ τροφῆς ἐκούφιζον τὸ πλοῖον **ἐκβαλλόμενοι** τὸν σῖτον εἰς τὴν θάλασσαν.

ἐκδίδομαι

Syn	Mt	Mk	Lk	Acts	Jn	1-3John	Paul	Eph	Col
4	2	1	1						
NT	2Thess	1/2Tim	Tit	Heb	Jas	1Pet	2Pet	Jude	Rev
4									

let out for hire; lease

	Mt		Mk		Lk		
222	Mt 21,33	... ἄνθρωπος ἦν οἰκοδεσπότης ὅστις ἐφύτευσεν ἀμπελῶνα ... καὶ **ἐξέδετο** αὐτὸν γεωργοῖς καὶ ἀπεδήμησεν.	Mk 12,1	... ἀμπελῶνα ἄνθρωπος ἐφύτευσεν ... καὶ **ἐξέδετο** αὐτὸν γεωργοῖς καὶ ἀπεδήμησεν.	Lk 20,9	... ἄνθρωπός [τις] ἐφύτευσεν ἀμπελῶνα καὶ **ἐξέδετο** αὐτὸν γεωργοῖς καὶ ἀπεδήμησεν χρόνους ἱκανούς.	→ GTh 65
211	Mt 21,41 → Mt 21,43	... κακοὺς κακῶς ἀπολέσει αὐτοὺς καὶ τὸν ἀμπελῶνα **ἐκδώσεται** ἄλλοις γεωργοῖς, οἵτινες ἀποδώσουσιν αὐτῷ τοὺς καρποὺς ἐν τοῖς καιροῖς αὐτῶν.	Mk 12,9	... ἐλεύσεται καὶ ἀπολέσει τοὺς γεωργοὺς καὶ **δώσει** τὸν ἀμπελῶνα ἄλλοις.	Lk 20,16	ἐλεύσεται καὶ ἀπολέσει τοὺς γεωργοὺς τούτους καὶ **δώσει** τὸν ἀμπελῶνα ἄλλοις. ...	→ GTh 65

ἐκδικέω	Syn 2	Mt	Mk	Lk 2	Acts	Jn	1-3John	Paul 2	Eph	Col
	NT 6	2Thess	1/2Tim	Tit	Heb	Jas	1Pet	2Pet	Jude	Rev 2

avenge someone; procure justice for someone; take vengeance for something; punish something

002		Lk 18,3	χήρα δὲ ἦν ἐν τῇ πόλει ἐκείνῃ καὶ ἤρχετο πρὸς αὐτὸν λέγουσα· **ἐκδίκησόν** με ἀπὸ τοῦ ἀντιδίκου μου.	
002		Lk 18,5	διά γε τὸ παρέχειν μοι κόπον τὴν χήραν ταύτην **ἐκδικήσω** αὐτήν, ἵνα μὴ εἰς τέλος ἐρχομένη ὑπωπιάζῃ με.	

ἐκδίκησις	Syn 3	Mt	Mk	Lk 3	Acts 1	Jn	1-3John	Paul 2	Eph	Col
	NT 9	2Thess 1	1/2Tim	Tit	Heb 1	Jas	1Pet 1	2Pet	Jude	Rev

vengeance; punishment

002		Lk 18,7	ὁ δὲ θεὸς οὐ μὴ ποιήσῃ **τὴν ἐκδίκησιν τῶν ἐκλεκτῶν αὐτοῦ** τῶν βοώντων αὐτῷ ἡμέρας καὶ νυκτός, ...	
002		Lk 18,8	... ποιήσει **τὴν ἐκδίκησιν αὐτῶν** ἐν τάχει. ...	
002		Lk 21,22	ὅτι **ἡμέραι ἐκδικήσεως** αὗταί εἰσιν τοῦ πλησθῆναι πάντα τὰ γεγραμμένα.	

Acts 7,24 καὶ ἰδών τινα ἀδικούμενον ἠμύνατο καὶ ἐποίησεν **ἐκδίκησιν** τῷ καταπονουμένῳ πατάξας τὸν Αἰγύπτιον.

ἐκδύω	Syn 4	Mt 2	Mk 1	Lk 1	Acts	Jn	1-3John	Paul 2	Eph	Col
	NT 6	2Thess	1/2Tim	Tit	Heb	Jas	1Pet	2Pet	Jude	Rev

strip; take off; undress

002		Lk 10,30	... ἄνθρωπός τις κατέβαινεν ἀπὸ Ἰερουσαλὴμ εἰς Ἰεριχὼ καὶ λῃσταῖς περιέπεσεν, οἳ καὶ **ἐκδύσαντες** αὐτὸν καὶ πληγὰς ἐπιθέντες ἀπῆλθον ἀφέντες ἡμιθανῆ.	

code	Mt		Mk		Lk		
210	**Mt 27,28**	[27] τότε οἱ στρατιῶται τοῦ ἡγεμόνος ... [28] καὶ **ἐκδύσαντες** αὐτὸν χλαμύδα κοκκίνην περιέθηκαν αὐτῷ	**Mk 15,17**	[16] οἱ δὲ στρατιῶται ... [17] καὶ ἐνδιδύσκουσιν αὐτὸν πορφύραν ...	**Lk 23,11**	ἐξουθενήσας δὲ αὐτὸν [καὶ] ὁ Ἡρῴδης σὺν τοῖς στρατεύμασιν αὐτοῦ καὶ ἐμπαίξας περιβαλὼν ἐσθῆτα λαμπρὰν ...	→ Jn 19,2
220	**Mt 27,31**	καὶ ὅτε ἐνέπαιξαν αὐτῷ, **ἐξέδυσαν** αὐτὸν τὴν χλαμύδα καὶ ἐνέδυσαν αὐτὸν τὰ ἱμάτια αὐτοῦ ...	**Mk 15,20**	καὶ ὅτε ἐνέπαιξαν αὐτῷ, **ἐξέδυσαν** αὐτὸν τὴν πορφύραν καὶ ἐνέδυσαν αὐτὸν τὰ ἱμάτια αὐτοῦ. ...			

ἐκεῖ	Syn 59	Mt 31	Mk 12	Lk 16	Acts 11	Jn 23	1-3John	Paul 2	Eph	Col
	NT 105	2Thess	1/2Tim	Tit 1	Heb 1	Jas 3	1Pet	2Pet	Jude	Rev 5

there; in that place; to that place

	triple tradition																	double tradition			Sondergut		
		+Mt / +Lk			−Mt / −Lk			traditions not taken over by Mt / Lk							subtotals								
code	*222*	*211*	*112*	*212*	*221*	*122*	*121*	*022*	*012*	*021*	*220*	*120*	*210*	*020*	Σ⁺	Σ⁻	Σ	*202*	*201*	*102*	*200*	*002*	total
Mt	1	4⁺				2⁻	2⁻				2	1⁻	5⁺		9⁺	5⁻	12	4	2		13		**31**
Mk	1					2	2	1		3	2	1					12						**12**
Lk	1		1⁺			2	2⁻	1	1⁺	3⁻					2⁺	5⁻	6	4		2		4	**16**

a κἀκεῖ

code	Mt		Mk		Lk		
002					**Lk 2,6**	ἐγένετο δὲ ἐν τῷ εἶναι αὐτοὺς **ἐκεῖ** ἐπλήσθησαν αἱ ἡμέραι τοῦ τεκεῖν αὐτήν	
200	**Mt 2,13**	... καὶ φεῦγε εἰς Αἴγυπτον καὶ ἴσθι **ἐκεῖ** ἕως ἂν εἴπω σοι· ...					
200	**Mt 2,15**	καὶ ἦν **ἐκεῖ** ἕως τῆς τελευτῆς Ἡρῴδου· ...					
200	**Mt 2,22**	ἀκούσας δὲ ὅτι Ἀρχέλαος βασιλεύει τῆς Ἰουδαίας ἀντὶ τοῦ πατρὸς αὐτοῦ Ἡρῴδου ἐφοβήθη **ἐκεῖ** ἀπελθεῖν· ...					
a 021			**Mk 1,35** → Mk 1,45	καὶ πρωῒ ἔννυχα λίαν ἀναστὰς ἐξῆλθεν καὶ ἀπῆλθεν εἰς ἔρημον τόπον **κἀκεῖ** προσηύχετο.	**Lk 4,42** → Lk 5,16	γενομένης δὲ ἡμέρας ἐξελθὼν ἐπορεύθη εἰς ἔρημον τόπον· ...	
021			**Mk 1,38**	... ἄγωμεν ἀλλαχοῦ εἰς τὰς ἐχομένας κωμοπόλεις, ἵνα καὶ **ἐκεῖ** κηρύξω· ...	**Lk 4,43**	... καὶ ταῖς ἑτέραις πόλεσιν εὐαγγελίσασθαί με δεῖ τὴν βασιλείαν τοῦ θεοῦ, ...	

121	Mt 9,3	καὶ ἰδού τινες τῶν γραμματέων εἶπαν ἐν ἑαυτοῖς· οὗτος βλασφημεῖ.	Mk 2,6 → Lk 5,17	ἦσαν δέ τινες τῶν γραμματέων **ἐκεῖ** καθήμενοι καὶ διαλογιζόμενοι ἐν ταῖς καρδίαις αὐτῶν· [7] τί οὗτος οὕτως λαλεῖ; βλασφημεῖ· ...	Lk 5,21 → Lk 7,49	καὶ ἤρξαντο διαλογίζεσθαι οἱ γραμματεῖς καὶ οἱ Φαρισαῖοι λέγοντες· τίς ἐστιν οὗτος ὃς λαλεῖ βλασφημίας; ...	
122	Mt 12,10	καὶ ἰδοὺ ἄνθρωπος χεῖρα ἔχων ξηράν. ...	Mk 3,1	... καὶ ἦν **ἐκεῖ** ἄνθρωπος ἐξηραμμένην ἔχων τὴν χεῖρα.	Lk 6,6 → Lk 13,11 → Lk 14,2	... καὶ ἦν ἄνθρωπος **ἐκεῖ** καὶ ἡ χεὶρ αὐτοῦ ἡ δεξιὰ ἦν ξηρά.	
a 200	Mt 5,23 → Mk 11,25	ἐὰν οὖν προσφέρῃς τὸ δῶρόν σου ἐπὶ τὸ θυσιαστήριον **κἀκεῖ** μνησθῇς ὅτι ὁ ἀδελφός σου ἔχει τι κατὰ σοῦ,					
200	Mt 5,24	ἄφες **ἐκεῖ** τὸ δῶρόν σου ἔμπροσθεν τοῦ θυσιαστηρίου ...					
202	Mt 6,21	ὅπου γάρ ἐστιν ὁ θησαυρός σου, **ἐκεῖ** ἔσται καὶ ἡ καρδία σου.			Lk 12,34	ὅπου γάρ ἐστιν ὁ θησαυρὸς ὑμῶν, **ἐκεῖ** καὶ ἡ καρδία ὑμῶν ἔσται.	
202	Mt 8,12 → Lk 13,29	[11] ... καὶ ἀνακλιθήσονται μετὰ Ἀβραὰμ καὶ Ἰσαὰκ καὶ Ἰακὼβ ἐν τῇ βασιλείᾳ τῶν οὐρανῶν, [12] οἱ δὲ υἱοὶ τῆς βασιλείας ἐκβληθήσονται εἰς τὸ σκότος τὸ ἐξώτερον· **ἐκεῖ** ἔσται ὁ κλαυθμὸς καὶ ὁ βρυγμὸς τῶν ὀδόντων.			Lk 13,28	**ἐκεῖ** ἔσται ὁ κλαυθμὸς καὶ ὁ βρυγμὸς τῶν ὀδόντων, ὅταν ὄψεσθε Ἀβραὰμ καὶ Ἰσαὰκ καὶ Ἰακὼβ καὶ πάντας τοὺς προφήτας ἐν τῇ βασιλείᾳ τοῦ θεοῦ, ὑμᾶς δὲ ἐκβαλλομένους ἔξω.	
a 222	Mt 10,11	εἰς ἣν δ' ἂν πόλιν ἢ κώμην εἰσέλθητε, ἐξετάσατε τίς ἐν αὐτῇ ἄξιός ἐστιν· **κἀκεῖ** μείνατε ἕως ἂν ἐξέλθητε.	Mk 6,10	... ὅπου ἐὰν εἰσέλθητε εἰς οἰκίαν, **ἐκεῖ** μένετε ἕως ἂν ἐξέλθητε ἐκεῖθεν.	Lk 9,4 ⇩ Lk 10,5 ⇩ Lk 10,7	καὶ εἰς ἣν ἂν οἰκίαν εἰσέλθητε, **ἐκεῖ** μένετε καὶ ἐκεῖθεν ἐξέρχεσθε.	→ GTh 14,4 Mk-Q overlap
202	Mt 12,45 → Mk 9,25	... καὶ εἰσελθόντα κατοικεῖ **ἐκεῖ**· καὶ γίνεται τὰ ἔσχατα τοῦ ἀνθρώπου ἐκείνου χείρονα τῶν πρώτων. ...			Lk 11,26 → Mk 9,25	... καὶ εἰσελθόντα κατοικεῖ **ἐκεῖ**· καὶ γίνεται τὰ ἔσχατα τοῦ ἀνθρώπου ἐκείνου χείρονα τῶν πρώτων.	
200	Mt 13,42 → Mt 25,46	καὶ *βαλοῦσιν αὐτοὺς εἰς τὴν κάμινον τοῦ πυρός*· **ἐκεῖ** ἔσται ὁ κλαυθμὸς καὶ ὁ βρυγμὸς τῶν ὀδόντων. ➤ Dan 3,6					

200	**Mt 13,50** → Mt 25,46	καὶ *βαλοῦσιν αὐτοὺς εἰς τὴν κάμινον τοῦ πυρός·* **ἐκεῖ** ἔσται ὁ κλαυθμὸς καὶ ὁ βρυγμὸς τῶν ὀδόντων. ➤ Dan 3,6					
122	**Mt 8,30**	ἦν δὲ μακρὰν ἀπ' αὐτῶν ἀγέλη χοίρων πολλῶν βοσκομένη.	**Mk 5,11**	ἦν δὲ **ἐκεῖ** πρὸς τῷ ὄρει ἀγέλη χοίρων μεγάλη βοσκομένη·	**Lk 8,32**	ἦν δὲ **ἐκεῖ** ἀγέλη χοίρων ἱκανῶν βοσκομένη ἐν τῷ ὄρει· ...	
220	**Mt 13,58**	καὶ οὐκ ἐποίησεν **ἐκεῖ** δυνάμεις πολλὰς ...	**Mk 6,5**	καὶ οὐκ ἐδύνατο **ἐκεῖ** ποιῆσαι οὐδεμίαν δύναμιν, εἰ μὴ ὀλίγοις ἀρρώστοις ἐπιθεὶς τὰς χεῖρας ἐθεράπευσεν·			
a 222	**Mt 10,11** ⇩ Lk 10,8	εἰς ἣν δ' ἂν πόλιν ἢ κώμην εἰσέλθητε, ἐξετάσατε τίς ἐν αὐτῇ ἄξιός ἐστιν· **κἀκεῖ** μείνατε ἕως ἂν ἐξέλθητε.	**Mk 6,10**	... ὅπου ἐὰν εἰσέλθητε εἰς οἰκίαν, **ἐκεῖ** μένετε ἕως ἂν ἐξέλθητε ἐκεῖθεν.	**Lk 9,4** ⇩ Lk 10,5 ⇩ Lk 10,7	καὶ εἰς ἣν ἂν οἰκίαν εἰσέλθητε, **ἐκεῖ** μένετε καὶ ἐκεῖθεν ἐξέρχεσθε.	→ GTh 14,4 Mk-Q overlap
					Lk 10,7 ⇧ **Lk 9,4**	[5] εἰς ἣν δ' ἂν εἰσέλθητε οἰκίαν, ... [7] ἐν αὐτῇ δὲ τῇ οἰκίᾳ μένετε, ... [8] καὶ εἰς ἣν ἂν πόλιν εἰσέρχησθε καὶ δέχωνται ὑμᾶς, ...	→ GTh 14,4 Mk-Q overlap
121	**Mt 14,13**	... καὶ ἀκούσαντες οἱ ὄχλοι ἠκολούθησαν αὐτῷ πεζῇ ἀπὸ τῶν πόλεων.	**Mk 6,33**	καὶ εἶδον αὐτοὺς ὑπάγοντας καὶ ἐπέγνωσαν πολλοὶ καὶ πεζῇ ἀπὸ πασῶν τῶν πόλεων συνέδραμον **ἐκεῖ** καὶ προῆλθον αὐτούς.	**Lk 9,11**	οἱ δὲ ὄχλοι γνόντες ἠκολούθησαν αὐτῷ· ...	→ Jn 6,2
210	**Mt 14,23**	... ὀψίας δὲ γενομένης μόνος ἦν **ἐκεῖ.**	**Mk 6,47**	... καὶ αὐτὸς μόνος ἐπὶ τῆς γῆς.			
210	**Mt 15,29**	... ἦλθεν παρὰ τὴν θάλασσαν τῆς Γαλιλαίας, καὶ ἀναβὰς εἰς τὸ ὄρος ἐκάθητο **ἐκεῖ.**	**Mk 7,31**	... ἦλθεν διὰ Σιδῶνος εἰς τὴν θάλασσαν τῆς Γαλιλαίας ἀνὰ μέσον τῶν ὁρίων Δεκαπόλεως.			
201	**Mt 17,20** → Mt 21,21	... διὰ τὴν ὀλιγοπιστίαν ὑμῶν· ἀμὴν γὰρ λέγω ὑμῖν, ἐὰν ἔχητε πίστιν ὡς κόκκον σινάπεως, ἐρεῖτε τῷ ὄρει τούτῳ, μετάβα ἔνθεν **ἐκεῖ,** καὶ μεταβήσεται· καὶ οὐδὲν ἀδυνατήσει ὑμῖν.	**Mk 11,23** → Mk 9,23	[22] ... ἔχετε πίστιν θεοῦ. [23] ἀμὴν λέγω ὑμῖν ὅτι ὃς ἂν εἴπῃ τῷ ὄρει τούτῳ· ἄρθητι καὶ βλήθητι εἰς τὴν θάλασσαν, καὶ μὴ διακριθῇ ἐν τῇ καρδίᾳ αὐτοῦ ἀλλὰ πιστεύῃ ὅτι ὃ λαλεῖ γίνεται, ἔσται αὐτῷ.	**Lk 17,6**	... εἰ ἔχετε πίστιν ὡς κόκκον σινάπεως, ἐλέγετε ἂν τῇ συκαμίνῳ [ταύτῃ]· ἐκριζώθητι καὶ φυτεύθητι ἐν τῇ θαλάσσῃ· καὶ ὑπήκουσεν ἂν ὑμῖν.	→ GTh 48 → GTh 106
200	**Mt 18,20**	οὗ γάρ εἰσιν δύο ἢ τρεῖς συνηγμένοι εἰς τὸ ἐμὸν ὄνομα, **ἐκεῖ** εἰμι ἐν μέσῳ αὐτῶν.					→ GTh 30 **(POxy 1)** → GTh 48 → GTh 106

102	**Mt 10,13**	καὶ ἐὰν μὲν ᾖ **ἡ οἰκία** ἀξία, ἐλθάτω ἡ εἰρήνη ὑμῶν ἐπ᾽ αὐτήν, ...			**Lk 10,6**	καὶ ἐὰν **ἐκεῖ** ᾖ υἱὸς εἰρήνης, ἐπαναπαήσεται ἐπ᾽ αὐτὸν ἡ εἰρήνη ὑμῶν· ...	
202	**Mt 12,45** → Mk 9,25	... καὶ εἰσελθόντα κατοικεῖ **ἐκεῖ·** καὶ γίνεται τὰ ἔσχατα τοῦ ἀνθρώπου ἐκείνου χείρονα τῶν πρώτων. ...			**Lk 11,26** → Mk 9,25	... καὶ εἰσελθόντα κατοικεῖ **ἐκεῖ·** καὶ γίνεται τὰ ἔσχατα τοῦ ἀνθρώπου ἐκείνου χείρονα τῶν πρώτων.	
002					**Lk 12,18**	... τοῦτο ποιήσω, καθελῶ μου τὰς ἀποθήκας καὶ μείζονας οἰκοδομήσω, καὶ συνάξω **ἐκεῖ** πάντα τὸν σῖτον καὶ τὰ ἀγαθά μου	→ GTh 63
202	**Mt 6,21**	ὅπου γάρ ἐστιν ὁ θησαυρός σου, **ἐκεῖ** ἔσται καὶ ἡ καρδία σου.			**Lk 12,34**	ὅπου γάρ ἐστιν ὁ θησαυρὸς ὑμῶν, **ἐκεῖ** καὶ ἡ καρδία ὑμῶν ἔσται.	
202	**Mt 8,12** → Lk 13,29	[11] ... καὶ ἀνακλιθήσονται μετὰ Ἀβραὰμ καὶ Ἰσαὰκ καὶ Ἰακὼβ ἐν τῇ βασιλείᾳ τῶν οὐρανῶν, [12] οἱ δὲ υἱοὶ τῆς βασιλείας ἐκβληθήσονται εἰς τὸ σκότος τὸ ἐξώτερον· **ἐκεῖ** ἔσται ὁ κλαυθμὸς καὶ ὁ βρυγμὸς τῶν ὀδόντων.			**Lk 13,28**	**ἐκεῖ** ἔσται ὁ κλαυθμὸς καὶ ὁ βρυγμὸς τῶν ὀδόντων, ὅταν ὄψεσθε Ἀβραὰμ καὶ Ἰσαὰκ καὶ Ἰακὼβ καὶ πάντας τοὺς προφήτας ἐν τῇ βασιλείᾳ τοῦ θεοῦ, ὑμᾶς δὲ ἐκβαλλομένους ἔξω.	
002					**Lk 15,13**	... ὁ νεώτερος υἱὸς ἀπεδήμησεν εἰς χώραν μακρὰν καὶ **ἐκεῖ** διεσκόρπισεν τὴν οὐσίαν αὐτοῦ ζῶν ἀσώτως.	
002					**Lk 17,21** ↓ Mt 24,23 ↓ Mk 13,21 ↓ Mt 24,26 ↓ Lk 17,23	οὐδὲ ἐροῦσιν· ἰδοὺ ὧδε ἤ· **ἐκεῖ,** ἰδοὺ γὰρ ἡ βασιλεία τοῦ θεοῦ ἐντὸς ὑμῶν ἐστιν.	→ GTh 3,3 (POxy 654) → GTh 113
102	**Mt 24,26** ⇩ Mt 24,23	ἐὰν οὖν εἴπωσιν ὑμῖν· ἰδοὺ **ἐν τῇ ἐρήμῳ** ἐστίν, μὴ ἐξέλθητε· ἰδοὺ ἐν τοῖς ταμείοις, μὴ πιστεύσητε·	**Mk 13,21** → Mt 24,5 → Mk 13,6 → Lk 21,8	καὶ τότε ἐάν τις ὑμῖν εἴπῃ· ἴδε **ὧδε** ὁ χριστός, ἴδε ἐκεῖ, μὴ πιστεύετε·	**Lk 17,23** ↑ Lk 17,21	καὶ ἐροῦσιν ὑμῖν· ἰδοὺ **ἐκεῖ,** [ἤ·] ἰδοὺ ὧδε· μὴ ἀπέλθητε μηδὲ διώξητε.	→ GTh 113
202	**Mt 24,28**	ὅπου ἐὰν ᾖ τὸ πτῶμα, **ἐκεῖ** συναχθήσονται οἱ ἀετοί.			**Lk 17,37**	... ὅπου τὸ σῶμα, **ἐκεῖ** καὶ οἱ ἀετοὶ ἐπισυναχθήσονται.	
210	**Mt 19,2**	καὶ ἠκολούθησαν αὐτῷ ὄχλοι πολλοί, καὶ ἐθεράπευσεν αὐτοὺς **ἐκεῖ.**	**Mk 10,1**	.... καὶ συμπορεύονται πάλιν ὄχλοι πρὸς αὐτόν, καὶ ὡς εἰώθει πάλιν ἐδίδασκεν αὐτούς.			

021			Mk 11,5	καί τινες τῶν **ἐκεῖ** ἑστηκότων ἔλεγον αὐτοῖς· τί ποιεῖτε λύοντες τὸν πῶλον;	Lk 19,33	... εἶπαν οἱ κύριοι αὐτοῦ πρὸς αὐτούς· τί λύετε τὸν πῶλον;	
210	Mt 21,17	... ἐξῆλθεν ἔξω τῆς πόλεως εἰς Βηθανίαν, καὶ ηὐλίσθη **ἐκεῖ.**	Mk 11,11	... ἐξῆλθεν εἰς Βηθανίαν μετὰ τῶν δώδεκα.	Lk 21,37 → Mk 11,19 → Lk 19,47	ἦν δὲ τὰς ἡμέρας ἐν τῷ ἱερῷ διδάσκων, τὰς δὲ νύκτας ἐξερχόμενος ηὐλίζετο εἰς τὸ ὄρος τὸ καλούμενον Ἐλαιῶν·	→ [[Jn 8,1]]
200	Mt 22,11	... ὁ βασιλεὺς ... εἶδεν **ἐκεῖ** ἄνθρωπον οὐκ ἐνδεδυμένον ἔνδυμα γάμου					
200	Mt 22,13	... ἐκβάλετε αὐτὸν εἰς τὸ σκότος τὸ ἐξώτερον· **ἐκεῖ** ἔσται ὁ κλαυθμὸς καὶ ὁ βρυγμὸς τῶν ὀδόντων.					
012			Mk 12,42	καὶ ἐλθοῦσα μία χήρα πτωχὴ ἔβαλεν λεπτὰ δύο, ὅ ἐστιν κοδράντης.	Lk 21,2	εἶδεν δέ τινα χήραν πενιχρὰν βάλλουσαν **ἐκεῖ** λεπτὰ δύο	
120	Mt 24,23 ⇑ Mt 24,26	τότε ἐάν τις ὑμῖν εἴπῃ· ἰδοὺ ὧδε ὁ χριστός, ἤ· **ὧδε,** μὴ πιστεύσητε·	Mk 13,21 → Mt 24,5 → Mk 13,6 → Lk 21,8	καὶ τότε ἐάν τις ὑμῖν εἴπῃ· ἴδε ὧδε ὁ χριστός, ἴδε **ἐκεῖ,** μὴ πιστεύετε·	↑ Lk 17,21 ↑ Lk 17,23		→ GTh 113
202	Mt 24,28	ὅπου ἐὰν ᾖ τὸ πτῶμα, **ἐκεῖ** συναχθήσονται οἱ ἀετοί.			Lk 17,37	... ὅπου τὸ σῶμα, **ἐκεῖ** καὶ οἱ ἀετοὶ ἐπισυναχθήσονται.	
201	Mt 24,51	καὶ διχοτομήσει αὐτὸν καὶ τὸ μέρος αὐτοῦ μετὰ τῶν ὑποκριτῶν θήσει· **ἐκεῖ** ἔσται ὁ κλαυθμὸς καὶ ὁ βρυγμὸς τῶν ὀδόντων.			Lk 12,46	... καὶ διχοτομήσει αὐτὸν καὶ τὸ μέρος αὐτοῦ μετὰ τῶν ἀπίστων θήσει.	
200	Mt 25,30	καὶ τὸν ἀχρεῖον δοῦλον ἐκβάλετε εἰς τὸ σκότος τὸ ἐξώτερον· **ἐκεῖ** ἔσται ὁ κλαυθμὸς καὶ ὁ βρυγμὸς τῶν ὀδόντων.					
022			Mk 14,15	καὶ αὐτὸς ὑμῖν δείξει ἀνάγαιον μέγα ἐστρωμένον ἕτοιμον· καὶ **ἐκεῖ** ἑτοιμάσατε ἡμῖν.	Lk 22,12	κἀκεῖνος ὑμῖν δείξει ἀνάγαιον μέγα ἐστρωμένον· **ἐκεῖ** ἑτοιμάσατε.	
211	Mt 26,36	τότε ἔρχεται μετ' αὐτῶν ὁ Ἰησοῦς εἰς χωρίον λεγόμενον Γεθσημανὶ καὶ λέγει τοῖς μαθηταῖς· καθίσατε αὐτοῦ ἕως [οὗ] ἀπελθὼν **ἐκεῖ** προσεύξωμαι.	Mk 14,32	καὶ ἔρχονται εἰς χωρίον οὗ τὸ ὄνομα Γεθσημανὶ καὶ λέγει τοῖς μαθηταῖς αὐτοῦ· καθίσατε ὧδε ἕως προσεύξωμαι.	Lk 22,40 → Mt 26,41 → Mk 14,38 → Lk 22,46	γενόμενος δὲ ἐπὶ τοῦ τόπου εἶπεν αὐτοῖς· προσεύχεσθε μὴ εἰσελθεῖν εἰς πειρασμόν.	

211	**Mt 26,71**	... εἶδεν αὐτὸν ἄλλη καὶ λέγει **τοῖς ἐκεῖ·** οὗτος ἦν μετὰ Ἰησοῦ τοῦ Ναζωραίου.	**Mk 14,69**	καὶ ἡ παιδίσκη ἰδοῦσα αὐτὸν ἤρξατο πάλιν λέγειν **τοῖς παρεστῶσιν** ὅτι οὗτος ἐξ αὐτῶν ἐστιν.	**Lk 22,58**	καὶ μετὰ βραχὺ ἕτερος ἰδὼν αὐτὸν ἔφη· καὶ σὺ ἐξ αὐτῶν εἶ. ...	→ Jn 18,25
112	**Mt 27,35**	[33] ... εἰς τόπον λεγόμενον Γολγοθᾶ, ὅ ἐστιν Κρανίου Τόπος λεγόμενος, [34] ... [35] σταυρώσαντες δὲ αὐτὸν ...	**Mk 15,24**	[22] ... ἐπὶ τὸν Γολγοθᾶν τόπον, ὅ ἐστιν μεθερμηνευόμενον Κρανίου Τόπος. [23] ... [24] καὶ σταυροῦσιν αὐτὸν ...	**Lk 23,33**	καὶ ὅτε ἦλθον ἐπὶ τὸν τόπον τὸν καλούμενον Κρανίον, **ἐκεῖ** ἐσταύρωσαν αὐτὸν ...	→ Jn 19,18
200	**Mt 27,36**	καὶ καθήμενοι ἐτήρουν αὐτὸν **ἐκεῖ.**					
210	**Mt 27,47**	τινὲς δὲ τῶν **ἐκεῖ** ἑστηκότων ἀκούσαντες ἔλεγον ὅτι Ἠλίαν φωνεῖ οὗτος.	**Mk 15,35**	καί τινες τῶν παρεστηκότων ἀκούσαντες ἔλεγον· ἴδε Ἠλίαν φωνεῖ.			
211	**Mt 27,55** ↓ Mt 27,61	ἦσαν δὲ **ἐκεῖ** γυναῖκες πολλαὶ ἀπὸ μακρόθεν θεωροῦσαι, ...	**Mk 15,40** ↓ Mk 15,47	ἦσαν δὲ καὶ γυναῖκες ἀπὸ μακρόθεν θεωροῦσαι, ...	**Lk 23,49** ↓ Lk 23,55	εἱστήκεισαν δὲ πάντες οἱ γνωστοὶ αὐτῷ ἀπὸ μακρόθεν καὶ γυναῖκες ...	→ Jn 19,25
211	**Mt 27,61** ↑ Mt 27,55 → Mt 28,1 → Lk 24,10	ἦν δὲ **ἐκεῖ** Μαριὰμ ἡ Μαγδαληνὴ καὶ ἡ ἄλλη Μαρία καθήμεναι ἀπέναντι τοῦ τάφου.	**Mk 15,47** ↑ Mk 15,40 → Mk 16,1 → Lk 24,10	ἡ δὲ Μαρία ἡ Μαγδαληνὴ καὶ Μαρία ἡ Ἰωσῆτος ἐθεώρουν ποῦ τέθειται.	**Lk 23,55** ↑ Lk 23,49 → Lk 8,2-3	κατακολουθήσασαι δὲ αἱ γυναῖκες, αἵτινες ἦσαν συνεληλυθυῖαι ἐκ τῆς Γαλιλαίας αὐτῷ, ἐθεάσαντο τὸ μνημεῖον καὶ ὡς ἐτέθη τὸ σῶμα αὐτοῦ	
220	**Mt 28,7** → Mt 26,32 ↓ Mt 28,10 → Mt 28,16	... καὶ ἰδοὺ προάγει ὑμᾶς εἰς τὴν Γαλιλαίαν, **ἐκεῖ** αὐτὸν ὄψεσθε· ...	**Mk 16,7** → Mk 14,28	... προάγει ὑμᾶς εἰς τὴν Γαλιλαίαν· **ἐκεῖ** αὐτὸν ὄψεσθε, ...			→ Jn 20,17 → Jn 21,1
a 200	**Mt 28,10** ↑ Mt 28,7 ↑ Mk 16,7 → Mt 28,16	... ὑπάγετε ἀπαγγείλατε τοῖς ἀδελφοῖς μου ἵνα ἀπέλθωσιν εἰς τὴν Γαλιλαίαν, **κἀκεῖ** με ὄψονται.					→ Jn 20,17

Acts 9,33 εὗρεν δὲ **ἐκεῖ** ἄνθρωπόν τινα ὀνόματι Αἰνέαν ...

a **Acts 14,7** [6] ... κατέφυγον εἰς τὰς πόλεις τῆς Λυκαονίας Λύστραν καὶ Δέρβην καὶ τὴν περίχωρον, **κἀκεῖ** εὐαγγελιζόμενοι ἦσαν.

Acts 16,1 ... καὶ ἰδοὺ μαθητής τις ἦν **ἐκεῖ** ὀνόματι Τιμόθεος, ...

a **Acts 17,13** ὡς δὲ ἔγνωσαν οἱ ἀπὸ τῆς Θεσσαλονίκης Ἰουδαῖοι ὅτι καὶ ἐν τῇ Βεροίᾳ κατηγγέλη ὑπὸ τοῦ Παύλου ὁ λόγος τοῦ θεοῦ, ἦλθον **κἀκεῖ** σαλεύοντες καὶ ταράσσοντες τοὺς ὄχλους.

Acts 17,14 ... ὑπέμεινάν τε ὅ τε Σιλᾶς καὶ ὁ Τιμόθεος **ἐκεῖ.**

Acts 19,21 ... μετὰ τὸ γενέσθαι με **ἐκεῖ** δεῖ με καὶ Ῥώμην ἰδεῖν.

a **Acts 22,10** ... ἀναστὰς πορεύου εἰς Δαμασκόν **κἀκεῖ** σοι λαληθήσεται περὶ πάντων ὧν τέτακταί σοι ποιῆσαι.

Acts 25,9 ... θέλεις εἰς Ἱεροσόλυμα ἀναβὰς **ἐκεῖ** περὶ τούτων κριθῆναι ἐπ᾽ ἐμοῦ;

	Acts 25,14	ὡς δὲ πλείους ἡμέρας διέτριβον **ἐκεῖ,** ὁ Φῆστος τῷ βασιλεῖ ἀνέθετο τὰ κατὰ τὸν Παῦλον ...	*a* **Acts 25,20**	... εἰ βούλοιτο πορεύεσθαι εἰς Ἱεροσόλυμα **κἀκεῖ** κρίνεσθαι περὶ τούτων.	*a* **Acts 27,6**	[5] ... κατήλθομεν εἰς Μύρα τῆς Λυκίας. **[6] κἀκεῖ** εὑρὼν ὁ ἑκατοντάρχης πλοῖον Ἀλεξανδρῖνον ...

ἐκεῖθεν	Syn 22	Mt 12	Mk 6	Lk 4	Acts 12	Jn 2	1-3John	Paul	Eph	Col
	NT 37	2Thess	1/2Tim	Tit	Heb	Jas	1Pet	2Pet	Jude	Rev 1

from there

	triple tradition																	double tradition			Sondergut		
		+Mt / +Lk			–Mt / –Lk			traditions not taken over by Mt / Lk							subtotals								
code	*222*	*211*	*112*	*212*	*221*	*122*	*121*	*022*	*012*	*021*	*220*	*120*	*210*	*020*	Σ⁺	Σ⁻	Σ	*202*	*201*	*102*	*200*	*002*	total
Mt		5^+				1^-	1^-				2	2^-	2^+		7^+	4^-	9	1			2		**12**
Mk						1	1				2	2					6						**6**
Lk						1	1^-									1^-	1	1				2	**4**

a κἀκεῖθεν

211	**Mt 4,21**	καὶ προβὰς **ἐκεῖθεν** εἶδεν ἄλλους δύο ἀδελφούς, Ἰάκωβον τὸν τοῦ Ζεβεδαίου καὶ Ἰωάννην τὸν ἀδελφὸν αὐτοῦ, ...	**Mk 1,19**	καὶ προβὰς **ὀλίγον** εἶδεν Ἰάκωβον τὸν τοῦ Ζεβεδαίου καὶ Ἰωάννην τὸν ἀδελφὸν αὐτοῦ, ...	**Lk 5,10**	ὁμοίως δὲ καὶ Ἰάκωβον καὶ Ἰωάννην υἱοὺς Ζεβεδαίου, ...	
202	**Mt 5,26** → Mt 18,34	... οὐ μὴ ἐξέλθῃς **ἐκεῖθεν,** ἕως ἂν ἀποδῷς τὸν ἔσχατον κοδράντην.			**Lk 12,59**	... οὐ μὴ ἐξέλθῃς **ἐκεῖθεν,** ἕως καὶ τὸ ἔσχατον λεπτὸν ἀποδῷς.	
211	**Mt 9,9**	καὶ παράγων ὁ Ἰησοῦς **ἐκεῖθεν** εἶδεν ἄνθρωπον καθήμενον ἐπὶ τὸ τελώνιον, Μαθθαῖον λεγόμενον, ...	**Mk 2,14**	καὶ παράγων εἶδεν Λευὶν τὸν τοῦ Ἁλφαίου καθήμενον ἐπὶ τὸ τελώνιον, ...	**Lk 5,27**	καὶ μετὰ ταῦτα ἐξῆλθεν καὶ ἐθεάσατο τελώνην ὀνόματι Λευὶν καθήμενον ἐπὶ τὸ τελώνιον, ...	
200	**Mt 9,27** ⇨ Mt 20,29-30	καὶ παράγοντι **ἐκεῖθεν** τῷ Ἰησοῦ ἠκολούθησαν [αὐτῷ] δύο τυφλοὶ ...	**Mk 10,46**	καὶ ἔρχονται εἰς Ἰεριχώ. καὶ ἐκπορευομένου αὐτοῦ **ἀπὸ Ἰεριχὼ** καὶ τῶν μαθητῶν αὐτοῦ καὶ ὄχλου ἱκανοῦ ὁ υἱὸς Τιμαίου Βαρτιμαῖος, τυφλὸς προσαίτης, ἐκάθητο παρὰ τὴν ὁδόν.	**Lk 18,35**	ἐγένετο δὲ ἐν τῷ ἐγγίζειν αὐτὸν εἰς Ἰεριχὼ τυφλός τις ἐκάθητο παρὰ τὴν ὁδὸν ἐπαιτῶν.	
200	**Mt 11,1**	... μετέβη **ἐκεῖθεν** τοῦ διδάσκειν καὶ κηρύσσειν ἐν ταῖς πόλεσιν αὐτῶν.					
211	**Mt 12,9**	καὶ μεταβὰς **ἐκεῖθεν** ἦλθεν εἰς τὴν συναγωγὴν αὐτῶν·	**Mk 3,1**	καὶ εἰσῆλθεν πάλιν εἰς τὴν συναγωγήν. ...	**Lk 6,6** → Lk 13,10 → Lk 14,1	ἐγένετο δὲ ἐν ἑτέρῳ σαββάτῳ εἰσελθεῖν αὐτὸν εἰς τὴν συναγωγὴν καὶ διδάσκειν. ...	

211	Mt 12,15 → Mt 4,25	ὁ δὲ Ἰησοῦς γνοὺς ἀνεχώρησεν **ἐκεῖθεν.** καὶ ἠκολούθησαν αὐτῷ [ὄχλοι] πολλοί, ...	Mk 3,7	καὶ ὁ Ἰησοῦς μετὰ τῶν μαθητῶν αὐτοῦ ἀνεχώρησεν **πρὸς τὴν θάλασσαν,** καὶ πολὺ πλῆθος ἀπὸ τῆς Γαλιλαίας [ἠκολούθησεν], ...	Lk 6,17	καὶ καταβὰς μετ' αὐτῶν ἔστη **ἐπὶ τόπου πεδινοῦ,** καὶ ὄχλος πολὺς μαθητῶν αὐτοῦ, καὶ πλῆθος πολὺ τοῦ λαοῦ ...	
220	Mt 13,53	καὶ ἐγένετο ὅτε ἐτέλεσεν ὁ Ἰησοῦς τὰς παραβολὰς ταύτας, μετῆρεν **ἐκεῖθεν.**	Mk 6,1	καὶ ἐξῆλθεν **ἐκεῖθεν** ...			
122	Mt 10,11 ⇩ Lk 10,8	εἰς ἣν δ' ἂν πόλιν ἢ κώμην εἰσέλθητε, ἐξετάσατε τίς ἐν αὐτῇ ἄξιός ἐστιν· κἀκεῖ μείνατε ἕως ἂν ἐξέλθητε.	Mk 6,10	... ὅπου ἐὰν εἰσέλθητε εἰς οἰκίαν, ἐκεῖ μένετε ἕως ἂν ἐξέλθητε **ἐκεῖθεν.**	Lk 9,4 ⇩ Lk 10,7	καὶ εἰς ἣν ἂν οἰκίαν εἰσέλθητε, ἐκεῖ μένετε καὶ **ἐκεῖθεν** ἐξέρχεσθε.	→ GTh 14,4 Mk-Q overlap
					Lk 10,7 ⇧ Lk 9,4	[5] εἰς ἣν δ' ἂν εἰσέλθητε οἰκίαν, ... [7] ἐν αὐτῇ δὲ τῇ οἰκίᾳ μένετε, ... μὴ μεταβαίνετε ἐξ οἰκίας εἰς οἰκίαν. [8] καὶ εἰς ἣν ἂν πόλιν εἰσέρχησθε καὶ δέχωνται ὑμᾶς, ...	→ GTh 14,4 Mk-Q overlap
121	Mt 10,14	καὶ ὃς ἂν μὴ δέξηται ὑμᾶς μηδὲ ἀκούσῃ τοὺς λόγους ὑμῶν, ἐξερχόμενοι **ἔξω τῆς οἰκίας ἢ τῆς πόλεως ἐκείνης** ἐκτινάξατε τὸν κονιορτὸν τῶν ποδῶν ὑμῶν.	Mk 6,11	καὶ ὃς ἂν τόπος μὴ δέξηται ὑμᾶς μηδὲ ἀκούσωσιν ὑμῶν, ἐκπορευόμενοι **ἐκεῖθεν** ἐκτινάξατε τὸν χοῦν τὸν ὑποκάτω τῶν ποδῶν ὑμῶν εἰς μαρτύριον αὐτοῖς.	Lk 9,5 ⇩ Lk 10,10-11	καὶ ὅσοι ἂν μὴ δέχωνται ὑμᾶς, ἐξερχόμενοι **ἀπὸ τῆς πόλεως ἐκείνης** τὸν κονιορτὸν ἀπὸ τῶν ποδῶν ὑμῶν ἀποτινάσσετε εἰς μαρτύριον ἐπ' αὐτούς.	→ Acts 13,51 → Acts 18,6 Mk-Q overlap
					Lk 10,10 ⇧ Lk 9,5	εἰς ἣν δ' ἂν πόλιν εἰσέλθητε καὶ μὴ δέχωνται ὑμᾶς, ἐξελθόντες **εἰς τὰς πλατείας αὐτῆς** εἴπατε· [11] καὶ τὸν κονιορτὸν τὸν κολληθέντα ἡμῖν ἐκ τῆς πόλεως ὑμῶν εἰς τοὺς πόδας ἀπομασσόμεθα ὑμῖν· ...	
211	Mt 14,13	ἀκούσας δὲ ὁ Ἰησοῦς ἀνεχώρησεν **ἐκεῖθεν** ἐν πλοίῳ εἰς ἔρημον τόπον κατ' ἰδίαν· ...	Mk 6,32	καὶ ἀπῆλθον ἐν τῷ πλοίῳ εἰς ἔρημον τόπον κατ' ἰδίαν.	Lk 9,10	... καὶ παραλαβὼν αὐτοὺς ὑπεχώρησεν κατ' ἰδίαν εἰς πόλιν καλουμένην Βηθσαϊδά.	
220	Mt 15,21	καὶ ἐξελθὼν **ἐκεῖθεν** ὁ Ἰησοῦς ἀνεχώρησεν εἰς τὰ μέρη Τύρου καὶ Σιδῶνος.	Mk 7,24 → Mt 15,22	**ἐκεῖθεν** δὲ ἀναστὰς ἀπῆλθεν εἰς τὰ ὅρια Τύρου. ...			
210	Mt 15,29	καὶ μεταβὰς **ἐκεῖθεν** ὁ Ἰησοῦς ἦλθεν παρὰ τὴν θάλασσαν τῆς Γαλιλαίας, ...	Mk 7,31	καὶ πάλιν ἐξελθὼν **ἐκ τῶν ὁρίων Τύρου** ἦλθεν διὰ Σιδῶνος εἰς τὴν θάλασσαν τῆς Γαλιλαίας ...			
a 120	Mt 17,22	συστρεφομένων δὲ αὐτῶν ἐν τῇ Γαλιλαίᾳ ...	Mk 9,30	**κἀκεῖθεν** ἐξελθόντες παρεπορεύοντο διὰ τῆς Γαλιλαίας, καὶ οὐκ ἤθελεν ἵνα τις γνοῖ·			

	Mt	Mk	Lk	
a 002			**Lk 11,53** **κἀκεῖθεν** ἐξελθόντος αὐτοῦ ἤρξαντο οἱ γραμματεῖς καὶ οἱ Φαρισαῖοι δεινῶς ἐνέχειν ...	
202	**Mt 5,26** → Mt 18,34 ... οὐ μὴ ἐξέλθῃς **ἐκεῖθεν,** ἕως ἂν ἀποδῷς τὸν ἔσχατον κοδράντην.		**Lk 12,59** ... οὐ μὴ ἐξέλθῃς **ἐκεῖθεν,** ἕως καὶ τὸ ἔσχατον λεπτὸν ἀποδῷς.	
002			**Lk 16,26** ... ὅπως οἱ θέλοντες διαβῆναι ἔνθεν πρὸς ὑμᾶς μὴ δύνωνται, **μηδὲ ἐκεῖθεν** πρὸς ἡμᾶς διαπερῶσιν.	
120	**Mt 19,1** → Lk 9,51 ... μετῆρεν **ἀπὸ τῆς Γαλιλαίας** καὶ ἦλθεν εἰς τὰ ὅρια τῆς Ἰουδαίας πέραν τοῦ Ἰορδάνου.	**Mk 10,1** → Lk 9,51 καὶ **ἐκεῖθεν** ἀναστὰς ἔρχεται εἰς τὰ ὅρια τῆς Ἰουδαίας [καὶ] πέραν τοῦ Ἰορδάνου, ...		
210	**Mt 19,15** → Mk 10,17 καὶ ἐπιθεὶς τὰς χεῖρας αὐτοῖς ἐπορεύθη **ἐκεῖθεν.**	**Mk 10,16** καὶ ἐναγκαλισάμενος αὐτὰ κατευλόγει τιθεὶς τὰς χεῖρας ἐπ᾽ αὐτά.		→ GTh 22

a **Acts 7,4** τότε ἐξελθὼν ἐκ γῆς Χαλδαίων κατῴκησεν ἐν Χαρράν. **κἀκεῖθεν** μετὰ τὸ ἀποθανεῖν τὸν πατέρα αὐτοῦ μετῴκισεν αὐτὸν εἰς τὴν γῆν ταύτην ...

Acts 13,4 ... κατῆλθον εἰς Σελεύκειαν, **ἐκεῖθέν** τε ἀπέπλευσαν εἰς Κύπρον

a **Acts 13,21** [20] ... καὶ μετὰ ταῦτα ἔδωκεν κριτὰς ἕως Σαμουὴλ [τοῦ] προφήτου. **[21] κἀκεῖθεν** ᾐτήσαντο βασιλέα καὶ ἔδωκεν αὐτοῖς ὁ θεὸς τὸν Σαοὺλ υἱὸν Κίς, ...

a **Acts 14,26** [25] ... κατέβησαν εἰς Ἀττάλειαν· **[26] κἀκεῖθεν** ἀπέπλευσαν εἰς Ἀντιόχειαν, ...

a **Acts 16,12** [11] ... τῇ δὲ ἐπιούσῃ εἰς Νέαν πόλιν **[12] κἀκεῖθεν** εἰς Φιλίππους, ἥτις ἐστὶν πρώτη[ς] μερίδος τῆς Μακεδονίας πόλις, κολωνία. ...

Acts 18,7 καὶ μεταβὰς **ἐκεῖθεν** εἰσῆλθεν εἰς οἰκίαν τινὸς ὀνόματι Τιτίου Ἰούστου ...

Acts 20,13 ... ἀνήχθημεν ἐπὶ τὴν Ἆσσον **ἐκεῖθεν** μέλλοντες ἀναλαμβάνειν τὸν Παῦλον· ...

a **Acts 20,15** [14] ... ἤλθομεν εἰς Μιτυλήνην, **[15] κἀκεῖθεν** ἀποπλεύσαντες τῇ ἐπιούσῃ κατηντήσαμεν ἄντικρυς Χίου, ...

a **Acts 21,1** ... τῇ δὲ ἑξῆς εἰς τὴν Ῥόδον, **κἀκεῖθεν** εἰς Πάταρα

a **Acts 27,4** [3] τῇ τε ἑτέρᾳ κατήχθημεν εἰς Σιδῶνα, ... **[4] κἀκεῖθεν** ἀναχθέντες ὑπεπλεύσαμεν τὴν Κύπρον διὰ τὸ τοὺς ἀνέμους εἶναι ἐναντίους

Acts 27,12 ... οἱ πλείονες ἔθεντο βουλὴν ἀναχθῆναι **ἐκεῖθεν,** εἴ πως δύναιντο καταντήσαντες εἰς Φοίνικα ...

a **Acts 28,15** [14] ... καὶ οὕτως εἰς τὴν Ῥώμην ἤλθαμεν. **[15] κἀκεῖθεν** οἱ ἀδελφοὶ ἀκούσαντες τὰ περὶ ἡμῶν ἦλθαν εἰς ἀπάντησιν ἡμῖν ἄχρι Ἀππίου φόρου καὶ Τριῶν ταβερνῶν, ...

ἐκεῖνος	Syn 115	Mt 56	Mk 22	Lk 37	Acts 25	Jn 75	1-3John 7	Paul 14	Eph 1	Col
	NT 260	2Thess 1	1/2Tim 7	Tit 1	Heb 9	Jas 2	1Pet	2Pet 1	Jude	Rev 2

that person, thing; he, she, it

	triple tradition																	double tradition			Sondergut		
		+Mt / +Lk			−Mt / −Lk			traditions not taken over by Mt / Lk							subtotals								
code	222	211	112	212	221	122	121	022	012	021	220	120	210	020	Σ⁺	Σ⁻	Σ	202	201	102	200	002	total
Mt	2	10⁺		1⁺	4	2⁻	8⁻				3	1⁻	7⁺		18⁺	11⁻	27	8	8		13		**56**
Mk	2				4	2	8				3	1		2			22						**22**
Lk	2		4⁺	1⁺	4⁻	2	8⁻		1⁺						6⁺	12⁻	10	8		4		15	**37**

Mk-Q overlap: 201: Mt 10,19 / Mk 13,11 / Lk 12,12 121: Mt 10,19 / Mk 13,11 / Lk 21,15

a κἀκεῖνος

b ἐκεῖνος with reference to time

b 002					**Lk 2,1**	ἐγένετο δὲ **ἐν ταῖς ἡμέραις ἐκείναις** ἐξῆλθεν δόγμα παρὰ Καίσαρος Αὐγούστου ...	
b 210	**Mt 3,1**	**ἐν δὲ ταῖς ἡμέραις ἐκείναις** παραγίνεται Ἰωάννης ὁ βαπτιστὴς κηρύσσων ἐν τῇ ἐρήμῳ τῆς Ἰουδαίας	**Mk 1,4**	ἐγένετο Ἰωάννης [ὁ] βαπτίζων ἐν τῇ ἐρήμῳ καὶ κηρύσσων ...	**Lk 3,2** → Lk 1,80 → Lk 3,3	ἐπὶ ἀρχιερέως Ἅννα καὶ Καϊάφα, ἐγένετο ῥῆμα θεοῦ ἐπὶ Ἰωάννην τὸν Ζαχαρίου υἱὸν ἐν τῇ ἐρήμῳ.	→ Jn 3,23
b 121	**Mt 3,13**	**τότε** παραγίνεται ὁ Ἰησοῦς ἀπὸ τῆς Γαλιλαίας ἐπὶ τὸν Ἰορδάνην πρὸς τὸν Ἰωάννην τοῦ βαπτισθῆναι ὑπ' αὐτοῦ.	**Mk 1,9**	καὶ ἐγένετο **ἐν ἐκείναις ταῖς ἡμέραις** ἦλθεν Ἰησοῦς ἀπὸ Ναζαρὲτ τῆς Γαλιλαίας καὶ ἐβαπτίσθη εἰς τὸν Ἰορδάνην ὑπὸ Ἰωάννου.	**Lk 3,21**	ἐγένετο δὲ ἐν τῷ βαπτισθῆναι ἅπαντα τὸν λαὸν καὶ Ἰησοῦ βαπτισθέντος ...	
b 102	**Mt 4,2**	[1] ... πειρασθῆναι ὑπὸ τοῦ διαβόλου. [2] καὶ νηστεύσας ἡμέρας τεσσεράκοντα καὶ νύκτας τεσσεράκοντα ὕστερον ἐπείνασεν.	**Mk 1,13**	καὶ ἦν ἐν τῇ ἐρήμῳ τεσσεράκοντα ἡμέρας πειραζόμενος ὑπὸ τοῦ σατανᾶ, ...	**Lk 4,2**	ἡμέρας τεσσεράκοντα πειραζόμενος ὑπὸ τοῦ διαβόλου. καὶ οὐκ ἔφαγεν οὐδὲν **ἐν ταῖς ἡμέραις ἐκείναις** καὶ συντελεσθεισῶν αὐτῶν ἐπείνασεν.	Mk-Q overlap
b 122	**Mt 9,15**	... ἐλεύσονται δὲ ἡμέραι ὅταν ἀπαρθῇ ἀπ' αὐτῶν ὁ νυμφίος, καὶ τότε νηστεύσουσιν.	**Mk 2,20**	ἐλεύσονται δὲ ἡμέραι ὅταν ἀπαρθῇ ἀπ' αὐτῶν ὁ νυμφίος, καὶ τότε νηστεύσουσιν **ἐν ἐκείνῃ τῇ ἡμέρᾳ.**	**Lk 5,35**	ἐλεύσονται δὲ ἡμέραι, καὶ ὅταν ἀπαρθῇ ἀπ' αὐτῶν ὁ νυμφίος, τότε νηστεύσουσιν **ἐν ἐκείναις ταῖς ἡμέραις.**	→ GTh 104
b 102	**Mt 5,12**	χαίρετε καὶ ἀγαλλιᾶσθε, ὅτι ὁ μισθὸς ὑμῶν πολὺς ἐν τοῖς οὐρανοῖς· ...			**Lk 6,23**	χάρητε **ἐν ἐκείνῃ τῇ ἡμέρᾳ** καὶ σκιρτήσατε, ἰδοὺ γὰρ ὁ μισθὸς ὑμῶν πολὺς ἐν τῷ οὐρανῷ· ...	
b 201	**Mt 7,22** → Mt 25,11	πολλοὶ ἐροῦσίν μοι **ἐν ἐκείνῃ τῇ ἡμέρᾳ·** κύριε κύριε, οὐ τῷ σῷ ὀνόματι ἐπροφητεύσαμεν, καὶ τῷ σῷ ὀνόματι δαιμόνια ἐξεβάλομεν, καὶ τῷ σῷ ὀνόματι δυνάμεις πολλὰς ἐποιήσαμεν;			**Lk 13,26**	**τότε** ἄρξεσθε λέγειν· ἐφάγομεν ἐνώπιόν σου καὶ ἐπίομεν καὶ ἐν ταῖς πλατείαις ἡμῶν ἐδίδαξας·	

202	**Mt 7,25**	καὶ κατέβη ἡ βροχὴ καὶ ἦλθον οἱ ποταμοὶ καὶ ἔπνευσαν οἱ ἄνεμοι καὶ προσέπεσαν **τῇ οἰκίᾳ ἐκείνῃ,** καὶ οὐκ ἔπεσεν, τεθεμελίωτο γὰρ ἐπὶ τὴν πέτραν.			**Lk 6,48**	... πλημμύρης δὲ γενομένης προσέρηξεν ὁ ποταμὸς **τῇ οἰκίᾳ ἐκείνῃ,** καὶ οὐκ ἴσχυσεν σαλεῦσαι αὐτὴν διὰ τὸ καλῶς οἰκοδομῆσθαι αὐτήν.	
202	**Mt 7,27**	καὶ κατέβη ἡ βροχὴ καὶ ἦλθον οἱ ποταμοὶ καὶ ἔπνευσαν οἱ ἄνεμοι καὶ προσέκοψαν **τῇ οἰκίᾳ ἐκείνῃ,** καὶ ἔπεσεν, καὶ ἦν ἡ πτῶσις αὐτῆς μεγάλη.			**Lk 6,49**	... ᾗ προσέρηξεν ὁ ποταμός, καὶ εὐθὺς συνέπεσεν καὶ ἐγένετο τὸ ῥῆγμα **τῆς οἰκίας ἐκείνης** μέγα.	
b 201	**Mt 8,13**	... ὕπαγε, ὡς ἐπίστευσας γενηθήτω σοι. καὶ ἰάθη ὁ παῖς [αὐτοῦ] **ἐν τῇ ὥρᾳ ἐκείνῃ.**			**Lk 7,10** ↓ Mk 7,30	καὶ ὑποστρέψαντες εἰς τὸν οἶκον οἱ πεμφθέντες εὗρον τὸν δοῦλον ὑγιαίνοντα.	→ Jn 4,50-51
211	**Mt 8,28**	... δύο δαιμονιζόμενοι ἐκ τῶν μνημείων ἐξερχόμενοι, χαλεποὶ λίαν, ὥστε μὴ ἰσχύειν τινὰ παρελθεῖν **διὰ τῆς ὁδοῦ** **ἐκείνης.**	**Mk 5,4**	[2] ... ἄνθρωπος ἐν πνεύματι ἀκαθάρτῳ, [3] ... [4] διὰ τὸ αὐτὸν πολλάκις πέδαις καὶ ἁλύσεσιν δεδέσθαι καὶ διεσπάσθαι ὑπ' αὐτοῦ τὰς ἁλύσεις καὶ τὰς πέδας συντετρῖφθαι, καὶ οὐδεὶς ἴσχυεν αὐτὸν δαμάσαι·	**Lk 8,29**	[27] ... ἀνήρ τις ἐκ τῆς πόλεως ἔχων δαιμόνια ... [29] ... πολλοῖς γὰρ χρόνοις συνηρπάκει αὐτὸν καὶ ἐδεσμεύετο ἁλύσεσιν καὶ πέδαις φυλασσόμενος καὶ διαρρήσσων τὰ δεσμὰ ...	
b 211	**Mt 9,22** → Mk 5,34	... καὶ ἐσώθη ἡ γυνὴ **ἀπὸ τῆς ὥρας** **ἐκείνης.**	**Mk 5,29**	καὶ **εὐθὺς** ἐξηράνθη ἡ πηγὴ τοῦ αἵματος αὐτῆς ...	**Lk 8,44**	... καὶ **παραχρῆμα** ἔστη ἡ ῥύσις τοῦ αἵματος αὐτῆς.	
200	**Mt 9,26** → Mt 4,24a ↓ Mt 9,31 → Mk 1,28 → Lk 4,14 → Lk 4,37	καὶ ἐξῆλθεν ἡ φήμη αὕτη **εἰς ὅλην τὴν γῆν** **ἐκείνην.**					
200	**Mt 9,31** ↑ Mt 9,26 → Mk 1,45	οἱ δὲ ἐξελθόντες διεφήμισαν αὐτὸν **ἐν ὅλῃ τῇ γῇ ἐκείνῃ.**					
212	**Mt 10,14**	καὶ ὃς ἂν μὴ δέξηται ὑμᾶς μηδὲ ἀκούσῃ τοὺς λόγους ὑμῶν, ἐξερχόμενοι **ἔξω τῆς οἰκίας ἢ τῆς** **πόλεως ἐκείνης** ἐκτινάξατε τὸν κονιορτὸν τῶν ποδῶν ὑμῶν.	**Mk 6,11**	καὶ ὃς ἂν τόπος μὴ δέξηται ὑμᾶς μηδὲ ἀκούσωσιν ὑμῶν, ἐκπορευόμενοι **ἐκεῖθεν** ἐκτινάξατε τὸν χοῦν τὸν ὑποκάτω τῶν ποδῶν ὑμῶν εἰς μαρτύριον αὐτοῖς.	**Lk 9,5** ⇩ Lk 10,10-11 **Lk 10,10** ⇩ **Lk 9,5**	καὶ ὅσοι ἂν μὴ δέχωνται ὑμᾶς, ἐξερχόμενοι **ἀπὸ** **τῆς πόλεως ἐκείνης** τὸν κονιορτὸν ἀπὸ τῶν ποδῶν ὑμῶν ἀποτινάσσετε εἰς μαρτύριον ἐπ' αὐτούς. εἰς ἣν δ' ἂν πόλιν εἰσέλθητε καὶ μὴ δέχωνται ὑμᾶς, ἐξελθόντες **εἰς τὰς πλατείας αὐτῆς** εἴπατε· [11] καὶ τὸν κονιορτὸν τὸν κολληθέντα ἡμῖν ἐκ τῆς πόλεως ὑμῶν εἰς τοὺς πόδας ἀπομασσόμεθα ὑμῖν· ...	→ Acts 13,51 → Acts 18,6 Mk-Q overlap

202	Mt 10,15 ⇩ Mt 11,24	... ἀνεκτότερον ἔσται γῇ Σοδόμων καὶ Γομόρρων ἐν ἡμέρᾳ κρίσεως ἢ τῇ πόλει ἐκείνῃ.			Lk 10,12 (2)	... Σοδόμοις ἐν τῇ ἡμέρᾳ ἐκείνῃ ἀνεκτότερον ἔσται ἢ τῇ πόλει ἐκείνῃ.	
b 201	Mt 10,19	... δοθήσεται γὰρ ὑμῖν ἐν ἐκείνῃ τῇ ὥρᾳ τί λαλήσητε·	Mk 13,11	... ἀλλ' ὃ ἐὰν δοθῇ ὑμῖν ἐν ἐκείνῃ τῇ ὥρᾳ τοῦτο λαλεῖτε· ...	Lk 12,12 ⇩ Lk 21,15	τὸ γὰρ ἅγιον πνεῦμα διδάξει ὑμᾶς ἐν αὐτῇ τῇ ὥρᾳ ἃ δεῖ εἰπεῖν.	→ Jn 14,26 Mk-Q overlap
					Lk 21,15 ⇧ Lk 12,12	ἐγὼ γὰρ δώσω ὑμῖν στόμα καὶ σοφίαν ...	→ Acts 6,10 Mk-Q overlap
b 002					Lk 7,21	ἐν ἐκείνῃ τῇ ὥρᾳ ἐθεράπευσεν πολλοὺς ἀπὸ νόσων καὶ μαστίγων ...	
b 201	Mt 11,25	ἐν ἐκείνῳ τῷ καιρῷ ἀποκριθεὶς ὁ Ἰησοῦς εἶπεν· ἐξομολογοῦμαί σοι, πάτερ, ...			Lk 10,21	ἐν αὐτῇ τῇ ὥρᾳ ἠγαλλιάσατο [ἐν] τῷ πνεύματι τῷ ἁγίῳ καὶ εἶπεν· ἐξομολογοῦμαί σοι, πάτερ, ...	
b 211	Mt 12,1	ἐν ἐκείνῳ τῷ καιρῷ ἐπορεύθη ὁ Ἰησοῦς τοῖς σάββασιν διὰ τῶν σπορίμων· ...	Mk 2,23	καὶ ἐγένετο αὐτὸν ἐν τοῖς σάββασιν παραπορεύεσθαι διὰ τῶν σπορίμων, ...	Lk 6,1	ἐγένετο δὲ ἐν σαββάτῳ διαπορεύεσθαι αὐτὸν διὰ σπορίμων, ...	
020	Mt 12,25	... πᾶσα βασιλεία μερισθεῖσα καθ' ἑαυτῆς ἐρημοῦται	Mk 3,24	καὶ ἐὰν βασιλεία ἐφ' ἑαυτὴν μερισθῇ, οὐ δύναται σταθῆναι ἡ βασιλεία ἐκείνη·	Lk 11,17	... πᾶσα βασιλεία ἐφ' ἑαυτὴν διαμερισθεῖσα ἐρημοῦται	Mk-Q overlap
020		καὶ πᾶσα πόλις ἢ οἰκία μερισθεῖσα καθ' ἑαυτῆς οὐ σταθήσεται.	Mk 3,25	καὶ ἐὰν οἰκία ἐφ' ἑαυτὴν μερισθῇ, οὐ δυνήσεται ἡ οἰκία ἐκείνη σταθῆναι.		καὶ οἶκος ἐπὶ οἶκον πίπτει.	Mk-Q overlap
202	Mt 12,45	... καὶ γίνεται τὰ ἔσχατα τοῦ ἀνθρώπου ἐκείνου χείρονα τῶν πρώτων. ...			Lk 11,26	... καὶ γίνεται τὰ ἔσχατα τοῦ ἀνθρώπου ἐκείνου χείρονα τῶν πρώτων.	
b 210	Mt 13,1 → Lk 5,1	ἐν τῇ ἡμέρᾳ ἐκείνῃ ἐξελθὼν ὁ Ἰησοῦς τῆς οἰκίας ἐκάθητο παρὰ τὴν θάλασσαν·	Mk 4,1 → Mk 2,13 → Mk 3,9 → Lk 5,1	καὶ πάλιν ἤρξατο διδάσκειν παρὰ τὴν θάλασσαν· ...			
221	Mt 13,11	... ὅτι ὑμῖν δέδοται γνῶναι τὰ μυστήρια τῆς βασιλείας τῶν οὐρανῶν, ἐκείνοις δὲ οὐ δέδοται. [12] ... [13] διὰ τοῦτο ἐν παραβολαῖς αὐτοῖς λαλῶ, ...	Mk 4,11	... ὑμῖν τὸ μυστήριον δέδοται τῆς βασιλείας τοῦ θεοῦ· ἐκείνοις δὲ τοῖς ἔξω ἐν παραβολαῖς τὰ πάντα γίνεται	Lk 8,10	... ὑμῖν δέδοται γνῶναι τὰ μυστήρια τῆς βασιλείας τοῦ θεοῦ, τοῖς δὲ λοιποῖς ἐν παραβολαῖς, ...	→ GTh 62,1
121	Mt 13,23	ὁ δὲ ἐπὶ τὴν καλὴν γῆν σπαρείς, οὗτός ἐστιν ὁ τὸν λόγον ἀκούων καὶ συνιείς, ...	Mk 4,20	καὶ ἐκεῖνοί εἰσιν οἱ ἐπὶ τὴν γῆν τὴν καλὴν σπαρέντες, οἵτινες ἀκούουσιν τὸν λόγον καὶ παραδέχονται ...	Lk 8,15	τὸ δὲ ἐν τῇ καλῇ γῇ, οὗτοί εἰσιν οἵτινες ἐν καρδίᾳ καλῇ καὶ ἀγαθῇ ἀκούσαντες τὸν λόγον κατέχουσιν ...	
200	Mt 13,44	... πωλεῖ πάντα ὅσα ἔχει καὶ ἀγοράζει τὸν ἀγρὸν ἐκεῖνον.					→ GTh 109

b 121	**Mt 8,18**	ἰδὼν δὲ ὁ Ἰησοῦς ὄχλον περὶ αὐτὸν ἐκέλευσεν ἀπελθεῖν εἰς τὸ πέραν.	**Mk 4,35**	καὶ λέγει αὐτοῖς **ἐν ἐκείνῃ τῇ ἡμέρᾳ** ὀψίας γενομένης· διέλθωμεν εἰς τὸ πέραν.	**Lk 8,22** → Mt 8,23 → Mk 4,36	ἐγένετο δὲ **ἐν μιᾷ τῶν ἡμερῶν** καὶ αὐτὸς ἐνέβη εἰς πλοῖον καὶ οἱ μαθηταὶ αὐτοῦ καὶ εἶπεν πρὸς αὐτούς· διέλθωμεν εἰς τὸ πέραν τῆς λίμνης, καὶ ἀνήχθησαν.	
112	**Mt 8,31**	οἱ δὲ δαίμονες παρεκάλουν αὐτὸν λέγοντες· εἰ ἐκβάλλεις ἡμᾶς, ἀπόστειλον ἡμᾶς **εἰς τὴν ἀγέλην τῶν χοίρων.**	**Mk 5,12**	καὶ παρεκάλεσαν αὐτὸν λέγοντες· πέμψον ἡμᾶς **εἰς τοὺς χοίρους,** ἵνα εἰς αὐτοὺς εἰσέλθωμεν.	**Lk 8,32**	... καὶ παρεκάλεσαν αὐτὸν ἵνα ἐπιτρέψῃ αὐτοῖς **εἰς ἐκείνους** εἰσελθεῖν· ...	
212	**Mt 10,14**	καὶ ὃς ἂν μὴ δέξηται ὑμᾶς μηδὲ ἀκούσῃ τοὺς λόγους ὑμῶν, ἐξερχόμενοι **ἔξω τῆς οἰκίας ἢ τῆς πόλεως ἐκείνης** ἐκτινάξατε τὸν κονιορτὸν τῶν ποδῶν ὑμῶν.	**Mk 6,11**	καὶ ὃς ἂν τόπος μὴ δέξηται ὑμᾶς μηδὲ ἀκούσωσιν ὑμῶν, ἐκπορευόμενοι **ἐκεῖθεν** ἐκτινάξατε τὸν χοῦν τὸν ὑποκάτω τῶν ποδῶν ὑμῶν εἰς μαρτύριον αὐτοῖς.	**Lk 9,5** ⇧ Lk 10,10-11	καὶ ὅσοι ἂν μὴ δέχωνται ὑμᾶς, ἐξερχόμενοι **ἀπὸ τῆς πόλεως ἐκείνης** τὸν κονιορτὸν ἀπὸ τῶν ποδῶν ὑμῶν ἀποτινάσσετε εἰς μαρτύριον ἐπ' αὐτούς.	→ Acts 13,51 → Acts 18,6 Mk-Q overlap
b 211	**Mt 14,1**	**ἐν ἐκείνῳ τῷ καιρῷ** ἤκουσεν Ἡρῴδης ὁ τετραάρχης τὴν ἀκοὴν Ἰησοῦ	**Mk 6,14**	καὶ ἤκουσεν ὁ βασιλεὺς Ἡρῴδης, φανερὸν γὰρ ἐγένετο τὸ ὄνομα αὐτοῦ, ...	**Lk 9,7**	ἤκουσεν δὲ Ἡρῴδης ὁ τετραάρχης τὰ γινόμενα πάντα ...	
210	**Mt 14,35** **(2)**	καὶ ἐπιγνόντες αὐτὸν **οἱ ἄνδρες τοῦ τόπου ἐκείνου**	**Mk 6,54**	... εὐθὺς ἐπιγνόντες αὐτὸν			
220		ἀπέστειλαν **εἰς ὅλην τὴν περίχωρον ἐκείνην** καὶ προσήνεγκαν αὐτῷ πάντας τοὺς κακῶς ἔχοντας	**Mk 6,55**	περιέδραμον **ὅλην τὴν χώραν ἐκείνην** καὶ ἤρξαντο ἐπὶ τοῖς κραβάττοις τοὺς κακῶς ἔχοντας περιφέρειν ὅπου ἤκουον ὅτι ἐστίν.			
a 220	**Mt 15,18**	τὰ δὲ ἐκπορευόμενα ἐκ τοῦ στόματος ἐκ τῆς καρδίας ἐξέρχεται, **κἀκεῖνα** κοινοῖ τὸν ἄνθρωπον.	**Mk 7,20**	... τὸ ἐκ τοῦ ἀνθρώπου ἐκπορευόμενον, **ἐκεῖνο** κοινοῖ τὸν ἄνθρωπον.			→ GTh 14,5
210	**Mt 15,22** → Mk 7,24 → Mk 7,26	καὶ ἰδοὺ γυνὴ Χαναναία **ἀπὸ τῶν ὁρίων ἐκείνων** ἐξελθοῦσα ἔκραζεν λέγουσα· ἐλέησόν με, κύριε υἱὸς Δαυίδ· ἡ θυγάτηρ μου κακῶς δαιμονίζεται.	**Mk 7,25**	ἀλλ' εὐθὺς ἀκούσασα γυνὴ περὶ αὐτοῦ, ἧς εἶχεν τὸ θυγάτριον αὐτῆς πνεῦμα ἀκάθαρτον, ...			

b 210	**Mt 15,28**	... ὦ γύναι, μεγάλη σου ἡ πίστις· γενηθήτω σοι ὡς θέλεις. καὶ ἰάθη ἡ θυγάτηρ αὐτῆς **ἀπὸ τῆς ὥρας ἐκείνης.**	**Mk 7,30** ↑ Lk 7,10	[29] ... διὰ τοῦτον τὸν λόγον ὕπαγε, ἐξελήλυθεν ἐκ τῆς θυγατρός σου τὸ δαιμόνιον. [30] καὶ ἀπελθοῦσα εἰς τὸν οἶκον αὐτῆς εὗρεν τὸ παιδίον βεβλημένον ἐπὶ τὴν κλίνην καὶ τὸ δαιμόνιον ἐξεληλυθός.			
b 120	**Mt 15,32**	ὁ δὲ Ἰησοῦς προσκαλεσάμενος τοὺς μαθητὰς αὐτοῦ ...	**Mk 8,1**	**ἐν ἐκείναις ταῖς ἡμέραις** πάλιν πολλοῦ ὄχλου ὄντος καὶ μὴ ἐχόντων τί φάγωσιν, προσκαλεσάμενος τοὺς μαθητὰς λέγει αὐτοῖς·			
b 112	**Mt 17,9**	... μηδενὶ εἴπητε τὸ ὅραμα ἕως οὗ ὁ υἱὸς τοῦ ἀνθρώπου ἐκ νεκρῶν ἐγερθῇ.	**Mk 9,9**	... διεστείλατο αὐτοῖς ἵνα μηδενὶ ἃ εἶδον διηγήσωνται, εἰ μὴ ὅταν ὁ υἱὸς τοῦ ἀνθρώπου ἐκ νεκρῶν ἀναστῇ.	**Lk 9,36**	... καὶ αὐτοὶ ἐσίγησαν καὶ οὐδενὶ ἀπήγγειλαν **ἐν ἐκείναις ταῖς ἡμέραις** οὐδὲν ὧν ἑώρακαν.	
b 211	**Mt 17,18**	... καὶ ἐθεραπεύθη ὁ παῖς **ἀπὸ τῆς ὥρας ἐκείνης.**	**Mk 9,27**	ὁ δὲ Ἰησοῦς κρατήσας τῆς χειρὸς αὐτοῦ ἤγειρεν αὐτόν, καὶ ἀνέστη.	**Lk 9,42** → Lk 7,15	... καὶ ἰάσατο τὸν παῖδα καὶ ἀπέδωκεν αὐτὸν τῷ πατρὶ αὐτοῦ.	
200	**Mt 17,27**	... καὶ ἀνοίξας τὸ στόμα αὐτοῦ εὑρήσεις στατῆρα· **ἐκεῖνον** λαβὼν δὸς αὐτοῖς ἀντὶ ἐμοῦ καὶ σοῦ.					
b 211	**Mt 18,1**	**ἐν ἐκείνῃ τῇ ὥρᾳ** προσῆλθον οἱ μαθηταὶ τῷ Ἰησοῦ λέγοντες· τίς ἄρα μείζων ἐστὶν ἐν τῇ βασιλείᾳ τῶν οὐρανῶν;	**Mk 9,33**	**... καὶ ἐν τῇ οἰκίᾳ γενόμενος** ἐπηρώτα αὐτούς· τί ἐν τῇ ὁδῷ διελογίζεσθε; [34] οἱ δὲ ἐσιώπων· πρὸς ἀλλήλους γὰρ διελέχθησαν ἐν τῇ ὁδῷ τίς μείζων.	**Lk 9,46**	εἰσῆλθεν δὲ διαλογισμὸς ἐν αὐτοῖς, τὸ τίς ἂν εἴη μείζων αὐτῶν.	
200	**Mt 18,27**	σπλαγχνισθεὶς δὲ **ὁ κύριος τοῦ δούλου ἐκείνου** ἀπέλυσεν αὐτὸν καὶ τὸ δάνειον ἀφῆκεν αὐτῷ.					
200	**Mt 18,28**	ἐξελθὼν δὲ **ὁ δοῦλος ἐκεῖνος** εὗρεν ἕνα τῶν συνδούλων αὐτοῦ, ...					
200	**Mt 18,32**	... δοῦλε πονηρέ, **πᾶσαν τὴν ὀφειλὴν ἐκείνην** ἀφῆκά σοι, ἐπεὶ παρεκάλεσάς με·					

b 102 202	**Mt 10,15** ⇩ Mt 11,24	... ἀνεκτότερον ἔσται γῇ Σοδόμων καὶ Γομόρρων **ἐν ἡμέρᾳ κρίσεως** ἢ **τῇ πόλει ἐκείνῃ.**	**Lk 10,12 (2)**	... Σοδόμοις **ἐν τῇ ἡμέρᾳ ἐκείνῃ** ἀνεκτότερον ἔσται ἢ **τῇ πόλει ἐκείνῃ.**	
	Mt 11,24 ⇧ **Mt 10,15**	... γῇ Σοδόμων ἀνεκτότερον ἔσται **ἐν ἡμέρᾳ κρίσεως** ἢ **σοί.**			
002			**Lk 10,31**	κατὰ συγκυρίαν δὲ ἱερεύς τις κατέβαινεν **ἐν τῇ ὁδῷ ἐκείνῃ** καὶ ἰδὼν αὐτὸν ἀντιπαρῆλθεν·	
a 002			**Lk 11,7**	[5] ... εἴπῃ αὐτῷ· φίλε, χρῆσόν μοι τρεῖς ἄρτους, [6] ... [7] **κἀκεῖνος** ἔσωθεν ἀποκριθεὶς εἴπῃ· μή μοι κόπους πάρεχε· ...	
202	**Mt 12,45**	... καὶ γίνεται **τὰ ἔσχατα τοῦ ἀνθρώπου ἐκείνου** χείρονα τῶν πρώτων. ...	**Lk 11,26**	... καὶ γίνεται **τὰ ἔσχατα τοῦ ἀνθρώπου ἐκείνου** χείρονα τῶν πρώτων.	
a 202	**Mt 23,23**	... ταῦτα [δὲ] ἔδει ποιῆσαι **κἀκεῖνα** μὴ ἀφιέναι.	**Lk 11,42**	... ταῦτα δὲ ἔδει ποιῆσαι **κἀκεῖνα** μὴ παρεῖναι.	
002			**Lk 12,37**	μακάριοι **οἱ δοῦλοι ἐκεῖνοι,** οὓς ἐλθὼν ὁ κύριος εὑρήσει γρηγοροῦντας· ...	
002			**Lk 12,38** → Mt 24,42 → Mk 13,35 → Mt 24,44 → Lk 12,40	κἂν ἐν τῇ δευτέρᾳ κἂν ἐν τῇ τρίτῃ φυλακῇ ἔλθῃ καὶ εὕρῃ οὕτως, μακάριοί εἰσιν **ἐκεῖνοι.**	
202	**Mt 24,46**	μακάριος **ὁ δοῦλος ἐκεῖνος** ὃν ἐλθὼν ὁ κύριος αὐτοῦ εὑρήσει οὕτως ποιοῦντα·	**Lk 12,43**	μακάριος **ὁ δοῦλος ἐκεῖνος,** ὃν ἐλθὼν ὁ κύριος αὐτοῦ εὑρήσει ποιοῦντα οὕτως·	
202	**Mt 24,48**	ἐὰν δὲ εἴπῃ **ὁ κακὸς δοῦλος ἐκεῖνος** ἐν τῇ καρδίᾳ αὐτοῦ· χρονίζει μου ὁ κύριος	**Lk 12,45**	ἐὰν δὲ εἴπῃ **ὁ δοῦλος ἐκεῖνος** ἐν τῇ καρδίᾳ αὐτοῦ· χρονίζει ὁ κύριός μου ἔρχεσθαι, ...	
202	**Mt 24,50** → Mt 24,42 → Mt 24,44 → Mt 25,13	ἥξει **ὁ κύριος τοῦ δούλου ἐκείνου** ἐν ἡμέρᾳ ᾗ οὐ προσδοκᾷ καὶ ἐν ὥρᾳ ᾗ οὐ γινώσκει	**Lk 12,46**	ἥξει **ὁ κύριος τοῦ δούλου ἐκείνου** ἐν ἡμέρᾳ ᾗ οὐ προσδοκᾷ καὶ ἐν ὥρᾳ ᾗ οὐ γινώσκει, ...	
002			**Lk 12,47**	**ἐκεῖνος δὲ ὁ δοῦλος** ὁ γνοὺς τὸ θέλημα τοῦ κυρίου αὐτοῦ καὶ μὴ ἑτοιμάσας ἢ ποιήσας πρὸς τὸ θέλημα αὐτοῦ δαρήσεται πολλάς·	

002					Lk 13,4	ἢ **ἐκεῖνοι οἱ δεκαοκτὼ** ἐφ' οὓς ἔπεσεν ὁ πύργος ἐν τῷ Σιλωὰμ καὶ ἀπέκτεινεν αὐτούς, ...	
102	Mt 22,8	... ὁ μὲν γάμος ἕτοιμός ἐστιν, οἱ δὲ κεκλημένοι οὐκ ἦσαν ἄξιοι·			Lk 14,24	λέγω γὰρ ὑμῖν ὅτι **οὐδεὶς τῶν ἀνδρῶν ἐκείνων τῶν κεκλημένων** γεύσεταί μου τοῦ δείπνου.	→ GTh 64
002					Lk 15,14	δαπανήσαντος δὲ αὐτοῦ πάντα ἐγένετο λιμὸς ἰσχυρὰ **κατὰ τὴν χώραν ἐκείνην,** καὶ αὐτὸς ἤρξατο ὑστερεῖσθαι.	
002					Lk 15,15	καὶ πορευθεὶς ἐκολλήθη **ἑνὶ τῶν πολιτῶν τῆς χώρας ἐκείνης,** καὶ ἔπεμψεν αὐτὸν εἰς τοὺς ἀγροὺς αὐτοῦ βόσκειν χοίρους	
b 112	Mt 24,17	ὁ ἐπὶ τοῦ δώματος μὴ καταβάτω ἆραι τὰ ἐκ τῆς οἰκίας αὐτοῦ	Mk 13,15	ὁ [δὲ] ἐπὶ τοῦ δώματος μὴ καταβάτω μηδὲ εἰσελθάτω ἆραί τι ἐκ τῆς οἰκίας αὐτοῦ	Lk 17,31	**ἐν ἐκείνῃ τῇ ἡμέρᾳ** ὃς ἔσται ἐπὶ τοῦ δώματος καὶ τὰ σκεύη αὐτοῦ ἐν τῇ οἰκίᾳ, μὴ καταβάτω ἆραι αὐτά, ...	
002					Lk 18,3	χήρα δὲ ἦν **ἐν τῇ πόλει ἐκείνῃ** καὶ ἤρχετο πρὸς αὐτὸν λέγουσα· ἐκδίκησόν με ἀπὸ τοῦ ἀντιδίκου μου.	
002					Lk 18,14	... κατέβη οὗτος δεδικαιωμένος εἰς τὸν οἶκον αὐτοῦ **παρ' ἐκεῖνον· ...**	
200	Mt 20,4	καὶ **ἐκείνοις** εἶπεν· ὑπάγετε καὶ ὑμεῖς εἰς τὸν ἀμπελῶνα, ...					
002					Lk 19,4	καὶ προδραμὼν εἰς τὸ ἔμπροσθεν ἀνέβη ἐπὶ συκομορέαν ἵνα ἴδῃ αὐτὸν ὅτι **ἐκείνης** ἤμελλεν διέρχεσθαι.	
a 122	Mt 21,36 ↓ Mk 12,5 ↓ Lk 20,12	[35] καὶ λαβόντες οἱ γεωργοὶ τοὺς δούλους αὐτοῦ ὃν μὲν ἔδειραν, ὃν δὲ ἀπέκτειναν, ὃν δὲ ἐλιθοβόλησαν. [36] πάλιν ἀπέστειλεν ἄλλους δούλους πλείονας τῶν πρώτων, καὶ ἐποίησαν **αὐτοῖς** ὡσαύτως.	Mk 12,4	[3] καὶ λαβόντες αὐτὸν ἔδειραν καὶ ἀπέστειλαν κενόν. [4] καὶ πάλιν ἀπέστειλεν πρὸς αὐτοὺς ἄλλον δοῦλον· **κἀκεῖνον** ἐκεφαλίωσαν καὶ ἠτίμασαν.	Lk 20,11	[10] ... οἱ δὲ γεωργοὶ ἐξαπέστειλαν αὐτὸν δείραντες κενόν. [11] καὶ προσέθετο ἕτερον πέμψαι δοῦλον· οἱ δὲ **κἀκεῖνον** δείραντες καὶ ἀτιμάσαντες ...	→ GTh 65

a 121	Mt 21,35 → Mt 22,6	... ὃν δὲ ἀπέκτειναν, ὃν δὲ ἐλιθοβόλησαν.	Mk 12,5	καὶ ἄλλον ἀπέστειλεν· κἀκεῖνον ἀπέκτειναν, καὶ πολλοὺς ἄλλους, οὓς μὲν δέροντες, οὓς δὲ ἀποκτέννοντες.	Lk 20,12	καὶ προσέθετο τρίτον πέμψαι· οἱ δὲ καὶ τοῦτον τραυματίσαντες ἐξέβαλον.	→ GTh 65
121	Mt 21,38	οἱ δὲ γεωργοὶ ἰδόντες τὸν υἱὸν εἶπον ἐν ἑαυτοῖς· οὗτός ἐστιν ὁ κληρονόμος· ...	Mk 12,7	ἐκεῖνοι δὲ οἱ γεωργοὶ πρὸς ἑαυτοὺς εἶπαν ὅτι οὗτός ἐστιν ὁ κληρονόμος· ...	Lk 20,14	ἰδόντες δὲ αὐτὸν οἱ γεωργοὶ διελογίζοντο πρὸς ἀλλήλους λέγοντες· οὗτός ἐστιν ὁ κληρονόμος· ...	→ GTh 65
211	Mt 21,40	ὅταν οὖν ἔλθῃ ὁ κύριος τοῦ ἀμπελῶνος, τί ποιήσει τοῖς γεωργοῖς ἐκείνοις;	Mk 12,9	τί [οὖν] ποιήσει ὁ κύριος τοῦ ἀμπελῶνος; ...	Lk 20,15	... τί οὖν ποιήσει αὐτοῖς ὁ κύριος τοῦ ἀμπελῶνος;	→ GTh 65
002	Mt 21,44	[καὶ ὁ πεσὼν ἐπὶ τὸν λίθον τοῦτον συνθλασθήσεται· ...]			Lk 20,18	πᾶς ὁ πεσὼν ἐπ' ἐκεῖνον τὸν λίθον συνθλασθήσεται· ...	Mt 21,44 is textcritically uncertain.
201	Mt 22,7	ὁ δὲ βασιλεὺς ὠργίσθη καὶ πέμψας τὰ στρατεύματα αὐτοῦ ἀπώλεσεν τοὺς φονεῖς ἐκείνους καὶ τὴν πόλιν αὐτῶν ἐνέπρησεν. [8] τότε λέγει τοῖς δούλοις αὐτοῦ· ...			Lk 14,21	... τότε ὀργισθεὶς ὁ οἰκοδεσπότης εἶπεν τῷ δούλῳ αὐτοῦ· ...	→ GTh 64
200	Mt 22,10 → Lk 14,23	καὶ ἐξελθόντες οἱ δοῦλοι ἐκεῖνοι εἰς τὰς ὁδοὺς συνήγαγον πάντας οὓς εὗρον, ...					→ GTh 64
b 211	Mt 22,23	ἐν ἐκείνῃ τῇ ἡμέρᾳ προσῆλθον αὐτῷ Σαδδουκαῖοι, λέγοντες μὴ εἶναι ἀνάστασιν, ...	Mk 12,18	καὶ ἔρχονται Σαδδουκαῖοι πρὸς αὐτόν, οἵτινες λέγουσιν ἀνάστασιν μὴ εἶναι, ...	Lk 20,27	προσελθόντες δέ τινες τῶν Σαδδουκαίων, οἱ [ἀντι]λέγοντες ἀνάστασιν μὴ εἶναι, ...	
b 112	Mt 22,30	ἐν γὰρ τῇ ἀναστάσει οὔτε γαμοῦσιν οὔτε γαμίζονται, ...	Mk 12,25	ὅταν γὰρ ἐκ νεκρῶν ἀναστῶσιν οὔτε γαμοῦσιν οὔτε γαμίζονται, ...	Lk 20,35	οἱ δὲ καταξιωθέντες τοῦ αἰῶνος ἐκείνου τυχεῖν καὶ τῆς ἀναστάσεως τῆς ἐκ νεκρῶν οὔτε γαμοῦσιν οὔτε γαμίζονται·	
b 211	Mt 22,46	καὶ οὐδεὶς ἐδύνατο ἀποκριθῆναι αὐτῷ λόγον οὐδὲ ἐτόλμησέν τις ἀπ' ἐκείνης τῆς ἡμέρας ἐπερωτῆσαι αὐτὸν οὐκέτι.	Mk 12,34	... καὶ οὐδεὶς οὐκέτι ἐτόλμα αὐτὸν ἐπερωτῆσαι.	Lk 20,40	οὐκέτι γὰρ ἐτόλμων ἐπερωτᾶν αὐτὸν οὐδέν.	
a 202	Mt 23,23	... ταῦτα [δὲ] ἔδει ποιῆσαι κἀκεῖνα μὴ ἀφιέναι.			Lk 11,42	... ταῦτα δὲ ἔδει ποιῆσαι κἀκεῖνα μὴ παρεῖναι.	
b 121	Mt 10,19	... δοθήσεται γὰρ ὑμῖν ἐν ἐκείνῃ τῇ ὥρᾳ τί λαλήσητε·	Mk 13,11	... ἀλλ' ὃ ἐὰν δοθῇ ὑμῖν ἐν ἐκείνῃ τῇ ὥρᾳ τοῦτο λαλεῖτε· ...	Lk 21,15 ⇧ Lk 12,12	ἐγὼ γὰρ δώσω ὑμῖν στόμα καὶ σοφίαν ...	→ Acts 6,10 Mk-Q overlap. Mt 10,19 counted as Q tradition.

b 222	Mt 24,19	οὐαὶ δὲ ταῖς ἐν γαστρὶ ἐχούσαις καὶ ταῖς θηλαζούσαις **ἐν ἐκείναις ταῖς ἡμέραις.**	Mk 13,17	οὐαὶ δὲ ταῖς ἐν γαστρὶ ἐχούσαις καὶ ταῖς θηλαζούσαις **ἐν ἐκείναις ταῖς ἡμέραις.**	Lk 21,23 → Lk 23,29	οὐαὶ ταῖς ἐν γαστρὶ ἐχούσαις καὶ ταῖς θηλαζούσαις **ἐν ἐκείναις ταῖς ἡμέραις·**	
b 121	Mt 24,21	ἔσται γὰρ **τότε** θλῖψις μεγάλη οἵα οὐ γέγονεν ἀπ' ἀρχῆς κόσμου ἕως τοῦ νῦν οὐδ' οὐ μὴ γένηται.	Mk 13,19	ἔσονται γὰρ **αἱ ἡμέραι ἐκεῖναι** θλῖψις οἵα οὐ γέγονεν τοιαύτη ἀπ' ἀρχῆς κτίσεως ἣν ἔκτισεν ὁ θεὸς ἕως τοῦ νῦν καὶ οὐ μὴ γένηται.		ἔσται γὰρ ἀνάγκη μεγάλη ἐπὶ τῆς γῆς καὶ ὀργὴ τῷ λαῷ τούτῳ	
b 210 b 210	Mt 24,22 (2)	καὶ εἰ μὴ ἐκολοβώθησαν **αἱ ἡμέραι ἐκεῖναι,** οὐκ ἂν ἐσώθη πᾶσα σάρξ· διὰ δὲ τοὺς ἐκλεκτοὺς κολοβωθήσονται **αἱ ἡμέραι ἐκεῖναι.**	Mk 13,20	καὶ εἰ μὴ ἐκολόβωσεν κύριος **τὰς ἡμέρας,** οὐκ ἂν ἐσώθη πᾶσα σάρξ· ἀλλὰ διὰ τοὺς ἐκλεκτοὺς οὓς ἐξελέξατο ἐκολόβωσεν **τὰς ἡμέρας.**			
b 221 121	Mt 24,29	εὐθέως δὲ **μετὰ τὴν θλῖψιν τῶν ἡμερῶν ἐκείνων** *ὁ ἥλιος σκοτισθήσεται, καὶ ἡ σελήνη οὐ δώσει τὸ φέγγος αὐτῆς, ...* ➢ Isa 13,10	Mk 13,24 (2)	ἀλλὰ **ἐν ἐκείναις ταῖς ἡμέραις** **μετὰ τὴν θλῖψιν ἐκείνην** *ὁ ἥλιος σκοτισθήσεται, καὶ ἡ σελήνη οὐ δώσει τὸ φέγγος αὐτῆς* ➢ Isa 13,10	Lk 21,25 → Lk 21,11	καὶ ἔσονται σημεῖα ἐν ἡλίῳ καὶ σελήνῃ ...	→ Acts 2,19
b 220	Mt 24,36	**περὶ δὲ τῆς ἡμέρας ἐκείνης καὶ ὥρας** οὐδεὶς οἶδεν, ...	Mk 13,32	**περὶ δὲ τῆς ἡμέρας ἐκείνης ἢ τῆς ὥρας** οὐδεὶς οἶδεν, ...			
b 002					Lk 21,34 → Mk 13,33 → Mk 13,36	προσέχετε δὲ ἑαυτοῖς μήποτε βαρηθῶσιν ὑμῶν αἱ καρδίαι ἐν κραιπάλῃ καὶ μέθῃ καὶ μερίμναις βιωτικαῖς καὶ ἐπιστῇ ἐφ' ὑμᾶς αἰφνίδιος **ἡ ἡμέρα ἐκείνη**	
b 201	Mt 24,38	ὡς γὰρ ἦσαν **ἐν ταῖς ἡμέραις [ἐκείναις]** ταῖς πρὸ τοῦ κατακλυσμοῦ τρώγοντες καὶ πίνοντες, γαμοῦντες καὶ γαμίζοντες, ἄχρι ἧς ἡμέρας εἰσῆλθεν Νῶε εἰς τὴν κιβωτόν			Lk 17,27	ἤσθιον, ἔπινον, ἐγάμουν, ἐγαμίζοντο, ἄχρι ἧς ἡμέρας εἰσῆλθεν Νῶε εἰς τὴν κιβωτόν, ...	
201	Mt 24,43	**ἐκεῖνο** δὲ γινώσκετε ὅτι εἰ ᾔδει ὁ οἰκοδεσπότης ποίᾳ φυλακῇ ὁ κλέπτης ἔρχεται, ἐγρηγόρησεν ἂν καὶ οὐκ ἂν εἴασεν διορυχθῆναι τὴν οἰκίαν αὐτοῦ.			Lk 12,39	**τοῦτο** δὲ γινώσκετε ὅτι εἰ ᾔδει ὁ οἰκοδεσπότης ποίᾳ ὥρᾳ ὁ κλέπτης ἔρχεται, οὐκ ἂν ἀφῆκεν διορυχθῆναι τὸν οἶκον αὐτοῦ.	→ GTh 21,5 → GTh 103
202	Mt 24,46	μακάριος **ὁ δοῦλος ἐκεῖνος** ὃν ἐλθὼν ὁ κύριος αὐτοῦ εὑρήσει οὕτως ποιοῦντα·			Lk 12,43	μακάριος **ὁ δοῦλος ἐκεῖνος,** ὃν ἐλθὼν ὁ κύριος αὐτοῦ εὑρήσει ποιοῦντα οὕτως·	

	Mt		Mk		Lk		
202	Mt 24,48	ἐὰν δὲ εἴπῃ ὁ κακὸς δοῦλος ἐκεῖνος ἐν τῇ καρδίᾳ αὐτοῦ· χρονίζει μου ὁ κύριος			Lk 12,45	ἐὰν δὲ εἴπῃ ὁ δοῦλος ἐκεῖνος ἐν τῇ καρδίᾳ αὐτοῦ· χρονίζει ὁ κύριός μου ἔρχεσθαι, ...	
202	Mt 24,50 → Mt 24,42 → Mt 24,44 → Mt 25,13	ἥξει ὁ κύριος τοῦ δούλου ἐκείνου ἐν ἡμέρᾳ ᾗ οὐ προσδοκᾷ καὶ ἐν ὥρᾳ ᾗ οὐ γινώσκει			Lk 12,46	ἥξει ὁ κύριος τοῦ δούλου ἐκείνου ἐν ἡμέρᾳ ᾗ οὐ προσδοκᾷ καὶ ἐν ὥρᾳ ᾗ οὐ γινώσκει, ...	
200	Mt 25,7	τότε ἠγέρθησαν πᾶσαι αἱ παρθένοι ἐκεῖναι καὶ ἐκόσμησαν τὰς λαμπάδας ἑαυτῶν.					
201	Mt 25,19	μετὰ δὲ πολὺν χρόνον ἔρχεται ὁ κύριος τῶν δούλων ἐκείνων καὶ συναίρει λόγον μετ᾽ αὐτῶν.			Lk 19,15	καὶ ἐγένετο ἐν τῷ ἐπανελθεῖν αὐτὸν λαβόντα τὴν βασιλείαν καὶ εἶπεν φωνηθῆναι αὐτῷ τοὺς δούλους τούτους οἷς δεδώκει τὸ ἀργύριον, ἵνα γνοῖ τί διεπραγματεύσαντο.	
a 012			Mk 14,15	[14] ... εἴπατε τῷ οἰκοδεσπότῃ ... [15] καὶ αὐτὸς ὑμῖν δείξει ἀνάγαιον μέγα ἐστρωμένον ἕτοιμον· ...	Lk 22,12	[11] ... ἐρεῖτε τῷ οἰκοδεσπότῃ τῆς οἰκίας· ... [12] κἀκεῖνος ὑμῖν δείξει ἀνάγαιον μέγα ἐστρωμένον· ...	
222 221	Mt 26,24 (2)	ὁ μὲν υἱὸς τοῦ ἀνθρώπου ὑπάγει καθὼς γέγραπται περὶ αὐτοῦ, οὐαὶ δὲ τῷ ἀνθρώπῳ ἐκείνῳ δι᾽ οὗ ὁ υἱὸς τοῦ ἀνθρώπου παραδίδοται· καλὸν ἦν αὐτῷ εἰ οὐκ ἐγεννήθη ὁ ἄνθρωπος ἐκεῖνος.	Mk 14,21 (2)	ὅτι ὁ μὲν υἱὸς τοῦ ἀνθρώπου ὑπάγει καθὼς γέγραπται περὶ αὐτοῦ, οὐαὶ δὲ τῷ ἀνθρώπῳ ἐκείνῳ δι᾽ οὗ ὁ υἱὸς τοῦ ἀνθρώπου παραδίδοται· καλὸν αὐτῷ εἰ οὐκ ἐγεννήθη ὁ ἄνθρωπος ἐκεῖνος.	Lk 22,22	ὅτι ὁ υἱὸς μὲν τοῦ ἀνθρώπου κατὰ τὸ ὡρισμένον πορεύεται, πλὴν οὐαὶ τῷ ἀνθρώπῳ ἐκείνῳ δι᾽ οὗ παραδίδοται.	
b 221	Mt 26,29	... οὐ μὴ πίω ἀπ᾽ ἄρτι ἐκ τούτου τοῦ γενήματος τῆς ἀμπέλου ἕως τῆς ἡμέρας ἐκείνης ὅταν αὐτὸ πίνω μεθ᾽ ὑμῶν καινὸν ἐν τῇ βασιλείᾳ τοῦ πατρός μου.	Mk 14,25	... οὐκέτι οὐ μὴ πίω ἐκ τοῦ γενήματος τῆς ἀμπέλου ἕως τῆς ἡμέρας ἐκείνης ὅταν αὐτὸ πίνω καινὸν ἐν τῇ βασιλείᾳ τοῦ θεοῦ.	Lk 22,18 → Lk 22,16	... οὐ μὴ πίω ἀπὸ τοῦ νῦν ἀπὸ τοῦ γενήματος τῆς ἀμπέλου ἕως οὗ ἡ βασιλεία τοῦ θεοῦ ἔλθῃ.	
b 211	Mt 26,55	ἐν ἐκείνῃ τῇ ὥρᾳ εἶπεν ὁ Ἰησοῦς τοῖς ὄχλοις· ὡς ἐπὶ λῃστὴν ἐξήλθατε μετὰ μαχαιρῶν καὶ ξύλων συλλαβεῖν με; ...	Mk 14,48	καὶ ἀποκριθεὶς ὁ Ἰησοῦς εἶπεν αὐτοῖς· ὡς ἐπὶ λῃστὴν ἐξήλθατε μετὰ μαχαιρῶν καὶ ξύλων συλλαβεῖν με;	Lk 22,52 → Mt 26,47 → Mk 14,43	εἶπεν δὲ Ἰησοῦς πρὸς τοὺς παραγενομένους ἐπ᾽ αὐτὸν ἀρχιερεῖς καὶ στρατηγοὺς τοῦ ἱεροῦ καὶ πρεσβυτέρους· ὡς ἐπὶ λῃστὴν ἐξήλθατε μετὰ μαχαιρῶν καὶ ξύλων;	
200	Mt 27,8	διὸ ἐκλήθη ὁ ἀγρὸς ἐκεῖνος ἀγρὸς αἵματος ἕως τῆς σήμερον.					→ Acts 1,19

200	**Mt 27,19**	... μηδὲν σοὶ καὶ **τῷ δικαίῳ ἐκείνῳ·** πολλὰ γὰρ ἔπαθον σήμερον κατ᾽ ὄναρ δι᾽ αὐτόν.	
200	**Mt 27,63** → Mt 12,40	... κύριε, ἐμνήσθημεν ὅτι **ἐκεῖνος ὁ πλάνος** εἶπεν ἔτι ζῶν· μετὰ τρεῖς ἡμέρας ἐγείρομαι.	

Acts 1,19 → Mt 27,8 ... ὥστε κληθῆναι **τὸ χωρίον ἐκεῖνο** τῇ ἰδίᾳ διαλέκτῳ αὐτῶν Ἁκελδαμάχ, τοῦτ᾽ ἔστιν χωρίον αἵματος.

b **Acts 2,18** *καί γε ἐπὶ τοὺς δούλους μου καὶ ἐπὶ τὰς δούλας μου* ***ἐν ταῖς ἡμέραις ἐκείναις*** *ἐκχεῶ ἀπὸ τοῦ πνεύματός μου,* καὶ προφητεύσουσιν. ➤ Joel 3,2 LXX

b **Acts 2,41** οἱ μὲν οὖν ἀποδεξάμενοι τὸν λόγον αὐτοῦ ἐβαπτίσθησαν καὶ προσετέθησαν **ἐν τῇ ἡμέρᾳ ἐκείνῃ** ψυχαὶ ὡσεὶ τρισχίλιαι.

Acts 3,13 ... ἐδόξασεν τὸν παῖδα αὐτοῦ Ἰησοῦν ὃν ὑμεῖς μὲν παρεδώκατε καὶ ἠρνήσασθε κατὰ πρόσωπον Πιλάτου, **κρίναντος ἐκείνου** ἀπολύειν·

Acts 3,23 *ἔσται δὲ πᾶσα ψυχὴ ἥτις ἐὰν μὴ ἀκούσῃ* ***τοῦ προφήτου ἐκείνου*** *ἐξολεθρευθήσεται ἐκ τοῦ λαοῦ.* ➤ Lev 23,29

a **Acts 5,37** μετὰ τοῦτον ἀνέστη Ἰούδας ὁ Γαλιλαῖος ... **κἀκεῖνος** ἀπώλετο καὶ πάντες ὅσοι ἐπείθοντο αὐτῷ διεσκορπίσθησαν.

b **Acts 7,41** καὶ ἐμοσχοποίησαν **ἐν ταῖς ἡμέραις ἐκείναις** καὶ ἀνήγαγον θυσίαν τῷ εἰδώλῳ ...

b **Acts 8,1** ... ἐγένετο δὲ **ἐν ἐκείνῃ τῇ ἡμέρᾳ** διωγμὸς μέγας ἐπὶ τὴν ἐκκλησίαν τὴν ἐν Ἱεροσολύμοις, ...

Acts 8,8 ἐγένετο δὲ πολλὴ χαρὰ **ἐν τῇ πόλει ἐκείνῃ.**

Acts 9,37 ἐγένετο δὲ **ἐν ταῖς ἡμέραις ἐκείναις** ἀσθενήσασαν αὐτὴν ἀποθανεῖν· ...

Acts 10,9 τῇ δὲ ἐπαύριον, **ὁδοιπορούντων ἐκείνων** καὶ τῇ πόλει ἐγγιζόντων, ἀνέβη Πέτρος ἐπὶ τὸ δῶμα προσεύξασθαι περὶ ὥραν ἕκτην.

b **Acts 12,1** **κατ᾽ ἐκεῖνον δὲ τὸν καιρὸν** ἐπέβαλεν Ἡρῴδης ὁ βασιλεὺς τὰς χεῖρας κακῶσαί τινας τῶν ἀπὸ τῆς ἐκκλησίας.

b **Acts 12,6** ὅτε δὲ ἤμελλεν προαγαγεῖν αὐτὸν ὁ Ἡρῴδης, **τῇ νυκτὶ ἐκείνῃ** ἦν ὁ Πέτρος κοιμώμενος μεταξὺ δύο στρατιωτῶν ...

Acts 14,21 εὐαγγελισάμενοί τε **τὴν πόλιν ἐκείνην** καὶ μαθητεύσαντες ἱκανοὺς ὑπέστρεψαν εἰς τὴν Λύστραν καὶ εἰς Ἰκόνιον καὶ εἰς Ἀντιόχειαν

a **Acts 15,11** ἀλλὰ διὰ τῆς χάριτος τοῦ κυρίου Ἰησοῦ πιστεύομεν σωθῆναι καθ᾽ ὃν τρόπον **κἀκεῖνοι.**

Acts 16,3 τοῦτον ἠθέλησεν ὁ Παῦλος σὺν αὐτῷ ἐξελθεῖν, καὶ λαβὼν περιέτεμεν αὐτὸν διὰ τοὺς Ἰουδαίους τοὺς ὄντας **ἐν τοῖς τόποις ἐκείνοις·** ...

b **Acts 16,33** καὶ παραλαβὼν αὐτοὺς **ἐν ἐκείνῃ τῇ ὥρᾳ τῆς νυκτὸς** ἔλουσεν ἀπὸ τῶν πληγῶν, ...

Acts 16,35 ... ἀπέστειλαν οἱ στρατηγοὶ τοὺς ῥαβδούχους λέγοντες· ἀπόλυσον **τοὺς ἀνθρώπους ἐκείνους.**

a **Acts 18,19** κατήντησαν δὲ εἰς Ἔφεσον **κἀκείνους** κατέλιπεν αὐτοῦ, αὐτὸς δὲ εἰσελθὼν εἰς τὴν συναγωγὴν διελέξατο τοῖς Ἰουδαίοις.

Acts 19,16 ... ὥστε γυμνοὺς καὶ τετραυματισμένους ἐκφυγεῖν **ἐκ τοῦ οἴκου ἐκείνου.**

b **Acts 19,23** ἐγένετο δὲ **κατὰ τὸν καιρὸν ἐκεῖνον** τάραχος οὐκ ὀλίγος περὶ τῆς ὁδοῦ.

Acts 20,2 διελθὼν δὲ **τὰ μέρη ἐκεῖνα** καὶ παρακαλέσας αὐτοὺς λόγῳ πολλῷ ἦλθεν εἰς τὴν Ἑλλάδα

Acts 21,6 ἀπησπασάμεθα ἀλλήλους καὶ ἀνέβημεν εἰς τὸ πλοῖον, **ἐκεῖνοι** δὲ ὑπέστρεψαν εἰς τὰ ἴδια.

Acts 22,11 ὡς δὲ οὐκ ἐνέβλεπον **ἀπὸ τῆς δόξης τοῦ φωτὸς ἐκείνου,** χειραγωγούμενος ὑπὸ τῶν συνόντων μοι ἦλθον εἰς Δαμασκόν.

Acts 28,7 ἐν δὲ τοῖς **περὶ τὸν τόπον ἐκεῖνον** ὑπῆρχεν χωρία τῷ πρώτῳ τῆς νήσου ὀνόματι Ποπλίῳ, ...

ἐκζητέω	Syn 2	Mt	Mk	Lk 2	Acts 1	Jn	1-3John	Paul 1	Eph	Col
	NT 7	2Thess	1/2Tim	Tit	Heb 2	Jas	1Pet 1	2Pet	Jude	Rev

seek out; search for; desire; seek to get; charge with; require of

102	**Mt 23,35**	ὅπως **ἔλθῃ** ἐφ' ὑμᾶς πᾶν αἷμα δίκαιον ἐκχυννόμενον ἐπὶ τῆς γῆς ...			**Lk 11,50**	ἵνα **ἐκζητηθῇ** τὸ αἷμα πάντων τῶν προφητῶν τὸ ἐκκεχυμένον ἀπὸ καταβολῆς κόσμου ἀπὸ τῆς γενεᾶς ταύτης,	
102	**Mt 23,36**	ἀμὴν λέγω ὑμῖν, **ἥξει** ταῦτα πάντα ἐπὶ τὴν γενεὰν ταύτην.			**Lk 11,51**	... ναὶ λέγω ὑμῖν, **ἐκζητηθήσεται** ἀπὸ τῆς γενεᾶς ταύτης.	

Acts 15,17 *ὅπως ἂν*
ἐκζητήσωσιν
οἱ κατάλοιποι τῶν
ἀνθρώπων τὸν κύριον καὶ
πάντα τὰ ἔθνη ...
➢ Amos 9,12 LXX

ἐκθαμβέω	Syn 4	Mt	Mk 4	Lk	Acts	Jn	1-3John	Paul	Eph	Col
	NT 4	2Thess	1/2Tim	Tit	Heb	Jas	1Pet	2Pet	Jude	Rev

be amazed; be alarmed; be distressed

021			**Mk 9,15**	καὶ εὐθὺς πᾶς ὁ ὄχλος ἰδόντες αὐτὸν **ἐξεθαμβήθησαν** καὶ προστρέχοντες ἠσπάζοντο αὐτόν.	**Lk 9,37**	 ... συνήντησεν αὐτῷ ὄχλος πολύς.	
120	**Mt 26,37**	καὶ παραλαβὼν τὸν Πέτρον καὶ τοὺς δύο υἱοὺς Ζεβεδαίου ἤρξατο **λυπεῖσθαι** καὶ ἀδημονεῖν.	**Mk 14,33**	καὶ παραλαμβάνει τὸν Πέτρον καὶ [τὸν] Ἰάκωβον καὶ [τὸν] Ἰωάννην μετ' αὐτοῦ καὶ ἤρξατο **ἐκθαμβεῖσθαι** καὶ ἀδημονεῖν			
021	**Mt 28,4**	[3] ἦν δὲ ἡ εἰδέα αὐτοῦ ὡς ἀστραπὴ καὶ τὸ ἔνδυμα αὐτοῦ λευκὸν ὡς χιών. [4] **ἀπὸ δὲ τοῦ φόβου αὐτοῦ ἐσείσθησαν** οἱ τηροῦντες καὶ ἐγενήθησαν ὡς νεκροί.	**Mk 16,5**	... εἶδον νεανίσκον καθήμενον ἐν τοῖς δεξιοῖς περιβεβλημένον στολὴν λευκήν, καὶ **ἐξεθαμβήθησαν.**	**Lk 24,5**	[4] ... καὶ ἰδοὺ ἄνδρες δύο ἐπέστησαν αὐταῖς ἐν ἐσθῆτι ἀστραπτούσῃ. [5] **ἐμφόβων δὲ γενομένων αὐτῶν** καὶ κλινουσῶν τὰ πρόσωπα εἰς τὴν γῆν	
121	**Mt 28,5**	ἀποκριθεὶς δὲ ὁ ἄγγελος εἶπεν ταῖς γυναιξίν· **μὴ φοβεῖσθε ὑμεῖς,** οἶδα γὰρ ὅτι Ἰησοῦν τὸν ἐσταυρωμένον ζητεῖτε·	**Mk 16,6**	ὁ δὲ λέγει αὐταῖς· **μὴ ἐκθαμβεῖσθε·** Ἰησοῦν ζητεῖτε τὸν Ναζαρηνὸν τὸν ἐσταυρωμένον· ...	→ Lk 24,23	εἶπαν πρὸς αὐτάς· τί ζητεῖτε τὸν ζῶντα μετὰ τῶν νεκρῶν·	

ἐκθαυμάζω	Syn	Mt	Mk	Lk	Acts	Jn	1-3John	Paul	Eph	Col
	1		1							
	NT	2Thess	1/2Tim	Tit	Heb	Jas	1Pet	2Pet	Jude	Rev
	1									

wonder greatly

	Mt 22,22	Mk 12,17	Lk 20,26	
			καὶ οὐκ ἴσχυσαν ἐπιλαβέσθαι αὐτοῦ ῥήματος ἐναντίον	
	καὶ ἀκούσαντες	... καὶ	τοῦ λαοῦ καὶ	
121	**ἐθαύμασαν,**	**ἐξεθαύμαζον**	**θαυμάσαντες**	
	καὶ ἀφέντες αὐτὸν ἀπῆλθαν.	ἐπ' αὐτῷ.	ἐπὶ τῇ ἀποκρίσει αὐτοῦ ἐσίγησαν.	

ἐκκλησία	Syn	Mt	Mk	Lk	Acts	Jn	1-3John	Paul	Eph	Col
	3	3			23		3	44	9	4
	NT	2Thess	1/2Tim	Tit	Heb	Jas	1Pet	2Pet	Jude	Rev
	114	2	3		2	1				20

assembly; assemblage; gathering; meeting; congregation; church; the church

	Mt 16,18 ... ἐπὶ ταύτῃ τῇ πέτρᾳ οἰκοδομήσω			
200	**μου τὴν ἐκκλησίαν**			
	καὶ πύλαι ᾅδου οὐ κατισχύσουσιν αὐτῆς.			
	Mt 18,17 (2) ἐὰν δὲ παρακούσῃ αὐτῶν, εἰπὲ			
200	**τῇ ἐκκλησίᾳ·**			
	ἐὰν δὲ καὶ			
200	**τῆς ἐκκλησίας**			
	παρακούσῃ, ἔστω σοι ὥσπερ ὁ ἐθνικὸς καὶ ὁ τελώνης.			

Acts 5,11 καὶ ἐγένετο φόβος μέγας **ἐφ' ὅλην τὴν ἐκκλησίαν** καὶ ἐπὶ πάντας τοὺς ἀκούοντας ταῦτα.

Acts 7,38 οὗτός ἐστιν ὁ γενόμενος **ἐν τῇ ἐκκλησίᾳ** ἐν τῇ ἐρήμῳ μετὰ τοῦ ἀγγέλου τοῦ λαλοῦντος αὐτῷ ἐν τῷ ὄρει Σινᾶ ...

Acts 8,1 ... ἐγένετο δὲ ἐν ἐκείνῃ τῇ ἡμέρᾳ διωγμὸς μέγας **ἐπὶ τὴν ἐκκλησίαν** τὴν ἐν Ἱεροσολύμοις, ...

Acts 8,3 Σαῦλος δὲ ἐλυμαίνετο **τὴν ἐκκλησίαν** κατὰ τοὺς οἴκους εἰσπορευόμενος, ...

Acts 9,31 **ἡ μὲν οὖν ἐκκλησία** καθ' ὅλης τῆς Ἰουδαίας καὶ Γαλιλαίας καὶ Σαμαρείας εἶχεν εἰρήνην οἰκοδομουμένη ...

Acts 11,22 ἠκούσθη δὲ ὁ λόγος **εἰς τὰ ὦτα τῆς ἐκκλησίας** τῆς οὔσης ἐν Ἰερουσαλὴμ περὶ αὐτῶν ...

Acts 11,26 ... ἐγένετο δὲ αὐτοῖς καὶ ἐνιαυτὸν ὅλον συναχθῆναι **ἐν τῇ ἐκκλησίᾳ** καὶ διδάξαι ὄχλον ἱκανόν, ...

Acts 12,1 ... ἐπέβαλεν Ἡρῴδης ὁ βασιλεὺς τὰς χεῖρας κακῶσαί τινας τῶν **ἀπὸ τῆς ἐκκλησίας.**

Acts 12,5 ... προσευχὴ δὲ ἦν ἐκτενῶς γινομένη **ὑπὸ τῆς ἐκκλησίας** πρὸς τὸν θεὸν περὶ αὐτοῦ.

Acts 13,1 ἦσαν δὲ ἐν Ἀντιοχείᾳ **κατὰ τὴν οὖσαν ἐκκλησίαν** προφῆται καὶ διδάσκαλοι ...

Acts 14,23 χειροτονήσαντες δὲ αὐτοῖς **κατ' ἐκκλησίαν** πρεσβυτέρους, ...

Acts 14,27 παραγενόμενοι δὲ καὶ συναγαγόντες **τὴν ἐκκλησίαν** ἀνήγγελλον ὅσα ἐποίησεν ὁ θεὸς μετ' αὐτῶν ...

Acts 15,3 οἱ μὲν οὖν προπεμφθέντες **ὑπὸ τῆς ἐκκλησίας** διήρχοντο τήν τε Φοινίκην καὶ Σαμάρειαν ἐκδιηγούμενοι τὴν ἐπιστροφὴν τῶν ἐθνῶν ...

Acts 15,4 παραγενόμενοι δὲ εἰς Ἰερουσαλὴμ παρεδέχθησαν **ἀπὸ τῆς ἐκκλησίας** καὶ τῶν ἀποστόλων καὶ τῶν πρεσβυτέρων, ...

Acts 15,22 τότε ἔδοξε τοῖς ἀποστόλοις καὶ τοῖς πρεσβυτέροις **σὺν ὅλῃ τῇ ἐκκλησίᾳ** ἐκλεξαμένους ἄνδρας ἐξ αὐτῶν πέμψαι εἰς Ἀντιόχειαν σὺν τῷ Παύλῳ καὶ Βαρναβᾷ, ...

Acts 15,41 διήρχετο δὲ τὴν Συρίαν καὶ [τὴν] Κιλικίαν ἐπιστηρίζων **τὰς ἐκκλησίας.**

Acts 16,5 **αἱ μὲν οὖν ἐκκλησίαι** ἐστερεοῦντο τῇ πίστει καὶ ἐπερίσσευον τῷ ἀριθμῷ καθ' ἡμέραν.

Acts 18,22 καὶ κατελθὼν εἰς Καισάρειαν, ἀναβὰς καὶ ἀσπασάμενος **τὴν ἐκκλησίαν** κατέβη εἰς Ἀντιόχειαν.

Acts 19,32 ... ἦν γὰρ **ἡ ἐκκλησία** συγκεχυμένη καὶ οἱ πλείους οὐκ ᾔδεισαν τίνος ἕνεκα συνεληλύθεισαν.

Acts 19,39 εἰ δέ τι περαιτέρω ἐπιζητεῖτε, **ἐν τῇ ἐννόμῳ ἐκκλησίᾳ** ἐπιλυθήσεται.

Acts 19,40 ... καὶ ταῦτα εἰπὼν ἀπέλυσεν **τὴν ἐκκλησίαν.**

Acts 20,17 ἀπὸ δὲ τῆς Μιλήτου πέμψας εἰς Ἔφεσον μετεκαλέσατο **τοὺς πρεσβυτέρους τῆς ἐκκλησίας.**

Acts 20,28 προσέχετε ἑαυτοῖς καὶ παντὶ τῷ ποιμνίῳ, ἐν ᾧ ὑμᾶς τὸ πνεῦμα τὸ ἅγιον ἔθετο ἐπισκόπους ποιμαίνειν **τὴν ἐκκλησίαν τοῦ θεοῦ, ...**

ἐκκομίζω

	Syn	Mt	Mk	Lk	Acts	Jn	1-3John	Paul	Eph	Col
	1			1						
	NT	2Thess	1/2Tim	Tit	Heb	Jas	1Pet	2Pet	Jude	Rev
	1									

carry out

002	**Lk 7,12**	... καὶ ἰδοὺ **ἐξεκομίζετο** τεθνηκὼς μονογενὴς υἱὸς τῇ μητρὶ αὐτοῦ ...

ἐκκόπτω

	Syn	Mt	Mk	Lk	Acts	Jn	1-3John	Paul	Eph	Col
	7	4		3				3		
	NT	2Thess	1/2Tim	Tit	Heb	Jas	1Pet	2Pet	Jude	Rev
	10									

cut down; exterminate

	triple tradition																	double tradition			Sondergut		
		+Mt / +Lk			–Mt / –Lk			traditions not taken over by Mt / Lk							subtotals								
code	*222*	*211*	*112*	*212*	*221*	*122*	*121*	*022*	*012*	*021*	*220*	*120*	*210*	*020*	Σ⁺	Σ⁻	Σ	*202*	*201*	*102*	*200*	*002*	total
Mt													1⁺		1⁺		1	1			2		**4**
Mk																							
Lk																		1				2	**3**

	Mt		Mk		Lk	
202	**Mt 3,10** ⇩ Mt 7,19	... πᾶν οὖν δένδρον μὴ ποιοῦν καρπὸν καλὸν **ἐκκόπτεται** καὶ εἰς πῦρ βάλλεται.			**Lk 3,9**	... πᾶν οὖν δένδρον μὴ ποιοῦν καρπὸν καλὸν **ἐκκόπτεται** καὶ εἰς πῦρ βάλλεται.
200	**Mt 5,30** ⇩ Mt 18,8	καὶ εἰ ἡ δεξιά σου χεὶρ σκανδαλίζει σε, **ἔκκοψον** αὐτὴν καὶ βάλε ἀπὸ σοῦ· ...	**Mk 9,43**	καὶ ἐὰν σκανδαλίζῃ σε ἡ χείρ σου, **ἀπόκοψον** αὐτήν· ...		
200	**Mt 7,19** ⇧ Mt 3,10	πᾶν δένδρον μὴ ποιοῦν καρπὸν καλὸν **ἐκκόπτεται** καὶ εἰς πῦρ βάλλεται.			**Lk 3,9**	... πᾶν οὖν δένδρον μὴ ποιοῦν καρπὸν καλὸν **ἐκκόπτεται** καὶ εἰς πῦρ βάλλεται.

	Mt		Mk		Lk		
210	**Mt 18,8** ⇑ Mt 5,30 ↓ Mk 9,45	εἰ δὲ ἡ χείρ σου ἢ ὁ πούς σου σκανδαλίζει σε, **ἔκκοψον** αὐτὸν καὶ βάλε ἀπὸ σοῦ· ...	**Mk 9,43**	καὶ ἐὰν σκανδαλίζῃ σε ἡ χείρ σου, **ἀπόκοψον** αὐτήν· ...			
			Mk 9,45	καὶ ἐὰν ὁ πούς σου σκανδαλίζῃ σε, **ἀπόκοψον** αὐτόν· ...			
002					**Lk 13,7**	... ἰδοὺ τρία ἔτη ἀφ' οὗ ἔρχομαι ζητῶν καρπὸν ἐν τῇ συκῇ ταύτῃ καὶ οὐχ εὑρίσκω· **ἔκκοψον** [οὖν] αὐτήν, ἱνατί καὶ τὴν γῆν καταργεῖ;	
002					**Lk 13,9**	κἂν μὲν ποιήσῃ καρπὸν εἰς τὸ μέλλον· εἰ δὲ μή γε, **ἐκκόψεις** αὐτήν.	

ἐκκρεμάννυμι	Syn 1	Mt	Mk	Lk 1	Acts	Jn	1-3John	Paul	Eph	Col
	NT 1	2Thess	1/2Tim	Tit	Heb	Jas	1Pet	2Pet	Jude	Rev

middle: hang upon

	Mt		Mk		Lk		
112	**Mt 22,33** → Mt 7,28 → Lk 4,32	καὶ ἀκούσαντες οἱ ὄχλοι **ἐξεπλήσσοντο** ἐπὶ τῇ διδαχῇ αὐτοῦ.	**Mk 11,18** → Mk 1,22 → Lk 4,32	... ἐφοβοῦντο γὰρ αὐτόν, πᾶς γὰρ ὁ ὄχλος **ἐξεπλήσσετο** ἐπὶ τῇ διδαχῇ αὐτοῦ.	**Lk 19,48** → Mk 12,37 → Lk 13,17 → Lk 21,38	καὶ οὐχ εὕρισκον τὸ τί ποιήσωσιν, ὁ λαὸς γὰρ ἅπας **ἐξεκρέματο** αὐτοῦ ἀκούων.	

ἐκλάμπω	Syn 1	Mt 1	Mk	Lk	Acts	Jn	1-3John	Paul	Eph	Col
	NT 1	2Thess	1/2Tim	Tit	Heb	Jas	1Pet	2Pet	Jude	Rev

shine (out)

	Mt		Mk		Lk		
200	**Mt 13,43** → Mt 25,46	τότε οἱ δίκαιοι **ἐκλάμψουσιν** ὡς ὁ ἥλιος ἐν τῇ βασιλείᾳ τοῦ πατρὸς αὐτῶν. ...					

ἐκλέγομαι	Syn 5	Mt	Mk 1	Lk 4	Acts 7	Jn 5	1-3John	Paul 3	Eph 1	Col
	NT 22	2Thess	1/2Tim	Tit	Heb	Jas 1	1Pet	2Pet	Jude	Rev

choose someone from among a number

	Mt		Mk		Lk		
112	**Mt 10,1**	καὶ προσκαλεσάμενος τοὺς δώδεκα μαθητὰς αὐτοῦ ...	**Mk 3,14** → Mk 6,7	[13] ... καὶ προσκαλεῖται οὓς ἤθελεν αὐτός, καὶ ἀπῆλθον πρὸς αὐτόν. [14] καὶ **ἐποίησεν** δώδεκα, [οὓς καὶ ἀποστόλους ὠνόμασεν] ...	**Lk 6,13**	καὶ ὅτε ἐγένετο ἡμέρα, προσεφώνησεν τοὺς μαθητὰς αὐτοῦ, καὶ **ἐκλεξάμενος** ἀπ' αὐτῶν δώδεκα, οὓς καὶ ἀποστόλους ὠνόμασεν·	

	Mt		Mk		Lk		
112	**Mt 17,5** → Mt 3,17	... οὗτός ἐστιν ὁ υἱός μου ὁ ἀγαπητός, ἐν ᾧ εὐδόκησα· ἀκούετε αὐτοῦ.	**Mk 9,7** → Mk 1,11	... οὗτός ἐστιν ὁ υἱός μου ὁ ἀγαπητός, ἀκούετε αὐτοῦ.	**Lk 9,35** → Lk 3,22	... οὗτός ἐστιν ὁ υἱός μου ὁ ἐκλελεγμένος, αὐτοῦ ἀκούετε.	→ Jn 12,28
002					**Lk 10,42**	... Μαριὰμ γὰρ τὴν ἀγαθὴν μερίδα ἐξελέξατο ἥτις οὐκ ἀφαιρεθήσεται αὐτῆς.	
002					**Lk 14,7**	... ἐπέχων πῶς τὰς πρωτοκλισίας ἐξελέγοντο, λέγων πρὸς αὐτούς·	
120	**Mt 24,22**	καὶ εἰ μὴ ἐκολοβώθησαν αἱ ἡμέραι ἐκεῖναι, οὐκ ἂν ἐσώθη πᾶσα σάρξ· διὰ δὲ τοὺς ἐκλεκτοὺς κολοβωθήσονται αἱ ἡμέραι ἐκεῖναι.	**Mk 13,20**	καὶ εἰ μὴ ἐκολόβωσεν κύριος τὰς ἡμέρας, οὐκ ἂν ἐσώθη πᾶσα σάρξ· ἀλλὰ διὰ τοὺς ἐκλεκτοὺς οὓς ἐξελέξατο ἐκολόβωσεν τὰς ἡμέρας.			

Acts 1,2 → Lk 9,51 → Lk 24,51 ἄχρι ἧς ἡμέρας ἐντειλάμενος τοῖς ἀποστόλοις διὰ πνεύματος ἁγίου οὓς **ἐξελέξατο** ἀνελήμφθη.

Acts 1,24 ... σὺ κύριε καρδιογνῶστα πάντων, ἀνάδειξον ὃν **ἐξελέξω** ἐκ τούτων τῶν δύο ἕνα

Acts 6,5 καὶ ἤρεσεν ὁ λόγος ἐνώπιον παντὸς τοῦ πλήθους καὶ **ἐξελέξαντο** Στέφανον, ἄνδρα πλήρης πίστεως καὶ πνεύματος ἁγίου, καὶ Φίλιππον ...

Acts 13,17 ὁ θεὸς τοῦ λαοῦ τούτου Ἰσραὴλ **ἐξελέξατο** τοὺς πατέρας ἡμῶν ...

Acts 15,7 ... ἀφ᾽ ἡμερῶν ἀρχαίων ἐν ὑμῖν **ἐξελέξατο** ὁ θεὸς διὰ τοῦ στόματός μου ἀκοῦσαι τὰ ἔθνη τὸν λόγον τοῦ εὐαγγελίου καὶ πιστεῦσαι.

Acts 15,22 τότε ἔδοξε τοῖς ἀποστόλοις καὶ τοῖς πρεσβυτέροις σὺν ὅλῃ τῇ ἐκκλησίᾳ **ἐκλεξαμένους** ἄνδρας ἐξ αὐτῶν πέμψαι εἰς Ἀντιόχειαν σὺν τῷ Παύλῳ καὶ Βαρναβᾷ, ...

Acts 15,25 ἔδοξεν ἡμῖν γενομένοις ὁμοθυμαδὸν **ἐκλεξαμένοις** ἄνδρας πέμψαι πρὸς ὑμᾶς σὺν τοῖς ἀγαπητοῖς ἡμῶν Βαρναβᾷ καὶ Παύλῳ

ἐκλείπω	Syn 3	Mt	Mk	Lk 3	Acts	Jn	1-3John	Paul	Eph	Col
	NT 4	2Thess	1/2Tim	Tit	Heb 1	Jas	1Pet	2Pet	Jude	Rev

choose someone for oneself

002	**Lk 16,9** → Lk 12,33	... ἑαυτοῖς ποιήσατε φίλους ἐκ τοῦ μαμωνᾶ τῆς ἀδικίας, ἵνα ὅταν ἐκλίπῃ δέξωνται ὑμᾶς εἰς τὰς αἰωνίους σκηνάς.
002	**Lk 22,32**	ἐγὼ δὲ ἐδεήθην περὶ σοῦ ἵνα μὴ ἐκλίπῃ ἡ πίστις σου· ...

code	Mt		Mk		Lk		
112	Mt 27,45	ἀπὸ δὲ ἕκτης ὥρας σκότος ἐγένετο ἐπὶ πᾶσαν τὴν γῆν ἕως ὥρας ἐνάτης.	Mk 15,33	καὶ γενομένης ὥρας ἕκτης σκότος ἐγένετο ἐφ' ὅλην τὴν γῆν ἕως ὥρας ἐνάτης.	Lk 23,45	[44] καὶ ἦν ἤδη ὡσεὶ ὥρα ἕκτη καὶ σκότος ἐγένετο ἐφ' ὅλην τὴν γῆν ἕως ὥρας ἐνάτης [45] τοῦ ἡλίου **ἐκλιπόντος,**	
	Mt 27,51	καὶ ἰδοὺ τὸ καταπέτασμα τοῦ ναοῦ ἐσχίσθη ἀπ' ἄνωθεν ἕως κάτω εἰς δύο ...	Mk 15,38	καὶ τὸ καταπέτασμα τοῦ ναοῦ ἐσχίσθη εἰς δύο ἀπ' ἄνωθεν ἕως κάτω.		ἐσχίσθη δὲ τὸ καταπέτασμα τοῦ ναοῦ μέσον.	

ἐκλεκτός

	Syn	Mt	Mk	Lk	Acts	Jn	1-3John	Paul	Eph	Col
	9	4	3	2			2	2		1
	NT	2Thess	1/2Tim	Tit	Heb	Jas	1Pet	2Pet	Jude	Rev
	22		2	1			4			1

chosen; select; excellent

	triple tradition																	double tradition			Sondergut		
		+Mt / +Lk			–Mt / –Lk			traditions not taken over by Mt / Lk							subtotals								
code	222	211	112	212	221	122	121	022	012	021	220	120	210	020	Σ⁺	Σ⁻	Σ	202	201	102	200	002	total
Mt											3						3				1		**4**
Mk											3						3						**3**
Lk			1⁺												1⁺		1					1	**2**

code	Mt		Mk		Lk		
002					Lk 18,7	ὁ δὲ θεὸς οὐ μὴ ποιήσῃ **τὴν ἐκδίκησιν τῶν ἐκλεκτῶν αὐτοῦ** τῶν βοώντων αὐτῷ ἡμέρας καὶ νυκτός, ...	
200	Mt 22,14	πολλοὶ γάρ εἰσιν κλητοί, ὀλίγοι δὲ **ἐκλεκτοί.**					→ GTh 23
220	Mt 24,22	καὶ εἰ μὴ ἐκολοβώθησαν αἱ ἡμέραι ἐκεῖναι, οὐκ ἂν ἐσώθη πᾶσα σάρξ· **διὰ δὲ τοὺς ἐκλεκτοὺς** κολοβωθήσονται αἱ ἡμέραι ἐκεῖναι.	Mk 13,20	καὶ εἰ μὴ ἐκολόβωσεν κύριος τὰς ἡμέρας, οὐκ ἂν ἐσώθη πᾶσα σάρξ· **ἀλλὰ διὰ τοὺς ἐκλεκτοὺς** οὓς ἐξελέξατο ἐκολόβωσεν τὰς ἡμέρας.			
220	Mt 24,24 → Mt 24,5 → Mt 24,11	... καὶ δώσουσιν σημεῖα μεγάλα καὶ τέρατα ὥστε πλανῆσαι, εἰ δυνατόν, καὶ **τοὺς ἐκλεκτούς·**	Mk 13,22 → Mk 13,6	... καὶ δώσουσιν σημεῖα καὶ τέρατα πρὸς τὸ ἀποπλανᾶν, εἰ δυνατόν, **τοὺς ἐκλεκτούς.**			
220	Mt 24,31 → Mt 13,41	... καὶ ἐπισυνάξουσιν **τοὺς ἐκλεκτοὺς αὐτοῦ** ἐκ τῶν τεσσάρων ἀνέμων ἀπ' ἄκρων οὐρανῶν ἕως [τῶν] ἄκρων αὐτῶν.	Mk 13,27	... καὶ ἐπισυνάξει **τοὺς ἐκλεκτοὺς [αὐτοῦ]** ἐκ τῶν τεσσάρων ἀνέμων ἀπ' ἄκρου γῆς ἕως ἄκρου οὐρανοῦ.			
112	Mt 27,42 → Mt 26,63-64 → Mt 27,40 → Lk 23,37	ἄλλους ἔσωσεν, ἑαυτὸν οὐ δύναται σῶσαι· βασιλεὺς Ἰσραήλ ἐστιν, καταβάτω νῦν ἀπὸ τοῦ σταυροῦ καὶ πιστεύσομεν ἐπ' αὐτόν.	Mk 15,32 → Mk 14,61-62 → Mk 15,40 → Lk 23,37	[31] ... ἄλλους ἔσωσεν, ἑαυτὸν οὐ δύναται σῶσαι· [32] ὁ χριστὸς ὁ βασιλεὺς Ἰσραὴλ καταβάτω νῦν ἀπὸ τοῦ σταυροῦ, ἵνα ἴδωμεν καὶ πιστεύσωμεν. ...	Lk 23,35 → Lk 9,35 → Lk 22,67 → Lk 23,39	... ἄλλους ἔσωσεν, σωσάτω ἑαυτόν, εἰ οὗτός ἐστιν ὁ χριστὸς τοῦ θεοῦ **ὁ ἐκλεκτός.**	

ἐκλύομαι

	Syn	Mt	Mk	Lk	Acts	Jn	1-3John	Paul	Eph	Col
	2	1	1					1		
	NT	2Thess	1/2Tim	Tit	Heb	Jas	1Pet	2Pet	Jude	Rev
	5				2					

become weary, slack; give out

220	Mt 15,32 →Mt 14,15	... καὶ ἀπολῦσαι αὐτοὺς νήστεις οὐ θέλω, μήποτε **ἐκλυθῶσιν** ἐν τῇ ὁδῷ.	Mk 8,3 →Mk 6,36	καὶ ἐὰν ἀπολύσω αὐτοὺς νήστεις εἰς οἶκον αὐτῶν, **ἐκλυθήσονται** ἐν τῇ ὁδῷ· καί τινες αὐτῶν ἀπὸ μακρόθεν ἥκασιν.	→Lk 9,12	

ἐκμάσσω

	Syn	Mt	Mk	Lk	Acts	Jn	1-3John	Paul	Eph	Col
	2			2		3				
	NT	2Thess	1/2Tim	Tit	Heb	Jas	1Pet	2Pet	Jude	Rev
	5									

wipe something with something

002	Mt 26,7	προσῆλθεν αὐτῷ γυνὴ ἔχουσα ἀλάβαστρον μύρου βαρυτίμου ... καὶ κατέχεεν ἐπὶ τῆς κεφαλῆς ...	Mk 14,3	... ἦλθεν γυνὴ ἔχουσα ἀλάβαστρον μύρου νάρδου πιστικῆς πολυτελοῦς, συντρίψασα τὴν ἀλάβαστρον κατέχεεν αὐτοῦ τῆς κεφαλῆς.	Lk 7,38	[37] καὶ ἰδοὺ γυνὴ ... κομίσασα ἀλάβαστρον μύρου [38] ... κλαίουσα τοῖς δάκρυσιν ἤρξατο βρέχειν τοὺς πόδας αὐτοῦ καὶ ταῖς θριξὶν τῆς κεφαλῆς αὐτῆς **ἐξέμασσεν** καὶ κατεφίλει τοὺς πόδας αὐτοῦ καὶ ἤλειφεν τῷ μύρῳ.	→Jn 12,3
002					Lk 7,44	... αὕτη δὲ τοῖς δάκρυσιν ἔβρεξέν μου τοὺς πόδας καὶ ταῖς θριξὶν αὐτῆς **ἐξέμαξεν**.	

ἐκμυκτηρίζω

	Syn	Mt	Mk	Lk	Acts	Jn	1-3John	Paul	Eph	Col
	2			2						
	NT	2Thess	1/2Tim	Tit	Heb	Jas	1Pet	2Pet	Jude	Rev
	2									

ridicule; sneer

002					Lk 16,14	ἤκουον δὲ ταῦτα πάντα οἱ Φαρισαῖοι φιλάργυροι ὑπάρχοντες καὶ **ἐξεμυκτήριζον** αὐτόν.	
112	Mt 27,41	ὁμοίως καὶ οἱ ἀρχιερεῖς **ἐμπαίζοντες** μετὰ τῶν γραμματέων καὶ πρεσβυτέρων ἔλεγον·	Mk 15,31	ὁμοίως καὶ οἱ ἀρχιερεῖς **ἐμπαίζοντες** πρὸς ἀλλήλους μετὰ τῶν γραμματέων ἔλεγον· ...	Lk 23,35	... **ἐξεμυκτήριζον** δὲ καὶ οἱ ἄρχοντες λέγοντες· ...	

ἐκπειράζω

	Syn	Mt	Mk	Lk	Acts	Jn	1-3John	Paul	Eph	Col
	3	1		2				1		
	NT	2Thess	1/2Tim	Tit	Heb	Jas	1Pet	2Pet	Jude	Rev
	4									

put to the test; try; tempt

code	Mt		Mk		Lk		
202	**Mt 4,7**	ἔφη αὐτῷ ὁ Ἰησοῦς· πάλιν γέγραπται· **οὐκ ἐκπειράσεις** *κύριον τὸν θεόν σου.* ➤ Deut 6,16 LXX			**Lk 4,12**	καὶ ἀποκριθεὶς εἶπεν αὐτῷ ὁ Ἰησοῦς ὅτι εἴρηται· **οὐκ ἐκπειράσεις** *κύριον τὸν θεόν σου.* ➤ Deut 6,16 LXX	
112	**Mt 22,35** → Mt 19,16	[34] οἱ δὲ Φαρισαῖοι ἀκούσαντες ὅτι ἐφίμωσεν τοὺς Σαδδουκαίους συνήχθησαν ἐπὶ τὸ αὐτό, [35] καὶ ἐπηρώτησεν εἷς ἐξ αὐτῶν [νομικὸς] **πειράζων** αὐτόν· [36] διδάσκαλε, ποία ἐντολὴ μεγάλη ἐν τῷ νόμῳ;	**Mk 12,28** → Mk 10,17 → Lk 20,39	καὶ προσελθὼν εἷς τῶν γραμματέων ἀκούσας αὐτῶν συζητούντων, ἰδὼν ὅτι καλῶς ἀπεκρίθη αὐτοῖς ἐπηρώτησεν αὐτόν· ποία ἐστὶν ἐντολὴ πρώτη πάντων;	**Lk 10,25** ⇨ Lk 18,18	καὶ ἰδοὺ νομικός τις ἀνέστη **ἐκπειράζων** αὐτὸν λέγων· διδάσκαλε, τί ποιήσας ζωὴν αἰώνιον κληρονομήσω;	

ἐκπερισσῶς

	Syn	Mt	Mk	Lk	Acts	Jn	1-3John	Paul	Eph	Col
	1		1							
	NT	2Thess	1/2Tim	Tit	Heb	Jas	1Pet	2Pet	Jude	Rev
	1									

excessively

code	Mt		Mk		Lk		
120	**Mt 26,35** → Lk 22,33	λέγει αὐτῷ ὁ Πέτρος· κἂν δέῃ με σὺν σοὶ ἀποθανεῖν, οὐ μή σε ἀπαρνήσομαι. ...	**Mk 14,31** → Lk 22,33	ὁ δὲ **ἐκπερισσῶς** ἐλάλει· ἐὰν δέῃ με συναποθανεῖν σοι, οὐ μή σε ἀπαρνήσομαι. ...			→ Jn 13,37

ἐκπλήσσομαι

	Syn	Mt	Mk	Lk	Acts	Jn	1-3John	Paul	Eph	Col
	12	4	5	3	1					
	NT	2Thess	1/2Tim	Tit	Heb	Jas	1Pet	2Pet	Jude	Rev
	13									

active: amaze; astound; astonish; overwhelm; *passive:* be amazed; be overwhelmed

	triple tradition														subtotals			double tradition			Sondergut		
		+Mt / +Lk			–Mt / –Lk			traditions not taken over by Mt / Lk															
code	*222*	*211*	*112*	*212*	*221*	*122*	*121*	*022*	*012*	*021*	*220*	*120*	*210*	*020*	Σ⁺	Σ⁻	Σ	*202*	*201*	*102*	*200*	*002*	total
Mt	1				3							1^-				1^-	4						**4**
Mk	1				3							1					5						**5**
Lk	1				3^-											3^-	1					2	**3**

code	Mt		Mk		Lk		
002					**Lk 2,48**	καὶ ἰδόντες αὐτὸν **ἐξεπλάγησαν,** καὶ εἶπεν πρὸς αὐτὸν ἡ μήτηρ αὐτοῦ· τέκνον, τί ἐποίησας ἡμῖν οὕτως; ...	
222	**Mt 7,28** ↓ Mt 22,33	... **ἐξεπλήσσοντο** οἱ ὄχλοι ἐπὶ τῇ διδαχῇ αὐτοῦ·	**Mk 1,22** ↓ Mk 11,18	καὶ **ἐξεπλήσσοντο** ἐπὶ τῇ διδαχῇ αὐτοῦ· ...	**Lk 4,32**	καὶ **ἐξεπλήσσοντο** ἐπὶ τῇ διδαχῇ αὐτοῦ, ...	

221	Mt 13,54	... ὥστε **ἐκπλήσσεσθαι** αὐτοὺς καὶ λέγειν· πόθεν τούτῳ ἡ σοφία αὕτη καὶ αἱ δυνάμεις;	Mk 6,2	... καὶ πολλοὶ ἀκούοντες **ἐξεπλήσσοντο** λέγοντες· πόθεν τούτῳ ταῦτα, καὶ τίς ἡ σοφία ἡ δοθεῖσα τούτῳ, καὶ αἱ δυνάμεις τοιαῦται διὰ τῶν χειρῶν αὐτοῦ γινόμεναι;	Lk 4,22	καὶ πάντες ἐμαρτύρουν αὐτῷ καὶ **ἐθαύμαζον** ἐπὶ τοῖς λόγοις τῆς χάριτος τοῖς ἐκπορευομένοις ἐκ τοῦ στόματος αὐτοῦ καὶ ἔλεγον· ...	
120	Mt 15,31 → Mt 11,5	ὥστε τὸν ὄχλον **θαυμάσαι** βλέποντας κωφοὺς λαλοῦντας, κυλλοὺς ὑγιεῖς, καὶ χωλοὺς περιπατοῦντας καὶ τυφλοὺς βλέποντας· ...	Mk 7,37	καὶ ὑπερπερισσῶς **ἐξεπλήσσοντο** λέγοντες· καλῶς πάντα πεποίηκεν, καὶ τοὺς κωφοὺς ποιεῖ ἀκούειν καὶ [τοὺς] ἀλάλους λαλεῖν.			
002					Lk 9,43	**ἐξεπλήσσοντο** δὲ πάντες ἐπὶ τῇ μεγαλειότητι τοῦ θεοῦ. πάντων δὲ θαυμαζόντων ἐπὶ πᾶσιν οἷς ἐποίει ...	
221	Mt 19,25	ἀκούσαντες δὲ οἱ μαθηταὶ **ἐξεπλήσσοντο** σφόδρα λέγοντες· τίς ἄρα δύναται σωθῆναι;	Mk 10,26	οἱ δὲ περισσῶς **ἐξεπλήσσοντο** λέγοντες πρὸς ἑαυτούς· καὶ τίς δύναται σωθῆναι;	Lk 18,26	εἶπαν δὲ οἱ ἀκούσαντες· καὶ τίς δύναται σωθῆναι;	
221	Mt 22,33 ↑ Mt 7,28 ↑ Lk 4,32	καὶ ἀκούσαντες οἱ ὄχλοι **ἐξεπλήσσοντο** ἐπὶ τῇ διδαχῇ αὐτοῦ.	Mk 11,18 ↑ Mk 1,22 ↑ Lk 4,32	... ἐφοβοῦντο γὰρ αὐτόν, πᾶς γὰρ ὁ ὄχλος **ἐξεπλήσσετο** ἐπὶ τῇ διδαχῇ αὐτοῦ.	Lk 19,48 → Mk 12,37 → Lk 13,17 → Lk 21,38	καὶ οὐχ εὕρισκον τὸ τί ποιήσωσιν, ὁ λαὸς γὰρ ἅπας **ἐξεκρέματο** αὐτοῦ ἀκούων.	

Acts 13,12 τότε ἰδὼν ὁ ἀνθύπατος
τὸ γεγονὸς ἐπίστευσεν
ἐκπλησσόμενος
ἐπὶ τῇ διδαχῇ τοῦ κυρίου.

ἐκπνέω	Syn 3	Mt	Mk 2	Lk 1	Acts	Jn	1-3John	Paul	Eph	Col
	NT 3	2Thess	1/2Tim	Tit	Heb	Jas	1Pet	2Pet	Jude	Rev

breath out

122	Mt 27,50	ὁ δὲ Ἰησοῦς πάλιν κράξας φωνῇ μεγάλῃ **ἀφῆκεν τὸ πνεῦμα.**	Mk 15,37	ὁ δὲ Ἰησοῦς ἀφεὶς φωνὴν μεγάλην **ἐξέπνευσεν.**	Lk 23,46	... τοῦτο δὲ εἰπὼν **ἐξέπνευσεν.**	→ Jn 19,30 → Acts 7,59
121	Mt 27,54	ὁ δὲ ἑκατόνταρχος καὶ οἱ μετ' αὐτοῦ τηροῦντες τὸν Ἰησοῦν ἰδόντες τὸν σεισμὸν καὶ **τὰ γενόμενα** ἐφοβήθησαν σφόδρα, λέγοντες· ἀληθῶς θεοῦ υἱὸς ἦν οὗτος.	Mk 15,39	ἰδὼν δὲ ὁ κεντυρίων ὁ παρεστηκὼς ἐξ ἐναντίας αὐτοῦ **ὅτι οὕτως** **ἐξέπνευσεν** εἶπεν· ἀληθῶς οὗτος ὁ ἄνθρωπος υἱὸς θεοῦ ἦν.	Lk 23,47	ἰδὼν δὲ ὁ ἑκατοντάρχης **τὸ γενόμενον** ἐδόξαζεν τὸν θεὸν λέγων· ὄντως ὁ ἄνθρωπος οὗτος δίκαιος ἦν.	

ἐκπορεύομαι	Syn 19	Mt 5	Mk 11	Lk 3	Acts 3	Jn 2	1-3John	Paul	Eph 1	Col
	NT 33	2Thess	1/2Tim	Tit	Heb	Jas	1Pet	2Pet	Jude	Rev 8

come, go out; proceed

	triple tradition																	double tradition			Sondergut		
		+Mt / +Lk			–Mt / –Lk			traditions not taken over by Mt / Lk							subtotals								
code	222	211	112	212	221	122	121	022	012	021	220	120	210	020	Σ⁺	Σ⁻	Σ	202	201	102	200	002	total
Mt					1		3^-				3	3^-				6^-	4		1				**5**
Mk					1		3				3	3		1			11						**11**
Lk			1^+		1^-		3^-		1^+						2^+	4^-	2			1			**3**

code	Mt		Mk		Lk		
220	**Mt 3,5**	τότε **ἐξεπορεύετο** πρὸς αὐτὸν Ἱεροσόλυμα καὶ πᾶσα ἡ Ἰουδαία καὶ πᾶσα ἡ περίχωρος τοῦ Ἰορδάνου	**Mk 1,5** ↓ Lk 3,7	καὶ **ἐξεπορεύετο** πρὸς αὐτὸν πᾶσα ἡ Ἰουδαία χώρα καὶ οἱ Ἱεροσολυμῖται πάντες, ...	**Lk 3,3** ⇨ Mk 1,4	καὶ ἦλθεν εἰς πᾶσαν [τὴν] περίχωρον τοῦ Ἰορδάνου ...	
102	**Mt 3,7** → Mt 12,34 → Mt 23,33	ἰδὼν δὲ **πολλοὺς τῶν Φαρισαίων καὶ Σαδδουκαίων ἐρχομένους** ἐπὶ τὸ βάπτισμα αὐτοῦ εἶπεν αὐτοῖς· γεννήματα ἐχιδνῶν, ...			**Lk 3,7** ↑ Mk 1,5	ἔλεγεν οὖν **τοῖς ἐκπορευομένοις ὄχλοις** βαπτισθῆναι ὑπ' αὐτοῦ· γεννήματα ἐχιδνῶν, ...	
201	**Mt 4,4**	... γέγραπται· *οὐκ ἐπ' ἄρτῳ μόνῳ ζήσεται ὁ ἄνθρωπος, ἀλλ' ἐπὶ παντὶ ῥήματι* ***ἐκπορευομένῳ*** *διὰ στόματος θεοῦ.* ➤ Deut 8,3			**Lk 4,4**	... γέγραπται ὅτι *οὐκ ἐπ' ἄρτῳ μόνῳ ζήσεται ὁ ἄνθρωπος.* ➤ Deut 8,3	
112	**Mt 13,54**	... ὥστε ἐκπλήσσεσθαι αὐτοὺς καὶ λέγειν· πόθεν τούτῳ ἡ σοφία αὕτη ...	**Mk 6,2**	... καὶ πολλοὶ ἀκούοντες ἐξεπλήσσοντο λέγοντες· πόθεν τούτῳ ταῦτα, καὶ τίς ἡ σοφία ἡ δοθεῖσα τούτῳ, ...	**Lk 4,22**	καὶ πάντες ἐμαρτύρουν αὐτῷ καὶ ἐθαύμαζον ἐπὶ τοῖς λόγοις τῆς χάριτος **τοῖς ἐκπορευομένοις** ἐκ τοῦ στόματος αὐτοῦ καὶ ἔλεγον· ...	
012	**Mt 4,24** → Mt 9,26 → Mk 3,8	καὶ **ἀπῆλθεν** ἡ ἀκοὴ αὐτοῦ εἰς ὅλην τὴν Συρίαν· ...	**Mk 1,28**	καὶ **ἐξῆλθεν** ἡ ἀκοὴ αὐτοῦ εὐθὺς πανταχοῦ εἰς ὅλην τὴν περίχωρον τῆς Γαλιλαίας.	**Lk 4,37** → Lk 4,14	καὶ **ἐξεπορεύετο** ἦχος περὶ αὐτοῦ εἰς πάντα τόπον τῆς περιχώρου.	
121	**Mt 10,14**	καὶ ὃς ἂν μὴ δέξηται ὑμᾶς μηδὲ ἀκούσῃ τοὺς λόγους ὑμῶν, **ἐξερχόμενοι** ἔξω τῆς οἰκίας ἢ τῆς πόλεως ἐκείνης ἐκτινάξατε τὸν κονιορτὸν τῶν ποδῶν ὑμῶν.	**Mk 6,11**	καὶ ὃς ἂν τόπος μὴ δέξηται ὑμᾶς μηδὲ ἀκούσωσιν ὑμῶν, **ἐκπορευόμενοι** ἐκεῖθεν ἐκτινάξατε τὸν χοῦν τὸν ὑποκάτω τῶν ποδῶν ὑμῶν εἰς μαρτύριον αὐτοῖς.	**Lk 9,5** ⇩ Lk 10,10-11	καὶ ὅσοι ἂν μὴ δέχωνται ὑμᾶς, **ἐξερχόμενοι** ἀπὸ τῆς πόλεως ἐκείνης τὸν κονιορτὸν ἀπὸ τῶν ποδῶν ὑμῶν ἀποτινάσσετε εἰς μαρτύριον ἐπ' αὐτούς.	→ Acts 13,51 → Acts 18,6 Mk-Q overlap
					Lk 10,10 ⇧ Lk 9,5 → Lk 10,8	εἰς ἣν δ' ἂν πόλιν εἰσέλθητε καὶ μὴ δέχωνται ὑμᾶς, **ἐξελθόντες** εἰς τὰς πλατείας αὐτῆς εἴπατε· [11] καὶ τὸν κονιορτὸν τὸν κολληθέντα ἡμῖν ἐκ τῆς πόλεως ὑμῶν εἰς τοὺς πόδας ἀπομασσόμεθα ὑμῖν· ...	

220	**Mt 15,11**	... ἀλλὰ **τὸ ἐκπορευόμενον ἐκ τοῦ στόματος** τοῦτο κοινοῖ τὸν ἄνθρωπον.	**Mk 7,15**	... ἀλλὰ **τὰ ἐκ τοῦ ἀνθρώπου ἐκπορευόμενά** ἐστιν τὰ κοινοῦντα τὸν ἄνθρωπον.			→ GTh 14,5
120	**Mt 15,17**	... εἰς τὴν κοιλίαν χωρεῖ καὶ εἰς ἀφεδρῶνα **ἐκβάλλεται;**	**Mk 7,19**	ὅτι οὐκ εἰσπορεύεται αὐτοῦ εἰς τὴν καρδίαν ἀλλ' εἰς τὴν κοιλίαν, καὶ εἰς τὸν ἀφεδρῶνα **ἐκπορεύεται,** καθαρίζων πάντα τὰ βρώματα;			→ GTh 14,5
220	**Mt 15,18**	**τὰ δὲ ἐκπορευόμενα ἐκ τοῦ στόματος** ἐκ τῆς καρδίας ἐξέρχεται, κἀκεῖνα κοινοῖ τὸν ἄνθρωπον.	**Mk 7,20**	... **τὸ ἐκ τοῦ ἀνθρώπου ἐκπορευόμενον,** ἐκεῖνο κοινοῖ τὸν ἄνθρωπον.			→ GTh 14,5
120	**Mt 15,19**	ἐκ γὰρ τῆς καρδίας **ἐξέρχονται** διαλογισμοὶ πονηροί, φόνοι, μοιχεῖαι, πορνεῖαι, κλοπαί, ...	**Mk 7,21**	ἔσωθεν γὰρ ἐκ τῆς καρδίας τῶν ἀνθρώπων οἱ διαλογισμοὶ οἱ κακοὶ **ἐκπορεύονται,** πορνεῖαι, κλοπαί, φόνοι, [22] μοιχεῖαι, ...			→ GTh 14,5
120	**Mt 15,20**	ταῦτά ἐστιν τὰ κοινοῦντα τὸν ἄνθρωπον, ...	**Mk 7,23**	πάντα ταῦτα τὰ πονηρὰ ἔσωθεν **ἐκπορεύεται** καὶ κοινοῖ τὸν ἄνθρωπον.			→ GTh 14,5
121	**Mt 19,16** → Mt 22,35-36	καὶ ἰδοὺ εἷς προσελθὼν αὐτῷ εἶπεν· διδάσκαλε, τί ἀγαθὸν ποιήσω ἵνα σχῶ ζωὴν αἰώνιον;	**Mk 10,17** → Mk 12,28 → Mt 19,15	καὶ **ἐκπορευομένου** αὐτοῦ εἰς ὁδὸν προσδραμὼν εἷς καὶ γονυπετήσας αὐτὸν ἐπηρώτα αὐτόν· διδάσκαλε ἀγαθέ, τί ποιήσω ἵνα ζωὴν αἰώνιον κληρονομήσω;	**Lk 18,18** ⇨ Lk 10,25	καὶ ἐπηρώτησέν τις αὐτὸν ἄρχων λέγων· διδάσκαλε ἀγαθέ, τί ποιήσας ζωὴν αἰώνιον κληρονομήσω;	
221	**Mt 20,29** ⇩ Mt 9,27	καὶ **ἐκπορευομένων** αὐτῶν ἀπὸ Ἰεριχὼ ἠκολούθησεν αὐτῷ ὄχλος πολύς. [30] καὶ ἰδοὺ δύο τυφλοὶ καθήμενοι παρὰ τὴν ὁδόν ...	**Mk 10,46**	καὶ ἔρχονται εἰς Ἰεριχώ. καὶ **ἐκπορευομένου** αὐτοῦ ἀπὸ Ἰεριχὼ καὶ τῶν μαθητῶν αὐτοῦ καὶ ὄχλου ἱκανοῦ ὁ υἱὸς Τιμαίου Βαρτιμαῖος, τυφλὸς προσαίτης, ἐκάθητο παρὰ τὴν ὁδόν.	**Lk 18,35**	ἐγένετο δὲ ἐν τῷ ἐγγίζειν αὐτὸν εἰς Ἰεριχὼ τυφλός τις ἐκάθητο παρὰ τὴν ὁδὸν ἐπαιτῶν.	
	Mt 9,27 ⇧ Mt 20,29-30	καὶ **παράγοντι** ἐκεῖθεν τῷ Ἰησοῦ ἠκολούθησαν [αὐτῷ] δύο τυφλοὶ ...					
020			**Mk 11,19** → Mt 21,17 → Lk 21,37	καὶ ὅταν ὀψὲ ἐγένετο, **ἐξεπορεύοντο** ἔξω τῆς πόλεως.			
121	**Mt 24,1**	καὶ **ἐξελθὼν** ὁ Ἰησοῦς ἀπὸ τοῦ ἱεροῦ ἐπορεύετο, καὶ προσῆλθον οἱ μαθηταὶ αὐτοῦ ἐπιδεῖξαι αὐτῷ τὰς οἰκοδομὰς τοῦ ἱεροῦ.	**Mk 13,1**	καὶ **ἐκπορευομένου** αὐτοῦ ἐκ τοῦ ἱεροῦ λέγει αὐτῷ εἷς τῶν μαθητῶν αὐτοῦ· διδάσκαλε, ἴδε ποταποὶ λίθοι καὶ ποταπαὶ οἰκοδομαί.	**Lk 21,5**	καί τινων λεγόντων περὶ τοῦ ἱεροῦ ὅτι λίθοις καλοῖς καὶ ἀναθήμασιν κεκόσμηται ...	

Acts 9,28	καὶ ἦν μετ' αὐτῶν εἰσπορευόμενος καὶ **ἐκπορευόμενος** εἰς Ἰερουσαλήμ, παρρησιαζόμενος ἐν τῷ ὀνόματι τοῦ κυρίου	**Acts 19,12**	... καὶ ἀπαλλάσσεσθαι ἀπ' αὐτῶν τὰς νόσους, τά τε πνεύματα τὰ πονηρὰ **ἐκπορεύεσθαι.**	**Acts 25,4**	ὁ μὲν οὖν Φῆστος ἀπεκρίθη τηρεῖσθαι τὸν Παῦλον εἰς Καισάρειαν, ἑαυτὸν δὲ μέλλειν ἐν τάχει **ἐκπορεύεσθαι·**

ἐκριζόω	Syn 3	Mt 2	Mk	Lk 1	Acts	Jn	1-3John	Paul	Eph	Col
	NT 4	2Thess	1/2Tim	Tit	Heb	Jas	1Pet	2Pet	Jude 1	Rev

uproot; pull out by the roots; utterly destroy

	Mt		Mk		Lk		
200	**Mt 13,29**	... οὔ, μήποτε συλλέγοντες τὰ ζιζάνια **ἐκριζώσητε** ἅμα αὐτοῖς τὸν σῖτον.					→ GTh 57
200	**Mt 15,13**	... πᾶσα φυτεία ἣν οὐκ ἐφύτευσεν ὁ πατήρ μου ὁ οὐράνιος **ἐκριζωθήσεται.**					
102	**Mt 17,20** → Mt 21,21	... διὰ τὴν ὀλιγοπιστίαν ὑμῶν· ἀμὴν γὰρ λέγω ὑμῖν, ἐὰν ἔχητε πίστιν ὡς κόκκον σινάπεως, ἐρεῖτε τῷ ὄρει τούτῳ, **μετάβα** ἔνθεν ἐκεῖ, καὶ μεταβήσεται· καὶ οὐδὲν ἀδυνατήσει ὑμῖν.	**Mk 11,23** → Mk 9,23	[22] ... ἔχετε πίστιν θεοῦ. [23] ἀμὴν λέγω ὑμῖν ὅτι ὃς ἂν εἴπῃ τῷ ὄρει τούτῳ· **ἄρθητι** καὶ βλήθητι εἰς τὴν θάλασσαν, καὶ μὴ διακριθῇ ἐν τῇ καρδίᾳ αὐτοῦ ἀλλὰ πιστεύῃ ὅτι ὃ λαλεῖ γίνεται, ἔσται αὐτῷ.	**Lk 17,6**	... εἰ ἔχετε πίστιν ὡς κόκκον σινάπεως, ἐλέγετε ἂν τῇ συκαμίνῳ [ταύτῃ]· **ἐκριζώθητι** καὶ φυτεύθητι ἐν τῇ θαλάσσῃ· καὶ ὑπήκουσεν ἂν ὑμῖν.	→ GTh 48 → GTh 106

ἔκστασις	Syn 3	Mt	Mk 2	Lk 1	Acts 4	Jn	1-3John	Paul	Eph	Col
	NT 7	2Thess	1/2Tim	Tit	Heb	Jas	1Pet	2Pet	Jude	Rev

distraction; confusion; astonishment; terror; trance; ecstasy

	Mt		Mk		Lk		
112	**Mt 9,8**	ἰδόντες δὲ οἱ ὄχλοι **ἐφοβήθησαν** καὶ ἐδόξασαν τὸν θεὸν τὸν δόντα ἐξουσίαν τοιαύτην τοῖς ἀνθρώποις.	**Mk 2,12**	... ὥστε **ἐξίστασθαι** πάντας καὶ δοξάζειν τὸν θεὸν λέγοντας ὅτι οὕτως οὐδέποτε εἴδομεν.	**Lk 5,26**	καὶ **ἔκστασις ἔλαβεν** ἅπαντας καὶ ἐδόξαζον τὸν θεὸν καὶ ἐπλήσθησαν φόβου λέγοντες ὅτι εἴδομεν παράδοξα σήμερον.	
021			**Mk 5,42**	... καὶ ἐξέστησαν [εὐθὺς] **ἐκστάσει μεγάλῃ.**	**Lk 8,56**	καὶ ἐξέστησαν οἱ γονεῖς αὐτῆς· ...	
121	**Mt 28,8**	καὶ ἀπελθοῦσαι ταχὺ ἀπὸ τοῦ μνημείου **μετὰ φόβου καὶ χαρᾶς μεγάλης** ἔδραμον ἀπαγγεῖλαι τοῖς μαθηταῖς αὐτοῦ.	**Mk 16,8**	καὶ ἐξελθοῦσαι ἔφυγον ἀπὸ τοῦ μνημείου, εἶχεν γὰρ αὐτὰς **τρόμος καὶ ἔκστασις·** καὶ οὐδενὶ οὐδὲν εἶπαν· ἐφοβοῦντο γάρ.	**Lk 24,9**	καὶ ὑποστρέψασαι ἀπὸ τοῦ μνημείου ἀπήγγειλαν ταῦτα πάντα τοῖς ἕνδεκα καὶ πᾶσιν τοῖς λοιποῖς.	→ Jn 20,2.18

Acts 3,10 ... καὶ ἐπλήσθησαν θάμβους καὶ **ἐκστάσεως** ἐπὶ τῷ συμβεβηκότι αὐτῷ.

Acts 10,10 ... παρασκευαζόντων δὲ αὐτῶν ἐγένετο ἐπ' αὐτὸν **ἔκστασις**

Acts 11,5 ἐγὼ ἤμην ἐν πόλει Ἰόππῃ προσευχόμενος καὶ εἶδον **ἐν ἐκστάσει** ὅραμα, ...

Acts 22,17 ... καὶ προσευχομένου μου ἐν τῷ ἱερῷ γενέσθαι με **ἐν ἐκστάσει** [18] καὶ ἰδεῖν αὐτὸν λέγοντά μοι· σπεῦσον καὶ ἔξελθε ἐν τάχει ἐξ Ἰερουσαλήμ, ...

# ἐκτείνω	Syn	Mt	Mk	Lk	Acts	Jn	1-3John	Paul	Eph	Col
	12	6	3	3	3	1				
	NT	2Thess	1/2Tim	Tit	Heb	Jas	1Pet	2Pet	Jude	Rev
	16									

stretch out

	triple tradition																double tradition			Sondergut		
		+Mt / +Lk			–Mt / –Lk			traditions not taken over by Mt / Lk							subtotals							
code	222	211	112	212	221	122	121	022	012	021	220	120	210	020	Σ⁺	Σ⁻	Σ	202	201	102	200	002	total
Mt	2	1⁺			1								1⁺		2⁺		5				1		**6**
Mk	2				1												3						**3**
Lk	2		1⁺		1⁻										1⁺	1⁻	3						**3**

code	Mt		Mk		Lk		
222	**Mt 8,3**	καὶ **ἐκτείνας** τὴν χεῖρα ἥψατο αὐτοῦ λέγων· θέλω, καθαρίσθητι· ...	**Mk 1,41**	καὶ σπλαγχνισθεὶς **ἐκτείνας** τὴν χεῖρα αὐτοῦ ἥψατο καὶ λέγει αὐτῷ· θέλω, καθαρίσθητι·	**Lk 5,13**	καὶ **ἐκτείνας** τὴν χεῖρα ἥψατο αὐτοῦ λέγων· θέλω, καθαρίσθητι· ...	
222 221	**Mt 12,13** (2)	τότε λέγει τῷ ἀνθρώπῳ· **ἔκτεινόν** σου τὴν χεῖρα. καὶ **ἐξέτεινεν** καὶ ἀπεκατεστάθη ὑγιὴς ὡς ἡ ἄλλη.	**Mk 3,5** (2)	... λέγει τῷ ἀνθρώπῳ· **ἔκτεινον** τὴν χεῖρα. καὶ **ἐξέτεινεν** καὶ ἀπεκατεστάθη ἡ χεὶρ αὐτοῦ.	**Lk 6,10** → Lk 13,12 → Lk 13,13	... εἶπεν αὐτῷ· **ἔκτεινον** τὴν χεῖρά σου. ὁ δὲ **ἐποίησεν** καὶ ἀπεκατεστάθη ἡ χεὶρ αὐτοῦ.	
210	**Mt 12,49**	καὶ **ἐκτείνας** τὴν χεῖρα αὐτοῦ ἐπὶ τοὺς μαθητὰς αὐτοῦ εἶπεν· ἰδοὺ ἡ μήτηρ μου καὶ οἱ ἀδελφοί μου·	**Mk 3,34**	καὶ **περιβλεψάμενος** τοὺς περὶ αὐτὸν κύκλῳ καθημένους λέγει· ἴδε ἡ μήτηρ μου καὶ οἱ ἀδελφοί μου.			→ GTh 99
200	**Mt 14,31**	εὐθέως δὲ ὁ Ἰησοῦς **ἐκτείνας** τὴν χεῖρα ἐπελάβετο αὐτοῦ ...					
211	**Mt 26,51**	καὶ ἰδοὺ εἷς τῶν μετὰ Ἰησοῦ **ἐκτείνας** τὴν χεῖρα ἀπέσπασεν τὴν μάχαιραν αὐτοῦ καὶ πατάξας τὸν δοῦλον τοῦ ἀρχιερέως ἀφεῖλεν αὐτοῦ τὸ ὠτίον.	**Mk 14,47**	εἷς δέ [τις] τῶν παρεστηκότων σπασάμενος τὴν μάχαιραν ἔπαισεν τὸν δοῦλον τοῦ ἀρχιερέως καὶ ἀφεῖλεν αὐτοῦ τὸ ὠτάριον.	**Lk 22,50** → Lk 22,49	καὶ ἐπάταξεν εἷς τις ἐξ αὐτῶν τοῦ ἀρχιερέως τὸν δοῦλον καὶ ἀφεῖλεν τὸ οὖς αὐτοῦ τὸ δεξιόν.	→ Jn 18,10
112	**Mt 26,55**	... καθ' ἡμέραν ἐν τῷ ἱερῷ ἐκαθεζόμην διδάσκων καὶ **οὐκ ἐκρατήσατέ** με.	**Mk 14,49**	καθ' ἡμέραν ἤμην πρὸς ὑμᾶς ἐν τῷ ἱερῷ διδάσκων καὶ **οὐκ ἐκρατήσατέ** με· ...	**Lk 22,53**	καθ' ἡμέραν ὄντος μου μεθ' ὑμῶν ἐν τῷ ἱερῷ **οὐκ ἐξετείνατε** τὰς χεῖρας ἐπ' ἐμέ, ...	→ Jn 18,20

Acts 4,30 ἐν τῷ τὴν χεῖρά [σου] **ἐκτείνειν** σε εἰς ἴασιν καὶ σημεῖα καὶ τέρατα γίνεσθαι ...

Acts 26,1 ... τότε ὁ Παῦλος **ἐκτείνας** τὴν χεῖρα ἀπελογεῖτο·

Acts 27,30 ... καὶ χαλασάντων τὴν σκάφην εἰς τὴν θάλασσαν προφάσει ὡς ἐκ πρῴρης ἀγκύρας μελλόντων **ἐκτείνειν**

ἐκτελέω	Syn 2	Mt	Mk	Lk 2	Acts	Jn	1-3John	Paul	Eph	Col
	NT 2	2Thess	1/2Tim	Tit	Heb	Jas	1Pet	2Pet	Jude	Rev

finish; bring to completion

002		**Lk 14,29** ἵνα μήποτε θέντος αὐτοῦ θεμέλιον καὶ μὴ ἰσχύοντος **ἐκτελέσαι** πάντες οἱ θεωροῦντες ἄρξωνται αὐτῷ ἐμπαίζειν	
002		**Lk 14,30** ... οὗτος ὁ ἄνθρωπος ἤρξατο οἰκοδομεῖν καὶ οὐκ ἴσχυσεν **ἐκτελέσαι.**	

ἐκτενῶς	Syn 1	Mt	Mk	Lk 1	Acts 1	Jn	1-3John	Paul	Eph	Col
	NT 3	2Thess	1/2Tim	Tit	Heb	Jas	1Pet 1	2Pet	Jude	Rev

eagerly; fervently; constantly

002		**Lk 22,44** [[καὶ γενόμενος ἐν ἀγωνίᾳ **ἐκτενέστερον** προσηύχετο· ...]]	

Acts 12,5 ... προσευχὴ δὲ ἦν **ἐκτενῶς** γινομένη ὑπὸ τῆς ἐκκλησίας πρὸς τὸν θεὸν περὶ αὐτοῦ.

ἐκτινάσσω

ἐκτινάσσω	Syn 2	Mt 1	Mk 1	Lk	Acts 2	Jn	1-3John	Paul	Eph	Col
	NT 4	2Thess	1/2Tim	Tit	Heb	Jas	1Pet	2Pet	Jude	Rev

shake off; shake out

221	**Mt 10,14** ... ἐξερχόμενοι ἔξω τῆς οἰκίας ἢ τῆς πόλεως ἐκείνης **ἐκτινάξατε** τὸν κονιορτὸν τῶν ποδῶν ὑμῶν.	**Mk 6,11** ... ἐκπορευόμενοι ἐκεῖθεν **ἐκτινάξατε** τὸν χοῦν τὸν ὑποκάτω τῶν ποδῶν ὑμῶν εἰς μαρτύριον αὐτοῖς.	**Lk 9,5** ⇩ Lk 10,10-11 ... ἐξερχόμενοι ἀπὸ τῆς πόλεως ἐκείνης τὸν κονιορτὸν ἀπὸ τῶν ποδῶν ὑμῶν **ἀποτινάσσετε** εἰς μαρτύριον ἐπ᾽ αὐτούς. **Lk 10,11** ⇧ Lk 9,5 [10] ... ἐξελθόντες εἰς τὰς πλατείας αὐτῆς εἴπατε· [11] καὶ τὸν κονιορτὸν τὸν κολληθέντα ἡμῖν ἐκ τῆς πόλεως ὑμῶν εἰς τοὺς πόδας **ἀπομασσόμεθα** ὑμῖν· ...	→ Acts 13,51 → Acts 18,6 Mk-Q overlap

Acts 13,51 → Mt 10,14 → Mk 6,11 → Lk 9,5 → Lk 10,11
οἱ δὲ **ἐκτιναξάμενοι** τὸν κονιορτὸν τῶν ποδῶν ἐπ᾽ αὐτοὺς ἦλθον εἰς Ἰκόνιον

Acts 18,6 → Mt 10,14 → Mk 6,11 → Lk 9,5 → Lk 10,11
ἀντιτασσομένων δὲ αὐτῶν καὶ βλασφημούντων **ἐκτιναξάμενος** τὰ ἱμάτια εἶπεν πρὸς αὐτούς· ...

ἕκτος

ἕκτος	Syn 6	Mt 2	Mk 1	Lk 3	Acts 1	Jn 2	1-3John	Paul	Eph	Col
	NT 14	2Thess	1/2Tim	Tit	Heb	Jas	1Pet	2Pet	Jude	Rev 5

sixth

002			**Lk 1,26** ἐν δὲ τῷ μηνὶ τῷ **ἕκτῳ** ἀπεστάλη ὁ ἄγγελος Γαβριὴλ ἀπὸ τοῦ θεοῦ εἰς πόλιν τῆς Γαλιλαίας ᾗ ὄνομα Ναζαρὲθ	
002			**Lk 1,36** ... αὐτὴ συνείληφεν υἱὸν ἐν γήρει αὐτῆς καὶ οὗτος **μὴν ἕκτος** ἐστὶν αὐτῇ τῇ καλουμένῃ στείρᾳ·	
200	**Mt 20,5** ... πάλιν [δὲ] ἐξελθὼν **περὶ ἕκτην καὶ ἐνάτην ὥραν** ἐποίησεν ὡσαύτως.			
222	**Mt 27,45** **ἀπὸ δὲ ἕκτης ὥρας** σκότος ἐγένετο ἐπὶ πᾶσαν τὴν γῆν ἕως ὥρας ἐνάτης.	**Mk 15,33** καὶ γενομένης **ὥρας ἕκτης** σκότος ἐγένετο ἐφ᾽ ὅλην τὴν γῆν ἕως ὥρας ἐνάτης.	**Lk 23,44** → Lk 23,45 καὶ ἦν ἤδη **ὡσεὶ ὥρα ἕκτη** καὶ σκότος ἐγένετο ἐφ᾽ ὅλην τὴν γῆν ἕως ὥρας ἐνάτης	

Acts 10,9 ... ἀνέβη Πέτρος ἐπὶ τὸ δῶμα προσεύξασθαι **περὶ ὥραν ἕκτην.**

ἐκτός	Syn 1	Mt 1	Mk	Lk	Acts 1	Jn	1-3John	Paul 5	Eph	Col
	NT 8	2Thess	1/2Tim 1	Tit	Heb	Jas	1Pet	2Pet	Jude	Rev

outside; except; unless

201	**Mt 23,26** ... καθάρισον πρῶτον τὸ ἐντὸς τοῦ ποτηρίου, ἵνα γένηται καὶ **τὸ ἐκτὸς αὐτοῦ** καθαρόν.		**Lk 11,41** πλὴν τὰ ἐνόντα δότε ἐλεημοσύνην, καὶ ἰδοὺ **πάντα** καθαρὰ ὑμῖν ἐστιν.	→ GTh 89

Acts 26,22 ... ἕστηκα μαρτυρόμενος μικρῷ τε καὶ μεγάλῳ **οὐδὲν ἐκτὸς** λέγων ὧν τε οἱ προφῆται ἐλάλησαν μελλόντων γίνεσθαι καὶ Μωϋσῆς

ἐκφέρω	Syn 2	Mt	Mk 1	Lk 1	Acts 4	Jn	1-3John	Paul	Eph	Col
	NT 8	2Thess	1/2Tim 1	Tit	Heb 1	Jas	1Pet	2Pet	Jude	Rev

carry, bring out; lead (out); sent (out)

020		**Mk 8,23** → Mk 7,33 καὶ ἐπιλαβόμενος τῆς χειρὸς τοῦ τυφλοῦ **ἐξήνεγκεν** αὐτὸν ἔξω τῆς κώμης ...		→ Jn 9,6
002			**Lk 15,22** ... ταχὺ **ἐξενέγκατε** στολὴν τὴν πρώτην καὶ ἐνδύσατε αὐτόν, ...	

Acts 5,6 ἀναστάντες δὲ οἱ νεώτεροι συνέστειλαν αὐτὸν καὶ **ἐξενέγκαντες** ἔθαψαν.

Acts 5,9 ... ἰδοὺ οἱ πόδες τῶν θαψάντων τὸν ἄνδρα σου ἐπὶ τῇ θύρᾳ καὶ **ἐξοίσουσίν** σε.

Acts 5,10 ... καὶ **ἐξενέγκαντες** ἔθαψαν πρὸς τὸν ἄνδρα αὐτῆς

Acts 5,15 → Mk 6,56 ὥστε καὶ εἰς τὰς πλατείας **ἐκφέρειν** τοὺς ἀσθενεῖς καὶ τιθέναι ἐπὶ κλιναρίων καὶ κραβάττων, ...

ἐκφεύγω	Syn 1	Mt	Mk	Lk 1	Acts 2	Jn	1-3John	Paul 3	Eph	Col
	NT 8	2Thess	1/2Tim	Tit	Heb 2	Jas	1Pet	2Pet	Jude	Rev

run away; seek safety in flight; escape

112	**Mt 25,13** → Mt 24,42 → Mt 24,44 → Mt 24,50 γρηγορεῖτε οὖν, ὅτι οὐκ οἴδατε τὴν ἡμέραν οὐδὲ τὴν ὥραν.	**Mk 13,33** → Lk 21,34 βλέπετε, ἀγρυπνεῖτε· οὐκ οἴδατε γὰρ πότε ὁ καιρός ἐστιν.	**Lk 21,36** → Lk 18,1 ἀγρυπνεῖτε δὲ ἐν παντὶ καιρῷ δεόμενοι ἵνα κατισχύσητε **ἐκφυγεῖν** ταῦτα πάντα τὰ μέλλοντα γίνεσθαι ...	

Acts 16,27 ... σπασάμενος [τὴν] μάχαιραν ἤμελλεν ἑαυτὸν ἀναιρεῖν νομίζων **ἐκπεφευγέναι** τοὺς δεσμίους.

Acts 19,16 ... ὥστε γυμνοὺς καὶ τετραυματισμένους **ἐκφυγεῖν** ἐκ τοῦ οἴκου ἐκείνου.

ἔκφοβος

Syn 1	Mt	Mk 1	Lk	Acts	Jn	1-3John	Paul	Eph	Col
NT 2	2Thess	1/2Tim	Tit	Heb 1	Jas	1Pet	2Pet	Jude	Rev

terrified

021		Mk 9,6 → Mt 17,6	οὐ γὰρ ᾔδει τί ἀποκριθῇ, **ἔκφοβοι** γὰρ ἐγένοντο.	Lk 9,33	... μὴ εἰδὼς ὃ λέγει.	

ἐκφύω

Syn 2	Mt 1	Mk 1	Lk	Acts	Jn	1-3John	Paul	Eph	Col
NT 2	2Thess	1/2Tim	Tit	Heb	Jas	1Pet	2Pet	Jude	Rev

put forth

221	Mt 24,32	... ὅταν ἤδη ὁ κλάδος αὐτῆς γένηται ἁπαλὸς καὶ **τὰ φύλλα ἐκφύῃ,** γινώσκετε ὅτι ἐγγὺς τὸ θέρος·	Mk 13,28	... ὅταν ἤδη ὁ κλάδος αὐτῆς ἁπαλὸς γένηται καὶ **ἐκφύῃ τὰ φύλλα,** γινώσκετε ὅτι ἐγγὺς τὸ θέρος ἐστίν·	Lk 21,30	ὅταν **προβάλωσιν** ἤδη, βλέποντες ἀφ' ἑαυτῶν γινώσκετε ὅτι ἤδη ἐγγὺς τὸ θέρος ἐστίν·	

ἐκχέω, ἐκχύν(ν)ω

Syn 7	Mt 3	Mk 1	Lk 3	Acts 6	Jn 1	1-3John	Paul 2	Eph	Col
NT 27	2Thess	1/2Tim	Tit 1	Heb	Jas	1Pet	2Pet	Jude 1	Rev 9

pour out; shed (blood)

212	Mt 9,17	οὐδὲ βάλλουσιν οἶνον νέον εἰς ἀσκοὺς παλαιούς· εἰ δὲ μή γε, ῥήγνυνται οἱ ἀσκοὶ καὶ ὁ οἶνος **ἐκχεῖται** καὶ οἱ ἀσκοὶ ἀπόλλυνται· ...	Mk 2,22	καὶ οὐδεὶς βάλλει οἶνον νέον εἰς ἀσκοὺς παλαιούς· εἰ δὲ μή, ῥήξει ὁ οἶνος τοὺς ἀσκοὺς καὶ ὁ οἶνος ἀπόλλυται καὶ οἱ ἀσκοί· ...	Lk 5,37	καὶ οὐδεὶς βάλλει οἶνον νέον εἰς ἀσκοὺς παλαιούς· εἰ δὲ μή γε, ῥήξει ὁ οἶνος ὁ νέος τοὺς ἀσκοὺς καὶ αὐτὸς **ἐκχυθήσεται** καὶ οἱ ἀσκοὶ ἀπολοῦνται·	→ GTh 47,4
202	Mt 23,35	ὅπως ἔλθῃ ἐφ' ὑμᾶς πᾶν αἷμα δίκαιον **ἐκχυννόμενον** ἐπὶ τῆς γῆς ...			Lk 11,50	ἵνα ἐκζητηθῇ τὸ αἷμα πάντων τῶν προφητῶν **τὸ ἐκκεχυμένον** ἀπὸ καταβολῆς κόσμου ἀπὸ τῆς γενεᾶς ταύτης	
222	Mt 26,28	τοῦτο γάρ ἐστιν τὸ αἷμά μου τῆς διαθήκης τὸ περὶ πολλῶν **ἐκχυννόμενον** εἰς ἄφεσιν ἁμαρτιῶν.	Mk 14,24	... τοῦτό ἐστιν τὸ αἷμά μου τῆς διαθήκης τὸ **ἐκχυννόμενον** ὑπὲρ πολλῶν.	Lk 22,20	... τοῦτο τὸ ποτήριον ἡ καινὴ διαθήκη ἐν τῷ αἵματί μου, τὸ ὑπὲρ ὑμῶν **ἐκχυννόμενον.**	→ 1Cor 11,25

Acts 1,18 → Mt 27,5 ... καὶ πρηνὴς γενόμενος ἐλάκησεν μέσος καὶ **ἐξεχύθη** πάντα τὰ σπλάγχνα αὐτοῦ·

Acts 2,17 *καὶ ἔσται* ἐν ταῖς ἐσχάταις ἡμέραις, λέγει ὁ θεός, ***ἐκχεῶ*** *ἀπὸ τοῦ πνεύματός μου ἐπὶ πᾶσαν σάρκα, ...* ➤ Joel 3,1 LXX

Acts 2,18 *καί γε ἐπὶ τοὺς δούλους μου καὶ ἐπὶ τὰς δούλας μου ἐν ταῖς ἡμέραις ἐκείναις* ***ἐκχεῶ*** *ἀπὸ τοῦ πνεύματός μου,* καὶ προφητεύσουσιν. ➤ Joel 3,2 LXX

Acts 2,33 → Lk 24,49 → Acts 1,8	... τήν τε ἐπαγγελίαν τοῦ πνεύματος τοῦ ἁγίου λαβὼν παρὰ τοῦ πατρὸς, **ἐξέχεεν** τοῦτο ὃ ὑμεῖς [καὶ] βλέπετε καὶ ἀκούετε.	**Acts 10,45**	... ὅτι καὶ ἐπὶ τὰ ἔθνη ἡ δωρεὰ τοῦ ἁγίου πνεύματος **ἐκκέχυται**·	**Acts 22,20**	καὶ ὅτε **ἐξεχύννετο** τὸ αἷμα Στεφάνου τοῦ μάρτυρός σου, καὶ αὐτὸς ἤμην ἐφεστὼς καὶ συνευδοκῶν καὶ φυλάσσων τὰ ἱμάτια τῶν ἀναιρούντων αὐτόν.

ἐκχωρέω

	Syn	Mt	Mk	Lk	Acts	Jn	1-3John	Paul	Eph	Col
	1			1						
	NT	2Thess	1/2Tim	Tit	Heb	Jas	1Pet	2Pet	Jude	Rev
	1									

go out; go away; depart

code							
112	**Mt 24,16**	τότε οἱ ἐν τῇ Ἰουδαίᾳ φευγέτωσαν εἰς τὰ ὄρη	**Mk 13,14**	... τότε οἱ ἐν τῇ Ἰουδαίᾳ φευγέτωσαν εἰς τὰ ὄρη	**Lk 21,21** → Lk 17,31	τότε οἱ ἐν τῇ Ἰουδαίᾳ φευγέτωσαν εἰς τὰ ὄρη καὶ οἱ ἐν μέσῳ αὐτῆς **ἐκχωρείτωσαν** ...	

ἐλαία

	Syn	Mt	Mk	Lk	Acts	Jn	1-3John	Paul	Eph	Col
	10	3	3	4				2		
	NT	2Thess	1/2Tim	Tit	Heb	Jas	1Pet	2Pet	Jude	Rev
	14					1				1

olive tree (Luke 19,29 and 21,37 may also stem from ἐλαιών, olive grove; see Acts 1,12.)

	triple tradition																	double tradition			Sondergut		
		+Mt / +Lk			–Mt / –Lk			traditions not taken over by Mt / Lk							subtotals								
code	*222*	*211*	*112*	*212*	*221*	*122*	*121*	*022*	*012*	*021*	*220*	*120*	*210*	*020*	Σ⁺	Σ⁻	Σ	*202*	*201*	*102*	*200*	*002*	total
Mt	2				1												3						**3**
Mk	2				1												3						**3**
Lk	2		1^+		1^-										1^+	1^-	3					1	**4**

code							
222	**Mt 21,1**	καὶ ὅτε ἤγγισαν εἰς Ἱεροσόλυμα καὶ ἦλθον εἰς Βηθφαγὴ **εἰς τὸ ὄρος τῶν ἐλαιῶν**, τότε Ἰησοῦς ἀπέστειλεν δύο μαθητὰς	**Mk 11,1**	καὶ ὅτε ἐγγίζουσιν εἰς Ἱεροσόλυμα εἰς Βηθφαγὴ καὶ Βηθανίαν **πρὸς τὸ ὄρος τῶν ἐλαιῶν**, ἀποστέλλει δύο τῶν μαθητῶν αὐτοῦ	**Lk 19,29**	καὶ ἐγένετο ὡς ἤγγισεν εἰς Βηθφαγὴ καὶ Βηθανία[ν] **πρὸς τὸ ὄρος τὸ καλούμενον Ἐλαιῶν**, ἀπέστειλεν δύο τῶν μαθητῶν	
112	**Mt 21,9**	οἱ δὲ ὄχλοι οἱ προάγοντες αὐτὸν καὶ οἱ ἀκολουθοῦντες ἔκραζον ...	**Mk 11,9** ·	καὶ οἱ προάγοντες καὶ οἱ ἀκολουθοῦντες ἔκραζον· ...	**Lk 19,37**	ἐγγίζοντος δὲ αὐτοῦ ἤδη **πρὸς τῇ καταβάσει τοῦ ὄρους τῶν ἐλαιῶν** ἤρξαντο ἅπαν τὸ πλῆθος τῶν μαθητῶν χαίροντες αἰνεῖν τὸν θεὸν φωνῇ μεγάλῃ περὶ πασῶν ὧν εἶδον δυνάμεων	→ Jn 12,13
221	**Mt 24,3**	καθημένου δὲ αὐτοῦ **ἐπὶ τοῦ ὄρους τῶν ἐλαιῶν** προσῆλθον αὐτῷ οἱ μαθηταὶ κατ᾽ ἰδίαν λέγοντες· ...	**Mk 13,3**	καὶ καθημένου αὐτοῦ **εἰς τὸ ὄρος τῶν ἐλαιῶν** κατέναντι τοῦ ἱεροῦ ἐπηρώτα αὐτὸν κατ᾽ ἰδίαν Πέτρος καὶ Ἰάκωβος καὶ Ἰωάννης καὶ Ἀνδρέας·	**Lk 21,7**	ἐπηρώτησαν δὲ αὐτὸν λέγοντες· ...	
002	**Mt 21,17**	καὶ καταλιπὼν αὐτοὺς ἐξῆλθεν ἔξω τῆς πόλεως **εἰς Βηθανίαν**, καὶ ηὐλίσθη ἐκεῖ.	**Mk 11,11**	... ὀψίας ἤδη οὔσης τῆς ὥρας, ἐξῆλθεν **εἰς Βηθανίαν** μετὰ τῶν δώδεκα.	**Lk 21,37** → Mk 11,19 → Lk 19,47	ἦν δὲ τὰς ἡμέρας ἐν τῷ ἱερῷ διδάσκων, τὰς δὲ νύκτας ἐξερχόμενος ηὐλίζετο **εἰς τὸ ὄρος τὸ καλούμενον Ἐλαιῶν**·	→ [[Jn 8,1]]

code	Mt		Mk		Lk		
222	**Mt 26,30** ↓ Mt 26,36	καὶ ὑμνήσαντες ἐξῆλθον **εἰς τὸ ὄρος** **τῶν ἐλαιῶν.**	**Mk 14,26** ↓ Mk 14,32	καὶ ὑμνήσαντες ἐξῆλθον **εἰς τὸ ὄρος** **τῶν ἐλαιῶν.**	**Lk 22,39**	καὶ ἐξελθὼν ἐπορεύθη κατὰ τὸ ἔθος **εἰς τὸ ὄρος** **τῶν ἐλαιῶν, ...**	→ Jn 14,31 → Jn 18,1
	Mt 26,36 ↑ Mt 26,30	τότε ἔρχεται μετ' αὐτῶν ὁ Ἰησοῦς εἰς χωρίον λεγόμενον Γεθσημανὶ καὶ λέγει τοῖς μαθηταῖς· ...	**Mk 14,32** ↑ Mk 14,26	καὶ ἔρχονται εἰς χωρίον οὗ τὸ ὄνομα Γεθσημανὶ καὶ λέγει τοῖς μαθηταῖς αὐτοῦ· ...			

ἔλαιον	Syn	Mt	Mk	Lk	Acts	Jn	1-3John	Paul	Eph	Col
	7	3	1	3						
	NT	2Thess	1/2Tim	Tit	Heb	Jas	1Pet	2Pet	Jude	Rev
	11				1	1				2

olive oil

	triple tradition																	double tradition			Sondergut		
		+Mt / +Lk			−Mt / −Lk			traditions not taken over by Mt / Lk							subtotals								
code	222	211	112	212	221	122	121	022	012	021	220	120	210	020	Σ⁺	Σ⁻	Σ	202	201	102	200	002	total
Mt																					3		3
Mk										1							1						1
Lk										1⁻						1⁻						3	3

code	Mt		Mk		Lk		
002					**Lk 7,46**	**ἐλαίῳ** τὴν κεφαλήν μου οὐκ ἤλειψας· αὕτη δὲ μύρῳ ἤλειψεν τοὺς πόδας μου.	
021			**Mk 6,13**	[12] καὶ ἐξελθόντες ἐκήρυξαν ἵνα μετανοῶσιν, [13] καὶ δαιμόνια πολλὰ ἐξέβαλλον, καὶ ἤλειφον **ἐλαίῳ** πολλοὺς ἀρρώστους καὶ ἐθεράπευον.	**Lk 9,6**	ἐξερχόμενοι δὲ διήρχοντο κατὰ τὰς κώμας εὐαγγελιζόμενοι καὶ θεραπεύοντες πανταχοῦ.	
002					**Lk 10,34**	καὶ προσελθὼν κατέδησεν τὰ τραύματα αὐτοῦ ἐπιχέων **ἔλαιον** καὶ οἶνον, ...	
002					**Lk 16,6**	ὁ δὲ εἶπεν· **ἑκατὸν βάτους** **ἐλαίου.** ὁ δὲ εἶπεν αὐτῷ· δέξαι σου τὰ γράμματα καὶ καθίσας ταχέως γράψον πεντήκοντα.	
200	**Mt 25,3**	αἱ γὰρ μωραὶ λαβοῦσαι τὰς λαμπάδας αὐτῶν οὐκ ἔλαβον μεθ' ἑαυτῶν **ἔλαιον.**					
200	**Mt 25,4**	αἱ δὲ φρόνιμοι ἔλαβον **ἔλαιον** ἐν τοῖς ἀγγείοις μετὰ τῶν λαμπάδων ἑαυτῶν.					
200	**Mt 25,8**	... δότε ἡμῖν **ἐκ τοῦ ἐλαίου ὑμῶν,** ὅτι αἱ λαμπάδες ἡμῶν σβέννυνται.					

ἐλαύνω	Syn 2	Mt	Mk 1	Lk 1	Acts	Jn 1	1-3John	Paul	Eph	Col
	NT 5	2Thess	1/2Tim	Tit	Heb	Jas 1	1Pet	2Pet 1	Jude	Rev

drive

code	Mt	Mk	Lk	
012		**Mk 5,5** καὶ διὰ παντὸς νυκτὸς καὶ ἡμέρας ἐν τοῖς μνήμασιν καὶ ἐν τοῖς ὄρεσιν ἦν ...	**Lk 8,29** ...καὶ διαρρήσσων τὰ δεσμὰ **ἠλαύνετο** ὑπὸ τοῦ δαιμονίου εἰς τὰς ἐρήμους.	
120	**Mt 14,24** ... βασανιζόμενον ὑπὸ τῶν κυμάτων, ἦν γὰρ ἐναντίος ὁ ἄνεμος.	**Mk 6,48** καὶ ἰδὼν αὐτοὺς βασανιζομένους **ἐν τῷ ἐλαύνειν,** ἦν γὰρ ὁ ἄνεμος ἐναντίος αὐτοῖς, ...		→ Jn 6,18

ἐλαφρός	Syn 1	Mt 1	Mk	Lk	Acts	Jn	1-3John	Paul 1	Eph	Col
	NT 2	2Thess	1/2Tim	Tit	Heb	Jas	1Pet	2Pet	Jude	Rev

light

code	Mt	Mk	Lk	
200	**Mt 11,30** ὁ γὰρ ζυγός μου χρηστὸς καὶ τὸ φορτίον μου **ἐλαφρόν** ἐστιν.			→ GTh 90

ἐλάχιστος	Syn 9	Mt 5	Mk	Lk 4	Acts	Jn	1-3John	Paul 3	Eph 1	Col
	NT 14	2Thess	1/2Tim	Tit	Heb 1	Jas	1Pet	2Pet	Jude	Rev

smallest; least; very small; unimportant; insignificant

	triple tradition																	double tradition			Sondergut		
		+Mt / +Lk			–Mt / –Lk			traditions not taken over by Mt / Lk							subtotals								
code	222	211	112	212	221	122	121	022	012	021	220	120	210	020	Σ⁺	Σ⁻	Σ	202	201	102	200	002	total
Mt																					5		5
Mk																							
Lk																				2		2	4

code	Mt	Mk	Lk	
200	**Mt 2,6** *καὶ σύ, Βηθλέεμ,* γῆ Ἰούδα, οὐδαμῶς ***ἐλαχίστη*** *εἶ ἐν τοῖς ἡγεμόσιν Ἰούδα·* ... ➤ Micah 5,1			
200 200	**Mt 5,19 (2)** ὃς ἐὰν οὖν λύσῃ **μίαν τῶν ἐντολῶν τούτων τῶν ἐλαχίστων** καὶ διδάξῃ οὕτως τοὺς ἀνθρώπους, **ἐλάχιστος** κληθήσεται ἐν τῇ βασιλείᾳ τῶν οὐρανῶν· ...			

102	Mt 6,28	καὶ περὶ ἐνδύματος τί μεριμνᾶτε; ...			Lk 12,26	εἰ οὖν οὐδὲ **ἐλάχιστον** δύνασθε, τί περὶ τῶν λοιπῶν μεριμνᾶτε;	
002 002					Lk 16,10 (2) ↓Mt 25,21 ↓Lk 19,17	ὁ πιστὸς **ἐν ἐλαχίστῳ** καὶ ἐν πολλῷ πιστός ἐστιν, καὶ ὁ **ἐν ἐλαχίστῳ** ἄδικος καὶ ἐν πολλῷ ἄδικός ἐστιν.	
102	Mt 25,21 →Mt 24,47	... εὖ, δοῦλε ἀγαθὲ καὶ πιστέ, **ἐπὶ ὀλίγα** ἦς πιστός, ἐπὶ πολλῶν σε καταστήσω· ...			Lk 19,17 ↑Lk 16,10	... εὖγε, ἀγαθὲ δοῦλε, ὅτι **ἐν ἐλαχίστῳ** πιστὸς ἐγένου, ἴσθι ἐξουσίαν ἔχων ἐπάνω δέκα πόλεων.	
200	Mt 25,40	... ἐφ' ὅσον ἐποιήσατε **ἑνὶ τούτων τῶν ἀδελφῶν μου τῶν ἐλαχίστων,** ἐμοὶ ἐποιήσατε.					
200	Mt 25,45	... ἐφ' ὅσον οὐκ ἐποιήσατε **ἑνὶ τούτων τῶν ἐλαχίστων,** οὐδὲ ἐμοὶ ἐποιήσατε.					

Ἐλεάζαρ

	Syn	Mt	Mk	Lk	Acts	Jn	1-3John	Paul	Eph	Col
	2	2								
	NT	2Thess	1/2Tim	Tit	Heb	Jas	1Pet	2Pet	Jude	Rev
	2									

Eleazar

200 200	Mt 1,15 (2)	Ἐλιοὺδ δὲ ἐγέννησεν **τὸν Ἐλεάζαρ, Ἐλεάζαρ** δὲ ἐγέννησεν τὸν Ματθάν, ...					

ἐλέγχω

	Syn	Mt	Mk	Lk	Acts	Jn	1-3John	Paul	Eph	Col
	2	1		1		3		1	2	
	NT	2Thess	1/2Tim	Tit	Heb	Jas	1Pet	2Pet	Jude	Rev
	17		2	3	1	1			1	1

bring to light; expose; set forth; convict; convince; reprove; correct; punish

112	Mt 14,3	ὁ γὰρ Ἡρῴδης κρατήσας τὸν Ἰωάννην ἔδησεν [αὐτὸν] καὶ ἐν φυλακῇ ἀπέθετο διὰ Ἡρῳδιάδα τὴν γυναῖκα Φιλίππου τοῦ ἀδελφοῦ αὐτοῦ·	Mk 6,17	αὐτὸς γὰρ ὁ Ἡρῴδης ἀποστείλας ἐκράτησεν τὸν Ἰωάννην καὶ ἔδησεν αὐτὸν ἐν φυλακῇ διὰ Ἡρῳδιάδα τὴν γυναῖκα Φιλίππου τοῦ ἀδελφοῦ αὐτοῦ, ὅτι αὐτὴν ἐγάμησεν·	Lk 3,19 →Mt 14,4 →Mk 6,18	ὁ δὲ Ἡρῴδης ὁ τετραάρχης, **ἐλεγχόμενος** ὑπ' αὐτοῦ περὶ Ἡρῳδιάδος τῆς γυναικὸς τοῦ ἀδελφοῦ αὐτοῦ καὶ περὶ πάντων ὧν ἐποίησεν πονηρῶν ὁ Ἡρῴδης, [20] προσέθηκεν καὶ τοῦτο ἐπὶ πᾶσιν [καὶ] κατέκλεισεν τὸν Ἰωάννην ἐν φυλακῇ.	

code	Mt		Mk		Lk		
201	**Mt 18,15** → Mt 18,21-22	ἐὰν δὲ ἁμαρτήσῃ [εἰς σὲ] ὁ ἀδελφός σου, ὕπαγε **ἔλεγξον** αὐτὸν μεταξὺ σοῦ καὶ αὐτοῦ μόνου. ἐάν σου ἀκούσῃ, ἐκέρδησας τὸν ἀδελφόν σου·			**Lk 17,3** → Lk 17,4	... ἐὰν ἁμάρτῃ ὁ ἀδελφός σου **ἐπιτίμησον** αὐτῷ, καὶ ἐὰν μετανοήσῃ ἄφες αὐτῷ.	

ἐλεέω

	Syn	Mt	Mk	Lk	Acts	Jn	1-3John	Paul	Eph	Col
	15	8	3	4				10		
	NT	2Thess	1/2Tim	Tit	Heb	Jas	1Pet	2Pet	Jude	Rev
	29		2				2			

be merciful; show mercy to someone; help someone

	triple tradition																	double tradition			Sondergut		
		+Mt / +Lk			–Mt / –Lk			traditions not taken over by Mt / Lk							subtotals								
code	*222*	*211*	*112*	*212*	*221*	*122*	*121*	*022*	*012*	*021*	*220*	*120*	*210*	*020*	Σ^+	Σ^-	Σ	*202*	*201*	*102*	*200*	*002*	total
Mt	2	1^+											1^+		2^+		4				4		**8**
Mk	2									1							3						**3**
Lk	2									1^-						1^-	2					2	**4**

code	Mt		Mk		Lk		
200	**Mt 5,7**	μακάριοι οἱ ἐλεήμονες, ὅτι αὐτοὶ **ἐλεηθήσονται.**					
200	**Mt 9,27** ⇩ Mt 20,30	... κράζοντες καὶ λέγοντες· **ἐλέησον** ἡμᾶς, υἱὸς Δαυίδ.	**Mk 10,47**	... ἤρξατο κράζειν καὶ λέγειν· υἱὲ Δαυὶδ Ἰησοῦ, **ἐλέησόν** με.	**Lk 18,38**	καὶ ἐβόησεν λέγων· Ἰησοῦ υἱὲ Δαυίδ, **ἐλέησόν** με.	
021			**Mk 5,19**	... ὕπαγε εἰς τὸν οἶκόν σου πρὸς τοὺς σοὺς καὶ ἀπάγγειλον αὐτοῖς ὅσα ὁ κύριός σοι πεποίηκεν καὶ **ἠλέησέν** σε.	**Lk 8,39**	ὑπόστρεφε εἰς τὸν οἶκόν σου, καὶ διηγοῦ ὅσα σοι ἐποίησεν ὁ θεός. ...	
210	**Mt 15,22** → Mk 7,24 → Mk 7,26	καὶ ἰδοὺ γυνὴ Χαναναία ἀπὸ τῶν ὁρίων ἐκείνων ἐξελθοῦσα ἔκραζεν λέγουσα· **ἐλέησόν** με, κύριε υἱὸς Δαυίδ· ἡ θυγάτηρ μου κακῶς δαιμονίζεται.	**Mk 7,25**	ἀλλ᾽ εὐθὺς ἀκούσασα γυνὴ περὶ αὐτοῦ, ἧς εἶχεν τὸ θυγάτριον αὐτῆς πνεῦμα ἀκάθαρτον, ...			
211	**Mt 17,15**	... κύριε, **ἐλέησόν** μου τὸν υἱόν, ὅτι σεληνιάζεται καὶ κακῶς πάσχει· ...	**Mk 9,17**	... διδάσκαλε, ἤνεγκα τὸν υἱόν μου πρὸς σέ, ἔχοντα πνεῦμα ἄλαλον· [18] καὶ ὅπου ἐὰν αὐτὸν καταλάβῃ ...	**Lk 9,38**	... διδάσκαλε, δέομαί σου **ἐπιβλέψαι** ἐπὶ τὸν υἱόν μου, ὅτι μονογενής μοί ἐστιν, [39] καὶ ἰδοὺ πνεῦμα λαμβάνει αὐτὸν ...	
200 200	**Mt 18,33** **(2)** → Mt 6,12 → Lk 11,4	οὐκ ἔδει καὶ σὲ **ἐλεῆσαι** τὸν σύνδουλόν σου, ὡς κἀγὼ σὲ **ἠλέησα;**					
002					**Lk 16,24**	... πάτερ Ἀβραάμ, **ἐλέησόν** με καὶ πέμψον Λάζαρον ...	

code	Mt		Mk		Lk		
002					Lk 17,13 → Mt 8,2 → Mk 1,40 → Lk 5,12	... Ἰησοῦ ἐπιστάτα, **ἐλέησον** ἡμᾶς.	
222	Mt 20,30 ⇧ Mt 9,27	... ἔκραξαν λέγοντες· **ἐλέησον** ἡμᾶς, [κύριε,] υἱὸς Δαυίδ.	Mk 10,47	... ἤρξατο κράζειν καὶ λέγειν· υἱὲ Δαυὶδ Ἰησοῦ, **ἐλέησόν** με.	Lk 18,38	καὶ ἐβόησεν λέγων· Ἰησοῦ υἱὲ Δαυίδ, **ἐλέησόν** με.	
222	Mt 20,31	... οἱ δὲ μεῖζον ἔκραξαν λέγοντες· **ἐλέησον** ἡμᾶς, κύριε, υἱὸς Δαυίδ.	Mk 10,48	... ὁ δὲ πολλῷ μᾶλλον ἔκραζεν· υἱὲ Δαυίδ, **ἐλέησόν** με.	Lk 18,39	... αὐτὸς δὲ πολλῷ μᾶλλον ἔκραζεν· υἱὲ Δαυίδ, **ἐλέησόν** με.	

ἐλεημοσύνη

Syn 5	Mt 3	Mk	Lk 2	Acts 8	Jn	1-3John	Paul	Eph	Col
NT 13	2Thess	1/2Tim	Tit	Heb	Jas	1Pet	2Pet	Jude	Rev

kind deed; alms; charitable giving

	triple tradition																	double tradition			Sondergut		
		+Mt / +Lk			−Mt / −Lk			traditions not taken over by Mt / Lk							subtotals								
code	222	211	112	212	221	122	121	022	012	021	220	120	210	020	Σ⁺	Σ⁻	Σ	202	201	102	200	002	total
Mt																					3		3
Mk																							
Lk																				1		1	2

code	Mt		Lk		
200	Mt 6,2	ὅταν οὖν ποιῇς **ἐλεημοσύνην,** μὴ σαλπίσῃς ἔμπροσθέν σου, ...			→ GTh 6,1 (POxy 654)
200	Mt 6,3	σοῦ δὲ ποιοῦντος **ἐλεημοσύνην** μὴ γνώτω ἡ ἀριστερά σου τί ποιεῖ ἡ δεξιά σου,			→ GTh 6 (POxy 654) → GTh 62,2
200	Mt 6,4	ὅπως ᾖ **σου ἡ ἐλεημοσύνη** ἐν τῷ κρυπτῷ· καὶ ὁ πατήρ σου ὁ βλέπων ἐν τῷ κρυπτῷ ἀποδώσει σοι.			→ GTh 6 (POxy 654)
102	Mt 23,26	... καθάρισον πρῶτον τὸ ἐντὸς τοῦ ποτηρίου, ἵνα γένηται καὶ τὸ ἐκτὸς αὐτοῦ καθαρόν.	Lk 11,41	πλὴν τὰ ἐνόντα δότε **ἐλεημοσύνην,** καὶ ἰδοὺ πάντα καθαρὰ ὑμῖν ἐστιν.	→ GTh 89
002			Lk 12,33 → Lk 14,33 → Lk 16,9 → Lk 18,22	πωλήσατε τὰ ὑπάρχοντα ὑμῶν καὶ δότε **ἐλεημοσύνην· ...**	→ Acts 2,45

Acts 3,2 ... ὃν ἐτίθουν καθ' ἡμέραν πρὸς τὴν θύραν τοῦ ἱεροῦ τὴν λεγομένην Ὡραίαν τοῦ αἰτεῖν **ἐλεημοσύνην** παρὰ τῶν εἰσπορευομένων εἰς τὸ ἱερόν·

Acts 3,3 ὃς ἰδὼν Πέτρον καὶ Ἰωάννην μέλλοντας εἰσιέναι εἰς τὸ ἱερὸν, ἠρώτα **ἐλεημοσύνην** λαβεῖν.

Acts 3,10 ἐπεγίνωσκον δὲ αὐτὸν ὅτι αὐτὸς ἦν ὁ **πρὸς τὴν ἐλεημοσύνην** καθήμενος ἐπὶ τῇ ὡραίᾳ πύλῃ τοῦ ἱεροῦ ...

Acts 9,36 ... αὕτη ἦν πλήρης ἔργων ἀγαθῶν καὶ **ἐλεημοσυνῶν** ὧν ἐποίει.

Acts 10,2 → Lk 7,5 [1] ... Κορνήλιος ... [2] εὐσεβὴς καὶ φοβούμενος τὸν θεὸν σὺν παντὶ τῷ οἴκῳ αὐτοῦ, ποιῶν **ἐλεημοσύνας πολλὰς** τῷ λαῷ ...

Acts 10,4 → Lk 1,13 ... αἱ προσευχαί σου καὶ **αἱ ἐλεημοσύναι σου** ἀνέβησαν εἰς μνημόσυνον ἔμπροσθεν τοῦ θεοῦ.	**Acts 10,31** ... Κορνήλιε, εἰσηκούσθη σου ἡ προσευχὴ καὶ **αἱ ἐλεημοσύναι σου** ἐμνήσθησαν ἐνώπιον τοῦ θεοῦ.	**Acts 24,17** δι' ἐτῶν δὲ πλειόνων **ἐλεημοσύνας** ποιήσων εἰς τὸ ἔθνος μου παρεγενόμην καὶ προσφοράς

ἐλεήμων

	Syn	Mt	Mk	Lk	Acts	Jn	1-3John	Paul	Eph	Col
	1	1								
	NT	2Thess	1/2Tim	Tit	Heb	Jas	1Pet	2Pet	Jude	Rev
	2				1					

merciful; sympathetic

code	Mt			
200	**Mt 5,7** μακάριοι **οἱ ἐλεήμονες,** ὅτι αὐτοὶ ἐλεηθήσονται.			

ἔλεος

	Syn	Mt	Mk	Lk	Acts	Jn	1-3John	Paul	Eph	Col
	9	3		6			1	4	1	
	NT	2Thess	1/2Tim	Tit	Heb	Jas	1Pet	2Pet	Jude	Rev
	27		4	1	1	3	1		2	

mercy; compassion; pity; clemency

	triple tradition																	double tradition			Sondergut		
		+Mt / +Lk			–Mt / –Lk			traditions not taken over by Mt / Lk							subtotals								
code	*222*	*211*	*112*	*212*	*221*	*122*	*121*	*022*	*012*	*021*	*220*	*120*	*210*	*020*	Σ+	Σ−	Σ	*202*	*201*	*102*	*200*	*002*	total
Mt		1+													1+		1		1		1		**3**
Mk																							
Lk																						6	**6**

code	Mt	Mk	Lk	
002			**Lk 1,50** καὶ **τὸ ἔλεος αὐτοῦ** εἰς γενεὰς καὶ γενεὰς τοῖς φοβουμένοις αὐτόν.	
002			**Lk 1,54** ἀντελάβετο Ἰσραὴλ παιδὸς αὐτοῦ, μνησθῆναι **ἐλέους**	
002			**Lk 1,58** καὶ ἤκουσαν οἱ περίοικοι καὶ οἱ συγγενεῖς αὐτῆς ὅτι ἐμεγάλυνεν κύριος **τὸ ἔλεος αὐτοῦ** μετ' αὐτῆς καὶ συνέχαιρον αὐτῇ.	
002			**Lk 1,72** ποιῆσαι **ἔλεος** μετὰ τῶν πατέρων ἡμῶν καὶ μνησθῆναι διαθήκης ἁγίας αὐτοῦ	
002			**Lk 1,78** **διὰ σπλάγχνα ἐλέους θεοῦ ἡμῶν,** ἐν οἷς ἐπισκέψεται ἡμᾶς ἀνατολὴ ἐξ ὕψους	
211	**Mt 9,13** ⇩ Mt 12,7 πορευθέντες δὲ μάθετε τί ἐστιν· ***ἔλεος*** *θέλω καὶ οὐ θυσίαν·* οὐ γὰρ ἦλθον καλέσαι δικαίους ἀλλὰ ἁμαρτωλούς. ➤ Hos 6,6	**Mk 2,17** ... οὐκ ἦλθον καλέσαι δικαίους ἀλλὰ ἁμαρτωλούς.	**Lk 5,32** οὐκ ἐλήλυθα καλέσαι δικαίους ἀλλὰ ἁμαρτωλοὺς εἰς μετάνοιαν.	

200	**Mt 12,7** ⇧ Mt 9,13 εἰ δὲ ἐγνώκειτε τί ἐστιν· ***ἔλεος*** *θέλω καὶ οὐ θυσίαν*, οὐκ ἂν κατεδικάσατε τοὺς ἀναιτίους. ➤ Hos 6,6		
002		**Lk 10,37** ὁ δὲ εἶπεν· ὁ ποιήσας **τὸ ἔλεος** μετ' αὐτοῦ. εἶπεν δὲ αὐτῷ ὁ Ἰησοῦς· πορεύου καὶ σὺ ποίει ὁμοίως.	
201	**Mt 23,23** ... καὶ ἀφήκατε τὰ βαρύτερα τοῦ νόμου, τὴν κρίσιν καὶ **τὸ ἔλεος καὶ τὴν πίστιν**· ...	**Lk 11,42** ... καὶ παρέρχεσθε τὴν κρίσιν καὶ **τὴν ἀγάπην τοῦ θεοῦ**· ...	

ἐλεύθερος	Syn 1	Mt 1	Mk	Lk	Acts	Jn 2	1-3John	Paul 14	Eph 1	Col 1
	NT 23	2Thess	1/2Tim	Tit	Heb	Jas	1Pet 1	2Pet	Jude	Rev 3

free; independent; not bound

200	**Mt 17,26** ... ἔφη αὐτῷ ὁ Ἰησοῦς· ἄρα γε **ἐλεύθεροί** εἰσιν οἱ υἱοί.		

Ἐλιακίμ	Syn 3	Mt 2	Mk	Lk 1	Acts	Jn	1-3John	Paul	Eph	Col
	NT 3	2Thess	1/2Tim	Tit	Heb	Jas	1Pet	2Pet	Jude	Rev

Eliakim

200 200	**Mt 1,13** (2) ... Ἀβιοὺδ δὲ ἐγέννησεν **τὸν Ἐλιακίμ, Ἐλιακὶμ** δὲ ἐγέννησεν τὸν Ἀζώρ		
002		**Lk 3,30** ... τοῦ Ἰωνὰμ **τοῦ Ἐλιακὶμ** [31] τοῦ Μελεὰ ...	

Ἐλιέζερ	Syn 1	Mt	Mk	Lk 1	Acts	Jn	1-3John	Paul	Eph	Col
	NT 1	2Thess	1/2Tim	Tit	Heb	Jas	1Pet	2Pet	Jude	Rev

Eliezer

002		**Lk 3,29** τοῦ Ἰησοῦ **τοῦ Ἐλιέζερ** τοῦ Ἰωρὶμ ...	

Ἐλιούδ

	Syn	Mt	Mk	Lk	Acts	Jn	1-3John	Paul	Eph	Col
	2	2								
	NT	2Thess	1/2Tim	Tit	Heb	Jas	1Pet	2Pet	Jude	Rev
	2									

Eliud

200	**Mt 1,14**	... Ἀχὶμ δὲ ἐγέννησεν τὸν Ἐλιούδ,	
200	**Mt 1,15**	Ἐλιοὺδ δὲ ἐγέννησεν τὸν Ἐλεάζαρ, ...	

Ἐλισάβετ

	Syn	Mt	Mk	Lk	Acts	Jn	1-3John	Paul	Eph	Col
	9			9						
	NT	2Thess	1/2Tim	Tit	Heb	Jas	1Pet	2Pet	Jude	Rev
	9									

Elizabeth

002	**Lk 1,5**	... καὶ γυνὴ αὐτῷ ἐκ τῶν θυγατέρων Ἀαρὼν καὶ τὸ ὄνομα αὐτῆς Ἐλισάβετ.	
002	**Lk 1,7**	καὶ οὐκ ἦν αὐτοῖς τέκνον, καθότι ἦν ἡ Ἐλισάβετ στεῖρα, ...	
002	**Lk 1,13**	... ἡ γυνή σου Ἐλισάβετ γεννήσει υἱόν σοι καὶ καλέσεις τὸ ὄνομα αὐτοῦ Ἰωάννην.	
002	**Lk 1,24**	μετὰ δὲ ταύτας τὰς ἡμέρας συνέλαβεν Ἐλισάβετ ἡ γυνὴ αὐτοῦ ...	
002	**Lk 1,36**	καὶ ἰδοὺ Ἐλισάβετ ἡ συγγενίς σου καὶ αὐτὴ συνείληφεν υἱὸν ἐν γήρει αὐτῆς ...	
002	**Lk 1,40**	καὶ εἰσῆλθεν εἰς τὸν οἶκον Ζαχαρίου καὶ ἠσπάσατο τὴν Ἐλισάβετ.	
002 002	**Lk 1,41 (2)**	καὶ ἐγένετο ὡς ἤκουσεν τὸν ἀσπασμὸν τῆς Μαρίας ἡ Ἐλισάβετ, ἐσκίρτησεν τὸ βρέφος ἐν τῇ κοιλίᾳ αὐτῆς, καὶ ἐπλήσθη πνεύματος ἁγίου ἡ Ἐλισάβετ	
002	**Lk 1,57**	τῇ δὲ Ἐλισάβετ ἐπλήσθη ὁ χρόνος τοῦ τεκεῖν αὐτὴν καὶ ἐγέννησεν υἱόν.	

Ἐλισαῖος

	Syn	Mt	Mk	Lk	Acts	Jn	1-3John	Paul	Eph	Col
	1			1						
	NT	2Thess	1/2Tim	Tit	Heb	Jas	1Pet	2Pet	Jude	Rev
	1									

Elisha

002		**Lk 4,27**	καὶ πολλοὶ λεπροὶ ἦσαν ἐν τῷ Ἰσραὴλ ἐπὶ Ἐλισαίου τοῦ προφήτου, καὶ οὐδεὶς αὐτῶν ἐκαθαρίσθη εἰ μὴ Ναιμὰν ὁ Σύρος.	

ἕλκος	Syn	Mt	Mk	Lk	Acts	Jn	1-3John	Paul	Eph	Col
	1			1						
	NT	2Thess	1/2Tim	Tit	Heb	Jas	1Pet	2Pet	Jude	Rev
	3									2

sore; abscess; ulcer

002		**Lk 16,21**	... ἀλλὰ καὶ οἱ κύνες ἐρχόμενοι ἐπέλειχον **τὰ ἕλκη αὐτοῦ.**	

ἑλκόω	Syn	Mt	Mk	Lk	Acts	Jn	1-3John	Paul	Eph	Col
	1			1						
	NT	2Thess	1/2Tim	Tit	Heb	Jas	1Pet	2Pet	Jude	Rev
	1									

cause sores, ulcers

002		**Lk 16,20**	πτωχὸς δέ τις ὀνόματι Λάζαρος ἐβέβλητο πρὸς τὸν πυλῶνα αὐτοῦ **εἱλκωμένος**	

Ἑλληνίς	Syn	Mt	Mk	Lk	Acts	Jn	1-3John	Paul	Eph	Col
	1		1		1					
	NT	2Thess	1/2Tim	Tit	Heb	Jas	1Pet	2Pet	Jude	Rev
	2									

Greek (woman, city)

120	**Mt 15,22** → Mk 7,24	καὶ ἰδοὺ γυνὴ Χαναναία ἀπὸ τῶν ὁρίων ἐκείνων ... [25] ... λέγουσα· κύριε, βοήθει μοι.	**Mk 7,26**	ἡ δὲ γυνὴ ἦν **Ἑλληνίς,** Συροφοινίκισσα τῷ γένει· καὶ ἠρώτα αὐτὸν ἵνα τὸ δαιμόνιον ἐκβάλῃ ἐκ τῆς θυγατρὸς αὐτῆς.		

Acts 17,12 πολλοὶ μὲν οὖν ἐξ αὐτῶν ἐπίστευσαν καὶ **τῶν Ἑλληνίδων γυναικῶν τῶν εὐσχημόνων καὶ ἀνδρῶν οὐκ ὀλίγοι.**

Ἐλμαδάμ	Syn	Mt	Mk	Lk	Acts	Jn	1-3John	Paul	Eph	Col
	1			1						
	NT	2Thess	1/2Tim	Tit	Heb	Jas	1Pet	2Pet	Jude	Rev
	1									

Elmadam

002		**Lk 3,28**	... τοῦ Κωσὰμ **τοῦ Ἐλμαδὰμ** τοῦ Ἤρ	

ἐλπίζω	Syn 4	Mt 1	Mk	Lk 3	Acts 2	Jn 1	1-3John 2	Paul 15	Eph	Col
	NT 31	2Thess	1/2Tim 4	Tit	Heb 1	Jas	1Pet 2	2Pet	Jude	Rev

hope; hope for

102	Mt 5,47	καὶ ἐὰν ἀσπάσησθε **τοὺς ἀδελφοὺς ὑμῶν** μόνον, τί περισσὸν ποιεῖτε; ...	Lk 6,34 → Mt 5,42	καὶ ἐὰν δανίσητε **παρ' ὧν ἐλπίζετε λαβεῖν,** ποία ὑμῖν χάρις [ἐστίν]; ...	→ GTh 95
200	Mt 12,21	*καὶ τῷ ὀνόματι αὐτοῦ ἔθνη* ***ἐλπιοῦσιν.*** ➤ Isa 42,4			
002			Lk 23,8 → Lk 9,9	ὁ δὲ Ἡρῴδης ἰδὼν τὸν Ἰησοῦν ἐχάρη λίαν, ... καὶ **ἤλπιζέν** τι σημεῖον ἰδεῖν ὑπ' αὐτοῦ γινόμενον.	
002			Lk 24,21	ἡμεῖς δὲ **ἠλπίζομεν** ὅτι αὐτός ἐστιν ὁ μέλλων λυτροῦσθαι τὸν Ἰσραήλ· ...	

Acts 24,26 ἅμα καὶ **ἐλπίζων** ὅτι χρήματα δοθήσεται αὐτῷ ὑπὸ τοῦ Παύλου· ...

Acts 26,7 εἰς ἣν τὸ δωδεκάφυλον ἡμῶν ἐν ἐκτενείᾳ νύκτα καὶ ἡμέραν λατρεῦον **ἐλπίζει** καταντῆσαι, περὶ ἧς ἐλπίδος ἐγκαλοῦμαι ὑπὸ Ἰουδαίων, βασιλεῦ.

ελωι	Syn 2	Mt	Mk 2	Lk	Acts	Jn	1-3John	Paul	Eph	Col
	NT 2	2Thess	1/2Tim	Tit	Heb	Jas	1Pet	2Pet	Jude	Rev

Aramaic: my God

120 120	Mt 27,46	περὶ δὲ τὴν ἐνάτην ὥραν ἀνεβόησεν ὁ Ἰησοῦς φωνῇ μεγάλῃ λέγων· *ηλι* *ηλι* *λεμα σαβαχθανι;* τοῦτ' ἔστιν· *θεέ μου θεέ μου, ἱνατί με ἐγκατέλιπες;* ➤ Ps 22,2	Mk 15,34 (2)	καὶ τῇ ἐνάτῃ ὥρᾳ ἐβόησεν ὁ Ἰησοῦς φωνῇ μεγάλῃ· ***ελωι*** ***ελωι*** *λεμα σαβαχθανι;* ὅ ἐστιν μεθερμηνευόμενον *ὁ θεός μου ὁ θεός μου, εἰς τί ἐγκατέλιπές με;* ➤ Ps 22,2	

ἐμαυτοῦ	Syn 3	Mt 1	Mk	Lk 2	Acts 4	Jn 16	1-3John	Paul 14	Eph	Col
	NT 37	2Thess	1/2Tim	Tit	Heb	Jas	1Pet	2Pet	Jude	Rev

reflexive pronoun of the first person singular: myself; *possessive pronoun:* my own

code	Mt		Mk		Lk		
102	**Mt 8,8**	... κύριε, οὐκ εἰμὶ ἱκανὸς ἵνα μου ὑπὸ τὴν στέγην εἰσέλθῃς, ἀλλὰ μόνον εἰπὲ λόγῳ, καὶ ἰαθήσεται ὁ παῖς μου.			**Lk 7,7**	[6] ... κύριε, μὴ σκύλλου, οὐ γὰρ ἱκανός εἰμι ἵνα ὑπὸ τὴν στέγην μου εἰσέλθῃς· [7] διὸ οὐδὲ **ἐμαυτὸν** ἠξίωσα πρὸς σὲ ἐλθεῖν· ἀλλὰ εἰπὲ λόγῳ, καὶ ἰαθήτω ὁ παῖς μου.	→ Jn 4,49
202	**Mt 8,9**	καὶ γὰρ ἐγὼ ἄνθρωπός εἰμι ὑπὸ ἐξουσίαν, ἔχων **ὑπ' ἐμαυτὸν** στρατιώτας, ...			**Lk 7,8**	καὶ γὰρ ἐγὼ ἄνθρωπός εἰμι ὑπὸ ἐξουσίαν τασσόμενος ἔχων **ὑπ' ἐμαυτὸν** στρατιώτας, ...	

Acts 20,24 ἀλλ' οὐδενὸς λόγου ποιοῦμαι τὴν ψυχὴν τιμίαν **ἐμαυτῷ** ὡς τελειῶσαι τὸν δρόμον μου ...

Acts 24,10 ... ἐκ πολλῶν ἐτῶν ὄντα σε κριτὴν τῷ ἔθνει τούτῳ ἐπιστάμενος εὐθύμως **τὰ περὶ ἐμαυτοῦ** ἀπολογοῦμαι

Acts 26,2 περὶ πάντων ὧν ἐγκαλοῦμαι ὑπὸ Ἰουδαίων, βασιλεῦ Ἀγρίππα, ἥγημαι **ἐμαυτὸν** μακάριον ἐπὶ σοῦ μέλλων σήμερον ἀπολογεῖσθαι

Acts 26,9 ἐγὼ μὲν οὖν ἔδοξα **ἐμαυτῷ** πρὸς τὸ ὄνομα Ἰησοῦ τοῦ Ναζωραίου δεῖν πολλὰ ἐναντία πρᾶξαι

ἐμβαίνω	Syn 13	Mt 5	Mk 5	Lk 3	Acts	Jn 3	1-3John	Paul	Eph	Col
	NT 16	2Thess	1/2Tim	Tit	Heb	Jas	1Pet	2Pet	Jude	Rev

go in; step in

	triple tradition																	double tradition			Sondergut		
		+Mt / +Lk			–Mt / –Lk			traditions not taken over by Mt / Lk							subtotals								
code	222	211	112	212	221	122	121	022	012	021	220	120	210	020	Σ⁺	Σ⁻	Σ	202	201	102	200	002	total
Mt	1			1^+	1						2	1^-			1^+	1^-	5						**5**
Mk	1				1						2	1					5						**5**
Lk	1			1^+	1^-										1^+	1^-	2					1	**3**

code	Mt		Mk		Lk		
002	**Mt 13,2**	καὶ συνήχθησαν πρὸς αὐτὸν ὄχλοι πολλοί, ὥστε αὐτὸν εἰς πλοῖον **ἐμβάντα** καθῆσθαι, καὶ πᾶς ὁ ὄχλος ἐπὶ τὸν αἰγιαλὸν εἱστήκει. [3] καὶ ἐλάλησεν αὐτοῖς πολλὰ ...	**Mk 4,1** → Mk 3,9	... καὶ συνάγεται πρὸς αὐτὸν ὄχλος πλεῖστος, ὥστε αὐτὸν εἰς πλοῖον **ἐμβάντα** καθῆσθαι ἐν τῇ θαλάσσῃ, καὶ πᾶς ὁ ὄχλος πρὸς τὴν θάλασσαν ἐπὶ τῆς γῆς ἦσαν. [2] καὶ ἐδίδασκεν αὐτοὺς ...	**Lk 5,3** ⇩ Lk 8,4	[1] ἐγένετο δὲ ἐν τῷ τὸν ὄχλον ἐπικεῖσθαι αὐτῷ ... **[3] ἐμβὰς** δὲ εἰς ἓν τῶν πλοίων, ὃ ἦν Σίμωνος, ἠρώτησεν αὐτὸν ἀπὸ τῆς γῆς ἐπαναγαγεῖν ὀλίγον· καθίσας δὲ ἐκ τοῦ πλοίου ἐδίδασκεν τοὺς ὄχλους.	
212	**Mt 8,23**	καὶ **ἐμβάντι** αὐτῷ εἰς τὸ πλοῖον ἠκολούθησαν αὐτῷ οἱ μαθηταὶ αὐτοῦ.	**Mk 4,36** ↓ Mk 4,1	... παραλαμβάνουσιν αὐτὸν ὡς ἦν ἐν τῷ πλοίῳ, καὶ ἄλλα πλοῖα ἦν μετ' αὐτοῦ.	**Lk 8,22**	ἐγένετο δὲ ἐν μιᾷ τῶν ἡμερῶν καὶ αὐτὸς **ἐνέβη** εἰς πλοῖον καὶ οἱ μαθηταὶ αὐτοῦ ...	

222	**Mt 9,1**	καὶ **ἐμβὰς** εἰς πλοῖον διεπέρασεν ...	**Mk 5,18**	καὶ **ἐμβαίνοντος** αὐτοῦ εἰς τὸ πλοῖον ... [21] καὶ διαπεράσαντος τοῦ Ἰησοῦ [ἐν τῷ πλοίῳ] πάλιν εἰς τὸ πέραν ...	**Lk 8,37**	... αὐτὸς δὲ **ἐμβὰς** εἰς πλοῖον ὑπέστρεψεν.	
221	**Mt 13,2**	καὶ συνήχθησαν πρὸς αὐτὸν ὄχλοι πολλοί, ὥστε αὐτὸν εἰς πλοῖον **ἐμβάντα** καθῆσθαι, καὶ πᾶς ὁ ὄχλος ἐπὶ τὸν αἰγιαλὸν εἱστήκει.	**Mk 4,1** → Mk 3,9 ↑ Mk 4,36	... καὶ συνάγεται πρὸς αὐτὸν ὄχλος πλεῖστος, ὥστε αὐτὸν εἰς πλοῖον **ἐμβάντα** καθῆσθαι ἐν τῇ θαλάσσῃ, καὶ πᾶς ὁ ὄχλος πρὸς τὴν θάλασσαν ἐπὶ τῆς γῆς ἦσαν.	**Lk 8,4** ⇧ Lk 5,1 ⇧ Lk 5,3	συνιόντος δὲ ὄχλου πολλοῦ καὶ τῶν κατὰ πόλιν ἐπιπορευομένων πρὸς αὐτὸν ...	
222	**Mt 9,1**	καὶ **ἐμβὰς** εἰς πλοῖον διεπέρασεν ...	**Mk 5,18**	καὶ **ἐμβαίνοντος** αὐτοῦ εἰς τὸ πλοῖον ... [21] καὶ διαπεράσαντος τοῦ Ἰησοῦ [ἐν τῷ πλοίῳ] πάλιν εἰς τὸ πέραν ...	**Lk 8,37**	... αὐτὸς δὲ **ἐμβὰς** εἰς πλοῖον ὑπέστρεψεν.	
220	**Mt 14,22** ↓ Mt 15,39	καὶ εὐθέως ἠνάγκασεν τοὺς μαθητὰς **ἐμβῆναι** εἰς τὸ πλοῖον καὶ προάγειν αὐτὸν εἰς τὸ πέραν, ...	**Mk 6,45** ↓ Mk 8,10	καὶ εὐθὺς ἠνάγκασεν τοὺς μαθητὰς αὐτοῦ **ἐμβῆναι** εἰς τὸ πλοῖον καὶ προάγειν εἰς τὸ πέραν ...			→ Jn 6,17
220	**Mt 15,39** ↑ Mt 14,22	καὶ ἀπολύσας τοὺς ὄχλους **ἐνέβη** εἰς τὸ πλοῖον, καὶ ἦλθεν εἰς τὰ ὅρια Μαγαδάν.	**Mk 8,10** ↑ Mk 6,45	[9] ... καὶ ἀπέλυσεν αὐτούς. [10] καὶ εὐθὺς **ἐμβὰς** εἰς τὸ πλοῖον μετὰ τῶν μαθητῶν αὐτοῦ ἦλθεν εἰς τὰ μέρη Δαλμανουθά.			
120	**Mt 16,4**	... καὶ καταλιπὼν αὐτοὺς ἀπῆλθεν. [5] καὶ ἐλθόντες οἱ μαθηταὶ εἰς τὸ πέραν ...	**Mk 8,13**	καὶ ἀφεὶς αὐτοὺς πάλιν **ἐμβὰς** ἀπῆλθεν εἰς τὸ πέραν.			

ἐμβάλλω	Syn 1	Mt	Mk	Lk 1	Acts	Jn	1-3John	Paul	Eph	Col
	NT 1	2Thess	1/2Tim	Tit	Heb	Jas	1Pet	2Pet	Jude	Rev

throw (in, into)

102	**Mt 10,28**	... φοβεῖσθε δὲ μᾶλλον τὸν δυνάμενον καὶ ψυχὴν καὶ σῶμα **ἀπολέσαι** ἐν γεέννῃ.			**Lk 12,5**	... φοβήθητε τὸν μετὰ τὸ ἀποκτεῖναι ἔχοντα ἐξουσίαν **ἐμβαλεῖν** εἰς τὴν γέενναν· ...	

ἐμβάπτω	Syn 2	Mt 1	Mk 1	Lk	Acts	Jn	1-3John	Paul	Eph	Col
	NT 2	2Thess	1/2Tim	Tit	Heb	Jas	1Pet	2Pet	Jude	Rev

dip

220	**Mt 26,23** → Lk 22,21	ὁ δὲ ἀποκριθεὶς εἶπεν· **ὁ ἐμβάψας** μετ' ἐμοῦ τὴν χεῖρα ἐν τῷ τρυβλίῳ οὗτός με παραδώσει.	**Mk 14,20** → Lk 22,21	ὁ δὲ εἶπεν αὐτοῖς· εἷς τῶν δώδεκα, **ὁ ἐμβαπτόμενος** μετ' ἐμοῦ εἰς τὸ τρύβλιον.			→ Jn 13,26

ἐμβλέπω	Syn 8	Mt 2	Mk 4	Lk 2	Acts 2	Jn 2	1-3John	Paul	Eph	Col
	NT 12	2Thess	1/2Tim	Tit	Heb	Jas	1Pet	2Pet	Jude	Rev

look at; fix one's gaze upon

	triple tradition																	double tradition			Sonder-gut		
		+Mt / +Lk			–Mt / –Lk			traditions not taken over by Mt / Lk							subtotals								
code	222	211	112	212	221	122	121	022	012	021	220	120	210	020	Σ^{+}	Σ^{-}	Σ	202	201	102	200	002	total
Mt					1		2^{-}									2^{-}	1		1				2
Mk					1		2							1			4						4
Lk			2^{+}		1^{-}		2^{-}								2^{+}	3^{-}	2						2

code	Mt	Mk	Lk	
201	**Mt 6,26** **ἐμβλέψατε** εἰς τὰ πετεινὰ τοῦ οὐρανοῦ ὅτι οὐ σπείρουσιν οὐδὲ θερίζουσιν οὐδὲ συνάγουσιν εἰς ἀποθήκας, ...		**Lk 12,24** **κατανοήσατε** τοὺς κόρακας ὅτι οὐ σπείρουσιν οὐδὲ θερίζουσιν, οἷς οὐκ ἔστιν ταμεῖον οὐδὲ ἀποθήκη, ...	
020		**Mk 8,25** → Mt 9,29 ... καὶ διέβλεψεν καὶ ἀπεκατέστη καὶ **ἐνέβλεπεν** τηλαυγῶς ἅπαντα.		
121	**Mt 19,21** ἔφη αὐτῷ ὁ Ἰησοῦς· ...	**Mk 10,21** ὁ δὲ Ἰησοῦς **ἐμβλέψας** αὐτῷ ἠγάπησεν αὐτὸν καὶ εἶπεν αὐτῷ· ...	**Lk 18,22** ἀκούσας δὲ ὁ Ἰησοῦς εἶπεν αὐτῷ· ...	
221	**Mt 19,26** **ἐμβλέψας** δὲ ὁ Ἰησοῦς εἶπεν αὐτοῖς· παρὰ ἀνθρώποις τοῦτο ἀδύνατόν ἐστιν, παρὰ δὲ θεῷ πάντα δυνατά.	**Mk 10,27** **ἐμβλέψας** αὐτοῖς ὁ Ἰησοῦς λέγει· παρὰ ἀνθρώποις ἀδύνατον, ἀλλ' οὐ παρὰ θεῷ· πάντα γὰρ δυνατὰ παρὰ τῷ θεῷ.	**Lk 18,27** ὁ δὲ εἶπεν· τὰ ἀδύνατα παρὰ ἀνθρώποις δυνατὰ παρὰ τῷ θεῷ ἐστιν.	
112	**Mt 21,42** λέγει αὐτοῖς ὁ Ἰησοῦς· οὐδέποτε ἀνέγνωτε ἐν ταῖς γραφαῖς· *λίθον ὃν ἀπεδοκίμασαν* *οἱ οἰκοδομοῦντες,* *οὗτος ἐγενήθη* *εἰς κεφαλὴν γωνίας·* ... ➤ Ps 118,22	**Mk 12,10** οὐδὲ τὴν γραφὴν ταύτην ἀνέγνωτε· *λίθον ὃν ἀπεδοκίμασαν* *οἱ οἰκοδομοῦντες,* *οὗτος ἐγενήθη* *εἰς κεφαλὴν γωνίας·* ➤ Ps 118,22	**Lk 20,17** **ὁ δὲ ἐμβλέψας** αὐτοῖς εἶπεν· τί οὖν ἐστιν τὸ γεγραμμένον τοῦτο· *λίθον ὃν ἀπεδοκίμασαν* *οἱ οἰκοδομοῦντες,* *οὗτος ἐγενήθη* *εἰς κεφαλὴν γωνίας;* ➤ Ps 118,22	→ Acts 4,11 → GTh 66
112	**Mt 26,75** [74] ... καὶ εὐθέως ἀλέκτωρ ἐφώνησεν. [75] καὶ ἐμνήσθη ὁ Πέτρος τοῦ ῥήματος Ἰησοῦ εἰρηκότος ...	**Mk 14,72** καὶ εὐθὺς ἐκ δευτέρου ἀλέκτωρ ἐφώνησεν. καὶ ἀνεμνήσθη ὁ Πέτρος τὸ ῥῆμα ὡς εἶπεν αὐτῷ ὁ Ἰησοῦς ...	**Lk 22,61** [60] ... καὶ παραχρῆμα ἔτι λαλοῦντος αὐτοῦ ἐφώνησεν ἀλέκτωρ. [61] καὶ στραφεὶς ὁ κύριος **ἐνέβλεψεν** τῷ Πέτρῳ, καὶ ὑπεμνήσθη ὁ Πέτρος τοῦ ῥήματος τοῦ κυρίου ...	
121	**Mt 26,69** ... καὶ προσῆλθεν αὐτῷ μία παιδίσκη λέγουσα· καὶ σὺ ἦσθα μετὰ Ἰησοῦ τοῦ Γαλιλαίου.	**Mk 14,67** [66] ... ἔρχεται μία τῶν παιδισκῶν τοῦ ἀρχιερέως [67] καὶ ἰδοῦσα τὸν Πέτρον θερμαινόμενον **ἐμβλέψασα** αὐτῷ λέγει· καὶ σὺ μετὰ τοῦ Ναζαρηνοῦ ἦσθα τοῦ Ἰησοῦ.	**Lk 22,56** ἰδοῦσα δὲ αὐτὸν παιδίσκη τις καθήμενον πρὸς τὸ φῶς καὶ **ἀτενίσασα** αὐτῷ εἶπεν· καὶ οὗτος σὺν αὐτῷ ἦν.	→ Jn 18,17

Acts 1,11 ... ἄνδρες Γαλιλαῖοι,
τί ἑστήκατε
[ἐμ]βλέποντες
εἰς τὸν οὐρανόν; ...

Acts 22,11 ὡς δὲ
οὐκ ἐνέβλεπον
ἀπὸ τῆς δόξης τοῦ φωτὸς
ἐκείνου, ...

ἐμβριμάομαι, ἐμβριμόομαι	Syn 3	Mt 1	Mk 2	Lk	Acts	Jn 2	1-3John	Paul	Eph	Col
	NT 5	2Thess	1/2Tim	Tit	Heb	Jas	1Pet	2Pet	Jude	Rev

speak harshly to; criticize harshly

020			Mk 1,43	καὶ **ἐμβριμησάμενος** αὐτῷ εὐθὺς ἐξέβαλεν αὐτόν			
200	Mt 9,30 ⇨ Mt 20,34	καὶ ἠνεῴχθησαν αὐτῶν οἱ ὀφθαλμοί. καὶ **ἐνεβριμήθη** αὐτοῖς ὁ Ἰησοῦς λέγων· ὁρᾶτε μηδεὶς γινωσκέτω.	Mk 10,52	... καὶ εὐθὺς ἀνέβλεψεν, καὶ ἠκολούθει αὐτῷ ἐν τῇ ὁδῷ.	Lk 18,43	καὶ παραχρῆμα ἀνέβλεψεν καὶ ἠκολούθει αὐτῷ δοξάζων τὸν θεόν. ...	
120	Mt 26,9	ἐδύνατο γὰρ τοῦτο πραθῆναι πολλοῦ καὶ δοθῆναι πτωχοῖς.	Mk 14,5	ἠδύνατο γὰρ τοῦτο τὸ μύρον πραθῆναι ἐπάνω δηναρίων τριακοσίων καὶ δοθῆναι τοῖς πτωχοῖς· καὶ **ἐνεβριμῶντο** αὐτῇ.			→ Jn 12,5

ἐμέ → ἐγώ

Ἐμμανουήλ	Syn 1	Mt 1	Mk	Lk	Acts	Jn	1-3John	Paul	Eph	Col
	NT 1	2Thess	1/2Tim	Tit	Heb	Jas	1Pet	2Pet	Jude	Rev

Emmanuel

200	Mt 1,23	*ἰδοὺ ἡ παρθένος ἐν γαστρὶ ἕξει καὶ τέξεται υἱόν, καὶ καλέσουσιν τὸ ὄνομα αὐτοῦ* ***Ἐμμανουήλ,*** ὅ ἐστιν μεθερμηνευόμενον *μεθ᾽ ἡμῶν ὁ θεός.* ➤ Isa 7,14 LXX; 8,8.10 LXX					

Ἐμμαοῦς	Syn 1	Mt	Mk	Lk 1	Acts	Jn	1-3John	Paul	Eph	Col
	NT 1	2Thess	1/2Tim	Tit	Heb	Jas	1Pet	2Pet	Jude	Rev

Emmaus

002					Lk 24,13	... εἰς κώμην ἀπέχουσαν σταδίους ἑξήκοντα ἀπὸ Ἰερουσαλήμ, ᾗ ὄνομα **Ἐμμαοῦς**	

ἐμοί → ἐγώ

ἐμός	Syn 9	Mt 4	Mk 2	Lk 3	Acts	Jn 41	1-3John 1	Paul 21	Eph	Col 1
	NT 76	2Thess 1	1/2Tim	Tit	Heb	Jas	1Pet	2Pet 1	Jude	Rev 1

possessive pronoun of the first person singular: my; mine

	triple tradition																	double tradition			Sondergut		
		+Mt / +Lk			–Mt / –Lk			traditions not taken over by Mt / Lk							subtotals								
code	*222*	*211*	*112*	*212*	*221*	*122*	*121*	*022*	*012*	*021*	*220*	*120*	*210*	*020*	Σ+	Σ−	Σ	*202*	*201*	*102*	*200*	*002*	total
Mt						1^-					1					1^-	1		1		2		**4**
Mk						1					1						2						**2**
Lk			1^+			1									1^+		2					1	**3**

code	Mt		Mk		Lk		
122	**Mt 16,27** ↓ Mt 10,33	μέλλει γὰρ ὁ υἱὸς τοῦ ἀνθρώπου ἔρχεσθαι ἐν τῇ δόξῃ τοῦ πατρὸς αὐτοῦ μετὰ τῶν ἀγγέλων αὐτοῦ, καὶ τότε *ἀποδώσει ἑκάστῳ κατὰ τὴν πρᾶξιν αὐτοῦ.* ➢ Ps 62,13/Prov 24,12/Sir 35,22 LXX	**Mk 8,38**	ὃς γὰρ ἐὰν ἐπαισχυνθῇ με καὶ **τοὺς ἐμοὺς λόγους** ἐν τῇ γενεᾷ ταύτῃ τῇ μοιχαλίδι καὶ ἁμαρτωλῷ, καὶ ὁ υἱὸς τοῦ ἀνθρώπου ἐπαισχυνθήσεται αὐτὸν, ὅταν ἔλθῃ ἐν τῇ δόξῃ τοῦ πατρὸς αὐτοῦ μετὰ τῶν ἀγγέλων τῶν ἁγίων.	**Lk 9,26** ⇩ Lk 12,9	ὃς γὰρ ἂν ἐπαισχυνθῇ με καὶ **τοὺς ἐμοὺς λόγους,** τοῦτον ὁ υἱὸς τοῦ ἀνθρώπου ἐπαισχυνθήσεται, ὅταν ἔλθῃ ἐν τῇ δόξῃ αὐτοῦ καὶ τοῦ πατρὸς καὶ τῶν ἁγίων ἀγγέλων.	Mk-Q overlap
	Mt 10,33 ↑ Mt 16,27	ὅστις δ᾽ ἂν ἀρνήσηταί με ἔμπροσθεν τῶν ἀνθρώπων, ἀρνήσομαι κἀγὼ αὐτὸν ἔμπροσθεν τοῦ πατρός μου τοῦ ἐν [τοῖς] οὐρανοῖς.			**Lk 12,9** ⇧ Lk 9,26	ὁ δὲ ἀρνησάμενός με ἐνώπιον τῶν ἀνθρώπων ἀπαρνηθήσεται ἐνώπιον τῶν ἀγγέλων τοῦ θεοῦ.	
200	**Mt 18,20**	οὗ γάρ εἰσιν δύο ἢ τρεῖς συνηγμένοι **εἰς τὸ ἐμὸν ὄνομα,** ἐκεῖ εἰμι ἐν μέσῳ αὐτῶν.					→ GTh 30 (POxy 1) → GTh 48 → GTh 106
002					**Lk 15,31**	... τέκνον, σὺ πάντοτε μετ᾽ ἐμοῦ εἶ, καὶ **πάντα τὰ ἐμὰ** σά ἐστιν·	
200	**Mt 20,15**	[ἢ] οὐκ ἔξεστίν μοι ὃ θέλω ποιῆσαι **ἐν τοῖς ἐμοῖς;** ἢ ὁ ὀφθαλμός σου πονηρός ἐστιν ὅτι ἐγὼ ἀγαθός εἰμι;					
220	**Mt 20,23**	... τὸ δὲ καθίσαι ἐκ δεξιῶν μου καὶ ἐξ εὐωνύμων οὐκ ἔστιν **ἐμὸν** [τοῦτο] δοῦναι, ἀλλ᾽ οἷς ἡτοίμασται ὑπὸ τοῦ πατρός μου.	**Mk 10,40**	τὸ δὲ καθίσαι ἐκ δεξιῶν μου ἢ ἐξ εὐωνύμων οὐκ ἔστιν **ἐμὸν** δοῦναι, ἀλλ᾽ οἷς ἡτοίμασται.			
201	**Mt 25,27**	ἔδει σε οὖν βαλεῖν τὰ ἀργύριά μου τοῖς τραπεζίταις, καὶ ἐλθὼν ἐγὼ ἐκομισάμην ἂν **τὸ ἐμὸν** σὺν τόκῳ.			**Lk 19,23**	καὶ διὰ τί οὐκ ἔδωκάς μου τὸ ἀργύριον ἐπὶ τράπεζαν; κἀγὼ ἐλθὼν σὺν τόκῳ ἂν **αὐτὸ** ἔπραξα.	
112	**Mt 26,26**	... λάβετε φάγετε, τοῦτό ἐστιν τὸ σῶμά μου.	**Mk 14,22**	... λάβετε, τοῦτό ἐστιν τὸ σῶμά μου.	**Lk 22,19**	... τοῦτό ἐστιν τὸ σῶμά μου τὸ ὑπὲρ ὑμῶν διδόμενον· τοῦτο ποιεῖτε **εἰς τὴν ἐμὴν ἀνάμνησιν.**	→ 1Cor 11,24

ἐμοῦ → ἐγώ

ἐμπαίζω	Syn 13	Mt 5	Mk 3	Lk 5	Acts	Jn	1-3John	Paul	Eph	Col
	NT 13	2Thess	1/2Tim	Tit	Heb	Jas	1Pet	2Pet	Jude	Rev

ridicule; make fun of; mock; deceive; trick; make a fool of

	triple tradition																double tradition			Sondergut		
		+Mt / +Lk			–Mt / –Lk			traditions not taken over by Mt / Lk							subtotals							
code	222	211	112	212	221	122	121	022	012	021	220	120	210	020	Σ⁺	Σ⁻	Σ	202	201	102	200	002	total
Mt	1				1						1		1⁺		1⁺		4				1		**5**
Mk	1				1						1						3						**3**
Lk	1		1⁺		1⁻										1⁺	1⁻	2					3	**5**

code	Mt		Mk		Lk		
200	**Mt 2,16**	τότε Ἡρῴδης ἰδὼν ὅτι **ἐνεπαίχθη** ὑπὸ τῶν μάγων ἐθυμώθη λίαν, ...					
002					**Lk 14,29**	ἵνα μήποτε θέντος αὐτοῦ θεμέλιον καὶ μὴ ἰσχύοντος ἐκτελέσαι πάντες οἱ θεωροῦντες ἄρξωνται αὐτῷ **ἐμπαίζειν**	
222	**Mt 20,19** → Mt 16,21 → Mt 17,22-23	καὶ παραδώσουσιν αὐτὸν τοῖς ἔθνεσιν **εἰς τὸ ἐμπαῖξαι** καὶ μαστιγῶσαι καὶ σταυρῶσαι, καὶ τῇ τρίτῃ ἡμέρᾳ ἐγερθήσεται.	**Mk 10,34** → Mk 8,31 → Mk 9,31	[33] ... καὶ παραδώσουσιν αὐτὸν τοῖς ἔθνεσιν [34] καὶ **ἐμπαίξουσιν** αὐτῷ καὶ ἐμπτύσουσιν αὐτῷ καὶ μαστιγώσουσιν αὐτὸν καὶ ἀποκτενοῦσιν, καὶ μετὰ τρεῖς ἡμέρας ἀναστήσεται.	**Lk 18,32** → Lk 9,22 → Lk 9,44 → Lk 17,25 → Lk 24,7 → Lk 24,26 → Lk 24,46	παραδοθήσεται γὰρ τοῖς ἔθνεσιν καὶ **ἐμπαιχθήσεται** καὶ ὑβρισθήσεται καὶ ἐμπτυσθήσεται [33] καὶ μαστιγώσαντες ἀποκτενοῦσιν αὐτόν, καὶ τῇ ἡμέρᾳ τῇ τρίτῃ ἀναστήσεται.	
112	**Mt 26,67** → Mt 27,30	τότε ἐνέπτυσαν εἰς τὸ πρόσωπον αὐτοῦ ...	**Mk 14,65** → Mk 15,19	καὶ ἤρξαντό τινες ἐμπτύειν αὐτῷ ...	**Lk 22,63**	καὶ οἱ ἄνδρες οἱ συνέχοντες αὐτὸν **ἐνέπαιζον** αὐτῷ δέροντες	
002	**Mt 27,29**	[28] ... χλαμύδα κοκκίνην περιέθηκαν αὐτῷ, [29] ... καὶ γονυπετήσαντες ἔμπροσθεν αὐτοῦ **ἐνέπαιξαν** αὐτῷ λέγοντες· χαῖρε, βασιλεῦ τῶν Ἰουδαίων	**Mk 15,17**	καὶ ἐνδιδύσκουσιν αὐτὸν πορφύραν ... [18] καὶ ἤρξαντο ἀσπάζεσθαι αὐτόν· χαῖρε, βασιλεῦ τῶν Ἰουδαίων·	**Lk 23,11** → Mt 27,27 → Mk 15,16	ἐξουθενήσας δὲ αὐτὸν [καὶ] ὁ Ἡρῴδης σὺν τοῖς στρατεύμασιν αὐτοῦ καὶ **ἐμπαίξας** περιβαλὼν ἐσθῆτα λαμπρὰν ἀνέπεμψεν αὐτὸν τῷ Πιλάτῳ.	→ Jn 19,2
210	**Mt 27,29**	[28] ... χλαμύδα κοκκίνην περιέθηκαν αὐτῷ, [29] ... καὶ γονυπετήσαντες ἔμπροσθεν αὐτοῦ **ἐνέπαιξαν** αὐτῷ λέγοντες· χαῖρε, βασιλεῦ τῶν Ἰουδαίων	**Mk 15,17**	καὶ ἐνδιδύσκουσιν αὐτὸν πορφύραν ... [18] καὶ ἤρξαντο ἀσπάζεσθαι αὐτόν· χαῖρε, βασιλεῦ τῶν Ἰουδαίων·	**Lk 23,11** → Mt 27,27 → Mk 15,16	ἐξουθενήσας δὲ αὐτὸν [καὶ] ὁ Ἡρῴδης σὺν τοῖς στρατεύμασιν αὐτοῦ καὶ **ἐμπαίξας** περιβαλὼν ἐσθῆτα λαμπρὰν ἀνέπεμψεν αὐτὸν τῷ Πιλάτῳ.	→ Jn 19,2

	Mt		Mk		Lk		
220	Mt 27,31	καὶ ὅτε **ἐνέπαιξαν** αὐτῷ, ἐξέδυσαν αὐτὸν τὴν χλαμύδα καὶ ἐνέδυσαν αὐτὸν τὰ ἱμάτια αὐτοῦ ...	Mk 15,20	καὶ ὅτε **ἐνέπαιξαν** αὐτῷ, ἐξέδυσαν αὐτὸν τὴν πορφύραν καὶ ἐνέδυσαν αὐτὸν τὰ ἱμάτια αὐτοῦ. ...			
221	Mt 27,41	ὁμοίως καὶ οἱ ἀρχιερεῖς **ἐμπαίζοντες** μετὰ τῶν γραμματέων καὶ πρεσβυτέρων ἔλεγον·	Mk 15,31	ὁμοίως καὶ οἱ ἀρχιερεῖς **ἐμπαίζοντες** πρὸς ἀλλήλους μετὰ τῶν γραμματέων ἔλεγον· ...	Lk 23,35	... **ἐξεμυκτήριζον** δὲ καὶ οἱ ἄρχοντες λέγοντες· ...	
002	Mt 27,48	καὶ εὐθέως δραμὼν εἷς ἐξ αὐτῶν καὶ λαβὼν σπόγγον πλήσας τε ὄξους καὶ περιθεὶς καλάμῳ ἐπότιζεν αὐτόν.	Mk 15,36	δραμὼν δέ τις [καὶ] γεμίσας σπόγγον ὄξους περιθεὶς καλάμῳ ἐπότιζεν αὐτὸν ...	Lk 23,36 → Lk 23,39	**ἐνέπαιξαν** δὲ αὐτῷ καὶ οἱ στρατιῶται προσερχόμενοι, ὄξος προσφέροντες αὐτῷ	→ Jn 19,29

ἐμπί(μ)πλημι, ἐμπλάω	Syn	Mt	Mk	Lk	Acts	Jn	1-3John	Paul	Eph	Col
	2			2	1	1		1		
	NT	2Thess	1/2Tim	Tit	Heb	Jas	1Pet	2Pet	Jude	Rev
	5									

fill; satisfy

002	Lk 1,53	πεινῶντας **ἐνέπλησεν** ἀγαθῶν καὶ πλουτοῦντας ἐξαπέστειλεν κενούς.	
002	Lk 6,25	οὐαὶ ὑμῖν, οἱ **ἐμπεπλησμένοι** νῦν, ὅτι πεινάσετε. ...	

Acts 14,17 ... οὐρανόθεν ὑμῖν ὑετοὺς διδοὺς καὶ καιροὺς καρποφόρους, **ἐμπιπλῶν** τροφῆς καὶ εὐφροσύνης τὰς καρδίας ὑμῶν.

ἐμπί(μ)πρημι, ἐμπιπράω	Syn	Mt	Mk	Lk	Acts	Jn	1-3John	Paul	Eph	Col
	1	1								
	NT	2Thess	1/2Tim	Tit	Heb	Jas	1Pet	2Pet	Jude	Rev
	1									

set on fire; burn

201	Mt 22,7	ὁ δὲ βασιλεὺς ὠργίσθη καὶ πέμψας τὰ στρατεύματα αὐτοῦ ἀπώλεσεν τοὺς φονεῖς ἐκείνους καὶ τὴν πόλιν αὐτῶν **ἐνέπρησεν.** [8] τότε λέγει τοῖς δούλοις αὐτοῦ· ...	Lk 14,21	... τότε ὀργισθεὶς ὁ οἰκοδεσπότης εἶπεν τῷ δούλῳ αὐτοῦ· ...	→ GTh 64

ἐμπίπτω

Syn 3	Mt 1	Mk	Lk 2	Acts	Jn	1-3John	Paul	Eph	Col
NT 7	2Thess	1/2Tim 3	Tit	Heb 1	Jas	1Pet	2Pet	Jude	Rev

fall (in, into, among)

	Mt	Mk	Lk	
102	**Mt 15,14** ... τυφλοί εἰσιν ὁδηγοί [τυφλῶν]· τυφλὸς δὲ τυφλὸν ἐὰν ὁδηγῇ, ἀμφότεροι εἰς βόθυνον **πεσοῦνται.**		**Lk 6,39** ... μήτι δύναται τυφλὸς τυφλὸν ὁδηγεῖν; οὐχὶ ἀμφότεροι εἰς βόθυνον **ἐμπεσοῦνται;**	→ GTh 34
201	**Mt 12,11** ... τίς ἔσται ἐξ ὑμῶν ἄνθρωπος ὃς ἕξει πρόβατον ἓν καὶ ἐὰν **ἐμπέσῃ** τοῦτο τοῖς σάββασιν εἰς βόθυνον, οὐχὶ κρατήσει αὐτὸ καὶ ἐγερεῖ;		**Lk 14,5** → Lk 13,15 ... τίνος ὑμῶν υἱὸς ἢ βοῦς εἰς φρέαρ **πεσεῖται,** καὶ οὐκ εὐθέως ἀνασπάσει αὐτὸν ἐν ἡμέρᾳ τοῦ σαββάτου;	
002			**Lk 10,36** τίς τούτων τῶν τριῶν πλησίον δοκεῖ σοι γεγονέναι τοῦ **ἐμπεσόντος** εἰς τοὺς λῃστάς;	

ἐμπορία

Syn 1	Mt 1	Mk	Lk	Acts	Jn	1-3John	Paul	Eph	Col
NT 1	2Thess	1/2Tim	Tit	Heb	Jas	1Pet	2Pet	Jude	Rev

business; trade

	Mt	Mk	Lk	
201	**Mt 22,5** οἱ δὲ ἀμελήσαντες ἀπῆλθον, ὃς μὲν εἰς τὸν ἴδιον ἀγρόν, ὃς δὲ **ἐπὶ τὴν ἐμπορίαν αὐτοῦ·**		**Lk 14,19** [18] καὶ ἤρξαντο ἀπὸ μιᾶς πάντες παραιτεῖσθαι. ὁ πρῶτος εἶπεν αὐτῷ· ἀγρὸν ἠγόρασα ... [19] καὶ ἕτερος εἶπεν· **ζεύγη βοῶν** ἠγόρασα πέντε καὶ πορεύομαι δοκιμάσαι αὐτά· ...	→ GTh 64

ἔμπορος

Syn 1	Mt 1	Mk	Lk	Acts	Jn	1-3John	Paul	Eph	Col
NT 5	2Thess	1/2Tim	Tit	Heb	Jas	1Pet	2Pet	Jude	Rev 4

merchant

	Mt	Mk	Lk	
200	**Mt 13,45** πάλιν ὁμοία ἐστὶν ἡ βασιλεία τῶν οὐρανῶν **ἀνθρώπῳ ἐμπόρῳ** ζητοῦντι καλοὺς μαργαρίτας·			→ GTh 76,1-2

ἔμπροσθεν	Syn 30	Mt 18	Mk 2	Lk 10	Acts 2	Jn 5	1-3John 1	Paul 7	Eph	Col
	NT 48	2Thess	1/2Tim	Tit	Heb	Jas	1Pet	2Pet	Jude	Rev 3

in front; forward; ahead; before; in the presence of; in the sight of

	triple tradition																	double tradition			Sondergut		
		+Mt / +Lk			–Mt / –Lk			traditions not taken over by Mt / Lk							subtotals								
code	222	211	112	212	221	122	121	022	012	021	220	120	210	020	Σ^+	Σ^-	Σ	202	201	102	200	002	total
Mt		2^+			1		1^-						1^+		3^+	1^-	4	4	3		7		**18**
Mk					1		1										2						**2**
Lk			2^+		1^-		1^-		1^+						3^+	2^-	3	4				3	**10**

code	Mt		Mk		Lk		
012			**Mk 2,4**	... ἀπεστέγασαν τὴν στέγην ὅπου ἦν, καὶ ἐξορύξαντες χαλῶσι τὸν κράβαττον ὅπου ὁ παραλυτικὸς κατέκειτο.	**Lk 5,19**	... ἀναβάντες ἐπὶ τὸ δῶμα διὰ τῶν κεράμων καθῆκαν αὐτὸν σὺν τῷ κλινιδίῳ εἰς τὸ μέσον **ἔμπροσθεν τοῦ Ἰησοῦ.**	
121	**Mt 9,7**	καὶ ἐγερθεὶς ἀπῆλθεν εἰς τὸν οἶκον αὐτοῦ. [8] ἰδόντες δὲ οἱ ὄχλοι ἐφοβήθησαν καὶ ἐδόξασαν τὸν θεὸν ...	**Mk 2,12**	καὶ ἠγέρθη καὶ εὐθὺς ἄρας τὸν κράβαττον ἐξῆλθεν **ἔμπροσθεν πάντων,** ὥστε ἐξίστασθαι πάντας καὶ δοξάζειν τὸν θεὸν ...	**Lk 5,25**	καὶ παραχρῆμα ἀναστὰς **ἐνώπιον αὐτῶν,** ἄρας ἐφ' ὃ κατέκειτο, ἀπῆλθεν εἰς τὸν οἶκον αὐτοῦ δοξάζων τὸν θεόν. [26] καὶ ἔκστασις ἔλαβεν ἅπαντας καὶ ἐδόξαζον τὸν θεὸν καὶ ἐπλήσθησαν φόβου ...	→ Jn 5,9
200	**Mt 5,16**	οὕτως λαμψάτω τὸ φῶς ὑμῶν **ἔμπροσθεν τῶν ἀνθρώπων,** ὅπως ἴδωσιν ὑμῶν τὰ καλὰ ἔργα ...					
200	**Mt 5,24** → Mt 6,14 → Mk 11,25	ἄφες ἐκεῖ τὸ δῶρόν σου **ἔμπροσθεν τοῦ θυσιαστηρίου** καὶ ὕπαγε πρῶτον διαλλάγηθι τῷ ἀδελφῷ σου, ...					
200	**Mt 6,1** → Mt 23,5	προσέχετε [δὲ] τὴν δικαιοσύνην ὑμῶν μὴ ποιεῖν **ἔμπροσθεν τῶν ἀνθρώπων** πρὸς τὸ θεαθῆναι αὐτοῖς· ...					
200	**Mt 6,2**	ὅταν οὖν ποιῇς ἐλεημοσύνην, μὴ σαλπίσῃς **ἔμπροσθέν σου,** ὥσπερ οἱ ὑποκριταὶ ποιοῦσιν ἐν ταῖς συναγωγαῖς καὶ ἐν ταῖς ῥύμαις, ...					→ GTh 6,1 (POxy 654)
200	**Mt 7,6**	μὴ δῶτε τὸ ἅγιον τοῖς κυσὶν μηδὲ βάλητε τοὺς μαργαρίτας ὑμῶν **ἔμπροσθεν τῶν χοίρων, ...**					→ GTh 93

202 202	**Mt 10,32** (2)	πᾶς οὖν ὅστις ὁμολογήσει ἐν ἐμοὶ **ἔμπροσθεν τῶν ἀνθρώπων**, ὁμολογήσω κἀγὼ ἐν αὐτῷ **ἔμπροσθεν τοῦ πατρός μου** τοῦ ἐν [τοῖς] οὐρανοῖς·			**Lk 12,8** (2)	λέγω δὲ ὑμῖν, πᾶς ὃς ἂν ὁμολογήσῃ ἐν ἐμοὶ **ἔμπροσθεν τῶν ἀνθρώπων**, καὶ ὁ υἱὸς τοῦ ἀνθρώπου ὁμολογήσει ἐν αὐτῷ **ἔμπροσθεν τῶν ἀγγέλων τοῦ θεοῦ**·	
201 201	**Mt 10,33** (2)	ὅστις δ' ἂν ἀρνήσηταί με **ἔμπροσθεν τῶν ἀνθρώπων**, ἀρνήσομαι κἀγὼ αὐτὸν **ἔμπροσθεν τοῦ πατρός μου** τοῦ ἐν [τοῖς] οὐρανοῖς.	**Mk 8,38**	ὃς γὰρ ἐὰν ἐπαισχυνθῇ με καὶ τοὺς ἐμοὺς λόγους **ἐν τῇ γενεᾷ ταύτῃ τῇ μοιχαλίδι καὶ ἁμαρτωλῷ**, καὶ ὁ υἱὸς τοῦ ἀνθρώπου ἐπαισχυνθήσεται αὐτόν, ...	**Lk 12,9** ⇨ Lk 9,26	ὁ δὲ ἀρνησάμενός με **ἐνώπιον τῶν ἀνθρώπων** ἀπαρνηθήσεται **ἐνώπιον τῶν ἀγγέλων τοῦ θεοῦ**.	Mk-Q overlap
202	**Mt 11,10**	... *ἰδοὺ ἐγὼ ἀποστέλλω τὸν ἄγγελόν μου πρὸ προσώπου* σου, *ὃς κατασκευάσει τὴν ὁδόν σου* ***ἔμπροσθέν*** **σου**. ➢ Exod 23,20/Mal 3,1	**Mk 1,2** → Mt 3,3 → Lk 3,4	... *ἰδοὺ ἀποστέλλω τὸν ἄγγελόν μου πρὸ προσώπου* σου, *ὃς κατασκευάσει τὴν ὁδόν* σου· ➢ Exod 23,20/Mal 3,1	**Lk 7,27**	... *ἰδοὺ ἀποστέλλω τὸν ἄγγελόν μου πρὸ προσώπου* σου, *ὃς κατασκευάσει τὴν ὁδόν σου* ***ἔμπροσθέν*** **σου**. ➢ Exod 23,20/Mal 3,1	Mk-Q overlap
202	**Mt 11,26**	ναὶ ὁ πατήρ, ὅτι οὕτως εὐδοκία ἐγένετο **ἔμπροσθέν σου**.			**Lk 10,21**	... ναὶ ὁ πατήρ, ὅτι οὕτως εὐδοκία ἐγένετο **ἔμπροσθέν σου**.	
221	**Mt 17,2**	καὶ μετεμορφώθη **ἔμπροσθεν αὐτῶν**, ...	**Mk 9,2**	... καὶ μετεμορφώθη **ἔμπροσθεν αὐτῶν**	**Lk 9,29**	καὶ ἐγένετο ἐν τῷ προσεύχεσθαι αὐτὸν τὸ εἶδος τοῦ προσώπου αὐτοῦ ἕτερον ...	
200	**Mt 18,14** → Lk 15,7	οὕτως οὐκ ἔστιν θέλημα **ἔμπροσθεν τοῦ πατρὸς ὑμῶν** τοῦ ἐν οὐρανοῖς ἵνα ἀπόληται ἓν τῶν μικρῶν τούτων.					
202 202	**Mt 10,32** (2)	πᾶς οὖν ὅστις ὁμολογήσει ἐν ἐμοὶ **ἔμπροσθεν τῶν ἀνθρώπων**, ὁμολογήσω κἀγὼ ἐν αὐτῷ **ἔμπροσθεν τοῦ πατρός μου** τοῦ ἐν [τοῖς] οὐρανοῖς·			**Lk 12,8** (2)	λέγω δὲ ὑμῖν, πᾶς ὃς ἂν ὁμολογήσῃ ἐν ἐμοὶ **ἔμπροσθεν τῶν ἀνθρώπων**, καὶ ὁ υἱὸς τοῦ ἀνθρώπου ὁμολογήσει ἐν αὐτῷ **ἔμπροσθεν τῶν ἀγγέλων τοῦ θεοῦ**·	
002					**Lk 14,2** → Mt 12,10 → Mk 3,1 → Lk 6,6 → Lk 13,11	καὶ ἰδοὺ ἄνθρωπός τις ἦν ὑδρωπικὸς **ἔμπροσθεν αὐτοῦ**.	
002					**Lk 19,4**	καὶ προδραμὼν **εἰς τὸ ἔμπροσθεν** ἀνέβη ἐπὶ συκομορέαν ἵνα ἴδῃ αὐτὸν ...	
002					**Lk 19,27**	... ἀγάγετε ὧδε καὶ κατασφάξατε αὐτοὺς **ἔμπροσθέν μου**.	

112	Mt 21,1	καὶ ὅτε ἤγγισαν εἰς Ἱεροσόλυμα καὶ ἦλθον εἰς Βηθφαγὴ εἰς τὸ ὄρος τῶν ἐλαιῶν, ...	Mk 11,1	καὶ ὅτε ἐγγίζουσιν εἰς Ἱεροσόλυμα εἰς Βηθφαγὴ καὶ Βηθανίαν πρὸς τὸ ὄρος τῶν ἐλαιῶν, ...	Lk 19,28	καὶ εἰπὼν ταῦτα ἐπορεύετο **ἔμπροσθεν** ἀναβαίνων εἰς Ἱεροσόλυμα. [29] καὶ ἐγένετο ὡς ἤγγισεν εἰς Βηθφαγὴ καὶ Βηθανία[ν] πρὸς τὸ ὄρος τὸ καλούμενον Ἐλαιῶν, ...	→ Jn 12,12
201	Mt 23,13 → Mt 16,19	οὐαὶ δὲ ὑμῖν, γραμματεῖς καὶ Φαρισαῖοι ὑποκριταί, ὅτι κλείετε τὴν βασιλείαν τῶν οὐρανῶν **ἔμπροσθεν** **τῶν ἀνθρώπων·** ὑμεῖς γὰρ οὐκ εἰσέρχεσθε οὐδὲ τοὺς εἰσερχομένους ἀφίετε εἰσελθεῖν.			Lk 11,52	οὐαὶ ὑμῖν τοῖς νομικοῖς, ὅτι ἤρατε τὴν κλεῖδα τῆς γνώσεως· αὐτοὶ οὐκ εἰσήλθατε καὶ τοὺς εἰσερχομένους ἐκωλύσατε.	→ GTh 39,1-2 (POxy 655) → GTh 102
112	Mt 25,13 → Mt 24,42 → Mt 24,44 → Mt 24,50	γρηγορεῖτε οὖν, ὅτι οὐκ οἴδατε τὴν ἡμέραν οὐδὲ τὴν ὥραν.	Mk 13,33 → Lk 21,34	βλέπετε, ἀγρυπνεῖτε· οὐκ οἴδατε γὰρ πότε ὁ καιρός ἐστιν.	Lk 21,36 → Lk 18,1	ἀγρυπνεῖτε δὲ ἐν παντὶ καιρῷ δεόμενοι ἵνα κατισχύσητε ἐκφυγεῖν ταῦτα πάντα τὰ μέλλοντα γίνεσθαι καὶ σταθῆναι **ἔμπροσθεν τοῦ υἱοῦ** **τοῦ ἀνθρώπου.**	
200	Mt 25,32	καὶ συναχθήσονται **ἔμπροσθεν αὐτοῦ** πάντα τὰ ἔθνη, καὶ ἀφορίσει αὐτοὺς ἀπ' ἀλλήλων, ...					
211	Mt 26,70	ὁ δὲ ἠρνήσατο **ἔμπροσθεν πάντων** λέγων· οὐκ οἶδα τί λέγεις.	Mk 14,68	ὁ δὲ ἠρνήσατο λέγων· οὔτε οἶδα οὔτε ἐπίσταμαι σὺ τί λέγεις. ...	Lk 22,57	ὁ δὲ ἠρνήσατο λέγων· οὐκ οἶδα αὐτόν, γύναι.	→ Jn 18,17
211	Mt 27,11	ὁ δὲ Ἰησοῦς ἐστάθη **ἔμπροσθεν** **τοῦ ἡγεμόνος·** καὶ ἐπηρώτησεν αὐτὸν ὁ ἡγεμὼν λέγων· σὺ εἶ ὁ βασιλεὺς τῶν Ἰουδαίων; ...	Mk 15,2	 καὶ ἐπηρώτησεν αὐτὸν ὁ Πιλᾶτος· σὺ εἶ ὁ βασιλεὺς τῶν Ἰουδαίων; ...	Lk 23,3	 ὁ δὲ Πιλᾶτος ἠρώτησεν αὐτὸν λέγων· σὺ εἶ ὁ βασιλεὺς τῶν Ἰουδαίων; ...	→ Jn 18,33 → Jn 18,37
210	Mt 27,29	... καὶ γονυπετήσαντες **ἔμπροσθεν αὐτοῦ** ἐνέπαιξαν αὐτῷ λέγοντες· χαῖρε, βασιλεῦ τῶν Ἰουδαίων	Mk 15,18	 καὶ ἤρξαντο ἀσπάζεσθαι αὐτόν· χαῖρε, βασιλεῦ τῶν Ἰουδαίων·			→ Jn 19,3

Acts 10,4 → Lk 1,13	... αἱ προσευχαί σου καὶ αἱ ἐλεημοσύναι σου ἀνέβησαν εἰς μνημόσυνον **ἔμπροσθεν τοῦ θεοῦ.**	Acts 18,17	ἐπιλαβόμενοι δὲ πάντες Σωσθένην τὸν ἀρχισυνάγωγον ἔτυπτον **ἔμπροσθεν** **τοῦ βήματος·** καὶ οὐδὲν τούτων τῷ Γαλλίωνι ἔμελεν.

ἐμπτύω	Syn 6	Mt 2	Mk 3	Lk 1	Acts	Jn	1-3John	Paul	Eph	Col
	NT 6	2Thess	1/2Tim	Tit	Heb	Jas	1Pet	2Pet	Jude	Rev

spit in someone's face

122	**Mt 20,19** →Mt 16,21 →Mt 17,22-23	καὶ παραδώσουσιν αὐτὸν τοῖς ἔθνεσιν εἰς τὸ ἐμπαῖξαι καὶ μαστιγῶσαι καὶ σταυρῶσαι, ...	**Mk 10,34** →Mk 8,31 →Mk 9,31	[33] ... καὶ παραδώσουσιν αὐτὸν τοῖς ἔθνεσιν [34] καὶ ἐμπαίξουσιν αὐτῷ καὶ **ἐμπτύσουσιν** αὐτῷ καὶ μαστιγώσουσιν αὐτὸν καὶ ἀποκτενοῦσιν, ...	**Lk 18,32** →Lk 9,22 →Lk 9,44 →Lk 17,25 →Lk 24,7 →Lk 24,26 →Lk 24,46	παραδοθήσεται γὰρ τοῖς ἔθνεσιν καὶ ἐμπαιχθήσεται καὶ ὑβρισθήσεται καὶ **ἐμπτυσθήσεται** [33] καὶ μαστιγώσαντες ἀποκτενοῦσιν αὐτόν, ...	
221	**Mt 26,67** ↓Mt 27,30	τότε **ἐνέπτυσαν** εἰς τὸ πρόσωπον αὐτοῦ καὶ ἐκολάφισαν αὐτόν, ...	**Mk 14,65** ↓Mk 15,19	καὶ ἤρξαντό τινες **ἐμπτύειν** αὐτῷ καὶ περικαλύπτειν αὐτοῦ τὸ πρόσωπον καὶ κολαφίζειν αὐτὸν ...	**Lk 22,63**	καὶ οἱ ἄνδρες οἱ συνέχοντες αὐτὸν ἐνέπαιζον αὐτῷ δέροντες, [64] καὶ περικαλύψαντες αὐτὸν ...	
220	**Mt 27,30** ↑Mt 26,67	καὶ **ἐμπτύσαντες** εἰς αὐτὸν ἔλαβον τὸν κάλαμον καὶ ἔτυπτον εἰς τὴν κεφαλὴν αὐτοῦ.	**Mk 15,19** ↑Mk 14,65	καὶ ἔτυπτον αὐτοῦ τὴν κεφαλὴν καλάμῳ καὶ **ἐνέπτυον** αὐτῷ ...			

ἐμφανίζω	Syn 1	Mt 1	Mk	Lk	Acts 5	Jn 2	1-3John	Paul	Eph	Col
	NT 10	2Thess	1/2Tim	Tit	Heb 2	Jas	1Pet	2Pet	Jude	Rev

active: make visible; make known; make clear; explain; inform; make a report; *passive:* become visible

200	**Mt 27,53**	καὶ ἐξελθόντες ἐκ τῶν μνημείων μετὰ τὴν ἔγερσιν αὐτοῦ εἰσῆλθον εἰς τὴν ἁγίαν πόλιν καὶ **ἐνεφανίσθησαν** πολλοῖς.	

Acts 23,15 νῦν οὖν ὑμεῖς **ἐμφανίσατε** τῷ χιλιάρχῳ σὺν τῷ συνεδρίῳ ὅπως καταγάγῃ αὐτὸν εἰς ὑμᾶς ...

Acts 23,22 ὁ μὲν οὖν χιλίαρχος ἀπέλυσε τὸν νεανίσκον παραγγείλας μηδενὶ ἐκλαλῆσαι ὅτι ταῦτα **ἐνεφάνισας** πρός με.

Acts 24,1 ... κατέβη ὁ ἀρχιερεὺς Ἁνανίας μετὰ πρεσβυτέρων τινῶν καὶ ῥήτορος Τερτύλλου τινός, οἵτινες **ἐνεφάνισαν** τῷ ἡγεμόνι κατὰ τοῦ Παύλου.

Acts 25,2 **ἐνεφάνισάν** τε αὐτῷ οἱ ἀρχιερεῖς καὶ οἱ πρῶτοι τῶν Ἰουδαίων κατὰ τοῦ Παύλου καὶ παρεκάλουν αὐτὸν

Acts 25,15 περὶ οὗ γενομένου μου εἰς Ἱεροσόλυμα **ἐνεφάνισαν** οἱ ἀρχιερεῖς καὶ οἱ πρεσβύτεροι τῶν Ἰουδαίων αἰτούμενοι κατ᾽ αὐτοῦ καταδίκην.

ἔμφοβος	Syn 2	Mt	Mk	Lk 2	Acts 2	Jn	1-3John	Paul	Eph	Col
	NT 5	2Thess	1/2Tim	Tit	Heb	Jas	1Pet	2Pet	Jude	Rev 1

afraid; startled; terrified

012	Mt 28,4	[3] ἦν δὲ ἡ εἰδέα αὐτοῦ ὡς ἀστραπὴ καὶ τὸ ἔνδυμα αὐτοῦ λευκὸν ὡς χιών. [4] **ἀπὸ δὲ τοῦ φόβου αὐτοῦ ἐσείσθησαν** οἱ τηροῦντες καὶ ἐγενήθησαν ὡς νεκροί.	Mk 16,5	... εἶδον νεανίσκον καθήμενον ἐν τοῖς δεξιοῖς περιβεβλημένον στολὴν λευκήν, καὶ **ἐξεθαμβήθησαν.**	Lk 24,5 →Lk 24,23	[4] ... καὶ ἰδοὺ ἄνδρες δύο ἐπέστησαν αὐταῖς ἐν ἐσθῆτι ἀστραπτούσῃ. [5] **ἐμφόβων δὲ γενομένων αὐτῶν** καὶ κλινουσῶν τὰ πρόσωπα εἰς τὴν γῆν ...
002					Lk 24,37	πτοηθέντες δὲ καὶ **ἔμφοβοι** γενόμενοι ἐδόκουν πνεῦμα θεωρεῖν.

Acts 10,4 ὁ δὲ ἀτενίσας αὐτῷ καὶ **ἔμφοβος** γενόμενος εἶπεν· τί ἐστιν, κύριε; ...

Acts 24,25 διαλεγομένου δὲ αὐτοῦ περὶ δικαιοσύνης καὶ ἐγκρατείας καὶ τοῦ κρίματος τοῦ μέλλοντος, **ἔμφοβος** γενόμενος ὁ Φῆλιξ ἀπεκρίθη· ...

ἐν	Syn 786	Mt 293	Mk 132	Lk 361	Acts 279	Jn 223	1-3John 90	Paul 676	Eph 122	Col 88
	NT 2746	2Thess 26	1/2Tim 81	Tit 13	Heb 65	Jas 38	1Pet 50	2Pet 43	Jude 8	Rev 158

in; on; at; near; by; before; among; within; with; into; to; for

	triple tradition																	double tradition			Sondergut		
		+Mt / +Lk			–Mt / –Lk			traditions not taken over by Mt / Lk							subtotals								
code	222	211	112	212	221	122	121	022	012	021	220	120	210	020	Σ+	Σ–	Σ	202	201	102	200	002	total
Mt	23	35^+		4^+	20	14^-	28^-				13	16^-	22^+		61^+	58^-	117	47	34		95		**293**
Mk	23				20	14	28	2		6	13	16		10			132						**132**
Lk	23		59^+	4^+	20^-	14	28^-	2	6^+	6^-					69^+	54^-	108	47		30		176	**361**

Mk-Q overlap: 222: Mt 3,17 / Mk 1,11 / Lk 3,22 (?)
112: Mt 12,29 / Mk 3,27 / Lk 11,21 (?)
211: Mt 18,6 / Mk 9,42 / Lk 17,2 (?)
202: Mt 23,6 / Mk 12,39 / Lk 11,43
122: Mt 23,6 / Mk 12,39 / Lk 20,46
202: Mt 23,7 / Mk 12,38 / Lk 11,43
122: Mt 23,7 / Mk 12,38 / Lk 20,46
202: Mt 10,19 / Mk 13,11 / Lk 12,12
121: Mt 10,19 / Mk 13,11 / Lk 21,15

a ἐν with reference to time
b ἐν with reference to scripture
c ὁ, ἡ, τὸ ἐν used as a noun
d ἐν with composite verb ἐν-
e ἐν τῷ and infinitive (Mt 3; Mk 2; Lk 32; Acts 6)
f instrumental ἐν (Mt 12; Mk 9; Lk 11; Acts 4)
g ὁ, ἡ, τὸ ἐν

002		Lk 1,1	ἐπειδήπερ πολλοὶ ἐπεχείρησαν ἀνατάξασθαι διήγησιν περὶ τῶν πεπληροφορημένων **ἐν ἡμῖν** πραγμάτων	
a 002		Lk 1,5	ἐγένετο **ἐν ταῖς ἡμέραις Ἡρῴδου βασιλέως τῆς Ἰουδαίας** ἱερεύς τις ὀνόματι Ζαχαρίας ἐξ ἐφημερίας Ἀβιά, ...	

   002	Lk 1,6	ἦσαν δὲ δίκαιοι ἀμφότεροι ἐναντίον τοῦ θεοῦ, πορευόμενοι **ἐν πάσαις ταῖς ἐντολαῖς καὶ δικαιώ-μασιν τοῦ κυρίου** ἄμεμπτοι.	
a 002	Lk 1,7	... καὶ ἀμφότεροι προβεβηκότες **ἐν ταῖς ἡμέραις αὐτῶν** ἦσαν.	
e 002 002	Lk 1,8 (2)	ἐγένετο δὲ **ἐν τῷ ἱερατεύειν** αὐτὸν **ἐν τῇ τάξει τῆς ἐφημερίας αὐτοῦ** ἔναντι τοῦ θεοῦ	
  002 002	Lk 1,17 (2) → Mt 11,14 ↓ Mt 17,12 ↓ Mk 9,13$ ↓ Lk 3,4	καὶ αὐτὸς προελεύσεται ἐνώπιον αὐτοῦ **ἐν πνεύματι καὶ δυνάμει Ἠλίου,** ἐπιστρέψαι καρδίας πατέρων ἐπὶ τέκνα καὶ ἀπειθεῖς **ἐν φρονήσει δικαίων,** ἑτοιμάσαι κυρίῳ λαὸν κατεσκευασμένον.	
a 002	Lk 1,18	... ἐγὼ γάρ εἰμι πρεσβύτης καὶ ἡ γυνή μου προβεβηκυῖα **ἐν ταῖς ἡμέραις αὐτῆς.**	
e 002 002	Lk 1,21 (2)	καὶ ἦν ὁ λαὸς προσδοκῶν τὸν Ζαχαρίαν καὶ ἐθαύμαζον **ἐν τῷ χρονίζειν** **ἐν τῷ ναῷ** αὐτόν.	
  002	Lk 1,22	... καὶ ἐπέγνωσαν ὅτι ὀπτασίαν ἑώρακεν **ἐν τῷ ναῷ·** καὶ αὐτὸς ἦν διανεύων αὐτοῖς, καὶ διέμενεν κωφός.	
a 002 002	Lk 1,25 (2)	ὅτι οὕτως μοι πεποίηκεν κύριος **ἐν ἡμέραις** αἷς ἐπεῖδεν ἀφελεῖν ὄνειδός μου **ἐν ἀνθρώποις.**	
a 002	Lk 1,26	**ἐν δὲ τῷ μηνὶ τῷ ἕκτῳ** ἀπεστάλη ὁ ἄγγελος Γαβριὴλ ἀπὸ τοῦ θεοῦ εἰς πόλιν τῆς Γαλιλαίας ᾗ ὄνομα Ναζαρὲθ	
 002	Lk 1,31 → Mt 1,21 ↓ Lk 2,21	καὶ ἰδοὺ συλλήμψῃ **ἐν γαστρὶ** καὶ τέξῃ υἱὸν καὶ καλέσεις τὸ ὄνομα αὐτοῦ Ἰησοῦν.	

a 002	Lk 1,36	καὶ ἰδοὺ Ἐλισάβετ ἡ συγγενίς σου καὶ αὐτὴ συνείληφεν υἱὸν **ἐν γήρει αὐτῆς** καὶ οὗτος μὴν ἕκτος ἐστὶν αὐτῇ τῇ καλουμένῃ στείρᾳ·	
a 002	Lk 1,39	ἀναστᾶσα δὲ Μαριὰμ **ἐν ταῖς ἡμέραις ταύταις** ἐπορεύθη εἰς τὴν ὀρεινὴν μετὰ σπουδῆς εἰς πόλιν Ἰούδα	
 002	Lk 1,41	... ἐσκίρτησεν τὸ βρέφος **ἐν τῇ κοιλίᾳ αὐτῆς,** καὶ ἐπλήσθη πνεύματος ἁγίου ἡ Ἐλισάβετ,	
 002	Lk 1,42	... εὐλογημένη σὺ **ἐν γυναιξὶν** καὶ εὐλογημένος ὁ καρπὸς τῆς κοιλίας σου.	
    002 002	Lk 1,44 (2)	ἰδοὺ γὰρ ὡς ἐγένετο ἡ φωνὴ τοῦ ἀσπασμοῦ σου εἰς τὰ ὦτά μου, ἐσκίρτησεν **ἐν ἀγαλλιάσει** τὸ βρέφος **ἐν τῇ κοιλίᾳ μου.**	
f 002	Lk 1,51	ἐποίησεν κράτος **ἐν βραχίονι αὐτοῦ,** διεσκόρπισεν ὑπερηφάνους διανοίᾳ καρδίας αὐτῶν·	
a 002	Lk 1,59	καὶ ἐγένετο **ἐν τῇ ἡμέρᾳ τῇ ὀγδόῃ** ἦλθον περιτεμεῖν τὸ παιδίον ...	
    002	Lk 1,65	καὶ ἐγένετο ἐπὶ πάντας φόβος τοὺς περιοικοῦντας αὐτούς, καὶ **ἐν ὅλῃ τῇ ὀρεινῇ τῆς Ἰουδαίας** διελαλεῖτο πάντα τὰ ῥήματα ταῦτα,	
  002	Lk 1,66	καὶ ἔθεντο πάντες οἱ ἀκούσαντες **ἐν τῇ καρδίᾳ αὐτῶν** λέγοντες· τί ἄρα τὸ παιδίον τοῦτο ἔσται; ...	
  002	Lk 1,69	καὶ ἤγειρεν κέρας σωτηρίας ἡμῖν **ἐν οἴκῳ Δαυὶδ παιδὸς αὐτοῦ**	
002	Lk 1,75	**ἐν ὁσιότητι** καὶ δικαιοσύνῃ ἐνώπιον αὐτοῦ πάσαις ταῖς ἡμέραις ἡμῶν.	
  002	Lk 1,77	τοῦ δοῦναι γνῶσιν σωτηρίας τῷ λαῷ αὐτοῦ **ἐν ἀφέσει ἁμαρτιῶν αὐτῶν,**	

002					Lk 1,78	διὰ σπλάγχνα ἐλέους θεοῦ ἡμῶν, **ἐν οἷς** ἐπισκέψεται ἡμᾶς ἀνατολὴ ἐξ ὕψους,	
002					Lk 1,79	ἐπιφᾶναι τοῖς **ἐν σκότει καὶ σκιᾷ θανάτου** καθημένοις, τοῦ κατευθῦναι τοὺς πόδας ἡμῶν εἰς ὁδὸν εἰρήνης.	
002					Lk 1,80 ↓ Lk 3,2	τὸ δὲ παιδίον ηὔξανεν καὶ ἐκραταιοῦτο πνεύματι, καὶ ἦν **ἐν ταῖς ἐρήμοις** ἕως ἡμέρας ἀναδείξεως αὐτοῦ πρὸς τὸν Ἰσραήλ.	
200	Mt 1,18 → Lk 1,27 → Lk 1,35	... μνηστευθείσης τῆς μητρὸς αὐτοῦ Μαρίας τῷ Ἰωσήφ, πρὶν ἢ συνελθεῖν αὐτοὺς εὑρέθη **ἐν γαστρὶ** ἔχουσα ἐκ πνεύματος ἁγίου.					
200	Mt 1,20 → Lk 1,27 → Lk 1,30 → Lk 1,35	... Ἰωσὴφ υἱὸς Δαυίδ, μὴ φοβηθῇς παραλαβεῖν Μαριὰμ τὴν γυναῖκά σου, τὸ γὰρ **ἐν αὐτῇ** γεννηθὲν ἐκ πνεύματός ἐστιν ἁγίου·					
200	Mt 1,23	*ἰδοὺ ἡ παρθένος* ***ἐν γαστρὶ*** *ἕξει καὶ τέξεται υἱόν, ...* ➤ Isa 7,14 LXX					
a 002					Lk 2,1	ἐγένετο δὲ **ἐν ταῖς ἡμέραις ἐκείναις** ἐξῆλθεν δόγμα παρὰ Καίσαρος Αὐγούστου ἀπογράφεσθαι πᾶσαν τὴν οἰκουμένην.	
e 002					Lk 2,6	ἐγένετο δὲ **ἐν τῷ εἶναι** αὐτοὺς ἐκεῖ ἐπλήσθησαν αἱ ἡμέραι τοῦ τεκεῖν αὐτήν,	
002 002					Lk 2,7 (2)	... καὶ ἐσπαργάνωσεν αὐτὸν καὶ ἀνέκλινεν αὐτὸν **ἐν φάτνῃ,** διότι οὐκ ἦν αὐτοῖς τόπος **ἐν τῷ καταλύματι.**	
002					Lk 2,8	καὶ ποιμένες ἦσαν **ἐν τῇ χώρᾳ τῇ αὐτῇ** ἀγραυλοῦντες καὶ φυλάσσοντες φυλακὰς τῆς νυκτὸς ἐπὶ τὴν ποίμνην αὐτῶν.	
002					Lk 2,11	ὅτι ἐτέχθη ὑμῖν σήμερον σωτὴρ ὅς ἐστιν χριστὸς κύριος **ἐν πόλει Δαυίδ.**	

002		Lk 2,12	καὶ τοῦτο ὑμῖν τὸ σημεῖον, εὑρήσετε βρέφος ἐσπαργανωμένον καὶ κείμενον **ἐν φάτνῃ.**	
002 002		Lk 2,14 (2) ↓ Mt 21,9 ↓ Mk 11,10 ↓ Lk 19,38	δόξα **ἐν ὑψίστοις** θεῷ καὶ ἐπὶ γῆς εἰρήνη **ἐν ἀνθρώποις εὐδοκίας.**	
002		Lk 2,16	καὶ ἦλθαν σπεύσαντες καὶ ἀνεῦραν τήν τε Μαριὰμ καὶ τὸν Ἰωσὴφ καὶ τὸ βρέφος κείμενον **ἐν τῇ φάτνῃ·**	
002		Lk 2,19 ↓ Lk 2,51	ἡ δὲ Μαριὰμ πάντα συνετήρει τὰ ῥήματα ταῦτα συμβάλλουσα **ἐν τῇ καρδίᾳ αὐτῆς.**	
002		Lk 2,21 ↑ Lk 1,31	... καὶ ἐκλήθη τὸ ὄνομα αὐτοῦ Ἰησοῦς, τὸ κληθὲν ὑπὸ τοῦ ἀγγέλου πρὸ τοῦ συλλημφθῆναι αὐτὸν **ἐν τῇ κοιλίᾳ.**	
b 002		Lk 2,23	καθὼς γέγραπται **ἐν νόμῳ κυρίου** ὅτι *πᾶν ἄρσεν διανοῖγον μήτραν ἅγιον τῷ κυρίῳ κληθήσεται,* ➤ Exod 13,2.12.15	
b 002		Lk 2,24	καὶ τοῦ δοῦναι θυσίαν κατὰ τὸ εἰρημένον **ἐν τῷ νόμῳ κυρίου,** *ζεῦγος τρυγόνων ἢ δύο νοσσοὺς περιστερῶν.* ➤ Lev 5,11; 12,8	
002		Lk 2,25	καὶ ἰδοὺ ἄνθρωπος ἦν **ἐν Ἰερουσαλὴμ** ᾧ ὄνομα Συμεὼν ...	
002 *e* 002		Lk 2,27 (2)	καὶ ἦλθεν **ἐν τῷ πνεύματι** εἰς τὸ ἱερόν· καὶ **ἐν τῷ εἰσαγαγεῖν** τοὺς γονεῖς τὸ παιδίον Ἰησοῦν ...	
002		Lk 2,29	νῦν ἀπολύεις τὸν δοῦλόν σου, δέσποτα, κατὰ τὸ ῥῆμά σου **ἐν εἰρήνῃ·**	
002		Lk 2,34	... ἰδοὺ οὗτος κεῖται εἰς πτῶσιν καὶ ἀνάστασιν πολλῶν **ἐν τῷ Ἰσραὴλ** καὶ εἰς σημεῖον ἀντιλεγόμενον -	
a 002		Lk 2,36	καὶ ἦν Ἅννα προφῆτις ... αὕτη προβεβηκυῖα **ἐν ἡμέραις πολλαῖς,** ζήσασα μετὰ ἀνδρὸς ἔτη ἑπτὰ ἀπὸ τῆς παρθενίας αὐτῆς	

200 a 200	**Mt 2,1** (2)	τοῦ δὲ Ἰησοῦ γεννηθέντος **ἐν Βηθλέεμ** **τῆς Ἰουδαίας** **ἐν ἡμέραις Ἡρῴδου** **τοῦ βασιλέως,** ἰδοὺ μάγοι ἀπὸ ἀνατολῶν παρεγένοντο εἰς Ἱεροσόλυμα			
200	**Mt 2,2**	... ποῦ ἐστιν ὁ τεχθεὶς βασιλεὺς τῶν Ἰουδαίων; εἴδομεν γὰρ αὐτοῦ τὸν ἀστέρα **ἐν τῇ ἀνατολῇ** καὶ ἤλθομεν προσκυνῆσαι αὐτῷ.			
200	**Mt 2,5**	οἱ δὲ εἶπαν αὐτῷ· **ἐν Βηθλέεμ** **τῆς Ἰουδαίας·** οὕτως γὰρ γέγραπται διὰ τοῦ προφήτου·			
200	**Mt 2,6**	*καὶ σύ, Βηθλέεμ,* γῆ Ἰούδα, οὐδαμῶς *ἐλαχίστη εἶ* ***ἐν τοῖς ἡγεμόσιν*** ***Ἰούδα·*** *ἐκ σοῦ γὰρ ἐξελεύσεται* *ἡγούμενος, ...* ➤ Micah 5,1.3; 2Sam 5,2/1Chron 11,2			
200	**Mt 2,9**	... ἰδοὺ ὁ ἀστὴρ, ὃν εἶδον **ἐν τῇ ἀνατολῇ,** προῆγεν αὐτούς, ἕως ἐλθὼν ἐστάθη ἐπάνω οὗ ἦν τὸ παιδίον.			
200 200	**Mt 2,16** (2)	... καὶ ἀποστείλας ἀνεῖλεν πάντας τοὺς παῖδας τοὺς **ἐν Βηθλέεμ** καὶ **ἐν πᾶσι τοῖς ὁρίοις** **αὐτῆς** ἀπὸ διετοῦς καὶ κατωτέρω, κατὰ τὸν χρόνον ὃν ἠκρίβωσεν παρὰ τῶν μάγων.			
200	**Mt 2,18**	*φωνὴ* ***ἐν Ῥαμὰ*** *ἠκούσθη, κλαυθμὸς καὶ* *ὀδυρμὸς* πολύς· ... ➤ Jer 31,15			
200	**Mt 2,19**	... ἰδοὺ ἄγγελος κυρίου φαίνεται κατ᾽ ὄναρ τῷ Ἰωσὴφ **ἐν Αἰγύπτῳ**			
e 002 002			**Lk 2,43** (2)	καὶ τελειωσάντων τὰς ἡμέρας, **ἐν τῷ ὑποστρέφειν** αὐτοὺς ὑπέμεινεν Ἰησοῦς ὁ παῖς **ἐν Ἰερουσαλήμ,** καὶ οὐκ ἔγνωσαν οἱ γονεῖς αὐτοῦ.	

002 002					Lk 2,44 (2)	νομίσαντες δὲ αὐτὸν εἶναι ἐν τῇ συνοδίᾳ ἦλθον ἡμέρας ὁδὸν καὶ ἀνεζήτουν αὐτὸν ἐν τοῖς συγγενεῦσιν καὶ τοῖς γνωστοῖς	
002 002					Lk 2,46 (2)	καὶ ἐγένετο μετὰ ἡμέρας τρεῖς εὗρον αὐτὸν ἐν τῷ ἱερῷ καθεζόμενον ἐν μέσῳ τῶν διδασκάλων καὶ ἀκούοντα αὐτῶν καὶ ἐπερωτῶντα αὐτούς·	
002					Lk 2,49	... τί ὅτι ἐζητεῖτέ με; οὐκ ᾔδειτε ὅτι ἐν τοῖς τοῦ πατρός μου δεῖ εἶναί με;	
002					Lk 2,51 ↑ Lk 2,19	... καὶ ἡ μήτηρ αὐτοῦ διετήρει πάντα τὰ ῥήματα ἐν τῇ καρδίᾳ αὐτῆς.	
002					Lk 2,52	καὶ Ἰησοῦς προέκοπτεν [ἐν τῇ] σοφίᾳ καὶ ἡλικίᾳ καὶ χάριτι παρὰ θεῷ καὶ ἀνθρώποις.	
a 002					Lk 3,1	ἐν ἔτει δὲ πεντεκαιδεκάτῳ τῆς ἡγεμονίας Τιβερίου Καίσαρος, ἡγεμονεύοντος Ποντίου Πιλάτου τῆς Ἰουδαίας, ...	
002	Mt 3,1 (2)	ἐν δὲ ταῖς ἡμέραις ἐκείναις παραγίνεται Ἰωάννης ὁ βαπτιστὴς κηρύσσων ἐν τῇ ἐρήμῳ τῆς Ἰουδαίας	Mk 1,4	ἐγένετο Ἰωάννης [ὁ] βαπτίζων ἐν τῇ ἐρήμῳ καὶ κηρύσσων ...	Lk 3,2 ↑ Lk 1,80 → Lk 3,3	ἐπὶ ἀρχιερέως Ἅννα καὶ Καϊάφα, ἐγένετο ῥῆμα θεοῦ ἐπὶ Ἰωάννην τὸν Ζαχαρίου υἱὸν ἐν τῇ ἐρήμῳ. [3] καὶ ... κηρύσσων ...	→ Jn 3,23
b 122	Mt 3,3	οὗτος γάρ ἐστιν ὁ ῥηθεὶς διὰ Ἠσαΐου τοῦ προφήτου λέγοντος·	Mk 1,2 ⇨ Mt 11,10 ⇨ Lk 7,27	καθὼς γέγραπται ἐν τῷ Ἠσαΐᾳ τῷ προφήτῃ· *ἰδοὺ ἀποστέλλω τὸν ἄγγελόν μου πρὸ προσώπου* σου, *ὃς κατασκευάσει τὴν ὁδόν* σου· ➤ Exod 23,20/Mal 3,1	Lk 3,4 (2)	ὡς γέγραπται ἐν βίβλῳ λόγων Ἠσαΐου τοῦ προφήτου·	
222		*φωνὴ βοῶντος* *ἐν τῇ ἐρήμῳ·* *ἑτοιμάσατε τὴν ὁδὸν κυρίου, ...* ➤ Isa 40,3 LXX	Mk 1,3	*φωνὴ βοῶντος* *ἐν τῇ ἐρήμῳ·* *ἑτοιμάσατε τὴν ὁδὸν κυρίου, ...* ➤ Isa 40,3 LXX	↑ Lk 1,17	*φωνὴ βοῶντος* *ἐν τῇ ἐρήμῳ·* *ἑτοιμάσατε τὴν ὁδὸν κυρίου, ...* ➤ Isa 40,3 LXX	→ Jn 1,23
a 210 220	Mt 3,1 (2)	ἐν δὲ ταῖς ἡμέραις ἐκείναις παραγίνεται Ἰωάννης ὁ βαπτιστὴς κηρύσσων ἐν τῇ ἐρήμῳ τῆς Ἰουδαίας	Mk 1,4	ἐγένετο Ἰωάννης [ὁ] βαπτίζων ἐν τῇ ἐρήμῳ καὶ κηρύσσων ...	Lk 3,2	ἐπὶ ἀρχιερέως Ἅννα καὶ Καϊάφα, ἐγένετο ῥῆμα θεοῦ ἐπὶ Ἰωάννην τὸν Ζαχαρίου υἱὸν ἐν τῇ ἐρήμῳ. [3] καὶ ... κηρύσσων ...	→ Jn 3,23

b 122	**Mt 3,3**	οὗτος γάρ ἐστιν ὁ ῥηθεὶς διὰ Ἠσαΐου τοῦ προφήτου λέγοντος·	**Mk 1,2** → Mt 11,10 → Lk 7,27	καθὼς γέγραπται ἐν τῷ Ἠσαΐᾳ τῷ προφήτῃ· ...	**Lk 3,4** (2)	ὡς γέγραπται ἐν βίβλῳ λόγων Ἠσαΐου τοῦ προφήτου·	
222		*φωνὴ βοῶντος* *ἐν τῇ ἐρήμῳ·* *ἑτοιμάσατε τὴν ὁδὸν* *κυρίου, ...* ≻ Isa 40,3 LXX	**Mk 1,3**	*φωνὴ βοῶντος* *ἐν τῇ ἐρήμῳ·* *ἑτοιμάσατε τὴν ὁδὸν* *κυρίου, ...* ≻ Isa 40,3 LXX	↑ Lk 1,17	*φωνὴ βοῶντος* *ἐν τῇ ἐρήμῳ·* *ἑτοιμάσατε τὴν ὁδὸν* *κυρίου, ...* ≻ Isa 40,3 LXX	→ Jn 1,23
220	**Mt 3,6**	καὶ ἐβαπτίζοντο ἐν τῷ Ἰορδάνῃ ποταμῷ ὑπ' αὐτοῦ ἐξομολογούμενοι τὰς ἁμαρτίας αὐτῶν.	**Mk 1,5** → Lk 3,7	... καὶ ἐβαπτίζοντο ὑπ' αὐτοῦ ἐν τῷ Ἰορδάνῃ ποταμῷ ἐξομολογούμενοι τὰς ἁμαρτίας αὐτῶν.			
202	**Mt 3,9**	καὶ μὴ δόξητε λέγειν ἐν ἑαυτοῖς· πατέρα ἔχομεν τὸν Ἀβραάμ. ...			**Lk 3,8**	... καὶ μὴ ἄρξησθε λέγειν ἐν ἑαυτοῖς· πατέρα ἔχομεν τὸν Ἀβραάμ. ...	
002					**Lk 3,15**	προσδοκῶντος δὲ τοῦ λαοῦ καὶ διαλογιζομένων πάντων ἐν ταῖς καρδίαις αὐτῶν περὶ τοῦ Ἰωάννου, μήποτε αὐτὸς εἴη ὁ χριστός,	
020	Mt 3,11 (2)	... αὐτὸς ὑμᾶς βαπτίσει· ἐν πνεύματι ἁγίῳ καὶ πυρί	**Mk 1,8**	... αὐτὸς δὲ βαπτίσει ὑμᾶς ἐν πνεύματι ἁγίῳ.	Lk 3,16 → Lk 12,49	... αὐτὸς ὑμᾶς βαπτίσει ἐν πνεύματι ἁγίῳ καὶ πυρί·	→ **Acts 1,5** → **Acts 11,16** → Acts 19,4 Mk-Q overlap
201	**Mt 3,11** (2)	ἐγὼ μὲν ὑμᾶς βαπτίζω ἐν ὕδατι εἰς μετάνοιαν, ὁ δὲ ὀπίσω μου ἐρχόμενος ἰσχυρότερός μού ἐστιν, οὗ οὐκ εἰμὶ ἱκανὸς τὰ ὑποδήματα βαστάσαι·	Mk 1,8	[7] ... ἔρχεται ὁ ἰσχυρότερός μου ὀπίσω μου, οὗ οὐκ εἰμὶ ἱκανὸς κύψας λῦσαι τὸν ἱμάντα τῶν ὑποδημάτων αὐτοῦ. [8] ἐγὼ ἐβάπτισα ὑμᾶς ὕδατι,	**Lk 3,16**	... ἐγὼ μὲν ὕδατι βαπτίζω ὑμᾶς· ἔρχεται δὲ ὁ ἰσχυρότερός μου, οὗ οὐκ εἰμὶ ἱκανὸς λῦσαι τὸν ἱμάντα τῶν ὑποδημάτων αὐτοῦ·	→ **Jn 1,26** → Jn 1,27 → Acts 13,24 → Acts 19,4 Mk-Q overlap
202		αὐτὸς ὑμᾶς βαπτίσει ἐν πνεύματι ἁγίῳ καὶ πυρί·		αὐτὸς δὲ βαπτίσει ὑμᾶς ἐν πνεύματι ἁγίῳ.	→ Lk 12,49	αὐτὸς ὑμᾶς βαπτίσει ἐν πνεύματι ἁγίῳ καὶ πυρί·	→ **Acts 1,5** → **Acts 11,16** → Acts 19,4
202	**Mt 3,12**	οὗ τὸ πτύον ἐν τῇ χειρὶ αὐτοῦ καὶ διακαθαριεῖ τὴν ἅλωνα αὐτοῦ, ...			**Lk 3,17**	οὗ τὸ πτύον ἐν τῇ χειρὶ αὐτοῦ διακαθᾶραι τὴν ἅλωνα αὐτοῦ ...	
222	**Mt 14,3**	ὁ γὰρ Ἡρῴδης κρατήσας τὸν Ἰωάννην ἔδησεν [αὐτὸν] καὶ ἐν φυλακῇ ἀπέθετο ...	**Mk 6,17**	αὐτὸς γὰρ ὁ Ἡρῴδης ἀποστείλας ἐκράτησεν τὸν Ἰωάννην καὶ ἔδησεν αὐτὸν ἐν φυλακῇ ...	**Lk 3,20** ↓ Mt 4,12 ↓ Mk 1,14	[19] ὁ δὲ Ἡρῴδης ... [20] προσέθηκεν καὶ τοῦτο ἐπὶ πᾶσιν [καὶ] κατέκλεισεν τὸν Ἰωάννην ἐν φυλακῇ.	

a 121 *e* 112	**Mt 3,13**	τότε παραγίνεται ὁ Ἰησοῦς ἀπὸ τῆς Γαλιλαίας ἐπὶ τὸν Ἰορδάνην πρὸς τὸν Ἰωάννην τοῦ βαπτισθῆναι ὑπ᾽ αὐτοῦ.	**Mk 1,9**	καὶ ἐγένετο **ἐν ἐκείναις ταῖς ἡμέραις** ἦλθεν Ἰησοῦς ἀπὸ Ναζαρὲτ τῆς Γαλιλαίας καὶ ἐβαπτίσθη εἰς τὸν Ἰορδάνην ὑπὸ Ἰωάννου.	**Lk 3,21**	ἐγένετο δὲ **ἐν τῷ βαπτισθῆναι** ἅπαντα τὸν λαὸν καὶ Ἰησοῦ βαπτισθέντος ...	
222	**Mt 3,17** ↓ Mt 17,5 → Mt 12,18	... οὗτός ἐστιν ὁ υἱός μου ὁ ἀγαπητός, **ἐν ᾧ** εὐδόκησα.	**Mk 1,11** ↓ Mk 9,7	... σὺ εἶ ὁ υἱός μου ὁ ἀγαπητός, **ἐν σοὶ** εὐδόκησα.	**Lk 3,22** ↓ Lk 9,35	... σὺ εἶ ὁ υἱός μου ὁ ἀγαπητός, **ἐν σοὶ** εὐδόκησα.	→ Jn 1,34 → Jn 12,28 Mk-Q overlap?
102	**Mt 4,1**	τότε ὁ Ἰησοῦς ἀνήχθη εἰς τὴν ἔρημον **ὑπὸ τοῦ πνεύματος** ...	Mk 1,12	 καὶ εὐθὺς τὸ πνεῦμα αὐτὸν ἐκβάλλει	**Lk 4,1** **(2)**	Ἰησοῦς δὲ πλήρης πνεύματος ἁγίου ὑπέστρεψεν ἀπὸ τοῦ Ἰορδάνου καὶ ἤγετο **ἐν τῷ πνεύματι**	Mk-Q overlap
102	**Mt 4,1**	... **εἰς τὴν ἔρημον** ↔		εἰς τὴν ἔρημον.		**ἐν τῇ ἐρήμῳ**	
020	Mt 4,1	 ↔ ὑπὸ τοῦ πνεύματος πειρασθῆναι ὑπὸ τοῦ διαβόλου.	**Mk 1,13** ↓ Mt 4,2	καὶ ἦν **ἐν τῇ ἐρήμῳ** τεσσεράκοντα ἡμέρας πειραζόμενος ὑπὸ τοῦ σατανᾶ, ...	Lk 4,2	 ἡμέρας τεσσεράκοντα πειραζόμενος ὑπὸ τοῦ διαβόλου. ↔	Mk-Q overlap
a 102	**Mt 4,2**	καὶ νηστεύσας ἡμέρας τεσσεράκοντα καὶ νύκτας τεσσεράκοντα ὕστερον ἐπείνασεν.	Mk 1,13	καὶ ἦν ἐν τῇ ἐρήμῳ τεσσεράκοντα ἡμέρας ...	**Lk 4,2**	↔ καὶ οὐκ ἔφαγεν οὐδὲν **ἐν ταῖς ἡμέραις ἐκείναις** καὶ συντελεσθεισῶν αὐτῶν ἐπείνασεν.	Mk-Q overlap
a 102	**Mt 4,8** → Lk 4,6	... δείκνυσιν αὐτῷ πάσας τὰς βασιλείας τοῦ κόσμου καὶ τὴν δόξαν αὐτῶν			**Lk 4,5**	... ἔδειξεν αὐτῷ πάσας τὰς βασιλείας τῆς οἰκουμένης **ἐν στιγμῇ χρόνου**	
200	**Mt 4,13**	καὶ καταλιπὼν τὴν Ναζαρὰ ἐλθὼν κατῴκησεν εἰς Καφαρναοὺμ τὴν παραθαλασσίαν **ἐν ὁρίοις Ζαβουλὼν καὶ Νεφθαλίμ·**	Mk 1,21	καὶ εἰσπορεύονται εἰς Καφαρναούμ· ...	Lk 4,31	καὶ κατῆλθεν εἰς Καφαρναοὺμ πόλιν τῆς Γαλιλαίας. ...	→ Jn 2,12
200 200	**Mt 4,16** **(2)**	*ὁ λαὸς ὁ καθήμενος* ***ἐν σκότει*** *φῶς εἶδεν μέγα,* *καὶ τοῖς καθημένοις* ***ἐν χώρᾳ καὶ σκιᾷ θανάτου*** *φῶς ἀνέτειλεν* αὐτοῖς. ➤ Isa 9,1					
112	**Mt 4,12** ↑ Lk 3,20	ἀκούσας δὲ ὅτι Ἰωάννης παρεδόθη ἀνεχώρησεν εἰς τὴν Γαλιλαίαν.	**Mk 1,14** ↑ Lk 3,20	μετὰ δὲ τὸ παραδοθῆναι τὸν Ἰωάννην ἦλθεν ὁ Ἰησοῦς εἰς τὴν Γαλιλαίαν	**Lk 4,14**	καὶ ὑπέστρεψεν ὁ Ἰησοῦς **ἐν τῇ δυνάμει τοῦ πνεύματος** εἰς τὴν Γαλιλαίαν. ...	→ Jn 4,3
112	**Mt 4,17** ↓ Mt 4,23 ↓ Mt 9,35	ἀπὸ τότε ἤρξατο ὁ Ἰησοῦς κηρύσσειν ...	↓ Mk 1,39 ↓ Mk 6,6	κηρύσσων τὸ εὐαγγέλιον τοῦ θεοῦ	**Lk 4,15** ↓ Lk 4,44 ↓ Lk 8,1	καὶ αὐτὸς ἐδίδασκεν **ἐν ταῖς συναγωγαῖς αὐτῶν** ...	

120	Mt 4,17	... μετανοεῖτε· ἤγγικεν γὰρ ἡ βασιλεία τῶν οὐρανῶν.	Mk 1,15	... πεπλήρωται ὁ καιρὸς καὶ ἤγγικεν ἡ βασιλεία τοῦ θεοῦ· μετανοεῖτε καὶ πιστεύετε **ἐν τῷ εὐαγγελίῳ.**			
a 112	Mt 13,54	... ἐδίδασκεν αὐτοὺς ἐν τῇ συναγωγῇ αὐτῶν, ...	Mk 6,2	καὶ **γενομένου σαββάτου** ἤρξατο διδάσκειν ἐν τῇ συναγωγῇ, ...	Lk 4,16	... καὶ εἰσῆλθεν κατὰ τὸ εἰωθὸς αὐτῷ **ἐν τῇ ἡμέρᾳ τῶν σαββάτων** εἰς τὴν συναγωγὴν καὶ ἀνέστη ἀναγνῶναι.	
002					Lk 4,18 → Mt 11,5 → Lk 7,22 → Lk 13,16	*... ἀπέσταλκέν με, κηρύξαι αἰχμαλώτοις ἄφεσιν καὶ τυφλοῖς ἀνάβλεψιν, ἀποστεῖλαι τεθραυσμένους* ***ἐν ἀφέσει*** ➤ Isa 61,1 LXX; 58,6	→ Acts 10,38
002					Lk 4,20	... καὶ πάντων οἱ ὀφθαλμοὶ **ἐν τῇ συναγωγῇ** ἦσαν ἀτενίζοντες αὐτῷ.	
002					Lk 4,21	... σήμερον πεπλήρωται ἡ γραφὴ αὕτη **ἐν τοῖς ὠσὶν ὑμῶν.**	
002					Lk 4,23	... ὅσα ἠκούσαμεν γενόμενα εἰς τὴν Καφαρναοὺμ ποίησον καὶ ὧδε **ἐν τῇ πατρίδι σου.**	
222	Mt 13,57 (3)	... οὐκ ἔστιν προφήτης ἄτιμος εἰ μὴ **ἐν τῇ πατρίδι** καὶ ἐν τῇ οἰκίᾳ αὐτοῦ.	Mk 6,4 (3)	... οὐκ ἔστιν προφήτης ἄτιμος εἰ μὴ **ἐν τῇ πατρίδι αὐτοῦ** καὶ ἐν τοῖς συγγενεῦσιν αὐτοῦ καὶ ἐν τῇ οἰκίᾳ αὐτοῦ.	Lk 4,24	... οὐδεὶς προφήτης δεκτός ἐστιν **ἐν τῇ πατρίδι αὐτοῦ.**	→ Jn 4,44 → GTh 31 (POxy 1)
a 002 002					Lk 4,25 (2)	... πολλαὶ χῆραι ἦσαν **ἐν ταῖς ἡμέραις Ἠλίου** **ἐν τῷ Ἰσραήλ,** ὅτε ἐκλείσθη ὁ οὐρανὸς ἐπὶ ἔτη τρία καὶ μῆνας ἕξ, ...	
002					Lk 4,27	καὶ πολλοὶ λεπροὶ ἦσαν **ἐν τῷ Ἰσραὴλ** ἐπὶ Ἐλισαίου τοῦ προφήτου, ...	
002	Mt 13,58	καὶ οὐκ ἐποίησεν ἐκεῖ δυνάμεις πολλὰς διὰ τὴν ἀπιστίαν αὐτῶν.	Mk 6,6	[5] καὶ οὐκ ἐδύνατο ἐκεῖ ποιῆσαι οὐδεμίαν δύναμιν, εἰ μὴ ὀλίγοις ἀρρώστοις ἐπιθεὶς τὰς χεῖρας ἐθεράπευσεν· [6] καὶ ἐθαύμαζεν διὰ τὴν ἀπιστίαν αὐτῶν. ...	Lk 4,28 → Lk 6,11	καὶ ἐπλήσθησαν πάντες θυμοῦ **ἐν τῇ συναγωγῇ** ἀκούοντες ταῦτα	
120	Mt 4,18	... εἶδεν δύο ἀδελφούς, Σίμωνα τὸν λεγόμενον Πέτρον καὶ Ἀνδρέαν τὸν ἀδελφὸν αὐτοῦ, βάλλοντας ἀμφίβληστρον **εἰς τὴν θάλασσαν·** ἦσαν γὰρ ἁλιεῖς.	Mk 1,16	... εἶδεν Σίμωνα καὶ Ἀνδρέαν τὸν ἀδελφὸν Σίμωνος ἀμφιβάλλοντας **ἐν τῇ θαλάσσῃ·** ἦσαν γὰρ ἁλιεῖς.	Lk 5,2	καὶ εἶδεν δύο πλοῖα ἑστῶτα παρὰ τὴν λίμνην· οἱ δὲ ἁλιεῖς ἀπ᾽ αὐτῶν ἀποβάντες ἔπλυνον τὰ δίκτυα.	→ Jn 1,40-42

221	**Mt 4,21**	καὶ προβὰς ἐκεῖθεν εἶδεν ἄλλους δύο ἀδελφούς, Ἰάκωβον τὸν τοῦ Ζεβεδαίου καὶ Ἰωάννην τὸν ἀδελφὸν αὐτοῦ, **ἐν τῷ πλοίῳ** μετὰ Ζεβεδαίου τοῦ πατρὸς αὐτῶν καταρτίζοντας τὰ δίκτυα αὐτῶν, ↔	**Mk 1,19**	καὶ προβὰς ὀλίγον εἶδεν Ἰάκωβον τὸν τοῦ Ζεβεδαίου καὶ Ἰωάννην τὸν ἀδελφὸν αὐτοῦ, καὶ αὐτοὺς **ἐν τῷ πλοίῳ** καταρτίζοντας τὰ δίκτυα,	**Lk 5,10**	ὁμοίως δὲ καὶ Ἰάκωβον καὶ Ἰωάννην υἱοὺς Ζεβεδαίου, οἳ ἦσαν κοινωνοὶ τῷ Σίμωνι. ... [2] ... οἱ δὲ ἁλιεῖς ἀπ' αὐτῶν ἀποβάντες ἔπλυνον τὰ δίκτυα.	
121	**Mt 4,22**	↔ [21] καὶ ἐκάλεσεν αὐτούς. [22] οἱ δὲ εὐθέως ἀφέντες **τὸ πλοῖον** καὶ τὸν πατέρα αὐτῶν ἠκολούθησαν αὐτῷ.	**Mk 1,20**	καὶ εὐθὺς ἐκάλεσεν αὐτούς. καὶ ἀφέντες τὸν πατέρα αὐτῶν Ζεβεδαῖον **ἐν τῷ πλοίῳ** μετὰ τῶν μισθωτῶν ἀπῆλθον ὀπίσω αὐτοῦ.	**Lk 5,11** → Lk 5,28 → Mk 1,18	καὶ καταγαγόντες **τὰ πλοῖα** ἐπὶ τὴν γῆν ἀφέντες πάντα ἠκολούθησαν αὐτῷ.	
a 012	Mt 4,13	καὶ καταλιπὼν τὴν Ναζαρὰ ἐλθὼν κατῴκησεν εἰς Καφαρναοὺμ τὴν παραθαλασσίαν ἐν ὁρίοις Ζαβουλὼν καὶ Νεφθαλίμ·	**Mk 1,21** ↓ Mt 4,23	καὶ εἰσπορεύονται εἰς Καφαρναούμ· καὶ εὐθὺς **τοῖς σάββασιν** εἰσελθὼν εἰς τὴν συναγωγὴν ἐδίδασκεν.	**Lk 4,31**	καὶ κατῆλθεν εἰς Καφαρναοὺμ πόλιν τῆς Γαλιλαίας. καὶ ἦν διδάσκων αὐτοὺς **ἐν τοῖς σάββασιν**·	→ Jn 2,12
112	**Mt 7,29** → Mt 22,33	[28] ... ἐξεπλήσσοντο οἱ ὄχλοι ἐπὶ τῇ διδαχῇ αὐτοῦ· [29] ἦν γὰρ διδάσκων αὐτοὺς **ὡς ἐξουσίαν ἔχων** καὶ οὐχ ὡς οἱ γραμματεῖς αὐτῶν.	**Mk 1,22** ↓ Mk 1,27 → Mk 11,18b	καὶ ἐξεπλήσσοντο ἐπὶ τῇ διδαχῇ αὐτοῦ· ἦν γὰρ διδάσκων αὐτοὺς **ὡς ἐξουσίαν ἔχων** καὶ οὐχ ὡς οἱ γραμματεῖς.	**Lk 4,32** ↓ Lk 4,36	καὶ ἐξεπλήσσοντο ἐπὶ τῇ διδαχῇ αὐτοῦ, ὅτι **ἐν ἐξουσίᾳ** ἦν ὁ λόγος αὐτοῦ.	
022			**Mk 1,23** **(2)**	καὶ εὐθὺς ἦν **ἐν τῇ συναγωγῇ αὐτῶν** ἄνθρωπος	**Lk 4,33**	καὶ **ἐν τῇ συναγωγῇ** ἦν ἄνθρωπος ἔχων	
021	→ Mt 8,29		→ Mk 5,7	**ἐν πνεύματι ἀκαθάρτῳ**, καὶ ἀνέκραξεν	→ Lk 8,28	**πνεῦμα δαιμονίου ἀκαθάρτου** καὶ ἀνέκραξεν φωνῇ μεγάλῃ·	
012	↑ Mt 7,29		**Mk 1,27** ↑ Mk 1,22	... τί ἐστιν τοῦτο; διδαχὴ καινὴ **κατ' ἐξουσίαν**· καὶ τοῖς πνεύμασι τοῖς ἀκαθάρτοις ἐπιτάσσει, καὶ ὑπακούουσιν αὐτῷ.	**Lk 4,36** ↑ Lk 4,32	... τίς ὁ λόγος οὗτος ὅτι **ἐν ἐξουσίᾳ καὶ δυνάμει** ἐπιτάσσει τοῖς ἀκαθάρτοις πνεύμασιν καὶ ἐξέρχονται;	

[a] ἐν with reference to time
[b] ἐν with reference to scripture
[c] ὁ, ἡ, τὸ ἐν used as a noun
[d] ἐν with composite verb ἐν-
[e] ἐν τῷ and infinitive (Mt 3; Mk 2; Lk 32; Acts 6)
[f] instrumental ἐν (Mt 12; Mk 9; Lk 11; Acts 4)
[g] ὁ, ἡ, τὸ ἐν

  211	Mt 4,23 (3) ⇩ Mt 9,35	καὶ περιῆγεν ἐν ὅλῃ τῇ Γαλιλαίᾳ	Mk 1,39 ↑ Mk 1,14 ↓ Mk 6,6	καὶ ἦλθεν κηρύσσων εἰς τὰς συναγωγὰς αὐτῶν εἰς ὅλην τὴν Γαλιλαίαν ...	Lk 4,44 ↓ Lk 8,1	καὶ ἦν κηρύσσων εἰς τὰς συναγωγὰς τῆς Ἰουδαίας.	
 211 211	↑ Mk 1,21	διδάσκων ἐν ταῖς συναγωγαῖς αὐτῶν καὶ κηρύσσων τὸ εὐαγγέλιον τῆς βασιλείας καὶ θεραπεύων πᾶσαν νόσον καὶ πᾶσαν μαλακίαν ἐν τῷ λαῷ.	Mk 1,39 Mk 6,6 ↑ Mk 1,39	καὶ ἦλθεν κηρύσσων εἰς τὰς συναγωγὰς αὐτῶν εἰς ὅλην τὴν Γαλιλαίαν καὶ τὰ δαιμόνια ἐκβάλλων. ... καὶ περιῆγεν τὰς κώμας κύκλῳ διδάσκων.	Lk 4,44 ↑ Lk 4,15 Lk 8,1 ↑ Lk 4,44 → Lk 13,22 ↑ Lk 4,15	καὶ ἦν κηρύσσων εἰς τὰς συναγωγὰς τῆς Ἰουδαίας. καὶ ἐγένετο ἐν τῷ καθεξῆς καὶ αὐτὸς διώδευεν κατὰ πόλιν καὶ κώμην κηρύσσων καὶ εὐαγγελιζόμενος τὴν βασιλείαν τοῦ θεοῦ καὶ οἱ δώδεκα σὺν αὐτῷ	
e 002	Mt 4,18	 περιπατῶν δὲ παρὰ τὴν θάλασσαν τῆς Γαλιλαίας ...	Mk 1,16	 καὶ παράγων παρὰ τὴν θάλασσαν τῆς Γαλιλαίας ...	Lk 5,1 ↓ Mt 13,1 ↓ Mt 13,2 ↓ Mk 4,1 ↓ Lk 8,4	ἐγένετο δὲ ἐν τῷ τὸν ὄχλον ἐπικεῖσθαι αὐτῷ καὶ ἀκούειν τὸν λόγον τοῦ θεοῦ καὶ αὐτὸς ἦν ἑστὼς παρὰ τὴν λίμνην Γεννησαρὲτ	
002					Lk 5,7	καὶ κατένευσαν τοῖς μετόχοις ἐν τῷ ἑτέρῳ πλοίῳ τοῦ ἐλθόντας συλλαβέσθαι αὐτοῖς· ...	
e 112 112	Mt 8,2	 καὶ ἰδοὺ λεπρὸς προσελθὼν ...	Mk 1,40	 καὶ ἔρχεται πρὸς αὐτὸν λεπρὸς ...	Lk 5,12 (2) → Lk 17,12	καὶ ἐγένετο ἐν τῷ εἶναι αὐτὸν ἐν μιᾷ τῶν πόλεων καὶ ἰδοὺ ἀνὴρ πλήρης λέπρας· ...	
012			Mk 1,45 → Mk 1,35 → Mk 1,37	... ἀλλ' ἔξω ἐπ' ἐρήμοις τόποις ἦν· ...	Lk 5,16 → Lk 4,42	αὐτὸς δὲ ἦν ὑποχωρῶν ἐν ταῖς ἐρήμοις καὶ προσευχόμενος.	
a 112 121	Mt 9,1	... καὶ ἦλθεν εἰς τὴν ἰδίαν πόλιν.	Mk 2,1	καὶ εἰσελθὼν πάλιν εἰς Καφαρναοὺμ δι' ἡμερῶν ἠκούσθη ὅτι ἐν οἴκῳ ἐστίν.	Lk 5,17	καὶ ἐγένετο ἐν μιᾷ τῶν ἡμερῶν καὶ αὐτὸς ἦν διδάσκων, ...	
221	Mt 9,3	καὶ ἰδού τινες τῶν γραμματέων εἶπαν ἐν ἑαυτοῖς· ...	Mk 2,6 → Lk 5,17c	ἦσαν δέ τινες τῶν γραμματέων ἐκεῖ καθήμενοι καὶ διαλογιζόμενοι ἐν ταῖς καρδίαις αὐτῶν·	Lk 5,21 ↓ Lk 7,49	καὶ ἤρξαντο διαλογίζεσθαι οἱ γραμματεῖς καὶ οἱ Φαρισαῖοι ...	
121 *d* 222	Mt 9,4 ↓ Mt 12,25	καὶ ἰδὼν ὁ Ἰησοῦς τὰς ἐνθυμήσεις αὐτῶν εἶπεν· ἱνατί ἐνθυμεῖσθε πονηρὰ ἐν ταῖς καρδίαις ὑμῶν;	Mk 2,8 (2)	καὶ εὐθὺς ἐπιγνοὺς ὁ Ἰησοῦς τῷ πνεύματι αὐτοῦ ὅτι οὕτως διαλογίζονται ἐν ἑαυτοῖς λέγει αὐτοῖς· τί ταῦτα διαλογίζεσθε ἐν ταῖς καρδίαις ὑμῶν;	Lk 5,22 ↓ Lk 11,17 → Lk 6,8	ἐπιγνοὺς δὲ ὁ Ἰησοῦς τοὺς διαλογισμοὺς αὐτῶν ἀποκριθεὶς εἶπεν πρὸς αὐτούς· τί διαλογίζεσθε ἐν ταῖς καρδίαις ὑμῶν;	

222	Mt 9,10	καὶ ἐγένετο αὐτοῦ ἀνακειμένου **ἐν τῇ οἰκίᾳ,** καὶ ἰδοὺ πολλοὶ τελῶναι καὶ ἁμαρτωλοὶ ἐλθόντες συνανέκειντο τῷ Ἰησοῦ ...	Mk 2,15	καὶ γίνεται κατακεῖσθαι αὐτὸν **ἐν τῇ οἰκίᾳ αὐτοῦ,** καὶ πολλοὶ τελῶναι καὶ ἁμαρτωλοὶ συνανέκειντο τῷ Ἰησοῦ ...	Lk 5,29 → Lk 15,1	καὶ ἐποίησεν δοχὴν μεγάλην Λευὶς αὐτῷ **ἐν τῇ οἰκίᾳ αὐτοῦ,** καὶ ἦν ὄχλος πολὺς τελωνῶν καὶ ἄλλων οἳ ἦσαν μετ' αὐτῶν κατακείμενοι.	
a 122	Mt 9,15	... μὴ δύνανται οἱ υἱοὶ τοῦ νυμφῶνος πενθεῖν **ἐφ' ὅσον** μετ' αὐτῶν ἐστιν ὁ νυμφίος;	Mk 2,19	... μὴ δύνανται οἱ υἱοὶ τοῦ νυμφῶνος **ἐν ᾧ** ὁ νυμφίος μετ' αὐτῶν ἐστιν νηστεύειν; ...	Lk 5,34	... μὴ δύνασθε τοὺς υἱοὺς τοῦ νυμφῶνος **ἐν ᾧ** ὁ νυμφίος μετ' αὐτῶν ἐστιν ποιῆσαι νηστεῦσαι;	→ GTh 104
a 122		ἐλεύσονται δὲ ἡμέραι ὅταν ἀπαρθῇ ἀπ' αὐτῶν ὁ νυμφίος, καὶ τότε νηστεύσουσιν.	Mk 2,20	ἐλεύσονται δὲ ἡμέραι ὅταν ἀπαρθῇ ἀπ' αὐτῶν ὁ νυμφίος, καὶ τότε νηστεύσουσιν **ἐν ἐκείνῃ τῇ ἡμέρᾳ.**	Lk 5,35	ἐλεύσονται δὲ ἡμέραι, καὶ ὅταν ἀπαρθῇ ἀπ' αὐτῶν ὁ νυμφίος, τότε νηστεύσουσιν **ἐν ἐκείναις ταῖς ἡμέραις.**	→ GTh 104
a 122	Mt 12,1	ἐν ἐκείνῳ τῷ καιρῷ ἐπορεύθη ὁ Ἰησοῦς **τοῖς σάββασιν** διὰ τῶν σπορίμων· ...	Mk 2,23	καὶ ἐγένετο αὐτὸν **ἐν τοῖς σάββασιν** παραπορεύεσθαι διὰ τῶν σπορίμων, ...	Lk 6,1	ἐγένετο δὲ **ἐν σαββάτῳ** διαπορεύεσθαι αὐτὸν διὰ σπορίμων, ...	
a 112	Mt 12,9	καὶ μεταβὰς ἐκεῖθεν ἦλθεν εἰς τὴν συναγωγὴν αὐτῶν·	Mk 3,1	καὶ εἰσῆλθεν πάλιν εἰς τὴν συναγωγήν. ...	Lk 6,6 ↓ Lk 13,10 ↓ Lk 14,1	ἐγένετο δὲ **ἐν ἑτέρῳ σαββάτῳ** εἰσελθεῖν αὐτὸν εἰς τὴν συναγωγὴν καὶ διδάσκειν. ...	
a 112	Mt 12,10	... καὶ ἐπηρώτησαν αὐτὸν λέγοντες· εἰ ἔξεστιν **τοῖς σάββασιν** θεραπεῦσαι; ἵνα κατηγορήσωσιν αὐτοῦ.	Mk 3,2	καὶ παρετήρουν αὐτὸν εἰ **τοῖς σάββασιν** θεραπεύσει αὐτόν, ἵνα κατηγορήσωσιν αὐτοῦ.	Lk 6,7 → Lk 14,3	παρετηροῦντο δὲ αὐτὸν οἱ γραμματεῖς καὶ οἱ Φαρισαῖοι εἰ **ἐν τῷ σαββάτῳ** θεραπεύει, ἵνα εὕρωσιν κατηγορεῖν αὐτοῦ.	
a 112 112	Mt 5,1	ἰδὼν δὲ τοὺς ὄχλους ἀνέβη εἰς τὸ ὄρος, ...	Mk 3,13	καὶ ἀναβαίνει εἰς τὸ ὄρος ...	Lk 6,12 (2)	ἐγένετο δὲ **ἐν ταῖς ἡμέραις ταύταις** ἐξελθεῖν αὐτὸν εἰς τὸ ὄρος προσεύξασθαι, καὶ ἦν διανυκτερεύων **ἐν τῇ προσευχῇ τοῦ θεοῦ.**	
a 102 202	Mt 5,12	χαίρετε καὶ ἀγαλλιᾶσθε, ὅτι ὁ μισθὸς ὑμῶν πολὺς **ἐν τοῖς οὐρανοῖς·** οὕτως γὰρ ἐδίωξαν τοὺς προφήτας τοὺς πρὸ ὑμῶν.			Lk 6,23 (2)	χάρητε **ἐν ἐκείνῃ τῇ ἡμέρᾳ** καὶ σκιρτήσατε, ἰδοὺ γὰρ ὁ μισθὸς ὑμῶν πολὺς **ἐν τῷ οὐρανῷ·** κατὰ τὰ αὐτὰ γὰρ ἐποίουν τοῖς προφήταις οἱ πατέρες αὐτῶν.	→ GTh 69,1 → GTh 68
f 202	Mt 5,13	... ἐὰν δὲ τὸ ἅλας μωρανθῇ, **ἐν τίνι** ἁλισθήσεται; ...	Mk 9,50 (3)	... ἐὰν δὲ τὸ ἅλας ἄναλον γένηται, **ἐν τίνι** αὐτὸ ἀρτύσετε; ...	Lk 14,34	... ἐὰν δὲ καὶ τὸ ἅλας μωρανθῇ, **ἐν τίνι** ἀρτυθήσεται;	Mk-Q overlap

c 201	Mt 5,15	οὐδὲ καίουσιν λύχνον καὶ τιθέασιν αὐτὸν ὑπὸ τὸν μόδιον ἀλλ᾽ ἐπὶ τὴν λυχνίαν, καὶ λάμπει **πᾶσιν τοῖς ἐν τῇ οἰκίᾳ.**			Lk 11,33 ⇩ Lk 8,16	οὐδεὶς λύχνον ἅψας εἰς κρύπτην τίθησιν [οὐδὲ ὑπὸ τὸν μόδιον] ἀλλ᾽ ἐπὶ τὴν λυχνίαν, ἵνα οἱ εἰσπορευόμενοι τὸ φῶς βλέπωσιν.	→ GTh 33,2-3 Mk-Q overlap
			Mk 4,21	... μήτι ἔρχεται ὁ λύχνος ἵνα ὑπὸ τὸν μόδιον τεθῇ ἢ ὑπὸ τὴν κλίνην; οὐχ ἵνα ἐπὶ τὴν λυχνίαν τεθῇ;	Lk 8,16 ⇧ Lk 11,33	οὐδεὶς δὲ λύχνον ἅψας καλύπτει αὐτὸν σκεύει ἢ ὑποκάτω κλίνης τίθησιν, ἀλλ᾽ ἐπὶ λυχνίας τίθησιν, ἵνα οἱ εἰσπορευόμενοι βλέπωσιν τὸ φῶς.	
g 200	Mt 5,16	... ὅπως ἴδωσιν ὑμῶν τὰ καλὰ ἔργα καὶ δοξάσωσιν τὸν πατέρα ὑμῶν **τὸν ἐν τοῖς οὐρανοῖς.**					
200 200	Mt 5,19 (2)	ὃς ἐὰν οὖν λύσῃ μίαν τῶν ἐντολῶν τούτων τῶν ἐλαχίστων καὶ διδάξῃ οὕτως τοὺς ἀνθρώπους, ἐλάχιστος κληθήσεται **ἐν τῇ βασιλείᾳ τῶν οὐρανῶν·** ὃς δ᾽ ἂν ποιήσῃ καὶ διδάξῃ, οὗτος μέγας κληθήσεται **ἐν τῇ βασιλείᾳ τῶν οὐρανῶν.**					
202	Mt 5,25 → Mt 18,34	ἴσθι εὐνοῶν τῷ ἀντιδίκῳ σου ταχὺ, ἕως ὅτου εἶ μετ᾽ αὐτοῦ **ἐν τῇ ὁδῷ,** μήποτέ σε παραδῷ ὁ ἀντίδικος τῷ κριτῇ ...			Lk 12,58	ὡς γὰρ ὑπάγεις μετὰ τοῦ ἀντιδίκου σου ἐπ᾽ ἄρχοντα, **ἐν τῇ ὁδῷ** δὸς ἐργασίαν ἀπηλλάχθαι ἀπ᾽ αὐτοῦ, μήποτε κατασύρῃ σε πρὸς τὸν κριτήν, ...	
200	Mt 5,28	... πᾶς ὁ βλέπων γυναῖκα πρὸς τὸ ἐπιθυμῆσαι αὐτὴν ἤδη ἐμοίχευσεν αὐτὴν **ἐν τῇ καρδίᾳ αὐτοῦ.**					
200	Mt 5,34 ↓ Mt 23,22	... μὴ ὀμόσαι ὅλως· μήτε **ἐν τῷ οὐρανῷ,** ὅτι θρόνος ἐστὶν τοῦ θεοῦ,					→ Acts 7,49
200	Mt 5,35	μήτε **ἐν τῇ γῇ,** ὅτι ὑποπόδιόν ἐστιν τῶν ποδῶν αὐτοῦ, μήτε εἰς Ἱεροσόλυμα, ...					→ Acts 7,49
200	Mt 5,36	μήτε **ἐν τῇ κεφαλῇ σου** ὀμόσῃς, ὅτι οὐ δύνασαι μίαν τρίχα λευκὴν ποιῆσαι ἢ μέλαιναν.					
g 201	Mt 5,45	ὅπως γένησθε **υἱοὶ τοῦ πατρὸς ὑμῶν τοῦ ἐν οὐρανοῖς,** ὅτι τὸν ἥλιον αὐτοῦ ἀνατέλλει ἐπὶ πονηροὺς καὶ ἀγαθοὺς καὶ βρέχει ἐπὶ δικαίους καὶ ἀδίκους.			Lk 6,35	... καὶ ἔσεσθε **υἱοὶ ὑψίστου,** ὅτι αὐτὸς χρηστός ἐστιν ἐπὶ τοὺς ἀχαρίστους καὶ πονηρούς.	→ GTh 3 **(POxy 654)**

g 200	**Mt 6,1** → Mt 23,5	... εἰ δὲ μή γε, μισθὸν οὐκ ἔχετε παρὰ τῷ πατρὶ ὑμῶν **τῷ ἐν τοῖς οὐρανοῖς.**				
200 200 200	**Mt 6,2** **(2)**	ὅταν οὖν ποιῇς ἐλεημοσύνην, μὴ σαλπίσῃς ἔμπροσθέν σου, ὥσπερ οἱ ὑποκριταὶ ποιοῦσιν **ἐν ταῖς συναγωγαῖς** καὶ **ἐν ταῖς ῥύμαις, ...**				→ GTh 6,1 (POxy 654)
200 200	**Mt 6,4** **(2)**	ὅπως ᾖ σου ἡ ἐλεημοσύνη **ἐν τῷ κρυπτῷ·** καὶ ὁ πατήρ σου ὁ βλέπων **ἐν τῷ κρυπτῷ** ἀποδώσει σοι.				→ GTh 6 (POxy 654)
200 200	**Mt 6,5** **(2)**	καὶ ὅταν προσεύχησθε, οὐκ ἔσεσθε ὡς οἱ ὑποκριταί, ὅτι φιλοῦσιν **ἐν ταῖς συναγωγαῖς** καὶ **ἐν ταῖς γωνίαις τῶν πλατειῶν** ἑστῶτες προσεύχεσθαι, ...				→ GTh 6,1 (POxy 654)
g 200 200	**Mt 6,6** **(2)**	σὺ δὲ ὅταν προσεύχῃ, εἴσελθε εἰς τὸ ταμεῖόν σου καὶ κλείσας τὴν θύραν σου πρόσευξαι τῷ πατρί σου **τῷ ἐν τῷ κρυπτῷ·** καὶ ὁ πατήρ σου ὁ βλέπων **ἐν τῷ κρυπτῷ** ἀποδώσει σοι.				→ GTh 6 (POxy 654)
200	**Mt 6,7**	προσευχόμενοι δὲ μὴ βατταλογήσητε ὥσπερ οἱ ἐθνικοί, δοκοῦσιν γὰρ ὅτι **ἐν τῇ πολυλογίᾳ αὐτῶν** εἰσακουσθήσονται.				
g 201	**Mt 6,9**	... Πάτερ ἡμῶν **ὁ ἐν τοῖς οὐρανοῖς·** ἁγιασθήτω τὸ ὄνομά σου·		**Lk 11,2**	... Πάτερ, ἁγιασθήτω τὸ ὄνομά σου·	
201	**Mt 6,10** → Mt 26,42	ἐλθέτω ἡ βασιλεία σου· γενηθήτω τὸ θέλημά σου, ὡς **ἐν οὐρανῷ** καὶ ἐπὶ γῆς·			ἐλθέτω ἡ βασιλεία σου·	
g 200 200	**Mt 6,18** **(2)**	ὅπως μὴ φανῇς τοῖς ἀνθρώποις νηστεύων ἀλλὰ τῷ πατρί σου **τῷ ἐν τῷ κρυφαίῳ·** καὶ ὁ πατήρ σου ὁ βλέπων **ἐν τῷ κρυφαίῳ** ἀποδώσει σοι.				→ GTh 6 (POxy 654) → GTh 27 (POxy 1)

202	**Mt 6,20** ↓ Mt 19,21	θησαυρίζετε δὲ ὑμῖν θησαυροὺς **ἐν οὐρανῷ,** ὅπου οὔτε σὴς οὔτε βρῶσις ἀφανίζει, καὶ ὅπου κλέπται οὐ διορύσσουσιν οὐδὲ κλέπτουσιν·	↓ Mk 10,21		**Lk 12,33** → Mt 6,19 → Lk 14,33 → Lk 16,9 ↓ Lk 18,22	... ποιήσατε ἑαυτοῖς βαλλάντια μὴ παλαιούμενα, θησαυρὸν ἀνέκλειπτον **ἐν τοῖς οὐρανοῖς,** ὅπου κλέπτης οὐκ ἐγγίζει οὐδὲ σὴς διαφθείρει·	→ GTh 76,3
g 202	**Mt 6,23**	ἐὰν δὲ ὁ ὀφθαλμός σου πονηρὸς ᾖ, ὅλον τὸ σῶμά σου σκοτεινὸν ἔσται. εἰ οὖν τὸ φῶς **τὸ ἐν σοὶ** σκότος ἐστίν, τὸ σκότος πόσον.			**Lk 11,35** → Lk 11,36	[34] ... ἐπὰν δὲ πονηρὸς ᾖ, καὶ τὸ σῶμά σου σκοτεινόν. [35] σκόπει οὖν μὴ τὸ φῶς **τὸ ἐν σοὶ** σκότος ἐστίν.	→ GTh 24 **(POxy 655 - restoration)**
202	**Mt 6,29**	... οὐδὲ Σολομὼν **ἐν πάσῃ τῇ δόξῃ αὐτοῦ** περιεβάλετο ὡς ἓν τούτων.			**Lk 12,27**	... οὐδὲ Σολομὼν **ἐν πάσῃ τῇ δόξῃ αὐτοῦ** περιεβάλετο ὡς ἓν τούτων.	
f 201 *f* 201	**Mt 7,2** **(2)**	**ἐν ᾧ γὰρ κρίματι** κρίνετε κριθήσεσθε, καὶ **ἐν ᾧ μέτρῳ** μετρεῖτε μετρηθήσεται ὑμῖν.	**Mk 4,24**	... ἐν ᾧ μέτρῳ μετρεῖτε μετρηθήσεται ὑμῖν καὶ προστεθήσεται ὑμῖν.	**Lk 6,38**	... **ᾧ γὰρ μέτρῳ** μετρεῖτε ἀντιμετρηθήσεται ὑμῖν.	Mk-Q overlap
g 202 *g* 202	**Mt 7,3** **(2)**	τί δὲ βλέπεις τὸ κάρφος **τὸ ἐν τῷ ὀφθαλμῷ τοῦ ἀδελφοῦ σου,** τὴν δὲ **ἐν τῷ σῷ ὀφθαλμῷ** δοκὸν οὐ κατανοεῖς;			**Lk 6,41** **(2)**	τί δὲ βλέπεις τὸ κάρφος **τὸ ἐν τῷ ὀφθαλμῷ τοῦ ἀδελφοῦ σου,** τὴν δὲ δοκὸν **τὴν ἐν τῷ ἰδίῳ ὀφθαλμῷ** οὐ κατανοεῖς;	→ GTh 26
g 102 202	**Mt 7,4**	ἢ πῶς ἐρεῖς τῷ ἀδελφῷ σου· ἄφες ἐκβάλω τὸ κάρφος **ἐκ τοῦ ὀφθαλμοῦ σου,** καὶ ἰδοὺ ἡ δοκὸς **ἐν τῷ ὀφθαλμῷ σοῦ;**			**Lk 6,42** **(3)**	πῶς δύνασαι λέγειν τῷ ἀδελφῷ σου· ἀδελφέ, ἄφες ἐκβάλω τὸ κάρφος **τὸ ἐν τῷ ὀφθαλμῷ σου,** αὐτὸς τὴν **ἐν τῷ ὀφθαλμῷ σοῦ** δοκὸν οὐ βλέπων;	→ GTh 26
g 102	**Mt 7,5**	ὑποκριτά, ἔκβαλε πρῶτον ἐκ τοῦ ὀφθαλμοῦ σοῦ τὴν δοκόν, καὶ τότε διαβλέψεις ἐκβαλεῖν τὸ κάρφος **ἐκ τοῦ ὀφθαλμοῦ τοῦ ἀδελφοῦ σου.**				ὑποκριτά, ἔκβαλε πρῶτον τὴν δοκὸν ἐκ τοῦ ὀφθαλμοῦ σοῦ, καὶ τότε διαβλέψεις τὸ κάρφος **τὸ ἐν τῷ ὀφθαλμῷ τοῦ ἀδελφοῦ σου** ἐκβαλεῖν.	→ GTh 26 **(POxy 1)**
200	**Mt 7,6**	... μηδὲ βάλητε τοὺς μαργαρίτας ὑμῶν ἔμπροσθεν τῶν χοίρων, μήποτε καταπατήσουσιν αὐτοὺς **ἐν τοῖς ποσὶν αὐτῶν** καὶ στραφέντες ῥήξωσιν ὑμᾶς.					→ GTh 93

g 201	Mt 7,11	... πόσῳ μᾶλλον ὁ πατὴρ ὑμῶν **ὁ ἐν τοῖς οὐρανοῖς** δώσει ἀγαθὰ τοῖς αἰτοῦσιν αὐτόν.			Lk 11,13	... πόσῳ μᾶλλον ὁ πατὴρ **[ὁ] ἐξ οὐρανοῦ** δώσει πνεῦμα ἅγιον τοῖς αἰτοῦσιν αὐτόν.	
200	Mt 7,15	προσέχετε ἀπὸ τῶν ψευδοπροφητῶν, οἵτινες ἔρχονται πρὸς ὑμᾶς **ἐν ἐνδύμασιν προβάτων,** ἔσωθεν δέ εἰσιν λύκοι ἅρπαγες.					
g 201	Mt 7,21 ↓ Mt 12,50	οὐ πᾶς ὁ λέγων μοι· κύριε κύριε, εἰσελεύσεται εἰς τὴν βασιλείαν τῶν οὐρανῶν, ἀλλ' ὁ ποιῶν τὸ θέλημα τοῦ πατρός μου **τοῦ ἐν τοῖς οὐρανοῖς.**	↓ Mk 3,35		Lk 6,46 ↓ Lk 8,21	τί δέ με καλεῖτε· κύριε κύριε, καὶ οὐ ποιεῖτε ἃ λέγω;	
a 201	Mt 7,22 → Mt 25,11	πολλοὶ ἐροῦσίν μοι **ἐν ἐκείνῃ τῇ ἡμέρᾳ·** κύριε κύριε, οὐ τῷ σῷ ὀνόματι ἐπροφητεύσαμεν, καὶ τῷ σῷ ὀνόματι δαιμόνια ἐξεβάλομεν, καὶ τῷ σῷ ὀνόματι δυνάμεις πολλὰς ἐποιήσαμεν;			Lk 13,26	 **τότε** ἄρξεσθε λέγειν· ἐφάγομεν ἐνώπιόν σου καὶ ἐπίομεν καὶ ἐν ταῖς πλατείαις ἡμῶν ἐδίδαξας·	
201	Mt 8,6	[5] ... ἑκατόνταρχος ... [6] ... κύριε, ὁ παῖς μου βέβληται **ἐν τῇ οἰκίᾳ** παραλυτικός, δεινῶς βασανιζόμενος.			Lk 7,2	ἑκατοντάρχου δέ τινος δοῦλος κακῶς ἔχων ἤμελλεν τελευτᾶν, ὃς ἦν αὐτῷ ἔντιμος.	→ Jn 4,46
202	Mt 8,10	... παρ' οὐδενὶ τοσαύτην πίστιν **ἐν τῷ Ἰσραὴλ** εὗρον.			Lk 7,9	... οὐδὲ **ἐν τῷ Ἰσραὴλ** τοσαύτην πίστιν εὗρον.	
202	Mt 8,11 ↓ Lk 13,28	... πολλοὶ ἀπὸ ἀνατολῶν καὶ δυσμῶν ἥξουσιν καὶ ἀνακλιθήσονται μετὰ Ἀβραὰμ καὶ Ἰσαὰκ καὶ Ἰακὼβ **ἐν τῇ βασιλείᾳ τῶν οὐρανῶν**			Lk 13,29	καὶ ἥξουσιν ἀπὸ ἀνατολῶν καὶ δυσμῶν καὶ ἀπὸ βορρᾶ καὶ νότου καὶ ἀνακλιθήσονται **ἐν τῇ βασιλείᾳ τοῦ θεοῦ.**	
a 201	Mt 8,13	... ὕπαγε, ὡς ἐπίστευσας γενηθήτω σοι. καὶ ἰάθη ὁ παῖς [αὐτοῦ] **ἐν τῇ ὥρᾳ ἐκείνῃ.**			Lk 7,10 → Mk 7,30	καὶ ὑποστρέψαντες εἰς τὸν οἶκον οἱ πεμφθέντες εὗρον τὸν δοῦλον ὑγιαίνοντα.	→ Jn 4,50-51
211	Mt 8,24	καὶ ἰδοὺ σεισμὸς μέγας ἐγένετο **ἐν τῇ θαλάσσῃ,** ὥστε τὸ πλοῖον καλύπτεσθαι ὑπὸ τῶν κυμάτων, ...	Mk 4,37	καὶ γίνεται λαῖλαψ μεγάλη ἀνέμου, καὶ τὰ κύματα ἐπέβαλλεν εἰς τὸ πλοῖον, ὥστε ἤδη γεμίζεσθαι τὸ πλοῖον.	Lk 8,23	... καὶ κατέβη λαῖλαψ ἀνέμου **εἰς τὴν λίμνην,** καὶ συνεπληροῦντο καὶ ἐκινδύνευον.	
221	Mt 8,32	... καὶ ἰδοὺ ὥρμησεν πᾶσα ἡ ἀγέλη κατὰ τοῦ κρημνοῦ εἰς τὴν θάλασσαν καὶ ἀπέθανον **ἐν τοῖς ὕδασιν.**	Mk 5,13	... καὶ ὥρμησεν ἡ ἀγέλη κατὰ τοῦ κρημνοῦ εἰς τὴν θάλασσαν, ὡς δισχίλιοι, καὶ ἐπνίγοντο **ἐν τῇ θαλάσσῃ.**	Lk 8,33	... καὶ ὥρμησεν ἡ ἀγέλη κατὰ τοῦ κρημνοῦ εἰς τὴν λίμνην καὶ ἀπεπνίγη.	

221	Mt 9,3	καὶ ἰδού τινες τῶν γραμματέων εἶπαν **ἐν ἑαυτοῖς· ...**	Mk 2,6 → Lk 5,17c	ἦσαν δέ τινες τῶν γραμματέων ἐκεῖ καθήμενοι καὶ διαλογιζόμενοι **ἐν ταῖς καρδίαις αὐτῶν·**	Lk 5,21 ↓ Lk 7,49	καὶ ἤρξαντο διαλογίζεσθαι οἱ γραμματεῖς καὶ οἱ Φαρισαῖοι ...	
d 222	Mt 9,4	... ἱνατί ἐνθυμεῖσθε πονηρὰ **ἐν ταῖς καρδίαις ὑμῶν;**	Mk 2,8 (2)	... τί ταῦτα διαλογίζεσθε **ἐν ταῖς καρδίαις ὑμῶν;**	Lk 5,22	... τί διαλογίζεσθε **ἐν ταῖς καρδίαις ὑμῶν;**	
222	Mt 9,10	καὶ ἐγένετο αὐτοῦ ἀνακειμένου **ἐν τῇ οἰκίᾳ,** καὶ ἰδοὺ πολλοὶ τελῶναι καὶ ἁμαρτωλοὶ ἐλθόντες συνανέκειντο τῷ Ἰησοῦ ...	Mk 2,15	καὶ γίνεται κατακεῖσθαι αὐτὸν **ἐν τῇ οἰκίᾳ αὐτοῦ,** καὶ πολλοὶ τελῶναι καὶ ἁμαρτωλοὶ συνανέκειντο τῷ Ἰησοῦ ...	Lk 5,29 → Lk 15,1	καὶ ἐποίησεν δοχὴν μεγάλην Λευὶς αὐτῷ **ἐν τῇ οἰκίᾳ αὐτοῦ,** καὶ ἦν ὄχλος πολὺς τελωνῶν καὶ ἄλλων οἳ ἦσαν μετ' αὐτῶν κατακείμενοι.	
210	Mt 9,21 → Lk 8,47	ἔλεγεν γὰρ **ἐν ἑαυτῇ·** ἐὰν μόνον ἅψωμαι τοῦ ἱματίου αὐτοῦ σωθήσομαι.	Mk 5,28 → Lk 8,47	ἔλεγεν γὰρ ὅτι ἐὰν ἅψωμαι κἂν τῶν ἱματίων αὐτοῦ σωθήσομαι.			
200	Mt 9,31 → Mt 9,26 → Mk 1,45	οἱ δὲ ἐξελθόντες διεφήμισαν αὐτὸν **ἐν ὅλῃ τῇ γῇ ἐκείνῃ.**					
201	Mt 9,33 ⇨ Mt 12,22-23	... καὶ ἐθαύμασαν οἱ ὄχλοι λέγοντες· οὐδέποτε ἐφάνη οὕτως **ἐν τῷ Ἰσραήλ.**			Lk 11,14	... καὶ ἐθαύμασαν οἱ ὄχλοι.	
f 200	Mt 9,34 ⇩ Mt 12,24 ↓ Lk 11,18	οἱ δὲ Φαρισαῖοι ἔλεγον· **ἐν τῷ ἄρχοντι τῶν δαιμονίων** ἐκβάλλει τὰ δαιμόνια.	Mk 3,22	καὶ οἱ γραμματεῖς οἱ ἀπὸ Ἱεροσολύμων καταβάντες ἔλεγον ὅτι Βεελζεβοὺλ ἔχει, καὶ ὅτι **ἐν τῷ ἄρχοντι τῶν δαιμονίων** ἐκβάλλει τὰ δαιμόνια.	Lk 11,15	τινὲς δὲ ἐξ αὐτῶν εἶπον· **ἐν Βεελζεβοὺλ τῷ ἄρχοντι τῶν δαιμονίων** ἐκβάλλει τὰ δαιμόνια·	
210	Mt 9,35 ⇧ Mt 4,23 ↑ Mk 1,21	καὶ περιῆγεν ὁ Ἰησοῦς τὰς πόλεις πάσας καὶ τὰς κώμας διδάσκων **ἐν ταῖς συναγωγαῖς αὐτῶν** καὶ κηρύσσων τὸ εὐαγγέλιον τῆς βασιλείας καὶ θεραπεύων πᾶσαν νόσον καὶ πᾶσαν μαλακίαν.	Mk 6,6 ↓ Mk 1,39	... καὶ περιῆγεν τὰς κώμας κύκλῳ διδάσκων.	Lk 8,1 ↑ Lk 4,15 ↑ Lk 4,44 → Lk 13,22	... καὶ αὐτὸς διώδευεν κατὰ πόλιν καὶ κώμην κηρύσσων καὶ εὐαγγελιζόμενος τὴν βασιλείαν τοῦ θεοῦ καὶ οἱ δώδεκα σὺν αὐτῷ	
			Mk 1,39 ↑ Mk 1,14 ↑ Mk 6,6	καὶ ἦλθεν κηρύσσων **εἰς τὰς συναγωγὰς αὐτῶν** εἰς ὅλην τὴν Γαλιλαίαν καὶ τὰ δαιμόνια ἐκβάλλων.	Lk 4,44 ↑ Lk 4,15 ↓ Lk 8,1	καὶ ἦν κηρύσσων **εἰς τὰς συναγωγὰς** τῆς Ἰουδαίας.	
201	Mt 10,11	εἰς ἣν δ' ἂν πόλιν ἢ κώμην εἰσέλθητε, ἐξετάσατε τίς **ἐν αὐτῇ** ἄξιός ἐστιν· ↔			Lk 10,8 → Lk 10,10	[7] ἐν αὐτῇ δὲ τῇ οἰκίᾳ μένετε, ... [8] καὶ εἰς ἣν ἂν πόλιν εἰσέρχησθε καὶ δέχωνται ὑμᾶς, ἐσθίετε τὰ παρατιθέμενα ὑμῖν	→ GTh 14,4
	Mt 10,11	↔ κἀκεῖ μείνατε ἕως ἂν ἐξέλθητε.	Mk 6,10	καὶ ἔλεγεν αὐτοῖς· ὅπου ἐὰν εἰσέλθητε εἰς οἰκίαν, ἐκεῖ μένετε ἕως ἂν ἐξέλθητε ἐκεῖθεν.	Lk 9,4 ⇩ Lk 10,5 ⇩ Lk 10,7	καὶ εἰς ἣν ἂν οἰκίαν εἰσέλθητε, ἐκεῖ μένετε καὶ ἐκεῖθεν ἐξέρχεσθε.	→ GTh 14,4 Mk-Q overlap

a 202	**Mt 10,15** ⇩ Mt 11,24	... ἀνεκτότερον ἔσται γῇ Σοδόμων καὶ Γομόρρων **ἐν ἡμέρᾳ κρίσεως** ἢ τῇ πόλει ἐκείνῃ.			**Lk 10,12**	... Σοδόμοις **ἐν τῇ ἡμέρᾳ ἐκείνῃ** ἀνεκτότερον ἔσται ἢ τῇ πόλει ἐκείνῃ.	
202	**Mt 10,16**	ἰδοὺ ἐγὼ ἀποστέλλω ὑμᾶς ὡς πρόβατα **ἐν μέσῳ λύκων**· ...			**Lk 10,3**	ὑπάγετε· ἰδοὺ ἀποστέλλω ὑμᾶς ὡς ἄρνας **ἐν μέσῳ λύκων**.	
211	**Mt 10,17** ⇨ Mt 24,9 ↓ Mt 23,34	προσέχετε δὲ ἀπὸ τῶν ἀνθρώπων· παραδώσουσιν γὰρ ὑμᾶς εἰς συνέδρια καὶ **ἐν ταῖς συναγωγαῖς αὐτῶν** μαστιγώσουσιν ὑμᾶς·	**Mk 13,9**	βλέπετε δὲ ὑμεῖς ἑαυτούς· παραδώσουσιν ὑμᾶς εἰς συνέδρια καὶ **εἰς συναγωγὰς** δαρήσεσθε ...	**Lk 21,12** ↓ Lk 11,49 → Lk 12,11	πρὸ δὲ τούτων πάντων ἐπιβαλοῦσιν ἐφ' ὑμᾶς τὰς χεῖρας αὐτῶν καὶ διώξουσιν, παραδιδόντες **εἰς τὰς συναγωγὰς καὶ φυλακάς**, ...	
a 202	**Mt 10,19**	... δοθήσεται γὰρ ὑμῖν **ἐν ἐκείνῃ τῇ ὥρᾳ** τί λαλήσητε·	**Mk 13,11**	... ἀλλ' ὃ ἐὰν δοθῇ ὑμῖν ἐν ἐκείνῃ τῇ ὥρᾳ τοῦτο λαλεῖτε· ↔	**Lk 12,12** ⇩ Lk 21,15	τὸ γὰρ ἅγιον πνεῦμα διδάξει ὑμᾶς **ἐν αὐτῇ τῇ ὥρᾳ** ἃ δεῖ εἰπεῖν.	→ **Jn 14,26** Mk-Q overlap
					Lk 21,15 ⇧ Lk 12,12	ἐγὼ γὰρ δώσω ὑμῖν στόμα καὶ σοφίαν ...	→ Acts 6,10
210	**Mt 10,20** ↓ Lk 12,12	οὐ γὰρ ὑμεῖς ἐστε οἱ λαλοῦντες ἀλλὰ τὸ πνεῦμα τοῦ πατρὸς ὑμῶν τὸ λαλοῦν **ἐν ὑμῖν**.	**Mk 13,11**	↔ οὐ γάρ ἐστε ὑμεῖς οἱ λαλοῦντες ἀλλὰ τὸ πνεῦμα τὸ ἅγιον.			
200	**Mt 10,23** ↓ Mt 23,34 ↓ Lk 11,49	ὅταν δὲ διώκωσιν ὑμᾶς **ἐν τῇ πόλει ταύτῃ**, φεύγετε εἰς τὴν ἑτέραν· ...					
202 202	**Mt 10,27** **(2)**	ὃ λέγω ὑμῖν **ἐν τῇ σκοτίᾳ** εἴπατε **ἐν τῷ φωτί**, καὶ ὃ εἰς τὸ οὖς ἀκούετε κηρύξατε ἐπὶ τῶν δωμάτων.			**Lk 12,3** **(3)**	ἀνθ' ὧν ὅσα **ἐν τῇ σκοτίᾳ** εἴπατε **ἐν τῷ φωτὶ** ἀκουσθήσεται, καὶ ὃ πρὸς τὸ οὖς ἐλαλήσατε ἐν τοῖς ταμείοις κηρυχθήσεται ἐπὶ τῶν δωμάτων.	→ GTh 33,1 (POxy 1)
201	**Mt 10,28**	... φοβεῖσθε δὲ μᾶλλον τὸν δυνάμενον καὶ ψυχὴν καὶ σῶμα ἀπολέσαι **ἐν γεέννῃ**.			**Lk 12,5**	ὑποδείξω δὲ ὑμῖν τίνα φοβηθῆτε· φοβήθητε τὸν μετὰ τὸ ἀποκτεῖναι ἔχοντα ἐξουσίαν ἐμβαλεῖν **εἰς τὴν γέενναν**· ναὶ λέγω ὑμῖν, τοῦτον φοβήθητε.	
202 202 *g* 201	**Mt 10,32** **(3)**	πᾶς οὖν ὅστις ὁμολογήσει **ἐν ἐμοὶ** ἔμπροσθεν τῶν ἀνθρώπων, ὁμολογήσω κἀγὼ **ἐν αὐτῷ** ἔμπροσθεν τοῦ πατρός μου **τοῦ ἐν [τοῖς] οὐρανοῖς**·			**Lk 12,8** **(2)**	λέγω δὲ ὑμῖν, πᾶς ὃς ἂν ὁμολογήσῃ **ἐν ἐμοὶ** ἔμπροσθεν τῶν ἀνθρώπων, καὶ ὁ υἱὸς τοῦ ἀνθρώπου ὁμολογήσει **ἐν αὐτῷ** ἔμπροσθεν τῶν ἀγγέλων τοῦ θεοῦ·	

g 201	**Mt 10,33** ↓ Mt 16,27	ὅστις δ᾽ ἂν ἀρνήσηταί με ἔμπροσθεν τῶν ἀνθρώπων, ἀρνήσομαι κἀγὼ αὐτὸν ἔμπροσθεν τοῦ πατρός μου **τοῦ ἐν [τοῖς] οὐρανοῖς.**	**Mk 8,38** (2)	ὃς γὰρ ἐὰν ἐπαισχυνθῇ με καὶ τοὺς ἐμοὺς λόγους ἐν τῇ γενεᾷ ταύτῃ τῇ μοιχαλίδι καὶ ἁμαρτωλῷ, καὶ ὁ υἱὸς τοῦ ἀνθρώπου ἐπαισχυνθήσεται αὐτόν, ὅταν ἔλθῃ ἐν τῇ δόξῃ τοῦ πατρὸς αὐτοῦ μετὰ τῶν ἀγγέλων τῶν ἁγίων.	**Lk 12,9** ⇩ Lk 9,26	ὁ δὲ ἀρνησάμενός με ἐνώπιον τῶν ἀνθρώπων ἀπαρνηθήσεται ἐνώπιον τῶν ἀγγέλων τοῦ θεοῦ.	Mk-Q overlap
a 002					**Lk 7,11**	καὶ ἐγένετο **ἐν τῷ ἑξῆς** ἐπορεύθη εἰς πόλιν καλουμένην Ναΐν ...	
002					**Lk 7,16**	... προφήτης μέγας ἠγέρθη **ἐν ἡμῖν** καὶ ὅτι ἐπεσκέψατο ὁ θεὸς τὸν λαὸν αὐτοῦ.	
002					**Lk 7,17** → Lk 5,15	καὶ ἐξῆλθεν ὁ λόγος οὗτος **ἐν ὅλῃ τῇ Ἰουδαίᾳ** περὶ αὐτοῦ καὶ πάσῃ τῇ περιχώρῳ.	
200	**Mt 11,1**	καὶ ἐγένετο ὅτε ἐτέλεσεν ὁ Ἰησοῦς διατάσσων τοῖς δώδεκα μαθηταῖς αὐτοῦ, μετέβη ἐκεῖθεν τοῦ διδάσκειν καὶ κηρύσσειν **ἐν ταῖς πόλεσιν αὐτῶν.**					
201	**Mt 11,2**	ὁ δὲ Ἰωάννης ἀκούσας **ἐν τῷ δεσμωτηρίῳ** τὰ ἔργα τοῦ Χριστοῦ πέμψας διὰ τῶν μαθητῶν αὐτοῦ			**Lk 7,18**	καὶ ἀπήγγειλαν Ἰωάννῃ οἱ μαθηταὶ αὐτοῦ περὶ πάντων τούτων. καὶ προσκαλεσάμενος δύο τινὰς τῶν μαθητῶν αὐτοῦ ὁ Ἰωάννης [19] ἔπεμψεν πρὸς τὸν κύριον ...	
a 002					**Lk 7,21**	**ἐν ἐκείνῃ τῇ ὥρᾳ** ἐθεράπευσεν πολλοὺς ἀπὸ νόσων καὶ μαστίγων ...	
202	**Mt 11,6**	καὶ μακάριός ἐστιν ὃς ἐὰν μὴ σκανδαλισθῇ **ἐν ἐμοί.**			**Lk 7,23**	καὶ μακάριός ἐστιν ὃς ἐὰν μὴ σκανδαλισθῇ **ἐν ἐμοί.**	
202 102 202	**Mt 11,8** (2)	ἀλλὰ τί ἐξήλθατε ἰδεῖν; ἄνθρωπον **ἐν μαλακοῖς** ἠμφιεσμένον; ἰδοὺ οἱ **τὰ μαλακὰ** φοροῦντες **ἐν τοῖς οἴκοις τῶν βασιλέων** εἰσίν.			**Lk 7,25** (3)	ἀλλὰ τί ἐξήλθατε ἰδεῖν; ἄνθρωπον **ἐν μαλακοῖς ἱματίοις** ἠμφιεσμένον; ἰδοὺ οἱ **ἐν ἱματισμῷ ἐνδόξῳ** καὶ τρυφῇ ὑπάρχοντες **ἐν τοῖς βασιλείοις** εἰσίν.	→ GTh 78

	Mt		Mk		Lk		
202 202	Mt 11,11 (2)	... οὐκ ἐγήγερται **ἐν γεννητοῖς γυναικῶν** μείζων Ἰωάννου τοῦ βαπτιστοῦ· ὁ δὲ μικρότερος **ἐν τῇ βασιλείᾳ τῶν οὐρανῶν** μείζων αὐτοῦ ἐστιν.			Lk 7,28 (2)	... μείζων **ἐν γεννητοῖς γυναικῶν** Ἰωάννου οὐδείς ἐστιν· ὁ δὲ μικρότερος **ἐν τῇ βασιλείᾳ τοῦ θεοῦ** μείζων αὐτοῦ ἐστιν.	→ GTh 46
202	Mt 11,16	τίνι δὲ ὁμοιώσω τὴν γενεὰν ταύτην; ὁμοία ἐστὶν παιδίοις καθημένοις **ἐν ταῖς ἀγοραῖς** ἃ προσφωνοῦντα τοῖς ἑτέροις			Lk 7,32	[31] τίνι οὖν ὁμοιώσω τοὺς ἀνθρώπους τῆς γενεᾶς ταύτης καὶ τίνι εἰσὶν ὅμοιοι; [32] ὅμοιοί εἰσιν παιδίοις τοῖς **ἐν ἀγορᾷ** καθημένοις καὶ προσφωνοῦσιν ἀλλήλοις ...	
002 002	Mt 26,7	προσῆλθεν αὐτῷ γυνὴ ... ἔχουσα ἀλάβαστρον μύρου βαρυτίμου ...	Mk 14,3 (2)	... ἦλθεν γυνὴ ... ἔχουσα ἀλάβαστρον μύρου νάρδου πιστικῆς πολυτελοῦς, ...	Lk 7,37 (2)	καὶ ἰδοὺ γυνὴ ἥτις ἦν **ἐν τῇ πόλει** ἁμαρτωλός, καὶ ἐπιγνοῦσα ὅτι κατάκειται **ἐν τῇ οἰκίᾳ τοῦ Φαρισαίου,** κομίσασα ἀλάβαστρον μύρου	→ Jn 12,3
002					Lk 7,39	ἰδὼν δὲ ὁ Φαρισαῖος ὁ καλέσας αὐτὸν εἶπεν **ἐν ἑαυτῷ** λέγων· οὗτος εἰ ἦν προφήτης, ...	
002					Lk 7,49 ↑ Mt 9,3 ↑ Mk 2,6 ↑ Lk 5,21	καὶ ἤρξαντο οἱ συνανακείμενοι λέγειν **ἐν ἑαυτοῖς·** τίς οὗτός ἐστιν ὃς καὶ ἁμαρτίας ἀφίησιν;	
200	Mt 11,20	τότε ἤρξατο ὀνειδίζειν τὰς πόλεις **ἐν αἷς** ἐγένοντο αἱ πλεῖσται δυνάμεις αὐτοῦ, ὅτι οὐ μετενόησαν·					
202 202 202	Mt 11,21 (3)	οὐαί σοι, Χοραζίν, οὐαί σοι, Βηθσαϊδά· ὅτι εἰ **ἐν Τύρῳ καὶ Σιδῶνι** ἐγένοντο αἱ δυνάμεις αἱ γενόμεναι **ἐν ὑμῖν,** πάλαι ἂν **ἐν σάκκῳ καὶ σποδῷ** μετενόησαν.			Lk 10,13 (3)	οὐαί σοι, Χοραζίν, οὐαί σοι, Βηθσαϊδά· ὅτι εἰ **ἐν Τύρῳ καὶ Σιδῶνι** ἐγενήθησαν αἱ δυνάμεις αἱ γενόμεναι **ἐν ὑμῖν,** πάλαι ἂν **ἐν σάκκῳ καὶ σποδῷ** καθήμενοι μετενόησαν.	
a 202	Mt 11,22	πλὴν λέγω ὑμῖν, Τύρῳ καὶ Σιδῶνι ἀνεκτότερον ἔσται **ἐν ἡμέρᾳ κρίσεως** ἢ ὑμῖν.			Lk 10,14	πλὴν Τύρῳ καὶ Σιδῶνι ἀνεκτότερον ἔσται **ἐν τῇ κρίσει** ἢ ὑμῖν.	

   201 201	Mt 11,23 (2)	καὶ σύ, Καφαρναούμ, μὴ ἕως οὐρανοῦ ὑψωθήσῃ; *ἕως ᾅδου καταβήσῃ·* ὅτι εἰ ἐν Σοδόμοις ἐγενήθησαν αἱ δυνάμεις αἱ γενόμεναι ἐν σοί, ἔμεινεν ἂν μέχρι τῆς σήμερον. ➢ Isa 14,13.15			Lk 10,15	καὶ σύ, Καφαρναούμ, μὴ ἕως οὐρανοῦ ὑψωθήσῃ; *ἕως τοῦ ᾅδου καταβήσῃ.* ➢ Isa 14,13.15	
a 200	Mt 11,24 ⇧ Mt 10,15	πλὴν λέγω ὑμῖν ὅτι γῇ Σοδόμων ἀνεκτότερον ἔσται ἐν ἡμέρᾳ κρίσεως ἢ σοί.			Lk 10,12	λέγω ὑμῖν ὅτι Σοδόμοις ἐν τῇ ἡμέρᾳ ἐκείνῃ ἀνεκτότερον ἔσται ἢ τῇ πόλει ἐκείνῃ.	
a 202	Mt 11,25	ἐν ἐκείνῳ τῷ καιρῷ ἀποκριθεὶς ὁ Ἰησοῦς εἶπεν· ἐξομολογοῦμαί σοι, πάτερ, ...			Lk 10,21 (2)	ἐν αὐτῇ τῇ ὥρᾳ ἠγαλλιάσατο [ἐν] τῷ πνεύματι τῷ ἁγίῳ καὶ εἶπεν· ἐξομολογοῦμαί σοι, πάτερ, ...	
a 002	Mt 9,35 ⇧ Mt 4,23	καὶ περιῆγεν ὁ Ἰησοῦς τὰς πόλεις πάσας καὶ τὰς κώμας διδάσκων ἐν ταῖς συναγωγαῖς αὐτῶν καὶ κηρύσσων τὸ εὐαγγέλιον τῆς βασιλείας ...	Mk 6,6 ↑ Mk 1,39	... καὶ περιῆγεν τὰς κώμας κύκλῳ διδάσκων.	Lk 8,1 ↑ Lk 4,15 ↑ Lk 4,44 → Lk 13,22	καὶ ἐγένετο ἐν τῷ καθεξῆς καὶ αὐτὸς διώδευεν κατὰ πόλιν καὶ κώμην κηρύσσων καὶ εὐαγγελιζόμενος τὴν βασιλείαν τοῦ θεοῦ ...	
a 211	Mt 12,1	ἐν ἐκείνῳ τῷ καιρῷ ἐπορεύθη ὁ Ἰησοῦς τοῖς σάββασιν διὰ τῶν σπορίμων· ...	Mk 2,23	καὶ ἐγένετο αὐτὸν ἐν τοῖς σάββασιν παραπορεύεσθαι διὰ τῶν σπορίμων, ...	Lk 6,1	ἐγένετο δὲ ἐν σαββάτῳ διαπορεύεσθαι αὐτὸν διὰ σπορίμων, ...	
a 211	Mt 12,2	... ἰδοὺ οἱ μαθηταί σου ποιοῦσιν ὃ οὐκ ἔξεστιν ποιεῖν ἐν σαββάτῳ.	Mk 2,24	... ἴδε τί ποιοῦσιν τοῖς σάββασιν ὃ οὐκ ἔξεστιν;	Lk 6,2	... τί ποιεῖτε ὃ οὐκ ἔξεστιν τοῖς σάββασιν;	
b 200 200	Mt 12,5 (2)	ἢ οὐκ ἀνέγνωτε ἐν τῷ νόμῳ ὅτι τοῖς σάββασιν οἱ ἱερεῖς ἐν τῷ ἱερῷ τὸ σάββατον βεβηλοῦσιν καὶ ἀναίτιοί εἰσιν;					
   200	Mt 12,19	*οὐκ ἐρίσει* *οὐδὲ κραυγάσει,* *οὐδὲ ἀκούσει τις* *ἐν ταῖς πλατείαις* *τὴν φωνὴν αὐτοῦ.* ➢ Isa 42,2					
f 020	Mt 12,24 ⇧ Mt 9,34	οἱ δὲ Φαρισαῖοι ἀκούσαντες εἶπον· οὗτος οὐκ ἐκβάλλει τὰ δαιμόνια εἰ μὴ ἐν τῷ Βεελζεβοὺλ ἄρχοντι τῶν δαιμονίων.	Mk 3,22	καὶ οἱ γραμματεῖς οἱ ἀπὸ Ἱεροσολύμων καταβάντες ἔλεγον ὅτι Βεελζεβοὺλ ἔχει, καὶ ὅτι ἐν τῷ ἄρχοντι τῶν δαιμονίων ἐκβάλλει τὰ δαιμόνια.	Lk 11,15 ↓ Lk 11,18	τινὲς δὲ ἐξ αὐτῶν εἶπον· ἐν Βεελζεβοὺλ τῷ ἄρχοντι τῶν δαιμονίων ἐκβάλλει τὰ δαιμόνια·	Mk-Q overlap

f 202	**Mt 12,24** ⇧ Mt 9,34	οἱ δὲ Φαρισαῖοι ἀκούσαντες εἶπον· οὗτος οὐκ ἐκβάλλει τὰ δαιμόνια εἰ μὴ **ἐν τῷ Βεελζεβοὺλ ἄρχοντι τῶν δαιμονίων.**	Mk 3,22	καὶ οἱ γραμματεῖς οἱ ἀπὸ Ἱεροσολύμων καταβάντες ἔλεγον ὅτι Βεελζεβοὺλ ἔχει, καὶ ὅτι **ἐν τῷ ἄρχοντι τῶν δαιμονίων** ἐκβάλλει τὰ δαιμόνια.	**Lk 11,15** ↓ Lk 11,18	τινὲς δὲ ἐξ αὐτῶν εἶπον· **ἐν Βεελζεβοὺλ τῷ ἄρχοντι τῶν δαιμονίων** ἐκβάλλει τὰ δαιμόνια·	Mk-Q overlap
020	Mt 12,25 ↑ Mt 9,4	εἰδὼς δὲ τὰς ἐνθυμήσεις αὐτῶν εἶπεν αὐτοῖς· πᾶσα βασιλεία μερισθεῖσα καθ' ἑαυτῆς ...	**Mk 3,23**	καὶ προσκαλεσάμενος αὐτοὺς **ἐν παραβολαῖς** ἔλεγεν αὐτοῖς· πῶς δύναται σατανᾶς σατανᾶν ἐκβάλλειν; [24] καὶ ἐὰν βασιλεία ἐφ' ἑαυτὴν μερισθῇ, ...	Lk 11,17 ↑ Lk 5,22 → Lk 6,8	αὐτὸς δὲ εἰδὼς αὐτῶν τὰ διανοήματα εἶπεν αὐτοῖς· πᾶσα βασιλεία ἐφ' ἑαυτὴν διαμερισθεῖσα ...	Mk-Q overlap
f 202 *f* 202	**Mt 12,27** (2)	καὶ εἰ ἐγὼ **ἐν Βεελζεβοὺλ** ἐκβάλλω τὰ δαιμόνια, οἱ υἱοὶ ὑμῶν **ἐν τίνι** ἐκβάλλουσιν; ...			**Lk 11,19** (2)	εἰ δὲ ἐγὼ **ἐν Βεελζεβοὺλ** ἐκβάλλω τὰ δαιμόνια, οἱ υἱοὶ ὑμῶν **ἐν τίνι** ἐκβάλλουσιν; ...	
f 202	**Mt 12,28**	εἰ δὲ **ἐν πνεύματι θεοῦ** ἐγὼ ἐκβάλλω τὰ δαιμόνια, ἄρα ἔφθασεν ἐφ' ὑμᾶς ἡ βασιλεία τοῦ θεοῦ.			**Lk 11,20**	εἰ δὲ **ἐν δακτύλῳ θεοῦ** [ἐγὼ] ἐκβάλλω τὰ δαιμόνια, ἄρα ἔφθασεν ἐφ' ὑμᾶς ἡ βασιλεία τοῦ θεοῦ.	
a 210 *a* 210	**Mt 12,32** (2)	[31] ... ἡ δὲ τοῦ πνεύματος βλασφημία οὐκ ἀφεθήσεται. [32] ... ὃς δ' ἂν εἴπῃ κατὰ τοῦ πνεύματος τοῦ ἁγίου, οὐκ ἀφεθήσεται αὐτῷ **οὔτε ἐν τούτῳ τῷ αἰῶνι οὔτε ἐν τῷ μέλλοντι.**	**Mk 3,29**	ὃς δ' ἂν βλασφημήσῃ εἰς τὸ πνεῦμα τὸ ἅγιον, οὐκ ἔχει ἄφεσιν **εἰς τὸν αἰῶνα,** ἀλλὰ ἔνοχός ἐστιν αἰωνίου ἁμαρτήματος.	Lk 12,10	... τῷ δὲ εἰς τὸ ἅγιον πνεῦμα βλασφημήσαντι οὐκ ἀφεθήσεται.	→ GTh 44 Mk-Q overlap
a 200	**Mt 12,36**	... πᾶν ῥῆμα ἀργὸν ὃ λαλήσουσιν οἱ ἄνθρωποι ἀποδώσουσιν περὶ αὐτοῦ λόγον **ἐν ἡμέρᾳ κρίσεως·**					
201 201	**Mt 12,40** (2) → Mt 27,63	ὥσπερ γὰρ *ἦν Ἰωνᾶς* ***ἐν τῇ κοιλίᾳ τοῦ κήτους*** *τρεῖς ἡμέρας καὶ τρεῖς νύκτας,* οὕτως ἔσται ὁ υἱὸς τοῦ ἀνθρώπου **ἐν τῇ καρδίᾳ τῆς γῆς** τρεῖς ἡμέρας καὶ τρεῖς νύκτας. ➤ Jonah 2,1			**Lk 11,30**	καθὼς γὰρ ἐγένετο Ἰωνᾶς τοῖς Νινευίταις σημεῖον, οὕτως ἔσται καὶ ὁ υἱὸς τοῦ ἀνθρώπου τῇ γενεᾷ ταύτῃ.	
202	**Mt 12,41**	ἄνδρες Νινευῖται ἀναστήσονται **ἐν τῇ κρίσει** μετὰ τῆς γενεᾶς ταύτης καὶ κατακρινοῦσιν αὐτήν, ...			**Lk 11,32**	ἄνδρες Νινευῖται ἀναστήσονται **ἐν τῇ κρίσει** μετὰ τῆς γενεᾶς ταύτης καὶ κατακρινοῦσιν αὐτήν· ...	

	Mt		Mk		Lk		
202	**Mt 12,42**	βασίλισσα νότου ἐγερθήσεται **ἐν τῇ κρίσει** μετὰ τῆς γενεᾶς ταύτης καὶ κατακρινεῖ αὐτήν, ...			**Lk 11,31**	βασίλισσα νότου ἐγερθήσεται **ἐν τῇ κρίσει** μετὰ τῶν ἀνδρῶν τῆς γενεᾶς ταύτης καὶ κατακρινεῖ αὐτούς, ...	
g 211	**Mt 12,50** ↑ Mt 7,21	ὅστις γὰρ ἂν ποιήσῃ τὸ θέλημα τοῦ πατρός μου **τοῦ ἐν οὐρανοῖς** αὐτός μου ἀδελφὸς καὶ ἀδελφὴ καὶ μήτηρ ἐστίν.	**Mk 3,35**	ὃς [γὰρ] ἂν ποιήσῃ τὸ θέλημα τοῦ θεοῦ, οὗτος ἀδελφός μου καὶ ἀδελφὴ καὶ μήτηρ ἐστίν.	**Lk 8,21** ↑ Lk 6,46 → Lk 11,28	... μήτηρ μου καὶ ἀδελφοί μου οὗτοί εἰσιν οἱ τὸν λόγον τοῦ θεοῦ ἀκούοντες καὶ ποιοῦντες.	→ Jn 15,14 → GTh 99
a 210	**Mt 13,1** ↑ Lk 5,1	**ἐν τῇ ἡμέρᾳ ἐκείνῃ** ἐξελθὼν ὁ Ἰησοῦς τῆς οἰκίας ἐκάθητο παρὰ τὴν θάλασσαν·	**Mk 4,1** → Mk 2,13 → Mk 3,9 ↑ Lk 5,1	καὶ **πάλιν** ἤρξατο διδάσκειν παρὰ τὴν θάλασσαν·			
121	**Mt 13,2**	καὶ συνήχθησαν πρὸς αὐτὸν ὄχλοι πολλοί, ὥστε αὐτὸν εἰς πλοῖον ἐμβάντα καθῆσθαι, καὶ πᾶς ὁ ὄχλος ἐπὶ τὸν αἰγιαλὸν εἱστήκει.	↓ Mk 4,36	καὶ συνάγεται πρὸς αὐτὸν ὄχλος πλεῖστος, ὥστε αὐτὸν εἰς πλοῖον ἐμβάντα καθῆσθαι **ἐν τῇ θαλάσσῃ,** καὶ πᾶς ὁ ὄχλος πρὸς τὴν θάλασσαν ἐπὶ τῆς γῆς ἦσαν.	**Lk 8,4** ↑ Lk 5,1 ⇩ Lk 5,1.3 **Lk 5,3** ⇧ Lk 8,4	συνιόντος δὲ ὄχλου πολλοῦ καὶ τῶν κατὰ πόλιν ἐπιπορευομένων πρὸς αὐτὸν ... [1] ἐγένετο δὲ ἐν τῷ τὸν ὄχλον ἐπικεῖσθαι αὐτῷ ... [3] ἐμβὰς δὲ εἰς ἓν τῶν πλοίων, ὃ ἦν Σίμωνος, ἠρώτησεν αὐτὸν ἀπὸ τῆς γῆς ἐπαναγαγεῖν ὀλίγον· καθίσας δὲ ἐκ τοῦ πλοίου ἐδίδασκεν τοὺς ὄχλους.	
221 121	**Mt 13,3**	καὶ ἐλάλησεν αὐτοῖς πολλὰ **ἐν παραβολαῖς** λέγων· ...	**Mk 4,2** (2)	καὶ ἐδίδασκεν αὐτοὺς **ἐν παραβολαῖς** πολλὰ καὶ ἔλεγεν αὐτοῖς **ἐν τῇ διδαχῇ αὐτοῦ·**	**Lk 8,4** ⇧ Lk 5,3	... εἶπεν **διὰ παραβολῆς·**	
e 222	**Mt 13,4**	καὶ **ἐν τῷ σπείρειν** αὐτὸν ἃ μὲν ἔπεσεν παρὰ τὴν ὁδόν, ...	**Mk 4,4**	καὶ ἐγένετο **ἐν τῷ σπείρειν** ὃ μὲν ἔπεσεν παρὰ τὴν ὁδόν, ...	**Lk 8,5**	... καὶ **ἐν τῷ σπείρειν** αὐτὸν ὃ μὲν ἔπεσεν παρὰ τὴν ὁδὸν καὶ κατεπατήθη, ...	→ GTh 9
112	**Mt 13,7**	ἄλλα δὲ ἔπεσεν **ἐπὶ** **τὰς ἀκάνθας,** καὶ ἀνέβησαν αἱ ἄκανθαι καὶ ἔπνιξαν αὐτά.	**Mk 4,7**	καὶ ἄλλο ἔπεσεν **εἰς** **τὰς ἀκάνθας,** καὶ ἀνέβησαν αἱ ἄκανθαι καὶ συνέπνιξαν αὐτό, καὶ καρπὸν οὐκ ἔδωκεν.	**Lk 8,7**	καὶ ἕτερον ἔπεσεν **ἐν μέσῳ τῶν** **ἀκανθῶν,** καὶ συμφυεῖσαι αἱ ἄκανθαι ἀπέπνιξαν αὐτό.	→ GTh 9
211	**Mt 13,10**	καὶ προσελθόντες οἱ μαθηταὶ εἶπαν αὐτῷ· διὰ τί **ἐν παραβολαῖς** λαλεῖς αὐτοῖς;	**Mk 4,10** → Mk 7,17	καὶ ὅτε ἐγένετο κατὰ μόνας, ἠρώτων αὐτὸν οἱ περὶ αὐτὸν σὺν τοῖς δώδεκα **τὰς παραβολάς.**	**Lk 8,9** → Mk 7,17	ἐπηρώτων δὲ αὐτὸν οἱ μαθηταὶ αὐτοῦ τίς αὕτη εἴη **ἡ παραβολή.**	

222	Mt 13,13	[11] ... ὅτι ὑμῖν δέδοται γνῶναι τὰ μυστήρια τῆς βασιλείας τῶν οὐρανῶν, ἐκείνοις δὲ οὐ δέδοται. [12] ... [13] διὰ τοῦτο **ἐν παραβολαῖς** αὐτοῖς λαλῶ, ὅτι βλέποντες οὐ βλέπουσιν ... ➤ Isa 6,9	Mk 4,11	... ὑμῖν τὸ μυστήριον δέδοται τῆς βασιλείας τοῦ θεοῦ· ἐκείνοις δὲ τοῖς ἔξω **ἐν παραβολαῖς** τὰ πάντα γίνεται, [12] ἵνα βλέποντες βλέπωσιν καὶ μὴ ἴδωσιν, ... ➤ Isa 6,9	Lk 8,10	... ὑμῖν δέδοται γνῶναι τὰ μυστήρια τῆς βασιλείας τοῦ θεοῦ, τοῖς δὲ λοιποῖς **ἐν παραβολαῖς,** ἵνα βλέποντες μὴ βλέπωσιν ... ➤ Isa 6,9	
211	Mt 13,19	... ἔρχεται ὁ πονηρὸς καὶ ἁρπάζει τὸ ἐσπαρμένον **ἐν τῇ καρδίᾳ αὐτοῦ, ...**	Mk 4,15	... εὐθὺς ἔρχεται ὁ σατανᾶς καὶ αἴρει τὸν λόγον τὸν ἐσπαρμένον **εἰς αὐτούς.**	Lk 8,12	... εἶτα ἔρχεται ὁ διάβολος καὶ αἴρει τὸν λόγον **ἀπὸ τῆς καρδίας αὐτῶν,** ἵνα μὴ πιστεύσαντες σωθῶσιν.	
221	Mt 13,21	οὐκ ἔχει δὲ ῥίζαν **ἐν ἑαυτῷ** ἀλλὰ πρόσκαιρός ἐστιν,	Mk 4,17	καὶ οὐκ ἔχουσιν ῥίζαν **ἐν ἑαυτοῖς** ἀλλὰ πρόσκαιροί εἰσιν,	Lk 8,13	... καὶ οὗτοι ῥίζαν οὐκ ἔχουσιν, οἳ πρὸς καιρὸν πιστεύουσιν	
a 112		**γενομένης δὲ θλίψεως ἢ διωγμοῦ** διὰ τὸν λόγον εὐθὺς σκανδαλίζεται.		εἶτα **γενομένης θλίψεως ἢ διωγμοῦ** διὰ τὸν λόγον εὐθὺς σκανδαλίζονται.		**καὶ ἐν καιρῷ πειρασμοῦ** ἀφίστανται.	
c 112	Mt 13,23	**ὁ δὲ ἐπὶ τὴν καλὴν γῆν σπαρείς,**	Mk 4,20	καὶ ἐκεῖνοί εἰσιν **οἱ ἐπὶ τὴν γῆν τὴν καλὴν σπαρέντες,**	Lk 8,15 (3)	**τὸ δὲ ἐν τῇ καλῇ γῇ,**	
112		οὗτός ἐστιν ὁ τὸν λόγον ἀκούων καὶ συνιείς, ὃς δὴ καρποφορεῖ		οἵτινες ἀκούουσιν τὸν λόγον καὶ παραδέχονται καὶ καρποφοροῦσιν		οὗτοί εἰσιν οἵτινες **ἐν καρδίᾳ καλῇ καὶ ἀγαθῇ** ἀκούσαντες τὸν λόγον κατέχουσιν καὶ καρποφοροῦσιν	
112		καὶ ποιεῖ ὃ μὲν ἑκατόν, ὃ δὲ ἑξήκοντα, ὃ δὲ τριάκοντα.		ἓν τριάκοντα καὶ ἓν ἑξήκοντα καὶ ἓν ἑκατόν.		**ἐν ὑπομονῇ.**	
f 020	Mt 7,2 (2)	ἐν ᾧ γὰρ κρίματι κρίνετε κριθήσεσθε, καὶ **ἐν ᾧ μέτρῳ** μετρεῖτε μετρηθήσεται ὑμῖν.	Mk 4,24	... **ἐν ᾧ μέτρῳ** μετρεῖτε μετρηθήσεται ὑμῖν καὶ προστεθήσεται ὑμῖν.	Lk 6,38	... **ᾧ γὰρ μέτρῳ** μετρεῖτε ἀντιμετρηθήσεται ὑμῖν.	Mk-Q overlap
020			Mk 4,28	αὐτομάτη ἡ γῆ καρποφορεῖ, πρῶτον χόρτον εἶτα στάχυν εἶτα πλήρη[ς] σῖτον **ἐν τῷ στάχυϊ.**			
200	Mt 13,24	... ὡμοιώθη ἡ βασιλεία τῶν οὐρανῶν ἀνθρώπῳ σπείραντι καλὸν σπέρμα **ἐν τῷ ἀγρῷ αὐτοῦ.**					→ GTh 57
e 200	Mt 13,25	**ἐν δὲ τῷ καθεύδειν** τοὺς ἀνθρώπους ἦλθεν αὐτοῦ ὁ ἐχθρὸς καὶ ἐπέσπειρεν ζιζάνια ...					→ GTh 57

200	Mt 13,27	... κύριε, οὐχὶ καλὸν σπέρμα ἔσπειρας ἐν τῷ σῷ ἀγρῷ; πόθεν οὖν ἔχει ζιζάνια;					→ GTh 57
a 200	Mt 13,30	ἄφετε συναυξάνεσθαι ἀμφότερα ἕως τοῦ θερισμοῦ, καὶ ἐν καιρῷ τοῦ θερισμοῦ ἐρῶ τοῖς θερισταῖς· ...					→ GTh 57
020	Mt 13,31	ἄλλην παραβολὴν παρέθηκεν αὐτοῖς ...	Mk 4,30	... πῶς ὁμοιώσωμεν τὴν βασιλείαν τοῦ θεοῦ ἢ ἐν τίνι αὐτὴν παραβολῇ θῶμεν;	Lk 13,18	... τίνι ὁμοία ἐστὶν ἡ βασιλεία τοῦ θεοῦ καὶ τίνι ὁμοιώσω αὐτήν;	Mk-Q overlap
201	Mt 13,31	ἄλλην παραβολὴν παρέθηκεν αὐτοῖς λέγων· ὁμοία ἐστὶν ἡ βασιλεία τῶν οὐρανῶν κόκκῳ σινάπεως, ὃν λαβὼν ἄνθρωπος ἔσπειρεν ἐν τῷ ἀγρῷ αὐτοῦ·	Mk 4,31	[30] καὶ ἔλεγεν· πῶς ὁμοιώσωμεν τὴν βασιλείαν τοῦ θεοῦ ἢ ἐν τίνι αὐτὴν παραβολῇ θῶμεν; [31] ὡς κόκκῳ σινάπεως, ὃς ὅταν σπαρῇ ἐπὶ τῆς γῆς, ...	Lk 13,19	[18] ἔλεγεν οὖν· τίνι ὁμοία ἐστὶν ἡ βασιλεία τοῦ θεοῦ καὶ τίνι ὁμοιώσω αὐτήν; [19] ὁμοία ἐστὶν κόκκῳ σινάπεως, ὃν λαβὼν ἄνθρωπος ἔβαλεν εἰς κῆπον ἑαυτοῦ, ...	→ GTh 20 Mk-Q overlap
202	Mt 13,32	... ὥστε ἐλθεῖν *τὰ πετεινὰ τοῦ οὐρανοῦ καὶ κατασκηνοῦν ἐν τοῖς κλάδοις αὐτοῦ.* ➤ Ps 103,12 LXX	Mk 4,32	... ὥστε δύνασθαι ὑπὸ τὴν σκιὰν αὐτοῦ *τὰ πετεινὰ τοῦ οὐρανοῦ κατασκηνοῦν.* ➤ Ps 103,12 LXX	Lk 13,19	... καὶ *τὰ πετεινὰ τοῦ οὐρανοῦ κατεσκήνωσεν ἐν τοῖς κλάδοις αὐτοῦ.* ➤ Ps 103,12 LXX	→ GTh 20 Mk-Q overlap
210	Mt 13,34	ταῦτα πάντα ἐλάλησεν ὁ Ἰησοῦς ἐν παραβολαῖς τοῖς ὄχλοις, ...	Mk 4,33	καὶ τοιαύταις παραβολαῖς πολλαῖς ἐλάλει αὐτοῖς τὸν λόγον, καθὼς ἠδύναντο ἀκούειν·			
200	Mt 13,35	ὅπως πληρωθῇ τὸ ῥηθὲν διὰ τοῦ προφήτου λέγοντος· *ἀνοίξω ἐν παραβολαῖς τὸ στόμα μου, ἐρεύξομαι κεκρυμμένα ἀπὸ καταβολῆς* [κόσμου]. ➤ Ps 78,2					
a 200	Mt 13,40	ὥσπερ οὖν συλλέγεται τὰ ζιζάνια καὶ πυρὶ [κατα]καίεται, οὕτως ἔσται ἐν τῇ συντελείᾳ τοῦ αἰῶνος·					
200	Mt 13,43 → Mt 25,46	τότε οἱ δίκαιοι ἐκλάμψουσιν ὡς ὁ ἥλιος ἐν τῇ βασιλείᾳ τοῦ πατρὸς αὐτῶν. ὁ ἔχων ὦτα ἀκουέτω.					
200	Mt 13,44	ὁμοία ἐστὶν ἡ βασιλεία τῶν οὐρανῶν θησαυρῷ κεκρυμμένῳ ἐν τῷ ἀγρῷ, ὃν εὑρὼν ἄνθρωπος ἔκρυψεν, ...					→ GTh 109

a 200	**Mt 13,49**	οὕτως ἔσται ἐν τῇ συντελείᾳ τοῦ αἰῶνος· ἐξελεύσονται οἱ ἄγγελοι καὶ ἀφοριοῦσιν τοὺς πονηροὺς ἐκ μέσου τῶν δικαίων					
a 122	**Mt 8,18**	ἰδὼν δὲ ὁ Ἰησοῦς ὄχλον περὶ αὐτὸν ἐκέλευσεν ἀπελθεῖν εἰς τὸ πέραν.	**Mk 4,35**	καὶ λέγει αὐτοῖς ἐν ἐκείνῃ τῇ ἡμέρᾳ ὀψίας γενομένης· διέλθωμεν εἰς τὸ πέραν.	**Lk 8,22**	ἐγένετο δὲ ἐν μιᾷ τῶν ἡμερῶν	
121	**Mt 8,23**	καὶ ἐμβάντι αὐτῷ εἰς τὸ πλοῖον ἠκολούθησαν αὐτῷ οἱ μαθηταὶ αὐτοῦ.	**Mk 4,36** ↑ Mk 4,1	καὶ ἀφέντες τὸν ὄχλον παραλαμβάνουσιν αὐτὸν ὡς ἦν ἐν τῷ πλοίῳ, καὶ ἄλλα πλοῖα ἦν μετ' αὐτοῦ.		καὶ αὐτὸς ἐνέβη εἰς πλοῖον καὶ οἱ μαθηταὶ αὐτοῦ καὶ εἶπεν πρὸς αὐτούς· διέλθωμεν εἰς τὸ πέραν τῆς λίμνης, καὶ ἀνήχθησαν.	
121	**Mt 8,24**	καὶ ἰδοὺ σεισμὸς μέγας ἐγένετο ἐν τῇ θαλάσσῃ, ὥστε τὸ πλοῖον καλύπτεσθαι ὑπὸ τῶν κυμάτων, αὐτὸς δὲ ἐκάθευδεν.	**Mk 4,38**	[37] καὶ γίνεται λαῖλαψ μεγάλη ἀνέμου, καὶ τὰ κύματα ἐπέβαλλεν εἰς τὸ πλοῖον, ὥστε ἤδη γεμίζεσθαι τὸ πλοῖον. [38] καὶ αὐτὸς ἦν ἐν τῇ πρύμνῃ ἐπὶ τὸ προσκεφάλαιον καθεύδων. ...	**Lk 8,23**	πλεόντων δὲ αὐτῶν ἀφύπνωσεν. καὶ κατέβη λαῖλαψ ἀνέμου εἰς τὴν λίμνην, καὶ συνεπληροῦντο καὶ ἐκινδύνευον.	
121	**Mt 8,28**	... ὑπήντησαν αὐτῷ δύο δαιμονιζόμενοι ἐκ τῶν μνημείων ἐξερχόμενοι, ...	**Mk 5,2**	... εὐθὺς ὑπήντησεν αὐτῷ ἐκ τῶν μνημείων ἄνθρωπος ἐν πνεύματι ἀκαθάρτῳ,	**Lk 8,27** (2)	... ὑπήντησεν ἀνήρ τις ἐκ τῆς πόλεως ἔχων δαιμόνια	
112 122			**Mk 5,3**	ὃς τὴν κατοίκησιν εἶχεν ἐν τοῖς μνήμασιν, ...		καὶ χρόνῳ ἱκανῷ οὐκ ἐνεδύσατο ἱμάτιον καὶ ἐν οἰκίᾳ οὐκ ἔμενεν ἀλλ' ἐν τοῖς μνήμασιν.	
021 021			**Mk 5,5** (2)	καὶ διὰ παντὸς νυκτὸς καὶ ἡμέρας ἐν τοῖς μνήμασιν καὶ ἐν τοῖς ὄρεσιν ἦν κράζων καὶ κατακόπτων ἑαυτὸν λίθοις.	**Lk 8,29**	... ἠλαύνετο ὑπὸ τοῦ δαιμονίου εἰς τὰς ἐρήμους.	
112	**Mt 8,30**	ἦν δὲ μακρὰν ἀπ' αὐτῶν ἀγέλη χοίρων πολλῶν βοσκομένη.	**Mk 5,11**	ἦν δὲ ἐκεῖ πρὸς τῷ ὄρει ἀγέλη χοίρων μεγάλη βοσκομένη·	**Lk 8,32**	ἦν δὲ ἐκεῖ ἀγέλη χοίρων ἱκανῶν βοσκομένη ἐν τῷ ὄρει· ...	

221	Mt 8,32	... καὶ ἰδοὺ ὥρμησεν πᾶσα ἡ ἀγέλη κατὰ τοῦ κρημνοῦ εἰς τὴν θάλασσαν καὶ ἀπέθανον **ἐν τοῖς ὕδασιν.**	Mk 5,13	... καὶ ὥρμησεν ἡ ἀγέλη κατὰ τοῦ κρημνοῦ εἰς τὴν θάλασσαν, ὡς δισχίλιοι, καὶ ἐπνίγοντο **ἐν τῇ θαλάσσῃ.**	Lk 8,33	... καὶ ὥρμησεν ἡ ἀγέλη κατὰ τοῦ κρημνοῦ εἰς τὴν λίμνην καὶ ἀπεπνίγη.	
021			Mk 5,20	καὶ ἀπῆλθεν καὶ ἤρξατο κηρύσσειν **ἐν τῇ Δεκαπόλει** ὅσα ἐποίησεν αὐτῷ ὁ Ἰησοῦς, ...	Lk 8,39	... καὶ ἀπῆλθεν **καθ᾽ ὅλην τὴν πόλιν** κηρύσσων ὅσα ἐποίησεν αὐτῷ ὁ Ἰησοῦς.	
e 112 121	Mt 9,1	καὶ ἐμβὰς εἰς πλοῖον **διεπέρασεν ...**	Mk 5,21	[18] καὶ ἐμβαίνοντος αὐτοῦ εἰς τὸ πλοῖον ... [21] καὶ **διαπεράσαντος** τοῦ Ἰησοῦ **[ἐν τῷ πλοίῳ]** πάλιν εἰς τὸ πέραν συνήχθη ὄχλος πολὺς ἐπ᾽ αὐτόν, καὶ ἦν παρὰ τὴν θάλασσαν.	Lk 8,40	[37] ... αὐτὸς δὲ ἐμβὰς εἰς πλοῖον ὑπέστρεψεν. [38] ... **[40] ἐν δὲ τῷ ὑποστρέφειν** τὸν Ἰησοῦν ἀπεδέξατο αὐτὸν ὁ ὄχλος· ἦσαν γὰρ πάντες προσδοκῶντες αὐτόν.	
e 112	Mt 9,19	καὶ ἐγερθεὶς ὁ Ἰησοῦς **ἠκολούθησεν** αὐτῷ καὶ οἱ μαθηταὶ αὐτοῦ.	Mk 5,24	καὶ **ἀπῆλθεν** μετ᾽ αὐτοῦ. καὶ ἠκολούθει αὐτῷ ὄχλος πολὺς καὶ συνέθλιβον αὐτόν.	Lk 8,42	**... ἐν δὲ τῷ ὑπάγειν** αὐτὸν οἱ ὄχλοι συνέπνιγον αὐτόν.	
122	Mt 9,20	καὶ ἰδοὺ **γυνὴ αἱμορροοῦσα** δώδεκα ἔτη	Mk 5,25	καὶ **γυνὴ οὖσα ἐν ῥύσει αἵματος** δώδεκα ἔτη	Lk 8,43	καὶ **γυνὴ οὖσα ἐν ῥύσει αἵματος** ἀπὸ ἐτῶν δώδεκα, ...	
121	↓ Mt 14,36	προσελθοῦσα ὄπισθεν ἥψατο τοῦ κρασπέδου τοῦ ἱματίου αὐτοῦ·	Mk 5,27 ↓ Mk 6,56	ἀκούσασα περὶ τοῦ Ἰησοῦ, ἐλθοῦσα **ἐν τῷ ὄχλῳ** ὄπισθεν ἥψατο τοῦ ἱματίου αὐτοῦ·	Lk 8,44	προσελθοῦσα ὄπισθεν ἥψατο τοῦ κρασπέδου τοῦ ἱματίου αὐτοῦ ...	
	Mt 9,22	ὁ δὲ Ἰησοῦς ↔	Mk 5,30	καὶ εὐθὺς ὁ Ἰησοῦς	Lk 8,45	καὶ εἶπεν ὁ Ἰησοῦς· ...	
021			(2) → Lk 6,19	ἐπιγνοὺς **ἐν ἑαυτῷ** τὴν ἐξ αὐτοῦ δύναμιν ἐξελθοῦσαν	Lk 8,46 → Lk 6,19	ὁ δὲ Ἰησοῦς εἶπεν· ἥψατό μού τις, ἐγὼ γὰρ ἔγνων δύναμιν ἐξεληλυθυῖαν ἀπ᾽ ἐμοῦ.	
121	Mt 9,22	↔ στραφεὶς ...		ἐπιστραφεὶς **ἐν τῷ ὄχλῳ** ἔλεγεν· τίς μου ἥψατο τῶν ἱματίων;	Lk 8,45	 ... τίς ὁ ἁψάμενός μου; ...	
221	Mt 13,54	καὶ ἐλθὼν εἰς τὴν πατρίδα αὐτοῦ ἐδίδασκεν αὐτοὺς **ἐν τῇ συναγωγῇ αὐτῶν, ...**	Mk 6,2	καὶ γενομένου σαββάτου ἤρξατο διδάσκειν **ἐν τῇ συναγωγῇ, ...**	Lk 4,16	... καὶ εἰσῆλθεν κατὰ τὸ εἰωθὸς αὐτῷ ἐν τῇ ἡμέρᾳ τῶν σαββάτων **εἰς τὴν συναγωγὴν** καὶ ἀνέστη ἀναγνῶναι.	

220	Mt 13,57 (3)	καὶ ἐσκανδαλίζοντο **ἐν αὐτῷ.**	Mk 6,3	... καὶ ἐσκανδαλίζοντο **ἐν αὐτῷ.**			
222		ὁ δὲ Ἰησοῦς εἶπεν αὐτοῖς· οὐκ ἔστιν προφήτης ἄτιμος εἰ μὴ **ἐν τῇ πατρίδι**	Mk 6,4 (3)	καὶ ἔλεγεν αὐτοῖς ὁ Ἰησοῦς ὅτι οὐκ ἔστιν προφήτης ἄτιμος εἰ μὴ **ἐν τῇ πατρίδι αὐτοῦ**	Lk 4,24	εἶπεν δέ· ἀμὴν λέγω ὑμῖν ὅτι οὐδεὶς προφήτης δεκτός ἐστιν **ἐν τῇ πατρίδι αὐτοῦ.**	→ Jn 4,44 → GTh 31 (POxy 1)
121				καὶ **ἐν τοῖς συγγενεῦσιν αὐτοῦ**			
221		καὶ **ἐν τῇ οἰκίᾳ αὐτοῦ.**		καὶ **ἐν τῇ οἰκίᾳ αὐτοῦ.**			
a 211	Mt 14,1	**ἐν ἐκείνῳ τῷ καιρῷ** ἤκουσεν Ἡρῴδης ὁ τετραάρχης τὴν ἀκοὴν Ἰησοῦ	Mk 6,14	καὶ ἤκουσεν ὁ βασιλεὺς Ἡρῴδης, φανερὸν γὰρ ἐγένετο τὸ ὄνομα αὐτοῦ, ...	Lk 9,7	ἤκουσεν δὲ Ἡρῴδης ὁ τετραάρχης τὰ γινόμενα πάντα ...	
d 221	Mt 14,2 → Mt 16,14	... Ἰωάννης ὁ βαπτιστής· αὐτὸς ἠγέρθη ἀπὸ τῶν νεκρῶν καὶ διὰ τοῦτο αἱ δυνάμεις ἐνεργοῦσιν **ἐν αὐτῷ.**	Mk 6,14 → Mk 8,28	... Ἰωάννης ὁ βαπτίζων ἐγήγερται ἐκ νεκρῶν καὶ διὰ τοῦτο ἐνεργοῦσιν αἱ δυνάμεις **ἐν αὐτῷ.**	Lk 9,7 → Lk 9,19	... Ἰωάννης ἠγέρθη ἐκ νεκρῶν	
222	Mt 14,3	ὁ γὰρ Ἡρῴδης κρατήσας τὸν Ἰωάννην ἔδησεν [αὐτὸν] καὶ **ἐν φυλακῇ** ἀπέθετο ...	Mk 6,17	αὐτὸς γὰρ ὁ Ἡρῴδης ἀποστείλας ἐκράτησεν τὸν Ἰωάννην καὶ ἔδησεν αὐτὸν **ἐν φυλακῇ** ...	Lk 3,20 ↑ Mt 4,12 ↑ Mk 1,14	[19] ὁ δὲ Ἡρῴδης ... [20] προσέθηκεν καὶ τοῦτο ἐπὶ πᾶσιν [καὶ] κατέκλεισεν τὸν Ἰωάννην **ἐν φυλακῇ.**	
210	Mt 14,6	... ὠρχήσατο ἡ θυγάτηρ τῆς Ἡρῳδιάδος **ἐν τῷ μέσῳ** καὶ ἤρεσεν τῷ Ἡρῴδῃ	Mk 6,22	καὶ εἰσελθούσης τῆς θυγατρὸς αὐτοῦ Ἡρῳδιάδος καὶ ὀρχησαμένης ἤρεσεν τῷ Ἡρῴδῃ ...			
220	Mt 14,10	καὶ πέμψας ἀπεκεφάλισεν [τὸν] Ἰωάννην **ἐν τῇ φυλακῇ.**	Mk 6,27 → Mk 6,16 → Lk 9,9	... καὶ ἀπελθὼν ἀπεκεφάλισεν αὐτὸν **ἐν τῇ φυλακῇ**			
120	Mt 14,12	καὶ προσελθόντες οἱ μαθηταὶ αὐτοῦ ἦραν τὸ πτῶμα καὶ ἔθαψαν αὐτό[ν] ...	Mk 6,29	καὶ ἀκούσαντες οἱ μαθηταὶ αὐτοῦ ἦλθον καὶ ἦραν τὸ πτῶμα αὐτοῦ καὶ ἔθηκαν αὐτὸ **ἐν μνημείῳ.**			
221	Mt 14,13	ἀκούσας δὲ ὁ Ἰησοῦς ἀνεχώρησεν ἐκεῖθεν **ἐν πλοίῳ** εἰς ἔρημον τόπον κατ' ἰδίαν· ...	Mk 6,32	καὶ ἀπῆλθον **ἐν τῷ πλοίῳ** εἰς ἔρημον τόπον κατ' ἰδίαν.	Lk 9,10	... καὶ παραλαβὼν αὐτοὺς ὑπεχώρησεν κατ' ἰδίαν εἰς πόλιν καλουμένην Βηθσαϊδά.	
112	Mt 14,15	... οἱ μαθηταὶ λέγοντες· **ἔρημός ἐστιν ὁ τόπος** καὶ ἡ ὥρα ἤδη παρῆλθεν· ...	Mk 6,35	... οἱ μαθηταὶ αὐτοῦ ἔλεγον ὅτι **ἔρημός ἐστιν ὁ τόπος** καὶ ἤδη ὥρα πολλή·	Lk 9,12	... οἱ δώδεκα εἶπαν αὐτῷ· ... ὧδε **ἐν ἐρήμῳ τόπῳ ἐσμέν.**	

	Mt		Mk		Lk	Jn
120	**Mt 14,24**	[23] ... ὀψίας δὲ γενομένης μόνος ἦν ἐκεῖ. [24] τὸ δὲ πλοῖον ἤδη σταδίους πολλοὺς **ἀπὸ τῆς γῆς**	**Mk 6,47**	καὶ ὀψίας γενομένης ἦν τὸ πλοῖον **ἐν μέσῳ τῆς θαλάσσης,** καὶ αὐτὸς μόνος ἐπὶ τῆς γῆς.		
e 120		ἀπεῖχεν βασανιζόμενον ὑπὸ τῶν κυμάτων, ἦν γὰρ ἐναντίος ὁ ἄνεμος.	**Mk 6,48**	καὶ ἰδὼν αὐτοὺς βασανιζομένους **ἐν τῷ ἐλαύνειν,** ἦν γὰρ ὁ ἄνεμος ἐναντίος αὐτοῖς, ...		→ Jn 6,18
c 210 120	**Mt 14,33** → Mt 16,16	**οἱ δὲ ἐν τῷ πλοίῳ** προσεκύνησαν αὐτῷ λέγοντες· ἀληθῶς θεοῦ υἱὸς εἶ.	**Mk 6,51**	... καὶ λίαν [ἐκ περισσοῦ] **ἐν ἑαυτοῖς** ἐξίσταντο·		
120	**Mt 14,36** ↑ Mt 9,20	καὶ παρεκάλουν αὐτὸν ἵνα μόνον ἅψωνται τοῦ κρασπέδου τοῦ ἱματίου αὐτοῦ· ...	**Mk 6,56** ↑ **Mk 5,27**	καὶ ὅπου ἂν εἰσεπορεύετο εἰς κώμας ἢ εἰς πόλεις ἢ εἰς ἀγρούς, **ἐν ταῖς ἀγοραῖς** ἐτίθεσαν τοὺς ἀσθενοῦντας, καὶ παρεκάλουν αὐτὸν ἵνα κἂν τοῦ κρασπέδου τοῦ ἱματίου αὐτοῦ ἅψωνται· ...	↑ Lk 8,44	
a 120	**Mt 15,32**	ὁ δὲ Ἰησοῦς προσκαλεσάμενος τοὺς μαθητὰς αὐτοῦ εἶπεν·	**Mk 8,1**	**ἐν ἐκείναις ταῖς ἡμέραις** πάλιν πολλοῦ ὄχλου ὄντος καὶ μὴ ἐχόντων τί φάγωσιν, προσκαλεσάμενος τοὺς μαθητὰς λέγει αὐτοῖς·		
220	↑ Mt 14,15	... καὶ ἀπολῦσαι αὐτοὺς νήστεις οὐ θέλω, μήποτε ἐκλυθῶσιν **ἐν τῇ ὁδῷ.**	**Mk 8,3** ↑ Mk 6,36	καὶ ἐὰν ἀπολύσω αὐτοὺς νήστεις εἰς οἶκον αὐτῶν, ἐκλυθήσονται **ἐν τῇ ὁδῷ·** ...	↑ **Lk 9,12**	
210	**Mt 15,33** → Mt 14,16	... πόθεν ἡμῖν **ἐν ἐρημίᾳ** ἄρτοι τοσοῦτοι ὥστε χορτάσαι ὄχλον τοσοῦτον;	**Mk 8,4** → Mk 6,37	... πόθεν τούτους δυνήσεταί τις ὧδε χορτάσαι ἄρτων **ἐπ᾽ ἐρημίας;**	→ Lk 9,13	
120	**Mt 16,5**	καὶ ἐλθόντες οἱ μαθηταὶ εἰς τὸ πέραν ἐπελάθοντο ἄρτους λαβεῖν.	**Mk 8,14**	καὶ ἐπελάθοντο λαβεῖν ἄρτους καὶ εἰ μὴ ἕνα ἄρτον οὐκ εἶχον μεθ᾽ ἑαυτῶν **ἐν τῷ πλοίῳ.**		
210	**Mt 16,7**	οἱ δὲ διελογίζοντο **ἐν ἑαυτοῖς** λέγοντες ὅτι ἄρτους οὐκ ἐλάβομεν.	**Mk 8,16**	καὶ διελογίζοντο **πρὸς ἀλλήλους** ὅτι ἄρτους οὐκ ἔχουσιν.		
210	**Mt 16,8**	γνοὺς δὲ ὁ Ἰησοῦς εἶπεν· τί διαλογίζεσθε **ἐν ἑαυτοῖς,** ὀλιγόπιστοι, ὅτι ἄρτους οὐκ ἔχετε;	**Mk 8,17**	καὶ γνοὺς λέγει αὐτοῖς· τί διαλογίζεσθε ὅτι ἄρτους οὐκ ἔχετε; ...		

e 112	**Mt 16,13**	ἐλθὼν δὲ ὁ Ἰησοῦς εἰς τὰ μέρη Καισαρείας τῆς Φιλίππου	**Mk 8,27**	καὶ ἐξῆλθεν ὁ Ἰησοῦς καὶ οἱ μαθηταὶ αὐτοῦ εἰς τὰς κώμας Καισαρείας τῆς Φιλίππου·	**Lk 9,18** → Mt 14,23 → Mk 6,46	καὶ ἐγένετο **ἐν τῷ εἶναι** αὐτὸν προσευχόμενον κατὰ μόνας συνῆσαν αὐτῷ οἱ μαθηταί,	
121		ἠρώτα τοὺς μαθητὰς αὐτοῦ λέγων· τίνα λέγουσιν οἱ ἄνθρωποι εἶναι τὸν υἱὸν τοῦ ἀνθρώπου;		καὶ **ἐν τῇ ὁδῷ** ἐπηρώτα τοὺς μαθητὰς αὐτοῦ λέγων αὐτοῖς· τίνα με λέγουσιν οἱ ἄνθρωποι εἶναι;		καὶ ἐπηρώτησεν αὐτοὺς λέγων· τίνα με λέγουσιν οἱ ὄχλοι εἶναι;	→ GTh 13
g 200	**Mt 16,17**	... σὰρξ καὶ αἷμα οὐκ ἀπεκάλυψέν σοι ἀλλ' ὁ πατήρ μου **ὁ ἐν τοῖς οὐρανοῖς.**					
200 200	**Mt 16,19 (2)** ↓ Mt 18,18	... καὶ ὃ ἐὰν δήσῃς ἐπὶ τῆς γῆς ἔσται δεδεμένον **ἐν τοῖς οὐρανοῖς,** καὶ ὃ ἐὰν λύσῃς ἐπὶ τῆς γῆς ἔσται λελυμένον **ἐν τοῖς οὐρανοῖς.**					→ Jn 20,23
121	**Mt 16,27**		**Mk 8,38 (2)**	ὃς γὰρ ἐὰν ἐπαισχυνθῇ με καὶ τοὺς ἐμοὺς λόγους **ἐν τῇ γενεᾷ ταύτῃ τῇ μοιχαλίδι καὶ ἁμαρτωλῷ,**	**Lk 9,26**	ὃς γὰρ ἂν ἐπαισχυνθῇ με καὶ τοὺς ἐμοὺς λόγους,	Mk-Q overlap
222	↑ Mt 10,33 ↓ Mt 24,30 ↓ Mt 25,31	μέλλει γὰρ ὁ υἱὸς τοῦ ἀνθρώπου ἔρχεσθαι **ἐν τῇ δόξῃ τοῦ πατρὸς αὐτοῦ** μετὰ τῶν ἀγγέλων αὐτοῦ, καὶ τότε *ἀποδώσει ἑκάστῳ κατὰ τὴν πρᾶξιν αὐτοῦ.* ➤ Ps 62,13/Prov 24,12/Sir 35,22 LXX	↓ Mk 13,26	καὶ ὁ υἱὸς τοῦ ἀνθρώπου ἐπαισχυνθήσεται αὐτόν, ὅταν ἔλθῃ **ἐν τῇ δόξῃ τοῦ πατρὸς αὐτοῦ** μετὰ τῶν ἀγγέλων τῶν ἁγίων.	⇧ Lk 12,9 ↓ Lk 21,27	τοῦτον ὁ υἱὸς τοῦ ἀνθρώπου ἐπαισχυνθήσεται, ὅταν ἔλθῃ **ἐν τῇ δόξῃ αὐτοῦ καὶ τοῦ πατρὸς** καὶ τῶν ἁγίων ἀγγέλων.	
	Mt 10,33 ↑ Mt 16,27	ὅστις δ' ἂν ἀρνήσηταί με **ἔμπροσθεν τῶν ἀνθρώπων,** ἀρνήσομαι κἀγὼ αὐτὸν ἔμπροσθεν τοῦ πατρός μου τοῦ ἐν [τοῖς] οὐρανοῖς.			**Lk 12,9** ⇧ Lk 9,26	ὁ δὲ ἀρνησάμενός με **ἐνώπιον τῶν ἀνθρώπων** ἀπαρνηθήσεται ἐνώπιον τῶν ἀγγέλων τοῦ θεοῦ.	
221	**Mt 16,28** → Mt 24,34	... εἰσίν τινες τῶν ὧδε ἑστώτων οἵτινες οὐ μὴ γεύσωνται θανάτου ἕως ἂν ἴδωσιν **τὸν υἱὸν τοῦ ἀνθρώπου ἐρχόμενον ἐν τῇ βασιλείᾳ αὐτοῦ.**	**Mk 9,1** → Mk 13,30	... εἰσίν τινες ὧδε τῶν ἑστηκότων οἵτινες οὐ μὴ γεύσωνται θανάτου ἕως ἂν ἴδωσιν **τὴν βασιλείαν τοῦ θεοῦ ἐληλυθυῖαν ἐν δυνάμει.**	**Lk 9,27** → Lk 21,32	... εἰσίν τινες τῶν αὐτοῦ ἑστηκότων οἳ οὐ μὴ γεύσωνται θανάτου ἕως ἂν ἴδωσιν **τὴν βασιλείαν τοῦ θεοῦ.**	→ Jn 21,22-23
e 112	**Mt 17,2**	καὶ μετεμορφώθη ἔμπροσθεν αὐτῶν, καὶ ἔλαμψεν τὸ πρόσωπον αὐτοῦ ὡς ὁ ἥλιος, ...	**Mk 9,2**	... καὶ μετεμορφώθη ἔμπροσθεν αὐτῶν	**Lk 9,29**	καὶ ἐγένετο **ἐν τῷ προσεύχεσθαι** αὐτὸν τὸ εἶδος τοῦ προσώπου αὐτοῦ ἕτερον ...	

    112 112	Mt 17,3	καὶ ἰδοὺ ὤφθη αὐτοῖς Μωϋσῆς καὶ Ἠλίας συλλαλοῦντες μετ᾽ αὐτοῦ.	Mk 9,4	καὶ ὤφθη αὐτοῖς Ἠλίας σὺν Μωϋσεῖ καὶ ἦσαν συλλαλοῦντες τῷ Ἰησοῦ.	Lk 9,31 (2)	[30] καὶ ἰδοὺ ἄνδρες δύο συνελάλουν αὐτῷ, οἵτινες ἦσαν Μωϋσῆς καὶ Ἠλίας, [31] οἳ ὀφθέντες **ἐν δόξῃ** ἔλεγον τὴν ἔξοδον αὐτοῦ, ἣν ἤμελλεν πληροῦν **ἐν Ἰερουσαλήμ.**	
e 112	Mt 17,4 	 ἀποκριθεὶς δὲ ὁ Πέτρος εἶπεν τῷ Ἰησοῦ· κύριε, καλόν ἐστιν ἡμᾶς ὧδε εἶναι· ...	Mk 9,5	 καὶ ἀποκριθεὶς ὁ Πέτρος λέγει τῷ Ἰησοῦ· ῥαββί, καλόν ἐστιν ἡμᾶς ὧδε εἶναι, ...	Lk 9,33	καὶ ἐγένετο **ἐν τῷ διαχωρίζεσθαι** **αὐτοὺς** ἀπ᾽ αὐτοῦ εἶπεν ὁ Πέτρος πρὸς τὸν Ἰησοῦν· ἐπιστάτα, καλόν ἐστιν ἡμᾶς ὧδε εἶναι, ...	
e 112	Mt 17,5	ἔτι αὐτοῦ λαλοῦντος ἰδοὺ νεφέλη φωτεινὴ ἐπεσκίασεν αὐτούς,	Mk 9,7	 καὶ ἐγένετο νεφέλη ἐπισκιάζουσα αὐτοῖς,	Lk 9,34	ταῦτα δὲ αὐτοῦ λέγοντος ἐγένετο νεφέλη καὶ ἐπεσκίαζεν αὐτούς· ἐφοβήθησαν δὲ **ἐν τῷ εἰσελθεῖν** αὐτοὺς εἰς τὴν νεφέλην.	
    211	↑ Mt 3,17	καὶ ἰδοὺ φωνὴ ἐκ τῆς νεφέλης λέγουσα· οὗτός ἐστιν ὁ υἱός μου ὁ ἀγαπητός, **ἐν ᾧ** εὐδόκησα· ἀκούετε αὐτοῦ.	↑ Mk 1,11	καὶ ἐγένετο φωνὴ ἐκ τῆς νεφέλης· οὗτός ἐστιν ὁ υἱός μου ὁ ἀγαπητός, ἀκούετε αὐτοῦ.	Lk 9,35 ↑ Lk 3,22	καὶ φωνὴ ἐγένετο ἐκ τῆς νεφέλης λέγουσα· οὗτός ἐστιν ὁ υἱός μου ὁ ἐκλελεγμένος, αὐτοῦ ἀκούετε.	→ Jn 12,28
e 112	Mt 17,8	ἐπάραντες δὲ τοὺς ὀφθαλμοὺς αὐτῶν οὐδένα εἶδον εἰ μὴ αὐτὸν Ἰησοῦν μόνον.	Mk 9,8	καὶ ἐξάπινα περιβλεψάμενοι οὐκέτι οὐδένα εἶδον ἀλλὰ τὸν Ἰησοῦν μόνον μεθ᾽ ἑαυτῶν.	Lk 9,36 (2)	καὶ **ἐν τῷ γενέσθαι** τὴν φωνὴν εὑρέθη Ἰησοῦς μόνος.	
a 112	Mt 17,9	... ἐνετείλατο αὐτοῖς ὁ Ἰησοῦς λέγων· μηδενὶ εἴπητε τὸ ὅραμα ἕως οὗ ὁ υἱὸς τοῦ ἀνθρώπου ἐκ νεκρῶν ἐγερθῇ.	Mk 9,9	... διεστείλατο αὐτοῖς ἵνα μηδενὶ ἃ εἶδον διηγήσωνται, εἰ μὴ ὅταν ὁ υἱὸς τοῦ ἀνθρώπου ἐκ νεκρῶν ἀναστῇ.		καὶ αὐτοὶ ἐσίγησαν καὶ οὐδενὶ ἀπήγγειλαν **ἐν ἐκείναις ταῖς** **ἡμέραις** οὐδὲν ὧν ἑώρακαν.	
    210	Mt 17,12 → Mt 11,14 ↑ Lk 1,17	λέγω δὲ ὑμῖν ὅτι Ἠλίας ἤδη ἦλθεν, καὶ οὐκ ἐπέγνωσαν αὐτὸν ἀλλὰ ἐποίησαν **ἐν αὐτῷ** ὅσα ἠθέλησαν· ...	Mk 9,13 ↑ Lk 1,17	ἀλλὰ λέγω ὑμῖν ὅτι καὶ Ἠλίας ἐλήλυθεν, καὶ ἐποίησαν **αὐτῷ** ὅσα ἤθελον, ...			
f 120 *f* 120	Mt 17,20	... διὰ τὴν ὀλιγοπιστίαν ὑμῶν· ...	Mk 9,29 (2)	... τοῦτο τὸ γένος **ἐν οὐδενὶ** δύναται ἐξελθεῖν εἰ μὴ **ἐν προσευχῇ.**			
  210	Mt 17,22	 συστρεφομένων δὲ αὐτῶν **ἐν τῇ Γαλιλαίᾳ ...**	Mk 9,30	κἀκεῖθεν ἐξελθόντες παρεπορεύοντο **διὰ τῆς Γαλιλαίας,** καὶ οὐκ ἤθελεν ἵνα τις γνοῖ·			

a 221 121	Mt 18,1 (2)	ἐν ἐκείνῃ τῇ ὥρᾳ	Mk 9,33 (2)	... καὶ ἐν τῇ οἰκίᾳ γενόμενος ἐπηρώτα αὐτούς· τί ἐν τῇ ὁδῷ διελογίζεσθε;	Lk 9,46	 εἰσῆλθεν δὲ διαλογισμὸς	
112 121 211		προσῆλθον οἱ μαθηταὶ τῷ Ἰησοῦ λέγοντες· τίς ἄρα μείζων ἐστὶν ἐν τῇ βασιλείᾳ τῶν οὐρανῶν;	Mk 9,34	οἱ δὲ ἐσιώπων· πρὸς ἀλλήλους γὰρ διελέχθησαν ἐν τῇ ὁδῷ τίς μείζων.	↓ Lk 22,24	 ἐν αὐτοῖς, τὸ τίς ἂν εἴη μείζων αὐτῶν.	→ GTh 12
221	Mt 18,2	καὶ προσκαλεσάμενος παιδίον ἔστησεν αὐτὸ ἐν μέσῳ αὐτῶν [3] καὶ εἶπεν· ...	Mk 9,36	καὶ λαβὼν παιδίον ἔστησεν αὐτὸ ἐν μέσῳ αὐτῶν καὶ ἐναγκαλισάμενος αὐτὸ εἶπεν αὐτοῖς·	Lk 9,47	... ἐπιλαβόμενος παιδίον ἔστησεν αὐτὸ παρ᾽ ἑαυτῷ [48] καὶ εἶπεν αὐτοῖς· ...	→ GTh 22
200	Mt 18,4 → Mt 23,12 → Lk 14,11 → Lk 18,14	ὅστις οὖν ταπεινώσει ἑαυτὸν ὡς τὸ παιδίον τοῦτο, οὗτός ἐστιν ὁ μείζων ἐν τῇ βασιλείᾳ τῶν οὐρανῶν.					
112	Mt 18,5 ⇨ Mt 10,40 → Mt 10,41	καὶ ὃς ἐὰν δέξηται ἓν παιδίον τοιοῦτο ἐπὶ τῷ ὀνόματί μου, ἐμὲ δέχεται.	Mk 9,37	ὃς ἂν ἓν τῶν τοιούτων παιδίων δέξηται ἐπὶ τῷ ὀνόματί μου, ἐμὲ δέχεται· καὶ ὃς ἂν ἐμὲ δέχηται, οὐκ ἐμὲ δέχεται ἀλλὰ τὸν ἀποστείλαντά με.	Lk 9,48 ⇨ Lk 10,16	... ὃς ἐὰν δέξηται τοῦτο τὸ παιδίον ἐπὶ τῷ ὀνόματί μου, ἐμὲ δέχεται· καὶ ὃς ἂν ἐμὲ δέξηται, δέχεται τὸν ἀποστείλαντά με· ὁ γὰρ μικρότερος ἐν πᾶσιν ὑμῖν ὑπάρχων οὗτός ἐστιν μέγας.	→ Jn 5,23 → Jn 12,44-45 → Jn 13,20
022			Mk 9,38	... διδάσκαλε, εἴδομέν τινα ἐν τῷ ὀνόματί σου ἐκβάλλοντα δαιμόνια καὶ ἐκωλύομεν αὐτόν, ὅτι οὐκ ἠκολούθει ἡμῖν.	Lk 9,49	... ἐπιστάτα, εἴδομέν τινα ἐν τῷ ὀνόματί σου ἐκβάλλοντα δαιμόνια καὶ ἐκωλύομεν αὐτὸν, ὅτι οὐκ ἀκολουθεῖ μεθ᾽ ἡμῶν.	→ Acts 19,13
120	Mt 10,42	καὶ ὃς ἂν ποτίσῃ ἕνα τῶν μικρῶν τούτων ποτήριον ψυχροῦ μόνον εἰς ὄνομα μαθητοῦ, ἀμὴν λέγω ὑμῖν, οὐ μὴ ἀπολέσῃ τὸν μισθὸν αὐτοῦ.	Mk 9,41	ὃς γὰρ ἂν ποτίσῃ ὑμᾶς ποτήριον ὕδατος ἐν ὀνόματι ὅτι Χριστοῦ ἐστε, ἀμὴν λέγω ὑμῖν ὅτι οὐ μὴ ἀπολέσῃ τὸν μισθὸν αὐτοῦ.			
211	Mt 18,6 ↓ Mt 18,10	ὃς δ᾽ ἂν σκανδαλίσῃ ἕνα τῶν μικρῶν τούτων τῶν πιστευόντων εἰς ἐμέ, συμφέρει αὐτῷ ἵνα κρεμασθῇ μύλος ὀνικὸς περὶ τὸν τράχηλον αὐτοῦ καὶ καταποντισθῇ ἐν τῷ πελάγει τῆς θαλάσσης.	Mk 9,42	καὶ ὃς ἂν σκανδαλίσῃ ἕνα τῶν μικρῶν τούτων τῶν πιστευόντων [εἰς ἐμέ], καλόν ἐστιν αὐτῷ μᾶλλον εἰ περίκειται μύλος ὀνικὸς περὶ τὸν τράχηλον αὐτοῦ καὶ βέβληται εἰς τὴν θάλασσαν.	Lk 17,2	 λυσιτελεῖ αὐτῷ εἰ λίθος μυλικὸς περίκειται περὶ τὸν τράχηλον αὐτοῦ καὶ ἔρριπται εἰς τὴν θάλασσαν ἢ ἵνα σκανδαλίσῃ τῶν μικρῶν τούτων ἕνα.	Mk-Q overlap?

f 020 020 020	Mt 5,13	... ἐὰν δὲ τὸ ἅλας μωρανθῇ, **ἐν τίνι** ἁλισθήσεται; ...	**Mk 9,50** (3)	... ἐὰν δὲ τὸ ἅλας ἄναλον γένηται, **ἐν τίνι** αὐτὸ ἀρτύσετε; ἔχετε **ἐν ἑαυτοῖς** ἅλα καὶ εἰρηνεύετε **ἐν ἀλλήλοις.**	Lk 14,34	... ἐὰν δὲ καὶ τὸ ἅλας μωρανθῇ, **ἐν τίνι** ἀρτυθήσεται;	Mk-Q overlap
200 g 200	**Mt 18,10** (2) ↑ Mt 18,6 ↑ Mk 9,42 ↑ Lk 17,2	ὁρᾶτε μὴ καταφρονήσητε ἑνὸς τῶν μικρῶν τούτων· λέγω γὰρ ὑμῖν ὅτι οἱ ἄγγελοι αὐτῶν **ἐν οὐρανοῖς** διὰ παντὸς βλέπουσι τὸ πρόσωπον τοῦ πατρός μου **τοῦ ἐν οὐρανοῖς.**					
g 200	**Mt 18,14** ↓ Lk 15,7	οὕτως οὐκ ἔστιν θέλημα ἔμπροσθεν τοῦ πατρὸς ὑμῶν **τοῦ ἐν οὐρανοῖς** ἵνα ἀπόληται ἓν τῶν μικρῶν τούτων.					
200 200	**Mt 18,18** (2) ↑ Mt 16,19	... ὅσα ἐὰν δήσητε ἐπὶ τῆς γῆς ἔσται δεδεμένα **ἐν οὐρανῷ,** καὶ ὅσα ἐὰν λύσητε ἐπὶ τῆς γῆς ἔσται λελυμένα **ἐν οὐρανῷ.**					→ Jn 20,23
g 200	**Mt 18,19** ↓ Mt 21,22 ↓ Mk 11,24	... ἐὰν δύο συμφωνήσωσιν ἐξ ὑμῶν ἐπὶ τῆς γῆς περὶ παντὸς πράγματος οὗ ἐὰν αἰτήσωνται, γενήσεται αὐτοῖς παρὰ τοῦ πατρός μου **τοῦ ἐν οὐρανοῖς.**					→ GTh 48 → GTh 106
200	**Mt 18,20**	οὗ γάρ εἰσιν δύο ἢ τρεῖς συνηγμένοι εἰς τὸ ἐμὸν ὄνομα, ἐκεῖ εἰμι **ἐν μέσῳ αὐτῶν.**					→ GTh 30 (POxy 1)
e 002					**Lk 9,51** → Mt 19,1 → Mk 10,1 ↓ Lk 24,51	ἐγένετο δὲ **ἐν τῷ συμπληροῦσθαι** τὰς ἡμέρας τῆς ἀναλήμψεως αὐτοῦ καὶ αὐτὸς τὸ πρόσωπον ἐστήρισεν τοῦ πορεύεσθαι εἰς Ἰερουσαλήμ.	→ Acts 1,2.9 → Acts 1,11.22
102	**Mt 8,19**	καὶ προσελθὼν εἷς γραμματεὺς εἶπεν αὐτῷ· διδάσκαλε, ἀκολουθήσω σοι ὅπου ἐὰν ἀπέρχῃ.			**Lk 9,57**	καὶ πορευομένων αὐτῶν **ἐν τῇ ὁδῷ** εἶπέν τις πρὸς αὐτόν· ἀκολουθήσω σοι ὅπου ἐὰν ἀπέρχῃ.	
202	**Mt 10,16**	ἰδοὺ ἐγὼ ἀποστέλλω ὑμᾶς ὡς πρόβατα **ἐν μέσῳ λύκων·** ...			**Lk 10,3**	ὑπάγετε· ἰδοὺ ἀποστέλλω ὑμᾶς ὡς ἄρνας **ἐν μέσῳ λύκων.**	

102	Mt 10,12	εἰσερχόμενοι δὲ εἰς τὴν οἰκίαν ...			Lk 10,7 ⇩ Lk 9,4	[5] εἰς ἣν δ' ἂν εἰσέλθητε οἰκίαν, ... [7] ἐν αὐτῇ δὲ τῇ οἰκίᾳ μένετε, ἐσθίοντες καὶ πίνοντες τὰ παρ' αὐτῶν· ... μὴ μεταβαίνετε ἐξ οἰκίας εἰς οἰκίαν.	→ GTh 14,4 Mk-Q overlap
	Mt 10,11 ⇧ Lk 10,8	εἰς ἣν δ' ἂν πόλιν ἢ κώμην εἰσέλθητε, ... κἀκεῖ μείνατε ἕως ἂν ἐξέλθητε.	Mk 6,10	... ὅπου ἐὰν εἰσέλθητε εἰς οἰκίαν, ἐκεῖ μένετε ἕως ἂν ἐξέλθητε ἐκεῖθεν.	Lk 9,4 ⇧ Lk 10,5 ⇧ Lk 10,7	καὶ εἰς ἣν ἂν οἰκίαν εἰσέλθητε, ἐκεῖ μένετε καὶ ἐκεῖθεν ἐξέρχεσθε.	
102	Mt 10,8	ἀσθενοῦντας θεραπεύετε, νεκροὺς ἐγείρετε, λεπροὺς καθαρίζετε, δαιμόνια ἐκβάλλετε· ...			Lk 10,9	καὶ θεραπεύετε τοὺς ἐν αὐτῇ ἀσθενεῖς ...	→ GTh 14,4
a 202	Mt 10,15 ⇧ Mt 11,24	ἀμὴν λέγω ὑμῖν, ἀνεκτότερον ἔσται γῇ Σοδόμων καὶ Γομόρρων ἐν ἡμέρᾳ κρίσεως ἢ τῇ πόλει ἐκείνῃ.			Lk 10,12	λέγω ὑμῖν ὅτι Σοδόμοις ἐν τῇ ἡμέρᾳ ἐκείνῃ ἀνεκτότερον ἔσται ἢ τῇ πόλει ἐκείνῃ.	
202 202 202	Mt 11,21 (3)	οὐαί σοι, Χοραζίν, οὐαί σοι, Βηθσαϊδά· ὅτι εἰ ἐν Τύρῳ καὶ Σιδῶνι ἐγένοντο αἱ δυνάμεις αἱ γενόμεναι ἐν ὑμῖν, πάλαι ἂν ἐν σάκκῳ καὶ σποδῷ μετενόησαν.			Lk 10,13 (3)	οὐαί σοι, Χοραζίν, οὐαί σοι, Βηθσαϊδά· ὅτι εἰ ἐν Τύρῳ καὶ Σιδῶνι ἐγενήθησαν αἱ δυνάμεις αἱ γενόμεναι ἐν ὑμῖν, πάλαι ἂν ἐν σάκκῳ καὶ σποδῷ καθήμενοι μετενόησαν.	
a 202	Mt 11,22	πλὴν λέγω ὑμῖν, Τύρῳ καὶ Σιδῶνι ἀνεκτότερον ἔσται ἐν ἡμέρᾳ κρίσεως ἢ ὑμῖν.			Lk 10,14	πλὴν Τύρῳ καὶ Σιδῶνι ἀνεκτότερον ἔσται ἐν τῇ κρίσει ἢ ὑμῖν.	
002					Lk 10,17	... κύριε, καὶ τὰ δαιμόνια ὑποτάσσεται ἡμῖν ἐν τῷ ὀνόματί σου.	
002 *d* 002					Lk 10,20 (2)	πλὴν ἐν τούτῳ μὴ χαίρετε ὅτι τὰ πνεύματα ὑμῖν ὑποτάσσεται, χαίρετε δὲ ὅτι τὰ ὀνόματα ὑμῶν ἐγγέγραπται ἐν τοῖς οὐρανοῖς.	
a 202 102	Mt 11,25	ἐν ἐκείνῳ τῷ καιρῷ ἀποκριθεὶς ὁ Ἰησοῦς εἶπεν· ἐξομολογοῦμαί σοι, πάτερ, ...			Lk 10,21 (2)	ἐν αὐτῇ τῇ ὥρᾳ ἠγαλλιάσατο [ἐν] τῷ πνεύματι τῷ ἁγίῳ καὶ εἶπεν· ἐξομολογοῦμαί σοι, πάτερ, ...	

b 112	**Mt 22,37** **(3)**	ὁ δὲ ἔφη αὐτῷ·	**Mk 12,29**	ἀπεκρίθη ὁ Ἰησοῦς ὅτι πρώτη ἐστίν· *ἄκουε, Ἰσραήλ, κύριος ὁ θεὸς ἡμῶν κύριος εἷς ἐστιν,* ➤ Deut 6,4	**Lk 10,26**	ὁ δὲ εἶπεν πρὸς αὐτόν· **ἐν τῷ νόμῳ** τί γέγραπται; πῶς ἀναγινώσκεις;	
212		*ἀγαπήσεις κύριον τὸν θεόν σου ἐν ὅλῃ τῇ καρδίᾳ σου καὶ* ***ἐν ὅλῃ τῇ ψυχῇ σου***	**Mk 12,30**	*καὶ ἀγαπήσεις κύριον τὸν θεόν σου ἐξ ὅλης τῆς καρδίας σου καὶ* ***ἐξ ὅλης τῆς ψυχῆς σου***		ὁ δὲ ἀποκριθεὶς εἶπεν· *ἀγαπήσεις κύριον τὸν θεόν σου ἐξ ὅλης [τῆς] καρδίας σου καὶ* ***ἐν ὅλῃ τῇ ψυχῇ σου***	
112				*καὶ* ***ἐξ ὅλης τῆς διανοίας σου***		*καὶ* ***ἐν ὅλῃ τῇ ἰσχύϊ σου***	
212		*καὶ* ***ἐν ὅλῃ τῇ διανοίᾳ σου·*** [38] ... [39] δευτέρα δὲ ὁμοία αὐτῇ· *ἀγαπήσεις τὸν πλησίον σου ὡς σεαυτόν.* ➤ Deut 6,5; Josh 22,5 LXX; Lev 19,18		*καὶ* ***ἐξ ὅλης τῆς ἰσχύος σου.*** [31] δευτέρα αὕτη· *ἀγαπήσεις τὸν πλησίον σου ὡς σεαυτόν.* ... ➤ Deut 6,5; Josh 22,5 LXX; Lev 19,18		*καὶ* ***ἐν ὅλῃ τῇ διανοίᾳ σου,*** *καὶ τὸν πλησίον σου ὡς σεαυτόν.* ➤ Deut 6,5; Josh 22,5 LXX; Lev 19,18	
002					**Lk 10,31**	κατὰ συγκυρίαν δὲ ἱερεύς τις κατέβαινεν **ἐν τῇ ὁδῷ ἐκείνῃ** καὶ ἰδὼν αὐτὸν ἀντιπαρῆλθεν·	
e 002					**Lk 10,35**	... ἐπιμελήθητι αὐτοῦ, καὶ ὅ τι ἂν προσδαπανήσῃς ἐγὼ **ἐν τῷ ἐπανέρχεσθαί** με ἀποδώσω σοι.	
e 002					**Lk 10,38**	**ἐν δὲ τῷ πορεύεσθαι** αὐτοὺς αὐτὸς εἰσῆλθεν εἰς κώμην τινά· ...	
e 002 002					**Lk 11,1** **(2)**	καὶ ἐγένετο **ἐν τῷ εἶναι** αὐτὸν **ἐν τόπῳ τινὶ** προσευχόμενον, ὡς ἐπαύσατο, εἶπέν τις τῶν μαθητῶν αὐτοῦ πρὸς αὐτόν· κύριε, δίδαξον ἡμᾶς προσεύχεσθαι, ...	
f 202	**Mt 12,24** ⇧ Mt 9,34	οἱ δὲ Φαρισαῖοι ἀκούσαντες εἶπον· οὗτος οὐκ ἐκβάλλει τὰ δαιμόνια εἰ μὴ **ἐν τῷ Βεελζεβοὺλ ἄρχοντι τῶν δαιμονίων.**	**Mk 3,22**	καὶ οἱ γραμματεῖς οἱ ἀπὸ Ἱεροσολύμων καταβάντες ἔλεγον ὅτι **Βεελζεβοὺλ ἔχει, καὶ ὅτι ἐν τῷ ἄρχοντι τῶν δαιμονίων** ἐκβάλλει τὰ δαιμόνια.	**Lk 11,15** ↓ Lk 11,18	τινὲς δὲ ἐξ αὐτῶν εἶπον· **ἐν Βεελζεβοὺλ τῷ ἄρχοντι τῶν δαιμονίων** ἐκβάλλει τὰ δαιμόνια·	Mk-Q overlap
f 102	**Mt 12,26**	καὶ εἰ ὁ σατανᾶς τὸν σατανᾶν ἐκβάλλει, ἐφ' ἑαυτὸν ἐμερίσθη· πῶς οὖν σταθήσεται ἡ βασιλεία αὐτοῦ;	**Mk 3,26**	καὶ εἰ ὁ σατανᾶς ἀνέστη ἐφ' ἑαυτὸν καὶ ἐμερίσθη, οὐ δύναται στῆναι ἀλλὰ τέλος ἔχει.	**Lk 11,18** ↑ Mt 9,34 ↑ Mt 12,24 ↑ Mk 3,22 ↑ Lk 11,15	εἰ δὲ καὶ ὁ σατανᾶς ἐφ' ἑαυτὸν διεμερίσθη, πῶς σταθήσεται ἡ βασιλεία αὐτοῦ; ὅτι λέγετε **ἐν Βεελζεβοὺλ** ἐκβάλλειν με τὰ δαιμόνια.	Mk-Q overlap

f 202 *f* 202	**Mt 12,27** (2)	καὶ εἰ ἐγὼ **ἐν Βεελζεβοὺλ** ἐκβάλλω τὰ δαιμόνια, οἱ υἱοὶ ὑμῶν **ἐν τίνι** ἐκβάλλουσιν; ...			**Lk 11,19** (2)	εἰ δὲ ἐγὼ **ἐν Βεελζεβοὺλ** ἐκβάλλω τὰ δαιμόνια, οἱ υἱοὶ ὑμῶν **ἐν τίνι** ἐκβάλλουσιν; ...	
f 202	**Mt 12,28**	εἰ δὲ **ἐν πνεύματι θεοῦ** ἐγὼ ἐκβάλλω τὰ δαιμόνια, ἄρα ἔφθασεν ἐφ' ὑμᾶς ἡ βασιλεία τοῦ θεοῦ.			**Lk 11,20**	εἰ δὲ **ἐν δακτύλῳ θεοῦ** [ἐγὼ] ἐκβάλλω τὰ δαιμόνια, ἄρα ἔφθασεν ἐφ' ὑμᾶς ἡ βασιλεία τοῦ θεοῦ.	
112	**Mt 12,29**	ἢ πῶς δύναταί τις εἰσελθεῖν εἰς τὴν οἰκίαν τοῦ ἰσχυροῦ καὶ τὰ σκεύη αὐτοῦ ἁρπάσαι, ...	**Mk 3,27**	ἀλλ' οὐ δύναται οὐδεὶς εἰς τὴν οἰκίαν τοῦ ἰσχυροῦ εἰσελθὼν τὰ σκεύη αὐτοῦ διαρπάσαι, ...	**Lk 11,21**	ὅταν ὁ ἰσχυρὸς καθωπλισμένος φυλάσσῃ τὴν ἑαυτοῦ αὐλήν, **ἐν εἰρήνῃ** ἐστὶν τὰ ὑπάρχοντα αὐτοῦ·	→ GTh 21,5 → GTh 35 Mk-Q overlap?
e 002					**Lk 11,27**	ἐγένετο δὲ **ἐν τῷ λέγειν** αὐτὸν ταῦτα ἐπάρασά τις φωνὴν γυνὴ ἐκ τοῦ ὄχλου εἶπεν αὐτῷ· ...	
202	**Mt 12,42**	βασίλισσα νότου ἐγερθήσεται **ἐν τῇ κρίσει** μετὰ τῆς γενεᾶς ταύτης καὶ κατακρινεῖ αὐτήν, ...			**Lk 11,31**	βασίλισσα νότου ἐγερθήσεται **ἐν τῇ κρίσει** μετὰ τῶν ἀνδρῶν τῆς γενεᾶς ταύτης καὶ κατακρινεῖ αὐτούς, ...	
202	**Mt 12,41**	ἄνδρες Νινευῖται ἀναστήσονται **ἐν τῇ κρίσει** μετὰ τῆς γενεᾶς ταύτης καὶ κατακρινοῦσιν αὐτήν, ...			**Lk 11,32**	ἄνδρες Νινευῖται ἀναστήσονται **ἐν τῇ κρίσει** μετὰ τῆς γενεᾶς ταύτης καὶ κατακρινοῦσιν αὐτήν· ...	
g 202	**Mt 6,23**	ἐὰν δὲ ὁ ὀφθαλμός σου πονηρὸς ᾖ, ὅλον τὸ σῶμά σου σκοτεινὸν ἔσται. εἰ οὖν τὸ φῶς **τὸ ἐν σοὶ** σκότος ἐστίν, τὸ σκότος πόσον.			**Lk 11,35** → Lk 11,36	[34] ... ἐπὰν δὲ πονηρὸς ᾖ, καὶ τὸ σῶμά σου σκοτεινόν. [35] σκόπει οὖν μὴ τὸ φῶς **τὸ ἐν σοὶ** σκότος ἐστίν.	→ GTh 24 **(POxy 655 – restoration)**
e 002					**Lk 11,37** → Mt 15,1 → Mk 7,1	**ἐν δὲ τῷ λαλῆσαι** ἐρωτᾷ αὐτὸν Φαρισαῖος ὅπως ἀριστήσῃ παρ' αὐτῷ· εἰσελθὼν δὲ ἀνέπεσεν.	
202	**Mt 23,6** (2)	φιλοῦσιν δὲ τὴν πρωτοκλισίαν ἐν τοῖς δείπνοις καὶ τὰς πρωτοκαθεδρίας **ἐν ταῖς συναγωγαῖς**	**Mk 12,39** (2)	καὶ πρωτοκαθεδρίας **ἐν ταῖς συναγωγαῖς** καὶ πρωτοκλισίας ἐν τοῖς δείπνοις	**Lk 11,43** (2) ⇩ Lk 20,46	οὐαὶ ὑμῖν τοῖς Φαρισαίοις, ὅτι ἀγαπᾶτε τὴν πρωτοκαθεδρίαν **ἐν ταῖς συναγωγαῖς**	Mk-Q overlap. Mt 23,6 counted as Q tradition.
202	**Mt 23,7**	καὶ τοὺς ἀσπασμοὺς **ἐν ταῖς ἀγοραῖς** καὶ καλεῖσθαι ὑπὸ τῶν ἀνθρώπων ῥαββί.	**Mk 12,38** (3)	... βλέπετε ἀπὸ τῶν γραμματέων τῶν θελόντων ἐν στολαῖς περιπατεῖν καὶ ἀσπασμοὺς **ἐν ταῖς ἀγοραῖς**	⇩ Lk 20,46	καὶ τοὺς ἀσπασμοὺς **ἐν ταῖς ἀγοραῖς.**	Mk-Q overlap. Mt 23,7 counted as Q tradition.

112	**Mt 16,6** ⇨ Mt 16,11	ὁ δὲ Ἰησοῦς εἶπεν αὐτοῖς· ὁρᾶτε καὶ προσέχετε ἀπὸ τῆς ζύμης τῶν Φαρισαίων καὶ Σαδδουκαίων.	**Mk 8,15**	καὶ διεστέλλετο αὐτοῖς λέγων· ὁρᾶτε, βλέπετε ἀπὸ τῆς ζύμης τῶν Φαρισαίων καὶ τῆς ζύμης Ἡρῴδου.	**Lk 12,1** → Mt 16,12	**ἐν οἷς** ἐπισυναχθεισῶν τῶν μυριάδων τοῦ ὄχλου, ὥστε καταπατεῖν ἀλλήλους, ἤρξατο λέγειν πρὸς τοὺς μαθητὰς αὐτοῦ πρῶτον· προσέχετε ἑαυτοῖς ἀπὸ τῆς ζύμης, ἥτις ἐστὶν ὑπόκρισις, τῶν Φαρισαίων.	
202 202 102	**Mt 10,27** **(2)**	ὃ λέγω ὑμῖν **ἐν τῇ σκοτίᾳ** εἴπατε **ἐν τῷ φωτί,** καὶ ὃ εἰς τὸ οὖς ἀκούετε κηρύξατε ἐπὶ τῶν δωμάτων.			**Lk 12,3** **(3)**	ἀνθ᾽ ὧν ὅσα **ἐν τῇ σκοτίᾳ** εἴπατε **ἐν τῷ φωτὶ** ἀκουσθήσεται, καὶ ὃ πρὸς τὸ οὖς ἐλαλήσατε **ἐν τοῖς ταμείοις** κηρυχθήσεται ἐπὶ τῶν δωμάτων.	→ GTh 33,1 (POxy 1)
202 202	**Mt 10,32** **(3)**	πᾶς οὖν ὅστις ὁμολογήσει **ἐν ἐμοὶ** ἔμπροσθεν τῶν ἀνθρώπων, ὁμολογήσω κἀγὼ **ἐν αὐτῷ** ἔμπροσθεν τοῦ πατρός μου τοῦ ἐν [τοῖς] οὐρανοῖς·			**Lk 12,8** **(2)**	λέγω δὲ ὑμῖν, πᾶς ὃς ἂν ὁμολογήσῃ **ἐν ἐμοὶ** ἔμπροσθεν τῶν ἀνθρώπων, καὶ ὁ υἱὸς τοῦ ἀνθρώπου ὁμολογήσει **ἐν αὐτῷ** ἔμπροσθεν τῶν ἀγγέλων τοῦ θεοῦ·	
a 202	**Mt 10,19**	... δοθήσεται γὰρ ὑμῖν **ἐν ἐκείνῃ τῇ ὥρᾳ** τί λαλήσητε·	**Mk 13,11**	... ἀλλ᾽ ὃ ἐὰν δοθῇ ὑμῖν ἐν ἐκείνῃ τῇ ὥρᾳ τοῦτο λαλεῖτε· ...	**Lk 12,12** ⇨ Lk 21,15 ↑ Mt 10,20	τὸ γὰρ ἅγιον πνεῦμα διδάξει ὑμᾶς **ἐν αὐτῇ τῇ ὥρᾳ** ἃ δεῖ εἰπεῖν.	**→ Jn 14,26** Mk-Q overlap
e 002					**Lk 12,15**	... ὁρᾶτε καὶ φυλάσσεσθε ἀπὸ πάσης πλεονεξίας, ὅτι οὐκ **ἐν τῷ περισσεύειν** τινὶ ἡ ζωὴ αὐτοῦ ἐστιν ἐκ τῶν ὑπαρχόντων αὐτῷ.	
002					**Lk 12,17**	καὶ διελογίζετο **ἐν ἑαυτῷ** λέγων· τί ποιήσω, ὅτι οὐκ ἔχω ποῦ συνάξω τοὺς καρπούς μου;	→ GTh 63
202	**Mt 6,29**	... οὐδὲ Σολομὼν **ἐν πάσῃ τῇ δόξῃ** **αὐτοῦ** περιεβάλετο ὡς ἓν τούτων.			**Lk 12,27**	... οὐδὲ Σολομὼν **ἐν πάσῃ τῇ δόξῃ** **αὐτοῦ** περιεβάλετο ὡς ἓν τούτων.	
102	**Mt 6,30**	εἰ δὲ **τὸν χόρτον** **τοῦ ἀγροῦ** σήμερον ὄντα καὶ αὔριον εἰς κλίβανον βαλλόμενον ὁ θεὸς οὕτως ἀμφιέννυσιν, οὐ πολλῷ μᾶλλον ὑμᾶς, ὀλιγόπιστοι;			**Lk 12,28**	εἰ δὲ **ἐν ἀγρῷ** **τὸν χόρτον** ὄντα σήμερον καὶ αὔριον εἰς κλίβανον βαλλόμενον ὁ θεὸς οὕτως ἀμφιέζει, πόσῳ μᾶλλον ὑμᾶς, ὀλιγόπιστοι.	→ GTh 36,2 (only POxy 655)

202	Mt 6,20 ↓ Mt 19,21	θησαυρίζετε δὲ ὑμῖν θησαυροὺς **ἐν οὐρανῷ**, ὅπου οὔτε σὴς οὔτε βρῶσις ἀφανίζει, καὶ ὅπου κλέπται οὐ διορύσσουσιν οὐδὲ κλέπτουσιν·	↓ Mk 10,21	Lk 12,33 → Mt 6,19 → Lk 14,33 → Lk 16,9 ↓ Lk 18,22	... ποιήσατε ἑαυτοῖς βαλλάντια μὴ παλαιούμενα, θησαυρὸν ἀνέκλειπτον **ἐν τοῖς οὐρανοῖς**, ὅπου κλέπτης οὐκ ἐγγίζει οὐδὲ σὴς διαφθείρει·	→ GTh 76,3
a 002 *a* 002				Lk 12,38 (2) → Mt 24,42 → Mk 13,35-36 → Mt 24,44 → Lk 12,40 ↓ Lk 21,36	κἂν **ἐν τῇ δευτέρᾳ** κἂν **ἐν τῇ τρίτῃ φυλακῇ** ἔλθῃ καὶ εὕρῃ οὕτως, μακάριοί εἰσιν ἐκεῖνοι.	
a 202	Mt 24,45	... ὃν κατέστησεν ὁ κύριος ἐπὶ τῆς οἰκετείας αὐτοῦ τοῦ δοῦναι αὐτοῖς τὴν τροφὴν **ἐν καιρῷ**;		Lk 12,42	... ὃν καταστήσει ὁ κύριος ἐπὶ τῆς θεραπείας αὐτοῦ τοῦ διδόναι **ἐν καιρῷ** [τὸ] σιτομέτριον;	
202	Mt 24,48	ἐὰν δὲ εἴπῃ ὁ κακὸς δοῦλος ἐκεῖνος **ἐν τῇ καρδίᾳ αὐτοῦ**· χρονίζει μου ὁ κύριος		Lk 12,45	ἐὰν δὲ εἴπῃ ὁ δοῦλος ἐκεῖνος **ἐν τῇ καρδίᾳ αὐτοῦ**· χρονίζει ὁ κύριός μου ἔρχεσθαι, ...	
a 202 *a* 202	Mt 24,50 (2) → Mt 24,42 → Mt 24,44 → Mt 25,13	ἥξει ὁ κύριος τοῦ δούλου ἐκείνου **ἐν ἡμέρᾳ** ᾗ οὐ προσδοκᾷ καὶ **ἐν ὥρᾳ** ᾗ οὐ γινώσκει		Lk 12,46 (2)	ἥξει ὁ κύριος τοῦ δούλου ἐκείνου **ἐν ἡμέρᾳ** ᾗ οὐ προσδοκᾷ καὶ **ἐν ὥρᾳ** ᾗ οὐ γινώσκει, ...	
102	Mt 10,34	μὴ νομίσητε ὅτι ἦλθον βαλεῖν εἰρήνην **ἐπὶ τὴν γῆν**· οὐκ ἦλθον βαλεῖν εἰρήνην ἀλλὰ μάχαιραν.		Lk 12,51	δοκεῖτε ὅτι εἰρήνην παρεγενόμην δοῦναι **ἐν τῇ γῇ**; οὐχί, λέγω ὑμῖν, ἀλλ' ἢ διαμερισμόν.	→ GTh 16
002				Lk 12,52 → Mt 10,35 → Lk 12,53	ἔσονται γὰρ ἀπὸ τοῦ νῦν πέντε **ἐν ἑνὶ οἴκῳ** διαμεμερισμένοι, τρεῖς ἐπὶ δυσὶν καὶ δύο ἐπὶ τρισίν	→ GTh 16
202	Mt 5,25 → Mt 18,34	ἴσθι εὐνοῶν τῷ ἀντιδίκῳ σου ταχὺ, ἕως ὅτου εἶ μετ' αὐτοῦ **ἐν τῇ ὁδῷ**, μήποτέ σε παραδῷ ὁ ἀντίδικος τῷ κριτῇ ...		Lk 12,58	ὡς γὰρ ὑπάγεις μετὰ τοῦ ἀντιδίκου σου ἐπ' ἄρχοντα, **ἐν τῇ ὁδῷ** δὸς ἐργασίαν ἀπηλλάχθαι ἀπ' αὐτοῦ, μήποτε κατασύρῃ σε πρὸς τὸν κριτήν, ...	
a 002				Lk 13,1	παρῆσαν δέ τινες **ἐν αὐτῷ τῷ καιρῷ** ἀπαγγέλλοντες αὐτῷ περὶ τῶν Γαλιλαίων ὧν τὸ αἷμα Πιλᾶτος ἔμιξεν μετὰ τῶν θυσιῶν αὐτῶν.	
002				Lk 13,4	ἢ ἐκεῖνοι οἱ δεκαοκτὼ ἐφ' οὓς ἔπεσεν ὁ πύργος **ἐν τῷ Σιλωὰμ** καὶ ἀπέκτεινεν αὐτούς, ...	

002 002					**Lk 13,6** **(2)** ↓Mt 21,19 ↓Mk 11,13	... συκῆν εἶχέν τις πεφυτευμένην **ἐν τῷ ἀμπελῶνι αὐτοῦ,** καὶ ἦλθεν ζητῶν καρπὸν **ἐν αὐτῇ** καὶ οὐχ εὗρεν.	
002					**Lk 13,7**	... ἰδοὺ τρία ἔτη ἀφ' οὗ ἔρχομαι ζητῶν καρπὸν **ἐν τῇ συκῇ ταύτῃ** καὶ οὐχ εὑρίσκω· ...	
002 *a* 002					**Lk 13,10** **(2)** ↑Mt 12,9 ↑Mk 3,1 ↑Lk 6,6 ↓Lk 14,1	ἦν δὲ διδάσκων **ἐν μιᾷ τῶν συναγωγῶν** **ἐν τοῖς σάββασιν.**	
a 002 *a* 002					**Lk 13,14** **(2)** →Mt 12,12 →Mk 3,4 →Lk 6,9 →Lk 14,3	... ἓξ ἡμέραι εἰσὶν **ἐν αἷς** δεῖ ἐργάζεσθαι· **ἐν αὐταῖς** οὖν ἐρχόμενοι θεραπεύεσθε καὶ μὴ τῇ ἡμέρᾳ τοῦ σαββάτου.	
202	**Mt 13,32**	... ὥστε ἐλθεῖν *τὰ πετεινὰ τοῦ οὐρανοῦ καὶ κατασκηνοῦν* ***ἐν τοῖς κλάδοις αὐτοῦ.*** ➤ Ps 103,12 LXX	**Mk 4,32**	... ὥστε δύνασθαι ὑπὸ τὴν σκιὰν αὐτοῦ *τὰ πετεινὰ τοῦ οὐρανοῦ κατασκηνοῦν.* ➤ Ps 103,12 LXX	**Lk 13,19**	... καὶ *τὰ πετεινὰ τοῦ οὐρανοῦ κατεσκήνωσεν* ***ἐν τοῖς κλάδοις αὐτοῦ.*** ➤ Ps 103,12 LXX	→ GTh 20 Mk-Q overlap
102	**Mt 7,22** →Mt 25,11	πολλοὶ ἐροῦσίν μοι ἐν ἐκείνῃ τῇ ἡμέρᾳ· κύριε κύριε, οὐ τῷ σῷ ὀνόματι ἐπροφητεύσαμεν, καὶ τῷ σῷ ὀνόματι δαιμόνια ἐξεβάλομεν, καὶ τῷ σῷ ὀνόματι δυνάμεις πολλὰς ἐποιήσαμεν;			**Lk 13,26**	τότε ἄρξεσθε λέγειν· ἐφάγομεν ἐνώπιόν σου καὶ ἐπίομεν καὶ **ἐν ταῖς πλατείαις ἡμῶν** ἐδίδαξας·	
102	**Mt 8,12**	οἱ δὲ υἱοὶ τῆς βασιλείας ἐκβληθήσονται εἰς τὸ σκότος τὸ ἐξώτερον· ἐκεῖ ἔσται ὁ κλαυθμὸς καὶ ὁ βρυγμὸς τῶν ὀδόντων.			**Lk 13,28** ↓Mt 8,11	ἐκεῖ ἔσται ὁ κλαυθμὸς καὶ ὁ βρυγμὸς τῶν ὀδόντων, ὅταν ὄψεσθε Ἀβραὰμ καὶ Ἰσαὰκ καὶ Ἰακὼβ καὶ πάντας τοὺς προφήτας **ἐν τῇ βασιλείᾳ τοῦ θεοῦ,** ὑμᾶς δὲ ἐκβαλλομένους ἔξω.	
202	**Mt 8,11**	... πολλοὶ ἀπὸ ἀνατολῶν καὶ δυσμῶν ἥξουσιν καὶ ἀνακλιθήσονται μετὰ Ἀβραὰμ καὶ Ἰσαὰκ καὶ Ἰακὼβ **ἐν τῇ βασιλείᾳ τῶν οὐρανῶν**			**Lk 13,29**	καὶ ἥξουσιν ἀπὸ ἀνατολῶν καὶ δυσμῶν καὶ ἀπὸ βορρᾶ καὶ νότου καὶ ἀνακλιθήσονται **ἐν τῇ βασιλείᾳ τοῦ θεοῦ.**	

a 002					**Lk 13,31**	**ἐν αὐτῇ τῇ ὥρᾳ** προσῆλθάν τινες Φαρισαῖοι λέγοντες αὐτῷ· ἔξελθε καὶ πορεύου ἐντεῦθεν, ...	
202	**Mt 23,39**	... οὐ μή με ἴδητε ἀπ' ἄρτι ἕως ἂν εἴπητε· *εὐλογημένος ὁ ἐρχόμενος* ***ἐν ὀνόματι κυρίου.*** ➢ Ps 118,26			**Lk 13,35**	... οὐ μὴ ἴδητέ με ἕως [ἥξει ὅτε] εἴπητε· *εὐλογημένος ὁ ἐρχόμενος* ***ἐν ὀνόματι κυρίου.*** ➢ Ps 118,26	
e 002					**Lk 14,1** ↑ Mt 12,9 ↑ Mk 3,1 ↑ **Lk 6,6** ↑ **Lk 13,10**	καὶ ἐγένετο **ἐν τῷ ἐλθεῖν** αὐτὸν εἰς οἶκόν τινος τῶν ἀρχόντων [τῶν] Φαρισαίων σαββάτῳ φαγεῖν ἄρτον ...	
a 102	**Mt 12,11**	... τίς ἔσται ἐξ ὑμῶν ἄνθρωπος ὃς ἕξει πρόβατον ἓν καὶ ἐὰν ἐμπέσῃ τοῦτο **τοῖς σάββασιν** εἰς βόθυνον, οὐχὶ κρατήσει αὐτὸ καὶ ἐγερεῖ;			**Lk 14,5** → Lk 13,15	... τίνος ὑμῶν υἱὸς ἢ βοῦς εἰς φρέαρ πεσεῖται, καὶ οὐκ εὐθέως ἀνασπάσει αὐτὸν **ἐν ἡμέρᾳ** **τοῦ σαββάτου;**	
002					**Lk 14,14**	καὶ μακάριος ἔσῃ, ὅτι οὐκ ἔχουσιν ἀνταποδοῦναί σοι, ἀνταποδοθήσεται γάρ σοι **ἐν τῇ ἀναστάσει** **τῶν δικαίων.**	
002					**Lk 14,15** ↓ **Lk 22,30**	... μακάριος ὅστις φάγεται ἄρτον **ἐν τῇ βασιλείᾳ** **τοῦ θεοῦ.**	
f 002					**Lk 14,31**	ἢ τίς βασιλεὺς πορευόμενος ἑτέρῳ βασιλεῖ συμβαλεῖν εἰς πόλεμον οὐχὶ καθίσας πρῶτον βουλεύσεται εἰ δυνατός ἐστιν **ἐν δέκα χιλιάσιν** ὑπαντῆσαι τῷ μετὰ εἴκοσι χιλιάδων ἐρχομένῳ ἐπ' αὐτόν;	
f 202	**Mt 5,13**	... ἐὰν δὲ τὸ ἅλας μωρανθῇ, **ἐν τίνι** ἁλισθήσεται; ...	**Mk 9,50** **(3)**	... ἐὰν δὲ τὸ ἅλας ἄναλον γένηται, **ἐν τίνι** αὐτὸ ἀρτύσετε; ...	**Lk 14,34**	... ἐὰν δὲ καὶ τὸ ἅλας μωρανθῇ, **ἐν τίνι** ἀρτυθήσεται;	Mk-Q overlap
102	**Mt 18,12**	... οὐχὶ ἀφήσει τὰ ἐνενήκοντα ἐννέα **ἐπὶ τὰ ὄρη** καὶ πορευθεὶς ζητεῖ τὸ πλανώμενον;			**Lk 15,4**	... οὐ καταλείπει τὰ ἐνενήκοντα ἐννέα **ἐν τῇ ἐρήμῳ** καὶ πορεύεται ἐπὶ τὸ ἀπολωλὸς ἕως εὕρῃ αὐτό;	→ GTh 107

a ἐν with reference to time
b ἐν with reference to scripture
c ὁ, ἡ, τὸ ἐν used as a noun
d ἐν with composite verb ἐν-
e ἐν τῷ and infinitive (Mt 3; Mk 2; Lk 32; Acts 6)
f instrumental ἐν (Mt 12; Mk 9; Lk 11; Acts 4)
g ὁ, ἡ, τὸ ἐν

	Mt		Mk	Lk		
102	**Mt 18,13**	καὶ ἐὰν γένηται εὑρεῖν αὐτό, ἀμὴν λέγω ὑμῖν ὅτι χαίρει ἐπ᾽ αὐτῷ μᾶλλον ἢ ἐπὶ τοῖς ἐνενήκοντα ἐννέα τοῖς μὴ πεπλανημένοις.		**Lk 15,7** ↑ Mt 18,14	[5] καὶ εὑρὼν ἐπιτίθησιν ἐπὶ τοὺς ὤμους αὐτοῦ χαίρων [6] ... [7] λέγω ὑμῖν ὅτι οὕτως χαρὰ **ἐν τῷ οὐρανῷ** ἔσται ἐπὶ ἑνὶ ἁμαρτωλῷ μετανοοῦντι ἢ ἐπὶ ἐνενήκοντα ἐννέα δικαίοις οἵτινες οὐ χρείαν ἔχουσιν μετανοίας.	
002				**Lk 15,25**	ἦν δὲ ὁ υἱὸς αὐτοῦ ὁ πρεσβύτερος **ἐν ἀγρῷ·** καὶ ὡς ἐρχόμενος ἤγγισεν τῇ οἰκίᾳ, ἤκουσεν συμφωνίας καὶ χορῶν	
002				**Lk 16,3**	εἶπεν δὲ **ἐν ἑαυτῷ** ὁ οἰκονόμος· τί ποιήσω, ...	
002 002 002 002				**Lk 16,10** **(4)** ↓ Mt 25,21 ↓ Lk 19,17	ὁ πιστὸς **ἐν ἐλαχίστῳ** καὶ **ἐν πολλῷ** πιστός ἐστιν, καὶ ὁ **ἐν ἐλαχίστῳ** ἄδικος καὶ **ἐν πολλῷ** ἄδικός ἐστιν.	
002				**Lk 16,11**	εἰ οὖν **ἐν τῷ ἀδίκῳ μαμωνᾷ** πιστοὶ οὐκ ἐγένεσθε, τὸ ἀληθινὸν τίς ὑμῖν πιστεύσει;	
002				**Lk 16,12**	καὶ εἰ **ἐν τῷ ἀλλοτρίῳ** πιστοὶ οὐκ ἐγένεσθε, τὸ ὑμέτερον τίς ὑμῖν δώσει;	
002				**Lk 16,15**	... ὅτι τὸ **ἐν ἀνθρώποις** ὑψηλὸν βδέλυγμα ἐνώπιον τοῦ θεοῦ.	
002 002 002				**Lk 16,23** **(3)**	καὶ **ἐν τῷ ᾅδῃ** ἐπάρας τοὺς ὀφθαλμοὺς αὐτοῦ, ὑπάρχων **ἐν βασάνοις,** ὁρᾷ Ἀβραὰμ ἀπὸ μακρόθεν καὶ Λάζαρον **ἐν τοῖς κόλποις αὐτοῦ.**	
002				**Lk 16,24**	... καὶ καταψύξῃ τὴν γλῶσσάν μου, ὅτι ὀδυνῶμαι **ἐν τῇ φλογὶ ταύτῃ.**	

002					Lk 16,25	... τέκνον, μνήσθητι ὅτι ἀπέλαβες τὰ ἀγαθά σου **ἐν τῇ ζωῇ σου,** καὶ Λάζαρος ὁμοίως τὰ κακά· ...	
002					Lk 16,26	καὶ **ἐν πᾶσι τούτοις** μεταξὺ ἡμῶν καὶ ὑμῶν χάσμα μέγα ἐστήρικται, ...	
102	Mt 17,20 ↓ Mt 21,21	... διὰ τὴν ὀλιγοπιστίαν ὑμῶν· ἀμὴν γὰρ λέγω ὑμῖν, ἐὰν ἔχητε πίστιν ὡς κόκκον σινάπεως, ἐρεῖτε τῷ ὄρει τούτῳ, μετάβα ἔνθεν **ἐκεῖ,** καὶ μεταβήσεται· καὶ οὐδὲν ἀδυνατήσει ὑμῖν.	Mk 11,23 → Mk 9,23	[22] ... ἔχετε πίστιν θεοῦ. [23] ἀμὴν λέγω ὑμῖν ὅτι ὃς ἂν εἴπῃ τῷ ὄρει τούτῳ· ἄρθητι καὶ βλήθητι **εἰς τὴν θάλασσαν,** καὶ μὴ διακριθῇ ἐν τῇ καρδίᾳ αὐτοῦ ἀλλὰ πιστεύῃ ὅτι ὃ λαλεῖ γίνεται, ἔσται αὐτῷ.	Lk 17,6	... εἰ ἔχετε πίστιν ὡς κόκκον σινάπεως, ἐλέγετε ἂν τῇ συκαμίνῳ [ταύτῃ]· ἐκριζώθητι καὶ φυτεύθητι **ἐν τῇ θαλάσσῃ·** καὶ ὑπήκουσεν ἂν ὑμῖν.	→ GTh 48 → GTh 106
e 002					Lk 17,11	καὶ ἐγένετο **ἐν τῷ πορεύεσθαι** εἰς Ἰερουσαλὴμ καὶ αὐτὸς διήρχετο διὰ μέσον Σαμαρείας καὶ Γαλιλαίας.	
e 002					Lk 17,14 → Mt 8,3-4 → Mk 1,42.44 → Lk 5,13-14	καὶ ἰδὼν εἶπεν αὐτοῖς· πορευθέντες ἐπιδείξατε ἑαυτοὺς τοῖς ἱερεῦσιν. καὶ ἐγένετο **ἐν τῷ ὑπάγειν** αὐτοὺς ἐκαθαρίσθησαν. ➤ Lev 13,49; 14,2-4	
a 102	Mt 24,27	... οὕτως ἔσται **ἡ παρουσία** τοῦ υἱοῦ τοῦ ἀνθρώπου·			Lk 17,24	... οὕτως ἔσται ὁ υἱὸς τοῦ ἀνθρώπου **[ἐν τῇ ἡμέρᾳ αὐτοῦ].**	
a 102 *a* 102	Mt 24,37	ὥσπερ γὰρ **αἱ ἡμέραι τοῦ Νῶε,** οὕτως ἔσται **ἡ παρουσία** τοῦ υἱοῦ τοῦ ἀνθρώπου.			Lk 17,26 (2) ↓ Mt 24,38	καὶ καθὼς ἐγένετο **ἐν ταῖς ἡμέραις Νῶε,** οὕτως ἔσται καὶ **ἐν ταῖς ἡμέραις** τοῦ υἱοῦ τοῦ ἀνθρώπου·	
a 002					Lk 17,28	ὁμοίως καθὼς ἐγένετο **ἐν ταῖς ἡμέραις Λώτ·** ἤσθιον, ἔπινον, ἠγόραζον, ἐπώλουν, ἐφύτευον, ᾠκοδόμουν·	
a 112 112	Mt 24,17	ὁ ἐπὶ τοῦ δώματος μὴ καταβάτω ἆραι **τὰ ἐκ τῆς οἰκίας** **αὐτοῦ,**	Mk 13,15	ὁ [δὲ] ἐπὶ τοῦ δώματος μὴ καταβάτω μηδὲ εἰσελθάτω ἆραί **τι ἐκ τῆς οἰκίας** **αὐτοῦ,**	Lk 17,31 (3)	**ἐν ἐκείνῃ τῇ ἡμέρᾳ** ὃς ἔσται ἐπὶ τοῦ δώματος καὶ **τὰ σκεύη αὐτοῦ** **ἐν τῇ οἰκίᾳ,** μὴ καταβάτω ἆραι αὐτά,	
c 212	Mt 24,18	καὶ **ὁ ἐν τῷ ἀγρῷ** μὴ ἐπιστρεψάτω ὀπίσω ἆραι τὸ ἱμάτιον αὐτοῦ.	Mk 13,16	καὶ **ὁ εἰς τὸν ἀγρὸν** μὴ ἐπιστρεψάτω εἰς τὰ ὀπίσω ἆραι τὸ ἱμάτιον αὐτοῦ.	↓ Lk 21,21	καὶ **ὁ ἐν ἀγρῷ** ὁμοίως μὴ ἐπιστρεψάτω εἰς τὰ ὀπίσω.	

002					Lk 18,2	... κριτής τις ἦν **ἔν τινι πόλει** τὸν θεὸν μὴ φοβούμενος καὶ ἄνθρωπον μὴ ἐντρεπόμενος.	
002					Lk 18,3	χήρα δὲ ἦν **ἐν τῇ πόλει ἐκείνῃ** καὶ ἤρχετο πρὸς αὐτὸν λέγουσα· ἐκδίκησόν με ἀπὸ τοῦ ἀντιδίκου μου.	
002					Lk 18,4	... μετὰ δὲ ταῦτα εἶπεν **ἐν ἑαυτῷ·** εἰ καὶ τὸν θεὸν οὐ φοβοῦμαι οὐδὲ ἄνθρωπον ἐντρέπομαι	
002					Lk 18,8	λέγω ὑμῖν ὅτι ποιήσει τὴν ἐκδίκησιν αὐτῶν **ἐν τάχει.** ...	
222	Mt 19,21 ↑ Mt 6,20	... εἰ θέλεις τέλειος εἶναι, ὕπαγε πώλησόν σου τὰ ὑπάρχοντα καὶ δὸς [τοῖς] πτωχοῖς, καὶ ἕξεις θησαυρὸν **ἐν οὐρανοῖς,** καὶ δεῦρο ἀκολούθει μοι.	Mk 10,21	... ἕν σε ὑστερεῖ· ὕπαγε, ὅσα ἔχεις πώλησον καὶ δὸς [τοῖς] πτωχοῖς, καὶ ἕξεις θησαυρὸν **ἐν οὐρανῷ,** καὶ δεῦρο ἀκολούθει μοι.	Lk 18,22 ↑ Lk 12,33	... ἔτι ἕν σοι λείπει· πάντα ὅσα ἔχεις πώλησον καὶ διάδος πτωχοῖς, καὶ ἕξεις θησαυρὸν **ἐν [τοῖς] οὐρανοῖς,** καὶ δεῦρο ἀκολούθει μοι.	→ Acts 2,45
201	Mt 19,28	... ὑμεῖς οἱ ἀκολουθήσαντές μοι **ἐν τῇ παλιγγενεσίᾳ,** ὅταν καθίσῃ ὁ υἱὸς τοῦ ἀνθρώπου ἐπὶ θρόνου δόξης αὐτοῦ, καθήσεσθε καὶ ὑμεῖς ἐπὶ δώδεκα θρόνους κρίνοντες τὰς δώδεκα φυλὰς τοῦ Ἰσραήλ.			Lk 22,30 → Lk 12,37	[28] ὑμεῖς δέ ἐστε οἱ διαμεμενηκότες μετ' ἐμοῦ ἐν τοῖς πειρασμοῖς μου· ... [30] ἵνα ἔσθητε καὶ πίνητε ἐπὶ τῆς τραπέζης μου ἐν τῇ βασιλείᾳ μου, καὶ καθήσεσθε ἐπὶ θρόνων τὰς δώδεκα φυλὰς κρίνοντες τοῦ Ἰσραήλ.	
a 122	Mt 19,29	... ἑκατονταπλασίονα λήμψεται	Mk 10,30 (2)	ἐὰν μὴ λάβῃ ἑκατονταπλασίονα νῦν **ἐν τῷ καιρῷ τούτῳ** οἰκίας καὶ ἀδελφοὺς καὶ ἀδελφὰς καὶ μητέρας καὶ τέκνα καὶ ἀγροὺς μετὰ διωγμῶν,	Lk 18,30 (2)	ὃς οὐχὶ μὴ [ἀπο]λάβῃ πολλαπλασίονα **ἐν τῷ καιρῷ τούτῳ**	
a 122		καὶ ζωὴν αἰώνιον κληρονομήσει.		καὶ **ἐν τῷ αἰῶνι** **τῷ ἐρχομένῳ** ζωὴν αἰώνιον.		καὶ **ἐν τῷ αἰῶνι** **τῷ ἐρχομένῳ** ζωὴν αἰώνιον.	
200	Mt 20,3	καὶ ἐξελθὼν περὶ τρίτην ὥραν εἶδεν ἄλλους ἑστῶτας **ἐν τῇ ἀγορᾷ** ἀργούς					
200	Mt 20,15	[ἢ] οὐκ ἔξεστίν μοι ὃ θέλω ποιῆσαι **ἐν τοῖς ἐμοῖς;** ἢ ὁ ὀφθαλμός σου πονηρός ἐστιν ὅτι ἐγὼ ἀγαθός εἰμι;					

221	Mt 20,17	καὶ ἀναβαίνων ὁ Ἰησοῦς εἰς Ἱεροσόλυμα παρέλαβεν τοὺς δώδεκα [μαθητὰς] κατ' ἰδίαν καὶ **ἐν τῇ ὁδῷ** εἶπεν αὐτοῖς·	Mk 10,32	ἦσαν δὲ **ἐν τῇ ὁδῷ** ἀναβαίνοντες εἰς Ἱεροσόλυμα, καὶ ἦν προάγων αὐτοὺς ὁ Ἰησοῦς, καὶ ἐθαμβοῦντο, οἱ δὲ ἀκολουθοῦντες ἐφοβοῦντο. καὶ παραλαβὼν πάλιν τοὺς δώδεκα ἤρξατο αὐτοῖς λέγειν ...	Lk 18,31	παραλαβὼν δὲ τοὺς δώδεκα εἶπεν πρὸς αὐτούς· ...	
220	Mt 20,21	... εἰπὲ ἵνα καθίσωσιν οὗτοι οἱ δύο υἱοί μου εἷς ἐκ δεξιῶν σου καὶ εἷς ἐξ εὐωνύμων σου **ἐν τῇ βασιλείᾳ σου.**	Mk 10,37	... δὸς ἡμῖν ἵνα εἷς σου ἐκ δεξιῶν καὶ εἷς ἐξ ἀριστερῶν καθίσωμεν **ἐν τῇ δόξῃ σου.**			
221 222	Mt 20,26 (2) ⇩ Mt 23,11	οὐχ οὕτως ἔσται **ἐν ὑμῖν,** ἀλλ' ὃς ἐὰν θέλῃ **ἐν ὑμῖν** μέγας γενέσθαι ἔσται ὑμῶν διάκονος	Mk 10,43 (2) ⇨ Mk 9,35	οὐχ οὕτως δέ ἐστιν **ἐν ὑμῖν,** ἀλλ' ὃς ἂν θέλῃ μέγας γενέσθαι **ἐν ὑμῖν** ἔσται ὑμῶν διάκονος	Lk 22,26 ↓ Mt 23,11	**ὑμεῖς** δὲ οὐχ οὕτως, ἀλλ' ὁ μείζων **ἐν ὑμῖν** γινέσθω ὡς ὁ νεώτερος ↔	
	Mt 23,11 ⇧ Mt 20,26	ὁ δὲ μείζων **ὑμῶν** ἔσται ὑμῶν διάκονος.					
221	Mt 20,27	καὶ ὃς ἂν θέλῃ **ἐν ὑμῖν** εἶναι πρῶτος ἔσται ὑμῶν δοῦλος·	Mk 10,44	καὶ ὃς ἂν θέλῃ **ἐν ὑμῖν** εἶναι πρῶτος ἔσται πάντων δοῦλος·	Lk 22,26 ↑ Mt 23,11	↔ καὶ ὁ ἡγούμενος ὡς ὁ διακονῶν.	
e 112	Mt 20,29 ⇩ Mt 9,27	καὶ ἐκπορευομένων αὐτῶν ἀπὸ Ἰεριχὼ ἠκολούθησεν αὐτῷ ὄχλος πολύς. [30] καὶ ἰδοὺ δύο τυφλοὶ καθήμενοι παρὰ τὴν ὁδόν ...	Mk 10,46	καὶ ἔρχονται εἰς Ἰεριχώ. καὶ ἐκπορευομένου αὐτοῦ ἀπὸ Ἰεριχὼ καὶ τῶν μαθητῶν αὐτοῦ καὶ ὄχλου ἱκανοῦ ὁ υἱὸς Τιμαίου Βαρτιμαῖος, τυφλὸς προσαίτης, ἐκάθητο παρὰ τὴν ὁδόν.	Lk 18,35	ἐγένετο δὲ **ἐν τῷ ἐγγίζειν** αὐτὸν εἰς Ἰεριχὼ τυφλός τις ἐκάθητο παρὰ τὴν ὁδὸν ἐπαιτῶν.	
	Mt 9,27 ⇧ Mt 20,29	καὶ παράγοντι ἐκεῖθεν τῷ Ἰησοῦ ἠκολούθησαν [αὐτῷ] δύο τυφλοὶ ...					
121	Mt 20,34 ⇩ Mt 9,30	... καὶ εὐθέως ἀνέβλεψαν καὶ ἠκολούθησαν αὐτῷ.	Mk 10,52	... καὶ εὐθὺς ἀνέβλεψεν, καὶ ἠκολούθει αὐτῷ **ἐν τῇ ὁδῷ.**	Lk 18,43	καὶ παραχρῆμα ἀνέβλεψεν καὶ ἠκολούθει αὐτῷ δοξάζων τὸν θεόν. ...	
	Mt 9,30 ⇧ Mt 20,34	καὶ ἠνεῴχθησαν αὐτῶν οἱ ὀφθαλμοί. ...					
002					Lk 19,5	... Ζακχαῖε, σπεύσας κατάβηθι, σήμερον γὰρ **ἐν τῷ οἴκῳ σου** δεῖ με μεῖναι.	

a 102	**Mt 25,15**	[14] ... ἐκάλεσεν τοὺς ἰδίους δούλους καὶ παρέδωκεν αὐτοῖς τὰ ὑπάρχοντα αὐτοῦ, [15] καὶ ᾧ μὲν ἔδωκεν πέντε τάλαντα, ᾧ δὲ δύο, ᾧ δὲ ἕν, ἑκάστῳ κατὰ τὴν ἰδίαν δύναμιν, καὶ ἀπεδήμησεν. ...	**Mk 13,34**	... καὶ δοὺς τοῖς δούλοις αὐτοῦ τὴν ἐξουσίαν ἑκάστῳ τὸ ἔργον αὐτοῦ, καὶ τῷ θυρωρῷ ἐνετείλατο ἵνα γρηγορῇ.	**Lk 19,13**	καλέσας δὲ δέκα δούλους ἑαυτοῦ ἔδωκεν αὐτοῖς δέκα μνᾶς καὶ εἶπεν πρὸς αὐτούς· πραγματεύσασθε **ἐν ᾧ** ἔρχομαι.	Mk-Q overlap
e 102	**Mt 25,19**	μετὰ δὲ πολὺν χρόνον **ἔρχεται** ὁ κύριος τῶν δούλων ἐκείνων ...			**Lk 19,15**	καὶ ἐγένετο **ἐν τῷ ἐπανελθεῖν** αὐτὸν λαβόντα τὴν βασιλείαν καὶ εἶπεν φωνηθῆναι αὐτῷ τοὺς δούλους τούτους ...	
102	**Mt 25,21** → Mt 24,47	... εὖ, δοῦλε ἀγαθὲ καὶ πιστέ, **ἐπὶ ὀλίγα** ἦς πιστός, ἐπὶ πολλῶν σε καταστήσω· ...			**Lk 19,17** ↑ Lk 16,10	... εὖγε, ἀγαθὲ δοῦλε, ὅτι **ἐν ἐλαχίστῳ** πιστὸς ἐγένου, ἴσθι ἐξουσίαν ἔχων ἐπάνω δέκα πόλεων.	
202	**Mt 25,25** → Lk 19,21	καὶ φοβηθεὶς ἀπελθὼν ἔκρυψα τὸ τάλαντόν σου **ἐν τῇ γῇ·** ἴδε ἔχεις τὸ σόν.			**Lk 19,20** → Mt 23,18	... ἰδοὺ ἡ μνᾶ σου ἣν εἶχον ἀποκειμένην **ἐν σουδαρίῳ·**	
112	**Mt 21,2**	... πορεύεσθε εἰς τὴν κώμην τὴν κατέναντι ὑμῶν, καὶ εὐθέως εὑρήσετε ὄνον δεδεμένην καὶ πῶλον μετ' αὐτῆς· ...	**Mk 11,2**	... ὑπάγετε εἰς τὴν κώμην τὴν κατέναντι ὑμῶν, καὶ εὐθὺς εἰσπορευόμενοι **εἰς αὐτὴν** εὑρήσετε πῶλον δεδεμένον ἐφ' ὃν οὐδεὶς οὔπω ἀνθρώπων ἐκάθισεν· ...	**Lk 19,30**	... ὑπάγετε εἰς τὴν κατέναντι κώμην, **ἐν ᾗ** εἰσπορευόμενοι εὑρήσετε πῶλον δεδεμένον, ἐφ' ὃν οὐδεὶς πώποτε ἀνθρώπων ἐκάθισεν, ...	
212 211	**Mt 21,8** (2)	ὁ δὲ πλεῖστος ὄχλος ἔστρωσαν ἑαυτῶν τὰ ἱμάτια **ἐν τῇ ὁδῷ,** ἄλλοι δὲ ἔκοπτον κλάδους ἀπὸ τῶν δένδρων καὶ ἐστρώννυον **ἐν τῇ ὁδῷ.**	**Mk 11,8**	καὶ πολλοὶ τὰ ἱμάτια αὐτῶν ἔστρωσαν **εἰς τὴν ὁδόν,** ἄλλοι δὲ στιβάδας κόψαντες ἐκ τῶν ἀγρῶν.	**Lk 19,36**	πορευομένου δὲ αὐτοῦ ὑπεστρώννυον τὰ ἱμάτια αὐτῶν **ἐν τῇ ὁδῷ.**	→ Jn 12,13
222 112 222	**Mt 21,9** (2)	... *ὡσαννὰ* τῷ υἱῷ Δαυίδ· *εὐλογημένος ὁ ἐρχόμενος* ***ἐν ὀνόματι κυρίου·*** *ὡσαννὰ* ***ἐν τοῖς ὑψίστοις.*** ➤ Ps 118,25-26; Ps 148,1/Job 16,19	**Mk 11,9** **Mk 11,10**	... *ὡσαννά· εὐλογημένος ὁ ἐρχόμενος* ***ἐν ὀνόματι κυρίου·*** εὐλογημένη ἡ ἐρχομένη βασιλεία τοῦ πατρὸς ἡμῶν Δαυίδ· *ὡσαννὰ* ***ἐν τοῖς ὑψίστοις.*** ➤ Ps 118,25-26; ➤ Ps 148,1/Job 16,19	**Lk 19,38** (3) ↑ Lk 2,14	*εὐλογημένος ὁ ἐρχόμενος*, ὁ βασιλεὺς ***ἐν ὀνόματι κυρίου·*** **ἐν οὐρανῷ** εἰρήνη καὶ δόξα **ἐν ὑψίστοις.** ➤ Ps 118,26	→ Jn 12,13
a 002					**Lk 19,42**	... εἰ ἔγνως **ἐν τῇ ἡμέρᾳ ταύτῃ** καὶ σὺ τὰ πρὸς εἰρήνην· ...	

002 002					Lk 19,44 (2) ↓ Mt 24,2 ↓ Mk 13,2 ↓ Lk 21,6 → Lk 21,24	καὶ ἐδαφιοῦσίν σε καὶ τὰ τέκνα σου **ἐν σοί,** καὶ οὐκ ἀφήσουσιν λίθον ἐπὶ λίθον **ἐν σοί,** ἀνθ᾽ ὧν οὐκ ἔγνως τὸν καιρὸν τῆς ἐπισκοπῆς σου.	
220	Mt 21,19 ↑ Lk 13,6	καὶ ἰδὼν συκῆν μίαν ἐπὶ τῆς ὁδοῦ ἦλθεν ἐπ᾽ αὐτὴν καὶ οὐδὲν εὗρεν **ἐν αὐτῇ** εἰ μὴ φύλλα μόνον, ...	Mk 11,13 ↑ Lk 13,6	καὶ ἰδὼν συκῆν ἀπὸ μακρόθεν ἔχουσαν φύλλα ἦλθεν, εἰ ἄρα τι εὑρήσει **ἐν αὐτῇ,** καὶ ἐλθὼν ἐπ᾽ αὐτὴν οὐδὲν εὗρεν εἰ μὴ φύλλα· ὁ γὰρ καιρὸς οὐκ ἦν σύκων.			
221	Mt 21,12	... ἐξέβαλεν πάντας τοὺς πωλοῦντας καὶ ἀγοράζοντας **ἐν τῷ ἱερῷ, ...**	Mk 11,15	... ἤρξατο ἐκβάλλειν τοὺς πωλοῦντας καὶ τοὺς ἀγοράζοντας **ἐν τῷ ἱερῷ, ...**	Lk 19,45	... ἤρξατο ἐκβάλλειν τοὺς πωλοῦντας	→ Jn 2,14
200	Mt 21,14	καὶ προσῆλθον αὐτῷ τυφλοὶ καὶ χωλοὶ **ἐν τῷ ἱερῷ,** καὶ ἐθεράπευσεν αὐτούς.					
200	Mt 21,15	... καὶ τοὺς παῖδας τοὺς κράζοντας **ἐν τῷ ἱερῷ** καὶ λέγοντας· ὡσαννὰ τῷ υἱῷ Δαυίδ, ...					
012			Mk 11,18 ↓ Mt 21,45-46	καὶ ἤκουσαν οἱ ἀρχιερεῖς καὶ οἱ γραμματεῖς καὶ ἐζήτουν πῶς αὐτὸν ἀπολέσωσιν· ἐφοβοῦντο γὰρ αὐτόν, ...	Lk 19,47 ↓ Lk 21,37-38	καὶ ἦν διδάσκων τὸ καθ᾽ ἡμέραν **ἐν τῷ ἱερῷ.** οἱ δὲ ἀρχιερεῖς καὶ οἱ γραμματεῖς ἐζήτουν αὐτὸν ἀπολέσαι καὶ οἱ πρῶτοι τοῦ λαοῦ	
220	Mt 21,19 ↑ Lk 13,6	καὶ ἰδὼν συκῆν μίαν ἐπὶ τῆς ὁδοῦ ἦλθεν ἐπ᾽ αὐτὴν καὶ οὐδὲν εὗρεν **ἐν αὐτῇ** εἰ μὴ φύλλα μόνον, ...	Mk 11,13 ↑ Lk 13,6	καὶ ἰδὼν συκῆν ἀπὸ μακρόθεν ἔχουσαν φύλλα ἦλθεν, εἰ ἄρα τι εὑρήσει **ἐν αὐτῇ,** καὶ ἐλθὼν ἐπ᾽ αὐτὴν οὐδὲν εὗρεν εἰ μὴ φύλλα· ὁ γὰρ καιρὸς οὐκ ἦν σύκων.			
120	Mt 21,21 ↑ Mt 17,20	... ἀμὴν λέγω ὑμῖν, ἐὰν ἔχητε πίστιν καὶ μὴ διακριθῆτε, οὐ μόνον τὸ τῆς συκῆς ποιήσετε, ἀλλὰ κἂν τῷ ὄρει τούτῳ εἴπητε· ἄρθητι καὶ βλήθητι εἰς τὴν θάλασσαν, γενήσεται·	Mk 11,23 → Mk 9,23	[22] ... ἔχετε πίστιν θεοῦ. [23] ἀμὴν λέγω ὑμῖν ὅτι ὃς ἂν εἴπῃ τῷ ὄρει τούτῳ· ἄρθητι καὶ βλήθητι εἰς τὴν θάλασσαν, καὶ μὴ διακριθῇ **ἐν τῇ καρδίᾳ αὐτοῦ** ἀλλὰ πιστεύῃ ὅτι ὃ λαλεῖ γίνεται, ἔσται αὐτῷ.	↑ Lk 17,6		→ GTh 48 → GTh 106

210	Mt 21,22 → Mt 7,8 ↑ Mt 18,19	καὶ πάντα ὅσα ἂν αἰτήσητε **ἐν τῇ προσευχῇ** πιστεύοντες λήμψεσθε.	Mk 11,24	διὰ τοῦτο λέγω ὑμῖν, πάντα ὅσα **προσεύχεσθε** καὶ αἰτεῖσθε, πιστεύετε ὅτι ἐλάβετε, καὶ ἔσται ὑμῖν.	→ Lk 11,10		
g 120	Mt 6,14 → Mt 6,12 → Lk 11,4	ἐὰν γὰρ ἀφῆτε τοῖς ἀνθρώποις τὰ παραπτώματα αὐτῶν, ἀφήσει καὶ ὑμῖν **ὁ πατὴρ ὑμῶν** **ὁ οὐράνιος·**	Mk 11,25 → Mt 5,23-24	καὶ ὅταν στήκετε προσευχόμενοι, ἀφίετε εἴ τι ἔχετε κατά τινος, ἵνα καὶ **ὁ πατὴρ ὑμῶν** **ὁ ἐν τοῖς οὐρανοῖς** ἀφῇ ὑμῖν τὰ παραπτώματα ὑμῶν.			
a 112	Mt 21,23		Mk 11,27	καὶ ἔρχονται πάλιν εἰς Ἱεροσόλυμα.	Lk 20,1 (2)	καὶ ἐγένετο **ἐν μιᾷ τῶν ἡμερῶν**	
122		καὶ ἐλθόντος αὐτοῦ **εἰς τὸ ἱερὸν** προσῆλθον αὐτῷ διδάσκοντι οἱ ἀρχιερεῖς καὶ οἱ πρεσβύτεροι τοῦ λαοῦ		καὶ **ἐν τῷ ἱερῷ** περιπατοῦντος αὐτοῦ ἔρχονται πρὸς αὐτὸν οἱ ἀρχιερεῖς καὶ οἱ γραμματεῖς καὶ οἱ πρεσβύτεροι		διδάσκοντος αὐτοῦ τὸν λαὸν **ἐν τῷ ἱερῷ** καὶ εὐαγγελιζομένου ἐπέστησαν οἱ ἀρχιερεῖς καὶ οἱ γραμματεῖς σὺν τοῖς πρεσβυτέροις	
f 222		λέγοντες· **ἐν ποίᾳ ἐξουσίᾳ** ταῦτα ποιεῖς; καὶ τίς σοι ἔδωκεν τὴν ἐξουσίαν ταύτην;	Mk 11,28	καὶ ἔλεγον αὐτῷ· **ἐν ποίᾳ ἐξουσίᾳ** ταῦτα ποιεῖς; ἢ τίς σοι ἔδωκεν τὴν ἐξουσίαν ταύτην ἵνα ταῦτα ποιῇς;	Lk 20,2	καὶ εἶπαν λέγοντες πρὸς αὐτόν· εἰπὸν ἡμῖν **ἐν ποίᾳ ἐξουσίᾳ** ταῦτα ποιεῖς, ἢ τίς ἐστιν ὁ δούς σοι τὴν ἐξουσίαν ταύτην;	→ Jn 2,18
f 221	Mt 21,24	... ἐρωτήσω ὑμᾶς κἀγὼ λόγον ἕνα, ὃν ἐὰν εἴπητέ μοι κἀγὼ ὑμῖν ἐρῶ **ἐν ποίᾳ ἐξουσίᾳ** ταῦτα ποιῶ·	Mk 11,29	... ἐπερωτήσω ὑμᾶς ἕνα λόγον, καὶ ἀποκρίθητέ μοι καὶ ἐρῶ ὑμῖν **ἐν ποίᾳ ἐξουσίᾳ** ταῦτα ποιῶ·	Lk 20,3	... ἐρωτήσω ὑμᾶς κἀγὼ λόγον, καὶ εἴπατέ μοι·	
211	Mt 21,25	... οἱ δὲ διελογίζοντο **ἐν ἑαυτοῖς** λέγοντες· ἐὰν εἴπωμεν· ἐξ οὐρανοῦ, ἐρεῖ ἡμῖν· διὰ τί οὖν οὐκ ἐπιστεύσατε αὐτῷ;	Mk 11,31	καὶ διελογίζοντο **πρὸς ἑαυτοὺς** λέγοντες· ἐὰν εἴπωμεν· ἐξ οὐρανοῦ, ἐρεῖ· διὰ τί [οὖν] οὐκ ἐπιστεύσατε αὐτῷ;	Lk 20,5	οἱ δὲ συνελογίσαντο **πρὸς ἑαυτοὺς** λέγοντες ὅτι ἐὰν εἴπωμεν· ἐξ οὐρανοῦ, ἐρεῖ· διὰ τί οὐκ ἐπιστεύσατε αὐτῷ;	
f 222	Mt 21,27	... οὐδὲ ἐγὼ λέγω ὑμῖν **ἐν ποίᾳ ἐξουσίᾳ** ταῦτα ποιῶ.	Mk 11,33	... οὐδὲ ἐγὼ λέγω ὑμῖν **ἐν ποίᾳ ἐξουσίᾳ** ταῦτα ποιῶ.	Lk 20,8	... οὐδὲ ἐγὼ λέγω ὑμῖν **ἐν ποίᾳ ἐξουσίᾳ** ταῦτα ποιῶ.	
200	Mt 21,28	... τέκνον, ὕπαγε σήμερον ἐργάζου **ἐν τῷ ἀμπελῶνι.**					
201	Mt 21,32	ἦλθεν γὰρ Ἰωάννης πρὸς ὑμᾶς **ἐν ὁδῷ δικαιοσύνης,** καὶ οὐκ ἐπιστεύσατε αὐτῷ, ...			Lk 7,30	οἱ δὲ Φαρισαῖοι καὶ οἱ νομικοὶ τὴν βουλὴν τοῦ θεοῦ ἠθέτησαν εἰς ἑαυτούς μὴ βαπτισθέντες ὑπ᾽ αὐτοῦ.	

	Mt		Mk		Lk		
121 211	Mt 21,33	**ἄλλην παραβολὴν** ἀκούσατε. ἄνθρωπος ἦν οἰκοδεσπότης ὅστις ἐφύτευσεν ἀμπελῶνα καὶ φραγμὸν αὐτῷ περιέθηκεν καὶ ὤρυξεν **ἐν αὐτῷ** ληνὸν καὶ ᾠκοδόμησεν πύργον καὶ ἐξέδετο αὐτὸν γεωργοῖς καὶ ἀπεδήμησεν.	Mk 12,1	καὶ ἤρξατο αὐτοῖς **ἐν παραβολαῖς** λαλεῖν· ἀμπελῶνα ἄνθρωπος ἐφύτευσεν καὶ περιέθηκεν φραγμὸν καὶ ὤρυξεν ὑπολήνιον καὶ ᾠκοδόμησεν πύργον καὶ ἐξέδετο αὐτὸν γεωργοῖς καὶ ἀπεδήμησεν.	Lk 20,9	ἤρξατο δὲ πρὸς τὸν λαὸν λέγειν **τὴν παραβολὴν ταύτην·** ἄνθρωπός [τις] ἐφύτευσεν ἀμπελῶνα καὶ ἐξέδετο αὐτὸν γεωργοῖς καὶ ἀπεδήμησεν χρόνους ἱκανούς.	→ GTh 65
211	Mt 21,38	οἱ δὲ γεωργοὶ ἰδόντες τὸν υἱὸν εἶπον **ἐν ἑαυτοῖς·** οὗτός ἐστιν ὁ κληρονόμος· ...	Mk 12,7	ἐκεῖνοι δὲ οἱ γεωργοὶ **πρὸς ἑαυτοὺς** εἶπαν ὅτι οὗτός ἐστιν ὁ κληρονόμος· ...	Lk 20,14	ἰδόντες δὲ αὐτὸν οἱ γεωργοὶ διελογίζοντο **πρὸς ἀλλήλους** λέγοντες· οὗτός ἐστιν ὁ κληρονόμος· ...	→ GTh 65
a 211	Mt 21,41 → Mt 21,43	... καὶ τὸν ἀμπελῶνα ἐκδώσεται ἄλλοις γεωργοῖς, οἵτινες ἀποδώσουσιν αὐτῷ τοὺς καρποὺς **ἐν τοῖς καιροῖς αὐτῶν.**	Mk 12,9	... καὶ δώσει τὸν ἀμπελῶνα ἄλλοις.	Lk 20,16	... καὶ δώσει τὸν ἀμπελῶνα ἄλλοις. ...	→ GTh 65
b 211	Mt 21,42 (2)	... οὐδέποτε ἀνέγνωτε **ἐν ταῖς γραφαῖς·** *λίθον ὃν ἀπεδοκίμασαν οἱ οἰκοδομοῦντες, οὗτος ἐγενήθη εἰς κεφαλὴν γωνίας·*	Mk 12,10	οὐδὲ **τὴν γραφὴν ταύτην** ἀνέγνωτε· *λίθον ὃν ἀπεδοκίμασαν οἱ οἰκοδομοῦντες, οὗτος ἐγενήθη εἰς κεφαλὴν γωνίας·*	Lk 20,17	... τί οὖν ἐστιν **τὸ γεγραμμένον τοῦτο·** *λίθον ὃν ἀπεδοκίμασαν οἱ οἰκοδομοῦντες, οὗτος ἐγενήθη εἰς κεφαλὴν γωνίας;* ➤ Ps 118,22	→ Acts 4,11 → GTh 66
220		*παρὰ κυρίου ἐγένετο αὕτη καὶ ἔστιν θαυμαστὴ* ***ἐν ὀφθαλμοῖς ἡμῶν;*** ➤ Ps 118,22-23	Mk 12,11	*παρὰ κυρίου ἐγένετο αὕτη καὶ ἔστιν θαυμαστὴ* ***ἐν ὀφθαλμοῖς ἡμῶν;*** ➤ Ps 118,22-23			
a 112	Mt 21,46	[45] καὶ ἀκούσαντες οἱ ἀρχιερεῖς καὶ οἱ Φαρισαῖοι τὰς παραβολὰς αὐτοῦ ἔγνωσαν ὅτι περὶ αὐτῶν λέγει· [46] καὶ ζητοῦντες αὐτὸν κρατῆσαι ἐφοβήθησαν τοὺς ὄχλους, ἐπεὶ εἰς προφήτην αὐτὸν εἶχον.	Mk 12,12 ↑ Mk 11,18	καὶ ἐζήτουν αὐτὸν κρατῆσαι, καὶ ἐφοβήθησαν τὸν ὄχλον, ἔγνωσαν γὰρ ὅτι πρὸς αὐτοὺς τὴν παραβολὴν εἶπεν. καὶ ἀφέντες αὐτὸν ἀπῆλθον.	Lk 20,19 ↑ Lk 19,47	καὶ ἐζήτησαν οἱ γραμματεῖς καὶ οἱ ἀρχιερεῖς ἐπιβαλεῖν ἐπ' αὐτὸν τὰς χεῖρας **ἐν αὐτῇ τῇ ὥρᾳ,** καὶ ἐφοβήθησαν τὸν λαόν, ἔγνωσαν γὰρ ὅτι πρὸς αὐτοὺς εἶπεν τὴν παραβολὴν ταύτην.	
201	Mt 22,1	καὶ ἀποκριθεὶς ὁ Ἰησοῦς πάλιν εἶπεν **ἐν παραβολαῖς** αὐτοῖς λέγων· [2] ὡμοιώθη ἡ βασιλεία τῶν οὐρανῶν ἀνθρώπῳ βασιλεῖ, ὅστις ἐποίησεν γάμους τῷ υἱῷ αὐτοῦ.			Lk 14,16	ὁ δὲ εἶπεν αὐτῷ· ἄνθρωπός τις ἐποίει δεῖπνον μέγα, καὶ ἐκάλεσεν πολλούς	

211	**Mt 22,15** ↓ Mt 26,4	τότε πορευθέντες οἱ Φαρισαῖοι συμβούλιον ἔλαβον ὅπως αὐτὸν παγιδεύσωσιν **ἐν λόγῳ.** [16] καὶ ἀποστέλλουσιν αὐτῷ τοὺς μαθητὰς αὐτῶν μετὰ τῶν Ἡρῳδιανῶν ...	**Mk 12,13**	καὶ ἀποστέλλουσιν πρὸς αὐτόν τινας τῶν Φαρισαίων καὶ τῶν Ἡρῳδιανῶν ἵνα αὐτὸν ἀγρεύσωσιν **λόγῳ.**	**Lk 20,20** → Lk 18,9 ↓ Lk 23,2	καὶ παρατηρήσαντες ἀπέστειλαν ἐγκαθέτους ὑποκρινομένους ἑαυτοὺς δικαίους εἶναι, ἵνα ἐπιλάβωνται αὐτοῦ **λόγου,** ὥστε παραδοῦναι αὐτὸν τῇ ἀρχῇ καὶ τῇ ἐξουσίᾳ τοῦ ἡγεμόνος.	
211	**Mt 22,16**	... διδάσκαλε, οἴδαμεν ὅτι ἀληθὴς εἶ καὶ τὴν ὁδὸν τοῦ θεοῦ **ἐν ἀληθείᾳ** διδάσκεις καὶ οὐ μέλει σοι περὶ οὐδενός. οὐ γὰρ βλέπεις εἰς πρόσωπον ἀνθρώπων	**Mk 12,14**	... διδάσκαλε, οἴδαμεν ὅτι ἀληθὴς εἶ καὶ οὐ μέλει σοι περὶ οὐδενός· οὐ γὰρ βλέπεις εἰς πρόσωπον ἀνθρώπων, ἀλλ' **ἐπ' ἀληθείας** τὴν ὁδὸν τοῦ θεοῦ διδάσκεις· ...	**Lk 20,21**	... διδάσκαλε, οἴδαμεν ὅτι ὀρθῶς λέγεις καὶ διδάσκεις καὶ οὐ λαμβάνεις πρόσωπον, ἀλλ' **ἐπ' ἀληθείας** τὴν ὁδὸν τοῦ θεοῦ διδάσκεις·	→ Jn 3,2
a 211	**Mt 22,23**	**ἐν ἐκείνῃ τῇ ἡμέρᾳ** προσῆλθον αὐτῷ Σαδδουκαῖοι, λέγοντες μὴ εἶναι ἀνάστασιν, ...	**Mk 12,18**	καὶ ἔρχονται Σαδδουκαῖοι πρὸς αὐτόν, οἵτινες λέγουσιν ἀνάστασιν μὴ εἶναι, ...	**Lk 20,27**	προσελθόντες δέ τινες τῶν Σαδδουκαίων, οἱ [ἀντι]λέγοντες ἀνάστασιν μὴ εἶναι, ...	
222	**Mt 22,28**	**ἐν τῇ ἀναστάσει** οὖν τίνος τῶν ἑπτὰ ἔσται γυνή; ...	**Mk 12,23**	**ἐν τῇ ἀναστάσει** [ὅταν ἀναστῶσιν] τίνος αὐτῶν ἔσται γυνή; ...	**Lk 20,33**	ἡ γυνὴ οὖν **ἐν τῇ ἀναστάσει** τίνος αὐτῶν γίνεται γυνή; ...	
a 211	**Mt 22,30** (2)	**ἐν γὰρ τῇ ἀναστάσει** οὔτε γαμοῦσιν οὔτε γαμίζονται,	**Mk 12,25**	ὅταν γὰρ **ἐκ νεκρῶν** **ἀναστῶσιν** οὔτε γαμοῦσιν οὔτε γαμίζονται,	**Lk 20,35**	οἱ δὲ καταξιωθέντες τοῦ αἰῶνος ἐκείνου τυχεῖν καὶ **τῆς ἀναστάσεως** **τῆς ἐκ νεκρῶν** οὔτε γαμοῦσιν οὔτε γαμίζονται·	
221		ἀλλ' ὡς ἄγγελοι **ἐν τῷ οὐρανῷ** εἰσιν.		ἀλλ' εἰσὶν ὡς ἄγγελοι **ἐν τοῖς οὐρανοῖς.**	**Lk 20,36**	οὐδὲ γὰρ ἀποθανεῖν ἔτι δύνανται, ἰσάγγελοι γάρ εἰσιν καὶ υἱοί εἰσιν θεοῦ τῆς ἀναστάσεως υἱοὶ ὄντες.	
b 121	**Mt 22,31**	περὶ δὲ τῆς ἀναστάσεως τῶν νεκρῶν οὐκ ἀνέγνωτε **τὸ ῥηθὲν** ὑμῖν ὑπὸ τοῦ θεοῦ λέγοντος· [32] *ἐγώ εἰμι* *ὁ θεὸς Ἀβραὰμ καὶ* *ὁ θεὸς Ἰσαὰκ καὶ* *ὁ θεὸς Ἰακώβ;* ... ➤ Exod 3,6	**Mk 12,26**	περὶ δὲ τῶν νεκρῶν ὅτι ἐγείρονται οὐκ ἀνέγνωτε **ἐν τῇ βίβλῳ** **Μωϋσέως** ἐπὶ τοῦ βάτου πῶς εἶπεν αὐτῷ ὁ θεὸς λέγων· *ἐγὼ* *ὁ θεὸς Ἀβραὰμ καὶ* *[ὁ] θεὸς Ἰσαὰκ καὶ* *[ὁ] θεὸς Ἰακώβ;* ➤ Exod 3,6	**Lk 20,37**	ὅτι δὲ ἐγείρονται οἱ νεκροί, καὶ **Μωϋσῆς** ἐμήνυσεν ἐπὶ τῆς βάτου, ὡς λέγει *κύριον* *τὸν θεὸν Ἀβραὰμ καὶ* *θεὸν Ἰσαὰκ καὶ* *θεὸν Ἰακώβ·* ➤ Exod 3,6	
b 211	**Mt 22,36** → Mt 19,16	διδάσκαλε, ποία ἐντολὴ **μεγάλη ἐν τῷ νόμῳ;**	**Mk 12,28** → Mk 10,17	... ποία ἐστὶν ἐντολὴ **πρώτη πάντων;**	**Lk 10,25** ⇨ Lk 18,18	... διδάσκαλε, τί ποιήσας ζωὴν αἰώνιον κληρονομήσω;	

211 212 212	**Mt 22,37** (3)	... *ἀγαπήσεις* *κύριον τὸν θεόν σου* **ἐν ὅλῃ** **τῇ καρδίᾳ σου** *καὶ* **ἐν ὅλῃ** **τῇ ψυχῇ σου** *καὶ* **ἐν ὅλῃ** **τῇ διανοίᾳ σου·** [38] ... [39] δευτέρα δὲ ὁμοία αὐτῇ· *ἀγαπήσεις τὸν πλησίον* *σου ὡς σεαυτόν.* ➤ Deut 6,5; Josh 22,5 LXX ➤ Lev 19,18	**Mk 12,30**	*καὶ ἀγαπήσεις* *κύριον τὸν θεόν σου* **ἐξ ὅλης** **τῆς καρδίας σου** *καὶ* **ἐξ ὅλης** **τῆς ψυχῆς σου** *καὶ* **ἐξ ὅλης** **τῆς διανοίας σου** *καὶ ἐξ ὅλης τῆς ἰσχύος* *σου.* [31] δευτέρα αὕτη· *ἀγαπήσεις τὸν πλησίον* *σου ὡς σεαυτόν.* ... ➤ Deut 6,5; Josh 22,5 LXX ➤ Lev 19,18	**Lk 10,27** (3)	... *ἀγαπήσεις* *κύριον τὸν θεόν σου* **ἐξ ὅλης** **[τῆς] καρδίας σου** *καὶ* **ἐν ὅλῃ** **τῇ ψυχῇ σου** *καὶ ἐν ὅλῃ* *τῇ ἰσχύϊ σου καὶ* **ἐν ὅλῃ** **τῇ διανοίᾳ σου,** *καὶ τὸν πλησίον* *σου ὡς σεαυτόν.* ➤ Deut 6,5; Josh 22,5 LXX ➤ Lev 19,18	
200	**Mt 22,40** → Mt 7,12 → Mt 22,38 → Mk 12,31b	**ἐν ταύταις ταῖς δυσὶν ἐντολαῖς** ὅλος ὁ νόμος κρέμαται καὶ οἱ προφῆται.					
121	**Mt 22,41**	... ἐπηρώτησεν αὐτοὺς ὁ Ἰησοῦς [42] λέγων· τί ὑμῖν δοκεῖ περὶ τοῦ χριστοῦ; τίνος υἱός ἐστιν; λέγουσιν αὐτῷ· τοῦ Δαυίδ.	**Mk 12,35**	καὶ ἀποκριθεὶς ὁ Ἰησοῦς ἔλεγεν διδάσκων **ἐν τῷ ἱερῷ·** πῶς λέγουσιν οἱ γραμματεῖς ὅτι ὁ χριστὸς υἱὸς Δαυίδ ἐστιν;	**Lk 20,41**	εἶπεν δὲ πρὸς αὐτούς· πῶς λέγουσιν τὸν χριστὸν εἶναι Δαυὶδ υἱόν;	
b 222	**Mt 22,43**	... πῶς οὖν Δαυὶδ **ἐν πνεύματι** καλεῖ αὐτὸν κύριον λέγων· [44] *εἶπεν κύριος* *τῷ κυρίῳ μου· κάθου* *ἐκ δεξιῶν μου* ... ➤ Ps 110,1	**Mk 12,36**	αὐτὸς Δαυὶδ εἶπεν **ἐν τῷ πνεύματι** **τῷ ἁγίῳ·** *εἶπεν κύριος* *τῷ κυρίῳ μου· κάθου* *ἐκ δεξιῶν μου,* ... ➤ Ps 110,1	**Lk 20,42**	αὐτὸς γὰρ Δαυὶδ λέγει **ἐν βίβλῳ ψαλμῶν·** *εἶπεν κύριος* *τῷ κυρίῳ μου· κάθου* *ἐκ δεξιῶν μου* ➤ Ps 110,1	
121	**Mt 23,2**	[1] τότε ὁ Ἰησοῦς ἐλάλησεν τοῖς ὄχλοις καὶ τοῖς μαθηταῖς αὐτοῦ [2] λέγων· ↔	**Mk 12,38** (3)	[37] ... καὶ [ὁ] πολὺς ὄχλος ἤκουεν αὐτοῦ ἡδέως. [38] καὶ **ἐν τῇ διδαχῇ αὐτοῦ** ἔλεγεν·	**Lk 20,45**	ἀκούοντος δὲ παντὸς τοῦ λαοῦ εἶπεν τοῖς μαθηταῖς [αὐτοῦ],	
122 122	**Mt 23,7**	↔ [2] ἐπὶ τῆς Μωϋσέως καθέδρας ἐκάθισαν οἱ γραμματεῖς καὶ οἱ Φαρισαῖοι. [7] καὶ τοὺς ἀσπασμοὺς **ἐν ταῖς ἀγοραῖς** καὶ καλεῖσθαι ὑπὸ τῶν ἀνθρώπων ῥαββί.	→ Mt 23,5	βλέπετε ἀπὸ τῶν γραμματέων τῶν θελόντων **ἐν στολαῖς** περιπατεῖν καὶ ἀσπασμοὺς **ἐν ταῖς ἀγοραῖς**	**Lk 20,46** (4) → Mt 23,5 ⇧ Lk 11,43	προσέχετε ἀπὸ τῶν γραμματέων τῶν θελόντων περιπατεῖν **ἐν στολαῖς** καὶ φιλούντων ἀσπασμοὺς **ἐν ταῖς ἀγοραῖς**	Mk-Q overlap. Mt 23,7 counted as Q tradition.
122	**Mt 23,6** (2)	... καὶ τὰς πρωτοκαθεδρίας **ἐν ταῖς συναγωγαῖς**	**Mk 12,39** (2)	καὶ πρωτοκαθεδρίας **ἐν ταῖς συναγωγαῖς**	⇧ Lk 11,43	καὶ πρωτοκαθεδρίας **ἐν ταῖς συναγωγαῖς**	Mk-Q overlap. Mt 23,6 counted as Q tradition.
222	**Mt 23,6** (2)	φιλοῦσιν δὲ τὴν πρωτοκλισίαν **ἐν τοῖς δείπνοις** ...		καὶ πρωτοκλισίας **ἐν τοῖς δείπνοις**		καὶ πρωτοκλισίας **ἐν τοῖς δείπνοις**	Mk-Q overlap

202	**Mt 23,6** **(2)**	φιλοῦσιν δὲ τὴν πρωτοκλισίαν ἐν τοῖς δείπνοις καὶ τὰς πρωτοκαθεδρίας **ἐν ταῖς συναγωγαῖς**	**Mk 12,39** **(2)**	[38] ... βλέπετε ἀπὸ τῶν γραμματέων τῶν θελόντων ἐν στολαῖς περιπατεῖν ... [39] καὶ πρωτοκαθεδρίας **ἐν ταῖς συναγωγαῖς** καὶ πρωτοκλισίας ἐν τοῖς δείπνοις	**Lk 11,43** **(2)** ⇧ **Lk 20,46**	οὐαὶ ὑμῖν τοῖς Φαρισαίοις, ὅτι ἀγαπᾶτε τὴν πρωτοκαθεδρίαν **ἐν ταῖς συναγωγαῖς**	Mk-Q overlap
202	**Mt 23,7**	καὶ τοὺς ἀσπασμοὺς **ἐν ταῖς ἀγοραῖς** καὶ καλεῖσθαι ὑπὸ τῶν ἀνθρώπων ῥαββί.	**Mk 12,38** **(3)**	... καὶ ἀσπασμοὺς **ἐν ταῖς ἀγοραῖς**	⇧ **Lk 20,46**	καὶ τοὺς ἀσπασμοὺς **ἐν ταῖς ἀγοραῖς.**	Mk-Q overlap
200 200	**Mt 23,16** **(2)**	οὐαὶ ὑμῖν, ὁδηγοὶ τυφλοὶ οἱ λέγοντες· ὃς ἂν ὀμόσῃ **ἐν τῷ ναῷ,** οὐδέν ἐστιν· ὃς δ' ἂν ὀμόσῃ **ἐν τῷ χρυσῷ** **τοῦ ναοῦ** ὀφείλει.					
200 200	**Mt 23,18** **(2)**	καί· ὃς ἂν ὀμόσῃ **ἐν τῷ θυσιαστηρίῳ,** οὐδέν ἐστιν· ὃς δ' ἂν ὀμόσῃ **ἐν τῷ δώρῳ τῷ ἐπάνω** **αὐτοῦ,** ὀφείλει.					
200 200 200	**Mt 23,20** **(3)**	ὁ οὖν ὀμόσας **ἐν τῷ θυσιαστηρίῳ** ὀμνύει **ἐν αὐτῷ** καὶ **ἐν πᾶσι τοῖς ἐπάνω** **αὐτοῦ·**					
200 200 200	**Mt 23,21** **(3)**	καὶ ὁ ὀμόσας **ἐν τῷ ναῷ** ὀμνύει **ἐν αὐτῷ** καὶ **ἐν τῷ κατοικοῦντι** αὐτόν·					
200 200 200	**Mt 23,22** **(3)** ↑ **Mt 5,34**	καὶ ὁ ὀμόσας **ἐν τῷ οὐρανῷ** ὀμνύει **ἐν τῷ θρόνῳ** **τοῦ θεοῦ** καὶ **ἐν τῷ καθημένῳ** **ἐπάνω αὐτοῦ.**					
a 201 201	**Mt 23,30** **(2)**	[29] ... οἰκοδομεῖτε τοὺς τάφους τῶν προφητῶν καὶ κοσμεῖτε τὰ μνημεῖα τῶν δικαίων, [30] καὶ λέγετε· εἰ ἤμεθα **ἐν ταῖς ἡμέραις** **τῶν πατέρων ἡμῶν,** οὐκ ἂν ἤμεθα αὐτῶν κοινωνοὶ **ἐν τῷ αἵματι τῶν** **προφητῶν.**			**Lk 11,47**	... οἰκοδομεῖτε τὰ μνημεῖα τῶν προφητῶν, **οἱ δὲ πατέρες ὑμῶν** ἀπέκτειναν **αὐτούς.**	

201	**Mt 23,34** ↑ Mt 10,17 ↑ Mt 10,23	διὰ τοῦτο ἰδοὺ ἐγὼ ἀποστέλλω πρὸς ὑμᾶς προφήτας καὶ σοφοὺς καὶ γραμματεῖς· ἐξ αὐτῶν ἀποκτενεῖτε καὶ σταυρώσετε καὶ ἐξ αὐτῶν μαστιγώσετε **ἐν ταῖς συναγωγαῖς ὑμῶν** καὶ διώξετε ἀπὸ πόλεως εἰς πόλιν·			**Lk 11,49**	διὰ τοῦτο καὶ ἡ σοφία τοῦ θεοῦ εἶπεν· ἀποστελῶ εἰς αὐτοὺς προφήτας καὶ ἀποστόλους, καὶ ἐξ αὐτῶν ἀποκτενοῦσιν καὶ διώξουσιν	
202	**Mt 23,39**	... οὐ μή με ἴδητε ἀπ' ἄρτι ἕως ἂν εἴπητε· *εὐλογημένος ὁ ἐρχόμενος* ***ἐν ὀνόματι κυρίου.*** ➤ Ps 118,26			**Lk 13,35**	... οὐ μὴ ἴδητέ με ἕως [ἥξει ὅτε] εἴπητε· *εὐλογημένος ὁ ἐρχόμενος* ***ἐν ὀνόματι κυρίου.*** ➤ Ps 118,26	
a 112	**Mt 24,2**	... οὐ βλέπετε ταῦτα πάντα; ἀμὴν λέγω ὑμῖν, οὐ μὴ ἀφεθῇ ὧδε λίθος ἐπὶ λίθον ὃς οὐ καταλυθήσεται.	**Mk 13,2**	... βλέπεις ταύτας τὰς μεγάλας οἰκοδομάς; οὐ μὴ ἀφεθῇ ὧδε λίθος ἐπὶ λίθον ὃς οὐ μὴ καταλυθῇ.	**Lk 21,6** ↑ Lk 19,44	ταῦτα ἃ θεωρεῖτε ἐλεύσονται ἡμέραι **ἐν αἷς** οὐκ ἀφεθήσεται λίθος ἐπὶ λίθῳ ὃς οὐ καταλυθήσεται.	
112	**Mt 10,19**	... μὴ μεριμνήσητε πῶς ἢ τί λαλήσητε·	**Mk 13,11**	... μὴ προμεριμνᾶτε τί λαλήσητε,	**Lk 21,14** ⇧ Lk 12,12 ⇨ Lk 12,11	θέτε οὖν **ἐν ταῖς καρδίαις ὑμῶν** μὴ προμελετᾶν ἀπολογηθῆναι·	
a 121		δοθήσεται γὰρ ὑμῖν **ἐν ἐκείνῃ τῇ ὥρᾳ** τί λαλήσητε·		ἀλλ' ὃ ἐὰν δοθῇ ὑμῖν **ἐν ἐκείνῃ τῇ ὥρᾳ** τοῦτο λαλεῖτε· ...	**Lk 21,15** ⇧ Lk 12,12	ἐγὼ γὰρ δώσω ὑμῖν στόμα καὶ σοφίαν ...	→ Acts 6,10 Mk-Q overlap. Mt 10,19 counted as Q tradition.
112	**Mt 10,22** ⇩ Mt 24,13 **Mt 24,13** ⇧ Mt 10,22	... ὁ δὲ ὑπομείνας εἰς τέλος οὗτος σωθήσεται. ὁ δὲ ὑπομείνας εἰς τέλος οὗτος σωθήσεται.	**Mk 13,13**	... ὁ δὲ ὑπομείνας εἰς τέλος οὗτος σωθήσεται.	**Lk 21,19**	**ἐν τῇ ὑπομονῇ ὑμῶν** κτήσασθε τὰς ψυχὰς ὑμῶν.	
210	**Mt 24,14** → Mt 10,18 → Mk 13,9 → Lk 21,13 → Mt 28,19	καὶ κηρυχθήσεται τοῦτο τὸ εὐαγγέλιον τῆς βασιλείας **ἐν ὅλῃ τῇ οἰκουμένῃ** εἰς μαρτύριον πᾶσιν τοῖς ἔθνεσιν, καὶ τότε ἥξει τὸ τέλος.	**Mk 13,10**	 καὶ εἰς πάντα τὰ ἔθνη πρῶτον δεῖ κηρυχθῆναι τὸ εὐαγγέλιον.			
211	**Mt 24,15**	ὅταν οὖν ἴδητε *τὸ βδέλυγμα τῆς ἐρημώσεως* τὸ ῥηθὲν διὰ Δανιὴλ τοῦ προφήτου ἑστὸς **ἐν τόπῳ ἁγίῳ,** ὁ ἀναγινώσκων νοείτω, ➤ Dan 9,27/11,31/12,11	**Mk 13,14**	ὅταν δὲ ἴδητε *τὸ βδέλυγμα τῆς ἐρημώσεως* ἑστηκότα **ὅπου οὐ δεῖ,** ὁ ἀναγινώσκων νοείτω, ➤ Dan 9,27/11,31/12,11	**Lk 21,20** → Lk 19,43	ὅταν δὲ ἴδητε κυκλουμένην ὑπὸ στρατοπέδων **Ἰερουσαλήμ,** τότε γνῶτε ὅτι ἤγγικεν ἡ ἐρήμωσις αὐτῆς.	
c 222 *c* 112 *c* 112	**Mt 24,16**	τότε **οἱ ἐν τῇ Ἰουδαίᾳ** φευγέτωσαν εἰς τὰ ὄρη		τότε **οἱ ἐν τῇ Ἰουδαίᾳ** φευγέτωσαν εἰς τὰ ὄρη	**Lk 21,21** (3) ↑ Lk 17,31	τότε **οἱ ἐν τῇ Ἰουδαίᾳ** φευγέτωσαν εἰς τὰ ὄρη καὶ **οἱ ἐν μέσῳ αὐτῆς** ἐκχωρείτωσαν καὶ **οἱ ἐν ταῖς χώραις** μὴ εἰσερχέσθωσαν εἰς αὐτήν	

c 212	Mt 24,18	καὶ **ὁ ἐν τῷ ἀγρῷ** μὴ ἐπιστρεψάτω ὀπίσω ἆραι τὸ ἱμάτιον αὐτοῦ.	Mk 13,16	καὶ **ὁ εἰς τὸν ἀγρὸν** μὴ ἐπιστρεψάτω εἰς τὰ ὀπίσω ἆραι τὸ ἱμάτιον αὐτοῦ.	Lk 17,31 (3) ↑ Lk 21,21	... καὶ **ὁ ἐν ἀγρῷ** ὁμοίως μὴ ἐπιστρεψάτω εἰς τὰ ὀπίσω.	
222 a 222	Mt 24,19 (2)	οὐαὶ δὲ ταῖς **ἐν γαστρὶ** ἐχούσαις καὶ ταῖς θηλαζούσαις **ἐν ἐκείναις ταῖς ἡμέραις.**	Mk 13,17 (2)	οὐαὶ δὲ ταῖς **ἐν γαστρὶ** ἐχούσαις καὶ ταῖς θηλαζούσαις **ἐν ἐκείναις ταῖς ἡμέραις.**	Lk 21,23 (2) ↓ Lk 23,29	οὐαὶ ταῖς **ἐν γαστρὶ** ἐχούσαις καὶ ταῖς θηλαζούσαις **ἐν ἐκείναις ταῖς ἡμέραις· ...**	
201 201	Mt 24,26 (2) ⇨ Mt 24,23	ἐὰν οὖν εἴπωσιν ὑμῖν· ἰδοὺ **ἐν τῇ ἐρήμῳ** ἐστίν, μὴ ἐξέλθητε· ἰδοὺ **ἐν τοῖς ταμείοις,** μὴ πιστεύσητε·	Mk 13,21 → Mt 24,5 → Mk 13,6 → Lk 21,8	καὶ τότε ἐάν τις ὑμῖν εἴπῃ· ἴδε **ὧδε** ὁ χριστός, ἴδε **ἐκεῖ,** μὴ πιστεύετε·	Lk 17,23 → Lk 17,21	καὶ ἐροῦσιν ὑμῖν· ἰδοὺ **ἐκεῖ,** [ἤ·] ἰδοὺ **ὧδε·** μὴ ἀπέλθητε μηδὲ διώξητε.	→ GTh 113
a 121 112 112	Mt 24,29	εὐθέως δὲ **μετὰ τὴν θλῖψιν τῶν ἡμερῶν ἐκείνων** *ὁ ἥλιος* *σκοτισθήσεται,* *καὶ ἡ σελήνη οὐ δώσει* *τὸ φέγγος αὐτῆς* *καὶ οἱ ἀστέρες* *πεσοῦνται* ἀπὸ τοῦ οὐρανοῦ,	Mk 13,24	ἀλλὰ **ἐν ἐκείναις ταῖς ἡμέραις μετὰ τὴν θλῖψιν ἐκείνην** *ὁ ἥλιος* *σκοτισθήσεται,* *καὶ ἡ σελήνη οὐ δώσει* *τὸ φέγγος αὐτῆς,* [25] *καὶ οἱ ἀστέρες* *ἔσονται* ἐκ τοῦ οὐρανοῦ *πίπτοντες,* ↔	Lk 21,25 (2) → Lk 21,11	καὶ ἔσονται σημεῖα **ἐν ἡλίῳ** καὶ σελήνῃ καὶ ἄστροις, καὶ ἐπὶ τῆς γῆς συνοχὴ ἐθνῶν **ἐν ἀπορίᾳ** ἤχους θαλάσσης καὶ σάλου,	→ Acts 2,19
g 121		*καὶ αἱ δυνάμεις* ***τῶν οὐρανῶν*** σαλευθήσονται. ➢ Isa 13,10; 34,4	Mk 13,25	↔ *καὶ αἱ δυνάμεις* ***αἱ ἐν τοῖς οὐρανοῖς*** σαλευθήσονται. ➢ Isa 13,10; 34,4	Lk 21,26	ἀποψυχόντων ἀνθρώπων ἀπὸ φόβου καὶ προσδοκίας τῶν ἐπερχομένων τῇ οἰκουμένῃ, *αἱ* γὰρ *δυνάμεις* ***τῶν οὐρανῶν*** σαλευθήσονται. ➢ Isa 34,4	
211 122	Mt 24,30 ↑ Mt 16,27 ↓ Mt 25,31	καὶ τότε φανήσεται τὸ σημεῖον τοῦ υἱοῦ τοῦ ἀνθρώπου **ἐν οὐρανῷ,** καὶ τότε κόψονται πᾶσαι αἱ φυλαὶ τῆς γῆς καὶ ὄψονται *τὸν υἱὸν τοῦ ἀνθρώπου* *ἐρχόμενον* ***ἐπὶ τῶν νεφελῶν τοῦ οὐρανοῦ*** μετὰ δυνάμεως καὶ δόξης πολλῆς· ➢ Dan 7,13-14	Mk 13,26 ↑ Mk 8,38	καὶ τότε ὄψονται *τὸν υἱὸν τοῦ ἀνθρώπου* *ἐρχόμενον* ***ἐν νεφέλαις*** μετὰ δυνάμεως πολλῆς καὶ δόξης. ➢ Dan 7,13-14	Lk 21,27 ↑ Lk 9,26	καὶ τότε ὄψονται *τὸν υἱὸν τοῦ ἀνθρώπου* *ἐρχόμενον* ***ἐν νεφέλῃ*** μετὰ δυνάμεως καὶ δόξης πολλῆς. ➢ Dan 7,13-14	
120	Mt 24,36	περὶ δὲ τῆς ἡμέρας ἐκείνης καὶ ὥρας οὐδεὶς οἶδεν, οὐδὲ οἱ ἄγγελοι **τῶν οὐρανῶν** οὐδὲ ὁ υἱός, εἰ μὴ ὁ πατὴρ μόνος.	Mk 13,32	περὶ δὲ τῆς ἡμέρας ἐκείνης ἢ τῆς ὥρας οὐδεὶς οἶδεν, οὐδὲ οἱ ἄγγελοι **ἐν οὐρανῷ** οὐδὲ ὁ υἱός, εἰ μὴ ὁ πατήρ.			

002					Lk 21,34 → Mt 24,49 ↑ Lk 12,45 ↓ Mk 13,33 → Mk 13,36	προσέχετε δὲ ἑαυτοῖς μήποτε βαρηθῶσιν ὑμῶν αἱ καρδίαι **ἐν κραιπάλῃ** καὶ μέθῃ καὶ μερίμναις βιωτικαῖς καὶ ἐπιστῇ ἐφ' ὑμᾶς αἰφνίδιος ἡ ἡμέρα ἐκείνη	
a 112	Mt 25,13 ↓ Mt 24,50 → Mt 24,42 → Mt 24,44	γρηγορεῖτε οὖν, ὅτι οὐκ οἴδατε τὴν ἡμέραν οὐδὲ τὴν ὥραν.	Mk 13,33 ↑ Lk 21,34	βλέπετε, ἀγρυπνεῖτε· οὐκ οἴδατε γὰρ πότε ὁ καιρός ἐστιν.	Lk 21,36 → Lk 12,35-38 ↑ Lk 12,38 → Lk 18,1	ἀγρυπνεῖτε δὲ **ἐν παντὶ καιρῷ** δεόμενοι ἵνα κατισχύσητε ἐκφυγεῖν ταῦτα πάντα τὰ μέλλοντα γίνεσθαι καὶ σταθῆναι ἔμπροσθεν τοῦ υἱοῦ τοῦ ἀνθρώπου.	
a 201	Mt 24,38 ↑ Lk 17,26	ὡς γὰρ ἦσαν **ἐν ταῖς ἡμέραις** **[ἐκείναις]** ταῖς πρὸ τοῦ κατακλυσμοῦ τρώγοντες καὶ πίνοντες, γαμοῦντες καὶ γαμίζοντες, ἄχρι ἧς ἡμέρας εἰσῆλθεν Νῶε εἰς τὴν κιβωτόν			Lk 17,27	ἤσθιον, ἔπινον, ἐγάμουν, ἐγαμίζοντο, ἄχρι ἧς ἡμέρας εἰσῆλθεν Νῶε εἰς τὴν κιβωτόν, ...	
201	Mt 24,40	τότε δύο ἔσονται **ἐν τῷ ἀγρῷ,** εἷς παραλαμβάνεται καὶ εἷς ἀφίεται·			Lk 17,34	... ταύτῃ τῇ νυκτὶ ἔσονται δύο **ἐπὶ κλίνης μιᾶς,** ὁ εἷς παραλημφθήσεται καὶ ὁ ἕτερος ἀφεθήσεται·	→ GTh 61,1
201	Mt 24,41	δύο ἀλήθουσαι **ἐν τῷ μύλῳ,** μία παραλαμβάνεται καὶ μία ἀφίεται.			Lk 17,35	ἔσονται δύο ἀλήθουσαι **ἐπὶ τὸ αὐτό,** ἡ μία παραλημφθήσεται, ἡ δὲ ἑτέρα ἀφεθήσεται.	→ GTh 61,1
a 202	Mt 24,45	... ὃν κατέστησεν ὁ κύριος ἐπὶ τῆς οἰκετείας αὐτοῦ τοῦ δοῦναι αὐτοῖς τὴν τροφὴν **ἐν καιρῷ;**			Lk 12,42	... ὃν καταστήσει ὁ κύριος ἐπὶ τῆς θεραπείας αὐτοῦ τοῦ διδόναι **ἐν καιρῷ** [τὸ] σιτομέτριον;	
202	Mt 24,48	ἐὰν δὲ εἴπῃ ὁ κακὸς δοῦλος ἐκεῖνος **ἐν τῇ καρδίᾳ αὐτοῦ·** χρονίζει μου ὁ κύριος			Lk 12,45	ἐὰν δὲ εἴπῃ ὁ δοῦλος ἐκεῖνος **ἐν τῇ καρδίᾳ αὐτοῦ·** χρονίζει ὁ κύριός μου ἔρχεσθαι, ...	
a 202 *a* 202	Mt 24,50 (2) → Mt 24,42 → Mt 24,44 ↑ Mt 25,13	ἥξει ὁ κύριος τοῦ δούλου ἐκείνου **ἐν ἡμέρᾳ** ᾗ οὐ προσδοκᾷ καὶ **ἐν ὥρᾳ** ᾗ οὐ γινώσκει			Lk 12,46 (2)	ἥξει ὁ κύριος τοῦ δούλου ἐκείνου **ἐν ἡμέρᾳ** ᾗ οὐ προσδοκᾷ καὶ **ἐν ὥρᾳ** ᾗ οὐ γινώσκει, ...	
200	Mt 25,4	αἱ δὲ φρόνιμοι ἔλαβον ἔλαιον **ἐν τοῖς ἀγγείοις** μετὰ τῶν λαμπάδων ἑαυτῶν.					
200	Mt 25,16	πορευθεὶς ὁ τὰ πέντε τάλαντα λαβὼν ἠργάσατο **ἐν αὐτοῖς** καὶ ἐκέρδησεν ἄλλα πέντε·					

202	Mt 25,25 →Mt 25,18 →Lk 19,21	καὶ φοβηθεὶς ἀπελθὼν ἔκρυψα τὸ τάλαντόν σου **ἐν τῇ γῇ·** ἴδε ἔχεις τὸ σόν.			Lk 19,20	... ἰδοὺ ἡ μνᾶ σου ἣν εἶχον ἀποκειμένην **ἐν σουδαρίῳ·**	
200	Mt 25,31 ↑Mt 16,27 ↑Mt 24,30 ↑Mk 8,38 ↑Mk 13,26 ↑Lk 9,26 ↑Lk 21,27	ὅταν δὲ ἔλθῃ ὁ υἱὸς τοῦ ἀνθρώπου **ἐν τῇ δόξῃ αὐτοῦ** καὶ πάντες οἱ ἄγγελοι μετ᾽ αὐτοῦ, τότε καθίσει ἐπὶ θρόνου δόξης αὐτοῦ·					
200	Mt 25,36	γυμνὸς καὶ περιεβάλετέ με, ἠσθένησα καὶ ἐπεσκέψασθέ με, **ἐν φυλακῇ** ἤμην καὶ ἤλθατε πρός με.					
200	Mt 25,39	πότε δέ σε εἴδομεν ἀσθενοῦντα ἢ **ἐν φυλακῇ** καὶ ἤλθομεν πρός σε;					
200	Mt 25,43	... γυμνὸς καὶ οὐ περιεβάλετέ με, ἀσθενὴς καὶ **ἐν φυλακῇ** καὶ οὐκ ἐπεσκέψασθέ με.					
200	Mt 25,44	... κύριε, πότε σε εἴδομεν πεινῶντα ἢ διψῶντα ἢ ξένον ἢ γυμνὸν ἢ ἀσθενῆ ἢ **ἐν φυλακῇ** καὶ οὐ διηκονήσαμέν σοι;					
002	Mt 21,17	καὶ καταλιπὼν αὐτοὺς ἐξῆλθεν ἔξω τῆς πόλεως εἰς Βηθανίαν, καὶ ηὐλίσθη ἐκεῖ.	Mk 11,11	καὶ εἰσῆλθεν εἰς Ἱεροσόλυμα **εἰς τὸ ἱερὸν** καὶ περιβλεψάμενος πάντα, ὀψίας ἤδη οὔσης τῆς ὥρας, ἐξῆλθεν εἰς Βηθανίαν μετὰ τῶν δώδεκα.	Lk 21,37 →Mk 11,19 ↑Lk 19,47	ἦν δὲ τὰς ἡμέρας **ἐν τῷ ἱερῷ** διδάσκων, τὰς δὲ νύκτας ἐξερχόμενος ηὐλίζετο εἰς τὸ ὄρος τὸ καλούμενον Ἐλαιῶν·	→ [[Jn 8,1]]
002					Lk 21,38 ↑Lk 19,47	καὶ πᾶς ὁ λαὸς ὤρθριζεν πρὸς αὐτὸν **ἐν τῷ ἱερῷ** ἀκούειν αὐτοῦ.	→ [[Jn 8,2]]
f 121	Mt 26,4 →Mt 12,14 ↑Mt 22,15	[3] τότε συνήχθησαν οἱ ἀρχιερεῖς καὶ οἱ πρεσβύτεροι τοῦ λαοῦ ... [4] καὶ συνεβουλεύσαντο ἵνα τὸν Ἰησοῦν **δόλῳ** κρατήσωσιν καὶ ἀποκτείνωσιν·	Mk 14,1 →Mk 3,6	... καὶ ἐζήτουν οἱ ἀρχιερεῖς καὶ οἱ γραμματεῖς πῶς αὐτὸν **ἐν δόλῳ** κρατήσαντες ἀποκτείνωσιν·	Lk 22,2 →Lk 6,11	καὶ ἐζήτουν οἱ ἀρχιερεῖς καὶ οἱ γραμματεῖς τὸ πῶς ἀνέλωσιν αὐτόν,	
221 211	Mt 26,5 (2)	ἔλεγον δέ· **μὴ ἐν τῇ ἑορτῇ,** ἵνα μὴ θόρυβος γένηται **ἐν τῷ λαῷ.**	Mk 14,2	ἔλεγον γάρ· **μὴ ἐν τῇ ἑορτῇ,** μήποτε ἔσται θόρυβος **τοῦ λαοῦ.**		ἐφοβοῦντο γὰρ **τὸν λαόν.**	
220 220	Mt 26,6 (2) →Lk 7,40	τοῦ δὲ Ἰησοῦ γενομένου **ἐν Βηθανίᾳ** **ἐν οἰκίᾳ Σίμωνος τοῦ λεπροῦ,** [7] ... αὐτοῦ ἀνακειμένου.	Mk 14,3 (2) →Lk 7,40	καὶ ὄντος αὐτοῦ **ἐν Βηθανίᾳ** **ἐν τῇ οἰκίᾳ Σίμωνος τοῦ λεπροῦ,** κατακειμένου αὐτοῦ ...	Lk 7,36	... καὶ εἰσελθὼν **εἰς τὸν οἶκον τοῦ Φαρισαίου** κατεκλίθη.	→ Jn 12,1-2
120	Mt 26,10	... τί κόπους παρέχετε τῇ γυναικί; ἔργον γὰρ καλὸν ἠργάσατο **εἰς ἐμέ·**	Mk 14,6	... ἄφετε αὐτήν· τί αὐτῇ κόπους παρέχετε; καλὸν ἔργον ἠργάσατο **ἐν ἐμοί.**			→ Jn 12,7

210	Mt 26,13	... ὅπου ἐὰν κηρυχθῇ τὸ εὐαγγέλιον τοῦτο **ἐν ὅλῳ τῷ κόσμῳ,** λαληθήσεται καὶ ὃ ἐποίησεν αὕτη εἰς μνημόσυνον αὐτῆς.	Mk 14,9	... ὅπου ἐὰν κηρυχθῇ τὸ εὐαγγέλιον **εἰς ὅλον τὸν κόσμον,** καὶ ὃ ἐποίησεν αὕτη λαληθήσεται εἰς μνημόσυνον αὐτῆς.			
a 112	Mt 26,17	τῇ δὲ πρώτῃ τῶν ἀζύμων ...	Mk 14,12	καὶ τῇ πρώτῃ ἡμέρᾳ τῶν ἀζύμων, ὅτε τὸ πάσχα ἔθυον, ...	Lk 22,7	ἦλθεν δὲ ἡ ἡμέρα τῶν ἀζύμων, **[ἐν] ᾗ** ἔδει θύεσθαι τὸ πάσχα·	→ Jn 13,1
210	Mt 26,23 → Lk 22,21	... ὁ ἐμβάψας μετ' ἐμοῦ τὴν χεῖρα **ἐν τῷ τρυβλίῳ** οὗτός με παραδώσει.	Mk 14,20 → Lk 22,21	... εἷς τῶν δώδεκα, ὁ ἐμβαπτόμενος μετ' ἐμοῦ **εἰς τὸ τρύβλιον.**			→ Jn 13,26
002					Lk 22,16 ↓ Mt 26,29 ↓ Mk 14,25 ↓ Lk 22,18	λέγω γὰρ ὑμῖν ὅτι οὐ μὴ φάγω αὐτὸ ἕως ὅτου πληρωθῇ **ἐν τῇ βασιλείᾳ τοῦ θεοῦ.**	
112	Mt 26,28	τοῦτο γάρ ἐστιν **τὸ αἷμά μου** τῆς διαθήκης τὸ περὶ πολλῶν ἐκχυννόμενον εἰς ἄφεσιν ἁμαρτιῶν.	Mk 14,24	... τοῦτό ἐστιν **τὸ αἷμά μου** τῆς διαθήκης τὸ ἐκχυννόμενον ὑπὲρ πολλῶν.	Lk 22,20	... τοῦτο τὸ ποτήριον ἡ καινὴ διαθήκη **ἐν τῷ αἵματί μου,** τὸ ὑπὲρ ὑμῶν ἐκχυννόμενον.	→ 1Cor 11,25
221	Mt 26,29	λέγω δὲ ὑμῖν, οὐ μὴ πίω ἀπ' ἄρτι ἐκ τούτου τοῦ γενήματος τῆς ἀμπέλου ἕως τῆς ἡμέρας ἐκείνης ὅταν αὐτὸ πίνω μεθ' ὑμῶν καινὸν **ἐν τῇ βασιλείᾳ τοῦ πατρός μου.**	Mk 14,25	ἀμὴν λέγω ὑμῖν ὅτι οὐκέτι οὐ μὴ πίω ἐκ τοῦ γενήματος τῆς ἀμπέλου ἕως τῆς ἡμέρας ἐκείνης ὅταν αὐτὸ πίνω καινὸν **ἐν τῇ βασιλείᾳ τοῦ θεοῦ.**	Lk 22,18 ↑ Lk 22,16	λέγω γὰρ ὑμῖν, [ὅτι] οὐ μὴ πίω ἀπὸ τοῦ νῦν ἀπὸ τοῦ γενήματος τῆς ἀμπέλου ἕως οὗ **ἡ βασιλεία τοῦ θεοῦ** ἔλθῃ.	
002					Lk 22,24 ↑ Lk 9,46	ἐγένετο δὲ καὶ φιλονεικία **ἐν αὐτοῖς,** τὸ τίς αὐτῶν δοκεῖ εἶναι μείζων.	
222	Mt 20,26 (2) ⇧ Mt 23,11	οὐχ οὕτως ἔσται ἐν ὑμῖν, ἀλλ' ὃς ἐὰν θέλῃ **ἐν ὑμῖν** μέγας γενέσθαι ἔσται ὑμῶν διάκονος	Mk 10,43 (2) ⇨ Mk 9,35	οὐχ οὕτως δέ ἐστιν ἐν ὑμῖν, ἀλλ' ὃς ἂν θέλῃ μέγας γενέσθαι **ἐν ὑμῖν** ἔσται ὑμῶν διάκονος	Lk 22,26	ὑμεῖς δὲ οὐχ οὕτως, ἀλλ' ὁ μείζων **ἐν ὑμῖν** γινέσθω ὡς ὁ νεώτερος ...	
112	Mt 20,28	ὥσπερ ὁ υἱὸς τοῦ ἀνθρώπου οὐκ ἦλθεν διακονηθῆναι ἀλλὰ διακονῆσαι καὶ δοῦναι τὴν ψυχὴν αὐτοῦ λύτρον ἀντὶ πολλῶν.	Mk 10,45	καὶ γὰρ ὁ υἱὸς τοῦ ἀνθρώπου οὐκ ἦλθεν διακονηθῆναι ἀλλὰ διακονῆσαι καὶ δοῦναι τὴν ψυχὴν αὐτοῦ λύτρον ἀντὶ πολλῶν.	Lk 22,27 → Lk 12,37	τίς γὰρ μείζων, ὁ ἀνακείμενος ἢ ὁ διακονῶν; οὐχὶ ὁ ἀνακείμενος; ἐγὼ δὲ **ἐν μέσῳ ὑμῶν** εἰμι ὡς ὁ διακονῶν.	→ Jn 13,13-14

[a] ἐν with reference to time
[b] ἐν with reference to scripture
[c] ὁ, ἡ, τὸ ἐν used as a noun
[d] ἐν with composite verb ἐν-
[e] ἐν τῷ and infinitive (Mt 3; Mk 2; Lk 32; Acts 6)
[f] instrumental ἐν (Mt 12; Mk 9; Lk 11; Acts 4)
[g] ὁ, ἡ, τὸ ἐν

102	Mt 19,28	... ὑμεῖς οἱ ἀκολουθήσαντές μοι			Lk 22,28	ὑμεῖς δέ ἐστε οἱ διαμεμενηκότες μετ᾽ ἐμοῦ **ἐν τοῖς πειρασμοῖς μου·**	
102		ἐν τῇ παλιγγενεσίᾳ, ὅταν καθίσῃ ὁ υἱὸς τοῦ ἀνθρώπου ἐπὶ θρόνου δόξης αὐτοῦ, καθήσεσθε καὶ ὑμεῖς ἐπὶ δώδεκα θρόνους κρίνοντες τὰς δώδεκα φυλὰς τοῦ Ἰσραήλ.			Lk 22,30 ↑ Lk 14,15 → Lk 12,37	ἵνα ἔσθητε καὶ πίνητε ἐπὶ τῆς τραπέζης μου **ἐν τῇ βασιλείᾳ μου,** καὶ καθήσεσθε ἐπὶ θρόνων τὰς δώδεκα φυλὰς κρίνοντες τοῦ Ἰσραήλ.	
002					Lk 22,37 → Mt 27,38 → Mk 15,27 → Lk 23,33	... τοῦτο τὸ γεγραμμένον δεῖ τελεσθῆναι **ἐν ἐμοί,** τό· *καὶ μετὰ ἀνόμων ἐλογίσθη*· καὶ γὰρ τὸ περὶ ἐμοῦ τέλος ἔχει. ➤ Isa 53,12	→ Jn 19,18
210 a 210	Mt 26,31 (2)	τότε λέγει αὐτοῖς ὁ Ἰησοῦς· πάντες ὑμεῖς σκανδαλισθήσεσθε **ἐν ἐμοὶ** **ἐν τῇ νυκτὶ ταύτῃ,** γέγραπται γάρ· *πατάξω τὸν ποιμένα, καὶ διασκορπισθήσονται τὰ πρόβατα τῆς ποίμνης.* ➤ Zech 13,7	Mk 14,27	καὶ λέγει αὐτοῖς ὁ Ἰησοῦς ὅτι πάντες σκανδαλισθήσεσθε, ὅτι γέγραπται· *πατάξω τὸν ποιμένα, καὶ τὰ πρόβατα διασκορπισθήσονται.* ➤ Zech 13,7			
211	Mt 26,33	... εἰ πάντες σκανδαλισθήσονται **ἐν σοί,** ἐγὼ οὐδέποτε σκανδαλισθήσομαι.	Mk 14,29	... εἰ καὶ πάντες σκανδαλισθήσονται, ἀλλ᾽ οὐκ ἐγώ.	Lk 22,33 → Mt 26,35 → Mk 14,31	... κύριε, μετὰ σοῦ ἕτοιμός εἰμι καὶ εἰς φυλακὴν καὶ εἰς θάνατον πορεύεσθαι.	→ Jn 13,37
a 211	Mt 26,34	... ἀμὴν λέγω σοι ὅτι **ἐν ταύτῃ τῇ νυκτὶ** πρὶν ἀλέκτορα φωνῆσαι τρὶς ἀπαρνήσῃ με.	Mk 14,30	... ἀμὴν λέγω σοι ὅτι σὺ σήμερον **ταύτῃ τῇ νυκτὶ** πρὶν ἢ δὶς ἀλέκτορα φωνῆσαι τρίς με ἀπαρνήσῃ.	Lk 22,34	... λέγω σοι, Πέτρε, οὐ φωνήσει σήμερον ἀλέκτωρ ἕως τρίς με ἀπαρνήσῃ εἰδέναι.	→ Jn 13,38
002					Lk 22,44	[[καὶ γενόμενος **ἐν ἀγωνίᾳ** ἐκτενέστερον προσηύχετο· ...]]	Lk 22,44 is textcritically uncertain.
f 002	→ Mt 26,51		→ Mk 14,47		Lk 22,49 → Lk 22,38 → Lk 22,50	ἰδόντες δὲ οἱ περὶ αὐτὸν τὸ ἐσόμενον εἶπαν· κύριε, εἰ πατάξομεν **ἐν μαχαίρῃ;**	
f 200	Mt 26,52	τότε λέγει αὐτῷ ὁ Ἰησοῦς· ἀπόστρεψον τὴν μάχαιράν σου εἰς τὸν τόπον αὐτῆς· πάντες γὰρ οἱ λαβόντες μάχαιραν **ἐν μαχαίρῃ** ἀπολοῦνται.			Lk 22,51	ἀποκριθεὶς δὲ ὁ Ἰησοῦς εἶπεν· ἐᾶτε ἕως τούτου· καὶ ἁψάμενος τοῦ ὠτίου ἰάσατο αὐτόν.	→ Jn 18,11

a 211	Mt 26,55 (2)	ἐν ἐκείνῃ τῇ ὥρᾳ εἶπεν ὁ Ἰησοῦς τοῖς ὄχλοις· ὡς ἐπὶ λῃστὴν ἐξήλθατε μετὰ μαχαιρῶν καὶ ξύλων συλλαβεῖν με;	Mk 14,48	καὶ ἀποκριθεὶς ὁ Ἰησοῦς εἶπεν αὐτοῖς· ὡς ἐπὶ λῃστὴν ἐξήλθατε μετὰ μαχαιρῶν καὶ ξύλων συλλαβεῖν με;	Lk 22,52 → Lk 22,54 → Mt 26,47 → Mk 14,43	εἶπεν δὲ Ἰησοῦς πρὸς τοὺς παραγενομένους ἐπ' αὐτὸν ἀρχιερεῖς καὶ στρατηγοὺς τοῦ ἱεροῦ καὶ πρεσβυτέρους· ὡς ἐπὶ λῃστὴν ἐξήλθατε μετὰ μαχαιρῶν καὶ ξύλων;	
222		καθ' ἡμέραν ἐν τῷ ἱερῷ ἐκαθεζόμην διδάσκων καὶ οὐκ ἐκρατήσατέ με.	Mk 14,49	καθ' ἡμέραν ἤμην πρὸς ὑμᾶς ἐν τῷ ἱερῷ διδάσκων καὶ οὐκ ἐκρατήσατέ με· ...	Lk 22,53	καθ' ἡμέραν ὄντος μου μεθ' ὑμῶν ἐν τῷ ἱερῷ οὐκ ἐξετείνατε τὰς χεῖρας ἐπ' ἐμέ, ...	→ Jn 18,20
112	Mt 26,58	ὁ δὲ Πέτρος ἠκολούθει αὐτῷ ἀπὸ μακρόθεν ἕως τῆς αὐλῆς τοῦ ἀρχιερέως καὶ εἰσελθὼν ἔσω ἐκάθητο μετὰ τῶν ὑπηρετῶν ἰδεῖν τὸ τέλος.	Mk 14,54	καὶ ὁ Πέτρος ἀπὸ μακρόθεν ἠκολούθησεν αὐτῷ ἕως ἔσω εἰς τὴν αὐλὴν τοῦ ἀρχιερέως καὶ ἦν συγκαθήμενος μετὰ τῶν ὑπηρετῶν καὶ θερμαινόμενος πρὸς τὸ φῶς.	Lk 22,55	[54] ... ὁ δὲ Πέτρος ἠκολούθει μακρόθεν. [55] περιαψάντων δὲ πῦρ ἐν μέσῳ τῆς αὐλῆς καὶ συγκαθισάντων ἐκάθητο ὁ Πέτρος μέσος αὐτῶν.	→ Jn 18,18
220	Mt 26,69	ὁ δὲ Πέτρος ἐκάθητο ἔξω ἐν τῇ αὐλῇ· καὶ προσῆλθεν αὐτῷ μία παιδίσκη ...	Mk 14,66	καὶ ὄντος τοῦ Πέτρου κάτω ἐν τῇ αὐλῇ ἔρχεται μία τῶν παιδισκῶν τοῦ ἀρχιερέως			→ Jn 18,17
e 211	Mt 27,12 ↓ Mk 15,4	καὶ ἐν τῷ κατηγορεῖσθαι αὐτὸν ὑπὸ τῶν ἀρχιερέων καὶ πρεσβυτέρων οὐδὲν ἀπεκρίνατο.	Mk 15,3	καὶ κατηγόρουν αὐτοῦ οἱ ἀρχιερεῖς πολλά.	Lk 23,2 ⇩ Lk 23,10	ἤρξαντο δὲ κατηγορεῖν αὐτοῦ λέγοντες· ...	
					Lk 23,10 ⇧ Lk 23,2	εἱστήκεισαν δὲ οἱ ἀρχιερεῖς καὶ οἱ γραμματεῖς εὐτόνως κατηγοροῦντες αὐτοῦ.	Lk: before Herod
002					Lk 23,4 ↓ Lk 23,14 ↓ Mt 27,23 ↓ Mk 15,14 ↓ Lk 23,22	... οὐδὲν εὑρίσκω αἴτιον ἐν τῷ ἀνθρώπῳ τούτῳ.	→ Jn 18,38 → Acts 13,28
002 *a* 002					Lk 23,7 (2)	καὶ ἐπιγνοὺς ὅτι ἐκ τῆς ἐξουσίας Ἡρῴδου ἐστὶν ἀνέπεμψεν αὐτὸν πρὸς Ἡρῴδην, ὄντα καὶ αὐτὸν ἐν Ἱεροσολύμοις ἐν ταύταις ταῖς ἡμέραις.	
002	Mt 27,13	τότε λέγει αὐτῷ ὁ Πιλᾶτος· οὐκ ἀκούεις πόσα σου καταμαρτυροῦσιν; [14] καὶ οὐκ ἀπεκρίθη αὐτῷ πρὸς οὐδὲ ἓν ῥῆμα, ...	Mk 15,4 ↑ Mt 27,12	ὁ δὲ Πιλᾶτος πάλιν ἐπηρώτα αὐτὸν λέγων· οὐκ ἀποκρίνῃ οὐδέν; ἴδε πόσα σου κατηγοροῦσιν. [5] ὁ δὲ Ἰησοῦς οὐκέτι οὐδὲν ἀπεκρίθη, ...	Lk 23,9	ἐπηρώτα δὲ αὐτὸν ἐν λόγοις ἱκανοῖς, αὐτὸς δὲ οὐδὲν ἀπεκρίνατο αὐτῷ.	Mt/Mk: before Pilate; Lk: before Herod
a 002 002					Lk 23,12 (2)	ἐγένοντο δὲ φίλοι ὅ τε Ἡρῴδης καὶ ὁ Πιλᾶτος ἐν αὐτῇ τῇ ἡμέρᾳ μετ' ἀλλήλων· προϋπῆρχον γὰρ ἐν ἔχθρᾳ ὄντες πρὸς αὐτούς.	

002					Lk 23,14 ↑ Lk 23,4 ↓ Mt 27,23 ↓ Mk 15,14 ↓ Lk 23,22	... καὶ ἰδοὺ ἐγὼ ἐνώπιον ὑμῶν ἀνακρίνας οὐθὲν εὗρον **ἐν τῷ ἀνθρώπῳ τούτῳ** αἴτιον ὧν κατηγορεῖτε κατ᾽ αὐτοῦ.	→ Acts 13,28
121 112 112	Mt 27,16 → Mt 27,26	εἶχον δὲ τότε δέσμιον ἐπίσημον λεγόμενον [Ἰησοῦν] Βαραββᾶν.	Mk 15,7 → Mk 15,15	ἦν δὲ ὁ λεγόμενος Βαραββᾶς μετὰ τῶν στασιαστῶν δεδεμένος οἵτινες **ἐν τῇ στάσει** φόνον πεποιήκεισαν.	Lk 23,19 (2) → Lk 23,25	ὅστις ἦν **διὰ στάσιν** τινὰ γενομένην **ἐν τῇ πόλει** καὶ φόνον βληθεὶς **ἐν τῇ φυλακῇ.**	→ Jn 18,40
112	Mt 27,23	... τί γὰρ κακὸν ἐποίησεν; ...	Mk 15,14	... τί γὰρ ἐποίησεν κακόν; ...	Lk 23,22 ↑ Lk 23,4 ↑ Lk 23,14 → Lk 23,16	... τί γὰρ κακὸν ἐποίησεν οὗτος; οὐδὲν αἴτιον θανάτου εὗρον **ἐν αὐτῷ·** παιδεύσας οὖν αὐτὸν ἀπολύσω.	→ Jn 19,6 → Acts 13,28
210	Mt 27,29	καὶ πλέξαντες στέφανον ἐξ ἀκανθῶν ἐπέθηκαν ἐπὶ τῆς κεφαλῆς αὐτοῦ καὶ κάλαμον **ἐν τῇ δεξιᾷ αὐτοῦ**, ...	Mk 15,17	... καὶ περιτιθέασιν αὐτῷ πλέξαντες ἀκάνθινον στέφανον·	Lk 23,11 → Mt 27,27 → Mk 15,16	ἐξουθενήσας δὲ αὐτὸν [καὶ] ὁ Ἡρῴδης σὺν τοῖς στρατεύμασιν αὐτοῦ ...	→ Jn 19,2
a 002					Lk 23,29 ↑ Mt 24,19 ↑ Mk 13,17 ↑ Lk 21,23	ὅτι ἰδοὺ ἔρχονται ἡμέραι **ἐν αἷς** ἐροῦσιν· μακάριαι αἱ στεῖραι καὶ αἱ κοιλίαι αἳ οὐκ ἐγέννησαν καὶ μαστοὶ οἳ οὐκ ἔθρεψαν.	
002 002					Lk 23,31 (2)	ὅτι εἰ **ἐν τῷ ὑγρῷ ξύλῳ** ταῦτα ποιοῦσιν, **ἐν τῷ ξηρῷ** τί γένηται;	
a 220	Mt 27,40 → Mt 26,61	... ὁ καταλύων τὸν ναὸν καὶ **ἐν τρισὶν ἡμέραις** οἰκοδομῶν, ...	Mk 15,29 → Mk 14,58	... οὐὰ ὁ καταλύων τὸν ναὸν καὶ οἰκοδομῶν **ἐν τρισὶν ἡμέραις**			→ Jn 2,19 → Acts 6,14
002					Lk 23,40	... οὐδὲ φοβῇ σὺ τὸν θεόν, ὅτι **ἐν τῷ αὐτῷ κρίματι** εἶ;	
002					Lk 23,43	... ἀμήν σοι λέγω, σήμερον μετ᾽ ἐμοῦ ἔσῃ **ἐν τῷ παραδείσῳ.**	
	Mt 27,55	ἦσαν δὲ ἐκεῖ γυναῖκες πολλαὶ ἀπὸ μακρόθεν θεωροῦσαι, ...	Mk 15,40	ἦσαν δὲ καὶ γυναῖκες ἀπὸ μακρόθεν θεωροῦσαι,	Lk 23,49	εἱστήκεισαν δὲ πάντες οἱ γνωστοὶ αὐτῷ ἀπὸ μακρόθεν καὶ γυναῖκες ↔	
220	Mt 27,56 → Mt 27,61 → Mt 28,1	**ἐν αἷς** ἦν Μαρία ἡ Μαγδαληνὴ καὶ Μαρία ἡ τοῦ Ἰακώβου καὶ Ἰωσὴφ μήτηρ καὶ ἡ μήτηρ τῶν υἱῶν Ζεβεδαίου.	→ Mk 15,47 → Mk 16,1	**ἐν αἷς** καὶ Μαρία ἡ Μαγδαληνὴ καὶ Μαρία ἡ Ἰακώβου τοῦ μικροῦ καὶ Ἰωσῆτος μήτηρ καὶ Σαλώμη,			→ Jn 19,25

121	Mt 27,55 → Mt 27,61	... αἵτινες ἠκολούθησαν τῷ Ἰησοῦ ἀπὸ τῆς Γαλιλαίας διακονοῦσαι αὐτῷ·	Mk 15,41 → Mk 15,47	αἳ ὅτε ἦν ἐν τῇ Γαλιλαίᾳ ἠκολούθουν αὐτῷ καὶ διηκόνουν αὐτῷ, ...	Lk 23,49 → Lk 23,55 → Lk 8,2-3	↔ αἱ συνακολουθοῦσαι αὐτῷ ἀπὸ τῆς Γαλιλαίας ὁρῶσαι ταῦτα.	
d 211	Mt 27,59	καὶ λαβὼν τὸ σῶμα ὁ Ἰωσὴφ ἐνετύλιξεν αὐτὸ [ἐν] σινδόνι καθαρᾷ	Mk 15,46	καὶ ἀγοράσας σινδόνα καθελὼν αὐτὸν ἐνείλησεν τῇ σινδόνι	Lk 23,53	καὶ καθελὼν ἐνετύλιξεν αὐτὸ σινδόνι	→ Jn 19,40
222 211	Mt 27,60 (2)	καὶ ἔθηκεν αὐτὸ ἐν τῷ καινῷ αὐτοῦ μνημείῳ ὃ ἐλατόμησεν ἐν τῇ πέτρᾳ καὶ προσκυλίσας λίθον μέγαν τῇ θύρᾳ τοῦ μνημείου ἀπῆλθεν.		καὶ ἔθηκεν αὐτὸν ἐν μνημείῳ ὃ ἦν λελατομημένον ἐκ πέτρας καὶ προσεκύλισεν λίθον ἐπὶ τὴν θύραν τοῦ μνημείου.		καὶ ἔθηκεν αὐτὸν ἐν μνήματι λαξευτῷ οὗ οὐκ ἦν οὐδεὶς οὔπω κείμενος.	→ Jn 19,41 → Jn 19,41
e 012 021 012	Mt 28,3	[2] ...ἄγγελος γὰρ κυρίου καταβὰς ἐξ οὐρανοῦ ... [3] ἦν δὲ ἡ εἰδέα αὐτοῦ ὡς ἀστραπὴ καὶ τὸ ἔνδυμα αὐτοῦ λευκὸν ὡς χιών.	Mk 16,5	καὶ εἰσελθοῦσαι εἰς τὸ μνημεῖον εἶδον νεανίσκον καθήμενον ἐν τοῖς δεξιοῖς περιβεβλημένον στολὴν λευκήν, ...	Lk 24,4 (2) → Lk 24,23	καὶ ἐγένετο ἐν τῷ ἀπορεῖσθαι αὐτὰς περὶ τούτου καὶ ἰδοὺ ἄνδρες δύο ἐπέστησαν αὐταῖς ἐν ἐσθῆτι ἀστραπτούσῃ.	→ Jn 20,12 → Jn 20,12
112	Mt 28,6	οὐκ ἔστιν ὧδε, ἠγέρθη γὰρ καθὼς εἶπεν· δεῦτε ἴδετε τὸν τόπον ὅπου ἔκειτο.	Mk 16,6	... ἠγέρθη, οὐκ ἔστιν ὧδε· ἴδε ὁ τόπος ὅπου ἔθηκαν αὐτόν.	Lk 24,6 → Lk 24,23 → Lk 9,22 → Lk 9,44	οὐκ ἔστιν ὧδε, ἀλλὰ ἠγέρθη. μνήσθητε ὡς ἐλάλησεν ὑμῖν ἔτι ὢν ἐν τῇ Γαλιλαίᾳ	
a 002					Lk 24,13	καὶ ἰδοὺ δύο ἐξ αὐτῶν ἐν αὐτῇ τῇ ἡμέρᾳ ἦσαν πορευόμενοι εἰς κώμην ...	
e 002					Lk 24,15	καὶ ἐγένετο ἐν τῷ ὁμιλεῖν αὐτοὺς καὶ συζητεῖν καὶ αὐτὸς Ἰησοῦς ἐγγίσας συνεπορεύετο αὐτοῖς	
002 *a* 002					Lk 24,18 (2)	... σὺ μόνος παροικεῖς Ἰερουσαλὴμ καὶ οὐκ ἔγνως τὰ γενόμενα ἐν αὐτῇ ἐν ταῖς ἡμέραις ταύταις;	
002					Lk 24,19	... τὰ περὶ Ἰησοῦ τοῦ Ναζαρηνοῦ, ὃς ἐγένετο ἀνὴρ προφήτης δυνατὸς ἐν ἔργῳ καὶ λόγῳ ἐναντίον τοῦ θεοῦ καὶ παντὸς τοῦ λαοῦ	→ Acts 2,22 → Acts 10,38
b 002					Lk 24,27 ↓ Lk 24,44	καὶ ἀρξάμενος ἀπὸ Μωϋσέως καὶ ἀπὸ πάντων τῶν προφητῶν διερμήνευσεν αὐτοῖς ἐν πάσαις ταῖς γραφαῖς τὰ περὶ ἑαυτοῦ.	

	Mt	Mk	Lk	
e 002			**Lk 24,30** καὶ ἐγένετο **ἐν τῷ κατακλιθῆναι** αὐτὸν μετ' αὐτῶν λαβὼν τὸν ἄρτον εὐλόγησεν καὶ κλάσας ἐπεδίδου αὐτοῖς	
002 002			**Lk 24,32** (2) ... οὐχὶ ἡ καρδία ἡμῶν καιομένη ἦν **[ἐν ἡμῖν]** ὡς ἐλάλει ἡμῖν **ἐν τῇ ὁδῷ,** ὡς διήνοιγεν ἡμῖν τὰς γραφάς;	
c 002 002			**Lk 24,35** (2) καὶ αὐτοὶ ἐξηγοῦντο **τὰ ἐν τῇ ὁδῷ** καὶ ὡς ἐγνώσθη αὐτοῖς **ἐν τῇ κλάσει τοῦ ἄρτου.**	
002			**Lk 24,36** ταῦτα δὲ αὐτῶν λαλούντων αὐτὸς ἔστη **ἐν μέσῳ αὐτῶν** καὶ λέγει αὐτοῖς· εἰρήνη ὑμῖν.	→ Jn 20,19
002			**Lk 24,38** ... τί τεταραγμένοι ἐστὲ καὶ διὰ τί διαλογισμοὶ ἀναβαίνουσιν **ἐν τῇ καρδίᾳ ὑμῶν;**	
b 002			**Lk 24,44** ↑ Lk 24,27 ... ὅτι δεῖ πληρωθῆναι πάντα τὰ γεγραμμένα **ἐν τῷ νόμῳ Μωϋσέως καὶ τοῖς προφήταις καὶ ψαλμοῖς** περὶ ἐμοῦ.	
002			**Lk 24,49** ... ὑμεῖς δὲ καθίσατε **ἐν τῇ πόλει** ἕως οὗ ἐνδύσησθε ἐξ ὕψους δύναμιν.	→ **Acts 1,8** → Acts 2,33
200	**Mt 28,18** → Mt 11,27 → Lk 10,22 ... ἐδόθη μοι πᾶσα ἐξουσία **ἐν οὐρανῷ** καὶ ἐπὶ [τῆς] γῆς.			
e 002			**Lk 24,51** ↑ Lk 9,51 καὶ ἐγένετο **ἐν τῷ εὐλογεῖν** αὐτὸν αὐτοὺς διέστη ἀπ' αὐτῶν καὶ ἀνεφέρετο εἰς τὸν οὐρανόν.	→ Acts 1,2.9 → Acts 1,11.22
002			**Lk 24,53** καὶ ἦσαν διὰ παντὸς **ἐν τῷ ἱερῷ** εὐλογοῦντες τὸν θεόν.	→ Acts 1,14 → **Acts 2,46**

a ἐν with reference to time
b ἐν with reference to scripture
c ὁ, ἡ, τὸ ἐν used as a noun
d ἐν with composite verb ἐν-
e ἐν τῷ and infinitive (Mt 3; Mk 2; Lk 32; Acts 6)
f instrumental ἐν (Mt 12; Mk 9; Lk 11; Acts 4)
g ὁ, ἡ, τὸ ἐν

Acts 1,3 οἷς καὶ παρέστησεν ἑαυτὸν ζῶντα μετὰ τὸ παθεῖν αὐτὸν **ἐν πολλοῖς τεκμηρίοις,** δι' ἡμερῶν τεσσεράκοντα ὀπτανόμενος αὐτοῖς ...

Acts 1,5 → Mt 3,11 → Mk 1,8 → Lk 3,16 → Acts 11,16 → Acts 19,4 ὅτι Ἰωάννης μὲν ἐβάπτισεν ὕδατι, ὑμεῖς δὲ **ἐν πνεύματι βαπτισθήσεσθε ἁγίῳ** οὐ μετὰ πολλὰς ταύτας ἡμέρας.

a **Acts 1,6** οἱ μὲν οὖν συνελθόντες ἠρώτων αὐτὸν λέγοντες· κύριε, εἰ **ἐν τῷ χρόνῳ τούτῳ** ἀποκαθιστάνεις τὴν βασιλείαν τῷ Ἰσραήλ;

Acts 1,7 ... οὐχ ὑμῶν ἐστιν γνῶναι χρόνους ἢ καιροὺς οὓς ὁ πατὴρ ἔθετο
ἐν τῇ ἰδίᾳ ἐξουσίᾳ,

Acts 1,8 (2) ... καὶ ἔσεσθέ μου μάρτυρες
ἔν τε Ἰερουσαλὴμ
→ Acts 13,47 καὶ
[ἐν] πάσῃ τῇ Ἰουδαίᾳ καὶ Σαμαρείᾳ
καὶ ἕως ἐσχάτου τῆς γῆς.

Acts 1,10 ... καὶ ἰδοὺ ἄνδρες δύο παρειστήκεισαν αὐτοῖς
ἐν ἐσθήσεσι λευκαῖς

a **Acts 1,15 (2)** καὶ
ἐν ταῖς ἡμέραις ταύταις
ἀναστὰς Πέτρος
ἐν μέσῳ τῶν ἀδελφῶν
εἶπεν· ...

Acts 1,17 ὅτι κατηριθμημένος ἦν
ἐν ἡμῖν
καὶ ἔλαχεν τὸν κλῆρον τῆς διακονίας ταύτης.

b **Acts 1,20 (2)** γέγραπται γὰρ
ἐν βίβλῳ ψαλμῶν·
γενηθήτω ἡ ἔπαυλις αὐτοῦ ἔρημος καὶ μὴ ἔστω ὁ κατοικῶν
ἐν αὐτῇ,
καί· *τὴν ἐπισκοπὴν αὐτοῦ λαβέτω ἕτερος.*
➤ Ps 69,26; Ps 109,8

a **Acts 1,21** δεῖ οὖν τῶν συνελθόντων ἡμῖν ἀνδρῶν
ἐν παντὶ χρόνῳ
ᾧ εἰσῆλθεν καὶ ἐξῆλθεν ἐφ᾽ ἡμᾶς ὁ κύριος Ἰησοῦς,
[22] ... μάρτυρα τῆς ἀναστάσεως αὐτοῦ σὺν ἡμῖν γενέσθαι ἕνα τούτων.

a *e* **Acts 2,1** καὶ
ἐν τῷ συμπληροῦσθαι
τὴν ἡμέραν τῆς πεντηκοστῆς ἦσαν πάντες ὁμοῦ ἐπὶ τὸ αὐτό.

Acts 2,8 καὶ πῶς ἡμεῖς ἀκούομεν ἕκαστος τῇ ἰδίᾳ διαλέκτῳ ἡμῶν
ἐν ᾗ
ἐγεννήθημεν;

a **Acts 2,17** *καὶ ἔσται*
ἐν ταῖς ἐσχάταις ἡμέραις,
λέγει ὁ θεός, *ἐκχεῶ ἀπὸ τοῦ πνεύματός μου ἐπὶ πᾶσαν σάρκα, ...*
➤ Joel 3,1 LXX

a **Acts 2,18** *καί γε ἐπὶ τοὺς δούλους μου καὶ ἐπὶ τὰς δούλας μου*
ἐν ταῖς ἡμέραις ἐκείναις
ἐκχεῶ ἀπὸ τοῦ πνεύματός μου, καὶ προφητεύσουσιν.
➤ Joel 3,2 LXX

Acts 2,19 *καὶ δώσω τέρατα*
→ Lk 21,11
→ **Lk 21,25**
ἐν τῷ οὐρανῷ *ἄνω*
καὶ σημεῖα *ἐπὶ τῆς γῆς* κάτω, *αἷμα καὶ πῦρ καὶ ἀτμίδα καπνοῦ.*
➤ Joel 3,3 LXX

Acts 2,22 ... Ἰησοῦν τὸν Ναζωραῖον,
→ **Lk 24,19** ἄνδρα ἀποδεδειγμένον ἀπὸ τοῦ θεοῦ εἰς ὑμᾶς δυνάμεσι καὶ τέρασι καὶ σημείοις οἷς ἐποίησεν δι᾽ αὐτοῦ ὁ θεὸς
ἐν μέσῳ ὑμῶν
καθὼς αὐτοὶ οἴδατε

Acts 2,29 ... καὶ τὸ μνῆμα αὐτοῦ ἔστιν
ἐν ἡμῖν
ἄχρι τῆς ἡμέρας ταύτης.

a **Acts 2,41** οἱ μὲν οὖν ἀποδεξάμενοι τὸν λόγον αὐτοῦ ἐβαπτίσθησαν καὶ προσετέθησαν
ἐν τῇ ἡμέρᾳ ἐκείνῃ
ψυχαὶ ὡσεὶ τρισχίλιαι.

Acts 2,46 (2) καθ᾽ ἡμέραν τε προσκαρτεροῦντες ὁμοθυμαδὸν
→ **Lk 24,53**
ἐν τῷ ἱερῷ,
κλῶντές τε κατ᾽ οἶκον ἄρτον, μετελάμβανον τροφῆς
ἐν ἀγαλλιάσει
καὶ ἀφελότητι καρδίας

Acts 3,6 ... ὃ δὲ ἔχω τοῦτό σοι δίδωμι·
ἐν τῷ ὀνόματι Ἰησοῦ Χριστοῦ τοῦ Ναζωραίου
[ἔγειρε καὶ] περιπάτει.

d **Acts 3,25** ... *καὶ*
ἐν τῷ σπέρματί σου
[ἐν]ευλογηθήσονται πᾶσαι αἱ πατριαὶ τῆς γῆς.
➤ Gen 22,18

e **Acts 3,26** ὑμῖν πρῶτον ἀναστήσας ὁ θεὸς τὸν παῖδα αὐτοῦ ἀπέστειλεν αὐτὸν εὐλογοῦντα ὑμᾶς
ἐν τῷ ἀποστρέφειν
ἕκαστον ἀπὸ τῶν πονηριῶν ὑμῶν.

Acts 4,2 διαπονούμενοι διὰ τὸ διδάσκειν αὐτοὺς τὸν λαὸν καὶ καταγγέλλειν
ἐν τῷ Ἰησοῦ
τὴν ἀνάστασιν τὴν ἐκ νεκρῶν

Acts 4,5 ἐγένετο δὲ ἐπὶ τὴν αὔριον συναχθῆναι αὐτῶν τοὺς ἄρχοντας καὶ τοὺς πρεσβυτέρους καὶ τοὺς γραμματεῖς
ἐν Ἰερουσαλήμ

Acts 4,7 (3) καὶ στήσαντες αὐτοὺς
ἐν τῷ μέσῳ
ἐπυνθάνοντο·
f **ἐν ποίᾳ δυνάμει**
f ἢ
ἐν ποίῳ ὀνόματι
ἐποιήσατε τοῦτο ὑμεῖς;

f **Acts 4,9** εἰ ἡμεῖς σήμερον ἀνακρινόμεθα ἐπὶ εὐεργεσίᾳ ἀνθρώπου ἀσθενοῦς
ἐν τίνι
οὗτος σέσωται,

Acts 4,10 (2) γνωστὸν ἔστω πᾶσιν ὑμῖν καὶ παντὶ τῷ λαῷ Ἰσραὴλ ὅτι
ἐν τῷ ὀνόματι Ἰησοῦ Χριστοῦ τοῦ Ναζωραίου
ὃν ὑμεῖς ἐσταυρώσατε,
ὃν ὁ θεὸς ἤγειρεν ἐκ νεκρῶν,
ἐν τούτῳ
οὗτος παρέστηκεν ἐνώπιον ὑμῶν ὑγιής.

Acts 4,12 (3) καὶ οὐκ ἔστιν
ἐν ἄλλῳ οὐδενὶ
ἡ σωτηρία,
οὐδὲ γὰρ ὄνομά ἐστιν ἕτερον ὑπὸ τὸν οὐρανὸν τὸ δεδομένον
ἐν ἀνθρώποις
f **ἐν ᾧ**
δεῖ σωθῆναι ἡμᾶς.

c **Acts 4,24** ... *σὺ ὁ ποιήσας τὸν οὐρανὸν καὶ τὴν γῆν καὶ τὴν θάλασσαν καὶ*
πάντα τὰ ἐν αὐτοῖς
➤ 2Kings 19,15/Isa 37,16/ Neh 9,6/Exod 20,11/Ps 146,6

Acts 4,27 συνήχθησαν γὰρ ἐπ᾽ ἀληθείας
ἐν τῇ πόλει ταύτῃ
ἐπὶ τὸν ἅγιον παῖδά σου Ἰησοῦν ὃν ἔχρισας, Ἡρῴδης τε καὶ Πόντιος Πιλᾶτος σὺν ἔθνεσιν καὶ λαοῖς Ἰσραήλ

e **Acts 4,30** **ἐν τῷ τὴν χεῖρά [σου] ἐκτείνειν** σε εἰς ἴασιν καὶ σημεῖα καὶ τέρατα γίνεσθαι διὰ τοῦ ὀνόματος τοῦ ἁγίου παιδός σου Ἰησοῦ.

Acts 4,31 καὶ δεηθέντων αὐτῶν ἐσαλεύθη ὁ τόπος **ἐν ᾧ** ἦσαν συνηγμένοι, ...

Acts 4,34 οὐδὲ γὰρ ἐνδεής τις ἦν **ἐν αὐτοῖς**· ...

Acts 5,4 (2) οὐχὶ μένον σοὶ ἔμενεν καὶ πραθὲν **ἐν τῇ σῇ ἐξουσίᾳ** ὑπῆρχεν; τί ὅτι ἔθου **ἐν τῇ καρδίᾳ σου** τὸ πρᾶγμα τοῦτο; οὐκ ἐψεύσω ἀνθρώποις ἀλλὰ τῷ θεῷ.

Acts 5,12 (2) διὰ δὲ τῶν χειρῶν τῶν ἀποστόλων ἐγίνετο σημεῖα καὶ τέρατα πολλὰ **ἐν τῷ λαῷ.** καὶ ἦσαν ὁμοθυμαδὸν ἅπαντες **ἐν τῇ στοᾷ Σολομῶντος**

Acts 5,18 καὶ ἐπέβαλον τὰς χεῖρας ἐπὶ τοὺς ἀποστόλους καὶ ἔθεντο αὐτοὺς **ἐν τηρήσει δημοσίᾳ.**

Acts 5,20 πορεύεσθε καὶ σταθέντες λαλεῖτε **ἐν τῷ ἱερῷ** τῷ λαῷ πάντα τὰ ῥήματα τῆς ζωῆς ταύτης.

Acts 5,22 οἱ δὲ παραγενόμενοι ὑπηρέται οὐχ εὗρον αὐτοὺς **ἐν τῇ φυλακῇ**· ἀναστρέψαντες δὲ ἀπήγγειλαν

Acts 5,23 ... τὸ δεσμωτήριον εὕρομεν κεκλεισμένον **ἐν πάσῃ ἀσφαλείᾳ** καὶ τοὺς φύλακας ἑστῶτας ἐπὶ τῶν θυρῶν, ἀνοίξαντες δὲ ἔσω οὐδένα εὕρομεν.

Acts 5,25 (2) παραγενόμενος δέ τις ἀπήγγειλεν αὐτοῖς ὅτι ἰδοὺ οἱ ἄνδρες οὓς ἔθεσθε **ἐν τῇ φυλακῇ** εἰσὶν **ἐν τῷ ἱερῷ** ἑστῶτες καὶ διδάσκοντες τὸν λαόν.

Acts 5,27 ἀγαγόντες δὲ αὐτοὺς ἔστησαν **ἐν τῷ συνεδρίῳ.** καὶ ἐπηρώτησεν αὐτοὺς ὁ ἀρχιερεὺς

Acts 5,34 ἀναστὰς δέ τις **ἐν τῷ συνεδρίῳ** Φαρισαῖος ὀνόματι Γαμαλιήλ, ...

a **Acts 5,37** μετὰ τοῦτον ἀνέστη Ἰούδας ὁ Γαλιλαῖος **ἐν ταῖς ἡμέραις τῆς ἀπογραφῆς** καὶ ἀπέστησεν λαὸν ὀπίσω αὐτοῦ· ...

Acts 5,42 πᾶσάν τε ἡμέραν **ἐν τῷ ἱερῷ** καὶ κατ᾽ οἶκον οὐκ ἐπαύοντο διδάσκοντες καὶ εὐαγγελιζόμενοι τὸν χριστὸν Ἰησοῦν.

a **Acts 6,1 (2)** **ἐν δὲ ταῖς ἡμέραις ταύταις** πληθυνόντων τῶν μαθητῶν ἐγένετο γογγυσμὸς τῶν Ἑλληνιστῶν πρὸς τοὺς Ἑβραίους, ὅτι παρεθεωροῦντο **ἐν τῇ διακονίᾳ τῇ καθημερινῇ** αἱ χῆραι αὐτῶν.

Acts 6,7 καὶ ὁ λόγος τοῦ θεοῦ ηὔξανεν καὶ ἐπληθύνετο ὁ ἀριθμὸς τῶν μαθητῶν **ἐν Ἰερουσαλὴμ** σφόδρα, πολύς τε ὄχλος τῶν ἱερέων ὑπήκουον τῇ πίστει.

Acts 6,8 Στέφανος δὲ πλήρης χάριτος καὶ δυνάμεως ἐποίει τέρατα καὶ σημεῖα μεγάλα **ἐν τῷ λαῷ.**

Acts 6,15 καὶ ἀτενίσαντες εἰς αὐτὸν πάντες οἱ καθεζόμενοι **ἐν τῷ συνεδρίῳ** εἶδον τὸ πρόσωπον αὐτοῦ ὡσεὶ πρόσωπον ἀγγέλου.

Acts 7,2 (2) ... ὁ θεὸς τῆς δόξης ὤφθη τῷ πατρὶ ἡμῶν Ἀβραὰμ ὄντι **ἐν τῇ Μεσοποταμίᾳ** πρὶν ἢ κατοικῆσαι αὐτὸν **ἐν Χαρράν**

Acts 7,4 τότε ἐξελθὼν ἐκ γῆς Χαλδαίων κατῴκησεν **ἐν Χαρράν. ...**

Acts 7,5 καὶ οὐκ ἔδωκεν αὐτῷ κληρονομίαν **ἐν αὐτῇ** οὐδὲ βῆμα ποδὸς ...

Acts 7,6 ἐλάλησεν δὲ οὕτως ὁ θεὸς ὅτι *ἔσται τὸ σπέρμα αὐτοῦ πάροικον* ***ἐν γῇ ἀλλοτρίᾳ*** *καὶ δουλώσουσιν αὐτὸ καὶ κακώσουσιν ἔτη τετρακόσια·*
➢ Gen 15,13; Exod 2,22

Acts 7,7 ... καὶ λατρεύσουσίν μοι **ἐν τῷ τόπῳ τούτῳ.**

a **Acts 7,13** καὶ **ἐν τῷ δευτέρῳ** ἀνεγνωρίσθη Ἰωσὴφ τοῖς ἀδελφοῖς αὐτοῦ ...

Acts 7,14 ἀποστείλας δὲ Ἰωσὴφ μετεκαλέσατο Ἰακὼβ τὸν πατέρα αὐτοῦ καὶ πᾶσαν τὴν συγγένειαν **ἐν ψυχαῖς ἑβδομήκοντα πέντε.**

Acts 7,16 (2) καὶ μετετέθησαν εἰς Συχὲμ καὶ ἐτέθησαν **ἐν τῷ μνήματι** ᾧ ὠνήσατο Ἀβραὰμ τιμῆς ἀργυρίου παρὰ τῶν υἱῶν Ἑμμὼρ **ἐν Συχέμ.**

Acts 7,17 καθὼς δὲ ἤγγιζεν ὁ χρόνος τῆς ἐπαγγελίας ἧς ὡμολόγησεν ὁ θεὸς τῷ Ἀβραάμ, ηὔξησεν ὁ λαὸς καὶ ἐπληθύνθη **ἐν Αἰγύπτῳ**

a **Acts 7,20 (2)** **ἐν ᾧ καιρῷ** ἐγεννήθη Μωϋσῆς καὶ ἦν ἀστεῖος τῷ θεῷ· ὃς ἀνετράφη μῆνας τρεῖς **ἐν τῷ οἴκῳ τοῦ πατρός**

Acts 7,22 (2) καὶ ἐπαιδεύθη Μωϋσῆς **[ἐν] πάσῃ σοφίᾳ Αἰγυπτίων,** ἦν δὲ δυνατὸς **ἐν λόγοις καὶ ἔργοις αὐτοῦ.**

Acts 7,29 (2) ἔφυγεν δὲ Μωϋσῆς **ἐν τῷ λόγῳ τούτῳ** καὶ ἐγένετο πάροικος **ἐν γῇ Μαδιάμ,** οὗ ἐγέννησεν υἱοὺς δύο.

Acts 7,30 (2) καὶ πληρωθέντων ἐτῶν τεσσεράκοντα ὤφθη αὐτῷ **ἐν τῇ ἐρήμῳ τοῦ ὄρους Σινᾶ** ἄγγελος **ἐν φλογὶ πυρὸς βάτου.**
➢ Exod 3,2

g **Acts 7,34** *ἰδὼν εἶδον τὴν κάκωσιν τοῦ λαοῦ μου* ***τοῦ ἐν Αἰγύπτῳ*** *καὶ τοῦ στεναγμοῦ αὐτῶν ἤκουσα, ...* ➤ Exod 3,7-8

Acts 7,35 ... τοῦτον ὁ θεὸς [καὶ] ἄρχοντα καὶ λυτρωτὴν ἀπέσταλκεν σὺν χειρὶ ἀγγέλου τοῦ ὀφθέντος αὐτῷ **ἐν τῇ βάτῳ.**

Acts 7,36 (3) οὗτος ἐξήγαγεν αὐτοὺς ποιήσας τέρατα καὶ σημεῖα **ἐν γῇ Αἰγύπτῳ** καὶ **ἐν ἐρυθρᾷ θαλάσσῃ** καὶ **ἐν τῇ ἐρήμῳ** ἔτη τεσσεράκοντα.

Acts 7,38 (3) οὗτός ἐστιν ὁ γενόμενος **ἐν τῇ ἐκκλησίᾳ** **ἐν τῇ ἐρήμῳ** μετὰ τοῦ ἀγγέλου τοῦ λαλοῦντος αὐτῷ **ἐν τῷ ὄρει Σινᾶ** καὶ τῶν πατέρων ἡμῶν, ὃς ἐδέξατο λόγια ζῶντα δοῦναι ἡμῖν,

Acts 7,39 ᾧ οὐκ ἠθέλησαν ὑπήκοοι γενέσθαι οἱ πατέρες ἡμῶν, ἀλλὰ ἀπώσαντο καὶ ἐστράφησαν **ἐν ταῖς καρδίαις αὐτῶν** εἰς Αἴγυπτον

a **Acts 7,41** (2) καὶ ἐμοσχοποίησαν **ἐν ταῖς ἡμέραις ἐκείναις** καὶ ἀνήγαγον θυσίαν τῷ εἰδώλῳ καὶ εὐφραίνοντο **ἐν τοῖς ἔργοις τῶν χειρῶν αὐτῶν.**

b **Acts 7,42** (2) ἔστρεψεν δὲ ὁ θεὸς καὶ παρέδωκεν αὐτοὺς λατρεύειν τῇ στρατιᾷ τοῦ οὐρανοῦ καθὼς γέγραπται **ἐν βίβλῳ τῶν προφητῶν·** *μὴ σφάγια καὶ θυσίας προσηνέγκατέ μοι ἔτη τεσσεράκοντα* ***ἐν τῇ ἐρήμῳ,*** *οἶκος Ἰσραήλ;* ➤ Amos 5,25 LXX

Acts 7,44 ἡ σκηνὴ τοῦ μαρτυρίου ἦν τοῖς πατράσιν ἡμῶν **ἐν τῇ ἐρήμῳ** καθὼς διετάξατο ὁ λαλῶν τῷ Μωϋσῇ ποιῆσαι αὐτὴν κατὰ τὸν τύπον ὃν ἑωράκει·

Acts 7,45 ἣν καὶ εἰσήγαγον διαδεξάμενοι οἱ πατέρες ἡμῶν μετὰ Ἰησοῦ **ἐν τῇ κατασχέσει τῶν ἐθνῶν,** ὧν ἐξῶσεν ὁ θεὸς ἀπὸ προσώπου τῶν πατέρων ἡμῶν ἕως τῶν ἡμερῶν Δαυίδ

Acts 7,48 ἀλλ᾽ οὐχ ὁ ὕψιστος **ἐν χειροποιήτοις** κατοικεῖ, καθὼς ὁ προφήτης λέγει·

a **Acts 8,1** (2) ... ἐγένετο δὲ **ἐν ἐκείνῃ τῇ ἡμέρᾳ** διωγμὸς μέγας
g ἐπὶ τὴν ἐκκλησίαν **τὴν ἐν Ἱεροσολύμοις, ...**

e **Acts 8,6** προσεῖχον δὲ οἱ ὄχλοι τοῖς λεγομένοις ὑπὸ τοῦ Φιλίππου ὁμοθυμαδὸν **ἐν τῷ ἀκούειν** αὐτοὺς καὶ βλέπειν τὰ σημεῖα ἃ ἐποίει.

Acts 8,8 ἐγένετο δὲ πολλὴ χαρὰ **ἐν τῇ πόλει ἐκείνῃ.**

Acts 8,9 ἀνὴρ δέ τις ὀνόματι Σίμων προϋπῆρχεν **ἐν τῇ πόλει** μαγεύων καὶ ἐξιστάνων τὸ ἔθνος τῆς Σαμαρείας, λέγων εἶναί τινα ἑαυτὸν μέγαν

g **Acts 8,14** ἀκούσαντες δὲ οἱ **ἐν Ἱεροσολύμοις** ἀπόστολοι ὅτι δέδεκται ἡ Σαμάρεια τὸν λόγον τοῦ θεοῦ, ἀπέστειλαν πρὸς αὐτοὺς Πέτρον καὶ Ἰωάννην

Acts 8,21 οὐκ ἔστιν σοι μερὶς οὐδὲ κλῆρος **ἐν τῷ λόγῳ τούτῳ,** ἡ γὰρ καρδία σου οὐκ ἔστιν εὐθεῖα ἔναντι τοῦ θεοῦ.

Acts 8,33 ***ἐν τῇ ταπεινώσει [αὐτοῦ]*** *ἡ κρίσις αὐτοῦ ἤρθη· τὴν γενεὰν αὐτοῦ τίς διηγήσεται; ...* ➤ Isa 53,8

e **Acts 9,3** **ἐν δὲ τῷ πορεύεσθαι** ἐγένετο αὐτὸν ἐγγίζειν τῇ Δαμασκῷ, ἐξαίφνης τε αὐτὸν περιήστραψεν φῶς ἐκ τοῦ οὐρανοῦ

Acts 9,10 (2) ἦν δέ τις μαθητὴς **ἐν Δαμασκῷ** ὀνόματι Ἁνανίας, καὶ εἶπεν πρὸς αὐτὸν **ἐν ὁράματι** ὁ κύριος· Ἁνανία. ...

Acts 9,11 ... ἀναστὰς πορεύθητι ἐπὶ τὴν ῥύμην τὴν καλουμένην Εὐθεῖαν καὶ ζήτησον **ἐν οἰκίᾳ Ἰούδα** Σαῦλον ὀνόματι Ταρσέα· ...

Acts 9,12 καὶ εἶδεν ἄνδρα **[ἐν ὁράματι]** Ἁνανίαν ὀνόματι εἰσελθόντα ...

Acts 9,13 ... κύριε, ἤκουσα ἀπὸ πολλῶν περὶ τοῦ ἀνδρὸς τούτου ὅσα κακὰ τοῖς ἁγίοις σου ἐποίησεν **ἐν Ἰερουσαλήμ·**

Acts 9,17 ... Σαοὺλ ἀδελφέ, ὁ κύριος ἀπέσταλκέν με, Ἰησοῦς ὁ ὀφθείς σοι **ἐν τῇ ὁδῷ** ᾗ ἤρχου, ὅπως ἀναβλέψῃς καὶ πλησθῇς πνεύματος ἁγίου.

Acts 9,19 ... ἐγένετο δὲ μετὰ τῶν **ἐν Δαμασκῷ** μαθητῶν ἡμέρας τινάς

Acts 9,20 καὶ εὐθέως **ἐν ταῖς συναγωγαῖς** ἐκήρυσσεν τὸν Ἰησοῦν ὅτι οὗτός ἐστιν ὁ υἱὸς τοῦ θεοῦ.

Acts 9,22 Σαῦλος δὲ μᾶλλον ἐνεδυναμοῦτο καὶ συνέχυννεν [τοὺς] Ἰουδαίους τοὺς κατοικοῦντας **ἐν Δαμασκῷ** συμβιβάζων ὅτι οὗτός ἐστιν ὁ χριστός.

Acts 9,25 λαβόντες δὲ οἱ μαθηταὶ αὐτοῦ νυκτὸς διὰ τοῦ τείχους καθῆκαν αὐτὸν χαλάσαντες **ἐν σπυρίδι.**

Acts 9,27 (3) ... καὶ διηγήσατο αὐτοῖς πῶς **ἐν τῇ ὁδῷ** εἶδεν τὸν κύριον καὶ ὅτι ἐλάλησεν αὐτῷ καὶ πῶς **ἐν Δαμασκῷ** ἐπαρρησιάσατο **ἐν τῷ ὀνόματι τοῦ Ἰησοῦ.**

Acts 9,28 καὶ ἦν μετ᾽ αὐτῶν εἰσπορευόμενος καὶ ἐκπορευόμενος εἰς Ἰερουσαλήμ, παρρησιαζόμενος **ἐν τῷ ὀνόματι τοῦ κυρίου**

Acts 9,36 **ἐν Ἰόππῃ** δέ τις ἦν μαθήτρια ὀνόματι Ταβιθά, ἣ διερμηνευομένη λέγεται Δορκάς· ...

a **Acts 9,37 (2)** ἐγένετο δὲ **ἐν ταῖς ἡμέραις ἐκείναις** ἀσθενήσασαν αὐτὴν ἀποθανεῖν· λούσαντες δὲ ἔθηκαν [αὐτὴν] **ἐν ὑπερῴῳ.**

Acts 9,38 ... οἱ μαθηταὶ ἀκούσαντες ὅτι Πέτρος ἐστὶν **ἐν αὐτῇ** ἀπέστειλαν δύο ἄνδρας πρὸς αὐτὸν παρακαλοῦντες· ...

Acts 9,43 ἐγένετο δὲ ἡμέρας ἱκανὰς μεῖναι **ἐν Ἰόππῃ** παρά τινι Σίμωνι βυρσεῖ.

Acts 10,1 ἀνὴρ δέ τις **ἐν Καισαρείᾳ** ὀνόματι Κορνήλιος, ἑκατοντάρχης ἐκ σπείρης τῆς καλουμένης Ἰταλικῆς

Acts 10,3 εἶδεν **ἐν ὁράματι** φανερῶς ὡσεὶ περὶ ὥραν ἐνάτην τῆς ἡμέρας ἄγγελον τοῦ θεοῦ εἰσελθόντα πρὸς αὐτὸν καὶ εἰπόντα αὐτῷ· Κορνήλιε.

Acts 10,12 [11] ... καὶ καταβαῖνον σκεῦός τι ὡς ὀθόνην μεγάλην τέσσαρσιν ἀρχαῖς καθιέμενον ἐπὶ τῆς γῆς, [12] **ἐν ᾧ** ὑπῆρχεν πάντα τὰ τετράποδα καὶ ἑρπετὰ τῆς γῆς καὶ πετεινὰ τοῦ οὐρανοῦ.

Acts 10,17 ὡς δὲ **ἐν ἑαυτῷ** διηπόρει ὁ Πέτρος τί ἂν εἴη τὸ ὅραμα ὃ εἶδεν, ...

Acts 10,30 (2) ... ἀπὸ τετάρτης ἡμέρας μέχρι ταύτης τῆς ὥρας ἤμην τὴν ἐνάτην προσευχόμενος **ἐν τῷ οἴκῳ μου,** καὶ ἰδοὺ ἀνὴρ ἔστη ἐνώπιόν μου **ἐν ἐσθῆτι λαμπρᾷ**

Acts 10,32 πέμψον οὖν εἰς Ἰόππην καὶ μετακάλεσαι Σίμωνα ὃς ἐπικαλεῖται Πέτρος, οὗτος ξενίζεται **ἐν οἰκίᾳ Σίμωνος βυρσέως** παρὰ θάλασσαν.

Acts 10,35 ἀλλ' **ἐν παντὶ ἔθνει** ὁ φοβούμενος αὐτὸν καὶ ἐργαζόμενος δικαιοσύνην δεκτὸς αὐτῷ ἐστιν.

Acts 10,39 (2) καὶ ἡμεῖς μάρτυρες πάντων ὧν ἐποίησεν **ἔν τε τῇ χώρᾳ τῶν Ἰουδαίων** καὶ **[ἐν] Ἰερουσαλήμ. ...**

a **Acts 10,40** τοῦτον ὁ θεὸς ἤγειρεν **[ἐν] τῇ τρίτῃ ἡμέρᾳ** καὶ ἔδωκεν αὐτὸν ἐμφανῆ γενέσθαι

Acts 10,48 προσέταξεν δὲ αὐτοὺς **ἐν τῷ ὀνόματι Ἰησοῦ Χριστοῦ** βαπτισθῆναι. ...

Acts 11,5 (2) ἐγὼ ἤμην **ἐν πόλει Ἰόππῃ** προσευχόμενος καὶ εἶδον **ἐν ἐκστάσει** ὅραμα, ...

Acts 11,11 καὶ ἰδοὺ ἐξαυτῆς τρεῖς ἄνδρες ἐπέστησαν ἐπὶ τὴν οἰκίαν **ἐν ᾗ** ἦμεν, ἀπεσταλμένοι ἀπὸ Καισαρείας πρός με.

Acts 11,13 ἀπήγγειλεν δὲ ἡμῖν πῶς εἶδεν [τὸν] ἄγγελον **ἐν τῷ οἴκῳ αὐτοῦ** σταθέντα καὶ εἰπόντα· ...

Acts 11,14 ὃς λαλήσει ῥήματα πρὸς σὲ **ἐν οἷς** σωθήσῃ σὺ καὶ πᾶς ὁ οἶκός σου.

e **Acts 11,15 (2)** **ἐν δὲ τῷ ἄρξασθαί** με λαλεῖν ἐπέπεσεν τὸ πνεῦμα τὸ ἅγιον ἐπ' αὐτοὺς ὥσπερ καὶ ἐφ' ἡμᾶς **ἐν ἀρχῇ.**

Acts 11,16 →**Mt 3,11** →**Mk 1,8** →**Lk 3,16** →**Acts 1,5** →Acts 19,4 ἐμνήσθην δὲ τοῦ ῥήματος τοῦ κυρίου ὡς ἔλεγεν· Ἰωάννης μὲν ἐβάπτισεν ὕδατι, ὑμεῖς δὲ βαπτισθήσεσθε **ἐν πνεύματι ἁγίῳ.**

Acts 11,22 ἠκούσθη δὲ ὁ λόγος εἰς τὰ ὦτα τῆς ἐκκλησίας τῆς οὔσης **ἐν Ἰερουσαλὴμ** περὶ αὐτῶν καὶ ἐξαπέστειλαν Βαρναβᾶν [διελθεῖν] ἕως Ἀντιοχείας.

Acts 11,26 (2) ... ἐγένετο δὲ αὐτοῖς καὶ ἐνιαυτὸν ὅλον συναχθῆναι **ἐν τῇ ἐκκλησίᾳ** καὶ διδάξαι ὄχλον ἱκανόν, χρηματίσαι τε πρώτως **ἐν Ἀντιοχείᾳ** τοὺς μαθητὰς Χριστιανούς.

a **Acts 11,27** **ἐν ταύταις δὲ ταῖς ἡμέραις** κατῆλθον ἀπὸ Ἱεροσολύμων προφῆται εἰς Ἀντιόχειαν.

Acts 11,29 τῶν δὲ μαθητῶν, καθὼς εὐπορεῖτό τις, ὥρισαν ἕκαστος αὐτῶν εἰς διακονίαν πέμψαι τοῖς κατοικοῦσιν **ἐν τῇ Ἰουδαίᾳ** ἀδελφοῖς·

Acts 12,5 ὁ μὲν οὖν Πέτρος ἐτηρεῖτο **ἐν τῇ φυλακῇ· ...**

Acts 12,7 (2) καὶ ἰδοὺ ἄγγελος κυρίου ἐπέστη καὶ φῶς ἔλαμψεν **ἐν τῷ οἰκήματι·** πατάξας δὲ τὴν πλευρὰν τοῦ Πέτρου ἤγειρεν αὐτὸν λέγων· ἀνάστα **ἐν τάχει. ...**

Acts 12,11 καὶ ὁ Πέτρος **ἐν ἑαυτῷ** γενόμενος εἶπεν· νῦν οἶδα ἀληθῶς ὅτι ἐξαπέστειλεν [ὁ] κύριος τὸν ἄγγελον αὐτοῦ ...

Acts 12,18 γενομένης δὲ ἡμέρας ἦν τάραχος οὐκ ὀλίγος **ἐν τοῖς στρατιώταις** τί ἄρα ὁ Πέτρος ἐγένετο.

Acts 13,1 ἦσαν δὲ **ἐν Ἀντιοχείᾳ** κατὰ τὴν οὖσαν ἐκκλησίαν προφῆται καὶ διδάσκαλοι ὅ τε Βαρναβᾶς καὶ Συμεὼν ὁ καλούμενος Νίγερ ...

Acts 13,5 (2) καὶ γενόμενοι **ἐν Σαλαμῖνι** κατήγγελλον τὸν λόγον τοῦ θεοῦ **ἐν ταῖς συναγωγαῖς τῶν Ἰουδαίων. ...**

Acts 13,15 ... ἄνδρες ἀδελφοί, εἴ τίς ἐστιν **ἐν ὑμῖν** λόγος παρακλήσεως πρὸς τὸν λαόν, λέγετε.

Acts 13,17 (2) ὁ θεὸς τοῦ λαοῦ τούτου Ἰσραὴλ ἐξελέξατο τοὺς πατέρας ἡμῶν καὶ τὸν λαὸν ὕψωσεν **ἐν τῇ παροικίᾳ ἐν γῇ Αἰγύπτου** καὶ μετὰ βραχίονος ὑψηλοῦ ἐξήγαγεν αὐτοὺς ἐξ αὐτῆς,

Acts 13,18 καὶ ὡς τεσσερακονταετῆ χρόνον ἐτροποφόρησεν αὐτοὺς **ἐν τῇ ἐρήμῳ**

Acts 13,19 καὶ καθελὼν ἔθνη ἑπτὰ **ἐν γῇ Χανάαν** κατεκληρονόμησεν τὴν γῆν αὐτῶν

g Acts 13,26 ἄνδρες ἀδελφοί, υἱοὶ γένους Ἀβραὰμ καὶ οἱ **ἐν ὑμῖν** φοβούμενοι τὸν θεόν, ἡμῖν ὁ λόγος τῆς σωτηρίας ταύτης ἐξαπεστάλη.

Acts 13,27 [[→ Lk 23,34a]] οἱ γὰρ κατοικοῦντες **ἐν Ἰερουσαλὴμ** καὶ οἱ ἄρχοντες αὐτῶν τοῦτον ἀγνοήσαντες καὶ τὰς φωνὰς τῶν προφητῶν τὰς κατὰ πᾶν σάββατον ἀναγινωσκομένας κρίναντες ἐπλήρωσαν

b Acts 13,33 ὅτι ταύτην ὁ θεὸς ἐκπεπλήρωκεν τοῖς τέκνοις [αὐτῶν] ἡμῖν ἀναστήσας Ἰησοῦν ὡς καὶ **ἐν τῷ ψαλμῷ γέγραπται τῷ δευτέρῳ,** *υἱός μου εἶ σύ, ἐγὼ σήμερον γεγέννηκά σε.* ➤ Ps 2,7

b Acts 13,35 διότι καὶ **ἐν ἑτέρῳ** λέγει· *οὐ δώσεις τὸν ὅσιόν σου ἰδεῖν διαφθοράν.* ➤ Ps 16,10

b Acts 13,38 ... [καὶ] ἀπὸ πάντων ὧν οὐκ ἠδυνήθητε **ἐν νόμῳ Μωϋσέως** δικαιωθῆναι,

Acts 13,39 **ἐν τούτῳ** πᾶς ὁ πιστεύων δικαιοῦται.

b Acts 13,40 βλέπετε οὖν μὴ ἐπέλθῃ τὸ εἰρημένον **ἐν τοῖς προφήταις·**

a Acts 13,41 *ἴδετε, οἱ καταφρονηταί, καὶ θαυμάσατε καὶ ἀφανίσθητε, ὅτι ἔργον ἐργάζομαι ἐγὼ* ***ἐν ταῖς ἡμέραις ὑμῶν,*** *ἔργον ὃ οὐ μὴ πιστεύσητε ἐάν τις ἐκδιηγῆται ὑμῖν.* ➤ Hab 1,5 LXX

Acts 14,1 ἐγένετο δὲ **ἐν Ἰκονίῳ** κατὰ τὸ αὐτὸ εἰσελθεῖν αὐτοὺς εἰς τὴν συναγωγὴν τῶν Ἰουδαίων ...

Acts 14,8 καί τις ἀνὴρ ἀδύνατος **ἐν Λύστροις** τοῖς ποσὶν ἐκάθητο, χωλὸς ἐκ κοιλίας μητρὸς αὐτοῦ ὃς οὐδέποτε περιεπάτησεν.

c Acts 14,15 ... *ὃς ἐποίησεν τὸν οὐρανὸν καὶ τὴν γῆν καὶ τὴν θάλασσαν καὶ* ***πάντα τὰ ἐν αὐτοῖς·*** ➤ Exod 20,11/Ps 146,6

Acts 14,16 ὃς **ἐν ταῖς παρῳχημέναις γενεαῖς** εἴασεν πάντα τὰ ἔθνη πορεύεσθαι ταῖς ὁδοῖς αὐτῶν·

Acts 14,25 καὶ λαλήσαντες **ἐν Πέργῃ** τὸν λόγον κατέβησαν εἰς Ἀττάλειαν·

Acts 15,7 ... ἄνδρες ἀδελφοί, ὑμεῖς ἐπίστασθε ὅτι ἀφ᾽ ἡμερῶν ἀρχαίων **ἐν ὑμῖν** ἐξελέξατο ὁ θεὸς διὰ τοῦ στόματός μου ἀκοῦσαι τὰ ἔθνη τὸν λόγον τοῦ εὐαγγελίου καὶ πιστεῦσαι.

Acts 15,12 ἐσίγησεν δὲ πᾶν τὸ πλῆθος καὶ ἤκουον Βαρναβᾶ καὶ Παύλου ἐξηγουμένων ὅσα ἐποίησεν ὁ θεὸς σημεῖα καὶ τέρατα **ἐν τοῖς ἔθνεσιν** δι᾽ αὐτῶν.

Acts 15,21 Μωϋσῆς γὰρ ἐκ γενεῶν ἀρχαίων κατὰ πόλιν τοὺς κηρύσσοντας αὐτὸν ἔχει **ἐν ταῖς συναγωγαῖς** κατὰ πᾶν σάββατον ἀναγινωσκόμενος.

Acts 15,22 ... Ἰούδαν τὸν καλούμενον Βαρσαββᾶν καὶ Σιλᾶν, ἄνδρας ἡγουμένους **ἐν τοῖς ἀδελφοῖς**

Acts 15,35 Παῦλος δὲ καὶ Βαρναβᾶς διέτριβον **ἐν Ἀντιοχείᾳ** διδάσκοντες καὶ εὐαγγελιζόμενοι μετὰ καὶ ἑτέρων πολλῶν τὸν λόγον τοῦ κυρίου.

Acts 15,36 ... ἐπιστρέψαντες δὴ ἐπισκεψώμεθα τοὺς ἀδελφοὺς κατὰ πόλιν πᾶσαν **ἐν αἷς** κατηγγείλαμεν τὸν λόγον τοῦ κυρίου πῶς ἔχουσιν.

Acts 16,2 ὃς ἐμαρτυρεῖτο ὑπὸ τῶν **ἐν Λύστροις καὶ Ἰκονίῳ** ἀδελφῶν.

Acts 16,3 ... καὶ λαβὼν περιέτεμεν αὐτὸν διὰ τοὺς Ἰουδαίους τοὺς ὄντας **ἐν τοῖς τόποις ἐκείνοις·** ...

g Acts 16,4 ... παρεδίδοσαν αὐτοῖς φυλάσσειν τὰ δόγματα τὰ κεκριμένα ὑπὸ τῶν ἀποστόλων καὶ πρεσβυτέρων **τῶν ἐν Ἱεροσολύμοις.**

Acts 16,6 διῆλθον δὲ τὴν Φρυγίαν καὶ Γαλατικὴν χώραν κωλυθέντες ὑπὸ τοῦ ἁγίου πνεύματος λαλῆσαι τὸν λόγον **ἐν τῇ Ἀσίᾳ·**

Acts 16,12 ... ἦμεν δὲ **ἐν ταύτῃ τῇ πόλει** διατρίβοντες ἡμέρας τινάς.

Acts 16,18 ... παραγγέλλω σοι **ἐν ὀνόματι Ἰησοῦ Χριστοῦ** ἐξελθεῖν ἀπ᾽ αὐτῆς· καὶ ἐξῆλθεν αὐτῇ τῇ ὥρᾳ.

c Acts 16,32 καὶ ἐλάλησαν αὐτῷ τὸν λόγον τοῦ κυρίου **σὺν πᾶσιν τοῖς ἐν τῇ οἰκίᾳ αὐτοῦ.**

a Acts 16,33 καὶ παραλαβὼν αὐτοὺς **ἐν ἐκείνῃ τῇ ὥρᾳ τῆς νυκτὸς** ἔλουσεν ἀπὸ τῶν πληγῶν, καὶ ἐβαπτίσθη αὐτὸς καὶ οἱ αὐτοῦ πάντες παραχρῆμα

Acts 16,36 ... νῦν οὖν ἐξελθόντες πορεύεσθε **ἐν εἰρήνῃ.**

c Acts 17,11 οὗτοι δὲ ἦσαν εὐγενέστεροι **τῶν ἐν Θεσσαλονίκῃ,** οἵτινες ἐδέξαντο τὸν λόγον μετὰ πάσης προθυμίας ...

Acts 17,13 ὡς δὲ ἔγνωσαν οἱ ἀπὸ τῆς Θεσσαλονίκης Ἰουδαῖοι ὅτι καὶ
ἐν τῇ Βεροίᾳ
κατηγγέλη ὑπὸ τοῦ Παύλου ὁ λόγος τοῦ θεοῦ, ...

Acts 17,16 (2) **ἐν δὲ ταῖς Ἀθήναις**
ἐκδεχομένου αὐτοὺς τοῦ Παύλου παρωξύνετο τὸ πνεῦμα αὐτοῦ
ἐν αὐτῷ
θεωροῦντος κατείδωλον οὖσαν τὴν πόλιν.

Acts 17,17 (2) διελέγετο μὲν οὖν
ἐν τῇ συναγωγῇ
τοῖς Ἰουδαίοις καὶ τοῖς σεβομένοις καὶ
ἐν τῇ ἀγορᾷ
κατὰ πᾶσαν ἡμέραν πρὸς τοὺς παρατυγχάνοντας.

Acts 17,22 σταθεὶς δὲ [ὁ] Παῦλος
ἐν μέσῳ τοῦ Ἀρείου πάγου
ἔφη· ἄνδρες Ἀθηναῖοι, κατὰ πάντα ὡς δεισιδαιμονεστέρους ὑμᾶς θεωρῶ.

Acts 17,23 διερχόμενος γὰρ καὶ ἀναθεωρῶν τὰ σεβάσματα ὑμῶν εὗρον καὶ βωμὸν
ἐν ᾧ
ἐπεγέγραπτο· Ἀγνώστῳ θεῷ. ...

c **Acts 17,24** (2) ὁ θεὸς ὁ ποιήσας τὸν κόσμον καὶ
πάντα τὰ ἐν αὐτῷ,
οὗτος οὐρανοῦ καὶ γῆς ὑπάρχων κύριος
οὐκ ἐν χειροποιήτοις ναοῖς
κατοικεῖ

Acts 17,28 **ἐν αὐτῷ**
γὰρ ζῶμεν καὶ κινούμεθα καὶ ἐσμέν, ...

a **Acts 17,31** (3) καθότι ἔστησεν ἡμέραν
ἐν ᾗ
μέλλει κρίνειν τὴν οἰκουμένην
ἐν δικαιοσύνῃ,
ἐν ἀνδρὶ
ᾧ ὥρισεν, πίστιν παρασχὼν πᾶσιν ἀναστήσας αὐτὸν ἐκ νεκρῶν.

Acts 17,34 τινὲς δὲ ἄνδρες κολληθέντες αὐτῷ ἐπίστευσαν,
ἐν οἷς
καὶ Διονύσιος ὁ Ἀρεοπαγίτης καὶ γυνὴ ὀνόματι Δάμαρις καὶ ἕτεροι σὺν αὐτοῖς.

Acts 18,4 διελέγετο δὲ
ἐν τῇ συναγωγῇ
κατὰ πᾶν σάββατον ἔπειθέν τε Ἰουδαίους καὶ Ἕλληνας.

a **Acts 18,9** εἶπεν δὲ ὁ κύριος
ἐν νυκτὶ
δι᾽ ὁράματος τῷ Παύλῳ· μὴ φοβοῦ, ἀλλὰ λάλει καὶ μὴ σιωπήσῃς,

Acts 18,10 διότι ἐγώ εἰμι μετὰ σοῦ καὶ οὐδεὶς ἐπιθήσεταί σοι τοῦ κακῶσαί σε, διότι λαός ἐστί μοι πολὺς
ἐν τῇ πόλει ταύτῃ.

Acts 18,11 ἐκάθισεν δὲ ἐνιαυτὸν καὶ μῆνας ἓξ διδάσκων
ἐν αὐτοῖς
τὸν λόγον τοῦ θεοῦ.

Acts 18,18 ... κειράμενος
ἐν Κεγχρεαῖς
τὴν κεφαλήν, εἶχεν γὰρ εὐχήν.

b **Acts 18,24** Ἰουδαῖος δέ τις Ἀπολλῶς ὀνόματι, Ἀλεξανδρεὺς τῷ γένει, ἀνὴρ λόγιος, κατήντησεν εἰς Ἔφεσον, δυνατὸς ὢν
ἐν ταῖς γραφαῖς.

Acts 18,26 οὗτός τε ἤρξατο παρρησιάζεσθαι
ἐν τῇ συναγωγῇ. ...

e **Acts 19,1** (2) ἐγένετο δὲ
ἐν τῷ τὸν Ἀπολλῶ εἶναι
ἐν Κορίνθῳ
Παῦλον διελθόντα τὰ ἀνωτερικὰ μέρη [κατ]ελθεῖν εἰς Ἔφεσον καὶ εὑρεῖν τινας μαθητάς

Acts 19,9 ... ἀποστὰς ἀπ᾽ αὐτῶν ἀφώρισεν τοὺς μαθητάς καθ᾽ ἡμέραν διαλεγόμενος
ἐν τῇ σχολῇ Τυράννου.

Acts 19,16 καὶ ἐφαλόμενος ὁ ἄνθρωπος ἐπ᾽ αὐτοὺς
ἐν ᾧ
ἦν τὸ πνεῦμα τὸ πονηρὸν κατακυριεύσας ἀμφοτέρων ἴσχυσεν κατ᾽ αὐτῶν ...

Acts 19,21 ὡς δὲ ἐπληρώθη ταῦτα, ἔθετο ὁ Παῦλος
ἐν τῷ πνεύματι
διελθὼν τὴν Μακεδονίαν καὶ Ἀχαΐαν ...

Acts 19,39 εἰ δέ τι περαιτέρω ἐπιζητεῖτε,
ἐν τῇ ἐννόμῳ ἐκκλησίᾳ
ἐπιλυθήσεται.

Acts 20,5 οὗτοι δὲ προελθόντες ἔμενον ἡμᾶς
ἐν Τρῳάδι

a **Acts 20,7** **ἐν δὲ τῇ μιᾷ τῶν σαββάτων**
συνηγμένων ἡμῶν κλάσαι ἄρτον, ...

Acts 20,8 ἦσαν δὲ λαμπάδες ἱκαναὶ
ἐν τῷ ὑπερῴῳ
οὗ ἦμεν συνηγμένοι.

Acts 20,10 ... μὴ θορυβεῖσθε, ἡ γὰρ ψυχὴ αὐτοῦ
ἐν αὐτῷ
ἐστιν.

Acts 20,16 ... ὅπως μὴ γένηται αὐτῷ χρονοτριβῆσαι
ἐν τῇ Ἀσίᾳ· ...

Acts 20,19 δουλεύων τῷ κυρίῳ μετὰ πάσης ταπεινοφροσύνης καὶ δακρύων καὶ πειρασμῶν τῶν συμβάντων μοι
ἐν ταῖς ἐπιβουλαῖς τῶν Ἰουδαίων

Acts 20,22 καὶ νῦν ἰδοὺ δεδεμένος ἐγὼ τῷ πνεύματι πορεύομαι εἰς Ἰερουσαλὴμ τὰ
ἐν αὐτῇ
συναντήσοντά μοι μὴ εἰδώς

Acts 20,25 καὶ νῦν ἰδοὺ ἐγὼ οἶδα ὅτι οὐκέτι ὄψεσθε τὸ πρόσωπόν μου ὑμεῖς πάντες
ἐν οἷς
διῆλθον κηρύσσων τὴν βασιλείαν.

a **Acts 20,26** → Mt 27,24-25 → Apg 18,6 διότι μαρτύρομαι ὑμῖν
ἐν τῇ σήμερον ἡμέρᾳ
ὅτι καθαρός εἰμι ἀπὸ τοῦ αἵματος πάντων·

Acts 20,28 προσέχετε ἑαυτοῖς καὶ παντὶ τῷ ποιμνίῳ,
ἐν ᾧ
ὑμᾶς τὸ πνεῦμα τὸ ἅγιον ἔθετο ἐπισκόπους ποιμαίνειν τὴν ἐκκλησίαν τοῦ θεοῦ, ...

Acts 20,32 ... τῷ δυναμένῳ οἰκοδομῆσαι καὶ δοῦναι τὴν κληρονομίαν
ἐν τοῖς ἡγιασμένοις πᾶσιν.

Acts 21,11 ... τὸν ἄνδρα οὗ ἐστιν ἡ ζώνη αὕτη, οὕτως δήσουσιν
ἐν Ἰερουσαλὴμ
οἱ Ἰουδαῖοι καὶ παραδώσουσιν εἰς χεῖρας ἐθνῶν.

Acts 21,19 καὶ ἀσπασάμενος
αὐτοὺς ἐξηγεῖτο καθ' ἓν
ἕκαστον, ὧν ἐποίησεν
ὁ θεὸς
ἐν τοῖς ἔθνεσιν
διὰ τῆς διακονίας αὐτοῦ.

Acts 21,20 ... θεωρεῖς, ἀδελφέ, πόσαι
μυριάδες εἰσὶν
ἐν τοῖς Ἰουδαίοις
τῶν πεπιστευκότων
καὶ πάντες ζηλωταὶ
τοῦ νόμου ὑπάρχουσιν·

Acts 21,27 ... οἱ ἀπὸ τῆς Ἀσίας
Ἰουδαῖοι θεασάμενοι
αὐτὸν
ἐν τῷ ἱερῷ
συνέχεον πάντα τὸν
ὄχλον καὶ ἐπέβαλον
ἐπ' αὐτὸν τὰς χεῖρας

Acts 21,29 ἦσαν γὰρ προεωρακότες
Τρόφιμον τὸν Ἐφέσιον
ἐν τῇ πόλει
σὺν αὐτῷ, ὃν ἐνόμιζον
ὅτι εἰς τὸ ἱερὸν
εἰσήγαγεν ὁ Παῦλος.

Acts 21,34 ἄλλοι δὲ ἄλλο τι
ἐπεφώνουν
ἐν τῷ ὄχλῳ. ...

Acts 22,3 ἐγώ εἰμι ἀνὴρ Ἰουδαῖος,
(2) γεγεννημένος
ἐν Ταρσῷ τῆς Κιλικίας,
ἀνατεθραμμένος δὲ
ἐν τῇ πόλει ταύτῃ,
παρὰ τοὺς πόδας
Γαμαλιὴλ ...

Acts 22,17 ἐγένετο δέ μοι
(2) ὑποστρέψαντι εἰς
Ἰερουσαλὴμ καὶ
προσευχομένου μου
ἐν τῷ ἱερῷ
γενέσθαι με
ἐν ἐκστάσει

Acts 22,18 ... σπεῦσον καὶ ἔξελθε
ἐν τάχει
ἐξ Ἰερουσαλήμ, διότι
οὐ παραδέξονταί σου
μαρτυρίαν περὶ ἐμοῦ.

Acts 23,6 ... ἔκραζεν
ἐν τῷ συνεδρίῳ·
ἄνδρες ἀδελφοί, ἐγὼ
Φαρισαῖός εἰμι, ...

Acts 23,9 ... οὐδὲν κακὸν
εὑρίσκομεν
ἐν τῷ ἀνθρώπῳ τούτῳ·
εἰ δὲ πνεῦμα ἐλάλησεν
αὐτῷ ἢ ἄγγελος;

Acts 23,35 διακούσομαί σου, ἔφη,
ὅταν καὶ οἱ κατήγοροί
σου παραγένωνται·
κελεύσας
ἐν τῷ πραιτωρίῳ τοῦ Ἡρῴδου
φυλάσσεσθαι αὐτόν.

Acts 24,12 καὶ
(2) **οὔτε ἐν τῷ ἱερῷ**
εὗρόν με πρός τινα
διαλεγόμενον ἢ
ἐπίστασιν ποιοῦντα
ὄχλου
οὔτε ἐν ταῖς συναγωγαῖς
οὔτε κατὰ τὴν πόλιν

b **Acts 24,14** ... οὕτως λατρεύω τῷ
πατρῴῳ θεῷ πιστεύων
πᾶσι τοῖς κατὰ τὸν νόμον
καὶ τοῖς
ἐν τοῖς προφήταις
γεγραμμένοις

Acts 24,16 **ἐν τούτῳ**
καὶ αὐτὸς ἀσκῶ
ἀπρόσκοπον συνείδησιν
ἔχειν πρὸς τὸν θεὸν καὶ
τοὺς ἀνθρώπους διὰ
παντός.

Acts 24,18 **ἐν αἷς**
(2) εὗρόν με ἡγνισμένον
ἐν τῷ ἱερῷ
οὐ μετὰ ὄχλου οὐδὲ μετὰ
θορύβου

Acts 24,21 ἢ περὶ μιᾶς ταύτης φωνῆς
ἧς ἐκέκραξα
ἐν αὐτοῖς
ἑστὼς ὅτι περὶ
ἀναστάσεως νεκρῶν
ἐγὼ κρίνομαι σήμερον
ἐφ' ὑμῶν.

a **Acts 25,4** ὁ μὲν οὖν Φῆστος
ἀπεκρίθη τηρεῖσθαι τὸν
Παῦλον εἰς Καισάρειαν,
ἑαυτὸν δὲ μέλλειν
ἐν τάχει
ἐκπορεύεσθαι·

Acts 25,5 οἱ οὖν
(2) **ἐν ὑμῖν,**
φησίν, δυνατοὶ
συγκαταβάντες
εἴ τί ἐστιν
ἐν τῷ ἀνδρὶ
ἄτοπον κατηγορείτωσαν
αὐτοῦ.

Acts 25,6 διατρίψας δὲ
ἐν αὐτοῖς
ἡμέρας οὐ πλείους ὀκτὼ
ἢ δέκα καταβὰς εἰς
Καισάρειαν, ...

d **Acts 25,24** ... θεωρεῖτε τοῦτον περὶ
οὗ ἅπαν τὸ πλῆθος τῶν
Ἰουδαίων ἐνέτυχόν μοι
ἔν τε Ἱεροσολύμοις
καὶ ἐνθάδε βοῶντες μὴ
δεῖν αὐτὸν ζῆν μηκέτι.

Acts 26,4 τὴν μὲν οὖν βίωσίν μου
(2) [τὴν] ἐκ νεότητος τὴν
ἀπ' ἀρχῆς γενομένην
ἐν τῷ ἔθνει μου
ἔν τε Ἱεροσολύμοις
ἴσασι πάντες
[οἱ] Ἰουδαῖοι

Acts 26,7 εἰς ἣν τὸ δωδεκάφυλον
ἡμῶν
ἐν ἐκτενείᾳ
νύκτα καὶ ἡμέραν
λατρεῦον ἐλπίζει
καταντῆσαι, ...

Acts 26,10 ὃ καὶ ἐποίησα
(2) **ἐν Ἱεροσολύμοις,**
καὶ πολλούς τε τῶν
ἁγίων ἐγὼ
ἐν φυλακαῖς
κατέκλεισα ...

Acts 26,12 **ἐν οἷς**
πορευόμενος εἰς τὴν
Δαμασκὸν μετ' ἐξουσίας
καὶ ἐπιτροπῆς τῆς τῶν
ἀρχιερέων

Acts 26,18 ... τοῦ λαβεῖν αὐτοὺς
ἄφεσιν ἁμαρτιῶν καὶ
κλῆρον
ἐν τοῖς ἡγιασμένοις
πίστει τῇ εἰς ἐμέ.

c **Acts 26,20** ἀλλὰ
τοῖς ἐν Δαμασκῷ
πρῶτόν τε καὶ
Ἱεροσολύμοις, ...

Acts 26,21 ἕνεκα τούτων με
Ἰουδαῖοι συλλαβόμενοι
[ὄντα]
ἐν τῷ ἱερῷ
ἐπειρῶντο
διαχειρίσασθαι.

Acts 26,26 ... οὐ γάρ ἐστιν
ἐν γωνίᾳ
πεπραγμένον τοῦτο.

Acts 26,28 ὁ δὲ Ἀγρίππας πρὸς τὸν
Παῦλον·
ἐν ὀλίγῳ
με πείθεις Χριστιανὸν
ποιῆσαι.

Acts 26,29 ὁ δὲ Παῦλος· εὐξαίμην
(2) ἂν τῷ θεῷ καὶ
ἐν ὀλίγῳ
καὶ
ἐν μεγάλῳ
οὐ μόνον σὲ ἀλλὰ καὶ
πάντας τοὺς ἀκούοντάς
μου σήμερον
γενέσθαι τοιούτους
ὁποῖος καὶ ἐγώ εἰμι ...

a **Acts 27,7** **ἐν ἱκαναῖς δὲ ἡμέραις**
βραδυπλοοῦντες καὶ μόλις γενόμενοι κατὰ τὴν Κνίδον, ...

Acts 27,21 πολλῆς τε ἀσιτίας ὑπαρχούσης τότε σταθεὶς ὁ Παῦλος
ἐν μέσῳ αὐτῶν
εἶπεν· ...

Acts 27,27 ὡς δὲ τεσσαρεσκαιδεκάτη νὺξ ἐγένετο διαφερομένων ἡμῶν
ἐν τῷ Ἀδρίᾳ,
κατὰ μέσον τῆς νυκτὸς ὑπενόουν οἱ ναῦται προσάγειν τινὰ αὐτοῖς χώραν.

Acts 27,31 ... ἐὰν μὴ οὗτοι μείνωσιν
ἐν τῷ πλοίῳ,
ὑμεῖς σωθῆναι οὐ δύνασθε.

Acts 27,37 ἤμεθα δὲ αἱ πᾶσαι ψυχαὶ
ἐν τῷ πλοίῳ
διακόσιαι ἑβδομήκοντα ἕξ.

Acts 28,7 **ἐν δὲ τοῖς περὶ τὸν τόπον ἐκεῖνον**
ὑπῆρχεν χωρία τῷ πρώτῳ τῆς νήσου ὀνόματι Ποπλίῳ, ...

Acts 28,9 τούτου δὲ γενομένου καὶ οἱ λοιποὶ οἱ
ἐν τῇ νήσῳ
ἔχοντες ἀσθενείας προσήρχοντο καὶ ἐθεραπεύοντο

Acts 28,11 (2) μετὰ δὲ τρεῖς μῆνας ἀνήχθημεν
ἐν πλοίῳ
παρακεχειμακότι
ἐν τῇ νήσῳ,
Ἀλεξανδρίνῳ, παρασήμῳ Διοσκούροις.

Acts 28,18 οἵτινες ἀνακρίναντές με ἐβούλοντο ἀπολῦσαι διὰ τὸ μηδεμίαν αἰτίαν θανάτου ὑπάρχειν
ἐν ἐμοί.

d **Acts 28,30** ἐνέμεινεν δὲ διετίαν ὅλην
ἐν ἰδίῳ μισθώματι
καὶ ἀπεδέχετο πάντας τοὺς εἰσπορευομένους πρὸς αὐτόν

ἐναγκαλίζομαι

Syn 2	Mt	Mk 2	Lk	Acts	Jn	1-3John	Paul	Eph	Col
NT 2	2Thess	1/2Tim	Tit	Heb	Jas	1Pet	2Pet	Jude	Rev

take in one's arms

	Mt		Mk		Lk		
121	**Mt 18,2**	καὶ προσκαλεσάμενος παιδίον ἔστησεν αὐτὸ ἐν μέσῳ αὐτῶν [3] καὶ εἶπεν· ...	**Mk 9,36**	καὶ λαβὼν παιδίον ἔστησεν αὐτὸ ἐν μέσῳ αὐτῶν καὶ **ἐναγκαλισάμενος** αὐτὸ εἶπεν αὐτοῖς·	**Lk 9,47**	... ἐπιλαβόμενος παιδίον ἔστησεν αὐτὸ παρ' ἑαυτῷ [48] καὶ εἶπεν αὐτοῖς· ...	→ GTh 22
120	**Mt 19,15** → Mk 10,17	καὶ ἐπιθεὶς τὰς χεῖρας αὐτοῖς ἐπορεύθη ἐκεῖθεν.	**Mk 10,16**	καὶ **ἐναγκαλισάμενος** αὐτὰ κατευλόγει τιθεὶς τὰς χεῖρας ἐπ' αὐτά.			→ GTh 22

ἔναντι

Syn 1	Mt	Mk	Lk 1	Acts 1	Jn	1-3John	Paul	Eph	Col
NT 2	2Thess	1/2Tim	Tit	Heb	Jas	1Pet	2Pet	Jude	Rev

before; in the presence of; in the judgment of

	Mt	Mk	Lk		
002			**Lk 1,8**	ἐγένετο δὲ ἐν τῷ ἱερατεύειν αὐτὸν ἐν τῇ τάξει τῆς ἐφημερίας αὐτοῦ **ἔναντι τοῦ θεοῦ**	

Acts 8,21 οὐκ ἔστιν σοι μερὶς οὐδὲ κλῆρος ἐν τῷ λόγῳ τούτῳ, ἡ γὰρ καρδία σου οὐκ ἔστιν εὐθεῖα
ἔναντι τοῦ θεοῦ.

ἐναντίον	Syn 3	Mt	Mk	Lk 3	Acts 2	Jn	1-3John	Paul 2	Eph	Col
	NT 8	2Thess	1/2Tim	Tit	Heb	Jas	1Pet 1	2Pet	Jude	Rev

in the judgment of; before

002					Lk 1,6	ἦσαν δὲ δίκαιοι ἀμφότεροι **ἐναντίον τοῦ θεοῦ**, ...	
112	Mt 22,22	καὶ ἀκούσαντες ἐθαύμασαν, καὶ ἀφέντες αὐτὸν ἀπῆλθαν.	Mk 12,17	 ... καὶ ἐξεθαύμαζον ἐπ' αὐτῷ.	Lk 20,26	καὶ οὐκ ἴσχυσαν ἐπιλαβέσθαι αὐτοῦ ῥήματος **ἐναντίον τοῦ λαοῦ** καὶ θαυμάσαντες ἐπὶ τῇ ἀποκρίσει αὐτοῦ ἐσίγησαν.	
002					Lk 24,19	... τὰ περὶ Ἰησοῦ τοῦ Ναζαρηνοῦ, ὃς ἐγένετο ἀνὴρ προφήτης δυνατὸς ἐν ἔργῳ καὶ λόγῳ **ἐναντίον τοῦ θεοῦ** **καὶ παντὸς τοῦ λαοῦ**	→ Acts 2,22 → Acts 10,38

Acts 7,10 ... καὶ ἔδωκεν αὐτῷ
χάριν καὶ σοφίαν
ἐναντίον Φαραὼ
βασιλέως Αἰγύπτου
...

Acts 8,32 ... *ὡς πρόβατον*
ἐπὶ σφαγὴν ἤχθη καὶ
ὡς ἀμνὸς
ἐναντίον
τοῦ κείραντος
αὐτὸν ἄφωνος, ...
➤ Isa 53,7

ἐναντίος	Syn 3	Mt 1	Mk 2	Lk	Acts 3	Jn	1-3John	Paul 1	Eph	Col
	NT 8	2Thess	1/2Tim	Tit 1	Heb	Jas	1Pet	2Pet	Jude	Rev

opposite; against; contrary; opposed; hostile

220	Mt 14,24	... βασανιζόμενον ὑπὸ τῶν κυμάτων, ἦν γὰρ **ἐναντίος** ὁ ἄνεμος.	Mk 6,48	...καὶ ἰδὼν αὐτοὺς βασανιζομένους ἐν τῷ ἐλαύνειν, ἦν γὰρ ὁ ἄνεμος **ἐναντίος** αὐτοῖς, ...			→ Jn 6,18
121	Mt 27,54	ὁ δὲ ἑκατόνταρχος καὶ οἱ μετ' αὐτοῦ τηροῦντες τὸν Ἰησοῦν ἰδόντες τὸν σεισμὸν καὶ τὰ γενόμενα ἐφοβήθησαν σφόδρα, λέγοντες· ἀληθῶς θεοῦ υἱὸς ἦν οὗτος.	Mk 15,39	ἰδὼν δὲ ὁ κεντυρίων ὁ παρεστηκὼς **ἐξ ἐναντίας αὐτοῦ** ὅτι οὕτως ἐξέπνευσεν εἶπεν· ἀληθῶς οὗτος ὁ ἄνθρωπος υἱὸς θεοῦ ἦν.	Lk 23,47	ἰδὼν δὲ ὁ ἑκατοντάρχης τὸ γενόμενον ἐδόξαζεν τὸν θεὸν λέγων· ὄντως ὁ ἄνθρωπος οὗτος δίκαιος ἦν.	

Acts 26,9 ἐγὼ μὲν οὖν ἔδοξα
ἐμαυτῷ πρὸς τὸ ὄνομα
Ἰησοῦ τοῦ Ναζωραίου
δεῖν
πολλὰ ἐναντία
πρᾶξαι

Acts 27,4 κἀκεῖθεν ἀναχθέντες
ὑπεπλεύσαμεν τὴν
Κύπρον διὰ τὸ
τοὺς ἀνέμους εἶναι
ἐναντίους

Acts 28,17 ... ἐγώ, ἄνδρες ἀδελφοί,
οὐδὲν ἐναντίον
ποιήσας τῷ λαῷ ἢ τοῖς
ἔθεσι τοῖς πατρῴοις ...

ἔνατος

Syn 6	Mt 3	Mk 2	Lk 1	Acts 3	Jn	1-3John	Paul	Eph	Col	
NT 10	2Thess	1/2Tim	Tit	Heb	Jas	1Pet	2Pet	Jude	Rev 1	

ninth

	Mt		Mk		Lk		
200	**Mt 20,5**	... πάλιν [δὲ] ἐξελθὼν **περὶ ἕκτην καὶ ἐνάτην ὥραν** ἐποίησεν ὡσαύτως.					
222	**Mt 27,45**	ἀπὸ δὲ ἕκτης ὥρας σκότος ἐγένετο ἐπὶ πᾶσαν τὴν γῆν **ἕως ὥρας ἐνάτης.**	**Mk 15,33**	καὶ γενομένης ὥρας ἕκτης σκότος ἐγένετο ἐφ' ὅλην τὴν γῆν **ἕως ὥρας ἐνάτης.**	**Lk 23,44** → Lk 23,45	καὶ ἦν ἤδη ὡσεὶ ὥρα ἕκτη καὶ σκότος ἐγένετο ἐφ' ὅλην τὴν γῆν **ἕως ὥρας ἐνάτης**	
220	**Mt 27,46**	**περὶ δὲ τὴν ἐνάτην ὥραν** ἀνεβόησεν ὁ Ἰησοῦς φωνῇ μεγάλῃ λέγων· *ηλι ηλι λεμα σαβαχθανι;* ... ➤ Ps 22,2	**Mk 15,34**	**καὶ τῇ ἐνάτῃ ὥρᾳ** ἐβόησεν ὁ Ἰησοῦς φωνῇ μεγάλῃ· *ελωι ελωι λεμα σαβαχθανι;* ... ➤ Ps 22,2			

Acts 3,1 Πέτρος δὲ καὶ Ἰωάννης ἀνέβαινον εἰς τὸ ἱερὸν **ἐπὶ τὴν ὥραν τῆς προσευχῆς τὴν ἐνάτην.**

Acts 10,3 εἶδεν ἐν ὁράματι φανερῶς **ὡσεὶ περὶ ὥραν ἐνάτην τῆς ἡμέρας** ἄγγελον τοῦ θεοῦ εἰσελθόντα πρὸς αὐτὸν ...

Acts 10,30 ... ἀπὸ τετάρτης ἡμέρας μέχρι ταύτης **τῆς ὥρας ἤμην τὴν ἐνάτην** προσευχόμενος ἐν τῷ οἴκῳ μου, ...

ἕνδεκα

Syn 3	Mt 1	Mk	Lk 2	Acts 2	Jn	1-3John	Paul	Eph	Col	
NT 5	2Thess	1/2Tim	Tit	Heb	Jas	1Pet	2Pet	Jude	Rev	

eleven

	Mt		Mk		Lk		
112	**Mt 28,8**	καὶ ἀπελθοῦσαι ταχὺ ἀπὸ τοῦ μνημείου μετὰ φόβου καὶ χαρᾶς μεγάλης ἔδραμον ἀπαγγεῖλαι **τοῖς μαθηταῖς αὐτοῦ.**	**Mk 16,8**	καὶ ἐξελθοῦσαι ἔφυγον ἀπὸ τοῦ μνημείου, εἶχεν γὰρ αὐτὰς τρόμος καὶ ἔκστασις· καὶ **οὐδενὶ** οὐδὲν εἶπαν· ἐφοβοῦντο γάρ.	**Lk 24,9**	καὶ ὑποστρέψασαι ἀπὸ τοῦ μνημείου ἀπήγγειλαν ταῦτα πάντα **τοῖς ἕνδεκα** καὶ πᾶσιν τοῖς λοιποῖς.	→ Jn 20,2.18
002					**Lk 24,33**	καὶ ἀναστάντες αὐτῇ τῇ ὥρᾳ ὑπέστρεψαν εἰς Ἰερουσαλὴμ καὶ εὗρον ἠθροισμένους **τοὺς ἕνδεκα καὶ τοὺς σὺν αὐτοῖς**	
200	**Mt 28,16** → Mt 28,7 → Mk 16,7 → Mt 28,10	**οἱ δὲ ἕνδεκα μαθηταὶ** ἐπορεύθησαν εἰς τὴν Γαλιλαίαν εἰς τὸ ὄρος οὗ ἐτάξατο αὐτοῖς ὁ Ἰησοῦς					

Acts 1,26 ... καὶ ἔπεσεν ὁ κλῆρος ἐπὶ Μαθθίαν καὶ συγκατεψηφίσθη **μετὰ τῶν ἕνδεκα ἀποστόλων.**

Acts 2,14 σταθεὶς δὲ ὁ Πέτρος **σὺν τοῖς ἕνδεκα** ἐπῆρεν τὴν φωνὴν αὐτοῦ καὶ ἀπεφθέγξατο αὐτοῖς· ...

ἐνδέκατος	Syn 2	Mt 2	Mk	Lk	Acts	Jn	1-3John	Paul	Eph	Col
	NT 3	2Thess	1/2Tim	Tit	Heb	Jas	1Pet	2Pet	Jude	Rev 1

eleventh

	Mt	Mk	Lk	
200	**Mt 20,6** περὶ δὲ τὴν **ἐνδεκάτην** ἐξελθὼν εὗρεν ἄλλους ἑστῶτας ...			
200	**Mt 20,9** καὶ ἐλθόντες οἱ περὶ τὴν **ἐνδεκάτην ὥραν** ἔλαβον ἀνὰ δηνάριον.			

ἐνδέχομαι	Syn 1	Mt	Mk	Lk 1	Acts	Jn	1-3John	Paul	Eph	Col
	NT 1	2Thess	1/2Tim	Tit	Heb	Jas	1Pet	2Pet	Jude	Rev

it is possible

	Mt	Mk	Lk	
002			**Lk 13,33** πλὴν δεῖ με σήμερον καὶ αὔριον καὶ τῇ ἐχομένῃ πορεύεσθαι, ὅτι **οὐκ ἐνδέχεται** προφήτην ἀπολέσθαι ἔξω Ἰερουσαλήμ.	

ἐνδιδύσκω	Syn 2	Mt	Mk 1	Lk 1	Acts	Jn	1-3John	Paul	Eph	Col
	NT 2	2Thess	1/2Tim	Tit	Heb	Jas	1Pet	2Pet	Jude	Rev

dress; put on

	Mt	Mk	Lk	
002			**Lk 16,19** ἄνθρωπος δέ τις ἦν πλούσιος, καὶ **ἐνεδιδύσκετο** πορφύραν καὶ βύσσον ...	
120	**Mt 27,28** καὶ ἐκδύσαντες αὐτὸν χλαμύδα κοκκίνην **περιέθηκαν** αὐτῷ	**Mk 15,17** καὶ **ἐνδιδύσκουσιν** αὐτὸν πορφύραν ...	Lk 23,11 ... καὶ ἐμπαίξας **περιβαλὼν** ἐσθῆτα λαμπρὰν ἀνέπεμψεν αὐτὸν τῷ Πιλάτῳ.	→ Jn 19,2

ἔνδοξος	Syn 2	Mt	Mk	Lk 2	Acts	Jn	1-3John	Paul 1	Eph 1	Col
	NT 4	2Thess	1/2Tim	Tit	Heb	Jas	1Pet	2Pet	Jude	Rev

honored; distinguished; eminent; glorious; splendid

	Mt	Mk	Lk	
102	**Mt 11,8** ... ἰδοὺ οἱ **τὰ μαλακὰ** φοροῦντες ἐν τοῖς οἴκοις τῶν βασιλέων εἰσίν.		**Lk 7,25** ... ἰδοὺ οἱ **ἐν ἱματισμῷ ἐνδόξῳ** καὶ τρυφῇ ὑπάρχοντες ἐν τοῖς βασιλείοις εἰσίν.	→ GTh 78

002					Lk 13,17	... καὶ πᾶς ὁ ὄχλος ἔχαιρεν **ἐπὶ πᾶσιν τοῖς ἐνδόξοις** τοῖς γινομένοις ὑπ' αὐτοῦ.	

ἔνδυμα	Syn 8	Mt 7	Mk	Lk 1	Acts	Jn	1-3John	Paul	Eph	Col
	NT 8	2Thess	1/2Tim	Tit	Heb	Jas	1Pet	2Pet	Jude	Rev

garment; clothing

	triple tradition																	double tradition			Sonder-gut		
		+Mt / +Lk			−Mt / −Lk			traditions not taken over by Mt / Lk							subtotals								
code	*222*	*211*	*112*	*212*	*221*	*122*	*121*	*022*	*012*	*021*	*220*	*120*	*210*	*020*	Σ^+	Σ^-	Σ	*202*	*201*	*102*	*200*	*002*	total
Mt													1^+		1^+		1	1	1		4		**7**
Mk																							
Lk																		1					**1**

210	**Mt 3,4**	αὐτὸς δὲ ὁ Ἰωάννης εἶχεν **τὸ ἔνδυμα αὐτοῦ** ἀπὸ τριχῶν καμήλου καὶ ζώνην δερματίνην περὶ τὴν ὀσφὺν αὐτοῦ, ...	**Mk 1,6**	καὶ ἦν ὁ Ἰωάννης **ἐνδεδυμένος** τρίχας καμήλου καὶ ζώνην δερματίνην περὶ τὴν ὀσφὺν αὐτοῦ, ...			
202	**Mt 6,25**	... οὐχὶ ἡ ψυχὴ πλεῖόν ἐστιν τῆς τροφῆς καὶ τὸ σῶμα **τοῦ ἐνδύματος;**			**Lk 12,23**	ἡ γὰρ ψυχὴ πλεῖόν ἐστιν τῆς τροφῆς καὶ τὸ σῶμα **τοῦ ἐνδύματος.**	
201	**Mt 6,28**	καὶ **περὶ ἐνδύματος** τί μεριμνᾶτε; καταμάθετε τὰ κρίνα τοῦ ἀγροῦ πῶς αὐξάνουσιν· ...			**Lk 12,26**	εἰ οὖν οὐδὲ ἐλάχιστον δύνασθε, τί **περὶ τῶν λοιπῶν** μεριμνᾶτε; [27] κατανοήσατε τὰ κρίνα πῶς αὐξάνει· ...	
200	**Mt 7,15**	προσέχετε ἀπὸ τῶν ψευδοπροφητῶν, οἵτινες ἔρχονται πρὸς ὑμᾶς **ἐν ἐνδύμασιν προβάτων,** ἔσωθεν δέ εἰσιν λύκοι ἅρπαγες.					
200	**Mt 22,11**	... ὁ βασιλεὺς ... εἶδεν ἐκεῖ ἄνθρωπον οὐκ ἐνδεδυμένον **ἔνδυμα γάμου,**					
200	**Mt 22,12**	καὶ λέγει αὐτῷ· ἑταῖρε, πῶς εἰσῆλθες ὧδε μὴ ἔχων **ἔνδυμα γάμου;** ὁ δὲ ἐφιμώθη.					
200	**Mt 28,3**	ἦν δὲ ἡ εἰδέα αὐτοῦ ὡς ἀστραπὴ καὶ **τὸ ἔνδυμα αὐτοῦ λευκὸν** ὡς χιών.	**Mk 16,5**	... εἶδον νεανίσκον καθήμενον ἐν τοῖς δεξιοῖς περιβεβλημένον **στολὴν λευκήν, ...**	**Lk 24,4** → Lk 24,23	... ἰδοὺ ἄνδρες δύο ἐπέστησαν αὐταῖς **ἐν ἐσθῆτι ἀστραπτούσῃ.**	→ Jn 20,12

ἐνδύω	Syn 10	Mt 3	Mk 3	Lk 4	Acts 1	Jn	1-3John	Paul 8	Eph 3	Col 2
	NT 27	2Thess	1/2Tim	Tit	Heb	Jas	1Pet	2Pet	Jude	Rev 3

dress; clothe

	triple tradition																	double tradition			Sondergut		
		+Mt / +Lk			–Mt / –Lk			traditions not taken over by Mt / Lk							subtotals								
code	222	211	112	212	221	122	121	022	012	021	220	120	210	020	Σ^+	Σ^-	Σ	202	201	102	200	002	total
Mt							1^-				1	1^-				2^-	1	1			1		**3**
Mk							1				1	1					3						**3**
Lk			1^+				1^-								1^+	1^-	1	1				2	**4**

120	**Mt 3,4**	αὐτὸς δὲ ὁ Ἰωάννης εἶχεν **τὸ ἔνδυμα αὐτοῦ** ἀπὸ τριχῶν καμήλου καὶ ζώνην δερματίνην περὶ τὴν ὀσφὺν αὐτοῦ, ...	**Mk 1,6**	καὶ ἦν ὁ Ἰωάννης **ἐνδεδυμένος** τρίχας καμήλου καὶ ζώνην δερματίνην περὶ τὴν ὀσφὺν αὐτοῦ, ...			
112	**Mt 8,28**	... ὑπήντησαν αὐτῷ δύο δαιμονιζόμενοι ἐκ τῶν μνημείων ἐξερχόμενοι, ...	**Mk 5,2**	... εὐθὺς ὑπήντησεν αὐτῷ ἐκ τῶν μνημείων ἄνθρωπος ἐν πνεύματι ἀκαθάρτῳ, [3] ὃς τὴν κατοίκησιν εἶχεν ἐν τοῖς μνήμασιν, ...	**Lk 8,27**	... ὑπήντησεν ἀνήρ τις ἐκ τῆς πόλεως ἔχων δαιμόνια καὶ χρόνῳ ἱκανῷ **οὐκ ἐνεδύσατο** ἱμάτιον καὶ ἐν οἰκίᾳ οὐκ ἔμενεν ἀλλ᾽ ἐν τοῖς μνήμασιν.	
121	**Mt 10,10**	[9] μὴ κτήσησθε χρυσὸν μηδὲ ἄργυρον μηδὲ χαλκὸν εἰς τὰς ζώνας ὑμῶν, [10] μὴ πήραν εἰς ὁδὸν μηδὲ δύο χιτῶνας μηδὲ ὑποδήματα μηδὲ ῥάβδον· ...	**Mk 6,9**	[8] ... ἵνα μηδὲν αἴρωσιν εἰς ὁδὸν εἰ μὴ ῥάβδον μόνον, μὴ ἄρτον, μὴ πήραν, μὴ εἰς τὴν ζώνην χαλκόν, [9] ἀλλὰ ὑποδεδεμένους σανδάλια, καὶ **μὴ ἐνδύσησθε** δύο χιτῶνας.	**Lk 9,3** ⇩ Lk 10,4 → Lk 22,35-36 **Lk 10,4** ⇧ Lk 9,3 → Lk 22,35-36	... μηδὲν αἴρετε εἰς τὴν ὁδόν, μήτε ῥάβδον μήτε πήραν μήτε ἄρτον μήτε ἀργύριον μήτε [ἀνὰ] δύο χιτῶνας ἔχειν. μὴ βαστάζετε βαλλάντιον, μὴ πήραν, μὴ ὑποδήματα, καὶ μηδένα κατὰ τὴν ὁδὸν ἀσπάσησθε.	Mk-Q overlap
202	**Mt 6,25**	... μὴ μεριμνᾶτε τῇ ψυχῇ ὑμῶν τί φάγητε [ἢ τί πίητε], μηδὲ τῷ σώματι ὑμῶν τί **ἐνδύσησθε**. ...			**Lk 12,22**	... μὴ μεριμνᾶτε τῇ ψυχῇ τί φάγητε, μηδὲ τῷ σώματι τί **ἐνδύσησθε**.	→ GTh 36 **(POxy 655)**
002					**Lk 15,22**	... ταχὺ ἐξενέγκατε στολὴν τὴν πρώτην καὶ **ἐνδύσατε** αὐτόν, ...	
200	**Mt 22,11**	... ὁ βασιλεὺς ... εἶδεν ἐκεῖ ἄνθρωπον **οὐκ ἐνδεδυμένον** ἔνδυμα γάμου					
220	**Mt 27,31**	καὶ ὅτε ἐνέπαιξαν αὐτῷ, ἐξέδυσαν αὐτὸν τὴν χλαμύδα καὶ **ἐνέδυσαν** αὐτὸν τὰ ἱμάτια αὐτοῦ ...	**Mk 15,20**	καὶ ὅτε ἐνέπαιξαν αὐτῷ, ἐξέδυσαν αὐτὸν τὴν πορφύραν καὶ **ἐνέδυσαν** αὐτὸν τὰ ἱμάτια αὐτοῦ. ...			

002		**Lk 24,49** ... ὑμεῖς δὲ καθίσατε ἐν τῇ πόλει ἕως οὗ **ἐνδύσησθε** ἐξ ὕψους δύναμιν.	→ Acts 1,8 → Acts 2,33

Acts 12,21 τακτῇ δὲ ἡμέρᾳ ὁ Ἡρῴδης **ἐνδυσάμενος** ἐσθῆτα βασιλικὴν ...

ἐνεδρεύω

	Syn	Mt	Mk	Lk	Acts	Jn	1-3John	Paul	Eph	Col
	1			1	1					
	NT	2Thess	1/2Tim	Tit	Heb	Jas	1Pet	2Pet	Jude	Rev
	2									

lie in wait; plot

002		**Lk 11,54** →Lk 6,7 →Lk 20,20 **ἐνεδρεύοντες** αὐτὸν θηρεῦσαί τι ἐκ τοῦ στόματος αὐτοῦ.	

Acts 23,21 σὺ οὖν μὴ πεισθῇς αὐτοῖς· **ἐνεδρεύουσιν** γὰρ αὐτὸν ἐξ αὐτῶν ἄνδρες πλείους τεσσεράκοντα, ...

ἐνειλέω

	Syn	Mt	Mk	Lk	Acts	Jn	1-3John	Paul	Eph	Col
	1		1							
	NT	2Thess	1/2Tim	Tit	Heb	Jas	1Pet	2Pet	Jude	Rev
	1									

wrap (up); confine

121	**Mt 27,59** καὶ λαβὼν τὸ σῶμα ὁ Ἰωσὴφ **ἐνετύλιξεν** αὐτὸ [ἐν] σινδόνι καθαρᾷ	**Mk 15,46** καὶ ἀγοράσας σινδόνα καθελὼν αὐτὸν **ἐνείλησεν** τῇ σινδόνι ...	**Lk 23,53** καὶ καθελὼν **ἐνετύλιξεν** αὐτὸ σινδόνι ...	→ Jn 19,40

ἔνειμι

	Syn	Mt	Mk	Lk	Acts	Jn	1-3John	Paul	Eph	Col
	1			1						
	NT	2Thess	1/2Tim	Tit	Heb	Jas	1Pet	2Pet	Jude	Rev
	1									

what is inside; the contents

102	**Mt 23,26** ... καθάρισον πρῶτον **τὸ ἐντὸς τοῦ ποτηρίου,** ἵνα γένηται καὶ τὸ ἐκτὸς αὐτοῦ καθαρόν.	**Lk 11,41** πλὴν **τὰ ἐνόντα** δότε ἐλεημοσύνην, καὶ ἰδοὺ πάντα καθαρὰ ὑμῖν ἐστιν.	→ GTh 89

# ἕνεκα, ἕνεκεν, εἵνεκεν	Syn 17	Mt 7	Mk 5	Lk 5	Acts 3	Jn	1-3John	Paul 6	Eph	Col
	NT 26	2Thess	1/2Tim	Tit	Heb	Jas	1Pet	2Pet	Jude	Rev

because of; for the sake of

	triple tradition																	double tradition			Sondergut		
		+Mt / +Lk			–Mt / –Lk			traditions not taken over by Mt / Lk							subtotals								
code	222	211	112	212	221	122	121	022	012	021	220	120	210	020	Σ⁺	Σ⁻	Σ	202	201	102	200	002	total
Mt	3						1⁻				1					1⁻	4	1	1		1		7
Mk	3						1				1						5						5
Lk	3						1⁻									1⁻	3	1				1	5

code	Mt		Mk		Lk		
002					Lk 4,18 → Mt 11,5 → Lk 7,22 → Lk 3,22	*πνεῦμα κυρίου ἐπ' ἐμὲ* ***οὗ εἵνεκεν*** *ἔχρισέν με* *εὐαγγελίσασθαι* *πτωχοῖς, ...* ➤ Isa 61,1 LXX	→ Acts 4,27 → Acts 10,38
200	Mt 5,10	μακάριοι οἱ δεδιωγμένοι **ἕνεκεν δικαιοσύνης,** ὅτι αὐτῶν ἐστιν ἡ βασιλεία τῶν οὐρανῶν.					→ GTh 69,1 → GTh 68
202	Mt 5,11	μακάριοί ἐστε ὅταν ὀνειδίσωσιν ὑμᾶς καὶ διώξωσιν καὶ εἴπωσιν πᾶν πονηρὸν καθ' ὑμῶν [ψευδόμενοι] **ἕνεκεν ἐμοῦ.**			Lk 6,22	μακάριοί ἐστε ὅταν μισήσωσιν ὑμᾶς οἱ ἄνθρωποι καὶ ὅταν ἀφορίσωσιν ὑμᾶς καὶ ὀνειδίσωσιν καὶ ἐκβάλωσιν τὸ ὄνομα ὑμῶν ὡς πονηρὸν **ἕνεκα τοῦ υἱοῦ τοῦ** **ἀνθρώπου·**	→ GTh 68 → GTh 69,1
222	Mt 10,18	καὶ ἐπὶ ἡγεμόνας δὲ καὶ βασιλεῖς ἀχθήσεσθε **ἕνεκεν ἐμοῦ** εἰς μαρτύριον αὐτοῖς καὶ τοῖς ἔθνεσιν.	Mk 13,9	... καὶ ἐπὶ ἡγεμόνων καὶ βασιλέων σταθήσεσθε **ἕνεκεν ἐμοῦ** εἰς μαρτύριον αὐτοῖς.	Lk 21,12 → Lk 12,11	... ἀπαγομένους ἐπὶ βασιλεῖς καὶ ἡγεμόνας **ἕνεκεν τοῦ ὀνόματός** **μου·** [13] ἀποβήσεται ὑμῖν εἰς μαρτύριον.	
201	Mt 10,39 ⇩ Mt 16,25	... καὶ ὁ ἀπολέσας τὴν ψυχὴν αὐτοῦ **ἕνεκεν ἐμοῦ** εὑρήσει αὐτήν.	Mk 8,35	... ὃς δ' ἂν ἀπολέσει τὴν ψυχὴν αὐτοῦ **ἕνεκεν ἐμοῦ** καὶ τοῦ εὐαγγελίου σώσει αὐτήν.	Lk 17,33 ⇩ Lk 9,24	... ὃς δ' ἂν ἀπολέσῃ ζῳογονήσει αὐτήν.	→ Jn 12,25 Mk-Q overlap
222	Mt 16,25 ⇧ Mt 10,39	... ὃς δ' ἂν ἀπολέσῃ τὴν ψυχὴν αὐτοῦ **ἕνεκεν ἐμοῦ** εὑρήσει αὐτήν.	Mk 8,35	... ὃς δ' ἂν ἀπολέσει τὴν ψυχὴν αὐτοῦ **ἕνεκεν ἐμοῦ** **καὶ τοῦ εὐαγγελίου** σώσει αὐτήν.	Lk 9,24 ⇧ Lk 17,33	... ὃς δ' ἂν ἀπολέσῃ τὴν ψυχὴν αὐτοῦ **ἕνεκεν ἐμοῦ,** οὗτος σώσει αὐτήν.	→ Jn 12,25 → GTh 55 Mk-Q overlap
220	Mt 19,5	*...* ***ἕνεκα τούτου*** *καταλείψει ἄνθρωπος* *τὸν πατέρα καὶ* *τὴν μητέρα καὶ* *κολληθήσεται* *τῇ γυναικὶ αὐτοῦ, ...* ➤ Gen 2,24 LXX	Mk 10,7	***ἕνεκεν τούτου*** *καταλείψει ἄνθρωπος* *τὸν πατέρα αὐτοῦ καὶ* *τὴν μητέρα [καὶ* *προσκολληθήσεται* *πρὸς τὴν γυναῖκα αὐτοῦ]* ➤ Gen 2,24 LXX			

222 121	**Mt 19,29** → Mt 10,37	καὶ πᾶς ὅστις ἀφῆκεν οἰκίας ἢ ἀδελφοὺς ἢ ἀδελφὰς ἢ πατέρα ἢ μητέρα ἢ τέκνα ἢ ἀγροὺς **ἕνεκεν τοῦ ὀνόματός μου**, ...	**Mk 10,29** (2)	... οὐδείς ἐστιν ὃς ἀφῆκεν οἰκίαν ἢ ἀδελφοὺς ἢ ἀδελφὰς ἢ μητέρα ἢ πατέρα ἢ τέκνα ἢ ἀγροὺς **ἕνεκεν ἐμοῦ** καὶ **ἕνεκεν τοῦ εὐαγγελίου**	**Lk 18,29** → Lk 14,26	... οὐδείς ἐστιν ὃς ἀφῆκεν οἰκίαν ἢ γυναῖκα ἢ ἀδελφοὺς ἢ γονεῖς ἢ τέκνα **ἕνεκεν τῆς βασιλείας τοῦ θεοῦ**	→ GTh 55 → GTh 101
222	**Mt 10,18**	καὶ ἐπὶ ἡγεμόνας δὲ καὶ βασιλεῖς ἀχθήσεσθε **ἕνεκεν ἐμοῦ** εἰς μαρτύριον αὐτοῖς καὶ τοῖς ἔθνεσιν.	**Mk 13,9**	... καὶ ἐπὶ ἡγεμόνων καὶ βασιλέων σταθήσεσθε **ἕνεκεν ἐμοῦ** εἰς μαρτύριον αὐτοῖς.	**Lk 21,12** → Lk 12,11	... ἀπαγομένους ἐπὶ βασιλεῖς καὶ ἡγεμόνας **ἕνεκεν τοῦ ὀνόματός μου**· [13] ἀποβήσεται ὑμῖν εἰς μαρτύριον.	

Acts 19,32 ἄλλοι μὲν οὖν ἄλλο τι ἔκραζον· ἦν γὰρ ἡ ἐκκλησία συγκεχυμένη καὶ οἱ πλείους οὐκ ᾔδεισαν **τίνος ἕνεκα** συνεληλύθεισαν.

Acts 26,21 **ἕνεκα τούτων** με Ἰουδαῖοι συλλαβόμενοι [ὄντα] ἐν τῷ ἱερῷ ἐπειρῶντο διαχειρίσασθαι.

Acts 28,20 διὰ ταύτην οὖν τὴν αἰτίαν παρεκάλεσα ὑμᾶς ἰδεῖν καὶ προσλαλῆσαι, **ἕνεκεν γὰρ τῆς ἐλπίδος τοῦ Ἰσραὴλ** τὴν ἅλυσιν ταύτην περίκειμαι.

ἐνενήκοντα

Syn 4	Mt 2	Mk	Lk 2	Acts	Jn	1-3John	Paul	Eph	Col
NT 4	2Thess	1/2Tim	Tit	Heb	Jas	1Pet	2Pet	Jude	Rev

ninety

202	**Mt 18,12**	τί ὑμῖν δοκεῖ; ἐὰν γένηταί τινι ἀνθρώπῳ ἑκατὸν πρόβατα καὶ πλανηθῇ ἓν ἐξ αὐτῶν, οὐχὶ ἀφήσει **τὰ ἐνενήκοντα ἐννέα** ἐπὶ τὰ ὄρη καὶ πορευθεὶς ζητεῖ τὸ πλανώμενον;			**Lk 15,4**	τίς ἄνθρωπος ἐξ ὑμῶν ἔχων ἑκατὸν πρόβατα καὶ ἀπολέσας ἐξ αὐτῶν ἓν οὐ καταλείπει **τὰ ἐνενήκοντα ἐννέα** ἐν τῇ ἐρήμῳ καὶ πορεύεται ἐπὶ τὸ ἀπολωλὸς ἕως εὕρῃ αὐτό;	→ GTh 107
202	**Mt 18,13**	καὶ ἐὰν γένηται εὑρεῖν αὐτό, ἀμὴν λέγω ὑμῖν ὅτι χαίρει ἐπ' αὐτῷ μᾶλλον ἢ **ἐπὶ τοῖς ἐνενήκοντα ἐννέα** τοῖς μὴ πεπλανημένοις.			**Lk 15,7** → Lk 15,10	[5] καὶ εὑρὼν ἐπιτίθησιν ἐπὶ τοὺς ὤμους αὐτοῦ χαίρων [6] ... [7] λέγω ὑμῖν ὅτι οὕτως χαρὰ ἐν τῷ οὐρανῷ ἔσται ἐπὶ ἑνὶ ἁμαρτωλῷ μετανοοῦντι ἢ **ἐπὶ ἐνενήκοντα ἐννέα δικαίοις** οἵτινες οὐ χρείαν ἔχουσιν μετανοίας.	→ GTh 107

ἐνεργέω

ἐνεργέω	Syn 2	Mt 1	Mk 1	Lk	Acts	Jn	1-3John	Paul 12	Eph 4	Col 1
	NT 21	2Thess 1	1/2Tim	Tit	Heb	Jas 1	1Pet	2Pet	Jude	Rev

work; be at work; operate; be effective; produce

	Mt 14,1	ἐν ἐκείνῳ τῷ καιρῷ ἤκουσεν Ἡρῴδης ὁ τετραάρχης τὴν ἀκοὴν Ἰησοῦ,	Mk 6,14	καὶ ἤκουσεν ὁ βασιλεὺς Ἡρῴδης, φανερὸν γὰρ ἐγένετο τὸ ὄνομα αὐτοῦ,	Lk 9,7	ἤκουσεν δὲ Ἡρῴδης ὁ τετραάρχης τὰ γινόμενα πάντα	
021			→ Mk 8,28 ↓ Mt 14,2	καὶ ἔλεγον ὅτι Ἰωάννης ὁ βαπτίζων ἐγήγερται ἐκ νεκρῶν καὶ διὰ τοῦτο **ἐνεργοῦσιν** αἱ δυνάμεις ἐν αὐτῷ.	→ Lk 9,19	καὶ διηπόρει διὰ τὸ λέγεσθαι ὑπό τινων ὅτι Ἰωάννης ἠγέρθη ἐκ νεκρῶν	
211	Mt 14,2 → Mt 16,14 ↑ Mk 6,14	καὶ εἶπεν τοῖς παισὶν αὐτοῦ· οὗτός ἐστιν Ἰωάννης ὁ βαπτιστής· αὐτὸς ἠγέρθη ἀπὸ τῶν νεκρῶν καὶ διὰ τοῦτο αἱ δυνάμεις **ἐνεργοῦσιν** ἐν αὐτῷ.	Mk 6,16	ἀκούσας δὲ ὁ Ἡρῴδης ἔλεγεν· ὃν ἐγὼ ἀπεκεφάλισα Ἰωάννην, οὗτος ἠγέρθη.	Lk 9,9	εἶπεν δὲ Ἡρῴδης· Ἰωάννην ἐγὼ ἀπεκεφάλισα· τίς δέ ἐστιν οὗτος περὶ οὗ ἀκούω τοιαῦτα; ...	

ἐνέχω

ἐνέχω	Syn 2	Mt	Mk 1	Lk 1	Acts	Jn	1-3John	Paul 1	Eph	Col
	NT 3	2Thess	1/2Tim	Tit	Heb	Jas	1Pet	2Pet	Jude	Rev

have a grudge against someone; be subject to; be loaded down with

120	Mt 14,5	[3] ὁ γὰρ Ἡρῴδης ... [5] ... θέλων αὐτὸν ἀποκτεῖναι ...	Mk 6,19	ἡ δὲ Ἡρῳδιὰς **ἐνεῖχεν** αὐτῷ καὶ ἤθελεν αὐτὸν ἀποκτεῖναι, ...			
002					Lk 11,53 → Lk 6,7 → Lk 20,20	... ἤρξαντο οἱ γραμματεῖς καὶ οἱ Φαρισαῖοι δεινῶς **ἐνέχειν** καὶ ἀποστοματίζειν αὐτὸν περὶ πλειόνων	

ἐνθάδε

ἐνθάδε	Syn 1	Mt	Mk	Lk 1	Acts 5	Jn 2	1-3John	Paul	Eph	Col
	NT 8	2Thess	1/2Tim	Tit	Heb	Jas	1Pet	2Pet	Jude	Rev

here; to, in this place

002					Lk 24,41	... εἶπεν αὐτοῖς· ἔχετέ τι βρώσιμον **ἐνθάδε**;	→ Jn 21,5

Acts 10,18 καὶ φωνήσαντες ἐπυνθάνοντο εἰ Σίμων ὁ ἐπικαλούμενος Πέτρος **ἐνθάδε** ξενίζεται.

Acts 16,28 ... μηδὲν πράξῃς σεαυτῷ κακόν, ἅπαντες γάρ ἐσμεν **ἐνθάδε**.

Acts 17,6 ... οἱ τὴν οἰκουμένην ἀναστατώσαντες οὗτοι καὶ **ἐνθάδε** πάρεισιν, [7] οὓς ὑποδέδεκται Ἰάσων· ...

Acts 25,17 συνελθόντων οὖν [αὐτῶν] **ἐνθάδε** ἀναβολὴν μηδεμίαν ποιησάμενος τῇ ἑξῆς καθίσας ἐπὶ τοῦ βήματος ...

Acts 25,24 ... θεωρεῖτε τοῦτον περὶ οὗ ἅπαν τὸ πλῆθος τῶν Ἰουδαίων ἐνέτυχόν μοι ἔν τε Ἱεροσολύμοις καὶ **ἐνθάδε** βοῶντες μὴ δεῖν αὐτὸν ζῆν μηκέτι.

ἔνθεν	Syn 2	Mt 1	Mk	Lk 1	Acts	Jn	1-3John	Paul	Eph	Col
	NT 2	2Thess	1/2Tim	Tit	Heb	Jas	1Pet	2Pet	Jude	Rev

from here; from then

	Mt		Mk		Lk		
201	Mt 17,20 → Mt 21,21	... διὰ τὴν ὀλιγοπιστίαν ὑμῶν· ἀμὴν γὰρ λέγω ὑμῖν, ἐὰν ἔχητε πίστιν ὡς κόκκον σινάπεως, ἐρεῖτε τῷ ὄρει τούτῳ, μετάβα **ἔνθεν** ἐκεῖ, καὶ μεταβήσεται· καὶ οὐδὲν ἀδυνατήσει ὑμῖν.	Mk 11,23 → Mk 9,23	[22] ... ἔχετε πίστιν θεοῦ. [23] ἀμὴν λέγω ὑμῖν ὅτι ὃς ἂν εἴπῃ τῷ ὄρει τούτῳ· ἄρθητι καὶ βλήθητι εἰς τὴν θάλασσαν, καὶ μὴ διακριθῇ ἐν τῇ καρδίᾳ αὐτοῦ ἀλλὰ πιστεύῃ ὅτι ὃ λαλεῖ γίνεται, ἔσται αὐτῷ.	Lk 17,6	... εἰ ἔχετε πίστιν ὡς κόκκον σινάπεως, ἐλέγετε ἂν τῇ συκαμίνῳ [ταύτῃ]· ἐκριζώθητι καὶ φυτεύθητι ἐν τῇ θαλάσσῃ· καὶ ὑπήκουσεν ἂν ὑμῖν.	→ GTh 48 → GTh 106
002					Lk 16,26	... χάσμα μέγα ἐστήρικται, ὅπως οἱ θέλοντες διαβῆναι **ἔνθεν** πρὸς ὑμᾶς μὴ δύνωνται, μηδὲ ἐκεῖθεν πρὸς ἡμᾶς διαπερῶσιν.	

ἐνθυμέομαι	Syn 2	Mt 2	Mk	Lk	Acts	Jn	1-3John	Paul	Eph	Col
	NT 2	2Thess	1/2Tim	Tit	Heb	Jas	1Pet	2Pet	Jude	Rev

reflect (on); consider; think

	Mt		Mk		Lk		
200	Mt 1,20	ταῦτα δὲ αὐτοῦ **ἐνθυμηθέντος** ἰδοὺ ἄγγελος κυρίου κατ' ὄναρ ἐφάνη αὐτῷ λέγων· ...					
211	Mt 9,4 → Mt 12,25	καὶ ἰδὼν ὁ Ἰησοῦς τὰς ἐνθυμήσεις αὐτῶν εἶπεν· ἱνατί **ἐνθυμεῖσθε** πονηρὰ ἐν ταῖς καρδίαις ὑμῶν;	Mk 2,8	καὶ εὐθὺς ἐπιγνοὺς ὁ Ἰησοῦς τῷ πνεύματι αὐτοῦ ὅτι οὕτως διαλογίζονται ἐν ἑαυτοῖς λέγει αὐτοῖς· τί ταῦτα **διαλογίζεσθε** ἐν ταῖς καρδίαις ὑμῶν;	Lk 5,22 → Lk 11,17 → Lk 6,8	ἐπιγνοὺς δὲ ὁ Ἰησοῦς τοὺς διαλογισμοὺς αὐτῶν ἀποκριθεὶς εἶπεν πρὸς αὐτούς· τί **διαλογίζεσθε** ἐν ταῖς καρδίαις ὑμῶν;	

ἐνθύμησις	Syn 2	Mt 2	Mk	Lk	Acts 1	Jn	1-3John	Paul	Eph	Col
	NT 4	2Thess	1/2Tim	Tit	Heb 1	Jas	1Pet	2Pet	Jude	Rev

thought; reflection; idea

	Mt		Mk		Lk		
211	Mt 9,4 ↓ Mt 12,25	καὶ ἰδὼν ὁ Ἰησοῦς **τὰς ἐνθυμήσεις αὐτῶν** εἶπεν· ἱνατί ἐνθυμεῖσθε πονηρὰ ἐν ταῖς καρδίαις ὑμῶν;	Mk 2,8	καὶ εὐθὺς ἐπιγνοὺς ὁ Ἰησοῦς τῷ πνεύματι αὐτοῦ **ὅτι οὕτως διαλογίζονται ἐν ἑαυτοῖς** λέγει αὐτοῖς· τί ταῦτα διαλογίζεσθε ἐν ταῖς καρδίαις ὑμῶν;	Lk 5,22 ↓ Lk 11,17 → Lk 6,8	ἐπιγνοὺς δὲ ὁ Ἰησοῦς **τοὺς διαλογισμοὺς αὐτῶν** ἀποκριθεὶς εἶπεν πρὸς αὐτούς· τί διαλογίζεσθε ἐν ταῖς καρδίαις ὑμῶν;	

201	**Mt 12,25** ↑ Mt 9,4 εἰδὼς δὲ τὰς ἐνθυμήσεις αὐτῶν εἶπεν αὐτοῖς· πᾶσα βασιλεία μερισθεῖσα καθ' ἑαυτῆς ἐρημοῦται ...	**Mk 3,23** καὶ προσκαλεσάμενος αὐτοὺς ἐν παραβολαῖς ἔλεγεν αὐτοῖς· πῶς δύναται σατανᾶς σατανᾶν ἐκβάλλειν; [24] καὶ ἐὰν βασιλεία ἐφ' ἑαυτὴν μερισθῇ, οὐ δύναται σταθῆναι ἡ βασιλεία ἐκείνη·	**Lk 11,17** ↑ Lk 5,22 → Lk 6,8 αὐτὸς δὲ εἰδὼς αὐτῶν τὰ διανοήματα εἶπεν αὐτοῖς· πᾶσα βασιλεία ἐφ' ἑαυτὴν διαμερισθεῖσα ἐρημοῦται ...	Mk-Q overlap

Acts 17,29 ... οὐκ ὀφείλομεν νομίζειν χρυσῷ ἢ ἀργύρῳ ἢ λίθῳ, χαράγματι τέχνης καὶ **ἐνθυμήσεως ἀνθρώπου**, τὸ θεῖον εἶναι ὅμοιον.

# ἐνιαυτός	Syn	Mt	Mk	Lk	Acts	Jn	1-3John	Paul	Eph	Col
	1			1	2	3		1		
	NT	2Thess	1/2Tim	Tit	Heb	Jas	1Pet	2Pet	Jude	Rev
	14				4	2				1

year

002			**Lk 4,19** *κηρύξαι* ***ἐνιαυτὸν κυρίου δεκτόν.*** ➤ Isa 61,2 LXX	

Acts 11,26 ... ἐγένετο δὲ αὐτοῖς καὶ **ἐνιαυτὸν ὅλον** συναχθῆναι ἐν τῇ ἐκκλησίᾳ καὶ διδάξαι ὄχλον ἱκανόν, ...

Acts 18,11 ἐκάθισεν δὲ **ἐνιαυτὸν** καὶ μῆνας ἓξ διδάσκων ἐν αὐτοῖς τὸν λόγον τοῦ θεοῦ.

# ἐνισχύω	Syn	Mt	Mk	Lk	Acts	Jn	1-3John	Paul	Eph	Col
	1			1	1					
	NT	2Thess	1/2Tim	Tit	Heb	Jas	1Pet	2Pet	Jude	Rev
	2									

intransitive: grow strong; regain one's strength; *transitive:* strengthen

002			**Lk 22,43** [[ὤφθη δὲ αὐτῷ ἄγγελος ἀπ' οὐρανοῦ **ἐνισχύων** αὐτόν.]]	Lk 22,43 is textcritically uncertain.

Acts 9,19 καὶ λαβὼν τροφὴν **ἐνίσχυσεν.** ...

ἐννέα	Syn 5	Mt 2	Mk	Lk 3	Acts	Jn	1-3John	Paul	Eph	Col
	NT 5	2Thess	1/2Tim	Tit	Heb	Jas	1Pet	2Pet	Jude	Rev

nine

	Mt		Mk		Lk		
202	**Mt 18,12**	τί ὑμῖν δοκεῖ; ἐὰν γένηταί τινι ἀνθρώπῳ ἑκατὸν πρόβατα καὶ πλανηθῇ ἓν ἐξ αὐτῶν, οὐχὶ ἀφήσει **τὰ ἐνενήκοντα ἐννέα** ἐπὶ τὰ ὄρη καὶ πορευθεὶς ζητεῖ τὸ πλανώμενον;			**Lk 15,4**	τίς ἄνθρωπος ἐξ ὑμῶν ἔχων ἑκατὸν πρόβατα καὶ ἀπολέσας ἐξ αὐτῶν ἓν οὐ καταλείπει **τὰ ἐνενήκοντα ἐννέα** ἐν τῇ ἐρήμῳ καὶ πορεύεται ἐπὶ τὸ ἀπολωλὸς ἕως εὕρῃ αὐτό;	→ GTh 107
202	**Mt 18,13**	καὶ ἐὰν γένηται εὑρεῖν αὐτό, ἀμὴν λέγω ὑμῖν ὅτι χαίρει ἐπ' αὐτῷ μᾶλλον ἢ **ἐπὶ τοῖς ἐνενήκοντα** **ἐννέα** τοῖς μὴ πεπλανημένοις.			**Lk 15,7** → Lk 15,10	[5] καὶ εὑρὼν ἐπιτίθησιν ἐπὶ τοὺς ὤμους αὐτοῦ χαίρων [6] ... [7] λέγω ὑμῖν ὅτι οὕτως χαρὰ ἐν τῷ οὐρανῷ ἔσται ἐπὶ ἑνὶ ἁμαρτωλῷ μετανοοῦντι ἢ **ἐπὶ ἐνενήκοντα** **ἐννέα δικαίοις** οἵτινες οὐ χρείαν ἔχουσιν μετανοίας.	→ GTh 107
002					**Lk 17,17**	... οὐχὶ οἱ δέκα ἐκαθαρίσθησαν; **οἱ δὲ ἐννέα** ποῦ;	

ἐννεύω	Syn 1	Mt	Mk	Lk 1	Acts	Jn	1-3John	Paul	Eph	Col
	NT 1	2Thess	1/2Tim	Tit	Heb	Jas	1Pet	2Pet	Jude	Rev

nod; make signs

	Mt		Mk		Lk		
002					**Lk 1,62**	**ἐνένευον** δὲ τῷ πατρὶ αὐτοῦ τὸ τί ἂν θέλοι καλεῖσθαι αὐτό.	

ἔννυχος	Syn 1	Mt	Mk 1	Lk	Acts	Jn	1-3John	Paul	Eph	Col
	NT 1	2Thess	1/2Tim	Tit	Heb	Jas	1Pet	2Pet	Jude	Rev

at night time

	Mt		Mk		Lk		
021			**Mk 1,35** → Mk 1,45	**καὶ πρωῒ ἔννυχα λίαν** ἀναστὰς ἐξῆλθεν καὶ ἀπῆλθεν εἰς ἔρημον τόπον κἀκεῖ προσηύχετο.	**Lk 4,42** → Lk 5,16	**γενομένης δὲ ἡμέρας** ἐξελθὼν ἐπορεύθη εἰς ἔρημον τόπον· ...	

# ἐνοχλέω	Syn 1	Mt	Mk	Lk 1	Acts	Jn	1-3John	Paul	Eph	Col
	NT 2	2Thess	1/2Tim	Tit	Heb 1	Jas	1Pet	2Pet	Jude	Rev

trouble; annoy

	Mt		Mk		Lk		
112	**Mt 12,15** → Mt 4,24 → Mt 8,16	... καὶ ἐθεράπευσεν αὐτοὺς πάντας	**Mk 3,10** → Mk 1,32.34	πολλοὺς γὰρ ἐθεράπευσεν, ...	**Lk 6,18** → Lk 4,40 → Mk 3,11	... καὶ οἱ **ἐνοχλούμενοι** ἀπὸ πνευμάτων ἀκαθάρτων ἐθεραπεύοντο	

# ἔνοχος	Syn 7	Mt 5	Mk 2	Lk	Acts	Jn	1-3John	Paul 1	Eph	Col
	NT 10	2Thess	1/2Tim	Tit	Heb 1	Jas 1	1Pet	2Pet	Jude	Rev

liable; answerable; guilty; deserving (death)

	Mt		Mk		Lk		
200	**Mt 5,21**	ἠκούσατε ὅτι ἐρρέθη τοῖς ἀρχαίοις· *οὐ φονεύσεις*· ὃς δ' ἂν φονεύσῃ, **ἔνοχος** ἔσται τῇ κρίσει. ➤ Exod 20,13/Deut 5,17					
200 / 200 / 200	**Mt 5,22 (3)**	ἐγὼ δὲ λέγω ὑμῖν ὅτι πᾶς ὁ ὀργιζόμενος τῷ ἀδελφῷ αὐτοῦ **ἔνοχος** ἔσται τῇ κρίσει· ὃς δ' ἂν εἴπῃ τῷ ἀδελφῷ αὐτοῦ· ῥακά, **ἔνοχος** ἔσται τῷ συνεδρίῳ· ὃς δ' ἂν εἴπῃ· μωρέ, **ἔνοχος** ἔσται εἰς τὴν γέενναν τοῦ πυρός.					
120	**Mt 12,32**	[31] ... ἡ δὲ τοῦ πνεύματος βλασφημία οὐκ ἀφεθήσεται. [32] ... ὃς δ' ἂν εἴπῃ κατὰ τοῦ πνεύματος τοῦ ἁγίου, οὐκ ἀφεθήσεται αὐτῷ οὔτε ἐν τούτῳ τῷ αἰῶνι οὔτε ἐν τῷ μέλλοντι.	**Mk 3,29**	ὃς δ' ἂν βλασφημήσῃ εἰς τὸ πνεῦμα τὸ ἅγιον, οὐκ ἔχει ἄφεσιν εἰς τὸν αἰῶνα, ἀλλὰ **ἔνοχός** ἐστιν αἰωνίου ἁμαρτήματος.	**Lk 12,10**	... τῷ δὲ εἰς τὸ ἅγιον πνεῦμα βλασφημήσαντι οὐκ ἀφεθήσεται.	→ GTh 44 Mk-Q overlap
220	**Mt 26,66** → Lk 24,20	τί ὑμῖν δοκεῖ; οἱ δὲ ἀποκριθέντες εἶπαν· **ἔνοχος** θανάτου ἐστίν.	**Mk 14,64** → Lk 24,20	... τί ὑμῖν φαίνεται; οἱ δὲ πάντες κατέκριναν αὐτὸν **ἔνοχον** εἶναι θανάτου.			

ἔνταλμα

ἔνταλμα	Syn 2	Mt 1	Mk 1	Lk	Acts	Jn	1-3John	Paul	Eph	Col 1
	NT 3	2Thess	1/2Tim	Tit	Heb	Jas	1Pet	2Pet	Jude	Rev

commandment

220	**Mt 15,9** *μάτην δὲ σέβονταί με διδάσκοντες διδασκαλίας* ***ἐντάλματα ἀνθρώπων.*** ➤ Isa 29,13 LXX	**Mk 7,7** *μάτην δὲ σέβονταί με διδάσκοντες διδασκαλίας* ***ἐντάλματα ἀνθρώπων.*** ➤ Isa 29,13 LXX		

ἐνταφιάζω

ἐνταφιάζω	Syn 1	Mt 1	Mk	Lk	Acts	Jn 1	1-3John	Paul	Eph	Col
	NT 2	2Thess	1/2Tim	Tit	Heb	Jas	1Pet	2Pet	Jude	Rev

prepare for burial; bury

210	**Mt 26,12** βαλοῦσα γὰρ αὕτη τὸ μύρον τοῦτο ἐπὶ τοῦ σώματός μου **πρὸς τὸ ἐνταφιάσαι** με ἐποίησεν.	**Mk 14,8** ... προέλαβεν μυρίσαι τὸ σῶμά μου **εἰς τὸν ἐνταφιασμόν.**		→ Jn 12,7

ἐνταφιασμός

ἐνταφιασμός	Syn 1	Mt	Mk 1	Lk	Acts	Jn 1	1-3John	Paul	Eph	Col
	NT 2	2Thess	1/2Tim	Tit	Heb	Jas	1Pet	2Pet	Jude	Rev

preparation for burial; burial

120	**Mt 26,12** βαλοῦσα γὰρ αὕτη τὸ μύρον τοῦτο ἐπὶ τοῦ σώματός μου **πρὸς τὸ ἐνταφιάσαι** με ἐποίησεν.	**Mk 14,8** ... προέλαβεν μυρίσαι τὸ σῶμά μου **εἰς τὸν ἐνταφιασμόν.**		→ Jn 12,7

ἐντέλλομαι

ἐντέλλομαι	Syn 7	Mt 4	Mk 2	Lk 1	Acts 2	Jn 3	1-3John	Paul	Eph	Col
	NT 14	2Thess	1/2Tim	Tit	Heb 2	Jas	1Pet	2Pet	Jude	Rev

command; order; give orders

	triple tradition																	double tradition			Sondergut		
		+Mt / +Lk			–Mt / –Lk			traditions not taken over by Mt / Lk							subtotals								
code	*222*	*211*	*112*	*212*	*221*	*122*	*121*	*022*	*012*	*021*	*220*	*120*	*210*	*020*	Σ⁺	Σ⁻	Σ	*202*	*201*	*102*	*200*	*002*	total
Mt		1⁺										1⁻	1⁺		2⁺	1⁻	2	1			1		**4**
Mk												1		1			2						**2**
Lk																		1					**1**

202	**Mt 4,6** ... γέγραπται γὰρ ὅτι *τοῖς ἀγγέλοις αὐτοῦ* ***ἐντελεῖται περὶ σοῦ*** *...* ➤ Ps 91,11		**Lk 4,10** γέγραπται γὰρ ὅτι *τοῖς ἀγγέλοις αὐτοῦ* ***ἐντελεῖται περὶ σοῦ*** *τοῦ διαφυλάξαι σε* ➤ Ps 91,11	

211	Mt 17,9	καὶ καταβαινόντων αὐτῶν ἐκ τοῦ ὄρους **ἐνετείλατο** αὐτοῖς ὁ Ἰησοῦς λέγων· μηδενὶ εἴπητε τὸ ὅραμα ἕως οὗ ὁ υἱὸς τοῦ ἀνθρώπου ἐκ νεκρῶν ἐγερθῇ.	Mk 9,9	καὶ καταβαινόντων αὐτῶν ἐκ τοῦ ὄρους **διεστείλατο** αὐτοῖς ἵνα μηδενὶ ἃ εἶδον διηγήσωνται, εἰ μὴ ὅταν ὁ υἱὸς τοῦ ἀνθρώπου ἐκ νεκρῶν ἀναστῇ.	Lk 9,36	... καὶ αὐτοὶ ἐσίγησαν καὶ οὐδενὶ ἀπήγγειλαν ἐν ἐκείναις ταῖς ἡμέραις οὐδὲν ὧν ἑώρακαν.	
120	Mt 19,4	ὁ δὲ ἀποκριθεὶς εἶπεν· οὐκ ἀνέγνωτε ...	Mk 10,3 ↓ Mt 19,7	ὁ δὲ ἀποκριθεὶς εἶπεν αὐτοῖς· τί ὑμῖν **ἐνετείλατο** Μωϋσῆς;			
210	Mt 19,7 ↑ Mk 10,3 → Mt 5,31	λέγουσιν αὐτῷ· τί οὖν Μωϋσῆς **ἐνετείλατο** δοῦναι βιβλίον ἀποστασίου καὶ ἀπολῦσαι [αὐτήν]; ➤ Deut 24,1.2	Mk 10,4	οἱ δὲ εἶπαν· **ἐπέτρεψεν** Μωϋσῆς βιβλίον ἀποστασίου γράψαι καὶ ἀπολῦσαι. ➤ Deut 24,1.2			
020	Mt 25,15	[14] ... ἐκάλεσεν τοὺς ἰδίους δούλους καὶ παρέδωκεν αὐτοῖς τὰ ὑπάρχοντα αὐτοῦ, [15] καὶ ᾧ μὲν ἔδωκεν πέντε τάλαντα, ᾧ δὲ δύο, ᾧ δὲ ἕν, ἑκάστῳ κατὰ τὴν ἰδίαν δύναμιν, καὶ ἀπεδήμησεν. ...	Mk 13,34	... καὶ δοὺς τοῖς δούλοις αὐτοῦ τὴν ἐξουσίαν ἑκάστῳ τὸ ἔργον αὐτοῦ, καὶ τῷ θυρωρῷ **ἐνετείλατο** ἵνα γρηγορῇ.	Lk 19,13	καλέσας δὲ δέκα δούλους ἑαυτοῦ ἔδωκεν αὐτοῖς δέκα μνᾶς καὶ εἶπεν πρὸς αὐτούς· πραγματεύσασθε ἐν ᾧ ἔρχομαι.	Mk-Q overlap
200	Mt 28,20 → Lk 24,47	διδάσκοντες αὐτοὺς τηρεῖν πάντα ὅσα **ἐνετειλάμην** ὑμῖν· ...					

Acts 1,2 → Lk 9,51 → Lk 24,51	ἄχρι ἧς ἡμέρας **ἐντειλάμενος** τοῖς ἀποστόλοις διὰ πνεύματος ἁγίου οὓς ἐξελέξατο ἀνελήμφθη.	Acts 13,47	οὕτως γὰρ **ἐντέταλται** ἡμῖν ὁ κύριος· *τέθεικά σε εἰς φῶς ἐθνῶν ...* ➤ Isa 49,6

ἐντεῦθεν

	Syn	Mt	Mk	Lk	Acts	Jn	1-3John	Paul	Eph	Col
	2			2		6				
	NT	2Thess	1/2Tim	Tit	Heb	Jas	1Pet	2Pet	Jude	Rev
	10					1				1

from here

102	Mt 4,6 → Mt 27,40	... εἰ υἱὸς εἶ τοῦ θεοῦ, βάλε σεαυτὸν κάτω· ...			Lk 4,9	... εἰ υἱὸς εἶ τοῦ θεοῦ, βάλε σεαυτὸν **ἐντεῦθεν** κάτω·	
002					Lk 13,31	... ἔξελθε καὶ πορεύου **ἐντεῦθεν,** ὅτι Ἡρῴδης θέλει σε ἀποκτεῖναι.	

ἔντιμος

	Syn	Mt	Mk	Lk	Acts	Jn	1-3John	Paul	Eph	Col
	2			2				1		
	NT	2Thess	1/2Tim	Tit	Heb	Jas	1Pet	2Pet	Jude	Rev
	5						2			

honored; respected; esteemed; highly honored; valuable; precious

code	Mt		Mk		Lk		
102	Mt 8,6	... κύριε, ὁ παῖς μου βέβληται ἐν τῇ οἰκίᾳ παραλυτικός, δεινῶς βασανιζόμενος.			Lk 7,2	... δοῦλος κακῶς ἔχων ἤμελλεν τελευτᾶν, ὃς ἦν αὐτῷ **ἔντιμος.**	→ Jn 4,47
002					Lk 14,8	ὅταν κληθῇς ὑπό τινος εἰς γάμους, μὴ κατακλιθῇς εἰς τὴν πρωτοκλισίαν, μήποτε **ἐντιμότερός σου** ᾖ κεκλημένος ὑπ' αὐτοῦ	

ἐντολή

	Syn	Mt	Mk	Lk	Acts	Jn	1-3John	Paul	Eph	Col
	16	6	6	4	1	10	18	9	2	1
	NT	2Thess	1/2Tim	Tit	Heb	Jas	1Pet	2Pet	Jude	Rev
	67		1	1	4			2		2

command; commandment; order; writ; warrant

	triple tradition																double tradition			Sondergut		
		+Mt / +Lk			−Mt / −Lk			traditions not taken over by Mt / Lk							subtotals							
code	222	211	112	212	221	122	121	022	012	021	220	120	210	020	Σ⁺	Σ⁻	Σ	202	201	102	200	002	total
Mt	1				1						1	2^-	1^+		1^+	2^-	4				2		**6**
Mk	1				1						1	2		1			6						**6**
Lk	1				1^-											1^-	1					3	**4**

code	Mt		Mk		Lk		
002					Lk 1,6	ἦσαν δὲ δίκαιοι ἀμφότεροι ἐναντίον τοῦ θεοῦ, πορευόμενοι **ἐν πάσαις ταῖς** **ἐντολαῖς** καὶ δικαιώμασιν τοῦ κυρίου ἄμεμπτοι.	
200	Mt 5,19	ὃς ἐὰν οὖν λύσῃ **μίαν τῶν ἐντολῶν** **τούτων τῶν** **ἐλαχίστων** καὶ διδάξῃ οὕτως τοὺς ἀνθρώπους, ἐλάχιστος κληθήσεται ἐν τῇ βασιλείᾳ τῶν οὐρανῶν· ...					
020	Mt 15,3 ↓ Mk 7,9	... διὰ τί καὶ ὑμεῖς παραβαίνετε **τὴν ἐντολὴν** **τοῦ θεοῦ** διὰ τὴν παράδοσιν ὑμῶν;	Mk 7,8	ἀφέντες **τὴν ἐντολὴν** **τοῦ θεοῦ** κρατεῖτε τὴν παράδοσιν τῶν ἀνθρώπων.			
220	Mt 15,3	... διὰ τί καὶ ὑμεῖς παραβαίνετε **τὴν ἐντολὴν** **τοῦ θεοῦ** διὰ τὴν παράδοσιν ὑμῶν;	Mk 7,9	... καλῶς ἀθετεῖτε **τὴν ἐντολὴν** **τοῦ θεοῦ,** ἵνα τὴν παράδοσιν ὑμῶν στήσητε.			

002					Lk 15,29	... ἰδοὺ τοσαῦτα ἔτη δουλεύω σοι καὶ **οὐδέποτε ἐντολήν σου** παρῆλθον, ...	
120	Mt 19,8	... Μωϋσῆς πρὸς τὴν σκληροκαρδίαν ὑμῶν ἐπέτρεψεν ὑμῖν ἀπολῦσαι τὰς γυναῖκας ὑμῶν, ...	Mk 10,5	... πρὸς τὴν σκληροκαρδίαν ὑμῶν ἔγραψεν ὑμῖν **τὴν ἐντολὴν ταύτην.**			
222	Mt 19,17	... τί με ἐρωτᾷς περὶ τοῦ ἀγαθοῦ; εἷς ἐστιν ὁ ἀγαθός· εἰ δὲ θέλεις εἰς τὴν ζωὴν εἰσελθεῖν, τήρησον **τὰς ἐντολάς.** [18] λέγει αὐτῷ· ποίας; ὁ δὲ Ἰησοῦς εἶπεν· τὸ *οὐ φονεύσεις, οὐ μοιχεύσεις, οὐ κλέψεις, οὐ ψευδομαρτυρήσεις,* [19] *τίμα τὸν πατέρα καὶ τὴν μητέρα, ...* ➢ Exod 20,12-16/Deut 5,16-20	Mk 10,19	[18] ... τί με λέγεις ἀγαθόν; οὐδεὶς ἀγαθὸς εἰ μὴ εἷς ὁ θεός. [19] **τὰς ἐντολὰς** οἶδας· *μὴ φονεύσῃς, μὴ μοιχεύσῃς, μὴ κλέψῃς, μὴ ψευδομαρτυρήσῃς, μὴ ἀποστερήσῃς, τίμα τὸν πατέρα σου καὶ τὴν μητέρα.* ➢ Exod 20,12-16/Deut 5,16-20; Sir 4,1 LXX	Lk 18,20	[19] ... τί με λέγεις ἀγαθόν; οὐδεὶς ἀγαθὸς εἰ μὴ εἷς ὁ θεός. [20] **τὰς ἐντολὰς** οἶδας· *μὴ μοιχεύσῃς, μὴ φονεύσῃς, μὴ κλέψῃς, μὴ ψευδομαρτυρήσῃς,* *τίμα τὸν πατέρα σου καὶ τὴν μητέρα.* ➢ Exod 20,12-16/Deut 5,16-20 LXX	
221	Mt 22,36 → Mt 19,16	διδάσκαλε, **ποία ἐντολὴ** μεγάλη ἐν τῷ νόμῳ;	Mk 12,28 → Mk 10,17	... **ποία ἐστὶν ἐντολὴ** πρώτη πάντων;	Lk 10,25 ⇨ Lk 18,18	... διδάσκαλε, τί ποιήσας ζωὴν αἰώνιον κληρονομήσω;	
210	Mt 22,38	[37] ὁ δὲ ἔφη αὐτῷ· *ἀγαπήσεις κύριον τὸν θεόν σου ...*· ➢ Deut 6,5 [38] αὕτη ἐστὶν **ἡ μεγάλη καὶ πρώτη ἐντολή.**	Mk 12,31	[29] ἀπεκρίθη ὁ Ἰησοῦς ὅτι πρώτη ἐστίν· *ἄκουε, Ἰσραήλ, κύριος ὁ θεὸς ἡμῶν κύριος εἷς ἐστιν,* [30] *καὶ ἀγαπήσεις κύριον τὸν θεόν σου ....* ➢ Deut 6,4-5	Lk 10,27	[26] ὁ δὲ εἶπεν πρὸς αὐτόν· ἐν τῷ νόμῳ τί γέγραπται; πῶς ἀναγινώσκεις; [27] ὁ δὲ ἀποκριθεὶς εἶπεν· *ἀγαπήσεις κύριον τὸν θεόν σου ...* ➢ Deut 6,5	
	Mt 22,39	δευτέρα δὲ ὁμοία αὐτῇ· *ἀγαπήσεις τὸν πλησίον σου ὡς σεαυτόν.* ➢ Lev 19,18	↑ Mk 12,29	[31] δευτέρα αὕτη· *ἀγαπήσεις τὸν πλησίον σου ὡς σεαυτόν.* ➢ Lev 19,18	Lk 10,27	... *καὶ τὸν πλησίον σου ὡς σεαυτόν.* ➢ Lev 19,18	
120			↓ Mt 22,40	μείζων τούτων **ἄλλη ἐντολὴ** οὐκ ἔστιν.			
200	Mt 22,40 → Mt 7,12 ↑ Mt 22,38 ↑ Mk 12,31b	**ἐν ταύταις ταῖς δυσὶν ἐντολαῖς** ὅλος ὁ νόμος κρέμαται καὶ οἱ προφῆται.					
002					Lk 23,56	... καὶ τὸ μὲν σάββατον ἡσύχασαν **κατὰ τὴν ἐντολήν.**	

Acts 17,15 οἱ δὲ καθιστάνοντες τὸν Παῦλον ἤγαγον ἕως Ἀθηνῶν, καὶ λαβόντες **ἐντολὴν** πρὸς τὸν Σιλᾶν καὶ τὸν Τιμόθεον ...

ἐντός	Syn 2	Mt 1	Mk	Lk 1	Acts	Jn	1-3John	Paul	Eph	Col
	NT 2	2Thess	1/2Tim	Tit	Heb	Jas	1Pet	2Pet	Jude	Rev

inside; within; inside the limits of; in the midst of

002					Lk 17,21 → Mt 24,23 → Mk 13,21 → Mt 24,26 → Lk 17,23	οὐδὲ ἐροῦσιν· ἰδοὺ ὧδε ἤ· ἐκεῖ, ἰδοὺ γὰρ ἡ βασιλεία τοῦ θεοῦ **ἐντὸς ὑμῶν** ἐστιν.	→ GTh 3,3 (POxy 654) → GTh 113
201	Mt 23,26	... καθάρισον πρῶτον **τὸ ἐντὸς τοῦ ποτηρίου,** ἵνα γένηται καὶ τὸ ἐκτὸς αὐτοῦ καθαρόν.			Lk 11,41	πλὴν **τὰ ἐνόντα** δότε ἐλεημοσύνην, καὶ ἰδοὺ πάντα καθαρὰ ὑμῖν ἐστιν.	→ GTh 89

ἐντρέπω	Syn 5	Mt 1	Mk 1	Lk 3	Acts	Jn	1-3John	Paul 1	Eph	Col
	NT 9	2Thess 1	1/2Tim	Tit 1	Heb 1	Jas	1Pet	2Pet	Jude	Rev

active: make someone ashamed; *passive:* be put to shame; be ashamed; turn toward something; have regard for; respect

002					Lk 18,2	... κριτής τις ἦν ἔν τινι πόλει τὸν θεὸν μὴ φοβούμενος καὶ ἄνθρωπον **μὴ ἐντρεπόμενος.**	
002					Lk 18,4	... εἰ καὶ τὸν θεὸν οὐ φοβοῦμαι οὐδὲ ἄνθρωπον **ἐντρέπομαι**	
222	Mt 21,37	ὕστερον δὲ ἀπέστειλεν πρὸς αὐτοὺς τὸν υἱὸν αὐτοῦ λέγων· **ἐντραπήσονται** τὸν υἱόν μου.	Mk 12,6	ἔτι ἕνα εἶχεν, υἱὸν ἀγαπητόν· ἀπέστειλεν αὐτὸν ἔσχατον πρὸς αὐτοὺς λέγων ὅτι **ἐντραπήσονται** τὸν υἱόν μου.	Lk 20,13	εἶπεν δὲ ὁ κύριος τοῦ ἀμπελῶνος· τί ποιήσω; πέμψω τὸν υἱόν μου τὸν ἀγαπητόν· ἴσως τοῦτον **ἐντραπήσονται.**	→ GTh 65

ἐντυλίσσω	Syn 2	Mt 1	Mk	Lk 1	Acts	Jn 1	1-3John	Paul	Eph	Col
	NT 3	2Thess	1/2Tim	Tit	Heb	Jas	1Pet	2Pet	Jude	Rev

wrap (up)

212	Mt 27,59	καὶ λαβὼν τὸ σῶμα ὁ Ἰωσὴφ **ἐνετύλιξεν** αὐτὸ [ἐν] σινδόνι καθαρᾷ	Mk 15,46	καὶ ἀγοράσας σινδόνα καθελὼν αὐτὸν **ἐνείλησεν** τῇ σινδόνι ...	Lk 23,53	καὶ καθελὼν **ἐνετύλιξεν** αὐτὸ σινδόνι ...	→ Jn 19,40

ἐνώπιον	Syn 22	Mt	Mk	Lk 22	Acts 13	Jn 1	1-3John 2	Paul 9	Eph	Col
	NT 94	2Thess	1/2Tim 8	Tit	Heb 2	Jas 1	1Pet 1	2Pet	Jude	Rev 35

before; in the presence of; in front of; in judgment of; among

	triple tradition																	double tradition			Sondergut		
		+Mt / +Lk			−Mt / −Lk			traditions not taken over by Mt / Lk							subtotals								
code	*222*	*211*	*112*	*212*	*221*	*122*	*121*	*022*	*012*	*021*	*220*	*120*	*210*	*020*	Σ⁺	Σ⁻	Σ	*202*	*201*	*102*	*200*	*002*	total
Mt																							
Mk																							
Lk			2⁺						1⁺						3⁺		3			5		14	22

[a] ἐνώπιον τοῦ θεοῦ, ἐνώπιον (τοῦ) κυρίου and similar phrases

a 002					**Lk 1,15**	ἔσται γὰρ μέγας **ἐνώπιον** **[τοῦ] κυρίου,** *καὶ οἶνον καὶ σίκερα οὐ μὴ πίῃ, ...* ➤ Num 6,3; Lev 10,9	
a 002					**Lk 1,17** → Mt 11,14 → Mt 17,12 → Mk 9,13	καὶ αὐτὸς προελεύσεται **ἐνώπιον αὐτοῦ** ἐν πνεύματι καὶ δυνάμει Ἠλίου, ...	
a 002					**Lk 1,19**	... ἐγώ εἰμι Γαβριὴλ ὁ παρεστηκὼς **ἐνώπιον τοῦ θεοῦ** καὶ ἀπεστάλην λαλῆσαι πρὸς σὲ ...	
a 002					**Lk 1,75**	ἐν ὁσιότητι καὶ δικαιοσύνῃ **ἐνώπιον αὐτοῦ** πάσαις ταῖς ἡμέραις ἡμῶν.	
a 002					**Lk 1,76** → Lk 3,4 → Lk 7,27	καὶ σὺ δέ, παιδίον, προφήτης ὑψίστου κληθήσῃ· προπορεύσῃ γὰρ **ἐνώπιον κυρίου** ἑτοιμάσαι ὁδοὺς αὐτοῦ	→ Acts 13,24
102	**Mt 4,9**	... ταῦτά σοι πάντα δώσω, ἐὰν πεσὼν προσκυνήσῃς **μοι.**			**Lk 4,7**	[6] ... σοὶ δώσω τὴν ἐξουσίαν ταύτην ἅπασαν ... [7] σὺ οὖν ἐὰν προσκυνήσῃς **ἐνώπιον ἐμοῦ,** ἔσται σοῦ πᾶσα.	
112	**Mt 9,2**	καὶ ἰδοὺ προσέφερον **αὐτῷ** παραλυτικὸν ἐπὶ κλίνης βεβλημένον. ...	**Mk 2,3**	καὶ ἔρχονται φέροντες **πρὸς αὐτὸν** παραλυτικὸν αἰρόμενον ὑπὸ τεσσάρων.	**Lk 5,18**	καὶ ἰδοὺ ἄνδρες φέροντες ἐπὶ κλίνης ἄνθρωπον ὃς ἦν παραλελυμένος καὶ ἐζήτουν αὐτὸν εἰσενεγκεῖν καὶ θεῖναι [αὐτὸν] **ἐνώπιον αὐτοῦ.**	

112	Mt 9,7	καὶ ἐγερθεὶς ἀπῆλθεν εἰς τὸν οἶκον αὐτοῦ. [8] ἰδόντες δὲ οἱ ὄχλοι ἐφοβήθησαν καὶ ἐδόξασαν τὸν θεὸν ...	Mk 2,12	καὶ ἠγέρθη καὶ εὐθὺς ἄρας τὸν κράβαττον ἐξῆλθεν **ἔμπροσθεν πάντων,** ὥστε ἐξίστασθαι πάντας καὶ δοξάζειν τὸν θεὸν ...	Lk 5,25	καὶ παραχρῆμα ἀναστὰς **ἐνώπιον αὐτῶν,** ἄρας ἐφ' ὃ κατέκειτο, ἀπῆλθεν εἰς τὸν οἶκον αὐτοῦ δοξάζων τὸν θεόν. [26] καὶ ἔκστασις ἔλαβεν ἅπαντας καὶ ἐδόξαζον τὸν θεὸν καὶ ἐπλήσθησαν φόβου ...	→ Jn 5,9
012			Mk 5,33	ἡ δὲ γυνὴ φοβηθεῖσα καὶ τρέμουσα, εἰδυῖα ὃ γέγονεν αὐτῇ, ἦλθεν καὶ προσέπεσεν αὐτῷ καὶ εἶπεν αὐτῷ πᾶσαν τὴν ἀλήθειαν.	Lk 8,47 → Mt 9,21 → Mk 5,28 → Mk 5,29	ἰδοῦσα δὲ ἡ γυνὴ ὅτι οὐκ ἔλαθεν, τρέμουσα ἦλθεν καὶ προσπεσοῦσα αὐτῷ δι' ἣν αἰτίαν ἥψατο αὐτοῦ ἀπήγγειλεν **ἐνώπιον παντὸς τοῦ λαοῦ** καὶ ὡς ἰάθη παραχρῆμα.	
a 102	Mt 10,29	οὐχὶ δύο στρουθία ἀσσαρίου πωλεῖται; καὶ ἓν ἐξ αὐτῶν οὐ πεσεῖται ἐπὶ τὴν γῆν **ἄνευ τοῦ πατρὸς ὑμῶν.**			Lk 12,6	οὐχὶ πέντε στρουθία πωλοῦνται ἀσσαρίων δύο; καὶ ἓν ἐξ αὐτῶν οὐκ ἔστιν ἐπιλελησμένον **ἐνώπιον τοῦ θεοῦ.**	
102 102	Mt 10,33 → Mt 16,27	ὅστις δ' ἂν ἀρνήσηταί με **ἔμπροσθεν τῶν ἀνθρώπων,** ἀρνήσομαι κἀγὼ αὐτὸν **ἔμπροσθεν τοῦ πατρός μου** τοῦ ἐν [τοῖς] οὐρανοῖς.	Mk 8,38	ὃς γὰρ ἐὰν ἐπαισχυνθῇ με καὶ τοὺς ἐμοὺς λόγους **ἐν τῇ γενεᾷ ταύτῃ τῇ μοιχαλίδι καὶ ἁμαρτωλῷ,** καὶ ὁ υἱὸς τοῦ ἀνθρώπου ἐπαισχυνθήσεται αὐτόν, ὅταν ἔλθῃ ...	Lk 12,9 (2) ⇨ Lk 9,26	ὁ δὲ ἀρνησάμενός με **ἐνώπιον τῶν ἀνθρώπων** ἀπαρνηθήσεται **ἐνώπιον τῶν ἀγγέλων τοῦ θεοῦ.**	Mk-Q overlap
102	Mt 7,22 → Mt 25,11	... κύριε κύριε, οὐ **τῷ σῷ ὀνόματι** ἐπροφητεύσαμεν, καὶ τῷ σῷ ὀνόματι δαιμόνια ἐξεβάλομεν, καὶ τῷ σῷ ὀνόματι δυνάμεις πολλὰς ἐποιήσαμεν;			Lk 13,26	... ἐφάγομεν **ἐνώπιόν σου** καὶ ἐπίομεν καὶ ἐν ταῖς πλατείαις ἡμῶν ἐδίδαξας·	
002					Lk 14,10	... ἵνα ὅταν ἔλθῃ ὁ κεκληκώς σε ἐρεῖ σοι· φίλε, προσανάβηθι ἀνώτερον· τότε ἔσται σοι δόξα **ἐνώπιον πάντων τῶν συνανακειμένων σοι.**	
002					Lk 15,10 → Lk 15,7	οὕτως, λέγω ὑμῖν, γίνεται χαρὰ **ἐνώπιον τῶν ἀγγέλων τοῦ θεοῦ** ἐπὶ ἑνὶ ἁμαρτωλῷ μετανοοῦντι.	
002					Lk 15,18	... πάτερ, ἥμαρτον εἰς τὸν οὐρανὸν καὶ **ἐνώπιόν σου,** [19] οὐκέτι εἰμὶ ἄξιος κληθῆναι υἱός σου· ...	

002		Lk 15,21	... πάτερ, ἥμαρτον εἰς τὸν οὐρανὸν καὶ **ἐνώπιόν σου**, οὐκέτι εἰμὶ ἄξιος κληθῆναι υἱός σου.	
002 a 002		Lk 16,15 (2) → Lk 18,9.14 → Lk 20,20	... ὑμεῖς ἐστε οἱ δικαιοῦντες ἑαυτοὺς **ἐνώπιον τῶν ἀνθρώπων**, ὁ δὲ θεὸς γινώσκει τὰς καρδίας ὑμῶν· ὅτι τὸ ἐν ἀνθρώποις ὑψηλὸν βδέλυγμα **ἐνώπιον τοῦ θεοῦ**.	
002		Lk 23,14 → Lk 23,2 → Lk 23,4 → Mt 27,23 → Mk 15,14 → Lk 23,22	... καὶ ἰδοὺ ἐγὼ **ἐνώπιον ὑμῶν** ἀνακρίνας οὐθὲν εὗρον ἐν τῷ ἀνθρώπῳ τούτῳ αἴτιον ὧν κατηγορεῖτε κατ᾿ αὐτοῦ.	→ Jn 18,38b → Jn 19,4 → Acts 13,28
002		Lk 24,11	καὶ ἐφάνησαν **ἐνώπιον αὐτῶν** ὡσεὶ λῆρος τὰ ῥήματα ταῦτα, καὶ ἠπίστουν αὐταῖς.	
002		Lk 24,43	καὶ λαβὼν **ἐνώπιον αὐτῶν** ἔφαγεν.	

Acts 2,25 ... *προορώμην τὸν κύριον* ***ἐνώπιόν μου*** *διὰ παντός, ὅτι ἐκ δεξιῶν μού ἐστιν ἵνα μὴ σαλευθῶ.*
➤ Ps 15,8 LXX

Acts 4,10 ... ἐν τῷ ὀνόματι Ἰησοῦ Χριστοῦ τοῦ Ναζωραίου ... ἐν τούτῳ οὗτος παρέστηκεν **ἐνώπιον ὑμῶν** ὑγιής.

a **Acts 4,19** ... εἰ δίκαιόν ἐστιν **ἐνώπιον τοῦ θεοῦ** ὑμῶν ἀκούειν μᾶλλον ἢ τοῦ θεοῦ, κρίνατε·

Acts 6,5 καὶ ἤρεσεν ὁ λόγος **ἐνώπιον παντὸς τοῦ πλήθους** καὶ ἐξελέξαντο Στέφανον, ...

Acts 6,6 οὓς ἔστησαν **ἐνώπιον τῶν ἀποστόλων**, καὶ προσευξάμενοι ἐπέθηκαν αὐτοῖς τὰς χεῖρας.

a **Acts 7,46** ὃς εὗρεν χάριν **ἐνώπιον τοῦ θεοῦ** καὶ ᾐτήσατο εὑρεῖν σκήνωμα τῷ οἴκῳ Ἰακώβ.

Acts 9,15 ... πορεύου, ὅτι σκεῦος ἐκλογῆς ἐστίν μοι οὗτος τοῦ βαστάσαι τὸ ὄνομά μου **ἐνώπιον ἐθνῶν τε καὶ βασιλέων υἱῶν τε Ἰσραήλ·**

Acts 10,30 ... καὶ ἰδοὺ ἀνὴρ ἔστη **ἐνώπιόν μου** ἐν ἐσθῆτι λαμπρᾷ

a **Acts 10,31** ... αἱ ἐλεημοσύναι σου ἐμνήσθησαν **ἐνώπιον τοῦ θεοῦ.**

a **Acts 10,33** ... νῦν οὖν πάντες ἡμεῖς **ἐνώπιον τοῦ θεοῦ** πάρεσμεν ἀκοῦσαι πάντα τὰ προστεταγμένα σοι ὑπὸ τοῦ κυρίου.

Acts 19,9 ὡς δέ τινες ἐσκληρύνοντο καὶ ἠπείθουν κακολογοῦντες τὴν ὁδὸν **ἐνώπιον τοῦ πλήθους**, ἀποστὰς ἀπ᾿ αὐτῶν ...

Acts 19,19 ἱκανοὶ δὲ τῶν τὰ περίεργα πραξάντων συνενέγκαντες τὰς βίβλους κατέκαιον **ἐνώπιον πάντων**, ...

Acts 27,35 εἴπας δὲ ταῦτα καὶ λαβὼν ἄρτον εὐχαρίστησεν τῷ θεῷ **ἐνώπιον πάντων** καὶ κλάσας ἤρξατο ἐσθίειν.

Ἐνώς	Syn 1	Mt	Mk	Lk 1	Acts	Jn	1-3John	Paul	Eph	Col
	NT 1	2Thess	1/2Tim	Tit	Heb	Jas	1Pet	2Pet	Jude	Rev

Enos

002					Lk 3,38	[37] ... τοῦ Καϊνὰμ **[38] τοῦ Ἐνὼς** τοῦ Σὴθ ...	

Ἑνώχ	Syn 1	Mt	Mk	Lk 1	Acts	Jn	1-3John	Paul	Eph	Col
	NT 3	2Thess	1/2Tim	Tit	Heb 1	Jas	1Pet	2Pet	Jude 1	Rev

Enoch

002					Lk 3,37	τοῦ Μαθουσαλὰ **τοῦ Ἑνὼχ** τοῦ Ἰάρετ ...	

ἕξ	Syn 4	Mt 1	Mk 1	Lk 2	Acts 2	Jn 2	1-3John	Paul	Eph	Col
	NT 10	2Thess	1/2Tim	Tit	Heb	Jas 1	1Pet	2Pet	Jude	Rev 1

six

002					Lk 4,25	... πολλαὶ χῆραι ἦσαν ἐν ταῖς ἡμέραις Ἠλίου ἐν τῷ Ἰσραήλ, ὅτε ἐκλείσθη ὁ οὐρανὸς **ἐπὶ ἔτη τρία καὶ μῆνας ἕξ,** ὡς ἐγένετο λιμὸς μέγας ἐπὶ πᾶσαν τὴν γῆν	
221	Mt 17,1	καὶ **μεθ'** **ἡμέρας ἓξ** παραλαμβάνει ὁ Ἰησοῦς τὸν Πέτρον καὶ Ἰάκωβον καὶ Ἰωάννην τὸν ἀδελφὸν αὐτοῦ καὶ ἀναφέρει αὐτοὺς εἰς ὄρος ὑψηλὸν κατ' ἰδίαν.	Mk 9,2	καὶ **μετὰ** **ἡμέρας ἓξ** παραλαμβάνει ὁ Ἰησοῦς τὸν Πέτρον καὶ τὸν Ἰάκωβον καὶ τὸν Ἰωάννην καὶ ἀναφέρει αὐτοὺς εἰς ὄρος ὑψηλὸν κατ' ἰδίαν μόνους. ...	Lk 9,28	ἐγένετο δὲ **μετὰ τοὺς λόγους τούτους ὡσεὶ ἡμέραι ὀκτὼ** [καὶ] παραλαβὼν Πέτρον καὶ Ἰωάννην καὶ Ἰάκωβον ἀνέβη εἰς τὸ ὄρος προσεύξασθαι.	
002					Lk 13,14	... ἔλεγεν τῷ ὄχλῳ ὅτι **ἓξ ἡμέραι** εἰσὶν ἐν αἷς δεῖ ἐργάζεσθαι· ...	

Acts 11,12 ... ἦλθον δὲ σὺν ἐμοὶ καὶ **οἱ ἓξ ἀδελφοὶ οὗτοι** καὶ εἰσήλθομεν εἰς τὸν οἶκον τοῦ ἀνδρός.

Acts 18,11 ἐκάθισεν δὲ **ἐνιαυτὸν καὶ μῆνας ἓξ** διδάσκων ἐν αὐτοῖς τὸν λόγον τοῦ θεοῦ.

Acts 27,37 ἤμεθα δὲ αἱ πᾶσαι ψυχαὶ ἐν τῷ πλοίῳ **διακόσιαι ἑβδομήκοντα ἕξ.**

ἐξάγω

	Syn	Mt	Mk	Lk	Acts	Jn	1-3John	Paul	Eph	Col
	2		1	1	8	1				
	NT	2Thess	1/2Tim	Tit	Heb	Jas	1Pet	2Pet	Jude	Rev
	12				1					

lead, bring out

	Mt	Mk	Lk	
121	**Mt 27,31** ... καὶ **ἀπήγαγον** αὐτὸν εἰς τὸ σταυρῶσαι.	**Mk 15,20** ... καὶ **ἐξάγουσιν** αὐτὸν ἵνα σταυρώσωσιν αὐτόν.	**Lk 23,26** καὶ ὡς **ἀπήγαγον** αὐτόν, ...	
002			**Lk 24,50** **ἐξήγαγεν** δὲ αὐτοὺς [ἔξω] ἕως πρὸς Βηθανίαν, ...	

Acts 5,19 ἄγγελος δὲ κυρίου διὰ νυκτὸς ἀνοίξας τὰς θύρας τῆς φυλακῆς **ἐξαγαγών** τε αὐτοὺς εἶπεν·

Acts 7,36 οὗτος **ἐξήγαγεν** αὐτοὺς ποιήσας τέρατα καὶ σημεῖα ἐν γῇ Αἰγύπτῳ ...

Acts 7,40 ... *ὁ γὰρ Μωϋσῆς οὗτος, ὃς* ***ἐξήγαγεν*** *ἡμᾶς ἐκ γῆς Αἰγύπτου, οὐκ οἴδαμεν τί ἐγένετο αὐτῷ.*
➤ Exod 32,1.23

Acts 12,17 κατασείσας δὲ αὐτοῖς τῇ χειρὶ σιγᾶν διηγήσατο [αὐτοῖς] πῶς ὁ κύριος αὐτὸν **ἐξήγαγεν** ἐκ τῆς φυλακῆς εἶπέν τε· ...

Acts 13,17 ὁ θεὸς τοῦ λαοῦ τούτου Ἰσραὴλ ἐξελέξατο τοὺς πατέρας ἡμῶν καὶ τὸν λαὸν ὕψωσεν ἐν τῇ παροικίᾳ ἐν γῇ Αἰγύπτου καὶ μετὰ βραχίονος ὑψηλοῦ **ἐξήγαγεν** αὐτοὺς ἐξ αὐτῆς

Acts 16,37 ... οὐ γάρ, ἀλλὰ ἐλθόντες αὐτοὶ ἡμᾶς **ἐξαγαγέτωσαν.**

Acts 16,39 καὶ ἐλθόντες παρεκάλεσαν αὐτοὺς καὶ **ἐξαγαγόντες** ἠρώτων ἀπελθεῖν ἀπὸ τῆς πόλεως.

Acts 21,38 οὐκ ἄρα σὺ εἶ ὁ Αἰγύπτιος ὁ πρὸ τούτων τῶν ἡμερῶν ἀναστατώσας καὶ **ἐξαγαγὼν** εἰς τὴν ἔρημον τοὺς τετρακισχιλίους ἄνδρας τῶν σικαρίων;

ἐξαιρέω

	Syn	Mt	Mk	Lk	Acts	Jn	1-3John	Paul	Eph	Col
	2	2			5			1		
	NT	2Thess	1/2Tim	Tit	Heb	Jas	1Pet	2Pet	Jude	Rev
	8									

active: take, tear out; *middle:* set free; deliver; rescue; select; choose out (for oneself)

	Mt	Mk	Lk	
200	**Mt 5,29** ⇩ Mt 18,9 εἰ δὲ ὁ ὀφθαλμός σου ὁ δεξιὸς σκανδαλίζει σε, **ἔξελε αὐτὸν καὶ βάλε** ἀπὸ σοῦ· ...	**Mk 9,47** καὶ ἐὰν ὁ ὀφθαλμός σου σκανδαλίζῃ σε, **ἔκβαλε αὐτόν**· ...		
210	**Mt 18,9** ⇧ Mt 5,29 καὶ εἰ ὁ ὀφθαλμός σου σκανδαλίζει σε, **ἔξελε αὐτὸν καὶ βάλε** ἀπὸ σοῦ· ...	**Mk 9,47** καὶ ἐὰν ὁ ὀφθαλμός σου σκανδαλίζῃ σε, **ἔκβαλε αὐτόν**· ...		

Acts 7,10 καὶ **ἐξείλατο** αὐτὸν ἐκ πασῶν τῶν θλίψεων αὐτοῦ ...

Acts 7,34 *ἰδὼν εἶδον τὴν κάκωσιν τοῦ λαοῦ μου τοῦ ἐν Αἰγύπτῳ καὶ τοῦ στεναγμοῦ αὐτῶν ἤκουσα, καὶ κατέβην* ***ἐξελέσθαι*** *αὐτούς*· ...
➤ Exod 3,7-8

Acts 12,11 ... νῦν οἶδα ἀληθῶς ὅτι ἐξαπέστειλεν [ὁ] κύριος τὸν ἄγγελον αὐτοῦ καὶ **ἐξείλατό** με ἐκ χειρὸς Ἡρῴδου ...

Acts 23,27 ... μέλλοντα ἀναιρεῖσθαι ὑπ' αὐτῶν ἐπιστὰς σὺν τῷ στρατεύματι **ἐξειλάμην,** μαθὼν ὅτι Ῥωμαῖός ἐστιν·

Acts 26,17 **ἐξαιρούμενός** σε ἐκ τοῦ λαοῦ καὶ ἐκ τῶν ἐθνῶν εἰς οὓς ἐγὼ ἀποστέλλω σε [18] ἀνοῖξαι ὀφθαλμοὺς αὐτῶν, ...

ἐξαιτέομαι	Syn 1	Mt	Mk	Lk 1	Acts	Jn	1-3John	Paul	Eph	Col
	NT 1	2Thess	1/2Tim	Tit	Heb	Jas	1Pet	2Pet	Jude	Rev

ask for; demand

002					**Lk 22,31**	Σίμων Σίμων, ἰδοὺ ὁ σατανᾶς **ἐξῃτήσατο** ὑμᾶς τοῦ σινιάσαι ὡς τὸν σῖτον·	

ἐξαίφνης	Syn 3	Mt	Mk 1	Lk 2	Acts 2	Jn	1-3John	Paul	Eph	Col
	NT 5	2Thess	1/2Tim	Tit	Heb	Jas	1Pet	2Pet	Jude	Rev

suddenly; unexpectedly

002					**Lk 2,13**	καὶ **ἐξαίφνης** ἐγένετο σὺν τῷ ἀγγέλῳ πλῆθος στρατιᾶς οὐρανίου ...	
112	**Mt 17,15**	... σεληνιάζεται καὶ κακῶς πάσχει· ...	**Mk 9,18**	[17] ... ἔχοντα πνεῦμα ἄλαλον· [18] καὶ ὅπου ἐὰν αὐτὸν καταλάβῃ ῥήσσει αὐτόν, καὶ ἀφρίζει καὶ τρίζει τοὺς ὀδόντας καὶ ξηραίνεται· ...	**Lk 9,39**	καὶ ἰδοὺ πνεῦμα λαμβάνει αὐτὸν καὶ **ἐξαίφνης** κράζει καὶ σπαράσσει αὐτὸν μετὰ ἀφροῦ καὶ μόγις ἀποχωρεῖ ἀπ᾽ αὐτοῦ συντρῖβον αὐτόν·	
020			**Mk 13,36** → Lk 12,38 → Lk 21,34-35	μὴ ἐλθὼν **ἐξαίφνης** εὕρῃ ὑμᾶς καθεύδοντας.			

Acts 9,3	ἐν δὲ τῷ πορεύεσθαι ἐγένετο αὐτὸν ἐγγίζειν τῇ Δαμασκῷ, **ἐξαίφνης** τε αὐτὸν περιήστραψεν φῶς ἐκ τοῦ οὐρανοῦ	**Acts 22,6**	ἐγένετο δέ μοι πορευομένῳ καὶ ἐγγίζοντι τῇ Δαμασκῷ περὶ μεσημβρίαν **ἐξαίφνης** ἐκ τοῦ οὐρανοῦ περιαστράψαι φῶς ἱκανὸν περὶ ἐμέ

ἐξανατέλλω	Syn 2	Mt 1	Mk 1	Lk	Acts	Jn	1-3John	Paul	Eph	Col
	NT 2	2Thess	1/2Tim	Tit	Heb	Jas	1Pet	2Pet	Jude	Rev

spring up

221	**Mt 13,5**	ἄλλα δὲ ἔπεσεν ἐπὶ τὰ πετρώδη ὅπου οὐκ εἶχεν γῆν πολλήν, καὶ εὐθέως **ἐξανέτειλεν** διὰ τὸ μὴ ἔχειν βάθος γῆς· [6] ἡλίου δὲ ἀνατείλαντος ἐκαυματίσθη καὶ διὰ τὸ μὴ ἔχειν ῥίζαν ἐξηράνθη.	**Mk 4,5**	καὶ ἄλλο ἔπεσεν ἐπὶ τὸ πετρῶδες ὅπου οὐκ εἶχεν γῆν πολλήν, καὶ εὐθὺς **ἐξανέτειλεν** διὰ τὸ μὴ ἔχειν βάθος γῆς· [6] καὶ ὅτε ἀνέτειλεν ὁ ἥλιος ἐκαυματίσθη καὶ διὰ τὸ μὴ ἔχειν ῥίζαν ἐξηράνθη.	**Lk 8,6**	καὶ ἕτερον κατέπεσεν ἐπὶ τὴν πέτραν, καὶ **φυὲν** ἐξηράνθη διὰ τὸ μὴ ἔχειν ἰκμάδα.	→ GTh 9

ἐξανίστημι	Syn 2	Mt	Mk 1	Lk 1	Acts 1	Jn	1-3John	Paul	Eph	Col
	NT 3	2Thess	1/2Tim	Tit	Heb	Jas	1Pet	2Pet	Jude	Rev

transitive: raise up; awaken someone; *intransitive:* stand up

	Mt		Mk		Lk		
122	**Mt 22,24**	... *ἐάν τις ἀποθάνῃ μὴ ἔχων τέκνα, ἐπιγαμβρεύσει ὁ ἀδελφὸς αὐτοῦ τὴν γυναῖκα αὐτοῦ καὶ* **ἀναστήσει** *σπέρμα τῷ ἀδελφῷ αὐτοῦ·* ➤ Deut 25,5; Gen 38,8	**Mk 12,19**	... *ἐάν τινος ἀδελφὸς ἀποθάνῃ* καὶ καταλίπῃ γυναῖκα *καὶ μὴ ἀφῇ τέκνον,* ἵνα *λάβῃ ὁ ἀδελφὸς αὐτοῦ τὴν γυναῖκα καὶ* **ἐξαναστήσῃ** *σπέρμα τῷ ἀδελφῷ αὐτοῦ.* ➤ Deut 25,5; Gen 38,8	**Lk 20,28**	... *ἐάν τινος ἀδελφὸς ἀποθάνῃ* ἔχων γυναῖκα, καὶ οὗτος *ἄτεκνος ᾖ,* ἵνα *λάβῃ ὁ ἀδελφὸς αὐτοῦ τὴν γυναῖκα καὶ* **ἐξαναστήσῃ** *σπέρμα τῷ ἀδελφῷ αὐτοῦ.* ➤ Deut 25,5; Gen 38,8	

Acts 15,5 **ἐξανέστησαν** δέ τινες τῶν ἀπὸ τῆς αἱρέσεως τῶν Φαρισαίων πεπιστευκότες ...

ἐξάπινα	Syn 1	Mt	Mk 1	Lk	Acts	Jn	1-3John	Paul	Eph	Col
	NT 1	2Thess	1/2Tim	Tit	Heb	Jas	1Pet	2Pet	Jude	Rev

suddenly

	Mt		Mk		Lk		
121	**Mt 17,8**	ἐπάραντες δὲ τοὺς ὀφθαλμοὺς αὐτῶν οὐδένα εἶδον εἰ μὴ αὐτὸν Ἰησοῦν μόνον.	**Mk 9,8**	καὶ **ἐξάπινα** περιβλεψάμενοι οὐκέτι οὐδένα εἶδον ἀλλὰ τὸν Ἰησοῦν μόνον μεθ' ἑαυτῶν.	**Lk 9,36**	καὶ ἐν τῷ γενέσθαι τὴν φωνὴν εὑρέθη Ἰησοῦς μόνος. ...	

ἐξαποστέλλω	Syn 3	Mt	Mk	Lk 3	Acts 7	Jn	1-3John	Paul 2	Eph	Col
	NT 12	2Thess	1/2Tim	Tit	Heb	Jas	1Pet	2Pet	Jude	Rev

send out; send away

	Mt		Mk		Lk		
002					**Lk 1,53**	πεινῶντας ἐνέπλησεν ἀγαθῶν καὶ πλουτοῦντας **ἐξαπέστειλεν** κενούς.	
112	**Mt 21,35**	καὶ λαβόντες οἱ γεωργοὶ τοὺς δούλους αὐτοῦ ὃν μὲν ἔδειραν, ...	**Mk 12,3**	καὶ λαβόντες αὐτὸν ἔδειραν καὶ **ἀπέστειλαν** κενόν.	**Lk 20,10**	... οἱ δὲ γεωργοὶ **ἐξαπέστειλαν** αὐτὸν δείραντες κενόν.	→ GTh 65
112	**Mt 21,36**	πάλιν ἀπέστειλεν ἄλλους δούλους πλείονας τῶν πρώτων, καὶ ἐποίησαν αὐτοῖς ὡσαύτως.	**Mk 12,4**	καὶ πάλιν ἀπέστειλεν πρὸς αὐτοὺς ἄλλον δοῦλον· κἀκεῖνον ἐκεφαλίωσαν καὶ ἠτίμασαν.	**Lk 20,11**	καὶ προσέθετο ἕτερον πέμψαι δοῦλον· οἱ δὲ κἀκεῖνον δείραντες καὶ ἀτιμάσαντες **ἐξαπέστειλαν** κενόν.	→ GTh 65

Acts 7,12 ἀκούσας δὲ Ἰακὼβ ὄντα σιτία εἰς Αἴγυπτον **ἐξαπέστειλεν** τοὺς πατέρας ἡμῶν πρῶτον.

Acts 9,30 ἐπιγνόντες δὲ οἱ ἀδελφοὶ κατήγαγον αὐτὸν εἰς Καισάρειαν καὶ **ἐξαπέστειλαν** αὐτὸν εἰς Ταρσόν.

Acts 11,22 ἠκούσθη δὲ ὁ λόγος εἰς τὰ ὦτα τῆς ἐκκλησίας τῆς οὔσης ἐν Ἰερουσαλὴμ περὶ αὐτῶν καὶ **ἐξαπέστειλαν** Βαρναβᾶν [διελθεῖν] ἕως Ἀντιοχείας.

Acts 12,11 ... νῦν οἶδα ἀληθῶς ὅτι **ἐξαπέστειλεν** [ὁ] κύριος τὸν ἄγγελον αὐτοῦ ...

Acts 13,26 ... ἡμῖν ὁ λόγος τῆς σωτηρίας ταύτης **ἐξαπεστάλη.**

Acts 17,14 εὐθέως δὲ τότε τὸν Παῦλον **ἐξαπέστειλαν** οἱ ἀδελφοὶ πορεύεσθαι ἕως ἐπὶ τὴν θάλασσαν, ...

Acts 22,21 ... πορεύου, ὅτι ἐγὼ εἰς ἔθνη μακρὰν **ἐξαποστελῶ** σε.

ἐξαστράπτω	Syn 1	Mt	Mk	Lk 1	Acts	Jn	1-3John	Paul	Eph	Col
	NT 1	2Thess	1/2Tim	Tit	Heb	Jas	1Pet	2Pet	Jude	Rev

flash, gleam like lightning

	Mt	Mk	Lk
112	**Mt 17,2** ... τὰ δὲ ἱμάτια αὐτοῦ ἐγένετο λευκὰ ὡς τὸ φῶς.	**Mk 9,3** καὶ τὰ ἱμάτια αὐτοῦ ἐγένετο **στίλβοντα** λευκὰ λίαν, οἷα γναφεὺς ἐπὶ τῆς γῆς οὐ δύναται οὕτως λευκᾶναι.	**Lk 9,29** ... καὶ ὁ ἱματισμὸς αὐτοῦ λευκὸς **ἐξαστράπτων.**

ἐξαυτῆς	Syn 1	Mt	Mk 1	Lk	Acts 4	Jn	1-3John	Paul 1	Eph	Col
	NT 6	2Thess	1/2Tim	Tit	Heb	Jas	1Pet	2Pet	Jude	Rev

at once; immediately; soon thereafter

	Mt	Mk
120	**Mt 14,8** ... δός μοι, φησίν, ὧδε ἐπὶ πίνακι τὴν κεφαλὴν Ἰωάννου τοῦ βαπτιστοῦ.	**Mk 6,25** ... θέλω ἵνα **ἐξαυτῆς** δῷς μοι ἐπὶ πίνακι τὴν κεφαλὴν Ἰωάννου τοῦ βαπτιστοῦ.

Acts 10,33 **ἐξαυτῆς** οὖν ἔπεμψα πρὸς σέ, σύ τε καλῶς ἐποίησας παραγενόμενος. ...

Acts 11,11 καὶ ἰδοὺ **ἐξαυτῆς** τρεῖς ἄνδρες ἐπέστησαν ἐπὶ τὴν οἰκίαν ἐν ᾗ ἦμεν, ...

Acts 21,32 ὃς **ἐξαυτῆς** παραλαβὼν στρατιώτας καὶ ἑκατοντάρχας κατέδραμεν ἐπ᾽ αὐτούς, ...

Acts 23,30 μηνυθείσης δέ μοι ἐπιβουλῆς εἰς τὸν ἄνδρα ἔσεσθαι **ἐξαυτῆς** ἔπεμψα πρὸς σέ ...

ἐξέρχομαι	Syn 125	Mt 43	Mk 38	Lk 44	Acts 30	Jn 29	1-3John 4	Paul 8	Eph	Col
	NT 216	2Thess	1/2Tim	Tit	Heb 5	Jas 1	1Pet	2Pet	Jude	Rev 14

go out; come out; go away; retire; flow out; be gone; disappear

	triple tradition																	double tradition			Sondergut		
		+Mt / +Lk			–Mt / –Lk			traditions not taken over by Mt / Lk							subtotals								
code	*222*	*211*	*112*	*212*	*221*	*122*	*121*	*022*	*012*	*021*	*220*	*120*	*210*	*020*	Σ^+	Σ^-	Σ	*202*	*201*	*102*	*200*	*002*	total
Mt	5	3^+		2^+	3	1^-	6^-				2	10^-	5^+		10^+	17^-	20	7	3		13		**43**
Mk	5				3	1	6	7		3	2	10		1			38						**38**
Lk	5		5^+	2^+	3^-	1	6^-	7	3^+	3^-					10^+	12^-	23	7		3		11	**44**

Mk-Q overlap: 202: Mt 10,14 / Mk 6,11 / Lk 10,10 112: Mt 10,14 / Mk 6,11 / Lk 9,5

a ἐξέρχεται τὸ δαιμόνιον and similar phrases

code	Mt	Mk	Lk	
002			**Lk 1,22** ἐξελθὼν δὲ οὐκ ἐδύνατο λαλῆσαι αὐτοῖς, καὶ ἐπέγνωσαν ὅτι ὀπτασίαν ἑώρακεν ἐν τῷ ναῷ· ...	
002			**Lk 2,1** ἐγένετο δὲ ἐν ταῖς ἡμέραις ἐκείναις ἐξῆλθεν δόγμα παρὰ Καίσαρος Αὐγούστου ἀπογράφεσθαι πᾶσαν τὴν οἰκουμένην.	
200	**Mt 2,6** *... ἐκ σοῦ γὰρ* *ἐξελεύσεται* *ἡγούμενος, ὅστις ποιμανεῖ τὸν λαόν μου τὸν Ἰσραήλ.* ➤ Micah 5,1.3; 2Sam 5,2/1Chron 11,2			
112	**Mt 4,12** ... ἀνεχώρησεν εἰς τὴν Γαλιλαίαν.	**Mk 1,14** ... ἦλθεν ὁ Ἰησοῦς εἰς τὴν Γαλιλαίαν κηρύσσων τὸ εὐαγγέλιον τοῦ θεοῦ	**Lk 4,14** ↓ Mt 4,24 ↓ Mt 9,26 ↓ Mk 1,28 ↓ Lk 4,37 καὶ ὑπέστρεψεν ὁ Ἰησοῦς ἐν τῇ δυνάμει τοῦ πνεύματος εἰς τὴν Γαλιλαίαν. καὶ φήμη ἐξῆλθεν καθ' ὅλης τῆς περιχώρου περὶ αὐτοῦ.	→ Jn 4,3
a 022		**Mk 1,25** ... φιμώθητι καὶ ἔξελθε ἐξ αὐτοῦ.	**Lk 4,35 (2)** ... φιμώθητι καὶ ἔξελθε ἀπ' αὐτοῦ.	
a 022		**Mk 1,26** καὶ σπαράξαν αὐτὸν τὸ πνεῦμα τὸ ἀκάθαρτον καὶ φωνῆσαν φωνῇ μεγάλῃ ἐξῆλθεν ἐξ αὐτοῦ.	καὶ ῥίψαν αὐτὸν τὸ δαιμόνιον εἰς τὸ μέσον ἐξῆλθεν ἀπ' αὐτοῦ μηδὲν βλάψαν αὐτόν.	
a 012	→ Mt 7,29	**Mk 1,27** → Mk 1,22 ... τί ἐστιν τοῦτο; διδαχὴ καινὴ κατ' ἐξουσίαν· καὶ τοῖς πνεύμασι τοῖς ἀκαθάρτοις ἐπιτάσσει, καὶ ὑπακούουσιν αὐτῷ.	**Lk 4,36** → Lk 4,32 ... τίς ὁ λόγος οὗτος ὅτι ἐν ἐξουσίᾳ καὶ δυνάμει ἐπιτάσσει τοῖς ἀκαθάρτοις πνεύμασιν καὶ ἐξέρχονται;	
021	**Mt 4,24** ↓ Mt 9,26 → Mk 3,8 καὶ ἀπῆλθεν ἡ ἀκοὴ αὐτοῦ εἰς ὅλην τὴν Συρίαν· ...	**Mk 1,28** καὶ ἐξῆλθεν ἡ ἀκοὴ αὐτοῦ εὐθὺς πανταχοῦ εἰς ὅλην τὴν περίχωρον τῆς Γαλιλαίας.	**Lk 4,37** ↑ Lk 4,14 καὶ ἐξεπορεύετο ἦχος περὶ αὐτοῦ εἰς πάντα τόπον τῆς περιχώρου.	

121	Mt 8,14	καὶ ἐλθὼν ὁ Ἰησοῦς εἰς τὴν οἰκίαν Πέτρου ...	Mk 1,29	καὶ εὐθὺς ἐκ τῆς συναγωγῆς **ἐξελθόντες** ἦλθον εἰς τὴν οἰκίαν Σίμωνος καὶ Ἀνδρέου μετὰ Ἰακώβου καὶ Ἰωάννου.	Lk 4,38	ἀναστὰς δὲ ἀπὸ τῆς συναγωγῆς εἰσῆλθεν εἰς τὴν οἰκίαν Σίμωνος. ...	
a 112	Mt 8,16	... καὶ **ἐξέβαλεν** τὰ πνεύματα λόγῳ καὶ πάντας τοὺς κακῶς ἔχοντας ἐθεράπευσεν	Mk 1,34 → Mk 3,11	καὶ ἐθεράπευσεν πολλοὺς κακῶς ἔχοντας ποικίλαις νόσοις καὶ δαιμόνια πολλὰ **ἐξέβαλεν**, καὶ οὐκ ἤφιεν λαλεῖν τὰ δαιμόνια, ...	Lk 4,41 → Lk 6,18	[40] ... ὁ δὲ ἑνὶ ἑκάστῳ αὐτῶν τὰς χεῖρας ἐπιτιθεὶς ἐθεράπευεν αὐτούς. [41] **ἐξήρχετο** δὲ καὶ δαιμόνια ἀπὸ πολλῶν κρ[αυγ]άζοντα καὶ λέγοντα ὅτι σὺ εἶ ὁ υἱὸς τοῦ θεοῦ. καὶ ἐπιτιμῶν οὐκ εἴα αὐτὰ λαλεῖν, ...	
022			Mk 1,35	καὶ πρωῒ ἔννυχα λίαν ἀναστὰς **ἐξῆλθεν** καὶ ἀπῆλθεν εἰς ἔρημον τόπον κἀκεῖ προσηύχετο.	Lk 4,42 → Lk 5,16	γενομένης δὲ ἡμέρας **ἐξελθὼν** ἐπορεύθη εἰς ἔρημον τόπον· ...	
021			Mk 1,38	... ἄγωμεν ἀλλαχοῦ εἰς τὰς ἐχομένας κωμοπόλεις, ἵνα καὶ ἐκεῖ κηρύξω· εἰς τοῦτο γὰρ **ἐξῆλθον**.	Lk 4,43	... καὶ ταῖς ἑτέραις πόλεσιν εὐαγγελίσασθαί με δεῖ τὴν βασιλείαν τοῦ θεοῦ, ὅτι ἐπὶ τοῦτο **ἀπεστάλην**.	
002					Lk 5,8	ἰδὼν δὲ Σίμων Πέτρος προσέπεσεν τοῖς γόνασιν Ἰησοῦ λέγων· **ἔξελθε** ἀπ' ἐμοῦ, ὅτι ἀνὴρ ἁμαρτωλός εἰμι, κύριε.	
021			Mk 1,45 ↓ Mt 9,31	ὁ δὲ **ἐξελθὼν** ἤρξατο κηρύσσειν πολλὰ καὶ διαφημίζειν τὸν λόγον, ...	Lk 5,15 ↓ Lk 7,17	διήρχετο δὲ μᾶλλον ὁ λόγος περὶ αὐτοῦ, ...	
121	Mt 9,7	καὶ ἐγερθεὶς **ἀπῆλθεν** εἰς τὸν οἶκον αὐτοῦ.	Mk 2,12	καὶ ἠγέρθη καὶ εὐθὺς ἄρας τὸν κράβαττον **ἐξῆλθεν** ἔμπροσθεν πάντων, ...	Lk 5,25	καὶ παραχρῆμα ἀναστὰς ἐνώπιον αὐτῶν, ἄρας ἐφ' ὃ κατέκειτο, **ἀπῆλθεν** εἰς τὸν οἶκον αὐτοῦ ...	→ Jn 5,9
022			Mk 2,13 ↓ Mt 13,1 ↓ Mk 4,1	καὶ **ἐξῆλθεν** πάλιν παρὰ τὴν θάλασσαν· ...	Lk 5,27	καὶ μετὰ ταῦτα **ἐξῆλθεν** ...	
221	Mt 12,14 → Mt 26,4	**ἐξελθόντες** δὲ οἱ Φαρισαῖοι συμβούλιον ἔλαβον κατ' αὐτοῦ ὅπως αὐτὸν ἀπολέσωσιν.	Mk 3,6 → Mk 14,1	καὶ **ἐξελθόντες** οἱ Φαρισαῖοι εὐθὺς μετὰ τῶν Ἡρῳδιανῶν συμβούλιον ἐδίδουν κατ' αὐτοῦ ὅπως αὐτὸν ἀπολέσωσιν.	Lk 6,11 → Lk 4,28 → Lk 13,17 → Lk 14,6 → Lk 22,2	αὐτοὶ δὲ ἐπλήσθησαν ἀνοίας καὶ διελάλουν πρὸς ἀλλήλους τί ἂν ποιήσαιεν τῷ Ἰησοῦ.	
112	Mt 5,1	ἰδὼν δὲ τοὺς ὄχλους **ἀνέβη** εἰς τὸ ὄρος, ...	Mk 3,13	καὶ **ἀναβαίνει** εἰς τὸ ὄρος ...	Lk 6,12	ἐγένετο δὲ ἐν ταῖς ἡμέραις ταύταις **ἐξελθεῖν** αὐτὸν εἰς τὸ ὄρος προσεύξασθαι, ...	

012			Mk 3,10	... ὥστε ἐπιπίπτειν αὐτῷ ἵνα αὐτοῦ ἅψωνται ὅσοι εἶχον μάστιγας.	Lk 6,19 ↓ Mk 5,30 ↓ Lk 8,46	καὶ πᾶς ὁ ὄχλος ἐζήτουν ἅπτεσθαι αὐτοῦ, ὅτι δύναμις παρ' αὐτοῦ ἐξήρχετο καὶ ἰᾶτο πάντας.	
202	Mt 5,26 → Mt 18,34	ἀμὴν λέγω σοι, οὐ μὴ ἐξέλθῃς ἐκεῖθεν, ἕως ἂν ἀποδῷς τὸν ἔσχατον κοδράντην.			Lk 12,59	λέγω σοι, οὐ μὴ ἐξέλθῃς ἐκεῖθεν, ἕως καὶ τὸ ἔσχατον λεπτὸν ἀποδῷς.	
211	Mt 8,28	... ὑπήντησαν αὐτῷ δύο δαιμονιζόμενοι ἐκ τῶν μνημείων ἐξερχόμενοι, ...	Mk 5,2	... εὐθὺς ὑπήντησεν αὐτῷ ἐκ τῶν μνημείων ἄνθρωπος ἐν πνεύματι ἀκαθάρτῳ	Lk 8,27	... ὑπήντησεν ἀνήρ τις ἐκ τῆς πόλεως ἔχων δαιμόνια ...	
a 222	Mt 8,32	... οἱ δὲ ἐξελθόντες ἀπῆλθον εἰς τοὺς χοίρους· ...	Mk 5,13	... καὶ ἐξελθόντα τὰ πνεύματα τὰ ἀκάθαρτα εἰσῆλθον εἰς τοὺς χοίρους, ...	Lk 8,33	ἐξελθόντα δὲ τὰ δαιμόνια ἀπὸ τοῦ ἀνθρώπου εἰσῆλθον εἰς τοὺς χοίρους, ...	
212	Mt 8,34	καὶ ἰδοὺ πᾶσα ἡ πόλις ἐξῆλθεν εἰς ὑπάντησιν τῷ Ἰησοῦ ...	Mk 5,14	... καὶ ἦλθον ἰδεῖν τί ἐστιν τὸ γεγονός [15] καὶ ἔρχονται πρὸς τὸν Ἰησοῦν, ...	Lk 8,35 (2)	ἐξῆλθον δὲ ἰδεῖν τὸ γεγονὸς καὶ ἦλθον πρὸς τὸν Ἰησοῦν ...	
200	Mt 9,26 ↑ Mt 4,24a ↓ Mt 9,31 ↑ Mk 1,28 ↑ Lk 4,14 ↑ Lk 4,37	καὶ ἐξῆλθεν ἡ φήμη αὕτη εἰς ὅλην τὴν γῆν ἐκείνην.					
200	Mt 9,31 ↑ Mt 9,26 ↑ Mk 1,45	οἱ δὲ ἐξελθόντες διεφήμισαν αὐτὸν ἐν ὅλῃ τῇ γῇ ἐκείνῃ.					
201	Mt 9,32 ⇩ Mt 12,22	αὐτῶν δὲ ἐξερχομένων ἰδοὺ προσήνεγκαν αὐτῷ ἄνθρωπον κωφὸν δαιμονιζόμενον.			Lk 11,14	καὶ ἦν ἐκβάλλων δαιμόνιον [καὶ αὐτὸ ἦν] κωφόν· ...	
222	Mt 10,11 ⇩ Lk 10,8	εἰς ἣν δ' ἂν πόλιν ἢ κώμην εἰσέλθητε, ἐξετάσατε τίς ἐν αὐτῇ ἄξιός ἐστιν· κἀκεῖ μείνατε ἕως ἂν ἐξέλθητε.	Mk 6,10	... ὅπου ἐὰν εἰσέλθητε εἰς οἰκίαν, ἐκεῖ μένετε ἕως ἂν ἐξέλθητε ἐκεῖθεν.	Lk 9,4 ⇩ Lk 10,7	καὶ εἰς ἣν ἂν οἰκίαν εἰσέλθητε, ἐκεῖ μένετε καὶ ἐκεῖθεν ἐξέρχεσθε.	→ GTh 14,4 Mk-Q overlap
					Lk 10,7 ⇧ Lk 9,4	[5] εἰς ἣν δ' ἂν εἰσέλθητε οἰκίαν, ... [7] ἐν αὐτῇ δὲ τῇ οἰκίᾳ μένετε, ἐσθίοντες καὶ πίνοντες τὰ παρ' αὐτῶν· ... μὴ μεταβαίνετε ἐξ οἰκίας εἰς οἰκίαν. [8] καὶ εἰς ἣν ἂν πόλιν εἰσέρχησθε καὶ δέχωνται ὑμᾶς, ἐσθίετε τὰ παρατιθέμενα ὑμῖν	

	Mt		Mk		Lk		
202	Mt 10,14	καὶ ὃς ἂν μὴ δέξηται ὑμᾶς μηδὲ ἀκούσῃ τοὺς λόγους ὑμῶν, **ἐξερχόμενοι** ἔξω τῆς οἰκίας ἢ τῆς πόλεως ἐκείνης ἐκτινάξατε τὸν κονιορτὸν τῶν ποδῶν ὑμῶν.			Lk 10,10 ⇩ Lk 9,5 ↑ Lk 10,8	εἰς ἣν δ᾽ ἂν πόλιν εἰσέλθητε καὶ μὴ δέχωνται ὑμᾶς, **ἐξελθόντες** εἰς τὰς πλατείας αὐτῆς εἴπατε· [11] καὶ τὸν κονιορτὸν τὸν κολληθέντα ἡμῖν ἐκ τῆς πόλεως ὑμῶν εἰς τοὺς πόδας ἀπομασσόμεθα ὑμῖν· ...	Mk-Q overlap
			Mk 6,11	καὶ ὃς ἂν τόπος μὴ δέξηται ὑμᾶς μηδὲ ἀκούσωσιν ὑμῶν, **ἐκπορευόμενοι** ἐκεῖθεν ἐκτινάξατε τὸν χοῦν τὸν ὑποκάτω τῶν ποδῶν ὑμῶν εἰς μαρτύριον αὐτοῖς.	Lk 9,5 ⇩ Lk 10,10	καὶ ὅσοι ἂν μὴ δέχωνται ὑμᾶς, **ἐξερχόμενοι** ἀπὸ τῆς πόλεως ἐκείνης τὸν κονιορτὸν ἀπὸ τῶν ποδῶν ὑμῶν ἀποτινάσσετε εἰς μαρτύριον ἐπ᾽ αὐτούς.	→ Acts 13,51 → Acts 18,6
002					Lk 7,17 ↑ Lk 5,15	καὶ **ἐξῆλθεν** ὁ λόγος οὗτος ἐν ὅλῃ τῇ Ἰουδαίᾳ περὶ αὐτοῦ καὶ πάσῃ τῇ περιχώρῳ.	
202	Mt 11,7	... τί **ἐξήλθατε** εἰς τὴν ἔρημον θεάσασθαι; κάλαμον ὑπὸ ἀνέμου σαλευόμενον;			Lk 7,24	... τί **ἐξήλθατε** εἰς τὴν ἔρημον θεάσασθαι; κάλαμον ὑπὸ ἀνέμου σαλευόμενον;	→ GTh 78
202	Mt 11,8	ἀλλὰ τί **ἐξήλθατε** ἰδεῖν; ἄνθρωπον ἐν μαλακοῖς ἠμφιεσμένον; ...			Lk 7,25	ἀλλὰ τί **ἐξήλθατε** ἰδεῖν; ἄνθρωπον ἐν μαλακοῖς ἱματίοις ἠμφιεσμένον; ...	→ GTh 78
202	Mt 11,9	ἀλλὰ τί **ἐξήλθατε** ἰδεῖν; προφήτην; ...			Lk 7,26	ἀλλὰ τί **ἐξήλθατε** ἰδεῖν; προφήτην; ...	
a 002					Lk 8,2 → Mt 27,55-56 → Mk 15,40-41 → Lk 23,49.55 → Lk 24,10	καὶ γυναῖκές τινες αἳ ἦσαν τεθεραπευμέναι ἀπὸ πνευμάτων πονηρῶν καὶ ἀσθενειῶν, Μαρία ἡ καλουμένη Μαγδαληνή, ἀφ᾽ ἧς δαιμόνια ἑπτὰ **ἐξεληλύθει**	
221	Mt 12,14 → Mt 26,4	**ἐξελθόντες** δὲ οἱ Φαρισαῖοι συμβούλιον ἔλαβον κατ᾽ αὐτοῦ ὅπως αὐτὸν ἀπολέσωσιν.	Mk 3,6 → Mk 14,1	καὶ **ἐξελθόντες** οἱ Φαρισαῖοι εὐθὺς μετὰ τῶν Ἡρῳδιανῶν συμβούλιον ἐδίδουν κατ᾽ αὐτοῦ ὅπως αὐτὸν ἀπολέσωσιν.	Lk 6,11 → Lk 4,28 → Lk 13,17 → Lk 14,6 → Lk 22,2	αὐτοὶ δὲ ἐπλήσθησαν ἀνοίας καὶ διελάλουν πρὸς ἀλλήλους τί ἂν ποιήσαιεν τῷ Ἰησοῦ.	
020			Mk 3,21	καὶ ἀκούσαντες οἱ παρ᾽ αὐτοῦ **ἐξῆλθον** κρατῆσαι αὐτόν· ἔλεγον γὰρ ὅτι ἐξέστη.			

a 202	Mt 12,43 ↓ Mk 9,25	ὅταν δὲ τὸ ἀκάθαρτον πνεῦμα **ἐξέλθῃ** ἀπὸ τοῦ ἀνθρώπου, διέρχεται δι᾽ ἀνύδρων τόπων ζητοῦν ἀνάπαυσιν καὶ οὐχ εὑρίσκει.			Lk 11,24 (2) ↓ Mk 9,25	ὅταν τὸ ἀκάθαρτον πνεῦμα **ἐξέλθῃ** ἀπὸ τοῦ ἀνθρώπου, διέρχεται δι᾽ ἀνύδρων τόπων ζητοῦν ἀνάπαυσιν καὶ μὴ εὑρίσκον·	
a 202	Mt 12,44 ↓ Mk 9,25	τότε λέγει· εἰς τὸν οἶκόν μου ἐπιστρέψω ὅθεν **ἐξῆλθον**· ...			↓ Mk 9,25	[τότε] λέγει· ὑποστρέψω εἰς τὸν οἶκόν μου ὅθεν **ἐξῆλθον**·	
210	Mt 13,1 → Lk 5,1	ἐν τῇ ἡμέρᾳ ἐκείνῃ **ἐξελθὼν** ὁ Ἰησοῦς τῆς οἰκίας ἐκάθητο παρὰ τὴν θάλασσαν·	Mk 4,1 ↑ Mk 2,13 → Mk 3,9 → Lk 5,1	καὶ πάλιν ἤρξατο διδάσκειν παρὰ τὴν θάλασσαν· ...			
222	Mt 13,3	... ἰδοὺ **ἐξῆλθεν** ὁ σπείρων τοῦ σπείρειν.	Mk 4,3	ἀκούετε. ἰδοὺ **ἐξῆλθεν** ὁ σπείρων σπεῖραι.	Lk 8,5	**ἐξῆλθεν** ὁ σπείρων τοῦ σπεῖραι τὸν σπόρον αὐτοῦ. ...	→ GTh 9
200	Mt 13,49	οὕτως ἔσται ἐν τῇ συντελείᾳ τοῦ αἰῶνος· **ἐξελεύσονται** οἱ ἄγγελοι καὶ ἀφοριοῦσιν τοὺς πονηροὺς ἐκ μέσου τῶν δικαίων					
122	Mt 8,28	... ὑπήντησαν αὐτῷ δύο δαιμονιζόμενοι ἐκ τῶν μνημείων ἐξερχόμενοι, ...	Mk 5,2	καὶ **ἐξελθόντος** αὐτοῦ ἐκ τοῦ πλοίου εὐθὺς ὑπήντησεν αὐτῷ ἐκ τῶν μνημείων ἄνθρωπος ἐν πνεύματι ἀκαθάρτῳ	Lk 8,27	**ἐξελθόντι** δὲ αὐτῷ ἐπὶ τὴν γῆν ὑπήντησεν ἀνήρ τις ἐκ τῆς πόλεως ἔχων δαιμόνια ...	
a 022			Mk 5,8	ἔλεγεν γὰρ αὐτῷ· **ἔξελθε** τὸ πνεῦμα τὸ ἀκάθαρτον ἐκ τοῦ ἀνθρώπου.	Lk 8,29	παρήγγειλεν γὰρ τῷ πνεύματι τῷ ἀκαθάρτῳ **ἐξελθεῖν** ἀπὸ τοῦ ἀνθρώπου. ...	
a 222	Mt 8,32	... οἱ δὲ **ἐξελθόντες** ἀπῆλθον εἰς τοὺς χοίρους· ...	Mk 5,13	... καὶ **ἐξελθόντα** τὰ πνεύματα τὰ ἀκάθαρτα εἰσῆλθον εἰς τοὺς χοίρους, ...	Lk 8,33	**ἐξελθόντα δὲ** τὰ δαιμόνια ἀπὸ τοῦ ἀνθρώπου εἰσῆλθον εἰς τοὺς χοίρους, ...	
212	Mt 8,34	καὶ ἰδοὺ πᾶσα ἡ πόλις **ἐξῆλθεν**	Mk 5,14	... καὶ **ἦλθον** ἰδεῖν τί ἐστιν τὸ γεγονός	Lk 8,35 (2)	**ἐξῆλθον** δὲ ἰδεῖν τὸ γεγονὸς	
a 112		εἰς ὑπάντησιν τῷ Ἰησοῦ ...	Mk 5,15	καὶ ἔρχονται πρὸς τὸν Ἰησοῦν, καὶ θεωροῦσιν τὸν δαιμονιζόμενον καθήμενον ἱματισμένον καὶ σωφρονοῦντα, τὸν ἐσχηκότα τὸν λεγιῶνα, καὶ ἐφοβήθησαν.		καὶ ἦλθον πρὸς τὸν Ἰησοῦν καὶ εὗρον καθήμενον τὸν ἄνθρωπον ἀφ᾽ οὗ τὰ δαιμόνια **ἐξῆλθεν** ἱματισμένον καὶ σωφρονοῦντα παρὰ τοὺς πόδας τοῦ Ἰησοῦ, καὶ ἐφοβήθησαν.	
a 012			Mk 5,18	... παρεκάλει αὐτὸν ὁ δαιμονισθεὶς ἵνα μετ᾽ αὐτοῦ ᾖ.	Lk 8,38	ἐδεῖτο δὲ αὐτοῦ ὁ ἀνὴρ ἀφ᾽ οὗ **ἐξεληλύθει** τὰ δαιμόνια εἶναι σὺν αὐτῷ· ...	

022			Mk 5,30 ↑ Lk 6,19	καὶ εὐθὺς ὁ Ἰησοῦς ἐπιγνοὺς ἐν ἑαυτῷ τὴν ἐξ αὐτοῦ δύναμιν **ἐξελθοῦσαν** ἐπιστραφεὶς ἐν τῷ ὄχλῳ ἔλεγεν· τίς μου ἥψατο τῶν ἱματίων;	Lk 8,46 ↑ Lk 6,19	ὁ δὲ Ἰησοῦς εἶπεν· ἥψατό μού τις, ἐγὼ γὰρ ἔγνων δύναμιν **ἐξεληλυθυῖαν** ἀπ᾽ ἐμοῦ.	
120	Mt 13,53	καὶ ἐγένετο ὅτε ἐτέλεσεν ὁ Ἰησοῦς τὰς παραβολὰς ταύτας, **μετῆρεν** ἐκεῖθεν.	Mk 6,1	καὶ **ἐξῆλθεν** ἐκεῖθεν			
	Mt 13,54	καὶ ἐλθὼν εἰς τὴν πατρίδα αὐτοῦ ...		καὶ ἔρχεται εἰς τὴν πατρίδα αὐτοῦ, ...	Lk 4,16	καὶ ἦλθεν εἰς Ναζαρά, οὗ ἦν τεθραμμένος ...	
222	Mt 10,11 ⇧ Lk 10,8	εἰς ἣν δ᾽ ἂν πόλιν ἢ κώμην εἰσέλθητε, ἐξετάσατε τίς ἐν αὐτῇ ἄξιός ἐστιν· κἀκεῖ μείνατε ἕως ἂν **ἐξέλθητε.**	Mk 6,10	... ὅπου ἐὰν εἰσέλθητε εἰς οἰκίαν, ἐκεῖ μένετε ἕως ἂν **ἐξέλθητε** ἐκεῖθεν.	Lk 9,4 ⇧ Lk 10,7	καὶ εἰς ἣν ἂν οἰκίαν εἰσέλθητε, ἐκεῖ μένετε καὶ ἐκεῖθεν **ἐξέρχεσθε.**	→ GTh 14,4 Mk-Q overlap
112	Mt 10,14	καὶ ὃς ἂν μὴ δέξηται ὑμᾶς μηδὲ ἀκούσῃ τοὺς λόγους ὑμῶν, **ἐξερχόμενοι** ἔξω τῆς οἰκίας ἢ τῆς πόλεως ἐκείνης ἐκτινάξατε τὸν κονιορτὸν τῶν ποδῶν ὑμῶν.	Mk 6,11	καὶ ὃς ἂν τόπος μὴ δέξηται ὑμᾶς μηδὲ ἀκούσωσιν ὑμῶν, **ἐκπορευόμενοι** ἐκεῖθεν ἐκτινάξατε τὸν χοῦν τὸν ὑποκάτω τῶν ποδῶν ὑμῶν εἰς μαρτύριον αὐτοῖς.	Lk 9,5 ⇩ Lk 10,10	καὶ ὅσοι ἂν μὴ δέχωνται ὑμᾶς, **ἐξερχόμενοι** ἀπὸ τῆς πόλεως ἐκείνης τὸν κονιορτὸν ἀπὸ τῶν ποδῶν ὑμῶν ἀποτινάσσετε εἰς μαρτύριον ἐπ᾽ αὐτούς.	→ Acts 13,51 → Acts 18,6 Mk-Q overlap. Mt 10,14 counted as Q tradition.
022			Mk 6,12	καὶ **ἐξελθόντες** ἐκήρυξαν ἵνα μετανοῶσιν, [13] καὶ δαιμόνια πολλὰ ἐξέβαλλον, καὶ ἤλειφον ἐλαίῳ πολλοὺς ἀρρώστους καὶ ἐθεράπευον.	Lk 9,6	**ἐξερχόμενοι** δὲ διήρχοντο κατὰ τὰς κώμας εὐαγγελιζόμενοι καὶ θεραπεύοντες πανταχοῦ.	
120	Mt 14,8	ἡ δὲ προβιβασθεῖσα ὑπὸ τῆς μητρὸς αὐτῆς· ...	Mk 6,24	καὶ **ἐξελθοῦσα** εἶπεν τῇ μητρὶ αὐτῆς· τί αἰτήσωμαι; ...			
221	Mt 14,14 → Mt 9,36 → Mt 15,32	καὶ **ἐξελθὼν** εἶδεν πολὺν ὄχλον, καὶ ἐσπλαγχνίσθη ἐπ᾽ αὐτοῖς ...	Mk 6,34 → Mk 8,2	καὶ **ἐξελθὼν** εἶδεν πολὺν ὄχλον, καὶ ἐσπλαγχνίσθη ἐπ᾽ αὐτούς, ...	Lk 9,11	... καὶ ἀποδεξάμενος αὐτοὺς ...	
120	Mt 14,35	καὶ ἐπιγνόντες αὐτὸν οἱ ἄνδρες τοῦ τόπου ἐκείνου ...	Mk 6,54	καὶ **ἐξελθόντων** αὐτῶν ἐκ τοῦ πλοίου εὐθὺς ἐπιγνόντες αὐτὸν			
210	Mt 15,18	τὰ δὲ ἐκπορευόμενα ἐκ τοῦ στόματος ἐκ τῆς καρδίας **ἐξέρχεται,** κἀκεῖνα κοινοῖ τὸν ἄνθρωπον.	Mk 7,20	ἔλεγεν δὲ ὅτι τὸ ἐκ τοῦ ἀνθρώπου ἐκπορευόμενον, ἐκεῖνο κοινοῖ τὸν ἄνθρωπον.			→ GTh 14,5

210	**Mt 15,19**	ἐκ γὰρ τῆς καρδίας **ἐξέρχονται** διαλογισμοὶ πονηροί, φόνοι, μοιχεῖαι, πορνεῖαι, κλοπαί, ...	**Mk 7,21**	ἔσωθεν γὰρ ἐκ τῆς καρδίας τῶν ἀνθρώπων οἱ διαλογισμοὶ οἱ κακοὶ **ἐκπορεύονται,** πορνεῖαι, κλοπαί, φόνοι, [22] μοιχεῖαι, ...			→ GTh 14,5
210	**Mt 15,21**	καὶ **ἐξελθὼν** ἐκεῖθεν ὁ Ἰησοῦς ἀνεχώρησεν εἰς τὰ μέρη Τύρου καὶ Σιδῶνος.	**Mk 7,24** ↓ Mt 15,22	ἐκεῖθεν δὲ **ἀναστὰς** ἀπῆλθεν εἰς τὰ ὅρια Τύρου. ...			
210	**Mt 15,22** ↑ Mk 7,24 → Mk 7,26	καὶ ἰδοὺ γυνὴ Χαναναία ἀπὸ τῶν ὁρίων ἐκείνων **ἐξελθοῦσα** ἔκραζεν λέγουσα· ἐλέησόν με, κύριε υἱὸς Δαυίδ· ἡ θυγάτηρ μου κακῶς δαιμονίζεται.	**Mk 7,25**	ἀλλ᾽ εὐθὺς ἀκούσασα γυνὴ περὶ αὐτοῦ, ἧς εἶχεν τὸ θυγάτριον αὐτῆς πνεῦμα ἀκάθαρτον, ...			
a 120	**Mt 15,28**	... ὦ γύναι, μεγάλη σου ἡ πίστις· γενηθήτω σοι ὡς θέλεις.	**Mk 7,29**	... διὰ τοῦτον τὸν λόγον ὕπαγε, **ἐξελήλυθεν** ἐκ τῆς θυγατρός σου τὸ δαιμόνιον.			
a 120		καὶ **ἰάθη** ἡ θυγάτηρ αὐτῆς ἀπὸ τῆς ὥρας ἐκείνης.	**Mk 7,30** → Lk 7,10	καὶ ἀπελθοῦσα εἰς τὸν οἶκον αὐτῆς εὗρεν τὸ παιδίον βεβλημένον ἐπὶ τὴν κλίνην καὶ τὸ δαιμόνιον **ἐξεληλυθός.**			
120	**Mt 15,29**	καὶ **μεταβὰς** ἐκεῖθεν ὁ Ἰησοῦς ἦλθεν παρὰ τὴν θάλασσαν τῆς Γαλιλαίας, ...	**Mk 7,31**	καὶ πάλιν **ἐξελθὼν** ἐκ τῶν ὁρίων Τύρου ἦλθεν διὰ Σιδῶνος εἰς τὴν θάλασσαν τῆς Γαλιλαίας ...			
120	**Mt 16,1** ⇩ Mt 12,38	καὶ **προσελθόντες** οἱ Φαρισαῖοι καὶ Σαδδουκαῖοι πειράζοντες ἐπηρώτησαν αὐτὸν σημεῖον ἐκ τοῦ οὐρανοῦ ἐπιδεῖξαι αὐτοῖς.	**Mk 8,11**	καὶ **ἐξῆλθον** οἱ Φαρισαῖοι καὶ ἤρξαντο συζητεῖν αὐτῷ, ζητοῦντες παρ᾽ αὐτοῦ σημεῖον ἀπὸ τοῦ οὐρανοῦ, πειράζοντες αὐτόν.			Mk-Q overlap
	Mt 12,38 ⇧ Mt 16,1	τότε ἀπεκρίθησαν αὐτῷ τινες τῶν γραμματέων καὶ Φαρισαίων λέγοντες· διδάσκαλε, θέλομεν ἀπὸ σοῦ σημεῖον ἰδεῖν.			**Lk 11,16**	ἕτεροι δὲ πειράζοντες σημεῖον ἐξ οὐρανοῦ ἐζήτουν παρ᾽ αὐτοῦ.	
121	**Mt 16,13**	**ἐλθὼν** δὲ ὁ Ἰησοῦς εἰς τὰ μέρη Καισαρείας τῆς Φιλίππου ...	**Mk 8,27**	καὶ **ἐξῆλθεν** ὁ Ἰησοῦς καὶ οἱ μαθηταὶ αὐτοῦ εἰς τὰς κώμας Καισαρείας τῆς Φιλίππου· ...	**Lk 9,18** → Mt 14,23 → Mk 6,46	καὶ ἐγένετο ἐν τῷ εἶναι αὐτὸν προσευχόμενον κατὰ μόνας συνῆσαν αὐτῷ οἱ μαθηταί, ...	

a 121	Mt 17,18	καὶ ἐπετίμησεν αὐτῷ ὁ Ἰησοῦς	Mk 9,25 ↑ Mt 12,43-44 ↓ Lk 11,24	ἰδὼν δὲ ὁ Ἰησοῦς ὅτι ἐπισυντρέχει ὄχλος, ἐπετίμησεν τῷ πνεύματι τῷ ἀκαθάρτῳ λέγων αὐτῷ· τὸ ἄλαλον καὶ κωφὸν πνεῦμα, ἐγὼ ἐπιτάσσω σοι, **ἔξελθε** ἐξ αὐτοῦ καὶ μηκέτι εἰσέλθῃς εἰς αὐτόν.	Lk 9,42	... ἐπετίμησεν δὲ ὁ Ἰησοῦς τῷ πνεύματι τῷ ἀκαθάρτῳ	
a 221		καὶ **ἐξῆλθεν** ἀπ᾽ αὐτοῦ τὸ δαιμόνιον καὶ ἐθεραπεύθη ὁ παῖς ἀπὸ τῆς ὥρας ἐκείνης.	Mk 9,26	καὶ κράξας καὶ πολλὰ σπαράξας **ἐξῆλθεν**· καὶ ἐγένετο ὡσεὶ νεκρός, ὥστε τοὺς πολλοὺς λέγειν ὅτι ἀπέθανεν. [27] ὁ δὲ Ἰησοῦς κρατήσας τῆς χειρὸς αὐτοῦ ἤγειρεν αὐτόν, καὶ ἀνέστη.		καὶ ἰάσατο τὸν παῖδα καὶ ἀπέδωκεν αὐτὸν τῷ πατρὶ αὐτοῦ.	
a 120	Mt 17,20	ὁ δὲ λέγει αὐτοῖς· διὰ τὴν ὀλιγοπιστίαν ὑμῶν· ...	Mk 9,29	καὶ εἶπεν αὐτοῖς· τοῦτο τὸ γένος ἐν οὐδενὶ δύναται **ἐξελθεῖν** εἰ μὴ ἐν προσευχῇ.			
120	Mt 17,22	συστρεφομένων δὲ αὐτῶν ἐν τῇ Γαλιλαίᾳ ...	Mk 9,30	κἀκεῖθεν **ἐξελθόντες** παρεπορεύοντο διὰ τῆς Γαλιλαίας, καὶ οὐκ ἤθελεν ἵνα τις γνοῖ·			
200	Mt 18,28	**ἐξελθὼν** δὲ ὁ δοῦλος ἐκεῖνος εὗρεν ἕνα τῶν συνδούλων αὐτοῦ, ...					
202	Mt 10,14	καὶ ὃς ἂν μὴ δέξηται ὑμᾶς μηδὲ ἀκούσῃ τοὺς λόγους ὑμῶν, **ἐξερχόμενοι** ἔξω τῆς οἰκίας ἢ τῆς πόλεως ἐκείνης ἐκτινάξατε τὸν κονιορτὸν τῶν ποδῶν ὑμῶν.	Mk 6,11	καὶ ὃς ἂν τόπος μὴ δέξηται ὑμᾶς μηδὲ ἀκούσωσιν ὑμῶν, **ἐκπορευόμενοι** ἐκεῖθεν ἐκτινάξατε τὸν χοῦν τὸν ὑποκάτω τῶν ποδῶν ὑμῶν εἰς μαρτύριον αὐτοῖς.	Lk 10,10 ⇧ Lk 9,5 → Lk 10,8	εἰς ἣν δ᾽ ἂν πόλιν εἰσέλθητε καὶ μὴ δέχωνται ὑμᾶς, **ἐξελθόντες** εἰς τὰς πλατείας αὐτῆς εἴπατε· [11] καὶ τὸν κονιορτὸν τὸν κολληθέντα ἡμῖν ἐκ τῆς πόλεως ὑμῶν εἰς τοὺς πόδας ἀπομασσόμεθα ὑμῖν· ...	Mk-Q overlap
a 102	Mt 9,33 ⇩ Mt 12,22 ⇨ Mt 12,23	[32] ... ἰδοὺ προσήνεγκαν αὐτῷ ἄνθρωπον κωφὸν δαιμονιζόμενον. [33] καὶ **ἐκβληθέντος** τοῦ δαιμονίου ἐλάλησεν ὁ κωφός. καὶ ἐθαύμασαν οἱ ὄχλοι ...			Lk 11,14	καὶ ἦν ἐκβάλλων δαιμόνιον [καὶ αὐτὸ ἦν] κωφόν· ἐγένετο δὲ τοῦ δαιμονίου **ἐξελθόντος** ἐλάλησεν ὁ κωφὸς καὶ ἐθαύμασαν οἱ ὄχλοι.	
	Mt 12,22 ⇧ Mt 9,32	τότε προσηνέχθη αὐτῷ δαιμονιζόμενος τυφλὸς καὶ κωφός, καὶ ἐθεράπευσεν αὐτόν, ὥστε τὸν κωφὸν λαλεῖν καὶ βλέπειν.					

a 202	**Mt 12,43** ↑ Mk 9,25	ὅταν δὲ τὸ ἀκάθαρτον πνεῦμα **ἐξέλθῃ** ἀπὸ τοῦ ἀνθρώπου, διέρχεται δι᾽ ἀνύδρων τόπων ζητοῦν ἀνάπαυσιν καὶ οὐχ εὑρίσκει.	**Lk 11,24** (2) ↑ Mk 9,25	ὅταν τὸ ἀκάθαρτον πνεῦμα **ἐξέλθῃ** ἀπὸ τοῦ ἀνθρώπου, διέρχεται δι᾽ ἀνύδρων τόπων ζητοῦν ἀνάπαυσιν καὶ μὴ εὑρίσκον·	
a 202	**Mt 12,44** ↑ Mk 9,25	τότε λέγει· εἰς τὸν οἶκόν μου ἐπιστρέψω ὅθεν **ἐξῆλθον**· ...		[τότε] λέγει· ὑποστρέψω εἰς τὸν οἶκόν μου ὅθεν **ἐξῆλθον**·	
002			**Lk 11,53**	κἀκεῖθεν **ἐξελθόντος** αὐτοῦ ἤρξαντο οἱ γραμματεῖς καὶ οἱ Φαρισαῖοι δεινῶς ἐνέχειν ...	
202	**Mt 5,26** → Mt 18,34	ἀμὴν λέγω σοι, **οὐ μὴ ἐξέλθῃς** ἐκεῖθεν, ἕως ἂν ἀποδῷς τὸν ἔσχατον κοδράντην.	**Lk 12,59**	λέγω σοι, **οὐ μὴ ἐξέλθῃς** ἐκεῖθεν, ἕως καὶ τὸ ἔσχατον λεπτὸν ἀποδῷς.	
002			**Lk 13,31**	ἐν αὐτῇ τῇ ὥρᾳ προσῆλθάν τινες Φαρισαῖοι λέγοντες αὐτῷ· **ἔξελθε** καὶ πορεύου ἐντεῦθεν, ὅτι Ἡρῴδης θέλει σε ἀποκτεῖναι.	
102	**Mt 22,5**	οἱ δὲ ἀμελήσαντες ἀπῆλθον, ὃς μὲν εἰς τὸν ἴδιον ἀγρόν, ...	**Lk 14,18**	καὶ ἤρξαντο ἀπὸ μιᾶς πάντες παραιτεῖσθαι. ὁ πρῶτος εἶπεν αὐτῷ· ἀγρὸν ἠγόρασα καὶ ἔχω ἀνάγκην **ἐξελθὼν** ἰδεῖν αὐτόν· ἐρωτῶ σε, ἔχε με παρῃτημένον.	→ GTh 64
	Mt 22,7	ὁ δὲ βασιλεὺς ὠργίσθη ... [8] τότε λέγει τοῖς δούλοις αὐτοῦ· ...	**Lk 14,21**	... τότε ὀργισθεὶς ὁ οἰκοδεσπότης εἶπεν τῷ δούλῳ αὐτοῦ·	
002			↓ Mt 22,9 ⇩ Lk 14,23 → Lk 14,13	**ἔξελθε** ταχέως εἰς τὰς πλατείας καὶ ῥύμας τῆς πόλεως, ...	→ GTh 64
102	**Mt 22,9**	**πορεύεσθε** οὖν ἐπὶ τὰς διεξόδους τῶν ὁδῶν καὶ ὅσους ἐὰν εὕρητε καλέσατε εἰς τοὺς γάμους.	**Lk 14,23** ↓ Mt 22,10 ⇧ Lk 14,21 → Lk 16,16	καὶ εἶπεν ὁ κύριος πρὸς τὸν δοῦλον· **ἔξελθε** εἰς τὰς ὁδοὺς καὶ φραγμοὺς καὶ ἀνάγκασον εἰσελθεῖν, ...	→ GTh 64
002			**Lk 15,28**	ὠργίσθη δὲ καὶ οὐκ ἤθελεν εἰσελθεῖν, ὁ δὲ πατὴρ αὐτοῦ **ἐξελθὼν** παρεκάλει αὐτόν.	
002			**Lk 17,29**	ᾗ δὲ ἡμέρᾳ **ἐξῆλθεν** Λὼτ ἀπὸ Σοδόμων, ἔβρεξεν πῦρ καὶ θεῖον ἀπ᾽ οὐρανοῦ καὶ ἀπώλεσεν πάντας.	

200	**Mt 20,1**	ὁμοία γάρ ἐστιν ἡ βασιλεία τῶν οὐρανῶν ἀνθρώπῳ οἰκοδεσπότῃ, ὅστις **ἐξῆλθεν** ἅμα πρωῒ μισθώσασθαι ἐργάτας εἰς τὸν ἀμπελῶνα αὐτοῦ.					
200	**Mt 20,3**	καὶ **ἐξελθὼν** περὶ τρίτην ὥραν ...					
200	**Mt 20,5**	... πάλιν [δὲ] **ἐξελθὼν** περὶ ἕκτην καὶ ἐνάτην ὥραν ...					
200	**Mt 20,6**	περὶ δὲ τὴν ἑνδεκάτην **ἐξελθὼν** εὗρεν ἄλλους ἑστῶτας ...					
220	**Mt 21,17**	καὶ καταλιπὼν αὐτοὺς **ἐξῆλθεν** ἔξω τῆς πόλεως εἰς Βηθανίαν, καὶ ηὐλίσθη ἐκεῖ.	**Mk 11,11**	... ὀψίας ἤδη οὔσης τῆς ὥρας, **ἐξῆλθεν** εἰς Βηθανίαν μετὰ τῶν δώδεκα.	**Lk 21,37** → Mk 11,19	... τὰς δὲ νύκτας **ἐξερχόμενος** ηὐλίζετο εἰς τὸ ὄρος τὸ καλούμενον Ἐλαιῶν·	→ [[Jn 8,1]]
120	**Mt 21,18**	πρωῒ δὲ **ἐπανάγων** εἰς τὴν πόλιν ἐπείνασεν.	**Mk 11,12**	καὶ τῇ ἐπαύριον **ἐξελθόντων** αὐτῶν ἀπὸ Βηθανίας ἐπείνασεν.			
200	**Mt 22,10** ↑ Lk 14,23	καὶ **ἐξελθόντες** οἱ δοῦλοι ἐκεῖνοι εἰς τὰς ὁδοὺς συνήγαγον πάντας οὓς εὗρον, ...					→ GTh 64
211	**Mt 24,1**	καὶ **ἐξελθὼν** ὁ Ἰησοῦς ἀπὸ τοῦ ἱεροῦ ἐπορεύετο, καὶ προσῆλθον οἱ μαθηταὶ αὐτοῦ ἐπιδεῖξαι αὐτῷ τὰς οἰκοδομὰς τοῦ ἱεροῦ.	**Mk 13,1**	καὶ **ἐκπορευομένου** αὐτοῦ ἐκ τοῦ ἱεροῦ λέγει αὐτῷ εἷς τῶν μαθητῶν αὐτοῦ· διδάσκαλε, ἴδε ποταποὶ λίθοι καὶ ποταπαὶ οἰκοδομαί.	**Lk 21,5**	καί τινων λεγόντων περὶ τοῦ ἱεροῦ ὅτι λίθοις καλοῖς καὶ ἀναθήμασιν κεκόσμηται ...	
201	**Mt 24,26** ⇨ Mt 24,23	ἐὰν οὖν εἴπωσιν ὑμῖν· ἰδοὺ ἐν τῇ ἐρήμῳ ἐστίν, **μὴ ἐξέλθητε·** ἰδοὺ ἐν τοῖς ταμείοις, μὴ πιστεύσητε·	**Mk 13,21** → Mt 24,5 → Mk 13,6 → Lk 21,8	καὶ τότε ἐάν τις ὑμῖν εἴπῃ· ἴδε ὧδε ὁ χριστός, ἴδε ἐκεῖ, μὴ πιστεύετε·	**Lk 17,23** → Lk 17,21	καὶ ἐροῦσιν ὑμῖν· ἰδοὺ ἐκεῖ, [ἤ·] ἰδοὺ ὧδε· **μὴ ἀπέλθητε** μηδὲ διώξητε.	→ GTh 113
201	**Mt 24,27**	ὥσπερ γὰρ ἡ ἀστραπὴ **ἐξέρχεται** ἀπὸ ἀνατολῶν καὶ φαίνεται ἕως δυσμῶν, οὕτως ἔσται ἡ παρουσία τοῦ υἱοῦ τοῦ ἀνθρώπου·			**Lk 17,24**	ὥσπερ γὰρ ἡ ἀστραπὴ **ἀστράπτουσα** ἐκ τῆς ὑπὸ τὸν οὐρανὸν εἰς τὴν ὑπ᾽ οὐρανὸν λάμπει, οὕτως ἔσται ὁ υἱὸς τοῦ ἀνθρώπου [ἐν τῇ ἡμέρᾳ αὐτοῦ].	
200	**Mt 25,1**	τότε ὁμοιωθήσεται ἡ βασιλεία τῶν οὐρανῶν δέκα παρθένοις, αἵτινες λαβοῦσαι τὰς λαμπάδας ἑαυτῶν **ἐξῆλθον** εἰς ὑπάντησιν τοῦ νυμφίου.					

200	Mt 25,6	μέσης δὲ νυκτὸς κραυγὴ γέγονεν· ἰδοὺ ὁ νυμφίος, **ἐξέρχεσθε** εἰς ἀπάντησιν [αὐτοῦ].					
002	Mt 21,17	καὶ καταλιπὼν αὐτοὺς **ἐξῆλθεν** ἔξω τῆς πόλεως εἰς Βηθανίαν, καὶ ηὐλίσθη ἐκεῖ.	Mk 11,11	... ὀψίας ἤδη οὔσης τῆς ὥρας, **ἐξῆλθεν** εἰς Βηθανίαν μετὰ τῶν δώδεκα.	Lk 21,37 → Mk 11,19	... τὰς δὲ νύκτας **ἐξερχόμενος** ηὐλίζετο εἰς τὸ ὄρος τὸ καλούμενον Ἐλαιῶν·	→ [[Jn 8,1]]
121	Mt 26,19	καὶ **ἐποίησαν** οἱ μαθηταὶ ὡς συνέταξεν αὐτοῖς ὁ Ἰησοῦς καὶ ἡτοίμασαν τὸ πάσχα.	Mk 14,16	καὶ **ἐξῆλθον** οἱ μαθηταὶ καὶ ἦλθον εἰς τὴν πόλιν καὶ εὗρον καθὼς εἶπεν αὐτοῖς καὶ ἡτοίμασαν τὸ πάσχα.	Lk 22,13	 **ἀπελθόντες** δὲ εὗρον καθὼς εἰρήκει αὐτοῖς καὶ ἡτοίμασαν τὸ πάσχα.	
222	Mt 26,30	καὶ ὑμνήσαντες **ἐξῆλθον** εἰς τὸ ὄρος τῶν ἐλαιῶν.	Mk 14,26	καὶ ὑμνήσαντες **ἐξῆλθον** εἰς τὸ ὄρος τῶν ἐλαιῶν.	Lk 22,39	καὶ **ἐξελθὼν** ἐπορεύθη κατὰ τὸ ἔθος εἰς τὸ ὄρος τῶν ἐλαιῶν, ...	→ Jn 14,31 **→ Jn 18,1**
222	Mt 26,55	... ὡς ἐπὶ λῃστὴν **ἐξήλθατε** μετὰ μαχαιρῶν καὶ ξύλων συλλαβεῖν με; ...	Mk 14,48	... ὡς ἐπὶ λῃστὴν **ἐξήλθατε** μετὰ μαχαιρῶν καὶ ξύλων συλλαβεῖν με;	Lk 22,52 → Lk 22,54	... ὡς ἐπὶ λῃστὴν **ἐξήλθατε** μετὰ μαχαιρῶν καὶ ξύλων;	
220	Mt 26,71	 **ἐξελθόντα** δὲ εἰς τὸν πυλῶνα ...	Mk 14,68	... καὶ **ἐξῆλθεν** ἔξω εἰς τὸ προαύλιον [καὶ ἀλέκτωρ ἐφώνησεν].			
212	Mt 26,75	... καὶ **ἐξελθὼν** ἔξω ἔκλαυσεν πικρῶς.	Mk 14,72	... καὶ **ἐπιβαλὼν** ἔκλαιεν.	Lk 22,62	καὶ **ἐξελθὼν** ἔξω ἔκλαυσεν πικρῶς.	
211	Mt 27,32	**ἐξερχόμενοι** δὲ εὗρον ἄνθρωπον Κυρηναῖον ὀνόματι Σίμωνα, τοῦτον ἠγγάρευσαν ἵνα ἄρῃ τὸν σταυρὸν αὐτοῦ.	Mk 15,21	 καὶ ἀγγαρεύουσιν παράγοντά τινα Σίμωνα Κυρηναῖον ἐρχόμενον ἀπ᾽ ἀγροῦ, ... ἵνα ἄρῃ τὸν σταυρὸν αὐτοῦ.	Lk 23,26	 ... ἐπιλαβόμενοι Σίμωνά τινα Κυρηναῖον ἐρχόμενον ἀπ᾽ ἀγροῦ ἐπέθηκαν αὐτῷ τὸν σταυρὸν φέρειν ὄπισθεν τοῦ Ἰησοῦ.	
200	Mt 27,53	καὶ **ἐξελθόντες** ἐκ τῶν μνημείων μετὰ τὴν ἔγερσιν αὐτοῦ εἰσῆλθον εἰς τὴν ἁγίαν πόλιν ...					
121	Mt 28,8	καὶ **ἀπελθοῦσαι** ταχὺ ἀπὸ τοῦ μνημείου μετὰ φόβου καὶ χαρᾶς μεγάλης ἔδραμον ἀπαγγεῖλαι τοῖς μαθηταῖς αὐτοῦ.	Mk 16,8	καὶ **ἐξελθοῦσαι** ἔφυγον ἀπὸ τοῦ μνημείου, εἶχεν γὰρ αὐτὰς τρόμος καὶ ἔκστασις· καὶ οὐδενὶ οὐδὲν εἶπαν· ἐφοβοῦντο γάρ.	Lk 24,9	καὶ **ὑποστρέψασαι** ἀπὸ τοῦ μνημείου ἀπήγγειλαν ταῦτα πάντα τοῖς ἕνδεκα καὶ πᾶσιν τοῖς λοιποῖς.	→ Jn 20,2.18

Acts 1,21 δεῖ οὖν τῶν συνελθόντων ἡμῖν ἀνδρῶν ἐν παντὶ χρόνῳ ᾧ εἰσῆλθεν καὶ **ἐξῆλθεν** ἐφ᾽ ἡμᾶς ὁ κύριος Ἰησοῦς, [22] ... μάρτυρα τῆς ἀναστάσεως αὐτοῦ σὺν ἡμῖν γενέσθαι ἕνα τούτων.

Acts 7,3 καὶ εἶπεν πρὸς αὐτόν· ***ἔξελθε*** *ἐκ τῆς γῆς σου καὶ [ἐκ] τῆς συγγενείας σου καὶ δεῦρο εἰς τὴν γῆν ἣν ἄν σοι δείξω.*
➤ Gen 12,1

Acts 7,4 τότε **ἐξελθὼν** ἐκ γῆς Χαλδαίων κατῴκησεν ἐν Χαρράν. ...

Acts 7,7 *καὶ τὸ ἔθνος ᾧ ἐὰν δουλεύσουσιν κρινῶ ἐγώ,* ὁ θεὸς εἶπεν, *καὶ μετὰ ταῦτα* ***ἐξελεύσονται*** καὶ λατρεύσουσίν μοι ἐν τῷ τόπῳ τούτῳ.
➤ Gen 15,14

a	**Acts 8,7**	πολλοὶ γὰρ τῶν ἐχόντων πνεύματα ἀκάθαρτα βοῶντα φωνῇ μεγάλῃ **ἐξήρχοντο,** πολλοὶ δὲ παραλελυμένοι καὶ χωλοὶ ἐθεραπεύθησαν·
	Acts 10,23	... τῇ δὲ ἐπαύριον ἀναστὰς **ἐξῆλθεν** σὺν αὐτοῖς καί τινες τῶν ἀδελφῶν τῶν ἀπὸ Ἰόππης συνῆλθον αὐτῷ.
	Acts 11,25	**ἐξῆλθεν** δὲ εἰς Ταρσὸν ἀναζητῆσαι Σαῦλον
	Acts 12,9	καὶ **ἐξελθὼν** ἠκολούθει καὶ οὐκ ᾔδει ὅτι ἀληθές ἐστιν τὸ γινόμενον διὰ τοῦ ἀγγέλου· ...
	Acts 12,10	... καὶ **ἐξελθόντες** προῆλθον ῥύμην μίαν, καὶ εὐθέως ἀπέστη ὁ ἄγγελος ἀπ' αὐτοῦ.
	Acts 12,17	... ἀπαγγείλατε Ἰακώβῳ καὶ τοῖς ἀδελφοῖς ταῦτα. καὶ **ἐξελθὼν** ἐπορεύθη εἰς ἕτερον τόπον.
	Acts 14,20	... καὶ τῇ ἐπαύριον **ἐξῆλθεν** σὺν τῷ Βαρναβᾷ εἰς Δέρβην.
	Acts 15,24	ἐπειδὴ ἠκούσαμεν ὅτι τινὲς ἐξ ἡμῶν **[ἐξελθόντες]** ἐτάραξαν ὑμᾶς λόγοις ἀνασκευάζοντες τὰς ψυχὰς ὑμῶν οἷς οὐ διεστειλάμεθα
	Acts 15,40	Παῦλος δὲ ἐπιλεξάμενος Σιλᾶν **ἐξῆλθεν** παραδοθεὶς τῇ χάριτι τοῦ κυρίου ὑπὸ τῶν ἀδελφῶν.
	Acts 16,3	τοῦτον ἠθέλησεν ὁ Παῦλος σὺν αὐτῷ **ἐξελθεῖν,** καὶ λαβὼν περιέτεμεν αὐτὸν διὰ τοὺς Ἰουδαίους ...
	Acts 16,10	ὡς δὲ τὸ ὅραμα εἶδεν, εὐθέως ἐζητήσαμεν **ἐξελθεῖν** εἰς Μακεδονίαν ...
	Acts 16,13	τῇ τε ἡμέρᾳ τῶν σαββάτων **ἐξήλθομεν** ἔξω τῆς πύλης παρὰ ποταμὸν ...
a	**Acts 16,18** (2)	... παραγγέλλω σοι ἐν ὀνόματι Ἰησοῦ Χριστοῦ **ἐξελθεῖν** ἀπ' αὐτῆς·
a		καὶ **ἐξῆλθεν** αὐτῇ τῇ ὥρᾳ.
	Acts 16,19	ἰδόντες δὲ οἱ κύριοι αὐτῆς ὅτι **ἐξῆλθεν** ἡ ἐλπὶς τῆς ἐργασίας αὐτῶν, ...
	Acts 16,36	... νῦν οὖν **ἐξελθόντες** πορεύεσθε ἐν εἰρήνῃ.
	Acts 16,40 (2)	**ἐξελθόντες** δὲ ἀπὸ τῆς φυλακῆς εἰσῆλθον πρὸς τὴν Λυδίαν καὶ ἰδόντες παρεκάλεσαν τοὺς ἀδελφοὺς καὶ **ἐξῆλθαν.**
	Acts 17,33	οὕτως ὁ Παῦλος **ἐξῆλθεν** ἐκ μέσου αὐτῶν.
	Acts 18,23	καὶ ποιήσας χρόνον τινὰ **ἐξῆλθεν** διερχόμενος καθεξῆς τὴν Γαλατικὴν χώραν καὶ Φρυγίαν, ...
	Acts 20,1	... μεταπεμψάμενος ὁ Παῦλος τοὺς μαθητὰς καὶ παρακαλέσας, ἀσπασάμενος **ἐξῆλθεν** πορεύεσθαι εἰς Μακεδονίαν.
	Acts 20,11	ἀναβὰς δὲ καὶ κλάσας τὸν ἄρτον καὶ γευσάμενος ἐφ' ἱκανόν τε ὁμιλήσας ἄχρι αὐγῆς, οὕτως **ἐξῆλθεν.**
	Acts 21,5	ὅτε δὲ ἐγένετο ἡμᾶς ἐξαρτίσαι τὰς ἡμέρας, **ἐξελθόντες** ἐπορευόμεθα προπεμπόντων ἡμᾶς πάντων σὺν γυναιξὶ καὶ τέκνοις ἕως ἔξω τῆς πόλεως, ...
	Acts 21,8	τῇ δὲ ἐπαύριον **ἐξελθόντες** ἤλθομεν εἰς Καισάρειαν ...
	Acts 22,18	καὶ ἰδεῖν αὐτὸν λέγοντά μοι· σπεῦσον καὶ **ἔξελθε** ἐν τάχει ἐξ Ἰερουσαλήμ, ...
	Acts 28,3	... ἔχιδνα ἀπὸ τῆς θέρμης **ἐξελθοῦσα** καθῆψεν τῆς χειρὸς αὐτοῦ.

ἔξεστιν

	Syn	Mt	Mk	Lk	Acts	Jn	1-3John	Paul	Eph	Col
	20	9	6	5	4	2		5		
	NT	2Thess	1/2Tim	Tit	Heb	Jas	1Pet	2Pet	Jude	Rev
	31									

it is permitted, possible, proper

	triple tradition																double tradition			Sondergut		
		+Mt / +Lk			–Mt / –Lk			traditions not taken over by Mt / Lk							subtotals							
code	*222*	*211*	*112*	*212*	*221*	*122*	*121*	*022*	*012*	*021*	*220*	*120*	*210*	*020*	Σ⁺	Σ⁻	Σ	*202*	*201*	*102*	*200*	*002*	total
Mt	4	1⁺									2				1⁺		7				2		**9**
Mk	4										2						6						**6**
Lk	4																4					1	**5**

222	**Mt 12,2** ... ἰδοὺ οἱ μαθηταί σου ποιοῦσιν ὃ **οὐκ ἔξεστιν** ποιεῖν ἐν σαββάτῳ.	**Mk 2,24** ... ἴδε τί ποιοῦσιν τοῖς σάββασιν ὃ **οὐκ ἔξεστιν;**	**Lk 6,2** ... τί ποιεῖτε ὃ **οὐκ ἔξεστιν** τοῖς σάββασιν;

222	**Mt 12,4**	πῶς εἰσῆλθεν εἰς τὸν οἶκον τοῦ θεοῦ καὶ τοὺς ἄρτους τῆς προθέσεως ἔφαγον, ὃ **οὐκ ἐξὸν** ἦν αὐτῷ φαγεῖν οὐδὲ τοῖς μετ' αὐτοῦ εἰ μὴ τοῖς ἱερεῦσιν μόνοις;	**Mk 2,26**	πῶς εἰσῆλθεν εἰς τὸν οἶκον τοῦ θεοῦ ἐπὶ Ἀβιαθὰρ ἀρχιερέως καὶ τοὺς ἄρτους τῆς προθέσεως ἔφαγεν, οὓς **οὐκ ἔξεστιν** φαγεῖν εἰ μὴ τοὺς ἱερεῖς, καὶ ἔδωκεν καὶ τοῖς σὺν αὐτῷ οὖσιν;	**Lk 6,4**	[ὡς] εἰσῆλθεν εἰς τὸν οἶκον τοῦ θεοῦ καὶ τοὺς ἄρτους τῆς προθέσεως λαβὼν ἔφαγεν καὶ ἔδωκεν τοῖς μετ' αὐτοῦ, οὓς **οὐκ ἔξεστιν** φαγεῖν εἰ μὴ μόνους τοὺς ἱερεῖς;	
211	**Mt 12,10**	... καὶ ἐπηρώτησαν αὐτὸν λέγοντες· εἰ **ἔξεστιν** τοῖς σάββασιν θεραπεῦσαι; ἵνα κατηγορήσωσιν αὐτοῦ.	**Mk 3,2**	καὶ παρετήρουν αὐτὸν εἰ τοῖς σάββασιν θεραπεύσει αὐτόν, ἵνα κατηγορήσωσιν αὐτοῦ.	**Lk 6,7** → Lk 14,3	παρετηροῦντο δὲ αὐτὸν οἱ γραμματεῖς καὶ οἱ Φαρισαῖοι εἰ ἐν τῷ σαββάτῳ θεραπεύει, ἵνα εὕρωσιν κατηγορεῖν αὐτοῦ.	
222	**Mt 12,12**	... ὥστε **ἔξεστιν** τοῖς σάββασιν καλῶς ποιεῖν.	**Mk 3,4**	 ... **ἔξεστιν** τοῖς σάββασιν ἀγαθὸν ποιῆσαι ἢ κακοποιῆσαι, ψυχὴν σῶσαι ἢ ἀποκτεῖναι; ...	**Lk 6,9** → Lk 13,14 ↓ Lk 14,3	... ἐπερωτῶ ὑμᾶς εἰ **ἔξεστιν** τῷ σαββάτῳ ἀγαθοποιῆσαι ἢ κακοποιῆσαι, ψυχὴν σῶσαι ἢ ἀπολέσαι;	
220	**Mt 14,4** → Lk 3,19	ἔλεγεν γὰρ ὁ Ἰωάννης αὐτῷ· **οὐκ ἔξεστίν** σοι ἔχειν αὐτήν.	**Mk 6,18** → Lk 3,19	ἔλεγεν γὰρ ὁ Ἰωάννης τῷ Ἡρῴδῃ ὅτι **οὐκ ἔξεστίν** σοι ἔχειν τὴν γυναῖκα τοῦ ἀδελφοῦ σου.			
002					**Lk 14,3** ↑ Mt 12,12 ↑ Mk 3,4 ↑ Lk 6,9 → Lk 13,14	καὶ ἀποκριθεὶς ὁ Ἰησοῦς εἶπεν πρὸς τοὺς νομικοὺς καὶ Φαρισαίους λέγων· **ἔξεστιν** τῷ σαββάτῳ θεραπεῦσαι ἢ οὔ;	
220	**Mt 19,3**	... εἰ **ἔξεστιν** ἀνθρώπῳ ἀπολῦσαι τὴν γυναῖκα αὐτοῦ κατὰ πᾶσαν αἰτίαν;	**Mk 10,2**	... εἰ **ἔξεστιν** ἀνδρὶ γυναῖκα ἀπολῦσαι, ...			
200	**Mt 20,15**	[ἢ] **οὐκ ἔξεστίν** μοι ὃ θέλω ποιῆσαι ἐν τοῖς ἐμοῖς; ...					
222	**Mt 22,17**	εἰπὲ οὖν ἡμῖν τί σοι δοκεῖ· **ἔξεστιν** δοῦναι κῆνσον Καίσαρι ἢ οὔ;	**Mk 12,14**	 ... **ἔξεστιν** δοῦναι κῆνσον Καίσαρι ἢ οὔ; δῶμεν ἢ μὴ δῶμεν;	**Lk 20,22**	 **ἔξεστιν** ἡμᾶς Καίσαρι φόρον δοῦναι ἢ οὔ;	→ GTh 100
200	**Mt 27,6**	οἱ δὲ ἀρχιερεῖς λαβόντες τὰ ἀργύρια εἶπαν· **οὐκ ἔξεστιν** βαλεῖν αὐτὰ εἰς τὸν κορβανᾶν, ἐπεὶ τιμὴ αἵματός ἐστιν.					

Acts 2,29	ἄνδρες ἀδελφοί, **ἐξὸν** εἰπεῖν μετὰ παρρησίας πρὸς ὑμᾶς περὶ τοῦ πατριάρχου Δαυίδ ...	**Acts 16,21**	καὶ καταγγέλλουσιν ἔθη ἃ **οὐκ ἔξεστιν** ἡμῖν παραδέχεσθαι οὐδὲ ποιεῖν Ῥωμαίοις οὖσιν.	**Acts 21,37**	... ὁ Παῦλος λέγει τῷ χιλιάρχῳ· εἰ **ἔξεστίν** μοι εἰπεῖν τι πρὸς σέ; ...
				Acts 22,25	... εἰ ἄνθρωπον Ῥωμαῖον καὶ ἀκατάκριτον **ἔξεστιν** ὑμῖν μαστίζειν;

ἐξετάζω	Syn 2	Mt 2	Mk	Lk	Acts	Jn 1	1-3John	Paul	Eph	Col
	NT 3	2Thess	1/2Tim	Tit	Heb	Jas	1Pet	2Pet	Jude	Rev

scrutinize; examine; inquire

200	**Mt 2,8**	καὶ πέμψας αὐτοὺς εἰς Βηθλέεμ εἶπεν· πορευθέντες **ἐξετάσατε** ἀκριβῶς περὶ τοῦ παιδίου· ...					
201	**Mt 10,11**	εἰς ἣν δ᾽ ἂν πόλιν ἢ κώμην εἰσέλθητε, **ἐξετάσατε** τίς ἐν αὐτῇ ἄξιός ἐστιν· ...			**Lk 10,8** → Lk 10,10	καὶ εἰς ἣν ἂν πόλιν εἰσέρχησθε καὶ δέχωνται ὑμᾶς, ...	→ GTh 14,4
			Mk 6,10	... ὅπου ἐὰν εἰσέλθητε εἰς οἰκίαν, ...	**Lk 9,4**	καὶ εἰς ἣν ἂν οἰκίαν εἰσέλθητε, ...	Mk-Q overlap
	Mt 10,12	εἰσερχόμενοι δὲ εἰς τὴν οἰκίαν ἀσπάσασθε αὐτήν·			**Lk 10,5**	εἰς ἣν δ᾽ ἂν εἰσέλθητε οἰκίαν, πρῶτον λέγετε· εἰρήνη τῷ οἴκῳ τούτῳ.	

ἐξηγέομαι	Syn 1	Mt	Mk	Lk 1	Acts 4	Jn 1	1-3John	Paul	Eph	Col
	NT 6	2Thess	1/2Tim	Tit	Heb	Jas	1Pet	2Pet	Jude	Rev

explain; interpret; tell; report; describe

002					**Lk 24,35**	καὶ αὐτοὶ **ἐξηγοῦντο** τὰ ἐν τῇ ὁδῷ καὶ ὡς ἐγνώσθη αὐτοῖς ἐν τῇ κλάσει τοῦ ἄρτου.	

Acts 10,8 καὶ **ἐξηγησάμενος** ἅπαντα αὐτοῖς ἀπέστειλεν αὐτοὺς εἰς τὴν Ἰόππην.

Acts 15,12 ... καὶ ἤκουον Βαρναβᾶ καὶ Παύλου **ἐξηγουμένων** ὅσα ἐποίησεν ὁ θεὸς σημεῖα καὶ τέρατα ...

Acts 15,14 Συμεὼν **ἐξηγήσατο** καθὼς πρῶτον ὁ θεὸς ἐπεσκέψατο λαβεῖν ἐξ ἐθνῶν λαὸν τῷ ὀνόματι αὐτοῦ.

Acts 21,19 καὶ ἀσπασάμενος αὐτοὺς **ἐξηγεῖτο** καθ᾽ ἓν ἕκαστον, ὧν ἐποίησεν ὁ θεὸς ἐν τοῖς ἔθνεσιν διὰ τῆς διακονίας αὐτοῦ.

ἑξήκοντα	Syn 5	Mt 2	Mk 2	Lk 1	Acts	Jn	1-3John	Paul	Eph	Col
	NT 6	2Thess	1/2Tim 1	Tit	Heb	Jas	1Pet	2Pet	Jude	Rev

sixty

221	**Mt 13,8**	ἄλλα δὲ ἔπεσεν ἐπὶ τὴν γῆν τὴν καλὴν καὶ ἐδίδου καρπόν, ὃ μὲν ἑκατόν, ὃ δὲ **ἑξήκοντα**, ὃ δὲ τριάκοντα.	**Mk 4,8**	καὶ ἄλλα ἔπεσεν εἰς τὴν γῆν τὴν καλὴν καὶ ἐδίδου καρπὸν ἀναβαίνοντα καὶ αὐξανόμενα καὶ ἔφερεν ἓν τριάκοντα καὶ ἓν **ἑξήκοντα** καὶ ἓν ἑκατόν.	**Lk 8,8**	καὶ ἕτερον ἔπεσεν εἰς τὴν γῆν τὴν ἀγαθὴν καὶ φυὲν ἐποίησεν καρπὸν ἑκατονταπλασίονα. ...	→ GTh 9

code	Mt		Mk		Lk		
221	**Mt 13,23**	ὁ δὲ ἐπὶ τὴν καλὴν γῆν σπαρείς, οὗτός ἐστιν ὁ τὸν λόγον ἀκούων καὶ συνιείς, ὃς δὴ καρποφορεῖ καὶ ποιεῖ ὃ μὲν ἑκατόν, ὃ δὲ **ἑξήκοντα**, ὃ δὲ τριάκοντα.	**Mk 4,20**	καὶ ἐκεῖνοί εἰσιν οἱ ἐπὶ τὴν γῆν τὴν καλὴν σπαρέντες, οἵτινες ἀκούουσιν τὸν λόγον καὶ παραδέχονται καὶ καρποφοροῦσιν ἓν τριάκοντα καὶ ἓν **ἑξήκοντα** καὶ ἓν ἑκατόν.	**Lk 8,15**	τὸ δὲ ἐν τῇ καλῇ γῇ, οὗτοί εἰσιν οἵτινες ἐν καρδίᾳ καλῇ καὶ ἀγαθῇ ἀκούσαντες τὸν λόγον κατέχουσιν καὶ καρποφοροῦσιν ἐν ὑπομονῇ.	
002					**Lk 24,13**	καὶ ἰδοὺ δύο ἐξ αὐτῶν ἐν αὐτῇ τῇ ἡμέρᾳ ἦσαν πορευόμενοι εἰς κώμην ἀπέχουσαν **σταδίους ἑξήκοντα** ἀπὸ Ἰερουσαλήμ, ᾗ ὄνομα Ἐμμαοῦς	

ἑξῆς

	Syn	Mt	Mk	Lk	Acts	Jn	1-3John	Paul	Eph	Col
	2			2	3					
	NT	2Thess	1/2Tim	Tit	Heb	Jas	1Pet	2Pet	Jude	Rev
	5									

next (day)

code	Mt		Mk		Lk		
002					**Lk 7,11**	καὶ ἐγένετο **ἐν τῷ ἑξῆς** ἐπορεύθη εἰς πόλιν καλουμένην Ναΐν ...	
112	**Mt 17,9**	καὶ καταβαινόντων αὐτῶν ἐκ τοῦ ὄρους ...	**Mk 9,9**	καὶ καταβαινόντων αὐτῶν ἐκ τοῦ ὄρους ...	**Lk 9,37**	ἐγένετο δὲ **τῇ ἑξῆς ἡμέρᾳ** κατελθόντων αὐτῶν ἀπὸ τοῦ ὄρους ...	

Acts 21,1 ... εὐθυδρομήσαντες ἤλθομεν εἰς τὴν Κῶ, **τῇ δὲ ἑξῆς** εἰς τὴν Ῥόδον, κἀκεῖθεν εἰς Πάταρα

Acts 25,17 συνελθόντων οὖν [αὐτῶν] ἐνθάδε ἀναβολὴν μηδεμίαν ποιησάμενος **τῇ ἑξῆς** καθίσας ἐπὶ τοῦ βήματος ἐκέλευσα ἀχθῆναι τὸν ἄνδρα·

Acts 27,18 σφοδρῶς δὲ χειμαζομένων ἡμῶν **τῇ ἑξῆς** ἐκβολὴν ἐποιοῦντο

ἐξίστημι, ἐξιστάνω

	Syn	Mt	Mk	Lk	Acts	Jn	1-3John	Paul	Eph	Col
	8	1	4	3	8			1		
	NT	2Thess	1/2Tim	Tit	Heb	Jas	1Pet	2Pet	Jude	Rev
	17									

transitive: drive one out of one's senses; confuse; amaze; astound;
intransitive: lose one's mind; be out of one's senses; be amazed; be astonished

	triple tradition																	double tradition			Sondergut		
		+Mt / +Lk			–Mt / –Lk			traditions not taken over by Mt / Lk							subtotals								
code	*222*	*211*	*112*	*212*	*221*	*122*	*121*	*022*	*012*	*021*	*220*	*120*	*210*	*020*	Σ^+	Σ^-	Σ	*202*	*201*	*102*	*200*	*002*	total
Mt							1^-					1^-				2^-					1		**1**
Mk							1	1				1		1			4						**4**
Lk							1^-	1								1^-	1					2	**3**

code	Mt		Mk		Lk		
002					**Lk 2,47**	**ἐξίσταντο** δὲ πάντες οἱ ἀκούοντες αὐτοῦ ἐπὶ τῇ συνέσει καὶ ταῖς ἀποκρίσεσιν αὐτοῦ.	

121	Mt 9,8	ἰδόντες δὲ οἱ ὄχλοι **ἐφοβήθησαν** καὶ ἐδόξασαν τὸν θεὸν τὸν δόντα ἐξουσίαν τοιαύτην τοῖς ἀνθρώποις.	Mk 2,12	... ὥστε **ἐξίστασθαι** πάντας καὶ δοξάζειν τὸν θεὸν λέγοντας ὅτι οὕτως οὐδέποτε εἴδομεν.	Lk 5,26	καὶ **ἔκστασις ἔλαβεν** ἅπαντας καὶ ἐδόξαζον τὸν θεὸν καὶ ἐπλήσθησαν φόβου λέγοντες ὅτι εἴδομεν παράδοξα σήμερον.	
020			Mk 3,21	καὶ ἀκούσαντες οἱ παρ' αὐτοῦ ἐξῆλθον κρατῆσαι αὐτόν· ἔλεγον γὰρ ὅτι **ἐξέστη**.			
200	Mt 12,23 ⇨ Mt 9,33	καὶ **ἐξίσταντο** πάντες οἱ ὄχλοι καὶ ἔλεγον· μήτι οὗτός ἐστιν ὁ υἱὸς Δαυίδ;			Lk 11,14	... καὶ **ἐθαύμασαν** οἱ ὄχλοι.	
022			Mk 5,42	... καὶ **ἐξέστησαν** [εὐθὺς] ἐκστάσει μεγάλῃ.	Lk 8,56	καὶ **ἐξέστησαν** οἱ γονεῖς αὐτῆς· ...	
120	Mt 14,33 → Mt 16,16	οἱ δὲ ἐν τῷ πλοίῳ προσεκύνησαν αὐτῷ λέγοντες· ἀληθῶς θεοῦ υἱὸς εἶ.	Mk 6,51	... καὶ λίαν [ἐκ περισσοῦ] ἐν ἑαυτοῖς **ἐξίσταντο**· [52] οὐ γὰρ συνῆκαν ἐπὶ τοῖς ἄρτοις, ἀλλ' ἦν αὐτῶν ἡ καρδία πεπωρωμένη.			
002					Lk 24,22 → Mt 28,1 → Mk 16,1-2 → Lk 24,1	ἀλλὰ καὶ γυναῖκές τινες ἐξ ἡμῶν **ἐξέστησαν** ἡμᾶς, γενόμεναι ὀρθριναὶ ἐπὶ τὸ μνημεῖον	→ Jn 20,1

Acts 2,7 **ἐξίσταντο** δὲ καὶ ἐθαύμαζον λέγοντες· οὐχ ἰδοὺ ἅπαντες οὗτοί εἰσιν οἱ λαλοῦντες Γαλιλαῖοι;

Acts 2,12 **ἐξίσταντο** δὲ πάντες καὶ διηπόρουν, ἄλλος πρὸς ἄλλον λέγοντες· τί θέλει τοῦτο εἶναι;

Acts 8,9 ἀνὴρ δέ τις ὀνόματι Σίμων προϋπῆρχεν ἐν τῇ πόλει μαγεύων καὶ **ἐξιστάνων** τὸ ἔθνος τῆς Σαμαρείας, ...

Acts 8,11 προσεῖχον δὲ αὐτῷ **διὰ τὸ ἱκανῷ χρόνῳ ταῖς μαγείαις ἐξεστακέναι** αὐτούς.

Acts 8,13 ὁ δὲ Σίμων καὶ αὐτὸς ἐπίστευσεν καὶ βαπτισθεὶς ἦν προσκαρτερῶν τῷ Φιλίππῳ, θεωρῶν τε σημεῖα καὶ δυνάμεις μεγάλας γινομένας **ἐξίστατο**.

Acts 9,21 **ἐξίσταντο** δὲ πάντες οἱ ἀκούοντες καὶ ἔλεγον· οὐχ οὗτός ἐστιν ὁ πορθήσας εἰς Ἰερουσαλὴμ τοὺς ἐπικαλουμένους τὸ ὄνομα τοῦτο, ...

Acts 10,45 καὶ **ἐξέστησαν** οἱ ἐκ περιτομῆς πιστοὶ ὅσοι συνῆλθαν τῷ Πέτρῳ, ...

Acts 12,16 ... ἀνοίξαντες δὲ εἶδαν αὐτὸν καὶ **ἐξέστησαν**.

ἔξοδος

ἔξοδος	**Syn** 1	Mt	Mk	Lk 1	Acts	Jn	1-3John	Paul	Eph	Col
	NT 3	2Thess	1/2Tim	Tit	Heb 1	Jas	1Pet	2Pet 1	Jude	Rev

departure; death

112	**Mt 17,3**	καὶ ἰδοὺ ὤφθη αὐτοῖς Μωϋσῆς καὶ Ἠλίας συλλαλοῦντες μετ᾽ αὐτοῦ.	**Mk 9,4**	καὶ ὤφθη αὐτοῖς Ἠλίας σὺν Μωϋσεῖ καὶ ἦσαν συλλαλοῦντες τῷ Ἰησοῦ.	**Lk 9,31**	[30] καὶ ἰδοὺ ἄνδρες δύο συνελάλουν αὐτῷ, οἵτινες ἦσαν Μωϋσῆς καὶ Ἠλίας, [31] οἳ ὀφθέντες ἐν δόξῃ ἔλεγον **τὴν ἔξοδον αὐτοῦ,** ἣν ἤμελλεν πληροῦν ἐν Ἰερουσαλήμ.	

ἐξομολογέω

ἐξομολογέω	**Syn** 5	Mt 2	Mk 1	Lk 2	Acts 1	Jn	1-3John	Paul 3	Eph	Col
	NT 10	2Thess	1/2Tim	Tit	Heb	Jas 1	1Pet	2Pet	Jude	Rev

middle: confess; admit; acknowledge; praise; thank *or* give thanks

220	**Mt 3,6**	καὶ ἐβαπτίζοντο ἐν τῷ Ἰορδάνῃ ποταμῷ ὑπ᾽ αὐτοῦ **ἐξομολογούμενοι** τὰς ἁμαρτίας αὐτῶν.	**Mk 1,5** → Lk 3,7	... καὶ ἐβαπτίζοντο ὑπ᾽ αὐτοῦ ἐν τῷ Ἰορδάνῃ ποταμῷ **ἐξομολογούμενοι** τὰς ἁμαρτίας αὐτῶν.			
202	**Mt 11,25**	ἐν ἐκείνῳ τῷ καιρῷ ἀποκριθεὶς ὁ Ἰησοῦς εἶπεν· **ἐξομολογοῦμαί** σοι, πάτερ, κύριε τοῦ οὐρανοῦ καὶ τῆς γῆς, ...			**Lk 10,21**	ἐν αὐτῇ τῇ ὥρᾳ ἠγαλλιάσατο [ἐν] τῷ πνεύματι τῷ ἁγίῳ καὶ εἶπεν· **ἐξομολογοῦμαί** σοι, πάτερ, κύριε τοῦ οὐρανοῦ καὶ τῆς γῆς, ...	
112	**Mt 26,16**	καὶ ἀπὸ τότε ἐζήτει εὐκαιρίαν ἵνα αὐτὸν παραδῷ.	**Mk 14,11**	... καὶ ἐζήτει πῶς αὐτὸν εὐκαίρως παραδοῖ.	**Lk 22,6**	καὶ **ἐξωμολόγησεν,** καὶ ἐζήτει εὐκαιρίαν τοῦ παραδοῦναι αὐτὸν ἄτερ ὄχλου αὐτοῖς.	

Acts 19,18 πολλοί τε τῶν πεπιστευκότων ἤρχοντο **ἐξομολογούμενοι** καὶ ἀναγγέλλοντες τὰς πράξεις αὐτῶν.

ἐξορκίζω

ἐξορκίζω	**Syn** 1	Mt 1	Mk	Lk	Acts	Jn	1-3John	Paul	Eph	Col
	NT 1	2Thess	1/2Tim	Tit	Heb	Jas	1Pet	2Pet	Jude	Rev

adjure; charge under oath someone

211	**Mt 26,63** → Mt 27,43	... καὶ ὁ ἀρχιερεὺς εἶπεν αὐτῷ· **ἐξορκίζω** σε κατὰ τοῦ θεοῦ τοῦ ζῶντος ἵνα ἡμῖν εἴπῃς εἰ σὺ εἶ ὁ χριστὸς ὁ υἱὸς τοῦ θεοῦ.	**Mk 14,61** → Mk 15,32	... πάλιν ὁ ἀρχιερεὺς ἐπηρώτα αὐτὸν καὶ λέγει αὐτῷ· σὺ εἶ ὁ χριστὸς ὁ υἱὸς τοῦ εὐλογητοῦ;	**Lk 22,67** ⇩ Lk 22,70 → Lk 23,35 **Lk 22,70** ⇧ Lk 22,67	λέγοντες· εἰ σὺ εἶ ὁ χριστός, εἰπὸν ἡμῖν. ... εἶπαν δὲ πάντες· σὺ οὖν εἶ ὁ υἱὸς τοῦ θεοῦ; ...	→ Jn 10,24 → Jn 10,36

ἐξορύσσω

	Syn	Mt	Mk	Lk	Acts	Jn	1-3John	Paul	Eph	Col
	1		1					1		
	NT	2Thess	1/2Tim	Tit	Heb	Jas	1Pet	2Pet	Jude	Rev
	2									

dig out; tear out

	Mt		Mk		Lk		
021			**Mk 2,4**	... ἀπεστέγασαν τὴν στέγην ὅπου ἦν, καὶ **ἐξορύξαντες** χαλῶσι τὸν κράβαττον ὅπου ὁ παραλυτικὸς κατέκειτο.	**Lk 5,19**	... ἀναβάντες ἐπὶ τὸ δῶμα διὰ τῶν κεράμων καθῆκαν αὐτὸν σὺν τῷ κλινιδίῳ εἰς τὸ μέσον ἔμπροσθεν τοῦ Ἰησοῦ.	

ἐξουδενέω

	Syn	Mt	Mk	Lk	Acts	Jn	1-3John	Paul	Eph	Col
	1		1							
	NT	2Thess	1/2Tim	Tit	Heb	Jas	1Pet	2Pet	Jude	Rev
	1									

treat with contempt

	Mt		Mk		Lk		
120	**Mt 17,12**	... οὕτως καὶ ὁ υἱὸς τοῦ ἀνθρώπου μέλλει πάσχειν ὑπ' αὐτῶν.	**Mk 9,12**	... καὶ πῶς γέγραπται ἐπὶ τὸν υἱὸν τοῦ ἀνθρώπου ἵνα πολλὰ πάθῃ καὶ **ἐξουδενηθῇ**;			

ἐξουθενέω, ἐξουθενόω

	Syn	Mt	Mk	Lk	Acts	Jn	1-3John	Paul	Eph	Col
	2			2	1			8		
	NT	2Thess	1/2Tim	Tit	Heb	Jas	1Pet	2Pet	Jude	Rev
	11									

despise; disdain someone; reject with contempt

	Mt		Mk		Lk		
002					**Lk 18,9** → Lk 20,20 → Lk 16,15	εἶπεν δὲ καὶ πρός τινας τοὺς πεποιθότας ἐφ' ἑαυτοῖς ὅτι εἰσὶν δίκαιοι καὶ **ἐξουθενοῦντας** τοὺς λοιποὺς τὴν παραβολὴν ταύτην·	
002	**Mt 27,28**	καὶ ἐκδύσαντες αὐτὸν χλαμύδα κοκκίνην περιέθηκαν αὐτῷ	**Mk 15,17**	καὶ ἐνδιδύσκουσιν αὐτὸν πορφύραν ...	**Lk 23,11** → Mt 27,27 → Mk 15,16	**ἐξουθενήσας** δὲ αὐτὸν [καὶ] ὁ Ἡρῴδης σὺν τοῖς στρατεύμασιν αὐτοῦ καὶ ἐμπαίξας περιβαλὼν ἐσθῆτα λαμπρὰν ἀνέπεμψεν αὐτὸν τῷ Πιλάτῳ.	→ Jn 19,2

Acts 4,11 → Mt 21,42 → Mk 12,10 → Lk 20,17

οὗτός ἐστιν ὁ λίθος,
ὁ **ἐξουθενηθεὶς**
ὑφ' ὑμῶν τῶν οἰκοδόμων,
ὁ γενόμενος εἰς κεφαλὴν
γωνίας.
➤ Ps 118,22

ἐξουσία	Syn 36	Mt 10	Mk 10	Lk 16	Acts 7	Jn 8	1-3John	Paul 17	Eph 4	Col 4
	NT 102	2Thess 1	1/2Tim	Tit 1	Heb 1	Jas	1Pet 1	2Pet	Jude 1	Rev 21

freedom of choice; right to act; ability; capability; might; power; authority; absolute power; warrant; ruling power; official power; domain; authorities; officials; government; rulers and functionaries of the spirit world

	triple tradition																	double tradition			Sondergut		
		+Mt / +Lk			–Mt / –Lk			traditions not taken over by Mt / Lk							subtotals								
code	222	211	112	212	221	122	121	022	012	021	220	120	210	020	Σ⁺	Σ⁻	Σ	202	201	102	200	002	total
Mt	6	1^+			1										1^+		8	1			1		**10**
Mk	6				1			1						2			10						**10**
Lk	6		2^+		1^-			1							2^+	1^-	9	1		4		2	**16**

102	**Mt 4,9**	καὶ εἶπεν αὐτῷ· **ταῦτά σοι πάντα** δώσω, ἐὰν πεσὼν προσκυνήσῃς μοι.			**Lk 4,6**	καὶ εἶπεν αὐτῷ ὁ διάβολος· σοὶ δώσω **τὴν ἐξουσίαν ταύτην ἅπασαν** καὶ τὴν δόξαν αὐτῶν, ὅτι ἐμοὶ παραδέδοται καὶ ᾧ ἐὰν θέλω δίδωμι αὐτήν· [7] σὺ οὖν ἐὰν προσκυνήσῃς ἐνώπιον ἐμοῦ, ἔσται σοῦ πᾶσα.
222	**Mt 7,29** → Mt 22,33	[28] ... ἐξεπλήσσοντο οἱ ὄχλοι ἐπὶ τῇ διδαχῇ αὐτοῦ· [29] ἦν γὰρ διδάσκων αὐτοὺς **ὡς ἐξουσίαν ἔχων** καὶ οὐχ ὡς οἱ γραμματεῖς αὐτῶν.	**Mk 1,22** ↓ Mk 1,27 → Mk 11,18	καὶ ἐξεπλήσσοντο ἐπὶ τῇ διδαχῇ αὐτοῦ· ἦν γὰρ διδάσκων αὐτοὺς **ὡς ἐξουσίαν ἔχων** καὶ οὐχ ὡς οἱ γραμματεῖς.	**Lk 4,32** ↓ Lk 4,36	καὶ ἐξεπλήσσοντο ἐπὶ τῇ διδαχῇ αὐτοῦ, ὅτι **ἐν ἐξουσίᾳ** ἦν ὁ λόγος αὐτοῦ.
022	↑ Mt 7,29		**Mk 1,27** ↑ Mk 1,22	... τί ἐστιν τοῦτο; διδαχὴ καινὴ **κατ' ἐξουσίαν·** καὶ τοῖς πνεύμασι τοῖς ἀκαθάρτοις ἐπιτάσσει, καὶ ὑπακούουσιν αὐτῷ.	**Lk 4,36** ↑ Lk 4,32	... τίς ὁ λόγος οὗτος ὅτι **ἐν ἐξουσίᾳ καὶ δυνάμει** ἐπιτάσσει τοῖς ἀκαθάρτοις πνεύμασιν καὶ ἐξέρχονται;
202	**Mt 8,9**	καὶ γὰρ ἐγὼ ἄνθρωπός εἰμι **ὑπὸ ἐξουσίαν,** ἔχων ὑπ' ἐμαυτὸν στρατιώτας, ...			**Lk 7,8**	καὶ γὰρ ἐγὼ ἄνθρωπός εἰμι **ὑπὸ ἐξουσίαν** τασσόμενος ἔχων ὑπ' ἐμαυτὸν στρατιώτας, ...
222	**Mt 9,6**	ἵνα δὲ εἰδῆτε ὅτι **ἐξουσίαν** ἔχει ὁ υἱὸς τοῦ ἀνθρώπου ἐπὶ τῆς γῆς ἀφιέναι ἁμαρτίας - τότε λέγει τῷ παραλυτικῷ· ...	**Mk 2,10**	ἵνα δὲ εἰδῆτε ὅτι **ἐξουσίαν** ἔχει ὁ υἱὸς τοῦ ἀνθρώπου ἀφιέναι ἁμαρτίας ἐπὶ τῆς γῆς - λέγει τῷ παραλυτικῷ·	**Lk 5,24**	ἵνα δὲ εἰδῆτε ὅτι ὁ υἱὸς τοῦ ἀνθρώπου **ἐξουσίαν** ἔχει ἐπὶ τῆς γῆς ἀφιέναι ἁμαρτίας - εἶπεν τῷ παραλελυμένῳ· ...
211	**Mt 9,8**	ἰδόντες δὲ οἱ ὄχλοι ἐφοβήθησαν καὶ ἐδόξασαν τὸν θεὸν τὸν δόντα **ἐξουσίαν τοιαύτην** τοῖς ἀνθρώποις.	**Mk 2,12**	... ὥστε ἐξίστασθαι πάντας καὶ δοξάζειν τὸν θεὸν λέγοντας ὅτι οὕτως οὐδέποτε εἴδομεν.	**Lk 5,26**	καὶ ἔκστασις ἔλαβεν ἅπαντας καὶ ἐδόξαζον τὸν θεὸν καὶ ἐπλήσθησαν φόβου λέγοντες ὅτι εἴδομεν παράδοξα σήμερον.
202	**Mt 8,9**	καὶ γὰρ ἐγὼ ἄνθρωπός εἰμι **ὑπὸ ἐξουσίαν,** ἔχων ὑπ' ἐμαυτὸν στρατιώτας, ...			**Lk 7,8**	καὶ γὰρ ἐγὼ ἄνθρωπός εἰμι **ὑπὸ ἐξουσίαν** τασσόμενος ἔχων ὑπ' ἐμαυτὸν στρατιώτας, ...

020	Mt 10,1 → Mk 3,13	καὶ προσκαλεσάμενος τοὺς δώδεκα μαθητὰς αὐτοῦ ἔδωκεν αὐτοῖς **ἐξουσίαν πνευμάτων ἀκαθάρτων** ὥστε ἐκβάλλειν αὐτὰ καὶ θεραπεύειν πᾶσαν νόσον καὶ πᾶσαν μαλακίαν.	Mk 3,15 ↓ Mk 6,7 ↓ Lk 9,1 → Mt 10,5	[14] καὶ ἐποίησεν δώδεκα, [οὓς καὶ ἀποστόλους ὠνόμασεν] ἵνα ὦσιν μετ' αὐτοῦ καὶ ἵνα ἀποστέλλῃ αὐτοὺς κηρύσσειν [15] καὶ ἔχειν **ἐξουσίαν** ἐκβάλλειν τὰ δαιμόνια·			
222	Mt 10,1 → Mk 3,13	καὶ προσκαλεσάμενος τοὺς δώδεκα μαθητὰς αὐτοῦ ἔδωκεν αὐτοῖς **ἐξουσίαν πνευμάτων ἀκαθάρτων** ὥστε ἐκβάλλειν αὐτὰ καὶ θεραπεύειν πᾶσαν νόσον καὶ πᾶσαν μαλακίαν.	Mk 6,7 ↑ Mk 3,14-15 → Mt 10,5 → Lk 9,2	καὶ προσκαλεῖται τοὺς δώδεκα καὶ ἤρξατο αὐτοὺς ἀποστέλλειν δύο δύο καὶ ἐδίδου αὐτοῖς **ἐξουσίαν τῶν πνευμάτων τῶν ἀκαθάρτων**	Lk 9,1 → Lk 10,1	συγκαλεσάμενος δὲ τοὺς δώδεκα ἔδωκεν αὐτοῖς **δύναμιν καὶ ἐξουσίαν ἐπὶ πάντα τὰ δαιμόνια** καὶ νόσους θεραπεύειν	
002					Lk 10,19	ἰδοὺ δέδωκα ὑμῖν **τὴν ἐξουσίαν** τοῦ πατεῖν ἐπάνω ὄφεων καὶ σκορπίων, ...	
102	Mt 10,28	... φοβεῖσθε δὲ μᾶλλον **τὸν δυνάμενον** καὶ ψυχὴν καὶ σῶμα ἀπολέσαι ἐν γεέννῃ.			Lk 12,5	... φοβήθητε τὸν μετὰ τὸ ἀποκτεῖναι **ἔχοντα ἐξουσίαν** ἐμβαλεῖν εἰς τὴν γέενναν· ...	
102	Mt 10,19	ὅταν δὲ παραδῶσιν ὑμᾶς, μὴ μεριμνήσητε πῶς ἢ τί λαλήσητε· ...	Mk 13,11	καὶ ὅταν ἄγωσιν ὑμᾶς παραδιδόντες, μὴ προμεριμνᾶτε τί λαλήσητε, ...	Lk 12,11 ⇨ Lk 21,14-15 → Lk 21,12	ὅταν δὲ εἰσφέρωσιν ὑμᾶς ἐπὶ τὰς συναγωγὰς καὶ τὰς ἀρχὰς καὶ **τὰς ἐξουσίας,** μὴ μεριμνήσητε πῶς ἢ τί ἀπολογήσησθε ἢ τί εἴπητε·	Mk-Q overlap
102	Mt 25,21 → Mt 24,47	... εὖ, δοῦλε ἀγαθὲ καὶ πιστέ, ἐπὶ ὀλίγα ἦς πιστός, ἐπὶ πολλῶν **σε καταστήσω· ...**			Lk 19,17 → Lk 16,10	... εὖγε, ἀγαθὲ δοῦλε, ὅτι ἐν ἐλαχίστῳ πιστὸς ἐγένου, **ἴσθι ἐξουσίαν ἔχων** ἐπάνω δέκα πόλεων.	
222 222	Mt 21,23 (2)	... **ἐν ποίᾳ ἐξουσίᾳ** ταῦτα ποιεῖς; καὶ τίς σοι ἔδωκεν **τὴν ἐξουσίαν ταύτην;**	Mk 11,28 (2)	... **ἐν ποίᾳ ἐξουσίᾳ** ταῦτα ποιεῖς; ἢ τίς σοι ἔδωκεν **τὴν ἐξουσίαν ταύτην** ἵνα ταῦτα ποιῇς;	Lk 20,2 (2)	... εἰπὸν ἡμῖν **ἐν ποίᾳ ἐξουσίᾳ** ταῦτα ποιεῖς, ἢ τίς ἐστιν ὁ δούς σοι **τὴν ἐξουσίαν ταύτην;**	→ Jn 2,18
221	Mt 21,24	... ἐρωτήσω ὑμᾶς κἀγὼ λόγον ἕνα, ὃν ἐὰν εἴπητέ μοι κἀγὼ ὑμῖν ἐρῶ **ἐν ποίᾳ ἐξουσίᾳ** ταῦτα ποιῶ·	Mk 11,29	... ἐπερωτήσω ὑμᾶς ἕνα λόγον, καὶ ἀποκρίθητέ μοι καὶ ἐρῶ ὑμῖν **ἐν ποίᾳ ἐξουσίᾳ** ταῦτα ποιῶ·	Lk 20,3	... ἐρωτήσω ὑμᾶς κἀγὼ λόγον, καὶ εἴπατέ μοι·	
222	Mt 21,27	... οὐδὲ ἐγὼ λέγω ὑμῖν **ἐν ποίᾳ ἐξουσίᾳ** ταῦτα ποιῶ.	Mk 11,33	... οὐδὲ ἐγὼ λέγω ὑμῖν **ἐν ποίᾳ ἐξουσίᾳ** ταῦτα ποιῶ.	Lk 20,8	... οὐδὲ ἐγὼ λέγω ὑμῖν **ἐν ποίᾳ ἐξουσίᾳ** ταῦτα ποιῶ.	

112	**Mt 22,15**	τότε πορευθέντες οἱ Φαρισαῖοι συμβούλιον ἔλαβον ὅπως αὐτὸν παγιδεύσωσιν ἐν λόγῳ. [16] καὶ ἀποστέλλουσιν αὐτῷ τοὺς μαθητὰς αὐτῶν μετὰ τῶν Ἡρῳδιανῶν ...	**Mk 12,13**	καὶ ἀποστέλλουσιν πρὸς αὐτόν τινας τῶν Φαρισαίων καὶ τῶν Ἡρῳδιανῶν ἵνα αὐτὸν ἀγρεύσωσιν λόγῳ.	**Lk 20,20** → Lk 6,11 → Lk 11,54 → Lk 16,15 → Lk 18,9 → Lk 23,2	καὶ παρατηρήσαντες ἀπέστειλαν ἐγκαθέτους ὑποκρινομένους ἑαυτοὺς δικαίους εἶναι, ἵνα ἐπιλάβωνται αὐτοῦ λόγου, ὥστε παραδοῦναι αὐτὸν τῇ ἀρχῇ **καὶ τῇ ἐξουσίᾳ τοῦ ἡγεμόνος.**	
020	**Mt 25,14**	... ἐκάλεσεν τοὺς ἰδίους δούλους καὶ παρέδωκεν αὐτοῖς **τὰ ὑπάρχοντα αὐτοῦ,** [15] καὶ ᾧ μὲν ἔδωκεν πέντε τάλαντα, ᾧ δὲ δύο, ᾧ δὲ ἕν, ...	**Mk 13,34**	... καὶ δοὺς τοῖς δούλοις αὐτοῦ **τὴν ἐξουσίαν** ἑκάστῳ τὸ ἔργον αὐτοῦ, καὶ τῷ θυρωρῷ ἐνετείλατο ἵνα γρηγορῇ.	**Lk 19,13**	καλέσας δὲ δέκα δούλους ἑαυτοῦ ἔδωκεν αὐτοῖς δέκα μνᾶς ...	Mk-Q overlap
112	**Mt 26,55**	... καθ' ἡμέραν ἐν τῷ ἱερῷ ἐκαθεζόμην διδάσκων καὶ οὐκ ἐκρατήσατέ με. [56] τοῦτο δὲ ὅλον γέγονεν ἵνα πληρωθῶσιν αἱ γραφαὶ τῶν προφητῶν. ...	**Mk 14,49**	καθ' ἡμέραν ἤμην πρὸς ὑμᾶς ἐν τῷ ἱερῷ διδάσκων καὶ οὐκ ἐκρατήσατέ με· ἀλλ' ἵνα πληρωθῶσιν αἱ γραφαί.	**Lk 22,53** → Mt 26,45 → Mk 14,41	καθ' ἡμέραν ὄντος μου μεθ' ὑμῶν ἐν τῷ ἱερῷ οὐκ ἐξετείνατε τὰς χεῖρας ἐπ' ἐμέ, ἀλλ' αὕτη ἐστὶν ὑμῶν ἡ ὥρα καὶ **ἡ ἐξουσία τοῦ σκότους.**	→ Jn 14,30 → Jn 18,20
002					**Lk 23,7**	καὶ ἐπιγνοὺς ὅτι **ἐκ τῆς ἐξουσίας Ἡρῴδου** ἐστὶν ἀνέπεμψεν αὐτὸν πρὸς Ἡρῴδην, ...	
200	**Mt 28,18** → Mt 11,27 → Lk 10,22	... ἐδόθη μοι **πᾶσα ἐξουσία** ἐν οὐρανῷ καὶ ἐπὶ [τῆς] γῆς.					

Acts 1,7 ... οὐχ ὑμῶν ἐστιν γνῶναι χρόνους ἢ καιροὺς οὓς ὁ πατὴρ ἔθετο **ἐν τῇ ἰδίᾳ ἐξουσίᾳ**

Acts 5,4 οὐχὶ μένον σοὶ ἔμενεν καὶ πραθὲν **ἐν τῇ σῇ ἐξουσίᾳ** ὑπῆρχεν; ...

Acts 8,19 ... δότε κἀμοὶ **τὴν ἐξουσίαν ταύτην** ἵνα ᾧ ἐὰν ἐπιθῶ τὰς χεῖρας λαμβάνῃ πνεῦμα ἅγιον.

Acts 9,14 καὶ ὧδε ἔχει **ἐξουσίαν** παρὰ τῶν ἀρχιερέων δῆσαι πάντας τοὺς ἐπικαλουμένους τὸ ὄνομά σου.

Acts 26,10 ... καὶ πολλούς τε τῶν ἁγίων ἐγὼ ἐν φυλακαῖς κατέκλεισα **τὴν παρὰ τῶν ἀρχιερέων ἐξουσίαν** λαβὼν ἀναιρουμένων τε αὐτῶν κατήνεγκα ψῆφον

Acts 26,12 ἐν οἷς πορευόμενος εἰς τὴν Δαμασκὸν **μετ' ἐξουσίας καὶ ἐπιτροπῆς τῆς τῶν ἀρχιερέων**

Acts 26,18 ... τοῦ ἐπιστρέψαι ἀπὸ σκότους εἰς φῶς καὶ **τῆς ἐξουσίας τοῦ σατανᾶ** ἐπὶ τὸν θεόν, ...

ἐξουσιάζω

ἐξουσιάζω	Syn	Mt	Mk	Lk	Acts	Jn	1-3John	Paul	Eph	Col
	1			1				3		
	NT	2Thess	1/2Tim	Tit	Heb	Jas	1Pet	2Pet	Jude	Rev
	4									

have the right for something; have the power for something; have the power over someone

code	Mt		Mk		Lk		
112	**Mt 20,25**	... οἴδατε ὅτι οἱ ἄρχοντες τῶν ἐθνῶν κατακυριεύουσιν αὐτῶν καὶ οἱ μεγάλοι κατεξουσιάζουσιν αὐτῶν.	**Mk 10,42**	... οἴδατε ὅτι οἱ δοκοῦντες ἄρχειν τῶν ἐθνῶν κατακυριεύουσιν αὐτῶν καὶ οἱ μεγάλοι αὐτῶν κατεξουσιάζουσιν αὐτῶν.	**Lk 22,25**	... οἱ βασιλεῖς τῶν ἐθνῶν κυριεύουσιν αὐτῶν καὶ οἱ ἐξουσιάζοντες αὐτῶν εὐεργέται καλοῦνται.	

ἔξω

ἔξω	Syn	Mt	Mk	Lk	Acts	Jn	1-3John	Paul	Eph	Col
	29	9	10	10	10	13	1	4		1
	NT	2Thess	1/2Tim	Tit	Heb	Jas	1Pet	2Pet	Jude	Rev
	63				3					2

outside; outer; out

	triple tradition																	double tradition			Sondergut		
		+Mt / +Lk			–Mt / –Lk			traditions not taken over by Mt / Lk							subtotals								
code	*222*	*211*	*112*	*212*	*221*	*122*	*121*	*022*	*012*	*021*	*220*	*120*	*210*	*020*	Σ^+	Σ^-	Σ	*202*	*201*	*102*	*200*	*002*	total
Mt	2	1^+		1^+	1		2^-					1^-	2^+		4^+	3^-	7	1			1		**9**
Mk	2				1		2			2		1		2			10						**10**
Lk	2			1^+	1^-		2^-			2^-					1^+	5^-	3	1		1		5	**10**

code	Mt		Mk		Lk		
002					**Lk 1,10**	καὶ πᾶν τὸ πλῆθος ἦν τοῦ λαοῦ προσευχόμενον ἔξω τῇ ὥρᾳ τοῦ θυμιάματος.	
002					**Lk 4,29**	καὶ ἀναστάντες ἐξέβαλον αὐτὸν ἔξω τῆς πόλεως καὶ ἤγαγον αὐτὸν ἕως ὀφρύος τοῦ ὄρους ...	→ Acts 7,58 → Acts 14,19
021			**Mk 1,45** → Mk 1,35 → Mk 1,37	... ὥστε μηκέτι αὐτὸν δύνασθαι φανερῶς εἰς πόλιν εἰσελθεῖν, ἀλλ' ἔξω ἐπ' ἐρήμοις τόποις ἦν· ...	**Lk 5,16** → Lk 4,42	αὐτὸς δὲ ἦν ὑποχωρῶν ἐν ταῖς ἐρήμοις καὶ προσευχόμενος.	
202	**Mt 5,13**	ὑμεῖς ἐστε τὸ ἅλας τῆς γῆς· ἐὰν δὲ τὸ ἅλας μωρανθῇ, ἐν τίνι ἁλισθήσεται; εἰς οὐδὲν ἰσχύει ἔτι εἰ μὴ βληθὲν ἔξω καταπατεῖσθαι ὑπὸ τῶν ἀνθρώπων.	**Mk 9,50**	καλὸν τὸ ἅλας· ἐὰν δὲ τὸ ἅλας ἄναλον γένηται, ἐν τίνι αὐτὸ ἀρτύσετε; ...	**Lk 14,35**	[34] καλὸν οὖν τὸ ἅλας· ἐὰν δὲ καὶ τὸ ἅλας μωρανθῇ, ἐν τίνι ἀρτυθήσεται; [35] οὔτε εἰς γῆν οὔτε εἰς κοπρίαν εὔθετόν ἐστιν, ἔξω βάλλουσιν αὐτό. ...	Mk-Q overlap

211	**Mt 10,14**	καὶ ὃς ἂν μὴ δέξηται ὑμᾶς μηδὲ ἀκούσῃ τοὺς λόγους ὑμῶν, ἐξερχόμενοι **ἔξω τῆς οἰκίας ἢ τῆς πόλεως ἐκείνης** ἐκτινάξατε τὸν κονιορτὸν τῶν ποδῶν ὑμῶν.	**Mk 6,11**	καὶ ὃς ἂν τόπος μὴ δέξηται ὑμᾶς μηδὲ ἀκούσωσιν ὑμῶν, ἐκπορευόμενοι **ἐκεῖθεν** ἐκτινάξατε τὸν χοῦν τὸν ὑποκάτω τῶν ποδῶν ὑμῶν εἰς μαρτύριον αὐτοῖς.	**Lk 9,5** ⇩ Lk 10,10-11 **Lk 10,10** ⇧ Lk 9,5 → Lk 10,8	καὶ ὅσοι ἂν μὴ δέχωνται ὑμᾶς, ἐξερχόμενοι **ἀπὸ τῆς πόλεως ἐκείνης** τὸν κονιορτὸν ἀπὸ τῶν ποδῶν ὑμῶν ἀποτινάσσετε εἰς μαρτύριον ἐπ᾽ αὐτούς. εἰς ἣν δ᾽ ἂν πόλιν εἰσέλθητε καὶ μὴ δέχωνται ὑμᾶς, ἐξελθόντες **εἰς τὰς πλατείας αὐτῆς** εἴπατε· [11] καὶ τὸν κονιορτὸν τὸν κολληθέντα ἡμῖν ἐκ τῆς πόλεως ὑμῶν εἰς τοὺς πόδας ἀπομασσόμεθα ὑμῖν· ...	→ Acts 13,51 → Acts 18,6 Mk-Q overlap
221	**Mt 12,46**	ἔτι αὐτοῦ λαλοῦντος τοῖς ὄχλοις ἰδοὺ ἡ μήτηρ καὶ οἱ ἀδελφοὶ αὐτοῦ εἱστήκεισαν **ἔξω** ζητοῦντες αὐτῷ λαλῆσαι.	**Mk 3,31**	καὶ ἔρχεται ἡ μήτηρ αὐτοῦ καὶ οἱ ἀδελφοὶ αὐτοῦ καὶ **ἔξω** στήκοντες ἀπέστειλαν πρὸς αὐτὸν καλοῦντες αὐτόν.	**Lk 8,19**	παρεγένετο δὲ πρὸς αὐτὸν ἡ μήτηρ καὶ οἱ ἀδελφοὶ αὐτοῦ καὶ οὐκ ἠδύναντο συντυχεῖν αὐτῷ διὰ τὸν ὄχλον.	→ GTh 99
222	**Mt 12,47**	[εἶπεν δέ τις αὐτῷ· ἰδοὺ ἡ μήτηρ σου καὶ οἱ ἀδελφοί σου **ἔξω** ἑστήκασιν ζητοῦντές σοι λαλῆσαι.]	**Mk 3,32**	καὶ ἐκάθητο περὶ αὐτὸν ὄχλος, καὶ λέγουσιν αὐτῷ· ἰδοὺ ἡ μήτηρ σου καὶ οἱ ἀδελφοί σου [καὶ αἱ ἀδελφαί σου] **ἔξω** ζητοῦσίν σε.	**Lk 8,20**	ἀπηγγέλη δὲ αὐτῷ· ἡ μήτηρ σου καὶ οἱ ἀδελφοί σου ἑστήκασιν **ἔξω** ἰδεῖν θέλοντές σε.	→ GTh 99 Mt 12,47 is textcritically uncertain.
121	**Mt 13,11**	... ὅτι ὑμῖν δέδοται γνῶναι τὰ μυστήρια τῆς βασιλείας τῶν οὐρανῶν, **ἐκείνοις δὲ** οὐ δέδοται. [12] ... [13] διὰ τοῦτο ἐν παραβολαῖς αὐτοῖς λαλῶ, ...	**Mk 4,11**	... ὑμῖν τὸ μυστήριον δέδοται τῆς βασιλείας τοῦ θεοῦ· **ἐκείνοις δὲ τοῖς ἔξω** ἐν παραβολαῖς τὰ πάντα γίνεται	**Lk 8,10**	... ὑμῖν δέδοται γνῶναι τὰ μυστήρια τῆς βασιλείας τοῦ θεοῦ, **τοῖς δὲ λοιποῖς** ἐν παραβολαῖς, ...	→ GTh 62,1
200	**Mt 13,48**	... συνέλεξαν τὰ καλὰ εἰς ἄγγη, τὰ δὲ σαπρὰ **ἔξω** ἔβαλον.					→ GTh 8
021			**Mk 5,10**	καὶ παρεκάλει αὐτὸν πολλὰ ἵνα μὴ αὐτὰ ἀποστείλῃ **ἔξω τῆς χώρας.**	**Lk 8,31**	καὶ παρεκάλουν αὐτὸν ἵνα μὴ ἐπιτάξῃ αὐτοῖς **εἰς τὴν ἄβυσσον** ἀπελθεῖν.	
020			**Mk 8,23** → Mt 9,29 → Mt 20,34 → Mk 7,33	καὶ ἐπιλαβόμενος τῆς χειρὸς τοῦ τυφλοῦ ἐξήνεγκεν αὐτὸν **ἔξω τῆς κώμης** καὶ πτύσας εἰς τὰ ὄμματα αὐτοῦ, ...			→ Jn 9,6
002	**Mt 25,11**	[10] ... ἦλθεν ὁ νυμφίος, ... καὶ ἐκλείσθη ἡ θύρα. [11] ὕστερον δὲ ἔρχονται καὶ αἱ λοιπαὶ παρθένοι λέγουσαι· κύριε κύριε, ἄνοιξον ἡμῖν.			**Lk 13,25**	ἀφ᾽ οὗ ἂν ἐγερθῇ ὁ οἰκοδεσπότης καὶ ἀποκλείσῃ τὴν θύραν καὶ ἄρξησθε **ἔξω** ἑστάναι καὶ κρούειν τὴν θύραν λέγοντες· κύριε, ἄνοιξον ἡμῖν, ...	

102	Mt 8,12 → Lk 13,29	οἱ δὲ υἱοὶ τῆς βασιλείας ἐκβληθήσονται εἰς τὸ σκότος τὸ ἐξώτερον· ...			Lk 13,28	... ὑμᾶς δὲ ἐκβαλλομένους ἔξω.	
002					Lk 13,33	... οὐκ ἐνδέχεται προφήτην ἀπολέσθαι ἔξω Ἰερουσαλήμ.	
202	Mt 5,13	ὑμεῖς ἐστε τὸ ἅλας τῆς γῆς· ἐὰν δὲ τὸ ἅλας μωρανθῇ, ἐν τίνι ἁλισθήσεται; εἰς οὐδὲν ἰσχύει ἔτι εἰ μὴ βληθὲν ἔξω καταπατεῖσθαι ὑπὸ τῶν ἀνθρώπων.	Mk 9,50	καλὸν τὸ ἅλας· ἐὰν δὲ τὸ ἅλας ἄναλον γένηται, ἐν τίνι αὐτὸ ἀρτύσετε; ...	Lk 14,35	[34] καλὸν οὖν τὸ ἅλας· ἐὰν δὲ καὶ τὸ ἅλας μωρανθῇ, ἐν τίνι ἀρτυθήσεται; [35] οὔτε εἰς γῆν οὔτε εἰς κοπρίαν εὔθετόν ἐστιν, ἔξω βάλλουσιν αὐτό. ...	Mk-Q overlap
121	Mt 21,6 → Mk 11,6	πορευθέντες δὲ οἱ μαθηταὶ καὶ ποιήσαντες καθὼς συνέταξεν αὐτοῖς ὁ Ἰησοῦς	Mk 11,4	καὶ ἀπῆλθον καὶ εὗρον πῶλον δεδεμένον πρὸς θύραν ἔξω ἐπὶ τοῦ ἀμφόδου καὶ λύουσιν αὐτόν.	Lk 19,32 → Mk 11,6	ἀπελθόντες δὲ οἱ ἀπεσταλμένοι εὗρον καθὼς εἶπεν αὐτοῖς. [33] λυόντων δὲ αὐτῶν τὸν πῶλον ...	
210	Mt 21,17	καὶ καταλιπὼν αὐτοὺς ἐξῆλθεν ἔξω τῆς πόλεως εἰς Βηθανίαν, καὶ ηὐλίσθη ἐκεῖ.	Mk 11,11	... ὀψίας ἤδη οὔσης τῆς ὥρας, ἐξῆλθεν εἰς Βηθανίαν μετὰ τῶν δώδεκα.	Lk 21,37 ↓ Mk 11,19	... τὰς δὲ νύκτας ἐξερχόμενος ηὐλίζετο εἰς τὸ ὄρος τὸ καλούμενον Ἐλαιῶν·	→ [[Jn 8,1]]
020			Mk 11,19 ↑ Mt 21,17 ↑ Lk 21,37	καὶ ὅταν ὀψὲ ἐγένετο, ἐξεπορεύοντο ἔξω τῆς πόλεως.			
222	Mt 21,39	καὶ λαβόντες αὐτὸν ἐξέβαλον ἔξω τοῦ ἀμπελῶνος καὶ ἀπέκτειναν.	Mk 12,8	καὶ λαβόντες ἀπέκτειναν αὐτὸν καὶ ἐξέβαλον αὐτὸν ἔξω τοῦ ἀμπελῶνος.	Lk 20,15	 καὶ ἐκβαλόντες αὐτὸν ἔξω τοῦ ἀμπελῶνος ἀπέκτειναν. ...	→ GTh 65
210	Mt 26,69	ὁ δὲ Πέτρος ἐκάθητο ἔξω ἐν τῇ αὐλῇ· ...	Mk 14,66	καὶ ὄντος τοῦ Πέτρου κάτω ἐν τῇ αὐλῇ ...			→ Jn 18,16
120	Mt 26,71	ἐξελθόντα δὲ εἰς τὸν πυλῶνα ...	Mk 14,68	... καὶ ἐξῆλθεν ἔξω εἰς τὸ προαύλιον [καὶ ἀλέκτωρ ἐφώνησεν].			
212	Mt 26,75	... καὶ ἐξελθὼν ἔξω ἔκλαυσεν πικρῶς.	Mk 14,72	... καὶ ἐπιβαλὼν ἔκλαιεν.	Lk 22,62	καὶ ἐξελθὼν ἔξω ἔκλαυσεν πικρῶς.	
002					Lk 24,50	ἐξήγαγεν δὲ αὐτοὺς [ἔξω] ἕως πρὸς Βηθανίαν, καὶ ἐπάρας τὰς χεῖρας αὐτοῦ εὐλόγησεν αὐτούς.	

Acts 4,15 κελεύσαντες δὲ αὐτοὺς
ἔξω τοῦ συνεδρίου
ἀπελθεῖν συνέβαλλον
πρὸς ἀλλήλους
[6] λέγοντες· ...

Acts 5,34 ... Γαμαλιήλ,
νομοδιδάσκαλος τίμιος
παντὶ τῷ λαῷ, ἐκέλευσεν
ἔξω
βραχὺ τοὺς ἀνθρώπους
ποιῆσαι

Acts 7,58 → Lk 4,29 καὶ ἐκβαλόντες
ἔξω τῆς πόλεως
ἐλιθοβόλουν. ...

Acts 9,40 ἐκβαλὼν δὲ
ἔξω
πάντας ὁ Πέτρος ...

Acts 14,19 → Lk 4,29 ... καὶ λιθάσαντες τὸν
Παῦλον ἔσυρον
ἔξω τῆς πόλεως
νομίζοντες αὐτὸν
τεθνηκέναι.

Acts 16,13 τῇ τε ἡμέρᾳ τῶν σαββάτων ἐξήλθομεν **ἔξω τῆς πύλης** παρὰ ποταμὸν ...

Acts 16,30 καὶ προαγαγὼν αὐτοὺς **ἔξω** ἔφη· κύριοι, τί με δεῖ ποιεῖν ἵνα σωθῶ;

Acts 21,5 ... ἐξελθόντες ἐπορευόμεθα προπεμπόντων ἡμᾶς πάντων σὺν γυναιξὶ καὶ τέκνοις ἕως **ἔξω τῆς πόλεως,** καὶ θέντες τὰ γόνατα ἐπὶ τὸν αἰγιαλὸν προσευξάμενοι

Acts 21,30 ... καὶ ἐπιλαβόμενοι τοῦ Παύλου εἷλκον αὐτὸν **ἔξω τοῦ ἱεροῦ,** καὶ εὐθέως ἐκλείσθησαν αἱ θύραι.

Acts 26,11 καὶ κατὰ πάσας τὰς συναγωγὰς πολλάκις τιμωρῶν αὐτοὺς ἠνάγκαζον βλασφημεῖν περισσῶς τε ἐμμαινόμενος αὐτοῖς ἐδίωκον **ἕως καὶ εἰς τὰς ἔξω πόλεις.**

ἔξωθεν	Syn 7	Mt 3	Mk 2	Lk 2	Acts	Jn	1-3John	Paul 1	Eph	Col
	NT 13	2Thess	1/2Tim 1	Tit	Heb	Jas	1Pet 1	2Pet	Jude	Rev 3

from the outside; outside; external; outward

	triple tradition																	double tradition			Sondergut		
		+Mt / +Lk			–Mt / –Lk			traditions not taken over by Mt / Lk							subtotals								
code	222	211	112	212	221	122	121	022	012	021	220	120	210	020	Σ⁺	Σ⁻	Σ	202	201	102	200	002	total
Mt												2^-				2^-		1	1		1		**3**
Mk												2					2						**2**
Lk																		1		1			**2**

code	Mt	Mk	Lk	
120	**Mt 15,11** οὐ τὸ εἰσερχόμενον εἰς τὸ στόμα κοινοῖ τὸν ἄνθρωπον, ...	**Mk 7,15** οὐδέν ἐστιν **ἔξωθεν** **τοῦ ἀνθρώπου** εἰσπορευόμενον εἰς αὐτὸν ὃ δύναται κοινῶσαι αὐτόν, ...		→ GTh 14,5
120	**Mt 15,17** οὐ νοεῖτε ὅτι **πᾶν τὸ** **εἰσπορευόμενον** εἰς τὸ στόμα εἰς τὴν κοιλίαν χωρεῖ καὶ εἰς ἀφεδρῶνα ἐκβάλλεται;	**Mk 7,18** ... οὐ νοεῖτε ὅτι **πᾶν τὸ ἔξωθεν** **εἰσπορευόμενον** εἰς τὸν ἄνθρωπον οὐ δύναται αὐτὸν κοινῶσαι, [19] ὅτι οὐκ εἰσπορεύεται αὐτοῦ εἰς τὴν καρδίαν ἀλλ' εἰς τὴν κοιλίαν, καὶ εἰς τὸν ἀφεδρῶνα ἐκπορεύεται, ...		→ GTh 14,5
202	**Mt 23,25** → Mk 7,4 οὐαὶ ὑμῖν, γραμματεῖς καὶ Φαρισαῖοι ὑποκριταί, ὅτι καθαρίζετε **τὸ ἔξωθεν** **τοῦ ποτηρίου** **καὶ τῆς παροψίδος,** ἔσωθεν δὲ γέμουσιν ἐξ ἁρπαγῆς καὶ ἀκρασίας.		**Lk 11,39** → Mk 7,4 ... νῦν ὑμεῖς οἱ Φαρισαῖοι **τὸ ἔξωθεν** **τοῦ ποτηρίου** **καὶ τοῦ πίνακος** καθαρίζετε, τὸ δὲ ἔσωθεν ὑμῶν γέμει ἁρπαγῆς καὶ πονηρίας.	→ GTh 89
102	**Mt 23,26** Φαρισαῖε τυφλέ, καθάρισον πρῶτον τὸ ἐντὸς τοῦ ποτηρίου, ἵνα γένηται καὶ τὸ ἐκτὸς αὐτοῦ καθαρόν.		**Lk 11,40** ἄφρονες, οὐχ ὁ ποιήσας **τὸ ἔξωθεν** καὶ τὸ ἔσωθεν ἐποίησεν; [41] πλὴν τὰ ἐνόντα δότε ἐλεημοσύνην, καὶ ἰδοὺ πάντα καθαρὰ ὑμῖν ἐστιν.	→ GTh 89

	Mt	Mk	Lk	
201	**Mt 23,27** οὐαὶ ὑμῖν, γραμματεῖς καὶ Φαρισαῖοι ὑποκριταί, ὅτι παρομοιάζετε τάφοις κεκονιαμένοις, οἵτινες **ἔξωθεν** μὲν φαίνονται ὡραῖοι, ἔσωθεν δὲ γέμουσιν ὀστέων νεκρῶν καὶ πάσης ἀκαθαρσίας.		**Lk 11,44** οὐαὶ ὑμῖν, ὅτι ἐστὲ ὡς τὰ μνημεῖα τὰ ἄδηλα, καὶ οἱ ἄνθρωποι [οἱ] περιπατοῦντες ἐπάνω οὐκ οἴδασιν.	
200	**Mt 23,28** οὕτως καὶ ὑμεῖς **ἔξωθεν** μὲν φαίνεσθε τοῖς ἀνθρώποις δίκαιοι, ἔσωθεν δέ ἐστε μεστοὶ ὑποκρίσεως καὶ ἀνομίας.			

ἐξώτερος

Syn	Mt	Mk	Lk	Acts	Jn	1-3John	Paul	Eph	Col
3	3								
NT	2Thess	1/2Tim	Tit	Heb	Jas	1Pet	2Pet	Jude	Rev
3									

outside; farthest; extreme

	Mt	Mk	Lk	
201	**Mt 8,12** →Lk 13,29 οἱ δὲ υἱοὶ τῆς βασιλείας ἐκβληθήσονται **εἰς τὸ σκότος τὸ ἐξώτερον·** ...		**Lk 13,28** ... ὑμᾶς δὲ ἐκβαλλομένους **ἔξω.**	
200	**Mt 22,13** ... δήσαντες αὐτοῦ πόδας καὶ χεῖρας ἐκβάλετε αὐτὸν **εἰς τὸ σκότος τὸ ἐξώτερον·** ἐκεῖ ἔσται ὁ κλαυθμὸς καὶ ὁ βρυγμὸς τῶν ὀδόντων.			
200	**Mt 25,30** καὶ τὸν ἀχρεῖον δοῦλον ἐκβάλετε **εἰς τὸ σκότος τὸ ἐξώτερον·** ἐκεῖ ἔσται ὁ κλαυθμὸς καὶ ὁ βρυγμὸς τῶν ὀδόντων.			

ἑορτή

Syn	Mt	Mk	Lk	Acts	Jn	1-3John	Paul	Eph	Col
7	2	2	3		17				1
NT	2Thess	1/2Tim	Tit	Heb	Jas	1Pet	2Pet	Jude	Rev
25									

festival; feast

	Mt	Mk	Lk	
002			**Lk 2,41** καὶ ἐπορεύοντο οἱ γονεῖς αὐτοῦ κατ᾽ ἔτος εἰς Ἰερουσαλὴμ **τῇ ἑορτῇ τοῦ πάσχα.**	
002			**Lk 2,42** καὶ ὅτε ἐγένετο ἐτῶν δώδεκα, ἀναβαινόντων αὐτῶν **κατὰ τὸ ἔθος τῆς ἑορτῆς**	

112	**Mt 26,2**	οἴδατε ὅτι μετὰ δύο ἡμέρας τὸ πάσχα γίνεται, ...	**Mk 14,1**	ἦν δὲ τὸ πάσχα καὶ **τὰ ἄζυμα** μετὰ δύο ἡμέρας. ...	**Lk 22,1**	ἤγγιζεν δὲ **ἡ ἑορτὴ τῶν ἀζύμων** ἡ λεγομένη πάσχα.	
221	**Mt 26,5**	ἔλεγον δέ· **μὴ ἐν τῇ ἑορτῇ,** ἵνα μὴ θόρυβος γένηται ἐν τῷ λαῷ.	**Mk 14,2**	ἔλεγον γάρ· **μὴ ἐν τῇ ἑορτῇ,** μήποτε ἔσται θόρυβος τοῦ λαοῦ.	**Lk 22,2**	... ἐφοβοῦντο γὰρ τὸν λαόν.	
220	**Mt 27,15**	**κατὰ δὲ ἑορτὴν** εἰώθει ὁ ἡγεμὼν ἀπολύειν ἕνα τῷ ὄχλῳ δέσμιον ὃν ἤθελον.	**Mk 15,6**	**κατὰ δὲ ἑορτὴν** ἀπέλυεν αὐτοῖς ἕνα δέσμιον ὃν παρῃτοῦντο.			→ Jn 18,39 Lk 23,17 is textcritically uncertain.

# ἐπαγγελία	Syn 1	Mt	Mk	Lk 1	Acts 8	Jn	1-3John 1	Paul 20	Eph 4	Col
	NT 52	2Thess	1/2Tim 2	Tit	Heb 14	Jas	1Pet	2Pet 2	Jude	Rev

promise; pledge; offer

002	**Lk 24,49**	καὶ [ἰδοὺ] ἐγὼ ἀποστέλλω **τὴν ἐπαγγελίαν** **τοῦ πατρός μου** ἐφ' ὑμᾶς· ...	→ Acts 1,8 → Acts 2,33

Acts 1,4 ... ἀπὸ Ἱεροσολύμων μὴ χωρίζεσθαι ἀλλὰ περιμένειν **τὴν ἐπαγγελίαν τοῦ πατρὸς** ἣν ἠκούσατέ μου

Acts 2,33 (→ Lk 24,49; → Acts 1,8) τῇ δεξιᾷ οὖν τοῦ θεοῦ ὑψωθεὶς, τήν τε **ἐπαγγελίαν τοῦ πνεύματος τοῦ ἁγίου** λαβὼν παρὰ τοῦ πατρὸς, ἐξέχεεν τοῦτο ...

Acts 2,39 ὑμῖν γάρ ἐστιν **ἡ ἐπαγγελία** καὶ τοῖς τέκνοις ὑμῶν καὶ πᾶσιν τοῖς εἰς μακρὰν, ...

Acts 7,17 καθὼς δὲ ἤγγιζεν **ὁ χρόνος τῆς ἐπαγγελίας** ἧς ὡμολόγησεν ὁ θεὸς τῷ Ἀβραάμ, ...

Acts 13,23 τούτου ὁ θεὸς ἀπὸ τοῦ σπέρματος **κατ' ἐπαγγελίαν** ἤγαγεν τῷ Ἰσραὴλ σωτῆρα Ἰησοῦν

Acts 13,32 καὶ ἡμεῖς ὑμᾶς εὐαγγελιζόμεθα **τὴν πρὸς τοὺς πατέρας ἐπαγγελίαν γενομένην**

Acts 23,21 ... καὶ νῦν εἰσιν ἕτοιμοι προσδεχόμενοι **τὴν ἀπὸ σοῦ ἐπαγγελίαν.**

Acts 26,6 καὶ νῦν **ἐπ' ἐλπίδι τῆς εἰς τοὺς πατέρας ἡμῶν ἐπαγγελίας γενομένης ὑπὸ τοῦ θεοῦ** ἕστηκα κρινόμενος

# ἐπαγγέλλομαι	Syn 1	Mt	Mk 1	Lk	Acts 1	Jn	1-3John 1	Paul 2	Eph	Col
	NT 15	2Thess	1/2Tim 2	Tit 1	Heb 4	Jas 2	1Pet	2Pet 1	Jude	Rev

promise; offer; profess; lay claim to; give oneself out as an expert in something

121	**Mt 26,15**	... οἱ δὲ **ἔστησαν** αὐτῷ τριάκοντα ἀργύρια.	**Mk 14,11**	οἱ δὲ ἀκούσαντες ἐχάρησαν καὶ **ἐπηγγείλαντο** αὐτῷ ἀργύριον δοῦναι. ...	**Lk 22,5**	καὶ ἐχάρησαν καὶ **συνέθεντο** αὐτῷ ἀργύριον δοῦναι.	

Acts 7,5 καὶ οὐκ ἔδωκεν αὐτῷ κληρονομίαν ἐν αὐτῇ οὐδὲ βῆμα ποδὸς καὶ **ἐπηγγείλατο** *δοῦναι αὐτῷ εἰς κατάσχεσιν αὐτὴν καὶ τῷ σπέρματι αὐτοῦ μετ' αὐτόν,* ...
➤ Gen 48,4

ἐπαθροίζω

ἐπαθροίζω	Syn	Mt	Mk	Lk	Acts	Jn	1-3John	Paul	Eph	Col
	1			1						
	NT	2Thess	1/2Tim	Tit	Heb	Jas	1Pet	2Pet	Jude	Rev
	1									

collect besides

	Mt	Mk	Lk	
102	**Mt 12,39** ⇨ Mt 16,2.4 ὁ δὲ ἀποκριθεὶς εἶπεν αὐτοῖς· γενεὰ πονηρὰ καὶ μοιχαλὶς σημεῖον ἐπιζητεῖ, ...	**Mk 8,12** καὶ ἀναστενάξας τῷ πνεύματι αὐτοῦ λέγει· τί ἡ γενεὰ αὕτη ζητεῖ σημεῖον; ...	**Lk 11,29** τῶν δὲ ὄχλων **ἐπαθροιζομένων** ἤρξατο λέγειν· ἡ γενεὰ αὕτη γενεὰ πονηρά ἐστιν· σημεῖον ζητεῖ, ...	Mk-Q overlap

ἐπαινέω

ἐπαινέω	Syn	Mt	Mk	Lk	Acts	Jn	1-3John	Paul	Eph	Col
	1			1				5		
	NT	2Thess	1/2Tim	Tit	Heb	Jas	1Pet	2Pet	Jude	Rev
	6									

praise

	Mt	Mk	Lk	
002			**Lk 16,8** καὶ **ἐπῄνεσεν** ὁ κύριος τὸν οἰκονόμον τῆς ἀδικίας ...	

ἐπαίρω

ἐπαίρω	Syn	Mt	Mk	Lk	Acts	Jn	1-3John	Paul	Eph	Col
	7	1		6	5	4		2		
	NT	2Thess	1/2Tim	Tit	Heb	Jas	1Pet	2Pet	Jude	Rev
	19		1							

praise; approval; recognition

a ἐπαίρω τοὺς ὀφθαλμούς

	Mt	Mk	Lk	
a 102	**Mt 5,2** καὶ **ἀνοίξας** τὸ στόμα αὐτοῦ ἐδίδασκεν αὐτοὺς λέγων·		**Lk 6,20** καὶ αὐτὸς **ἐπάρας** τοὺς ὀφθαλμοὺς αὐτοῦ εἰς τοὺς μαθητὰς αὐτοῦ ἔλεγεν· ...	
a 211	**Mt 17,8** **ἐπάραντες δὲ τοὺς ὀφθαλμοὺς αὐτῶν** οὐδένα εἶδον εἰ μὴ αὐτὸν Ἰησοῦν μόνον.	**Mk 9,8** καὶ ἐξάπινα **περιβλεψάμενοι** οὐκέτι οὐδένα εἶδον ἀλλὰ τὸν Ἰησοῦν μόνον μεθ' ἑαυτῶν.	**Lk 9,36** καὶ ἐν τῷ γενέσθαι τὴν φωνὴν εὑρέθη Ἰησοῦς μόνος. ...	
002			**Lk 11,27** ἐγένετο δὲ ἐν τῷ λέγειν αὐτὸν ταῦτα **ἐπάρασά** τις φωνὴν γυνὴ ἐκ τοῦ ὄχλου εἶπεν αὐτῷ· ...	
a 002			**Lk 16,23** καὶ ἐν τῷ ᾅδῃ **ἐπάρας** τοὺς ὀφθαλμοὺς αὐτοῦ, ὑπάρχων ἐν βασάνοις, ...	
a 002			**Lk 18,13** ὁ δὲ τελώνης μακρόθεν ἑστὼς οὐκ ἤθελεν οὐδὲ τοὺς ὀφθαλμοὺς **ἐπᾶραι** εἰς τὸν οὐρανόν, ...	

	Mt	Mk	Lk	
002			**Lk 21,28** ἀρχομένων δὲ τούτων γίνεσθαι ἀνακύψατε καὶ **ἐπάρατε** τὰς κεφαλὰς ὑμῶν, ...	
002			**Lk 24,50** ἐξήγαγεν δὲ αὐτοὺς [ἔξω] ἕως πρὸς Βηθανίαν, καὶ **ἐπάρας** τὰς χεῖρας αὐτοῦ εὐλόγησεν αὐτούς.	

Acts 1,9 (→ Lk 9,51; → Lk 24,51) καὶ ταῦτα εἰπὼν βλεπόντων αὐτῶν **ἐπήρθη** καὶ νεφέλη ὑπέλαβεν αὐτὸν ἀπὸ τῶν ὀφθαλμῶν αὐτῶν.

Acts 2,14 σταθεὶς δὲ ὁ Πέτρος σὺν τοῖς ἕνδεκα **ἐπῆρεν** τὴν φωνὴν αὐτοῦ καὶ ἀπεφθέγξατο αὐτοῖς· ...

Acts 14,11 οἵ τε ὄχλοι ἰδόντες ὃ ἐποίησεν Παῦλος **ἐπῆραν** τὴν φωνὴν αὐτῶν Λυκαονιστὶ λέγοντες· ...

Acts 22,22 ἤκουον δὲ αὐτοῦ ἄχρι τούτου τοῦ λόγου καὶ **ἐπῆραν** τὴν φωνὴν αὐτῶν λέγοντες· ...

Acts 27,40 ... ἅμα ἀνέντες τὰς ζευκτηρίας τῶν πηδαλίων καὶ **ἐπάραντες** τὸν ἀρτέμωνα τῇ πνεούσῃ κατεῖχον εἰς τὸν αἰγιαλόν.

ἐπαισχύνομαι

	Mt	Mk	Lk	Acts	Jn	1-3John	Paul	Eph	Col
Syn 4		2	2				2		
NT 11	2Thess	1/2Tim	Tit	Heb	Jas	1Pet	2Pet	Jude	Rev
		3		2					

be ashamed

	Mt	Mk	Lk	
122	**Mt 16,27**	**Mk 8,38 (2)** ὃς γὰρ ἐὰν **ἐπαισχυνθῇ** με καὶ τοὺς ἐμοὺς λόγους ἐν τῇ γενεᾷ ταύτῃ τῇ μοιχαλίδι καὶ ἁμαρτωλῷ,	**Lk 9,26 (2)** (⇩ Lk 12,9) ὃς γὰρ ἂν **ἐπαισχυνθῇ** με καὶ τοὺς ἐμοὺς λόγους,	Mk-Q overlap
122	↓ Mt 10,33 μέλλει γὰρ ὁ υἱὸς τοῦ ἀνθρώπου ἔρχεσθαι ἐν τῇ δόξῃ τοῦ πατρὸς αὐτοῦ μετὰ τῶν ἀγγέλων αὐτοῦ, καὶ τότε *ἀποδώσει ἑκάστῳ κατὰ τὴν πρᾶξιν αὐτοῦ.* ➤ Ps 62,13/Prov 24,12/Sir 35,22 LXX	καὶ ὁ υἱὸς τοῦ ἀνθρώπου **ἐπαισχυνθήσεται** αὐτόν, ὅταν ἔλθῃ ἐν τῇ δόξῃ τοῦ πατρὸς αὐτοῦ μετὰ τῶν ἀγγέλων τῶν ἁγίων.	τοῦτον ὁ υἱὸς τοῦ ἀνθρώπου **ἐπαισχυνθήσεται,** ὅταν ἔλθῃ ἐν τῇ δόξῃ αὐτοῦ καὶ τοῦ πατρὸς καὶ τῶν ἁγίων ἀγγέλων.	
	Mt 10,33 (↑ Mt 16,27) ὅστις δ' ἂν **ἀρνήσηταί** με ἔμπροσθεν τῶν ἀνθρώπων, **ἀρνήσομαι** κἀγὼ αὐτὸν ἔμπροσθεν τοῦ πατρός μου τοῦ ἐν [τοῖς] οὐρανοῖς.		**Lk 12,9** (⇧ Lk 9,26) ὁ δὲ **ἀρνησάμενός** με ἐνώπιον τῶν ἀνθρώπων **ἀπαρνηθήσεται** ἐνώπιον τῶν ἀγγέλων τοῦ θεοῦ.	

ἐπαιτέω	Syn 2	Mt	Mk	Lk 2	Acts	Jn	1-3John	Paul	Eph	Col
	NT 2	2Thess	1/2Tim	Tit	Heb	Jas	1Pet	2Pet	Jude	Rev

beg

002					**Lk 16,3**	... τί ποιήσω, ὅτι ὁ κύριός μου ἀφαιρεῖται τὴν οἰκονομίαν ἀπ᾽ ἐμοῦ; σκάπτειν οὐκ ἰσχύω, **ἐπαιτεῖν** αἰσχύνομαι.	
112	**Mt 20,30** ⇩ Mt 9,27	καὶ ἰδοὺ δύο τυφλοὶ καθήμενοι παρὰ τὴν ὁδόν ...	**Mk 10,46**	... ὁ υἱὸς Τιμαίου Βαρτιμαῖος, τυφλὸς **προσαίτης**, ἐκάθητο παρὰ τὴν ὁδόν.	**Lk 18,35**	... τυφλός τις ἐκάθητο παρὰ τὴν ὁδὸν **ἐπαιτῶν**.	
	Mt 9,27 ⇧ Mt 20,30	καὶ παράγοντι ἐκεῖθεν τῷ Ἰησοῦ ἠκολούθησαν [αὐτῷ] δύο τυφλοὶ ...					

ἐπάν	Syn 3	Mt 1	Mk	Lk 2	Acts	Jn	1-3John	Paul	Eph	Col
	NT 3	2Thess	1/2Tim	Tit	Heb	Jas	1Pet	2Pet	Jude	Rev

when; as soon as

200	**Mt 2,8**	... πορευθέντες ἐξετάσατε ἀκριβῶς περὶ τοῦ παιδίου· **ἐπὰν** δὲ εὕρητε, ἀπαγγείλατέ μοι, ...					
112	**Mt 12,29**	ἢ πῶς δύναταί τις εἰσελθεῖν εἰς τὴν οἰκίαν τοῦ ἰσχυροῦ καὶ τὰ σκεύη αὐτοῦ ἁρπάσαι, **ἐὰν μὴ** πρῶτον δήσῃ τὸν ἰσχυρόν; καὶ τότε τὴν οἰκίαν αὐτοῦ διαρπάσει.	**Mk 3,27**	ἀλλ᾽ οὐ δύναται οὐδεὶς εἰς τὴν οἰκίαν τοῦ ἰσχυροῦ εἰσελθὼν τὰ σκεύη αὐτοῦ διαρπάσαι, **ἐὰν μὴ** πρῶτον τὸν ἰσχυρὸν δήσῃ, καὶ τότε τὴν οἰκίαν αὐτοῦ διαρπάσει.	**Lk 11,22**	[21] ὅταν ὁ ἰσχυρὸς καθωπλισμένος φυλάσσῃ τὴν ἑαυτοῦ αὐλήν, ἐν εἰρήνῃ ἐστὶν τὰ ὑπάρχοντα αὐτοῦ· **[22] ἐπὰν** δὲ ἰσχυρότερος αὐτοῦ ἐπελθὼν νικήσῃ αὐτόν, τὴν πανοπλίαν αὐτοῦ αἴρει ἐφ᾽ ᾗ ἐπεποίθει, καὶ τὰ σκῦλα αὐτοῦ διαδίδωσιν.	→ GTh 21,5 → GTh 35 Mk-Q overlap?
102	**Mt 6,23**	[22] ... ἐὰν οὖν ᾖ ὁ ὀφθαλμός σου ἁπλοῦς, ὅλον τὸ σῶμά σου φωτεινὸν ἔσται· **[23] ἐὰν** δὲ ὁ ὀφθαλμός σου πονηρὸς ᾖ, ὅλον τὸ σῶμά σου σκοτεινὸν ἔσται. ...			**Lk 11,34**	... ὅταν ὁ ὀφθαλμός σου ἁπλοῦς ᾖ, καὶ ὅλον τὸ σῶμά σου φωτεινόν ἐστιν· **ἐπὰν** δὲ πονηρὸς ᾖ, καὶ τὸ σῶμά σου σκοτεινόν.	→ GTh 24 (POxy 655 - restoration)

ἐπανάγω	Syn 3	Mt 1	Mk	Lk 2	Acts	Jn	1-3John	Paul	Eph	Col
	NT 3	2Thess	1/2Tim	Tit	Heb	Jas	1Pet	2Pet	Jude	Rev

put out; go out; return

002	Mt 13,2	καὶ συνήχθησαν πρὸς αὐτὸν ὄχλοι πολλοί, ὥστε αὐτὸν εἰς πλοῖον ἐμβάντα καθῆσθαι, καὶ πᾶς ὁ ὄχλος ἐπὶ τὸν αἰγιαλὸν εἱστήκει. [3] καὶ ἐλάλησεν αὐτοῖς πολλὰ ...	Mk 4,1 → Mk 3,9	... καὶ συνάγεται πρὸς αὐτὸν ὄχλος πλεῖστος, ὥστε αὐτὸν εἰς πλοῖον ἐμβάντα καθῆσθαι ἐν τῇ θαλάσσῃ, καὶ πᾶς ὁ ὄχλος πρὸς τὴν θάλασσαν ἐπὶ τῆς γῆς ἦσαν. [2] καὶ ἐδίδασκεν αὐτοὺς ...	Lk 5,3 ⇨ Lk 8,4	[1] ἐγένετο δὲ ἐν τῷ τὸν ὄχλον ἐπικεῖσθαι αὐτῷ ... [3] ἐμβὰς δὲ εἰς ἓν τῶν πλοίων, ὃ ἦν Σίμωνος, ἠρώτησεν αὐτὸν ἀπὸ τῆς γῆς **ἐπαναγαγεῖν** ὀλίγον· καθίσας δὲ ἐκ τοῦ πλοίου ἐδίδασκεν τοὺς ὄχλους.	
002					Lk 5,4	ὡς δὲ ἐπαύσατο λαλῶν, εἶπεν πρὸς τὸν Σίμωνα· **ἐπανάγαγε** εἰς τὸ βάθος καὶ χαλάσατε τὰ δίκτυα ὑμῶν εἰς ἄγραν.	→ Jn 21,6
210	Mt 21,18	πρωῒ δὲ **ἐπανάγων** εἰς τὴν πόλιν ἐπείνασεν.	Mk 11,12	καὶ τῇ ἐπαύριον **ἐξελθόντων** αὐτῶν ἀπὸ Βηθανίας ἐπείνασεν.			

ἐπαναπαύομαι	Syn 1	Mt	Mk	Lk 1	Acts	Jn	1-3John	Paul 1	Eph	Col
	NT 2	2Thess	1/2Tim	Tit	Heb	Jas	1Pet	2Pet	Jude	Rev

rest; take one's rest; rely on

102	Mt 10,13	καὶ ἐὰν μὲν ᾖ ἡ οἰκία ἀξία, **ἐλθάτω** ἡ εἰρήνη ὑμῶν ἐπ' αὐτήν, ...			Lk 10,6	καὶ ἐὰν ἐκεῖ ᾖ υἱὸς εἰρήνης, **ἐπαναπαήσεται** ἐπ' αὐτὸν ἡ εἰρήνη ὑμῶν· ...	

ἐπανέρχομαι	Syn 2	Mt	Mk	Lk 2	Acts	Jn	1-3John	Paul	Eph	Col
	NT 2	2Thess	1/2Tim	Tit	Heb	Jas	1Pet	2Pet	Jude	Rev

return

002					Lk 10,35	... ἐπιμελήθητι αὐτοῦ, καὶ ὅ τι ἂν προσδαπανήσῃς ἐγὼ **ἐν τῷ ἐπανέρχεσθαί** με ἀποδώσω σοι.	
102	Mt 25,19	μετὰ δὲ πολὺν χρόνον **ἔρχεται** ὁ κύριος τῶν δούλων ἐκείνων ...			Lk 19,15	καὶ ἐγένετο **ἐν τῷ ἐπανελθεῖν** αὐτὸν λαβόντα τὴν βασιλείαν καὶ εἶπεν φωνηθῆναι αὐτῷ τοὺς δούλους τούτους ...	

ἐπανίστημι	Syn 2	Mt 1	Mk 1	Lk	Acts	Jn	1-3John	Paul	Eph	Col
	NT 2	2Thess	1/2Tim	Tit	Heb	Jas	1Pet	2Pet	Jude	Rev

rise up; rise in rebellion against someone

code	Mt	Mk	Lk	
221	**Mt 10,21** ⇩ Mt 24,9 → Mt 10,35 → Mt 24,10 παραδώσει δὲ ἀδελφὸς ἀδελφὸν εἰς θάνατον καὶ πατὴρ τέκνον, καὶ **ἐπαναστήσονται** τέκνα ἐπὶ γονεῖς καὶ θανατώσουσιν αὐτούς. **Mt 24,9** ⇧ **Mt 10,21** τότε παραδώσουσιν ὑμᾶς εἰς θλῖψιν καὶ ἀποκτενοῦσιν ὑμᾶς, ...	**Mk 13,12** καὶ παραδώσει ἀδελφὸς ἀδελφὸν εἰς θάνατον καὶ πατὴρ τέκνον, καὶ **ἐπαναστήσονται** τέκνα ἐπὶ γονεῖς καὶ θανατώσουσιν αὐτούς·	**Lk 21,16** → Lk 12,53 παραδοθήσεσθε δὲ καὶ ὑπὸ γονέων καὶ ἀδελφῶν καὶ συγγενῶν καὶ φίλων, καὶ θανατώσουσιν ἐξ ὑμῶν	

ἐπάνω	Syn 14	Mt 8	Mk 1	Lk 5	Acts	Jn 2	1-3John	Paul 1	Eph	Col
	NT 19	2Thess	1/2Tim	Tit	Heb	Jas	1Pet	2Pet	Jude	Rev 2

above; over; more than; on

	triple tradition																	double tradition			Sonder-gut		
		+Mt / +Lk			–Mt / –Lk			traditions not taken over by Mt / Lk							subtotals								
code	*222*	*211*	*112*	*212*	*221*	*122*	*121*	*022*	*012*	*021*	*220*	*120*	*210*	*020*	Σ^+	Σ^-	Σ	*202*	*201*	*102*	*200*	*002*	total
Mt		2^+										1^-			2^+	1^-	2				6		**8**
Mk												1					1						**1**
Lk			1^+												1^+		1			3		1	**5**

code	Mt	Mk	Lk	
200	**Mt 2,9** ... καὶ ἰδοὺ ὁ ἀστὴρ, ὃν εἶδον ἐν τῇ ἀνατολῇ, προῆγεν αὐτοὺς, ἕως ἐλθὼν ἐστάθη **ἐπάνω οὗ** ἦν τὸ παιδίον.			
112	**Mt 8,15** καὶ ἥψατο **τῆς χειρὸς αὐτῆς,** καὶ ἀφῆκεν αὐτὴν ὁ πυρετός, ...	**Mk 1,31** καὶ προσελθὼν ἤγειρεν αὐτὴν κρατήσας **τῆς χειρός·** καὶ ἀφῆκεν αὐτὴν ὁ πυρετός, ...	**Lk 4,39** καὶ ἐπιστὰς **ἐπάνω αὐτῆς** ἐπετίμησεν τῷ πυρετῷ· καὶ ἀφῆκεν αὐτήν· ...	
200	**Mt 5,14** ... οὐ δύναται πόλις κρυβῆναι **ἐπάνω ὄρους** κειμένη·			→ GTh 32 (POxy 1)
002			**Lk 10,19** ἰδοὺ δέδωκα ὑμῖν τὴν ἐξουσίαν τοῦ πατεῖν **ἐπάνω ὄφεων καὶ σκορπίων,** καὶ ἐπὶ πᾶσαν τὴν δύναμιν τοῦ ἐχθροῦ, καὶ οὐδὲν ὑμᾶς οὐ μὴ ἀδικήσῃ.	

102	**Mt 23,27**	οὐαὶ ὑμῖν, γραμματεῖς καὶ Φαρισαῖοι ὑποκριταί, ὅτι παρομοιάζετε τάφοις κεκονιαμένοις, οἵτινες ἔξωθεν μὲν φαίνονται ὡραῖοι, ἔσωθεν δὲ γέμουσιν ὀστέων νεκρῶν καὶ πάσης ἀκαθαρσίας.			**Lk 11,44**	οὐαὶ ὑμῖν, ὅτι ἐστὲ ὡς τὰ μνημεῖα τὰ ἄδηλα, καὶ οἱ ἄνθρωποι [οἱ] περιπατοῦντες **ἐπάνω** οὐκ οἴδασιν.	
102	**Mt 25,21** → Mt 24,47	... εὖ, δοῦλε ἀγαθὲ καὶ πιστέ, ἐπὶ ὀλίγα ἧς πιστός, **ἐπὶ πολλῶν** **σε καταστήσω·** ...			**Lk 19,17** → Lk 16,10	... εὖγε, ἀγαθὲ δοῦλε, ὅτι ἐν ἐλαχίστῳ πιστὸς ἐγένου, **ἴσθι ἐξουσίαν ἔχων** **ἐπάνω δέκα πόλεων.**	
102	**Mt 25,23** → Mt 24,47	... εὖ, δοῦλε ἀγαθὲ καὶ πιστέ, ἐπὶ ὀλίγα ἧς πιστός, **ἐπὶ πολλῶν** **σε καταστήσω·** ...			**Lk 19,19**	... καὶ **σὺ ἐπάνω γίνου** **πέντε πόλεων.**	
211	**Mt 21,7**	ἤγαγον τὴν ὄνον καὶ τὸν πῶλον καὶ ἐπέθηκαν ἐπ᾽ αὐτῶν τὰ ἱμάτια, καὶ ἐπεκάθισεν **ἐπάνω αὐτῶν.**	**Mk 11,7**	καὶ φέρουσιν τὸν πῶλον πρὸς τὸν Ἰησοῦν καὶ ἐπιβάλλουσιν αὐτῷ τὰ ἱμάτια αὐτῶν, καὶ ἐκάθισεν **ἐπ᾽ αὐτόν.**	**Lk 19,35**	καὶ ἤγαγον αὐτὸν πρὸς τὸν Ἰησοῦν καὶ ἐπιρίψαντες αὐτῶν τὰ ἱμάτια ἐπὶ τὸν πῶλον ἐπεβίβασαν τὸν Ἰησοῦν.	
200	**Mt 23,18**	... ὃς ἂν ὀμόσῃ ἐν τῷ θυσιαστηρίῳ, οὐδέν ἐστιν· ὃς δ᾽ ἂν ὀμόσῃ **ἐν τῷ δώρῳ τῷ ἐπάνω** **αὐτοῦ,** ὀφείλει.					
200	**Mt 23,20**	ὁ οὖν ὀμόσας ἐν τῷ θυσιαστηρίῳ ὀμνύει ἐν αὐτῷ καὶ **ἐν πᾶσι τοῖς ἐπάνω** **αὐτοῦ·**					
200	**Mt 23,22** → Mt 5,34	καὶ ὁ ὀμόσας ἐν τῷ οὐρανῷ ὀμνύει ἐν τῷ θρόνῳ τοῦ θεοῦ καὶ ἐν τῷ καθημένῳ **ἐπάνω αὐτοῦ.**					
120	**Mt 26,9**	ἐδύνατο γὰρ τοῦτο πραθῆναι **πολλοῦ** καὶ δοθῆναι πτωχοῖς.	**Mk 14,5**	ἠδύνατο γὰρ τοῦτο τὸ μύρον πραθῆναι **ἐπάνω δηναρίων** **τριακοσίων** καὶ δοθῆναι τοῖς πτωχοῖς· ...			→ Jn 12,5
211	**Mt 27,37**	καὶ ἐπέθηκαν **ἐπάνω τῆς κεφαλῆς** **αὐτοῦ** τὴν αἰτίαν αὐτοῦ γεγραμμένην· οὗτός ἐστιν Ἰησοῦς ὁ βασιλεὺς τῶν Ἰουδαίων.	**Mk 15,26**	καὶ ἦν ἡ ἐπιγραφὴ τῆς αἰτίας αὐτοῦ ἐπιγεγραμμένη· ὁ βασιλεὺς τῶν Ἰουδαίων.	**Lk 23,38**	ἦν δὲ καὶ ἐπιγραφὴ **ἐπ᾽ αὐτῷ·** ὁ βασιλεὺς τῶν Ἰουδαίων οὗτος.	→ Jn 19,19
200	**Mt 28,2**	... ἄγγελος γὰρ κυρίου καταβὰς ἐξ οὐρανοῦ καὶ προσελθὼν ἀπεκύλισεν τὸν λίθον καὶ ἐκάθητο **ἐπάνω αὐτοῦ.**	**Mk 16,4**	καὶ ἀναβλέψασαι θεωροῦσιν ὅτι ἀποκεκύλισται ὁ λίθος· ἦν γὰρ μέγας σφόδρα.	**Lk 24,2**	εὗρον δὲ τὸν λίθον ἀποκεκυλισμένον ἀπὸ τοῦ μνημείου	→ Jn 20,1

ἐπαύριον	Syn 2	Mt 1	Mk 1	Lk	Acts 10	Jn 5	1-3John	Paul	Eph	Col
	NT 17	2Thess	1/2Tim	Tit	Heb	Jas	1Pet	2Pet	Jude	Rev

tomorrow

	Mt		Mk		Lk		
120	Mt 21,18	πρωῒ δὲ ἐπανάγων εἰς τὴν πόλιν ἐπείνασεν.	Mk 11,12	καὶ **τῇ ἐπαύριον** ἐξελθόντων αὐτῶν ἀπὸ Βηθανίας ἐπείνασεν.			
200	Mt 27,62	**τῇ δὲ ἐπαύριον,** ἥτις ἐστὶν μετὰ τὴν παρασκευήν, συνήχθησαν οἱ ἀρχιερεῖς καὶ οἱ Φαρισαῖοι πρὸς Πιλᾶτον					

Acts 10,9 **τῇ δὲ ἐπαύριον,**
ὁδοιπορούντων ἐκείνων
καὶ τῇ πόλει ἐγγιζόντων,
...

Acts 10,23 ... **τῇ δὲ ἐπαύριον**
ἀναστὰς ἐξῆλθεν σὺν
αὐτοῖς καί τινες τῶν
ἀδελφῶν τῶν ἀπὸ Ἰόππης
συνῆλθον αὐτῷ.

Acts 10,24 **τῇ δὲ ἐπαύριον**
εἰσῆλθεν εἰς τὴν
Καισάρειαν. ...

Acts 14,20 ... καὶ
τῇ ἐπαύριον
ἐξῆλθεν σὺν τῷ Βαρναβᾷ
εἰς Δέρβην.

Acts 20,7 ... ὁ Παῦλος διελέγετο
αὐτοῖς μέλλων ἐξιέναι
τῇ ἐπαύριον,
παρέτεινέν τε τὸν λόγον
μέχρι μεσονυκτίου.

Acts 21,8 **τῇ δὲ ἐπαύριον**
ἐξελθόντες ἤλθομεν
εἰς Καισάρειαν ...

Acts 22,30 **τῇ δὲ ἐπαύριον**
βουλόμενος γνῶναι
τὸ ἀσφαλές, τὸ τί
κατηγορεῖται ὑπὸ τῶν
Ἰουδαίων, ...

Acts 23,32 **τῇ δὲ ἐπαύριον**
ἐάσαντες τοὺς ἱππεῖς
ἀπέρχεσθαι σὺν αὐτῷ
ὑπέστρεψαν εἰς τὴν
παρεμβολήν·

Acts 25,6 ... καταβὰς
εἰς Καισάρειαν,
τῇ ἐπαύριον
καθίσας ἐπὶ τοῦ βήματος
ἐκέλευσεν τὸν Παῦλον
ἀχθῆναι.

Acts 25,23 **τῇ οὖν ἐπαύριον**
ἐλθόντος τοῦ Ἀγρίππα
καὶ τῆς Βερνίκης ...

ἐπεί	Syn 5	Mt 3	Mk 1	Lk 1	Acts	Jn 2	1-3John	Paul 10	Eph	Col
	NT 26	2Thess	1/2Tim	Tit	Heb 9	Jas	1Pet	2Pet	Jude	Rev

because; since; for

	Mt		Mk		Lk		
002					Lk 1,34	... πῶς ἔσται τοῦτο, **ἐπεὶ** ἄνδρα οὐ γινώσκω;	
200	Mt 18,32	... δοῦλε πονηρέ, πᾶσαν τὴν ὀφειλὴν ἐκείνην ἀφῆκά σοι, **ἐπεὶ** παρεκάλεσάς με·					
211	Mt 21,46 → Mt 21,26	... ἐφοβήθησαν τοὺς ὄχλους, **ἐπεὶ** εἰς προφήτην αὐτὸν εἶχον.	Mk 12,12	... καὶ ἐφοβήθησαν τὸν ὄχλον, ...	Lk 20,19	... καὶ ἐφοβήθησαν τὸν λαόν, ...	
200	Mt 27,6	... οὐκ ἔξεστιν βαλεῖν αὐτὰ εἰς τὸν κορβανᾶν, **ἐπεὶ** τιμὴ αἵματός ἐστιν.					
121	Mt 27,57	ὀψίας δὲ γενομένης ...	Mk 15,42	καὶ ἤδη ὀψίας γενομένης, **ἐπεὶ** ἦν παρασκευή, ὅ ἐστιν προσάββατον	Lk 23,54	καὶ ἡμέρα ἦν παρασκευῆς καὶ σάββατον ἐπέφωσκεν.	→ Jn 19,42

ἐπειδή	Syn 2	Mt	Mk	Lk 2	Acts 3	Jn	1-3John	Paul 5	Eph	Col
	NT 10	2Thess	1/2Tim	Tit	Heb	Jas	1Pet	2Pet	Jude	Rev

since; since then; because

102	**Mt 7,28** καὶ ἐγένετο ὅτε ἐτέλεσεν ὁ Ἰησοῦς τοὺς λόγους τούτους, ...	**Lk 7,1** **ἐπειδὴ** ἐπλήρωσεν πάντα τὰ ῥήματα αὐτοῦ εἰς τὰς ἀκοὰς τοῦ λαοῦ, ...	
002		**Lk 11,6** **ἐπειδὴ** φίλος μου παρεγένετο ἐξ ὁδοῦ πρός με καὶ οὐκ ἔχω ὃ παραθήσω αὐτῷ·	

Acts 13,46 ... ὑμῖν ἦν ἀναγκαῖον πρῶτον λαληθῆναι τὸν λόγον τοῦ θεοῦ· **ἐπειδὴ** ἀπωθεῖσθε αὐτὸν καὶ οὐκ ἀξίους κρίνετε ἑαυτοὺς τῆς αἰωνίου ζωῆς, ...

Acts 14,12 ἐκάλουν τε τὸν Βαρναβᾶν Δία, τὸν δὲ Παῦλον Ἑρμῆν, **ἐπειδὴ** αὐτὸς ἦν ὁ ἡγούμενος τοῦ λόγου.

Acts 15,24 **ἐπειδὴ** ἠκούσαμεν ὅτι τινὲς ἐξ ἡμῶν [ἐξελθόντες] ἐτάραξαν ὑμᾶς λόγοις ἀνασκευάζοντες τὰς ψυχὰς ὑμῶν ...

ἐπειδήπερ	Syn 1	Mt	Mk	Lk 1	Acts	Jn	1-3John	Paul	Eph	Col
	NT 1	2Thess	1/2Tim	Tit	Heb	Jas	1Pet	2Pet	Jude	Rev

inasmuch as; since

002		**Lk 1,1** **ἐπειδήπερ** πολλοὶ ἐπεχείρησαν ἀνατάξασθαι διήγησιν περὶ τῶν πεπληροφορημένων ἐν ἡμῖν πραγμάτων	

ἐπεισέρχομαι	Syn 1	Mt	Mk	Lk 1	Acts	Jn	1-3John	Paul	Eph	Col
	NT 1	2Thess	1/2Tim	Tit	Heb	Jas	1Pet	2Pet	Jude	Rev

rush in suddenly and forcibly

002		**Lk 21,35** → Mk 13,36 [34] ... καὶ ἐπιστῇ ἐφ' ὑμᾶς αἰφνίδιος ἡ ἡμέρα ἐκείνη [35] ὡς παγίς· **ἐπεισελεύσεται** γὰρ ἐπὶ πάντας τοὺς καθημένους ἐπὶ πρόσωπον πάσης τῆς γῆς.	

ἔπειτα	Syn 1	Mt	Mk	Lk 1	Acts	Jn 1	1-3John	Paul 10	Eph	Col
	NT 16	2Thess	1/2Tim	Tit	Heb 2	Jas 2	1Pet	2Pet	Jude	Rev

then; thereupon

002		**Lk 16,7** **ἔπειτα** ἑτέρῳ εἶπεν· σὺ δὲ πόσον ὀφείλεις; ...	

ἐπέρχομαι

	Syn	Mt	Mk	Lk	Acts	Jn	1-3John	Paul	Eph	Col
	3			3	4				1	
	NT	2Thess	1/2Tim	Tit	Heb	Jas	1Pet	2Pet	Jude	Rev
	9					1				

come; come along; appear; approach; come over, upon; attack

code	Mt		Mk		Lk		
002					**Lk 1,35** → Mt 1,18	... πνεῦμα ἅγιον **ἐπελεύσεται** ἐπὶ σὲ καὶ δύναμις ὑψίστου ἐπισκιάσει σοι· ...	
112	**Mt 12,29**	... ἐὰν μὴ πρῶτον δήσῃ τὸν ἰσχυρόν; καὶ τότε τὴν οἰκίαν αὐτοῦ διαρπάσει.	**Mk 3,27**	... ἐὰν μὴ πρῶτον τὸν ἰσχυρὸν δήσῃ, καὶ τότε τὴν οἰκίαν αὐτοῦ διαρπάσει.	**Lk 11,22**	ἐπὰν δὲ ἰσχυρότερος αὐτοῦ **ἐπελθὼν** νικήσῃ αὐτόν, τὴν πανοπλίαν αὐτοῦ αἴρει ἐφ' ᾗ ἐπεποίθει, καὶ τὰ σκῦλα αὐτοῦ διαδίδωσιν.	→ GTh 21,5 → GTh 35 Mk-Q overlap?
112	**Mt 24,29**	... *καὶ αἱ δυνάμεις* *τῶν οὐρανῶν* σαλευθήσονται. ➤ Isa 34,4	**Mk 13,25**	... *καὶ αἱ δυνάμεις* *αἱ ἐν τοῖς οὐρανοῖς* σαλευθήσονται. ➤ Isa 34,4	**Lk 21,26**	ἀποψυχόντων ἀνθρώπων ἀπὸ φόβου καὶ **προσδοκίας** **τῶν ἐπερχομένων** τῇ οἰκουμένῃ, *αἱ γὰρ δυνάμεις* *τῶν οὐρανῶν* σαλευθήσονται. ➤ Isa 34,4	

Acts 1,8 → Lk 24,49 → Acts 2,33 ἀλλὰ λήμψεσθε δύναμιν **ἐπελθόντος** τοῦ ἁγίου πνεύματος ἐφ' ὑμᾶς ...

Acts 8,24 ... δεήθητε ὑμεῖς ὑπὲρ ἐμοῦ πρὸς τὸν κύριον ὅπως μηδὲν **ἐπέλθῃ** ἐπ' ἐμὲ ὧν εἰρήκατε.

Acts 13,40 βλέπετε οὖν **μὴ ἐπέλθῃ** τὸ εἰρημένον ἐν τοῖς προφήταις·

Acts 14,19 **ἐπῆλθαν** δὲ ἀπὸ Ἀντιοχείας καὶ Ἰκονίου Ἰουδαῖοι καὶ πείσαντες τοὺς ὄχλους ...

ἐπερωτάω

	Syn	Mt	Mk	Lk	Acts	Jn	1-3John	Paul	Eph	Col
	50	8	25	17	2	2		2		
	NT	2Thess	1/2Tim	Tit	Heb	Jas	1Pet	2Pet	Jude	Rev
	56									

ask; ask for

	triple tradition																	double tradition			Sondergut		
		+Mt / +Lk			–Mt / –Lk			traditions not taken over by Mt / Lk							subtotals								
code	222	211	112	212	221	122	121	022	012	021	220	120	210	020	Σ⁺	Σ⁻	Σ	202	201	102	200	002	total
Mt	2	2^+			2	3^-	5^-				1	6^-	1^+		3^+	14^-	8						**8**
Mk	2				2	3	5	1			1	6		5			25						**25**
Lk	2		5^+		2^-	3	5^-	1							5^+	7^-	11					6	**17**

code	Mt	Mk	Lk		
002			**Lk 2,46**	... εὗρον αὐτὸν ἐν τῷ ἱερῷ καθεζόμενον ἐν μέσῳ τῶν διδασκάλων καὶ ἀκούοντα αὐτῶν καὶ **ἐπερωτῶντα** αὐτούς·	
002			**Lk 3,10**	καὶ **ἐπηρώτων** αὐτὸν οἱ ὄχλοι λέγοντες· τί οὖν ποιήσωμεν;	

002					**Lk 3,14**	**ἐπηρώτων** δὲ αὐτὸν καὶ στρατευόμενοι λέγοντες· τί ποιήσωμεν καὶ ἡμεῖς; ...	
112	**Mt 12,12**	πόσῳ οὖν διαφέρει ἄνθρωπος προβάτου. ὥστε ἔξεστιν τοῖς σάββασιν καλῶς ποιεῖν.	**Mk 3,4**	καὶ λέγει αὐτοῖς· ἔξεστιν τοῖς σάββασιν ἀγαθὸν ποιῆσαι ἢ κακοποιῆσαι, ψυχὴν σῶσαι ἢ ἀποκτεῖναι; ...	**Lk 6,9** → Lk 13,14 → Lk 14,3	εἶπεν δὲ ὁ Ἰησοῦς πρὸς αὐτούς· **ἐπερωτῶ** ὑμᾶς εἰ ἔξεστιν τῷ σαββάτῳ ἀγαθοποιῆσαι ἢ κακοποιῆσαι, ψυχὴν σῶσαι ἢ ἀπολέσαι;	
211	**Mt 12,10**	καὶ ἰδοὺ ἄνθρωπος χεῖρα ἔχων ξηράν. καὶ **ἐπηρώτησαν** αὐτὸν λέγοντες· εἰ ἔξεστιν τοῖς σάββασιν θεραπεῦσαι; ...	**Mk 3,2**	[1] ... καὶ ἦν ἐκεῖ ἄνθρωπος ἐξηραμμένην ἔχων τὴν χεῖρα. [2] καὶ **παρετήρουν** αὐτὸν εἰ τοῖς σάββασιν θεραπεύσει αὐτόν, ...	**Lk 6,7** → Lk 14,3 → Lk 11,53-54 → Lk 20,20	[6] ... καὶ ἦν ἄνθρωπος ἐκεῖ καὶ ἡ χεὶρ αὐτοῦ ἡ δεξιὰ ἦν ξηρά. [7] **παρετηροῦντο** δὲ αὐτὸν οἱ γραμματεῖς καὶ οἱ Φαρισαῖοι εἰ ἐν τῷ σαββάτῳ θεραπεύει, ...	
112	**Mt 13,10**	καὶ προσελθόντες οἱ μαθηταὶ **εἶπαν** αὐτῷ· διὰ τί ἐν παραβολαῖς λαλεῖς αὐτοῖς;	**Mk 4,10** ↓ Mk 7,17	καὶ ὅτε ἐγένετο κατὰ μόνας, **ἠρώτων** αὐτὸν οἱ περὶ αὐτὸν σὺν τοῖς δώδεκα τὰς παραβολάς.	**Lk 8,9** ↓ Mk 7,17	**ἐπηρώτων** δὲ αὐτὸν οἱ μαθηταὶ αὐτοῦ τίς αὕτη εἴη ἡ παραβολή.	
022			**Mk 5,9**	καὶ **ἐπηρώτα** αὐτόν· τί ὄνομά σοι; ...	**Lk 8,30**	**ἐπηρώτησεν** δὲ αὐτὸν ὁ Ἰησοῦς· τί σοι ὄνομά ἐστιν; ...	
120	**Mt 15,1**	τότε προσέρχονται τῷ Ἰησοῦ ἀπὸ Ἱεροσολύμων Φαρισαῖοι καὶ γραμματεῖς **λέγοντες·** [2] διὰ τί οἱ μαθηταί σου παραβαίνουσιν τὴν παράδοσιν τῶν πρεσβυτέρων; ...	**Mk 7,5**	[1] καὶ συνάγονται πρὸς αὐτὸν οἱ Φαρισαῖοι καί τινες τῶν γραμματέων ἐλθόντες ἀπὸ Ἱεροσολύμων. [2] ... [5] καὶ **ἐπερωτῶσιν** αὐτὸν οἱ Φαρισαῖοι καὶ οἱ γραμματεῖς· διὰ τί οὐ περιπατοῦσιν οἱ μαθηταί σου κατὰ τὴν παράδοσιν τῶν πρεσβυτέρων, ...			
120	**Mt 15,15**	ἀποκριθεὶς δὲ ὁ Πέτρος **εἶπεν** αὐτῷ· φράσον ἡμῖν τὴν παραβολήν [ταύτην].	**Mk 7,17** ↑ Mk 4,10 ↑ Lk 8,9 → Mt 15,12	καὶ ὅτε εἰσῆλθεν εἰς οἶκον ἀπὸ τοῦ ὄχλου, **ἐπηρώτων** αὐτὸν οἱ μαθηταὶ αὐτοῦ τὴν παραβολήν.			
210	**Mt 16,1** ⇨ Mt 12,38	καὶ προσελθόντες οἱ Φαρισαῖοι καὶ Σαδδουκαῖοι πειράζοντες **ἐπηρώτησαν** αὐτὸν σημεῖον ἐκ τοῦ οὐρανοῦ ἐπιδεῖξαι αὐτοῖς.	**Mk 8,11**	καὶ ἐξῆλθον οἱ Φαρισαῖοι καὶ ἤρξαντο συζητεῖν αὐτῷ, **ζητοῦντες** παρ' αὐτοῦ σημεῖον ἀπὸ τοῦ οὐρανοῦ, πειράζοντες αὐτόν.	**Lk 11,16**	ἕτεροι δὲ πειράζοντες σημεῖον ἐξ οὐρανοῦ **ἐζήτουν** παρ' αὐτοῦ.	Mk-Q overlap
020			**Mk 8,23** → Mt 20,34	... ἐπιθεὶς τὰς χεῖρας αὐτῷ **ἐπηρώτα** αὐτόν· εἴ τι βλέπεις;			

122	Mt 16,13	ἐλθὼν δὲ ὁ Ἰησοῦς εἰς τὰ μέρη Καισαρείας τῆς Φιλίππου **ἠρώτα** τοὺς μαθητὰς αὐτοῦ λέγων· τίνα λέγουσιν οἱ ἄνθρωποι εἶναι τὸν υἱὸν τοῦ ἀνθρώπου;	Mk 8,27	καὶ ἐξῆλθεν ὁ Ἰησοῦς καὶ οἱ μαθηταὶ αὐτοῦ εἰς τὰς κώμας Καισαρείας τῆς Φιλίππου· καὶ ἐν τῇ ὁδῷ **ἐπηρώτα** τοὺς μαθητὰς αὐτοῦ λέγων αὐτοῖς· τίνα με λέγουσιν οἱ ἄνθρωποι εἶναι;	Lk 9,18 → Mt 14,23 → Mk 6,46	καὶ ἐγένετο ἐν τῷ εἶναι αὐτὸν προσευχόμενον κατὰ μόνας συνῆσαν αὐτῷ οἱ μαθηταί, καὶ **ἐπηρώτησεν** αὐτοὺς λέγων· τίνα με λέγουσιν οἱ ὄχλοι εἶναι;	→ GTh 13
121	Mt 16,15	**λέγει** αὐτοῖς· ὑμεῖς δὲ τίνα με λέγετε εἶναι;	Mk 8,29	καὶ αὐτὸς **ἐπηρώτα** αὐτούς· ὑμεῖς δὲ τίνα με λέγετε εἶναι; ...	Lk 9,20	**εἶπεν** δὲ αὐτοῖς· ὑμεῖς δὲ τίνα με λέγετε εἶναι; ...	→ GTh 13
220	Mt 17,10	καὶ **ἐπηρώτησαν** αὐτὸν οἱ μαθηταὶ λέγοντες· τί οὖν οἱ γραμματεῖς λέγουσιν ὅτι *Ἠλίαν δεῖ ἐλθεῖν πρῶτον;* ➤ Mal 3,23-24	Mk 9,11	καὶ **ἐπηρώτων** αὐτὸν λέγοντες· ὅτι λέγουσιν οἱ γραμματεῖς ὅτι *Ἠλίαν δεῖ ἐλθεῖν πρῶτον;* ➤ Mal 3,23-24			
020			Mk 9,16	καὶ **ἐπηρώτησεν** αὐτούς· τί συζητεῖτε πρὸς αὐτούς;			
020			Mk 9,21	καὶ **ἐπηρώτησεν** τὸν πατέρα αὐτοῦ· πόσος χρόνος ἐστὶν ὡς τοῦτο γέγονεν αὐτῷ; ...			
120	Mt 17,19	τότε προσελθόντες οἱ μαθηταὶ τῷ Ἰησοῦ κατ᾽ ἰδίαν **εἶπον·** διὰ τί ἡμεῖς οὐκ ἠδυνήθημεν ἐκβαλεῖν αὐτό;	Mk 9,28	καὶ εἰσελθόντος αὐτοῦ εἰς οἶκον οἱ μαθηταὶ αὐτοῦ κατ᾽ ἰδίαν **ἐπηρώτων** αὐτόν· ὅτι ἡμεῖς οὐκ ἠδυνήθημεν ἐκβαλεῖν αὐτό;			
121	Mt 17,23	... καὶ ἐλυπήθησαν σφόδρα.	Mk 9,32 → Lk 18,34	οἱ δὲ ἠγνόουν τὸ ῥῆμα, καὶ ἐφοβοῦντο αὐτὸν **ἐπερωτῆσαι.**	Lk 9,45 → Lk 18,34	οἱ δὲ ἠγνόουν τὸ ῥῆμα τοῦτο καὶ ἦν παρακεκαλυμμένον ἀπ᾽ αὐτῶν ἵνα μὴ αἴσθωνται αὐτό, καὶ ἐφοβοῦντο **ἐρωτῆσαι** αὐτὸν περὶ τοῦ ῥήματος τούτου.	
121	Mt 18,1	ἐν ἐκείνῃ τῇ ὥρᾳ προσῆλθον οἱ μαθηταὶ τῷ Ἰησοῦ λέγοντες· τίς ἄρα μείζων ἐστὶν ἐν τῇ βασιλείᾳ τῶν οὐρανῶν;	Mk 9,33	... καὶ ἐν τῇ οἰκίᾳ γενόμενος **ἐπηρώτα** αὐτούς· τί ἐν τῇ ὁδῷ διελογίζεσθε; [34] οἱ δὲ ἐσιώπων· πρὸς ἀλλήλους γὰρ διελέχθησαν ἐν τῇ ὁδῷ τίς μείζων.	Lk 9,46	εἰσῆλθεν δὲ διαλογισμὸς ἐν αὐτοῖς, τὸ τίς ἂν εἴη μείζων αὐτῶν.	
002					Lk 17,20	**ἐπερωτηθεὶς** δὲ ὑπὸ τῶν Φαρισαίων πότε ἔρχεται ἡ βασιλεία τοῦ θεοῦ ...	→ GTh 3,3 (POxy 654) → GTh 113

120	Mt 19,3	καὶ προσῆλθον αὐτῷ Φαρισαῖοι πειράζοντες αὐτὸν καὶ **λέγοντες·** εἰ ἔξεστιν ἀνθρώπῳ ἀπολῦσαι τὴν γυναῖκα αὐτοῦ κατὰ πᾶσαν αἰτίαν;	Mk 10,2	καὶ προσελθόντες Φαρισαῖοι **ἐπηρώτων** αὐτὸν εἰ ἔξεστιν ἀνδρὶ γυναῖκα ἀπολῦσαι, πειράζοντες αὐτόν.			
020			Mk 10,10	καὶ εἰς τὴν οἰκίαν πάλιν οἱ μαθηταὶ περὶ τούτου **ἐπηρώτων** αὐτόν.			
122	Mt 19,16 ↓ Mt 22,35	καὶ ἰδοὺ εἷς προσελθὼν αὐτῷ **εἶπεν·** διδάσκαλε, τί ἀγαθὸν ποιήσω ἵνα σχῶ ζωὴν αἰώνιον;	Mk 10,17 ↓ Mk 12,28	... προσδραμὼν εἷς καὶ γονυπετήσας αὐτὸν **ἐπηρώτα** αὐτόν· διδάσκαλε ἀγαθέ, τί ποιήσω ἵνα ζωὴν αἰώνιον κληρονομήσω;	Lk 18,18 ⇩ Lk 10,25	καὶ **ἐπηρώτησέν** τις αὐτὸν ἄρχων λέγων· διδάσκαλε ἀγαθέ, τί ποιήσας ζωὴν αἰώνιον κληρονομήσω;	
112	Mt 20,32 Mt 9,28	καὶ στὰς ὁ Ἰησοῦς ἐφώνησεν αὐτοὺς καὶ **εἶπεν·** τί θέλετε ποιήσω ὑμῖν; ἐλθόντι δὲ εἰς τὴν οἰκίαν προσῆλθον αὐτῷ οἱ τυφλοί, καὶ **λέγει** αὐτοῖς ὁ Ἰησοῦς· πιστεύετε ὅτι δύναμαι τοῦτο ποιῆσαι; ...	Mk 10,51	[49] καὶ στὰς ὁ Ἰησοῦς εἶπεν· φωνήσατε αὐτόν. ... [50] ... ἦλθεν πρὸς τὸν Ἰησοῦν. [51] καὶ ἀποκριθεὶς αὐτῷ ὁ Ἰησοῦς **εἶπεν·** τί σοι θέλεις ποιήσω; ...	Lk 18,40	... ἐγγίσαντος δὲ αὐτοῦ **ἐπηρώτησεν** αὐτόν· [41] τί σοι θέλεις ποιήσω;	
121	Mt 21,24	ἀποκριθεὶς δὲ ὁ Ἰησοῦς εἶπεν αὐτοῖς· **ἐρωτήσω** ὑμᾶς κἀγὼ λόγον ἕνα, ὃν ἐὰν εἴπητέ μοι κἀγὼ ὑμῖν ἐρῶ ἐν ποίᾳ ἐξουσίᾳ ταῦτα ποιῶ·	Mk 11,29	ὁ δὲ Ἰησοῦς εἶπεν αὐτοῖς· **ἐπερωτήσω** ὑμᾶς ἕνα λόγον, καὶ ἀποκρίθητέ μοι καὶ ἐρῶ ὑμῖν ἐν ποίᾳ ἐξουσίᾳ ταῦτα ποιῶ·	Lk 20,3	ἀποκριθεὶς δὲ εἶπεν πρὸς αὐτούς· **ἐρωτήσω** ὑμᾶς κἀγὼ λόγον, καὶ εἴπατέ μοι·	
112	Mt 22,16	καὶ ἀποστέλλουσιν αὐτῷ τοὺς μαθητὰς αὐτῶν μετὰ τῶν Ἡρῳδιανῶν **λέγοντες·** διδάσκαλε, οἴδαμεν ὅτι ἀληθὴς εἶ ...	Mk 12,14	καὶ ἐλθόντες **λέγουσιν** αὐτῷ· διδάσκαλε, οἴδαμεν ὅτι ἀληθὴς εἶ ...	Lk 20,21	καὶ **ἐπηρώτησαν** αὐτὸν λέγοντες· διδάσκαλε, οἴδαμεν ὅτι ὀρθῶς λέγεις ...	→ Jn 3,2
222	Mt 22,23	ἐν ἐκείνῃ τῇ ἡμέρᾳ προσῆλθον αὐτῷ Σαδδουκαῖοι, λέγοντες μὴ εἶναι ἀνάστασιν, καὶ **ἐπηρώτησαν** αὐτὸν	Mk 12,18	καὶ ἔρχονται Σαδδουκαῖοι πρὸς αὐτόν, οἵτινες λέγουσιν ἀνάστασιν μὴ εἶναι, καὶ **ἐπηρώτων** αὐτὸν ...	Lk 20,27	προσελθόντες δέ τινες τῶν Σαδδουκαίων, οἱ [ἀντι]λέγοντες ἀνάστασιν μὴ εἶναι, **ἐπηρώτησαν** αὐτὸν	
221	Mt 22,35 ↑ Mt 19,16	[34] οἱ δὲ Φαρισαῖοι ἀκούσαντες ὅτι ἐφίμωσεν τοὺς Σαδδουκαίους συνήχθησαν ἐπὶ τὸ αὐτό, [35] καὶ **ἐπηρώτησεν** εἷς ἐξ αὐτῶν [νομικὸς] πειράζων αὐτόν· [36] διδάσκαλε, ποία ἐντολὴ μεγάλη ἐν τῷ νόμῳ;	Mk 12,28 ↑ Mk 10,17 → Lk 20,39	καὶ προσελθὼν εἷς τῶν γραμματέων ἀκούσας αὐτῶν συζητούντων, ἰδὼν ὅτι καλῶς ἀπεκρίθη αὐτοῖς **ἐπηρώτησεν** αὐτόν· ποία ἐστὶν ἐντολὴ πρώτη πάντων;	Lk 10,25 ⇧ Lk 18,18	καὶ ἰδοὺ νομικός τις ἀνέστη ἐκπειράζων αὐτὸν **λέγων·** διδάσκαλε, τί ποιήσας ζωὴν αἰώνιον κληρονομήσω;	

211	Mt 22,41	συνηγμένων δὲ τῶν Φαρισαίων **ἐπηρώτησεν** αὐτοὺς ὁ Ἰησοῦς [42] λέγων· τί ὑμῖν δοκεῖ περὶ τοῦ χριστοῦ; τίνος υἱός ἐστιν; λέγουσιν αὐτῷ· τοῦ Δαυίδ.	Mk 12,35	**καὶ ἀποκριθεὶς** ὁ Ἰησοῦς ἔλεγεν διδάσκων ἐν τῷ ἱερῷ· πῶς λέγουσιν οἱ γραμματεῖς ὅτι ὁ χριστὸς υἱὸς Δαυίδ ἐστιν;	Lk 20,41	εἶπεν δὲ πρὸς αὐτούς· πῶς λέγουσιν τὸν χριστὸν εἶναι Δαυὶδ υἱόν;	
222	Mt 22,46	καὶ οὐδεὶς ἐδύνατο ἀποκριθῆναι αὐτῷ λόγον οὐδὲ ἐτόλμησέν τις ἀπ' ἐκείνης τῆς ἡμέρας **ἐπερωτῆσαι** αὐτὸν οὐκέτι.	Mk 12,34	... καὶ οὐδεὶς οὐκέτι ἐτόλμα αὐτὸν **ἐπερωτῆσαι.**	Lk 20,40	οὐκέτι γὰρ ἐτόλμων **ἐπερωτᾶν** αὐτὸν οὐδέν.	
122	Mt 24,3	καθημένου δὲ αὐτοῦ ἐπὶ τοῦ ὄρους τῶν ἐλαιῶν προσῆλθον αὐτῷ οἱ μαθηταὶ κατ' ἰδίαν **λέγοντες·** εἰπὲ ἡμῖν, πότε ταῦτα ἔσται καὶ τί τὸ σημεῖον τῆς σῆς παρουσίας καὶ συντελείας τοῦ αἰῶνος;	Mk 13,3	καὶ καθημένου αὐτοῦ εἰς τὸ ὄρος τῶν ἐλαιῶν κατέναντι τοῦ ἱεροῦ **ἐπηρώτα** αὐτὸν κατ' ἰδίαν Πέτρος καὶ Ἰάκωβος καὶ Ἰωάννης καὶ Ἀνδρέας· [4] εἰπὸν ἡμῖν, πότε ταῦτα ἔσται καὶ τί τὸ σημεῖον ὅταν μέλλῃ ταῦτα συντελεῖσθαι πάντα;	Lk 21,7	**ἐπηρώτησαν** δὲ αὐτὸν λέγοντες· διδάσκαλε, πότε οὖν ταῦτα ἔσται καὶ τί τὸ σημεῖον ὅταν μέλλῃ ταῦτα γίνεσθαι;	
112	Mt 26,68	[67] τότε ἐνέπτυσαν εἰς τὸ πρόσωπον αὐτοῦ καὶ ἐκολάφισαν αὐτόν, οἱ δὲ ἐράπισαν [68] λέγοντες· προφήτευσον ἡμῖν, χριστέ, τίς ἐστιν ὁ παίσας σε;	Mk 14,65	καὶ ἤρξαντό τινες ἐμπτύειν αὐτῷ καὶ περικαλύπτειν αὐτοῦ τὸ πρόσωπον καὶ κολαφίζειν αὐτὸν καὶ λέγειν αὐτῷ· προφήτευσον, καὶ οἱ ὑπηρέται ῥαπίσμασιν αὐτὸν ἔλαβον.	Lk 22,64	[63] καὶ οἱ ἄνδρες οἱ συνέχοντες αὐτὸν ἐνέπαιζον αὐτῷ δέροντες, [64] καὶ περικαλύψαντες αὐτὸν **ἐπηρώτων** λέγοντες· προφήτευσον, τίς ἐστιν ὁ παίσας σε;	
120	Mt 26,62	καὶ ἀναστὰς ὁ ἀρχιερεὺς εἶπεν αὐτῷ· οὐδὲν ἀποκρίνῃ τί οὗτοί σου καταμαρτυροῦσιν;	Mk 14,60	καὶ ἀναστὰς ὁ ἀρχιερεὺς εἰς μέσον **ἐπηρώτησεν** τὸν Ἰησοῦν λέγων· οὐκ ἀποκρίνῃ οὐδέν τί οὗτοί σου καταμαρτυροῦσιν;			
121	Mt 26,63 → Mt 27,42-43	ὁ δὲ Ἰησοῦς ἐσιώπα. καὶ ὁ ἀρχιερεὺς εἶπεν αὐτῷ· ἐξορκίζω σε κατὰ τοῦ θεοῦ τοῦ ζῶντος ἵνα ἡμῖν εἴπῃς εἰ σὺ εἶ ὁ χριστὸς ὁ υἱὸς τοῦ θεοῦ.	Mk 14,61 → Mk 15,32	ὁ δὲ ἐσιώπα καὶ οὐκ ἀπεκρίνατο οὐδέν. πάλιν ὁ ἀρχιερεὺς **ἐπηρώτα** αὐτὸν καὶ λέγει αὐτῷ· σὺ εἶ ὁ χριστὸς ὁ υἱὸς τοῦ εὐλογητοῦ;	Lk 22,67 ⇩ Lk 22,70 → Lk 23,35 Lk 22,70 ⇧ Lk 22,67	λέγοντες· εἰ σὺ εἶ ὁ χριστός, εἰπὸν ἡμῖν. ... εἶπαν δὲ πάντες· σὺ οὖν εἶ ὁ υἱὸς τοῦ θεοῦ; ...	→ Jn 10,24 → Jn 10,36
221	Mt 27,11	... καὶ **ἐπηρώτησεν** αὐτὸν ὁ ἡγεμὼν λέγων· σὺ εἶ ὁ βασιλεὺς τῶν Ἰουδαίων; ...	Mk 15,2	καὶ **ἐπηρώτησεν** αὐτὸν ὁ Πιλᾶτος· σὺ εἶ ὁ βασιλεὺς τῶν Ἰουδαίων; ...	Lk 23,3	ὁ δὲ Πιλᾶτος **ἠρώτησεν** αὐτὸν λέγων· σὺ εἶ ὁ βασιλεὺς τῶν Ἰουδαίων; ...	→ Jn 18,33 → Jn 18,37
120	Mt 27,13	τότε λέγει αὐτῷ ὁ Πιλᾶτος· οὐκ ἀκούεις πόσα σου καταμαρτυροῦσιν;	Mk 15,4 → Mt 27,12	ὁ δὲ Πιλᾶτος πάλιν **ἐπηρώτα** αὐτὸν λέγων· οὐκ ἀποκρίνῃ οὐδέν; ἴδε πόσα σου κατηγοροῦσιν.	Lk 23,9	**ἐπηρώτα** δὲ αὐτὸν ἐν λόγοις ἱκανοῖς, αὐτὸς δὲ οὐδὲν ἀπεκρίνατο αὐτῷ.	→ Jn 19,9-10 Mt/Mk: before Pilate; Lk: before Herod

002					Lk 23,6	Πιλᾶτος δὲ ἀκούσας **ἐπηρώτησεν** εἰ ὁ ἄνθρωπος Γαλιλαῖός ἐστιν	
002	Mt 27,13	τότε λέγει αὐτῷ ὁ Πιλᾶτος· οὐκ ἀκούεις πόσα σου καταμαρτυροῦσιν;	Mk 15,4	ὁ δὲ Πιλᾶτος πάλιν **ἐπηρώτα** αὐτὸν λέγων· οὐκ ἀποκρίνῃ οὐδέν; ἴδε πόσα σου κατηγοροῦσιν.	Lk 23,9	**ἐπηρώτα** δὲ αὐτὸν ἐν λόγοις ἱκανοῖς, αὐτὸς δὲ οὐδὲν ἀπεκρίνατο αὐτῷ.	Mt/Mk: before Pilate; Lk: before Herod
020			Mk 15,44	ὁ δὲ Πιλᾶτος ἐθαύμασεν εἰ ἤδη τέθνηκεν καὶ προσκαλεσάμενος τὸν κεντυρίωνα **ἐπηρώτησεν** αὐτὸν εἰ πάλαι ἀπέθανεν·			

Acts 5,27 ἀγαγόντες δὲ αὐτοὺς ἔστησαν ἐν τῷ συνεδρίῳ. καὶ **ἐπηρώτησεν** αὐτοὺς ὁ ἀρχιερεὺς

Acts 23,34 ἀναγνοὺς δὲ καὶ **ἐπερωτήσας** ἐκ ποίας ἐπαρχείας ἐστὶν, καὶ πυθόμενος ὅτι ἀπὸ Κιλικίας

ἐπέχω	Syn 1	Mt	Mk	Lk 1	Acts 2	Jn	1-3John	Paul 1	Eph	Col
	NT 5	2Thess	1/2Tim 1	Tit	Heb	Jas	1Pet	2Pet	Jude	Rev

transitive: hold fast; *intransitive:* hold toward; aim at; stop; stay

002	Lk 14,7	ἔλεγεν δὲ πρὸς τοὺς κεκλημένους παραβολήν, **ἐπέχων** πῶς τὰς πρωτοκλισίας ἐξελέγοντο, λέγων πρὸς αὐτούς·	

Acts 3,5 ὁ δὲ **ἐπεῖχεν** αὐτοῖς προσδοκῶν τι παρ' αὐτῶν λαβεῖν.

Acts 19,22 ἀποστείλας δὲ εἰς τὴν Μακεδονίαν δύο τῶν διακονούντων αὐτῷ, Τιμόθεον καὶ Ἔραστον, αὐτὸς **ἐπέσχεν** χρόνον εἰς τὴν Ἀσίαν.

ἐπηρεάζω	Syn 1	Mt	Mk	Lk 1	Acts	Jn	1-3John	Paul	Eph	Col
	NT 2	2Thess	1/2Tim	Tit	Heb	Jas	1Pet 1	2Pet	Jude	Rev

threaten; mistreat; abuse

102	Mt 5,44	... ἀγαπᾶτε τοὺς ἐχθροὺς ὑμῶν καὶ προσεύχεσθε **ὑπὲρ τῶν διωκόντων** ὑμᾶς	Lk 6,28 ⇨ Lk 6,35	[27] ... ἀγαπᾶτε τοὺς ἐχθροὺς ὑμῶν, καλῶς ποιεῖτε τοῖς μισοῦσιν ὑμᾶς, [28] εὐλογεῖτε τοὺς καταρωμένους ὑμᾶς, προσεύχεσθε **περὶ τῶν ἐπηρεαζόντων** ὑμᾶς.	

ἐπί	Syn 354	Mt 122	Mk 71	Lk 161	Acts 169	Jn 33	1-3John 2	Paul 97	Eph 11	Col 6
	NT 886	2Thess 4	1/2Tim 14	Tit 2	Heb 29	Jas 8	1Pet 9	2Pet 3	Jude 1	Rev 144

preposition: with genitive: on; over; by; when; *with dative:* on; at, in; with; by; over; because of; to; for; against; about; of; from; after; *with accusative:* on; in; against; to; for; concerning

	triple tradition																	double tradition			Sondergut		
		+Mt / +Lk			−Mt / −Lk			traditions not taken over by Mt / Lk							subtotals								
code	*222*	*211*	*112*	*212*	*221*	*122*	*121*	*022*	*012*	*021*	*220*	*120*	*210*	*020*	Σ^+	Σ^-	Σ	*202*	*201*	*102*	*200*	*002*	total
Mt	15	13^+		3^+	8	6^-	10^-				8	10^-	7^+		23^+	26^-	54	17	19		32		**122**
Mk	15				8	6	10	1		3	8	10		10			71						**71**
Lk	15		22^+	3^+	8^-	6	10^-	1	3^+	3^-					28^+	21^-	50	17		20		74	**161**

Mk-Q overlap: 212: Mt 3,16 / Mk 1,10 / Lk 3,22 (?) 112: Mt 12,29 / Mk 3,27 / Lk 11,22 (?)

a ἐπί with genitive (Mt 35; Mk 21; Lk 25; Acts 32)
aa ἐπί with genitive and composite verb ἀνα-
ab ἐπί with genitive and composite verb ἐπι-
ac ἐπί with genitive and composite verb κατα-
ad ἐπί with genitive and reference to time
ae ἐπ' ἀληθείας

b ἐπί with dative (Mt 18; Mk 16; Lk 35; Acts 27)
ba ἐπί with dative and composite verb ἀνα-
bb ἐπί with dative and composite verb ἐπι-
bc ἐπί with dative and composite verb κατα-
bd ἐπί with dative and reference to time
be ἐπί giving the basis for a state of being, an action or a result

c ἐπί with accusative (Mt 69; Mk 34; Lk 101; Acts 110)
ca ἐπί with accusative and composite verb ἀνα-
cb ἐπί with accusative and composite verb ἐπι-
cc ἐπί with accusative and composite verb κατα-
cd ἐπί with accusative and reference to time

ad 200	**Mt 1,11** Ἰωσίας δὲ ἐγέννησεν τὸν Ἰεχονίαν καὶ τοὺς ἀδελφοὺς αὐτοῦ **ἐπὶ τῆς μετοικεσίας Βαβυλῶνος.**			
cb 002			**Lk 1,12** καὶ ἐταράχθη Ζαχαρίας ἰδὼν καὶ φόβος ἐπέπεσεν **ἐπ' αὐτόν.**	
be 002			**Lk 1,14** καὶ ἔσται χαρά σοι καὶ ἀγαλλίασις καὶ πολλοὶ **ἐπὶ τῇ γενέσει αὐτοῦ** χαρήσονται.	
cb 002			**Lk 1,16** καὶ πολλοὺς τῶν υἱῶν Ἰσραὴλ ἐπιστρέψει **ἐπὶ κύριον τὸν θεὸν αὐτῶν.**	
cb 002			**Lk 1,17** → Mt 11,14 ↓ Mt 17,12 ↓ **Mk 9,13** καὶ αὐτὸς προελεύσεται ἐνώπιον αὐτοῦ ἐν πνεύματι καὶ δυνάμει Ἠλίου, ἐπιστρέψαι καρδίας πατέρων **ἐπὶ τέκνα** καὶ ἀπειθεῖς ἐν φρονήσει δικαίων, ...	
be 002			**Lk 1,29** ἡ δὲ **ἐπὶ τῷ λόγῳ** διεταράχθη καὶ διελογίζετο ποταπὸς εἴη ὁ ἀσπασμὸς οὗτος.	
c 002			**Lk 1,33** → Lk 22,29 καὶ βασιλεύσει **ἐπὶ τὸν οἶκον Ἰακὼβ** εἰς τοὺς αἰῶνας ...	

cb 002		Lk 1,35 → Mt 1,18	... πνεῦμα ἅγιον ἐπελεύσεται **ἐπὶ σὲ** καὶ δύναμις ὑψίστου ἐπισκιάσει σοι· ...	
be 002		Lk 1,47	καὶ ἠγαλλίασεν τὸ πνεῦμά μου **ἐπὶ τῷ θεῷ** τῷ σωτῆρί μου,	
cb 002		Lk 1,48 → Lk 1,45 → Lk 11,27	ὅτι ἐπέβλεψεν **ἐπὶ τὴν ταπείνωσιν τῆς δούλης αὐτοῦ.** ἰδοὺ γὰρ ἀπὸ τοῦ νῦν μακαριοῦσίν με πᾶσαι αἱ γενεαί	
b 002		Lk 1,59	... ἦλθον περιτεμεῖν τὸ παιδίον καὶ ἐκάλουν αὐτὸ **ἐπὶ τῷ ὀνόματι τοῦ πατρὸς αὐτοῦ** Ζαχαρίαν.	
c 002		Lk 1,65	καὶ ἐγένετο **ἐπὶ πάντας φόβος τοὺς περιοικοῦντας** αὐτούς, ...	
c 002		Lk 2,8	καὶ ποιμένες ... φυλάσσοντες φυλακὰς τῆς νυκτὸς **ἐπὶ τὴν ποίμνην αὐτῶν.**	
a 002		Lk 2,14 → Mt 21,9 → Mk 11,10 → Lk 19,38	δόξα ἐν ὑψίστοις θεῷ καὶ **ἐπὶ γῆς** εἰρήνη ἐν ἀνθρώποις εὐδοκίας.	
be 002		Lk 2,20	καὶ ὑπέστρεψαν οἱ ποιμένες δοξάζοντες καὶ αἰνοῦντες τὸν θεὸν **ἐπὶ πᾶσιν** οἷς ἤκουσαν καὶ εἶδον καθὼς ἐλαλήθη πρὸς αὐτούς.	
c 002		Lk 2,25	καὶ ἰδοὺ ἄνθρωπος ἦν ἐν Ἰερουσαλὴμ ᾧ ὄνομα Συμεὼν ... καὶ πνεῦμα ἦν ἅγιον **ἐπ' αὐτόν·**	
be 002		Lk 2,33	καὶ ἦν ὁ πατὴρ αὐτοῦ καὶ ἡ μήτηρ θαυμάζοντες **ἐπὶ τοῖς λαλουμένοις** περὶ αὐτοῦ.	
c 002		Lk 2,40	τὸ δὲ παιδίον ηὔξανεν καὶ ἐκραταιοῦτο πληρούμενον σοφίᾳ, καὶ χάρις θεοῦ ἦν **ἐπ' αὐτό.**	
be 002		Lk 2,47	ἐξίσταντο δὲ πάντες οἱ ἀκούοντες αὐτοῦ **ἐπὶ τῇ συνέσει καὶ ταῖς ἀποκρίσεσιν αὐτοῦ.**	

ad 002 *c* 002	Mt 3,1	ἐν δὲ ταῖς ἡμέραις ἐκείναις παραγίνεται Ἰωάννης ὁ βαπτιστὴς κηρύσσων ἐν τῇ ἐρήμῳ τῆς Ἰουδαίας	Mk 1,4	 ἐγένετο Ἰωάννης [ὁ] βαπτίζων ἐν τῇ ἐρήμῳ ...	Lk 3,2 (2)	 **ἐπὶ** ἀρχιερέως Ἅννα καὶ Καϊάφα, ἐγένετο ῥῆμα θεοῦ **ἐπὶ** Ἰωάννην τὸν Ζαχαρίου υἱὸν ἐν τῇ ἐρήμῳ.	→ Jn 3,23 → Jn 3,23
c 201	Mt 3,7 → Mt 12,34 → Mt 23,33	ἰδὼν δὲ πολλοὺς τῶν Φαρισαίων καὶ Σαδδουκαίων ἐρχομένους **ἐπὶ** τὸ βάπτισμα αὐτοῦ εἶπεν αὐτοῖς· γεννήματα ἐχιδνῶν, ...			Lk 3,7 → Mk 1,5	ἔλεγεν οὖν τοῖς ἐκπορευομένοις ὄχλοις βαπτισθῆναι ὑπ' αὐτοῦ· γεννήματα ἐχιδνῶν, ...	
b 112	Mt 14,3	ὁ γὰρ Ἡρῴδης κρατήσας τὸν Ἰωάννην ἔδησεν [αὐτὸν] καὶ ἐν φυλακῇ ἀπέθετο ...	Mk 6,17	αὐτὸς γὰρ ὁ Ἡρῴδης ἀποστείλας ἐκράτησεν τὸν Ἰωάννην καὶ ἔδησεν αὐτὸν ἐν φυλακῇ ...	Lk 3,20 → Mt 4,12 → Mk 1,14	[19] ὁ δὲ Ἡρῴδης ὁ τετραάρχης, ... [20] προσέθηκεν καὶ τοῦτο **ἐπὶ** πᾶσιν [καὶ] κατέκλεισεν τὸν Ἰωάννην ἐν φυλακῇ.	
c 211	Mt 3,13	τότε παραγίνεται ὁ Ἰησοῦς ἀπὸ τῆς Γαλιλαίας **ἐπὶ** τὸν Ἰορδάνην πρὸς τὸν Ἰωάννην τοῦ βαπτισθῆναι ὑπ' αὐτοῦ.	Mk 1,9	... ἦλθεν Ἰησοῦς ἀπὸ Ναζαρὲτ τῆς Γαλιλαίας καὶ ἐβαπτίσθη εἰς τὸν Ἰορδάνην ὑπὸ Ἰωάννου.	Lk 3,21	ἐγένετο δὲ ἐν τῷ βαπτισθῆναι ἅπαντα τὸν λαὸν καὶ Ἰησοῦ βαπτισθέντος ...	
c cc 212	Mt 3,16 ↓ Mt 12,18	... καὶ εἶδεν [τὸ] πνεῦμα [τοῦ] θεοῦ καταβαῖνον ὡσεὶ περιστερὰν [καὶ] ἐρχόμενον **ἐπ'** αὐτόν·	Mk 1,10	... καὶ τὸ πνεῦμα ὡς περιστερὰν καταβαῖνον εἰς αὐτόν·	Lk 3,22 ↓ Lk 4,18	καὶ καταβῆναι τὸ πνεῦμα τὸ ἅγιον σωματικῷ εἴδει ὡς περιστερὰν **ἐπ'** αὐτόν, ...	→ Jn 1,32 Mk-Q overlap?
be 202 *be* 201	Mt 4,4 (2)	... γέγραπται· *οὐκ **ἐπ'** ἄρτῳ μόνῳ* *ζήσεται ὁ ἄνθρωπος,* *ἀλλ'* ***ἐπὶ** παντὶ ῥήματι* *ἐκπορευομένῳ* *διὰ στόματος θεοῦ.* ➤ Deut 8,3			Lk 4,4	... γέγραπται ὅτι *οὐκ **ἐπ'** ἄρτῳ μόνῳ* *ζήσεται ὁ ἄνθρωπος.* ➤ Deut 8,3	
c 202	Mt 4,5	τότε παραλαμβάνει αὐτὸν ὁ διάβολος εἰς τὴν ἁγίαν πόλιν καὶ ἔστησεν αὐτὸν **ἐπὶ** τὸ πτερύγιον τοῦ ἱεροῦ			Lk 4,9	ἤγαγεν δὲ αὐτὸν εἰς Ἰερουσαλὴμ καὶ ἔστησεν **ἐπὶ** τὸ πτερύγιον τοῦ ἱεροῦ ...	
a 202	Mt 4,6	... *καὶ* ***ἐπὶ** χειρῶν* *ἀροῦσίν σε, μήποτε* *προσκόψῃς πρὸς λίθον* *τὸν πόδα σου.* ➤ Ps 91,12			Lk 4,11	καὶ ὅτι ***ἐπὶ** χειρῶν* *ἀροῦσίν σε, μήποτε* *προσκόψῃς πρὸς λίθον* *τὸν πόδα σου.* ➤ Ps 91,12	
c 002					Lk 4,18 → Mt 11,5 → Lk 7,22 ↑ Lk 3,22	*πνεῦμα κυρίου* ***ἐπ'** ἐμὲ* *οὗ εἵνεκεν ἔχρισέν με* *εὐαγγελίσασθαι* *πτωχοῖς, ...* ➤ Isa 61,1 LXX	→ Acts 4,27 → Acts 10,38

be 112	**Mt 13,54**	... ὥστε ἐκπλήσσεσθαι αὐτοὺς καὶ λέγειν· ...	**Mk 6,2**	... καὶ πολλοὶ ἀκούοντες ἐξεπλήσσοντο λέγοντες· ...	**Lk 4,22**	καὶ πάντες ἐμαρτύρουν αὐτῷ καὶ ἐθαύμαζον **ἐπὶ τοῖς λόγοις** **τῆς χάριτος** τοῖς ἐκπορευομένοις ἐκ τοῦ στόματος αὐτοῦ καὶ ἔλεγον· ...	
ae 002 *cd* 002 *c* 002					**Lk 4,25** (3)	**ἐπ' ἀληθείας** δὲ λέγω ὑμῖν, πολλαὶ χῆραι ἦσαν ἐν ταῖς ἡμέραις Ἠλίου ἐν τῷ Ἰσραήλ, ὅτε ἐκλείσθη ὁ οὐρανὸς **ἐπὶ ἔτη τρία καὶ** **μῆνας ἕξ,** ὡς ἐγένετο λιμὸς μέγας **ἐπὶ πᾶσαν τὴν γῆν**	
ad 002					**Lk 4,27**	καὶ πολλοὶ λεπροὶ ἦσαν ἐν τῷ Ἰσραὴλ **ἐπὶ Ἐλισαίου** **τοῦ προφήτου, ...**	
a 002					**Lk 4,29**	καὶ ἀναστάντες ἐξέβαλον αὐτὸν ἔξω τῆς πόλεως καὶ ἤγαγον αὐτὸν ἕως ὀφρύος τοῦ ὄρους **ἐφ' οὗ** ἡ πόλις ᾠκοδόμητο αὐτῶν, ὥστε κατακρημνίσαι αὐτόν·	
be 222	**Mt 7,28** ↓ Mt 22,33	... ἐξεπλήσσοντο οἱ ὄχλοι **ἐπὶ τῇ διδαχῇ αὐτοῦ·**	**Mk 1,22** ↓ Mk 11,18	καὶ ἐξεπλήσσοντο **ἐπὶ τῇ διδαχῇ αὐτοῦ·** ...	**Lk 4,32**	καὶ ἐξεπλήσσοντο **ἐπὶ τῇ διδαχῇ αὐτοῦ,** ...	
c 012	↓ Mt 7,28 → Mt 7,29		**Mk 1,27** ↑ Mk 1,22	καὶ ἐθαμβήθησαν **ἅπαντες,** ὥστε συζητεῖν πρὸς ἑαυτοὺς λέγοντας· ...	**Lk 4,36** ↑ Lk 4,32	καὶ ἐγένετο θάμβος **ἐπὶ πάντας** καὶ συνελάλουν πρὸς ἀλλήλους λέγοντες· ...	
c 012			**Mk 1,38**	... ἄγωμεν ἀλλαχοῦ εἰς τὰς ἐχομένας κωμοπόλεις, ἵνα καὶ ἐκεῖ κηρύξω· **εἰς τοῦτο** γὰρ ἐξῆλθον.	**Lk 4,43**	... καὶ ταῖς ἑτέραις πόλεσιν εὐαγγελίσασθαί με δεῖ τὴν βασιλείαν τοῦ θεοῦ, ὅτι **ἐπὶ τοῦτο** ἀπεστάλην.	
be 002					**Lk 5,5**	... ἐπιστάτα, δι' ὅλης νυκτὸς κοπιάσαντες οὐδὲν ἐλάβομεν· **ἐπὶ δὲ τῷ ῥήματί σου** χαλάσω τὰ δίκτυα.	→ Jn 21,3
be 002					**Lk 5,9**	θάμβος γὰρ περιέσχεν αὐτὸν καὶ πάντας τοὺς σὺν αὐτῷ **ἐπὶ τῇ ἄγρᾳ** **τῶν ἰχθύων** ὧν συνέλαβον	
cc 112	**Mt 4,20** **Mt 4,22**	οἱ δὲ εὐθέως ἀφέντες τὰ δίκτυα ἠκολούθησαν αὐτῷ. οἱ δὲ εὐθέως ἀφέντες τὸ πλοῖον καὶ τὸν πατέρα αὐτῶν ἠκολούθησαν αὐτῷ.	**Mk 1,18** **Mk 1,20**	καὶ εὐθὺς ἀφέντες τὰ δίκτυα ἠκολούθησαν αὐτῷ. ... καὶ ἀφέντες τὸν πατέρα αὐτῶν Ζεβεδαῖον ἐν τῷ πλοίῳ μετὰ τῶν μισθωτῶν ἀπῆλθον ὀπίσω αὐτοῦ.	**Lk 5,11** → Lk 5,28	καὶ καταγαγόντες τὰ πλοῖα **ἐπὶ τὴν γῆν** ἀφέντες πάντα ἠκολούθησαν αὐτῷ.	

c 112	**Mt 8,2**	καὶ ἰδοὺ λεπρὸς προσελθὼν προσεκύνει αὐτῷ λέγων· κύριε, ἐὰν θέλῃς δύνασαί με καθαρίσαι.	**Mk 1,40**	καὶ ἔρχεται πρὸς αὐτὸν λεπρὸς παρακαλῶν αὐτὸν [καὶ γονυπετῶν] καὶ λέγων αὐτῷ ὅτι ἐὰν θέλῃς δύνασαί με καθαρίσαι.	**Lk 5,12** ↓ Lk 17,16	... καὶ ἰδοὺ ἀνὴρ πλήρης λέπρας· ἰδὼν δὲ τὸν Ἰησοῦν, πεσὼν **ἐπὶ πρόσωπον** ἐδεήθη αὐτοῦ λέγων· κύριε, ἐὰν θέλῃς δύνασαί με καθαρίσαι.	
b 021			**Mk 1,45** → Mk 1,35	... ἀλλ' ἔξω **ἐπ' ἐρήμοις τόποις** ἦν· ...	**Lk 5,16** → Lk 4,42	αὐτὸς δὲ ἦν ὑποχωρῶν **ἐν ταῖς ἐρήμοις** καὶ προσευχόμενος.	
a 212	**Mt 9,2**	καὶ ἰδοὺ προσέφερον αὐτῷ παραλυτικὸν **ἐπὶ κλίνης** βεβλημένον. ...	**Mk 2,3**	καὶ ἔρχονται φέροντες πρὸς αὐτὸν παραλυτικὸν αἰρόμενον ὑπὸ τεσσάρων.	**Lk 5,18**	καὶ ἰδοὺ ἄνδρες φέροντες **ἐπὶ κλίνης** ἄνθρωπον ὃς ἦν παραλελυμένος ...	
ca 012			**Mk 2,4**	καὶ μὴ δυνάμενοι προσενέγκαι αὐτῷ διὰ τὸν ὄχλον ἀπεστέγασαν **τὴν στέγην** ὅπου ἦν, καὶ ἐξορύξαντες χαλῶσι τὸν κράβαττον ὅπου ὁ παραλυτικὸς κατέκειτο.	**Lk 5,19**	καὶ μὴ εὑρόντες ποίας εἰσενέγκωσιν αὐτὸν διὰ τὸν ὄχλον, ἀναβάντες **ἐπὶ τὸ δῶμα** διὰ τῶν κεράμων καθῆκαν αὐτὸν σὺν τῷ κλινιδίῳ εἰς τὸ μέσον ἔμπροσθεν τοῦ Ἰησοῦ.	
a 222	**Mt 9,6**	ἵνα δὲ εἰδῆτε ὅτι ἐξουσίαν ἔχει ὁ υἱὸς τοῦ ἀνθρώπου **ἐπὶ τῆς γῆς** ἀφιέναι ἁμαρτίας - τότε λέγει τῷ παραλυτικῷ· ...	**Mk 2,10**	ἵνα δὲ εἰδῆτε ὅτι ἐξουσίαν ἔχει ὁ υἱὸς τοῦ ἀνθρώπου ἀφιέναι ἁμαρτίας **ἐπὶ τῆς γῆς** - λέγει τῷ παραλυτικῷ·	**Lk 5,24**	ἵνα δὲ εἰδῆτε ὅτι ὁ υἱὸς τοῦ ἀνθρώπου ἐξουσίαν ἔχει **ἐπὶ τῆς γῆς** ἀφιέναι ἁμαρτίας - εἶπεν τῷ παραλελυμένῳ· ...	
c 112	**Mt 9,7**	καὶ ἐγερθεὶς ἀπῆλθεν εἰς τὸν οἶκον αὐτοῦ.	**Mk 2,12**	καὶ ἠγέρθη καὶ εὐθὺς ἄρας **τὸν κράβαττον** ἐξῆλθεν ἔμπροσθεν πάντων, ...	**Lk 5,25**	καὶ παραχρῆμα ἀναστὰς ἐνώπιον αὐτῶν, ἄρας **ἐφ' ὃ κατέκειτο,** ἀπῆλθεν εἰς τὸν οἶκον αὐτοῦ δοξάζων τὸν θεόν.	→ Jn 5,9
c 222	**Mt 9,9**	καὶ παράγων ὁ Ἰησοῦς ἐκεῖθεν εἶδεν ἄνθρωπον καθήμενον **ἐπὶ τὸ τελώνιον,** Μαθθαῖον λεγόμενον, καὶ λέγει αὐτῷ· ἀκολούθει μοι. ...	**Mk 2,14**	καὶ παράγων εἶδεν Λευὶν τὸν τοῦ Ἁλφαίου καθήμενον **ἐπὶ τὸ τελώνιον,** καὶ λέγει αὐτῷ· ἀκολούθει μοι. ...	**Lk 5,27**	καὶ μετὰ ταῦτα ἐξῆλθεν καὶ ἐθεάσατο τελώνην ὀνόματι Λευὶν καθήμενον **ἐπὶ τὸ τελώνιον,** καὶ εἶπεν αὐτῷ· ἀκολούθει μοι.	
bb *cb* 222	**Mt 9,16**	οὐδεὶς δὲ ἐπιβάλλει ἐπίβλημα ῥάκους ἀγνάφου **ἐπὶ ἱματίῳ παλαιῷ·** αἴρει γὰρ τὸ πλήρωμα αὐτοῦ ἀπὸ τοῦ ἱματίου καὶ χεῖρον σχίσμα γίνεται.	**Mk 2,21**	οὐδεὶς ἐπίβλημα ῥάκους ἀγνάφου ἐπιράπτει **ἐπὶ ἱμάτιον παλαιόν·** εἰ δὲ μή, αἴρει τὸ πλήρωμα ἀπ' αὐτοῦ τὸ καινὸν τοῦ παλαιοῦ, καὶ χεῖρον σχίσμα γίνεται.	**Lk 5,36**	... οὐδεὶς ἐπίβλημα ἀπὸ ἱματίου καινοῦ σχίσας ἐπιβάλλει **ἐπὶ ἱμάτιον παλαιόν·** εἰ δὲ μή γε, καὶ τὸ καινὸν σχίσει καὶ τῷ παλαιῷ οὐ συμφωνήσει τὸ ἐπίβλημα τὸ ἀπὸ τοῦ καινοῦ.	→ GTh 47,5
ad 121	**Mt 12,4**	πῶς εἰσῆλθεν εἰς τὸν οἶκον τοῦ θεοῦ καὶ τοὺς ἄρτους τῆς προθέσεως ἔφαγον, ...	**Mk 2,26**	πῶς εἰσῆλθεν εἰς τὸν οἶκον τοῦ θεοῦ **ἐπὶ Ἀβιαθὰρ ἀρχιερέως** καὶ τοὺς ἄρτους τῆς προθέσεως ἔφαγεν, ...	**Lk 6,4**	[ὡς] εἰσῆλθεν εἰς τὸν οἶκον τοῦ θεοῦ καὶ τοὺς ἄρτους τῆς προθέσεως λαβὼν ἔφαγεν ...	
be 121	**Mt 12,13**	 τότε λέγει τῷ ἀνθρώπῳ· ἔκτεινόν σου τὴν χεῖρα. ...	**Mk 3,5**	καὶ περιβλεψάμενος αὐτοὺς μετ' ὀργῆς, συλλυπούμενος **ἐπὶ τῇ πωρώσει τῆς καρδίας αὐτῶν** λέγει τῷ ἀνθρώπῳ· ἔκτεινον τὴν χεῖρα. ...	**Lk 6,10** → Lk 13,12	καὶ περιβλεψάμενος πάντας αὐτοὺς εἶπεν αὐτῷ· ἔκτεινον τὴν χεῖρά σου. ...	

a 112	**Mt 12,15** → Mt 4,25	ὁ δὲ Ἰησοῦς γνοὺς ἀνεχώρησεν **ἐκεῖθεν.** καὶ ἠκολούθησαν αὐτῷ [ὄχλοι] πολλοί, ...	**Mk 3,7**	καὶ ὁ Ἰησοῦς μετὰ τῶν μαθητῶν αὐτοῦ ἀνεχώρησεν **πρὸς τὴν θάλασσαν,** καὶ πολὺ πλῆθος ἀπὸ τῆς Γαλιλαίας [ἠκολούθησεν], ...	**Lk 6,17**	καὶ καταβὰς μετ' αὐτῶν ἔστη **ἐπὶ τόπου πεδινοῦ,** καὶ ὄχλος πολὺς μαθητῶν αὐτοῦ, καὶ πλῆθος πολὺ τοῦ λαοῦ ...	
c 202	**Mt 5,15**	οὐδὲ καίουσιν λύχνον καὶ τιθέασιν αὐτὸν ὑπὸ τὸν μόδιον ἀλλ' **ἐπὶ τὴν λυχνίαν,** καὶ λάμπει πᾶσιν τοῖς ἐν τῇ οἰκίᾳ.			**Lk 11,33** ⇩ Lk 8,16	οὐδεὶς λύχνον ἅψας εἰς κρύπτην τίθησιν [οὐδὲ ὑπὸ τὸν μόδιον] ἀλλ' **ἐπὶ τὴν λυχνίαν,** ἵνα οἱ εἰσπορευόμενοι τὸ φῶς βλέπωσιν.	→ GTh 33,2-3 Mk-Q overlap
c a			**Mk 4,21**	... μήτι ἔρχεται ὁ λύχνος ἵνα ὑπὸ τὸν μόδιον τεθῇ ἢ ὑπὸ τὴν κλίνην; οὐχ ἵνα **ἐπὶ τὴν λυχνίαν** τεθῇ;	**Lk 8,16** ⇩ Lk 11,33	οὐδεὶς δὲ λύχνον ἅψας καλύπτει αὐτὸν σκεύει ἢ ὑποκάτω κλίνης τίθησιν, ἀλλ' **ἐπὶ λυχνίας** τίθησιν, ἵνα οἱ εἰσπορευόμενοι βλέπωσιν τὸ φῶς.	
c 200	**Mt 5,23** → Mk 11,25	ἐὰν οὖν προσφέρῃς τὸ δῶρόν σου **ἐπὶ τὸ θυσιαστήριον** κἀκεῖ μνησθῇς ὅτι ὁ ἀδελφός σου ἔχει τι κατὰ σοῦ					
c 102	**Mt 5,39**	... ἀλλ' ὅστις σε ῥαπίζει **εἰς τὴν δεξιὰν σιαγόνα [σου],** στρέψον αὐτῷ καὶ τὴν ἄλλην·			**Lk 6,29**	τῷ τύπτοντί σε **ἐπὶ τὴν σιαγόνα** πάρεχε καὶ τὴν ἄλλην, ...	
ca *c* 202 *c* 201	**Mt 5,45 (2)**	ὅπως γένησθε υἱοὶ τοῦ πατρὸς ὑμῶν τοῦ ἐν οὐρανοῖς, ὅτι τὸν ἥλιον αὐτοῦ ἀνατέλλει **ἐπὶ πονηροὺς καὶ ἀγαθοὺς** καὶ βρέχει **ἐπὶ δικαίους καὶ ἀδίκους.**			**Lk 6,35**	... καὶ ἔσεσθε υἱοὶ ὑψίστου, ὅτι αὐτὸς χρηστός ἐστιν **ἐπὶ τοὺς ἀχαρίστους καὶ πονηρούς.**	→ GTh 3 (POxy 654)
a 201	**Mt 6,10** → Mt 26,42	ἐλθέτω ἡ βασιλεία σου· γενηθήτω τὸ θέλημά σου, ὡς ἐν οὐρανῷ καὶ **ἐπὶ γῆς·**			**Lk 11,2**	... ἐλθέτω ἡ βασιλεία σου·	
a 200	**Mt 6,19** → Lk 12,21 → Lk 12,33	μὴ θησαυρίζετε ὑμῖν θησαυροὺς **ἐπὶ τῆς γῆς,** ὅπου σὴς καὶ βρῶσις ἀφανίζει καὶ ὅπου κλέπται διορύσσουσιν καὶ κλέπτουσιν·					
cd 202	**Mt 6,27**	τίς δὲ ἐξ ὑμῶν μεριμνῶν δύναται προσθεῖναι **ἐπὶ τὴν ἡλικίαν αὐτοῦ** πῆχυν ἕνα;			**Lk 12,25**	τίς δὲ ἐξ ὑμῶν μεριμνῶν δύναται **ἐπὶ τὴν ἡλικίαν αὐτοῦ** προσθεῖναι πῆχυν;	→ GTh 36,4 (only **POxy 655**)

c 202	Mt 7,24 ↓Mt 16,18	... ὁμοιωθήσεται ἀνδρὶ φρονίμῳ, ὅστις ᾠκοδόμησεν αὐτοῦ τὴν οἰκίαν **ἐπὶ τὴν πέτραν·**			Lk 6,48	ὅμοιός ἐστιν ἀνθρώπῳ οἰκοδομοῦντι οἰκίαν ὃς ἔσκαψεν καὶ ἐβάθυνεν καὶ ἔθηκεν θεμέλιον **ἐπὶ τὴν πέτραν·**	
c 201	Mt 7,25	καὶ κατέβη ἡ βροχὴ καὶ ἦλθον οἱ ποταμοὶ καὶ ἔπνευσαν οἱ ἄνεμοι καὶ προσέπεσαν τῇ οἰκίᾳ ἐκείνῃ, καὶ οὐκ ἔπεσεν, **τεθεμελίωτο γὰρ ἐπὶ τὴν πέτραν.**				πλημμύρης δὲ γενομένης προσέρηξεν ὁ ποταμὸς τῇ οἰκίᾳ ἐκείνῃ, καὶ οὐκ ἴσχυσεν σαλεῦσαι αὐτὴν **διὰ τὸ καλῶς οἰκοδομῆσθαι αὐτήν.**	
c 202	Mt 7,26	... ὁμοιωθήσεται ἀνδρὶ μωρῷ, ὅστις ᾠκοδόμησεν αὐτοῦ τὴν οἰκίαν **ἐπὶ τὴν ἄμμον.**			Lk 6,49	... ὅμοιός ἐστιν ἀνθρώπῳ οἰκοδομήσαντι οἰκίαν **ἐπὶ τὴν γῆν χωρὶς θεμελίου, ...**	
be 222	Mt 7,28 ↓Mt 22,33	... ἐξεπλήσσοντο οἱ ὄχλοι **ἐπὶ τῇ διδαχῇ αὐτοῦ·**	Mk 1,22 ↓Mk 11,18	καὶ ἐξεπλήσσοντο **ἐπὶ τῇ διδαχῇ αὐτοῦ·** ...	Lk 4,32	καὶ ἐξεπλήσσοντο **ἐπὶ τῇ διδαχῇ αὐτοῦ,** ...	
a 212	Mt 9,2	καὶ ἰδοὺ προσέφερον αὐτῷ παραλυτικὸν **ἐπὶ κλίνης** βεβλημένον. ...	Mk 2,3	καὶ ἔρχονται φέροντες πρὸς αὐτὸν παραλυτικὸν αἰρόμενον ὑπὸ τεσσάρων.	Lk 5,18	καὶ ἰδοὺ ἄνδρες φέροντες **ἐπὶ κλίνης** ἄνθρωπον ὃς ἦν παραλελυμένος ...	
a 222	Mt 9,6	ἵνα δὲ εἰδῆτε ὅτι ἐξουσίαν ἔχει ὁ υἱὸς τοῦ ἀνθρώπου **ἐπὶ τῆς γῆς** ἀφιέναι ἁμαρτίας - τότε λέγει τῷ παραλυτικῷ· ...	Mk 2,10	ἵνα δὲ εἰδῆτε ὅτι ἐξουσίαν ἔχει ὁ υἱὸς τοῦ ἀνθρώπου ἀφιέναι ἁμαρτίας **ἐπὶ τῆς γῆς -** λέγει τῷ παραλυτικῷ·	Lk 5,24	ἵνα δὲ εἰδῆτε ὅτι ὁ υἱὸς τοῦ ἀνθρώπου ἐξουσίαν ἔχει **ἐπὶ τῆς γῆς** ἀφιέναι ἁμαρτίας - εἶπεν τῷ παραλελυμένῳ· ...	
c 222	Mt 9,9	καὶ παράγων ὁ Ἰησοῦς ἐκεῖθεν εἶδεν ἄνθρωπον καθήμενον **ἐπὶ τὸ τελώνιον,** Μαθθαῖον λεγόμενον, καὶ λέγει αὐτῷ· ἀκολούθει μοι. ...	Mk 2,14	καὶ παράγων εἶδεν Λευὶν τὸν τοῦ Ἁλφαίου καθήμενον **ἐπὶ τὸ τελώνιον,** καὶ λέγει αὐτῷ· ἀκολούθει μοι. ...	Lk 5,27	καὶ μετὰ ταῦτα ἐξῆλθεν καὶ ἐθεάσατο τελώνην ὀνόματι Λευὶν καθήμενον **ἐπὶ τὸ τελώνιον,** καὶ εἶπεν αὐτῷ· ἀκολούθει μοι.	
cd 211	Mt 9,15	... μὴ δύνανται οἱ υἱοὶ τοῦ νυμφῶνος πενθεῖν **ἐφ' ὅσον** μετ' αὐτῶν ἐστιν ὁ νυμφίος; ...	Mk 2,19	... μὴ δύνανται οἱ υἱοὶ τοῦ νυμφῶνος **ἐν ᾧ** ὁ νυμφίος μετ' αὐτῶν ἐστιν νηστεύειν; ...	Lk 5,34	... μὴ δύνασθε τοὺς υἱοὺς τοῦ νυμφῶνος **ἐν ᾧ** ὁ νυμφίος μετ' αὐτῶν ἐστιν ποιῆσαι νηστεῦσαι;	→ GTh 104
bb *cb* 222	Mt 9,16	οὐδεὶς δὲ ἐπιβάλλει ἐπίβλημα ῥάκους ἀγνάφου **ἐπὶ ἱματίῳ παλαιῷ·** αἴρει γὰρ τὸ πλήρωμα αὐτοῦ ἀπὸ τοῦ ἱματίου καὶ χεῖρον σχίσμα γίνεται.	Mk 2,21	οὐδεὶς ἐπίβλημα ῥάκους ἀγνάφου ἐπιράπτει **ἐπὶ ἱμάτιον παλαιόν·** εἰ δὲ μή, αἴρει τὸ πλήρωμα ἀπ' αὐτοῦ τὸ καινὸν τοῦ παλαιοῦ, καὶ χεῖρον σχίσμα γίνεται.	Lk 5,36	... οὐδεὶς ἐπίβλημα ἀπὸ ἱματίου καινοῦ σχίσας ἐπιβάλλει **ἐπὶ ἱμάτιον παλαιόν·** εἰ δὲ μή γε, καὶ τὸ καινὸν σχίσει καὶ τῷ παλαιῷ οὐ συμφωνήσει τὸ ἐπίβλημα τὸ ἀπὸ τοῦ καινοῦ.	→ GTh 47,5
cb 211	Mt 9,18	 ... λέγων ὅτι ἡ θυγάτηρ μου ἄρτι ἐτελεύτησεν· ἀλλὰ ἐλθὼν ἐπίθες τὴν χεῖρά σου **ἐπ' αὐτήν,** καὶ ζήσεται.	Mk 5,23	καὶ παρακαλεῖ αὐτὸν πολλὰ λέγων ὅτι τὸ θυγάτριόν μου ἐσχάτως ἔχει, ἵνα ἐλθὼν ἐπιθῇς τὰς χεῖρας **αὐτῇ** ἵνα σωθῇ καὶ ζήσῃ.	Lk 8,42 → Mk 5,42	[41] ... παρεκάλει αὐτὸν εἰσελθεῖν εἰς τὸν οἶκον αὐτοῦ, [42] ὅτι θυγάτηρ μονογενὴς ἦν αὐτῷ ὡς ἐτῶν δώδεκα καὶ αὐτὴ ἀπέθνῃσκεν. ...	

c *cb* 202	**Mt 10,13**	καὶ ἐὰν μὲν ᾖ ἡ οἰκία ἀξία, ἐλθάτω ἡ εἰρήνη ὑμῶν **ἐπ᾽ αὐτήν,** ἐὰν δὲ μὴ ᾖ ἀξία, ἡ εἰρήνη ὑμῶν πρὸς ὑμᾶς ἐπιστραφήτω.			**Lk 10,6** **(2)**	καὶ ἐὰν ἐκεῖ ᾖ υἱὸς εἰρήνης, ἐπαναπαήσεται **ἐπ᾽ αὐτὸν** ἡ εἰρήνη ὑμῶν· εἰ δὲ μή γε, ἐφ᾽ ὑμᾶς ἀνακάμψει.	
c a 222	**Mt 10,18**	καὶ **ἐπὶ ἡγεμόνας δὲ καὶ βασιλεῖς** ἀχθήσεσθε ἕνεκεν ἐμοῦ εἰς μαρτύριον αὐτοῖς καὶ τοῖς ἔθνεσιν.	**Mk 13,9**	... καὶ **ἐπὶ ἡγεμόνων καὶ βασιλέων** σταθήσεσθε ἕνεκεν ἐμοῦ εἰς μαρτύριον αὐτοῖς.	**Lk 21,12** **(2)** ↓ Lk 12,11	... ἀπαγομένους **ἐπὶ βασιλεῖς καὶ ἡγεμόνας** ἕνεκεν τοῦ ὀνόματός μου· [13] ἀποβήσεται ὑμῖν εἰς μαρτύριον.	
cb 221	**Mt 10,21** ⇩ Mt 24,9 ↓ Mt 10,35 → Mt 24,10	παραδώσει δὲ ἀδελφὸς ἀδελφὸν εἰς θάνατον καὶ πατὴρ τέκνον, καὶ ἐπαναστήσονται τέκνα **ἐπὶ γονεῖς** καὶ θανατώσουσιν αὐτούς.	**Mk 13,12**	καὶ παραδώσει ἀδελφὸς ἀδελφὸν εἰς θάνατον καὶ πατὴρ τέκνον, καὶ ἐπαναστήσονται τέκνα **ἐπὶ γονεῖς** καὶ θανατώσουσιν αὐτούς·	**Lk 21,16** ↓ Lk 12,53	παραδοθήσεσθε δὲ καὶ **ὑπὸ γονέων** καὶ ἀδελφῶν καὶ συγγενῶν καὶ φίλων, καὶ θανατώσουσιν ἐξ ὑμῶν	
a 202	**Mt 10,27**	... καὶ ὃ εἰς τὸ οὖς ἀκούετε κηρύξατε **ἐπὶ τῶν δωμάτων.**			**Lk 12,3**	... καὶ ὃ πρὸς τὸ οὖς ἐλαλήσατε ἐν τοῖς ταμείοις κηρυχθήσεται **ἐπὶ τῶν δωμάτων.**	→ GTh 33,1 (POxy 1)
c 201	**Mt 10,29**	οὐχὶ δύο στρουθία ἀσσαρίου πωλεῖται; καὶ ἓν ἐξ αὐτῶν οὐ πεσεῖται **ἐπὶ τὴν γῆν** ἄνευ τοῦ πατρὸς ὑμῶν.			**Lk 12,6**	οὐχὶ πέντε στρουθία πωλοῦνται ἀσσαρίων δύο; καὶ ἓν ἐξ αὐτῶν οὐκ ἔστιν ἐπιλελησμένον ἐνώπιον τοῦ θεοῦ.	
c 201	**Mt 10,34**	μὴ νομίσητε ὅτι ἦλθον βαλεῖν εἰρήνην **ἐπὶ τὴν γῆν·** οὐκ ἦλθον βαλεῖν εἰρήνην ἀλλὰ μάχαιραν.			**Lk 12,51**	δοκεῖτε ὅτι εἰρήνην παρεγενόμην δοῦναι **ἐν τῇ γῇ;** οὐχί, λέγω ὑμῖν, ἀλλ᾽ ἢ διαμερισμόν.	→ GTh 16
be 002					**Lk 7,13**	καὶ ἰδὼν αὐτὴν ὁ κύριος ἐσπλαγχνίσθη **ἐπ᾽ αὐτῇ** καὶ εἶπεν αὐτῇ· μὴ κλαῖε.	
c 002					**Lk 7,44**	... εἰσῆλθόν σου εἰς τὴν οἰκίαν, ὕδωρ μοι **ἐπὶ πόδας** οὐκ ἔδωκας· ...	
c 200	**Mt 11,29**	ἄρατε τὸν ζυγόν μου **ἐφ᾽ ὑμᾶς** καὶ μάθετε ἀπ᾽ ἐμοῦ, ...					→ GTh 90
c 200	**Mt 12,18** ↑ Mt 3,16 ↑ Mk 1,10 ↑ Lk 3,22 → Mt 3,17 → Mk 1,11	*ἰδοὺ ὁ παῖς μου ὃν ᾑρέτισα, ὁ ἀγαπητός μου εἰς ὃν εὐδόκησεν ἡ ψυχή μου· θήσω τὸ πνεῦμά μου* ***ἐπ᾽ αὐτόν,*** *καὶ κρίσιν τοῖς ἔθνεσιν ἀπαγγελεῖ.* ➤ Isa 42,1					

c 020	Mt 12,25	... πᾶσα βασιλεία μερισθεῖσα **καθ' ἑαυτῆς** ἐρημοῦται	**Mk 3,24**	καὶ ἐὰν βασιλεία **ἐφ' ἑαυτὴν** μερισθῇ, οὐ δύναται σταθῆναι ἡ βασιλεία ἐκείνη·	Lk 11,17 (2)	... πᾶσα βασιλεία **ἐφ' ἑαυτὴν** διαμερισθεῖσα ἐρημοῦται	Mk-Q overlap
c 020		καὶ πᾶσα πόλις ἢ οἰκία μερισθεῖσα **καθ' ἑαυτῆς** οὐ σταθήσεται.	**Mk 3,25**	καὶ ἐὰν οἰκία **ἐφ' ἑαυτὴν** μερισθῇ, οὐ δυνήσεται ἡ οἰκία ἐκείνη σταθῆναι.		καὶ οἶκος ἐπὶ οἶκον πίπτει.	Mk-Q overlap
c ca 020	Mt 12,26	καὶ εἰ ὁ σατανᾶς τὸν σαταναν ἐκβάλλει, **ἐφ' ἑαυτὸν** ἐμερίσθη· πῶς οὖν σταθήσεται ἡ βασιλεία αὐτοῦ;	**Mk 3,26**	καὶ εἰ ὁ σατανᾶς ἀνέστη **ἐφ' ἑαυτὸν** καὶ ἐμερίσθη, οὐ δύναται στῆναι ἀλλὰ τέλος ἔχει.	Lk 11,18	εἰ δὲ καὶ ὁ σατανᾶς **ἐφ' ἑαυτὸν** διεμερίσθη, πῶς σταθήσεται ἡ βασιλεία αὐτοῦ; ...	Mk-Q overlap
c ca 202	**Mt 12,26**	καὶ εἰ ὁ σατανᾶς τὸν σατανᾶν ἐκβάλλει, **ἐφ' ἑαυτὸν** ἐμερίσθη· πῶς οὖν σταθήσεται ἡ βασιλεία αὐτοῦ;	Mk 3,26	καὶ εἰ ὁ σατανᾶς ἀνέστη **ἐφ' ἑαυτὸν** καὶ ἐμερίσθη, οὐ δύναται στῆναι ἀλλὰ τέλος ἔχει.	**Lk 11,18**	εἰ δὲ καὶ ὁ σατανᾶς **ἐφ' ἑαυτὸν** διεμερίσθη, πῶς σταθήσεται ἡ βασιλεία αὐτοῦ; ...	Mk-Q overlap
c 202	**Mt 12,28**	εἰ δὲ ἐν πνεύματι θεοῦ ἐγὼ ἐκβάλλω τὰ δαιμόνια, ἄρα ἔφθασεν **ἐφ' ὑμᾶς** ἡ βασιλεία τοῦ θεοῦ.			**Lk 11,20**	εἰ δὲ ἐν δακτύλῳ θεοῦ [ἐγὼ] ἐκβάλλω τὰ δαιμόνια, ἄρα ἔφθασεν **ἐφ' ὑμᾶς** ἡ βασιλεία τοῦ θεοῦ.	
c 210	**Mt 12,49**	καὶ ἐκτείνας τὴν χεῖρα αὐτοῦ **ἐπὶ τοὺς μαθητὰς αὐτοῦ** εἶπεν· ἰδοὺ ἡ μήτηρ μου καὶ οἱ ἀδελφοί μου·	**Mk 3,34**	καὶ περιβλεψάμενος **τοὺς περὶ αὐτὸν κύκλῳ καθημένους** λέγει· ἴδε ἡ μήτηρ μου καὶ οἱ ἀδελφοί μου.			→ GTh 99
c a 221	**Mt 13,2** → Lk 5,1	καὶ συνήχθησαν πρὸς αὐτὸν ὄχλοι πολλοί, ὥστε αὐτὸν εἰς πλοῖον ἐμβάντα καθῆσθαι, καὶ πᾶς ὁ ὄχλος **ἐπὶ τὸν αἰγιαλὸν** εἱστήκει.	**Mk 4,1** → Mk 3,9 → Lk 5,1	... καὶ συνάγεται πρὸς αὐτὸν ὄχλος πλεῖστος, ὥστε αὐτὸν εἰς πλοῖον ἐμβάντα καθῆσθαι ἐν τῇ θαλάσσῃ, καὶ πᾶς ὁ ὄχλος πρὸς τὴν θάλασσαν **ἐπὶ τῆς γῆς** ἦσαν.	**Lk 8,4** ⇨ Lk 5,3	συνιόντος δὲ ὄχλου πολλοῦ καὶ τῶν κατὰ πόλιν ἐπιπορευομένων πρὸς αὐτὸν ...	
c cc 222	**Mt 13,5**	ἄλλα δὲ ἔπεσεν **ἐπὶ τὰ πετρώδη** ὅπου οὐκ εἶχεν γῆν πολλήν, ...	**Mk 4,5**	καὶ ἄλλο ἔπεσεν **ἐπὶ τὸ πετρῶδες** ὅπου οὐκ εἶχεν γῆν πολλήν, ...	**Lk 8,6**	καὶ ἕτερον κατέπεσεν **ἐπὶ τὴν πέτραν, ...**	→ GTh 9
c 211	**Mt 13,7**	ἄλλα δὲ ἔπεσεν **ἐπὶ τὰς ἀκάνθας,** καὶ ἀνέβησαν αἱ ἄκανθαι καὶ ἔπνιξαν αὐτά.	**Mk 4,7**	καὶ ἄλλο ἔπεσεν **εἰς τὰς ἀκάνθας,** καὶ ἀνέβησαν αἱ ἄκανθαι καὶ συνέπνιξαν αὐτό, καὶ καρπὸν οὐκ ἔδωκεν.	**Lk 8,7**	καὶ ἕτερον ἔπεσεν **ἐν μέσῳ τῶν ἀκανθῶν,** καὶ συμφυεῖσαι αἱ ἄκανθαι ἀπέπνιξαν αὐτό.	→ GTh 9
c 211	**Mt 13,8**	ἄλλα δὲ ἔπεσεν **ἐπὶ τὴν γῆν τὴν καλὴν** καὶ ἐδίδου καρπόν, ...	**Mk 4,8**	καὶ ἄλλα ἔπεσεν **εἰς τὴν γῆν τὴν καλὴν** καὶ ἐδίδου καρπὸν ...	**Lk 8,8**	καὶ ἕτερον ἔπεσεν **εἰς τὴν γῆν τὴν ἀγαθὴν** καὶ φυὲν ἐποίησεν καρπὸν ...	→ GTh 9
c a 222	**Mt 13,20**	ὁ δὲ **ἐπὶ τὰ πετρώδη** σπαρείς, οὗτός ἐστιν ὁ τὸν λόγον ἀκούων καὶ εὐθὺς μετὰ χαρᾶς λαμβάνων αὐτόν	**Mk 4,16**	καὶ οὗτοί εἰσιν οἱ **ἐπὶ τὰ πετρώδη** σπειρόμενοι, οἳ ὅταν ἀκούσωσιν τὸν λόγον εὐθὺς μετὰ χαρᾶς λαμβάνουσιν αὐτόν	**Lk 8,13**	οἱ δὲ **ἐπὶ τῆς πέτρας** οἳ ὅταν ἀκούσωσιν μετὰ χαρᾶς δέχονται τὸν λόγον, ...	

c 221	Mt 13,23	**ὁ δὲ ἐπὶ τὴν καλὴν γῆν σπαρείς,** οὗτός ἐστιν ὁ τὸν λόγον ἀκούων καὶ συνιείς, ὃς δὴ καρποφορεῖ καὶ ποιεῖ ὃ μὲν ἑκατόν, ὃ δὲ ἑξήκοντα, ὃ δὲ τριάκοντα.	Mk 4,20	καὶ ἐκεῖνοί εἰσιν **οἱ ἐπὶ τὴν γῆν τὴν καλὴν σπαρέντες,** οἵτινες ἀκούουσιν τὸν λόγον καὶ παραδέχονται καὶ καρποφοροῦσιν ἓν τριάκοντα καὶ ἓν ἑξήκοντα καὶ ἓν ἑκατόν.	Lk 8,15	**τὸ δὲ ἐν τῇ καλῇ γῇ,** οὗτοί εἰσιν οἵτινες ἐν καρδίᾳ καλῇ καὶ ἀγαθῇ ἀκούσαντες τὸν λόγον κατέχουσιν καὶ καρποφοροῦσιν ἐν ὑπομονῇ.	
c a 022	Mt 5,15	οὐδὲ καίουσιν λύχνον καὶ τιθέασιν αὐτὸν ὑπὸ τὸν μόδιον ἀλλ' **ἐπὶ τὴν λυχνίαν,** καὶ λάμπει πᾶσιν τοῖς ἐν τῇ οἰκίᾳ.	Mk 4,21	... μήτι ἔρχεται ὁ λύχνος ἵνα ὑπὸ τὸν μόδιον τεθῇ ἢ ὑπὸ τὴν κλίνην; οὐχ ἵνα **ἐπὶ τὴν λυχνίαν** τεθῇ;	Lk 8,16 ⇩ Lk 11,33	οὐδεὶς δὲ λύχνον ἅψας καλύπτει αὐτὸν σκεύει ἢ ὑποκάτω κλίνης τίθησιν, ἀλλ' **ἐπὶ λυχνίας** τίθησιν, ἵνα οἱ εἰσπορευόμενοι βλέπωσιν τὸ φῶς.	→ GTh 33,2-3 Mk-Q overlap
a 020			Mk 4,26	... οὕτως ἐστὶν ἡ βασιλεία τοῦ θεοῦ ὡς ἄνθρωπος βάλῃ τὸν σπόρον **ἐπὶ τῆς γῆς**			
a 020	Mt 13,31	ἄλλην παραβολὴν παρέθηκεν αὐτοῖς λέγων· ὁμοία ἐστὶν ἡ βασιλεία τῶν οὐρανῶν κόκκῳ σινάπεως, ὃν λαβὼν ἄνθρωπος ἔσπειρεν **ἐν τῷ ἀγρῷ αὐτοῦ·**	Mk 4,31 (2)	[30] καὶ ἔλεγεν· πῶς ὁμοιώσωμεν τὴν βασιλείαν τοῦ θεοῦ ἢ ἐν τίνι αὐτὴν παραβολῇ θῶμεν; [31] ὡς κόκκῳ σινάπεως, ὃς ὅταν σπαρῇ **ἐπὶ τῆς γῆς,**	Lk 13,19	[18] ἔλεγεν οὖν· τίνι ὁμοία ἐστὶν ἡ βασιλεία τοῦ θεοῦ καὶ τίνι ὁμοιώσω αὐτήν; [19] ὁμοία ἐστὶν κόκκῳ σινάπεως, ὃν λαβὼν ἄνθρωπος ἔβαλεν **εἰς κῆπον ἑαυτοῦ, ...**	→ GTh 20 Mk-Q overlap
a 120	Mt 13,32	ὃ μικρότερον μέν ἐστιν πάντων τῶν σπερμάτων, ...		μικρότερον ὂν πάντων τῶν σπερμάτων τῶν **ἐπὶ τῆς γῆς**			
ca 200	Mt 13,48	ἣν ὅτε ἐπληρώθη ἀναβιβάσαντες **ἐπὶ τὸν αἰγιαλὸν** καὶ καθίσαντες συνέλεξαν τὰ καλὰ εἰς ἄγγη, τὰ δὲ σαπρὰ ἔξω ἔβαλον.					→ GTh 8
c 121	Mt 8,24	... αὐτὸς δὲ ἐκάθευδεν.	Mk 4,38	καὶ αὐτὸς ἦν ἐν τῇ πρύμνῃ **ἐπὶ τὸ προσκεφάλαιον** καθεύδων. ...	Lk 8,23	πλεόντων δὲ αὐτῶν ἀφύπνωσεν. ...	
c 112	Mt 8,28	... ὑπήντησαν αὐτῷ δύο δαιμονιζόμενοι ἐκ τῶν μνημείων ἐξερχόμενοι, ...	Mk 5,2	καὶ ἐξελθόντος αὐτοῦ **ἐκ τοῦ πλοίου** εὐθὺς ὑπήντησεν αὐτῷ ἐκ τῶν μνημείων ἄνθρωπος ἐν πνεύματι ἀκαθάρτῳ	Lk 8,27	ἐξελθόντι δὲ αὐτῷ **ἐπὶ τὴν γῆν** ὑπήντησεν ἀνήρ τις ἐκ τῆς πόλεως ἔχων δαιμόνια ...	
c 121	Mt 9,1	καὶ ἐμβὰς εἰς πλοῖον διεπέρασεν ...	Mk 5,21	[18] καὶ ἐμβαίνοντος αὐτοῦ εἰς τὸ πλοῖον ... [21] καὶ διαπεράσαντος τοῦ Ἰησοῦ [ἐν τῷ πλοίῳ] πάλιν εἰς τὸ πέραν συνήχθη ὄχλος πολὺς **ἐπ' αὐτόν,** καὶ ἦν παρὰ τὴν θάλασσαν.	Lk 8,40	[37] ... αὐτὸς δὲ ἐμβὰς εἰς πλοῖον ὑπέστρεψεν. [38] ... [40] ἐν δὲ τῷ ὑποστρέφειν τὸν Ἰησοῦν ἀπεδέξατο **αὐτὸν** ὁ ὄχλος· ...	

c 112	**Mt 10,1** → Mk 3,13	καὶ προσκαλεσάμενος τοὺς δώδεκα μαθητὰς αὐτοῦ ἔδωκεν αὐτοῖς ἐξουσίαν **πνευμάτων** **ἀκαθάρτων** ὥστε ἐκβάλλειν αὐτὰ καὶ θεραπεύειν πᾶσαν νόσον καὶ πᾶσαν μαλακίαν.	**Mk 6,7** → Mk 3,14-15 → Mt 10,5 → Lk 9,2	καὶ προσκαλεῖται τοὺς δώδεκα καὶ ἤρξατο αὐτοὺς ἀποστέλλειν δύο δύο καὶ ἐδίδου αὐτοῖς ἐξουσίαν **τῶν πνευμάτων** **τῶν ἀκαθάρτων**	**Lk 9,1** → Lk 10,1	συγκαλεσάμενος δὲ τοὺς δώδεκα ἔδωκεν αὐτοῖς δύναμιν καὶ ἐξουσίαν **ἐπὶ πάντα** **τὰ δαιμόνια** καὶ νόσους θεραπεύειν	
c 112	**Mt 10,14**	... ἐκτινάξατε τὸν κονιορτὸν τῶν ποδῶν ὑμῶν.	**Mk 6,11**	... ἐκτινάξατε τὸν χοῦν τὸν ὑποκάτω τῶν ποδῶν ὑμῶν εἰς μαρτύριον **αὐτοῖς.**	**Lk 9,5** ⇨ Lk 10,11	... τὸν κονιορτὸν ἀπὸ τῶν ποδῶν ὑμῶν ἀποτινάσσετε εἰς μαρτύριον **ἐπ' αὐτούς.**	→ Acts 13,51 → Acts 18,6 Mk-Q overlap
b 220	**Mt 14,8**	... δός μοι, φησίν, ὧδε **ἐπὶ πίνακι** τὴν κεφαλὴν Ἰωάννου τοῦ βαπτιστοῦ.	**Mk 6,25**	... θέλω ἵνα ἐξαυτῆς δῷς μοι **ἐπὶ πίνακι** τὴν κεφαλὴν Ἰωάννου τοῦ βαπτιστοῦ.			
b 220	**Mt 14,11**	καὶ ἠνέχθη ἡ κεφαλὴ αὐτοῦ **ἐπὶ πίνακι** καὶ ἐδόθη τῷ κορασίῳ, ...	**Mk 6,28**	καὶ ἤνεγκεν τὴν κεφαλὴν αὐτοῦ **ἐπὶ πίνακι** καὶ ἔδωκεν αὐτὴν τῷ κορασίῳ, ...			
be *c* 221	**Mt 14,14** ⇩ Mt 9,36 ↓ Mt 15,32	καὶ ἐξελθὼν εἶδεν πολὺν ὄχλον, καὶ ἐσπλαγχνίσθη **ἐπ' αὐτοῖς** καὶ ἐθεράπευσεν τοὺς ἀρρώστους αὐτῶν.	**Mk 6,34** ↓ Mk 8,2	καὶ ἐξελθὼν εἶδεν πολὺν ὄχλον, καὶ ἐσπλαγχνίσθη **ἐπ' αὐτούς,** ὅτι ἦσαν *ὡς πρόβατα* *μὴ ἔχοντα ποιμένα,* καὶ ἤρξατο διδάσκειν αὐτοὺς πολλά. ➢ Num 27,17/Jdt 11,19/2Chron 18,16	**Lk 9,11**	... καὶ ἀποδεξάμενος **αὐτοὺς** ἐλάλει αὐτοῖς περὶ τῆς βασιλείας τοῦ θεοῦ, καὶ τοὺς χρείαν ἔχοντας θεραπείας ἰᾶτο.	
	Mt 9,36 ⇧ Mt 14,14	ἰδὼν δὲ τοὺς ὄχλους ἐσπλαγχνίσθη **περὶ αὐτῶν,** ὅτι ἦσαν ἐσκυλμένοι καὶ ἐρριμμένοι *ὡσεὶ πρόβατα μὴ* *ἔχοντα ποιμένα.* ➢ Num 27,17/Jdt 11,19/2Chron 18,16					
aa *ba* 221	**Mt 14,19** ↓ Mt 15,35	καὶ κελεύσας τοὺς ὄχλους ἀνακλιθῆναι **ἐπὶ τοῦ χόρτου, ...**	**Mk 6,39** ↓ Mk 8,6	καὶ ἐπέταξεν αὐτοῖς ἀνακλῖναι πάντας συμπόσια συμπόσια **ἐπὶ τῷ χλωρῷ χόρτῳ.**	**Lk 9,14**	... εἶπεν δὲ πρὸς τοὺς μαθητὰς αὐτοῦ· κατακλίνατε αὐτοὺς κλισίας ...	→ Jn 6,10
a 120	**Mt 14,23**	... ὀψίας δὲ γενομένης μόνος ἦν **ἐκεῖ.**	**Mk 6,47**	... καὶ αὐτὸς μόνος **ἐπὶ τῆς γῆς.**			→ Jn 6,17
c a 220	**Mt 14,25**	τετάρτῃ δὲ φυλακῇ τῆς νυκτὸς ἦλθεν πρὸς αὐτοὺς περιπατῶν **ἐπὶ τὴν θάλασσαν.**	**Mk 6,48**	... περὶ τετάρτην φυλακὴν τῆς νυκτὸς ἔρχεται πρὸς αὐτοὺς περιπατῶν **ἐπὶ τῆς θαλάσσης** καὶ ἤθελεν παρελθεῖν αὐτούς.			→ Jn 6,19
a 220	**Mt 14,26**	οἱ δὲ μαθηταὶ ἰδόντες αὐτὸν **ἐπὶ τῆς θαλάσσης** περιπατοῦντα ἐταράχθησαν λέγοντες ὅτι φάντασμά ἐστιν, καὶ ἀπὸ τοῦ φόβου ἔκραξαν.	**Mk 6,49**	οἱ δὲ ἰδόντες αὐτὸν **ἐπὶ τῆς θαλάσσης** περιπατοῦντα ἔδοξαν ὅτι φάντασμά ἐστιν, καὶ ἀνέκραξαν·			→ Jn 6,19

c 200	**Mt 14,28**	... κύριε, εἰ σὺ εἶ, κέλευσόν με ἐλθεῖν πρὸς σὲ **ἐπὶ τὰ ὕδατα.**				
c 200	**Mt 14,29**	... [ὁ] Πέτρος περιεπάτησεν **ἐπὶ τὰ ὕδατα** καὶ ἦλθεν πρὸς τὸν Ἰησοῦν.				
be 020			**Mk 6,52** → Mt 16,9 → Mk 8,17	οὐ γὰρ συνῆκαν **ἐπὶ τοῖς ἄρτοις,** ἀλλ' ἦν αὐτῶν ἡ καρδία πεπωρωμένη.		
c 220	**Mt 14,34**	καὶ διαπεράσαντες ἦλθον **ἐπὶ τὴν γῆν** εἰς Γεννησαρέτ.	**Mk 6,53**	καὶ διαπεράσαντες **ἐπὶ τὴν γῆν** ἦλθον εἰς Γεννησαρὲτ καὶ προσωρμίσθησαν.		
b 120	**Mt 14,35**	... καὶ προσήνεγκαν αὐτῷ πάντας τοὺς κακῶς ἔχοντας	**Mk 6,55**	... καὶ ἤρξαντο **ἐπὶ τοῖς κραβάττοις** τοὺς κακῶς ἔχοντας περιφέρειν ὅπου ἤκουον ὅτι ἐστίν.		
c 120	**Mt 15,28**	... καὶ ἰάθη ἡ θυγάτηρ αὐτῆς ἀπὸ τῆς ὥρας ἐκείνης.	**Mk 7,30** → Lk 7,10	καὶ ἀπελθοῦσα εἰς τὸν οἶκον αὐτῆς εὗρεν τὸ παιδίον βεβλημένον **ἐπὶ τὴν κλίνην** καὶ τὸ δαιμόνιον ἐξεληλυθός.		
c 220	**Mt 15,32** ↑ Mt 14,14	... σπλαγχνίζομαι **ἐπὶ τὸν ὄχλον,** ὅτι ἤδη ἡμέραι τρεῖς προσμένουσίν μοι καὶ οὐκ ἔχουσιν τί φάγωσιν· ...	**Mk 8,2** ↑ Mk 6,34	σπλαγχνίζομαι **ἐπὶ τὸν ὄχλον,** ὅτι ἤδη ἡμέραι τρεῖς προσμένουσίν μοι καὶ οὐκ ἔχουσιν τί φάγωσιν·		
a 120	**Mt 15,33** → Mt 14,16	... πόθεν ἡμῖν **ἐν ἐρημίᾳ** ἄρτοι τοσοῦτοι ὥστε χορτάσαι ὄχλον τοσοῦτον;	**Mk 8,4** → Mk 6,37	... πόθεν τούτους δυνήσεταί τις ὧδε χορτάσαι ἄρτων **ἐπ' ἐρημίας;**	→ Lk 9,13	
ca aa 220	**Mt 15,35** ↑ Mt 14,19	καὶ παραγγείλας τῷ ὄχλῳ ἀναπεσεῖν **ἐπὶ τὴν γῆν**	**Mk 8,6** ↑ Mk 6,39	καὶ παραγγέλλει τῷ ὄχλῳ ἀναπεσεῖν **ἐπὶ τῆς γῆς·** ...	↑ Lk 9,14	
cb 020			**Mk 8,25** → Mt 9,29 → Mt 20,34	εἶτα πάλιν ἐπέθηκεν τὰς χεῖρας **ἐπὶ τοὺς ὀφθαλμοὺς αὐτοῦ,** καὶ διέβλεψεν καὶ ἀπεκατέστη καὶ ἐνέβλεπεν τηλαυγῶς ἅπαντα.		
b 200	**Mt 16,18** ↑ Mt 7,24	... σὺ εἶ Πέτρος, καὶ **ἐπὶ ταύτῃ τῇ πέτρᾳ** οἰκοδομήσω μου τὴν ἐκκλησίαν ...				

a 200 *a* 200	**Mt 16,19** (2) ↓ Mt 18,18	... καὶ ὃ ἐὰν δήσῃς **ἐπὶ τῆς γῆς** ἔσται δεδεμένον ἐν τοῖς οὐρανοῖς, καὶ ὃ ἐὰν λύσῃς **ἐπὶ τῆς γῆς** ἔσται λελυμένον ἐν τοῖς οὐρανοῖς.					→ Jn 20,23
a 121	**Mt 17,2**	... τὰ δὲ ἱμάτια αὐτοῦ ἐγένετο λευκὰ ὡς τὸ φῶς.	**Mk 9,3**	καὶ τὰ ἱμάτια αὐτοῦ ἐγένετο στίλβοντα λευκὰ λίαν, οἷα γναφεὺς **ἐπὶ τῆς γῆς** οὐ δύναται οὕτως λευκᾶναι.	**Lk 9,29**	... καὶ ὁ ἱματισμὸς αὐτοῦ λευκὸς ἐξαστράπτων.	
c 200	**Mt 17,6** → Mk 9,6	καὶ ἀκούσαντες οἱ μαθηταὶ ἔπεσαν **ἐπὶ πρόσωπον αὐτῶν** καὶ ἐφοβήθησαν σφόδρα.					
c 120	**Mt 17,12**	... οὕτως καὶ **ὁ υἱὸς τοῦ ἀνθρώπου** μέλλει πάσχειν ὑπ' αὐτῶν.	**Mk 9,12**	... καὶ πῶς γέγραπται **ἐπὶ τὸν υἱὸν τοῦ ἀνθρώπου** ἵνα πολλὰ πάθῃ καὶ ἐξουδενηθῇ;			
c 120	**Mt 17,12** → Mt 11,14 ↑ Lk 1,17	... Ἠλίας ἤδη ἦλθεν, καὶ οὐκ ἐπέγνωσαν αὐτὸν ἀλλὰ ἐποίησαν ἐν αὐτῷ ὅσα ἠθέλησαν· ...	**Mk 9,13** ↑ Lk 1,17	... καὶ Ἠλίας ἐλήλυθεν, καὶ ἐποίησαν αὐτῷ ὅσα ἤθελον, καθὼς γέγραπται **ἐπ' αὐτόν.**			
cb 112	**Mt 17,15**	... κύριε, ἐλέησόν **μου τὸν υἱόν,** ὅτι σεληνιάζεται καὶ κακῶς πάσχει· ...	**Mk 9,17**	... διδάσκαλε, ἤνεγκα **τὸν υἱόν μου** πρὸς σέ, ἔχοντα πνεῦμα ἄλαλον· [18] καὶ ὅπου ἐὰν αὐτὸν καταλάβῃ ...	**Lk 9,38**	... διδάσκαλε, δέομαί σου ἐπιβλέψαι **ἐπὶ τὸν υἱόν μου,** ὅτι μονογενής μοί ἐστιν, [39] καὶ ἰδοὺ πνεῦμα λαμβάνει αὐτὸν ...	
a 021			**Mk 9,20**	καὶ ἤνεγκαν αὐτὸν πρὸς αὐτόν. καὶ ἰδὼν αὐτὸν τὸ πνεῦμα εὐθὺς συνεσπάραξεν αὐτόν, καὶ πεσὼν **ἐπὶ τῆς γῆς** ἐκυλίετο ἀφρίζων.	**Lk 9,42** → Lk 7,15	ἔτι δὲ προσερχομένου αὐτοῦ ἔρρηξεν αὐτὸν τὸ δαιμόνιον καὶ συνεσπάραξεν· ...	
c 020			**Mk 9,22**	... ἀλλ' εἴ τι δύνῃ, βοήθησον ἡμῖν σπλαγχνισθεὶς **ἐφ' ἡμᾶς.**			
be 002 *be* 002					**Lk 9,43** (2)	ἐξεπλήσσοντο δὲ πάντες **ἐπὶ τῇ μεγαλειότητι τοῦ θεοῦ.** πάντων δὲ θαυμαζόντων **ἐπὶ πᾶσιν** οἷς ἐποίει ...	
be 222	**Mt 18,5** ⇩ Mt 10,40 → Mt 10,41	καὶ ὃς ἐὰν δέξηται ἓν παιδίον τοιοῦτο **ἐπὶ τῷ ὀνόματί μου,** ἐμὲ δέχεται.	**Mk 9,37**	ὃς ἂν ἓν τῶν τοιούτων παιδίων δέξηται **ἐπὶ τῷ ὀνόματί μου,** ἐμὲ δέχεται· ...	**Lk 9,48** ⇩ Lk 10,16	... ὃς ἐὰν δέξηται τοῦτο τὸ παιδίον **ἐπὶ τῷ ὀνόματί μου,** ἐμὲ δέχεται· ...	
	Mt 10,40 ⇧ Mt 18,5 → Mt 10,41	ὁ δεχόμενος ὑμᾶς ἐμὲ δέχεται, ...			**Lk 10,16** ⇧ Lk 9,48	ὁ ἀκούων ὑμῶν ἐμοῦ ἀκούει, καὶ ὁ ἀθετῶν ὑμᾶς ἐμὲ ἀθετεῖ· ...	→ Jn 13,20 → Jn 5,23 → Jn 12,44-45

be 020			Mk 9,39	... οὐδεὶς γάρ ἐστιν ὃς ποιήσει δύναμιν **ἐπὶ τῷ ὀνόματί μου** καὶ δυνήσεται ταχὺ κακολογῆσαί με·			
c 201	Mt 18,12	... οὐχὶ ἀφήσει τὰ ἐνενήκοντα ἐννέα **ἐπὶ τὰ ὄρη** καὶ πορευθεὶς ζητεῖ τὸ πλανώμενον;			Lk 15,4	... οὐ καταλείπει τὰ ἐνενήκοντα ἐννέα **ἐν τῇ ἐρήμῳ** καὶ πορεύεται ἐπὶ τὸ ἀπολωλὸς ἕως εὕρῃ αὐτό;	→ GTh 107
be 202 *be* 202	Mt 18,13 (2)	καὶ ἐὰν γένηται εὑρεῖν αὐτό, ἀμὴν λέγω ὑμῖν ὅτι χαίρει **ἐπ᾽ αὐτῷ** μᾶλλον ἢ **ἐπὶ τοῖς ἐνενήκοντα ἐννέα** τοῖς μὴ πεπλανημένοις.			Lk 15,7 (2) ↓ Lk 15,10	[5] καὶ εὑρὼν ἐπιτίθησιν ἐπὶ τοὺς ὤμους αὐτοῦ χαίρων [6] ... [7] λέγω ὑμῖν ὅτι οὕτως χαρὰ ἐν τῷ οὐρανῷ ἔσται **ἐπὶ ἑνὶ ἁμαρτωλῷ μετανοοῦντι** ἢ **ἐπὶ ἐνενήκοντα ἐννέα δικαίοις** οἵτινες οὐ χρείαν ἔχουσιν μετανοίας.	→ GTh 107
a 200	Mt 18,16	ἐὰν δὲ μὴ ἀκούσῃ, παράλαβε μετὰ σοῦ ἔτι ἕνα ἢ δύο, ἵνα ***ἐπὶ στόματος δύο μαρτύρων ἢ τριῶν*** *σταθῇ πᾶν ῥῆμα·* ➤ Deut 19,15					
a 200 *a* 200	Mt 18,18 (2) ↑ Mt 16,19	... ὅσα ἐὰν δήσητε **ἐπὶ τῆς γῆς** ἔσται δεδεμένα ἐν οὐρανῷ, καὶ ὅσα ἐὰν λύσητε **ἐπὶ τῆς γῆς** ἔσται λελυμένα ἐν οὐρανῷ.					→ Jn 20,23
a 200	Mt 18,19 → Mt 21,22 → Mk 11,24	... ἐὰν δύο συμφωνήσωσιν ἐξ ὑμῶν **ἐπὶ τῆς γῆς** περὶ παντὸς πράγματος οὗ ἐὰν αἰτήσωνται, γενήσεται αὐτοῖς παρὰ τοῦ πατρός μου τοῦ ἐν οὐρανοῖς.					→ GTh 30 (POxy 1) → GTh 48 → GTh 106
b 200	Mt 18,26	πεσὼν οὖν ὁ δοῦλος προσεκύνει αὐτῷ λέγων· μακροθύμησον **ἐπ᾽ ἐμοί,** καὶ πάντα ἀποδώσω σοι.					
b 200	Mt 18,29	πεσὼν οὖν ὁ σύνδουλος αὐτοῦ παρεκάλει αὐτὸν λέγων· μακροθύμησον **ἐπ᾽ ἐμοί,** καὶ ἀποδώσω σοι.					
cb 002					Lk 9,62	... οὐδεὶς ἐπιβαλὼν τὴν χεῖρα **ἐπ᾽ ἄροτρον** καὶ βλέπων εἰς τὰ ὀπίσω εὔθετός ἐστιν τῇ βασιλείᾳ τοῦ θεοῦ.	

c *cb* 202 *ca* 102	**Mt 10,13**	καὶ ἐὰν μὲν ᾖ ἡ οἰκία ἀξία, ἐλθάτω ἡ εἰρήνη ὑμῶν **ἐπ' αὐτήν,** ἐὰν δὲ μὴ ᾖ ἀξία, ἡ εἰρήνη ὑμῶν **πρὸς ὑμᾶς** ἐπιστραφήτω.			**Lk 10,6** (2)	καὶ ἐὰν ἐκεῖ ᾖ υἱὸς εἰρήνης, ἐπαναπαήσεται **ἐπ' αὐτὸν** ἡ εἰρήνη ὑμῶν· εἰ δὲ μή γε, **ἐφ' ὑμᾶς** ἀνακάμψει.	
c 102	**Mt 10,7**	πορευόμενοι δὲ κηρύσσετε λέγοντες ὅτι ἤγγικεν ἡ βασιλεία τῶν οὐρανῶν. [8] ἀσθενοῦντας θεραπεύετε, ...			**Lk 10,9** → Lk 9,2 ⇨ Lk 10,11	καὶ θεραπεύετε τοὺς ἐν αὐτῇ ἀσθενεῖς καὶ λέγετε αὐτοῖς· ἤγγικεν **ἐφ' ὑμᾶς** ἡ βασιλεία τοῦ θεοῦ.	
c 002					**Lk 10,19**	ἰδοὺ δέδωκα ὑμῖν τὴν ἐξουσίαν τοῦ πατεῖν ἐπάνω ὄφεων καὶ σκορπίων, καὶ **ἐπὶ πᾶσαν τὴν δύναμιν τοῦ ἐχθροῦ,** καὶ οὐδὲν ὑμᾶς οὐ μὴ ἀδικήσῃ.	
cb 002					**Lk 10,34**	... ἐπιβιβάσας δὲ αὐτὸν **ἐπὶ τὸ ἴδιον κτῆνος** ἤγαγεν αὐτὸν εἰς πανδοχεῖον καὶ ἐπεμελήθη αὐτοῦ.	
cd 002					**Lk 10,35**	καὶ **ἐπὶ τὴν αὔριον** ἐκβαλὼν ἔδωκεν δύο δηνάρια τῷ πανδοχεῖ ...	
c 102	**Mt 12,25**	... πᾶσα βασιλεία μερισθεῖσα **καθ' ἑαυτῆς** ἐρημοῦται	**Mk 3,24**	καὶ ἐὰν βασιλεία **ἐφ' ἑαυτὴν** μερισθῇ, οὐ δύναται σταθῆναι ἡ βασιλεία ἐκείνη·	**Lk 11,17** (2)	... πᾶσα βασιλεία **ἐφ' ἑαυτὴν** διαμερισθεῖσα ἐρημοῦται	Mk-Q overlap
c 102		καὶ πᾶσα πόλις ἢ οἰκία μερισθεῖσα καθ' ἑαυτῆς οὐ σταθήσεται.	**Mk 3,25**	καὶ ἐὰν οἰκία ἐφ' ἑαυτὴν μερισθῇ, οὐ δυνήσεται ἡ οἰκία ἐκείνη σταθῆναι.		καὶ οἶκος **ἐπὶ οἶκον** πίπτει.	Mk-Q overlap
c *ca* 202	**Mt 12,26**	καὶ εἰ ὁ σατανᾶς τὸν σατανᾶν ἐκβάλλει, **ἐφ' ἑαυτὸν** ἐμερίσθη· πῶς οὖν σταθήσεται ἡ βασιλεία αὐτοῦ;	**Mk 3,26**	καὶ εἰ ὁ σατανᾶς ἀνέστη **ἐφ' ἑαυτὸν** καὶ ἐμερίσθη, οὐ δύναται στῆναι ἀλλὰ τέλος ἔχει.	**Lk 11,18**	εἰ δὲ καὶ ὁ σατανᾶς **ἐφ' ἑαυτὸν** διεμερίσθη, πῶς σταθήσεται ἡ βασιλεία αὐτοῦ; ...	Mk-Q overlap
c 202	**Mt 12,28**	εἰ δὲ ἐν πνεύματι θεοῦ ἐγὼ ἐκβάλλω τὰ δαιμόνια, ἄρα ἔφθασεν **ἐφ' ὑμᾶς** ἡ βασιλεία τοῦ θεοῦ.			**Lk 11,20**	εἰ δὲ ἐν δακτύλῳ θεοῦ [ἐγὼ] ἐκβάλλω τὰ δαιμόνια, ἄρα ἔφθασεν **ἐφ' ὑμᾶς** ἡ βασιλεία τοῦ θεοῦ.	
be 112	**Mt 12,29**	... ἐὰν μὴ πρῶτον δήσῃ τὸν ἰσχυρόν; καὶ τότε τὴν οἰκίαν αὐτοῦ διαρπάσει.	**Mk 3,27**	... ἐὰν μὴ πρῶτον τὸν ἰσχυρὸν δήσῃ, καὶ τότε τὴν οἰκίαν αὐτοῦ διαρπάσει.	**Lk 11,22**	ἐπὰν δὲ ἰσχυρότερος αὐτοῦ ἐπελθὼν νικήσῃ αὐτόν, τὴν πανοπλίαν αὐτοῦ αἴρει **ἐφ' ᾗ** ἐπεποίθει, καὶ τὰ σκῦλα αὐτοῦ διαδίδωσιν.	→ GTh 21,5 → GTh 35 Mk-Q overlap?

c 202	**Mt 5,15**	οὐδὲ καίουσιν λύχνον καὶ τιθέασιν αὐτὸν ὑπὸ τὸν μόδιον ἀλλ' **ἐπὶ τὴν λυχνίαν,** καὶ λάμπει πᾶσιν τοῖς ἐν τῇ οἰκίᾳ.	**Mk 4,21**	... μήτι ἔρχεται ὁ λύχνος ἵνα ὑπὸ τὸν μόδιον τεθῇ ἢ ὑπὸ τὴν κλίνην; οὐχ ἵνα **ἐπὶ τὴν λυχνίαν** τεθῇ;	**Lk 11,33** ⇧ **Lk 8,16**	οὐδεὶς λύχνον ἅψας εἰς κρύπτην τίθησιν [οὐδὲ ὑπὸ τὸν μόδιον] ἀλλ' **ἐπὶ τὴν λυχνίαν,** ἵνα οἱ εἰσπορευόμενοι τὸ φῶς βλέπωσιν.	→ GTh 33,2-3 Mk-Q overlap
a 202	**Mt 10,27**	... καὶ ὃ εἰς τὸ οὖς ἀκούετε κηρύξατε **ἐπὶ τῶν δωμάτων.**			**Lk 12,3**	... καὶ ὃ πρὸς τὸ οὖς ἐλαλήσατε ἐν τοῖς ταμείοις κηρυχθήσεται **ἐπὶ τῶν δωμάτων.**	→ GTh 33,1 (POxy 1)
c 102	**Mt 10,19**	ὅταν δὲ παραδῶσιν ὑμᾶς, μὴ μεριμνήσητε πῶς ἢ τί λαλήσητε· ...	**Mk 13,11**	καὶ ὅταν ἄγωσιν ὑμᾶς παραδιδόντες, μὴ προμεριμνᾶτε τί λαλήσητε, ...	**Lk 12,11** ⇨ Lk 21,14-15 ↓ Mt 10,17 ↓ **Lk 21,12**	ὅταν δὲ εἰσφέρωσιν ὑμᾶς **ἐπὶ τὰς συναγωγὰς καὶ τὰς ἀρχὰς καὶ τὰς ἐξουσίας,** μὴ μεριμνήσητε πῶς ἢ τί ἀπολογήσησθε ἢ τί εἴπητε·	Mk-Q overlap
cc 002					**Lk 12,14**	... ἄνθρωπε, τίς με κατέστησεν κριτὴν ἢ μεριστὴν **ἐφ' ὑμᾶς;**	→ GTh 72
cd 202	**Mt 6,27**	τίς δὲ ἐξ ὑμῶν μεριμνῶν δύναται προσθεῖναι **ἐπὶ τὴν ἡλικίαν αὐτοῦ** πῆχυν ἕνα;			**Lk 12,25**	τίς δὲ ἐξ ὑμῶν μεριμνῶν δύναται **ἐπὶ τὴν ἡλικίαν αὐτοῦ** προσθεῖναι πῆχυν;	→ GTh 36,4 (only **POxy 655**)
ac 202	**Mt 24,45**	τίς ἄρα ἐστὶν ὁ πιστὸς δοῦλος καὶ φρόνιμος ὃν κατέστησεν ὁ κύριος **ἐπὶ τῆς οἰκετείας αὐτοῦ** τοῦ δοῦναι αὐτοῖς τὴν τροφὴν ἐν καιρῷ;			**Lk 12,42**	... τίς ἄρα ἐστὶν ὁ πιστὸς οἰκονόμος ὁ φρόνιμος, ὃν καταστήσει ὁ κύριος **ἐπὶ τῆς θεραπείας αὐτοῦ** τοῦ διδόναι ἐν καιρῷ [τὸ] σιτομέτριον;	
bc 202	**Mt 24,47** ↓ **Mt 25,21** ↓ **Mt 25,23**	ἀμὴν λέγω ὑμῖν ὅτι **ἐπὶ πᾶσιν τοῖς ὑπάρχουσιν αὐτοῦ** καταστήσει αὐτόν.			**Lk 12,44**	ἀληθῶς λέγω ὑμῖν ὅτι **ἐπὶ πᾶσιν τοῖς ὑπάρχουσιν αὐτοῦ** καταστήσει αὐτόν.	
c 002					**Lk 12,49** → Mt 3,11 → Lk 3,16	πῦρ ἦλθον βαλεῖν **ἐπὶ τὴν γῆν,** καὶ τί θέλω εἰ ἤδη ἀνήφθη.	→ GTh 10
b 002 *b* 002					**Lk 12,52** **(2)** ↓ Mt 10,35 ↓ **Lk 12,53**	ἔσονται γὰρ ἀπὸ τοῦ νῦν πέντε ἐν ἑνὶ οἴκῳ διαμεμερισμένοι, τρεῖς **ἐπὶ δυσὶν** καὶ δύο **ἐπὶ τρισίν,**	→ GTh 16

a ἐπί with genitive (Mt 35; Mk 21; Lk 25; Acts 32)
aa ἐπί with genitive and composite verb ἀνα-
ab ἐπί with genitive and composite verb ἐπι-
ac ἐπί with genitive and composite verb κατα-
ad ἐπί with genitive and reference to time
ae ἐπ' ἀληθείας

b ἐπί with dative (Mt 18; Mk 16; Lk 35; Acts 27)
ba ἐπί with dative and composite verb ἀνα-
bb ἐπί with dative and composite verb ἐπι-
bc ἐπί with dative and composite verb κατα-
bd ἐπί with dative and reference to time
be ἐπί giving the basis for a state of being, an action or a result

b 102	**Mt 10,35** ↑ Lk 12,52	ἦλθον γὰρ διχάσαι	**Lk 12,53** **(6)**	διαμερισθήσονται πατὴρ **ἐπὶ υἱῷ**	→ GTh 16
b 102		ἄνθρωπον ***κατὰ τοῦ πατρὸς αὐτοῦ***	↑ Lk 12,52 ↑ Mt 10,21 ↓ Mk 13,12 ↑ Lk 21,16	καὶ *υἱὸς* ***ἐπὶ πατρί,***	
c 102				μήτηρ **ἐπὶ τὴν θυγατέρα**	
c 102		καὶ *θυγατέρα* ***κατὰ τῆς μητρὸς αὐτῆς***		καὶ *θυγάτηρ* ***ἐπὶ τὴν μητέρα,***	
c 102				πενθερὰ **ἐπὶ τὴν νύμφην αὐτῆς**	
c 102		καὶ *νύμφην* ***κατὰ τῆς πενθερᾶς αὐτῆς*** ➤ Micah 7,6		καὶ *νύμφη* ***ἐπὶ τὴν πενθεράν.*** ➤ Micah 7,6	
ca 102	**Mt 16,2**	... [ὀψίας γενομένης λέγετε· εὐδία, πυρράζει γὰρ ὁ οὐρανός·]	**Lk 12,54**	... ὅταν ἴδητε [τὴν] νεφέλην ἀνατέλλουσαν **ἐπὶ δυσμῶν,** εὐθέως λέγετε ὅτι ὄμβρος ἔρχεται, καὶ γίνεται οὕτως·	→ GTh 91 Mt 16,2b is textcritically uncertain.
c 102	**Mt 5,25** → Mt 18,34	ἴσθι εὐνοῶν τῷ ἀντιδίκῳ σου ταχὺ, ἕως ὅτου εἶ μετ᾽ αὐτοῦ ἐν τῇ ὁδῷ, ...	**Lk 12,58**	ὡς γὰρ ὑπάγεις μετὰ τοῦ ἀντιδίκου σου **ἐπ᾽ ἄρχοντα,** ἐν τῇ ὁδῷ δὸς ἐργασίαν ἀπηλλάχθαι ἀπ᾽ αὐτοῦ, ...	
c 002			**Lk 13,4**	ἢ ἐκεῖνοι οἱ δεκαοκτὼ **ἐφ᾽ οὓς** ἔπεσεν ὁ πύργος ἐν τῷ Σιλωὰμ καὶ ἀπέκτεινεν αὐτούς, ...	
be 002			**Lk 13,17**	... καὶ πᾶς ὁ ὄχλος ἔχαιρεν **ἐπὶ πᾶσιν τοῖς ἐνδόξοις** τοῖς γινομένοις ὑπ᾽ αὐτοῦ.	
c 002			**Lk 14,31**	... οὐχὶ καθίσας πρῶτον βουλεύσεται εἰ δυνατός ἐστιν ἐν δέκα χιλιάσιν ὑπαντῆσαι τῷ μετὰ εἴκοσι χιλιάδων ἐρχομένῳ **ἐπ᾽ αὐτόν;**	
c 102	**Mt 18,12**	... ἐὰν γένηταί τινι ἀνθρώπῳ ἑκατὸν πρόβατα καὶ πλανηθῇ ἓν ἐξ αὐτῶν, οὐχὶ ἀφήσει τὰ ἐνενήκοντα ἐννέα ἐπὶ τὰ ὄρη καὶ πορευθεὶς ζητεῖ **τὸ πλανώμενον;**	**Lk 15,4**	τίς ἄνθρωπος ἐξ ὑμῶν ἔχων ἑκατὸν πρόβατα καὶ ἀπολέσας ἐξ αὐτῶν ἓν οὐ καταλείπει τὰ ἐνενήκοντα ἐννέα ἐν τῇ ἐρήμῳ καὶ πορεύεται **ἐπὶ τὸ ἀπολωλὸς** ἕως εὕρῃ αὐτό;	→ GTh 107

c ἐπί with accusative (Mt 69; Mk 34; Lk 101; Acts 110)
ca ἐπί with accusative and composite verb ἀνα-
cb ἐπί with accusative and composite verb ἐπι-
cc ἐπί with accusative and composite verb κατα-
cd ἐπί with accusative and reference to time

cb 102	**Mt 18,13** **(2)**	καὶ ἐὰν γένηται εὑρεῖν αὐτό, ἀμὴν λέγω ὑμῖν ὅτι χαίρει			**Lk 15,5**	καὶ εὑρὼν ἐπιτίθησιν **ἐπὶ τοὺς ὤμους αὐτοῦ** χαίρων	→ GTh 107
be 202 *be* 202		**ἐπ' αὐτῷ** μᾶλλον ἢ **ἐπὶ τοῖς ἐνενήκοντα ἐννέα** τοῖς μὴ πεπλανημένοις.			**Lk 15,7** **(2)** ↓Lk 15,10	λέγω ὑμῖν ὅτι οὕτως χαρὰ ἐν τῷ οὐρανῷ ἔσται **ἐπὶ ἑνὶ ἁμαρτωλῷ μετανοοῦντι** ἢ **ἐπὶ ἐνενήκοντα ἐννέα δικαίοις** οἵτινες οὐ χρείαν ἔχουσιν μετανοίας.	→ GTh 107
be 002					**Lk 15,10** ↑Lk 15,7	οὕτως, λέγω ὑμῖν, γίνεται χαρὰ ἐνώπιον τῶν ἀγγέλων τοῦ θεοῦ **ἐπὶ ἑνὶ ἁμαρτωλῷ μετανοοῦντι.**	
cb 002					**Lk 15,20**	... εἶδεν αὐτὸν ὁ πατὴρ αὐτοῦ καὶ ἐσπλαγχνίσθη καὶ δραμὼν ἐπέπεσεν **ἐπὶ τὸν τράχηλον αὐτοῦ** καὶ κατεφίλησεν αὐτόν.	
c 002					**Lk 17,16** ↑Mt 8,2 ↑Mk 1,40 ↑Lk 5,12	καὶ ἔπεσεν **ἐπὶ πρόσωπον** παρὰ τοὺς πόδας αὐτοῦ εὐχαριστῶν αὐτῷ· ...	
a 222	**Mt 24,17**	ὁ **ἐπὶ τοῦ δώματος** μὴ καταβάτω ἆραι τὰ ἐκ τῆς οἰκίας αὐτοῦ	**Mk 13,15**	ὁ [δὲ] **ἐπὶ τοῦ δώματος** μὴ καταβάτω μηδὲ εἰσελθάτω ἆραί τι ἐκ τῆς οἰκίας αὐτοῦ	**Lk 17,31**	ἐν ἐκείνῃ τῇ ἡμέρᾳ ὃς ἔσται **ἐπὶ τοῦ δώματος** καὶ τὰ σκεύη αὐτοῦ ἐν τῇ οἰκίᾳ, μὴ καταβάτω ἆραι αὐτά, ...	
a 102	**Mt 24,40**	τότε δύο ἔσονται **ἐν τῷ ἀγρῷ,** εἷς παραλαμβάνεται καὶ εἷς ἀφίεται·			**Lk 17,34**	... ταύτῃ τῇ νυκτὶ ἔσονται δύο **ἐπὶ κλίνης μιᾶς,** ὁ εἷς παραλημφθήσεται καὶ ὁ ἕτερος ἀφεθήσεται·	→ GTh 61,1
c 102	**Mt 24,41**	δύο ἀλήθουσαι **ἐν τῷ μύλῳ,** μία παραλαμβάνεται καὶ μία ἀφίεται.			**Lk 17,35**	ἔσονται δύο ἀλήθουσαι **ἐπὶ τὸ αὐτό,** ἡ μία παραλημφθήσεται, ἡ δὲ ἑτέρα ἀφεθήσεται.	→ GTh 61,1
cd 002					**Lk 18,4**	καὶ οὐκ ἤθελεν **ἐπὶ χρόνον.** μετὰ δὲ ταῦτα εἶπεν ἐν ἑαυτῷ· ...	
b 002					**Lk 18,7**	ὁ δὲ θεὸς οὐ μὴ ποιήσῃ τὴν ἐκδίκησιν τῶν ἐκλεκτῶν αὐτοῦ τῶν βοώντων αὐτῷ ἡμέρας καὶ νυκτός, καὶ μακροθυμεῖ **ἐπ' αὐτοῖς;**	
a 002					**Lk 18,8**	... πλὴν ὁ υἱὸς τοῦ ἀνθρώπου ἐλθὼν ἆρα εὑρήσει τὴν πίστιν **ἐπὶ τῆς γῆς;**	

be 002					**Lk 18,9** → Lk 16,15 → Lk 20,20	εἶπεν δὲ καὶ πρός τινας τοὺς πεποιθότας **ἐφ᾽ ἑαυτοῖς** ὅτι εἰσὶν δίκαιοι καὶ ἐξουθενοῦντας τοὺς λοιποὺς τὴν παραβολὴν ταύτην·	
be 210 *c* 120	**Mt 19,9** ⇩ Mt 5,32	... ὃς ἂν ἀπολύσῃ τὴν γυναῖκα αὐτοῦ **μὴ ἐπὶ πορνείᾳ** καὶ γαμήσῃ ἄλλην μοιχᾶται.	**Mk 10,11**	... ὃς ἂν ἀπολύσῃ τὴν γυναῖκα αὐτοῦ καὶ γαμήσῃ ἄλλην μοιχᾶται **ἐπ᾽ αὐτήν·**			→ 1Cor 7,10-11 Mk-Q overlap
	Mt 5,32 ⇧ Mt 19,9	... πᾶς ὁ ἀπολύων τὴν γυναῖκα αὐτοῦ **παρεκτὸς λόγου πορνείας** ποιεῖ αὐτὴν μοιχευθῆναι, ...			**Lk 16,18**	πᾶς ὁ ἀπολύων τὴν γυναῖκα αὐτοῦ καὶ γαμῶν ἑτέραν μοιχεύει, ...	
c 120	**Mt 19,15** → Mk 10,17	καὶ ἐπιθεὶς τὰς χεῖρας **αὐτοῖς** ἐπορεύθη ἐκεῖθεν.	**Mk 10,16**	καὶ ἐναγκαλισάμενος αὐτὰ κατευλόγει τιθεὶς τὰς χεῖρας **ἐπ᾽ αὐτά.**			→ GTh 22
be 121	**Mt 19,22**	ἀκούσας δὲ ὁ νεανίσκος **τὸν λόγον** ἀπῆλθεν λυπούμενος· ἦν γὰρ ἔχων κτήματα πολλά.	**Mk 10,22**	ὁ δὲ στυγνάσας **ἐπὶ τῷ λόγῳ** ἀπῆλθεν λυπούμενος· ἦν γὰρ ἔχων κτήματα πολλά.	**Lk 18,23**	ὁ δὲ ἀκούσας **ταῦτα** περίλυπος ἐγενήθη· ἦν γὰρ πλούσιος σφόδρα.	
be 120	**Mt 19,24**	 πάλιν δὲ λέγω ὑμῖν, ...	**Mk 10,24**	οἱ δὲ μαθηταὶ ἐθαμβοῦντο **ἐπὶ τοῖς λόγοις αὐτοῦ.** ὁ δὲ Ἰησοῦς πάλιν ἀποκριθεὶς λέγει αὐτοῖς· ...			
a 201 *c a* 202	**Mt 19,28** **(2)**	... ὅταν καθίσῃ ὁ υἱὸς τοῦ ἀνθρώπου **ἐπὶ θρόνου δόξης αὐτοῦ,** καθήσεσθε καὶ ὑμεῖς **ἐπὶ δώδεκα θρόνους** κρίνοντες τὰς δώδεκα φυλὰς τοῦ Ἰσραήλ.			**Lk 22,30** **(2)** → Lk 12,37	ἵνα ἔσθητε καὶ πίνητε ἐπὶ τῆς τραπέζης μου ἐν τῇ βασιλείᾳ μου, καὶ καθήσεσθε **ἐπὶ θρόνων** τὰς δώδεκα φυλὰς κρίνοντες τοῦ Ἰσραήλ.	
ca 002					**Lk 19,4**	καὶ προδραμὼν εἰς τὸ ἔμπροσθεν ἀνέβη **ἐπὶ συκομορέαν** ἵνα ἴδῃ αὐτὸν ὅτι ἐκείνης ἤμελλεν διέρχεσθαι.	
c 002					**Lk 19,5**	καὶ ὡς ἦλθεν **ἐπὶ τὸν τόπον,** ἀναβλέψας ὁ Ἰησοῦς εἶπεν πρὸς αὐτόν· Ζακχαῖε, ...	
c 002					**Lk 19,14**	... οὐ θέλομεν τοῦτον βασιλεῦσαι **ἐφ᾽ ἡμᾶς.**	
c 102	**Mt 25,27**	ἔδει σε οὖν βαλεῖν τὰ ἀργύριά μου **τοῖς τραπεζίταις,** καὶ ἐλθὼν ἐγὼ ἐκομισάμην ἂν τὸ ἐμὸν σὺν τόκῳ.			**Lk 19,23**	καὶ διὰ τί οὐκ ἔδωκάς μου τὸ ἀργύριον **ἐπὶ τράπεζαν;** κἀγὼ ἐλθὼν σὺν τόκῳ ἂν αὐτὸ ἔπραξα.	

c 002					Lk 19,27	πλὴν τοὺς ἐχθρούς μου τούτους τοὺς μὴ θελήσαντάς με βασιλεῦσαι **ἐπ' αὐτοὺς** ἀγάγετε ὧδε καὶ κατασφάξατε αὐτοὺς ἔμπροσθέν μου.	
c 122	Mt 21,2	... καὶ εὐθέως εὑρήσετε ὄνον δεδεμένην καὶ πῶλον μετ' αὐτῆς· λύσαντες ἀγάγετέ μοι.	Mk 11,2	... καὶ εὐθὺς εἰσπορευόμενοι εἰς αὐτὴν εὑρήσετε πῶλον δεδεμένον **ἐφ' ὃν** οὐδεὶς οὔπω ἀνθρώπων ἐκάθισεν· λύσατε αὐτὸν καὶ φέρετε.	Lk 19,30	... ἐν ᾗ εἰσπορευόμενοι εὑρήσετε πῶλον δεδεμένον, **ἐφ' ὃν** οὐδεὶς πώποτε ἀνθρώπων ἐκάθισεν, καὶ λύσαντες αὐτὸν ἀγάγετε.	
cb 200 cb 200	Mt 21,5 (2)	*εἴπατε τῇ θυγατρὶ Σιών· ἰδοὺ ὁ βασιλεύς σου ἔρχεταί σοι πραῢς καὶ ἐπιβεβηκὼς* ***ἐπὶ ὄνον*** *καὶ* ***ἐπὶ πῶλον υἱὸν ὑποζυγίου.*** ➤ Isa 62,11; Zech 9,9					→ Jn 12,15
a 121	Mt 21,6 → Mk 11,6	πορευθέντες δὲ οἱ μαθηταὶ καὶ ποιήσαντες καθὼς συνέταξεν αὐτοῖς ὁ Ἰησοῦς	Mk 11,4	καὶ ἀπῆλθον καὶ εὗρον πῶλον δεδεμένον πρὸς θύραν ἔξω **ἐπὶ τοῦ ἀμφόδου** καὶ λύουσιν αὐτόν.	Lk 19,32 → Mk 11,6	ἀπελθόντες δὲ οἱ ἀπεσταλμένοι εὗρον καθὼς εἶπεν αὐτοῖς. [33] λυόντων δὲ αὐτῶν τὸν πῶλον ...	
ab cb 212 c 121	Mt 21,7	ἤγαγον τὴν ὄνον καὶ τὸν πῶλον καὶ ἐπέθηκαν **ἐπ' αὐτῶν** τὰ ἱμάτια, καὶ ἐπεκάθισεν **ἐπάνω αὐτῶν.**	Mk 11,7	καὶ φέρουσιν τὸν πῶλον πρὸς τὸν Ἰησοῦν καὶ ἐπιβάλλουσιν **αὐτῷ** τὰ ἱμάτια αὐτῶν, καὶ ἐκάθισεν **ἐπ' αὐτόν.**	Lk 19,35	καὶ ἤγαγον αὐτὸν πρὸς τὸν Ἰησοῦν καὶ ἐπιρίψαντες αὐτῶν τὰ ἱμάτια **ἐπὶ τὸν πῶλον** ἐπεβίβασαν τὸν Ἰησοῦν.	
c 002					Lk 19,41 → Mt 21,10 → Mk 11,11	καὶ ὡς ἤγγισεν ἰδὼν τὴν πόλιν ἔκλαυσεν **ἐπ' αὐτήν**	
c 002					Lk 19,43 → Lk 21,20	ὅτι ἥξουσιν ἡμέραι **ἐπὶ σὲ** καὶ παρεμβαλοῦσιν οἱ ἐχθροί σου χάρακά σοι ...	
c 002					Lk 19,44 ↓ Mt 24,2 ↓ Mk 13,2 ↓ Lk 21,6 → Lk 21,24	... καὶ οὐκ ἀφήσουσιν λίθον **ἐπὶ λίθον** ἐν σοί, ἀνθ' ὧν οὐκ ἔγνως τὸν καιρὸν τῆς ἐπισκοπῆς σου.	
a 210 c 220	Mt 21,19 (2) → Lk 13,6	καὶ ἰδὼν συκῆν μίαν **ἐπὶ τῆς ὁδοῦ** ἦλθεν **ἐπ' αὐτὴν** καὶ οὐδὲν εὗρεν ἐν αὐτῇ εἰ μὴ φύλλα μόνον, ...	Mk 11,13 → Lk 13,6	καὶ ἰδὼν συκῆν **ἀπὸ μακρόθεν** ἔχουσαν φύλλα ἦλθεν, εἰ ἄρα τι εὑρήσει ἐν αὐτῇ, καὶ ἐλθὼν **ἐπ' αὐτὴν** οὐδὲν εὗρεν εἰ μὴ φύλλα· ὁ γὰρ καιρὸς οὐκ ἦν σύκων.			

be 221	**Mt 22,33** ↑ Mt 7,28 ↑ Lk 4,32	... οἱ ὄχλοι ἐξεπλήσσοντο **ἐπὶ τῇ διδαχῇ αὐτοῦ.**	**Mk 11,18** ↑ Mk 1,22 ↑ Lk 4,32	... πᾶς γὰρ ὁ ὄχλος ἐξεπλήσσετο **ἐπὶ τῇ διδαχῇ αὐτοῦ.**	**Lk 19,48** → Lk 21,38	... ὁ λαὸς γὰρ ἅπας ἐξεκρέματο **αὐτοῦ ἀκούων.**	
c 200 *c* 200	**Mt 21,44** (2) ↓ Lk 20,18	[καὶ ὁ πεσὼν **ἐπὶ τὸν λίθον τοῦτον** συνθλασθήσεται· **ἐφ' ὃν** δ' ἂν πέσῃ λικμήσει αὐτόν.]					Mt 21,44 is textcritically uncertain.
c 002 *c* 002					**Lk 20,18** (2) ↑ [Mt 21,44]	πᾶς ὁ πεσὼν **ἐπ' ἐκεῖνον τὸν λίθον** συνθλασθήσεται· **ἐφ' ὃν** δ' ἂν πέσῃ, λικμήσει αὐτόν.	
cb 112	**Mt 21,46**	καὶ ζητοῦντες **αὐτὸν** κρατῆσαι ἐφοβήθησαν τοὺς ὄχλους, ...	**Mk 12,12** → Mk 11,18	καὶ ἐζήτουν **αὐτὸν** κρατῆσαι, καὶ ἐφοβήθησαν τὸν ὄχλον, ...	**Lk 20,19** → Lk 19,47	καὶ ἐζήτησαν οἱ γραμματεῖς καὶ οἱ ἀρχιερεῖς ἐπιβαλεῖν **ἐπ' αὐτὸν** τὰς χεῖρας ἐν αὐτῇ τῇ ὥρᾳ, καὶ ἐφοβήθησαν τὸν λαόν, ...	
c 201	**Mt 22,5**	οἱ δὲ ἀμελήσαντες ἀπῆλθον, ὃς μὲν εἰς τὸν ἴδιον ἀγρόν, ὃς δὲ **ἐπὶ τὴν ἐμπορίαν αὐτοῦ·**			**Lk 14,19**	[18] καὶ ἤρξαντο ἀπὸ μιᾶς πάντες παραιτεῖσθαι. ὁ πρῶτος εἶπεν αὐτῷ· ἀγρὸν ἠγόρασα ... [19] καὶ ἕτερος εἶπεν· ζεύγη βοῶν ἠγόρασα πέντε καὶ πορεύομαι δοκιμάσαι αὐτά· ...	→ GTh 64
c 201	**Mt 22,9**	πορεύεσθε οὖν **ἐπὶ τὰς διεξόδους τῶν ὁδῶν** καὶ ὅσους ἐὰν εὕρητε καλέσατε εἰς τοὺς γάμους.			**Lk 14,23** → Mt 22,10 ⇨ Lk 14,21 → Lk 16,16	... ἔξελθε **εἰς τὰς ὁδοὺς καὶ φραγμοὺς** καὶ ἀνάγκασον εἰσελθεῖν, ...	→ GTh 64
ae 122	**Mt 22,16**	... διδάσκαλε, οἴδαμεν ὅτι ἀληθὴς εἶ καὶ τὴν ὁδὸν τοῦ θεοῦ **ἐν ἀληθείᾳ** διδάσκεις καὶ οὐ μέλει σοι περὶ οὐδενός. οὐ γὰρ βλέπεις εἰς πρόσωπον ἀνθρώπων	**Mk 12,14** ↓ Mk 12,32	... διδάσκαλε, οἴδαμεν ὅτι ἀληθὴς εἶ καὶ οὐ μέλει σοι περὶ οὐδενός· οὐ γὰρ βλέπεις εἰς πρόσωπον ἀνθρώπων, ἀλλ' **ἐπ' ἀληθείας** τὴν ὁδὸν τοῦ θεοῦ διδάσκεις· ...	**Lk 20,21**	... διδάσκαλε, οἴδαμεν ὅτι ὀρθῶς λέγεις καὶ διδάσκεις καὶ οὐ λαμβάνεις πρόσωπον, ἀλλ' **ἐπ' ἀληθείας** τὴν ὁδὸν τοῦ θεοῦ διδάσκεις·	→ Jn 3,2
be 122	**Mt 22,22** → Mk 12,12	καὶ ἀκούσαντες ἐθαύμασαν, καὶ ἀφέντες αὐτὸν ἀπῆλθαν.	**Mk 12,17**	... καὶ ἐξεθαύμαζον **ἐπ' αὐτῷ.**	**Lk 20,26**	καὶ οὐκ ἴσχυσαν ἐπιλαβέσθαι αὐτοῦ ῥήματος ἐναντίον τοῦ λαοῦ καὶ θαυμάσαντες **ἐπὶ τῇ ἀποκρίσει αὐτοῦ** ἐσίγησαν.	
aa *a* 122	**Mt 22,31**	περὶ δὲ τῆς ἀναστάσεως τῶν νεκρῶν οὐκ ἀνέγνωτε τὸ ῥηθὲν ὑμῖν ὑπὸ τοῦ θεοῦ λέγοντος· [32] *ἐγώ εἰμι ὁ θεὸς Ἀβραὰμ καὶ ὁ θεὸς Ἰσαὰκ καὶ ὁ θεὸς Ἰακώβ;* ... ➤ Exod 3,6	**Mk 12,26**	περὶ δὲ τῶν νεκρῶν ὅτι ἐγείρονται οὐκ ἀνέγνωτε ἐν τῇ βίβλῳ Μωϋσέως **ἐπὶ τοῦ βάτου** πῶς εἶπεν αὐτῷ ὁ θεὸς λέγων· *ἐγὼ ὁ θεὸς Ἀβραὰμ καὶ [ὁ] θεὸς Ἰσαὰκ καὶ [ὁ] θεὸς Ἰακώβ;* ➤ Exod 3,6	**Lk 20,37**	ὅτι δὲ ἐγείρονται οἱ νεκροί, καὶ Μωϋσῆς ἐμήνυσεν **ἐπὶ τῆς βάτου,** ὡς λέγει *κύριον τὸν θεὸν Ἀβραὰμ καὶ θεὸν Ἰσαὰκ καὶ θεὸν Ἰακώβ·* ➤ Exod 3,6	

be 221	Mt 22,33 ↑ Mt 7,28 ↑ Lk 4,32	... οἱ ὄχλοι ἐξεπλήσσοντο **ἐπὶ τῇ διδαχῇ αὐτοῦ.**	Mk 11,18 ↑ Mk 1,22 ↑ Lk 4,32	... πᾶς γὰρ ὁ ὄχλος ἐξεπλήσσετο **ἐπὶ τῇ διδαχῇ αὐτοῦ.**	Lk 19,48 → Lk 21,38	... ὁ λαὸς γὰρ ἅπας ἐξεκρέματο **αὐτοῦ ἀκούων.**	
c 211	Mt 22,34	οἱ δὲ Φαρισαῖοι ἀκούσαντες ὅτι ἐφίμωσεν τοὺς Σαδδουκαίους συνήχθησαν **ἐπὶ τὸ αὐτό,** [35] καὶ ἐπηρώτησεν εἷς ἐξ αὐτῶν [νομικὸς] πειράζων αὐτόν·	Mk 12,28 ↓ Lk 20,39	καὶ προσελθὼν εἷς τῶν γραμματέων ἀκούσας αὐτῶν συζητούντων, ἰδὼν ὅτι καλῶς ἀπεκρίθη αὐτοῖς ἐπηρώτησεν αὐτόν· ...	Lk 10,25	καὶ ἰδοὺ νομικός τις ἀνέστη ἐκπειράζων αὐτὸν λέγων· ...	
ae 021			Mk 12,32 ↑ Mk 12,14	... καλῶς, διδάσκαλε, **ἐπ' ἀληθείας** εἶπες ὅτι *εἷς ἐστιν καὶ οὐκ ἔστιν ἄλλος πλὴν αὐτοῦ·* ➤ Deut 6,4	Lk 20,39 ↑ Mk 12,28	... διδάσκαλε, καλῶς εἶπας.	
a 211	Mt 23,2	[1] τότε ὁ Ἰησοῦς ἐλάλησεν τοῖς ὄχλοις καὶ τοῖς μαθηταῖς αὐτοῦ [2] λέγων· **ἐπὶ τῆς Μωϋσέως καθέδρας** ἐκάθισαν οἱ γραμματεῖς καὶ οἱ Φαρισαῖοι.	Mk 12,38	[37] ... καὶ [ὁ] πολὺς ὄχλος ἤκουεν αὐτοῦ ἡδέως. [38] καὶ ἐν τῇ διδαχῇ αὐτοῦ ἔλεγεν· βλέπετε ἀπὸ τῶν γραμματέων ...	Lk 20,45	ἀκούοντος δὲ παντὸς τοῦ λαοῦ εἶπεν τοῖς μαθηταῖς [αὐτοῦ], [46] προσέχετε ἀπὸ τῶν γραμματέων ...	
cb 201	Mt 23,4	δεσμεύουσιν δὲ φορτία βαρέα [καὶ δυσβάστακτα] καὶ ἐπιτιθέασιν **ἐπὶ τοὺς ὤμους τῶν ἀνθρώπων,** αὐτοὶ δὲ τῷ δακτύλῳ αὐτῶν οὐ θέλουσιν κινῆσαι αὐτά.			Lk 11,46	... ὅτι φορτίζετε **τοὺς ἀνθρώπους** φορτία δυσβάστακτα, καὶ αὐτοὶ ἑνὶ τῶν δακτύλων ὑμῶν οὐ προσψαύετε τοῖς φορτίοις.	
a 200	Mt 23,9	καὶ πατέρα μὴ καλέσητε ὑμῶν **ἐπὶ τῆς γῆς,** εἷς γάρ ἐστιν ὑμῶν ὁ πατὴρ ὁ οὐράνιος.					
c 201 *a* 201	Mt 23,35 (2)	ὅπως ἔλθῃ **ἐφ' ὑμᾶς** πᾶν αἷμα δίκαιον ἐκχυννόμενον **ἐπὶ τῆς γῆς** ἀπὸ τοῦ αἵματος Ἅβελ τοῦ δικαίου ...			Lk 11,50	ἵνα ἐκζητηθῇ τὸ αἷμα πάντων τῶν προφητῶν τὸ ἐκκεχυμένον **ἀπὸ καταβολῆς κόσμου** ἀπὸ τῆς γενεᾶς ταύτης, [51] ἀπὸ αἵματος Ἅβελ ...	
c 201	Mt 23,36	ἀμὴν λέγω ὑμῖν, ἥξει ταῦτα πάντα **ἐπὶ τὴν γενεὰν ταύτην.**			Lk 11,51	... ναὶ λέγω ὑμῖν, ἐκζητηθήσεται **ἀπὸ τῆς γενεᾶς ταύτης.**	
c b 222	Mt 24,2	... οὐ βλέπετε ταῦτα πάντα; ἀμὴν λέγω ὑμῖν, οὐ μὴ ἀφεθῇ ὧδε λίθος **ἐπὶ λίθον** ὃς οὐ καταλυθήσεται.	Mk 13,2	... βλέπεις ταύτας τὰς μεγάλας οἰκοδομάς; οὐ μὴ ἀφεθῇ ὧδε λίθος **ἐπὶ λίθον** ὃς οὐ μὴ καταλυθῇ.	Lk 21,6 ↑ Lk 19,44	ταῦτα ἃ θεωρεῖτε ἐλεύσονται ἡμέραι ἐν αἷς οὐκ ἀφεθήσεται λίθος **ἐπὶ λίθῳ** ὃς οὐ καταλυθήσεται.	

ac 211	**Mt 24,3**	καθημένου δὲ αὐτοῦ **ἐπὶ τοῦ ὄρους τῶν ἐλαιῶν** προσῆλθον αὐτῷ οἱ μαθηταὶ κατ' ἰδίαν λέγοντες· ...	**Mk 13,3**	καὶ καθημένου αὐτοῦ **εἰς τὸ ὄρος τῶν ἐλαιῶν** κατέναντι τοῦ ἱεροῦ ἐπηρώτα αὐτὸν κατ' ἰδίαν Πέτρος καὶ Ἰάκωβος καὶ Ἰωάννης καὶ Ἀνδρέας·	**Lk 21,7**	ἐπηρώτησαν δὲ αὐτὸν λέγοντες· ...	
be 222	**Mt 24,5** → Mt 24,23-24 → Mt 24,26 → Mt 24,11	πολλοὶ γὰρ ἐλεύσονται **ἐπὶ τῷ ὀνόματί μου** λέγοντες· ἐγώ εἰμι ὁ χριστός, ...	**Mk 13,6** → Mk 13,21-22	πολλοὶ ἐλεύσονται **ἐπὶ τῷ ὀνόματί μου** λέγοντες ὅτι ἐγώ εἰμι, ...	**Lk 21,8** → Lk 17,23	... πολλοὶ γὰρ ἐλεύσονται **ἐπὶ τῷ ὀνόματί μου** λέγοντες· ἐγώ εἰμι, ...	
c 222 c 222	**Mt 24,7** (2)	ἐγερθήσεται γὰρ ἔθνος **ἐπὶ ἔθνος** καὶ βασιλεία **ἐπὶ βασιλείαν** ...	**Mk 13,8** (2)	ἐγερθήσεται γὰρ ἔθνος **ἐπ' ἔθνος** καὶ βασιλεία **ἐπὶ βασιλείαν**, ...	**Lk 21,10** (2)	... ἐγερθήσεται ἔθνος **ἐπ' ἔθνος** καὶ βασιλεία **ἐπὶ βασιλείαν**	
cb 112	**Mt 10,17** ⇩ Mt 24,9 → Mt 23,34	προσέχετε δὲ ἀπὸ τῶν ἀνθρώπων· παραδώσουσιν γὰρ ὑμᾶς εἰς συνέδρια καὶ ἐν ταῖς συναγωγαῖς αὐτῶν μαστιγώσουσιν ὑμᾶς·	**Mk 13,9**	βλέπετε δὲ ὑμεῖς ἑαυτούς· παραδώσουσιν ὑμᾶς εἰς συνέδρια καὶ εἰς συναγωγὰς δαρήσεσθε	**Lk 21,12** (2) → Lk 11,49 ↑ Lk 12,11	πρὸ δὲ τούτων πάντων ἐπιβαλοῦσιν **ἐφ' ὑμᾶς** τὰς χεῖρας αὐτῶν καὶ διώξουσιν, παραδιδόντες εἰς τὰς συναγωγὰς καὶ φυλακάς,	
c a 222	**Mt 10,18**	καὶ **ἐπὶ ἡγεμόνας δὲ καὶ βασιλεῖς** ἀχθήσεσθε ἕνεκεν ἐμοῦ εἰς μαρτύριον αὐτοῖς καὶ τοῖς ἔθνεσιν.		καὶ **ἐπὶ ἡγεμόνων καὶ βασιλέων** σταθήσεσθε ἕνεκεν ἐμοῦ εἰς μαρτύριον αὐτοῖς.		ἀπαγομένους **ἐπὶ βασιλεῖς καὶ ἡγεμόνας** ἕνεκεν τοῦ ὀνόματός μου· [13] ἀποβήσεται ὑμῖν εἰς μαρτύριον.	
	Mt 24,9 ⇧ Mt 10,17 ⇧ **Mt 10,21**	τότε παραδώσουσιν ὑμᾶς εἰς θλῖψιν καὶ ἀποκτενοῦσιν ὑμᾶς, ...					
cb 221	**Mt 10,21** ⇧ Mt 24,9 ↑ Mt 10,35 → Mt 24,10	παραδώσει δὲ ἀδελφὸς ἀδελφὸν εἰς θάνατον καὶ πατὴρ τέκνον, καὶ ἐπαναστήσονται τέκνα **ἐπὶ γονεῖς** καὶ θανατώσουσιν αὐτούς.	**Mk 13,12**	καὶ παραδώσει ἀδελφὸς ἀδελφὸν εἰς θάνατον καὶ πατὴρ τέκνον, καὶ ἐπαναστήσονται τέκνα **ἐπὶ γονεῖς** καὶ θανατώσουσιν αὐτούς·	**Lk 21,16** ↑ Lk 12,53	παραδοθήσεσθε δὲ καὶ **ὑπὸ γονέων** καὶ ἀδελφῶν καὶ συγγενῶν καὶ φίλων, καὶ θανατώσουσιν ἐξ ὑμῶν	
a 222	**Mt 24,17**	ὁ **ἐπὶ τοῦ δώματος** μὴ καταβάτω ἆραι τὰ ἐκ τῆς οἰκίας αὐτοῦ	**Mk 13,15**	ὁ [δὲ] **ἐπὶ τοῦ δώματος** μὴ καταβάτω μηδὲ εἰσελθάτω ἆραί τι ἐκ τῆς οἰκίας αὐτοῦ	**Lk 17,31**	ἐν ἐκείνῃ τῇ ἡμέρᾳ ὃς ἔσται **ἐπὶ τοῦ δώματος** καὶ τὰ σκεύη αὐτοῦ ἐν τῇ οἰκίᾳ, μὴ καταβάτω ἆραι αὐτά, ...	
a 112	**Mt 24,21**	ἔσται γὰρ τότε θλῖψις μεγάλη οἵα οὐ γέγονεν ἀπ' ἀρχῆς κόσμου ἕως τοῦ νῦν οὐδ' οὐ μὴ γένηται.	**Mk 13,19**	ἔσονται γὰρ αἱ ἡμέραι ἐκεῖναι θλῖψις οἵα οὐ γέγονεν τοιαύτη ἀπ' ἀρχῆς κτίσεως ἣν ἔκτισεν ὁ θεὸς ἕως τοῦ νῦν καὶ οὐ μὴ γένηται.	**Lk 21,23**	... ἔσται γὰρ ἀνάγκη μεγάλη **ἐπὶ τῆς γῆς** καὶ ὀργὴ τῷ λαῷ τούτῳ	

a 112	**Mt 24,29**	... *ὁ ἥλιος σκοτισθήσεται, καὶ ἡ σελήνη οὐ δώσει τὸ φέγγος αὐτῆς, καὶ οἱ ἀστέρες πεσοῦνται* ἀπὸ τοῦ οὐρανοῦ, ... ➤ Isa 13,10; 34,4	**Mk 13,25**	[24] ... *ὁ ἥλιος σκοτισθήσεται, καὶ ἡ σελήνη οὐ δώσει τὸ φέγγος αὐτῆς,* [25] *καὶ οἱ ἀστέρες ἔσονται* ἐκ τοῦ οὐρανοῦ *πίπτοντες*, ... ➤ Isa 13,10; 34,4	**Lk 21,25** → Lk 21,11	καὶ ἔσονται σημεῖα ἐν ἡλίῳ καὶ σελήνῃ καὶ ἄστροις, καὶ **ἐπὶ τῆς γῆς** συνοχὴ ἐθνῶν ἐν ἀπορίᾳ ἤχους θαλάσσης καὶ σάλου	→ Acts 2,19
a 211	**Mt 24,30** → Mt 16,27 ↓ Mt 25,31	... καὶ ὄψονται *τὸν υἱὸν τοῦ ἀνθρώπου ἐρχόμενον* ***ἐπὶ τῶν νεφελῶν τοῦ οὐρανοῦ*** μετὰ δυνάμεως καὶ δόξης πολλῆς· ➤ Dan 7,13-14	**Mk 13,26** → Mk 8,38	καὶ τότε ὄψονται *τὸν υἱὸν τοῦ ἀνθρώπου ἐρχόμενον* ***ἐν νεφέλαις*** μετὰ δυνάμεως πολλῆς καὶ δόξης. ➤ Dan 7,13-14	**Lk 21,27** → Lk 9,26	καὶ τότε ὄψονται *τὸν υἱὸν τοῦ ἀνθρώπου ἐρχόμενον* ***ἐν νεφέλῃ*** μετὰ δυνάμεως καὶ δόξης πολλῆς. ➤ Dan 7,13-14	
bd 221	**Mt 24,33**	... ὅταν ἴδητε πάντα ταῦτα, γινώσκετε ὅτι ἐγγύς ἐστιν **ἐπὶ θύραις.**	**Mk 13,29**	... ὅταν ἴδητε ταῦτα γινόμενα, γινώσκετε ὅτι ἐγγύς ἐστιν **ἐπὶ θύραις.**	**Lk 21,31**	... ὅταν ἴδητε ταῦτα γινόμενα, γινώσκετε ὅτι ἐγγύς ἐστιν ἡ βασιλεία τοῦ θεοῦ.	
cb 002					**Lk 21,34** → Mt 24,49 → Lk 12,45 → Mk 13,33 → Mk 13,36	προσέχετε δὲ ἑαυτοῖς μήποτε βαρηθῶσιν ὑμῶν αἱ καρδίαι ἐν κραιπάλῃ καὶ μέθῃ καὶ μερίμναις βιωτικαῖς καὶ ἐπιστῇ **ἐφ' ὑμᾶς** αἰφνίδιος ἡ ἡμέρα ἐκείνη	
cb 002 c 002					**Lk 21,35** (2)	ὡς παγίς· ἐπεισελεύσεται γὰρ **ἐπὶ πάντας τοὺς καθημένους** **ἐπὶ πρόσωπον πάσης τῆς γῆς.**	
ac 202	**Mt 24,45**	τίς ἄρα ἐστὶν ὁ πιστὸς δοῦλος καὶ φρόνιμος ὃν κατέστησεν ὁ κύριος **ἐπὶ τῆς οἰκετείας αὐτοῦ** τοῦ δοῦναι αὐτοῖς τὴν τροφὴν ἐν καιρῷ;			**Lk 12,42**	... τίς ἄρα ἐστὶν ὁ πιστὸς οἰκονόμος ὁ φρόνιμος, ὃν καταστήσει ὁ κύριος **ἐπὶ τῆς θεραπείας αὐτοῦ** τοῦ διδόναι ἐν καιρῷ [τὸ] σιτομέτριον;	
bc 202	**Mt 24,47** ↓ Mt 25,21 ↓ Mt 25,23	ἀμὴν λέγω ὑμῖν ὅτι **ἐπὶ πᾶσιν τοῖς ὑπάρχουσιν αὐτοῦ** καταστήσει αὐτόν.			**Lk 12,44**	ἀληθῶς λέγω ὑμῖν ὅτι **ἐπὶ πᾶσιν τοῖς ὑπάρχουσιν αὐτοῦ** καταστήσει αὐτόν.	
c 201 ac 201	**Mt 25,21** (2) ↑ Mt 24,47	... εὖ, δοῦλε ἀγαθὲ καὶ πιστέ, **ἐπὶ ὀλίγα** ἦς πιστός, **ἐπὶ πολλῶν** σε καταστήσω· ...			**Lk 19,17** → Lk 16,10	... εὖγε, ἀγαθὲ δοῦλε, ὅτι **ἐν ἐλαχίστῳ** πιστὸς ἐγένου, ἴσθι ἐξουσίαν ἔχων **ἐπάνω δέκα πόλεων.**	
c 201 ac 201	**Mt 25,23** (2) ↑ Mt 24,47	... εὖ, δοῦλε ἀγαθὲ καὶ πιστέ, **ἐπὶ ὀλίγα** ἦς πιστός, **ἐπὶ πολλῶν** σε καταστήσω· ...			**Lk 19,19**	... καὶ σὺ **ἐπάνω γίνου πέντε πόλεων.**	

a 200	**Mt 25,31** → Mt 16,27 ↑ Mt 24,30 → Mk 8,38 ↑ Mk 13,26 → Lk 9,26 ↑ Lk 21,27	ὅταν δὲ ἔλθῃ ὁ υἱὸς τοῦ ἀνθρώπου ἐν τῇ δόξῃ αὐτοῦ καὶ πάντες οἱ ἄγγελοι μετ' αὐτοῦ, τότε καθίσει **ἐπὶ θρόνου δόξης αὐτοῦ·**					
c 200	**Mt 25,40**	... ἀμὴν λέγω ὑμῖν, **ἐφ' ὅσον** ἐποιήσατε ἑνὶ τούτων τῶν ἀδελφῶν μου τῶν ἐλαχίστων, ἐμοὶ ἐποιήσατε.					
c 200	**Mt 25,45**	... ἀμὴν λέγω ὑμῖν, **ἐφ' ὅσον** οὐκ ἐποιήσατε ἑνὶ τούτων τῶν ἐλαχίστων, οὐδὲ ἐμοὶ ἐποιήσατε.					
ac 210	**Mt 26,7**	προσῆλθεν αὐτῷ γυνὴ ἔχουσα ἀλάβαστρον μύρου βαρυτίμου καὶ κατέχεεν **ἐπὶ τῆς κεφαλῆς ...**	**Mk 14,3**	... ἦλθεν γυνὴ ἔχουσα ἀλάβαστρον μύρου νάρδου πιστικῆς πολυτελοῦς, συντρίψασα τὴν ἀλάβαστρον κατέχεεν **αὐτοῦ τῆς κεφαλῆς.**	**Lk 7,38**	[37] καὶ ἰδοὺ γυνὴ ... κομίσασα ἀλάβαστρον μύρου [38] ... καὶ κατεφίλει τοὺς πόδας αὐτοῦ καὶ ἤλειφεν τῷ μύρῳ.	→ Jn 12,3
a 210	**Mt 26,12**	βαλοῦσα γὰρ αὕτη τὸ μύρον τοῦτο **ἐπὶ τοῦ σώματός μου** πρὸς τὸ ἐνταφιάσαι με ἐποίησεν.	**Mk 14,8**	... προέλαβεν μυρίσαι **τὸ σῶμά μου** εἰς τὸν ἐνταφιασμόν.			→ Jn 12,7
a 112	**Mt 26,21**	... ἀμὴν λέγω ὑμῖν ὅτι εἷς ἐξ ὑμῶν παραδώσει με.	**Mk 14,18**	... ἀμὴν λέγω ὑμῖν ὅτι εἷς ἐξ ὑμῶν παραδώσει με ὁ ἐσθίων μετ' ἐμοῦ.	**Lk 22,21** → Mt 26,23 → Mk 14,20	πλὴν ἰδοὺ ἡ χεὶρ τοῦ παραδιδόντος με μετ' ἐμοῦ **ἐπὶ τῆς τραπέζης·**	→ Jn 13,21
a 102 *c a* 202	**Mt 19,28** **(2)**	... ὅταν καθίσῃ ὁ υἱὸς τοῦ ἀνθρώπου ἐπὶ θρόνου δόξης αὐτοῦ, καθήσεσθε καὶ ὑμεῖς **ἐπὶ δώδεκα θρόνους** κρίνοντες τὰς δώδεκα φυλὰς τοῦ Ἰσραήλ.			**Lk 22,30** **(2)** → Lk 12,37 → Lk 14,15	ἵνα ἔσθητε καὶ πίνητε **ἐπὶ τῆς τραπέζης μου** ἐν τῇ βασιλείᾳ μου, καὶ καθήσεσθε **ἐπὶ θρόνων** τὰς δώδεκα φυλὰς κρίνοντες τοῦ Ἰσραήλ.	
a 112	**Mt 26,36**	[30] καὶ ὑμνήσαντες ἐξῆλθον εἰς τὸ ὄρος τῶν ἐλαιῶν. [31] ... [36] τότε ἔρχεται μετ' αὐτῶν ὁ Ἰησοῦς **εἰς χωρίον** λεγόμενον Γεθσημανὶ καὶ λέγει τοῖς μαθηταῖς· καθίσατε αὐτοῦ ἕως [οὗ] ἀπελθὼν ἐκεῖ προσεύξωμαι.	**Mk 14,32**	[26] καὶ ὑμνήσαντες ἐξῆλθον εἰς τὸ ὄρος τῶν ἐλαιῶν. [27] ... [32] καὶ ἔρχονται **εἰς χωρίον** οὗ τὸ ὄνομα Γεθσημανὶ καὶ λέγει τοῖς μαθηταῖς αὐτοῦ· καθίσατε ὧδε ἕως προσεύξωμαι.	**Lk 22,40** → Mt 26,41 → Mk 14,38 → Lk 22,46	[39] καὶ ἐξελθὼν ἐπορεύθη κατὰ τὸ ἔθος εἰς τὸ ὄρος τῶν ἐλαιῶν, ἠκολούθησαν δὲ αὐτῷ καὶ οἱ μαθηταί. [40] γενόμενος δὲ **ἐπὶ τοῦ τόπου** εἶπεν αὐτοῖς· προσεύχεσθε μὴ εἰσελθεῖν εἰς πειρασμόν.	
c a 221	**Mt 26,39**	καὶ προελθὼν μικρὸν ἔπεσεν **ἐπὶ πρόσωπον αὐτοῦ** προσευχόμενος ...	**Mk 14,35**	καὶ προελθὼν μικρὸν ἔπιπτεν **ἐπὶ τῆς γῆς** καὶ προσηύχετο ...	**Lk 22,41**	καὶ αὐτὸς ἀπεσπάσθη ἀπ' αὐτῶν ὡσεὶ λίθου βολὴν καὶ θεὶς τὰ γόνατα προσηύχετο	

cc 002					Lk 22,44	[[... καὶ ἐγένετο ὁ ἱδρὼς αὐτοῦ ὡσεὶ θρόμβοι αἵματος καταβαίνοντος **ἐπὶ τὴν γῆν.**]]	Lk 22,44 is textcritically uncertain.
c 211	Mt 26,50 (2)	[49] ... καὶ κατεφίλησεν αὐτόν. [50] ὁ δὲ Ἰησοῦς εἶπεν αὐτῷ· ἑταῖρε, **ἐφ' ὃ** πάρει.	Mk 14,46	[45] ... καὶ κατεφίλησεν αὐτόν.	Lk 22,48	[47] ... φιλῆσαι αὐτόν. [48] Ἰησοῦς δὲ εἶπεν αὐτῷ· Ἰούδα, φιλήματι τὸν υἱὸν τοῦ ἀνθρώπου παραδίδως;	
cb 211	→ Lk 22,54	τότε προσελθόντες ἐπέβαλον τὰς χεῖρας **ἐπὶ τὸν Ἰησοῦν** καὶ ἐκράτησαν αὐτόν.	→ Lk 22,54	[46] οἱ δὲ ἐπέβαλον τὰς χεῖρας **αὐτῷ** καὶ ἐκράτησαν αὐτόν.			→ Jn 18,12
c 112	Mt 26,55	ἐν ἐκείνῃ τῇ ὥρᾳ εἶπεν ὁ Ἰησοῦς τοῖς ὄχλοις·	Mk 14,48	καὶ ἀποκριθεὶς ὁ Ἰησοῦς εἶπεν αὐτοῖς·	Lk 22,52 (2) → Mt 26,47 → Mk 14,43	εἶπεν δὲ Ἰησοῦς πρὸς τοὺς παραγενομένους **ἐπ' αὐτὸν** ἀρχιερεῖς καὶ στρατηγοὺς τοῦ ἱεροῦ καὶ πρεσβυτέρους·	
c 222		**ὡς ἐπὶ λῃστὴν** ἐξήλθατε μετὰ μαχαιρῶν καὶ ξύλων συλλαβεῖν με;		**ὡς ἐπὶ λῃστὴν** ἐξήλθατε μετὰ μαχαιρῶν καὶ ξύλων συλλαβεῖν με;	→ Lk 22,54	**ὡς ἐπὶ λῃστὴν** ἐξήλθατε μετὰ μαχαιρῶν καὶ ξύλων;	
c 112		καθ' ἡμέραν ἐν τῷ ἱερῷ ἐκαθεζόμην διδάσκων καὶ οὐκ ἐκρατήσατέ **με.**	Mk 14,49	καθ' ἡμέραν ἤμην πρὸς ὑμᾶς ἐν τῷ ἱερῷ διδάσκων καὶ οὐκ ἐκρατήσατέ **με·** ...	Lk 22,53 → Mt 26,45 → Mk 14,41	καθ' ἡμέραν ὄντος μου μεθ' ὑμῶν ἐν τῷ ἱερῷ οὐκ ἐξετείνατε τὰς χεῖρας **ἐπ' ἐμέ,** ...	→ Jn 14,30 → Jn 18,20
a 020			Mk 14,51	καὶ νεανίσκος τις συνηκολούθει αὐτῷ περιβεβλημένος σινδόνα **ἐπὶ γυμνοῦ,** καὶ κρατοῦσιν αὐτόν·			
ae 112	Mt 26,73	μετὰ μικρὸν δὲ προσελθόντες οἱ ἑστῶτες εἶπον τῷ Πέτρῳ· **ἀληθῶς** καὶ σὺ ἐξ αὐτῶν εἶ, καὶ γὰρ ἡ λαλιά σου δῆλόν σε ποιεῖ.	Mk 14,70	... καὶ μετὰ μικρὸν πάλιν οἱ παρεστῶτες ἔλεγον τῷ Πέτρῳ· **ἀληθῶς** ἐξ αὐτῶν εἶ, καὶ γὰρ Γαλιλαῖος εἶ.	Lk 22,59	καὶ διαστάσης ὡσεὶ ὥρας μιᾶς ἄλλος τις διϊσχυρίζετο λέγων· **ἐπ' ἀληθείας** καὶ οὗτος μετ' αὐτοῦ ἦν, καὶ γὰρ Γαλιλαῖός ἐστιν.	→ Jn 18,26
a 211	Mt 26,64 → Mt 22,44	... ἀπ' ἄρτι ὄψεσθε *τὸν υἱὸν τοῦ ἀνθρώπου* καθήμενον ἐκ δεξιῶν τῆς δυνάμεως καὶ *ἐρχόμενον* ***ἐπὶ τῶν νεφελῶν τοῦ οὐρανοῦ.*** ➤ Dan 7,13	Mk 14,62 → Mk 12,36	... ὄψεσθε *τὸν υἱὸν τοῦ ἀνθρώπου* ἐκ δεξιῶν καθήμενον τῆς δυνάμεως καὶ *ἐρχόμενον* ***μετὰ τῶν νεφελῶν τοῦ οὐρανοῦ.*** ➤ Dan 7,13	Lk 22,69 → Lk 20,42	ἀπὸ τοῦ νῦν δὲ ἔσται ὁ υἱὸς τοῦ ἀνθρώπου καθήμενος ἐκ δεξιῶν τῆς δυνάμεως τοῦ θεοῦ.	→ Acts 7,56
c 112	Mt 27,2	καὶ δήσαντες αὐτὸν ἀπήγαγον καὶ παρέδωκαν **Πιλάτῳ τῷ ἡγεμόνι.**	Mk 15,1	... δήσαντες τὸν Ἰησοῦν ἀπήνεγκαν καὶ παρέδωκαν **Πιλάτῳ.**	Lk 23,1	καὶ ἀναστὰν ἅπαν τὸ πλῆθος αὐτῶν ἤγαγον αὐτὸν **ἐπὶ τὸν Πιλᾶτον.**	→ Jn 18,28
a 200	Mt 27,19	καθημένου δὲ αὐτοῦ **ἐπὶ τοῦ βήματος** ἀπέστειλεν πρὸς αὐτὸν ἡ γυνὴ αὐτοῦ ...					
c 200	Mt 27,25 (2)	καὶ ἀποκριθεὶς πᾶς ὁ λαὸς εἶπεν· τὸ αἷμα αὐτοῦ **ἐφ' ἡμᾶς**					→ Acts 5,28 → Acts 18,6
c 200		καὶ **ἐπὶ τὰ τέκνα ἡμῶν.**					

c 210	Mt 27,27 ↓ Lk 23,11	τότε οἱ στρατιῶται τοῦ ἡγεμόνος παραλαβόντες τὸν Ἰησοῦν εἰς τὸ πραιτώριον συνήγαγον **ἐπ᾽ αὐτὸν** ὅλην τὴν σπεῖραν.	Mk 15,16 ↓ Lk 23,11	οἱ δὲ στρατιῶται ἀπήγαγον αὐτὸν ἔσω τῆς αὐλῆς, ὅ ἐστιν πραιτώριον, καὶ συγκαλοῦσιν ὅλην τὴν σπεῖραν.			
ab 210	Mt 27,29	καὶ πλέξαντες στέφανον ἐξ ἀκανθῶν ἐπέθηκαν **ἐπὶ τῆς κεφαλῆς αὐτοῦ** ...	Mk 15,17	... καὶ περιτιθέασιν αὐτῷ πλέξαντες ἀκάνθινον στέφανον·	Lk 23,11 ↑ Mt 27,27 ↑ Mk 15,16	ἐξουθενήσας δὲ αὐτὸν [καὶ] ὁ Ἡρῴδης σὺν τοῖς στρατεύμασιν αὐτοῦ ...	→ Jn 19,2
c 002 c 002 c 002					Lk 23,28 (3)	... θυγατέρες Ἰερουσαλήμ, μὴ κλαίετε **ἐπ᾽ ἐμέ·** πλὴν **ἐφ᾽ ἑαυτὰς** κλαίετε καὶ **ἐπὶ τὰ τέκνα ὑμῶν**	
c 002					Lk 23,30	τότε ἄρξονται *λέγειν τοῖς ὄρεσιν· πέσετε* ***ἐφ᾽ ἡμᾶς,*** *καὶ τοῖς βουνοῖς· καλύψατε ἡμᾶς·* ➤ Hos 10,8	
c 122	Mt 27,33	καὶ ἐλθόντες **εἰς τόπον λεγόμενον Γολγοθᾶ,** ὅ ἐστιν Κρανίου Τόπος λεγόμενος	Mk 15,22	καὶ φέρουσιν αὐτὸν **ἐπὶ τὸν Γολγοθᾶν τόπον,** ὅ ἐστιν μεθερμηνευόμενον Κρανίου Τόπος.	Lk 23,33	καὶ ὅτε ἦλθον **ἐπὶ τὸν τόπον** τὸν καλούμενον Κρανίον, ...	→ Jn 19,17
c 121	Mt 27,35	... *διεμερίσαντο τὰ ἱμάτια αὐτοῦ βάλλοντες κλῆρον* ➤ Ps 22,19	Mk 15,24	... *διαμερίζονται τὰ ἱμάτια αὐτοῦ βάλλοντες κλῆρον* ***ἐπ᾽ αὐτὰ*** τίς τί ἄρῃ. ➤ Ps 22,19	Lk 23,34	... *διαμεριζόμενοι δὲ τὰ ἱμάτια αὐτοῦ ἔβαλον κλήρους.* ➤ Ps 22,19	**→ Jn 19,24**
c 211	Mt 27,42 → Mt 26,63	[41] ὁμοίως καὶ οἱ ἀρχιερεῖς ἐμπαίζοντες μετὰ τῶν γραμματέων καὶ πρεσβυτέρων ἔλεγον· [42] ἄλλους ἔσωσεν, ἑαυτὸν οὐ δύναται σῶσαι· βασιλεὺς Ἰσραήλ ἐστιν, καταβάτω νῦν ἀπὸ τοῦ σταυροῦ καὶ πιστεύσομεν **ἐπ᾽ αὐτόν.**	Mk 15,32 → Mk 14,61	[31] ὁμοίως καὶ οἱ ἀρχιερεῖς ἐμπαίζοντες πρὸς ἀλλήλους μετὰ τῶν γραμματέων ἔλεγον· ἄλλους ἔσωσεν, ἑαυτὸν οὐ δύναται σῶσαι· [32] ὁ χριστὸς ὁ βασιλεὺς Ἰσραὴλ καταβάτω νῦν ἀπὸ τοῦ σταυροῦ, ἵνα ἴδωμεν καὶ πιστεύσωμεν. ...	Lk 23,35 → Lk 22,67 Lk 23,37 → Mt 27,40 → Mk 15,30	... ἐξεμυκτήριζον δὲ καὶ οἱ ἄρχοντες λέγοντες· ἄλλους ἔσωσεν, σωσάτω ἑαυτόν, εἰ οὗτός ἐστιν ὁ χριστὸς τοῦ θεοῦ ὁ ἐκλεκτός. [36] ... οἱ στρατιῶται προσερχόμενοι, ... [37] καὶ λέγοντες· εἰ σὺ εἶ ὁ βασιλεὺς τῶν Ἰουδαίων, σῶσον σεαυτόν.	
c 200	Mt 27,43 → Mt 26,63 → Mk 14,61-62 → Lk 22,70	*πέποιθεν* ***ἐπὶ τὸν θεόν,*** *ῥυσάσθω νῦν εἰ θέλει αὐτόν·* εἶπεν γὰρ ὅτι θεοῦ εἰμι υἱός. ➤ Ps 22,9					

b 112	**Mt 27,37**	καὶ ἐπέθηκαν ἐπάνω τῆς κεφαλῆς αὐτοῦ τὴν αἰτίαν αὐτοῦ γεγραμμένην· οὗτός ἐστιν Ἰησοῦς ὁ βασιλεὺς τῶν Ἰουδαίων.	**Mk 15,26**	καὶ ἦν ἡ ἐπιγραφὴ τῆς αἰτίας αὐτοῦ ἐπιγεγραμμένη· ὁ βασιλεὺς τῶν Ἰουδαίων.	**Lk 23,38**	ἦν δὲ καὶ ἐπιγραφὴ **ἐπ' αὐτῷ·** ὁ βασιλεὺς τῶν Ἰουδαίων οὗτος.	→ **Jn 19,19**
c 222	**Mt 27,45**	ἀπὸ δὲ ἕκτης ὥρας σκότος ἐγένετο **ἐπὶ πᾶσαν τὴν γῆν** ἕως ὥρας ἐνάτης.	**Mk 15,33**	καὶ γενομένης ὥρας ἕκτης σκότος ἐγένετο **ἐφ' ὅλην τὴν γῆν** ἕως ὥρας ἐνάτης.	**Lk 23,44** → Lk 23,45	καὶ ἦν ἤδη ὡσεὶ ὥρα ἕκτη καὶ σκότος ἐγένετο **ἐφ' ὅλην τὴν γῆν** ἕως ὥρας ἐνάτης	
c 002					**Lk 23,48** → Lk 23,35	καὶ πάντες οἱ συμπαραγενόμενοι ὄχλοι **ἐπὶ τὴν θεωρίαν ταύτην,** θεωρήσαντες τὰ γενόμενα, τύπτοντες τὰ στήθη ὑπέστρεφον.	
c 121	**Mt 27,60**	καὶ ἔθηκεν αὐτὸ ἐν τῷ καινῷ αὐτοῦ μνημείῳ ὃ ἐλατόμησεν ἐν τῇ πέτρᾳ καὶ προσκυλίσας λίθον μέγαν **τῇ θύρᾳ** **τοῦ μνημείου** ἀπῆλθεν.	**Mk 15,46**	... καὶ ἔθηκεν αὐτὸν ἐν μνημείῳ ὃ ἦν λελατομημένον ἐκ πέτρας καὶ προσεκύλισεν λίθον **ἐπὶ τὴν θύραν** **τοῦ μνημείου.**	**Lk 23,53**	... καὶ ἔθηκεν αὐτὸν ἐν μνήματι λαξευτῷ οὗ οὐκ ἦν οὐδεὶς οὔπω κείμενος.	→ Jn 19,41
c 122	**Mt 28,1** → Mk 16,1 → Lk 24,10	... τῇ ἐπιφωσκούσῃ εἰς μίαν σαββάτων ἦλθεν Μαριὰμ ἡ Μαγδαληνὴ καὶ ἡ ἄλλη Μαρία θεωρῆσαι **τὸν τάφον.**	**Mk 16,2**	καὶ λίαν πρωῒ τῇ μιᾷ τῶν σαββάτων ἔρχονται **ἐπὶ τὸ μνημεῖον** ἀνατείλαντος τοῦ ἡλίου.	**Lk 24,1** ↓ **Lk 24,22**	τῇ δὲ μιᾷ τῶν σαββάτων ὄρθρου βαθέως **ἐπὶ τὸ μνῆμα** ἦλθον φέρουσαι ἃ ἡτοίμασαν ἀρώματα.	→ Jn 20,1
c 002					**Lk 24,12** ↓ **Lk 24,24**	ὁ δὲ Πέτρος ἀναστὰς ἔδραμεν **ἐπὶ τὸ μνημεῖον** καὶ παρακύψας βλέπει τὰ ὀθόνια μόνα, ...	→ Jn 20,3-10 → **Jn 20,7**
a 200	**Mt 28,14**	καὶ ἐὰν ἀκουσθῇ τοῦτο **ἐπὶ τοῦ ἡγεμόνος,** ἡμεῖς πείσομεν [αὐτὸν] καὶ ὑμᾶς ἀμερίμνους ποιήσομεν.					
c 002					**Lk 24,22** ↑ Mt 28,1 ↑ **Mk 16,2** ↑ **Lk 24,1**	ἀλλὰ καὶ γυναῖκές τινες ἐξ ἡμῶν ἐξέστησαν ἡμᾶς, γενόμεναι ὀρθριναὶ **ἐπὶ τὸ μνημεῖον**	→ Jn 20,1
c 002					**Lk 24,24** ↑ **Lk 24,12**	καὶ ἀπῆλθόν τινες τῶν σὺν ἡμῖν **ἐπὶ τὸ μνημεῖον,** καὶ εὗρον οὕτως καθὼς καὶ αἱ γυναῖκες εἶπον, ...	
b 002					**Lk 24,25**	... ὦ ἀνόητοι καὶ βραδεῖς τῇ καρδίᾳ τοῦ πιστεύειν **ἐπὶ πᾶσιν** οἷς ἐλάλησαν οἱ προφῆται·	
be 002					**Lk 24,47** → Mt 28,19-20	καὶ κηρυχθῆναι **ἐπὶ τῷ ὀνόματι αὐτοῦ** μετάνοιαν εἰς ἄφεσιν ἁμαρτιῶν εἰς πάντα τὰ ἔθνη. ...	

	Mt		Mk		Lk		Acts
c 002					Lk 24,49	καὶ [ἰδοὺ] ἐγὼ ἀποστέλλω τὴν ἐπαγγελίαν τοῦ πατρός μου **ἐφ' ὑμᾶς·** ὑμεῖς δὲ καθίσατε ἐν τῇ πόλει ἕως οὗ ἐνδύσησθε ἐξ ὕψους δύναμιν.	→ **Acts 1,8** → Acts 2,33
a 200	**Mt 28,18** → Mt 11,27 → Lk 10,22	... ἐδόθη μοι πᾶσα ἐξουσία ἐν οὐρανῷ καὶ **ἐπὶ [τῆς] γῆς.**					

a ἐπί with genitive (Mt 35; Mk 21; Lk 25; Acts 32)
aa ἐπί with genitive and composite verb ἀνα-
ab ἐπί with genitive and composite verb ἐπι-
ac ἐπί with genitive and composite verb κατα-
ad ἐπί with genitive and reference to time
ae ἐπ' ἀληθείας

b ἐπί with dative (Mt 18; Mk 16; Lk 35; Acts 27)
ba ἐπί with dative and composite verb ἀνα-
bb ἐπί with dative and composite verb ἐπι-
bc ἐπί with dative and composite verb κατα-
bd ἐπί with dative and reference to time
be ἐπί giving the basis for a state of being, an action or a result

c ἐπί with accusative (Mt 69; Mk 34; Lk 101; Acts 110)
ca ἐπί with accusative and composite verb ἀνα-
cb ἐπί with accusative and composite verb ἐπι-
cc ἐπί with accusative and composite verb κατα-
cd ἐπί with accusative and reference to time

cb **Acts 1,8** (→ **Lk 24,49**; → Acts 2,33)
ἀλλὰ λήμψεσθε δύναμιν ἐπελθόντος τοῦ ἁγίου πνεύματος
ἐφ' ὑμᾶς
καὶ ἔσεσθέ μου μάρτυρες ...

c **Acts 1,15**
... ἦν τε ὄχλος ὀνομάτων
ἐπὶ τὸ αὐτὸ
ὡσεὶ ἑκατὸν εἴκοσι·

c **Acts 1,21**
δεῖ οὖν τῶν συνελθόντων ἡμῖν ἀνδρῶν ἐν παντὶ χρόνῳ ᾧ εἰσῆλθεν καὶ ἐξῆλθεν
ἐφ' ἡμᾶς
ὁ κύριος Ἰησοῦς, [22] ... μάρτυρα τῆς ἀναστάσεως αὐτοῦ σὺν ἡμῖν γενέσθαι ἕνα τούτων.

c **Acts 1,26**
... καὶ ἔπεσεν ὁ κλῆρος
ἐπὶ Μαθθίαν
καὶ συγκατεψηφίσθη μετὰ τῶν ἕνδεκα ἀποστόλων.

c **Acts 2,1**
καὶ ἐν τῷ συμπληροῦσθαι τὴν ἡμέραν τῆς πεντηκοστῆς ἦσαν πάντες ὁμοῦ
ἐπὶ τὸ αὐτό.

c **Acts 2,3**
καὶ ὤφθησαν αὐτοῖς διαμεριζόμεναι γλῶσσαι ὡσεὶ πυρὸς καὶ ἐκάθισεν
ἐφ' ἕνα ἕκαστον αὐτῶν

c **Acts 2,17**
καὶ ἔσται ἐν ταῖς ἐσχάταις ἡμέραις, λέγει ὁ θεός, *ἐκχεῶ ἀπὸ τοῦ πνεύματός μου*
ἐπὶ πᾶσαν σάρκα, ...
➤ Joel 3,1 LXX

c **Acts 2,18 (2)**
καί γε
ἐπὶ τοὺς δούλους μου
καὶ
c ***ἐπὶ τὰς δούλας μου***
ἐν ταῖς ἡμέραις ἐκείναις ἐκχεῶ ἀπὸ τοῦ πνεύματός μου, ...
➤ Joel 3,2 LXX

a **Acts 2,19** (→ Lk 21,11; → **Lk 21,25**)
καὶ δώσω τέρατα ἐν τῷ οὐρανῷ ἄνω *καὶ* σημεῖα
ἐπὶ τῆς γῆς
κάτω, *αἷμα καὶ πῦρ καὶ ἀτμίδα καπνοῦ.*
➤ Joel 3,3 LXX

bc **Acts 2,26**
διὰ τοῦτο ηὐφράνθη ἡ καρδία μου καὶ ἠγαλλιάσατο ἡ γλῶσσά μου, ἔτι δὲ καὶ ἡ σάρξ μου κατασκηνώσει
ἐπ' ἐλπίδι
➤ Ps 15,9 LXX

c **Acts 2,30** (→ Lk 1,32)
προφήτης οὖν ὑπάρχων καὶ εἰδὼς ὅτι ὅρκῳ ὤμοσεν αὐτῷ ὁ θεὸς ἐκ καρποῦ τῆς ὀσφύος αὐτοῦ καθίσαι
ἐπὶ τὸν θρόνον αὐτοῦ
➤ Ps 132,11

b **Acts 2,38**
... μετανοήσατε, [φησίν,] καὶ βαπτισθήτω ἕκαστος ὑμῶν
ἐπὶ τῷ ὀνόματι Ἰησοῦ Χριστοῦ
εἰς ἄφεσιν τῶν ἁμαρτιῶν ὑμῶν ...

c **Acts 2,44**
πάντες δὲ οἱ πιστεύοντες ἦσαν
ἐπὶ τὸ αὐτὸ
καὶ εἶχον ἅπαντα κοινά

c **Acts 2,47**
... ὁ δὲ κύριος προσετίθει τοὺς σῳζομένους καθ' ἡμέραν
ἐπὶ τὸ αὐτό.

cd **Acts 3,1**
Πέτρος δὲ καὶ Ἰωάννης ἀνέβαινον εἰς τὸ ἱερὸν
ἐπὶ τὴν ὥραν τῆς προσευχῆς τὴν ἐνάτην.

b **Acts 3,10 (2)**
ἐπεγίνωσκον δὲ αὐτὸν ὅτι αὐτὸς ἦν ὁ πρὸς τὴν ἐλεημοσύνην καθήμενος
ἐπὶ τῇ ὡραίᾳ πύλῃ τοῦ ἱεροῦ
be καὶ ἐπλήσθησαν θάμβους καὶ ἐκστάσεως
ἐπὶ τῷ συμβεβηκότι
αὐτῷ.

b **Acts 3,11**
κρατοῦντος δὲ αὐτοῦ τὸν Πέτρον καὶ τὸν Ἰωάννην συνέδραμεν πᾶς ὁ λαὸς πρὸς αὐτοὺς
ἐπὶ τῇ στοᾷ
τῇ καλουμένῃ Σολομῶντος ἔκθαμβοι.

be **Acts 3,12**
... ἄνδρες Ἰσραηλῖται, τί θαυμάζετε
ἐπὶ τούτῳ
ἢ ἡμῖν τί ἀτενίζετε ...

be **Acts 3,16**
καὶ
ἐπὶ τῇ πίστει τοῦ ὀνόματος αὐτοῦ
τοῦτον ὃν θεωρεῖτε καὶ οἴδατε, ἐστερέωσεν τὸ ὄνομα αὐτοῦ, ...

cd **Acts 4,5** ἐγένετο δὲ
ἐπὶ τὴν αὔριον
συναχθῆναι αὐτῶν τοὺς ἄρχοντας καὶ τοὺς πρεσβυτέρους καὶ τοὺς γραμματεῖς ἐν Ἰερουσαλὴμ

ba be **Acts 4,9** εἰ ἡμεῖς σήμερον ἀνακρινόμεθα
ἐπὶ εὐεργεσίᾳ ἀνθρώπου ἀσθενοῦς
ἐν τίνι οὗτος σέσωται

c **Acts 4,17 (2)** ἀλλ᾽ ἵνα
μὴ ἐπὶ πλεῖον
διανεμηθῇ εἰς τὸν λαόν ἀπειλησώμεθα αὐτοῖς
b μηκέτι λαλεῖν
ἐπὶ τῷ ὀνόματι τούτῳ
μηδενὶ ἀνθρώπων.

b **Acts 4,18** καὶ καλέσαντες αὐτοὺς παρήγγειλαν τὸ καθόλου μὴ φθέγγεσθαι μηδὲ διδάσκειν
ἐπὶ τῷ ὀνόματι τοῦ Ἰησοῦ.

be **Acts 4,21** ... ὅτι πάντες ἐδόξαζον τὸν θεὸν
ἐπὶ τῷ γεγονότι·

c **Acts 4,22** ἐτῶν γὰρ ἦν πλειόνων τεσσεράκοντα ὁ ἄνθρωπος
ἐφ᾽ ὃν
γεγόνει τὸ σημεῖον τοῦτο τῆς ἰάσεως.

c **Acts 4,26** *παρέστησαν οἱ βασιλεῖς τῆς γῆς καὶ οἱ ἄρχοντες συνήχθησαν*
ἐπὶ τὸ αὐτὸ
κατὰ τοῦ κυρίου καὶ κατὰ τοῦ χριστοῦ αὐτοῦ.
➤ Ps 2,2 LXX

ae **Acts 4,27 (2)** συνήχθησαν γὰρ
ἐπ᾽ ἀληθείας
ἐν τῇ πόλει ταύτῃ
c **ἐπὶ τὸν ἅγιον παῖδά σου Ἰησοῦν**
ὃν ἔχρισας, Ἡρῴδης τε καὶ Πόντιος Πιλᾶτος σὺν ἔθνεσιν καὶ λαοῖς Ἰσραήλ

cb **Acts 4,29** καὶ τὰ νῦν, κύριε, ἔπιδε
ἐπὶ τὰς ἀπειλὰς αὐτῶν
καὶ δὸς τοῖς δούλοις σου μετὰ παρρησίας πάσης λαλεῖν τὸν λόγον σου

c **Acts 4,33** καὶ δυνάμει μεγάλῃ ἀπεδίδουν τὸ μαρτύριον οἱ ἀπόστολοι τῆς ἀναστάσεως τοῦ κυρίου Ἰησοῦ, χάρις τε μεγάλη ἦν
ἐπὶ πάντας αὐτούς.

c **Acts 5,5** ἀκούων δὲ ὁ Ἁνανίας τοὺς λόγους τούτους πεσὼν ἐξέψυξεν, καὶ ἐγένετο φόβος μέγας
ἐπὶ πάντας τοὺς ἀκούοντας.

b **Acts 5,9** ... ἰδοὺ οἱ πόδες τῶν θαψάντων τὸν ἄνδρα σου
ἐπὶ τῇ θύρᾳ
καὶ ἐξοίσουσίν σε.

c **Acts 5,11 (2)** καὶ ἐγένετο φόβος μέγας
ἐφ᾽ ὅλην τὴν ἐκκλησίαν
c καὶ
ἐπὶ πάντας τοὺς ἀκούοντας
ταῦτα.

a **Acts 5,15** ὥστε καὶ εἰς τὰς πλατείας ἐκφέρειν τοὺς ἀσθενεῖς καὶ τιθέναι
ἐπὶ κλιναρίων καὶ κραβάττων,
ἵνα ἐρχομένου Πέτρου κἂν ἡ σκιὰ ἐπισκιάσῃ τινὶ αὐτῶν.

cb **Acts 5,18** καὶ ἐπέβαλον τὰς χεῖρας
ἐπὶ τοὺς ἀποστόλους
καὶ ἔθεντο αὐτοὺς ἐν τηρήσει δημοσίᾳ.

a **Acts 5,23** ... τὸ δεσμωτήριον εὕρομεν κεκλεισμένον ἐν πάσῃ ἀσφαλείᾳ καὶ τοὺς φύλακας ἑστῶτας
ἐπὶ τῶν θυρῶν,
ἀνοίξαντες δὲ ἔσω οὐδένα εὕρομεν.

b **Acts 5,28 (2)** ... [οὐ] παραγγελίᾳ παρηγγείλαμεν ὑμῖν μὴ διδάσκειν
ἐπὶ τῷ ὀνόματι τούτῳ,
cb →Mt 27,25 καὶ ἰδοὺ πεπληρώκατε τὴν Ἰερουσαλὴμ τῆς διδαχῆς ὑμῶν καὶ βούλεσθε ἐπαγαγεῖν
ἐφ᾽ ἡμᾶς
τὸ αἷμα τοῦ ἀνθρώπου τούτου.

a **Acts 5,30** ὁ θεὸς τῶν πατέρων ἡμῶν ἤγειρεν Ἰησοῦν ὃν ὑμεῖς διεχειρίσασθε κρεμάσαντες
ἐπὶ ξύλου·

be **Acts 5,35** ... ἄνδρες Ἰσραηλῖται, προσέχετε ἑαυτοῖς
ἐπὶ τοῖς ἀνθρώποις τούτοις
τί μέλλετε πράσσειν.

b **Acts 5,40** καὶ προσκαλεσάμενοι τοὺς ἀποστόλους δείραντες παρήγγειλαν μὴ λαλεῖν
ἐπὶ τῷ ὀνόματι τοῦ Ἰησοῦ
καὶ ἀπέλυσαν.

ac **Acts 6,3** ἐπισκέψασθε δέ, ἀδελφοί, ἄνδρας ἐξ ὑμῶν μαρτυρουμένους ἑπτά, πλήρεις πνεύματος καὶ σοφίας, οὓς καταστήσομεν
ἐπὶ τῆς χρείας ταύτης

cc **Acts 7,10 (2)** ... καὶ κατέστησεν αὐτὸν ἡγούμενον
ἐπ᾽ Αἴγυπτον
cc καὶ
[ἐφ᾽] ὅλον τὸν οἶκον αὐτοῦ.

c **Acts 7,11** ἦλθεν δὲ λιμὸς
ἐφ᾽ ὅλην τὴν Αἴγυπτον
καὶ Χανάαν καὶ θλῖψις μεγάλη, ...

ca **Acts 7,18** ἄχρι οὗ *ἀνέστη βασιλεὺς ἕτερος*
[ἐπ᾽ Αἴγυπτον]
ὃς οὐκ ᾔδει τὸν Ἰωσήφ.
➤ Exod 1,8 LXX

ca **Acts 7,23** ... ἀνέβη
ἐπὶ τὴν καρδίαν αὐτοῦ
ἐπισκέψασθαι τοὺς ἀδελφοὺς αὐτοῦ τοὺς υἱοὺς Ἰσραήλ.

ac **Acts 7,27** ... *τίς σε κατέστησεν ἄρχοντα καὶ δικαστὴν*
ἐφ᾽ ἡμῶν;
➤ Exod 2,14

b **Acts 7,33** ... *λῦσον τὸ ὑπόδημα τῶν ποδῶν σου, ὁ γὰρ τόπος*
ἐφ᾽ ᾧ
ἕστηκας γῆ ἁγία ἐστίν.
➤ Exod 3,5

c **Acts 7,54** ἀκούοντες δὲ ταῦτα διεπρίοντο ταῖς καρδίαις αὐτῶν καὶ ἔβρυχον τοὺς ὀδόντας
ἐπ᾽ αὐτόν.

c **Acts 7,57** κράξαντες δὲ φωνῇ μεγάλῃ συνέσχον τὰ ὦτα αὐτῶν καὶ ὥρμησαν ὁμοθυμαδὸν
ἐπ᾽ αὐτόν

c **Acts 8,1** ... ἐγένετο δὲ ἐν ἐκείνῃ τῇ ἡμέρᾳ διωγμὸς μέγας
ἐπὶ τὴν ἐκκλησίαν
τὴν ἐν Ἱεροσολύμοις, ...

be **Acts 8,2** συνεκόμισαν δὲ τὸν Στέφανον ἄνδρες εὐλαβεῖς καὶ ἐποίησαν κοπετὸν μέγαν
ἐπ᾽ αὐτῷ.

bb **Acts 8,16** οὐδέπω γὰρ ἦν
ἐπ᾽ οὐδενὶ αὐτῶν
ἐπιπεπτωκός, μόνον δὲ βεβαπτισμένοι ὑπῆρχον εἰς τὸ ὄνομα τοῦ κυρίου Ἰησοῦ.

cb **Acts 8,17** τότε ἐπετίθεσαν τὰς χεῖρας
ἐπ' αὐτοὺς
καὶ ἐλάμβανον πνεῦμα ἅγιον.

cb **Acts 8,24** ... δεήθητε ὑμεῖς ὑπὲρ ἐμοῦ πρὸς τὸν κύριον ὅπως μηδὲν ἐπέλθῃ
ἐπ' ἐμὲ
ὧν εἰρήκατε.

c **Acts 8,26** ... ἀνάστηθι καὶ πορεύου κατὰ μεσημβρίαν
ἐπὶ τὴν ὁδὸν
τὴν καταβαίνουσαν ἀπὸ Ἰερουσαλὴμ εἰς Γάζαν, ...

a **Acts 8,27** ... καὶ ἰδοὺ ἀνὴρ Αἰθίοψ εὐνοῦχος δυνάστης Κανδάκης βασιλίσσης Αἰθιόπων, ὃς ἦν
ἐπὶ πάσης τῆς γάζης αὐτῆς,
ὃς ἐληλύθει προσκυνήσων εἰς Ἰερουσαλήμ,

a **Acts 8,28** ἦν τε ὑποστρέφων καὶ καθήμενος
ἐπὶ τοῦ ἅρματος αὐτοῦ
καὶ ἀνεγίνωσκεν τὸν προφήτην Ἠσαΐαν.

c **Acts 8,32** ... *ὡς πρόβατον*
ἐπὶ σφαγὴν
ἤχθη καὶ ὡς ἀμνὸς ἐναντίον τοῦ κείραντος αὐτὸν ἄφωνος, ...
➢ Isa 53,7

c **Acts 8,36** ὡς δὲ ἐπορεύοντο κατὰ τὴν ὁδόν, ἦλθον
ἐπί τι ὕδωρ,
καί φησιν ὁ εὐνοῦχος· ἰδοὺ ὕδωρ, τί κωλύει με βαπτισθῆναι;

c **Acts 9,4** καὶ πεσὼν
ἐπὶ τὴν γῆν
ἤκουσεν φωνὴν λέγουσαν αὐτῷ· Σαοὺλ Σαούλ, τί με διώκεις;

c **Acts 9,11** ... ἀναστὰς πορεύθητι
ἐπὶ τὴν ῥύμην
τὴν καλουμένην Εὐθεῖαν ...

cb **Acts 9,17** ἀπῆλθεν δὲ Ἁνανίας καὶ εἰσῆλθεν εἰς τὴν οἰκίαν καὶ ἐπιθεὶς
ἐπ' αὐτὸν
τὰς χεῖρας εἶπεν· Σαοὺλ ἀδελφέ, ...

c **Acts 9,21** ... καὶ ὧδε εἰς τοῦτο ἐληλύθει ἵνα δεδεμένους αὐτοὺς ἀγάγῃ
ἐπὶ τοὺς ἀρχιερεῖς;

ac **Acts 9,33** εὗρεν δὲ ἐκεῖ ἄνθρωπόν τινα ὀνόματι Αἰνέαν ἐξ ἐτῶν ὀκτὼ κατακείμενον
ἐπὶ κραβάττου,
ὃς ἦν παραλελυμένος.

cb **Acts 9,35** καὶ εἶδαν αὐτὸν πάντες οἱ κατοικοῦντες Λύδδα καὶ τὸν Σαρῶνα, οἵτινες ἐπέστρεψαν
ἐπὶ τὸν κύριον.

c **Acts 9,42** γνωστὸν δὲ ἐγένετο καθ' ὅλης τῆς Ἰόππης καὶ ἐπίστευσαν πολλοὶ
ἐπὶ τὸν κύριον.

ca **Acts 10,9** ... ἀνέβη Πέτρος
ἐπὶ τὸ δῶμα
προσεύξασθαι περὶ ὥραν ἕκτην.

c **Acts 10,10** ... παρασκευαζόντων δὲ αὐτῶν ἐγένετο
ἐπ' αὐτὸν
ἔκστασις

ac **Acts 10,11** ... καὶ καταβαῖνον σκεῦός τι ὡς ὀθόνην μεγάλην τέσσαρσιν ἀρχαῖς καθιέμενον
ἐπὶ τῆς γῆς

c **Acts 10,16** τοῦτο δὲ ἐγένετο
ἐπὶ τρὶς
καὶ εὐθὺς ἀνελήμφθη τὸ σκεῦος εἰς τὸν οὐρανόν.

cb **Acts 10,17** ... ἰδοὺ οἱ ἄνδρες οἱ ἀπεσταλμένοι ὑπὸ τοῦ Κορνηλίου διερωτήσαντες τὴν οἰκίαν τοῦ Σίμωνος ἐπέστησαν
ἐπὶ τὸν πυλῶνα

c **Acts 10,25** ... συναντήσας αὐτῷ ὁ Κορνήλιος πεσὼν
ἐπὶ τοὺς πόδας
προσεκύνησεν.

ac *ae* **Acts 10,34** ἀνοίξας δὲ Πέτρος τὸ στόμα εἶπεν·
ἐπ' ἀληθείας
καταλαμβάνομαι ὅτι οὐκ ἔστιν προσωπολήμπτης ὁ θεός

a **Acts 10,39** ... ὃν καὶ ἀνεῖλαν κρεμάσαντες
ἐπὶ ξύλου

cb **Acts 10,44** ... ἐπέπεσεν τὸ πνεῦμα τὸ ἅγιον
ἐπὶ πάντας τοὺς ἀκούοντας
τὸν λόγον.

c **Acts 10,45** ... καὶ
ἐπὶ τὰ ἔθνη
ἡ δωρεὰ τοῦ ἁγίου πνεύματος ἐκκέχυται·

c **Acts 11,10** τοῦτο δὲ ἐγένετο
ἐπὶ τρίς,
καὶ ἀνεσπάσθη πάλιν ἅπαντα εἰς τὸν οὐρανόν.

cb **Acts 11,11** καὶ ἰδοὺ ἐξαυτῆς τρεῖς ἄνδρες ἐπέστησαν
ἐπὶ τὴν οἰκίαν
ἐν ᾗ ἦμεν, ...

cb **Acts 11,15 (2)** ἐν δὲ τῷ ἄρξασθαί με λαλεῖν ἐπέπεσεν τὸ πνεῦμα τὸ ἅγιον
ἐπ' αὐτοὺς
cb **ὥσπερ καὶ ἐφ' ἡμᾶς**
ἐν ἀρχῇ.

c **Acts 11,17** εἰ οὖν τὴν ἴσην δωρεὰν ἔδωκεν αὐτοῖς ὁ θεὸς ὡς καὶ ἡμῖν πιστεύσασιν
ἐπὶ τὸν κύριον Ἰησοῦν Χριστόν,
ἐγὼ τίς ἤμην δυνατὸς κωλῦσαι τὸν θεόν;

be **Acts 11,19** οἱ μὲν οὖν διασπαρέντες ἀπὸ τῆς θλίψεως τῆς γενομένης
ἐπὶ Στεφάνῳ
διῆλθον ἕως Φοινίκης καὶ Κύπρου καὶ Ἀντιοχείας ...

cb **Acts 11,21** ... πολύς τε ἀριθμὸς ὁ πιστεύσας ἐπέστρεψεν
ἐπὶ τὸν κύριον.

c **Acts 11,28 (2)** ... Ἅγαβος ἐσήμανεν διὰ τοῦ πνεύματος λιμὸν μεγάλην μέλλειν ἔσεσθαι
ἐφ' ὅλην τὴν οἰκουμένην,
ad ἥτις ἐγένετο
ἐπὶ Κλαυδίου.

c **Acts 12,10** διελθόντες δὲ πρώτην φυλακὴν καὶ δευτέραν ἦλθαν
ἐπὶ τὴν πύλην τὴν σιδηρᾶν ...

c **Acts 12,12** συνιδών τε ἦλθεν
ἐπὶ τὴν οἰκίαν τῆς Μαρίας
τῆς μητρὸς Ἰωάννου τοῦ ἐπικαλουμένου Μάρκου, ...

a **Acts 12,20** ... ὁμοθυμαδὸν δὲ παρῆσαν πρὸς αὐτὸν καὶ πείσαντες Βλάστον,
τὸν ἐπὶ τοῦ κοιτῶνος τοῦ βασιλέως, ...

a **Acts 12,21** τακτῇ δὲ ἡμέρᾳ ὁ Ἡρῴδης ἐνδυσάμενος ἐσθῆτα βασιλικὴν [καὶ] καθίσας
ἐπὶ τοῦ βήματος
ἐδημηγόρει πρὸς αὐτούς

c **Acts 13,11 (2)** καὶ νῦν ἰδοὺ χεὶρ κυρίου
ἐπὶ σὲ
καὶ ἔσῃ τυφλὸς μὴ βλέπων τὸν ἥλιον ἄχρι καιροῦ.
c παραχρῆμά τε ἔπεσεν
ἐπ' αὐτὸν
ἀχλὺς καὶ σκότος καὶ περιάγων ἐζήτει χειραγωγούς.

be **Acts 13,12** τότε ἰδὼν ὁ ἀνθύπατος τὸ γεγονὸς ἐπίστευσεν ἐκπλησσόμενος
ἐπὶ τῇ διδαχῇ τοῦ κυρίου.

cd **Acts 13,31** ὃς ὤφθη
ἐπὶ ἡμέρας πλείους
τοῖς συναναβᾶσιν αὐτῷ ἀπὸ τῆς Γαλιλαίας εἰς Ἰερουσαλήμ, ...

cb **Acts 13,50** ... ἐπήγειραν διωγμὸν
ἐπὶ τὸν Παῦλον καὶ Βαρναβᾶν
καὶ ἐξέβαλον αὐτοὺς ἀπὸ τῶν ὁρίων αὐτῶν.

c **Acts 13,51** → Mt 10,14 → Mk 6,11 → **Lk 9,5** → Lk 10,11 οἱ δὲ ἐκτιναξάμενοι τὸν κονιορτὸν τῶν ποδῶν
ἐπ᾿ αὐτοὺς
ἦλθον εἰς Ἰκόνιον

be **Acts 14,3** **(2)** ἱκανὸν μὲν οὖν χρόνον διέτριψαν παρρησιαζόμενοι
ἐπὶ τῷ κυρίῳ
τῷ μαρτυροῦντι

b **[ἐπὶ] τῷ λόγῳ τῆς χάριτος αὐτοῦ,**
διδόντι σημεῖα καὶ τέρατα γίνεσθαι διὰ τῶν χειρῶν αὐτῶν.

ca **Acts 14,10** ... ἀνάστηθι
ἐπὶ τοὺς πόδας σου ὀρθός.
καὶ ἥλατο καὶ περιεπάτει.

c **Acts 14,13** ὅ τε ἱερεὺς τοῦ Διὸς τοῦ ὄντος πρὸ τῆς πόλεως ταύρους καὶ στέμματα
ἐπὶ τοὺς πυλῶνας
ἐνέγκας σὺν τοῖς ὄχλοις ἤθελεν θύειν.

cb **Acts 14,15** ... καὶ ἡμεῖς ὁμοιοπαθεῖς ἐσμεν ὑμῖν ἄνθρωποι εὐαγγελιζόμενοι ὑμᾶς ἀπὸ τούτων τῶν ματαίων ἐπιστρέφειν
ἐπὶ θεὸν ζῶντα, ...

cb **Acts 15,10** νῦν οὖν τί πειράζετε τὸν θεόν ἐπιθεῖναι ζυγὸν
ἐπὶ τὸν τράχηλον τῶν μαθητῶν
ὃν οὔτε οἱ πατέρες ἡμῶν οὔτε ἡμεῖς ἰσχύσαμεν βαστάσαι;

cb **Acts 15,17** **(2)** *ὅπως ἂν ἐκζητήσωσιν οἱ κατάλοιποι τῶν ἀνθρώπων τὸν κύριον καὶ πάντα τὰ ἔθνη*
ἐφ᾿ οὓς
ἐπικέκληται τὸ ὄνομά μου

cb ***ἐπ᾿ αὐτούς,***
λέγει κύριος ποιῶν ταῦτα
➤ Amos 9,12 LXX

cb **Acts 15,19** διὸ ἐγὼ κρίνω μὴ παρενοχλεῖν τοῖς ἀπὸ τῶν ἐθνῶν ἐπιστρέφουσιν
ἐπὶ τὸν θεόν

be **Acts 15,31** ἀναγνόντες δὲ ἐχάρησαν
ἐπὶ τῇ παρακλήσει.

cd **Acts 16,18** τοῦτο δὲ ἐποίει
ἐπὶ πολλὰς ἡμέρας. ...

c **Acts 16,19** ... ἐπιλαβόμενοι τὸν Παῦλον καὶ τὸν Σιλᾶν εἵλκυσαν εἰς τὴν ἀγορὰν
ἐπὶ τοὺς ἄρχοντας

c **Acts 16,31** ... πίστευσον
ἐπὶ τὸν κύριον Ἰησοῦν
καὶ σωθήσῃ σὺ καὶ ὁ οἶκός σου.

cd **Acts 17,2** κατὰ δὲ τὸ εἰωθὸς τῷ Παύλῳ εἰσῆλθεν πρὸς αὐτοὺς καὶ
ἐπὶ σάββατα τρία
διελέξατο αὐτοῖς ἀπὸ τῶν γραφῶν

c **Acts 17,6** ... ἔσυρον Ἰάσονα καί τινας ἀδελφοὺς
ἐπὶ τοὺς πολιτάρχας
βοῶντες ...

c **Acts 17,14** εὐθέως δὲ τότε τὸν Παῦλον ἐξαπέστειλαν οἱ ἀδελφοὶ πορεύεσθαι
ἕως ἐπὶ τὴν θάλασσαν,
ὑπέμεινάν τε ὅ τε Σιλᾶς καὶ ὁ Τιμόθεος ἐκεῖ.

c **Acts 17,19** ἐπιλαβόμενοί τε αὐτοῦ
ἐπὶ τὸν Ἄρειον πάγον
ἤγαγον λέγοντες· ...

ac **Acts 17,26** ἐποίησέν τε ἐξ ἑνὸς πᾶν ἔθνος ἀνθρώπων κατοικεῖν
ἐπὶ παντὸς προσώπου τῆς γῆς,
ὁρίσας προστεταγμένους καιροὺς καὶ τὰς ὁροθεσίας τῆς κατοικίας αὐτῶν

c **Acts 18,6** → Mt 10,14 → Mk 6,11 → **Lk 9,5** → Lk 10,11 → **Mt 27,25** → Acts 20,26 ... ἐκτιναξάμενος τὰ ἱμάτια εἶπεν πρὸς αὐτούς· τὸ αἷμα ὑμῶν
ἐπὶ τὴν κεφαλὴν ὑμῶν·
καθαρὸς ἐγώ ἀπὸ τοῦ νῦν εἰς τὰ ἔθνη πορεύσομαι.

c **Acts 18,12** Γαλλίωνος δὲ ἀνθυπάτου ὄντος τῆς Ἀχαΐας κατεπέστησαν ὁμοθυμαδὸν οἱ Ἰουδαῖοι τῷ Παύλῳ καὶ ἤγαγον αὐτὸν
ἐπὶ τὸ βῆμα

cd **Acts 18,20** ἐρωτώντων δὲ αὐτῶν
ἐπὶ πλείονα χρόνον
μεῖναι οὐκ ἐπένευσεν

c **Acts 19,6** καὶ ἐπιθέντος αὐτοῖς τοῦ Παύλου [τὰς] χεῖρας ἦλθε τὸ πνεῦμα τὸ ἅγιον
ἐπ᾿ αὐτούς, ...

cd **Acts 19,8** εἰσελθὼν δὲ εἰς τὴν συναγωγὴν ἐπαρρησιάζετο
ἐπὶ μῆνας τρεῖς
διαλεγόμενος ...

cd **Acts 19,10** τοῦτο δὲ ἐγένετο
ἐπὶ ἔτη δύο,
ὥστε πάντας τοὺς κατοικοῦντας τὴν Ἀσίαν ἀκοῦσαι τὸν λόγον τοῦ κυρίου, ...

c **Acts 19,12** ὥστε καὶ
ἐπὶ τοὺς ἀσθενοῦντας
ἀποφέρεσθαι ἀπὸ τοῦ χρωτὸς αὐτοῦ σουδάρια ἢ σιμικίνθια ...

c **Acts 19,13** → Lk 9,49 ἐπεχείρησαν δέ τινες καὶ τῶν περιερχομένων Ἰουδαίων ἐξορκιστῶν ὀνομάζειν
ἐπὶ τοὺς ἔχοντας
τὰ πνεύματα τὰ πονηρὰ τὸ ὄνομα τοῦ κυρίου Ἰησοῦ ...

c **Acts 19,16** καὶ ἐφαλόμενος ὁ ἄνθρωπος
ἐπ᾿ αὐτοὺς
ἐν ᾧ ἦν τὸ πνεῦμα τὸ πονηρὸν κατακυριεύσας ἀμφοτέρων ἴσχυσεν κατ᾿ αὐτῶν ...

cb **Acts 19,17** ... καὶ ἐπέπεσεν φόβος
ἐπὶ πάντας αὐτοὺς
καὶ ἐμεγαλύνετο τὸ ὄνομα τοῦ κυρίου Ἰησοῦ.

cd **Acts 19,34** ... φωνὴ ἐγένετο μία ἐκ πάντων ὡς
ἐπὶ ὥρας δύο
κραζόντων· μεγάλη ἡ Ἄρτεμις Ἐφεσίων.

a **Acts 20,9** **(2)** καθεζόμενος δέ τις νεανίας ὀνόματι Εὔτυχος
ἐπὶ τῆς θυρίδος,
καταφερόμενος ὕπνῳ βαθεῖ διαλεγομένου τοῦ Παύλου

cd **ἐπὶ πλεῖον,**
κατενεχθεὶς ἀπὸ τοῦ ὕπνου ἔπεσεν ἀπὸ τοῦ τριστέγου κάτω καὶ ἤρθη νεκρός.

cd **Acts 20,11** ἀναβὰς δὲ καὶ κλάσας τὸν ἄρτον καὶ γευσάμενος
ἐφ᾿ ἱκανόν
τε ὁμιλήσας ἄχρι αὐγῆς, οὕτως ἐξῆλθεν.

c **Acts 20,13 (2)** ἡμεῖς δὲ προελθόντες
ἐπὶ τὸ πλοῖον
ca ἀνήχθημεν
ἐπὶ τὴν ⸆Ἄσσον
ἐκεῖθεν μέλλοντες ἀναλαμβάνειν τὸν Παῦλον· ...

cb **Acts 20,37** ἱκανὸς δὲ κλαυθμὸς ἐγένετο πάντων καὶ ἐπιπεσόντες
ἐπὶ τὸν τράχηλον τοῦ Παύλου
κατεφίλουν αὐτόν,

be **Acts 20,38** ὀδυνώμενοι μάλιστα
ἐπὶ τῷ λόγῳ
ᾧ εἰρήκει, ὅτι οὐκέτι μέλλουσιν τὸ πρόσωπον αὐτοῦ θεωρεῖν. ...

c **Acts 21,5** ... καὶ θέντες τὰ γόνατα
ἐπὶ τὸν αἰγιαλὸν
προσευξάμενοι

a **Acts 21,23** ... εἰσὶν ἡμῖν ἄνδρες τέσσαρες εὐχὴν ἔχοντες
ἐφ᾽ ἑαυτῶν.

b **Acts 21,24** τούτους παραλαβὼν ἁγνίσθητι σὺν αὐτοῖς καὶ δαπάνησον
ἐπ᾽ αὐτοῖς
ἵνα ξυρήσονται τὴν κεφαλήν, ...

cb **Acts 21,27** ... οἱ ... Ἰουδαῖοι ... ἐπέβαλον
ἐπ᾽ αὐτὸν
τὰς χεῖρας

cc **Acts 21,32** ὃς ἐξαυτῆς παραλαβὼν στρατιώτας καὶ ἑκατοντάρχας κατέδραμεν
ἐπ᾽ αὐτούς, ...

c **Acts 21,35** ὅτε δὲ ἐγένετο
ἐπὶ τοὺς ἀναβαθμούς,
συνέβη βαστάζεσθαι αὐτὸν ὑπὸ τῶν στρατιωτῶν διὰ τὴν βίαν τοῦ ὄχλου

a **Acts 21,40** ἐπιτρέψαντος δὲ αὐτοῦ ὁ Παῦλος ἑστὼς
ἐπὶ τῶν ἀναβαθμῶν
κατέσεισεν τῇ χειρὶ τῷ λαῷ. ...

c **Acts 22,19** ... κύριε, αὐτοὶ ἐπίστανται ὅτι ἐγὼ ἤμην φυλακίζων καὶ δέρων κατὰ τὰς συναγωγὰς τοὺς πιστεύοντας
ἐπὶ σέ

a **Acts 23,30** ... ἔπεμψα πρὸς σέ παραγγείλας καὶ τοῖς κατηγόροις λέγειν [τὰ] πρὸς αὐτὸν
ἐπὶ σοῦ.

cd **Acts 24,4** ἵνα δὲ
μὴ ἐπὶ πλεῖόν
σε ἐγκόπτω, παρακαλῶ ἀκοῦσαί σε ἡμῶν συντόμως τῇ σῇ ἐπιεικείᾳ.

a **Acts 24,19** τινὲς δὲ ἀπὸ τῆς Ἀσίας Ἰουδαῖοι, οὓς ἔδει
ἐπὶ σοῦ
παρεῖναι καὶ κατηγορεῖν εἴ τι ἔχοιεν πρὸς ἐμέ.

a **Acts 24,20** ἢ αὐτοὶ οὗτοι εἰπάτωσαν τί εὗρον ἀδίκημα στάντος μου
ἐπὶ τοῦ συνεδρίου,

a **Acts 24,21** ... περὶ ἀναστάσεως νεκρῶν ἐγὼ κρίνομαι σήμερον
ἐφ᾽ ὑμῶν.

a **Acts 25,6** ... τῇ ἐπαύριον καθίσας
ἐπὶ τοῦ βήματος
ἐκέλευσεν τὸν Παῦλον ἀχθῆναι.

a **Acts 25,9** ... θέλεις εἰς Ἱεροσόλυμα ἀναβὰς ἐκεῖ περὶ τούτων κριθῆναι
ἐπ᾽ ἐμοῦ;

a **Acts 25,10** εἶπεν δὲ ὁ Παῦλος·
ἐπὶ τοῦ βήματος Καίσαρός
ἑστώς εἰμι, οὗ με δεῖ κρίνεσθαι. ...

c **Acts 25,12** ... Καίσαρα ἐπικέκλησαι,
ἐπὶ Καίσαρα
πορεύσῃ.

a **Acts 25,17** συνελθόντων οὖν [αὐτῶν] ἐνθάδε ἀναβολὴν μηδεμίαν ποιησάμενος τῇ ἑξῆς καθίσας
ἐπὶ τοῦ βήματος
ἐκέλευσα ἀχθῆναι τὸν ἄνδρα·

a **Acts 25,26 (2)** περὶ οὗ ἀσφαλές τι γράψαι τῷ κυρίῳ οὐκ ἔχω, διὸ προήγαγον αὐτὸν
ἐφ᾽ ὑμῶν
a καὶ μάλιστα
ἐπὶ σοῦ,
βασιλεῦ Ἀγρίππα, ὅπως τῆς ἀνακρίσεως γενομένης σχῶ τί γράψω·

a **Acts 26,2** περὶ πάντων ὧν ἐγκαλοῦμαι ὑπὸ Ἰουδαίων, βασιλεῦ Ἀγρίππα, ἥγημαι ἐμαυτὸν μακάριον
ἐπὶ σοῦ
μέλλων σήμερον ἀπολογεῖσθαι

be **Acts 26,6** καὶ νῦν
ἐπ᾽ ἐλπίδι τῆς εἰς τοὺς πατέρας ἡμῶν ἐπαγγελίας γενομένης ὑπὸ τοῦ θεοῦ
ἕστηκα κρινόμενος

c **Acts 26,16** ἀλλὰ ἀνάστηθι καὶ στῆθι
ἐπὶ τοὺς πόδας σου·
εἰς τοῦτο γὰρ ὤφθην σοι, ...

cb **Acts 26,18** ... τοῦ ἐπιστρέψαι ἀπὸ σκότους εἰς φῶς καὶ τῆς ἐξουσίας τοῦ σατανᾶ
ἐπὶ τὸν θεόν,
τοῦ λαβεῖν αὐτοὺς ἄφεσιν ἁμαρτιῶν ...

cb **Acts 26,20** ... καὶ ἐπιστρέφειν
ἐπὶ τὸν θεόν,
ἄξια τῆς μετανοίας ἔργα πράσσοντας.

cb *cd* **Acts 27,20** μήτε δὲ ἡλίου μήτε ἄστρων ἐπιφαινόντων
ἐπὶ πλείονας ἡμέρας,
χειμῶνός τε οὐκ ὀλίγου ἐπικειμένου, ...

c **Acts 27,43** ... ἐκέλευσέν τε τοὺς δυναμένους κολυμβᾶν ἀπορίψαντας πρώτους
ἐπὶ τὴν γῆν
ἐξιέναι

b **Acts 27,44 (3)** καὶ τοὺς λοιποὺς οὓς μὲν
ἐπὶ σανίσιν,
a οὓς δὲ
ἐπί τινων τῶν ἀπὸ τοῦ πλοίου.
c καὶ οὕτως ἐγένετο πάντας διασωθῆναι
ἐπὶ τὴν γῆν.

cb **Acts 28,3** συστρέψαντος δὲ τοῦ Παύλου φρυγάνων τι πλῆθος καὶ ἐπιθέντος
ἐπὶ τὴν πυράν
ἔχιδνα ἀπὸ τῆς θέρμης ἐξελθοῦσα ...

cd **Acts 28,6** οἱ δὲ προσεδόκων αὐτὸν μέλλειν πίμπρασθαι ἢ καταπίπτειν ἄφνω νεκρόν.
ἐπὶ πολὺ
δὲ αὐτῶν προσδοκώντων καὶ θεωρούντων μηδὲν ἄτοπον εἰς αὐτὸν γινόμενον μεταβαλόμενοι ἔλεγον αὐτὸν εἶναι θεόν.

ἐπιβαίνω	Syn 1	Mt 1	Mk	Lk	Acts 5	Jn	1-3John	Paul	Eph	Col
	NT 6	2Thess	1/2Tim	Tit	Heb	Jas	1Pet	2Pet	Jude	Rev

go up, upon; mount; board; set foot in

200	**Mt 21,5** *... ἰδοὺ ὁ βασιλεύς σου ἔρχεταί σοι πραῢς καὶ* **ἐπιβεβηκὼς** *ἐπὶ ὄνον καὶ ἐπὶ πῶλον υἱὸν ὑποζυγίου.* ➤ Isa 62,11; Zech 9,9	→ Jn 12,15

Acts 20,18 ... ὑμεῖς ἐπίστασθε, ἀπὸ πρώτης ἡμέρας ἀφ' ἧς **ἐπέβην** εἰς τὴν Ἀσίαν, πῶς μεθ' ὑμῶν τὸν πάντα χρόνον ἐγενόμην

Acts 21,2 καὶ εὑρόντες πλοῖον διαπερῶν εἰς Φοινίκην **ἐπιβάντες** ἀνήχθημεν.

Acts 21,4 ... οἵτινες τῷ Παύλῳ ἔλεγον διὰ τοῦ πνεύματος **μὴ ἐπιβαίνειν** εἰς Ἱεροσόλυμα.

Acts 25,1 Φῆστος οὖν **ἐπιβὰς** τῇ ἐπαρχείᾳ μετὰ τρεῖς ἡμέρας ἀνέβη εἰς Ἱεροσόλυμα ἀπὸ Καισαρείας

Acts 27,2 **ἐπιβάντες** δὲ πλοίῳ Ἀδραμυττηνῷ μέλλοντι πλεῖν εἰς τοὺς κατὰ τὴν Ἀσίαν τόπους ...

ἐπιβάλλω	Syn 11	Mt 2	Mk 4	Lk 5	Acts 4	Jn 2	1-3John	Paul 1	Eph	Col
	NT 18	2Thess	1/2Tim	Tit	Heb	Jas	1Pet	2Pet	Jude	Rev

transitive: throw over; lay on; put on; *intransitive:* throw oneself; beat upon; fall to; belong to

	triple tradition																	double tradition			Sondergut		
		+Mt / +Lk			–Mt / –Lk			traditions not taken over by Mt / Lk							subtotals								
code	*222*	*211*	*112*	*212*	*221*	*122*	*121*	*022*	*012*	*021*	*220*	*120*	*210*	*020*	Σ^+	Σ^-	Σ	*202*	*201*	*102*	*200*	*002*	total
Mt				1^+	1		3^-								1^+	3^-	2						**2**
Mk					1		3										4						**4**
Lk			2^+	1^+	1^-		3^-								3^+	4^-	3					2	**5**

[a] ἐπιβάλλω τὰς χεῖρας

	Mt	Mk	Lk	
212	**Mt 9,16** οὐδεὶς δὲ **ἐπιβάλλει** ἐπίβλημα ῥάκους ἀγνάφου ἐπὶ ἱματίῳ παλαιῷ· ...	**Mk 2,21** οὐδεὶς ἐπίβλημα ῥάκους ἀγνάφου **ἐπιράπτει** ἐπὶ ἱμάτιον παλαιόν· ...	**Lk 5,36** ... οὐδεὶς ἐπίβλημα ἀπὸ ἱματίου καινοῦ σχίσας **ἐπιβάλλει** ἐπὶ ἱμάτιον παλαιόν· ...	→ GTh 47,5
121	**Mt 8,24** καὶ ἰδοὺ σεισμὸς μέγας ἐγένετο ἐν τῇ θαλάσσῃ, ὥστε τὸ πλοῖον **καλύπτεσθαι** ὑπὸ τῶν κυμάτων, ...	**Mk 4,37** καὶ γίνεται λαῖλαψ μεγάλη ἀνέμου, καὶ τὰ κύματα **ἐπέβαλλεν** εἰς τὸ πλοῖον, ὥστε ἤδη γεμίζεσθαι τὸ πλοῖον.	**Lk 8,23** ... καὶ κατέβη λαῖλαψ ἀνέμου εἰς τὴν λίμνην, καὶ συνεπληροῦντο καὶ ἐκινδύνευον.	
a 002			**Lk 9,62** ... οὐδεὶς **ἐπιβαλὼν** τὴν χεῖρα ἐπ' ἄροτρον καὶ βλέπων εἰς τὰ ὀπίσω εὔθετός ἐστιν τῇ βασιλείᾳ τοῦ θεοῦ.	

	Mt		Mk		Lk		
002					Lk 15,12	... πάτερ, δός μοι **τὸ ἐπιβάλλον μέρος τῆς οὐσίας.** ὁ δὲ διεῖλεν αὐτοῖς τὸν βίον.	
121	Mt 21,7	ἤγαγον τὴν ὄνον καὶ τὸν πῶλον καὶ **ἐπέθηκαν** ἐπ' αὐτῶν τὰ ἱμάτια, καὶ ἐπεκάθισεν ἐπάνω αὐτῶν.	Mk 11,7	καὶ φέρουσιν τὸν πῶλον πρὸς τὸν Ἰησοῦν καὶ **ἐπιβάλλουσιν** αὐτῷ τὰ ἱμάτια αὐτῶν, καὶ ἐκάθισεν ἐπ' αὐτόν.	Lk 19,35	καὶ ἤγαγον αὐτὸν πρὸς τὸν Ἰησοῦν καὶ **ἐπιρίψαντες** αὐτῶν τὰ ἱμάτια ἐπὶ τὸν πῶλον ἐπεβίβασαν τὸν Ἰησοῦν.	
a 112	Mt 21,46	[45] καὶ ἀκούσαντες οἱ ἀρχιερεῖς καὶ οἱ Φαρισαῖοι τὰς παραβολὰς αὐτοῦ ἔγνωσαν ὅτι περὶ αὐτῶν λέγει· [46] καὶ ζητοῦντες αὐτὸν **κρατῆσαι** ἐφοβήθησαν τοὺς ὄχλους, ἐπεὶ εἰς προφήτην αὐτὸν εἶχον.	Mk 12,12 → Mk 11,18	καὶ ἐζήτουν αὐτὸν **κρατῆσαι,** καὶ ἐφοβήθησαν τὸν ὄχλον, ἔγνωσαν γὰρ ὅτι πρὸς αὐτοὺς τὴν παραβολὴν εἶπεν. ...	Lk 20,19 → Lk 19,47	καὶ ἐζήτησαν οἱ γραμματεῖς καὶ οἱ ἀρχιερεῖς **ἐπιβαλεῖν** ἐπ' αὐτὸν τὰς χεῖρας ἐν αὐτῇ τῇ ὥρᾳ, καὶ ἐφοβήθησαν τὸν λαόν, ἔγνωσαν γὰρ ὅτι πρὸς αὐτοὺς εἶπεν τὴν παραβολὴν ταύτην.	
a 112	Mt 10,17 ⇩ Mt 24,9 → Mt 23,34	προσέχετε δὲ ἀπὸ τῶν ἀνθρώπων· παραδώσουσιν γὰρ ὑμᾶς εἰς συνέδρια καὶ ἐν ταῖς συναγωγαῖς αὐτῶν μαστιγώσουσιν ὑμᾶς·	Mk 13,9	βλέπετε δὲ ὑμεῖς ἑαυτούς· παραδώσουσιν ὑμᾶς εἰς συνέδρια καὶ εἰς συναγωγὰς δαρήσεσθε ...	Lk 21,12 → Lk 11,49 → Lk 12,11	πρὸ δὲ τούτων πάντων **ἐπιβαλοῦσιν** ἐφ' ὑμᾶς τὰς χεῖρας αὐτῶν καὶ διώξουσιν, παραδιδόντες εἰς τὰς συναγωγὰς καὶ φυλακάς, ...	
	Mt 24,9 ⇧ Mt 10,17	τότε παραδώσουσιν ὑμᾶς εἰς θλῖψιν καὶ ἀποκτενοῦσιν ὑμᾶς, ...					
a 221	Mt 26,50 → Lk 22,54	[49] ... καὶ κατεφίλησεν αὐτόν. [50] ὁ δὲ Ἰησοῦς εἶπεν αὐτῷ· ἑταῖρε, ἐφ' ὃ πάρει. τότε προσελθόντες **ἐπέβαλον** τὰς χεῖρας ἐπὶ τὸν Ἰησοῦν καὶ ἐκράτησαν αὐτόν.	Mk 14,46 → Lk 22,54	[45] ... καὶ κατεφίλησεν αὐτόν. [46] οἱ δὲ **ἐπέβαλον** τὰς χεῖρας αὐτῷ καὶ ἐκράτησαν αὐτόν.	Lk 22,48	[47] ... φιλῆσαι αὐτόν. [48] Ἰησοῦς δὲ εἶπεν αὐτῷ· Ἰούδα, φιλήματι τὸν υἱὸν τοῦ ἀνθρώπου παραδίδως;	→ Jn 18,12
121	Mt 26,75	... καὶ **ἐξελθὼν** ἔξω ἔκλαυσεν πικρῶς.	Mk 14,72	... καὶ **ἐπιβαλὼν** ἔκλαιεν.	Lk 22,62	καὶ **ἐξελθὼν** ἔξω ἔκλαυσεν πικρῶς.	

a **Acts 4,3** καὶ **ἐπέβαλον** αὐτοῖς τὰς χεῖρας καὶ ἔθεντο εἰς τήρησιν εἰς τὴν αὔριον· ...

a **Acts 5,18** καὶ **ἐπέβαλον** τὰς χεῖρας ἐπὶ τοὺς ἀποστόλους καὶ ἔθεντο αὐτοὺς ἐν τηρήσει δημοσίᾳ.

a **Acts 12,1** κατ' ἐκεῖνον δὲ τὸν καιρὸν **ἐπέβαλεν** Ἡρῴδης ὁ βασιλεὺς τὰς χεῖρας κακῶσαί τινας τῶν ἀπὸ τῆς ἐκκλησίας.

a **Acts 21,27** ... οἱ ἀπὸ τῆς Ἀσίας Ἰουδαῖοι θεασάμενοι αὐτὸν ἐν τῷ ἱερῷ συνέχεον πάντα τὸν ὄχλον καὶ **ἐπέβαλον** ἐπ' αὐτὸν τὰς χεῖρας

ἐπιβιβάζω	Syn 2	Mt	Mk	Lk 2	Acts 1	Jn	1-3John	Paul	Eph	Col
	NT 3	2Thess	1/2Tim	Tit	Heb	Jas	1Pet	2Pet	Jude	Rev

put someone on something; cause someone to mount

002					Lk 10,34	καὶ προσελθὼν κατέδησεν τὰ τραύματα αὐτοῦ ἐπιχέων ἔλαιον καὶ οἶνον, **ἐπιβιβάσας** δὲ αὐτὸν ἐπὶ τὸ ἴδιον κτῆνος ἤγαγεν αὐτὸν εἰς πανδοχεῖον ...	
112	Mt 21,7	ἤγαγον τὴν ὄνον καὶ τὸν πῶλον καὶ ἐπέθηκαν ἐπ᾽ αὐτῶν τὰ ἱμάτια, καὶ **ἐπεκάθισεν** ἐπάνω αὐτῶν.	Mk 11,7	καὶ φέρουσιν τὸν πῶλον πρὸς τὸν Ἰησοῦν καὶ ἐπιβάλλουσιν αὐτῷ τὰ ἱμάτια αὐτῶν, καὶ **ἐκάθισεν** ἐπ᾽ αὐτόν.	Lk 19,35	καὶ ἤγαγον αὐτὸν πρὸς τὸν Ἰησοῦν καὶ ἐπιρίψαντες αὐτῶν τὰ ἱμάτια ἐπὶ τὸν πῶλον **ἐπεβίβασαν** τὸν Ἰησοῦν.	

Acts 23,24 κτήνη τε παραστῆσαι ἵνα
ἐπιβιβάσαντες
τὸν Παῦλον διασώσωσι
πρὸς Φήλικα τὸν
ἡγεμόνα

ἐπιβλέπω	Syn 2	Mt	Mk	Lk 2	Acts	Jn	1-3John	Paul	Eph	Col
	NT 3	2Thess	1/2Tim	Tit	Heb	Jas 1	1Pet	2Pet	Jude	Rev

look at; gaze upon

002					Lk 1,48	ὅτι **ἐπέβλεψεν** ἐπὶ τὴν ταπείνωσιν τῆς δούλης αὐτοῦ. ...	
112	Mt 17,15	... κύριε, **ἐλέησόν** μου τὸν υἱόν, ὅτι σεληνιάζεται καὶ κακῶς πάσχει· ...	Mk 9,17	... διδάσκαλε, ἤνεγκα τὸν υἱόν μου πρὸς σέ, ἔχοντα πνεῦμα ἄλαλον· [18] καὶ ὅπου ἐὰν αὐτὸν καταλάβῃ ...	Lk 9,38	... διδάσκαλε, δέομαί σου **ἐπιβλέψαι** ἐπὶ τὸν υἱόν μου, ὅτι μονογενής μοί ἐστιν, [39] καὶ ἰδοὺ πνεῦμα λαμβάνει αὐτὸν ...	

ἐπίβλημα	Syn 4	Mt 1	Mk 1	Lk 2	Acts	Jn	1-3John	Paul	Eph	Col
	NT 4	2Thess	1/2Tim	Tit	Heb	Jas	1Pet	2Pet	Jude	Rev

patch

222 112	Mt 9,16	οὐδεὶς δὲ ἐπιβάλλει **ἐπίβλημα ῥάκους** **ἀγνάφου** ἐπὶ ἱματίῳ παλαιῷ· αἴρει γὰρ τὸ πλήρωμα αὐτοῦ ἀπὸ τοῦ ἱματίου καὶ χεῖρον σχίσμα γίνεται.	Mk 2,21	οὐδεὶς **ἐπίβλημα ῥάκους** **ἀγνάφου** ἐπιράπτει ἐπὶ ἱμάτιον παλαιόν· εἰ δὲ μή, αἴρει τὸ πλήρωμα ἀπ᾽ αὐτοῦ τὸ καινὸν τοῦ παλαιοῦ, καὶ χεῖρον σχίσμα γίνεται.	Lk 5,36 (2)	... οὐδεὶς **ἐπίβλημα ἀπὸ** **ἱματίου καινοῦ** σχίσας ἐπιβάλλει ἐπὶ ἱμάτιον παλαιόν· εἰ δὲ μή γε, καὶ τὸ καινὸν σχίσει καὶ τῷ παλαιῷ οὐ συμφωνήσει **τὸ ἐπίβλημα** τὸ ἀπὸ τοῦ καινοῦ.	→ GTh 47,5

ἐπιγαμβρεύω	Syn 1	Mt 1	Mk	Lk	Acts	Jn	1-3John	Paul	Eph	Col
	NT 1	2Thess	1/2Tim	Tit	Heb	Jas	1Pet	2Pet	Jude	Rev

become related by marriage; marry as next of kin

code	Mt		Mk		Lk		
211	**Mt 22,24**	... *ἐάν τις ἀποθάνῃ μὴ ἔχων τέκνα,* ***ἐπιγαμβρεύσει*** *ὁ ἀδελφὸς αὐτοῦ τὴν γυναῖκα αὐτοῦ καὶ ἀναστήσει σπέρμα τῷ ἀδελφῷ αὐτοῦ·* ➤ Deut 25,5; Gen 38,8	**Mk 12,19**	... *ἐάν τινος ἀδελφὸς ἀποθάνῃ* καὶ καταλίπῃ γυναῖκα *καὶ μὴ ἀφῇ τέκνον,* ἵνα ***λάβῃ*** *ὁ ἀδελφὸς αὐτοῦ τὴν γυναῖκα καὶ ἐξαναστήσῃ σπέρμα τῷ ἀδελφῷ αὐτοῦ.* ➤ Deut 25,5; Gen 38,8	**Lk 20,28**	... *ἐάν τινος ἀδελφὸς ἀποθάνῃ* ἔχων γυναῖκα, καὶ οὗτος *ἄτεκνος ᾖ,* ἵνα ***λάβῃ*** *ὁ ἀδελφὸς αὐτοῦ τὴν γυναῖκα καὶ ἐξαναστήσῃ σπέρμα τῷ ἀδελφῷ αὐτοῦ.* ➤ Deut 25,5; Gen 38,8	

ἐπιγινώσκω	Syn 17	Mt 6	Mk 4	Lk 7	Acts 13	Jn	1-3John	Paul 10	Eph	Col 1
	NT 44	2Thess	1/2Tim 1	Tit	Heb	Jas	1Pet	2Pet 2	Jude	Rev

know exactly, completely, through and through; recognize; know again; know; learn; find out; notice; perceive; learn of; understand; learn to know

	triple tradition																double tradition			Sondergut		
		+Mt / +Lk			–Mt / –Lk			traditions not taken over by Mt / Lk							subtotals							
code	222	211	112	212	221	122	121	022	012	021	220	120	210	020	Σ⁺	Σ⁻	Σ	202	201	102	200	002	total
Mt						1^-	1^-				1		1^+		1^+	2^-	2		3		1		**6**
Mk						1	1			1	1						4						**4**
Lk						1	1^-			1^-						2^-	1					6	**7**

code	Mt		Mk		Lk		
002					**Lk 1,4**	ἵνα **ἐπιγνῷς** περὶ ὧν κατηχήθης λόγων τὴν ἀσφάλειαν.	
002					**Lk 1,22**	ἐξελθὼν δὲ οὐκ ἐδύνατο λαλῆσαι αὐτοῖς, καὶ **ἐπέγνωσαν** ὅτι ὀπτασίαν ἑώρακεν ἐν τῷ ναῷ· ...	
122	**Mt 9,4** → Mt 12,25	καὶ **ἰδὼν** ὁ Ἰησοῦς τὰς ἐνθυμήσεις αὐτῶν εἶπεν· ἱνατί ἐνθυμεῖσθε πονηρὰ ἐν ταῖς καρδίαις ὑμῶν;	**Mk 2,8**	καὶ εὐθὺς **ἐπιγνοὺς** ὁ Ἰησοῦς τῷ πνεύματι αὐτοῦ ὅτι οὕτως διαλογίζονται ἐν ἑαυτοῖς λέγει αὐτοῖς· τί ταῦτα διαλογίζεσθε ἐν ταῖς καρδίαις ὑμῶν;	**Lk 5,22** → Lk 11,17 → Lk 6,8	**ἐπιγνοὺς** δὲ ὁ Ἰησοῦς τοὺς διαλογισμοὺς αὐτῶν ἀποκριθεὶς εἶπεν πρὸς αὐτούς· τί διαλογίζεσθε ἐν ταῖς καρδίαις ὑμῶν;	
201	**Mt 7,16** ⇩ Mt 7,20 ⇨ Mt 12,33	ἀπὸ τῶν καρπῶν αὐτῶν **ἐπιγνώσεσθε** αὐτούς. μήτι συλλέγουσιν ἀπὸ ἀκανθῶν σταφυλὰς ἢ ἀπὸ τριβόλων σῦκα;			**Lk 6,44**	ἕκαστον γὰρ δένδρον ἐκ τοῦ ἰδίου καρποῦ **γινώσκεται·** οὐ γὰρ ἐξ ἀκανθῶν συλλέγουσιν σῦκα οὐδὲ ἐκ βάτου σταφυλὴν τρυγῶσιν.	→ GTh 45,1
200	**Mt 7,20** ⇧ Mt 7,16 → Mt 12,33 ↑ Lk 6,44	ἄρα γε ἀπὸ τῶν καρπῶν αὐτῶν **ἐπιγνώσεσθε** αὐτούς.					

002	Mt 26,7	[6] τοῦ δὲ Ἰησοῦ γενομένου ἐν Βηθανίᾳ ἐν οἰκίᾳ Σίμωνος τοῦ λεπροῦ, [7] προσῆλθεν αὐτῷ γυνὴ ἔχουσα ἀλάβαστρον μύρου βαρυτίμου ... αὐτοῦ ἀνακειμένου.	Mk 14,3	καὶ ὄντος αὐτοῦ ἐν Βηθανίᾳ ἐν τῇ οἰκίᾳ Σίμωνος τοῦ λεπροῦ, κατακειμένου αὐτοῦ ἦλθεν γυνὴ ἔχουσα ἀλάβαστρον μύρου νάρδου πιστικῆς πολυτελοῦς, ...	Lk 7,37	[36] καὶ εἰσελθὼν εἰς τὸν οἶκον τοῦ Φαρισαίου κατεκλίθη. [37] καὶ ἰδοὺ γυνὴ ἥτις ἦν ἐν τῇ πόλει ἁμαρτωλός, καὶ **ἐπιγνοῦσα** ὅτι κατάκειται ἐν τῇ οἰκίᾳ τοῦ Φαρισαίου, κομίσασα ἀλάβαστρον μύρου	→ Jn 12,3
201 201	Mt 11,27 (2) → Mt 28,18	πάντα μοι παρεδόθη ὑπὸ τοῦ πατρός μου, καὶ οὐδεὶς **ἐπιγινώσκει** τὸν υἱὸν εἰ μὴ ὁ πατήρ, οὐδὲ τὸν πατέρα τις **ἐπιγινώσκει** εἰ μὴ ὁ υἱὸς καὶ ᾧ ἐὰν βούληται ὁ υἱὸς ἀποκαλύψαι.			Lk 10,22 → Mt 28,18	πάντα μοι παρεδόθη ὑπὸ τοῦ πατρός μου, καὶ οὐδεὶς **γινώσκει** τίς ἐστιν ὁ υἱὸς εἰ μὴ ὁ πατήρ, καὶ τίς ἐστιν ὁ πατὴρ εἰ μὴ ὁ υἱὸς καὶ ᾧ ἐὰν βούληται ὁ υἱὸς ἀποκαλύψαι.	→ GTh 61,3
021			Mk 5,30 → Lk 6,19	καὶ εὐθὺς ὁ Ἰησοῦς **ἐπιγνοὺς** ἐν ἑαυτῷ τὴν ἐξ αὐτοῦ δύναμιν ἐξελθοῦσαν ἐπιστραφεὶς ἐν τῷ ὄχλῳ ἔλεγεν· τίς μου ἥψατο τῶν ἱματίων;	Lk 8,46 → Mk 5,31 → Lk 6,19	ὁ δὲ Ἰησοῦς εἶπεν· ἥψατό μού τις, ἐγὼ γὰρ **ἔγνων** δύναμιν ἐξεληλυθυῖαν ἀπ᾽ ἐμοῦ.	
121	Mt 14,13	καὶ **ἀκούσαντες** οἱ ὄχλοι ἠκολούθησαν αὐτῷ πεζῇ ἀπὸ τῶν πόλεων.	Mk 6,33	καὶ εἶδον αὐτοὺς ὑπάγοντας καὶ **ἐπέγνωσαν** πολλοὶ καὶ πεζῇ ἀπὸ πασῶν τῶν πόλεων συνέδραμον ἐκεῖ καὶ προῆλθον αὐτούς.	Lk 9,11	 οἱ δὲ ὄχλοι **γνόντες** ἠκολούθησαν αὐτῷ· ...	→ Jn 6,2
220	Mt 14,35	καὶ **ἐπιγνόντες** αὐτὸν οἱ ἄνδρες τοῦ τόπου ἐκείνου ἀπέστειλαν εἰς ὅλην τὴν περίχωρον ἐκείνην ...	Mk 6,54	καὶ ἐξελθόντων αὐτῶν ἐκ τοῦ πλοίου εὐθὺς **ἐπιγνόντες** αὐτὸν [55] περιέδραμον ὅλην τὴν χώραν ἐκείνην ...			
210	Mt 17,12 → Mt 11,14 → Lk 1,17	... Ἠλίας ἤδη ἦλθεν, καὶ **οὐκ ἐπέγνωσαν** αὐτὸν ἀλλὰ ἐποίησαν ἐν αὐτῷ ὅσα ἠθέλησαν· ...	Mk 9,13 → Lk 1,17	... καὶ Ἠλίας ἐλήλυθεν, καὶ ἐποίησαν αὐτῷ ὅσα ἤθελον, ...			
002					Lk 23,7	καὶ **ἐπιγνοὺς** ὅτι ἐκ τῆς ἐξουσίας Ἡρῴδου ἐστὶν ἀνέπεμψεν αὐτὸν πρὸς Ἡρῴδην, ...	
002					Lk 24,16	οἱ δὲ ὀφθαλμοὶ αὐτῶν ἐκρατοῦντο τοῦ **μὴ ἐπιγνῶναι** αὐτόν.	
002					Lk 24,31	αὐτῶν δὲ διηνοίχθησαν οἱ ὀφθαλμοὶ καὶ **ἐπέγνωσαν** αὐτόν· ...	

Acts 3,10 ἐπεγίνωσκον
δὲ αὐτὸν ὅτι αὐτὸς ἦν
ὁ πρὸς τὴν ἐλεημοσύνην
καθήμενος ἐπὶ τῇ ὡραίᾳ
πύλῃ τοῦ ἱεροῦ ...

Acts 4,13 ... ἐθαύμαζον
ἐπεγίνωσκόν
τε αὐτοὺς ὅτι
σὺν τῷ Ἰησοῦ ἦσαν

Acts 9,30 ἐπιγνόντες
δὲ οἱ ἀδελφοὶ κατήγαγον
αὐτὸν εἰς Καισάρειαν
καὶ ἐξαπέστειλαν αὐτὸν
εἰς Ταρσόν.

Acts 12,14 καὶ
ἐπιγνοῦσα
τὴν φωνὴν τοῦ Πέτρου
ἀπὸ τῆς χαρᾶς οὐκ
ἤνοιξεν τὸν πυλῶνα, ...

Acts 19,34 ἐπιγνόντες
δὲ ὅτι Ἰουδαῖός ἐστιν,
φωνὴ ἐγένετο μία
ἐκ πάντων ...

Acts 22,24 ... εἴπας μάστιξιν
ἀνετάζεσθαι αὐτὸν ἵνα
ἐπιγνῷ
δι' ἣν αἰτίαν οὕτως
ἐπεφώνουν αὐτῷ.

Acts 22,29 ... καὶ ὁ χιλίαρχος δὲ
ἐφοβήθη
ἐπιγνοὺς
ὅτι Ῥωμαῖός ἐστιν καὶ
ὅτι αὐτὸν ἦν δεδεκώς.

Acts 23,28 βουλόμενός τε
ἐπιγνῶναι
τὴν αἰτίαν δι' ἣν
ἐνεκάλουν αὐτῷ,
κατήγαγον εἰς τὸ
συνέδριον αὐτῶν

Acts 24,8 παρ' οὗ δυνήσῃ αὐτὸς
ἀνακρίνας περὶ πάντων
τούτων
ἐπιγνῶναι
ὧν ἡμεῖς κατηγοροῦμεν
αὐτοῦ.

Acts 24,11 δυναμένου σου
ἐπιγνῶναι
ὅτι οὐ πλείους εἰσίν μοι
ἡμέραι δώδεκα ἀφ' ἧς
ἀνέβην προσκυνήσων
εἰς Ἰερουσαλήμ.

Acts 25,10 ... Ἰουδαίους οὐδὲν
ἠδίκησα ὡς καὶ σὺ
κάλλιον
ἐπιγινώσκεις.

Acts 27,39 ὅτε δὲ ἡμέρα ἐγένετο,
τὴν γῆν
οὐκ ἐπεγίνωσκον,
κόλπον δέ τινα
κατενόουν ἔχοντα
αἰγιαλὸν ...

Acts 28,1 καὶ διασωθέντες τότε
ἐπέγνωμεν
ὅτι Μελίτη ἡ νῆσος
καλεῖται.

ἐπιγραφή	Syn 5	Mt 1	Mk 2	Lk 2	Acts	Jn	1-3John	Paul	Eph	Col
	NT 5	2Thess	1/2Tim	Tit	Heb	Jas	1Pet	2Pet	Jude	Rev

inscription; superscription

222	**Mt 22,20**	... τίνος ἡ εἰκὼν αὕτη καὶ ἡ ἐπιγραφή; [21] λέγουσιν αὐτῷ· Καίσαρος.	**Mk 12,16**	... τίνος ἡ εἰκὼν αὕτη καὶ ἡ ἐπιγραφή; οἱ δὲ εἶπαν αὐτῷ· Καίσαρος.	**Lk 20,24**	... τίνος ἔχει εἰκόνα καὶ ἐπιγραφήν; οἱ δὲ εἶπαν· Καίσαρος.	→ GTh 100
122	**Mt 27,37**	καὶ ἐπέθηκαν ἐπάνω τῆς κεφαλῆς αὐτοῦ τὴν αἰτίαν αὐτοῦ γεγραμμένην· οὗτός ἐστιν Ἰησοῦς ὁ βασιλεὺς τῶν Ἰουδαίων.	**Mk 15,26**	καὶ ἦν ἡ ἐπιγραφὴ τῆς αἰτίας αὐτοῦ ἐπιγεγραμμένη· ὁ βασιλεὺς τῶν Ἰουδαίων.	**Lk 23,38**	ἦν δὲ καὶ ἐπιγραφὴ ἐπ' αὐτῷ· ὁ βασιλεὺς τῶν Ἰουδαίων οὗτος.	→ Jn 19,19

ἐπιγράφω	Syn 1	Mt	Mk 1	Lk	Acts 1	Jn	1-3John	Paul	Eph	Col
	NT 5	2Thess	1/2Tim	Tit	Heb 2	Jas	1Pet	2Pet	Jude	Rev 1

write on, in

121	**Mt 27,37**	καὶ ἐπέθηκαν ἐπάνω τῆς κεφαλῆς αὐτοῦ τὴν αἰτίαν αὐτοῦ γεγραμμένην· οὗτός ἐστιν Ἰησοῦς ὁ βασιλεὺς τῶν Ἰουδαίων.	**Mk 15,26**	καὶ ἦν ἡ ἐπιγραφὴ τῆς αἰτίας αὐτοῦ ἐπιγεγραμμένη· ὁ βασιλεὺς τῶν Ἰουδαίων.	**Lk 23,38**	ἦν δὲ καὶ ἐπιγραφὴ ἐπ' αὐτῷ· ὁ βασιλεὺς τῶν Ἰουδαίων οὗτος.	→ Jn 19,19

Acts 17,23 ... εὗρον καὶ βωμὸν ἐν ᾧ
ἐπεγέγραπτο·
Ἀγνώστῳ θεῷ. ...

ἐπιδείκνυμι

Syn	Mt	Mk	Lk	Acts	Jn	1-3John	Paul	Eph	Col
4	3		1	2					
NT	2Thess	1/2Tim	Tit	Heb	Jas	1Pet	2Pet	Jude	Rev
7				1					

show; point out; represent; demonstrate; show

210	**Mt 16,1** ⇨ Mt 12,38	καὶ προσελθόντες οἱ Φαρισαῖοι καὶ Σαδδουκαῖοι πειράζοντες ἐπηρώτησαν αὐτὸν σημεῖον ἐκ τοῦ οὐρανοῦ **ἐπιδεῖξαι** αὐτοῖς.	**Mk 8,11**	καὶ ἐξῆλθον οἱ Φαρισαῖοι καὶ ἤρξαντο συζητεῖν αὐτῷ, ζητοῦντες παρ' αὐτοῦ σημεῖον ἀπὸ τοῦ οὐρανοῦ, πειράζοντες αὐτόν.	**Lk 11,16**	ἕτεροι δὲ πειράζοντες σημεῖον ἐξ οὐρανοῦ ἐζήτουν παρ' αὐτοῦ.	Mk-Q overlap
002					**Lk 17,14** → Mt 8,4 → Mk 1,44 → Lk 5,14	καὶ ἰδὼν εἶπεν αὐτοῖς· πορευθέντες **ἐπιδείξατε** ἑαυτοὺς τοῖς ἱερεῦσιν. ... ➤ Lev 13,49; 14,2-4	
211	**Mt 22,19**	**ἐπιδείξατέ** μοι τὸ νόμισμα τοῦ κήνσου. ...	**Mk 12,15**	... **φέρετέ** μοι δηνάριον ἵνα ἴδω.	**Lk 20,24**	**δείξατέ** μοι δηνάριον· ...	→ GTh 100
211	**Mt 24,1**	καὶ ἐξελθὼν ὁ Ἰησοῦς ἀπὸ τοῦ ἱεροῦ ἐπορεύετο, καὶ προσῆλθον οἱ μαθηταὶ αὐτοῦ **ἐπιδεῖξαι** αὐτῷ τὰς οἰκοδομὰς τοῦ ἱεροῦ.	**Mk 13,1**	καὶ ἐκπορευομένου αὐτοῦ ἐκ τοῦ ἱεροῦ λέγει αὐτῷ εἷς τῶν μαθητῶν αὐτοῦ· διδάσκαλε, ἴδε ποταποὶ λίθοι καὶ ποταπαὶ οἰκοδομαί.	**Lk 21,5**	καί τινων λεγόντων περὶ τοῦ ἱεροῦ ὅτι λίθοις καλοῖς καὶ ἀναθήμασιν κεκόσμηται ...	

Acts 9,39 ... καὶ παρέστησαν αὐτῷ πᾶσαι αἱ χῆραι κλαίουσαι καὶ **ἐπιδεικνύμεναι** χιτῶνας καὶ ἱμάτια ὅσα ἐποίει μετ' αὐτῶν οὖσα ἡ Δορκάς.

Acts 18,28 εὐτόνως γὰρ τοῖς Ἰουδαίοις διακατηλέγχετο δημοσίᾳ **ἐπιδεικνὺς** διὰ τῶν γραφῶν εἶναι τὸν χριστὸν Ἰησοῦν.

ἐπιδίδωμι

Syn	Mt	Mk	Lk	Acts	Jn	1-3John	Paul	Eph	Col
7	2		5	2					
NT	2Thess	1/2Tim	Tit	Heb	Jas	1Pet	2Pet	Jude	Rev
9									

give; hand over; deliver; give up, over; surrender

002					**Lk 4,17**	καὶ **ἐπεδόθη** αὐτῷ βιβλίον τοῦ προφήτου Ἠσαΐου ...	
202	**Mt 7,9**	ἢ τίς ἐστιν ἐξ ὑμῶν ἄνθρωπος, ὃν αἰτήσει ὁ υἱὸς αὐτοῦ ἄρτον, μὴ λίθον **ἐπιδώσει** αὐτῷ;			**Lk 11,12**	ἢ καὶ αἰτήσει ᾠόν, **ἐπιδώσει** αὐτῷ σκορπίον;	
202	**Mt 7,10**	ἢ καὶ ἰχθὺν αἰτήσει, μὴ ὄφιν **ἐπιδώσει** αὐτῷ;			**Lk 11,11**	τίνα δὲ ἐξ ὑμῶν τὸν πατέρα αἰτήσει ὁ υἱὸς ἰχθύν, καὶ ἀντὶ ἰχθύος ὄφιν αὐτῷ **ἐπιδώσει;**	

202	Mt 7,9	ἢ τίς ἐστιν ἐξ ὑμῶν ἄνθρωπος, ὃν αἰτήσει ὁ υἱὸς αὐτοῦ ἄρτον, μὴ λίθον **ἐπιδώσει** αὐτῷ;			Lk 11,12	ἢ καὶ αἰτήσει ᾠόν, **ἐπιδώσει** αὐτῷ σκορπίον;	
002					Lk 24,30	... λαβὼν τὸν ἄρτον εὐλόγησεν καὶ κλάσας **ἐπεδίδου** αὐτοῖς	
002					Lk 24,42	οἱ δὲ **ἐπέδωκαν** αὐτῷ ἰχθύος ὀπτοῦ μέρος·	

Acts 15,30 οἱ μὲν οὖν ἀπολυθέντες κατῆλθον εἰς Ἀντιόχειαν, καὶ συναγαγόντες τὸ πλῆθος **ἐπέδωκαν** τὴν ἐπιστολήν.

Acts 27,15 συναρπασθέντος δὲ τοῦ πλοίου καὶ μὴ δυναμένου ἀντοφθαλμεῖν τῷ ἀνέμῳ **ἐπιδόντες** ἐφερόμεθα.

# ἐπιζητέω	Syn 5	Mt 3	Mk	Lk 2	Acts 3	Jn	1-3John	Paul 3	Eph	Col
	NT 13	2Thess	1/2Tim	Tit	Heb 2	Jas	1Pet	2Pet	Jude	Rev

search for; seek after; inquire; want to know; strive for; wish; demand; desire

012			Mk 1,36	καὶ **κατεδίωξεν** αὐτὸν Σίμων καὶ οἱ μετ᾽ αὐτοῦ, [37] καὶ εὗρον αὐτὸν καὶ λέγουσιν αὐτῷ ὅτι πάντες ζητοῦσίν σε.	Lk 4,42	... καὶ οἱ ὄχλοι **ἐπεζήτουν** αὐτὸν καὶ ἦλθον ἕως αὐτοῦ καὶ κατεῖχον αὐτὸν τοῦ μὴ πορεύεσθαι ἀπ᾽ αὐτῶν.	
202	Mt 6,32 → Mt 6,8	πάντα γὰρ ταῦτα τὰ ἔθνη **ἐπιζητοῦσιν·** οἶδεν γὰρ ὁ πατὴρ ὑμῶν ὁ οὐράνιος ὅτι χρῄζετε τούτων ἁπάντων.			Lk 12,30	ταῦτα γὰρ πάντα τὰ ἔθνη τοῦ κόσμου **ἐπιζητοῦσιν,** ὑμῶν δὲ ὁ πατὴρ οἶδεν ὅτι χρῄζετε τούτων.	
201	Mt 12,39 ⇩ Mt 16,4	... γενεὰ πονηρὰ καὶ μοιχαλὶς σημεῖον **ἐπιζητεῖ,** καὶ σημεῖον οὐ δοθήσεται αὐτῇ εἰ μὴ τὸ σημεῖον Ἰωνᾶ τοῦ προφήτου.	Mk 8,12	... τί ἡ γενεὰ αὕτη ζητεῖ σημεῖον; ἀμὴν λέγω ὑμῖν, εἰ δοθήσεται τῇ γενεᾷ ταύτῃ σημεῖον.	Lk 11,29	... ἡ γενεὰ αὕτη γενεὰ πονηρά ἐστιν· σημεῖον **ζητεῖ,** καὶ σημεῖον οὐ δοθήσεται αὐτῇ εἰ μὴ τὸ σημεῖον Ἰωνᾶ.	Mk-Q overlap
210	Mt 16,4 ⇧ Mt 12,39	γενεὰ πονηρὰ καὶ μοιχαλὶς σημεῖον **ἐπιζητεῖ,** καὶ σημεῖον οὐ δοθήσεται αὐτῇ εἰ μὴ τὸ σημεῖον Ἰωνᾶ. ...	Mk 8,12	... τί ἡ γενεὰ αὕτη **ζητεῖ** σημεῖον; ἀμὴν λέγω ὑμῖν, εἰ δοθήσεται τῇ γενεᾷ ταύτῃ σημεῖον.	Lk 11,29	... ἡ γενεὰ αὕτη γενεὰ πονηρά ἐστιν· σημεῖον ζητεῖ, καὶ σημεῖον οὐ δοθήσεται αὐτῇ εἰ μὴ τὸ σημεῖον Ἰωνᾶ.	Mk-Q overlap

Acts 12,19 Ἡρῴδης δὲ **ἐπιζητήσας** αὐτὸν καὶ μὴ εὑρών, ἀνακρίνας τοὺς φύλακας ἐκέλευσεν ἀπαχθῆναι, ...

Acts 13,7 ... οὗτος προσκαλεσάμενος Βαρναβᾶν καὶ Σαῦλον **ἐπεζήτησεν** ἀκοῦσαι τὸν λόγον τοῦ θεοῦ.

Acts 19,39 εἰ δέ τι περαιτέρω **ἐπιζητεῖτε,** ἐν τῇ ἐννόμῳ ἐκκλησίᾳ ἐπιλυθήσεται.

ἐπιθυμέω

ἐπιθυμέω	Syn 6	Mt 2	Mk	Lk 4	Acts 1	Jn	1-3John	Paul 4	Eph	Col
	NT 16	2Thess	1/2Tim 1	Tit	Heb 1	Jas 1	1Pet 1	2Pet	Jude	Rev 1

desire; long for

	Mt		Mk		Lk		
200	**Mt 5,28**	ἐγὼ δὲ λέγω ὑμῖν ὅτι πᾶς ὁ βλέπων γυναῖκα **πρὸς τὸ ἐπιθυμῆσαι** αὐτὴν ἤδη ἐμοίχευσεν αὐτὴν ἐν τῇ καρδίᾳ αὐτοῦ.					
201	**Mt 13,17**	... πολλοὶ προφῆται καὶ δίκαιοι **ἐπεθύμησαν** ἰδεῖν ἃ βλέπετε καὶ οὐκ εἶδαν, καὶ ἀκοῦσαι ἃ ἀκούετε καὶ οὐκ ἤκουσαν.			**Lk 10,24**	... πολλοὶ προφῆται καὶ βασιλεῖς **ἠθέλησαν** ἰδεῖν ἃ ὑμεῖς βλέπετε καὶ οὐκ εἶδαν, καὶ ἀκοῦσαι ἃ ἀκούετε καὶ οὐκ ἤκουσαν.	→ GTh 38 **(POxy 655 - restoration)**
002					**Lk 15,16**	καὶ **ἐπεθύμει** χορτασθῆναι ἐκ τῶν κερατίων ὧν ἤσθιον οἱ χοῖροι, ...	
002					**Lk 16,21**	καὶ **ἐπιθυμῶν** χορτασθῆναι ἀπὸ τῶν πιπτόντων ἀπὸ τῆς τραπέζης τοῦ πλουσίου· ...	
002					**Lk 17,22**	... ἐλεύσονται ἡμέραι ὅτε **ἐπιθυμήσετε** μίαν τῶν ἡμερῶν τοῦ υἱοῦ τοῦ ἀνθρώπου ἰδεῖν καὶ οὐκ ὄψεσθε.	
002					**Lk 22,15**	... ἐπιθυμίᾳ **ἐπεθύμησα** τοῦτο τὸ πάσχα φαγεῖν μεθ᾽ ὑμῶν πρὸ τοῦ με παθεῖν·	

Acts 20,33 ἀργυρίου ἢ χρυσίου ἢ ἱματισμοῦ οὐδενὸς **ἐπεθύμησα·**

ἐπιθυμία

ἐπιθυμία	Syn 2	Mt	Mk 1	Lk 1	Acts	Jn 1	1-3John 3	Paul 10	Eph 2	Col 1
	NT 38	2Thess	1/2Tim 4	Tit 2	Heb	Jas 2	1Pet 4	2Pet 4	Jude 2	Rev 1

desire; longing; craving

	Mt		Mk		Lk		
121	**Mt 13,22**	ὁ δὲ εἰς τὰς ἀκάνθας σπαρείς, οὗτός ἐστιν ὁ τὸν λόγον ἀκούων, καὶ ἡ μέριμνα τοῦ αἰῶνος καὶ ἡ ἀπάτη τοῦ πλούτου συμπνίγει τὸν λόγον καὶ ἄκαρπος γίνεται.	**Mk 4,19**	[18] καὶ ἄλλοι εἰσὶν οἱ εἰς τὰς ἀκάνθας σπειρόμενοι· οὗτοί εἰσιν οἱ τὸν λόγον ἀκούσαντες, [19] καὶ αἱ μέριμναι τοῦ αἰῶνος καὶ ἡ ἀπάτη τοῦ πλούτου καὶ **αἱ περὶ τὰ λοιπὰ ἐπιθυμίαι** εἰσπορευόμεναι συμπνίγουσιν τὸν λόγον καὶ ἄκαρπος γίνεται.	**Lk 8,14**	τὸ δὲ εἰς τὰς ἀκάνθας πεσόν, οὗτοί εἰσιν οἱ ἀκούσαντες, καὶ ὑπὸ μεριμνῶν καὶ πλούτου καὶ **ἡδονῶν τοῦ βίου** πορευόμενοι συμπνίγονται καὶ οὐ τελεσφοροῦσιν.	

002			**Lk 22,15** καὶ εἶπεν πρὸς αὐτούς· **ἐπιθυμίᾳ** ἐπεθύμησα τοῦτο τὸ πάσχα φαγεῖν μεθ' ὑμῶν πρὸ τοῦ με παθεῖν·

# ἐπικαθίζω	Syn	Mt	Mk	Lk	Acts	Jn	1-3John	Paul	Eph	Col
	1	1								
	NT	2Thess	1/2Tim	Tit	Heb	Jas	1Pet	2Pet	Jude	Rev
	1									

sit; sit down (on)

	Mt	Mk	Lk
211	**Mt 21,7** ἤγαγον τὴν ὄνον καὶ τὸν πῶλον καὶ ἐπέθηκαν ἐπ' αὐτῶν τὰ ἱμάτια, καὶ **ἐπεκάθισεν** ἐπάνω αὐτῶν.	**Mk 11,7** καὶ φέρουσιν τὸν πῶλον πρὸς τὸν Ἰησοῦν καὶ ἐπιβάλλουσιν αὐτῷ τὰ ἱμάτια αὐτῶν, καὶ **ἐκάθισεν** ἐπ' αὐτόν.	**Lk 19,35** καὶ ἤγαγον αὐτὸν πρὸς τὸν Ἰησοῦν καὶ ἐπιρίψαντες αὐτῶν τὰ ἱμάτια ἐπὶ τὸν πῶλον **ἐπεβίβασαν** τὸν Ἰησοῦν.

# ἐπικαλέω	Syn	Mt	Mk	Lk	Acts	Jn	1-3John	Paul	Eph	Col
	1	1			20			5		
	NT	2Thess	1/2Tim	Tit	Heb	Jas	1Pet	2Pet	Jude	Rev
	30		1		1	1	1			

call; call out; name; give a name; give a surname; *middle:* call upon; appeal

[a] ἐπικαλέω τὸ ὄνομα

[b] ἐπικαλέω in passive voice between two names (Acts only)

	Mt	Mk	Lk
200	**Mt 10,25** ... εἰ τὸν οἰκοδεσπότην Βεελζεβοὺλ **ἐπεκάλεσαν,** πόσῳ μᾶλλον τοὺς οἰκιακοὺς αὐτοῦ.		

[b] **Acts 1,23** καὶ ἔστησαν δύο, Ἰωσὴφ τὸν καλούμενον Βαρσαββᾶν ὃς **ἐπεκλήθη** Ἰοῦστος, καὶ Μαθθίαν.

[a] **Acts 2,21** *καὶ ἔσται πᾶς ὃς ἂν* ***ἐπικαλέσηται*** *τὸ ὄνομα κυρίου σωθήσεται.*
➢ Joel 3,5 LXX

[b] **Acts 4,36** Ἰωσὴφ δὲ ὁ **ἐπικληθεὶς** Βαρναβᾶς ἀπὸ τῶν ἀποστόλων, ...

Acts 7,59 (→ Lk 23,46) καὶ ἐλιθοβόλουν τὸν Στέφανον **ἐπικαλούμενον** καὶ λέγοντα· κύριε Ἰησοῦ, δέξαι τὸ πνεῦμά μου.

[a] **Acts 9,14** καὶ ὧδε ἔχει ἐξουσίαν παρὰ τῶν ἀρχιερέων δῆσαι **πάντας τοὺς ἐπικαλουμένους** τὸ ὄνομά σου.

[a] **Acts 9,21** ... οὐχ οὗτός ἐστιν ὁ πορθήσας εἰς Ἰερουσαλὴμ **τοὺς ἐπικαλουμένους** τὸ ὄνομα τοῦτο, ...

[b] **Acts 10,5** καὶ νῦν πέμψον ἄνδρας εἰς Ἰόππην καὶ μετάπεμψαι Σίμωνά τινα ὃς **ἐπικαλεῖται** Πέτρος·

[b] **Acts 10,18** καὶ φωνήσαντες ἐπυνθάνοντο εἰ Σίμων **ὁ ἐπικαλούμενος** Πέτρος ἐνθάδε ξενίζεται.

[b] **Acts 10,32** πέμψον οὖν εἰς Ἰόππην καὶ μετακάλεσαι Σίμωνα ὃς **ἐπικαλεῖται** Πέτρος, ...

[b] **Acts 11,13** ... ἀπόστειλον εἰς Ἰόππην καὶ μετάπεμψαι Σίμωνα **τὸν ἐπικαλούμενον** Πέτρον

[b] **Acts 12,12** συνιδών τε ἦλθεν ἐπὶ τὴν οἰκίαν τῆς Μαρίας τῆς μητρὸς Ἰωάννου **τοῦ ἐπικαλουμένου** Μάρκου, ...

[b] **Acts 12,25** ... συμπαραλαβόντες Ἰωάννην **τὸν ἐπικληθέντα** Μᾶρκον.

[a] **Acts 15,17** *ὅπως ἂν ἐκζητήσωσιν οἱ κατάλοιποι τῶν ἀνθρώπων τὸν κύριον καὶ πάντα τὰ ἔθνη ἐφ' οὓς* ***ἐπικέκληται*** *τὸ ὄνομά μου ἐπ' αὐτούς,* ...
➢ Amos 9,12 LXX

[a] **Acts 22,16** καὶ νῦν τί μέλλεις; ἀναστὰς βάπτισαι καὶ ἀπόλουσαι τὰς ἁμαρτίας σου **ἐπικαλεσάμενος** τὸ ὄνομα αὐτοῦ.

Acts 25,11 ... οὐδείς με δύναται αὐτοῖς χαρίσασθαι· Καίσαρα **ἐπικαλοῦμαι.**

Acts 25,12 ... Καίσαρα **ἐπικέκλησαι,** ἐπὶ Καίσαρα πορεύσῃ.

Acts 25,21 **τοῦ δὲ Παύλου ἐπικαλεσαμένου** τηρηθῆναι αὐτὸν εἰς τὴν τοῦ Σεβαστοῦ διάγνωσιν, ...

Acts 25,25 ... αὐτοῦ δὲ τούτου **ἐπικαλεσαμένου** τὸν Σεβαστὸν ἔκρινα πέμπειν.

Acts 26,32 ... ἀπολελύσθαι ἐδύνατο ὁ ἄνθρωπος οὗτος εἰ **μὴ ἐπεκέκλητο** Καίσαρα.

Acts 28,19 ἀντιλεγόντων δὲ τῶν Ἰουδαίων ἠναγκάσθην **ἐπικαλέσασθαι** Καίσαρα οὐχ ὡς τοῦ ἔθνους μου ἔχων τι κατηγορεῖν.

# ἐπίκειμαι	Syn 2	Mt	Mk	Lk 2	Acts 1	Jn 2	1-3John	Paul 1	Eph	Col
	NT 7	2Thess	1/2Tim	Tit	Heb 1	Jas	1Pet	2Pet	Jude	Rev

lie upon; press around; press upon; be urgent; be imposed; be incumbent

	Mt		Mk		Lk		
002	**Mt 4,18**	περιπατῶν δὲ παρὰ τὴν θάλασσαν τῆς Γαλιλαίας ...	**Mk 1,16**	καὶ παράγων παρὰ τὴν θάλασσαν τῆς Γαλιλαίας ...	**Lk 5,1** → Mt 13,1-2 → Mk 4,1 → Lk 8,4	ἐγένετο δὲ ἐν τῷ τὸν ὄχλον **ἐπικεῖσθαι** αὐτῷ καὶ ἀκούειν τὸν λόγον τοῦ θεοῦ καὶ αὐτὸς ἦν ἑστὼς παρὰ τὴν λίμνην Γεννησαρέτ	
112	**Mt 27,23**	... οἱ δὲ περισσῶς ἔκραζον λέγοντες· σταυρωθήτω.	**Mk 15,14**	... οἱ δὲ περισσῶς ἔκραξαν· σταύρωσον αὐτόν.	**Lk 23,23**	οἱ δὲ **ἐπέκειντο** φωναῖς μεγάλαις αἰτούμενοι αὐτὸν σταυρωθῆναι, καὶ κατίσχυον αἱ φωναὶ αὐτῶν.	→ Jn 19,15

Acts 27,20 ... χειμῶνός τε οὐκ ὀλίγου **ἐπικειμένου,** λοιπὸν περιῃρεῖτο ἐλπὶς πᾶσα τοῦ σῴζεσθαι ἡμᾶς.

# ἐπικρίνω	Syn 1	Mt	Mk	Lk 1	Acts	Jn	1-3John	Paul	Eph	Col
	NT 1	2Thess	1/2Tim	Tit	Heb	Jas	1Pet	2Pet	Jude	Rev

decide; determine

	Mt		Mk		Lk		
112	**Mt 27,24**	ἰδὼν δὲ ὁ Πιλᾶτος ὅτι οὐδὲν ὠφελεῖ ἀλλὰ μᾶλλον θόρυβος γίνεται, ... [26] τότε ἀπέλυσεν αὐτοῖς τὸν Βαραββᾶν, ...	**Mk 15,15**	ὁ δὲ Πιλᾶτος **βουλόμενος** τῷ ὄχλῳ τὸ ἱκανὸν ποιῆσαι ἀπέλυσεν αὐτοῖς τὸν Βαραββᾶν, ...	**Lk 23,24** → Mk 15,7 → Lk 23,19	καὶ Πιλᾶτος **ἐπέκρινεν** γενέσθαι τὸ αἴτημα αὐτῶν· [25] ἀπέλυσεν δὲ τὸν διὰ στάσιν καὶ φόνον βεβλημένον εἰς φυλακὴν ὃν ᾐτοῦντο	→ Acts 18,6

ἐπιλαμβάνομαι	Syn 7	Mt 1	Mk 1	Lk 5	Acts 7	Jn	1-3John	Paul	Eph	Col
	NT 19	2Thess	1/2Tim 2	Tit	Heb 3	Jas	1Pet	2Pet	Jude	Rev

take hold of; grasp; catch; be concerned with

	triple tradition																	double tradition			Sondergut		
		+Mt / +Lk			–Mt / –Lk			traditions not taken over by Mt / Lk							subtotals								
code	222	211	112	212	221	122	121	022	012	021	220	120	210	020	Σ⁺	Σ⁻	Σ	202	201	102	200	002	total
Mt																					1		1
Mk														1			1						1
Lk			4⁺												4⁺		4					1	5

code	Mt	Mk	Lk	
200	**Mt 14,31** εὐθέως δὲ ὁ Ἰησοῦς ἐκτείνας τὴν χεῖρα **ἐπελάβετο** αὐτοῦ καὶ λέγει αὐτῷ· ὀλιγόπιστε, εἰς τί ἐδίστασας;			
020		**Mk 8,23** → Mk 7,33 καὶ **ἐπιλαβόμενος** τῆς χειρὸς τοῦ τυφλοῦ ἐξήνεγκεν αὐτὸν ἔξω τῆς κώμης ...		→ Jn 9,6
112	**Mt 18,2** καὶ **προσκαλεσάμενος** παιδίον ἔστησεν αὐτὸ ἐν μέσῳ αὐτῶν	**Mk 9,36** καὶ **λαβὼν** παιδίον ἔστησεν αὐτὸ ἐν μέσῳ αὐτῶν ...	**Lk 9,47** ὁ δὲ Ἰησοῦς εἰδὼς τὸν διαλογισμὸν τῆς καρδίας αὐτῶν, **ἐπιλαβόμενος** παιδίον ἔστησεν αὐτὸ παρ᾽ ἑαυτῷ	→ GTh 22
002			**Lk 14,4** → Mt 12,13 → Mk 3,5 → Lk 6,10 → Lk 13,13 ... καὶ **ἐπιλαβόμενος** ἰάσατο αὐτὸν καὶ ἀπέλυσεν.	
112	**Mt 22,15** → Mt 26,4 τότε πορευθέντες οἱ Φαρισαῖοι συμβούλιον ἔλαβον ὅπως αὐτὸν **παγιδεύσωσιν** ἐν λόγῳ. [16] καὶ ἀποστέλλουσιν αὐτῷ τοὺς μαθητὰς αὐτῶν μετὰ τῶν Ἡρῳδιανῶν ...	**Mk 12,13** καὶ ἀποστέλλουσιν πρὸς αὐτόν τινας τῶν Φαρισαίων καὶ τῶν Ἡρῳδιανῶν ἵνα αὐτὸν **ἀγρεύσωσιν** λόγῳ.	**Lk 20,20** → Lk 6,7 → Lk 11,53-54 → Lk 16,15 → Lk 18,9 → Lk 23,2 καὶ παρατηρήσαντες ἀπέστειλαν ἐγκαθέτους ὑποκρινομένους ἑαυτοὺς δικαίους εἶναι, ἵνα **ἐπιλάβωνται** αὐτοῦ λόγου, ὥστε παραδοῦναι αὐτὸν τῇ ἀρχῇ καὶ τῇ ἐξουσίᾳ τοῦ ἡγεμόνος.	
112	**Mt 22,22** → Mk 12,12 καὶ ἀκούσαντες ἐθαύμασαν, καὶ ἀφέντες αὐτὸν ἀπῆλθαν.	**Mk 12,17** ... καὶ ἐξεθαύμαζον ἐπ᾽ αὐτῷ.	**Lk 20,26** καὶ οὐκ ἴσχυσαν **ἐπιλαβέσθαι** αὐτοῦ ῥήματος ἐναντίον τοῦ λαοῦ καὶ θαυμάσαντες ἐπὶ τῇ ἀποκρίσει αὐτοῦ ἐσίγησαν.	
112	**Mt 27,32** ἐξερχόμενοι δὲ εὗρον ἄνθρωπον Κυρηναῖον ὀνόματι Σίμωνα, τοῦτον **ἠγγάρευσαν** ἵνα ἄρῃ τὸν σταυρὸν αὐτοῦ.	**Mk 15,21** καὶ **ἀγγαρεύουσιν** παράγοντά τινα Σίμωνα Κυρηναῖον ἐρχόμενον ἀπ᾽ ἀγροῦ, τὸν πατέρα Ἀλεξάνδρου καὶ Ῥούφου, ἵνα ἄρῃ τὸν σταυρὸν αὐτοῦ.	**Lk 23,26** καὶ ὡς ἀπήγαγον αὐτόν, **ἐπιλαβόμενοι** Σίμωνά τινα Κυρηναῖον ἐρχόμενον ἀπ᾽ ἀγροῦ ἐπέθηκαν αὐτῷ τὸν σταυρὸν φέρειν ὄπισθεν τοῦ Ἰησοῦ.	

Acts 9,27 Βαρναβᾶς δὲ **ἐπιλαβόμενος** αὐτὸν ἤγαγεν πρὸς τοὺς ἀποστόλους ...

Acts 16,19 ἰδόντες δὲ οἱ κύριοι αὐτῆς ὅτι ἐξῆλθεν ἡ ἐλπὶς τῆς ἐργασίας αὐτῶν, **ἐπιλαβόμενοι** τὸν Παῦλον καὶ τὸν Σιλᾶν εἵλκυσαν εἰς τὴν ἀγορὰν ἐπὶ τοὺς ἄρχοντας

Acts 17,19 **ἐπιλαβόμενοί** τε αὐτοῦ ἐπὶ τὸν Ἄρειον πάγον ἤγαγον λέγοντες· ...

Acts 18,17 **ἐπιλαβόμενοι** δὲ πάντες Σωσθένην τὸν ἀρχισυνάγωγον ἔτυπτον ἔμπροσθεν τοῦ βήματος· ...

Acts 21,30 ἐκινήθη τε ἡ πόλις ὅλη καὶ ἐγένετο συνδρομὴ τοῦ λαοῦ, καὶ **ἐπιλαβόμενοι** τοῦ Παύλου εἷλκον αὐτὸν ἔξω τοῦ ἱεροῦ, καὶ εὐθέως ἐκλείσθησαν αἱ θύραι.

Acts 21,33 τότε ἐγγίσας ὁ χιλίαρχος **ἐπελάβετο** αὐτοῦ καὶ ἐκέλευσεν δεθῆναι ἁλύσεσι δυσί, ...

Acts 23,19 **ἐπιλαβόμενος** δὲ τῆς χειρὸς αὐτοῦ ὁ χιλίαρχος καὶ ἀναχωρήσας κατ' ἰδίαν ἐπυνθάνετο, ...

ἐπιλανθάνομαι

Syn 3	Mt 1	Mk 1	Lk 1	Acts	Jn	1-3John	Paul 1	Eph	Col
NT 8	2Thess	1/2Tim	Tit	Heb 3	Jas 1	1Pet	2Pet	Jude	Rev

forget; neglect; overlook; care nothing about

220	**Mt 16,5**	καὶ ἐλθόντες οἱ μαθηταὶ εἰς τὸ πέραν **ἐπελάθοντο** ἄρτους λαβεῖν.	**Mk 8,14**	[13] ... ἀπῆλθεν εἰς τὸ πέραν. [14] καὶ **ἐπελάθοντο** λαβεῖν ἄρτους ...			
102	**Mt 10,29**	οὐχὶ δύο στρουθία ἀσσαρίου πωλεῖται; καὶ ἓν ἐξ αὐτῶν **οὐ πεσεῖται ἐπὶ τὴν γῆν** ἄνευ τοῦ πατρὸς ὑμῶν.			**Lk 12,6**	οὐχὶ πέντε στρουθία πωλοῦνται ἀσσαρίων δύο; καὶ ἓν ἐξ αὐτῶν **οὐκ ἔστιν ἐπιλελησμένον** ἐνώπιον τοῦ θεοῦ.	

ἐπιλείχω

Syn 1	Mt	Mk	Lk 1	Acts	Jn	1-3John	Paul	Eph	Col
NT 1	2Thess	1/2Tim	Tit	Heb	Jas	1Pet	2Pet	Jude	Rev

lick

002					**Lk 16,21**	... ἀλλὰ καὶ οἱ κύνες ἐρχόμενοι **ἐπέλειχον** τὰ ἕλκη αὐτοῦ.	

ἐπιλύω

Syn 1	Mt	Mk 1	Lk	Acts 1	Jn	1-3John	Paul	Eph	Col
NT 2	2Thess	1/2Tim	Tit	Heb	Jas	1Pet	2Pet	Jude	Rev

explain; interpret; decide; settle

120	**Mt 13,34** →Mt 13,36	... καὶ χωρὶς παραβολῆς οὐδὲν ἐλάλει αὐτοῖς	**Mk 4,34**	χωρὶς δὲ παραβολῆς οὐκ ἐλάλει αὐτοῖς, κατ' ἰδίαν δὲ τοῖς ἰδίοις μαθηταῖς **ἐπέλυεν** πάντα.			

Acts 19,39 εἰ δέ τι περαιτέρω ἐπιζητεῖτε, ἐν τῇ ἐννόμῳ ἐκκλησίᾳ **ἐπιλυθήσεται.**

ἐπιμελέομαι	Syn 2	Mt	Mk	Lk 2	Acts	Jn	1-3John	Paul	Eph	Col
	NT 3	2Thess	1/2Tim 1	Tit	Heb	Jas	1Pet	2Pet	Jude	Rev

care for; take care of

002			**Lk 10,34** ... ἐπιβιβάσας δὲ αὐτὸν ἐπὶ τὸ ἴδιον κτῆνος ἤγαγεν αὐτὸν εἰς πανδοχεῖον καὶ **ἐπεμελήθη** αὐτοῦ.	
002			**Lk 10,35** καὶ ἐπὶ τὴν αὔριον ἐκβαλὼν ἔδωκεν δύο δηνάρια τῷ πανδοχεῖ καὶ εἶπεν· **ἐπιμελήθητι** αὐτοῦ, ...	

ἐπιμελῶς	Syn 1	Mt	Mk	Lk 1	Acts	Jn	1-3John	Paul	Eph	Col
	NT 1	2Thess	1/2Tim	Tit	Heb	Jas	1Pet	2Pet	Jude	Rev

carefully; diligently

002			**Lk 15,8** ... οὐχὶ ἅπτει λύχνον καὶ σαροῖ τὴν οἰκίαν καὶ ζητεῖ **ἐπιμελῶς** ἕως οὗ εὕρῃ;	

ἐπιορκέω	Syn 1	Mt 1	Mk	Lk	Acts	Jn	1-3John	Paul	Eph	Col
	NT 1	2Thess	1/2Tim	Tit	Heb	Jas	1Pet	2Pet	Jude	Rev

break one's oath

200	**Mt 5,33** πάλιν ἠκούσατε ὅτι ἐρρέθη τοῖς ἀρχαίοις· **οὐκ ἐπιορκήσεις,** ἀποδώσεις δὲ τῷ κυρίῳ τοὺς ὅρκους σου. ➤ Lev 19,12; Num 30,3; Deut 23,22 LXX			

ἐπιούσιος	Syn 2	Mt 1	Mk	Lk 1	Acts	Jn	1-3John	Paul	Eph	Col
	NT 2	2Thess	1/2Tim	Tit	Heb	Jas	1Pet	2Pet	Jude	Rev

doubtful meaning: necessary for existence; for the current day; for today; for the following day; for the future; belonging to the day; coming

202	**Mt 6,11** **τὸν ἄρτον ἡμῶν τὸν ἐπιούσιον** δὸς ἡμῖν σήμερον·		**Lk 11,3** **τὸν ἄρτον ἡμῶν τὸν ἐπιούσιον** δίδου ἡμῖν τὸ καθ' ἡμέραν·	

ἐπιπίπτω	Syn 3	Mt	Mk 1	Lk 2	Acts 6	Jn	1-3John	Paul 1	Eph	Col
	NT 11	2Thess	1/2Tim	Tit	Heb	Jas	1Pet	2Pet	Jude	Rev 1

approach someone impetuously, eagerly; come upon

[a] ἐπέπεσεν φόβος
[b] ἐπιπίπτω ἐπὶ τὸν τράχηλον
[c] ἐπιπίπτει τὸ πνεῦμα τὸ ἅγιον (Acts only)

a 002					Lk 1,12	καὶ ἐταράχθη Ζαχαρίας ἰδὼν καὶ φόβος **ἐπέπεσεν** ἐπ' αὐτόν.
	Mt 12,15	... καὶ ἐθεράπευσεν αὐτοὺς πάντας	Mk 3,10	πολλοὺς γὰρ ἐθεράπευσεν,	Lk 6,18 → Mk 3,11	... καὶ οἱ ἐνοχλούμενοι ἀπὸ πνευμάτων ἀκαθάρτων ἐθεραπεύοντο,
021				ὥστε **ἐπιπίπτειν** αὐτῷ ἵνα αὐτοῦ ἅψωνται ὅσοι εἶχον μάστιγας.	Lk 6,19 → Mk 5,30 → Lk 8,46	καὶ πᾶς ὁ ὄχλος **ἐζήτουν** ἅπτεσθαι αὐτοῦ, ὅτι δύναμις παρ' αὐτοῦ ἐξήρχετο καὶ ἰᾶτο πάντας.
b 002					Lk 15,20	... εἶδεν αὐτὸν ὁ πατὴρ αὐτοῦ καὶ ἐσπλαγχνίσθη καὶ δραμὼν **ἐπέπεσεν** ἐπὶ τὸν τράχηλον αὐτοῦ καὶ κατεφίλησεν αὐτόν.

[c] **Acts 8,16** [15] ... ὅπως λάβωσιν πνεῦμα ἅγιον· [16] οὐδέπω γὰρ ἦν ἐπ' οὐδενὶ αὐτῶν **ἐπιπεπτωκός,** μόνον δὲ βεβαπτισμένοι ὑπῆρχον εἰς τὸ ὄνομα τοῦ κυρίου Ἰησοῦ.

[c] **Acts 10,44** ἔτι λαλοῦντος τοῦ Πέτρου τὰ ῥήματα ταῦτα **ἐπέπεσεν** τὸ πνεῦμα τὸ ἅγιον ἐπὶ πάντας τοὺς ἀκούοντας τὸν λόγον.

[c] **Acts 11,15** ἐν δὲ τῷ ἄρξασθαί με λαλεῖν **ἐπέπεσεν** τὸ πνεῦμα τὸ ἅγιον ἐπ' αὐτοὺς ὥσπερ καὶ ἐφ' ἡμᾶς ἐν ἀρχῇ.

[a] **Acts 19,17** ... καὶ **ἐπέπεσεν** φόβος ἐπὶ πάντας αὐτοὺς καὶ ἐμεγαλύνετο τὸ ὄνομα τοῦ κυρίου Ἰησοῦ.

Acts 20,10 καταβὰς δὲ ὁ Παῦλος **ἐπέπεσεν** αὐτῷ καὶ συμπεριλαβὼν εἶπεν· ...

[b] **Acts 20,37** ἱκανὸς δὲ κλαυθμὸς ἐγένετο πάντων καὶ **ἐπιπεσόντες** ἐπὶ τὸν τράχηλον τοῦ Παύλου κατεφίλουν αὐτόν

ἐπιπορεύομαι	Syn 1	Mt	Mk	Lk 1	Acts	Jn	1-3John	Paul	Eph	Col
	NT 1	2Thess	1/2Tim	Tit	Heb	Jas	1Pet	2Pet	Jude	Rev

go to; journey to

112	Mt 13,2	καὶ συνήχθησαν πρὸς αὐτὸν ὄχλοι πολλοί, ... [3] καὶ ἐλάλησεν αὐτοῖς πολλὰ ἐν παραβολαῖς ...	Mk 4,1 → Mk 3,9	... καὶ συνάγεται πρὸς αὐτὸν ὄχλος πλεῖστος, ... [2] καὶ ἐδίδασκεν αὐτοὺς ἐν παραβολαῖς πολλὰ ...	Lk 8,4 ⇒ Lk 5,1.3	συνιόντος δὲ ὄχλου πολλοῦ καὶ τῶν κατὰ πόλιν **ἐπιπορευομένων** πρὸς αὐτὸν εἶπεν διὰ παραβολῆς·

ἐπιράπτω

ἐπιράπτω	Syn 1	Mt	Mk 1	Lk	Acts	Jn	1-3John	Paul	Eph	Col
	NT 1	2Thess	1/2Tim	Tit	Heb	Jas	1Pet	2Pet	Jude	Rev

sew (on)

121	**Mt 9,16**	οὐδεὶς δὲ **ἐπιβάλλει** ἐπίβλημα ῥάκους ἀγνάφου ἐπὶ ἱματίῳ παλαιῷ· ...	**Mk 2,21**	οὐδεὶς ἐπίβλημα ῥάκους ἀγνάφου **ἐπιράπτει** ἐπὶ ἱμάτιον παλαιόν· ...	**Lk 5,36**	... οὐδεὶς ἐπίβλημα ἀπὸ ἱματίου καινοῦ σχίσας **ἐπιβάλλει** ἐπὶ ἱμάτιον παλαιόν· ...	→ GTh 47,5

ἐπιρίπτω

ἐπιρίπτω	Syn 1	Mt	Mk	Lk 1	Acts	Jn	1-3John	Paul	Eph	Col
	NT 2	2Thess	1/2Tim	Tit	Heb	Jas	1Pet 1	2Pet	Jude	Rev

throw (on)

112	**Mt 21,7**	ἤγαγον τὴν ὄνον καὶ τὸν πῶλον καὶ **ἐπέθηκαν** ἐπ᾽ αὐτῶν τὰ ἱμάτια, καὶ ἐπεκάθισεν ἐπάνω αὐτῶν.	**Mk 11,7**	καὶ φέρουσιν τὸν πῶλον πρὸς τὸν Ἰησοῦν καὶ **ἐπιβάλλουσιν** αὐτῷ τὰ ἱμάτια αὐτῶν, καὶ ἐκάθισεν ἐπ᾽ αὐτόν.	**Lk 19,35**	καὶ ἤγαγον αὐτὸν πρὸς τὸν Ἰησοῦν καὶ **ἐπιρίψαντες** αὐτῶν τὰ ἱμάτια ἐπὶ τὸν πῶλον ἐπεβίβασαν τὸν Ἰησοῦν.	

ἐπίσημος

ἐπίσημος	Syn 1	Mt 1	Mk	Lk	Acts	Jn	1-3John	Paul 1	Eph	Col
	NT 2	2Thess	1/2Tim	Tit	Heb	Jas	1Pet	2Pet	Jude	Rev

splendid; prominent; outstanding; notorious

211	**Mt 27,16** → Mt 27,26	εἶχον δὲ τότε **δέσμιον ἐπίσημον** λεγόμενον [Ἰησοῦν] Βαραββᾶν.	**Mk 15,7** → Mk 15,15	ἦν δὲ ὁ λεγόμενος Βαραββᾶς μετὰ τῶν στασιαστῶν **δεδεμένος** οἵτινες ἐν τῇ στάσει φόνον πεποιήκεισαν.	**Lk 23,19** → Lk 23,25	ὅστις ἦν διὰ στάσιν τινὰ γενομένην ἐν τῇ πόλει καὶ φόνον **βληθεὶς** **ἐν τῇ φυλακῇ.**	→ Jn 18,40

ἐπισιτισμός

ἐπισιτισμός	Syn 1	Mt	Mk	Lk 1	Acts	Jn	1-3John	Paul	Eph	Col
	NT 1	2Thess	1/2Tim	Tit	Heb	Jas	1Pet	2Pet	Jude	Rev

provisions

112	**Mt 14,15** → Mt 14,16 → Mt 15,32	... ἀπόλυσον τοὺς ὄχλους, ἵνα ἀπελθόντες εἰς τὰς κώμας ἀγοράσωσιν ἑαυτοῖς **βρώματα.**	**Mk 6,36** → Mk 6,37 → Mk 8,3	ἀπόλυσον αὐτούς, ἵνα ἀπελθόντες εἰς τοὺς κύκλῳ ἀγροὺς καὶ κώμας ἀγοράσωσιν ἑαυτοῖς **τί φάγωσιν.**	**Lk 9,12** → Lk 9,13	... ἀπόλυσον τὸν ὄχλον, ἵνα πορευθέντες εἰς τὰς κύκλῳ κώμας καὶ ἀγροὺς καταλύσωσιν καὶ εὕρωσιν **ἐπισιτισμόν, ...**	

ἐπισκέπτομαι	Syn 5	Mt 2	Mk	Lk 3	Acts 4	Jn	1-3John	Paul	Eph	Col
	NT 11	2Thess	1/2Tim	Tit	Heb 1	Jas 1	1Pet	2Pet	Jude	Rev

look at; examine; inspect; go to see; visit

	Mt		Mk		Lk		
002					Lk 1,68	εὐλογητὸς κύριος ὁ θεὸς τοῦ Ἰσραήλ, ὅτι **ἐπεσκέψατο** καὶ ἐποίησεν λύτρωσιν τῷ λαῷ αὐτοῦ	
002					Lk 1,78	διὰ σπλάγχνα ἐλέους θεοῦ ἡμῶν, ἐν οἷς **ἐπισκέψεται** ἡμᾶς ἀνατολὴ ἐξ ὕψους	
002					Lk 7,16	... προφήτης μέγας ἠγέρθη ἐν ἡμῖν καὶ ὅτι **ἐπεσκέψατο** ὁ θεὸς τὸν λαὸν αὐτοῦ.	
200	Mt 25,36	γυμνὸς καὶ περιεβάλετέ με, ἠσθένησα καὶ **ἐπεσκέψασθέ** με, ἐν φυλακῇ ἤμην καὶ ἤλθατε πρός με.					
200	Mt 25,43	... γυμνὸς καὶ οὐ περιεβάλετέ με, ἀσθενὴς καὶ ἐν φυλακῇ καὶ **οὐκ ἐπεσκέψασθέ** με.					

Acts 6,3 **ἐπισκέψασθε** δέ, ἀδελφοί, ἄνδρας ἐξ ὑμῶν μαρτυρουμένους ἑπτά, ...

Acts 7,23 ... ἀνέβη ἐπὶ τὴν καρδίαν αὐτοῦ **ἐπισκέψασθαι** τοὺς ἀδελφοὺς αὐτοῦ τοὺς υἱοὺς Ἰσραήλ.

Acts 15,14 Συμεὼν ἐξηγήσατο καθὼς πρῶτον ὁ θεὸς **ἐπεσκέψατο** λαβεῖν ἐξ ἐθνῶν λαὸν τῷ ὀνόματι αὐτοῦ.

Acts 15,36 ... ἐπιστρέψαντες δὴ **ἐπισκεψώμεθα** τοὺς ἀδελφοὺς κατὰ πόλιν πᾶσαν ...

ἐπισκιάζω	Syn 4	Mt 1	Mk 1	Lk 2	Acts 1	Jn	1-3John	Paul	Eph	Col
	NT 5	2Thess	1/2Tim	Tit	Heb	Jas	1Pet	2Pet	Jude	Rev

overshadow; cast a shadow; cover

	Mt		Mk		Lk		
002					Lk 1,35 → Mt 1,18 → Mt 1,20	... πνεῦμα ἅγιον ἐπελεύσεται ἐπὶ σὲ καὶ δύναμις ὑψίστου **ἐπισκιάσει** σοι· διὸ καὶ τὸ γεννώμενον ἅγιον κληθήσεται υἱὸς θεοῦ.	
222	Mt 17,5	... ἰδοὺ νεφέλη φωτεινὴ **ἐπεσκίασεν** αὐτούς, ...	Mk 9,7	καὶ ἐγένετο νεφέλη **ἐπισκιάζουσα** αὐτοῖς, ...	Lk 9,34	... ἐγένετο νεφέλη καὶ **ἐπεσκίαζεν** αὐτούς· ἐφοβήθησαν δὲ ἐν τῷ εἰσελθεῖν αὐτοὺς εἰς τὴν νεφέλην.	

Acts 5,15 ὥστε καὶ εἰς τὰς πλατείας ἐκφέρειν τοὺς ἀσθενεῖς ..., ἵνα ἐρχομένου Πέτρου κἂν ἡ σκιὰ **ἐπισκιάσῃ** τινὶ αὐτῶν.

ἐπισκοπή	Syn	Mt	Mk	Lk	Acts	Jn	1-3John	Paul	Eph	Col
	1			1	1					
	NT	2Thess	1/2Tim	Tit	Heb	Jas	1Pet	2Pet	Jude	Rev
	4		1				1			

visitation; position, office of an overseer

	Mt	Mk	Lk	
002			**Lk 19,44** → Mt 24,2 → Mk 13,2 → Lk 21,6 → Lk 21,24 ... καὶ οὐκ ἀφήσουσιν λίθον ἐπὶ λίθον ἐν σοί, ἀνθ᾽ ὧν οὐκ ἔγνως **τὸν καιρὸν τῆς ἐπισκοπῆς σου.**	

Acts 1,20 ... *γενηθήτω ἡ ἔπαυλις αὐτοῦ ἔρημος καὶ μὴ ἔστω ὁ κατοικῶν ἐν αὐτῇ*, καί· ***τὴν ἐπισκοπὴν αὐτοῦ*** *λαβέτω ἕτερος.*
➤ Ps 69,26; Ps 109,8

ἐπισπείρω	Syn	Mt	Mk	Lk	Acts	Jn	1-3John	Paul	Eph	Col
	1	1								
	NT	2Thess	1/2Tim	Tit	Heb	Jas	1Pet	2Pet	Jude	Rev
	1									

sow afterward

	Mt	Mk	Lk	
200	**Mt 13,25** ἐν δὲ τῷ καθεύδειν τοὺς ἀνθρώπους ἦλθεν αὐτοῦ ὁ ἐχθρὸς καὶ **ἐπέσπειρεν** ζιζάνια ἀνὰ μέσον τοῦ σίτου καὶ ἀπῆλθεν.			→ GTh 57

ἐπίσταμαι	Syn	Mt	Mk	Lk	Acts	Jn	1-3John	Paul	Eph	Col
	1		1		9					
	NT	2Thess	1/2Tim	Tit	Heb	Jas	1Pet	2Pet	Jude	Rev
	14		1		1	1			1	

understand; know; be acquainted with

	Mt	Mk	Lk	
121	**Mt 26,70** ὁ δὲ ἠρνήσατο ἔμπροσθεν πάντων λέγων· οὐκ οἶδα τί λέγεις.	**Mk 14,68** ὁ δὲ ἠρνήσατο λέγων· οὔτε οἶδα **οὔτε ἐπίσταμαι** σὺ τί λέγεις. ...	**Lk 22,57** ὁ δὲ ἠρνήσατο λέγων· οὐκ οἶδα αὐτόν, γύναι.	→ Jn 18,17

Acts 10,28 ... ὑμεῖς **ἐπίστασθε** ὡς ἀθέμιτόν ἐστιν ἀνδρὶ Ἰουδαίῳ κολλᾶσθαι ἢ προσέρχεσθαι ἀλλοφύλῳ· ...

Acts 15,7 ... ἄνδρες ἀδελφοί, ὑμεῖς **ἐπίστασθε** ὅτι ἀφ᾽ ἡμερῶν ἀρχαίων ἐν ὑμῖν ἐξελέξατο ὁ θεὸς διὰ τοῦ στόματός μου ἀκοῦσαι τὰ ἔθνη τὸν λόγον τοῦ εὐαγγελίου καὶ πιστεῦσαι.

Acts 18,25 ... καὶ ἐδίδασκεν ἀκριβῶς τὰ περὶ τοῦ Ἰησοῦ, **ἐπιστάμενος** μόνον τὸ βάπτισμα Ἰωάννου·

Acts 19,15 ... τὸν [μὲν] Ἰησοῦν γινώσκω καὶ τὸν Παῦλον **ἐπίσταμαι**, ὑμεῖς δὲ τίνες ἐστέ;

Acts 19,25 ... ἄνδρες, **ἐπίστασθε** ὅτι ἐκ ταύτης τῆς ἐργασίας ἡ εὐπορία ἡμῖν ἐστιν

Acts 20,18 ... ὑμεῖς **ἐπίστασθε**, ἀπὸ πρώτης ἡμέρας ἀφ' ἧς ἐπέβην εἰς τὴν Ἀσίαν, πῶς μεθ' ὑμῶν τὸν πάντα χρόνον ἐγενόμην

Acts 22,19 ... κύριε, αὐτοὶ **ἐπίστανται** ὅτι ἐγὼ ἤμην φυλακίζων καὶ δέρων κατὰ τὰς συναγωγὰς τοὺς πιστεύοντας ἐπὶ σέ

Acts 24,10 ... ἐκ πολλῶν ἐτῶν ὄντα σε κριτὴν τῷ ἔθνει τούτῳ **ἐπιστάμενος** εὐθύμως τὰ περὶ ἐμαυτοῦ ἀπολογοῦμαι

Acts 26,26 **ἐπίσταται** γὰρ περὶ τούτων ὁ βασιλεὺς πρὸς ὃν καὶ παρρησιαζόμενος λαλῶ, ...

ἐπιστάτης	Syn 7	Mt	Mk	Lk 7	Acts	Jn	1-3John	Paul	Eph	Col
	NT 7	2Thess	1/2Tim	Tit	Heb	Jas	1Pet	2Pet	Jude	Rev

master

	Mt		Mk		Lk		
002					Lk 5,5	καὶ ἀποκριθεὶς Σίμων εἶπεν· **ἐπιστάτα**, δι' ὅλης νυκτὸς κοπιάσαντες οὐδὲν ἐλάβομεν· ...	→ Jn 21,3
112 112	Mt 8,25	καὶ προσελθόντες ἤγειραν αὐτὸν λέγοντες· **κύριε**, σῶσον, ἀπολλύμεθα.	Mk 4,38	... καὶ ἐγείρουσιν αὐτὸν καὶ λέγουσιν αὐτῷ· **διδάσκαλε**, οὐ μέλει σοι ὅτι ἀπολλύμεθα;	Lk 8,24 (2)	προσελθόντες δὲ διήγειραν αὐτὸν λέγοντες· **ἐπιστάτα** **ἐπιστάτα**, ἀπολλύμεθα. ...	
012			Mk 5,31	καὶ ἔλεγον αὐτῷ οἱ μαθηταὶ αὐτοῦ· βλέπεις τὸν ὄχλον συνθλίβοντά σε ...	Lk 8,45	... εἶπεν ὁ Πέτρος· **ἐπιστάτα**, οἱ ὄχλοι συνέχουσίν σε καὶ ἀποθλίβουσιν.	
112	Mt 17,4	ἀποκριθεὶς δὲ ὁ Πέτρος εἶπεν τῷ Ἰησοῦ· **κύριε**, καλόν ἐστιν ἡμᾶς ὧδε εἶναι· ...	Mk 9,5	καὶ ἀποκριθεὶς ὁ Πέτρος λέγει τῷ Ἰησοῦ· **ῥαββί**, καλόν ἐστιν ἡμᾶς ὧδε εἶναι, ...	Lk 9,33	καὶ ἐγένετο ἐν τῷ διαχωρίζεσθαι αὐτοὺς ἀπ' αὐτοῦ εἶπεν ὁ Πέτρος πρὸς τὸν Ἰησοῦν· **ἐπιστάτα**, καλόν ἐστιν ἡμᾶς ὧδε εἶναι, ...	
012			Mk 9,38	ἔφη αὐτῷ ὁ Ἰωάννης· **διδάσκαλε**, εἴδομέν τινα ἐν τῷ ὀνόματί σου ἐκβάλλοντα δαιμόνια ...	Lk 9,49	ἀποκριθεὶς δὲ Ἰωάννης εἶπεν· **ἐπιστάτα**, εἴδομέν τινα ἐν τῷ ὀνόματί σου ἐκβάλλοντα δαιμόνια ...	→ Acts 19,13
002					Lk 17,13 → Mt 8,2 → Mk 1,40 → Lk 5,12	καὶ αὐτοὶ ἦραν φωνὴν λέγοντες· **Ἰησοῦ ἐπιστάτα**, ἐλέησον ἡμᾶς.	

ἐπιστρέφω	Syn 15	Mt 4	Mk 4	Lk 7	Acts 11	Jn 1	1-3John	Paul 3	Eph	Col
	NT 36	2Thess	1/2Tim	Tit	Heb	Jas 2	1Pet 1	2Pet 1	Jude	Rev 2

intransitive: turn around, back; return; turn to; *transitive:* turn; turn back

	triple tradition																	double tradition			Sondergut		
		+Mt / +Lk			–Mt / –Lk			traditions not taken over by Mt / Lk							subtotals								
code	*222*	*211*	*112*	*212*	*221*	*122*	*121*	*022*	*012*	*021*	*220*	*120*	*210*	*020*	Σ^+	Σ^-	Σ	*202*	*201*	*102*	*200*	*002*	total
Mt	1						2^-					1^-				3^-	1		2		1		**4**
Mk	1						2					1					4						**4**
Lk	1		1^+				2^-								1^+	2^-	2			1		4	**7**

a ἐπιστρέφω ἐπὶ (τὸν) θεόν, ~ ἐπὶ (τὸν) κύριον and similar phrases

code	Mt		Mk		Lk		
a 002					**Lk 1,16**	καὶ πολλοὺς τῶν υἱῶν Ἰσραὴλ **ἐπιστρέψει** ἐπὶ κύριον τὸν θεὸν αὐτῶν.	
002					**Lk 1,17** → Mt 11,14 → Mt 17,12 → Mk 9,13	καὶ αὐτὸς προελεύσεται ἐνώπιον αὐτοῦ ἐν πνεύματι καὶ δυνάμει Ἠλίου, **ἐπιστρέψαι** καρδίας πατέρων ἐπὶ τέκνα ...	
002					**Lk 2,39** → Mt 2,22-23	καὶ ὡς ἐτέλεσαν πάντα τὰ κατὰ τὸν νόμον κυρίου, **ἐπέστρεψαν** εἰς τὴν Γαλιλαίαν εἰς πόλιν ἑαυτῶν Ναζαρέθ.	
201	**Mt 10,13**	καὶ ἐὰν μὲν ᾖ ἡ οἰκία ἀξία, ἐλθάτω ἡ εἰρήνη ὑμῶν ἐπ' αὐτήν, ἐὰν δὲ μὴ ᾖ ἀξία, ἡ εἰρήνη ὑμῶν πρὸς ὑμᾶς **ἐπιστραφήτω.**			**Lk 10,6**	καὶ ἐὰν ἐκεῖ ᾖ υἱὸς εἰρήνης, ἐπαναπαήσεται ἐπ' αὐτὸν ἡ εἰρήνη ὑμῶν· εἰ δὲ μή γε, ἐφ' ὑμᾶς **ἀνακάμψει.**	
201	**Mt 12,44** → Mk 9,25	τότε λέγει· εἰς τὸν οἶκόν μου **ἐπιστρέψω** ὅθεν ἐξῆλθον· ...			**Lk 11,24** → Mk 9,25	... [τότε] λέγει· **ὑποστρέψω** εἰς τὸν οἶκόν μου ὅθεν ἐξῆλθον·	
a 121	**Mt 13,13**	... ὅτι βλέποντες οὐ βλέπουσιν καὶ ἀκούοντες οὐκ ἀκούουσιν οὐδὲ συνίουσιν· ➤ Isa 6,9	**Mk 4,12** ↓ Mt 13,15 → Mk 8,18	ἵνα βλέποντες βλέπωσιν καὶ μὴ ἴδωσιν, καὶ ἀκούοντες ἀκούωσιν καὶ μὴ συνιῶσιν, μήποτε **ἐπιστρέψωσιν** καὶ ἀφεθῇ αὐτοῖς. ➤ Isa 6,9-10	**Lk 8,10**	... ἵνα βλέποντες μὴ βλέπωσιν καὶ ἀκούοντες μὴ συνιῶσιν. ➤ Isa 6,9	→ Jn 12,40 → Acts 28,26
a 200	**Mt 13,15** ↑ Mk 4,12	... *μήποτε ἴδωσιν τοῖς ὀφθαλμοῖς καὶ τοῖς ὠσὶν ἀκούσωσιν καὶ τῇ καρδίᾳ συνῶσιν καὶ* ***ἐπιστρέψωσιν*** *καὶ ἰάσομαι αὐτούς.* ➤ Isa 6,10 LXX					→ Jn 12,40 → **Acts 28,27**

	Mt		Mk		Lk		
121	**Mt 9,22**	ὁ δὲ Ἰησοῦς **στραφεὶς** ...	**Mk 5,30** → Lk 6,19	καὶ εὐθὺς ὁ Ἰησοῦς ἐπιγνοὺς ἐν ἑαυτῷ τὴν ἐξ αὐτοῦ δύναμιν ἐξελθοῦσαν **ἐπιστραφεὶς** ἐν τῷ ὄχλῳ ἔλεγεν· τίς μου ἥψατο τῶν ἱματίων;	**Lk 8,45** → Lk 6,19	καὶ εἶπεν ὁ Ἰησοῦς· τίς ὁ ἁψάμενός μου; ... [46] ... ἐγὼ γὰρ ἔγνων δύναμιν ἐξεληλυθυῖαν ἀπ᾽ ἐμοῦ.	
112	**Mt 9,25**	... καὶ ἠγέρθη τὸ κοράσιον.	**Mk 5,42**	καὶ εὐθὺς ἀνέστη τὸ κοράσιον καὶ περιεπάτει· ...	**Lk 8,55**	καὶ **ἐπέστρεψεν** τὸ πνεῦμα αὐτῆς καὶ ἀνέστη παραχρῆμα ...	
120	**Mt 16,23** → Mt 4,10	ὁ δὲ **στραφεὶς** εἶπεν τῷ Πέτρῳ· ὕπαγε ὀπίσω μου, σατανᾶ· ...	**Mk 8,33** → Mt 4,10	ὁ δὲ **ἐπιστραφεὶς** καὶ ἰδὼν τοὺς μαθητὰς αὐτοῦ ἐπετίμησεν Πέτρῳ καὶ λέγει· ὕπαγε ὀπίσω μου, σατανᾶ, ...			
102	**Mt 18,21** → Mt 18,15	τότε προσελθὼν ὁ Πέτρος εἶπεν αὐτῷ· κύριε, ποσάκις ἁμαρτήσει εἰς ἐμὲ ὁ ἀδελφός μου καὶ ἀφήσω αὐτῷ; ἕως ἑπτάκις; [22] λέγει αὐτῷ ὁ Ἰησοῦς· οὐ λέγω σοι ἕως ἑπτάκις ἀλλὰ ἕως ἑβδομηκοντάκις ἑπτά.			**Lk 17,4** → Lk 17,3	καὶ ἐὰν ἑπτάκις τῆς ἡμέρας ἁμαρτήσῃ εἰς σὲ καὶ ἑπτάκις **ἐπιστρέψῃ** πρὸς σὲ λέγων· μετανοῶ, ἀφήσεις αὐτῷ.	
222	**Mt 24,18**	καὶ ὁ ἐν τῷ ἀγρῷ **μὴ ἐπιστρεψάτω** ὀπίσω ἆραι τὸ ἱμάτιον αὐτοῦ.	**Mk 13,16**	καὶ ὁ εἰς τὸν ἀγρὸν **μὴ ἐπιστρεψάτω** εἰς τὰ ὀπίσω ἆραι τὸ ἱμάτιον αὐτοῦ.	**Lk 17,31** → Lk 21,21	... καὶ ὁ ἐν ἀγρῷ ὁμοίως **μὴ ἐπιστρεψάτω** εἰς τὰ ὀπίσω.	
a 002					**Lk 22,32**	ἐγὼ δὲ ἐδεήθην περὶ σοῦ ἵνα μὴ ἐκλίπῃ ἡ πίστις σου· καὶ σύ ποτε **ἐπιστρέψας** στήρισον τοὺς ἀδελφούς σου.	

a **Acts 3,19** μετανοήσατε οὖν καὶ **ἐπιστρέψατε** εἰς τὸ ἐξαλειφθῆναι ὑμῶν τὰς ἁμαρτίας

a **Acts 9,35** καὶ εἶδαν αὐτὸν πάντες οἱ κατοικοῦντες Λύδδα καὶ τὸν Σαρῶνα, οἵτινες **ἐπέστρεψαν** ἐπὶ τὸν κύριον.

Acts 9,40 ἐκβαλὼν δὲ ἔξω πάντας ὁ Πέτρος καὶ θεὶς τὰ γόνατα προσηύξατο καὶ **ἐπιστρέψας** πρὸς τὸ σῶμα εἶπεν· Ταβιθά, ἀνάστηθι. ...

a **Acts 11,21** καὶ ἦν χεὶρ κυρίου μετ᾽ αὐτῶν, πολύς τε ἀριθμὸς ὁ πιστεύσας **ἐπέστρεψεν** ἐπὶ τὸν κύριον.

a **Acts 14,15** ... καὶ ἡμεῖς ὁμοιοπαθεῖς ἐσμεν ὑμῖν ἄνθρωποι εὐαγγελιζόμενοι ὑμᾶς ἀπὸ τούτων τῶν ματαίων **ἐπιστρέφειν** ἐπὶ θεὸν ζῶντα, ...

a **Acts 15,19** διὸ ἐγὼ κρίνω μὴ παρενοχλεῖν τοῖς ἀπὸ τῶν ἐθνῶν **ἐπιστρέφουσιν** ἐπὶ τὸν θεόν

Acts 15,36 μετὰ δέ τινας ἡμέρας εἶπεν πρὸς Βαρναβᾶν Παῦλος· **ἐπιστρέψαντες** δὴ ἐπισκεψώμεθα τοὺς ἀδελφοὺς κατὰ πόλιν πᾶσαν ...

Acts 16,18 ... διαπονηθεὶς δὲ Παῦλος καὶ **ἐπιστρέψας** τῷ πνεύματι εἶπεν· ...

a **Acts 26,18** ἀνοῖξαι ὀφθαλμοὺς αὐτῶν, **τοῦ ἐπιστρέψαι** ἀπὸ σκότους εἰς φῶς ...

a **Acts 26,20** → Lk 3,8 ... ἀπήγγελλον μετανοεῖν καὶ **ἐπιστρέφειν** ἐπὶ τὸν θεόν, ἄξια τῆς μετανοίας ἔργα πράσσοντας.

a **Acts 28,27** → Mt 13,15 ... *μήποτε ἴδωσιν τοῖς ὀφθαλμοῖς καὶ τοῖς ὠσὶν ἀκούσωσιν καὶ τῇ καρδίᾳ συνῶσιν καὶ* ***ἐπιστρέψωσιν,*** *καὶ ἰάσομαι αὐτούς.* ➤ Isa 6,10 LXX

ἐπισυνάγω	Syn 8	Mt 3	Mk 2	Lk 3	Acts	Jn	1-3John	Paul	Eph	Col
	NT 8	2Thess	1/2Tim	Tit	Heb	Jas	1Pet	2Pet	Jude	Rev

gather

	triple tradition																	double tradition			Sonder-gut		
		+Mt / +Lk			–Mt / –Lk			traditions not taken over by Mt / Lk							subtotals								
code	222	211	112	212	221	122	121	022	012	021	220	120	210	020	Σ⁺	Σ⁻	Σ	202	201	102	200	002	total
Mt											1						1	1	1				3
Mk											1			1			2						2
Lk			1⁺												1⁺		1	1		1			3

code	Mt	Mk	Lk	
020		**Mk 1,33** καὶ ἦν ὅλη ἡ πόλις **ἐπισυνηγμένη** πρὸς τὴν θύραν.		
112	**Mt 16,6** ⇨ Mt 16,11 ὁ δὲ Ἰησοῦς εἶπεν αὐτοῖς· ὁρᾶτε καὶ προσέχετε ἀπὸ τῆς ζύμης τῶν Φαρισαίων καὶ Σαδδουκαίων.	**Mk 8,15** καὶ διεστέλλετο αὐτοῖς λέγων· ὁρᾶτε, βλέπετε ἀπὸ τῆς ζύμης τῶν Φαρισαίων καὶ τῆς ζύμης Ἡρῴδου.	**Lk 12,1** ἐν οἷς → Mt 16,12 **ἐπισυναχθεισῶν** τῶν μυριάδων τοῦ ὄχλου, ὥστε καταπατεῖν ἀλλήλους, ἤρξατο λέγειν πρὸς τοὺς μαθητὰς αὐτοῦ πρῶτον· προσέχετε ἑαυτοῖς ἀπὸ τῆς ζύμης, ἥτις ἐστὶν ὑπόκρισις, τῶν Φαρισαίων.	
202	**Mt 23,37 (2)** ... ποσάκις ἠθέλησα **ἐπισυναγαγεῖν** τὰ τέκνα σου, ὃν τρόπον ὄρνις		**Lk 13,34** ... ποσάκις ἠθέλησα **ἐπισυνάξαι** τὰ τέκνα σου ὃν τρόπον ὄρνις	
201	**ἐπισυνάγει** τὰ νοσσία αὐτῆς ὑπὸ τὰς πτέρυγας, καὶ οὐκ ἠθελήσατε.		τὴν ἑαυτῆς νοσσιὰν ὑπὸ τὰς πτέρυγας, καὶ οὐκ ἠθελήσατε.	
102	**Mt 24,28** ὅπου ἐὰν ᾖ τὸ πτῶμα, ἐκεῖ **συναχθήσονται** οἱ ἀετοί.		**Lk 17,37** ... ὅπου τὸ σῶμα, ἐκεῖ καὶ οἱ ἀετοὶ **ἐπισυναχθήσονται.**	
220	**Mt 24,31** καὶ ἀποστελεῖ τοὺς → Mt 13,41 ἀγγέλους αὐτοῦ μετὰ σάλπιγγος μεγάλης, καὶ **ἐπισυνάξουσιν** τοὺς ἐκλεκτοὺς αὐτοῦ ...	**Mk 13,27** καὶ τότε ἀποστελεῖ τοὺς ἀγγέλους καὶ **ἐπισυνάξει** τοὺς ἐκλεκτοὺς [αὐτοῦ] ...		

ἐπισυντρέχω	Syn 1	Mt	Mk 1	Lk	Acts	Jn	1-3John	Paul	Eph	Col
	NT 1	2Thess	1/2Tim	Tit	Heb	Jas	1Pet	2Pet	Jude	Rev

run together

code	Mt	Mk	Lk	
121	**Mt 17,18** καὶ ἐπετίμησεν αὐτῷ ὁ Ἰησοῦς ...	**Mk 9,25** ἰδὼν δὲ ὁ Ἰησοῦς ὅτι **ἐπισυντρέχει** ὄχλος, ἐπετίμησεν τῷ πνεύματι τῷ ἀκαθάρτῳ ...	**Lk 9,42** ... ἐπετίμησεν δὲ ὁ Ἰησοῦς τῷ πνεύματι τῷ ἀκαθάρτῳ ...	

ἐπισχύω	Syn 1	Mt	Mk	Lk 1	Acts	Jn	1-3John	Paul	Eph	Col
	NT 1	2Thess	1/2Tim	Tit	Heb	Jas	1Pet	2Pet	Jude	Rev

grow strong

code	Mt		Mk		Lk		
002					Lk 23,5	οἱ δὲ **ἐπίσχυον** λέγοντες ὅτι ἀνασείει τὸν λαὸν διδάσκων καθ' ὅλης τῆς Ἰουδαίας, ...	

ἐπιτάσσω	Syn 8	Mt	Mk 4	Lk 4	Acts 1	Jn	1-3John	Paul 1	Eph	Col
	NT 10	2Thess	1/2Tim	Tit	Heb	Jas	1Pet	2Pet	Jude	Rev

order; command

	triple tradition																	double tradition			Sondergut		
		+Mt / +Lk			–Mt / –Lk			traditions not taken over by Mt / Lk							subtotals								
code	222	211	112	212	221	122	121	022	012	021	220	120	210	020	Σ⁺	Σ⁻	Σ	202	201	102	200	002	total
Mt							2^-					1^-				3^-							
Mk							2	1				1					4						**4**
Lk			1^+				2^-	1	1^+						2^+	2^-	3					1	**4**

code	Mt		Mk		Lk		
022	→ Mt 7,29		Mk 1,27 → Mk 1,22	... τί ἐστιν τοῦτο; διδαχὴ καινὴ κατ' ἐξουσίαν· καὶ τοῖς πνεύμασι τοῖς ἀκαθάρτοις **ἐπιτάσσει,** καὶ ὑπακούουσιν αὐτῷ.	Lk 4,36 → Lk 4,32	... τίς ὁ λόγος οὗτος ὅτι ἐν ἐξουσίᾳ καὶ δυνάμει **ἐπιτάσσει** τοῖς ἀκαθάρτοις πνεύμασιν καὶ ἐξέρχονται;	
112	Mt 8,27	... ποταπός ἐστιν οὗτος ὅτι καὶ οἱ ἄνεμοι καὶ ἡ θάλασσα αὐτῷ ὑπακούουσιν;	Mk 4,41	... τίς ἄρα οὗτός ἐστιν ὅτι καὶ ὁ ἄνεμος καὶ ἡ θάλασσα ὑπακούει αὐτῷ;	Lk 8,25	... τίς ἄρα οὗτός ἐστιν ὅτι καὶ τοῖς ἀνέμοις **ἐπιτάσσει** καὶ τῷ ὕδατι, καὶ ὑπακούουσιν αὐτῷ;	
012			Mk 5,10	καὶ παρεκάλει αὐτὸν πολλὰ ἵνα **μὴ αὐτὰ ἀποστείλῃ** ἔξω τῆς χώρας.	Lk 8,31	καὶ παρεκάλουν αὐτὸν ἵνα **μὴ ἐπιτάξῃ αὐτοῖς** εἰς τὴν ἄβυσσον ἀπελθεῖν.	
120	Mt 14,10	καὶ πέμψας ἀπεκεφάλισεν [τὸν] Ἰωάννην ...	Mk 6,27 → Mk 6,16 → Lk 9,9	καὶ εὐθὺς ἀποστείλας ὁ βασιλεὺς σπεκουλάτορα **ἐπέταξεν** ἐνέγκαι τὴν κεφαλὴν αὐτοῦ. ...			
121	Mt 14,19 → Mt 15,35	καὶ **κελεύσας** τοὺς ὄχλους ἀνακλιθῆναι ἐπὶ τοῦ χόρτου, ...	Mk 6,39 → Mk 8,6	καὶ **ἐπέταξεν** αὐτοῖς ἀνακλῖναι πάντας συμπόσια συμπόσια ἐπὶ τῷ χλωρῷ χόρτῳ.	Lk 9,14	... **εἶπεν** δὲ πρὸς τοὺς μαθητὰς αὐτοῦ· κατακλίνατε αὐτοὺς κλισίας ...	→ Jn 6,10
121	Mt 17,18	καὶ ἐπετίμησεν αὐτῷ ὁ Ἰησοῦς ...	Mk 9,25	... ἐπετίμησεν τῷ πνεύματι τῷ ἀκαθάρτῳ λέγων αὐτῷ· τὸ ἄλαλον καὶ κωφὸν πνεῦμα, ἐγὼ **ἐπιτάσσω** σοι, ἔξελθε ἐξ αὐτοῦ ...	Lk 9,42	... ἐπετίμησεν δὲ ὁ Ἰησοῦς τῷ πνεύματι τῷ ἀκαθάρτῳ ...	

code	Mt		Mk		Lk		
002					**Lk 14,22**	... κύριε, γέγονεν ὃ **ἐπέταξας**, καὶ ἔτι τόπος ἐστίν.	

Acts 23,2 ὁ δὲ ἀρχιερεὺς Ἁνανίας **ἐπέταξεν** τοῖς παρεστῶσιν αὐτῷ τύπτειν αὐτοῦ τὸ στόμα.

ἐπιτίθημι	Syn	Mt	Mk	Lk	Acts	Jn	1-3John	Paul	Eph	Col
	19	7	7	5	14	2				
	NT	2Thess	1/2Tim	Tit	Heb	Jas	1Pet	2Pet	Jude	Rev
	38		1							2

lay, put upon; *middle:* give; set upon; attack

	triple tradition																double tradition			Sondergut		
		+Mt / +Lk			–Mt / –Lk			traditions not taken over by Mt / Lk							subtotals							
code	*222*	*211*	*112*	*212*	*221*	*122*	*121*	*022*	*012*	*021*	*220*	*120*	*210*	*020*	Σ^+	Σ^-	Σ	*202*	*201*	*102*	*200*	*002*	total
Mt		3^+			1		2^-					2^-	2^+		5^+	4^-	6		1				**7**
Mk					1		2					2		2			7						**7**
Lk			2^+		1^-		2^-								2^+	3^-	2			1		2	**5**

[a] ἐπιτίθημι τὴν χεῖρα, ~ τὰς χεῖρας

code	Mt		Mk		Lk		
a 112	**Mt 8,16** ⇩ Mt 4,24 → Mt 12,15	... καὶ πάντας τοὺς κακῶς ἔχοντας ἐθεράπευσεν	**Mk 1,34** → Mk 3,10	καὶ ἐθεράπευσεν πολλοὺς κακῶς ἔχοντας ...	**Lk 4,40** → Lk 6,18	... ὁ δὲ ἑνὶ ἑκάστῳ αὐτῶν τὰς χεῖρας **ἐπιτιθεὶς** ἐθεράπευεν αὐτούς.	
	Mt 4,24 ⇧ Mt 8,16 → Mt 12,15	... καὶ ἐθεράπευσεν αὐτούς.					
121	**Mt 10,2** → Mk 3,18	τῶν δὲ δώδεκα ἀποστόλων τὰ ὀνόματά ἐστιν ταῦτα· πρῶτος Σίμων **ὁ λεγόμενος** Πέτρος καὶ Ἀνδρέας ὁ ἀδελφὸς αὐτοῦ,	**Mk 3,16**	... καὶ **ἐπέθηκεν ὄνομα** τῷ Σίμωνι Πέτρον,	**Lk 6,14** → Mk 3,18	Σίμωνα, ὃν καὶ **ὠνόμασεν** Πέτρον, καὶ Ἀνδρέαν τὸν ἀδελφὸν αὐτοῦ,	→ Jn 1,42
121		καὶ Ἰάκωβος ὁ τοῦ Ζεβεδαίου καὶ Ἰωάννης ὁ ἀδελφὸς αὐτοῦ	**Mk 3,17**	καὶ Ἰάκωβον τὸν τοῦ Ζεβεδαίου καὶ Ἰωάννην τὸν ἀδελφὸν τοῦ Ἰακώβου καὶ **ἐπέθηκεν** αὐτοῖς ὀνόμα[τα] Βοανηργές, ὅ ἐστιν υἱοὶ βροντῆς· [18] καὶ Ἀνδρέαν ...		καὶ Ἰάκωβον καὶ Ἰωάννην ...	
a 221	**Mt 9,18**	... λέγων ὅτι ἡ θυγάτηρ μου ἄρτι ἐτελεύτησεν· ἀλλὰ ἐλθὼν **ἐπίθες** τὴν χεῖρά σου ἐπ᾽ αὐτήν, καὶ ζήσεται.	**Mk 5,23**	καὶ παρακαλεῖ αὐτὸν πολλὰ λέγων ὅτι τὸ θυγάτριόν μου ἐσχάτως ἔχει, ἵνα ἐλθὼν **ἐπιθῇς** τὰς χεῖρας αὐτῇ ἵνα σωθῇ καὶ ζήσῃ.	**Lk 8,42** → Mk 5,42	[41] ... παρεκάλει αὐτὸν εἰσελθεῖν εἰς τὸν οἶκον αὐτοῦ, [42] ὅτι θυγάτηρ μονογενὴς ἦν αὐτῷ ὡς ἐτῶν δώδεκα καὶ αὐτὴ ἀπέθνῃσκεν. ...	

a 120	**Mt 13,58**	καὶ οὐκ ἐποίησεν ἐκεῖ δυνάμεις πολλὰς ...	**Mk 6,5**	καὶ οὐκ ἐδύνατο ἐκεῖ ποιῆσαι οὐδεμίαν δύναμιν, εἰ μὴ ὀλίγοις ἀρρώστοις **ἐπιθεὶς** τὰς χεῖρας ἐθεράπευσεν·			
a 120	**Mt 15,30** → Mt 4,24b → Mt 8,16	καὶ προσῆλθον αὐτῷ ὄχλοι πολλοὶ ἔχοντες μεθ' ἑαυτῶν χωλούς, τυφλούς, κυλλούς, κωφούς, καὶ ἑτέρους πολλοὺς καὶ ἔρριψαν αὐτοὺς παρὰ τοὺς πόδας αὐτοῦ, ...	**Mk 7,32** ↓ Mk 8,23 → Mk 1,32	καὶ φέρουσιν αὐτῷ κωφὸν καὶ μογιλάλον καὶ παρακαλοῦσιν αὐτὸν ἵνα **ἐπιθῇ** αὐτῷ τὴν χεῖρα.			
a 020			**Mk 8,23** → Mt 9,29 → Mt 20,34 ↑ Mk 7,32	καὶ ἐπιλαβόμενος τῆς χειρὸς τοῦ τυφλοῦ ἐξήνεγκεν αὐτὸν ἔξω τῆς κώμης καὶ πτύσας εἰς τὰ ὄμματα αὐτοῦ, **ἐπιθεὶς** τὰς χεῖρας αὐτῷ ἐπηρώτα αὐτόν· εἴ τι βλέπεις;			→ Jn 9,6
a 020			**Mk 8,25** → Mt 9,29 → Mt 20,34	εἶτα πάλιν **ἐπέθηκεν** τὰς χεῖρας ἐπὶ τοὺς ὀφθαλμοὺς αὐτοῦ, ...			
002					**Lk 10,30**	... ἄνθρωπός τις κατέβαινεν ἀπὸ Ἰερουσαλὴμ εἰς Ἰεριχὼ καὶ λῃσταῖς περιέπεσεν, οἳ καὶ ἐκδύσαντες αὐτὸν καὶ πληγὰς **ἐπιθέντες** ἀπῆλθον ἀφέντες ἡμιθανῆ.	
a 002					**Lk 13,13** → Mt 12,13 → Mk 3,5 → Lk 6,10 → Lk 14,4	καὶ **ἐπέθηκεν** αὐτῇ τὰς χεῖρας· καὶ παραχρῆμα ἀνωρθώθη καὶ ἐδόξαζεν τὸν θεόν.	
102	**Mt 18,13**	καὶ ἐὰν γένηται εὑρεῖν αὐτό, ἀμὴν λέγω ὑμῖν ὅτι χαίρει ...			**Lk 15,5**	[4] ... ἕως εὕρῃ αὐτό; [5] καὶ εὑρὼν **ἐπιτίθησιν** ἐπὶ τοὺς ὤμους αὐτοῦ χαίρων	→ GTh 107
a 211	**Mt 19,13**	τότε προσηνέχθησαν αὐτῷ παιδία ἵνα **τὰς χεῖρας ἐπιθῇ** αὐτοῖς καὶ προσεύξηται· οἱ δὲ μαθηταὶ ἐπετίμησαν αὐτοῖς.	**Mk 10,13**	καὶ προσέφερον αὐτῷ παιδία ἵνα αὐτῶν **ἅψηται·** οἱ δὲ μαθηταὶ ἐπετίμησαν αὐτοῖς.	**Lk 18,15**	προσέφερον δὲ αὐτῷ καὶ τὰ βρέφη ἵνα αὐτῶν **ἅπτηται·** ἰδόντες δὲ οἱ μαθηταὶ ἐπετίμων αὐτοῖς.	→ GTh 22
a 210	**Mt 19,15** → Mk 10,17	καὶ **ἐπιθεὶς** τὰς χεῖρας αὐτοῖς ἐπορεύθη ἐκεῖθεν.	**Mk 10,16**	καὶ ἐναγκαλισάμενος αὐτὰ κατευλόγει **τιθεὶς** τὰς χεῖρας ἐπ' αὐτά.			→ GTh 22
211	**Mt 21,7**	ἤγαγον τὴν ὄνον καὶ τὸν πῶλον καὶ **ἐπέθηκαν** ἐπ' αὐτῶν τὰ ἱμάτια, καὶ ἐπεκάθισεν ἐπάνω αὐτῶν.	**Mk 11,7**	καὶ φέρουσιν τὸν πῶλον πρὸς τὸν Ἰησοῦν καὶ **ἐπιβάλλουσιν** αὐτῷ τὰ ἱμάτια αὐτῶν, καὶ ἐκάθισεν ἐπ' αὐτόν.	**Lk 19,35**	καὶ ἤγαγον αὐτὸν πρὸς τὸν Ἰησοῦν καὶ **ἐπιρίψαντες** αὐτῶν τὰ ἱμάτια ἐπὶ τὸν πῶλον ἐπεβίβασαν τὸν Ἰησοῦν.	

No.	Mt		Mk		Lk		Jn
201	**Mt 23,4**	δεσμεύουσιν δὲ φορτία βαρέα [καὶ δυσβάστακτα] καὶ **ἐπιτιθέασιν** ἐπὶ τοὺς ὤμους τῶν ἀνθρώπων, αὐτοὶ δὲ τῷ δακτύλῳ αὐτῶν οὐ θέλουσιν κινῆσαι αὐτά.			**Lk 11,46**	... φορτίζετε τοὺς ἀνθρώπους φορτία δυσβάστακτα, καὶ αὐτοὶ ἑνὶ τῶν δακτύλων ὑμῶν οὐ προσψαύετε τοῖς φορτίοις.	
210	**Mt 27,29**	καὶ πλέξαντες στέφανον ἐξ ἀκανθῶν **ἐπέθηκαν** ἐπὶ τῆς κεφαλῆς αὐτοῦ καὶ κάλαμον ἐν τῇ δεξιᾷ αὐτοῦ, ...	**Mk 15,17**	... καὶ **περιτιθέασιν** αὐτῷ πλέξαντες ἀκάνθινον στέφανον·	**Lk 23,11** → Mt 27,27 → Mk 15,16	ἐξουθενήσας δὲ αὐτὸν [καὶ] ὁ Ἡρῴδης σὺν τοῖς στρατεύμασιν αὐτοῦ ...	→ **Jn 19,2**
112	**Mt 27,32** → Mt 10,38 → Mt 16,24	ἐξερχόμενοι δὲ εὗρον ἄνθρωπον Κυρηναῖον ὀνόματι Σίμωνα, τοῦτον ἠγγάρευσαν ἵνα ἄρῃ τὸν σταυρὸν αὐτοῦ.	**Mk 15,21** → Mk 8,34	καὶ ἀγγαρεύουσιν παράγοντά τινα Σίμωνα Κυρηναῖον ἐρχόμενον ἀπ᾽ ἀγροῦ, τὸν πατέρα Ἀλεξάνδρου καὶ Ῥούφου, ἵνα ἄρῃ τὸν σταυρὸν αὐτοῦ.	**Lk 23,26** → Lk 9,23 → Lk 14,27	... ἐπιλαβόμενοι Σίμωνά τινα Κυρηναῖον ἐρχόμενον ἀπ᾽ ἀγροῦ **ἐπέθηκαν** αὐτῷ τὸν σταυρὸν φέρειν ὄπισθεν τοῦ Ἰησοῦ.	
211	**Mt 27,37**	καὶ **ἐπέθηκαν** ἐπάνω τῆς κεφαλῆς αὐτοῦ τὴν αἰτίαν αὐτοῦ γεγραμμένην· οὗτός ἐστιν Ἰησοῦς ὁ βασιλεὺς τῶν Ἰουδαίων.	**Mk 15,26**	καὶ ἦν ἡ ἐπιγραφὴ τῆς αἰτίας αὐτοῦ ἐπιγεγραμμένη· ὁ βασιλεὺς τῶν Ἰουδαίων.	**Lk 23,38**	ἦν δὲ καὶ ἐπιγραφὴ ἐπ᾽ αὐτῷ· ὁ βασιλεὺς τῶν Ἰουδαίων οὗτος.	→ Jn 19,19

a **Acts 6,6** οὓς ἔστησαν ἐνώπιον τῶν ἀποστόλων, καὶ προσευξάμενοι **ἐπέθηκαν** αὐτοῖς τὰς χεῖρας.

a **Acts 8,17** τότε **ἐπετίθεσαν** τὰς χεῖρας ἐπ᾽ αὐτοὺς καὶ ἐλάμβανον πνεῦμα ἅγιον.

a **Acts 8,19** ... δότε κἀμοὶ τὴν ἐξουσίαν ταύτην ἵνα ᾧ ἐὰν **ἐπιθῶ** τὰς χεῖρας λαμβάνῃ πνεῦμα ἅγιον.

a **Acts 9,12** καὶ εἶδεν ἄνδρα [ἐν ὁράματι] Ἁνανίαν ὀνόματι εἰσελθόντα καὶ **ἐπιθέντα** αὐτῷ [τὰς] χεῖρας ὅπως ἀναβλέψῃ.

a **Acts 9,17** ἀπῆλθεν δὲ Ἁνανίας καὶ εἰσῆλθεν εἰς τὴν οἰκίαν καὶ **ἐπιθεὶς** ἐπ᾽ αὐτὸν τὰς χεῖρας ...

a **Acts 13,3** τότε νηστεύσαντες καὶ προσευξάμενοι καὶ **ἐπιθέντες** τὰς χεῖρας αὐτοῖς ἀπέλυσαν.

Acts 15,10 νῦν οὖν τί πειράζετε τὸν θεόν **ἐπιθεῖναι** ζυγὸν ἐπὶ τὸν τράχηλον τῶν μαθητῶν ...

Acts 15,28 ἔδοξεν γὰρ τῷ πνεύματι τῷ ἁγίῳ καὶ ἡμῖν μηδὲν πλέον **ἐπιτίθεσθαι** ὑμῖν βάρος πλὴν τούτων τῶν ἐπάναγκες

Acts 16,23 πολλάς τε **ἐπιθέντες** αὐτοῖς πληγὰς ἔβαλον εἰς φυλακὴν παραγγείλαντες τῷ δεσμοφύλακι ἀσφαλῶς τηρεῖν αὐτούς.

Acts 18,10 διότι ἐγώ εἰμι μετὰ σοῦ καὶ οὐδεὶς **ἐπιθήσεταί** σοι τοῦ κακῶσαί σε, ...

a **Acts 19,6** καὶ **ἐπιθέντος** αὐτοῖς τοῦ Παύλου [τὰς] χεῖρας ἦλθε τὸ πνεῦμα τὸ ἅγιον ἐπ᾽ αὐτούς, ...

Acts 28,3 συστρέψαντος δὲ τοῦ Παύλου φρυγάνων τι πλῆθος καὶ **ἐπιθέντος** ἐπὶ τὴν πυράν ἔχιδνα ἀπὸ τῆς θέρμης ἐξελθοῦσα ...

a **Acts 28,8** ... πρὸς ὃν ὁ Παῦλος εἰσελθὼν καὶ προσευξάμενος **ἐπιθεὶς** τὰς χεῖρας αὐτῷ ἰάσατο αὐτόν.

Acts 28,10 οἳ καὶ πολλαῖς τιμαῖς ἐτίμησαν ἡμᾶς καὶ ἀναγομένοις **ἐπέθεντο** τὰ πρὸς τὰς χρείας.

ἐπιτιμάω	Syn 27	Mt 6	Mk 9	Lk 12	Acts	Jn	1-3John	Paul	Eph	Col
	NT 29	2Thess	1/2Tim 1	Tit	Heb	Jas	1Pet	2Pet	Jude 1	Rev

rebuke; reprove; censure

	triple tradition																	double tradition			Sonder-gut		
		+Mt / +Lk			−Mt / −Lk			traditions not taken over by Mt / Lk							subtotals								
code	222	211	112	212	221	122	121	022	012	021	220	120	210	020	Σ⁺	Σ⁻	Σ	202	201	102	200	002	total
Mt	5					1^-					1	1^-				2^-	6						6
Mk	5					1		1			1	1					9						9
Lk	5		1^+			1		1							1^+		8			1		3	12

code	Mt		Mk		Lk		
022			**Mk 1,25**	καὶ **ἐπετίμησεν** αὐτῷ ὁ Ἰησοῦς λέγων· φιμώθητι καὶ ἔξελθε ἐξ αὐτοῦ.	**Lk 4,35**	καὶ **ἐπετίμησεν** αὐτῷ ὁ Ἰησοῦς λέγων· φιμώθητι καὶ ἔξελθε ἀπ᾽ αὐτοῦ. ...	
112	**Mt 8,15**	καὶ ἥψατο τῆς χειρὸς αὐτῆς, καὶ ἀφῆκεν αὐτὴν ὁ πυρετός, ...	**Mk 1,31**	καὶ προσελθὼν ἤγειρεν αὐτὴν κρατήσας τῆς χειρός· καὶ ἀφῆκεν αὐτὴν ὁ πυρετός, ...	**Lk 4,39**	καὶ ἐπιστὰς ἐπάνω αὐτῆς **ἐπετίμησεν** τῷ πυρετῷ· καὶ ἀφῆκεν αὐτήν· ...	
222	**Mt 8,26**	... τότε ἐγερθεὶς **ἐπετίμησεν** τοῖς ἀνέμοις καὶ τῇ θαλάσσῃ, ...	**Mk 4,39**	καὶ διεγερθεὶς **ἐπετίμησεν** τῷ ἀνέμῳ καὶ εἶπεν τῇ θαλάσσῃ· σιώπα, πεφίμωσο. ...	**Lk 8,24**	... ὁ δὲ διεγερθεὶς **ἐπετίμησεν** τῷ ἀνέμῳ καὶ τῷ κλύδωνι τοῦ ὕδατος· ...	
222	**Mt 12,16**	καὶ **ἐπετίμησεν** αὐτοῖς ἵνα μὴ φανερὸν αὐτὸν ποιήσωσιν	**Mk 3,12** ↓ Mk 1,34	καὶ πολλὰ **ἐπετίμα** αὐτοῖς ἵνα μὴ αὐτὸν φανερὸν ποιήσωσιν.	**Lk 4,41**	... καὶ **ἐπιτιμῶν** οὐκ εἴα αὐτὰ λαλεῖν, ὅτι ᾔδεισαν τὸν χριστὸν αὐτὸν εἶναι.	
			Mk 1,34 ↑ Mt 12,16 ↑ Mk 3,12	... καὶ **οὐκ ἤφιεν λαλεῖν** **τὰ δαιμόνια,** ὅτι ᾔδεισαν αὐτόν.			
222	**Mt 8,26**	... τότε ἐγερθεὶς **ἐπετίμησεν** τοῖς ἀνέμοις καὶ τῇ θαλάσσῃ, ...	**Mk 4,39**	καὶ διεγερθεὶς **ἐπετίμησεν** τῷ ἀνέμῳ καὶ εἶπεν τῇ θαλάσσῃ· σιώπα, πεφίμωσο. ...	**Lk 8,24**	... ὁ δὲ διεγερθεὶς **ἐπετίμησεν** τῷ ἀνέμῳ καὶ τῷ κλύδωνι τοῦ ὕδατος· ...	
122	**Mt 16,20**	τότε **διεστείλατο** τοῖς μαθηταῖς ἵνα μηδενὶ εἴπωσιν ὅτι αὐτός ἐστιν ὁ χριστός.	**Mk 8,30**	καὶ **ἐπετίμησεν** αὐτοῖς ἵνα μηδενὶ λέγωσιν περὶ αὐτοῦ.	**Lk 9,21**	ὁ δὲ **ἐπιτιμήσας** αὐτοῖς παρήγγειλεν μηδενὶ λέγειν τοῦτο	→ GTh 13
220	**Mt 16,22**	καὶ προσλαβόμενος αὐτὸν ὁ Πέτρος ἤρξατο **ἐπιτιμᾶν** αὐτῷ ...	**Mk 8,32**	... καὶ προσλαβόμενος ὁ Πέτρος αὐτὸν ἤρξατο **ἐπιτιμᾶν** αὐτῷ.			
120	**Mt 16,23** → Mt 4,10	ὁ δὲ στραφεὶς εἶπεν τῷ Πέτρῳ· ὕπαγε ὀπίσω μου, σατανᾶ· ...	**Mk 8,33** → Mt 4,10	ὁ δὲ ἐπιστραφεὶς καὶ ἰδὼν τοὺς μαθητὰς αὐτοῦ **ἐπετίμησεν** Πέτρῳ καὶ λέγει· ὕπαγε ὀπίσω μου, σατανᾶ, ...			

code	Mt		Mk		Lk		
222	**Mt 17,18**	καὶ **ἐπετίμησεν** αὐτῷ ὁ Ἰησοῦς ...	**Mk 9,25** → Mt 12,43-46 → Lk 11,24-26	ἰδὼν δὲ ὁ Ἰησοῦς ὅτι ἐπισυντρέχει ὄχλος, **ἐπετίμησεν** τῷ πνεύματι τῷ ἀκαθάρτῳ λέγων αὐτῷ· τὸ ἄλαλον καὶ κωφὸν πνεῦμα, ἐγὼ ἐπιτάσσω σοι, ἔξελθε ἐξ αὐτοῦ καὶ μηκέτι εἰσέλθῃς εἰς αὐτόν.	**Lk 9,42**	 ... **ἐπετίμησεν** δὲ ὁ Ἰησοῦς τῷ πνεύματι τῷ ἀκαθάρτῳ ...	
002					**Lk 9,55**	στραφεὶς δὲ **ἐπετίμησεν** αὐτοῖς.	
102	**Mt 18,15** → Mt 18,21-22	ἐὰν δὲ ἁμαρτήσῃ [εἰς σὲ] ὁ ἀδελφός σου, ὕπαγε **ἔλεγξον** αὐτὸν μεταξὺ σοῦ καὶ αὐτοῦ μόνου. ...			**Lk 17,3** → Lk 17,4	... ἐὰν ἁμάρτῃ ὁ ἀδελφός σου **ἐπιτίμησον** αὐτῷ, καὶ ἐὰν μετανοήσῃ ἄφες αὐτῷ.	
222	**Mt 19,13**	τότε προσηνέχθησαν αὐτῷ παιδία ἵνα τὰς χεῖρας ἐπιθῇ αὐτοῖς καὶ προσεύξηται· οἱ δὲ μαθηταὶ **ἐπετίμησαν** αὐτοῖς.	**Mk 10,13**	καὶ προσέφερον αὐτῷ παιδία ἵνα αὐτῶν ἅψηται· οἱ δὲ μαθηταὶ **ἐπετίμησαν** αὐτοῖς.	**Lk 18,15**	προσέφερον δὲ αὐτῷ καὶ τὰ βρέφη ἵνα αὐτῶν ἅπτηται· ἰδόντες δὲ οἱ μαθηταὶ **ἐπετίμων** αὐτοῖς.	→ GTh 22
222	**Mt 20,31**	ὁ δὲ ὄχλος **ἐπετίμησεν** αὐτοῖς ἵνα σιωπήσωσιν· ...	**Mk 10,48**	καὶ **ἐπετίμων** αὐτῷ πολλοὶ ἵνα σιωπήσῃ· ...	**Lk 18,39**	καὶ οἱ προάγοντες **ἐπετίμων** αὐτῷ ἵνα σιγήσῃ, ...	
002					**Lk 19,39** → Mt 21,15-16	... διδάσκαλε, **ἐπιτίμησον** τοῖς μαθηταῖς σου.	
002					**Lk 23,40**	ἀποκριθεὶς δὲ ὁ ἕτερος **ἐπιτιμῶν** αὐτῷ ἔφη· οὐδὲ φοβῇ σὺ τὸν θεόν, ὅτι ἐν τῷ αὐτῷ κρίματι εἶ;	

ἐπιτρέπω

Syn 8	Mt 2	Mk 2	Lk 4	Acts 5	Jn 1	1-3John	Paul 2	Eph	Col
NT 18	2Thess	1/2Tim 1	Tit	Heb 1	Jas	1Pet	2Pet	Jude	Rev

allow; permit

	triple tradition																	double tradition			Sondergut		
		+Mt / +Lk			–Mt / –Lk			traditions not taken over by Mt / Lk							subtotals								
code	222	211	112	212	221	122	121	022	012	021	220	120	210	020	Σ⁺	Σ⁻	Σ	202	201	102	200	002	total
Mt						1⁻						1⁻	1⁺		1⁺	2⁻	1	1					**2**
Mk						1						1					2						**2**
Lk			1⁺			1									1⁺		2	1				1	**4**

code	Mt		Mk		Lk		
112	**Mt 8,31**	οἱ δὲ δαίμονες παρεκάλουν αὐτὸν λέγοντες· εἰ ἐκβάλλεις ἡμᾶς, **ἀπόστειλον** ἡμᾶς εἰς τὴν ἀγέλην τῶν χοίρων.	**Mk 5,12**	καὶ παρεκάλεσαν αὐτὸν λέγοντες· **πέμψον** ἡμᾶς εἰς τοὺς χοίρους, ἵνα εἰς αὐτοὺς εἰσέλθωμεν.	**Lk 8,32** **(2)**	... καὶ παρεκάλεσαν αὐτὸν ἵνα **ἐπιτρέψῃ** αὐτοῖς εἰς ἐκείνους εἰσελθεῖν·	
122	**Mt 8,32**	καὶ εἶπεν αὐτοῖς· ὑπάγετε. ...	**Mk 5,13**	καὶ **ἐπέτρεψεν** αὐτοῖς. ...		καὶ **ἐπέτρεψεν** αὐτοῖς.	

	Mt		Mk		Lk		
202	Mt 8,21	... κύριε, **ἐπίτρεψόν** μοι πρῶτον ἀπελθεῖν καὶ θάψαι τὸν πατέρα μου.			Lk 9,59	... [κύριε,] **ἐπίτρεψόν** μοι ἀπελθόντι πρῶτον θάψαι τὸν πατέρα μου.	
002					Lk 9,61	... ἀκολουθήσω σοι, κύριε· πρῶτον δὲ **ἐπίτρεψόν** μοι ἀποτάξασθαι τοῖς εἰς τὸν οἶκόν μου.	
120	Mt 19,7 → Mt 5,31	λέγουσιν αὐτῷ· τί οὖν Μωϋσῆς **ἐνετείλατο** δοῦναι βιβλίον ἀποστασίου καὶ ἀπολῦσαι [αὐτήν]; ➤ Deut 24,1.2	Mk 10,4	οἱ δὲ εἶπαν· **ἐπέτρεψεν** Μωϋσῆς βιβλίον ἀποστασίου γράψαι καὶ ἀπολῦσαι. ➤ Deut 24,1.2			
210	Mt 19,8	... Μωϋσῆς πρὸς τὴν σκληροκαρδίαν ὑμῶν **ἐπέτρεψεν** ὑμῖν ἀπολῦσαι τὰς γυναῖκας ὑμῶν, ...	Mk 10,5	... πρὸς τὴν σκληροκαρδίαν ὑμῶν **ἔγραψεν** ὑμῖν τὴν ἐντολὴν ταύτην.			

Acts 21,39 ... δέομαί δέ σου, **ἐπίτρεψόν** μοι λαλῆσαι πρὸς τὸν λαόν.

Acts 21,40 **ἐπιτρέψαντος** δὲ αὐτοῦ ὁ Παῦλος ἑστὼς ἐπὶ τῶν ἀναβαθμῶν κατέσεισεν τῇ χειρὶ τῷ λαῷ. ...

Acts 26,1 Ἀγρίππας δὲ πρὸς τὸν Παῦλον ἔφη· **ἐπιτρέπεταί** σοι περὶ σεαυτοῦ λέγειν. ...

Acts 27,3 ... φιλανθρώπως τε ὁ Ἰούλιος τῷ Παύλῳ χρησάμενος **ἐπέτρεψεν** πρὸς τοὺς φίλους πορευθέντι ἐπιμελείας τυχεῖν.

Acts 28,16 ὅτε δὲ εἰσήλθομεν εἰς Ῥώμην, **ἐπετράπη** τῷ Παύλῳ μένειν καθ᾿ ἑαυτὸν σὺν τῷ φυλάσσοντι αὐτὸν στρατιώτῃ.

ἐπίτροπος

	Syn 2	Mt 1	Mk	Lk 1	Acts	Jn	1-3John	Paul 1	Eph	Col
	NT 3	2Thess	1/2Tim	Tit	Heb	Jas	1Pet	2Pet	Jude	Rev

manager; foreman; steward

	Mt		Mk		Lk		
002					Lk 8,3 → Mt 27,55-56 → Mk 15,40-41 → Lk 23,49.55 → Lk 24,10	καὶ Ἰωάννα γυνὴ Χουζᾶ **ἐπιτρόπου Ἡρῴδου** καὶ Σουσάννα καὶ ἕτεραι πολλαί, ...	→ Acts 1,14
200	Mt 20,8	ὀψίας δὲ γενομένης λέγει ὁ κύριος τοῦ ἀμπελῶνος **τῷ ἐπιτρόπῳ αὐτοῦ·** κάλεσον τοὺς ἐργάτας ...					

# ἐπιφαίνω	Syn 1	Mt	Mk	Lk 1	Acts 1	Jn	1-3John	Paul	Eph	Col
	NT 4	2Thess	1/2Tim	Tit 2	Heb	Jas	1Pet	2Pet	Jude	Rev

intransitive: appear; show itself; *passive:* show oneself; make an appearance

	Mt	Mk	Lk	
002			**Lk 1,79** → Mt 4,16 [78] διὰ σπλάγχνα ἐλέους θεοῦ ἡμῶν, ἐν οἷς ἐπισκέψεται ἡμᾶς ἀνατολὴ ἐξ ὕψους, [79] **ἐπιφᾶναι** τοῖς ἐν σκότει καὶ σκιᾷ θανάτου καθημένοις, ...	

Acts 27,20 μήτε δὲ ἡλίου μήτε ἄστρων **ἐπιφαινόντων** ἐπὶ πλείονας ἡμέρας, ...

# ἐπιφωνέω	Syn 1	Mt	Mk	Lk 1	Acts 3	Jn	1-3John	Paul	Eph	Col
	NT 4	2Thess	1/2Tim	Tit	Heb	Jas	1Pet	2Pet	Jude	Rev

cry out (loudly)

	Mt	Mk	Lk	
112	**Mt 27,22** ... λέγουσιν πάντες· σταυρωθήτω.	**Mk 15,13** οἱ δὲ πάλιν **ἔκραξαν·** σταύρωσον αὐτόν.	**Lk 23,21** οἱ δὲ **ἐπεφώνουν** λέγοντες· σταύρου, σταύρου αὐτόν.	→ Jn 19,6

Acts 12,22 ὁ δὲ δῆμος **ἐπεφώνει·** θεοῦ φωνὴ καὶ οὐκ ἀνθρώπου.

Acts 21,34 ἄλλοι δὲ ἄλλο τι **ἐπεφώνουν** ἐν τῷ ὄχλῳ. ...

Acts 22,24 ... εἴπας μάστιξιν ἀνετάζεσθαι αὐτὸν ἵνα ἐπιγνῷ δι᾽ ἣν αἰτίαν οὕτως **ἐπεφώνουν** αὐτῷ.

# ἐπιφώσκω	Syn 2	Mt 1	Mk	Lk 1	Acts	Jn	1-3John	Paul	Eph	Col
	NT 2	2Thess	1/2Tim	Tit	Heb	Jas	1Pet	2Pet	Jude	Rev

shine forth; dawn; break; draw on

	Mt	Mk	Lk	
112	**Mt 27,57** ὀψίας δὲ γενομένης ...	**Mk 15,42** καὶ ἤδη ὀψίας γενομένης, ἐπεὶ ἦν παρασκευή, ὅ ἐστιν προσάββατον	**Lk 23,54** καὶ ἡμέρα ἦν παρασκευῆς καὶ σάββατον **ἐπέφωσκεν.**	→ Jn 19,42
211	**Mt 28,1** → Mt 27,56 → Mt 27,61 ὀψὲ δὲ σαββάτων, **τῇ ἐπιφωσκούσῃ** εἰς μίαν σαββάτων ἦλθεν Μαριὰμ ἡ Μαγδαληνὴ καὶ ἡ ἄλλη Μαρία θεωρῆσαι τὸν τάφον.	**Mk 16,2** → Mk 15,40 → Mk 15,47 [1] καὶ διαγενομένου τοῦ σαββάτου Μαρία ἡ Μαγδαληνὴ καὶ Μαρία ἡ [τοῦ] Ἰακώβου καὶ Σαλώμη ἠγόρασαν ἀρώματα ἵνα ἐλθοῦσαι ἀλείψωσιν αὐτόν. [2] καὶ **λίαν πρωῒ** τῇ μιᾷ τῶν σαββάτων ἔρχονται ἐπὶ τὸ μνημεῖον ἀνατείλαντος τοῦ ἡλίου.	**Lk 24,1** → Lk 24,22 → Lk 8,2-3 [23,56] ὑποστρέψασαι δὲ ἡτοίμασαν ἀρώματα καὶ μύρα. καὶ τὸ μὲν σάββατον ἡσύχασαν κατὰ τὴν ἐντολήν. [1] τῇ δὲ μιᾷ τῶν σαββάτων **ὄρθρου βαθέως** ἐπὶ τὸ μνῆμα ἦλθον φέρουσαι ἃ ἡτοίμασαν ἀρώματα. [2] ... [10] ἦσαν δὲ ἡ Μαγδαληνὴ Μαρία καὶ Ἰωάννα καὶ Μαρία ἡ Ἰακώβου καὶ αἱ λοιπαὶ σὺν αὐταῖς ...	→ Jn 20,1 → Jn 20,18

ἐπιχειρέω	Syn 1	Mt	Mk	Lk 1	Acts 2	Jn	1-3John	Paul	Eph	Col
	NT 3	2Thess	1/2Tim	Tit	Heb	Jas	1Pet	2Pet	Jude	Rev

set one's hand to; attempt; try

code	Mt	Mk	Lk	
002			**Lk 1,1** ἐπειδήπερ πολλοὶ **ἐπεχείρησαν** ἀνατάξασθαι διήγησιν περὶ τῶν πεπληροφορημένων ἐν ἡμῖν πραγμάτων	

Acts 9,29 ἐλάλει τε καὶ συνεζήτει πρὸς τοὺς Ἑλληνιστάς, οἱ δὲ **ἐπεχείρουν** ἀνελεῖν αὐτόν.

Acts 19,13 → Lk 9,49 **ἐπεχείρησαν** δέ τινες καὶ τῶν περιερχομένων Ἰουδαίων ἐξορκιστῶν ὀνομάζειν ἐπὶ τοὺς ἔχοντας τὰ πνεύματα τὰ πονηρὰ τὸ ὄνομα τοῦ κυρίου Ἰησοῦ ...

ἐπιχέω	Syn 1	Mt	Mk	Lk 1	Acts	Jn	1-3John	Paul	Eph	Col
	NT 1	2Thess	1/2Tim	Tit	Heb	Jas	1Pet	2Pet	Jude	Rev

pour over; pour on

code	Mt	Mk	Lk	
002			**Lk 10,34** καὶ προσελθὼν κατέδησεν τὰ τραύματα αὐτοῦ **ἐπιχέων** ἔλαιον καὶ οἶνον, ...	

ἑπτά	Syn 23	Mt 9	Mk 8	Lk 6	Acts 8	Jn	1-3John	Paul	Eph	Col
	NT 87	2Thess	1/2Tim	Tit	Heb 1	Jas	1Pet	2Pet	Jude	Rev 55

seven

	triple tradition																double tradition			Sonder-gut		
		+Mt / +Lk			–Mt / –Lk			traditions not taken over by Mt / Lk							subtotals							
code	222	211	112	212	221	122	121	022	012	021	220	120	210	020	Σ⁺	Σ⁻	Σ	202	201	102	200	002	total
Mt	2	1⁺				1⁻					4	1⁻			1⁺	2⁻	7	1	1				**9**
Mk	2					1					4	1					8						**8**
Lk	2					1											3	1				2	**6**

code	Mt	Mk	Lk	
002			**Lk 2,36** ... αὕτη προβεβηκυῖα ἐν ἡμέραις πολλαῖς, ζήσασα μετὰ ἀνδρὸς **ἔτη ἑπτὰ** ἀπὸ τῆς παρθενίας αὐτῆς	
002			**Lk 8,2** → Mt 27,56 → Mk 15,40 → Lk 24,10 ... Μαρία ἡ καλουμένη Μαγδαληνή, ἀφ' ἧς **δαιμόνια ἑπτὰ** ἐξεληλύθει	
202	**Mt 12,45** → Mk 9,25 τότε πορεύεται καὶ παραλαμβάνει μεθ' ἑαυτοῦ **ἑπτὰ ἕτερα πνεύματα πονηρότερα ἑαυτοῦ** καὶ εἰσελθόντα κατοικεῖ ἐκεῖ· ...		**Lk 11,26** → Mk 9,25 τότε πορεύεται καὶ παραλαμβάνει **ἕτερα πνεύματα πονηρότερα ἑαυτοῦ ἑπτὰ** καὶ εἰσελθόντα κατοικεῖ ἐκεῖ· ...	

	Mt		Mk		Lk		
220	**Mt 15,34** → Mt 14,17 → Mk 8,7	καὶ λέγει αὐτοῖς ὁ Ἰησοῦς· πόσους ἄρτους ἔχετε; οἱ δὲ εἶπαν· **ἑπτὰ** καὶ ὀλίγα ἰχθύδια.	**Mk 8,5** → Mk 6,38	καὶ ἠρώτα αὐτούς· πόσους ἔχετε ἄρτους; οἱ δὲ εἶπαν· **ἑπτά.**	→ Lk 9,13		
220	**Mt 15,36** → Mt 14,19 → Mk 8,7	ἔλαβεν **τοὺς ἑπτὰ ἄρτους** καὶ τοὺς ἰχθύας καὶ εὐχαριστήσας ἔκλασεν καὶ ἐδίδου τοῖς μαθηταῖς, οἱ δὲ μαθηταὶ τοῖς ὄχλοις.	**Mk 8,6** → Mk 6,41	... καὶ λαβὼν **τοὺς ἑπτὰ ἄρτους** εὐχαριστήσας ἔκλασεν καὶ ἐδίδου τοῖς μαθηταῖς αὐτοῦ ἵνα παρατιθῶσιν, καὶ παρέθηκαν τῷ ὄχλῳ.	→ Lk 9,16		
220	**Mt 15,37** → Mt 14,20	... καὶ τὸ περισσεῦον τῶν κλασμάτων ἦραν **ἑπτὰ σπυρίδας** πλήρεις.	**Mk 8,8** → Mk 6,43	... καὶ ἦραν περισσεύματα κλασμάτων **ἑπτὰ σπυρίδας.**	→ Lk 9,17		
220 120	**Mt 16,10**	οὐδὲ **τοὺς ἑπτὰ ἄρτους** τῶν τετρακισχιλίων καὶ πόσας σπυρίδας ἐλάβετε;	**Mk 8,20** (2)	ὅτε τοὺς **ἑπτὰ** εἰς τοὺς τετρακισχιλίους, πόσων σπυρίδων πληρώματα κλασμάτων ἤρατε; καὶ λέγουσιν [αὐτῷ]· **ἑπτά.**			
201	**Mt 18,22**	... οὐ λέγω σοι ἕως ἑπτάκις ἀλλὰ **ἕως ἑβδομηκοντάκις ἑπτά.**			**Lk 17,4**	... καὶ ἑπτάκις ἐπιστρέψῃ πρὸς σὲ λέγων· μετανοῶ, ἀφήσεις αὐτῷ.	
222	**Mt 22,25**	ἦσαν δὲ παρ᾽ ἡμῖν **ἑπτὰ ἀδελφοί·** καὶ ὁ πρῶτος γήμας ...	**Mk 12,20**	**ἑπτὰ ἀδελφοὶ** ἦσαν· καὶ ὁ πρῶτος ἔλαβεν γυναῖκα ...	**Lk 20,29**	**ἑπτὰ οὖν ἀδελφοὶ** ἦσαν· καὶ ὁ πρῶτος λαβὼν γυναῖκα ...	
222	**Mt 22,26**	ὁμοίως καὶ ὁ δεύτερος καὶ ὁ τρίτος **ἕως τῶν ἑπτά.**	**Mk 12,22**	[21] καὶ ὁ δεύτερος ἔλαβεν αὐτὴν καὶ ἀπέθανεν μὴ καταλιπὼν σπέρμα· καὶ ὁ τρίτος ὡσαύτως· [22] καὶ **οἱ ἑπτὰ** οὐκ ἀφῆκαν σπέρμα. ...	**Lk 20,31**	[30] καὶ ὁ δεύτερος [31] καὶ ὁ τρίτος ἔλαβεν αὐτήν, ὡσαύτως δὲ καὶ **οἱ ἑπτὰ** οὐ κατέλιπον τέκνα καὶ ἀπέθανον.	
211 122	**Mt 22,28**	ἐν τῇ ἀναστάσει οὖν **τίνος τῶν ἑπτὰ** ἔσται γυνή; **πάντες** γὰρ ἔσχον αὐτήν·	**Mk 12,23**	ἐν τῇ ἀναστάσει [ὅταν ἀναστῶσιν] **τίνος αὐτῶν** ἔσται γυνή; **οἱ γὰρ ἑπτὰ** ἔσχον αὐτὴν γυναῖκα.	**Lk 20,33**	ἡ γυνὴ οὖν ἐν τῇ ἀναστάσει **τίνος αὐτῶν** γίνεται γυνή; **οἱ γὰρ ἑπτὰ** ἔσχον αὐτὴν γυναῖκα.	

Acts 6,3 ἐπισκέψασθε δέ, ἀδελφοί, **ἄνδρας ἐξ ὑμῶν μαρτυρουμένους ἑπτά,** πλήρεις πνεύματος καὶ σοφίας, ...

Acts 13,19 καὶ καθελὼν **ἔθνη ἑπτὰ** ἐν γῇ Χανάαν κατεκληρονόμησεν τὴν γῆν αὐτῶν

Acts 19,14 ἦσαν δέ τινος Σκευᾶ Ἰουδαίου ἀρχιερέως **ἑπτὰ υἱοὶ** τοῦτο ποιοῦντες.

Acts 20,6 ... καὶ ἤλθομεν πρὸς αὐτοὺς εἰς τὴν Τρῳάδα ἄχρι ἡμερῶν πέντε, ὅπου διετρίψαμεν **ἡμέρας ἑπτά.**

Acts 21,4 ἀνευρόντες δὲ τοὺς μαθητὰς ἐπεμείναμεν αὐτοῦ **ἡμέρας ἑπτά, ...**

Acts 21,8 ... εἰς τὸν οἶκον Φιλίππου τοῦ εὐαγγελιστοῦ, ὄντος **ἐκ τῶν ἑπτά,** ἐμείναμεν παρ᾽ αὐτῷ.

Acts 21,27 ὡς δὲ ἔμελλον **αἱ ἑπτὰ ἡμέραι** συντελεῖσθαι, οἱ ἀπὸ τῆς Ἀσίας Ἰουδαῖοι θεασάμενοι αὐτὸν ἐν τῷ ἱερῷ ...

Acts 28,14 οὗ εὑρόντες ἀδελφοὺς παρεκλήθημεν παρ᾽ αὐτοῖς ἐπιμεῖναι **ἡμέρας ἑπτά·** καὶ οὕτως εἰς τὴν Ῥώμην ἤλθαμεν.

ἑπτάκις

ἑπτάκις	Syn 4	Mt 2	Mk	Lk 2	Acts	Jn	1-3John	Paul	Eph	Col
	NT 4	2Thess	1/2Tim	Tit	Heb	Jas	1Pet	2Pet	Jude	Rev

seven times

code	Mt	Mk	Lk	
202	**Mt 18,21** → Mt 18,15 ... ὁ Πέτρος εἶπεν αὐτῷ· κύριε, ποσάκις ἁμαρτήσει εἰς ἐμὲ ὁ ἀδελφός μου καὶ ἀφήσω αὐτῷ; **ἕως ἑπτάκις;**		**Lk 17,4 (2)** → Lk 17,3 καὶ ἐὰν **ἑπτάκις** τῆς ἡμέρας ἁμαρτήσῃ εἰς σὲ	
202	**Mt 18,22** λέγει αὐτῷ ὁ Ἰησοῦς· οὐ λέγω σοι **ἕως ἑπτάκις** ἀλλὰ ἕως ἑβδομηκοντάκις ἑπτά.		καὶ **ἑπτάκις** ἐπιστρέψῃ πρὸς σὲ λέγων· μετανοῶ, ἀφήσεις αὐτῷ.	

ἐργάζομαι

ἐργάζομαι	Syn 6	Mt 4	Mk 1	Lk 1	Acts 3	Jn 8	1-3John 2	Paul 12	Eph 1	Col 1
	NT 41	2Thess 4	1/2Tim	Tit	Heb 1	Jas 2	1Pet	2Pet	Jude	Rev 1

intransitive: work; be active; *transitive:* do; accomplish; carry out

	triple tradition																	double tradition			Sondergut		
		+Mt / +Lk			−Mt / −Lk			traditions not taken over by Mt / Lk							subtotals								
code	222	211	112	212	221	122	121	022	012	021	220	120	210	020	Σ⁺	Σ⁻	Σ	202	201	102	200	002	total
Mt											1						1		1		2		**4**
Mk											1						1						**1**
Lk																						1	**1**

code	Mt	Mk	Lk	
201	**Mt 7,23** → Mt 13,41 → Mt 25,12 → Mt 25,41 ... οὐδέποτε ἔγνων ὑμᾶς· *ἀποχωρεῖτε ἀπ' ἐμοῦ* ***οἱ ἐργαζόμενοι*** *τὴν ἀνομίαν.* ➤ Ps 6,9/1Macc 3,6		**Lk 13,27** → Lk 13,25 ... οὐκ οἶδα [ὑμᾶς] πόθεν ἐστέ· *ἀπόστητε ἀπ' ἐμοῦ, πάντες* ***ἐργάται*** *ἀδικίας.* ➤ Ps 6,9/1Macc 3,6	
002			**Lk 13,14** → Mt 12,12 → Mk 3,4 → Lk 6,9 → Lk 14,3 ... ἓξ ἡμέραι εἰσὶν ἐν αἷς δεῖ **ἐργάζεσθαι·** ἐν αὐταῖς οὖν ἐρχόμενοι θεραπεύεσθε καὶ μὴ τῇ ἡμέρᾳ τοῦ σαββάτου.	
200	**Mt 21,28** ... τέκνον, ὕπαγε σήμερον **ἐργάζου** ἐν τῷ ἀμπελῶνι.			
200	**Mt 25,16** πορευθεὶς ὁ τὰ πέντε τάλαντα λαβὼν **ἠργάσατο** ἐν αὐτοῖς καὶ ἐκέρδησεν ἄλλα πέντε·			
220	**Mt 26,10** ... τί κόπους παρέχετε τῇ γυναικί; ἔργον γὰρ καλὸν **ἠργάσατο** εἰς ἐμέ·	**Mk 14,6** ... τί αὐτῇ κόπους παρέχετε; καλὸν ἔργον **ἠργάσατο** ἐν ἐμοί.		→ Jn 12,7

Acts 10,35 ἀλλ' ἐν παντὶ ἔθνει
ὁ φοβούμενος αὐτὸν καὶ
ἐργαζόμενος
δικαιοσύνην
δεκτὸς αὐτῷ ἐστιν.

Acts 13,41 *ἴδετε, οἱ καταφρονηταί,*
καὶ θαυμάσατε καὶ
ἀφανίσθητε, ὅτι ἔργον
ἐργάζομαι
ἐγὼ ἐν ταῖς ἡμέραις
ὑμῶν, ...
➤ Hab 1,5 LXX

Acts 18,3 καὶ διὰ τὸ ὁμότεχνον
εἶναι ἔμενεν παρ' αὐτοῖς,
καὶ
ἠργάζετο·
ἦσαν γὰρ σκηνοποιοὶ
τῇ τέχνῃ.

ἐργασία	Syn 1	Mt	Mk	Lk 1	Acts 4	Jn	1-3John	Paul	Eph 1	Col
	NT 6	2Thess	1/2Tim	Tit	Heb	Jas	1Pet	2Pet	Jude	Rev

practice; pursuit; working; function; trade; business; profit; gain; pain

	Mt		Lk	
102	**Mt 5,25** (→ Mt 18,34) ἴσθι εὐνοῶν τῷ ἀντιδίκῳ σου ταχὺ, ἕως ὅτου εἶ μετ' αὐτοῦ ἐν τῇ ὁδῷ, μήποτέ σε παραδῷ ὁ ἀντίδικος τῷ κριτῇ καὶ ὁ κριτὴς τῷ ὑπηρέτῃ, καὶ εἰς φυλακὴν βληθήσῃ·		**Lk 12,58** ὡς γὰρ ὑπάγεις μετὰ τοῦ ἀντιδίκου σου ἐπ' ἄρχοντα, ἐν τῇ ὁδῷ δὸς **ἐργασίαν** ἀπηλλάχθαι ἀπ' αὐτοῦ, μήποτε κατασύρῃ σε πρὸς τὸν κριτήν, καὶ ὁ κριτής σε παραδώσει τῷ πράκτορι, καὶ ὁ πράκτωρ σε βαλεῖ εἰς φυλακήν.	

Acts 16,16 ... παιδίσκην τινὰ
ἔχουσαν πνεῦμα πύθωνα
ὑπαντῆσαι ἡμῖν, ἥτις
ἐργασίαν πολλὴν
παρεῖχεν τοῖς κυρίοις
αὐτῆς μαντευομένη.

Acts 16,19 ἰδόντες δὲ οἱ κύριοι
αὐτῆς ὅτι ἐξῆλθεν
ἡ ἐλπὶς τῆς
ἐργασίας αὐτῶν,
ἐπιλαβόμενοι τὸν
Παῦλον καὶ τὸν Σιλᾶν ...

Acts 19,24 Δημήτριος γάρ τις
ὀνόματι, ἀργυροκόπος,
ποιῶν ναοὺς ἀργυροῦς
Ἀρτέμιδος παρείχετο
τοῖς τεχνίταις
οὐκ ὀλίγην ἐργασίαν,

Acts 19,25 ... ἄνδρες, ἐπίστασθε ὅτι
ἐκ ταύτης τῆς
ἐργασίας
ἡ εὐπορία ἡμῖν ἐστιν

ἐργάτης	Syn 10	Mt 6	Mk	Lk 4	Acts 1	Jn	1-3John	Paul 2	Eph	Col
	NT 16	2Thess	1/2Tim 2	Tit	Heb	Jas 1	1Pet	2Pet	Jude	Rev

worker; workman; laborer; doer; one who does something

	triple tradition																	double tradition			Sonder-gut		
		+Mt / +Lk			–Mt / –Lk			traditions not taken over by Mt / Lk							subtotals								
code	*222*	*211*	*112*	*212*	*221*	*122*	*121*	*022*	*012*	*021*	*220*	*120*	*210*	*020*	Σ⁺	Σ⁻	Σ	*202*	*201*	*102*	*200*	*002*	total
Mt																		3			3		**6**
Mk																							
Lk																		3		1			**4**

	Mt		Lk	
202	**Mt 9,37** ... ὁ μὲν θερισμὸς πολύς, **οἱ δὲ ἐργάται** ὀλίγοι·		**Lk 10,2 (2)** ... ὁ μὲν θερισμὸς πολύς, **οἱ δὲ ἐργάται** ὀλίγοι·	→ GTh 73
202	**Mt 9,38** δεήθητε οὖν τοῦ κυρίου τοῦ θερισμοῦ ὅπως ἐκβάλῃ **ἐργάτας** εἰς τὸν θερισμὸν αὐτοῦ.		δεήθητε οὖν τοῦ κυρίου τοῦ θερισμοῦ ὅπως **ἐργάτας** ἐκβάλῃ εἰς τὸν θερισμὸν αὐτοῦ.	→ GTh 73

code	Mt	Mk	Lk	
202	**Mt 10,10** ... ἄξιος γὰρ **ὁ ἐργάτης** τῆς τροφῆς αὐτοῦ.		**Lk 10,7** ... ἄξιος γὰρ **ὁ ἐργάτης** τοῦ μισθοῦ αὐτοῦ. ...	
102	**Mt 7,23** ... οὐδέποτε ἔγνων ὑμᾶς· → Mt 13,41 → Mt 25,12 → Mt 25,41 *ἀποχωρεῖτε ἀπ᾽ ἐμοῦ* ***οἱ ἐργαζόμενοι*** *τὴν ἀνομίαν.* ➤ Ps 6,9/1Macc 3,6		**Lk 13,27** ... οὐκ οἶδα [ὑμᾶς] πόθεν → Lk 13,25 ἐστέ· *ἀπόστητε ἀπ᾽ ἐμοῦ,* ***πάντες ἐργάται*** *ἀδικίας.* ➤ Ps 6,9/1Macc 3,6	
200	**Mt 20,1** ... ἐξῆλθεν ἅμα πρωῒ μισθώσασθαι **ἐργάτας** εἰς τὸν ἀμπελῶνα αὐτοῦ.			
200	**Mt 20,2** συμφωνήσας δὲ **μετὰ τῶν ἐργατῶν** ἐκ δηναρίου τὴν ἡμέραν ...			
200	**Mt 20,8** ... κάλεσον **τοὺς ἐργάτας** καὶ ἀπόδος αὐτοῖς τὸν μισθὸν ...			

Acts 19,25 οὓς συναθροίσας καὶ
τοὺς περὶ τὰ
τοιαῦτα ἐργάτας
εἶπεν· ...

ἔργον	Syn	Mt	Mk	Lk	Acts	Jn	1-3John	Paul	Eph	Col
	10	6	2	2	10	27	5	39	4	3
	NT	2Thess	1/2Tim	Tit	Heb	Jas	1Pet	2Pet	Jude	Rev
	169	2	12	8	9	15	2	2	1	20

deed; action; manifestation; practical proof; accomplishment; work; occupation; task; thing; matter

	triple tradition																	double tradition			Sondergut		
		+Mt / +Lk			–Mt / –Lk			traditions not taken over by Mt / Lk							subtotals								
code	*222*	*211*	*112*	*212*	*221*	*122*	*121*	*022*	*012*	*021*	*220*	*120*	*210*	*020*	Σ⁺	Σ⁻	Σ	*202*	*201*	*102*	*200*	*002*	total
Mt											1						1		2		3		**6**
Mk											1			1			2						**2**
Lk																				1		1	**2**

code	Mt	Mk	Lk	
200	**Mt 5,16** οὕτως λαμψάτω τὸ φῶς ὑμῶν ἔμπροσθεν τῶν ἀνθρώπων, ὅπως ἴδωσιν **ὑμῶν τὰ καλὰ ἔργα** καὶ δοξάσωσιν τὸν πατέρα ὑμῶν τὸν ἐν τοῖς οὐρανοῖς.			
201	**Mt 11,2** ὁ δὲ Ἰωάννης ἀκούσας ἐν τῷ δεσμωτηρίῳ **τὰ ἔργα τοῦ Χριστοῦ** πέμψας διὰ τῶν μαθητῶν αὐτοῦ		**Lk 7,18** καὶ ἀπήγγειλαν Ἰωάννῃ οἱ μαθηταὶ αὐτοῦ **περὶ πάντων τούτων.** καὶ προσκαλεσάμενος δύο τινὰς τῶν μαθητῶν αὐτοῦ ὁ Ἰωάννης [19] ἔπεμψεν πρὸς τὸν κύριον ...	
201	**Mt 11,19** ... καὶ ἐδικαιώθη ἡ σοφία **ἀπὸ τῶν ἔργων** **αὐτῆς.**		**Lk 7,35** καὶ ἐδικαιώθη ἡ σοφία **ἀπὸ πάντων τῶν** **τέκνων αὐτῆς.**	

102	Mt 23,32	[31] ὥστε μαρτυρεῖτε ἑαυτοῖς ὅτι υἱοί ἐστε τῶν φονευσάντων τοὺς προφήτας. [32] καὶ ὑμεῖς πληρώσατε **τὸ μέτρον τῶν πατέρων ὑμῶν.**			Lk 11,48	ἄρα μάρτυρές ἐστε καὶ συνευδοκεῖτε **τοῖς ἔργοις τῶν πατέρων ὑμῶν,** ὅτι αὐτοὶ μὲν ἀπέκτειναν αὐτούς, ὑμεῖς δὲ οἰκοδομεῖτε.	
200	Mt 23,3	πάντα οὖν ὅσα ἐὰν εἴπωσιν ὑμῖν ποιήσατε καὶ τηρεῖτε, **κατὰ δὲ τὰ ἔργα αὐτῶν** μὴ ποιεῖτε· λέγουσιν γὰρ καὶ οὐ ποιοῦσιν.					
200	Mt 23,5 → Mt 6,1	**πάντα δὲ τὰ ἔργα αὐτῶν** ποιοῦσιν πρὸς τὸ θεαθῆναι τοῖς ἀνθρώποις· ...					
020	Mt 25,15	[14] ... ἐκάλεσεν τοὺς ἰδίους δούλους καὶ παρέδωκεν αὐτοῖς τὰ ὑπάρχοντα αὐτοῦ, [15] καὶ ᾧ μὲν ἔδωκεν **πέντε τάλαντα, ᾧ δὲ δύο, ᾧ δὲ ἕν,** ἑκάστῳ κατὰ τὴν ἰδίαν δύναμιν, καὶ ἀπεδήμησεν. ...	Mk 13,34	... καὶ δοὺς τοῖς δούλοις αὐτοῦ τὴν ἐξουσίαν ἑκάστῳ **τὸ ἔργον αὐτοῦ,** καὶ τῷ θυρωρῷ ἐνετείλατο ἵνα γρηγορῇ.	Lk 19,13	καλέσας δὲ δέκα δούλους ἑαυτοῦ ἔδωκεν αὐτοῖς **δέκα μνᾶς** καὶ εἶπεν πρὸς αὐτούς· πραγματεύσασθε ἐν ᾧ ἔρχομαι.	Mk-Q overlap
220	Mt 26,10	... τί κόπους παρέχετε τῇ γυναικί; **ἔργον γὰρ καλὸν** ἠργάσατο εἰς ἐμέ·	Mk 14,6	... τί αὐτῇ κόπους παρέχετε; **καλὸν ἔργον** ἠργάσατο ἐν ἐμοί.			→ Jn 12,7
002					Lk 24,19	... τὰ περὶ Ἰησοῦ τοῦ Ναζαρηνοῦ, ὃς ἐγένετο ἀνὴρ προφήτης δυνατὸς **ἐν ἔργῳ καὶ λόγῳ** ἐναντίον τοῦ θεοῦ καὶ παντὸς τοῦ λαοῦ	→ Acts 2,22 → Acts 10,38

Acts 5,38 ... ὅτι ἐὰν ᾖ ἐξ ἀνθρώπων ἡ βουλὴ αὕτη ἢ **τὸ ἔργον τοῦτο,** καταλυθήσεται

Acts 7,22 καὶ ἐπαιδεύθη Μωϋσῆς [ἐν] πάσῃ σοφίᾳ Αἰγυπτίων, ἦν δὲ δυνατὸς **ἐν λόγοις καὶ ἔργοις αὐτοῦ.**

Acts 7,41 καὶ ἐμοσχοποίησαν ἐν ταῖς ἡμέραις ἐκείναις καὶ ἀνήγαγον θυσίαν τῷ εἰδώλῳ καὶ εὐφραίνοντο **ἐν τοῖς ἔργοις τῶν χειρῶν αὐτῶν.**

Acts 9,36 ... ἣ διερμηνευομένη λέγεται Δορκάς· αὕτη ἦν **πλήρης ἔργων ἀγαθῶν** καὶ ἐλεημοσυνῶν ὧν ἐποίει.

Acts 13,2 ... ἀφορίσατε δή μοι τὸν Βαρναβᾶν καὶ Σαῦλον **εἰς τὸ ἔργον** ὃ προσκέκλημαι αὐτούς.

Acts 13,41 (2) *ἴδετε, οἱ καταφρονηταί, καὶ θαυμάσατε καὶ ἀφανίσθητε, ὅτι* **ἔργον** *ἐργάζομαι ἐγὼ ἐν ταῖς ἡμέραις ὑμῶν,* **ἔργον** *ὃ οὐ μὴ πιστεύσητε ἐάν τις ἐκδιηγῆται ὑμῖν.*
➤ Hab 1,5 LXX

Acts 14,26 κἀκεῖθεν ἀπέπλευσαν εἰς Ἀντιόχειαν, ὅθεν ἦσαν παραδεδομένοι τῇ χάριτι τοῦ θεοῦ **εἰς τὸ ἔργον** ὃ ἐπλήρωσαν.

Acts 15,38 ... καὶ μὴ συνελθόντα αὐτοῖς **εἰς τὸ ἔργον** μὴ συμπαραλαμβάνειν τοῦτον.

Acts 26,20 → Lk 3,8 ... ἀπήγγελλον μετανοεῖν καὶ ἐπιστρέφειν ἐπὶ τὸν θεόν, **ἄξια τῆς μετανοίας ἔργα** πράσσοντας.

ἐρεύγομαι	Syn	Mt	Mk	Lk	Acts	Jn	1-3John	Paul	Eph	Col
	1	1								
	NT	2Thess	1/2Tim	Tit	Heb	Jas	1Pet	2Pet	Jude	Rev
	1									

utter; proclaim

code	Mt		Mk		Lk		
200	**Mt 13,35**	ὅπως πληρωθῇ τὸ ῥηθὲν διὰ τοῦ προφήτου λέγοντος· *ἀνοίξω ἐν παραβολαῖς τὸ στόμα μου,* ***ἐρεύξομαι*** *κεκρυμμένα ἀπὸ καταβολῆς* [κόσμου]. ➤ Ps 78,2					

ἐρημία	Syn	Mt	Mk	Lk	Acts	Jn	1-3John	Paul	Eph	Col
	2	1	1					1		
	NT	2Thess	1/2Tim	Tit	Heb	Jas	1Pet	2Pet	Jude	Rev
	4				1					

uninhabited region; desert

code	Mt		Mk		Lk		
220	**Mt 15,33**	... πόθεν ἡμῖν **ἐν ἐρημίᾳ** ἄρτοι τοσοῦτοι ὥστε χορτάσαι ὄχλον τοσοῦτον;	**Mk 8,4**	... πόθεν τούτους δυνήσεταί τις ὧδε χορτάσαι ἄρτων **ἐπ' ἐρημίας;**			

ἔρημος	Syn	Mt	Mk	Lk	Acts	Jn	1-3John	Paul	Eph	Col
	27	8	9	10	9	5		2		
	NT	2Thess	1/2Tim	Tit	Heb	Jas	1Pet	2Pet	Jude	Rev
	48				2					3

abandoned; empty; desolate; deserted; desert; grassland; wilderness

	triple tradition																	double tradition			Sondergut		
		+Mt / +Lk			–Mt / –Lk			traditions not taken over by Mt / Lk							subtotals								
code	*222*	*211*	*112*	*212*	*221*	*122*	*121*	*022*	*012*	*021*	*220*	*120*	*210*	*020*	Σ^+	Σ^-	Σ	*202*	*201*	*102*	*200*	*002*	total
Mt	2				1						1						4	2	2				**8**
Mk	2				1			2			1			3			9						**9**
Lk	2				1^-			2	1^+						1^+	1^-	5	2		1		2	**10**

[a] ἔρημος as adjective

code	Mt		Mk		Lk		
002					**Lk 1,80** ↓ Lk 3,2	τὸ δὲ παιδίον ηὔξανεν καὶ ἐκραταιοῦτο πνεύματι, καὶ ἦν **ἐν ταῖς ἐρήμοις** ἕως ἡμέρας ἀναδείξεως αὐτοῦ πρὸς τὸν Ἰσραήλ.	
222	**Mt 3,3**	... *φωνὴ βοῶντος* ***ἐν τῇ ἐρήμῳ·*** *ἑτοιμάσατε τὴν ὁδὸν κυρίου, ...* ➤ Isa 40,3 LXX	**Mk 1,3**	*φωνὴ βοῶντος* ***ἐν τῇ ἐρήμῳ·*** *ἑτοιμάσατε τὴν ὁδὸν κυρίου, ...* ➤ Isa 40,3 LXX	**Lk 3,4** → Lk 1,17	... *φωνὴ βοῶντος* ***ἐν τῇ ἐρήμῳ·*** *ἑτοιμάσατε τὴν ὁδὸν κυρίου, ...* ➤ Isa 40,3 LXX	→ **Jn 1,23**
002	Mt 3,1	ἐν δὲ ταῖς ἡμέραις ἐκείναις παραγίνεται Ἰωάννης ὁ βαπτιστὴς κηρύσσων ἐν τῇ ἐρήμῳ τῆς Ἰουδαίας	Mk 1,4	ἐγένετο Ἰωάννης [ὁ] βαπτίζων ἐν τῇ ἐρήμῳ καὶ κηρύσσων ...	**Lk 3,2** ↑ **Lk 1,80** → Lk 3,3	ἐπὶ ἀρχιερέως Ἅννα καὶ Καϊάφα, ἐγένετο ῥῆμα θεοῦ ἐπὶ Ἰωάννην τὸν Ζαχαρίου υἱὸν **ἐν τῇ ἐρήμῳ.** [3] καὶ ἦλθεν ... κηρύσσων ...	→ Jn 3,23

220	Mt 3,1	ἐν δὲ ταῖς ἡμέραις ἐκείναις παραγίνεται Ἰωάννης ὁ βαπτιστὴς κηρύσσων ἐν τῇ ἐρήμῳ τῆς Ἰουδαίας	Mk 1,4	ἐγένετο Ἰωάννης [ὁ] βαπτίζων ἐν τῇ ἐρήμῳ καὶ κηρύσσων ...	Lk 3,2 → Lk 3,3	ἐπὶ ἀρχιερέως Ἅννα καὶ Καϊάφα, ἐγένετο ῥῆμα θεοῦ ἐπὶ Ἰωάννην τὸν Ζαχαρίου υἱὸν ἐν τῇ ἐρήμῳ. [3] καὶ ἦλθεν ... κηρύσσων ...	→ Jn 3,23
222	Mt 3,3	*... φωνὴ βοῶντος ἐν τῇ ἐρήμῳ· ἑτοιμάσατε τὴν ὁδὸν κυρίου, ...* ➤ Isa 40,3 LXX	Mk 1,3	*φωνὴ βοῶντος ἐν τῇ ἐρήμῳ· ἑτοιμάσατε τὴν ὁδὸν κυρίου, ...* ➤ Isa 40,3 LXX	Lk 3,4 → Lk 1,17	*... φωνὴ βοῶντος ἐν τῇ ἐρήμῳ· ἑτοιμάσατε τὴν ὁδὸν κυρίου, ...* ➤ Isa 40,3 LXX	→ Jn 1,23
020	Mt 4,1	τότε ὁ Ἰησοῦς ἀνήχθη εἰς τὴν ἔρημον ὑπὸ τοῦ πνεύματος ...	Mk 1,12	καὶ εὐθὺς τὸ πνεῦμα αὐτὸν ἐκβάλλει εἰς τὴν ἔρημον.	Lk 4,1	Ἰησοῦς δὲ ... ἤγετο ἐν τῷ πνεύματι ἐν τῇ ἐρήμῳ	Mk-Q overlap
202	Mt 4,1	τότε ὁ Ἰησοῦς ἀνήχθη εἰς τὴν ἔρημον ὑπὸ τοῦ πνεύματος ↔	Mk 1,12	καὶ εὐθὺς τὸ πνεῦμα αὐτὸν ἐκβάλλει εἰς τὴν ἔρημον.	Lk 4,1	Ἰησοῦς δὲ ... ἤγετο ἐν τῷ πνεύματι ἐν τῇ ἐρήμῳ	Mk-Q overlap
020	Mt 4,2	↔ [1] πειρασθῆναι ὑπὸ τοῦ διαβόλου. [2] καὶ νηστεύσας ἡμέρας τεσσεράκοντα καὶ νύκτας τεσσεράκοντα ὕστερον ἐπείνασεν.	Mk 1,13	καὶ ἦν ἐν τῇ ἐρήμῳ τεσσεράκοντα ἡμέρας πειραζόμενος ὑπὸ τοῦ σατανᾶ, ...	Lk 4,2	ἡμέρας τεσσεράκοντα πειραζόμενος ὑπὸ τοῦ διαβόλου. καὶ οὐκ ἔφαγεν οὐδὲν ἐν ταῖς ἡμέραις ἐκείναις καὶ συντελεσθεισῶν αὐτῶν ἐπείνασεν.	Mk-Q overlap
a 022			Mk 1,35 ↓ Mk 1,45	καὶ πρωῒ ἔννυχα λίαν ἀναστὰς ἐξῆλθεν καὶ ἀπῆλθεν εἰς ἔρημον τόπον κἀκεῖ προσηύχετο.	Lk 4,42 ↓ Lk 5,16	γενομένης δὲ ἡμέρας ἐξελθὼν ἐπορεύθη εἰς ἔρημον τόπον· ...	
a 022			Mk 1,45 ↑ Mk 1,35	... ἀλλ᾽ ἔξω ἐπ᾽ ἐρήμοις τόποις ἦν· ...	Lk 5,16 ↑ Lk 4,42	αὐτὸς δὲ ἦν ὑποχωρῶν ἐν ταῖς ἐρήμοις καὶ προσευχόμενος.	
202	Mt 11,7	... τί ἐξήλθατε εἰς τὴν ἔρημον θεάσασθαι; κάλαμον ὑπὸ ἀνέμου σαλευόμενον;			Lk 7,24	... τί ἐξήλθατε εἰς τὴν ἔρημον θεάσασθαι; κάλαμον ὑπὸ ἀνέμου σαλευόμενον;	→ GTh 78
012			Mk 5,5	... καὶ ἐν τοῖς ὄρεσιν ἦν κράζων καὶ κατακόπτων ἑαυτὸν λίθοις.	Lk 8,29	... ἠλαύνετο ὑπὸ τοῦ δαιμονίου εἰς τὰς ἐρήμους.	
a 020			Mk 6,31	... δεῦτε ὑμεῖς αὐτοὶ κατ᾽ ἰδίαν εἰς ἔρημον τόπον καὶ ἀναπαύσασθε ὀλίγον. ...			
a 221	Mt 14,13	ἀκούσας δὲ ὁ Ἰησοῦς ἀνεχώρησεν ἐκεῖθεν ἐν πλοίῳ εἰς ἔρημον τόπον κατ᾽ ἰδίαν· ...	Mk 6,32	καὶ ἀπῆλθον ἐν τῷ πλοίῳ εἰς ἔρημον τόπον κατ᾽ ἰδίαν.	Lk 9,10	... καὶ παραλαβὼν αὐτοὺς ὑπεχώρησεν κατ᾽ ἰδίαν εἰς πόλιν καλουμένην Βηθσαϊδά.	

	Mt		Mk		Lk		
a 222	Mt 14,15	... οἱ μαθηταὶ λέγοντες· **ἔρημός ἐστιν ὁ τόπος** καὶ ἡ ὥρα ἤδη παρῆλθεν· ἀπόλυσον τοὺς ὄχλους, ἵνα ἀπελθόντες εἰς τὰς κώμας ἀγοράσωσιν ἑαυτοῖς βρώματα.	Mk 6,35	... οἱ μαθηταὶ αὐτοῦ ἔλεγον ὅτι **ἔρημός ἐστιν ὁ τόπος** καὶ ἤδη ὥρα πολλή· [36] ἀπόλυσον αὐτούς, ἵνα ἀπελθόντες εἰς τοὺς κύκλῳ ἀγροὺς καὶ κώμας ἀγοράσωσιν ἑαυτοῖς τί φάγωσιν.	Lk 9,12	... οἱ δώδεκα εἶπαν αὐτῷ· ἀπόλυσον τὸν ὄχλον, ἵνα πορευθέντες εἰς τὰς κύκλῳ κώμας καὶ ἀγροὺς καταλύσωσιν καὶ εὕρωσιν ἐπισιτισμόν, ὅτι ὧδε **ἐν ἐρήμῳ τόπῳ ἐσμέν.**	
102	Mt 18,12	... οὐχὶ ἀφήσει τὰ ἐνενήκοντα ἐννέα **ἐπὶ τὰ ὄρη** καὶ πορευθεὶς ζητεῖ τὸ πλανώμενον;			Lk 15,4	... οὐ καταλείπει τὰ ἐνενήκοντα ἐννέα **ἐν τῇ ἐρήμῳ** καὶ πορεύεται ἐπὶ τὸ ἀπολωλὸς ἕως εὕρῃ αὐτό;	→ GTh 107
a 201	Mt 23,38	ἰδοὺ ἀφίεται ὑμῖν ὁ οἶκος ὑμῶν **ἔρημος.**			Lk 13,35	ἰδοὺ ἀφίεται ὑμῖν ὁ οἶκος ὑμῶν. ...	
201	Mt 24,26 ⇨ Mt 24,23	ἐὰν οὖν εἴπωσιν ὑμῖν· ἰδοὺ **ἐν τῇ ἐρήμῳ** ἐστίν, μὴ ἐξέλθητε· ἰδοὺ ἐν τοῖς ταμείοις, μὴ πιστεύσητε·	Mk 13,21 → Mt 24,5 → Mk 13,6 → Lk 21,8	καὶ τότε ἐάν τις ὑμῖν εἴπῃ· ἴδε **ὧδε** ὁ χριστός, ἴδε ἐκεῖ, μὴ πιστεύετε·	Lk 17,23 → Lk 17,21	καὶ ἐροῦσιν ὑμῖν· ἰδοὺ **ἐκεῖ,** [ἤ·] ἰδοὺ ὧδε· μὴ ἀπέλθητε μηδὲ διώξητε.	→ GTh 113

a **Acts 1,20** γέγραπται γὰρ ἐν βίβλῳ ψαλμῶν· *γενηθήτω ἡ ἔπαυλις αὐτοῦ* ***ἔρημος*** *καὶ μὴ ἔστω ὁ κατοικῶν ἐν αὐτῇ, ...*
➤ Ps 69,26

Acts 7,30 καὶ πληρωθέντων ἐτῶν τεσσεράκοντα ὤφθη αὐτῷ **ἐν τῇ ἐρήμῳ τοῦ ὄρους Σινᾶ** ἄγγελος ἐν φλογὶ πυρὸς βάτου.
➤ Exod 3,2

Acts 7,36 οὗτος ἐξήγαγεν αὐτοὺς ποιήσας τέρατα καὶ σημεῖα ἐν γῇ Αἰγύπτῳ καὶ ἐν ἐρυθρᾷ θαλάσσῃ καὶ **ἐν τῇ ἐρήμῳ** ἔτη τεσσεράκοντα.

Acts 7,38 οὗτός ἐστιν ὁ γενόμενος ἐν τῇ ἐκκλησίᾳ **ἐν τῇ ἐρήμῳ** μετὰ τοῦ ἀγγέλου ...

Acts 7,42 ... *μὴ σφάγια καὶ θυσίας προσηνέγκατέ μοι ἔτη τεσσεράκοντα* ***ἐν τῇ ἐρήμῳ,*** *οἶκος Ἰσραήλ;*
➤ Amos 5,25 LXX

Acts 7,44 ἡ σκηνὴ τοῦ μαρτυρίου ἦν τοῖς πατράσιν ἡμῶν **ἐν τῇ ἐρήμῳ** καθὼς διετάξατο ὁ λαλῶν τῷ Μωϋσῇ ποιῆσαι αὐτὴν κατὰ τὸν τύπον ὃν ἑωράκει·

a **Acts 8,26** ... πορεύου κατὰ μεσημβρίαν ἐπὶ τὴν ὁδὸν τὴν καταβαίνουσαν ἀπὸ Ἰερουσαλὴμ εἰς Γάζαν, αὕτη ἐστὶν **ἔρημος.**

Acts 13,18 καὶ ὡς τεσσερακονταετῆ χρόνον ἐτροποφόρησεν αὐτοὺς **ἐν τῇ ἐρήμῳ**

Acts 21,38 οὐκ ἄρα σὺ εἶ ὁ Αἰγύπτιος ὁ πρὸ τούτων τῶν ἡμερῶν ἀναστατώσας καὶ ἐξαγαγὼν **εἰς τὴν ἔρημον** τοὺς τετρακισχιλίους ἄνδρας τῶν σικαρίων;

ἐρημόω	Syn 2	Mt 1	Mk	Lk 1	Acts	Jn	1-3John	Paul	Eph	Col
	NT 5	2Thess	1/2Tim	Tit	Heb	Jas	1Pet	2Pet	Jude	Rev 3

lay waste; depopulate

	Mt		Mk		Lk		
202	Mt 12,25	... πᾶσα βασιλεία μερισθεῖσα καθ' ἑαυτῆς **ἐρημοῦται** καὶ πᾶσα πόλις ἢ οἰκία μερισθεῖσα καθ' ἑαυτῆς οὐ σταθήσεται.	Mk 3,24	καὶ ἐὰν βασιλεία ἐφ' ἑαυτὴν μερισθῇ, **οὐ δύναται σταθῆναι** ἡ βασιλεία ἐκείνη· [25] καὶ ἐὰν οἰκία ἐφ' ἑαυτὴν μερισθῇ, οὐ δυνήσεται ἡ οἰκία ἐκείνη σταθῆναι.	Lk 11,17	... πᾶσα βασιλεία ἐφ' ἑαυτὴν διαμερισθεῖσα **ἐρημοῦται** καὶ οἶκος ἐπὶ οἶκον πίπτει.	Mk-Q overlap

ἐρήμωσις	Syn 3	Mt 1	Mk 1	Lk 1	Acts	Jn	1-3John	Paul	Eph	Col
	NT 3	2Thess	1/2Tim	Tit	Heb	Jas	1Pet	2Pet	Jude	Rev

devastation; destruction; depopulation

	Mt	Mk	Lk	
222	**Mt 24,15** ὅταν οὖν ἴδητε *τὸ βδέλυγμα τῆς ἐρημώσεως* τὸ ῥηθὲν διὰ Δανιὴλ τοῦ προφήτου ἑστὸς ἐν τόπῳ ἁγίῳ, ὁ ἀναγινώσκων νοείτω ➤ Dan 9,27/11,31/12,11	**Mk 13,14** ὅταν δὲ ἴδητε *τὸ βδέλυγμα τῆς ἐρημώσεως* ἑστηκότα ὅπου οὐ δεῖ, ὁ ἀναγινώσκων νοείτω, ... ➤ Dan 9,27/11,31/12,11	**Lk 21,20** ὅταν δὲ ἴδητε κυκλουμένην ὑπὸ στρατοπέδων Ἰερουσαλήμ, τότε γνῶτε ὅτι ἤγγικεν → Lk 19,43 **ἡ ἐρήμωσις** αὐτῆς.	

ἐρίζω	Syn 1	Mt 1	Mk	Lk	Acts	Jn	1-3John	Paul	Eph	Col
	NT 1	2Thess	1/2Tim	Tit	Heb	Jas	1Pet	2Pet	Jude	Rev

quarrel; wrangle

	Mt	Mk	Lk	
200	**Mt 12,19** ***οὐκ ἐρίσει*** *οὐδὲ κραυγάσει, οὐδὲ ἀκούσει τις ἐν ταῖς πλατείαις τὴν φωνὴν αὐτοῦ.* ➤ Isa 42,2			

ἐρίφιον	Syn 1	Mt 1	Mk	Lk	Acts	Jn	1-3John	Paul	Eph	Col
	NT 1	2Thess	1/2Tim	Tit	Heb	Jas	1Pet	2Pet	Jude	Rev

kid; goat

	Mt	Mk	Lk	
200	**Mt 25,33** καὶ στήσει τὰ μὲν πρόβατα ἐκ δεξιῶν αὐτοῦ, **τὰ δὲ ἐρίφια** ἐξ εὐωνύμων.			

ἔριφος	Syn 2	Mt 1	Mk	Lk 1	Acts	Jn	1-3John	Paul	Eph	Col
	NT 2	2Thess	1/2Tim	Tit	Heb	Jas	1Pet	2Pet	Jude	Rev

kid; he-goat

	Mt	Mk	Lk	
002			**Lk 15,29** ... καὶ ἐμοὶ οὐδέποτε ἔδωκας **ἔριφον** ἵνα μετὰ τῶν φίλων μου εὐφρανθῶ·	
200	**Mt 25,32** ... καὶ ἀφορίσει αὐτοὺς ἀπ' ἀλλήλων, ὥσπερ ὁ ποιμὴν ἀφορίζει τὰ πρόβατα **ἀπὸ τῶν ἐρίφων**			

ἔρχομαι	Syn 300	Mt 114	Mk 85	Lk 101	Acts 50	Jn 156	1-3John 8	Paul 59	Eph 2	Col 2
	NT 631	2Thess 2	1/2Tim 8	Tit 1	Heb 5	Jas	1Pet	2Pet 1	Jude 1	Rev 36

come; appear; make an appearance; come before the public; be brought

	triple tradition																	double tradition			Sondergut		
		+Mt / +Lk			–Mt / –Lk			traditions not taken over by Mt / Lk							subtotals								
code	222	211	112	212	221	122	121	022	012	021	220	120	210	020	Σ⁺	Σ⁻	Σ	202	201	102	200	002	total
Mt	13	10⁺		2⁺	10	4⁻	23⁻				15	5⁻	2⁺		14⁺	32⁻	52	18	12		32		**114**
Mk	13				10	4	23	5		4	15	5		6			85						**85**
Lk	13		4⁺	2⁺	10⁻	4	23⁻	5	2⁺	4⁻					8⁺	37⁻	30	18		10		43	**101**

Mk-Q overlap: 211: Mt 3,16 / Mk 1,10 / Lk 3,22 (?)

a ἔρχομαι with ἀπό
b ἔρχομαι with εἰς
c ἔρχομαι with ἐν
d ἔρχομαι with ἐπί
e ἔρχομαι with ὀπίσω
f ἔρχομαι with πρός

code	Mt	Mk	Lk	
f 002			**Lk 1,43** καὶ πόθεν μοι τοῦτο ἵνα **ἔλθῃ** ἡ μήτηρ τοῦ κυρίου μου πρὸς ἐμέ;	
002			**Lk 1,59** καὶ ἐγένετο ἐν τῇ ἡμέρᾳ τῇ ὀγδόῃ **ἦλθον** περιτεμεῖν τὸ παιδίον ...	
002			**Lk 2,16** καὶ **ἦλθαν** σπεύσαντες καὶ ἀνεῦραν τήν τε Μαριὰμ καὶ τὸν Ἰωσὴφ καὶ τὸ βρέφος ...	
c b 002			**Lk 2,27** καὶ **ἦλθεν** ἐν τῷ πνεύματι εἰς τὸ ἱερόν· ...	
200	**Mt 2,2** ... εἴδομεν γὰρ αὐτοῦ τὸν ἀστέρα ἐν τῇ ἀνατολῇ καὶ **ἤλθομεν** προσκυνῆσαι αὐτῷ.			
200	**Mt 2,8** ... ἀπαγγείλατέ μοι, ὅπως κἀγὼ **ἐλθὼν** προσκυνήσω αὐτῷ.			
200	**Mt 2,9** ... καὶ ἰδοὺ ὁ ἀστὴρ, ὃν εἶδον ἐν τῇ ἀνατολῇ, προῆγεν αὐτοὺς, ἕως **ἐλθὼν** ἐστάθη ἐπάνω οὗ ἦν τὸ παιδίον.			
b 200	**Mt 2,11** καὶ **ἐλθόντες** εἰς τὴν οἰκίαν εἶδον τὸ παιδίον ...			
200	**Mt 2,23** → Lk 2,39 καὶ **ἐλθὼν** κατῴκησεν εἰς πόλιν λεγομένην Ναζαρέτ· ...			
002			**Lk 2,44** νομίσαντες δὲ αὐτὸν εἶναι ἐν τῇ συνοδίᾳ **ἦλθον** ἡμέρας ὁδὸν ...	

b 002					Lk 2,51	καὶ κατέβη μετ᾽ αὐτῶν καὶ **ἦλθεν** εἰς Ναζαρὲθ καὶ ἦν ὑποτασσόμενος αὐτοῖς. ...	
b 112	Mt 3,1	ἐν δὲ ταῖς ἡμέραις ἐκείναις **παραγίνεται** Ἰωάννης ὁ βαπτιστὴς κηρύσσων ἐν τῇ ἐρήμῳ τῆς Ἰουδαίας	Mk 1,4	**ἐγένετο** Ἰωάννης [ὁ] βαπτίζων ἐν τῇ ἐρήμῳ καὶ κηρύσσων ...	Lk 3,3	[2] ... ἐγένετο ῥῆμα θεοῦ ἐπὶ Ἰωάννην τὸν Ζαχαρίου υἱὸν ἐν τῇ ἐρήμῳ. [3] καὶ **ἦλθεν**	
	Mt 3,5	τότε ἐξεπορεύετο πρὸς αὐτὸν Ἱεροσόλυμα καὶ πᾶσα ἡ Ἰουδαία καὶ πᾶσα ἡ περίχωρος τοῦ Ἰορδάνου	Mk 1,5 ↓ Lk 3,7	καὶ ἐξεπορεύετο πρὸς αὐτὸν πᾶσα ἡ Ἰουδαία χώρα καὶ οἱ Ἱεροσολυμῖται πάντες, ...		εἰς πᾶσαν [τὴν] περίχωρον τοῦ Ἰορδάνου κηρύσσων ...	
d 201	Mt 3,7 → Mt 12,34 → Mt 23,33	ἰδὼν δὲ **πολλοὺς τῶν Φαρισαίων καὶ Σαδδουκαίων ἐρχομένους** ἐπὶ τὸ βάπτισμα αὐτοῦ εἶπεν αὐτοῖς· γεννήματα ἐχιδνῶν, ...			Lk 3,7 ↑ Mk 1,5	ἔλεγεν οὖν **τοῖς ἐκπορευομένοις ὄχλοις** βαπτισθῆναι ὑπ᾽ αὐτοῦ· γεννήματα ἐχιδνῶν, ...	
002					Lk 3,12	**ἦλθον** δὲ καὶ τελῶναι βαπτισθῆναι ...	
e 020	Mt 3,11	... ὁ δὲ ὀπίσω μου **ἐρχόμενος** ἰσχυρότερός μού ἐστιν, οὗ οὐκ εἰμὶ ἱκανὸς τὰ ὑποδήματα βαστάσαι· ...	Mk 1,7	... **ἔρχεται** ὁ ἰσχυρότερός μου ὀπίσω μου, οὗ οὐκ εἰμὶ ἱκανὸς κύψας λῦσαι τὸν ἱμάντα τῶν ὑποδημάτων αὐτοῦ.	Lk 3,16	... **ἔρχεται** δὲ ὁ ἰσχυρότερός μου, οὗ οὐκ εἰμὶ ἱκανὸς λῦσαι τὸν ἱμάντα τῶν ὑποδημάτων αὐτοῦ· ...	→ Jn 1,27 → Acts 13,25 → Acts 19,4 Mk-Q overlap
e 202	Mt 3,11	... ὁ δὲ ὀπίσω μου **ἐρχόμενος** ἰσχυρότερός μού ἐστιν, οὗ οὐκ εἰμὶ ἱκανὸς τὰ ὑποδήματα βαστάσαι· ...	Mk 1,7	... **ἔρχεται** ὁ ἰσχυρότερός μου ὀπίσω μου, οὗ οὐκ εἰμὶ ἱκανὸς κύψας λῦσαι τὸν ἱμάντα τῶν ὑποδημάτων αὐτοῦ.	Lk 3,16	... **ἔρχεται** δὲ ὁ ἰσχυρότερός μου, οὗ οὐκ εἰμὶ ἱκανὸς λῦσαι τὸν ἱμάντα τῶν ὑποδημάτων αὐτοῦ· ...	→ Jn 1,27 → Acts 13,25 → Acts 19,4 Mk-Q overlap
a c 121	Mt 3,13	τότε **παραγίνεται** ὁ Ἰησοῦς ἀπὸ τῆς Γαλιλαίας ἐπὶ τὸν Ἰορδάνην πρὸς τὸν Ἰωάννην τοῦ βαπτισθῆναι ὑπ᾽ αὐτοῦ.	Mk 1,9	καὶ ἐγένετο ἐν ἐκείναις ταῖς ἡμέραις **ἦλθεν** Ἰησοῦς ἀπὸ Ναζαρὲτ τῆς Γαλιλαίας καὶ ἐβαπτίσθη εἰς τὸν Ἰορδάνην ὑπὸ Ἰωάννου.	Lk 3,21	ἐγένετο δὲ ἐν τῷ βαπτισθῆναι ἅπαντα τὸν λαὸν καὶ Ἰησοῦ βαπτισθέντος ↔	
f 200	Mt 3,14	... ἐγὼ χρείαν ἔχω ὑπὸ σοῦ βαπτισθῆναι, καὶ σὺ **ἔρχῃ** πρός με;					
d 211	Mt 3,16 → Mt 12,18	... καὶ ἰδοὺ ἠνεῴχθησαν [αὐτῷ] οἱ οὐρανοί, καὶ εἶδεν [τὸ] πνεῦμα [τοῦ] θεοῦ καταβαῖνον ὡσεὶ περιστερὰν [καὶ] **ἐρχόμενον** ἐπ᾽ αὐτόν·	Mk 1,10	... εἶδεν σχιζομένους τοὺς οὐρανοὺς καὶ τὸ πνεῦμα ὡς περιστερὰν καταβαῖνον εἰς αὐτόν·	Lk 3,22 → Lk 4,18	↔ [21] καὶ προσευχομένου ἀνεῳχθῆναι τὸν οὐρανὸν [22] καὶ καταβῆναι τὸ πνεῦμα τὸ ἅγιον σωματικῷ εἴδει ὡς περιστερὰν ἐπ᾽ αὐτόν, ...	→ Jn 1,32 Mk-Q overlap?

b 121	Mt 4,12 → Lk 3,20	ἀκούσας δὲ ὅτι Ἰωάννης παρεδόθη ἀνεχώρησεν εἰς τὴν Γαλιλαίαν.	Mk 1,14 → Lk 3,20	μετὰ δὲ τὸ παραδοθῆναι τὸν Ἰωάννην ἦλθεν ὁ Ἰησοῦς εἰς τὴν Γαλιλαίαν ...	Lk 4,14	καὶ ὑπέστρεψεν ὁ Ἰησοῦς ἐν τῇ δυνάμει τοῦ πνεύματος εἰς τὴν Γαλιλαίαν. ...	→ Jn 4,3
200	Mt 4,13	καὶ καταλιπὼν τὴν Ναζαρὰ ἐλθὼν κατῴκησεν εἰς Καφαρναοὺμ τὴν παραθαλασσίαν ἐν ὁρίοις Ζαβουλὼν καὶ Νεφθαλίμ·	Mk 1,21	καὶ εἰσπορεύονται εἰς Καφαρναούμ· ...	Lk 4,31	καὶ κατῆλθεν εἰς Καφαρναοὺμ πόλιν τῆς Γαλιλαίας. ...	→ Jn 2,12
b 222	Mt 13,54	καὶ ἐλθὼν εἰς τὴν πατρίδα αὐτοῦ ...	Mk 6,1	καὶ ἐξῆλθεν ἐκεῖθεν καὶ ἔρχεται εἰς τὴν πατρίδα αὐτοῦ, ...	Lk 4,16	καὶ ἦλθεν εἰς Ναζαρά, οὗ ἦν τεθραμμένος ...	
022	↓ Mt 8,29		Mk 1,24 ↓ Mk 5,7	... τί ἡμῖν καὶ σοί, Ἰησοῦ Ναζαρηνέ; ἦλθες ἀπολέσαι ἡμᾶς; ...	Lk 4,34 ↓ Lk 8,28	ἔα, τί ἡμῖν καὶ σοί, Ἰησοῦ Ναζαρηνέ; ἦλθες ἀπολέσαι ἡμᾶς; ...	
b 221	Mt 8,14	καὶ ἐλθὼν ὁ Ἰησοῦς εἰς τὴν οἰκίαν Πέτρου ...	Mk 1,29	καὶ εὐθὺς ἐκ τῆς συναγωγῆς ἐξελθόντες ἦλθον εἰς τὴν οἰκίαν Σίμωνος καὶ Ἀνδρέου μετὰ Ἰακώβου καὶ Ἰωάννου.	Lk 4,38	ἀναστὰς δὲ ἀπὸ τῆς συναγωγῆς εἰσῆλθεν εἰς τὴν οἰκίαν Σίμωνος. ...	
012			Mk 1,36	καὶ κατεδίωξεν αὐτὸν Σίμων καὶ οἱ μετ' αὐτοῦ, [37] καὶ εὗρον αὐτὸν καὶ λέγουσιν αὐτῷ ὅτι πάντες ζητοῦσίν σε.	Lk 4,42	... καὶ οἱ ὄχλοι ἐπεζήτουν αὐτὸν καὶ ἦλθον ἕως αὐτοῦ καὶ κατεῖχον αὐτὸν τοῦ μὴ πορεύεσθαι ἀπ' αὐτῶν.	
b 121	Mt 4,23 ⇩ Mt 9,35 → Mk 1,21	καὶ περιῆγεν ἐν ὅλῃ τῇ Γαλιλαίᾳ διδάσκων ἐν ταῖς συναγωγαῖς αὐτῶν καὶ κηρύσσων τὸ εὐαγγέλιον τῆς βασιλείας ...	Mk 1,39 ↓ Mk 6,6	καὶ ἦλθεν κηρύσσων εἰς τὰς συναγωγὰς αὐτῶν εἰς ὅλην τὴν Γαλιλαίαν ...	Lk 4,44 → Lk 4,15 ↓ Lk 8,1	καὶ ἦν κηρύσσων εἰς τὰς συναγωγὰς τῆς Ἰουδαίας.	
	Mt 9,35 ⇧ Mt 4,23 → Mk 1,21	καὶ περιῆγεν ὁ Ἰησοῦς τὰς πόλεις πάσας καὶ τὰς κώμας διδάσκων ἐν ταῖς συναγωγαῖς αὐτῶν καὶ κηρύσσων τὸ εὐαγγέλιον τῆς βασιλείας ...	Mk 6,6 ↑ Mk 1,39	... καὶ περιῆγεν τὰς κώμας κύκλῳ διδάσκων.	Lk 8,1 ↑ Lk 4,44 → Lk 13,22	καὶ ἐγένετο ἐν τῷ καθεξῆς καὶ αὐτὸς διώδευεν κατὰ πόλιν καὶ κώμην κηρύσσων καὶ εὐαγγελιζόμενος τὴν βασιλείαν τοῦ θεοῦ ...	
002 002					Lk 5,7 (2)	καὶ κατένευσαν τοῖς μετόχοις ἐν τῷ ἑτέρῳ πλοίῳ τοῦ ἐλθόντας συλλαβέσθαι αὐτοῖς· καὶ ἦλθον καὶ ἔπλησαν ἀμφότερα τὰ πλοῖα ὥστε βυθίζεσθαι αὐτά.	
f 121	Mt 8,2	καὶ ἰδοὺ λεπρὸς προσελθὼν προσεκύνει αὐτῷ ...	Mk 1,40	καὶ ἔρχεται πρὸς αὐτὸν λεπρὸς παρακαλῶν αὐτὸν [καὶ γονυπετῶν] ...	Lk 5,12 → Lk 17,12.16	... καὶ ἰδοὺ ἀνὴρ πλήρης λέπρας· ἰδὼν δὲ τὸν Ἰησοῦν, πεσὼν ἐπὶ πρόσωπον ...	

f 021			**Mk 1,45**	... καὶ **ἤρχοντο** πρὸς αὐτὸν πάντοθεν.	**Lk 5,15** ↓Lk 6,18	... καὶ **συνήρχοντο** ὄχλοι πολλοὶ ἀκούειν καὶ θεραπεύεσθαι ἀπὸ τῶν ἀσθενειῶν αὐτῶν·	
012			**Mk 2,2** ↓Mk 3,20	καὶ συνήχθησαν πολλοὶ ὥστε μηκέτι χωρεῖν μηδὲ τὰ πρὸς τὴν θύραν, καὶ ἐλάλει αὐτοῖς τὸν λόγον.	**Lk 5,17** →Lk 5,21	καὶ ἐγένετο ἐν μιᾷ τῶν ἡμερῶν καὶ αὐτὸς ἦν διδάσκων, καὶ ἦσαν καθήμενοι Φαρισαῖοι καὶ νομοδιδάσκαλοι οἳ ἦσαν **ἐληλυθότες** ἐκ πάσης κώμης τῆς Γαλιλαίας καὶ Ἰουδαίας καὶ Ἰερουσαλήμ· ...	
f 121	**Mt 9,2**	καὶ ἰδοὺ προσέφερον αὐτῷ παραλυτικὸν ἐπὶ κλίνης βεβλημένον. ...	**Mk 2,3**	καὶ **ἔρχονται** φέροντες πρὸς αὐτὸν παραλυτικὸν αἰρόμενον ὑπὸ τεσσάρων.	**Lk 5,18**	καὶ ἰδοὺ ἄνδρες φέροντες ἐπὶ κλίνης ἄνθρωπον ὃς ἦν παραλελυμένος ...	
f 020			**Mk 2,13** →Mt 13,2 →Mk 4,1	... καὶ πᾶς ὁ ὄχλος **ἤρχετο** πρὸς αὐτόν, καὶ ἐδίδασκεν αὐτούς.			
222	**Mt 9,13**	... **οὐ γὰρ ἦλθον** καλέσαι δικαίους ἀλλὰ ἁμαρτωλούς.	**Mk 2,17**	... **οὐκ ἦλθον** καλέσαι δικαίους ἀλλὰ ἁμαρτωλούς.	**Lk 5,32**	**οὐκ ἐλήλυθα** καλέσαι δικαίους ἀλλὰ ἁμαρτωλοὺς εἰς μετάνοιαν.	
121	**Mt 9,14**	τότε **προσέρχονται** αὐτῷ οἱ μαθηταὶ Ἰωάννου λέγοντες· διὰ τί ἡμεῖς καὶ οἱ Φαρισαῖοι νηστεύομεν [πολλά], οἱ δὲ μαθηταί σου οὐ νηστεύουσιν;	**Mk 2,18**	καὶ ἦσαν οἱ μαθηταὶ Ἰωάννου καὶ οἱ Φαρισαῖοι νηστεύοντες. καὶ **ἔρχονται** καὶ λέγουσιν αὐτῷ· διὰ τί οἱ μαθηταὶ Ἰωάννου καὶ οἱ μαθηταὶ τῶν Φαρισαίων νηστεύουσιν, οἱ δὲ σοὶ μαθηταὶ οὐ νηστεύουσιν;	**Lk 5,33**	οἱ δὲ εἶπαν πρὸς αὐτόν· οἱ μαθηταὶ Ἰωάννου νηστεύουσιν πυκνὰ καὶ δεήσεις ποιοῦνται ὁμοίως καὶ οἱ τῶν Φαρισαίων, οἱ δὲ σοὶ ἐσθίουσιν καὶ πίνουσιν.	→GTh 104
222	**Mt 9,15**	... **ἐλεύσονται** δὲ ἡμέραι ὅταν ἀπαρθῇ ἀπ᾽ αὐτῶν ὁ νυμφίος, ...	**Mk 2,20**	**ἐλεύσονται** δὲ ἡμέραι ὅταν ἀπαρθῇ ἀπ᾽ αὐτῶν ὁ νυμφίος, ...	**Lk 5,35**	**ἐλεύσονται** δὲ ἡμέραι, καὶ ὅταν ἀπαρθῇ ἀπ᾽ αὐτῶν ὁ νυμφίος, ...	→GTh 104
f 022			**Mk 3,8**	... πλῆθος πολὺ ἀκούοντες ὅσα ἐποίει **ἦλθον** πρὸς αὐτόν.	**Lk 6,18** ↑Lk 5,15	οἳ **ἦλθον** ἀκοῦσαι αὐτοῦ καὶ ἰαθῆναι ἀπὸ τῶν νόσων αὐτῶν· ...	
200 200	**Mt 5,17** **(2)** →Mt 11,13 →Lk 16,16	μὴ νομίσητε ὅτι **ἦλθον** καταλῦσαι τὸν νόμον ἢ τοὺς προφήτας· **οὐκ ἦλθον** καταλῦσαι ἀλλὰ πληρῶσαι.					
200	**Mt 5,24** →Mt 6,14 →Mk 11,25	... καὶ ὕπαγε πρῶτον διαλλάγηθι τῷ ἀδελφῷ σου, καὶ τότε **ἐλθὼν** πρόσφερε τὸ δῶρόν σου.					

	Mt		Mk		Lk		
202	Mt 6,10	[9] ... Πάτερ ἡμῶν ὁ ἐν τοῖς οὐρανοῖς· ἁγιασθήτω τὸ ὄνομά σου· [10] **ἐλθέτω** ἡ βασιλεία σου· ...			Lk 11,2	... Πάτερ, ἁγιασθήτω τὸ ὄνομά σου· **ἐλθέτω** ἡ βασιλεία σου·	
f c 200	Mt 7,15	προσέχετε ἀπὸ τῶν ψευδοπροφητῶν, οἵτινες **ἔρχονται** πρὸς ὑμᾶς ἐν ἐνδύμασιν προβάτων, ἔσωθεν δέ εἰσιν λύκοι ἅρπαγες.					
f 102	Mt 7,24	πᾶς οὖν ὅστις ἀκούει μου τοὺς λόγους τούτους καὶ ποιεῖ αὐτούς, ...			Lk 6,47	πᾶς **ὁ ἐρχόμενος** πρός με καὶ ἀκούων μου τῶν λόγων καὶ ποιῶν αὐτούς, ...	
201	Mt 7,25	καὶ κατέβη ἡ βροχὴ καὶ **ἦλθον** οἱ ποταμοὶ καὶ ἔπνευσαν οἱ ἄνεμοι καὶ προσέπεσαν τῇ οἰκίᾳ ἐκείνῃ, καὶ οὐκ ἔπεσεν, τεθεμελίωτο γὰρ ἐπὶ τὴν πέτραν.			Lk 6,48	... πλημμύρης δὲ γενομένης **προσέρηξεν** ὁ ποταμὸς τῇ οἰκίᾳ ἐκείνῃ, καὶ οὐκ ἴσχυσεν σαλεῦσαι αὐτὴν διὰ τὸ καλῶς οἰκοδομῆσθαι αὐτήν.	
201	Mt 7,27	καὶ κατέβη ἡ βροχὴ καὶ **ἦλθον** οἱ ποταμοὶ καὶ ἔπνευσαν οἱ ἄνεμοι καὶ προσέκοψαν τῇ οἰκίᾳ ἐκείνῃ, καὶ ἔπεσεν, καὶ ἦν ἡ πτῶσις αὐτῆς μεγάλη.			Lk 6,49	... ᾗ **προσέρηξεν** ὁ ποταμός, καὶ εὐθὺς συνέπεσεν καὶ ἐγένετο τὸ ῥῆγμα τῆς οἰκίας ἐκείνης μέγα.	
202	Mt 8,7 → Lk 7,6	 καὶ λέγει αὐτῷ· ἐγὼ **ἐλθὼν** θεραπεύσω αὐτόν.			Lk 7,3	ἀκούσας δὲ περὶ τοῦ Ἰησοῦ ἀπέστειλεν πρὸς αὐτὸν πρεσβυτέρους τῶν Ἰουδαίων ἐρωτῶν αὐτὸν ὅπως **ἐλθὼν** διασώσῃ τὸν δοῦλον αὐτοῦ.	→ Jn 4,47
f 102	Mt 8,8	... κύριε, οὐκ εἰμὶ ἱκανὸς ἵνα μου ὑπὸ τὴν στέγην εἰσέλθῃς, ἀλλὰ μόνον εἰπὲ λόγῳ, καὶ ἰαθήσεται ὁ παῖς μου.			Lk 7,7	[6] ... κύριε, μὴ σκύλλου, οὐ γὰρ ἱκανός εἰμι ἵνα ὑπὸ τὴν στέγην μου εἰσέλθῃς· [7] διὸ οὐδὲ ἐμαυτὸν ἠξίωσα πρὸς σὲ **ἐλθεῖν·** ἀλλὰ εἰπὲ λόγῳ, καὶ ἰαθήτω ὁ παῖς μου.	→ Jn 4,49
202 202	Mt 8,9 (2)	... καὶ λέγω τούτῳ· πορεύθητι, καὶ πορεύεται, καὶ ἄλλῳ· **ἔρχου,** καὶ **ἔρχεται,** καὶ τῷ δούλῳ μου· ποίησον τοῦτο, καὶ ποιεῖ.			Lk 7,8 (2)	... καὶ λέγω τούτῳ· πορεύθητι, καὶ πορεύεται, καὶ ἄλλῳ· **ἔρχου,** καὶ **ἔρχεται,** καὶ τῷ δούλῳ μου· ποίησον τοῦτο, καὶ ποιεῖ.	
b 221	Mt 8,14	καὶ **ἐλθὼν** ὁ Ἰησοῦς εἰς τὴν οἰκίαν Πέτρου ...	Mk 1,29	καὶ εὐθὺς ἐκ τῆς συναγωγῆς ἐξελθόντες **ἦλθον** εἰς τὴν οἰκίαν Σίμωνος καὶ Ἀνδρέου μετὰ Ἰακώβου καὶ Ἰωάννου.	Lk 4,38	ἀναστὰς δὲ ἀπὸ τῆς συναγωγῆς **εἰσῆλθεν** εἰς τὴν οἰκίαν Σίμωνος. ...	

b 221	**Mt 8,28**	καὶ **ἐλθόντος** αὐτοῦ εἰς τὸ πέραν εἰς τὴν χώραν τῶν Γαδαρηνῶν ...	**Mk 5,1**	καὶ **ἦλθον** εἰς τὸ πέραν τῆς θαλάσσης εἰς τὴν χώραν τῶν Γερασηνῶν.	**Lk 8,26**	καὶ **κατέπλευσαν** εἰς τὴν χώραν τῶν Γερασηνῶν, ἥτις ἐστὶν ἀντιπέρα τῆς Γαλιλαίας.	
211	**Mt 8,29**	... τί ἡμῖν καὶ σοί, υἱὲ τοῦ θεοῦ; **ἦλθες** ὧδε πρὸ καιροῦ βασανίσαι ἡμᾶς;	**Mk 5,7** ↑ Mk 1,24	... τί ἐμοὶ καὶ σοί, Ἰησοῦ υἱὲ τοῦ θεοῦ τοῦ ὑψίστου; ὁρκίζω σε τὸν θεόν, μή με βασανίσῃς.	**Lk 8,28** ↑ Lk 4,34	... τί ἐμοὶ καὶ σοί, Ἰησοῦ υἱὲ τοῦ θεοῦ τοῦ ὑψίστου; δέομαί σου, μή με βασανίσῃς.	
b 211	**Mt 9,1**	καὶ ἐμβὰς εἰς πλοῖον διεπέρασεν καὶ **ἦλθεν** εἰς τὴν ἰδίαν πόλιν.	**Mk 2,1**	καὶ **εἰσελθὼν** πάλιν εἰς Καφαρναοὺμ δι' ἡμερῶν ἠκούσθη ὅτι ἐν οἴκῳ ἐστίν.	**Lk 5,17**	καὶ ἐγένετο ἐν μιᾷ τῶν ἡμερῶν καὶ αὐτὸς ἦν διδάσκων, ...	
211	**Mt 9,10**	... καὶ ἰδοὺ πολλοὶ τελῶναι καὶ ἁμαρτωλοὶ **ἐλθόντες** συνανέκειντο τῷ Ἰησοῦ ...	**Mk 2,15**	... καὶ πολλοὶ τελῶναι καὶ ἁμαρτωλοὶ συνανέκειντο τῷ Ἰησοῦ ...	**Lk 5,29** → Lk 15,1	... καὶ ἦν ὄχλος πολὺς τελωνῶν καὶ ἄλλων οἳ ἦσαν μετ' αὐτῶν κατακείμενοι.	
222	**Mt 9,13**	... **οὐ γὰρ ἦλθον** καλέσαι δικαίους ἀλλὰ ἁμαρτωλούς.	**Mk 2,17**	... **οὐκ ἦλθον** καλέσαι δικαίους ἀλλὰ ἁμαρτωλούς.	**Lk 5,32**	**οὐκ ἐλήλυθα** καλέσαι δικαίους ἀλλὰ ἁμαρτωλοὺς εἰς μετάνοιαν.	
222	**Mt 9,15**	... **ἐλεύσονται** δὲ ἡμέραι ὅταν ἀπαρθῇ ἀπ' αὐτῶν ὁ νυμφίος, ...	**Mk 2,20**	**ἐλεύσονται** δὲ ἡμέραι ὅταν ἀπαρθῇ ἀπ' αὐτῶν ὁ νυμφίος, ...	**Lk 5,35**	**ἐλεύσονται** δὲ ἡμέραι, καὶ ὅταν ἀπαρθῇ ἀπ' αὐτῶν ὁ νυμφίος, ...	→ GTh 104
222	**Mt 9,18** **(2)**	... ἰδοὺ ἄρχων εἷς **ἐλθὼν** προσεκύνει αὐτῷ	**Mk 5,22**	καὶ **ἔρχεται** εἷς τῶν ἀρχισυναγώγων, ὀνόματι Ἰάϊρος, καὶ ἰδὼν αὐτὸν πίπτει πρὸς τοὺς πόδας αὐτοῦ	**Lk 8,41**	καὶ ἰδοὺ **ἦλθεν** ἀνὴρ ᾧ ὄνομα Ἰάϊρος καὶ οὗτος ἄρχων τῆς συναγωγῆς ὑπῆρχεν, καὶ πεσὼν παρὰ τοὺς πόδας [τοῦ] Ἰησοῦ	
221		λέγων ὅτι ἡ θυγάτηρ μου ἄρτι ἐτελεύτησεν· ἀλλὰ **ἐλθὼν** ἐπίθες τὴν χεῖρά σου ἐπ' αὐτήν, καὶ ζήσεται.	**Mk 5,23**	καὶ παρακαλεῖ αὐτὸν πολλὰ λέγων ὅτι τὸ θυγάτριόν μου ἐσχάτως ἔχει, ἵνα **ἐλθὼν** ἐπιθῇς τὰς χεῖρας αὐτῇ ἵνα σωθῇ καὶ ζήσῃ.	→ Mk 5,42	παρεκάλει αὐτὸν **εἰσελθεῖν** εἰς τὸν οἶκον αὐτοῦ, [42] ὅτι θυγάτηρ μονογενὴς ἦν αὐτῷ ὡς ἐτῶν δώδεκα καὶ αὐτὴ ἀπέθνῃσκεν. ...	
222	**Mt 9,23**	καὶ **ἐλθὼν** ὁ Ἰησοῦς εἰς τὴν οἰκίαν τοῦ ἄρχοντος καὶ ἰδὼν τοὺς αὐλητὰς καὶ τὸν ὄχλον θορυβούμενον	**Mk 5,38**	[37] καὶ οὐκ ἀφῆκεν οὐδένα μετ' αὐτοῦ συνακολουθῆσαι εἰ μὴ τὸν Πέτρον καὶ Ἰάκωβον καὶ Ἰωάννην τὸν ἀδελφὸν Ἰακώβου. [38] καὶ **ἔρχονται** εἰς τὸν οἶκον τοῦ ἀρχισυναγώγου, καὶ θεωρεῖ θόρυβον καὶ κλαίοντας καὶ ἀλαλάζοντας πολλά	**Lk 8,51** → Mk 5,40	**ἐλθὼν** δὲ εἰς τὴν οἰκίαν οὐκ ἀφῆκεν εἰσελθεῖν τινα σὺν αὐτῷ εἰ μὴ Πέτρον καὶ Ἰωάννην καὶ Ἰάκωβον ... [52] ἔκλαιον δὲ πάντες καὶ ἐκόπτοντο αὐτήν. ...	

b 200	**Mt 9,28**	**ἐλθόντι** δὲ εἰς τὴν οἰκίαν προσῆλθον αὐτῷ οἱ τυφλοί, ...	**Mk 10,49**	καὶ στὰς ὁ Ἰησοῦς εἶπεν· φωνήσατε αὐτόν. ... [50] ὁ δὲ ἀποβαλὼν τὸ ἱμάτιον αὐτοῦ ἀναπηδήσας ἦλθεν πρὸς τὸν Ἰησοῦν.	**Lk 18,40**	σταθεὶς δὲ ὁ Ἰησοῦς ἐκέλευσεν αὐτὸν ἀχθῆναι πρὸς αὐτόν. ἐγγίσαντος δὲ αὐτοῦ ...	
d 201	**Mt 10,13**	καὶ ἐὰν μὲν ᾖ ἡ οἰκία ἀξία, **ἐλθάτω** ἡ εἰρήνη ὑμῶν ἐπ᾽ αὐτήν, ...			**Lk 10,6**	καὶ ἐὰν ἐκεῖ ᾖ υἱὸς εἰρήνης, **ἐπαναπαήσεται** ἐπ᾽ αὐτὸν ἡ εἰρήνη ὑμῶν· ...	
200	**Mt 10,23**	... οὐ μὴ τελέσητε τὰς πόλεις τοῦ Ἰσραὴλ ἕως ἂν **ἔλθῃ** ὁ υἱὸς τοῦ ἀνθρώπου.					
201 201	**Mt 10,34** **(2)**	μὴ νομίσητε ὅτι **ἦλθον** βαλεῖν εἰρήνην ἐπὶ τὴν γῆν· **οὐκ ἦλθον** βαλεῖν εἰρήνην ἀλλὰ μάχαιραν.			**Lk 12,51**	δοκεῖτε ὅτι εἰρήνην **παρεγενόμην** δοῦναι ἐν τῇ γῇ; **οὐχί,** λέγω ὑμῖν, ἀλλ᾽ ἢ διαμερισμόν.	→ GTh 16
201	**Mt 10,35** → Lk 12,52 → Mt 10,21 → Mk 13,12 → Lk 21,16	**ἦλθον γὰρ διχάσαι** ἄνθρωπον *κατὰ τοῦ* *πατρὸς αὐτοῦ* ... ➤ Micah 7,6			**Lk 12,53** → Lk 12,52	**διαμερισθήσονται** πατὴρ ἐπὶ υἱῷ καὶ *υἱὸς* ἐπὶ *πατρί*, ... ➤ Micah 7,6	→ GTh 16
202	**Mt 11,3**	[2] ὁ δὲ Ἰωάννης ... πέμψας διὰ τῶν μαθητῶν αὐτοῦ [3] εἶπεν αὐτῷ· σὺ εἶ **ὁ ἐρχόμενος** ἢ ἕτερον προσδοκῶμεν;			**Lk 7,19**	[18] ... καὶ προσκαλεσάμενος δύο τινὰς τῶν μαθητῶν αὐτοῦ ὁ Ἰωάννης [19] ἔπεμψεν πρὸς τὸν κύριον λέγων· σὺ εἶ **ὁ ἐρχόμενος** ἢ ἄλλον προσδοκῶμεν;	
002					**Lk 7,20**	παραγενόμενοι δὲ πρὸς αὐτὸν οἱ ἄνδρες εἶπαν· Ἰωάννης ὁ βαπτιστὴς ἀπέστειλεν ἡμᾶς πρὸς σὲ λέγων· σὺ εἶ **ὁ ἐρχόμενος** ἢ ἄλλον προσδοκῶμεν;	
200	**Mt 11,14** ↓ Mt 17,12 ↓ Mk 9,13 → Lk 1,17	καὶ εἰ θέλετε δέξασθαι, αὐτός ἐστιν Ἠλίας ὁ μέλλων **ἔρχεσθαι.**					
202	**Mt 11,18**	**ἦλθεν** γὰρ Ἰωάννης μήτε ἐσθίων μήτε πίνων, ...			**Lk 7,33** → Mt 3,4 → Mk 1,6	**ἐλήλυθεν** γὰρ Ἰωάννης ὁ βαπτιστὴς μὴ ἐσθίων ἄρτον μήτε πίνων οἶνον, ...	
202	**Mt 11,19**	**ἦλθεν** ὁ υἱὸς τοῦ ἀνθρώπου ἐσθίων καὶ πίνων, ...			**Lk 7,34**	**ἐλήλυθεν** ὁ υἱὸς τοῦ ἀνθρώπου ἐσθίων καὶ πίνων, ...	
b 211	**Mt 12,9**	καὶ μεταβὰς ἐκεῖθεν **ἦλθεν** εἰς τὴν συναγωγὴν αὐτῶν·	**Mk 3,1**	καὶ **εἰσῆλθεν** πάλιν εἰς τὴν συναγωγήν. ...	**Lk 6,6** → Lk 13,10 ↓ Lk 14,1	ἐγένετο δὲ ἐν ἑτέρῳ σαββάτῳ **εἰσελθεῖν** αὐτὸν εἰς τὴν συναγωγὴν καὶ διδάσκειν. ...	
b 020			**Mk 3,20** ↑ Mk 2,2	καὶ **ἔρχεται** εἰς οἶκον· καὶ συνέρχεται πάλιν [ὁ] ὄχλος, ...			

202	**Mt 12,42**	βασίλισσα νότου ἐγερθήσεται ἐν τῇ κρίσει μετὰ τῆς γενεᾶς ταύτης καὶ κατακρινεῖ αὐτήν, ὅτι **ἦλθεν** ἐκ τῶν περάτων τῆς γῆς ἀκοῦσαι τὴν σοφίαν Σολομῶνος, ...			**Lk 11,31**	βασίλισσα νότου ἐγερθήσεται ἐν τῇ κρίσει μετὰ τῶν ἀνδρῶν τῆς γενεᾶς ταύτης καὶ κατακρινεῖ αὐτούς, ὅτι **ἦλθεν** ἐκ τῶν περάτων τῆς γῆς ἀκοῦσαι τὴν σοφίαν Σολομῶνος, ...	
202	**Mt 12,44**	... καὶ **ἐλθὸν** εὑρίσκει σχολάζοντα σεσαρωμένον καὶ κεκοσμημένον.			**Lk 11,25**	καὶ **ἐλθὸν** εὑρίσκει σεσαρωμένον καὶ κεκοσμημένον.	
121	**Mt 12,46**	ἔτι αὐτοῦ λαλοῦντος τοῖς ὄχλοις ἰδοὺ ἡ μήτηρ καὶ οἱ ἀδελφοὶ αὐτοῦ εἱστήκεισαν ἔξω ζητοῦντες αὐτῷ λαλῆσαι.	**Mk 3,31**	καὶ **ἔρχεται** ἡ μήτηρ αὐτοῦ καὶ οἱ ἀδελφοὶ αὐτοῦ καὶ ἔξω στήκοντες ἀπέστειλαν πρὸς αὐτὸν καλοῦντες αὐτόν.	**Lk 8,19**	 **παρεγένετο** δὲ πρὸς αὐτὸν ἡ μήτηρ καὶ οἱ ἀδελφοὶ αὐτοῦ καὶ οὐκ ἠδύναντο συντυχεῖν αὐτῷ διὰ τὸν ὄχλον.	→ GTh 99
221	**Mt 13,4**	καὶ ἐν τῷ σπείρειν αὐτὸν ἃ μὲν ἔπεσεν παρὰ τὴν ὁδόν, καὶ **ἐλθόντα** τὰ πετεινὰ κατέφαγεν αὐτά.	**Mk 4,4**	καὶ ἐγένετο ἐν τῷ σπείρειν ὃ μὲν ἔπεσεν παρὰ τὴν ὁδόν, καὶ **ἦλθεν** τὰ πετεινὰ καὶ κατέφαγεν αὐτό.	**Lk 8,5**	... καὶ ἐν τῷ σπείρειν αὐτὸν ὃ μὲν ἔπεσεν παρὰ τὴν ὁδὸν καὶ κατεπατήθη, καὶ τὰ πετεινὰ τοῦ οὐρανοῦ κατέφαγεν αὐτό.	→ GTh 9
222	**Mt 13,19**	παντὸς ἀκούοντος τὸν λόγον τῆς βασιλείας καὶ μὴ συνιέντος, **ἔρχεται** ὁ πονηρὸς καὶ ἁρπάζει τὸ ἐσπαρμένον ἐν τῇ καρδίᾳ αὐτοῦ, ...	**Mk 4,15**	... ὅταν ἀκούσωσιν, εὐθὺς **ἔρχεται** ὁ σατανᾶς καὶ αἴρει τὸν λόγον τὸν ἐσπαρμένον εἰς αὐτούς.	**Lk 8,12**	... οἱ ἀκούσαντες, εἶτα **ἔρχεται** ὁ διάβολος καὶ αἴρει τὸν λόγον ἀπὸ τῆς καρδίας αὐτῶν, ἵνα μὴ πιστεύσαντες σωθῶσιν.	
021			**Mk 4,21**	... **μήτι ἔρχεται** ὁ λύχνος ἵνα ὑπὸ τὸν μόδιον τεθῇ ἢ ὑπὸ τὴν κλίνην; ...	**Lk 8,16** ⇩ Lk 11,33	οὐδεὶς δὲ λύχνον ἅψας καλύπτει αὐτὸν σκεύει ἢ ὑποκάτω κλίνης τίθησιν, ...	→ GTh 33,2-3 Mk-Q overlap
	Mt 5,15	οὐδὲ καίουσιν λύχνον καὶ τιθέασιν αὐτὸν ὑπὸ τὸν μόδιον ...			Lk 11,33 ⇧ Lk 8,16	οὐδεὶς λύχνον ἅψας εἰς κρύπτην τίθησιν [οὐδὲ ὑπὸ τὸν μόδιον] ...	
b 022			**Mk 4,22**	οὐ γάρ ἐστιν κρυπτὸν ἐὰν μὴ ἵνα φανερωθῇ, οὐδὲ ἐγένετο ἀπόκρυφον ἀλλ᾽ ἵνα **ἔλθῃ** εἰς φανερόν.	**Lk 8,17** ⇩ Lk 12,2	οὐ γάρ ἐστιν κρυπτὸν ὃ οὐ φανερὸν γενήσεται οὐδὲ ἀπόκρυφον ὃ οὐ μὴ γνωσθῇ καὶ εἰς φανερὸν **ἔλθῃ**.	→ GTh 5 → GTh 6,5-6 (POxy 654) Mk-Q overlap
	Mt 10,26	... οὐδὲν γάρ ἐστιν κεκαλυμμένον ὃ οὐκ ἀποκαλυφθήσεται καὶ κρυπτὸν ὃ οὐ γνωσθήσεται.			Lk 12,2 ⇧ Lk 8,17	οὐδὲν δὲ συγκεκαλυμμένον ἐστὶν ὃ οὐκ ἀποκαλυφθήσεται καὶ κρυπτὸν ὃ οὐ γνωσθήσεται.	
200	**Mt 13,25**	ἐν δὲ τῷ καθεύδειν τοὺς ἀνθρώπους **ἦλθεν** αὐτοῦ ὁ ἐχθρὸς καὶ ἐπέσπειρεν ζιζάνια ἀνὰ μέσον τοῦ σίτου καὶ ἀπῆλθεν.					→ GTh 57

201	Mt 13,32	... ὅταν δὲ αὐξηθῇ μεῖζον τῶν λαχάνων ἐστὶν καὶ γίνεται δένδρον, ὥστε **ἐλθεῖν** *τὰ πετεινὰ τοῦ οὐρανοῦ καὶ κατασκηνοῦν ἐν τοῖς κλάδοις αὐτοῦ.* ➤ Ps 103,12 LXX	Mk 4,32	καὶ ὅταν σπαρῇ, ἀναβαίνει καὶ γίνεται μεῖζον πάντων τῶν λαχάνων καὶ ποιεῖ κλάδους μεγάλους, ὥστε δύνασθαι ὑπὸ τὴν σκιὰν αὐτοῦ *τὰ πετεινὰ τοῦ οὐρανοῦ κατασκηνοῦν.* ➤ Ps 103,12 LXX	Lk 13,19	... καὶ ηὔξησεν καὶ ἐγένετο εἰς δένδρον, καὶ *τὰ πετεινὰ τοῦ οὐρανοῦ κατεσκήνωσεν ἐν τοῖς κλάδοις αὐτοῦ.* ➤ Ps 103,12 LXX	→ GTh 20 Mk-Q overlap
b 200	Mt 13,36	τότε ἀφεὶς τοὺς ὄχλους **ἦλθεν** εἰς τὴν οἰκίαν. καὶ προσῆλθον αὐτῷ οἱ μαθηταὶ αὐτοῦ ...					
b 221	Mt 8,28	καὶ **ἐλθόντος** αὐτοῦ εἰς τὸ πέραν εἰς τὴν χώραν τῶν Γαδαρηνῶν ...	Mk 5,1	καὶ **ἦλθον** εἰς τὸ πέραν τῆς θαλάσσης εἰς τὴν χώραν τῶν Γερασηνῶν.	Lk 8,26	καὶ **κατέπλευσαν** εἰς τὴν χώραν τῶν Γερασηνῶν, ἥτις ἐστὶν ἀντιπέρα τῆς Γαλιλαίας.	
121	Mt 8,34	καὶ ἰδοὺ πᾶσα ἡ πόλις **ἐξῆλθεν**	Mk 5,14	... καὶ **ἦλθον** ἰδεῖν τί ἐστιν τὸ γεγονός	Lk 8,35	**ἐξῆλθον** δὲ ἰδεῖν τὸ γεγονὸς	
f 122		εἰς ὑπάντησιν τῷ Ἰησοῦ ...	Mk 5,15	καὶ **ἔρχονται** πρὸς τὸν Ἰησοῦν, καὶ θεωροῦσιν τὸν δαιμονιζόμενον ...		καὶ **ἦλθον** πρὸς τὸν Ἰησοῦν καὶ εὗρον καθήμενον τὸν ἄνθρωπον ἀφ' οὗ τὰ δαιμόνια ἐξῆλθεν ...	
222	Mt 9,18 (2)	... ἰδοὺ ἄρχων εἷς **ἐλθὼν** προσεκύνει αὐτῷ	Mk 5,22	καὶ **ἔρχεται** εἷς τῶν ἀρχισυναγώγων, ὀνόματι Ἰάϊρος, καὶ ἰδὼν αὐτὸν πίπτει πρὸς τοὺς πόδας αὐτοῦ	Lk 8,41	καὶ ἰδοὺ **ἦλθεν** ἀνὴρ ᾧ ὄνομα Ἰάϊρος καὶ οὗτος ἄρχων τῆς συναγωγῆς ὑπῆρχεν, καὶ πεσὼν παρὰ τοὺς πόδας [τοῦ] Ἰησοῦ	
221		λέγων ὅτι ἡ θυγάτηρ μου ἄρτι ἐτελεύτησεν· ἀλλὰ **ἐλθὼν** ἐπίθες τὴν χεῖρά σου ἐπ' αὐτήν, καὶ ζήσεται.	Mk 5,23	καὶ παρακαλεῖ αὐτὸν πολλὰ λέγων ὅτι τὸ θυγάτριόν μου ἐσχάτως ἔχει, ἵνα **ἐλθὼν** ἐπιθῇς τὰς χεῖρας αὐτῇ ἵνα σωθῇ καὶ ζήσῃ.	→ Mk 5,42	παρεκάλει αὐτὸν **εἰσελθεῖν** εἰς τὸν οἶκον αὐτοῦ, [42] ὅτι θυγάτηρ μονογενὴς ἦν αὐτῷ ὡς ἐτῶν δώδεκα καὶ αὐτὴ ἀπέθνῃσκεν. ...	
b 021			Mk 5,26	καὶ πολλὰ παθοῦσα ὑπὸ πολλῶν ἰατρῶν καὶ δαπανήσασα τὰ παρ' αὐτῆς πάντα καὶ μηδὲν ὠφεληθεῖσα ἀλλὰ μᾶλλον εἰς τὸ χεῖρον **ἐλθοῦσα,**	Lk 8,43	... ἥτις [ἰατροῖς προσαναλώσασα ὅλον τὸν βίον] οὐκ ἴσχυσεν ἀπ' οὐδενὸς θεραπευθῆναι,	
c 121	Mt 9,20 → Mt 14,36	... **προσελθοῦσα** ὄπισθεν ἥψατο τοῦ κρασπέδου τοῦ ἱματίου αὐτοῦ·	Mk 5,27 → Mk 6,56	ἀκούσασα περὶ τοῦ Ἰησοῦ, **ἐλθοῦσα** ἐν τῷ ὄχλῳ ὄπισθεν ἥψατο τοῦ ἱματίου αὐτοῦ·	Lk 8,44	**προσελθοῦσα** ὄπισθεν ἥψατο τοῦ κρασπέδου τοῦ ἱματίου αὐτοῦ ...	
022			Mk 5,33	ἡ δὲ γυνὴ φοβηθεῖσα καὶ τρέμουσα, εἰδυῖα ὃ γέγονεν αὐτῇ, **ἦλθεν** καὶ προσέπεσεν αὐτῷ ...	Lk 8,47	ἰδοῦσα δὲ ἡ γυνὴ ὅτι οὐκ ἔλαθεν, τρέμουσα **ἦλθεν** καὶ προσπεσοῦσα αὐτῷ ...	

a 022			Mk 5,35 → Lk 7,6	ἔτι αὐτοῦ λαλοῦντος **ἔρχονται** ἀπὸ τοῦ ἀρχισυναγώγου ...	Lk 8,49 → Lk 7,6	ἔτι αὐτοῦ λαλοῦντος **ἔρχεταί** τις παρὰ τοῦ ἀρχισυναγώγου ...	
b 222	Mt 9,23	καὶ **ἐλθὼν** ὁ Ἰησοῦς εἰς τὴν οἰκίαν τοῦ ἄρχοντος καὶ ἰδὼν τοὺς αὐλητὰς καὶ τὸν ὄχλον θορυβούμενον	Mk 5,38	[37] καὶ οὐκ ἀφῆκεν οὐδένα μετ᾽ αὐτοῦ συνακολουθῆσαι εἰ μὴ τὸν Πέτρον καὶ Ἰάκωβον καὶ Ἰωάννην τὸν ἀδελφὸν Ἰακώβου. [38] καὶ **ἔρχονται** εἰς τὸν οἶκον τοῦ ἀρχισυναγώγου, καὶ θεωρεῖ θόρυβον καὶ κλαίοντας καὶ ἀλαλάζοντας πολλά	Lk 8,51 → Mk 5,40	**ἐλθὼν** δὲ εἰς τὴν οἰκίαν οὐκ ἀφῆκεν εἰσελθεῖν τινα σὺν αὐτῷ εἰ μὴ Πέτρον καὶ Ἰωάννην καὶ Ἰάκωβον ... [52] ἔκλαιον δὲ πάντες καὶ ἐκόπτοντο αὐτήν. ...	
b 222	Mt 13,54	καὶ **ἐλθὼν** εἰς τὴν πατρίδα αὐτοῦ ...	Mk 6,1	καὶ ἐξῆλθεν ἐκεῖθεν καὶ **ἔρχεται** εἰς τὴν πατρίδα αὐτοῦ, ...	Lk 4,16	καὶ **ἦλθεν** εἰς Ναζαρά, οὗ ἦν τεθραμμένος ...	
120 210	Mt 14,12	καὶ **προσελθόντες** οἱ μαθηταὶ αὐτοῦ ἦραν τὸ πτῶμα καὶ ἔθαψαν αὐτό[ν] καὶ **ἐλθόντες** ἀπήγγειλαν τῷ Ἰησοῦ.	Mk 6,29	καὶ ἀκούσαντες οἱ μαθηταὶ αὐτοῦ **ἦλθον** καὶ ἦραν τὸ πτῶμα αὐτοῦ καὶ ἔθηκαν αὐτὸ ἐν μνημείῳ.			
020			Mk 6,31	... ἦσαν γὰρ **οἱ ἐρχόμενοι** καὶ οἱ ὑπάγοντες πολλοί, καὶ οὐδὲ φαγεῖν εὐκαίρουν.			
f 220	Mt 14,25	τετάρτῃ δὲ φυλακῇ τῆς νυκτὸς **ἦλθεν** πρὸς αὐτοὺς περιπατῶν ἐπὶ τὴν θάλασσαν.	Mk 6,48	... περὶ τετάρτην φυλακὴν τῆς νυκτὸς **ἔρχεται** πρὸς αὐτοὺς περιπατῶν ἐπὶ τῆς θαλάσσης καὶ ἤθελεν παρελθεῖν αὐτούς.			→ Jn 6,19
f d 200	Mt 14,28	... κύριε, εἰ σὺ εἶ, κέλευσόν με **ἐλθεῖν** πρὸς σὲ ἐπὶ τὰ ὕδατα.					
200 *f* 200	Mt 14,29 (2)	ὁ δὲ εἶπεν· **ἐλθέ.** καὶ καταβὰς ἀπὸ τοῦ πλοίου [ὁ] Πέτρος περιεπάτησεν ἐπὶ τὰ ὕδατα καὶ **ἦλθεν** πρὸς τὸν Ἰησοῦν.					
d b 220	Mt 14,34	καὶ διαπεράσαντες **ἦλθον** ἐπὶ τὴν γῆν εἰς Γεννησαρέτ.	Mk 6,53	καὶ διαπεράσαντες ἐπὶ τὴν γῆν **ἦλθον** εἰς Γεννησαρὲτ καὶ προσωρμίσθησαν.			

a 120	**Mt 15,1** → Lk 11,37	τότε προσέρχονται τῷ Ἰησοῦ ἀπὸ Ἱεροσολύμων Φαρισαῖοι καὶ γραμματεῖς ...	**Mk 7,1** → Lk 11,37	καὶ συνάγονται πρὸς αὐτὸν οἱ Φαρισαῖοι καί τινες τῶν γραμματέων **ἐλθόντες** ἀπὸ Ἱεροσολύμων.			
220	**Mt 15,25** → Mk 7,26	[22] καὶ ἰδοὺ γυνὴ Χαναναία ... λέγουσα· ... ἡ θυγάτηρ μου κακῶς δαιμονίζεται. [23] ... [25] ἡ δὲ **ἐλθοῦσα** προσεκύνει αὐτῷ λέγουσα· κύριε, βοήθει μοι.	**Mk 7,25**	ἀλλ᾿ εὐθὺς ἀκούσασα γυνὴ περὶ αὐτοῦ, ἧς εἶχεν τὸ θυγάτριον αὐτῆς πνεῦμα ἀκάθαρτον, **ἐλθοῦσα** προσέπεσεν πρὸς τοὺς πόδας αὐτοῦ·			
b 220	**Mt 15,29**	καὶ μεταβὰς ἐκεῖθεν ὁ Ἰησοῦς **ἦλθεν** παρὰ τὴν θάλασσαν τῆς Γαλιλαίας, ...	**Mk 7,31**	καὶ πάλιν ἐξελθὼν ἐκ τῶν ὁρίων Τύρου **ἦλθεν** διὰ Σιδῶνος εἰς τὴν θάλασσαν τῆς Γαλιλαίας ...			
b 220	**Mt 15,39**	... ἐνέβη εἰς τὸ πλοῖον, καὶ **ἦλθεν** εἰς τὰ ὅρια Μαγαδάν.	**Mk 8,10**	καὶ εὐθὺς ἐμβὰς εἰς τὸ πλοῖον μετὰ τῶν μαθητῶν αὐτοῦ **ἦλθεν** εἰς τὰ μέρη Δαλμανουθά.			
b 210	**Mt 16,5**	[6] ... καὶ καταλιπὼν αὐτοὺς ἀπῆλθεν. [5] καὶ **ἐλθόντες** οἱ μαθηταὶ εἰς τὸ πέραν ἐπελάθοντο ἄρτους λαβεῖν.	**Mk 8,13**	καὶ ἀφεὶς αὐτοὺς πάλιν ἐμβὰς ἀπῆλθεν εἰς τὸ πέραν. [14] καὶ ἐπελάθοντο λαβεῖν ἄρτους ...			
b 020			**Mk 8,22**	καὶ **ἔρχονται** εἰς Βηθσαϊδάν. καὶ φέρουσιν αὐτῷ τυφλὸν ...			
b 211	**Mt 16,13**	**ἐλθὼν** δὲ ὁ Ἰησοῦς εἰς τὰ μέρη Καισαρείας τῆς Φιλίππου ...	**Mk 8,27**	καὶ **ἐξῆλθεν** ὁ Ἰησοῦς καὶ οἱ μαθηταὶ αὐτοῦ εἰς τὰς κώμας Καισαρείας τῆς Φιλίππου· ...	**Lk 9,18** → Mt 14,23 → Mk 6,46	καὶ ἐγένετο ἐν τῷ εἶναι αὐτὸν προσευχόμενον κατὰ μόνας συνῆσαν αὐτῷ οἱ μαθηταί, ...	
e 212	**Mt 16,24** ⇩ Mt 10,38	... εἴ τις θέλει ὀπίσω μου **ἐλθεῖν,** ἀπαρνησάσθω ἑαυτὸν καὶ ἀράτω τὸν σταυρὸν αὐτοῦ ...	**Mk 8,34**	... εἴ τις θέλει ὀπίσω μου **ἀκολουθεῖν,** ἀπαρνησάσθω ἑαυτὸν καὶ ἀράτω τὸν σταυρὸν αὐτοῦ ...	**Lk 9,23** ⇩ Lk 14,27	... εἴ τις θέλει ὀπίσω μου **ἔρχεσθαι,** ἀρνησάσθω ἑαυτὸν καὶ ἀράτω τὸν σταυρὸν αὐτοῦ καθ᾿ ἡμέραν, ...	→ GTh 55 Mk-Q overlap
c 222	**Mt 16,27** ↓ Mt 10,33 ↓ Mt 24,30 ↓ Mt 25,31	μέλλει γὰρ ὁ υἱὸς τοῦ ἀνθρώπου **ἔρχεσθαι** ἐν τῇ δόξῃ τοῦ πατρὸς αὐτοῦ μετὰ τῶν ἀγγέλων αὐτοῦ, καὶ τότε *ἀποδώσει ἑκάστῳ* *κατὰ τὴν πρᾶξιν αὐτοῦ.* ➤ Ps 62,13/Prov 24,12/Sir 35,22 LXX	**Mk 8,38** ↓ Mk 13,26	... καὶ ὁ υἱὸς τοῦ ἀνθρώπου ἐπαισχυνθήσεται αὐτόν, ὅταν **ἔλθῃ** ἐν τῇ δόξῃ τοῦ πατρὸς αὐτοῦ μετὰ τῶν ἀγγέλων τῶν ἁγίων.	**Lk 9,26** ⇩ Lk 12,9 ↓ Lk 21,27	... τοῦτον ὁ υἱὸς τοῦ ἀνθρώπου ἐπαισχυνθήσεται, ὅταν **ἔλθῃ** ἐν τῇ δόξῃ αὐτοῦ καὶ τοῦ πατρὸς καὶ τῶν ἁγίων ἀγγέλων.	Mk-Q overlap
	Mt 10,33 ↑ Mt 16,27	ὅστις δ᾿ ἂν ἀρνήσηταί με ἔμπροσθεν τῶν ἀνθρώπων, ἀρνήσομαι κἀγὼ αὐτὸν ἔμπροσθεν τοῦ πατρός μου τοῦ ἐν [τοῖς] οὐρανοῖς.			**Lk 12,9** ⇧ Lk 9,26	ὁ δὲ ἀρνησάμενός με ἐνώπιον τῶν ἀνθρώπων ἀπαρνηθήσεται ἐνώπιον τῶν ἀγγέλων τοῦ θεοῦ.	

	Mt		Mk		Lk		
c 221	**Mt 16,28** → Mt 24,34	... εἰσίν τινες τῶν ὧδε ἑστώτων οἵτινες οὐ μὴ γεύσωνται θανάτου ἕως ἂν ἴδωσιν **τὸν υἱὸν τοῦ ἀνθρώπου ἐρχόμενον ἐν τῇ βασιλείᾳ αὐτοῦ.**	**Mk 9,1** → Mk 13,30	... εἰσίν τινες ὧδε τῶν ἑστηκότων οἵτινες οὐ μὴ γεύσωνται θανάτου ἕως ἂν ἴδωσιν **τὴν βασιλείαν τοῦ θεοῦ ἐληλυθυῖαν ἐν δυνάμει.**	**Lk 9,27** → Lk 21,32	... εἰσίν τινες τῶν αὐτοῦ ἑστηκότων οἳ οὐ μὴ γεύσωνται θανάτου ἕως ἂν ἴδωσιν **τὴν βασιλείαν τοῦ θεοῦ.**	→ Jn 21,22-23
220	**Mt 17,10**	... τί οὖν οἱ γραμματεῖς λέγουσιν ὅτι *Ἠλίαν δεῖ* ***ἐλθεῖν*** *πρῶτον;* ➤ Mal 3,23-24	**Mk 9,11**	... ὅτι λέγουσιν οἱ γραμματεῖς ὅτι *Ἠλίαν δεῖ* ***ἐλθεῖν*** *πρῶτον;* ➤ Mal 3,23-24			
220	**Mt 17,11**	... *Ἠλίας* μὲν ***ἔρχεται*** *καὶ ἀποκαταστήσει* πάντα· ➤ Mal 3,23-24	**Mk 9,12**	... Ἠλίας μὲν **ἐλθὼν** πρῶτον ἀποκαθιστάνει πάντα· ...			→ Acts 3,21
220	**Mt 17,12** ↑ Mt 11,14 → Lk 1,17	... Ἠλίας ἤδη **ἦλθεν,** καὶ οὐκ ἐπέγνωσαν αὐτὸν ἀλλὰ ἐποίησαν ἐν αὐτῷ ὅσα ἠθέλησαν· ...	**Mk 9,13** → Lk 1,17	... καὶ Ἠλίας **ἐλήλυθεν,** καὶ ἐποίησαν αὐτῷ ὅσα ἤθελον, καθὼς γέγραπται ἐπ᾽ αὐτόν.			
f 221	**Mt 17,14**	[9] καὶ καταβαινόντων αὐτῶν ἐκ τοῦ ὄρους ... [14] καὶ **ἐλθόντων** πρὸς τὸν ὄχλον ...	**Mk 9,14**	[9] καὶ καταβαινόντων αὐτῶν ἐκ τοῦ ὄρους ... [14] καὶ **ἐλθόντες** πρὸς τοὺς μαθητὰς εἶδον ὄχλον πολὺν περὶ αὐτοὺς καὶ γραμματεῖς συζητοῦντας πρὸς αὐτούς. [15] καὶ εὐθὺς πᾶς ὁ ὄχλος ἰδόντες αὐτὸν ἐξεθαμβήθησαν καὶ προστρέχοντες ἠσπάζοντο αὐτόν.	**Lk 9,37**	ἐγένετο δὲ τῇ ἑξῆς ἡμέρᾳ κατελθόντων αὐτῶν ἀπὸ τοῦ ὄρους συνήντησεν αὐτῷ ὄχλος πολύς.	
b 220	**Mt 17,24**	**ἐλθόντων** δὲ αὐτῶν εἰς Καφαρναοὺμ ...	**Mk 9,33**	καὶ **ἦλθον** εἰς Καφαρναούμ. ...			
b 200	**Mt 17,25**	... καὶ **ἐλθόντα** εἰς τὴν οἰκίαν προέφθασεν αὐτὸν ὁ Ἰησοῦς λέγων· τί σοι δοκεῖ, Σίμων; ...					
202 202	**Mt 18,7** (2)	... ἀνάγκη γὰρ **ἐλθεῖν** τὰ σκάνδαλα, πλὴν οὐαὶ τῷ ἀνθρώπῳ δι᾽ οὗ τὸ σκάνδαλον **ἔρχεται.**			**Lk 17,1** (2)	... ἀνένδεκτόν ἐστιν τοῦ τὰ σκάνδαλα **μὴ ἐλθεῖν,** πλὴν οὐαὶ δι᾽ οὗ **ἔρχεται·**	
200	**Mt 18,31**	ἰδόντες οὖν οἱ σύνδουλοι αὐτοῦ τὰ γενόμενα ἐλυπήθησαν σφόδρα καὶ **ἐλθόντες** διεσάφησαν τῷ κυρίῳ ἑαυτῶν πάντα τὰ γενόμενα.					

002				Lk 10,1	... εἰς πᾶσαν πόλιν καὶ τόπον οὗ ἤμελλεν αὐτὸς **ἔρχεσθαι.**	
002				Lk 10,32	ὁμοίως δὲ καὶ Λευίτης [γενόμενος] κατὰ τὸν τόπον **ἐλθὼν** καὶ ἰδὼν ἀντιπαρῆλθεν.	
002				Lk 10,33	Σαμαρίτης δέ τις ὁδεύων **ἦλθεν** κατ' αὐτὸν καὶ ἰδὼν ἐσπλαγχνίσθη	
202	Mt 6,10	[9] ... Πάτερ ἡμῶν ὁ ἐν τοῖς οὐρανοῖς· ἁγιασθήτω τὸ ὄνομά σου· [10] **ἐλθέτω** ἡ βασιλεία σου· ...		Lk 11,2	... Πάτερ, ἁγιασθήτω τὸ ὄνομά σου· **ἐλθέτω** ἡ βασιλεία σου·	
202	Mt 12,44	... καὶ **ἐλθὸν** εὑρίσκει σχολάζοντα σεσαρωμένον καὶ κεκοσμημένον.		Lk 11,25	καὶ **ἐλθὸν** εὑρίσκει σεσαρωμένον καὶ κεκοσμημένον.	
202	Mt 12,42	βασίλισσα νότου ἐγερθήσεται ἐν τῇ κρίσει μετὰ τῆς γενεᾶς ταύτης καὶ κατακρινεῖ αὐτήν, ὅτι **ἦλθεν** ἐκ τῶν περάτων τῆς γῆς ἀκοῦσαι τὴν σοφίαν Σολομῶνος, ...		Lk 11,31	βασίλισσα νότου ἐγερθήσεται ἐν τῇ κρίσει μετὰ τῶν ἀνδρῶν τῆς γενεᾶς ταύτης καὶ κατακρινεῖ αὐτούς, ὅτι **ἦλθεν** ἐκ τῶν περάτων τῆς γῆς ἀκοῦσαι τὴν σοφίαν Σολομῶνος, ...	
002				Lk 12,36	καὶ ὑμεῖς ὅμοιοι ἀνθρώποις προσδεχομένοις τὸν κύριον ἑαυτῶν πότε ἀναλύσῃ ἐκ τῶν γάμων, ἵνα **ἐλθόντος** καὶ κρούσαντος εὐθέως ἀνοίξωσιν αὐτῷ.	
002				Lk 12,37	μακάριοι οἱ δοῦλοι ἐκεῖνοι, οὓς **ἐλθὼν** ὁ κύριος εὑρήσει γρηγοροῦντας· ...	
c 002				Lk 12,38 ↓ Mt 24,42 ↓ Mk 13,35-36 ↓ Mt 24,44 ↓ Lk 12,40	κἂν ἐν τῇ δευτέρᾳ κἂν ἐν τῇ τρίτῃ φυλακῇ **ἔλθῃ** καὶ εὕρῃ οὕτως, μακάριοί εἰσιν ἐκεῖνοι.	
202	Mt 24,43	... εἰ ᾔδει ὁ οἰκοδεσπότης ποίᾳ φυλακῇ ὁ κλέπτης **ἔρχεται,** ἐγρηγόρησεν ἂν καὶ οὐκ ἂν εἴασεν διορυχθῆναι τὴν οἰκίαν αὐτοῦ.		Lk 12,39	... εἰ ᾔδει ὁ οἰκοδεσπότης ποίᾳ ὥρᾳ ὁ κλέπτης **ἔρχεται,** οὐκ ἂν ἀφῆκεν διορυχθῆναι τὸν οἶκον αὐτοῦ.	→ GTh 21,5 → GTh 103
202	Mt 24,44 ↓ Mt 24,42 → Mt 25,13	διὰ τοῦτο καὶ ὑμεῖς γίνεσθε ἕτοιμοι, ὅτι ᾗ οὐ δοκεῖτε ὥρᾳ ὁ υἱὸς τοῦ ἀνθρώπου **ἔρχεται.**	↓ Mk 13,35	Lk 12,40 ↑ Lk 12,38	καὶ ὑμεῖς γίνεσθε ἕτοιμοι, ὅτι ᾗ ὥρᾳ οὐ δοκεῖτε ὁ υἱὸς τοῦ ἀνθρώπου **ἔρχεται.**	→ GTh 21,6

202	**Mt 24,46**	μακάριος ὁ δοῦλος ἐκεῖνος ὃν **ἐλθὼν** ὁ κύριος αὐτοῦ εὑρήσει οὕτως ποιοῦντα·	**Lk 12,43**	μακάριος ὁ δοῦλος ἐκεῖνος, ὃν **ἐλθὼν** ὁ κύριος αὐτοῦ εὑρήσει ποιοῦντα οὕτως·	
102	**Mt 24,48**	ἐὰν δὲ εἴπῃ ὁ κακὸς δοῦλος ἐκεῖνος ἐν τῇ καρδίᾳ αὐτοῦ· χρονίζει μου ὁ κύριος	**Lk 12,45**	ἐὰν δὲ εἴπῃ ὁ δοῦλος ἐκεῖνος ἐν τῇ καρδίᾳ αὐτοῦ· χρονίζει ὁ κύριός μου **ἔρχεσθαι**, ...	
002			**Lk 12,49** ↑ Mt 3,11 ↑ Lk 3,16	πῦρ **ἦλθον** βαλεῖν ἐπὶ τὴν γῆν, καὶ τί θέλω εἰ ἤδη ἀνήφθη.	→ GTh 10
102	**Mt 16,2**	... [ὀψίας γενομένης λέγετε· **εὐδία**, πυρράζει γὰρ ὁ οὐρανός·]	**Lk 12,54**	... ὅταν ἴδητε [τὴν] νεφέλην ἀνατέλλουσαν ἐπὶ δυσμῶν, εὐθέως λέγετε ὅτι ὄμβρος **ἔρχεται**, καὶ γίνεται οὕτως·	→ GTh 91 Mt 16,2b is textcritically uncertain.
002			**Lk 13,6** ↓ Mt 21,19 ↓ Mk 11,13	... συκῆν εἶχέν τις πεφυτευμένην ἐν τῷ ἀμπελῶνι αὐτοῦ, καὶ **ἦλθεν** ζητῶν καρπὸν ἐν αὐτῇ καὶ οὐχ εὗρεν.	
a 002			**Lk 13,7**	... ἰδοὺ τρία ἔτη ἀφ᾽ οὗ **ἔρχομαι** ζητῶν καρπὸν ἐν τῇ συκῇ ταύτῃ καὶ οὐχ εὑρίσκω· ...	
c 002			**Lk 13,14** → Mt 12,12 → Mk 3,4 → Lk 6,9 → Lk 14,3	... ἐν αὐταῖς οὖν **ἐρχόμενοι** θεραπεύεσθε καὶ μὴ τῇ ἡμέρᾳ τοῦ σαββάτου.	
c 202	**Mt 23,39**	... οὐ μή με ἴδητε ἀπ᾽ ἄρτι ἕως ἂν εἴπητε· *εὐλογημένος* *ὁ* ***ἐρχόμενος*** *ἐν ὀνόματι κυρίου.* ➤ Ps 118,26	**Lk 13,35**	... οὐ μὴ ἴδητέ με ἕως [ἥξει ὅτε] εἴπητε· *εὐλογημένος* *ὁ* ***ἐρχόμενος*** *ἐν ὀνόματι κυρίου.* ➤ Ps 118,26	
b 002			**Lk 14,1** ↑ Mt 12,9 ↑ Mk 3,1 ↑ Lk 6,6 → Lk 13,10	καὶ ἐγένετο **ἐν τῷ ἐλθεῖν** αὐτὸν εἰς οἶκόν τινος τῶν ἀρχόντων [τῶν] Φαρισαίων σαββάτῳ φαγεῖν ἄρτον ...	
002			**Lk 14,9**	καὶ **ἐλθὼν** ὁ σὲ καὶ αὐτὸν καλέσας ἐρεῖ σοι· δὸς τούτῳ τόπον, ...	
002			**Lk 14,10**	... πορευθεὶς ἀνάπεσε εἰς τὸν ἔσχατον τόπον, ἵνα ὅταν **ἔλθῃ** ὁ κεκληκώς σε ἐρεῖ σοι· φίλε, προσανάβηθι ἀνώτερον· ...	

102	**Mt 22,4**	... εἴπατε τοῖς κεκλημένοις· ἰδοὺ τὸ ἄριστόν μου ἡτοίμακα, οἱ ταῦροί μου καὶ τὰ σιτιστὰ τεθυμένα καὶ πάντα ἕτοιμα· **δεῦτε** εἰς τοὺς γάμους.			**Lk 14,17**	... εἰπεῖν τοῖς κεκλημένοις· **ἔρχεσθε,** ὅτι ἤδη ἕτοιμά ἐστιν.	→ GTh 64
002					**Lk 14,20**	καὶ ἕτερος εἶπεν· γυναῖκα ἔγημα καὶ διὰ τοῦτο οὐ δύναμαι **ἐλθεῖν.**	→ GTh 64
f 102	**Mt 10,37** ↓ Mt 19,29	ὁ φιλῶν πατέρα ἢ μητέρα ὑπὲρ ἐμὲ ...	→ Mk 10,29 ↓ **Mk 10,30**		**Lk 14,26** → Lk 18,29 ↓ **Lk 18,30**	εἴ τις **ἔρχεται** πρός με καὶ οὐ μισεῖ τὸν πατέρα ἑαυτοῦ καὶ τὴν μητέρα ...	→ GTh 55 → GTh 101
e 102	**Mt 10,38** ⇑ Mt 16,24	καὶ ὃς οὐ λαμβάνει τὸν σταυρὸν αὐτοῦ καὶ **ἀκολουθεῖ** ὀπίσω μου, οὐκ ἔστιν μου ἄξιος.	**Mk 8,34**	... εἴ τις θέλει ὀπίσω μου ἀκολουθεῖν, ἀπαρνησάσθω ἑαυτὸν καὶ ἀράτω τὸν σταυρὸν αὐτοῦ καὶ **ἀκολουθείτω** μοι.	**Lk 14,27** ⇑ **Lk 9,23**	ὅστις οὐ βαστάζει τὸν σταυρὸν ἑαυτοῦ καὶ **ἔρχεται** ὀπίσω μου οὐ δύναται εἶναί μου μαθητής.	→ GTh 55 → GTh 101 Mk-Q overlap
d 002					**Lk 14,31**	... οὐχὶ καθίσας πρῶτον βουλεύσεται εἰ δυνατός ἐστιν ἐν δέκα χιλιάσιν ὑπαντῆσαι τῷ μετὰ εἴκοσι χιλιάδων **ἐρχομένῳ** ἐπ᾿ αὐτόν;	
b 002					**Lk 15,6**	καὶ **ἐλθὼν** εἰς τὸν οἶκον συγκαλεῖ τοὺς φίλους καὶ τοὺς γείτονας ...	
b 002					**Lk 15,17**	εἰς ἑαυτὸν δὲ **ἐλθὼν** ἔφη· πόσοι μίσθιοι τοῦ πατρός μου περισσεύονται ἄρτων, ...	
f 002					**Lk 15,20**	καὶ ἀναστὰς **ἦλθεν** πρὸς τὸν πατέρα ἑαυτοῦ. ...	
002					**Lk 15,25**	... καὶ ὡς **ἐρχόμενος** ἤγγισεν τῇ οἰκίᾳ, ἤκουσεν συμφωνίας καὶ χορῶν	
002					**Lk 15,30**	ὅτε δὲ ὁ υἱός σου οὗτος ὁ καταφαγών σου τὸν βίον μετὰ πορνῶν **ἦλθεν,** ἔθυσας αὐτῷ τὸν σιτευτὸν μόσχον.	
002					**Lk 16,21**	... ἀλλὰ καὶ οἱ κύνες **ἐρχόμενοι** ἐπέλειχον τὰ ἕλκη αὐτοῦ.	
b 002					**Lk 16,28**	ἔχω γὰρ πέντε ἀδελφούς, ὅπως διαμαρτύρηται αὐτοῖς, ἵνα μὴ καὶ αὐτοὶ **ἔλθωσιν** εἰς τὸν τόπον τοῦτον τῆς βασάνου.	

202 202	Mt 18,7 (2)	... ἀνάγκη γὰρ **ἐλθεῖν** τὰ σκάνδαλα, πλὴν οὐαὶ τῷ ἀνθρώπῳ δι' οὗ τὸ σκάνδαλον **ἔρχεται.**			Lk 17,1 (2)	... ἀνένδεκτόν ἐστιν τοῦ τὰ σκάνδαλα **μὴ ἐλθεῖν,** πλὴν οὐαὶ δι' οὗ **ἔρχεται·**	
002 002					Lk 17,20 (2)	ἐπερωτηθεὶς δὲ ὑπὸ τῶν Φαρισαίων πότε **ἔρχεται** ἡ βασιλεία τοῦ θεοῦ ἀπεκρίθη αὐτοῖς καὶ εἶπεν· **οὐκ ἔρχεται** ἡ βασιλεία τοῦ θεοῦ μετὰ παρατηρήσεως	→ GTh 3,3 (POxy 654) → GTh 113
002					Lk 17,22	εἶπεν δὲ πρὸς τοὺς μαθητάς· **ἐλεύσονται** ἡμέραι ὅτε ἐπιθυμήσετε μίαν τῶν ἡμερῶν τοῦ υἱοῦ τοῦ ἀνθρώπου ἰδεῖν καὶ οὐκ ὄψεσθε.	
202	Mt 24,39	... ἕως **ἦλθεν** ὁ κατακλυσμὸς καὶ ἦρεν ἅπαντας, ...			Lk 17,27	... καὶ **ἦλθεν** ὁ κατακλυσμὸς καὶ ἀπώλεσεν πάντας.	
f 002					Lk 18,3	χήρα δὲ ἦν ἐν τῇ πόλει ἐκείνῃ καὶ **ἤρχετο** πρὸς αὐτὸν λέγουσα· ἐκδίκησόν με ἀπὸ τοῦ ἀντιδίκου μου.	
b 002					Lk 18,5	διά γε τὸ παρέχειν μοι κόπον τὴν χήραν ταύτην ἐκδικήσω αὐτήν, ἵνα μὴ εἰς τέλος **ἐρχομένη** ὑπωπιάζῃ με.	
002					Lk 18,8	... πλὴν ὁ υἱὸς τοῦ ἀνθρώπου **ἐλθὼν** ἆρα εὑρήσει τὴν πίστιν ἐπὶ τῆς γῆς;	
b 220	Mt 19,1 → Lk 9,51	... μετῆρεν ἀπὸ τῆς Γαλιλαίας καὶ **ἦλθεν** εἰς τὰ ὅρια τῆς Ἰουδαίας πέραν τοῦ Ἰορδάνου.	Mk 10,1 → Lk 9,51	καὶ ἐκεῖθεν ἀναστὰς **ἔρχεται** εἰς τὰ ὅρια τῆς Ἰουδαίας [καὶ] πέραν τοῦ Ἰορδάνου, ...			
f 222	Mt 19,14	... ἄφετε τὰ παιδία καὶ μὴ κωλύετε αὐτὰ **ἐλθεῖν** πρός με, ...	Mk 10,14	... ἄφετε τὰ παιδία **ἔρχεσθαι** πρός με, μὴ κωλύετε αὐτά, ...	Lk 18,16	... ἄφετε τὰ παιδία **ἔρχεσθαι** πρός με καὶ μὴ κωλύετε αὐτά, ...	→ GTh 22

a ἔρχομαι with ἀπό
b ἔρχομαι with εἰς
c ἔρχομαι with ἐν
d ἔρχομαι with ἐπί
e ἔρχομαι with ὀπίσω
f ἔρχομαι with πρός

122	**Mt 19,29**	... ἑκατονταπλασίονα λήμψεται καὶ ζωὴν αἰώνιον κληρονομήσει.	**Mk 10,30**	ἐὰν μὴ λάβῃ ἑκατονταπλασίονα νῦν ἐν τῷ καιρῷ τούτῳ οἰκίας καὶ ἀδελφοὺς καὶ ἀδελφὰς καὶ μητέρας καὶ τέκνα καὶ ἀγροὺς μετὰ διωγμῶν, καὶ **ἐν τῷ αἰῶνι** **τῷ ἐρχομένῳ** ζωὴν αἰώνιον.	**Lk 18,30**	ὃς οὐχὶ μὴ [ἀπο]λάβῃ πολλαπλασίονα ἐν τῷ καιρῷ τούτῳ καὶ **ἐν τῷ αἰῶνι** **τῷ ἐρχομένῳ** ζωὴν αἰώνιον.	
200	**Mt 20,9**	καὶ **ἐλθόντες** οἱ περὶ τὴν ἑνδεκάτην ὥραν ἔλαβον ἀνὰ δηνάριον.					
200	**Mt 20,10**	καὶ **ἐλθόντες** οἱ πρῶτοι ἐνόμισαν ὅτι πλεῖον λήμψονται· ...					
221	**Mt 20,28**	ὥσπερ ὁ υἱὸς τοῦ ἀνθρώπου **οὐκ ἦλθεν** διακονηθῆναι ἀλλὰ διακονῆσαι ...	**Mk 10,45**	καὶ γὰρ ὁ υἱὸς τοῦ ἀνθρώπου **οὐκ ἦλθεν** διακονηθῆναι ἀλλὰ διακονῆσαι ...	**Lk 22,27**	... ἐγὼ δὲ ἐν μέσῳ ὑμῶν εἰμι ὡς ὁ διακονῶν.	→ Jn 13,13-14
b 121	**Mt 20,29** ⇩ Mt 9,27 **Mt 9,27** ⇧ Mt 20,29	 καὶ ἐκπορευομένων αὐτῶν ἀπὸ Ἰεριχὼ ἠκολούθησεν αὐτῷ ὄχλος πολύς. [30] καὶ ἰδοὺ δύο τυφλοὶ καθήμενοι παρὰ τὴν ὁδόν ... καὶ παράγοντι ἐκεῖθεν τῷ Ἰησοῦ ἠκολούθησαν [αὐτῷ] δύο τυφλοὶ ...	**Mk 10,46**	καὶ **ἔρχονται** εἰς Ἰεριχώ. καὶ ἐκπορευομένου αὐτοῦ ἀπὸ Ἰεριχὼ καὶ τῶν μαθητῶν αὐτοῦ καὶ ὄχλου ἱκανοῦ ὁ υἱὸς Τιμαίου Βαρτιμαῖος, τυφλὸς προσαίτης, ἐκάθητο παρὰ τὴν ὁδόν.	**Lk 18,35**	ἐγένετο δὲ ἐν τῷ ἐγγίζειν αὐτὸν εἰς Ἰεριχὼ τυφλός τις ἐκάθητο παρὰ τὴν ὁδὸν ἐπαιτῶν.	
121	**Mt 20,32** **Mt 9,28**	καὶ στὰς ὁ Ἰησοῦς ἐφώνησεν αὐτοὺς καὶ εἶπεν· ... ἐλθόντι δὲ εἰς τὴν οἰκίαν **προσῆλθον** αὐτῷ οἱ τυφλοί, καὶ λέγει αὐτοῖς ὁ Ἰησοῦς· πιστεύετε ὅτι δύναμαι τοῦτο ποιῆσαι; ...	**Mk 10,50**	[49] καὶ στὰς ὁ Ἰησοῦς εἶπεν· φωνήσατε αὐτόν. καὶ φωνοῦσιν τὸν τυφλὸν λέγοντες αὐτῷ· θάρσει, ἔγειρε, φωνεῖ σε. [50] ὁ δὲ ἀποβαλὼν τὸ ἱμάτιον αὐτοῦ ἀναπηδήσας **ἦλθεν** πρὸς τὸν Ἰησοῦν. [51] καὶ ἀποκριθεὶς αὐτῷ ὁ Ἰησοῦς εἶπεν· ...	**Lk 18,40**	σταθεὶς δὲ ὁ Ἰησοῦς ἐκέλευσεν αὐτὸν ἀχθῆναι πρὸς αὐτόν. **ἐγγίσαντος** δὲ αὐτοῦ ἐπηρώτησεν αὐτόν·	
d 002					**Lk 19,5**	καὶ ὡς **ἦλθεν** ἐπὶ τὸν τόπον, ἀναβλέψας ὁ Ἰησοῦς εἶπεν πρὸς αὐτόν· Ζακχαῖε, ...	

002					**Lk 19,10**	**ἦλθεν** γὰρ ὁ υἱὸς τοῦ ἀνθρώπου ζητῆσαι καὶ σῶσαι τὸ ἀπολωλός.	
c 102	**Mt 25,15**	[14] ... ἐκάλεσεν τοὺς ἰδίους δούλους καὶ παρέδωκεν αὐτοῖς τὰ ὑπάρχοντα αὐτοῦ, [15] καὶ ᾧ μὲν ἔδωκεν πέντε τάλαντα, ᾧ δὲ δύο, ᾧ δὲ ἕν, ἑκάστῳ κατὰ τὴν ἰδίαν δύναμιν, καὶ ἀπεδήμησεν. ...	**Mk 13,34**	... καὶ δοὺς τοῖς δούλοις αὐτοῦ τὴν ἐξουσίαν ἑκάστῳ τὸ ἔργον αὐτοῦ, καὶ τῷ θυρωρῷ ἐνετείλατο ἵνα γρηγορῇ.	**Lk 19,13**	καλέσας δὲ δέκα δούλους ἑαυτοῦ ἔδωκεν αὐτοῖς δέκα μνᾶς καὶ εἶπεν πρὸς αὐτούς· πραγματεύσασθε ἐν ᾧ **ἔρχομαι.**	Mk-Q overlap
102	**Mt 25,22**	**προσελθὼν** [δὲ] καὶ ὁ τὰ δύο τάλαντα εἶπεν· κύριε, δύο τάλαντά μοι παρέδωκας· ἴδε ἄλλα δύο τάλαντα ἐκέρδησα.			**Lk 19,18**	καὶ **ἦλθεν** ὁ δεύτερος λέγων· ἡ μνᾶ σου, κύριε, ἐποίησεν πέντε μνᾶς.	
102	**Mt 25,24**	**προσελθὼν** δὲ καὶ ὁ τὸ ἓν τάλαντον εἰληφὼς εἶπεν· κύριε, ... [25] ... ἀπελθὼν ἔκρυψα τὸ τάλαντόν σου ἐν τῇ γῇ·			**Lk 19,20**	καὶ ὁ ἕτερος **ἦλθεν** λέγων· κύριε, ἰδοὺ ἡ μνᾶ σου ἣν εἶχον ἀποκειμένην ἐν σουδαρίῳ·	
202	**Mt 25,27**	ἔδει σε οὖν βαλεῖν τὰ ἀργύριά μου τοῖς τραπεζίταις, καὶ **ἐλθὼν** ἐγὼ ἐκομισάμην ἂν τὸ ἐμὸν σὺν τόκῳ.			**Lk 19,23**	καὶ διὰ τί οὐκ ἔδωκάς μου τὸ ἀργύριον ἐπὶ τράπεζαν; κἀγὼ **ἐλθὼν** σὺν τόκῳ ἂν αὐτὸ ἔπραξα.	
b 211	**Mt 21,1**	καὶ ὅτε ἤγγισαν εἰς Ἱεροσόλυμα καὶ **ἦλθον** εἰς Βηθφαγὴ εἰς τὸ ὄρος τῶν ἐλαιῶν, τότε Ἰησοῦς ἀπέστειλεν δύο μαθητὰς	**Mk 11,1**	καὶ ὅτε ἐγγίζουσιν εἰς Ἱεροσόλυμα εἰς Βηθφαγὴ καὶ Βηθανίαν πρὸς τὸ ὄρος τῶν ἐλαιῶν, ἀποστέλλει δύο τῶν μαθητῶν αὐτοῦ	**Lk 19,29**	[28] ... ἀναβαίνων εἰς Ἱεροσόλυμα. [29] καὶ ἐγένετο ὡς ἤγγισεν εἰς Βηθφαγὴ καὶ Βηθανία[ν] πρὸς τὸ ὄρος τὸ καλούμενον Ἐλαιῶν, ἀπέστειλεν δύο τῶν μαθητῶν	
200	**Mt 21,5**	*εἴπατε τῇ θυγατρὶ Σιών· ἰδοὺ ὁ βασιλεύς σου* ***ἔρχεταί*** *σοι πραῢς καὶ ἐπιβεβηκὼς ἐπὶ ὄνον καὶ ἐπὶ πῶλον υἱὸν ὑποζυγίου.* ➤ Isa 62,11; Zech 9,9					→ Jn 12,15
c 222	**Mt 21,9**	... *ὡσαννὰ* τῷ υἱῷ Δαυίδ· *εὐλογημένος* ***ὁ ἐρχόμενος*** *ἐν ὀνόματι κυρίου·* ➤ Ps 118,26	**Mk 11,9**	... *ὡσαννά· εὐλογημένος* ***ὁ ἐρχόμενος*** *ἐν ὀνόματι κυρίου·* ➤ Ps 118,26	**Lk 19,38**	... *εὐλογημένος* ***ὁ ἐρχόμενος,*** ὁ βασιλεὺς *ἐν ὀνόματι κυρίου·* ➤ Ps 118,26	→ Jn 12,13
121		*ὡσαννὰ ἐν τοῖς ὑψίστοις.* ➤ Ps 148,1/Job 16,19	**Mk 11,10**	εὐλογημένη **ἡ ἐρχομένη βασιλεία τοῦ πατρὸς ἡμῶν Δαυίδ·** *ὡσαννὰ ἐν τοῖς ὑψίστοις.* ➤ Ps 148,1/Job 16,19	→ Lk 2,14	ἐν οὐρανῷ εἰρήνη καὶ δόξα ἐν ὑψίστοις.	

   120 *d* 220	Mt 21,19 ↑Lk 13,6	καὶ ἰδὼν συκῆν μίαν ἐπὶ τῆς ὁδοῦ ἦλθεν ἐπ᾽ αὐτὴν καὶ οὐδὲν εὗρεν ...	Mk 11,13 (2) ↑Lk 13,6	καὶ ἰδὼν συκῆν ἀπὸ μακρόθεν ἔχουσαν φύλλα ἦλθεν, εἰ ἄρα τι εὑρήσει ἐν αὐτῇ, καὶ ἐλθὼν ἐπ᾽ αὐτὴν οὐδὲν εὗρεν ...			
b 121	Mt 21,12	 καὶ εἰσῆλθεν Ἰησοῦς εἰς τὸ ἱερὸν ...	Mk 11,15 →Mt 21,10 →Mk 11,11 →Lk 19,41	καὶ ἔρχονται εἰς Ἱεροσόλυμα. καὶ εἰσελθὼν εἰς τὸ ἱερὸν ...	Lk 19,45	 καὶ εἰσελθὼν εἰς τὸ ἱερὸν ...	→Jn 2,14
b 121 *b* 211 *f* 121	Mt 21,23	 καὶ ἐλθόντος αὐτοῦ εἰς τὸ ἱερὸν προσῆλθον αὐτῷ διδάσκοντι οἱ ἀρχιερεῖς καὶ οἱ πρεσβύτεροι τοῦ λαοῦ ...	Mk 11,27 (2)	καὶ ἔρχονται πάλιν εἰς Ἱεροσόλυμα. καὶ ἐν τῷ ἱερῷ περιπατοῦντος αὐτοῦ ἔρχονται πρὸς αὐτὸν οἱ ἀρχιερεῖς καὶ οἱ γραμματεῖς καὶ οἱ πρεσβύτεροι	Lk 20,1	 καὶ ἐγένετο ἐν μιᾷ τῶν ἡμερῶν διδάσκοντος αὐτοῦ τὸν λαὸν ἐν τῷ ἱερῷ καὶ εὐαγγελιζομένου ἐπέστησαν οἱ ἀρχιερεῖς καὶ οἱ γραμματεῖς σὺν τοῖς πρεσβυτέροις	 →Jn 2,18
fc 201	Mt 21,32	ἦλθεν γὰρ Ἰωάννης πρὸς ὑμᾶς ἐν ὁδῷ δικαιοσύνης, καὶ οὐκ ἐπιστεύσατε αὐτῷ, ...			Lk 7,30	 οἱ δὲ Φαρισαῖοι καὶ οἱ νομικοὶ τὴν βουλὴν τοῦ θεοῦ ἠθέτησαν εἰς ἑαυτοὺς μὴ βαπτισθέντες ὑπ᾽ αὐτοῦ.	
 211	Mt 21,40	ὅταν οὖν ἔλθῃ ὁ κύριος τοῦ ἀμπελῶνος, τί ποιήσει τοῖς γεωργοῖς ἐκείνοις;	Mk 12,9	 τί [οὖν] ποιήσει ὁ κύριος τοῦ ἀμπελῶνος;	Lk 20,15	 ... τί οὖν ποιήσει αὐτοῖς ὁ κύριος τοῦ ἀμπελῶνος;	→GTh 65
122	Mt 21,41 →Mt 21,43	 λέγουσιν αὐτῷ· κακοὺς κακῶς ἀπολέσει αὐτοὺς καὶ τὸν ἀμπελῶνα ἐκδώσεται ἄλλοις γεωργοῖς, ...		ἐλεύσεται καὶ ἀπολέσει τοὺς γεωργοὺς καὶ δώσει τὸν ἀμπελῶνα ἄλλοις.	Lk 20,16	ἐλεύσεται καὶ ἀπολέσει τοὺς γεωργοὺς τούτους καὶ δώσει τὸν ἀμπελῶνα ἄλλοις. ...	
     201	Mt 22,3	καὶ ἀπέστειλεν τοὺς δούλους αὐτοῦ καλέσαι τοὺς κεκλημένους εἰς τοὺς γάμους, καὶ οὐκ ἤθελον ἐλθεῖν.			Lk 14,17	καὶ ἀπέστειλεν τὸν δοῦλον αὐτοῦ τῇ ὥρᾳ τοῦ δείπνου ...	→GTh 64
 121	Mt 22,16	 ... λέγοντες· διδάσκαλε, οἴδαμεν ὅτι ἀληθὴς εἶ ...	Mk 12,14	καὶ ἐλθόντες λέγουσιν αὐτῷ· διδάσκαλε, οἴδαμεν ὅτι ἀληθὴς εἶ ...	Lk 20,21	καὶ ἐπηρώτησαν αὐτὸν λέγοντες· διδάσκαλε, οἴδαμεν ὅτι ὀρθῶς λέγεις ...	→Jn 3,2
f 121	Mt 22,23	ἐν ἐκείνῃ τῇ ἡμέρᾳ προσῆλθον αὐτῷ Σαδδουκαῖοι, λέγοντες μὴ εἶναι ἀνάστασιν, ...	Mk 12,18	καὶ ἔρχονται Σαδδουκαῖοι πρὸς αὐτόν, οἵτινες λέγουσιν ἀνάστασιν μὴ εἶναι, ...	Lk 20,27	 προσελθόντες δέ τινες τῶν Σαδδουκαίων, οἱ [ἀντι]λέγοντες ἀνάστασιν μὴ εἶναι, ...	

d 201	**Mt 23,35**	ὅπως **ἔλθῃ** ἐφ' ὑμᾶς πᾶν αἷμα δίκαιον ἐκχυννόμενον ἐπὶ τῆς γῆς ...			**Lk 11,50**	ἵνα **ἐκζητηθῇ** τὸ αἷμα πάντων τῶν προφητῶν τὸ ἐκκεχυμένον ἀπὸ καταβολῆς κόσμου ἀπὸ τῆς γενεᾶς ταύτης	
c 202	**Mt 23,39**	... *εὐλογημένος* ***ὁ ἐρχόμενος*** *ἐν ὀνόματι κυρίου.* ➤ Ps 118,26			**Lk 13,35**	... *εὐλογημένος* ***ὁ ἐρχόμενος*** *ἐν ὀνόματι κυρίου.* ➤ Ps 118,26	
021			**Mk 12,42**	καὶ **ἐλθοῦσα** μία χήρα πτωχὴ ἔβαλεν λεπτὰ δύο, ὅ ἐστιν κοδράντης.	**Lk 21,2**	εἶδεν δέ τινα χήραν πενιχρὰν βάλλουσαν ἐκεῖ λεπτὰ δύο	
112	**Mt 24,2**	... οὐ βλέπετε ταῦτα πάντα; ἀμὴν λέγω ὑμῖν, οὐ μὴ ἀφεθῇ ὧδε λίθος ἐπὶ λίθον ὃς οὐ καταλυθήσεται.	**Mk 13,2**	... βλέπεις ταύτας τὰς μεγάλας οἰκοδομάς; οὐ μὴ ἀφεθῇ ὧδε λίθος ἐπὶ λίθον ὃς οὐ μὴ καταλυθῇ.	**Lk 21,6** → Lk 19,44	ταῦτα ἃ θεωρεῖτε **ἐλεύσονται** ἡμέραι ἐν αἷς οὐκ ἀφεθήσεται λίθος ἐπὶ λίθῳ ὃς οὐ καταλυθήσεται.	
222	**Mt 24,5** → Mt 24,23-24 → Mt 24,26 → Mt 24,11	πολλοὶ γὰρ **ἐλεύσονται** ἐπὶ τῷ ὀνόματί μου λέγοντες· ἐγώ εἰμι ὁ χριστός, ...	**Mk 13,6** → Mk 13,21-22	πολλοὶ **ἐλεύσονται** ἐπὶ τῷ ὀνόματί μου λέγοντες ὅτι ἐγώ εἰμι, ...	**Lk 21,8** → Lk 17,23	... πολλοὶ γὰρ **ἐλεύσονται** ἐπὶ τῷ ὀνόματί μου λέγοντες· ἐγώ εἰμι, καί· ὁ καιρὸς ἤγγικεν. ...	
d c 222	**Mt 24,30** ↑ Mt 16,27 ↓ Mt 25,31	... καὶ ὄψονται *τὸν υἱὸν τοῦ ἀνθρώπου* ***ἐρχόμενον*** *ἐπὶ τῶν νεφελῶν τοῦ* *οὐρανοῦ* μετὰ δυνάμεως καὶ δόξης πολλῆς· ➤ Dan 7,13-14	**Mk 13,26** ↑ Mk 8,38	καὶ τότε ὄψονται *τὸν υἱὸν τοῦ ἀνθρώπου* ***ἐρχόμενον*** *ἐν νεφέλαις* μετὰ δυνάμεως πολλῆς καὶ δόξης. ➤ Dan 7,13-14	**Lk 21,27** ↑ Lk 9,26	καὶ τότε ὄψονται *τὸν υἱὸν τοῦ ἀνθρώπου* ***ἐρχόμενον*** *ἐν νεφέλῃ* μετὰ δυνάμεως καὶ δόξης πολλῆς. ➤ Dan 7,13-14	
202	**Mt 24,39**	... ἕως **ἦλθεν** ὁ κατακλυσμὸς καὶ ἦρεν ἅπαντας, ...			**Lk 17,27**	... καὶ **ἦλθεν** ὁ κατακλυσμὸς καὶ ἀπώλεσεν πάντας.	
220	**Mt 24,42** ↓ Mt 24,44 → Mt 25,13	γρηγορεῖτε οὖν, ὅτι οὐκ οἴδατε ποίᾳ ἡμέρᾳ ὁ κύριος ὑμῶν **ἔρχεται.**	**Mk 13,35** ↑ Lk 12,38	γρηγορεῖτε οὖν· οὐκ οἴδατε γὰρ πότε ὁ κύριος τῆς οἰκίας **ἔρχεται,** ἢ ὀψὲ ἢ μεσονύκτιον ἢ ἀλεκτοροφωνίας ἢ πρωΐ,			
020			**Mk 13,36** ↑ Lk 12,38 → Lk 21,34-35	μὴ **ἐλθὼν** ἐξαίφνης εὕρῃ ὑμᾶς καθεύδοντας.			
202	**Mt 24,43**	... εἰ ᾔδει ὁ οἰκοδεσπότης ποίᾳ φυλακῇ ὁ κλέπτης **ἔρχεται,** ἐγρηγόρησεν ἂν καὶ οὐκ ἂν εἴασεν διορυχθῆναι τὴν οἰκίαν αὐτοῦ.			**Lk 12,39**	... εἰ ᾔδει ὁ οἰκοδεσπότης ποίᾳ ὥρᾳ ὁ κλέπτης **ἔρχεται,** οὐκ ἂν ἀφῆκεν διορυχθῆναι τὸν οἶκον αὐτοῦ.	→ GTh 21,5 → GTh 103
202	**Mt 24,44** ↑ Mt 24,42 → Mt 25,13	διὰ τοῦτο καὶ ὑμεῖς γίνεσθε ἕτοιμοι, ὅτι ᾗ οὐ δοκεῖτε ὥρᾳ ὁ υἱὸς τοῦ ἀνθρώπου **ἔρχεται.**	↑ Mk 13,35		**Lk 12,40** ↑ Lk 12,38	καὶ ὑμεῖς γίνεσθε ἕτοιμοι, ὅτι ᾗ ὥρᾳ οὐ δοκεῖτε ὁ υἱὸς τοῦ ἀνθρώπου **ἔρχεται.**	→ GTh 21,6

202	Mt 24,46	μακάριος ὁ δοῦλος ἐκεῖνος ὃν **ἐλθὼν** ὁ κύριος αὐτοῦ εὑρήσει οὕτως ποιοῦντα·			Lk 12,43	μακάριος ὁ δοῦλος ἐκεῖνος, ὃν **ἐλθὼν** ὁ κύριος αὐτοῦ εὑρήσει ποιοῦντα οὕτως·	
200	Mt 25,10	... **ἦλθεν** ὁ νυμφίος, καὶ αἱ ἕτοιμοι εἰσῆλθον μετ᾽ αὐτοῦ εἰς τοὺς γάμους καὶ ἐκλείσθη ἡ θύρα.			Lk 13,25	ἀφ᾽ οὗ ἂν ἐγερθῇ ὁ οἰκοδεσπότης καὶ ἀποκλείσῃ τὴν θύραν	
200	Mt 25,11 → Mt 7,22	ὕστερον δὲ **ἔρχονται** καὶ αἱ λοιπαὶ παρθένοι λέγουσαι· κύριε κύριε, ἄνοιξον ἡμῖν.				καὶ ἄρξησθε ἔξω ἑστάναι καὶ κρούειν τὴν θύραν λέγοντες· κύριε, ἄνοιξον ἡμῖν, ...	
201	Mt 25,19	μετὰ δὲ πολὺν χρόνον **ἔρχεται** ὁ κύριος τῶν δούλων ἐκείνων ...			Lk 19,15	καὶ ἐγένετο **ἐν τῷ ἐπανελθεῖν** αὐτὸν λαβόντα τὴν βασιλείαν καὶ εἶπεν φωνηθῆναι αὐτῷ τοὺς δούλους τούτους ...	
202	Mt 25,27	ἔδει σε οὖν βαλεῖν τὰ ἀργύριά μου τοῖς τραπεζίταις, καὶ **ἐλθὼν** ἐγὼ ἐκομισάμην ἂν τὸ ἐμὸν σὺν τόκῳ.			Lk 19,23	καὶ διὰ τί οὐκ ἔδωκάς μου τὸ ἀργύριον ἐπὶ τράπεζαν; κἀγὼ **ἐλθὼν** σὺν τόκῳ ἂν αὐτὸ ἔπραξα.	
c 200	Mt 25,31 ↑ Mt 16,27 ↑ Mt 24,30 ↑ Mk 8,38 ↑ Mk 13,26 ↑ Lk 9,26 ↑ Lk 21,27	ὅταν δὲ **ἔλθῃ** ὁ υἱὸς τοῦ ἀνθρώπου ἐν τῇ δόξῃ αὐτοῦ ...					
f 200	Mt 25,36	γυμνὸς καὶ περιεβάλετέ με, ἠσθένησα καὶ ἐπεσκέψασθέ με, ἐν φυλακῇ ἤμην καὶ **ἤλθατε** πρός με.					
f 200	Mt 25,39	πότε δέ σε εἴδομεν ἀσθενοῦντα ἢ ἐν φυλακῇ καὶ **ἤλθομεν** πρός σε;					
120	Mt 26,7	**προσῆλθεν** αὐτῷ γυνὴ ἔχουσα ἀλάβαστρον μύρου βαρυτίμου ...	Mk 14,3	... **ἦλθεν** γυνὴ ἔχουσα ἀλάβαστρον μύρου νάρδου πιστικῆς πολυτελοῦς, ...	Lk 7,37	καὶ ἰδοὺ γυνὴ ἥτις ἦν ἐν τῇ πόλει ἁμαρτωλός, ... κομίσασα ἀλάβαστρον μύρου	→ Jn 12,3
112	Mt 26,17	τῇ δὲ πρώτῃ τῶν ἀζύμων ...	Mk 14,12	καὶ τῇ πρώτῃ ἡμέρᾳ τῶν ἀζύμων, ὅτε τὸ πάσχα ἔθυον, ...	Lk 22,7	**ἦλθεν** δὲ ἡ ἡμέρα τῶν ἀζύμων, [ἐν] ᾗ ἔδει θύεσθαι τὸ πάσχα·	→ Jn 13,1
b 121	Mt 26,19	καὶ ἐποίησαν οἱ μαθηταὶ ὡς συνέταξεν αὐτοῖς ὁ Ἰησοῦς καὶ ἡτοίμασαν τὸ πάσχα.	Mk 14,16	καὶ ἐξῆλθον οἱ μαθηταὶ καὶ **ἦλθον** εἰς τὴν πόλιν καὶ εὗρον καθὼς εἶπεν αὐτοῖς καὶ ἡτοίμασαν τὸ πάσχα.	Lk 22,13	ἀπελθόντες δὲ εὗρον καθὼς εἰρήκει αὐτοῖς καὶ ἡτοίμασαν τὸ πάσχα.	

	Mt		Mk		Lk		Jn
121	Mt 26,20	ὀψίας δὲ γενομένης ἀνέκειτο μετὰ τῶν δώδεκα.	Mk 14,17	καὶ ὀψίας γενομένης **ἔρχεται** μετὰ τῶν δώδεκα. [18] καὶ ἀνακειμένων αὐτῶν ...	Lk 22,14	καὶ ὅτε ἐγένετο ἡ ὥρα, ἀνέπεσεν καὶ οἱ ἀπόστολοι σὺν αὐτῷ.	
112	Mt 26,29	λέγω δὲ ὑμῖν, οὐ μὴ πίω ἀπ' ἄρτι ἐκ τούτου τοῦ γενήματος τῆς ἀμπέλου ἕως τῆς ἡμέρας ἐκείνης ὅταν αὐτὸ πίνω μεθ' ὑμῶν καινὸν ἐν τῇ βασιλείᾳ τοῦ πατρός μου.	Mk 14,25	ἀμὴν λέγω ὑμῖν ὅτι οὐκέτι οὐ μὴ πίω ἐκ τοῦ γενήματος τῆς ἀμπέλου ἕως τῆς ἡμέρας ἐκείνης ὅταν αὐτὸ πίνω καινὸν ἐν τῇ βασιλείᾳ τοῦ θεοῦ.	Lk 22,18 → Lk 22,16	λέγω γὰρ ὑμῖν, [ὅτι] οὐ μὴ πίω ἀπὸ τοῦ νῦν ἀπὸ τοῦ γενήματος τῆς ἀμπέλου ἕως οὗ ἡ βασιλεία τοῦ θεοῦ **ἔλθῃ.**	
b 221	Mt 26,36	[30] καὶ ὑμνήσαντες ἐξῆλθον εἰς τὸ ὄρος τῶν ἐλαιῶν. [31] ... [36] τότε **ἔρχεται** μετ' αὐτῶν ὁ Ἰησοῦς εἰς χωρίον λεγόμενον Γεθσημανὶ καὶ λέγει τοῖς μαθηταῖς· καθίσατε αὐτοῦ ἕως [οὗ] ἀπελθὼν ἐκεῖ προσεύξωμαι.	Mk 14,32	[26] καὶ ὑμνήσαντες ἐξῆλθον εἰς τὸ ὄρος τῶν ἐλαιῶν. [27] ... [32] καὶ **ἔρχονται** εἰς χωρίον οὗ τὸ ὄνομα Γεθσημανὶ καὶ λέγει τοῖς μαθηταῖς αὐτοῦ· καθίσατε ὧδε ἕως προσεύξωμαι.	Lk 22,40 ↓ Mt 26,41 ↓ Mk 14,38 ↓ Lk 22,46	[39] καὶ ἐξελθὼν ἐπορεύθη κατὰ τὸ ἔθος εἰς τὸ ὄρος τῶν ἐλαιῶν, ἠκολούθησαν δὲ αὐτῷ καὶ οἱ μαθηταί. [40] **γενόμενος** δὲ ἐπὶ τοῦ τόπου εἶπεν αὐτοῖς· προσεύχεσθε μὴ εἰσελθεῖν εἰς πειρασμόν.	
f 222	Mt 26,40	καὶ **ἔρχεται** πρὸς τοὺς μαθητὰς καὶ εὑρίσκει αὐτοὺς καθεύδοντας, ...	Mk 14,37	καὶ **ἔρχεται** καὶ εὑρίσκει αὐτοὺς καθεύδοντας, ...	Lk 22,45	καὶ ἀναστὰς ἀπὸ τῆς προσευχῆς **ἐλθὼν** πρὸς τοὺς μαθητὰς εὗρεν κοιμωμένους αὐτοὺς ἀπὸ τῆς λύπης,	
b 121	Mt 26,41	γρηγορεῖτε καὶ προσεύχεσθε, ἵνα **μὴ εἰσέλθητε** εἰς πειρασμόν· ...	Mk 14,38	γρηγορεῖτε καὶ προσεύχεσθε, ἵνα **μὴ ἔλθητε** εἰς πειρασμόν· ...	Lk 22,46 ↑ Lk 22,40	... ἀναστάντες προσεύχεσθε, ἵνα **μὴ εἰσέλθητε** εἰς πειρασμόν.	
220	Mt 26,43	καὶ **ἐλθὼν** πάλιν εὗρεν αὐτοὺς καθεύδοντας, ...	Mk 14,40	καὶ πάλιν **ἐλθὼν** εὗρεν αὐτοὺς καθεύδοντας, ...			
f 220 120	Mt 26,45 → Lk 22,53	τότε **ἔρχεται** πρὸς τοὺς μαθητὰς καὶ λέγει αὐτοῖς· καθεύδετε [τὸ] λοιπὸν καὶ ἀναπαύεσθε· ἰδοὺ **ἤγγικεν** ἡ ὥρα καὶ ὁ υἱὸς τοῦ ἀνθρώπου παραδίδοται εἰς χεῖρας ἁμαρτωλῶν.	Mk 14,41 (2) → Lk 22,53	καὶ **ἔρχεται** τὸ τρίτον καὶ λέγει αὐτοῖς· καθεύδετε τὸ λοιπὸν καὶ ἀναπαύεσθε· ἀπέχει· **ἦλθεν** ἡ ὥρα, ἰδοὺ παραδίδοται ὁ υἱὸς τοῦ ἀνθρώπου εἰς τὰς χεῖρας τῶν ἁμαρτωλῶν.			→ Jn 12,23 → Jn 12,27
211	Mt 26,47	καὶ ἔτι αὐτοῦ λαλοῦντος ἰδοὺ Ἰούδας εἷς τῶν δώδεκα **ἦλθεν** καὶ μετ' αὐτοῦ ὄχλος πολὺς ...	Mk 14,43	καὶ εὐθὺς ἔτι αὐτοῦ λαλοῦντος **παραγίνεται** Ἰούδας εἷς τῶν δώδεκα καὶ μετ' αὐτοῦ ὄχλος ...	Lk 22,47	ἔτι αὐτοῦ λαλοῦντος ἰδοὺ ὄχλος, καὶ ὁ λεγόμενος Ἰούδας εἷς τῶν δώδεκα **προήρχετο** αὐτούς	→ Jn 18,3
121	Mt 26,49	καὶ εὐθέως προσελθὼν τῷ Ἰησοῦ εἶπεν· χαῖρε, ῥαββί, καὶ κατεφίλησεν αὐτόν.	Mk 14,45	καὶ **ἐλθὼν** εὐθὺς προσελθὼν αὐτῷ λέγει· ῥαββί, καὶ κατεφίλησεν αὐτόν.		καὶ ἤγγισεν τῷ Ἰησοῦ φιλῆσαι αὐτόν.	→ Jn 18,5

221	**Mt 26,64** → Mt 22,44 → Mt 27,42-43	... ἀπ' ἄρτι ὄψεσθε *τὸν υἱὸν τοῦ ἀνθρώπου* καθήμενον ἐκ δεξιῶν τῆς δυνάμεως καὶ ***ἐρχόμενον*** *ἐπὶ τῶν νεφελῶν* *τοῦ οὐρανοῦ.* ➤ Dan 7,13	**Mk 14,62** → Mk 12,36 → Mk 15,32	... καὶ ὄψεσθε *τὸν υἱὸν τοῦ ἀνθρώπου* ἐκ δεξιῶν καθήμενον τῆς δυνάμεως καὶ ***ἐρχόμενον*** *μετὰ τῶν νεφελῶν* *τοῦ οὐρανοῦ.* ➤ Dan 7,13	**Lk 22,69** → Lk 20,42 → Lk 23,35	ἀπὸ τοῦ νῦν δὲ ἔσται ὁ υἱὸς τοῦ ἀνθρώπου καθήμενος ἐκ δεξιῶν τῆς δυνάμεως τοῦ θεοῦ.	→ Acts 7,56
121	**Mt 26,69**	ὁ δὲ Πέτρος ἐκάθητο ἔξω ἐν τῇ αὐλῇ· καὶ **προσῆλθεν** αὐτῷ μία παιδίσκη λέγουσα· καὶ σὺ ἦσθα μετὰ Ἰησοῦ τοῦ Γαλιλαίου.	**Mk 14,66**	καὶ ὄντος τοῦ Πέτρου κάτω ἐν τῇ αὐλῇ **ἔρχεται** μία τῶν παιδισκῶν τοῦ ἀρχιερέως [67] καὶ ἰδοῦσα τὸν Πέτρον θερμαινόμενον ἐμβλέψασα αὐτῷ λέγει· καὶ σὺ μετὰ τοῦ Ναζαρηνοῦ ἦσθα τοῦ Ἰησοῦ.	**Lk 22,56**	ἰδοῦσα δὲ αὐτὸν παιδίσκη τις καθήμενον πρὸς τὸ φῶς καὶ ἀτενίσασα αὐτῷ εἶπεν· καὶ οὗτος σὺν αὐτῷ ἦν.	→ Jn 18,17
a 122	**Mt 27,32**	ἐξερχόμενοι δὲ εὗρον ἄνθρωπον Κυρηναῖον ὀνόματι Σίμωνα, τοῦτον ἠγγάρευσαν ἵνα ἄρῃ τὸν σταυρὸν αὐτοῦ.	**Mk 15,21**	καὶ ἀγγαρεύουσιν παράγοντά τινα Σίμωνα Κυρηναῖον **ἐρχόμενον** ἀπ' ἀγροῦ, τὸν πατέρα Ἀλεξάνδρου καὶ Ῥούφου, ἵνα ἄρῃ τὸν σταυρὸν αὐτοῦ.	**Lk 23,26**	καὶ ὡς ἀπήγαγον αὐτόν, ἐπιλαβόμενοι Σίμωνά τινα Κυρηναῖον **ἐρχόμενον** ἀπ' ἀγροῦ ἐπέθηκαν αὐτῷ τὸν σταυρὸν φέρειν ὄπισθεν τοῦ Ἰησοῦ.	
002					**Lk 23,29** → Mt 24,19 → Mk 13,17 → Lk 21,23	ὅτι ἰδοὺ **ἔρχονται** ἡμέραι ἐν αἷς ἐροῦσιν· μακάριαι αἱ στεῖραι καὶ αἱ κοιλίαι αἳ οὐκ ἐγέννησαν καὶ μαστοὶ οἳ οὐκ ἔθρεψαν.	
b d 212	**Mt 27,33**	καὶ **ἐλθόντες** εἰς τόπον λεγόμενον Γολγοθᾶ, ὅ ἐστιν Κρανίου Τόπος λεγόμενος	**Mk 15,22**	καὶ **φέρουσιν** αὐτὸν ἐπὶ τὸν Γολγοθᾶν τόπον, ὅ ἐστιν μεθερμηνευόμενον Κρανίου Τόπος.	**Lk 23,33**	καὶ ὅτε **ἦλθον** ἐπὶ τὸν τόπον τὸν καλούμενον Κρανίον, ...	→ Jn 19,17
b 002					**Lk 23,42**	... Ἰησοῦ, μνήσθητί μου ὅταν **ἔλθῃς** εἰς τὴν βασιλείαν σου.	
220	**Mt 27,49**	... ἄφες ἴδωμεν εἰ **ἔρχεται** Ἠλίας σώσων αὐτόν.	**Mk 15,36**	... ἄφετε ἴδωμεν εἰ **ἔρχεται** Ἠλίας καθελεῖν αὐτόν.			
221	**Mt 27,57**	ὀψίας δὲ γενομένης **ἦλθεν** ἄνθρωπος πλούσιος ἀπὸ Ἁριμαθαίας, ...	**Mk 15,43**	[42] καὶ ἤδη ὀψίας γενομένης, ... **[43] ἐλθὼν** Ἰωσὴφ [ὁ] ἀπὸ Ἁριμαθαίας εὐσχήμων βουλευτής, ...	**Lk 23,50**	καὶ ἰδοὺ ἀνὴρ ὀνόματι Ἰωσὴφ βουλευτὴς ὑπάρχων ...	**→ Jn 19,38**
200	**Mt 27,64**	... μήποτε **ἐλθόντες** οἱ μαθηταὶ αὐτοῦ κλέψωσιν αὐτὸν καὶ εἴπωσιν τῷ λαῷ· ἠγέρθη ἀπὸ τῶν νεκρῶν, ...					

	Mt		Mk		Lk		Jn
121	**Mt 28,1**	ὀψὲ δὲ σαββάτων,	**Mk 16,1** → Mk 15,40 → Mk 15,47	καὶ διαγενομένου τοῦ σαββάτου Μαρία ἡ Μαγδαληνὴ καὶ Μαρία ἡ [τοῦ] Ἰακώβου καὶ Σαλώμη ἠγόρασαν ἀρώματα ἵνα **ἐλθοῦσαι** ἀλείψωσιν αὐτόν.	**Lk 23,56**	ὑποστρέψασαι δὲ ἡτοίμασαν ἀρώματα καὶ μύρα. καὶ τὸ μὲν σάββατον ἡσύχασαν κατὰ τὴν ἐντολήν.	
d 222	→ Mt 27,56 → Mt 27,61	τῇ ἐπιφωσκούσῃ εἰς μίαν σαββάτων **ἦλθεν** Μαριὰμ ἡ Μαγδαληνὴ καὶ ἡ ἄλλη Μαρία θεωρῆσαι τὸν τάφον.	**Mk 16,2**	καὶ λίαν πρωῒ τῇ μιᾷ τῶν σαββάτων **ἔρχονται** ἐπὶ τὸ μνημεῖον ἀνατείλαντος τοῦ ἡλίου.	**Lk 24,1** → Lk 24,22	τῇ δὲ μιᾷ τῶν σαββάτων ἐπὶ τὸ μνῆμα **ἦλθον** φέρουσαι ἃ ἡτοίμασαν ἀρώματα. [2] ... [10] ἦσαν δὲ ἡ Μαγδαληνὴ Μαρία καὶ Ἰωάννα καὶ Μαρία ἡ Ἰακώβου καὶ αἱ λοιπαὶ σὺν αὐταῖς ...	**→ Jn 20,1** **→ Jn 20,18**
b 200	**Mt 28,11**	πορευομένων δὲ αὐτῶν ἰδού τινες τῆς κουστωδίας **ἐλθόντες** εἰς τὴν πόλιν ἀπήγγειλαν τοῖς ἀρχιερεῦσιν ἅπαντα τὰ γενόμενα.					
200	**Mt 28,13**	... εἴπατε ὅτι οἱ μαθηταὶ αὐτοῦ νυκτὸς **ἐλθόντες** ἔκλεψαν αὐτὸν ἡμῶν κοιμωμένων.					
002					**Lk 24,23** → Mt 28,2-6 → Mk 16,5-6 → Lk 24,3-6	καὶ μὴ εὑροῦσαι τὸ σῶμα αὐτοῦ **ἦλθον** λέγουσαι καὶ ὀπτασίαν ἀγγέλων ἑωρακέναι, οἳ λέγουσιν αὐτὸν ζῆν.	

a ἔρχομαι with ἀπό
b ἔρχομαι with εἰς
c ἔρχομαι with ἐν
d ἔρχομαι with ἐπί
e ἔρχομαι with ὀπίσω
f ἔρχομαι with πρός

Acts 1,11 → Lk 9,51 → Lk 24,51 ... οὗτος ὁ Ἰησοῦς ὁ ἀναλημφθεὶς ἀφ᾽ ὑμῶν εἰς τὸν οὐρανὸν οὕτως **ἐλεύσεται** ὃν τρόπον ἐθεάσασθε αὐτὸν πορευόμενον εἰς τὸν οὐρανόν.

Acts 2,20 *ὁ ἥλιος μεταστραφήσεται εἰς σκότος καὶ ἡ σελήνη εἰς αἷμα πρὶν* ***ἐλθεῖν*** *ἡμέραν κυρίου τὴν μεγάλην καὶ ἐπιφανῆ.* ➤ Joel 3,4 LXX

a **Acts 3,20** ὅπως ἂν **ἔλθωσιν** καιροὶ ἀναψύξεως ἀπὸ προσώπου τοῦ κυρίου ...

f **Acts 4,23** ἀπολυθέντες δὲ **ἦλθον** πρὸς τοὺς ἰδίους ...

Acts 5,15 ... ἵνα **ἐρχομένου** Πέτρου κἂν ἡ σκιὰ ἐπισκιάσῃ τινὶ αὐτῶν.

d **Acts 7,11** **ἦλθεν** δὲ λιμὸς ἐφ᾽ ὅλην τὴν Αἴγυπτον καὶ Χανάαν καὶ θλῖψις μεγάλη, ...

Acts 8,27 ... ὃς ἦν ἐπὶ πάσης τῆς γάζης αὐτῆς, ὃς **ἐληλύθει** προσκυνήσων εἰς Ἰερουσαλήμ

d **Acts 8,36** ὡς δὲ ἐπορεύοντο κατὰ τὴν ὁδόν, **ἦλθον** ἐπί τι ὕδωρ, ...

b **Acts 8,40** ... καὶ διερχόμενος εὐηγγελίζετο τὰς πόλεις πάσας **ἕως τοῦ ἐλθεῖν** αὐτὸν εἰς Καισάρειαν.

Acts 9,17 ... ὁ κύριος ἀπέσταλκέν με, Ἰησοῦς ὁ ὀφθείς σοι ἐν τῇ ὁδῷ ᾗ **ἤρχου,** ὅπως ἀναβλέψῃς καὶ πλησθῇς πνεύματος ἁγίου.

b **Acts 9,21** ... καὶ ὧδε εἰς τοῦτο **ἐληλύθει** ἵνα δεδεμένους αὐτοὺς ἀγάγῃ ἐπὶ τοὺς ἀρχιερεῖς;

Acts 10,29 διὸ καὶ ἀναντιρρήτως **ἦλθον** μεταπεμφθείς. ...

Acts 11,5 ... καταβαῖνον σκεῦός τι ὡς ὀθόνην μεγάλην τέσσαρσιν ἀρχαῖς καθιεμένην ἐκ τοῦ οὐρανοῦ, καὶ **ἦλθεν** ἄχρι ἐμοῦ.

Acts 11,12 εἶπεν δὲ τὸ πνεῦμά μοι συνελθεῖν αὐτοῖς μηδὲν διακρίναντα.
ἦλθον
δὲ σὺν ἐμοὶ ...

b Acts 11,20 ἦσαν δέ τινες ἐξ αὐτῶν ἄνδρες Κύπριοι καὶ Κυρηναῖοι, οἵτινες
ἐλθόντες
εἰς Ἀντιόχειαν ἐλάλουν καὶ πρὸς τοὺς Ἑλληνιστάς εὐαγγελιζόμενοι τὸν κύριον Ἰησοῦν.

d Acts 12,10 διελθόντες δὲ πρώτην φυλακὴν καὶ δευτέραν
ἦλθαν
ἐπὶ τὴν πύλην τὴν σιδηρᾶν τὴν φέρουσαν εἰς τὴν πόλιν, ...

d Acts 12,12 συνιδών τε
ἦλθεν
ἐπὶ τὴν οἰκίαν τῆς Μαρίας τῆς μητρὸς Ἰωάννου ...

b Acts 13,13 ἀναχθέντες δὲ ἀπὸ τῆς Πάφου οἱ περὶ Παῦλον
ἦλθον
εἰς Πέργην τῆς Παμφυλίας, ...

Acts 13,25 → Mt 3,11 → Mk 1,7 → Lk 3,16 → Jn 1,27 ... ἀλλ᾽ ἰδοὺ
ἔρχεται
μετ᾽ ἐμὲ οὗ οὐκ εἰμὶ ἄξιος τὸ ὑπόδημα τῶν ποδῶν λῦσαι.

Acts 13,44 **τῷ δὲ ἐρχομένῳ σαββάτῳ**
σχεδὸν πᾶσα ἡ πόλις συνήχθη ἀκοῦσαι τὸν λόγον τοῦ κυρίου.

b Acts 13,51 → Mt 10,14 → Mk 6,11 → Lk 9,5 → Lk 10,11 οἱ δὲ ἐκτιναξάμενοι τὸν κονιορτὸν τῶν ποδῶν ἐπ᾽ αὐτοὺς
ἦλθον
εἰς Ἰκόνιον

b Acts 14,24 καὶ διελθόντες τὴν Πισιδίαν
ἦλθον
εἰς τὴν Παμφυλίαν

Acts 16,7 **ἐλθόντες**
δὲ κατὰ τὴν Μυσίαν ἐπείραζον εἰς τὴν Βιθυνίαν πορευθῆναι, ...

Acts 16,37 ... οὐ γάρ, ἀλλὰ
ἐλθόντες
αὐτοὶ ἡμᾶς ἐξαγαγέτωσαν.

Acts 16,39 καὶ
ἐλθόντες
παρεκάλεσαν αὐτοὺς καὶ ἐξαγαγόντες ἠρώτων ἀπελθεῖν ἀπὸ τῆς πόλεως.

b Acts 17,1 διοδεύσαντες δὲ τὴν Ἀμφίπολιν καὶ τὴν Ἀπολλωνίαν
ἦλθον
εἰς Θεσσαλονίκην ...

Acts 17,13 ὡς δὲ ἔγνωσαν οἱ ἀπὸ τῆς Θεσσαλονίκης Ἰουδαῖοι ὅτι καὶ ἐν τῇ Βεροίᾳ κατηγγέλη ὑπὸ τοῦ Παύλου ὁ λόγος τοῦ θεοῦ,
ἦλθον
κἀκεῖ σαλεύοντες καὶ ταράσσοντες τοὺς ὄχλους.

f Acts 17,15 ... καὶ λαβόντες ἐντολὴν πρὸς τὸν Σιλᾶν καὶ τὸν Τιμόθεον ἵνα ὡς τάχιστα
ἔλθωσιν
πρὸς αὐτὸν ἐξῄεσαν.

b Acts 18,1 μετὰ ταῦτα χωρισθεὶς ἐκ τῶν Ἀθηνῶν
ἦλθεν
εἰς Κόρινθον.

a Acts 18,2 καὶ εὑρών τινα Ἰουδαῖον ὀνόματι Ἀκύλαν, Ποντικὸν τῷ γένει προσφάτως
ἐληλυθότα
ἀπὸ τῆς Ἰταλίας ...

Acts 19,4 → Mt 3,1-2 → Mk 1,4 → Lk 3,3 → Acts 13,24 → Mt 3,11 → Mk 1,7 → Lk 3,16 ... Ἰωάννης ἐβάπτισεν βάπτισμα μετανοίας τῷ λαῷ λέγων
εἰς τὸν ἐρχόμενον
μετ᾽ αὐτὸν ἵνα πιστεύσωσιν, τοῦτ᾽ ἔστιν εἰς τὸν Ἰησοῦν.

d Acts 19,6 καὶ ἐπιθέντος αὐτοῖς τοῦ Παύλου [τὰς] χεῖρας
ἦλθε
τὸ πνεῦμα τὸ ἅγιον ἐπ᾽ αὐτούς, ...

Acts 19,18 πολλοί τε τῶν πεπιστευκότων
ἤρχοντο
ἐξομολογούμενοι καὶ ἀναγγέλλοντες τὰς πράξεις αὐτῶν.

b Acts 19,27 οὐ μόνον δὲ τοῦτο κινδυνεύει ἡμῖν τὸ μέρος εἰς ἀπελεγμὸν
ἐλθεῖν
ἀλλὰ καὶ τὸ τῆς μεγάλης θεᾶς Ἀρτέμιδος ἱερὸν εἰς οὐθὲν λογισθῆναι, ...

b Acts 20,2 διελθὼν δὲ τὰ μέρη ἐκεῖνα καὶ παρακαλέσας αὐτοὺς λόγῳ πολλῷ
ἦλθεν
εἰς τὴν Ἑλλάδα

fb Acts 20,6 ἡμεῖς δὲ ἐξεπλεύσαμεν μετὰ τὰς ἡμέρας τῶν ἀζύμων ἀπὸ Φιλίππων καὶ
ἤλθομεν
πρὸς αὐτοὺς εἰς τὴν Τρῳάδα ...

b Acts 20,14 ὡς δὲ συνέβαλλεν ἡμῖν εἰς τὴν Ἆσσον, ἀναλαβόντες αὐτὸν
ἤλθομεν
εἰς Μιτυλήνην,

b Acts 20,15 ... τῇ δὲ ἐχομένῃ
ἤλθομεν
εἰς Μίλητον.

b Acts 21,1 ... εὐθυδρομήσαντες
ἤλθομεν
εἰς τὴν Κῶ, ...

b Acts 21,8 τῇ δὲ ἐπαύριον ἐξελθόντες
ἤλθομεν
εἰς Καισάρειαν ...

f Acts 21,11 καὶ
ἐλθὼν
πρὸς ἡμᾶς καὶ ἄρας τὴν ζώνην τοῦ Παύλου, ...

Acts 21,22 τί οὖν ἐστιν; πάντως ἀκούσονται ὅτι
ἐλήλυθας.

b Acts 22,11 ... χειραγωγούμενος ὑπὸ τῶν συνόντων μοι
ἦλθον
εἰς Δαμασκόν.

f Acts 22,13 **ἐλθὼν**
πρός με καὶ ἐπιστὰς εἶπέν μοι· Σαοὺλ ἀδελφέ, ...

Acts 25,23 τῇ οὖν ἐπαύριον
ἐλθόντος
τοῦ Ἀγρίππα καὶ τῆς Βερνίκης ...

b Acts 27,8 μόλις τε παραλεγόμενοι αὐτὴν
ἤλθομεν
εἰς τόπον τινὰ καλούμενον Καλοὺς λιμένας ᾧ ἐγγὺς πόλις ἦν Λασαία.

b Acts 28,13 ... καὶ μετὰ μίαν ἡμέραν ἐπιγενομένου νότου δευτεραῖοι
ἤλθομεν
εἰς Ποτιόλους,

b Acts 28,14 ... καὶ οὕτως εἰς τὴν Ῥώμην
ἤλθαμεν.

b Acts 28,15 κἀκεῖθεν οἱ ἀδελφοὶ ἀκούσαντες τὰ περὶ ἡμῶν
ἦλθαν
εἰς ἀπάντησιν ἡμῖν ἄχρι Ἀππίου φόρου καὶ Τριῶν ταβερνῶν, ...

fb Acts 28,23 ταξάμενοι δὲ αὐτῷ ἡμέραν
ἦλθον
πρὸς αὐτὸν εἰς τὴν ξενίαν ...

ἐρῶ → λέγω

ἐρωτάω	Syn 22	Mt 4	Mk 3	Lk 15	Acts 7	Jn 27	1-3John 2	Paul 3	Eph	Col
	NT 62	2Thess 1	1/2Tim	Tit	Heb	Jas	1Pet	2Pet	Jude	Rev

ask; ask a question; request

	triple tradition																	double tradition			Sonder-gut		
		+Mt / +Lk			−Mt / −Lk			traditions not taken over by Mt / Lk							subtotals								
code	222	211	112	212	221	122	121	022	012	021	220	120	210	020	Σ⁺	Σ⁻	Σ	202	201	102	200	002	total
Mt		2⁺		1⁺			1⁻					2⁻			3⁺	3⁻	3				1		4
Mk							1					2					3						3
Lk			5⁺	1⁺			1⁻								6⁺	1⁻	6			3		6	15

code	Mt		Mk		Lk		
112	**Mt 8,14**	... εἶδεν τὴν πενθερὰν αὐτοῦ βεβλημένην καὶ πυρέσσουσαν·	**Mk 1,30**	ἡ δὲ πενθερὰ Σίμωνος κατέκειτο πυρέσσουσα, καὶ εὐθὺς **λέγουσιν** αὐτῷ περὶ αὐτῆς.	**Lk 4,38**	... πενθερὰ δὲ τοῦ Σίμωνος ἦν συνεχομένη πυρετῷ μεγάλῳ καὶ **ἠρώτησαν** αὐτὸν περὶ αὐτῆς.	
002	**Mt 13,2**	καὶ συνήχθησαν πρὸς αὐτὸν ὄχλοι πολλοί, ὥστε αὐτὸν εἰς πλοῖον ἐμβάντα καθῆσθαι, καὶ πᾶς ὁ ὄχλος ἐπὶ τὸν αἰγιαλὸν εἱστήκει. [3] καὶ ἐλάλησεν αὐτοῖς πολλὰ ἐν παραβολαῖς ...	**Mk 4,1**	... καὶ συνάγεται πρὸς αὐτὸν ὄχλος πλεῖστος, ὥστε αὐτὸν εἰς πλοῖον ἐμβάντα καθῆσθαι ἐν τῇ θαλάσσῃ, καὶ πᾶς ὁ ὄχλος πρὸς τὴν θάλασσαν ἐπὶ τῆς γῆς ἦσαν. [2] καὶ ἐδίδασκεν αὐτοὺς ἐν παραβολαῖς πολλὰ ...	**Lk 5,3** ⇨ Lk 8,4	[1] ἐγένετο δὲ ἐν τῷ τὸν ὄχλον ἐπικεῖσθαι αὐτῷ ... [3] ἐμβὰς δὲ εἰς ἓν τῶν πλοίων, ὃ ἦν Σίμωνος, **ἠρώτησεν** αὐτὸν ἀπὸ τῆς γῆς ἐπαναγαγεῖν ὀλίγον· καθίσας δὲ ἐκ τοῦ πλοίου ἐδίδασκεν τοὺς ὄχλους.	
102	**Mt 8,5** → Lk 7,6	... προσῆλθεν αὐτῷ ἑκατόνταρχος **παρακαλῶν** αὐτὸν [6] καὶ λέγων· κύριε, ὁ παῖς μου βέβληται ἐν τῇ οἰκίᾳ παραλυτικός, δεινῶς βασανιζόμενος. [7] καὶ λέγει αὐτῷ· ἐγὼ ἐλθὼν θεραπεύσω αὐτόν.			**Lk 7,3**	[2] ἑκατοντάρχου δέ τινος δοῦλος κακῶς ἔχων ἤμελλεν τελευτᾶν, ὃς ἦν αὐτῷ ἔντιμος. [3] ἀκούσας δὲ περὶ τοῦ Ἰησοῦ ἀπέστειλεν πρὸς αὐτὸν πρεσβυτέρους τῶν Ἰουδαίων **ἐρωτῶν** αὐτὸν ὅπως ἐλθὼν διασώσῃ τὸν δοῦλον αὐτοῦ.	→ Jn 4,46-47
002	**Mt 26,6** → Lk 7,40	τοῦ δὲ Ἰησοῦ γενομένου ἐν Βηθανίᾳ ἐν οἰκίᾳ Σίμωνος τοῦ λεπροῦ, [7] ... αὐτοῦ ἀνακειμένου.	**Mk 14,3** → Lk 7,40	καὶ ὄντος αὐτοῦ ἐν Βηθανίᾳ ἐν τῇ οἰκίᾳ Σίμωνος τοῦ λεπροῦ, κατακειμένου αὐτοῦ ...	**Lk 7,36**	**ἠρώτα** δέ τις αὐτὸν τῶν Φαρισαίων ἵνα φάγῃ μετ' αὐτοῦ, καὶ εἰσελθὼν εἰς τὸν οἶκον τοῦ Φαρισαίου κατεκλίθη.	→ Jn 12,1-2
121	**Mt 13,10**	καὶ προσελθόντες οἱ μαθηταὶ **εἶπαν** αὐτῷ· διὰ τί ἐν παραβολαῖς λαλεῖς αὐτοῖς;	**Mk 4,10** → Mk 7,17	καὶ ὅτε ἐγένετο κατὰ μόνας, **ἠρώτων** αὐτὸν οἱ περὶ αὐτὸν σὺν τοῖς δώδεκα τὰς παραβολάς.	**Lk 8,9** → Mk 7,17	**ἐπηρώτων** δὲ αὐτὸν οἱ μαθηταὶ αὐτοῦ τίς αὕτη εἴη ἡ παραβολή.	

112	Mt 8,34	... καὶ ἰδόντες αὐτὸν **παρεκάλεσαν** ὅπως μεταβῇ ἀπὸ τῶν ὁρίων αὐτῶν.	Mk 5,17	καὶ ἤρξαντο **παρακαλεῖν** αὐτὸν ἀπελθεῖν ἀπὸ τῶν ὁρίων αὐτῶν.	Lk 8,37	καὶ **ἠρώτησεν** αὐτὸν ἅπαν τὸ πλῆθος τῆς περιχώρου τῶν Γερασηνῶν ἀπελθεῖν ἀπ' αὐτῶν, ...	
200	Mt 15,23	... καὶ προσελθόντες οἱ μαθηταὶ αὐτοῦ **ἠρώτουν** αὐτὸν λέγοντες· ἀπόλυσον αὐτήν, ὅτι κράζει ὄπισθεν ἡμῶν.					
120	Mt 15,25	ἡ δὲ ἐλθοῦσα προσεκύνει αὐτῷ **λέγουσα·** κύριε, βοήθει μοι.	Mk 7,26	[25] ... ἐλθοῦσα προσέπεσεν πρὸς τοὺς πόδας αὐτοῦ· [26] ... καὶ **ἠρώτα** αὐτὸν ἵνα τὸ δαιμόνιον ἐκβάλῃ ἐκ τῆς θυγατρὸς αὐτῆς.			
120	Mt 15,34 → Mt 14,17 → Mk 8,7	καὶ **λέγει** αὐτοῖς ὁ Ἰησοῦς· πόσους ἄρτους ἔχετε; οἱ δὲ εἶπαν· ἑπτὰ καὶ ὀλίγα ἰχθύδια.	Mk 8,5 → Mk 6,38	καὶ **ἠρώτα** αὐτούς· πόσους ἔχετε ἄρτους; οἱ δὲ εἶπαν· ἑπτά.	→ Lk 9,13		
211	Mt 16,13	ἐλθὼν δὲ ὁ Ἰησοῦς εἰς τὰ μέρη Καισαρείας τῆς Φιλίππου **ἠρώτα** τοὺς μαθητὰς αὐτοῦ λέγων· τίνα λέγουσιν οἱ ἄνθρωποι εἶναι τὸν υἱὸν τοῦ ἀνθρώπου;	Mk 8,27	καὶ ἐξῆλθεν ὁ Ἰησοῦς καὶ οἱ μαθηταὶ αὐτοῦ εἰς τὰς κώμας Καισαρείας τῆς Φιλίππου· καὶ ἐν τῇ ὁδῷ **ἐπηρώτα** τοὺς μαθητὰς αὐτοῦ λέγων αὐτοῖς· τίνα με λέγουσιν οἱ ἄνθρωποι εἶναι;	Lk 9,18 → Mt 14,23 → Mk 6,46	καὶ ἐγένετο ἐν τῷ εἶναι αὐτὸν προσευχόμενον κατὰ μόνας συνῆσαν αὐτῷ οἱ μαθηταί, καὶ **ἐπηρώτησεν** αὐτοὺς λέγων· τίνα με λέγουσιν οἱ ὄχλοι εἶναι;	→ GTh 13
112	Mt 17,23	 ... καὶ ἐλυπήθησαν σφόδρα.	Mk 9,32 → Lk 18,34	οἱ δὲ ἠγνόουν τὸ ῥῆμα, καὶ ἐφοβοῦντο αὐτὸν **ἐπερωτῆσαι.**	Lk 9,45 → Lk 18,34	οἱ δὲ ἠγνόουν τὸ ῥῆμα τοῦτο καὶ ἦν παρακεκαλυμμένον ἀπ' αὐτῶν ἵνα μὴ αἴσθωνται αὐτό, καὶ ἐφοβοῦντο **ἐρωτῆσαι** αὐτὸν περὶ τοῦ ῥήματος τούτου.	
002					Lk 11,37 → Mt 15,1 → Mk 7,1	ἐν δὲ τῷ λαλῆσαι **ἐρωτᾷ** αὐτὸν Φαρισαῖος ὅπως ἀριστήσῃ παρ' αὐτῷ· ...	
102	Mt 22,5	οἱ δὲ ἀμελήσαντες ἀπῆλθον, ὃς μὲν εἰς τὸν ἴδιον ἀγρόν,			Lk 14,18	καὶ ἤρξαντο ἀπὸ μιᾶς πάντες παραιτεῖσθαι. ὁ πρῶτος εἶπεν αὐτῷ· ἀγρὸν ἠγόρασα καὶ ἔχω ἀνάγκην ἐξελθὼν ἰδεῖν αὐτόν· **ἐρωτῶ** σε, ἔχε με παρῃτημένον.	→ GTh 64
102		ὃς δὲ ἐπὶ τὴν ἐμπορίαν αὐτοῦ·			Lk 14,19	καὶ ἕτερος εἶπεν· ζεύγη βοῶν ἠγόρασα πέντε καὶ πορεύομαι δοκιμάσαι αὐτά· **ἐρωτῶ** σε, ἔχε με παρῃτημένον.	→ GTh 64
002					Lk 14,32	εἰ δὲ μή γε, ἔτι αὐτοῦ πόρρω ὄντος πρεσβείαν ἀποστείλας **ἐρωτᾷ** τὰ πρὸς εἰρήνην.	

002					Lk 16,27	εἶπεν δέ· **ἐρωτῶ** σε οὖν, πάτερ, ἵνα πέμψῃς αὐτὸν εἰς τὸν οἶκον τοῦ πατρός μου	
211	Mt 19,17	... τί με **ἐρωτᾷς** περὶ τοῦ ἀγαθοῦ; εἷς ἐστιν ὁ ἀγαθός· ...	Mk 10,18	... τί με **λέγεις** ἀγαθόν; οὐδεὶς ἀγαθὸς εἰ μὴ εἷς ὁ θεός.	Lk 18,19	... τί με **λέγεις** ἀγαθόν; οὐδεὶς ἀγαθὸς εἰ μὴ εἷς ὁ θεός.	
112	Mt 21,3	καὶ ἐάν τις ὑμῖν **εἴπῃ** τι, ἐρεῖτε ὅτι ὁ κύριος αὐτῶν χρείαν ἔχει· ...	Mk 11,3	καὶ ἐάν τις ὑμῖν **εἴπῃ·** τί ποιεῖτε τοῦτο; εἴπατε· ὁ κύριος αὐτοῦ χρείαν ἔχει, ...	Lk 19,31	καὶ ἐάν τις ὑμᾶς **ἐρωτᾷ·** διὰ τί λύετε; οὕτως ἐρεῖτε· ὅτι ὁ κύριος αὐτοῦ χρείαν ἔχει.	
212	Mt 21,24	ἀποκριθεὶς δὲ ὁ Ἰησοῦς εἶπεν αὐτοῖς· **ἐρωτήσω** ὑμᾶς κἀγὼ λόγον ἕνα, ὃν ἐὰν εἴπητέ μοι κἀγὼ ὑμῖν ἐρῶ ἐν ποίᾳ ἐξουσίᾳ ταῦτα ποιῶ·	Mk 11,29	ὁ δὲ Ἰησοῦς εἶπεν αὐτοῖς· **ἐπερωτήσω** ὑμᾶς ἕνα λόγον, καὶ ἀποκρίθητέ μοι καὶ ἐρῶ ὑμῖν ἐν ποίᾳ ἐξουσίᾳ ταῦτα ποιῶ·	Lk 20,3	ἀποκριθεὶς δὲ εἶπεν πρὸς αὐτούς· **ἐρωτήσω** ὑμᾶς κἀγὼ λόγον, καὶ εἴπατέ μοι·	
002					Lk 22,68	ἐὰν δὲ **ἐρωτήσω,** οὐ μὴ ἀποκριθῆτε.	
112	Mt 27,11	... καὶ **ἐπηρώτησεν** αὐτὸν ὁ ἡγεμὼν λέγων· σὺ εἶ ὁ βασιλεὺς τῶν Ἰουδαίων; ...	Mk 15,2	καὶ **ἐπηρώτησεν** αὐτὸν ὁ Πιλᾶτος· σὺ εἶ ὁ βασιλεὺς τῶν Ἰουδαίων; ...	Lk 23,3	ὁ δὲ Πιλᾶτος **ἠρώτησεν** αὐτὸν λέγων· σὺ εἶ ὁ βασιλεὺς τῶν Ἰουδαίων; ...	→ Jn 18,33 → Jn 18,37

Acts 1,6 οἱ μὲν οὖν συνελθόντες **ἠρώτων** αὐτὸν λέγοντες· κύριε, ...

Acts 3,3 ὃς ἰδὼν Πέτρον καὶ Ἰωάννην μέλλοντας εἰσιέναι εἰς τὸ ἱερὸν, **ἠρώτα** ἐλεημοσύνην λαβεῖν.

Acts 10,48 ... τότε **ἠρώτησαν** αὐτὸν ἐπιμεῖναι ἡμέρας τινάς.

Acts 16,39 καὶ ἐλθόντες παρεκάλεσαν αὐτοὺς καὶ ἐξαγαγόντες **ἠρώτων** ἀπελθεῖν ἀπὸ τῆς πόλεως.

Acts 18,20 **ἐρωτώντων** δὲ αὐτῶν ἐπὶ πλείονα χρόνον μεῖναι οὐκ ἐπένευσεν

Acts 23,18 ... ὁ δέσμιος Παῦλος προσκαλεσάμενός με **ἠρώτησεν** τοῦτον τὸν νεανίσκον ἀγαγεῖν πρὸς σὲ ἔχοντά τι λαλῆσαί σοι.

Acts 23,20 ... οἱ Ἰουδαῖοι συνέθεντο **τοῦ ἐρωτῆσαί** σε ὅπως αὔριον τὸν Παῦλον καταγάγῃς εἰς τὸ συνέδριον ...

ἐσθής

Syn 2	Mt	Mk	Lk 2	Acts 3	Jn	1-3John	Paul	Eph	Col
NT 8	2Thess	1/2Tim	Tit	Heb	Jas 3	1Pet	2Pet	Jude	Rev

clothing

002	Mt 27,28	καὶ ἐκδύσαντες αὐτὸν **χλαμύδα κοκκίνην** περιέθηκαν αὐτῷ	Mk 15,17	καὶ ἐνδιδύσκουσιν αὐτὸν **πορφύραν** ...	Lk 23,11 → Mt 27,27 → Mk 15,16	... καὶ ἐμπαίξας περιβαλὼν **ἐσθῆτα λαμπρὰν** ἀνέπεμψεν αὐτὸν τῷ Πιλάτῳ.	→ Jn 19,2
012	Mt 28,3	ἦν δὲ ἡ εἰδέα αὐτοῦ ὡς ἀστραπὴ καὶ **τὸ ἔνδυμα αὐτοῦ λευκὸν** ὡς χιών.	Mk 16,5	... εἶδον νεανίσκον καθήμενον ἐν τοῖς δεξιοῖς περιβεβλημένον **στολὴν λευκήν,** ...	Lk 24,4 → Lk 24,23	... ἰδοὺ ἄνδρες δύο ἐπέστησαν αὐταῖς **ἐν ἐσθῆτι ἀστραπτούσῃ.**	→ Jn 20,12

Acts 1,10	... καὶ ἰδοὺ ἄνδρες δύο παρειστήκεισαν αὐτοῖς **ἐν ἐσθήσεσι λευκαῖς**	**Acts 10,30**	... καὶ ἰδοὺ ἀνὴρ ἔστη ἐνώπιόν μου **ἐν ἐσθῆτι λαμπρᾷ**
Acts 12,21	τακτῇ δὲ ἡμέρᾳ ὁ Ἡρῴδης ἐνδυσάμενος **ἐσθῆτα βασιλικὴν** [καὶ] καθίσας ἐπὶ τοῦ βήματος ἐδημηγόρει πρὸς αὐτούς		

ἐσθίω, ἔσθω	Syn 84	Mt 24	Mk 27	Lk 33	Acts 7	Jn 15	1-3John	Paul 40	Eph	Col
	NT 158	2Thess 3	1/2Tim	Tit	Heb 2	Jas 1	1Pet	2Pet	Jude	Rev 6

eat

	triple tradition																double tradition			Sondergut		
		+Mt / +Lk			−Mt / −Lk			traditions not taken over by Mt / Lk							subtotals							
code	*222*	*211*	*112*	*212*	*221*	*122*	*121*	*022*	*012*	*021*	*220*	*120*	*210*	*020*	Σ⁺	Σ⁻	Σ	*202*	*201*	*102*	*200*	*002*	total
Mt	6	1⁺		1⁺	3	1⁻	4⁻				4	3⁻	1⁺		3⁺	8⁻	16	5			3		**24**
Mk	6				3	1	4	1			4	3		5			27						**27**
Lk	6		1⁺	1⁺	3⁻	1	4⁻	1							2⁺	7⁻	10	5		6		12	**33**

a ἐσθίω, ἔσθω and πίνω

b ἐσθίω (τὸν) ἄρτον, ~ (τοὺς) ἄρτους

120	**Mt 3,4** ↓ Lk 7,33	... **ἡ δὲ τροφὴ ἦν αὐτοῦ** ἀκρίδες καὶ μέλι ἄγριον.	**Mk 1,6** ↓ Lk 7,33	... **καὶ ἐσθίων** ἀκρίδας καὶ μέλι ἄγριον.			
102	**Mt 4,2**	[1] ... πειρασθῆναι ὑπὸ τοῦ διαβόλου. [2] καὶ **νηστεύσας** ἡμέρας τεσσεράκοντα καὶ νύκτας τεσσεράκοντα ὕστερον ἐπείνασεν.	**Mk 1,13**	καὶ ἦν ἐν τῇ ἐρήμῳ τεσσεράκοντα ἡμέρας πειραζόμενος ὑπὸ τοῦ σατανᾶ, ...	**Lk 4,2**	ἡμέρας τεσσεράκοντα πειραζόμενος ὑπὸ τοῦ διαβόλου. καὶ **οὐκ ἔφαγεν οὐδὲν** ἐν ταῖς ἡμέραις ἐκείναις καὶ συντελεσθεισῶν αὐτῶν ἐπείνασεν.	Mk-Q overlap
a 202	**Mt 6,25**	... μὴ μεριμνᾶτε τῇ ψυχῇ ὑμῶν τί **φάγητε** [ἢ τί πίητε], μηδὲ τῷ σώματι ὑμῶν τί ἐνδύσησθε. ...			**Lk 12,22**	... μὴ μεριμνᾶτε τῇ ψυχῇ τί **φάγητε,** μηδὲ τῷ σώματι τί ἐνδύσησθε.	→ GTh 36 **(POxy 655)**
a 202	**Mt 6,31**	μὴ οὖν μεριμνήσητε λέγοντες· τί **φάγωμεν;** ἤ· τί πίωμεν; ἤ· τί περιβαλώμεθα;			**Lk 12,29**	καὶ ὑμεῖς μὴ ζητεῖτε τί **φάγητε** καὶ τί πίητε, καὶ μὴ μετεωρίζεσθε·	
121 *a* 222	**Mt 9,11**	καὶ ἰδόντες οἱ Φαρισαῖοι ἔλεγον τοῖς μαθηταῖς αὐτοῦ· διὰ τί μετὰ τῶν τελωνῶν καὶ ἁμαρτωλῶν **ἐσθίει** ὁ διδάσκαλος ὑμῶν;	**Mk 2,16** **(2)**	καὶ οἱ γραμματεῖς τῶν Φαρισαίων ἰδόντες ὅτι **ἐσθίει** μετὰ τῶν ἁμαρτωλῶν καὶ τελωνῶν ἔλεγον τοῖς μαθηταῖς αὐτοῦ· ὅτι μετὰ τῶν τελωνῶν καὶ ἁμαρτωλῶν **ἐσθίει;**	**Lk 5,30** → Lk 15,2 → Lk 19,7	καὶ ἐγόγγυζον οἱ Φαρισαῖοι καὶ οἱ γραμματεῖς αὐτῶν πρὸς τοὺς μαθητὰς αὐτοῦ λέγοντες· διὰ τί μετὰ τῶν τελωνῶν καὶ ἁμαρτωλῶν **ἐσθίετε** καὶ πίνετε;	
a 112	**Mt 9,14**	... διὰ τί ἡμεῖς καὶ οἱ Φαρισαῖοι νηστεύομεν [πολλά], οἱ δὲ μαθηταί σου **οὐ νηστεύουσιν;**	**Mk 2,18**	... διὰ τί οἱ μαθηταὶ Ἰωάννου καὶ οἱ μαθηταὶ τῶν Φαρισαίων νηστεύουσιν, οἱ δὲ σοὶ μαθηταὶ **οὐ νηστεύουσιν;**	**Lk 5,33**	... οἱ μαθηταὶ Ἰωάννου νηστεύουσιν πυκνὰ καὶ δεήσεις ποιοῦνται ὁμοίως καὶ οἱ τῶν Φαρισαίων, οἱ δὲ σοὶ **ἐσθίουσιν καὶ πίνουσιν.**	→ GTh 104

212	**Mt 12,1**	... οἱ δὲ μαθηταὶ αὐτοῦ ἐπείνασαν καὶ ἤρξαντο τίλλειν στάχυας καὶ **ἐσθίειν**.	**Mk 2,23**	... καὶ οἱ μαθηταὶ αὐτοῦ ἤρξαντο ὁδὸν ποιεῖν τίλλοντες τοὺς στάχυας.	**Lk 6,1**	... καὶ ἔτιλλον οἱ μαθηταὶ αὐτοῦ καὶ **ἤσθιον** τοὺς στάχυας ψώχοντες ταῖς χερσίν.	
b 222	**Mt 12,4** **(2)**	πῶς εἰσῆλθεν εἰς τὸν οἶκον τοῦ θεοῦ καὶ τοὺς ἄρτους τῆς προθέσεως **ἔφαγον**,	**Mk 2,26** **(2)**	πῶς εἰσῆλθεν εἰς τὸν οἶκον τοῦ θεοῦ ἐπὶ Ἀβιαθὰρ ἀρχιερέως καὶ τοὺς ἄρτους τῆς προθέσεως **ἔφαγεν**,	**Lk 6,4** **(2)**	[ὡς] εἰσῆλθεν εἰς τὸν οἶκον τοῦ θεοῦ καὶ τοὺς ἄρτους τῆς προθέσεως λαβὼν **ἔφαγεν** καὶ ἔδωκεν τοῖς μετ' αὐτοῦ,	
b 222		ὃ οὐκ ἐξὸν ἦν αὐτῷ **φαγεῖν** οὐδὲ τοῖς μετ' αὐτοῦ εἰ μὴ τοῖς ἱερεῦσιν μόνοις;		οὓς οὐκ ἔξεστιν **φαγεῖν** εἰ μὴ τοὺς ἱερεῖς, καὶ ἔδωκεν καὶ τοῖς σὺν αὐτῷ οὖσιν;		οὓς οὐκ ἔξεστιν **φαγεῖν** εἰ μὴ μόνους τοὺς ἱερεῖς;	
a b 202	**Mt 11,18**	ἦλθεν γὰρ Ἰωάννης **μήτε ἐσθίων** μήτε πίνων, καὶ λέγουσιν· δαιμόνιον ἔχει·			**Lk 7,33** ↑ Mt 3,4 ↑ Mk 1,6	ἐλήλυθεν γὰρ Ἰωάννης ὁ βαπτιστὴς **μὴ ἐσθίων** ἄρτον μήτε πίνων οἶνον, καὶ λέγετε· δαιμόνιον ἔχει.	
a 202	**Mt 11,19**	ἦλθεν ὁ υἱὸς τοῦ ἀνθρώπου **ἐσθίων** καὶ πίνων, καὶ λέγουσιν· ἰδοὺ ἄνθρωπος φάγος καὶ οἰνοπότης, τελωνῶν φίλος καὶ ἁμαρτωλῶν. ...			**Lk 7,34**	ἐλήλυθεν ὁ υἱὸς τοῦ ἀνθρώπου **ἐσθίων** καὶ πίνων, καὶ λέγετε· ἰδοὺ ἄνθρωπος φάγος καὶ οἰνοπότης, φίλος τελωνῶν καὶ ἁμαρτωλῶν.	
002	**Mt 26,6** → Lk 7,40	τοῦ δὲ Ἰησοῦ γενομένου ἐν Βηθανίᾳ ἐν οἰκίᾳ Σίμωνος τοῦ λεπροῦ, [7] ... αὐτοῦ ἀνακειμένου.	**Mk 14,3** → Lk 7,40	καὶ ὄντος αὐτοῦ ἐν Βηθανίᾳ ἐν τῇ οἰκίᾳ Σίμωνος τοῦ λεπροῦ, κατακειμένου αὐτοῦ ...	**Lk 7,36**	ἠρώτα δέ τις αὐτὸν τῶν Φαρισαίων ἵνα **φάγῃ** μετ' αὐτοῦ, καὶ εἰσελθὼν εἰς τὸν οἶκον τοῦ Φαρισαίου κατεκλίθη.	→ Jn 12,1-2
212	**Mt 12,1**	... οἱ δὲ μαθηταὶ αὐτοῦ ἐπείνασαν καὶ ἤρξαντο τίλλειν στάχυας καὶ **ἐσθίειν**.	**Mk 2,23**	... καὶ οἱ μαθηταὶ αὐτοῦ ἤρξαντο ὁδὸν ποιεῖν τίλλοντες τοὺς στάχυας.	**Lk 6,1**	... καὶ ἔτιλλον οἱ μαθηταὶ αὐτοῦ καὶ **ἤσθιον** τοὺς στάχυας ψώχοντες ταῖς χερσίν.	
b 222	**Mt 12,4** **(2)**	πῶς εἰσῆλθεν εἰς τὸν οἶκον τοῦ θεοῦ καὶ τοὺς ἄρτους τῆς προθέσεως **ἔφαγον**,	**Mk 2,26** **(2)**	πῶς εἰσῆλθεν εἰς τὸν οἶκον τοῦ θεοῦ ἐπὶ Ἀβιαθὰρ ἀρχιερέως καὶ τοὺς ἄρτους τῆς προθέσεως **ἔφαγεν**,	**Lk 6,4** **(2)**	[ὡς] εἰσῆλθεν εἰς τὸν οἶκον τοῦ θεοῦ καὶ τοὺς ἄρτους τῆς προθέσεως λαβὼν **ἔφαγεν** καὶ ἔδωκεν τοῖς μετ' αὐτοῦ,	
b 222		ὃ οὐκ ἐξὸν ἦν αὐτῷ **φαγεῖν** οὐδὲ τοῖς μετ' αὐτοῦ εἰ μὴ τοῖς ἱερεῦσιν μόνοις;		οὓς οὐκ ἔξεστιν **φαγεῖν** εἰ μὴ τοὺς ἱερεῖς, καὶ ἔδωκεν καὶ τοῖς σὺν αὐτῷ οὖσιν;		οὓς οὐκ ἔξεστιν **φαγεῖν** εἰ μὴ μόνους τοὺς ἱερεῖς;	
b 020			**Mk 3,20** → Mk 2,2	... καὶ συνέρχεται πάλιν [ὁ] ὄχλος, ὥστε μὴ δύνασθαι αὐτοὺς μηδὲ ἄρτον **φαγεῖν**.			

022			Mk 5,43	... καὶ εἶπεν δοθῆναι αὐτῇ **φαγεῖν.**	Lk 8,55	... καὶ διέταξεν αὐτῇ δοθῆναι **φαγεῖν.**	
020			Mk 6,31	... ἦσαν γὰρ οἱ ἐρχόμενοι καὶ οἱ ὑπάγοντες πολλοί, καὶ οὐδὲ **φαγεῖν** εὐκαίρουν.			
121	Mt 14,15 ↓ Mt 14,16	... ἀπόλυσον τοὺς ὄχλους, ἵνα ἀπελθόντες εἰς τὰς κώμας ἀγοράσωσιν ἑαυτοῖς **βρώματα.**	Mk 6,36 ↓ Mk 6,37	ἀπόλυσον αὐτούς, ἵνα ἀπελθόντες εἰς τοὺς κύκλῳ ἀγροὺς καὶ κώμας ἀγοράσωσιν ἑαυτοῖς **τί φάγωσιν.**	Lk 9,12 ↓ Lk 9,13	... ἀπόλυσον τὸν ὄχλον, ἵνα πορευθέντες εἰς τὰς κύκλῳ κώμας καὶ ἀγροὺς καταλύσωσιν καὶ εὕρωσιν **ἐπισιτισμόν, ...**	
222	Mt 14,16 → Mt 15,33	... οὐ χρείαν ἔχουσιν ἀπελθεῖν, δότε αὐτοῖς ὑμεῖς **φαγεῖν.**	Mk 6,37 (2) → Mk 8,4	... δότε αὐτοῖς ὑμεῖς **φαγεῖν.**	Lk 9,13	... δότε αὐτοῖς ὑμεῖς **φαγεῖν.**	
b 121	↑ Mt 14,15	 [17] οἱ δὲ λέγουσιν αὐτῷ· οὐκ ἔχομεν ὧδε εἰ μὴ πέντε ἄρτους καὶ δύο ἰχθύας.	↑ Mk 6,36	καὶ λέγουσιν αὐτῷ· ἀπελθόντες ἀγοράσωμεν δηναρίων διακοσίων ἄρτους καὶ δώσομεν αὐτοῖς **φαγεῖν;** [38] ὁ δὲ λέγει αὐτοῖς· πόσους ἄρτους ἔχετε; ὑπάγετε ἴδετε. καὶ γνόντες λέγουσιν· πέντε, καὶ δύο ἰχθύας.	↑ Lk 9,12	οἱ δὲ εἶπαν· οὐκ εἰσὶν ἡμῖν πλεῖον ἢ ἄρτοι πέντε καὶ ἰχθύες δύο, εἰ μήτι πορευθέντες ἡμεῖς ἀγοράσωμεν εἰς πάντα τὸν λαὸν τοῦτον βρώματα.	→ Jn 6,5 → Jn 6,7
222	Mt 14,20 ↓ Mt 15,37	καὶ **ἔφαγον** πάντες καὶ ἐχορτάσθησαν, ...	Mk 6,42 ↓ Mk 8,8	καὶ **ἔφαγον** πάντες καὶ ἐχορτάσθησαν	Lk 9,17	καὶ **ἔφαγον** καὶ ἐχορτάσθησαν πάντες, ...	→ Jn 6,12
b 221	Mt 14,21 ↓ Mt 15,38	**οἱ δὲ ἐσθίοντες** ἦσαν ἄνδρες ὡσεὶ πεντακισχίλιοι χωρὶς γυναικῶν καὶ παιδίων.	Mk 6,44 ↓ Mk 8,9	καὶ ἦσαν **οἱ φαγόντες** [τοὺς ἄρτους] πεντακισχίλιοι ἄνδρες.	Lk 9,14	ἦσαν γὰρ ὡσεὶ ἄνδρες πεντακισχίλιοι. ...	→ Jn 6,10
b 020			Mk 7,2 → Lk 11,38	καὶ ἰδόντες τινὰς τῶν μαθητῶν αὐτοῦ ὅτι κοιναῖς χερσίν, τοῦτ᾽ ἔστιν ἀνίπτοις, **ἐσθίουσιν** τοὺς ἄρτους			
020			Mk 7,3	- οἱ γὰρ Φαρισαῖοι καὶ πάντες οἱ Ἰουδαῖοι ἐὰν μὴ πυγμῇ νίψωνται τὰς χεῖρας **οὐκ ἐσθίουσιν,** κρατοῦντες τὴν παράδοσιν τῶν πρεσβυτέρων,			
020			Mk 7,4	καὶ ἀπ᾽ ἀγορᾶς ἐὰν μὴ βαπτίσωνται **οὐκ ἐσθίουσιν, ...**			
b 220	Mt 15,2 ↓ Mt 15,20	... οὐ γὰρ νίπτονται τὰς χεῖρας [αὐτῶν] ὅταν ἄρτον **ἐσθίωσιν.**	Mk 7,5	... ἀλλὰ κοιναῖς χερσὶν **ἐσθίουσιν** τὸν ἄρτον;			

200	Mt 15,20 ↑ Mt 15,2	... τὸ δὲ ἀνίπτοις χερσὶν **φαγεῖν** οὐ κοινοῖ τὸν ἄνθρωπον.					
220	Mt 15,27	... ναὶ κύριε, καὶ γὰρ τὰ κυνάρια **ἐσθίει** ἀπὸ τῶν ψιχίων τῶν πιπτόντων ἀπὸ τῆς τραπέζης τῶν κυρίων αὐτῶν.	Mk 7,28	... κύριε· καὶ τὰ κυνάρια ὑποκάτω τῆς τραπέζης **ἐσθίουσιν** ἀπὸ τῶν ψιχίων τῶν παιδίων.			
120	Mt 15,32	ὁ δὲ Ἰησοῦς προσκαλεσάμενος τοὺς μαθητὰς αὐτοῦ εἶπεν·	Mk 8,1	ἐν ἐκείναις ταῖς ἡμέραις πάλιν πολλοῦ ὄχλου ὄντος καὶ μὴ ἐχόντων τί **φάγωσιν,** προσκαλεσάμενος τοὺς μαθητὰς λέγει αὐτοῖς·			
220	→ Mt 14,14	σπλαγχνίζομαι ἐπὶ τὸν ὄχλον, ὅτι ἤδη ἡμέραι τρεῖς προσμένουσίν μοι καὶ οὐκ ἔχουσιν τί **φάγωσιν·** ...	Mk 8,2 → Mk 6,34	σπλαγχνίζομαι ἐπὶ τὸν ὄχλον, ὅτι ἤδη ἡμέραι τρεῖς προσμένουσίν μοι καὶ οὐκ ἔχουσιν τί **φάγωσιν·**			
220	Mt 15,37 ↑ Mt 14,20	καὶ **ἔφαγον** πάντες καὶ ἐχορτάσθησαν. καὶ τὸ περισσεῦον τῶν κλασμάτων ἦραν ἑπτὰ σπυρίδας πλήρεις.	Mk 8,8 ↑ Mk 6,42	καὶ **ἔφαγον** καὶ ἐχορτάσθησαν, καὶ ἦραν περισσεύματα κλασμάτων ἑπτὰ σπυρίδας.	↑ Lk 9,17		
210	Mt 15,38 ↑ Mt 14,21	οἱ δὲ **ἐσθίοντες** ἦσαν τετρακισχίλιοι ἄνδρες χωρὶς γυναικῶν καὶ παιδίων.	Mk 8,9 ↑ Mk 6,44	ἦσαν δὲ ὡς τετρακισχίλιοι. καὶ ἀπέλυσεν αὐτούς.	↑ Lk 9,14a		
a 102	Mt 10,12	εἰσερχόμενοι δὲ εἰς τὴν οἰκίαν ...			Lk 10,7 ⇩ Lk 9,4	[5] εἰς ἣν δ᾽ ἂν εἰσέλθητε οἰκίαν, ... [7] ἐν αὐτῇ δὲ τῇ οἰκίᾳ μένετε, **ἐσθίοντες** καὶ πίνοντες τὰ παρ᾽ αὐτῶν· ... μὴ μεταβαίνετε ἐξ οἰκίας εἰς οἰκίαν.	→ GTh 14,4 Mk-Q overlap
	Mt 10,11 ⇩ Lk 10,8	εἰς ἣν δ᾽ ἂν πόλιν ἢ κώμην εἰσέλθητε, ... κἀκεῖ μείνατε ἕως ἂν ἐξέλθητε.	Mk 6,10	... ὅπου ἐὰν εἰσέλθητε εἰς οἰκίαν, ἐκεῖ μένετε ἕως ἂν ἐξέλθητε ἐκεῖθεν.	Lk 9,4 ⇧ Lk 10,5 ⇧ Lk 10,7	καὶ εἰς ἣν ἂν οἰκίαν εἰσέλθητε, ἐκεῖ μένετε καὶ ἐκεῖθεν ἐξέρχεσθε.	
102	Mt 10,11	εἰς ἣν δ᾽ ἂν πόλιν ἢ κώμην εἰσέλθητε, ἐξετάσατε τίς ἐν αὐτῇ ἄξιός ἐστιν· ...			Lk 10,8 → Lk 10,10	καὶ εἰς ἣν ἂν πόλιν εἰσέρχησθε καὶ δέχωνται ὑμᾶς, **ἐσθίετε** τὰ παρατιθέμενα ὑμῖν	→ GTh 14,4
a 002					Lk 12,19	... ψυχή, ἔχεις πολλὰ ἀγαθὰ κείμενα εἰς ἔτη πολλά· ἀναπαύου, **φάγε,** πίε, εὐφραίνου.	→ GTh 63
a 202	Mt 6,25	... μὴ μεριμνᾶτε τῇ ψυχῇ ὑμῶν τί **φάγητε** [ἢ τί πίητε], μηδὲ τῷ σώματι ὑμῶν τί ἐνδύσησθε. ...			Lk 12,22	... μὴ μεριμνᾶτε τῇ ψυχῇ τί **φάγητε,** μηδὲ τῷ σώματι τί ἐνδύσησθε.	→ GTh 36 (POxy 655)

a 202	Mt 6,31	μὴ οὖν μεριμνήσητε λέγοντες· τί **φάγωμεν;** ἤ· τί πίωμεν; ἤ· τί περιβαλώμεθα;			Lk 12,29	καὶ ὑμεῖς μὴ ζητεῖτε τί **φάγητε** καὶ τί πίητε, καὶ μὴ μετεωρίζεσθε·	
a 202	Mt 24,49	καὶ ἄρξηται τύπτειν τοὺς συνδούλους αὐτοῦ, **ἐσθίῃ** δὲ καὶ πίνῃ μετὰ τῶν μεθυόντων			Lk 12,45 → Lk 21,34	... καὶ ἄρξηται τύπτειν τοὺς παῖδας καὶ τὰς παιδίσκας, **ἐσθίειν** τε καὶ πίνειν καὶ μεθύσκεσθαι	
a 102	Mt 7,22 → Mt 25,11	πολλοὶ ἐροῦσίν μοι ἐν ἐκείνῃ τῇ ἡμέρᾳ· κύριε κύριε, οὐ τῷ σῷ ὀνόματι ἐπροφητεύσαμεν, καὶ τῷ σῷ ὀνόματι δαιμόνια ἐξεβάλομεν, καὶ τῷ σῷ ὀνόματι δυνάμεις πολλὰς ἐποιήσαμεν;			Lk 13,26	τότε ἄρξεσθε λέγειν· **ἐφάγομεν** ἐνώπιόν σου καὶ ἐπίομεν καὶ ἐν ταῖς πλατείαις ἡμῶν ἐδίδαξας·	
b 002					Lk 14,1 → Mt 12,9-10 → Mk 3,1-2 → Lk 6,6-7 → Lk 13,10	καὶ ἐγένετο ἐν τῷ ἐλθεῖν αὐτὸν εἰς οἶκόν τινος τῶν ἀρχόντων [τῶν] Φαρισαίων σαββάτῳ **φαγεῖν** ἄρτον καὶ αὐτοὶ ἦσαν παρατηρούμενοι αὐτόν.	
b 002					Lk 14,15 ↓ Lk 22,30	... μακάριος ὅστις **φάγεται** ἄρτον ἐν τῇ βασιλείᾳ τοῦ θεοῦ.	
002					Lk 15,16	καὶ ἐπεθύμει χορτασθῆναι ἐκ τῶν κερατίων ὧν **ἤσθιον** οἱ χοῖροι, καὶ οὐδεὶς ἐδίδου αὐτῷ.	
002					Lk 15,23	καὶ φέρετε τὸν μόσχον τὸν σιτευτόν, θύσατε, καὶ **φαγόντες** εὐφρανθῶμεν	
a 002 a 002					Lk 17,8 (2)	... ἑτοίμασον τί δειπνήσω καὶ περιζωσάμενος διακόνει μοι ἕως **φάγω** καὶ πίω, καὶ μετὰ ταῦτα **φάγεσαι** καὶ πίεσαι σύ;	
a 102	Mt 24,38	... **τρώγοντες** καὶ πίνοντες, γαμοῦντες καὶ γαμίζοντες, ἄχρι ἧς ἡμέρας εἰσῆλθεν Νῶε εἰς τὴν κιβωτόν			Lk 17,27	**ἤσθιον,** ἔπινον, ἐγάμουν, ἐγαμίζοντο, ἄχρι ἧς ἡμέρας εἰσῆλθεν Νῶε εἰς τὴν κιβωτόν, ...	
a 002					Lk 17,28	ὁμοίως καθὼς ἐγένετο ἐν ταῖς ἡμέραις Λώτ· **ἤσθιον,** ἔπινον, ἠγόραζον, ἐπώλουν, ἐφύτευον, ᾠκοδόμουν·	
120	Mt 21,19 → Mk 11,20	... μηκέτι ἐκ σοῦ καρπὸς γένηται εἰς τὸν αἰῶνα. ...	Mk 11,14	... μηκέτι εἰς τὸν αἰῶνα ἐκ σοῦ μηδεὶς καρπὸν **φάγοι.** ...			

a 202	**Mt 24,49**	καὶ ἄρξηται τύπτειν τοὺς συνδούλους αὐτοῦ, **ἐσθίῃ** δὲ καὶ πίνῃ μετὰ τῶν μεθυόντων			**Lk 12,45** → Lk 21,34	... καὶ ἄρξηται τύπτειν τοὺς παῖδας καὶ τὰς παιδίσκας, **ἐσθίειν** τε καὶ πίνειν καὶ μεθύσκεσθαι	
200	**Mt 25,35**	ἐπείνασα γὰρ καὶ ἐδώκατέ μοι **φαγεῖν,** ἐδίψησα καὶ ἐποτίσατέ με, ...					
200	**Mt 25,42**	ἐπείνασα γὰρ καὶ οὐκ ἐδώκατέ μοι **φαγεῖν,** ἐδίψησα καὶ οὐκ ἐποτίσατέ με					
222	**Mt 26,17**	... ποῦ θέλεις ἑτοιμάσωμέν σοι **φαγεῖν** τὸ πάσχα;	**Mk 14,12**	... ποῦ θέλεις ἀπελθόντες ἑτοιμάσωμεν ἵνα **φάγῃς** τὸ πάσχα;	**Lk 22,8**	... πορευθέντες ἑτοιμάσατε ἡμῖν τὸ πάσχα ἵνα **φάγωμεν.** [9] οἱ δὲ εἶπαν αὐτῷ· ποῦ θέλεις ἑτοιμάσωμεν;	
122	**Mt 26,18**	... ὁ διδάσκαλος λέγει· ὁ καιρός μου ἐγγύς ἐστιν, πρὸς σὲ **ποιῶ** τὸ πάσχα μετὰ τῶν μαθητῶν μου.	**Mk 14,14**	... ὁ διδάσκαλος λέγει· ποῦ ἐστιν τὸ κατάλυμά μου ὅπου τὸ πάσχα μετὰ τῶν μαθητῶν μου **φάγω;**	**Lk 22,11**	... λέγει σοι ὁ διδάσκαλος· ποῦ ἐστιν τὸ κατάλυμα ὅπου τὸ πάσχα μετὰ τῶν μαθητῶν μου **φάγω;**	
221 121	**Mt 26,21**	καὶ **ἐσθιόντων** αὐτῶν εἶπεν· ἀμὴν λέγω ὑμῖν ὅτι εἷς ἐξ ὑμῶν παραδώσει με.	**Mk 14,18** **(2)**	... καὶ **ἐσθιόντων** ὁ Ἰησοῦς εἶπεν· ἀμὴν λέγω ὑμῖν ὅτι εἷς ἐξ ὑμῶν παραδώσει με **ὁ ἐσθίων** μετ' ἐμοῦ.	**Lk 22,21** → Mt 26,23 → Mk 14,20	πλὴν ἰδοὺ ἡ χεὶρ τοῦ παραδιδόντος με μετ' ἐμοῦ ἐπὶ τῆς τραπέζης·	→ Jn 13,21 → Jn 13,21
002					**Lk 22,15**	... ἐπιθυμίᾳ ἐπεθύμησα τοῦτο τὸ πάσχα **φαγεῖν** μεθ' ὑμῶν πρὸ τοῦ με παθεῖν·	
002					**Lk 22,16** → Mt 26,29 → Mk 14,25 → Lk 22,18	λέγω γὰρ ὑμῖν ὅτι **οὐ μὴ φάγω** αὐτὸ ἕως ὅτου πληρωθῇ ἐν τῇ βασιλείᾳ τοῦ θεοῦ.	
221 211	**Mt 26,26** **(2)** → Mt 14,19	**ἐσθιόντων** δὲ αὐτῶν λαβὼν ὁ Ἰησοῦς ἄρτον καὶ εὐλογήσας ἔκλασεν καὶ δοὺς τοῖς μαθηταῖς εἶπεν· λάβετε **φάγετε,** τοῦτό ἐστιν τὸ σῶμά μου.	**Mk 14,22** → Mk 6,41	καὶ **ἐσθιόντων** αὐτῶν λαβὼν ἄρτον εὐλογήσας ἔκλασεν καὶ ἔδωκεν αὐτοῖς καὶ εἶπεν· λάβετε, τοῦτό ἐστιν τὸ σῶμά μου.	**Lk 22,19** → Lk 9,16	καὶ λαβὼν ἄρτον εὐχαριστήσας ἔκλασεν καὶ ἔδωκεν αὐτοῖς λέγων· τοῦτό ἐστιν τὸ σῶμά μου τὸ ὑπὲρ ὑμῶν διδόμενον· ...	→ 1Cor 11,23-24

	Mt		Lk	
a 102	**Mt 19,28**	... ἐν τῇ παλιγγενεσίᾳ, ὅταν καθίσῃ ὁ υἱὸς τοῦ ἀνθρώπου ἐπὶ θρόνου δόξης αὐτοῦ, καθήσεσθε καὶ ὑμεῖς ἐπὶ δώδεκα θρόνους κρίνοντες τὰς δώδεκα φυλὰς τοῦ Ἰσραήλ.	**Lk 22,30** ↑ Lk 14,15 → Lk 12,37	ἵνα **ἔσθητε** καὶ πίνητε ἐπὶ τῆς τραπέζης μου ἐν τῇ βασιλείᾳ μου, καὶ καθήσεσθε ἐπὶ θρόνων τὰς δώδεκα φυλὰς κρίνοντες τοῦ Ἰσραήλ.
002			**Lk 24,43**	[42] οἱ δὲ ἐπέδωκαν αὐτῷ ἰχθύος ὀπτοῦ μέρος· [43] καὶ λαβὼν ἐνώπιον αὐτῶν **ἔφαγεν**.

a **Acts 9,9** καὶ ἦν ἡμέρας τρεῖς μὴ βλέπων καὶ **οὐκ ἔφαγεν** οὐδὲ ἔπιεν.

Acts 10,13 ... ἀναστάς, Πέτρε, θῦσον καὶ **φάγε**.

Acts 10,14 ... μηδαμῶς, κύριε, ὅτι **οὐδέποτε ἔφαγον** πᾶν κοινὸν καὶ ἀκάθαρτον.

Acts 11,7 ... ἀναστάς, Πέτρε, θῦσον καὶ **φάγε**.

a **Acts 23,12** ... ποιήσαντες συστροφὴν οἱ Ἰουδαῖοι ἀνεθεμάτισαν ἑαυτοὺς λέγοντες **μήτε φαγεῖν** μήτε πίειν ἕως οὗ ἀποκτείνωσιν τὸν Παῦλον.

a **Acts 23,21** ... οἵτινες ἀνεθεμάτισαν ἑαυτοὺς **μήτε φαγεῖν** μήτε πιεῖν ἕως οὗ ἀνέλωσιν αὐτόν, ...

b **Acts 27,35** εἴπας δὲ ταῦτα καὶ λαβὼν ἄρτον εὐχαρίστησεν τῷ θεῷ ἐνώπιον πάντων καὶ κλάσας ἤρξατο **ἐσθίειν**.

Ἑσλί

Syn	Mt	Mk	Lk	Acts	Jn	1-3John	Paul	Eph	Col
1			1						
NT	2Thess	1/2Tim	Tit	Heb	Jas	1Pet	2Pet	Jude	Rev
1									

Esli

002		**Lk 3,25**	... τοῦ Ναοὺμ **τοῦ Ἑσλὶ** τοῦ Ναγγαὶ

ἐσμέν → εἰμί

ἔσομαι, ἔσῃ, ἔσται ... → εἰμί

ἐσόμενος → εἰμί

ἑσπέρα

Syn	Mt	Mk	Lk	Acts	Jn	1-3John	Paul	Eph	Col
1			1	2					
NT	2Thess	1/2Tim	Tit	Heb	Jas	1Pet	2Pet	Jude	Rev
3									

evening

002		**Lk 24,29** → Lk 9,12	... μεῖνον μεθ' ἡμῶν, ὅτι **πρὸς ἑσπέραν** ἐστὶν καὶ κέκλικεν ἤδη ἡ ἡμέρα. ...

Acts 4,3	καὶ ἐπέβαλον αὐτοῖς τὰς χεῖρας καὶ ἔθεντο εἰς τήρησιν εἰς τὴν αὔριον· ἦν γὰρ **ἑσπέρα** ἤδη.	**Acts 28,23**	... πείθων τε αὐτοὺς περὶ τοῦ Ἰησοῦ ἀπό τε τοῦ νόμου Μωϋσέως καὶ τῶν προφητῶν, ἀπὸ πρωῒ **ἕως ἑσπέρας**.

Ἑσρώμ

Syn 3	Mt 2	Mk	Lk 1	Acts	Jn	1-3John	Paul	Eph	Col	
NT 3	2Thess	1/2Tim	Tit	Heb	Jas	1Pet	2Pet	Jude	Rev	

Hezron

code	Mt	Mk	Lk	
200	**Mt 1,3** (2) ... Φάρες δὲ ἐγέννησεν **τὸν Ἑσρώμ,**		**Lk 3,33** ... τοῦ Ἀδμὶν τοῦ Ἀρνὶ	
200	**Ἑσρὼμ** δὲ ἐγέννησεν τὸν Ἀράμ		**Lk 3,33** **τοῦ Ἑσρὼμ** τοῦ Φάρες ...	
002	**Mt 1,3** (2) ... Φάρες δὲ ἐγέννησεν τὸν Ἑσρώμ, Ἑσρὼμ δὲ ἐγέννησεν τὸν Ἀράμ		**Lk 3,33** ... τοῦ Ἀδμὶν τοῦ Ἀρνὶ **τοῦ Ἑσρὼμ** τοῦ Φάρες ...	

ἐστέ → εἰμί

ἐστίν, ἔστιν → εἰμί

ἔσχατος

Syn 21	Mt 10	Mk 5	Lk 6	Acts 3	Jn 7	1-3John 2	Paul 5	Eph	Col	
NT 52	2Thess	1/2Tim 1	Tit	Heb 1	Jas 1	1Pet 2	2Pet 2	Jude 1	Rev 6	

last; least; most insignificant

	triple tradition																	double tradition			Sondergut		
		+Mt / +Lk			–Mt / –Lk			traditions not taken over by Mt / Lk							subtotals								
code	222	211	112	212	221	122	121	022	012	021	220	120	210	020	Σ^+	Σ^-	Σ	202	201	102	200	002	total
Mt							2^-				2					2^-	2	4			4		**10**
Mk							2				2			1			5						**5**
Lk							2^-									2^-		4				2	**6**

code	Mt	Mk	Lk	
202	**Mt 5,26** → Mt 18,34 ... οὐ μὴ ἐξέλθῃς ἐκεῖθεν, ἕως ἂν ἀποδῷς **τὸν ἔσχατον κοδράντην.**		**Lk 12,59** ... οὐ μὴ ἐξέλθῃς ἐκεῖθεν, ἕως καὶ **τὸ ἔσχατον λεπτὸν** ἀποδῷς.	
202	**Mt 12,45** ↓ Mt 27,64 ... καὶ γίνεται **τὰ ἔσχατα τοῦ ἀνθρώπου ἐκείνου** χείρονα τῶν πρώτων. ...		**Lk 11,26** ... καὶ γίνεται **τὰ ἔσχατα τοῦ ἀνθρώπου ἐκείνου** χείρονα τῶν πρώτων.	
020		**Mk 9,35** → Mt 20,26-27 ⇨ Mk 10,43-44 → Lk 22,26 → Mt 23,11 ↓ Mk 10,31 ... εἴ τις θέλει πρῶτος εἶναι, ἔσται **πάντων ἔσχατος** καὶ πάντων διάκονος.		
202	**Mt 5,26** → Mt 18,34 ... οὐ μὴ ἐξέλθῃς ἐκεῖθεν, ἕως ἂν ἀποδῷς **τὸν ἔσχατον κοδράντην.**		**Lk 12,59** ... οὐ μὴ ἐξέλθῃς ἐκεῖθεν, ἕως καὶ **τὸ ἔσχατον λεπτὸν** ἀποδῷς.	

220 220	**Mt 19,30** **(2)** ⇩ Mt 20,16	πολλοὶ δὲ ἔσονται πρῶτοι ἔσχατοι καὶ ἔσχατοι πρῶτοι.	**Mk 10,31** **(2)** ↑ Mk 9,35	πολλοὶ δὲ ἔσονται πρῶτοι ἔσχατοι καὶ [οἱ] ἔσχατοι πρῶτοι.	**Lk 13,30** (2)	καὶ ἰδοὺ εἰσὶν ἔσχατοι οἳ ἔσονται πρῶτοι, καὶ εἰσὶν πρῶτοι οἳ ἔσονται ἔσχατοι.	→ GTh 4,2 **(POxy 654)** Mk-Q overlap
200	**Mt 20,8**	... κάλεσον τοὺς ἐργάτας καὶ ἀπόδος αὐτοῖς τὸν μισθὸν ἀρξάμενος ἀπὸ τῶν ἐσχάτων ἕως τῶν πρώτων.					
200	**Mt 20,12**	... οὗτοι οἱ ἔσχατοι μίαν ὥραν ἐποίησαν, ...					
200	**Mt 20,14**	ἆρον τὸ σὸν καὶ ὕπαγε. θέλω δὲ τούτῳ τῷ ἐσχάτῳ δοῦναι ὡς καὶ σοί·					
202 202	**Mt 20,16** **(2)** ⇧ Mt 19,30	οὕτως ἔσονται οἱ ἔσχατοι πρῶτοι καὶ οἱ πρῶτοι ἔσχατοι.	**Mk 10,31** (2)	πολλοὶ δὲ ἔσονται πρῶτοι ἔσχατοι καὶ [οἱ] ἔσχατοι πρῶτοι.	**Lk 13,30** **(2)**	καὶ ἰδοὺ εἰσὶν ἔσχατοι οἳ ἔσονται πρῶτοι, καὶ εἰσὶν πρῶτοι οἳ ἔσονται ἔσχατοι.	→ GTh 4,2 **(POxy 654)** Mk-Q overlap
002					**Lk 14,9**	... δὸς τούτῳ τόπον, καὶ τότε ἄρξῃ μετὰ αἰσχύνης τὸν ἔσχατον τόπον κατέχειν.	
002					**Lk 14,10**	ἀλλ᾽ ὅταν κληθῇς, πορευθεὶς ἀνάπεσε εἰς τὸν ἔσχατον τόπον, ἵνα ὅταν ἔλθῃ ὁ κεκληκώς σε ἐρεῖ σοι· ...	
121	**Mt 21,37**	 ὕστερον δὲ ἀπέστειλεν πρὸς αὐτοὺς τὸν υἱὸν αὐτοῦ λέγων· ἐντραπήσονται τὸν υἱόν μου.	**Mk 12,6**	ἔτι ἕνα εἶχεν, υἱὸν ἀγαπητόν· ἀπέστειλεν αὐτὸν ἔσχατον πρὸς αὐτοὺς λέγων ὅτι ἐντραπήσονται τὸν υἱόν μου.	**Lk 20,13**	εἶπεν δὲ ὁ κύριος τοῦ ἀμπελῶνος· τί ποιήσω; πέμψω τὸν υἱόν μου τὸν ἀγαπητόν· ἴσως τοῦτον ἐντραπήσονται.	→ GTh 65
121	**Mt 22,27**	ὕστερον δὲ πάντων ἀπέθανεν ἡ γυνή.	**Mk 12,22**	... ἔσχατον πάντων καὶ ἡ γυνὴ ἀπέθανεν.	**Lk 20,32**	ὕστερον καὶ ἡ γυνὴ ἀπέθανεν.	
200	**Mt 27,64** ↑ Mt 12,45	... μήποτε ἐλθόντες οἱ μαθηταὶ αὐτοῦ κλέψωσιν αὐτὸν καὶ εἴπωσιν τῷ λαῷ· ἠγέρθη ἀπὸ τῶν νεκρῶν, καὶ ἔσται ἡ ἐσχάτη πλάνη χείρων τῆς πρώτης.					

Acts 1,8
→ Acts 13,47

... καὶ ἔσεσθέ μου μάρτυρες ἔν τε Ἰερουσαλὴμ καὶ [ἐν] πάσῃ τῇ Ἰουδαίᾳ καὶ Σαμαρείᾳ καὶ
ἕως ἐσχάτου τῆς γῆς.

Acts 2,17

καὶ ἔσται
ἐν ταῖς ἐσχάταις ἡμέραις,
λέγει ὁ θεός, *ἐκχεῶ ἀπὸ τοῦ πνεύματός μου ἐπὶ πᾶσαν σάρκα, ...*
➤ Joel 3,1 LXX

Acts 13,47
→ Acts 1,8

... τέθεικά σε εἰς φῶς ἐθνῶν τοῦ εἶναί σε εἰς σωτηρίαν
ἕως ἐσχάτου τῆς γῆς.
➤ Isa 49,6

ἐσχάτως	Syn 1	Mt	Mk 1	Lk	Acts	Jn	1-3John	Paul	Eph	Col
	NT 1	2Thess	1/2Tim	Tit	Heb	Jas	1Pet	2Pet	Jude	Rev

be at the point of death

	Mt		Mk		Lk		
121	**Mt 9,18**	... λέγων ὅτι ἡ θυγάτηρ μου ἄρτι **ἐτελεύτησεν·** ἀλλὰ ἐλθὼν ἐπίθες τὴν χεῖρά σου ἐπ' αὐτήν, καὶ ζήσεται.	**Mk 5,23**	καὶ παρακαλεῖ αὐτὸν πολλὰ λέγων ὅτι τὸ θυγάτριόν μου **ἐσχάτως ἔχει,** ἵνα ἐλθὼν ἐπιθῇς τὰς χεῖρας αὐτῇ ἵνα σωθῇ καὶ ζήσῃ.	**Lk 8,42** → Mk 5,42	[41] ... παρεκάλει αὐτὸν εἰσελθεῖν εἰς τὸν οἶκον αὐτοῦ, [42] ὅτι θυγάτηρ μονογενὴς ἦν αὐτῷ ὡς ἐτῶν δώδεκα καὶ αὐτὴ **ἀπέθνῃσκεν.** ...	

ἔσω	Syn 3	Mt 1	Mk 2	Lk	Acts 1	Jn 1	1-3John	Paul 3	Eph 1	Col
	NT 9	2Thess	1/2Tim	Tit	Heb	Jas	1Pet	2Pet	Jude	Rev

in; into; inside; within

	Mt		Mk		Lk		
221	**Mt 26,58**	ὁ δὲ Πέτρος ἠκολούθει αὐτῷ ἀπὸ μακρόθεν ἕως τῆς αὐλῆς τοῦ ἀρχιερέως καὶ εἰσελθὼν **ἔσω** ἐκάθητο μετὰ τῶν ὑπηρετῶν ἰδεῖν τὸ τέλος.	**Mk 14,54**	καὶ ὁ Πέτρος ἀπὸ μακρόθεν ἠκολούθησεν αὐτῷ ἕως **ἔσω** εἰς τὴν αὐλὴν τοῦ ἀρχιερέως καὶ ἦν συγκαθήμενος μετὰ τῶν ὑπηρετῶν καὶ θερμαινόμενος πρὸς τὸ φῶς.	**Lk 22,55**	[54] ... ὁ δὲ Πέτρος ἠκολούθει μακρόθεν. [55] περιαψάντων δὲ πῦρ ἐν μέσῳ τῆς αὐλῆς καὶ συγκαθισάντων ἐκάθητο ὁ Πέτρος μέσος αὐτῶν.	→ Jn 18,18
120	**Mt 27,27** → Lk 23,11	τότε οἱ στρατιῶται τοῦ ἡγεμόνος παραλαβόντες τὸν Ἰησοῦν **εἰς τὸ πραιτώριον** συνήγαγον ἐπ' αὐτὸν ὅλην τὴν σπεῖραν.	**Mk 15,16** → Lk 23,11	οἱ δὲ στρατιῶται ἀπήγαγον αὐτὸν **ἔσω τῆς αὐλῆς, ὅ ἐστιν πραιτώριον,** καὶ συγκαλοῦσιν ὅλην τὴν σπεῖραν.			

Acts 5,23 ... τὸ δεσμωτήριον εὕρομεν κεκλεισμένον ἐν πάσῃ ἀσφαλείᾳ καὶ τοὺς φύλακας ἑστῶτας ἐπὶ τῶν θυρῶν, ἀνοίξαντες δὲ
ἔσω
οὐδένα εὕρομεν.

ἔσωθεν	Syn 9	Mt 4	Mk 2	Lk 3	Acts	Jn	1-3John	Paul 1	Eph	Col
	NT 12	2Thess	1/2Tim	Tit	Heb	Jas	1Pet	2Pet	Jude	Rev 2

inside; within

	triple tradition																	double tradition			Sondergut		
		+Mt / +Lk			–Mt / –Lk			traditions not taken over by Mt / Lk							subtotals								
code	222	211	112	212	221	122	121	022	012	021	220	120	210	020	Σ⁺	Σ⁻	Σ	202	201	102	200	002	total
Mt												2^-				2^-		1	1		2		4
Mk												2					2						2
Lk																		1		1		1	3

code	Mt		Mk		Lk		
200	**Mt 7,15**	προσέχετε ἀπὸ τῶν ψευδοπροφητῶν, οἵτινες ἔρχονται πρὸς ὑμᾶς ἐν ἐνδύμασιν προβάτων, **ἔσωθεν** δέ εἰσιν λύκοι ἅρπαγες.					
120	**Mt 15,19**	ἐκ γὰρ τῆς καρδίας ἐξέρχονται διαλογισμοὶ πονηροί, ...	**Mk 7,21**	**ἔσωθεν** γὰρ ἐκ τῆς καρδίας τῶν ἀνθρώπων οἱ διαλογισμοὶ οἱ κακοὶ ἐκπορεύονται, ...			→ GTh 14,5
120	**Mt 15,20** → Mt 15,2	ταῦτά ἐστιν τὰ κοινοῦντα τὸν ἄνθρωπον, ...	**Mk 7,23**	πάντα ταῦτα τὰ πονηρὰ **ἔσωθεν** ἐκπορεύεται καὶ κοινοῖ τὸν ἄνθρωπον.			→ GTh 14,5
002					**Lk 11,7**	κἀκεῖνος **ἔσωθεν** ἀποκριθεὶς εἴπῃ· μή μοι κόπους πάρεχε· ...	
202	**Mt 23,25** → Mk 7,4	οὐαὶ ὑμῖν, γραμματεῖς καὶ Φαρισαῖοι ὑποκριταί, ὅτι καθαρίζετε τὸ ἔξωθεν τοῦ ποτηρίου καὶ τῆς παροψίδος, **ἔσωθεν δὲ** γέμουσιν ἐξ ἁρπαγῆς καὶ ἀκρασίας.			**Lk 11,39** → Mk 7,4	... νῦν ὑμεῖς οἱ Φαρισαῖοι τὸ ἔξωθεν τοῦ ποτηρίου καὶ τοῦ πίνακος καθαρίζετε, **τὸ δὲ ἔσωθεν ὑμῶν** γέμει ἁρπαγῆς καὶ πονηρίας.	→ GTh 89
102	**Mt 23,26**	Φαρισαῖε τυφλέ, ...			**Lk 11,40**	ἄφρονες, οὐχ ὁ ποιήσας τὸ ἔξωθεν καὶ **τὸ ἔσωθεν** ἐποίησεν;	→ GTh 89
201	**Mt 23,27**	οὐαὶ ὑμῖν, γραμματεῖς καὶ Φαρισαῖοι ὑποκριταί, ὅτι παρομοιάζετε τάφοις κεκονιαμένοις, οἵτινες ἔξωθεν μὲν φαίνονται ὡραῖοι, **ἔσωθεν** δὲ γέμουσιν ὀστέων νεκρῶν καὶ πάσης ἀκαθαρσίας.			**Lk 11,44**	οὐαὶ ὑμῖν, ὅτι ἐστὲ ὡς τὰ μνημεῖα τὰ ἄδηλα, καὶ οἱ ἄνθρωποι [οἱ] περιπατοῦντες ἐπάνω οὐκ οἴδασιν.	
200	**Mt 23,28**	οὕτως καὶ ὑμεῖς ἔξωθεν μὲν φαίνεσθε τοῖς ἀνθρώποις δίκαιοι, **ἔσωθεν** δέ ἐστε μεστοὶ ὑποκρίσεως καὶ ἀνομίας.					

ἑταῖρος	Syn 3	Mt 3	Mk	Lk	Acts	Jn	1-3John	Paul	Eph	Col
	NT 3	2Thess	1/2Tim	Tit	Heb	Jas	1Pet	2Pet	Jude	Rev

comrade; companion; friend

code	Mt		Mk		Lk		
200	Mt 20,13	ὁ δὲ ἀποκριθεὶς ἑνὶ αὐτῶν εἶπεν· **ἑταῖρε,** οὐκ ἀδικῶ σε· οὐχὶ δηναρίου συνεφώνησάς μοι;					
200	Mt 22,12	καὶ λέγει αὐτῷ· **ἑταῖρε,** πῶς εἰσῆλθες ὧδε μὴ ἔχων ἔνδυμα γάμου; ...					
211	Mt 26,50 → Lk 22,54	[49] ... καὶ κατεφίλησεν αὐτόν. [50] ὁ δὲ Ἰησοῦς εἶπεν αὐτῷ· **ἑταῖρε,** ἐφ' ὃ πάρει. τότε προσελθόντες ἐπέβαλον τὰς χεῖρας ἐπὶ τὸν Ἰησοῦν καὶ ἐκράτησαν αὐτόν.	Mk 14,46 → Lk 22,54	[45] ... καὶ κατεφίλησεν αὐτόν. [46] οἱ δὲ ἐπέβαλον τὰς χεῖρας αὐτῷ καὶ ἐκράτησαν αὐτόν.	Lk 22,48	[47] ... φιλῆσαι αὐτόν. [48] Ἰησοῦς δὲ εἶπεν αὐτῷ· **Ἰούδα,** φιλήματι τὸν υἱὸν τοῦ ἀνθρώπου παραδίδως;	→ Jn 18,12

ἕτερος	Syn 42	Mt 10	Mk	Lk 32	Acts 17	Jn 1	1-3John	Paul 27	Eph 1	Col
	NT 97	2Thess	1/2Tim 2	Tit	Heb 5	Jas 1	1Pet	2Pet	Jude 1	Rev

other; another; one's neighbor; next (day); different

	triple tradition																	double tradition			Sondergut		
		+Mt / +Lk			–Mt / –Lk			traditions not taken over by Mt / Lk							subtotals								
code	*222*	*211*	*112*	*212*	*221*	*122*	*121*	*022*	*012*	*021*	*220*	*120*	*210*	*020*	Σ^+	Σ^-	Σ	*202*	*201*	*102*	*200*	*002*	total
Mt		1⁺											1⁺		2⁺		2	4	2		2		**10**
Mk																							
Lk			7⁺						1⁺						8⁺		8	4		6		14	**32**

code	Mt		Mk		Lk		
002					Lk 3,18	πολλὰ μὲν οὖν καὶ **ἕτερα** παρακαλῶν εὐηγγελίζετο τὸν λαόν.	
012			Mk 1,38	... ἄγωμεν ἀλλαχοῦ **εἰς τὰς ἐχομένας κωμοπόλεις,** ἵνα καὶ ἐκεῖ κηρύξω· ...	Lk 4,43	... καὶ **ταῖς ἑτέραις πόλεσιν** εὐαγγελίσασθαί με δεῖ τὴν βασιλείαν τοῦ θεοῦ, ...	
002					Lk 5,7	καὶ κατένευσαν τοῖς μετόχοις **ἐν τῷ ἑτέρῳ πλοίῳ** τοῦ ἐλθόντας συλλαβέσθαι αὐτοῖς· ...	
112	Mt 12,9	καὶ μεταβὰς ἐκεῖθεν ἦλθεν εἰς τὴν συναγωγὴν αὐτῶν·	Mk 3,1	καὶ εἰσῆλθεν πάλιν εἰς τὴν συναγωγήν. ...	Lk 6,6 → Lk 13,10 → Lk 14,1-2	ἐγένετο δὲ **ἐν ἑτέρῳ σαββάτῳ** εἰσελθεῖν αὐτὸν εἰς τὴν συναγωγὴν καὶ διδάσκειν. ...	

202 202	Mt 6,24 (2)	οὐδεὶς δύναται δυσὶ κυρίοις δουλεύειν· ἢ γὰρ τὸν ἕνα μισήσει καὶ **τὸν ἕτερον** ἀγαπήσει, ἢ ἑνὸς ἀνθέξεται καὶ **τοῦ ἑτέρου** καταφρονήσει. ...			Lk 16,13 (2)	οὐδεὶς οἰκέτης δύναται δυσὶ κυρίοις δουλεύειν· ἢ γὰρ τὸν ἕνα μισήσει καὶ **τὸν ἕτερον** ἀγαπήσει, ἢ ἑνὸς ἀνθέξεται καὶ **τοῦ ἑτέρου** καταφρονήσει. ...	→ GTh 47,1-2
202	Mt 8,21	**ἕτερος** δὲ τῶν μαθητῶν [αὐτοῦ] εἶπεν αὐτῷ· κύριε, ἐπίτρεψόν μοι πρῶτον ἀπελθεῖν καὶ θάψαι τὸν πατέρα μου. [22] ὁ δὲ Ἰησοῦς λέγει αὐτῷ· ἀκολούθει μοι, ...			Lk 9,59	εἶπεν δὲ **πρὸς ἕτερον·** ἀκολούθει μοι. ὁ δὲ εἶπεν· [κύριε,] ἐπίτρεψόν μοι ἀπελθόντι πρῶτον θάψαι τὸν πατέρα μου.	
200	Mt 10,23 → Mt 23,34 → Lk 11,49	ὅταν δὲ διώκωσιν ὑμᾶς ἐν τῇ πόλει ταύτῃ, φεύγετε **εἰς τὴν ἑτέραν·** ...					
201	Mt 11,3	[2] ὁ δὲ Ἰωάννης ... πέμψας διὰ τῶν μαθητῶν αὐτοῦ [3] εἶπεν αὐτῷ· σὺ εἶ ὁ ἐρχόμενος ἢ **ἕτερον** προσδοκῶμεν;			Lk 7,19	[18] ... καὶ προσκαλεσάμενος δύο τινὰς τῶν μαθητῶν αὐτοῦ ὁ Ἰωάννης [19] ἔπεμψεν πρὸς τὸν κύριον λέγων· σὺ εἶ ὁ ἐρχόμενος ἢ **ἄλλον** προσδοκῶμεν;	
201	Mt 11,16	... ὁμοία ἐστὶν παιδίοις καθημένοις ἐν ταῖς ἀγοραῖς ἃ προσφωνοῦντα **τοῖς ἑτέροις** [17] λέγουσιν· ηὐλήσαμεν ὑμῖν ...			Lk 7,32	ὅμοιοί εἰσιν παιδίοις τοῖς ἐν ἀγορᾷ καθημένοις καὶ προσφωνοῦσιν **ἀλλήλοις** ἃ λέγει· ηὐλήσαμεν ὑμῖν ...	
002					Lk 7,41	δύο χρεοφειλέται ἦσαν δανιστῇ τινι· ὁ εἷς ὤφειλεν δηνάρια πεντακόσια, **ὁ δὲ ἕτερος** πεντήκοντα.	
002					Lk 8,3 → Mt 27,55-56 → Mk 15,40-41 → Lk 23,49.55 → Lk 24,10	καὶ Ἰωάννα γυνὴ Χουζᾶ ἐπιτρόπου Ἡρῴδου καὶ Σουσάννα καὶ **ἕτεραι πολλαί,** αἵτινες διηκόνουν αὐτοῖς ἐκ τῶν ὑπαρχόντων αὐταῖς.	→ Acts 1,14
202	Mt 12,45 → Mk 9,25	τότε πορεύεται καὶ παραλαμβάνει μεθ᾽ ἑαυτοῦ **ἑπτὰ ἕτερα πνεύματα πονηρότερα ἑαυτοῦ** καὶ εἰσελθόντα κατοικεῖ ἐκεῖ· ...			Lk 11,26 → Mk 9,25	τότε πορεύεται καὶ παραλαμβάνει **ἕτερα πνεύματα πονηρότερα ἑαυτοῦ ἑπτὰ** καὶ εἰσελθόντα κατοικεῖ ἐκεῖ· ...	
112	Mt 13,5	**ἄλλα δὲ** ἔπεσεν ἐπὶ τὰ πετρώδη ὅπου οὐκ εἶχεν γῆν πολλήν, ...	Mk 4,5	**καὶ ἄλλο** ἔπεσεν ἐπὶ τὸ πετρῶδες ὅπου οὐκ εἶχεν γῆν πολλήν, ...	Lk 8,6	**καὶ ἕτερον** κατέπεσεν ἐπὶ τὴν πέτραν, ...	→ GTh 9
112	Mt 13,7	**ἄλλα δὲ** ἔπεσεν ἐπὶ τὰς ἀκάνθας, ...	Mk 4,7	**καὶ ἄλλο** ἔπεσεν εἰς τὰς ἀκάνθας, ...	Lk 8,7	**καὶ ἕτερον** ἔπεσεν ἐν μέσῳ τῶν ἀκανθῶν, ...	→ GTh 9

112	Mt 13,8	**ἄλλα δὲ** ἔπεσεν ἐπὶ τὴν γῆν τὴν καλὴν καὶ ἐδίδου καρπόν, ...	Mk 4,8	**καὶ ἄλλα** ἔπεσεν εἰς τὴν γῆν τὴν καλὴν καὶ ἐδίδου καρπὸν ...	Lk 8,8	**καὶ ἕτερον** ἔπεσεν εἰς τὴν γῆν τὴν ἀγαθὴν καὶ φυὲν ἐποίησεν καρπὸν ...	→ GTh 9
210	Mt 15,30 → Mt 4,24b → Mt 8,16	καὶ προσῆλθον αὐτῷ ὄχλοι πολλοὶ ἔχοντες μεθ' ἑαυτῶν χωλούς, τυφλούς, κυλλούς, κωφούς, καὶ **ἑτέρους πολλοὺς** καὶ ἔρριψαν αὐτοὺς παρὰ τοὺς πόδας αὐτοῦ, καὶ ἐθεράπευσεν αὐτούς·	Mk 7,32 → Mk 1,32	καὶ φέρουσιν αὐτῷ κωφὸν καὶ μογιλάλον καὶ παρακαλοῦσιν αὐτὸν ἵνα ἐπιθῇ αὐτῷ τὴν χεῖρα.			
211	Mt 16,14 → Mt 14,2	... οἱ μὲν Ἰωάννην τὸν βαπτιστήν, ἄλλοι δὲ Ἠλίαν, **ἕτεροι** δὲ Ἰερεμίαν ἢ ἕνα τῶν προφητῶν.	Mk 8,28 → Mk 6,14-15	... Ἰωάννην τὸν βαπτιστήν, καὶ ἄλλοι Ἠλίαν, **ἄλλοι** δὲ ὅτι εἷς τῶν προφητῶν.	Lk 9,19 → Lk 9,7-8	... Ἰωάννην τὸν βαπτιστήν, ἄλλοι δὲ Ἠλίαν, **ἄλλοι** δὲ ὅτι προφήτης τις τῶν ἀρχαίων ἀνέστη.	→ GTh 13
112	Mt 17,2	καὶ **μετεμορφώθη** **ἔμπροσθεν αὐτῶν,** **καὶ ἔλαμψεν** **τὸ πρόσωπον** **αὐτοῦ ὡς ὁ ἥλιος,** τὰ δὲ ἱμάτια αὐτοῦ ἐγένετο λευκὰ ὡς τὸ φῶς.	Mk 9,2	... καὶ **μετεμορφώθη** **ἔμπροσθεν αὐτῶν,** [3] καὶ τὰ ἱμάτια αὐτοῦ ἐγένετο στίλβοντα λευκὰ λίαν ...	Lk 9,29	καὶ **ἐγένετο ἐν τῷ** **προσεύχεσθαι** **αὐτὸν τὸ εἶδος** **τοῦ προσώπου αὐτοῦ** **ἕτερον** καὶ ὁ ἱματισμὸς αὐτοῦ λευκὸς ἐξαστράπτων.	
002					Lk 9,56	καὶ ἐπορεύθησαν **εἰς ἑτέραν κώμην.**	
202	Mt 8,21	**ἕτερος** δὲ τῶν μαθητῶν [αὐτοῦ] εἶπεν αὐτῷ· κύριε, ἐπίτρεψόν μοι πρῶτον ἀπελθεῖν καὶ θάψαι τὸν πατέρα μου. [22] ὁ δὲ Ἰησοῦς λέγει αὐτῷ· ἀκολούθει μοι, ...			Lk 9,59	εἶπεν δὲ **πρὸς ἕτερον·** ἀκολούθει μοι. ὁ δὲ εἶπεν· [κύριε,] ἐπίτρεψόν μοι ἀπελθόντι πρῶτον θάψαι τὸν πατέρα μου.	
002					Lk 9,61	εἶπεν δὲ καὶ **ἕτερος·** ἀκολουθήσω σοι, κύριε· πρῶτον δὲ ἐπίτρεψόν μοι ἀποτάξασθαι τοῖς εἰς τὸν οἶκόν μου.	
002					Lk 10,1 → Mt 10,1 → Mk 6,7 → Lk 9,1	μετὰ δὲ ταῦτα ἀνέδειξεν ὁ κύριος **ἑτέρους ἑβδομήκοντα** **[δύο]** καὶ ἀπέστειλεν αὐτοὺς ...	
102	Mt 12,38 ⇩ Mt 16,1	τότε ἀπεκρίθησαν αὐτῷ **τινες** **τῶν γραμματέων καὶ** **Φαρισαίων** λέγοντες· διδάσκαλε, θέλομεν ἀπὸ σοῦ σημεῖον ἰδεῖν.			Lk 11,16	**ἕτεροι δὲ** **πειράζοντες** σημεῖον ἐξ οὐρανοῦ ἐζήτουν παρ' αὐτοῦ.	Mk-Q overlap
	Mt 16,1 ⇧ Mt 12,38	καὶ προσελθόντες **οἱ Φαρισαῖοι καὶ** **Σαδδουκαῖοι** πειράζοντες ἐπηρώτησαν αὐτὸν σημεῖον ἐκ τοῦ οὐρανοῦ ἐπιδεῖξαι αὐτοῖς.	Mk 8,11	καὶ ἐξῆλθον **οἱ Φαρισαῖοι** καὶ ἤρξαντο συζητεῖν αὐτῷ, ζητοῦντες παρ' αὐτοῦ σημεῖον ἀπὸ τοῦ οὐρανοῦ, πειράζοντες αὐτόν.			

202	**Mt 12,45** → Mk 9,25	τότε πορεύεται καὶ παραλαμβάνει μεθ' ἑαυτοῦ **ἑπτὰ ἕτερα πνεύματα πονηρότερα ἑαυτοῦ** καὶ εἰσελθόντα κατοικεῖ ἐκεῖ· ...			**Lk 11,26** → Mk 9,25	τότε πορεύεται καὶ παραλαμβάνει **ἕτερα πνεύματα πονηρότερα ἑαυτοῦ ἑπτὰ** καὶ εἰσελθόντα κατοικεῖ ἐκεῖ· ...	
102	**Mt 22,5**	οἱ δὲ ἀμελήσαντες ἀπῆλθον, ὃς μὲν εἰς τὸν ἴδιον ἀγρόν, **ὃς δὲ** ἐπὶ τὴν ἐμπορίαν αὐτοῦ·			**Lk 14,19**	[18] καὶ ἤρξαντο ἀπὸ μιᾶς πάντες παραιτεῖσθαι. ὁ πρῶτος εἶπεν αὐτῷ· ἀγρὸν ἠγόρασα καὶ ἔχω ἀνάγκην ἐξελθὼν ἰδεῖν αὐτόν· ... **[19] καὶ ἕτερος** εἶπεν· ζεύγη βοῶν ἠγόρασα πέντε καὶ πορεύομαι δοκιμάσαι αὐτά· ...	→ GTh 64
002					**Lk 14,20**	καὶ **ἕτερος** εἶπεν· γυναῖκα ἔγημα καὶ διὰ τοῦτο οὐ δύναμαι ἐλθεῖν.	→ GTh 64
002					**Lk 14,31**	ἢ τίς βασιλεὺς πορευόμενος **ἑτέρῳ βασιλεῖ** συμβαλεῖν εἰς πόλεμον οὐχὶ καθίσας πρῶτον βουλεύσεται ...	
002					**Lk 16,7**	ἔπειτα **ἑτέρῳ** εἶπεν· σὺ δὲ πόσον ὀφείλεις; ὁ δὲ εἶπεν· ἑκατὸν κόρους σίτου. ...	
202 202	**Mt 6,24** **(2)**	οὐδεὶς δύναται δυσὶ κυρίοις δουλεύειν· ἢ γὰρ τὸν ἕνα μισήσει καὶ **τὸν ἕτερον** ἀγαπήσει, ἢ ἑνὸς ἀνθέξεται καὶ **τοῦ ἑτέρου** καταφρονήσει. ...			**Lk 16,13** **(2)**	οὐδεὶς οἰκέτης δύναται δυσὶ κυρίοις δουλεύειν· ἢ γὰρ τὸν ἕνα μισήσει καὶ **τὸν ἕτερον** ἀγαπήσει, ἢ ἑνὸς ἀνθέξεται καὶ **τοῦ ἑτέρου** καταφρονήσει. ...	→ GTh 47,1-2
102	**Mt 5,32** ⇩ Mt 19,9	... πᾶς ὁ ἀπολύων τὴν γυναῖκα αὐτοῦ παρεκτὸς λόγου πορνείας ποιεῖ αὐτὴν μοιχευθῆναι, ...			**Lk 16,18**	πᾶς ὁ ἀπολύων τὴν γυναῖκα αὐτοῦ καὶ γαμῶν **ἑτέραν** μοιχεύει, ...	→ 1Cor 7,10-11 Mk-Q overlap
	Mt 19,9 ⇧ Mt 5,32	... ὃς ἂν ἀπολύσῃ τὴν γυναῖκα αὐτοῦ μὴ ἐπὶ πορνείᾳ καὶ γαμήσῃ **ἄλλην** μοιχᾶται.	**Mk 10,11**	... ὃς ἂν ἀπολύσῃ τὴν γυναῖκα αὐτοῦ καὶ γαμήσῃ **ἄλλην** μοιχᾶται ἐπ' αὐτήν· [12] καὶ ἐὰν αὐτὴ ἀπολύσασα τὸν ἄνδρα αὐτῆς γαμήσῃ ἄλλον μοιχᾶται.			
102	**Mt 24,40**	τότε δύο ἔσονται ἐν τῷ ἀγρῷ, εἷς παραλαμβάνεται καὶ **εἷς** ἀφίεται·			**Lk 17,34**	... ταύτῃ τῇ νυκτὶ ἔσονται δύο ἐπὶ κλίνης μιᾶς, ὁ εἷς παραλημφθήσεται καὶ **ὁ ἕτερος** ἀφεθήσεται·	→ GTh 61,1

102	Mt 24,41	δύο ἀλήθουσαι ἐν τῷ μύλῳ, μία παραλαμβάνεται καὶ **μία** ἀφίεται.			Lk 17,35	ἔσονται δύο ἀλήθουσαι ἐπὶ τὸ αὐτό, ἡ μία παραλημφθήσεται, **ἡ δὲ ἑτέρα** ἀφεθήσεται.	→ GTh 61,1
002					Lk 18,10	ἄνθρωποι δύο ἀνέβησαν εἰς τὸ ἱερὸν προσεύξασθαι, ὁ εἷς Φαρισαῖος καὶ **ὁ ἕτερος** τελώνης.	
102	Mt 25,24 → Lk 19,21	προσελθὼν δὲ καὶ **ὁ τὸ ἓν τάλαντον εἰληφὼς** εἶπεν· κύριε, ... [25] καὶ φοβηθεὶς ἀπελθὼν ἔκρυψα τὸ τάλαντόν σου ἐν τῇ γῇ· ἴδε ἔχεις τὸ σόν.			Lk 19,20 → Mt 25,18	καὶ **ὁ ἕτερος** ἦλθεν λέγων· κύριε, ἰδοὺ ἡ μνᾶ σου ἣν εἶχον ἀποκειμένην ἐν σουδαρίῳ·	
200	Mt 21,30	προσελθὼν δὲ **τῷ ἑτέρῳ** εἶπεν ὡσαύτως. ὁ δὲ ἀποκριθεὶς εἶπεν· ἐγώ, κύριε· καὶ οὐκ ἀπῆλθεν.					
112	Mt 21,36	πάλιν ἀπέστειλεν **ἄλλους δούλους** πλείονας τῶν πρώτων, καὶ ἐποίησαν αὐτοῖς ὡσαύτως.	Mk 12,4	καὶ πάλιν ἀπέστειλεν πρὸς αὐτοὺς **ἄλλον δοῦλον·** κἀκεῖνον ἐκεφαλίωσαν καὶ ἠτίμασαν.	Lk 20,11	καὶ προσέθετο **ἕτερον πέμψαι δοῦλον·** οἱ δὲ κἀκεῖνον δείραντες καὶ ἀτιμάσαντες ἐξαπέστειλαν κενόν.	→ GTh 65
112	Mt 26,71	... εἶδεν αὐτὸν **ἄλλη** καὶ λέγει τοῖς ἐκεῖ· οὗτος ἦν μετὰ Ἰησοῦ τοῦ Ναζωραίου.	Mk 14,69	καὶ **ἡ παιδίσκη** ἰδοῦσα αὐτὸν ἤρξατο πάλιν λέγειν τοῖς παρεστῶσιν ὅτι οὗτος ἐξ αὐτῶν ἐστιν.	Lk 22,58	καὶ μετὰ βραχὺ **ἕτερος** ἰδὼν αὐτὸν ἔφη· καὶ σὺ ἐξ αὐτῶν εἶ. ...	→ Jn 18,25
002					Lk 22,65	καὶ **ἕτερα πολλὰ** βλασφημοῦντες ἔλεγον εἰς αὐτόν.	
002					Lk 23,32 → Mt 27,38 → Mk 15,27 → Lk 23,33	ἤγοντο δὲ καὶ **ἕτεροι κακοῦργοι δύο** σὺν αὐτῷ ἀναιρεθῆναι.	→ Jn 19,18
002					Lk 23,40	ἀποκριθεὶς δὲ **ὁ ἕτερος** ἐπιτιμῶν αὐτῷ ἔφη· οὐδὲ φοβῇ σὺ τὸν θεόν, ...	

Acts 1,20 ... *τὴν ἐπισκοπὴν αὐτοῦ λαβέτω* ***ἕτερος.***
➤ Ps 109,8

Acts 2,4 ... καὶ ἤρξαντο λαλεῖν **ἑτέραις γλώσσαις** καθὼς τὸ πνεῦμα ἐδίδου ἀποφθέγγεσθαι αὐτοῖς.

Acts 2,13 **ἕτεροι** δὲ διαχλευάζοντες ἔλεγον ὅτι γλεύκους μεμεστωμένοι εἰσίν.

Acts 2,40 **ἑτέροις τε λόγοις πλείοσιν** διεμαρτύρατο καὶ παρεκάλει αὐτοὺς ...

Acts 4,12 καὶ οὐκ ἔστιν ἐν ἄλλῳ οὐδενὶ ἡ σωτηρία, **οὐδὲ γὰρ ὄνομά ἐστιν ἕτερον** ὑπὸ τὸν οὐρανὸν τὸ δεδομένον ἐν ἀνθρώποις ἐν ᾧ δεῖ σωθῆναι ἡμᾶς.

Acts 7,18 ἄχρι οὗ *ἀνέστη* ***βασιλεὺς ἕτερος*** *[ἐπ' Αἴγυπτον] ὃς οὐκ ᾔδει τὸν Ἰωσήφ.*
➤ Exod 1,8 LXX

Acts 8,34 ... δέομαί σου, περὶ τίνος ὁ προφήτης λέγει τοῦτο; περὶ ἑαυτοῦ ἢ **περὶ ἑτέρου τινός;**

Acts 12,17 ... καὶ ἐξελθὼν ἐπορεύθη **εἰς ἕτερον τόπον.**

Acts 13,35 διότι καὶ
ἐν ἑτέρῳ
λέγει· *οὐ δώσεις τὸν ὅσιόν σου ἰδεῖν διαφθοράν.*
➤ Ps 16,10

Acts 15,35 Παῦλος δὲ καὶ Βαρναβᾶς διέτριβον ἐν Ἀντιοχείᾳ διδάσκοντες καὶ εὐαγγελιζόμενοι
μετὰ καὶ ἑτέρων πολλῶν
τὸν λόγον τοῦ κυρίου.

Acts 17,7 ... καὶ οὗτοι πάντες ἀπέναντι τῶν δογμάτων Καίσαρος πράσσουσι
→ Lk 23,2
βασιλέα ἕτερον
λέγοντες εἶναι Ἰησοῦν.

Acts 17,21 Ἀθηναῖοι δὲ πάντες καὶ οἱ ἐπιδημοῦντες ξένοι
εἰς οὐδὲν ἕτερον
ηὐκαίρουν ἢ λέγειν τι ἢ ἀκούειν τι καινότερον.

Acts 17,34 ... ἐν οἷς καὶ Διονύσιος ὁ Ἀρεοπαγίτης καὶ γυνὴ ὀνόματι Δάμαρις καὶ
ἕτεροι
σὺν αὐτοῖς.

Acts 20,15 κἀκεῖθεν ἀποπλεύσαντες τῇ ἐπιούσῃ κατηντήσαμεν ἄντικρυς Χίου,
τῇ δὲ ἑτέρᾳ
παρεβάλομεν εἰς Σάμον, ...

Acts 23,6 γνοὺς δὲ ὁ Παῦλος ὅτι τὸ ἓν μέρος ἐστὶν Σαδδουκαίων
τὸ δὲ ἕτερον
Φαρισαίων ἔκραζεν ἐν τῷ συνεδρίῳ· ...

Acts 27,1 ... παρεδίδουν τόν τε Παῦλον καί
τινας ἑτέρους δεσμώτας
ἑκατοντάρχῃ ὀνόματι Ἰουλίῳ σπείρης Σεβαστῆς.

Acts 27,3 **τῇ τε ἑτέρᾳ**
κατήχθημεν εἰς Σιδῶνα, ...

# ἔτι	Syn	Mt	Mk	Lk	Acts	Jn	1-3John	Paul	Eph	Col
	29	8	5	16	5	8		15		
	NT	2Thess	1/2Tim	Tit	Heb	Jas	1Pet	2Pet	Jude	Rev
	93	1			13					22

still; yet; even; further; in addition; moreover

	triple tradition																	double tradition			Sondergut		
		+Mt / +Lk			–Mt / –Lk			traditions not taken over by Mt / Lk							subtotals								
code	*222*	*211*	*112*	*212*	*221*	*122*	*121*	*022*	*012*	*021*	*220*	*120*	*210*	*020*	Σ⁺	Σ⁻	Σ	*202*	*201*	*102*	*200*	*002*	total
Mt	2	3^+					1^-								3^+	1^-	5		1		2		**8**
Mk	2						1	1		1							5						**5**
Lk	2		4^+				1^-	1	1^+	1^-					5^+	2^-	8			1		7	**16**

a ἔτι αὐτοῦ λαλοῦντος and similar phrases

b ἔτι in negative statements

code	Mt		Mk		Lk		
002					**Lk 1,15**	... καὶ πνεύματος ἁγίου πλησθήσεται **ἔτι** ἐκ κοιλίας μητρὸς αὐτοῦ	
b 201	**Mt 5,13**	ὑμεῖς ἐστε τὸ ἅλας τῆς γῆς· ἐὰν δὲ τὸ ἅλας μωρανθῇ, ἐν τίνι ἁλισθήσεται; εἰς οὐδὲν ἰσχύει **ἔτι** εἰ μὴ βληθὲν ἔξω καταπατεῖσθαι ὑπὸ τῶν ἀνθρώπων.	**Mk 9,50**	καλὸν τὸ ἅλας· ἐὰν δὲ τὸ ἅλας ἄναλον γένηται, ἐν τίνι αὐτὸ ἀρτύσετε; ...	**Lk 14,35**	[34] καλὸν οὖν τὸ ἅλας· ἐὰν δὲ καὶ τὸ ἅλας μωρανθῇ, ἐν τίνι ἀρτυθήσεται; [35] οὔτε εἰς γῆν οὔτε εἰς κοπρίαν εὔθετόν ἐστιν, ἔξω βάλλουσιν αὐτό. ...	Mk-Q overlap
a 211	**Mt 12,46**	**ἔτι** αὐτοῦ λαλοῦντος τοῖς ὄχλοις ἰδοὺ ἡ μήτηρ καὶ οἱ ἀδελφοὶ αὐτοῦ εἱστήκεισαν ἔξω ...	**Mk 3,31**	καὶ ἔρχεται ἡ μήτηρ αὐτοῦ καὶ οἱ ἀδελφοὶ αὐτοῦ ...	**Lk 8,19**	παρεγένετο δὲ πρὸς αὐτὸν ἡ μήτηρ καὶ οἱ ἀδελφοὶ αὐτοῦ ...	→ GTh 99
a 022			**Mk 5,35** (2) → Lk 7,6	**ἔτι** αὐτοῦ λαλοῦντος ἔρχονται ἀπὸ τοῦ ἀρχισυναγώγου λέγοντες ὅτι ἡ θυγάτηρ σου ἀπέθανεν·	**Lk 8,49** → Lk 7,6	**ἔτι** αὐτοῦ λαλοῦντος ἔρχεταί τις παρὰ τοῦ ἀρχισυναγώγου λέγων ὅτι τέθνηκεν ἡ θυγάτηρ σου·	
b 021				**τί ἔτι** σκύλλεις τὸν διδάσκαλον;		**μηκέτι** σκύλλε τὸν διδάσκαλον.	

a 211	Mt 17,5	ἔτι αὐτοῦ λαλοῦντος ἰδοὺ νεφέλη φωτεινὴ ἐπεσκίασεν αὐτούς, ...	Mk 9,7	καὶ ἐγένετο νεφέλη ἐπισκιάζουσα αὐτοῖς, ...	Lk 9,34	ταῦτα δὲ αὐτοῦ λέγοντος ἐγένετο νεφέλη καὶ ἐπεσκίαζεν αὐτούς· ...	
012			Mk 9,20	καὶ ἤνεγκαν αὐτὸν πρὸς αὐτόν. καὶ ἰδὼν αὐτὸν τὸ πνεῦμα εὐθὺς συνεσπάραξεν αὐτόν, ...	Lk 9,42	ἔτι δὲ προσερχομένου αὐτοῦ ἔρρηξεν αὐτὸν τὸ δαιμόνιον καὶ συνεσπάραξεν· ...	
200	Mt 18,16	ἐὰν δὲ μὴ ἀκούσῃ, παράλαβε μετὰ σοῦ ἔτι ἕνα ἢ δύο, ...					
002					Lk 14,22	... κύριε, γέγονεν ὃ ἐπέταξας, καὶ ἔτι τόπος ἐστίν.	
102	Mt 10,37 → Mt 19,29	ὁ φιλῶν πατέρα ἢ μητέρα ὑπὲρ ἐμὲ οὐκ ἔστιν μου ἄξιος, καὶ ὁ φιλῶν υἱὸν ἢ θυγατέρα ὑπὲρ ἐμὲ οὐκ ἔστιν μου ἄξιος·	→ Mk 10,29		Lk 14,26 → Lk 18,29	εἴ τις ἔρχεται πρός με καὶ οὐ μισεῖ τὸν πατέρα ἑαυτοῦ καὶ τὴν μητέρα καὶ τὴν γυναῖκα καὶ τὰ τέκνα καὶ τοὺς ἀδελφοὺς καὶ τὰς ἀδελφάς ἔτι τε καὶ τὴν ψυχὴν ἑαυτοῦ, οὐ δύναται εἶναί μου μαθητής.	→ GTh 55 → GTh 101
002					Lk 14,32	εἰ δὲ μή γε, ἔτι αὐτοῦ πόρρω ὄντος πρεσβείαν ἀποστείλας ἐρωτᾷ τὰ πρὸς εἰρήνην.	
002					Lk 15,20	καὶ ἀναστὰς ἦλθεν πρὸς τὸν πατέρα ἑαυτοῦ. ἔτι δὲ αὐτοῦ μακρὰν ἀπέχοντος εἶδεν αὐτὸν ὁ πατὴρ αὐτοῦ καὶ ἐσπλαγχνίσθη ...	
b 002					Lk 16,2	... ἀπόδος τὸν λόγον τῆς οἰκονομίας σου, οὐ γὰρ δύνῃ ἔτι οἰκονομεῖν.	
211	Mt 19,20 ↓ Mk 10,21	... πάντα ταῦτα ἐφύλαξα· τί ἔτι ὑστερῶ;	Mk 10,20	... διδάσκαλε, ταῦτα πάντα ἐφυλαξάμην ἐκ νεότητός μου.	Lk 18,21	... ταῦτα πάντα ἐφύλαξα ἐκ νεότητος.	
112	Mt 19,21 → Mt 6,20	ἔφη αὐτῷ ὁ Ἰησοῦς· εἰ θέλεις τέλειος εἶναι, ...	Mk 10,21 ↑ Mt 19,20	ὁ δὲ Ἰησοῦς ἐμβλέψας αὐτῷ ἠγάπησεν αὐτὸν καὶ εἶπεν αὐτῷ· ἕν σε ὑστερεῖ· ...	Lk 18,22 → Lk 12,33	ἀκούσας δὲ ὁ Ἰησοῦς εἶπεν αὐτῷ· ἔτι ἕν σοι λείπει· ...	
121	Mt 21,37	ὕστερον δὲ ἀπέστειλεν πρὸς αὐτοὺς τὸν υἱὸν αὐτοῦ ...	Mk 12,6	ἔτι ἕνα εἶχεν, υἱὸν ἀγαπητόν· ἀπέστειλεν αὐτὸν ἔσχατον πρὸς αὐτοὺς ...	Lk 20,13	εἶπεν δὲ ὁ κύριος τοῦ ἀμπελῶνος· τί ποιήσω; πέμψω τὸν υἱόν μου τὸν ἀγαπητόν· ...	→ GTh 65

b 112	**Mt 22,30**	ἐν γὰρ τῇ ἀναστάσει οὔτε γαμοῦσιν οὔτε γαμίζονται, ἀλλ᾽ ὡς ἄγγελοι ἐν τῷ οὐρανῷ εἰσιν.	**Mk 12,25**	ὅταν γὰρ ἐκ νεκρῶν ἀναστῶσιν οὔτε γαμοῦσιν οὔτε γαμίζονται, ἀλλ᾽ εἰσὶν ὡς ἄγγελοι ἐν τοῖς οὐρανοῖς.	**Lk 20,36**	[35] οἱ δὲ καταξιωθέντες τοῦ αἰῶνος ἐκείνου τυχεῖν καὶ τῆς ἀναστάσεως τῆς ἐκ νεκρῶν οὔτε γαμοῦσιν οὔτε γαμίζονται· [36] οὐδὲ γὰρ ἀποθανεῖν **ἔτι** δύνανται, ἰσάγγελοι γάρ εἰσιν καὶ υἱοί εἰσιν θεοῦ τῆς ἀναστάσεως υἱοὶ ὄντες.	
a 222	**Mt 26,47**	καὶ **ἔτι** αὐτοῦ λαλοῦντος ἰδοὺ Ἰούδας εἷς τῶν δώδεκα ἦλθεν καὶ μετ᾽ αὐτοῦ ὄχλος πολὺς ...	**Mk 14,43**	καὶ εὐθὺς **ἔτι** αὐτοῦ λαλοῦντος παραγίνεται Ἰούδας εἷς τῶν δώδεκα καὶ μετ᾽ αὐτοῦ ὄχλος ...	**Lk 22,47**	**ἔτι** αὐτοῦ λαλοῦντος ἰδοὺ ὄχλος, καὶ ὁ λεγόμενος Ἰούδας εἷς τῶν δώδεκα προήρχετο αὐτοὺς ...	→ Jn 18,3
a 112	**Mt 26,74**	τότε ἤρξατο καταθεματίζειν καὶ ὀμνύειν ὅτι οὐκ οἶδα τὸν ἄνθρωπον. καὶ εὐθέως ἀλέκτωρ ἐφώνησεν.	**Mk 14,72**	[71] ὁ δὲ ἤρξατο ἀναθεματίζειν καὶ ὀμνύναι ὅτι οὐκ οἶδα τὸν ἄνθρωπον τοῦτον ὃν λέγετε. [72] καὶ εὐθὺς ἐκ δευτέρου ἀλέκτωρ ἐφώνησεν. ...	**Lk 22,60**	εἶπεν δὲ ὁ Πέτρος· ἄνθρωπε, οὐκ οἶδα ὃ λέγεις. καὶ παραχρῆμα **ἔτι** λαλοῦντος αὐτοῦ ἐφώνησεν ἀλέκτωρ.	→ Jn 18,27
b 222	**Mt 26,65**	... ἐβλασφήμησεν· **τί ἔτι** χρείαν ἔχομεν μαρτύρων; ἴδε νῦν ἠκούσατε τὴν βλασφημίαν·	**Mk 14,63**	... **τί ἔτι** χρείαν ἔχομεν μαρτύρων; [64] ἠκούσατε τῆς βλασφημίας· ...	**Lk 22,71**	... **τί ἔτι** ἔχομεν μαρτυρίας χρείαν; αὐτοὶ γὰρ ἠκούσαμεν ἀπὸ τοῦ στόματος αὐτοῦ.	
200	**Mt 27,63** → Mt 12,40	... κύριε, ἐμνήσθημεν ὅτι ἐκεῖνος ὁ πλάνος εἶπεν **ἔτι** ζῶν· μετὰ τρεῖς ἡμέρας ἐγείρομαι.					
112	**Mt 28,6**	οὐκ ἔστιν ὧδε, ἠγέρθη γὰρ καθὼς εἶπεν· δεῦτε ἴδετε τὸν τόπον ὅπου ἔκειτο.	**Mk 16,6**	... ἠγέρθη, οὐκ ἔστιν ὧδε· ἴδε ὁ τόπος ὅπου ἔθηκαν αὐτόν.	**Lk 24,6** → Lk 24,23	οὐκ ἔστιν ὧδε, ἀλλὰ ἠγέρθη. μνήσθητε ὡς ἐλάλησεν ὑμῖν **ἔτι** ὢν ἐν τῇ Γαλιλαίᾳ	
002					**Lk 24,41**	**ἔτι** δὲ ἀπιστούντων αὐτῶν ἀπὸ τῆς χαρᾶς καὶ θαυμαζόντων ...	→ Jn 20,20.27
002					**Lk 24,44**	... οὗτοι οἱ λόγοι μου οὓς ἐλάλησα πρὸς ὑμᾶς **ἔτι** ὢν σὺν ὑμῖν, ...	

Acts 2,26 *διὰ τοῦτο ηὐφράνθη ἡ καρδία μου καὶ ἠγαλλιάσατο ἡ γλῶσσά μου,*
ἔτι
δὲ καὶ ἡ σάρξ μου κατασκηνώσει ἐπ᾽ ἐλπίδι
➤ Ps 15,9 LXX

Acts 9,1 ὁ δὲ Σαῦλος
ἔτι
ἐμπνέων ἀπειλῆς καὶ φόνου εἰς τοὺς μαθητὰς τοῦ κυρίου, ...

a **Acts 10,44** **ἔτι**
λαλοῦντος τοῦ Πέτρου τὰ ῥήματα ταῦτα ἐπέπεσεν τὸ πνεῦμα τὸ ἅγιον ἐπὶ πάντας τοὺς ἀκούοντας τὸν λόγον.

Acts 18,18 ὁ δὲ Παῦλος
ἔτι
προσμείνας ἡμέρας ἱκανὰς τοῖς ἀδελφοῖς ἀποταξάμενος ...

Acts 21,28 ... οὗτός ἐστιν ὁ ἄνθρωπος ὁ κατὰ τοῦ λαοῦ καὶ τοῦ νόμου καὶ τοῦ τόπου τούτου πάντας πανταχῇ διδάσκων,
ἔτι
τε καὶ Ἕλληνας εἰσήγαγεν εἰς τὸ ἱερὸν ...

ἑτοιμάζω	Syn 26	Mt 7	Mk 5	Lk 14	Acts 1	Jn 2	1-3John	Paul 2	Eph	Col
	NT 40	2Thess	1/2Tim 1	Tit	Heb 1	Jas	1Pet	2Pet	Jude	Rev 7

put, keep in readiness; prepare

	triple tradition																	double tradition			Sondergut		
		+Mt / +Lk			–Mt / –Lk			traditions not taken over by Mt / Lk							subtotals								
code	*222*	*211*	*112*	*212*	*221*	*122*	*121*	*022*	*012*	*021*	*220*	*120*	*210*	*020*	Σ⁺	Σ⁻	Σ	*202*	*201*	*102*	*200*	*002*	total
Mt	3										1						4		1		2		7
Mk	3							1			1						5						5
Lk	3		3⁺					1							3⁺		7					7	14

code	Mt		Mk		Lk		
002					**Lk 1,17** ↓ Lk 3,4	... καὶ ἀπειθεῖς ἐν φρονήσει δικαίων, **ἑτοιμάσαι** κυρίῳ λαὸν κατεσκευασμένον.	
002					**Lk 1,76** ↓ Lk 3,4 → Lk 7,27	... προπορεύσῃ γὰρ ἐνώπιον κυρίου **ἑτοιμάσαι** ὁδοὺς αὐτοῦ	→ Acts 13,24
002					**Lk 2,31**	[30] ... εἶδον οἱ ὀφθαλμοί μου τὸ σωτήριόν σου, [31] ὃ **ἡτοίμασας** κατὰ πρόσωπον πάντων τῶν λαῶν	
222	**Mt 3,3**	... *φωνὴ βοῶντος ἐν τῇ ἐρήμῳ·* ***ἑτοιμάσατε*** *τὴν ὁδὸν κυρίου, ...* ➤ Isa 40,3 LXX	**Mk 1,3**	*φωνὴ βοῶντος ἐν τῇ ἐρήμῳ·* ***ἑτοιμάσατε*** *τὴν ὁδὸν κυρίου, ...* ➤ Isa 40,3 LXX	**Lk 3,4** ↑ Lk 1,17 ↑ Lk 1,76 → Lk 7,27	... *φωνὴ βοῶντος ἐν τῇ ἐρήμῳ·* ***ἑτοιμάσατε*** *τὴν ὁδὸν κυρίου, ...* ➤ Isa 40,3 LXX	→ Jn 1,23 → Acts 13,24
002					**Lk 9,52**	... εἰσῆλθον εἰς κώμην Σαμαριτῶν, ὡς **ἑτοιμάσαι** αὐτῷ·	
002					**Lk 12,20**	... ἄφρων, ταύτῃ τῇ νυκτὶ τὴν ψυχήν σου ἀπαιτοῦσιν ἀπὸ σοῦ· ἃ δὲ **ἡτοίμασας,** τίνι ἔσται;	→ GTh 63
002					**Lk 12,47**	ἐκεῖνος δὲ ὁ δοῦλος ὁ γνοὺς τὸ θέλημα τοῦ κυρίου αὐτοῦ καὶ **μὴ ἑτοιμάσας** ἢ ποιήσας πρὸς τὸ θέλημα αὐτοῦ δαρήσεται πολλάς·	
002					**Lk 17,8**	ἀλλ᾽ οὐχὶ ἐρεῖ αὐτῷ· **ἑτοίμασον** τί δειπνήσω καὶ περιζωσάμενος διακόνει μοι ...	
220	**Mt 20,23**	... τὸ δὲ καθίσαι ἐκ δεξιῶν μου καὶ ἐξ εὐωνύμων οὐκ ἔστιν ἐμὸν [τοῦτο] δοῦναι, ἀλλ᾽ οἷς **ἡτοίμασται** ὑπὸ τοῦ πατρός μου.	**Mk 10,40**	τὸ δὲ καθίσαι ἐκ δεξιῶν μου ἢ ἐξ εὐωνύμων οὐκ ἔστιν ἐμὸν δοῦναι, ἀλλ᾽ οἷς **ἡτοίμασται.**			

201	**Mt 22,4**	... εἴπατε τοῖς κεκλημένοις· ἰδοὺ τὸ ἄριστόν μου **ἡτοίμακα,** οἱ ταῦροί μου καὶ τὰ σιτιστὰ τεθυμένα καὶ πάντα ἕτοιμα· δεῦτε εἰς τοὺς γάμους.			**Lk 14,17**	... εἰπεῖν τοῖς κεκλημένοις· ἔρχεσθε, ὅτι ἤδη ἕτοιμά ἐστιν.	→ GTh 64
200	**Mt 25,34**	... κληρονομήσατε **τὴν ἡτοιμασμένην ὑμῖν βασιλείαν** ἀπὸ καταβολῆς κόσμου·					
200	**Mt 25,41** → Mt 7,23 → Lk 13,27	... πορεύεσθε ἀπ᾽ ἐμοῦ [οἱ] κατηραμένοι εἰς τὸ πῦρ τὸ αἰώνιον **τὸ ἡτοιμασμένον** τῷ διαβόλῳ καὶ τοῖς ἀγγέλοις αὐτοῦ.					
112	**Mt 26,18**	ὁ δὲ εἶπεν· ὑπάγετε εἰς τὴν πόλιν ...	**Mk 14,13**	καὶ ἀποστέλλει δύο τῶν μαθητῶν αὐτοῦ καὶ λέγει αὐτοῖς· ὑπάγετε εἰς τὴν πόλιν, ...	**Lk 22,8**	καὶ ἀπέστειλεν Πέτρον καὶ Ἰωάννην εἰπών· πορευθέντες **ἑτοιμάσατε** ἡμῖν τὸ πάσχα ἵνα φάγωμεν. [9] ... [10] ὁ δὲ εἶπεν αὐτοῖς· ἰδοὺ εἰσελθόντων ὑμῶν εἰς τὴν πόλιν ...	
222	**Mt 26,17**	... προσῆλθον οἱ μαθηταὶ τῷ Ἰησοῦ λέγοντες· ποῦ θέλεις **ἑτοιμάσωμέν** σοι φαγεῖν τὸ πάσχα;	**Mk 14,12**	... λέγουσιν αὐτῷ οἱ μαθηταὶ αὐτοῦ· ποῦ θέλεις ἀπελθόντες **ἑτοιμάσωμεν** ἵνα φάγῃς τὸ πάσχα;	**Lk 22,9**	οἱ δὲ εἶπαν αὐτῷ· ποῦ θέλεις **ἑτοιμάσωμεν;**	
022			**Mk 14,15**	καὶ αὐτὸς ὑμῖν δείξει ἀνάγαιον μέγα ἐστρωμένον ἕτοιμον· καὶ ἐκεῖ **ἑτοιμάσατε** ἡμῖν.	**Lk 22,12**	κἀκεῖνος ὑμῖν δείξει ἀνάγαιον μέγα ἐστρωμένον· ἐκεῖ **ἑτοιμάσατε.**	
222	**Mt 26,19**	καὶ ἐποίησαν οἱ μαθηταὶ ὡς συνέταξεν αὐτοῖς ὁ Ἰησοῦς καὶ **ἡτοίμασαν** τὸ πάσχα.	**Mk 14,16**	καὶ ἐξῆλθον οἱ μαθηταὶ καὶ ἦλθον εἰς τὴν πόλιν καὶ εὗρον καθὼς εἶπεν αὐτοῖς καὶ **ἡτοίμασαν** τὸ πάσχα.	**Lk 22,13**	ἀπελθόντες δὲ εὗρον καθὼς εἰρήκει αὐτοῖς καὶ **ἡτοίμασαν** τὸ πάσχα.	
112	**Mt 28,1**	ὀψὲ δὲ σαββάτων,	**Mk 16,1** ↓ **Lk 24,1** ↓ Lk 24,10 → Mk 15,40 → Mk 15,47	καὶ διαγενομένου τοῦ σαββάτου Μαρία ἡ Μαγδαληνὴ καὶ Μαρία ἡ [τοῦ] Ἰακώβου καὶ Σαλώμη **ἠγόρασαν** ἀρώματα ἵνα ἐλθοῦσαι ἀλείψωσιν αὐτόν.	**Lk 23,56**	ὑποστρέψασαι δὲ **ἡτοίμασαν** ἀρώματα καὶ μύρα. καὶ τὸ μὲν σάββατον ἡσύχασαν κατὰ τὴν ἐντολήν.	
112	→ Mt 27,56 → Mt 27,61	τῇ ἐπιφωσκούσῃ εἰς μίαν σαββάτων ἦλθεν Μαριὰμ ἡ Μαγδαληνὴ καὶ ἡ ἄλλη Μαρία θεωρῆσαι τὸν τάφον.	**Mk 16,2**	καὶ λίαν πρωῒ τῇ μιᾷ τῶν σαββάτων ἔρχονται ἐπὶ τὸ μνημεῖον ἀνατείλαντος τοῦ ἡλίου.	**Lk 24,1** ↑ Mk 16,1 → Lk 24,22 → Lk 8,2-3	τῇ δὲ μιᾷ τῶν σαββάτων ὄρθρου βαθέως ἐπὶ τὸ μνῆμα ἦλθον φέρουσαι ἃ **ἡτοίμασαν** ἀρώματα. [2] ... [10] ἦσαν δὲ ἡ Μαγδαληνὴ Μαρία καὶ Ἰωάννα καὶ Μαρία ἡ Ἰακώβου καὶ αἱ λοιπαὶ σὺν αὐταῖς ...	→ Jn 20,1 → Jn 20,18

Acts 23,23 καὶ προσκαλεσάμενος
δύο [τινὰς] τῶν
ἑκατονταρχῶν εἶπεν·
ἑτοιμάσατε
στρατιώτας διακοσίους,
...

ἕτοιμος	Syn	Mt	Mk	Lk	Acts	Jn	1-3John	Paul	Eph	Col
	8	4	1	3	2	1		3		
	NT	2Thess	1/2Tim	Tit	Heb	Jas	1Pet	2Pet	Jude	Rev
	17			1			2			

ready

	triple tradition																	double tradition			Sondergut		
		+Mt / +Lk			–Mt / –Lk			traditions not taken over by Mt / Lk							subtotals								
code	222	211	112	212	221	122	121	022	012	021	220	120	210	020	Σ⁺	Σ⁻	Σ	202	201	102	200	002	total
Mt																		2	1		1		4
Mk										1							1						1
Lk			1⁺							1⁻					1⁺	1⁻	1	2					3

code	Mt		Mk		Lk		
202	**Mt 24,44** → Mt 24,42 → Mt 24,50 → Mt 25,13	διὰ τοῦτο καὶ ὑμεῖς γίνεσθε **ἕτοιμοι,** ὅτι ᾗ οὐ δοκεῖτε ὥρᾳ ὁ υἱὸς τοῦ ἀνθρώπου ἔρχεται.	→ Mk 13,35		**Lk 12,40** → Lk 12,38	καὶ ὑμεῖς γίνεσθε **ἕτοιμοι,** ὅτι ᾗ ὥρᾳ οὐ δοκεῖτε ὁ υἱὸς τοῦ ἀνθρώπου ἔρχεται.	→ GTh 21,6
202	**Mt 22,4**	... ἰδοὺ τὸ ἄριστόν μου ἡτοίμακα, οἱ ταῦροί μου καὶ τὰ σιτιστὰ τεθυμένα καὶ πάντα **ἕτοιμα·** δεῦτε εἰς τοὺς γάμους.			**Lk 14,17**	... ἔρχεσθε, ὅτι ἤδη **ἕτοιμά** ἐστιν.	→ GTh 64
201	**Mt 22,8**	... ὁ μὲν γάμος **ἕτοιμός** ἐστιν, οἱ δὲ κεκλημένοι οὐκ ἦσαν ἄξιοι·			**Lk 14,24**	... οὐδεὶς τῶν ἀνδρῶν ἐκείνων τῶν κεκλημένων γεύσεταί μου τοῦ δείπνου.	→ GTh 64
202	**Mt 24,44** → Mt 24,42 → Mt 24,50 → Mt 25,13	διὰ τοῦτο καὶ ὑμεῖς γίνεσθε **ἕτοιμοι,** ὅτι ᾗ οὐ δοκεῖτε ὥρᾳ ὁ υἱὸς τοῦ ἀνθρώπου ἔρχεται.	→ Mk 13,35		**Lk 12,40** → Lk 12,38	καὶ ὑμεῖς γίνεσθε **ἕτοιμοι,** ὅτι ᾗ ὥρᾳ οὐ δοκεῖτε ὁ υἱὸς τοῦ ἀνθρώπου ἔρχεται.	→ GTh 21,6
200	**Mt 25,10**	ἀπερχομένων δὲ αὐτῶν ἀγοράσαι ἦλθεν ὁ νυμφίος, καὶ **αἱ ἕτοιμοι** εἰσῆλθον μετ' αὐτοῦ εἰς τοὺς γάμους καὶ ἐκλείσθη ἡ θύρα.			Lk 13,25	ἀφ' οὗ ἂν ἐγερθῇ ὁ οἰκοδεσπότης καὶ ἀποκλείσῃ τὴν θύραν ...	
021			**Mk 14,15**	καὶ αὐτὸς ὑμῖν δείξει ἀνάγαιον μέγα ἐστρωμένον **ἕτοιμον·** καὶ ἐκεῖ ἑτοιμάσατε ἡμῖν.	**Lk 22,12**	κἀκεῖνος ὑμῖν δείξει ἀνάγαιον μέγα ἐστρωμένον· ἐκεῖ ἑτοιμάσατε.	
112	**Mt 26,33**	ἀποκριθεὶς δὲ ὁ Πέτρος εἶπεν αὐτῷ· εἰ πάντες σκανδαλισθήσονται ἐν σοί, ἐγὼ οὐδέποτε σκανδαλισθήσομαι.	**Mk 14,29**	ὁ δὲ Πέτρος ἔφη αὐτῷ· εἰ καὶ πάντες σκανδαλισθήσονται, ἀλλ' οὐκ ἐγώ.	**Lk 22,33** → Mt 26,35 → Mk 14,31	ὁ δὲ εἶπεν αὐτῷ· κύριε, μετὰ σοῦ **ἕτοιμός** εἰμι καὶ εἰς φυλακὴν καὶ εἰς θάνατον πορεύεσθαι.	→ Jn 13,37

Acts 23,15	... ἡμεῖς δὲ πρὸ τοῦ ἐγγίσαι αὐτὸν **ἕτοιμοί** ἐσμεν τοῦ ἀνελεῖν αὐτόν.	**Acts 23,21**	... καὶ νῦν εἰσιν **ἕτοιμοι** προσδεχόμενοι τὴν ἀπὸ σοῦ ἐπαγγελίαν.

ἔτος	Syn 18	Mt 1	Mk 2	Lk 15	Acts 11	Jn 3	1-3John	Paul 5	Eph	Col
	NT 49	2Thess	1/2Tim 1	Tit	Heb 3	Jas	1Pet	2Pet 2	Jude	Rev 6

year

	triple tradition																double tradition			Sondergut		
		+Mt / +Lk			–Mt / –Lk			traditions not taken over by Mt / Lk							subtotals							
code	*222*	*211*	*112*	*212*	*221*	*122*	*121*	*022*	*012*	*021*	*220*	*120*	*210*	*020*	Σ⁺	Σ⁻	Σ	*202*	*201*	*102*	*200*	*002*	total
Mt	1					1⁻										1⁻	1						**1**
Mk	1					1											2						**2**
Lk	1					1											2					13	**15**

code	Mt		Lk	
002			**Lk 2,36**	... ζήσασα μετὰ ἀνδρὸς **ἔτη ἑπτὰ** ἀπὸ τῆς παρθενίας αὐτῆς
002			**Lk 2,37**	καὶ αὐτὴ χήρα **ἕως ἐτῶν ὀγδοήκοντα τεσσάρων, ...**
002			**Lk 2,41**	καὶ ἐπορεύοντο οἱ γονεῖς αὐτοῦ **κατ' ἔτος** εἰς Ἰερουσαλὴμ τῇ ἑορτῇ τοῦ πάσχα.
002			**Lk 2,42**	καὶ ὅτε ἐγένετο **ἐτῶν δώδεκα,** ἀναβαινόντων αὐτῶν κατὰ τὸ ἔθος τῆς ἑορτῆς
002			**Lk 3,1**	**ἐν ἔτει δὲ πεντεκαιδεκάτῳ τῆς ἡγεμονίας Τιβερίου Καίσαρος,** ἡγεμονεύοντος Ποντίου Πιλάτου τῆς Ἰουδαίας, ...
002	**Mt 1,16** → Mt 13,55 → Mk 6,3	Ἰακὼβ δὲ ἐγέννησεν τὸν Ἰωσὴφ τὸν ἄνδρα Μαρίας, ἐξ ἧς ἐγεννήθη Ἰησοῦς ὁ λεγόμενος χριστός.	**Lk 3,23** → Lk 4,22	καὶ αὐτὸς ἦν Ἰησοῦς ἀρχόμενος **ὡσεὶ ἐτῶν τριάκοντα,** ὢν υἱός, ὡς ἐνομίζετο, Ἰωσὴφ τοῦ Ἠλὶ
002			**Lk 4,25**	... πολλαὶ χῆραι ἦσαν ἐν ταῖς ἡμέραις Ἠλίου ἐν τῷ Ἰσραήλ, ὅτε ἐκλείσθη ὁ οὐρανὸς **ἐπὶ ἔτη τρία καὶ μῆνας ἕξ,** ὡς ἐγένετο λιμὸς μέγας ἐπὶ πᾶσαν τὴν γῆν

122	**Mt 9,18**	... προσεκύνει αὐτῷ λέγων ὅτι ἡ θυγάτηρ μου ἄρτι ἐτελεύτησεν· ...	**Mk 5,42**	[22] ... πίπτει πρὸς τοὺς πόδας αὐτοῦ [23] καὶ παρακαλεῖ αὐτὸν πολλὰ λέγων ὅτι τὸ θυγάτριόν μου ἐσχάτως ἔχει, ... [42] ... ἦν γὰρ **ἐτῶν δώδεκα**. ...	**Lk 8,42**	[41] ... καὶ πεσὼν παρὰ τοὺς πόδας [τοῦ] Ἰησοῦ παρεκάλει αὐτὸν εἰσελθεῖν εἰς τὸν οἶκον αὐτοῦ, [42] ὅτι θυγάτηρ μονογενὴς ἦν αὐτῷ **ὡς ἐτῶν δώδεκα** καὶ αὐτὴ ἀπέθνῃσκεν. ...	
222	**Mt 9,20**	καὶ ἰδοὺ γυνὴ αἱμορροοῦσα **δώδεκα ἔτη** ...	**Mk 5,25**	καὶ γυνὴ οὖσα ἐν ῥύσει αἵματος **δώδεκα ἔτη**	**Lk 8,43**	καὶ γυνὴ οὖσα ἐν ῥύσει αἵματος **ἀπὸ ἐτῶν δώδεκα**, ...	
122	**Mt 9,25**	... καὶ ἠγέρθη τὸ κοράσιον.	**Mk 5,42**	καὶ εὐθὺς ἀνέστη τὸ κοράσιον καὶ περιεπάτει· ἦν γὰρ **ἐτῶν δώδεκα**. καὶ ἐξέστησαν [εὐθὺς] ἐκστάσει μεγάλῃ.	**Lk 8,42**	[55] καὶ ἐπέστρεψεν τὸ πνεῦμα αὐτῆς καὶ ἀνέστη παραχρῆμα ... [42] ... ἦν αὐτῷ **ὡς ἐτῶν δώδεκα** ... [56] καὶ ἐξέστησαν οἱ γονεῖς αὐτῆς·	
002					**Lk 12,19**	... ψυχή, ἔχεις πολλὰ ἀγαθὰ κείμενα **εἰς ἔτη πολλά**· ἀναπαύου, φάγε, πίε, εὐφραίνου.	→ GTh 63
002					**Lk 13,7**	... ἰδοὺ **τρία ἔτη** ἀφ᾽ οὗ ἔρχομαι ζητῶν καρπὸν ἐν τῇ συκῇ ταύτῃ καὶ οὐχ εὑρίσκω· ...	
002					**Lk 13,8**	... κύριε, ἄφες αὐτὴν καὶ **τοῦτο τὸ ἔτος**, ἕως ὅτου σκάψω περὶ αὐτὴν καὶ βάλω κόπρια	
002					**Lk 13,11** → Mt 12,10 → Mk 3,1 → Lk 6,6 → Lk 14,2	καὶ ἰδοὺ γυνὴ πνεῦμα ἔχουσα ἀσθενείας **ἔτη δεκαοκτὼ** καὶ ἦν συγκύπτουσα ...	
002					**Lk 13,16** → Lk 4,18 → Lk 19,9	ταύτην δὲ θυγατέρα Ἀβραὰμ οὖσαν, ἣν ἔδησεν ὁ σατανᾶς ἰδοὺ **δέκα καὶ ὀκτὼ ἔτη**, οὐκ ἔδει λυθῆναι ἀπὸ τοῦ δεσμοῦ τούτου τῇ ἡμέρᾳ τοῦ σαββάτου;	→ Acts 10,38
002					**Lk 15,29**	... ἰδοὺ **τοσαῦτα ἔτη** δουλεύω σοι καὶ οὐδέποτε ἐντολήν σου παρῆλθον, ...	

Acts 4,22 **ἐτῶν γὰρ ἦν πλειόνων τεσσεράκοντα** ὁ ἄνθρωπος ἐφ᾽ ὃν γεγόνει τὸ σημεῖον τοῦτο τῆς ἰάσεως.

Acts 7,6 ... *ἔσται τὸ σπέρμα αὐτοῦ πάροικον ἐν γῇ ἀλλοτρίᾳ καὶ δουλώσουσιν αὐτὸ καὶ κακώσουσιν* ***ἔτη τετρακόσια·***
➢ Gen 15,13; Exod 2,22

Acts 7,30 καὶ πληρωθέντων **ἐτῶν τεσσεράκοντα** ὤφθη αὐτῷ ἐν τῇ ἐρήμῳ τοῦ ὄρους Σινᾶ ἄγγελος ἐν φλογὶ πυρὸς βάτου.
➢ Exod 3,2

Acts 7,36 οὗτος ἐξήγαγεν αὐτοὺς ποιήσας τέρατα καὶ σημεῖα ἐν γῇ Αἰγύπτῳ καὶ ἐν ἐρυθρᾷ θαλάσσῃ καὶ ἐν τῇ ἐρήμῳ **ἔτη τεσσεράκοντα**.

Acts 7,42 ... *μὴ σφάγια καὶ θυσίας προσηνέγκατέ μοι* ***ἔτη τεσσεράκοντα*** *ἐν τῇ ἐρήμῳ, οἶκος Ἰσραήλ;*
➢ Amos 5,25 LXX

Acts 9,33 εὗρεν δὲ ἐκεῖ ἄνθρωπόν τινα ὀνόματι Αἰνέαν **ἐξ ἐτῶν ὀκτὼ** κατακείμενον ἐπὶ κραβάττου, ...

Acts 13,20 [19] καὶ καθελὼν ἔθνη ἑπτὰ ἐν γῇ Χανάαν κατεκληρονόμησεν τὴν γῆν αὐτῶν
[20] ὡς **ἔτεσιν τετρακοσίοις καὶ πεντήκοντα.**
καὶ μετὰ ταῦτα ἔδωκεν κριτὰς ἕως Σαμουὴλ [τοῦ] προφήτου.

Acts 13,21 ... καὶ ἔδωκεν αὐτοῖς ὁ θεὸς τὸν Σαοὺλ υἱὸν Κίς, ἄνδρα ἐκ φυλῆς Βενιαμίν,
ἔτη τεσσεράκοντα.

Acts 19,10 τοῦτο δὲ ἐγένετο
ἐπὶ ἔτη δύο,
ὥστε πάντας τοὺς κατοικοῦντας τὴν Ἀσίαν ἀκοῦσαι τὸν λόγον τοῦ κυρίου, ...

Acts 24,10 ... **ἐκ πολλῶν ἐτῶν**
ὄντα σε κριτὴν τῷ ἔθνει τούτῳ ἐπιστάμενος εὐθύμως τὰ περὶ ἐμαυτοῦ ἀπολογοῦμαι

Acts 24,17 **δι' ἐτῶν δὲ πλειόνων**
ἐλεημοσύνας ποιήσων εἰς τὸ ἔθνος μου παρεγενόμην καὶ προσφοράς

εὖ

εὖ	Syn	Mt	Mk	Lk	Acts	Jn	1-3John	Paul	Eph	Col
	3	2	1		1				1	
	NT	2Thess	1/2Tim	Tit	Heb	Jas	1Pet	2Pet	Jude	Rev
	5									

well

code	Mt	Mk	Lk	
201	**Mt 25,21** → Mt 24,47 ἔφη αὐτῷ ὁ κύριος αὐτοῦ· **εὖ,** δοῦλε ἀγαθὲ καὶ πιστέ, ἐπὶ ὀλίγα ἧς πιστός, ἐπὶ πολλῶν σε καταστήσω· ...		**Lk 19,17** → Lk 16,10 καὶ εἶπεν αὐτῷ· **εὖγε,** ἀγαθὲ δοῦλε, ὅτι ἐν ἐλαχίστῳ πιστὸς ἐγένου, ἴσθι ἐξουσίαν ἔχων ἐπάνω δέκα πόλεων.	
201	**Mt 25,23** → Mt 24,47 ἔφη αὐτῷ ὁ κύριος αὐτοῦ· **εὖ,** δοῦλε ἀγαθὲ καὶ πιστέ, ἐπὶ ὀλίγα ἧς πιστός, ἐπὶ πολλῶν σε καταστήσω· ...		**Lk 19,19** εἶπεν δὲ καὶ τούτῳ· καὶ σὺ ἐπάνω γίνου πέντε πόλεων.	
120	**Mt 26,11** πάντοτε γὰρ τοὺς πτωχοὺς ἔχετε μεθ' ἑαυτῶν, ἐμὲ δὲ οὐ πάντοτε ἔχετε·	**Mk 14,7** πάντοτε γὰρ τοὺς πτωχοὺς ἔχετε μεθ' ἑαυτῶν καὶ ὅταν θέλητε δύνασθε αὐτοῖς **εὖ** ποιῆσαι, ἐμὲ δὲ οὐ πάντοτε ἔχετε.		→ Jn 12,8

Acts 15,29 ἀπέχεσθαι εἰδωλοθύτων καὶ αἵματος καὶ πνικτῶν καὶ πορνείας, ἐξ ὧν
διατηροῦντες ἑαυτοὺς
εὖ
πράξετε. ἔρρωσθε.

εὐαγγελίζω

εὐαγγελίζω	Syn	Mt	Mk	Lk	Acts	Jn	1-3John	Paul	Eph	Col
	11	1		10	15			19	2	
	NT	2Thess	1/2Tim	Tit	Heb	Jas	1Pet	2Pet	Jude	Rev
	54				2		3			2

bring, announce good news; preach

	triple tradition																	double tradition			Sondergut		
		+Mt / +Lk			−Mt / −Lk			traditions not taken over by Mt / Lk							subtotals								
code	222	211	112	212	221	122	121	022	012	021	220	120	210	020	Σ⁺	Σ⁻	Σ	202	201	102	200	002	total
Mt																		1					**1**
Mk																							
Lk			1⁺						2⁺						3⁺		3	1		1		5	**10**

a εὐαγγελίζομαι τὴν βασιλείαν, ~ περὶ τῆς βασιλείας
b εὐαγγελίζομαι τὸν χριστόν, ~ τὸν Ἰησοῦν, ~ τὸν κύριον
c εὐαγγελίζομαι τὸν λόγον

code	Mt	Mk	Lk	
002			**Lk 1,19** ... ἐγώ εἰμι Γαβριὴλ ὁ παρεστηκὼς ἐνώπιον τοῦ θεοῦ καὶ ἀπεστάλην λαλῆσαι πρὸς σὲ καὶ **εὐαγγελίσασθαί** σοι ταῦτα·	

002					Lk 2,10	... μὴ φοβεῖσθε, ἰδοὺ γὰρ **εὐαγγελίζομαι** ὑμῖν χαρὰν μεγάλην ...	
002					Lk 3,18	πολλὰ μὲν οὖν καὶ ἕτερα παρακαλῶν **εὐηγγελίζετο** τὸν λαόν.	
002					Lk 4,18 ↓Mt 11,5 ↓Lk 7,22 →Lk 3,22 →Mt 5,3 →Lk 6,20	*πνεῦμα κυρίου ἐπ᾽ ἐμὲ οὗ εἵνεκεν ἔχρισέν με* ***εὐαγγελίσασθαι*** *πτωχοῖς, ἀπέσταλκέν με, κηρύξαι αἰχμαλώτοις ἄφεσιν ...* ➤ Isa 61,1 LXX; 58,6	→ Acts 4,27 → Acts 10,38
a 012			Mk 1,38	... ἄγωμεν ἀλλαχοῦ εἰς τὰς ἐχομένας κωμοπόλεις, ἵνα καὶ ἐκεῖ **κηρύξω·** εἰς τοῦτο γὰρ ἐξῆλθον.	Lk 4,43	... καὶ ταῖς ἑτέραις πόλεσιν **εὐαγγελίσασθαί** με δεῖ τὴν βασιλείαν τοῦ θεοῦ, ὅτι ἐπὶ τοῦτο ἀπεστάλην.	
202	Mt 11,5 →Mt 15,31 →Mt 5,3	*τυφλοὶ ἀναβλέπουσιν* καὶ χωλοὶ περιπατοῦσιν, λεπροὶ καθαρίζονται καὶ *κωφοὶ ἀκούουσιν*, καὶ *νεκροὶ ἐγείρονται* καὶ πτωχοὶ **εὐαγγελίζονται·** ➤ Isa 29,18; 35,5-6; 42,18; 26,19			Lk 7,22 ↑Lk 4,18 →Lk 6,20	... *τυφλοὶ ἀναβλέπουσιν*, χωλοὶ περιπατοῦσιν, λεπροὶ καθαρίζονται καὶ *κωφοὶ ἀκούουσιν*, *νεκροὶ ἐγείρονται*, πτωχοὶ **εὐαγγελίζονται·** ➤ Isa 29,18; 35,5-6; 42,18; 26,19	
a 002	Mt 9,35 ⇩Mt 4,23 →Mk 1,21	καὶ περιῆγεν ὁ Ἰησοῦς τὰς πόλεις πάσας καὶ τὰς κώμας διδάσκων ἐν ταῖς συναγωγαῖς αὐτῶν καὶ **κηρύσσων τὸ εὐαγγέλιον τῆς βασιλείας** ...	Mk 6,6 ↓Mk 1,39	... καὶ περιῆγεν τὰς κώμας κύκλῳ διδάσκων.	Lk 8,1 →Lk 4,15 ↓Lk 4,44 →Lk 13,22	καὶ ἐγένετο ἐν τῷ καθεξῆς καὶ αὐτὸς διώδευεν κατὰ πόλιν καὶ κώμην **κηρύσσων καὶ εὐαγγελιζόμενος τὴν βασιλείαν τοῦ θεοῦ** καὶ οἱ δώδεκα σὺν αὐτῷ	
	Mt 4,23 ⇧Mt 9,35 →Mk 1,21	καὶ περιῆγεν ἐν ὅλῃ τῇ Γαλιλαίᾳ διδάσκων ἐν ταῖς συναγωγαῖς αὐτῶν καὶ **κηρύσσων** τὸ εὐαγγέλιον τῆς βασιλείας ...	Mk 1,39 →Mk 1,14 ↑Mk 6,6	καὶ ἦλθεν **κηρύσσων** εἰς τὰς συναγωγὰς αὐτῶν εἰς ὅλην τὴν Γαλιλαίαν ...	Lk 4,44 ↑Lk 8,1	καὶ ἦν **κηρύσσων** εἰς τὰς συναγωγὰς τῆς Ἰουδαίας.	
012			Mk 6,12	καὶ ἐξελθόντες **ἐκήρυξαν** ἵνα μετανοῶσιν, [13] καὶ δαιμόνια πολλὰ ἐξέβαλλον, καὶ ἤλειφον ἐλαίῳ πολλοὺς ἀρρώστους καὶ ἐθεράπευον.	Lk 9,6	ἐξερχόμενοι δὲ διήρχοντο κατὰ τὰς κώμας **εὐαγγελιζόμενοι** καὶ θεραπεύοντες πανταχοῦ.	
a 102	Mt 11,12	ἀπὸ δὲ τῶν ἡμερῶν Ἰωάννου τοῦ βαπτιστοῦ ἕως ἄρτι ἡ βασιλεία τῶν οὐρανῶν **βιάζεται** καὶ βιασταὶ ἁρπάζουσιν αὐτήν.			Lk 16,16 →Mt 22,9 →Lk 14,23	... ἀπὸ τότε ἡ βασιλεία τοῦ θεοῦ **εὐαγγελίζεται** καὶ πᾶς εἰς αὐτὴν βιάζεται.	

code							
112	**Mt 21,23**	καὶ ἐλθόντος αὐτοῦ εἰς τὸ ἱερὸν προσῆλθον αὐτῷ διδάσκοντι οἱ ἀρχιερεῖς καὶ οἱ πρεσβύτεροι τοῦ λαοῦ λέγοντες· ...	**Mk 11,27**	... καὶ ἐν τῷ ἱερῷ περιπατοῦντος αὐτοῦ ἔρχονται πρὸς αὐτὸν οἱ ἀρχιερεῖς καὶ οἱ γραμματεῖς καὶ οἱ πρεσβύτεροι	**Lk 20,1**	καὶ ἐγένετο ἐν μιᾷ τῶν ἡμερῶν διδάσκοντος αὐτοῦ τὸν λαὸν ἐν τῷ ἱερῷ καὶ **εὐαγγελιζομένου** ἐπέστησαν οἱ ἀρχιερεῖς καὶ οἱ γραμματεῖς σὺν τοῖς πρεσβυτέροις	→ Jn 2,18

b **Acts 5,42** πᾶσάν τε ἡμέραν ἐν τῷ ἱερῷ καὶ κατ' οἶκον οὐκ ἐπαύοντο διδάσκοντες καὶ **εὐαγγελιζόμενοι** τὸν χριστόν Ἰησοῦν.

c **Acts 8,4** οἱ μὲν οὖν διασπαρέντες διῆλθον **εὐαγγελιζόμενοι** τὸν λόγον.

a **Acts 8,12** ὅτε δὲ ἐπίστευσαν τῷ Φιλίππῳ **εὐαγγελιζομένῳ** περὶ τῆς βασιλείας τοῦ θεοῦ καὶ τοῦ ὀνόματος Ἰησοῦ Χριστοῦ, ...

Acts 8,25 ... ὑπέστρεφον εἰς Ἱεροσόλυμα, πολλάς τε κώμας τῶν Σαμαριτῶν **εὐηγγελίζοντο.**

b **Acts 8,35** ἀνοίξας δὲ ὁ Φίλιππος τὸ στόμα αὐτοῦ καὶ ἀρξάμενος ἀπὸ τῆς γραφῆς ταύτης **εὐηγγελίσατο** αὐτῷ τὸν Ἰησοῦν.

Acts 8,40 Φίλιππος δὲ εὑρέθη εἰς Ἄζωτον· καὶ διερχόμενος **εὐηγγελίζετο** τὰς πόλεις πάσας ἕως τοῦ ἐλθεῖν αὐτὸν εἰς Καισάρειαν.

Acts 10,36 τὸν λόγον [ὃν] ἀπέστειλεν τοῖς υἱοῖς Ἰσραὴλ **εὐαγγελιζόμενος** εἰρήνην διὰ Ἰησοῦ Χριστοῦ, ...

b **Acts 11,20** ... οἵτινες ἐλθόντες εἰς Ἀντιόχειαν ἐλάλουν καὶ πρὸς τοὺς Ἑλληνιστάς **εὐαγγελιζόμενοι** τὸν κύριον Ἰησοῦν.

Acts 13,32 καὶ ἡμεῖς ὑμᾶς **εὐαγγελιζόμεθα** τὴν πρὸς τοὺς πατέρας ἐπαγγελίαν γενομένην

Acts 14,7 κἀκεῖ **εὐαγγελιζόμενοι** ἦσαν.

Acts 14,15 ... καὶ ἡμεῖς ὁμοιοπαθεῖς ἐσμεν ὑμῖν ἄνθρωποι **εὐαγγελιζόμενοι** ὑμᾶς ἀπὸ τούτων τῶν ματαίων ἐπιστρέφειν ἐπὶ θεὸν ζῶντα, ...

Acts 14,21 **εὐαγγελισάμενοί** τε τὴν πόλιν ἐκείνην καὶ μαθητεύσαντες ἱκανοὺς ὑπέστρεψαν εἰς τὴν Λύστραν ...

c **Acts 15,35** Παῦλος δὲ καὶ Βαρναβᾶς διέτριβον ἐν Ἀντιοχείᾳ διδάσκοντες καὶ **εὐαγγελιζόμενοι** μετὰ καὶ ἑτέρων πολλῶν τὸν λόγον τοῦ κυρίου.

Acts 16,10 ... συμβιβάζοντες ὅτι προσκέκληται ἡμᾶς ὁ θεὸς **εὐαγγελίσασθαι** αὐτούς.

b **Acts 17,18** ... οἱ δέ· ξένων δαιμονίων δοκεῖ καταγγελεὺς εἶναι, ὅτι τὸν Ἰησοῦν καὶ τὴν ἀνάστασιν **εὐηγγελίζετο.**

εὐαγγέλιον

Syn 11	Mt 4	Mk 7	Lk	Acts 2	Jn	1-3John	Paul 48	Eph 4	Col 2
NT 75	2Thess 2	1/2Tim 4	Tit	Heb	Jas	1Pet 1	2Pet	Jude	Rev 1

good news

	triple tradition																double tradition			Sondergut		
		+Mt / +Lk			–Mt / –Lk			traditions not taken over by Mt / Lk							subtotals							
code	222	211	112	212	221	122	121	022	012	021	220	120	210	020	Σ^+	Σ^-	Σ	202	201	102	200	002	total
Mt		1^+					3^-				2	1^-	1^+		2^+	4^-	4						**4**
Mk							3				2	1		1			7						**7**
Lk							3^-									3^-							

a τὸ εὐαγγέλιον τῆς βασιλείας

code		
020	**Mk 1,1**	**ἀρχὴ τοῦ εὐαγγελίου** Ἰησοῦ Χριστοῦ [υἱοῦ θεοῦ].

121	**Mt 4,17** ↓ Mt 4,23 ↓ Mt 9,35	[12] ἀκούσας δὲ ὅτι Ἰωάννης παρεδόθη ἀνεχώρησεν εἰς τὴν Γαλιλαίαν. [13] ... [17] ἀπὸ τότε ἤρξατο ὁ Ἰησοῦς κηρύσσειν	**Mk 1,14** ↓ Mk 1,39 ↓ Mk 6,6	μετὰ δὲ τὸ παραδοθῆναι τὸν Ἰωάννην ἦλθεν ὁ Ἰησοῦς εἰς τὴν Γαλιλαίαν κηρύσσων **τὸ εὐαγγέλιον τοῦ θεοῦ**	**Lk 4,15** ↓ Lk 4,44 ↓ Lk 8,1	[14] καὶ ὑπέστρεψεν ὁ Ἰησοῦς ἐν τῇ δυνάμει τοῦ πνεύματος εἰς τὴν Γαλιλαίαν. ... [15] καὶ αὐτὸς ἐδίδασκεν ἐν ταῖς συναγωγαῖς αὐτῶν δοξαζόμενος ὑπὸ πάντων.	
120		καὶ λέγειν· μετανοεῖτε· ἤγγικεν γὰρ ἡ βασιλεία τῶν οὐρανῶν.	**Mk 1,15**	καὶ λέγων ὅτι πεπλήρωται ὁ καιρὸς καὶ ἤγγικεν ἡ βασιλεία τοῦ θεοῦ· μετανοεῖτε καὶ πιστεύετε **ἐν τῷ εὐαγγελίῳ.**			
a 211	**Mt 4,23** ⇩ Mt 9,35 → Mk 1,21	καὶ περιῆγεν ἐν ὅλῃ τῇ Γαλιλαίᾳ διδάσκων ἐν ταῖς συναγωγαῖς αὐτῶν καὶ κηρύσσων **τὸ εὐαγγέλιον τῆς βασιλείας** καὶ θεραπεύων πᾶσαν νόσον καὶ πᾶσαν μαλακίαν ἐν τῷ λαῷ.	**Mk 1,39** ↑ Mk 1,14 ↓ Mk 6,6	καὶ ἦλθεν κηρύσσων εἰς τὰς συναγωγὰς αὐτῶν εἰς ὅλην τὴν Γαλιλαίαν καὶ τὰ δαιμόνια ἐκβάλλων.	**Lk 4,44** ↑ Lk 4,15 ↓ Lk 8,1	καὶ ἦν κηρύσσων εἰς τὰς συναγωγὰς τῆς Ἰουδαίας.	
a 210	**Mt 9,35** ⇧ Mt 4,23 → Mk 1,21	καὶ περιῆγεν ὁ Ἰησοῦς τὰς πόλεις πάσας καὶ τὰς κώμας διδάσκων ἐν ταῖς συναγωγαῖς αὐτῶν καὶ **κηρύσσων τὸ εὐαγγέλιον τῆς βασιλείας** καὶ θεραπεύων πᾶσαν νόσον καὶ πᾶσαν μαλακίαν.	**Mk 6,6** ↑ Mk 1,39	... καὶ περιῆγεν τὰς κώμας κύκλῳ διδάσκων.	**Lk 8,1** ↑ Lk 4,15 ↑ Lk 4,44 → Lk 13,22	καὶ ἐγένετο ἐν τῷ καθεξῆς καὶ αὐτὸς διώδευεν κατὰ πόλιν καὶ κώμην **κηρύσσων καὶ εὐαγγελιζόμενος τὴν βασιλείαν τοῦ θεοῦ** καὶ οἱ δώδεκα σὺν αὐτῷ	
121	**Mt 16,25** ⇩ Mt 10,39	... ὃς δ᾽ ἂν ἀπολέσῃ τὴν ψυχὴν αὐτοῦ **ἕνεκεν ἐμοῦ** εὑρήσει αὐτήν.	**Mk 8,35**	... ὃς δ᾽ ἂν ἀπολέσει τὴν ψυχὴν αὐτοῦ **ἕνεκεν ἐμοῦ καὶ τοῦ εὐαγγελίου** σώσει αὐτήν.	**Lk 9,24** ⇩ Lk 17,33	... ὃς δ᾽ ἂν ἀπολέσῃ τὴν ψυχὴν αὐτοῦ **ἕνεκεν ἐμοῦ,** οὗτος σώσει αὐτήν.	→ Jn 12,25 → GTh 55 Mk-Q overlap
	Mt 10,39 ⇧ Mt 16,25	... καὶ ὁ ἀπολέσας τὴν ψυχὴν αὐτοῦ ἕνεκεν ἐμοῦ εὑρήσει αὐτήν.			**Lk 17,33** ⇧ Lk 9,24	... ὃς δ᾽ ἂν ἀπολέσῃ ζῳογονήσει αὐτήν.	
121	**Mt 19,29** → Mt 10,37	καὶ πᾶς ὅστις ἀφῆκεν οἰκίας ἢ ἀδελφοὺς ἢ ἀδελφὰς ἢ πατέρα ἢ μητέρα ἢ τέκνα ἢ ἀγροὺς ἕνεκεν τοῦ ὀνόματός μου, ...	**Mk 10,29**	... οὐδείς ἐστιν ὃς ἀφῆκεν οἰκίαν ἢ ἀδελφοὺς ἢ ἀδελφὰς ἢ μητέρα ἢ πατέρα ἢ τέκνα ἢ ἀγροὺς ἕνεκεν ἐμοῦ καὶ **ἕνεκεν τοῦ εὐαγγελίου**	**Lk 18,29** → Lk 14,26	... οὐδείς ἐστιν ὃς ἀφῆκεν οἰκίαν ἢ γυναῖκα ἢ ἀδελφοὺς ἢ γονεῖς ἢ τέκνα ἕνεκεν τῆς βασιλείας τοῦ θεοῦ	→ GTh 55 → GTh 101
a 220	**Mt 24,14** → Mt 28,19	καὶ κηρυχθήσεται **τοῦτο τὸ εὐαγγέλιον τῆς βασιλείας** ἐν ὅλῃ τῇ οἰκουμένῃ εἰς μαρτύριον πᾶσιν τοῖς ἔθνεσιν, ...	**Mk 13,10**	καὶ εἰς πάντα τὰ ἔθνη πρῶτον δεῖ κηρυχθῆναι **τὸ εὐαγγέλιον.**			

220	Mt 26,13	... ὅπου ἐὰν κηρυχθῇ **τὸ εὐαγγέλιον τοῦτο** ἐν ὅλῳ τῷ κόσμῳ, λαληθήσεται καὶ ὃ ἐποίησεν αὕτη εἰς μνημόσυνον αὐτῆς.	Mk 14,9	... ὅπου ἐὰν κηρυχθῇ **τὸ εὐαγγέλιον** εἰς ὅλον τὸν κόσμον, καὶ ὃ ἐποίησεν αὕτη λαληθήσεται εἰς μνημόσυνον αὐτῆς.			

Acts 15,7	... ἐξελέξατο ὁ θεὸς διὰ τοῦ στόματός μου ἀκοῦσαι τὰ ἔθνη **τὸν λόγον τοῦ εὐαγγελίου** καὶ πιστεῦσαι.	Acts 20,24	... ὡς τελειῶσαι τὸν δρόμον μου καὶ τὴν διακονίαν ἣν ἔλαβον παρὰ τοῦ κυρίου Ἰησοῦ, διαμαρτύρασθαι **τὸ εὐαγγέλιον τῆς χάριτος τοῦ θεοῦ.**

εὖγε	Syn 1	Mt	Mk	Lk 1	Acts	Jn	1-3John	Paul	Eph	Col
	NT 1	2Thess	1/2Tim	Tit	Heb	Jas	1Pet	2Pet	Jude	Rev

well done! excellent!

102	Mt 25,21 → Mt 24,47	ἔφη αὐτῷ ὁ κύριος αὐτοῦ· **εὖ,** δοῦλε ἀγαθὲ καὶ πιστέ, ἐπὶ ὀλίγα ἦς πιστός, ἐπὶ πολλῶν σε καταστήσω· ...			Lk 19,17 → Lk 16,10	καὶ εἶπεν αὐτῷ· **εὖγε,** ἀγαθὲ δοῦλε, ὅτι ἐν ἐλαχίστῳ πιστὸς ἐγένου, ἴσθι ἐξουσίαν ἔχων ἐπάνω δέκα πόλεων.	

εὐγενής	Syn 1	Mt	Mk	Lk 1	Acts 1	Jn	1-3John	Paul 1	Eph	Col
	NT 3	2Thess	1/2Tim	Tit	Heb	Jas	1Pet	2Pet	Jude	Rev

well-born; high-born; noble-minded; high-minded

102	Mt 25,14	ὥσπερ γὰρ **ἄνθρωπος** ἀποδημῶν ...	Mk 13,34	ὡς ἄνθρωπος ἀπόδημος ἀφεὶς τὴν οἰκίαν αὐτοῦ ...	Lk 19,12	**... ἄνθρωπός τις εὐγενὴς** ἐπορεύθη εἰς χώραν μακρὰν λαβεῖν ἑαυτῷ βασιλείαν καὶ ὑποστρέψαι.	Mk-Q overlap

Acts 17,11	οὗτοι δὲ ἦσαν **εὐγενέστεροι** τῶν ἐν Θεσσαλονίκῃ, ...

εὐδία	Syn 1	Mt 1	Mk	Lk	Acts	Jn	1-3John	Paul	Eph	Col
	NT 1	2Thess	1/2Tim	Tit	Heb	Jas	1Pet	2Pet	Jude	Rev

fair weather

201	Mt 16,2	... [ὀψίας γενομένης λέγετε· **εὐδία,** πυρράζει γὰρ ὁ οὐρανός·]			Lk 12,54	... ὅταν ἴδητε [τὴν] νεφέλην ἀνατέλλουσαν ἐπὶ δυσμῶν, εὐθέως λέγετε ὅτι **ὄμβρος ἔρχεται,** καὶ γίνεται οὕτως·	→ GTh 91 Mt 16,2b is textcritically uncertain.

εὐδοκέω	Syn 6	Mt 3	Mk 1	Lk 2	Acts	Jn	1-3John	Paul 9	Eph	Col 1
	NT 21	2Thess 1	1/2Tim	Tit	Heb 3	Jas	1Pet	2Pet 1	Jude	Rev

consider good; consent; determine; resolve; be well pleased; take delight; like; approve

	triple tradition																	double tradition			Sondergut		
		+Mt / +Lk			–Mt / –Lk			traditions not taken over by Mt / Lk							subtotals								
code	*222*	*211*	*112*	*212*	*221*	*122*	*121*	*022*	*012*	*021*	*220*	*120*	*210*	*020*	Σ^+	Σ^-	Σ	*202*	*201*	*102*	*200*	*002*	total
Mt	1	1^+													1^+		2				1		**3**
Mk	1																1						**1**
Lk	1																1					1	**2**

Mk-Q overlap: 222: Mt 3,17 / Mk 1,11 / Lk 3,22 (?)

code	Mt		Mk		Lk		
222	**Mt 3,17** ↓ Mt 17,5 ↓ Mt 12,18	... οὗτός ἐστιν ὁ υἱός μου ὁ ἀγαπητός, ἐν ᾧ **εὐδόκησα.**	**Mk 1,11** ↓ Mk 9,7	... σὺ εἶ ὁ υἱός μου ὁ ἀγαπητός, ἐν σοὶ **εὐδόκησα.**	**Lk 3,22** ↓ Lk 9,35	... σὺ εἶ ὁ υἱός μου ὁ ἀγαπητός, ἐν σοὶ **εὐδόκησα.**	→ Jn 1,34 → Jn 12,28 Mk-Q overlap?
200	**Mt 12,18** ↑ Mt 3,17 ↑ Mk 1,11 ↑ Lk 3,22	*ἰδοὺ ὁ παῖς μου ὃν ᾑρέτισα, ὁ ἀγαπητός μου εἰς ὃν* ***εὐδόκησεν*** *ἡ ψυχή μου· ...* ➤ Isa 42,1					
211	**Mt 17,5** ↑ Mt 3,17	... οὗτός ἐστιν ὁ υἱός μου ὁ ἀγαπητός, ἐν ᾧ **εὐδόκησα·** ἀκούετε αὐτοῦ.	**Mk 9,7** ↑ Mk 1,11	... οὗτός ἐστιν ὁ υἱός μου ὁ ἀγαπητός, ἀκούετε αὐτοῦ.	**Lk 9,35** ↑ Lk 3,22	... οὗτός ἐστιν ὁ υἱός μου ὁ ἐκλελεγμένος, αὐτοῦ ἀκούετε.	→ Jn 12,28
002					**Lk 12,32**	μὴ φοβοῦ, τὸ μικρὸν ποίμνιον, ὅτι **εὐδόκησεν** ὁ πατὴρ ὑμῶν δοῦναι ὑμῖν τὴν βασιλείαν.	

εὐδοκία	Syn 3	Mt 1	Mk	Lk 2	Acts	Jn	1-3John	Paul 3	Eph 2	Col
	NT 9	2Thess 1	1/2Tim	Tit	Heb	Jas	1Pet	2Pet	Jude	Rev

good will; favor; good pleasure; wish; desire

code	Mt		Mk		Lk		
002					**Lk 2,14** → Mt 21,9 → Mk 11,10 → Lk 19,38	δόξα ἐν ὑψίστοις θεῷ καὶ ἐπὶ γῆς εἰρήνη **ἐν ἀνθρώποις εὐδοκίας.**	
202	**Mt 11,26**	ναὶ ὁ πατήρ, ὅτι οὕτως **εὐδοκία** ἐγένετο ἔμπροσθέν σου.			**Lk 10,21**	... ναὶ ὁ πατήρ, ὅτι οὕτως **εὐδοκία** ἐγένετο ἔμπροσθέν σου.	

εὐεργέτης	Syn 1	Mt	Mk	Lk 1	Acts	Jn	1-3John	Paul	Eph	Col
	NT 1	2Thess	1/2Tim	Tit	Heb	Jas	1Pet	2Pet	Jude	Rev

benefactor

code	Mt		Mk		Lk		
112	**Mt 20,25**	... οἱ ἄρχοντες τῶν ἐθνῶν κατακυριεύουσιν αὐτῶν καὶ οἱ μεγάλοι κατεξουσιάζουσιν αὐτῶν.	**Mk 10,42**	... οἱ δοκοῦντες ἄρχειν τῶν ἐθνῶν κατακυριεύουσιν αὐτῶν καὶ οἱ μεγάλοι αὐτῶν κατεξουσιάζουσιν αὐτῶν.	**Lk 22,25**	... οἱ βασιλεῖς τῶν ἐθνῶν κυριεύουσιν αὐτῶν καὶ οἱ ἐξουσιάζοντες αὐτῶν **εὐεργέται** καλοῦνται.	

εὔθετος	Syn 2	Mt	Mk	Lk 2	Acts	Jn	1-3John	Paul	Eph	Col
	NT 3	2Thess	1/2Tim	Tit	Heb 1	Jas	1Pet	2Pet	Jude	Rev

fit; suitable; usable; convenient

002					**Lk 9,62**	... οὐδεὶς ἐπιβαλὼν τὴν χεῖρα ἐπ' ἄροτρον καὶ βλέπων εἰς τὰ ὀπίσω **εὔθετός** ἐστιν τῇ βασιλείᾳ τοῦ θεοῦ.	
102	**Mt 5,13**	ὑμεῖς ἐστε τὸ ἅλας τῆς γῆς· ἐὰν δὲ τὸ ἅλας μωρανθῇ, ἐν τίνι ἁλισθήσεται; εἰς οὐδὲν **ἰσχύει** ἔτι εἰ μὴ βληθὲν ἔξω καταπατεῖσθαι ὑπὸ τῶν ἀνθρώπων.	**Mk 9,50**	καλὸν τὸ ἅλας· ἐὰν δὲ τὸ ἅλας ἄναλον γένηται, ἐν τίνι αὐτὸ ἀρτύσετε; ...	**Lk 14,35**	[34] καλὸν οὖν τὸ ἅλας· ἐὰν δὲ καὶ τὸ ἅλας μωρανθῇ, ἐν τίνι ἀρτυθήσεται; [35] οὔτε εἰς γῆν οὔτε εἰς κοπρίαν **εὔθετόν ἐστιν,** ἔξω βάλλουσιν αὐτό. ὁ ἔχων ὦτα ἀκούειν ἀκουέτω.	Mk-Q overlap

εὐθύς, εὐθεῖα, εὐθύ	Syn 4	Mt 1	Mk 1	Lk 2	Acts 3	Jn	1-3John	Paul	Eph	Col
	NT 8	2Thess	1/2Tim	Tit	Heb	Jas	1Pet	2Pet 1	Jude	Rev

straight; right; upright

222	**Mt 3,3**	... *φωνὴ βοῶντος ἐν τῇ ἐρήμῳ· ἑτοιμάσατε τὴν ὁδὸν κυρίου,* ***εὐθείας*** *ποιεῖτε τὰς τρίβους αὐτοῦ.* ➤ Isa 40,3 LXX	**Mk 1,3**	*φωνὴ βοῶντος ἐν τῇ ἐρήμῳ· ἑτοιμάσατε τὴν ὁδὸν κυρίου,* ***εὐθείας*** *ποιεῖτε τὰς τρίβους αὐτοῦ* ➤ Isa 40,3 LXX	**Lk 3,4** → Lk 1,17	... *φωνὴ βοῶντος ἐν τῇ ἐρήμῳ· ἑτοιμάσατε τὴν ὁδὸν κυρίου,* ***εὐθείας*** *ποιεῖτε τὰς τρίβους αὐτοῦ·* ➤ Isa 40,3 LXX	→ Jn 1,23
002					**Lk 3,5**	... *καὶ ἔσται τὰ σκολιὰ* ***εἰς εὐθείαν*** *καὶ αἱ τραχεῖαι εἰς ὁδοὺς λείας·* ➤ Isa 40,4 LXX	

Acts 8,21	... ἡ γὰρ καρδία σου οὐκ ἔστιν **εὐθεῖα** ἔναντι τοῦ θεοῦ.	**Acts 9,11**	... ἀναστὰς πορεύθητι ἐπὶ τὴν ῥύμην τὴν καλουμένην **Εὐθεῖαν** καὶ ζήτησον ἐν οἰκίᾳ Ἰούδα Σαῦλον ὀνόματι Ταρσέα· ...	**Acts 13,10**	... ἐχθρὲ πάσης δικαιοσύνης, οὐ παύσῃ διαστρέφων **τὰς ὁδοὺς [τοῦ] κυρίου τὰς εὐθείας;**

εὐθύς, εὐθέως	Syn 67	Mt 18	Mk 42	Lk 7	Acts 10	Jn 6	1-3John 1	Paul 1	Eph	Col
	NT 87	2Thess	1/2Tim	Tit	Heb	Jas 1	1Pet	2Pet	Jude	Rev 1

immediately; at once

	triple tradition																	double tradition			Sondergut		
		+Mt / +Lk			–Mt / –Lk			traditions not taken over by Mt / Lk							subtotals								
code	222	211	112	212	221	122	121	022	012	021	220	120	210	020	Σ^+	Σ^-	Σ	202	201	102	200	002	total
Mt	1	1^+			10		10^-				2	7^-	2^+		3^+	17^-	16				2		**18**
Mk	1				10		10			7	2	7		5			42						**42**
Lk	1		1^+		10^-		10^-			7^-					1^+	27^-	2			3		2	**7**

Mk-Q overlap: 221: Mt 3,16 / Mk 1,10 / Lk 3,21 (?)

[a] εὐθέως (Mt 13; Mk 1; Lk 6; Acts 9)
[b] καὶ εὐθύς (Mt 1; Mk 25; Lk 1; Acts 1)
[c] παραχρῆμα in Lk vs. εὐθύς in Mk (5 times)

b 221	**Mt 3,16**	βαπτισθεὶς δὲ ὁ Ἰησοῦς **εὐθὺς** ἀνέβη ἀπὸ τοῦ ὕδατος· καὶ ἰδοὺ ἠνεῴχθησαν [αὐτῷ] οἱ οὐρανοί, ...	**Mk 1,10**	καὶ **εὐθὺς** ἀναβαίνων ἐκ τοῦ ὕδατος εἶδεν σχιζομένους τοὺς οὐρανοὺς ...	**Lk 3,21**	... καὶ Ἰησοῦ βαπτισθέντος καὶ προσευχομένου ἀνεῳχθῆναι τὸν οὐρανὸν	Mk-Q overlap?
b 020	**Mt 4,1**	τότε ὁ Ἰησοῦς ἀνήχθη εἰς τὴν ἔρημον ὑπὸ τοῦ πνεύματος ...	**Mk 1,12**	καὶ **εὐθὺς** τὸ πνεῦμα αὐτὸν ἐκβάλλει εἰς τὴν ἔρημον.	**Lk 4,1**	Ἰησοῦς δὲ πλήρης πνεύματος ἁγίου ὑπέστρεψεν ἀπὸ τοῦ Ἰορδάνου καὶ ἤγετο ἐν τῷ πνεύματι ἐν τῇ ἐρήμῳ	Mk-Q overlap
a b 221	**Mt 4,20**	οἱ δὲ **εὐθέως** ἀφέντες τὰ δίκτυα ἠκολούθησαν αὐτῷ.	**Mk 1,18**	καὶ **εὐθὺς** ἀφέντες τὰ δίκτυα ἠκολούθησαν αὐτῷ.	**Lk 5,11** → Lk 5,28	καὶ καταγαγόντες τὰ πλοῖα ἐπὶ τὴν γῆν ἀφέντες πάντα ἠκολούθησαν αὐτῷ.	
b 120	**Mt 4,21**	... καὶ ἐκάλεσεν αὐτούς.	**Mk 1,20**	καὶ **εὐθὺς** ἐκάλεσεν αὐτούς.			
a 210	**Mt 4,22**	οἱ δὲ **εὐθέως** ἀφέντες τὸ πλοῖον καὶ τὸν πατέρα αὐτῶν ἠκολούθησαν αὐτῷ.		καὶ ἀφέντες τὸν πατέρα αὐτῶν Ζεβεδαῖον ἐν τῷ πλοίῳ μετὰ τῶν μισθωτῶν ἀπῆλθον ὀπίσω αὐτοῦ.	**Lk 5,11** → Lk 5,28	καὶ καταγαγόντες τὰ πλοῖα ἐπὶ τὴν γῆν ἀφέντες πάντα ἠκολούθησαν αὐτῷ.	
b 021	**Mt 4,13**	καὶ καταλιπὼν τὴν Ναζαρὰ ἐλθὼν κατῴκησεν εἰς Καφαρναοὺμ ...	**Mk 1,21** → Mt 4,23	καὶ εἰσπορεύονται εἰς Καφαρναούμ· καὶ **εὐθὺς** τοῖς σάββασιν εἰσελθὼν εἰς τὴν συναγωγὴν ἐδίδασκεν.	**Lk 4,31**	καὶ κατῆλθεν εἰς Καφαρναοὺμ πόλιν τῆς Γαλιλαίας. καὶ ἦν διδάσκων αὐτοὺς ἐν τοῖς σάββασιν·	→ Jn 2,12
b 021			**Mk 1,23**	καὶ **εὐθὺς** ἦν ἐν τῇ συναγωγῇ αὐτῶν ἄνθρωπος ἐν πνεύματι ἀκαθάρτῳ, ...	**Lk 4,33**	καὶ ἐν τῇ συναγωγῇ ἦν ἄνθρωπος ἔχων πνεῦμα δαιμονίου ἀκαθάρτου ...	
021	**Mt 4,24** → Mt 9,26 → Mk 3,8	καὶ ἀπῆλθεν ἡ ἀκοὴ αὐτοῦ εἰς ὅλην τὴν Συρίαν· ...	**Mk 1,28**	καὶ ἐξῆλθεν ἡ ἀκοὴ αὐτοῦ **εὐθὺς** πανταχοῦ εἰς ὅλην τὴν περίχωρον τῆς Γαλιλαίας.	**Lk 4,37** → Lk 4,14	καὶ ἐξεπορεύετο ἦχος περὶ αὐτοῦ εἰς πάντα τόπον τῆς περιχώρου.	

b 121	Mt 8,14	καὶ ἐλθὼν ὁ Ἰησοῦς εἰς τὴν οἰκίαν Πέτρου	Mk 1,29	καὶ **εὐθὺς** ἐκ τῆς συναγωγῆς ἐξελθόντες ἦλθον εἰς τὴν οἰκίαν Σίμωνος καὶ Ἀνδρέου ...	Lk 4,38	ἀναστὰς δὲ ἀπὸ τῆς συναγωγῆς εἰσῆλθεν εἰς τὴν οἰκίαν Σίμωνος.	
b 121		εἶδεν τὴν πενθερὰν αὐτοῦ βεβλημένην καὶ πυρέσσουσαν·	Mk 1,30	ἡ δὲ πενθερὰ Σίμωνος κατέκειτο πυρέσσουσα, καὶ **εὐθὺς** λέγουσιν αὐτῷ περὶ αὐτῆς.		πενθερὰ δὲ τοῦ Σίμωνος ἦν συνεχομένη πυρετῷ μεγάλῳ καὶ ἠρώτησαν αὐτὸν περὶ αὐτῆς.	
a b 222	Mt 8,3	... καὶ **εὐθέως** ἐκαθαρίσθη αὐτοῦ ἡ λέπρα.	Mk 1,42	καὶ **εὐθὺς** ἀπῆλθεν ἀπ' αὐτοῦ ἡ λέπρα, καὶ ἐκαθαρίσθη.	Lk 5,13 → Lk 17,14	... καὶ **εὐθέως** ἡ λέπρα ἀπῆλθεν ἀπ' αὐτοῦ.	
020			Mk 1,43	καὶ ἐμβριμησάμενος αὐτῷ **εὐθὺς** ἐξέβαλεν αὐτόν			
b 121	Mt 9,4 → Mt 12,25	καὶ ἰδὼν ὁ Ἰησοῦς τὰς ἐνθυμήσεις αὐτῶν ...	Mk 2,8	καὶ **εὐθὺς** ἐπιγνοὺς ὁ Ἰησοῦς τῷ πνεύματι αὐτοῦ ὅτι οὕτως διαλογίζονται ἐν ἑαυτοῖς ...	Lk 5,22 → Lk 11,17 → Lk 6,8	ἐπιγνοὺς δὲ ὁ Ἰησοῦς τοὺς διαλογισμοὺς αὐτῶν ...	
b c 121	Mt 9,7	καὶ ἐγερθεὶς ἀπῆλθεν εἰς τὸν οἶκον αὐτοῦ.	Mk 2,12	καὶ ἠγέρθη καὶ **εὐθὺς** ἄρας τὸν κράβαττον ἐξῆλθεν ἔμπροσθεν πάντων, ...	Lk 5,25	καὶ **παραχρῆμα** ἀναστὰς ἐνώπιον αὐτῶν, ἄρας ἐφ' ὃ κατέκειτο, ἀπῆλθεν εἰς τὸν οἶκον αὐτοῦ δοξάζων τὸν θεόν.	→ Jn 5,9
121	Mt 12,14 → Mt 26,4	ἐξελθόντες δὲ οἱ Φαρισαῖοι συμβούλιον ἔλαβον κατ' αὐτοῦ ὅπως αὐτὸν ἀπολέσωσιν.	Mk 3,6 → Mk 14,1	καὶ ἐξελθόντες οἱ Φαρισαῖοι **εὐθὺς** μετὰ τῶν Ἡρῳδιανῶν συμβούλιον ἐδίδουν κατ' αὐτοῦ ὅπως αὐτὸν ἀπολέσωσιν.	Lk 6,11 → Lk 4,28 → Lk 13,17 → Lk 14,6 → Lk 22,2	αὐτοὶ δὲ ἐπλήσθησαν ἀνοίας καὶ διελάλουν πρὸς ἀλλήλους τί ἂν ποιήσαιεν τῷ Ἰησοῦ.	
b 102	Mt 7,27	καὶ κατέβη ἡ βροχὴ καὶ ἦλθον οἱ ποταμοὶ καὶ ἔπνευσαν οἱ ἄνεμοι καὶ προσέκοψαν τῇ οἰκίᾳ ἐκείνῃ, καὶ ἔπεσεν, καὶ ἦν ἡ πτῶσις αὐτῆς μεγάλη.			Lk 6,49	... ᾗ προσέρηξεν ὁ ποταμός, καὶ **εὐθὺς** συνέπεσεν καὶ ἐγένετο τὸ ῥῆγμα τῆς οἰκίας ἐκείνης μέγα.	
a b 221	Mt 13,5	ἄλλα δὲ ἔπεσεν ἐπὶ τὰ πετρώδη ὅπου οὐκ εἶχεν γῆν πολλήν, καὶ **εὐθέως** ἐξανέτειλεν διὰ τὸ μὴ ἔχειν βάθος γῆς·	Mk 4,5	καὶ ἄλλο ἔπεσεν ἐπὶ τὸ πετρῶδες ὅπου οὐκ εἶχεν γῆν πολλήν, καὶ **εὐθὺς** ἐξανέτειλεν διὰ τὸ μὴ ἔχειν βάθος γῆς·	Lk 8,6	καὶ ἕτερον κατέπεσεν ἐπὶ τὴν πέτραν, καὶ φυὲν ...	→ GTh 9
121	Mt 13,19	παντὸς ἀκούοντος τὸν λόγον τῆς βασιλείας καὶ μὴ συνιέντος, ἔρχεται ὁ πονηρὸς καὶ ἁρπάζει τὸ ἐσπαρμένον ἐν τῇ καρδίᾳ αὐτοῦ, οὗτός ἐστιν ὁ παρὰ τὴν ὁδὸν σπαρείς.	Mk 4,15	οὗτοι δέ εἰσιν οἱ παρὰ τὴν ὁδόν· ὅπου σπείρεται ὁ λόγος καὶ ὅταν ἀκούσωσιν, **εὐθὺς** ἔρχεται ὁ σατανᾶς καὶ αἴρει τὸν λόγον τὸν ἐσπαρμένον εἰς αὐτούς.	Lk 8,12	οἱ δὲ παρὰ τὴν ὁδόν εἰσιν οἱ ἀκούσαντες, **εἶτα** ἔρχεται ὁ διάβολος καὶ αἴρει τὸν λόγον ἀπὸ τῆς καρδίας αὐτῶν, ἵνα μὴ πιστεύσαντες σωθῶσιν.	

b 221	**Mt 13,20**	ὁ δὲ ἐπὶ τὰ πετρώδη σπαρείς, οὗτός ἐστιν ὁ τὸν λόγον ἀκούων καὶ **εὐθὺς** μετὰ χαρᾶς λαμβάνων αὐτόν,	**Mk 4,16**	καὶ οὗτοί εἰσιν οἱ ἐπὶ τὰ πετρώδη σπειρόμενοι, οἳ ὅταν ἀκούσωσιν τὸν λόγον **εὐθὺς** μετὰ χαρᾶς λαμβάνουσιν αὐτόν,	**Lk 8,13**	οἱ δὲ ἐπὶ τῆς πέτρας οἳ ὅταν ἀκούσωσιν μετὰ χαρᾶς δέχονται τὸν λόγον,	
221	**Mt 13,21**	οὐκ ἔχει δὲ ῥίζαν ἐν ἑαυτῷ ἀλλὰ πρόσκαιρός ἐστιν, γενομένης δὲ θλίψεως ἢ διωγμοῦ διὰ τὸν λόγον **εὐθὺς** σκανδαλίζεται.	**Mk 4,17**	καὶ οὐκ ἔχουσιν ῥίζαν ἐν ἑαυτοῖς ἀλλὰ πρόσκαιροί εἰσιν, εἶτα γενομένης θλίψεως ἢ διωγμοῦ διὰ τὸν λόγον **εὐθὺς** σκανδαλίζονται.		καὶ οὗτοι ῥίζαν οὐκ ἔχουσιν, οἳ πρὸς καιρὸν πιστεύουσιν καὶ ἐν καιρῷ πειρασμοῦ ἀφίστανται.	
020			**Mk 4,29**	ὅταν δὲ παραδοῖ ὁ καρπός, **εὐθὺς** ἀποστέλλει τὸ δρέπανον, ὅτι παρέστηκεν ὁ θερισμός.			→ GTh 21,10
121	**Mt 8,28**	 ... ὑπήντησαν αὐτῷ δύο δαιμονιζόμενοι ἐκ τῶν μνημείων ἐξερχόμενοι, ...	**Mk 5,2**	καὶ ἐξελθόντος αὐτοῦ ἐκ τοῦ πλοίου **εὐθὺς** ὑπήντησεν αὐτῷ ἐκ τῶν μνημείων ἄνθρωπος ἐν πνεύματι ἀκαθάρτῳ	**Lk 8,27**	ἐξελθόντι δὲ αὐτῷ ἐπὶ τὴν γῆν ὑπήντησεν ἀνήρ τις ἐκ τῆς πόλεως ἔχων δαιμόνια ...	
b c 121	**Mt 9,22** → Mk 5,34	... καὶ ἐσώθη ἡ γυνὴ **ἀπὸ τῆς ὥρας** **ἐκείνης.**	**Mk 5,29**	καὶ **εὐθὺς** ἐξηράνθη ἡ πηγὴ τοῦ αἵματος αὐτῆς ...	**Lk 8,44**	... καὶ **παραχρῆμα** ἔστη ἡ ῥύσις τοῦ αἵματος αὐτῆς.	
b 021			**Mk 5,30** → Lk 6,19	καὶ **εὐθὺς** ὁ Ἰησοῦς ἐπιγνοὺς ἐν ἑαυτῷ τὴν ἐξ αὐτοῦ δύναμιν ἐξελθοῦσαν ... ἔλεγεν· τίς μου ἥψατο τῶν ἱματίων;	**Lk 8,46** → Lk 6,19	 ὁ δὲ Ἰησοῦς εἶπεν· ἥψατό μού τις, ἐγὼ γὰρ ἔγνων δύναμιν ἐξεληλυθυῖαν ἀπ᾽ ἐμοῦ.	
b c 121	**Mt 9,25**	 ... καὶ ἠγέρθη τὸ κοράσιον.	**Mk 5,42** (2) → Lk 8,42	 καὶ **εὐθὺς** ἀνέστη τὸ κοράσιον καὶ περιεπάτει· ἦν γὰρ ἐτῶν δώδεκα.	**Lk 8,55**	καὶ ἐπέστρεψεν τὸ πνεῦμα αὐτῆς καὶ ἀνέστη **παραχρῆμα** καὶ διέταξεν αὐτῇ δοθῆναι φαγεῖν.	
021				καὶ ἐξέστησαν **[εὐθὺς]** ἐκστάσει μεγάλῃ. [43] ... καὶ εἶπεν δοθῆναι αὐτῇ φαγεῖν.	**Lk 8,56**	καὶ ἐξέστησαν οἱ γονεῖς αὐτῆς· ...	
120	**Mt 14,8**	 ... δός μοι, φησίν, ὧδε ἐπὶ πίνακι τὴν κεφαλὴν Ἰωάννου τοῦ βαπτιστοῦ.	**Mk 6,25**	καὶ εἰσελθοῦσα **εὐθὺς** μετὰ σπουδῆς πρὸς τὸν βασιλέα ᾐτήσατο λέγουσα· θέλω ἵνα ἐξαυτῆς δῷς μοι ἐπὶ πίνακι τὴν κεφαλὴν Ἰωάννου τοῦ βαπτιστοῦ.			

b 120	**Mt 14,10**	καὶ πέμψας ἀπεκεφάλισεν [τὸν] Ἰωάννην ἐν τῇ φυλακῇ.	**Mk 6,27** → Mk 6,16 → Lk 9,9	καὶ **εὐθὺς** ἀποστείλας ὁ βασιλεὺς σπεκουλάτορα ἐπέταξεν ἐνέγκαι τὴν κεφαλὴν αὐτοῦ. καὶ ἀπελθὼν ἀπεκεφάλισεν αὐτὸν ἐν τῇ φυλακῇ			
a b 220	**Mt 14,22** ↓ Mt 15,39	καὶ **εὐθέως** ἠνάγκασεν τοὺς μαθητὰς ἐμβῆναι εἰς τὸ πλοῖον ...	**Mk 6,45** ↓ Mk 8,10	καὶ **εὐθὺς** ἠνάγκασεν τοὺς μαθητὰς αὐτοῦ ἐμβῆναι εἰς τὸ πλοῖον ...			→ Jn 6,16-17
220	**Mt 14,27**	**εὐθὺς** δὲ ἐλάλησεν [ὁ Ἰησοῦς] αὐτοῖς λέγων· θαρσεῖτε, ἐγώ εἰμι· μὴ φοβεῖσθε.	**Mk 6,50**	... ὁ δὲ **εὐθὺς** ἐλάλησεν μετ' αὐτῶν, καὶ λέγει αὐτοῖς· θαρσεῖτε, ἐγώ εἰμι· μὴ φοβεῖσθε.			→ Jn 6,20
a 200	**Mt 14,31**	**εὐθέως** δὲ ὁ Ἰησοῦς ἐκτείνας τὴν χεῖρα ἐπελάβετο αὐτοῦ καὶ λέγει αὐτῷ· ὀλιγόπιστε, εἰς τί ἐδίστασας;					
120	**Mt 14,35**	καὶ ἐπιγνόντες αὐτὸν οἱ ἄνδρες τοῦ τόπου ἐκείνου ...	**Mk 6,54**	καὶ ἐξελθόντων αὐτῶν ἐκ τοῦ πλοίου **εὐθὺς** ἐπιγνόντες αὐτὸν			
120	**Mt 15,22** → Mk 7,24 → Mk 7,26	**καὶ ἰδοὺ** γυνὴ Χαναναία ἀπὸ τῶν ὁρίων ἐκείνων ἐξελθοῦσα ἔκραζεν λέγουσα· ἐλέησόν με, κύριε υἱὸς Δαυίδ· ἡ θυγάτηρ μου κακῶς δαιμονίζεται.	**Mk 7,25**	**ἀλλ' εὐθὺς** ἀκούσασα γυνὴ περὶ αὐτοῦ, ἧς εἶχεν τὸ θυγάτριον αὐτῆς πνεῦμα ἀκάθαρτον, ...			
a 020			**Mk 7,35**	καὶ **[εὐθέως]** ἠνοίγησαν αὐτοῦ αἱ ἀκοαί, καὶ ἐλύθη ὁ δεσμὸς τῆς γλώσσης αὐτοῦ ...			
b 120	**Mt 15,39**	καὶ ἀπολύσας τοὺς ὄχλους ἐνέβη εἰς τὸ πλοῖον, καὶ ἦλθεν εἰς τὰ ὅρια Μαγαδάν.	**Mk 8,10**	καὶ **εὐθὺς** ἐμβὰς εἰς τὸ πλοῖον μετὰ τῶν μαθητῶν αὐτοῦ ἦλθεν εἰς τὰ μέρη Δαλμανουθά.			
b 021			**Mk 9,15**	καὶ **εὐθὺς** πᾶς ὁ ὄχλος ἰδόντες αὐτὸν ἐξεθαμβήθησαν καὶ προστρέχοντες ἠσπάζοντο αὐτόν.	**Lk 9,37**	 ... συνήντησεν αὐτῷ ὄχλος πολύς.	
021			**Mk 9,20**	... καὶ ἰδὼν αὐτὸν τὸ πνεῦμα **εὐθὺς** συνεσπάραξεν αὐτόν, καὶ πεσὼν ἐπὶ τῆς γῆς ἐκυλίετο ἀφρίζων.	**Lk 9,42**	ἔτι δὲ προσερχομένου αὐτοῦ ἔρρηξεν αὐτὸν τὸ δαιμόνιον καὶ συνεσπάραξεν· ...	

020			Mk 9,24	**εὐθὺς** κράξας ὁ πατὴρ τοῦ παιδίου ἔλεγεν· πιστεύω· βοήθει μου τῇ ἀπιστίᾳ.			
a 002					Lk 12,36	καὶ ὑμεῖς ὅμοιοι ἀνθρώποις προσδεχομένοις τὸν κύριον ἑαυτῶν πότε ἀναλύσῃ ἐκ τῶν γάμων, ἵνα ἐλθόντος καὶ κρούσαντος **εὐθέως** ἀνοίξωσιν αὐτῷ.	
a 102	Mt 16,2	... [ὀψίας γενομένης λέγετε· εὐδία, πυρράζει γὰρ ὁ οὐρανός·]			Lk 12,54	... ὅταν ἴδητε [τὴν] νεφέλην ἀνατέλλουσαν ἐπὶ δυσμῶν, **εὐθέως** λέγετε ὅτι ὄμβρος ἔρχεται, καὶ γίνεται οὕτως·	→ GTh 91 Mt 16,2b is textcritically uncertain.
a 102	Mt 12,11	... τίς ἔσται ἐξ ὑμῶν ἄνθρωπος ὃς ἕξει πρόβατον ἓν καὶ ἐὰν ἐμπέσῃ τοῦτο τοῖς σάββασιν εἰς βόθυνον, οὐχὶ κρατήσει αὐτὸ καὶ ἐγερεῖ;			Lk 14,5 → Lk 13,15	... τίνος ὑμῶν υἱὸς ἢ βοῦς εἰς φρέαρ πεσεῖται, καὶ οὐκ **εὐθέως** ἀνασπάσει αὐτὸν ἐν ἡμέρᾳ τοῦ σαββάτου;	
a 002					Lk 17,7	τίς δὲ ἐξ ὑμῶν δοῦλον ἔχων ἀροτριῶντα ἢ ποιμαίνοντα, ὃς εἰσελθόντι ἐκ τοῦ ἀγροῦ ἐρεῖ αὐτῷ· **εὐθέως** παρελθὼν ἀνάπεσε	
a b c 221	Mt 20,34 ⇩ Mt 9,30 → Mk 8,23 → Mk 8,25	... καὶ **εὐθέως** ἀνέβλεψαν καὶ ἠκολούθησαν αὐτῷ.	Mk 10,52	... καὶ **εὐθὺς** ἀνέβλεψεν, καὶ ἠκολούθει αὐτῷ ἐν τῇ ὁδῷ.	Lk 18,43	καὶ **παραχρῆμα** ἀνέβλεψεν καὶ ἠκολούθει αὐτῷ δοξάζων τὸν θεόν. ...	
	Mt 9,30 ⇧ Mt 20,34	καὶ ἠνεῴχθησαν αὐτῶν οἱ ὀφθαλμοί. ...					
a b 221	Mt 21,2	... πορεύεσθε εἰς τὴν κώμην τὴν κατέναντι ὑμῶν, καὶ **εὐθέως** εὑρήσετε ὄνον δεδεμένην καὶ πῶλον μετ' αὐτῆς· ...	Mk 11,2	... ὑπάγετε εἰς τὴν κώμην τὴν κατέναντι ὑμῶν, καὶ **εὐθὺς** εἰσπορευόμενοι εἰς αὐτὴν εὑρήσετε πῶλον δεδεμένον ...	Lk 19,30	... ὑπάγετε εἰς τὴν κατέναντι κώμην, ἐν ᾗ εἰσπορευόμενοι εὑρήσετε πῶλον δεδεμένον, ...	
b 221	Mt 21,3	... ἐρεῖτε ὅτι ὁ κύριος αὐτῶν χρείαν ἔχει· **εὐθὺς** δὲ ἀποστελεῖ αὐτούς.	Mk 11,3	... εἴπατε· ὁ κύριος αὐτοῦ χρείαν ἔχει, καὶ **εὐθὺς** αὐτὸν ἀποστέλλει πάλιν ὧδε.	Lk 19,31	... οὕτως ἐρεῖτε· ὅτι ὁ κύριος αὐτοῦ χρείαν ἔχει.	
a 112	Mt 24,6	... δεῖ γὰρ γενέσθαι, ἀλλ' οὔπω ἐστὶν τὸ τέλος.	Mk 13,7	... δεῖ γενέσθαι, ἀλλ' οὔπω τὸ τέλος.	Lk 21,9	... δεῖ γὰρ ταῦτα γενέσθαι πρῶτον, ἀλλ' οὐκ **εὐθέως** τὸ τέλος.	

a 211	**Mt 24,29**	**εὐθέως** δὲ μετὰ τὴν θλῖψιν τῶν ἡμερῶν ἐκείνων *ὁ ἥλιος* *σκοτισθήσεται,* *καὶ ἡ σελήνη οὐ δώσει* *τὸ φέγγος αὐτῆς, ...* ➤ Isa 13,10	**Mk 13,24**	ἀλλὰ ἐν ἐκείναις ταῖς ἡμέραις μετὰ τὴν θλῖψιν ἐκείνην *ὁ ἥλιος* *σκοτισθήσεται,* *καὶ ἡ σελήνη οὐ δώσει* *τὸ φέγγος αὐτῆς* ➤ Isa 13,10	**Lk 21,25** → Lk 21,11	καὶ ἔσονται σημεῖα ἐν ἡλίῳ καὶ σελήνῃ ...	→ Acts 2,19
a 200	**Mt 25,15**	... **εὐθέως** [16] πορευθεὶς ὁ τὰ πέντε τάλαντα λαβὼν ἠργάσατο ἐν αὐτοῖς καὶ ἐκέρδησεν ἄλλα πέντε·					
b 121	**Mt 26,47**	καὶ ἔτι αὐτοῦ λαλοῦντος ἰδοὺ Ἰούδας εἷς τῶν δώδεκα ἦλθεν καὶ μετ' αὐτοῦ ὄχλος πολὺς ...	**Mk 14,43**	καὶ **εὐθὺς** ἔτι αὐτοῦ λαλοῦντος παραγίνεται Ἰούδας εἷς τῶν δώδεκα καὶ μετ' αὐτοῦ ὄχλος ...	**Lk 22,47**	 ἔτι αὐτοῦ λαλοῦντος ἰδοὺ ὄχλος, καὶ ὁ λεγόμενος Ἰούδας εἷς τῶν δώδεκα	→ Jn 18,3
a 221	**Mt 26,49**	καὶ **εὐθέως** προσελθὼν τῷ Ἰησοῦ εἶπεν· χαῖρε, ῥαββί, καὶ κατεφίλησεν αὐτόν.	**Mk 14,45**	καὶ ἐλθὼν **εὐθὺς** προσελθὼν αὐτῷ λέγει· ῥαββί, καὶ κατεφίλησεν αὐτόν.		 προήρχετο αὐτοὺς καὶ ἤγγισεν τῷ Ἰησοῦ φιλῆσαι αὐτόν.	→ Jn 18,5
a b *c* 221	**Mt 26,74**	... καὶ **εὐθέως** ἀλέκτωρ ἐφώνησεν.	**Mk 14,72**	καὶ **εὐθὺς** ἐκ δευτέρου ἀλέκτωρ ἐφώνησεν. ...	**Lk 22,60**	... καὶ **παραχρῆμα** ἔτι λαλοῦντος αὐτοῦ ἐφώνησεν ἀλέκτωρ.	**→ Jn 18,27**
b 120	**Mt 27,1**	 πρωΐας δὲ γενομένης συμβούλιον ἔλαβον πάντες οἱ ἀρχιερεῖς καὶ οἱ πρεσβύτεροι τοῦ λαοῦ κατὰ τοῦ Ἰησοῦ ὥστε θανατῶσαι αὐτόν·	**Mk 15,1**	καὶ **εὐθὺς** πρωῒ συμβούλιον ποιήσαντες οἱ ἀρχιερεῖς μετὰ τῶν πρεσβυτέρων καὶ γραμματέων καὶ ὅλον τὸ συνέδριον, ...	**Lk 22,66** → Mt 26,57 → Mk 14,53	καὶ ὡς ἐγένετο ἡμέρα, συνήχθη τὸ πρεσβυτέριον τοῦ λαοῦ, ἀρχιερεῖς τε καὶ γραμματεῖς, καὶ ἀπήγαγον αὐτὸν εἰς τὸ συνέδριον αὐτῶν	
a 210	**Mt 27,48**	καὶ **εὐθέως** δραμὼν εἷς ἐξ αὐτῶν καὶ λαβὼν σπόγγον πλήσας τε ὄξους καὶ περιθεὶς καλάμῳ ἐπότιζεν αὐτόν.	**Mk 15,36**	 δραμὼν δέ τις [καὶ] γεμίσας σπόγγον ὄξους περιθεὶς καλάμῳ ἐπότιζεν αὐτὸν ...	**Lk 23,36** → Lk 23,39	 ἐνέπαιξαν δὲ αὐτῷ καὶ οἱ στρατιῶται προσερχόμενοι, ὄξος προσφέροντες αὐτῷ	→ Jn 19,29

a **Acts 9,18** καὶ
εὐθέως
ἀπέπεσαν αὐτοῦ ἀπὸ τῶν ὀφθαλμῶν ὡς λεπίδες, ἀνέβλεψέν τε, ...

a **Acts 9,20** καὶ
εὐθέως
ἐν ταῖς συναγωγαῖς ἐκήρυσσεν τὸν Ἰησοῦν ...

a **Acts 9,34** ... ἀνάστηθι καὶ στρῶσον σεαυτῷ. καὶ
εὐθέως
ἀνέστη.

b **Acts 10,16** τοῦτο δὲ ἐγένετο ἐπὶ τρὶς καὶ
εὐθὺς
ἀνελήμφθη τὸ σκεῦος εἰς τὸν οὐρανόν.

a **Acts 12,10** ... καὶ ἐξελθόντες προῆλθον ῥύμην μίαν, καὶ
εὐθέως
ἀπέστη ὁ ἄγγελος ἀπ' αὐτοῦ.

a **Acts 16,10** ὡς δὲ τὸ ὅραμα εἶδεν,
εὐθέως
ἐζητήσαμεν ἐξελθεῖν εἰς Μακεδονίαν ...

a **Acts 17,10** οἱ δὲ ἀδελφοὶ
εὐθέως
διὰ νυκτὸς ἐξέπεμψαν τόν τε Παῦλον καὶ τὸν Σιλᾶν εἰς Βέροιαν, ...

a **Acts 17,14** **εὐθέως**
δὲ τότε τὸν Παῦλον ἐξαπέστειλαν οἱ ἀδελφοὶ πορεύεσθαι ἕως ἐπὶ τὴν θάλασσαν, ...

a **Acts 21,30** ... καὶ ἐπιλαβόμενοι τοῦ Παύλου εἷλκον αὐτὸν ἔξω τοῦ ἱεροῦ, καὶ
εὐθέως
ἐκλείσθησαν αἱ θύραι.

a **Acts 22,29** **εὐθέως**
οὖν ἀπέστησαν ἀπ' αὐτοῦ οἱ μέλλοντες αὐτὸν ἀνετάζειν, ...

εὐκαιρέω	Syn	Mt	Mk	Lk	Acts	Jn	1-3John	Paul	Eph	Col
	1		1		1			1		
	NT	2Thess	1/2Tim	Tit	Heb	Jas	1Pet	2Pet	Jude	Rev
	3									

have (a favorable) time, leisure, opportunity

020		**Mk 6,31** ... ἦσαν γὰρ οἱ ἐρχόμενοι καὶ οἱ ὑπάγοντες πολλοί, καὶ **οὐδὲ φαγεῖν** **εὐκαίρουν.**		

Acts 17,21 Ἀθηναῖοι δὲ πάντες καὶ
οἱ ἐπιδημοῦντες ξένοι εἰς
οὐδὲν ἕτερον
ηὐκαίρουν
ἢ λέγειν τι ἢ ἀκούειν τι
καινότερον.

εὐκαιρία	Syn	Mt	Mk	Lk	Acts	Jn	1-3John	Paul	Eph	Col
	2	1		1						
	NT	2Thess	1/2Tim	Tit	Heb	Jas	1Pet	2Pet	Jude	Rev
	2									

favorable opportunity; the right moment

212	**Mt 26,16** καὶ ἀπὸ τότε ἐζήτει **εὐκαιρίαν** ἵνα αὐτὸν παραδῷ.	**Mk 14,11** ... καὶ ἐζήτει πῶς αὐτὸν **εὐκαίρως** παραδοῖ.	**Lk 22,6** καὶ ἐξωμολόγησεν, καὶ ἐζήτει **εὐκαιρίαν** τοῦ παραδοῦναι αὐτὸν ἄτερ ὄχλου αὐτοῖς.	

εὔκαιρος	Syn	Mt	Mk	Lk	Acts	Jn	1-3John	Paul	Eph	Col
	1		1							
	NT	2Thess	1/2Tim	Tit	Heb	Jas	1Pet	2Pet	Jude	Rev
	2				1					

well-timed; suitable

120	**Mt 14,6** γενεσίοις δὲ γενομένοις τοῦ Ἡρῴδου ὠρχήσατο ἡ θυγάτηρ τῆς Ἡρῳδιάδος ἐν τῷ μέσῳ καὶ ἤρεσεν τῷ Ἡρῴδῃ	**Mk 6,21** καὶ γενομένης **ἡμέρας εὐκαίρου** ὅτε Ἡρῴδης τοῖς γενεσίοις αὐτοῦ δεῖπνον ἐποίησεν ... [22] καὶ εἰσελθούσης τῆς θυγατρὸς αὐτοῦ Ἡρῳδιάδος καὶ ὀρχησαμένης ἤρεσεν τῷ Ἡρῴδῃ ...		

εὐκαίρως	Syn	Mt	Mk	Lk	Acts	Jn	1-3John	Paul	Eph	Col
	1		1							
	NT	2Thess	1/2Tim	Tit	Heb	Jas	1Pet	2Pet	Jude	Rev
	2		1							

conveniently

121	**Mt 26,16** καὶ ἀπὸ τότε ἐζήτει **εὐκαιρίαν** ἵνα αὐτὸν παραδῷ.	**Mk 14,11** ... καὶ ἐζήτει πῶς αὐτὸν **εὐκαίρως** παραδοῖ.	**Lk 22,6** καὶ ἐξωμολόγησεν, καὶ ἐζήτει **εὐκαιρίαν** τοῦ παραδοῦναι αὐτὸν ἄτερ ὄχλου αὐτοῖς.	

εὔκοπος	Syn 7	Mt 2	Mk 2	Lk 3	Acts	Jn	1-3John	Paul	Eph	Col
	NT 7	2Thess	1/2Tim	Tit	Heb	Jas	1Pet	2Pet	Jude	Rev

easy

222	Mt 9,5	τί γάρ ἐστιν **εὐκοπώτερον**, εἰπεῖν· ἀφίενταί σου αἱ ἁμαρτίαι, ἢ εἰπεῖν· ἔγειρε καὶ περιπάτει;	Mk 2,9	τί ἐστιν **εὐκοπώτερον**, εἰπεῖν τῷ παραλυτικῷ· ἀφίενταί σου αἱ ἁμαρτίαι, ἢ εἰπεῖν· ἔγειρε καὶ ἆρον τὸν κράβαττόν σου καὶ περιπάτει;	Lk 5,23	τί ἐστιν **εὐκοπώτερον**, εἰπεῖν· ἀφέωνταί σοι αἱ ἁμαρτίαι σου, ἢ εἰπεῖν· ἔγειρε καὶ περιπάτει;	
102	Mt 5,18 → Mt 24,35	... ἕως ἂν παρέλθῃ ὁ οὐρανὸς καὶ ἡ γῆ, ἰῶτα ἓν ἢ μία κεραία οὐ μὴ παρέλθῃ ἀπὸ τοῦ νόμου ἕως ἂν πάντα γένηται.	→ Mk 13,31		Lk 16,17 → Lk 21,33	**εὐκοπώτερον** δέ ἐστιν τὸν οὐρανὸν καὶ τὴν γῆν παρελθεῖν ἢ τοῦ νόμου μίαν κεραίαν πεσεῖν.	
222	Mt 19,24	... **εὐκοπώτερόν** ἐστιν κάμηλον διὰ τρυπήματος ῥαφίδος διελθεῖν ἢ πλούσιον εἰσελθεῖν εἰς τὴν βασιλείαν τοῦ θεοῦ.	Mk 10,25	**εὐκοπώτερόν** ἐστιν κάμηλον διὰ [τῆς] τρυμαλιᾶς [τῆς] ῥαφίδος διελθεῖν ἢ πλούσιον εἰς τὴν βασιλείαν τοῦ θεοῦ εἰσελθεῖν.	Lk 18,25	**εὐκοπώτερον** γάρ ἐστιν κάμηλον διὰ τρήματος βελόνης εἰσελθεῖν ἢ πλούσιον εἰς τὴν βασιλείαν τοῦ θεοῦ εἰσελθεῖν.	

εὐλαβής	Syn 1	Mt	Mk	Lk 1	Acts 3	Jn	1-3John	Paul	Eph	Col
	NT 4	2Thess	1/2Tim	Tit	Heb	Jas	1Pet	2Pet	Jude	Rev

devout; God-fearing

002					Lk 2,25	καὶ ἰδοὺ ἄνθρωπος ἦν ἐν Ἰερουσαλὴμ ᾧ ὄνομα Συμεὼν καὶ ὁ ἄνθρωπος οὗτος δίκαιος καὶ **εὐλαβής** προσδεχόμενος παράκλησιν τοῦ Ἰσραήλ, ...	

Acts 2,5 ἦσαν δὲ εἰς Ἰερουσαλὴμ κατοικοῦντες Ἰουδαῖοι, **ἄνδρες εὐλαβεῖς** ἀπὸ παντὸς ἔθνους τῶν ὑπὸ τὸν οὐρανόν.

Acts 8,2 συνεκόμισαν δὲ τὸν Στέφανον **ἄνδρες εὐλαβεῖς** καὶ ἐποίησαν κοπετὸν μέγαν ἐπ᾽ αὐτῷ.

Acts 22,12 Ἁνανίας δέ τις, **ἀνὴρ εὐλαβὴς** κατὰ τὸν νόμον, ...

εὐλογέω	Syn 23	Mt 5	Mk 5	Lk 13	Acts 1	Jn 1	1-3John	Paul 6	Eph 1	Col
	NT 41	2Thess	1/2Tim	Tit	Heb 7	Jas 1	1Pet 1	2Pet	Jude	Rev

speak well of; praise; extol; bless; provide with benefits

	triple tradition																	double tradition			Sondergut		
		+Mt / +Lk			–Mt / –Lk			traditions not taken over by Mt / Lk							subtotals								
code	222	211	112	212	221	122	121	022	012	021	220	120	210	020	Σ⁺	Σ⁻	Σ	202	201	102	200	002	total
Mt	2				1		1^-									1^-	3	1			1		**5**
Mk	2				1		1							1			5						**5**
Lk	2				1^-		1^-									2^-	2	1		1		9	**13**

a εὐλογημένος

b εὐλογέω and (κατα)κλάω

c εὐλογέω τὸν θεόν

code	Mt		Mk		Lk		
a 002 *a* 002					**Lk 1,42 (2)**	καὶ ἀνεφώνησεν κραυγῇ μεγάλῃ καὶ εἶπεν· **εὐλογημένη** σὺ ἐν γυναιξὶν καὶ **εὐλογημένος** ὁ καρπὸς τῆς κοιλίας σου.	
c 002					**Lk 1,64**	ἀνεῴχθη δὲ τὸ στόμα αὐτοῦ παραχρῆμα καὶ ἡ γλῶσσα αὐτοῦ, καὶ ἐλάλει **εὐλογῶν** τὸν θεόν.	
c 002					**Lk 2,28**	καὶ αὐτὸς ἐδέξατο αὐτὸ εἰς τὰς ἀγκάλας καὶ **εὐλόγησεν** τὸν θεὸν ...	
002					**Lk 2,34**	καὶ **εὐλόγησεν** αὐτοὺς Συμεὼν καὶ εἶπεν πρὸς Μαριὰμ τὴν μητέρα αὐτοῦ· ...	
102	**Mt 5,44**	... καὶ προσεύχεσθε ὑπὲρ τῶν διωκόντων ὑμᾶς			**Lk 6,28** ⇨ Lk 6,35	**εὐλογεῖτε** τοὺς καταρωμένους ὑμᾶς, προσεύχεσθε περὶ τῶν ἐπηρεαζόντων ὑμᾶς.	
b 222	**Mt 14,19** ↓ Mt 15,36 ↓ **Mt 26,26**	... λαβὼν τοὺς πέντε ἄρτους καὶ τοὺς δύο ἰχθύας, ἀναβλέψας εἰς τὸν οὐρανὸν **εὐλόγησεν** καὶ κλάσας ἔδωκεν τοῖς μαθηταῖς ...	**Mk 6,41** ↓ Mk 8,7 ↓ Mk 8,6 ↓ **Mk 14,22**	καὶ λαβὼν τοὺς πέντε ἄρτους καὶ τοὺς δύο ἰχθύας ἀναβλέψας εἰς τὸν οὐρανὸν **εὐλόγησεν** καὶ κατέκλασεν τοὺς ἄρτους καὶ ἐδίδου τοῖς μαθηταῖς [αὐτοῦ] ...	**Lk 9,16** ↓ Lk 22,19 ↓ **Lk 24,50**	λαβὼν δὲ τοὺς πέντε ἄρτους καὶ τοὺς δύο ἰχθύας ἀναβλέψας εἰς τὸν οὐρανὸν **εὐλόγησεν** αὐτοὺς καὶ κατέκλασεν καὶ ἐδίδου τοῖς μαθηταῖς ...	→ Jn 6,11

	Mt 15,36 ↑ Mt 14,19 ↓ Mk 8,7	ἔλαβεν τοὺς ἑπτὰ ἄρτους καὶ τοὺς ἰχθύας καὶ **εὐχαριστήσας** ἔκλασεν καὶ ἐδίδου τοῖς μαθηταῖς, οἱ δὲ μαθηταὶ τοῖς ὄχλοις.	**Mk 8,6** ↑ Mk 6,41	... καὶ λαβὼν τοὺς ἑπτὰ ἄρτους **εὐχαριστήσας** ἔκλασεν καὶ ἐδίδου τοῖς μαθηταῖς αὐτοῦ ἵνα παρατιθῶσιν, καὶ παρέθηκαν τῷ ὄχλῳ.	↑ Lk 9,16		
020			**Mk 8,7** → Mt 15,34 ↑ Mt 15,36	καὶ εἶχον ἰχθύδια ὀλίγα· καὶ **εὐλογήσας** αὐτὰ εἶπεν καὶ ταῦτα παρατιθέναι.			
a 202	**Mt 23,39**	... οὐ μή με ἴδητε ἀπ᾽ ἄρτι ἕως ἂν εἴπητε· ***εὐλογημένος*** *ὁ ἐρχόμενος ἐν ὀνόματι* *κυρίου.* ➤ Ps 118,26			**Lk 13,35**	... οὐ μὴ ἴδητέ με ἕως [ἥξει ὅτε] εἴπητε· ***εὐλογημένος*** *ὁ ἐρχόμενος ἐν ὀνόματι* *κυρίου.* ➤ Ps 118,26	
a 222	**Mt 21,9**	... ἔκραζον λέγοντες· *ὡσαννὰ* τῷ υἱῷ Δαυίδ· ***εὐλογημένος*** *ὁ ἐρχόμενος ἐν ὀνόματι* *κυρίου·*	**Mk 11,9**	... ἔκραζον· *ὡσαννά·* ***εὐλογημένος*** *ὁ ἐρχόμενος ἐν ὀνόματι* *κυρίου·* ➤ Ps 118,25-26	**Lk 19,38**	λέγοντες· ***εὐλογημένος*** *ὁ ἐρχόμενος,* ὁ βασιλεὺς *ἐν ὀνόματι κυρίου·*	→ Jn 12,13
a 121		*ὡσαννὰ ἐν τοῖς ὑψίστοις.* ➤ Ps 118,25-26; Ps 148,1/Job 16,19	**Mk 11,10**	**εὐλογημένη** ἡ ἐρχομένη βασιλεία τοῦ πατρὸς ἡμῶν Δαυίδ· *ὡσαννὰ ἐν τοῖς ὑψίστοις.* ➤ Ps 148,1/Job 16,19	→ Lk 2,14	ἐν οὐρανῷ εἰρήνη καὶ δόξα ἐν ὑψίστοις. ➤ Ps 118,26	
a 202	**Mt 23,39**	... οὐ μή με ἴδητε ἀπ᾽ ἄρτι ἕως ἂν εἴπητε· ***εὐλογημένος*** *ὁ ἐρχόμενος ἐν ὀνόματι* *κυρίου.* ➤ Ps 118,26			**Lk 13,35**	... οὐ μὴ ἴδητέ με ἕως [ἥξει ὅτε] εἴπητε· ***εὐλογημένος*** *ὁ ἐρχόμενος ἐν ὀνόματι* *κυρίου.* ➤ Ps 118,26	
a 200	**Mt 25,34**	τότε ἐρεῖ ὁ βασιλεὺς τοῖς ἐκ δεξιῶν αὐτοῦ· δεῦτε, **οἱ εὐλογημένοι** **τοῦ πατρός μου,** κληρονομήσατε τὴν ἡτοιμασμένην ὑμῖν βασιλείαν ἀπὸ καταβολῆς κόσμου·					
b 221	**Mt 26,26** ↑ Mt 14,19	... λαβὼν ὁ Ἰησοῦς ἄρτον καὶ **εὐλογήσας** ἔκλασεν καὶ δοὺς τοῖς μαθηταῖς ...	**Mk 14,22** ↑ Mk 6,41	... λαβὼν ἄρτον **εὐλογήσας** ἔκλασεν καὶ ἔδωκεν αὐτοῖς ...	**Lk 22,19** ↑ Lk 9,16	... λαβὼν ἄρτον **εὐχαριστήσας** ἔκλασεν καὶ ἔδωκεν αὐτοῖς ...	→ 1Cor 11,23-24
b 002					**Lk 24,30** ↑ Lk 9,16	καὶ ἐγένετο ἐν τῷ κατακλιθῆναι αὐτὸν μετ᾽ αὐτῶν λαβὼν τὸν ἄρτον **εὐλόγησεν** καὶ κλάσας ἐπεδίδου αὐτοῖς	
002					**Lk 24,50** ↑ Lk 9,16	ἐξήγαγεν δὲ αὐτοὺς [ἔξω] ἕως πρὸς Βηθανίαν, καὶ ἐπάρας τὰς χεῖρας αὐτοῦ **εὐλόγησεν** αὐτούς.	
002					**Lk 24,51** → Lk 9,51	καὶ ἐγένετο **ἐν τῷ εὐλογεῖν** αὐτὸν αὐτοὺς διέστη ἀπ᾽ αὐτῶν καὶ ἀνεφέρετο εἰς τὸν οὐρανόν.	→ Acts 1,2.9 → Acts 1,11.22

c 002		Lk 24,53	καὶ ἦσαν διὰ παντὸς ἐν τῷ ἱερῷ **εὐλογοῦντες** τὸν θεόν.	→ Acts 1,14 → Acts 2,46

Acts 3,26 ὑμῖν πρῶτον ἀναστήσας ὁ θεὸς τὸν παῖδα αὐτοῦ ἀπέστειλεν αὐτὸν **εὐλογοῦντα** ὑμᾶς ...

εὐλογητός	Syn	Mt	Mk	Lk	Acts	Jn	1-3John	Paul	Eph	Col
	2		1	1				4	1	
	NT	2Thess	1/2Tim	Tit	Heb	Jas	1Pet	2Pet	Jude	Rev
	8						1			

blessed; praised

002					Lk 1,68	**εὐλογητὸς** κύριος ὁ θεὸς τοῦ Ἰσραήλ, ὅτι ἐπεσκέψατο καὶ ἐποίησεν λύτρωσιν τῷ λαῷ αὐτοῦ	
121	Mt 26,63 → Mt 27,43	... καὶ ὁ ἀρχιερεὺς εἶπεν αὐτῷ· ἐξορκίζω σε κατὰ τοῦ θεοῦ τοῦ ζῶντος ἵνα ἡμῖν εἴπῃς εἰ σὺ εἶ ὁ χριστὸς **ὁ υἱὸς τοῦ θεοῦ.** [64] λέγει αὐτῷ ὁ Ἰησοῦς· σὺ εἶπας· ...	Mk 14,61 → Mk 15,32	... πάλιν ὁ ἀρχιερεὺς ἐπηρώτα αὐτὸν καὶ λέγει αὐτῷ· σὺ εἶ ὁ χριστὸς **ὁ υἱὸς τοῦ εὐλογητοῦ;** [62] ὁ δὲ Ἰησοῦς εἶπεν· ἐγώ εἰμι, ...	Lk 22,70	[67] λέγοντες· εἰ σὺ εἶ ὁ χριστός, εἰπὸν ἡμῖν. ... [70] εἶπαν δὲ πάντες· σὺ οὖν εἶ **ὁ υἱὸς τοῦ θεοῦ;** ὁ δὲ πρὸς αὐτοὺς ἔφη· ὑμεῖς λέγετε ὅτι ἐγώ εἰμι.	→ Jn 10,36

εὐνοέω	Syn	Mt	Mk	Lk	Acts	Jn	1-3John	Paul	Eph	Col
	1	1								
	NT	2Thess	1/2Tim	Tit	Heb	Jas	1Pet	2Pet	Jude	Rev
	1									

be well-disposed; make friends

201	Mt 5,25 → Mt 18,34	**ἴσθι εὐνοῶν** τῷ ἀντιδίκῳ σου ταχὺ, ἕως ὅτου εἶ μετ' αὐτοῦ ἐν τῇ ὁδῷ, μήποτέ σε παραδῷ ὁ ἀντίδικος τῷ κριτῇ ...		Lk 12,58	ὡς γὰρ ὑπάγεις μετὰ τοῦ ἀντιδίκου σου ἐπ' ἄρχοντα, ἐν τῇ ὁδῷ **δὸς ἐργασίαν ἀπηλλάχθαι** ἀπ' αὐτοῦ, μήποτε κατασύρῃ σε πρὸς τὸν κριτήν, ...	

εὐνουχίζω	Syn 2	Mt 2	Mk	Lk	Acts	Jn	1-3John	Paul	Eph	Col
	NT 2	2Thess	1/2Tim	Tit	Heb	Jas	1Pet	2Pet	Jude	Rev

castrate; emasculate; make an eunuch of

	Mt 19,12	... καὶ εἰσὶν εὐνοῦχοι
	(2)	οἵτινες
200		**εὐνουχίσθησαν**
		ὑπὸ τῶν ἀνθρώπων,
		καὶ εἰσὶν εὐνοῦχοι
		οἵτινες
200		**εὐνούχισαν**
		ἑαυτοὺς διὰ τὴν
		βασιλείαν τῶν οὐρανῶν.
		...

εὐνοῦχος	Syn 3	Mt 3	Mk	Lk	Acts 5	Jn	1-3John	Paul	Eph	Col
	NT 8	2Thess	1/2Tim	Tit	Heb	Jas	1Pet	2Pet	Jude	Rev

emasculated man; eunuch

	Mt 19,12	εἰσὶν γὰρ
200	**(3)**	**εὐνοῦχοι**
		οἵτινες ἐκ κοιλίας μητρὸς
		ἐγεννήθησαν οὕτως,
		καὶ εἰσὶν
200		**εὐνοῦχοι**
		οἵτινες εὐνουχίσθησαν
		ὑπὸ τῶν ἀνθρώπων,
		καὶ εἰσὶν
200		**εὐνοῦχοι**
		οἵτινες εὐνούχισαν
		ἑαυτοὺς διὰ τὴν
		βασιλείαν τῶν οὐρανῶν.
		...

Acts 8,27 ... καὶ ἰδοὺ ἀνὴρ Αἰθίοψ
εὐνοῦχος
δυνάστης Κανδάκης
βασιλίσσης Αἰθιόπων, ...

Acts 8,34 ἀποκριθεὶς δὲ
ὁ εὐνοῦχος
τῷ Φιλίππῳ εἶπεν·
δέομαί σου, περὶ τίνος
ὁ προφήτης λέγει τοῦτο;
...

Acts 8,36 ... καί φησιν
ὁ εὐνοῦχος·
ἰδοὺ ὕδωρ, τί κωλύει με
βαπτισθῆναι;

Acts 8,38 ... κατέβησαν ἀμφότεροι
εἰς τὸ ὕδωρ, ὅ τε
Φίλιππος καὶ
ὁ εὐνοῦχος,
καὶ ἐβάπτισεν αὐτόν.

Acts 8,39 ... πνεῦμα κυρίου
ἥρπασεν τὸν Φίλιππον,
καὶ οὐκ εἶδεν αὐτὸν
οὐκέτι
ὁ εὐνοῦχος,
ἐπορεύετο γὰρ τὴν ὁδὸν
αὐτοῦ χαίρων.

εὑρίσκω	Syn 83	Mt 27	Mk 11	Lk 45	Acts 35	Jn 19	1-3John 1	Paul 15	Eph	Col
	NT 176	2Thess	1/2Tim 2	Tit	Heb 4	Jas	1Pet 2	2Pet 2	Jude	Rev 13

find; discover; come upon; obtain

	triple tradition																	double tradition			Sonder-gut		
		+Mt / +Lk			–Mt / –Lk			traditions not taken over by Mt / Lk							subtotals								
code	222	211	112	212	221	122	121	022	012	021	220	120	210	020	Σ⁺	Σ⁻	Σ	202	201	102	200	002	total
Mt	2	2⁺				2⁻					3	2⁻			2⁺	4⁻	7	7	4		9		**27**
Mk	2					2				1	3	2		1			11						**11**
Lk	2		7⁺			2			3⁺	1⁻					10⁺	1⁻	14	7		2		22	**45**

code	Mt		Mk		Lk		
002					**Lk 1,30**	... μὴ φοβοῦ, Μαριάμ, **εὗρες** γὰρ χάριν παρὰ τῷ θεῷ.	
200	**Mt 1,18** → Lk 1,27 → Lk 1,35	... μνηστευθείσης τῆς μητρὸς αὐτοῦ Μαρίας τῷ Ἰωσήφ, πρὶν ἢ συνελθεῖν αὐτοὺς **εὑρέθη** ἐν γαστρὶ ἔχουσα ἐκ πνεύματος ἁγίου.					
002					**Lk 2,12**	καὶ τοῦτο ὑμῖν τὸ σημεῖον, **εὑρήσετε** βρέφος ἐσπαργανωμένον καὶ κείμενον ἐν φάτνῃ.	
200	**Mt 2,8**	... ἐξετάσατε ἀκριβῶς περὶ τοῦ παιδίου· ἐπὰν δὲ **εὕρητε,** ἀπαγγείλατέ μοι, ...					
002					**Lk 2,45**	καὶ **μὴ εὑρόντες** ὑπέστρεψαν εἰς Ἰερουσαλὴμ ἀναζητοῦντες αὐτόν.	
002					**Lk 2,46**	καὶ ἐγένετο μετὰ ἡμέρας τρεῖς **εὗρον** αὐτὸν ἐν τῷ ἱερῷ ...	
002					**Lk 4,17**	... καὶ ἀναπτύξας τὸ βιβλίον **εὗρεν** τὸν τόπον οὗ ἦν γεγραμμένον·	
021			**Mk 1,37**	καὶ **εὗρον** αὐτὸν καὶ λέγουσιν αὐτῷ ὅτι πάντες ζητοῦσίν σε.	**Lk 4,42** → Mk 1,45	... καὶ οἱ ὄχλοι ἐπεζήτουν αὐτὸν καὶ ἦλθον ἕως αὐτοῦ καὶ κατεῖχον αὐτὸν τοῦ μὴ πορεύεσθαι ἀπ᾽ αὐτῶν.	
012			**Mk 2,4**	καὶ **μὴ δυνάμενοι** προσενέγκαι αὐτῷ διὰ τὸν ὄχλον ...	**Lk 5,19**	καὶ **μὴ εὑρόντες** ποίας εἰσενέγκωσιν αὐτὸν διὰ τὸν ὄχλον, ...	
112	**Mt 12,10**	... καὶ ἐπηρώτησαν αὐτὸν λέγοντες· εἰ ἔξεστιν τοῖς σάββασιν θεραπεῦσαι; ἵνα κατηγορήσωσιν αὐτοῦ.	**Mk 3,2**	καὶ παρετήρουν αὐτὸν εἰ τοῖς σάββασιν θεραπεύσει αὐτόν, ἵνα κατηγορήσωσιν αὐτοῦ.	**Lk 6,7** → Lk 6,11 → Lk 11,53-54 → Lk 14,3 ↓ **Lk 19,48** → Lk 20,20	παρετηροῦντο δὲ αὐτὸν οἱ γραμματεῖς καὶ οἱ Φαρισαῖοι εἰ ἐν τῷ σαββάτῳ θεραπεύει, ἵνα **εὕρωσιν** κατηγορεῖν αὐτοῦ.	

202	**Mt 8,10**	... παρ' οὐδενὶ τοσαύτην πίστιν ἐν τῷ Ἰσραὴλ **εὗρον.**			**Lk 7,9**	... οὐδὲ ἐν τῷ Ἰσραὴλ τοσαύτην πίστιν **εὗρον.**	
102	**Mt 8,13**	... ὕπαγε, ὡς ἐπίστευσας γενηθήτω σοι. καὶ ἰάθη ὁ παῖς [αὐτοῦ] ἐν τῇ ὥρᾳ ἐκείνῃ.			**Lk 7,10** ↓ Mk 7,30	καὶ ὑποστρέψαντες εἰς τὸν οἶκον οἱ πεμφθέντες **εὗρον** τὸν δοῦλον ὑγιαίνοντα.	→ Jn 4,50-51
112	**Mt 8,34**	καὶ ἰδοὺ πᾶσα ἡ πόλις ἐξῆλθεν εἰς ὑπάντησιν τῷ Ἰησοῦ καὶ ἰδόντες αὐτὸν παρεκάλεσαν ὅπως μεταβῇ ἀπὸ τῶν ὁρίων αὐτῶν.	**Mk 5,15**	[14] ... καὶ ἦλθον ἰδεῖν τί ἐστιν τὸ γεγονός [15] καὶ ἔρχονται πρὸς τὸν Ἰησοῦν, καὶ **θεωροῦσιν** τὸν δαιμονιζόμενον καθήμενον ἱματισμένον ... [17] καὶ ἤρξαντο παρακαλεῖν αὐτὸν ἀπελθεῖν ἀπὸ τῶν ὁρίων αὐτῶν.	**Lk 8,35**	ἐξῆλθον δὲ ἰδεῖν τὸ γεγονὸς καὶ ἦλθον πρὸς τὸν Ἰησοῦν καὶ **εὗρον** καθήμενον τὸν ἄνθρωπον ἀφ' οὗ τὰ δαιμόνια ἐξῆλθεν ἱματισμένον ... [37] καὶ ἠρώτησεν αὐτὸν ἅπαν τὸ πλῆθος τῆς περιχώρου τῶν Γερασηνῶν ἀπελθεῖν ἀπ' αὐτῶν, ...	
112	**Mt 14,15** → Mt 14,16 → Mt 15,32	... ἀπόλυσον τοὺς ὄχλους, ἵνα ἀπελθόντες εἰς τὰς κώμας **ἀγοράσωσιν** ἑαυτοῖς βρώματα.	**Mk 6,36** → Mk 6,37 → Mk 8,3	ἀπόλυσον αὐτούς, ἵνα ἀπελθόντες εἰς τοὺς κύκλῳ ἀγροὺς καὶ κώμας **ἀγοράσωσιν** ἑαυτοῖς τί φάγωσιν.	**Lk 9,12** → Lk 9,13	... ἀπόλυσον τὸν ὄχλον, ἵνα πορευθέντες εἰς τὰς κύκλῳ κώμας καὶ ἀγροὺς καταλύσωσιν καὶ **εὕρωσιν** ἐπισιτισμόν, ...	
112	**Mt 17,8**	ἐπάραντες δὲ τοὺς ὀφθαλμοὺς αὐτῶν οὐδένα **εἶδον** εἰ μὴ αὐτὸν Ἰησοῦν μόνον.	**Mk 9,8**	καὶ ἐξάπινα περιβλεψάμενοι οὐκέτι οὐδένα **εἶδον** ἀλλὰ τὸν Ἰησοῦν μόνον μεθ' ἑαυτῶν.	**Lk 9,36**	καὶ ἐν τῷ γενέσθαι τὴν φωνὴν **εὑρέθη** Ἰησοῦς μόνος. ...	
202	**Mt 7,7**	αἰτεῖτε καὶ δοθήσεται ὑμῖν, ζητεῖτε καὶ **εὑρήσετε,** κρούετε καὶ ἀνοιγήσεται ὑμῖν·			**Lk 11,9**	... αἰτεῖτε καὶ δοθήσεται ὑμῖν, ζητεῖτε καὶ **εὑρήσετε,** κρούετε καὶ ἀνοιγήσεται ὑμῖν·	→ GTh 2 **(POxy 654)** → GTh 92
202	**Mt 7,8** → Mt 21,22 → Mk 11,24	πᾶς γὰρ ὁ αἰτῶν λαμβάνει καὶ ὁ ζητῶν **εὑρίσκει** καὶ τῷ κρούοντι ἀνοιγήσεται.			**Lk 11,10** → Mt 21,22 → Mk 11,24	πᾶς γὰρ ὁ αἰτῶν λαμβάνει καὶ ὁ ζητῶν **εὑρίσκει** καὶ τῷ κρούοντι ἀνοιγ[ήσ]εται.	→ GTh 2 **(POxy 654)** → GTh 94
201	**Mt 7,14** → Lk 13,23	[13] εἰσέλθατε διὰ τῆς στενῆς πύλης· ὅτι πλατεῖα ἡ πύλη καὶ εὐρύχωρος ἡ ὁδὸς ἡ ἀπάγουσα εἰς τὴν ἀπώλειαν, καὶ πολλοί εἰσιν οἱ εἰσερχόμενοι δι' αὐτῆς· [14] τί στενὴ ἡ πύλη καὶ τεθλιμμένη ἡ ὁδὸς ἡ ἀπάγουσα εἰς τὴν ζωὴν καὶ ὀλίγοι εἰσὶν **οἱ εὑρίσκοντες** αὐτήν.			**Lk 13,24**	ἀγωνίζεσθε εἰσελθεῖν διὰ τῆς στενῆς θύρας, ὅτι πολλοί, λέγω ὑμῖν, ζητήσουσιν εἰσελθεῖν καὶ οὐκ ἰσχύσουσιν.	
202	**Mt 8,10**	... παρ' οὐδενὶ τοσαύτην πίστιν ἐν τῷ Ἰσραὴλ **εὗρον.**			**Lk 7,9**	... οὐδὲ ἐν τῷ Ἰσραὴλ τοσαύτην πίστιν **εὗρον.**	

201 201	**Mt 10,39 (2)** ⇩ Mt 16,25	ὁ **εὑρὼν** τὴν ψυχὴν αὐτοῦ ἀπολέσει αὐτήν, καὶ ὁ ἀπολέσας τὴν ψυχὴν αὐτοῦ ἕνεκεν ἐμοῦ **εὑρήσει** αὐτήν.	**Mk 8,35**	ὃς γὰρ ἐὰν θέλῃ τὴν ψυχὴν αὐτοῦ **σῶσαι** ἀπολέσει αὐτήν· ὃς δ' ἂν ἀπολέσει τὴν ψυχὴν αὐτοῦ ἕνεκεν ἐμοῦ καὶ τοῦ εὐαγγελίου **σώσει** αὐτήν.	**Lk 17,33** ⇩ Lk 9,24	ὃς ἐὰν ζητήσῃ τὴν ψυχὴν αὐτοῦ **περιποιήσασθαι** ἀπολέσει αὐτήν, ὃς δ' ἂν ἀπολέσῃ **ζῳογονήσει** αὐτήν.	Mk-Q overlap → Jn 12,25
200	**Mt 11,29**	... ὅτι πραΰς εἰμι καὶ ταπεινὸς τῇ καρδίᾳ, καὶ ***εὑρήσετε*** *ἀνάπαυσιν ταῖς ψυχαῖς ὑμῶν·* ➤ Jer 6,16					→ GTh 90
202	**Mt 12,43** → Mk 9,25	ὅταν δὲ τὸ ἀκάθαρτον πνεῦμα ἐξέλθῃ ἀπὸ τοῦ ἀνθρώπου, διέρχεται δι' ἀνύδρων τόπων ζητοῦν ἀνάπαυσιν καὶ οὐχ **εὑρίσκει.**			**Lk 11,24** → Mk 9,25	ὅταν τὸ ἀκάθαρτον πνεῦμα ἐξέλθῃ ἀπὸ τοῦ ἀνθρώπου, διέρχεται δι' ἀνύδρων τόπων ζητοῦν ἀνάπαυσιν καὶ μὴ **εὑρίσκον**· ...	
202	**Mt 12,44**	... καὶ ἐλθὸν **εὑρίσκει** σχολάζοντα σεσαρωμένον καὶ κεκοσμημένον.			**Lk 11,25**	καὶ ἐλθὸν **εὑρίσκει** σεσαρωμένον καὶ κεκοσμημένον.	
200	**Mt 13,44**	ὁμοία ἐστὶν ἡ βασιλεία τῶν οὐρανῶν θησαυρῷ κεκρυμμένῳ ἐν τῷ ἀγρῷ, ὃν **εὑρὼν** ἄνθρωπος ἔκρυψεν, ...					→ GTh 109
200	**Mt 13,46**	**εὑρὼν** δὲ ἕνα πολύτιμον μαργαρίτην ἀπελθὼν πέπρακεν πάντα ὅσα εἶχεν καὶ ἠγόρασεν αὐτόν.					→ GTh 76,1-2
120	**Mt 15,28**	... γενηθήτω σοι ὡς θέλεις. καὶ ἰάθη ἡ θυγάτηρ αὐτῆς ἀπὸ τῆς ὥρας ἐκείνης.	**Mk 7,30** ↑ Lk 7,10	καὶ ἀπελθοῦσα εἰς τὸν οἶκον αὐτῆς **εὗρεν** τὸ παιδίον βεβλημένον ἐπὶ τὴν κλίνην καὶ τὸ δαιμόνιον ἐξεληλυθός.			
211	**Mt 16,25** ⇧ Mt 10,39	... ὃς δ' ἂν ἀπολέσῃ τὴν ψυχὴν αὐτοῦ ἕνεκεν ἐμοῦ **εὑρήσει** αὐτήν.	**Mk 8,35**	... ὃς δ' ἂν ἀπολέσει τὴν ψυχὴν αὐτοῦ ἕνεκεν ἐμοῦ καὶ τοῦ εὐαγγελίου **σώσει** αὐτήν.	**Lk 9,24** ⇧ Lk 17,33	... ὃς δ' ἂν ἀπολέσῃ τὴν ψυχὴν αὐτοῦ ἕνεκεν ἐμοῦ, οὗτος **σώσει** αὐτήν.	→ Jn 12,25 → GTh 55 Mk-Q overlap
200	**Mt 17,27**	... καὶ ἀνοίξας τὸ στόμα αὐτοῦ **εὑρήσεις** στατῆρα· ἐκεῖνον λαβὼν δὸς αὐτοῖς ἀντὶ ἐμοῦ καὶ σοῦ.					
	Mt 18,13	[12] ... καὶ πορευθεὶς ζητεῖ τὸ πλανώμενον; [13] καὶ ἐὰν γένηται **εὑρεῖν** αὐτό, ...			**Lk 15,4**	... καὶ πορεύεται ἐπὶ τὸ ἀπολωλὸς ἕως **εὕρῃ** αὐτό;	→ GTh 107

	Mt		Mk		Lk		Other
202	**Mt 18,13**	καὶ ἐὰν γένηται **εὑρεῖν** αὐτό, ἀμὴν λέγω ὑμῖν ὅτι χαίρει ...			**Lk 15,5**	καὶ **εὑρὼν** ἐπιτίθησιν ἐπὶ τοὺς ὤμους αὐτοῦ χαίρων	
200	**Mt 18,28**	ἐξελθὼν δὲ ὁ δοῦλος ἐκεῖνος **εὗρεν** ἕνα τῶν συνδούλων αὐτοῦ, ...					
002					**Lk 12,37**	μακάριοι οἱ δοῦλοι ἐκεῖνοι, οὓς ἐλθὼν ὁ κύριος **εὑρήσει** γρηγοροῦντας· ...	
002					**Lk 12,38** → Mt 24,42 → Mk 13,35 ↓ **Mk 13,36** → Mt 24,44 → Lk 12,40	κἂν ἐν τῇ δευτέρᾳ κἂν ἐν τῇ τρίτῃ φυλακῇ ἔλθῃ καὶ **εὕρῃ** οὕτως, μακάριοί εἰσιν ἐκεῖνοι.	
202	**Mt 24,46**	μακάριος ὁ δοῦλος ἐκεῖνος ὃν ἐλθὼν ὁ κύριος αὐτοῦ **εὑρήσει** οὕτως ποιοῦντα·			**Lk 12,43**	μακάριος ὁ δοῦλος ἐκεῖνος, ὃν ἐλθὼν ὁ κύριος αὐτοῦ **εὑρήσει** ποιοῦντα οὕτως·	
002					**Lk 13,6** ↓ **Mt 21,19** ↓ **Mk 11,13**	... συκῆν εἶχέν τις πεφυτευμένην ἐν τῷ ἀμπελῶνι αὐτοῦ, καὶ ἦλθεν ζητῶν καρπὸν ἐν αὐτῇ καὶ **οὐχ εὗρεν.**	
002					**Lk 13,7**	... ἰδοὺ τρία ἔτη ἀφ' οὗ ἔρχομαι ζητῶν καρπὸν ἐν τῇ συκῇ ταύτῃ καὶ **οὐχ εὑρίσκω·** ἔκκοψον [οὖν] αὐτήν, ἱνατί καὶ τὴν γῆν καταργεῖ;	
102	**Mt 18,12**	... οὐχὶ ἀφήσει τὰ ἐνενήκοντα ἐννέα ἐπὶ τὰ ὄρη καὶ πορευθεὶς ζητεῖ τὸ πλανώμενον;			**Lk 15,4**	... οὐ καταλείπει τὰ ἐνενήκοντα ἐννέα ἐν τῇ ἐρήμῳ καὶ πορεύεται ἐπὶ τὸ ἀπολωλὸς ἕως **εὕρῃ** αὐτό;	
202	**Mt 18,13**	καὶ ἐὰν γένηται **εὑρεῖν** αὐτό, ἀμὴν λέγω ὑμῖν ὅτι χαίρει ...			**Lk 15,5**	καὶ **εὑρὼν** ἐπιτίθησιν ἐπὶ τοὺς ὤμους αὐτοῦ χαίρων	→ GTh 107
002					**Lk 15,6**	... συγχάρητέ μοι, ὅτι **εὗρον** τὸ πρόβατόν μου τὸ ἀπολωλός.	
002					**Lk 15,8**	... οὐχὶ ἅπτει λύχνον καὶ σαροῖ τὴν οἰκίαν καὶ ζητεῖ ἐπιμελῶς ἕως οὗ **εὕρῃ;**	

002 002					Lk 15,9 (2)	καὶ **εὑροῦσα** συγκαλεῖ τὰς φίλας καὶ γείτονας λέγουσα· συγχάρητέ μοι, ὅτι **εὗρον** τὴν δραχμὴν ἣν ἀπώλεσα.	
002					Lk 15,24 ↓ Lk 15,32	ὅτι οὗτος ὁ υἱός μου νεκρὸς ἦν καὶ ἀνέζησεν, ἦν ἀπολωλὼς καὶ **εὑρέθη.** ...	
002					Lk 15,32 ↑ Lk 15,24	... ὁ ἀδελφός σου οὗτος νεκρὸς ἦν καὶ ἔζησεν, καὶ ἀπολωλὼς καὶ **εὑρέθη.**	
002					Lk 17,18	**οὐχ εὑρέθησαν** ὑποστρέψαντες δοῦναι δόξαν τῷ θεῷ ...	
002					Lk 18,8	... πλὴν ὁ υἱὸς τοῦ ἀνθρώπου ἐλθὼν ἆρα **εὑρήσει** τὴν πίστιν ἐπὶ τῆς γῆς;	
200	Mt 20,6	περὶ δὲ τὴν ἑνδεκάτην ἐξελθὼν **εὗρεν** ἄλλους ἑστῶτας ...					
222	Mt 21,2	... πορεύεσθε εἰς τὴν κώμην τὴν κατέναντι ὑμῶν, καὶ εὐθέως **εὑρήσετε** ὄνον δεδεμένην καὶ πῶλον μετ' αὐτῆς· ...	Mk 11,2	... ὑπάγετε εἰς τὴν κώμην τὴν κατέναντι ὑμῶν, καὶ εὐθὺς εἰσπορευόμενοι εἰς αὐτὴν **εὑρήσετε** πῶλον δεδεμένον ἐφ' ὃν οὐδεὶς οὔπω ἀνθρώπων ἐκάθισεν· ...	Lk 19,30	... ὑπάγετε εἰς τὴν κατέναντι κώμην, ἐν ᾗ εἰσπορευόμενοι **εὑρήσετε** πῶλον δεδεμένον, ἐφ' ὃν οὐδεὶς πώποτε ἀνθρώπων ἐκάθισεν, ...	
122	Mt 21,6 → Mk 11,6	πορευθέντες δὲ οἱ μαθηταὶ καὶ **ποιήσαντες** καθὼς συνέταξεν αὐτοῖς ὁ Ἰησοῦς	Mk 11,4	καὶ ἀπῆλθον καὶ **εὗρον** πῶλον δεδεμένον πρὸς θύραν ἔξω ἐπὶ τοῦ ἀμφόδου ...	Lk 19,32 → Mk 11,6	ἀπελθόντες δὲ οἱ ἀπεσταλμένοι **εὗρον** καθὼς εἶπεν αὐτοῖς.	
120 220	Mt 21,19 ↑ Lk 13,6	καὶ ἰδὼν συκῆν μίαν ἐπὶ τῆς ὁδοῦ ἦλθεν ἐπ' αὐτὴν καὶ **οὐδὲν εὗρεν** ἐν αὐτῇ εἰ μὴ φύλλα μόνον, ...	Mk 11,13 (2) ↑ Lk 13,6	καὶ ἰδὼν συκῆν ἀπὸ μακρόθεν ἔχουσαν φύλλα ἦλθεν, εἰ ἄρα τι **εὑρήσει** ἐν αὐτῇ, καὶ ἐλθὼν ἐπ' αὐτὴν **οὐδὲν εὗρεν** εἰ μὴ φύλλα· ...			
112	Mt 22,33 → Mt 7,28 → Lk 4,32	καὶ ἀκούσαντες οἱ ὄχλοι ἐξεπλήσσοντο ἐπὶ τῇ διδαχῇ αὐτοῦ.	Mk 11,18 → Mk 1,22 → Lk 4,32	... ἐφοβοῦντο γὰρ αὐτόν, πᾶς γὰρ ὁ ὄχλος ἐξεπλήσσετο ἐπὶ τῇ διδαχῇ αὐτοῦ.	Lk 19,48 ↑ Lk 6,7 → Lk 6,11 → Lk 11,54 → Lk 20,20 → Lk 21,38	καὶ **οὐχ εὕρισκον** τὸ τί ποιήσωσιν, ὁ λαὸς γὰρ ἅπας ἐξεκρέματο αὐτοῦ ἀκούων.	
201	Mt 22,9	πορεύεσθε οὖν ἐπὶ τὰς διεξόδους τῶν ὁδῶν καὶ ὅσους ἐὰν **εὕρητε** καλέσατε εἰς τοὺς γάμους.			Lk 14,23 ↓ Mt 22,10 ⇨ Lk 14,21 → Lk 16,16	... ἔξελθε εἰς τὰς ὁδοὺς καὶ φραγμοὺς καὶ ἀνάγκασον εἰσελθεῖν, ...	→ GTh 64

200	**Mt 22,10** ↑ Lk 14,23	καὶ ἐξελθόντες οἱ δοῦλοι ἐκεῖνοι εἰς τὰς ὁδοὺς συνήγαγον πάντας οὓς **εὗρον,** πονηρούς τε καὶ ἀγαθούς· ...					→ GTh 64
020			**Mk 13,36** ↑ **Lk 12,38** → Lk 21,34-35	μὴ ἐλθὼν ἐξαίφνης **εὕρῃ** ὑμᾶς καθεύδοντας.			
202	**Mt 24,46**	μακάριος ὁ δοῦλος ἐκεῖνος ὃν ἐλθὼν ὁ κύριος αὐτοῦ **εὑρήσει** οὕτως ποιοῦντα·			**Lk 12,43**	μακάριος ὁ δοῦλος ἐκεῖνος, ὃν ἐλθὼν ὁ κύριος αὐτοῦ **εὑρήσει** ποιοῦντα οὕτως·	
122	**Mt 26,19**	καὶ ἐποίησαν οἱ μαθηταὶ ὡς συνέταξεν αὐτοῖς ὁ Ἰησοῦς καὶ ἡτοίμασαν τὸ πάσχα.	**Mk 14,16**	καὶ ἐξῆλθον οἱ μαθηταὶ καὶ ἦλθον εἰς τὴν πόλιν καὶ **εὗρον** καθὼς εἶπεν αὐτοῖς καὶ ἡτοίμασαν τὸ πάσχα.	**Lk 22,13**	ἀπελθόντες δὲ **εὗρον** καθὼς εἰρήκει αὐτοῖς καὶ ἡτοίμασαν τὸ πάσχα.	
222	**Mt 26,40**	καὶ ἔρχεται πρὸς τοὺς μαθητὰς καὶ **εὑρίσκει** αὐτοὺς καθεύδοντας, ...	**Mk 14,37**	καὶ ἔρχεται καὶ **εὑρίσκει** αὐτοὺς καθεύδοντας, ...	**Lk 22,45**	καὶ ἀναστὰς ἀπὸ τῆς προσευχῆς ἐλθὼν πρὸς τοὺς μαθητὰς **εὗρεν** κοιμωμένους αὐτοὺς ἀπὸ τῆς λύπης	
220	**Mt 26,43**	καὶ ἐλθὼν πάλιν **εὗρεν** αὐτοὺς καθεύδοντας, ...	**Mk 14,40**	καὶ πάλιν ἐλθὼν **εὗρεν** αὐτοὺς καθεύδοντας, ...			
220	**Mt 26,60**	[59] οἱ δὲ ἀρχιερεῖς καὶ τὸ συνέδριον ὅλον ἐζήτουν ψευδομαρτυρίαν κατὰ τοῦ Ἰησοῦ ὅπως αὐτὸν θανατώσωσιν, [60] καὶ **οὐχ εὗρον** πολλῶν προσελθόντων ψευδομαρτύρων. ...	**Mk 14,55**	οἱ δὲ ἀρχιερεῖς καὶ ὅλον τὸ συνέδριον ἐζήτουν κατὰ τοῦ Ἰησοῦ μαρτυρίαν εἰς τὸ θανατῶσαι αὐτόν, καὶ **οὐχ ηὕρισκον·** [56] πολλοὶ γὰρ ἐψευδομαρτύρουν κατ' αὐτοῦ, ...			
112	**Mt 27,12**	καὶ ἐν τῷ κατηγορεῖσθαι αὐτὸν ὑπὸ τῶν ἀρχιερέων καὶ πρεσβυτέρων οὐδὲν ἀπεκρίνατο.	**Mk 15,3**	καὶ κατηγόρουν αὐτοῦ οἱ ἀρχιερεῖς πολλά.	**Lk 23,2** → Lk 20,20 → Lk 20,25 ⇒ Lk 23,10 ↓ **Lk 23,14**	ἤρξαντο δὲ κατηγορεῖν αὐτοῦ λέγοντες· τοῦτον **εὕραμεν** διαστρέφοντα τὸ ἔθνος ἡμῶν καὶ κωλύοντα φόρους Καίσαρι διδόναι ...	→ Jn 19,12 → Acts 17,7
002					**Lk 23,4** ↓ **Lk 23,14** ↓ Mt 27,23 ↓ Mk 15,14 ↓ **Lk 23,22**	... οὐδὲν **εὑρίσκω** αἴτιον ἐν τῷ ἀνθρώπῳ τούτῳ.	→ **Jn 18,38b** → **Acts 13,28**
002					**Lk 23,14** ↑ **Lk 23,2** ↓ Mt 27,23 ↓ Mk 15,14 ↓ **Lk 23,22**	... καὶ ἰδοὺ ἐγὼ ἐνώπιον ὑμῶν ἀνακρίνας **οὐθὲν εὗρον** ἐν τῷ ἀνθρώπῳ τούτῳ αἴτιον ὧν κατηγορεῖτε κατ' αὐτοῦ.	→ **Jn 18,38b** → **Jn 19,4** → **Acts 13,28**
112	**Mt 27,23**	... τί γὰρ κακὸν ἐποίησεν; ...	**Mk 15,14**	... τί γὰρ ἐποίησεν κακόν; ...	**Lk 23,22** ↑ **Lk 23,4** ↑ **Lk 23,14**	... τί γὰρ κακὸν ἐποίησεν οὗτος; οὐδὲν αἴτιον θανάτου **εὗρον** ἐν αὐτῷ· ...	→ **Jn 19,6** → **Acts 13,28**

	Mt		Mk		Lk		
211	Mt 27,32	ἐξερχόμενοι δὲ **εὗρον** ἄνθρωπον Κυρηναῖον ὀνόματι Σίμωνα, τοῦτον ἠγγάρευσαν ἵνα ἄρῃ τὸν σταυρὸν αὐτοῦ.	Mk 15,21	καὶ ἀγγαρεύουσιν παράγοντά τινα Σίμωνα Κυρηναῖον ἐρχόμενον ἀπ' ἀγροῦ, ... ἵνα ἄρῃ τὸν σταυρὸν αὐτοῦ.	Lk 23,26	... ἐπιλαβόμενοι Σίμωνά τινα Κυρηναῖον ἐρχόμενον ἀπ' ἀγροῦ ἐπέθηκαν αὐτῷ τὸν σταυρὸν φέρειν ὄπισθεν τοῦ Ἰησοῦ.	
012	Mt 28,2	... ἄγγελος γὰρ κυρίου καταβὰς ἐξ οὐρανοῦ καὶ προσελθὼν ἀπεκύλισεν τὸν λίθον καὶ ἐκάθητο ἐπάνω αὐτοῦ.	Mk 16,4	καὶ ἀναβλέψασαι **θεωροῦσιν** ὅτι ἀποκεκύλισται ὁ λίθος· ἦν γὰρ μέγας σφόδρα.	Lk 24,2	**εὗρον** δὲ τὸν λίθον ἀποκεκυλισμένον ἀπὸ τοῦ μνημείου,	→ Jn 20,1
012	Mt 28,2	καὶ ἰδοὺ σεισμὸς ἐγένετο μέγας· ...	Mk 16,5	καὶ εἰσελθοῦσαι εἰς τὸ μνημεῖον ...	Lk 24,3 → Mt 28,6 → Mk 16,6 → Lk 24,6 ↓ Lk 24,23	εἰσελθοῦσαι δὲ **οὐχ εὗρον** τὸ σῶμα τοῦ κυρίου Ἰησοῦ.	→ Jn 20,11
002					Lk 24,23 ↑ Mt 28,2 ↑ Mk 16,5 ↑ Lk 24,3	καὶ **μὴ εὑροῦσαι** τὸ σῶμα αὐτοῦ ἦλθον λέγουσαι καὶ ὀπτασίαν ἀγγέλων ἑωρακέναι, ...	
002					Lk 24,24 → Lk 24,12	καὶ ἀπῆλθόν τινες τῶν σὺν ἡμῖν ἐπὶ τὸ μνημεῖον, καὶ **εὗρον** οὕτως καθὼς καὶ αἱ γυναῖκες εἶπον, αὐτὸν δὲ οὐκ εἶδον.	
002					Lk 24,33	καὶ ἀναστάντες αὐτῇ τῇ ὥρᾳ ὑπέστρεψαν εἰς Ἰερουσαλὴμ καὶ **εὗρον** ἠθροισμένους τοὺς ἕνδεκα καὶ τοὺς σὺν αὐτοῖς	

Acts 4,21 ... ἀπέλυσαν αὐτούς, μηδὲν **εὑρίσκοντες** τὸ πῶς κολάσωνται αὐτούς, ...

Acts 5,10 ... εἰσελθόντες δὲ οἱ νεανίσκοι **εὗρον** αὐτὴν νεκρὰν ...

Acts 5,22 οἱ δὲ παραγενόμενοι ὑπηρέται **οὐχ εὗρον** αὐτοὺς ἐν τῇ φυλακῇ· ...

Acts 5,23 (2) λέγοντες ὅτι τὸ δεσμωτήριον **εὕρομεν** κεκλεισμένον ἐν πάσῃ ἀσφαλείᾳ καὶ τοὺς φύλακας ἑστῶτας ἐπὶ τῶν θυρῶν, ἀνοίξαντες δὲ ἔσω οὐδένα **εὕρομεν.**

Acts 5,39 εἰ δὲ ἐκ θεοῦ ἐστιν, οὐ δυνήσεσθε καταλῦσαι αὐτούς, μήποτε καὶ θεομάχοι **εὑρεθῆτε.** ...

Acts 7,11 ἦλθεν δὲ λιμὸς ἐφ' ὅλην τὴν Αἴγυπτον καὶ Χανάαν καὶ θλῖψις μεγάλη, καὶ **οὐχ ηὕρισκον** χορτάσματα οἱ πατέρες ἡμῶν.

Acts 7,46 (2) ὃς **εὗρεν** χάριν ἐνώπιον τοῦ θεοῦ καὶ ᾐτήσατο **εὑρεῖν** σκήνωμα τῷ οἴκῳ Ἰακώβ.

Acts 8,40 Φίλιππος δὲ **εὑρέθη** εἰς Ἄζωτον· ...

Acts 9,2 ᾐτήσατο παρ' αὐτοῦ ἐπιστολὰς εἰς Δαμασκὸν πρὸς τὰς συναγωγάς, ὅπως ἐάν τινας **εὕρῃ** τῆς ὁδοῦ ὄντας, ἄνδρας τε καὶ γυναῖκας, δεδεμένους ἀγάγῃ εἰς Ἰερουσαλήμ.

Acts 9,33 **εὗρεν** δὲ ἐκεῖ ἄνθρωπόν τινα ὀνόματι Αἰνέαν ...

Acts 10,27 ... εἰσῆλθεν καὶ **εὑρίσκει** συνεληλυθότας πολλούς

Acts 11,26 καὶ **εὑρὼν** ἤγαγεν εἰς Ἀντιόχειαν. ...

Acts 12,19 Ἡρῴδης δὲ ἐπιζητήσας αὐτὸν καὶ **μὴ εὑρών,** ἀνακρίνας τοὺς φύλακας ἐκέλευσεν ἀπαχθῆναι, ...

Acts 13,6 διελθόντες δὲ ὅλην τὴν νῆσον ἄχρι Πάφου
εὗρον
ἄνδρα τινὰ μάγον ψευδοπροφήτην Ἰουδαῖον ᾧ ὄνομα Βαριησοῦ

Acts 13,22 ... καὶ εἶπεν μαρτυρήσας·
εὗρον
Δαυὶδ τὸν τοῦ Ἰεσσαί, ἄνδρα κατὰ τὴν καρδίαν μου, ...
➤ Ps 89,21/1Sam 13,14/Isa 44,28

Acts 13,28 καὶ μηδεμίαν αἰτίαν θανάτου
→ Lk 23,4
→ Lk 23,14
→ Lk 23,22
εὑρόντες
ᾐτήσαντο Πιλᾶτον ἀναιρεθῆναι αὐτόν.

Acts 17,6 **μὴ εὑρόντες**
δὲ αὐτοὺς ἔσυρον Ἰάσονα καί τινας ἀδελφοὺς ἐπὶ τοὺς πολιτάρχας ...

Acts 17,23 ... ἀναθεωρῶν τὰ σεβάσματα ὑμῶν
εὗρον
καὶ βωμὸν ἐν ᾧ ἐπεγέγραπτο· Ἀγνώστῳ θεῷ. ...

Acts 17,27 ζητεῖν τὸν θεόν, εἰ ἄρα γε ψηλαφήσειαν αὐτὸν καὶ
εὕροιεν,
καί γε οὐ μακρὰν ἀπὸ ἑνὸς ἑκάστου ἡμῶν ὑπάρχοντα.

Acts 18,2 καὶ
εὑρών
τινα Ἰουδαῖον ὀνόματι Ἀκύλαν, ...

Acts 19,1 ... Παῦλον διελθόντα τὰ ἀνωτερικὰ μέρη [κατ]ελθεῖν εἰς Ἔφεσον καὶ
εὑρεῖν
τινας μαθητάς

Acts 19,19 ... καὶ συνεψήφισαν τὰς τιμὰς αὐτῶν καὶ
εὗρον
ἀργυρίου μυριάδας πέντε.

Acts 21,2 καὶ
εὑρόντες
πλοῖον διαπερῶν εἰς Φοινίκην ἐπιβάντες ἀνήχθημεν.

Acts 23,9 ... οὐδὲν κακὸν
εὑρίσκομεν
ἐν τῷ ἀνθρώπῳ τούτῳ· ...

Acts 23,29 ὃν
εὗρον
ἐγκαλούμενον περὶ ζητημάτων τοῦ νόμου αὐτῶν, ...

Acts 24,5 **εὑρόντες**
γὰρ τὸν ἄνδρα τοῦτον λοιμὸν ...

Acts 24,12 καὶ οὔτε ἐν τῷ ἱερῷ
εὗρόν
με πρός τινα διαλεγόμενον ἢ ἐπίστασιν ποιοῦντα ὄχλου οὔτε ἐν ταῖς συναγωγαῖς ...

Acts 24,18 ἐν αἷς
εὗρόν
με ἡγνισμένον ἐν τῷ ἱερῷ ...

Acts 24,20 ἢ αὐτοὶ οὗτοι εἰπάτωσαν τί
εὗρον
ἀδίκημα στάντος μου ἐπὶ τοῦ συνεδρίου

Acts 27,6 κἀκεῖ
εὑρὼν
ὁ ἑκατοντάρχης πλοῖον Ἀλεξανδρῖνον πλέον εἰς τὴν Ἰταλίαν ...

Acts 27,28 (2) καὶ βολίσαντες
εὗρον
ὀργυιὰς εἴκοσι, βραχὺ δὲ διαστήσαντες καὶ πάλιν βολίσαντες
εὗρον
ὀργυιὰς δεκαπέντε·

Acts 28,14 οὗ
εὑρόντες
ἀδελφοὺς παρεκλήθημεν παρ' αὐτοῖς ἐπιμεῖναι ἡμέρας ἑπτά· ...

εὐρύχωρος

	Syn 1	Mt 1	Mk	Lk	Acts	Jn	1-3John	Paul	Eph	Col
	NT 1	2Thess	1/2Tim	Tit	Heb	Jas	1Pet	2Pet	Jude	Rev

broad; spacious; roomy

201	**Mt 7,13** εἰσέλθατε διὰ τῆς στενῆς πύλης· ὅτι πλατεῖα ἡ πύλη καὶ **εὐρύχωρος** ἡ ὁδὸς ἡ ἀπάγουσα εἰς τὴν ἀπώλειαν, ...		**Lk 13,24** ἀγωνίζεσθε εἰσελθεῖν διὰ τῆς στενῆς θύρας, ...	

εὐσχήμων

	Syn 1	Mt	Mk 1	Lk	Acts 2	Jn	1-3John	Paul 2	Eph	Col
	NT 5	2Thess	1/2Tim	Tit	Heb	Jas	1Pet	2Pet	Jude	Rev

proper; presentable; prominent; of high standing, repute; noble

121	**Mt 27,57** ... ἦλθεν ἄνθρωπος πλούσιος ἀπὸ Ἁριμαθαίας, τοὔνομα Ἰωσήφ, ὃς καὶ αὐτὸς ἐμαθητεύθη τῷ Ἰησοῦ·	**Mk 15,43** ἐλθὼν Ἰωσὴφ [ὁ] ἀπὸ Ἁριμαθαίας **εὐσχήμων βουλευτής,** ὃς καὶ αὐτὸς ἦν προσδεχόμενος τὴν βασιλείαν τοῦ θεοῦ, ...	**Lk 23,50** καὶ ἰδοὺ ἀνὴρ ὀνόματι Ἰωσὴφ **βουλευτὴς ὑπάρχων** [καὶ] ἀνὴρ ἀγαθὸς καὶ δίκαιος [51] ... ἀπὸ Ἁριμαθαίας πόλεως τῶν Ἰουδαίων, ὃς προσεδέχετο τὴν βασιλείαν τοῦ θεοῦ	→ Jn 19,38

Acts 13,50 οἱ δὲ Ἰουδαῖοι παρώτρυναν **τὰς σεβομένας γυναῖκας τὰς εὐσχήμονας** καὶ τοὺς πρώτους τῆς πόλεως ...	**Acts 17,12** πολλοὶ μὲν οὖν ἐξ αὐτῶν ἐπίστευσαν καὶ **τῶν Ἑλληνίδων γυναικῶν τῶν εὐσχημόνων καὶ ἀνδρῶν οὐκ ὀλίγοι.**

εὐτόνως	Syn 1	Mt	Mk	Lk 1	Acts 1	Jn	1-3John	Paul	Eph	Col
	NT 2	2Thess	1/2Tim	Tit	Heb	Jas	1Pet	2Pet	Jude	Rev

powerfully; vigorously; vehemently

002	**Mt 27,12** καὶ ἐν τῷ κατηγορεῖσθαι αὐτὸν ὑπὸ τῶν ἀρχιερέων καὶ πρεσβυτέρων ...	**Mk 15,3** καὶ κατηγόρουν αὐτοῦ οἱ ἀρχιερεῖς πολλά.	**Lk 23,10** ⇨ Lk 23,2 εἱστήκεισαν δὲ οἱ ἀρχιερεῖς καὶ οἱ γραμματεῖς **εὐτόνως** κατηγοροῦντες αὐτοῦ.	Mt/Mk: before Pilate; Lk: before Herod

Acts 18,28 **εὐτόνως** γὰρ τοῖς Ἰουδαίοις διακατηλέγχετο δημοσίᾳ ἐπιδεικνὺς διὰ τῶν γραφῶν εἶναι τὸν χριστὸν Ἰησοῦν.

εὐφορέω	Syn 1	Mt	Mk	Lk 1	Acts	Jn	1-3John	Paul	Eph	Col
	NT 1	2Thess	1/2Tim	Tit	Heb	Jas	1Pet	2Pet	Jude	Rev

bear good crops; yield well; be fruitful

002			**Lk 12,16** ... ἀνθρώπου τινὸς πλουσίου **εὐφόρησεν** ἡ χώρα.	→ GTh 63

εὐφραίνω	Syn 6	Mt	Mk	Lk 6	Acts 2	Jn	1-3John	Paul 3	Eph	Col
	NT 14	2Thess	1/2Tim	Tit	Heb	Jas	1Pet	2Pet	Jude	Rev 3

active: gladden; cheer (up); *passive:* be glad; enjoy oneself; rejoice

002			**Lk 12,19** ... ψυχή, ἔχεις πολλὰ ἀγαθὰ κείμενα εἰς ἔτη πολλά· ἀναπαύου, φάγε, πίε, **εὐφραίνου.**	→ GTh 63
002			**Lk 15,23** καὶ φέρετε τὸν μόσχον τὸν σιτευτόν, θύσατε, καὶ φαγόντες **εὐφρανθῶμεν,**	
002			**Lk 15,24** ↓ Lk 15,32 ὅτι οὗτος ὁ υἱός μου νεκρὸς ἦν καὶ ἀνέζησεν, ἦν ἀπολωλὼς καὶ εὑρέθη. καὶ ἤρξαντο **εὐφραίνεσθαι.**	

code	Mt		Mk		Lk		
002					Lk 15,29	... καὶ ἐμοὶ οὐδέποτε ἔδωκας ἔριφον ἵνα μετὰ τῶν φίλων μου **εὐφρανθῶ**·	
002					Lk 15,32 ↑ Lk 15,24	**εὐφρανθῆναι** δὲ καὶ χαρῆναι ἔδει, ὅτι ὁ ἀδελφός σου οὗτος νεκρὸς ἦν καὶ ἔζησεν, καὶ ἀπολωλὼς καὶ εὑρέθη.	
002					Lk 16,19 → Lk 6,25	ἄνθρωπος δέ τις ἦν πλούσιος, καὶ ἐνεδιδύσκετο πορφύραν καὶ βύσσον **εὐφραινόμενος** καθ' ἡμέραν λαμπρῶς.	

Acts 2,26 *διὰ τοῦτο* ***ηὐφράνθη*** *ἡ καρδία μου καὶ ἠγαλλιάσατο ἡ γλῶσσά μου, ...*
➤ Ps 15,9 LXX

Acts 7,41 ... καὶ ἀνήγαγον θυσίαν τῷ εἰδώλῳ καὶ **εὐφραίνοντο** ἐν τοῖς ἔργοις τῶν χειρῶν αὐτῶν.

εὐχαριστέω

Syn	Mt	Mk	Lk	Acts	Jn	1-3John	Paul	Eph	Col
8	2	2	4	2	3		17	2	3
NT	2Thess	1/2Tim	Tit	Heb	Jas	1Pet	2Pet	Jude	Rev
38	2								1

be thankful; feel obligated to thank; give, render, return thanks

	triple tradition																	double tradition			Sondergut		
		+Mt / +Lk			–Mt / –Lk			traditions not taken over by Mt / Lk							subtotals								
code	*222*	*211*	*112*	*212*	*221*	*122*	*121*	*022*	*012*	*021*	*220*	*120*	*210*	*020*	Σ⁺	Σ⁻	Σ	*202*	*201*	*102*	*200*	*002*	total
Mt					1						1						2						**2**
Mk					1						1						2						**2**
Lk			1⁺		1⁻										1⁺	1⁻	1					3	**4**

code	Mt		Mk		Lk		
220	**Mt 15,36** → Mt 14,19	ἔλαβεν τοὺς ἑπτὰ ἄρτους καὶ τοὺς ἰχθύας καὶ **εὐχαριστήσας** ἔκλασεν καὶ ἐδίδου τοῖς μαθηταῖς, ...	**Mk 8,6** → Mk 6,41	... καὶ λαβὼν τοὺς ἑπτὰ ἄρτους **εὐχαριστήσας** ἔκλασεν καὶ ἐδίδου τοῖς μαθηταῖς αὐτοῦ ... [7] καὶ εἶχον ἰχθύδια ὀλίγα· καὶ εὐλογήσας αὐτὰ εἶπεν καὶ ταῦτα παρατιθέναι.	→ Lk 9,16		
002					**Lk 17,16** → Mt 8,2 → Mk 1,40 → Lk 5,12	καὶ ἔπεσεν ἐπὶ πρόσωπον παρὰ τοὺς πόδας αὐτοῦ **εὐχαριστῶν** αὐτῷ· καὶ αὐτὸς ἦν Σαμαρίτης.	
002					**Lk 18,11**	... ὁ θεός, **εὐχαριστῶ** σοι ὅτι οὐκ εἰμὶ ὥσπερ οἱ λοιποὶ τῶν ἀνθρώπων, ...	
002					**Lk 22,17** ↓ Mt 26,27 ↓ Mk 14,23	καὶ δεξάμενος ποτήριον **εὐχαριστήσας** εἶπεν· λάβετε τοῦτο καὶ διαμερίσατε εἰς ἑαυτούς·	

code	Mt		Mk		Lk		
112	**Mt 26,26** → Mt 14,19	... λαβὼν ὁ Ἰησοῦς ἄρτον καὶ **εὐλογήσας** ἔκλασεν καὶ δοὺς τοῖς μαθηταῖς ...	**Mk 14,22** → Mk 6,41	... λαβὼν ἄρτον **εὐλογήσας** ἔκλασεν καὶ ἔδωκεν αὐτοῖς ...	**Lk 22,19** → Lk 9,16	... λαβὼν ἄρτον **εὐχαριστήσας** ἔκλασεν καὶ ἔδωκεν αὐτοῖς ...	→ 1Cor 11,24
221	**Mt 26,27** ↑ Lk 22,17	καὶ λαβὼν ποτήριον καὶ **εὐχαριστήσας** ἔδωκεν αὐτοῖς λέγων· πίετε ἐξ αὐτοῦ πάντες	**Mk 14,23** ↑ Lk 22,17	καὶ λαβὼν ποτήριον **εὐχαριστήσας** ἔδωκεν αὐτοῖς, καὶ ἔπιον ἐξ αὐτοῦ πάντες.	**Lk 22,20**	καὶ τὸ ποτήριον ὡσαύτως μετὰ τὸ δειπνῆσαι, λέγων· ...	→ 1Cor 11,25

Acts 27,35	εἴπας δὲ ταῦτα καὶ λαβὼν ἄρτον **εὐχαρίστησεν** τῷ θεῷ ἐνώπιον πάντων καὶ κλάσας ἤρξατο ἐσθίειν.	**Acts 28,15**	... οὓς ἰδὼν ὁ Παῦλος **εὐχαριστήσας** τῷ θεῷ ἔλαβε θάρσος.

εὐώνυμος	Syn 7	Mt 5	Mk 2	Lk	Acts 1	Jn	1-3John	Paul	Eph	Col
	NT 9	2Thess	1/2Tim	Tit	Heb	Jas	1Pet	2Pet	Jude	Rev 1

left

	triple tradition																double tradition			Sondergut		
		+Mt / +Lk			–Mt / –Lk			traditions not taken over by Mt / Lk							subtotals							
code	*222*	*211*	*112*	*212*	*221*	*122*	*121*	*022*	*012*	*021*	*220*	*120*	*210*	*020*	Σ⁺	Σ⁻	Σ	*202*	*201*	*102*	*200*	*002*	total
Mt					1						1		1⁺		1⁺		3				2		**5**
Mk					1						1						2						**2**
Lk					1⁻											1⁻							

code	Mt		Mk		Lk		
210	**Mt 20,21**	... εἰπὲ ἵνα καθίσωσιν οὗτοι οἱ δύο υἱοί μου εἷς ἐκ δεξιῶν σου καὶ εἷς **ἐξ εὐωνύμων σου** ἐν τῇ βασιλείᾳ σου.	**Mk 10,37**	... δὸς ἡμῖν ἵνα εἷς σου ἐκ δεξιῶν καὶ εἷς **ἐξ ἀριστερῶν** καθίσωμεν ἐν τῇ δόξῃ σου.			
220	**Mt 20,23**	... τὸ δὲ καθίσαι ἐκ δεξιῶν μου καὶ **ἐξ εὐωνύμων** οὐκ ἔστιν ἐμὸν [τοῦτο] δοῦναι, ...	**Mk 10,40**	τὸ δὲ καθίσαι ἐκ δεξιῶν μου ἢ **ἐξ εὐωνύμων** οὐκ ἔστιν ἐμὸν δοῦναι, ...			
200	**Mt 25,33**	καὶ στήσει τὰ μὲν πρόβατα ἐκ δεξιῶν αὐτοῦ, τὰ δὲ ἐρίφια **ἐξ εὐωνύμων.**					
200	**Mt 25,41** → Mt 7,23 → Lk 13,27	τότε ἐρεῖ καὶ τοῖς **ἐξ εὐωνύμων·** πορεύεσθε ἀπ' ἐμοῦ [οἱ] κατηραμένοι ...					
221	**Mt 27,38** → Lk 23,32	τότε σταυροῦνται σὺν αὐτῷ δύο λησταί, εἷς ἐκ δεξιῶν καὶ εἷς **ἐξ εὐωνύμων.**	**Mk 15,27** → Lk 23,32	καὶ σὺν αὐτῷ σταυροῦσιν δύο λῃστάς, ἕνα ἐκ δεξιῶν καὶ ἕνα **ἐξ εὐωνύμων αὐτοῦ.**	**Lk 23,33** → Lk 22,37	... ἐκεῖ ἐσταύρωσαν αὐτὸν καὶ τοὺς κακούργους, ὃν μὲν ἐκ δεξιῶν ὃν δὲ **ἐξ ἀριστερῶν.**	→ Jn 19,18

Acts 21,3 ἀναφάναντες δὲ τὴν Κύπρον καὶ καταλιπόντες αὐτὴν **εὐώνυμον** ἐπλέομεν εἰς Συρίαν καὶ κατήλθομεν εἰς Τύρον· ...

ἐφημερία	Syn 2	Mt	Mk	Lk 2	Acts	Jn	1-3John	Paul	Eph	Col
	NT 2	2Thess	1/2Tim	Tit	Heb	Jas	1Pet	2Pet	Jude	Rev

class, division (of priests)

code	Mt	Mk	Lk	
002			**Lk 1,5** ἐγένετο ἐν ταῖς ἡμέραις Ἡρῴδου βασιλέως τῆς Ἰουδαίας ἱερεύς τις ὀνόματι Ζαχαρίας **ἐξ ἐφημερίας Ἀβιά,** ...	
002			**Lk 1,8** ἐγένετο δὲ ἐν τῷ ἱερατεύειν αὐτὸν **ἐν τῇ τάξει τῆς ἐφημερίας αὐτοῦ** ἔναντι τοῦ θεοῦ	

ἐφίστημι	Syn 7	Mt	Mk	Lk 7	Acts 11	Jn	1-3John	Paul 1	Eph	Col
	NT 21	2Thess	1/2Tim 2	Tit	Heb	Jas	1Pet	2Pet	Jude	Rev

stand by; stand near; approach; appear; be present; stand before; be imminent

	triple tradition																	double tradition			Sonder-gut		
		+Mt / +Lk			–Mt / –Lk			traditions not taken over by Mt / Lk							subtotals								
code	222	211	112	212	221	122	121	022	012	021	220	120	210	020	Σ⁺	Σ⁻	Σ	202	201	102	200	002	total
Mt																							
Mk																							
Lk			2⁺						1⁺						3⁺		3					4	7

code	Mt	Mk	Lk	
002			**Lk 2,9** καὶ ἄγγελος κυρίου **ἐπέστη** αὐτοῖς καὶ δόξα κυρίου περιέλαμψεν αὐτούς, ...	
002			**Lk 2,38** [37] καὶ αὐτὴ χήρα ἕως ἐτῶν ὀγδοήκοντα τεσσάρων, ... [38] καὶ αὐτῇ τῇ ὥρᾳ **ἐπιστᾶσα** ἀνθωμολογεῖτο τῷ θεῷ ...	
112	**Mt 8,15** καὶ ἥψατο τῆς χειρὸς αὐτῆς, καὶ ἀφῆκεν αὐτὴν ὁ πυρετός, ...	**Mk 1,31** καὶ προσελθὼν ἤγειρεν αὐτὴν κρατήσας τῆς χειρός· καὶ ἀφῆκεν αὐτὴν ὁ πυρετός, ...	**Lk 4,39** καὶ **ἐπιστὰς** ἐπάνω αὐτῆς ἐπετίμησεν τῷ πυρετῷ· καὶ ἀφῆκεν αὐτήν· ...	
002			**Lk 10,40** ἡ δὲ Μάρθα περιεσπᾶτο περὶ πολλὴν διακονίαν· **ἐπιστᾶσα** δὲ εἶπεν· κύριε, οὐ μέλει σοι ὅτι ἡ ἀδελφή μου μόνην με κατέλιπεν διακονεῖν; ...	

	Mt		Mk		Lk		
112	Mt 21,23	καὶ ἐλθόντος αὐτοῦ εἰς τὸ ἱερὸν **προσῆλθον** αὐτῷ διδάσκοντι οἱ ἀρχιερεῖς καὶ οἱ πρεσβύτεροι τοῦ λαοῦ ...	Mk 11,27	... καὶ ἐν τῷ ἱερῷ περιπατοῦντος αὐτοῦ **ἔρχονται** πρὸς αὐτὸν οἱ ἀρχιερεῖς καὶ οἱ γραμματεῖς καὶ οἱ πρεσβύτεροι	Lk 20,1	καὶ ἐγένετο ἐν μιᾷ τῶν ἡμερῶν διδάσκοντος αὐτοῦ τὸν λαὸν ἐν τῷ ἱερῷ καὶ εὐαγγελιζομένου **ἐπέστησαν** οἱ ἀρχιερεῖς καὶ οἱ γραμματεῖς σὺν τοῖς πρεσβυτέροις	→ Jn 2,18
002					Lk 21,34 → Mt 24,49 → Lk 12,45 → Mk 13,33 → Mk 13,36	προσέχετε δὲ ἑαυτοῖς μήποτε βαρηθῶσιν ὑμῶν αἱ καρδίαι ἐν κραιπάλῃ καὶ μέθῃ καὶ μερίμναις βιωτικαῖς καὶ **ἐπιστῇ** ἐφ᾽ ὑμᾶς αἰφνίδιος ἡ ἡμέρα ἐκείνη	
012	Mt 28,2	[2] ... ἄγγελος γὰρ κυρίου ... **ἐκάθητο** ἐπάνω αὐτοῦ. [3] ἦν δὲ ἡ εἰδέα αὐτοῦ ὡς ἀστραπὴ καὶ τὸ ἔνδυμα αὐτοῦ λευκὸν ὡς χιών.	Mk 16,5	... εἶδον νεανίσκον **καθήμενον** ἐν τοῖς δεξιοῖς περιβεβλημένον στολὴν λευκήν, ...	Lk 24,4 → Lk 24,23	... καὶ ἰδοὺ ἄνδρες δύο **ἐπέστησαν** αὐταῖς ἐν ἐσθῆτι ἀστραπτούσῃ.	→ Jn 20,12

Acts 4,1 λαλούντων δὲ αὐτῶν πρὸς τὸν λαὸν **ἐπέστησαν** αὐτοῖς οἱ ἱερεῖς καὶ ὁ στρατηγὸς τοῦ ἱεροῦ καὶ οἱ Σαδδουκαῖοι

Acts 6,12 συνεκίνησάν τε τὸν λαὸν καὶ τοὺς πρεσβυτέρους καὶ τοὺς γραμματεῖς καὶ **ἐπιστάντες** συνήρπασαν αὐτὸν καὶ ἤγαγον εἰς τὸ συνέδριον

Acts 10,17 ... ἰδοὺ οἱ ἄνδρες οἱ ἀπεσταλμένοι ὑπὸ τοῦ Κορνηλίου διερωτήσαντες τὴν οἰκίαν τοῦ Σίμωνος **ἐπέστησαν** ἐπὶ τὸν πυλῶνα

Acts 11,11 καὶ ἰδοὺ ἐξαυτῆς τρεῖς ἄνδρες **ἐπέστησαν** ἐπὶ τὴν οἰκίαν ἐν ᾗ ἦμεν, ...

Acts 12,7 καὶ ἰδοὺ ἄγγελος κυρίου **ἐπέστη** καὶ φῶς ἔλαμψεν ἐν τῷ οἰκήματι· ...

Acts 17,5 ... καὶ ὀχλοποιήσαντες ἐθορύβουν τὴν πόλιν καὶ **ἐπιστάντες** τῇ οἰκίᾳ Ἰάσονος ἐζήτουν αὐτοὺς προαγαγεῖν εἰς τὸν δῆμον·

Acts 22,13 ἐλθὼν πρός με καὶ **ἐπιστὰς** εἶπέν μοι· Σαοὺλ ἀδελφέ, ἀνάβλεψον. ...

Acts 22,20 καὶ ὅτε ἐξεχύννετο τὸ αἷμα Στεφάνου τοῦ μάρτυρός σου, καὶ αὐτὸς ἤμην **ἐφεστὼς** καὶ συνευδοκῶν καὶ φυλάσσων τὰ ἱμάτια τῶν ἀναιρούντων αὐτόν.

Acts 23,11 τῇ δὲ ἐπιούσῃ νυκτὶ **ἐπιστὰς** αὐτῷ ὁ κύριος εἶπεν· θάρσει· ...

Acts 23,27 τὸν ἄνδρα τοῦτον συλλημφθέντα ὑπὸ τῶν Ἰουδαίων καὶ μέλλοντα ἀναιρεῖσθαι ὑπ᾽ αὐτῶν **ἐπιστὰς** σὺν τῷ στρατεύματι ἐξειλάμην, μαθὼν ὅτι Ῥωμαῖός ἐστιν·

Acts 28,2 ... ἅψαντες γὰρ πυρὰν προσελάβοντο πάντας ἡμᾶς **διὰ τὸν ὑετὸν τὸν ἐφεστῶτα** καὶ διὰ τὸ ψῦχος.

ἐφοράω	Syn 1	Mt	Mk	Lk 1	Acts 1	Jn	1-3John	Paul	Eph	Col
	NT 2	2Thess	1/2Tim	Tit	Heb	Jas	1Pet	2Pet	Jude	Rev

gaze upon something

002	Lk 1,25	ὅτι οὕτως μοι πεποίηκεν κύριος ἐν ἡμέραις αἷς **ἐπεῖδεν** ἀφελεῖν ὄνειδός μου ἐν ἀνθρώποις.

Acts 4,29 καὶ τὰ νῦν, κύριε, **ἔπιδε** ἐπὶ τὰς ἀπειλὰς αὐτῶν ...

εφφαθα

	Syn	Mt	Mk	Lk	Acts	Jn	1-3John	Paul	Eph	Col
εφφαθα	1		1							
	NT	2Thess	1/2Tim	Tit	Heb	Jas	1Pet	2Pet	Jude	Rev
	1									

Aramaic: be opened

code	Mt	Mk	Lk	
020		**Mk 7,34** καὶ ἀναβλέψας εἰς τὸν οὐρανὸν ἐστέναξεν, καὶ λέγει αὐτῷ· **εφφαθα,** ὅ ἐστιν διανοίχθητι.		

ἔχθρα

	Syn	Mt	Mk	Lk	Acts	Jn	1-3John	Paul	Eph	Col
ἔχθρα	1			1				2	2	
	NT	2Thess	1/2Tim	Tit	Heb	Jas	1Pet	2Pet	Jude	Rev
	6					1				

enmity

code	Mt	Mk	Lk	
002			**Lk 23,12** ἐγένοντο δὲ φίλοι ὅ τε Ἡρῴδης καὶ ὁ Πιλᾶτος ἐν αὐτῇ τῇ ἡμέρᾳ μετ' ἀλλήλων· προϋπῆρχον γὰρ **ἐν ἔχθρᾳ** ὄντες πρὸς αὐτούς.	→ Acts 4,27

ἐχθρός

	Syn	Mt	Mk	Lk	Acts	Jn	1-3John	Paul	Eph	Col
ἐχθρός	16	7	1	8	2			7		1
	NT	2Thess	1/2Tim	Tit	Heb	Jas	1Pet	2Pet	Jude	Rev
	32	1			2	1				2

hating; hostile; enemy

	triple tradition																	double tradition			Sondergut		
		+Mt / +Lk			−Mt / −Lk			traditions not taken over by Mt / Lk							subtotals								
code	222	211	112	212	221	122	121	022	012	021	220	120	210	020	Σ⁺	Σ⁻	Σ	202	201	102	200	002	total
Mt	1																1	1			5		7
Mk	1																1						1
Lk	1																1	1				6	8

code	Mt	Mk	Lk	
002			**Lk 1,71** σωτηρίαν **ἐξ ἐχθρῶν ἡμῶν** καὶ ἐκ χειρὸς πάντων τῶν μισούντων ἡμᾶς	
002			**Lk 1,74** ἀφόβως **ἐκ χειρὸς ἐχθρῶν** ῥυσθέντας λατρεύειν αὐτῷ	
200	**Mt 5,43** ἠκούσατε ὅτι ἐρρέθη· *ἀγαπήσεις τὸν πλησίον σου* καὶ μισήσεις **τὸν ἐχθρόν σου.** ➢ Lev 19,18			
202	**Mt 5,44** ... ἀγαπᾶτε **τοὺς ἐχθροὺς ὑμῶν** καὶ προσεύχεσθε ὑπὲρ τῶν διωκόντων ὑμᾶς		**Lk 6,27** ⇩ Lk 6,35 ... ἀγαπᾶτε **τοὺς ἐχθροὺς ὑμῶν,** καλῶς ποιεῖτε τοῖς μισοῦσιν ὑμᾶς, [28] εὐλογεῖτε τοὺς καταρωμένους ὑμᾶς, προσεύχεσθε περὶ τῶν ἐπηρεαζόντων ὑμᾶς.	

002	Mt 5,44	ἐγὼ δὲ λέγω ὑμῖν· ἀγαπᾶτε τοὺς ἐχθροὺς ὑμῶν καὶ προσεύχεσθε ὑπὲρ τῶν διωκόντων ὑμᾶς			Lk 6,35 ⇧ Lk 6,27-28	πλὴν ἀγαπᾶτε τοὺς ἐχθροὺς ὑμῶν καὶ ἀγαθοποιεῖτε καὶ δανίζετε μηδὲν ἀπελπίζοντες· ...	→ GTh 95
200	Mt 10,36	καὶ *ἐχθροὶ τοῦ ἀνθρώπου οἱ οἰκιακοὶ αὐτοῦ.* ➤ Micah 7,6					→ GTh 16
200	Mt 13,25	ἐν δὲ τῷ καθεύδειν τοὺς ἀνθρώπους ἦλθεν αὐτοῦ ὁ ἐχθρὸς καὶ ἐπέσπειρεν ζιζάνια ἀνὰ μέσον τοῦ σίτου καὶ ἀπῆλθεν.					→ GTh 57
200	Mt 13,28	ὁ δὲ ἔφη αὐτοῖς· ἐχθρὸς ἄνθρωπος τοῦτο ἐποίησεν. ...					→ GTh 57
200	Mt 13,39	ὁ δὲ ἐχθρὸς ὁ σπείρας αὐτά ἐστιν ὁ διάβολος, ...					
002					Lk 10,19	ἰδοὺ δέδωκα ὑμῖν τὴν ἐξουσίαν τοῦ πατεῖν ἐπάνω ὄφεων καὶ σκορπίων, καὶ ἐπὶ πᾶσαν τὴν δύναμιν τοῦ ἐχθροῦ, καὶ οὐδὲν ὑμᾶς οὐ μὴ ἀδικήσῃ.	
002					Lk 19,27	πλὴν τοὺς ἐχθρούς μου τούτους τοὺς μὴ θελήσαντάς με βασιλεῦσαι ἐπ' αὐτοὺς ἀγάγετε ὧδε ...	
002					Lk 19,43 → Lk 21,20	ὅτι ἥξουσιν ἡμέραι ἐπὶ σὲ καὶ παρεμβαλοῦσιν οἱ ἐχθροί σου χάρακά σοι καὶ περικυκλώσουσίν σε ...	
222	Mt 22,44	... *ἕως ἂν θῶ τοὺς ἐχθρούς σου ὑποκάτω τῶν ποδῶν σου,* ➤ Ps 110,1	Mk 12,36	... *ἕως ἂν θῶ τοὺς ἐχθρούς σου ὑποκάτω τῶν ποδῶν σου.* ➤ Ps 110,1	Lk 20,43	*ἕως ἂν θῶ τοὺς ἐχθρούς σου ὑποπόδιον τῶν ποδῶν σου.* ➤ Ps 110,1 (Ps 109,1 LXX)	

Acts 2,35 *ἕως ἂν θῶ τοὺς ἐχθρούς σου ὑποπόδιον τῶν ποδῶν σου.* ➤ Ps 109,1 LXX

Acts 13,10 ... ὦ πλήρης παντὸς δόλου καὶ πάσης ῥᾳδιουργίας, υἱὲ διαβόλου, ἐχθρὲ πάσης δικαιοσύνης, ...

ἔχιδνα	Syn 4	Mt 3	Mk	Lk 1	Acts 1	Jn	1-3John	Paul	Eph	Col
	NT 5	2Thess	1/2Tim	Tit	Heb	Jas	1Pet	2Pet	Jude	Rev

viper

code	Mt	Mk	Lk	
202	**Mt 3,7** ↓Mt 12,34 ↓Mt 23,33 ἰδὼν δὲ πολλοὺς τῶν Φαρισαίων καὶ Σαδδουκαίων ἐρχομένους ἐπὶ τὸ βάπτισμα αὐτοῦ εἶπεν αὐτοῖς· **γεννήματα ἐχιδνῶν,** τίς ὑπέδειξεν ὑμῖν φυγεῖν ἀπὸ τῆς μελλούσης ὀργῆς;		**Lk 3,7** →Mk 1,5 ἔλεγεν οὖν τοῖς ἐκπορευομένοις ὄχλοις βαπτισθῆναι ὑπ' αὐτοῦ· **γεννήματα ἐχιδνῶν,** τίς ὑπέδειξεν ὑμῖν φυγεῖν ἀπὸ τῆς μελλούσης ὀργῆς;	
200	**Mt 12,34** ↑Mt 3,7 ↑Lk 3,7 ↓Mt 23,33 **γεννήματα ἐχιδνῶν,** πῶς δύνασθε ἀγαθὰ λαλεῖν πονηροὶ ὄντες; ...			
200	**Mt 23,33** ↑Mt 3,7 ↑Lk 3,7 ↑Mt 12,34 ὄφεις, **γεννήματα ἐχιδνῶν,** πῶς φύγητε ἀπὸ τῆς κρίσεως τῆς γεέννης;			

Acts 28,3 ... καὶ ἐπιθέντος
ἐπὶ τὴν πυράν
ἔχιδνα
ἀπὸ τῆς θέρμης
ἐξελθοῦσα καθῆψεν
τῆς χειρὸς αὐτοῦ.

ἔχω	Syn 220	Mt 74	Mk 69	Lk 77	Acts 44	Jn 86	1-3John 34	Paul 123	Eph 8	Col 7
	NT 706	2Thess 1	1/2Tim 20	Tit 2	Heb 39	Jas 10	1Pet 5	2Pet 5	Jude 2	Rev 100

transitive: have; hold; possess; keep; receive; get; regard; consider; think; can; be able; must; be married to; wear; be situated; *intransitive:* be; feel; *impersonal:* it is; *middle participle:* next; neighboring

	triple tradition																	double tradition			Sondergut		
		+Mt / +Lk			–Mt / –Lk			traditions not taken over by Mt / Lk							subtotals								
code	*222*	*211*	*112*	*212*	*221*	*122*	*121*	*022*	*012*	*021*	*220*	*120*	*210*	*020*	Σ⁺	Σ⁻	Σ	*202*	*201*	*102*	*200*	*002*	total
Mt	14	7⁺			8	2⁻	10⁻				12	12⁻	3⁺		10⁺	24⁻	44	10	3		17		**74**
Mk	14				8	2	10	2		2	12	12		7			69						**69**
Lk	14		6⁺		8⁻	2	10⁻	2	2⁺	2⁻					8⁺	20⁻	26	10		11		30	**77**

[a] ἔχω with infinitive
[b] ἔχω and ἐν ἑαυτῷ, ἐν ἑαυτοῖς, μεθ' ἑαυτῶν
[c] ἔχω with two accusative objects
[d] ἔχω (τὴν) ἐξουσίαν
[e] ἔχω χρείαν
[f] κακῶς ἔχων / ἔχοντες / ἔχοντας

code	Mt	Mk	Lk	
200	**Mt 1,18** →Lk 1,27 →Lk 1,35 ... πρὶν ἢ συνελθεῖν αὐτοὺς εὑρέθη ἐν γαστρὶ **ἔχουσα** ἐκ πνεύματος ἁγίου.			
200	**Mt 1,23** *ἰδοὺ ἡ παρθένος* *ἐν γαστρὶ* ***ἕξει*** *καὶ τέξεται υἱόν, ...* ➤ Isa 7,14 LXX			
210	**Mt 3,4** →Lk 7,33 αὐτὸς δὲ ὁ Ἰωάννης **εἶχεν** τὸ ἔνδυμα αὐτοῦ ἀπὸ τριχῶν καμήλου καὶ ζώνην δερματίνην περὶ τὴν ὀσφὺν αὐτοῦ, ...	**Mk 1,6** →Lk 7,33 καὶ ἦν ὁ Ἰωάννης ἐνδεδυμένος τρίχας καμήλου καὶ ζώνην δερματίνην περὶ τὴν ὀσφὺν αὐτοῦ, ...		

c 202	**Mt 3,9**	καὶ μὴ δόξητε λέγειν ἐν ἑαυτοῖς· πατέρα **ἔχομεν** τὸν Ἀβραάμ. ...			**Lk 3,8**	... καὶ μὴ ἄρξησθε λέγειν ἐν ἑαυτοῖς· πατέρα **ἔχομεν** τὸν Ἀβραάμ. ...	
002 002 002					**Lk 3,11** (3)	... **ὁ ἔχων** δύο χιτῶνας μεταδότω **τῷ μὴ ἔχοντι,** καὶ **ὁ ἔχων** βρώματα ὁμοίως ποιείτω.	
e 200	**Mt 3,14**	... ἐγὼ χρείαν **ἔχω** ὑπὸ σοῦ βαπτισθῆναι, καὶ σὺ ἔρχῃ πρός με;					
f 200	**Mt 4,24** ⇩ Mt 8,16 → Mt 12,15 ↓ Mt 15,30	... καὶ προσήνεγκαν αὐτῷ **πάντας τοὺς κακῶς** **ἔχοντας** ποικίλαις νόσοις καὶ βασάνοις συνεχομένους [καὶ] δαιμονιζομένους καὶ σεληνιαζομένους καὶ παραλυτικούς, ...	**Mk 1,32** ↓ Mk 3,10 ↓ Mk 7,32	ὀψίας δὲ γενομένης, ὅτε ἔδυ ὁ ἥλιος, ἔφερον πρὸς αὐτὸν **πάντας τοὺς κακῶς** **ἔχοντας** καὶ τοὺς δαιμονιζομένους·	**Lk 4,40** → Lk 6,18	δύνοντος δὲ τοῦ ἡλίου ἅπαντες ὅσοι εἶχον **ἀσθενοῦντας** νόσοις ποικίλαις ἤγαγον αὐτοὺς πρὸς αὐτόν· ...	
200	**Mt 5,23** ↓ Mk 11,25	ἐὰν οὖν προσφέρῃς τὸ δῶρόν σου ἐπὶ τὸ θυσιαστήριον κἀκεῖ μνησθῇς ὅτι ὁ ἀδελφός σου **ἔχει** τι κατὰ σοῦ					
201	**Mt 5,46**	ἐὰν γὰρ ἀγαπήσητε τοὺς ἀγαπῶντας ὑμᾶς, τίνα μισθὸν **ἔχετε;** ...			**Lk 6,32** ⇩ Lk 6,33 **Lk 6,33** ⇧ Lk 6,32	καὶ εἰ ἀγαπᾶτε τοὺς ἀγαπῶντας ὑμᾶς, ποία ὑμῖν χάρις **ἐστίν;** ... καὶ [γὰρ] ἐὰν ἀγαθοποιῆτε τοὺς ἀγαθοποιοῦντας ὑμᾶς, ποία ὑμῖν χάρις **ἐστίν;** ...	
200	**Mt 6,1**	... εἰ δὲ μή γε, μισθὸν **οὐκ ἔχετε** παρὰ τῷ πατρὶ ὑμῶν τῷ ἐν τοῖς οὐρανοῖς.					
e 200	**Mt 6,8** → Mt 6,32 → Lk 12,30	μὴ οὖν ὁμοιωθῆτε αὐτοῖς· οἶδεν γὰρ ὁ πατὴρ ὑμῶν ὧν χρείαν **ἔχετε** πρὸ τοῦ ὑμᾶς αἰτῆσαι αὐτόν.					
d 221	**Mt 7,29** → Mt 22,33	[28] ... ἐξεπλήσσοντο οἱ ὄχλοι ἐπὶ τῇ διδαχῇ αὐτοῦ· [29] ἦν γὰρ διδάσκων αὐτοὺς **ὡς ἐξουσίαν ἔχων** καὶ οὐχ ὡς οἱ γραμματεῖς αὐτῶν.	**Mk 1,22** → Mk 1,27 → Mk 11,18	καὶ ἐξεπλήσσοντο ἐπὶ τῇ διδαχῇ αὐτοῦ· ἦν γὰρ διδάσκων αὐτοὺς **ὡς ἐξουσίαν ἔχων** καὶ οὐχ ὡς οἱ γραμματεῖς.	**Lk 4,32** → Lk 4,36	καὶ ἐξεπλήσσοντο ἐπὶ τῇ διδαχῇ αὐτοῦ, ὅτι **ἐν ἐξουσίᾳ** ἦν ὁ λόγος αὐτοῦ.	
012			**Mk 1,23**	καὶ εὐθὺς ἦν ἐν τῇ συναγωγῇ αὐτῶν ἄνθρωπος ἐν πνεύματι ἀκαθάρτῳ, ...	**Lk 4,33**	καὶ ἐν τῇ συναγωγῇ ἦν ἄνθρωπος **ἔχων** πνεῦμα δαιμονίου ἀκαθάρτου ...	

202	**Mt 8,9**	καὶ γὰρ ἐγὼ ἄνθρωπός εἰμι ὑπὸ ἐξουσίαν, **ἔχων** ὑπ' ἐμαυτὸν στρατιώτας, ...			**Lk 7,8**	καὶ γὰρ ἐγὼ ἄνθρωπός εἰμι ὑπὸ ἐξουσίαν τασσόμενος **ἔχων** ὑπ' ἐμαυτὸν στρατιώτας, ...	
112 *f* 121	**Mt 8,16** ⇑ Mt 4,24 → Mt 12,15 ↓ Mt 15,30	ὀψίας δὲ γενομένης προσήνεγκαν αὐτῷ δαιμονιζομένους πολλούς·	**Mk 1,32** ↓ Mk 3,10 ↓ Mk 7,32	ὀψίας δὲ γενομένης, ὅτε ἔδυ ὁ ἥλιος, ἔφερον πρὸς αὐτὸν **πάντας τοὺς κακῶς** **ἔχοντας** καὶ τοὺς δαιμονιζομένους·	**Lk 4,40** → Lk 6,18	δύνοντος δὲ τοῦ ἡλίου ἅπαντες ὅσοι **εἶχον** **ἀσθενοῦντας** νόσοις ποικίλαις ἤγαγον αὐτοὺς πρὸς αὐτόν·	
f 221		καὶ ἐξέβαλεν τὰ πνεύματα λόγῳ καὶ **πάντας τοὺς κακῶς** **ἔχοντας** ἐθεράπευσεν	**Mk 1,34** ↓ Mk 3,10	καὶ ἐθεράπευσεν **πολλοὺς κακῶς** **ἔχοντας** ποικίλαις νόσοις καὶ δαιμόνια πολλὰ ἐξέβαλεν, ...		ὁ δὲ ἑνὶ ἑκάστῳ αὐτῶν τὰς χεῖρας ἐπιτιθεὶς ἐθεράπευεν **αὐτούς.** [41] ἐξήρχετο δὲ καὶ δαιμόνια ἀπὸ πολλῶν ...	
202 202	**Mt 8,20** **(2)**	... αἱ ἀλώπεκες φωλεοὺς **ἔχουσιν** καὶ τὰ πετεινὰ τοῦ οὐρανοῦ κατασκηνώσεις, ὁ δὲ υἱὸς τοῦ ἀνθρώπου **οὐκ ἔχει** ποῦ τὴν κεφαλὴν κλίνῃ.			**Lk 9,58** **(2)**	... αἱ ἀλώπεκες φωλεοὺς **ἔχουσιν** καὶ τὰ πετεινὰ τοῦ οὐρανοῦ κατασκηνώσεις, ὁ δὲ υἱὸς τοῦ ἀνθρώπου **οὐκ ἔχει** ποῦ τὴν κεφαλὴν κλίνῃ.	→ GTh 86
021			**Mk 1,38**	... ἄγωμεν ἀλλαχοῦ **εἰς τὰς ἐχομένας** **κωμοπόλεις,** ἵνα καὶ ἐκεῖ κηρύξω· ...	**Lk 4,43**	... καὶ **ταῖς ἑτέραις** **πόλεσιν** εὐαγγελίσασθαί με δεῖ τὴν βασιλείαν τοῦ θεοῦ, ...	
d 222	**Mt 9,6**	ἵνα δὲ εἰδῆτε ὅτι ἐξουσίαν **ἔχει** ὁ υἱὸς τοῦ ἀνθρώπου ἐπὶ τῆς γῆς ἀφιέναι ἁμαρτίας - τότε λέγει τῷ παραλυτικῷ· ...	**Mk 2,10**	ἵνα δὲ εἰδῆτε ὅτι ἐξουσίαν **ἔχει** ὁ υἱὸς τοῦ ἀνθρώπου ἀφιέναι ἁμαρτίας ἐπὶ τῆς γῆς - λέγει τῷ παραλυτικῷ·	**Lk 5,24**	ἵνα δὲ εἰδῆτε ὅτι ὁ υἱὸς τοῦ ἀνθρώπου ἐξουσίαν **ἔχει** ἐπὶ τῆς γῆς ἀφιέναι ἁμαρτίας - εἶπεν τῷ παραλελυμένῳ· ...	
e 222 *f* 222	**Mt 9,12** **(2)**	... οὐ χρείαν **ἔχουσιν** οἱ ἰσχύοντες ἰατροῦ **ἀλλ' οἱ κακῶς** **ἔχοντες.**	**Mk 2,17** **(2)**	... οὐ χρείαν **ἔχουσιν** οἱ ἰσχύοντες ἰατροῦ **ἀλλ' οἱ κακῶς** **ἔχοντες· ...**	**Lk 5,31** **(2)**	... οὐ χρείαν **ἔχουσιν** οἱ ὑγιαίνοντες ἰατροῦ **ἀλλὰ οἱ κακῶς** **ἔχοντες·**	
121	**Mt 9,15**	... μὴ δύνανται οἱ υἱοὶ τοῦ νυμφῶνος πενθεῖν ἐφ' ὅσον μετ' αὐτῶν ἐστιν ὁ νυμφίος; ...	**Mk 2,19**	... μὴ δύνανται οἱ υἱοὶ τοῦ νυμφῶνος ἐν ᾧ ὁ νυμφίος μετ' αὐτῶν ἐστιν νηστεύειν; ὅσον χρόνον **ἔχουσιν** τὸν νυμφίον μετ' αὐτῶν οὐ δύνανται νηστεύειν.	**Lk 5,34**	... μὴ δύνασθε τοὺς υἱοὺς τοῦ νυμφῶνος ἐν ᾧ ὁ νυμφίος μετ' αὐτῶν ἐστιν ποιῆσαι νηστεῦσαι;	→ GTh 104
e 121	**Mt 12,3**	... οὐκ ἀνέγνωτε τί ἐποίησεν Δαυὶδ ὅτε ἐπείνασεν καὶ οἱ μετ' αὐτοῦ	**Mk 2,25**	... οὐδέποτε ἀνέγνωτε τί ἐποίησεν Δαυίδ, ὅτε χρείαν **ἔσχεν** καὶ ἐπείνασεν αὐτὸς καὶ οἱ μετ' αὐτοῦ	**Lk 6,3**	... οὐδὲ τοῦτο ἀνέγνωτε ὃ ἐποίησεν Δαυὶδ ὅτε ἐπείνασεν αὐτὸς καὶ οἱ μετ' αὐτοῦ [ὄντες]	

221	**Mt 12,10**	καὶ ἰδοὺ ἄνθρωπος χεῖρα ἔχων ξηράν. ...	**Mk 3,1**	... καὶ ἦν ἐκεῖ ἄνθρωπος ἐξηραμμένην ἔχων τὴν χεῖρα.	**Lk 6,6** ↓Lk 13,11 →Lk 14,1-2	... καὶ ἦν ἄνθρωπος ἐκεῖ καὶ ἡ χεὶρ αὐτοῦ ἡ δεξιὰ ἦν ξηρά.	
022			**Mk 3,3**	καὶ λέγει τῷ ἀνθρώπῳ τῷ τὴν ξηρὰν χεῖρα ἔχοντι· ἔγειρε εἰς τὸ μέσον.	**Lk 6,8**	... εἶπεν δὲ τῷ ἀνδρὶ τῷ ξηρὰν ἔχοντι τὴν χεῖρα· ἔγειρε καὶ στῆθι εἰς τὸ μέσον· ...	
021			**Mk 3,10** ↑Mk 1,32.34	... ὥστε ἐπιπίπτειν αὐτῷ ἵνα αὐτοῦ ἅψωνται ὅσοι εἶχον μάστιγας.	**Lk 6,19** →Mk 5,30 →Lk 8,46	καὶ πᾶς ὁ ὄχλος ἐζήτουν ἅπτεσθαι αὐτοῦ, ὅτι δύναμις παρ᾽ αὐτοῦ ἐξήρχετο καὶ ἰᾶτο πάντας.	
d	**Mt 10,1**	καὶ προσκαλεσάμενος τοὺς δώδεκα μαθητὰς αὐτοῦ ἔδωκεν αὐτοῖς ἐξουσίαν πνευμάτων ἀκαθάρτων	**Mk 6,7** ↓Mk 3,14 ↓Mk 3,15	καὶ προσκαλεῖται τοὺς δώδεκα καὶ ἤρξατο αὐτοὺς ἀποστέλλειν δύο δύο καὶ ἐδίδου αὐτοῖς ἐξουσίαν τῶν πνευμάτων τῶν ἀκαθάρτων	**Lk 9,1** →Lk 10,1	συγκαλεσάμενος δὲ τοὺς δώδεκα ἔδωκεν αὐτοῖς δύναμιν καὶ ἐξουσίαν ἐπὶ πάντα τὰ δαιμόνια καὶ νόσους θεραπεύειν [2] καὶ ἀπέστειλεν αὐτοὺς ...	
120		ὥστε ἐκβάλλειν αὐτὰ ...	**Mk 3,15** ↑Mk 6,7 ↑Lk 9,1 →Mt 10,5	[14] καὶ ἐποίησεν δώδεκα, ... ἵνα ἀποστέλλῃ αὐτοὺς κηρύσσειν [15] καὶ ἔχειν ἐξουσίαν ἐκβάλλειν τὰ δαιμόνια·			
f 102	**Mt 8,6**	[5] ... ἑκατόνταρχος ... [6] καὶ λέγων· κύριε, ὁ παῖς μου βέβληται ἐν τῇ οἰκίᾳ παραλυτικός, δεινῶς βασανιζόμενος.			**Lk 7,2**	ἑκατοντάρχου δέ τινος δοῦλος κακῶς ἔχων ἤμελλεν τελευτᾶν, ὃς ἦν αὐτῷ ἔντιμος.	→Jn 4,46-47
202	**Mt 8,9**	καὶ γὰρ ἐγὼ ἄνθρωπός εἰμι ὑπὸ ἐξουσίαν, ἔχων ὑπ᾽ ἐμαυτὸν στρατιώτας, ...			**Lk 7,8**	καὶ γὰρ ἐγὼ ἄνθρωπός εἰμι ὑπὸ ἐξουσίαν τασσόμενος ἔχων ὑπ᾽ ἐμαυτὸν στρατιώτας, ...	
220	**Mt 9,36** ↓Mt 14,14	... ὅτι ἦσαν ἐσκυλμένοι καὶ ἐρριμμένοι *ὡσεὶ πρόβατα* *μὴ ἔχοντα* *ποιμένα.* ➤ Num 27,17/Jdt 11,19/2Chron 18,16	**Mk 6,34**	... ὅτι ἦσαν *ὡς πρόβατα* *μὴ ἔχοντα* *ποιμένα, ...* ➤ Num 27,17/Jdt 11,19/2Chron 18,16			
200	**Mt 11,15**	ὁ ἔχων ὦτα ἀκουέτω.					
202	**Mt 11,18**	ἦλθεν γὰρ Ἰωάννης μήτε ἐσθίων μήτε πίνων, καὶ λέγουσιν· δαιμόνιον ἔχει·			**Lk 7,33** →Mt 3,4 →Mk 1,6	ἐλήλυθεν γὰρ Ἰωάννης ὁ βαπτιστὴς μὴ ἐσθίων ἄρτον μήτε πίνων οἶνον, καὶ λέγετε· δαιμόνιον ἔχει.	
a 002					**Lk 7,40** →Mt 26,6 →Mk 14,3	... Σίμων, ἔχω σοί τι εἰπεῖν. ...	
a 002					**Lk 7,42**	μὴ ἐχόντων αὐτῶν ἀποδοῦναι ἀμφοτέροις ἐχαρίσατο. ...	

221	Mt 12,10	καὶ ἰδοὺ ἄνθρωπος χεῖρα **ἔχων** ξηράν. ...	Mk 3,1	... καὶ ἦν ἐκεῖ ἄνθρωπος ἐξηραμμένην **ἔχων** τὴν χεῖρα.	Lk 6,6 ↓ Lk 13,11 → Lk 14,1-2	... καὶ ἦν ἄνθρωπος ἐκεῖ καὶ ἡ χεὶρ αὐτοῦ ἡ δεξιὰ ἦν ξηρά.	
201	Mt 12,11	... τίς ἔσται ἐξ ὑμῶν ἄνθρωπος ὃς **ἕξει** πρόβατον ἓν καὶ ἐὰν ἐμπέσῃ τοῦτο τοῖς σάββασιν εἰς βόθυνον, οὐχὶ κρατήσει αὐτὸ καὶ ἐγερεῖ;			Lk 14,5 → Lk 13,15	... τίνος ὑμῶν υἱὸς ἢ βοῦς εἰς φρέαρ πεσεῖται, καὶ οὐκ εὐθέως ἀνασπάσει αὐτὸν ἐν ἡμέρᾳ τοῦ σαββάτου;	
020	Mt 12,24 ⇩ Mt 9,34	... οὗτος οὐκ ἐκβάλλει τὰ δαιμόνια εἰ μὴ ἐν τῷ Βεελζεβοὺλ ἄρχοντι τῶν δαιμονίων.	Mk 3,22	... Βεελζεβοὺλ **ἔχει**, καὶ ὅτι ἐν τῷ ἄρχοντι τῶν δαιμονίων ἐκβάλλει τὰ δαιμόνια.	Lk 11,15 → Lk 11,18b	... ἐν Βεελζεβοὺλ τῷ ἄρχοντι τῶν δαιμονίων ἐκβάλλει τὰ δαιμόνια·	Mk-Q overlap
	Mt 9,34 ⇧ Mt 12,24	... ἐν τῷ ἄρχοντι τῶν δαιμονίων ἐκβάλλει τὰ δαιμόνια.					
020	Mt 12,26	καὶ εἰ ὁ σατανᾶς τὸν σατανᾶν ἐκβάλλει, ἐφ' ἑαυτὸν ἐμερίσθη· πῶς οὖν σταθήσεται ἡ βασιλεία αὐτοῦ;	Mk 3,26	καὶ εἰ ὁ σατανᾶς ἀνέστη ἐφ' ἑαυτὸν καὶ ἐμερίσθη, οὐ δύναται στῆναι ἀλλὰ τέλος **ἔχει**.	Lk 11,18	εἰ δὲ καὶ ὁ σατανᾶς ἐφ' ἑαυτὸν διεμερίσθη, πῶς σταθήσεται ἡ βασιλεία αὐτοῦ; ...	Mk-Q overlap
120	Mt 12,31	... ἡ δὲ τοῦ πνεύματος βλασφημία **οὐκ ἀφεθήσεται**.	Mk 3,29	ὃς δ' ἂν βλασφημήσῃ εἰς τὸ πνεῦμα τὸ ἅγιον, **οὐκ ἔχει ἄφεσιν** εἰς τὸν αἰῶνα, ἀλλὰ ἔνοχός ἐστιν αἰωνίου ἁμαρτήματος.			→ GTh 44
	Mt 12,32	... ὃς δ' ἂν εἴπῃ κατὰ τοῦ πνεύματος τοῦ ἁγίου, **οὐκ ἀφεθήσεται** αὐτῷ οὔτε ἐν τούτῳ τῷ αἰῶνι οὔτε ἐν τῷ μέλλοντι.			Lk 12,10	... τῷ δὲ εἰς τὸ ἅγιον πνεῦμα βλασφημήσαντι **οὐκ ἀφεθήσεται**.	→ GTh 44 Mk-Q overlap
020			Mk 3,30	ὅτι ἔλεγον· πνεῦμα ἀκάθαρτον **ἔχει**.			
221	Mt 13,5 (2)	ἄλλα δὲ ἔπεσεν ἐπὶ τὰ πετρώδη ὅπου **οὐκ εἶχεν** γῆν πολλήν,	Mk 4,5 (2)	καὶ ἄλλο ἔπεσεν ἐπὶ τὸ πετρῶδες ὅπου **οὐκ εἶχεν** γῆν πολλήν,	Lk 8,6	καὶ ἕτερον κατέπεσεν ἐπὶ τὴν πέτραν,	→ GTh 9
221		καὶ εὐθέως ἐξανέτειλεν **διὰ τὸ μὴ ἔχειν** βάθος γῆς·		καὶ εὐθὺς ἐξανέτειλεν **διὰ τὸ μὴ ἔχειν** βάθος γῆς·		καὶ φυὲν	
222	Mt 13,6	ἡλίου δὲ ἀνατείλαντος ἐκαυματίσθη καὶ **διὰ τὸ μὴ ἔχειν** ῥίζαν ἐξηράνθη.	Mk 4,6	καὶ ὅτε ἀνέτειλεν ὁ ἥλιος ἐκαυματίσθη καὶ **διὰ τὸ μὴ ἔχειν** ῥίζαν ἐξηράνθη.		ἐξηράνθη **διὰ τὸ μὴ ἔχειν** ἰκμάδα.	
222	Mt 13,9	ὁ **ἔχων** ὦτα ἀκουέτω.	Mk 4,9	... ὃς **ἔχει** ὦτα ἀκούειν ἀκουέτω.	Lk 8,8	... ὁ **ἔχων** ὦτα ἀκούειν ἀκουέτω.	→ GTh 21,11
b 222	Mt 13,21	**οὐκ ἔχει** δὲ ῥίζαν ἐν ἑαυτῷ ἀλλὰ πρόσκαιρός ἐστιν, γενομένης δὲ θλίψεως ἢ διωγμοῦ διὰ τὸν λόγον εὐθὺς σκανδαλίζεται.	Mk 4,17	καὶ **οὐκ ἔχουσιν** ῥίζαν ἐν ἑαυτοῖς ἀλλὰ πρόσκαιροί εἰσιν, εἶτα γενομένης θλίψεως ἢ διωγμοῦ διὰ τὸν λόγον εὐθὺς σκανδαλίζονται.	Lk 8,13	... καὶ οὗτοι ῥίζαν **οὐκ ἔχουσιν**, οἳ πρὸς καιρὸν πιστεύουσιν καὶ ἐν καιρῷ πειρασμοῦ ἀφίστανται.	

020			Mk 4,23	εἴ τις **ἔχει** ὦτα ἀκούειν ἀκουέτω.			
222 222 222	Mt 13,12 (3) ⇩ Mt 25,29	ὅστις γὰρ **ἔχει,** δοθήσεται αὐτῷ καὶ περισσευθήσεται· ὅστις δὲ **οὐκ ἔχει,** καὶ ὃ **ἔχει** ἀρθήσεται ἀπ᾽ αὐτοῦ.	Mk 4,25 (3)	ὃς γὰρ **ἔχει,** δοθήσεται αὐτῷ· καὶ ὃς **οὐκ ἔχει,** καὶ ὃ **ἔχει** ἀρθήσεται ἀπ᾽ αὐτοῦ.	Lk 8,18 (3) ⇩ Lk 19,26	... ὃς ἂν γὰρ **ἔχῃ,** δοθήσεται αὐτῷ· καὶ ὃς ἂν **μὴ ἔχῃ,** καὶ ὃ δοκεῖ **ἔχειν** ἀρθήσεται ἀπ᾽ αὐτοῦ.	→ GTh 41 Mk-Q overlap
	Mt 25,29 (3) ⇧ Mt 13,12	**τῷ γὰρ ἔχοντι παντὶ** δοθήσεται καὶ περισσευθήσεται, **τοῦ δὲ μὴ ἔχοντος** καὶ ὃ **ἔχει** ἀρθήσεται ἀπ᾽ αὐτοῦ.			Lk 19,26 (3) ⇧ Lk 8,18	λέγω ὑμῖν ὅτι **παντὶ τῷ ἔχοντι** δοθήσεται, **ἀπὸ δὲ τοῦ μὴ ἔχοντος** καὶ ὃ **ἔχει** ἀρθήσεται.	→ GTh 41 Mk-Q overlap
b 222	Mt 13,21	 **οὐκ ἔχει** δὲ ῥίζαν ἐν ἑαυτῷ ἀλλὰ πρόσκαιρός ἐστιν, γενομένης δὲ θλίψεως ἢ διωγμοῦ διὰ τὸν λόγον εὐθὺς σκανδαλίζεται.	Mk 4,17	καὶ **οὐκ ἔχουσιν** ῥίζαν ἐν ἑαυτοῖς ἀλλὰ πρόσκαιροί εἰσιν, εἶτα γενομένης θλίψεως ἢ διωγμοῦ διὰ τὸν λόγον εὐθὺς σκανδαλίζονται.	Lk 8,13	... καὶ οὗτοι ῥίζαν **οὐκ ἔχουσιν,** οἳ πρὸς καιρὸν πιστεύουσιν καὶ ἐν καιρῷ πειρασμοῦ ἀφίστανται.	
200	Mt 13,27	... κύριε, οὐχὶ καλὸν σπέρμα ἔσπειρας ἐν τῷ σῷ ἀγρῷ; πόθεν οὖν **ἔχει** ζιζάνια;					→ GTh 57
200	Mt 13,43 → Mt 25,46	τότε οἱ δίκαιοι ἐκλάμψουσιν ὡς ὁ ἥλιος ἐν τῇ βασιλείᾳ τοῦ πατρὸς αὐτῶν. **ὁ ἔχων** ὦτα ἀκουέτω.					
200	Mt 13,44	... καὶ ἀπὸ τῆς χαρᾶς αὐτοῦ ὑπάγει καὶ πωλεῖ πάντα ὅσα **ἔχει** καὶ ἀγοράζει τὸν ἀγρὸν ἐκεῖνον.					→ GTh 109
200	Mt 13,46	εὑρὼν δὲ ἕνα πολύτιμον μαργαρίτην ἀπελθὼν πέπρακεν πάντα ὅσα **εἶχεν** καὶ ἠγόρασεν αὐτόν.					→ GTh 76,1-2
121	Mt 8,26	... τί δειλοί ἐστε, ὀλιγόπιστοι; ...	Mk 4,40	... τί δειλοί ἐστε; **οὔπω ἔχετε** πίστιν;	Lk 8,25	εἶπεν δὲ αὐτοῖς· **ποῦ** ἡ πίστις ὑμῶν; ...	

a ἔχω with infinitive
b ἔχω and ἐν ἑαυτῷ, ἐν ἑαυτοῖς, μεθ᾽ ἑαυτῶν
c ἔχω with two accusative objects
d ἔχω (τὴν) ἐξουσίαν
e ἔχω χρείαν
f κακῶς ἔχων / ἔχοντες / ἔχοντας

112	**Mt 8,28**	... ὑπήντησαν αὐτῷ **δύο δαιμονιζόμενοι** ἐκ τῶν μνημείων ἐξερχόμενοι, ...	**Mk 5,2**	... εὐθὺς ὑπήντησεν αὐτῷ ἐκ τῶν μνημείων **ἄνθρωπος ἐν πνεύματι ἀκαθάρτῳ,**	**Lk 8,27**	... ὑπήντησεν **ἀνήρ τις ἐκ τῆς πόλεως ἔχων δαιμόνια**	
121			**Mk 5,3**	ὃς τὴν κατοίκησιν **εἶχεν** ἐν τοῖς μνήμασιν, ...		καὶ χρόνῳ ἱκανῷ οὐκ ἐνεδύσατο ἱμάτιον καὶ ἐν οἰκίᾳ οὐκ ἔμενεν ἀλλ' ἐν τοῖς μνήμασιν.	
121	**Mt 8,34**	καὶ ἰδοὺ πᾶσα ἡ πόλις ἐξῆλθεν εἰς ὑπάντησιν τῷ Ἰησοῦ ...	**Mk 5,15**	[14] ... καὶ ἦλθον ἰδεῖν τί ἐστιν τὸ γεγονός [15] καὶ ἔρχονται πρὸς τὸν Ἰησοῦν, καὶ θεωροῦσιν τὸν δαιμονιζόμενον καθήμενον ἱματισμένον καὶ σωφρονοῦντα, **τὸν ἐσχηκότα** τὸν λεγιῶνα, καὶ ἐφοβήθησαν.	**Lk 8,35**	ἐξῆλθον δὲ ἰδεῖν τὸ γεγονὸς καὶ ἦλθον πρὸς τὸν Ἰησοῦν καὶ εὗρον καθήμενον τὸν ἄνθρωπον ἀφ' οὗ τὰ δαιμόνια ἐξῆλθεν ἱματισμένον καὶ σωφρονοῦντα παρὰ τοὺς πόδας τοῦ Ἰησοῦ, καὶ ἐφοβήθησαν.	
121	**Mt 9,18**	... λέγων ὅτι ἡ θυγάτηρ μου ἄρτι **ἐτελεύτησεν·** ἀλλὰ ἐλθὼν ἐπίθες τὴν χεῖρά σου ἐπ' αὐτήν, καὶ ζήσεται.	**Mk 5,23**	καὶ παρακαλεῖ αὐτὸν πολλὰ λέγων ὅτι τὸ θυγάτριόν μου **ἐσχάτως ἔχει,** ἵνα ἐλθὼν ἐπιθῇς τὰς χεῖρας αὐτῇ ἵνα σωθῇ καὶ ζήσῃ.	**Lk 8,42** → Mk 5,42	[41] ... παρεκάλει αὐτὸν εἰσελθεῖν εἰς τὸν οἶκον αὐτοῦ, [42] ὅτι θυγάτηρ μονογενὴς ἦν αὐτῷ ὡς ἐτῶν δώδεκα καὶ αὐτὴ **ἀπέθνῃσκεν.** ...	
112	**Mt 10,10**	[9] μὴ κτήσησθε χρυσὸν μηδὲ ἄργυρον μηδὲ χαλκὸν εἰς τὰς ζώνας ὑμῶν, [10] μὴ πήραν εἰς ὁδὸν **μηδὲ δύο χιτῶνας** μηδὲ ὑποδήματα μηδὲ ῥάβδον· ...	**Mk 6,9**	[8] ... ἵνα μηδὲν αἴρωσιν εἰς ὁδὸν εἰ μὴ ῥάβδον μόνον, μὴ ἄρτον, μὴ πήραν, μὴ εἰς τὴν ζώνην χαλκόν, [9] ἀλλὰ ὑποδεδεμένους σανδάλια, καὶ **μὴ ἐνδύσησθε δύο χιτῶνας.**	**Lk 9,3** ⇩ Lk 10,4 → Lk 22,35 ↓ **Lk 22,36**	... μηδὲν αἴρετε εἰς τὴν ὁδόν, μήτε ῥάβδον μήτε πήραν μήτε ἄρτον μήτε ἀργύριον **μήτε [ἀνὰ] δύο χιτῶνας ἔχειν.**	Mk-Q overlap
					Lk 10,4 ⇧ **Lk 9,3**	μὴ βαστάζετε βαλλάντιον, μὴ πήραν, μὴ ὑποδήματα, καὶ μηδένα κατὰ τὴν ὁδὸν ἀσπάσησθε.	
220	**Mt 14,4** → Lk 3,19	... οὐκ ἔξεστίν σοι **ἔχειν** αὐτήν.	**Mk 6,18** → Lk 3,19	... οὐκ ἔξεστίν σοι **ἔχειν** τὴν γυναῖκα τοῦ ἀδελφοῦ σου.			
210	**Mt 14,5**	[3] ὁ γὰρ Ἡρῴδης ... [5] ... θέλων αὐτὸν ἀποκτεῖναι ἐφοβήθη τὸν ὄχλον, ὅτι ὡς προφήτην αὐτὸν **εἶχον.**	**Mk 6,20**	[19] ἡ δὲ Ἡρῳδιὰς ἐνεῖχεν αὐτῷ καὶ ἤθελεν αὐτὸν ἀποκτεῖναι, καὶ οὐκ ἠδύνατο· [20] ὁ γὰρ Ἡρῴδης ἐφοβεῖτο τὸν Ἰωάννην, **εἰδὼς** αὐτὸν ἄνδρα δίκαιον καὶ ἅγιον, καὶ συνετήρει αὐτόν, ...			

	Mt		Mk		Lk		Jn
220	Mt 9,36	... ἐσπλαγχνίσθη περὶ αὐτῶν, ὅτι ἦσαν ἐσκυλμένοι καὶ ἐρριμμένοι *ὡσεὶ πρόβατα* ***μὴ ἔχοντα*** *ποιμένα.* ➤ Num 27,17/Jdt 11,19/2Chron 18,16	Mk 6,34	... καὶ ἐσπλαγχνίσθη ἐπ᾽ αὐτοὺς, ὅτι ἦσαν *ὡς πρόβατα* ***μὴ ἔχοντα*** *ποιμένα,* ➤ Num 27,17/Jdt 11,19/2Chron 18,16			
e 112	Mt 14,14 ↓Mt 15,32	... καὶ ἐσπλαγχνίσθη ἐπ᾽ αὐτοῖς καὶ ἐθεράπευσεν τοὺς ἀρρώστους αὐτῶν.		καὶ ἤρξατο διδάσκειν αὐτοὺς πολλά.	Lk 9,11	... καὶ ἀποδεξάμενος αὐτοὺς ἐλάλει αὐτοῖς περὶ τῆς βασιλείας τοῦ θεοῦ, καὶ τοὺς χρείαν **ἔχοντας** θεραπείας ἰᾶτο.	
e 211	Mt 14,16	ὁ δὲ [Ἰησοῦς] εἶπεν αὐτοῖς· οὐ χρείαν **ἔχουσιν** ἀπελθεῖν, δότε αὐτοῖς ὑμεῖς φαγεῖν.	Mk 6,37	ὁ δὲ ἀποκριθεὶς εἶπεν αὐτοῖς· δότε αὐτοῖς ὑμεῖς φαγεῖν. καὶ λέγουσιν αὐτῷ· ἀπελθόντες ἀγοράσωμεν δηναρίων διακοσίων ἄρτους καὶ δώσομεν αὐτοῖς φαγεῖν;	Lk 9,13	εἶπεν δὲ πρὸς αὐτούς· δότε αὐτοῖς ὑμεῖς φαγεῖν. οἱ δὲ εἶπαν·	→ Jn 6,5
221	Mt 14,17 ↓Mt 15,34	οἱ δὲ λέγουσιν αὐτῷ· **οὐκ ἔχομεν** ὧδε εἰ μὴ πέντε ἄρτους καὶ δύο ἰχθύας.	Mk 6,38 ↓Mk 8,5	ὁ δὲ λέγει αὐτοῖς· πόσους ἄρτους **ἔχετε;** ὑπάγετε ἴδετε. καὶ γνόντες λέγουσιν· πέντε, καὶ δύο ἰχθύας.		**οὐκ εἰσὶν ἡμῖν** πλεῖον ἢ ἄρτοι πέντε καὶ ἰχθύες δύο, εἰ μήτι πορευθέντες ἡμεῖς ἀγοράσωμεν εἰς πάντα τὸν λαὸν τοῦτον βρώματα.	→ Jn 6,9
f 220	Mt 14,35	... ἀπέστειλαν εἰς ὅλην τὴν περίχωρον ἐκείνην καὶ προσήνεγκαν αὐτῷ **πάντας τοὺς κακῶς ἔχοντας**	Mk 6,55	περιέδραμον ὅλην τὴν χώραν ἐκείνην καὶ ἤρξαντο ἐπὶ τοῖς κραβάττοις **τοὺς κακῶς ἔχοντας** περιφέρειν ὅπου ἤκουον ὅτι ἐστίν.			
120	Mt 15,22 → Mk 7,24 → Mk 7,26	καὶ ἰδοὺ γυνὴ Χαναναία ἀπὸ τῶν ὁρίων ἐκείνων ἐξελθοῦσα ἔκραζεν λέγουσα· ἐλέησόν με, κύριε υἱὸς Δαυίδ· ἡ θυγάτηρ μου κακῶς δαιμονίζεται.	Mk 7,25	ἀλλ᾽ εὐθὺς ἀκούσασα γυνὴ περὶ αὐτοῦ, ἧς **εἶχεν** τὸ θυγάτριον αὐτῆς πνεῦμα ἀκάθαρτον, ...			
b 210	Mt 15,30 ↑Mt 4,24b ↑Mt 8,16	καὶ προσῆλθον αὐτῷ ὄχλοι πολλοὶ **ἔχοντες** μεθ᾽ ἑαυτῶν χωλούς, τυφλούς, κυλλούς, κωφούς, καὶ ἑτέρους πολλοὺς καὶ ἔρριψαν αὐτοὺς παρὰ τοὺς πόδας αὐτοῦ, καὶ ἐθεράπευσεν αὐτούς·	Mk 7,32 ↑Mk 1,32	καὶ φέρουσιν αὐτῷ κωφὸν καὶ μογιλάλον καὶ παρακαλοῦσιν αὐτὸν ἵνα ἐπιθῇ αὐτῷ τὴν χεῖρα.			

120	Mt 15,32	ὁ δὲ Ἰησοῦς προσκαλεσάμενος τοὺς μαθητὰς αὐτοῦ εἶπεν·	Mk 8,1	ἐν ἐκείναις ταῖς ἡμέραις πάλιν πολλοῦ ὄχλου ὄντος καὶ **μὴ ἐχόντων** τί φάγωσιν, προσκαλεσάμενος τοὺς μαθητὰς λέγει αὐτοῖς·			
220		σπλαγχνίζομαι ἐπὶ τὸν ὄχλον, ὅτι ἤδη ἡμέραι τρεῖς προσμένουσίν μοι καὶ **οὐκ ἔχουσιν** τί φάγωσιν· ...	Mk 8,2	σπλαγχνίζομαι ἐπὶ τὸν ὄχλον, ὅτι ἤδη ἡμέραι τρεῖς προσμένουσίν μοι καὶ **οὐκ ἔχουσιν** τί φάγωσιν·			
220	Mt 15,34 ↑ Mt 14,17 ↓ Mk 8,7	... πόσους ἄρτους **ἔχετε;** οἱ δὲ εἶπαν· ἑπτὰ καὶ ὀλίγα ἰχθύδια.	Mk 8,5 ↑ Mk 6,38	... πόσους **ἔχετε** ἄρτους; οἱ δὲ εἶπαν· ἑπτά.	↑ Lk 9,13		
020			Mk 8,7 ↑ Mt 15,34 → Mt 15,36	καὶ **εἶχον** ἰχθύδια ὀλίγα· ...			
b 120	Mt 16,5	καὶ ἐλθόντες οἱ μαθηταὶ εἰς τὸ πέραν ἐπελάθοντο ἄρτους λαβεῖν.	Mk 8,14	καὶ ἐπελάθοντο λαβεῖν ἄρτους καὶ εἰ μὴ ἕνα ἄρτον **οὐκ εἶχον** μεθ᾽ ἑαυτῶν ἐν τῷ πλοίῳ.			
120	Mt 16,7	οἱ δὲ διελογίζοντο ἐν ἑαυτοῖς λέγοντες ὅτι ἄρτους **οὐκ ἐλάβομεν.**	Mk 8,16	καὶ διελογίζοντο πρὸς ἀλλήλους ὅτι ἄρτους **οὐκ ἔχουσιν.**			
220	Mt 16,8	... τί διαλογίζεσθε ἐν ἑαυτοῖς, ὀλιγόπιστοι, ὅτι ἄρτους **οὐκ ἔχετε;**	Mk 8,17 (2)	... τί διαλογίζεσθε ὅτι ἄρτους **οὐκ ἔχετε;**			
c 120	Mt 16,9	οὔπω νοεῖτε,	→ Mk 6,52	οὔπω νοεῖτε οὐδὲ συνίετε; πεπωρωμένην **ἔχετε** τὴν καρδίαν ὑμῶν;			
120 120		οὐδὲ μνημονεύετε ...	Mk 8,18 (2) → Mk 4,12	*ὀφθαλμοὺς* ***ἔχοντες*** *οὐ βλέπετε καὶ ὦτα* ***ἔχοντες*** *οὐκ ἀκούετε;* καὶ οὐ μνημονεύετε ➤ Jer 5,21			
121	Mt 17,15	... κύριε, ἐλέησόν μου τὸν υἱόν, ὅτι σεληνιάζεται καὶ κακῶς πάσχει· ...	Mk 9,17	... διδάσκαλε, ἤνεγκα τὸν υἱόν μου πρὸς σέ, **ἔχοντα** πνεῦμα ἄλαλον· [18] καὶ ὅπου ἐὰν αὐτὸν καταλάβῃ ...	Lk 9,38	... διδάσκαλε, δέομαί σου ἐπιβλέψαι ἐπὶ τὸν υἱόν μου, ὅτι μονογενής μοί ἐστιν, [39] καὶ ἰδοὺ πνεῦμα λαμβάνει αὐτὸν ...	
202	Mt 17,20 ↓ Mt 21,21 ↓ Mk 11,22	... ἐὰν **ἔχητε** πίστιν ὡς κόκκον σινάπεως, ...	Mk 11,22	... **ἔχετε** πίστιν θεοῦ.	Lk 17,6	... εἰ **ἔχετε** πίστιν ὡς κόκκον σινάπεως, ...	

220	**Mt 18,8** ⇩ Mt 5,30 ↓ Mk 9,45	... καλόν σοί ἐστιν εἰσελθεῖν εἰς τὴν ζωὴν κυλλὸν ἢ χωλὸν ἢ δύο χεῖρας ἢ δύο πόδας **ἔχοντα** βληθῆναι εἰς τὸ πῦρ τὸ αἰώνιον.	**Mk 9,43**	... καλόν ἐστίν σε κυλλὸν εἰσελθεῖν εἰς τὴν ζωὴν ἢ τὰς δύο χεῖρας **ἔχοντα** ἀπελθεῖν εἰς τὴν γέενναν, εἰς τὸ πῦρ τὸ ἄσβεστον.			
020			**Mk 9,45** ↑ Mt 18,8	... καλόν ἐστίν σε εἰσελθεῖν εἰς τὴν ζωὴν χωλὸν ἢ τοὺς δύο πόδας **ἔχοντα** βληθῆναι εἰς τὴν γέενναν.			
	Mt 5,30 ⇧ Mt 18,8	... συμφέρει γάρ σοι ἵνα ἀπόληται ἓν τῶν μελῶν σου καὶ μὴ ὅλον τὸ σῶμά σου εἰς γέενναν ἀπέλθῃ.					
220	**Mt 18,9** ⇩ Mt 5,29	... καλόν σοί ἐστιν μονόφθαλμον εἰς τὴν ζωὴν εἰσελθεῖν ἢ δύο ὀφθαλμοὺς **ἔχοντα** βληθῆναι εἰς τὴν γέενναν τοῦ πυρός.	**Mk 9,47**	... καλόν σέ ἐστιν μονόφθαλμον εἰσελθεῖν εἰς τὴν βασιλείαν τοῦ θεοῦ ἢ δύο ὀφθαλμοὺς **ἔχοντα** βληθῆναι εἰς τὴν γέενναν			
	Mt 5,29 ⇧ Mt 18,9	... συμφέρει γάρ σοι ἵνα ἀπόληται ἓν τῶν μελῶν σου καὶ μὴ ὅλον τὸ σῶμά σου βληθῇ εἰς γέενναν.					
b 020			**Mk 9,50**	... **ἔχετε** ἐν ἑαυτοῖς ἅλα καὶ εἰρηνεύετε ἐν ἀλλήλοις.			
a 200 200	**Mt 18,25** (2)	**μὴ ἔχοντος** δὲ αὐτοῦ ἀποδοῦναι ἐκέλευσεν αὐτὸν ὁ κύριος πραθῆναι καὶ τὴν γυναῖκα καὶ τὰ τέκνα καὶ πάντα ὅσα **ἔχει,** καὶ ἀποδοθῆναι.					
202 202	**Mt 8,20** (2)	... αἱ ἀλώπεκες φωλεοὺς **ἔχουσιν** καὶ τὰ πετεινὰ τοῦ οὐρανοῦ κατασκηνώσεις, ὁ δὲ υἱὸς τοῦ ἀνθρώπου **οὐκ ἔχει** ποῦ τὴν κεφαλὴν κλίνῃ.			**Lk 9,58** (2)	... αἱ ἀλώπεκες φωλεοὺς **ἔχουσιν** καὶ τὰ πετεινὰ τοῦ οὐρανοῦ κατασκηνώσεις, ὁ δὲ υἱὸς τοῦ ἀνθρώπου **οὐκ ἔχει** ποῦ τὴν κεφαλὴν κλίνῃ.	→ GTh 86
002					**Lk 11,5**	... τίς ἐξ ὑμῶν **ἕξει** φίλον καὶ πορεύσεται πρὸς αὐτὸν μεσονυκτίου ...	
002					**Lk 11,6**	ἐπειδὴ φίλος μου παρεγένετο ἐξ ὁδοῦ πρός με καὶ **οὐκ ἔχω** ὃ παραθήσω αὐτῷ·	
002					**Lk 11,36** → Lk 11,35	εἰ οὖν τὸ σῶμά σου ὅλον φωτεινόν, **μὴ ἔχον** μέρος τι σκοτεινόν, ἔσται φωτεινὸν ὅλον ὡς ὅταν ὁ λύχνος τῇ ἀστραπῇ φωτίζῃ σε.	→ GTh 24 (POxy 655 - restoration)

a 102	**Mt 10,28**	καὶ μὴ φοβεῖσθε ἀπὸ τῶν ἀποκτεννόντων τὸ σῶμα, τὴν δὲ ψυχὴν **μὴ δυναμένων** ἀποκτεῖναι·			**Lk 12,4**	... μὴ φοβηθῆτε ἀπὸ τῶν ἀποκτεινόντων τὸ σῶμα καὶ μετὰ ταῦτα **μὴ ἐχόντων** περισσότερόν τι ποιῆσαι.	
d 102		φοβεῖσθε δὲ μᾶλλον **τὸν δυνάμενον** καὶ ψυχὴν καὶ σῶμα ἀπολέσαι ἐν γεέννῃ.			**Lk 12,5**	... φοβήθητε τὸν μετὰ τὸ ἀποκτεῖναι **ἔχοντα ἐξουσίαν** ἐμβαλεῖν εἰς τὴν γέενναν· ναὶ λέγω ὑμῖν, τοῦτον φοβήθητε.	
002					**Lk 12,17**	καὶ διελογίζετο ἐν ἑαυτῷ λέγων· τί ποιήσω, ὅτι **οὐκ ἔχω** ποῦ συνάξω τοὺς καρπούς μου;	→ GTh 63
002					**Lk 12,19**	καὶ ἐρῶ τῇ ψυχῇ μου· ψυχή, **ἔχεις** πολλὰ ἀγαθὰ κείμενα εἰς ἔτη πολλά· ...	→ GTh 63
a 002	**Mt 20,22**	... δύνασθε πιεῖν τὸ ποτήριον ὃ ἐγὼ μέλλω πίνειν; ...	**Mk 10,38**	... δύνασθε πιεῖν τὸ ποτήριον ὃ ἐγὼ πίνω ἢ τὸ βάπτισμα ὃ ἐγὼ βαπτίζομαι βαπτισθῆναι;	**Lk 12,50**	βάπτισμα δὲ **ἔχω** βαπτισθῆναι, καὶ πῶς συνέχομαι ἕως ὅτου τελεσθῇ.	
002					**Lk 13,6**	... συκῆν **εἶχέν** τις πεφυτευμένην ἐν τῷ ἀμπελῶνι αὐτοῦ, ...	
002					**Lk 13,11** ↑ Mt 12,10 ↑ Mk 3,1 ↑ Lk 6,6 → Lk 14,2	καὶ ἰδοὺ γυνὴ πνεῦμα **ἔχουσα** ἀσθενείας ἔτη δεκαοκτὼ ...	
002					**Lk 13,33**	πλὴν δεῖ με σήμερον καὶ αὔριον καὶ **τῇ ἐχομένῃ** πορεύεσθαι, ὅτι οὐκ ἐνδέχεται προφήτην ἀπολέσθαι ἔξω Ἰερουσαλήμ.	
a 002					**Lk 14,14**	καὶ μακάριος ἔσῃ, ὅτι **οὐκ ἔχουσιν** ἀνταποδοῦναί σοι, ...	
102 *c* 102	**Mt 22,5**	οἱ δὲ ἀμελήσαντες ἀπῆλθον, ὃς μὲν εἰς τὸν ἴδιον ἀγρόν,			**Lk 14,18** (2)	καὶ ἤρξαντο ἀπὸ μιᾶς πάντες παραιτεῖσθαι. ὁ πρῶτος εἶπεν αὐτῷ· ἀγρὸν ἠγόρασα καὶ **ἔχω** ἀνάγκην ἐξελθὼν ἰδεῖν αὐτόν· ἐρωτῶ σε, **ἔχε** με παρῃτημένον.	→ GTh 64
c 102		ὃς δὲ ἐπὶ τὴν ἐμπορίαν αὐτοῦ·			**Lk 14,19**	καὶ ἕτερος εἶπεν· ζεύγη βοῶν ἠγόρασα πέντε καὶ πορεύομαι δοκιμάσαι αὐτά· ἐρωτῶ σε, **ἔχε** με παρῃτημένον.	→ GTh 64

002					Lk 14,28	τίς γὰρ ἐξ ὑμῶν θέλων πύργον οἰκοδομῆσαι οὐχὶ πρῶτον καθίσας ψηφίζει τὴν δαπάνην, εἰ **ἔχει** εἰς ἀπαρτισμόν;	
102	Mt 5,13	ὑμεῖς ἐστε τὸ ἅλας τῆς γῆς· ἐὰν δὲ τὸ ἅλας μωρανθῇ, ἐν τίνι ἁλισθήσεται; εἰς οὐδὲν ἰσχύει ἔτι εἰ μὴ βληθὲν ἔξω καταπατεῖσθαι ὑπὸ τῶν ἀνθρώπων.	Mk 9,50	καλὸν τὸ ἅλας· ἐὰν δὲ τὸ ἅλας ἄναλον γένηται, ἐν τίνι αὐτὸ ἀρτύσετε; ...	Lk 14,35	[34] καλὸν οὖν τὸ ἅλας· ἐὰν δὲ καὶ τὸ ἅλας μωρανθῇ, ἐν τίνι ἀρτυθήσεται; [35] οὔτε εἰς γῆν οὔτε εἰς κοπρίαν εὔθετόν ἐστιν, ἔξω βάλλουσιν αὐτό. ὁ **ἔχων** ὦτα ἀκούειν ἀκουέτω.	Mk-Q overlap
102	Mt 18,12	... ἐὰν γένηταί τινι ἀνθρώπῳ ἑκατὸν πρόβατα καὶ πλανηθῇ ἓν ἐξ αὐτῶν, ...			Lk 15,4	τίς ἄνθρωπος ἐξ ὑμῶν **ἔχων** ἑκατὸν πρόβατα καὶ ἀπολέσας ἐξ αὐτῶν ἓν ...	→ GTh 107
e 102	Mt 18,13	... ἢ ἐπὶ τοῖς ἐνενήκοντα ἐννέα τοῖς μὴ πεπλανημένοις.			Lk 15,7	... ἢ ἐπὶ ἐνενήκοντα ἐννέα δικαίοις οἵτινες οὐ χρείαν **ἔχουσιν** μετανοίας.	→ GTh 107
002					Lk 15,8	ἢ τίς γυνὴ δραχμὰς **ἔχουσα** δέκα ἐὰν ἀπολέσῃ δραχμὴν μίαν, ...	
002					Lk 15,11 ↓ Mt 21,28	... ἄνθρωπός τις **εἶχεν** δύο υἱούς.	
002					Lk 16,1	... ἄνθρωπός τις ἦν πλούσιος ὃς **εἶχεν** οἰκονόμον, ...	
002					Lk 16,28	**ἔχω** γὰρ πέντε ἀδελφούς, ...	
002					Lk 16,29	... **ἔχουσι** Μωϋσέα καὶ τοὺς προφήτας· ἀκουσάτωσαν αὐτῶν.	
202	Mt 17,20	... ἐὰν **ἔχητε** πίστιν ὡς κόκκον σινάπεως, ...	Mk 11,22	... **ἔχετε** πίστιν θεοῦ.	Lk 17,6 ↓ Mt 21,21 ↓ Mk 11,22	... εἰ **ἔχετε** πίστιν ὡς κόκκον σινάπεως, ...	
002					Lk 17,7	τίς δὲ ἐξ ὑμῶν δοῦλον **ἔχων** ἀροτριῶντα ἢ ποιμαίνοντα, ...	
002					Lk 17,9	μὴ **ἔχει** χάριν τῷ δούλῳ ὅτι ἐποίησεν τὰ διαταχθέντα;	
211	Mt 19,16 → Mt 22,35-36	... διδάσκαλε, τί ἀγαθὸν ποιήσω ἵνα **σχῶ** ζωὴν αἰώνιον;	Mk 10,17 → Mk 12,28	... διδάσκαλε ἀγαθέ, τί ποιήσω ἵνα ζωὴν αἰώνιον **κληρονομήσω**;	Lk 18,18 ⇨ Lk 10,25	... διδάσκαλε ἀγαθέ, τί ποιήσας ζωὴν αἰώνιον **κληρονομήσω**;	

	Mt		Mk		Lk		
122 222	**Mt 19,21** → Mt 6,20	... ὕπαγε πώλησόν **σου τὰ ὑπάρχοντα** καὶ δὸς [τοῖς] πτωχοῖς, καὶ **ἕξεις** θησαυρὸν ἐν οὐρανοῖς, καὶ δεῦρο ἀκολούθει μοι.	**Mk 10,21** (2)	... ὕπαγε, ὅσα **ἔχεις** πώλησον καὶ δὸς [τοῖς] πτωχοῖς, καὶ **ἕξεις** θησαυρὸν ἐν οὐρανῷ, καὶ δεῦρο ἀκολούθει μοι.	**Lk 18,22** (2) → Lk 12,33	... πάντα ὅσα **ἔχεις** πώλησον καὶ διάδος πτωχοῖς, καὶ **ἕξεις** θησαυρὸν ἐν [τοῖς] οὐρανοῖς, καὶ δεῦρο ἀκολούθει μοι.	→ Acts 2,45
221	**Mt 19,22**	ἀκούσας δὲ ὁ νεανίσκος τὸν λόγον ἀπῆλθεν λυπούμενος· ἦν γὰρ **ἔχων** κτήματα πολλά.	**Mk 10,22**	ὁ δὲ στυγνάσας ἐπὶ τῷ λόγῳ ἀπῆλθεν λυπούμενος· ἦν γὰρ **ἔχων** κτήματα πολλά.	**Lk 18,23**	ὁ δὲ ἀκούσας ταῦτα περίλυπος ἐγενήθη· ἦν γὰρ πλούσιος σφόδρα.	
122	**Mt 19,23**	... ἀμὴν λέγω ὑμῖν ὅτι πλούσιος δυσκόλως εἰσελεύσεται εἰς τὴν βασιλείαν τῶν οὐρανῶν.	**Mk 10,23**	... πῶς δυσκόλως οἱ τὰ χρήματα **ἔχοντες** εἰς τὴν βασιλείαν τοῦ θεοῦ εἰσελεύσονται.	**Lk 18,24**	... πῶς δυσκόλως οἱ τὰ χρήματα **ἔχοντες** εἰς τὴν βασιλείαν τοῦ θεοῦ εἰσπορεύονται·	
d 102	**Mt 25,21** → Mt 24,47	... εὖ, δοῦλε ἀγαθὲ καὶ πιστέ, ἐπὶ ὀλίγα ἦς πιστός, ἐπὶ πολλῶν **σε καταστήσω· ...**			**Lk 19,17** → Lk 16,10	... εὖγε, ἀγαθὲ δοῦλε, ὅτι ἐν ἐλαχίστῳ πιστὸς ἐγένου, **ἴσθι ἐξουσίαν ἔχων** ἐπάνω δέκα πόλεων.	
102	**Mt 25,25** → Lk 19,21	καὶ φοβηθεὶς ἀπελθὼν **ἔκρυψα** τὸ τάλαντόν σου ἐν τῇ γῇ· ἴδε ἔχεις τὸ σόν.			**Lk 19,20** → Mt 25,18	... ἰδοὺ ἡ μνᾶ σου ἣν **εἶχον ἀποκειμένην** ἐν σουδαρίῳ·	
202	**Mt 25,28**	ἄρατε οὖν ἀπ' αὐτοῦ τὸ τάλαντον καὶ δότε τῷ **ἔχοντι** τὰ δέκα τάλαντα·			**Lk 19,24**	... ἄρατε ἀπ' αὐτοῦ τὴν μνᾶν καὶ δότε τῷ τὰς δέκα μνᾶς **ἔχοντι**	
002					**Lk 19,25**	καὶ εἶπαν αὐτῷ· κύριε, **ἔχει** δέκα μνᾶς	
202 202 202	**Mt 25,29** (3) ⇑ Mt 13,12	**τῷ γὰρ ἔχοντι παντὶ** δοθήσεται καὶ περισσευθήσεται, **τοῦ δὲ μὴ ἔχοντος** καὶ ὃ **ἔχει** ἀρθήσεται ἀπ' αὐτοῦ.	Mk 4,25 (3)	**ὃς γὰρ ἔχει,** δοθήσεται αὐτῷ· **καὶ ὃς οὐκ ἔχει,** καὶ ὃ **ἔχει** ἀρθήσεται ἀπ' αὐτοῦ.	**Lk 19,26** (3) ⇑ Lk 8,18	λέγω ὑμῖν ὅτι **παντὶ τῷ ἔχοντι** δοθήσεται, **ἀπὸ δὲ τοῦ μὴ ἔχοντος** καὶ ὃ **ἔχει** ἀρθήσεται.	→ GTh 41 Mk-Q overlap
e 222	**Mt 21,3**	... ἐρεῖτε ὅτι ὁ κύριος αὐτῶν χρείαν **ἔχει·** εὐθὺς δὲ ἀποστελεῖ αὐτούς.	**Mk 11,3**	... εἴπατε· ὁ κύριος αὐτοῦ χρείαν **ἔχει,** καὶ εὐθὺς αὐτὸν ἀποστέλλει πάλιν ὧδε.	**Lk 19,31**	... οὕτως ἐρεῖτε· ὅτι ὁ κύριος αὐτοῦ χρείαν **ἔχει.**	
e 012			**Mk 11,6** → Mt 21,6 → Lk 19,32	οἱ δὲ εἶπαν αὐτοῖς καθὼς εἶπεν ὁ Ἰησοῦς, ...	**Lk 19,34**	οἱ δὲ εἶπαν· ὅτι ὁ κύριος αὐτοῦ χρείαν **ἔχει.**	
120	**Mt 21,19**	καὶ ἰδὼν συκῆν μίαν ἐπὶ τῆς ὁδοῦ ἦλθεν ἐπ' αὐτὴν καὶ οὐδὲν εὗρεν ἐν αὐτῇ ...	**Mk 11,13**	καὶ ἰδὼν συκῆν ἀπὸ μακρόθεν **ἔχουσαν** φύλλα ἦλθεν, εἰ ἄρα τι εὑρήσει ἐν αὐτῇ, καὶ ἐλθὼν ἐπ' αὐτὴν οὐδὲν εὗρεν ...			

220	**Mt 21,21** ↑ Mt 17,20 ↑ Lk 17,6	ἀποκριθεὶς δὲ ὁ Ἰησοῦς εἶπεν αὐτοῖς· ἀμὴν λέγω ὑμῖν, ἐὰν **ἔχητε** πίστιν καὶ μὴ διακριθῆτε, ...	**Mk 11,22** ↑ Mt 17,20 ↑ Lk 17,6	καὶ ἀποκριθεὶς ὁ Ἰησοῦς λέγει αὐτοῖς· **ἔχετε** πίστιν θεοῦ.			
120	**Mt 6,14** → Mt 6,12 → Lk 11,4	ἐὰν γὰρ ἀφῆτε τοῖς ἀνθρώποις **τὰ παραπτώματα αὐτῶν,** ἀφήσει καὶ ὑμῖν ὁ πατὴρ ὑμῶν ὁ οὐράνιος·	**Mk 11,25** ↑ Mt 5,23	καὶ ὅταν στήκετε προσευχόμενοι, ἀφίετε **εἴ τι ἔχετε κατά τινος,** ἵνα καὶ ὁ πατὴρ ὑμῶν ὁ ἐν τοῖς οὐρανοῖς ἀφῇ ὑμῖν τὰ παραπτώματα ὑμῶν.			
221	**Mt 21,26** ↓ Mt 21,46	ἐὰν δὲ εἴπωμεν· ἐξ ἀνθρώπων, φοβούμεθα τὸν ὄχλον, πάντες γὰρ ὡς προφήτην **ἔχουσιν** τὸν Ἰωάννην.	**Mk 11,32**	ἀλλὰ εἴπωμεν· ἐξ ἀνθρώπων; - ἐφοβοῦντο τὸν ὄχλον· ἅπαντες γὰρ **εἶχον** τὸν Ἰωάννην ὄντως ὅτι προφήτης ἦν.	**Lk 20,6**	ἐὰν δὲ εἴπωμεν· ἐξ ἀνθρώπων, ὁ λαὸς ἅπας καταλιθάσει ἡμᾶς, **πεπεισμένος** γάρ ἐστιν Ἰωάννην προφήτην εἶναι.	
200	**Mt 21,28** ↑ Lk 15,11	τί δὲ ὑμῖν δοκεῖ; ἄνθρωπος **εἶχεν** τέκνα δύο. ...					
121	**Mt 21,37**	ὕστερον δὲ ἀπέστειλεν πρὸς αὐτοὺς τὸν υἱὸν αὐτοῦ λέγων· ἐντραπήσονται τὸν υἱόν μου.	**Mk 12,6**	ἔτι ἕνα **εἶχεν,** υἱὸν ἀγαπητόν· ἀπέστειλεν αὐτὸν ἔσχατον πρὸς αὐτοὺς λέγων ὅτι ἐντραπήσονται τὸν υἱόν μου.	**Lk 20,13**	εἶπεν δὲ ὁ κύριος τοῦ ἀμπελῶνος· τί ποιήσω; πέμψω τὸν υἱόν μου τὸν ἀγαπητόν· ἴσως τοῦτον ἐντραπήσονται.	→ GTh 65
211	**Mt 21,38**	... οὗτός ἐστιν ὁ κληρονόμος· δεῦτε ἀποκτείνωμεν αὐτὸν καὶ **σχῶμεν** τὴν κληρονομίαν αὐτοῦ	**Mk 12,7**	... οὗτός ἐστιν ὁ κληρονόμος· δεῦτε ἀποκτείνωμεν αὐτόν, καὶ **ἡμῶν ἔσται** ἡ κληρονομία.	**Lk 20,14**	... οὗτός ἐστιν ὁ κληρονόμος· ἀποκτείνωμεν αὐτόν, ἵνα **ἡμῶν γένηται** ἡ κληρονομία.	→ GTh 65
211	**Mt 21,46** ↑ Mt 21,26	... ἐφοβήθησαν τοὺς ὄχλους, ἐπεὶ εἰς προφήτην αὐτὸν **εἶχον.**	**Mk 12,12**	... καὶ ἐφοβήθησαν τὸν ὄχλον, ...	**Lk 20,19**	... καὶ ἐφοβήθησαν τὸν λαόν, ...	
200	**Mt 22,12**	... ἑταῖρε, πῶς εἰσῆλθες ὧδε **μὴ ἔχων** ἔνδυμα γάμου; ...					
112	**Mt 22,20**	... τίνος ἡ εἰκὼν αὕτη καὶ ἡ ἐπιγραφή; [21] λέγουσιν αὐτῷ· Καίσαρος. ...	**Mk 12,16**	... τίνος ἡ εἰκὼν αὕτη καὶ ἡ ἐπιγραφή; οἱ δὲ εἶπαν αὐτῷ· Καίσαρος.	**Lk 20,24**	... τίνος **ἔχει** εἰκόνα καὶ ἐπιγραφήν; οἱ δὲ εἶπαν· Καίσαρος.	→ GTh 100
112 211	**Mt 22,24**	... *ἐάν τις ἀποθάνῃ* ***μὴ ἔχων τέκνα,*** *ἐπιγαμβρεύσει ὁ ἀδελφὸς αὐτοῦ τὴν γυναῖκα αὐτοῦ καὶ ἀναστήσει σπέρμα τῷ ἀδελφῷ αὐτοῦ·* ➤ Deut 25,5; Gen 38,8	**Mk 12,19**	... *ἐάν τινος ἀδελφὸς ἀποθάνῃ* καὶ **καταλίπῃ** γυναῖκα *καὶ* ***μὴ ἀφῇ τέκνον,*** *ἵνα λάβῃ ὁ ἀδελφὸς αὐτοῦ τὴν γυναῖκα καὶ ἐξαναστήσῃ σπέρμα τῷ ἀδελφῷ αὐτοῦ.* ➤ Deut 25,5; Gen 38,8	**Lk 20,28**	... *ἐάν τινος ἀδελφὸς ἀποθάνῃ* **ἔχων** γυναῖκα, καὶ οὗτος ***ἄτεκνος ᾖ,*** *ἵνα λάβῃ ὁ ἀδελφὸς αὐτοῦ τὴν γυναῖκα καὶ ἐξαναστήσῃ σπέρμα τῷ ἀδελφῷ αὐτοῦ.* ➤ Deut 25,5; Gen 38,8	

211	Mt 22,25	ἦσαν δὲ παρ' ἡμῖν ἑπτὰ ἀδελφοί· καὶ ὁ πρῶτος γήμας ἐτελεύτησεν, καὶ **μὴ ἔχων σπέρμα** ἀφῆκεν τὴν γυναῖκα αὐτοῦ τῷ ἀδελφῷ αὐτοῦ·	Mk 12,20	ἑπτὰ ἀδελφοὶ ἦσαν· καὶ ὁ πρῶτος ἔλαβεν γυναῖκα καὶ ἀποθνῄσκων **οὐκ ἀφῆκεν σπέρμα·**	Lk 20,29	ἑπτὰ οὖν ἀδελφοὶ ἦσαν· καὶ ὁ πρῶτος λαβὼν γυναῖκα ἀπέθανεν **ἄτεκνος·**	
c 222	Mt 22,28	ἐν τῇ ἀναστάσει οὖν τίνος τῶν ἑπτὰ ἔσται γυνή; πάντες γὰρ **ἔσχον** αὐτήν·	Mk 12,23	ἐν τῇ ἀναστάσει [ὅταν ἀναστῶσιν] τίνος αὐτῶν ἔσται γυνή; οἱ γὰρ ἑπτὰ **ἔσχον** αὐτὴν γυναῖκα.	Lk 20,33	ἡ γυνὴ οὖν ἐν τῇ ἀναστάσει τίνος αὐτῶν γίνεται γυνή; οἱ γὰρ ἑπτὰ **ἔσχον** αὐτὴν γυναῖκα.	
022			Mk 12,44	... αὕτη δὲ ἐκ τῆς ὑστερήσεως αὐτῆς πάντα ὅσα **εἶχεν** ἔβαλεν ὅλον τὸν βίον αὐτῆς.	Lk 21,4	... αὕτη δὲ ἐκ τοῦ ὑστερήματος αὐτῆς πάντα τὸν βίον ὃν **εἶχεν** ἔβαλεν.	
222	Mt 24,19	οὐαὶ δὲ ταῖς ἐν γαστρὶ **ἐχούσαις** καὶ ταῖς θηλαζούσαις ἐν ἐκείναις ταῖς ἡμέραις.	Mk 13,17	οὐαὶ δὲ ταῖς ἐν γαστρὶ **ἐχούσαις** καὶ ταῖς θηλαζούσαις ἐν ἐκείναις ταῖς ἡμέραις.	Lk 21,23 → Lk 23,29	οὐαὶ ταῖς ἐν γαστρὶ **ἐχούσαις** καὶ ταῖς θηλαζούσαις ἐν ἐκείναις ταῖς ἡμέραις· ...	
201	Mt 25,25 → Lk 19,21	καὶ φοβηθεὶς ἀπελθὼν ἔκρυψα τὸ τάλαντόν σου ἐν τῇ γῇ· ἴδε **ἔχεις** τὸ σόν.			Lk 19,20 → Mt 25,18	... ἰδοὺ ἡ μνᾶ σου ἣν εἶχον ἀποκειμένην ἐν σουδαρίῳ·	
202	Mt 25,28	ἄρατε οὖν ἀπ' αὐτοῦ τὸ τάλαντον καὶ δότε τῷ **ἔχοντι** τὰ δέκα τάλαντα·			Lk 19,24	... ἄρατε ἀπ' αὐτοῦ τὴν μνᾶν καὶ δότε τῷ τὰς δέκα μνᾶς **ἔχοντι**	
202 202 202	Mt 25,29 (3) ⇧ Mt 13,12	**τῷ γὰρ ἔχοντι παντὶ** δοθήσεται καὶ περισσευθήσεται, **τοῦ δὲ μὴ ἔχοντος** καὶ ὃ **ἔχει** ἀρθήσεται ἀπ' αὐτοῦ.	Mk 4,25 (3)	ὃς γὰρ **ἔχει,** δοθήσεται αὐτῷ· **καὶ ὃς οὐκ ἔχει,** καὶ ὃ **ἔχει** ἀρθήσεται ἀπ' αὐτοῦ.	Lk 19,26 (3) ⇧ Lk 8,18	λέγω ὑμῖν ὅτι **παντὶ τῷ ἔχοντι** δοθήσεται, **ἀπὸ δὲ τοῦ μὴ ἔχοντος** καὶ ὃ **ἔχει** ἀρθήσεται.	→ GTh 41 Mk-Q overlap
220	Mt 26,7	προσῆλθεν αὐτῷ γυνὴ **ἔχουσα** ἀλάβαστρον μύρου βαρυτίμου ...	Mk 14,3	... ἦλθεν γυνὴ **ἔχουσα** ἀλάβαστρον μύρου νάρδου πιστικῆς πολυτελοῦς, ...	Lk 7,37	καὶ ἰδοὺ γυνὴ ... **κομίσασα** ἀλάβαστρον μύρου	→ Jn 12,3
b 220 220	Mt 26,11 (2)	πάντοτε γὰρ τοὺς πτωχοὺς **ἔχετε** μεθ' ἑαυτῶν, ἐμὲ δὲ οὐ πάντοτε **ἔχετε·**	Mk 14,7 (2)	πάντοτε γὰρ τοὺς πτωχοὺς **ἔχετε** μεθ' ἑαυτῶν καὶ ὅταν θέλητε δύνασθε αὐτοῖς εὖ ποιῆσαι, ἐμὲ δὲ οὐ πάντοτε **ἔχετε.**			→ Jn 12,8 → Jn 12,8
120	Mt 26,12	βαλοῦσα γὰρ αὕτη τὸ μύρον τοῦτο ἐπὶ τοῦ σώματός μου πρὸς τὸ ἐνταφιάσαι με ἐποίησεν.	Mk 14,8	ὃ **ἔσχεν** ἐποίησεν· προέλαβεν μυρίσαι τὸ σῶμά μου εἰς τὸν ἐνταφιασμόν.			→ Jn 12,7

002 002					Lk 22,36 (2) ↑ Lk 9,3 → Lk 10,4	... ἀλλὰ νῦν ὁ **ἔχων** βαλλάντιον ἀράτω, ὁμοίως καὶ πήραν, καὶ ὁ **μὴ ἔχων** πωλησάτω τὸ ἱμάτιον αὐτοῦ καὶ ἀγορασάτω μάχαιραν.	
002					Lk 22,37 → Mt 27,38 → Mk 15,27 → Lk 23,33	... τοῦτο τὸ γεγραμμένον δεῖ τελεσθῆναι ἐν ἐμοί, τό· *καὶ μετὰ ἀνόμων* *ἐλογίσθη*· καὶ γὰρ τὸ περὶ ἐμοῦ τέλος **ἔχει.** ➤ Isa 53,12	→ Jn 19,18
e 222	Mt 26,65	... τί ἔτι χρείαν **ἔχομεν** μαρτύρων; ἴδε νῦν ἠκούσατε τὴν βλασφημίαν·	Mk 14,63	... τί ἔτι χρείαν **ἔχομεν** μαρτύρων; [64] ἠκούσατε τῆς βλασφημίας· ...	Lk 22,71	... τί ἔτι **ἔχομεν** μαρτυρίας χρείαν; αὐτοὶ γὰρ ἠκούσαμεν ἀπὸ τοῦ στόματος αὐτοῦ.	
211	Mt 27,16 → Mt 27,26	**εἶχον** δὲ τότε δέσμιον ἐπίσημον λεγόμενον [Ἰησοῦν] Βαραββᾶν.	Mk 15,7 → Mk 15,15	ἦν δὲ ὁ λεγόμενος Βαραββᾶς μετὰ τῶν στασιαστῶν δεδεμένος οἵτινες ἐν τῇ στάσει φόνον πεποιήκεισαν.	Lk 23,19 → Lk 23,25	ὅστις ἦν διὰ στάσιν τινὰ γενομένην ἐν τῇ πόλει καὶ φόνον βληθεὶς ἐν τῇ φυλακῇ.	→ Jn 18,40
200	Mt 27,65	ἔφη αὐτοῖς ὁ Πιλᾶτος· **ἔχετε** κουστωδίαν· ὑπάγετε ἀσφαλίσασθε ὡς οἴδατε.					
121	Mt 28,8	καὶ ἀπελθοῦσαι ταχὺ ἀπὸ τοῦ μνημείου μετὰ φόβου καὶ χαρᾶς μεγάλης ἔδραμον ἀπαγγεῖλαι τοῖς μαθηταῖς αὐτοῦ.	Mk 16,8	καὶ ἐξελθοῦσαι ἔφυγον ἀπὸ τοῦ μνημείου, **εἶχεν** γὰρ αὐτὰς τρόμος καὶ ἔκστασις· καὶ οὐδενὶ οὐδὲν εἶπαν· ἐφοβοῦντο γάρ.	Lk 24,9	καὶ ὑποστρέψασαι ἀπὸ τοῦ μνημείου ἀπήγγειλαν ταῦτα πάντα τοῖς ἕνδεκα καὶ πᾶσιν τοῖς λοιποῖς.	→ Jn 20,2.18
002 002					Lk 24,39 (2)	... ψηλαφήσατέ με καὶ ἴδετε, ὅτι πνεῦμα σάρκα καὶ ὀστέα **οὐκ ἔχει** καθὼς ἐμὲ θεωρεῖτε **ἔχοντα.**	→ Jn 20,20.27
002					Lk 24,41	ἔτι δὲ ἀπιστούντων αὐτῶν ἀπὸ τῆς χαρᾶς καὶ θαυμαζόντων εἶπεν αὐτοῖς· **ἔχετέ** τι βρώσιμον ἐνθάδε;	→ Jn 20,20.27 **→ Jn 21,5**

a ἔχω with infinitive
b ἔχω and ἐν ἑαυτῷ, ἐν ἑαυτοῖς, μεθ᾽ ἑαυτῶν
c ἔχω with two accusative objects
d ἔχω (τὴν) ἐξουσίαν
e ἔχω χρείαν
f κακῶς ἔχων / ἔχοντες / ἔχοντας

Acts 1,12 → Lk 24,52	τότε ὑπέστρεψαν εἰς Ἰερουσαλὴμ ἀπὸ ὄρους τοῦ καλουμένου Ἐλαιῶνος, ὅ ἐστιν ἐγγὺς Ἰερουσαλὴμ σαββάτου **ἔχον** ὁδόν.	Acts 2,44	πάντες δὲ οἱ πιστεύοντες ἦσαν ἐπὶ τὸ αὐτὸ καὶ **εἶχον** ἅπαντα κοινά	*e* Acts 2,45 → Lk 12,33 → Lk 14,33 **→ Mt 19,21** **→ Mk 10,21** **→ Lk 18,22**	... καὶ διεμέριζον αὐτὰ πᾶσιν καθότι ἄν τις χρείαν **εἶχεν**·

Acts 2,47 αἰνοῦντες τὸν θεὸν καὶ **ἔχοντες** χάριν πρὸς ὅλον τὸν λαόν. ...

Acts 3,6 ... ἀργύριον καὶ χρυσίον οὐχ ὑπάρχει μοι, ὃ δὲ **ἔχω** τοῦτό σοι δίδωμι· ...

a Acts 4,14 τόν τε ἄνθρωπον βλέποντες σὺν αὐτοῖς ἑστῶτα τὸν τεθεραπευμένον **οὐδὲν εἶχον** ἀντειπεῖν.

e Acts 4,35 καὶ ἐτίθουν παρὰ τοὺς πόδας τῶν ἀποστόλων, διεδίδετο δὲ ἑκάστῳ καθότι ἄν τις χρείαν **εἶχεν.**

Acts 7,1 εἶπεν δὲ ὁ ἀρχιερεύς· εἰ ταῦτα οὕτως **ἔχει;**

Acts 8,7 πολλοὶ γὰρ **τῶν ἐχόντων** πνεύματα ἀκάθαρτα βοῶντα φωνῇ μεγάλῃ ἐξήρχοντο, ...

d Acts 9,14 καὶ ὧδε **ἔχει** ἐξουσίαν παρὰ τῶν ἀρχιερέων δῆσαι πάντας τοὺς ἐπικαλουμένους τὸ ὄνομά σου.

Acts 9,31 ἡ μὲν οὖν ἐκκλησία καθ' ὅλης τῆς Ἰουδαίας καὶ Γαλιλαίας καὶ Σαμαρείας **εἶχεν** εἰρήνην ...

Acts 11,3 ... εἰσῆλθες πρὸς ἄνδρας ἀκροβυστίαν **ἔχοντας** καὶ συνέφαγες αὐτοῖς.

Acts 12,15 οἱ δὲ πρὸς αὐτὴν εἶπαν· μαίνῃ. ἡ δὲ διϊσχυρίζετο οὕτως **ἔχειν.** ...

c Acts 13,5 καὶ γενόμενοι ἐν Σαλαμῖνι κατήγγελλον τὸν λόγον τοῦ θεοῦ ἐν ταῖς συναγωγαῖς τῶν Ἰουδαίων. **εἶχον** δὲ καὶ Ἰωάννην ὑπηρέτην.

Acts 14,9 ... ὃς ἀτενίσας αὐτῷ καὶ ἰδὼν ὅτι **ἔχει** πίστιν τοῦ σωθῆναι

Acts 15,21 Μωϋσῆς γὰρ ἐκ γενεῶν ἀρχαίων κατὰ πόλιν τοὺς κηρύσσοντας αὐτὸν **ἔχει** ἐν ταῖς συναγωγαῖς κατὰ πᾶν σάββατον ἀναγινωσκόμενος.

Acts 15,36 ... ἐπισκεψώμεθα τοὺς ἀδελφοὺς κατὰ πόλιν πᾶσαν ἐν αἷς κατηγγείλαμεν τὸν λόγον τοῦ κυρίου πῶς **ἔχουσιν.**

Acts 16,16 ἐγένετο δὲ πορευομένων ἡμῶν εἰς τὴν προσευχὴν παιδίσκην τινὰ **ἔχουσαν** πνεῦμα πύθωνα ὑπαντῆσαι ἡμῖν, ...

Acts 17,11 ... οἵτινες ἐδέξαντο τὸν λόγον μετὰ πάσης προθυμίας καθ' ἡμέραν ἀνακρίνοντες τὰς γραφὰς εἰ **ἔχοι** ταῦτα οὕτως.

Acts 18,18 ... κειράμενος ἐν Κεγχρεαῖς τὴν κεφαλήν, **εἶχεν** γὰρ εὐχήν.

Acts 19,13 → Lk 9,49 ἐπεχείρησαν δέ τινες καὶ τῶν περιερχομένων Ἰουδαίων ἐξορκιστῶν ὀνομάζειν **ἐπὶ τοὺς ἔχοντας** τὰ πνεύματα τὰ πονηρὰ τὸ ὄνομα τοῦ κυρίου Ἰησοῦ ...

Acts 19,38 εἰ μὲν οὖν Δημήτριος καὶ οἱ σὺν αὐτῷ τεχνῖται **ἔχουσι** πρός τινα λόγον, ἀγοραῖοι ἄγονται ...

Acts 20,15 ... τῇ δὲ ἑτέρᾳ παρεβάλομεν εἰς Σάμον, **τῇ δὲ ἐχομένῃ** ἤλθομεν εἰς Μίλητον.

Acts 21,13 ... ἐγὼ γὰρ οὐ μόνον δεθῆναι ἀλλὰ καὶ ἀποθανεῖν εἰς Ἰερουσαλὴμ ἑτοίμως **ἔχω** ὑπὲρ τοῦ ὀνόματος τοῦ κυρίου Ἰησοῦ.

Acts 21,23 ... εἰσὶν ἡμῖν ἄνδρες τέσσαρες εὐχὴν **ἔχοντες** ἐφ' ἑαυτῶν.

Acts 21,26 τότε ὁ Παῦλος παραλαβὼν τοὺς ἄνδρας **τῇ ἐχομένῃ ἡμέρᾳ** σὺν αὐτοῖς ἁγνισθείς, ...

a Acts 23,17 ... τὸν νεανίαν τοῦτον ἀπάγαγε πρὸς τὸν χιλίαρχον, **ἔχει** γὰρ ἀπαγγεῖλαί τι αὐτῷ.

a Acts 23,18 ... ὁ δέσμιος Παῦλος προσκαλεσάμενός με ἠρώτησεν τοῦτον τὸν νεανίσκον ἀγαγεῖν πρὸς σέ **ἔχοντά** τι λαλῆσαί σοι.

a Acts 23,19 ... τί ἐστιν ὃ **ἔχεις** ἀπαγγεῖλαί μοι;

Acts 23,25 γράψας ἐπιστολὴν **ἔχουσαν** τὸν τύπον τοῦτον·

Acts 23,29 ὃν εὗρον ἐγκαλούμενον περὶ ζητημάτων τοῦ νόμου αὐτῶν, μηδὲν δὲ ἄξιον θανάτου ἢ δεσμῶν **ἔχοντα** ἔγκλημα.

Acts 24,9 συνεπέθεντο δὲ καὶ οἱ Ἰουδαῖοι φάσκοντες ταῦτα οὕτως **ἔχειν.**

Acts 24,15 ἐλπίδα **ἔχων** εἰς τὸν θεὸν ἣν καὶ αὐτοὶ οὗτοι προσδέχονται, ...

Acts 24,16 ἐν τούτῳ καὶ αὐτὸς ἀσκῶ ἀπρόσκοπον συνείδησιν **ἔχειν** πρὸς τὸν θεὸν καὶ τοὺς ἀνθρώπους διὰ παντός.

Acts 24,19 τινὲς δὲ ἀπὸ τῆς Ἀσίας Ἰουδαῖοι, οὓς ἔδει ἐπὶ σοῦ παρεῖναι καὶ κατηγορεῖν εἴ τι **ἔχοιεν** πρὸς ἐμέ.

Acts 24,23 διαταξάμενος τῷ ἑκατοντάρχῃ τηρεῖσθαι αὐτὸν **ἔχειν** τε ἄνεσιν ...

Acts 24,25 ... ἔμφοβος γενόμενος ὁ Φῆλιξ ἀπεκρίθη· **τὸ νῦν ἔχον** πορεύου, καιρὸν δὲ μεταλαβὼν μετακαλέσομαί σε

Acts 25,16 ... οὐκ ἔστιν ἔθος Ῥωμαίοις χαρίζεσθαί τινα ἄνθρωπον πρὶν ἢ ὁ κατηγορούμενος κατὰ πρόσωπον **ἔχοι** τοὺς κατηγόρους τόπον τε ἀπολογίας λάβοι περὶ τοῦ ἐγκλήματος.

	Acts 25,19	ζητήματα δέ τινα περὶ τῆς ἰδίας δεισιδαιμονίας **εἶχον** πρὸς αὐτὸν ...
a	**Acts 25,26** (2)	περὶ οὗ ἀσφαλές τι γράψαι τῷ κυρίῳ **οὐκ ἔχω,** διὸ προήγαγον αὐτὸν ἐφ' ὑμῶν καὶ μάλιστα ἐπὶ σοῦ, βασιλεῦ Ἀγρίππα, ὅπως τῆς ἀνακρίσεως γενομένης **σχῶ** τί γράψω·
	Acts 27,39	... κόλπον δέ τινα κατενόουν **ἔχοντα** αἰγιαλὸν ...
	Acts 28,9	τούτου δὲ γενομένου καὶ οἱ λοιποὶ οἱ ἐν τῇ νήσῳ **ἔχοντες** ἀσθενείας προσήρχοντο καὶ ἐθεραπεύοντο
a	**Acts 28,19**	ἀντιλεγόντων δὲ τῶν Ἰουδαίων ἠναγκάσθην ἐπικαλέσασθαι Καίσαρα οὐχ ὡς τοῦ ἔθνους μου **ἔχων** τι κατηγορεῖν.

ἕως	Syn 92	Mt 49	Mk 15	Lk 28	Acts 22	Jn 10	1-3John 1	Paul 11	Eph	Col
	NT 146	2Thess 1	1/2Tim 1	Tit	Heb 3	Jas 2	1Pet	2Pet 1	Jude	Rev 2

	triple tradition																	double tradition			Sondergut		
		+Mt / +Lk			–Mt / –Lk			traditions not taken over by Mt / Lk							subtotals								
code	*222*	*211*	*112*	*212*	*221*	*122*	*121*	*022*	*012*	*021*	*220*	*120*	*210*	*020*	Σ^+	Σ^-	Σ	*202*	*201*	*102*	*200*	*002*	total
Mt	5	2^+		1^+	6						3	1^-			3^+	1^-	17	6	10		16		**49**
Mk	5				6						3	1					15						**15**
Lk	5		1^+	1^+	6^-				1^+						3^+	6^-	8	6		1		13	**28**

conjunction: until; while (Acts: 6)

a ἕως: conjunction followed by subjunctive
b ἕως: conjunction followed by indicative
c ἕως ἄν: conjunction followed by subjunctive
d ἕως οὗ, ἕως ὅτου: conjunction followed by subjunctive
e ἕως οὗ, ἕως ὅτου: conjunction followed by indicative

	triple tradition																	double tradition			Sondergut		
		+Mt / +Lk			–Mt / –Lk			traditions not taken over by Mt / Lk							subtotals								
code	*222*	*211*	*112*	*212*	*221*	*122*	*121*	*022*	*012*	*021*	*220*	*120*	*210*	*020*	Σ^+	Σ^-	Σ	*202*	*201*	*102*	*200*	*002*	total
Mt	2	1^+		1^+	2						1				2^+		7	3	4		7		**21**
Mk	2				2						1						5						**5**
Lk	2		2^+	1^+	2^-										3^+	2^-	5	3		1		6	**15**

preposition: to; as far as; to the point of; as many as (Acts: 16)

f ἕως: preposition with reference to time
g ἕως: preposition with reference to location
h ἕως: preposition with reference to number
j ἕως (preposition) and ἀπό

	triple tradition																	double tradition			Sondergut		
		+Mt / +Lk			–Mt / –Lk			traditions not taken over by Mt / Lk							subtotals								
code	*222*	*211*	*112*	*212*	*221*	*122*	*121*	*022*	*012*	*021*	*220*	*120*	*210*	*020*	Σ^+	Σ^-	Σ	*202*	*201*	*102*	*200*	*002*	total
Mt	2	1^+			5						2	1^-			1^+	1^-	10	3	6		9		**28**
Mk	2				5						2	1					10						**10**
Lk	2				5^-				1^+						1^+	5^-	3	3				7	**13**

j	**Mt 1,17** (3)	πᾶσαι οὖν αἱ γενεαὶ ἀπὸ Ἀβραὰμ
200		**ἕως Δαυὶδ** γενεαὶ δεκατέσσαρες,
j		καὶ ἀπὸ Δαυὶδ
200		**ἕως τῆς μετοικεσίας Βαβυλῶνος** γενεαὶ δεκατέσσαρες,
j		καὶ ἀπὸ τῆς μετοικεσίας Βαβυλῶνος
200		**ἕως τοῦ Χριστοῦ** γενεαὶ δεκατέσσαρες.

f 002					**Lk 1,80** → Lk 3,2	... καὶ ἦν ἐν ταῖς ἐρήμοις **ἕως ἡμέρας ἀναδείξεως αὐτοῦ** πρὸς τὸν Ἰσραήλ.	
e 200	**Mt 1,25**	καὶ οὐκ ἐγίνωσκεν αὐτὴν **ἕως οὗ** ἔτεκεν υἱόν· καὶ ἐκάλεσεν τὸ ὄνομα αὐτοῦ Ἰησοῦν.					
g 002					**Lk 2,15**	... διέλθωμεν δὴ **ἕως Βηθλέεμ** καὶ ἴδωμεν τὸ ῥῆμα τοῦτο τὸ γεγονὸς ὃ ὁ κύριος ἐγνώρισεν ἡμῖν.	
f 002					**Lk 2,37**	καὶ αὐτὴ χήρα **ἕως ἐτῶν ὀγδοήκοντα τεσσάρων**, ...	
b 200	**Mt 2,9**	... καὶ ἰδοὺ ὁ ἀστήρ, ὃν εἶδον ἐν τῇ ἀνατολῇ, προῆγεν αὐτούς, **ἕως** ἐλθὼν ἐστάθη ἐπάνω οὗ ἦν τὸ παιδίον.					
c 200	**Mt 2,13**	... φεῦγε εἰς Αἴγυπτον καὶ ἴσθι ἐκεῖ **ἕως ἂν** εἴπω σοι· ...					
f 200	**Mt 2,15**	καὶ ἦν ἐκεῖ **ἕως τῆς τελευτῆς Ἡρῴδου·** ἵνα πληρωθῇ τὸ ῥηθὲν ὑπὸ κυρίου διὰ τοῦ προφήτου λέγοντος· *ἐξ Αἰγύπτου ἐκάλεσα τὸν υἱόν μου.* ➤ Hos 11,1					
g 002					**Lk 4,29**	... ἤγαγον αὐτὸν **ἕως ὀφρύος τοῦ ὄρους** ἐφ᾽ οὗ ἡ πόλις ᾠκοδόμητο αὐτῶν, ...	
g 012			**Mk 1,37**	[36] καὶ κατεδίωξεν αὐτὸν Σίμων καὶ οἱ μετ᾽ αὐτοῦ, [37] καὶ εὗρον αὐτὸν καὶ λέγουσιν αὐτῷ ὅτι πάντες ζητοῦσίν σε.	**Lk 4,42** → Mk 1,45	... καὶ οἱ ὄχλοι ἐπεζήτουν αὐτὸν καὶ ἦλθον **ἕως αὐτοῦ** καὶ κατεῖχον αὐτὸν τοῦ μὴ πορεύεσθαι ἀπ᾽ αὐτῶν.	
c 201 *c* 201	**Mt 5,18** **(2)** → Mt 24,35	ἀμὴν γὰρ λέγω ὑμῖν· **ἕως ἂν** παρέλθῃ ὁ οὐρανὸς καὶ ἡ γῆ, ἰῶτα ἓν ἢ μία κεραία οὐ μὴ παρέλθῃ ἀπὸ τοῦ νόμου **ἕως ἂν** πάντα γένηται.	→ Mk 13,31		**Lk 16,17** → Lk 21,33	εὐκοπώτερον δέ ἐστιν τὸν οὐρανὸν καὶ τὴν γῆν παρελθεῖν ἢ τοῦ νόμου μίαν κεραίαν πεσεῖν.	

e 201	**Mt 5,25** ↓ Mt 18,34	ἴσθι εὐνοῶν τῷ ἀντιδίκῳ σου ταχὺ, **ἕως ὅτου** εἶ μετ᾽ αὐτοῦ ἐν τῇ ὁδῷ, μήποτέ σε παραδῷ ὁ ἀντίδικος τῷ κριτῇ ...			**Lk 12,58**	**ὡς** γὰρ ὑπάγεις μετὰ τοῦ ἀντιδίκου σου ἐπ᾽ ἄρχοντα, ἐν τῇ ὁδῷ δὸς ἐργασίαν ἀπηλλάχθαι ἀπ᾽ αὐτοῦ, μήποτε κατασύρῃ σε πρὸς τὸν κριτήν, ...	
c a 202	**Mt 5,26** ↓ Mt 18,34	... οὐ μὴ ἐξέλθῃς ἐκεῖθεν, **ἕως ἂν** ἀποδῷς τὸν ἔσχατον κοδράντην.			**Lk 12,59**	... οὐ μὴ ἐξέλθῃς ἐκεῖθεν, **ἕως** καὶ τὸ ἔσχατον λεπτὸν ἀποδῷς.	
c 221	**Mt 10,11** ⇩ Lk 10,8	εἰς ἣν δ᾽ ἂν πόλιν ἢ κώμην εἰσέλθητε, ἐξετάσατε τίς ἐν αὐτῇ ἄξιός ἐστιν· κἀκεῖ μείνατε **ἕως ἂν** ἐξέλθητε.	**Mk 6,10**	... ὅπου ἐὰν εἰσέλθητε εἰς οἰκίαν, ἐκεῖ μένετε **ἕως ἂν** ἐξέλθητε ἐκεῖθεν.	**Lk 9,4** ⇩ Lk 10,5 ⇩ Lk 10,7	καὶ εἰς ἣν ἂν οἰκίαν εἰσέλθητε, ἐκεῖ μένετε καὶ ἐκεῖθεν ἐξέρχεσθε.	→ GTh 14,4
					Lk 10,7 ⇧ Lk 9,4	[5] εἰς ἣν δ᾽ ἂν εἰσέλθητε οἰκίαν, ... [7] ἐν αὐτῇ δὲ τῇ οἰκίᾳ μένετε, ... μὴ μεταβαίνετε ἐξ οἰκίας εἰς οἰκίαν. [8] καὶ εἰς ἣν ἂν πόλιν εἰσέρχησθε καὶ δέχωνται ὑμᾶς, ἐσθίετε τὰ παρατιθέμενα ὑμῖν	→ GTh 14,4 Mk-Q overlap
c 200	**Mt 10,23** → Mt 23,34 → Lk 11,49	... οὐ μὴ τελέσητε τὰς πόλεις τοῦ Ἰσραὴλ **ἕως ἂν** ἔλθῃ ὁ υἱὸς τοῦ ἀνθρώπου.					
f j 201	**Mt 11,12**	ἀπὸ δὲ τῶν ἡμερῶν Ἰωάννου τοῦ βαπτιστοῦ **ἕως ἄρτι** ἡ βασιλεία τῶν οὐρανῶν βιάζεται καὶ βιασταὶ ἁρπάζουσιν αὐτήν.			**Lk 16,16** → Mt 22,9 → Lk 14,23	... ἀπὸ τότε ἡ βασιλεία τοῦ θεοῦ εὐαγγελίζεται καὶ πᾶς εἰς αὐτὴν βιάζεται.	
f 201	**Mt 11,13** → Mt 5,17	πάντες γὰρ οἱ προφῆται καὶ ὁ νόμος **ἕως Ἰωάννου** ἐπροφήτευσαν·			**Lk 16,16**	ὁ νόμος καὶ οἱ προφῆται **μέχρι Ἰωάννου**· ...	
g 202 *g* 202	**Mt 11,23** (2)	καὶ σύ, Καφαρναούμ, μὴ **ἕως οὐρανοῦ** ὑψωθήσῃ; ***ἕως ᾅδου*** *καταβήσῃ*· ... ➤ Isa 14,13.15			**Lk 10,15** (2)	καὶ σύ, Καφαρναούμ, μὴ **ἕως οὐρανοῦ** ὑψωθήσῃ; ***ἕως τοῦ ᾅδου*** *καταβήσῃ.* ➤ Isa 14,13.15	
c 200	**Mt 12,20**	*κάλαμον συντετριμμένον οὐ κατεάξει καὶ λίνον τυφόμενον οὐ σβέσει,* ***ἕως ἂν*** *ἐκβάλῃ* εἰς νῖκος τὴν *κρίσιν.* ➤ Isa 42,3-4					
f 200	**Mt 13,30**	ἄφετε συναυξάνεσθαι ἀμφότερα **ἕως τοῦ θερισμοῦ,** καὶ ἐν καιρῷ τοῦ θερισμοῦ ἐρῶ τοῖς θερισταῖς· ...					→ GTh 57

		Mt		Mk		Lk	
e 202	**Mt 13,33**	... ὁμοία ἐστὶν ἡ βασιλεία τῶν οὐρανῶν ζύμῃ, ἣν λαβοῦσα γυνὴ ἐνέκρυψεν εἰς ἀλεύρου σάτα τρία **ἕως οὗ** ἐζυμώθη ὅλον.			**Lk 13,21**	[20] ... τίνι ὁμοιώσω τὴν βασιλείαν τοῦ θεοῦ; [21] ὁμοία ἐστὶν ζύμῃ, ἣν λαβοῦσα γυνὴ [ἐν]έκρυψεν εἰς ἀλεύρου σάτα τρία **ἕως οὗ** ἐζυμώθη ὅλον.	→ GTh 96
c 221	**Mt 10,11** ⇧ Lk 10,8	εἰς ἣν δ' ἂν πόλιν ἢ κώμην εἰσέλθητε, ἐξετάσατε τίς ἐν αὐτῇ ἄξιός ἐστιν· κἀκεῖ μείνατε **ἕως ἂν** ἐξέλθητε.	**Mk 6,10**	... ὅπου ἐὰν εἰσέλθητε εἰς οἰκίαν, ἐκεῖ μένετε **ἕως ἂν** ἐξέλθητε ἐκεῖθεν.	**Lk 9,4** ⇧ Lk 10,5 ⇧ Lk 10,7	καὶ εἰς ἣν ἂν οἰκίαν εἰσέλθητε, ἐκεῖ μένετε καὶ ἐκεῖθεν ἐξέρχεσθε.	→ GTh 14,4
h 120	**Mt 14,7**	ὅθεν μεθ' ὅρκου ὡμολόγησεν αὐτῇ δοῦναι ὃ ἐὰν αἰτήσηται.	**Mk 6,23**	καὶ ὤμοσεν αὐτῇ [πολλά], ὅ τι ἐάν με αἰτήσῃς δώσω σοι **ἕως ἡμίσους τῆς βασιλείας μου.**			
d b 220	**Mt 14,22** → Mt 15,39	... καὶ προάγειν αὐτὸν εἰς τὸ πέραν, **ἕως οὗ** ἀπολύσῃ τοὺς ὄχλους.	**Mk 6,45** → Mk 8,9	... καὶ προάγειν εἰς τὸ πέραν πρὸς Βηθσαϊδάν, **ἕως** αὐτὸς ἀπολύει τὸν ὄχλον.			→ Jn 6,16-17
c 222	**Mt 16,28** ↓ Mt 24,34	... εἰσίν τινες τῶν ὧδε ἑστώτων οἵτινες οὐ μὴ γεύσωνται θανάτου **ἕως ἂν** ἴδωσιν τὸν υἱὸν τοῦ ἀνθρώπου ἐρχόμενον ἐν τῇ βασιλείᾳ αὐτοῦ.	**Mk 9,1** ↓ Mk 13,30	... εἰσίν τινες ὧδε τῶν ἑστηκότων οἵτινες οὐ μὴ γεύσωνται θανάτου **ἕως ἂν** ἴδωσιν τὴν βασιλείαν τοῦ θεοῦ ἐληλυθυῖαν ἐν δυνάμει.	**Lk 9,27** ↓ Lk 21,32	... εἰσίν τινες τῶν αὐτοῦ ἑστηκότων οἳ οὐ μὴ γεύσωνται θανάτου **ἕως ἂν** ἴδωσιν τὴν βασιλείαν τοῦ θεοῦ.	**→ Jn 21,22-23**
d 211	**Mt 17,9**	... ἐνετείλατο αὐτοῖς ὁ Ἰησοῦς λέγων· μηδενὶ εἴπητε τὸ ὅραμα **ἕως οὗ** ὁ υἱὸς τοῦ ἀνθρώπου ἐκ νεκρῶν ἐγερθῇ.	**Mk 9,9**	... διεστείλατο αὐτοῖς ἵνα μηδενὶ ἃ εἶδον διηγήσωνται, **εἰ μὴ ὅταν** ὁ υἱὸς τοῦ ἀνθρώπου ἐκ νεκρῶν ἀναστῇ.	**Lk 9,36**	... καὶ αὐτοὶ ἐσίγησαν καὶ οὐδενὶ ἀπήγγειλαν ἐν ἐκείναις ταῖς ἡμέραις οὐδὲν ὧν ἑώρακαν.	
f 222	**Mt 17,17** **(2)**	... ὦ γενεὰ ἄπιστος καὶ διεστραμμένη, **ἕως πότε** μεθ' ὑμῶν ἔσομαι;	**Mk 9,19** **(2)**	... ὦ γενεὰ ἄπιστος, **ἕως πότε** πρὸς ὑμᾶς ἔσομαι;	**Lk 9,41**	... ὦ γενεὰ ἄπιστος καὶ διεστραμμένη, **ἕως πότε** ἔσομαι πρὸς ὑμᾶς	
f 221		**ἕως πότε** ἀνέξομαι ὑμῶν; φέρετέ μοι αὐτὸν ὧδε.		**ἕως πότε** ἀνέξομαι ὑμῶν; φέρετε αὐτὸν πρός με.		**καὶ** ἀνέξομαι ὑμῶν; προσάγαγε ὧδε τὸν υἱόν σου.	

conjunction: until; while

[a] ἕως: conjunction followed by subjunctive
[b] ἕως: conjunction followed by indicative
[c] ἕως ἄν: conjunction followed by subjunctive
[d] ἕως οὗ, ἕως ὅτου: conjunction followed by subjunctive
[e] ἕως οὗ, ἕως ὅτου: conjunction followed by indicative

preposition: to; as far as; to the point of; as many as

[f] ἕως: preposition with reference to time
[g] ἕως: preposition with reference to location
[h] ἕως: preposition with reference to number
[j] ἕως (preposition) and ἀπό

h 201	**Mt 18,21** → Mt 18,15	τότε προσελθὼν ὁ Πέτρος εἶπεν αὐτῷ· κύριε, ποσάκις ἁμαρτήσει εἰς ἐμὲ ὁ ἀδελφός μου καὶ ἀφήσω αὐτῷ; **ἕως ἑπτάκις;**			**Lk 17,4** → Lk 17,3	καὶ ἐὰν **ἑπτάκις** τῆς ἡμέρας ἁμαρτήσῃ εἰς σὲ	
h 201 h 201	**Mt 18,22** **(2)**	λέγει αὐτῷ ὁ Ἰησοῦς· οὐ λέγω σοι **ἕως ἑπτάκις** ἀλλὰ **ἕως ἑβδομηκοντάκις ἑπτά.**				καὶ **ἑπτάκις** ἐπιστρέψῃ πρὸς σὲ λέγων· μετανοῶ, ἀφήσεις αὐτῷ.	
a 200	**Mt 18,30**	ὁ δὲ οὐκ ἤθελεν ἀλλὰ ἀπελθὼν ἔβαλεν αὐτὸν εἰς φυλακὴν **ἕως** ἀποδῷ τὸ ὀφειλόμενον.					
d 200	**Mt 18,34** ↑ Mt 5,25-26 ↓ Lk 12,59 ↑ Lk 12,58	καὶ ὀργισθεὶς ὁ κύριος αὐτοῦ παρέδωκεν αὐτὸν τοῖς βασανισταῖς **ἕως οὗ** ἀποδῷ πᾶν τὸ ὀφειλόμενον.					
g 202 g 202	**Mt 11,23** **(2)**	καὶ σύ, Καφαρναούμ, μὴ **ἕως οὐρανοῦ** ὑψωθήσῃ; ***ἕως ᾅδου*** *καταβήσῃ·* ... ➤ Isa 14,13.15			**Lk 10,15** **(2)**	καὶ σύ, Καφαρναούμ, μὴ **ἕως οὐρανοῦ** ὑψωθήσῃ; ***ἕως τοῦ ᾅδου*** *καταβήσῃ.* ➤ Isa 14,13.15	
f j 202	**Mt 23,35**	ὅπως ἔλθῃ ἐφ' ὑμᾶς πᾶν αἷμα δίκαιον ἐκχυννόμενον ἐπὶ τῆς γῆς ἀπὸ τοῦ αἵματος Ἅβελ τοῦ δικαίου **ἕως τοῦ αἵματος Ζαχαρίου υἱοῦ Βαραχίου,** ὃν ἐφονεύσατε μεταξὺ τοῦ ναοῦ καὶ τοῦ θυσιαστηρίου.			**Lk 11,51**	[50] ἵνα ἐκζητηθῇ τὸ αἷμα πάντων τῶν προφητῶν τὸ ἐκκεχυμένον ἀπὸ καταβολῆς κόσμου ἀπὸ τῆς γενεᾶς ταύτης, [51] ἀπὸ αἵματος Ἅβελ **ἕως αἵματος Ζαχαρίου** τοῦ ἀπολομένου μεταξὺ τοῦ θυσιαστηρίου καὶ τοῦ οἴκου· ...	
d 002	**Mt 20,22**	... δύνασθε πιεῖν τὸ ποτήριον ὃ ἐγὼ μέλλω πίνειν; ...	**Mk 10,38**	... δύνασθε πιεῖν τὸ ποτήριον ὃ ἐγὼ πίνω ἢ τὸ βάπτισμα ὃ ἐγὼ βαπτίζομαι βαπτισθῆναι;	**Lk 12,50**	βάπτισμα δὲ ἔχω βαπτισθῆναι, καὶ πῶς συνέχομαι **ἕως ὅτου** τελεσθῇ.	
c a 202	**Mt 5,26** ↑ Mt 18,34	... οὐ μὴ ἐξέλθῃς ἐκεῖθεν, **ἕως ἂν** ἀποδῷς τὸν ἔσχατον κοδράντην.			**Lk 12,59**	... οὐ μὴ ἐξέλθῃς ἐκεῖθεν, **ἕως** καὶ τὸ ἔσχατον λεπτὸν ἀποδῷς.	
d 002					**Lk 13,8**	... κύριε, ἄφες αὐτὴν καὶ τοῦτο τὸ ἔτος, **ἕως ὅτου** σκάψω περὶ αὐτὴν καὶ βάλω κόπρια	

e 202	**Mt 13,33**	... ὁμοία ἐστὶν ἡ βασιλεία τῶν οὐρανῶν ζύμῃ, ἣν λαβοῦσα γυνὴ ἐνέκρυψεν εἰς ἀλεύρου σάτα τρία **ἕως οὗ** ἐζυμώθη ὅλον.			**Lk 13,21**	[20] ... τίνι ὁμοιώσω τὴν βασιλείαν τοῦ θεοῦ; [21] ὁμοία ἐστὶν ζύμῃ, ἣν λαβοῦσα γυνὴ [ἐν]έκρυψεν εἰς ἀλεύρου σάτα τρία **ἕως οὗ** ἐζυμώθη ὅλον.	→ GTh 96
c b 202	**Mt 23,39**	λέγω γὰρ ὑμῖν, οὐ μή με ἴδητε ἀπ᾽ ἄρτι **ἕως ἂν** εἴπητε· *εὐλογημένος* *ὁ ἐρχόμενος ἐν ὀνόματι* *κυρίου.* ➢ Ps 118,26			**Lk 13,35**	... λέγω [δὲ] ὑμῖν, οὐ μὴ ἴδητέ με **ἕως [ἥξει ὅτε]** εἴπητε· *εὐλογημένος* *ὁ ἐρχόμενος ἐν ὀνόματι* *κυρίου.* ➢ Ps 118,26	
a 102	**Mt 18,12**	... οὐχὶ ἀφήσει τὰ ἐνενήκοντα ἐννέα ἐπὶ τὰ ὄρη καὶ πορευθεὶς ζητεῖ τὸ πλανώμενον;			**Lk 15,4**	... οὐ καταλείπει τὰ ἐνενήκοντα ἐννέα ἐν τῇ ἐρήμῳ καὶ πορεύεται ἐπὶ τὸ ἀπολωλὸς **ἕως** εὕρῃ αὐτό;	GTh 107
d 002					**Lk 15,8**	ἢ τίς γυνὴ δραχμὰς ἔχουσα δέκα ἐὰν ἀπολέσῃ δραχμὴν μίαν, οὐχὶ ἅπτει λύχνον καὶ σαροῖ τὴν οἰκίαν καὶ ζητεῖ ἐπιμελῶς **ἕως οὗ** εὕρῃ;	
a 002					**Lk 17,8**	... ἑτοίμασον τί δειπνήσω καὶ περιζωσάμενος διακόνει μοι **ἕως** φάγω καὶ πίω, καὶ μετὰ ταῦτα φάγεσαι καὶ πίεσαι σύ;	
h j 200	**Mt 20,8**	... κάλεσον τοὺς ἐργάτας καὶ ἀπόδος αὐτοῖς τὸν μισθὸν ἀρξάμενος ἀπὸ τῶν ἐσχάτων **ἕως τῶν πρώτων.**					
h 211	**Mt 22,26**	ὁμοίως καὶ ὁ δεύτερος καὶ ὁ τρίτος **ἕως τῶν ἑπτά.**	**Mk 12,22**	[21] καὶ ὁ δεύτερος ἔλαβεν αὐτὴν καὶ ἀπέθανεν μὴ καταλιπὼν σπέρμα· καὶ ὁ τρίτος ὡσαύτως· [22] καὶ **οἱ ἑπτὰ** οὐκ ἀφῆκαν σπέρμα. ...	**Lk 20,31**	[30] καὶ ὁ δεύτερος [31] καὶ ὁ τρίτος ἔλαβεν αὐτήν, ὡσαύτως δὲ καὶ **οἱ ἑπτὰ** οὐ κατέλιπον τέκνα καὶ ἀπέθανον.	
c 222	**Mt 22,44**	... ***ἕως ἂν*** *θῶ τοὺς ἐχθρούς σου* *ὑποκάτω* *τῶν ποδῶν σου;* ➢ Ps 110,1	**Mk 12,36**	... ***ἕως ἂν*** *θῶ τοὺς ἐχθρούς σου* *ὑποκάτω* *τῶν ποδῶν σου.* ➢ Ps 110,1	**Lk 20,43**	***ἕως ἂν*** *θῶ τοὺς ἐχθρούς σου* *ὑποπόδιον* *τῶν ποδῶν σου.* ➢ Ps 110,1	

fj 202	Mt 23,35	ὅπως ἔλθῃ ἐφ᾽ ὑμᾶς πᾶν αἷμα δίκαιον ἐκχυννόμενον ἐπὶ τῆς γῆς ἀπὸ τοῦ αἵματος Ἅβελ τοῦ δικαίου **ἕως τοῦ αἵματος** **Ζαχαρίου υἱοῦ** **Βαραχίου,** ὃν ἐφονεύσατε μεταξὺ τοῦ ναοῦ καὶ τοῦ θυσιαστηρίου.			Lk 11,51	[50] ἵνα ἐκζητηθῇ τὸ αἷμα πάντων τῶν προφητῶν τὸ ἐκκεχυμένον ἀπὸ καταβολῆς κόσμου ἀπὸ τῆς γενεᾶς ταύτης, [51] ἀπὸ αἵματος Ἅβελ **ἕως αἵματος** **Ζαχαρίου** τοῦ ἀπολομένου μεταξὺ τοῦ θυσιαστηρίου καὶ τοῦ οἴκου· ...	
cb 202	Mt 23,39	λέγω γὰρ ὑμῖν, οὐ μή με ἴδητε ἀπ᾽ ἄρτι **ἕως ἂν** εἴπητε· *εὐλογημένος* *ὁ ἐρχόμενος ἐν ὀνόματι* *κυρίου.* ➤ Ps 118,26			Lk 13,35	... λέγω [δὲ] ὑμῖν, οὐ μὴ ἴδητέ με **ἕως [ἥξει ὅτε]** εἴπητε· *εὐλογημένος* *ὁ ἐρχόμενος ἐν ὀνόματι* *κυρίου.* ➤ Ps 118,26	
fj 221	Mt 24,21	ἔσται γὰρ τότε θλῖψις μεγάλη οἵα οὐ γέγονεν ἀπ᾽ ἀρχῆς κόσμου **ἕως τοῦ νῦν** οὐδ᾽ οὐ μὴ γένηται.	Mk 13,19	ἔσονται γὰρ αἱ ἡμέραι ἐκεῖναι θλῖψις οἵα οὐ γέγονεν τοιαύτη ἀπ᾽ ἀρχῆς κτίσεως ἣν ἔκτισεν ὁ θεὸς **ἕως τοῦ νῦν** καὶ οὐ μὴ γένηται.	Lk 21,23	... ἐν ἐκείναις ταῖς ἡμέραις· ἔσται γὰρ ἀνάγκη μεγάλη ἐπὶ τῆς γῆς καὶ ὀργὴ τῷ λαῷ τούτῳ	
gj 201	Mt 24,27	ὥσπερ γὰρ ἡ ἀστραπὴ ἐξέρχεται ἀπὸ ἀνατολῶν καὶ φαίνεται **ἕως δυσμῶν,** οὕτως ἔσται ἡ παρουσία τοῦ υἱοῦ τοῦ ἀνθρώπου·			Lk 17,24	ὥσπερ γὰρ ἡ ἀστραπὴ ἀστράπτουσα ἐκ τῆς ὑπὸ τὸν οὐρανὸν **εἰς τὴν ὑπ᾽ οὐρανὸν** λάμπει, οὕτως ἔσται ὁ υἱὸς τοῦ ἀνθρώπου [ἐν τῇ ἡμέρᾳ αὐτοῦ].	
gj 220	Mt 24,31 → Mt 13,41	... ἐπισυνάξουσιν τοὺς ἐκλεκτοὺς αὐτοῦ ἐκ τῶν τεσσάρων ἀνέμων ἀπ᾽ ἄκρων οὐρανῶν **ἕως [τῶν] ἄκρων** **αὐτῶν.**	Mk 13,27	... ἐπισυνάξει τοὺς ἐκλεκτοὺς [αὐτοῦ] ἐκ τῶν τεσσάρων ἀνέμων ἀπ᾽ ἄκρου γῆς **ἕως ἄκρου οὐρανοῦ.**			
c 212	Mt 24,34 ↑ Mt 16,28	ἀμὴν λέγω ὑμῖν ὅτι οὐ μὴ παρέλθῃ ἡ γενεὰ αὕτη **ἕως ἂν** πάντα ταῦτα γένηται.	Mk 13,30 ↑ Mk 9,1	ἀμὴν λέγω ὑμῖν ὅτι οὐ μὴ παρέλθῃ ἡ γενεὰ αὕτη **μέχρις οὗ** ταῦτα πάντα γένηται.	Lk 21,32 ↑ Lk 9,27	ἀμὴν λέγω ὑμῖν ὅτι οὐ μὴ παρέλθῃ ἡ γενεὰ αὕτη **ἕως ἂν** πάντα γένηται.	
b 201	Mt 24,39	... **ἕως** ἦλθεν ὁ κατακλυσμὸς καὶ ἦρεν ἅπαντας, ...			Lk 17,27	... **καὶ** ἦλθεν ὁ κατακλυσμὸς καὶ ἀπώλεσεν πάντας.	
d 002					Lk 22,16 ↓ Mt 26,29 ↓ Mk 14,25 ↓ Lk 22,18	... οὐ μὴ φάγω αὐτὸ **ἕως ὅτου** πληρωθῇ ἐν τῇ βασιλείᾳ τοῦ θεοῦ.	
fjd 222	Mt 26,29	... οὐ μὴ πίω ἀπ᾽ ἄρτι ἐκ τούτου τοῦ γενήματος τῆς ἀμπέλου **ἕως τῆς ἡμέρας** **ἐκείνης ὅταν** αὐτὸ πίνω μεθ᾽ ὑμῶν καινὸν ἐν τῇ βασιλείᾳ τοῦ πατρός μου.	Mk 14,25	... οὐκέτι οὐ μὴ πίω ἐκ τοῦ γενήματος τῆς ἀμπέλου **ἕως τῆς ἡμέρας** **ἐκείνης ὅταν** αὐτὸ πίνω καινὸν ἐν τῇ βασιλείᾳ τοῦ θεοῦ.	Lk 22,18 ↑ Lk 22,16	... οὐ μὴ πίω ἀπὸ τοῦ νῦν ἀπὸ τοῦ γενήματος τῆς ἀμπέλου **ἕως οὗ** ἡ βασιλεία τοῦ θεοῦ ἔλθῃ.	
a 112	Mt 26,34	... ἐν ταύτῃ τῇ νυκτὶ **πρὶν** ἀλέκτορα φωνῆσαι τρὶς ἀπαρνήσῃ με.	Mk 14,30	... σὺ σήμερον ταύτῃ τῇ νυκτὶ **πρὶν ἢ** δὶς ἀλέκτορα φωνῆσαι τρίς με ἀπαρνήσῃ.	Lk 22,34	... Πέτρε, οὐ φωνήσει σήμερον ἀλέκτωρ **ἕως** τρίς με ἀπαρνήσῃ εἰδέναι.	→ Jn 13,38

d a 221	**Mt 26,36**	τότε ἔρχεται μετ' αὐτῶν ὁ Ἰησοῦς εἰς χωρίον λεγόμενον Γεθσημανὶ καὶ λέγει τοῖς μαθηταῖς· καθίσατε αὐτοῦ **ἕως [οὗ]** ἀπελθὼν ἐκεῖ προσεύξωμαι.	**Mk 14,32**	καὶ ἔρχονται εἰς χωρίον οὗ τὸ ὄνομα Γεθσημανὶ καὶ λέγει τοῖς μαθηταῖς αὐτοῦ· καθίσατε ὧδε **ἕως** προσεύξωμαι.	**Lk 22,40** → Mt 26,41 → Mk 14,38 → Lk 22,46	[39] ... ἠκολούθησαν δὲ αὐτῷ καὶ οἱ μαθηταί. [40] γενόμενος δὲ ἐπὶ τοῦ τόπου εἶπεν αὐτοῖς· προσεύχεσθε μὴ εἰσελθεῖν εἰς πειρασμόν.	
h 220	**Mt 26,38**	... *περίλυπός ἐστιν* *ἡ ψυχή μου* **ἕως θανάτου·** μείνατε ὧδε καὶ γρηγορεῖτε μετ' ἐμοῦ. ➤ Ps 42,6.12/43,5	**Mk 14,34**	... *περίλυπός ἐστιν* *ἡ ψυχή μου* **ἕως θανάτου·** μείνατε ὧδε καὶ γρηγορεῖτε. ➤ Ps 42,6.12/43,5			→ Jn 12,27
h 002	Mt 26,52	τότε λέγει αὐτῷ ὁ Ἰησοῦς· ἀπόστρεψον τὴν μάχαιράν σου εἰς τὸν τόπον αὐτῆς· ...			**Lk 22,51**	ἀποκριθεὶς δὲ ὁ Ἰησοῦς εἶπεν· ἐᾶτε **ἕως τούτου·** καὶ ἁψάμενος τοῦ ὠτίου ἰάσατο αὐτόν.	→ Jn 18,11
g j 221	**Mt 26,58**	ὁ δὲ Πέτρος ἠκολούθει αὐτῷ ἀπὸ μακρόθεν **ἕως τῆς αὐλῆς** **τοῦ ἀρχιερέως** καὶ εἰσελθὼν ἔσω ἐκάθητο μετὰ τῶν ὑπηρετῶν ἰδεῖν τὸ τέλος.	**Mk 14,54**	καὶ ὁ Πέτρος ἀπὸ μακρόθεν ἠκολούθησεν αὐτῷ **ἕως ἔσω εἰς τὴν** **αὐλὴν τοῦ ἀρχιερέως** καὶ ἦν συγκαθήμενος μετὰ τῶν ὑπηρετῶν καὶ θερμαινόμενος πρὸς τὸ φῶς.	**Lk 22,55**	[54] ... ὁ δὲ Πέτρος ἠκολούθει μακρόθεν. [55] περιαψάντων δὲ πῦρ **ἐν μέσῳ τῆς αὐλῆς** καὶ συγκαθισάντων ἐκάθητο ὁ Πέτρος μέσος αὐτῶν.	→ Jn 18,18
f 200	**Mt 27,8**	διὸ ἐκλήθη ὁ ἀγρὸς ἐκεῖνος ἀγρὸς αἵματος **ἕως τῆς σήμερον.**					→ Acts 1,19
g j 002					**Lk 23,5**	οἱ δὲ ἐπίσχυον λέγοντες ὅτι ἀνασείει τὸν λαὸν διδάσκων καθ' ὅλης τῆς Ἰουδαίας, καὶ ἀρξάμενος ἀπὸ τῆς Γαλιλαίας **ἕως ὧδε.**	→ Acts 10,37
f j 222	**Mt 27,45**	ἀπὸ δὲ ἕκτης ὥρας σκότος ἐγένετο ἐπὶ πᾶσαν τὴν γῆν **ἕως ὥρας ἐνάτης.**	**Mk 15,33**	καὶ γενομένης ὥρας ἕκτης σκότος ἐγένετο ἐφ' ὅλην τὴν γῆν **ἕως ὥρας ἐνάτης.**	**Lk 23,44** → Lk 23,45	καὶ ἦν ἤδη ὡσεὶ ὥρα ἕκτη καὶ σκότος ἐγένετο ἐφ' ὅλην τὴν γῆν **ἕως ὥρας ἐνάτης**	
g j 221	**Mt 27,51**	καὶ ἰδοὺ τὸ καταπέτασμα τοῦ ναοῦ ἐσχίσθη **ἀπ' ἄνωθεν** **ἕως κάτω** εἰς δύο ...	**Mk 15,38**	καὶ τὸ καταπέτασμα τοῦ ναοῦ ἐσχίσθη εἰς δύο **ἀπ' ἄνωθεν** **ἕως κάτω.**	**Lk 23,45**	... ἐσχίσθη δὲ τὸ καταπέτασμα τοῦ ναοῦ **μέσον.**	
f 200	**Mt 27,64**	κέλευσον οὖν ἀσφαλισθῆναι τὸν τάφον **ἕως τῆς τρίτης** **ἡμέρας,** μήποτε ἐλθόντες οἱ μαθηταὶ αὐτοῦ κλέψωσιν αὐτὸν ...					
d 002					**Lk 24,49**	... ὑμεῖς δὲ καθίσατε ἐν τῇ πόλει **ἕως οὗ** ἐνδύσησθε ἐξ ὕψους δύναμιν.	→ **Acts 1,8** → Acts 2,33
f 200	**Mt 28,20**	... καὶ ἰδοὺ ἐγὼ μεθ' ὑμῶν εἰμι πάσας τὰς ἡμέρας **ἕως τῆς συντελείας** **τοῦ αἰῶνος.**					

g 002		Lk 24,50	ἐξήγαγεν δὲ αὐτοὺς [ἔξω] **ἕως πρὸς Βηθανίαν,** καὶ ἐπάρας τὰς χεῖρας αὐτοῦ εὐλόγησεν αὐτούς.

conjunction: until; while

- a ἕως: conjunction followed by subjunctive
- b ἕως: conjunction followed by indicative
- c ἕως ἄν: conjunction followed by subjunctive
- d ἕως οὗ, ἕως ὅτου: conjunction followed by subjunctive
- e ἕως οὗ, ἕως ὅτου: conjunction followed by indicative

preposition: to; as far as; to the point of; as many as

- f ἕως: preposition with reference to time
- g ἕως: preposition with reference to location
- h ἕως: preposition with reference to number
- j ἕως (preposition) and ἀπό

g **Acts 1,8** → Lk 24,49 → Acts 13,47 — ἀλλὰ λήμψεσθε δύναμιν ἐπελθόντος τοῦ ἁγίου πνεύματος ἐφ' ὑμᾶς καὶ ἔσεσθέ μου μάρτυρες ἔν τε Ἰερουσαλὴμ καὶ [ἐν] πάσῃ τῇ Ἰουδαίᾳ καὶ Σαμαρείᾳ καὶ **ἕως ἐσχάτου τῆς γῆς.**

fj **Acts 1,22** → Lk 9,51 → Lk 24,51 — ἀρξάμενος ἀπὸ τοῦ βαπτίσματος Ἰωάννου **ἕως τῆς ἡμέρας** ἧς ἀνελήμφθη ἀφ' ἡμῶν, μάρτυρα τῆς ἀναστάσεως αὐτοῦ σὺν ἡμῖν γενέσθαι ἕνα τούτων.

c **Acts 2,35** — ***ἕως ἂν*** *θῶ τοὺς ἐχθρούς σου ὑποπόδιον τῶν ποδῶν σου.* ➤ Ps 109,1 LXX

f **Acts 7,45** — ... ἐν τῇ κατασχέσει τῶν ἐθνῶν, ὧν ἐξῶσεν ὁ θεὸς ἀπὸ προσώπου τῶν πατέρων ἡμῶν **ἕως τῶν ἡμερῶν Δαυίδ**

hj **Acts 8,10** — ᾧ προσεῖχον πάντες ἀπὸ μικροῦ **ἕως μεγάλου** λέγοντες· οὗτός ἐστιν ἡ δύναμις τοῦ θεοῦ ἡ καλουμένη μεγάλη.

f **Acts 8,40** — ... καὶ διερχόμενος εὐηγγελίζετο τὰς πόλεις πάσας **ἕως τοῦ ἐλθεῖν** αὐτὸν εἰς Καισάρειαν.

g **Acts 9,38** — ... ἀπέστειλαν δύο ἄνδρας πρὸς αὐτὸν παρακαλοῦντες· μὴ ὀκνήσῃς διελθεῖν **ἕως ἡμῶν.**

g **Acts 11,19** — οἱ μὲν οὖν διασπαρέντες ἀπὸ τῆς θλίψεως τῆς γενομένης ἐπὶ Στεφάνῳ διῆλθον **ἕως Φοινίκης** καὶ Κύπρου καὶ Ἀντιοχείας ...

g **Acts 11,22** — ... καὶ ἐξαπέστειλαν Βαρναβᾶν [διελθεῖν] **ἕως Ἀντιοχείας.**

f **Acts 13,20** — ... καὶ μετὰ ταῦτα ἔδωκεν κριτὰς **ἕως Σαμουὴλ [τοῦ] προφήτου.**

g **Acts 13,47** → Acts 1,8 — ... *τέθεικά σε εἰς φῶς ἐθνῶν τοῦ εἶναί σε εἰς σωτηρίαν* ***ἕως ἐσχάτου τῆς γῆς.*** ➤ Isa 49,6

g **Acts 17,14** — εὐθέως δὲ τότε τὸν Παῦλον ἐξαπέστειλαν οἱ ἀδελφοὶ πορεύεσθαι **ἕως ἐπὶ τὴν θάλασσαν, ...**

g **Acts 17,15** — οἱ δὲ καθιστάνοντες τὸν Παῦλον ἤγαγον **ἕως Ἀθηνῶν, ...**

g **Acts 21,5** — ... ἐξελθόντες ἐπορευόμεθα προπεμπόντων ἡμᾶς πάντων σὺν γυναιξὶ καὶ τέκνοις **ἕως ἔξω τῆς πόλεως, ...**

e **Acts 21,26** — ... εἰσῄει εἰς τὸ ἱερόν διαγγέλλων τὴν ἐκπλήρωσιν τῶν ἡμερῶν τοῦ ἁγνισμοῦ **ἕως οὗ** προσηνέχθη ὑπὲρ ἑνὸς ἑκάστου αὐτῶν ἡ προσφορά.

d **Acts 23,12** — ... ποιήσαντες συστροφὴν οἱ Ἰουδαῖοι ἀνεθεμάτισαν ἑαυτοὺς λέγοντες μήτε φαγεῖν μήτε πίειν **ἕως οὗ** ἀποκτείνωσιν τὸν Παῦλον.

d **Acts 23,14** — ... ἀναθέματι ἀνεθεματίσαμεν ἑαυτοὺς μηδενὸς γεύσασθαι **ἕως οὗ** ἀποκτείνωμεν τὸν Παῦλον.

d **Acts 23,21** — ... οἵτινες ἀνεθεμάτισαν ἑαυτοὺς μήτε φαγεῖν μήτε πιεῖν **ἕως οὗ** ἀνέλωσιν αὐτόν, ...

g **Acts 23,23** — ... ἑτοιμάσατε στρατιώτας διακοσίους, ὅπως πορευθῶσιν **ἕως Καισαρείας, ...**

d **Acts 25,21** — ... ἐκέλευσα τηρεῖσθαι αὐτὸν **ἕως οὗ** ἀναπέμψω αὐτὸν πρὸς Καίσαρα.

g **Acts 26,11** — ... ἠνάγκαζον βλασφημεῖν περισσῶς τε ἐμμαινόμενος αὐτοῖς ἐδίωκον **ἕως καὶ εἰς τὰς ἔξω πόλεις.**

fj **Acts 28,23** — ... πείθων τε αὐτοὺς περὶ τοῦ Ἰησοῦ ἀπό τε τοῦ νόμου Μωϋσέως καὶ τῶν προφητῶν, ἀπὸ πρωῒ **ἕως ἑσπέρας.**

Z

Ζαβουλών

Ζαβουλών	Syn 2	Mt 2	Mk	Lk	Acts	Jn	1-3John	Paul	Eph	Col
	NT 3	2Thess	1/2Tim	Tit	Heb	Jas	1Pet	2Pet	Jude	Rev 1

Zebulun

	Mt		Mk		Lk		
200	**Mt 4,13**	καὶ καταλιπὼν τὴν Ναζαρὰ ἐλθὼν κατῴκησεν εἰς Καφαρναοὺμ τὴν παραθαλασσίαν **ἐν ὁρίοις Ζαβουλὼν καὶ Νεφθαλίμ·**	**Mk 1,21**	καὶ εἰσπορεύονται εἰς Καφαρναούμ· ...	**Lk 4,31**	καὶ κατῆλθεν εἰς Καφαρναοὺμ πόλιν τῆς Γαλιλαίας. ...	→ Jn 2,12
200	**Mt 4,15**	[14] ἵνα πληρωθῇ τὸ ῥηθὲν διὰ Ἠσαΐου τοῦ προφήτου λέγοντος· [15] ***γῆ Ζαβουλὼν*** *καὶ γῆ Νεφθαλίμ, ὁδὸν θαλάσσης, πέραν τοῦ Ἰορδάνου, Γαλιλαία τῶν ἐθνῶν* ➤ Isa 8,23					

Ζακχαῖος

Ζακχαῖος	Syn 3	Mt	Mk	Lk 3	Acts	Jn	1-3John	Paul	Eph	Col
	NT 3	2Thess	1/2Tim	Tit	Heb	Jas	1Pet	2Pet	Jude	Rev

Zacchaeus

	Mt	Mk	Lk		
002			**Lk 19,2**	καὶ ἰδοὺ ἀνὴρ ὀνόματι καλούμενος **Ζακχαῖος,** καὶ αὐτὸς ἦν ἀρχιτελώνης καὶ αὐτὸς πλούσιος·	
002			**Lk 19,5**	... ἀναβλέψας ὁ Ἰησοῦς εἶπεν πρὸς αὐτόν· **Ζακχαῖε,** σπεύσας κατάβηθι, ...	
002			**Lk 19,8** → Lk 3,13	σταθεὶς δὲ **Ζακχαῖος** εἶπεν πρὸς τὸν κύριον· ἰδοὺ τὰ ἡμίσιά μου τῶν ὑπαρχόντων, κύριε, τοῖς πτωχοῖς δίδωμι, ...	

Ζάρα	Syn 1	Mt 1	Mk	Lk	Acts	Jn	1-3John	Paul	Eph	Col
	NT 1	2Thess	1/2Tim	Tit	Heb	Jas	1Pet	2Pet	Jude	Rev

Zerah

	Mt	Mk	Lk	
200	**Mt 1,3** Ἰούδας δὲ ἐγέννησεν τὸν Φάρες καὶ **τὸν Ζάρα** ἐκ τῆς Θαμάρ, Φάρες δὲ ἐγέννησεν τὸν Ἑσρώμ, ...		**Lk 3,33** ... τοῦ Ἑσρὼμ τοῦ Φάρες τοῦ Ἰούδα	

Ζαχαρίας	Syn 11	Mt 1	Mk	Lk 10	Acts	Jn	1-3John	Paul	Eph	Col
	NT 11	2Thess	1/2Tim	Tit	Heb	Jas	1Pet	2Pet	Jude	Rev

Zechariah

	Mt	Mk	Lk	
002			**Lk 1,5** ἐγένετο ἐν ταῖς ἡμέραις Ἡρῴδου βασιλέως τῆς Ἰουδαίας ἱερεύς τις ὀνόματι **Ζαχαρίας** ἐξ ἐφημερίας Ἀβιά, ...	
002			**Lk 1,12** καὶ ἐταράχθη **Ζαχαρίας** ἰδὼν καὶ φόβος ἐπέπεσεν ἐπ' αὐτόν.	
002			**Lk 1,13** ... μὴ φοβοῦ, **Ζαχαρία,** διότι εἰσηκούσθη ἡ δέησίς σου, ...	→ Acts 10,4
002			**Lk 1,18** καὶ εἶπεν **Ζαχαρίας** πρὸς τὸν ἄγγελον· κατὰ τί γνώσομαι τοῦτο; ...	
002			**Lk 1,21** καὶ ἦν ὁ λαὸς προσδοκῶν **τὸν Ζαχαρίαν** καὶ ἐθαύμαζον ἐν τῷ χρονίζειν ἐν τῷ ναῷ αὐτόν.	
002			**Lk 1,40** καὶ εἰσῆλθεν **εἰς τὸν οἶκον Ζαχαρίου** καὶ ἠσπάσατο τὴν Ἐλισάβετ.	
002			**Lk 1,59** ... καὶ ἐκάλουν αὐτὸ ἐπὶ τῷ ὀνόματι τοῦ πατρὸς αὐτοῦ **Ζαχαρίαν.**	
002			**Lk 1,67** καὶ **Ζαχαρίας** ὁ πατὴρ αὐτοῦ ἐπλήσθη πνεύματος ἁγίου καὶ ἐπροφήτευσεν ...	

code	Mt		Mk		Lk		
002	Mt 3,1	ἐν δὲ ταῖς ἡμέραις ἐκείναις παραγίνεται Ἰωάννης ὁ βαπτιστὴς κηρύσσων ἐν τῇ ἐρήμῳ τῆς Ἰουδαίας	Mk 1,4	ἐγένετο Ἰωάννης [ὁ] βαπτίζων ἐν τῇ ἐρήμῳ καὶ κηρύσσων ...	Lk 3,2 → Lk 1,80	ἐπὶ ἀρχιερέως Ἅννα καὶ Καϊάφα, ἐγένετο ῥῆμα θεοῦ **ἐπὶ Ἰωάννην τὸν Ζαχαρίου υἱὸν** ἐν τῇ ἐρήμῳ. [3] καὶ ἦλθεν εἰς πᾶσαν [τὴν] περίχωρον τοῦ Ἰορδάνου κηρύσσων ...	→ Jn 3,23
202	Mt 23,35	ὅπως ἔλθῃ ἐφ' ὑμᾶς πᾶν αἷμα δίκαιον ἐκχυννόμενον ἐπὶ τῆς γῆς ἀπὸ τοῦ αἵματος Ἅβελ τοῦ δικαίου **ἕως τοῦ αἵματος Ζαχαρίου υἱοῦ Βαραχίου,** ὃν ἐφονεύσατε μεταξὺ τοῦ ναοῦ καὶ τοῦ θυσιαστηρίου.			Lk 11,51	[50] ἵνα ἐκζητηθῇ τὸ αἷμα πάντων τῶν προφητῶν τὸ ἐκκεχυμένον ἀπὸ καταβολῆς κόσμου ἀπὸ τῆς γενεᾶς ταύτης, [51] ἀπὸ αἵματος Ἅβελ **ἕως αἵματος Ζαχαρίου** τοῦ ἀπολομένου μεταξὺ τοῦ θυσιαστηρίου καὶ τοῦ οἴκου· ...	

Ζεβεδαῖος	Syn	Mt	Mk	Lk	Acts	Jn	1-3John	Paul	Eph	Col
	11	6	4	1		1				
	NT	2Thess	1/2Tim	Tit	Heb	Jas	1Pet	2Pet	Jude	Rev
	12									

Zebedee

	triple tradition																	double tradition			Sondergut		
		+Mt / +Lk			–Mt / –Lk			traditions not taken over by Mt / Lk							subtotals								
code	222	211	112	212	221	122	121	022	012	021	220	120	210	020	Σ⁺	Σ⁻	Σ	202	201	102	200	002	total
Mt	1	1⁺			1		1⁻				1		2⁺		3⁺	1⁻	6						6
Mk	1				1		1				1						4						4
Lk	1				1⁻		1⁻									2⁻	1						1

code	Mt		Mk		Lk		
222 211	Mt 4,21 (2) → Lk 5,2	καὶ προβὰς ἐκεῖθεν εἶδεν ἄλλους δύο ἀδελφούς, Ἰάκωβον **τὸν τοῦ Ζεβεδαίου** καὶ Ἰωάννην τὸν ἀδελφὸν αὐτοῦ, ἐν τῷ πλοίῳ **μετὰ Ζεβεδαίου τοῦ πατρὸς αὐτῶν** καταρτίζοντας τὰ δίκτυα αὐτῶν, καὶ ἐκάλεσεν αὐτούς.	Mk 1,19 → Lk 5,2	καὶ προβὰς ὀλίγον εἶδεν Ἰάκωβον **τὸν τοῦ Ζεβεδαίου** καὶ Ἰωάννην τὸν ἀδελφὸν αὐτοῦ, καὶ αὐτοὺς ἐν τῷ πλοίῳ καταρτίζοντας τὰ δίκτυα, [20] καὶ εὐθὺς ἐκάλεσεν αὐτούς. ↔	Lk 5,10	ὁμοίως δὲ καὶ Ἰάκωβον καὶ Ἰωάννην **υἱοὺς Ζεβεδαίου,** οἳ ἦσαν κοινωνοὶ τῷ Σίμωνι. καὶ εἶπεν πρὸς τὸν Σίμωνα ὁ Ἰησοῦς· ...	
121	Mt 4,22	οἱ δὲ εὐθέως ἀφέντες τὸ πλοῖον καὶ τὸν πατέρα αὐτῶν ἠκολούθησαν αὐτῷ.	Mk 1,20	↔ καὶ ἀφέντες τὸν πατέρα αὐτῶν **Ζεβεδαῖον** ἐν τῷ πλοίῳ μετὰ τῶν μισθωτῶν ἀπῆλθον ὀπίσω αὐτοῦ.	Lk 5,11 → Lk 5,28 → Mk 1,18	καὶ καταγαγόντες τὰ πλοῖα ἐπὶ τὴν γῆν ἀφέντες πάντα ἠκολούθησαν αὐτῷ.	
221	Mt 10,2	... καὶ Ἰάκωβος **ὁ τοῦ Ζεβεδαίου** καὶ Ἰωάννης ὁ ἀδελφὸς αὐτοῦ	Mk 3,17	καὶ Ἰάκωβον **τὸν τοῦ Ζεβεδαίου** καὶ Ἰωάννην τὸν ἀδελφὸν τοῦ Ἰακώβου καὶ ἐπέθηκεν αὐτοῖς ὀνόμα[τα] Βοανηργές, ὅ ἐστιν υἱοὶ βροντῆς·	Lk 6,14	... καὶ Ἰάκωβον καὶ Ἰωάννην ...	

	Mt		Mk		Lk		
220	**Mt 20,20**	τότε προσῆλθεν αὐτῷ ἡ μήτηρ **τῶν υἱῶν Ζεβεδαίου** μετὰ τῶν υἱῶν αὐτῆς προσκυνοῦσα καὶ αἰτοῦσά τι ἀπ' αὐτοῦ.	**Mk 10,35**	καὶ προσπορεύονται αὐτῷ Ἰάκωβος καὶ Ἰωάννης **οἱ υἱοὶ Ζεβεδαίου** λέγοντες αὐτῷ· διδάσκαλε, θέλομεν ἵνα ὃ ἐὰν αἰτήσωμέν σε ποιήσῃς ἡμῖν.			
210	**Mt 26,37**	καὶ παραλαβὼν τὸν Πέτρον καὶ **τοὺς δύο υἱοὺς Ζεβεδαίου** ἤρξατο λυπεῖσθαι καὶ ἀδημονεῖν.	**Mk 14,33**	καὶ παραλαμβάνει τὸν Πέτρον καὶ **[τὸν] Ἰάκωβον καὶ [τὸν] Ἰωάννην** μετ' αὐτοῦ καὶ ἤρξατο ἐκθαμβεῖσθαι καὶ ἀδημονεῖν			
210	**Mt 27,56** → Mt 27,61 → Mt 28,1	ἐν αἷς ἦν Μαρία ἡ Μαγδαληνὴ καὶ Μαρία ἡ τοῦ Ἰακώβου καὶ Ἰωσὴφ μήτηρ καὶ **ἡ μήτηρ τῶν υἱῶν Ζεβεδαίου.**	**Mk 15,40** → Mk 15,47 → Mk 16,1	... ἐν αἷς καὶ Μαρία ἡ Μαγδαληνὴ καὶ Μαρία ἡ Ἰακώβου τοῦ μικροῦ καὶ Ἰωσῆτος μήτηρ καὶ Σαλώμη			→ Jn 19,25

ζεῦγος

Syn 2	Mt	Mk	Lk 2	Acts	Jn	1-3John	Paul	Eph	Col
NT 2	2Thess	1/2Tim	Tit	Heb	Jas	1Pet	2Pet	Jude	Rev

yoke; pair

	Mt		Mk		Lk		
002					**Lk 2,24**	καὶ τοῦ δοῦναι θυσίαν κατὰ τὸ εἰρημένον ἐν τῷ νόμῳ κυρίου, ***ζεῦγος τρυγόνων*** *ἢ δύο νοσσοὺς* *περιστερῶν.* ➤ Lev 5,11; 12,8	
102	**Mt 22,5**	οἱ δὲ ἀμελήσαντες ἀπῆλθον, ὃς μὲν εἰς τὸν ἴδιον ἀγρόν, ὃς δὲ ἐπὶ τὴν ἐμπορίαν αὐτοῦ·			**Lk 14,19**	[18] καὶ ἤρξαντο ἀπὸ μιᾶς πάντες παραιτεῖσθαι. ὁ πρῶτος εἶπεν αὐτῷ· ἀγρὸν ἠγόρασα ... [19] καὶ ἕτερος εἶπεν· **ζεύγη βοῶν** ἠγόρασα πέντε καὶ πορεύομαι δοκιμάσαι αὐτά· ...	→ GTh 64

ζηλωτής

Syn 1	Mt	Mk	Lk 1	Acts 3	Jn	1-3John	Paul 2	Eph	Col
NT 8	2Thess	1/2Tim	Tit 1	Heb	Jas	1Pet 1	2Pet	Jude	Rev

zealot; enthusiast; fanatic

	Mt		Mk		Lk		
112	**Mt 10,4**	[3] Φίλιππος καὶ Βαρθολομαῖος, Θωμᾶς καὶ Μαθθαῖος ὁ τελώνης, Ἰάκωβος ὁ τοῦ Ἁλφαίου καὶ Θαδδαῖος, **[4] Σίμων ὁ Καναναῖος** καὶ Ἰούδας ὁ Ἰσκαριώτης ὁ καὶ παραδοὺς αὐτόν.	**Mk 3,18**	... καὶ Φίλιππον καὶ Βαρθολομαῖον καὶ Μαθθαῖον καὶ Θωμᾶν καὶ Ἰάκωβον τὸν τοῦ Ἁλφαίου καὶ Θαδδαῖον καὶ **Σίμωνα τὸν Καναναῖον** [19] καὶ Ἰούδαν Ἰσκαριώθ, ὃς καὶ παρέδωκεν αὐτόν.	**Lk 6,15**	[14] ... καὶ Φίλιππον καὶ Βαρθολομαῖον [15] καὶ Μαθθαῖον καὶ Θωμᾶν καὶ Ἰάκωβον Ἁλφαίου καὶ **Σίμωνα τὸν καλούμενον ζηλωτὴν** [16] καὶ Ἰούδαν Ἰακώβου καὶ Ἰούδαν Ἰσκαριώθ, ὃς ἐγένετο προδότης.	

Acts 1,13 ... Φίλιππος καὶ Θωμᾶς, Βαρθολομαῖος καὶ Μαθθαῖος, Ἰάκωβος Ἁλφαίου καὶ **Σίμων ὁ ζηλωτὴς** καὶ Ἰούδας Ἰακώβου.	**Acts 21,20** ... θεωρεῖς, ἀδελφέ, πόσαι μυριάδες εἰσὶν ἐν τοῖς Ἰουδαίοις τῶν πεπιστευκότων καὶ πάντες **ζηλωταὶ τοῦ νόμου** ὑπάρχουσιν·	**Acts 22,3** ἐγώ εἰμι ἀνὴρ Ἰουδαῖος, ... παρὰ τοὺς πόδας Γαμαλιὴλ πεπαιδευμένος κατὰ ἀκρίβειαν τοῦ πατρῴου νόμου, **ζηλωτὴς ὑπάρχων τοῦ θεοῦ** καθὼς πάντες ὑμεῖς ἐστε σήμερον·	

ζημιόω	Syn 3	Mt 1	Mk 1	Lk 1	Acts	Jn	1-3John	Paul 3	Eph	Col
	NT 6	2Thess	1/2Tim	Tit	Heb	Jas	1Pet	2Pet	Jude	Rev

suffer damage, loss; forfeit; sustain injury; be punished

code	Mt	Mk	Lk	
222	**Mt 16,26** τί γὰρ ὠφεληθήσεται ἄνθρωπος ἐὰν τὸν κόσμον ὅλον κερδήσῃ τὴν δὲ ψυχὴν αὐτοῦ **ζημιωθῇ**; ...	**Mk 8,36** τί γὰρ ὠφελεῖ ἄνθρωπον κερδῆσαι τὸν κόσμον ὅλον καὶ **ζημιωθῆναι** τὴν ψυχὴν αὐτοῦ;	**Lk 9,25** τί γὰρ ὠφελεῖται ἄνθρωπος κερδήσας τὸν κόσμον ὅλον ἑαυτὸν δὲ ἀπολέσας ἢ **ζημιωθείς**;	

ζητέω	Syn 49	Mt 14	Mk 10	Lk 25	Acts 10	Jn 34	1-3John	Paul 18	Eph	Col 1
	NT 117	2Thess	1/2Tim 1	Tit	Heb 1	Jas	1Pet 2	2Pet	Jude	Rev 1

seek; look for; investigate; examine; consider; deliberate; try to obtain; desire to possess; strive for; aim (at); ask for; request; demand

	triple tradition																	double tradition			Sondergut		
		+Mt / +Lk			–Mt / –Lk			traditions not taken over by Mt / Lk							subtotals								
code	*222*	*211*	*112*	*212*	*221*	*122*	*121*	*022*	*012*	*021*	*220*	*120*	*210*	*020*	Σ^+	Σ^-	Σ	*202*	*201*	*102*	*200*	*002*	total
Mt	3	1^+			1	1^-					1	2^-			1^+	3^-	6	4	1		3		**14**
Mk	3				1	1		1		1	1	2					10						**10**
Lk	3		2^+		1^-	1		1	1^+	1^-					3^+	2^-	8	4		5		8	**25**

code	Mt	Mk	Lk	
200	**Mt 2,13** ... μέλλει γὰρ Ἡρῴδης **ζητεῖν** τὸ παιδίον τοῦ ἀπολέσαι αὐτό.			
200	**Mt 2,20** ... τεθνήκασιν γὰρ **οἱ ζητοῦντες** τὴν ψυχὴν τοῦ παιδίου.			
002			**Lk 2,48** ... ἰδοὺ ὁ πατήρ σου κἀγὼ ὀδυνώμενοι **ἐζητοῦμέν** σε.	
002			**Lk 2,49** ... τί ὅτι **ἐζητεῖτέ** με; οὐκ ᾔδειτε ὅτι ἐν τοῖς τοῦ πατρός μου δεῖ εἶναί με;	
021		**Mk 1,37** [36] καὶ κατεδίωξεν αὐτὸν Σίμων καὶ οἱ μετ' αὐτοῦ, [37] καὶ εὗρον αὐτὸν καὶ λέγουσιν αὐτῷ ὅτι πάντες **ζητοῦσίν** σε.	**Lk 4,42** → Mk 1,45 ... καὶ οἱ ὄχλοι ἐπεζήτουν αὐτὸν καὶ ἦλθον ἕως αὐτοῦ καὶ κατεῖχον αὐτὸν τοῦ μὴ πορεύεσθαι ἀπ' αὐτῶν.	

112	Mt 9,2	καὶ ἰδοὺ προσέφερον αὐτῷ παραλυτικὸν ἐπὶ κλίνης βεβλημένον. ...	Mk 2,3	καὶ ἔρχονται φέροντες πρὸς αὐτὸν παραλυτικὸν αἰρόμενον ὑπὸ τεσσάρων.	Lk 5,18	καὶ ἰδοὺ ἄνδρες φέροντες ἐπὶ κλίνης ἄνθρωπον ὃς ἦν παραλελυμένος καὶ **ἐζήτουν** αὐτὸν εἰσενεγκεῖν καὶ θεῖναι [αὐτὸν] ἐνώπιον αὐτοῦ.	
	Mt 12,15	... καὶ ἐθεράπευσεν αὐτοὺς πάντας	Mk 3,10	πολλοὺς γὰρ ἐθεράπευσεν,	Lk 6,18 → Mk 3,11	... καὶ οἱ ἐνοχλούμενοι ἀπὸ πνευμάτων ἀκαθάρτων ἐθεραπεύοντο,	
012				ὥστε **ἐπιπίπτειν** αὐτῷ ἵνα αὐτοῦ ἅψωνται ὅσοι εἶχον μάστιγας.	Lk 6,19 → Mk 5,30 → Lk 8,46	καὶ πᾶς ὁ ὄχλος **ἐζήτουν** ἅπτεσθαι αὐτοῦ, ὅτι δύναμις παρ' αὐτοῦ ἐξήρχετο καὶ ἰᾶτο πάντας.	
112	Mt 14,2 → Mk 6,14	καὶ εἶπεν τοῖς παισὶν αὐτοῦ· οὗτός ἐστιν Ἰωάννης ὁ βαπτιστής· αὐτὸς ἠγέρθη ἀπὸ τῶν νεκρῶν καὶ διὰ τοῦτο αἱ δυνάμεις ἐνεργοῦσιν ἐν αὐτῷ.	Mk 6,16 → Mk 6,27	ἀκούσας δὲ ὁ Ἡρῴδης ἔλεγεν· ὃν ἐγὼ ἀπεκεφάλισα Ἰωάννην, οὗτος ἠγέρθη.	Lk 9,9 → Lk 23,8	εἶπεν δὲ Ἡρῴδης· Ἰωάννην ἐγὼ ἀπεκεφάλισα· τίς δέ ἐστιν οὗτος περὶ οὗ ἀκούω τοιαῦτα; καὶ **ἐζήτει** ἰδεῖν αὐτόν.	
202	Mt 6,33	**ζητεῖτε** δὲ πρῶτον τὴν βασιλείαν [τοῦ θεοῦ] καὶ τὴν δικαιοσύνην αὐτοῦ, ...			Lk 12,31	πλὴν **ζητεῖτε** τὴν βασιλείαν αὐτοῦ, ...	
202	Mt 7,7	αἰτεῖτε καὶ δοθήσεται ὑμῖν, **ζητεῖτε** καὶ εὑρήσετε, ...			Lk 11,9	... αἰτεῖτε καὶ δοθήσεται ὑμῖν, **ζητεῖτε** καὶ εὑρήσετε, ...	→ GTh 2 **(POxy 654)** → GTh 92
202	Mt 7,8 → Mt 21,22 → Mk 11,24	πᾶς γὰρ ὁ αἰτῶν λαμβάνει καὶ **ὁ ζητῶν** εὑρίσκει καὶ τῷ κρούοντι ἀνοιγήσεται.			Lk 11,10 → Mt 21,22 → Mk 11,24	πᾶς γὰρ ὁ αἰτῶν λαμβάνει καὶ **ὁ ζητῶν** εὑρίσκει καὶ τῷ κρούοντι ἀνοιγ[ήσ]εται.	→ GTh 2 **(POxy 654)** → GTh 94
102	Mt 12,38 ⇩ Mt 16,1	τότε ἀπεκρίθησαν αὐτῷ τινες τῶν γραμματέων καὶ Φαρισαίων λέγοντες· διδάσκαλε, **θέλομεν** ἀπὸ σοῦ σημεῖον ἰδεῖν.			Lk 11,16	ἕτεροι δὲ πειράζοντες σημεῖον ἐξ οὐρανοῦ **ἐζήτουν** παρ' αὐτοῦ.	Mk-Q overlap
	Mt 16,1 ⇧ Mt 12,38	καὶ προσελθόντες οἱ Φαρισαῖοι καὶ Σαδδουκαῖοι πειράζοντες **ἐπηρώτησαν** αὐτὸν σημεῖον ἐκ τοῦ οὐρανοῦ ἐπιδεῖξαι αὐτοῖς.	Mk 8,11	καὶ ἐξῆλθον οἱ Φαρισαῖοι καὶ ἤρξαντο συζητεῖν αὐτῷ, **ζητοῦντες** παρ' αὐτοῦ σημεῖον ἀπὸ τοῦ οὐρανοῦ, πειράζοντες αὐτόν.			
202	Mt 12,43 → Mk 9,25	ὅταν δὲ τὸ ἀκάθαρτον πνεῦμα ἐξέλθῃ ἀπὸ τοῦ ἀνθρώπου, διέρχεται δι' ἀνύδρων τόπων **ζητοῦν** ἀνάπαυσιν καὶ οὐχ εὑρίσκει.			Lk 11,24 → Mk 9,25	ὅταν τὸ ἀκάθαρτον πνεῦμα ἐξέλθῃ ἀπὸ τοῦ ἀνθρώπου, διέρχεται δι' ἀνύδρων τόπων **ζητοῦν** ἀνάπαυσιν καὶ μὴ εὑρίσκον· ...	

102	Mt 12,39 ⇩ Mt 16,4	... γενεὰ πονηρὰ καὶ μοιχαλὶς σημεῖον **ἐπιζητεῖ,** καὶ σημεῖον οὐ δοθήσεται αὐτῇ εἰ μὴ τὸ σημεῖον Ἰωνᾶ τοῦ προφήτου.			Lk 11,29	... ἡ γενεὰ αὕτη γενεὰ πονηρά ἐστιν· σημεῖον **ζητεῖ,** καὶ σημεῖον οὐ δοθήσεται αὐτῇ εἰ μὴ τὸ σημεῖον Ἰωνᾶ.	Mk-Q overlap
	Mt 16,4 ⇧ Mt 12,39	γενεὰ πονηρὰ καὶ μοιχαλὶς σημεῖον **ἐπιζητεῖ,** καὶ σημεῖον οὐ δοθήσεται αὐτῇ εἰ μὴ τὸ σημεῖον Ἰωνᾶ. ...	Mk 8,12	... τί ἡ γενεὰ αὕτη **ζητεῖ** σημεῖον; ἀμὴν λέγω ὑμῖν, εἰ δοθήσεται τῇ γενεᾷ ταύτῃ σημεῖον.			
211	Mt 12,46	ἔτι αὐτοῦ λαλοῦντος τοῖς ὄχλοις ἰδοὺ ἡ μήτηρ καὶ οἱ ἀδελφοὶ αὐτοῦ εἱστήκεισαν ἔξω **ζητοῦντες** αὐτῷ λαλῆσαι.	Mk 3,31	καὶ ἔρχεται ἡ μήτηρ αὐτοῦ καὶ οἱ ἀδελφοὶ αὐτοῦ καὶ ἔξω στήκοντες **ἀπέστειλαν πρὸς αὐτὸν** καλοῦντες αὐτόν.	Lk 8,19	παρεγένετο δὲ **πρὸς αὐτὸν** ἡ μήτηρ καὶ οἱ ἀδελφοὶ αὐτοῦ ...	→ GTh 99
221	Mt 12,47	[... ἰδοὺ ἡ μήτηρ σου καὶ οἱ ἀδελφοί σου ἔξω ἑστήκασιν **ζητοῦντές** σοι λαλῆσαι.]	Mk 3,32	... ἰδοὺ ἡ μήτηρ σου καὶ οἱ ἀδελφοί σου [καὶ αἱ ἀδελφαί σου] ἔξω **ζητοῦσίν** σε.	Lk 8,20	... ἡ μήτηρ σου καὶ οἱ ἀδελφοί σου ἑστήκασιν ἔξω **ἰδεῖν θέλοντές** σε.	→ GTh 99 Mt 12,47 is textcritically uncertain.
200	Mt 13,45	πάλιν ὁμοία ἐστὶν ἡ βασιλεία τῶν οὐρανῶν ἀνθρώπῳ ἐμπόρῳ **ζητοῦντι** καλοὺς μαργαρίτας·					→ GTh 76,1-2
120	Mt 16,1 ⇧ Mt 12,38	καὶ προσελθόντες οἱ Φαρισαῖοι καὶ Σαδδουκαῖοι πειράζοντες **ἐπηρώτησαν** αὐτὸν σημεῖον ἐκ τοῦ οὐρανοῦ ἐπιδεῖξαι αὐτοῖς.	Mk 8,11	καὶ ἐξῆλθον οἱ Φαρισαῖοι καὶ ἤρξαντο συζητεῖν αὐτῷ, **ζητοῦντες** παρ' αὐτοῦ σημεῖον ἀπὸ τοῦ οὐρανοῦ, πειράζοντες αὐτόν.	Lk 11,16	ἕτεροι δὲ πειράζοντες σημεῖον ἐξ οὐρανοῦ **ἐζήτουν** παρ' αὐτοῦ.	Mk-Q overlap
120	Mt 16,4 ⇧ Mt 12,39	γενεὰ πονηρὰ καὶ μοιχαλὶς σημεῖον **ἐπιζητεῖ,** καὶ σημεῖον οὐ δοθήσεται αὐτῇ εἰ μὴ τὸ σημεῖον Ἰωνᾶ. ...	Mk 8,12	... τί ἡ γενεὰ αὕτη **ζητεῖ** σημεῖον; ἀμὴν λέγω ὑμῖν, εἰ δοθήσεται τῇ γενεᾷ ταύτῃ σημεῖον.	Lk 11,29	... ἡ γενεὰ αὕτη γενεὰ πονηρά ἐστιν· σημεῖον **ζητεῖ,** καὶ σημεῖον οὐ δοθήσεται αὐτῇ εἰ μὴ τὸ σημεῖον Ἰωνᾶ.	Mk-Q overlap
201	Mt 18,12	... οὐχὶ ἀφήσει τὰ ἐνενήκοντα ἐννέα ἐπὶ τὰ ὄρη καὶ πορευθεὶς **ζητεῖ** τὸ πλανώμενον;			Lk 15,4	... οὐ καταλείπει τὰ ἐνενήκοντα ἐννέα ἐν τῇ ἐρήμῳ καὶ πορεύεται ἐπὶ τὸ ἀπολωλὸς ἕως εὕρῃ αὐτό;	→ GTh 107
102	Mt 6,31	**μὴ οὖν μεριμνήσητε** λέγοντες· τί φάγωμεν; ἤ· τί πίωμεν; ἤ· τί περιβαλώμεθα;			Lk 12,29	καὶ ὑμεῖς **μὴ ζητεῖτε** τί φάγητε καὶ τί πίητε, καὶ μὴ μετεωρίζεσθε·	
202	Mt 6,33	**ζητεῖτε** δὲ πρῶτον τὴν βασιλείαν [τοῦ θεοῦ] καὶ τὴν δικαιοσύνην αὐτοῦ, ...			Lk 12,31	πλὴν **ζητεῖτε** τὴν βασιλείαν αὐτοῦ, ...	

002					Lk 12,48	... παντὶ δὲ ᾧ ἐδόθη πολύ, πολὺ ζητηθήσεται παρ' αὐτοῦ, ...	
002					Lk 13,6 → Mt 21,19 → Mk 11,13	... συκῆν εἶχέν τις πεφυτευμένην ἐν τῷ ἀμπελῶνι αὐτοῦ, καὶ ἦλθεν ζητῶν καρπὸν ἐν αὐτῇ καὶ οὐχ εὗρεν.	
002					Lk 13,7	... ἰδοὺ τρία ἔτη ἀφ' οὗ ἔρχομαι ζητῶν καρπὸν ἐν τῇ συκῇ ταύτῃ καὶ οὐχ εὑρίσκω· ...	
102	Mt 7,14	[13] εἰσέλθατε διὰ τῆς στενῆς πύλης· ὅτι πλατεῖα ἡ πύλη καὶ εὐρύχωρος ἡ ὁδὸς ἡ ἀπάγουσα εἰς τὴν ἀπώλειαν, καὶ πολλοί εἰσιν οἱ εἰσερχόμενοι δι' αὐτῆς· [14] τί στενὴ ἡ πύλη καὶ τεθλιμμένη ἡ ὁδὸς ἡ ἀπάγουσα εἰς τὴν ζωὴν καὶ ὀλίγοι εἰσὶν οἱ εὑρίσκοντες αὐτήν.			Lk 13,24	ἀγωνίζεσθε εἰσελθεῖν διὰ τῆς στενῆς θύρας, ὅτι πολλοί, λέγω ὑμῖν, ζητήσουσιν εἰσελθεῖν καὶ οὐκ ἰσχύσουσιν.	
002					Lk 15,8	ἢ τίς γυνὴ δραχμὰς ἔχουσα δέκα ἐὰν ἀπολέσῃ δραχμὴν μίαν, οὐχὶ ἅπτει λύχνον καὶ σαροῖ τὴν οἰκίαν καὶ ζητεῖ ἐπιμελῶς ἕως οὗ εὕρῃ;	
102	Mt 10,39 ⇨ Mt 16,25	ὁ εὑρὼν τὴν ψυχὴν αὐτοῦ ἀπολέσει αὐτήν, ...	Mk 8,35	ὃς γὰρ ἐὰν θέλῃ τὴν ψυχὴν αὐτοῦ σῶσαι ἀπολέσει αὐτήν· ...	Lk 17,33 ⇨ Lk 9,24	ὃς ἐὰν ζητήσῃ τὴν ψυχὴν αὐτοῦ περιποιήσασθαι ἀπολέσει αὐτήν, ...	→ Jn 12,25 Mk-Q overlap
002					Lk 19,3	καὶ ἐζήτει ἰδεῖν τὸν Ἰησοῦν τίς ἐστιν ...	
002					Lk 19,10	ἦλθεν γὰρ ὁ υἱὸς τοῦ ἀνθρώπου ζητῆσαι καὶ σῶσαι τὸ ἀπολωλός.	
022			Mk 11,18 ↓ Mt 21,45 ↓ Mt 21,46 ↓ Mk 12,12	καὶ ἤκουσαν οἱ ἀρχιερεῖς καὶ οἱ γραμματεῖς καὶ ἐζήτουν πῶς αὐτὸν ἀπολέσωσιν· ἐφοβοῦντο γὰρ αὐτόν, ...	Lk 19,47 ↓ Lk 20,19	... οἱ δὲ ἀρχιερεῖς καὶ οἱ γραμματεῖς ἐζήτουν αὐτὸν ἀπολέσαι καὶ οἱ πρῶτοι τοῦ λαοῦ	

222	**Mt 21,46**	[45] καὶ ἀκούσαντες οἱ ἀρχιερεῖς καὶ οἱ Φαρισαῖοι τὰς παραβολὰς αὐτοῦ ἔγνωσαν ὅτι περὶ αὐτῶν λέγει· [46] καὶ **ζητοῦντες** αὐτὸν κρατῆσαι ἐφοβήθησαν τοὺς ὄχλους, ...	**Mk 12,12** ↑ Mk 11,18	καὶ **ἐζήτουν** αὐτὸν κρατῆσαι, καὶ ἐφοβήθησαν τὸν ὄχλον, ἔγνωσαν γὰρ ὅτι πρὸς αὐτοὺς τὴν παραβολὴν εἶπεν. ...	**Lk 20,19** ↑ Lk 19,47	καὶ **ἐζήτησαν** οἱ γραμματεῖς καὶ οἱ ἀρχιερεῖς ἐπιβαλεῖν ἐπ᾽ αὐτὸν τὰς χεῖρας ἐν αὐτῇ τῇ ὥρᾳ, καὶ ἐφοβήθησαν τὸν λαόν, ἔγνωσαν γὰρ ὅτι πρὸς αὐτοὺς εἶπεν τὴν παραβολὴν ταύτην.	
122	**Mt 26,4** → Mt 26,4 → Mt 22,15	[3] τότε συνήχθησαν οἱ ἀρχιερεῖς καὶ οἱ πρεσβύτεροι τοῦ λαοῦ ... [4] καὶ **συνεβουλεύσαντο** ἵνα τὸν Ἰησοῦν δόλῳ κρατήσωσιν καὶ ἀποκτείνωσιν·	**Mk 14,1** → Mk 3,6	... καὶ **ἐζήτουν** οἱ ἀρχιερεῖς καὶ οἱ γραμματεῖς πῶς αὐτὸν ἐν δόλῳ κρατήσαντες ἀποκτείνωσιν·	**Lk 22,2** → Lk 6,11	καὶ **ἐζήτουν** οἱ ἀρχιερεῖς καὶ οἱ γραμματεῖς τὸ πῶς ἀνέλωσιν αὐτόν, ...	
222	**Mt 26,16**	καὶ ἀπὸ τότε **ἐζήτει** εὐκαιρίαν ἵνα αὐτὸν παραδῷ.	**Mk 14,11**	... καὶ **ἐζήτει** πῶς αὐτὸν εὐκαίρως παραδοῖ.	**Lk 22,6**	... καὶ **ἐζήτει** εὐκαιρίαν τοῦ παραδοῦναι αὐτὸν ἄτερ ὄχλου αὐτοῖς.	
220	**Mt 26,59**	οἱ δὲ ἀρχιερεῖς καὶ τὸ συνέδριον ὅλον **ἐζήτουν** ψευδομαρτυρίαν κατὰ τοῦ Ἰησοῦ ὅπως αὐτὸν θανατώσωσιν	**Mk 14,55**	οἱ δὲ ἀρχιερεῖς καὶ ὅλον τὸ συνέδριον **ἐζήτουν** κατὰ τοῦ Ἰησοῦ μαρτυρίαν εἰς τὸ θανατῶσαι αὐτόν, ...			
222	**Mt 28,5**	... μὴ φοβεῖσθε ὑμεῖς, οἶδα γὰρ ὅτι Ἰησοῦν τὸν ἐσταυρωμένον **ζητεῖτε·**	**Mk 16,6**	... μὴ ἐκθαμβεῖσθε· Ἰησοῦν **ζητεῖτε** τὸν Ναζαρηνὸν τὸν ἐσταυρωμένον· ...	**Lk 24,5** → Lk 24,23	... τί **ζητεῖτε** τὸν ζῶντα μετὰ τῶν νεκρῶν·	

Acts 9,11 ... ἀναστὰς πορεύθητι ἐπὶ τὴν ῥύμην τὴν καλουμένην Εὐθεῖαν καὶ **ζήτησον** ἐν οἰκίᾳ Ἰούδα Σαῦλον ὀνόματι Ταρσέα· ...

Acts 10,19 ... ἰδοὺ ἄνδρες τρεῖς **ζητοῦντές** σε

Acts 10,21 ... ἰδοὺ ἐγώ εἰμι ὃν **ζητεῖτε·** τίς ἡ αἰτία δι᾽ ἣν πάρεστε;

Acts 13,8 ἀνθίστατο δὲ αὐτοῖς Ἐλύμας ὁ μάγος, οὕτως γὰρ μεθερμηνεύεται τὸ ὄνομα αὐτοῦ, **ζητῶν** διαστρέψαι τὸν ἀνθύπατον ἀπὸ τῆς πίστεως.

Acts 13,11 ... παραχρῆμά τε ἔπεσεν ἐπ᾽ αὐτὸν ἀχλὺς καὶ σκότος καὶ περιάγων **ἐζήτει** χειραγωγούς.

Acts 16,10 ὡς δὲ τὸ ὅραμα εἶδεν, εὐθέως **ἐζητήσαμεν** ἐξελθεῖν εἰς Μακεδονίαν ...

Acts 17,5 ... καὶ ἐπιστάντες τῇ οἰκίᾳ Ἰάσονος **ἐζήτουν** αὐτοὺς προαγαγεῖν εἰς τὸν δῆμον·

Acts 17,27 **ζητεῖν** τὸν θεόν, εἰ ἄρα γε ψηλαφήσειαν αὐτὸν καὶ εὕροιεν, ...

Acts 21,31 **ζητούντων** τε αὐτὸν ἀποκτεῖναι ἀνέβη φάσις τῷ χιλιάρχῳ τῆς σπείρης ὅτι ὅλη συγχύννεται Ἰερουσαλήμ.

Acts 27,30 τῶν δὲ ναυτῶν **ζητούντων** φυγεῖν ἐκ τοῦ πλοίου ...

ζιζάνιον	Syn 8	Mt 8	Mk	Lk	Acts	Jn	1-3John	Paul	Eph	Col
	NT 8	2Thess	1/2Tim	Tit	Heb	Jas	1Pet	2Pet	Jude	Rev

darnel; cheat

200	Mt 13,25	... ἦλθεν αὐτοῦ ὁ ἐχθρὸς καὶ ἐπέσπειρεν **ζιζάνια** ἀνὰ μέσον τοῦ σίτου καὶ ἀπῆλθεν.	→ GTh 57
200	Mt 13,26	... τότε ἐφάνη καὶ **τὰ ζιζάνια.**	→ GTh 57
200	Mt 13,27	... πόθεν οὖν ἔχει **ζιζάνια;**	→ GTh 57
200	Mt 13,29	... οὔ, μήποτε συλλέγοντες **τὰ ζιζάνια** ἐκριζώσητε ἅμα αὐτοῖς τὸν σῖτον.	→ GTh 57
200	Mt 13,30	... συλλέξατε πρῶτον **τὰ ζιζάνια** καὶ δήσατε αὐτὰ εἰς δέσμας πρὸς τὸ κατακαῦσαι αὐτά, ...	→ GTh 57
200	Mt 13,36	... διασάφησον ἡμῖν **τὴν παραβολὴν τῶν ζιζανίων τοῦ ἀγροῦ.**	
200	Mt 13,38	... τὸ δὲ καλὸν σπέρμα, οὗτοί εἰσιν οἱ υἱοὶ τῆς βασιλείας· **τὰ δὲ ζιζάνιά** εἰσιν οἱ υἱοὶ τοῦ πονηροῦ	
200	Mt 13,40	ὥσπερ οὖν συλλέγεται **τὰ ζιζάνια** καὶ πυρὶ [κατα]καίεται, οὕτως ἔσται ἐν τῇ συντελείᾳ τοῦ αἰῶνος·	

Ζοροβαβέλ	Syn 3	Mt 2	Mk	Lk 1	Acts	Jn	1-3John	Paul	Eph	Col
	NT 3	2Thess	1/2Tim	Tit	Heb	Jas	1Pet	2Pet	Jude	Rev

Zerubbabel

200	Mt 1,12	... Σαλαθιὴλ δὲ ἐγέννησεν **τὸν Ζοροβαβέλ,**	Lk 3,27	... τοῦ Ῥησὰ	
200	Mt 1,13	**Ζοροβαβὲλ** δὲ ἐγέννησεν τὸν Ἀβιούδ, ...		**τοῦ Ζοροβαβὲλ** τοῦ Σαλαθιὴλ ...	
002	Mt 1,13	[12] ... Σαλαθιὴλ δὲ ἐγέννησεν τὸν Ζοροβαβέλ, [13] **Ζοροβαβὲλ** δὲ ἐγέννησεν τὸν Ἀβιούδ, ...	Lk 3,27	... τοῦ Ῥησὰ **τοῦ Ζοροβαβὲλ** τοῦ Σαλαθιὴλ ...	

ζυγός, ζυγόν

	Syn	Mt	Mk	Lk	Acts	Jn	1-3John	Paul	Eph	Col
	2	2			1			1		
	NT	2Thess	1/2Tim	Tit	Heb	Jas	1Pet	2Pet	Jude	Rev
	6		1							1

yoke; balance; pair of scales

code	Mt	Mk	Lk	
200	**Mt 11,29** ἄρατε **τὸν ζυγόν μου** ἐφ' ὑμᾶς καὶ μάθετε ἀπ' ἐμοῦ, ...			→ GTh 90
200	**Mt 11,30** ὁ γὰρ **ζυγός μου** χρηστὸς καὶ τὸ φορτίον μου ἐλαφρόν ἐστιν.			→ GTh 90

Acts 15,10 νῦν οὖν τί πειράζετε τὸν θεόν ἐπιθεῖναι **ζυγὸν** ἐπὶ τὸν τράχηλον τῶν μαθητῶν ὃν οὔτε οἱ πατέρες ἡμῶν οὔτε ἡμεῖς ἰσχύσαμεν βαστάσαι;

ζύμη

	Syn	Mt	Mk	Lk	Acts	Jn	1-3John	Paul	Eph	Col
	8	4	2	2				5		
	NT	2Thess	1/2Tim	Tit	Heb	Jas	1Pet	2Pet	Jude	Rev
	13									

yeast; leaven

	triple tradition																	double tradition			Sondergut		
		+Mt / +Lk			–Mt / –Lk			traditions not taken over by Mt / Lk							subtotals								
code	*222*	*211*	*112*	*212*	*221*	*122*	*121*	*022*	*012*	*021*	*220*	*120*	*210*	*020*	Σ^+	Σ^-	Σ	*202*	*201*	*102*	*200*	*002*	total
Mt	1						1^-						1^+		1^+	1^-	2	1			1		**4**
Mk	1						1										2						**2**
Lk	1						1^-									1^-	1	1					**2**

code	Mt	Mk	Lk	
202	**Mt 13,33** ἄλλην παραβολὴν ἐλάλησεν αὐτοῖς· ὁμοία ἐστὶν ἡ βασιλεία τῶν οὐρανῶν **ζύμῃ,** ἣν λαβοῦσα γυνὴ ἐνέκρυψεν εἰς ἀλεύρου σάτα τρία ἕως οὗ ἐζυμώθη ὅλον.		**Lk 13,21** [20] καὶ πάλιν εἶπεν· τίνι ὁμοιώσω τὴν βασιλείαν τοῦ θεοῦ; [21] ὁμοία ἐστὶν **ζύμῃ,** ἣν λαβοῦσα γυνὴ [ἐν]έκρυψεν εἰς ἀλεύρου σάτα τρία ἕως οὗ ἐζυμώθη ὅλον.	→ GTh 96
222 / 121	**Mt 16,6** ⇩ Mt 16,11 ... ὁρᾶτε καὶ προσέχετε **ἀπὸ τῆς ζύμης** τῶν Φαρισαίων καὶ **Σαδδουκαίων.**	**Mk 8,15 (2)** ... ὁρᾶτε, βλέπετε **ἀπὸ τῆς ζύμης** τῶν Φαρισαίων καὶ **τῆς ζύμης Ἡρῴδου.**	**Lk 12,1** ↓ Mt 16,12 ... προσέχετε ἑαυτοῖς **ἀπὸ τῆς ζύμης,** ἥτις ἐστὶν ὑπόκρισις, τῶν Φαρισαίων.	
210	**Mt 16,11** ⇧ Mt 16,6 ⇧ Mk 8,15 ⇧ Lk 12,1 πῶς οὐ νοεῖτε ὅτι οὐ περὶ ἄρτων εἶπον ὑμῖν; προσέχετε δὲ **ἀπὸ τῆς ζύμης** τῶν Φαρισαίων καὶ Σαδδουκαίων.	**Mk 8,21** καὶ ἔλεγεν αὐτοῖς· οὔπω συνίετε;		

code	Mt	Mk	Lk	
200	**Mt 16,12** ↑ Lk 12,1 τότε συνῆκαν ὅτι οὐκ εἶπεν προσέχειν **ἀπὸ τῆς ζύμης τῶν ἄρτων** ἀλλὰ ἀπὸ τῆς διδαχῆς τῶν Φαρισαίων καὶ Σαδδουκαίων.			
202	**Mt 13,33** ἄλλην παραβολὴν ἐλάλησεν αὐτοῖς· ὁμοία ἐστὶν ἡ βασιλεία τῶν οὐρανῶν **ζύμῃ**, ἣν λαβοῦσα γυνὴ ἐνέκρυψεν εἰς ἀλεύρου σάτα τρία ἕως οὗ ἐζυμώθη ὅλον.		**Lk 13,21** [20] καὶ πάλιν εἶπεν· τίνι ὁμοιώσω τὴν βασιλείαν τοῦ θεοῦ; [21] ὁμοία ἐστὶν **ζύμῃ**, ἣν λαβοῦσα γυνὴ [ἐν]έκρυψεν εἰς ἀλεύρου σάτα τρία ἕως οὗ ἐζυμώθη ὅλον.	→ GTh 96

ζυμόω

Syn	Mt	Mk	Lk	Acts	Jn	1-3John	Paul	Eph	Col
2	1		1				2		
NT	2Thess	1/2Tim	Tit	Heb	Jas	1Pet	2Pet	Jude	Rev
4									

ferment; leaven

code	Mt	Mk	Lk	
202	**Mt 13,33** ... ζύμῃ, ἣν λαβοῦσα γυνὴ ἐνέκρυψεν εἰς ἀλεύρου σάτα τρία ἕως οὗ **ἐζυμώθη** ὅλον.		**Lk 13,21** ... ζύμῃ, ἣν λαβοῦσα γυνὴ [ἐν]έκρυψεν εἰς ἀλεύρου σάτα τρία ἕως οὗ **ἐζυμώθη** ὅλον.	→ GTh 96

ζῶ

Syn	Mt	Mk	Lk	Acts	Jn	1-3John	Paul	Eph	Col
17	6	2	9	12	17	1	51		2
NT	2Thess	1/2Tim	Tit	Heb	Jas	1Pet	2Pet	Jude	Rev
139		5	1	12	1	7			13

live; be alive; remain alive; come back to life

	triple tradition																	double tradition			Sondergut		
		+Mt / +Lk			–Mt / –Lk			traditions not taken over by Mt / Lk							subtotals								
code	222	211	112	212	221	122	121	022	012	021	220	120	210	020	Σ⁺	Σ⁻	Σ	202	201	102	200	002	total
Mt	1	2⁺			1										2⁺		4	1			1		**6**
Mk	1				1												2						**2**
Lk	1		2⁺		1⁻				1⁺						3⁺	1⁻	4	1				4	**9**

code	Mt	Mk	Lk	
002			**Lk 2,36** καὶ ἦν Ἅννα προφῆτις, ... αὕτη προβεβηκυῖα ἐν ἡμέραις πολλαῖς, **ζήσασα** μετὰ ἀνδρὸς ἔτη ἑπτὰ ἀπὸ τῆς παρθενίας αὐτῆς	
202	**Mt 4,4** ... γέγραπται· *οὐκ ἐπ' ἄρτῳ μόνῳ* ***ζήσεται*** *ὁ ἄνθρωπος, ἀλλ' ἐπὶ παντὶ ῥήματι ἐκπορευομένῳ διὰ στόματος θεοῦ.* ➤ Deut 8,3		**Lk 4,4** ... γέγραπται ὅτι *οὐκ ἐπ' ἄρτῳ μόνῳ* ***ζήσεται*** *ὁ ἄνθρωπος.* ➤ Deut 8,3	

221	**Mt 9,18**	... λέγων ὅτι ἡ θυγάτηρ μου ἄρτι ἐτελεύτησεν· ἀλλὰ ἐλθὼν ἐπίθες τὴν χεῖρά σου ἐπ' αὐτήν, καὶ **ζήσεται.**	**Mk 5,23**	καὶ παρακαλεῖ αὐτὸν πολλὰ λέγων ὅτι τὸ θυγάτριόν μου ἐσχάτως ἔχει, ἵνα ἐλθὼν ἐπιθῇς τὰς χεῖρας αὐτῇ ἵνα σωθῇ καὶ **ζήσῃ.**	**Lk 8,42** → Mk 5,42	[41] ... παρεκάλει αὐτὸν εἰσελθεῖν εἰς τὸν οἶκον αὐτοῦ, [42] ὅτι θυγάτηρ μονογενὴς ἦν αὐτῷ ὡς ἐτῶν δώδεκα καὶ αὐτὴ ἀπέθνῃσκεν. ...	
211	**Mt 16,16** → Mt 14,33	ἀποκριθεὶς δὲ Σίμων Πέτρος εἶπεν· σὺ εἶ **ὁ χριστὸς ὁ υἱὸς** **τοῦ θεοῦ τοῦ ζῶντος.**	**Mk 8,29**	... ἀποκριθεὶς ὁ Πέτρος λέγει αὐτῷ· σὺ εἶ **ὁ χριστός.**	**Lk 9,20**	... Πέτρος δὲ ἀποκριθεὶς εἶπεν· **τὸν χριστὸν** **τοῦ θεοῦ.**	→ Jn 6,68-69 → GTh 13
012			**Mk 12,34**	... οὐ μακρὰν εἶ ἀπὸ τῆς βασιλείας τοῦ θεοῦ. ...	**Lk 10,28**	... ὀρθῶς ἀπεκρίθης· τοῦτο ποίει καὶ **ζήσῃ.**	
002					**Lk 15,13**	... ὁ νεώτερος υἱὸς ἀπεδήμησεν εἰς χώραν μακρὰν καὶ ἐκεῖ διεσκόρπισεν τὴν οὐσίαν αὐτοῦ **ζῶν ἀσώτως.**	
002					**Lk 15,32** → Lk 15,24	... ὁ ἀδελφός σου οὗτος νεκρὸς ἦν καὶ **ἔζησεν,** καὶ ἀπολωλὼς καὶ εὑρέθη.	
222 112	**Mt 22,32**	... οὐκ ἔστιν [ὁ] θεὸς νεκρῶν ἀλλὰ **ζώντων.**	**Mk 12,27**	οὐκ ἔστιν θεὸς νεκρῶν ἀλλὰ **ζώντων·** πολὺ πλανᾶσθε.	**Lk 20,38** **(2)**	θεὸς δὲ οὐκ ἔστιν νεκρῶν ἀλλὰ **ζώντων,** πάντες γὰρ αὐτῷ **ζῶσιν.**	
211	**Mt 26,63** → Mt 27,42-43	... καὶ ὁ ἀρχιερεὺς εἶπεν αὐτῷ· ἐξορκίζω σε **κατὰ τοῦ θεοῦ** **τοῦ ζῶντος** ἵνα ἡμῖν εἴπῃς εἰ σὺ εἶ ὁ χριστὸς ὁ υἱὸς τοῦ θεοῦ.	**Mk 14,61** → Mk 15,32	... πάλιν ὁ ἀρχιερεὺς ἐπηρώτα αὐτὸν καὶ λέγει αὐτῷ· σὺ εἶ ὁ χριστὸς ὁ υἱὸς τοῦ εὐλογητοῦ;	**Lk 22,67** ⇩ Lk 22,70 → Lk 23,35	λέγοντες· εἰ σὺ εἶ ὁ χριστός, εἰπὸν ἡμῖν. ...	→ Jn 10,24
					Lk 22,70 ⇧ Lk 22,67	εἶπαν δὲ πάντες· σὺ οὖν εἶ ὁ υἱὸς τοῦ θεοῦ; ...	→ Jn 10,36
200	**Mt 27,63** → Mt 12,40	... κύριε, ἐμνήσθημεν ὅτι ἐκεῖνος ὁ πλάνος εἶπεν ἔτι **ζῶν·** μετὰ τρεῖς ἡμέρας ἐγείρομαι.					
112	**Mt 28,5**	... μὴ φοβεῖσθε ὑμεῖς, οἶδα γὰρ ὅτι Ἰησοῦν τὸν ἐσταυρωμένον ζητεῖτε·	**Mk 16,6**	... μὴ ἐκθαμβεῖσθε· Ἰησοῦν ζητεῖτε τὸν Ναζαρηνὸν τὸν ἐσταυρωμένον· ...	**Lk 24,5** ↓ Lk 24,23	... τί ζητεῖτε **τὸν ζῶντα** μετὰ τῶν νεκρῶν·	
002					**Lk 24,23** → Mt 28,6 ↑ Mk 16,6 ↑ Lk 24,5	καὶ μὴ εὑροῦσαι τὸ σῶμα αὐτοῦ ἦλθον λέγουσαι καὶ ὀπτασίαν ἀγγέλων ἑωρακέναι, οἳ λέγουσιν αὐτὸν **ζῆν.**	

Acts 1,3 οἷς καὶ παρέστησεν ἑαυτὸν
ζῶντα
μετὰ τὸ παθεῖν αὐτὸν ἐν πολλοῖς τεκμηρίοις, ...

Acts 7,38 οὗτός ἐστιν ὁ γενόμενος ἐν τῇ ἐκκλησίᾳ ἐν τῇ ἐρήμῳ μετὰ τοῦ ἀγγέλου τοῦ λαλοῦντος αὐτῷ ἐν τῷ ὄρει Σινᾶ καὶ τῶν πατέρων ἡμῶν, ὃς ἐδέξατο
λόγια ζῶντα
δοῦναι ἡμῖν

Acts 9,41 ... φωνήσας δὲ τοὺς ἁγίους καὶ τὰς χήρας παρέστησεν αὐτὴν
ζῶσαν.

Acts 10,42 ... οὗτός ἐστιν
ὁ ὡρισμένος ὑπὸ τοῦ θεοῦ κριτὴς ζώντων καὶ νεκρῶν.

Acts 14,15 ... εὐαγγελιζόμενοι ὑμᾶς ἀπὸ τούτων τῶν ματαίων ἐπιστρέφειν
ἐπὶ θεὸν ζῶντα, ...

Acts 17,28 ἐν αὐτῷ γὰρ
ζῶμεν
καὶ κινούμεθα καὶ ἐσμέν, ...

Acts 20,12 ἤγαγον δὲ τὸν παῖδα
ζῶντα
καὶ παρεκλήθησαν οὐ μετρίως.

Acts 22,22 ... αἶρε ἀπὸ τῆς γῆς τὸν τοιοῦτον, οὐ γὰρ καθῆκεν αὐτὸν
ζῆν.

Acts 25,19 ... καὶ περί τινος Ἰησοῦ τεθνηκότος ὃν ἔφασκεν ὁ Παῦλος
ζῆν.

Acts 25,24 ... καὶ ἐνθάδε βοῶντες μὴ δεῖν αὐτὸν
ζῆν
μηκέτι.

Acts 26,5 ... κατὰ τὴν ἀκριβεστάτην αἵρεσιν τῆς ἡμετέρας θρησκείας
ἔζησα
Φαρισαῖος.

Acts 28,4 ... πάντως φονεύς ἐστιν ὁ ἄνθρωπος οὗτος ὃν διασωθέντα ἐκ τῆς θαλάσσης ἡ δίκη
ζῆν
οὐκ εἴασεν.

ζωγρέω

ζωγρέω	Syn 1	Mt	Mk	Lk 1	Acts	Jn	1-3John	Paul	Eph	Col
	NT 2	2Thess	1/2Tim 1	Tit	Heb	Jas	1Pet	2Pet	Jude	Rev

capture alive

code	Mt		Mk		Lk	
112	**Mt 4,19**	... δεῦτε ὀπίσω μου, καὶ ποιήσω ὑμᾶς **ἁλιεῖς ἀνθρώπων.**	**Mk 1,17**	... δεῦτε ὀπίσω μου, καὶ ποιήσω ὑμᾶς γενέσθαι **ἁλιεῖς ἀνθρώπων.**	**Lk 5,10**	... μὴ φοβοῦ· ἀπὸ τοῦ νῦν **ἀνθρώπους ἔσῃ ζωγρῶν.**

ζωή

ζωή	Syn 16	Mt 7	Mk 4	Lk 5	Acts 8	Jn 36	1-3John 13	Paul 26	Eph 1	Col 2
	NT 135	2Thess	1/2Tim 6	Tit 2	Heb 2	Jas 2	1Pet 2	2Pet 1	Jude 1	Rev 17

life

	triple tradition																	double tradition			Sondergut		
		+Mt / +Lk			−Mt / −Lk			traditions not taken over by Mt / Lk							subtotals								
code	222	211	112	212	221	122	121	022	012	021	220	120	210	020	Σ^+	Σ^-	Σ	202	201	102	200	002	total
Mt	2	1^+									1		1^+		2^+		5		1		1		7
Mk	2										1			1			4						4
Lk	2		1^+												1^+		3					2	5

[a] ζωὴ αἰώνιος

code	Mt		Lk	
201	**Mt 7,14** → Lk 13,23	[13] εἰσέλθατε διὰ τῆς στενῆς πύλης· ὅτι πλατεῖα ἡ πύλη καὶ εὐρύχωρος ἡ ὁδὸς ἡ ἀπάγουσα εἰς τὴν ἀπώλειαν, καὶ πολλοί εἰσιν οἱ εἰσερχόμενοι δι' αὐτῆς· [14] τί στενὴ ἡ πύλη καὶ τεθλιμμένη ἡ ὁδὸς ἡ ἀπάγουσα **εἰς τὴν ζωὴν** καὶ ὀλίγοι εἰσὶν οἱ εὑρίσκοντες αὐτήν.	**Lk 13,24**	ἀγωνίζεσθε εἰσελθεῖν διὰ τῆς στενῆς θύρας, ὅτι πολλοί, λέγω ὑμῖν, ζητήσουσιν εἰσελθεῖν καὶ οὐκ ἰσχύσουσιν.

220	**Mt 18,8** ⇩ Mt 5,30 ↓ Mk 9,45	... καλόν σοί ἐστιν εἰσελθεῖν **εἰς τὴν ζωὴν** κυλλὸν ἢ χωλόν ἢ δύο χεῖρας ἢ δύο πόδας ἔχοντα βληθῆναι εἰς τὸ πῦρ τὸ αἰώνιον.	**Mk 9,43**	... καλόν ἐστίν σε κυλλὸν εἰσελθεῖν **εἰς τὴν ζωὴν** ἢ τὰς δύο χεῖρας ἔχοντα ἀπελθεῖν εἰς τὴν γέενναν, εἰς τὸ πῦρ τὸ ἄσβεστον.			
020			**Mk 9,45** ↑ Mt 18,8	... καλόν ἐστίν σε εἰσελθεῖν **εἰς τὴν ζωὴν** χωλὸν ἢ τοὺς δύο πόδας ἔχοντα βληθῆναι εἰς τὴν γέενναν.			
	Mt 5,30 ⇑ Mt 18,8	... συμφέρει γάρ σοι ἵνα ἀπόληται ἓν τῶν μελῶν σου καὶ μὴ ὅλον τὸ σῶμά σου εἰς γέενναν ἀπέλθῃ.					
210	**Mt 18,9** ⇩ Mt 5,29	... καλόν σοί ἐστιν μονόφθαλμον **εἰς τὴν ζωὴν** εἰσελθεῖν ἢ δύο ὀφθαλμοὺς ἔχοντα βληθῆναι εἰς τὴν γέενναν τοῦ πυρός.	**Mk 9,47**	... καλόν σέ ἐστιν μονόφθαλμον εἰσελθεῖν **εἰς τὴν βασιλείαν τοῦ θεοῦ** ἢ δύο ὀφθαλμοὺς ἔχοντα βληθῆναι εἰς τὴν γέενναν			
	Mt 5,29 ⇑ Mt 18,9	... συμφέρει γάρ σοι ἵνα ἀπόληται ἓν τῶν μελῶν σου καὶ μὴ ὅλον τὸ σῶμά σου βληθῇ εἰς γέενναν.					
a 112	**Mt 22,36** ↓ Mt 19,16	[34] οἱ δὲ Φαρισαῖοι ἀκούσαντες ὅτι ἐφίμωσεν τοὺς Σαδδουκαίους συνήχθησαν ἐπὶ τὸ αὐτό, [35] καὶ ἐπηρώτησεν εἷς ἐξ αὐτῶν [νομικὸς] πειράζων αὐτόν· [36] διδάσκαλε, ποία ἐντολὴ μεγάλη ἐν τῷ νόμῳ;	**Mk 12,28** ↓ Mk 10,17 → Lk 20,39	καὶ προσελθὼν εἷς τῶν γραμματέων ἀκούσας αὐτῶν συζητούντων, ἰδὼν ὅτι καλῶς ἀπεκρίθη αὐτοῖς ἐπηρώτησεν αὐτόν· ποία ἐστὶν ἐντολὴ πρώτη πάντων;	**Lk 10,25** ⇩ Lk 18,18	καὶ ἰδοὺ νομικός τις ἀνέστη ἐκπειράζων αὐτὸν λέγων· διδάσκαλε, τί ποιήσας **ζωὴν αἰώνιον** κληρονομήσω;	
002					**Lk 12,15**	... ὁρᾶτε καὶ φυλάσσεσθε ἀπὸ πάσης πλεονεξίας, ὅτι οὐκ ἐν τῷ περισσεύειν τινὶ **ἡ ζωὴ αὐτοῦ** ἐστιν ἐκ τῶν ὑπαρχόντων αὐτῷ.	
002					**Lk 16,25**	... τέκνον, μνήσθητι ὅτι ἀπέλαβες τὰ ἀγαθά σου **ἐν τῇ ζωῇ σου,** καὶ Λάζαρος ὁμοίως τὰ κακά· ...	
a 222	**Mt 19,16** ↑ Mt 22,36	... διδάσκαλε, τί ἀγαθὸν ποιήσω ἵνα σχῶ **ζωὴν αἰώνιον;**	**Mk 10,17** ↑ Mk 12,28	... διδάσκαλε ἀγαθέ, τί ποιήσω ἵνα **ζωὴν αἰώνιον** κληρονομήσω;	**Lk 18,18** ⇑ Lk 10,25	... διδάσκαλε ἀγαθέ, τί ποιήσας **ζωὴν αἰώνιον** κληρονομήσω;	
211	**Mt 19,17**	... τί με ἐρωτᾷς περὶ τοῦ ἀγαθοῦ; εἷς ἐστιν ὁ ἀγαθός· εἰ δὲ θέλεις **εἰς τὴν ζωὴν** εἰσελθεῖν, τήρησον τὰς ἐντολάς.	**Mk 10,18**	... τί με λέγεις ἀγαθόν; οὐδεὶς ἀγαθὸς εἰ μὴ εἷς ὁ θεός. [19] τὰς ἐντολὰς οἶδας· ...	**Lk 18,19**	... τί με λέγεις ἀγαθόν; οὐδεὶς ἀγαθὸς εἰ μὴ εἷς ὁ θεός. [20] τὰς ἐντολὰς οἶδας· ...	

	Mt		Mk		Lk		
a 222	Mt 19,29	... ἑκατονταπλασίονα λήμψεται καὶ **ζωὴν αἰώνιον** κληρονομήσει.	Mk 10,30	ἐὰν μὴ λάβῃ ἑκατονταπλασίονα νῦν ἐν τῷ καιρῷ τούτῳ οἰκίας καὶ ἀδελφοὺς καὶ ἀδελφὰς καὶ μητέρας καὶ τέκνα καὶ ἀγροὺς μετὰ διωγμῶν, καὶ ἐν τῷ αἰῶνι τῷ ἐρχομένῳ **ζωὴν αἰώνιον.**	Lk 18,30	ὃς οὐχὶ μὴ [ἀπο]λάβῃ πολλαπλασίονα ἐν τῷ καιρῷ τούτῳ καὶ ἐν τῷ αἰῶνι τῷ ἐρχομένῳ **ζωὴν αἰώνιον.**	
a 200	Mt 25,46 → Mt 13,42 → Mt 13,43 → Mt 13,50	καὶ ἀπελεύσονται οὗτοι εἰς κόλασιν αἰώνιον, οἱ δὲ δίκαιοι **εἰς ζωὴν αἰώνιον.**					

Acts 2,28 *ἐγνώρισάς μοι*
ὁδοὺς ζωῆς,
πληρώσεις με εὐφροσύνης μετὰ τοῦ προσώπου σου.
➤ Ps 15,11 LXX

Acts 3,15 **τὸν δὲ ἀρχηγὸν τῆς ζωῆς**
ἀπεκτείνατε ὃν ὁ θεὸς ἤγειρεν ἐκ νεκρῶν, οὗ ἡμεῖς μάρτυρές ἐσμεν.

Acts 5,20 πορεύεσθε καὶ σταθέντες λαλεῖτε ἐν τῷ ἱερῷ τῷ λαῷ
πάντα τὰ ῥήματα τῆς ζωῆς ταύτης.

Acts 8,33 ... *τὴν γενεὰν αὐτοῦ τίς διηγήσεται; ὅτι αἴρεται ἀπὸ τῆς γῆς*
ἡ ζωὴ αὐτοῦ.
➤ Isa 53,8

Acts 11,18 ... ἄρα καὶ τοῖς ἔθνεσιν ὁ θεὸς τὴν μετάνοιαν
εἰς ζωὴν
ἔδωκεν.

a **Acts 13,46** ... ἐπειδὴ ἀπωθεῖσθε αὐτὸν καὶ οὐκ ἀξίους κρίνετε ἑαυτοὺς
τῆς αἰωνίου ζωῆς,
ἰδοὺ στρεφόμεθα εἰς τὰ ἔθνη.

a **Acts 13,48** ... καὶ ἐπίστευσαν ὅσοι ἦσαν τεταγμένοι
εἰς ζωὴν αἰώνιον·

Acts 17,25 ... αὐτὸς διδοὺς πᾶσι
ζωὴν
καὶ πνοὴν καὶ τὰ πάντα·

ζώνη	Syn 4	Mt 2	Mk 2	Lk	Acts 2	Jn	1-3John	Paul	Eph	Col
	NT 8	2Thess	1/2Tim	Tit	Heb	Jas	1Pet	2Pet	Jude	Rev 2

belt; girdle

	Mt		Mk		Lk		
220	Mt 3,4	αὐτὸς δὲ ὁ Ἰωάννης εἶχεν τὸ ἔνδυμα αὐτοῦ ἀπὸ τριχῶν καμήλου καὶ **ζώνην δερματίνην** περὶ τὴν ὀσφὺν αὐτοῦ, ...	Mk 1,6	καὶ ἦν ὁ Ἰωάννης ἐνδεδυμένος τρίχας καμήλου καὶ **ζώνην δερματίνην** περὶ τὴν ὀσφὺν αὐτοῦ, ...			
221	Mt 10,9	μὴ κτήσησθε χρυσὸν μηδὲ ἄργυρον μηδὲ χαλκὸν **εἰς τὰς ζώνας ὑμῶν,** [10] μὴ πήραν εἰς ὁδὸν μηδὲ δύο χιτῶνας μηδὲ ὑποδήματα μηδὲ ῥάβδον· ...	Mk 6,8	... ἵνα μηδὲν αἴρωσιν εἰς ὁδὸν εἰ μὴ ῥάβδον μόνον, μὴ ἄρτον, μὴ πήραν, μὴ **εἰς τὴν ζώνην** χαλκόν, [9] ἀλλὰ ὑποδεδεμένους σανδάλια, καὶ μὴ ἐνδύσησθε δύο χιτῶνας.	Lk 9,3 ⇩ Lk 10,4 → Lk 22,35-36 Lk 10,4 ⇧ Lk 9,3 → Lk 22,35-36	μηδὲν αἴρετε εἰς τὴν ὁδόν, μήτε ῥάβδον μήτε πήραν μήτε ἄρτον μήτε ἀργύριον μήτε [ἀνὰ] δύο χιτῶνας ἔχειν. μὴ βαστάζετε **βαλλάντιον,** μὴ πήραν, μὴ ὑποδήματα, ...	 Mk-Q overlap

Acts 21,11 (2) καὶ ἐλθὼν πρὸς ἡμᾶς καὶ ἄρας
τὴν ζώνην τοῦ Παύλου,
δήσας ἑαυτοῦ τοὺς πόδας καὶ τὰς χεῖρας εἶπεν·
τάδε λέγει τὸ πνεῦμα τὸ ἅγιον· τὸν ἄνδρα οὗ ἐστιν
ἡ ζώνη αὕτη,
οὕτως δήσουσιν ἐν Ἰερουσαλὴμ οἱ Ἰουδαῖοι ...

ζῳογονέω	Syn 1	Mt	Mk	Lk 1	Acts 1	Jn	1-3John	Paul	Eph	Col
	NT 3	2Thess	1/2Tim 1	Tit	Heb	Jas	1Pet	2Pet	Jude	Rev

give life to; make, keep, preserve alive

102	Mt 10,39 ⇩ Mt 16,25	... καὶ ὁ ἀπολέσας τὴν ψυχὴν αὐτοῦ ἕνεκεν ἐμοῦ **εὑρήσει** αὐτήν.			Lk 17,33 ⇩ Lk 9,24	... ὃς δ᾽ ἂν ἀπολέσῃ **ζῳογονήσει** αὐτήν.	→ Jn 12,25 Mk-Q overlap
	Mt 16,25 ⇧ Mt 10,39	... ὃς δ᾽ ἂν ἀπολέσῃ τὴν ψυχὴν αὐτοῦ ἕνεκεν ἐμοῦ **εὑρήσει** αὐτήν.	Mk 8,35	... ὃς δ᾽ ἂν ἀπολέσει τὴν ψυχὴν αὐτοῦ ἕνεκεν ἐμοῦ καὶ τοῦ εὐαγγελίου **σώσει** αὐτήν.	Lk 9,24 ⇧ Lk 17,33	... ὃς δ᾽ ἂν ἀπολέσῃ τὴν ψυχὴν αὐτοῦ ἕνεκεν ἐμοῦ, οὗτος **σώσει** αὐτήν.	→ Jn 12,25 → GTh 55 Mk-Q overlap

Acts 7,19 οὗτος κατασοφισάμενος τὸ γένος ἡμῶν ἐκάκωσεν τοὺς πατέρας [ἡμῶν] τοῦ ποιεῖν τὰ βρέφη ἔκθετα αὐτῶν **εἰς τὸ μὴ ζῳογονεῖσθαι.**

Η

ἤ	Syn 146	Mt 68	Mk 33	Lk 45	Acts 35	Jn 12	1-3John 1	Paul 104	Eph 7	Col 4
	NT 344	2Thess 1	1/2Tim 6	Tit 2	Heb 4	Jas 8	1Pet 8	2Pet 1	Jude	Rev 5

or; then; either ... or

	triple tradition																double tradition			Sondergut		
		+Mt / +Lk			–Mt / –Lk			traditions not taken over by Mt / Lk							subtotals							
code	222	211	112	212	221	122	121	022	012	021	220	120	210	020	Σ⁺	Σ⁻	Σ	202	201	102	200	002	total
Mt	8	3⁺			3	3⁻	2⁻				5	10⁻	5⁺		8⁺	15⁻	24	8	11		25		**68**
Mk	8				3	3	2	1			5	10		1			33						**33**
Lk	8		5⁺		3⁻	3	2⁻	1							5⁺	5⁻	17	8		5		15	**45**

Mk-Q overlap: 211: Mt 12,29 / Mk 3,27 / Lk 11,21 (?) 112: Mt 18,6 / Mk 9,42 / Lk 17,2 (?)

a ἢ τίς, ἤ τί, ἤ ἐν τίνι (interrogative)
b ἢ πῶς (interrogative)
c ἢ interrogative (except a, b)
d ἤ after a comparative or a similar phrase
e μᾶλλον ἤ
f πρὶν ἤ
g ἢ ... ἤ

f 200	**Mt 1,18** → Lk 1,27 → Lk 1,35	... μνηστευθείσης τῆς μητρὸς αὐτοῦ Μαρίας τῷ Ἰωσήφ, **πρὶν ἢ** συνελθεῖν αὐτοὺς εὑρέθη ἐν γαστρὶ ἔχουσα ἐκ πνεύματος ἁγίου.					
002					**Lk 2,24**	καὶ τοῦ δοῦναι θυσίαν κατὰ τὸ εἰρημένον ἐν τῷ νόμῳ κυρίου, *ζεῦγος τρυγόνων* *ἢ* *δύο νοσσοὺς περιστερῶν.* ➤ Lev 5,11; 12,8	
f 002					**Lk 2,26**	καὶ ἦν αὐτῷ κεχρηματισμένον ὑπὸ τοῦ πνεύματος τοῦ ἁγίου μὴ ἰδεῖν θάνατον **πρὶν [ἢ]** ἂν ἴδῃ τὸν χριστὸν κυρίου.	
d 222	**Mt 9,5**	τί γάρ ἐστιν εὐκοπώτερον, εἰπεῖν· ἀφίενταί σου αἱ ἁμαρτίαι, **ἢ** εἰπεῖν· ἔγειρε καὶ περιπάτει;	**Mk 2,9**	τί ἐστιν εὐκοπώτερον, εἰπεῖν τῷ παραλυτικῷ· ἀφίενταί σου αἱ ἁμαρτίαι, **ἢ** εἰπεῖν· ἔγειρε καὶ ἆρον τὸν κράβαττόν σου καὶ περιπάτει;	**Lk 5,23**	τί ἐστιν εὐκοπώτερον, εἰπεῖν· ἀφέωνταί σοι αἱ ἁμαρτίαι σου, **ἢ** εἰπεῖν· ἔγειρε καὶ περιπάτει;	
122 122	**Mt 12,12**	... ὥστε ἔξεστιν τοῖς σάββασιν καλῶς ποιεῖν.	**Mk 3,4** **(2)**	... ἔξεστιν τοῖς σάββασιν ἀγαθὸν ποιῆσαι **ἢ** κακοποιῆσαι, ψυχὴν σῶσαι **ἢ** ἀποκτεῖναι; οἱ δὲ ἐσιώπων.	**Lk 6,9** **(2)** → Lk 13,14 ↓ Lk 14,3	... ἐπερωτῶ ὑμᾶς εἰ ἔξεστιν τῷ σαββάτῳ ἀγαθοποιῆσαι **ἢ** κακοποιῆσαι, ψυχὴν σῶσαι **ἢ** ἀπολέσαι;	

200	**Mt 5,17** → Mt 11,13 → Lk 16,16	μὴ νομίσητε ὅτι ἦλθον καταλῦσαι τὸν νόμον ἢ τοὺς προφήτας· ...				
201	**Mt 5,18** → Mt 24,35	... ἕως ἂν παρέλθῃ ὁ οὐρανὸς καὶ ἡ γῆ, ἰῶτα ἓν ἢ μία κεραία οὐ μὴ παρέλθῃ ἀπὸ τοῦ νόμου ἕως ἂν πάντα γένηται.	→ Mk 13,31	**Lk 16,17** → Lk 21,33	εὐκοπώτερον δέ ἐστιν τὸν οὐρανὸν καὶ τὴν γῆν παρελθεῖν ἢ τοῦ νόμου μίαν κεραίαν πεσεῖν.	
200	**Mt 5,36**	[34] ... μὴ ὀμόσαι ὅλως· ... [36] μήτε ἐν τῇ κεφαλῇ σου ὀμόσῃς, ὅτι οὐ δύνασαι μίαν τρίχα λευκὴν ποιῆσαι ἢ μέλαιναν.				
g 202 *g* 202	**Mt 6,24** **(2)**	οὐδεὶς δύναται δυσὶ κυρίοις δουλεύειν· ἢ γὰρ τὸν ἕνα μισήσει καὶ τὸν ἕτερον ἀγαπήσει, ἢ ἑνὸς ἀνθέξεται καὶ τοῦ ἑτέρου καταφρονήσει. ...		**Lk 16,13** **(2)**	οὐδεὶς οἰκέτης δύναται δυσὶ κυρίοις δουλεύειν· ἢ γὰρ τὸν ἕνα μισήσει καὶ τὸν ἕτερον ἀγαπήσει, ἢ ἑνὸς ἀνθέξεται καὶ τοῦ ἑτέρου καταφρονήσει. ...	→ GTh 47,1-2
a 201	**Mt 6,25**	... μὴ μεριμνᾶτε τῇ ψυχῇ ὑμῶν τί φάγητε [ἢ τί πίητε], μηδὲ τῷ σώματι ὑμῶν τί ἐνδύσησθε. ...		**Lk 12,22**	... μὴ μεριμνᾶτε τῇ ψυχῇ τί φάγητε, μηδὲ τῷ σώματι τί ἐνδύσησθε.	→ GTh 36 (POxy 655)
201 201	**Mt 6,31** **(2)**	μὴ οὖν μεριμνήσητε λέγοντες· τί φάγωμεν; ἤ· τί πίωμεν; ἤ· τί περιβαλώμεθα;		**Lk 12,29**	καὶ ὑμεῖς μὴ ζητεῖτε τί φάγητε καὶ τί πίητε, καὶ μὴ μετεωρίζεσθε·	
b 201	**Mt 7,4**	ἢ πῶς ἐρεῖς τῷ ἀδελφῷ σου· ἄφες ἐκβάλω τὸ κάρφος ἐκ τοῦ ὀφθαλμοῦ σου, ...		**Lk 6,42**	πῶς δύνασαι λέγειν τῷ ἀδελφῷ σου· ἀδελφέ, ἄφες ἐκβάλω τὸ κάρφος τὸ ἐν τῷ ὀφθαλμῷ σου, ...	→ GTh 26
a 201	**Mt 7,9**	ἢ τίς ἐστιν ἐξ ὑμῶν ἄνθρωπος, ὃν αἰτήσει ὁ υἱὸς αὐτοῦ ἄρτον, μὴ λίθον ἐπιδώσει αὐτῷ;		**Lk 11,11** ↓ Mt 7,10	τίνα δὲ ἐξ ὑμῶν τὸν πατέρα αἰτήσει ὁ υἱὸς ἰχθύν, καὶ ἀντὶ ἰχθύος ὄφιν αὐτῷ ἐπιδώσει;	
202	**Mt 7,10** ↑ Lk 10,11	ἢ καὶ ἰχθὺν αἰτήσει, μὴ ὄφιν ἐπιδώσει αὐτῷ;		**Lk 11,12**	ἢ καὶ αἰτήσει ᾠόν, ἐπιδώσει αὐτῷ σκορπίον;	
201	**Mt 7,16**	... μήτι συλλέγουσιν ἀπὸ ἀκανθῶν σταφυλὰς ἢ ἀπὸ τριβόλων σῦκα;		**Lk 6,44**	... οὐ γὰρ ἐξ ἀκανθῶν συλλέγουσιν σῦκα οὐδὲ ἐκ βάτου σταφυλὴν τρυγῶσιν.	→ GTh 45,1

d 222	**Mt 9,5**	τί γάρ ἐστιν εὐκοπώτερον, εἰπεῖν· ἀφίενταί σου αἱ ἁμαρτίαι, ἢ εἰπεῖν· ἔγειρε καὶ περιπάτει;	**Mk 2,9**	τί ἐστιν εὐκοπώτερον, εἰπεῖν τῷ παραλυτικῷ· ἀφίενταί σου αἱ ἁμαρτίαι, ἢ εἰπεῖν· ἔγειρε καὶ ἆρον τὸν κράβαττόν σου καὶ περιπάτει;	**Lk 5,23**	τί ἐστιν εὐκοπώτερον, εἰπεῖν· ἀφέωνταί σοι αἱ ἁμαρτίαι σου, ἢ εἰπεῖν· ἔγειρε καὶ περιπάτει;	
201	**Mt 10,11**	εἰς ἣν δ᾽ ἂν πόλιν ἢ κώμην εἰσέλθητε, ἐξετάσατε τίς ἐν αὐτῇ ἄξιός ἐστιν· ...			**Lk 10,8** ↓ Lk 10,10	καὶ εἰς ἣν ἂν πόλιν εἰσέρχησθε καὶ δέχωνται ὑμᾶς, ἐσθίετε τὰ παρατιθέμενα ὑμῖν	→ GTh 14,4
211	**Mt 10,14**	καὶ ὃς ἂν μὴ δέξηται ὑμᾶς μηδὲ ἀκούσῃ τοὺς λόγους ὑμῶν, ἐξερχόμενοι ἔξω τῆς οἰκίας ἢ τῆς πόλεως ἐκείνης ἐκτινάξατε τὸν κονιορτὸν τῶν ποδῶν ὑμῶν.	**Mk 6,11**	καὶ ὃς ἂν τόπος μὴ δέξηται ὑμᾶς μηδὲ ἀκούσωσιν ὑμῶν, ἐκπορευόμενοι ἐκεῖθεν ἐκτινάξατε τὸν χοῦν τὸν ὑποκάτω τῶν ποδῶν ὑμῶν ...	**Lk 9,5** ⇩ Lk 10,10-11 **Lk 10,10** ⇧ Lk 9,5 ↑ Lk 10,8	καὶ ὅσοι ἂν μὴ δέχωνται ὑμᾶς, ἐξερχόμενοι ἀπὸ τῆς πόλεως ἐκείνης τὸν κονιορτὸν ἀπὸ τῶν ποδῶν ὑμῶν ἀποτινάσσετε ... εἰς ἣν δ᾽ ἂν πόλιν εἰσέλθητε καὶ μὴ δέχωνται ὑμᾶς, ἐξελθόντες εἰς τὰς πλατείας αὐτῆς εἴπατε· [11] καὶ τὸν κονιορτὸν τὸν κολληθέντα ἡμῖν ἐκ τῆς πόλεως ὑμῶν εἰς τοὺς πόδας ἀπομασσόμεθα ὑμῖν· ...	→ Acts 13,51 → Acts 18,6 Mk-Q overlap
d 202	**Mt 10,15** ⇩ Mt 11,24	... ἀνεκτότερον ἔσται γῇ Σοδόμων καὶ Γομόρρων ἐν ἡμέρᾳ κρίσεως ἢ τῇ πόλει ἐκείνῃ.			**Lk 10,12**	... Σοδόμοις ἐν τῇ ἡμέρᾳ ἐκείνῃ ἀνεκτότερον ἔσται ἢ τῇ πόλει ἐκείνῃ.	
a 202	**Mt 10,19**	ὅταν δὲ παραδῶσιν ὑμᾶς, μὴ μεριμνήσητε πῶς ἢ τί λαλήσητε·	**Mk 13,11**	καὶ ὅταν ἄγωσιν ὑμᾶς παραδιδόντες, μὴ προμεριμνᾶτε τί λαλήσητε, ...	**Lk 12,11** **(2)** ⇩ Lk 21,14 → Lk 21,12 **Lk 21,14** ⇩ **Lk 12,11**	ὅταν δὲ εἰσφέρωσιν ὑμᾶς ἐπὶ τὰς συναγωγὰς καὶ τὰς ἀρχὰς καὶ τὰς ἐξουσίας, μὴ μεριμνήσητε πῶς ἢ τί ἀπολογήσησθε ἢ τί εἴπητε· θέτε οὖν ἐν ταῖς καρδίαις ὑμῶν μὴ προμελετᾶν ἀπολογηθῆναι·	Mk-Q overlap
  201 201	**Mt 10,37** **(2)** ↓ **Mt 19,29**	ὁ φιλῶν πατέρα ἢ μητέρα ὑπὲρ ἐμὲ οὐκ ἔστιν μου ἄξιος, καὶ ὁ φιλῶν υἱὸν ἢ θυγατέρα ὑπὲρ ἐμὲ οὐκ ἔστιν μου ἄξιος·	↓ **Mk 10,29**		**Lk 14,26** ↓ **Lk 18,29**	εἴ τις ἔρχεται πρός με καὶ οὐ μισεῖ τὸν πατέρα ἑαυτοῦ καὶ τὴν μητέρα καὶ τὴν γυναῖκα καὶ τὰ τέκνα καὶ τοὺς ἀδελφοὺς καὶ τὰς ἀδελφὰς ἔτι τε καὶ τὴν ψυχὴν ἑαυτοῦ, οὐ δύναται εἶναί μου μαθητής.	→ GTh 55 → GTh 101

c 202	**Mt 11,3**	[2] ὁ δὲ Ἰωάννης ... πέμψας διὰ τῶν μαθητῶν αὐτοῦ [3] εἶπεν αὐτῷ· σὺ εἶ ὁ ἐρχόμενος ἢ ἕτερον προσδοκῶμεν;			**Lk 7,19**	[18] ... καὶ προσκαλεσάμενος δύο τινὰς τῶν μαθητῶν αὐτοῦ ὁ Ἰωάννης [19] ἔπεμψεν πρὸς τὸν κύριον λέγων· σὺ εἶ ὁ ἐρχόμενος ἢ ἄλλον προσδοκῶμεν;	
c 002					**Lk 7,20**	παραγενόμενοι δὲ πρὸς αὐτὸν οἱ ἄνδρες εἶπαν· Ἰωάννης ὁ βαπτιστὴς ἀπέστειλεν ἡμᾶς πρὸς σὲ λέγων· σὺ εἶ ὁ ἐρχόμενος ἢ ἄλλον προσδοκῶμεν;	
d 202	**Mt 11,22**	... Τύρῳ καὶ Σιδῶνι ἀνεκτότερον ἔσται ἐν ἡμέρᾳ κρίσεως ἢ ὑμῖν.			**Lk 10,14**	πλὴν Τύρῳ καὶ Σιδῶνι ἀνεκτότερον ἔσται ἐν τῇ κρίσει ἢ ὑμῖν.	
d 200	**Mt 11,24** ⇧ Mt 10,15	... γῇ Σοδόμων ἀνεκτότερον ἔσται ἐν ἡμέρᾳ κρίσεως ἢ σοί.			Lk 10,12	... Σοδόμοις ἐν τῇ ἡμέρᾳ ἐκείνῃ ἀνεκτότερον ἔσται ἢ τῇ πόλει ἐκείνῃ.	
c 200	**Mt 12,5**	ἢ οὐκ ἀνέγνωτε ἐν τῷ νόμῳ ὅτι τοῖς σάββασιν οἱ ἱερεῖς ἐν τῷ ἱερῷ τὸ σάββατον βεβηλοῦσιν καὶ ἀναίτιοί εἰσιν;					
201	**Mt 12,25**	... καὶ πᾶσα πόλις ἢ οἰκία μερισθεῖσα καθ' ἑαυτῆς οὐ σταθήσεται.	Mk 3,25	καὶ ἐὰν οἰκία ἐφ' ἑαυτὴν μερισθῇ, οὐ δυνήσεται ἡ οἰκία ἐκείνη σταθῆναι.	**Lk 11,17**	... καὶ οἶκος ἐπὶ οἶκον πίπτει.	Mk-Q overlap
b 211	**Mt 12,29**	ἢ πῶς δύναταί τις εἰσελθεῖν εἰς τὴν οἰκίαν τοῦ ἰσχυροῦ καὶ τὰ σκεύη αὐτοῦ ἁρπάσαι, ...	**Mk 3,27**	ἀλλ' οὐ δύναται οὐδεὶς εἰς τὴν οἰκίαν τοῦ ἰσχυροῦ εἰσελθὼν τὰ σκεύη αὐτοῦ διαρπάσαι, ...	**Lk 11,21**	ὅταν ὁ ἰσχυρὸς καθωπλισμένος φυλάσσῃ τὴν ἑαυτοῦ αὐλήν, ἐν εἰρήνῃ ἐστὶν τὰ ὑπάρχοντα αὐτοῦ·	→ GTh 21,5 → GTh 35 Mk-Q overlap?
g 200 *g* 200	**Mt 12,33** **(2)** ⇨ Mt 7,17	ἢ ποιήσατε τὸ δένδρον καλὸν καὶ τὸν καρπὸν αὐτοῦ καλόν, ἢ ποιήσατε τὸ δένδρον σαπρὸν καὶ τὸν καρπὸν αὐτοῦ σαπρόν· ...					
221	**Mt 13,21**	οὐκ ἔχει δὲ ῥίζαν ἐν ἑαυτῷ ἀλλὰ πρόσκαιρός ἐστιν, γενομένης δὲ θλίψεως ἢ διωγμοῦ διὰ τὸν λόγον εὐθὺς σκανδαλίζεται.	**Mk 4,17**	καὶ οὐκ ἔχουσιν ῥίζαν ἐν ἑαυτοῖς ἀλλὰ πρόσκαιροί εἰσιν, εἶτα γενομένης θλίψεως ἢ διωγμοῦ διὰ τὸν λόγον εὐθὺς σκανδαλίζονται.	**Lk 8,13**	... καὶ οὗτοι ῥίζαν οὐκ ἔχουσιν, οἳ πρὸς καιρὸν πιστεύουσιν καὶ ἐν καιρῷ πειρασμοῦ ἀφίστανται.	

a ἢ τίς, ἤ τί, ἢ ἐν τίνι (interrogative)
b ἢ πῶς (interrogative)
c ἤ interrogative (except a, b)
d ἤ after a comparative or a similar phrase
e μᾶλλον ἤ
f πρὶν ἤ
g ἤ ... ἤ

022			**Mk 4,21**	καὶ ἔλεγεν αὐτοῖς· μήτι ἔρχεται ὁ λύχνος ἵνα ὑπὸ τὸν μόδιον τεθῇ ἢ ὑπὸ τὴν κλίνην; οὐχ ἵνα ἐπὶ τὴν λυχνίαν τεθῇ;	**Lk 8,16** ⇩ Lk 11,33	οὐδεὶς δὲ λύχνον ἅψας καλύπτει αὐτὸν σκεύει ἢ ὑποκάτω κλίνης τίθησιν, ἀλλ᾽ ἐπὶ λυχνίας τίθησιν, ἵνα οἱ εἰσπορευόμενοι βλέπωσιν τὸ φῶς.	→ GTh 33,2-3 Mk-Q overlap
	Mt 5,15	οὐδὲ καίουσιν λύχνον καὶ τιθέασιν αὐτὸν ὑπὸ τὸν μόδιον ἀλλ᾽ ἐπὶ τὴν λυχνίαν, καὶ λάμπει πᾶσιν τοῖς ἐν τῇ οἰκίᾳ.			**Lk 11,33** ⇧ Lk 8,16	οὐδεὶς λύχνον ἅψας εἰς κρύπτην τίθησιν [οὐδὲ ὑπὸ τὸν μόδιον] ἀλλ᾽ ἐπὶ τὴν λυχνίαν, ἵνα οἱ εἰσπορευόμενοι τὸ φῶς βλέπωσιν.	
a 020	**Mt 13,31**	ἄλλην παραβολὴν παρέθηκεν αὐτοῖς λέγων· ὁμοία ἐστὶν ἡ βασιλεία τῶν οὐρανῶν κόκκῳ σινάπεως, ...	**Mk 4,30**	... πῶς ὁμοιώσωμεν τὴν βασιλείαν τοῦ θεοῦ ἢ ἐν τίνι αὐτὴν παραβολῇ θῶμεν; [31] ὡς κόκκῳ σινάπεως, ...	**Lk 13,18**	... τίνι ὁμοία ἐστὶν ἡ βασιλεία τοῦ θεοῦ καὶ τίνι ὁμοιώσω αὐτήν; [19] ὁμοία ἐστὶν κόκκῳ σινάπεως, ...	→ GTh 20 Mk-Q overlap
d 112	**Mt 14,17** → Mt 15,34	οἱ δὲ λέγουσιν αὐτῷ· οὐκ ἔχομεν ὧδε εἰ μὴ πέντε ἄρτους καὶ δύο ἰχθύας.	**Mk 6,38** → Mk 8,5	... καὶ γνόντες λέγουσιν· πέντε, καὶ δύο ἰχθύας.	**Lk 9,13**	... οἱ δὲ εἶπαν· οὐκ εἰσὶν ἡμῖν πλεῖον ἢ ἄρτοι πέντε καὶ ἰχθύες δύο, ...	→ Jn 6,9
120 120	**Mt 14,36** → Mt 9,20	 καὶ παρεκάλουν αὐτὸν ἵνα μόνον ἅψωνται τοῦ κρασπέδου τοῦ ἱματίου αὐτοῦ· ...	**Mk 6,56 (2)** → Mk 5,27	καὶ ὅπου ἂν εἰσεπορεύετο εἰς κώμας ἢ εἰς πόλεις ἢ εἰς ἀγρούς, ἐν ταῖς ἀγοραῖς ἐτίθεσαν τοὺς ἀσθενοῦντας, καὶ παρεκάλουν αὐτὸν ἵνα κἂν τοῦ κρασπέδου τοῦ ἱματίου αὐτοῦ ἅψωνται· ...	→ Lk 8,44		
220	**Mt 15,4**	ὁ γὰρ θεὸς εἶπεν· *τίμα τὸν πατέρα καὶ τὴν μητέρα,* καί· *ὁ κακολογῶν πατέρα ἢ μητέρα θανάτῳ τελευτάτω·* ➤ Exod 20,12/Deut 5,16 ➤ Exod 21,17/Lev 20,9	**Mk 7,10**	Μωϋσῆς γὰρ εἶπεν· *τίμα τὸν πατέρα σου καὶ τὴν μητέρα σου,* καί· *ὁ κακολογῶν πατέρα ἢ μητέρα θανάτῳ τελευτάτω.* ➤ Exod 20,12/Deut 5,16 ➤ Exod 21,17/Lev 20,9			
220	**Mt 15,5**	ὑμεῖς δὲ λέγετε· ὃς ἂν εἴπῃ τῷ πατρὶ ἢ τῇ μητρί· δῶρον ὃ ἐὰν ἐξ ἐμοῦ ὠφεληθῇς,	**Mk 7,11**	ὑμεῖς δὲ λέγετε· ἐὰν εἴπῃ ἄνθρωπος τῷ πατρὶ ἢ τῇ μητρί· κορβᾶν, ὅ ἐστιν δῶρον, ὃ ἐὰν ἐξ ἐμοῦ ὠφεληθῇς,			
120	**Mt 15,6**	οὐ μὴ τιμήσει τὸν πατέρα αὐτοῦ· ...	**Mk 7,12**	οὐκέτι ἀφίετε αὐτὸν οὐδὲν ποιῆσαι τῷ πατρὶ ἢ τῇ μητρί			
211	**Mt 16,14** → Mt 14,2	... οἱ μὲν Ἰωάννην τὸν βαπτιστήν, ἄλλοι δὲ Ἠλίαν, ἕτεροι δὲ Ἰερεμίαν ἢ ἕνα τῶν προφητῶν.	**Mk 8,28** → Mk 6,14-15	... Ἰωάννην τὸν βαπτιστήν, καὶ ἄλλοι Ἠλίαν, ἄλλοι δὲ ὅτι εἷς τῶν προφητῶν.	**Lk 9,19** → Lk 9,7-8	... Ἰωάννην τὸν βαπτιστήν, ἄλλοι δὲ Ἠλίαν, ἄλλοι δὲ ὅτι προφήτης τις τῶν ἀρχαίων ἀνέστη.	→ GTh 13

112	**Mt 16,26**	τί γὰρ ὠφεληθήσεται ἄνθρωπος ἐὰν τὸν κόσμον ὅλον κερδήσῃ τὴν δὲ ψυχὴν αὐτοῦ ζημιωθῇ;	**Mk 8,36**	τί γὰρ ὠφελεῖ ἄνθρωπον κερδῆσαι τὸν κόσμον ὅλον καὶ ζημιωθῆναι τὴν ψυχὴν αὐτοῦ;	**Lk 9,25**	τί γὰρ ὠφελεῖται ἄνθρωπος κερδήσας τὸν κόσμον ὅλον ἑαυτὸν δὲ ἀπολέσας ἢ ζημιωθείς;	
a 210		ἢ τί δώσει ἄνθρωπος ἀντάλλαγμα τῆς ψυχῆς αὐτοῦ;	**Mk 8,37**	τί γὰρ δοῖ ἄνθρωπος ἀντάλλαγμα τῆς ψυχῆς αὐτοῦ;			
200 200	**Mt 17,25** **(2)**	... οἱ βασιλεῖς τῆς γῆς ἀπὸ τίνων λαμβάνουσιν τέλη ἢ κῆνσον; ἀπὸ τῶν υἱῶν αὐτῶν ἢ ἀπὸ τῶν ἀλλοτρίων;					
210 210 *d* 220	**Mt 18,8** **(4)** ⇩ Mt 5,30 ↓ **Mk 9,45**	εἰ δὲ ἡ χείρ σου ἢ ὁ πούς σου σκανδαλίζει σε, ἔκκοψον αὐτὸν καὶ βάλε ἀπὸ σοῦ· καλόν σοί ἐστιν εἰσελθεῖν εἰς τὴν ζωὴν κυλλὸν ἢ χωλόν ἢ δύο χεῖρας	**Mk 9,43**	καὶ ἐὰν σκανδαλίζῃ σε ἡ χείρ σου, ἀπόκοψον αὐτήν· καλόν ἐστίν σε κυλλὸν εἰσελθεῖν εἰς τὴν ζωὴν ἢ τὰς δύο χεῖρας ἔχοντα ἀπελθεῖν εἰς τὴν γέενναν, εἰς τὸ πῦρ τὸ ἄσβεστον.			
d 220		ἢ δύο πόδας ἔχοντα βληθῆναι εἰς τὸ πῦρ τὸ αἰώνιον.	**Mk 9,45**	καὶ ἐὰν ὁ πούς σου σκανδαλίζῃ σε, ἀπόκοψον αὐτόν· καλόν ἐστίν σε εἰσελθεῖν εἰς τὴν ζωὴν χωλὸν ἢ τοὺς δύο πόδας ἔχοντα βληθῆναι εἰς τὴν γέενναν.			
	Mt 5,30 ⇧ **Mt 18,8**	... συμφέρει γάρ σοι ἵνα ἀπόληται ἓν τῶν μελῶν σου **καὶ μὴ** ὅλον τὸ σῶμά σου εἰς γέενναν ἀπέλθῃ.					
d e 220	**Mt 18,9** ⇩ **Mt 5,29**	... καλόν σοί ἐστιν μονόφθαλμον εἰς τὴν ζωὴν εἰσελθεῖν ἢ δύο ὀφθαλμοὺς ἔχοντα βληθῆναι εἰς τὴν γέενναν τοῦ πυρός.	**Mk 9,47**	... καλόν σέ ἐστιν μονόφθαλμον εἰσελθεῖν εἰς τὴν βασιλείαν τοῦ θεοῦ ἢ δύο ὀφθαλμοὺς ἔχοντα βληθῆναι εἰς τὴν γέενναν			
	Mt 5,29 ⇧ **Mt 18,9**	... συμφέρει γάρ σοι ἵνα ἀπόληται ἓν τῶν μελῶν σου **καὶ μὴ** ὅλον τὸ σῶμά σου βληθῇ εἰς γέενναν.					

e d 202	**Mt 18,13** → Lk 15,5	καὶ ἐὰν γένηται εὑρεῖν αὐτό, ἀμὴν λέγω ὑμῖν ὅτι χαίρει ἐπ᾽ αὐτῷ μᾶλλον ἢ ἐπὶ τοῖς ἐνενήκοντα ἐννέα τοῖς μὴ πεπλανημένοις.			**Lk 15,7** → Lk 15,10	[5] καὶ εὑρὼν ἐπιτίθησιν ἐπὶ τοὺς ὤμους αὐτοῦ χαίρων [6] ... [7] λέγω ὑμῖν ὅτι οὕτως χαρὰ ἐν τῷ οὐρανῷ ἔσται ἐπὶ ἑνὶ ἁμαρτωλῷ μετανοοῦντι ἢ ἐπὶ ἐνενήκοντα ἐννέα δικαίοις οἵτινες οὐ χρείαν ἔχουσιν μετανοίας.	→ GTh 107
200 200	**Mt 18,16** **(2)**	ἐὰν δὲ μὴ ἀκούσῃ, παράλαβε μετὰ σοῦ ἔτι ἕνα ἢ δύο, ἵνα *ἐπὶ στόματος δύο μαρτύρων* *ἢ* *τριῶν σταθῇ πᾶν ῥῆμα·* ➤ Deut 19,15					
200	**Mt 18,20**	οὗ γάρ εἰσιν δύο ἢ τρεῖς συνηγμένοι εἰς τὸ ἐμὸν ὄνομα, ἐκεῖ εἰμι ἐν μέσῳ αὐτῶν.					→ GTh 30 (POxy 1) → GTh 48 → GTh 106
d 202	**Mt 10,15** ⇧ Mt 11,24	... ἀνεκτότερον ἔσται γῇ Σοδόμων καὶ Γομόρρων ἐν ἡμέρᾳ κρίσεως ἢ τῇ πόλει ἐκείνῃ.			**Lk 10,12**	... Σοδόμοις ἐν τῇ ἡμέρᾳ ἐκείνῃ ἀνεκτότερον ἔσται ἢ τῇ πόλει ἐκείνῃ.	
d 202	**Mt 11,22**	... Τύρῳ καὶ Σιδῶνι ἀνεκτότερον ἔσται ἐν ἡμέρᾳ κρίσεως ἢ ὑμῖν.			**Lk 10,14**	πλὴν Τύρῳ καὶ Σιδῶνι ἀνεκτότερον ἔσται ἐν τῇ κρίσει ἢ ὑμῖν.	
202	**Mt 7,10**	[9] ἢ τίς ἐστιν ἐξ ὑμῶν ἄνθρωπος, ὃν αἰτήσει ὁ υἱὸς αὐτοῦ ἄρτον, μὴ λίθον ἐπιδώσει αὐτῷ; [10] ἢ καὶ ἰχθὺν αἰτήσει, μὴ ὄφιν ἐπιδώσει αὐτῷ;			**Lk 11,12**	[11] τίνα δὲ ἐξ ὑμῶν τὸν πατέρα αἰτήσει ὁ υἱὸς ἰχθύν, καὶ ἀντὶ ἰχθύος ὄφιν αὐτῷ ἐπιδώσει; [12] ἢ καὶ αἰτήσει ᾠόν, ἐπιδώσει αὐτῷ σκορπίον;	
a 202 *a* 102	**Mt 10,19**	ὅταν δὲ παραδῶσιν ὑμᾶς, μὴ μεριμνήσητε πῶς ἢ τί λαλήσητε·	**Mk 13,11**	καὶ ὅταν ἄγωσιν ὑμᾶς παραδιδόντες, μὴ προμεριμνᾶτε τί λαλήσητε, ...	**Lk 12,11** **(2)** ⇧ Lk 21,14 → Lk 21,12	ὅταν δὲ εἰσφέρωσιν ὑμᾶς ἐπὶ τὰς συναγωγὰς καὶ τὰς ἀρχὰς καὶ τὰς ἐξουσίας, μὴ μεριμνήσητε πῶς ἢ τί ἀπολογήσησθε ἢ τί εἴπητε·	Mk-Q overlap
002					**Lk 12,14**	... ἄνθρωπε, τίς με κατέστησεν κριτὴν ἢ μεριστὴν ἐφ᾽ ὑμᾶς;	→ GTh 72
002					**Lk 12,41**	... κύριε, πρὸς ἡμᾶς τὴν παραβολὴν ταύτην λέγεις ἢ καὶ πρὸς πάντας;	

002			Lk 12,47	ἐκεῖνος δὲ ὁ δοῦλος ὁ γνοὺς τὸ θέλημα τοῦ κυρίου αὐτοῦ καὶ μὴ ἑτοιμάσας ἢ ποιήσας πρὸς τὸ θέλημα αὐτοῦ δαρήσεται πολλάς·	
102	Mt 10,34	μὴ νομίσητε ὅτι ἦλθον βαλεῖν εἰρήνην ἐπὶ τὴν γῆν· οὐκ ἦλθον βαλεῖν εἰρήνην ἀλλὰ μάχαιραν.	Lk 12,51	δοκεῖτε ὅτι εἰρήνην παρεγενόμην δοῦναι ἐν τῇ γῇ; οὐχί, λέγω ὑμῖν, ἀλλ' ἢ διαμερισμόν.	→ GTh 16
c 002			Lk 13,4	ἢ ἐκεῖνοι οἱ δεκαοκτὼ ἐφ' οὓς ἔπεσεν ὁ πύργος ἐν τῷ Σιλωὰμ καὶ ἀπέκτεινεν αὐτούς, ...	
002			Lk 13,15 ↓ Mt 12,11 ↓ Lk 14,5	... ὑποκριταί, ἕκαστος ὑμῶν τῷ σαββάτῳ οὐ λύει τὸν βοῦν αὐτοῦ ἢ τὸν ὄνον ἀπὸ τῆς φάτνης καὶ ἀπαγαγὼν ποτίζει;	
002			Lk 14,3 ↑ Mt 12,12 ↑ Mk 3,4 ↑ Lk 6,9 → Lk 13,14	... ἔξεστιν τῷ σαββάτῳ θεραπεῦσαι ἢ οὔ;	
102	Mt 12,11	... τίς ἔσται ἐξ ὑμῶν ἄνθρωπος ὃς ἕξει πρόβατον ἕν καὶ ἐὰν ἐμπέσῃ τοῦτο τοῖς σάββασιν εἰς βόθυνον, οὐχὶ κρατήσει αὐτὸ καὶ ἐγερεῖ;	Lk 14,5 ↑ Lk 13,15	... τίνος ὑμῶν υἱὸς ἢ βοῦς εἰς φρέαρ πεσεῖται, καὶ οὐκ εὐθέως ἀνασπάσει αὐτὸν ἐν ἡμέρᾳ τοῦ σαββάτου;	
002			Lk 14,12	... ὅταν ποιῇς ἄριστον ἢ δεῖπνον, μὴ φώνει τοὺς φίλους σου ...	
a 002			Lk 14,31	ἢ τίς βασιλεὺς πορευόμενος ἑτέρῳ βασιλεῖ συμβαλεῖν εἰς πόλεμον οὐχὶ καθίσας πρῶτον βουλεύσεται ...	
e d 202	Mt 18,13	καὶ ἐὰν γένηται εὑρεῖν αὐτό, ἀμὴν λέγω ὑμῖν ὅτι χαίρει ἐπ' αὐτῷ μᾶλλον ἢ ἐπὶ τοῖς ἐνενήκοντα ἐννέα τοῖς μὴ πεπλανημένοις.	Lk 15,7 → Lk 15,10	[5] καὶ εὑρὼν ἐπιτίθησιν ἐπὶ τοὺς ὤμους αὐτοῦ χαίρων [6] ... [7] λέγω ὑμῖν ὅτι οὕτως χαρὰ ἐν τῷ οὐρανῷ ἔσται ἐπὶ ἑνὶ ἁμαρτωλῷ μετανοοῦντι ἢ ἐπὶ ἐνενήκοντα ἐννέα δικαίοις οἵτινες οὐ χρείαν ἔχουσιν μετανοίας.	→ GTh 107
a 002			Lk 15,8	ἢ τίς γυνὴ δραχμὰς ἔχουσα δέκα ἐὰν ἀπολέσῃ δραχμὴν μίαν, ...	

g 202 g 202	**Mt 6,24** **(2)**	οὐδεὶς δύναται δυσὶ κυρίοις δουλεύειν· ἢ γὰρ τὸν ἕνα μισήσει καὶ τὸν ἕτερον ἀγαπήσει, ἢ ἑνὸς ἀνθέξεται καὶ τοῦ ἑτέρου καταφρονήσει. ...			**Lk 16,13** **(2)**	οὐδεὶς οἰκέτης δύναται δυσὶ κυρίοις δουλεύειν· ἢ γὰρ τὸν ἕνα μισήσει καὶ τὸν ἕτερον ἀγαπήσει, ἢ ἑνὸς ἀνθέξεται καὶ τοῦ ἑτέρου καταφρονήσει. ...	→ GTh 47,1-2
d 102	**Mt 5,18** → Mt 24,35	... ἕως ἂν παρέλθῃ ὁ οὐρανὸς καὶ ἡ γῆ, ἰῶτα ἓν ἢ μία κεραία οὐ μὴ παρέλθῃ ἀπὸ τοῦ νόμου ἕως ἂν πάντα γένηται.	→ Mk 13,31		**Lk 16,17** → Lk 21,33	εὐκοπώτερον δέ ἐστιν τὸν οὐρανὸν καὶ τὴν γῆν παρελθεῖν ἢ τοῦ νόμου μίαν κεραίαν πεσεῖν.	
d 112	**Mt 18,6** → Mt 18,10	ὃς δ᾽ ἂν σκανδαλίσῃ ἕνα τῶν μικρῶν τούτων τῶν πιστευόντων εἰς ἐμέ, συμφέρει αὐτῷ ἵνα κρεμασθῇ μύλος ὀνικὸς περὶ τὸν τράχηλον αὐτοῦ καὶ καταποντισθῇ ἐν τῷ πελάγει τῆς θαλάσσης.	**Mk 9,42**	καὶ ὃς ἂν σκανδαλίσῃ ἕνα τῶν μικρῶν τούτων τῶν πιστευόντων [εἰς ἐμέ], καλόν ἐστιν αὐτῷ μᾶλλον εἰ περίκειται μύλος ὀνικὸς περὶ τὸν τράχηλον αὐτοῦ καὶ βέβληται εἰς τὴν θάλασσαν.	**Lk 17,2**	λυσιτελεῖ αὐτῷ εἰ λίθος μυλικὸς περίκειται περὶ τὸν τράχηλον αὐτοῦ καὶ ἔρριπται εἰς τὴν θάλασσαν ἢ ἵνα σκανδαλίσῃ τῶν μικρῶν τούτων ἕνα.	Mk-Q overlap?
002					**Lk 17,7**	τίς δὲ ἐξ ὑμῶν δοῦλον ἔχων ἀροτριῶντα ἢ ποιμαίνοντα, ὃς εἰσελθόντι ἐκ τοῦ ἀγροῦ ἐρεῖ αὐτῷ· εὐθέως παρελθὼν ἀνάπεσε	
002					**Lk 17,21** ↓ Mt 24,23 ↓ Mk 13,21 ↓ Mt 24,26 ↓ Lk 17,23	οὐδὲ ἐροῦσιν· ἰδοὺ ὧδε ἤ· ἐκεῖ, ἰδοὺ γὰρ ἡ βασιλεία τοῦ θεοῦ ἐντὸς ὑμῶν ἐστιν.	→ GTh 3,3 (POxy 654) → GTh 113
102	**Mt 24,26** ⇩ Mt 24,23	ἐὰν οὖν εἴπωσιν ὑμῖν· ἰδοὺ ἐν τῇ ἐρήμῳ ἐστίν, μὴ ἐξέλθητε· ἰδοὺ ἐν τοῖς ταμείοις, μὴ πιστεύσητε·	**Mk 13,21** → Mt 24,5 → Mk 13,6 → Lk 21,8	καὶ τότε ἐάν τις ὑμῖν εἴπῃ· ἴδε ὧδε ὁ χριστός, ἴδε ἐκεῖ, μὴ πιστεύετε·	**Lk 17,23** ↑ Lk 17,21	καὶ ἐροῦσιν ὑμῖν· ἰδοὺ ἐκεῖ, [ἤ·] ἰδοὺ ὧδε· μὴ ἀπέλθητε μηδὲ διώξητε.	→ GTh 113
002					**Lk 18,11**	... ὁ θεός, εὐχαριστῶ σοι ὅτι οὐκ εἰμὶ ὥσπερ οἱ λοιποὶ τῶν ἀνθρώπων, ἅρπαγες, ἄδικοι, μοιχοί, ἢ καὶ ὡς οὗτος ὁ τελώνης·	
d 222	**Mt 19,24**	... εὐκοπώτερόν ἐστιν κάμηλον διὰ τρυπήματος ῥαφίδος διελθεῖν ἢ πλούσιον εἰσελθεῖν εἰς τὴν βασιλείαν τοῦ θεοῦ.	**Mk 10,25**	εὐκοπώτερόν ἐστιν κάμηλον διὰ [τῆς] τρυμαλιᾶς [τῆς] ῥαφίδος διελθεῖν ἢ πλούσιον εἰς τὴν βασιλείαν τοῦ θεοῦ εἰσελθεῖν.	**Lk 18,25**	εὐκοπώτερον γάρ ἐστιν κάμηλον διὰ τρήματος βελόνης εἰσελθεῖν ἢ πλούσιον εἰς τὴν βασιλείαν τοῦ θεοῦ εἰσελθεῖν.	

	Mt 19,29 (6)	καὶ πᾶς ὅστις ἀφῆκεν οἰκίας	Mk 10,29 (6)	... οὐδείς ἐστιν ὃς ἀφῆκεν οἰκίαν	Lk 18,29 (4)	... οὐδείς ἐστιν ὃς ἀφῆκεν οἰκίαν	→ GTh 55 → GTh 101
222	↑ Mt 10,37	ἢ ἀδελφοὺς		ἢ ἀδελφοὺς	↑ Lk 14,26	ἢ γυναῖκα	
222		ἢ ἀδελφὰς		ἢ ἀδελφὰς		ἢ ἀδελφοὺς	
222		ἢ πατέρα		ἢ μητέρα		ἢ γονεῖς	
221		ἢ μητέρα		ἢ πατέρα			
222		ἢ τέκνα		ἢ τέκνα		ἢ τέκνα	
221		ἢ ἀγροὺς ἕνεκεν τοῦ ὀνόματός μου, ...		ἢ ἀγροὺς ἕνεκεν ἐμοῦ καὶ ἕνεκεν τοῦ εὐαγγελίου		ἕνεκεν τῆς βασιλείας τοῦ θεοῦ	
c 200	Mt 20,15 (2)	[ἢ] οὐκ ἔξεστίν μοι ὃ θέλω ποιῆσαι ἐν τοῖς ἐμοῖς;					
c 200		ἢ ὁ ὀφθαλμός σου πονηρός ἐστιν ὅτι ἐγὼ ἀγαθός εἰμι;					
	Mt 20,22	... οὐκ οἴδατε τί αἰτεῖσθε. δύνασθε πιεῖν τὸ ποτήριον ὃ ἐγὼ μέλλω πίνειν; ...	Mk 10,38	... οὐκ οἴδατε τί αἰτεῖσθε. δύνασθε πιεῖν τὸ ποτήριον ὃ ἐγὼ πίνω	Lk 12,50		
120				ἢ τὸ βάπτισμα ὃ ἐγὼ βαπτίζομαι βαπτισθῆναι;		βάπτισμα δὲ ἔχω βαπτισθῆναι, καὶ πῶς συνέχομαι ἕως ὅτου τελεσθῇ.	
	Mt 20,23	... τὸ δὲ καθίσαι ἐκ δεξιῶν μου	Mk 10,40	τὸ δὲ καθίσαι ἐκ δεξιῶν μου			
120		**καὶ** ἐξ εὐωνύμων οὐκ ἔστιν ἐμὸν [τοῦτο] δοῦναι, ἀλλ᾽ οἷς ἡτοίμασται ὑπὸ τοῦ πατρός μου.		ἢ ἐξ εὐωνύμων οὐκ ἔστιν ἐμὸν δοῦναι, ἀλλ᾽ οἷς ἡτοίμασται.			
a	Mt 21,23	... ἐν ποίᾳ ἐξουσίᾳ ταῦτα ποιεῖς;	Mk 11,28	... ἐν ποίᾳ ἐξουσίᾳ ταῦτα ποιεῖς;	Lk 20,2	... εἰπὸν ἡμῖν ἐν ποίᾳ ἐξουσίᾳ ταῦτα ποιεῖς,	→ Jn 2,18
122		**καὶ** τίς σοι ἔδωκεν τὴν ἐξουσίαν ταύτην;		ἢ τίς σοι ἔδωκεν τὴν ἐξουσίαν ταύτην ἵνα ταῦτα ποιῇς;		ἢ τίς ἐστιν ὁ δούς σοι τὴν ἐξουσίαν ταύτην;	
	Mt 21,25	τὸ βάπτισμα τὸ Ἰωάννου πόθεν ἦν; ἐξ οὐρανοῦ	Mk 11,30	τὸ βάπτισμα τὸ Ἰωάννου ἐξ οὐρανοῦ ἦν	Lk 20,4	τὸ βάπτισμα Ἰωάννου ἐξ οὐρανοῦ ἦν	
222		ἢ ἐξ ἀνθρώπων; ...		ἢ ἐξ ἀνθρώπων; ἀποκρίθητέ μοι.		ἢ ἐξ ἀνθρώπων;	
	Mt 22,17	... ἔξεστιν δοῦναι κῆνσον Καίσαρι	Mk 12,14 (2)	... ἔξεστιν δοῦναι κῆνσον Καίσαρι	Lk 20,22	ἔξεστιν ἡμᾶς Καίσαρι φόρον δοῦναι	→ GTh 100
222		ἢ οὔ;		ἢ οὔ;		ἢ οὔ;	
121				δῶμεν ἢ μὴ δῶμεν;			
	Mt 23,17	μωροὶ καὶ τυφλοί, τίς γὰρ μείζων ἐστίν, ὁ χρυσὸς					
200		ἢ ὁ ναὸς ὁ ἁγιάσας τὸν χρυσόν;					

200	**Mt 23,19**	τυφλοί, τί γὰρ μεῖζον, τὸ δῶρον ἢ τὸ θυσιαστήριον τὸ ἁγιάζον τὸ δῶρον;					
112	**Mt 10,19**	... δοθήσεται γὰρ ὑμῖν ἐν ἐκείνῃ τῇ ὥρᾳ τί λαλήσητε·	**Mk 13,11**	... ἀλλ' ὃ ἐὰν δοθῇ ὑμῖν ἐν ἐκείνῃ τῇ ὥρᾳ τοῦτο λαλεῖτε· ...	**Lk 21,15** ⇨ Lk 12,12	ἐγὼ γὰρ δώσω ὑμῖν στόμα καὶ σοφίαν ᾗ οὐ δυνήσονται ἀντιστῆναι ἢ ἀντειπεῖν ἅπαντες οἱ ἀντικείμενοι ὑμῖν.	→ Acts 6,10 Mk-Q overlap
210	**Mt 24,23** ⇧ Mt 24,26	τότε ἐάν τις ὑμῖν εἴπῃ· ἰδοὺ ὧδε ὁ χριστός, ἤ· ὧδε, μὴ πιστεύσητε·	**Mk 13,21** → Mt 24,5 → Mk 13,6 → Lk 21,8	καὶ τότε ἐάν τις ὑμῖν εἴπῃ· ἴδε ὧδε ὁ χριστός, ἴδε ἐκεῖ, μὴ πιστεύετε·	↑ **Lk 17,21** ↑ **Lk 17,23**		→ GTh 113
120	**Mt 24,36**	περὶ δὲ τῆς ἡμέρας ἐκείνης καὶ ὥρας οὐδεὶς οἶδεν, ...	**Mk 13,32**	περὶ δὲ τῆς ἡμέρας ἐκείνης ἢ τῆς ὥρας οὐδεὶς οἶδεν, ...			
120 120 120 120	**Mt 24,42** → Mt 24,44 → Mt 24,50 → Mt 25,13	γρηγορεῖτε οὖν, ὅτι οὐκ οἴδατε ποίᾳ ἡμέρᾳ ὁ κύριος ὑμῶν ἔρχεται.	**Mk 13,35** **(4)** → Lk 12,38	γρηγορεῖτε οὖν· οὐκ οἴδατε γὰρ πότε ὁ κύριος τῆς οἰκίας ἔρχεται, ἢ ὀψὲ ἢ μεσονύκτιον ἢ ἀλεκτοροφωνίας ἢ πρωΐ			
200	**Mt 25,37**	... κύριε, πότε σε εἴδομεν πεινῶντα καὶ ἐθρέψαμεν, ἢ διψῶντα καὶ ἐποτίσαμεν;					
200	**Mt 25,38**	πότε δέ σε εἴδομεν ξένον καὶ συνηγάγομεν, ἢ γυμνὸν καὶ περιεβάλομεν;					
200	**Mt 25,39**	πότε δέ σε εἴδομεν ἀσθενοῦντα ἢ ἐν φυλακῇ καὶ ἤλθομεν πρός σε;					
200 200 200 200 200	**Mt 25,44** **(5)**	... κύριε, πότε σε εἴδομεν πεινῶντα ἢ διψῶντα ἢ ξένον ἢ γυμνὸν ἢ ἀσθενῆ ἢ ἐν φυλακῇ καὶ οὐ διηκονήσαμέν σοι;					

112	**Mt 20,28**	ὥσπερ ὁ υἱὸς τοῦ ἀνθρώπου οὐκ ἦλθεν διακονηθῆναι ἀλλὰ διακονῆσαι καὶ δοῦναι τὴν ψυχὴν αὐτοῦ λύτρον ἀντὶ πολλῶν.	**Mk 10,45**	καὶ γὰρ ὁ υἱὸς τοῦ ἀνθρώπου οὐκ ἦλθεν διακονηθῆναι ἀλλὰ διακονῆσαι καὶ δοῦναι τὴν ψυχὴν αὐτοῦ λύτρον ἀντὶ πολλῶν.	**Lk 22,27** → Lk 12,37	τίς γὰρ μείζων, ὁ ἀνακείμενος ἢ ὁ διακονῶν; οὐχὶ ὁ ἀνακείμενος; ἐγὼ δὲ ἐν μέσῳ ὑμῶν εἰμι ὡς ὁ διακονῶν.	→ Jn 13,13-14
f 121	**Mt 26,34**	... ἐν ταύτῃ τῇ νυκτὶ πρὶν ἀλέκτορα φωνῆσαι τρὶς ἀπαρνήσῃ με.	**Mk 14,30**	... σὺ σήμερον ταύτῃ τῇ νυκτὶ πρὶν ἢ δὶς ἀλέκτορα φωνῆσαι τρίς με ἀπαρνήσῃ.	**Lk 22,34**	... Πέτρε, οὐ φωνήσει σήμερον ἀλέκτωρ ἕως τρίς με ἀπαρνήσῃ εἰδέναι.	→ Jn 13,38
c 200	**Mt 26,53**	ἢ δοκεῖς ὅτι οὐ δύναμαι παρακαλέσαι τὸν πατέρα μου, ...					→ Jn 18,36
210	**Mt 27,17** → Mt 27,21	... τίνα θέλετε ἀπολύσω ὑμῖν, [Ἰησοῦν τὸν] Βαραββᾶν ἢ Ἰησοῦν τὸν λεγόμενον χριστόν;	**Mk 15,9**	... θέλετε ἀπολύσω ὑμῖν τὸν βασιλέα τῶν Ἰουδαίων;			→ Jn 18,39

a ἢ τίς, ἢ τί, ἢ ἐν τίνι (interrogative)
b ἢ πῶς (interrogative)
c ἢ interrogative (except a, b)
d ἢ after a comparative or a similar phrase
e μᾶλλον ἢ
f πρὶν ἤ
g ἢ ... ἢ

Acts 1,7 ... οὐχ ὑμῶν ἐστιν γνῶναι χρόνους
ἢ
καιροὺς οὓς ὁ πατὴρ ἔθετο ἐν τῇ ἰδίᾳ ἐξουσίᾳ

a **Acts 3,12 (2)** ... ἄνδρες Ἰσραηλῖται, τί θαυμάζετε ἐπὶ τούτῳ
ἢ
ἡμῖν τί ἀτενίζετε ὡς ἰδίᾳ δυνάμει
ἢ
εὐσεβείᾳ πεποιηκόσιν τοῦ περιπατεῖν αὐτόν;

Acts 4,7 ... ἐν ποίᾳ δυνάμει
ἢ
ἐν ποίῳ ὀνόματι ἐποιήσατε τοῦτο ὑμεῖς;

e **Acts 4,19** ... εἰ δίκαιόν ἐστιν ἐνώπιον τοῦ θεοῦ ὑμῶν ἀκούειν μᾶλλον
ἢ
τοῦ θεοῦ, κρίνατε·

Acts 4,34 ... ὅσοι γὰρ κτήτορες χωρίων
ἢ
οἰκιῶν ὑπῆρχον, πωλοῦντες ἔφερον τὰς τιμὰς τῶν πιπρασκομένων

e **Acts 5,29** ... πειθαρχεῖν δεῖ θεῷ μᾶλλον
ἢ
ἀνθρώποις.

Acts 5,38 ... ὅτι ἐὰν ᾖ ἐξ ἀνθρώπων ἡ βουλὴ αὕτη
ἢ
τὸ ἔργον τοῦτο, καταλυθήσεται

f **Acts 7,2** ... ὁ θεὸς τῆς δόξης ὤφθη τῷ πατρὶ ἡμῶν Ἀβραὰμ ὄντι ἐν τῇ Μεσοποταμίᾳ
πρὶν ἢ
κατοικῆσαι αὐτὸν ἐν Χαρράν

a **Acts 7,49** ... *ποῖον οἶκον οἰκοδομήσετέ μοι, λέγει κύριος,*
ἢ
τίς τόπος τῆς καταπαύσεώς μου;
➤ Isa 66,1

Acts 8,34 ... δέομαί σου, περὶ τίνος ὁ προφήτης λέγει τοῦτο; περὶ ἑαυτοῦ
ἢ
περὶ ἑτέρου τινός;

Acts 10,28 (2) ... ὑμεῖς ἐπίστασθε ὡς ἀθέμιτόν ἐστιν ἀνδρὶ Ἰουδαίῳ κολλᾶσθαι
ἢ
προσέρχεσθαι ἀλλοφύλῳ· κἀμοὶ ὁ θεὸς ἔδειξεν μηδένα κοινὸν
ἢ
ἀκάθαρτον λέγειν ἄνθρωπον·

Acts 11,8 ... μηδαμῶς, κύριε, ὅτι κοινὸν
ἢ
ἀκάθαρτον οὐδέποτε εἰσῆλθεν εἰς τὸ στόμα μου.

Acts 17,21 (2) Ἀθηναῖοι δὲ πάντες καὶ οἱ ἐπιδημοῦντες ξένοι εἰς οὐδὲν ἕτερον ηὐκαίρουν
ἢ
λέγειν τι
ἢ
ἀκούειν τι καινότερον.

Acts 17,29 (2) γένος οὖν ὑπάρχοντες τοῦ θεοῦ οὐκ ὀφείλομεν νομίζειν χρυσῷ
ἢ
ἀργύρῳ
ἢ
λίθῳ, χαράγματι τέχνης καὶ ἐνθυμήσεως ἀνθρώπου, τὸ θεῖον εἶναι ὅμοιον.

Acts 18,14 ... εἰ μὲν ἦν ἀδίκημά τι
ἢ
ῥᾳδιούργημα πονηρόν, ὦ Ἰουδαῖοι, κατὰ λόγον ἂν ἀνεσχόμην ὑμῶν

Acts 19,12 ὥστε καὶ ἐπὶ τοὺς ἀσθενοῦντας ἀποφέρεσθαι ἀπὸ τοῦ χρωτὸς αὐτοῦ σουδάρια
ἢ
σιμικίνθια καὶ ἀπαλλάσσεσθαι ἀπ᾽ αὐτῶν τὰς νόσους, ...

Acts 20,33 (2) ἀργυρίου
ἢ
χρυσίου
ἢ
ἱματισμοῦ οὐδενὸς ἐπεθύμησα·

e **Acts 20,35** ... μακάριόν ἐστιν μᾶλλον διδόναι
ἢ
λαμβάνειν.

Acts 23,9 ... εἰ δὲ πνεῦμα ἐλάλησεν αὐτῷ
ἢ
ἄγγελος;

Acts 23,29 ... μηδὲν δὲ ἄξιον θανάτου
ἢ
δεσμῶν ἔχοντα ἔγκλημα.

Acts 24,12 καὶ οὔτε ἐν τῷ ἱερῷ εὗρόν με πρός τινα διαλεγόμενον
ἢ
ἐπίστασιν ποιοῦντα ὄχλου οὔτε ἐν ταῖς συναγωγαῖς οὔτε κατὰ τὴν πόλιν

Acts 24,20 ἢ
αὐτοὶ οὗτοι εἰπάτωσαν τί εὗρον ἀδίκημα στάντος μου ἐπὶ τοῦ συνεδρίου,

Acts 24,21 ἢ
περὶ μιᾶς ταύτης φωνῆς ἧς ἐκέκραξα ἐν αὐτοῖς ἑστὼς ὅτι περὶ ἀναστάσεως νεκρῶν ἐγὼ κρίνομαι σήμερον ἐφ᾽ ὑμῶν.

Acts 25,6 διατρίψας δὲ ἐν αὐτοῖς ἡμέρας οὐ πλείους ὀκτὼ
ἢ
δέκα καταβὰς εἰς Καισάρειαν, ...

f **Acts 25,16** ... οὐκ ἔστιν ἔθος Ῥωμαίοις χαρίζεσθαί τινα ἄνθρωπον
πρὶν ἢ
ὁ κατηγορούμενος κατὰ πρόσωπον ἔχοι τοὺς κατηγόρους τόπον τε ἀπολογίας λάβοι περὶ τοῦ ἐγκλήματος.

Acts 26,31 ... οὐδὲν θανάτου
ἢ
δεσμῶν ἄξιον [τι] πράσσει ὁ ἄνθρωπος οὗτος.

e **Acts 27,11** ὁ δὲ ἑκατοντάρχης τῷ κυβερνήτῃ καὶ τῷ ναυκλήρῳ μᾶλλον ἐπείθετο
ἢ
τοῖς ὑπὸ Παύλου λεγομένοις.

Acts 28,6 οἱ δὲ προσεδόκων αὐτὸν μέλλειν πίμπρασθαι
ἢ
καταπίπτειν ἄφνω νεκρόν. ...

Acts 28,17 ... ἐγώ, ἄνδρες ἀδελφοί, οὐδὲν ἐναντίον ποιήσας τῷ λαῷ
ἢ
τοῖς ἔθεσι τοῖς πατρῴοις ...

Acts 28,21 ... ἡμεῖς οὔτε γράμματα περὶ σοῦ ἐδεξάμεθα ἀπὸ τῆς Ἰουδαίας οὔτε παραγενόμενός τις τῶν ἀδελφῶν ἀπήγγειλεν
ἢ
ἐλάλησέν τι περὶ σοῦ πονηρόν.

ἡγεμονεύω

Syn 2	Mt	Mk	Lk 2	Acts	Jn	1-3John	Paul	Eph	Col
NT 2	2Thess	1/2Tim	Tit	Heb	Jas	1Pet	2Pet	Jude	Rev

be leader; command; rule; order

002		Lk 2,2	αὕτη ἀπογραφὴ πρώτη ἐγένετο **ἡγεμονεύοντος** τῆς Συρίας Κυρηνίου.	
002		Lk 3,1	ἐν ἔτει δὲ πεντεκαιδεκάτῳ τῆς ἡγεμονίας Τιβερίου Καίσαρος, **ἡγεμονεύοντος** Ποντίου Πιλάτου τῆς Ἰουδαίας, ...	

ἡγεμονία

Syn 1	Mt	Mk	Lk 1	Acts	Jn	1-3John	Paul	Eph	Col
NT 1	2Thess	1/2Tim	Tit	Heb	Jas	1Pet	2Pet	Jude	Rev

chief command; direction; management

002		Lk 3,1	**ἐν ἔτει δὲ πεντεκαιδεκάτῳ τῆς ἡγεμονίας Τιβερίου Καίσαρος,** ἡγεμονεύοντος Ποντίου Πιλάτου τῆς Ἰουδαίας, ...	

ἡγεμών	Syn 13	Mt 10	Mk 1	Lk 2	Acts 6	Jn	1-3John	Paul	Eph	Col
	NT 20	2Thess	1/2Tim	Tit	Heb	Jas	1Pet 1	2Pet	Jude	Rev

prince; (imperial) governor

	triple tradition																	double tradition			Sondergut		
		+Mt / +Lk			–Mt / –Lk			traditions not taken over by Mt / Lk							subtotals								
code	222	211	112	212	221	122	121	022	012	021	220	120	210	020	Σ⁺	Σ⁻	Σ	202	201	102	200	002	total
Mt	1	3⁺											3⁺		6⁺		7				3		**10**
Mk	1																1						**1**
Lk	1		1⁺												1⁺		2						**2**

code	Mt		Mk		Lk		
200	**Mt 2,6**	*καὶ σύ, Βηθλέεμ,* γῆ Ἰούδα, οὐδαμῶς *ἐλαχίστη εἶ* ***ἐν τοῖς ἡγεμόσιν Ἰούδα·*** *ἐκ σοῦ γὰρ ἐξελεύσεται ἡγούμενος, ...* ➤ Micah 5,1.3; 2Sam 5,2/1Chron 11,2					
112	**Mt 22,15**	τότε πορευθέντες οἱ Φαρισαῖοι συμβούλιον ἔλαβον ὅπως αὐτὸν παγιδεύσωσιν ἐν λόγῳ. [16] καὶ ἀποστέλλουσιν αὐτῷ τοὺς μαθητὰς αὐτῶν μετὰ τῶν Ἡρῳδιανῶν ...	**Mk 12,13**	καὶ ἀποστέλλουσιν πρὸς αὐτόν τινας τῶν Φαρισαίων καὶ τῶν Ἡρῳδιανῶν ἵνα αὐτὸν ἀγρεύσωσιν λόγῳ.	**Lk 20,20** → Lk 6,7 → Lk 11,53-54 → Lk 16,15 → Lk 18,9 → Lk 23,2	καὶ παρατηρήσαντες ἀπέστειλαν ἐγκαθέτους ὑποκρινομένους ἑαυτοὺς δικαίους εἶναι, ἵνα ἐπιλάβωνται αὐτοῦ λόγου, ὥστε παραδοῦναι αὐτὸν τῇ ἀρχῇ **καὶ τῇ ἐξουσίᾳ τοῦ ἡγεμόνος.**	
222	**Mt 10,18**	καὶ **ἐπὶ ἡγεμόνας δὲ καὶ βασιλεῖς** ἀχθήσεσθε ἕνεκεν ἐμοῦ εἰς μαρτύριον αὐτοῖς καὶ τοῖς ἔθνεσιν.	**Mk 13,9**	... καὶ **ἐπὶ ἡγεμόνων καὶ βασιλέων** σταθήσεσθε ἕνεκεν ἐμοῦ εἰς μαρτύριον αὐτοῖς.	**Lk 21,12** → Lk 12,11	... ἀπαγομένους **ἐπὶ βασιλεῖς καὶ ἡγεμόνας** ἕνεκεν τοῦ ὀνόματός μου· [13] ἀποβήσεται ὑμῖν εἰς μαρτύριον.	
211	**Mt 27,2**	καὶ δήσαντες αὐτὸν ἀπήγαγον καὶ παρέδωκαν Πιλάτῳ **τῷ ἡγεμόνι.**	**Mk 15,1**	... δήσαντες τὸν Ἰησοῦν ἀπήνεγκαν καὶ παρέδωκαν Πιλάτῳ.	**Lk 23,1**	... ἤγαγον αὐτὸν ἐπὶ τὸν Πιλᾶτον.	→ Jn 18,28
211 211	**Mt 27,11 (2)**	ὁ δὲ Ἰησοῦς ἐστάθη **ἔμπροσθεν τοῦ ἡγεμόνος·** καὶ ἐπηρώτησεν αὐτὸν **ὁ ἡγεμὼν** λέγων· σὺ εἶ ὁ βασιλεὺς τῶν Ἰουδαίων; ...	**Mk 15,2**	καὶ ἐπηρώτησεν αὐτὸν **ὁ Πιλᾶτος·** σὺ εἶ ὁ βασιλεὺς τῶν Ἰουδαίων; ...	**Lk 23,3**	**ὁ δὲ Πιλᾶτος** ἠρώτησεν αὐτὸν λέγων· σὺ εἶ ὁ βασιλεὺς τῶν Ἰουδαίων; ...	→ Jn 18,33 → Jn 18,37
210	**Mt 27,14**	καὶ οὐκ ἀπεκρίθη αὐτῷ πρὸς οὐδὲ ἓν ῥῆμα, ὥστε θαυμάζειν **τὸν ἡγεμόνα** λίαν.	**Mk 15,5**	ὁ δὲ Ἰησοῦς οὐκέτι οὐδὲν ἀπεκρίθη, ὥστε θαυμάζειν **τὸν Πιλᾶτον.**	**Lk 23,9**	ἐπηρώτα δὲ αὐτὸν ἐν λόγοις ἱκανοῖς, αὐτὸς δὲ οὐδὲν ἀπεκρίνατο αὐτῷ.	Lk 23,9: Herod
210	**Mt 27,15**	κατὰ δὲ ἑορτὴν εἰώθει **ὁ ἡγεμὼν** ἀπολύειν ἕνα τῷ ὄχλῳ δέσμιον ὃν ἤθελον.	**Mk 15,6**	κατὰ δὲ ἑορτὴν ἀπέλυεν αὐτοῖς ἕνα δέσμιον ὃν παρῃτοῦντο.			→ Jn 18,39 Lk 23,17 is textcritically uncertain.

	Mt		Mk		Lk
200	Mt 27,21 → Mt 27,17	ἀποκριθεὶς δὲ **ὁ ἡγεμὼν** εἶπεν αὐτοῖς· τίνα θέλετε ἀπὸ τῶν δύο ἀπολύσω ὑμῖν; ...	Mk 15,12	ὁ δὲ Πιλᾶτος πάλιν ἀποκριθεὶς ἔλεγεν αὐτοῖς· τί οὖν [θέλετε] ποιήσω [ὃν λέγετε] τὸν βασιλέα τῶν Ἰουδαίων;	
210	Mt 27,27 → Lk 23,11	**τότε οἱ στρατιῶται τοῦ ἡγεμόνος** παραλαβόντες τὸν Ἰησοῦν εἰς τὸ πραιτώριον συνήγαγον ἐπ' αὐτὸν ὅλην τὴν σπεῖραν.	Mk 15,16 → Lk 23,11	**οἱ δὲ στρατιῶται** ἀπήγαγον αὐτὸν ἔσω τῆς αὐλῆς, ὅ ἐστιν πραιτώριον, καὶ συγκαλοῦσιν ὅλην τὴν σπεῖραν.	
200	Mt 28,14	καὶ ἐὰν ἀκουσθῇ τοῦτο **ἐπὶ τοῦ ἡγεμόνος,** ἡμεῖς πείσομεν [αὐτὸν] καὶ ὑμᾶς ἀμερίμνους ποιήσομεν.			

Acts 23,24 [23] ... ἑτοιμάσατε στρατιώτας διακοσίους, ὅπως πορευθῶσιν ἕως Καισαρείας, ... [24] κτήνη τε παραστῆσαι ἵνα ἐπιβιβάσαντες τὸν Παῦλον διασώσωσι πρὸς Φήλικα **τὸν ἡγεμόνα**

Acts 23,26 Κλαύδιος Λυσίας **τῷ κρατίστῳ ἡγεμόνι Φήλικι** χαίρειν.

Acts 23,33 οἵτινες εἰσελθόντες εἰς τὴν Καισάρειαν καὶ ἀναδόντες τὴν ἐπιστολὴν **τῷ ἡγεμόνι** παρέστησαν καὶ τὸν Παῦλον αὐτῷ.

Acts 24,1 μετὰ δὲ πέντε ἡμέρας κατέβη ὁ ἀρχιερεὺς Ἁνανίας μετὰ πρεσβυτέρων τινῶν καὶ ῥήτορος Τερτύλλου τινός, οἵτινες ἐνεφάνισαν **τῷ ἡγεμόνι** κατὰ τοῦ Παύλου.

Acts 24,10 ἀπεκρίθη τε ὁ Παῦλος νεύσαντος αὐτῷ **τοῦ ἡγεμόνος** λέγειν· ...

Acts 26,30 ἀνέστη τε ὁ βασιλεὺς καὶ **ὁ ἡγεμὼν** ἥ τε Βερνίκη καὶ οἱ συγκαθήμενοι αὐτοῖς

ἡγέομαι	Syn 2	Mt 1	Mk	Lk 1	Acts 4	Jn	1-3John	Paul 8	Eph	Col
	NT 28	2Thess 1	1/2Tim 2	Tit	Heb 6	Jas 1	1Pet	2Pet 4	Jude	Rev

lead; guide; think; consider; regard

	Mt		Mk		Lk	
200	Mt 2,6	*καὶ σύ, Βηθλέεμ,* γῆ Ἰούδα, οὐδαμῶς *ἐλαχίστη εἶ ἐν τοῖς ἡγεμόσιν Ἰούδα· ἐκ σοῦ γὰρ ἐξελεύσεται* ***ἡγούμενος,*** *ὅστις ποιμανεῖ τὸν λαόν μου τὸν Ἰσραήλ.* ➤ Micah 5,1.3; 2Sam 5,2/1Chron 11,2				
112	Mt 20,27	[26] οὐχ οὕτως ἔσται ἐν ὑμῖν, ἀλλ' ὃς ἐὰν θέλῃ ἐν ὑμῖν μέγας γενέσθαι ἔσται ὑμῶν διάκονος, [27] καὶ ὃς ἂν θέλῃ ἐν ὑμῖν εἶναι **πρῶτος** ἔσται ὑμῶν δοῦλος·	Mk 10,44 ⇨ Mk 9,35	[43] οὐχ οὕτως δέ ἐστιν ἐν ὑμῖν, ἀλλ' ὃς ἂν θέλῃ μέγας γενέσθαι ἐν ὑμῖν ἔσται ὑμῶν διάκονος, [44] καὶ ὃς ἂν θέλῃ ἐν ὑμῖν εἶναι **πρῶτος** ἔσται πάντων δοῦλος·	Lk 22,26 → Mt 23,11	ὑμεῖς δὲ οὐχ οὕτως, ἀλλ' ὁ μείζων ἐν ὑμῖν γινέσθω ὡς ὁ νεώτερος καὶ **ὁ ἡγούμενος** ὡς ὁ διακονῶν.

Acts 7,10 ... καὶ κατέστησεν αὐτὸν **ἡγούμενον** ἐπ' Αἴγυπτον καὶ [ἐφ'] ὅλον τὸν οἶκον αὐτοῦ.

Acts 14,12 ... τὸν δὲ Παῦλον Ἑρμῆν, ἐπειδὴ αὐτὸς ἦν **ὁ ἡγούμενος τοῦ λόγου.**

Acts 15,22 ... Ἰούδαν τὸν καλούμενον Βαρσαββᾶν καὶ Σιλᾶν, **ἄνδρας ἡγουμένους** ἐν τοῖς ἀδελφοῖς

Acts 26,2 περὶ πάντων ὧν ἐγκαλοῦμαι ὑπὸ Ἰουδαίων, βασιλεῦ Ἀγρίππα, **ἥγημαι** ἐμαυτὸν μακάριον ἐπὶ σοῦ μέλλων σήμερον ἀπολογεῖσθαι

ἡδέως	Syn 2	Mt	Mk 2	Lk	Acts	Jn	1-3John	Paul 3	Eph	Col
	NT 5	2Thess	1/2Tim	Tit	Heb	Jas	1Pet	2Pet	Jude	Rev

gladly

code	Mt		Mk		Lk	
120	**Mt 14,5**	[3] ὁ γὰρ Ἡρῴδης ... [5] ... θέλων αὐτὸν ἀποκτεῖναι ἐφοβήθη τὸν ὄχλον, ὅτι ὡς προφήτην αὐτὸν εἶχον.	**Mk 6,20**	[19] ἡ δὲ Ἡρῳδιὰς ἐνεῖχεν αὐτῷ καὶ ἤθελεν αὐτὸν ἀποκτεῖναι, καὶ οὐκ ἠδύνατο· [20] ὁ γὰρ Ἡρῴδης ἐφοβεῖτο τὸν Ἰωάννην, εἰδὼς αὐτὸν ἄνδρα δίκαιον καὶ ἅγιον, καὶ συνετήρει αὐτόν, καὶ ἀκούσας αὐτοῦ πολλὰ ἠπόρει, καὶ **ἡδέως** αὐτοῦ ἤκουεν.		
121	**Mt 23,1**	τότε ὁ Ἰησοῦς ἐλάλησεν τοῖς ὄχλοις καὶ τοῖς μαθηταῖς αὐτοῦ [2] λέγων· ...	**Mk 12,37** → Lk 13,17 → Lk 19,48 → Lk 21,38	... καὶ [ὁ] πολὺς ὄχλος ἤκουεν αὐτοῦ **ἡδέως.** [38] καὶ ἐν τῇ διδαχῇ αὐτοῦ ἔλεγεν· ...	**Lk 20,45**	ἀκούοντος δὲ παντὸς τοῦ λαοῦ εἶπεν τοῖς μαθηταῖς [αὐτοῦ]

ἤδη	Syn 25	Mt 7	Mk 8	Lk 10	Acts 3	Jn 16	1-3John 2	Paul 10	Eph	Col
	NT 61	2Thess 1	1/2Tim 3	Tit	Heb	Jas	1Pet	2Pet 1	Jude	Rev

now; already; by this time

	triple tradition																	double tradition			Sondergut		
		+Mt / +Lk			–Mt / –Lk			traditions not taken over by Mt / Lk							subtotals								
code	222	211	112	212	221	122	121	022	012	021	220	120	210	020	Σ^+	Σ^-	Σ	202	201	102	200	002	total
Mt	1				1		3^-				1	1^-	2^+		2^+	4^-	5	1			1		**7**
Mk	1				1		3				1	1		1			8						**8**
Lk	1		3^+		1^-		3^-								3^+	4^-	4	1		1		4	**10**

code	Mt		Mk		Lk	
202	**Mt 3,10**	**ἤδη** δὲ ἡ ἀξίνη πρὸς τὴν ῥίζαν τῶν δένδρων κεῖται· ...			**Lk 3,9**	**ἤδη** δὲ καὶ ἡ ἀξίνη πρὸς τὴν ῥίζαν τῶν δένδρων κεῖται· ...
200	**Mt 5,28**	... πᾶς ὁ βλέπων γυναῖκα πρὸς τὸ ἐπιθυμῆσαι αὐτὴν **ἤδη** ἐμοίχευσεν αὐτὴν ἐν τῇ καρδίᾳ αὐτοῦ.				
002					**Lk 7,6** → Mt 8,7 → Mk 5,35 → Lk 8,49	ὁ δὲ Ἰησοῦς ἐπορεύετο σὺν αὐτοῖς. **ἤδη** δὲ αὐτοῦ οὐ μακρὰν ἀπέχοντος ἀπὸ τῆς οἰκίας ἔπεμψεν φίλους ὁ ἑκατοντάρχης ...
121	**Mt 8,24**	καὶ ἰδοὺ σεισμὸς μέγας ἐγένετο ἐν τῇ θαλάσσῃ, ὥστε τὸ πλοῖον καλύπτεσθαι ὑπὸ τῶν κυμάτων, ...	**Mk 4,37**	καὶ γίνεται λαῖλαψ μεγάλη ἀνέμου, καὶ τὰ κύματα ἐπέβαλλεν εἰς τὸ πλοῖον, ὥστε **ἤδη** γεμίζεσθαι τὸ πλοῖον.	**Lk 8,23**	... καὶ κατέβη λαῖλαψ ἀνέμου εἰς τὴν λίμνην, καὶ συνεπληροῦντο καὶ ἐκινδύνευον.

121 221	**Mt 14,15**	ὀψίας δὲ γενομένης προσῆλθον αὐτῷ οἱ μαθηταὶ λέγοντες· ἔρημός ἐστιν ὁ τόπος καὶ ἡ ὥρα **ἤδη** παρῆλθεν· ...	**Mk 6,35** (2)	καὶ ἤδη ὥρας πολλῆς γενομένης προσελθόντες αὐτῷ οἱ μαθηταὶ αὐτοῦ ἔλεγον ὅτι ἔρημός ἐστιν ὁ τόπος καὶ **ἤδη** ὥρα πολλή·	**Lk 9,12** ↓ Lk 24,29	ἡ δὲ ἡμέρα ἤρξατο κλίνειν· προσελθόντες δὲ οἱ δώδεκα εἶπαν αὐτῷ· ... ὅτι ὧδε ἐν ἐρήμῳ τόπῳ ἐσμέν.	
210	**Mt 14,24**	τὸ δὲ πλοῖον **ἤδη** σταδίους πολλοὺς ἀπὸ τῆς γῆς ...	**Mk 6,47**	καὶ ὀψίας γενομένης ἦν τὸ πλοῖον ἐν μέσῳ τῆς θαλάσσης, ...			
220	**Mt 15,32** → Mt 14,14	... σπλαγχνίζομαι ἐπὶ τὸν ὄχλον, ὅτι **ἤδη** ἡμέραι τρεῖς προσμένουσίν μοι καὶ οὐκ ἔχουσιν τί φάγωσιν· ...	**Mk 8,2** → Mk 6,34	σπλαγχνίζομαι ἐπὶ τὸν ὄχλον, ὅτι **ἤδη** ἡμέραι τρεῖς προσμένουσίν μοι καὶ οὐκ ἔχουσιν τί φάγωσιν·			
210	**Mt 17,12** → Mt 11,14 → Lk 1,17	λέγω δὲ ὑμῖν ὅτι Ἠλίας **ἤδη** ἦλθεν, καὶ οὐκ ἐπέγνωσαν αὐτὸν ἀλλὰ ἐποίησαν ἐν αὐτῷ ὅσα ἠθέλησαν· ...	**Mk 9,13** → Lk 1,17	ἀλλὰ λέγω ὑμῖν ὅτι καὶ Ἠλίας ἐλήλυθεν, καὶ ἐποίησαν αὐτῷ ὅσα ἤθελον, ...			
002					**Lk 11,7**	... μή μοι κόπους πάρεχε· **ἤδη** ἡ θύρα κέκλεισται ...	
002					**Lk 12,49** → Mt 3,11 → Lk 3,16	πῦρ ἦλθον βαλεῖν ἐπὶ τὴν γῆν, καὶ τί θέλω εἰ **ἤδη** ἀνήφθη.	→ GTh 10
102	**Mt 22,4**	... καὶ πάντα ἕτοιμα· δεῦτε εἰς τοὺς γάμους.			**Lk 14,17**	... ἔρχεσθε, ὅτι **ἤδη** ἕτοιμά ἐστιν.	→ GTh 64
112	**Mt 21,9**	οἱ δὲ ὄχλοι οἱ προάγοντες αὐτὸν καὶ οἱ ἀκολουθοῦντες ἔκραζον ...	**Mk 11,9**	καὶ οἱ προάγοντες καὶ οἱ ἀκολουθοῦντες ἔκραζον· ...	**Lk 19,37**	ἐγγίζοντος δὲ αὐτοῦ **ἤδη** πρὸς τῇ καταβάσει τοῦ ὄρους τῶν ἐλαιῶν ἤρξαντο ἅπαν τὸ πλῆθος τῶν μαθητῶν χαίροντες αἰνεῖν τὸν θεὸν φωνῇ μεγάλῃ ...	→ Jn 12,13
120	**Mt 21,17**	καὶ καταλιπὼν αὐτοὺς ἐξῆλθεν ἔξω τῆς πόλεως εἰς Βηθανίαν, καὶ ηὐλίσθη ἐκεῖ.	**Mk 11,11**	... ὀψίας **ἤδη** οὔσης τῆς ὥρας, ἐξῆλθεν εἰς Βηθανίαν μετὰ τῶν δώδεκα.	**Lk 21,37** → Mk 11,19	... τὰς δὲ νύκτας ἐξερχόμενος ηὐλίζετο εἰς τὸ ὄρος τὸ καλούμενον Ἐλαιῶν·	→ [[Jn 8,1]]
222 112	**Mt 24,32**	... ὅταν **ἤδη** ὁ κλάδος αὐτῆς γένηται ἁπαλὸς καὶ τὰ φύλλα ἐκφύῃ, γινώσκετε ὅτι ἐγγὺς τὸ θέρος·	**Mk 13,28**	... ὅταν **ἤδη** ὁ κλάδος αὐτῆς ἁπαλὸς γένηται καὶ ἐκφύῃ τὰ φύλλα, γινώσκετε ὅτι ἐγγὺς τὸ θέρος ἐστίν·	**Lk 21,30** (2)	ὅταν προβάλωσιν **ἤδη**, βλέποντες ἀφ' ἑαυτῶν γινώσκετε ὅτι **ἤδη** ἐγγὺς τὸ θέρος ἐστίν·	

	Mt		Mk		Lk		
112	Mt 27,45	ἀπὸ δὲ ἕκτης ὥρας σκότος ἐγένετο ἐπὶ πᾶσαν τὴν γῆν ἕως ὥρας ἐνάτης.	Mk 15,33	καὶ γενομένης ὥρας ἕκτης σκότος ἐγένετο ἐφ' ὅλην τὴν γῆν ἕως ὥρας ἐνάτης.	Lk 23,44 → Lk 23,45	καὶ ἦν **ἤδη** ὡσεὶ ὥρα ἕκτη καὶ σκότος ἐγένετο ἐφ' ὅλην τὴν γῆν ἕως ὥρας ἐνάτης	
121	Mt 27,57	ὀψίας δὲ γενομένης ...	Mk 15,42	καὶ **ἤδη** ὀψίας γενομένης, ἐπεὶ ἦν παρασκευή, ὅ ἐστιν προσάββατον	Lk 23,54	καὶ ἡμέρα ἦν παρασκευῆς καὶ σάββατον ἐπέφωσκεν.	→ Jn 19,42
020			Mk 15,44	ὁ δὲ Πιλᾶτος ἐθαύμασεν εἰ **ἤδη** τέθνηκεν καὶ προσκαλεσάμενος τὸν κεντυρίωνα ἐπηρώτησεν αὐτὸν εἰ πάλαι ἀπέθανεν·			
002					Lk 24,29 ↑ Lk 9,12	... μεῖνον μεθ' ἡμῶν, ὅτι πρὸς ἑσπέραν ἐστὶν καὶ κέκλικεν **ἤδη** ἡ ἡμέρα. ...	

Acts 4,3	καὶ ἐπέβαλον αὐτοῖς τὰς χεῖρας καὶ ἔθεντο εἰς τήρησιν εἰς τὴν αὔριον· ἦν γὰρ ἑσπέρα **ἤδη**.	Acts 27,9 (2)	ἱκανοῦ δὲ χρόνου διαγενομένου καὶ ὄντος **ἤδη** ἐπισφαλοῦς τοῦ πλοὸς	διὰ τὸ καὶ τὴν νηστείαν **ἤδη** παρεληλυθέναι παρῄνει ὁ Παῦλος

ἡδονή

	Syn	Mt	Mk	Lk	Acts	Jn	1-3John	Paul	Eph	Col
	1			1						
	NT	**2Thess**	**1/2Tim**	**Tit**	**Heb**	**Jas**	**1Pet**	**2Pet**	**Jude**	**Rev**
	5			1		2		1		

pleasure; enjoyment; pleasantness

	Mt		Mk		Lk		
112	Mt 13,22	ὁ δὲ εἰς τὰς ἀκάνθας σπαρείς, οὗτός ἐστιν ὁ τὸν λόγον ἀκούων, καὶ ἡ μέριμνα τοῦ αἰῶνος καὶ ἡ ἀπάτη τοῦ πλούτου συμπνίγει τὸν λόγον καὶ ἄκαρπος γίνεται.	Mk 4,19	[18] καὶ ἄλλοι εἰσὶν οἱ εἰς τὰς ἀκάνθας σπειρόμενοι· οὗτοί εἰσιν οἱ τὸν λόγον ἀκούσαντες, [19] καὶ αἱ μέριμναι τοῦ αἰῶνος καὶ ἡ ἀπάτη τοῦ πλούτου καὶ **αἱ περὶ τὰ λοιπὰ ἐπιθυμίαι** εἰσπορευόμεναι συμπνίγουσιν τὸν λόγον καὶ ἄκαρπος γίνεται.	Lk 8,14	τὸ δὲ εἰς τὰς ἀκάνθας πεσόν, οὗτοί εἰσιν οἱ ἀκούσαντες, καὶ ὑπὸ μεριμνῶν καὶ πλούτου καὶ **ἡδονῶν τοῦ βίου** πορευόμενοι συμπνίγονται καὶ οὐ τελεσφοροῦσιν.	

ἡδύοσμον

	Syn	Mt	Mk	Lk	Acts	Jn	1-3John	Paul	Eph	Col
	2	1		1						
	NT	**2Thess**	**1/2Tim**	**Tit**	**Heb**	**Jas**	**1Pet**	**2Pet**	**Jude**	**Rev**
	2									

mint

	Mt		Mk		Lk		
202	Mt 23,23	οὐαὶ ὑμῖν, γραμματεῖς καὶ Φαρισαῖοι ὑποκριταί, ὅτι ἀποδεκατοῦτε **τὸ ἡδύοσμον** καὶ τὸ ἄνηθον καὶ τὸ κύμινον ...			Lk 11,42	ἀλλὰ οὐαὶ ὑμῖν τοῖς Φαρισαίοις, ὅτι ἀποδεκατοῦτε **τὸ ἡδύοσμον** καὶ τὸ πήγανον καὶ πᾶν λάχανον ...	

ἥκω	Syn 10	Mt 4	Mk 1	Lk 5	Acts	Jn 4	1-3John 1	Paul 1	Eph	Col
	NT 26	2Thess	1/2Tim	Tit	Heb 3	Jas	1Pet	2Pet 1	Jude	Rev 6

have come; be present

	triple tradition																	double tradition			Sondergut		
		+Mt / +Lk			−Mt / −Lk			traditions not taken over by Mt / Lk							subtotals								
code	222	211	112	212	221	122	121	022	012	021	220	120	210	020	Σ⁺	Σ⁻	Σ	202	201	102	200	002	total
Mt												1⁻	1⁺		1⁺	1⁻	1	2	1				4
Mk												1					1						1
Lk																		2		1		2	5

code	Mt		Mk		Lk		
202	**Mt 24,50** → Mt 24,42 → Mt 24,44 → Mt 25,13	**ἥξει** ὁ κύριος τοῦ δούλου ἐκείνου ἐν ἡμέρᾳ ᾗ οὐ προσδοκᾷ καὶ ἐν ὥρᾳ ᾗ οὐ γινώσκει			**Lk 12,46**	**ἥξει** ὁ κύριος τοῦ δούλου ἐκείνου ἐν ἡμέρᾳ ᾗ οὐ προσδοκᾷ καὶ ἐν ὥρᾳ ᾗ οὐ γινώσκει, ...	
202	**Mt 8,11**	λέγω δὲ ὑμῖν ὅτι πολλοὶ ἀπὸ ἀνατολῶν καὶ δυσμῶν **ἥξουσιν** καὶ ἀνακλιθήσονται μετὰ Ἀβραὰμ καὶ Ἰσαὰκ καὶ Ἰακὼβ ἐν τῇ βασιλείᾳ τῶν οὐρανῶν, [12] οἱ δὲ υἱοὶ τῆς βασιλείας ἐκβληθήσονται εἰς τὸ σκότος τὸ ἐξώτερον· ἐκεῖ ἔσται ὁ κλαυθμὸς καὶ ὁ βρυγμὸς τῶν ὀδόντων.			**Lk 13,29**	[28] ἐκεῖ ἔσται ὁ κλαυθμὸς καὶ ὁ βρυγμὸς τῶν ὀδόντων, ὅταν ὄψεσθε Ἀβραὰμ καὶ Ἰσαὰκ καὶ Ἰακὼβ καὶ πάντας τοὺς προφήτας ἐν τῇ βασιλείᾳ τοῦ θεοῦ, ὑμᾶς δὲ ἐκβαλλομένους ἔξω. [29] καὶ **ἥξουσιν** ἀπὸ ἀνατολῶν καὶ δυσμῶν καὶ ἀπὸ βορρᾶ καὶ νότου καὶ ἀνακλιθήσονται ἐν τῇ βασιλείᾳ τοῦ θεοῦ.	
120	**Mt 15,32** → Mt 14,15	... καὶ ἀπολῦσαι αὐτοὺς νήστεις οὐ θέλω, μήποτε ἐκλυθῶσιν ἐν τῇ ὁδῷ.	**Mk 8,3** → Mk 6,36	καὶ ἐὰν ἀπολύσω αὐτοὺς νήστεις εἰς οἶκον αὐτῶν, ἐκλυθήσονται ἐν τῇ ὁδῷ· καί τινες αὐτῶν ἀπὸ μακρόθεν **ἥκασιν.**	→ Lk 9,12		
102	**Mt 23,39**	... οὐ μή με ἴδητε ἀπ᾽ ἄρτι ἕως ἂν εἴπητε· *εὐλογημένος ὁ ἐρχόμενος ἐν ὀνόματι κυρίου.* ➤ Ps 118,26			**Lk 13,35**	... οὐ μὴ ἴδητέ με ἕως **[ἥξει** ὅτε] εἴπητε· *εὐλογημένος ὁ ἐρχόμενος ἐν ὀνόματι κυρίου.* ➤ Ps 118,26	
002					**Lk 15,27**	... ὁ ἀδελφός σου **ἥκει,** καὶ ἔθυσεν ὁ πατήρ σου τὸν μόσχον τὸν σιτευτόν, ...	
002					**Lk 19,43** → Lk 21,20	ὅτι **ἥξουσιν** ἡμέραι ἐπὶ σὲ καὶ παρεμβαλοῦσιν οἱ ἐχθροί σου χάρακά σοι καὶ περικυκλώσουσίν σε καὶ συνέξουσίν σε πάντοθεν	
201	**Mt 23,36**	ἀμὴν λέγω ὑμῖν, **ἥξει** ταῦτα πάντα ἐπὶ τὴν γενεὰν ταύτην.			**Lk 11,51**	... ναὶ λέγω ὑμῖν, **ἐκζητηθήσεται** ἀπὸ τῆς γενεᾶς ταύτης.	

code	Mt		Mk		Lk		
210	**Mt 24,14** → Mt 10,18 → Mk 13,9 → Lk 21,13 → Mt 28,19	καὶ κηρυχθήσεται τοῦτο τὸ εὐαγγέλιον τῆς βασιλείας ἐν ὅλῃ τῇ οἰκουμένῃ εἰς μαρτύριον πᾶσιν τοῖς ἔθνεσιν, καὶ τότε ἥξει τὸ τέλος.	**Mk 13,10**	καὶ εἰς πάντα τὰ ἔθνη πρῶτον δεῖ κηρυχθῆναι τὸ εὐαγγέλιον.			
202	**Mt 24,50** → Mt 24,42 → Mt 24,44 → Mt 25,13	ἥξει ὁ κύριος τοῦ δούλου ἐκείνου ἐν ἡμέρᾳ ᾗ οὐ προσδοκᾷ καὶ ἐν ὥρᾳ ᾗ οὐ γινώσκει			**Lk 12,46**	ἥξει ὁ κύριος τοῦ δούλου ἐκείνου ἐν ἡμέρᾳ ᾗ οὐ προσδοκᾷ καὶ ἐν ὥρᾳ ᾗ οὐ γινώσκει, ...	

ηλι

	Syn	Mt	Mk	Lk	Acts	Jn	1-3John	Paul	Eph	Col
	2	2								
	NT	2Thess	1/2Tim	Tit	Heb	Jas	1Pet	2Pet	Jude	Rev
	2									

Hebrew: my God

code	Mt		Mk		
210 210	**Mt 27,46** **(2)**	περὶ δὲ τὴν ἐνάτην ὥραν ἀνεβόησεν ὁ Ἰησοῦς φωνῇ μεγάλῃ λέγων· *ηλι* *ηλι* *λεμα σαβαχθανι;* τοῦτ᾽ ἔστιν· *θεέ μου θεέ μου, ἱνατί με ἐγκατέλιπες;* ➤ Ps 22,2	**Mk 15,34**	καὶ τῇ ἐνάτῃ ὥρᾳ ἐβόησεν ὁ Ἰησοῦς φωνῇ μεγάλῃ· *ελωι* *ελωι* *λεμα σαβαχθανι;* ὅ ἐστιν μεθερμηνευόμενον *ὁ θεός μου ὁ θεός μου, εἰς τί ἐγκατέλιπές με;* ➤ Ps 22,2	

Ἠλί

	Syn	Mt	Mk	Lk	Acts	Jn	1-3John	Paul	Eph	Col
	1			1						
	NT	2Thess	1/2Tim	Tit	Heb	Jas	1Pet	2Pet	Jude	Rev
	1									

Heli

code	Mt		Lk		
002	**Mt 1,16** → Mt 13,55 → Mk 6,3	Ἰακὼβ δὲ ἐγέννησεν τὸν Ἰωσὴφ τὸν ἄνδρα Μαρίας, ἐξ ἧς ἐγεννήθη Ἰησοῦς ὁ λεγόμενος χριστός.	**Lk 3,23** → Lk 4,22	καὶ αὐτὸς ἦν Ἰησοῦς ἀρχόμενος ὡσεὶ ἐτῶν τριάκοντα, ὢν υἱός, ὡς ἐνομίζετο, Ἰωσὴφ τοῦ Ἠλὶ	

Ἠλίας

	Syn	Mt	Mk	Lk	Acts	Jn	1-3John	Paul	Eph	Col
	25	9	9	7		2		1		
	NT	2Thess	1/2Tim	Tit	Heb	Jas	1Pet	2Pet	Jude	Rev
	29					1				

Elijah

	triple tradition																double tradition			Sondergut		
		+Mt / +Lk			–Mt / –Lk			traditions not taken over by Mt / Lk							subtotals							
code	*222*	*211*	*112*	*212*	*221*	*122*	*121*	*022*	*012*	*021*	*220*	*120*	*210*	*020*	Σ⁺	Σ⁻	Σ	*202*	*201*	*102*	*200*	*002*	total
Mt	3										5						8				1		**9**
Mk	3							1			5						9						**9**
Lk	3							1									4					3	**7**

code	Lk		
002	**Lk 1,17** ↓ Mt 11,14 ↓ Mt 17,12 ↓ Mk 9,13	καὶ αὐτὸς προελεύσεται ἐνώπιον αὐτοῦ ἐν πνεύματι καὶ δυνάμει Ἠλίου, ἐπιστρέψαι καρδίας πατέρων ἐπὶ τέκνα ...	

002					Lk 4,25	... πολλαὶ χῆραι ἦσαν ἐν ταῖς ἡμέραις Ἠλίου ἐν τῷ Ἰσραήλ, ὅτε ἐκλείσθη ὁ οὐρανὸς ἐπὶ ἔτη τρία καὶ μῆνας ἕξ, ...	
002					Lk 4,26	καὶ πρὸς οὐδεμίαν αὐτῶν ἐπέμφθη Ἠλίας εἰ μὴ εἰς Σάρεπτα τῆς Σιδωνίας πρὸς γυναῖκα χήραν.	
200	Mt 11,14 ↓ Mt 17,12 ↑ Lk 1,17	καὶ εἰ θέλετε δέξασθαι, αὐτός ἐστιν Ἠλίας ὁ μέλλων ἔρχεσθαι.					
022	↓ Mt 16,14		Mk 6,15 ↓ Mk 8,28	ἄλλοι δὲ ἔλεγον ὅτι Ἠλίας ἐστίν· ἄλλοι δὲ ἔλεγον ὅτι προφήτης ὡς εἷς τῶν προφητῶν.	Lk 9,8 ↓ Lk 9,19	ὑπό τινων δὲ ὅτι Ἠλίας ἐφάνη, ἄλλων δὲ ὅτι προφήτης τις τῶν ἀρχαίων ἀνέστη.	
222	Mt 16,14 → Mt 14,2	... οἱ μὲν Ἰωάννην τὸν βαπτιστήν, ἄλλοι δὲ Ἠλίαν, ἕτεροι δὲ Ἰερεμίαν ἢ ἕνα τῶν προφητῶν.	Mk 8,28 ↑ Mk 6,15	... Ἰωάννην τὸν βαπτιστήν, καὶ ἄλλοι Ἠλίαν, ἄλλοι δὲ ὅτι εἷς τῶν προφητῶν.	Lk 9,19 ↑ Lk 9,8	... Ἰωάννην τὸν βαπτιστήν, ἄλλοι δὲ Ἠλίαν, ἄλλοι δὲ ὅτι προφήτης τις τῶν ἀρχαίων ἀνέστη.	→ GTh 13
222	Mt 17,3 → Lk 9,31	καὶ ἰδοὺ ὤφθη αὐτοῖς Μωϋσῆς καὶ Ἠλίας συλλαλοῦντες μετ' αὐτοῦ.	Mk 9,4 → Lk 9,31	καὶ ὤφθη αὐτοῖς Ἠλίας σὺν Μωϋσεῖ καὶ ἦσαν συλλαλοῦντες τῷ Ἰησοῦ.	Lk 9,30	καὶ ἰδοὺ ἄνδρες δύο συνελάλουν αὐτῷ, οἵτινες ἦσαν Μωϋσῆς καὶ Ἠλίας	
222	Mt 17,4	... εἰ θέλεις, ποιήσω ὧδε τρεῖς σκηνάς, σοὶ μίαν καὶ Μωϋσεῖ μίαν καὶ Ἠλίᾳ μίαν.	Mk 9,5	... καὶ ποιήσωμεν τρεῖς σκηνάς, σοὶ μίαν καὶ Μωϋσεῖ μίαν καὶ Ἠλίᾳ μίαν.	Lk 9,33	... καὶ ποιήσωμεν σκηνὰς τρεῖς, μίαν σοὶ καὶ μίαν Μωϋσεῖ καὶ μίαν Ἠλίᾳ, ...	
220	Mt 17,10	... τί οὖν οἱ γραμματεῖς λέγουσιν ὅτι *Ἠλίαν* *δεῖ ἐλθεῖν πρῶτον;* ➤ Mal 3,23-24	Mk 9,11	... ὅτι λέγουσιν οἱ γραμματεῖς ὅτι *Ἠλίαν* *δεῖ ἐλθεῖν πρῶτον;* ➤ Mal 3,23-24			
220	Mt 17,11	ὁ δὲ ἀποκριθεὶς εἶπεν· *Ἠλίας* μὲν *ἔρχεται καὶ ἀποκαταστήσει* πάντα· ➤ Mal 3,23-24	Mk 9,12	ὁ δὲ ἔφη αὐτοῖς· Ἠλίας μὲν ἐλθὼν πρῶτον ἀποκαθιστάνει πάντα· ...			→ Acts 3,21
220	Mt 17,12 ↑ Mt 11,14 ↑ Lk 1,17	λέγω δὲ ὑμῖν ὅτι Ἠλίας ἤδη ἦλθεν, καὶ οὐκ ἐπέγνωσαν αὐτὸν ἀλλὰ ἐποίησαν ἐν αὐτῷ ὅσα ἠθέλησαν· ...	Mk 9,13 ↑ Lk 1,17	ἀλλὰ λέγω ὑμῖν ὅτι καὶ Ἠλίας ἐλήλυθεν, καὶ ἐποίησαν αὐτῷ ὅσα ἤθελον, ...			
220	Mt 27,47	τινὲς δὲ τῶν ἐκεῖ ἑστηκότων ἀκούσαντες ἔλεγον ὅτι Ἠλίαν φωνεῖ οὗτος.	Mk 15,35	καί τινες τῶν παρεστηκότων ἀκούσαντες ἔλεγον· ἴδε Ἠλίαν φωνεῖ.			
220	Mt 27,49	... ἄφες ἴδωμεν εἰ ἔρχεται Ἠλίας σώσων αὐτόν.	Mk 15,36	... ἄφετε ἴδωμεν εἰ ἔρχεται Ἠλίας καθελεῖν αὐτόν.			

ἡλικία

	Syn	Mt	Mk	Lk	Acts	Jn	1-3John	Paul	Eph	Col
ἡλικία	4	1		3		2			1	
	NT	2Thess	1/2Tim	Tit	Heb	Jas	1Pet	2Pet	Jude	Rev
	8				1					

age; time of life; bodily stature

code	Mt	Mk	Lk	
002			**Lk 2,52** καὶ Ἰησοῦς προέκοπτεν [ἐν τῇ] σοφίᾳ καὶ **ἡλικίᾳ** καὶ χάριτι παρὰ θεῷ καὶ ἀνθρώποις.	
202	**Mt 6,27** τίς δὲ ἐξ ὑμῶν μεριμνῶν δύναται προσθεῖναι **ἐπὶ τὴν ἡλικίαν αὐτοῦ** πῆχυν ἕνα;		**Lk 12,25** τίς δὲ ἐξ ὑμῶν μεριμνῶν δύναται **ἐπὶ τὴν ἡλικίαν αὐτοῦ** προσθεῖναι πῆχυν;	→ GTh 36,4 (only **POxy** 655)
002			**Lk 19,3** καὶ ἐζήτει ἰδεῖν τὸν Ἰησοῦν τίς ἐστιν καὶ οὐκ ἠδύνατο ἀπὸ τοῦ ὄχλου, ὅτι **τῇ ἡλικίᾳ** μικρὸς ἦν.	

ἥλιος

	Syn	Mt	Mk	Lk	Acts	Jn	1-3John	Paul	Eph	Col
ἥλιος	12	5	4	3	4			1	1	
	NT	2Thess	1/2Tim	Tit	Heb	Jas	1Pet	2Pet	Jude	Rev
	32					1				13

sun

	triple tradition																double tradition			Sondergut		
		+Mt / +Lk			–Mt / –Lk			traditions not taken over by Mt / Lk							subtotals							
code	222	211	112	212	221	122	121	022	012	021	220	120	210	020	Σ^+	Σ^-	Σ	202	201	102	200	002	total
Mt	1	1^+			1	1^-	1^-								1^+	2^-	3		1		1		**5**
Mk	1				1	1	1										4						**4**
Lk	1		1^+		1^-	1	1^-								1^+	2^-	3						**3**

code	Mt	Mk	Lk	
122	**Mt 8,16** ⇩ Mt 4,24 → Mt 12,15 → Mt 15,30 ὀψίας δὲ γενομένης προσήνεγκαν αὐτῷ δαιμονιζομένους πολλούς· ... **Mt 4,24** ⇧ Mt 8,16 → Mt 12,15 → Mt 15,30 ... καὶ προσήνεγκαν αὐτῷ πάντας τοὺς κακῶς ἔχοντας ποικίλαις νόσοις καὶ βασάνοις συνεχομένους [καὶ] δαιμονιζομένους καὶ σεληνιαζομένους καὶ παραλυτικούς, ...	**Mk 1,32** → Mk 3,10 → Mk 7,32 ὀψίας δὲ γενομένης, ὅτε ἔδυ **ὁ ἥλιος,** ἔφερον πρὸς αὐτὸν πάντας τοὺς κακῶς ἔχοντας καὶ τοὺς δαιμονιζομένους·	**Lk 4,40** → Lk 6,18 δύνοντος δὲ **τοῦ ἡλίου** ἅπαντες ὅσοι εἶχον ἀσθενοῦντας νόσοις ποικίλαις ἤγαγον αὐτοὺς πρὸς αὐτόν· ...	
201	**Mt 5,45** ὅπως γένησθε υἱοὶ τοῦ πατρὸς ὑμῶν τοῦ ἐν οὐρανοῖς, ὅτι **τὸν ἥλιον αὐτοῦ** ἀνατέλλει ἐπὶ πονηροὺς καὶ ἀγαθοὺς καὶ βρέχει ἐπὶ δικαίους καὶ ἀδίκους.		**Lk 6,35** ... καὶ ἔσεσθε υἱοὶ ὑψίστου, ὅτι αὐτὸς χρηστός ἐστιν ἐπὶ τοὺς ἀχαρίστους καὶ πονηρούς.	→ GTh 3 (POxy 654)
221	**Mt 13,6** **ἡλίου** δὲ ἀνατείλαντος ἐκαυματίσθη καὶ διὰ τὸ μὴ ἔχειν ῥίζαν ἐξηράνθη.	**Mk 4,6** καὶ ὅτε ἀνέτειλεν **ὁ ἥλιος** ἐκαυματίσθη καὶ διὰ τὸ μὴ ἔχειν ῥίζαν ἐξηράνθη.	**Lk 8,6** ... ἐξηράνθη διὰ τὸ μὴ ἔχειν ἰκμάδα.	→ GTh 9

200	**Mt 13,43** → Mt 25,46	τότε οἱ δίκαιοι ἐκλάμψουσιν ὡς ὁ ἥλιος ἐν τῇ βασιλείᾳ τοῦ πατρὸς αὐτῶν. ...					
211	**Mt 17,2**	καὶ μετεμορφώθη ἔμπροσθεν αὐτῶν, καὶ ἔλαμψεν τὸ πρόσωπον αὐτοῦ ὡς ὁ ἥλιος, τὰ δὲ ἱμάτια αὐτοῦ ἐγένετο λευκὰ ὡς τὸ φῶς.	**Mk 9,2**	... καὶ μετεμορφώθη ἔμπροσθεν αὐτῶν, [3] καὶ τὰ ἱμάτια αὐτοῦ ἐγένετο στίλβοντα λευκὰ λίαν ...	**Lk 9,29**	καὶ ἐγένετο ἐν τῷ προσεύχεσθαι αὐτὸν τὸ εἶδος τοῦ προσώπου αὐτοῦ ἕτερον καὶ ὁ ἱματισμὸς αὐτοῦ λευκὸς ἐξαστράπτων.	
222	**Mt 24,29**	εὐθέως δὲ μετὰ τὴν θλῖψιν τῶν ἡμερῶν ἐκείνων *ὁ ἥλιος* *σκοτισθήσεται, καὶ* *ἡ σελήνη οὐ δώσει* *τὸ φέγγος αὐτῆς, ...* ➤ Isa 13,10	**Mk 13,24**	ἀλλὰ ἐν ἐκείναις ταῖς ἡμέραις μετὰ τὴν θλῖψιν ἐκείνην *ὁ ἥλιος* *σκοτισθήσεται, καὶ* *ἡ σελήνη οὐ δώσει* *τὸ φέγγος αὐτῆς* ➤ Isa 13,10	**Lk 21,25** → Lk 21,11	καὶ ἔσονται σημεῖα ἐν ἡλίῳ καὶ σελήνῃ ...	→ Acts 2,19
112	**Mt 27,45**	ἀπὸ δὲ ἕκτης ὥρας σκότος ἐγένετο ἐπὶ πᾶσαν τὴν γῆν ἕως ὥρας ἐνάτης.	**Mk 15,33**	καὶ γενομένης ὥρας ἕκτης σκότος ἐγένετο ἐφ' ὅλην τὴν γῆν ἕως ὥρας ἐνάτης.	**Lk 23,45**	[44] καὶ ἦν ἤδη ὡσεὶ ὥρα ἕκτη καὶ σκότος ἐγένετο ἐφ' ὅλην τὴν γῆν ἕως ὥρας ἐνάτης [45] τοῦ ἡλίου ἐκλιπόντος,	
	Mt 27,51	καὶ ἰδοὺ τὸ καταπέτασμα τοῦ ναοῦ ἐσχίσθη ἀπ' ἄνωθεν ἕως κάτω εἰς δύο ...	**Mk 15,38**	καὶ τὸ καταπέτασμα τοῦ ναοῦ ἐσχίσθη εἰς δύο ἀπ' ἄνωθεν ἕως κάτω.		ἐσχίσθη δὲ τὸ καταπέτασμα τοῦ ναοῦ μέσον.	
121	**Mt 28,1** → Mk 16,1 → Lk 24,10	... ἦλθεν Μαριὰμ ἡ Μαγδαληνὴ καὶ ἡ ἄλλη Μαρία θεωρῆσαι τὸν τάφον.	**Mk 16,2**	καὶ λίαν πρωῒ τῇ μιᾷ τῶν σαββάτων ἔρχονται ἐπὶ τὸ μνημεῖον ἀνατείλαντος τοῦ ἡλίου.	**Lk 24,1** → Lk 24,22	τῇ δὲ μιᾷ τῶν σαββάτων ὄρθρου βαθέως ἐπὶ τὸ μνῆμα ἦλθον φέρουσαι ἃ ἡτοίμασαν ἀρώματα.	→ Jn 20,1

Acts 2,20 *ὁ ἥλιος μεταστραφήσεται εἰς σκότος καὶ ἡ σελήνη εἰς αἷμα πρὶν ἐλθεῖν ἡμέραν κυρίου τὴν μεγάλην καὶ ἐπιφανῆ.*
➤ Joel 3,4 LXX

Acts 13,11 καὶ νῦν ἰδοὺ χεὶρ κυρίου ἐπὶ σὲ καὶ ἔσῃ τυφλὸς μὴ βλέπων τὸν ἥλιον ἄχρι καιροῦ. ...

Acts 26,13 ἡμέρας μέσης κατὰ τὴν ὁδὸν εἶδον, βασιλεῦ, οὐρανόθεν ὑπὲρ τὴν λαμπρότητα τοῦ ἡλίου περιλάμψαν με φῶς καὶ τοὺς σὺν ἐμοὶ πορευομένους.

Acts 27,20 μήτε δὲ ἡλίου μήτε ἄστρων ἐπιφαινόντων ἐπὶ πλείονας ἡμέρας, ...

ἡμεῖς (all cases)	Syn 141	Mt 49	Mk 23	Lk 69	Acts 125	Jn 48	1-3John 65	Paul 300	Eph 28	Col 13
	NT 863	2Thess 26	1/2Tim 18	Tit 15	Heb 31	Jas 8	1Pet 4	2Pet 15	Jude 7	Rev 19

personal pronoun for the first person plural

ἡμῶν p. 722 ἡμῖν p. 726 ἡμᾶς p. 732

ἡμεῖς	Syn 13	Mt 5	Mk 3	Lk 5	Acts 21	Jn 18	1-3John 12	Paul 51	Eph 1	Col 2
	NT 127	2Thess 1	1/2Tim	Tit 2	Heb 5	Jas	1Pet	2Pet 1	Jude	Rev

personal pronoun for the first person plural nominative: we

	triple tradition																	double tradition			Sondergut		
		+Mt / +Lk			–Mt / –Lk			traditions not taken over by Mt / Lk							subtotals								
code	222	211	112	212	221	122	121	022	012	021	220	120	210	020	Σ⁺	Σ⁻	Σ	202	201	102	200	002	total
Mt	1	1⁺									1	1⁻			1⁺	1⁻	3		1		1		5
Mk	1										1	1					3						3
Lk	1		1⁺												1⁺		2					3	5

code	Mt		Mk		Lk		
002					Lk 3,14	... τί ποιήσωμεν καὶ **ἡμεῖς**; ...	
201	Mt 6,12 → Mt 6,14 → Mk 11,25 → Mt 18,33	καὶ ἄφες ἡμῖν τὰ ὀφειλήματα ἡμῶν, ὡς καὶ **ἡμεῖς** ἀφήκαμεν τοῖς ὀφειλέταις ἡμῶν·			Lk 11,4	καὶ ἄφες ἡμῖν τὰς ἁμαρτίας ἡμῶν, καὶ γὰρ **αὐτοὶ** ἀφίομεν παντὶ ὀφείλοντι ἡμῖν· ...	
211	Mt 9,14	... διὰ τί **ἡμεῖς** καὶ οἱ Φαρισαῖοι νηστεύομεν [πολλά], οἱ δὲ μαθηταί σου οὐ νηστεύουσιν;	Mk 2,18	... διὰ τί **οἱ μαθηταὶ** **Ἰωάννου** καὶ οἱ μαθηταὶ τῶν Φαρισαίων νηστεύουσιν, οἱ δὲ σοὶ μαθηταὶ οὐ νηστεύουσιν;	Lk 5,33	 ... **οἱ μαθηταὶ** **Ἰωάννου** νηστεύουσιν πυκνὰ καὶ δεήσεις ποιοῦνται ὁμοίως καὶ οἱ τῶν Φαρισαίων, οἱ δὲ σοὶ ἐσθίουσιν καὶ πίνουσιν.	→ GTh 104
112	Mt 14,16 → Mt 14,15 → Mt 15,33	ὁ δὲ [Ἰησοῦς] εἶπεν αὐτοῖς· οὐ χρείαν ἔχουσιν ἀπελθεῖν, δότε αὐτοῖς ὑμεῖς φαγεῖν. [17] οἱ δὲ λέγουσιν αὐτῷ· οὐκ ἔχομεν ὧδε εἰ μὴ πέντε ἄρτους καὶ δύο ἰχθύας.	Mk 6,37 → Mk 6,36 → Mk 8,4	ὁ δὲ ἀποκριθεὶς εἶπεν αὐτοῖς· δότε αὐτοῖς ὑμεῖς φαγεῖν. καὶ λέγουσιν αὐτῷ· ἀπελθόντες ἀγοράσωμεν δηναρίων διακοσίων ἄρτους καὶ δώσομεν αὐτοῖς φαγεῖν; [38] ὁ δὲ λέγει αὐτοῖς· πόσους ἄρτους ἔχετε; ὑπάγετε ἴδετε. καὶ γνόντες λέγουσιν· πέντε, καὶ δύο ἰχθύας.	Lk 9,13 → Lk 9,12	εἶπεν δὲ πρὸς αὐτούς· δότε αὐτοῖς ὑμεῖς φαγεῖν. οἱ δὲ εἶπαν· οὐκ εἰσὶν ἡμῖν πλεῖον ἢ ἄρτοι πέντε καὶ ἰχθύες δύο, εἰ μήτι πορευθέντες **ἡμεῖς** ἀγοράσωμεν εἰς πάντα τὸν λαὸν τοῦτον βρώματα.	→ Jn 6,5 → Jn 6,7
220	Mt 17,19	... διὰ τί **ἡμεῖς** οὐκ ἠδυνήθημεν ἐκβαλεῖν αὐτό;	Mk 9,28	... ὅτι **ἡμεῖς** οὐκ ἠδυνήθημεν ἐκβαλεῖν αὐτό;			
222	Mt 19,27	... ἰδοὺ **ἡμεῖς** ἀφήκαμεν πάντα καὶ ἠκολουθήσαμέν σοι· τί ἄρα ἔσται ἡμῖν;	Mk 10,28	... ἰδοὺ **ἡμεῖς** ἀφήκαμεν πάντα καὶ ἠκολουθήκαμέν σοι.	Lk 18,28	... ἰδοὺ **ἡμεῖς** ἀφέντες τὰ ἴδια ἠκολουθήσαμέν σοι.	

	Mt	Mk	Lk	
120	**Mt 26,61** → Mt 27,40 ... οὗτος ἔφη· δύναμαι καταλῦσαι τὸν ναὸν τοῦ θεοῦ καὶ διὰ τριῶν ἡμερῶν οἰκοδομῆσαι.	**Mk 14,58** ὅτι → Mk 15,29 **ἡμεῖς** ἠκούσαμεν αὐτοῦ λέγοντος ὅτι ἐγὼ καταλύσω τὸν ναὸν τοῦτον τὸν χειροποίητον καὶ διὰ τριῶν ἡμερῶν ἄλλον ἀχειροποίητον οἰκοδομήσω.		→ Jn 2,19 → Acts 6,14 → GTh 71
002			**Lk 23,41** καὶ **ἡμεῖς** μὲν δικαίως, ἄξια γὰρ ὧν ἐπράξαμεν ἀπολαμβάνομεν· ...	
200	**Mt 28,14** καὶ ἐὰν ἀκουσθῇ τοῦτο ἐπὶ τοῦ ἡγεμόνος, **ἡμεῖς** πείσομεν [αὐτὸν] καὶ ὑμᾶς ἀμερίμνους ποιήσομεν.			
002			**Lk 24,21** **ἡμεῖς** δὲ ἠλπίζομεν ὅτι αὐτός ἐστιν ὁ μέλλων λυτροῦσθαι τὸν Ἰσραήλ· ...	

Acts 2,8 καὶ πῶς
ἡμεῖς
ἀκούομεν ἕκαστος
τῇ ἰδίᾳ διαλέκτῳ ἡμῶν
ἐν ᾗ ἐγεννήθημεν;

Acts 2,32 τοῦτον τὸν Ἰησοῦν
ἀνέστησεν ὁ θεός, οὗ
πάντες ἡμεῖς
ἐσμεν μάρτυρες·

Acts 3,15 τὸν δὲ ἀρχηγὸν τῆς ζωῆς
ἀπεκτείνατε ὃν ὁ θεὸς
ἤγειρεν ἐκ νεκρῶν, οὗ
ἡμεῖς
μάρτυρές ἐσμεν.

Acts 4,9 εἰ
ἡμεῖς
σήμερον ἀνακρινόμεθα
ἐπὶ εὐεργεσίᾳ ἀνθρώπου
ἀσθενοῦς ἐν τίνι οὗτος
σέσωται

Acts 4,20 οὐ δυνάμεθα γὰρ
ἡμεῖς
ἃ εἴδαμεν καὶ
ἠκούσαμεν μὴ λαλεῖν.

Acts 5,32 καὶ
ἡμεῖς
ἐσμεν μάρτυρες τῶν
ῥημάτων τούτων καὶ
τὸ πνεῦμα τὸ ἅγιον ...

Acts 6,4 **ἡμεῖς**
δὲ τῇ προσευχῇ καὶ
τῇ διακονίᾳ τοῦ λόγου
προσκαρτερήσομεν.

Acts 10,33 ... νῦν οὖν
πάντες ἡμεῖς
ἐνώπιον τοῦ θεοῦ
πάρεσμεν ἀκοῦσαι
πάντα τὰ προστεταγμένα
σοι ὑπὸ τοῦ κυρίου.

Acts 10,39 καὶ
ἡμεῖς
μάρτυρες πάντων ὧν
ἐποίησεν ἔν τε τῇ χώρᾳ
τῶν Ἰουδαίων καὶ [ἐν]
Ἰερουσαλήμ. ...

Acts 10,47 μήτι τὸ ὕδωρ δύναται
κωλῦσαί τις τοῦ μὴ
βαπτισθῆναι τούτους,
οἵτινες τὸ πνεῦμα τὸ
ἅγιον ἔλαβον
ὡς καὶ ἡμεῖς;

Acts 13,32 καὶ
ἡμεῖς
ὑμᾶς εὐαγγελιζόμεθα
τὴν πρὸς τοὺς πατέρας
ἐπαγγελίαν γενομένην

Acts 14,15 ... ἄνδρες, τί ταῦτα
ποιεῖτε; καὶ
ἡμεῖς
ὁμοιοπαθεῖς ἐσμεν ὑμῖν
ἄνθρωποι ...

Acts 15,10 νῦν οὖν τί πειράζετε
τὸν θεὸν ἐπιθεῖναι ζυγὸν
ἐπὶ τὸν τράχηλον
τῶν μαθητῶν ὃν οὔτε
οἱ πατέρες ἡμῶν
οὔτε ἡμεῖς
ἰσχύσαμεν βαστάσαι;

Acts 20,6 **ἡμεῖς**
δὲ ἐξεπλεύσαμεν μετὰ
τὰς ἡμέρας τῶν ἀζύμων
ἀπὸ Φιλίππων ...

Acts 20,13 **ἡμεῖς**
δὲ προελθόντες ἐπὶ τὸ
πλοῖον ἀνήχθημεν ἐπὶ
τὴν ῏Ασσον ...

Acts 21,7 **ἡμεῖς**
δὲ τὸν πλοῦν
διανύσαντες ἀπὸ Τύρου
κατηντήσαμεν
εἰς Πτολεμαΐδα ...

Acts 21,12 ... παρεκαλοῦμεν
ἡμεῖς
τε καὶ οἱ ἐντόπιοι
τοῦ μὴ ἀναβαίνειν αὐτὸν
εἰς Ἰερουσαλήμ.

Acts 21,25 περὶ δὲ τῶν
πεπιστευκότων ἐθνῶν
ἡμεῖς
ἐπεστείλαμεν κρίναντες
φυλάσσεσθαι αὐτοὺς
τό τε εἰδωλόθυτον
καὶ αἷμα καὶ πνικτὸν
καὶ πορνείαν.

Acts 23,15 ... **ἡμεῖς**
δὲ πρὸ τοῦ ἐγγίσαι αὐτὸν
ἕτοιμοί ἐσμεν τοῦ
ἀνελεῖν αὐτόν.

Acts 24,8 παρ᾽ οὗ δυνήσῃ αὐτὸς
ἀνακρίνας περὶ πάντων
τούτων ἐπιγνῶναι ὧν
ἡμεῖς
κατηγοροῦμεν αὐτοῦ.

Acts 28,21 οἱ δὲ πρὸς αὐτὸν εἶπαν·
ἡμεῖς
οὔτε γράμματα περὶ σοῦ
ἐδεξάμεθα ἀπὸ τῆς
Ἰουδαίας ...

ἡμῶν	Syn 38	Mt 13	Mk 6	Lk 19	Acts 43	Jn 13	1-3John 27	Paul 171	Eph 12	Col 6
	NT 402	2Thess 21	1/2Tim 12	Tit 8	Heb 14	Jas 3	1Pet 3	2Pet 10	Jude 7	Rev 14

personal pronoun for the first person plural genitive

	triple tradition																	double tradition			Sondergut		
		+Mt / +Lk			–Mt / –Lk			traditions not taken over by Mt / Lk							subtotals								
code	*222*	*211*	*112*	*212*	*221*	*122*	*121*	*022*	*012*	*021*	*220*	*120*	*210*	*020*	Σ^+	Σ^-	Σ	*202*	*201*	*102*	*200*	*002*	total
Mt		1^+				1^-	2^-				1				1^+	3^-	2	2	3		6		**13**
Mk						1	2			2	1						6						**6**
Lk			1^+			1	2^-		1^+	2^-					2^+	4^-	3	2		1		13	**19**

a ἡμῶν in the prepositive position

b οἱ πατέρες ἡμῶν

code	Mt		Mk	Lk		
b 002				**Lk 1,55**	[54] ἀντελάβετο Ἰσραὴλ παιδὸς αὐτοῦ, μνησθῆναι ἐλέους, [55] καθὼς ἐλάλησεν **πρὸς τοὺς πατέρας ἡμῶν,** τῷ Ἀβραὰμ καὶ τῷ σπέρματι αὐτοῦ ...	
002				**Lk 1,71**	σωτηρίαν **ἐξ ἐχθρῶν ἡμῶν** καὶ ἐκ χειρὸς πάντων τῶν μισούντων ἡμᾶς,	
b 002				**Lk 1,72**	ποιῆσαι ἔλεος **μετὰ τῶν πατέρων ἡμῶν** καὶ μνησθῆναι διαθήκης ἁγίας αὐτοῦ,	
002				**Lk 1,73**	ὅρκον ὃν ὤμοσεν **πρὸς Ἀβραὰμ τὸν πατέρα ἡμῶν, ...**	
002				**Lk 1,75**	ἐν ὁσιότητι καὶ δικαιοσύνῃ ἐνώπιον αὐτοῦ **πάσαις ταῖς ἡμέραις ἡμῶν.**	
002				**Lk 1,78**	**διὰ σπλάγχνα ἐλέους θεοῦ ἡμῶν,** ἐν οἷς ἐπισκέψεται ἡμᾶς ἀνατολὴ ἐξ ὕψους,	
002				**Lk 1,79**	ἐπιφᾶναι τοῖς ἐν σκότει καὶ σκιᾷ θανάτου καθημένοις, τοῦ κατευθῦναι **τοὺς πόδας ἡμῶν** εἰς ὁδὸν εἰρήνης.	
200	**Mt 1,23**	... *Ἐμμανουήλ,* ὅ ἐστιν μεθερμηνευόμενον ***μεθ' ἡμῶν*** *ὁ θεός.* ➤ Isa 7,14 LXX; 8,8.10 LXX				
002				**Lk 7,5**	ἀγαπᾷ γὰρ **τὸ ἔθνος ἡμῶν** καὶ τὴν συναγωγὴν αὐτὸς ᾠκοδόμησεν ἡμῖν.	→ Acts 10,2.22

012			Mk 9,38	... διδάσκαλε, εἴδομέν τινα ἐν τῷ ὀνόματί σου ἐκβάλλοντα δαιμόνια καὶ ἐκωλύομεν αὐτόν, ὅτι οὐκ ἠκολούθει **ἡμῖν.**	Lk 9,49	... ἐπιστάτα, εἴδομέν τινα ἐν τῷ ὀνόματί σου ἐκβάλλοντα δαιμόνια καὶ ἐκωλύομεν αὐτόν, ὅτι οὐκ ἀκολουθεῖ **μεθ' ἡμῶν.**	→ Acts 19,13
201	Mt 6,9	οὕτως οὖν προσεύχεσθε ὑμεῖς· **Πάτερ ἡμῶν** ὁ ἐν τοῖς οὐρανοῖς· ἁγιασθήτω τὸ ὄνομά σου·			Lk 11,2	... ὅταν προσεύχησθε λέγετε· **Πάτερ,** ἁγιασθήτω τὸ ὄνομά σου· ...	
202	Mt 6,11	**τὸν ἄρτον ἡμῶν** **τὸν ἐπιούσιον** δὸς ἡμῖν σήμερον·			Lk 11,3	**τὸν ἄρτον ἡμῶν** **τὸν ἐπιούσιον** δίδου ἡμῖν τὸ καθ' ἡμέραν·	
202 201	Mt 6,12 (2) → Mt 6,14 → Mk 11,25 → Mt 18,33	καὶ ἄφες ἡμῖν **τὰ ὀφειλήματα ἡμῶν,** ὡς καὶ ἡμεῖς ἀφήκαμεν **τοῖς ὀφειλέταις** **ἡμῶν·**			Lk 11,4	καὶ ἄφες ἡμῖν **τὰς ἁμαρτίας ἡμῶν,** καὶ γὰρ αὐτοὶ ἀφίομεν **παντὶ ὀφείλοντι** **ἡμῖν·** ...	
200	Mt 8,17	ὅπως πληρωθῇ τὸ ῥηθὲν διὰ Ἠσαΐου τοῦ προφήτου λέγοντος· *αὐτὸς* ***τὰς ἀσθενείας ἡμῶν*** *ἔλαβεν καὶ τὰς νόσους* *ἐβάστασεν.* ➤ Isa 53,4					
200	Mt 15,23	... ἀπόλυσον αὐτήν, ὅτι κράζει **ὄπισθεν ἡμῶν.**					
021 021	→ Mt 12,30		Mk 9,40 (2)	ὃς γὰρ οὐκ ἔστιν **καθ' ἡμῶν,** **ὑπὲρ ἡμῶν** ἐστιν.	Lk 9,50 → Lk 11,23	... ὃς γὰρ οὐκ ἔστιν **καθ' ὑμῶν,** **ὑπὲρ ὑμῶν** ἐστιν.	
102	Mt 7,22 → Mt 25,11	πολλοὶ ἐροῦσίν μοι ἐν ἐκείνῃ τῇ ἡμέρᾳ· κύριε κύριε, οὐ τῷ σῷ ὀνόματι ἐπροφητεύσαμεν, καὶ τῷ σῷ ὀνόματι δαιμόνια ἐξεβάλομεν, καὶ τῷ σῷ ὀνόματι δυνάμεις πολλὰς ἐποιήσαμεν;			Lk 13,26	τότε ἄρξεσθε λέγειν· ἐφάγομεν ἐνώπιόν σου καὶ ἐπίομεν καὶ **ἐν ταῖς πλατείαις** **ἡμῶν** ἐδίδαξας·	
002					Lk 16,26	καὶ ἐν πᾶσι τούτοις **μεταξὺ ἡμῶν** **καὶ ὑμῶν** χάσμα μέγα ἐστήρικται, ...	
211	Mt 20,33 ⇨ Mt 9,28	λέγουσιν αὐτῷ· κύριε, ἵνα ἀνοιγῶσιν **οἱ ὀφθαλμοὶ ἡμῶν.**	Mk 10,51	... ὁ δὲ τυφλὸς εἶπεν αὐτῷ· ῥαββουνι, ἵνα ἀναβλέψω.	Lk 18,41	... ὁ δὲ εἶπεν· κύριε, ἵνα ἀναβλέψω.	

121	**Mt 21,9**	... *ὡσαννὰ* τῷ υἱῷ Δαυίδ· *εὐλογημένος* *ὁ ἐρχόμενος* *ἐν ὀνόματι κυρίου·* *ὡσαννὰ* *ἐν τοῖς ὑψίστοις.* ➢ Ps 118,25-26 ➢ Ps 148,1/Job 16,19	**Mk 11,10**	[9] ... *ὡσαννά·* *εὐλογημένος* *ὁ ἐρχόμενος* *ἐν ὀνόματι κυρίου·* [10] εὐλογημένη **ἡ ἐρχομένη βασιλεία τοῦ πατρὸς ἡμῶν Δαυίδ·** *ὡσαννὰ* *ἐν τοῖς ὑψίστοις.* ➢ Ps 118,25-26 ➢ Ps 148,1/Job 16,19	**Lk 19,38** → Lk 2,14	... *εὐλογημένος* *ὁ ἐρχόμενος*, ὁ βασιλεὺς *ἐν ὀνόματι κυρίου·* ἐν οὐρανῷ εἰρήνη καὶ δόξα ἐν ὑψίστοις. ➢ Ps 118,26	→ Jn 12,13
122	**Mt 21,38**	... οὗτός ἐστιν ὁ κληρονόμος· δεῦτε ἀποκτείνωμεν αὐτὸν καὶ **σχῶμεν** τὴν κληρονομίαν αὐτοῦ	**Mk 12,7**	... οὗτός ἐστιν ὁ κληρονόμος· δεῦτε ἀποκτείνωμεν αὐτόν, καὶ **ἡμῶν ἔσται** ἡ κληρονομία.	**Lk 20,14**	... οὗτός ἐστιν ὁ κληρονόμος· ἀποκτείνωμεν αὐτόν, ἵνα **ἡμῶν γένηται** ἡ κληρονομία.	→ GTh 65
220	**Mt 21,42**	... *παρὰ κυρίου ἐγένετο* *αὕτη καὶ ἔστιν θαυμαστὴ* ***ἐν ὀφθαλμοῖς ἡμῶν;*** ➢ Ps 118,23	**Mk 12,11**	*παρὰ κυρίου ἐγένετο* *αὕτη καὶ ἔστιν θαυμαστὴ* ***ἐν ὀφθαλμοῖς ἡμῶν;*** ➢ Ps 118,23			
121	**Mt 22,37**	ὁ δὲ ἔφη αὐτῷ· *ἀγαπήσεις κύριον τὸν* *θεόν σου ...* ➢ Deut 6,5	**Mk 12,29**	ἀπεκρίθη ὁ Ἰησοῦς ὅτι πρώτη ἐστίν· *ἄκουε,* *Ἰσραήλ, κύριος* ***ὁ θεὸς ἡμῶν*** *κύριος εἷς ἐστιν,* [30] *καὶ* *ἀγαπήσεις κύριον τὸν* *θεόν σου ...* ➢ Deut 6,4-5	**Lk 10,26**	ὁ δὲ εἶπεν πρὸς αὐτόν· ἐν τῷ νόμῳ τί γέγραπται; πῶς ἀναγινώσκεις; [27] ὁ δὲ ἀποκριθεὶς εἶπεν· *ἀγαπήσεις κύριον τὸν* *θεόν σου ...* ➢ Deut 6,5	
b 201	**Mt 23,30**	[29] ... οἰκοδομεῖτε τοὺς τάφους τῶν προφητῶν καὶ κοσμεῖτε τὰ μνημεῖα τῶν δικαίων, [30] καὶ λέγετε· εἰ ἤμεθα **ἐν ταῖς ἡμέραις τῶν πατέρων ἡμῶν,** οὐκ ἂν ἤμεθα αὐτῶν κοινωνοὶ ἐν τῷ αἵματι τῶν προφητῶν.			**Lk 11,47**	... οἰκοδομεῖτε τὰ μνημεῖα τῶν προφητῶν, **οἱ δὲ πατέρες ὑμῶν** ἀπέκτειναν αὐτούς.	
200	**Mt 25,8**	... δότε ἡμῖν ἐκ τοῦ ἐλαίου ὑμῶν, ὅτι **αἱ λαμπάδες ἡμῶν** σβέννυνται.					
112	**Mt 27,12**	καὶ ἐν τῷ κατηγορεῖσθαι αὐτὸν ὑπὸ τῶν ἀρχιερέων καὶ πρεσβυτέρων οὐδὲν ἀπεκρίνατο.	**Mk 15,3**	καὶ κατηγόρουν αὐτοῦ οἱ ἀρχιερεῖς πολλά.	**Lk 23,2** → Lk 20,20 → Lk 20,25 ⇨ Lk 23,10 → Lk 23,14	ἤρξαντο δὲ κατηγορεῖν αὐτοῦ λέγοντες· τοῦτον εὕραμεν διαστρέφοντα **τὸ ἔθνος ἡμῶν** καὶ κωλύοντα φόρους Καίσαρι διδόναι καὶ λέγοντα ἑαυτὸν χριστὸν βασιλέα εἶναι.	→ Jn 19,12
200	**Mt 27,25**	... τὸ αἷμα αὐτοῦ ἐφ' ἡμᾶς καὶ **ἐπὶ τὰ τέκνα ἡμῶν.**					→ Acts 5,28 → Acts 18,6
200	**Mt 28,13**	... εἴπατε ὅτι οἱ μαθηταὶ αὐτοῦ νυκτὸς ἐλθόντες ἔκλεψαν αὐτὸν **ἡμῶν** κοιμωμένων.					
002					**Lk 24,20** → Mt 26,66 → Mk 14,64	ὅπως τε παρέδωκαν αὐτὸν οἱ ἀρχιερεῖς καὶ **οἱ ἄρχοντες ἡμῶν** εἰς κρίμα θανάτου καὶ ἐσταύρωσαν αὐτόν.	

002		Lk 24,22 → Mt 28,1 → Mk 16,1-2 → Lk 24,1	ἀλλὰ καὶ γυναῖκές τινες **ἐξ ἡμῶν** ἐξέστησαν ἡμᾶς, γενόμεναι ὀρθριναὶ ἐπὶ τὸ μνημεῖον	→ Jn 20,1
002		Lk 24,29 → Lk 9,12	... μεῖνον **μεθ' ἡμῶν,** ὅτι πρὸς ἑσπέραν ἐστὶν καὶ κέκλικεν ἤδη ἡ ἡμέρα. ...	
002		Lk 24,32	... οὐχὶ **ἡ καρδία ἡμῶν** καιομένη ἦν [ἐν ἡμῖν] ὡς ἐλάλει ἡμῖν ἐν τῇ ὁδῷ, ὡς διήνοιγεν ἡμῖν τὰς γραφάς;	

[a] ἡμῶν in the prepositive position

[b] οἱ πατέρες ἡμῶν

Acts 1,22 (→ Lk 9,51; → Lk 24,51)
ἀρξάμενος ἀπὸ τοῦ βαπτίσματος Ἰωάννου ἕως τῆς ἡμέρας ἧς ἀνελήμφθη
ἀφ' ἡμῶν,
μάρτυρα τῆς ἀναστάσεως αὐτοῦ σὺν ἡμῖν γενέσθαι ἕνα τούτων.

Acts 2,8
καὶ πῶς ἡμεῖς ἀκούομεν ἕκαστος
τῇ ἰδίᾳ διαλέκτῳ ἡμῶν
ἐν ᾗ ἐγεννήθημεν;

Acts 2,39
... ὅσους ἂν προσκαλέσηται κύριος
ὁ θεὸς ἡμῶν.

[b] **Acts 3,13**
ὁ θεὸς Ἀβραὰμ καὶ [ὁ θεὸς] Ἰσαὰκ καὶ [ὁ θεὸς] Ἰακώβ,
ὁ θεὸς τῶν πατέρων ἡμῶν, ...
➤ Exod 3,6

Acts 4,25 (→ Mt 22,43; → Mk 12,36; → Lk 20,42)
[24] ... δέσποτα, *σὺ ὁ ποιήσας τὸν οὐρανὸν καὶ τὴν γῆν καὶ τὴν θάλασσαν καὶ πάντα τὰ ἐν αὐτοῖς,*
[25] ὁ τοῦ πατρὸς ἡμῶν
διὰ πνεύματος ἁγίου στόματος Δαυὶδ παιδός σου εἰπών· ...
➤ 2Kings 19,15/Isa 37,16/ Neh 9,6/Exod 20,11/Ps 146,6

[b] **Acts 5,30**
ὁ θεὸς τῶν πατέρων ἡμῶν
ἤγειρεν Ἰησοῦν ὃν ὑμεῖς διεχειρίσασθε κρεμάσαντες ἐπὶ ξύλου·

Acts 7,2
... ὁ θεὸς τῆς δόξης ὤφθη
τῷ πατρὶ ἡμῶν Ἀβραὰμ
ὄντι ἐν τῇ Μεσοποταμίᾳ ...

[b] **Acts 7,11**
... καὶ οὐχ ηὕρισκον χορτάσματα
οἱ πατέρες ἡμῶν.

[b] **Acts 7,12**
ἀκούσας δὲ Ἰακὼβ ὄντα σιτία εἰς Αἴγυπτον ἐξαπέστειλεν
τοὺς πατέρας ἡμῶν
πρῶτον.

[b] **Acts 7,15**
καὶ κατέβη Ἰακὼβ εἰς Αἴγυπτον καὶ ἐτελεύτησεν αὐτὸς καὶ
οἱ πατέρες ἡμῶν

Acts 7,19 (2)
οὗτος κατασοφισάμενος
τὸ γένος ἡμῶν
ἐκάκωσεν
[b] **τοὺς πατέρας [ἡμῶν]**
τοῦ ποιεῖν τὰ βρέφη ἔκθετα αὐτῶν ...

Acts 7,27
... *τίς σε κατέστησεν ἄρχοντα καὶ δικαστὴν*
ἐφ' ἡμῶν;
➤ Exod 2,14

[b] **Acts 7,38**
οὗτός ἐστιν ὁ γενόμενος ἐν τῇ ἐκκλησίᾳ ἐν τῇ ἐρήμῳ μετὰ τοῦ ἀγγέλου τοῦ λαλοῦντος αὐτῷ ἐν τῷ ὄρει Σινᾶ καὶ
τῶν πατέρων ἡμῶν,
ὃς ἐδέξατο λόγια ζῶντα δοῦναι ἡμῖν,

[b] **Acts 7,39**
ᾧ οὐκ ἠθέλησαν ὑπήκοοι γενέσθαι
οἱ πατέρες ἡμῶν, ...

Acts 7,40
εἰπόντες τῷ Ἀαρών· *ποίησον ἡμῖν θεοὺς*
οἳ προπορεύσονται ἡμῶν· ...
➤ Exod 32,1.23

[b] **Acts 7,44**
ἡ σκηνὴ τοῦ μαρτυρίου ἦν
τοῖς πατράσιν ἡμῶν
ἐν τῇ ἐρήμῳ ...

[b] **Acts 7,45 (2)**
ἣν καὶ εἰσήγαγον διαδεξάμενοι
οἱ πατέρες ἡμῶν
μετὰ Ἰησοῦ ἐν τῇ κατασχέσει τῶν ἐθνῶν,
[b] ὧν ἐξῶσεν ὁ θεὸς
ἀπὸ προσώπου τῶν πατέρων ἡμῶν
ἕως τῶν ἡμερῶν Δαυίδ

Acts 9,38
... ἀπέστειλαν δύο ἄνδρας πρὸς αὐτὸν παρακαλοῦντες· μὴ ὀκνήσῃς διελθεῖν
ἕως ἡμῶν.

[b] **Acts 13,17**
ὁ θεὸς τοῦ λαοῦ τούτου Ἰσραὴλ ἐξελέξατο
τοὺς πατέρας ἡμῶν
καὶ τὸν λαὸν ὕψωσεν ἐν τῇ παροικίᾳ ἐν γῇ Αἰγύπτου ...

Acts 15,9
καὶ οὐθὲν διέκρινεν
μεταξὺ ἡμῶν τε καὶ αὐτῶν
τῇ πίστει καθαρίσας τὰς καρδίας αὐτῶν.

[b] **Acts 15,10**
νῦν οὖν τί πειράζετε τὸν θεὸν ἐπιθεῖναι ζυγὸν ἐπὶ τὸν τράχηλον τῶν μαθητῶν ὃν οὔτε
οἱ πατέρες ἡμῶν
οὔτε ἡμεῖς ἰσχύσαμεν βαστάσαι;

Acts 15,24
ἐπειδὴ ἠκούσαμεν ὅτι τινὲς
ἐξ ἡμῶν
[ἐξελθόντες] ἐτάραξαν ὑμᾶς λόγοις ἀνασκευάζοντες τὰς ψυχὰς ὑμῶν οἷς οὐ διεστειλάμεθα,

Acts 15,25 ἔδοξεν ἡμῖν γενομένοις ὁμοθυμαδὸν ἐκλεξαμένοις ἄνδρας πέμψαι πρὸς ὑμᾶς **σὺν τοῖς ἀγαπητοῖς ἡμῶν Βαρναβᾷ καὶ Παύλῳ,**

Acts 15,26 ἀνθρώποις παραδεδωκόσι τὰς ψυχὰς αὐτῶν **ὑπὲρ τοῦ ὀνόματος τοῦ κυρίου ἡμῶν Ἰησοῦ Χριστοῦ.**

Acts 16,16 ἐγένετο δὲ πορευομένων **ἡμῶν** εἰς τὴν προσευχὴν παιδίσκην τινὰ ἔχουσαν πνεῦμα πύθωνα ὑπαντῆσαι ἡμῖν, ...

a **Acts 16,20** ... οὗτοι οἱ ἄνθρωποι ἐκταράσσουσιν **ἡμῶν τὴν πόλιν,** Ἰουδαῖοι ὑπάρχοντες

Acts 17,20 ξενίζοντα γάρ τινα εἰσφέρεις **εἰς τὰς ἀκοὰς ἡμῶν·** βουλόμεθα οὖν γνῶναι τίνα θέλει ταῦτα εἶναι.

Acts 17,27 ... καί γε οὐ μακρὰν **ἀπὸ ἑνὸς ἑκάστου ἡμῶν** ὑπάρχοντα.

Acts 19,37 ἠγάγετε γὰρ τοὺς ἄνδρας τούτους οὔτε ἱεροσύλους οὔτε βλασφημοῦντας **τὴν θεὸν ἡμῶν.**

Acts 20,7 ἐν δὲ τῇ μιᾷ τῶν σαββάτων συνηγμένων **ἡμῶν** κλάσαι ἄρτον, ...

Acts 20,21 διαμαρτυρόμενος Ἰουδαίοις τε καὶ Ἕλλησιν τὴν εἰς θεὸν μετάνοιαν καὶ πίστιν **εἰς τὸν κύριον ἡμῶν Ἰησοῦν.**

Acts 21,17 γενομένων δὲ **ἡμῶν** εἰς Ἱεροσόλυμα ἀσμένως ἀπεδέξαντο ἡμᾶς οἱ ἀδελφοί.

b **Acts 22,14** ὁ δὲ εἶπεν· **ὁ θεὸς τῶν πατέρων ἡμῶν** προεχειρίσατό σε γνῶναι τὸ θέλημα αὐτοῦ ...

Acts 24,4 ἵνα δὲ μὴ ἐπὶ πλεῖόν σε ἐγκόπτω, παρακαλῶ ἀκοῦσαί σε **ἡμῶν** συντόμως τῇ σῇ ἐπιεικείᾳ.

b **Acts 26,6** καὶ νῦν ἐπ' ἐλπίδι τῆς **εἰς τοὺς πατέρας ἡμῶν** ἐπαγγελίας γενομένης ὑπὸ τοῦ θεοῦ ἕστηκα κρινόμενος,

Acts 26,7 εἰς ἣν **τὸ δωδεκάφυλον ἡμῶν** ἐν ἐκτενείᾳ νύκτα καὶ ἡμέραν λατρεῦον ἐλπίζει καταντῆσαι, ...

Acts 26,14 πάντων τε καταπεσόντων **ἡμῶν** εἰς τὴν γῆν ἤκουσα φωνὴν λέγουσαν πρός με τῇ Ἑβραΐδι διαλέκτῳ· ...

Acts 27,10 ... ἄνδρες, θεωρῶ ὅτι μετὰ ὕβρεως καὶ πολλῆς ζημίας οὐ μόνον τοῦ φορτίου καὶ τοῦ πλοίου ἀλλὰ καὶ **τῶν ψυχῶν ἡμῶν** μέλλειν ἔσεσθαι τὸν πλοῦν.

Acts 27,18 σφοδρῶς δὲ χειμαζομένων **ἡμῶν** τῇ ἑξῆς ἐκβολὴν ἐποιοῦντο

Acts 27,27 ὡς δὲ τεσσαρεσκαιδεκάτη νὺξ ἐγένετο διαφερομένων **ἡμῶν** ἐν τῷ Ἀδρίᾳ, ...

Acts 28,15 κἀκεῖθεν οἱ ἀδελφοὶ ἀκούσαντες **τὰ περὶ ἡμῶν** ἦλθαν εἰς ἀπάντησιν ἡμῖν ἄχρι Ἀππίου φόρου καὶ Τριῶν ταβερνῶν, ...

ἡμῖν	Syn 53	Mt 18	Mk 9	Lk 26	Acts 33	Jn 14	1-3John 18	Paul 24	Eph 3	Col 4
	NT 168	2Thess	1/2Tim 4	Tit	Heb 9	Jas 3	1Pet	2Pet 3	Jude	Rev

personal pronoun for the first person plural dative

	triple tradition																	double tradition			Sondergut		
		+Mt / +Lk			–Mt / –Lk			traditions not taken over by Mt / Lk							subtotals								
code	*222*	*211*	*112*	*212*	*221*	*122*	*121*	*022*	*012*	*021*	*220*	*120*	*210*	*020*	Σ^+	Σ^-	Σ	*202*	*201*	*102*	*200*	*002*	total
Mt		6^+		1^+	1	1^-						2^-	2^+		9^+	3^-	10	2			6		**18**
Mk					1	1		1		2		2		2			9						**9**
Lk			4^+	1^+	1^-	1		1		2^-					5^+	3^-	7	2		2		15	**26**

002	**Lk 1,1**	ἐπειδήπερ πολλοὶ ἐπεχείρησαν ἀνατάξασθαι διήγησιν περὶ τῶν πεπληροφορημένων **ἐν ἡμῖν** πραγμάτων,
002	**Lk 1,2**	καθὼς παρέδοσαν **ἡμῖν** οἱ ἀπ' ἀρχῆς αὐτόπται καὶ ὑπηρέται γενόμενοι τοῦ λόγου

002					Lk 1,69	καὶ ἤγειρεν κέρας σωτηρίας ἡμῖν ἐν οἴκῳ Δαυὶδ παιδὸς αὐτοῦ	
002					Lk 1,73	ὅρκον ὃν ὤμοσεν πρὸς Ἀβραὰμ τὸν πατέρα ἡμῶν, τοῦ δοῦναι ἡμῖν [74] ἀφόβως ἐκ χειρὸς ἐχθρῶν ῥυσθέντας λατρεύειν αὐτῷ	
002					Lk 2,15	... διέλθωμεν δὴ ἕως Βηθλέεμ καὶ ἴδωμεν τὸ ῥῆμα τοῦτο τὸ γεγονὸς ὃ ὁ κύριος ἐγνώρισεν ἡμῖν.	
002					Lk 2,48	... τέκνον, τί ἐποίησας ἡμῖν οὕτως; ἰδοὺ ὁ πατήρ σου κἀγὼ ὀδυνώμενοι ἐζητοῦμέν σε.	
200	Mt 3,15	... ἄφες ἄρτι, οὕτως γὰρ πρέπον ἐστὶν ἡμῖν πληρῶσαι πᾶσαν δικαιοσύνην. ...					
022	↓ Mt 8,29		Mk 1,24 ↓ Mk 5,7	... τί ἡμῖν καὶ σοί, Ἰησοῦ Ναζαρηνέ; ...	Lk 4,34 ↓ Lk 8,28	ἔα, τί ἡμῖν καὶ σοί, Ἰησοῦ Ναζαρηνέ; ...	
202	Mt 6,11	τὸν ἄρτον ἡμῶν τὸν ἐπιούσιον δὸς ἡμῖν σήμερον·			Lk 11,3	τὸν ἄρτον ἡμῶν τὸν ἐπιούσιον δίδου ἡμῖν τὸ καθ' ἡμέραν·	
202	Mt 6,12 → Mt 6,14 → Mk 11,25 → Mt 18,33	καὶ ἄφες ἡμῖν τὰ ὀφειλήματα ἡμῶν, ὡς καὶ ἡμεῖς ἀφήκαμεν τοῖς ὀφειλέταις ἡμῶν·			Lk 11,4 (2)	καὶ ἄφες ἡμῖν τὰς ἁμαρτίας ἡμῶν, καὶ γὰρ αὐτοὶ ἀφίομεν παντὶ ὀφείλοντι ἡμῖν· ...	
002					Lk 7,5	ἀγαπᾷ γὰρ τὸ ἔθνος ἡμῶν καὶ τὴν συναγωγὴν αὐτὸς ᾠκοδόμησεν ἡμῖν.	→ Acts 10,2.22
211	Mt 8,29	καὶ ἰδοὺ ἔκραξαν λέγοντες· τί ἡμῖν καὶ σοί, υἱὲ τοῦ θεοῦ; ...	Mk 5,7 ↑ Mk 1,24	καὶ κράξας φωνῇ μεγάλῃ λέγει· τί ἐμοὶ καὶ σοί, Ἰησοῦ υἱὲ τοῦ θεοῦ τοῦ ὑψίστου; ...	Lk 8,28 ↑ Lk 4,34	... ἀνακράξας προσέπεσεν αὐτῷ καὶ φωνῇ μεγάλῃ εἶπεν· τί ἐμοὶ καὶ σοί, Ἰησοῦ υἱὲ τοῦ θεοῦ τοῦ ὑψίστου; ...	
002					Lk 7,16	... προφήτης μέγας ἠγέρθη ἐν ἡμῖν καὶ ὅτι ἐπεσκέψατο ὁ θεὸς τὸν λαὸν αὐτοῦ.	
200	Mt 13,36 → Mt 13,34 → Mk 4,34	... διασάφησον ἡμῖν τὴν παραβολὴν τῶν ζιζανίων τοῦ ἀγροῦ.					

112	**Mt 14,17** → Mt 15,34	οἱ δὲ λέγουσιν αὐτῷ· οὐκ ἔχομεν ὧδε εἰ μὴ πέντε ἄρτους καὶ δύο ἰχθύας.	**Mk 6,38** → Mk 8,5	[37] ... καὶ λέγουσιν αὐτῷ· ἀπελθόντες ἀγοράσωμεν δηναρίων διακοσίων ἄρτους καὶ δώσομεν αὐτοῖς φαγεῖν; [38] ὁ δὲ λέγει αὐτοῖς· πόσους ἄρτους ἔχετε; ὑπάγετε ἴδετε. καὶ γνόντες λέγουσιν· πέντε, καὶ δύο ἰχθύας.	**Lk 9,13**	... οἱ δὲ εἶπαν· οὐκ εἰσὶν ἡμῖν πλεῖον ἢ ἄρτοι πέντε καὶ ἰχθύες δύο, εἰ μήτι πορευθέντες ἡμεῖς ἀγοράσωμεν εἰς πάντα τὸν λαὸν τοῦτον βρώματα.	→ Jn 6,7.9
210	**Mt 15,15**	ἀποκριθεὶς δὲ ὁ Πέτρος εἶπεν αὐτῷ· φράσον ἡμῖν τὴν παραβολήν [ταύτην].	**Mk 7,17** → Mk 4,10 → Lk 8,9 → Mt 15,12	... ἐπηρώτων αὐτὸν οἱ μαθηταὶ αὐτοῦ τὴν παραβολήν.			
210	**Mt 15,33** → Mt 14,16	καὶ λέγουσιν αὐτῷ οἱ μαθηταί· πόθεν ἡμῖν ἐν ἐρημίᾳ ἄρτοι τοσοῦτοι ὥστε χορτάσαι ὄχλον τοσοῦτον;	**Mk 8,4** ↑ Mk 6,37	καὶ ἀπεκρίθησαν αὐτῷ οἱ μαθηταὶ αὐτοῦ ὅτι πόθεν τούτους δυνήσεταί τις ὧδε χορτάσαι ἄρτων ἐπ' ἐρημίας;	↑ Lk 9,13		
020			**Mk 9,22**	... ἀλλ' εἴ τι δύνῃ, βοήθησον ἡμῖν σπλαγχνισθεὶς ἐφ' ἡμᾶς.			
021			**Mk 9,38**	... διδάσκαλε, εἴδομέν τινα ἐν τῷ ὀνόματί σου ἐκβάλλοντα δαιμόνια καὶ ἐκωλύομεν αὐτόν, ὅτι οὐκ ἠκολούθει ἡμῖν.	**Lk 9,49**	... ἐπιστάτα, εἴδομέν τινα ἐν τῷ ὀνόματί σου ἐκβάλλοντα δαιμόνια καὶ ἐκωλύομεν αὐτόν, ὅτι οὐκ ἀκολουθεῖ μεθ' ἡμῶν.	→ Acts 19,13
102	**Mt 10,14**	... ἐκτινάξατε τὸν κονιορτὸν τῶν ποδῶν ὑμῶν.	**Mk 6,11**	... ἐκτινάξατε τὸν χοῦν τὸν ὑποκάτω τῶν ποδῶν ὑμῶν εἰς μαρτύριον αὐτοῖς.	**Lk 10,11** ⇨ Lk 9,5	καὶ τὸν κονιορτὸν τὸν κολληθέντα ἡμῖν ἐκ τῆς πόλεως ὑμῶν εἰς τοὺς πόδας ἀπομασσόμεθα ὑμῖν· ...	→ Acts 13,51 → Acts 18,6 Mk-Q overlap
002					**Lk 10,17**	... κύριε, καὶ τὰ δαιμόνια ὑποτάσσεται ἡμῖν ἐν τῷ ὀνόματί σου.	
202	**Mt 6,11**	τὸν ἄρτον ἡμῶν τὸν ἐπιούσιον δὸς ἡμῖν σήμερον·			**Lk 11,3**	τὸν ἄρτον ἡμῶν τὸν ἐπιούσιον δίδου ἡμῖν τὸ καθ' ἡμέραν·	
202 102	**Mt 6,12** → Mt 6,14 → Mk 11,25 → Mt 18,33	καὶ ἄφες ἡμῖν τὰ ὀφειλήματα ἡμῶν, ὡς καὶ ἡμεῖς ἀφήκαμεν τοῖς ὀφειλέταις ἡμῶν·			**Lk 11,4** **(2)**	καὶ ἄφες ἡμῖν τὰς ἁμαρτίας ἡμῶν, καὶ γὰρ αὐτοὶ ἀφίομεν παντὶ ὀφείλοντι ἡμῖν· ...	
002	**Mt 25,11** → Mt 7,22	ὕστερον δὲ ἔρχονται καὶ αἱ λοιπαὶ παρθένοι λέγουσαι· κύριε κύριε, ἄνοιξον ἡμῖν.			**Lk 13,25**	... καὶ ἄρξησθε ἔξω ἑστάναι καὶ κρούειν τὴν θύραν λέγοντες· κύριε, ἄνοιξον ἡμῖν, ...	

002					**Lk 17,5**	καὶ εἶπαν οἱ ἀπόστολοι τῷ κυρίῳ· πρόσθες **ἡμῖν** πίστιν.	
211	**Mt 19,27**	... ἰδοὺ ἡμεῖς ἀφήκαμεν πάντα καὶ ἠκολουθήσαμέν σοι· τί ἄρα ἔσται **ἡμῖν**;	**Mk 10,28**	... ἰδοὺ ἡμεῖς ἀφήκαμεν πάντα καὶ ἠκολουθήκαμέν σοι.	**Lk 18,28**	... ἰδοὺ ἡμεῖς ἀφέντες τὰ ἴδια ἠκολουθήσαμέν σοι.	
200	**Mt 20,12**	... οὗτοι οἱ ἔσχατοι μίαν ὥραν ἐποίησαν, καὶ ἴσους **ἡμῖν** αὐτοὺς ἐποίησας τοῖς βαστάσασι τὸ βάρος τῆς ἡμέρας καὶ τὸν καύσωνα.					
120	**Mt 20,20**	τότε προσῆλθεν αὐτῷ ἡ μήτηρ τῶν υἱῶν Ζεβεδαίου μετὰ τῶν υἱῶν αὐτῆς προσκυνοῦσα καὶ αἰτοῦσά τι ἀπ' αὐτοῦ.	**Mk 10,35**	καὶ προσπορεύονται αὐτῷ Ἰάκωβος καὶ Ἰωάννης οἱ υἱοὶ Ζεβεδαίου λέγοντες αὐτῷ· διδάσκαλε, θέλομεν ἵνα ὃ ἐὰν αἰτήσωμέν σε ποιήσῃς **ἡμῖν**.			
120	**Mt 20,21**	... λέγει αὐτῷ· εἰπὲ ἵνα καθίσωσιν **οὗτοι οἱ δύο υἱοί μου** εἷς ἐκ δεξιῶν σου καὶ εἷς ἐξ εὐωνύμων σου ἐν τῇ βασιλείᾳ σου.	**Mk 10,37**	οἱ δὲ εἶπαν αὐτῷ· δὸς **ἡμῖν** ἵνα εἷς σου ἐκ δεξιῶν καὶ εἷς ἐξ ἀριστερῶν καθίσωμεν ἐν τῇ δόξῃ σου.			
112	**Mt 21,23**	... ἐν ποίᾳ ἐξουσίᾳ ταῦτα ποιεῖς; καὶ τίς σοι ἔδωκεν τὴν ἐξουσίαν ταύτην;	**Mk 11,28**	... ἐν ποίᾳ ἐξουσίᾳ ταῦτα ποιεῖς; ἢ τίς σοι ἔδωκεν τὴν ἐξουσίαν ταύτην ἵνα ταῦτα ποιῇς;	**Lk 20,2**	... εἰπὸν **ἡμῖν** ἐν ποίᾳ ἐξουσίᾳ ταῦτα ποιεῖς, ἢ τίς ἐστιν ὁ δούς σοι τὴν ἐξουσίαν ταύτην;	
211	**Mt 21,25**	... ἐὰν εἴπωμεν· ἐξ οὐρανοῦ, ἐρεῖ **ἡμῖν**· διὰ τί οὖν οὐκ ἐπιστεύσατε αὐτῷ;	**Mk 11,31**	... ἐὰν εἴπωμεν· ἐξ οὐρανοῦ, ἐρεῖ· διὰ τί [οὖν] οὐκ ἐπιστεύσατε αὐτῷ;	**Lk 20,5**	... ἐὰν εἴπωμεν· ἐξ οὐρανοῦ, ἐρεῖ· διὰ τί οὐκ ἐπιστεύσατε αὐτῷ;	
211	**Mt 22,17**	εἰπὲ οὖν **ἡμῖν** τί σοι δοκεῖ· ἔξεστιν δοῦναι κῆνσον Καίσαρι ἢ οὔ;	**Mk 12,14**	... ἔξεστιν δοῦναι κῆνσον Καίσαρι ἢ οὔ; δῶμεν ἢ μὴ δῶμεν;	**Lk 20,22**	ἔξεστιν ἡμᾶς Καίσαρι φόρον δοῦναι ἢ οὔ;	→ GTh 100
122	**Mt 22,24**	... διδάσκαλε, Μωϋσῆς εἶπεν· *ἐάν τις ἀποθάνῃ* *μὴ ἔχων τέκνα*, ... ➤ Deut 25,5	**Mk 12,19**	διδάσκαλε, Μωϋσῆς ἔγραψεν **ἡμῖν** ὅτι *ἐάν τινος ἀδελφὸς ἀποθάνῃ* καὶ καταλίπῃ γυναῖκα *καὶ μὴ ἀφῇ τέκνον*, ... ➤ Deut 25,5	**Lk 20,28**	... διδάσκαλε, Μωϋσῆς ἔγραψεν **ἡμῖν**, *ἐάν τινος ἀδελφὸς ἀποθάνῃ* ἔχων γυναῖκα, καὶ οὗτος *ἄτεκνος ᾖ*, ... ➤ Deut 25,5	
211	**Mt 22,25**	ἦσαν δὲ **παρ' ἡμῖν** ἑπτὰ ἀδελφοί· ...	**Mk 12,20**	ἑπτὰ ἀδελφοὶ ἦσαν· ...	**Lk 20,29**	ἑπτὰ οὖν ἀδελφοὶ ἦσαν· ...	

221	Mt 24,3	... εἰπὲ ἡμῖν, πότε ταῦτα ἔσται καὶ τί τὸ σημεῖον τῆς σῆς παρουσίας καὶ συντελείας τοῦ αἰῶνος;	Mk 13,4	εἰπὸν ἡμῖν, πότε ταῦτα ἔσται καὶ τί τὸ σημεῖον ὅταν μέλλῃ ταῦτα συντελεῖσθαι πάντα;	Lk 21,7	... διδάσκαλε, πότε οὖν ταῦτα ἔσται καὶ τί τὸ σημεῖον ὅταν μέλλῃ ταῦτα γίνεσθαι;	
200	Mt 25,8	... δότε ἡμῖν ἐκ τοῦ ἐλαίου ὑμῶν, ὅτι αἱ λαμπάδες ἡμῶν σβέννυνται.					
200	Mt 25,9	ἀπεκρίθησαν δὲ αἱ φρόνιμοι λέγουσαι· μήποτε οὐ μὴ ἀρκέσῃ ἡμῖν καὶ ὑμῖν· ...					
200	Mt 25,11 → Mt 7,22	ὕστερον δὲ ἔρχονται καὶ αἱ λοιπαὶ παρθένοι λέγουσαι· κύριε κύριε, ἄνοιξον ἡμῖν.			Lk 13,25	... καὶ ἄρξησθε ἔξω ἑστάναι καὶ κρούειν τὴν θύραν λέγοντες· κύριε, ἄνοιξον ἡμῖν, ...	
112	Mt 26,17	... ποῦ θέλεις ἑτοιμάσωμέν σοι φαγεῖν τὸ πάσχα;	Mk 14,12	... ποῦ θέλεις ἀπελθόντες ἑτοιμάσωμεν ἵνα φάγῃς τὸ πάσχα; [13] καὶ ἀποστέλλει δύο τῶν μαθητῶν αὐτοῦ καὶ λέγει αὐτοῖς· ...	Lk 22,8	καὶ ἀπέστειλεν Πέτρον καὶ Ἰωάννην εἰπών· πορευθέντες ἑτοιμάσατε ἡμῖν τὸ πάσχα ἵνα φάγωμεν. [9] οἱ δὲ εἶπαν αὐτῷ· ποῦ θέλεις ἑτοιμάσωμεν;	
021			Mk 14,15	καὶ αὐτὸς ὑμῖν δείξει ἀνάγαιον μέγα ἐστρωμένον ἕτοιμον· καὶ ἐκεῖ ἑτοιμάσατε ἡμῖν.	Lk 22,12	κἀκεῖνος ὑμῖν δείξει ἀνάγαιον μέγα ἐστρωμένον· ἐκεῖ ἑτοιμάσατε.	
212	Mt 26,63 → Mt 27,42-43	... καὶ ὁ ἀρχιερεὺς εἶπεν αὐτῷ· ἐξορκίζω σε κατὰ τοῦ θεοῦ τοῦ ζῶντος ἵνα ἡμῖν εἴπῃς εἰ σὺ εἶ ὁ χριστὸς ὁ υἱὸς τοῦ θεοῦ.	Mk 14,61 → Mk 15,32	... πάλιν ὁ ἀρχιερεὺς ἐπηρώτα αὐτὸν καὶ λέγει αὐτῷ· σὺ εἶ ὁ χριστὸς ὁ υἱὸς τοῦ εὐλογητοῦ;	Lk 22,67 ⇩ Lk 22,70 → Lk 23,35	λέγοντες· εἰ σὺ εἶ ὁ χριστός, εἰπὸν ἡμῖν. ...	→ Jn 10,24
					Lk 22,70 ⇧ Lk 22,67	εἶπαν δὲ πάντες· σὺ οὖν εἶ ὁ υἱὸς τοῦ θεοῦ; ...	→ Jn 10,36
211	Mt 26,68	... προφήτευσον ἡμῖν, χριστέ, τίς ἐστιν ὁ παίσας σε;	Mk 14,65	... προφήτευσον, καὶ οἱ ὑπηρέται ῥαπίσμασιν αὐτὸν ἔλαβον.	Lk 22,64	... προφήτευσον, τίς ἐστιν ὁ παίσας σε;	
112	Mt 27,20	οἱ δὲ ἀρχιερεῖς καὶ οἱ πρεσβύτεροι ἔπεισαν τοὺς ὄχλους ἵνα αἰτήσωνται τὸν Βαραββᾶν, τὸν δὲ Ἰησοῦν ἀπολέσωσιν.	Mk 15,11	οἱ δὲ ἀρχιερεῖς ἀνέσεισαν τὸν ὄχλον ἵνα μᾶλλον τὸν Βαραββᾶν ἀπολύσῃ αὐτοῖς.	Lk 23,18	ἀνέκραγον δὲ παμπληθεὶ λέγοντες· αἶρε τοῦτον, ἀπόλυσον δὲ ἡμῖν τὸν Βαραββᾶν·	→ Jn 18,40
020			Mk 16,3	... τίς ἀποκυλίσει ἡμῖν τὸν λίθον ἐκ τῆς θύρας τοῦ μνημείου;			

002		Lk 24,24 → Lk 24,12	καὶ ἀπῆλθόν τινες τῶν σὺν ἡμῖν ἐπὶ τὸ μνημεῖον, ...
  002 002 002		Lk 24,32 (3)	... οὐχὶ ἡ καρδία ἡμῶν καιομένη ἦν [ἐν ἡμῖν] ὡς ἐλάλει ἡμῖν ἐν τῇ ὁδῷ, ὡς διήνοιγεν ἡμῖν τὰς γραφάς;

Acts 1,17 ὅτι κατηριθμημένος ἦν
ἐν ἡμῖν
καὶ ἔλαχεν τὸν κλῆρον τῆς διακονίας ταύτης.

Acts 1,21 δεῖ οὖν τῶν συνελθόντων
ἡμῖν
ἀνδρῶν ἐν παντὶ χρόνῳ ᾧ εἰσῆλθεν καὶ ἐξῆλθεν ἐφ᾽ ἡμᾶς ὁ κύριος Ἰησοῦς, [22] ... μάρτυρα τῆς ἀναστάσεως αὐτοῦ σὺν ἡμῖν γενέσθαι ἕνα τούτων.

Acts 1,22 ... μάρτυρα τῆς ἀναστάσεως αὐτοῦ
σὺν ἡμῖν
γενέσθαι ἕνα τούτων.

Acts 2,29 ... καὶ τὸ μνῆμα αὐτοῦ ἔστιν
ἐν ἡμῖν
ἄχρι τῆς ἡμέρας ταύτης.

Acts 3,12 ... ἄνδρες Ἰσραηλῖται, τί θαυμάζετε ἐπὶ τούτῳ ἢ
ἡμῖν
τί ἀτενίζετε ὡς ἰδίᾳ δυνάμει ἢ εὐσεβείᾳ πεποιηκόσιν τοῦ περιπατεῖν αὐτόν;

Acts 6,14 → Mt 26,61 → Mk 14,58 → Mt 27,40 → Mk 15,29 ... οὗτος καταλύσει τὸν τόπον τοῦτον καὶ ἀλλάξει τὰ ἔθη ἃ παρέδωκεν
ἡμῖν
Μωϋσῆς.

Acts 7,38 οὗτός ἐστιν ὁ γενόμενος ἐν τῇ ἐκκλησίᾳ ἐν τῇ ἐρήμῳ μετὰ τοῦ ἀγγέλου τοῦ λαλοῦντος αὐτῷ ἐν τῷ ὄρει Σινᾶ καὶ τῶν πατέρων ἡμῶν, ὃς ἐδέξατο λόγια ζῶντα δοῦναι
ἡμῖν

Acts 7,40 εἰπόντες τῷ Ἀαρών· *ποίησον*
ἡμῖν
θεοὺς οἳ προπορεύσονται ἡμῶν· ...
➤ Exod 32,1.23

Acts 10,41 οὐ παντὶ τῷ λαῷ, ἀλλὰ μάρτυσιν τοῖς προκεχειροτονημένοις ὑπὸ τοῦ θεοῦ,
ἡμῖν,
οἵτινες συνεφάγομεν καὶ συνεπίομεν αὐτῷ μετὰ τὸ ἀναστῆναι αὐτὸν ἐκ νεκρῶν·

Acts 10,42 καὶ παρήγγειλεν
ἡμῖν
κηρύξαι τῷ λαῷ ...

Acts 11,13 ἀπήγγειλεν δὲ
ἡμῖν
πῶς εἶδεν [τὸν] ἄγγελον ἐν τῷ οἴκῳ αὐτοῦ σταθέντα καὶ εἰπόντα· ...

Acts 11,17 εἰ οὖν τὴν ἴσην δωρεὰν ἔδωκεν αὐτοῖς ὁ θεὸς
ὡς καὶ ἡμῖν
πιστεύσασιν ἐπὶ τὸν κύριον Ἰησοῦν Χριστόν, ἐγὼ τίς ἤμην δυνατὸς κωλῦσαι τὸν θεόν;

Acts 13,26 ἄνδρες ἀδελφοί, υἱοὶ γένους Ἀβραὰμ καὶ οἱ ἐν ὑμῖν φοβούμενοι τὸν θεόν,
ἡμῖν
ὁ λόγος τῆς σωτηρίας ταύτης ἐξαπεστάλη.

Acts 13,33 ὅτι ταύτην ὁ θεὸς ἐκπεπλήρωκεν τοῖς τέκνοις [αὐτῶν]
ἡμῖν
ἀναστήσας Ἰησοῦν ...

Acts 13,47 → Acts 1,8 οὕτως γὰρ ἐντέταλται
ἡμῖν
ὁ κύριος· *τέθεικά σε εἰς φῶς ἐθνῶν τοῦ εἶναί σε εἰς σωτηρίαν ἕως ἐσχάτου τῆς γῆς.*
➤ Isa 49,6

Acts 15,8 καὶ ὁ καρδιογνώστης θεὸς ἐμαρτύρησεν αὐτοῖς δοὺς τὸ πνεῦμα τὸ ἅγιον καθὼς καὶ
ἡμῖν

Acts 15,25 ἔδοξεν
ἡμῖν
γενομένοις ὁμοθυμαδὸν ἐκλεξαμένοις ἄνδρας πέμψαι πρὸς ὑμᾶς ...

Acts 15,28 ἔδοξεν γὰρ τῷ πνεύματι τῷ ἁγίῳ καὶ
ἡμῖν
μηδὲν πλέον ἐπιτίθεσθαι ὑμῖν βάρος πλὴν τούτων τῶν ἐπάναγκες

Acts 16,9 ... διαβὰς εἰς Μακεδονίαν βοήθησον
ἡμῖν.

Acts 16,16 ... παιδίσκην τινὰ ἔχουσαν πνεῦμα πύθωνα ὑπαντῆσαι
ἡμῖν, ...

Acts 16,17 αὕτη κατακολουθοῦσα τῷ Παύλῳ καὶ
ἡμῖν
ἔκραζεν λέγουσα· ...

Acts 16,21 καὶ καταγγέλλουσιν ἔθη ἃ οὐκ ἔξεστιν
ἡμῖν
παραδέχεσθαι οὐδὲ ποιεῖν Ῥωμαίοις οὖσιν.

Acts 19,25 ... ἄνδρες, ἐπίστασθε ὅτι ἐκ ταύτης τῆς ἐργασίας ἡ εὐπορία
ἡμῖν
ἐστιν

Acts 19,27 οὐ μόνον δὲ τοῦτο κινδυνεύει
ἡμῖν
τὸ μέρος εἰς ἀπελεγμὸν ἐλθεῖν ...

Acts 20,14 ὡς δὲ συνέβαλλεν
ἡμῖν
εἰς τὴν ˚Ἄσσον, ...

Acts 21,16 συνῆλθον δὲ καὶ τῶν μαθητῶν ἀπὸ Καισαρείας
σὺν ἡμῖν,
ἄγοντες παρ᾽ ᾧ ξενισθῶμεν Μνάσωνί τινι Κυπρίῳ, ...

Acts 21,18 τῇ δὲ ἐπιούσῃ εἰσῄει ὁ Παῦλος
σὺν ἡμῖν
πρὸς Ἰάκωβον, πάντες τε παρεγένοντο οἱ πρεσβύτεροι.

Acts 21,23 τοῦτο οὖν ποίησον ὅ σοι λέγομεν· εἰσὶν
ἡμῖν
ἄνδρες τέσσαρες εὐχὴν ἔχοντες ἐφ' ἑαυτῶν.

Acts 25,24 ... Ἀγρίππα βασιλεῦ καὶ πάντες οἱ συμπαρόντες
ἡμῖν
ἄνδρες, θεωρεῖτε τοῦτον ...

Acts 27,2 ... ὄντος
σὺν ἡμῖν
Ἀριστάρχου Μακεδόνος Θεσσαλονικέως.

Acts 28,2 οἵ τε βάρβαροι παρεῖχον οὐ τὴν τυχοῦσαν φιλανθρωπίαν
ἡμῖν, ...

Acts 28,15 κἀκεῖθεν οἱ ἀδελφοὶ ἀκούσαντες τὰ περὶ ἡμῶν ἦλθαν εἰς ἀπάντησιν
ἡμῖν
ἄχρι Ἀππίου φόρου καὶ Τριῶν ταβερνῶν, ...

Acts 28,22 ... περὶ μὲν γὰρ τῆς αἱρέσεως ταύτης γνωστὸν
ἡμῖν
ἐστιν ὅτι πανταχοῦ ἀντιλέγεται.

ἡμᾶς

Syn 37	Mt 13	Mk 5	Lk 19	Acts 28	Jn 3	1-3John 8	Paul 54	Eph 12	Col 1
NT 166	2Thess 4	1/2Tim 2	Tit 5	Heb 3	Jas 2	1Pet 1	2Pet 1	Jude	Rev 5

personal pronoun for the first person plural accusative

	triple tradition																	double tradition			Sondergut		
		+Mt / +Lk			–Mt / –Lk			traditions not taken over by Mt / Lk							subtotals								
code	*222*	*211*	*112*	*212*	*221*	*122*	*121*	*022*	*012*	*021*	*220*	*120*	*210*	*020*	Σ⁺	Σ⁻	Σ	*202*	*201*	*102*	*200*	*002*	total
Mt	1	4^+			1						1				4^+		7	1	1		4		**13**
Mk	1				1			1			1			1			5						**5**
Lk	1		3^+		1^-			1							3^+	1^-	5	1				13	**19**

code	Mt		Mk		Lk	
002					**Lk 1,71**	σωτηρίαν ἐξ ἐχθρῶν ἡμῶν καὶ ἐκ χειρὸς πάντων τῶν μισούντων ἡμᾶς
002					**Lk 1,78**	διὰ σπλάγχνα ἐλέους θεοῦ ἡμῶν, ἐν οἷς ἐπισκέψεται ἡμᾶς ἀνατολὴ ἐξ ὕψους
022	↓ Mt 8,29		**Mk 1,24** ↓ Mk 5,7	... τί ἡμῖν καὶ σοί, Ἰησοῦ Ναζαρηνέ; ἦλθες ἀπολέσαι ἡμᾶς; οἶδά σε τίς εἶ, ὁ ἅγιος τοῦ θεοῦ.	**Lk 4,34** ↓ Lk 8,28	ἔα, τί ἡμῖν καὶ σοί, Ἰησοῦ Ναζαρηνέ; ἦλθες ἀπολέσαι ἡμᾶς; οἶδά σε τίς εἶ, ὁ ἅγιος τοῦ θεοῦ.
202 201	**Mt 6,13** (2)	καὶ μὴ εἰσενέγκῃς ἡμᾶς εἰς πειρασμόν, ἀλλὰ ῥῦσαι ἡμᾶς ἀπὸ τοῦ πονηροῦ.			**Lk 11,4**	... καὶ μὴ εἰσενέγκῃς ἡμᾶς εἰς πειρασμόν.
211	**Mt 8,29**	... τί ἡμῖν καὶ σοί, υἱὲ τοῦ θεοῦ; ἦλθες ὧδε πρὸ καιροῦ βασανίσαι ἡμᾶς;	**Mk 5,7** ↑ Mk 1,24	... τί ἐμοὶ καὶ σοί, Ἰησοῦ υἱὲ τοῦ θεοῦ τοῦ ὑψίστου; ὁρκίζω σε τὸν θεόν, μή με βασανίσῃς.	**Lk 8,28** ↑ Lk 4,34	... τί ἐμοὶ καὶ σοί, Ἰησοῦ υἱὲ τοῦ θεοῦ τοῦ ὑψίστου; δέομαί σου, μή με βασανίσῃς.

211 221	Mt 8,31 (2)	... εἰ ἐκβάλλεις ἡμᾶς, ἀπόστειλον ἡμᾶς εἰς τὴν ἀγέλην τῶν χοίρων.	Mk 5,12	... πέμψον ἡμᾶς εἰς τοὺς χοίρους, ἵνα εἰς αὐτοὺς εἰσέλθωμεν.	Lk 8,32	... ἐπιτρέψῃ αὐτοῖς εἰς ἐκείνους εἰσελθεῖν· ...	
200	Mt 9,27 ⇩ Mt 20,30	... κράζοντες καὶ λέγοντες· ἐλέησον ἡμᾶς, υἱὸς Δαυίδ.	Mk 10,47	... ἤρξατο κράζειν καὶ λέγειν· υἱὲ Δαυὶδ Ἰησοῦ, ἐλέησόν με.	Lk 18,38	καὶ ἐβόησεν λέγων· Ἰησοῦ υἱὲ Δαυίδ, ἐλέησόν με.	
002					Lk 7,20	... Ἰωάννης ὁ βαπτιστὴς ἀπέστειλεν ἡμᾶς πρὸς σὲ λέγων· σὺ εἶ ὁ ἐρχόμενος ἢ ἄλλον προσδοκῶμεν;	
220	Mt 13,56	καὶ αἱ ἀδελφαὶ αὐτοῦ οὐχὶ πᾶσαι πρὸς ἡμᾶς εἰσιν; ...	Mk 6,3	... καὶ οὐκ εἰσὶν αἱ ἀδελφαὶ αὐτοῦ ὧδε πρὸς ἡμᾶς; ...			
222	Mt 17,4	... κύριε, καλόν ἐστιν ἡμᾶς ὧδε εἶναι· ...	Mk 9,5	... ῥαββί, καλόν ἐστιν ἡμᾶς ὧδε εἶναι, ...	Lk 9,33	... ἐπιστάτα, καλόν ἐστιν ἡμᾶς ὧδε εἶναι, ...	
020			Mk 9,22	... ἀλλ᾽ εἴ τι δύνῃ, βοήθησον ἡμῖν σπλαγχνισθεὶς ἐφ᾽ ἡμᾶς.			
002					Lk 11,1	... κύριε, δίδαξον ἡμᾶς προσεύχεσθαι, καθὼς καὶ Ἰωάννης ἐδίδαξεν τοὺς μαθητὰς αὐτοῦ.	
202	Mt 6,13 (2)	καὶ μὴ εἰσενέγκῃς ἡμᾶς εἰς πειρασμόν, ἀλλὰ ῥῦσαι ἡμᾶς ἀπὸ τοῦ πονηροῦ.			Lk 11,4	... καὶ μὴ εἰσενέγκῃς ἡμᾶς εἰς πειρασμόν.	
002					Lk 11,45	ἀποκριθεὶς δέ τις τῶν νομικῶν λέγει αὐτῷ· διδάσκαλε, ταῦτα λέγων καὶ ἡμᾶς ὑβρίζεις.	
002					Lk 12,41	... κύριε, πρὸς ἡμᾶς τὴν παραβολὴν ταύτην λέγεις ἢ καὶ πρὸς πάντας;	
002					Lk 16,26	... ὅπως οἱ θέλοντες διαβῆναι ἔνθεν πρὸς ὑμᾶς μὴ δύνωνται, μηδὲ ἐκεῖθεν πρὸς ἡμᾶς διαπερῶσιν.	
002					Lk 17,13 → Mt 8,2 → Mk 1,40 → Lk 5,12	καὶ αὐτοὶ ἦραν φωνὴν λέγοντες· Ἰησοῦ ἐπιστάτα, ἐλέησον ἡμᾶς.	

	Mt		Mk		Lk		
200	Mt 20,7	λέγουσιν αὐτῷ· ὅτι οὐδεὶς **ἡμᾶς** ἐμισθώσατο. λέγει αὐτοῖς· ὑπάγετε καὶ ὑμεῖς εἰς τὸν ἀμπελῶνα.					
211	Mt 20,30 ⇧ Mt 9,27	... ἔκραξαν λέγοντες· ἐλέησον **ἡμᾶς,** [κύριε,] υἱὸς Δαυίδ.	Mk 10,47	... ἤρξατο κράζειν καὶ λέγειν· υἱὲ Δαυὶδ Ἰησοῦ, ἐλέησόν **με.**	Lk 18,38	καὶ ἐβόησεν λέγων· Ἰησοῦ υἱὲ Δαυίδ, ἐλέησόν **με.**	
211	Mt 20,31	... οἱ δὲ μεῖζον ἔκραξαν λέγοντες· ἐλέησον **ἡμᾶς,** κύριε, υἱὸς Δαυίδ.	Mk 10,48	... ὁ δὲ πολλῷ μᾶλλον ἔκραζεν· υἱὲ Δαυίδ, ἐλέησόν **με.**	Lk 18,39	... αὐτὸς δὲ πολλῷ μᾶλλον ἔκραζεν· υἱὲ Δαυίδ, ἐλέησόν **με.**	
002					Lk 19,14	... οὐ θέλομεν τοῦτον βασιλεῦσαι **ἐφ' ἡμᾶς.**	
112	Mt 21,26	ἐὰν δὲ εἴπωμεν· ἐξ ἀνθρώπων, φοβούμεθα τὸν ὄχλον, πάντες γὰρ ὡς προφήτην ἔχουσιν τὸν Ἰωάννην.	Mk 11,32	ἀλλὰ εἴπωμεν· ἐξ ἀνθρώπων; - ἐφοβοῦντο τὸν ὄχλον· ἅπαντες γὰρ εἶχον τὸν Ἰωάννην ὄντως ὅτι προφήτης ἦν.	Lk 20,6	ἐὰν δὲ εἴπωμεν· ἐξ ἀνθρώπων, ὁ λαὸς ἅπας καταλιθάσει **ἡμᾶς,** πεπεισμένος γάρ ἐστιν Ἰωάννην προφήτην εἶναι.	
112	Mt 22,17	... ἔξεστιν δοῦναι κῆνσον Καίσαρι ἢ οὔ;	Mk 12,14	... ἔξεστιν δοῦναι κῆνσον Καίσαρι ἢ οὔ; δῶμεν ἢ μὴ δῶμεν;	Lk 20,22	ἔξεστιν **ἡμᾶς** Καίσαρι φόρον δοῦναι ἢ οὔ;	→ GTh 100
200	Mt 27,4	λέγων· ἥμαρτον παραδοὺς αἷμα ἀθῷον. οἱ δὲ εἶπαν· τί **πρὸς ἡμᾶς;** σὺ ὄψῃ.					
002					Lk 23,15	ἀλλ' οὐδὲ Ἡρῴδης, ἀνέπεμψεν γὰρ αὐτὸν **πρὸς ἡμᾶς,** καὶ ἰδοὺ οὐδὲν ἄξιον θανάτου ἐστὶν πεπραγμένον αὐτῷ·	→ Jn 18,38
200	Mt 27,25	... τὸ αἷμα αὐτοῦ **ἐφ' ἡμᾶς** καὶ ἐπὶ τὰ τέκνα ἡμῶν.					→ Acts 5,28 → Acts 18,6
002 002					Lk 23,30 (2)	τότε ἄρξονται *λέγειν τοῖς ὄρεσιν· πέσετε* ***ἐφ' ἡμᾶς,*** *καὶ τοῖς βουνοῖς· καλύψατε* ***ἡμᾶς·*** ➢ Hos 10,8	
112	Mt 27,44	τὸ δ' αὐτὸ καὶ οἱ λῃσταὶ οἱ συσταυρωθέντες σὺν αὐτῷ ὠνείδιζον αὐτόν.	Mk 15,32	... καὶ οἱ συνεσταυρωμένοι σὺν αὐτῷ ὠνείδιζον αὐτόν.	Lk 23,39 → Lk 23,35-37	εἷς δὲ τῶν κρεμασθέντων κακούργων ἐβλασφήμει αὐτὸν λέγων· οὐχὶ σὺ εἶ ὁ χριστός; σῶσον σεαυτὸν καὶ **ἡμᾶς.**	
002					Lk 24,22 → Mt 28,1 → Mk 16,1-2 → Lk 24,1	ἀλλὰ καὶ γυναῖκές τινες ἐξ ἡμῶν ἐξέστησαν **ἡμᾶς,** γενόμεναι ὀρθριναὶ ἐπὶ τὸ μνημεῖον	→ Jn 20,1

Acts 1,21 δεῖ οὖν τῶν συνελθόντων ἡμῖν ἀνδρῶν ἐν παντὶ χρόνῳ ᾧ εἰσῆλθεν καὶ ἐξῆλθεν
ἐφ' ἡμᾶς
ὁ κύριος Ἰησοῦς, [22] ... μάρτυρα τῆς ἀναστάσεως αὐτοῦ σὺν ἡμῖν γενέσθαι ἕνα τούτων.

Acts 3,4 ἀτενίσας δὲ Πέτρος εἰς αὐτὸν σὺν τῷ Ἰωάννῃ εἶπεν· βλέψον
εἰς ἡμᾶς.

Acts 4,12 ... οὐδὲ γὰρ ὄνομά ἐστιν ἕτερον ὑπὸ τὸν οὐρανὸν τὸ δεδομένον ἐν ἀνθρώποις ἐν ᾧ δεῖ σωθῆναι
ἡμᾶς.

Acts 5,28 → Mt 27,25 ... καὶ βούλεσθε ἐπαγαγεῖν
ἐφ' ἡμᾶς
τὸ αἷμα τοῦ ἀνθρώπου τούτου.

Acts 6,2 ... οὐκ ἀρεστόν ἐστιν
ἡμᾶς
καταλείψαντας τὸν λόγον τοῦ θεοῦ διακονεῖν τραπέζαις.

Acts 7,40 ... *ὁ γὰρ Μωϋσῆς οὗτος, ὃς ἐξήγαγεν*
ἡμᾶς
ἐκ γῆς Αἰγύπτου, οὐκ οἴδαμεν τί ἐγένετο αὐτῷ. ➤ Exod 32,1.23

Acts 11,15 ἐν δὲ τῷ ἄρξασθαί με λαλεῖν ἐπέπεσεν τὸ πνεῦμα τὸ ἅγιον ἐπ' αὐτοὺς
ὥσπερ καὶ ἐφ' ἡμᾶς
ἐν ἀρχῇ.

Acts 14,11 ... οἱ θεοὶ ὁμοιωθέντες ἀνθρώποις κατέβησαν
πρὸς ἡμᾶς

Acts 14,22 → Lk 24,26 ... παρακαλοῦντες ἐμμένειν τῇ πίστει καὶ ὅτι διὰ πολλῶν θλίψεων δεῖ
ἡμᾶς
εἰσελθεῖν εἰς τὴν βασιλείαν τοῦ θεοῦ.

Acts 16,10 ... συμβιβάζοντες ὅτι προσκέκληται
ἡμᾶς
ὁ θεὸς εὐαγγελίσασθαι αὐτούς.

Acts 16,15 ... εἰσελθόντες εἰς τὸν οἶκόν μου μένετε· καὶ παρεβιάσατο
ἡμᾶς.

Acts 16,37 (3) ... δείραντες
ἡμᾶς
δημοσίᾳ ἀκατακρίτους, ἀνθρώπους Ῥωμαίους ὑπάρχοντας,
ἔβαλαν εἰς φυλακήν, καὶ νῦν λάθρᾳ
ἡμᾶς
ἐκβάλλουσιν;
οὐ γάρ, ἀλλὰ ἐλθόντες αὐτοὶ
ἡμᾶς
ἐξαγαγέτωσαν.

Acts 20,5 οὗτοι δὲ προελθόντες ἔμενον
ἡμᾶς
ἐν Τρῳάδι

Acts 21,1 ὡς δὲ ἐγένετο ἀναχθῆναι
ἡμᾶς
ἀποσπασθέντας ἀπ' αὐτῶν, εὐθυδρομήσαντες ἤλθομεν εἰς τὴν Κῶ, ...

Acts 21,5 (2) ὅτε δὲ ἐγένετο
ἡμᾶς
ἐξαρτίσαι τὰς ἡμέρας,
ἐξελθόντες ἐπορευόμεθα προπεμπόντων
ἡμᾶς
πάντων σὺν γυναιξὶ καὶ τέκνοις ἕως ἔξω τῆς πόλεως, ...

Acts 21,11 καὶ ἐλθὼν
πρὸς ἡμᾶς
καὶ ἄρας τὴν ζώνην τοῦ Παύλου, ...

Acts 21,17 γενομένων δὲ ἡμῶν εἰς Ἱεροσόλυμα ἀσμένως ἀπεδέξαντο
ἡμᾶς
οἱ ἀδελφοί.

Acts 27,1 ὡς δὲ ἐκρίθη τοῦ ἀποπλεῖν
ἡμᾶς
εἰς τὴν Ἰταλίαν, ...

Acts 27,6 κἀκεῖ εὑρὼν ὁ ἑκατοντάρχης πλοῖον Ἀλεξανδρῖνον πλέον εἰς τὴν Ἰταλίαν ἐνεβίβασεν
ἡμᾶς
εἰς αὐτό.

Acts 27,7 ... μὴ προσεῶντος
ἡμᾶς
τοῦ ἀνέμου ὑπεπλεύσαμεν τὴν Κρήτην κατὰ Σαλμώνην

Acts 27,20 ... λοιπὸν περιῃρεῖτο ἐλπὶς πᾶσα τοῦ σῴζεσθαι
ἡμᾶς.

Acts 27,26 εἰς νῆσον δέ τινα δεῖ
ἡμᾶς
ἐκπεσεῖν.

Acts 28,2 οἵ τε βάρβαροι παρεῖχον οὐ τὴν τυχοῦσαν φιλανθρωπίαν ἡμῖν, ἅψαντες γὰρ πυρὰν προσελάβοντο
πάντας ἡμᾶς
διὰ τὸν ὑετὸν τὸν ἐφεστῶτα καὶ διὰ τὸ ψῦχος.

Acts 28,7 ἐν δὲ τοῖς περὶ τὸν τόπον ἐκεῖνον ὑπῆρχεν χωρία τῷ πρώτῳ τῆς νήσου ὀνόματι Ποπλίῳ, ὃς ἀναδεξάμενος
ἡμᾶς
τρεῖς ἡμέρας φιλοφρόνως ἐξένισεν.

Acts 28,10 οἳ καὶ πολλαῖς τιμαῖς ἐτίμησαν
ἡμᾶς
καὶ ἀναγομένοις ἐπέθεντο τὰ πρὸς τὰς χρείας.

ἡμέρα	Syn 155	Mt 45	Mk 27	Lk 83	Acts 94	Jn 31	1-3John 1	Paul 37	Eph 3	Col 2
	NT 389	2Thess 3	1/2Tim 6	Tit	Heb 18	Jas 2	1Pet 3	2Pet 12	Jude 1	Rev 21

day; time; legal day

	triple tradition																	double tradition			Sondergut		
		+Mt / +Lk			–Mt / –Lk			traditions not taken over by Mt / Lk							subtotals								
code	*222*	*211*	*112*	*212*	*221*	*122*	*121*	*022*	*012*	*021*	*220*	*120*	*210*	*020*	Σ^+	Σ^-	Σ	*202*	*201*	*102*	*200*	*002*	total
Mt	6	3^+			4	4^-	2^-				6	2^-	3^+		6^+	8^-	22	5	7		11		**45**
Mk	6				4	4	2			1	6	2		2			27						**27**
Lk	6		12^+		4^-	4	2^-		2^+	1^-					14^+	7^-	24	5		8		46	**83**

a ἡ ἡμέρα ἐκείνη, ἡ ἡμέρα αὕτη
b αἱ ἡμέραι ἐκεῖναι, αἱ ἡμέραι αὗται
c ἡμέρα with numeral (except d, e)
d μία τῶν ἡμερῶν
e τρίτη ἡμέρα
f ἡμέρα (τῆς) κρίσεως
g (ἡ) ἡμέρα / (αἱ) ἡμέραι and genitive of person(s)
h καθ' ἡμέραν
j ἡμέρα τοῦ σαββάτου, ἡμέρα τῶν σαββάτων

code	Mt	Mk	Lk	
g 002			**Lk 1,5** ἐγένετο **ἐν ταῖς ἡμέραις Ἡρῴδου βασιλέως τῆς Ἰουδαίας** ἱερεύς τις ὀνόματι Ζαχαρίας ἐξ ἐφημερίας Ἀβιά, ...	
g 002			**Lk 1,7** ... καὶ ἀμφότεροι προβεβηκότες **ἐν ταῖς ἡμέραις αὐτῶν** ἦσαν.	
g 002			**Lk 1,18** ... ἐγὼ γάρ εἰμι πρεσβύτης καὶ ἡ γυνή μου προβεβηκυῖα **ἐν ταῖς ἡμέραις αὐτῆς.**	
002			**Lk 1,20** καὶ ἰδοὺ ἔσῃ σιωπῶν καὶ μὴ δυνάμενος λαλῆσαι **ἄχρι ἧς ἡμέρας** γένηται ταῦτα, ἀνθ' ὧν οὐκ ἐπίστευσας τοῖς λόγοις μου, ...	
002			**Lk 1,23** καὶ ἐγένετο ὡς ἐπλήσθησαν **αἱ ἡμέραι τῆς λειτουργίας αὐτοῦ,** ἀπῆλθεν εἰς τὸν οἶκον αὐτοῦ.	
b 002			**Lk 1,24** **μετὰ δὲ ταύτας τὰς ἡμέρας** συνέλαβεν Ἐλισάβετ ἡ γυνὴ αὐτοῦ καὶ περιέκρυβεν ἑαυτὴν μῆνας πέντε λέγουσα	
002			**Lk 1,25** ὅτι οὕτως μοι πεποίηκεν κύριος **ἐν ἡμέραις** αἷς ἐπεῖδεν ἀφελεῖν ὄνειδός μου ἐν ἀνθρώποις.	

b 002			Lk 1,39	ἀναστᾶσα δὲ Μαριὰμ **ἐν ταῖς ἡμέραις ταύταις** ἐπορεύθη εἰς τὴν ὀρεινὴν μετὰ σπουδῆς εἰς πόλιν Ἰούδα	
c 002			Lk 1,59	καὶ ἐγένετο **ἐν τῇ ἡμέρᾳ τῇ ὀγδόῃ** ἦλθον περιτεμεῖν τὸ παιδίον ...	
g 002			Lk 1,75	ἐν ὁσιότητι καὶ δικαιοσύνῃ ἐνώπιον αὐτοῦ **πάσαις ταῖς ἡμέραις ἡμῶν.**	
002			Lk 1,80 ↓ Lk 3,2	... καὶ ἦν ἐν ταῖς ἐρήμοις **ἕως ἡμέρας ἀναδείξεως αὐτοῦ** πρὸς τὸν Ἰσραήλ.	
b 002			Lk 2,1	ἐγένετο δὲ **ἐν ταῖς ἡμέραις ἐκείναις** ἐξῆλθεν δόγμα παρὰ Καίσαρος Αὐγούστου ἀπογράφεσθαι πᾶσαν τὴν οἰκουμένην.	
002			Lk 2,6	ἐγένετο δὲ ἐν τῷ εἶναι αὐτοὺς ἐκεῖ ἐπλήσθησαν **αἱ ἡμέραι τοῦ τεκεῖν** αὐτήν	
c 002			Lk 2,21 → Lk 1,31	καὶ ὅτε ἐπλήσθησαν **ἡμέραι ὀκτὼ** τοῦ περιτεμεῖν αὐτὸν καὶ ἐκλήθη τὸ ὄνομα αὐτοῦ Ἰησοῦς, ...	
002			Lk 2,22	καὶ ὅτε ἐπλήσθησαν **αἱ ἡμέραι τοῦ καθαρισμοῦ αὐτῶν** κατὰ τὸν νόμον Μωϋσέως, ἀνήγαγον αὐτὸν εἰς Ἱεροσόλυμα παραστῆσαι τῷ κυρίῳ	
002			Lk 2,36	καὶ ἦν Ἅννα προφῆτις, ... αὕτη προβεβηκυῖα **ἐν ἡμέραις πολλαῖς,** ζήσασα μετὰ ἀνδρὸς ἔτη ἑπτὰ ἀπὸ τῆς παρθενίας αὐτῆς	
002			Lk 2,37	... ἣ οὐκ ἀφίστατο τοῦ ἱεροῦ νηστείαις καὶ δεήσεσιν λατρεύουσα νύκτα καὶ **ἡμέραν.**	
g 200	Mt 2,1	τοῦ δὲ Ἰησοῦ γεννηθέντος ἐν Βηθλέεμ τῆς Ἰουδαίας **ἐν ἡμέραις Ἡρῴδου τοῦ βασιλέως,** ἰδοὺ μάγοι ἀπὸ ἀνατολῶν παρεγένοντο εἰς Ἱεροσόλυμα			

002					Lk 2,43	καὶ τελειωσάντων τὰς ἡμέρας, ἐν τῷ ὑποστρέφειν αὐτοὺς ὑπέμεινεν Ἰησοῦς ὁ παῖς ἐν Ἰερουσαλήμ, ...	
002					Lk 2,44	νομίσαντες δὲ αὐτὸν εἶναι ἐν τῇ συνοδίᾳ ἦλθον ἡμέρας ὁδὸν καὶ ἀνεζήτουν αὐτὸν ἐν τοῖς συγγενεῦσιν καὶ τοῖς γνωστοῖς	
c 002					Lk 2,46	καὶ ἐγένετο μετὰ ἡμέρας τρεῖς εὗρον αὐτὸν ἐν τῷ ἱερῷ ...	
b 210	Mt 3,1	ἐν δὲ ταῖς ἡμέραις ἐκείναις παραγίνεται Ἰωάννης ὁ βαπτιστὴς κηρύσσων ἐν τῇ ἐρήμῳ τῆς Ἰουδαίας	Mk 1,4	ἐγένετο Ἰωάννης [ὁ] βαπτίζων ἐν τῇ ἐρήμῳ καὶ κηρύσσων ...	Lk 3,2 ↑ Lk 1,80 → Lk 3,3	ἐπὶ ἀρχιερέως Ἅννα καὶ Καϊάφα, ἐγένετο ῥῆμα θεοῦ ἐπὶ Ἰωάννην τὸν Ζαχαρίου υἱὸν ἐν τῇ ἐρήμῳ.	→ Jn 3,23
b 121	Mt 3,13	τότε παραγίνεται ὁ Ἰησοῦς ἀπὸ τῆς Γαλιλαίας ἐπὶ τὸν Ἰορδάνην πρὸς τὸν Ἰωάννην τοῦ βαπτισθῆναι ὑπ᾽ αὐτοῦ.	Mk 1,9	καὶ ἐγένετο ἐν ἐκείναις ταῖς ἡμέραις ἦλθεν Ἰησοῦς ἀπὸ Ναζαρὲτ τῆς Γαλιλαίας καὶ ἐβαπτίσθη εἰς τὸν Ἰορδάνην ὑπὸ Ἰωάννου.	Lk 3,21	ἐγένετο δὲ ἐν τῷ βαπτισθῆναι ἅπαντα τὸν λαὸν καὶ Ἰησοῦ βαπτισθέντος ...	
c 020	Mt 4,2	[1] τότε ὁ Ἰησοῦς ἀνήχθη εἰς τὴν ἔρημον ὑπὸ τοῦ πνεύματος πειρασθῆναι ὑπὸ τοῦ διαβόλου. [2] καὶ νηστεύσας ἡμέρας τεσσεράκοντα καὶ νύκτας τεσσεράκοντα ...	Mk 1,13	[12] καὶ εὐθὺς τὸ πνεῦμα αὐτὸν ἐκβάλλει εἰς τὴν ἔρημον. [13] καὶ ἦν ἐν τῇ ἐρήμῳ τεσσεράκοντα ἡμέρας πειραζόμενος ὑπὸ τοῦ σατανᾶ, ...	Lk 4,2 (2)	[1] Ἰησοῦς δὲ ... ἤγετο ἐν τῷ πνεύματι ἐν τῇ ἐρήμῳ [2] ἡμέρας τεσσεράκοντα πειραζόμενος ὑπὸ τοῦ διαβόλου. ...	Mk-Q overlap
c 102 *c b* 202	Mt 4,2	[1] τότε ὁ Ἰησοῦς ἀνήχθη εἰς τὴν ἔρημον ὑπὸ τοῦ πνεύματος πειρασθῆναι ὑπὸ τοῦ διαβόλου. [2] καὶ νηστεύσας ἡμέρας τεσσεράκοντα καὶ νύκτας τεσσεράκοντα ὕστερον ἐπείνασεν.	Mk 1,13	[12] καὶ εὐθὺς τὸ πνεῦμα αὐτὸν ἐκβάλλει εἰς τὴν ἔρημον. [13] καὶ ἦν ἐν τῇ ἐρήμῳ τεσσεράκοντα ἡμέρας πειραζόμενος ὑπὸ τοῦ σατανᾶ, ...	Lk 4,2 (2)	[1] Ἰησοῦς δὲ ... ἤγετο ἐν τῷ πνεύματι ἐν τῇ ἐρήμῳ [2] ἡμέρας τεσσεράκοντα πειραζόμενος ὑπὸ τοῦ διαβόλου. καὶ οὐκ ἔφαγεν οὐδὲν ἐν ταῖς ἡμέραις ἐκείναις καὶ συντελεσθεισῶν αὐτῶν ἐπείνασεν.	Mk-Q overlap
j 112	Mt 13,54	... ἐδίδασκεν αὐτοὺς ἐν τῇ συναγωγῇ αὐτῶν, ...	Mk 6,2	καὶ γενομένου σαββάτου ἤρξατο διδάσκειν ἐν τῇ συναγωγῇ, ...	Lk 4,16	... καὶ εἰσῆλθεν κατὰ τὸ εἰωθὸς αὐτῷ ἐν τῇ ἡμέρᾳ τῶν σαββάτων εἰς τὴν συναγωγὴν καὶ ἀνέστη ἀναγνῶναι.	
g 002					Lk 4,25	ἐπ᾽ ἀληθείας δὲ λέγω ὑμῖν, πολλαὶ χῆραι ἦσαν ἐν ταῖς ἡμέραις Ἠλίου ἐν τῷ Ἰσραήλ, ...	

012			**Mk 1,35** → Mk 1,45	καὶ πρωῒ ἔννυχα λίαν ἀναστὰς ἐξῆλθεν καὶ ἀπῆλθεν εἰς ἔρημον τόπον κἀκεῖ προσηύχετο.	**Lk 4,42** → Lk 5,16	γενομένης δὲ ἡμέρας ἐξελθὼν ἐπορεύθη εἰς ἔρημον τόπον· ...	
200	**Mt 6,34**	μὴ οὖν μεριμνήσητε εἰς τὴν αὔριον, ἡ γὰρ αὔριον μεριμνήσει ἑαυτῆς· ἀρκετὸν τῇ ἡμέρᾳ ἡ κακία αὐτῆς.					
a 201	**Mt 7,22** → Mt 25,11	πολλοὶ ἐροῦσίν μοι ἐν ἐκείνῃ τῇ ἡμέρᾳ· κύριε κύριε, οὐ τῷ σῷ ὀνόματι ἐπροφητεύσαμεν, καὶ τῷ σῷ ὀνόματι δαιμόνια ἐξεβάλομεν, καὶ τῷ σῷ ὀνόματι δυνάμεις πολλὰς ἐποιήσαμεν;			**Lk 13,26**	τότε ἄρξεσθε λέγειν· ἐφάγομεν ἐνώπιόν σου καὶ ἐπίομεν καὶ ἐν ταῖς πλατείαις ἡμῶν ἐδίδαξας·	
d 122	**Mt 9,1**	... καὶ ἦλθεν εἰς τὴν ἰδίαν πόλιν.	**Mk 2,1**	καὶ εἰσελθὼν πάλιν εἰς Καφαρναοὺμ δι' ἡμερῶν ἠκούσθη ὅτι ἐν οἴκῳ ἐστίν.	**Lk 5,17**	καὶ ἐγένετο ἐν μιᾷ τῶν ἡμερῶν καὶ αὐτὸς ἦν διδάσκων, ...	
222 *a b* 122	**Mt 9,15**	... ἐλεύσονται δὲ ἡμέραι ὅταν ἀπαρθῇ ἀπ' αὐτῶν ὁ νυμφίος, καὶ τότε νηστεύσουσιν.	**Mk 2,20** (2)	ἐλεύσονται δὲ ἡμέραι ὅταν ἀπαρθῇ ἀπ' αὐτῶν ὁ νυμφίος, καὶ τότε νηστεύσουσιν ἐν ἐκείνῃ τῇ ἡμέρᾳ.	**Lk 5,35** (2)	ἐλεύσονται δὲ ἡμέραι, καὶ ὅταν ἀπαρθῇ ἀπ' αὐτῶν ὁ νυμφίος, τότε νηστεύσουσιν ἐν ἐκείναις ταῖς ἡμέραις.	→ GTh 104
b 112	**Mt 5,1**	ἰδὼν δὲ τοὺς ὄχλους ἀνέβη εἰς τὸ ὄρος, ...	**Mk 3,13**	καὶ ἀναβαίνει εἰς τὸ ὄρος	**Lk 6,12**	ἐγένετο δὲ ἐν ταῖς ἡμέραις ταύταις ἐξελθεῖν αὐτὸν εἰς τὸ ὄρος προσεύξασθαι, ...	
112	**Mt 10,1** → Mk 6,7	καὶ προσκαλεσάμενος τοὺς δώδεκα μαθητὰς αὐτοῦ ...		καὶ προσκαλεῖται οὓς ἤθελεν αὐτός, καὶ ἀπῆλθον πρὸς αὐτόν. [14] καὶ ἐποίησεν δώδεκα, ...	**Lk 6,13**	καὶ ὅτε ἐγένετο ἡμέρα, προσεφώνησεν τοὺς μαθητὰς αὐτοῦ, καὶ ἐκλεξάμενος ἀπ' αὐτῶν δώδεκα, ...	
a 102	**Mt 5,12**	χαίρετε καὶ ἀγαλλιᾶσθε, ὅτι ὁ μισθὸς ὑμῶν πολὺς ἐν τοῖς οὐρανοῖς· ...			**Lk 6,23**	χάρητε ἐν ἐκείνῃ τῇ ἡμέρᾳ καὶ σκιρτήσατε, ἰδοὺ γὰρ ὁ μισθὸς ὑμῶν πολὺς ἐν τῷ οὐρανῷ· ...	→ GTh 69,1 → GTh 68
f a 202	**Mt 10,15** ⇩ Mt 11,24	... ἀνεκτότερον ἔσται γῇ Σοδόμων καὶ Γομόρρων ἐν ἡμέρᾳ κρίσεως ἢ τῇ πόλει ἐκείνῃ.			**Lk 10,12**	... Σοδόμοις ἐν τῇ ἡμέρᾳ ἐκείνῃ ἀνεκτότερον ἔσται ἢ τῇ πόλει ἐκείνῃ.	
g 201	**Mt 11,12**	ἀπὸ δὲ τῶν ἡμερῶν Ἰωάννου τοῦ βαπτιστοῦ ἕως ἄρτι ἡ βασιλεία τῶν οὐρανῶν βιάζεται καὶ βιασταὶ ἁρπάζουσιν αὐτήν. [13] πάντες γὰρ οἱ προφῆται καὶ ὁ νόμος ἕως Ἰωάννου ἐπροφήτευσαν·			**Lk 16,16** → Mt 22,9 → Lk 14,23	ὁ νόμος καὶ οἱ προφῆται μέχρι Ἰωάννου· ἀπὸ τότε ἡ βασιλεία τοῦ θεοῦ εὐαγγελίζεται καὶ πᾶς εἰς αὐτὴν βιάζεται.	

f 201	**Mt 11,22**	πλὴν λέγω ὑμῖν, Τύρῳ καὶ Σιδῶνι ἀνεκτότερον ἔσται **ἐν ἡμέρᾳ κρίσεως** ἢ ὑμῖν.			**Lk 10,14**	πλὴν Τύρῳ καὶ Σιδῶνι ἀνεκτότερον ἔσται **ἐν τῇ κρίσει** ἢ ὑμῖν.	
f a 200	**Mt 11,24** ⇧ Mt 10,15	πλὴν λέγω ὑμῖν ὅτι γῇ Σοδόμων ἀνεκτότερον ἔσται **ἐν ἡμέρᾳ κρίσεως** ἢ σοί.			**Lk 10,12**	λέγω ὑμῖν ὅτι Σοδόμοις **ἐν τῇ ἡμέρᾳ ἐκείνῃ** ἀνεκτότερον ἔσται ἢ τῇ πόλει ἐκείνῃ.	
f 200	**Mt 12,36**	... πᾶν ῥῆμα ἀργὸν ὃ λαλήσουσιν οἱ ἄνθρωποι ἀποδώσουσιν περὶ αὐτοῦ λόγον **ἐν ἡμέρᾳ κρίσεως·**					
c 201 *c* 201	**Mt 12,40 (2)** ↓ Mt 27,63	*ὥσπερ γὰρ ἦν Ἰωνᾶς ἐν* *τῇ κοιλίᾳ τοῦ κήτους* ***τρεῖς ἡμέρας*** *καὶ τρεῖς νύκτας,* οὕτως ἔσται ὁ υἱὸς τοῦ ἀνθρώπου ἐν τῇ καρδίᾳ τῆς γῆς **τρεῖς ἡμέρας** καὶ τρεῖς νύκτας. ➢ Jonah 2,1			**Lk 11,30**	καθὼς γὰρ ἐγένετο Ἰωνᾶς τοῖς Νινευίταις σημεῖον, οὕτως ἔσται καὶ ὁ υἱὸς τοῦ ἀνθρώπου τῇ γενεᾷ ταύτῃ.	
a 210	**Mt 13,1** → Lk 5,1	**ἐν τῇ ἡμέρᾳ ἐκείνῃ** ἐξελθὼν ὁ Ἰησοῦς τῆς οἰκίας ἐκάθητο παρὰ τὴν θάλασσαν·	**Mk 4,1** → Mk 2,13 → Mk 3,9 → Lk 5,1	καὶ **πάλιν** ἤρξατο διδάσκειν παρὰ τὴν θάλασσαν· ...			
020			**Mk 4,27**	καὶ καθεύδῃ καὶ ἐγείρηται νύκτα καὶ **ἡμέραν,** καὶ ὁ σπόρος βλαστᾷ καὶ μηκύνηται ὡς οὐκ οἶδεν αὐτός.			
a d 122	**Mt 8,18**	ἰδὼν δὲ ὁ Ἰησοῦς ὄχλον περὶ αὐτὸν ἐκέλευσεν ἀπελθεῖν εἰς τὸ πέραν.	**Mk 4,35**	καὶ λέγει αὐτοῖς **ἐν ἐκείνῃ τῇ ἡμέρᾳ** ὀψίας γενομένης· διέλθωμεν εἰς τὸ πέραν.	**Lk 8,22** → Mt 8,23 → Mk 4,36	ἐγένετο δὲ **ἐν μιᾷ τῶν ἡμερῶν** καὶ αὐτὸς ἐνέβη εἰς πλοῖον καὶ οἱ μαθηταὶ αὐτοῦ καὶ εἶπεν πρὸς αὐτούς· διέλθωμεν εἰς τὸ πέραν τῆς λίμνης, καὶ ἀνήχθησαν.	
021			**Mk 5,5**	καὶ διὰ παντὸς νυκτὸς καὶ **ἡμέρας** ἐν τοῖς μνήμασιν καὶ ἐν τοῖς ὄρεσιν ἦν κράζων καὶ κατακόπτων ἑαυτὸν λίθοις.	**Lk 8,29**	... ἠλαύνετο ὑπὸ τοῦ δαιμονίου εἰς τὰς ἐρήμους.	
120	**Mt 14,6**	γενεσίοις δὲ γενομένοις τοῦ Ἡρῴδου ὠρχήσατο ἡ θυγάτηρ τῆς Ἡρῳδιάδος ἐν τῷ μέσῳ καὶ ἤρεσεν τῷ Ἡρῴδῃ	**Mk 6,21**	καὶ γενομένης **ἡμέρας εὐκαίρου** ὅτε Ἡρῴδης τοῖς γενεσίοις αὐτοῦ δεῖπνον ἐποίησεν ... [22] καὶ εἰσελθούσης τῆς θυγατρὸς αὐτοῦ Ἡρῳδιάδος καὶ ὀρχησαμένης ἤρεσεν τῷ Ἡρῴδῃ ...			

112	Mt 14,15	ὀψίας δὲ γενομένης προσῆλθον αὐτῷ οἱ μαθηταὶ λέγοντες· ἔρημός ἐστιν ὁ τόπος καὶ ἡ ὥρα ἤδη παρῆλθεν· ἀπόλυσον τοὺς ὄχλους, ...	Mk 6,35	καὶ ἤδη ὥρας πολλῆς γενομένης προσελθόντες αὐτῷ οἱ μαθηταὶ αὐτοῦ ἔλεγον ὅτι ἔρημός ἐστιν ὁ τόπος καὶ ἤδη ὥρα πολλή· [36] ἀπόλυσον αὐτούς, ...	Lk 9,12 ↓Lk 24,29	ἡ δὲ ἡμέρα ἤρξατο κλίνειν· προσελθόντες δὲ οἱ δώδεκα εἶπαν αὐτῷ· ἀπόλυσον τὸν ὄχλον, ... ὅτι ὧδε ἐν ἐρήμῳ τόπῳ ἐσμέν.	
b 120	Mt 15,32	ὁ δὲ Ἰησοῦς προσκαλεσάμενος τοὺς μαθητὰς αὐτοῦ εἶπεν·	Mk 8,1	ἐν ἐκείναις ταῖς ἡμέραις πάλιν πολλοῦ ὄχλου ὄντος καὶ μὴ ἐχόντων τί φάγωσιν, προσκαλεσάμενος τοὺς μαθητὰς λέγει αὐτοῖς·			
c 220	→Mt 14,14	σπλαγχνίζομαι ἐπὶ τὸν ὄχλον, ὅτι ἤδη ἡμέραι τρεῖς προσμένουσίν μοι καὶ οὐκ ἔχουσιν τί φάγωσιν· ...	Mk 8,2 →Mk 6,34	σπλαγχνίζομαι ἐπὶ τὸν ὄχλον, ὅτι ἤδη ἡμέραι τρεῖς προσμένουσίν μοι καὶ οὐκ ἔχουσιν τί φάγωσιν·			
e c 222	Mt 16,21 ↓Mt 17,23 ↓Mt 20,19 ↓Mt 27,63-64	ἀπὸ τότε ἤρξατο ὁ Ἰησοῦς δεικνύειν τοῖς μαθηταῖς αὐτοῦ ὅτι δεῖ αὐτὸν εἰς Ἱεροσόλυμα ἀπελθεῖν καὶ πολλὰ παθεῖν ἀπὸ τῶν πρεσβυτέρων καὶ ἀρχιερέων καὶ γραμματέων καὶ ἀποκτανθῆναι καὶ τῇ τρίτῃ ἡμέρᾳ ἐγερθῆναι.	Mk 8,31 ↓Mk 9,31 ↓Mk 10,34	καὶ ἤρξατο διδάσκειν αὐτοὺς ὅτι δεῖ τὸν υἱὸν τοῦ ἀνθρώπου πολλὰ παθεῖν καὶ ἀποδοκιμασθῆναι ὑπὸ τῶν πρεσβυτέρων καὶ τῶν ἀρχιερέων καὶ τῶν γραμματέων καὶ ἀποκτανθῆναι καὶ μετὰ τρεῖς ἡμέρας ἀναστῆναι·	Lk 9,22 ↓Lk 9,44 →Lk 17,25 ↓Lk 18,33 ↓Lk 24,7 →Lk 24,26 ↓Lk 24,46	εἰπὼν ὅτι δεῖ τὸν υἱὸν τοῦ ἀνθρώπου πολλὰ παθεῖν καὶ ἀποδοκιμασθῆναι ἀπὸ τῶν πρεσβυτέρων καὶ ἀρχιερέων καὶ γραμματέων καὶ ἀποκτανθῆναι καὶ τῇ τρίτῃ ἡμέρᾳ ἐγερθῆναι.	
h 112	Mt 16,24 ⇩ Mt 10,38	... εἴ τις θέλει ὀπίσω μου ἐλθεῖν, ἀπαρνησάσθω ἑαυτὸν καὶ ἀράτω τὸν σταυρὸν αὐτοῦ καὶ ἀκολουθείτω μοι.	Mk 8,34	... εἴ τις θέλει ὀπίσω μου ἀκολουθεῖν, ἀπαρνησάσθω ἑαυτὸν καὶ ἀράτω τὸν σταυρὸν αὐτοῦ καὶ ἀκολουθείτω μοι.	Lk 9,23 ⇩ Lk 14,27	... εἴ τις θέλει ὀπίσω μου ἔρχεσθαι, ἀρνησάσθω ἑαυτὸν καὶ ἀράτω τὸν σταυρὸν αὐτοῦ καθ' ἡμέραν, καὶ ἀκολουθείτω μοι.	→ GTh 55 Mk-Q overlap
	Mt 10,38 ⇧ Mt 16,24	καὶ ὃς οὐ λαμβάνει τὸν σταυρὸν αὐτοῦ καὶ ἀκολουθεῖ ὀπίσω μου, οὐκ ἔστιν μου ἄξιος.			Lk 14,27 ⇧ Lk 9,23	ὅστις οὐ βαστάζει τὸν σταυρὸν ἑαυτοῦ καὶ ἔρχεται ὀπίσω μου οὐ δύναται εἶναί μου μαθητής.	→ GTh 55 → GTh 101
c 222	Mt 17,1	καὶ μεθ' ἡμέρας ἓξ παραλαμβάνει ὁ Ἰησοῦς τὸν Πέτρον καὶ Ἰάκωβον καὶ Ἰωάννην τὸν ἀδελφὸν αὐτοῦ καὶ ἀναφέρει αὐτοὺς εἰς ὄρος ὑψηλὸν κατ' ἰδίαν.	Mk 9,2	καὶ μετὰ ἡμέρας ἓξ παραλαμβάνει ὁ Ἰησοῦς τὸν Πέτρον καὶ τὸν Ἰάκωβον καὶ τὸν Ἰωάννην καὶ ἀναφέρει αὐτοὺς εἰς ὄρος ὑψηλὸν κατ' ἰδίαν μόνους. ...	Lk 9,28	ἐγένετο δὲ μετὰ τοὺς λόγους τούτους ὡσεὶ ἡμέραι ὀκτὼ [καὶ] παραλαβὼν Πέτρον καὶ Ἰωάννην καὶ Ἰάκωβον ἀνέβη εἰς τὸ ὄρος προσεύξασθαι.	
b 112	Mt 17,9	... μηδενὶ εἴπητε τὸ ὅραμα ἕως οὗ ὁ υἱὸς τοῦ ἀνθρώπου ἐκ νεκρῶν ἐγερθῇ.	Mk 9,9	... διεστείλατο αὐτοῖς ἵνα μηδενὶ ἃ εἶδον διηγήσωνται, εἰ μὴ ὅταν ὁ υἱὸς τοῦ ἀνθρώπου ἐκ νεκρῶν ἀναστῇ.	Lk 9,36	... καὶ αὐτοὶ ἐσίγησαν καὶ οὐδενὶ ἀπήγγειλαν ἐν ἐκείναις ταῖς ἡμέραις οὐδὲν ὧν ἑώρακαν.	
112	Mt 17,9	καὶ καταβαινόντων αὐτῶν ἐκ τοῦ ὄρους ...	Mk 9,9	καὶ καταβαινόντων αὐτῶν ἐκ τοῦ ὄρους ...	Lk 9,37	ἐγένετο δὲ τῇ ἑξῆς ἡμέρᾳ κατελθόντων αὐτῶν ἀπὸ τοῦ ὄρους ...	

e c 221	**Mt 17,23** ↑ Mt 16,21 ↓ Mt 20,19 ↓ Mt 27,63-64	[22] ... μέλλει ὁ υἱὸς τοῦ ἀνθρώπου παραδίδοσθαι εἰς χεῖρας ἀνθρώπων, [23] καὶ ἀποκτενοῦσιν αὐτόν, καὶ **τῇ τρίτῃ ἡμέρᾳ** ἐγερθήσεται. ...	**Mk 9,31** ↑ Mk 8,31 ↓ Mk 10,34	... ὁ υἱὸς τοῦ ἀνθρώπου παραδίδοται εἰς χεῖρας ἀνθρώπων, καὶ ἀποκτενοῦσιν αὐτόν, καὶ ἀποκτανθεὶς **μετὰ τρεῖς ἡμέρας** ἀναστήσεται.	**Lk 9,44** ↑ Lk 9,22 → Lk 17,25 ↓ Lk 18,33 ↓ Lk 24,7 → Lk 24,26 ↓ Lk 24,46	... ὁ γὰρ υἱὸς τοῦ ἀνθρώπου μέλλει παραδίδοσθαι εἰς χεῖρας ἀνθρώπων.	
002					**Lk 9,51** → Mt 19,1 → Mk 10,1 → Lk 24,51	ἐγένετο δὲ ἐν τῷ συμπληροῦσθαι **τὰς ἡμέρας τῆς ἀναλήμψεως αὐτοῦ** καὶ αὐτὸς τὸ πρόσωπον ἐστήρισεν τοῦ πορεύεσθαι εἰς Ἰερουσαλήμ.	→ Acts 1,2.22 → Acts 1,9.11
f a 202	**Mt 10,15** ⇧ Mt 11,24	... ἀνεκτότερον ἔσται γῇ Σοδόμων καὶ Γομόρρων **ἐν ἡμέρᾳ κρίσεως** ἢ τῇ πόλει ἐκείνῃ.			**Lk 10,12**	... Σοδόμοις **ἐν τῇ ἡμέρᾳ ἐκείνῃ** ἀνεκτότερον ἔσται ἢ τῇ πόλει ἐκείνῃ.	
h 102	**Mt 6,11**	τὸν ἄρτον ἡμῶν τὸν ἐπιούσιον δὸς ἡμῖν **σήμερον·**			**Lk 11,3**	τὸν ἄρτον ἡμῶν τὸν ἐπιούσιον δίδου ἡμῖν **τὸ καθ᾽ ἡμέραν·**	
202	**Mt 24,50** ↓ Mt 24,42 → Mt 24,44 ↓ Mt 25,13	ἥξει ὁ κύριος τοῦ δούλου ἐκείνου **ἐν ἡμέρᾳ** ᾗ οὐ προσδοκᾷ καὶ ἐν ὥρᾳ ᾗ οὐ γινώσκει			**Lk 12,46**	ἥξει ὁ κύριος τοῦ δούλου ἐκείνου **ἐν ἡμέρᾳ** ᾗ οὐ προσδοκᾷ καὶ ἐν ὥρᾳ ᾗ οὐ γινώσκει, ...	
c 002					**Lk 13,14** **(2)**	... ἔλεγεν τῷ ὄχλῳ ὅτι **ἓξ ἡμέραι** εἰσὶν ἐν αἷς δεῖ ἐργάζεσθαι·	
j 002					→ Mt 12,12 → Mk 3,4 → Lk 6,9 → Lk 14,3	ἐν αὐταῖς οὖν ἐρχόμενοι θεραπεύεσθε καὶ **μὴ τῇ ἡμέρᾳ τοῦ σαββάτου.**	
j 002					**Lk 13,16** → Lk 4,18	... οὐκ ἔδει λυθῆναι ἀπὸ τοῦ δεσμοῦ τούτου **τῇ ἡμέρᾳ τοῦ σαββάτου;**	→ Acts 10,38
j 102	**Mt 12,11**	... τίς ἔσται ἐξ ὑμῶν ἄνθρωπος ὃς ἕξει πρόβατον ἓν καὶ ἐὰν ἐμπέσῃ τοῦτο **τοῖς σάββασιν** εἰς βόθυνον, οὐχὶ κρατήσει αὐτὸ καὶ ἐγερεῖ;			**Lk 14,5** → Lk 13,15	... τίνος ὑμῶν υἱὸς ἢ βοῦς εἰς φρέαρ πεσεῖται, καὶ οὐκ εὐθέως ἀνασπάσει αὐτὸν **ἐν ἡμέρᾳ τοῦ σαββάτου;**	
002					**Lk 15,13**	καὶ **μετ᾽ οὐ πολλὰς ἡμέρας** συναγαγὼν πάντα ὁ νεώτερος υἱὸς ἀπεδήμησεν εἰς χώραν μακρὰν ...	
h 002					**Lk 16,19**	ἄνθρωπος δέ τις ἦν πλούσιος, καὶ ἐνεδιδύσκετο πορφύραν καὶ βύσσον εὐφραινόμενος **καθ᾽ ἡμέραν** λαμπρῶς.	

102	**Mt 18,21** → Mt 18,15	τότε προσελθὼν ὁ Πέτρος εἶπεν αὐτῷ· κύριε, ποσάκις ἁμαρτήσει εἰς ἐμὲ ὁ ἀδελφός μου καὶ ἀφήσω αὐτῷ; ἕως ἑπτάκις; [22] λέγει αὐτῷ ὁ Ἰησοῦς· οὐ λέγω σοι ἕως ἑπτάκις ἀλλὰ ἕως ἑβδομηκοντάκις ἑπτά.			**Lk 17,4** → Lk 17,3	καὶ ἐὰν ἑπτάκις **τῆς ἡμέρας** ἁμαρτήσῃ εἰς σὲ καὶ ἑπτάκις ἐπιστρέψῃ πρὸς σὲ λέγων· μετανοῶ, ἀφήσεις αὐτῷ.	
002 *d g* 002					**Lk 17,22** **(2)**	... ἐλεύσονται **ἡμέραι** ὅτε ἐπιθυμήσετε **μίαν τῶν ἡμερῶν τοῦ υἱοῦ τοῦ ἀνθρώπου** ἰδεῖν καὶ οὐκ ὄψεσθε.	
g 102	**Mt 24,27**	... οὕτως ἔσται **ἡ παρουσία** τοῦ υἱοῦ τοῦ ἀνθρώπου·			**Lk 17,24**	... οὕτως ἔσται ὁ υἱὸς τοῦ ἀνθρώπου **[ἐν τῇ ἡμέρᾳ αὐτοῦ].**	
g 202 *g* 102	**Mt 24,37**	ὥσπερ γὰρ **αἱ ἡμέραι τοῦ Νῶε,** οὕτως ἔσται **ἡ παρουσία** τοῦ υἱοῦ τοῦ ἀνθρώπου.			**Lk 17,26** **(2)**	καὶ καθὼς ἐγένετο **ἐν ταῖς ἡμέραις Νῶε,** οὕτως ἔσται καὶ **ἐν ταῖς ἡμέραις** τοῦ υἱοῦ τοῦ ἀνθρώπου·	
202	**Mt 24,38** **(2)**	ὡς γὰρ ἦσαν ἐν ταῖς ἡμέραις [ἐκείναις] ταῖς πρὸ τοῦ κατακλυσμοῦ τρώγοντες καὶ πίνοντες, γαμοῦντες καὶ γαμίζοντες, **ἄχρι ἧς ἡμέρας** εἰσῆλθεν Νῶε εἰς τὴν κιβωτόν, [39] καὶ οὐκ ἔγνωσαν ἕως ἦλθεν ὁ κατακλυσμὸς καὶ ἦρεν ἅπαντας, ↔			**Lk 17,27**	ἤσθιον, ἔπινον, ἐγάμουν, ἐγαμίζοντο, **ἄχρι ἧς ἡμέρας** εἰσῆλθεν Νῶε εἰς τὴν κιβωτόν, καὶ ἦλθεν ὁ κατακλυσμὸς καὶ ἀπώλεσεν πάντας.	
g 002					**Lk 17,28**	ὁμοίως καθὼς ἐγένετο **ἐν ταῖς ἡμέραις Λώτ·** ἤσθιον, ἔπινον, ἠγόραζον, ἐπώλουν, ἐφύτευον, ᾠκοδόμουν·	
002					**Lk 17,29**	**ᾗ δὲ ἡμέρᾳ** ἐξῆλθεν Λὼτ ἀπὸ Σοδόμων, ἔβρεξεν πῦρ καὶ θεῖον ἀπ' οὐρανοῦ καὶ ἀπώλεσεν πάντας.	
102	**Mt 24,39**	↔ οὕτως ἔσται [καὶ] **ἡ παρουσία** τοῦ υἱοῦ τοῦ ἀνθρώπου.			**Lk 17,30**	κατὰ τὰ αὐτὰ ἔσται ᾗ **ἡμέρᾳ** ὁ υἱὸς τοῦ ἀνθρώπου ἀποκαλύπτεται.	
a 112	**Mt 24,17**	ὁ ἐπὶ τοῦ δώματος μὴ καταβάτω ἆραι τὰ ἐκ τῆς οἰκίας αὐτοῦ	**Mk 13,15**	ὁ [δὲ] ἐπὶ τοῦ δώματος μὴ καταβάτω μηδὲ εἰσελθάτω ἆραί τι ἐκ τῆς οἰκίας αὐτοῦ	**Lk 17,31**	**ἐν ἐκείνῃ τῇ ἡμέρᾳ** ὃς ἔσται ἐπὶ τοῦ δώματος καὶ τὰ σκεύη αὐτοῦ ἐν τῇ οἰκίᾳ, μὴ καταβάτω ἆραι αὐτά, ...	
002					**Lk 18,7**	ὁ δὲ θεὸς οὐ μὴ ποιήσῃ τὴν ἐκδίκησιν τῶν ἐκλεκτῶν αὐτοῦ τῶν βοώντων αὐτῷ **ἡμέρας** καὶ νυκτός, καὶ μακροθυμεῖ ἐπ' αὐτοῖς;	

200	**Mt 20,2**	συμφωνήσας δὲ μετὰ τῶν ἐργατῶν ἐκ δηναρίου **τὴν ἡμέραν** ἀπέστειλεν αὐτοὺς εἰς τὸν ἀμπελῶνα αὐτοῦ.					
200	**Mt 20,6**	... καὶ λέγει αὐτοῖς· τί ὧδε ἑστήκατε **ὅλην τὴν ἡμέραν** ἀργοί;					
200	**Mt 20,12**	... οὗτοι οἱ ἔσχατοι μίαν ὥραν ἐποίησαν, καὶ ἴσους ἡμῖν αὐτοὺς ἐποίησας τοῖς βαστάσασι **τὸ βάρος τῆς ἡμέρας** καὶ τὸν καύσωνα.					
e c 222	**Mt 20,19** ↑ Mt 16,21 ↑ Mt 17,23 ↓ Mt 27,63-64	... καὶ μαστιγῶσαι καὶ σταυρῶσαι, καὶ **τῇ τρίτῃ ἡμέρᾳ** ἐγερθήσεται.	**Mk 10,34** ↑ Mk 8,31 ↑ Mk 9,31	... καὶ μαστιγώσουσιν αὐτὸν καὶ ἀποκτενοῦσιν, καὶ **μετὰ τρεῖς ἡμέρας** ἀναστήσεται.	**Lk 18,33** ↑ Lk 9,22 ↑ Lk 9,44 → Lk 17,25 ↓ Lk 24,7 → Lk 24,26 ↓ Lk 24,46	καὶ μαστιγώσαντες ἀποκτενοῦσιν αὐτόν, καὶ **τῇ ἡμέρᾳ τῇ τρίτῃ** ἀναστήσεται.	
a 002					**Lk 19,42**	... εἰ ἔγνως **ἐν τῇ ἡμέρᾳ ταύτῃ** καὶ σὺ τὰ πρὸς εἰρήνην· ...	
002					**Lk 19,43** → Lk 21,20	ὅτι ἥξουσιν **ἡμέραι** ἐπὶ σὲ καὶ παρεμβαλοῦσιν οἱ ἐχθροί σου χάρακά σοι καὶ περικυκλώσουσίν σε καὶ συνέξουσίν σε πάντοθεν	
h 012			**Mk 11,18** → Mt 21,45-46	καὶ ἤκουσαν οἱ ἀρχιερεῖς καὶ οἱ γραμματεῖς καὶ ἐζήτουν πῶς αὐτὸν ἀπολέσωσιν· ἐφοβοῦντο γὰρ αὐτόν, ...	**Lk 19,47** ↓ Lk 21,37 → Lk 21,38	καὶ ἦν διδάσκων **τὸ καθ' ἡμέραν** ἐν τῷ ἱερῷ. οἱ δὲ ἀρχιερεῖς καὶ οἱ γραμματεῖς ἐζήτουν αὐτὸν ἀπολέσαι καὶ οἱ πρῶτοι τοῦ λαοῦ	
d 112	**Mt 21,23**	καὶ ἐλθόντος αὐτοῦ εἰς τὸ ἱερὸν προσῆλθον αὐτῷ διδάσκοντι οἱ ἀρχιερεῖς καὶ οἱ πρεσβύτεροι τοῦ λαοῦ ...	**Mk 11,27**	... καὶ ἐν τῷ ἱερῷ περιπατοῦντος αὐτοῦ ἔρχονται πρὸς αὐτὸν οἱ ἀρχιερεῖς καὶ οἱ γραμματεῖς καὶ οἱ πρεσβύτεροι	**Lk 20,1**	καὶ ἐγένετο **ἐν μιᾷ τῶν ἡμερῶν** διδάσκοντος αὐτοῦ τὸν λαὸν ἐν τῷ ἱερῷ καὶ εὐαγγελιζομένου ἐπέστησαν οἱ ἀρχιερεῖς καὶ οἱ γραμματεῖς σὺν τοῖς πρεσβυτέροις	→ Jn 2,18
a 211	**Mt 22,23**	**ἐν ἐκείνῃ τῇ ἡμέρᾳ** προσῆλθον αὐτῷ Σαδδουκαῖοι, λέγοντες μὴ εἶναι ἀνάστασιν, ...	**Mk 12,18**	καὶ ἔρχονται Σαδδουκαῖοι πρὸς αὐτόν, οἵτινες λέγουσιν ἀνάστασιν μὴ εἶναι, ...	**Lk 20,27**	προσελθόντες δέ τινες τῶν Σαδδουκαίων, οἱ [ἀντι]λέγοντες ἀνάστασιν μὴ εἶναι, ...	
a 211	**Mt 22,46**	καὶ οὐδεὶς ἐδύνατο ἀποκριθῆναι αὐτῷ λόγον οὐδὲ ἐτόλμησέν τις **ἀπ' ἐκείνης** **τῆς ἡμέρας** ἐπερωτῆσαι αὐτὸν οὐκέτι.	**Mk 12,34**	... καὶ οὐδεὶς οὐκέτι ἐτόλμα αὐτὸν ἐπερωτῆσαι.	**Lk 20,40**	οὐκέτι γὰρ ἐτόλμων ἐπερωτᾶν αὐτὸν οὐδέν.	

g 201	Mt 23,30	[29] ... οἰκοδομεῖτε τοὺς τάφους τῶν προφητῶν καὶ κοσμεῖτε τὰ μνημεῖα τῶν δικαίων, [30] καὶ λέγετε· εἰ ἤμεθα **ἐν ταῖς ἡμέραις τῶν πατέρων ἡμῶν,** οὐκ ἂν ἤμεθα αὐτῶν κοινωνοὶ ἐν τῷ αἵματι τῶν προφητῶν.			Lk 11,47	... οἰκοδομεῖτε τὰ μνημεῖα τῶν προφητῶν, **οἱ δὲ πατέρες ὑμῶν** ἀπέκτειναν αὐτούς.	
112	Mt 24,2	... οὐ βλέπετε ταῦτα πάντα; ἀμὴν λέγω ὑμῖν, οὐ μὴ ἀφεθῇ ὧδε λίθος ἐπὶ λίθον ὃς οὐ καταλυθήσεται.	Mk 13,2	... βλέπεις ταύτας τὰς μεγάλας οἰκοδομάς; οὐ μὴ ἀφεθῇ ὧδε λίθος ἐπὶ λίθον ὃς οὐ μὴ καταλυθῇ.	Lk 21,6 → Lk 19,44	ταῦτα ἃ θεωρεῖτε ἐλεύσονται **ἡμέραι** ἐν αἷς οὐκ ἀφεθήσεται λίθος ἐπὶ λίθῳ ὃς οὐ καταλυθήσεται.	
002					Lk 21,22	ὅτι **ἡμέραι ἐκδικήσεως** αὗταί εἰσιν τοῦ πλησθῆναι πάντα τὰ γεγραμμένα.	
b 222	Mt 24,19	οὐαὶ δὲ ταῖς ἐν γαστρὶ ἐχούσαις καὶ ταῖς θηλαζούσαις **ἐν ἐκείναις ταῖς ἡμέραις.**	Mk 13,17	οὐαὶ δὲ ταῖς ἐν γαστρὶ ἐχούσαις καὶ ταῖς θηλαζούσαις **ἐν ἐκείναις ταῖς ἡμέραις.**	Lk 21,23 ↓ Lk 23,29	οὐαὶ ταῖς ἐν γαστρὶ ἐχούσαις καὶ ταῖς θηλαζούσαις **ἐν ἐκείναις ταῖς ἡμέραις·**	
b 121	Mt 24,21	ἔσται γὰρ **τότε** θλῖψις μεγάλη οἵα οὐ γέγονεν ἀπ᾽ ἀρχῆς κόσμου ἕως τοῦ νῦν οὐδ᾽ οὐ μὴ γένηται.	Mk 13,19	ἔσονται γὰρ **αἱ ἡμέραι ἐκεῖναι** θλῖψις οἵα οὐ γέγονεν τοιαύτη ἀπ᾽ ἀρχῆς κτίσεως ἣν ἔκτισεν ὁ θεὸς ἕως τοῦ νῦν καὶ οὐ μὴ γένηται.		ἔσται γὰρ ἀνάγκη μεγάλη ἐπὶ τῆς γῆς καὶ ὀργὴ τῷ λαῷ τούτῳ	
b 220 b 220	Mt 24,22 (2)	καὶ εἰ μὴ ἐκολοβώθησαν **αἱ ἡμέραι ἐκεῖναι,** οὐκ ἂν ἐσώθη πᾶσα σάρξ· διὰ δὲ τοὺς ἐκλεκτοὺς κολοβωθήσονται **αἱ ἡμέραι ἐκεῖναι.**	Mk 13,20 (2)	καὶ εἰ μὴ ἐκολόβωσεν κύριος **τὰς ἡμέρας,** οὐκ ἂν ἐσώθη πᾶσα σάρξ· ἀλλὰ διὰ τοὺς ἐκλεκτοὺς οὓς ἐξελέξατο ἐκολόβωσεν **τὰς ἡμέρας.**			
b 221	Mt 24,29	εὐθέως δὲ **μετὰ τὴν θλῖψιν τῶν ἡμερῶν ἐκείνων** *ὁ ἥλιος σκοτισθήσεται, καὶ ἡ σελήνη οὐ δώσει τὸ φέγγος αὐτῆς, ...* ➤ Isa 13,10	Mk 13,24	ἀλλὰ **ἐν ἐκείναις ταῖς ἡμέραις μετὰ τὴν θλῖψιν ἐκείνην** *ὁ ἥλιος σκοτισθήσεται, καὶ ἡ σελήνη οὐ δώσει τὸ φέγγος αὐτῆς* ➤ Isa 13,10	Lk 21,25 → Lk 21,11	καὶ ἔσονται σημεῖα ἐν ἡλίῳ καὶ σελήνῃ ...	→ Acts 2,19
a 220	Mt 24,36	**περὶ δὲ τῆς ἡμέρας ἐκείνης καὶ ὥρας** οὐδεὶς οἶδεν, ...	Mk 13,32	**περὶ δὲ τῆς ἡμέρας ἐκείνης ἢ τῆς ὥρας** οὐδεὶς οἶδεν, ...			
a 002					Lk 21,34 → Mt 24,49 → Lk 12,45 → Mk 13,33 → Mk 13,36	προσέχετε δὲ ἑαυτοῖς μήποτε βαρηθῶσιν ὑμῶν αἱ καρδίαι ἐν κραιπάλῃ καὶ μέθῃ καὶ μερίμναις βιωτικαῖς καὶ ἐπιστῇ ἐφ᾽ ὑμᾶς αἰφνίδιος **ἡ ἡμέρα ἐκείνη**	
g 202	Mt 24,37	ὥσπερ γὰρ **αἱ ἡμέραι τοῦ Νῶε,** οὕτως ἔσται ἡ παρουσία τοῦ υἱοῦ τοῦ ἀνθρώπου.			Lk 17,26 (2)	καὶ καθὼς ἐγένετο **ἐν ταῖς ἡμέραις Νῶε,** οὕτως ἔσται καὶ ἐν ταῖς ἡμέραις τοῦ υἱοῦ τοῦ ἀνθρώπου·	

b 201 202	**Mt 24,38** (2)	ὡς γὰρ ἦσαν ἐν ταῖς ἡμέραις [ἐκείναις] ταῖς πρὸ τοῦ κατακλυσμοῦ τρώγοντες καὶ πίνοντες, γαμοῦντες καὶ γαμίζοντες, ἄχρι ἧς ἡμέρας εἰσῆλθεν Νῶε εἰς τὴν κιβωτόν			**Lk 17,27**	ἤσθιον, ἔπινον, ἐγάμουν, ἐγαμίζοντο, ἄχρι ἧς ἡμέρας εἰσῆλθεν Νῶε εἰς τὴν κιβωτόν, ...	
210	**Mt 24,42** → Mt 24,44 ↓ Mt 24,50 ↓ Mt 25,13	γρηγορεῖτε οὖν, ὅτι οὐκ οἴδατε ποίᾳ ἡμέρᾳ ὁ κύριος ὑμῶν ἔρχεται.	**Mk 13,35** → Lk 12,38	γρηγορεῖτε οὖν· οὐκ οἴδατε γὰρ πότε ὁ κύριος τῆς οἰκίας ἔρχεται, ἢ ὀψὲ ἢ μεσονύκτιον ἢ ἀλεκτοροφωνίας ἢ πρωΐ			
202	**Mt 24,50** ↑ Mt 24,42 → Mt 24,44 ↓ Mt 25,13	ἥξει ὁ κύριος τοῦ δούλου ἐκείνου ἐν ἡμέρᾳ ᾗ οὐ προσδοκᾷ καὶ ἐν ὥρᾳ ᾗ οὐ γινώσκει			**Lk 12,46**	ἥξει ὁ κύριος τοῦ δούλου ἐκείνου ἐν ἡμέρᾳ ᾗ οὐ προσδοκᾷ καὶ ἐν ὥρᾳ ᾗ οὐ γινώσκει, ...	
211	**Mt 25,13** ↑ Mt 24,42 ↑ Mt 24,50 → Mt 24,44	γρηγορεῖτε οὖν, ὅτι οὐκ οἴδατε τὴν ἡμέραν οὐδὲ τὴν ὥραν.	**Mk 13,33** ↑ Lk 21,34	βλέπετε, ἀγρυπνεῖτε· οὐκ οἴδατε γὰρ πότε ὁ καιρός ἐστιν.	**Lk 21,36** → Lk 12,35-38 → Lk 18,1	ἀγρυπνεῖτε δὲ ἐν παντὶ καιρῷ δεόμενοι ἵνα κατισχύσητε ἐκφυγεῖν ταῦτα πάντα τὰ μέλλοντα γίνεσθαι καὶ σταθῆναι ἔμπροσθεν τοῦ υἱοῦ τοῦ ἀνθρώπου.	
002	**Mt 21,17**	καὶ καταλιπὼν αὐτοὺς ἐξῆλθεν ἔξω τῆς πόλεως εἰς Βηθανίαν, καὶ ηὐλίσθη ἐκεῖ.	**Mk 11,11**	καὶ εἰσῆλθεν εἰς Ἱεροσόλυμα εἰς τὸ ἱερὸν καὶ περιβλεψάμενος πάντα, ὀψίας ἤδη οὔσης τῆς ὥρας, ἐξῆλθεν εἰς Βηθανίαν μετὰ τῶν δώδεκα.	**Lk 21,37** ↑ Lk 19,47 → Mk 11,19	ἦν δὲ τὰς ἡμέρας ἐν τῷ ἱερῷ διδάσκων, τὰς δὲ νύκτας ἐξερχόμενος ηὐλίζετο εἰς τὸ ὄρος τὸ καλούμενον Ἐλαιῶν·	→ [[Jn 8,1]]
c 221	**Mt 26,2**	οἴδατε ὅτι μετὰ δύο ἡμέρας τὸ πάσχα γίνεται, ...	**Mk 14,1**	ἦν δὲ τὸ πάσχα καὶ τὰ ἄζυμα μετὰ δύο ἡμέρας. ...	**Lk 22,1**	ἤγγιζεν δὲ ἡ ἑορτὴ τῶν ἀζύμων ἡ λεγομένη πάσχα.	
c 122	**Mt 26,17**	τῇ δὲ πρώτῃ τῶν ἀζύμων προσῆλθον οἱ μαθηταὶ τῷ Ἰησοῦ λέγοντες· ποῦ θέλεις ἑτοιμάσωμέν σοι φαγεῖν τὸ πάσχα;	**Mk 14,12**	καὶ τῇ πρώτῃ ἡμέρᾳ τῶν ἀζύμων, ὅτε τὸ πάσχα ἔθυον, λέγουσιν αὐτῷ οἱ μαθηταὶ αὐτοῦ· ποῦ θέλεις ἀπελθόντες ἑτοιμάσωμεν ἵνα φάγῃς τὸ πάσχα;	**Lk 22,7**	ἦλθεν δὲ ἡ ἡμέρα τῶν ἀζύμων, [ἐν] ᾗ ἔδει θύεσθαι τὸ πάσχα· [8] ... [9] οἱ δὲ εἶπαν αὐτῷ· ποῦ θέλεις ἑτοιμάσωμεν;	→ Jn 13,1
a 221	**Mt 26,29**	... οὐ μὴ πίω ἀπ' ἄρτι ἐκ τούτου τοῦ γενήματος τῆς ἀμπέλου ἕως τῆς ἡμέρας ἐκείνης ὅταν αὐτὸ πίνω μεθ' ὑμῶν καινὸν ἐν τῇ βασιλείᾳ τοῦ πατρός μου.	**Mk 14,25**	... οὐκέτι οὐ μὴ πίω ἐκ τοῦ γενήματος τῆς ἀμπέλου ἕως τῆς ἡμέρας ἐκείνης ὅταν αὐτὸ πίνω καινὸν ἐν τῇ βασιλείᾳ τοῦ θεοῦ.	**Lk 22,18** → Lk 22,16	... οὐ μὴ πίω ἀπὸ τοῦ νῦν ἀπὸ τοῦ γενήματος τῆς ἀμπέλου ἕως οὗ ἡ βασιλεία τοῦ θεοῦ ἔλθῃ.	
h 222	**Mt 26,55**	... καθ' ἡμέραν ἐν τῷ ἱερῷ ἐκαθεζόμην διδάσκων καὶ οὐκ ἐκρατήσατέ με.	**Mk 14,49**	καθ' ἡμέραν ἤμην πρὸς ὑμᾶς ἐν τῷ ἱερῷ διδάσκων καὶ οὐκ ἐκρατήσατέ με· ...	**Lk 22,53**	καθ' ἡμέραν ὄντος μου μεθ' ὑμῶν ἐν τῷ ἱερῷ οὐκ ἐξετείνατε τὰς χεῖρας ἐπ' ἐμέ, ...	→ Jn 18,20

112	Mt 26,57 Mt 27,1	... ὅπου οἱ γραμματεῖς καὶ οἱ πρεσβύτεροι συνήχθησαν. πρωΐας δὲ γενομένης συμβούλιον ἔλαβον πάντες οἱ ἀρχιερεῖς καὶ οἱ πρεσβύτεροι τοῦ λαοῦ κατὰ τοῦ Ἰησοῦ ὥστε θανατῶσαι αὐτόν·	Mk 14,53 Mk 15,1	... καὶ συνέρχονται πάντες οἱ ἀρχιερεῖς καὶ οἱ πρεσβύτεροι καὶ οἱ γραμματεῖς. καὶ εὐθὺς πρωῒ συμβούλιον ποιήσαντες οἱ ἀρχιερεῖς μετὰ τῶν πρεσβυτέρων καὶ γραμματέων καὶ ὅλον τὸ συνέδριον, ...	Lk 22,66	καὶ ὡς ἐγένετο ἡμέρα, συνήχθη τὸ πρεσβυτέριον τοῦ λαοῦ, ἀρχιερεῖς τε καὶ γραμματεῖς, καὶ ἀπήγαγον αὐτὸν εἰς τὸ συνέδριον αὐτῶν	
c 220	Mt 26,61 ↓ Mt 27,40	... δύναμαι καταλῦσαι τὸν ναὸν τοῦ θεοῦ καὶ διὰ τριῶν ἡμερῶν οἰκοδομῆσαι.	Mk 14,58 ↓ Mk 15,29	... ἐγὼ καταλύσω τὸν ναὸν τοῦτον τὸν χειροποίητον καὶ διὰ τριῶν ἡμερῶν ἄλλον ἀχειροποίητον οἰκοδομήσω.			→ Jn 2,19 → Acts 6,14 → GTh 71
b 002					Lk 23,7	... ὄντα καὶ αὐτὸν ἐν Ἱεροσολύμοις ἐν ταύταις ταῖς ἡμέραις.	
002					Lk 23,12	ἐγένοντο δὲ φίλοι ὅ τε Ἡρῴδης καὶ ὁ Πιλᾶτος ἐν αὐτῇ τῇ ἡμέρᾳ μετ' ἀλλήλων· ...	
002					Lk 23,29 ↑ Mt 24,19 ↑ Mk 13,17 ↑ Lk 21,23	ὅτι ἰδοὺ ἔρχονται ἡμέραι ἐν αἷς ἐροῦσιν· μακάριαι αἱ στεῖραι καὶ αἱ κοιλίαι αἳ οὐκ ἐγέννησαν καὶ μαστοὶ οἳ οὐκ ἔθρεψαν.	
c 220	Mt 27,40 ↑ Mt 26,61	... ὁ καταλύων τὸν ναὸν καὶ ἐν τρισὶν ἡμέραις οἰκοδομῶν, ...	Mk 15,29 ↑ Mk 14,58	... οὐὰ ὁ καταλύων τὸν ναὸν καὶ οἰκοδομῶν ἐν τρισὶν ἡμέραις			→ Jn 2,19 → Acts 6,14
112	Mt 27,57	ὀψίας δὲ γενομένης ...	Mk 15,42	καὶ ἤδη ὀψίας γενομένης, ἐπεὶ ἦν παρασκευή, ὅ ἐστιν προσάββατον	Lk 23,54	καὶ ἡμέρα ἦν παρασκευῆς καὶ σάββατον ἐπέφωσκεν.	→ Jn 19,42
c 200	Mt 27,63 ↑ Mt 12,40 ↑ Mt 16,21 ↑ Mt 17,23 ↑ Mt 20,19	... κύριε, ἐμνήσθημεν ὅτι ἐκεῖνος ὁ πλάνος εἶπεν ἔτι ζῶν· μετὰ τρεῖς ἡμέρας ἐγείρομαι.					
e 200	Mt 27,64 ↑ Mt 16,21 ↑ Mt 17,23 ↑ Mt 20,19	κέλευσον οὖν ἀσφαλισθῆναι τὸν τάφον ἕως τῆς τρίτης ἡμέρας, μήποτε ἐλθόντες οἱ μαθηταὶ αὐτοῦ κλέψωσιν αὐτὸν καὶ εἴπωσιν τῷ λαῷ· ἠγέρθη ἀπὸ τῶν νεκρῶν, ...					
e 002	↑ Mt 16,21 ↑ Mt 17,23 ↑ Mt 20,19		↑ Mk 8,31 ↑ Mk 9,31 ↑ Mk 10,34		Lk 24,7 ↑ Lk 9,22 ↑ Lk 9,44 → Lk 17,25 ↑ Lk 18,33 → Lk 24,26 ↑ Lk 24,46	λέγων τὸν υἱὸν τοῦ ἀνθρώπου ὅτι δεῖ παραδοθῆναι εἰς χεῖρας ἀνθρώπων ἁμαρτωλῶν καὶ σταυρωθῆναι καὶ τῇ τρίτῃ ἡμέρᾳ ἀναστῆναι.	

	Mt	Mk	Lk	
200	**Mt 28,15** ... καὶ διεφημίσθη ὁ λόγος οὗτος παρὰ Ἰουδαίοις **μέχρι τῆς σήμερον [ἡμέρας].**			
002			**Lk 24,13** καὶ ἰδοὺ δύο ἐξ αὐτῶν **ἐν αὐτῇ τῇ ἡμέρᾳ** ἦσαν πορευόμενοι εἰς κώμην ...	
b 002			**Lk 24,18** ... σὺ μόνος παροικεῖς Ἰερουσαλὴμ καὶ οὐκ ἔγνως τὰ γενόμενα ἐν αὐτῇ **ἐν ταῖς ἡμέραις ταύταις;**	
e a 002			**Lk 24,21** ... ἀλλά γε καὶ σὺν πᾶσιν τούτοις **τρίτην ταύτην ἡμέραν** ἄγει ἀφ' οὗ ταῦτα ἐγένετο.	
002			**Lk 24,29** ↑ Lk 9,12 ... μεῖνον μεθ' ἡμῶν, ὅτι πρὸς ἑσπέραν ἐστὶν καὶ κέκλικεν ἤδη **ἡ ἡμέρα.** καὶ εἰσῆλθεν τοῦ μεῖναι σὺν αὐτοῖς.	
e 002	↑ Mt 16,21 ↑ Mt 17,23 ↑ Mt 20,19	↑ Mk 8,31 ↑ Mk 9,31 ↑ Mk 10,34	**Lk 24,46** ↑ Lk 9,22 ↑ Lk 9,44 → Lk 17,25 ↑ Lk 18,33 ↑ Lk 24,7 → Lk 24,26 ... οὕτως γέγραπται παθεῖν τὸν χριστὸν καὶ ἀναστῆναι ἐκ νεκρῶν **τῇ τρίτῃ ἡμέρᾳ**	
200	**Mt 28,20** ... καὶ ἰδοὺ ἐγὼ μεθ' ὑμῶν εἰμι **πάσας τὰς ἡμέρας** ἕως τῆς συντελείας τοῦ αἰῶνος.			

Acts 1,2 → Lk 9,51 → Lk 24,51 — **ἄχρι ἧς ἡμέρας** ἐντειλάμενος τοῖς ἀποστόλοις διὰ πνεύματος ἁγίου οὓς ἐξελέξατο ἀνελήμφθη.

c **Acts 1,3** — οἷς καὶ παρέστησεν ἑαυτὸν ζῶντα μετὰ τὸ παθεῖν αὐτὸν ἐν πολλοῖς τεκμηρίοις, **δι' ἡμερῶν τεσσεράκοντα** ὀπτανόμενος αὐτοῖς καὶ λέγων τὰ περὶ τῆς βασιλείας τοῦ θεοῦ·

b **Acts 1,5** → Mt 3,11 → Mk 1,8 → Lk 3,16 → Acts 11,16 → Acts 19,4 — ὅτι Ἰωάννης μὲν ἐβάπτισεν ὕδατι, ὑμεῖς δὲ ἐν πνεύματι βαπτισθήσεσθε ἁγίῳ **οὐ μετὰ πολλὰς ταύτας ἡμέρας.**

b **Acts 1,15** — καὶ **ἐν ταῖς ἡμέραις ταύταις** ἀναστὰς Πέτρος ἐν μέσῳ τῶν ἀδελφῶν ...

Acts 1,22 → Lk 9,51 → Lk 24,51 — ἀρξάμενος ἀπὸ τοῦ βαπτίσματος Ἰωάννου **ἕως τῆς ἡμέρας** ἧς ἀνελήμφθη ἀφ' ἡμῶν, μάρτυρα τῆς ἀναστάσεως αὐτοῦ σὺν ἡμῖν γενέσθαι ἕνα τούτων.

Acts 2,1 — καὶ ἐν τῷ συμπληροῦσθαι **τὴν ἡμέραν τῆς πεντηκοστῆς** ἦσαν πάντες ὁμοῦ ἐπὶ τὸ αὐτό.

Acts 2,15 — οὐ γὰρ ὡς ὑμεῖς ὑπολαμβάνετε οὗτοι μεθύουσιν, ἔστιν γὰρ **ὥρα τρίτη τῆς ἡμέρας**

Acts 2,17 — *καὶ ἔσται* **ἐν ταῖς ἐσχάταις ἡμέραις,** λέγει ὁ θεός, *ἐκχεῶ ἀπὸ τοῦ πνεύματός μου ἐπὶ πᾶσαν σάρκα, ...* ➢ Joel 3,1 LXX

b **Acts 2,18** — *καί γε ἐπὶ τοὺς δούλους μου καὶ ἐπὶ τὰς δούλας μου* ***ἐν ταῖς ἡμέραις ἐκείναις*** *ἐκχεῶ ἀπὸ τοῦ πνεύματός μου,* καὶ προφητεύσουσιν. ➢ Joel 3,2 LXX

g **Acts 2,20** — *ὁ ἥλιος μεταστραφήσεται εἰς σκότος καὶ ἡ σελήνη εἰς αἷμα πρὶν ἐλθεῖν* ***ἡμέραν κυρίου τὴν μεγάλην καὶ ἐπιφανῆ.*** ➢ Joel 3,4 LXX

a **Acts 2,29** — ... καὶ ἐτελεύτησεν καὶ ἐτάφη, καὶ τὸ μνῆμα αὐτοῦ ἔστιν ἐν ἡμῖν **ἄχρι τῆς ἡμέρας ταύτης.**

a **Acts 2,41** — οἱ μὲν οὖν ἀποδεξάμενοι τὸν λόγον αὐτοῦ ἐβαπτίσθησαν καὶ προσετέθησαν **ἐν τῇ ἡμέρᾳ ἐκείνῃ** ψυχαὶ ὡσεὶ τρισχίλιαι.

h **Acts 2,46** **καθ' ἡμέραν**
→ Lk 24,53
τε προσκαρτεροῦντες ὁμοθυμαδὸν ἐν τῷ ἱερῷ, κλῶντές τε κατ' οἶκον ἄρτον, ...

h **Acts 2,47** ... ὁ δὲ κύριος προσετίθει τοὺς σῳζομένους
καθ' ἡμέραν
ἐπὶ τὸ αὐτό.

h **Acts 3,2** καί τις ἀνὴρ χωλὸς ἐκ κοιλίας μητρὸς αὐτοῦ ὑπάρχων ἐβαστάζετο, ὃν ἐτίθουν
καθ' ἡμέραν
πρὸς τὴν θύραν τοῦ ἱεροῦ τὴν λεγομένην Ὡραίαν ...

b **Acts 3,24** καὶ πάντες δὲ οἱ προφῆται ἀπὸ Σαμουὴλ καὶ τῶν καθεξῆς ὅσοι ἐλάλησαν καὶ κατήγγειλαν
τὰς ἡμέρας ταύτας.

b **Acts 5,36** **πρὸ γὰρ τούτων τῶν ἡμερῶν**
ἀνέστη Θευδᾶς λέγων εἶναί τινα ἑαυτόν, ...

Acts 5,37 μετὰ τοῦτον ἀνέστη Ἰούδας ὁ Γαλιλαῖος
ἐν ταῖς ἡμέραις τῆς ἀπογραφῆς
καὶ ἀπέστησεν λαὸν ὀπίσω αὐτοῦ· ...

Acts 5,42 **πᾶσάν τε ἡμέραν**
ἐν τῷ ἱερῷ καὶ κατ' οἶκον οὐκ ἐπαύοντο διδάσκοντες καὶ εὐαγγελιζόμενοι τὸν χριστὸν Ἰησοῦν.

b **Acts 6,1** **ἐν δὲ ταῖς ἡμέραις ταύταις**
πληθυνόντων τῶν μαθητῶν ἐγένετο γογγυσμὸς τῶν Ἑλληνιστῶν πρὸς τοὺς Ἑβραίους, ...

c **Acts 7,8** ... καὶ οὕτως ἐγέννησεν τὸν Ἰσαὰκ καὶ περιέτεμεν αὐτὸν
τῇ ἡμέρᾳ τῇ ὀγδόῃ,
καὶ Ἰσαὰκ τὸν Ἰακώβ, καὶ Ἰακὼβ τοὺς δώδεκα πατριάρχας.

Acts 7,26 **τῇ τε ἐπιούσῃ ἡμέρᾳ**
ὤφθη αὐτοῖς μαχομένοις καὶ συνήλλασσεν αὐτοὺς εἰς εἰρήνην εἰπών· ...

b **Acts 7,41** καὶ ἐμοσχοποίησαν
ἐν ταῖς ἡμέραις ἐκείναις
καὶ ἀνήγαγον θυσίαν τῷ εἰδώλῳ καὶ εὐφραίνοντο ἐν τοῖς ἔργοις τῶν χειρῶν αὐτῶν.

g **Acts 7,45** ... ἐν τῇ κατασχέσει τῶν ἐθνῶν, ὧν ἐξῶσεν ὁ θεὸς ἀπὸ προσώπου τῶν πατέρων ἡμῶν
ἕως τῶν ἡμερῶν Δαυίδ

a **Acts 8,1** ... ἐγένετο δὲ
ἐν ἐκείνῃ τῇ ἡμέρᾳ
διωγμὸς μέγας ἐπὶ τὴν ἐκκλησίαν τὴν ἐν Ἱεροσολύμοις, ...

c **Acts 9,9** καὶ ἦν
ἡμέρας τρεῖς
μὴ βλέπων καὶ οὐκ ἔφαγεν οὐδὲ ἔπιεν.

Acts 9,19 ... ἐγένετο δὲ μετὰ τῶν ἐν Δαμασκῷ μαθητῶν
ἡμέρας τινάς

Acts 9,23 ὡς δὲ ἐπληροῦντο
ἡμέραι ἱκαναί,
συνεβουλεύσαντο οἱ Ἰουδαῖοι ἀνελεῖν αὐτόν·

Acts 9,24 ἐγνώσθη δὲ τῷ Σαύλῳ ἡ ἐπιβουλὴ αὐτῶν. παρετηροῦντο δὲ καὶ τὰς πύλας
ἡμέρας
τε καὶ νυκτὸς ὅπως αὐτὸν ἀνέλωσιν·

b **Acts 9,37** ἐγένετο δὲ
ἐν ταῖς ἡμέραις ἐκείναις
ἀσθενήσασαν αὐτὴν ἀποθανεῖν· ...

Acts 9,43 ἐγένετο δὲ
ἡμέρας ἱκανὰς
μεῖναι ἐν Ἰόππῃ παρά τινι Σίμωνι βυρσεῖ.

Acts 10,3 εἶδεν ἐν ὁράματι φανερῶς
ὡσεὶ περὶ ὥραν ἐνάτην τῆς ἡμέρας
ἄγγελον τοῦ θεοῦ εἰσελθόντα πρὸς αὐτὸν καὶ εἰπόντα αὐτῷ· Κορνήλιε.

c **Acts 10,30** καὶ ὁ Κορνήλιος ἔφη·
ἀπὸ τετάρτης ἡμέρας
μέχρι ταύτης τῆς ὥρας ἤμην τὴν ἐνάτην προσευχόμενος ἐν τῷ οἴκῳ μου, ...

e **Acts 10,40** τοῦτον ὁ θεὸς ἤγειρεν
[ἐν] τῇ τρίτῃ ἡμέρᾳ
καὶ ἔδωκεν αὐτὸν ἐμφανῆ γενέσθαι

Acts 10,48 ... τότε ἠρώτησαν αὐτὸν ἐπιμεῖναι
ἡμέρας τινάς.

b **Acts 11,27** **ἐν ταύταις δὲ ταῖς ἡμέραις**
κατῆλθον ἀπὸ Ἱεροσολύμων προφῆται εἰς Ἀντιόχειαν.

Acts 12,3 ... - ἦσαν δὲ
[αἱ] ἡμέραι τῶν ἀζύμων -

Acts 12,18 γενομένης δὲ
ἡμέρας
ἦν τάραχος οὐκ ὀλίγος ἐν τοῖς στρατιώταις τί ἄρα ὁ Πέτρος ἐγένετο.

Acts 12,21 **τακτῇ δὲ ἡμέρᾳ**
ὁ Ἡρῴδης ἐνδυσάμενος ἐσθῆτα βασιλικὴν [καὶ] καθίσας ἐπὶ τοῦ βήματος ἐδημηγόρει πρὸς αὐτούς

j **Acts 13,14** ... καὶ [εἰσ]ελθόντες εἰς τὴν συναγωγὴν
τῇ ἡμέρᾳ τῶν σαββάτων
ἐκάθισαν.

Acts 13,31 ὃς ὤφθη
ἐπὶ ἡμέρας πλείους
τοῖς συναναβᾶσιν αὐτῷ ἀπὸ τῆς Γαλιλαίας εἰς Ἰερουσαλήμ, ...

g **Acts 13,41** *ἴδετε, οἱ καταφρονηταί, καὶ θαυμάσατε καὶ ἀφανίσθητε, ὅτι ἔργον ἐργάζομαι ἐγὼ*
ἐν ταῖς ἡμέραις ὑμῶν,
ἔργον *ὃ οὐ μὴ πιστεύσητε ἐάν τις ἐκδιηγῆται ὑμῖν.*
➤ Hab 1,5 LXX

Acts 15,7 ... ἄνδρες ἀδελφοί, ὑμεῖς ἐπίστασθε ὅτι
ἀφ' ἡμερῶν ἀρχαίων
ἐν ὑμῖν ἐξελέξατο ὁ θεὸς διὰ τοῦ στόματός μου ἀκοῦσαι τὰ ἔθνη τὸν λόγον τοῦ εὐαγγελίου καὶ πιστεῦσαι.

Acts 15,36 **μετὰ δέ τινας ἡμέρας**
εἶπεν πρὸς Βαρναβᾶν Παῦλος· ...

h **Acts 16,5** αἱ μὲν οὖν ἐκκλησίαι ἐστερεοῦντο τῇ πίστει καὶ ἐπερίσσευον τῷ ἀριθμῷ
καθ' ἡμέραν.

Acts 16,12 ... ἦμεν δὲ ἐν ταύτῃ τῇ πόλει διατρίβοντες
ἡμέρας τινάς.

j **Acts 16,13** **τῇ τε ἡμέρᾳ τῶν σαββάτων**
ἐξήλθομεν ἔξω τῆς πύλης παρὰ ποταμὸν ...

Acts 16,18 τοῦτο δὲ ἐποίει
ἐπὶ πολλὰς ἡμέρας.
...

Acts 16,35 **ἡμέρας**
δὲ γενομένης ἀπέστειλαν οἱ στρατηγοὶ τοὺς ῥαβδούχους λέγοντες· ἀπόλυσον τοὺς ἀνθρώπους ἐκείνους.

h **Acts 17,11** ... οἵτινες ἐδέξαντο τὸν λόγον μετὰ πάσης προθυμίας
καθ᾽ ἡμέραν
ἀνακρίνοντες τὰς γραφὰς εἰ ἔχοι ταῦτα οὕτως.

Acts 17,17 διελέγετο μὲν οὖν ἐν τῇ συναγωγῇ τοῖς Ἰουδαίοις καὶ τοῖς σεβομένοις καὶ ἐν τῇ ἀγορᾷ
κατὰ πᾶσαν ἡμέραν
πρὸς τοὺς παρατυγχάνοντας.

Acts 17,31 καθότι ἔστησεν
ἡμέραν
ἐν ᾗ μέλλει κρίνειν τὴν οἰκουμένην ἐν δικαιοσύνῃ, ...

Acts 18,18 ὁ δὲ Παῦλος ἔτι προσμείνας
ἡμέρας ἱκανὰς
τοῖς ἀδελφοῖς ἀποταξάμενος ἐξέπλει εἰς τὴν Συρίαν, ...

h **Acts 19,9** ... ἀποστὰς ἀπ᾽ αὐτῶν ἀφώρισεν τοὺς μαθητάς
καθ᾽ ἡμέραν
διαλεγόμενος ἐν τῇ σχολῇ Τυράννου.

Acts 20,6 (3) ἡμεῖς δὲ ἐξεπλεύσαμεν
μετὰ τὰς ἡμέρας τῶν ἀζύμων
ἀπὸ Φιλίππων
c καὶ ἤλθομεν πρὸς αὐτοὺς εἰς τὴν Τρῳάδα
ἄχρι ἡμερῶν πέντε,
c ὅπου διετρίψαμεν
ἡμέρας ἑπτά.

Acts 20,16 ... ἔσπευδεν γὰρ εἰ δυνατὸν εἴη αὐτῷ
τὴν ἡμέραν τῆς πεντηκοστῆς
γενέσθαι εἰς Ἱεροσόλυμα.

c **Acts 20,18** ... ὑμεῖς ἐπίστασθε,
ἀπὸ πρώτης ἡμέρας
ἀφ᾽ ἧς ἐπέβην εἰς τὴν Ἀσίαν, πῶς μεθ᾽ ὑμῶν τὸν πάντα χρόνον ἐγενόμην

Acts 20,26 → Mt 27,24-25 → Apg 18,6 διότι μαρτύρομαι ὑμῖν
ἐν τῇ σήμερον ἡμέρᾳ
ὅτι καθαρός εἰμι ἀπὸ τοῦ αἵματος πάντων·

Acts 20,31 διὸ γρηγορεῖτε μνημονεύοντες ὅτι τριετίαν νύκτα καὶ
ἡμέραν
οὐκ ἐπαυσάμην μετὰ δακρύων νουθετῶν ἕνα ἕκαστον.

c **Acts 21,4** ἀνευρόντες δὲ τοὺς μαθητὰς ἐπεμείναμεν αὐτοῦ
ἡμέρας ἑπτά, ...

Acts 21,5 ὅτε δὲ ἐγένετο ἡμᾶς ἐξαρτίσαι
τὰς ἡμέρας,
ἐξελθόντες ἐπορευόμεθα ...

c **Acts 21,7** ... καὶ ἀσπασάμενοι τοὺς ἀδελφοὺς ἐμείναμεν
ἡμέραν μίαν
παρ᾽ αὐτοῖς.

Acts 21,10 ἐπιμενόντων δὲ
ἡμέρας πλείους
κατῆλθέν τις ἀπὸ τῆς Ἰουδαίας προφήτης ὀνόματι Ἅγαβος

b **Acts 21,15** **μετὰ δὲ τὰς ἡμέρας ταύτας**
ἐπισκευασάμενοι ἀνεβαίνομεν εἰς Ἱεροσόλυμα·

Acts 21,26 (2) τότε ὁ Παῦλος παραλαβὼν τοὺς ἄνδρας
τῇ ἐχομένῃ ἡμέρᾳ
σὺν αὐτοῖς ἁγνισθείς, εἰσῄει εἰς τὸ ἱερόν διαγγέλλων
τὴν ἐκπλήρωσιν τῶν ἡμερῶν τοῦ ἁγνισμοῦ
ἕως οὗ προσηνέχθη ὑπὲρ ἑνὸς ἑκάστου αὐτῶν ἡ προσφορά.

c **Acts 21,27** ὡς δὲ ἔμελλον
αἱ ἑπτὰ ἡμέραι
συντελεῖσθαι, οἱ ἀπὸ τῆς Ἀσίας Ἰουδαῖοι θεασάμενοι αὐτὸν ἐν τῷ ἱερῷ ...

b **Acts 21,38** οὐκ ἄρα σὺ εἶ ὁ Αἰγύπτιος ὁ
πρὸ τούτων τῶν ἡμερῶν
ἀναστατώσας καὶ ἐξαγαγὼν εἰς τὴν ἔρημον τοὺς τετρακισχιλίους ἄνδρας τῶν σικαρίων;

a **Acts 23,1** ... ἄνδρες ἀδελφοί, ἐγὼ πάσῃ συνειδήσει ἀγαθῇ πεπολίτευμαι τῷ θεῷ
ἄχρι ταύτης τῆς ἡμέρας.

Acts 23,12 γενομένης δὲ
ἡμέρας
ποιήσαντες συστροφὴν οἱ Ἰουδαῖοι ...

c **Acts 24,1** **μετὰ δὲ πέντε ἡμέρας**
κατέβη ὁ ἀρχιερεὺς Ἁνανίας μετὰ πρεσβυτέρων τινῶν ...

c **Acts 24,11** δυναμένου σου ἐπιγνῶναι ὅτι οὐ πλείους εἰσίν μοι
ἡμέραι δώδεκα
ἀφ᾽ ἧς ἀνέβην προσκυνήσων εἰς Ἰερουσαλήμ.

Acts 24,24 **μετὰ δὲ ἡμέρας τινὰς**
παραγενόμενος ὁ Φῆλιξ σὺν Δρουσίλλῃ τῇ ἰδίᾳ γυναικὶ οὔσῃ Ἰουδαίᾳ μετεπέμψατο τὸν Παῦλον ...

c **Acts 25,1** Φῆστος οὖν ἐπιβὰς τῇ ἐπαρχείᾳ
μετὰ τρεῖς ἡμέρας
ἀνέβη εἰς Ἱεροσόλυμα ἀπὸ Καισαρείας

c **Acts 25,6** διατρίψας δὲ ἐν αὐτοῖς
ἡμέρας οὐ πλείους ὀκτὼ ἢ δέκα
καταβὰς εἰς Καισάρειαν, ...

Acts 25,13 **ἡμερῶν δὲ διαγενομένων τινῶν**
Ἀγρίππας ὁ βασιλεὺς καὶ Βερνίκη κατήντησαν εἰς Καισάρειαν ἀσπασάμενοι τὸν Φῆστον.

Acts 25,14 **ὡς δὲ πλείους ἡμέρας**
διέτριβον ἐκεῖ, ὁ Φῆστος τῷ βασιλεῖ ἀνέθετο τὰ κατὰ τὸν Παῦλον ...

Acts 26,7 εἰς ἣν τὸ δωδεκάφυλον ἡμῶν ἐν ἐκτενείᾳ νύκτα καὶ
ἡμέραν
λατρεῦον ἐλπίζει καταντῆσαι, περὶ ἧς ἐλπίδος ἐγκαλοῦμαι ὑπὸ Ἰουδαίων, βασιλεῦ.

Acts 26,13 **ἡμέρας μέσης**
κατὰ τὴν ὁδὸν εἶδον, βασιλεῦ, οὐρανόθεν ὑπὲρ τὴν λαμπρότητα τοῦ ἡλίου περιλάμψαν με φῶς ...

a **Acts 26,22** ἐπικουρίας οὖν τυχὼν τῆς ἀπὸ τοῦ θεοῦ
ἄχρι τῆς ἡμέρας ταύτης
ἕστηκα μαρτυρόμενος μικρῷ τε καὶ μεγάλῳ ...

Acts 27,7 **ἐν ἱκαναῖς δὲ ἡμέραις**
βραδυπλοοῦντες καὶ μόλις γενόμενοι κατὰ τὴν Κνίδον, ...

Acts 27,20 μήτε δὲ ἡλίου μήτε ἄστρων ἐπιφαινόντων
ἐπὶ πλείονας ἡμέρας,
χειμῶνός τε οὐκ ὀλίγου ἐπικειμένου, ...

Acts 27,29 ... ἐκ πρύμνης ῥίψαντες ἀγκύρας τέσσαρας ηὔχοντο **ἡμέραν** γενέσθαι.

Acts 27,33 (2) ἄχρι δὲ οὗ **ἡμέρα** ἤμελλεν γίνεσθαι παρεκάλει ὁ Παῦλος ἅπαντας μεταλαβεῖν τροφῆς λέγων·
c **τεσσαρεσκαιδεκάτην σήμερον ἡμέραν** προσδοκῶντες ἄσιτοι διατελεῖτε μηθὲν προσλαβόμενοι·

Acts 27,39 ὅτε δὲ **ἡμέρα** ἐγένετο, τὴν γῆν οὐκ ἐπεγίνωσκον, ...

c **Acts 28,7** ... ὃς ἀναδεξάμενος ἡμᾶς **τρεῖς ἡμέρας** φιλοφρόνως ἐξένισεν.

c **Acts 28,12** καὶ καταχθέντες εἰς Συρακούσας ἐπεμείναμεν **ἡμέρας τρεῖς,**

c **Acts 28,13** ὅθεν περιελόντες κατηντήσαμεν εἰς Ῥήγιον. καὶ **μετὰ μίαν ἡμέραν** ἐπιγενομένου νότου δευτεραῖοι ἤλθομεν εἰς Ποτιόλους,

c **Acts 28,14** οὗ εὑρόντες ἀδελφοὺς παρεκλήθημεν παρ' αὐτοῖς ἐπιμεῖναι **ἡμέρας ἑπτά·** καὶ οὕτως εἰς τὴν Ῥώμην ἤλθαμεν.

c **Acts 28,17** ἐγένετο δὲ **μετὰ ἡμέρας τρεῖς** συγκαλέσασθαι αὐτὸν τοὺς ὄντας τῶν Ἰουδαίων πρώτους· ...

Acts 28,23 ταξάμενοι δὲ αὐτῷ **ἡμέραν** ἦλθον πρὸς αὐτὸν εἰς τὴν ξενίαν πλείονες ...

ἤμην, ἦς, ἦν ... → εἰμί

ἡμιθανής	Syn 1	Mt	Mk	Lk 1	Acts	Jn	1-3John	Paul	Eph	Col
	NT 1	2Thess	1/2Tim	Tit	Heb	Jas	1Pet	2Pet	Jude	Rev

half dead

002			**Lk 10,30** ... καὶ λῃσταῖς περιέπεσεν, οἳ καὶ ἐκδύσαντες αὐτὸν καὶ πληγὰς ἐπιθέντες ἀπῆλθον ἀφέντες **ἡμιθανῆ.**	

ἡμῖν → ἡμεῖς

ἥμισυς	Syn 2	Mt	Mk 1	Lk 1	Acts	Jn	1-3John	Paul	Eph	Col
	NT 5	2Thess	1/2Tim	Tit	Heb	Jas	1Pet	2Pet	Jude	Rev 3

half

120	**Mt 14,7** ὅθεν μεθ' ὅρκου ὡμολόγησεν αὐτῇ δοῦναι ὃ ἐὰν αἰτήσηται.	**Mk 6,23** καὶ ὤμοσεν αὐτῇ [πολλά], ὅ τι ἐάν με αἰτήσῃς δώσω σοι **ἕως ἡμίσους τῆς βασιλείας μου.**		
002			**Lk 19,8** → Lk 3,13 ... ἰδοὺ **τὰ ἡμίσιά μου τῶν ὑπαρχόντων,** κύριε, τοῖς πτωχοῖς δίδωμι, ...	

ἡμῶν → ἡμεῖς

ʼΗρ	Syn 1	Mt	Mk	Lk 1	Acts	Jn	1-3John	Paul	Eph	Col
	NT 1	2Thess	1/2Tim	Tit	Heb	Jas	1Pet	2Pet	Jude	Rev

Er

002			**Lk 3,28** ... τοῦ Ἐλμαδὰμ **τοῦ Ἤρ** [29] τοῦ Ἰησοῦ ...	

Ἡρῴδης	Syn 35	Mt 13	Mk 8	Lk 14	Acts 8	Jn	1-3John	Paul	Eph	Col
	NT 43	2Thess	1/2Tim	Tit	Heb	Jas	1Pet	2Pet	Jude	Rev

Herod

	triple tradition																	double tradition			Sondergut		
		+Mt / +Lk			−Mt / −Lk			traditions not taken over by Mt / Lk							subtotals								
code	*222*	*211*	*112*	*212*	*221*	*122*	*121*	*022*	*012*	*021*	*220*	*120*	*210*	*020*	Σ⁺	Σ⁻	Σ	*202*	*201*	*102*	*200*	*002*	total
Mt	2					1^-	1^-				2	2^-				4^-	4				9		**13**
Mk	2					1	1				2	2					8						**8**
Lk	2		1^+			1	1^-								1^+	1^-	4					10	**14**

a Herodes magnus
b Herodes Antipas tetrarcha
c Herodes Agrippa (Acts only)

	Mt	Mk	Lk	
a 002			**Lk 1,5** ἐγένετο **ἐν ταῖς ἡμέραις Ἡρῴδου βασιλέως τῆς Ἰουδαίας** ἱερεύς τις ὀνόματι Ζαχαρίας ἐξ ἐφημερίας Ἀβιά, ...	
a 200	**Mt 2,1** τοῦ δὲ Ἰησοῦ γεννηθέντος ἐν Βηθλέεμ τῆς Ἰουδαίας **ἐν ἡμέραις Ἡρῴδου τοῦ βασιλέως,** ἰδοὺ μάγοι ἀπὸ ἀνατολῶν παρεγένοντο εἰς Ἱεροσόλυμα			
a 200	**Mt 2,3** → Mt 21,10 ἀκούσας δὲ **ὁ βασιλεὺς Ἡρῴδης** ἐταράχθη καὶ πᾶσα Ἱεροσόλυμα μετ' αὐτοῦ			
a 200	**Mt 2,7** τότε **Ἡρῴδης** λάθρᾳ καλέσας τοὺς μάγους ἠκρίβωσεν παρ' αὐτῶν τὸν χρόνον τοῦ φαινομένου ἀστέρος			
a 200	**Mt 2,12** καὶ χρηματισθέντες κατ' ὄναρ μὴ ἀνακάμψαι **πρὸς Ἡρῴδην,** δι' ἄλλης ὁδοῦ ἀνεχώρησαν εἰς τὴν χώραν αὐτῶν.			
a 200	**Mt 2,13** ... μέλλει γὰρ **Ἡρῴδης** ζητεῖν τὸ παιδίον τοῦ ἀπολέσαι αὐτό.			

a 200	Mt 2,15	καὶ ἦν ἐκεῖ ἕως τῆς τελευτῆς ῾Ηρῴδου· ἵνα πληρωθῇ τὸ ῥηθὲν ὑπὸ κυρίου διὰ τοῦ προφήτου λέγοντος· *ἐξ Αἰγύπτου ἐκάλεσα* *τὸν υἱόν μου.* ➤ Hos 11,1					
a 200	Mt 2,16	τότε ῾Ηρῴδης ἰδὼν ὅτι ἐνεπαίχθη ὑπὸ τῶν μάγων ἐθυμώθη λίαν, ...					
a 200	Mt 2,19	τελευτήσαντος δὲ τοῦ ῾Ηρῴδου ἰδοὺ ἄγγελος κυρίου φαίνεται κατ' ὄναρ τῷ ᾿Ιωσὴφ ἐν Αἰγύπτῳ					
a 200	Mt 2,22 → Lk 2,39	ἀκούσας δὲ ὅτι ᾿Αρχέλαος βασιλεύει τῆς ᾿Ιουδαίας ἀντὶ τοῦ πατρὸς αὐτοῦ ῾Ηρῴδου ἐφοβήθη ἐκεῖ ἀπελθεῖν· ...					
b 002					Lk 3,1	... καὶ τετρααρχοῦντος τῆς Γαλιλαίας ῾Ηρῴδου, Φιλίππου δὲ τοῦ ἀδελφοῦ αὐτοῦ τετρααρχοῦντος τῆς ᾿Ιτουραίας καὶ Τραχωνίτιδος χώρας, ...	
b 222	Mt 14,3	ὁ γὰρ ῾Ηρῴδης κρατήσας τὸν ᾿Ιωάννην ἔδησεν [αὐτὸν] καὶ ἐν φυλακῇ ἀπέθετο διὰ ῾Ηρῳδιάδα τὴν γυναῖκα Φιλίππου τοῦ ἀδελφοῦ αὐτοῦ·	Mk 6,17	αὐτὸς γὰρ ὁ ῾Ηρῴδης ἀποστείλας ἐκράτησεν τὸν ᾿Ιωάννην καὶ ἔδησεν αὐτὸν ἐν φυλακῇ διὰ ῾Ηρῳδιάδα τὴν γυναῖκα Φιλίππου τοῦ ἀδελφοῦ αὐτοῦ, ὅτι αὐτὴν ἐγάμησεν·	Lk 3,19 (2) ↓ Mt 14,4 ↓ Mk 6,18	ὁ δὲ ῾Ηρῴδης ὁ τετραάρχης, ἐλεγχόμενος ὑπ' αὐτοῦ περὶ ῾Ηρῳδιάδος τῆς γυναικὸς τοῦ ἀδελφοῦ αὐτοῦ	
b 112						καὶ περὶ πάντων ὧν ἐποίησεν πονηρῶν ὁ ῾Ηρῴδης, [20] προσέθηκεν καὶ τοῦτο ἐπὶ πᾶσιν [καὶ] κατέκλεισεν τὸν ᾿Ιωάννην ἐν φυλακῇ.	
b 002					Lk 8,3 → Mt 27,55-56 → Mk 15,40-41 → Lk 23,49.55 → Lk 24,10	καὶ ᾿Ιωάννα γυνὴ Χουζᾶ ἐπιτρόπου ῾Ηρῴδου καὶ Σουσάννα καὶ ἕτεραι πολλαί, ...	→ Acts 1,14
b 222	Mt 14,1	ἐν ἐκείνῳ τῷ καιρῷ ἤκουσεν ῾Ηρῴδης ὁ τετραάρχης τὴν ἀκοὴν ᾿Ιησοῦ,	Mk 6,14	καὶ ἤκουσεν ὁ βασιλεὺς ῾Ηρῴδης, φανερὸν γὰρ ἐγένετο τὸ ὄνομα αὐτοῦ, ...	Lk 9,7	ἤκουσεν δὲ ῾Ηρῴδης ὁ τετραάρχης τὰ γινόμενα πάντα ...	
b 122	Mt 14,2	καὶ εἶπεν τοῖς παισὶν αὐτοῦ· οὗτός ἐστιν ᾿Ιωάννης ὁ βαπτιστής· αὐτὸς ἠγέρθη ἀπὸ τῶν νεκρῶν ...	Mk 6,16 → Mk 6,27	ἀκούσας δὲ ὁ ῾Ηρῴδης ἔλεγεν· ὃν ἐγὼ ἀπεκεφάλισα ᾿Ιωάννην, οὗτος ἠγέρθη.	Lk 9,9 ↓ Lk 23,8	εἶπεν δὲ ῾Ηρῴδης· ᾿Ιωάννην ἐγὼ ἀπεκεφάλισα· τίς δέ ἐστιν οὗτος περὶ οὗ ἀκούω τοιαῦτα; καὶ ἐζήτει ἰδεῖν αὐτόν.	

b 222	**Mt 14,3**	**ὁ γὰρ Ἡρῴδης** κρατήσας τὸν Ἰωάννην ἔδησεν [αὐτὸν] καὶ ἐν φυλακῇ ἀπέθετο διὰ Ἡρῳδιάδα τὴν γυναῖκα Φιλίππου τοῦ ἀδελφοῦ αὐτοῦ·	**Mk 6,17**	αὐτὸς γὰρ **ὁ Ἡρῴδης** ἀποστείλας ἐκράτησεν τὸν Ἰωάννην καὶ ἔδησεν αὐτὸν ἐν φυλακῇ διὰ Ἡρῳδιάδα τὴν γυναῖκα Φιλίππου τοῦ ἀδελφοῦ αὐτοῦ, ὅτι αὐτὴν ἐγάμησεν·	**Lk 3,19** (2) ↓ Mt 14,4 ↓ **Mk 6,18**	**ὁ δὲ Ἡρῴδης** ὁ τετραάρχης, ἐλεγχόμενος ὑπ᾽ αὐτοῦ περὶ Ἡρῳδιάδος τῆς γυναικὸς τοῦ ἀδελφοῦ αὐτοῦ καὶ περὶ πάντων ὧν ἐποίησεν πονηρῶν ὁ Ἡρῴδης, [20] προσέθηκεν καὶ τοῦτο ἐπὶ πᾶσιν [καὶ] κατέκλεισεν τὸν Ἰωάννην ἐν φυλακῇ.	
b 120	**Mt 14,4** ↑ **Lk 3,19**	ἔλεγεν γὰρ ὁ Ἰωάννης **αὐτῷ·** οὐκ ἔξεστίν σοι ἔχειν αὐτήν.	**Mk 6,18** ↑ **Lk 3,19**	ἔλεγεν γὰρ ὁ Ἰωάννης **τῷ Ἡρῴδῃ** ὅτι οὐκ ἔξεστίν σοι ἔχειν τὴν γυναῖκα τοῦ ἀδελφοῦ σου.			
b 120	**Mt 14,5**	καὶ θέλων αὐτὸν ἀποκτεῖναι ἐφοβήθη τὸν ὄχλον, ὅτι ὡς προφήτην αὐτὸν εἶχον.	**Mk 6,20**	[19] ἡ δὲ Ἡρῳδιὰς ἐνεῖχεν αὐτῷ καὶ ἤθελεν αὐτὸν ἀποκτεῖναι, καὶ οὐκ ἠδύνατο· **[20] ὁ γὰρ Ἡρῴδης** ἐφοβεῖτο τὸν Ἰωάννην, εἰδὼς αὐτὸν ἄνδρα δίκαιον καὶ ἅγιον, καὶ συνετήρει αὐτόν, καὶ ἀκούσας αὐτοῦ πολλὰ ἠπόρει, καὶ ἡδέως αὐτοῦ ἤκουεν.			
b 220	**Mt 14,6** (2)	**γενεσίοις δὲ** **γενομένοις** **τοῦ Ἡρῴδου**	**Mk 6,21**	καὶ γενομένης ἡμέρας εὐκαίρου ὅτε **Ἡρῴδης** **τοῖς γενεσίοις** **αὐτοῦ** δεῖπνον ἐποίησεν ...			
b 220		ὠρχήσατο ἡ θυγάτηρ τῆς Ἡρῳδιάδος ἐν τῷ μέσῳ καὶ ἤρεσεν **τῷ Ἡρῴδῃ**	**Mk 6,22**	καὶ εἰσελθούσης τῆς θυγατρὸς αὐτοῦ Ἡρῳδιάδος καὶ ὀρχησαμένης ἤρεσεν **τῷ Ἡρῴδῃ** καὶ τοῖς συνανακειμένοις. ...			
b 121	**Mt 16,6** ⇨ Mt 16,11	... ὁρᾶτε καὶ προσέχετε ἀπὸ τῆς ζύμης τῶν Φαρισαίων καὶ **Σαδδουκαίων.**	**Mk 8,15**	... ὁρᾶτε, βλέπετε ἀπὸ τῆς ζύμης τῶν Φαρισαίων καὶ **τῆς ζύμης Ἡρῴδου.**	**Lk 12,1** → Mt 16,12	... προσέχετε ἑαυτοῖς ἀπὸ τῆς ζύμης, ἥτις ἐστὶν ὑπόκρισις, τῶν Φαρισαίων.	
b 002					**Lk 13,31**	... ἔξελθε καὶ πορεύου ἐντεῦθεν, ὅτι **Ἡρῴδης** θέλει σε ἀποκτεῖναι.	
b 002 *b* 002					**Lk 23,7** (2)	καὶ ἐπιγνοὺς ὅτι **ἐκ τῆς ἐξουσίας** **Ἡρῴδου** ἐστὶν ἀνέπεμψεν αὐτὸν **πρὸς Ἡρῴδην,** ὄντα καὶ αὐτὸν ἐν Ἱεροσολύμοις ἐν ταύταις ταῖς ἡμέραις.	
b 002					**Lk 23,8** ↑ **Lk 9,9**	**ὁ δὲ Ἡρῴδης** ἰδὼν τὸν Ἰησοῦν ἐχάρη λίαν, ἦν γὰρ ἐξ ἱκανῶν χρόνων θέλων ἰδεῖν αὐτὸν διὰ τὸ ἀκούειν περὶ αὐτοῦ, ...	

	Mt	Mk	Lk	
b 002	Mt 27,28 καὶ ἐκδύσαντες αὐτὸν χλαμύδα κοκκίνην περιέθηκαν αὐτῷ	Mk 15,17 καὶ ἐνδιδύσκουσιν αὐτὸν πορφύραν ...	Lk 23,11 →Mt 27,27 →Mk 15,16 ἐξουθενήσας δὲ αὐτὸν [καὶ] **ὁ Ἡρῴδης** σὺν τοῖς στρατεύμασιν αὐτοῦ καὶ ἐμπαίξας περιβαλὼν ἐσθῆτα λαμπρὰν ...	→ Jn 19,2
b 002			Lk 23,12 ἐγένοντο δὲ φίλοι **ὅ τε Ἡρῴδης** καὶ ὁ Πιλᾶτος ἐν αὐτῇ τῇ ἡμέρᾳ μετ' ἀλλήλων· ...	→ Acts 4,27
b 002			Lk 23,15 ἀλλ' **οὐδὲ Ἡρῴδης,** ἀνέπεμψεν γὰρ αὐτὸν πρὸς ἡμᾶς, ...	→ Jn 18,38

b **Acts 4,27** → Lk 23,12 συνήχθησαν γὰρ ἐπ' ἀληθείας ἐν τῇ πόλει ταύτῃ ἐπὶ τὸν ἅγιον παῖδά σου Ἰησοῦν ὃν ἔχρισας, **Ἡρῴδης** τε καὶ Πόντιος Πιλᾶτος σὺν ἔθνεσιν καὶ λαοῖς Ἰσραήλ

c **Acts 12,1** κατ' ἐκεῖνον δὲ τὸν καιρὸν ἐπέβαλεν **Ἡρῴδης** ὁ βασιλεὺς τὰς χεῖρας κακῶσαί τινας τῶν ἀπὸ τῆς ἐκκλησίας.

c **Acts 12,6** ὅτε δὲ ἤμελλεν προαγαγεῖν αὐτὸν **ὁ Ἡρῴδης,** τῇ νυκτὶ ἐκείνῃ ἦν ὁ Πέτρος κοιμώμενος μεταξὺ δύο στρατιωτῶν δεδεμένος ...

c **Acts 12,11** ... νῦν οἶδα ἀληθῶς ὅτι ἐξαπέστειλεν [ὁ] κύριος τὸν ἄγγελον αὐτοῦ καὶ ἐξείλατό με **ἐκ χειρὸς Ἡρῴδου καὶ πάσης τῆς προσδοκίας τοῦ λαοῦ τῶν Ἰουδαίων.**

c **Acts 12,19** **Ἡρῴδης** δὲ ἐπιζητήσας αὐτὸν καὶ μὴ εὑρὼν, ἀνακρίνας τοὺς φύλακας ἐκέλευσεν ἀπαχθῆναι, ...

c **Acts 12,21** τακτῇ δὲ ἡμέρᾳ **ὁ Ἡρῴδης** ἐνδυσάμενος ἐσθῆτα βασιλικὴν ...

b **Acts 13,1** ... ὅ τε Βαρναβᾶς καὶ Συμεὼν ὁ καλούμενος Νίγερ καὶ Λούκιος ὁ Κυρηναῖος, **Μαναήν τε Ἡρῴδου τοῦ τετραάρχου σύντροφος** καὶ Σαῦλος.

a **Acts 23,35** διακούσομαί σου, ἔφη, ὅταν καὶ οἱ κατήγοροί σου παραγένωνται· κελεύσας **ἐν τῷ πραιτωρίῳ τοῦ Ἡρῴδου** φυλάσσεσθαι αὐτόν.

Ἡρῳδιανός

	Syn 3	Mt 1	Mk 2	Lk	Acts	Jn	1-3John	Paul	Eph	Col
	NT 3	2Thess	1/2Tim	Tit	Heb	Jas	1Pet	2Pet	Jude	Rev

Herodian

	Mt	Mk	Lk	
121	Mt 12,14 →Mt 26,4 ἐξελθόντες δὲ οἱ Φαρισαῖοι συμβούλιον ἔλαβον κατ' αὐτοῦ ὅπως αὐτὸν ἀπολέσωσιν.	Mk 3,6 →Mk 14,1 καὶ ἐξελθόντες οἱ Φαρισαῖοι εὐθὺς **μετὰ τῶν Ἡρῳδιανῶν** συμβούλιον ἐδίδουν κατ' αὐτοῦ ὅπως αὐτὸν ἀπολέσωσιν.	Lk 6,11 →Lk 4,28 →Lk 13,17 →Lk 14,6 →Lk 22,2 [7] ... οἱ γραμματεῖς καὶ οἱ Φαρισαῖοι ... [11] αὐτοὶ δὲ ἐπλήσθησαν ἀνοίας καὶ διελάλουν πρὸς ἀλλήλους τί ἂν ποιήσαιεν τῷ Ἰησοῦ.	
221	Mt 22,16 [15] τότε πορευθέντες οἱ Φαρισαῖοι συμβούλιον ἔλαβον ὅπως αὐτὸν παγιδεύσωσιν ἐν λόγῳ. [16] καὶ ἀποστέλλουσιν αὐτῷ τοὺς μαθητὰς αὐτῶν **μετὰ τῶν Ἡρῳδιανῶν** λέγοντες· ...	Mk 12,13 καὶ ἀποστέλλουσιν πρὸς αὐτόν τινας τῶν Φαρισαίων καὶ **τῶν Ἡρῳδιανῶν** ἵνα αὐτὸν ἀγρεύσωσιν λόγῳ.	Lk 20,20 →Lk 16,15 →Lk 18,9 →Lk 23,2 [19] ... οἱ γραμματεῖς καὶ οἱ ἀρχιερεῖς ... [20] καὶ παρατηρήσαντες ἀπέστειλαν ἐγκαθέτους ὑποκρινομένους ἑαυτοὺς δικαίους εἶναι, ἵνα ἐπιλάβωνται αὐτοῦ λόγου, ὥστε παραδοῦναι αὐτὸν τῇ ἀρχῇ καὶ τῇ ἐξουσίᾳ τοῦ ἡγεμόνος.	

Ἡρῳδιάς

Syn 6	Mt 2	Mk 3	Lk 1	Acts	Jn	1-3John	Paul	Eph	Col	
NT 6	2Thess	1/2Tim	Tit	Heb	Jas	1Pet	2Pet	Jude	Rev	

Herodias

222	**Mt 14,3**	ὁ γὰρ Ἡρῴδης κρατήσας τὸν Ἰωάννην ἔδησεν [αὐτὸν] καὶ ἐν φυλακῇ ἀπέθετο **διὰ Ἡρῳδιάδα** τὴν γυναῖκα Φιλίππου τοῦ ἀδελφοῦ αὐτοῦ·	**Mk 6,17**	αὐτὸς γὰρ ὁ Ἡρῴδης ἀποστείλας ἐκράτησεν τὸν Ἰωάννην καὶ ἔδησεν αὐτὸν ἐν φυλακῇ **διὰ Ἡρῳδιάδα** τὴν γυναῖκα Φιλίππου τοῦ ἀδελφοῦ αὐτοῦ, ὅτι αὐτὴν ἐγάμησεν·	**Lk 3,19** → Mt 14,4 → Mk 6,18	ὁ δὲ Ἡρῴδης ὁ τετραάρχης, ἐλεγχόμενος ὑπ' αὐτοῦ **περὶ Ἡρῳδιάδος** τῆς γυναικὸς τοῦ ἀδελφοῦ αὐτοῦ καὶ περὶ πάντων ὧν ἐποίησεν πονηρῶν ὁ Ἡρῴδης, [20] προσέθηκεν καὶ τοῦτο ἐπὶ πᾶσιν [καὶ] κατέκλεισεν τὸν Ἰωάννην ἐν φυλακῇ.	
120	**Mt 14,5**	[3] ὁ γὰρ Ἡρῴδης ... [5] καὶ θέλων αὐτὸν ἀποκτεῖναι ...	**Mk 6,19**	**ἡ δὲ Ἡρῳδιὰς** ἐνεῖχεν αὐτῷ καὶ ἤθελεν αὐτὸν ἀποκτεῖναι, καὶ οὐκ ἠδύνατο·			
220	**Mt 14,6**	... ὀρχήσατο **ἡ θυγάτηρ τῆς Ἡρῳδιάδος** ἐν τῷ μέσῳ καὶ ἤρεσεν τῷ Ἡρῴδῃ	**Mk 6,22**	καὶ εἰσελθούσης **τῆς θυγατρὸς αὐτοῦ Ἡρῳδιάδος** καὶ ὀρχησαμένης ἤρεσεν τῷ Ἡρῴδῃ καὶ τοῖς συνανακειμένοις. ...			

Ἠσαΐας

Syn 10	Mt 6	Mk 2	Lk 2	Acts 3	Jn 4	1-3John	Paul 5	Eph	Col	
NT 22	2Thess	1/2Tim	Tit	Heb	Jas	1Pet	2Pet	Jude	Rev	

Isaiah

	triple tradition																	double tradition			Sondergut		
		+Mt / +Lk			–Mt / –Lk			traditions not taken over by Mt / Lk							subtotals								
code	*222*	*211*	*112*	*212*	*221*	*122*	*121*	*022*	*012*	*021*	*220*	*120*	*210*	*020*	Σ⁺	Σ⁻	Σ	*202*	*201*	*102*	*200*	*002*	total
Mt	1										1						2				4		**6**
Mk	1										1						2						**2**
Lk	1																1					1	**2**

a διὰ Ἠσαΐου τοῦ προφήτου

a 222	**Mt 3,3**	οὗτος γάρ ἐστιν ὁ ῥηθεὶς **διὰ Ἠσαΐου τοῦ προφήτου λέγοντος·** ↔	**Mk 1,2**	καθὼς γέγραπται **ἐν τῷ Ἠσαΐᾳ τῷ προφήτῃ·**	**Lk 3,4**	ὡς γέγραπται **ἐν βίβλῳ λόγων Ἠσαΐου τοῦ προφήτου·** ↔	
	Mt 11,10	... *ἰδοὺ ἐγὼ ἀποστέλλω τὸν ἄγγελόν μου πρὸ προσώπου σου, ὃς κατασκευάσει τὴν ὁδόν σου ἔμπροσθέν σου.* ➤ Exod 23,20/Mal 3,1		*ἰδοὺ ἀποστέλλω τὸν ἄγγελόν μου πρὸ προσώπου σου, ὃς κατασκευάσει τὴν ὁδόν σου·* ➤ Exod 23,20/Mal 3,1	**Lk 7,27**	... *ἰδοὺ ἀποστέλλω τὸν ἄγγελόν μου πρὸ προσώπου σου, ὃς κατασκευάσει τὴν ὁδόν σου ἔμπροσθέν σου.* ➤ Exod 23,20/Mal 3,1	Mk-Q overlap
	Mt 3,3	↔ *φωνὴ βοῶντος ἐν τῇ ἐρήμῳ· ἑτοιμάσατε τὴν ὁδὸν κυρίου, εὐθείας ποιεῖτε τὰς τρίβους αὐτοῦ.* ➤ Isa 40,3 LXX		[3] *φωνὴ βοῶντος ἐν τῇ ἐρήμῳ· ἑτοιμάσατε τὴν ὁδὸν κυρίου, εὐθείας ποιεῖτε τὰς τρίβους αὐτοῦ* ➤ Isa 40,3 LXX	**Lk 3,4**	↔ *φωνὴ βοῶντος ἐν τῇ ἐρήμῳ· ἑτοιμάσατε τὴν ὁδὸν κυρίου, εὐθείας ποιεῖτε τὰς τρίβους αὐτοῦ·* ➤ Isa 40,3 LXX	

	Mt		Mk		Lk		
a 200	**Mt 4,14**	ἵνα πληρωθῇ τὸ ῥηθὲν **διὰ Ἠσαΐου τοῦ προφήτου** λέγοντος· [15] *γῆ Ζαβουλὼν* καὶ *γῆ Νεφθαλίμ, ὁδὸν θαλάσσης, πέραν τοῦ Ἰορδάνου, Γαλιλαία τῶν ἐθνῶν* ➤ Isa 8,23					
002					**Lk 4,17** → Lk 3,22	καὶ ἐπεδόθη αὐτῷ **βιβλίον τοῦ προφήτου Ἠσαΐου** καὶ ἀναπτύξας τὸ βιβλίον εὗρεν τὸν τόπον οὗ ἦν γεγραμμένον· [18] *πνεῦμα κυρίου ἐπ᾽ ἐμὲ ...* ➤ Isa 61,1 LXX	
a 200	**Mt 8,17**	ὅπως πληρωθῇ τὸ ῥηθὲν **διὰ Ἠσαΐου τοῦ προφήτου** λέγοντος· *αὐτὸς τὰς ἀσθενείας ἡμῶν ἔλαβεν καὶ τὰς νόσους ἐβάστασεν.* ➤ Isa 53,4					
a 200	**Mt 12,17**	ἵνα πληρωθῇ τὸ ῥηθὲν **διὰ Ἠσαΐου τοῦ προφήτου** λέγοντος· [18] *ἰδοὺ ὁ παῖς μου ὃν ᾑρέτισα, ...* ➤ Isa 42,1					
200	**Mt 13,14** → Mt 13,13 → Mk 4,12 → Lk 8,10	καὶ ἀναπληροῦται αὐτοῖς **ἡ προφητεία Ἠσαΐου** ἡ λέγουσα· *ἀκοῇ ἀκούσετε καὶ οὐ μὴ συνῆτε, καὶ βλέποντες βλέψετε καὶ οὐ μὴ ἴδητε.* ➤ Isa 6,9 LXX					→ Jn 12,40 → Acts 28,26
220	**Mt 15,7**	ὑποκριταί, καλῶς ἐπροφήτευσεν περὶ ὑμῶν **Ἠσαΐας** λέγων· [8] *ὁ λαὸς οὗτος τοῖς χείλεσίν με τιμᾷ, ἡ δὲ καρδία αὐτῶν πόρρω ἀπέχει ἀπ᾽ ἐμοῦ·* ➤ Isa 29,13 LXX	**Mk 7,6**	ὁ δὲ εἶπεν αὐτοῖς· καλῶς ἐπροφήτευσεν **Ἠσαΐας** περὶ ὑμῶν τῶν ὑποκριτῶν, ὡς γέγραπται [ὅτι] *οὗτος ὁ λαὸς τοῖς χείλεσίν με τιμᾷ, ἡ δὲ καρδία αὐτῶν πόρρω ἀπέχει ἀπ᾽ ἐμοῦ·* ➤ Isa 29,13 LXX			

Acts 8,28 ἦν τε ὑποστρέφων καὶ καθήμενος ἐπὶ τοῦ ἅρματος αὐτοῦ καὶ ἀνεγίνωσκεν **τὸν προφήτην Ἠσαΐαν.**

Acts 8,30 προσδραμὼν δὲ ὁ Φίλιππος ἤκουσεν αὐτοῦ ἀναγινώσκοντος **Ἠσαΐαν τὸν προφήτην** καὶ εἶπεν· ἆρά γε γινώσκεις ἃ ἀναγινώσκεις;

a **Acts 28,25** ... ὅτι καλῶς τὸ πνεῦμα τὸ ἅγιον ἐλάλησεν **διὰ Ἠσαΐου τοῦ προφήτου** πρὸς τοὺς πατέρας ὑμῶν [26] λέγων· *πορεύθητι πρὸς τὸν λαὸν τοῦτον καὶ εἰπόν· ἀκοῇ ἀκούσετε καὶ οὐ μὴ συνῆτε καὶ βλέποντες βλέψετε καὶ οὐ μὴ ἴδητε·* ➤ Isa 6,9 LXX

ἡσυχάζω	Syn 2	Mt	Mk	Lk 2	Acts 2	Jn	1-3John	Paul 1	Eph	Col
	NT 5	2Thess	1/2Tim	Tit	Heb	Jas	1Pet	2Pet	Jude	Rev

be quiet; rest; remain silent

	Mt		Mk		Lk		
002					**Lk 14,4** → Mt 12,13 → Mk 3,5 → Lk 6,10 → Lk 13,13	[3] ... ὁ Ἰησοῦς εἶπεν ...· ἔξεστιν τῷ σαββάτῳ θεραπεῦσαι ἢ οὔ; [4] οἱ δὲ **ἡσύχασαν**. καὶ ἐπιλαβόμενος ἰάσατο αὐτὸν καὶ ἀπέλυσεν.	
002					**Lk 23,56**	... καὶ τὸ μὲν σάββατον **ἡσύχασαν** κατὰ τὴν ἐντολήν.	

Acts 11,18 ἀκούσαντες δὲ ταῦτα
ἡσύχασαν
καὶ ἐδόξασαν τὸν θεὸν ...

Acts 21,14 μὴ πειθομένου δὲ αὐτοῦ
→ Mt 26,39
→ Mk 14,36
→ Lk 22,42
ἡσυχάσαμεν
εἰπόντες· τοῦ κυρίου
τὸ θέλημα γινέσθω.

ἦχος	Syn 2	Mt	Mk	Lk 2	Acts 1	Jn	1-3John	Paul	Eph	Col
	NT 4	2Thess	1/2Tim	Tit	Heb 1	Jas	1Pet	2Pet	Jude	Rev

sound; tone; noise; report; news

	Mt		Mk		Lk		
012	**Mt 4,24** → Mt 9,26 → Mk 3,8	καὶ ἀπῆλθεν ἡ ἀκοὴ αὐτοῦ εἰς ὅλην τὴν Συρίαν· ...	**Mk 1,28**	καὶ ἐξῆλθεν ἡ ἀκοὴ αὐτοῦ εὐθὺς πανταχοῦ εἰς ὅλην τὴν περίχωρον τῆς Γαλιλαίας.	**Lk 4,37** → Lk 4,14	καὶ ἐξεπορεύετο **ἦχος** περὶ αὐτοῦ εἰς πάντα τόπον τῆς περιχώρου.	
112	**Mt 24,29**	... *ὁ ἥλιος σκοτισθήσεται, καὶ ἡ σελήνη οὐ δώσει τὸ φέγγος αὐτῆς, καὶ οἱ ἀστέρες πεσοῦνται* ἀπὸ τοῦ οὐρανοῦ, ... ➤ Isa 13,10; 34,4	**Mk 13,25**	[24] ... *ὁ ἥλιος σκοτισθήσεται, καὶ ἡ σελήνη οὐ δώσει τὸ φέγγος αὐτῆς,* [25] *καὶ οἱ ἀστέρες ἔσονται* ἐκ τοῦ οὐρανοῦ *πίπτοντες*, ... ➤ Isa 13,10; 34,4	**Lk 21,25** → Lk 21,11	καὶ ἔσονται σημεῖα ἐν ἡλίῳ καὶ σελήνῃ καὶ ἄστροις, καὶ ἐπὶ τῆς γῆς συνοχὴ ἐθνῶν ἐν ἀπορίᾳ **ἤχους** θαλάσσης καὶ σάλου	→ Acts 2,19

Acts 2,2 καὶ ἐγένετο ἄφνω
ἐκ τοῦ οὐρανοῦ
ἦχος
ὥσπερ φερομένης πνοῆς
βιαίας ...

Θ

Θαδδαῖος	Syn 2	Mt 1	Mk 1	Lk	Acts	Jn	1-3John	Paul	Eph	Col
	NT 2	2Thess	1/2Tim	Tit	Heb	Jas	1Pet	2Pet	Jude	Rev

Thaddaeus

code	Mt	Mk	Lk	
221	**Mt 10,3** ... Θωμᾶς καὶ Μαθθαῖος ὁ τελώνης, Ἰάκωβος ὁ τοῦ Ἁλφαίου καὶ **Θαδδαῖος,** [4] Σίμων ὁ Καναναῖος ...	**Mk 3,18** ... καὶ Μαθθαῖον καὶ Θωμᾶν καὶ Ἰάκωβον τὸν τοῦ Ἁλφαίου καὶ **Θαδδαῖον** καὶ Σίμωνα τὸν Καναναῖον	**Lk 6,15** καὶ Μαθθαῖον καὶ Θωμᾶν καὶ Ἰάκωβον Ἁλφαίου καὶ Σίμωνα τὸν καλούμενον ζηλωτὴν [16] καὶ Ἰούδαν Ἰακώβου ...	

θάλασσα	Syn 38	Mt 16	Mk 19	Lk 3	Acts 10	Jn 9	1-3John	Paul 4	Eph	Col
	NT 91	2Thess	1/2Tim	Tit	Heb 2	Jas 1	1Pet	2Pet	Jude 1	Rev 26

sea; lake

	triple tradition																	double tradition			Sondergut		
		+Mt / +Lk			–Mt / –Lk			traditions not taken over by Mt / Lk							subtotals								
code	*222*	*211*	*112*	*212*	*221*	*122*	*121*	*022*	*012*	*021*	*220*	*120*	*210*	*020*	Σ^+	Σ^-	Σ	*202*	*201*	*102*	*200*	*002*	total
Mt	1	1^+			3		6^-				7	1^-			1^+	7^-	12				4		**16**
Mk	1				3		6			1	7	1					19						**19**
Lk	1		1^+		3^-		6^-			1^-					1^+	10^-	2			1			**3**

Mk-Q overlap: 222: Mt 18,6 / Mk 9,42 / Lk 17,2 (?)

code	Mt	Mk	Lk	
200	**Mt 4,15** *γῆ Ζαβουλὼν* καὶ *γῆ Νεφθαλίμ,* ***ὁδὸν θαλάσσης,*** *πέραν τοῦ Ἰορδάνου,* *Γαλιλαία τῶν ἐθνῶν* ➤ Isa 8,23			
220	**Mt 4,18 (2)** περιπατῶν δὲ **παρὰ τὴν θάλασσαν** **τῆς Γαλιλαίας**	**Mk 1,16 (2)** καὶ παράγων **παρὰ τὴν θάλασσαν** **τῆς Γαλιλαίας**	**Lk 5,1** ↓ Mt 13,1-2 ↓ Mk 4,1 ... καὶ αὐτὸς ἦν ἑστὼς **παρὰ τὴν λίμνην** **Γεννησαρέτ**	
220	εἶδεν δύο ἀδελφούς, Σίμωνα τὸν λεγόμενον Πέτρον καὶ Ἀνδρέαν τὸν ἀδελφὸν αὐτοῦ, βάλλοντας ἀμφίβληστρον **εἰς τὴν θάλασσαν·** ἦσαν γὰρ ἁλιεῖς.	εἶδεν Σίμωνα καὶ Ἀνδρέαν τὸν ἀδελφὸν Σίμωνος ἀμφιβάλλοντας **ἐν τῇ θαλάσσῃ·** ἦσαν γὰρ ἁλιεῖς.	**Lk 5,2** → Mt 4,21 → Mk 1,19 καὶ εἶδεν δύο πλοῖα ἑστῶτα παρὰ τὴν λίμνην· οἱ δὲ ἁλιεῖς ἀπ' αὐτῶν ἀποβάντες ἔπλυνον τὰ δίκτυα.	→ Jn 1,40-42
021		**Mk 2,13** ↓ Mt 13,1 ↓ Mk 4,1 καὶ ἐξῆλθεν πάλιν **παρὰ τὴν θάλασσαν·** καὶ πᾶς ὁ ὄχλος ἤρχετο πρὸς αὐτόν, καὶ ἐδίδασκεν αὐτούς.	**Lk 5,27** καὶ μετὰ ταῦτα ἐξῆλθεν ...	

121	Mt 12,15 ⇩ Mt 4,25 Mt 4,25 ⇧ Mt 12,15	ὁ δὲ Ἰησοῦς γνοὺς ἀνεχώρησεν **ἐκεῖθεν.** καὶ ἠκολούθησαν αὐτῷ [ὄχλοι] πολλοί, ... καὶ ἠκολούθησαν αὐτῷ ὄχλοι πολλοὶ ἀπὸ τῆς Γαλιλαίας ...	Mk 3,7	καὶ ὁ Ἰησοῦς μετὰ τῶν μαθητῶν αὐτοῦ ἀνεχώρησεν **πρὸς τὴν θάλασσαν,** καὶ πολὺ πλῆθος ἀπὸ τῆς Γαλιλαίας [ἠκολούθησεν], ...	Lk 6,17	καὶ καταβὰς μετ' αὐτῶν ἔστη **ἐπὶ τόπου πεδινοῦ,** καὶ ὄχλος πολὺς μαθητῶν αὐτοῦ, καὶ πλῆθος πολὺ τοῦ λαοῦ ...	
220	Mt 13,1 ↑ Lk 5,1	ἐν τῇ ἡμέρᾳ ἐκείνῃ ἐξελθὼν ὁ Ἰησοῦς τῆς οἰκίας ἐκάθητο **παρὰ τὴν θάλασσαν·**	Mk 4,1 (3) ↑ Mk 2,13 ↑ Lk 5,1	καὶ πάλιν ἤρξατο διδάσκειν **παρὰ τὴν θάλασσαν·**			
121 121	Mt 13,2	καὶ συνήχθησαν πρὸς αὐτὸν ὄχλοι πολλοί, ὥστε αὐτὸν εἰς πλοῖον ἐμβάντα καθῆσθαι, καὶ πᾶς ὁ ὄχλος ἐπὶ τὸν αἰγιαλὸν εἱστήκει.	→ Mk 3,9	καὶ συνάγεται πρὸς αὐτὸν ὄχλος πλεῖστος, ὥστε αὐτὸν εἰς πλοῖον ἐμβάντα καθῆσθαι **ἐν τῇ θαλάσσῃ,** καὶ πᾶς ὁ ὄχλος **πρὸς τὴν θάλασσαν** ἐπὶ τῆς γῆς ἦσαν.	Lk 8,4 ⇩ Lk 5,1.3 Lk 5,3 ⇧ Lk 8,4	συνιόντος δὲ ὄχλου πολλοῦ καὶ τῶν κατὰ πόλιν ἐπιπορευομένων πρὸς αὐτὸν ... [1] ἐγένετο δὲ ἐν τῷ τὸν ὄχλον ἐπικεῖσθαι αὐτῷ ... [3] ... καθίσας δὲ ἐκ τοῦ πλοίου ἐδίδασκεν τοὺς ὄχλους.	
211	Mt 8,24	καὶ ἰδοὺ σεισμὸς μέγας ἐγένετο **ἐν τῇ θαλάσσῃ,** ὥστε τὸ πλοῖον καλύπτεσθαι ὑπὸ τῶν κυμάτων, ...	Mk 4,37	καὶ γίνεται λαῖλαψ μεγάλη ἀνέμου, καὶ τὰ κύματα ἐπέβαλλεν εἰς τὸ πλοῖον, ὥστε ἤδη γεμίζεσθαι τὸ πλοῖον.	Lk 8,23	... καὶ κατέβη λαῖλαψ ἀνέμου **εἰς τὴν λίμνην,** καὶ συνεπληροῦντο καὶ ἐκινδύνευον.	
221	Mt 8,26	... τότε ἐγερθεὶς ἐπετίμησεν τοῖς ἀνέμοις καὶ **τῇ θαλάσσῃ,** καὶ ἐγένετο γαλήνη μεγάλη.	Mk 4,39	καὶ διεγερθεὶς ἐπετίμησεν τῷ ἀνέμῳ καὶ εἶπεν **τῇ θαλάσσῃ·** σιώπα, πεφίμωσο. καὶ ἐκόπασεν ὁ ἄνεμος καὶ ἐγένετο γαλήνη μεγάλη.	Lk 8,24	... ὁ δὲ διεγερθεὶς ἐπετίμησεν τῷ ἀνέμῳ καὶ **τῷ κλύδωνι** **τοῦ ὕδατος·** καὶ ἐπαύσαντο καὶ ἐγένετο γαλήνη.	
221	Mt 8,27	... ποταπός ἐστιν οὗτος ὅτι καὶ οἱ ἄνεμοι καὶ **ἡ θάλασσα** αὐτῷ ὑπακούουσιν;	Mk 4,41	... τίς ἄρα οὗτός ἐστιν ὅτι καὶ ὁ ἄνεμος καὶ **ἡ θάλασσα** ὑπακούει αὐτῷ;	Lk 8,25	... τίς ἄρα οὗτός ἐστιν ὅτι καὶ τοῖς ἀνέμοις ἐπιτάσσει καὶ **τῷ ὕδατι,** καὶ ὑπακούουσιν αὐτῷ;	
121	Mt 8,28	καὶ ἐλθόντος αὐτοῦ **εἰς τὸ πέραν** εἰς τὴν χώραν τῶν Γαδαρηνῶν ...	Mk 5,1	καὶ ἦλθον **εἰς τὸ πέραν** **τῆς θαλάσσης** εἰς τὴν χώραν τῶν Γερασηνῶν.	Lk 8,26	καὶ κατέπλευσαν εἰς τὴν χώραν τῶν Γερασηνῶν, ἥτις ἐστὶν ἀντιπέρα τῆς Γαλιλαίας.	
221 121	Mt 8,32	... καὶ ἰδοὺ ὥρμησεν πᾶσα ἡ ἀγέλη κατὰ τοῦ κρημνοῦ **εἰς τὴν θάλασσαν** καὶ ἀπέθανον **ἐν τοῖς ὕδασιν.**	Mk 5,13 (2)	... καὶ ὥρμησεν ἡ ἀγέλη κατὰ τοῦ κρημνοῦ **εἰς τὴν θάλασσαν,** ὡς δισχίλιοι, καὶ ἐπνίγοντο **ἐν τῇ θαλάσσῃ.**	Lk 8,33	... καὶ ὥρμησεν ἡ ἀγέλη κατὰ τοῦ κρημνοῦ **εἰς τὴν λίμνην** καὶ ἀπεπνίγη.	

220	Mt 13,1 ↑ Lk 5,1	ἐν τῇ ἡμέρᾳ ἐκείνῃ ἐξελθὼν ὁ Ἰησοῦς τῆς οἰκίας ἐκάθητο **παρὰ τὴν θάλασσαν·**	Mk 4,1 (3) ↑ Mk 2,13 → Mk 3,9 ↑ Lk 5,1	καὶ πάλιν ἤρξατο διδάσκειν **παρὰ τὴν θάλασσαν·**			
	Mt 13,2	καὶ συνήχθησαν πρὸς αὐτὸν ὄχλοι πολλοί, ὥστε αὐτὸν εἰς πλοῖον ἐμβάντα καθῆσθαι, καὶ πᾶς ὁ ὄχλος ἐπὶ τὸν αἰγιαλὸν εἱστήκει.		καὶ συνάγεται πρὸς αὐτὸν ὄχλος πλεῖστος, ὥστε αὐτὸν εἰς πλοῖον ἐμβάντα καθῆσθαι ἐν τῇ θαλάσσῃ, καὶ πᾶς ὁ ὄχλος πρὸς τὴν θάλασσαν ἐπὶ τῆς γῆς ἦσαν.	Lk 8,4 ⇑ Lk 5,1.3	συνιόντος δὲ ὄχλου πολλοῦ καὶ τῶν κατὰ πόλιν ἐπιπορευομένων πρὸς αὐτὸν ...	
200	Mt 13,47	πάλιν ὁμοία ἐστὶν ἡ βασιλεία τῶν οὐρανῶν σαγήνῃ βληθείσῃ **εἰς τὴν θάλασσαν** καὶ ἐκ παντὸς γένους συναγαγούσῃ·					→ GTh 8
121	Mt 9,1	καὶ ἐμβὰς εἰς πλοῖον διεπέρασεν ...	Mk 5,21	[18] καὶ ἐμβαίνοντος αὐτοῦ εἰς τὸ πλοῖον ... [21] καὶ διαπεράσαντος τοῦ Ἰησοῦ [ἐν τῷ πλοίῳ] πάλιν εἰς τὸ πέραν συνήχθη ὄχλος πολὺς ἐπ' αὐτόν, καὶ ἦν **παρὰ τὴν θάλασσαν.**	Lk 8,40	[37] ... αὐτὸς δὲ ἐμβὰς εἰς πλοῖον ὑπέστρεψεν. [38] ... [40] ἐν δὲ τῷ ὑποστρέφειν τὸν Ἰησοῦν ἀπεδέξατο αὐτὸν ὁ ὄχλος· ἦσαν γὰρ πάντες προσδοκῶντες αὐτόν.	
120	Mt 14,24	[23] ... ὀψίας δὲ γενομένης μόνος ἦν ἐκεῖ. [24] τὸ δὲ πλοῖον ἤδη σταδίους πολλοὺς **ἀπὸ τῆς γῆς ...**	Mk 6,47	καὶ ὀψίας γενομένης ἦν τὸ πλοῖον **ἐν μέσῳ** **τῆς θαλάσσης,** καὶ αὐτὸς μόνος ἐπὶ τῆς γῆς.			
220	Mt 14,25	τετάρτῃ δὲ φυλακῇ τῆς νυκτὸς ἦλθεν πρὸς αὐτοὺς περιπατῶν **ἐπὶ τὴν θάλασσαν.**	Mk 6,48	... περὶ τετάρτην φυλακὴν τῆς νυκτὸς ἔρχεται πρὸς αὐτοὺς περιπατῶν **ἐπὶ τῆς θαλάσσης** καὶ ἤθελεν παρελθεῖν αὐτούς.			→ Jn 6,19
220	Mt 14,26	οἱ δὲ μαθηταὶ ἰδόντες αὐτὸν **ἐπὶ τῆς θαλάσσης** περιπατοῦντα ἐταράχθησαν λέγοντες ὅτι φάντασμά ἐστιν, καὶ ἀπὸ τοῦ φόβου ἔκραξαν.	Mk 6,49	οἱ δὲ ἰδόντες αὐτὸν **ἐπὶ τῆς θαλάσσης** περιπατοῦντα ἔδοξαν ὅτι φάντασμά ἐστιν, καὶ ἀνέκραξαν·			→ Jn 6,19
220	Mt 15,29	καὶ μεταβὰς ἐκεῖθεν ὁ Ἰησοῦς ἦλθεν **παρὰ τὴν θάλασσαν** **τῆς Γαλιλαίας,** καὶ ἀναβὰς εἰς τὸ ὄρος ἐκάθητο ἐκεῖ.	Mk 7,31	καὶ πάλιν ἐξελθὼν ἐκ τῶν ὁρίων Τύρου ἦλθεν διὰ Σιδῶνος **εἰς τὴν θάλασσαν** **τῆς Γαλιλαίας** ἀνὰ μέσον τῶν ὁρίων Δεκαπόλεως.			
200	Mt 17,27	ἵνα δὲ μὴ σκανδαλίσωμεν αὐτούς, πορευθεὶς **εἰς θάλασσαν** βάλε ἄγκιστρον καὶ τὸν ἀναβάντα πρῶτον ἰχθὺν ἆρον, ...					

	Mt		Mk		Lk		
222	**Mt 18,6** → Mt 18,10	ὃς δ' ἂν σκανδαλίσῃ ἕνα τῶν μικρῶν τούτων τῶν πιστευόντων εἰς ἐμέ, συμφέρει αὐτῷ ἵνα κρεμασθῇ μύλος ὀνικὸς περὶ τὸν τράχηλον αὐτοῦ καὶ καταποντισθῇ **ἐν τῷ πελάγει τῆς θαλάσσης.**	**Mk 9,42**	καὶ ὃς ἂν σκανδαλίσῃ ἕνα τῶν μικρῶν τούτων τῶν πιστευόντων [εἰς ἐμέ], καλόν ἐστιν αὐτῷ μᾶλλον εἰ περίκειται μύλος ὀνικὸς περὶ τὸν τράχηλον αὐτοῦ καὶ βέβληται **εἰς τὴν θάλασσαν.**	**Lk 17,2**	λυσιτελεῖ αὐτῷ εἰ λίθος μυλικὸς περίκειται περὶ τὸν τράχηλον αὐτοῦ καὶ ἔρριπται **εἰς τὴν θάλασσαν** ἢ ἵνα σκανδαλίσῃ τῶν μικρῶν τούτων ἕνα.	Mk-Q overlap?
102	**Mt 17,20**	... ἀμὴν γὰρ λέγω ὑμῖν, ἐὰν ἔχητε πίστιν ὡς κόκκον σινάπεως, ἐρεῖτε τῷ ὄρει τούτῳ, μετάβα ἔνθεν **ἐκεῖ,** καὶ μεταβήσεται· καὶ οὐδὲν ἀδυνατήσει ὑμῖν.	**Mk 11,23** → Mk 9,23	[22] ... ἔχετε πίστιν θεοῦ. [23] ἀμὴν λέγω ὑμῖν ὅτι ὃς ἂν εἴπῃ τῷ ὄρει τούτῳ· ἄρθητι καὶ βλήθητι **εἰς τὴν θάλασσαν,** καὶ μὴ διακριθῇ ἐν τῇ καρδίᾳ αὐτοῦ ἀλλὰ πιστεύῃ ὅτι ὃ λαλεῖ γίνεται, ἔσται αὐτῷ.	**Lk 17,6** ↓ Mt 21,21 ↓ Mk 11,23	... εἰ ἔχετε πίστιν ὡς κόκκον σινάπεως, ἐλέγετε ἂν τῇ συκαμίνῳ [ταύτῃ]· ἐκριζώθητι καὶ φυτεύθητι **ἐν τῇ θαλάσσῃ·** καὶ ὑπήκουσεν ἂν ὑμῖν.	→ GTh 48 → GTh 106
220	**Mt 21,21** ↑ Mt 17,20	... ἀμὴν λέγω ὑμῖν, ἐὰν ἔχητε πίστιν καὶ μὴ διακριθῆτε, οὐ μόνον τὸ τῆς συκῆς ποιήσετε, ἀλλὰ κἂν τῷ ὄρει τούτῳ εἴπητε· ἄρθητι καὶ βλήθητι **εἰς τὴν θάλασσαν,** γενήσεται·	**Mk 11,23** → Mk 9,23	[22] ... ἔχετε πίστιν θεοῦ. [23] ἀμὴν λέγω ὑμῖν ὅτι ὃς ἂν εἴπῃ τῷ ὄρει τούτῳ· ἄρθητι καὶ βλήθητι **εἰς τὴν θάλασσαν,** καὶ μὴ διακριθῇ ἐν τῇ καρδίᾳ αὐτοῦ ἀλλὰ πιστεύῃ ὅτι ὃ λαλεῖ γίνεται, ἔσται αὐτῷ.	↑ Lk 17,6		→ GTh 48 → GTh 106
200	**Mt 23,15**	οὐαὶ ὑμῖν, γραμματεῖς καὶ Φαρισαῖοι ὑποκριταί, ὅτι περιάγετε **τὴν θάλασσαν** καὶ τὴν ξηρὰν ποιῆσαι ἕνα προσήλυτον, ...					
112	**Mt 24,29**	... *ὁ ἥλιος σκοτισθήσεται, καὶ ἡ σελήνη οὐ δώσει τὸ φέγγος αὐτῆς, καὶ οἱ ἀστέρες πεσοῦνται* ἀπὸ τοῦ οὐρανοῦ, ... ➤ Isa 13,10; 34,4	**Mk 13,25**	[24] ... *ὁ ἥλιος σκοτισθήσεται, καὶ ἡ σελήνη οὐ δώσει τὸ φέγγος αὐτῆς,* [25] *καὶ οἱ ἀστέρες ἔσονται* ἐκ τοῦ οὐρανοῦ *πίπτοντες*, ... ➤ Isa 13,10; 34,4	**Lk 21,25** → Lk 21,11	καὶ ἔσονται σημεῖα ἐν ἡλίῳ καὶ σελήνῃ καὶ ἄστροις, καὶ ἐπὶ τῆς γῆς συνοχὴ ἐθνῶν ἐν ἀπορίᾳ **ἤχους θαλάσσης** καὶ σάλου	→ Acts 2,19

Acts 4,24 ... δέσποτα, *σὺ ὁ ποιήσας τὸν οὐρανὸν καὶ τὴν γῆν καὶ* ***τὴν θάλασσαν*** *καὶ πάντα τὰ ἐν αὐτοῖς*
➤ 2Kings 19,15/Isa 37,16/ Neh 9,6/Exod 20,11/Ps 146,6

Acts 7,36 οὗτος ἐξήγαγεν αὐτοὺς ποιήσας τέρατα καὶ σημεῖα ἐν γῇ Αἰγύπτῳ καὶ **ἐν ἐρυθρᾷ θαλάσσῃ** καὶ ἐν τῇ ἐρήμῳ ἔτη τεσσεράκοντα.

Acts 10,6 οὗτος ξενίζεται παρά τινι Σίμωνι βυρσεῖ, ᾧ ἐστιν οἰκία **παρὰ θάλασσαν.**

Acts 10,32 ... οὗτος ξενίζεται ἐν οἰκίᾳ Σίμωνος βυρσέως **παρὰ θάλασσαν.**

Acts 14,15 ... ἐπιστρέφειν ἐπὶ θεὸν ζῶντα, *ὃς ἐποίησεν τὸν οὐρανὸν καὶ τὴν γῆν καὶ* ***τὴν θάλασσαν*** *καὶ πάντα τὰ ἐν αὐτοῖς·*
➤ Exod 20,11/Ps 146,6

Acts 17,14 εὐθέως δὲ τότε τὸν Παῦλον ἐξαπέστειλαν οἱ ἀδελφοὶ πορεύεσθαι **ἕως ἐπὶ τὴν θάλασσαν,** ὑπέμειναν τε ὅ τε Σιλᾶς καὶ ὁ Τιμόθεος ἐκεῖ.

Acts 27,30 ... καὶ χαλασάντων τὴν σκάφην **εἰς τὴν θάλασσαν** προφάσει ὡς ἐκ πρῴρης ἀγκύρας μελλόντων ἐκτείνειν

Acts 27,38	κορεσθέντες δὲ τροφῆς ἐκούφιζον τὸ πλοῖον ἐκβαλλόμενοι τὸν σῖτον **εἰς τὴν θάλασσαν.**	**Acts 27,40**	καὶ τὰς ἀγκύρας περιελόντες εἴων **εἰς τὴν θάλασσαν,** ἅμα ἀνέντες τὰς ζευκτηρίας τῶν πηδαλίων ...	**Acts 28,4**	... πάντως φονεύς ἐστιν ὁ ἄνθρωπος οὗτος ὃν διασωθέντα **ἐκ τῆς θαλάσσης** ἡ δίκη ζῆν οὐκ εἴασεν.

Θαμάρ

	Syn 1	Mt 1	Mk	Lk	Acts	Jn	1-3John	Paul	Eph	Col
	NT 1	2Thess	1/2Tim	Tit	Heb	Jas	1Pet	2Pet	Jude	Rev

Tamar

200	**Mt 1,3**	Ἰούδας δὲ ἐγέννησεν τὸν Φάρες καὶ τὸν Ζάρα **ἐκ τῆς Θαμάρ,** Φάρες δὲ ἐγέννησεν τὸν Ἑσρώμ, ...		**Lk 3,33**	... τοῦ Ἑσρὼμ τοῦ Φάρες τοῦ Ἰούδα	

θαμβέω

	Syn 3	Mt	Mk 3	Lk	Acts	Jn	1-3John	Paul	Eph	Col
	NT 3	2Thess	1/2Tim	Tit	Heb	Jas	1Pet	2Pet	Jude	Rev

transitive: be astounded; amazed

021	→ Mt 7,29		**Mk 1,27** → Mk 1,22	καὶ **ἐθαμβήθησαν** ἅπαντες, ὥστε συζητεῖν πρὸς ἑαυτοὺς λέγοντας· ...	**Lk 4,36** → Lk 4,32	καὶ **ἐγένετο θάμβος** ἐπὶ πάντας καὶ συνελάλουν πρὸς ἀλλήλους λέγοντες· ...	
120	**Mt 19,24**	πάλιν δὲ λέγω ὑμῖν, ...	**Mk 10,24**	οἱ δὲ μαθηταὶ **ἐθαμβοῦντο** ἐπὶ τοῖς λόγοις αὐτοῦ. ὁ δὲ Ἰησοῦς πάλιν ἀποκριθεὶς λέγει αὐτοῖς· ...			
121	**Mt 20,17**	καὶ ἀναβαίνων ὁ Ἰησοῦς εἰς Ἱεροσόλυμα παρέλαβεν τοὺς δώδεκα [μαθητὰς] κατ' ἰδίαν καὶ ἐν τῇ ὁδῷ εἶπεν αὐτοῖς·	**Mk 10,32**	ἦσαν δὲ ἐν τῇ ὁδῷ ἀναβαίνοντες εἰς Ἱεροσόλυμα, καὶ ἦν προάγων αὐτοὺς ὁ Ἰησοῦς, καὶ **ἐθαμβοῦντο,** οἱ δὲ ἀκολουθοῦντες ἐφοβοῦντο. καὶ παραλαβὼν πάλιν τοὺς δώδεκα ἤρξατο αὐτοῖς λέγειν τὰ μέλλοντα αὐτῷ συμβαίνειν	**Lk 18,31**	παραλαβὼν δὲ τοὺς δώδεκα εἶπεν πρὸς αὐτούς· ...	

θάμβος

	Syn 2	Mt	Mk	Lk 2	Acts 1	Jn	1-3John	Paul	Eph	Col
	NT 3	2Thess	1/2Tim	Tit	Heb	Jas	1Pet	2Pet	Jude	Rev

astonishment; fear

012	→ Mt 7,29		**Mk 1,27** → Mk 1,22	καὶ **ἐθαμβήθησαν** ἅπαντες, ὥστε συζητεῖν πρὸς ἑαυτοὺς λέγοντας· ...	**Lk 4,36** → Lk 4,32	καὶ **ἐγένετο θάμβος** ἐπὶ πάντας καὶ συνελάλουν πρὸς ἀλλήλους λέγοντες· ...	

code	Mt	Mk	Lk
002			**Lk 5,9** **θάμβος** γὰρ περιέσχεν αὐτὸν καὶ πάντας τοὺς σὺν αὐτῷ ἐπὶ τῇ ἄγρᾳ τῶν ἰχθύων ὧν συνέλαβον

Acts 3,10 ... καὶ ἐπλήσθησαν **θάμβους** καὶ ἐκστάσεως ἐπὶ τῷ συμβεβηκότι αὐτῷ.

θάνατος	Syn 20	Mt 7	Mk 6	Lk 7	Acts 8	Jn 8	1-3John 6	Paul 45	Eph	Col 1
	NT 120	2Thess	1/2Tim 1	Tit	Heb 10	Jas 2	1Pet	2Pet	Jude	Rev 19

death

	triple tradition																	double tradition			Sondergut		
		+Mt / +Lk			–Mt / –Lk			traditions not taken over by Mt / Lk							subtotals								
code	222	211	112	212	221	122	121	022	012	021	220	120	210	020	Σ⁺	Σ⁻	Σ	202	201	102	200	002	total
Mt	1				2						3						6				1		**7**
Mk	1				2						3						6						**6**
Lk	1		2⁺		2⁻										2⁺	2⁻	3					4	**7**

a εἰς (τὸν) θάνατον
b σκιά θανάτου
c ἄξιος θανάτου, αἴτιος θανάτου, αἰτία θανάτου

code	Mt	Mk	Lk
b 002			**Lk 1,79** ἐπιφᾶναι τοῖς **ἐν σκότει καὶ σκιᾷ θανάτου** καθημένοις, τοῦ κατευθῦναι τοὺς πόδας ἡμῶν εἰς ὁδὸν εἰρήνης.
002			**Lk 2,26** καὶ ἦν αὐτῷ κεχρηματισμένον ὑπὸ τοῦ πνεύματος τοῦ ἁγίου μὴ ἰδεῖν **θάνατον** πρὶν [ἢ] ἂν ἴδῃ τὸν χριστὸν κυρίου.
b 200	**Mt 4,16** *ὁ λαὸς ὁ καθήμενος ἐν σκότει φῶς εἶδεν μέγα, καὶ τοῖς καθημένοις* ***ἐν χώρᾳ καὶ σκιᾷ θανάτου*** *φῶς ἀνέτειλεν* αὐτοῖς. ➤ Isa 9,1		
a 221	**Mt 10,21** ⇩ Mt 24,9 → Mt 10,35 → Mt 24,10 παραδώσει δὲ ἀδελφὸς ἀδελφὸν **εἰς θάνατον** καὶ πατὴρ τέκνον, καὶ ἐπαναστήσονται τέκνα ἐπὶ γονεῖς καὶ θανατώσουσιν αὐτούς.	**Mk 13,12** καὶ παραδώσει ἀδελφὸς ἀδελφὸν **εἰς θάνατον** καὶ πατὴρ τέκνον, καὶ ἐπαναστήσονται τέκνα ἐπὶ γονεῖς καὶ θανατώσουσιν αὐτούς·	**Lk 21,16** → Lk 12,53 παραδοθήσεσθε δὲ καὶ ὑπὸ γονέων καὶ ἀδελφῶν καὶ συγγενῶν καὶ φίλων, καὶ θανατώσουσιν ἐξ ὑμῶν
220	**Mt 15,4** ὁ γὰρ θεὸς εἶπεν· *τίμα τὸν πατέρα καὶ τὴν μητέρα, καί· ὁ κακολογῶν πατέρα ἢ μητέρα* ***θανάτῳ*** *τελευτάτω·* ➤ Exod 20,12/Deut 5,16 ➤ Exod 21,17/Lev 20,9	**Mk 7,10** Μωϋσῆς γὰρ εἶπεν· *τίμα τὸν πατέρα σου καὶ τὴν μητέρα σου, καί· ὁ κακολογῶν πατέρα ἢ μητέρα* ***θανάτῳ*** *τελευτάτω.* ➤ Exod 20,12/Deut 5,16 ➤ Exod 21,17/Lev 20,9	

	Mt		Mk		Lk		
222	**Mt 16,28** → Mt 24,34	... εἰσίν τινες τῶν ὧδε ἑστώτων οἵτινες οὐ μὴ γεύσωνται **θανάτου** ἕως ἂν ἴδωσιν τὸν υἱὸν τοῦ ἀνθρώπου ἐρχόμενον ἐν τῇ βασιλείᾳ αὐτοῦ.	**Mk 9,1** → Mk 13,30	... εἰσίν τινες ὧδε τῶν ἑστηκότων οἵτινες οὐ μὴ γεύσωνται **θανάτου** ἕως ἂν ἴδωσιν τὴν βασιλείαν τοῦ θεοῦ ἐληλυθυῖαν ἐν δυνάμει.	**Lk 9,27** → Lk 21,32	... εἰσίν τινες τῶν αὐτοῦ ἑστηκότων οἳ οὐ μὴ γεύσωνται **θανάτου** ἕως ἂν ἴδωσιν τὴν βασιλείαν τοῦ θεοῦ.	→ Jn 21,22-23
221	**Mt 20,18** → Mt 16,21 → Mt 17,22-23	... καὶ ὁ υἱὸς τοῦ ἀνθρώπου παραδοθήσεται τοῖς ἀρχιερεῦσιν καὶ γραμματεῦσιν, καὶ κατακρινοῦσιν αὐτὸν **θανάτῳ** [19] καὶ παραδώσουσιν αὐτὸν τοῖς ἔθνεσιν ...	**Mk 10,33** → Mk 8,31 → Mk 9,31	... καὶ ὁ υἱὸς τοῦ ἀνθρώπου παραδοθήσεται τοῖς ἀρχιερεῦσιν καὶ τοῖς γραμματεῦσιν, καὶ κατακρινοῦσιν αὐτὸν **θανάτῳ** καὶ παραδώσουσιν αὐτὸν τοῖς ἔθνεσιν	**Lk 18,31** → Lk 9,22 → Lk 9,44 → Lk 17,25 → Lk 24,7 → Lk 24,26 → Lk 24,46	... καὶ τελεσθήσεται πάντα τὰ γεγραμμένα διὰ τῶν προφητῶν τῷ υἱῷ τοῦ ἀνθρώπου· [32] παραδοθήσεται γὰρ τοῖς ἔθνεσιν ...	
a 221	**Mt 10,21** ⇩ Mt 24,9 → Mt 10,35 → Mt 24,10	παραδώσει δὲ ἀδελφὸς ἀδελφὸν **εἰς θάνατον** καὶ πατὴρ τέκνον, καὶ ἐπαναστήσονται τέκνα ἐπὶ γονεῖς καὶ θανατώσουσιν αὐτούς.	**Mk 13,12**	καὶ παραδώσει ἀδελφὸς ἀδελφὸν **εἰς θάνατον** καὶ πατὴρ τέκνον, καὶ ἐπαναστήσονται τέκνα ἐπὶ γονεῖς καὶ θανατώσουσιν αὐτούς·	**Lk 21,16** → Lk 12,53	παραδοθήσεσθε δὲ καὶ ὑπὸ γονέων καὶ ἀδελφῶν καὶ συγγενῶν καὶ φίλων, καὶ θανατώσουσιν ἐξ ὑμῶν	
	Mt 24,9 ⇧ **Mt 10,21**	τότε παραδώσουσιν ὑμᾶς **εἰς θλῖψιν** καὶ ἀποκτενοῦσιν ὑμᾶς, ...					
a 112	**Mt 26,33**	... εἰ πάντες σκανδαλισθήσονται ἐν σοί, ἐγὼ οὐδέποτε σκανδαλισθήσομαι.	**Mk 14,29**	... εἰ καὶ πάντες σκανδαλισθήσονται, ἀλλ᾽ οὐκ ἐγώ.	**Lk 22,33** → Mt 26,35 → Mk 14,31	... κύριε, μετὰ σοῦ ἕτοιμός εἰμι καὶ εἰς φυλακὴν καὶ **εἰς θάνατον** πορεύεσθαι.	→ Jn 13,37
220	**Mt 26,38**	... *περίλυπός ἐστιν ἡ ψυχή μου* **ἕως θανάτου·** μείνατε ὧδε καὶ γρηγορεῖτε μετ᾽ ἐμοῦ. ➤ Ps 42,6.12/43,5	**Mk 14,34**	... *περίλυπός ἐστιν ἡ ψυχή μου* **ἕως θανάτου·** μείνατε ὧδε καὶ γρηγορεῖτε. ➤ Ps 42,6.12/43,5			→ Jn 12,27
220	**Mt 26,66** ↓ **Lk 24,20**	... οἱ δὲ ἀποκριθέντες εἶπαν· ἔνοχος **θανάτου** ἐστίν.	**Mk 14,64** ↓ **Lk 24,20**	... οἱ δὲ πάντες κατέκριναν αὐτὸν ἔνοχον εἶναι **θανάτου.**			
c 002					**Lk 23,15** → Lk 23,4 ↓ **Lk 23,22**	ἀλλ᾽ οὐδὲ Ἡρῴδης, ἀνέπεμψεν γὰρ αὐτὸν πρὸς ἡμᾶς, καὶ ἰδοὺ οὐδὲν **ἄξιον θανάτου** ἐστὶν πεπραγμένον αὐτῷ·	→ Jn 18,38
c 112	**Mt 27,23**	ὁ δὲ ἔφη· τί γὰρ κακὸν ἐποίησεν; ...	**Mk 15,14**	ὁ δὲ Πιλᾶτος ἔλεγεν αὐτοῖς· τί γὰρ ἐποίησεν κακόν; ...	**Lk 23,22** → Lk 23,4 → Lk 23,14 ↑ **Lk 23,15** → Lk 23,16	ὁ δὲ τρίτον εἶπεν πρὸς αὐτούς· τί γὰρ κακὸν ἐποίησεν οὗτος; οὐδὲν **αἴτιον θανάτου** εὗρον ἐν αὐτῷ· παιδεύσας οὖν αὐτὸν ἀπολύσω.	→ Jn 19,6 → **Acts 13,28**
002					**Lk 24,20** ↑ **Mt 26,66** ↑ **Mk 14,64**	ὅπως τε παρέδωκαν αὐτὸν οἱ ἀρχιερεῖς καὶ οἱ ἄρχοντες ἡμῶν **εἰς κρίμα θανάτου** καὶ ἐσταύρωσαν αὐτόν.	

c Acts 2,24 ὃν ὁ θεὸς ἀνέστησεν λύσας **τὰς ὠδῖνας τοῦ θανάτου,** καθότι οὐκ ἦν δυνατὸν κρατεῖσθαι αὐτὸν ὑπ' αὐτοῦ.

c Acts 13,28 → Lk 23,4 → Lk 23,14 → Lk 23,22 καὶ **μηδεμίαν αἰτίαν θανάτου** εὑρόντες ᾐτήσαντο Πιλᾶτον ἀναιρεθῆναι αὐτόν.

Acts 22,4 ὃς ταύτην τὴν ὁδὸν ἐδίωξα **ἄχρι θανάτου** δεσμεύων καὶ παραδιδοὺς εἰς φυλακὰς ἄνδρας τε καὶ γυναῖκας

c Acts 23,29 ὃν εὗρον ἐγκαλούμενον περὶ ζητημάτων τοῦ νόμου αὐτῶν, **μηδὲν δὲ ἄξιον θανάτου ἢ δεσμῶν ἔχοντα ἔγκλημα.**

c Acts 25,11 εἰ μὲν οὖν ἀδικῶ καὶ **ἄξιον θανάτου** πέπραχά τι, οὐ παραιτοῦμαι τὸ ἀποθανεῖν· ...

c Acts 25,25 ἐγὼ δὲ κατελαβόμην **μηδὲν ἄξιον αὐτὸν θανάτου** πεπραχέναι, ...

c Acts 26,31 ... **οὐδὲν θανάτου ἢ δεσμῶν ἄξιον [τι]** πράσσει ὁ ἄνθρωπος οὗτος.

c Acts 28,18 οἵτινες ἀνακρίναντές με ἐβούλοντο ἀπολῦσαι διὰ τὸ **μηδεμίαν αἰτίαν θανάτου** ὑπάρχειν ἐν ἐμοί.

θανατόω

θανατόω	Syn	Mt	Mk	Lk	Acts	Jn	1-3John	Paul	Eph	Col
	6	3	2	1				4		
	NT	2Thess	1/2Tim	Tit	Heb	Jas	1Pet	2Pet	Jude	Rev
	11						1			

put to death; kill someone; hand someone over to death

	Mt		Mk		Lk		
222	Mt 10,21 ⇩ Mt 24,9 → Mt 10,35 → Mt 24,10	παραδώσει δὲ ἀδελφὸς ἀδελφὸν εἰς θάνατον καὶ πατὴρ τέκνον, καὶ ἐπαναστήσονται τέκνα ἐπὶ γονεῖς καὶ **θανατώσουσιν** αὐτούς.	Mk 13,12	καὶ παραδώσει ἀδελφὸς ἀδελφὸν εἰς θάνατον καὶ πατὴρ τέκνον, καὶ ἐπαναστήσονται τέκνα ἐπὶ γονεῖς καὶ **θανατώσουσιν** αὐτούς·	Lk 21,16 → Lk 12,53	παραδοθήσεσθε δὲ καὶ ὑπὸ γονέων καὶ ἀδελφῶν καὶ συγγενῶν καὶ φίλων, καὶ **θανατώσουσιν** ἐξ ὑμῶν	
	Mt 24,9 ⇧ Mt 10,21	τότε παραδώσουσιν ὑμᾶς εἰς θλῖψιν καὶ **ἀποκτενοῦσιν** ὑμᾶς, ...					
220	Mt 26,59	οἱ δὲ ἀρχιερεῖς καὶ τὸ συνέδριον ὅλον ἐζήτουν ψευδομαρτυρίαν κατὰ τοῦ Ἰησοῦ **ὅπως αὐτὸν θανατώσωσιν**	Mk 14,55	οἱ δὲ ἀρχιερεῖς καὶ ὅλον τὸ συνέδριον ἐζήτουν κατὰ τοῦ Ἰησοῦ μαρτυρίαν **εἰς τὸ θανατῶσαι αὐτόν, ...**			
210	Mt 27,1	πρωΐας δὲ γενομένης συμβούλιον ἔλαβον πάντες οἱ ἀρχιερεῖς καὶ οἱ πρεσβύτεροι τοῦ λαοῦ κατὰ τοῦ Ἰησοῦ ὥστε **θανατῶσαι** αὐτόν·	Mk 15,1	καὶ εὐθὺς πρωῒ συμβούλιον ποιήσαντες οἱ ἀρχιερεῖς μετὰ τῶν πρεσβυτέρων καὶ γραμματέων καὶ ὅλον τὸ συνέδριον, ...	Lk 22,66 → Mt 26,57 → Mk 14,53	καὶ ὡς ἐγένετο ἡμέρα, συνήχθη τὸ πρεσβυτέριον τοῦ λαοῦ, ἀρχιερεῖς τε καὶ γραμματεῖς, καὶ ἀπήγαγον αὐτὸν εἰς τὸ συνέδριον αὐτῶν	

θάπτω

θάπτω	Syn	Mt	Mk	Lk	Acts	Jn	1-3John	Paul	Eph	Col
	6	3		3	4			1		
	NT	2Thess	1/2Tim	Tit	Heb	Jas	1Pet	2Pet	Jude	Rev
	11									

bury

	Mt		Mk		Lk		
202	Mt 8,21	... κύριε, ἐπίτρεψόν μοι πρῶτον ἀπελθεῖν καὶ **θάψαι** τὸν πατέρα μου.			Lk 9,59	... [κύριε,] ἐπίτρεψόν μοι ἀπελθόντι πρῶτον **θάψαι** τὸν πατέρα μου.	

202	**Mt 8,22**	ὁ δὲ Ἰησοῦς λέγει αὐτῷ· ἀκολούθει μοι, καὶ ἄφες τοὺς νεκροὺς **θάψαι** τοὺς ἑαυτῶν νεκρούς.			**Lk 9,60**	εἶπεν δὲ αὐτῷ· ἄφες τοὺς νεκροὺς **θάψαι** τοὺς ἑαυτῶν νεκρούς, σὺ δὲ ἀπελθὼν διάγγελλε τὴν βασιλείαν τοῦ θεοῦ.
210	**Mt 14,12**	καὶ προσελθόντες οἱ μαθηταὶ αὐτοῦ ἦραν τὸ πτῶμα καὶ **ἔθαψαν** αὐτό[ν] ...	**Mk 6,29**	καὶ ἀκούσαντες οἱ μαθηταὶ αὐτοῦ ἦλθον καὶ ἦραν τὸ πτῶμα αὐτοῦ καὶ **ἔθηκαν** αὐτὸ ἐν μνημείῳ.		
002					**Lk 16,22**	... ἀπέθανεν δὲ καὶ ὁ πλούσιος καὶ **ἐτάφη**.

Acts 2,29	... περὶ τοῦ πατριάρχου Δαυὶδ ὅτι καὶ ἐτελεύτησεν καὶ **ἐτάφη**, καὶ τὸ μνῆμα αὐτοῦ ἔστιν ἐν ἡμῖν ἄχρι τῆς ἡμέρας ταύτης.	**Acts 5,6**	ἀναστάντες δὲ οἱ νεώτεροι συνέστειλαν αὐτὸν καὶ ἐξενέγκαντες **ἔθαψαν**.	**Acts 5,10**	... εἰσελθόντες δὲ οἱ νεανίσκοι εὗρον αὐτὴν νεκρὰν καὶ ἐξενέγκαντες **ἔθαψαν** πρὸς τὸν ἄνδρα αὐτῆς
		Acts 5,9	... ἰδοὺ **οἱ πόδες τῶν θαψάντων** τὸν ἄνδρα σου ἐπὶ τῇ θύρᾳ καὶ ἐξοίσουσίν σε.		

Θάρα

	Syn	Mt	Mk	Lk	Acts	Jn	1-3John	Paul	Eph	Col
	1			1						
	NT	2Thess	1/2Tim	Tit	Heb	Jas	1Pet	2Pet	Jude	Rev
	1									

Terah

002	**Mt 1,2**	Ἀβραὰμ ἐγέννησεν τὸν Ἰσαάκ, Ἰσαὰκ δὲ ἐγέννησεν τὸν Ἰακώβ, ...	**Lk 3,34**	τοῦ Ἰακὼβ τοῦ Ἰσαὰκ τοῦ Ἀβραὰμ **τοῦ Θάρα** τοῦ Ναχὼρ

θαρσέω

	Syn	Mt	Mk	Lk	Acts	Jn	1-3John	Paul	Eph	Col
	5	3	2		1	1				
	NT	2Thess	1/2Tim	Tit	Heb	Jas	1Pet	2Pet	Jude	Rev
	7									

be cheerful; be courageous

	triple tradition																	double tradition			Sondergut		
		+Mt / +Lk			–Mt / –Lk			traditions not taken over by Mt / Lk							subtotals								
code	*222*	*211*	*112*	*212*	*221*	*122*	*121*	*022*	*012*	*021*	*220*	*120*	*210*	*020*	Σ^+	Σ^-	Σ	*202*	*201*	*102*	*200*	*002*	total
Mt		2^+					1^-				1				2^+	1^-	3						**3**
Mk							1				1						2						**2**
Lk							1^-									1^-							

211	**Mt 9,2**	... καὶ ἰδὼν ὁ Ἰησοῦς τὴν πίστιν αὐτῶν εἶπεν τῷ παραλυτικῷ· **θάρσει**, τέκνον, ἀφίενταί σου αἱ ἁμαρτίαι.	**Mk 2,5**	καὶ ἰδὼν ὁ Ἰησοῦς τὴν πίστιν αὐτῶν λέγει τῷ παραλυτικῷ· τέκνον, ἀφίενταί σου αἱ ἁμαρτίαι.	**Lk 5,20** → Lk 7,48	καὶ ἰδὼν τὴν πίστιν αὐτῶν εἶπεν· ἄνθρωπε, ἀφέωνταί σοι αἱ ἁμαρτίαι σου.
211	**Mt 9,22**	... καὶ ἰδὼν αὐτὴν εἶπεν· **θάρσει**, θύγατερ· ἡ πίστις σου σέσωκέν σε. ...	**Mk 5,34**	ὁ δὲ εἶπεν αὐτῇ· θυγάτηρ, ἡ πίστις σου σέσωκέν σε· ...	**Lk 8,48**	ὁ δὲ εἶπεν αὐτῇ· θυγάτηρ, ἡ πίστις σου σέσωκέν σε· ...

code	Mt		Mk		Lk		
220	**Mt 14,27**	εὐθὺς δὲ ἐλάλησεν [ὁ Ἰησοῦς] αὐτοῖς λέγων· **θαρσεῖτε,** ἐγώ εἰμι· μὴ φοβεῖσθε.	**Mk 6,50**	... ὁ δὲ εὐθὺς ἐλάλησεν μετ' αὐτῶν, καὶ λέγει αὐτοῖς· **θαρσεῖτε,** ἐγώ εἰμι· μὴ φοβεῖσθε.			→ Jn 6,20
121	**Mt 20,32** ⇨ Mt 9,28	καὶ στὰς ὁ Ἰησοῦς ἐφώνησεν αὐτοὺς ...	**Mk 10,49**	καὶ στὰς ὁ Ἰησοῦς εἶπεν· φωνήσατε αὐτόν. καὶ φωνοῦσιν τὸν τυφλὸν λέγοντες αὐτῷ· **θάρσει,** ἔγειρε, φωνεῖ σε.	**Lk 18,40**	σταθεὶς δὲ ὁ Ἰησοῦς ἐκέλευσεν αὐτὸν ἀχθῆναι πρὸς αὐτόν. ...	

Acts 23,11 ... ὁ κύριος εἶπεν·
θάρσει·
ὡς γὰρ διεμαρτύρω τὰ
περὶ ἐμοῦ εἰς Ἰερουσαλὴμ,
οὕτω σε δεῖ καὶ εἰς
Ῥώμην μαρτυρῆσαι.

θαυμάζω	Syn	Mt	Mk	Lk	Acts	Jn	1-3John	Paul	Eph	Col
	24	7	4	13	5	6	1	1		
	NT	2Thess	1/2Tim	Tit	Heb	Jas	1Pet	2Pet	Jude	Rev
	43	1							1	4

intransitive: wonder; marvel; be astonished; *transitive:* admire; wonder at

	triple tradition																	double tradition			Sondergut		
		+Mt / +Lk			–Mt / –Lk			traditions not taken over by Mt / Lk							subtotals								
code	*222*	*211*	*112*	*212*	*221*	*122*	*121*	*022*	*012*	*021*	*220*	*120*	*210*	*020*	Σ^+	Σ^-	Σ	*202*	*201*	*102*	*200*	*002*	total
Mt				2^+							1	1^-	2^+		4^+	1^-	5	2					**7**
Mk										1	1	1		1			4						**4**
Lk			1^+	2^+						1^-					3^+	1^-	3	2				8	**13**

code	Mt		Mk		Lk		
002					**Lk 1,21**	καὶ ἦν ὁ λαὸς προσδοκῶν τὸν Ζαχαρίαν καὶ **ἐθαύμαζον** ἐν τῷ χρονίζειν ἐν τῷ ναῷ αὐτόν.	
002					**Lk 1,63**	... Ἰωάννης ἐστὶν ὄνομα αὐτοῦ. καὶ **ἐθαύμασαν** πάντες.	
002					**Lk 2,18**	καὶ πάντες οἱ ἀκούσαντες **ἐθαύμασαν** περὶ τῶν λαληθέντων ὑπὸ τῶν ποιμένων πρὸς αὐτούς·	
002					**Lk 2,33**	καὶ ἦν ὁ πατὴρ αὐτοῦ καὶ ἡ μήτηρ **θαυμάζοντες** ἐπὶ τοῖς λαλουμένοις περὶ αὐτοῦ.	
112	**Mt 13,54**	... ὥστε **ἐκπλήσσεσθαι** αὐτοὺς καὶ λέγειν· πόθεν τούτῳ ἡ σοφία αὕτη καὶ αἱ δυνάμεις;	**Mk 6,2**	... καὶ πολλοὶ ἀκούοντες **ἐξεπλήσσοντο** λέγοντες· πόθεν τούτῳ ταῦτα, καὶ τίς ἡ σοφία ἡ δοθεῖσα τούτῳ, καὶ αἱ δυνάμεις τοιαῦται διὰ τῶν χειρῶν αὐτοῦ γινόμεναι;	**Lk 4,22**	καὶ πάντες ἐμαρτύρουν αὐτῷ καὶ **ἐθαύμαζον** ἐπὶ τοῖς λόγοις τῆς χάριτος τοῖς ἐκπορευομένοις ἐκ τοῦ στόματος αὐτοῦ καὶ ἔλεγον· ...	

202	Mt 8,10	ἀκούσας δὲ ὁ Ἰησοῦς **ἐθαύμασεν** καὶ εἶπεν τοῖς ἀκολουθοῦσιν· ἀμὴν λέγω ὑμῖν, παρ' οὐδενὶ τοσαύτην πίστιν ἐν τῷ Ἰσραὴλ εὗρον.			Lk 7,9	ἀκούσας δὲ ταῦτα ὁ Ἰησοῦς **ἐθαύμασεν** αὐτὸν καὶ στραφεὶς τῷ ἀκολουθοῦντι αὐτῷ ὄχλῳ εἶπεν· λέγω ὑμῖν, οὐδὲ ἐν τῷ Ἰσραὴλ τοσαύτην πίστιν εὗρον.	
212	Mt 8,27	οἱ δὲ ἄνθρωποι **ἐθαύμασαν** λέγοντες· ποταπός ἐστιν οὗτος ὅτι καὶ οἱ ἄνεμοι καὶ ἡ θάλασσα αὐτῷ ὑπακούουσιν;	Mk 4,41	καὶ ἐφοβήθησαν φόβον μέγαν καὶ ἔλεγον πρὸς ἀλλήλους· τίς ἄρα οὗτός ἐστιν ὅτι καὶ ὁ ἄνεμος καὶ ἡ θάλασσα ὑπακούει αὐτῷ;	Lk 8,25	... φοβηθέντες δὲ **ἐθαύμασαν,** λέγοντες πρὸς ἀλλήλους· τίς ἄρα οὗτός ἐστιν ὅτι καὶ τοῖς ἀνέμοις ἐπιτάσσει καὶ τῷ ὕδατι, καὶ ὑπακούουσιν αὐτῷ;	
202	Mt 9,33 ⇩ Mt 12,23	καὶ ἐκβληθέντος τοῦ δαιμονίου ἐλάλησεν ὁ κωφός. καὶ **ἐθαύμασαν** οἱ ὄχλοι ...			Lk 11,14	... ἐγένετο δὲ τοῦ δαιμονίου ἐξελθόντος ἐλάλησεν ὁ κωφὸς καὶ **ἐθαύμασαν** οἱ ὄχλοι.	
021			Mk 5,20	καὶ ἀπῆλθεν καὶ ἤρξατο κηρύσσειν ἐν τῇ Δεκαπόλει ὅσα ἐποίησεν αὐτῷ ὁ Ἰησοῦς, καὶ πάντες **ἐθαύμαζον.**	Lk 8,39	... καὶ ἀπῆλθεν καθ' ὅλην τὴν πόλιν κηρύσσων ὅσα ἐποίησεν αὐτῷ ὁ Ἰησοῦς.	
120	Mt 13,58	καὶ οὐκ ἐποίησεν ἐκεῖ δυνάμεις πολλὰς διὰ τὴν ἀπιστίαν αὐτῶν.	Mk 6,6	[5] καὶ οὐκ ἐδύνατο ἐκεῖ ποιῆσαι οὐδεμίαν δύναμιν, εἰ μὴ ὀλίγοις ἀρρώστοις ἐπιθεὶς τὰς χεῖρας ἐθεράπευσεν· [6] καὶ **ἐθαύμαζεν** διὰ τὴν ἀπιστίαν αὐτῶν. ...	Lk 4,28 → Lk 6,11	καὶ ἐπλήσθησαν πάντες θυμοῦ ἐν τῇ συναγωγῇ ἀκούοντες ταῦτα	
210	Mt 15,31 → Mt 11,5	ὥστε τὸν ὄχλον **θαυμάσαι** βλέποντας κωφοὺς λαλοῦντας, κυλλοὺς ὑγιεῖς, καὶ χωλοὺς περιπατοῦντας καὶ τυφλοὺς βλέποντας· ...	Mk 7,37	καὶ ὑπερπερισσῶς **ἐξεπλήσσοντο** λέγοντες· καλῶς πάντα πεποίηκεν, καὶ τοὺς κωφοὺς ποιεῖ ἀκούειν καὶ [τοὺς] ἀλάλους λαλεῖν.			
002					Lk 9,43	... πάντων δὲ **θαυμαζόντων** ἐπὶ πᾶσιν οἷς ἐποίει εἶπεν πρὸς τοὺς μαθητὰς αὐτοῦ·	
202	Mt 9,33 ⇩ Mt 12,23 Mt 12,23 ⇧ Mt 9,33	καὶ ἐκβληθέντος τοῦ δαιμονίου ἐλάλησεν ὁ κωφός. καὶ **ἐθαύμασαν** οἱ ὄχλοι ... καὶ **ἐξίσταντο** πάντες οἱ ὄχλοι καὶ ἔλεγον· μήτι οὗτός ἐστιν ὁ υἱὸς Δαυίδ;			Lk 11,14	... ἐγένετο δὲ τοῦ δαιμονίου ἐξελθόντος ἐλάλησεν ὁ κωφὸς καὶ **ἐθαύμασαν** οἱ ὄχλοι.	
002					Lk 11,38 → Mk 7,2	ὁ δὲ Φαρισαῖος ἰδὼν **ἐθαύμασεν** ὅτι οὐ πρῶτον ἐβαπτίσθη πρὸ τοῦ ἀρίστου.	

210	**Mt 21,20**	[19] ... καὶ ἐξηράνθη παραχρῆμα ἡ συκῆ. [20] καὶ ἰδόντες οἱ μαθηταὶ **ἐθαύμασαν** λέγοντες· πῶς παραχρῆμα ἐξηράνθη ἡ συκῆ;	**Mk 11,20** → Mk 11,14	καὶ παραπορευόμενοι πρωῒ εἶδον τὴν συκῆν ἐξηραμμένην ἐκ ῥιζῶν. [21] καὶ ἀναμνησθεὶς ὁ Πέτρος λέγει αὐτῷ· ῥαββί, ἴδε ἡ συκῆ ἣν κατηράσω ἐξήρανται.			
212	**Mt 22,22** → Mk 12,12	καὶ ἀκούσαντες **ἐθαύμασαν,** καὶ ἀφέντες αὐτὸν ἀπῆλθαν.	**Mk 12,17**	... καὶ **ἐξεθαύμαζον** ἐπ' αὐτῷ.	**Lk 20,26**	καὶ οὐκ ἴσχυσαν ἐπιλαβέσθαι αὐτοῦ ῥήματος ἐναντίον τοῦ λαοῦ καὶ **θαυμάσαντες** ἐπὶ τῇ ἀποκρίσει αὐτοῦ ἐσίγησαν.	
220	**Mt 27,14**	καὶ οὐκ ἀπεκρίθη αὐτῷ πρὸς οὐδὲ ἓν ῥῆμα, ὥστε **θαυμάζειν** τὸν ἡγεμόνα λίαν.	**Mk 15,5**	ὁ δὲ Ἰησοῦς οὐκέτι οὐδὲν ἀπεκρίθη, ὥστε **θαυμάζειν** τὸν Πιλᾶτον.	**Lk 23,9**	ἐπηρώτα δὲ αὐτὸν ἐν λόγοις ἱκανοῖς, αὐτὸς δὲ οὐδὲν ἀπεκρίνατο αὐτῷ.	Mt/Mk: before Pilate; Lk: before Herod
020			**Mk 15,44**	ὁ δὲ Πιλᾶτος **ἐθαύμασεν** εἰ ἤδη τέθνηκεν καὶ προσκαλεσάμενος τὸν κεντυρίωνα ἐπηρώτησεν αὐτὸν εἰ πάλαι ἀπέθανεν·			
002					**Lk 24,12** → Lk 24,24	... καὶ παρακύψας βλέπει τὰ ὀθόνια μόνα, καὶ ἀπῆλθεν πρὸς ἑαυτὸν **θαυμάζων** τὸ γεγονός.	→ Jn 20,3-10
002					**Lk 24,41**	ἔτι δὲ ἀπιστούντων αὐτῶν ἀπὸ τῆς χαρᾶς καὶ **θαυμαζόντων** εἶπεν αὐτοῖς· ἔχετέ τι βρώσιμον ἐνθάδε;	→ Jn 20,20.27 → Jn 21,5

Acts 2,7 ἐξίσταντο δὲ καὶ **ἐθαύμαζον** λέγοντες· οὐχ ἰδοὺ ἅπαντες οὗτοί εἰσιν οἱ λαλοῦντες Γαλιλαῖοι;

Acts 3,12 ... ἄνδρες Ἰσραηλῖται, τί **θαυμάζετε** ἐπὶ τούτῳ ἢ ἡμῖν τί ἀτενίζετε ...

Acts 4,13 ... καὶ καταλαβόμενοι ὅτι ἄνθρωποι ἀγράμματοί εἰσιν καὶ ἰδιῶται, **ἐθαύμαζον** ἐπεγίνωσκόν τε αὐτοὺς ὅτι σὺν τῷ Ἰησοῦ ἦσαν

Acts 7,31 ὁ δὲ Μωϋσῆς ἰδὼν **ἐθαύμαζεν** τὸ ὅραμα, ...

Acts 13,41 *ἴδετε, οἱ καταφρονηταί, καὶ* ***θαυμάσατε*** *καὶ ἀφανίσθητε, ...*
➢ Hab 1,5 LXX

θαυμάσιος	Syn 1	Mt 1	Mk	Lk	Acts	Jn	1-3John	Paul	Eph	Col
	NT 1	2Thess	1/2Tim	Tit	Heb	Jas	1Pet	2Pet	Jude	Rev

wonderful; remarkable; admirable

200	**Mt 21,15**	ἰδόντες δὲ οἱ ἀρχιερεῖς καὶ οἱ γραμματεῖς **τὰ θαυμάσια** ἃ ἐποίησεν καὶ τοὺς παῖδας τοὺς κράζοντας ἐν τῷ ἱερῷ ...			

θαυμαστός	Syn 2	Mt 1	Mk 1	Lk	Acts	Jn 1	1-3John	Paul	Eph	Col
	NT 6	2Thess	1/2Tim	Tit	Heb	Jas	1Pet 1	2Pet	Jude	Rev 2

wonderful; marvelous; remarkable

220	**Mt 21,42**	*... παρὰ κυρίου ἐγένετο αὕτη καὶ ἔστιν* ***θαυμαστὴ*** *ἐν ὀφθαλμοῖς ἡμῶν;* ➤ Ps 118,23	**Mk 12,11**	*παρὰ κυρίου ἐγένετο αὕτη καὶ ἔστιν* ***θαυμαστὴ*** *ἐν ὀφθαλμοῖς ἡμῶν;* ➤ Ps 118,23		

θεάομαι	Syn 7	Mt 4	Mk	Lk 3	Acts 3	Jn 6	1-3John 3	Paul 1	Eph	Col
	NT 20	2Thess	1/2Tim	Tit	Heb	Jas	1Pet	2Pet	Jude	Rev

see; look at; behold; come to see; visit; *passive:* be seen by someone; be noticed; attract attention

	triple tradition																	double tradition			Sonder-gut		
		+Mt / +Lk			–Mt / –Lk			traditions not taken over by Mt / Lk							subtotals								
code	222	211	112	212	221	122	121	022	012	021	220	120	210	020	Σ⁺	Σ⁻	Σ	202	201	102	200	002	total
Mt																		1			3		**4**
Mk																							
Lk			2⁺												2⁺		2	1					**3**

112	**Mt 9,9**	καὶ παράγων ὁ Ἰησοῦς ἐκεῖθεν **εἶδεν** ἄνθρωπον καθήμενον ἐπὶ τὸ τελώνιον, Μαθθαῖον λεγόμενον, ...	**Mk 2,14**	καὶ παράγων **εἶδεν** Λευὶν τὸν τοῦ Ἁλφαίου καθήμενον ἐπὶ τὸ τελώνιον, ...	**Lk 5,27**	... καὶ **ἐθεάσατο** τελώνην ὀνόματι Λευὶν καθήμενον ἐπὶ τὸ τελώνιον, ...	
200	**Mt 6,1** ↓ Mt 23,5	προσέχετε [δὲ] τὴν δικαιοσύνην ὑμῶν μὴ ποιεῖν ἔμπροσθεν τῶν ἀνθρώπων **πρὸς τὸ θεαθῆναι** αὐτοῖς· ...					
202	**Mt 11,7**	... τί ἐξήλθατε εἰς τὴν ἔρημον **θεάσασθαι;** κάλαμον ὑπὸ ἀνέμου σαλευόμενον;			**Lk 7,24**	... τί ἐξήλθατε εἰς τὴν ἔρημον **θεάσασθαι;** κάλαμον ὑπὸ ἀνέμου σαλευόμενον;	→ GTh 78
200	**Mt 22,11**	εἰσελθὼν δὲ ὁ βασιλεὺς **θεάσασθαι** τοὺς ἀνακειμένους ...					
200	**Mt 23,5** ↑ Mt 6,1	πάντα δὲ τὰ ἔργα αὐτῶν ποιοῦσιν **πρὸς τὸ θεαθῆναι** τοῖς ἀνθρώποις· ...					
112	**Mt 27,61** → Mt 27,55-56 → Mt 28,1 → Lk 24,10	ἦν δὲ ἐκεῖ Μαριὰμ ἡ Μαγδαληνὴ καὶ ἡ ἄλλη Μαρία καθήμεναι ἀπέναντι τοῦ τάφου.	**Mk 15,47** → Mk 15,40-41 → Mk 16,1 → Lk 24,10	ἡ δὲ Μαρία ἡ Μαγδαληνὴ καὶ Μαρία ἡ Ἰωσῆτος **ἐθεώρουν** ποῦ τέθειται.	**Lk 23,55** → Lk 23,49 → Lk 8,2-3	κατακολουθήσασαι δὲ αἱ γυναῖκες, αἵτινες ἦσαν συνεληλυθυῖαι ἐκ τῆς Γαλιλαίας αὐτῷ, **ἐθεάσαντο** τὸ μνημεῖον καὶ ὡς ἐτέθη τὸ σῶμα αὐτοῦ	

Acts 1,11 → Lk 9,51 → Lk 24,51	... οὗτος ὁ Ἰησοῦς ὁ ἀναλημφθεὶς ἀφ' ὑμῶν εἰς τὸν οὐρανὸν οὕτως ἐλεύσεται ὃν τρόπον **ἐθεάσασθε** αὐτὸν πορευόμενον εἰς τὸν οὐρανόν.	**Acts 21,27**	... οἱ ἀπὸ τῆς Ἀσίας Ἰουδαῖοι **θεασάμενοι** αὐτὸν ἐν τῷ ἱερῷ συνέχεον πάντα τὸν ὄχλον ...	**Acts 22,9**	οἱ δὲ σὺν ἐμοὶ ὄντες τὸ μὲν φῶς **ἐθεάσαντο** τὴν δὲ φωνὴν οὐκ ἤκουσαν τοῦ λαλοῦντός μοι.

θεῖον

	Syn	Mt	Mk	Lk	Acts	Jn	1-3John	Paul	Eph	Col
θεῖον	1			1						
	NT	2Thess	1/2Tim	Tit	Heb	Jas	1Pet	2Pet	Jude	Rev
	7									6

sulfur

	Mt	Mk	Lk	
002			**Lk 17,29** ᾗ δὲ ἡμέρᾳ ἐξῆλθεν Λὼτ ἀπὸ Σοδόμων, ἔβρεξεν πῦρ καὶ **θεῖον** ἀπ' οὐρανοῦ καὶ ἀπώλεσεν πάντας.	

θέλημα

	Syn	Mt	Mk	Lk	Acts	Jn	1-3John	Paul	Eph	Col
θέλημα	11	6	1	4	3	11	2	12	7	3
	NT	2Thess	1/2Tim	Tit	Heb	Jas	1Pet	2Pet	Jude	Rev
	62		2		5		4	1		1

will

	triple tradition																	double tradition			Sondergut		
		+Mt / +Lk			–Mt / –Lk			traditions not taken over by Mt / Lk							subtotals								
code	*222*	*211*	*112*	*212*	*221*	*122*	*121*	*022*	*012*	*021*	*220*	*120*	*210*	*020*	Σ⁺	Σ⁻	Σ	*202*	*201*	*102*	*200*	*002*	total
Mt					1								1^+		1^+		2		2		2		**6**
Mk					1												1						**1**
Lk			2^+		1^-										2^+	1^-	2					2	**4**

a ποιῶ (πρὸς) τὸ θέλημα

	Mt	Mk	Lk	
201	**Mt 6,10** ↓ Mt 26,42 [9] ... Πάτερ ἡμῶν ὁ ἐν τοῖς οὐρανοῖς· ἁγιασθήτω τὸ ὄνομά σου· [10] ἐλθέτω ἡ βασιλεία σου· γενηθήτω **τὸ θέλημά σου,** ὡς ἐν οὐρανῷ καὶ ἐπὶ γῆς·		**Lk 11,2** ... Πάτερ, ἁγιασθήτω τὸ ὄνομά σου· ἐλθέτω ἡ βασιλεία σου·	
a 201	**Mt 7,21** ↓ Mt 12,50 οὐ πᾶς ὁ λέγων μοι· κύριε κύριε, εἰσελεύσεται εἰς τὴν βασιλείαν τῶν οὐρανῶν, ἀλλ' ὁ ποιῶν **τὸ θέλημα τοῦ πατρός μου** τοῦ ἐν τοῖς οὐρανοῖς.	↓ Mk 3,35	**Lk 6,46** ↓ Lk 8,21 τί δέ με καλεῖτε· κύριε κύριε, καὶ οὐ ποιεῖτε **ἃ λέγω;**	
a 221	**Mt 12,50** ↑ Mt 7,21 ὅστις γὰρ ἂν ποιήσῃ **τὸ θέλημα τοῦ πατρός μου** τοῦ ἐν οὐρανοῖς αὐτός μου ἀδελφὸς καὶ ἀδελφὴ καὶ μήτηρ ἐστίν.	**Mk 3,35** ὃς [γὰρ] ἂν ποιήσῃ **τὸ θέλημα τοῦ θεοῦ,** οὗτος ἀδελφός μου καὶ ἀδελφὴ καὶ μήτηρ ἐστίν.	**Lk 8,21** ↑ Lk 6,46 → Lk 11,28 ... μήτηρ μου καὶ ἀδελφοί μου οὗτοί εἰσιν οἱ **τὸν λόγον τοῦ θεοῦ** ἀκούοντες καὶ ποιοῦντες.	→ Jn 15,14 → GTh 99
200	**Mt 18,14** → Lk 15,7 οὕτως οὐκ ἔστιν **θέλημα** ἔμπροσθεν τοῦ πατρὸς ὑμῶν τοῦ ἐν οὐρανοῖς ἵνα ἀπόληται ἓν τῶν μικρῶν τούτων.			

code	Mt		Mk		Lk		
002 *a* 002					Lk 12,47 (2)	ἐκεῖνος δὲ ὁ δοῦλος ὁ γνοὺς **τὸ θέλημα τοῦ κυρίου αὐτοῦ** καὶ μὴ ἑτοιμάσας ἢ ποιήσας **πρὸς τὸ θέλημα αὐτοῦ** δαρήσεται πολλάς·	
a 200	Mt 21,31	τίς ἐκ τῶν δύο ἐποίησεν **τὸ θέλημα τοῦ πατρός;** λέγουσιν· ὁ πρῶτος. ...					
112	Mt 26,39	... παρελθάτω ἀπ' ἐμοῦ τὸ ποτήριον τοῦτο· πλὴν **οὐχ ὡς ἐγὼ θέλω** ἀλλ' ὡς σύ.	Mk 14,36	... παρένεγκε τὸ ποτήριον τοῦτο ἀπ' ἐμοῦ· ἀλλ' **οὐ τί ἐγὼ θέλω** ἀλλὰ τί σύ.	Lk 22,42 ↓Mt 26,42	... παρένεγκε τοῦτο τὸ ποτήριον ἀπ' ἐμοῦ· πλὴν **μὴ τὸ θέλημά μου** ἀλλὰ τὸ σὸν γινέσθω.	→ Jn 18,11 → Acts 21,14
210	Mt 26,42 ↑Mt 6,10 ↑Lk 22,42	πάλιν ἐκ δευτέρου ἀπελθὼν προσηύξατο λέγων· πάτερ μου, εἰ οὐ δύναται τοῦτο παρελθεῖν ἐὰν μὴ αὐτὸ πίω, γενηθήτω **τὸ θέλημά σου.**	Mk 14,39	καὶ πάλιν ἀπελθὼν προσηύξατο τὸν αὐτὸν λόγον εἰπών.			
112	Mt 27,26 → Mt 27,16	τότε ἀπέλυσεν αὐτοῖς τὸν Βαραββᾶν, τὸν δὲ Ἰησοῦν φραγελλώσας παρέδωκεν ἵνα σταυρωθῇ.	Mk 15,15 → Mk 15,7	... ἀπέλυσεν αὐτοῖς τὸν Βαραββᾶν, καὶ παρέδωκεν τὸν Ἰησοῦν φραγελλώσας ἵνα σταυρωθῇ.	Lk 23,25 → Lk 23,19	ἀπέλυσεν δὲ τὸν διὰ στάσιν καὶ φόνον βεβλημένον εἰς φυλακὴν ὃν ᾐτοῦντο, τὸν δὲ Ἰησοῦν παρέδωκεν **τῷ θελήματι αὐτῶν.**	→ Jn 19,16

Acts 13,22 ... εὗρον Δαυὶδ τὸν τοῦ Ἰεσσαί, ἄνδρα κατὰ τὴν καρδίαν μου, ὃς ποιήσει **πάντα τὰ θελήματά μου.**
➤ Ps 89,21/1Sam 13,14/Isa 44,28

Acts 21,14 → Mt 26,39 → Mk 14,36 → Lk 22,42 μὴ πειθομένου δὲ αὐτοῦ ἡσυχάσαμεν εἰπόντες· **τοῦ κυρίου τὸ θέλημα** γινέσθω.

Acts 22,14 ... ὁ θεὸς τῶν πατέρων ἡμῶν προεχειρίσατό σε γνῶναι **τὸ θέλημα αὐτοῦ** καὶ ἰδεῖν τὸν δίκαιον ...

θέλω

	Syn	Mt	Mk	Lk	Acts	Jn	1-3John	Paul	Eph	Col
θέλω	95	42	25	28	14	23	1	53		3
	NT	2Thess	1/2Tim	Tit	Heb	Jas	1Pet	2Pet	Jude	Rev
	208	1	4		4	2	2	1		5

wish; will; take pleasure in; like; maintain

	triple tradition																	double tradition			Sondergut		
		+Mt / +Lk			–Mt / –Lk			traditions not taken over by Mt / Lk							subtotals								
code	*222*	*211*	*112*	*212*	*221*	*122*	*121*	*022*	*012*	*021*	*220*	*120*	*210*	*020*	Σ⁺	Σ⁻	Σ	*202*	*201*	*102*	*200*	*002*	total
Mt	6	5⁺			3	1⁻	1⁻				4	7⁻	4⁺		9⁺	9⁻	22	3	5		12		**42**
Mk	6				3	1	1			1	4	7		2			25						**25**
Lk	6		2⁺		3⁻	1	1⁻			1⁻					2⁺	5⁻	9	3		2		14	**28**

a θέλω with finite verb
b θέλω ἵνα
c θέλω τι(νά)
d ὅσα / ὡς / ποσάκις θέλω

code	Mt		Mk		Lk		
002					Lk 1,62	ἐνένευον δὲ τῷ πατρὶ αὐτοῦ τὸ τί ἂν **θέλοι** καλεῖσθαι αὐτό.	

200	**Mt 1,19**	Ἰωσὴφ δὲ ὁ ἀνὴρ αὐτῆς, δίκαιος ὢν καὶ **μὴ θέλων** αὐτὴν δειγματίσαι, ἐβουλήθη λάθρᾳ ἀπολῦσαι αὐτήν.					
200	**Mt 2,18**	... *Ῥαχὴλ κλαίουσα τὰ* *τέκνα αὐτῆς, καὶ* ***οὐκ ἤθελεν*** *παρακληθῆναι, ὅτι οὐκ* *εἰσίν.* ➤ Jer 31,15					
102	**Mt 4,9**	... ταῦτά σοι πάντα δώσω, ...			**Lk 4,6**	... σοὶ δώσω τὴν ἐξουσίαν ταύτην ἅπασαν καὶ τὴν δόξαν αὐτῶν, ὅτι ἐμοὶ παραδέδοται καὶ ᾧ ἐὰν **θέλω** δίδωμι αὐτήν·	
222	**Mt 8,2**	... κύριε, ἐὰν **θέλῃς** δύνασαί με καθαρίσαι.	**Mk 1,40**	... ἐὰν **θέλῃς** δύνασαί με καθαρίσαι.	**Lk 5,12** → Lk 17,12-13	... κύριε, ἐὰν **θέλῃς** δύνασαί με καθαρίσαι.	
222	**Mt 8,3**	καὶ ἐκτείνας τὴν χεῖρα ἥψατο αὐτοῦ λέγων· **θέλω,** καθαρίσθητι· ...	**Mk 1,41**	καὶ σπλαγχνισθεὶς ἐκτείνας τὴν χεῖρα αὐτοῦ ἥψατο καὶ λέγει αὐτῷ· **θέλω,** καθαρίσθητι·	**Lk 5,13**	καὶ ἐκτείνας τὴν χεῖρα ἥψατο αὐτοῦ λέγων· **θέλω,** καθαρίσθητι· ...	
c 002					**Lk 5,39**	[καὶ] οὐδεὶς πιὼν παλαιὸν **θέλει** νέον· λέγει γάρ· ὁ παλαιὸς χρηστός ἐστιν.	→ GTh 47,3
201	**Mt 5,40**	καὶ **τῷ θέλοντί** σοι κριθῆναι καὶ τὸν χιτῶνά σου λαβεῖν, ἄφες αὐτῷ καὶ τὸ ἱμάτιον·			**Lk 6,29**	... καὶ ἀπὸ τοῦ αἴροντός σου τὸ ἱμάτιον καὶ τὸν χιτῶνα μὴ κωλύσῃς.	
201	**Mt 5,42** → Lk 6,34	τῷ αἰτοῦντί σε δός, καὶ **τὸν θέλοντα ἀπὸ σοῦ** **δανίσασθαι** μὴ ἀποστραφῇς.			**Lk 6,30**	παντὶ αἰτοῦντί σε δίδου, καὶ **ἀπὸ τοῦ αἴροντος** **τὰ σὰ** μὴ ἀπαίτει.	→ GTh 95
b d 202	**Mt 7,12**	πάντα οὖν ὅσα ἐὰν **θέλητε** ἵνα ποιῶσιν ὑμῖν οἱ ἄνθρωποι, οὕτως καὶ ὑμεῖς ποιεῖτε αὐτοῖς· ...			**Lk 6,31**	καὶ καθὼς **θέλετε** ἵνα ποιῶσιν ὑμῖν οἱ ἄνθρωποι ποιεῖτε αὐτοῖς ὁμοίως.	
222	**Mt 8,2**	... κύριε, ἐὰν **θέλῃς** δύνασαί με καθαρίσαι.	**Mk 1,40**	... ἐὰν **θέλῃς** δύνασαί με καθαρίσαι.	**Lk 5,12** → Lk 17,12-13	... κύριε, ἐὰν **θέλῃς** δύνασαί με καθαρίσαι.	
222	**Mt 8,3**	καὶ ἐκτείνας τὴν χεῖρα ἥψατο αὐτοῦ λέγων· **θέλω,** καθαρίσθητι· ...	**Mk 1,41**	καὶ σπλαγχνισθεὶς ἐκτείνας τὴν χεῖρα αὐτοῦ ἥψατο καὶ λέγει αὐτῷ· **θέλω,** καθαρίσθητι·	**Lk 5,13**	καὶ ἐκτείνας τὴν χεῖρα ἥψατο αὐτοῦ λέγων· **θέλω,** καθαρίσθητι· ...	
c 211	**Mt 9,13** ⇩ Mt 12,7	πορευθέντες δὲ μάθετε τί ἐστιν· *ἔλεος* ***θέλω*** *καὶ οὐ θυσίαν·* οὐ γὰρ ἦλθον καλέσαι δικαίους ἀλλὰ ἁμαρτωλούς. ➤ Hos 6,6	**Mk 2,17**	 ... οὐκ ἦλθον καλέσαι δικαίους ἀλλὰ ἁμαρτωλούς.	**Lk 5,32**	 οὐκ ἐλήλυθα καλέσαι δικαίους ἀλλὰ ἁμαρτωλοὺς εἰς μετάνοιαν.	

021	**Mt 10,1** → Mk 6,7	καὶ προσκαλεσάμενος **τοὺς δώδεκα μαθητὰς αὐτοῦ** ...	**Mk 3,13**	... καὶ προσκαλεῖται **οὓς ἤθελεν** αὐτός, καὶ ἀπῆλθον πρὸς αὐτόν. [14] καὶ ἐποίησεν δώδεκα, [οὓς καὶ ἀποστόλους ὠνόμασεν] ...	**Lk 6,13**	... προσεφώνησεν **τοὺς μαθητὰς αὐτοῦ,** καὶ ἐκλεξάμενος ἀπ᾽ αὐτῶν δώδεκα, οὓς καὶ ἀποστόλους ὠνόμασεν·	
200	**Mt 11,14** ↓ Mt 17,12 → Lk 1,17	καὶ εἰ **θέλετε** δέξασθαι, αὐτός ἐστιν Ἠλίας ὁ μέλλων ἔρχεσθαι.					
c 200	**Mt 12,7** ⇧ Mt 9,13	εἰ δὲ ἐγνώκειτε τί ἐστιν· *ἔλεος* ***θέλω*** *καὶ οὐ θυσίαν,* οὐκ ἂν κατεδικάσατε τοὺς ἀναιτίους. ➤ Hos 6,6					
201	**Mt 12,38** ⇨ Mt 16,1	τότε ἀπεκρίθησαν αὐτῷ τινες τῶν γραμματέων καὶ Φαρισαίων λέγοντες· διδάσκαλε, **θέλομεν** ἀπὸ σοῦ σημεῖον ἰδεῖν.	**Mk 8,11**	καὶ ἐξῆλθον οἱ Φαρισαῖοι καὶ ἤρξαντο συζητεῖν αὐτῷ, **ζητοῦντες** παρ᾽ αὐτοῦ σημεῖον ἀπὸ τοῦ οὐρανοῦ, πειράζοντες αὐτόν.	**Lk 11,16**	ἕτεροι δὲ πειράζοντες σημεῖον ἐξ οὐρανοῦ **ἐζήτουν** παρ᾽ αὐτοῦ.	Mk-Q overlap
a 200	**Mt 13,28**	... οἱ δὲ δοῦλοι λέγουσιν αὐτῷ· **θέλεις** οὖν ἀπελθόντες συλλέξωμεν αὐτά;					→ GTh 57
112	**Mt 12,47**	[... ἰδοὺ ἡ μήτηρ σου καὶ οἱ ἀδελφοί σου ἔξω ἑστήκασιν **ζητοῦντές** σοι λαλῆσαι.]	**Mk 3,32**	... ἰδοὺ ἡ μήτηρ σου καὶ οἱ ἀδελφοί σου [καὶ αἱ ἀδελφαί σου] ἔξω **ζητοῦσίν** σε.	**Lk 8,20**	... ἡ μήτηρ σου καὶ οἱ ἀδελφοί σου ἑστήκασιν ἔξω **ἰδεῖν θέλοντές** σε.	→ GTh 99 Mt 12,47 is textcritically uncertain.
220	**Mt 14,5**	[3] ὁ γὰρ Ἡρῴδης ... [5] καὶ **θέλων** αὐτὸν ἀποκτεῖναι ἐφοβήθη τὸν ὄχλον, ...	**Mk 6,19**	ἡ δὲ Ἡρῳδιὰς ἐνεῖχεν αὐτῷ καὶ **ἤθελεν** αὐτὸν ἀποκτεῖναι, καὶ οὐκ ἠδύνατο·			
	Mt 14,6	... ὠρχήσατο ἡ θυγάτηρ τῆς Ἡρῳδιάδος ἐν τῷ μέσῳ καὶ ἤρεσεν τῷ Ἡρῴδῃ	**Mk 6,22**	... καὶ ὀρχησαμένης ἤρεσεν τῷ Ἡρῴδῃ καὶ τοῖς συνανακειμένοις.			
020				εἶπεν ὁ βασιλεὺς τῷ κορασίῳ· αἴτησόν με ὃ ἐὰν **θέλῃς,** καὶ δώσω σοι·			
b 120	**Mt 14,8**	... δός μοι, φησίν, ὧδε ἐπὶ πίνακι τὴν κεφαλὴν Ἰωάννου τοῦ βαπτιστοῦ.	**Mk 6,25**	... λέγουσα· **θέλω** ἵνα ἐξαυτῆς δῷς μοι ἐπὶ πίνακι τὴν κεφαλὴν Ἰωάννου τοῦ βαπτιστοῦ.			
120	**Mt 14,9**	καὶ λυπηθεὶς ὁ βασιλεὺς διὰ τοὺς ὅρκους καὶ τοὺς συνανακειμένους ἐκέλευσεν δοθῆναι	**Mk 6,26**	καὶ περίλυπος γενόμενος ὁ βασιλεὺς διὰ τοὺς ὅρκους καὶ τοὺς ἀνακειμένους **οὐκ ἠθέλησεν** ἀθετῆσαι αὐτήν·			

120	Mt 14,25	... ἦλθεν πρὸς αὐτοὺς περιπατῶν ἐπὶ τὴν θάλασσαν.	Mk 6,48	... ἔρχεται πρὸς αὐτοὺς περιπατῶν ἐπὶ τῆς θαλάσσης καὶ **ἤθελεν** παρελθεῖν αὐτούς.			→ Jn 6,19
120	Mt 15,21	... ὁ Ἰησοῦς ἀνεχώρησεν εἰς τὰ μέρη Τύρου καὶ Σιδῶνος.	Mk 7,24 → Mt 15,22	... ἀπῆλθεν εἰς τὰ ὅρια Τύρου. καὶ εἰσελθὼν εἰς οἰκίαν οὐδένα **ἤθελεν** γνῶναι, καὶ οὐκ ἠδυνήθη λαθεῖν·			
d 210	Mt 15,28	... ὦ γύναι, μεγάλη σου ἡ πίστις· γενηθήτω σοι ὡς **θέλεις.** καὶ ἰάθη ἡ θυγάτηρ αὐτῆς ἀπὸ τῆς ὥρας ἐκείνης.	Mk 7,29	... διὰ τοῦτον τὸν λόγον ὕπαγε, ἐξελήλυθεν ἐκ τῆς θυγατρός σου τὸ δαιμόνιον. [30] καὶ ἀπελθοῦσα εἰς τὸν οἶκον αὐτῆς εὗρεν τὸ παιδίον βεβλημένον ἐπὶ τὴν κλίνην καὶ τὸ δαιμόνιον ἐξεληλυθός.			
210	Mt 15,32 → Mt 14,15	... καὶ ἀπολῦσαι αὐτοὺς νήστεις **οὐ θέλω,** μήποτε ἐκλυθῶσιν ἐν τῇ ὁδῷ.	Mk 8,3 → Mk 6,36	καὶ ἐὰν ἀπολύσω αὐτοὺς νήστεις εἰς οἶκον αὐτῶν, ἐκλυθήσονται ἐν τῇ ὁδῷ· ...	→ Lk 9,12		
222	Mt 16,24 ⇩ Mt 10,38	... εἴ τις **θέλει** ὀπίσω μου ἐλθεῖν, ἀπαρνησάσθω ἑαυτὸν καὶ ἀράτω τὸν σταυρὸν αὐτοῦ καὶ ἀκολουθείτω μοι.	Mk 8,34	... εἴ τις **θέλει** ὀπίσω μου ἀκολουθεῖν, ἀπαρνησάσθω ἑαυτὸν καὶ ἀράτω τὸν σταυρὸν αὐτοῦ καὶ ἀκολουθείτω μοι.	Lk 9,23 ⇩ Lk 14,27	... εἴ τις **θέλει** ὀπίσω μου ἔρχεσθαι, ἀρνησάσθω ἑαυτὸν καὶ ἀράτω τὸν σταυρὸν αὐτοῦ καθ' ἡμέραν, καὶ ἀκολουθείτω μοι.	→ GTh 55 Mk-Q overlap
	Mt 10,38 ⇧ Mt 16,24	καὶ ὃς οὐ λαμβάνει τὸν σταυρὸν αὐτοῦ καὶ ἀκολουθεῖ ὀπίσω μου, οὐκ ἔστιν μου ἄξιος.			Lk 14,27 ⇧ Lk 9,23	ὅστις οὐ βαστάζει τὸν σταυρὸν ἑαυτοῦ καὶ ἔρχεται ὀπίσω μου οὐ δύναται εἶναί μου μαθητής.	→ GTh 101
222	Mt 16,25 ⇩ Mt 10,39	ὃς γὰρ ἐὰν **θέλῃ** τὴν ψυχὴν αὐτοῦ σῶσαι ἀπολέσει αὐτήν· ...	Mk 8,35	ὃς γὰρ ἐὰν **θέλῃ** τὴν ψυχὴν αὐτοῦ σῶσαι ἀπολέσει αὐτήν· ...	Lk 9,24 ⇩ Lk 17,33	ὃς γὰρ ἂν **θέλῃ** τὴν ψυχὴν αὐτοῦ σῶσαι ἀπολέσει αὐτήν· ...	→ Jn 12,25 → GTh 55 Mk-Q overlap
	Mt 10,39 ⇧ Mt 16,25	ὁ εὑρὼν τὴν ψυχὴν αὐτοῦ ἀπολέσει αὐτήν, ...			Lk 17,33 ⇧ Lk 9,24	ὃς ἐὰν **ζητήσῃ** τὴν ψυχὴν αὐτοῦ περιποιήσασθαι ἀπολέσει αὐτήν, ...	
211	Mt 17,4	... κύριε, καλόν ἐστιν ἡμᾶς ὧδε εἶναι· εἰ **θέλεις,** ποιήσω ὧδε τρεῖς σκηνάς, ...	Mk 9,5	... ῥαββί, καλόν ἐστιν ἡμᾶς ὧδε εἶναι, καὶ ποιήσωμεν τρεῖς σκηνάς, ...	Lk 9,33	... ἐπιστάτα, καλόν ἐστιν ἡμᾶς ὧδε εἶναι, καὶ ποιήσωμεν σκηνὰς τρεῖς, ...	
d 220	Mt 17,12 ⇑ Mt 11,14 → Lk 1,17	λέγω δὲ ὑμῖν ὅτι Ἠλίας ἤδη ἦλθεν, καὶ οὐκ ἐπέγνωσαν αὐτὸν ἀλλὰ ἐποίησαν ἐν αὐτῷ ὅσα **ἠθέλησαν·** ...	Mk 9,13 → Lk 1,17	ἀλλὰ λέγω ὑμῖν ὅτι καὶ Ἠλίας ἐλήλυθεν, καὶ ἐποίησαν αὐτῷ ὅσα **ἤθελον,** καθὼς γέγραπται ἐπ' αὐτόν.			

b 120	**Mt 17,22**	συστρεφομένων δὲ αὐτῶν ἐν τῇ Γαλιλαίᾳ ...	**Mk 9,30**	κἀκεῖθεν ἐξελθόντες παρεπορεύοντο διὰ τῆς Γαλιλαίας, καὶ **οὐκ ἤθελεν** ἵνα τις γνοῖ·			
020			**Mk 9,35** ↓ Mt 20,26-27 ⇩ Mk 10,43-44 ↓ Lk 22,26 ↓ Mt 23,11 → Mk 10,31	... εἴ τις **θέλει** πρῶτος εἶναι, ἔσται πάντων ἔσχατος καὶ πάντων διάκονος.			
200	**Mt 18,23**	διὰ τοῦτο ὡμοιώθη ἡ βασιλεία τῶν οὐρανῶν ἀνθρώπῳ βασιλεῖ, ὃς **ἠθέλησεν** συνᾶραι λόγον μετὰ τῶν δούλων αὐτοῦ.					
200	**Mt 18,30**	ὁ δὲ **οὐκ ἤθελεν** ἀλλὰ ἀπελθὼν ἔβαλεν αὐτὸν εἰς φυλακὴν ἕως ἀποδῷ τὸ ὀφειλόμενον.					
a 002					**Lk 9,54**	... κύριε, **θέλεις** εἴπωμεν *πῦρ καταβῆναι ἀπὸ τοῦ οὐρανοῦ καὶ ἀναλῶσαι αὐτούς;* ➤ 2Kings 1,10.12	
102	**Mt 13,17**	... πολλοὶ προφῆται καὶ δίκαιοι **ἐπεθύμησαν** ἰδεῖν ἃ βλέπετε καὶ οὐκ εἶδαν, καὶ ἀκοῦσαι ἃ ἀκούετε καὶ οὐκ ἤκουσαν.			**Lk 10,24**	... πολλοὶ προφῆται καὶ βασιλεῖς **ἠθέλησαν** ἰδεῖν ἃ ὑμεῖς βλέπετε καὶ οὐκ εἶδαν, καὶ ἀκοῦσαι ἃ ἀκούετε καὶ οὐκ ἤκουσαν.	→ GTh 38 (POxy 655 - restoration)
002					**Lk 10,29**	ὁ δὲ **θέλων** δικαιῶσαι ἑαυτὸν εἶπεν πρὸς τὸν Ἰησοῦν· καὶ τίς ἐστίν μου πλησίον;	
c 002					**Lk 12,49** → Mt 3,11 → Lk 3,16	πῦρ ἦλθον βαλεῖν ἐπὶ τὴν γῆν, καὶ τί **θέλω** εἰ ἤδη ἀνήφθη.	→ GTh 10
002					**Lk 13,31**	... ἔξελθε καὶ πορεύου ἐντεῦθεν, ὅτι Ἡρῴδης **θέλει** σε ἀποκτεῖναι.	
d 202 202	**Mt 23,37** (2)	... ποσάκις **ἠθέλησα** ἐπισυναγαγεῖν τὰ τέκνα σου, ὃν τρόπον ὄρνις ἐπισυνάγει τὰ νοσσία αὐτῆς ὑπὸ τὰς πτέρυγας, καὶ **οὐκ ἠθελήσατε.**			**Lk 13,34** (2)	... ποσάκις **ἠθέλησα** ἐπισυνάξαι τὰ τέκνα σου ὃν τρόπον ὄρνις τὴν ἑαυτῆς νοσσιὰν ὑπὸ τὰς πτέρυγας, καὶ **οὐκ ἠθελήσατε.**	
002					**Lk 14,28**	τίς γὰρ ἐξ ὑμῶν **θέλων** πύργον οἰκοδομῆσαι οὐχὶ πρῶτον καθίσας ψηφίζει τὴν δαπάνην, εἰ ἔχει εἰς ἀπαρτισμόν;	

002					Lk 15,28	ὠργίσθη δὲ καὶ **οὐκ ἤθελεν** εἰσελθεῖν, ὁ δὲ πατὴρ αὐτοῦ ἐξελθὼν παρεκάλει αὐτόν.	
002					Lk 16,26	καὶ ἐν πᾶσι τούτοις μεταξὺ ἡμῶν καὶ ὑμῶν χάσμα μέγα ἐστήρικται, ὅπως **οἱ θέλοντες** διαβῆναι ἔνθεν πρὸς ὑμᾶς μὴ δύνωνται, μηδὲ ἐκεῖθεν πρὸς ἡμᾶς διαπερῶσιν.	
002					Lk 18,4	καὶ **οὐκ ἤθελεν** ἐπὶ χρόνον. ...	
002					Lk 18,13	ὁ δὲ τελώνης μακρόθεν ἑστὼς **οὐκ ἤθελεν** οὐδὲ τοὺς ὀφθαλμοὺς ἐπᾶραι εἰς τὸν οὐρανόν, ...	
211	Mt 19,17	... τί με ἐρωτᾷς περὶ τοῦ ἀγαθοῦ; εἷς ἐστιν ὁ ἀγαθός· εἰ δὲ **θέλεις** εἰς τὴν ζωὴν εἰσελθεῖν, τήρησον τὰς ἐντολάς.	Mk 10,18	... τί με λέγεις ἀγαθόν; οὐδεὶς ἀγαθὸς εἰ μὴ εἷς ὁ θεός. [19] τὰς ἐντολὰς οἶδας· ...	Lk 18,19	... τί με λέγεις ἀγαθόν; οὐδεὶς ἀγαθὸς εἰ μὴ εἷς ὁ θεός. [20] τὰς ἐντολὰς οἶδας· ...	
211	Mt 19,21 → Mt 6,20	... εἰ **θέλεις** τέλειος εἶναι, ὕπαγε πώλησόν σου τὰ ὑπάρχοντα καὶ δὸς [τοῖς] πτωχοῖς, ...	Mk 10,21	... ἕν σε ὑστερεῖ· ὕπαγε, ὅσα ἔχεις πώλησον καὶ δὸς [τοῖς] πτωχοῖς, ...	Lk 18,22 → Lk 12,33	... ἔτι ἕν σοι λείπει· πάντα ὅσα ἔχεις πώλησον καὶ διάδος πτωχοῖς, ...	→ Acts 2,45
200	Mt 20,14	ἆρον τὸ σὸν καὶ ὕπαγε. **θέλω** δὲ τούτῳ τῷ ἐσχάτῳ δοῦναι ὡς καὶ σοί·					
200	Mt 20,15	[ἢ] οὐκ ἔξεστίν μοι ὃ **θέλω** ποιῆσαι ἐν τοῖς ἐμοῖς; ...					
b 120	Mt 20,20	τότε προσῆλθεν αὐτῷ ἡ μήτηρ τῶν υἱῶν Ζεβεδαίου μετὰ τῶν υἱῶν αὐτῆς προσκυνοῦσα καὶ αἰτοῦσά τι ἀπ' αὐτοῦ.	Mk 10,35	καὶ προσπορεύονται αὐτῷ Ἰάκωβος καὶ Ἰωάννης οἱ υἱοὶ Ζεβεδαίου λέγοντες αὐτῷ· διδάσκαλε, **θέλομεν** ἵνα ὃ ἐὰν αἰτήσωμέν σε ποιήσῃς ἡμῖν.			
c a 220	Mt 20,21	ὁ δὲ εἶπεν αὐτῇ· τί **θέλεις; ...**	Mk 10,36	ὁ δὲ εἶπεν αὐτοῖς· τί **θέλετέ** [με] ποιήσω ὑμῖν;			
221	Mt 20,26 ⇩ Mt 23,11	οὐχ οὕτως ἔσται ἐν ὑμῖν, ἀλλ' ὃς ἐὰν **θέλῃ** ἐν ὑμῖν μέγας γενέσθαι ἔσται ὑμῶν διάκονος,	Mk 10,43 ⇧ Mk 9,35	οὐχ οὕτως δέ ἐστιν ἐν ὑμῖν, ἀλλ' ὃς ἂν **θέλῃ** μέγας γενέσθαι ἐν ὑμῖν ἔσται ὑμῶν διάκονος,	Lk 22,26	ὑμεῖς δὲ οὐχ οὕτως, ἀλλ' ὁ μείζων ἐν ὑμῖν γινέσθω ὡς ὁ νεώτερος	
221	Mt 20,27	καὶ ὃς ἂν **θέλῃ** ἐν ὑμῖν εἶναι πρῶτος ἔσται ὑμῶν δοῦλος·	Mk 10,44 ⇧ Mk 9,35	καὶ ὃς ἂν **θέλῃ** ἐν ὑμῖν εἶναι πρῶτος ἔσται πάντων δοῦλος·	↓ Mt 23,11	καὶ ὁ ἡγούμενος ὡς ὁ διακονῶν.	
	Mt 23,11 ⇧ Mt 20,26	ὁ δὲ μείζων ὑμῶν ἔσται ὑμῶν διάκονος.					

a 222	Mt 20,32 ⇩ Mt 9,28	... τί **θέλετε** ποιήσω ὑμῖν;	Mk 10,51	... τί σοι **θέλεις** ποιήσω; ...	Lk 18,41	τί σοι **θέλεις** ποιήσω; ...	
	Mt 9,28 ⇧ Mt 20,32	... **πιστεύετε** ὅτι δύναμαι τοῦτο ποιῆσαι; ...					
002					Lk 19,14	... καὶ ἀπέστειλαν πρεσβείαν ὀπίσω αὐτοῦ λέγοντες· **οὐ θέλομεν** τοῦτον βασιλεῦσαι ἐφ' ἡμᾶς.	
002					Lk 19,27	πλὴν τοὺς ἐχθρούς μου τούτους τοὺς **μὴ θελήσαντάς** με βασιλεῦσαι ἐπ' αὐτοὺς ἀγάγετε ὧδε καὶ κατασφάξατε αὐτοὺς ἔμπροσθέν μου.	
200	Mt 21,29	ὁ δὲ ἀποκριθεὶς εἶπεν· **οὐ θέλω,** ὕστερον δὲ μεταμεληθεὶς ἀπῆλθεν.					
201	Mt 22,3	καὶ ἀπέστειλεν τοὺς δούλους αὐτοῦ καλέσαι τοὺς κεκλημένους εἰς τοὺς γάμους, καὶ **οὐκ ἤθελον** ἐλθεῖν.			Lk 14,17	καὶ ἀπέστειλεν τὸν δοῦλον αὐτοῦ τῇ ὥρᾳ τοῦ δείπνου ...	→ GTh 64
201	Mt 23,4	δεσμεύουσιν δὲ φορτία βαρέα [καὶ δυσβάστακτα] καὶ ἐπιτιθέασιν ἐπὶ τοὺς ὤμους τῶν ἀνθρώπων, αὐτοὶ δὲ τῷ δακτύλῳ αὐτῶν **οὐ θέλουσιν κινῆσαι** αὐτά.			Lk 11,46	... φορτίζετε τοὺς ἀνθρώπους φορτία δυσβάστακτα, καὶ αὐτοὶ ἑνὶ τῶν δακτύλων ὑμῶν **οὐ προσψαύετε** τοῖς φορτίοις.	
c 122	Mt 23,6	[2] ἐπὶ τῆς Μωϋσέως καθέδρας ἐκάθισαν οἱ γραμματεῖς καὶ οἱ Φαρισαῖοι. [6] φιλοῦσιν δὲ τὴν πρωτοκλισίαν ἐν τοῖς δείπνοις ↔	Mk 12,38	... βλέπετε ἀπὸ τῶν γραμματέων **τῶν θελόντων** ἐν στολαῖς περιπατεῖν καὶ ἀσπασμοὺς ἐν ταῖς ἀγοραῖς [39] καὶ πρωτοκαθεδρίας ἐν ταῖς συναγωγαῖς καὶ πρωτοκλισίας ἐν τοῖς δείπνοις	Lk 20,46 ⇩ Lk 11,43	προσέχετε ἀπὸ τῶν γραμματέων **τῶν θελόντων** περιπατεῖν ἐν στολαῖς καὶ φιλούντων ἀσπασμοὺς ἐν ταῖς ἀγοραῖς καὶ πρωτοκαθεδρίας ἐν ταῖς συναγωγαῖς καὶ πρωτοκλισίας ἐν τοῖς δείπνοις	Mk-Q overlap
	Mt 23,6	↔ καὶ τὰς πρωτοκαθεδρίας ἐν ταῖς συναγωγαῖς [7] καὶ τοὺς ἀσπασμοὺς ἐν ταῖς ἀγοραῖς ...			Lk 11,43 ⇧ Lk 20,46	οὐαὶ ὑμῖν τοῖς Φαρισαίοις, ὅτι ἀγαπᾶτε τὴν πρωτοκαθεδρίαν ἐν ταῖς συναγωγαῖς καὶ τοὺς ἀσπασμοὺς ἐν ταῖς ἀγοραῖς.	
d 202 202	Mt 23,37 (2)	... ποσάκις **ἠθέλησα** ἐπισυναγαγεῖν τὰ τέκνα σου, ὃν τρόπον ὄρνις ἐπισυνάγει τὰ νοσσία αὐτῆς ὑπὸ τὰς πτέρυγας, καὶ **οὐκ ἠθελήσατε.**			Lk 13,34 (2)	... ποσάκις **ἠθέλησα** ἐπισυνάξαι τὰ τέκνα σου ὃν τρόπον ὄρνις τὴν ἑαυτῆς νοσσιὰν ὑπὸ τὰς πτέρυγας, καὶ **οὐκ ἠθελήσατε.**	

	Mt		Mk		Lk		
120	Mt 26,11	πάντοτε γὰρ τοὺς πτωχοὺς ἔχετε μεθ᾿ ἑαυτῶν, ἐμὲ δὲ οὐ πάντοτε ἔχετε·	Mk 14,7	πάντοτε γὰρ τοὺς πτωχοὺς ἔχετε μεθ᾿ ἑαυτῶν καὶ ὅταν **θέλητε** δύνασθε αὐτοῖς εὖ ποιῆσαι, ἐμὲ δὲ οὐ πάντοτε ἔχετε.			→ Jn 12,8
211	Mt 26,15	[14] τότε πορευθεὶς εἷς τῶν δώδεκα, ὁ λεγόμενος Ἰούδας Ἰσκαριώτης, πρὸς τοὺς ἀρχιερεῖς [15] εἶπεν· τί **θέλετέ** μοι δοῦναι, κἀγὼ ὑμῖν παραδώσω αὐτόν; ...	Mk 14,10	καὶ Ἰούδας Ἰσκαριὼθ ὁ εἷς τῶν δώδεκα ἀπῆλθεν πρὸς τοὺς ἀρχιερεῖς ἵνα αὐτὸν παραδοῖ αὐτοῖς.	Lk 22,4	[3] εἰσῆλθεν δὲ σατανᾶς εἰς Ἰούδαν τὸν καλούμενον Ἰσκαριώτην, ὄντα ἐκ τοῦ ἀριθμοῦ τῶν δώδεκα· [4] καὶ ἀπελθὼν συνελάλησεν τοῖς ἀρχιερεῦσιν καὶ στρατηγοῖς τὸ πῶς αὐτοῖς παραδῷ αὐτόν.	
a 222	Mt 26,17	... προσῆλθον οἱ μαθηταὶ τῷ Ἰησοῦ λέγοντες· ποῦ **θέλεις** ἑτοιμάσωμέν σοι φαγεῖν τὸ πάσχα;	Mk 14,12	... λέγουσιν αὐτῷ οἱ μαθηταὶ αὐτοῦ· ποῦ **θέλεις** ἀπελθόντες ἑτοιμάσωμεν ἵνα φάγῃς τὸ πάσχα;	Lk 22,9	[8] ... πορευθέντες ἑτοιμάσατε ἡμῖν τὸ πάσχα ἵνα φάγωμεν. [9] οἱ δὲ εἶπαν αὐτῷ· ποῦ **θέλεις** ἑτοιμάσωμεν;	
d c 221	Mt 26,39	... παρελθάτω ἀπ᾿ ἐμοῦ τὸ ποτήριον τοῦτο· πλὴν **οὐχ ὡς ἐγὼ θέλω** ἀλλ᾿ ὡς σύ.	Mk 14,36	... παρένεγκε τὸ ποτήριον τοῦτο ἀπ᾿ ἐμοῦ· ἀλλ᾿ **οὐ τί ἐγὼ θέλω** ἀλλὰ τί σύ.	Lk 22,42 → Mt 26,42	... παρένεγκε τοῦτο τὸ ποτήριον ἀπ᾿ ἐμοῦ· πλὴν **μὴ τὸ θέλημά μου** ἀλλὰ τὸ σὸν γινέσθω.	→ Jn 18,11 → Acts 21,14
002					Lk 23,8 → Lk 9,9	ὁ δὲ Ἡρῴδης ἰδὼν τὸν Ἰησοῦν ἐχάρη λίαν, ἦν γὰρ ἐξ ἱκανῶν χρόνων **θέλων** ἰδεῖν αὐτὸν ...	
210	Mt 27,15	κατὰ δὲ ἑορτὴν εἰώθει ὁ ἡγεμὼν ἀπολύειν ἕνα τῷ ὄχλῳ δέσμιον ὃν **ἤθελον.**	Mk 15,6	κατὰ δὲ ἑορτὴν ἀπέλυεν αὐτοῖς ἕνα δέσμιον ὃν **παρῃτοῦντο.**			→ Jn 18,39 Lk 23,17 is textcritically uncertain.
a 220	Mt 27,17 ↓ Mt 27,21	... τίνα **θέλετε** ἀπολύσω ὑμῖν, [Ἰησοῦν τὸν] Βαραββᾶν ἢ Ἰησοῦν τὸν λεγόμενον χριστόν;	Mk 15,9	... **θέλετε** ἀπολύσω ὑμῖν τὸν βασιλέα τῶν Ἰουδαίων;			→ Jn 18,39
a 200	Mt 27,21 ↑ Mt 27,17	ἀποκριθεὶς δὲ ὁ ἡγεμὼν εἶπεν αὐτοῖς· τίνα **θέλετε** ἀπὸ τῶν δύο ἀπολύσω ὑμῖν; οἱ δὲ εἶπαν· τὸν Βαραββᾶν.	Mk 15,12	ὁ δὲ Πιλᾶτος πάλιν ἀποκριθεὶς ἔλεγεν αὐτοῖς· τί οὖν **[θέλετε]** ποιήσω [ὃν λέγετε] τὸν βασιλέα τῶν Ἰουδαίων;			
112 *a* 121	Mt 27,22	λέγει αὐτοῖς ὁ Πιλᾶτος· τί οὖν ποιήσω Ἰησοῦν τὸν λεγόμενον χριστόν; ...	Mk 15,12	ὁ δὲ Πιλᾶτος πάλιν ἀποκριθεὶς ἔλεγεν αὐτοῖς· τί οὖν **[θέλετε]** ποιήσω [ὃν λέγετε] τὸν βασιλέα τῶν Ἰουδαίων;	Lk 23,20	πάλιν δὲ ὁ Πιλᾶτος προσεφώνησεν αὐτοῖς **θέλων** ἀπολῦσαι τὸν Ἰησοῦν·	→ Jn 19,12
210	Mt 27,34	ἔδωκαν αὐτῷ πιεῖν οἶνον μετὰ χολῆς μεμιγμένον· καὶ γευσάμενος **οὐκ ἠθέλησεν πιεῖν.**	Mk 15,23	καὶ ἐδίδουν αὐτῷ ἐσμυρνισμένον οἶνον· ὃς δὲ **οὐκ ἔλαβεν.**			

c 200	**Mt 27,43** → Mt 26,63-64 → Mk 14,61-62 → Lk 22,70	*πέποιθεν ἐπὶ τὸν θεόν, ῥυσάσθω νῦν εἰ* **θέλει** *αὐτόν·* εἶπεν γὰρ ὅτι θεοῦ εἰμι υἱός. ➤ Ps 22,9	

Acts 2,12 ... ἄλλος πρὸς ἄλλον λέγοντες· τί **θέλει** τοῦτο εἶναι;

Acts 7,28 *μὴ ἀνελεῖν με σὺ* **θέλεις** *ὃν τρόπον ἀνεῖλες ἐχθὲς τὸν Αἰγύπτιον;*
➤ Exod 2,14

Acts 7,39 ᾧ **οὐκ ἠθέλησαν** ὑπήκοοι γενέσθαι οἱ πατέρες ἡμῶν, ...

Acts 10,10 ἐγένετο δὲ πρόσπεινος καὶ **ἤθελεν** γεύσασθαι. ...

Acts 14,13 ὅ τε ἱερεὺς τοῦ Διὸς τοῦ ὄντος πρὸ τῆς πόλεως ταύρους καὶ στέμματα ἐπὶ τοὺς πυλῶνας ἐνέγκας σὺν τοῖς ὄχλοις **ἤθελεν** θύειν.

Acts 16,3 τοῦτον **ἠθέλησεν** ὁ Παῦλος σὺν αὐτῷ ἐξελθεῖν, ...

Acts 17,18 ... τί ἂν **θέλοι** ὁ σπερμολόγος οὗτος λέγειν; ...

Acts 17,20 ... βουλόμεθα οὖν γνῶναι τίνα **θέλει** ταῦτα εἶναι.

Acts 18,21 ... πάλιν ἀνακάμψω πρὸς ὑμᾶς τοῦ θεοῦ **θέλοντος,** ἀνήχθη ἀπὸ τῆς Ἐφέσου

Acts 19,33 ... ὁ δὲ Ἀλέξανδρος κατασείσας τὴν χεῖρα **ἤθελεν** ἀπολογεῖσθαι τῷ δήμῳ.

Acts 24,27 διετίας δὲ πληρωθείσης ἔλαβεν διάδοχον ὁ Φῆλιξ Πόρκιον Φῆστον, **θέλων** τε χάριτα καταθέσθαι τοῖς Ἰουδαίοις ὁ Φῆλιξ κατέλιπε τὸν Παῦλον δεδεμένον.

Acts 25,9 (2) ὁ Φῆστος δὲ **θέλων** τοῖς Ἰουδαίοις χάριν καταθέσθαι ἀποκριθεὶς τῷ Παύλῳ εἶπεν· **θέλεις** εἰς Ἱεροσόλυμα ἀναβὰς ἐκεῖ περὶ τούτων κριθῆναι ἐπ᾽ ἐμοῦ;

Acts 26,5 προγινώσκοντές με ἄνωθεν, ἐὰν **θέλωσι** μαρτυρεῖν, ὅτι κατὰ τὴν ἀκριβεστάτην αἵρεσιν τῆς ἡμετέρας θρησκείας ἔζησα Φαρισαῖος.

# θεμέλιος	**Syn** 3	Mt	Mk	Lk 3	Acts	Jn	1-3John	Paul 4	Eph 1	Col
	NT 15	2Thess	1/2Tim 2	Tit	Heb 2	Jas	1Pet	2Pet	Jude	Rev 3

foundation stone; foundation

	Mt	Mk	Lk	
102	**Mt 7,24** ... ὁμοιωθήσεται ἀνδρὶ φρονίμῳ, ὅστις ᾠκοδόμησεν αὐτοῦ τὴν οἰκίαν ἐπὶ τὴν πέτραν·		**Lk 6,48** ὅμοιός ἐστιν ἀνθρώπῳ οἰκοδομοῦντι οἰκίαν ὃς ἔσκαψεν καὶ ἐβάθυνεν καὶ ἔθηκεν **θεμέλιον** ἐπὶ τὴν πέτραν· ...	
102	**Mt 7,26** καὶ πᾶς ὁ ἀκούων μου τοὺς λόγους τούτους καὶ μὴ ποιῶν αὐτοὺς ὁμοιωθήσεται ἀνδρὶ μωρῷ, ὅστις ᾠκοδόμησεν αὐτοῦ τὴν οἰκίαν ἐπὶ τὴν ἄμμον.		**Lk 6,49** ὁ δὲ ἀκούσας καὶ μὴ ποιήσας ὅμοιός ἐστιν ἀνθρώπῳ οἰκοδομήσαντι οἰκίαν ἐπὶ τὴν γῆν **χωρὶς θεμελίου,** ...	
002			**Lk 14,29** ἵνα μήποτε θέντος αὐτοῦ **θεμέλιον** καὶ μὴ ἰσχύοντος ἐκτελέσαι πάντες οἱ θεωροῦντες ἄρξωνται αὐτῷ ἐμπαίζειν	

θεμελιόω	Syn 1	Mt 1	Mk	Lk	Acts	Jn	1-3John	Paul	Eph 1	Col 1
	NT 5	2Thess	1/2Tim	Tit	Heb 1	Jas	1Pet 1	2Pet	Jude	Rev

found; lay the foundation of; establish; strengthen

	Mt	Mk	Lk	
201	**Mt 7,25** καὶ κατέβη ἡ βροχὴ καὶ ἦλθον οἱ ποταμοὶ καὶ ἔπνευσαν οἱ ἄνεμοι καὶ προσέπεσαν τῇ οἰκίᾳ ἐκείνῃ, καὶ οὐκ ἔπεσεν, **τεθεμελίωτο γὰρ ἐπὶ τὴν πέτραν.**		**Lk 6,48** ... πλημμύρης δὲ γενομένης προσέρηξεν ὁ ποταμὸς τῇ οἰκίᾳ ἐκείνῃ, καὶ οὐκ ἴσχυσεν σαλεῦσαι αὐτὴν **διὰ τὸ καλῶς οἰκοδομῆσθαι αὐτήν.**	

167?

θεός	Syn 221	Mt 51	Mk 48	Lk 122	Acts 166	Jn 83	1-3John 67	Paul 430	Eph 31	Col 21
	NT 1315	2Thess 18	1/2Tim 35	Tit 13	Heb 68	Jas 16	1Pet 39	2Pet 7	Jude 4	Rev 96

God; god (excluding Acts 19,37: τὴν θεόν, the goddess)

	triple tradition																	double tradition			Sondergut		
		+Mt / +Lk			–Mt / –Lk			traditions not taken over by Mt / Lk							subtotals								
code	222	211	112	212	221	122	121	022	012	021	220	120	210	020	Σ⁺	Σ⁻	Σ	202	201	102	200	002	total
Mt	13	2^+		2^+	3	10^-	5^-				6	4^-	5^+		9^+	19^-	31	9	2		9		**51**
Mk	13				3	10	5	2		1	6	4		4			48						**48**
Lk	13		14^+	2^+	3^-	10	5^-	2	2^+	1^-					18^+	9^-	43	9		18		52	**122**

Mk-Q overlap: 211: Mt 3,16 / Mk 1,10 / Lk 3,22 (?)

a κύριος ὁ θεός
b θεός Ἀβραάμ, Ἰσαάκ, Ἰακώβ
c εἷς, μόνος (ὁ) θεός
d υἱός and θεός
e θεός and ἄνθρωπος
f θεοί (Acts only)
g βασιλεία τοῦ θεοῦ

	Mt	Mk	Lk	
002			**Lk 1,6** ἦσαν δὲ δίκαιοι ἀμφότεροι **ἐναντίον τοῦ θεοῦ,** πορευόμενοι ἐν πάσαις ταῖς ἐντολαῖς καὶ δικαιώμασιν τοῦ κυρίου ἄμεμπτοι.	
002			**Lk 1,8** ἐγένετο δὲ ἐν τῷ ἱερατεύειν αὐτὸν ἐν τῇ τάξει τῆς ἐφημερίας αὐτοῦ **ἔναντι τοῦ θεοῦ,** [9] κατὰ τὸ ἔθος τῆς ἱερατείας ἔλαχε τοῦ θυμιᾶσαι εἰσελθὼν εἰς τὸν ναὸν τοῦ κυρίου	
a 002			**Lk 1,16** καὶ πολλοὺς τῶν υἱῶν Ἰσραὴλ ἐπιστρέψει **ἐπὶ κύριον τὸν θεὸν αὐτῶν.**	
002			**Lk 1,19** ... ἐγώ εἰμι Γαβριὴλ ὁ παρεστηκὼς **ἐνώπιον τοῦ θεοῦ** καὶ ἀπεστάλην λαλῆσαι πρὸς σὲ ...	

	Mt	Mk	Lk	
002			**Lk 1,26** ἐν δὲ τῷ μηνὶ τῷ ἕκτῳ ἀπεστάλη ὁ ἄγγελος Γαβριὴλ **ἀπὸ τοῦ θεοῦ** εἰς πόλιν τῆς Γαλιλαίας ᾗ ὄνομα Ναζαρὲθ	
002			**Lk 1,30** → Mt 1,20 ... μὴ φοβοῦ, Μαριάμ, εὗρες γὰρ χάριν **παρὰ τῷ θεῷ.**	
a d 002			**Lk 1,32** οὗτος ἔσται μέγας καὶ υἱὸς ὑψίστου κληθήσεται καὶ δώσει αὐτῷ **κύριος ὁ θεὸς** τὸν θρόνον Δαυὶδ τοῦ πατρὸς αὐτοῦ	
d 002			**Lk 1,35** → Mt 1,18 → Mt 1,20 ... διὸ καὶ τὸ γεννώμενον ἅγιον κληθήσεται **υἱὸς θεοῦ.**	
002			**Lk 1,37** ὅτι οὐκ ἀδυνατήσει **παρὰ τοῦ θεοῦ** πᾶν ῥῆμα.	
002			**Lk 1,47** [46] ... μεγαλύνει ἡ ψυχή μου τὸν κύριον, [47] καὶ ἠγαλλίασεν τὸ πνεῦμά μου **ἐπὶ τῷ θεῷ** τῷ σωτῆρί μου	
002			**Lk 1,64** ἀνεῴχθη δὲ τὸ στόμα αὐτοῦ παραχρῆμα καὶ ἡ γλῶσσα αὐτοῦ, καὶ ἐλάλει εὐλογῶν **τὸν θεόν.**	
a 002			**Lk 1,68** εὐλογητὸς **κύριος ὁ θεὸς τοῦ Ἰσραήλ,** ὅτι ἐπεσκέψατο καὶ ἐποίησεν λύτρωσιν τῷ λαῷ αὐτοῦ	
002			**Lk 1,78** **διὰ σπλάγχνα ἐλέους θεοῦ ἡμῶν,** ἐν οἷς ἐπισκέψεται ἡμᾶς ἀνατολὴ ἐξ ὕψους	
200	**Mt 1,23** ... *Ἐμμανουήλ*, ὅ ἐστιν μεθερμηνευόμενον *μεθ' ἡμῶν* ***ὁ θεός.*** ➤ Isa 7,14 LXX; 8,8.10 LXX			
002			**Lk 2,13** καὶ ἐξαίφνης ἐγένετο σὺν τῷ ἀγγέλῳ πλῆθος στρατιᾶς οὐρανίου αἰνούντων **τὸν θεὸν** καὶ λεγόντων·	
e 002			**Lk 2,14** → Mt 21,9 → Mk 11,10 → Lk 19,38 δόξα ἐν ὑψίστοις **θεῷ** καὶ ἐπὶ γῆς εἰρήνη ἐν ἀνθρώποις εὐδοκίας.	

002					**Lk 2,20**	καὶ ὑπέστρεψαν οἱ ποιμένες δοξάζοντες καὶ αἰνοῦντες **τὸν θεὸν** ἐπὶ πᾶσιν οἷς ἤκουσαν καὶ εἶδον καθὼς ἐλαλήθη πρὸς αὐτούς.	
002					**Lk 2,28**	καὶ αὐτὸς ἐδέξατο αὐτὸ εἰς τὰς ἀγκάλας καὶ εὐλόγησεν **τὸν θεὸν** καὶ εἶπεν·	
002					**Lk 2,38**	[37] καὶ αὐτὴ χήρα ἕως ἐτῶν ὀγδοήκοντα τεσσάρων, ... [38] καὶ αὐτῇ τῇ ὥρᾳ ἐπιστᾶσα ἀνθωμολογεῖτο **τῷ θεῷ** καὶ ἐλάλει περὶ αὐτοῦ πᾶσιν τοῖς προσδεχομένοις λύτρωσιν Ἰερουσαλήμ.	
002					**Lk 2,40**	τὸ δὲ παιδίον ηὔξανεν καὶ ἐκραταιοῦτο πληρούμενον σοφίᾳ, καὶ **χάρις θεοῦ** ἦν ἐπ' αὐτό.	
e 002					**Lk 2,52**	καὶ Ἰησοῦς προέκοπτεν [ἐν τῇ] σοφίᾳ καὶ ἡλικίᾳ καὶ χάριτι **παρὰ θεῷ καὶ ἀνθρώποις.**	
d 020			**Mk 1,1**	ἀρχὴ τοῦ εὐαγγελίου Ἰησοῦ Χριστοῦ **[υἱοῦ θεοῦ].**			
002	Mt 3,1	ἐν δὲ ταῖς ἡμέραις ἐκείναις παραγίνεται Ἰωάννης ὁ βαπτιστὴς κηρύσσων ἐν τῇ ἐρήμῳ τῆς Ἰουδαίας	Mk 1,4	 ἐγένετο Ἰωάννης [ὁ] βαπτίζων ἐν τῇ ἐρήμῳ καὶ κηρύσσων ...	**Lk 3,2** → Lk 1,80 → Lk 3,3	ἐπὶ ἀρχιερέως Ἅννα καὶ Καϊάφα, ἐγένετο **ῥῆμα θεοῦ** ἐπὶ Ἰωάννην τὸν Ζαχαρίου υἱὸν ἐν τῇ ἐρήμῳ.	→ Jn 3,23
002					**Lk 3,6**	*καὶ ὄψεται πᾶσα σὰρξ* ***τὸ σωτήριον τοῦ θεοῦ.*** ➤ Isa 40,5 LXX	
202	**Mt 3,9**	... δύναται **ὁ θεὸς** ἐκ τῶν λίθων τούτων ἐγεῖραι τέκνα τῷ Ἀβραάμ.			**Lk 3,8**	... δύναται **ὁ θεὸς** ἐκ τῶν λίθων τούτων ἐγεῖραι τέκνα τῷ Ἀβραάμ.	
211	**Mt 3,16** → Mt 12,18	... εὐθὺς ἀνέβη ἀπὸ τοῦ ὕδατος· καὶ ἰδοὺ ἠνεῴχθησαν [αὐτῷ] οἱ οὐρανοί, καὶ εἶδεν **[τὸ] πνεῦμα [τοῦ] θεοῦ** καταβαῖνον ὡσεὶ περιστερὰν [καὶ] ἐρχόμενον ἐπ' αὐτόν·	**Mk 1,10**	καὶ εὐθὺς ἀναβαίνων ἐκ τοῦ ὕδατος εἶδεν σχιζομένους τοὺς οὐρανοὺς καὶ **τὸ πνεῦμα** ὡς περιστερὰν καταβαῖνον εἰς αὐτόν·	**Lk 3,22** → Lk 4,18	[21] ... καὶ προσευχομένου ἀνεῳχθῆναι τὸν οὐρανὸν [22] καὶ καταβῆναι **τὸ πνεῦμα τὸ ἅγιον** σωματικῷ εἴδει ὡς περιστερὰν ἐπ' αὐτόν, ...	→ Jn 1,32 → Acts 10,38 Mk-Q overlap?

d 002					Lk 3,38	[23] καὶ αὐτὸς ἦν Ἰησοῦς ἀρχόμενος ὡσεὶ ἐτῶν τριάκοντα, ὢν υἱός, ὡς ἐνομίζετο, Ἰωσὴφ τοῦ Ἡλὶ [24] ... [38] ... τοῦ Ἀδὰμ **τοῦ θεοῦ**.	
d 202	Mt 4,3 ↓Mt 27,40	... εἰ **υἱὸς εἶ τοῦ θεοῦ**, εἰπὲ ἵνα οἱ λίθοι οὗτοι ἄρτοι γένωνται.			Lk 4,3	... εἰ **υἱὸς εἶ τοῦ θεοῦ**, εἰπὲ τῷ λίθῳ τούτῳ ἵνα γένηται ἄρτος.	
e 201	Mt 4,4	... γέγραπται· *οὐκ ἐπ᾽ ἄρτῳ μόνῳ ζήσεται ὁ ἄνθρωπος, ἀλλ᾽ ἐπὶ παντὶ ῥήματι ἐκπορευομένῳ* ***διὰ στόματος θεοῦ***. ➤ Deut 8,3			Lk 4,4	... γέγραπται ὅτι *οὐκ ἐπ᾽ ἄρτῳ μόνῳ ζήσεται ὁ ἄνθρωπος*. ➤ Deut 8,3	
d 202	Mt 4,6 ↓Mt 27,40	... εἰ **υἱὸς εἶ τοῦ θεοῦ**, βάλε σεαυτὸν κάτω· ...			Lk 4,9	... εἰ **υἱὸς εἶ τοῦ θεοῦ**, βάλε σεαυτὸν ἐντεῦθεν κάτω·	
a 202	Mt 4,7	... πάλιν γέγραπται· *οὐκ ἐκπειράσεις* ***κύριον τὸν θεόν σου***. ➤ Deut 6,16 LXX			Lk 4,12	... εἴρηται· *οὐκ ἐκπειράσεις* ***κύριον τὸν θεόν σου***. ➤ Deut 6,16 LXX	
a 202	Mt 4,10 ↓Mt 16,23 ↓Mk 8,33	... ὕπαγε, σατανᾶ· γέγραπται γάρ· ***κύριον τὸν θεόν σου*** *προσκυνήσεις καὶ αὐτῷ* μόνῳ *λατρεύσεις*. ➤ Deut 6,13 LXX/10,20			Lk 4,8	... γέγραπται· ***κύριον τὸν θεόν σου*** *προσκυνήσεις καὶ αὐτῷ* μόνῳ *λατρεύσεις*. ➤ Deut 6,13 LXX/10,20	
d 202	Mt 4,6 ↓Mt 27,40	... εἰ **υἱὸς εἶ τοῦ θεοῦ**, βάλε σεαυτὸν κάτω· ...			Lk 4,9	... εἰ **υἱὸς εἶ τοῦ θεοῦ**, βάλε σεαυτὸν ἐντεῦθεν κάτω·	
a 202	Mt 4,7	... πάλιν γέγραπται· *οὐκ ἐκπειράσεις* ***κύριον τὸν θεόν σου***. ➤ Deut 6,16 LXX			Lk 4,12	... εἴρηται· *οὐκ ἐκπειράσεις* ***κύριον τὸν θεόν σου***. ➤ Deut 6,16 LXX	
121	Mt 4,17 ↓Mt 4,23 ↓Mt 9,35	[12] ἀκούσας δὲ ὅτι Ἰωάννης παρεδόθη ἀνεχώρησεν εἰς τὴν Γαλιλαίαν. [13] ... [17] ἀπὸ τότε ἤρξατο ὁ Ἰησοῦς κηρύσσειν	Mk 1,14 ↓Mk 1,39 ↓Mk 6,6	μετὰ δὲ τὸ παραδοθῆναι τὸν Ἰωάννην ἦλθεν ὁ Ἰησοῦς εἰς τὴν Γαλιλαίαν κηρύσσων **τὸ εὐαγγέλιον τοῦ θεοῦ**	Lk 4,15 ↓Lk 4,44 ↓Lk 8,1	[14] καὶ ὑπέστρεψεν ὁ Ἰησοῦς ἐν τῇ δυνάμει τοῦ πνεύματος εἰς τὴν Γαλιλαίαν. ... [15] καὶ αὐτὸς ἐδίδασκεν ἐν ταῖς συναγωγαῖς αὐτῶν δοξαζόμενος ὑπὸ πάντων.	
g 120	→Mt 3,2 ↓Mt 10,7 ↓Lk 10,9	καὶ λέγειν· μετανοεῖτε· ἤγγικεν γὰρ **ἡ βασιλεία τῶν οὐρανῶν**.	Mk 1,15 ↓Lk 10,9	καὶ λέγων ὅτι πεπλήρωται ὁ καιρὸς καὶ ἤγγικεν **ἡ βασιλεία τοῦ θεοῦ**· μετανοεῖτε καὶ πιστεύετε ἐν τῷ εὐαγγελίῳ.			
022	↓Mt 8,29		Mk 1,24 ↓Mk 5,7	... τί ἡμῖν καὶ σοί, Ἰησοῦ Ναζαρηνέ; ἦλθες ἀπολέσαι ἡμᾶς; οἶδά σε τίς εἶ, **ὁ ἅγιος τοῦ θεοῦ**.	Lk 4,34 ↓Lk 8,28	ἔα, τί ἡμῖν καὶ σοί, Ἰησοῦ Ναζαρηνέ; ἦλθες ἀπολέσαι ἡμᾶς; οἶδά σε τίς εἶ, **ὁ ἅγιος τοῦ θεοῦ**.	

d 022			**Mk 3,11** → Lk 6,18	καὶ τὰ πνεύματα τὰ ἀκάθαρτα, ὅταν αὐτὸν ἐθεώρουν, προσέπιπτον αὐτῷ καὶ ἔκραζον λέγοντες ὅτι σὺ εἶ **ὁ υἱὸς τοῦ θεοῦ.**	**Lk 4,41** → Mk 1,34	ἐξήρχετο δὲ καὶ δαιμόνια ἀπὸ πολλῶν κρ[αυγ]άζοντα καὶ λέγοντα ὅτι σὺ εἶ **ὁ υἱὸς τοῦ θεοῦ.** ...	
g 012			**Mk 1,38**	... ἄγωμεν ἀλλαχοῦ εἰς τὰς ἐχομένας κωμοπόλεις, ἵνα καὶ ἐκεῖ κηρύξω· εἰς τοῦτο γὰρ ἐξῆλθον.	**Lk 4,43**	... καὶ ταῖς ἑτέραις πόλεσιν εὐαγγελίσασθαί με δεῖ **τὴν βασιλείαν τοῦ θεοῦ,** ὅτι ἐπὶ τοῦτο ἀπεστάλην.	
002	**Mt 4,18**	περιπατῶν δὲ παρὰ τὴν θάλασσαν τῆς Γαλιλαίας ...	**Mk 1,16**	καὶ παράγων παρὰ τὴν θάλασσαν τῆς Γαλιλαίας ...	**Lk 5,1** → Mt 13,1-2 → Mk 4,1 → Lk 8,4	ἐγένετο δὲ ἐν τῷ τὸν ὄχλον ἐπικεῖσθαι αὐτῷ καὶ ἀκούειν **τὸν λόγον τοῦ θεοῦ** καὶ αὐτὸς ἦν ἑστὼς παρὰ τὴν λίμνην Γεννησαρέτ	
c 122	**Mt 9,3**	... οὗτος βλασφημεῖ.	**Mk 2,7**	τί οὗτος οὕτως λαλεῖ; βλασφημεῖ· τίς δύναται ἀφιέναι ἁμαρτίας εἰ μὴ **εἷς ὁ θεός;**	**Lk 5,21** → Lk 7,49	... τίς ἐστιν οὗτος ὃς λαλεῖ βλασφημίας; τίς δύναται ἁμαρτίας ἀφεῖναι εἰ μὴ **μόνος ὁ θεός;**	
112	**Mt 9,7**	καὶ ἐγερθεὶς ἀπῆλθεν εἰς τὸν οἶκον αὐτοῦ.	**Mk 2,12**	καὶ ἠγέρθη καὶ εὐθὺς ἄρας τὸν κράβαττον ἐξῆλθεν ἔμπροσθεν πάντων,	**Lk 5,25**	καὶ παραχρῆμα ἀναστὰς ἐνώπιον αὐτῶν, ἄρας ἐφ᾽ ὃ κατέκειτο, ἀπῆλθεν εἰς τὸν οἶκον αὐτοῦ δοξάζων **τὸν θεόν.**	→ Jn 5,9
e 222	**Mt 9,8**	ἰδόντες δὲ οἱ ὄχλοι ἐφοβήθησαν καὶ ἐδόξασαν **τὸν θεὸν** τὸν δόντα ἐξουσίαν τοιαύτην τοῖς ἀνθρώποις.		ὥστε ἐξίστασθαι πάντας καὶ δοξάζειν **τὸν θεὸν** λέγοντας ὅτι οὕτως οὐδέποτε εἴδομεν.	**Lk 5,26**	καὶ ἔκστασις ἔλαβεν ἅπαντας καὶ ἐδόξαζον **τὸν θεὸν** καὶ ἐπλήσθησαν φόβου λέγοντες ὅτι εἴδομεν παράδοξα σήμερον.	
222	**Mt 12,4**	πῶς εἰσῆλθεν **εἰς τὸν οἶκον τοῦ θεοῦ** καὶ τοὺς ἄρτους τῆς προθέσεως ἔφαγον, ...	**Mk 2,26**	πῶς εἰσῆλθεν **εἰς τὸν οἶκον τοῦ θεοῦ** ἐπὶ Ἀβιαθὰρ ἀρχιερέως καὶ τοὺς ἄρτους τῆς προθέσεως ἔφαγεν, ...	**Lk 6,4**	[ὡς] εἰσῆλθεν **εἰς τὸν οἶκον τοῦ θεοῦ** καὶ τοὺς ἄρτους τῆς προθέσεως λαβὼν ἔφαγεν ...	
112	**Mt 5,1**	ἰδὼν δὲ τοὺς ὄχλους ἀνέβη εἰς τὸ ὄρος, ...	**Mk 3,13**	καὶ ἀναβαίνει εἰς τὸ ὄρος ...	**Lk 6,12**	ἐγένετο δὲ ἐν ταῖς ἡμέραις ταύταις ἐξελθεῖν αὐτὸν εἰς τὸ ὄρος προσεύξασθαι, καὶ ἦν διανυκτερεύων **ἐν τῇ προσευχῇ τοῦ θεοῦ.**	
d 022			**Mk 3,11** → Mk 1,34 → Lk 6,18	καὶ τὰ πνεύματα τὰ ἀκάθαρτα, ὅταν αὐτὸν ἐθεώρουν, προσέπιπτον αὐτῷ καὶ ἔκραζον λέγοντες ὅτι σὺ εἶ **ὁ υἱὸς τοῦ θεοῦ.**	**Lk 4,41**	ἐξήρχετο δὲ καὶ δαιμόνια ἀπὸ πολλῶν κρ[αυγ]άζοντα καὶ λέγοντα ὅτι σὺ εἶ **ὁ υἱὸς τοῦ θεοῦ.** ...	
g 102	**Mt 5,3**	μακάριοι οἱ πτωχοὶ τῷ πνεύματι, ὅτι αὐτῶν ἐστιν **ἡ βασιλεία τῶν οὐρανῶν.**			**Lk 6,20**	... μακάριοι οἱ πτωχοί, ὅτι ὑμετέρα ἐστὶν **ἡ βασιλεία τοῦ θεοῦ.**	→ GTh 54
200	**Mt 5,8**	μακάριοι οἱ καθαροὶ τῇ καρδίᾳ, ὅτι αὐτοὶ **τὸν θεὸν** ὄψονται.					

d 200	**Mt 5,9**	μακάριοι οἱ εἰρηνοποιοί, ὅτι αὐτοὶ υἱοὶ θεοῦ κληθήσονται.					
200	**Mt 5,34** ↓Mt 23,22	ἐγὼ δὲ λέγω ὑμῖν μὴ ὀμόσαι ὅλως· μήτε ἐν τῷ οὐρανῷ, ὅτι θρόνος ἐστὶν τοῦ θεοῦ					→ Acts 7,49
202	**Mt 6,24**	... οὐ δύνασθε θεῷ δουλεύειν καὶ μαμωνᾷ.			**Lk 16,13**	... οὐ δύνασθε θεῷ δουλεύειν καὶ μαμωνᾷ.	→ GTh 47,1-2
202	**Mt 6,30**	εἰ δὲ τὸν χόρτον τοῦ ἀγροῦ σήμερον ὄντα καὶ αὔριον εἰς κλίβανον βαλλόμενον ὁ θεὸς οὕτως ἀμφιέννυσιν, οὐ πολλῷ μᾶλλον ὑμᾶς, ὀλιγόπιστοι;			**Lk 12,28**	εἰ δὲ ἐν ἀγρῷ τὸν χόρτον ὄντα σήμερον καὶ αὔριον εἰς κλίβανον βαλλόμενον ὁ θεὸς οὕτως ἀμφιέζει, πόσῳ μᾶλλον ὑμᾶς, ὀλιγόπιστοι.	→ GTh 36,2 (only POxy 655)
g 201	**Mt 6,33**	ζητεῖτε δὲ πρῶτον τὴν βασιλείαν [τοῦ θεοῦ] καὶ τὴν δικαιοσύνην αὐτοῦ, καὶ ταῦτα πάντα προστεθήσεται ὑμῖν.			**Lk 12,31**	πλὴν ζητεῖτε τὴν βασιλείαν αὐτοῦ, καὶ ταῦτα προστεθήσεται ὑμῖν.	
d 222	**Mt 8,29**	καὶ ἰδοὺ ἔκραξαν λέγοντες· τί ἡμῖν καὶ σοί, υἱὲ τοῦ θεοῦ; ἦλθες ὧδε πρὸ καιροῦ βασανίσαι ἡμᾶς;	**Mk 5,7** **(2)** ↑Mk 1,24	καὶ κράξας φωνῇ μεγάλῃ λέγει· τί ἐμοὶ καὶ σοί, Ἰησοῦ υἱὲ τοῦ θεοῦ τοῦ ὑψίστου; ὁρκίζω σε τὸν θεόν, μή με βασανίσῃς.	**Lk 8,28** ↑Lk 4,34	ἰδὼν δὲ τὸν Ἰησοῦν ἀνακράξας προσέπεσεν αὐτῷ καὶ φωνῇ μεγάλῃ εἶπεν· τί ἐμοὶ καὶ σοί, Ἰησοῦ υἱὲ τοῦ θεοῦ τοῦ ὑψίστου; δέομαί σου, μή με βασανίσῃς.	
e 222	**Mt 9,8**	ἰδόντες δὲ οἱ ὄχλοι ἐφοβήθησαν καὶ ἐδόξασαν τὸν θεὸν τὸν δόντα ἐξουσίαν τοιαύτην τοῖς ἀνθρώποις.	**Mk 2,12**	... ὥστε ἐξίστασθαι πάντας καὶ δοξάζειν τὸν θεὸν λέγοντας ὅτι οὕτως οὐδέποτε εἴδομεν.	**Lk 5,26**	καὶ ἔκστασις ἔλαβεν ἅπαντας καὶ ἐδόξαζον τὸν θεὸν καὶ ἐπλήσθησαν φόβου λέγοντες ὅτι εἴδομεν παράδοξα σήμερον.	
002 002					**Lk 7,16** **(2)**	ἔλαβεν δὲ φόβος πάντας καὶ ἐδόξαζον τὸν θεὸν λέγοντες ὅτι προφήτης μέγας ἠγέρθη ἐν ἡμῖν καὶ ὅτι ἐπεσκέψατο ὁ θεὸς τὸν λαὸν αὐτοῦ.	
g 102	**Mt 11,11**	... ὁ δὲ μικρότερος ἐν τῇ βασιλείᾳ τῶν οὐρανῶν μείζων αὐτοῦ ἐστιν.			**Lk 7,28**	... ὁ δὲ μικρότερος ἐν τῇ βασιλείᾳ τοῦ θεοῦ μείζων αὐτοῦ ἐστιν.	→ GTh 46

[a] κύριος ὁ θεός
[b] θεός Ἀβραάμ, Ἰσαάκ, Ἰακώβ
[c] εἷς, μόνος (ὁ) θεός
[d] υἱός and θεός
[e] θεός and ἄνθρωπος
[f] θεοί (Acts only)
[g] βασιλεία τοῦ θεοῦ

102	**Mt 21,32**	ἦλθεν γὰρ Ἰωάννης πρὸς ὑμᾶς ἐν ὁδῷ δικαιοσύνης			**Lk 7,29**	καὶ πᾶς ὁ λαὸς ἀκούσας καὶ οἱ τελῶναι ἐδικαίωσαν **τὸν θεόν** βαπτισθέντες τὸ βάπτισμα Ἰωάννου·	
102		καὶ οὐκ ἐπιστεύσατε αὐτῷ, οἱ δὲ τελῶναι καὶ αἱ πόρναι ἐπίστευσαν αὐτῷ· ὑμεῖς δὲ ἰδόντες οὐδὲ μετεμελήθητε ὕστερον τοῦ πιστεῦσαι αὐτῷ.			**Lk 7,30**	οἱ δὲ Φαρισαῖοι καὶ οἱ νομικοὶ **τὴν βουλὴν τοῦ θεοῦ** ἠθέτησαν εἰς ἑαυτοὺς μὴ βαπτισθέντες ὑπ' αὐτοῦ.	
g 002	**Mt 9,35** ⇨ Mt 4,23 → Mk 1,21	καὶ περιῆγεν ὁ Ἰησοῦς τὰς πόλεις πάσας καὶ τὰς κώμας διδάσκων ἐν ταῖς συναγωγαῖς αὐτῶν καὶ κηρύσσων **τὸ εὐαγγέλιον** **τῆς βασιλείας** καὶ θεραπεύων πᾶσαν νόσον καὶ πᾶσαν μαλακίαν.	**Mk 6,6** → Mk 1,39	... καὶ περιῆγεν τὰς κώμας κύκλῳ διδάσκων.	**Lk 8,1** ↑ Lk 4,15 → Lk 4,44 → Lk 13,22	καὶ ἐγένετο ἐν τῷ καθεξῆς καὶ αὐτὸς διώδευεν κατὰ πόλιν καὶ κώμην κηρύσσων καὶ εὐαγγελιζόμενος **τὴν βασιλείαν** **τοῦ θεοῦ** καὶ οἱ δώδεκα σὺν αὐτῷ	
222	**Mt 12,4**	πῶς εἰσῆλθεν **εἰς τὸν οἶκον** **τοῦ θεοῦ** καὶ τοὺς ἄρτους τῆς προθέσεως ἔφαγον, ...	**Mk 2,26**	πῶς εἰσῆλθεν **εἰς τὸν οἶκον** **τοῦ θεοῦ** ἐπὶ Ἀβιαθὰρ ἀρχιερέως καὶ τοὺς ἄρτους τῆς προθέσεως ἔφαγεν, ...	**Lk 6,4**	[ὡς] εἰσῆλθεν **εἰς τὸν οἶκον** **τοῦ θεοῦ** καὶ τοὺς ἄρτους τῆς προ- θέσεως λαβὼν ἔφαγεν ...	
202 *g* 202	**Mt 12,28** **(2)**	εἰ δὲ **ἐν πνεύματι θεοῦ** ἐγὼ ἐκβάλλω τὰ δαιμόνια, ἄρα ἔφθασεν ἐφ' ὑμᾶς **ἡ βασιλεία τοῦ θεοῦ.**			**Lk 11,20** **(2)**	εἰ δὲ **ἐν δακτύλῳ θεοῦ** [ἐγὼ] ἐκβάλλω τὰ δαιμόνια, ἄρα ἔφθασεν ἐφ' ὑμᾶς **ἡ βασιλεία τοῦ θεοῦ.**	
122	**Mt 12,50** → Mt 7,21	ὅστις γὰρ ἂν ποιήσῃ **τὸ θέλημα** **τοῦ πατρός μου** τοῦ ἐν οὐρανοῖς αὐτός μου ἀδελφὸς καὶ ἀδελφὴ καὶ μήτηρ ἐστίν.	**Mk 3,35**	ὃς [γὰρ] ἂν ποιήσῃ **τὸ θέλημα** **τοῦ θεοῦ,** οὗτος ἀδελφός μου καὶ ἀδελφὴ καὶ μήτηρ ἐστίν.	**Lk 8,21** → Lk 6,46 → Lk 11,28	... μήτηρ μου καὶ ἀδελφοί μου οὗτοί εἰσιν οἱ **τὸν λόγον** **τοῦ θεοῦ** ἀκούοντες καὶ ποιοῦντες.	→ Jn 15,14 → GTh 99
g 122	**Mt 13,11**	... ὅτι ὑμῖν δέδοται γνῶναι τὰ μυστήρια **τῆς βασιλείας** **τῶν οὐρανῶν,** ἐκείνοις δὲ οὐ δέδοται. [12] ... [13] διὰ τοῦτο ἐν παραβολαῖς αὐτοῖς λαλῶ, ...	**Mk 4,11**	... ὑμῖν τὸ μυστήριον δέδοται **τῆς βασιλείας** **τοῦ θεοῦ·** ἐκείνοις δὲ τοῖς ἔξω ἐν παραβολαῖς τὰ πάντα γίνεται	**Lk 8,10**	... ὑμῖν δέδοται γνῶναι τὰ μυστήρια **τῆς βασιλείας** **τοῦ θεοῦ,** τοῖς δὲ λοιποῖς ἐν παραβολαῖς, ...	→ GTh 62,1
112	**Mt 13,18**	ὑμεῖς οὖν ἀκούσατε τὴν παραβολὴν τοῦ σπείραντος.	**Mk 4,14**	ὁ σπείρων **τὸν λόγον** σπείρει.	**Lk 8,11**	... ὁ σπόρος ἐστὶν **ὁ λόγος τοῦ θεοῦ.**	
g 020			**Mk 4,26**	... οὕτως ἐστὶν **ἡ βασιλεία τοῦ θεοῦ** ὡς ἄνθρωπος βάλῃ τὸν σπόρον ἐπὶ τῆς γῆς			

g 020	Mt 13,31	ἄλλην παραβολὴν παρέθηκεν αὐτοῖς λέγων· ὁμοία ἐστὶν ἡ βασιλεία τῶν οὐρανῶν κόκκῳ σινάπεως, ...	Mk 4,30	καὶ ἔλεγεν· πῶς ὁμοιώσωμεν τὴν βασιλείαν τοῦ θεοῦ ἢ ἐν τίνι αὐτὴν παραβολῇ θῶμεν; [31] ὡς κόκκῳ σινάπεως, ...	Lk 13,18	ἔλεγεν οὖν· τίνι ὁμοία ἐστὶν ἡ βασιλεία τοῦ θεοῦ καὶ τίνι ὁμοιώσω αὐτήν; [19] ὁμοία ἐστὶν κόκκῳ σινάπεως, ...	→ GTh 20 Mk-Q overlap
122	Mt 12,50 → Mt 7,21	ὅστις γὰρ ἂν ποιήσῃ τὸ θέλημα τοῦ πατρός μου τοῦ ἐν οὐρανοῖς αὐτός μου ἀδελφὸς καὶ ἀδελφὴ καὶ μήτηρ ἐστίν.	Mk 3,35	ὃς [γὰρ] ἂν ποιήσῃ τὸ θέλημα τοῦ θεοῦ, οὗτος ἀδελφός μου καὶ ἀδελφὴ καὶ μήτηρ ἐστίν.	Lk 8,21 → Lk 6,46 → Lk 11,28	... μήτηρ μου καὶ ἀδελφοί μου οὗτοί εἰσιν οἱ τὸν λόγον τοῦ θεοῦ ἀκούοντες καὶ ποιοῦντες.	⇒ Jn 15,14 → GTh 99
d 222 121	Mt 8,29	καὶ ἰδοὺ ἔκραξαν λέγοντες· τί ἡμῖν καὶ σοί, υἱὲ τοῦ θεοῦ; ἦλθες ὧδε πρὸ καιροῦ βασανίσαι ἡμᾶς;	Mk 5,7 (2) ↑ Mk 1,24	καὶ κράξας φωνῇ μεγάλῃ λέγει· τί ἐμοὶ καὶ σοί, Ἰησοῦ υἱὲ τοῦ θεοῦ τοῦ ὑψίστου; ὁρκίζω σε τὸν θεόν, μή με βασανίσῃς.	Lk 8,28 ↑ Lk 4,34	ἰδὼν δὲ τὸν Ἰησοῦν ἀνακράξας προσέπεσεν αὐτῷ καὶ φωνῇ μεγάλῃ εἶπεν· τί ἐμοὶ καὶ σοί, Ἰησοῦ υἱὲ τοῦ θεοῦ τοῦ ὑψίστου; δέομαί σου, μή με βασανίσῃς.	
012			Mk 5,19	... ὕπαγε εἰς τὸν οἶκόν σου πρὸς τοὺς σοὺς καὶ ἀπάγγειλον αὐτοῖς ὅσα ὁ κύριός σοι πεποίηκεν καὶ ἠλέησέν σε. [20] καὶ ἀπῆλθεν καὶ ἤρξατο κηρύσσειν ἐν τῇ Δεκαπόλει ὅσα ἐποίησεν αὐτῷ ὁ Ἰησοῦς, ...	Lk 8,39	ὑπόστρεφε εἰς τὸν οἶκόν σου, καὶ διηγοῦ ὅσα σοι ἐποίησεν ὁ θεός. καὶ ἀπῆλθεν καθ' ὅλην τὴν πόλιν κηρύσσων ὅσα ἐποίησεν αὐτῷ ὁ Ἰησοῦς.	
g 112	Mt 10,5	τούτους τοὺς δώδεκα ἀπέστειλεν ὁ Ἰησοῦς ...	Mk 6,7 → Mk 3,14 → Lk 10,1	... καὶ ἤρξατο αὐτοὺς ἀποστέλλειν δύο δύο ...	Lk 9,2 ↓ Lk 10,9	καὶ ἀπέστειλεν αὐτοὺς κηρύσσειν τὴν βασιλείαν τοῦ θεοῦ καὶ ἰᾶσθαι [τοὺς ἀσθενεῖς]	→ GTh 14,4
g 112	Mt 14,14 → Mt 9,36 → Mt 15,32	καὶ ἐξελθὼν εἶδεν πολὺν ὄχλον, καὶ ἐσπλαγχνίσθη ἐπ' αὐτοῖς καὶ ἐθεράπευσεν τοὺς ἀρρώστους αὐτῶν.	Mk 6,34 → Mk 8,2	καὶ ἐξελθὼν εἶδεν πολὺν ὄχλον, καὶ ἐσπλαγχνίσθη ἐπ' αὐτούς, ὅτι ἦσαν *ὡς πρόβατα μὴ ἔχοντα ποιμένα*, καὶ ἤρξατο διδάσκειν αὐτοὺς πολλά. ➤ Num 27.17/Jdt 11,19/2Chron 18,16	Lk 9,11	... καὶ ἀποδεξάμενος αὐτοὺς ἐλάλει αὐτοῖς περὶ τῆς βασιλείας τοῦ θεοῦ, καὶ τοὺς χρείαν ἔχοντας θεραπείας ἰᾶτο.	
d 210	Mt 14,33 ↓ Mt 16,16	οἱ δὲ ἐν τῷ πλοίῳ προσεκύνησαν αὐτῷ λέγοντες· ἀληθῶς θεοῦ υἱὸς εἶ.	Mk 6,51	... καὶ λίαν [ἐκ περισσοῦ] ἐν ἑαυτοῖς ἐξίσταντο·			
e 020	Mt 15,3 ↓ Mk 7,9	... διὰ τί καὶ ὑμεῖς παραβαίνετε τὴν ἐντολὴν τοῦ θεοῦ διὰ τὴν παράδοσιν ὑμῶν;	Mk 7,8	ἀφέντες τὴν ἐντολὴν τοῦ θεοῦ κρατεῖτε τὴν παράδοσιν τῶν ἀνθρώπων.			

220	**Mt 15,3**	... διὰ τί καὶ ὑμεῖς παραβαίνετε τὴν ἐντολὴν τοῦ θεοῦ διὰ τὴν παράδοσιν ὑμῶν;	**Mk 7,9**	... καλῶς ἀθετεῖτε τὴν ἐντολὴν τοῦ θεοῦ, ἵνα τὴν παράδοσιν ὑμῶν στήσητε.			
210	**Mt 15,4**	ὁ γὰρ θεὸς εἶπεν· *τίμα τὸν πατέρα* *καὶ τὴν μητέρα, ...* ➤ Exod 20,12/Deut 5,16	**Mk 7,10**	Μωϋσῆς γὰρ εἶπεν· *τίμα τὸν πατέρα σου* *καὶ τὴν μητέρα σου, ...* ➤ Exod 20,12/Deut 5,16			
220	**Mt 15,6**	... καὶ ἠκυρώσατε τὸν λόγον τοῦ θεοῦ διὰ τὴν παράδοσιν ὑμῶν.	**Mk 7,13**	ἀκυροῦντες τὸν λόγον τοῦ θεοῦ τῇ παραδόσει ὑμῶν ᾗ παρεδώκατε· ...			
210	**Mt 15,31** → Mt 11,5	ὥστε τὸν ὄχλον θαυμάσαι βλέποντας κωφοὺς λαλοῦντας, κυλλοὺς ὑγιεῖς, καὶ χωλοὺς περιπατοῦντας καὶ τυφλοὺς βλέποντας· καὶ ἐδόξασαν τὸν θεὸν Ἰσραήλ.	**Mk 7,37**	καὶ ὑπερπερισσῶς ἐξεπλήσσοντο λέγοντες· καλῶς πάντα πεποίηκεν, καὶ τοὺς κωφοὺς ποιεῖ ἀκούειν καὶ [τοὺς] ἀλάλους λαλεῖν.			
d 212	**Mt 16,16** ↑ Mt 14,33	ἀποκριθεὶς δὲ Σίμων Πέτρος εἶπεν· σὺ εἶ ὁ χριστὸς ὁ υἱὸς τοῦ θεοῦ τοῦ ζῶντος.	**Mk 8,29**	... ἀποκριθεὶς ὁ Πέτρος λέγει αὐτῷ· σὺ εἶ ὁ χριστός.	**Lk 9,20**	... Πέτρος δὲ ἀποκριθεὶς εἶπεν· τὸν χριστὸν τοῦ θεοῦ.	→ Jn 6,69 → GTh 13
e 220	**Mt 16,23** ↑ Mt 4,10	... ὕπαγε ὀπίσω μου, σατανᾶ· σκάνδαλον εἶ ἐμοῦ, ὅτι οὐ φρονεῖς τὰ τοῦ θεοῦ ἀλλὰ τὰ τῶν ἀνθρώπων.	**Mk 8,33** ↑ Mt 4,10	... ὕπαγε ὀπίσω μου, σατανᾶ, ὅτι οὐ φρονεῖς τὰ τοῦ θεοῦ ἀλλὰ τὰ τῶν ἀνθρώπων.			
g 122	**Mt 16,28** → Mt 24,34	... εἰσίν τινες τῶν ὧδε ἑστώτων οἵτινες οὐ μὴ γεύσωνται θανάτου ἕως ἂν ἴδωσιν τὸν υἱὸν τοῦ ἀνθρώπου ἐρχόμενον ἐν τῇ βασιλείᾳ αὐτοῦ.	**Mk 9,1** → Mk 13,30	... εἰσίν τινες ὧδε τῶν ἑστηκότων οἵτινες οὐ μὴ γεύσωνται θανάτου ἕως ἂν ἴδωσιν τὴν βασιλείαν τοῦ θεοῦ ἐληλυθυῖαν ἐν δυνάμει.	**Lk 9,27** → Lk 21,32	... εἰσίν τινες τῶν αὐτοῦ ἑστηκότων οἳ οὐ μὴ γεύσωνται θανάτου ἕως ἂν ἴδωσιν τὴν βασιλείαν τοῦ θεοῦ.	→ Jn 21,22-23
002					**Lk 9,43**	ἐξεπλήσσοντο δὲ πάντες ἐπὶ τῇ μεγαλειότητι τοῦ θεοῦ. ...	
g 120	**Mt 18,9** ⇩ Mt 5,29 **Mt 5,29** ⇧ Mt 18,9	... καλόν σοί ἐστιν μονόφθαλμον εἰς τὴν ζωὴν εἰσελθεῖν ἢ δύο ὀφθαλμοὺς ἔχοντα βληθῆναι εἰς τὴν γέενναν τοῦ πυρός. ... συμφέρει γάρ σοι ἵνα ἀπόληται ἓν τῶν μελῶν σου καὶ μὴ ὅλον τὸ σῶμά σου βληθῇ εἰς γέενναν.	**Mk 9,47**	... καλόν σέ ἐστιν μονόφθαλμον εἰσελθεῖν εἰς τὴν βασιλείαν τοῦ θεοῦ ἢ δύο ὀφθαλμοὺς ἔχοντα βληθῆναι εἰς τὴν γέενναν			
g 102	**Mt 8,22** → Lk 9,59	... ἄφες τοὺς νεκροὺς θάψαι τοὺς ἑαυτῶν νεκρούς.			**Lk 9,60**	... ἄφες τοὺς νεκροὺς θάψαι τοὺς ἑαυτῶν νεκρούς, σὺ δὲ ἀπελθὼν διάγγελλε τὴν βασιλείαν τοῦ θεοῦ.	

g 002					Lk 9,62	... οὐδεὶς ἐπιβαλὼν τὴν χεῖρα ἐπ' ἄροτρον καὶ βλέπων εἰς τὰ ὀπίσω εὔθετός ἐστιν **τῇ βασιλείᾳ τοῦ θεοῦ.**	
g 102	Mt 10,7 → Mt 3,2 ↑ Mt 4,17	πορευόμενοι δὲ κηρύσσετε λέγοντες ὅτι ἤγγικεν **ἡ βασιλεία τῶν οὐρανῶν.**			Lk 10,9 ↑ Mk 1,15 ↑ Lk 9,2 ⇩ Lk 10,11	... καὶ λέγετε αὐτοῖς· ἤγγικεν ἐφ' ὑμᾶς **ἡ βασιλεία τοῦ θεοῦ.**	
g 102	Mt 10,14	... ἐξερχόμενοι ἔξω τῆς οἰκίας ἢ τῆς πόλεως ἐκείνης ἐκτινάξατε τὸν κονιορτὸν τῶν ποδῶν ὑμῶν.	Mk 6,11	... ἐκπορευόμενοι ἐκεῖθεν ἐκτινάξατε τὸν χοῦν τὸν ὑποκάτω τῶν ποδῶν ὑμῶν εἰς μαρτύριον αὐτοῖς.	Lk 10,11 ⇨ Lk 9,5 ⇧ Mt 10,7 ⇧ Lk 10,9	καὶ τὸν κονιορτὸν τὸν κολληθέντα ἡμῖν ἐκ τῆς πόλεως ὑμῶν εἰς τοὺς πόδας ἀπομασσόμεθα ὑμῖν· πλὴν τοῦτο γινώσκετε ὅτι ἤγγικεν **ἡ βασιλεία τοῦ θεοῦ.**	→ Acts 13,51 → Acts 18,6 Mk-Q overlap
a 222	Mt 22,37	*... ἀγαπήσεις* ***κύριον τὸν θεόν σου*** *ἐν ὅλῃ τῇ καρδίᾳ σου* ... ➤ Deut 6,5	Mk 12,30	*καὶ ἀγαπήσεις* ***κύριον τὸν θεόν σου*** *ἐξ ὅλης τῆς καρδίας σου* ... ➤ Deut 6,5	Lk 10,27	*... ἀγαπήσεις* ***κύριον τὸν θεόν σου*** *ἐξ ὅλης [τῆς] καρδίας σου* ... ➤ Deut 6,5	
202 *g* 202	Mt 12,28 (2)	εἰ δὲ **ἐν πνεύματι θεοῦ** ἐγὼ ἐκβάλλω τὰ δαιμόνια, ἄρα ἔφθασεν ἐφ' ὑμᾶς **ἡ βασιλεία τοῦ θεοῦ.**			Lk 11,20 (2)	εἰ δὲ **ἐν δακτύλῳ θεοῦ** [ἐγὼ] ἐκβάλλω τὰ δαιμόνια, ἄρα ἔφθασεν ἐφ' ὑμᾶς **ἡ βασιλεία τοῦ θεοῦ.**	
002					Lk 11,28 ↑ Mt 12,50 ↑ Mk 3,35 ↑ Lk 8,21 → Lk 1,45	... μενοῦν μακάριοι οἱ ἀκούοντες **τὸν λόγον τοῦ θεοῦ** καὶ φυλάσσοντες.	→ GTh 79
102	Mt 23,23	... καὶ ἀφήκατε τὰ βαρύτερα τοῦ νόμου, τὴν κρίσιν καὶ **τὸ ἔλεος καὶ τὴν πίστιν· ...**			Lk 11,42	... καὶ παρέρχεσθε τὴν κρίσιν καὶ **τὴν ἀγάπην τοῦ θεοῦ· ...**	
102	Mt 23,34	διὰ τοῦτο ἰδοὺ **ἐγὼ** ἀποστέλλω πρὸς ὑμᾶς προφήτας καὶ σοφοὺς καὶ γραμματεῖς· ...			Lk 11,49	διὰ τοῦτο καὶ **ἡ σοφία τοῦ θεοῦ** εἶπεν· ἀποστελῶ εἰς αὐτοὺς προφήτας καὶ ἀποστόλους, ...	
102	Mt 10,29	οὐχὶ δύο στρουθία ἀσσαρίου πωλεῖται; καὶ ἓν ἐξ αὐτῶν οὐ πεσεῖται ἐπὶ τὴν γῆν **ἄνευ τοῦ πατρὸς ὑμῶν.**			Lk 12,6	οὐχὶ πέντε στρουθία πωλοῦνται ἀσσαρίων δύο; καὶ ἓν ἐξ αὐτῶν οὐκ ἔστιν ἐπιλελησμένον **ἐνώπιον τοῦ θεοῦ.**	
e 102	Mt 10,32	πᾶς οὖν ὅστις ὁμολογήσει ἐν ἐμοὶ ἔμπροσθεν τῶν ἀνθρώπων, ὁμολογήσω κἀγὼ ἐν αὐτῷ **ἔμπροσθεν τοῦ πατρός μου τοῦ ἐν [τοῖς] οὐρανοῖς·**			Lk 12,8	... πᾶς ὃς ἂν ὁμολογήσῃ ἐν ἐμοὶ ἔμπροσθεν τῶν ἀνθρώπων, καὶ ὁ υἱὸς τοῦ ἀνθρώπου ὁμολογήσει ἐν αὐτῷ **ἔμπροσθεν τῶν ἀγγέλων τοῦ θεοῦ·**	

e 102	**Mt 10,33** → Mt 16,27	ὅστις δ᾽ ἂν ἀρνήσηταί με ἔμπροσθεν τῶν ἀνθρώπων, ἀρνήσομαι κἀγὼ αὐτὸν **ἔμπροσθεν τοῦ πατρός μου** τοῦ ἐν [τοῖς] οὐρανοῖς.	**Mk 8,38**	ὃς γὰρ ἐὰν ἐπαισχυνθῇ με καὶ τοὺς ἐμοὺς λόγους ἐν τῇ γενεᾷ ταύτῃ τῇ μοιχαλίδι καὶ ἁμαρτωλῷ, καὶ ὁ υἱὸς τοῦ ἀνθρώπου ἐπαισχυνθήσεται αὐτὸν, ὅταν ἔλθῃ ἐν τῇ δόξῃ τοῦ πατρὸς αὐτοῦ **μετὰ τῶν ἀγγέλων τῶν ἁγίων.**	**Lk 12,9** ⇨ Lk 9,26	ὁ δὲ ἀρνησάμενός με ἐνώπιον τῶν ἀνθρώπων ἀπαρνηθήσεται **ἐνώπιον τῶν ἀγγέλων τοῦ θεοῦ.**	Mk-Q overlap
002					**Lk 12,20**	εἶπεν δὲ αὐτῷ **ὁ θεός·** ἄφρων, ταύτῃ τῇ νυκτὶ τὴν ψυχήν σου ἀπαιτοῦσιν ἀπὸ σοῦ· ...	→ GTh 63
002					**Lk 12,21** → Mt 6,19	οὕτως ὁ θησαυρίζων ἑαυτῷ καὶ μὴ **εἰς θεὸν** πλουτῶν.	→ GTh 63
102	**Mt 6,26**	ἐμβλέψατε εἰς τὰ πετεινὰ τοῦ οὐρανοῦ ὅτι οὐ σπείρουσιν οὐδὲ θερίζουσιν οὐδὲ συνάγουσιν εἰς ἀποθήκας, καὶ **ὁ πατὴρ ὑμῶν ὁ οὐράνιος** τρέφει αὐτά· οὐχ ὑμεῖς μᾶλλον διαφέρετε αὐτῶν;			**Lk 12,24**	κατανοήσατε τοὺς κόρακας ὅτι οὐ σπείρουσιν οὐδὲ θερίζουσιν, οἷς οὐκ ἔστιν ταμεῖον οὐδὲ ἀποθήκη, καὶ **ὁ θεὸς** τρέφει αὐτούς· πόσῳ μᾶλλον ὑμεῖς διαφέρετε τῶν πετεινῶν.	
202	**Mt 6,30**	εἰ δὲ τὸν χόρτον τοῦ ἀγροῦ σήμερον ὄντα καὶ αὔριον εἰς κλίβανον βαλλόμενον **ὁ θεὸς** οὕτως ἀμφιέννυσιν, οὐ πολλῷ μᾶλλον ὑμᾶς, ὀλιγόπιστοι;			**Lk 12,28**	εἰ δὲ ἐν ἀγρῷ τὸν χόρτον ὄντα σήμερον καὶ αὔριον εἰς κλίβανον βαλλόμενον **ὁ θεὸς** οὕτως ἀμφιέζει, πόσῳ μᾶλλον ὑμᾶς, ὀλιγόπιστοι.	→ GTh 36,2 (only POxy 655)
002					**Lk 13,13** → Mt 12,13 → Mk 3,5 → Lk 6,10 → Lk 14,4	καὶ ἐπέθηκεν αὐτῇ τὰς χεῖρας· καὶ παραχρῆμα ἀνωρθώθη καὶ ἐδόξαζεν **τὸν θεόν.**	
g 102	**Mt 13,31**	... ὁμοία ἐστὶν **ἡ βασιλεία τῶν οὐρανῶν** κόκκῳ σινάπεως, ...	**Mk 4,30**	... πῶς ὁμοιώσωμεν **τὴν βασιλείαν τοῦ θεοῦ** ἢ ἐν τίνι αὐτὴν παραβολῇ θῶμεν; [31] ὡς κόκκῳ σινάπεως, ...	**Lk 13,18**	... τίνι ὁμοία ἐστὶν **ἡ βασιλεία τοῦ θεοῦ** καὶ τίνι ὁμοιώσω αὐτήν; [19] ὁμοία ἐστὶν κόκκῳ σινάπεως, ...	→ GTh 20 Mk-Q overlap
g 102	**Mt 13,33**	... ὁμοία ἐστὶν **ἡ βασιλεία τῶν οὐρανῶν** ζύμῃ, ...			**Lk 13,20**	... τίνι ὁμοιώσω **τὴν βασιλείαν τοῦ θεοῦ;** [21] ὁμοία ἐστὶν ζύμῃ, ...	→ GTh 96

[a] κύριος ὁ θεός
[b] θεὸς Ἀβραάμ, Ἰσαάκ, Ἰακώβ
[c] εἷς, μόνος (ὁ) θεός
[d] υἱός and θεός
[e] θεός and ἄνθρωπος
[f] θεοί (Acts only)
[g] βασιλεία τοῦ θεοῦ

g 102	Mt 8,11		Lk 13,28	... ὅταν ὄψεσθε Ἀβραὰμ καὶ Ἰσαὰκ καὶ Ἰακὼβ καὶ πάντας τοὺς προφήτας **ἐν τῇ βασιλείᾳ τοῦ θεοῦ,** ὑμᾶς δὲ ἐκβαλλομένους ἔξω.	
g 102		... πολλοὶ ἀπὸ ἀνατολῶν καὶ δυσμῶν ἥξουσιν καὶ ἀνακλιθήσονται μετὰ Ἀβραὰμ καὶ Ἰσαὰκ καὶ Ἰακὼβ **ἐν τῇ βασιλείᾳ τῶν οὐρανῶν,** [12] οἱ δὲ υἱοὶ τῆς βασιλείας ἐκβληθήσονται εἰς τὸ σκότος τὸ ἐξώτερον· ...	Lk 13,29	καὶ ἥξουσιν ἀπὸ ἀνατολῶν καὶ δυσμῶν καὶ ἀπὸ βορρᾶ καὶ νότου καὶ ἀνακλιθήσονται **ἐν τῇ βασιλείᾳ τοῦ θεοῦ.**	
g 002			Lk 14,15 → Lk 22,30	... μακάριος ὅστις φάγεται ἄρτον **ἐν τῇ βασιλείᾳ τοῦ θεοῦ.**	
002			Lk 15,10 → Lk 15,7	οὕτως, λέγω ὑμῖν, γίνεται χαρὰ **ἐνώπιον τῶν ἀγγέλων τοῦ θεοῦ** ἐπὶ ἑνὶ ἁμαρτωλῷ μετανοοῦντι.	
202	Mt 6,24	... οὐ δύνασθε **θεῷ** δουλεύειν καὶ μαμωνᾷ.	Lk 16,13	... οὐ δύνασθε **θεῷ** δουλεύειν καὶ μαμωνᾷ.	→ GTh 47,1-2
e 002 e 002			Lk 16,15 (2) → Lk 18,9.14 → Lk 20,20	... ὑμεῖς ἐστε οἱ δικαιοῦντες ἑαυτοὺς ἐνώπιον τῶν ἀνθρώπων, **ὁ δὲ θεὸς** γινώσκει τὰς καρδίας ὑμῶν· ὅτι τὸ ἐν ἀνθρώποις ὑψηλὸν βδέλυγμα **ἐνώπιον τοῦ θεοῦ.**	
g 102	Mt 11,12	ἀπὸ δὲ τῶν ἡμερῶν Ἰωάννου τοῦ βαπτιστοῦ ἕως ἄρτι **ἡ βασιλεία τῶν οὐρανῶν** βιάζεται καὶ βιασταὶ ἁρπάζουσιν αὐτήν.	Lk 16,16 → Mt 22,9 → Lk 14,23	... ἀπὸ τότε **ἡ βασιλεία τοῦ θεοῦ** εὐαγγελίζεται καὶ πᾶς εἰς αὐτὴν βιάζεται.	
002			Lk 17,15	εἷς δὲ ἐξ αὐτῶν, ἰδὼν ὅτι ἰάθη, ὑπέστρεψεν μετὰ φωνῆς μεγάλης δοξάζων **τὸν θεόν**	
002			Lk 17,18	οὐχ εὑρέθησαν ὑποστρέψαντες δοῦναι δόξαν **τῷ θεῷ** εἰ μὴ ὁ ἀλλογενὴς οὗτος;	

g 002 g 002					Lk 17,20 (2)	ἐπερωτηθεὶς δὲ ὑπὸ τῶν Φαρισαίων πότε ἔρχεται **ἡ βασιλεία τοῦ θεοῦ** ἀπεκρίθη αὐτοῖς καὶ εἶπεν· οὐκ ἔρχεται **ἡ βασιλεία τοῦ θεοῦ** μετὰ παρατηρήσεως,	→ GTh 113
g 002					**Lk 17,21** → Mt 24,23 → Mk 13,21 → Mt 24,26 → Lk 17,23	οὐδὲ ἐροῦσιν· ἰδοὺ ὧδε ἤ· ἐκεῖ, ἰδοὺ γὰρ **ἡ βασιλεία τοῦ θεοῦ** ἐντὸς ὑμῶν ἐστιν.	→ GTh 3,3 **(POxy 654)** → GTh 113
e 002					**Lk 18,2**	... κριτής τις ἦν ἔν τινι πόλει **τὸν θεὸν** μὴ φοβούμενος καὶ ἄνθρωπον μὴ ἐντρεπόμενος.	
e 002					**Lk 18,4**	... μετὰ δὲ ταῦτα εἶπεν ἐν ἑαυτῷ· εἰ καὶ **τὸν θεὸν** οὐ φοβοῦμαι οὐδὲ ἄνθρωπον ἐντρέπομαι	
002					**Lk 18,7**	**ὁ δὲ θεὸς** οὐ μὴ ποιήσῃ τὴν ἐκδίκησιν τῶν ἐκλεκτῶν αὐτοῦ τῶν βοώντων αὐτῷ ἡμέρας καὶ νυκτός, ...	
e 002					**Lk 18,11**	ὁ Φαρισαῖος σταθεὶς πρὸς ἑαυτὸν ταῦτα προσηύχετο· **ὁ θεός,** εὐχαριστῶ σοι ὅτι οὐκ εἰμὶ ὥσπερ οἱ λοιποὶ τῶν ἀνθρώπων, ...	
002					**Lk 18,13**	ὁ δὲ τελώνης ... ἔτυπτεν τὸ στῆθος αὐτοῦ λέγων· **ὁ θεός,** ἱλάσθητί μοι τῷ ἁμαρτωλῷ.	
e 220	**Mt 19,6**	... ὃ οὖν **ὁ θεὸς** συνέζευξεν ἄνθρωπος μὴ χωριζέτω.	**Mk 10,9**	ὃ οὖν **ὁ θεὸς** συνέζευξεν ἄνθρωπος μὴ χωριζέτω.			
g 122	**Mt 19,14**	... ἄφετε τὰ παιδία καὶ μὴ κωλύετε αὐτὰ ἐλθεῖν πρός με, τῶν γὰρ τοιούτων ἐστὶν **ἡ βασιλεία τῶν οὐρανῶν.**	**Mk 10,14**	... ἄφετε τὰ παιδία ἔρχεσθαι πρός με, μὴ κωλύετε αὐτά, τῶν γὰρ τοιούτων ἐστὶν **ἡ βασιλεία τοῦ θεοῦ.**	**Lk 18,16**	... ἄφετε τὰ παιδία ἔρχεσθαι πρός με καὶ μὴ κωλύετε αὐτά, τῶν γὰρ τοιούτων ἐστὶν **ἡ βασιλεία τοῦ θεοῦ.**	→ GTh 22
g 122	**Mt 18,3**	... ἐὰν μὴ στραφῆτε καὶ γένησθε ὡς τὰ παιδία, οὐ μὴ εἰσέλθητε εἰς τὴν βασιλείαν τῶν οὐρανῶν.	**Mk 10,15**	... ὃς ἂν μὴ δέξηται **τὴν βασιλείαν τοῦ θεοῦ** ὡς παιδίον, οὐ μὴ εἰσέλθῃ εἰς αὐτήν.	**Lk 18,17**	... ὃς ἂν μὴ δέξηται **τὴν βασιλείαν τοῦ θεοῦ** ὡς παιδίον, οὐ μὴ εἰσέλθῃ εἰς αὐτήν.	**→ Jn 3,3** → GTh 22 → GTh 46
c 122	**Mt 19,17**	... τί με ἐρωτᾷς περὶ τοῦ ἀγαθοῦ; εἷς ἐστιν ὁ ἀγαθός· ...	**Mk 10,18**	... τί με λέγεις ἀγαθόν; οὐδεὶς ἀγαθὸς εἰ μὴ εἷς **ὁ θεός.**	**Lk 18,19**	... τί με λέγεις ἀγαθόν; οὐδεὶς ἀγαθὸς εἰ μὴ εἷς **ὁ θεός.**	

g 122	**Mt 19,23**	... ἀμὴν λέγω ὑμῖν ὅτι πλούσιος δυσκόλως εἰσελεύσεται **εἰς τὴν βασιλείαν τῶν οὐρανῶν.**	**Mk 10,23**	... πῶς δυσκόλως οἱ τὰ χρήματα ἔχοντες **εἰς τὴν βασιλείαν τοῦ θεοῦ** εἰσελεύσονται.	**Lk 18,24**	... πῶς δυσκόλως οἱ τὰ χρήματα ἔχοντες **εἰς τὴν βασιλείαν τοῦ θεοῦ** εἰσπορεύονται·	
g 120	**Mt 19,24**	πάλιν δὲ λέγω ὑμῖν,	**Mk 10,24**	... ὁ δὲ Ἰησοῦς πάλιν ἀποκριθεὶς λέγει αὐτοῖς· τέκνα, πῶς δύσκολόν ἐστιν **εἰς τὴν βασιλείαν τοῦ θεοῦ** εἰσελθεῖν·			
g 222		εὐκοπώτερόν ἐστιν κάμηλον διὰ τρυπήματος ῥαφίδος διελθεῖν ἢ πλούσιον εἰσελθεῖν **εἰς τὴν βασιλείαν τοῦ θεοῦ.**	**Mk 10,25**	εὐκοπώτερόν ἐστιν κάμηλον διὰ [τῆς] τρυμαλιᾶς [τῆς] ῥαφίδος διελθεῖν ἢ πλούσιον **εἰς τὴν βασιλείαν τοῦ θεοῦ** εἰσελθεῖν.	**Lk 18,25**	εὐκοπώτερον γάρ ἐστιν κάμηλον διὰ τρήματος βελόνης εἰσελθεῖν ἢ πλούσιον **εἰς τὴν βασιλείαν τοῦ θεοῦ** εἰσελθεῖν.	
e 121 e 222	**Mt 19,26**	ἐμβλέψας δὲ ὁ Ἰησοῦς εἶπεν αὐτοῖς· παρὰ ἀνθρώποις τοῦτο ἀδύνατόν ἐστιν, **παρὰ δὲ θεῷ** πάντα δυνατά.	**Mk 10,27** **(2)**	ἐμβλέψας αὐτοῖς ὁ Ἰησοῦς λέγει· παρὰ ἀνθρώποις ἀδύνατον, ἀλλ' **οὐ παρὰ θεῷ·** πάντα γὰρ δυνατὰ **παρὰ τῷ θεῷ.**	**Lk 18,27**	ὁ δὲ εἶπεν· τὰ ἀδύνατα παρὰ ἀνθρώποις δυνατὰ **παρὰ τῷ θεῷ** ἐστιν.	
g 112	**Mt 19,29** → Mt 10,37	καὶ πᾶς ὅστις ἀφῆκεν οἰκίας ἢ ἀδελφοὺς ἢ ἀδελφὰς ἢ πατέρα ἢ μητέρα ἢ τέκνα ἢ ἀγροὺς **ἕνεκεν τοῦ ὀνόματός μου,** ...	**Mk 10,29**	... οὐδείς ἐστιν ὃς ἀφῆκεν οἰκίαν ἢ ἀδελφοὺς ἢ ἀδελφὰς ἢ μητέρα ἢ πατέρα ἢ τέκνα ἢ ἀγροὺς **ἕνεκεν ἐμοῦ καὶ ἕνεκεν τοῦ εὐαγγελίου**	**Lk 18,29** → Lk 14,26	... οὐδείς ἐστιν ὃς ἀφῆκεν οἰκίαν ἢ γυναῖκα ἢ ἀδελφοὺς ἢ γονεῖς ἢ τέκνα **ἕνεκεν τῆς βασιλείας τοῦ θεοῦ**	→ GTh 55 → GTh 101
112 112	**Mt 20,34** ⇩ Mt 9,30	... καὶ εὐθέως ἀνέβλεψαν καὶ ἠκολούθησαν αὐτῷ.	**Mk 10,52**	... καὶ εὐθὺς ἀνέβλεψεν, καὶ ἠκολούθει αὐτῷ ἐν τῇ ὁδῷ.	**Lk 18,43** **(2)**	καὶ παραχρῆμα ἀνέβλεψεν καὶ ἠκολούθει αὐτῷ δοξάζων **τὸν θεόν.** καὶ πᾶς ὁ λαὸς ἰδὼν ἔδωκεν αἶνον **τῷ θεῷ.**	
	Mt 9,30 ⇧ Mt 20,34	καὶ ἠνεῴχθησαν αὐτῶν οἱ ὀφθαλμοί. ...					
g 002					**Lk 19,11**	... εἶπεν παραβολὴν διὰ τὸ ἐγγὺς εἶναι Ἰερουσαλὴμ αὐτὸν καὶ δοκεῖν αὐτοὺς ὅτι παραχρῆμα μέλλει **ἡ βασιλεία τοῦ θεοῦ** ἀναφαίνεσθαι.	
112	**Mt 21,9**	οἱ δὲ ὄχλοι οἱ προάγοντες αὐτὸν καὶ οἱ ἀκολουθοῦντες ἔκραζον ...	**Mk 11,9**	καὶ οἱ προάγοντες καὶ οἱ ἀκολουθοῦντες ἔκραζον· ...	**Lk 19,37**	... ἤρξαντο ἅπαν τὸ πλῆθος τῶν μαθητῶν χαίροντες αἰνεῖν **τὸν θεὸν** φωνῇ μεγάλῃ περὶ πασῶν ὧν εἶδον δυνάμεων	→ Jn 12,13

120	Mt 21,21	... ἐὰν ἔχητε πίστιν καὶ μὴ διακριθῆτε, οὐ μόνον τὸ τῆς συκῆς ποιήσετε, ἀλλὰ κἂν τῷ ὄρει τούτῳ εἴπητε· ἄρθητι καὶ βλήθητι εἰς τὴν θάλασσαν, γενήσεται·	Mk 11,22	... ἔχετε πίστιν θεοῦ. [23] ἀμὴν λέγω ὑμῖν ὅτι ὃς ἂν εἴπῃ τῷ ὄρει τούτῳ· ἄρθητι καὶ βλήθητι εἰς τὴν θάλασσαν, καὶ μὴ διακριθῇ ἐν τῇ καρδίᾳ αὐτοῦ ἀλλὰ πιστεύῃ ὅτι ὃ λαλεῖ γίνεται, ἔσται αὐτῷ.			
	Mt 17,20	... ἐὰν ἔχητε πίστιν ὡς κόκκον σινάπεως, ἐρεῖτε τῷ ὄρει τούτῳ, μετάβα ἔνθεν ἐκεῖ, καὶ μεταβήσεται· καὶ οὐδὲν ἀδυνατήσει ὑμῖν.			Lk 17,6 ↑ Mt 21,21	... εἰ ἔχετε πίστιν ὡς κόκκον σινάπεως, ἐλέγετε ἂν τῇ συκαμίνῳ [ταύτῃ]· ἐκριζώθητι καὶ φυτεύθητι ἐν τῇ θαλάσσῃ· καὶ ὑπήκουσεν ἂν ὑμῖν.	→ GTh 48 → GTh 106
g 200	Mt 21,31	... οἱ τελῶναι καὶ αἱ πόρναι προάγουσιν ὑμᾶς εἰς τὴν βασιλείαν τοῦ θεοῦ.					
g 200	Mt 21,43 → Mt 21,41	... ἀρθήσεται ἀφ' ὑμῶν ἡ βασιλεία τοῦ θεοῦ καὶ δοθήσεται ἔθνει ποιοῦντι τοὺς καρποὺς αὐτῆς.					
222	Mt 22,16	... διδάσκαλε, οἴδαμεν ὅτι ἀληθὴς εἶ καὶ τὴν ὁδὸν τοῦ θεοῦ ἐν ἀληθείᾳ διδάσκεις καὶ οὐ μέλει σοι περὶ οὐδενός. οὐ γὰρ βλέπεις εἰς πρόσωπον ἀνθρώπων	Mk 12,14	... διδάσκαλε, οἴδαμεν ὅτι ἀληθὴς εἶ καὶ οὐ μέλει σοι περὶ οὐδενός· οὐ γὰρ βλέπεις εἰς πρόσωπον ἀνθρώπων, ἀλλ' ἐπ' ἀληθείας τὴν ὁδὸν τοῦ θεοῦ διδάσκεις· ...	Lk 20,21	... διδάσκαλε, οἴδαμεν ὅτι ὀρθῶς λέγεις καὶ διδάσκεις καὶ οὐ λαμβάνεις πρόσωπον, ἀλλ' ἐπ' ἀληθείας τὴν ὁδὸν τοῦ θεοῦ διδάσκεις·	→ Jn 3,2
222 222	Mt 22,21 (2)	... ἀπόδοτε οὖν τὰ Καίσαρος Καίσαρι καὶ τὰ τοῦ θεοῦ τῷ θεῷ.	Mk 12,17 (2)	... τὰ Καίσαρος ἀπόδοτε Καίσαρι καὶ τὰ τοῦ θεοῦ τῷ θεῷ. ...	Lk 20,25 (2) → Lk 23,2	... τοίνυν ἀπόδοτε τὰ Καίσαρος Καίσαρι καὶ τὰ τοῦ θεοῦ τῷ θεῷ.	→ GTh 100
221	Mt 22,29	ἀποκριθεὶς δὲ ὁ Ἰησοῦς εἶπεν αὐτοῖς· πλανᾶσθε μὴ εἰδότες τὰς γραφὰς μηδὲ τὴν δύναμιν τοῦ θεοῦ·	Mk 12,24	ἔφη αὐτοῖς ὁ Ἰησοῦς· οὐ διὰ τοῦτο πλανᾶσθε μὴ εἰδότες τὰς γραφὰς μηδὲ τὴν δύναμιν τοῦ θεοῦ;	Lk 20,34	καὶ εἶπεν αὐτοῖς ὁ Ἰησοῦς· οἱ υἱοὶ τοῦ αἰῶνος τούτου γαμοῦσιν καὶ γαμίσκονται	
d 112	Mt 22,30	... οὔτε γαμοῦσιν οὔτε γαμίζονται, ἀλλ' ὡς ἄγγελοι ἐν τῷ οὐρανῷ εἰσιν.	Mk 12,25	... οὔτε γαμοῦσιν οὔτε γαμίζονται, ἀλλ' εἰσὶν ὡς ἄγγελοι ἐν τοῖς οὐρανοῖς.	Lk 20,36	[35] ... οὔτε γαμοῦσιν οὔτε γαμίζονται· [36] οὐδὲ γὰρ ἀποθανεῖν ἔτι δύνανται, ἰσάγγελοι γάρ εἰσιν καὶ υἱοί εἰσιν θεοῦ τῆς ἀναστάσεως υἱοὶ ὄντες.	

     221	**Mt 22,31**	περὶ δὲ τῆς ἀναστάσεως τῶν νεκρῶν οὐκ ἀνέγνωτε τὸ ῥηθὲν ὑμῖν **ὑπὸ τοῦ θεοῦ** λέγοντος·	**Mk 12,26** **(4)**	περὶ δὲ τῶν νεκρῶν ὅτι ἐγείρονται οὐκ ἀνέγνωτε ἐν τῇ βίβλῳ Μωϋσέως ἐπὶ τοῦ βάτου πῶς εἶπεν αὐτῷ **ὁ θεὸς** λέγων·	**Lk 20,37** **(3)**	ὅτι δὲ ἐγείρονται οἱ νεκροί, καὶ Μωϋσῆς ἐμήνυσεν ἐπὶ τῆς βάτου, ὡς λέγει	
b 222 *b* 222 *b* 222	**Mt 22,32** **(4)**	*ἐγώ εἰμι* ***ὁ θεὸς Ἀβραὰμ*** *καὶ* ***ὁ θεὸς Ἰσαὰκ*** *καὶ* ***ὁ θεὸς Ἰακώβ;*** ➤ Exod 3,6		*ἐγὼ* ***ὁ θεὸς Ἀβραὰμ*** *καὶ* ***[ὁ] θεὸς Ἰσαὰκ*** *καὶ* ***[ὁ] θεὸς Ἰακώβ;*** ➤ Exod 3,6		*κύριον* ***τὸν θεὸν Ἀβραὰμ*** *καὶ* ***θεὸν Ἰσαὰκ*** *καὶ* ***θεὸν Ἰακώβ·*** ➤ Exod 3,6	
222		**οὐκ ἔστιν [ὁ] θεὸς** **νεκρῶν** ἀλλὰ ζώντων.	**Mk 12,27**	**οὐκ ἔστιν θεὸς** **νεκρῶν** ἀλλὰ ζώντων· πολὺ πλανᾶσθε.	**Lk 20,38**	**θεὸς δὲ οὐκ ἔστιν** **νεκρῶν** ἀλλὰ ζώντων, πάντες γὰρ αὐτῷ ζῶσιν.	
a 121	**Mt 22,37**	ὁ δὲ ἔφη αὐτῷ·	**Mk 12,29**	ἀπεκρίθη ὁ Ἰησοῦς ὅτι πρώτη ἐστίν· *ἄκουε,* *Ἰσραήλ,* ***κύριος ὁ θεὸς ἡμῶν*** *κύριος εἷς ἐστιν,*	**Lk 10,26**	ὁ δὲ εἶπεν πρὸς αὐτόν· ἐν τῷ νόμῳ τί γέγραπται; πῶς ἀναγινώσκεις;	
a 222		 *ἀγαπήσεις* ***κύριον τὸν θεόν σου*** *ἐν ὅλῃ τῇ καρδίᾳ σου* ... ➤ Deut 6,5	**Mk 12,30**	 *καὶ ἀγαπήσεις* ***κύριον τὸν θεόν σου*** *ἐξ ὅλης τῆς καρδίας σου* ... ➤ Deut 6,4-5	**Lk 10,27**	ὁ δὲ ἀποκριθεὶς εἶπεν· *ἀγαπήσεις* ***κύριον τὸν θεόν σου*** *ἐξ ὅλης [τῆς] καρδίας σου* ... ➤ Deut 6,5	
g 021			**Mk 12,34**	καὶ ὁ Ἰησοῦς ἰδὼν [αὐτὸν] ὅτι νουνεχῶς ἀπεκρίθη εἶπεν αὐτῷ· οὐ μακρὰν εἶ **ἀπὸ τῆς βασιλείας** **τοῦ θεοῦ.** ...	**Lk 10,28**	 εἶπεν δὲ αὐτῷ· ὀρθῶς ἀπεκρίθης· τοῦτο ποίει καὶ ζήσῃ.	
  200	**Mt 23,22** ↑ Mt 5,34	καὶ ὁ ὀμόσας ἐν τῷ οὐρανῷ ὀμνύει **ἐν τῷ θρόνῳ** **τοῦ θεοῦ** καὶ ἐν τῷ καθημένῳ ἐπάνω αὐτοῦ.					
     121	**Mt 24,21**	ἔσται γὰρ τότε θλῖψις μεγάλη οἵα οὐ γέγονεν ἀπ' ἀρχῆς κόσμου ἕως τοῦ νῦν οὐδ' οὐ μὴ γένηται.	**Mk 13,19**	ἔσονται γὰρ αἱ ἡμέραι ἐκεῖναι θλῖψις οἵα οὐ γέγονεν τοιαύτη ἀπ' ἀρχῆς κτίσεως ἣν ἔκτισεν **ὁ θεὸς** ἕως τοῦ νῦν καὶ οὐ μὴ γένηται.	**Lk 21,23**	... ἔσται γὰρ ἀνάγκη μεγάλη ἐπὶ τῆς γῆς καὶ ὀργὴ τῷ λαῷ τούτῳ	
g 112	**Mt 24,33**	... ὅταν ἴδητε πάντα ταῦτα, γινώσκετε ὅτι ἐγγύς ἐστιν ἐπὶ θύραις.	**Mk 13,29**	... ὅταν ἴδητε ταῦτα γινόμενα, γινώσκετε ὅτι ἐγγύς ἐστιν ἐπὶ θύραις.	**Lk 21,31**	... ὅταν ἴδητε ταῦτα γινόμενα, γινώσκετε ὅτι ἐγγύς ἐστιν **ἡ βασιλεία τοῦ θεοῦ.**	
g 002					**Lk 22,16** ↓ Mt 26,29 ↓ Mk 14,25 ↓ Lk 22,18	... οὐ μὴ φάγω αὐτὸ ἕως ὅτου πληρωθῇ **ἐν τῇ βασιλείᾳ** **τοῦ θεοῦ.**	

	Mt		Mk		Lk		
g 122	**Mt 26,29**	λέγω δὲ ὑμῖν, οὐ μὴ πίω ἀπ' ἄρτι ἐκ τούτου τοῦ γενήματος τῆς ἀμπέλου ἕως τῆς ἡμέρας ἐκείνης ὅταν αὐτὸ πίνω μεθ' ὑμῶν καινὸν **ἐν τῇ βασιλείᾳ τοῦ πατρός μου.**	**Mk 14,25**	ἀμὴν λέγω ὑμῖν ὅτι οὐκέτι οὐ μὴ πίω ἐκ τοῦ γενήματος τῆς ἀμπέλου ἕως τῆς ἡμέρας ἐκείνης ὅταν αὐτὸ πίνω καινὸν **ἐν τῇ βασιλείᾳ τοῦ θεοῦ.**	**Lk 22,18** ↑ **Lk 22,16**	λέγω γὰρ ὑμῖν, [ὅτι] οὐ μὴ πίω ἀπὸ τοῦ νῦν ἀπὸ τοῦ γενήματος τῆς ἀμπέλου ἕως οὗ **ἡ βασιλεία τοῦ θεοῦ** ἔλθῃ.	
210	**Mt 26,61** → Mt 27,40a	... δύναμαι καταλῦσαι **τὸν ναὸν τοῦ θεοῦ** καὶ διὰ τριῶν ἡμερῶν οἰκοδομῆσαι.	**Mk 14,58** → Mk 15,29	... ἐγὼ καταλύσω **τὸν ναὸν τοῦτον τὸν χειροποίητον** καὶ διὰ τριῶν ἡμερῶν ἄλλον ἀχειροποίητον οἰκοδομήσω.			→ Jn 2,19 → Acts 6,14 → GTh 71
d e 112	**Mt 26,64** → Mt 22,44 ↓ **Mt 27,43**	... ἀπ' ἄρτι ὄψεσθε *τὸν υἱὸν τοῦ ἀνθρώπου* **καθήμενον ἐκ δεξιῶν τῆς δυνάμεως** καὶ *ἐρχόμενον ἐπὶ τῶν νεφελῶν τοῦ οὐρανοῦ.* ➤ Dan 7,13	**Mk 14,62** → Mk 12,36 ↓ Mk 15,32	... καὶ ὄψεσθε *τὸν υἱὸν τοῦ ἀνθρώπου* **ἐκ δεξιῶν καθήμενον τῆς δυνάμεως** καὶ *ἐρχόμενον μετὰ τῶν νεφελῶν τοῦ οὐρανοῦ.* ➤ Dan 7,13	**Lk 22,69** → Lk 20,42 ↓ **Lk 23,35**	ἀπὸ τοῦ νῦν δὲ ἔσται ὁ υἱὸς τοῦ ἀνθρώπου **καθήμενος ἐκ δεξιῶν τῆς δυνάμεως τοῦ θεοῦ.**	→ **Acts 7,55-56**
211 d 212	**Mt 26,63 (2)** ↓ **Mt 27,43**	... καὶ ὁ ἀρχιερεὺς εἶπεν αὐτῷ· ἐξορκίζω σε **κατὰ τοῦ θεοῦ τοῦ ζῶντος** ἵνα ἡμῖν εἴπῃς εἰ σὺ εἶ ὁ χριστὸς **ὁ υἱὸς τοῦ θεοῦ.**	**Mk 14,61** ↓ Mk 15,32	.. πάλιν ὁ ἀρχιερεὺς ἐπηρώτα αὐτὸν καὶ λέγει αὐτῷ· σὺ εἶ ὁ χριστὸς **ὁ υἱὸς τοῦ εὐλογητοῦ;**	**Lk 22,70**	[67] λέγοντες· εἰ σὺ εἶ ὁ χριστός, εἰπὸν ἡμῖν. ... [70] εἶπαν δὲ πάντες· σὺ οὖν εἶ **ὁ υἱὸς τοῦ θεοῦ; ...**	→ **Jn 10,36**
d 210	**Mt 27,40** ↑ **Mt 4,3.6** ↓ Mt 27,42	[39] οἱ δὲ παραπορευόμενοι ... [40] καὶ λέγοντες· ... σῶσον σεαυτόν, εἰ **υἱὸς εἶ τοῦ θεοῦ,** [καὶ] κατάβηθι ἀπὸ τοῦ σταυροῦ.	**Mk 15,30** ↓ Mk 15,31 ↓ Mk 15,32	[29] καὶ οἱ παραπορευόμενοι ... καὶ λέγοντες· ... [30] σῶσον σεαυτὸν καταβὰς ἀπὸ τοῦ σταυροῦ.	**Lk 23,37** ↓ **Lk 23,35** → Lk 23,39	[36] ... οἱ στρατιῶται προσερχόμενοι, ... [37] καὶ λέγοντες· εἰ σὺ εἶ ὁ βασιλεὺς τῶν Ἰουδαίων, σῶσον σεαυτόν.	
112	**Mt 27,42** ↑ **Mt 26,63** ↑ **Mt 27,40** ↑ Lk 23,37	[41] ὁμοίως καὶ οἱ ἀρχιερεῖς ἐμπαίζοντες μετὰ τῶν γραμματέων καὶ πρεσβυτέρων ἔλεγον· [42] ἄλλους ἔσωσεν, ἑαυτὸν οὐ δύναται σῶσαι· **βασιλεὺς Ἰσραήλ** ἐστιν, καταβάτω νῦν ἀπὸ τοῦ σταυροῦ καὶ πιστεύσομεν ἐπ' αὐτόν.	**Mk 15,32** ↑ Mk 14,61 ↑ Mk 15,30 ↑ Lk 23,37	[31] ὁμοίως καὶ οἱ ἀρχιερεῖς ἐμπαίζοντες πρὸς ἀλλήλους μετὰ τῶν γραμματέων ἔλεγον· ἄλλους ἔσωσεν, ἑαυτὸν οὐ δύναται σῶσαι· **[32] ὁ χριστὸς ὁ βασιλεὺς Ἰσραὴλ** καταβάτω νῦν ἀπὸ τοῦ σταυροῦ, ἵνα ἴδωμεν καὶ πιστεύσωμεν. ...	**Lk 23,35** ↑ Lk 22,67 ↑ **Lk 22,69** → Lk 23,39	... ἐξεμυκτήριζον δὲ καὶ οἱ ἄρχοντες λέγοντες· ἄλλους ἔσωσεν, σωσάτω ἑαυτόν, εἰ οὗτός ἐστιν **ὁ χριστὸς τοῦ θεοῦ ὁ ἐκλεκτός.**	
200 d 200	**Mt 27,43 (2)** ↑ **Mt 26,63** ↑ Mk 14,61 ↑ **Lk 22,70**	*πέποιθεν* ***ἐπὶ τὸν θεόν,*** *ῥυσάσθω νῦν εἰ θέλει αὐτόν·* εἶπεν γὰρ ὅτι **θεοῦ εἰμι υἱός.** ➤ Ps 22,9					

002					Lk 23,40	... οὐδὲ φοβῇ σὺ **τὸν θεόν,** ὅτι ἐν τῷ αὐτῷ κρίματι εἶ;	
   220 220	Mt 27,46 (2)	... *ηλι ηλι λεμα σαβαχθανι;* τοῦτ᾽ ἔστιν· ***θεέ μου*** ***θεέ μου,*** *ἱνατί με ἐγκατέλιπες;* ➤ Ps 22,2	Mk 15,34 (2)	... *ελωι ελωι λεμα σαβαχθανι;* ὅ ἐστιν μεθερμηνευόμενον ***ὁ θεός μου*** ***ὁ θεός μου,*** *εἰς τί ἐγκατέλιπές με;* ➤ Ps 22,2			
     112 d e 221	Mt 27,54	ὁ δὲ ἑκατόνταρχος καὶ οἱ μετ᾽ αὐτοῦ τηροῦντες τὸν Ἰησοῦν ἰδόντες τὸν σεισμὸν καὶ τὰ γενόμενα ἐφοβήθησαν σφόδρα, λέγοντες· ἀληθῶς **θεοῦ υἱὸς** ἦν οὗτος.	Mk 15,39	ἰδὼν δὲ ὁ κεντυρίων ὁ παρεστηκὼς ἐξ ἐναντίας αὐτοῦ ὅτι οὕτως ἐξέπνευσεν εἶπεν· ἀληθῶς οὗτος ὁ ἄνθρωπος **υἱὸς θεοῦ** ἦν.	Lk 23,47	ἰδὼν δὲ ὁ ἑκατοντάρχης τὸ γενόμενον ἐδόξαζεν **τὸν θεὸν** λέγων· ὄντως ὁ ἄνθρωπος οὗτος **δίκαιος** ἦν.	
g 122	Mt 27,57	... ἦλθεν ἄνθρωπος πλούσιος ἀπὸ Ἁριμαθαίας, τοὔνομα Ἰωσήφ, ὃς καὶ αὐτὸς ἐμαθητεύθη τῷ Ἰησοῦ·	Mk 15,43	ἐλθὼν Ἰωσὴφ [ὁ] ἀπὸ Ἁριμαθαίας εὐσχήμων βουλευτής, ὃς καὶ αὐτὸς ἦν προσδεχόμενος **τὴν βασιλείαν** **τοῦ θεοῦ, ...**	Lk 23,51	[50] καὶ ἰδοὺ ἀνὴρ ὀνόματι Ἰωσὴφ βουλευτὴς ὑπάρχων [καὶ] ἀνὴρ ἀγαθὸς καὶ δίκαιος [51] ... ἀπὸ Ἁριμαθαίας πόλεως τῶν Ἰουδαίων, ὃς προσεδέχετο **τὴν βασιλείαν** **τοῦ θεοῦ**	→ Jn 19,38
002					Lk 24,19	... τὰ περὶ Ἰησοῦ τοῦ Ναζαρηνοῦ, ὃς ἐγένετο ἀνὴρ προφήτης δυνατὸς ἐν ἔργῳ καὶ λόγῳ **ἐναντίον τοῦ θεοῦ** **καὶ παντὸς τοῦ λαοῦ**	→ Acts 2,22 → Acts 10,38
002					Lk 24,53	καὶ ἦσαν διὰ παντὸς ἐν τῷ ἱερῷ εὐλογοῦντες **τὸν θεόν.**	→ Acts 1,14 → Acts 2,46

a κύριος ὁ θεός
b θεός Ἀβραάμ, Ἰσαάκ, Ἰακώβ
c εἷς, μόνος (ὁ) θεός
d υἱός and θεός
e θεός and ἄνθρωπος
f θεοί (Acts only)
g βασιλεία τοῦ θεοῦ

g **Acts 1,3** ... δι᾽ ἡμερῶν τεσσεράκοντα ὀπτανόμενος αὐτοῖς καὶ λέγων τὰ
περὶ τῆς βασιλείας τοῦ θεοῦ·

Acts 2,11 ... ἀκούομεν λαλούντων αὐτῶν ταῖς ἡμετέραις γλώσσαις
τὰ μεγαλεῖα τοῦ θεοῦ.

Acts 2,17 *καὶ ἔσται* ἐν ταῖς ἐσχάταις ἡμέραις, λέγει
ὁ θεός,
ἐκχεῶ ἀπὸ τοῦ πνεύματός μου ἐπὶ πᾶσαν σάρκα, ...
➤ Joel 3,1 LXX

Acts 2,22 (2) → Lk 24,19 ... Ἰησοῦν τὸν Ναζωραῖον, ἄνδρα ἀποδεδειγμένον
ἀπὸ τοῦ θεοῦ
εἰς ὑμᾶς δυνάμεσι καὶ τέρασι καὶ σημείοις οἷς ἐποίησεν δι᾽ αὐτοῦ
ὁ θεὸς
ἐν μέσῳ ὑμῶν καθὼς αὐτοὶ οἴδατε,

Acts 2,23 τοῦτον
τῇ ὡρισμένῃ βουλῇ καὶ προγνώσει τοῦ θεοῦ
ἔκδοτον διὰ χειρὸς ἀνόμων προσπήξαντες ἀνείλατε,

Acts 2,24 ὃν
ὁ θεὸς
ἀνέστησεν λύσας τὰς ὠδῖνας τοῦ θανάτου, ...

Acts 2,30 προφήτης οὖν ὑπάρχων καὶ εἰδὼς ὅτι ὅρκῳ ὤμοσεν αὐτῷ
ὁ θεὸς
ἐκ καρποῦ τῆς ὀσφύος αὐτοῦ καθίσαι ἐπὶ τὸν θρόνον αὐτοῦ
➤ Ps 132,11

Acts 2,32 τοῦτον τὸν Ἰησοῦν ἀνέστησεν
ὁ θεός,
οὗ πάντες ἡμεῖς ἐσμεν μάρτυρες·

Acts 2,33 τῇ δεξιᾷ οὖν
→ Lk 24,49
→ Acts 1,8
τοῦ θεοῦ
ὑψωθείς, τήν τε ἐπαγγελίαν τοῦ πνεύματος τοῦ ἁγίου λαβὼν παρὰ τοῦ πατρός, ἐξέχεεν τοῦτο ὃ ὑμεῖς [καὶ] βλέπετε καὶ ἀκούετε.

Acts 2,36 ἀσφαλῶς οὖν γινωσκέτω πᾶς οἶκος Ἰσραὴλ ὅτι καὶ κύριον αὐτὸν καὶ χριστὸν ἐποίησεν
ὁ θεός,
τοῦτον τὸν Ἰησοῦν ὃν ὑμεῖς ἐσταυρώσατε.

a **Acts 2,39** ὑμῖν γάρ ἐστιν ἡ ἐπαγγελία καὶ τοῖς τέκνοις ὑμῶν καὶ πᾶσιν τοῖς εἰς μακράν, ὅσους ἂν προσκαλέσηται
κύριος ὁ θεὸς ἡμῶν.

Acts 2,47 αἰνοῦντες
τὸν θεὸν
καὶ ἔχοντες χάριν πρὸς ὅλον τὸν λαόν. ...

Acts 3,8 ... καὶ εἰσῆλθεν σὺν αὐτοῖς εἰς τὸ ἱερὸν περιπατῶν καὶ ἁλλόμενος καὶ αἰνῶν
τὸν θεόν.

Acts 3,9 καὶ εἶδεν πᾶς ὁ λαὸς αὐτὸν περιπατοῦντα καὶ αἰνοῦντα
τὸν θεόν·

b **Acts 3,13** ***ὁ θεὸς Ἀβραὰμ***
b **(4)** *καὶ*
[ὁ θεὸς] Ἰσαὰκ
b *καὶ*
[ὁ θεὸς] Ἰακώβ,
ὁ θεὸς τῶν πατέρων ἡμῶν,
ἐδόξασεν τὸν παῖδα αὐτοῦ Ἰησοῦν ...
➤ Exod 3,6

Acts 3,15 τὸν δὲ ἀρχηγὸν τῆς ζωῆς ἀπεκτείνατε ὃν
ὁ θεὸς
ἤγειρεν ἐκ νεκρῶν, οὗ ἡμεῖς μάρτυρές ἐσμεν.

Acts 3,18 **ὁ δὲ θεὸς,**
ἃ προκατήγγειλεν διὰ στόματος πάντων τῶν προφητῶν παθεῖν τὸν χριστὸν αὐτοῦ ἐπλήρωσεν οὕτως.

Acts 3,21 ... ἄχρι χρόνων ἀποκαταστάσεως πάντων ὧν ἐλάλησεν
→ Lk 1,70
→ Mt 17,11
→ Mk 9,12
ὁ θεὸς
διὰ στόματος τῶν ἁγίων ἀπ᾽ αἰῶνος αὐτοῦ προφητῶν.

a **Acts 3,22** ... *προφήτην ὑμῖν ἀναστήσει*
κύριος ὁ θεὸς ὑμῶν
ἐκ τῶν ἀδελφῶν ὑμῶν ὡς ἐμέ· ...
➤ Deut 18,15

Acts 3,25 ὑμεῖς ἐστε οἱ υἱοὶ τῶν προφητῶν καὶ τῆς διαθήκης ἧς διέθετο
ὁ θεὸς
πρὸς τοὺς πατέρας ὑμῶν ...

Acts 3,26 ὑμῖν πρῶτον ἀναστήσας
ὁ θεὸς
τὸν παῖδα αὐτοῦ ἀπέστειλεν αὐτὸν εὐλογοῦντα ὑμᾶς ἐν τῷ ἀποστρέφειν ἕκαστον ἀπὸ τῶν πονηριῶν ὑμῶν.

Acts 4,10 ... ἐν τῷ ὀνόματι Ἰησοῦ Χριστοῦ τοῦ Ναζωραίου ὃν ὑμεῖς ἐσταυρώσατε, ὃν
ὁ θεὸς
ἤγειρεν ἐκ νεκρῶν, ἐν τούτῳ οὗτος παρέστηκεν ἐνώπιον ὑμῶν ὑγιής.

Acts 4,19 ... εἰ δίκαιόν ἐστιν
(2) **ἐνώπιον τοῦ θεοῦ**
ὑμῶν ἀκούειν
μᾶλλον ἢ
τοῦ θεοῦ,
κρίνατε·

Acts 4,21 ... πάντες ἐδόξαζον
τὸν θεὸν
ἐπὶ τῷ γεγονότι·

Acts 4,24 οἱ δὲ ἀκούσαντες ὁμοθυμαδὸν ἦραν φωνὴν
πρὸς τὸν θεὸν
καὶ εἶπαν· ...

Acts 4,31 ... καὶ ἐπλήσθησαν ἅπαντες τοῦ ἁγίου πνεύματος καὶ ἐλάλουν
τὸν λόγον τοῦ θεοῦ
μετὰ παρρησίας.

e **Acts 5,4** ... τί ὅτι ἔθου ἐν τῇ καρδίᾳ σου τὸ πρᾶγμα τοῦτο; οὐκ ἐψεύσω ἀνθρώποις ἀλλὰ
τῷ θεῷ.

e **Acts 5,29** ... πειθαρχεῖν δεῖ
θεῷ
μᾶλλον ἢ ἀνθρώποις.

Acts 5,30 **ὁ θεὸς τῶν πατέρων ἡμῶν**
ἤγειρεν Ἰησοῦν ὃν ὑμεῖς διεχειρίσασθε κρεμάσαντες ἐπὶ ξύλου·

Acts 5,31 τοῦτον
ὁ θεὸς
ἀρχηγὸν καὶ σωτῆρα ὕψωσεν τῇ δεξιᾷ αὐτοῦ ...

Acts 5,32 καὶ ἡμεῖς ἐσμεν μάρτυρες τῶν ῥημάτων τούτων καὶ τὸ πνεῦμα τὸ ἅγιον ὃ ἔδωκεν
ὁ θεὸς
τοῖς πειθαρχοῦσιν αὐτῷ.

e **Acts 5,39** [38] ἐὰν ᾖ ἐξ ἀνθρώπων ἡ βουλὴ αὕτη ἢ τὸ ἔργον τοῦτο, καταλυθήσεται, [39] εἰ δὲ
ἐκ θεοῦ
ἐστιν, οὐ δυνήσεσθε καταλῦσαι αὐτούς, ...

Acts 6,2 ... οὐκ ἀρεστόν ἐστιν ἡμᾶς καταλείψαντας
τὸν λόγον τοῦ θεοῦ
διακονεῖν τραπέζαις.

Acts 6,7 καὶ
ὁ λόγος τοῦ θεοῦ
ηὔξανεν καὶ ἐπληθύνετο ὁ ἀριθμὸς τῶν μαθητῶν ἐν Ἰερουσαλὴμ σφόδρα, ...

Acts 6,11 ... ἀκηκόαμεν αὐτοῦ λαλοῦντος ῥήματα βλάσφημα εἰς Μωϋσῆν καὶ
τὸν θεόν.

Acts 7,2 ... ἄνδρες ἀδελφοὶ καὶ πατέρες, ἀκούσατε.
ὁ θεὸς τῆς δόξης
ὤφθη τῷ πατρὶ ἡμῶν Ἀβραὰμ ...

Acts 7,6 ἐλάλησεν δὲ οὕτως
ὁ θεὸς
ὅτι *ἔσται τὸ σπέρμα αὐτοῦ πάροικον ἐν γῇ ἀλλοτρίᾳ* ...
➤ Gen 15,13; Exod 2,22

Acts 7,7 *καὶ τὸ ἔθνος ᾧ ἐὰν δουλεύσουσιν κρινῶ ἐγώ,*
ὁ θεὸς
εἶπεν, *καὶ μετὰ ταῦτα ἐξελεύσονται* ...
➤ Gen 15,14

Acts 7,9 καὶ οἱ πατριάρχαι ζηλώσαντες τὸν Ἰωσὴφ ἀπέδοντο εἰς Αἴγυπτον. καὶ ἦν
ὁ θεὸς
μετ᾽ αὐτοῦ

Acts 7,17 καθὼς δὲ ἤγγιζεν ὁ χρόνος τῆς ἐπαγγελίας ἧς ὡμολόγησεν
ὁ θεὸς
τῷ Ἀβραάμ, ηὔξησεν ὁ λαὸς καὶ ἐπληθύνθη ἐν Αἰγύπτῳ

Acts 7,20 ἐν ᾧ καιρῷ ἐγεννήθη Μωϋσῆς καὶ ἦν ἀστεῖος
τῷ θεῷ· ...

Acts 7,25 ἐνόμιζεν δὲ συνιέναι τοὺς ἀδελφοὺς [αὐτοῦ] ὅτι
ὁ θεὸς
διὰ χειρὸς αὐτοῦ δίδωσιν σωτηρίαν αὐτοῖς· ...

Acts 7,32 (2) *ἐγὼ*
ὁ θεὸς τῶν πατέρων σου,
b ***ὁ θεὸς Ἀβραὰμ καὶ Ἰσαὰκ καὶ Ἰακώβ.***
ἔντρομος δὲ γενόμενος Μωϋσῆς οὐκ ἐτόλμα κατανοῆσαι.
➤ Exod 3,6

Acts 7,35 ... τοῦτον
ὁ θεὸς
[καὶ] ἄρχοντα καὶ λυτρωτὴν ἀπέσταλκεν σὺν χειρὶ ἀγγέλου τοῦ ὀφθέντος αὐτῷ ἐν τῇ βάτῳ.

Acts 7,37 ... *προφήτην ὑμῖν ἀναστήσει*
ὁ θεὸς
ἐκ τῶν ἀδελφῶν ὑμῶν ὡς ἐμέ.
➤ Deut 18,15

f **Acts 7,40** εἰπόντες τῷ Ἀαρών· *ποίησον ἡμῖν*
θεοὺς
οἳ προπορεύσονται ἡμῶν· ...
➤ Exod 32,1.23

Acts 7,42 ἔστρεψεν δὲ
ὁ θεὸς
καὶ παρέδωκεν αὐτοὺς λατρεύειν τῇ στρατιᾷ τοῦ οὐρανοῦ ...

Acts 7,43 *καὶ ἀνελάβετε τὴν σκηνὴν τοῦ Μολὸχ καὶ*
τὸ ἄστρον τοῦ θεοῦ [ὑμῶν] Ῥαιφάν,
τοὺς τύπους οὓς ἐποιήσατε προσκυνεῖν αὐτοῖς, ...
➤ Amos 5,26-27 LXX

Acts 7,45 ἣν καὶ εἰσήγαγον διαδεξάμενοι οἱ πατέρες ἡμῶν μετὰ Ἰησοῦ ἐν τῇ κατασχέσει τῶν ἐθνῶν, ὧν ἐξῶσεν
ὁ θεὸς
ἀπὸ προσώπου τῶν πατέρων ἡμῶν ἕως τῶν ἡμερῶν Δαυίδ,

Acts 7,46 ὃς εὗρεν χάριν
ἐνώπιον τοῦ θεοῦ
καὶ ᾐτήσατο εὑρεῖν σκήνωμα τῷ οἴκῳ Ἰακώβ.

Acts 7,55 (2) ὑπάρχων δὲ πλήρης πνεύματος ἁγίου ἀτενίσας εἰς τὸν οὐρανὸν εἶδεν
δόξαν θεοῦ
καὶ Ἰησοῦν ἑστῶτα
ἐκ δεξιῶν τοῦ θεοῦ

d **Acts 7,56** → Lk 22,69 ... ἰδοὺ θεωρῶ τοὺς οὐρανοὺς διηνοιγμένους καὶ τὸν υἱὸν τοῦ ἀνθρώπου
ἐκ δεξιῶν ἑστῶτα τοῦ θεοῦ.

Acts 8,10 ᾧ προσεῖχον πάντες ἀπὸ μικροῦ ἕως μεγάλου λέγοντες· οὗτός ἐστιν
ἡ δύναμις τοῦ θεοῦ
ἡ καλουμένη μεγάλη.

g **Acts 8,12** ὅτε δὲ ἐπίστευσαν τῷ Φιλίππῳ εὐαγγελιζομένῳ
περὶ τῆς βασιλείας τοῦ θεοῦ
καὶ τοῦ ὀνόματος Ἰησοῦ Χριστοῦ, ἐβαπτίζοντο ἄνδρες τε καὶ γυναῖκες.

Acts 8,14 ἀκούσαντες δὲ οἱ ἐν Ἱεροσολύμοις ἀπόστολοι ὅτι δέδεκται ἡ Σαμάρεια
τὸν λόγον τοῦ θεοῦ,
ἀπέστειλαν πρὸς αὐτοὺς Πέτρον καὶ Ἰωάννην

Acts 8,20 ... τὸ ἀργύριόν σου σὺν σοὶ εἴη εἰς ἀπώλειαν ὅτι
τὴν δωρεὰν τοῦ θεοῦ
ἐνόμισας διὰ χρημάτων κτᾶσθαι·

Acts 8,21 οὐκ ἔστιν σοι μερὶς οὐδὲ κλῆρος ἐν τῷ λόγῳ τούτῳ, ἡ γὰρ καρδία σου οὐκ ἔστιν εὐθεῖα
ἔναντι τοῦ θεοῦ.

d **Acts 9,20** καὶ εὐθέως ἐν ταῖς συναγωγαῖς ἐκήρυσσεν τὸν Ἰησοῦν ὅτι οὗτός ἐστιν
ὁ υἱὸς τοῦ θεοῦ.

Acts 10,2 (2) → Lk 7,5 [1] ... Κορνήλιος ... [2] εὐσεβὴς καὶ φοβούμενος
τὸν θεὸν
σὺν παντὶ τῷ οἴκῳ αὐτοῦ,
ποιῶν ἐλεημοσύνας πολλὰς τῷ λαῷ καὶ
δεόμενος τοῦ θεοῦ
διὰ παντός,

Acts 10,3 εἶδεν ἐν ὁράματι φανερῶς ὡσεὶ περὶ ὥραν ἐνάτην τῆς ἡμέρας
ἄγγελον τοῦ θεοῦ
εἰσελθόντα πρὸς αὐτὸν καὶ εἰπόντα αὐτῷ· Κορνήλιε.

Acts 10,4 → Lk 1,13 ... αἱ προσευχαί σου καὶ αἱ ἐλεημοσύναι σου ἀνέβησαν εἰς μνημόσυνον
ἔμπροσθεν τοῦ θεοῦ.

Acts 10,15 καὶ φωνὴ πάλιν ἐκ δευτέρου πρὸς αὐτόν· ἃ
ὁ θεὸς
ἐκαθάρισεν, σὺ μὴ κοίνου.

Acts 10,22 → Lk 7,5 ... Κορνήλιος ἑκατοντάρχης, ἀνὴρ δίκαιος καὶ φοβούμενος
τὸν θεὸν,
μαρτυρούμενός τε ὑπὸ ὅλου τοῦ ἔθνους τῶν Ἰουδαίων, ...

e **Acts 10,28** ... κἀμοὶ
ὁ θεὸς
ἔδειξεν μηδένα κοινὸν ἢ ἀκάθαρτον λέγειν ἄνθρωπον·

Acts 10,31 ... αἱ ἐλεημοσύναι σου ἐμνήσθησαν
ἐνώπιον τοῦ θεοῦ.

Acts 10,33 ... νῦν οὖν πάντες ἡμεῖς
ἐνώπιον τοῦ θεοῦ
πάρεσμεν ἀκοῦσαι πάντα τὰ προστεταγμένα σοι ὑπὸ τοῦ κυρίου.

Acts 10,34 ... ἐπ᾽ ἀληθείας καταλαμβάνομαι ὅτι οὐκ ἔστιν προσωπολήμπτης
ὁ θεός

Acts 10,38 (2) → Lk 3,22 Ἰησοῦν τὸν ἀπὸ Ναζαρέθ, ὡς ἔχρισεν αὐτὸν
ὁ θεὸς
πνεύματι ἁγίῳ καὶ δυνάμει,
→ Lk 4,18 → Lk 13,16 → Lk 24,19 ὃς διῆλθεν εὐεργετῶν καὶ ἰώμενος πάντας τοὺς καταδυναστευομένους ὑπὸ τοῦ διαβόλου, ὅτι
ὁ θεὸς
ἦν μετ᾽ αὐτοῦ.

Acts 10,40 τοῦτον
ὁ θεὸς
ἤγειρεν [ἐν] τῇ τρίτῃ ἡμέρᾳ καὶ ἔδωκεν αὐτὸν ἐμφανῆ γενέσθαι,

Acts 10,41 οὐ παντὶ τῷ λαῷ, ἀλλὰ μάρτυσιν τοῖς προκεχειροτονημένοις
ὑπὸ τοῦ θεοῦ,
ἡμῖν, ...

Acts 10,42 ... οὗτός ἐστιν ὁ ὡρισμένος
ὑπὸ τοῦ θεοῦ
κριτὴς ζώντων καὶ νεκρῶν.

Acts 10,46 ἤκουον γὰρ αὐτῶν λαλούντων γλώσσαις καὶ μεγαλυνόντων
τὸν θεόν. ...

Acts 11,1 ἤκουσαν δὲ οἱ ἀπόστολοι καὶ οἱ ἀδελφοὶ οἱ ὄντες κατὰ τὴν Ἰουδαίαν ὅτι καὶ τὰ ἔθνη ἐδέξαντο
τὸν λόγον τοῦ θεοῦ.

Acts 11,9 ἀπεκρίθη δὲ φωνὴ ἐκ δευτέρου ἐκ τοῦ οὐρανοῦ· ἃ
ὁ θεὸς
ἐκαθάρισεν, σὺ μὴ κοίνου.

Acts 11,17 (2) εἰ οὖν τὴν ἴσην δωρεὰν ἔδωκεν αὐτοῖς
ὁ θεὸς
ὡς καὶ ἡμῖν πιστεύσασιν ἐπὶ τὸν κύριον Ἰησοῦν Χριστόν,
ἐγὼ τίς ἤμην δυνατὸς κωλῦσαι
τὸν θεόν;

Acts 11,18 (2) ἀκούσαντες δὲ ταῦτα ἡσύχασαν καὶ ἐδόξασαν
τὸν θεὸν
λέγοντες·
ἄρα καὶ τοῖς ἔθνεσιν
ὁ θεὸς
τὴν μετάνοιαν εἰς ζωὴν ἔδωκεν.

Acts 11,23 ὃς παραγενόμενος καὶ ἰδὼν
τὴν χάριν [τὴν] τοῦ θεοῦ,
ἐχάρη καὶ παρεκάλει πάντας τῇ προθέσει τῆς καρδίας προσμένειν τῷ κυρίῳ.

Acts 12,5 ... προσευχὴ δὲ ἦν ἐκτενῶς γινομένη ὑπὸ τῆς ἐκκλησίας
πρὸς τὸν θεὸν
περὶ αὐτοῦ.

e **Acts 12,22** ὁ δὲ δῆμος ἐπεφώνει·
θεοῦ φωνὴ
καὶ οὐκ ἀνθρώπου.

Acts 12,23 παραχρῆμα δὲ ἐπάταξεν αὐτὸν ἄγγελος κυρίου ἀνθ' ὧν οὐκ ἔδωκεν τὴν δόξαν
τῷ θεῷ,
καὶ γενόμενος σκωληκόβρωτος ἐξέψυξεν.

Acts 12,24 **ὁ δὲ λόγος τοῦ θεοῦ**
ηὔξανεν καὶ ἐπληθύνετο.

Acts 13,5 καὶ γενόμενοι ἐν Σαλαμῖνι κατήγγελλον
τὸν λόγον τοῦ θεοῦ
ἐν ταῖς συναγωγαῖς τῶν Ἰουδαίων. ...

Acts 13,7 ... οὗτος προσκαλεσάμενος Βαρναβᾶν καὶ Σαῦλον ἐπεζήτησεν ἀκοῦσαι
τὸν λόγον τοῦ θεοῦ.

Acts 13,16 ... ἄνδρες Ἰσραηλῖται καὶ οἱ φοβούμενοι
τὸν θεόν,
ἀκούσατε.

Acts 13,17 **ὁ θεὸς τοῦ λαοῦ τούτου Ἰσραὴλ**
ἐξελέξατο τοὺς πατέρας ἡμῶν καὶ τὸν λαὸν ὕψωσεν ἐν τῇ παροικίᾳ ἐν γῇ Αἰγύπτου ...

Acts 13,21 κἀκεῖθεν ᾐτήσαντο βασιλέα καὶ ἔδωκεν αὐτοῖς
ὁ θεὸς
τὸν Σαοὺλ υἱὸν Κίς ...

Acts 13,23 τούτου
ὁ θεὸς
ἀπὸ τοῦ σπέρματος κατ' ἐπαγγελίαν ἤγαγεν τῷ Ἰσραὴλ σωτῆρα Ἰησοῦν

Acts 13,26 ἄνδρες ἀδελφοί, υἱοὶ γένους Ἀβραὰμ καὶ οἱ ἐν ὑμῖν φοβούμενοι
τὸν θεόν,
ἡμῖν ὁ λόγος τῆς σωτηρίας ταύτης ἐξαπεστάλη.

Acts 13,30 **ὁ δὲ θεὸς**
ἤγειρεν αὐτὸν ἐκ νεκρῶν

Acts 13,33 ὅτι ταύτην
ὁ θεὸς
ἐκπεπλήρωκεν τοῖς τέκνοις [αὐτῶν] ἡμῖν ἀναστήσας Ἰησοῦν ...

Acts 13,36 Δαυὶδ μὲν γὰρ ἰδίᾳ γενεᾷ ὑπηρετήσας
τῇ τοῦ θεοῦ βουλῇ
ἐκοιμήθη καὶ προσετέθη πρὸς τοὺς πατέρας αὐτοῦ ...

Acts 13,37 ὃν δὲ
ὁ θεὸς
ἤγειρεν, οὐκ εἶδεν διαφθοράν.

Acts 13,43 ... οἵτινες προσλαλοῦντες αὐτοῖς ἔπειθον αὐτοὺς προσμένειν
τῇ χάριτι τοῦ θεοῦ.

Acts 13,46 ... ὑμῖν ἦν ἀναγκαῖον πρῶτον λαληθῆναι
τὸν λόγον τοῦ θεοῦ·
...

fe **Acts 14,11** οἵ τε ὄχλοι ἰδόντες ὃ ἐποίησεν Παῦλος ἐπῆραν τὴν φωνὴν αὐτῶν Λυκαονιστὶ λέγοντες·
οἱ θεοὶ
ὁμοιωθέντες ἀνθρώποις κατέβησαν πρὸς ἡμᾶς

e **Acts 14,15** ... καὶ ἡμεῖς ὁμοιοπαθεῖς ἐσμεν ὑμῖν ἄνθρωποι εὐαγγελιζόμενοι ὑμᾶς ἀπὸ τούτων τῶν ματαίων ἐπιστρέφειν
ἐπὶ θεὸν ζῶντα, ...
➤ Exod 20,11/Ps 146,6

g **Acts 14,22** → Lk 24,26 ... παρακαλοῦντες ἐμμένειν τῇ πίστει καὶ ὅτι διὰ πολλῶν θλίψεων δεῖ ἡμᾶς εἰσελθεῖν
εἰς τὴν βασιλείαν τοῦ θεοῦ.

Acts 14,26 κἀκεῖθεν ἀπέπλευσαν εἰς Ἀντιόχειαν, ὅθεν ἦσαν παραδεδομένοι
τῇ χάριτι τοῦ θεοῦ
εἰς τὸ ἔργον ὃ ἐπλήρωσαν.

Acts 14,27 παραγενόμενοι δὲ καὶ συναγαγόντες τὴν ἐκκλησίαν ἀνήγγελλον ὅσα ἐποίησεν
ὁ θεὸς
μετ' αὐτῶν καὶ ὅτι ἤνοιξεν τοῖς ἔθνεσιν θύραν πίστεως.

Acts 15,4 ... ἀνήγγειλάν τε ὅσα
ὁ θεὸς
ἐποίησεν μετ' αὐτῶν.

Acts 15,7 ... ἄνδρες ἀδελφοί, ὑμεῖς ἐπίστασθε ὅτι ἀφ' ἡμερῶν ἀρχαίων ἐν ὑμῖν ἐξελέξατο
ὁ θεὸς
διὰ τοῦ στόματός μου ἀκοῦσαι τὰ ἔθνη τὸν λόγον τοῦ εὐαγγελίου καὶ πιστεῦσαι.

Acts 15,8 καὶ
ὁ καρδιογνώστης θεὸς
ἐμαρτύρησεν αὐτοῖς δοὺς τὸ πνεῦμα τὸ ἅγιον καθὼς καὶ ἡμῖν

Acts 15,10 νῦν οὖν τί πειράζετε
τὸν θεόν
ἐπιθεῖναι ζυγὸν ἐπὶ τὸν τράχηλον τῶν μαθητῶν ὃν οὔτε οἱ πατέρες ἡμῶν οὔτε ἡμεῖς ἰσχύσαμεν βαστάσαι;

Acts 15,12 ἐσίγησεν δὲ πᾶν τὸ πλῆθος καὶ ἤκουον Βαρναβᾶ καὶ Παύλου ἐξηγουμένων ὅσα ἐποίησεν
ὁ θεὸς
σημεῖα καὶ τέρατα ἐν τοῖς ἔθνεσιν δι' αὐτῶν.

Acts 15,14 Συμεὼν ἐξηγήσατο καθὼς πρῶτον
ὁ θεὸς
ἐπεσκέψατο λαβεῖν ἐξ ἐθνῶν λαὸν τῷ ὀνόματι αὐτοῦ.

Acts 15,19 διὸ ἐγὼ κρίνω μὴ παρενοχλεῖν τοῖς ἀπὸ τῶν ἐθνῶν ἐπιστρέφουσιν
ἐπὶ τὸν θεόν

Acts 16,10 ... εὐθέως ἐζητήσαμεν ἐξελθεῖν εἰς Μακεδονίαν συμβιβάζοντες ὅτι προσκέκληται ἡμᾶς
ὁ θεὸς
εὐαγγελίσασθαι αὐτούς.

Acts 16,14 καί τις γυνὴ ὀνόματι Λυδία, πορφυρόπωλις πόλεως Θυατείρων σεβομένη
τὸν θεόν,
ἤκουεν, ἧς ὁ κύριος διήνοιξεν τὴν καρδίαν ...

e **Acts 16,17** ... οὗτοι οἱ ἄνθρωποι
δοῦλοι τοῦ θεοῦ τοῦ ὑψίστου
εἰσίν, οἵτινες καταγγέλλουσιν ὑμῖν ὁδὸν σωτηρίας.

Acts 16,25 κατὰ δὲ τὸ μεσονύκτιον Παῦλος καὶ Σιλᾶς προσευχόμενοι ὕμνουν
τὸν θεόν,
ἐπηκροῶντο δὲ αὐτῶν οἱ δέσμιοι.

Acts 16,34 ἀναγαγών τε αὐτοὺς εἰς τὸν οἶκον παρέθηκεν τράπεζαν καὶ ἠγαλλιάσατο πανοικεὶ πεπιστευκὼς
τῷ θεῷ.

Acts 17,13 ὡς δὲ ἔγνωσαν οἱ ἀπὸ τῆς Θεσσαλονίκης Ἰουδαῖοι ὅτι καὶ ἐν τῇ Βεροίᾳ κατηγγέλη ὑπὸ τοῦ Παύλου
ὁ λόγος τοῦ θεοῦ, ...

Acts 17,23 ... εὗρον καὶ βωμὸν ἐν ᾧ ἐπεγέγραπτο·
Ἀγνώστῳ θεῷ.
ὃ οὖν ἀγνοοῦντες εὐσεβεῖτε, τοῦτο ἐγὼ καταγγέλλω ὑμῖν.

Acts 17,24 **ὁ θεὸς**
ὁ ποιήσας τὸν κόσμον καὶ πάντα τὰ ἐν αὐτῷ, οὗτος οὐρανοῦ καὶ γῆς ὑπάρχων κύριος ...

Acts 17,27 ζητεῖν
τὸν θεόν,
εἰ ἄρα γε ψηλαφήσειαν αὐτὸν καὶ εὕροιεν, ...

Acts 17,29 **γένος οὖν ὑπάρχοντες τοῦ θεοῦ**
οὐκ ὀφείλομεν νομίζειν χρυσῷ ἢ ἀργύρῳ ἢ λίθῳ, χαράγματι τέχνης καὶ ἐνθυμήσεως ἀνθρώπου, τὸ θεῖον εἶναι ὅμοιον.

e **Acts 17,30** τοὺς μὲν οὖν χρόνους τῆς ἀγνοίας ὑπεριδὼν
ὁ θεός,
τὰ νῦν παραγγέλλει τοῖς ἀνθρώποις πάντας πανταχοῦ μετανοεῖν

Acts 18,7 καὶ μεταβὰς ἐκεῖθεν εἰσῆλθεν εἰς οἰκίαν τινὸς ὀνόματι Τιτίου Ἰούστου σεβομένου
τὸν θεόν, ...

Acts 18,11 ἐκάθισεν δὲ ἐνιαυτὸν καὶ μῆνας ἓξ διδάσκων ἐν αὐτοῖς
τὸν λόγον τοῦ θεοῦ.

e **Acts 18,13** λέγοντες ὅτι παρὰ τὸν νόμον ἀναπείθει οὗτος τοὺς ἀνθρώπους σέβεσθαι
τὸν θεόν.

Acts 18,21 ... πάλιν ἀνακάμψω πρὸς ὑμᾶς
τοῦ θεοῦ
θέλοντος, ἀνήχθη ἀπὸ τῆς Ἐφέσου

Acts 18,26 ... ἀκούσαντες δὲ αὐτοῦ Πρίσκιλλα καὶ Ἀκύλας προσελάβοντο αὐτὸν καὶ ἀκριβέστερον αὐτῷ ἐξέθεντο
τὴν ὁδὸν [τοῦ θεοῦ].

g **Acts 19,8** ... ἐπαρρησιάζετο ἐπὶ μῆνας τρεῖς διαλεγόμενος καὶ πείθων [τὰ]
περὶ τῆς βασιλείας τοῦ θεοῦ.

Acts 19,11 δυνάμεις τε οὐ τὰς τυχούσας
ὁ θεὸς
ἐποίει διὰ τῶν χειρῶν Παύλου

f **Acts 19,26** ... οὐ μόνον Ἐφέσου ἀλλὰ σχεδὸν πάσης τῆς Ἀσίας ὁ Παῦλος οὗτος πείσας μετέστησεν ἱκανὸν ὄχλον λέγων ὅτι οὐκ εἰσὶν
θεοὶ
οἱ διὰ χειρῶν γινόμενοι.

Acts 20,21 διαμαρτυρόμενος Ἰουδαίοις τε καὶ Ἕλλησιν τὴν
εἰς θεὸν
μετάνοιαν καὶ πίστιν εἰς τὸν κύριον ἡμῶν Ἰησοῦν.

Acts 20,24 ... ὡς τελειῶσαι τὸν δρόμον μου καὶ τὴν διακονίαν ἣν ἔλαβον παρὰ τοῦ κυρίου Ἰησοῦ, διαμαρτύρασθαι
τὸ εὐαγγέλιον τῆς χάριτος τοῦ θεοῦ.

Acts 20,27 οὐ γὰρ ὑπεστειλάμην τοῦ μὴ ἀναγγεῖλαι
πᾶσαν τὴν βουλὴν τοῦ θεοῦ
ὑμῖν.

Acts 20,28 προσέχετε ἑαυτοῖς καὶ παντὶ τῷ ποιμνίῳ, ἐν ᾧ ὑμᾶς τὸ πνεῦμα τὸ ἅγιον ἔθετο ἐπισκόπους ποιμαίνειν
τὴν ἐκκλησίαν τοῦ θεοῦ, ...

Acts 20,32 καὶ τὰ νῦν παρατίθεμαι ὑμᾶς
τῷ θεῷ
καὶ τῷ λόγῳ τῆς χάριτος αὐτοῦ, τῷ δυναμένῳ οἰκοδομῆσαι ...

Acts 21,19 καὶ ἀσπασάμενος αὐτοὺς ἐξηγεῖτο καθ᾽ ἓν ἕκαστον, ὧν ἐποίησεν
ὁ θεὸς
ἐν τοῖς ἔθνεσιν διὰ τῆς διακονίας αὐτοῦ.

Acts 21,20 οἱ δὲ ἀκούσαντες ἐδόξαζον
τὸν θεόν
εἶπόν τε αὐτῷ· θεωρεῖς, ἀδελφέ, πόσαι μυριάδες εἰσὶν ἐν τοῖς Ἰουδαίοις τῶν πεπιστευκότων ...

Acts 22,3 ἐγώ εἰμι ἀνὴρ Ἰουδαῖος, ... παρὰ τοὺς πόδας Γαμαλιὴλ πεπαιδευμένος κατὰ ἀκρίβειαν τοῦ πατρῴου νόμου,
ζηλωτὴς ὑπάρχων τοῦ θεοῦ
καθὼς πάντες ὑμεῖς ἐστε σήμερον·

Acts 22,14 **... ὁ θεὸς τῶν πατέρων ἡμῶν**
προεχειρίσατό σε γνῶναι τὸ θέλημα αὐτοῦ ...

Acts 23,1 ... ἄνδρες ἀδελφοί, ἐγὼ πάσῃ συνειδήσει ἀγαθῇ πεπολίτευμαι
τῷ θεῷ
ἄχρι ταύτης τῆς ἡμέρας.

Acts 23,3 ... τύπτειν σε μέλλει
ὁ θεός,
τοῖχε κεκονιαμένε· ...

Acts 23,4 οἱ δὲ παρεστῶτες εἶπαν·
τὸν ἀρχιερέα τοῦ θεοῦ
λοιδορεῖς;

Acts 24,14 ... οὕτως λατρεύω
τῷ πατρῴῳ θεῷ
πιστεύων πᾶσι τοῖς κατὰ τὸν νόμον καὶ τοῖς ἐν τοῖς προφήταις γεγραμμένοις,

Acts 24,15 ἐλπίδα ἔχων
εἰς τὸν θεόν
ἣν καὶ αὐτοὶ οὗτοι προσδέχονται, ...

e **Acts 24,16** ἐν τούτῳ καὶ αὐτὸς ἀσκῶ ἀπρόσκοπον συνείδησιν ἔχειν
πρὸς τὸν θεὸν
καὶ τοὺς ἀνθρώπους διὰ παντός.

Acts 26,6 καὶ νῦν ἐπ' ἐλπίδι τῆς εἰς τοὺς πατέρας ἡμῶν ἐπαγγελίας γενομένης
ὑπὸ τοῦ θεοῦ
ἕστηκα κρινόμενος

Acts 26,8 τί ἄπιστον κρίνεται παρ' ὑμῖν εἰ
ὁ θεὸς
νεκροὺς ἐγείρει;

Acts 26,18 ... τοῦ ἐπιστρέψαι ἀπὸ σκότους εἰς φῶς καὶ τῆς ἐξουσίας τοῦ σατανᾶ
ἐπὶ τὸν θεόν,
τοῦ λαβεῖν αὐτοὺς ἄφεσιν ἁμαρτιῶν ...

Acts 26,20 ... καὶ ἐπιστρέφειν
ἐπὶ τὸν θεόν,
ἄξια τῆς μετανοίας ἔργα πράσσοντας.

Acts 26,22 ἐπικουρίας οὖν τυχὼν
τῆς ἀπὸ τοῦ θεοῦ
ἄχρι τῆς ἡμέρας ταύτης ...

Acts 26,29 ... εὐξαίμην ἂν
τῷ θεῷ
καὶ ἐν ὀλίγῳ καὶ ἐν μεγάλῳ οὐ μόνον σὲ ἀλλὰ καὶ πάντας τοὺς ἀκούοντάς μου σήμερον γενέσθαι τοιούτους ὁποῖος καὶ ἐγώ εἰμι ...

Acts 27,23 παρέστη γάρ μοι ταύτῃ τῇ νυκτὶ
τοῦ θεοῦ, οὗ εἰμι [ἐγώ] ᾧ καὶ λατρεύω, ἄγγελος

Acts 27,24 λέγων· μὴ φοβοῦ, Παῦλε, Καίσαρί σε δεῖ παραστῆναι, καὶ ἰδοὺ κεχάρισταί σοι
ὁ θεὸς
πάντας τοὺς πλέοντας μετὰ σοῦ.

Acts 27,25 ... πιστεύω γὰρ
τῷ θεῷ
ὅτι οὕτως ἔσται καθ' ὃν τρόπον λελάληταί μοι.

Acts 27,35 εἴπας δὲ ταῦτα καὶ λαβὼν ἄρτον εὐχαρίστησεν
τῷ θεῷ
ἐνώπιον πάντων καὶ κλάσας ἤρξατο ἐσθίειν.

Acts 28,6 ... μεταβαλόμενοι ἔλεγον αὐτὸν εἶναι
θεόν.

Acts 28,15 ... οὓς ἰδὼν ὁ Παῦλος εὐχαριστήσας
τῷ θεῷ
ἔλαβε θάρσος.

g **Acts 28,23** ... ἦλθον πρὸς αὐτὸν εἰς τὴν ξενίαν πλείονες οἷς ἐξετίθετο διαμαρτυρόμενος
τὴν βασιλείαν τοῦ θεοῦ,
πείθων τε αὐτοὺς περὶ τοῦ Ἰησοῦ ἀπό τε τοῦ νόμου Μωϋσέως καὶ τῶν προφητῶν, ...

Acts 28,28 γνωστὸν οὖν ἔστω ὑμῖν ὅτι τοῖς ἔθνεσιν ἀπεστάλη
τοῦτο τὸ σωτήριον τοῦ θεοῦ·
αὐτοὶ καὶ ἀκούσονται.

g **Acts 28,31** κηρύσσων
τὴν βασιλείαν τοῦ θεοῦ
καὶ διδάσκων τὰ περὶ τοῦ κυρίου Ἰησοῦ Χριστοῦ ...

Θεόφιλος	Syn 1	Mt	Mk	Lk 1	Acts 1	Jn	1-3John	Paul	Eph	Col
	NT 2	2Thess	1/2Tim	Tit	Heb	Jas	1Pet	2Pet	Jude	Rev

Theophilus

002 **Lk 1,3** ἔδοξε κἀμοὶ παρηκολουθηκότι ἄνωθεν πᾶσιν ἀκριβῶς καθεξῆς σοι γράψαι,
κράτιστε Θεόφιλε

Acts 1,1 τὸν μὲν πρῶτον λόγον ἐποιησάμην περὶ πάντων,
ὦ Θεόφιλε,
ὧν ἤρξατο ὁ Ἰησοῦς ποιεῖν τε καὶ διδάσκειν

θεραπεία

Syn 2	Mt	Mk 2	Lk	Acts	Jn	1-3John	Paul	Eph	Col
NT 3	2Thess	1/2Tim	Tit	Heb	Jas	1Pet	2Pet	Jude	Rev 1

treatment; healing; (household) servants

code	Mt		Mk		Lk		
112	**Mt 14,14** → Mt 9,36 → Mt 15,32	καὶ ἐξελθὼν εἶδεν πολὺν ὄχλον, καὶ ἐσπλαγχνίσθη ἐπ' αὐτοῖς καὶ ἐθεράπευσεν **τοὺς ἀρρώστους αὐτῶν.**	**Mk 6,34** → Mk 8,2	καὶ ἐξελθὼν εἶδεν πολὺν ὄχλον, καὶ ἐσπλαγχνίσθη ἐπ' αὐτούς, ... καὶ ἤρξατο διδάσκειν αὐτοὺς πολλά.	**Lk 9,11**	... καὶ ἀποδεξάμενος αὐτοὺς ἐλάλει αὐτοῖς περὶ τῆς βασιλείας τοῦ θεοῦ, καὶ **τοὺς χρείαν ἔχοντας θεραπείας** ἰᾶτο.	
102	**Mt 24,45**	τίς ἄρα ἐστὶν ὁ πιστὸς δοῦλος καὶ φρόνιμος ὃν κατέστησεν ὁ κύριος **ἐπὶ τῆς οἰκετείας αὐτοῦ** τοῦ δοῦναι αὐτοῖς τὴν τροφὴν ἐν καιρῷ;			**Lk 12,42**	... τίς ἄρα ἐστὶν ὁ πιστὸς οἰκονόμος ὁ φρόνιμος, ὃν καταστήσει ὁ κύριος **ἐπὶ τῆς θεραπείας αὐτοῦ** τοῦ διδόναι ἐν καιρῷ [τὸ] σιτομέτριον;	

θεραπεύω

Syn 35	Mt 16	Mk 5	Lk 14	Acts 5	Jn 1	1-3John	Paul	Eph	Col
NT 43	2Thess	1/2Tim	Tit	Heb	Jas	1Pet	2Pet	Jude	Rev 2

serve; care for; wait upon; treat (medically); heal; restore

	triple tradition																	double tradition			Sondergut		
		+Mt / +Lk			–Mt / –Lk			traditions not taken over by Mt / Lk							subtotals								
code	*222*	*211*	*112*	*212*	*221*	*122*	*121*	*022*	*012*	*021*	*220*	*120*	*210*	*020*	Σ^+	Σ^-	Σ	*202*	*201*	*102*	*200*	*002*	total
Mt	3	4^+		1^+								1^-	3^+		8^+	1^-	11	1	1		3		**16**
Mk	3							1				1					5						**5**
Lk	3			1^+				1	2^+						3^+		7	1				6	**14**

code	Mt		Mk		Lk		
002					**Lk 4,23**	... πάντως ἐρεῖτέ μοι τὴν παραβολὴν ταύτην· ἰατρέ, **θεράπευσον** σεαυτόν· ...	
222	**Mt 8,16** ⇩ Mt 4,24 ↓ Mt 12,15	ὀψίας δὲ γενομένης προσήνεγκαν αὐτῷ δαιμονιζομένους πολλούς· καὶ ἐξέβαλεν τὰ πνεύματα λόγῳ καὶ πάντας τοὺς κακῶς ἔχοντας **ἐθεράπευσεν**	**Mk 1,34** ↓ Mk 3,10	[32] ὀψίας δὲ γενομένης, ὅτε ἔδυ ὁ ἥλιος, ἔφερον πρὸς αὐτὸν πάντας τοὺς κακῶς ἔχοντας καὶ τοὺς δαιμονιζομένους· [33] ... [34] καὶ **ἐθεράπευσεν** πολλοὺς κακῶς ἔχοντας ποικίλαις νόσοις καὶ δαιμόνια πολλὰ ἐξέβαλεν, ...	**Lk 4,40** ↓ Lk 6,18	δύνοντος δὲ τοῦ ἡλίου ἅπαντες ὅσοι εἶχον ἀσθενοῦντας νόσοις ποικίλαις ἤγαγον αὐτοὺς πρὸς αὐτόν· ὁ δὲ ἑνὶ ἑκάστῳ αὐτῶν τὰς χεῖρας ἐπιτιθεὶς **ἐθεράπευεν** αὐτούς. [41] ἐξήρχετο δὲ καὶ δαιμόνια ἀπὸ πολλῶν ...	

211	**Mt 4,23** ⇩ Mt 9,35 → Mk 1,21	καὶ περιῆγεν ἐν ὅλῃ τῇ Γαλιλαίᾳ διδάσκων ἐν ταῖς συναγωγαῖς αὐτῶν καὶ κηρύσσων τὸ εὐαγγέλιον τῆς βασιλείας καὶ θεραπεύων πᾶσαν νόσον καὶ πᾶσαν μαλακίαν ἐν τῷ λαῷ.	**Mk 1,39** ↓ Mk 6,6	καὶ ἦλθεν κηρύσσων εἰς τὰς συναγωγὰς αὐτῶν εἰς ὅλην τὴν Γαλιλαίαν καὶ τὰ δαιμόνια ἐκβάλλων.	**Lk 4,44** → Lk 4,15 ↓ Lk 8,1	καὶ ἦν κηρύσσων εἰς τὰς συναγωγὰς τῆς Ἰουδαίας.	
			Mk 6,6 ↑ Mk 1,39	... καὶ περιῆγεν τὰς κώμας κύκλῳ διδάσκων.	**Lk 8,1** → Lk 4,15 ↑ Lk 4,44 → Lk 13,22	καὶ ἐγένετο ἐν τῷ καθεξῆς καὶ αὐτὸς διώδευεν κατὰ πόλιν καὶ κώμην κηρύσσων καὶ εὐαγγελιζόμενος τὴν βασιλείαν τοῦ θεοῦ καὶ οἱ δώδεκα σὺν αὐτῷ	
012			**Mk 1,45** → Mt 9,31	ὁ δὲ ἐξελθὼν ἤρξατο κηρύσσειν πολλὰ καὶ διαφημίζειν τὸν λόγον, ... καὶ ἤρχοντο πρὸς αὐτὸν πάντοθεν.	**Lk 5,15** ↓ Lk 6,18 → Lk 7,17	διήρχετο δὲ μᾶλλον ὁ λόγος περὶ αὐτοῦ, καὶ συνήρχοντο ὄχλοι πολλοὶ ἀκούειν καὶ θεραπεύεσθαι ἀπὸ τῶν ἀσθενειῶν αὐτῶν·	
222	**Mt 12,10**	... καὶ ἐπηρώτησαν αὐτὸν λέγοντες· εἰ ἔξεστιν τοῖς σάββασιν θεραπεῦσαι; ἵνα κατηγορήσωσιν αὐτοῦ.	**Mk 3,2**	καὶ παρετήρουν αὐτὸν εἰ τοῖς σάββασιν θεραπεύσει αὐτόν, ἵνα κατηγορήσωσιν αὐτοῦ.	**Lk 6,7** ↓ Lk 14,3 → Lk 11,53-54 → Lk 20,20	παρετηροῦντο δὲ αὐτὸν οἱ γραμματεῖς καὶ οἱ Φαρισαῖοι εἰ ἐν τῷ σαββάτῳ θεραπεύει, ἵνα εὕρωσιν κατηγορεῖν αὐτοῦ.	
200	**Mt 4,24** ⇩ Mt 8,16 ↓ Mt 12,15	... καὶ προσήνεγκαν αὐτῷ πάντας τοὺς κακῶς ἔχοντας ποικίλαις νόσοις καὶ βασάνοις συνεχομένους [καὶ] δαιμονιζομένους καὶ σεληνιαζομένους καὶ παραλυτικούς, καὶ ἐθεράπευσεν αὐτούς.	**Mk 1,34** ↓ Mk 3,10	[32] ὀψίας δὲ γενομένης, ὅτε ἔδυ ὁ ἥλιος, ἔφερον πρὸς αὐτὸν πάντας τοὺς κακῶς ἔχοντας καὶ τοὺς δαιμονιζομένους· [33] ... [34] καὶ ἐθεράπευσεν πολλοὺς κακῶς ἔχοντας ποικίλαις νόσοις καὶ δαιμόνια πολλὰ ἐξέβαλεν, ...	**Lk 4,40** ↓ Lk 6,18	δύνοντος δὲ τοῦ ἡλίου ἅπαντες ὅσοι εἶχον ἀσθενοῦντας νόσοις ποικίλαις ἤγαγον αὐτοὺς πρὸς αὐτόν· ὁ δὲ ἑνὶ ἑκάστῳ αὐτῶν τὰς χεῖρας ἐπιτιθεὶς ἐθεράπευεν αὐτούς. [41] ἐξήρχετο δὲ καὶ δαιμόνια ἀπὸ πολλῶν ...	
222	**Mt 12,15** ↑ Mt 4,24 ↓ Mt 8,16	ὁ δὲ Ἰησοῦς γνοὺς ἀνεχώρησεν ἐκεῖθεν. καὶ ἠκολούθησαν αὐτῷ [ὄχλοι] πολλοί, καὶ ἐθεράπευσεν αὐτοὺς πάντας	**Mk 3,10** ↑ Mk 1,34 → Lk 4,41	[8] ... πλῆθος πολύ ἀκούοντες ὅσα ἐποίει ἦλθον πρὸς αὐτόν. [9] ... [10] πολλοὺς γὰρ ἐθεράπευσεν, ὥστε ἐπιπίπτειν αὐτῷ ἵνα αὐτοῦ ἅψωνται ὅσοι εἶχον μάστιγας. [11] καὶ τὰ πνεύματα τὰ ἀκάθαρτα, ὅταν αὐτὸν ἐθεώρουν, προσέπιπτον αὐτῷ ...	**Lk 6,18** ↑ Lk 4,40 ↑ Lk 5,15 ↓ Lk 7,21	οἳ ἦλθον ἀκοῦσαι αὐτοῦ καὶ ἰαθῆναι ἀπὸ τῶν νόσων αὐτῶν· καὶ οἱ ἐνοχλούμενοι ἀπὸ πνευμάτων ἀκαθάρτων ἐθεραπεύοντο, [19] καὶ πᾶς ὁ ὄχλος ἐζήτουν ἅπτεσθαι αὐτοῦ, ὅτι δύναμις παρ' αὐτοῦ ἐξήρχετο καὶ ἰᾶτο πάντας.	
201	**Mt 8,7** → Lk 7,6	καὶ λέγει αὐτῷ· ἐγὼ ἐλθὼν θεραπεύσω αὐτόν.			**Lk 7,3**	... ἐρωτῶν αὐτὸν ὅπως ἐλθὼν διασώσῃ τὸν δοῦλον αὐτοῦ.	→ Jn 4,47

222	**Mt 8,16** ⇑ Mt 4,24 ↓ Mt 12,15	ὀψίας δὲ γενομένης προσήνεγκαν αὐτῷ δαιμονιζομένους πολλούς· καὶ ἐξέβαλεν τὰ πνεύματα λόγῳ καὶ πάντας τοὺς κακῶς ἔχοντας **ἐθεράπευσεν**	**Mk 1,34** ↑ Mk 3,10	[32] ὀψίας δὲ γενομένης, ὅτε ἔδυ ὁ ἥλιος, ἔφερον πρὸς αὐτὸν πάντας τοὺς κακῶς ἔχοντας καὶ τοὺς δαιμονιζομένους· [33] ... [34] καὶ **ἐθεράπευσεν** πολλοὺς κακῶς ἔχοντας ποικίλαις νόσοις καὶ δαιμόνια πολλὰ ἐξέβαλεν, ...	**Lk 4,40** ↑ Lk 6,18	δύνοντος δὲ τοῦ ἡλίου ἅπαντες ὅσοι εἶχον ἀσθενοῦντας νόσοις ποικίλαις ἤγαγον αὐτοὺς πρὸς αὐτόν· ὁ δὲ ἑνὶ ἑκάστῳ αὐτῶν τὰς χεῖρας ἐπιτιθεὶς **ἐθεράπευεν** αὐτούς. [41] ἐξήρχετο δὲ καὶ δαιμόνια ἀπὸ πολλῶν ...	
210	**Mt 9,35** ⇑ Mt 4,23 → Mk 1,21	καὶ περιῆγεν ὁ Ἰησοῦς τὰς πόλεις πάσας καὶ τὰς κώμας διδάσκων ἐν ταῖς συναγωγαῖς αὐτῶν καὶ κηρύσσων τὸ εὐαγγέλιον τῆς βασιλείας καὶ **θεραπεύων** πᾶσαν νόσον καὶ πᾶσαν μαλακίαν.	**Mk 6,6** ↓ Mk 1,39	... καὶ περιῆγεν τὰς κώμας κύκλῳ διδάσκων.	**Lk 8,1** → Lk 4,15 ↓ Lk 4,44 → Lk 13,22	καὶ ἐγένετο ἐν τῷ καθεξῆς καὶ αὐτὸς διώδευεν κατὰ πόλιν καὶ κώμην κηρύσσων καὶ εὐαγγελιζόμενος τὴν βασιλείαν τοῦ θεοῦ καὶ οἱ δώδεκα σὺν αὐτῷ	
			Mk 1,39 ↑ Mk 6,6	καὶ ἦλθεν κηρύσσων εἰς τὰς συναγωγὰς αὐτῶν εἰς ὅλην τὴν Γαλιλαίαν καὶ τὰ δαιμόνια ἐκβάλλων.	**Lk 4,44** → Lk 4,15 ↑ Lk 8,1	καὶ ἦν κηρύσσων εἰς τὰς συναγωγὰς τῆς Ἰουδαίας.	
212	**Mt 10,1** → Mk 3,13	καὶ προσκαλεσάμενος τοὺς δώδεκα μαθητὰς αὐτοῦ ἔδωκεν αὐτοῖς ἐξουσίαν πνευμάτων ἀκαθάρτων ὥστε ἐκβάλλειν αὐτὰ καὶ **θεραπεύειν** πᾶσαν νόσον καὶ πᾶσαν μαλακίαν.	**Mk 6,7** → Mk 3,14-15 → Mt 10,5 → Lk 9,2	καὶ προσκαλεῖται τοὺς δώδεκα καὶ ἤρξατο αὐτοὺς ἀποστέλλειν δύο δύο καὶ ἐδίδου αὐτοῖς ἐξουσίαν τῶν πνευμάτων τῶν ἀκαθάρτων	**Lk 9,1** → Lk 10,1	συγκαλεσάμενος δὲ τοὺς δώδεκα ἔδωκεν αὐτοῖς δύναμιν καὶ ἐξουσίαν ἐπὶ πάντα τὰ δαιμόνια καὶ νόσους **θεραπεύειν**	
202	**Mt 10,8**	ἀσθενοῦντας **θεραπεύετε,** νεκροὺς ἐγείρετε, λεπροὺς καθαρίζετε, δαιμόνια ἐκβάλλετε· ...			**Lk 10,9**	καὶ **θεραπεύετε** τοὺς ἐν αὐτῇ ἀσθενεῖς ...	→ GTh 14,4
002					**Lk 7,21** ↑ Lk 6,18	ἐν ἐκείνῃ τῇ ὥρᾳ **ἐθεράπευσεν** πολλοὺς ἀπὸ νόσων καὶ μαστίγων ...	
002					**Lk 8,2** → Mt 27,55-56 → Mk 15,40-41 → Lk 23,49.55 → Lk 24,10	καὶ γυναῖκές τινες αἳ ἦσαν **τεθεραπευμέναι** ἀπὸ πνευμάτων πονηρῶν καὶ ἀσθενειῶν, Μαρία ἡ καλουμένη Μαγδαληνή, ἀφ᾽ ἧς δαιμόνια ἑπτὰ ἐξεληλύθει	
222	**Mt 12,10**	... καὶ ἐπηρώτησαν αὐτὸν λέγοντες· εἰ ἔξεστιν τοῖς σάββασιν **θεραπεῦσαι;** ἵνα κατηγορήσωσιν αὐτοῦ.	**Mk 3,2**	καὶ παρετήρουν αὐτὸν εἰ τοῖς σάββασιν **θεραπεύσει** αὐτόν, ἵνα κατηγορήσωσιν αὐτοῦ.	**Lk 6,7** ↓ Lk 14,3	παρετηροῦντο δὲ αὐτὸν οἱ γραμματεῖς καὶ οἱ Φαρισαῖοι εἰ ἐν τῷ σαββάτῳ **θεραπεύει,** ἵνα εὕρωσιν κατηγορεῖν αὐτοῦ.	

222	**Mt 12,15** ↑ Mt 4,24 ↑ Mt 8,16	ὁ δὲ Ἰησοῦς γνοὺς ἀνεχώρησεν ἐκεῖθεν. καὶ ἠκολούθησαν αὐτῷ [ὄχλοι] πολλοί, καὶ **ἐθεράπευσεν** αὐτοὺς πάντας	**Mk 3,10** ↑ Mk 1,34 → Lk 4,41	[8] ... πλῆθος πολὺ ἀκούοντες ὅσα ἐποίει ἦλθον πρὸς αὐτόν. [9] ... [10] πολλοὺς γὰρ **ἐθεράπευσεν,** ὥστε ἐπιπίπτειν αὐτῷ ἵνα αὐτοῦ ἅψωνται ὅσοι εἶχον μάστιγας. [11] καὶ τὰ πνεύματα τὰ ἀκάθαρτα, ὅταν αὐτὸν ἐθεώρουν, προσέπιπτον αὐτῷ ...	**Lk 6,18** ↑ Lk 4,40 ↑ Lk 5,15	οἳ ἦλθον ἀκοῦσαι αὐτοῦ καὶ ἰαθῆναι ἀπὸ τῶν νόσων αὐτῶν· καὶ οἱ ἐνοχλούμενοι ἀπὸ πνευμάτων ἀκαθάρτων **ἐθεραπεύοντο,** [19] καὶ πᾶς ὁ ὄχλος ἐζήτουν ἅπτεσθαι αὐτοῦ, ὅτι δύναμις παρ' αὐτοῦ ἐξήρχετο καὶ ἰᾶτο πάντας.
200	**Mt 12,22** ⇨ Mt 9,32-33	τότε προσηνέχθη αὐτῷ δαιμονιζόμενος τυφλὸς καὶ κωφός, καὶ **ἐθεράπευσεν** αὐτόν, ὥστε τὸν κωφὸν λαλεῖν καὶ βλέπειν.			**Lk 11,14**	καὶ ἦν **ἐκβάλλων** δαιμόνιον [καὶ αὐτὸ ἦν] κωφόν· ἐγένετο δὲ τοῦ δαιμονίου ἐξελθόντος ἐλάλησεν ὁ κωφὸς ...
012			**Mk 5,26** → Mt 9,20	[25] καὶ γυνὴ οὖσα ἐν ῥύσει αἵματος δώδεκα ἔτη [26] καὶ πολλὰ παθοῦσα ὑπὸ πολλῶν ἰατρῶν καὶ δαπανήσασα τὰ παρ' αὐτῆς πάντα καὶ μηδὲν ὠφεληθεῖσα ἀλλὰ μᾶλλον εἰς τὸ χεῖρον ἐλθοῦσα	**Lk 8,43** → Mt 9,20	καὶ γυνὴ οὖσα ἐν ῥύσει αἵματος ἀπὸ ἐτῶν δώδεκα, ἥτις [ἰατροῖς προσαναλώσασα ὅλον τὸν βίον] οὐκ ἴσχυσεν ἀπ' οὐδενὸς **θεραπευθῆναι**
120	**Mt 13,58**	καὶ οὐκ ἐποίησεν ἐκεῖ δυνάμεις πολλὰς διὰ τὴν ἀπιστίαν αὐτῶν.	**Mk 6,5**	καὶ οὐκ ἐδύνατο ἐκεῖ ποιῆσαι οὐδεμίαν δύναμιν, εἰ μὴ ὀλίγοις ἀρρώστοις ἐπιθεὶς τὰς χεῖρας **ἐθεράπευσεν·** [6] καὶ ἐθαύμαζεν διὰ τὴν ἀπιστίαν αὐτῶν. ...		
212	**Mt 10,1** → Mk 3,13	καὶ προσκαλεσάμενος τοὺς δώδεκα μαθητὰς αὐτοῦ ἔδωκεν αὐτοῖς ἐξουσίαν πνευμάτων ἀκαθάρτων ὥστε ἐκβάλλειν αὐτὰ καὶ **θεραπεύειν** πᾶσαν νόσον καὶ πᾶσαν μαλακίαν.	**Mk 6,7** → Mk 3,14-15 → Mt 10,5 → Lk 9,2	καὶ προσκαλεῖται τοὺς δώδεκα καὶ ἤρξατο αὐτοὺς ἀποστέλλειν δύο δύο καὶ ἐδίδου αὐτοῖς ἐξουσίαν τῶν πνευμάτων τῶν ἀκαθάρτων	**Lk 9,1** → Lk 10,1	συγκαλεσάμενος δὲ τοὺς δώδεκα ἔδωκεν αὐτοῖς δύναμιν καὶ ἐξουσίαν ἐπὶ πάντα τὰ δαιμόνια καὶ νόσους **θεραπεύειν**
022			**Mk 6,13**	[12] καὶ ἐξελθόντες ἐκήρυξαν ἵνα μετανοῶσιν, [13] καὶ δαιμόνια πολλὰ ἐξέβαλλον, καὶ ἤλειφον ἐλαίῳ πολλοὺς ἀρρώστους καὶ **ἐθεράπευον.**	**Lk 9,6**	ἐξερχόμενοι δὲ διήρχοντο κατὰ τὰς κώμας εὐαγγελιζόμενοι καὶ **θεραπεύοντες** πανταχοῦ.
211	**Mt 14,14** → Mt 9,36 → Mt 15,32	... καὶ ἐσπλαγχνίσθη ἐπ' αὐτοῖς καὶ **ἐθεράπευσεν** τοὺς ἀρρώστους αὐτῶν.	**Mk 6,34** → Mk 8,2	... καὶ ἐσπλαγχνίσθη ἐπ' αὐτούς, ὅτι ἦσαν *ὡς πρόβατα μὴ ἔχοντα ποιμένα,* καὶ ἤρξατο διδάσκειν αὐτοὺς πολλά. ➤ Num 27,17/Jdt 11,19/2Chron 18,16	**Lk 9,11**	... καὶ ἀποδεξάμενος αὐτοὺς ἐλάλει αὐτοῖς περὶ τῆς βασιλείας τοῦ θεοῦ, καὶ τοὺς χρείαν ἔχοντας θεραπείας **ἰᾶτο.**

210	**Mt 15,30** → Mt 4,24b → Mt 8,16	καὶ προσῆλθον αὐτῷ ὄχλοι πολλοὶ ἔχοντες μεθ' ἑαυτῶν χωλούς, τυφλούς, κυλλούς, κωφούς, καὶ ἑτέρους πολλοὺς καὶ ἔρριψαν αὐτοὺς παρὰ τοὺς πόδας αὐτοῦ, καὶ **ἐθεράπευσεν** αὐτούς·	**Mk 7,32** → Mk 1,32	καὶ φέρουσιν αὐτῷ κωφὸν καὶ μογιλάλον καὶ παρακαλοῦσιν αὐτὸν ἵνα ἐπιθῇ αὐτῷ τὴν χεῖρα.			
211	**Mt 17,16**	καὶ προσήνεγκα αὐτὸν τοῖς μαθηταῖς σου, καὶ οὐκ ἠδυνήθησαν αὐτὸν **θεραπεῦσαι.**	**Mk 9,18**	... καὶ εἶπα τοῖς μαθηταῖς σου ἵνα αὐτὸ ἐκβάλωσιν, καὶ οὐκ ἴσχυσαν.	**Lk 9,40**	καὶ ἐδεήθην τῶν μαθητῶν σου ἵνα ἐκβάλωσιν αὐτό, καὶ οὐκ ἠδυνήθησαν.	
211	**Mt 17,18**	... καὶ **ἐθεραπεύθη** ὁ παῖς ἀπὸ τῆς ὥρας ἐκείνης.	**Mk 9,27**	ὁ δὲ Ἰησοῦς κρατήσας τῆς χειρὸς αὐτοῦ ἤγειρεν αὐτόν, καὶ ἀνέστη.	**Lk 9,42** → Lk 7,15	... καὶ **ἰάσατο** τὸν παῖδα καὶ ἀπέδωκεν αὐτὸν τῷ πατρὶ αὐτοῦ.	
202	**Mt 10,8**	ἀσθενοῦντας **θεραπεύετε,** νεκροὺς ἐγείρετε, λεπροὺς καθαρίζετε, δαιμόνια ἐκβάλλετε· ...			**Lk 10,9**	καὶ **θεραπεύετε** τοὺς ἐν αὐτῇ ἀσθενεῖς ...	→ GTh 14,4
002 002					**Lk 13,14 (2)** → Mt 12,12 → Mk 3,4 → Lk 6,9 ↓ **Lk 14,3**	ἀποκριθεὶς δὲ ὁ ἀρχισυνάγωγος, ἀγανακτῶν ὅτι τῷ σαββάτῳ **ἐθεράπευσεν** ὁ Ἰησοῦς, ἔλεγεν τῷ ὄχλῳ ὅτι ἓξ ἡμέραι εἰσὶν ἐν αἷς δεῖ ἐργάζεσθαι· ἐν αὐταῖς οὖν ἐρχόμενοι **θεραπεύεσθε** καὶ μὴ τῇ ἡμέρᾳ τοῦ σαββάτου.	
002					**Lk 14,3** → Mt 12,12 → Mk 3,4 ↑ **Lk 6,7** → Lk 6,9 ↑ **Lk 13,14**	καὶ ἀποκριθεὶς ὁ Ἰησοῦς εἶπεν πρὸς τοὺς νομικοὺς καὶ Φαρισαίους λέγων· ἔξεστιν τῷ σαββάτῳ **θεραπεῦσαι** ἢ οὔ;	
210	**Mt 19,2**	καὶ ἠκολούθησαν αὐτῷ ὄχλοι πολλοί, καὶ **ἐθεράπευσεν** αὐτοὺς ἐκεῖ.	**Mk 10,1**	... καὶ συμπορεύονται πάλιν ὄχλοι πρὸς αὐτόν, καὶ ὡς εἰώθει πάλιν ἐδίδασκεν αὐτούς.			
200	**Mt 21,14**	καὶ προσῆλθον αὐτῷ τυφλοὶ καὶ χωλοὶ ἐν τῷ ἱερῷ, καὶ **ἐθεράπευσεν** αὐτούς.					

Acts 4,14 τόν τε ἄνθρωπον βλέποντες σὺν αὐτοῖς ἑστῶτα **τὸν τεθεραπευμένον** οὐδὲν εἶχον ἀντειπεῖν.

Acts 5,16 ... φέροντες ἀσθενεῖς καὶ ὀχλουμένους ὑπὸ πνευμάτων ἀκαθάρτων, οἵτινες **ἐθεραπεύοντο** ἅπαντες.

Acts 8,7 ... πολλοὶ δὲ παραλελυμένοι καὶ χωλοὶ **ἐθεραπεύθησαν**·

Acts 17,25 οὐδὲ ὑπὸ χειρῶν ἀνθρωπίνων **θεραπεύεται** προσδεόμενός τινος, αὐτὸς διδοὺς πᾶσι ζωὴν καὶ πνοὴν καὶ τὰ πάντα·

Acts 28,9 τούτου δὲ γενομένου καὶ οἱ λοιποὶ οἱ ἐν τῇ νήσῳ ἔχοντες ἀσθενείας προσήρχοντο καὶ **ἐθεραπεύοντο**

θερίζω	Syn 6	Mt 3	Mk	Lk 3	Acts	Jn 4	1-3John	Paul 7	Eph	Col
	NT 21	2Thess	1/2Tim	Tit	Heb	Jas 1	1Pet	2Pet	Jude	Rev 3

reap; harvest

code	Mt		Mk		Lk		
202	Mt 6,26	ἐμβλέψατε εἰς τὰ πετεινὰ τοῦ οὐρανοῦ ὅτι οὐ σπείρουσιν **οὐδὲ θερίζουσιν** οὐδὲ συνάγουσιν εἰς ἀποθήκας, καὶ ὁ πατὴρ ὑμῶν ὁ οὐράνιος τρέφει αὐτά· ...			Lk 12,24	κατανοήσατε τοὺς κόρακας ὅτι οὐ σπείρουσιν **οὐδὲ θερίζουσιν,** οἷς οὐκ ἔστιν ταμεῖον οὐδὲ ἀποθήκη, καὶ ὁ θεὸς τρέφει αὐτούς· ...	
202	Mt 25,24	... ἔγνων σε ὅτι σκληρὸς εἶ ἄνθρωπος, **θερίζων** ὅπου οὐκ ἔσπειρας καὶ συνάγων ὅθεν οὐ διεσκόρπισας			Lk 19,21 → Mt 25,25	ἐφοβούμην γάρ σε, ὅτι ἄνθρωπος αὐστηρὸς εἶ, αἴρεις ὃ οὐκ ἔθηκας καὶ **θερίζεις** ὃ οὐκ ἔσπειρας.	
202	Mt 25,26	... πονηρὲ δοῦλε καὶ ὀκνηρέ, ᾔδεις ὅτι **θερίζω** ὅπου οὐκ ἔσπειρα καὶ συνάγω ὅθεν οὐ διεσκόρπισα;			Lk 19,22	... πονηρὲ δοῦλε. ᾔδεις ὅτι ἐγὼ ἄνθρωπος αὐστηρός εἰμι, αἴρων ὃ οὐκ ἔθηκα καὶ **θερίζων** ὃ οὐκ ἔσπειρα;	

θερισμός	Syn 10	Mt 6	Mk 1	Lk 3	Acts	Jn 2	1-3John	Paul	Eph	Col
	NT 13	2Thess	1/2Tim	Tit	Heb	Jas	1Pet	2Pet	Jude	Rev 1

harvest

	triple tradition																	double tradition			Sondergut		
		+Mt / +Lk			–Mt / –Lk			traditions not taken over by Mt / Lk							subtotals								
code	222	211	112	212	221	122	121	022	012	021	220	120	210	020	Σ⁺	Σ⁻	Σ	202	201	102	200	002	total
Mt																		3			3		6
Mk														1			1						1
Lk																		3					3

code	Mt		Mk		Lk		
202	Mt 9,37	τότε λέγει τοῖς μαθηταῖς αὐτοῦ· **ὁ μὲν θερισμὸς** πολύς, οἱ δὲ ἐργάται ὀλίγοι·			Lk 10,2 (3)	ἔλεγεν δὲ πρὸς αὐτούς· **ὁ μὲν θερισμὸς** πολύς, οἱ δὲ ἐργάται ὀλίγοι·	→ GTh 73
202 202	Mt 9,38 (2)	δεήθητε οὖν **τοῦ κυρίου τοῦ θερισμοῦ** ὅπως ἐκβάλῃ ἐργάτας **εἰς τὸν θερισμὸν αὐτοῦ.**				δεήθητε οὖν **τοῦ κυρίου τοῦ θερισμοῦ** ὅπως ἐργάτας ἐκβάλῃ **εἰς τὸν θερισμὸν αὐτοῦ.**	→ GTh 73
020			Mk 4,29	ὅταν δὲ παραδοῖ ὁ καρπός, εὐθὺς ἀποστέλλει τὸ δρέπανον, ὅτι παρέστηκεν **ὁ θερισμός.**			→ GTh 21,10

	Mt		Mk		Lk		
200 200	**Mt 13,30 (2)**	ἄφετε συναυξάνεσθαι ἀμφότερα **ἕως τοῦ θερισμοῦ,** καὶ **ἐν καιρῷ τοῦ θερισμοῦ** ἐρῶ τοῖς θερισταῖς· συλλέξατε πρῶτον τὰ ζιζάνια ...					→ GTh 57
200	**Mt 13,39**	ὁ δὲ ἐχθρὸς ὁ σπείρας αὐτά ἐστιν ὁ διάβολος, **ὁ δὲ θερισμὸς** συντέλεια αἰῶνός ἐστιν, οἱ δὲ θερισταὶ ἄγγελοί εἰσιν.					

θεριστής

Syn 2	Mt 2	Mk	Lk	Acts	Jn	1-3John	Paul	Eph	Col
NT 2	2Thess	1/2Tim	Tit	Heb	Jas	1Pet	2Pet	Jude	Rev

reaper; harvester

	Mt		Mk		Lk		
200	**Mt 13,30**	... καὶ ἐν καιρῷ τοῦ θερισμοῦ ἐρῶ **τοῖς θερισταῖς·** συλλέξατε πρῶτον τὰ ζιζάνια ...					→ GTh 57
200	**Mt 13,39**	... ὁ δὲ θερισμὸς συντέλεια αἰῶνός ἐστιν, **οἱ δὲ θερισταὶ** ἄγγελοί εἰσιν.					

θερμαίνομαι

Syn 2	Mt	Mk 2	Lk	Acts	Jn 3	1-3John	Paul	Eph	Col
NT 6	2Thess	1/2Tim	Tit	Heb	Jas 1	1Pet	2Pet	Jude	Rev

warm oneself

	Mt		Mk		Lk		
121	**Mt 26,58**	ὁ δὲ Πέτρος ἠκολούθει αὐτῷ ἀπὸ μακρόθεν ἕως τῆς αὐλῆς τοῦ ἀρχιερέως καὶ εἰσελθὼν ἔσω ἐκάθητο μετὰ τῶν ὑπηρετῶν ἰδεῖν τὸ τέλος.	**Mk 14,54**	καὶ ὁ Πέτρος ἀπὸ μακρόθεν ἠκολούθησεν αὐτῷ ἕως ἔσω εἰς τὴν αὐλὴν τοῦ ἀρχιερέως καὶ ἦν συγκαθήμενος μετὰ τῶν ὑπηρετῶν καὶ **θερμαινόμενος** πρὸς τὸ φῶς.	**Lk 22,55**	[54] ... ὁ δὲ Πέτρος ἠκολούθει μακρόθεν. [55] περιαψάντων δὲ πῦρ ἐν μέσῳ τῆς αὐλῆς καὶ συγκαθισάντων ἐκάθητο ὁ Πέτρος μέσος αὐτῶν.	**→ Jn 18,18**
121	**Mt 26,69**	... καὶ προσῆλθεν αὐτῷ μία παιδίσκη λέγουσα· καὶ σὺ ἦσθα μετὰ Ἰησοῦ τοῦ Γαλιλαίου.	**Mk 14,67**	[66] ... ἔρχεται μία τῶν παιδισκῶν τοῦ ἀρχιερέως [67] καὶ ἰδοῦσα τὸν Πέτρον **θερμαινόμενον** ἐμβλέψασα αὐτῷ λέγει· καὶ σὺ μετὰ τοῦ Ναζαρηνοῦ ἦσθα τοῦ Ἰησοῦ.	**Lk 22,56**	ἰδοῦσα δὲ αὐτὸν παιδίσκη τις καθήμενον πρὸς τὸ φῶς καὶ ἀτενίσασα αὐτῷ εἶπεν· καὶ οὗτος σὺν αὐτῷ ἦν.	→ Jn 18,17

θέρος	Syn 3	Mt 1	Mk 1	Lk 1	Acts	Jn	1-3John	Paul	Eph	Col
	NT 3	2Thess	1/2Tim	Tit	Heb	Jas	1Pet	2Pet	Jude	Rev

summer

code	Mt		Mk		Lk		
222	Mt 24,32	... ὅταν ἤδη ὁ κλάδος αὐτῆς γένηται ἁπαλὸς καὶ τὰ φύλλα ἐκφύῃ, γινώσκετε ὅτι ἐγγὺς **τὸ θέρος·**	Mk 13,28	... ὅταν ἤδη ὁ κλάδος αὐτῆς ἁπαλὸς γένηται καὶ ἐκφύῃ τὰ φύλλα, γινώσκετε ὅτι ἐγγὺς **τὸ θέρος** ἐστίν·	Lk 21,30	ὅταν προβάλωσιν ἤδη, βλέποντες ἀφ᾽ ἑαυτῶν γινώσκετε ὅτι ἤδη ἐγγὺς **τὸ θέρος** ἐστίν·	

θεωρέω	Syn 16	Mt 2	Mk 7	Lk 7	Acts 14	Jn 24	1-3John 1	Paul	Eph	Col
	NT 58	2Thess	1/2Tim	Tit	Heb 1	Jas	1Pet	2Pet	Jude	Rev 2

be a spectator; look at; observe; perceive; see; notice; find; experience

	triple tradition																double tradition			Sondergut		
		+Mt / +Lk			–Mt / –Lk			traditions not taken over by Mt / Lk							subtotals							
code	222	211	112	212	221	122	121	022	012	021	220	120	210	020	Σ⁺	Σ⁻	Σ	202	201	102	200	002	total
Mt		1^+			1		3^-								1^+	3^-	2						**2**
Mk					1		3			3							7						**7**
Lk			2^+		1^-		3^-			3^-					2^+	7^-	2					5	**7**

code	Mt		Mk		Lk		
021			Mk 3,11 → Mk 1,34 → Lk 6,18	καὶ τὰ πνεύματα τὰ ἀκάθαρτα, ὅταν αὐτὸν **ἐθεώρουν,** προσέπιπτον αὐτῷ καὶ ἔκραζον λέγοντες ὅτι σὺ εἶ ὁ υἱὸς τοῦ θεοῦ.	Lk 4,41	ἐξήρχετο δὲ καὶ δαιμόνια ἀπὸ πολλῶν κρ[αυγ]άζοντα καὶ λέγοντα ὅτι σὺ εἶ ὁ υἱὸς τοῦ θεοῦ. ...	
121	Mt 8,34	καὶ ἰδοὺ πᾶσα ἡ πόλις ἐξῆλθεν εἰς ὑπάντησιν τῷ Ἰησοῦ καὶ ἰδόντες αὐτὸν παρεκάλεσαν ὅπως μεταβῇ ἀπὸ τῶν ὁρίων αὐτῶν.	Mk 5,15	[14] ... καὶ ἦλθον ἰδεῖν τί ἐστιν τὸ γεγονός [15] καὶ ἔρχονται πρὸς τὸν Ἰησοῦν, καὶ **θεωροῦσιν** τὸν δαιμονιζόμενον καθήμενον ἱματισμένον ... [17] καὶ ἤρξαντο παρακαλεῖν αὐτὸν ἀπελθεῖν ἀπὸ τῶν ὁρίων αὐτῶν.	Lk 8,35	ἐξῆλθον δὲ ἰδεῖν τὸ γεγονὸς καὶ ἦλθον πρὸς τὸν Ἰησοῦν καὶ **εὗρον** καθήμενον τὸν ἄνθρωπον ἀφ᾽ οὗ τὰ δαιμόνια ἐξῆλθεν ἱματισμένον ... [37] καὶ ἠρώτησεν αὐτὸν ἅπαν τὸ πλῆθος τῆς περιχώρου τῶν Γερασηνῶν ἀπελθεῖν ἀπ᾽ αὐτῶν, ...	
121	Mt 9,23	καὶ ἐλθὼν ὁ Ἰησοῦς εἰς τὴν οἰκίαν τοῦ ἄρχοντος καὶ **ἰδὼν** τοὺς αὐλητὰς καὶ τὸν ὄχλον θορυβούμενον	Mk 5,38	καὶ ἔρχονται εἰς τὸν οἶκον τοῦ ἀρχισυναγώγου, καὶ **θεωρεῖ** θόρυβον καὶ κλαίοντας καὶ ἀλαλάζοντας πολλά	Lk 8,52	[51] ἐλθὼν δὲ εἰς τὴν οἰκίαν ... [52] ἔκλαιον δὲ πάντες καὶ ἐκόπτοντο αὐτήν. ...	
002					Lk 10,18	εἶπεν δὲ αὐτοῖς· **ἐθεώρουν** τὸν σατανᾶν ὡς ἀστραπὴν ἐκ τοῦ οὐρανοῦ πεσόντα.	
002					Lk 14,29	ἵνα μήποτε θέντος αὐτοῦ θεμέλιον καὶ μὴ ἰσχύοντος ἐκτελέσαι **πάντες** **οἱ θεωροῦντες** ἄρξωνται αὐτῷ ἐμπαίζειν	

021			Mk 12,41	καὶ καθίσας κατέναντι τοῦ γαζοφυλακίου **ἐθεώρει** πῶς ὁ ὄχλος βάλλει χαλκὸν εἰς τὸ γαζοφυλάκιον. καὶ πολλοὶ πλούσιοι ἔβαλλον πολλά·	Lk 21,1	ἀναβλέψας δὲ **εἶδεν** τοὺς βάλλοντας εἰς τὸ γαζοφυλάκιον τὰ δῶρα αὐτῶν πλουσίους.	
112	Mt 24,2	ὁ δὲ ἀποκριθεὶς εἶπεν αὐτοῖς· **οὐ βλέπετε** ταῦτα πάντα; ἀμὴν λέγω ὑμῖν, οὐ μὴ ἀφεθῇ ὧδε λίθος ἐπὶ λίθον ὃς οὐ καταλυθήσεται.	Mk 13,2	καὶ ὁ Ἰησοῦς εἶπεν αὐτῷ· **βλέπεις** ταύτας τὰς μεγάλας οἰκοδομάς; οὐ μὴ ἀφεθῇ ὧδε λίθος ἐπὶ λίθον ὃς οὐ μὴ καταλυθῇ.	Lk 21,6 → Lk 19,44	[5] ... εἶπεν· [6] ταῦτα ἃ **θεωρεῖτε** ἐλεύσονται ἡμέραι ἐν αἷς οὐκ ἀφεθήσεται λίθος ἐπὶ λίθῳ ὃς οὐ καταλυθήσεται.	
112	Mt 27,39	οἱ δὲ παραπορευόμενοι **ἐβλασφήμουν** αὐτὸν κινοῦντες τὰς κεφαλὰς αὐτῶν	Mk 15,29	καὶ οἱ παραπορευόμενοι **ἐβλασφήμουν** αὐτὸν κινοῦντες τὰς κεφαλὰς αὐτῶν ...	Lk 23,35 ↓ Lk 23,48	καὶ εἱστήκει ὁ λαὸς **θεωρῶν**. ...	
002					Lk 23,48 ↑ Lk 23,35	καὶ πάντες οἱ συμπαραγενόμενοι ὄχλοι ἐπὶ τὴν θεωρίαν ταύτην, **θεωρήσαντες** τὰ γενόμενα, τύπτοντες τὰ στήθη ὑπέστρεφον.	
221	Mt 27,55 ↓ Mt 27,61	ἦσαν δὲ ἐκεῖ γυναῖκες πολλαὶ ἀπὸ μακρόθεν **θεωροῦσαι**, αἵτινες ἠκολούθησαν τῷ Ἰησοῦ ἀπὸ τῆς Γαλιλαίας διακονοῦσαι αὐτῷ·	Mk 15,40 ↓ Mk 15,47	ἦσαν δὲ καὶ γυναῖκες ἀπὸ μακρόθεν **θεωροῦσαι**, ... [41] αἳ ὅτε ἦν ἐν τῇ Γαλιλαίᾳ ἠκολούθουν αὐτῷ καὶ διηκόνουν αὐτῷ, ...	Lk 23,49 ↓ Lk 23,55	εἱστήκεισαν δὲ πάντες οἱ γνωστοὶ αὐτῷ ἀπὸ μακρόθεν καὶ γυναῖκες αἱ συνακολουθοῦσαι αὐτῷ ἀπὸ τῆς Γαλιλαίας **ὁρῶσαι** ταῦτα.	→ Jn 19,25
121	Mt 27,61 ↑ Mt 27,55 ↓ Mt 28,1 → Lk 24,10	ἦν δὲ ἐκεῖ Μαριὰμ ἡ Μαγδαληνὴ καὶ ἡ ἄλλη Μαρία καθήμεναι ἀπέναντι τοῦ τάφου.	Mk 15,47 ↑ Mk 15,40 → Mk 16,1 → Lk 24,10	ἡ δὲ Μαρία ἡ Μαγδαληνὴ καὶ Μαρία ἡ Ἰωσῆτος **ἐθεώρουν** ποῦ τέθειται.	Lk 23,55 ↑ Lk 23,49 → Lk 8,2-3	κατακολουθήσασαι δὲ αἱ γυναῖκες, αἵτινες ἦσαν συνεληλυθυῖαι ἐκ τῆς Γαλιλαίας αὐτῷ, **ἐθεάσαντο** τὸ μνημεῖον καὶ ὡς ἐτέθη τὸ σῶμα αὐτοῦ	
211	Mt 28,1 → Mt 27,56 ↑ Mt 27,61 ↓ Mk 16,4	ὀψὲ δὲ σαββάτων, τῇ ἐπιφωσκούσῃ εἰς μίαν σαββάτων ἦλθεν Μαριὰμ ἡ Μαγδαληνὴ καὶ ἡ ἄλλη Μαρία **θεωρῆσαι** τὸν τάφον.	Mk 16,2 ↑ Mk 15,40 ↑ Mk 15,47	[1] καὶ διαγενομένου τοῦ σαββάτου Μαρία ἡ Μαγδαληνὴ καὶ Μαρία ἡ [τοῦ] Ἰακώβου καὶ Σαλώμη ἠγόρασαν ἀρώματα ἵνα ἐλθοῦσαι ἀλείψωσιν αὐτόν. [2] καὶ λίαν πρωῒ τῇ μιᾷ τῶν σαββάτων ἔρχονται ἐπὶ τὸ μνημεῖον ἀνατείλαντος τοῦ ἡλίου.	Lk 24,1 → Lk 24,22 → Lk 8,2-3	[23,56] ὑποστρέψασαι δὲ ἡτοίμασαν ἀρώματα καὶ μύρα. καὶ τὸ μὲν σάββατον ἡσύχασαν κατὰ τὴν ἐντολήν. [24,1] τῇ δὲ μιᾷ τῶν σαββάτων ὄρθρου βαθέως ἐπὶ τὸ μνῆμα ἦλθον ... [10] ἦσαν δὲ ἡ Μαγδαληνὴ Μαρία καὶ Ἰωάννα καὶ Μαρία ἡ Ἰακώβου καὶ αἱ λοιπαὶ σὺν αὐταῖς ...	→ Jn 20,1 → Jn 20,18
021	Mt 28,2	... ἄγγελος γὰρ κυρίου καταβὰς ἐξ οὐρανοῦ καὶ προσελθὼν ἀπεκύλισεν τὸν λίθον καὶ ἐκάθητο ἐπάνω αὐτοῦ.	Mk 16,4 ↑ Mt 28,1	καὶ ἀναβλέψασαι **θεωροῦσιν** ὅτι ἀποκεκύλισται ὁ λίθος· ἦν γὰρ μέγας σφόδρα.	Lk 24,2	**εὗρον** δὲ τὸν λίθον ἀποκεκυλισμένον ἀπὸ τοῦ μνημείου	→ Jn 20,1

002		Lk 24,37	πτοηθέντες δὲ καὶ ἔμφοβοι γενόμενοι ἐδόκουν πνεῦμα **θεωρεῖν**.	
002		Lk 24,39	... ψηλαφήσατέ με καὶ ἴδετε, ὅτι πνεῦμα σάρκα καὶ ὀστέα οὐκ ἔχει καθὼς ἐμὲ **θεωρεῖτε** ἔχοντα.	→ Jn 20,20.27

Acts 3,16 καὶ ἐπὶ τῇ πίστει τοῦ ὀνόματος αὐτοῦ τοῦτον ὃν **θεωρεῖτε** καὶ οἴδατε, ἐστερέωσεν τὸ ὄνομα αὐτοῦ, ...

Acts 4,13 **θεωροῦντες** δὲ τὴν τοῦ Πέτρου παρρησίαν καὶ Ἰωάννου ...

Acts 7,56 → Lk 22,69 ... ἰδοὺ **θεωρῶ** τοὺς οὐρανοὺς διηνοιγμένους καὶ τὸν υἱὸν τοῦ ἀνθρώπου ἐκ δεξιῶν ἑστῶτα τοῦ θεοῦ.

Acts 8,13 ὁ δὲ Σίμων ... ἦν προσκαρτερῶν τῷ Φιλίππῳ, **θεωρῶν** τε σημεῖα καὶ δυνάμεις μεγάλας γινομένας ἐξίστατο.

Acts 9,7 ... ἀκούοντες μὲν τῆς φωνῆς μηδένα δὲ **θεωροῦντες**.

Acts 10,11 καὶ **θεωρεῖ** τὸν οὐρανὸν ἀνεῳγμένον καὶ καταβαῖνον σκεῦός τι ...

Acts 17,16 ἐν δὲ ταῖς Ἀθήναις ἐκδεχομένου αὐτοὺς τοῦ Παύλου παρωξύνετο τὸ πνεῦμα αὐτοῦ ἐν αὐτῷ **θεωροῦντος** κατείδωλον οὖσαν τὴν πόλιν.

Acts 17,22 ... ἄνδρες Ἀθηναῖοι, κατὰ πάντα ὡς δεισιδαιμονεστέρους ὑμᾶς **θεωρῶ**.

Acts 19,26 καὶ **θεωρεῖτε** καὶ ἀκούετε ὅτι οὐ μόνον Ἐφέσου ἀλλὰ σχεδὸν πάσης τῆς Ἀσίας ὁ Παῦλος οὗτος πείσας μετέστησεν ἱκανὸν ὄχλον ...

Acts 20,38 ὀδυνώμενοι μάλιστα ἐπὶ τῷ λόγῳ ᾧ εἰρήκει, ὅτι οὐκέτι μέλλουσιν τὸ πρόσωπον αὐτοῦ **θεωρεῖν**. ...

Acts 21,20 ... **θεωρεῖς**, ἀδελφέ, πόσαι μυριάδες εἰσὶν ἐν τοῖς Ἰουδαίοις τῶν πεπιστευκότων ...

Acts 25,24 ... Ἀγρίππα βασιλεῦ καὶ πάντες οἱ συμπαρόντες ἡμῖν ἄνδρες, **θεωρεῖτε** τοῦτον περὶ οὗ ἅπαν τὸ πλῆθος τῶν Ἰουδαίων ἐνέτυχόν μοι ...

Acts 27,10 ... ἄνδρες, **θεωρῶ** ὅτι μετὰ ὕβρεως καὶ πολλῆς ζημίας οὐ μόνον τοῦ φορτίου καὶ τοῦ πλοίου ἀλλὰ καὶ τῶν ψυχῶν ἡμῶν μέλλειν ἔσεσθαι τὸν πλοῦν.

Acts 28,6 ... ἐπὶ πολὺ δὲ αὐτῶν προσδοκώντων καὶ **θεωρούντων** μηδὲν ἄτοπον εἰς αὐτὸν γινόμενον μεταβαλόμενοι ἔλεγον αὐτὸν εἶναι θεόν.

θεωρία	Syn 1	Mt	Mk	Lk 1	Acts	Jn	1-3John	Paul	Eph	Col
	NT 1	2Thess	1/2Tim	Tit	Heb	Jas	1Pet	2Pet	Jude	Rev

spectacle; sight

002		Lk 23,48 → Lk 23,35	καὶ πάντες οἱ συμπαραγενόμενοι ὄχλοι **ἐπὶ τὴν θεωρίαν ταύτην**, θεωρήσαντες τὰ γενόμενα, τύπτοντες τὰ στήθη ὑπέστρεφον.	

θηλάζω	Syn 5	Mt 2	Mk 1	Lk 2	Acts	Jn	1-3John	Paul	Eph	Col
	NT 5	2Thess	1/2Tim	Tit	Heb	Jas	1Pet	2Pet	Jude	Rev

give suck; suck

002					**Lk 11,27** → Lk 1,48	... μακαρία ἡ κοιλία ἡ βαστάσασά σε καὶ μαστοὶ οὓς **ἐθήλασας**.	→ GTh 79
200	**Mt 21,16**	... *ἐκ στόματος νηπίων καὶ* ***θηλαζόντων*** *κατηρτίσω αἶνον;* ➢ Ps 8,3 LXX					
222	**Mt 24,19**	οὐαὶ δὲ ταῖς ἐν γαστρὶ ἐχούσαις καὶ **ταῖς θηλαζούσαις** ἐν ἐκείναις ταῖς ἡμέραις.	**Mk 13,17**	οὐαὶ δὲ ταῖς ἐν γαστρὶ ἐχούσαις καὶ **ταῖς θηλαζούσαις** ἐν ἐκείναις ταῖς ἡμέραις.	**Lk 21,23** → Lk 23,29	οὐαὶ ταῖς ἐν γαστρὶ ἐχούσαις καὶ **ταῖς θηλαζούσαις** ἐν ἐκείναις ταῖς ἡμέραις· ...	

θῆλυς	Syn 2	Mt 1	Mk 1	Lk	Acts	Jn	1-3John	Paul 3	Eph	Col
	NT 5	2Thess	1/2Tim	Tit	Heb	Jas	1Pet	2Pet	Jude	Rev

female; woman

220	**Mt 19,4**	... *ἄρσεν καὶ* ***θῆλυ*** *ἐποίησεν αὐτούς;* ➢ Gen 1,27	**Mk 10,6**	... *ἄρσεν καὶ* ***θῆλυ*** *ἐποίησεν αὐτούς·* ➢ Gen 1,27			

θηρεύω	Syn 1	Mt	Mk	Lk 1	Acts	Jn	1-3John	Paul	Eph	Col
	NT 1	2Thess	1/2Tim	Tit	Heb	Jas	1Pet	2Pet	Jude	Rev

hunt; catch

002					**Lk 11,54** → Lk 6,7 → Lk 20,20	ἐνεδρεύοντες αὐτὸν **θηρεῦσαί** τι ἐκ τοῦ στόματος αὐτοῦ.	

θηρίον	Syn 1	Mt	Mk 1	Lk	Acts 3	Jn	1-3John	Paul	Eph	Col
	NT 46	2Thess	1/2Tim	Tit 1	Heb 1	Jas 1	1Pet	2Pet	Jude	Rev 39

(wild) animal; beast; monster

120	**Mt 4,11**	τότε ἀφίησιν αὐτὸν ὁ διάβολος, καὶ ἰδοὺ ἄγγελοι προσῆλθον καὶ διηκόνουν αὐτῷ.	**Mk 1,13**	... πειραζόμενος ὑπὸ τοῦ σατανᾶ, καὶ ἦν **μετὰ τῶν θηρίων**, καὶ οἱ ἄγγελοι διηκόνουν αὐτῷ.	**Lk 4,13**	καὶ συντελέσας πάντα πειρασμὸν ὁ διάβολος ἀπέστη ἀπ' αὐτοῦ ἄχρι καιροῦ.	

Acts 11,6	... εἶδον τὰ τετράποδα τῆς γῆς καὶ **τὰ θηρία** καὶ τὰ ἑρπετὰ καὶ τὰ πετεινὰ τοῦ οὐρανοῦ.	**Acts 28,4**	ὡς δὲ εἶδον οἱ βάρβαροι κρεμάμενον **τὸ θηρίον** ἐκ τῆς χειρὸς αὐτοῦ, πρὸς ἀλλήλους ἔλεγον· ...	**Acts 28,5**	ὁ μὲν οὖν ἀποτινάξας **τὸ θηρίον** εἰς τὸ πῦρ ἔπαθεν οὐδὲν κακόν

θησαυρίζω	Syn 3	Mt 2	Mk	Lk 1	Acts	Jn	1-3John	Paul 3	Eph	Col
	NT 8	2Thess	1/2Tim	Tit	Heb	Jas 1	1Pet	2Pet 1	Jude	Rev

store up; gather; save (up); reserve

code	Mt	Mk	Lk	
200	**Mt 6,19** ↓ Lk 12,21 ↓ Lk 12,33 — **μὴ θησαυρίζετε** ὑμῖν θησαυροὺς ἐπὶ τῆς γῆς, ...			
201	**Mt 6,20** → Mt 19,21 — **θησαυρίζετε** δὲ ὑμῖν θησαυροὺς ἐν οὐρανῷ, ...	→ Mk 10,21	**Lk 12,33** ↑ Mt 6,19 → Lk 14,33 → Lk 16,9 → Lk 18,22 — ... **ποιήσατε** ἑαυτοῖς βαλλάντια μὴ παλαιούμενα, θησαυρὸν ἀνέκλειπτον ἐν τοῖς οὐρανοῖς, ...	→ GTh 76,3
002			**Lk 12,21** ↑ Mt 6,19 — οὕτως **ὁ θησαυρίζων** ἑαυτῷ καὶ μὴ εἰς θεὸν πλουτῶν.	→ GTh 63

θησαυρός	Syn 14	Mt 9	Mk 1	Lk 4	Acts	Jn	1-3John	Paul 1	Eph	Col 1
	NT 17	2Thess	1/2Tim	Tit	Heb 1	Jas	1Pet	2Pet	Jude	Rev

treasure box, chest; storehouse; storeroom; treasure

	triple tradition																double tradition			Sondergut		
		+Mt / +Lk			–Mt / –Lk			traditions not taken over by Mt / Lk							subtotals							
code	222	211	112	212	221	122	121	022	012	021	220	120	210	020	Σ⁺	Σ⁻	Σ	202	201	102	200	002	total
Mt	1																1	3	1		4		9
Mk	1																1						1
Lk	1																1	3					4

[a] θησαυρός ἐν οὐρανῷ, ~ ἐν (τοῖς) οὐρανοῖς

code	Mt	Mk	Lk	
200	**Mt 2,11** — ... καὶ ἀνοίξαντες **τοὺς θησαυροὺς αὐτῶν** προσήνεγκαν αὐτῷ δῶρα, χρυσὸν καὶ λίβανον καὶ σμύρναν.			
200	**Mt 6,19** → Lk 12,21 ↓ Lk 12,33 — μὴ θησαυρίζετε ὑμῖν **θησαυροὺς** ἐπὶ τῆς γῆς, ...			
a 202	**Mt 6,20** ↓ Mt 19,21 — θησαυρίζετε δὲ ὑμῖν **θησαυροὺς** ἐν οὐρανῷ, ...	↓ Mk 10,21	**Lk 12,33** ↑ Mt 6,19 → Lk 14,33 → Lk 16,9 ↓ Lk 18,22 — ... ποιήσατε ἑαυτοῖς βαλλάντια μὴ παλαιούμενα, **θησαυρὸν ἀνέκλειπτον** ἐν τοῖς οὐρανοῖς, ...	→ GTh 76,3
202	**Mt 6,21** — ὅπου γάρ ἐστιν **ὁ θησαυρός σου**, ἐκεῖ ἔσται καὶ ἡ καρδία σου.		**Lk 12,34** — ὅπου γάρ ἐστιν **ὁ θησαυρὸς ὑμῶν**, ἐκεῖ καὶ ἡ καρδία ὑμῶν ἔσται.	
202	**Mt 12,35 (2)** ↓ Mt 13,52 — ὁ ἀγαθὸς ἄνθρωπος **ἐκ τοῦ ἀγαθοῦ θησαυροῦ** ἐκβάλλει ἀγαθά,		**Lk 6,45** — ὁ ἀγαθὸς ἄνθρωπος **ἐκ τοῦ ἀγαθοῦ θησαυροῦ τῆς καρδίας** προφέρει τὸ ἀγαθόν,	→ GTh 45,2-3
201	καὶ ὁ πονηρὸς ἄνθρωπος **ἐκ τοῦ πονηροῦ θησαυροῦ** ἐκβάλλει πονηρά.		καὶ ὁ πονηρὸς **ἐκ τοῦ πονηροῦ** προφέρει τὸ πονηρόν· ...	

	Mt		Mk		Lk		
200	Mt 13,44	ὁμοία ἐστὶν ἡ βασιλεία τῶν οὐρανῶν **θησαυρῷ κεκρυμμένῳ** ἐν τῷ ἀγρῷ, ...					→ GTh 109
200	Mt 13,52 ↑ Mt 12,35 ↑ Lk 6,45	... διὰ τοῦτο πᾶς γραμματεὺς μαθητευθεὶς τῇ βασιλείᾳ τῶν οὐρανῶν ὅμοιός ἐστιν ἀνθρώπῳ οἰκοδεσπότῃ, ὅστις ἐκβάλλει **ἐκ τοῦ θησαυροῦ αὐτοῦ** καινὰ καὶ παλαιά.					
a 202	Mt 6,20 ↓ Mt 19,21	θησαυρίζετε δὲ ὑμῖν **θησαυροὺς** ἐν οὐρανῷ, ...	↓ Mk 10,21		Lk 12,33 ↑ Mt 6,19 → Lk 14,33 → Lk 16,9 ↓ Lk 18,22	... ποιήσατε ἑαυτοῖς βαλλάντια μὴ παλαιούμενα, **θησαυρὸν ἀνέκλειπτον** ἐν τοῖς οὐρανοῖς, ...	→ GTh 76,3
202	Mt 6,21	ὅπου γάρ ἐστιν **ὁ θησαυρός σου,** ἐκεῖ ἔσται καὶ ἡ καρδία σου.			Lk 12,34	ὅπου γάρ ἐστιν **ὁ θησαυρὸς ὑμῶν,** ἐκεῖ καὶ ἡ καρδία ὑμῶν ἔσται.	
a 222	Mt 19,21 ↑ Mt 6,20	... ὕπαγε πώλησόν σου τὰ ὑπάρχοντα καὶ δὸς [τοῖς] πτωχοῖς, καὶ ἕξεις **θησαυρὸν** ἐν οὐρανοῖς, καὶ δεῦρο ἀκολούθει μοι.	Mk 10,21	... ὕπαγε, ὅσα ἔχεις πώλησον καὶ δὸς [τοῖς] πτωχοῖς, καὶ ἕξεις **θησαυρὸν** ἐν οὐρανῷ, καὶ δεῦρο ἀκολούθει μοι.	Lk 18,22 ↑ Lk 12,33	... πάντα ὅσα ἔχεις πώλησον καὶ διάδος πτωχοῖς, καὶ ἕξεις **θησαυρὸν** ἐν [τοῖς] οὐρανοῖς, καὶ δεῦρο ἀκολούθει μοι.	→ Acts 2,45

θλίβω

Syn	Mt	Mk	Lk	Acts	Jn	1-3John	Paul	Eph	Col
2	1	1					4		
NT	**2Thess**	**1/2Tim**	**Tit**	**Heb**	**Jas**	**1Pet**	**2Pet**	**Jude**	**Rev**
10	2	1		1					

press upon; crowd someone; become restricted, narrow; oppress; afflict someone

	Mt		Mk		Lk		
020			Mk 3,9 → Mt 13,2 → Mk 4,1 → Lk 5,1.3	καὶ εἶπεν τοῖς μαθηταῖς αὐτοῦ ἵνα πλοιάριον προσκαρτερῇ αὐτῷ διὰ τὸν ὄχλον ἵνα **μὴ θλίβωσιν** αὐτόν·			
201	Mt 7,14 → Lk 13,23	[13] εἰσέλθατε διὰ τῆς στενῆς πύλης· ὅτι πλατεῖα ἡ πύλη καὶ εὐρύχωρος ἡ ὁδὸς ἡ ἀπάγουσα εἰς τὴν ἀπώλειαν, καὶ πολλοί εἰσιν οἱ εἰσερχόμενοι δι' αὐτῆς· [14] τί στενὴ ἡ πύλη καὶ **τεθλιμμένη** ἡ ὁδὸς ἡ ἀπάγουσα εἰς τὴν ζωὴν καὶ ὀλίγοι εἰσὶν οἱ εὑρίσκοντες αὐτήν.			Lk 13,24	ἀγωνίζεσθε εἰσελθεῖν διὰ τῆς στενῆς θύρας, ὅτι πολλοί, λέγω ὑμῖν, ζητήσουσιν εἰσελθεῖν καὶ οὐκ ἰσχύσουσιν.	

θλῖψις

	Syn	Mt	Mk	Lk	Acts	Jn	1-3John	Paul	Eph	Col
	7	4	3		5	2		20	1	1
	NT	2Thess	1/2Tim	Tit	Heb	Jas	1Pet	2Pet	Jude	Rev
	45	2			1	1				5

oppression; affliction; tribulation

	triple tradition																	double tradition			Sondergut		
		+Mt / +Lk			–Mt / –Lk			traditions not taken over by Mt / Lk							subtotals								
code	*222*	*211*	*112*	*212*	*221*	*122*	*121*	*022*	*012*	*021*	*220*	*120*	*210*	*020*	Σ⁺	Σ⁻	Σ	*202*	*201*	*102*	*200*	*002*	total
Mt					3												3				1		**4**
Mk					3												3						**3**
Lk					3⁻											3⁻							

code	Mt		Mk		Lk		
221	**Mt 13,21**	οὐκ ἔχει δὲ ῥίζαν ἐν ἑαυτῷ ἀλλὰ πρόσκαιρός ἐστιν, **γενομένης δὲ θλίψεως ἢ διωγμοῦ** διὰ τὸν λόγον εὐθὺς σκανδαλίζεται.	**Mk 4,17**	καὶ οὐκ ἔχουσιν ῥίζαν ἐν ἑαυτοῖς ἀλλὰ πρόσκαιροί εἰσιν, εἶτα **γενομένης θλίψεως ἢ διωγμοῦ** διὰ τὸν λόγον εὐθὺς σκανδαλίζονται.	**Lk 8,13**	... καὶ οὗτοι ῥίζαν οὐκ ἔχουσιν, οἳ πρὸς καιρὸν πιστεύουσιν **καὶ ἐν καιρῷ πειρασμοῦ** ἀφίστανται.	
200	**Mt 24,9** ⇨ Mt 10,21	τότε παραδώσουσιν ὑμᾶς **εἰς θλῖψιν** καὶ ἀποκτενοῦσιν ὑμᾶς, ...	**Mk 13,12**	καὶ παραδώσει ἀδελφὸς ἀδελφὸν **εἰς θάνατον** καὶ πατὴρ τέκνον, καὶ ἐπαναστήσονται τέκνα ἐπὶ γονεῖς καὶ θανατώσουσιν αὐτούς·	**Lk 21,16**	παραδοθήσεσθε δὲ καὶ ὑπὸ γονέων καὶ ἀδελφῶν καὶ συγγενῶν καὶ φίλων, καὶ θανατώσουσιν ἐξ ὑμῶν	
221	**Mt 24,21**	ἔσται γὰρ τότε **θλῖψις μεγάλη** οἵα οὐ γέγονεν ἀπ' ἀρχῆς κόσμου ἕως τοῦ νῦν οὐδ' οὐ μὴ γένηται.	**Mk 13,19**	ἔσονται γὰρ αἱ ἡμέραι ἐκεῖναι **θλῖψις** οἵα οὐ γέγονεν τοιαύτη ἀπ' ἀρχῆς κτίσεως ἣν ἔκτισεν ὁ θεὸς ἕως τοῦ νῦν καὶ οὐ μὴ γένηται.	**Lk 21,23**	... ἔσται γὰρ **ἀνάγκη μεγάλη** ἐπὶ τῆς γῆς καὶ ὀργὴ τῷ λαῷ τούτῳ	
221	**Mt 24,29**	εὐθέως δὲ **μετὰ τὴν θλῖψιν τῶν ἡμερῶν ἐκείνων** *ὁ ἥλιος σκοτισθήσεται, καὶ ἡ σελήνη οὐ δώσει τὸ φέγγος αὐτῆς, ...* ➤ Isa 13,10	**Mk 13,24**	ἀλλὰ **ἐν ἐκείναις ταῖς ἡμέραις μετὰ τὴν θλῖψιν ἐκείνην** *ὁ ἥλιος σκοτισθήσεται, καὶ ἡ σελήνη οὐ δώσει τὸ φέγγος αὐτῆς* ➤ Isa 13,10	**Lk 21,25** → Lk 21,11	καὶ ἔσονται σημεῖα ἐν ἡλίῳ καὶ σελήνῃ ...	→ Acts 2,19

Acts 7,10 καὶ ἐξείλατο αὐτὸν **ἐκ πασῶν τῶν θλίψεων αὐτοῦ** καὶ ἔδωκεν αὐτῷ χάριν καὶ σοφίαν ...

Acts 7,11 ἦλθεν δὲ λιμὸς ἐφ' ὅλην τὴν Αἴγυπτον καὶ Χανάαν καὶ **θλῖψις μεγάλη,** καὶ οὐχ ηὕρισκον χορτάσματα οἱ πατέρες ἡμῶν.

Acts 11,19 οἱ μὲν οὖν διασπαρέντες **ἀπὸ τῆς θλίψεως** τῆς γενομένης ἐπὶ Στεφάνῳ διῆλθον ἕως Φοινίκης καὶ Κύπρου καὶ Ἀντιοχείας ...

Acts 14,22 → Lk 24,26 ... παρακαλοῦντες ἐμμένειν τῇ πίστει καὶ ὅτι **διὰ πολλῶν θλίψεων** δεῖ ἡμᾶς εἰσελθεῖν εἰς τὴν βασιλείαν τοῦ θεοῦ.

Acts 20,23 πλὴν ὅτι τὸ πνεῦμα τὸ ἅγιον κατὰ πόλιν διαμαρτύρεταί μοι λέγον ὅτι δεσμὰ καὶ **θλίψεις** με μένουσιν.

θνῄσκω

θνῄσκω	Syn 4	Mt 1	Mk 1	Lk 2	Acts 2	Jn 2	1-3John	Paul	Eph	Col
	NT 9	2Thess	1/2Tim 1	Tit	Heb	Jas	1Pet	2Pet	Jude	Rev

die

	Mt	Mk	Lk
200	**Mt 2,20** ... τεθνήκασιν γὰρ οἱ ζητοῦντες τὴν ψυχὴν τοῦ παιδίου.		
002			**Lk 7,12** ... καὶ ἰδοὺ ἐξεκομίζετο τεθνηκὼς μονογενὴς υἱὸς τῇ μητρὶ αὐτοῦ καὶ αὐτὴ ἦν χήρα, καὶ ὄχλος τῆς πόλεως ἱκανὸς ἦν σὺν αὐτῇ.
012		**Mk 5,35** → Lk 7,6 ... ἔρχονται ἀπὸ τοῦ ἀρχισυναγώγου λέγοντες ὅτι ἡ θυγάτηρ σου ἀπέθανεν· τί ἔτι σκύλλεις τὸν διδάσκαλον;	**Lk 8,49** → Lk 7,6 ... ἔρχεταί τις παρὰ τοῦ ἀρχισυναγώγου λέγων ὅτι τέθνηκεν ἡ θυγάτηρ σου· μηκέτι σκύλλε τὸν διδάσκαλον.
020		**Mk 15,44** ὁ δὲ Πιλᾶτος ἐθαύμασεν εἰ ἤδη τέθνηκεν καὶ προσκαλεσάμενος τὸν κεντυρίωνα ἐπηρώτησεν αὐτὸν εἰ πάλαι ἀπέθανεν·	

Acts 14,19 ... καὶ λιθάσαντες τὸν Παῦλον ἔσυρον ἔξω τῆς πόλεως νομίζοντες αὐτὸν **τεθνηκέναι.**

Acts 25,19 ... καὶ **περί τινος Ἰησοῦ τεθνηκότος** ὃν ἔφασκεν ὁ Παῦλος ζῆν.

θορυβάζω

θορυβάζω	Syn 1	Mt	Mk	Lk 1	Acts	Jn	1-3John	Paul	Eph	Col
	NT 1	2Thess	1/2Tim	Tit	Heb	Jas	1Pet	2Pet	Jude	Rev

cause trouble

	Mt	Mk	Lk
002			**Lk 10,41** ... Μάρθα Μάρθα, μεριμνᾷς καὶ θορυβάζῃ περὶ πολλά

θορυβέω	Syn	Mt	Mk	Lk	Acts	Jn	1-3John	Paul	Eph	Col
	2	1	1		2					
	NT	2Thess	1/2Tim	Tit	Heb	Jas	1Pet	2Pet	Jude	Rev
	4									

active: throw into disorder; *passive:* be troubled, distressed, aroused

211	**Mt 9,23**	καὶ ἐλθὼν ὁ Ἰησοῦς εἰς τὴν οἰκίαν τοῦ ἄρχοντος καὶ ἰδὼν τοὺς αὐλητὰς καὶ **τὸν ὄχλον θορυβούμενον**	**Mk 5,38**	καὶ ἔρχονται εἰς τὸν οἶκον τοῦ ἀρχισυναγώγου, καὶ θεωρεῖ **θόρυβον** καὶ κλαίοντας καὶ ἀλαλάζοντας πολλά,	**Lk 8,52**	[51] ἐλθὼν δὲ εἰς τὴν οἰκίαν ... [52] ἔκλαιον δὲ πάντες καὶ ἐκόπτοντο αὐτήν.	
121	**Mt 9,24**	ἔλεγεν· ἀναχωρεῖτε, οὐ γὰρ ἀπέθανεν τὸ κοράσιον ἀλλὰ καθεύδει. ...	**Mk 5,39**	καὶ εἰσελθὼν λέγει αὐτοῖς· τί **θορυβεῖσθε** καὶ κλαίετε; τὸ παιδίον οὐκ ἀπέθανεν ἀλλὰ καθεύδει.		μὴ κλαίετε, οὐ γὰρ ἀπέθανεν ἀλλὰ καθεύδει.	

Acts 17,5	ζηλώσαντες δὲ οἱ Ἰουδαῖοι καὶ προσλαβόμενοι τῶν ἀγοραίων ἄνδρας τινὰς πονηροὺς καὶ ὀχλοποιήσαντες **ἐθορύβουν** τὴν πόλιν ...	**Acts 20,10**	καταβὰς δὲ ὁ Παῦλος ἐπέπεσεν αὐτῷ καὶ συμπεριλαβὼν εἶπεν· **μὴ θορυβεῖσθε,** ἡ γὰρ ψυχὴ αὐτοῦ ἐν αὐτῷ ἐστιν.

θόρυβος	Syn	Mt	Mk	Lk	Acts	Jn	1-3John	Paul	Eph	Col
	4	2	2		3					
	NT	2Thess	1/2Tim	Tit	Heb	Jas	1Pet	2Pet	Jude	Rev
	7									

noise; clamor; turmoil; excitement; uproar

121	**Mt 9,23**	καὶ ἐλθὼν ὁ Ἰησοῦς εἰς τὴν οἰκίαν τοῦ ἄρχοντος καὶ ἰδὼν τοὺς αὐλητὰς καὶ **τὸν ὄχλον θορυβούμενον**	**Mk 5,38**	καὶ ἔρχονται εἰς τὸν οἶκον τοῦ ἀρχισυναγώγου, καὶ θεωρεῖ **θόρυβον** καὶ κλαίοντας καὶ ἀλαλάζοντας πολλά	**Lk 8,52**	[51] ἐλθὼν δὲ εἰς τὴν οἰκίαν ... [52] ἔκλαιον δὲ πάντες καὶ ἐκόπτοντο αὐτήν. ...	
221	**Mt 26,5**	[3] τότε συνήχθησαν οἱ ἀρχιερεῖς καὶ οἱ πρεσβύτεροι τοῦ λαοῦ ... [4] καὶ συνεβουλεύσαντο ἵνα τὸν Ἰησοῦν δόλῳ κρατήσωσιν καὶ ἀποκτείνωσιν· [5] ἔλεγον δέ· μὴ ἐν τῇ ἑορτῇ, ἵνα **μὴ θόρυβος γένηται ἐν τῷ λαῷ.**	**Mk 14,2**	[1] ... καὶ ἐζήτουν οἱ ἀρχιερεῖς καὶ οἱ γραμματεῖς πῶς αὐτὸν ἐν δόλῳ κρατήσαντες ἀποκτείνωσιν· [2] ἔλεγον γάρ· μὴ ἐν τῇ ἑορτῇ, **μήποτε ἔσται θόρυβος τοῦ λαοῦ.**	**Lk 22,2**	καὶ ἐζήτουν οἱ ἀρχιερεῖς καὶ οἱ γραμματεῖς τὸ πῶς ἀνέλωσιν αὐτόν, **ἐφοβοῦντο γὰρ τὸν λαόν.**	
211	**Mt 27,24**	ἰδὼν δὲ ὁ Πιλᾶτος ὅτι οὐδὲν ὠφελεῖ ἀλλὰ μᾶλλον **θόρυβος** γίνεται, ...	**Mk 15,15**	ὁ δὲ Πιλᾶτος βουλόμενος τῷ ὄχλῳ τὸ ἱκανὸν ποιῆσαι ...	**Lk 23,24**	καὶ Πιλᾶτος ἐπέκρινεν γενέσθαι τὸ αἴτημα αὐτῶν·	

Acts 20,1	μετὰ δὲ τὸ παύσασθαι **τὸν θόρυβον** μεταπεμψάμενος ὁ Παῦλος τοὺς μαθητὰς καὶ παρακαλέσας, ...	**Acts 21,34**	... μὴ δυναμένου δὲ αὐτοῦ γνῶναι τὸ ἀσφαλὲς **διὰ τὸν θόρυβον** ἐκέλευσεν ἄγεσθαι αὐτὸν εἰς τὴν παρεμβολήν.	**Acts 24,18**	ἐν αἷς εὗρόν με ἡγνισμένον ἐν τῷ ἱερῷ οὐ μετὰ ὄχλου **οὐδὲ μετὰ θορύβου**

θραύω

θραύω	Syn	Mt	Mk	Lk	Acts	Jn	1-3John	Paul	Eph	Col
	1			1						
	NT	2Thess	1/2Tim	Tit	Heb	Jas	1Pet	2Pet	Jude	Rev
	1									

break; weaken; oppress

code	Mt	Mk	Lk	
002			**Lk 4,18** → Mt 11,5 → Lk 7,22 → Lk 3,22 → Lk 13,16 ... *ἀπέσταλκέν με, κηρύξαι αἰχμαλώτοις ἄφεσιν καὶ τυφλοῖς ἀνάβλεψιν, ἀποστεῖλαι* ***τεθραυσμένους*** *ἐν ἀφέσει* ➤ Isa 61,1 LXX; 58,6	→ Acts 10,38

θρηνέω

θρηνέω	Syn	Mt	Mk	Lk	Acts	Jn	1-3John	Paul	Eph	Col
	3	1		2		1				
	NT	2Thess	1/2Tim	Tit	Heb	Jas	1Pet	2Pet	Jude	Rev
	4									

intransitive: mourn; lament; sing a dirge; *transitive:* mourn for; lament someone

code	Mt	Mk	Lk	
202	**Mt 11,17** ... ηὐλήσαμεν ὑμῖν καὶ οὐκ ὠρχήσασθε, **ἐθρηνήσαμεν** καὶ οὐκ ἐκόψασθε.		**Lk 7,32** ... ηὐλήσαμεν ὑμῖν καὶ οὐκ ὠρχήσασθε· **ἐθρηνήσαμεν** καὶ οὐκ ἐκλαύσατε.	
002			**Lk 23,27** ἠκολούθει δὲ αὐτῷ πολὺ πλῆθος τοῦ λαοῦ καὶ γυναικῶν αἳ ἐκόπτοντο καὶ **ἐθρήνουν** αὐτόν.	

θρίξ

θρίξ	Syn	Mt	Mk	Lk	Acts	Jn	1-3John	Paul	Eph	Col
	8	3	1	4	1	2				
	NT	2Thess	1/2Tim	Tit	Heb	Jas	1Pet	2Pet	Jude	Rev
	15						1			3

hair

	triple tradition																	double tradition			Sondergut		
		+Mt / +Lk			–Mt / –Lk			traditions not taken over by Mt / Lk							subtotals								
code	*222*	*211*	*112*	*212*	*221*	*122*	*121*	*022*	*012*	*021*	*220*	*120*	*210*	*020*	Σ^+	Σ^-	Σ	*202*	*201*	*102*	*200*	*002*	total
Mt											1						1	1			1		**3**
Mk											1						1						**1**
Lk																		1				3	**4**

code	Mt	Mk	Lk	
220	**Mt 3,4** αὐτὸς δὲ ὁ Ἰωάννης εἶχεν τὸ ἔνδυμα αὐτοῦ **ἀπὸ τριχῶν καμήλου** καὶ ζώνην δερματίνην περὶ τὴν ὀσφὺν αὐτοῦ, ...	**Mk 1,6** καὶ ἦν ὁ Ἰωάννης ἐνδεδυμένος **τρίχας καμήλου** καὶ ζώνην δερματίνην περὶ τὴν ὀσφὺν αὐτοῦ, ...		
200	**Mt 5,36** [34] ... μὴ ὀμόσαι ὅλως· ... [36] μήτε ἐν τῇ κεφαλῇ σου ὀμόσῃς, ὅτι οὐ δύνασαι **μίαν τρίχα** λευκὴν ποιῆσαι ἢ μέλαιναν.			

	Mt		Mk		Lk		
002	Mt 26,7	... κατέχεεν ἐπὶ τῆς κεφαλῆς ...	Mk 14,3	... κατέχεεν αὐτοῦ τῆς κεφαλῆς.	Lk 7,38	... ἤρξατο βρέχειν τοὺς πόδας αὐτοῦ καὶ **ταῖς θριξὶν τῆς κεφαλῆς αὐτῆς** ἐξέμασσεν καὶ κατεφίλει τοὺς πόδας αὐτοῦ καὶ ἤλειφεν τῷ μύρῳ.	→ Jn 12,3
002					Lk 7,44	... αὕτη δὲ τοῖς δάκρυσιν ἔβρεξέν μου τοὺς πόδας καὶ **ταῖς θριξὶν αὐτῆς** ἐξέμαξεν.	
202	Mt 10,30	ὑμῶν δὲ καὶ **αἱ τρίχες τῆς κεφαλῆς πᾶσαι** ἠριθμημέναι εἰσίν.			Lk 12,7 ↓ Lk 21,18	ἀλλὰ καὶ **αἱ τρίχες τῆς κεφαλῆς ὑμῶν πᾶσαι** ἠρίθμηνται. ...	→ Acts 27,34
002					Lk 21,18 ↑ Mt 10,30 ↑ Lk 12,7	καὶ **θρὶξ** ἐκ τῆς κεφαλῆς ὑμῶν οὐ μὴ ἀπόληται.	→ Acts 27,34

Acts 27,34 → Lk 12,7 → Lk 21,18 ... τοῦτο γὰρ πρὸς τῆς ὑμετέρας σωτηρίας ὑπάρχει, **οὐδενὸς γὰρ ὑμῶν θρὶξ** ἀπὸ τῆς κεφαλῆς ἀπολεῖται.

θροέω

	Syn	Mt	Mk	Lk	Acts	Jn	1-3John	Paul	Eph	Col
	2	1	1							
	NT	2Thess	1/2Tim	Tit	Heb	Jas	1Pet	2Pet	Jude	Rev
	3	1								

passive: be inwardly aroused

	Mt		Mk		Lk		
221	Mt 24,6	μελλήσετε δὲ ἀκούειν πολέμους καὶ ἀκοὰς πολέμων· ὁρᾶτε **μὴ θροεῖσθε·** δεῖ γὰρ γενέσθαι, ἀλλ᾽ οὔπω ἐστὶν τὸ τέλος.	Mk 13,7	ὅταν δὲ ἀκούσητε πολέμους καὶ ἀκοὰς πολέμων, **μὴ θροεῖσθε·** δεῖ γενέσθαι, ἀλλ᾽ οὔπω τὸ τέλος.	Lk 21,9	ὅταν δὲ ἀκούσητε πολέμους καὶ ἀκαταστασίας, **μὴ πτοηθῆτε·** δεῖ γὰρ ταῦτα γενέσθαι πρῶτον, ἀλλ᾽ οὐκ εὐθέως τὸ τέλος.	

θρόμβος

	Syn	Mt	Mk	Lk	Acts	Jn	1-3John	Paul	Eph	Col
	1			1						
	NT	2Thess	1/2Tim	Tit	Heb	Jas	1Pet	2Pet	Jude	Rev
	1									

drop

	Mt	Mk	Lk		
002			Lk 22,44	[[καὶ γενόμενος ἐν ἀγωνίᾳ ἐκτενέστερον προσηύχετο· καὶ ἐγένετο ὁ ἱδρὼς αὐτοῦ **ὡσεὶ θρόμβοι αἵματος** καταβαίνοντος ἐπὶ τὴν γῆν.]]	Lk 22,44 is textcritically uncertain.

θρόνος	Syn 8	Mt 5	Mk	Lk 3	Acts 2	Jn	1-3John	Paul	Eph	Col 1
	NT 62	2Thess	1/2Tim	Tit	Heb 4	Jas	1Pet	2Pet	Jude	Rev 47

throne

	triple tradition																double tradition			Sondergut		
		+Mt / +Lk			–Mt / –Lk			traditions not taken over by Mt / Lk						subtotals								
code	222	211	112	212	221	122	121	022	012	021	220	120	210	020	Σ⁺	Σ⁻	Σ	202	201	102	200	002	total
Mt																		1	1		3		5
Mk																							
Lk																		1				2	3

code	Mt	Mk	Lk	
002			**Lk 1,32** ... καὶ δώσει αὐτῷ κύριος ὁ θεὸς **τὸν θρόνον Δαυὶδ τοῦ πατρὸς αὐτοῦ**	→ Acts 2,30
002			**Lk 1,52** καθεῖλεν δυνάστας **ἀπὸ θρόνων** καὶ ὕψωσεν ταπεινούς	
200	**Mt 5,34** ↓ Mt 23,22 ... μὴ ὀμόσαι ὅλως· μήτε ἐν τῷ οὐρανῷ, ὅτι **θρόνος ἐστὶν τοῦ θεοῦ**			→ Acts 7,49
201 202	**Mt 19,28 (2)** ↓ Mt 25,31 ... ὅταν καθίσῃ ὁ υἱὸς τοῦ ἀνθρώπου **ἐπὶ θρόνου δόξης αὐτοῦ,** καθήσεσθε καὶ ὑμεῖς **ἐπὶ δώδεκα θρόνους** κρίνοντες τὰς δώδεκα φυλὰς τοῦ Ἰσραήλ.		**Lk 22,30** → Lk 12,37 ἵνα ἔσθητε καὶ πίνητε ἐπὶ τῆς τραπέζης μου ἐν τῇ βασιλείᾳ μου, καὶ καθήσεσθε **ἐπὶ θρόνων** τὰς δώδεκα φυλὰς κρίνοντες τοῦ Ἰσραήλ.	
200	**Mt 23,22** ↑ Mt 5,34 καὶ ὁ ὀμόσας ἐν τῷ οὐρανῷ ὀμνύει **ἐν τῷ θρόνῳ τοῦ θεοῦ** καὶ ἐν τῷ καθημένῳ ἐπάνω αὐτοῦ.			
200	**Mt 25,31** ↑ Mt 19,28 → Mt 16,27 → Mt 24,30 ὅταν δὲ ἔλθῃ ὁ υἱὸς τοῦ ἀνθρώπου ἐν τῇ δόξῃ αὐτοῦ καὶ πάντες οἱ ἄγγελοι μετ᾽ αὐτοῦ, τότε καθίσει **ἐπὶ θρόνου δόξης αὐτοῦ·**	→ Mk 8,38 → Mk 13,26	→ Lk 9,26 → Lk 21,27	

Acts 2,30 → Lk 1,32
προφήτης οὖν ὑπάρχων καὶ εἰδὼς ὅτι ὅρκῳ ὤμοσεν αὐτῷ ὁ θεὸς ἐκ καρποῦ τῆς ὀσφύος αὐτοῦ καθίσαι **ἐπὶ τὸν θρόνον αὐτοῦ**
➢ Ps 132,11

Acts 7,49 → Mt 5,34
ὁ οὐρανός μοι ***θρόνος,*** *ἡ δὲ γῆ ὑποπόδιον τῶν ποδῶν μου· ...*
➢ Isa 66,1

θυγάτηρ	Syn 22	Mt 8	Mk 5	Lk 9	Acts 3	Jn 1	1-3John	Paul 1	Eph	Col
	NT 28	2Thess	1/2Tim	Tit	Heb 1	Jas	1Pet	2Pet	Jude	Rev

daughter

	triple tradition																	double tradition			Sondergut		
		+Mt / +Lk			–Mt / –Lk			traditions not taken over by Mt / Lk							subtotals								
code	222	211	112	212	221	122	121	022	012	021	220	120	210	020	Σ⁺	Σ⁻	Σ	202	201	102	200	002	total
Mt	1			1⁺							1	2⁻	2⁺		3⁺	2⁻	5	1	1		1		8
Mk	1							1			1	2					5						5
Lk	1			1⁺				1							1⁺		3	1		1		4	9

code	Mt		Mk		Lk		
002					**Lk 1,5**	... καὶ γυνὴ αὐτῷ **ἐκ τῶν θυγατέρων** **Ἀαρὼν** καὶ τὸ ὄνομα αὐτῆς Ἐλισάβετ.	
002					**Lk 2,36**	καὶ ἦν Ἅννα προφῆτις, **θυγάτηρ Φανουήλ,** ἐκ φυλῆς Ἀσήρ· ...	
212	**Mt 9,18**	... λέγων ὅτι **ἡ θυγάτηρ μου** ἄρτι ἐτελεύτησεν· ἀλλὰ ἐλθὼν ἐπίθες τὴν χεῖρά σου ἐπ' αὐτήν, καὶ ζήσεται.	**Mk 5,23**	καὶ παρακαλεῖ αὐτὸν πολλὰ λέγων ὅτι **τὸ θυγάτριόν μου** ἐσχάτως ἔχει, ἵνα ἐλθὼν ἐπιθῇς τὰς χεῖρας αὐτῇ ἵνα σωθῇ καὶ ζήσῃ.	**Lk 8,42** → Mk 5,42	... παρεκάλει αὐτὸν εἰσελθεῖν εἰς τὸν οἶκον αὐτοῦ, [42] ὅτι **θυγάτηρ μονογενὴς** ἦν αὐτῷ ὡς ἐτῶν δώδεκα καὶ αὐτὴ ἀπέθνῃσκεν. ...	
222	**Mt 9,22**	... εἶπεν· θάρσει, **θύγατερ·** ἡ πίστις σου σέσωκέν σε. ...	**Mk 5,34**	ὁ δὲ εἶπεν αὐτῇ· **θυγάτηρ,** ἡ πίστις σου σέσωκέν σε· ...	**Lk 8,48**	ὁ δὲ εἶπεν αὐτῇ· **θυγάτηρ,** ἡ πίστις σου σέσωκέν σε· ...	
022			**Mk 5,35** → Lk 7,6	ἔτι αὐτοῦ λαλοῦντος ἔρχονται ἀπὸ τοῦ ἀρχισυναγώγου λέγοντες ὅτι **ἡ θυγάτηρ σου** ἀπέθανεν· τί ἔτι σκύλλεις τὸν διδάσκαλον;	**Lk 8,49** → Lk 7,6	ἔτι αὐτοῦ λαλοῦντος ἔρχεταί τις παρὰ τοῦ ἀρχισυναγώγου λέγων ὅτι τέθνηκεν **ἡ θυγάτηρ σου·** μηκέτι σκύλλε τὸν διδάσκαλον.	
102 202	**Mt 10,35** → Lk 12,52 → Mt 10,21 → Mk 13,12 → Lk 21,16	ἦλθον γὰρ διχάσαι ἄνθρωπον *κατὰ τοῦ* *πατρὸς αὐτοῦ* καὶ ***θυγατέρα*** *κατὰ τῆς μητρὸς αὐτῆς* καὶ *νύμφην* *κατὰ τῆς πενθερᾶς αὐτῆς* ➤ Micah 7,6			**Lk 12,53** **(2)** → Lk 12,52 → Mt 10,21 → Mk 13,12 → Lk 21,16	διαμερισθήσονται πατὴρ ἐπὶ υἱῷ καὶ *υἱὸς* ἐπὶ *πατρί*, μήτηρ **ἐπὶ τὴν θυγατέρα** καὶ ***θυγάτηρ*** *ἐπὶ τὴν μητέρα*, πενθερὰ ἐπὶ τὴν νύμφην αὐτῆς καὶ *νύμφη* *ἐπὶ τὴν πενθεράν.* ➤ Micah 7,6	→ GTh 16
201	**Mt 10,37** → Mt 19,29	ὁ φιλῶν πατέρα ἢ μητέρα ὑπὲρ ἐμὲ οὐκ ἔστιν μου ἄξιος, καὶ ὁ φιλῶν **υἱὸν ἢ θυγατέρα** ὑπὲρ ἐμὲ οὐκ ἔστιν μου ἄξιος·	→ Mk 10,29		**Lk 14,26** → Lk 18,29	εἴ τις ἔρχεται πρός με καὶ οὐ μισεῖ τὸν πατέρα ἑαυτοῦ καὶ τὴν μητέρα καὶ τὴν γυναῖκα καὶ **τὰ τέκνα** καὶ τοὺς ἀδελφοὺς καὶ τὰς ἀδελφάς ἔτι τε καὶ τὴν ψυχὴν ἑαυτοῦ, οὐ δύναταί εἶναί μου μαθητής.	→ GTh 55 → GTh 101

220	Mt 14,6	... ὠρχήσατο **ἡ θυγάτηρ τῆς Ἡρῳδιάδος** ἐν τῷ μέσῳ καὶ ἤρεσεν τῷ Ἡρῴδῃ	Mk 6,22	καὶ εἰσελθούσης **τῆς θυγατρὸς αὐτοῦ Ἡρῳδιάδος** καὶ ὀρχησαμένης ἤρεσεν τῷ Ἡρῴδῃ καὶ τοῖς συνανακειμένοις. ...			
210	Mt 15,22 → Mk 7,24 ↓ Mk 7,26	καὶ ἰδοὺ γυνὴ Χαναναία ἀπὸ τῶν ὁρίων ἐκείνων ἐξελθοῦσα ἔκραζεν λέγουσα· ἐλέησόν με, κύριε υἱὸς Δαυίδ· **ἡ θυγάτηρ μου** κακῶς δαιμονίζεται.	Mk 7,25	ἀλλ᾽ εὐθὺς ἀκούσασα γυνὴ περὶ αὐτοῦ, ἧς εἶχεν **τὸ θυγάτριον αὐτῆς** πνεῦμα ἀκάθαρτον, ↔			
120	Mt 15,25	ἡ δὲ ἐλθοῦσα προσεκύνει αὐτῷ λέγουσα· κύριε, βοήθει μοι.	Mk 7,26 ↑ Mt 15,22	↔ [25] ἐλθοῦσα προσέπεσεν πρὸς τοὺς πόδας αὐτοῦ· [26] ἡ δὲ γυνὴ ἦν Ἑλληνίς, Συροφοινίκισσα τῷ γένει· καὶ ἠρώτα αὐτὸν ἵνα τὸ δαιμόνιον ἐκβάλῃ **ἐκ τῆς θυγατρὸς αὐτῆς.**			
120	Mt 15,28	... ὦ γύναι, μεγάλη σου ἡ πίστις· γενηθήτω σοι ὡς θέλεις.	Mk 7,29	... διὰ τοῦτον τὸν λόγον ὕπαγε, ἐξελήλυθεν **ἐκ τῆς θυγατρός σου** τὸ δαιμόνιον.			
210		καὶ ἰάθη **ἡ θυγάτηρ αὐτῆς** ἀπὸ τῆς ὥρας ἐκείνης.	Mk 7,30	καὶ ἀπελθοῦσα εἰς τὸν οἶκον αὐτῆς εὗρεν **τὸ παιδίον** βεβλημένον ἐπὶ τὴν κλίνην καὶ τὸ δαιμόνιον ἐξεληλυθός.			
002					Lk 13,16 → Lk 4,18 → Lk 19,9	ταύτην δὲ **θυγατέρα Ἀβραὰμ** οὖσαν, ἣν ἔδησεν ὁ σατανᾶς ἰδοὺ δέκα καὶ ὀκτὼ ἔτη, οὐκ ἔδει λυθῆναι ἀπὸ τοῦ δεσμοῦ τούτου τῇ ἡμέρᾳ τοῦ σαββάτου;	→ Acts 10,38
200	Mt 21,5	*εἴπατε* ***τῇ θυγατρὶ Σιών·*** *ἰδοὺ ὁ βασιλεύς σου ἔρχεταί σοι πραῢς καὶ ἐπιβεβηκὼς ἐπὶ ὄνον καὶ ἐπὶ πῶλον υἱὸν ὑποζυγίου.* ➤ Isa 62,11; Zech 9,9					→ Jn 12,15
002					Lk 23,28	... [ὁ] Ἰησοῦς εἶπεν· **θυγατέρες Ἰερουσαλήμ,** μὴ κλαίετε ἐπ᾽ ἐμέ· ...	

Acts 2,17	... *ἐκχεῶ ἀπὸ τοῦ πνεύματός μου ἐπὶ πᾶσαν σάρκα, καὶ προφητεύσουσιν οἱ υἱοὶ ὑμῶν καὶ* ***αἱ θυγατέρες ὑμῶν*** *καὶ οἱ νεανίσκοι ὑμῶν ὁράσεις ὄψονται ...* ➤ Joel 3,1 LXX	Acts 7,21	ἐκτεθέντος δὲ αὐτοῦ ἀνείλατο αὐτὸν **ἡ θυγάτηρ Φαραὼ** καὶ ἀνεθρέψατο αὐτὸν ἑαυτῇ εἰς υἱόν.	Acts 21,9	τούτῳ δὲ ἦσαν **θυγατέρες τέσσαρες** παρθένοι προφητεύουσαι.

θυγάτριον	Syn 2	Mt	Mk 2	Lk	Acts	Jn	1-3John	Paul	Eph	Col
	NT 2	2Thess	1/2Tim	Tit	Heb	Jas	1Pet	2Pet	Jude	Rev

little daughter

121	**Mt 9,18**	... λέγων ὅτι **ἡ θυγάτηρ μου** ἄρτι ἐτελεύτησεν· ἀλλὰ ἐλθὼν ἐπίθες τὴν χεῖρά σου ἐπ᾽ αὐτήν, καὶ ζήσεται.	**Mk 5,23**	καὶ παρακαλεῖ αὐτὸν πολλὰ λέγων ὅτι **τὸ θυγάτριόν μου** ἐσχάτως ἔχει, ἵνα ἐλθὼν ἐπιθῇς τὰς χεῖρας αὐτῇ ἵνα σωθῇ καὶ ζήσῃ.	**Lk 8,42** → Mk 5,42	... παρεκάλει αὐτὸν εἰσελθεῖν εἰς τὸν οἶκον αὐτοῦ, [42] ὅτι **θυγάτηρ μονογενὴς** ἦν αὐτῷ ὡς ἐτῶν δώδεκα καὶ αὐτὴ ἀπέθνῃσκεν. ...	
120	**Mt 15,22** → Mk 7,24 → Mk 7,26	καὶ ἰδοὺ γυνὴ Χαναναία ἀπὸ τῶν ὁρίων ἐκείνων ἐξελθοῦσα ἔκραζεν λέγουσα· ἐλέησόν με, κύριε υἱὸς Δαυίδ· **ἡ θυγάτηρ μου** κακῶς δαιμονίζεται.	**Mk 7,25**	ἀλλ᾽ εὐθὺς ἀκούσασα γυνὴ περὶ αὐτοῦ, ἧς εἶχεν **τὸ θυγάτριον αὐτῆς** πνεῦμα ἀκάθαρτον, ...			

θυμίαμα	Syn 2	Mt	Mk	Lk 2	Acts	Jn	1-3John	Paul	Eph	Col
	NT 6	2Thess	1/2Tim	Tit	Heb	Jas	1Pet	2Pet	Jude	Rev 4

incense; incense burning; incense offering

002					**Lk 1,10**	καὶ πᾶν τὸ πλῆθος ἦν τοῦ λαοῦ προσευχόμενον ἔξω **τῇ ὥρᾳ** **τοῦ θυμιάματος.**	
002					**Lk 1,11**	ὤφθη δὲ αὐτῷ ἄγγελος κυρίου ἑστὼς **ἐκ δεξιῶν** **τοῦ θυσιαστηρίου** **τοῦ θυμιάματος.**	

θυμιάω	Syn 1	Mt	Mk	Lk 1	Acts	Jn	1-3John	Paul	Eph	Col
	NT 1	2Thess	1/2Tim	Tit	Heb	Jas	1Pet	2Pet	Jude	Rev

make an incense offering

002					**Lk 1,9**	κατὰ τὸ ἔθος τῆς ἱερατείας ἔλαχε **τοῦ θυμιᾶσαι** εἰσελθὼν εἰς τὸν ναὸν τοῦ κυρίου	

θυμόομαι

θυμόομαι	Syn	Mt	Mk	Lk	Acts	Jn	1-3John	Paul	Eph	Col
	1	1								
	NT	2Thess	1/2Tim	Tit	Heb	Jas	1Pet	2Pet	Jude	Rev
	1									

become angry

code	Mt	Mk	Lk	
200	**Mt 2,16** τότε Ἡρῴδης ἰδὼν ὅτι ἐνεπαίχθη ὑπὸ τῶν μάγων **ἐθυμώθη** λίαν, ...			

θυμός

θυμός	Syn	Mt	Mk	Lk	Acts	Jn	1-3John	Paul	Eph	Col
	1			1	1			3	1	1
	NT	2Thess	1/2Tim	Tit	Heb	Jas	1Pet	2Pet	Jude	Rev
	18				1					10

passion; passionate longing; anger; wrath; rage

code	Mt	Mk	Lk	
002	**Mt 13,58** καὶ οὐκ ἐποίησεν ἐκεῖ δυνάμεις πολλὰς διὰ τὴν ἀπιστίαν αὐτῶν.	**Mk 6,6** [5] καὶ οὐκ ἐδύνατο ἐκεῖ ποιῆσαι οὐδεμίαν δύναμιν, εἰ μὴ ὀλίγοις ἀρρώστοις ἐπιθεὶς τὰς χεῖρας ἐθεράπευσεν· [6] καὶ ἐθαύμαζεν διὰ τὴν ἀπιστίαν αὐτῶν. ...	**Lk 4,28** → Lk 6,11 καὶ ἐπλήσθησαν πάντες **θυμοῦ** ἐν τῇ συναγωγῇ ἀκούοντες ταῦτα	

Acts 19,28 ἀκούσαντες δὲ καὶ γενόμενοι **πλήρεις θυμοῦ** ἔκραζον λέγοντες· μεγάλη ἡ Ἄρτεμις Ἐφεσίων.

θύρα

θύρα	Syn	Mt	Mk	Lk	Acts	Jn	1-3John	Paul	Eph	Col
	14	4	6	4	10	7		2		1
	NT	2Thess	1/2Tim	Tit	Heb	Jas	1Pet	2Pet	Jude	Rev
	39					1				4

door

	triple tradition																	double tradition			Sondergut		
		+Mt / +Lk			–Mt / –Lk			traditions not taken over by Mt / Lk							subtotals								
code	222	211	112	212	221	122	121	022	012	021	220	120	210	020	Σ⁺	Σ⁻	Σ	202	201	102	200	002	total
Mt					2		1⁻									1⁻	2				2		**4**
Mk					2		1			1				2			6						**6**
Lk					2⁻		1⁻			1⁻						4⁻				1		3	**4**

code	Mt	Mk	Lk	
020		**Mk 1,33** καὶ ἦν ὅλη ἡ πόλις ἐπισυνηγμένη **πρὸς τὴν θύραν.**		
021		**Mk 2,2** → Mk 3,20 καὶ συνήχθησαν πολλοὶ ὥστε μηκέτι χωρεῖν **μηδὲ τὰ πρὸς τὴν θύραν,** καὶ ἐλάλει αὐτοῖς τὸν λόγον.	**Lk 5,17** καὶ ἐγένετο ἐν μιᾷ τῶν ἡμερῶν καὶ αὐτὸς ἦν διδάσκων, ...	
200	**Mt 6,6** σὺ δὲ ὅταν προσεύχῃ, εἴσελθε εἰς τὸ ταμεῖόν σου καὶ κλείσας **τὴν θύραν σου** πρόσευξαι τῷ πατρί σου τῷ ἐν τῷ κρυπτῷ· ...			→ GTh 6 (POxy 654)

002					Lk 11,7	... μή μοι κόπους πάρεχε· ἤδη **ἡ θύρα** κέκλεισται ...	
102	Mt 7,13	εἰσέλθατε **διὰ τῆς στενῆς πύλης·** ...			Lk 13,24	ἀγωνίζεσθε εἰσελθεῖν **διὰ τῆς στενῆς θύρας,** ...	
002	Mt 25,10	... ἦλθεν ὁ νυμφίος, καὶ αἱ ἕτοιμοι εἰσῆλθον μετ' αὐτοῦ εἰς τοὺς γάμους καὶ ἐκλείσθη **ἡ θύρα.**			Lk 13,25 (2)	ἀφ' οὗ ἂν ἐγερθῇ ὁ οἰκοδεσπότης καὶ ἀποκλείσῃ **τὴν θύραν** καὶ ἄρξησθε ἔξω ἑστάναι	
002	Mt 25,11 → Mt 7,22	ὕστερον δὲ ἔρχονται καὶ αἱ λοιπαὶ παρθένοι λέγουσαι· κύριε κύριε, ἄνοιξον ἡμῖν.				καὶ κρούειν **τὴν θύραν** λέγοντες· κύριε, ἄνοιξον ἡμῖν, ...	
121	Mt 21,6 → Mk 11,6	πορευθέντες δὲ οἱ μαθηταὶ καὶ ποιήσαντες καθὼς συνέταξεν αὐτοῖς ὁ Ἰησοῦς	Mk 11,4	καὶ ἀπῆλθον καὶ εὗρον πῶλον δεδεμένον **πρὸς θύραν** ἔξω ἐπὶ τοῦ ἀμφόδου ...	Lk 19,32 → Mk 11,6	ἀπελθόντες δὲ οἱ ἀπεσταλμένοι εὗρον καθὼς εἶπεν αὐτοῖς.	
221	Mt 24,33	... ὅταν ἴδητε πάντα ταῦτα, γινώσκετε ὅτι ἐγγύς ἐστιν **ἐπὶ θύραις.**	Mk 13,29	... ὅταν ἴδητε ταῦτα γινόμενα, γινώσκετε ὅτι ἐγγύς ἐστιν **ἐπὶ θύραις.**	Lk 21,31	... ὅταν ἴδητε ταῦτα γινόμενα, γινώσκετε ὅτι ἐγγύς ἐστιν ἡ βασιλεία τοῦ θεοῦ.	
200	Mt 25,10	... ἦλθεν ὁ νυμφίος, καὶ αἱ ἕτοιμοι εἰσῆλθον μετ' αὐτοῦ εἰς τοὺς γάμους καὶ ἐκλείσθη **ἡ θύρα.**			Lk 13,25 (2)	ἀφ' οὗ ἂν ἐγερθῇ ὁ οἰκοδεσπότης καὶ ἀποκλείσῃ **τὴν θύραν** ...	
221	Mt 27,60	καὶ ἔθηκεν αὐτὸ ἐν τῷ καινῷ αὐτοῦ μνημείῳ ὃ ἐλατόμησεν ἐν τῇ πέτρᾳ καὶ προσκυλίσας λίθον μέγαν **τῇ θύρᾳ τοῦ μνημείου** ἀπῆλθεν.	Mk 15,46	... καὶ ἔθηκεν αὐτὸν ἐν μνημείῳ ὃ ἦν λελατομημένον ἐκ πέτρας καὶ προσεκύλισεν λίθον **ἐπὶ τὴν θύραν τοῦ μνημείου.**	Lk 23,53	... καὶ ἔθηκεν αὐτὸν ἐν μνήματι λαξευτῷ οὗ οὐκ ἦν οὐδεὶς οὔπω κείμενος.	→ Jn 19,41
020			Mk 16,3	καὶ ἔλεγον πρὸς ἑαυτάς· τίς ἀποκυλίσει ἡμῖν τὸν λίθον **ἐκ τῆς θύρας τοῦ μνημείου;**			

Acts 3,2 καί τις ἀνὴρ χωλὸς ἐκ κοιλίας μητρὸς αὐτοῦ ὑπάρχων ἐβαστάζετο, ὃν ἐτίθουν καθ' ἡμέραν **πρὸς τὴν θύραν τοῦ ἱεροῦ** τὴν λεγομένην Ὡραίαν ...

Acts 5,9 ... ἰδοὺ οἱ πόδες τῶν θαψάντων τὸν ἄνδρα σου **ἐπὶ τῇ θύρᾳ** καὶ ἐξοίσουσίν σε.

Acts 5,19 ἄγγελος δὲ κυρίου διὰ νυκτὸς ἀνοίξας **τὰς θύρας τῆς φυλακῆς** ἐξαγαγών τε αὐτοὺς εἶπεν·

Acts 5,23 ... τὸ δεσμωτήριον εὕρομεν κεκλεισμένον ἐν πάσῃ ἀσφαλείᾳ καὶ τοὺς φύλακας ἑστῶτας **ἐπὶ τῶν θυρῶν,** ἀνοίξαντες δὲ ἔσω οὐδένα εὕρομεν.

Acts 12,6 ... τῇ νυκτὶ ἐκείνῃ ἦν ὁ Πέτρος κοιμώμενος μεταξὺ δύο στρατιωτῶν δεδεμένος ἁλύσεσιν δυσίν φύλακές τε **πρὸ τῆς θύρας** ἐτήρουν τὴν φυλακήν.

Acts 12,13 κρούσαντος δὲ αὐτοῦ **τὴν θύραν τοῦ πυλῶνος** προσῆλθεν παιδίσκη ὑπακοῦσαι ὀνόματι Ῥόδη

Acts 14,27 ... ἀνήγγελλον ὅσα ἐποίησεν ὁ θεὸς μετ' αὐτῶν καὶ ὅτι ἤνοιξεν τοῖς ἔθνεσιν **θύραν πίστεως.**

Acts 16,26 ... ἠνεῴχθησαν δὲ παραχρῆμα **αἱ θύραι πᾶσαι** καὶ πάντων τὰ δεσμὰ ἀνέθη.

Acts 16,27 ἔξυπνος δὲ γενόμενος ὁ δεσμοφύλαξ καὶ ἰδὼν ἀνεῳγμένας **τὰς θύρας τῆς φυλακῆς,** σπασάμενος [τὴν] μάχαιραν ἤμελλεν ἑαυτὸν ἀναιρεῖν ...	**Acts 21,30** ... καὶ ἐπιλαβόμενοι τοῦ Παύλου εἷλκον αὐτὸν ἔξω τοῦ ἱεροῦ, καὶ εὐθέως ἐκλείσθησαν **αἱ θύραι.**

θυρωρός	Syn 1	Mt	Mk 1	Lk	Acts	Jn 3	1-3John	Paul	Eph	Col
	NT 4	2Thess	1/2Tim	Tit	Heb	Jas	1Pet	2Pet	Jude	Rev

doorkeeper

code	Mt	Mk	Lk	
020	**Mt 25,15** [14] ... ἐκάλεσεν τοὺς ἰδίους δούλους καὶ παρέδωκεν αὐτοῖς τὰ ὑπάρχοντα αὐτοῦ, [15] καὶ ᾧ μὲν ἔδωκεν πέντε τάλαντα, ᾧ δὲ δύο, ᾧ δὲ ἕν, ἑκάστῳ κατὰ τὴν ἰδίαν δύναμιν, καὶ ἀπεδήμησεν. ...	**Mk 13,34** ... καὶ δοὺς τοῖς δούλοις αὐτοῦ τὴν ἐξουσίαν ἑκάστῳ τὸ ἔργον αὐτοῦ, καὶ **τῷ θυρωρῷ** ἐνετείλατο ἵνα γρηγορῇ.	**Lk 19,13** καλέσας δὲ δέκα δούλους ἑαυτοῦ ἔδωκεν αὐτοῖς δέκα μνᾶς καὶ εἶπεν πρὸς αὐτούς· πραγματεύσασθε ἐν ᾧ ἔρχομαι.	Mk-Q overlap

θυσία	Syn 5	Mt 2	Mk 1	Lk 2	Acts 2	Jn	1-3John	Paul 4	Eph 1	Col
	NT 28	2Thess	1/2Tim	Tit	Heb 15	Jas	1Pet 1	2Pet	Jude	Rev

act of offering; sacrifice; offering

	triple tradition																double tradition			Sondergut		
		+Mt / +Lk			−Mt / −Lk			traditions not taken over by Mt / Lk							subtotals							
code	222	211	112	212	221	122	121	022	012	021	220	120	210	020	Σ^+	Σ^-	Σ	202	201	102	200	002	total
Mt		1^+													1^+		1				1		2
Mk														1			1						1
Lk																						2	2

code	Mt	Mk	Lk
002			**Lk 2,24** [22] ... ἀνήγαγον αὐτὸν εἰς Ἱεροσόλυμα ... [23] ... [24] ... τοῦ δοῦναι **θυσίαν** κατὰ τὸ εἰρημένον ἐν τῷ νόμῳ κυρίου, *ζεῦγος τρυγόνων ἢ δύο νοσσοὺς περιστερῶν.* ➢ Lev 5,11; 12,8
211	**Mt 9,13** ⇩ Mt 12,7 πορευθέντες δὲ μάθετε τί ἐστιν· *ἔλεος θέλω καὶ* ***οὐ θυσίαν·*** οὐ γὰρ ἦλθον καλέσαι δικαίους ἀλλὰ ἁμαρτωλούς. ➢ Hos 6,6	**Mk 2,17** ... οὐκ ἦλθον καλέσαι δικαίους ἀλλὰ ἁμαρτωλούς.	**Lk 5,32** οὐκ ἐλήλυθα καλέσαι δικαίους ἀλλὰ ἁμαρτωλοὺς εἰς μετάνοιαν.
200	**Mt 12,7** ⇧ Mt 9,13 εἰ δὲ ἐγνώκειτε τί ἐστιν· *ἔλεος θέλω καὶ* ***οὐ θυσίαν,*** οὐκ ἂν κατεδικάσατε τοὺς ἀναιτίους. ➢ Hos 6,6		
002			**Lk 13,1** ... περὶ τῶν Γαλιλαίων ὧν τὸ αἷμα Πιλᾶτος ἔμιξεν **μετὰ τῶν θυσιῶν αὐτῶν.**

code	Mt	Mk	Lk	
020		**Mk 12,33** καὶ τὸ *ἀγαπᾶν αὐτὸν* ... καὶ τὸ *ἀγαπᾶν τὸν πλησίον ὡς ἑαυτὸν* περισσότερόν ἐστιν **πάντων τῶν ὁλοκαυτωμάτων καὶ θυσιῶν.** ➢ Deut 6,5; Lev 19,18		

Acts 7,41 ... καὶ ἀνήγαγον **θυσίαν** τῷ εἰδώλῳ καὶ εὐφραίνοντο ἐν τοῖς ἔργοις τῶν χειρῶν αὐτῶν.

Acts 7,42 ... καθὼς γέγραπται ἐν βίβλῳ τῶν προφητῶν· ***μὴ σφάγια καὶ θυσίας*** *προσηνέγκατέ μοι ἔτη τεσσεράκοντα ἐν τῇ ἐρήμῳ, οἶκος Ἰσραήλ;* ➢ Amos 5,25 LXX

θυσιαστήριον	Syn 8	Mt 6	Mk	Lk 2	Acts	Jn	1-3John	Paul 4	Eph	Col
	NT 23	2Thess	1/2Tim	Tit	Heb 2	Jas 1	1Pet	2Pet	Jude	Rev 8

altar

	triple tradition																double tradition			Sonder-gut		
		+Mt / +Lk			–Mt / –Lk			traditions not taken over by Mt / Lk							subtotals							
code	222	211	112	212	221	122	121	022	012	021	220	120	210	020	Σ⁺	Σ⁻	Σ	202	201	102	200	002	total
Mt																		1			5		6
Mk																							
Lk																		1				1	2

code	Mt	Mk	Lk	
002			**Lk 1,11** ὤφθη δὲ αὐτῷ ἄγγελος κυρίου ἑστὼς **ἐκ δεξιῶν τοῦ θυσιαστηρίου τοῦ θυμιάματος.**	
200	**Mt 5,23** → Mk 11,25 ἐὰν οὖν προσφέρῃς τὸ δῶρόν σου **ἐπὶ τὸ θυσιαστήριον** κἀκεῖ μνησθῇς ὅτι ὁ ἀδελφός σου ἔχει τι κατὰ σοῦ,			
200	**Mt 5,24** ἄφες ἐκεῖ τὸ δῶρόν σου **ἔμπροσθεν τοῦ θυσιαστηρίου** καὶ ὕπαγε πρῶτον διαλλάγηθι τῷ ἀδελφῷ σου, ...			
200	**Mt 23,18** καί· ὃς ἂν ὀμόσῃ **ἐν τῷ θυσιαστηρίῳ,** οὐδέν ἐστιν· ὃς δ' ἂν ὀμόσῃ ἐν τῷ δώρῳ τῷ ἐπάνω αὐτοῦ, ὀφείλει.			
200	**Mt 23,19** τυφλοί, τί γὰρ μεῖζον, τὸ δῶρον ἢ **τὸ θυσιαστήριον** τὸ ἁγιάζον τὸ δῶρον;			
200	**Mt 23,20** ὁ οὖν ὀμόσας **ἐν τῷ θυσιαστηρίῳ** ὀμνύει ἐν αὐτῷ καὶ ἐν πᾶσι τοῖς ἐπάνω αὐτοῦ·			

code	Mt		Mk		Lk		
202	**Mt 23,35**	... ἀπὸ τοῦ αἵματος Ἅβελ τοῦ δικαίου ἕως τοῦ αἵματος Ζαχαρίου υἱοῦ Βαραχίου, ὃν ἐφονεύσατε **μεταξὺ τοῦ ναοῦ καὶ τοῦ θυσιαστηρίου.**			**Lk 11,51**	ἀπὸ αἵματος Ἅβελ ἕως αἵματος Ζαχαρίου τοῦ ἀπολομένου **μεταξὺ τοῦ θυσιαστηρίου καὶ τοῦ οἴκου· ...**	

θύω	Syn	Mt	Mk	Lk	Acts	Jn	1-3John	Paul	Eph	Col
	6	1	1	4	4	1		3		
	NT	2Thess	1/2Tim	Tit	Heb	Jas	1Pet	2Pet	Jude	Rev
	14									

sacrifice; slaughter; kill

	triple tradition																	double tradition			Sondergut		
		+Mt / +Lk			–Mt / –Lk			traditions not taken over by Mt / Lk							subtotals								
code	222	211	112	212	221	122	121	022	012	021	220	120	210	020	Σ^+	Σ^-	Σ	202	201	102	200	002	total
Mt						1^-										1^-			1				1
Mk						1											1						1
Lk						1											1					3	4

code	Mt		Mk		Lk		
002					**Lk 15,23**	καὶ φέρετε τὸν μόσχον τὸν σιτευτόν, **θύσατε,** καὶ φαγόντες εὐφρανθῶμεν	
002					**Lk 15,27**	... ὁ ἀδελφός σου ἥκει, καὶ **ἔθυσεν** ὁ πατήρ σου τὸν μόσχον τὸν σιτευτόν, ...	
002					**Lk 15,30**	ὅτε δὲ ὁ υἱός σου οὗτος ὁ καταφαγών σου τὸν βίον μετὰ πορνῶν ἦλθεν, **ἔθυσας** αὐτῷ τὸν σιτευτὸν μόσχον.	
201	**Mt 22,4**	... εἴπατε τοῖς κεκλημένοις· ἰδοὺ τὸ ἄριστόν μου ἡτοίμακα, οἱ ταῦροί μου καὶ τὰ σιτιστὰ **τεθυμένα** καὶ πάντα ἕτοιμα· δεῦτε εἰς τοὺς γάμους.			**Lk 14,17**	... εἰπεῖν τοῖς κεκλημένοις· ἔρχεσθε, ὅτι ἤδη ἕτοιμά ἐστιν.	→ GTh 64
122	**Mt 26,17**	τῇ δὲ πρώτῃ τῶν ἀζύμων ...	**Mk 14,12**	καὶ τῇ πρώτῃ ἡμέρᾳ τῶν ἀζύμων, ὅτε τὸ πάσχα **ἔθυον, ...**	**Lk 22,7**	ἦλθεν δὲ ἡ ἡμέρα τῶν ἀζύμων, [ἐν] ᾗ ἔδει **θύεσθαι** τὸ πάσχα·	→ Jn 13,1

Acts 10,13 καὶ ἐγένετο φωνὴ πρὸς αὐτόν· ἀναστάς, Πέτρε, **θῦσον** καὶ φάγε.

Acts 11,7 ἤκουσα δὲ καὶ φωνῆς λεγούσης μοι· ἀναστάς, Πέτρε, **θῦσον** καὶ φάγε.

Acts 14,13 ὅ τε ἱερεὺς τοῦ Διὸς τοῦ ὄντος πρὸ τῆς πόλεως ταύρους καὶ στέμματα ἐπὶ τοὺς πυλῶνας ἐνέγκας σὺν τοῖς ὄχλοις ἤθελεν **θύειν.**

Acts 14,18 καὶ ταῦτα λέγοντες μόλις κατέπαυσαν τοὺς ὄχλους τοῦ **μὴ θύειν** αὐτοῖς.

Θωμᾶς	Syn 3	Mt 1	Mk 1	Lk 1	Acts 1	Jn 7	1-3John	Paul	Eph	Col
	NT 11	2Thess	1/2Tim	Tit	Heb	Jas	1Pet	2Pet	Jude	Rev

Thomas

222	**Mt 10,3**	Φίλιππος καὶ Βαρθολομαῖος, **Θωμᾶς** καὶ Μαθθαῖος ὁ τελώνης, Ἰάκωβος ὁ τοῦ Ἁλφαίου ...	**Mk 3,18**	... καὶ Φίλιππον καὶ Βαρθολομαῖον καὶ Μαθθαῖον καὶ **Θωμᾶν** καὶ Ἰάκωβον τὸν τοῦ Ἁλφαίου ...	**Lk 6,15**	[14] ... καὶ Φίλιππον καὶ Βαρθολομαῖον [15] καὶ Μαθθαῖον καὶ **Θωμᾶν** καὶ Ἰάκωβον Ἁλφαίου ...	

Acts 1,13 ... Φίλιππος καὶ
Θωμᾶς,
Βαρθολομαῖος καὶ
Μαθθαῖος, Ἰάκωβος
Ἁλφαίου ...

I

Ἰάϊρος	Syn 2	Mt	Mk 1	Lk 1	Acts	Jn	1-3John	Paul	Eph	Col
	NT 2	2Thess	1/2Tim	Tit	Heb	Jas	1Pet	2Pet	Jude	Rev

Jairus

122	**Mt 9,18** ... ἰδοὺ ἄρχων εἷς ἐλθὼν προσεκύνει αὐτῷ ...	**Mk 5,22** καὶ ἔρχεται εἷς τῶν ἀρχισυναγώγων, ὀνόματι **Ἰάϊρος,** καὶ ἰδὼν αὐτὸν πίπτει πρὸς τοὺς πόδας αὐτοῦ	**Lk 8,41** καὶ ἰδοὺ ἦλθεν ἀνὴρ ᾧ ὄνομα **Ἰάϊρος** καὶ οὗτος ἄρχων τῆς συναγωγῆς ὑπῆρχεν, καὶ πεσὼν παρὰ τοὺς πόδας [τοῦ] Ἰησοῦ ...

Ἰακώβ	Syn 11	Mt 6	Mk 1	Lk 4	Acts 8	Jn 3	1-3John	Paul 2	Eph	Col
	NT 27	2Thess	1/2Tim	Tit	Heb 3	Jas	1Pet	2Pet	Jude	Rev

Jacob

	triple tradition																	double tradition			Sondergut		
		+Mt / +Lk			–Mt / –Lk			traditions not taken over by Mt / Lk							subtotals								
code	222	211	112	212	221	122	121	022	012	021	220	120	210	020	Σ⁺	Σ⁻	Σ	202	201	102	200	002	total
Mt	1																1	1			4		**6**
Mk	1																1						**1**
Lk	1																1	1				2	**4**

a Ἰακώβ, son of Isaac *b* ὁ θεὸς Ἰακώβ *c* Ἰακώβ, son of Matthan

a 200 *a* 200	**Mt 1,2 (2)** Ἀβραὰμ ἐγέννησεν τὸν Ἰσαάκ, Ἰσαὰκ δὲ ἐγέννησεν **τὸν Ἰακώβ,** **Ἰακὼβ** δὲ ἐγέννησεν τὸν Ἰούδαν καὶ τοὺς ἀδελφοὺς αὐτοῦ		**Lk 3,34** [33] ... τοῦ Ἰούδα [34] **τοῦ Ἰακὼβ** τοῦ Ἰσαὰκ τοῦ Ἀβραὰμ ...
c 200	**Mt 1,15** ... Ματθὰν δὲ ἐγέννησεν **τὸν Ἰακώβ,**		
c 200	**Mt 1,16** → Mt 13,55 → Mk 6,3 **Ἰακὼβ** δὲ ἐγέννησεν τὸν Ἰωσὴφ τὸν ἄνδρα Μαρίας, ἐξ ἧς ἐγεννήθη Ἰησοῦς ὁ λεγόμενος χριστός.		**Lk 3,23** → Lk 4,22 καὶ αὐτὸς ἦν Ἰησοῦς ἀρχόμενος ὡσεὶ ἐτῶν τριάκοντα, ὢν υἱός, ὡς ἐνομίζετο, Ἰωσὴφ **τοῦ Ἠλὶ**
a 002			**Lk 1,33** → Lk 22,29 καὶ βασιλεύσει **ἐπὶ τὸν οἶκον Ἰακὼβ** εἰς τοὺς αἰῶνας ...
a 002	**Mt 1,2 (2)** Ἀβραὰμ ἐγέννησεν τὸν Ἰσαάκ, Ἰσαὰκ δὲ ἐγέννησεν τὸν Ἰακώβ, **Ἰακὼβ** δὲ ἐγέννησεν τὸν Ἰούδαν καὶ τοὺς ἀδελφοὺς αὐτοῦ		**Lk 3,34** [33] ... τοῦ Ἰούδα **[34] τοῦ Ἰακὼβ** τοῦ Ἰσαὰκ τοῦ Ἀβραὰμ ...

	Mt		Mk		Lk	
a 202	**Mt 8,11**	... πολλοὶ ἀπὸ ἀνατολῶν καὶ δυσμῶν ἥξουσιν καὶ ἀνακλιθήσονται μετὰ Ἀβραὰμ καὶ Ἰσαὰκ καὶ **Ἰακὼβ** ἐν τῇ βασιλείᾳ τῶν οὐρανῶν, [12] οἱ δὲ υἱοὶ τῆς βασιλείας ἐκβληθήσονται εἰς τὸ σκότος τὸ ἐξώτερον· ἐκεῖ ἔσται ὁ κλαυθμὸς καὶ ὁ βρυγμὸς τῶν ὀδόντων.			**Lk 13,28**	ἐκεῖ ἔσται ὁ κλαυθμὸς καὶ ὁ βρυγμὸς τῶν ὀδόντων, ὅταν ὄψεσθε Ἀβραὰμ καὶ Ἰσαὰκ καὶ **Ἰακὼβ** καὶ πάντας τοὺς προφήτας ἐν τῇ βασιλείᾳ τοῦ θεοῦ, ὑμᾶς δὲ ἐκβαλλομένους ἔξω. [29] καὶ ἥξουσιν ἀπὸ ἀνατολῶν καὶ δυσμῶν καὶ ἀπὸ βορρᾶ καὶ νότου καὶ ἀνακλιθήσονται ἐν τῇ βασιλείᾳ τοῦ θεοῦ.
b 222	**Mt 22,32**	*ἐγώ εἰμι ὁ θεὸς Ἀβραὰμ καὶ ὁ θεὸς Ἰσαὰκ καὶ* ***ὁ θεὸς Ἰακώβ;*** ... ➤ Exod 3,6	**Mk 12,26**	... *ἐγὼ ὁ θεὸς Ἀβραὰμ καὶ [ὁ] θεὸς Ἰσαὰκ καὶ* ***[ὁ] θεὸς Ἰακώβ;*** ➤ Exod 3,6	**Lk 20,37**	... *κύριον τὸν θεὸν Ἀβραὰμ καὶ θεὸν Ἰσαὰκ καὶ* ***θεὸν Ἰακώβ·*** ➤ Exod 3,6

b **Acts 3,13** *ὁ θεὸς Ἀβραὰμ καὶ [ὁ θεὸς] Ἰσαὰκ καὶ*
[ὁ θεὸς] Ἰακώβ,
ὁ θεὸς τῶν πατέρων ἡμῶν, ἐδόξασεν τὸν παῖδα αὐτοῦ Ἰησοῦν ...
➤ Exod 3,6

a **Acts 7,8 (2)** ... καὶ οὕτως ἐγέννησεν τὸν Ἰσαὰκ καὶ περιέτεμεν αὐτὸν τῇ ἡμέρᾳ τῇ ὀγδόῃ, καὶ Ἰσαὰκ
τὸν Ἰακώβ,
a καὶ
Ἰακὼβ
τοὺς δώδεκα πατριάρχας.

a **Acts 7,12** ἀκούσας δὲ
Ἰακὼβ
ὄντα σιτία εἰς Αἴγυπτον ἐξαπέστειλεν τοὺς πατέρας ἡμῶν πρῶτον.

a **Acts 7,14** ἀποστείλας δὲ Ἰωσὴφ μετεκαλέσατο
Ἰακὼβ
τὸν πατέρα αὐτοῦ καὶ πᾶσαν τὴν συγγένειαν ἐν ψυχαῖς ἑβδομήκοντα πέντε.

a **Acts 7,15** καὶ κατέβη
Ἰακὼβ
εἰς Αἴγυπτον καὶ ἐτελεύτησεν αὐτὸς καὶ οἱ πατέρες ἡμῶν

b **Acts 7,32** *ἐγὼ ὁ θεὸς τῶν πατέρων σου, ὁ θεὸς Ἀβραὰμ καὶ Ἰσαὰκ καὶ*
Ἰακώβ. ...
➤ Exod 3,6

a **Acts 7,46** ὃς εὗρεν χάριν ἐνώπιον τοῦ θεοῦ καὶ ᾐτήσατο εὑρεῖν σκήνωμα
τῷ οἴκῳ Ἰακώβ.

# Ἰάκωβος	Syn 29	Mt 6	Mk 15	Lk 8	Acts 7	Jn	1-3John	Paul 4	Eph	Col
	NT 42	2Thess	1/2Tim	Tit	Heb	Jas 1	1Pet	2Pet	Jude 1	Rev

James

	triple tradition																	double tradition			Sonder-gut		
		+Mt / +Lk			–Mt / –Lk			traditions not taken over by Mt / Lk							subtotals								
code	*222*	*211*	*112*	*212*	*221*	*122*	*121*	*022*	*012*	*021*	*220*	*120*	*210*	*020*	Σ^+	Σ^-	Σ	*202*	*201*	*102*	*200*	*002*	total
Mt	4				1	1^-	3^-				1	3^-				7^-	6						**6**
Mk	4				1	1	3	1		1	1	3					15						**15**
Lk	4		1^+		1^-	1	3^-	1		1^-					1^+	5^-	7					1	**8**

a Ἰάκωβος, son of Zebedee
b Ἰάκωβος, son of Alphaeus
c Ἰάκωβος, son of Mary
d Ἰάκωβος, brother of Jesus
e Ἰάκωβος, father of Judas (Luke and Acts only)

	Mt		Mk		Lk	
a 222	**Mt 4,21**	καὶ προβὰς ἐκεῖθεν εἶδεν ἄλλους δύο ἀδελφούς, **Ἰάκωβον** τὸν τοῦ Ζεβεδαίου καὶ Ἰωάννην τὸν ἀδελφὸν αὐτοῦ, ...	**Mk 1,19**	καὶ προβὰς ὀλίγον εἶδεν **Ἰάκωβον** τὸν τοῦ Ζεβεδαίου καὶ Ἰωάννην τὸν ἀδελφὸν αὐτοῦ, ...	**Lk 5,10**	ὁμοίως δὲ καὶ **Ἰάκωβον** καὶ Ἰωάννην υἱοὺς Ζεβεδαίου, οἳ ἦσαν κοινωνοὶ τῷ Σίμωνι. ...
a 121	**Mt 8,14**	καὶ ἐλθὼν ὁ Ἰησοῦς εἰς τὴν οἰκίαν Πέτρου ...	**Mk 1,29**	... ἦλθον εἰς τὴν οἰκίαν Σίμωνος καὶ Ἀνδρέου **μετὰ Ἰακώβου καὶ Ἰωάννου.**	**Lk 4,38**	... εἰσῆλθεν εἰς τὴν οἰκίαν Σίμωνος. ...

a 222 *a* 121	**Mt 10,2**	... πρῶτος Σίμων ὁ λεγόμενος Πέτρος καὶ Ἀνδρέας ὁ ἀδελφὸς αὐτοῦ, καὶ **Ἰάκωβος** ὁ τοῦ Ζεβεδαίου καὶ Ἰωάννης **ὁ ἀδελφὸς αὐτοῦ,**	**Mk 3,17** **(2)**	[16] ... καὶ ἐπέθηκεν ὄνομα τῷ Σίμωνι Πέτρον, [17] καὶ **Ἰάκωβον** τὸν τοῦ Ζεβεδαίου καὶ Ἰωάννην **τὸν ἀδελφὸν τοῦ Ἰακώβου** καὶ ἐπέθηκεν αὐτοῖς ὀνόμα[τα] Βοανηργές, ὅ ἐστιν υἱοὶ βροντῆς·	**Lk 6,14**	Σίμωνα, ὃν καὶ ὠνόμασεν Πέτρον, καὶ Ἀνδρέαν τὸν ἀδελφὸν αὐτοῦ, καὶ **Ἰάκωβον** καὶ Ἰωάννην ↔	
b 222	**Mt 10,3**	Φίλιππος καὶ Βαρθολομαῖος, Θωμᾶς καὶ Μαθθαῖος ὁ τελώνης, **Ἰάκωβος** ὁ τοῦ Ἁλφαίου καὶ Θαδδαῖος, [4] Σίμων ὁ Καναναῖος ↔	**Mk 3,18**	καὶ Ἀνδρέαν καὶ Φίλιππον καὶ Βαρθολομαῖον καὶ Μαθθαῖον καὶ Θωμᾶν καὶ **Ἰάκωβον** τὸν τοῦ Ἁλφαίου καὶ Θαδδαῖον καὶ Σίμωνα τὸν Καναναῖον	**Lk 6,15**	↔ [14] καὶ Φίλιππον καὶ Βαρθολομαῖον [15] καὶ Μαθθαῖον καὶ Θωμᾶν καὶ **Ἰάκωβον** Ἁλφαίου καὶ Σίμωνα τὸν καλούμενον ζηλωτὴν	
e 112	**Mt 10,4**	↔ καὶ Ἰούδας ὁ Ἰσκαριώτης ὁ καὶ παραδοὺς αὐτόν.	**Mk 3,19**	καὶ Ἰούδαν Ἰσκαριώθ, ὃς καὶ παρέδωκεν αὐτόν.	**Lk 6,16**	καὶ **Ἰούδαν Ἰακώβου** καὶ Ἰούδαν Ἰσκαριώθ, ὃς ἐγένετο προδότης.	
a 022 *a* 021			**Mk 5,37** **(2)**	καὶ οὐκ ἀφῆκεν οὐδένα μετ' αὐτοῦ συνακολουθῆσαι εἰ μὴ τὸν Πέτρον καὶ **Ἰάκωβον** καὶ Ἰωάννην **τὸν ἀδελφὸν Ἰακώβου.**	**Lk 8,51**	... οὐκ ἀφῆκεν εἰσελθεῖν τινα σὺν αὐτῷ εἰ μὴ Πέτρον καὶ Ἰωάννην καὶ **Ἰάκωβον** ...	
d 221	**Mt 13,55** → Mt 1,16	οὐχ οὗτός ἐστιν ὁ τοῦ τέκτονος υἱός; οὐχ ἡ μήτηρ αὐτοῦ λέγεται Μαριὰμ καὶ οἱ ἀδελφοὶ αὐτοῦ **Ἰάκωβος** καὶ Ἰωσὴφ καὶ Σίμων καὶ Ἰούδας;	**Mk 6,3** → Mt 1,16	οὐχ οὗτός ἐστιν ὁ τέκτων, ὁ υἱὸς τῆς Μαρίας καὶ ἀδελφὸς **Ἰακώβου** καὶ Ἰωσῆτος καὶ Ἰούδα καὶ Σίμωνος; ...	**Lk 4,22** → Lk 3,23	... οὐχὶ υἱός ἐστιν Ἰωσὴφ οὗτος;	→ Jn 6,42
a 222	**Mt 17,1**	... παραλαμβάνει ὁ Ἰησοῦς τὸν Πέτρον καὶ **Ἰάκωβον** καὶ Ἰωάννην τὸν ἀδελφὸν αὐτοῦ καὶ ἀναφέρει αὐτοὺς εἰς ὄρος ὑψηλὸν κατ' ἰδίαν.	**Mk 9,2**	... παραλαμβάνει ὁ Ἰησοῦς τὸν Πέτρον καὶ **τὸν Ἰάκωβον** καὶ τὸν Ἰωάννην καὶ ἀναφέρει αὐτοὺς εἰς ὄρος ὑψηλὸν κατ' ἰδίαν μόνους. ...	**Lk 9,28**	... παραλαβὼν Πέτρον καὶ Ἰωάννην καὶ **Ἰάκωβον** ἀνέβη εἰς τὸ ὄρος προσεύξασθαι.	
a 002					**Lk 9,54**	ἰδόντες δὲ οἱ μαθηταὶ **Ἰάκωβος** καὶ Ἰωάννης εἶπαν· κύριε, θέλεις εἴπωμεν *πῦρ καταβῆναι ἀπὸ τοῦ οὐρανοῦ καὶ ἀναλῶσαι αὐτούς;* ➤ 2Kings 1,10.12	
a 120	**Mt 20,20**	τότε προσῆλθεν αὐτῷ ἡ μήτηρ τῶν υἱῶν Ζεβεδαίου μετὰ τῶν υἱῶν αὐτῆς προσκυνοῦσα καὶ αἰτοῦσά τι ἀπ' αὐτοῦ.	**Mk 10,35**	καὶ προσπορεύονται αὐτῷ **Ἰάκωβος** καὶ Ἰωάννης οἱ υἱοὶ Ζεβεδαίου λέγοντες αὐτῷ· διδάσκαλε, θέλομεν ἵνα ὃ ἐὰν αἰτήσωμέν σε ποιήσῃς ἡμῖν.			

a 120	**Mt 20,24**	καὶ ἀκούσαντες οἱ δέκα ἠγανάκτησαν **περὶ τῶν δύο ἀδελφῶν.**	**Mk 10,41**	καὶ ἀκούσαντες οἱ δέκα ἤρξαντο ἀγανακτεῖν **περὶ Ἰακώβου καὶ Ἰωάννου.**			
a 121	**Mt 24,3**	καθημένου δὲ αὐτοῦ ἐπὶ τοῦ ὄρους τῶν ἐλαιῶν προσῆλθον αὐτῷ οἱ μαθηταὶ κατ᾽ ἰδίαν λέγοντες· ...	**Mk 13,3**	καὶ καθημένου αὐτοῦ εἰς τὸ ὄρος τῶν ἐλαιῶν κατέναντι τοῦ ἱεροῦ ἐπηρώτα αὐτὸν κατ᾽ ἰδίαν Πέτρος καὶ **Ἰάκωβος** καὶ Ἰωάννης καὶ Ἀνδρέας·	**Lk 21,7**	ἐπηρώτησαν δὲ αὐτὸν λέγοντες· ...	
a 120	**Mt 26,37**	καὶ παραλαβὼν τὸν Πέτρον καὶ **τοὺς δύο υἱοὺς Ζεβεδαίου** ἤρξατο λυπεῖσθαι καὶ ἀδημονεῖν.	**Mk 14,33**	καὶ παραλαμβάνει τὸν Πέτρον καὶ **[τὸν] Ἰάκωβον καὶ [τὸν] Ἰωάννην** μετ᾽ αὐτοῦ καὶ ἤρξατο ἐκθαμβεῖσθαι καὶ ἀδημονεῖν			
c 220	**Mt 27,56** → Mt 27,61 ↓ Mt 28,1	ἐν αἷς ἦν Μαρία ἡ Μαγδαληνὴ καὶ **Μαρία ἡ τοῦ Ἰακώβου καὶ Ἰωσὴφ μήτηρ** καὶ ἡ μήτηρ τῶν υἱῶν Ζεβεδαίου.	**Mk 15,40** → Mk 15,47 ↓ Mk 16,1	... ἐν αἷς καὶ Μαρία ἡ Μαγδαληνὴ καὶ **Μαρία ἡ Ἰακώβου τοῦ μικροῦ καὶ Ἰωσῆτος μήτηρ** καὶ Σαλώμη			→ Jn 19,25
c 122	**Mt 28,1** ↑ Mt 27,56 → Mt 27,61	ὀψὲ δὲ σαββάτων, τῇ ἐπιφωσκούσῃ εἰς μίαν σαββάτων ἦλθεν Μαριὰμ ἡ Μαγδαληνὴ καὶ **ἡ ἄλλη Μαρία** θεωρῆσαι τὸν τάφον.	**Mk 16,1** ↑ Mk 15,40 → Mk 15,47	καὶ διαγενομένου τοῦ σαββάτου Μαρία ἡ Μαγδαληνὴ καὶ **Μαρία ἡ [τοῦ] Ἰακώβου** καὶ Σαλώμη ἠγόρασαν ἀρώματα ἵνα ἐλθοῦσαι ἀλείψωσιν αὐτόν. [2] καὶ λίαν πρωῒ τῇ μιᾷ τῶν σαββάτων ἔρχονται ἐπὶ τὸ μνημεῖον ἀνατείλαντος τοῦ ἡλίου.	**Lk 24,10** → Lk 8,2-3	[23,56] ὑποστρέψασαι δὲ ἡτοίμασαν ἀρώματα καὶ μύρα. ... [24,1] τῇ δὲ μιᾷ τῶν σαββάτων ὄρθρου βαθέως ἐπὶ τὸ μνῆμα ἦλθον φέρουσαι ἃ ἡτοίμασαν ἀρώματα. [2] ... [10] ἦσαν δὲ ἡ Μαγδαληνὴ Μαρία καὶ Ἰωάννα καὶ **Μαρία ἡ Ἰακώβου** καὶ αἱ λοιπαὶ σὺν αὐταῖς. ...	→ Jn 20,1 → Jn 20,18

a **Acts 1,13 (3)** ... ὅ τε Πέτρος καὶ Ἰωάννης καὶ **Ἰάκωβος** καὶ Ἀνδρέας,
b Φίλιππος καὶ Θωμᾶς, Βαρθολομαῖος καὶ Μαθθαῖος, **Ἰάκωβος Ἁλφαίου**
e καὶ Σίμων ὁ ζηλωτὴς καὶ **Ἰούδας Ἰακώβου.**

a **Acts 12,2** → Mk 10,38-39 → Mt 20,22-23 ἀνεῖλεν δὲ **Ἰάκωβον** τὸν ἀδελφὸν Ἰωάννου μαχαίρῃ.

d **Acts 12,17** ... ἀπαγγείλατε **Ἰακώβῳ** καὶ τοῖς ἀδελφοῖς ταῦτα. ...

d **Acts 15,13** μετὰ δὲ τὸ σιγῆσαι αὐτοὺς ἀπεκρίθη **Ἰάκωβος** λέγων· ἄνδρες ἀδελφοί, ἀκούσατέ μου.

d **Acts 21,18** τῇ δὲ ἐπιούσῃ εἰσῄει ὁ Παῦλος σὺν ἡμῖν **πρὸς Ἰάκωβον,** πάντες τε παρεγένοντο οἱ πρεσβύτεροι.

Ἰανναί

Syn	Mt	Mk	Lk	Acts	Jn	1-3John	Paul	Eph	Col
1			1						
NT	2Thess	1/2Tim	Tit	Heb	Jas	1Pet	2Pet	Jude	Rev
1									

Jannai

code	Mt		Mk		Lk		
002	**Mt 1,15**	... Ματθὰν δὲ ἐγέννησεν τὸν Ἰακώβ			**Lk 3,24**	τοῦ Μαθθὰτ τοῦ Λευὶ τοῦ Μελχὶ **τοῦ Ἰανναὶ** τοῦ Ἰωσὴφ	

ἰάομαι

Syn	Mt	Mk	Lk	Acts	Jn	1-3John	Paul	Eph	Col
16	4	1	11	4	3				
NT	2Thess	1/2Tim	Tit	Heb	Jas	1Pet	2Pet	Jude	Rev
26				1	1	1			

heal; cure; restore

	triple tradition																	double tradition			Sondergut		
		+Mt / +Lk			–Mt / –Lk			traditions not taken over by Mt / Lk							subtotals								
code	*222*	*211*	*112*	*212*	*221*	*122*	*121*	*022*	*012*	*021*	*220*	*120*	*210*	*020*	Σ^+	Σ^-	Σ	*202*	*201*	*102*	*200*	*002*	total
Mt							1^-						1^+		1^+	1^-	1	1	1		1		**4**
Mk							1										1						**1**
Lk			3^+				1^-		4^+						7^+	1^-	7	1				3	**11**

code	Mt		Mk		Lk		
012			**Mk 2,2** → Mk 3,20	καὶ συνήχθησαν πολλοὶ ὥστε μηκέτι χωρεῖν μηδὲ τὰ πρὸς τὴν θύραν, καὶ ἐλάλει αὐτοῖς τὸν λόγον.	**Lk 5,17**	... καὶ αὐτὸς ἦν διδάσκων, καὶ ἦσαν καθήμενοι Φαρισαῖοι καὶ νομοδιδάσκαλοι οἳ ἦσαν ἐληλυθότες ἐκ πάσης κώμης τῆς Γαλιλαίας καὶ Ἰουδαίας καὶ Ἰερουσαλήμ· καὶ δύναμις κυρίου ἦν **εἰς τὸ ἰᾶσθαι** αὐτόν.	
012			**Mk 3,8**	... πλῆθος πολὺ ἀκούοντες ὅσα ἐποίει ἦλθον πρὸς αὐτόν.	**Lk 6,18** → Lk 5,15	οἳ ἦλθον ἀκοῦσαι αὐτοῦ καὶ **ἰαθῆναι** ἀπὸ τῶν νόσων αὐτῶν·	
	Mt 12,15	... καὶ ἐθεράπευσεν αὐτοὺς πάντας	**Mk 3,10**	πολλοὺς γὰρ ἐθεράπευσεν,	→ Mk 3,11	καὶ οἱ ἐνοχλούμενοι ἀπὸ πνευμάτων ἀκαθάρτων ἐθεραπεύοντο,	
012				ὥστε ἐπιπίπτειν αὐτῷ ἵνα αὐτοῦ ἅψωνται ὅσοι εἶχον μάστιγας.	**Lk 6,19** → Mk 5,30 → Lk 8,46	καὶ πᾶς ὁ ὄχλος ἐζήτουν ἅπτεσθαι αὐτοῦ, ὅτι δύναμις παρ' αὐτοῦ ἐξήρχετο καὶ **ἰᾶτο** πάντας.	
202	**Mt 8,8**	... ἀλλὰ μόνον εἰπὲ λόγῳ, καὶ **ἰαθήσεται** ὁ παῖς μου.			**Lk 7,7**	... ἀλλὰ εἰπὲ λόγῳ, καὶ **ἰαθήτω** ὁ παῖς μου.	→ Jn 4,49
201	**Mt 8,13**	... ὕπαγε, ὡς ἐπίστευσας γενηθήτω σοι. καὶ **ἰάθη** ὁ παῖς [αὐτοῦ] ἐν τῇ ὥρᾳ ἐκείνῃ.			**Lk 7,10** ↓ Mk 7,30	καὶ ὑποστρέψαντες εἰς τὸν οἶκον οἱ πεμφθέντες εὗρον τὸν δοῦλον **ὑγιαίνοντα.**	→ Jn 4,50-51

200	**Mt 13,15** → Mk 4,12	... *μήποτε ἴδωσιν τοῖς ὀφθαλμοῖς καὶ τοῖς ὠσὶν ἀκούσωσιν καὶ τῇ καρδίᾳ συνῶσιν καὶ ἐπιστρέψωσιν καὶ* ***ἰάσομαι*** *αὐτούς.* ➤ Isa 6,10 LXX					→ Jn 12,40 → Acts 28,27
121	**Mt 9,22** → Mk 5,34	... καὶ **ἐσώθη** ἡ γυνὴ ἀπὸ τῆς ὥρας ἐκείνης.	**Mk 5,29** ↓ Lk 8,47	καὶ εὐθὺς ἐξηράνθη ἡ πηγὴ τοῦ αἵματος αὐτῆς καὶ ἔγνω τῷ σώματι ὅτι **ἴαται** ἀπὸ τῆς μάστιγος.	**Lk 8,44**	... καὶ παραχρῆμα ἔστη ἡ ῥύσις τοῦ αἵματος αὐτῆς.	
012			**Mk 5,33**	... εἶπεν αὐτῷ πᾶσαν τὴν ἀλήθειαν.	**Lk 8,47** → Mt 9,21 → Mk 5,28 ↑ Mk 5,29	... δι᾽ ἣν αἰτίαν ἥψατο αὐτοῦ ἀπήγγειλεν ἐνώπιον παντὸς τοῦ λαοῦ καὶ ὡς **ἰάθη** παραχρῆμα.	
112	**Mt 10,5**	τούτους τοὺς δώδεκα ἀπέστειλεν ὁ Ἰησοῦς ... [10,1] ... ἔδωκεν αὐτοῖς ἐξουσίαν πνευμάτων ἀκαθάρτων ...	**Mk 6,7**	... καὶ ἤρξατο αὐτοὺς ἀποστέλλειν δύο δύο καὶ ἐδίδου αὐτοῖς ἐξουσίαν τῶν πνευμάτων τῶν ἀκαθάρτων	**Lk 9,2** → Lk 10,9	καὶ ἀπέστειλεν αὐτοὺς κηρύσσειν τὴν βασιλείαν τοῦ θεοῦ καὶ **ἰᾶσθαι** [τοὺς ἀσθενεῖς]	→ GTh 14,4
112	**Mt 14,14** → Mt 9,36 → Mt 15,32	... καὶ ἐσπλαγχνίσθη ἐπ᾽ αὐτοῖς καὶ **ἐθεράπευσεν** τοὺς ἀρρώστους αὐτῶν.	**Mk 6,34** → Mk 8,2	... καὶ ἐσπλαγχνίσθη ἐπ᾽ αὐτούς, ὅτι ἦσαν *ὡς πρόβατα μὴ ἔχοντα ποιμένα,* καὶ ἤρξατο διδάσκειν αὐτοὺς πολλά. ➤ Num 27,17/Jdt 11,19/2Chron 18,16	**Lk 9,11**	... καὶ ἀποδεξάμενος αὐτοὺς ἐλάλει αὐτοῖς περὶ τῆς βασιλείας τοῦ θεοῦ, καὶ τοὺς χρείαν ἔχοντας θεραπείας **ἰᾶτο**.	
210	**Mt 15,28**	... καὶ **ἰάθη** ἡ θυγάτηρ αὐτῆς ἀπὸ τῆς ὥρας ἐκείνης.	**Mk 7,30** ↑ Lk 7,10	καὶ ἀπελθοῦσα εἰς τὸν οἶκον αὐτῆς εὗρεν τὸ παιδίον βεβλημένον ἐπὶ τὴν κλίνην καὶ τὸ δαιμόνιον **ἐξεληλυθός**.			
112	**Mt 17,18**	... καὶ **ἐθεραπεύθη** ὁ παῖς ἀπὸ τῆς ὥρας ἐκείνης.	**Mk 9,27**	ὁ δὲ Ἰησοῦς κρατήσας τῆς χειρὸς αὐτοῦ ἤγειρεν αὐτόν, καὶ ἀνέστη.	**Lk 9,42** → Lk 7,15	... καὶ **ἰάσατο** τὸν παῖδα καὶ ἀπέδωκεν αὐτὸν τῷ πατρὶ αὐτοῦ.	
002					**Lk 14,4** → Mt 12,13 → Mk 3,5 → Lk 6,10 → Lk 13,13	... καὶ ἐπιλαβόμενος **ἰάσατο** αὐτὸν καὶ ἀπέλυσεν.	
002					**Lk 17,15**	εἷς δὲ ἐξ αὐτῶν, ἰδὼν ὅτι **ἰάθη**, ὑπέστρεψεν μετὰ φωνῆς μεγάλης δοξάζων τὸν θεόν	
002	**Mt 26,52**	τότε λέγει αὐτῷ ὁ Ἰησοῦς· ἀπόστρεψον τὴν μάχαιράν σου εἰς τὸν τόπον αὐτῆς· ...			**Lk 22,51**	ἀποκριθεὶς δὲ ὁ Ἰησοῦς εἶπεν· ἐᾶτε ἕως τούτου· καὶ ἁψάμενος τοῦ ὠτίου **ἰάσατο** αὐτόν.	→ Jn 18,11

Acts 9,34 καὶ εἶπεν αὐτῷ ὁ Πέτρος· Αἰνέα, **ἰᾶταί** σε Ἰησοῦς Χριστός· ἀνάστηθι καὶ στρῶσον σεαυτῷ. καὶ εὐθέως ἀνέστη.

Acts 10,38 → Lk 4,18 → Lk 13,16 → Lk 24,19 Ἰησοῦν τὸν ἀπὸ Ναζαρέθ, ὡς ἔχρισεν αὐτὸν ὁ θεὸς πνεύματι ἁγίῳ καὶ δυνάμει, ὃς διῆλθεν εὐεργετῶν καὶ **ἰώμενος** πάντας τοὺς καταδυναστευομένους ὑπὸ τοῦ διαβόλου, ...

Acts 28,8 ... ὁ Παῦλος εἰσελθὼν καὶ προσευξάμενος ἐπιθεὶς τὰς χεῖρας αὐτῷ **ἰάσατο** αὐτόν.

Acts 28,27 → Mt 13,15 ... *μήποτε ἴδωσιν τοῖς ὀφθαλμοῖς καὶ τοῖς ὠσὶν ἀκούσωσιν καὶ τῇ καρδίᾳ συνῶσιν καὶ ἐπιστρέψωσιν, καὶ* ***ἰάσομαι*** *αὐτούς.* ➤ Isa 6,10 LXX

Ἰάρετ

	Mt	Mk	Lk	Acts	Jn	1-3John	Paul	Eph	Col
Syn 1			1						
NT 1	2Thess	1/2Tim	Tit	Heb	Jas	1Pet	2Pet	Jude	Rev

Jared

	Mt	Mk	Lk
002			**Lk 3,37** ... τοῦ Ἑνὼχ **τοῦ Ἰάρετ** τοῦ Μαλελεὴλ ...

ἴασις

	Mt	Mk	Lk	Acts	Jn	1-3John	Paul	Eph	Col
Syn 1			1	2					
NT 3	2Thess	1/2Tim	Tit	Heb	Jas	1Pet	2Pet	Jude	Rev

healing

	Mt	Mk	Lk
002			**Lk 13,32** ... ἰδοὺ ἐκβάλλω δαιμόνια καὶ **ἰάσεις** ἀποτελῶ σήμερον καὶ αὔριον καὶ τῇ τρίτῃ τελειοῦμαι.

Acts 4,22 ἐτῶν γὰρ ἦν πλειόνων τεσσεράκοντα ὁ ἄνθρωπος ἐφ' ὃν γεγόνει **τὸ σημεῖον τοῦτο τῆς ἰάσεως.**

Acts 4,30 ἐν τῷ τὴν χεῖρά [σου] ἐκτείνειν σε **εἰς ἴασιν** καὶ σημεῖα καὶ τέρατα γίνεσθαι ...

ἰατρός

	Mt	Mk	Lk	Acts	Jn	1-3John	Paul	Eph	Col
Syn 6	1	2	3						1
NT 7	2Thess	1/2Tim	Tit	Heb	Jas	1Pet	2Pet	Jude	Rev

physician

	Mt	Mk	Lk
002			**Lk 4,23** ... πάντως ἐρεῖτέ μοι τὴν παραβολὴν ταύτην· **ἰατρέ,** θεράπευσον σεαυτόν· ...
222	**Mt 9,12** ... οὐ χρείαν ἔχουσιν οἱ ἰσχύοντες **ἰατροῦ** ἀλλ' οἱ κακῶς ἔχοντες.	**Mk 2,17** ... οὐ χρείαν ἔχουσιν οἱ ἰσχύοντες **ἰατροῦ** ἀλλ' οἱ κακῶς ἔχοντες· ...	**Lk 5,31** ... οὐ χρείαν ἔχουσιν οἱ ὑγιαίνοντες **ἰατροῦ** ἀλλὰ οἱ κακῶς ἔχοντες·

	Mt 9,20	καὶ ἰδοὺ γυνὴ αἱμορροοῦσα δώδεκα ἔτη ...	Mk 5,25	καὶ γυνὴ οὖσα ἐν ῥύσει αἵματος δώδεκα ἔτη	Lk 8,43	καὶ γυνὴ οὖσα ἐν ῥύσει αἵματος ἀπὸ ἐτῶν δώδεκα,	
022			Mk 5,26	καὶ πολλὰ παθοῦσα ὑπὸ πολλῶν ἰατρῶν καὶ δαπανήσασα τὰ παρ' αὐτῆς πάντα ...		ἥτις [ἰατροῖς προσαναλώσασα ὅλον τὸν βίον] ...	

ἴδε	Syn 11	Mt 4	Mk 7	Lk	Acts	Jn 15	1-3John	Paul 1	Eph	Col
	NT 27	2Thess	1/2Tim	Tit	Heb	Jas	1Pet	2Pet	Jude	Rev

(you) see; here is (are); here
(Note: Mk 13,1; 15,4; Jn 1,46; 7,52; 11,34; 20,27 and Rom 11,22 are counted as imperative of εἶδον; see also ἰδού, ὁράω, εἶδον)

	triple tradition																	double tradition			Sondergut		
		+Mt / +Lk			−Mt / −Lk			traditions not taken over by Mt / Lk							subtotals								
code	*222*	*211*	*112*	*212*	*221*	*122*	*121*	*022*	*012*	*021*	*220*	*120*	*210*	*020*	Σ⁺	Σ⁻	Σ	*202*	*201*	*102*	*200*	*002*	total
Mt		1⁺					2⁻					5⁻			1⁺	7⁻	1		3				**4**
Mk							2					5					7						**7**
Lk							2⁻									2⁻							

121	Mt 12,2	οἱ δὲ Φαρισαῖοι ἰδόντες εἶπαν αὐτῷ· ἰδοὺ οἱ μαθηταί σου ποιοῦσιν ὃ οὐκ ἔξεστιν ποιεῖν ἐν σαββάτῳ.	Mk 2,24	καὶ οἱ Φαρισαῖοι ἔλεγον αὐτῷ· ἴδε τί ποιοῦσιν τοῖς σάββασιν ὃ οὐκ ἔξεστιν;	Lk 6,2	τινὲς δὲ τῶν Φαρισαίων εἶπαν· τί ποιεῖτε ὃ οὐκ ἔξεστιν τοῖς σάββασιν;	
120	Mt 12,49	καὶ ἐκτείνας τὴν χεῖρα αὐτοῦ ἐπὶ τοὺς μαθητὰς αὐτοῦ εἶπεν· ἰδοὺ ἡ μήτηρ μου καὶ οἱ ἀδελφοί μου·	Mk 3,34	καὶ περιβλεψάμενος τοὺς περὶ αὐτὸν κύκλῳ καθημένους λέγει· ἴδε ἡ μήτηρ μου καὶ οἱ ἀδελφοί μου.			→ GTh 99
120	Mt 21,20	[19] ... καὶ ἐξηράνθη παραχρῆμα ἡ συκῆ. [20] καὶ ἰδόντες οἱ μαθηταὶ ἐθαύμασαν λέγοντες· πῶς παραχρῆμα ἐξηράνθη ἡ συκῆ;	Mk 11,21	[20] ... εἶδον τὴν συκῆν ἐξηραμμένην ἐκ ῥιζῶν. [21] καὶ ἀναμνησθεὶς ὁ Πέτρος λέγει αὐτῷ· ῥαββί, ἴδε ἡ συκῆ ἣν κατηράσω ἐξήρανται.			
120 120	Mt 24,23 ⇩ Mt 24,26	τότε ἐάν τις ὑμῖν εἴπῃ· ἰδοὺ ὧδε ὁ χριστός, ἤ· ὧδε, μὴ πιστεύσητε·	Mk 13,21 (2) → Mt 24,5 → Mk 13,6 → Lk 21,8	καὶ τότε ἐάν τις ὑμῖν εἴπῃ· ἴδε ὧδε ὁ χριστός, ἴδε ἐκεῖ, μὴ πιστεύετε·			→ GTh 113
	Mt 24,26 ⇧ Mt 24,23	ἐὰν οὖν εἴπωσιν ὑμῖν· ἰδοὺ ἐν τῇ ἐρήμῳ ἐστίν, μὴ ἐξέλθητε· ἰδοὺ ἐν τοῖς ταμείοις, μὴ πιστεύσητε·			Lk 17,23 → Lk 17,21	καὶ ἐροῦσιν ὑμῖν· ἰδοὺ ἐκεῖ, [ἤ·] ἰδοὺ ὧδε· μὴ ἀπέλθητε μηδὲ διώξητε.	→ GTh 113
201	Mt 25,20	... κύριε, πέντε τάλαντά μοι παρέδωκας· ἴδε ἄλλα πέντε τάλαντα ἐκέρδησα.			Lk 19,16	... κύριε, ἡ μνᾶ σου δέκα προσηργάσατο μνᾶς.	

code	Mt		Mk		Lk		
201	**Mt 25,22**	... κύριε, δύο τάλαντά μοι παρέδωκας· **ἴδε** ἄλλα δύο τάλαντα ἐκέρδησα.			**Lk 19,18**	... ἡ μνᾶ σου, κύριε, ἐποίησεν πέντε μνᾶς.	
201	**Mt 25,25**	... ἀπελθὼν ἔκρυψα τὸ τάλαντόν σου ἐν τῇ γῇ· **ἴδε** ἔχεις τὸ σόν.			**Lk 19,20** → Mt 25,18	... **ἰδοὺ** ἡ μνᾶ σου ἣν εἶχον ἀποκειμένην ἐν σουδαρίῳ·	
211	**Mt 26,65**	... τί ἔτι χρείαν ἔχομεν μαρτύρων; **ἴδε** νῦν ἠκούσατε τὴν βλασφημίαν·	**Mk 14,64**	[63] ... τί ἔτι χρείαν ἔχομεν μαρτύρων; [64] ἠκούσατε τῆς βλασφημίας· ...	**Lk 22,71**	... τί ἔτι ἔχομεν μαρτυρίας χρείαν; αὐτοὶ γὰρ ἠκούσαμεν ἀπὸ τοῦ στόματος αὐτοῦ.	
120	**Mt 27,47**	τινὲς δὲ τῶν ἐκεῖ ἑστηκότων ἀκούσαντες ἔλεγον ὅτι Ἠλίαν φωνεῖ οὗτος.	**Mk 15,35**	καί τινες τῶν παρεστηκότων ἀκούσαντες ἔλεγον· **ἴδε** Ἠλίαν φωνεῖ.			
121	**Mt 28,6**	οὐκ ἔστιν ὧδε, ἠγέρθη γὰρ καθὼς εἶπεν· **δεῦτε ἴδετε** τὸν τόπον ὅπου ἔκειτο.	**Mk 16,6**	... ἠγέρθη, οὐκ ἔστιν ὧδε· **ἴδε** ὁ τόπος ὅπου ἔθηκαν αὐτόν.	**Lk 24,6** → Lk 24,23	οὐκ ἔστιν ὧδε, ἀλλὰ ἠγέρθη. ...	

ἴδιος

	Syn	Mt	Mk	Lk	Acts	Jn	1-3John	Paul	Eph	Col
	24	10	8	6	16	15		27	2	
	NT	2Thess	1/2Tim	Tit	Heb	Jas	1Pet	2Pet	Jude	Rev
	114		11	4	4	1	2	7	1	

one's own

	triple tradition																double tradition			Sondergut		
		+Mt / +Lk			–Mt / –Lk			traditions not taken over by Mt / Lk							subtotals							
code	*222*	*211*	*112*	*212*	*221*	*122*	*121*	*022*	*012*	*021*	*220*	*120*	*210*	*020*	Σ⁺	Σ⁻	Σ	*202*	*201*	*102*	*200*	*002*	total
Mt	1	2⁺			2						1	2⁻	1⁺		3⁺	2⁻	7		3				**10**
Mk	1				2						1	2		2			8						**8**
Lk	1		1⁺		2⁻										1⁺	2⁻	2			3		1	**6**

[a] κατ' ἰδίαν

code	Mt		Mk		Lk		
102	**Mt 7,3**	τί δὲ βλέπεις τὸ κάρφος τὸ ἐν τῷ ὀφθαλμῷ τοῦ ἀδελφοῦ σου, τὴν δὲ **ἐν τῷ σῷ ὀφθαλμῷ** δοκὸν οὐ κατανοεῖς;			**Lk 6,41**	τί δὲ βλέπεις τὸ κάρφος τὸ ἐν τῷ ὀφθαλμῷ τοῦ ἀδελφοῦ σου, τὴν δὲ δοκὸν τὴν **ἐν τῷ ἰδίῳ ὀφθαλμῷ** οὐ κατανοεῖς;	→ GTh 26
102	**Mt 7,16** ⇨ Mt 7,20 ⇩ Mt 12,33 **Mt 12,33** ⇧ Mt 7,16	**ἀπὸ τῶν καρπῶν αὐτῶν** ἐπιγνώσεσθε αὐτούς. ... ... **ἐκ γὰρ τοῦ καρποῦ** τὸ δένδρον γινώσκεται.			**Lk 6,44**	ἕκαστον γὰρ δένδρον **ἐκ τοῦ ἰδίου καρποῦ** γινώσκεται· ...	
211	**Mt 9,1**	... καὶ ἦλθεν **εἰς τὴν ἰδίαν πόλιν.**	**Mk 2,1**	καὶ εἰσελθὼν πάλιν **εἰς Καφαρναοὺμ** δι' ἡμερῶν ἠκούσθη ὅτι ἐν οἴκῳ ἐστίν.	**Lk 5,17**	καὶ ἐγένετο ἐν μιᾷ τῶν ἡμερῶν ...	

a 120 120	**Mt 13,34**	... καὶ χωρὶς παραβολῆς οὐδὲν ἐλάλει αὐτοῖς	**Mk 4,34** **(2)**	χωρὶς δὲ παραβολῆς οὐκ ἐλάλει αὐτοῖς, **κατ' ἰδίαν** δὲ **τοῖς ἰδίοις μαθηταῖς** ἐπέλυεν πάντα.			
a 020			**Mk 6,31**	... δεῦτε ὑμεῖς αὐτοὶ **κατ' ἰδίαν** εἰς ἔρημον τόπον καὶ ἀναπαύσασθε ὀλίγον. ...			
a 222	**Mt 14,13**	... ἀνεχώρησεν ἐκεῖθεν ἐν πλοίῳ εἰς ἔρημον τόπον **κατ' ἰδίαν**· ...	**Mk 6,32**	καὶ ἀπῆλθον ἐν τῷ πλοίῳ εἰς ἔρημον τόπον **κατ' ἰδίαν**.	**Lk 9,10**	... καὶ παραλαβὼν αὐτοὺς ὑπεχώρησεν **κατ' ἰδίαν** εἰς πόλιν καλουμένην Βηθσαϊδά.	
a 210	**Mt 14,23** → Mt 15,39 → Lk 9,18	καὶ ἀπολύσας τοὺς ὄχλους ἀνέβη εἰς τὸ ὄρος **κατ' ἰδίαν** προσεύξασθαι. ...	**Mk 6,46** → Mk 8,9 → Lk 9,18	καὶ ἀποταξάμενος αὐτοῖς ἀπῆλθεν εἰς τὸ ὄρος προσεύξασθαι.			→ Jn 6,15
a 020			**Mk 7,33** → Mk 8,23	καὶ ἀπολαβόμενος αὐτὸν ἀπὸ τοῦ ὄχλου **κατ' ἰδίαν** ἔβαλεν τοὺς δακτύλους αὐτοῦ εἰς τὰ ὦτα αὐτοῦ ...			
a 221	**Mt 17,1**	... παραλαμβάνει ὁ Ἰησοῦς τὸν Πέτρον καὶ Ἰάκωβον καὶ Ἰωάννην τὸν ἀδελφὸν αὐτοῦ καὶ ἀναφέρει αὐτοὺς εἰς ὄρος ὑψηλὸν **κατ' ἰδίαν**.	**Mk 9,2**	... παραλαμβάνει ὁ Ἰησοῦς τὸν Πέτρον καὶ τὸν Ἰάκωβον καὶ τὸν Ἰωάννην καὶ ἀναφέρει αὐτοὺς εἰς ὄρος ὑψηλὸν **κατ' ἰδίαν** μόνους. ...	**Lk 9,28**	... παραλαβὼν Πέτρον καὶ Ἰωάννην καὶ Ἰάκωβον ἀνέβη εἰς τὸ ὄρος προσεύξασθαι.	
a 220	**Mt 17,19**	τότε προσελθόντες οἱ μαθηταὶ τῷ Ἰησοῦ **κατ' ἰδίαν** εἶπον· διὰ τί ἡμεῖς οὐκ ἠδυνήθημεν ἐκβαλεῖν αὐτό;	**Mk 9,28**	καὶ εἰσελθόντος αὐτοῦ εἰς οἶκον οἱ μαθηταὶ αὐτοῦ **κατ' ἰδίαν** ἐπηρώτων αὐτόν· ὅτι ἡμεῖς οὐκ ἠδυνήθημεν ἐκβαλεῖν αὐτό;			
a 102	**Mt 13,16**	 ὑμῶν δὲ μακάριοι οἱ ὀφθαλμοὶ ὅτι βλέπουσιν καὶ τὰ ὦτα ὑμῶν ὅτι ἀκούουσιν.			**Lk 10,23**	καὶ στραφεὶς πρὸς τοὺς μαθητὰς **κατ' ἰδίαν** εἶπεν· μακάριοι οἱ ὀφθαλμοὶ οἱ βλέποντες ἃ βλέπετε.	→ GTh 38 (POxy 655 - restoration)
002					**Lk 10,34**	... ἐπιβιβάσας δὲ αὐτὸν **ἐπὶ τὸ ἴδιον κτῆνος** ἤγαγεν αὐτὸν εἰς πανδοχεῖον καὶ ἐπεμελήθη αὐτοῦ.	
112	**Mt 19,27**	... ἰδοὺ ἡμεῖς ἀφήκαμεν **πάντα** καὶ ἠκολουθήσαμέν σοι· ...	**Mk 10,28**	... ἰδοὺ ἡμεῖς ἀφήκαμεν **πάντα** καὶ ἠκολουθήκαμέν σοι.	**Lk 18,28**	... ἰδοὺ ἡμεῖς ἀφέντες **τὰ ἴδια** ἠκολουθήσαμέν σοι.	
a 211	**Mt 20,17**	... παρέλαβεν τοὺς δώδεκα [μαθητὰς] **κατ' ἰδίαν** καὶ ἐν τῇ ὁδῷ εἶπεν αὐτοῖς·	**Mk 10,32**	... καὶ παραλαβὼν πάλιν τοὺς δώδεκα ἤρξατο αὐτοῖς λέγειν ...	**Lk 18,31**	παραλαβὼν δὲ τοὺς δώδεκα εἶπεν πρὸς αὐτούς· ...	

201	**Mt 22,5**	οἱ δὲ ἀμελήσαντες ἀπῆλθον, ὃς μὲν **εἰς τὸν ἴδιον ἀγρόν,** ...			**Lk 14,18**	καὶ ἤρξαντο ἀπὸ μιᾶς πάντες παραιτεῖσθαι. ὁ πρῶτος εἶπεν αὐτῷ· **ἀγρὸν** ἠγόρασα καὶ ἔχω ἀνάγκην ἐξελθὼν ἰδεῖν αὐτόν· ἐρωτῶ σε, ἔχε με παρῃτημένον.	→ GTh 64
a 221	**Mt 24,3**	... προσῆλθον αὐτῷ οἱ μαθηταὶ **κατ' ἰδίαν** λέγοντες· ...	**Mk 13,3**	... ἐπηρώτα αὐτὸν **κατ' ἰδίαν** Πέτρος καὶ Ἰάκωβος καὶ Ἰωάννης καὶ Ἀνδρέας·	**Lk 21,7**	ἐπηρώτησαν δὲ αὐτὸν λέγοντες· ...	
201	**Mt 25,14**	ὥσπερ γὰρ ἄνθρωπος ἀποδημῶν ἐκάλεσεν **τοὺς ἰδίους δούλους** καὶ παρέδωκεν αὐτοῖς τὰ ὑπάρχοντα αὐτοῦ,	**Mk 13,34**	ὡς ἄνθρωπος ἀπόδημος ἀφεὶς τὴν οἰκίαν αὐτοῦ καὶ δοὺς **τοῖς δούλοις αὐτοῦ** τὴν ἐξουσίαν	**Lk 19,13**	[12] ἄνθρωπός τις εὐγενὴς ἐπορεύθη εἰς χώραν μακρὰν ... [13] καλέσας δὲ **δέκα δούλους ἑαυτοῦ**	Mk-Q overlap
201	**Mt 25,15**	καὶ ᾧ μὲν ἔδωκεν πέντε τάλαντα, ᾧ δὲ δύο, ᾧ δὲ ἕν, ἑκάστῳ **κατὰ τὴν ἰδίαν δύναμιν,** καὶ ἀπεδήμησεν. ...		ἑκάστῳ τὸ ἔργον αὐτοῦ, καὶ τῷ θυρωρῷ ἐνετείλατο ἵνα γρηγορῇ.		ἔδωκεν αὐτοῖς δέκα μνᾶς καὶ εἶπεν πρὸς αὐτούς· πραγματεύσασθε ἐν ᾧ ἔρχομαι.	Mk-Q overlap

Acts 1,7 ... οὐχ ὑμῶν ἐστιν γνῶναι χρόνους ἢ καιροὺς οὓς ὁ πατὴρ ἔθετο
ἐν τῇ ἰδίᾳ ἐξουσίᾳ

Acts 1,19 (→ Mt 27,8) ... ὥστε κληθῆναι τὸ χωρίον ἐκεῖνο
τῇ ἰδίᾳ διαλέκτῳ αὐτῶν
Ἀκελδαμάχ, ...

Acts 1,25 λαβεῖν τὸν τόπον τῆς διακονίας ταύτης καὶ ἀποστολῆς ἀφ' ἧς παρέβη Ἰούδας πορευθῆναι
εἰς τὸν τόπον τὸν ἴδιον.

Acts 2,6 ... ὅτι ἤκουον εἷς ἕκαστος
τῇ ἰδίᾳ διαλέκτῳ
λαλούντων αὐτῶν.

Acts 2,8 καὶ πῶς ἡμεῖς ἀκούομεν ἕκαστος
τῇ ἰδίᾳ διαλέκτῳ ἡμῶν
ἐν ᾗ ἐγεννήθημεν;

Acts 3,12 ... ἄνδρες Ἰσραηλῖται, τί θαυμάζετε ἐπὶ τούτῳ ἢ ἡμῖν τί ἀτενίζετε ὡς
ἰδίᾳ δυνάμει
ἢ εὐσεβείᾳ πεποιηκόσιν τοῦ περιπατεῖν αὐτόν;

Acts 4,23 ἀπολυθέντες δὲ ἦλθον
πρὸς τοὺς ἰδίους
καὶ ἀπήγγειλαν ὅσα πρὸς αὐτοὺς οἱ ἀρχιερεῖς καὶ οἱ πρεσβύτεροι εἶπαν.

Acts 4,32 ... καὶ οὐδὲ εἷς τι τῶν ὑπαρχόντων αὐτῷ ἔλεγεν
ἴδιον
εἶναι ἀλλ' ἦν αὐτοῖς ἅπαντα κοινά.

Acts 13,36 Δαυὶδ μὲν γὰρ
ἰδίᾳ γενεᾷ
ὑπηρετήσας τῇ τοῦ θεοῦ βουλῇ ἐκοιμήθη ...

Acts 20,28 ... ποιμαίνειν τὴν ἐκκλησίαν τοῦ θεοῦ, ἣν περιεποιήσατο
διὰ τοῦ αἵματος τοῦ ἰδίου.

Acts 21,6 ... ἀνέβημεν εἰς τὸ πλοῖον, ἐκεῖνοι δὲ ὑπέστρεψαν
εἰς τὰ ἴδια.

a **Acts 23,19** ἐπιλαβόμενος δὲ τῆς χειρὸς αὐτοῦ ὁ χιλίαρχος καὶ ἀναχωρήσας
κατ' ἰδίαν
ἐπυνθάνετο, τί ἐστιν ὃ ἔχεις ἀπαγγεῖλαί μοι;

Acts 24,23 διαταξάμενος τῷ ἑκατοντάρχῃ τηρεῖσθαι αὐτὸν ἔχειν τε ἄνεσιν καὶ
μηδένα κωλύειν τῶν ἰδίων αὐτοῦ
ὑπηρετεῖν αὐτῷ.

Acts 24,24 ... παραγενόμενος ὁ Φῆλιξ
σὺν Δρουσίλλῃ τῇ ἰδίᾳ γυναικὶ οὔσῃ Ἰουδαίᾳ
μετεπέμψατο τὸν Παῦλον ...

Acts 25,19 ζητήματα δέ τινα
περὶ τῆς ἰδίας δεισιδαιμονίας
εἶχον πρὸς αὐτὸν ...

Acts 28,30 ἐνέμεινεν δὲ διετίαν ὅλην
ἐν ἰδίῳ μισθώματι
καὶ ἀπεδέχετο πάντας ...

ἰδού	Syn 126	Mt 62	Mk 7	Lk 57	Acts 23	Jn 4	1-3John	Paul 9	Eph	Col
	NT 200	2Thess	1/2Tim	Tit	Heb 4	Jas 6	1Pet 1	2Pet	Jude 1	Rev 26

(you) see, look, behold; remember; consider; here, there is (are); here, there was (were); here, there comes (came)

	triple tradition																	double tradition			Sondergut		
		+Mt / +Lk			–Mt / –Lk			traditions not taken over by Mt / Lk								subtotals							
code	*222*	*211*	*112*	*212*	*221*	*122*	*121*	*022*	*012*	*021*	*220*	*120*	*210*	*020*	Σ^+	Σ^-	Σ	*202*	*201*	*102*	*200*	*002*	total
Mt	2	18^+		5^+	2						2		7^+		30^+		36	9	4		13		**62**
Mk	2				2						2			1			7						**7**
Lk	2		6^+	5^+	2^-				1^+						12^+	2^-	14	9		4		30	**57**

Mk-Q overlap: 211: Mt 3,16 / Mk 1,10 / Lk 3,21 (?)
211: Mt 3,17 / Mk 1,11 / Lk 3,22 (?)
020: Mt 11,10 / Mk 1,2 / Lk 7,27
202: Mt 11,10 / Mk 1,2 / Lk 7,27

a καὶ ἰδού
b ἰδοὺ γάρ
c καὶ νῦν ἰδού (Acts only)
d ἰδοὺ ἐγώ

code	Mt		Mk	Lk		
a 002				**Lk 1,20**	**καὶ ἰδοὺ** ἔσῃ σιωπῶν καὶ μὴ δυνάμενος λαλῆσαι ἄχρι ἧς ἡμέρας γένηται ταῦτα, ...	
a 002				**Lk 1,31** → Mt 1,21 → Lk 2,21	**καὶ ἰδοὺ** συλλήμψῃ ἐν γαστρὶ καὶ τέξῃ υἱὸν καὶ καλέσεις τὸ ὄνομα αὐτοῦ Ἰησοῦν.	
a 002				**Lk 1,36**	**καὶ ἰδοὺ** Ἐλισάβετ ἡ συγγενίς σου καὶ αὐτὴ συνείληφεν υἱὸν ἐν γήρει αὐτῆς ...	
002				**Lk 1,38**	εἶπεν δὲ Μαριάμ· **ἰδοὺ** ἡ δούλη κυρίου· γένοιτό μοι κατὰ τὸ ῥῆμά σου. ...	
b 002				**Lk 1,44**	**ἰδοὺ γὰρ** ὡς ἐγένετο ἡ φωνὴ τοῦ ἀσπασμοῦ σου εἰς τὰ ὦτά μου, ἐσκίρτησεν ἐν ἀγαλλιάσει τὸ βρέφος ἐν τῇ κοιλίᾳ μου.	
b 002				**Lk 1,48** → Lk 1,45 → Lk 11,27	ὅτι ἐπέβλεψεν ἐπὶ τὴν ταπείνωσιν τῆς δούλης αὐτοῦ. **ἰδοὺ γὰρ** ἀπὸ τοῦ νῦν μακαριοῦσίν με πᾶσαι αἱ γενεαί	
200	**Mt 1,20**	ταῦτα δὲ αὐτοῦ ἐνθυμηθέντος **ἰδοὺ** ἄγγελος κυρίου κατ᾽ ὄναρ ἐφάνη αὐτῷ ...				
200	**Mt 1,23**	***ἰδοὺ*** *ἡ παρθένος ἐν γαστρὶ ἕξει καὶ τέξεται υἱόν, ...* ➤ Isa 7,14 LXX				
b 002				**Lk 2,10**	... μὴ φοβεῖσθε, **ἰδοὺ γὰρ** εὐαγγελίζομαι ὑμῖν χαρὰν μεγάλην ἥτις ἔσται παντὶ τῷ λαῷ	

a 002					Lk 2,25	**καὶ ἰδοὺ** ἄνθρωπος ἦν ἐν Ἰερουσαλὴμ ᾧ ὄνομα Συμεὼν ...	
002					Lk 2,34	... εἶπεν πρὸς Μαριὰμ τὴν μητέρα αὐτοῦ· **ἰδοὺ** οὗτος κεῖται εἰς πτῶσιν καὶ ἀνάστασιν πολλῶν ἐν τῷ Ἰσραὴλ ...	
200	Mt 2,1	τοῦ δὲ Ἰησοῦ γεννηθέντος ἐν Βηθλέεμ τῆς Ἰουδαίας ἐν ἡμέραις Ἡρῴδου τοῦ βασιλέως, **ἰδοὺ** μάγοι ἀπὸ ἀνατολῶν παρεγένοντο εἰς Ἱεροσόλυμα					
a 200	Mt 2,9	οἱ δὲ ἀκούσαντες τοῦ βασιλέως ἐπορεύθησαν **καὶ ἰδοὺ** ὁ ἀστήρ, ὃν εἶδον ἐν τῇ ἀνατολῇ, προῆγεν αὐτούς, ...					
200	Mt 2,13	ἀναχωρησάντων δὲ αὐτῶν **ἰδοὺ** ἄγγελος κυρίου φαίνεται κατ᾽ ὄναρ τῷ Ἰωσὴφ ...					
200	Mt 2,19	τελευτήσαντος δὲ τοῦ Ἡρῴδου **ἰδοὺ** ἄγγελος κυρίου φαίνεται κατ᾽ ὄναρ τῷ Ἰωσὴφ ἐν Αἰγύπτῳ					
002					Lk 2,48	... τέκνον, τί ἐποίησας ἡμῖν οὕτως; **ἰδοὺ** ὁ πατήρ σου κἀγὼ ὀδυνώμενοι ἐζητοῦμέν σε.	
d 020	Mt 11,10	οὗτός ἐστιν περὶ οὗ γέγραπται· *ἰδοὺ* *ἐγὼ ἀποστέλλω τὸν ἄγγελόν μου πρὸ προσώπου* σου, *ὃς κατασκευάσει τὴν ὁδόν σου ἔμπροσθέν* σου. ➤ Exod 23,20/Mal 3,1	Mk 1,2 → Mt 3,3 → Lk 3,4	καθὼς γέγραπται ἐν τῷ Ἠσαΐᾳ τῷ προφήτῃ· *ἰδοὺ* *ἀποστέλλω τὸν ἄγγελόν μου πρὸ προσώπου* σου, *ὃς κατασκευάσει τὴν ὁδόν* σου· ➤ Exod 23,20/Mal 3,1	Lk 7,27	οὗτός ἐστιν περὶ οὗ γέγραπται· *ἰδοὺ* *ἀποστέλλω τὸν ἄγγελόν μου πρὸ προσώπου* σου, *ὃς κατασκευάσει τὴν ὁδόν σου ἔμπροσθέν* σου. ➤ Exod 23,20/Mal 3,1	Mk-Q overlap. Mt 11,10/ Lk 7,27 counted as Q tradition.
a 211	Mt 3,16 ↓Mt 12,18	βαπτισθεὶς δὲ ὁ Ἰησοῦς εὐθὺς ἀνέβη ἀπὸ τοῦ ὕδατος· **καὶ ἰδοὺ** ἠνεῴχθησαν [αὐτῷ] οἱ οὐρανοί, καὶ εἶδεν [τὸ] πνεῦμα [τοῦ] θεοῦ καταβαῖνον ὡσεὶ περιστερὰν [καὶ] ἐρχόμενον ἐπ᾽ αὐτόν·	Mk 1,10	καὶ εὐθὺς ἀναβαίνων ἐκ τοῦ ὕδατος εἶδεν σχιζομένους τοὺς οὐρανοὺς καὶ τὸ πνεῦμα ὡς περιστερὰν καταβαῖνον εἰς αὐτόν·	Lk 3,21	... καὶ Ἰησοῦ βαπτισθέντος καὶ προσευχομένου ἀνεῳχθῆναι τὸν οὐρανὸν [22] καὶ καταβῆναι τὸ πνεῦμα τὸ ἅγιον σωματικῷ εἴδει ὡς περιστερὰν ἐπ᾽ αὐτόν, ↔	Mk-Q overlap?
a 211	Mt 3,17 ↓Mt 17,5 ↓Mt 12,18	**καὶ ἰδοὺ** φωνὴ ἐκ τῶν οὐρανῶν λέγουσα· οὗτός ἐστιν ὁ υἱός μου ὁ ἀγαπητός, ...	Mk 1,11 ↓Mk 9,7	**καὶ** φωνὴ ἐγένετο ἐκ τῶν οὐρανῶν· σὺ εἶ ὁ υἱός μου ὁ ἀγαπητός, ...	Lk 3,22 ↓Lk 9,35	↔ **καὶ** φωνὴν ἐξ οὐρανοῦ γενέσθαι· σὺ εἶ ὁ υἱός μου ὁ ἀγαπητός, ...	→ Jn 1,34 → Jn 12,28 Mk-Q overlap?

a 210	**Mt 4,11**	... **καὶ ἰδοὺ** ἄγγελοι προσῆλθον καὶ διηκόνουν αὐτῷ.	**Mk 1,13**	... καὶ ἦν μετὰ τῶν θηρίων, **καὶ** οἱ ἄγγελοι διηκόνουν αὐτῷ.			
a 201	**Mt 7,4**	ἢ πῶς ἐρεῖς τῷ ἀδελφῷ σου· ἄφες ἐκβάλω τὸ κάρφος ἐκ τοῦ ὀφθαλμοῦ σου, **καὶ ἰδοὺ** ἡ δοκὸς ἐν τῷ ὀφθαλμῷ σοῦ;			**Lk 6,42**	πῶς δύνασαι λέγειν τῷ ἀδελφῷ σου· ἀδελφέ, ἄφες ἐκβάλω τὸ κάρφος τὸ ἐν τῷ ὀφθαλμῷ σου, αὐτὸς τὴν ἐν τῷ ὀφθαλμῷ σοῦ δοκὸν **οὐ βλέπων**; ...	→ GTh 26
a 212	**Mt 8,2**	**καὶ ἰδοὺ** λεπρὸς προσελθὼν προσεκύνει αὐτῷ ...	**Mk 1,40**	**καὶ** ἔρχεται πρὸς αὐτὸν λεπρὸς παρακαλῶν αὐτὸν [καὶ γονυπετῶν] ...	**Lk 5,12** → Lk 17,12.16	... **καὶ ἰδοὺ** ἀνὴρ πλήρης λέπρας· ἰδὼν δὲ τὸν Ἰησοῦν, πεσὼν ἐπὶ πρόσωπον ἐδεήθη αὐτοῦ ...	
a 212	**Mt 9,2**	**καὶ ἰδοὺ** προσέφερον αὐτῷ παραλυτικὸν ἐπὶ κλίνης βεβλημένον. ...	**Mk 2,3**	**καὶ** ἔρχονται φέροντες πρὸς αὐτὸν παραλυτικὸν αἰρόμενον ὑπὸ τεσσάρων.	**Lk 5,18**	**καὶ ἰδοὺ** ἄνδρες φέροντες ἐπὶ κλίνης ἄνθρωπον ὃς ἦν παραλελυμένος ...	
b 102	**Mt 5,12**	χαίρετε καὶ ἀγαλλιᾶσθε, **ὅτι** ὁ μισθὸς ὑμῶν πολὺς ἐν τοῖς οὐρανοῖς· ...			**Lk 6,23**	χάρητε ἐν ἐκείνῃ τῇ ἡμέρᾳ καὶ σκιρτήσατε, **ἰδοὺ γὰρ** ὁ μισθὸς ὑμῶν πολὺς ἐν τῷ οὐρανῷ· ...	
a 002					**Lk 7,12**	ὡς δὲ ἤγγισεν τῇ πύλῃ τῆς πόλεως, **καὶ ἰδοὺ** ἐξεκομίζετο τεθνηκὼς μονογενὴς υἱὸς τῇ μητρὶ αὐτοῦ ...	
a 211	**Mt 8,24**	**καὶ ἰδοὺ** σεισμὸς μέγας ἐγένετο ἐν τῇ θαλάσσῃ, ...	**Mk 4,37**	**καὶ** γίνεται λαῖλαψ μεγάλη ἀνέμου, ...	**Lk 8,23**	... **καὶ** κατέβη λαῖλαψ ἀνέμου εἰς τὴν λίμνην, ...	
a 211	**Mt 8,29**	**καὶ ἰδοὺ** ἔκραξαν λέγοντες· τί ἡμῖν καὶ σοί, υἱὲ τοῦ θεοῦ; ...	**Mk 5,6**	**καὶ** ἰδὼν τὸν Ἰησοῦν ἀπὸ μακρόθεν ἔδραμεν καὶ προσεκύνησεν αὐτῷ [7] καὶ κράξας φωνῇ μεγάλῃ λέγει· τί ἐμοὶ καὶ σοί, Ἰησοῦ υἱὲ τοῦ θεοῦ τοῦ ὑψίστου; ...	**Lk 8,28**	ἰδὼν **δὲ** τὸν Ἰησοῦν ἀνακράξας προσέπεσεν αὐτῷ καὶ φωνῇ μεγάλῃ εἶπεν· τί ἐμοὶ καὶ σοί, Ἰησοῦ υἱὲ τοῦ θεοῦ τοῦ ὑψίστου; ...	
a 211	**Mt 8,32**	... **καὶ ἰδοὺ** ὥρμησεν πᾶσα ἡ ἀγέλη κατὰ τοῦ κρημνοῦ εἰς τὴν θάλασσαν ...	**Mk 5,13**	... **καὶ** ὥρμησεν ἡ ἀγέλη κατὰ τοῦ κρημνοῦ εἰς τὴν θάλασσαν, ὡς δισχίλιοι, ...	**Lk 8,33**	... **καὶ** ὥρμησεν ἡ ἀγέλη κατὰ τοῦ κρημνοῦ εἰς τὴν λίμνην ...	
a 211	**Mt 8,34**	**καὶ ἰδοὺ** πᾶσα ἡ πόλις ἐξῆλθεν εἰς ὑπάντησιν τῷ Ἰησοῦ ...	**Mk 5,14**	... **καὶ** ἦλθον ἰδεῖν τί ἐστιν τὸ γεγονός [15] καὶ ἔρχονται πρὸς τὸν Ἰησοῦν, ...	**Lk 8,35**	ἐξῆλθον **δὲ** ἰδεῖν τὸ γεγονὸς καὶ ἦλθον πρὸς τὸν Ἰησοῦν ...	
a 212	**Mt 9,2**	**καὶ ἰδοὺ** προσέφερον αὐτῷ παραλυτικὸν ἐπὶ κλίνης βεβλημένον. ...	**Mk 2,3**	**καὶ** ἔρχονται φέροντες πρὸς αὐτὸν παραλυτικὸν αἰρόμενον ὑπὸ τεσσάρων.	**Lk 5,18**	**καὶ ἰδοὺ** ἄνδρες φέροντες ἐπὶ κλίνης ἄνθρωπον ὃς ἦν παραλελυμένος ...	

a 211	**Mt 9,3**	**καὶ ἰδού** τινες τῶν γραμματέων εἶπαν ἐν ἑαυτοῖς· ...	**Mk 2,6** → Lk 5,17	ἦσαν **δέ** τινες τῶν γραμματέων ἐκεῖ καθήμενοι καὶ διαλογιζόμενοι ἐν ταῖς καρδίαις αὐτῶν·	**Lk 5,21**	**καὶ** ἤρξαντο διαλογίζεσθαι οἱ γραμματεῖς καὶ οἱ Φαρισαῖοι λέγοντες· ...	
a 211	**Mt 9,10**	καὶ ἐγένετο αὐτοῦ ἀνακειμένου ἐν τῇ οἰκίᾳ, **καὶ ἰδοὺ** πολλοὶ τελῶναι καὶ ἁμαρτωλοὶ ἐλθόντες συνανέκειντο τῷ Ἰησοῦ καὶ τοῖς μαθηταῖς αὐτοῦ.	**Mk 2,15**	καὶ γίνεται κατακεῖσθαι αὐτὸν ἐν τῇ οἰκίᾳ αὐτοῦ, **καὶ** πολλοὶ τελῶναι καὶ ἁμαρτωλοὶ συνανέκειντο τῷ Ἰησοῦ καὶ τοῖς μαθηταῖς αὐτοῦ· ...	**Lk 5,29** → Lk 15,1	καὶ ἐποίησεν δοχὴν μεγάλην Λευὶς αὐτῷ ἐν τῇ οἰκίᾳ αὐτοῦ, **καὶ** ἦν ὄχλος πολὺς τελωνῶν καὶ ἄλλων οἳ ἦσαν μετ' αὐτῶν κατακείμενοι.	
a 212	**Mt 9,18**	ταῦτα αὐτοῦ λαλοῦντος αὐτοῖς, **ἰδοὺ** ἄρχων εἷς ἐλθὼν προσεκύνει αὐτῷ ...	**Mk 5,22**	**καὶ** ἔρχεται εἷς τῶν ἀρχισυναγώγων, ὀνόματι Ἰάϊρος, καὶ ἰδὼν αὐτὸν πίπτει πρὸς τοὺς πόδας αὐτοῦ	**Lk 8,41**	**καὶ ἰδοὺ** ἦλθεν ἀνὴρ ᾧ ὄνομα Ἰάϊρος καὶ οὗτος ἄρχων τῆς συναγωγῆς ὑπῆρχεν, καὶ πεσὼν παρὰ τοὺς πόδας [τοῦ] Ἰησοῦ ...	
a 211	**Mt 9,20**	**καὶ ἰδοὺ** γυνὴ αἱμορροοῦσα δώδεκα ἔτη ...	**Mk 5,25**	**καὶ** γυνὴ οὖσα ἐν ῥύσει αἵματος δώδεκα ἔτη	**Lk 8,43**	**καὶ** γυνὴ οὖσα ἐν ῥύσει αἵματος ἀπὸ ἐτῶν δώδεκα, ...	
201	**Mt 9,32** ⇨ Mt 12,22	αὐτῶν δὲ ἐξερχομένων **ἰδοὺ** προσήνεγκαν αὐτῷ ἄνθρωπον κωφὸν δαιμονιζόμενον.			**Lk 11,14**	καὶ ἦν ἐκβάλλων δαιμόνιον [καὶ αὐτὸ ἦν] κωφόν· ...	
d 202	**Mt 10,16**	**ἰδοὺ** ἐγὼ ἀποστέλλω ὑμᾶς ὡς πρόβατα ἐν μέσῳ λύκων· ...			**Lk 10,3**	ὑπάγετε· **ἰδοὺ** ἀποστέλλω ὑμᾶς ὡς ἄρνας ἐν μέσῳ λύκων.	
202	**Mt 11,8**	ἀλλὰ τί ἐξήλθατε ἰδεῖν; ἄνθρωπον ἐν μαλακοῖς ἠμφιεσμένον; **ἰδοὺ** οἱ τὰ μαλακὰ φοροῦντες ἐν τοῖς οἴκοις τῶν βασιλέων εἰσίν.			**Lk 7,25**	ἀλλὰ τί ἐξήλθατε ἰδεῖν; ἄνθρωπον ἐν μαλακοῖς ἱματίοις ἠμφιεσμένον; **ἰδοὺ** οἱ ἐν ἱματισμῷ ἐνδόξῳ καὶ τρυφῇ ὑπάρχοντες ἐν τοῖς βασιλείοις εἰσίν.	→ GTh 78
d 202	**Mt 11,10**	οὗτός ἐστιν περὶ οὗ γέγραπται· ***ἰδοὺ*** *ἐγὼ ἀποστέλλω* *τὸν ἄγγελόν μου* *πρὸ προσώπου* σου, *ὃς* *κατασκευάσει τὴν ὁδόν* *σου ἔμπροσθέν* σου. ➤ Exod 23,20/Mal 3,1	**Mk 1,2** → Mt 3,3 → Lk 3,4	καθὼς γέγραπται ἐν τῷ Ἠσαΐᾳ τῷ προφήτῃ· ***ἰδοὺ*** *ἀποστέλλω* *τὸν ἄγγελόν μου* *πρὸ προσώπου* σου, *ὃς* *κατασκευάσει τὴν ὁδόν* σου· ➤ Exod 23,20/Mal 3,1	**Lk 7,27**	οὗτός ἐστιν περὶ οὗ γέγραπται· ***ἰδοὺ*** *ἀποστέλλω* *τὸν ἄγγελόν μου* *πρὸ προσώπου* σου, *ὃς* *κατασκευάσει τὴν ὁδόν* *σου ἔμπροσθέν* σου. ➤ Exod 23,20/Mal 3,1	Mk-Q overlap. Mt 11,10/ Lk 7,27 counted as Q tradition.
202	**Mt 11,19**	ἦλθεν ὁ υἱὸς τοῦ ἀνθρώπου ἐσθίων καὶ πίνων, καὶ λέγουσιν· **ἰδοὺ** ἄνθρωπος φάγος καὶ οἰνοπότης, τελωνῶν φίλος καὶ ἁμαρτωλῶν. ...			**Lk 7,34**	ἐλήλυθεν ὁ υἱὸς τοῦ ἀνθρώπου ἐσθίων καὶ πίνων, καὶ λέγετε· **ἰδοὺ** ἄνθρωπος φάγος καὶ οἰνοπότης, φίλος τελωνῶν καὶ ἁμαρτωλῶν.	
a 002	Mt 26,7	προσῆλθεν αὐτῷ γυνὴ ἔχουσα ἀλάβαστρον μύρου βαρυτίμου ...	Mk 14,3	... ἦλθεν γυνὴ ἔχουσα ἀλάβαστρον μύρου νάρδου πιστικῆς πολυτελοῦς, ...	**Lk 7,37**	**καὶ ἰδοὺ** γυνὴ ἥτις ἦν ἐν τῇ πόλει ἁμαρτωλός, ... κομίσασα ἀλάβαστρον μύρου	→ Jn 12,3

211	Mt 12,2	οἱ δὲ Φαρισαῖοι ἰδόντες εἶπαν αὐτῷ· **ἰδοὺ** οἱ μαθηταί σου ποιοῦσιν ὃ οὐκ ἔξεστιν ποιεῖν ἐν σαββάτῳ.	Mk 2,24	καὶ οἱ Φαρισαῖοι ἔλεγον αὐτῷ· **ἴδε** τί ποιοῦσιν τοῖς σάββασιν ὃ οὐκ ἔξεστιν;	Lk 6,2	τινὲς δὲ τῶν Φαρισαίων εἶπαν· τί ποιεῖτε ὃ οὐκ ἔξεστιν τοῖς σάββασιν;	
a 211	Mt 12,10	**καὶ ἰδοὺ** ἄνθρωπος χεῖρα ἔχων ξηράν. ...	Mk 3,1	... **καὶ** ἦν ἐκεῖ ἄνθρωπος ἐξηραμμένην ἔχων τὴν χεῖρα.	Lk 6,6 ↓ Lk 13,11 ↓ Lk 14,2	... **καὶ** ἦν ἄνθρωπος ἐκεῖ καὶ ἡ χεὶρ αὐτοῦ ἡ δεξιὰ ἦν ξηρά.	
200	Mt 12,18 ↑ Mt 3,16-17 ↑ Mk 1,10-11 ↑ Lk 3,22	*ἰδοὺ* *ὁ παῖς μου ὃν ᾑρέτισα,* *ὁ ἀγαπητός μου εἰς ὃν* *εὐδόκησεν ἡ ψυχή μου· ...* ➤ Isa 42,1					
a 202	Mt 12,41 → Mt 12,6	ἄνδρες Νινευῖται ἀναστήσονται ἐν τῇ κρίσει μετὰ τῆς γενεᾶς ταύτης καὶ κατακρινοῦσιν αὐτήν, ὅτι μετενόησαν εἰς τὸ κήρυγμα Ἰωνᾶ, **καὶ ἰδοὺ** πλεῖον Ἰωνᾶ ὧδε.			Lk 11,32	ἄνδρες Νινευῖται ἀναστήσονται ἐν τῇ κρίσει μετὰ τῆς γενεᾶς ταύτης καὶ κατακρινοῦσιν αὐτήν· ὅτι μετενόησαν εἰς τὸ κήρυγμα Ἰωνᾶ, **καὶ ἰδοὺ** πλεῖον Ἰωνᾶ ὧδε.	
a 202	Mt 12,42 → Mt 12,6	βασίλισσα νότου ἐγερθήσεται ἐν τῇ κρίσει μετὰ τῆς γενεᾶς ταύτης καὶ κατακρινεῖ αὐτήν, ὅτι ἦλθεν ἐκ τῶν περάτων τῆς γῆς ἀκοῦσαι τὴν σοφίαν Σολομῶνος, **καὶ ἰδοὺ** πλεῖον Σολομῶνος ὧδε.			Lk 11,31	βασίλισσα νότου ἐγερθήσεται ἐν τῇ κρίσει μετὰ τῶν ἀνδρῶν τῆς γενεᾶς ταύτης καὶ κατακρινεῖ αὐτούς, ὅτι ἦλθεν ἐκ τῶν περάτων τῆς γῆς ἀκοῦσαι τὴν σοφίαν Σολομῶνος, **καὶ ἰδοὺ** πλεῖον Σολομῶνος ὧδε.	
211	Mt 12,46	ἔτι αὐτοῦ λαλοῦντος τοῖς ὄχλοις **ἰδοὺ** ἡ μήτηρ καὶ οἱ ἀδελφοὶ αὐτοῦ εἱστήκεισαν ἔξω ζητοῦντες αὐτῷ λαλῆσαι.	Mk 3,31	**καὶ** ἔρχεται ἡ μήτηρ αὐτοῦ καὶ οἱ ἀδελφοὶ αὐτοῦ καὶ ἔξω στήκοντες ἀπέστειλαν πρὸς αὐτὸν καλοῦντες αὐτόν.	Lk 8,19	παρεγένετο **δὲ** πρὸς αὐτὸν ἡ μήτηρ καὶ οἱ ἀδελφοὶ αὐτοῦ καὶ οὐκ ἠδύναντο συντυχεῖν αὐτῷ διὰ τὸν ὄχλον.	→ GTh 99
221	Mt 12,47	[εἶπεν δέ τις αὐτῷ· **ἰδοὺ** ἡ μήτηρ σου καὶ οἱ ἀδελφοί σου ἔξω ἑστήκασιν ζητοῦντές σοι λαλῆσαι.]	Mk 3,32	καὶ ἐκάθητο περὶ αὐτὸν ὄχλος, καὶ λέγουσιν αὐτῷ· **ἰδοὺ** ἡ μήτηρ σου καὶ οἱ ἀδελφοί σου [καὶ αἱ ἀδελφαί σου] ἔξω ζητοῦσίν σε.	Lk 8,20	ἀπηγγέλη δὲ αὐτῷ· ἡ μήτηρ σου καὶ οἱ ἀδελφοί σου ἑστήκασιν ἔξω ἰδεῖν θέλοντές σε.	→ GTh 99 Mt 12,47 is textcritically uncertain.
210	Mt 12,49	καὶ ἐκτείνας τὴν χεῖρα αὐτοῦ ἐπὶ τοὺς μαθητὰς αὐτοῦ εἶπεν· **ἰδοὺ** ἡ μήτηρ μου καὶ οἱ ἀδελφοί μου·	Mk 3,34	καὶ περιβλεψάμενος τοὺς περὶ αὐτὸν κύκλῳ καθημένους λέγει· **ἴδε** ἡ μήτηρ μου καὶ οἱ ἀδελφοί μου.			→ GTh 99
221	Mt 13,3	... **ἰδοὺ** ἐξῆλθεν ὁ σπείρων τοῦ σπείρειν.	Mk 4,3	ἀκούετε. **ἰδοὺ** ἐξῆλθεν ὁ σπείρων σπεῖραι.	Lk 8,5	ἐξῆλθεν ὁ σπείρων τοῦ σπεῖραι τὸν σπόρον αὐτοῦ. ...	→ GTh 9

a 212	**Mt 9,18**	ταῦτα αὐτοῦ λαλοῦντος αὐτοῖς, ἰδοὺ ἄρχων εἷς ἐλθὼν προσεκύνει αὐτῷ ...	**Mk 5,22**	καὶ ἔρχεται εἷς τῶν ἀρχισυναγώγων, ὀνόματι Ἰάϊρος, καὶ ἰδὼν αὐτὸν πίπτει πρὸς τοὺς πόδας αὐτοῦ	**Lk 8,41**	καὶ ἰδοὺ ἦλθεν ἀνὴρ ᾧ ὄνομα Ἰάϊρος καὶ οὗτος ἄρχων τῆς συναγωγῆς ὑπῆρχεν, καὶ πεσὼν παρὰ τοὺς πόδας [τοῦ] Ἰησοῦ ...	
a 210	**Mt 15,22** → Mk 7,24 → Mk 7,26	καὶ ἰδοὺ γυνὴ Χαναναία ἀπὸ τῶν ὁρίων ἐκείνων ἐξελθοῦσα ἔκραζεν λέγουσα· ἐλέησόν με, κύριε υἱὸς Δαυίδ· ἡ θυγάτηρ μου κακῶς δαιμονίζεται.	**Mk 7,25**	ἀλλ' εὐθὺς ἀκούσασα γυνὴ περὶ αὐτοῦ, ἧς εἶχεν τὸ θυγάτριον αὐτῆς πνεῦμα ἀκάθαρτον, ...			
a 212	**Mt 17,3** → Lk 9,31	καὶ ἰδοὺ ὤφθη αὐτοῖς Μωϋσῆς καὶ Ἠλίας συλλαλοῦντες μετ' αὐτοῦ.	**Mk 9,4** → Lk 9,31	καὶ ὤφθη αὐτοῖς Ἠλίας σὺν Μωϋσεῖ καὶ ἦσαν συλλαλοῦντες τῷ Ἰησοῦ.	**Lk 9,30**	καὶ ἰδοὺ ἄνδρες δύο συνελάλουν αὐτῷ, οἵτινες ἦσαν Μωϋσῆς καὶ Ἠλίας	
211	**Mt 17,5** **(2)**	ἔτι αὐτοῦ λαλοῦντος ἰδοὺ νεφέλη φωτεινὴ ἐπεσκίασεν αὐτούς,	**Mk 9,7**	καὶ ἐγένετο νεφέλη ἐπισκιάζουσα αὐτοῖς,	**Lk 9,34**	ταῦτα δὲ αὐτοῦ λέγοντος ἐγένετο νεφέλη καὶ ἐπεσκίαζεν αὐτούς· ἐφοβήθησαν δὲ ἐν τῷ εἰσελθεῖν αὐτοὺς εἰς τὴν νεφέλην.	
a 211	↑ Mt 3,17	καὶ ἰδοὺ φωνὴ ἐκ τῆς νεφέλης λέγουσα· οὗτός ἐστιν ὁ υἱός μου ὁ ἀγαπητός, ...	↑ Mk 1,11	καὶ ἐγένετο φωνὴ ἐκ τῆς νεφέλης· οὗτός ἐστιν ὁ υἱός μου ὁ ἀγαπητός, ...	**Lk 9,35** ↑ Lk 3,22	καὶ φωνὴ ἐγένετο ἐκ τῆς νεφέλης λέγουσα· οὗτός ἐστιν ὁ υἱός μου ὁ ἐκλελεγμένος, ...	→ Jn 12,28
a 112	**Mt 17,14**	... προσῆλθεν αὐτῷ ἄνθρωπος γονυπετῶν αὐτὸν [15] καὶ λέγων· κύριε, ἐλέησόν μου τὸν υἱόν, ↔	**Mk 9,17**	καὶ ἀπεκρίθη αὐτῷ εἷς ἐκ τοῦ ὄχλου· διδάσκαλε, ἤνεγκα τὸν υἱόν μου πρὸς σέ,	**Lk 9,38**	καὶ ἰδοὺ ἀνὴρ ἀπὸ τοῦ ὄχλου ἐβόησεν λέγων· διδάσκαλε, δέομαί σου ἐπιβλέψαι ἐπὶ τὸν υἱόν μου, ὅτι μονογενής μοί ἐστιν,	
a 112	**Mt 17,15**	↔ ὅτι σεληνιάζεται καὶ κακῶς πάσχει· ...		ἔχοντα πνεῦμα ἄλαλον· [18] καὶ ὅπου ἐὰν αὐτὸν καταλάβῃ ῥήσσει αὐτόν, ...	**Lk 9,39**	καὶ ἰδοὺ πνεῦμα λαμβάνει αὐτὸν καὶ ἐξαίφνης κράζει καὶ σπαράσσει αὐτὸν ...	
d 202	**Mt 10,16**	ἰδοὺ ἐγὼ ἀποστέλλω ὑμᾶς ὡς πρόβατα ἐν μέσῳ λύκων· ...			**Lk 10,3**	ὑπάγετε· ἰδοὺ ἀποστέλλω ὑμᾶς ὡς ἄρνας ἐν μέσῳ λύκων.	
002					**Lk 10,19**	ἰδοὺ δέδωκα ὑμῖν τὴν ἐξουσίαν τοῦ πατεῖν ἐπάνω ὄφεων καὶ σκορπίων, ...	
a 112	**Mt 22,35** ↓ Mt 19,16	[34] οἱ δὲ Φαρισαῖοι ἀκούσαντες ὅτι ἐφίμωσεν τοὺς Σαδδουκαίους συνήχθησαν ἐπὶ τὸ αὐτό, [35] καὶ ἐπηρώτησεν εἷς ἐξ αὐτῶν [νομικὸς] πειράζων αὐτόν·	**Mk 12,28** ↓ Mk 10,17 → Lk 20,39	καὶ προσελθὼν εἷς τῶν γραμματέων ἀκούσας αὐτῶν συζητούντων, ἰδὼν ὅτι καλῶς ἀπεκρίθη αὐτοῖς ἐπηρώτησεν αὐτόν· ...	**Lk 10,25** ⇩ Lk 18,18	καὶ ἰδοὺ νομικός τις ἀνέστη ἐκπειράζων αὐτὸν λέγων· ...	

a 202	**Mt 12,42** → Mt 12,6	βασίλισσα νότου ἐγερθήσεται ἐν τῇ κρίσει μετὰ τῆς γενεᾶς ταύτης καὶ κατακρινεῖ αὐτήν, ὅτι ἦλθεν ἐκ τῶν περάτων τῆς γῆς ἀκοῦσαι τὴν σοφίαν Σολομῶνος, **καὶ ἰδοὺ** πλεῖον Σολομῶνος ὧδε.			**Lk 11,31**	βασίλισσα νότου ἐγερθήσεται ἐν τῇ κρίσει μετὰ τῶν ἀνδρῶν τῆς γενεᾶς ταύτης καὶ κατακρινεῖ αὐτούς, ὅτι ἦλθεν ἐκ τῶν περάτων τῆς γῆς ἀκοῦσαι τὴν σοφίαν Σολομῶνος, **καὶ ἰδοὺ** πλεῖον Σολομῶνος ὧδε.	
a 202	**Mt 12,41** → Mt 12,6	ἄνδρες Νινευῖται ἀναστήσονται ἐν τῇ κρίσει μετὰ τῆς γενεᾶς ταύτης καὶ κατακρινοῦσιν αὐτήν, ὅτι μετενόησαν εἰς τὸ κήρυγμα Ἰωνᾶ, **καὶ ἰδοὺ** πλεῖον Ἰωνᾶ ὧδε.			**Lk 11,32**	ἄνδρες Νινευῖται ἀναστήσονται ἐν τῇ κρίσει μετὰ τῆς γενεᾶς ταύτης καὶ κατακρινοῦσιν αὐτήν· ὅτι μετενόησαν εἰς τὸ κήρυγμα Ἰωνᾶ, **καὶ ἰδοὺ** πλεῖον Ἰωνᾶ ὧδε.	
a 102	**Mt 23,26**	... καθάρισον πρῶτον τὸ ἐντὸς τοῦ ποτηρίου, **ἵνα** γένηται καὶ τὸ ἐκτὸς αὐτοῦ καθαρόν.			**Lk 11,41**	πλὴν τὰ ἐνόντα δότε ἐλεημοσύνην, **καὶ ἰδοὺ** πάντα καθαρὰ ὑμῖν ἐστιν.	→ GTh 89
002					**Lk 13,7**	εἶπεν δὲ πρὸς τὸν ἀμπελουργόν· **ἰδοὺ** τρία ἔτη ἀφ' οὗ ἔρχομαι ζητῶν καρπὸν ἐν τῇ συκῇ ταύτῃ καὶ οὐχ εὑρίσκω· ...	
a 002					**Lk 13,11** ↑ Mt 12,10 ↑ Mk 3,1 ↑ Lk 6,6 ↓ Lk 14,2	**καὶ ἰδοὺ** γυνὴ πνεῦμα ἔχουσα ἀσθενείας ἔτη δεκαοκτὼ ...	
002					**Lk 13,16** → Lk 4,18 → Lk 19,9	ταύτην δὲ θυγατέρα Ἀβραὰμ οὖσαν, ἣν ἔδησεν ὁ σατανᾶς **ἰδοὺ** δέκα καὶ ὀκτὼ ἔτη, οὐκ ἔδει λυθῆναι ἀπὸ τοῦ δεσμοῦ τούτου τῇ ἡμέρᾳ τοῦ σαββάτου;	→ Acts 10,38
a 102	**Mt 20,16** ⇩ Mt 19,30	οὕτως ἔσονται οἱ ἔσχατοι πρῶτοι καὶ οἱ πρῶτοι ἔσχατοι.			**Lk 13,30**	**καὶ ἰδοὺ** εἰσὶν ἔσχατοι οἳ ἔσονται πρῶτοι, καὶ εἰσὶν πρῶτοι οἳ ἔσονται ἔσχατοι.	→ GTh 4,2 (POxy 654) Mk-Q overlap
	Mt 19,30 ⇧ Mt 20,16	πολλοὶ δὲ ἔσονται πρῶτοι ἔσχατοι καὶ ἔσχατοι πρῶτοι.	**Mk 10,31** → Mk 9,35	πολλοὶ δὲ ἔσονται πρῶτοι ἔσχατοι καὶ [οἱ] ἔσχατοι πρῶτοι.			
002					**Lk 13,32**	... πορευθέντες εἴπατε τῇ ἀλώπεκι ταύτῃ· **ἰδοὺ** ἐκβάλλω δαιμόνια καὶ ἰάσεις ἀποτελῶ σήμερον καὶ αὔριον καὶ τῇ τρίτῃ τελειοῦμαι.	
202	**Mt 23,38**	**ἰδοὺ** ἀφίεται ὑμῖν ὁ οἶκος ὑμῶν ἔρημος.			**Lk 13,35**	**ἰδοὺ** ἀφίεται ὑμῖν ὁ οἶκος ὑμῶν. ...	
a 002					**Lk 14,2** ↑ Mt 12,10 ↑ Mk 3,1 ↑ Lk 6,6 ↑ Lk 13,11	**καὶ ἰδοὺ** ἄνθρωπός τις ἦν ὑδρωπικὸς ἔμπροσθεν αὐτοῦ.	

002					Lk 15,29	... ἰδοὺ τοσαῦτα ἔτη δουλεύω σοι καὶ οὐδέποτε ἐντολήν σου παρῆλθον, ...	
002 *b* 002					Lk 17,21 (2) ↓ Mt 24,23 ↓ Mk 13,21 ↓ Mt 24,26 ↓ Lk 17,23	οὐδὲ ἐροῦσιν· ἰδοὺ ὧδε ἤ· ἐκεῖ, ἰδοὺ γὰρ ἡ βασιλεία τοῦ θεοῦ ἐντὸς ὑμῶν ἐστιν.	→ GTh 3,3 (POxy 654) → GTh 113
202 202	Mt 24,26 (2) ⇩ Mt 24,23	ἐὰν οὖν εἴπωσιν ὑμῖν· ἰδοὺ ἐν τῇ ἐρήμῳ ἐστίν, μὴ ἐξέλθητε· ἰδοὺ ἐν τοῖς ταμείοις, μὴ πιστεύσητε·	Mk 13,21 → Mt 24,5 → Mk 13,6 → Lk 21,8	καὶ τότε ἐάν τις ὑμῖν εἴπῃ· ἴδε ὧδε ὁ χριστός, ἴδε ἐκεῖ, μὴ πιστεύετε·	Lk 17,23 (2) ↑ Lk 17,21	καὶ ἐροῦσιν ὑμῖν· ἰδοὺ ἐκεῖ, [ἤ·] ἰδοὺ ὧδε· μὴ ἀπέλθητε μηδὲ διώξητε.	→ GTh 113
a 211	Mt 19,16 ↑ Mt 22,35	καὶ ἰδοὺ εἷς προσελθὼν αὐτῷ εἶπεν· διδάσκαλε, τί ἀγαθὸν ποιήσω ἵνα σχῶ ζωὴν αἰώνιον;	Mk 10,17 ↑ Mk 12,28	καὶ ἐκπορευομένου αὐτοῦ εἰς ὁδὸν προσδραμὼν εἷς καὶ γονυπετήσας αὐτὸν ἐπηρώτα αὐτόν· διδάσκαλε ἀγαθέ, τί ποιήσω ἵνα ζωὴν αἰώνιον κληρονομήσω;	Lk 18,18 ⇧ Lk 10,25	καὶ ἐπηρώτησέν τις αὐτὸν ἄρχων λέγων· διδάσκαλε ἀγαθέ, τί ποιήσας ζωὴν αἰώνιον κληρονομήσω;	
222	Mt 19,27	τότε ἀποκριθεὶς ὁ Πέτρος εἶπεν αὐτῷ· ἰδοὺ ἡμεῖς ἀφήκαμεν πάντα καὶ ἠκολουθήσαμέν σοι· τί ἄρα ἔσται ἡμῖν;	Mk 10,28	ἤρξατο λέγειν ὁ Πέτρος αὐτῷ· ἰδοὺ ἡμεῖς ἀφήκαμεν πάντα καὶ ἠκολουθήκαμέν σοι.	Lk 18,28	εἶπεν δὲ ὁ Πέτρος· ἰδοὺ ἡμεῖς ἀφέντες τὰ ἴδια ἠκολουθήσαμέν σοι.	
222	Mt 20,18	ἰδοὺ ἀναβαίνομεν εἰς Ἱεροσόλυμα, ...	Mk 10,33	... ἰδοὺ ἀναβαίνομεν εἰς Ἱεροσόλυμα, ...	Lk 18,31	... ἰδοὺ ἀναβαίνομεν εἰς Ἰερουσαλήμ, ...	
a 211	Mt 20,30 ⇨ Mt 9,27	καὶ ἰδοὺ δύο τυφλοὶ καθήμενοι παρὰ τὴν ὁδόν ...	Mk 10,46	... ὁ υἱὸς Τιμαίου Βαρτιμαῖος, τυφλὸς προσαίτης, ἐκάθητο παρὰ τὴν ὁδόν.	Lk 18,35	... τυφλός τις ἐκάθητο παρὰ τὴν ὁδὸν ἐπαιτῶν.	
a 002					Lk 19,2	καὶ ἰδοὺ ἀνὴρ ὀνόματι καλούμενος Ζακχαῖος, καὶ αὐτὸς ἦν ἀρχιτελώνης καὶ αὐτὸς πλούσιος·	
002					Lk 19,8 → Lk 3,13	σταθεὶς δὲ Ζακχαῖος εἶπεν πρὸς τὸν κύριον· ἰδοὺ τὰ ἡμίσιά μου τῶν ὑπαρχόντων, κύριε, τοῖς πτωχοῖς δίδωμι, ...	
102	Mt 25,25	... ἀπελθὼν ἔκρυψα τὸ τάλαντόν σου ἐν τῇ γῇ· ἴδε ἔχεις τὸ σόν.			Lk 19,20 → Mt 25,18	... ἰδοὺ ἡ μνᾶ σου ἣν εἶχον ἀποκειμένην ἐν σουδαρίῳ·	

200	**Mt 21,5**	*εἴπατε τῇ θυγατρὶ Σιών·* **ἰδοὺ** *ὁ βασιλεύς σου ἔρχεταί σοι πραῢς καὶ ἐπιβεβηκὼς ἐπὶ ὄνον καὶ ἐπὶ πῶλον υἱὸν ὑποζυγίου.* ➤ Isa 62,11; Zech 9,9					→ Jn 12,15
201	**Mt 22,4**	... εἴπατε τοῖς κεκλημένοις· **ἰδοὺ** τὸ ἄριστόν μου ἡτοίμακα, οἱ ταῦροί μου καὶ τὰ σιτιστὰ τεθυμένα καὶ πάντα ἕτοιμα· δεῦτε εἰς τοὺς γάμους.			**Lk 14,17**	... εἰπεῖν τοῖς κεκλημένοις· ἔρχεσθε, ὅτι ἤδη ἕτοιμά ἐστιν.	→ GTh 64
d 201	**Mt 23,34**	διὰ τοῦτο **ἰδοὺ** ἐγὼ ἀποστέλλω πρὸς ὑμᾶς προφήτας καὶ σοφοὺς καὶ γραμματεῖς· ...			**Lk 11,49**	διὰ τοῦτο καὶ ἡ σοφία τοῦ θεοῦ εἶπεν· ἀποστελῶ εἰς αὐτοὺς προφήτας καὶ ἀποστόλους, ...	
202	**Mt 23,38**	**ἰδοὺ** ἀφίεται ὑμῖν ὁ οἶκος ὑμῶν ἔρημος.			**Lk 13,35**	**ἰδοὺ** ἀφίεται ὑμῖν ὁ οἶκος ὑμῶν. ...	
210	**Mt 24,23** ⇩ Mt 24,26	τότε ἐάν τις ὑμῖν εἴπῃ· **ἰδοὺ** ὧδε ὁ χριστός, ἤ· ὧδε, μὴ πιστεύσητε·	**Mk 13,21** → Mt 24,5 → Mk 13,6 → Lk 21,8	καὶ τότε ἐάν τις ὑμῖν εἴπῃ· **ἴδε** ὧδε ὁ χριστός, ἴδε ἐκεῖ, μὴ πιστεύετε·	↑ Lk 17,21 ↑ Lk 17,23		→ GTh 113
210	**Mt 24,25**	**ἰδοὺ** προείρηκα ὑμῖν.	**Mk 13,23**	ὑμεῖς δὲ βλέπετε· προείρηκα ὑμῖν πάντα.			
202 202	**Mt 24,26** **(2)** ⇧ Mt 24,23	ἐὰν οὖν εἴπωσιν ὑμῖν· **ἰδοὺ** ἐν τῇ ἐρήμῳ ἐστίν, μὴ ἐξέλθητε· **ἰδοὺ** ἐν τοῖς ταμείοις, μὴ πιστεύσητε·	**Mk 13,21** → Mt 24,5 → Mk 13,6 → Lk 21,8	καὶ τότε ἐάν τις ὑμῖν εἴπῃ· ἴδε ὧδε ὁ χριστός, ἴδε ἐκεῖ, μὴ πιστεύετε·	**Lk 17,23** **(2)** ↑ Lk 17,21	καὶ ἐροῦσιν ὑμῖν· **ἰδοὺ** ἐκεῖ, [ἤ·] **ἰδοὺ** ὧδε· μὴ ἀπέλθητε μηδὲ διώξητε.	→ GTh 113
200	**Mt 25,6**	μέσης δὲ νυκτὸς κραυγὴ γέγονεν· **ἰδοὺ** ὁ νυμφίος, ἐξέρχεσθε εἰς ἀπάντησιν [αὐτοῦ].					
112	**Mt 26,18**	... ὑπάγετε εἰς τὴν πόλιν πρὸς τὸν δεῖνα ...	**Mk 14,13**	... ὑπάγετε εἰς τὴν πόλιν, καὶ ἀπαντήσει ὑμῖν ἄνθρωπος κεράμιον ὕδατος βαστάζων· ...	**Lk 22,10**	... **ἰδοὺ** εἰσελθόντων ὑμῶν εἰς τὴν πόλιν συναντήσει ὑμῖν ἄνθρωπος κεράμιον ὕδατος βαστάζων· ...	
112	**Mt 26,21**	... ἀμὴν λέγω ὑμῖν ὅτι εἷς ἐξ ὑμῶν παραδώσει με.	**Mk 14,18**	... ἀμὴν λέγω ὑμῖν ὅτι εἷς ἐξ ὑμῶν παραδώσει με ὁ ἐσθίων μετ᾽ ἐμοῦ.	**Lk 22,21** → Mt 26,23 → Mk 14,20	πλὴν **ἰδοὺ** ἡ χεὶρ τοῦ παραδιδόντος με μετ᾽ ἐμοῦ ἐπὶ τῆς τραπέζης·	→ Jn 13,21
002					**Lk 22,31**	Σίμων Σίμων, **ἰδοὺ** ὁ σατανᾶς ἐξῃτήσατο ὑμᾶς τοῦ σινιάσαι ὡς τὸν σῖτον·	

002					Lk 22,38 → Lk 22,49	... κύριε, ἰδοὺ μάχαιραι ὧδε δύο. ὁ δὲ εἶπεν αὐτοῖς· ἱκανόν ἐστιν.	
220	Mt 26,45 → Lk 22,53	... καθεύδετε [τὸ] λοιπὸν καὶ ἀναπαύεσθε· ἰδοὺ ἤγγικεν ἡ ὥρα καὶ ὁ υἱὸς τοῦ ἀνθρώπου παραδίδοται εἰς χεῖρας ἁμαρτωλῶν.	Mk 14,41 → Lk 22,53	... καθεύδετε τὸ λοιπὸν καὶ ἀναπαύεσθε· ἀπέχει· ἦλθεν ἡ ὥρα, ἰδοὺ παραδίδοται ὁ υἱὸς τοῦ ἀνθρώπου εἰς τὰς χεῖρας τῶν ἁμαρτωλῶν.			→ Jn 12,23 → Jn 12,27
220	Mt 26,46	ἐγείρεσθε ἄγωμεν· ἰδοὺ ἤγγικεν ὁ παραδιδούς με.	Mk 14,42	ἐγείρεσθε ἄγωμεν· ἰδοὺ ὁ παραδιδούς με ἤγγικεν.			→ Jn 14,30-31
212	Mt 26,47	καὶ ἔτι αὐτοῦ λαλοῦντος ἰδοὺ Ἰούδας εἷς τῶν δώδεκα ἦλθεν καὶ μετ' αὐτοῦ ὄχλος πολὺς ...	Mk 14,43	καὶ εὐθὺς ἔτι αὐτοῦ λαλοῦντος παραγίνεται Ἰούδας εἷς τῶν δώδεκα καὶ μετ' αὐτοῦ ὄχλος ...	Lk 22,47	ἔτι αὐτοῦ λαλοῦντος ἰδοὺ ὄχλος, καὶ ὁ λεγόμενος Ἰούδας εἷς τῶν δώδεκα προήρχετο αὐτοὺς ...	→ Jn 18,3
a 211	Mt 26,51	καὶ ἰδοὺ εἷς τῶν μετὰ Ἰησοῦ ἐκτείνας τὴν χεῖρα ἀπέσπασεν τὴν μάχαιραν αὐτοῦ καὶ πατάξας τὸν δοῦλον τοῦ ἀρχιερέως ἀφεῖλεν αὐτοῦ τὸ ὠτίον.	Mk 14,47	εἷς δέ [τις] τῶν παρεστηκότων σπασάμενος τὴν μάχαιραν ἔπαισεν τὸν δοῦλον τοῦ ἀρχιερέως καὶ ἀφεῖλεν αὐτοῦ τὸ ὠτάριον.	Lk 22,50	[49] ... κύριε, εἰ πατάξομεν ἐν μαχαίρῃ; [50] καὶ ἐπάταξεν εἷς τις ἐξ αὐτῶν τοῦ ἀρχιερέως τὸν δοῦλον καὶ ἀφεῖλεν τὸ οὖς αὐτοῦ τὸ δεξιόν.	→ Jn 18,10
a d 002					Lk 23,14 → Lk 23,2 → Lk 23,4 → Mt 27,23 → Mk 15,14 → Lk 23,22	... προσηνέγκατέ μοι τὸν ἄνθρωπον τοῦτον ὡς ἀποστρέφοντα τὸν λαόν, καὶ ἰδοὺ ἐγὼ ἐνώπιον ὑμῶν ἀνακρίνας οὐθὲν εὗρον ἐν τῷ ἀνθρώπῳ τούτῳ αἴτιον ὧν κατηγορεῖτε κατ' αὐτοῦ.	→ Jn 18,38b → Jn 19,4 → Acts 13,28
a 002					Lk 23,15	ἀλλ' οὐδὲ Ἡρῴδης, ἀνέπεμψεν γὰρ αὐτὸν πρὸς ἡμᾶς, καὶ ἰδοὺ οὐδὲν ἄξιον θανάτου ἐστὶν πεπραγμένον αὐτῷ·	→ Jn 18,38
002					Lk 23,29 → Mt 24,19 → Mk 13,17 → Lk 21,23	ὅτι ἰδοὺ ἔρχονται ἡμέραι ἐν αἷς ἐροῦσιν· μακάριαι αἱ στεῖραι καὶ αἱ κοιλίαι αἳ οὐκ ἐγέννησαν καὶ μαστοὶ οἳ οὐκ ἔθρεψαν.	
a 211	Mt 27,51	καὶ ἰδοὺ τὸ καταπέτασμα τοῦ ναοῦ ἐσχίσθη ἀπ' ἄνωθεν ἕως κάτω εἰς δύο ...	Mk 15,38	καὶ τὸ καταπέτασμα τοῦ ναοῦ ἐσχίσθη εἰς δύο ἀπ' ἄνωθεν ἕως κάτω.	Lk 23,45	... ἐσχίσθη δὲ τὸ καταπέτασμα τοῦ ναοῦ μέσον.	
a 112	Mt 27,57	... ἦλθεν ἄνθρωπος πλούσιος ἀπὸ Ἁριμαθαίας, τοὔνομα Ἰωσήφ, ὃς καὶ αὐτὸς ἐμαθητεύθη τῷ Ἰησοῦ·	Mk 15,43	ἐλθὼν Ἰωσὴφ [ὁ] ἀπὸ Ἁριμαθαίας εὐσχήμων βουλευτής, ὃς καὶ αὐτὸς ἦν προσδεχόμενος τὴν βασιλείαν τοῦ θεοῦ, ...	Lk 23,50	καὶ ἰδοὺ ἀνὴρ ὀνόματι Ἰωσὴφ βουλευτὴς ὑπάρχων ... [51] ... ἀπὸ Ἁριμαθαίας πόλεως τῶν Ἰουδαίων, ὃς προσεδέχετο τὴν βασιλείαν τοῦ θεοῦ	→ Jn 19,38

a 200	**Mt 28,2**	**καὶ ἰδοὺ** σεισμὸς ἐγένετο μέγας· ἄγγελος γὰρ κυρίου καταβὰς ἐξ οὐρανοῦ καὶ προσελθὼν ἀπεκύλισεν τὸν λίθον καὶ ἐκάθητο ἐπάνω αὐτοῦ.	Mk 16,4	καὶ ἀναβλέψασαι θεωροῦσιν ὅτι ἀποκεκύλισται ὁ λίθος· ἦν γὰρ μέγας σφόδρα.	Lk 24,2	εὗρον δὲ τὸν λίθον ἀποκεκυλισμένον ἀπὸ τοῦ μνημείου	→ Jn 20,1
a 012	Mt 28,3	[2] ... ἄγγελος γὰρ κυρίου καταβὰς ἐξ οὐρανοῦ ... [3] ἦν δὲ ἡ εἰδέα αὐτοῦ ὡς ἀστραπὴ καὶ τὸ ἔνδυμα αὐτοῦ λευκὸν ὡς χιών.	**Mk 16,5**	καὶ εἰσελθοῦσαι εἰς τὸ μνημεῖον **εἶδον** νεανίσκον καθήμενον ἐν τοῖς δεξιοῖς περιβεβλημένον στολὴν λευκήν, ...	**Lk 24,4** → Lk 24,23	καὶ ἐγένετο ἐν τῷ ἀπορεῖσθαι αὐτὰς περὶ τούτου **καὶ ἰδοὺ** ἄνδρες δύο ἐπέστησαν αὐταῖς ἐν ἐσθῆτι ἀστραπτούσῃ.	→ Jn 20,12
a 210 210	**Mt 28,7 (2)** → Mt 26,32 → Mt 28,10.16	καὶ ταχὺ πορευθεῖσαι εἴπατε τοῖς μαθηταῖς αὐτοῦ ὅτι ἠγέρθη ἀπὸ τῶν νεκρῶν, **καὶ ἰδοὺ** προάγει ὑμᾶς εἰς τὴν Γαλιλαίαν, ἐκεῖ αὐτὸν ὄψεσθε· **ἰδοὺ** εἶπον ὑμῖν.	**Mk 16,7** → Mk 14,28	ἀλλὰ ὑπάγετε εἴπατε τοῖς μαθηταῖς αὐτοῦ καὶ τῷ Πέτρῳ ὅτι προάγει ὑμᾶς εἰς τὴν Γαλιλαίαν· ἐκεῖ αὐτὸν ὄψεσθε, **καθὼς** εἶπεν ὑμῖν.			→ Jn 20,17 → Jn 21,1 → Jn 20,17 → Jn 21,1
a 200	**Mt 28,9**	**καὶ ἰδοὺ** Ἰησοῦς ὑπήντησεν αὐταῖς λέγων· χαίρετε. ...					→ Jn 20,14-17
200	**Mt 28,11**	πορευομένων δὲ αὐτῶν **ἰδού** τινες τῆς κουστωδίας ἐλθόντες εἰς τὴν πόλιν ἀπήγγειλαν τοῖς ἀρχιερεῦσιν ἅπαντα τὰ γενόμενα.					
a 002					**Lk 24,13**	**καὶ ἰδοὺ** δύο ἐξ αὐτῶν ἐν αὐτῇ τῇ ἡμέρᾳ ἦσαν πορευόμενοι εἰς κώμην ...	
a d 002					**Lk 24,49**	**καὶ [ἰδοὺ]** ἐγὼ ἀποστέλλω τὴν ἐπαγγελίαν τοῦ πατρός μου ἐφ᾽ ὑμᾶς· ...	→ Acts 1,8 → Acts 2,33
a d 200	**Mt 28,20** → Lk 24,47	διδάσκοντες αὐτοὺς τηρεῖν πάντα ὅσα ἐνετειλάμην ὑμῖν· **καὶ ἰδοὺ** ἐγὼ μεθ᾽ ὑμῶν εἰμι πάσας τὰς ἡμέρας ἕως τῆς συντελείας τοῦ αἰῶνος.					

a **Acts 1,10** ... **καὶ ἰδοὺ** ἄνδρες δύο παρειστήκεισαν αὐτοῖς ἐν ἐσθήσεσι λευκαῖς

Acts 2,7 ... οὐχ **ἰδοὺ** ἅπαντες οὗτοί εἰσιν οἱ λαλοῦντες Γαλιλαῖοι;

Acts 5,9 ... τί ὅτι συνεφωνήθη ὑμῖν πειράσαι τὸ πνεῦμα κυρίου; **ἰδοὺ** οἱ πόδες τῶν θαψάντων τὸν ἄνδρα σου ἐπὶ τῇ θύρᾳ καὶ ἐξοίσουσίν σε.

Acts 5,25 ... **ἰδοὺ** οἱ ἄνδρες οὓς ἔθεσθε ἐν τῇ φυλακῇ εἰσὶν ἐν τῷ ἱερῷ ἑστῶτες ...

a **Acts 5,28** ... **καὶ ἰδοὺ** πεπληρώκατε τὴν Ἰερουσαλὴμ τῆς διδαχῆς ὑμῶν ...

Acts 7,56 → Lk 22,69 καὶ εἶπεν· **ἰδοὺ** θεωρῶ τοὺς οὐρανοὺς διηνοιγμένους ...

a **Acts 8,27** ... **καὶ ἰδοὺ** ἀνὴρ Αἰθίοψ εὐνοῦχος δυνάστης Κανδάκης βασιλίσσης Αἰθιόπων, ...

Acts 8,36 ... καί φησιν ὁ εὐνοῦχος· **ἰδοὺ** ὕδωρ, τί κωλύει με βαπτισθῆναι;

d **Acts 9,10** ... καὶ εἶπεν πρὸς αὐτὸν ἐν ὁράματι ὁ κύριος· Ἁνανία. ὁ δὲ εἶπεν· **ἰδοὺ** ἐγώ, κύριε.

b **Acts 9,11** ... καὶ ζήτησον ἐν οἰκίᾳ Ἰούδα Σαῦλον ὀνόματι Ταρσέα· **ἰδοὺ γὰρ** προσεύχεται

Acts 10,17 ... **ἰδοὺ** οἱ ἄνδρες οἱ ἀπεσταλμένοι ὑπὸ τοῦ Κορνηλίου διερωτήσαντες τὴν οἰκίαν τοῦ Σίμωνος ἐπέστησαν ἐπὶ τὸν πυλῶνα

Acts 10,19 τοῦ δὲ Πέτρου διενθυμουμένου περὶ τοῦ ὁράματος εἶπεν [αὐτῷ] τὸ πνεῦμα· **ἰδοὺ** ἄνδρες τρεῖς ζητοῦντές σε

d **Acts 10,21** καταβὰς δὲ Πέτρος πρὸς τοὺς ἄνδρας εἶπεν· **ἰδοὺ** ἐγώ εἰμι ὃν ζητεῖτε· τίς ἡ αἰτία δι' ἣν πάρεστε;

a **Acts 10,30** ... ἀπὸ τετάρτης ἡμέρας μέχρι ταύτης τῆς ὥρας ἤμην τὴν ἐνάτην προσευχόμενος ἐν τῷ οἴκῳ μου, **καὶ ἰδοὺ** ἀνὴρ ἔστη ἐνώπιόν μου ἐν ἐσθῆτι λαμπρᾷ

a **Acts 11,11** **καὶ ἰδοὺ** ἐξαυτῆς τρεῖς ἄνδρες ἐπέστησαν ἐπὶ τὴν οἰκίαν ἐν ᾗ ἦμεν, ...

a **Acts 12,7** **καὶ ἰδοὺ** ἄγγελος κυρίου ἐπέστη καὶ φῶς ἔλαμψεν ἐν τῷ οἰκήματι· ...

c **Acts 13,11** **καὶ νῦν ἰδοὺ** χεὶρ κυρίου ἐπὶ σὲ καὶ ἔσῃ τυφλὸς μὴ βλέπων τὸν ἥλιον ἄχρι καιροῦ. ...

Acts 13,25 (→ Mt 3,11 → Mk 1,7 → Lk 3,16 → Jn 1,27) ... τί ἐμὲ ὑπονοεῖτε εἶναι; οὐκ εἰμὶ ἐγώ· ἀλλ' **ἰδοὺ** ἔρχεται μετ' ἐμὲ οὗ οὐκ εἰμὶ ἄξιος τὸ ὑπόδημα τῶν ποδῶν λῦσαι.

Acts 13,46 ... ἐπειδὴ ἀπωθεῖσθε αὐτὸν καὶ οὐκ ἀξίους κρίνετε ἑαυτοὺς τῆς αἰωνίου ζωῆς, **ἰδοὺ** στρεφόμεθα εἰς τὰ ἔθνη.

a **Acts 16,1** κατήντησεν δὲ [καὶ] εἰς Δέρβην καὶ εἰς Λύστραν. **καὶ ἰδοὺ** μαθητής τις ἦν ἐκεῖ ὀνόματι Τιμόθεος, ...

c **Acts 20,22** **καὶ νῦν ἰδοὺ** δεδεμένος ἐγὼ τῷ πνεύματι πορεύομαι εἰς Ἰερουσαλὴμ τὰ ἐν αὐτῇ συναντήσοντά μοι μὴ εἰδώς

c d **Acts 20,25** **καὶ νῦν ἰδοὺ** ἐγὼ οἶδα ὅτι οὐκέτι ὄψεσθε τὸ πρόσωπόν μου ὑμεῖς πάντες ἐν οἷς διῆλθον κηρύσσων τὴν βασιλείαν.

a **Acts 27,24** ... μὴ φοβοῦ, Παῦλε, Καίσαρί σε δεῖ παραστῆναι, **καὶ ἰδοὺ** κεχάρισταί σοι ὁ θεὸς πάντας τοὺς πλέοντας μετὰ σοῦ.

Ἰδουμαία

Syn 1	Mt	Mk 1	Lk	Acts	Jn	1-3John	Paul	Eph	Col
NT 1	2Thess	1/2Tim	Tit	Heb	Jas	1Pet	2Pet	Jude	Rev

Idumea

	Mt	Mk	Lk	
121	**Mt 4,25** (→ Mt 12,15) καὶ ἠκολούθησαν αὐτῷ ὄχλοι πολλοὶ ἀπὸ τῆς Γαλιλαίας καὶ Δεκαπόλεως καὶ Ἱεροσολύμων καὶ Ἰουδαίας καὶ πέραν τοῦ Ἰορδάνου.	**Mk 3,8** (→ Mt 4,24a) [7] ... καὶ πολὺ πλῆθος ἀπὸ τῆς Γαλιλαίας [ἠκολούθησεν], καὶ ἀπὸ τῆς Ἰουδαίας [8] καὶ ἀπὸ Ἱεροσολύμων καὶ **ἀπὸ τῆς Ἰδουμαίας** καὶ πέραν τοῦ Ἰορδάνου καὶ περὶ Τύρον καὶ Σιδῶνα ...	**Lk 6,17** ... καὶ πλῆθος πολὺ τοῦ λαοῦ ἀπὸ πάσης τῆς Ἰουδαίας καὶ Ἰερουσαλὴμ καὶ τῆς παραλίου Τύρου καὶ Σιδῶνος	

ἱδρώς

Syn 1	Mt	Mk	Lk 1	Acts	Jn	1-3John	Paul	Eph	Col
NT 1	2Thess	1/2Tim	Tit	Heb	Jas	1Pet	2Pet	Jude	Rev

sweat; perspiration

	Mt	Mk	Lk	
002			**Lk 22,44** [[... καὶ ἐγένετο **ὁ ἱδρὼς αὐτοῦ** ὡσεὶ θρόμβοι αἵματος καταβαίνοντος ἐπὶ τὴν γῆν.]]	Lk 22,44 is textcritically uncertain.

ἱερατεία	Syn 1	Mt	Mk	Lk 1	Acts	Jn	1-3John	Paul	Eph	Col
	NT 2	2Thess	1/2Tim	Tit	Heb 1	Jas	1Pet	2Pet	Jude	Rev

priestly office, service

002			**Lk 1,9** κατὰ τὸ ἔθος **τῆς ἱερατείας** ἔλαχε τοῦ θυμιᾶσαι εἰσελθὼν εἰς τὸν ναὸν τοῦ κυρίου	

ἱερατεύω	Syn 1	Mt	Mk	Lk 1	Acts	Jn	1-3John	Paul	Eph	Col
	NT 1	2Thess	1/2Tim	Tit	Heb	Jas	1Pet	2Pet	Jude	Rev

hold the office, perform the service of a priest

002			**Lk 1,8** ἐγένετο δὲ **ἐν τῷ ἱερατεύειν** αὐτὸν ἐν τῇ τάξει τῆς ἐφημερίας αὐτοῦ ἔναντι τοῦ θεοῦ	

Ἰερεμίας	Syn 3	Mt 3	Mk	Lk	Acts	Jn	1-3John	Paul	Eph	Col
	NT 3	2Thess	1/2Tim	Tit	Heb	Jas	1Pet	2Pet	Jude	Rev

Jeremiah

200	**Mt 2,17** τότε ἐπληρώθη τὸ ῥηθὲν **διὰ Ἰερεμίου τοῦ προφήτου** λέγοντος· [18] *φωνὴ ἐν Ῥαμὰ ἠκούσθη, κλαυθμὸς καὶ ὀδυρμὸς πολύς·* ... ➤ Jer 31,15			
211	**Mt 16,14** → Mt 14,2 .. οἱ μὲν Ἰωάννην τὸν βαπτιστήν, ἄλλοι δὲ Ἠλίαν, ἕτεροι δὲ **Ἰερεμίαν** ἢ ἕνα τῶν προφητῶν.	**Mk 8,28** → Mk 6,14-15 ... Ἰωάννην τὸν βαπτιστήν, καὶ ἄλλοι Ἠλίαν, ἄλλοι δὲ ὅτι εἷς τῶν προφητῶν.	**Lk 9,19** → Lk 9,7-8 ... Ἰωάννην τὸν βαπτιστήν, ἄλλοι δὲ Ἠλίαν, ἄλλοι δὲ ὅτι προφήτης τις τῶν ἀρχαίων ἀνέστη.	→ GTh 13
200	**Mt 27,9** τότε ἐπληρώθη τὸ ῥηθὲν **διὰ Ἰερεμίου τοῦ προφήτου** λέγοντος· *καὶ ἔλαβον τὰ τριάκοντα ἀργύρια, τὴν τιμὴν τοῦ τετιμημένου ὃν ἐτιμήσαντο* ἀπὸ υἱῶν Ἰσραήλ ➤ Zech 11,13			

ἱερεύς	Syn 10	Mt 3	Mk 2	Lk 5	Acts 3	Jn 1	1-3John	Paul	Eph	Col
	NT 31	2Thess	1/2Tim	Tit	Heb 14	Jas	1Pet	2Pet	Jude	Rev 3

priest

	triple tradition																	double tradition			Sondergut		
		+Mt / +Lk			–Mt / –Lk			traditions not taken over by Mt / Lk							subtotals								
code	222	211	112	212	221	122	121	022	012	021	220	120	210	020	Σ⁺	Σ⁻	Σ	202	201	102	200	002	total
Mt	2																2				1		3
Mk	2																2						2
Lk	2																2					3	5

code	Mt		Mk		Lk	
002					**Lk 1,5**	ἐγένετο ἐν ταῖς ἡμέραις Ἡρῴδου βασιλέως τῆς Ἰουδαίας **ἱερεύς τις** ὀνόματι Ζαχαρίας ἐξ ἐφημερίας Ἀβιά, ...
222	**Mt 8,4**	... ἀλλὰ ὕπαγε σεαυτὸν δεῖξον **τῷ ἱερεῖ,** καὶ προσένεγκον τὸ δῶρον ὃ προσέταξεν Μωϋσῆς, εἰς μαρτύριον αὐτοῖς. ➤ Lev 13,49; 14,2-4	**Mk 1,44**	... ἀλλὰ ὕπαγε σεαυτὸν δεῖξον **τῷ ἱερεῖ** καὶ προσένεγκε περὶ τοῦ καθαρισμοῦ σου ἃ προσέταξεν Μωϋσῆς, εἰς μαρτύριον αὐτοῖς. ➤ Lev 13,49; 14,2-4	**Lk 5,14** ↓ Lk 17,14	... ἀλλὰ ἀπελθὼν δεῖξον σεαυτὸν **τῷ ἱερεῖ** καὶ προσένεγκε περὶ τοῦ καθαρισμοῦ σου καθὼς προσέταξεν Μωϋσῆς, εἰς μαρτύριον αὐτοῖς. ➤ Lev 13,49; 14,2-4
222	**Mt 12,4**	... καὶ τοὺς ἄρτους τῆς προθέσεως ἔφαγον, ὃ οὐκ ἐξὸν ἦν αὐτῷ φαγεῖν οὐδὲ τοῖς μετ' αὐτοῦ εἰ μὴ **τοῖς ἱερεῦσιν μόνοις;**	**Mk 2,26**	... καὶ τοὺς ἄρτους τῆς προθέσεως ἔφαγεν, οὓς οὐκ ἔξεστιν φαγεῖν εἰ μὴ **τοὺς ἱερεῖς,** καὶ ἔδωκεν καὶ τοῖς σὺν αὐτῷ οὖσιν;	**Lk 6,4**	... καὶ τοὺς ἄρτους τῆς προθέσεως λαβὼν ἔφαγεν καὶ ἔδωκεν τοῖς μετ' αὐτοῦ, οὓς οὐκ ἔξεστιν φαγεῖν εἰ μὴ **μόνους τοὺς ἱερεῖς;**
200	**Mt 12,5**	ἢ οὐκ ἀνέγνωτε ἐν τῷ νόμῳ ὅτι τοῖς σάββασιν **οἱ ἱερεῖς** ἐν τῷ ἱερῷ τὸ σάββατον βεβηλοῦσιν καὶ ἀναίτιοί εἰσιν;				
002					**Lk 10,31**	κατὰ συγκυρίαν δὲ **ἱερεύς τις** κατέβαινεν ἐν τῇ ὁδῷ ἐκείνῃ καὶ ἰδὼν αὐτὸν ἀντιπαρῆλθεν·
002					**Lk 17,14** ↑ Mt 8,4 ↑ Mk 1,44 ↑ Lk 5,14	... πορευθέντες ἐπιδείξατε ἑαυτοὺς **τοῖς ἱερεῦσιν.** καὶ ἐγένετο ἐν τῷ ὑπάγειν αὐτοὺς ἐκαθαρίσθησαν. ➤ Lev 13,49; 14,2-4

Acts 4,1 λαλούντων δὲ αὐτῶν πρὸς τὸν λαὸν ἐπέστησαν αὐτοῖς **οἱ ἱερεῖς** καὶ ὁ στρατηγὸς τοῦ ἱεροῦ καὶ οἱ Σαδδουκαῖοι

Acts 6,7 καὶ ὁ λόγος τοῦ θεοῦ ηὔξανεν καὶ ἐπληθύνετο ὁ ἀριθμὸς τῶν μαθητῶν ἐν Ἰερουσαλὴμ σφόδρα, **πολύς τε ὄχλος τῶν ἱερέων** ὑπήκουον τῇ πίστει.

Acts 14,13 **ὅ τε ἱερεὺς τοῦ Διὸς** τοῦ ὄντος πρὸ τῆς πόλεως ταύρους καὶ στέμματα ἐπὶ τοὺς πυλῶνας ἐνέγκας σὺν τοῖς ὄχλοις ἤθελεν θύειν.

Ἰεριχώ

Ἰεριχώ	Syn 6	Mt 1	Mk 2	Lk 3	Acts	Jn	1-3John	Paul	Eph	Col
	NT 7	2Thess	1/2Tim	Tit	Heb 1	Jas	1Pet	2Pet	Jude	Rev

Jericho

	triple tradition																	double tradition			Sondergut		
		+Mt / +Lk			–Mt / –Lk			traditions not taken over by Mt / Lk							subtotals								
code	222	211	112	212	221	122	121	022	012	021	220	120	210	020	Σ^{+}	Σ^{-}	Σ	202	201	102	200	002	total
Mt					1	1^{-}										1^{-}	1						**1**
Mk					1	1											2						**2**
Lk					1^{-}	1										1^{-}	1					2	**3**

code	Mt	Mk	Lk
002			**Lk 10,30** ... ἄνθρωπός τις κατέβαινεν ἀπὸ Ἰερουσαλὴμ **εἰς Ἰεριχὼ** καὶ λησταῖς περιέπεσεν, ...
122	**Mt 20,29**	**Mk 10,46 (2)** καὶ ἔρχονται **εἰς Ἰεριχώ.**	**Lk 18,35** ἐγένετο δὲ ἐν τῷ ἐγγίζειν αὐτὸν **εἰς Ἰεριχὼ**
221	↓ Lk 19,1 ⇩ Mt 9,27 καὶ ἐκπορευομένων αὐτῶν **ἀπὸ Ἰεριχὼ** ἠκολούθησεν αὐτῷ ὄχλος πολύς. [30] καὶ ἰδοὺ δύο τυφλοὶ καθήμενοι παρὰ τὴν ὁδόν ...	↓ Lk 19,1 καὶ ἐκπορευομένου αὐτοῦ **ἀπὸ Ἰεριχὼ** καὶ τῶν μαθητῶν αὐτοῦ καὶ ὄχλου ἱκανοῦ ὁ υἱὸς Τιμαίου Βαρτιμαῖος, τυφλὸς προσαίτης, ἐκάθητο παρὰ τὴν ὁδόν.	τυφλός τις ἐκάθητο παρὰ τὴν ὁδὸν ἐπαιτῶν.
	Mt 9,27 ⇧ Mt 20,29-30 καὶ παράγοντι **ἐκεῖθεν** τῷ Ἰησοῦ ἠκολούθησαν [αὐτῷ] δύο τυφλοὶ ...		
002			**Lk 19,1** ↑ Mt 20,29 ↑ Mk 10,46 καὶ εἰσελθὼν διήρχετο **τὴν Ἰεριχώ.**

ἱερόν

ἱερόν	Syn 34	Mt 11	Mk 9	Lk 14	Acts 25	Jn 10	1-3John	Paul 1	Eph	Col
	NT 70	2Thess	1/2Tim	Tit	Heb	Jas	1Pet	2Pet	Jude	Rev

sanctuary; temple

	triple tradition																	double tradition			Sondergut		
		+Mt / +Lk			–Mt / –Lk			traditions not taken over by Mt / Lk							subtotals								
code	222	211	112	212	221	122	121	022	012	021	220	120	210	020	Σ^{+}	Σ^{-}	Σ	202	201	102	200	002	total
Mt	3			1^{+}	2		2^{-}					1^{-}			1^{+}	3^{-}	6	1			4		**11**
Mk	3				2		2					1		1			9						**9**
Lk	3		1^{+}	1^{+}	2^{-}		2^{-}		1^{+}						3^{+}	4^{-}	6	1				7	**14**

[a] διδάσκω and ἱερόν

code	Mt	Mk	Lk
002			**Lk 2,27** καὶ ἦλθεν ἐν τῷ πνεύματι **εἰς τὸ ἱερόν·** ...
002			**Lk 2,37** καὶ αὐτὴ χήρα ἕως ἐτῶν ὀγδοήκοντα τεσσάρων, ἣ οὐκ ἀφίστατο **τοῦ ἱεροῦ** νηστείαις καὶ δεήσεσιν λατρεύουσα νύκτα καὶ ἡμέραν.

002					Lk 2,46	καὶ ἐγένετο μετὰ ἡμέρας τρεῖς εὗρον αὐτὸν **ἐν τῷ ἱερῷ** καθεζόμενον ἐν μέσῳ τῶν διδασκάλων ...	
202	Mt 4,5	τότε παραλαμβάνει αὐτὸν ὁ διάβολος εἰς τὴν ἁγίαν πόλιν καὶ ἔστησεν αὐτὸν **ἐπὶ τὸ πτερύγιον τοῦ ἱεροῦ**			Lk 4,9	ἤγαγεν δὲ αὐτὸν εἰς Ἰερουσαλὴμ καὶ ἔστησεν **ἐπὶ τὸ πτερύγιον τοῦ ἱεροῦ** ...	
200	Mt 12,5	ἢ οὐκ ἀνέγνωτε ἐν τῷ νόμῳ ὅτι τοῖς σάββασιν οἱ ἱερεῖς **ἐν τῷ ἱερῷ** τὸ σάββατον βεβηλοῦσιν καὶ ἀναίτιοί εἰσιν;					
200	Mt 12,6 → Mt 12,41-42 → Lk 11,31-32	λέγω δὲ ὑμῖν ὅτι **τοῦ ἱεροῦ μεῖζόν** ἐστιν ὧδε.					
002					Lk 18,10	ἄνθρωποι δύο ἀνέβησαν **εἰς τὸ ἱερὸν** προσεύξασθαι, ὁ εἷς Φαρισαῖος καὶ ὁ ἕτερος τελώνης.	
120	Mt 21,10 → Mt 2,3 → Lk 19,41	καὶ εἰσελθόντος αὐτοῦ εἰς Ἱεροσόλυμα ἐσείσθη πᾶσα ἡ πόλις λέγουσα· τίς ἐστιν οὗτος;	Mk 11,11 ↓ Mt 21,12 ↓ Mk 11,15 → Lk 19,41	καὶ εἰσῆλθεν εἰς Ἱεροσόλυμα **εἰς τὸ ἱερὸν** καὶ περιβλεψάμενος πάντα, ...			→ Jn 2,13
222 221	Mt 21,12 (2)	καὶ εἰσῆλθεν Ἰησοῦς **εἰς τὸ ἱερὸν** καὶ ἐξέβαλεν πάντας τοὺς πωλοῦντας καὶ ἀγοράζοντας **ἐν τῷ ἱερῷ,** καὶ τὰς τραπέζας τῶν κολλυβιστῶν κατέστρεψεν καὶ τὰς καθέδρας τῶν πωλούντων τὰς περιστεράς	Mk 11,15 (2) ↑ Mt 21,10 ↑ Mk 11,11 → Lk 19,41	καὶ ἔρχονται εἰς Ἱεροσόλυμα. καὶ εἰσελθὼν **εἰς τὸ ἱερὸν** ἤρξατο ἐκβάλλειν τοὺς πωλοῦντας καὶ τοὺς ἀγοράζοντας **ἐν τῷ ἱερῷ,** καὶ τὰς τραπέζας τῶν κολλυβιστῶν καὶ τὰς καθέδρας τῶν πωλούντων τὰς περιστερὰς κατέστρεψεν,	Lk 19,45	καὶ εἰσελθὼν **εἰς τὸ ἱερὸν** ἤρξατο ἐκβάλλειν τοὺς πωλοῦντας	→ Jn 2,14 → Jn 2,15
020			Mk 11,16	καὶ οὐκ ἤφιεν ἵνα τις διενέγκῃ σκεῦος **διὰ τοῦ ἱεροῦ.**			
200	Mt 21,14	καὶ προσῆλθον αὐτῷ τυφλοὶ καὶ χωλοὶ **ἐν τῷ ἱερῷ,** καὶ ἐθεράπευσεν αὐτούς.					
200	Mt 21,15 → Lk 19,39-40	... καὶ τοὺς παῖδας τοὺς κράζοντας **ἐν τῷ ἱερῷ** καὶ λέγοντας· ὡσαννὰ τῷ υἱῷ Δαυίδ, ...					
a 012			Mk 11,18 → Mt 21,45-46	καὶ ἤκουσαν οἱ ἀρχιερεῖς καὶ οἱ γραμματεῖς καὶ ἐζήτουν πῶς αὐτὸν ἀπολέσωσιν· ἐφοβοῦντο γὰρ αὐτόν, ...	Lk 19,47 ↓ Lk 20,1 ↓ Lk 21,37 ↓ Lk 22,53 ↓ Lk 21,38	καὶ ἦν διδάσκων τὸ καθ' ἡμέραν **ἐν τῷ ἱερῷ.** οἱ δὲ ἀρχιερεῖς καὶ οἱ γραμματεῖς ἐζήτουν αὐτὸν ἀπολέσαι καὶ οἱ πρῶτοι τοῦ λαοῦ	

a 222	Mt 21,23	καὶ ἐλθόντος αὐτοῦ εἰς τὸ ἱερὸν προσῆλθον αὐτῷ διδάσκοντι οἱ ἀρχιερεῖς καὶ οἱ πρεσβύτεροι τοῦ λαοῦ ...	Mk 11,27	... καὶ ἐν τῷ ἱερῷ περιπατοῦντος αὐτοῦ ἔρχονται πρὸς αὐτὸν οἱ ἀρχιερεῖς καὶ οἱ γραμματεῖς καὶ οἱ πρεσβύτεροι	Lk 20,1 ↑ Lk 19,47 ↓ Lk 21,37 ↓ Lk 22,53	... διδάσκοντος αὐτοῦ τὸν λαὸν ἐν τῷ ἱερῷ καὶ εὐαγγελιζομένου ἐπέστησαν οἱ ἀρχιερεῖς καὶ οἱ γραμματεῖς σὺν τοῖς πρεσβυτέροις	→ Jn 2,18
a 121	Mt 22,41	... ἐπηρώτησεν αὐτοὺς ὁ Ἰησοῦς [42] λέγων· τί ὑμῖν δοκεῖ περὶ τοῦ χριστοῦ; τίνος υἱός ἐστιν; λέγουσιν αὐτῷ· τοῦ Δαυίδ.	Mk 12,35	καὶ ἀποκριθεὶς ὁ Ἰησοῦς ἔλεγεν διδάσκων ἐν τῷ ἱερῷ· πῶς λέγουσιν οἱ γραμματεῖς ὅτι ὁ χριστὸς υἱὸς Δαυίδ ἐστιν;	Lk 20,41	εἶπεν δὲ πρὸς αὐτούς· πῶς λέγουσιν τὸν χριστὸν εἶναι Δαυὶδ υἱόν;	
221 212	Mt 24,1 (2)	καὶ ἐξελθὼν ὁ Ἰησοῦς ἀπὸ τοῦ ἱεροῦ ἐπορεύετο, καὶ προσῆλθον οἱ μαθηταὶ αὐτοῦ ἐπιδεῖξαι αὐτῷ τὰς οἰκοδομὰς τοῦ ἱεροῦ.	Mk 13,1	καὶ ἐκπορευομένου αὐτοῦ ἐκ τοῦ ἱεροῦ λέγει αὐτῷ εἷς τῶν μαθητῶν αὐτοῦ· διδάσκαλε, ἴδε ποταποὶ λίθοι καὶ ποταπαὶ οἰκοδομαί.	Lk 21,5	καί τινων λεγόντων περὶ τοῦ ἱεροῦ ὅτι λίθοις καλοῖς καὶ ἀναθήμασιν κεκόσμηται ...	
121	Mt 24,3	καθημένου δὲ αὐτοῦ ἐπὶ τοῦ ὄρους τῶν ἐλαιῶν προσῆλθον αὐτῷ οἱ μαθηταὶ κατ' ἰδίαν λέγοντες· ..	Mk 13,3	καὶ καθημένου αὐτοῦ εἰς τὸ ὄρος τῶν ἐλαιῶν κατέναντι τοῦ ἱεροῦ ἐπηρώτα αὐτὸν κατ' ἰδίαν Πέτρος καὶ Ἰάκωβος καὶ Ἰωάννης καὶ Ἀνδρέας·	Lk 21,7	ἐπηρώτησαν δὲ αὐτὸν λέγοντες· ...	
a 002	Mt 21,17	καὶ καταλιπὼν αὐτοὺς ἐξῆλθεν ἔξω τῆς πόλεως εἰς Βηθανίαν, καὶ ηὐλίσθη ἐκεῖ.	Mk 11,11	καὶ εἰσῆλθεν εἰς Ἱεροσόλυμα εἰς τὸ ἱερὸν καὶ περιβλεψάμενος πάντα, ὀψίας ἤδη οὔσης τῆς ὥρας, ἐξῆλθεν εἰς Βηθανίαν μετὰ τῶν δώδεκα.	Lk 21,37 → Mk 11,19 ↑ Lk 19,47 ↑ Lk 20,1 ↓ Lk 22,53	ἦν δὲ τὰς ἡμέρας ἐν τῷ ἱερῷ διδάσκων, τὰς δὲ νύκτας ἐξερχόμενος ηὐλίζετο εἰς τὸ ὄρος τὸ καλούμενον Ἐλαιῶν·	→ [[Jn 8,1]]
002					Lk 21,38 ↑ Lk 19,47 → Lk 19,48	καὶ πᾶς ὁ λαὸς ὤρθριζεν πρὸς αὐτὸν ἐν τῷ ἱερῷ ἀκούειν αὐτοῦ.	→ [[Jn 8,2]]
112	Mt 26,55 Mt 26,47	ἐν ἐκείνῃ τῇ ὥρᾳ εἶπεν ὁ Ἰησοῦς τοῖς ὄχλοις· ὡς ἐπὶ λῃστὴν ἐξήλθατε ... ... ὄχλος πολὺς μετὰ μαχαιρῶν καὶ ξύλων ἀπὸ τῶν ἀρχιερέων καὶ πρεσβυτέρων τοῦ λαοῦ.	Mk 14,48 Mk 14,43	καὶ ἀποκριθεὶς ὁ Ἰησοῦς εἶπεν αὐτοῖς· ὡς ἐπὶ λῃστὴν ἐξήλθατε ... ... ὄχλος μετὰ μαχαιρῶν καὶ ξύλων παρὰ τῶν ἀρχιερέων καὶ τῶν γραμματέων καὶ τῶν πρεσβυτέρων.	Lk 22,52	εἶπεν δὲ Ἰησοῦς πρὸς τοὺς παραγενομένους ἐπ' αὐτὸν ἀρχιερεῖς καὶ στρατηγοὺς τοῦ ἱεροῦ καὶ πρεσβυτέρους· ὡς ἐπὶ λῃστὴν ἐξήλθατε ...	
a 222	Mt 26,55	... καθ' ἡμέραν ἐν τῷ ἱερῷ ἐκαθεζόμην διδάσκων καὶ οὐκ ἐκρατήσατέ με.	Mk 14,49	καθ' ἡμέραν ἤμην πρὸς ὑμᾶς ἐν τῷ ἱερῷ διδάσκων καὶ οὐκ ἐκρατήσατέ με· ...	Lk 22,53 ↑ Lk 19,47 ↑ Lk 20,1 ↑ Lk 21,37	καθ' ἡμέραν ὄντος μου μεθ' ὑμῶν ἐν τῷ ἱερῷ οὐκ ἐξετείνατε τὰς χεῖρας ἐπ' ἐμέ, ...	→ Jn 18,20
002					Lk 24,53	καὶ ἦσαν διὰ παντὸς ἐν τῷ ἱερῷ εὐλογοῦντες τὸν θεόν.	→ Acts 1,14 → Acts 2,46

Acts 2,46 → Lk 24,53
καθ' ἡμέραν τε προσκαρτεροῦντες ὁμοθυμαδὸν
ἐν τῷ ἱερῷ,
κλῶντές τε κατ' οἶκον ἄρτον, ...

Acts 3,1
Πέτρος δὲ καὶ Ἰωάννης ἀνέβαινον
εἰς τὸ ἱερὸν
ἐπὶ τὴν ὥραν τῆς προσευχῆς τὴν ἐνάτην.

Acts 3,2 (2)
καί τις ἀνὴρ χωλὸς ἐκ κοιλίας μητρὸς αὐτοῦ ὑπάρχων ἐβαστάζετο, ὃν ἐτίθουν καθ' ἡμέραν
πρὸς τὴν θύραν τοῦ ἱεροῦ
τὴν λεγομένην Ὡραίαν
τοῦ αἰτεῖν ἐλεημοσύνην παρὰ τῶν εἰσπορευομένων
εἰς τὸ ἱερόν·

Acts 3,3
ὃς ἰδὼν Πέτρον καὶ Ἰωάννην μέλλοντας εἰσιέναι
εἰς τὸ ἱερὸν,
ἠρώτα ἐλεημοσύνην λαβεῖν.

Acts 3,8
... εἰσῆλθεν σὺν αὐτοῖς
εἰς τὸ ἱερὸν
περιπατῶν καὶ ἁλλόμενος καὶ αἰνῶν τὸν θεόν.

Acts 3,10
ἐπεγίνωσκον δὲ αὐτὸν ὅτι αὐτὸς ἦν ὁ πρὸς τὴν ἐλεημοσύνην καθήμενος
ἐπὶ τῇ ὡραίᾳ πύλῃ τοῦ ἱεροῦ
καὶ ἐπλήσθησαν θάμβους καὶ ἐκστάσεως ἐπὶ τῷ συμβεβηκότι αὐτῷ.

Acts 4,1
λαλούντων δὲ αὐτῶν πρὸς τὸν λαὸν ἐπέστησαν αὐτοῖς οἱ ἱερεῖς καὶ
ὁ στρατηγὸς τοῦ ἱεροῦ
καὶ οἱ Σαδδουκαῖοι

Acts 5,20
πορεύεσθε καὶ σταθέντες λαλεῖτε
ἐν τῷ ἱερῷ
τῷ λαῷ πάντα τὰ ῥήματα τῆς ζωῆς ταύτης.

a **Acts 5,21**
ἀκούσαντες δὲ εἰσῆλθον ὑπὸ τὸν ὄρθρον
εἰς τὸ ἱερὸν
καὶ ἐδίδασκον. ...

Acts 5,24
ὡς δὲ ἤκουσαν τοὺς λόγους τούτους
ὅ τε στρατηγὸς τοῦ ἱεροῦ
καὶ οἱ ἀρχιερεῖς, διηπόρουν περὶ αὐτῶν τί ἂν γένοιτο τοῦτο.

a **Acts 5,25**
... ἰδοὺ οἱ ἄνδρες οὓς ἔθεσθε ἐν τῇ φυλακῇ εἰσὶν
ἐν τῷ ἱερῷ
ἑστῶτες καὶ διδάσκοντες τὸν λαόν.

a **Acts 5,42**
πᾶσάν τε ἡμέραν
ἐν τῷ ἱερῷ
καὶ κατ' οἶκον οὐκ ἐπαύοντο διδάσκοντες καὶ εὐαγγελιζόμενοι τὸν χριστὸν Ἰησοῦν.

Acts 19,27
οὐ μόνον δὲ τοῦτο κινδυνεύει ἡμῖν τὸ μέρος εἰς ἀπελεγμὸν ἐλθεῖν ἀλλὰ καὶ
τὸ τῆς μεγάλης θεᾶς Ἀρτέμιδος ἱερὸν
εἰς οὐθὲν λογισθῆναι, ...

Acts 21,26
τότε ὁ Παῦλος ... εἰσῄει
εἰς τὸ ἱερόν
διαγγέλλων τὴν ἐκπλήρωσιν τῶν ἡμερῶν τοῦ ἁγνισμοῦ ...

Acts 21,27
... οἱ ἀπὸ τῆς Ἀσίας Ἰουδαῖοι θεασάμενοι αὐτὸν
ἐν τῷ ἱερῷ
συνέχεον πάντα τὸν ὄχλον καὶ ἐπέβαλον ἐπ' αὐτὸν τὰς χεῖρας

Acts 21,28
... ἔτι τε καὶ Ἕλληνας εἰσήγαγεν
εἰς τὸ ἱερὸν
καὶ κεκοίνωκεν τὸν ἅγιον τόπον τοῦτον.

Acts 21,29
ἦσαν γὰρ προεωρακότες Τρόφιμον τὸν Ἐφέσιον ἐν τῇ πόλει σὺν αὐτῷ, ὃν ἐνόμιζον ὅτι
εἰς τὸ ἱερὸν
εἰσήγαγεν ὁ Παῦλος.

Acts 21,30
... καὶ ἐπιλαβόμενοι τοῦ Παύλου εἷλκον αὐτὸν
ἔξω τοῦ ἱεροῦ,
καὶ εὐθέως ἐκλείσθησαν αἱ θύραι.

Acts 22,17
ἐγένετο δέ μοι ὑποστρέψαντι εἰς Ἰερουσαλὴμ καὶ προσευχομένου μου
ἐν τῷ ἱερῷ
γενέσθαι με ἐν ἐκστάσει

Acts 24,6
ὃς καὶ
τὸ ἱερὸν
ἐπείρασεν βεβηλῶσαι ὃν καὶ ἐκρατήσαμεν

Acts 24,12
καὶ
οὔτε ἐν τῷ ἱερῷ
εὗρόν με πρός τινα διαλεγόμενον ἢ ἐπίστασιν ποιοῦντα ὄχλου οὔτε ἐν ταῖς συναγωγαῖς οὔτε κατὰ τὴν πόλιν

Acts 24,18
ἐν αἷς εὗρόν με ἡγνισμένον
ἐν τῷ ἱερῷ
οὐ μετὰ ὄχλου οὐδὲ μετὰ θορύβου

Acts 25,8
τοῦ Παύλου ἀπολογουμένου ὅτι οὔτε εἰς τὸν νόμον τῶν Ἰουδαίων
οὔτε εἰς τὸ ἱερὸν
οὔτε εἰς Καίσαρά τι ἥμαρτον.

Acts 26,21
ἕνεκα τούτων με Ἰουδαῖοι συλλαβόμενοι [ὄντα]
ἐν τῷ ἱερῷ
ἐπειρῶντο διαχειρίσασθαι.

Ἱεροσόλυμα, Ἰερουσαλήμ	Syn 54	Mt 13	Mk 10	Lk 31	Acts 59	Jn 12	1-3John	Paul 10	Eph	Col
	NT 139	2Thess	1/2Tim	Tit	Heb 1	Jas	1Pet	2Pet	Jude	Rev 3

Jerusalem

	triple tradition																	double tradition			Sondergut		
		+Mt / +Lk			–Mt / –Lk			traditions not taken over by Mt / Lk							subtotals								
code	222	211	112	212	221	122	121	022	012	021	220	120	210	020	Σ⁺	Σ⁻	Σ	202	201	102	200	002	total
Mt	3	1^+			1		3^-				2		1^+		2^+	3^-	8	2			3		**13**
Mk	3				1		3				2			1			10						**10**
Lk	3		2^+		1^-		3^-		1^+						3^+	4^-	6	2		1		22	**31**

a Ἱεροσόλυμα   *b* Ἱεροσόλυμα / Ἰερουσαλήμ and Ἰουδαία

code	Mt	Mk	Lk
a 002			**Lk 2,22** ... ἀνήγαγον αὐτὸν **εἰς Ἱεροσόλυμα** παραστῆσαι τῷ κυρίῳ
002			**Lk 2,25** καὶ ἰδοὺ ἄνθρωπος ἦν **ἐν Ἰερουσαλὴμ** ᾧ ὄνομα Συμεὼν ...
002			**Lk 2,38** ... καὶ ἐλάλει περὶ αὐτοῦ πᾶσιν τοῖς προσδεχομένοις **λύτρωσιν Ἰερουσαλήμ.**
a 200	**Mt 2,1** ... ἰδοὺ μάγοι ἀπὸ ἀνατολῶν παρεγένοντο **εἰς Ἱεροσόλυμα**		
a 200	**Mt 2,3** ↓Mt 21,10 ἀκούσας δὲ ὁ βασιλεὺς Ἡρῴδης ἐταράχθη καὶ **πᾶσα Ἱεροσόλυμα** μετ᾽ αὐτοῦ		
002			**Lk 2,41** καὶ ἐπορεύοντο οἱ γονεῖς αὐτοῦ κατ᾽ ἔτος **εἰς Ἰερουσαλὴμ** τῇ ἑορτῇ τοῦ πάσχα.
002			**Lk 2,43** ... ὑπέμεινεν Ἰησοῦς ὁ παῖς **ἐν Ἰερουσαλήμ,** καὶ οὐκ ἔγνωσαν οἱ γονεῖς αὐτοῦ.
002			**Lk 2,45** καὶ μὴ εὑρόντες ὑπέστρεψαν **εἰς Ἰερουσαλὴμ** ἀναζητοῦντες αὐτόν.
a b 210	**Mt 3,5** τότε ἐξεπορεύετο πρὸς αὐτὸν **Ἱεροσόλυμα** καὶ πᾶσα ἡ Ἰουδαία καὶ πᾶσα ἡ περίχωρος τοῦ Ἰορδάνου	**Mk 1,5** →Lk 3,7 καὶ ἐξεπορεύετο πρὸς αὐτὸν πᾶσα ἡ Ἰουδαία χώρα καὶ **οἱ Ἱεροσολυμῖται πάντες,** ...	**Lk 3,3** ⇨ Mk 1,4 καὶ ἦλθεν εἰς πᾶσαν [τὴν] περίχωρον τοῦ Ἰορδάνου ...
102	**Mt 4,5** τότε παραλαμβάνει αὐτὸν ὁ διάβολος **εἰς τὴν ἁγίαν πόλιν** καὶ ἔστησεν αὐτὸν ἐπὶ τὸ πτερύγιον τοῦ ἱεροῦ		**Lk 4,9** ἤγαγεν δὲ αὐτὸν **εἰς Ἰερουσαλὴμ** καὶ ἔστησεν ἐπὶ τὸ πτερύγιον τοῦ ἱεροῦ ...

b 012			**Mk 2,2** → Mk 3,20	καὶ συνήχθησαν πολλοὶ ὥστε μηκέτι χωρεῖν μηδὲ τὰ πρὸς τὴν θύραν, καὶ ἐλάλει αὐτοῖς τὸν λόγον.	**Lk 5,17**	καὶ ἐγένετο ἐν μιᾷ τῶν ἡμερῶν καὶ αὐτὸς ἦν διδάσκων, καὶ ἦσαν καθήμενοι Φαρισαῖοι καὶ νομοδιδάσκαλοι οἳ ἦσαν ἐληλυθότες ἐκ πάσης κώμης τῆς Γαλιλαίας καὶ Ἰουδαίας καὶ **Ἰερουσαλήμ·** καὶ δύναμις κυρίου ἦν εἰς τὸ ἰᾶσθαι αὐτόν.	
a b 222	**Mt 4,25** → Mt 12,15	καὶ ἠκολούθησαν αὐτῷ ὄχλοι πολλοὶ ἀπὸ τῆς Γαλιλαίας καὶ Δεκαπόλεως καὶ **Ἱεροσολύμων** καὶ Ἰουδαίας καὶ πέραν τοῦ Ἰορδάνου.	**Mk 3,8** → Mt 4,24a	[7] ... καὶ πολὺ πλῆθος ἀπὸ τῆς Γαλιλαίας [ἠκολούθησεν], καὶ ἀπὸ τῆς Ἰουδαίας [8] καὶ **ἀπὸ Ἱεροσολύμων** καὶ ἀπὸ τῆς Ἰδουμαίας καὶ πέραν τοῦ Ἰορδάνου καὶ περὶ Τύρον καὶ Σιδῶνα ...	**Lk 6,17**	... καὶ πλῆθος πολὺ τοῦ λαοῦ ἀπὸ πάσης τῆς Ἰουδαίας καὶ **Ἰερουσαλὴμ** καὶ τῆς παραλίου Τύρου καὶ Σιδῶνος	
a 200	**Mt 5,35**	[34] ... μὴ ὀμόσαι ὅλως· ... [35] μήτε ἐν τῇ γῇ, ὅτι ὑποπόδιόν ἐστιν τῶν ποδῶν αὐτοῦ, **μήτε εἰς Ἱεροσόλυμα,** ὅτι πόλις ἐστὶν τοῦ μεγάλου βασιλέως					→ Acts 7,49
a 020	**Mt 12,24** ⇩ Mt 9,34	οἱ δὲ Φαρισαῖοι ἀκούσαντες εἶπον· οὗτος οὐκ ἐκβάλλει τὰ δαιμόνια εἰ μὴ ἐν τῷ Βεελζεβοὺλ ἄρχοντι τῶν δαιμονίων.	**Mk 3,22**	καὶ οἱ γραμματεῖς **οἱ ἀπὸ Ἱεροσολύμων καταβάντες** ἔλεγον ὅτι Βεελζεβοὺλ ἔχει, καὶ ὅτι ἐν τῷ ἄρχοντι τῶν δαιμονίων ἐκβάλλει τὰ δαιμόνια.	**Lk 11,15** → Lk 11,18	τινὲς δὲ ἐξ αὐτῶν εἶπον· ἐν Βεελζεβοὺλ τῷ ἄρχοντι τῶν δαιμονίων ἐκβάλλει τὰ δαιμόνια·	Mk-Q overlap
	Mt 9,34 ⇧ Mt 12,24	οἱ δὲ Φαρισαῖοι ἔλεγον· ἐν τῷ ἄρχοντι τῶν δαιμονίων ἐκβάλλει τὰ δαιμόνια.					
a 220	**Mt 15,1** → Lk 11,37	τότε προσέρχονται τῷ Ἰησοῦ **ἀπὸ Ἱεροσολύμων** Φαρισαῖοι καὶ γραμματεῖς ...	**Mk 7,1** → Lk 11,37	καὶ συνάγονται πρὸς αὐτὸν οἱ Φαρισαῖοι καί τινες τῶν γραμματέων ἐλθόντες **ἀπὸ Ἱεροσολύμων.**			
a 211	**Mt 16,21** → Mt 17,22-23 ↓ **Mt 20,18**	ἀπὸ τότε ἤρξατο ὁ Ἰησοῦς δεικνύειν τοῖς μαθηταῖς αὐτοῦ ὅτι δεῖ αὐτὸν **εἰς Ἱεροσόλυμα** ἀπελθεῖν καὶ πολλὰ παθεῖν ...	**Mk 8,31** → Mk 9,31 ↓ **Mk 10,33**	καὶ ἤρξατο διδάσκειν αὐτοὺς ὅτι δεῖ τὸν υἱὸν τοῦ ἀνθρώπου πολλὰ παθεῖν ...	**Lk 9,22** → Lk 9,44 → Lk 17,25 ↓ **Lk 18,31** → Lk 24,7 → Lk 24,26 → Lk 24,46	εἰπὼν ὅτι δεῖ τὸν υἱὸν τοῦ ἀνθρώπου πολλὰ παθεῖν ..	
112	**Mt 17,3**	καὶ ἰδοὺ ὤφθη αὐτοῖς Μωϋσῆς καὶ Ἠλίας συλλαλοῦντες μετ᾽ αὐτοῦ.	**Mk 9,4**	καὶ ὤφθη αὐτοῖς Ἠλίας σὺν Μωϋσεῖ καὶ ἦσαν συλλαλοῦντες τῷ Ἰησοῦ.	**Lk 9,31**	[30] καὶ ἰδοὺ ἄνδρες δύο συνελάλουν αὐτῷ, οἵτινες ἦσαν Μωϋσῆς καὶ Ἠλίας, [31] οἳ ὀφθέντες ἐν δόξῃ ἔλεγον τὴν ἔξοδον αὐτοῦ, ἣν ἤμελλεν πληροῦν **ἐν Ἰερουσαλήμ.**	
002					**Lk 9,51** → Mt 19,1 → Mk 10,1	... καὶ αὐτὸς τὸ πρόσωπον ἐστήρισεν τοῦ πορεύεσθαι **εἰς Ἰερουσαλήμ.**	

002					Lk 9,53	καὶ οὐκ ἐδέξαντο αὐτόν, ὅτι τὸ πρόσωπον αὐτοῦ ἦν πορευόμενον **εἰς Ἰερουσαλήμ.**
002					Lk 10,30	... ἄνθρωπός τις κατέβαινεν **ἀπὸ Ἰερουσαλὴμ** εἰς Ἰεριχὼ καὶ λησταῖς περιέπεσεν, ...
002					Lk 13,4	... δοκεῖτε ὅτι αὐτοὶ ὀφειλέται ἐγένοντο παρὰ πάντας τοὺς ἀνθρώπους **τοὺς κατοικοῦντας Ἰερουσαλήμ;**
a 002					Lk 13,22 → Lk 8,1	καὶ διεπορεύετο κατὰ πόλεις καὶ κώμας διδάσκων καὶ πορείαν ποιούμενος **εἰς Ἱεροσόλυμα.**
002					Lk 13,33	... οὐκ ἐνδέχεται προφήτην ἀπολέσθαι **ἔξω Ἰερουσαλήμ.**
202 202	Mt 23,37 (2)	**Ἰερουσαλὴμ Ἰερουσαλήμ,** ἡ ἀποκτείνουσα τοὺς προφήτας καὶ λιθοβολοῦσα τοὺς ἀπεσταλμένους πρὸς αὐτήν, ...			Lk 13,34 (2)	**Ἰερουσαλὴμ Ἰερουσαλήμ,** ἡ ἀποκτείνουσα τοὺς προφήτας καὶ λιθοβολοῦσα τοὺς ἀπεσταλμένους πρὸς αὐτήν, ...
002					Lk 17,11	καὶ ἐγένετο ἐν τῷ πορεύεσθαι **εἰς Ἰερουσαλὴμ** καὶ αὐτὸς διήρχετο διὰ μέσον Σαμαρείας καὶ Γαλιλαίας.
a 221	Mt 20,17	καὶ ἀναβαίνων ὁ Ἰησοῦς **εἰς Ἱεροσόλυμα** παρέλαβεν τοὺς δώδεκα [μαθητὰς] κατ' ἰδίαν καὶ ἐν τῇ ὁδῷ εἶπεν αὐτοῖς·	Mk 10,32	ἦσαν δὲ ἐν τῇ ὁδῷ ἀναβαίνοντες **εἰς Ἱεροσόλυμα,** καὶ ἦν προάγων αὐτοὺς ὁ Ἰησοῦς, καὶ ἐθαμβοῦντο, οἱ δὲ ἀκολουθοῦντες ἐφοβοῦντο. καὶ παραλαβὼν πάλιν τοὺς δώδεκα ἤρξατο αὐτοῖς λέγειν τὰ μέλλοντα αὐτῷ συμβαίνειν,	Lk 18,31	παραλαβὼν δὲ τοὺς δώδεκα εἶπεν πρὸς αὐτούς·
a 222	Mt 20,18 ↑ Mt 16,21 → Mt 17,22-23	ἰδοὺ ἀναβαίνομεν **εἰς Ἱεροσόλυμα,** καὶ ὁ υἱὸς τοῦ ἀνθρώπου παραδοθήσεται τοῖς ἀρχιερεῦσιν καὶ γραμματεῦσιν, ...	Mk 10,33 ↑ Mk 8,31 → Mk 9,31	ὅτι ἰδοὺ ἀναβαίνομεν **εἰς Ἱεροσόλυμα,** καὶ ὁ υἱὸς τοῦ ἀνθρώπου παραδοθήσεται τοῖς ἀρχιερεῦσιν καὶ τοῖς γραμματεῦσιν, ...	↑ Lk 9,22 → Lk 9,44 → Lk 17,25 → Lk 24,7 → Lk 24,26 → Lk 24,46	ἰδοὺ ἀναβαίνομεν **εἰς Ἰερουσαλήμ,** καὶ τελεσθήσεται πάντα τὰ γεγραμμένα διὰ τῶν προφητῶν τῷ υἱῷ τοῦ ἀνθρώπου·
002					Lk 19,11	ἀκουόντων δὲ αὐτῶν ταῦτα προσθεὶς εἶπεν παραβολὴν διὰ τὸ ἐγγὺς εἶναι **Ἰερουσαλὴμ** αὐτὸν καὶ δοκεῖν αὐτοὺς ὅτι παραχρῆμα μέλλει ἡ βασιλεία τοῦ θεοῦ ἀναφαίνεσθαι.

a 222	**Mt 21,1**	καὶ ὅτε ἤγγισαν **εἰς Ἱεροσόλυμα** καὶ ἦλθον εἰς Βηθφαγὴ εἰς τὸ ὄρος τῶν ἐλαιῶν, τότε Ἰησοῦς ἀπέστειλεν δύο μαθητὰς	**Mk 11,1**	καὶ ὅτε ἐγγίζουσιν **εἰς Ἱεροσόλυμα** εἰς Βηθφαγὴ καὶ Βηθανίαν πρὸς τὸ ὄρος τῶν ἐλαιῶν, ἀποστέλλει δύο τῶν μαθητῶν αὐτοῦ	**Lk 19,28**	καὶ εἰπὼν ταῦτα ἐπορεύετο ἔμπροσθεν ἀναβαίνων **εἰς Ἱεροσόλυμα.** [29] καὶ ἐγένετο ὡς ἤγγισεν εἰς Βηθφαγὴ καὶ Βηθανία[ν] πρὸς τὸ ὄρος τὸ καλούμενον Ἐλαιῶν, ἀπέστειλεν δύο τῶν μαθητῶν	→ Jn 12,12
a 220	**Mt 21,10** ↑ Mt 2,3 → Lk 19,41	καὶ εἰσελθόντος αὐτοῦ **εἰς Ἱεροσόλυμα** ἐσείσθη πᾶσα ἡ πόλις λέγουσα· τίς ἐστιν οὗτος;	**Mk 11,11** ↓ Mt 21,12 ↓ Mk 11,15 → Lk 19,41	καὶ εἰσῆλθεν **εἰς Ἱεροσόλυμα** εἰς τὸ ἱερὸν καὶ περιβλεψάμενος πάντα, ...			→ Jn 2,13
a 121	**Mt 21,12**	καὶ εἰσῆλθεν Ἰησοῦς εἰς τὸ ἱερὸν καὶ ἐξέβαλεν πάντας τοὺς πωλοῦντας ...	**Mk 11,15** ↑ Mt 21,10 ↑ Mk 11,11 → Lk 19,41	καὶ ἔρχονται **εἰς Ἱεροσόλυμα.** καὶ εἰσελθὼν εἰς τὸ ἱερὸν ἤρξατο ἐκβάλλειν τοὺς πωλοῦντας ...	**Lk 19,45**	καὶ εἰσελθὼν εἰς τὸ ἱερὸν ἤρξατο ἐκβάλλειν τοὺς πωλοῦντας	→ Jn 2,14-16
a 121	**Mt 21,23**	καὶ ἐλθόντος αὐτοῦ εἰς τὸ ἱερὸν ...	**Mk 11,27**	καὶ ἔρχονται πάλιν **εἰς Ἱεροσόλυμα.** καὶ ἐν τῷ ἱερῷ περιπατοῦντος αὐτοῦ ...	**Lk 20,1**	καὶ ἐγένετο ἐν μιᾷ τῶν ἡμερῶν διδάσκοντος αὐτοῦ τὸν λαὸν ἐν τῷ ἱερῷ καὶ εὐαγγελιζομένου ...	
202 202	**Mt 23,37** **(2)**	**Ἰερουσαλὴμ** **Ἰερουσαλήμ,** ἡ ἀποκτείνουσα τοὺς προφήτας καὶ λιθοβολοῦσα τοὺς ἀπεσταλμένους πρὸς αὐτήν, ...			**Lk 13,34** **(2)**	**Ἰερουσαλὴμ** **Ἰερουσαλήμ,** ἡ ἀποκτείνουσα τοὺς προφήτας καὶ λιθοβολοῦσα τοὺς ἀπεσταλμένους πρὸς αὐτήν, ...	
112	**Mt 24,15**	ὅταν οὖν ἴδητε *τὸ* *βδέλυγμα τῆς ἐρημώσεως* τὸ ῥηθὲν διὰ Δανιὴλ τοῦ προφήτου ἑστὸς **ἐν τόπῳ ἁγίῳ,** ὁ ἀναγινώσκων νοείτω ➤ Dan 9,27/11,31/12,11	**Mk 13,14**	ὅταν δὲ ἴδητε *τὸ* *βδέλυγμα τῆς ἐρημώσεως* ἑστηκότα **ὅπου οὐ δεῖ,** ὁ ἀναγινώσκων νοείτω, ... ➤ Dan 9,27/11,31/12,11	**Lk 21,20** → Lk 19,43	ὅταν δὲ ἴδητε κυκλουμένην ὑπὸ στρατοπέδων **Ἰερουσαλήμ,** τότε γνῶτε ὅτι ἤγγικεν ἡ ἐρήμωσις αὐτῆς.	
002					**Lk 21,24** → Lk 19,44	... καὶ **Ἰερουσαλὴμ** ἔσται πατουμένη ὑπὸ ἐθνῶν, ἄχρι οὗ πληρωθῶσιν καιροὶ ἐθνῶν.	
a 002					**Lk 23,7**	καὶ ἐπιγνοὺς ὅτι ἐκ τῆς ἐξουσίας Ἡρῴδου ἐστὶν ἀνέπεμψεν αὐτὸν πρὸς Ἡρῴδην, ὄντα καὶ αὐτὸν **ἐν Ἱεροσολύμοις** ἐν ταύταις ταῖς ἡμέραις.	
002					**Lk 23,28**	... [ὁ] Ἰησοῦς εἶπεν· **θυγατέρες** **Ἰερουσαλήμ,** μὴ κλαίετε ἐπ' ἐμέ· ...	

a 121	**Mt 27,55** → Mt 27,61	ἦσαν δὲ ἐκεῖ γυναῖκες πολλαὶ ἀπὸ μακρόθεν θεωροῦσαι, αἵτινες ἠκολούθησαν τῷ Ἰησοῦ ἀπὸ τῆς Γαλιλαίας διακονοῦσαι αὐτῷ·	**Mk 15,41** → Mk 15,47	[40] ἦσαν δὲ καὶ γυναῖκες ... [41] αἳ ὅτε ἦν ἐν τῇ Γαλιλαίᾳ ἠκολούθουν αὐτῷ καὶ διηκόνουν αὐτῷ, καὶ ἄλλαι πολλαὶ αἱ συναναβᾶσαι αὐτῷ **εἰς Ἱεροσόλυμα.**	**Lk 23,49** → Lk 23,55 → Lk 8,2-3	εἱστήκεισαν δὲ πάντες οἱ γνωστοὶ αὐτῷ ἀπὸ μακρόθεν καὶ γυναῖκες αἱ συνακολουθοῦσαι αὐτῷ ἀπὸ τῆς Γαλιλαίας ὁρῶσαι ταῦτα.	
002					**Lk 24,13**	καὶ ἰδοὺ δύο ἐξ αὐτῶν ἐν αὐτῇ τῇ ἡμέρᾳ ἦσαν πορευόμενοι εἰς κώμην ἀπέχουσαν σταδίους ἑξήκοντα **ἀπὸ Ἰερουσαλήμ,** ᾗ ὄνομα Ἐμμαοῦς	
002					**Lk 24,18**	... σὺ **μόνος παροικεῖς Ἰερουσαλὴμ** καὶ οὐκ ἔγνως τὰ γενόμενα ἐν αὐτῇ ἐν ταῖς ἡμέραις ταύταις;	
002					**Lk 24,33**	καὶ ἀναστάντες αὐτῇ τῇ ὥρᾳ ὑπέστρεψαν **εἰς Ἰερουσαλὴμ** καὶ εὗρον ἠθροισμένους τοὺς ἕνδεκα καὶ τοὺς σὺν αὐτοῖς	
002					**Lk 24,47** → Mt 28,19-20	καὶ κηρυχθῆναι ἐπὶ τῷ ὀνόματι αὐτοῦ μετάνοιαν εἰς ἄφεσιν ἁμαρτιῶν εἰς πάντα τὰ ἔθνη. ἀρξάμενοι **ἀπὸ Ἰερουσαλήμ·**	→ **Acts 1,8** → **Acts 26,20**
002					**Lk 24,52**	καὶ αὐτοὶ προσκυνήσαντες αὐτὸν ὑπέστρεψαν **εἰς Ἰερουσαλὴμ** μετὰ χαρᾶς μεγάλης	→ **Acts 1,12**

a **Acts 1,4** καὶ συναλιζόμενος παρήγγειλεν αὐτοῖς **ἀπὸ Ἱεροσολύμων** μὴ χωρίζεσθαι ...

b **Acts 1,8** (→ **Lk 24,47**, → **Acts 26,20**, → Acts 13,47) ... καὶ ἔσεσθέ μου μάρτυρες **ἔν τε Ἰερουσαλὴμ** καὶ [ἐν] πάσῃ τῇ Ἰουδαίᾳ καὶ Σαμαρείᾳ καὶ ἕως ἐσχάτου τῆς γῆς.

Acts 1,12 (2) (→ **Lk 24,52**) τότε ὑπέστρεψαν **εἰς Ἰερουσαλὴμ** ἀπὸ ὄρους τοῦ καλουμένου Ἐλαιῶνος, ὅ ἐστιν **ἐγγὺς Ἰερουσαλὴμ** σαββάτου ἔχον ὁδόν.

Acts 1,19 (→ Mt 27,8) καὶ γνωστὸν ἐγένετο **πᾶσι τοῖς κατοικοῦσιν Ἰερουσαλήμ,** ὥστε κληθῆναι τὸ χωρίον ἐκεῖνο τῇ ἰδίᾳ διαλέκτῳ αὐτῶν Ἁκελδαμάχ, ...

Acts 2,5 ἦσαν δὲ **εἰς Ἰερουσαλὴμ** κατοικοῦντες Ἰουδαῖοι, ἄνδρες εὐλαβεῖς ἀπὸ παντὸς ἔθνους τῶν ὑπὸ τὸν οὐρανόν.

Acts 2,14 ... ἄνδρες Ἰουδαῖοι καὶ **οἱ κατοικοῦντες Ἰερουσαλὴμ πάντες,** τοῦτο ὑμῖν γνωστὸν ἔστω καὶ ἐνωτίσασθε τὰ ῥήματά μου.

Acts 4,5 ... συναχθῆναι αὐτῶν τοὺς ἄρχοντας καὶ τοὺς πρεσβυτέρους καὶ τοὺς γραμματεῖς **ἐν Ἰερουσαλήμ**

Acts 4,16 ... ὅτι μὲν γὰρ γνωστὸν σημεῖον γέγονεν δι᾽ αὐτῶν **πᾶσιν τοῖς κατοικοῦσιν Ἰερουσαλὴμ** φανερὸν ...

Acts 5,16 συνήρχετο δὲ καὶ **τὸ πλῆθος τῶν πέριξ πόλεων Ἰερουσαλήμ,** φέροντες ἀσθενεῖς καὶ ὀχλουμένους ὑπὸ πνευμάτων ἀκαθάρτων, ...

Acts 5,28 → Mt 27,25 ... καὶ ἰδοὺ πεπληρώκατε
τὴν Ἰερουσαλὴμ
τῆς διδαχῆς ὑμῶν καὶ βούλεσθε ἐπαγαγεῖν ἐφ᾽ ἡμᾶς τὸ αἷμα τοῦ ἀνθρώπου τούτου.

Acts 6,7 καὶ ὁ λόγος τοῦ θεοῦ ηὔξανεν καὶ ἐπληθύνετο ὁ ἀριθμὸς τῶν μαθητῶν
ἐν Ἰερουσαλὴμ
σφόδρα, ...

a **Acts 8,1** ... ἐγένετο δὲ ἐν ἐκείνῃ τῇ ἡμέρᾳ διωγμὸς μέγας ἐπὶ τὴν ἐκκλησίαν
τὴν ἐν Ἱεροσολύμοις, ...

a **Acts 8,14** ἀκούσαντες δὲ οἱ
ἐν Ἱεροσολύμοις
ἀπόστολοι ὅτι δέδεκται ἡ Σαμάρεια τὸν λόγον τοῦ θεοῦ, ...

a **Acts 8,25** οἱ μὲν οὖν διαμαρτυράμενοι καὶ λαλήσαντες τὸν λόγον τοῦ κυρίου ὑπέστρεφον
εἰς Ἱεροσόλυμα,
πολλάς τε κώμας τῶν Σαμαριτῶν εὐηγγελίζοντο.

Acts 8,26 ... πορεύου κατὰ μεσημβρίαν ἐπὶ τὴν ὁδὸν τὴν καταβαίνουσαν
ἀπὸ Ἰερουσαλὴμ
εἰς Γάζαν, ...

Acts 8,27 ... καὶ ἰδοὺ ἀνὴρ Αἰθίοψ ..., ὃς ἐληλύθει προσκυνήσων
εἰς Ἰερουσαλήμ

Acts 9,2 ... ὅπως ἐάν τινας εὕρῃ τῆς ὁδοῦ ὄντας, ἄνδρας τε καὶ γυναῖκας, δεδεμένους ἀγάγῃ
εἰς Ἰερουσαλήμ.

Acts 9,13 ... κύριε, ἤκουσα ἀπὸ πολλῶν περὶ τοῦ ἀνδρὸς τούτου ὅσα κακὰ τοῖς ἁγίοις σου ἐποίησεν
ἐν Ἰερουσαλήμ·

Acts 9,21 ... οὐχ οὗτός ἐστιν ὁ πορθήσας
εἰς Ἰερουσαλὴμ
τοὺς ἐπικαλουμένους τὸ ὄνομα τοῦτο, ...

Acts 9,26 παραγενόμενος δὲ
εἰς Ἰερουσαλὴμ
ἐπείραζεν κολλᾶσθαι τοῖς μαθηταῖς, ...

Acts 9,28 καὶ ἦν μετ᾽ αὐτῶν εἰσπορευόμενος καὶ ἐκπορευόμενος
εἰς Ἰερουσαλήμ,
παρρησιαζόμενος ἐν τῷ ὀνόματι τοῦ κυρίου

Acts 10,39 καὶ ἡμεῖς μάρτυρες πάντων ὧν ἐποίησεν ἔν τε τῇ χώρᾳ τῶν Ἰουδαίων καὶ
[ἐν] Ἰερουσαλήμ. ...

Acts 11,2 ὅτε δὲ ἀνέβη Πέτρος
εἰς Ἰερουσαλήμ,
διεκρίνοντο πρὸς αὐτὸν οἱ ἐκ περιτομῆς

Acts 11,22 ἠκούσθη δὲ ὁ λόγος εἰς τὰ ὦτα τῆς ἐκκλησίας τῆς οὔσης
ἐν Ἰερουσαλὴμ
περὶ αὐτῶν ...

a **Acts 11,27** ἐν ταύταις δὲ ταῖς ἡμέραις κατῆλθον
ἀπὸ Ἱεροσολύμων
προφῆται εἰς Ἀντιόχειαν.

Acts 12,25 Βαρναβᾶς δὲ καὶ Σαῦλος ὑπέστρεψαν
εἰς Ἰερουσαλὴμ
πληρώσαντες τὴν διακονίαν, ...

a **Acts 13,13** ... Ἰωάννης δὲ ἀποχωρήσας ἀπ᾽ αὐτῶν ὑπέστρεψεν
εἰς Ἱεροσόλυμα.

Acts 13,27 [[→ Lk 23,34a]] οἱ γὰρ κατοικοῦντες
ἐν Ἰερουσαλὴμ
καὶ οἱ ἄρχοντες αὐτῶν τοῦτον ἀγνοήσαντες ...

Acts 13,31 ὃς ὤφθη ἐπὶ ἡμέρας πλείους τοῖς συναναβᾶσιν αὐτῷ ἀπὸ τῆς Γαλιλαίας
εἰς Ἰερουσαλήμ, ...

Acts 15,2 ... ἔταξαν ἀναβαίνειν Παῦλον καὶ Βαρναβᾶν καί τινας ἄλλους ἐξ αὐτῶν πρὸς τοὺς ἀποστόλους καὶ πρεσβυτέρους
εἰς Ἰερουσαλὴμ
περὶ τοῦ ζητήματος τούτου.

Acts 15,4 παραγενόμενοι δὲ
εἰς Ἰερουσαλὴμ
παρεδέχθησαν ἀπὸ τῆς ἐκκλησίας ...

a **Acts 16,4** ... παρεδίδοσαν αὐτοῖς φυλάσσειν τὰ δόγματα τὰ κεκριμένα ὑπὸ τῶν ἀποστόλων καὶ πρεσβυτέρων τῶν
ἐν Ἱεροσολύμοις.

a **Acts 19,21** ... ἔθετο ὁ Παῦλος ἐν τῷ πνεύματι διελθὼν τὴν Μακεδονίαν καὶ Ἀχαΐαν πορεύεσθαι
εἰς Ἱεροσόλυμα ...

a **Acts 20,16** ... ἔσπευδεν γὰρ εἰ δυνατὸν εἴη αὐτῷ τὴν ἡμέραν τῆς πεντηκοστῆς γενέσθαι
εἰς Ἱεροσόλυμα.

Acts 20,22 καὶ νῦν ἰδοὺ δεδεμένος ἐγὼ τῷ πνεύματι πορεύομαι
εἰς Ἰερουσαλὴμ
τὰ ἐν αὐτῇ συναντήσοντά μοι μὴ εἰδώς

a **Acts 21,4** ... οἵτινες τῷ Παύλῳ ἔλεγον διὰ τοῦ πνεύματος μὴ ἐπιβαίνειν
εἰς Ἱεροσόλυμα.

Acts 21,11 ... τὸν ἄνδρα οὗ ἐστιν ἡ ζώνη αὕτη, οὕτως δήσουσιν
ἐν Ἰερουσαλὴμ
οἱ Ἰουδαῖοι καὶ παραδώσουσιν εἰς χεῖρας ἐθνῶν.

Acts 21,12 ... παρεκαλοῦμεν ἡμεῖς τε καὶ οἱ ἐντόπιοι τοῦ μὴ ἀναβαίνειν αὐτὸν
εἰς Ἰερουσαλήμ.

Acts 21,13 ... ἐγὼ γὰρ οὐ μόνον δεθῆναι ἀλλὰ καὶ ἀποθανεῖν
εἰς Ἰερουσαλὴμ
ἑτοίμως ἔχω ὑπὲρ τοῦ ὀνόματος τοῦ κυρίου Ἰησοῦ.

a **Acts 21,15** μετὰ δὲ τὰς ἡμέρας ταύτας ἐπισκευασάμενοι ἀνεβαίνομεν
εἰς Ἱεροσόλυμα·

a **Acts 21,17** γενομένων δὲ ἡμῶν
εἰς Ἱεροσόλυμα
ἀσμένως ἀπεδέξαντο ἡμᾶς οἱ ἀδελφοί.

Acts 21,31 ζητούντων τε αὐτὸν ἀποκτεῖναι ἀνέβη φάσις τῷ χιλιάρχῳ τῆς σπείρης ὅτι
ὅλη συγχύννεται Ἰερουσαλήμ.

Acts 22,5 ... ἄξων καὶ τοὺς ἐκεῖσε ὄντας δεδεμένους
εἰς Ἰερουσαλὴμ
ἵνα τιμωρηθῶσιν.

Acts 22,17 ἐγένετο δέ μοι ὑποστρέψαντι
εἰς Ἰερουσαλὴμ
καὶ προσευχομένου μου ἐν τῷ ἱερῷ ...

Acts 22,18 ... σπεῦσον καὶ ἔξελθε ἐν τάχει
ἐξ Ἰερουσαλήμ,
διότι οὐ παραδέξονταί σου μαρτυρίαν περὶ ἐμοῦ.

	Acts 23,11	... θάρσει· ὡς γὰρ διεμαρτύρω τὰ περὶ ἐμοῦ **εἰς Ἰερουσαλήμ,** οὕτω σε δεῖ καὶ εἰς Ῥώμην μαρτυρῆσαι.
	Acts 24,11	... οὐ πλείους εἰσίν μοι ἡμέραι δώδεκα ἀφ' ἧς ἀνέβην προσκυνήσων **εἰς Ἰερουσαλήμ.**
a	Acts 25,1	Φῆστος οὖν ἐπιβὰς τῇ ἐπαρχείᾳ μετὰ τρεῖς ἡμέρας ἀνέβη **εἰς Ἱεροσόλυμα** ἀπὸ Καισαρείας
	Acts 25,3	αἰτούμενοι χάριν κατ' αὐτοῦ ὅπως μεταπέμψηται αὐτὸν **εἰς Ἰερουσαλήμ,** ...
a	Acts 25,7	παραγενομένου δὲ αὐτοῦ περιέστησαν αὐτὸν οἱ **ἀπὸ Ἱεροσολύμων** καταβεβηκότες Ἰουδαῖοι ...
a	Acts 25,9	... θέλεις **εἰς Ἱεροσόλυμα** ἀναβὰς ἐκεῖ περὶ τούτων κριθῆναι ἐπ' ἐμοῦ;
a	Acts 25,15	περὶ οὗ γενομένου μου **εἰς Ἱεροσόλυμα** ἐνεφάνισαν οἱ ἀρχιερεῖς καὶ οἱ πρεσβύτεροι τῶν Ἰουδαίων αἰτούμενοι κατ' αὐτοῦ καταδίκην.
a	Acts 25,20	ἀπορούμενος δὲ ἐγὼ τὴν περὶ τούτων ζήτησιν ἔλεγον εἰ βούλοιτο πορεύεσθαι **εἰς Ἱεροσόλυμα** κἀκεῖ κρίνεσθαι περὶ τούτων.
a	Acts 25,24	... θεωρεῖτε τοῦτον περὶ οὗ ἅπαν τὸ πλῆθος τῶν Ἰουδαίων ἐνέτυχόν μοι **ἔν τε Ἱεροσολύμοις** καὶ ἐνθάδε βοῶντες μὴ δεῖν αὐτὸν ζῆν μηκέτι.
a	Acts 26,4	τὴν μὲν οὖν βίωσίν μου [τὴν] ἐκ νεότητος τὴν ἀπ' ἀρχῆς γενομένην ἐν τῷ ἔθνει μου **ἔν τε Ἱεροσολύμοις** ἴσασι πάντες [οἱ] Ἰουδαῖοι
a	Acts 26,10	ὃ καὶ ἐποίησα **ἐν Ἱεροσολύμοις,** καὶ πολλούς τε τῶν ἁγίων ἐγὼ ἐν φυλακαῖς κατέκλεισα ...
a *b*	Acts 26,20 → Lk 24,47 → Acts 1,8	ἀλλὰ τοῖς ἐν Δαμασκῷ πρῶτόν τε καὶ **Ἱεροσολύμοις,** πᾶσάν τε τὴν χώραν τῆς Ἰουδαίας καὶ τοῖς ἔθνεσιν ἀπήγγελλον μετανοεῖν καὶ ἐπιστρέφειν ἐπὶ τὸν θεόν, ...
a	Acts 28,17	... ἐγώ, ἄνδρες ἀδελφοί, οὐδὲν ἐναντίον ποιήσας τῷ λαῷ ἢ τοῖς ἔθεσι τοῖς πατρῴοις δέσμιος **ἐξ Ἱεροσολύμων** παρεδόθην εἰς τὰς χεῖρας τῶν Ῥωμαίων

Ἱεροσολυμίτης

	Syn 1	Mt	Mk 1	Lk	Acts	Jn 1	1-3John	Paul	Eph	Col
	NT 2	2Thess	1/2Tim	Tit	Heb	Jas	1Pet	2Pet	Jude	Rev

inhabitant of Jerusalem

120	**Mt 3,5**	τότε ἐξεπορεύετο πρὸς αὐτὸν **Ἱεροσόλυμα** καὶ πᾶσα ἡ Ἰουδαία καὶ πᾶσα ἡ περίχωρος τοῦ Ἰορδάνου	**Mk 1,5** → Lk 3,7	καὶ ἐξεπορεύετο πρὸς αὐτὸν πᾶσα ἡ Ἰουδαία χώρα καὶ **οἱ Ἱεροσολυμῖται πάντες,** ...	Lk 3,3 ⇨ Mk 1,4	καὶ ἦλθεν εἰς πᾶσαν [τὴν] περίχωρον τοῦ Ἰορδάνου ...	

Ἰεσσαί

	Syn 3	Mt 2	Mk	Lk 1	Acts 1	Jn	1-3John	Paul 1	Eph	Col
	NT 5	2Thess	1/2Tim	Tit	Heb	Jas	1Pet	2Pet	Jude	Rev

Jesse

200	**Mt 1,5**	... Ἰωβὴδ δὲ ἐγέννησεν **τὸν Ἰεσσαί,**			Lk 3,32	[31] ... τοῦ Δαυὶδ [32]	
200	**Mt 1,6**	**Ἰεσσαὶ** δὲ ἐγέννησεν τὸν Δαυὶδ τὸν βασιλέα. ...				**τοῦ Ἰεσσαὶ** τοῦ Ἰωβὴδ ...	
002	Mt 1,6	[5] ... Ιωβὴδ δὲ ἐγέννησεν τὸν Ἰεσσαί, [6] **Ἰεσσαὶ** δὲ ἐγέννησεν τὸν Δαυὶδ τὸν βασιλέα. ...			**Lk 3,32**	[31] ... τοῦ Δαυὶδ [32] **τοῦ Ἰεσσαὶ** τοῦ Ἰωβὴδ ...	

Acts 13,22 ... εὗρον Δαυὶδ
τὸν τοῦ Ἰεσσαί,
ἄνδρα κατὰ τὴν καρδίαν
μου, ...
➢ Ps 89,21/1Sam 13,14

Ἰεχονίας

Syn	Mt	Mk	Lk	Acts	Jn	1-3John	Paul	Eph	Col
2	2								
NT	2Thess	1/2Tim	Tit	Heb	Jas	1Pet	2Pet	Jude	Rev
2									

Jechoniah

code	Mt	Lk	
200	**Mt 1,11** Ἰωσίας δὲ ἐγέννησεν **τὸν Ἰεχονίαν** καὶ τοὺς ἀδελφοὺς αὐτοῦ ἐπὶ τῆς μετοικεσίας Βαβυλῶνος.		
200	**Mt 1,12** μετὰ δὲ τὴν μετοικεσίαν Βαβυλῶνος **Ἰεχονίας** ἐγέννησεν τὸν Σαλαθιήλ, Σαλαθιὴλ δὲ ἐγέννησεν τὸν Ζοροβαβέλ	**Lk 3,27** ... τοῦ Ζοροβαβὲλ τοῦ Σαλαθιὴλ τοῦ Νηρὶ [28] τοῦ Μελχὶ ...	

Ἰησοῦς

Syn	Mt	Mk	Lk	Acts	Jn	1-3John	Paul	Eph	Col
320	152	80	88	69	240	14	142	20	7
NT	2Thess	1/2Tim	Tit	Heb	Jas	1Pet	2Pet	Jude	Rev
911	13	27	4	14	2	10	9	6	14

Joshua; Jesus

	triple tradition																	double tradition			Sonder-gut		
		+Mt / +Lk			–Mt / –Lk			traditions not taken over by Mt / Lk							subtotals								
code	*222*	*211*	*112*	*212*	*221*	*122*	*121*	*022*	*012*	*021*	*220*	*120*	*210*	*020*	Σ^+	Σ^-	Σ	*202*	*201*	*102*	*200*	*002*	total
Mt	19	43⁺		4⁺	20	10⁻	10⁻				6	5⁻	21⁺		68⁺	25⁻	113	5	8		26		**152**
Mk	19				20	10	10	5		3	6	5		2			80						**80**
Lk	19		9⁺	4⁺	20⁻	10	10⁻	5	4⁺	3⁻					17⁺	33⁻	51	5		1		31	**88**

Mk-Q overlap: 211: Mt 3,16 / Mk 1,10 / Lk 3,21 (?)

a Ἰησοῦς = Joshua (Acts 7,45)
b Ἰησοῦς = Joshua, son of Eliezer (Lk 3,29 [code: 002])
c Ἰησοῦς (ὁ) Βαραββᾶς (Mt 27,16 [code: 211]; 27,17 [code: 210])
d Ἰησοῦς Χριστός, Χριστὸς Ἰησοῦς
e Ἰησοῦς ὁ λεγόμενος χριστός
f Ἰησοῦς and (ὁ) κύριος
g Ἰησοῦς (ὁ) υἱὸς (τοῦ) θεοῦ
h Ἰησοῦς υἱὸς Δαυίδ
j Ἰησοῦς (ὁ) υἱὸς (τοῦ) Ἰωσήφ
k Ἰησοῦς ὁ βασιλεὺς τῶν Ἰουδαίων
l Ἰησοῦς ὁ παῖς
m Ἰησοῦς (ὁ) Ναζωραῖος, ~ (ὁ) Ναζαρηνός, ~ ὁ ἀπὸ Ναζαρέθ
n Ἰησοῦς ὁ Γαλιλαῖος
p ὄνομα (τοῦ) Ἰησοῦ

code	Mt	Lk	
dh 200	**Mt 1,1** βίβλος γενέσεως **Ἰησοῦ Χριστοῦ** υἱοῦ Δαυὶδ υἱοῦ Ἀβραάμ.		
ej 200	**Mt 1,16** → Mt 13,55 → Mk 6,3 Ἰακὼβ δὲ ἐγέννησεν τὸν Ἰωσὴφ τὸν ἄνδρα Μαρίας, ἐξ ἧς ἐγεννήθη **Ἰησοῦς** ὁ λεγόμενος χριστός.	**Lk 3,23** → Lk 4,22 καὶ αὐτὸς ἦν **Ἰησοῦς** ἀρχόμενος ὡσεὶ ἐτῶν τριάκοντα, ὢν υἱός, ὡς ἐνομίζετο, Ἰωσὴφ τοῦ Ἠλὶ	
002		**Lk 1,31** ↓ Mt 1,21 ↓ Mt 1,25 ↓ Lk 2,21 καὶ ἰδοὺ συλλήμψῃ ἐν γαστρὶ καὶ τέξῃ υἱὸν καὶ καλέσεις τὸ ὄνομα αὐτοῦ **Ἰησοῦν.**	

d 200	**Mt 1,18** → Lk 1,27	τοῦ δὲ Ἰησοῦ Χριστοῦ ἡ γένεσις οὕτως ἦν. μνηστευθείσης τῆς μητρὸς αὐτοῦ Μαρίας τῷ Ἰωσήφ, ...					
200	**Mt 1,21** ↑ Lk 1,31	τέξεται δὲ υἱόν, καὶ καλέσεις τὸ ὄνομα αὐτοῦ Ἰησοῦν· ...					
200	**Mt 1,25** ↑ Lk 1,31 ↓ Lk 2,21	καὶ οὐκ ἐγίνωσκεν αὐτὴν ἕως οὗ ἔτεκεν υἱόν· καὶ ἐκάλεσεν τὸ ὄνομα αὐτοῦ Ἰησοῦν.					
002					**Lk 2,21** ↑ Mt 1,25 ↑ Lk 1,31	καὶ ὅτε ἐπλήσθησαν ἡμέραι ὀκτὼ τοῦ περιτεμεῖν αὐτὸν καὶ ἐκλήθη τὸ ὄνομα αὐτοῦ Ἰησοῦς, τὸ κληθὲν ὑπὸ τοῦ ἀγγέλου πρὸ τοῦ συλλημφθῆναι αὐτὸν ἐν τῇ κοιλίᾳ.	
002					**Lk 2,27**	... καὶ ἐν τῷ εἰσαγαγεῖν τοὺς γονεῖς τὸ παιδίον Ἰησοῦν τοῦ ποιῆσαι αὐτοὺς κατὰ τὸ εἰθισμένον τοῦ νόμου περὶ αὐτοῦ	
200	**Mt 2,1**	τοῦ δὲ Ἰησοῦ γεννηθέντος ἐν Βηθλέεμ τῆς Ἰουδαίας ἐν ἡμέραις Ἡρῴδου τοῦ βασιλέως, ...					
l 002					**Lk 2,43**	καὶ τελειωσάντων τὰς ἡμέρας, ἐν τῷ ὑποστρέφειν αὐτοὺς ὑπέμεινεν Ἰησοῦς ὁ παῖς ἐν Ἰερουσαλήμ, καὶ οὐκ ἔγνωσαν οἱ γονεῖς αὐτοῦ.	
002					**Lk 2,52**	καὶ Ἰησοῦς προέκοπτεν [ἐν τῇ] σοφίᾳ καὶ ἡλικίᾳ καὶ χάριτι παρὰ θεῷ καὶ ἀνθρώποις.	
dg 020			**Mk 1,1**	ἀρχὴ τοῦ εὐαγγελίου Ἰησοῦ Χριστοῦ [υἱοῦ θεοῦ].			
222	**Mt 3,13**	τότε παραγίνεται ὁ Ἰησοῦς ἀπὸ τῆς Γαλιλαίας ἐπὶ τὸν Ἰορδάνην πρὸς τὸν Ἰωάννην τοῦ βαπτισθῆναι ὑπ' αὐτοῦ.	**Mk 1,9**	καὶ ἐγένετο ἐν ἐκείναις ταῖς ἡμέραις ἦλθεν Ἰησοῦς ἀπὸ Ναζαρὲτ τῆς Γαλιλαίας καὶ ἐβαπτίσθη εἰς τὸν Ἰορδάνην ὑπὸ Ἰωάννου.	**Lk 3,21**	ἐγένετο δὲ ἐν τῷ βαπτισθῆναι ἅπαντα τὸν λαὸν καὶ Ἰησοῦ βαπτισθέντος καὶ προσευχομένου ↔	
200	**Mt 3,15**	ἀποκριθεὶς δὲ ὁ Ἰησοῦς εἶπεν πρὸς αὐτόν· ἄφες ἄρτι, ...					

211	**Mt 3,16**	βαπτισθεὶς δὲ ὁ Ἰησοῦς εὐθὺς ἀνέβη ἀπὸ τοῦ ὕδατος· καὶ ἰδοὺ ἠνεῴχθησαν [αὐτῷ] οἱ οὐρανοί, ...	**Mk 1,10**	καὶ εὐθὺς ἀναβαίνων ἐκ τοῦ ὕδατος εἶδεν σχιζομένους τοὺς οὐρανοὺς ...	**Lk 3,21**	↔ ἀνεῳχθῆναι τὸν οὐρανὸν	Mk-Q overlap?
e j 002	**Mt 1,16** → Mt 13,55 → Mk 6,3	Ἰακὼβ δὲ ἐγέννησεν τὸν Ἰωσὴφ τὸν ἄνδρα Μαρίας, ἐξ ἧς ἐγεννήθη Ἰησοῦς ὁ λεγόμενος χριστός.			**Lk 3,23** → Lk 4,22	καὶ αὐτὸς ἦν Ἰησοῦς ἀρχόμενος ὡσεὶ ἐτῶν τριάκοντα, ὢν υἱός, ὡς ἐνομίζετο, Ἰωσὴφ τοῦ Ἠλὶ	
b 002					**Lk 3,29**	[28] ... τοῦ Ἢρ [29] τοῦ Ἰησοῦ τοῦ Ἐλιέζερ ...	
202	**Mt 4,1**	τότε ὁ Ἰησοῦς ἀνήχθη εἰς τὴν ἔρημον ὑπὸ τοῦ πνεύματος ...	**Mk 1,12**	καὶ εὐθὺς τὸ πνεῦμα αὐτὸν ἐκβάλλει εἰς τὴν ἔρημον.	**Lk 4,1**	Ἰησοῦς δὲ πλήρης πνεύματος ἁγίου ὑπέστρεψεν ἀπὸ τοῦ Ἰορδάνου καὶ ἤγετο ἐν τῷ πνεύματι ἐν τῇ ἐρήμῳ	Mk-Q overlap
102	**Mt 4,4**	ὁ δὲ ἀποκριθεὶς εἶπεν· γέγραπται· *οὐκ ἐπ' ἄρτῳ μόνῳ* *ζήσεται ὁ ἄνθρωπος,* *ἀλλ' ἐπὶ παντὶ ῥήματι* *ἐκπορευομένῳ διὰ* *στόματος θεοῦ.* ➤ Deut 8,3			**Lk 4,4**	καὶ ἀπεκρίθη πρὸς αὐτὸν ὁ Ἰησοῦς· γέγραπται ὅτι *οὐκ ἐπ' ἄρτῳ μόνῳ* *ζήσεται ὁ ἄνθρωπος.* ➤ Deut 8,3	
202	**Mt 4,7**	ἔφη αὐτῷ ὁ Ἰησοῦς· πάλιν γέγραπται· *οὐκ ἐκπειράσεις* *κύριον τὸν θεόν σου.* ➤ Deut 6,16 LXX			**Lk 4,12**	καὶ ἀποκριθεὶς εἶπεν αὐτῷ ὁ Ἰησοῦς ὅτι εἴρηται· *οὐκ ἐκπειράσεις* *κύριον τὸν θεόν σου.* ➤ Deut 6,16 LXX	
202	**Mt 4,10** → Mt 16,23 → Mk 8,33	τότε λέγει αὐτῷ ὁ Ἰησοῦς· ὕπαγε, σατανᾶ· γέγραπται γάρ· *κύριον τὸν θεόν σου* *προσκυνήσεις καὶ* *αὐτῷ μόνῳ λατρεύσεις.* ➤ Deut 6,13 LXX/10,20			**Lk 4,8**	καὶ ἀποκριθεὶς ὁ Ἰησοῦς εἶπεν αὐτῷ· γέγραπται· *κύριον τὸν θεόν σου* *προσκυνήσεις καὶ* *αὐτῷ μόνῳ λατρεύσεις.* ➤ Deut 6,13 LXX/10,20	
202	**Mt 4,7**	ἔφη αὐτῷ ὁ Ἰησοῦς· πάλιν γέγραπται· *οὐκ ἐκπειράσεις* *κύριον τὸν θεόν σου.* ➤ Deut 6,16 LXX			**Lk 4,12**	καὶ ἀποκριθεὶς εἶπεν αὐτῷ ὁ Ἰησοῦς ὅτι εἴρηται· *οὐκ ἐκπειράσεις* *κύριον τὸν θεόν σου.* ➤ Deut 6,16 LXX	

122	**Mt 4,12** → Lk 3,20	ἀκούσας δὲ ὅτι Ἰωάννης παρεδόθη ἀνεχώρησεν εἰς τὴν Γαλιλαίαν.	**Mk 1,14** → Lk 3,20	μετὰ δὲ τὸ παραδοθῆναι τὸν Ἰωάννην ἦλθεν ὁ Ἰησοῦς εἰς τὴν Γαλιλαίαν	**Lk 4,14**	καὶ ὑπέστρεψεν ὁ Ἰησοῦς ἐν τῇ δυνάμει τοῦ πνεύματος εἰς τὴν Γαλιλαίαν. ...	→ Jn 4,3
211	**Mt 4,17** ↓ Mt 4,23 ↓ Mt 9,35	ἀπὸ τότε ἤρξατο ὁ Ἰησοῦς κηρύσσειν καὶ λέγειν· μετανοεῖτε· ἤγγικεν γὰρ ἡ βασιλεία τῶν οὐρανῶν.	↓ Mk 1,39 ↓ Mk 6,6	κηρύσσων τὸ εὐαγγέλιον τοῦ θεοῦ [15] καὶ λέγων ὅτι πεπλήρωται ὁ καιρὸς καὶ ἤγγικεν ἡ βασιλεία τοῦ θεοῦ· μετανοεῖτε καὶ πιστεύετε ἐν τῷ εὐαγγελίῳ.	**Lk 4,15** ↓ Lk 4,44 ↓ Lk 8,1	καὶ αὐτὸς ἐδίδασκεν ἐν ταῖς συναγωγαῖς αὐτῶν ...	
122	**Mt 4,19**	καὶ λέγει αὐτοῖς· δεῦτε ὀπίσω μου, καὶ ποιήσω ὑμᾶς ἁλιεῖς ἀνθρώπων.	**Mk 1,17**	καὶ εἶπεν αὐτοῖς ὁ Ἰησοῦς· δεῦτε ὀπίσω μου, καὶ ποιήσω ὑμᾶς γενέσθαι ἁλιεῖς ἀνθρώπων.	**Lk 5,10**	... καὶ εἶπεν πρὸς τὸν Σίμωνα ὁ Ἰησοῦς· μὴ φοβοῦ· ἀπὸ τοῦ νῦν ἀνθρώπους ἔσῃ ζωγρῶν.	
m 022	↓ Mt 8,29		**Mk 1,24** ↓ Mk 5,7	... τί ἡμῖν καὶ σοί, Ἰησοῦ Ναζαρηνέ; ἦλθες ἀπολέσαι ἡμᾶς; οἶδά σε τίς εἶ, ὁ ἅγιος τοῦ θεοῦ.	**Lk 4,34** ↓ Lk 8,28	ἔα, τί ἡμῖν καὶ σοί, Ἰησοῦ Ναζαρηνέ; ἦλθες ἀπολέσαι ἡμᾶς; οἶδά σε τίς εἶ, ὁ ἅγιος τοῦ θεοῦ.	
022			**Mk 1,25**	καὶ ἐπετίμησεν αὐτῷ ὁ Ἰησοῦς λέγων· φιμώθητι καὶ ἔξελθε ἐξ αὐτοῦ.	**Lk 4,35**	καὶ ἐπετίμησεν αὐτῷ ὁ Ἰησοῦς λέγων· φιμώθητι καὶ ἔξελθε ἀπ' αὐτοῦ. ...	
002					**Lk 5,8**	ἰδὼν δὲ Σίμων Πέτρος προσέπεσεν τοῖς γόνασιν Ἰησοῦ λέγων· ἔξελθε ἀπ' ἐμοῦ, ὅτι ἀνὴρ ἁμαρτωλός εἰμι, κύριε.	
122	**Mt 4,19**	καὶ λέγει αὐτοῖς· δεῦτε ὀπίσω μου, καὶ ποιήσω ὑμᾶς ἁλιεῖς ἀνθρώπων.	**Mk 1,17**	καὶ εἶπεν αὐτοῖς ὁ Ἰησοῦς· δεῦτε ὀπίσω μου, καὶ ποιήσω ὑμᾶς γενέσθαι ἁλιεῖς ἀνθρώπων.	**Lk 5,10**	... καὶ εἶπεν πρὸς τὸν Σίμωνα ὁ Ἰησοῦς· μὴ φοβοῦ· ἀπὸ τοῦ νῦν ἀνθρώπους ἔσῃ ζωγρῶν.	
112	**Mt 8,2**	καὶ ἰδοὺ λεπρὸς προσελθὼν προσεκύνει αὐτῷ λέγων· κύριε, ἐὰν θέλῃς δύνασαί με καθαρίσαι.	**Mk 1,40**	καὶ ἔρχεται πρὸς αὐτὸν λεπρὸς παρακαλῶν αὐτὸν [καὶ γονυπετῶν] καὶ λέγων αὐτῷ ὅτι ἐὰν θέλῃς δύνασαί με καθαρίσαι.	**Lk 5,12** ↓ Lk 17,13 → Lk 17,16	... καὶ ἰδοὺ ἀνὴρ πλήρης λέπρας· ἰδὼν δὲ τὸν Ἰησοῦν, πεσὼν ἐπὶ πρόσωπον ἐδεήθη αὐτοῦ λέγων· κύριε, ἐὰν θέλῃς δύνασαί με καθαρίσαι.	
012			**Mk 2,4**	... ἀπεστέγασαν τὴν στέγην ὅπου ἦν, καὶ ἐξορύξαντες χαλῶσι τὸν κράβαττον ὅπου ὁ παραλυτικὸς κατέκειτο.	**Lk 5,19**	... ἀναβάντες ἐπὶ τὸ δῶμα διὰ τῶν κεράμων καθῆκαν αὐτὸν σὺν τῷ κλινιδίῳ εἰς τὸ μέσον ἔμπροσθεν τοῦ Ἰησοῦ.	
221	**Mt 9,2**	... καὶ ἰδὼν ὁ Ἰησοῦς τὴν πίστιν αὐτῶν εἶπεν τῷ παραλυτικῷ· θάρσει, τέκνον, ἀφίενταί σου αἱ ἁμαρτίαι.	**Mk 2,5**	καὶ ἰδὼν ὁ Ἰησοῦς τὴν πίστιν αὐτῶν λέγει τῷ παραλυτικῷ· τέκνον, ἀφίενταί σου αἱ ἁμαρτίαι.	**Lk 5,20** → Lk 7,48	καὶ ἰδὼν τὴν πίστιν αὐτῶν εἶπεν· ἄνθρωπε, ἀφέωνταί σοι αἱ ἁμαρτίαι σου.	

222	Mt 9,4 → Mt 12,25	καὶ ἰδὼν ὁ Ἰησοῦς τὰς ἐνθυμήσεις αὐτῶν εἶπεν· ...	Mk 2,8	καὶ εὐθὺς ἐπιγνοὺς ὁ Ἰησοῦς τῷ πνεύματι αὐτοῦ ὅτι οὕτως διαλογίζονται ἐν ἑαυτοῖς λέγει ...	Lk 5,22 → Lk 11,17 → Lk 6,8	ἐπιγνοὺς δὲ ὁ Ἰησοῦς τοὺς διαλογισμοὺς αὐτῶν ἀποκριθεὶς εἶπεν ...	
221	Mt 9,10	... καὶ ἰδοὺ πολλοὶ τελῶναι καὶ ἁμαρτωλοὶ ἐλθόντες συνανέκειντο τῷ Ἰησοῦ καὶ τοῖς μαθηταῖς αὐτοῦ.	Mk 2,15	... καὶ πολλοὶ τελῶναι καὶ ἁμαρτωλοὶ συνανέκειντο τῷ Ἰησοῦ καὶ τοῖς μαθηταῖς αὐτοῦ· ...	Lk 5,29 → Lk 15,1	... καὶ ἦν ὄχλος πολὺς τελωνῶν καὶ ἄλλων οἳ ἦσαν μετ᾽ αὐτῶν κατακείμενοι.	
122	Mt 9,12	ὁ δὲ ἀκούσας εἶπεν· οὐ χρείαν ἔχουσιν οἱ ἰσχύοντες ἰατροῦ ἀλλ᾽ οἱ κακῶς ἔχοντες.	Mk 2,17	καὶ ἀκούσας ὁ Ἰησοῦς λέγει αὐτοῖς [ὅτι] οὐ χρείαν ἔχουσιν οἱ ἰσχύοντες ἰατροῦ ἀλλ᾽ οἱ κακῶς ἔχοντες· ...	Lk 5,31	καὶ ἀποκριθεὶς ὁ Ἰησοῦς εἶπεν πρὸς αὐτούς· οὐ χρείαν ἔχουσιν οἱ ὑγιαίνοντες ἰατροῦ ἀλλὰ οἱ κακῶς ἔχοντες·	
222	Mt 9,15	καὶ εἶπεν αὐτοῖς ὁ Ἰησοῦς· μὴ δύνανται οἱ υἱοὶ τοῦ νυμφῶνος πενθεῖν ἐφ᾽ ὅσον μετ᾽ αὐτῶν ἐστιν ὁ νυμφίος; ...	Mk 2,19	καὶ εἶπεν αὐτοῖς ὁ Ἰησοῦς· μὴ δύνανται οἱ υἱοὶ τοῦ νυμφῶνος ἐν ᾧ ὁ νυμφίος μετ᾽ αὐτῶν ἐστιν νηστεύειν; ...	Lk 5,34	ὁ δὲ Ἰησοῦς εἶπεν πρὸς αὐτούς· μὴ δύνασθε τοὺς υἱοὺς τοῦ νυμφῶνος ἐν ᾧ ὁ νυμφίος μετ᾽ αὐτῶν ἐστιν ποιῆσαι νηστεῦσαι;	→ GTh 104
112	Mt 12,3	ὁ δὲ εἶπεν αὐτοῖς· οὐκ ἀνέγνωτε τί ἐποίησεν Δαυὶδ ...	Mk 2,25	καὶ λέγει αὐτοῖς· οὐδέποτε ἀνέγνωτε τί ἐποίησεν Δαυίδ, ...	Lk 6,3	καὶ ἀποκριθεὶς πρὸς αὐτοὺς εἶπεν ὁ Ἰησοῦς· οὐδὲ τοῦτο ἀνέγνωτε ὃ ἐποίησεν Δαυὶδ ...	
112	Mt 12,12	... ὥστε ἔξεστιν τοῖς σάββασιν καλῶς ποιεῖν.	Mk 3,4	καὶ λέγει αὐτοῖς· ἔξεστιν τοῖς σάββασιν ἀγαθὸν ποιῆσαι ἢ κακοποιῆσαι, ...	Lk 6,9 ↓ Lk 13,14 ↓ Lk 14,3	εἶπεν δὲ ὁ Ἰησοῦς πρὸς αὐτούς· ἐπερωτῶ ὑμᾶς εἰ ἔξεστιν τῷ σαββάτῳ ἀγαθοποιῆσαι ἢ κακοποιῆσαι, ...	
112	Mt 12,14 ↓ Mt 26,4	ἐξελθόντες δὲ οἱ Φαρισαῖοι συμβούλιον ἔλαβον κατ᾽ αὐτοῦ ὅπως αὐτὸν ἀπολέσωσιν.	Mk 3,6 ↓ Mk 14,1	καὶ ἐξελθόντες οἱ Φαρισαῖοι εὐθὺς μετὰ τῶν Ἡρῳδιανῶν συμβούλιον ἐδίδουν κατ᾽ αὐτοῦ ὅπως αὐτὸν ἀπολέσωσιν.	Lk 6,11 → Lk 4,28 → Lk 13,17 → Lk 14,6 ↓ Lk 22,2	αὐτοὶ δὲ ἐπλήσθησαν ἀνοίας καὶ διελάλουν πρὸς ἀλλήλους τί ἂν ποιήσαιεν τῷ Ἰησοῦ.	
221	Mt 12,15 Mt 4,25 ↓ Mt 12,15	ὁ δὲ Ἰησοῦς γνοὺς ἀνεχώρησεν ἐκεῖθεν. καὶ ἠκολούθησαν αὐτῷ [ὄχλοι] πολλοί, ... καὶ ἠκολούθησαν αὐτῷ ὄχλοι πολλοὶ ἀπὸ τῆς Γαλιλαίας ...	Mk 3,7	καὶ ὁ Ἰησοῦς μετὰ τῶν μαθητῶν αὐτοῦ ἀνεχώρησεν πρὸς τὴν θάλασσαν, καὶ πολὺ πλῆθος ἀπὸ τῆς Γαλιλαίας [ἠκολούθησεν], ...	Lk 6,17	καὶ καταβὰς μετ᾽ αὐτῶν ἔστη ἐπὶ τόπου πεδινοῦ, καὶ ὄχλος πολὺς μαθητῶν αὐτοῦ, καὶ πλῆθος πολὺ τοῦ λαοῦ ...	
201	Mt 7,28 → Lk 4,32	καὶ ἐγένετο ὅτε ἐτέλεσεν ὁ Ἰησοῦς τοὺς λόγους τούτους, ...			Lk 7,1	ἐπειδὴ ἐπλήρωσεν πάντα τὰ ῥήματα αὐτοῦ εἰς τὰς ἀκοὰς τοῦ λαοῦ, ...	
211	Mt 8,4	καὶ λέγει αὐτῷ ὁ Ἰησοῦς· ὅρα μηδενὶ εἴπῃς, ἀλλὰ ὕπαγε σεαυτὸν δεῖξον τῷ ἱερεῖ, ... ➤ Lev 13,49; 14,2-4	Mk 1,44	καὶ λέγει αὐτῷ· ὅρα μηδενὶ μηδὲν εἴπῃς, ἀλλὰ ὕπαγε σεαυτὸν δεῖξον τῷ ἱερεῖ ... ➤ Lev 13,49; 14,2-4	Lk 5,14 → Lk 17,14	καὶ αὐτὸς παρήγγειλεν αὐτῷ μηδενὶ εἰπεῖν, ἀλλὰ ἀπελθὼν δεῖξον σεαυτὸν τῷ ἱερεῖ ... ➤ Lev 13,49; 14,2-4	

002					Lk 7,3	ἀκούσας δὲ περὶ τοῦ Ἰησοῦ ἀπέστειλεν πρὸς αὐτὸν πρεσβυτέρους τῶν Ἰουδαίων ...	→ Jn 4,47
002					Lk 7,4	οἱ δὲ παραγενόμενοι πρὸς τὸν Ἰησοῦν παρεκάλουν αὐτὸν σπουδαίως λέγοντες ὅτι ἄξιός ἐστιν ᾧ παρέξῃ τοῦτο·	
002					Lk 7,6 → Mt 8,7	ὁ δὲ Ἰησοῦς ἐπορεύετο σὺν αὐτοῖς. ...	
202	Mt 8,10	ἀκούσας δὲ ὁ Ἰησοῦς ἐθαύμασεν καὶ εἶπεν τοῖς ἀκολουθοῦσιν· ἀμὴν λέγω ὑμῖν, παρ' οὐδενὶ τοσαύτην πίστιν ἐν τῷ Ἰσραὴλ εὗρον.			Lk 7,9	ἀκούσας δὲ ταῦτα ὁ Ἰησοῦς ἐθαύμασεν αὐτὸν καὶ στραφεὶς τῷ ἀκολουθοῦντι αὐτῷ ὄχλῳ εἶπεν· λέγω ὑμῖν, οὐδὲ ἐν τῷ Ἰσραὴλ τοσαύτην πίστιν εὗρον.	
201	Mt 8,13	καὶ εἶπεν ὁ Ἰησοῦς τῷ ἑκατοντάρχῃ· ὕπαγε, ὡς ἐπίστευσας γενηθήτω σοι. καὶ ἰάθη ὁ παῖς [αὐτοῦ] ἐν τῇ ὥρᾳ ἐκείνῃ.			Lk 7,10 → Mk 7,30	καὶ ὑποστρέψαντες εἰς τὸν οἶκον οἱ πεμφθέντες εὗρον τὸν δοῦλον ὑγιαίνοντα.	→ Jn 4,50-51
211	Mt 8,14	καὶ ἐλθὼν ὁ Ἰησοῦς εἰς τὴν οἰκίαν Πέτρου ...	Mk 1,29	... ἦλθον εἰς τὴν οἰκίαν Σίμωνος καὶ Ἀνδρέου μετὰ Ἰακώβου καὶ Ἰωάννου.	Lk 4,38	... εἰσῆλθεν εἰς τὴν οἰκίαν Σίμωνος. ...	
211	Mt 8,18	ἰδὼν δὲ ὁ Ἰησοῦς ὄχλον περὶ αὐτὸν ἐκέλευσεν ἀπελθεῖν εἰς τὸ πέραν.	Mk 4,35	καὶ λέγει αὐτοῖς ἐν ἐκείνῃ τῇ ἡμέρᾳ ὀψίας γενομένης· διέλθωμεν εἰς τὸ πέραν.	Lk 8,22 → Mt 8,23 → Mk 4,36	ἐγένετο δὲ ἐν μιᾷ τῶν ἡμερῶν καὶ αὐτὸς ἐνέβη εἰς πλοῖον καὶ οἱ μαθηταὶ αὐτοῦ καὶ εἶπεν πρὸς αὐτούς· διέλθωμεν εἰς τὸ πέραν τῆς λίμνης, καὶ ἀνήχθησαν.	
202	Mt 8,20	καὶ λέγει αὐτῷ ὁ Ἰησοῦς· αἱ ἀλώπεκες φωλεοὺς ἔχουσιν καὶ τὰ πετεινὰ τοῦ οὐρανοῦ κατασκηνώσεις, ...			Lk 9,58	καὶ εἶπεν αὐτῷ ὁ Ἰησοῦς· αἱ ἀλώπεκες φωλεοὺς ἔχουσιν καὶ τὰ πετεινὰ τοῦ οὐρανοῦ κατασκηνώσεις, ...	→ GTh 86
201	Mt 8,22 → Lk 9,59	ὁ δὲ Ἰησοῦς λέγει αὐτῷ· ἀκολούθει μοι, καὶ ἄφες τοὺς νεκροὺς θάψαι τοὺς ἑαυτῶν νεκρούς.			Lk 9,60	εἶπεν δὲ αὐτῷ· ἄφες τοὺς νεκροὺς θάψαι τοὺς ἑαυτῶν νεκρούς, σὺ δὲ ἀπελθὼν διάγγελλε τὴν βασιλείαν τοῦ θεοῦ.	
222	Mt 8,34	καὶ ἰδοὺ πᾶσα ἡ πόλις ἐξῆλθεν εἰς ὑπάντησιν τῷ Ἰησοῦ ...	Mk 5,15	[14] ... καὶ ἦλθον ἰδεῖν τί ἐστιν τὸ γεγονός [15] καὶ ἔρχονται πρὸς τὸν Ἰησοῦν, ...	Lk 8,35 (2)	ἐξῆλθον δὲ ἰδεῖν τὸ γεγονὸς καὶ ἦλθον πρὸς τὸν Ἰησοῦν ...	

221	Mt 9,2	... καὶ ἰδὼν ὁ Ἰησοῦς τὴν πίστιν αὐτῶν εἶπεν τῷ παραλυτικῷ· θάρσει, τέκνον, ἀφίενταί σου αἱ ἁμαρτίαι.	Mk 2,5	καὶ ἰδὼν ὁ Ἰησοῦς τὴν πίστιν αὐτῶν λέγει τῷ παραλυτικῷ· τέκνον, ἀφίενταί σου αἱ ἁμαρτίαι.	Lk 5,20 → Lk 7,48	καὶ ἰδὼν τὴν πίστιν αὐτῶν εἶπεν· ἄνθρωπε, ἀφέωνταί σοι αἱ ἁμαρτίαι σου.	
222	Mt 9,4 → Mt 12,25	καὶ ἰδὼν ὁ Ἰησοῦς τὰς ἐνθυμήσεις αὐτῶν εἶπεν· ...	Mk 2,8	καὶ εὐθὺς ἐπιγνοὺς ὁ Ἰησοῦς τῷ πνεύματι αὐτοῦ ὅτι οὕτως διαλογίζονται ἐν ἑαυτοῖς λέγει ...	Lk 5,22 → Lk 11,17 → Lk 6,8	ἐπιγνοὺς δὲ ὁ Ἰησοῦς τοὺς διαλογισμοὺς αὐτῶν ἀποκριθεὶς εἶπεν ...	
211	Mt 9,9	καὶ παράγων ὁ Ἰησοῦς ἐκεῖθεν εἶδεν ἄνθρωπον καθήμενον ἐπὶ τὸ τελώνιον, Μαθθαῖον λεγόμενον, καὶ λέγει αὐτῷ· ἀκολούθει μοι. ...	Mk 2,14	καὶ παράγων εἶδεν Λευὶν τὸν τοῦ Ἁλφαίου καθήμενον ἐπὶ τὸ τελώνιον, καὶ λέγει αὐτῷ· ἀκολούθει μοι. ...	Lk 5,27	... καὶ ἐθεάσατο τελώνην ὀνόματι Λευὶν καθήμενον ἐπὶ τὸ τελώνιον, καὶ εἶπεν αὐτῷ· ἀκολούθει μοι.	
221	Mt 9,10	... καὶ ἰδοὺ πολλοὶ τελῶναι καὶ ἁμαρτωλοὶ ἐλθόντες συνανέκειντο τῷ Ἰησοῦ καὶ τοῖς μαθηταῖς αὐτοῦ.	Mk 2,15	... καὶ πολλοὶ τελῶναι καὶ ἁμαρτωλοὶ συνανέκειντο τῷ Ἰησοῦ καὶ τοῖς μαθηταῖς αὐτοῦ· ...	Lk 5,29 → Lk 15,1	... καὶ ἦν ὄχλος πολὺς τελωνῶν καὶ ἄλλων οἳ ἦσαν μετ᾽ αὐτῶν κατακείμενοι.	
222	Mt 9,15	καὶ εἶπεν αὐτοῖς ὁ Ἰησοῦς· μὴ δύνανται οἱ υἱοὶ τοῦ νυμφῶνος πενθεῖν ἐφ᾽ ὅσον μετ᾽ αὐτῶν ἐστιν ὁ νυμφίος; ...	Mk 2,19	καὶ εἶπεν αὐτοῖς ὁ Ἰησοῦς· μὴ δύνανται οἱ υἱοὶ τοῦ νυμφῶνος ἐν ᾧ ὁ νυμφίος μετ᾽ αὐτῶν ἐστιν νηστεύειν; ...	Lk 5,34	ὁ δὲ Ἰησοῦς εἶπεν πρὸς αὐτούς· μὴ δύνασθε τοὺς υἱοὺς τοῦ νυμφῶνος ἐν ᾧ ὁ νυμφίος μετ᾽ αὐτῶν ἐστιν ποιῆσαι νηστεῦσαι;	→ GTh 104
211	Mt 9,19	καὶ ἐγερθεὶς ὁ Ἰησοῦς ἠκολούθησεν αὐτῷ καὶ οἱ μαθηταὶ αὐτοῦ.	Mk 5,24	καὶ ἀπῆλθεν μετ᾽ αὐτοῦ. καὶ ἠκολούθει αὐτῷ ὄχλος πολὺς καὶ συνέθλιβον αὐτόν.	Lk 8,42	... ἐν δὲ τῷ ὑπάγειν αὐτὸν οἱ ὄχλοι συνέπνιγον αὐτόν.	
222	Mt 9,22	ὁ δὲ Ἰησοῦς στραφεὶς καὶ ἰδὼν αὐτὴν εἶπεν· θάρσει, θύγατερ· ἡ πίστις σου σέσωκέν σε. ...	Mk 5,30	καὶ εὐθὺς ὁ Ἰησοῦς ... ἐπιστραφεὶς ἐν τῷ ὄχλῳ ἔλεγεν· τίς μου ἥψατο τῶν ἱματίων; [31] ... [32] καὶ περιεβλέπετο ἰδεῖν τὴν τοῦτο ποιήσασαν. [33] ... [34] ὁ δὲ εἶπεν αὐτῇ· θυγάτηρ, ἡ πίστις σου σέσωκέν σε·	Lk 8,45	καὶ εἶπεν ὁ Ἰησοῦς· τίς ὁ ἁψάμενός μου; ... [48] ὁ δὲ εἶπεν αὐτῇ· θυγάτηρ, ἡ πίστις σου σέσωκέν σε· ...	
211	Mt 9,23	καὶ ἐλθὼν ὁ Ἰησοῦς εἰς τὴν οἰκίαν τοῦ ἄρχοντος ...	Mk 5,38	καὶ ἔρχονται εἰς τὸν οἶκον τοῦ ἀρχισυναγώγου, ...	Lk 8,51	ἐλθὼν δὲ εἰς τὴν οἰκίαν ...	
200	Mt 9,27 ⇩ Mt 20,30	καὶ παράγοντι ἐκεῖθεν τῷ Ἰησοῦ ἠκολούθησαν [αὐτῷ] δύο τυφλοὶ ...	Mk 10,46	... καὶ ἐκπορευομένου αὐτοῦ ἀπὸ Ἰεριχὼ καὶ τῶν μαθητῶν αὐτοῦ καὶ ὄχλου ἱκανοῦ ὁ υἱὸς Τιμαίου Βαρτιμαῖος, τυφλὸς προσαίτης, ἐκάθητο παρὰ τὴν ὁδόν.	Lk 18,35	ἐγένετο δὲ ἐν τῷ ἐγγίζειν αὐτὸν εἰς Ἰεριχὼ τυφλός τις ἐκάθητο παρὰ τὴν ὁδὸν ἐπαιτῶν.	

200	**Mt 9,28** ⇩ Mt 20,32	ἐλθόντι δὲ εἰς τὴν οἰκίαν προσῆλθον αὐτῷ οἱ τυφλοί, καὶ λέγει αὐτοῖς ὁ Ἰησοῦς· πιστεύετε ὅτι δύναμαι τοῦτο ποιῆσαι; ...	**Mk 10,51**	καὶ ἀποκριθεὶς αὐτῷ ὁ Ἰησοῦς εἶπεν· τί σοι θέλεις ποιήσω; ...	**Lk 18,40**	... ἐπηρώτησεν αὐτόν· [41] τί σοι θέλεις ποιήσω; ...	
200	**Mt 9,30** ⇩ Mt 20,34	καὶ ἠνεῴχθησαν αὐτῶν οἱ ὀφθαλμοί. καὶ ἐνεβριμήθη αὐτοῖς ὁ Ἰησοῦς λέγων· ὁρᾶτε μηδεὶς γινωσκέτω.	**Mk 10,52**	... καὶ εὐθὺς ἀνέβλεψεν, ...	**Lk 18,43**	καὶ παραχρῆμα ἀνέβλεψεν ...	
210	**Mt 9,35** ⇩ Mt 4,23 → Mk 1,21	καὶ περιῆγεν ὁ Ἰησοῦς τὰς πόλεις πάσας καὶ τὰς κώμας διδάσκων ἐν ταῖς συναγωγαῖς αὐτῶν καὶ κηρύσσων τὸ εὐαγγέλιον τῆς βασιλείας ...	**Mk 6,6** ↓ Mk 1,39	... καὶ περιῆγεν τὰς κώμας κύκλῳ διδάσκων.	**Lk 8,1** ↑ Lk 4,15 ↓ Lk 4,44 → Lk 13,22	καὶ ἐγένετο ἐν τῷ καθεξῆς καὶ αὐτὸς διώδευεν κατὰ πόλιν καὶ κώμην κηρύσσων καὶ εὐαγγελιζόμενος τὴν βασιλείαν τοῦ θεοῦ καὶ οἱ δώδεκα σὺν αὐτῷ	
	Mt 4,23 ⇧ Mt 9,35 → Mk 1,21	καὶ περιῆγεν ἐν ὅλῃ τῇ Γαλιλαίᾳ διδάσκων ἐν ταῖς συναγωγαῖς αὐτῶν καὶ κηρύσσων τὸ εὐαγγέλιον τῆς βασιλείας ...	**Mk 1,39** ↑ **Mk 1,14** ↑ Mk 6,6	καὶ ἦλθεν κηρύσσων εἰς τὰς συναγωγὰς αὐτῶν εἰς ὅλην τὴν Γαλιλαίαν ...	**Lk 4,44** ↑ Lk 8,1	καὶ ἦν κηρύσσων εἰς τὰς συναγωγὰς τῆς Ἰουδαίας.	
211	**Mt 10,5**	τούτους τοὺς δώδεκα ἀπέστειλεν ὁ Ἰησοῦς παραγγείλας αὐτοῖς λέγων· ...	**Mk 6,8**	[7] καὶ προσκαλεῖται τοὺς δώδεκα καὶ ἤρξατο αὐτοὺς ἀποστέλλειν ... [8] καὶ παρήγγειλεν αὐτοῖς ...	**Lk 9,3**	[2] καὶ ἀπέστειλεν αὐτοὺς ... [3] καὶ εἶπεν πρὸς αὐτούς· ...	
200	**Mt 11,1**	καὶ ἐγένετο ὅτε ἐτέλεσεν ὁ Ἰησοῦς διατάσσων τοῖς δώδεκα μαθηταῖς αὐτοῦ, ...					
201	**Mt 11,4**	καὶ ἀποκριθεὶς ὁ Ἰησοῦς εἶπεν αὐτοῖς· πορευθέντες ἀπαγγείλατε Ἰωάννῃ ἃ ἀκούετε καὶ βλέπετε·			**Lk 7,22**	καὶ ἀποκριθεὶς εἶπεν αὐτοῖς· πορευθέντες ἀπαγγείλατε Ἰωάννῃ ἃ εἴδετε καὶ ἠκούσατε· ...	
201	**Mt 11,7**	τούτων δὲ πορευομένων ἤρξατο ὁ Ἰησοῦς λέγειν τοῖς ὄχλοις περὶ Ἰωάννου· τί ἐξήλθατε εἰς τὴν ἔρημον θεάσασθαι; ...			**Lk 7,24**	ἀπελθόντων δὲ τῶν ἀγγέλων Ἰωάννου ἤρξατο λέγειν πρὸς τοὺς ὄχλους περὶ Ἰωάννου· τί ἐξήλθατε εἰς τὴν ἔρημον θεάσασθαι; ...	→ GTh 78
002					**Lk 7,40** ↓ Mt 26,6 ↓ Mk 14,3	καὶ ἀποκριθεὶς ὁ Ἰησοῦς εἶπεν πρὸς αὐτόν· Σίμων, ἔχω σοί τι εἰπεῖν. ...	
201	**Mt 11,25**	ἐν ἐκείνῳ τῷ καιρῷ ἀποκριθεὶς ὁ Ἰησοῦς εἶπεν· ἐξομολογοῦμαί σοι, πάτερ, ...			**Lk 10,21**	ἐν αὐτῇ τῇ ὥρᾳ ἠγαλλιάσατο [ἐν] τῷ πνεύματι τῷ ἁγίῳ καὶ εἶπεν· ἐξομολογοῦμαί σοι, πάτερ, ...	
211	**Mt 12,1**	ἐν ἐκείνῳ τῷ καιρῷ ἐπορεύθη ὁ Ἰησοῦς τοῖς σάββασιν διὰ τῶν σπορίμων· ...	**Mk 2,23**	καὶ ἐγένετο αὐτὸν ἐν τοῖς σάββασιν παραπορεύεσθαι διὰ τῶν σπορίμων, ...	**Lk 6,1**	ἐγένετο δὲ ἐν σαββάτῳ διαπορεύεσθαι αὐτὸν διὰ σπορίμων, ...	

221	**Mt 12,15** ↑ Mt 4,25	ὁ δὲ Ἰησοῦς γνοὺς ἀνεχώρησεν ἐκεῖθεν. καὶ ἠκολούθησαν αὐτῷ [ὄχλοι] πολλοί, ...	**Mk 3,7**	καὶ ὁ Ἰησοῦς μετὰ τῶν μαθητῶν αὐτοῦ ἀνεχώρησεν πρὸς τὴν θάλασσαν, καὶ πολὺ πλῆθος ἀπὸ τῆς Γαλιλαίας [ἠκολούθησεν], ...	**Lk 6,17**	καὶ καταβὰς μετ᾽ αὐτῶν ἔστη ἐπὶ τόπου πεδινοῦ, καὶ ὄχλος πολὺς μαθητῶν αὐτοῦ, καὶ πλῆθος πολὺ τοῦ λαοῦ ...	
210	**Mt 13,1** → Lk 5,1	ἐν τῇ ἡμέρᾳ ἐκείνῃ ἐξελθὼν ὁ Ἰησοῦς τῆς οἰκίας ἐκάθητο παρὰ τὴν θάλασσαν·	**Mk 4,1** → Mk 2,13 → Mk 3,9 → Lk 5,1	καὶ πάλιν ἤρξατο διδάσκειν παρὰ τὴν θάλασσαν· ...			
210	**Mt 13,34**	ταῦτα πάντα ἐλάλησεν ὁ Ἰησοῦς ἐν παραβολαῖς τοῖς ὄχλοις, ...	**Mk 4,33**	καὶ τοιαύταις παραβολαῖς πολλαῖς ἐλάλει αὐτοῖς τὸν λόγον, ...			
122	**Mt 8,29**	καὶ ἰδοὺ	**Mk 5,6**	καὶ ἰδὼν τὸν Ἰησοῦν ἀπὸ μακρόθεν ἔδραμεν καὶ προσεκύνησεν αὐτῷ	**Lk 8,28** (2)	ἰδὼν δὲ τὸν Ἰησοῦν	
g 122		ἔκραξαν λέγοντες· τί ἡμῖν καὶ σοί, υἱὲ τοῦ θεοῦ; ἦλθες ὧδε πρὸ καιροῦ βασανίσαι ἡμᾶς;	**Mk 5,7** ↑ Mk 1,24	καὶ κράξας φωνῇ μεγάλῃ λέγει· τί ἐμοὶ καὶ σοί, Ἰησοῦ υἱὲ τοῦ θεοῦ τοῦ ὑψίστου; ὁρκίζω σε τὸν θεόν, μή με βασανίσῃς.	↑ Lk 4,34	ἀνακράξας προσέπεσεν αὐτῷ καὶ φωνῇ μεγάλῃ εἶπεν· τί ἐμοὶ καὶ σοί, Ἰησοῦ υἱὲ τοῦ θεοῦ τοῦ ὑψίστου; δέομαί σου, μή με βασανίσῃς.	
012			**Mk 5,9**	καὶ ἐπηρώτα αὐτόν· τί ὄνομά σοι; καὶ λέγει αὐτῷ· λεγιὼν ὄνομά μοι, ὅτι πολλοί ἐσμεν.	**Lk 8,30**	ἐπηρώτησεν δὲ αὐτὸν ὁ Ἰησοῦς· τί σοι ὄνομά ἐστιν; ὁ δὲ εἶπεν· λεγιών, ὅτι εἰσῆλθεν δαιμόνια πολλὰ εἰς αὐτόν.	
222 112	**Mt 8,34**	καὶ ἰδοὺ πᾶσα ἡ πόλις ἐξῆλθεν εἰς ὑπάντησιν τῷ Ἰησοῦ ...	**Mk 5,15**	[14] ... καὶ ἦλθον ἰδεῖν τί ἐστιν τὸ γεγονὸς [15] καὶ ἔρχονται πρὸς τὸν Ἰησοῦν, καὶ θεωροῦσιν τὸν δαιμονιζόμενον καθήμενον ἱματισμένον καὶ σωφρονοῦντα, τὸν ἐσχηκότα τὸν λεγιῶνα, καὶ ἐφοβήθησαν.	**Lk 8,35** (2)	ἐξῆλθον δὲ ἰδεῖν τὸ γεγονὸς καὶ ἦλθον πρὸς τὸν Ἰησοῦν καὶ εὗρον καθήμενον τὸν ἄνθρωπον ἀφ᾽ οὗ τὰ δαιμόνια ἐξῆλθεν ἱματισμένον καὶ σωφρονοῦντα παρὰ τοὺς πόδας τοῦ Ἰησοῦ, καὶ ἐφοβήθησαν.	
022			**Mk 5,20**	καὶ ἀπῆλθεν καὶ ἤρξατο κηρύσσειν ἐν τῇ Δεκαπόλει ὅσα ἐποίησεν αὐτῷ ὁ Ἰησοῦς, καὶ πάντες ἐθαύμαζον.	**Lk 8,39**	... καὶ ἀπῆλθεν καθ᾽ ὅλην τὴν πόλιν κηρύσσων ὅσα ἐποίησεν αὐτῷ ὁ Ἰησοῦς.	
122	**Mt 9,1**	καὶ ἐμβὰς εἰς πλοῖον διεπέρασεν ...	**Mk 5,21**	[18] καὶ ἐμβαίνοντος αὐτοῦ εἰς τὸ πλοῖον ... [21] καὶ διαπεράσαντος τοῦ Ἰησοῦ [ἐν τῷ πλοίῳ] πάλιν εἰς τὸ πέραν συνήχθη ὄχλος πολὺς ἐπ᾽ αὐτόν, ...	**Lk 8,40**	[37] ... αὐτὸς δὲ ἐμβὰς εἰς πλοῖον ὑπέστρεψεν. [38] ... [40] ἐν δὲ τῷ ὑποστρέφειν τὸν Ἰησοῦν ἀπεδέξατο αὐτὸν ὁ ὄχλος· ...	

112	Mt 9,18	ταῦτα αὐτοῦ λαλοῦντος αὐτοῖς, ἰδοὺ ἄρχων εἷς ἐλθὼν προσεκύνει αὐτῷ ...	Mk 5,22	καὶ ἔρχεται εἷς τῶν ἀρχισυναγώγων, ὀνόματι Ἰάϊρος, καὶ ἰδὼν αὐτὸν πίπτει πρὸς τοὺς πόδας αὐτοῦ	Lk 8,41	καὶ ἰδοὺ ἦλθεν ἀνὴρ ᾧ ὄνομα Ἰάϊρος καὶ οὗτος ἄρχων τῆς συναγωγῆς ὑπῆρχεν, καὶ πεσὼν παρὰ τοὺς πόδας [τοῦ] Ἰησοῦ ...	
121	Mt 9,20 → Mt 14,36	... προσελθοῦσα ὄπισθεν ἥψατο τοῦ κρασπέδου τοῦ ἱματίου αὐτοῦ·	Mk 5,27 → Mk 6,56	ἀκούσασα περὶ τοῦ Ἰησοῦ, ἐλθοῦσα ἐν τῷ ὄχλῳ ὄπισθεν ἥψατο τοῦ ἱματίου αὐτοῦ·	Lk 8,44	προσελθοῦσα ὄπισθεν ἥψατο τοῦ κρασπέδου τοῦ ἱματίου αὐτοῦ ...	
222	Mt 9,22	ὁ δὲ Ἰησοῦς στραφεὶς ...	Mk 5,30 ↓ Lk 8,46	καὶ εὐθὺς ὁ Ἰησοῦς ἐπιγνοὺς ἐν ἑαυτῷ τὴν ἐξ αὐτοῦ δύναμιν ἐξελθοῦσαν ἐπιστραφεὶς ἐν τῷ ὄχλῳ ἔλεγεν· τίς μου ἥψατο τῶν ἱματίων;	Lk 8,45	καὶ εἶπεν ὁ Ἰησοῦς· τίς ὁ ἁψάμενός μου; ↔	
012			Mk 5,31	καὶ ἔλεγον αὐτῷ οἱ μαθηταὶ αὐτοῦ· βλέπεις τὸν ὄχλον συνθλίβοντά σε καὶ λέγεις· τίς μου ἥψατο;	Lk 8,46 ↑ Mk 5,30	↔ [45] ἀρνουμένων δὲ πάντων εἶπεν ὁ Πέτρος· ἐπιστάτα, οἱ ὄχλοι συνέχουσίν σε καὶ ἀποθλίβουσιν. [46] ὁ δὲ Ἰησοῦς εἶπεν· ἥψατό μού τις, ἐγὼ γὰρ ἔγνων δύναμιν ἐξεληλυθυῖαν ἀπ' ἐμοῦ.	
022			Mk 5,36	ὁ δὲ Ἰησοῦς παρακούσας τὸν λόγον λαλούμενον λέγει τῷ ἀρχισυναγώγῳ· μὴ φοβοῦ, μόνον πίστευε.	Lk 8,50	ὁ δὲ Ἰησοῦς ἀκούσας ἀπεκρίθη αὐτῷ· μὴ φοβοῦ, μόνον πίστευσον, καὶ σωθήσεται.	
210	Mt 13,53	καὶ ἐγένετο ὅτε ἐτέλεσεν ὁ Ἰησοῦς τὰς παραβολὰς ταύτας, μετῆρεν ἐκεῖθεν.	Mk 6,1	καὶ ἐξῆλθεν ἐκεῖθεν ...			
221	Mt 13,57	... ὁ δὲ Ἰησοῦς εἶπεν αὐτοῖς· οὐκ ἔστιν προφήτης ἄτιμος εἰ μὴ ἐν τῇ πατρίδι καὶ ἐν τῇ οἰκίᾳ αὐτοῦ.	Mk 6,4	καὶ ἔλεγεν αὐτοῖς ὁ Ἰησοῦς ὅτι οὐκ ἔστιν προφήτης ἄτιμος εἰ μὴ ἐν τῇ πατρίδι αὐτοῦ καὶ ἐν τοῖς συγγενεῦσιν αὐτοῦ καὶ ἐν τῇ οἰκίᾳ αὐτοῦ.	Lk 4,24	εἶπεν δέ· ἀμὴν λέγω ὑμῖν ὅτι οὐδεὶς προφήτης δεκτός ἐστιν ἐν τῇ πατρίδι αὐτοῦ.	→ Jn 4,44 → GTh 31 (POxy 1)
211	Mt 14,1	ἐν ἐκείνῳ τῷ καιρῷ ἤκουσεν Ἡρῴδης ὁ τετραάρχης τὴν ἀκοὴν Ἰησοῦ, ...	Mk 6,14	καὶ ἤκουσεν ὁ βασιλεὺς Ἡρῴδης, φανερὸν γὰρ ἐγένετο τὸ ὄνομα αὐτοῦ, ...	Lk 9,7	ἤκουσεν δὲ Ἡρῴδης ὁ τετραάρχης τὰ γινόμενα πάντα ...	
210	Mt 14,12	καὶ προσελθόντες οἱ μαθηταὶ αὐτοῦ ἦραν τὸ πτῶμα καὶ ἔθαψαν αὐτό[ν] καὶ ἐλθόντες ἀπήγγειλαν τῷ Ἰησοῦ.	Mk 6,29	καὶ ἀκούσαντες οἱ μαθηταὶ αὐτοῦ ἦλθον καὶ ἦραν τὸ πτῶμα αὐτοῦ καὶ ἔθηκαν αὐτὸ ἐν μνημείῳ.			

[a] Ἰησοῦς = Joshua (Acts 7,45)
[b] Ἰησοῦς = Joshua, son of Eliezer (Lk 3,29)
[c] Ἰησοῦς (ὁ) Βαραββᾶς (Mt 27,16; 27,17)
[d] Ἰησοῦς Χριστός, Χριστὸς Ἰησοῦς
[e] Ἰησοῦς ὁ λεγόμενος χριστός
[f] Ἰησοῦς and (ὁ) κύριος
[g] Ἰησοῦς (ὁ) υἱὸς (τοῦ) θεοῦ
[h] Ἰησοῦς υἱὸς Δαυίδ
[j] Ἰησοῦς (ὁ) υἱὸς (τοῦ) Ἰωσήφ
[k] Ἰησοῦς ὁ βασιλεὺς τῶν Ἰουδαίων
[l] Ἰησοῦς ὁ παῖς
[m] Ἰησοῦς (ὁ) Ναζωραῖος, ~ (ὁ) Ναζαρηνός, ~ ὁ ἀπὸ Ναζαρέθ
[n] Ἰησοῦς ὁ Γαλιλαῖος
[p] ὄνομα (τοῦ) Ἰησοῦ

021			**Mk 6,30**	καὶ συνάγονται οἱ ἀπόστολοι πρὸς τὸν Ἰησοῦν καὶ ἀπήγγειλαν αὐτῷ πάντα ὅσα ἐποίησαν καὶ ὅσα ἐδίδαξαν.	**Lk 9,10** → Lk 10,17	καὶ ὑποστρέψαντες οἱ ἀπόστολοι διηγήσαντο αὐτῷ ὅσα ἐποίησαν.	
211	**Mt 14,13**	ἀκούσας δὲ ὁ Ἰησοῦς ἀνεχώρησεν ἐκεῖθεν ἐν πλοίῳ εἰς ἔρημον τόπον κατ᾽ ἰδίαν· ...	**Mk 6,32**	καὶ ἀπῆλθον ἐν τῷ πλοίῳ εἰς ἔρημον τόπον κατ᾽ ἰδίαν.		καὶ παραλαβὼν αὐτοὺς ὑπεχώρησεν κατ᾽ ἰδίαν εἰς πόλιν καλουμένην Βηθσαϊδά.	
211	**Mt 14,16** → Mt 15,33	ὁ δὲ [Ἰησοῦς] εἶπεν αὐτοῖς· οὐ χρείαν ἔχουσιν ἀπελθεῖν, δότε αὐτοῖς ὑμεῖς φαγεῖν.	**Mk 6,37** → Mk 8,4	ὁ δὲ ἀποκριθεὶς εἶπεν αὐτοῖς· δότε αὐτοῖς ὑμεῖς φαγεῖν. ...	**Lk 9,13**	εἶπεν δὲ πρὸς αὐτούς· δότε αὐτοῖς ὑμεῖς φαγεῖν. ...	→ Jn 6,5
210	**Mt 14,27**	εὐθὺς δὲ ἐλάλησεν [ὁ Ἰησοῦς] αὐτοῖς λέγων· θαρσεῖτε, ἐγώ εἰμι· μὴ φοβεῖσθε.	**Mk 6,50**	... ὁ δὲ εὐθὺς ἐλάλησεν μετ᾽ αὐτῶν, καὶ λέγει αὐτοῖς· θαρσεῖτε, ἐγώ εἰμι· μὴ φοβεῖσθε.			→ Jn 6,20
200	**Mt 14,29**	... καὶ καταβὰς ἀπὸ τοῦ πλοίου [ὁ] Πέτρος περιεπάτησεν ἐπὶ τὰ ὕδατα καὶ ἦλθεν πρὸς τὸν Ἰησοῦν.					
200	**Mt 14,31**	εὐθέως δὲ ὁ Ἰησοῦς ἐκτείνας τὴν χεῖρα ἐπελάβετο αὐτοῦ ...					
210	**Mt 15,1** → Lk 11,37	τότε προσέρχονται τῷ Ἰησοῦ ἀπὸ Ἱεροσολύμων Φαρισαῖοι καὶ γραμματεῖς ...	**Mk 7,1** → Lk 11,37	καὶ συνάγονται πρὸς αὐτὸν οἱ Φαρισαῖοι καί τινες τῶν γραμματέων ἐλθόντες ἀπὸ Ἱεροσολύμων.			
210	**Mt 15,21**	καὶ ἐξελθὼν ἐκεῖθεν ὁ Ἰησοῦς ἀνεχώρησεν εἰς τὰ μέρη Τύρου καὶ Σιδῶνος.	**Mk 7,24** → Mt 15,22	ἐκεῖθεν δὲ ἀναστὰς ἀπῆλθεν εἰς τὰ ὅρια Τύρου. ...			
210	**Mt 15,28**	τότε ἀποκριθεὶς ὁ Ἰησοῦς εἶπεν αὐτῇ· ὦ γύναι, μεγάλη σου ἡ πίστις· γενηθήτω σοι ὡς θέλεις. ...	**Mk 7,29**	καὶ εἶπεν αὐτῇ· διὰ τοῦτον τὸν λόγον ὕπαγε, ἐξελήλυθεν ἐκ τῆς θυγατρός σου τὸ δαιμόνιον.			
210	**Mt 15,29**	καὶ μεταβὰς ἐκεῖθεν ὁ Ἰησοῦς ἦλθεν παρὰ τὴν θάλασσαν τῆς Γαλιλαίας, καὶ ἀναβὰς εἰς τὸ ὄρος ἐκάθητο ἐκεῖ.	**Mk 7,31**	καὶ πάλιν ἐξελθὼν ἐκ τῶν ὁρίων Τύρου ἦλθεν διὰ Σιδῶνος εἰς τὴν θάλασσαν τῆς Γαλιλαίας ἀνὰ μέσον τῶν ὁρίων Δεκαπόλεως.			
210	**Mt 15,32**	ὁ δὲ Ἰησοῦς προσκαλεσάμενος τοὺς μαθητὰς αὐτοῦ εἶπεν· σπλαγχνίζομαι ἐπὶ τὸν ὄχλον, ...	**Mk 8,1**	... προσκαλεσάμενος τοὺς μαθητὰς λέγει αὐτοῖς· [2] σπλαγχνίζομαι ἐπὶ τὸν ὄχλον, ...			

210	**Mt 15,34** → Mt 14,17 → Mk 8,7	καὶ λέγει αὐτοῖς ὁ Ἰησοῦς· πόσους ἄρτους ἔχετε; οἱ δὲ εἶπαν· ἑπτὰ καὶ ὀλίγα ἰχθύδια.	**Mk 8,5** → Mk 6,38	καὶ ἠρώτα αὐτούς· πόσους ἔχετε ἄρτους; οἱ δὲ εἶπαν· ἑπτά.	→ Lk 9,13		
211	**Mt 16,6** ⇨ Mt 16,11	ὁ δὲ Ἰησοῦς εἶπεν αὐτοῖς· ὁρᾶτε καὶ προσέχετε ἀπὸ τῆς ζύμης τῶν Φαρισαίων καὶ Σαδδουκαίων.	**Mk 8,15**	καὶ διεστέλλετο αὐτοῖς λέγων· ὁρᾶτε, βλέπετε ἀπὸ τῆς ζύμης τῶν Φαρισαίων καὶ τῆς ζύμης Ἡρῴδου.	**Lk 12,1** → Mt 16,12	... ἤρξατο λέγειν πρὸς τοὺς μαθητὰς αὐτοῦ πρῶτον· προσέχετε ἑαυτοῖς ἀπὸ τῆς ζύμης, ἥτις ἐστὶν ὑπόκρισις, τῶν Φαρισαίων.	
210	**Mt 16,8**	γνοὺς δὲ ὁ Ἰησοῦς εἶπεν· τί διαλογίζεσθε ἐν ἑαυτοῖς, ὀλιγόπιστοι, ὅτι ἄρτους οὐκ ἔχετε;	**Mk 8,17**	καὶ γνοὺς λέγει αὐτοῖς· τί διαλογίζεσθε ὅτι ἄρτους οὐκ ἔχετε; ...			
221	**Mt 16,13**	ἐλθὼν δὲ ὁ Ἰησοῦς εἰς τὰ μέρη Καισαρείας τῆς Φιλίππου ἠρώτα τοὺς μαθητὰς αὐτοῦ λέγων· τίνα λέγουσιν οἱ ἄνθρωποι εἶναι τὸν υἱὸν τοῦ ἀνθρώπου;	**Mk 8,27**	καὶ ἐξῆλθεν ὁ Ἰησοῦς καὶ οἱ μαθηταὶ αὐτοῦ εἰς τὰς κώμας Καισαρείας τῆς Φιλίππου· καὶ ἐν τῇ ὁδῷ ἐπηρώτα τοὺς μαθητὰς αὐτοῦ λέγων αὐτοῖς· τίνα με λέγουσιν οἱ ἄνθρωποι εἶναι;	**Lk 9,18** → Mt 14,23 → Mk 6,46	καὶ ἐγένετο ἐν τῷ εἶναι αὐτὸν προσευχόμενον κατὰ μόνας συνῆσαν αὐτῷ οἱ μαθηταί, καὶ ἐπηρώτησεν αὐτοὺς λέγων· τίνα με λέγουσιν οἱ ὄχλοι εἶναι;	→ GTh 13
200	**Mt 16,17**	ἀποκριθεὶς δὲ ὁ Ἰησοῦς εἶπεν αὐτῷ· μακάριος εἶ, Σίμων Βαριωνᾶ, ...					
211	**Mt 16,21** ↓ Mt 17,22 → Mt 20,18-19	ἀπὸ τότε ἤρξατο ὁ Ἰησοῦς δεικνύειν τοῖς μαθηταῖς αὐτοῦ ὅτι δεῖ αὐτὸν εἰς Ἱεροσόλυμα ἀπελθεῖν καὶ πολλὰ παθεῖν ...	**Mk 8,31** ↓ Mk 9,31 → Mk 10,33-34	καὶ ἤρξατο διδάσκειν αὐτοὺς ὅτι δεῖ τὸν υἱὸν τοῦ ἀνθρώπου πολλὰ παθεῖν ...	**Lk 9,22** ↓ Lk 9,44 → Lk 17,25 → Lk 18,31-33 → Lk 24,7 → Lk 24,26 → Lk 24,46	εἰπὼν ὅτι δεῖ τὸν υἱὸν τοῦ ἀνθρώπου πολλὰ παθεῖν ...	
211	**Mt 16,24** ⇨ Mt 10,38	τότε ὁ Ἰησοῦς εἶπεν τοῖς μαθηταῖς αὐτοῦ· εἴ τις θέλει ὀπίσω μου ἐλθεῖν, ἀπαρνησάσθω ἑαυτὸν ...	**Mk 8,34**	καὶ προσκαλεσάμενος τὸν ὄχλον σὺν τοῖς μαθηταῖς αὐτοῦ εἶπεν αὐτοῖς· εἴ τις θέλει ὀπίσω μου ἀκολουθεῖν, ἀπαρνησάσθω ἑαυτὸν ...	**Lk 9,23** ⇨ Lk 14,27	ἔλεγεν δὲ πρὸς πάντας· εἴ τις θέλει ὀπίσω μου ἔρχεσθαι, ἀρνησάσθω ἑαυτὸν ...	→ GTh 55 Mk-Q overlap
221	**Mt 17,1**	καὶ μεθ' ἡμέρας ἓξ παραλαμβάνει ὁ Ἰησοῦς τὸν Πέτρον καὶ Ἰάκωβον καὶ Ἰωάννην τὸν ἀδελφὸν αὐτοῦ καὶ ἀναφέρει αὐτοὺς εἰς ὄρος ὑψηλὸν κατ' ἰδίαν.	**Mk 9,2**	καὶ μετὰ ἡμέρας ἓξ παραλαμβάνει ὁ Ἰησοῦς τὸν Πέτρον καὶ τὸν Ἰάκωβον καὶ τὸν Ἰωάννην καὶ ἀναφέρει αὐτοὺς εἰς ὄρος ὑψηλὸν κατ' ἰδίαν μόνους. ...	**Lk 9,28**	ἐγένετο δὲ μετὰ τοὺς λόγους τούτους ὡσεὶ ἡμέραι ὀκτὼ [καὶ] παραλαβὼν Πέτρον καὶ Ἰωάννην καὶ Ἰάκωβον ἀνέβη εἰς τὸ ὄρος προσεύξασθαι.	
121	**Mt 17,3** → Lk 9,31	καὶ ἰδοὺ ὤφθη αὐτοῖς Μωϋσῆς καὶ Ἠλίας συλλαλοῦντες μετ' αὐτοῦ.	**Mk 9,4** → Lk 9,31	καὶ ὤφθη αὐτοῖς Ἠλίας σὺν Μωϋσεῖ καὶ ἦσαν συλλαλοῦντες τῷ Ἰησοῦ.	**Lk 9,30**	καὶ ἰδοὺ ἄνδρες δύο συνελάλουν αὐτῷ, οἵτινες ἦσαν Μωϋσῆς καὶ Ἠλίας	

222	Mt 17,4	ἀποκριθεὶς δὲ ὁ Πέτρος εἶπεν τῷ Ἰησοῦ· κύριε, καλόν ἐστιν ἡμᾶς ὧδε εἶναι· ...	Mk 9,5	καὶ ἀποκριθεὶς ὁ Πέτρος λέγει τῷ Ἰησοῦ· ῥαββί, καλόν ἐστιν ἡμᾶς ὧδε εἶναι, ...	Lk 9,33	... εἶπεν ὁ Πέτρος πρὸς τὸν Ἰησοῦν· ἐπιστάτα, καλόν ἐστιν ἡμᾶς ὧδε εἶναι, ...	
200	Mt 17,7	καὶ προσῆλθεν ὁ Ἰησοῦς καὶ ἁψάμενος αὐτῶν εἶπεν· ἐγέρθητε καὶ μὴ φοβεῖσθε.					
222	Mt 17,8	ἐπάραντες δὲ τοὺς ὀφθαλμοὺς αὐτῶν οὐδένα εἶδον εἰ μὴ αὐτὸν Ἰησοῦν μόνον.	Mk 9,8	καὶ ἐξάπινα περιβλεψάμενοι οὐκέτι οὐδένα εἶδον ἀλλὰ τὸν Ἰησοῦν μόνον μεθ' ἑαυτῶν.	Lk 9,36	καὶ ἐν τῷ γενέσθαι τὴν φωνὴν εὑρέθη Ἰησοῦς μόνος.	
211	Mt 17,9 → Lk 9,37	καὶ καταβαινόντων αὐτῶν ἐκ τοῦ ὄρους ἐνετείλατο αὐτοῖς ὁ Ἰησοῦς λέγων· μηδενὶ εἴπητε τὸ ὅραμα ἕως οὗ ὁ υἱὸς τοῦ ἀνθρώπου ἐκ νεκρῶν ἐγερθῇ.	Mk 9,9 → Lk 9,37	καὶ καταβαινόντων αὐτῶν ἐκ τοῦ ὄρους διεστείλατο αὐτοῖς ἵνα μηδενὶ ἃ εἶδον διηγήσωνται, εἰ μὴ ὅταν ὁ υἱὸς τοῦ ἀνθρώπου ἐκ νεκρῶν ἀναστῇ.		καὶ αὐτοὶ ἐσίγησαν καὶ οὐδενὶ ἀπήγγειλαν ἐν ἐκείναις ταῖς ἡμέραις οὐδὲν ὧν ἑώρακαν.	
212	Mt 17,17	ἀποκριθεὶς δὲ ὁ Ἰησοῦς εἶπεν· ὦ γενεὰ ἄπιστος καὶ διεστραμμένη, ἕως πότε μεθ' ὑμῶν ἔσομαι; ἕως πότε ἀνέξομαι ὑμῶν; ...	Mk 9,19	ὁ δὲ ἀποκριθεὶς αὐτοῖς λέγει· ὦ γενεὰ ἄπιστος, ἕως πότε πρὸς ὑμᾶς ἔσομαι; ἕως πότε ἀνέξομαι ὑμῶν; ...	Lk 9,41	ἀποκριθεὶς δὲ ὁ Ἰησοῦς εἶπεν· ὦ γενεὰ ἄπιστος καὶ διεστραμμένη, ἕως πότε ἔσομαι πρὸς ὑμᾶς καὶ ἀνέξομαι ὑμῶν; ...	
020			Mk 9,23 → Mt 17,20b → Lk 17,6b → Mt 21,21b → Mk 11,23	ὁ δὲ Ἰησοῦς εἶπεν αὐτῷ· τὸ εἰ δύνῃ, πάντα δυνατὰ τῷ πιστεύοντι.			
222	Mt 17,18	καὶ ἐπετίμησεν αὐτῷ ὁ Ἰησοῦς ...	Mk 9,25 → Mt 12,43-46 → Lk 11,24-26	ἰδὼν δὲ ὁ Ἰησοῦς ὅτι ἐπισυντρέχει ὄχλος, ἐπετίμησεν τῷ πνεύματι τῷ ἀκαθάρτῳ ...	Lk 9,42	... ἐπετίμησεν δὲ ὁ Ἰησοῦς τῷ πνεύματι τῷ ἀκαθάρτῳ ...	
121	Mt 17,18	... καὶ ἐθεραπεύθη ὁ παῖς ἀπὸ τῆς ὥρας ἐκείνης.	Mk 9,27	ὁ δὲ Ἰησοῦς κρατήσας τῆς χειρὸς αὐτοῦ ἤγειρεν αὐτόν, καὶ ἀνέστη.	Lk 9,42 → Lk 7,15	... καὶ ἰάσατο τὸν παῖδα καὶ ἀπέδωκεν αὐτὸν τῷ πατρὶ αὐτοῦ.	
210	Mt 17,19	τότε προσελθόντες οἱ μαθηταὶ τῷ Ἰησοῦ κατ' ἰδίαν εἶπον· διὰ τί ἡμεῖς οὐκ ἠδυνήθημεν ἐκβαλεῖν αὐτό;	Mk 9,28	καὶ εἰσελθόντος αὐτοῦ εἰς οἶκον οἱ μαθηταὶ αὐτοῦ κατ' ἰδίαν ἐπηρώτων αὐτόν· ὅτι ἡμεῖς οὐκ ἠδυνήθημεν ἐκβαλεῖν αὐτό;			
211	Mt 17,22 ↑ Mt 16,21 → Mt 20,18-19	... εἶπεν αὐτοῖς ὁ Ἰησοῦς· μέλλει ὁ υἱὸς τοῦ ἀνθρώπου παραδίδοσθαι εἰς χεῖρας ἀνθρώπων	Mk 9,31 ↑ Mk 8,31 → Mk 10,33-34	... καὶ ἔλεγεν αὐτοῖς ὅτι ὁ υἱὸς τοῦ ἀνθρώπου παραδίδοται εἰς χεῖρας ἀνθρώπων, ...	Lk 9,43 ↑ Lk 9,22 → Lk 17,25 → Lk 18,31-33 → Lk 24,7 → Lk 24,26 → Lk 24,46	... εἶπεν πρὸς τοὺς μαθητὰς αὐτοῦ· [44] θέσθε ὑμεῖς εἰς τὰ ὦτα ὑμῶν τοὺς λόγους τούτους· ὁ γὰρ υἱὸς τοῦ ἀνθρώπου μέλλει παραδίδοσθαι εἰς χεῖρας ἀνθρώπων.	

200	**Mt 17,25**	... καὶ ἐλθόντα εἰς τὴν οἰκίαν προέφθασεν αὐτὸν ὁ Ἰησοῦς λέγων· τί σοι δοκεῖ, Σίμων; ...					
200	**Mt 17,26**	εἰπόντος δέ· ἀπὸ τῶν ἀλλοτρίων, ἔφη αὐτῷ ὁ Ἰησοῦς· ἄρα γε ἐλεύθεροί εἰσιν οἱ υἱοί.					
211	**Mt 18,1**	ἐν ἐκείνῃ τῇ ὥρᾳ προσῆλθον οἱ μαθηταὶ τῷ Ἰησοῦ λέγοντες· τίς ἄρα μείζων ἐστὶν ἐν τῇ βασιλείᾳ τῶν οὐρανῶν;	**Mk 9,34**	[33] ... τί ἐν τῇ ὁδῷ διελογίζεσθε; [34] οἱ δὲ ἐσιώπων· πρὸς ἀλλήλους γὰρ διελέχθησαν ἐν τῇ ὁδῷ τίς μείζων.	**Lk 9,46** → Lk 22,24	εἰσῆλθεν δὲ διαλογισμὸς ἐν αὐτοῖς, τὸ τίς ἂν εἴη μείζων αὐτῶν.	→ GTh 12
112	**Mt 18,2**	καὶ προσκαλεσάμενος παιδίον ἔστησεν αὐτὸ ἐν μέσῳ αὐτῶν	**Mk 9,36**	καὶ λαβὼν παιδίον ἔστησεν αὐτὸ ἐν μέσῳ αὐτῶν ...	**Lk 9,47**	ὁ δὲ Ἰησοῦς εἰδὼς τὸν διαλογισμὸν τῆς καρδίας αὐτῶν, ἐπιλαβόμενος παιδίον ἔστησεν αὐτὸ παρ' ἑαυτῷ	→ GTh 22
022			**Mk 9,39**	ὁ δὲ Ἰησοῦς εἶπεν· μὴ κωλύετε αὐτόν. οὐδεὶς γάρ ἐστιν ὃς ποιήσει δύναμιν ἐπὶ τῷ ὀνόματί μου καὶ δυνήσεται ταχὺ κακολογῆσαί με· [40] ὃς γὰρ οὐκ ἔστιν καθ' ἡμῶν, ὑπὲρ ἡμῶν ἐστιν.	**Lk 9,50**	εἶπεν δὲ πρὸς αὐτὸν ὁ Ἰησοῦς· μὴ κωλύετε· ὃς γὰρ οὐκ ἔστιν καθ' ὑμῶν, ὑπὲρ ὑμῶν ἐστιν.	
201	**Mt 18,22** → Mt 18,15	[21] ... κύριε, ποσάκις ἁμαρτήσει εἰς ἐμὲ ὁ ἀδελφός μου καὶ ἀφήσω αὐτῷ; ἕως ἑπτάκις; [22] λέγει αὐτῷ ὁ Ἰησοῦς· οὐ λέγω σοι ἕως ἑπτάκις ἀλλὰ ἕως ἑβδομηκοντάκις ἑπτά.			**Lk 17,4** → Lk 17,3	καὶ ἐὰν ἑπτάκις τῆς ἡμέρας ἁμαρτήσῃ εἰς σὲ καὶ ἑπτάκις ἐπιστρέψῃ πρὸς σὲ λέγων· μετανοῶ, ἀφήσεις αὐτῷ.	
202	**Mt 8,20**	καὶ λέγει αὐτῷ ὁ Ἰησοῦς· αἱ ἀλώπεκες φωλεοὺς ἔχουσιν καὶ τὰ πετεινὰ τοῦ οὐρανοῦ κατασκηνώσεις, ...			**Lk 9,58**	καὶ εἶπεν αὐτῷ ὁ Ἰησοῦς· αἱ ἀλώπεκες φωλεοὺς ἔχουσιν καὶ τὰ πετεινὰ τοῦ οὐρανοῦ κατασκηνώσεις, ...	→ GTh 86
002					**Lk 9,62**	εἶπεν δὲ [πρὸς αὐτὸν] ὁ Ἰησοῦς· οὐδεὶς ἐπιβαλὼν τὴν χεῖρα ἐπ' ἄροτρον καὶ βλέπων εἰς τὰ ὀπίσω εὔθετός ἐστιν τῇ βασιλείᾳ τοῦ θεοῦ.	
002					**Lk 10,29**	ὁ δὲ θέλων δικαιῶσαι ἑαυτὸν εἶπεν πρὸς τὸν Ἰησοῦν· καὶ τίς ἐστίν μου πλησίον;	

002					**Lk 10,30**	ὑπολαβὼν ὁ Ἰησοῦς εἶπεν· ἄνθρωπός τις κατέβαινεν ἀπὸ Ἰερουσαλὴμ εἰς Ἰεριχὼ ...	
002					**Lk 10,37**	... εἶπεν δὲ αὐτῷ ὁ Ἰησοῦς· πορεύου καὶ σὺ ποίει ὁμοίως.	
002					**Lk 13,12** → Mt 12,13 → Mk 3,5 → Lk 6,10	ἰδὼν δὲ αὐτὴν ὁ Ἰησοῦς προσεφώνησεν καὶ εἶπεν αὐτῇ· γύναι, ἀπολέλυσαι τῆς ἀσθενείας σου	
002					**Lk 13,14** ↑ Mt 12,12 ↑ Mk 3,4 ↑ **Lk 6,9** ↓ **Lk 14,3**	ἀποκριθεὶς δὲ ὁ ἀρχισυνάγωγος, ἀγανακτῶν ὅτι τῷ σαββάτῳ ἐθεράπευσεν ὁ Ἰησοῦς, ἔλεγεν τῷ ὄχλῳ ὅτι ἓξ ἡμέραι εἰσὶν ἐν αἷς δεῖ ἐργάζεσθαι· ...	
002					**Lk 14,3** ↑ Mt 12,12 ↑ Mk 3,4 → Lk 6,7 ↑ **Lk 6,9** ↑ **Lk 13,14**	καὶ ἀποκριθεὶς ὁ Ἰησοῦς εἶπεν πρὸς τοὺς νομικοὺς καὶ Φαρισαίους λέγων· ἔξεστιν τῷ σαββάτῳ θεραπεῦσαι ἢ οὔ;	
002					**Lk 17,13** ↑ Mt 8,2 ↑ Mk 1,40 ↑ **Lk 5,12**	καὶ αὐτοὶ ἦραν φωνὴν λέγοντες· Ἰησοῦ ἐπιστάτα, ἐλέησον ἡμᾶς.	
002					**Lk 17,17**	ἀποκριθεὶς δὲ ὁ Ἰησοῦς εἶπεν· οὐχὶ οἱ δέκα ἐκαθαρίσθησαν; οἱ δὲ ἐννέα ποῦ;	
210	**Mt 19,1** → Lk 9,51	καὶ ἐγένετο ὅτε ἐτέλεσεν ὁ Ἰησοῦς τοὺς λόγους τούτους, μετῆρεν ἀπὸ τῆς Γαλιλαίας καὶ ἦλθεν εἰς τὰ ὅρια τῆς Ἰουδαίας πέραν τοῦ Ἰορδάνου.	**Mk 10,1** → Lk 9,51	καὶ ἐκεῖθεν ἀναστὰς ἔρχεται εἰς τὰ ὅρια τῆς Ἰουδαίας [καὶ] πέραν τοῦ Ἰορδάνου, ...			
120	**Mt 19,8**	λέγει αὐτοῖς ὅτι Μωϋσῆς πρὸς τὴν σκληροκαρδίαν ὑμῶν ἐπέτρεψεν ὑμῖν ἀπολῦσαι τὰς γυναῖκας ὑμῶν, ...	**Mk 10,5**	ὁ δὲ Ἰησοῦς εἶπεν αὐτοῖς· πρὸς τὴν σκληροκαρδίαν ὑμῶν ἔγραψεν ὑμῖν τὴν ἐντολὴν ταύτην.			
222	**Mt 19,14**	ὁ δὲ Ἰησοῦς εἶπεν· ἄφετε τὰ παιδία καὶ μὴ κωλύετε αὐτὰ ἐλθεῖν πρός με, ...	**Mk 10,14**	ἰδὼν δὲ ὁ Ἰησοῦς ἠγανάκτησεν καὶ εἶπεν αὐτοῖς· ἄφετε τὰ παιδία ἔρχεσθαι πρός με, μὴ κωλύετε αὐτά, ...	**Lk 18,16**	ὁ δὲ Ἰησοῦς προσεκαλέσατο αὐτὰ λέγων· ἄφετε τὰ παιδία ἔρχεσθαι πρός με καὶ μὴ κωλύετε αὐτά, ...	→ GTh 22
122	**Mt 19,17**	ὁ δὲ εἶπεν αὐτῷ· τί με ἐρωτᾷς περὶ τοῦ ἀγαθοῦ; εἷς ἐστιν ὁ ἀγαθός· ...	**Mk 10,18**	ὁ δὲ Ἰησοῦς εἶπεν αὐτῷ· τί με λέγεις ἀγαθόν; οὐδεὶς ἀγαθὸς εἰ μὴ εἷς ὁ θεός.	**Lk 18,19**	εἶπεν δὲ αὐτῷ ὁ Ἰησοῦς· τί με λέγεις ἀγαθόν; οὐδεὶς ἀγαθὸς εἰ μὴ εἷς ὁ θεός.	

211	Mt 19,18	λέγει αὐτῷ· ποίας; ὁ δὲ Ἰησοῦς εἶπεν· τὸ *οὐ φονεύσεις,* *οὐ μοιχεύσεις,* *οὐ κλέψεις,* *οὐ ψευδομαρτυρήσεις* ➢ Exod 20,13-16/Deut 5,17-20	Mk 10,19	τὰς ἐντολὰς οἶδας· *μὴ φονεύσῃς,* *μὴ μοιχεύσῃς,* *μὴ κλέψῃς,* *μὴ ψευδομαρτυρήσῃς, ...* ➢ Exod 20,13-16/Deut 5,17-20	Lk 18,20	τὰς ἐντολὰς οἶδας· *μὴ μοιχεύσῃς,* *μὴ φονεύσῃς,* *μὴ κλέψῃς,* *μὴ ψευδομαρτυρήσῃς, ...* ➢ Exod 20,13-16/Deut 5,17-20 LXX	
222	Mt 19,21 → Mt 6,20	ἔφη αὐτῷ ὁ Ἰησοῦς· εἰ θέλεις τέλειος εἶναι, ὕπαγε πώλησόν σου τὰ ὑπάρχοντα καὶ δὸς [τοῖς] πτωχοῖς, ...	Mk 10,21	ὁ δὲ Ἰησοῦς ἐμβλέψας αὐτῷ ἠγάπησεν αὐτὸν καὶ εἶπεν αὐτῷ· ἕν σε ὑστερεῖ· ὕπαγε, ὅσα ἔχεις πώλησον καὶ δὸς [τοῖς] πτωχοῖς, ...	Lk 18,22 → Lk 12,33	ἀκούσας δὲ ὁ Ἰησοῦς εἶπεν αὐτῷ· ἔτι ἕν σοι λείπει· πάντα ὅσα ἔχεις πώλησον καὶ διάδος πτωχοῖς, ...	→ Acts 2,45
222	Mt 19,23	ὁ δὲ Ἰησοῦς εἶπεν τοῖς μαθηταῖς αὐτοῦ· ἀμὴν λέγω ὑμῖν ὅτι πλούσιος δυσκόλως εἰσελεύσεται εἰς τὴν βασιλείαν τῶν οὐρανῶν.	Mk 10,23	καὶ περιβλεψάμενος ὁ Ἰησοῦς λέγει τοῖς μαθηταῖς αὐτοῦ· πῶς δυσκόλως οἱ τὰ χρήματα ἔχοντες εἰς τὴν βασιλείαν τοῦ θεοῦ εἰσελεύσονται.	Lk 18,24	ἰδὼν δὲ αὐτὸν ὁ Ἰησοῦς [περίλυπον γενόμενον] εἶπεν· πῶς δυσκόλως οἱ τὰ χρήματα ἔχοντες εἰς τὴν βασιλείαν τοῦ θεοῦ εἰσπορεύονται·	
120	Mt 19,24	πάλιν δὲ λέγω ὑμῖν, ...	Mk 10,24	οἱ δὲ μαθηταὶ ἐθαμβοῦντο ἐπὶ τοῖς λόγοις αὐτοῦ. ὁ δὲ Ἰησοῦς πάλιν ἀποκριθεὶς λέγει αὐτοῖς· τέκνα, πῶς δύσκολόν ἐστιν εἰς τὴν βασιλείαν τοῦ θεοῦ εἰσελθεῖν·			
221	Mt 19,26	ἐμβλέψας δὲ ὁ Ἰησοῦς εἶπεν αὐτοῖς· παρὰ ἀνθρώποις τοῦτο ἀδύνατόν ἐστιν, παρὰ δὲ θεῷ πάντα δυνατά.	Mk 10,27	ἐμβλέψας αὐτοῖς ὁ Ἰησοῦς λέγει· παρὰ ἀνθρώποις ἀδύνατον, ἀλλ' οὐ παρὰ θεῷ· πάντα γὰρ δυνατὰ παρὰ τῷ θεῷ.	Lk 18,27	ὁ δὲ εἶπεν· τὰ ἀδύνατα παρὰ ἀνθρώποις δυνατὰ παρὰ τῷ θεῷ ἐστιν.	
221	Mt 19,28	ὁ δὲ Ἰησοῦς εἶπεν αὐτοῖς· ἀμὴν λέγω ὑμῖν ... [29] καὶ πᾶς ὅστις ἀφῆκεν οἰκίας ἢ ἀδελφοὺς ἢ ἀδελφὰς ...	Mk 10,29	ἔφη ὁ Ἰησοῦς· ἀμὴν λέγω ὑμῖν, οὐδείς ἐστιν ὃς ἀφῆκεν οἰκίαν ἢ ἀδελφοὺς ἢ ἀδελφὰς ...	Lk 18,29	ὁ δὲ εἶπεν αὐτοῖς· ἀμὴν λέγω ὑμῖν ὅτι οὐδείς ἐστιν ὃς ἀφῆκεν οἰκίαν ἢ γυναῖκα ἢ ἀδελφοὺς ...	
221	Mt 20,17	καὶ ἀναβαίνων ὁ Ἰησοῦς εἰς Ἱεροσόλυμα παρέλαβεν τοὺς δώδεκα [μαθητὰς] κατ' ἰδίαν καὶ ἐν τῇ ὁδῷ εἶπεν αὐτοῖς·	Mk 10,32	ἦσαν δὲ ἐν τῇ ὁδῷ ἀναβαίνοντες εἰς Ἱεροσόλυμα, καὶ ἦν προάγων αὐτοὺς ὁ Ἰησοῦς, καὶ ἐθαμβοῦντο, οἱ δὲ ἀκολουθοῦντες ἐφοβοῦντο. καὶ παραλαβὼν πάλιν τοὺς δώδεκα ἤρξατο αὐτοῖς λέγειν τὰ μέλλοντα αὐτῷ συμβαίνειν	Lk 18,31	παραλαβὼν δὲ τοὺς δώδεκα εἶπεν πρὸς αὐτούς· ...	
220	Mt 20,22	ἀποκριθεὶς δὲ ὁ Ἰησοῦς εἶπεν· οὐκ οἴδατε τί αἰτεῖσθε. δύνασθε πιεῖν τὸ ποτήριον ὃ ἐγὼ μέλλω πίνειν; ...	Mk 10,38	ὁ δὲ Ἰησοῦς εἶπεν αὐτοῖς· οὐκ οἴδατε τί αἰτεῖσθε. δύνασθε πιεῖν τὸ ποτήριον ὃ ἐγὼ πίνω ἢ τὸ βάπτισμα ὃ ἐγὼ βαπτίζομαι βαπτισθῆναι;	Lk 12,50	βάπτισμα δὲ ἔχω βαπτισθῆναι, καὶ πῶς συνέχομαι ἕως ὅτου τελεσθῇ.	
120	Mt 20,23	λέγει αὐτοῖς· τὸ μὲν ποτήριόν μου πίεσθε, ...	Mk 10,39	... ὁ δὲ Ἰησοῦς εἶπεν αὐτοῖς· τὸ ποτήριον ὃ ἐγὼ πίνω πίεσθε ...			

221	**Mt 20,25**	ὁ δὲ Ἰησοῦς προσκαλεσάμενος αὐτοὺς εἶπεν· οἴδατε ὅτι οἱ ἄρχοντες τῶν ἐθνῶν κατακυριεύουσιν αὐτῶν ...	**Mk 10,42**	καὶ προσκαλεσάμενος αὐτοὺς ὁ Ἰησοῦς λέγει αὐτοῖς· οἴδατε ὅτι οἱ δοκοῦντες ἄρχειν τῶν ἐθνῶν κατακυριεύουσιν αὐτῶν ...	**Lk 22,25**	ὁ δὲ εἶπεν αὐτοῖς· οἱ βασιλεῖς τῶν ἐθνῶν κυριεύουσιν αὐτῶν ...	
m 222	**Mt 20,30** ⇧ Mt 9,27	καὶ ἰδοὺ δύο τυφλοὶ καθήμενοι παρὰ τὴν ὁδόν ἀκούσαντες ὅτι Ἰησοῦς παράγει,	**Mk 10,47** **(2)**	[46] ... ὁ υἱὸς Τιμαίου Βαρτιμαῖος, τυφλὸς προσαίτης, ἐκάθητο παρὰ τὴν ὁδόν. [47] καὶ ἀκούσας ὅτι Ἰησοῦς ὁ Ναζαρηνός ἐστιν	**Lk 18,37**	[35] ... τυφλός τις ἐκάθητο παρὰ τὴν ὁδὸν ἐπαιτῶν. [36] ἀκούσας δὲ ὄχλου διαπορευομένου ἐπυνθάνετο τί εἴη τοῦτο. [37] ἀπήγγειλαν δὲ αὐτῷ ὅτι Ἰησοῦς ὁ Ναζωραῖος παρέρχεται.	
h 122		ἔκραξαν λέγοντες· ἐλέησον ἡμᾶς, [κύριε,] υἱὸς Δαυίδ.		ἤρξατο κράζειν καὶ λέγειν· υἱὲ Δαυὶδ Ἰησοῦ, ἐλέησόν με.	**Lk 18,38**	καὶ ἐβόησεν λέγων· Ἰησοῦ υἱὲ Δαυίδ, ἐλέησόν με.	
222	**Mt 20,32** ⇧ Mt 9,28	καὶ στὰς ὁ Ἰησοῦς ἐφώνησεν αὐτοὺς	**Mk 10,49**	καὶ στὰς ὁ Ἰησοῦς εἶπεν· φωνήσατε αὐτόν. καὶ φωνοῦσιν τὸν τυφλὸν λέγοντες αὐτῷ· θάρσει, ἔγειρε, φωνεῖ σε.	**Lk 18,40**	σταθεὶς δὲ ὁ Ἰησοῦς ἐκέλευσεν αὐτὸν ἀχθῆναι πρὸς αὐτόν.	
121			**Mk 10,50**	ὁ δὲ ἀποβαλὼν τὸ ἱμάτιον αὐτοῦ ἀναπηδήσας ἦλθεν πρὸς τὸν Ἰησοῦν.		ἐγγίσαντος δὲ αὐτοῦ	
121		καὶ εἶπεν· τί θέλετε ποιήσω ὑμῖν;	**Mk 10,51**	καὶ ἀποκριθεὶς αὐτῷ ὁ Ἰησοῦς εἶπεν· τί σοι θέλεις ποιήσω; ...		ἐπηρώτησεν αὐτόν· [41] τί σοι θέλεις ποιήσω; ...	
	Mt 9,28 ⇧ Mt 20,32	ἐλθόντι δὲ εἰς τὴν οἰκίαν προσῆλθον αὐτῷ οἱ τυφλοί, καὶ λέγει αὐτοῖς ὁ Ἰησοῦς· πιστεύετε ὅτι δύναμαι τοῦτο ποιῆσαι; ...					
222	**Mt 20,34** ⇩ Mt 9,29 → Mk 8,23 → Mk 8,25	σπλαγχνισθεὶς δὲ ὁ Ἰησοῦς ἥψατο τῶν ὀμμάτων αὐτῶν, ...	**Mk 10,52**	καὶ ὁ Ἰησοῦς εἶπεν αὐτῷ· ὕπαγε, ἡ πίστις σου σέσωκέν σε. ...	**Lk 18,42**	καὶ ὁ Ἰησοῦς εἶπεν αὐτῷ· ἀνάβλεψον· ἡ πίστις σου σέσωκέν σε.	
	Mt 9,29 ⇧ Mt 20,34	τότε ἥψατο τῶν ὀφθαλμῶν αὐτῶν λέγων· κατὰ τὴν πίστιν ὑμῶν γενηθήτω ὑμῖν.					
002					**Lk 19,3**	καὶ ἐζήτει ἰδεῖν τὸν Ἰησοῦν τίς ἐστιν καὶ οὐκ ἠδύνατο ἀπὸ τοῦ ὄχλου, ὅτι τῇ ἡλικίᾳ μικρὸς ἦν.	
002					**Lk 19,5**	καὶ ὡς ἦλθεν ἐπὶ τὸν τόπον, ἀναβλέψας ὁ Ἰησοῦς εἶπεν πρὸς αὐτόν· Ζακχαῖε, σπεύσας κατάβηθι, ...	
002					**Lk 19,9**	εἶπεν δὲ πρὸς αὐτὸν ὁ Ἰησοῦς ὅτι σήμερον σωτηρία τῷ οἴκῳ τούτῳ ἐγένετο, ...	

211	Mt 21,1	καὶ ὅτε ἤγγισαν εἰς Ἱεροσόλυμα καὶ ἦλθον εἰς Βηθφαγὴ εἰς τὸ ὄρος τῶν ἐλαιῶν, τότε **Ἰησοῦς** ἀπέστειλεν δύο μαθητὰς	Mk 11,1	καὶ ὅτε ἐγγίζουσιν εἰς Ἱεροσόλυμα εἰς Βηθφαγὴ καὶ Βηθανίαν πρὸς τὸ ὄρος τῶν ἐλαιῶν, ἀποστέλλει δύο τῶν μαθητῶν αὐτοῦ	Lk 19,29	καὶ ἐγένετο ὡς ἤγγισεν εἰς Βηθφαγὴ καὶ Βηθανία[ν] πρὸς τὸ ὄρος τὸ καλούμενον Ἐλαιῶν, ἀπέστειλεν δύο τῶν μαθητῶν	
211	Mt 21,6 ↓Mk 11,6	πορευθέντες δὲ οἱ μαθηταὶ καὶ ποιήσαντες καθὼς συνέταξεν αὐτοῖς **ὁ Ἰησοῦς**	Mk 11,4	καὶ ἀπῆλθον καὶ εὗρον πῶλον δεδεμένον πρὸς θύραν ἔξω ἐπὶ τοῦ ἀμφόδου ...	Lk 19,32 ↓Mk 11,6	ἀπελθόντες δὲ οἱ ἀπεσταλμένοι εὗρον καθὼς εἶπεν αὐτοῖς.	
021			Mk 11,6 ↑Mt 21,6 ↑Lk 19,32	οἱ δὲ εἶπαν αὐτοῖς καθὼς εἶπεν **ὁ Ἰησοῦς,** καὶ ἀφῆκαν αὐτούς.	Lk 19,34	οἱ δὲ εἶπαν· ὅτι **ὁ κύριος** αὐτοῦ χρείαν ἔχει.	
122	Mt 21,7	ἤγαγον τὴν ὄνον καὶ τὸν πῶλον	Mk 11,7	καὶ φέρουσιν τὸν πῶλον **πρὸς τὸν Ἰησοῦν**	Lk 19,35 (2)	καὶ ἤγαγον αὐτὸν **πρὸς τὸν Ἰησοῦν**	
112		καὶ ἐπέθηκαν ἐπ᾽ αὐτῶν τὰ ἱμάτια, καὶ ἐπεκάθισεν ἐπάνω αὐτῶν.		καὶ ἐπιβάλλουσιν αὐτῷ τὰ ἱμάτια αὐτῶν, καὶ ἐκάθισεν ἐπ᾽ αὐτόν.		καὶ ἐπιρίψαντες αὐτῶν τὰ ἱμάτια ἐπὶ τὸν πῶλον ἐπεβίβασαν **τὸν Ἰησοῦν.**	
200	Mt 21,11	οἱ δὲ ὄχλοι ἔλεγον· οὗτός ἐστιν **ὁ προφήτης Ἰησοῦς** ὁ ἀπὸ Ναζαρὲθ τῆς Γαλιλαίας.					
211	Mt 21,12	καὶ εἰσῆλθεν **Ἰησοῦς** εἰς τὸ ἱερὸν καὶ ἐξέβαλεν πάντας τοὺς πωλοῦντας ...	Mk 11,15	... καὶ εἰσελθὼν εἰς τὸ ἱερὸν ἤρξατο ἐκβάλλειν τοὺς πωλοῦντας ...	Lk 19,45	καὶ εἰσελθὼν εἰς τὸ ἱερὸν ἤρξατο ἐκβάλλειν τοὺς πωλοῦντας	→ Jn 2,14-16
200	Mt 21,16 → Lk 19,39-40	καὶ εἶπαν αὐτῷ· ἀκούεις τί οὗτοι λέγουσιν; **ὁ δὲ Ἰησοῦς** λέγει αὐτοῖς· ναί· οὐδέποτε ἀνέγνωτε ὅτι *ἐκ στόματος νηπίων καὶ θηλαζόντων κατηρτίσω αἶνον;* ➤ Ps 8,3 LXX					
220	Mt 21,21 ↓Mt 17,20 ↓Lk 17,6	ἀποκριθεὶς δὲ **ὁ Ἰησοῦς** εἶπεν αὐτοῖς· ἀμὴν λέγω ὑμῖν, ἐὰν ἔχητε πίστιν ...	Mk 11,22 ↓Mt 17,20 ↓Lk 17,6	καὶ ἀποκριθεὶς **ὁ Ἰησοῦς** λέγει αὐτοῖς· ἔχετε πίστιν θεοῦ.			
	Mt 17,20	... ἐὰν ἔχητε πίστιν ὡς κόκκον σινάπεως, ...			Lk 17,6 ↑Mt 21,21	εἶπεν δὲ **ὁ κύριος·** εἰ ἔχετε πίστιν ὡς κόκκον σινάπεως, ...	→ GTh 48 → GTh 106
221	Mt 21,24	ἀποκριθεὶς δὲ **ὁ Ἰησοῦς** εἶπεν αὐτοῖς· ἐρωτήσω ὑμᾶς κἀγὼ λόγον ἕνα, ...	Mk 11,29	**ὁ δὲ Ἰησοῦς** εἶπεν αὐτοῖς· ἐπερωτήσω ὑμᾶς ἕνα λόγον, ...	Lk 20,3	ἀποκριθεὶς δὲ εἶπεν πρὸς αὐτούς· ἐρωτήσω ὑμᾶς κἀγὼ λόγον, ...	

[a] Ἰησοῦς = Joshua (Acts 7,45)
[b] Ἰησοῦς = Joshua, son of Eliezer (Lk 3,29)
[c] Ἰησοῦς (ὁ) Βαραββᾶς (Mt 27,16; 27,17)
[d] Ἰησοῦς Χριστός, Χριστὸς Ἰησοῦς
[e] Ἰησοῦς ὁ λεγόμενος χριστός
[f] Ἰησοῦς and (ὁ) κύριος
[g] Ἰησοῦς (ὁ) υἱὸς (τοῦ) θεοῦ
[h] Ἰησοῦς υἱὸς Δαυίδ

221	Mt 21,27	καὶ ἀποκριθέντες τῷ Ἰησοῦ εἶπαν· οὐκ οἴδαμεν.	Mk 11,33 (2)	καὶ ἀποκριθέντες τῷ Ἰησοῦ λέγουσιν· οὐκ οἴδαμεν.	Lk 20,7	καὶ ἀπεκρίθησαν μὴ εἰδέναι πόθεν.	
122		ἔφη αὐτοῖς καὶ αὐτός· οὐδὲ ἐγὼ λέγω ὑμῖν ἐν ποίᾳ ἐξουσίᾳ ταῦτα ποιῶ.		καὶ ὁ Ἰησοῦς λέγει αὐτοῖς· οὐδὲ ἐγὼ λέγω ὑμῖν ἐν ποίᾳ ἐξουσίᾳ ταῦτα ποιῶ.	Lk 20,8	καὶ ὁ Ἰησοῦς εἶπεν αὐτοῖς· οὐδὲ ἐγὼ λέγω ὑμῖν ἐν ποίᾳ ἐξουσίᾳ ταῦτα ποιῶ.	
200	Mt 21,31	... λέγει αὐτοῖς ὁ Ἰησοῦς· ἀμὴν λέγω ὑμῖν ὅτι οἱ τελῶναι καὶ αἱ πόρναι προάγουσιν ὑμᾶς εἰς τὴν βασιλείαν τοῦ θεοῦ.					
211	Mt 21,42	λέγει αὐτοῖς ὁ Ἰησοῦς· οὐδέποτε ἀνέγνωτε ἐν ταῖς γραφαῖς· *λίθον ὃν ἀπεδοκίμασαν* *οἱ οἰκοδομοῦντες, οὗτος* *ἐγενήθη εἰς κεφαλὴν* *γωνίας·* ... ➤ Ps 118,22	Mk 12,10	οὐδὲ τὴν γραφὴν ταύτην ἀνέγνωτε· *λίθον ὃν ἀπεδοκίμασαν* *οἱ οἰκοδομοῦντες, οὗτος* *ἐγενήθη εἰς κεφαλὴν* *γωνίας·* ➤ Ps 118,22	Lk 20,17	ὁ δὲ ἐμβλέψας αὐτοῖς εἶπεν· τί οὖν ἐστιν τὸ γεγραμμένον τοῦτο· *λίθον ὃν ἀπεδοκίμασαν* *οἱ οἰκοδομοῦντες, οὗτος* *ἐγενήθη εἰς κεφαλὴν* *γωνίας;* ➤ Ps 118,22	→ Acts 4,11 → GTh 66
201	Mt 22,1	καὶ ἀποκριθεὶς ὁ Ἰησοῦς πάλιν εἶπεν ἐν παραβολαῖς αὐτοῖς λέγων· [2] ὡμοιώθη ἡ βασιλεία τῶν οὐρανῶν ἀνθρώπῳ βασιλεῖ, ὅστις ἐποίησεν γάμους τῷ υἱῷ αὐτοῦ.			Lk 14,16	ὁ δὲ εἶπεν αὐτῷ· ἄνθρωπός τις ἐποίει δεῖπνον μέγα, ...	
211	Mt 22,18	γνοὺς δὲ ὁ Ἰησοῦς τὴν πονηρίαν αὐτῶν εἶπεν· τί με πειράζετε, ὑποκριταί;	Mk 12,15	ὁ δὲ εἰδὼς αὐτῶν τὴν ὑπόκρισιν εἶπεν αὐτοῖς· τί με πειράζετε; ...	Lk 20,23	κατανοήσας δὲ αὐτῶν τὴν πανουργίαν εἶπεν πρὸς αὐτούς·	→ GTh 100
121	Mt 22,21	... τότε λέγει αὐτοῖς· ἀπόδοτε οὖν τὰ Καίσαρος Καίσαρι καὶ τὰ τοῦ θεοῦ τῷ θεῷ.	Mk 12,17	ὁ δὲ Ἰησοῦς εἶπεν αὐτοῖς· τὰ Καίσαρος ἀπόδοτε Καίσαρι καὶ τὰ τοῦ θεοῦ τῷ θεῷ. ...	Lk 20,25 → Lk 23,2	ὁ δὲ εἶπεν πρὸς αὐτούς· τοίνυν ἀπόδοτε τὰ Καίσαρος Καίσαρι καὶ τὰ τοῦ θεοῦ τῷ θεῷ.	→ GTh 100
222	Mt 22,29	ἀποκριθεὶς δὲ ὁ Ἰησοῦς εἶπεν αὐτοῖς· πλανᾶσθε μὴ εἰδότες τὰς γραφὰς μηδὲ τὴν δύναμιν τοῦ θεοῦ·	Mk 12,24	ἔφη αὐτοῖς ὁ Ἰησοῦς· οὐ διὰ τοῦτο πλανᾶσθε μὴ εἰδότες τὰς γραφὰς μηδὲ τὴν δύναμιν τοῦ θεοῦ;	Lk 20,34	καὶ εἶπεν αὐτοῖς ὁ Ἰησοῦς· οἱ υἱοὶ τοῦ αἰῶνος τούτου γαμοῦσιν καὶ γαμίσκονται	
121	Mt 22,37	ὁ δὲ ἔφη αὐτῷ· *ἀγαπήσεις* *κύριον τὸν θεόν σου* ...· ➤ Deut 6,5	Mk 12,29	ἀπεκρίθη ὁ Ἰησοῦς ὅτι πρώτη ἐστίν· *ἄκουε,* *Ἰσραήλ, κύριος ὁ θεὸς* *ἡμῶν κύριος εἷς ἐστιν,* [30] *καὶ ἀγαπήσεις* *κύριον τὸν θεόν σου* ... ➤ Deut 6,4-5	Lk 10,26	ὁ δὲ εἶπεν πρὸς αὐτόν· ἐν τῷ νόμῳ τί γέγραπται; πῶς ἀναγινώσκεις; [27] ὁ δὲ ἀποκριθεὶς εἶπεν· *ἀγαπήσεις κύριον τὸν* *θεόν σου* ... ➤ Deut 6,5	

[j] Ἰησοῦς (ὁ) υἱὸς (τοῦ) Ἰωσήφ
[k] Ἰησοῦς ὁ βασιλεὺς τῶν Ἰουδαίων
[l] Ἰησοῦς ὁ παῖς
[m] Ἰησοῦς (ὁ) Ναζωραῖος, ~ (ὁ) Ναζαρηνός, ~ ὁ ἀπὸ Ναζαρέθ
[n] Ἰησοῦς ὁ Γαλιλαῖος
[p] ὄνομα (τοῦ) Ἰησοῦ

021			Mk 12,34	καὶ ὁ Ἰησοῦς ἰδὼν [αὐτὸν] ὅτι νουνεχῶς ἀπεκρίθη εἶπεν αὐτῷ· οὐ μακρὰν εἶ ἀπὸ τῆς βασιλείας τοῦ θεοῦ. ...	Lk 10,28	εἶπεν δὲ αὐτῷ· ὀρθῶς ἀπεκρίθης· τοῦτο ποίει καὶ ζήσῃ.	
221	Mt 22,41	συνηγμένων δὲ τῶν Φαρισαίων ἐπηρώτησεν αὐτοὺς ὁ Ἰησοῦς [42] λέγων· τί ὑμῖν δοκεῖ περὶ τοῦ χριστοῦ; τίνος υἱός ἐστιν; λέγουσιν αὐτῷ· τοῦ Δαυίδ.	Mk 12,35	καὶ ἀποκριθεὶς ὁ Ἰησοῦς ἔλεγεν διδάσκων ἐν τῷ ἱερῷ· πῶς λέγουσιν οἱ γραμματεῖς ὅτι ὁ χριστὸς υἱὸς Δαυίδ ἐστιν;	Lk 20,41	εἶπεν δὲ πρὸς αὐτούς· πῶς λέγουσιν τὸν χριστὸν εἶναι Δαυὶδ υἱόν;	
211	Mt 23,1	τότε ὁ Ἰησοῦς ἐλάλησεν τοῖς ὄχλοις καὶ τοῖς μαθηταῖς αὐτοῦ [2] λέγων· ...	Mk 12,37	... καὶ [ὁ] πολὺς ὄχλος ἤκουεν αὐτοῦ ἡδέως. [38] καὶ ἐν τῇ διδαχῇ αὐτοῦ ἔλεγεν· ...	Lk 20,45	ἀκούοντος δὲ παντὸς τοῦ λαοῦ εἶπεν τοῖς μαθηταῖς [αὐτοῦ]	
211	Mt 24,1	καὶ ἐξελθὼν ὁ Ἰησοῦς ἀπὸ τοῦ ἱεροῦ ἐπορεύετο, καὶ προσῆλθον οἱ μαθηταὶ αὐτοῦ ἐπιδεῖξαι αὐτῷ τὰς οἰκοδομὰς τοῦ ἱεροῦ.	Mk 13,1	καὶ ἐκπορευομένου αὐτοῦ ἐκ τοῦ ἱεροῦ λέγει αὐτῷ εἷς τῶν μαθητῶν αὐτοῦ· διδάσκαλε, ἴδε ποταποὶ λίθοι καὶ ποταπαὶ οἰκοδομαί.	Lk 21,5	καί τινων λεγόντων περὶ τοῦ ἱεροῦ ὅτι λίθοις καλοῖς καὶ ἀναθήμασιν κεκόσμηται	
121	Mt 24,2	ὁ δὲ ἀποκριθεὶς εἶπεν αὐτοῖς· οὐ βλέπετε ταῦτα πάντα; ἀμὴν λέγω ὑμῖν, οὐ μὴ ἀφεθῇ ὧδε λίθος ἐπὶ λίθον ὃς οὐ καταλυθήσεται.	Mk 13,2	καὶ ὁ Ἰησοῦς εἶπεν αὐτῷ· βλέπεις ταύτας τὰς μεγάλας οἰκοδομάς; οὐ μὴ ἀφεθῇ ὧδε λίθος ἐπὶ λίθον ὃς οὐ μὴ καταλυθῇ.		εἶπεν· [6] ταῦτα ἃ θεωρεῖτε ἐλεύσονται ἡμέραι ἐν αἷς οὐκ ἀφεθήσεται λίθος ἐπὶ λίθῳ ὃς οὐ καταλυθήσεται.	
221	Mt 24,4	καὶ ἀποκριθεὶς ὁ Ἰησοῦς εἶπεν αὐτοῖς· βλέπετε μή τις ὑμᾶς πλανήσῃ·	Mk 13,5	ὁ δὲ Ἰησοῦς ἤρξατο λέγειν αὐτοῖς· βλέπετε μή τις ὑμᾶς πλανήσῃ·	Lk 21,8	ὁ δὲ εἶπεν· βλέπετε μὴ πλανηθῆτε· ...	
200	Mt 26,1	καὶ ἐγένετο ὅτε ἐτέλεσεν ὁ Ἰησοῦς πάντας τοὺς λόγους τούτους, εἶπεν τοῖς μαθηταῖς αὐτοῦ·					
211	Mt 26,4 ↑ Mt 12,14 → Mt 22,15	[3] τότε συνήχθησαν οἱ ἀρχιερεῖς καὶ οἱ πρεσβύτεροι τοῦ λαοῦ ... [4] καὶ συνεβουλεύσαντο ἵνα τὸν Ἰησοῦν δόλῳ κρατήσωσιν καὶ ἀποκτείνωσιν·	Mk 14,1 ↑ Mk 3,6	... καὶ ἐζήτουν οἱ ἀρχιερεῖς καὶ οἱ γραμματεῖς πῶς αὐτὸν ἐν δόλῳ κρατήσαντες ἀποκτείνωσιν·	Lk 22,2 ↑ Lk 6,11	καὶ ἐζήτουν οἱ ἀρχιερεῖς καὶ οἱ γραμματεῖς τὸ πῶς ἀνέλωσιν αὐτόν, ...	
210	Mt 26,6 ↑ Lk 7,40	τοῦ δὲ Ἰησοῦ γενομένου ἐν Βηθανίᾳ ἐν οἰκίᾳ Σίμωνος τοῦ λεπροῦ, [7] ... αὐτοῦ ἀνακειμένου.	Mk 14,3 ↑ Lk 7,40	καὶ ὄντος αὐτοῦ ἐν Βηθανίᾳ ἐν τῇ οἰκίᾳ Σίμωνος τοῦ λεπροῦ, κατακειμένου αὐτοῦ ...	Lk 7,36	... καὶ εἰσελθὼν εἰς τὸν οἶκον τοῦ Φαρισαίου κατεκλίθη.	→ Jn 12,1-2
220	Mt 26,10	γνοὺς δὲ ὁ Ἰησοῦς εἶπεν αὐτοῖς· τί κόπους παρέχετε τῇ γυναικί; ...	Mk 14,6	ὁ δὲ Ἰησοῦς εἶπεν· ἄφετε αὐτήν· τί αὐτῇ κόπους παρέχετε; ...			→ Jn 12,7

211	Mt 26,17	τῇ δὲ πρώτῃ τῶν ἀζύμων προσῆλθον οἱ μαθηταὶ τῷ Ἰησοῦ λέγοντες· ποῦ θέλεις ἑτοιμάσωμέν σοι φαγεῖν τὸ πάσχα;	Mk 14,12	καὶ τῇ πρώτῃ ἡμέρᾳ τῶν ἀζύμων, ὅτε τὸ πάσχα ἔθυον, λέγουσιν αὐτῷ οἱ μαθηταὶ αὐτοῦ· ποῦ θέλεις ἀπελθόντες ἑτοιμάσωμεν ἵνα φάγῃς τὸ πάσχα;	Lk 22,9	[7] ἦλθεν δὲ ἡ ἡμέρα τῶν ἀζύμων, [ἐν] ᾗ ἔδει θύεσθαι τὸ πάσχα· [8] ... πορευθέντες ἑτοιμάσατε ἡμῖν τὸ πάσχα ἵνα φάγωμεν. [9] οἱ δὲ εἶπαν αὐτῷ· ποῦ θέλεις ἑτοιμάσωμεν;	
211	Mt 26,19	καὶ ἐποίησαν οἱ μαθηταὶ ὡς συνέταξεν αὐτοῖς ὁ Ἰησοῦς καὶ ἡτοίμασαν τὸ πάσχα.	Mk 14,16	καὶ ἐξῆλθον οἱ μαθηταὶ καὶ ἦλθον εἰς τὴν πόλιν καὶ εὗρον καθὼς εἶπεν αὐτοῖς καὶ ἡτοίμασαν τὸ πάσχα.	Lk 22,13	ἀπελθόντες δὲ εὗρον καθὼς εἰρήκει αὐτοῖς καὶ ἡτοίμασαν τὸ πάσχα.	
121	Mt 26,21	καὶ ἐσθιόντων αὐτῶν εἶπεν· ἀμὴν λέγω ὑμῖν ὅτι εἷς ἐξ ὑμῶν παραδώσει με.	Mk 14,18	... καὶ ἐσθιόντων ὁ Ἰησοῦς εἶπεν· ἀμὴν λέγω ὑμῖν ὅτι εἷς ἐξ ὑμῶν παραδώσει με ὁ ἐσθίων μετ᾽ ἐμοῦ.	Lk 22,21 → Mt 26,23 → Mk 14,20	πλὴν ἰδοὺ ἡ χεὶρ τοῦ παραδιδόντος με μετ᾽ ἐμοῦ ἐπὶ τῆς τραπέζης·	→ Jn 13,21
211	Mt 26,26 → Mt 14,19	ἐσθιόντων δὲ αὐτῶν λαβὼν ὁ Ἰησοῦς ἄρτον καὶ εὐλογήσας ἔκλασεν καὶ δοὺς τοῖς μαθηταῖς ...	Mk 14,22 → Mk 6,41	καὶ ἐσθιόντων αὐτῶν λαβὼν ἄρτον εὐλογήσας ἔκλασεν καὶ ἔδωκεν αὐτοῖς ...	Lk 22,19 → Lk 9,16	καὶ λαβὼν ἄρτον εὐχαριστήσας ἔκλασεν καὶ ἔδωκεν αὐτοῖς ...	→ 1Cor 11,23-24
220	Mt 26,31	τότε λέγει αὐτοῖς ὁ Ἰησοῦς· πάντες ὑμεῖς σκανδαλισθήσεσθε ἐν ἐμοὶ ἐν τῇ νυκτὶ ταύτῃ, ...	Mk 14,27	καὶ λέγει αὐτοῖς ὁ Ἰησοῦς ὅτι πάντες σκανδαλισθήσεσθε, ...			
221	Mt 26,34	ἔφη αὐτῷ ὁ Ἰησοῦς· ἀμὴν λέγω σοι ὅτι ἐν ταύτῃ τῇ νυκτὶ πρὶν ἀλέκτορα φωνῆσαι τρὶς ἀπαρνήσῃ με.	Mk 14,30	καὶ λέγει αὐτῷ ὁ Ἰησοῦς· ἀμὴν λέγω σοι ὅτι σὺ σήμερον ταύτῃ τῇ νυκτὶ πρὶν ἢ δὶς ἀλέκτορα φωνῆσαι τρίς με ἀπαρνήσῃ.	Lk 22,34	ὁ δὲ εἶπεν· λέγω σοι, Πέτρε, οὐ φωνήσει σήμερον ἀλέκτωρ ἕως τρίς με ἀπαρνήσῃ εἰδέναι.	→ Jn 13,38
211	Mt 26,36 → Lk 22,39	τότε ἔρχεται μετ᾽ αὐτῶν ὁ Ἰησοῦς εἰς χωρίον λεγόμενον Γεθσημανὶ καὶ λέγει τοῖς μαθηταῖς· καθίσατε αὐτοῦ ἕως [οὗ] ἀπελθὼν ἐκεῖ προσεύξωμαι.	Mk 14,32 → Lk 22,39	καὶ ἔρχονται εἰς χωρίον οὗ τὸ ὄνομα Γεθσημανὶ καὶ λέγει τοῖς μαθηταῖς αὐτοῦ· καθίσατε ὧδε ἕως προσεύξωμαι.	Lk 22,40	γενόμενος δὲ ἐπὶ τοῦ τόπου εἶπεν αὐτοῖς· προσεύχεσθε ...	
212	Mt 26,49	καὶ εὐθέως προσελθὼν τῷ Ἰησοῦ εἶπεν· χαῖρε, ῥαββί, καὶ κατεφίλησεν αὐτόν.	Mk 14,45	καὶ ἐλθὼν εὐθὺς προσελθὼν αὐτῷ λέγει· ῥαββί, καὶ κατεφίλησεν αὐτόν.	Lk 22,47	... προήρχετο αὐτοὺς καὶ ἤγγισεν τῷ Ἰησοῦ φιλῆσαι αὐτόν.	→ Jn 18,5
212	Mt 26,50 (2)	ὁ δὲ Ἰησοῦς εἶπεν αὐτῷ· ἑταῖρε, ἐφ᾽ ὃ πάρει.	Mk 14,46		Lk 22,48	Ἰησοῦς δὲ εἶπεν αὐτῷ· Ἰούδα, φιλήματι τὸν υἱὸν τοῦ ἀνθρώπου παραδίδως;	
211	↓ Lk 22,54	τότε προσελθόντες ἐπέβαλον τὰς χεῖρας ἐπὶ τὸν Ἰησοῦν καὶ ἐκράτησαν αὐτόν.	↓ Lk 22,54	οἱ δὲ ἐπέβαλον τὰς χεῖρας αὐτῷ καὶ ἐκράτησαν αὐτόν.			→ Jn 18,12

211	**Mt 26,51**	καὶ ἰδοὺ εἷς τῶν μετὰ Ἰησοῦ ἐκτείνας τὴν χεῖρα ἀπέσπασεν τὴν μάχαιραν αὐτοῦ καὶ πατάξας τὸν δοῦλον τοῦ ἀρχιερέως ἀφεῖλεν αὐτοῦ τὸ ὠτίον.	**Mk 14,47**	εἷς δέ [τις] τῶν παρεστηκότων σπασάμενος τὴν μάχαιραν ἔπαισεν τὸν δοῦλον τοῦ ἀρχιερέως καὶ ἀφεῖλεν αὐτοῦ τὸ ὠτάριον.	**Lk 22,50**	[49] ... κύριε, εἰ πατάξομεν ἐν μαχαίρῃ; [50] καὶ ἐπάταξεν εἷς τις ἐξ αὐτῶν τοῦ ἀρχιερέως τὸν δοῦλον καὶ ἀφεῖλεν τὸ οὖς αὐτοῦ τὸ δεξιόν.	→ Jn 18,10
002	**Mt 26,52**	τότε λέγει αὐτῷ ὁ Ἰησοῦς· ἀπόστρεψον τὴν μάχαιράν σου εἰς τὸν τόπον αὐτῆς· πάντες γὰρ οἱ λαβόντες μάχαιραν ἐν μαχαίρῃ ἀπολοῦνται.			**Lk 22,51**	ἀποκριθεὶς δὲ ὁ Ἰησοῦς εἶπεν· ἐᾶτε ἕως τούτου· καὶ ἁψάμενος τοῦ ὠτίου ἰάσατο αὐτόν.	→ **Jn 18,11**
200	**Mt 26,52**	τότε λέγει αὐτῷ ὁ Ἰησοῦς· ἀπόστρεψον τὴν μάχαιράν σου εἰς τὸν τόπον αὐτῆς· πάντες γὰρ οἱ λαβόντες μάχαιραν ἐν μαχαίρῃ ἀπολοῦνται.			**Lk 22,51**	ἀποκριθεὶς δὲ ὁ Ἰησοῦς εἶπεν· ἐᾶτε ἕως τούτου· καὶ ἁψάμενος τοῦ ὠτίου ἰάσατο αὐτόν.	→ **Jn 18,11**
222	**Mt 26,55**	ἐν ἐκείνῃ τῇ ὥρᾳ εἶπεν ὁ Ἰησοῦς τοῖς ὄχλοις· ὡς ἐπὶ λῃστὴν ἐξήλθατε μετὰ μαχαιρῶν καὶ ξύλων συλλαβεῖν με; ...	**Mk 14,48**	καὶ ἀποκριθεὶς ὁ Ἰησοῦς εἶπεν αὐτοῖς· ὡς ἐπὶ λῃστὴν ἐξήλθατε μετὰ μαχαιρῶν καὶ ξύλων συλλαβεῖν με;	**Lk 22,52** ↓ Lk 22,54	εἶπεν δὲ Ἰησοῦς πρὸς τοὺς παραγενομένους ἐπ' αὐτὸν ἀρχιερεῖς καὶ στρατηγοὺς τοῦ ἱεροῦ καὶ πρεσβυτέρους· ὡς ἐπὶ λῃστὴν ἐξήλθατε μετὰ μαχαιρῶν καὶ ξύλων;	
	Mt 26,47	... καὶ μετ' αὐτοῦ ὄχλος πολὺς μετὰ μαχαιρῶν καὶ ξύλων ἀπὸ τῶν ἀρχιερέων καὶ πρεσβυτέρων τοῦ λαοῦ.	**Mk 14,43**	... καὶ μετ' αὐτοῦ ὄχλος μετὰ μαχαιρῶν καὶ ξύλων παρὰ τῶν ἀρχιερέων καὶ τῶν γραμματέων καὶ τῶν πρεσβυτέρων.			
221	**Mt 26,57**	οἱ δὲ κρατήσαντες τὸν Ἰησοῦν ἀπήγαγον πρὸς Καϊάφαν τὸν ἀρχιερέα, ...	**Mk 14,53**	καὶ ἀπήγαγον τὸν Ἰησοῦν πρὸς τὸν ἀρχιερέα, ...	**Lk 22,54** ↑ **Mt 26,50** ↑ Mk 14,46 ↑ **Lk 22,52**	συλλαβόντες δὲ αὐτὸν ἤγαγον καὶ εἰσήγαγον εἰς τὴν οἰκίαν τοῦ ἀρχιερέως· ...	→ **Jn 18,12**-14
220	**Mt 26,59**	οἱ δὲ ἀρχιερεῖς καὶ τὸ συνέδριον ὅλον ἐζήτουν ψευδομαρτυρίαν κατὰ τοῦ Ἰησοῦ ὅπως αὐτὸν θανατώσωσιν	**Mk 14,55**	οἱ δὲ ἀρχιερεῖς καὶ ὅλον τὸ συνέδριον ἐζήτουν κατὰ τοῦ Ἰησοῦ μαρτυρίαν εἰς τὸ θανατῶσαι αὐτόν, ...			
120	**Mt 26,62**	καὶ ἀναστὰς ὁ ἀρχιερεὺς εἶπεν αὐτῷ· οὐδὲν ἀποκρίνῃ τί οὗτοί σου καταμαρτυροῦσιν;	**Mk 14,60**	καὶ ἀναστὰς ὁ ἀρχιερεὺς εἰς μέσον ἐπηρώτησεν τὸν Ἰησοῦν λέγων· οὐκ ἀποκρίνῃ οὐδέν τί οὗτοί σου καταμαρτυροῦσιν;			
210	**Mt 26,63**	ὁ δὲ Ἰησοῦς ἐσιώπα. ...	**Mk 14,61**	ὁ δὲ ἐσιώπα καὶ οὐκ ἀπεκρίνατο οὐδέν. ...			

221	Mt 26,64	λέγει αὐτῷ ὁ Ἰησοῦς·	Mk 14,62	ὁ δὲ Ἰησοῦς εἶπεν·	Lk 22,67	... εἶπεν δὲ αὐτοῖς· ἐὰν ὑμῖν εἴπω οὐ μὴ πιστεύσητε·	→ Jn 10,25
		σὺ εἶπας· ...		ἐγώ εἰμι, ...	Lk 22,70	... ὁ δὲ πρὸς αὐτοὺς ἔφη· ὑμεῖς λέγετε ὅτι ἐγώ εἰμι.	→ Jn 10,36
n m 221	Mt 26,69	... καὶ προσῆλθεν αὐτῷ μία παιδίσκη λέγουσα· καὶ σὺ ἦσθα μετὰ Ἰησοῦ τοῦ Γαλιλαίου.	Mk 14,67	[66] ... ἔρχεται μία τῶν παιδισκῶν τοῦ ἀρχιερέως [67] καὶ ἰδοῦσα τὸν Πέτρον θερμαινόμενον ἐμβλέψασα αὐτῷ λέγει· καὶ σὺ μετὰ τοῦ Ναζαρηνοῦ ἦσθα τοῦ Ἰησοῦ.	Lk 22,56	ἰδοῦσα δὲ αὐτὸν παιδίσκη τις καθήμενον πρὸς τὸ φῶς καὶ ἀτενίσασα αὐτῷ εἶπεν· καὶ οὗτος σὺν αὐτῷ ἦν.	→ Jn 18,17
m 211	Mt 26,71	... εἶδεν αὐτὸν ἄλλη καὶ λέγει τοῖς ἐκεῖ· οὗτος ἦν μετὰ Ἰησοῦ τοῦ Ναζωραίου.	Mk 14,69	καὶ ἡ παιδίσκη ἰδοῦσα αὐτὸν ἤρξατο πάλιν λέγειν τοῖς παρεστῶσιν ὅτι οὗτος ἐξ αὐτῶν ἐστιν.	Lk 22,58	καὶ μετὰ βραχὺ ἕτερος ἰδὼν αὐτὸν ἔφη· καὶ σὺ ἐξ αὐτῶν εἶ. ...	→ Jn 18,25
221	Mt 26,75	καὶ ἐμνήσθη ὁ Πέτρος τοῦ ῥήματος Ἰησοῦ εἰρηκότος ὅτι πρὶν ἀλέκτορα φωνῆσαι τρὶς ἀπαρνήσῃ με· ...	Mk 14,72	... καὶ ἀνεμνήσθη ὁ Πέτρος τὸ ῥῆμα ὡς εἶπεν αὐτῷ ὁ Ἰησοῦς ὅτι πρὶν ἀλέκτορα φωνῆσαι δὶς τρίς με ἀπαρνήσῃ· ...	Lk 22,61	... καὶ ὑπεμνήσθη ὁ Πέτρος τοῦ ῥήματος τοῦ κυρίου ὡς εἶπεν αὐτῷ ὅτι πρὶν ἀλέκτορα φωνῆσαι σήμερον ἀπαρνήσῃ με τρίς.	
210	Mt 27,1	πρωΐας δὲ γενομένης συμβούλιον ἔλαβον πάντες οἱ ἀρχιερεῖς καὶ οἱ πρεσβύτεροι τοῦ λαοῦ κατὰ τοῦ Ἰησοῦ ὥστε θανατῶσαι αὐτόν·	Mk 15,1	καὶ εὐθὺς πρωῒ συμβούλιον ποιήσαντες οἱ ἀρχιερεῖς μετὰ τῶν πρεσβυτέρων καὶ γραμματέων καὶ ὅλον τὸ συνέδριον,	Lk 22,66 ↑ Mt 26,57 ↑ Mk 14,53	καὶ ὡς ἐγένετο ἡμέρα, συνήχθη τὸ πρεσβυτέριον τοῦ λαοῦ, ἀρχιερεῖς τε καὶ γραμματεῖς, καὶ ἀπήγαγον αὐτὸν εἰς τὸ συνέδριον αὐτῶν	
121	Mt 27,2	καὶ δήσαντες αὐτὸν ἀπήγαγον καὶ παρέδωκαν Πιλάτῳ τῷ ἡγεμόνι.		δήσαντες τὸν Ἰησοῦν ἀπήνεγκαν καὶ παρέδωκαν Πιλάτῳ.	Lk 23,1	καὶ ἀναστὰν ἅπαν τὸ πλῆθος αὐτῶν ἤγαγον αὐτὸν ἐπὶ τὸν Πιλᾶτον.	→ Jn 18,28
211 211	Mt 27,11 (2)	ὁ δὲ Ἰησοῦς ἐστάθη ἔμπροσθεν τοῦ ἡγεμόνος· καὶ ἐπηρώτησεν αὐτὸν ὁ ἡγεμὼν λέγων· σὺ εἶ ὁ βασιλεὺς τῶν Ἰουδαίων; ὁ δὲ Ἰησοῦς ἔφη· σὺ λέγεις.	Mk 15,2	καὶ ἐπηρώτησεν αὐτὸν ὁ Πιλᾶτος· σὺ εἶ ὁ βασιλεὺς τῶν Ἰουδαίων; ὁ δὲ ἀποκριθεὶς αὐτῷ λέγει· σὺ λέγεις.	Lk 23,3	ὁ δὲ Πιλᾶτος ἠρώτησεν αὐτὸν λέγων· σὺ εἶ ὁ βασιλεὺς τῶν Ἰουδαίων; ὁ δὲ ἀποκριθεὶς αὐτῷ ἔφη· σὺ λέγεις.	→ Jn 18,33 → Jn 18,37
002					Lk 23,8 → Lk 9,9	ὁ δὲ Ἡρῴδης ἰδὼν τὸν Ἰησοῦν ἐχάρη λίαν, ἦν γὰρ ἐξ ἱκανῶν χρόνων θέλων ἰδεῖν αὐτὸν ...	
120	Mt 27,14	καὶ οὐκ ἀπεκρίθη αὐτῷ πρὸς οὐδὲ ἓν ῥῆμα, ὥστε θαυμάζειν τὸν ἡγεμόνα λίαν.	Mk 15,5	ὁ δὲ Ἰησοῦς οὐκέτι οὐδὲν ἀπεκρίθη, ὥστε θαυμάζειν τὸν Πιλᾶτον.	Lk 23,9	ἐπηρώτα δὲ αὐτὸν ἐν λόγοις ἱκανοῖς, αὐτὸς δὲ οὐδὲν ἀπεκρίνατο αὐτῷ.	Mt/Mk: before Pilate; Lk: before Herod

c 211	**Mt 27,16** ↓ Mt 27,26	εἶχον δὲ τότε δέσμιον ἐπίσημον λεγόμενον **[Ἰησοῦν] Βαραββᾶν.**	**Mk 15,7** ↓ Mk 15,15	ἦν δὲ ὁ λεγόμενος **Βαραββᾶς** μετὰ τῶν στασιαστῶν δεδεμένος οἵτινες ἐν τῇ στάσει φόνον πεποιήκεισαν.	**Lk 23,19** ↓ Lk 23,25	ὅστις ἦν διὰ στάσιν τινὰ γενομένην ἐν τῇ πόλει καὶ φόνον βληθεὶς ἐν τῇ φυλακῇ.	→ Jn 18,40
c 210 e 210	**Mt 27,17** **(2)** → Mt 27,21	συνηγμένων οὖν αὐτῶν εἶπεν αὐτοῖς ὁ Πιλᾶτος· τίνα θέλετε ἀπολύσω ὑμῖν, **[Ἰησοῦν τὸν] Βαραββᾶν** ἢ **Ἰησοῦν** τὸν λεγόμενον χριστόν;	**Mk 15,9**	ὁ δὲ Πιλᾶτος ἀπεκρίθη αὐτοῖς λέγων· θέλετε ἀπολύσω ὑμῖν τὸν βασιλέα τῶν Ἰουδαίων;			 → Jn 18,39
     211	**Mt 27,20**	οἱ δὲ ἀρχιερεῖς καὶ οἱ πρεσβύτεροι ἔπεισαν τοὺς ὄχλους ἵνα αἰτήσωνται τὸν Βαραββᾶν, **τὸν δὲ Ἰησοῦν** ἀπολέσωσιν.	**Mk 15,11**	οἱ δὲ ἀρχιερεῖς ἀνέσεισαν τὸν ὄχλον ἵνα μᾶλλον τὸν Βαραββᾶν ἀπολύσῃ αὐτοῖς.	**Lk 23,18**	ἀνέκραγον δὲ παμπληθεὶ λέγοντες· αἶρε τοῦτον, ἀπόλυσον δὲ ἡμῖν τὸν Βαραββᾶν·	→ Jn 18,40
e 212	**Mt 27,22**	λέγει αὐτοῖς ὁ Πιλᾶτος· τί οὖν ποιήσω **Ἰησοῦν τὸν λεγόμενον χριστόν;** λέγουσιν πάντες· σταυρωθήτω.	**Mk 15,12**	ὁ δὲ Πιλᾶτος πάλιν ἀποκριθεὶς ἔλεγεν αὐτοῖς· τί οὖν [θέλετε] ποιήσω **[ὃν λέγετε] τὸν βασιλέα τῶν Ἰουδαίων;** [13] οἱ δὲ πάλιν ἔκραξαν· σταύρωσον αὐτόν.	**Lk 23,20**	πάλιν δὲ ὁ Πιλᾶτος προσεφώνησεν αὐτοῖς θέλων ἀπολῦσαι **τὸν Ἰησοῦν·** [21] οἱ δὲ ἐπεφώνουν λέγοντες· σταύρου, σταύρου αὐτόν.	→ Jn 19,12
    222	**Mt 27,26** ↑ Mt 27,16	τότε ἀπέλυσεν αὐτοῖς τὸν Βαραββᾶν, **τὸν δὲ Ἰησοῦν** φραγελλώσας παρέδωκεν ἵνα σταυρωθῇ.	**Mk 15,15** ↑ Mk 15,7	... ἀπέλυσεν αὐτοῖς τὸν Βαραββᾶν, καὶ παρέδωκεν **τὸν Ἰησοῦν** φραγελλώσας ἵνα σταυρωθῇ.	**Lk 23,25** ↑ Lk 23,19	ἀπέλυσεν δὲ τὸν διὰ στάσιν καὶ φόνον βεβλημένον εἰς φυλακὴν ὃν ᾐτοῦντο, **τὸν δὲ Ἰησοῦν** παρέδωκεν τῷ θελήματι αὐτῶν.	**→ Jn 19,16**
  210	**Mt 27,27** → Lk 23,11	τότε οἱ στρατιῶται τοῦ ἡγεμόνος παραλαβόντες **τὸν Ἰησοῦν** εἰς τὸ πραιτώριον συνήγαγον ἐπ' αὐτὸν ὅλην τὴν σπεῖραν.	**Mk 15,16** → Lk 23,11	οἱ δὲ στρατιῶται ἀπήγαγον **αὐτὸν** ἔσω τῆς αὐλῆς, ὅ ἐστιν πραιτώριον, καὶ συγκαλοῦσιν ὅλην τὴν σπεῖραν.			
       112	**Mt 27,32**	ἐξερχόμενοι δὲ εὗρον ἄνθρωπον Κυρηναῖον ὀνόματι Σίμωνα, τοῦτον ἠγγάρευσαν ἵνα ἄρῃ τὸν σταυρὸν αὐτοῦ.	**Mk 15,21**	καὶ ἀγγαρεύουσιν παράγοντά τινα Σίμωνα Κυρηναῖον ἐρχόμενον ἀπ' ἀγροῦ, τὸν πατέρα Ἀλεξάνδρου καὶ Ῥούφου, ἵνα ἄρῃ τὸν σταυρὸν αὐτοῦ.	**Lk 23,26**	... ἐπιλαβόμενοι Σίμωνά τινα Κυρηναῖον ἐρχόμενον ἀπ' ἀγροῦ ἐπέθηκαν αὐτῷ τὸν σταυρὸν φέρειν **ὄπισθεν τοῦ Ἰησοῦ.**	
002					**Lk 23,28**	στραφεὶς δὲ πρὸς αὐτὰς **[ὁ] Ἰησοῦς** εἶπεν· θυγατέρες Ἰερουσαλήμ, μὴ κλαίετε ἐπ' ἐμέ· ...	
002					**Lk 23,34**	**[[ὁ δὲ Ἰησοῦς** ἔλεγεν· πάτερ, ἄφες αὐτοῖς, οὐ γὰρ οἴδασιν τί ποιοῦσιν.]] ...	→ Acts 3,17 → Acts 7,60 → Acts 13,27 Lk 23,34a is textcritically uncertain.

k 211	Mt 27,37	καὶ ἐπέθηκαν ἐπάνω τῆς κεφαλῆς αὐτοῦ τὴν αἰτίαν αὐτοῦ γεγραμμένην· οὗτός ἐστιν **Ἰησοῦς** ὁ βασιλεὺς τῶν Ἰουδαίων.	Mk 15,26	καὶ ἦν ἡ ἐπιγραφὴ τῆς αἰτίας αὐτοῦ ἐπιγεγραμμένη· ὁ βασιλεὺς τῶν Ἰουδαίων.	Lk 23,38	ἦν δὲ καὶ ἐπιγραφὴ ἐπ' αὐτῷ· ὁ βασιλεὺς τῶν Ἰουδαίων οὗτος.	→ Jn 19,19
002					Lk 23,42	καὶ ἔλεγεν· **Ἰησοῦ,** μνήσθητί μου ὅταν ἔλθῃς εἰς τὴν βασιλείαν σου.	
220	Mt 27,46	περὶ δὲ τὴν ἐνάτην ὥραν ἀνεβόησεν **ὁ Ἰησοῦς** φωνῇ μεγάλῃ λέγων· *ηλι ηλι λεμα σαβαχθανι;* ... ➤ Ps 22,2	Mk 15,34	καὶ τῇ ἐνάτῃ ὥρᾳ ἐβόησεν **ὁ Ἰησοῦς** φωνῇ μεγάλῃ· *ελωι ελωι λεμα σαβαχθανι;* ... ➤ Ps 22,2			
222	Mt 27,50	**ὁ δὲ Ἰησοῦς** πάλιν κράξας φωνῇ μεγάλῃ ἀφῆκεν τὸ πνεῦμα.	Mk 15,37	**ὁ δὲ Ἰησοῦς** ἀφεὶς φωνὴν μεγάλην ἐξέπνευσεν.	Lk 23,46	καὶ φωνήσας φωνῇ μεγάλῃ **ὁ Ἰησοῦς** εἶπεν· πάτερ, *εἰς χεῖράς σου παρατίθεμαι τὸ πνεῦμά μου.* τοῦτο δὲ εἰπὼν ἐξέπνευσεν. ➤ Ps 31,6	→ Jn 19,30 → Acts 7,59
211	Mt 27,54	ὁ δὲ ἑκατόνταρχος καὶ οἱ μετ' αὐτοῦ τηροῦντες **τὸν Ἰησοῦν** ἰδόντες τὸν σεισμὸν καὶ τὰ γενόμενα ἐφοβήθησαν σφόδρα, λέγοντες· ἀληθῶς θεοῦ υἱὸς ἦν οὗτος.	Mk 15,39	ἰδὼν δὲ ὁ κεντυρίων ὁ παρεστηκὼς ἐξ ἐναντίας αὐτοῦ ὅτι οὕτως ἐξέπνευσεν εἶπεν· ἀληθῶς οὗτος ὁ ἄνθρωπος υἱὸς θεοῦ ἦν.	Lk 23,47	ἰδὼν δὲ ὁ ἑκατοντάρχης τὸ γενόμενον ἐδόξαζεν τὸν θεὸν λέγων· ὄντως ὁ ἄνθρωπος οὗτος δίκαιος ἦν.	
211	Mt 27,55 → Mt 27,61	... αἵτινες ἠκολούθησαν **τῷ Ἰησοῦ** ἀπὸ τῆς Γαλιλαίας διακονοῦσαι αὐτῷ·	Mk 15,41 → Mk 15,47	αἳ ὅτε ἦν ἐν τῇ Γαλιλαίᾳ ἠκολούθουν **αὐτῷ** καὶ διηκόνουν αὐτῷ, ...	Lk 23,49 → Lk 23,55 → Lk 8,2-3	... καὶ γυναῖκες αἱ συνακολουθοῦσαι **αὐτῷ** ἀπὸ τῆς Γαλιλαίας ὁρῶσαι ταῦτα.	
211	Mt 27,57	... ἦλθεν ἄνθρωπος πλούσιος ἀπὸ Ἁριμαθαίας, τοὔνομα Ἰωσήφ, ὃς καὶ αὐτὸς ἐμαθητεύθη **τῷ Ἰησοῦ·**	Mk 15,43	ἐλθὼν Ἰωσὴφ [ὁ] ἀπὸ Ἁριμαθαίας εὐσχήμων βουλευτής, ὃς καὶ αὐτὸς ἦν προσδεχόμενος τὴν βασιλείαν τοῦ θεοῦ,	Lk 23,51	[50] καὶ ἰδοὺ ἀνὴρ ὀνόματι Ἰωσὴφ βουλευτὴς ὑπάρχων [καὶ] ἀνὴρ ἀγαθὸς καὶ δίκαιος [51] ... ἀπὸ Ἁριμαθαίας πόλεως τῶν Ἰουδαίων, ὃς προσεδέχετο τὴν βασιλείαν τοῦ θεοῦ,	→ Jn 19,38
222	Mt 27,58	οὗτος προσελθὼν τῷ Πιλάτῳ ᾐτήσατο **τὸ σῶμα τοῦ Ἰησοῦ.** ...		τολμήσας εἰσῆλθεν πρὸς τὸν Πιλᾶτον καὶ ᾐτήσατο **τὸ σῶμα τοῦ Ἰησοῦ.**	Lk 23,52	οὗτος προσελθὼν τῷ Πιλάτῳ ᾐτήσατο **τὸ σῶμα τοῦ Ἰησοῦ**	→ Jn 19,38
f 012	Mt 28,2	καὶ ἰδοὺ σεισμὸς ἐγένετο μέγας· ἄγγελος γὰρ κυρίου καταβὰς ἐξ οὐρανοῦ καὶ προσελθὼν ἀπεκύλισεν τὸν λίθον καὶ ἐκάθητο ἐπάνω αὐτοῦ. [3] ἦν δὲ ἡ εἰδέα αὐτοῦ ὡς ἀστραπὴ καὶ τὸ ἔνδυμα αὐτοῦ λευκὸν ὡς χιών.	Mk 16,5	καὶ εἰσελθοῦσαι εἰς τὸ μνημεῖον εἶδον νεανίσκον καθήμενον ἐν τοῖς δεξιοῖς περιβεβλημένον στολὴν λευκήν, ...	Lk 24,3 → Lk 24,23	εἰσελθοῦσαι δὲ οὐχ εὗρον **τὸ σῶμα** **τοῦ κυρίου Ἰησοῦ.** [4] καὶ ἐγένετο ἐν τῷ ἀπορεῖσθαι αὐτὰς περὶ τούτου καὶ ἰδοὺ ἄνδρες δύο ἐπέστησαν αὐταῖς ἐν ἐσθῆτι ἀστραπτούσῃ.	→ Jn 20,11

m 221	**Mt 28,5**	... μὴ φοβεῖσθε ὑμεῖς, οἶδα γὰρ ὅτι **Ἰησοῦν** τὸν ἐσταυρωμένον ζητεῖτε·	**Mk 16,6**	... μὴ ἐκθαμβεῖσθε· **Ἰησοῦν** ζητεῖτε τὸν Ναζαρηνὸν τὸν ἐσταυρωμένον· ...	**Lk 24,5** → Lk 24,23	... τί ζητεῖτε τὸν ζῶντα μετὰ τῶν νεκρῶν·	
200	**Mt 28,9**	καὶ ἰδοὺ **Ἰησοῦς** ὑπήντησεν αὐταῖς λέγων· χαίρετε. ...					→ Jn 20,14-17
200	**Mt 28,10** → Mt 28,7 → Mk 16,7 ↓ Mt 28,16	τότε λέγει αὐταῖς **ὁ Ἰησοῦς·** μὴ φοβεῖσθε· ὑπάγετε ἀπαγγείλατε τοῖς ἀδελφοῖς μου ἵνα ἀπέλθωσιν εἰς τὴν Γαλιλαίαν, κἀκεῖ με ὄψονται.					→ Jn 20,17
002					**Lk 24,15**	καὶ ἐγένετο ἐν τῷ ὁμιλεῖν αὐτοὺς καὶ συζητεῖν καὶ αὐτὸς **Ἰησοῦς** ἐγγίσας συνεπορεύετο αὐτοῖς	
m 002					**Lk 24,19**	καὶ εἶπεν αὐτοῖς· ποῖα; οἱ δὲ εἶπαν αὐτῷ· **τὰ περὶ Ἰησοῦ τοῦ Ναζαρηνοῦ,** ὃς ἐγένετο ἀνὴρ προφήτης δυνατὸς ἐν ἔργῳ καὶ λόγῳ ...	→ Acts 2,22 → Acts 10,38
200	**Mt 28,16** → Mt 28,7 → Mk 16,7 ↑ Mt 28,10	οἱ δὲ ἕνδεκα μαθηταὶ ἐπορεύθησαν εἰς τὴν Γαλιλαίαν εἰς τὸ ὄρος οὗ ἐτάξατο αὐτοῖς **ὁ Ἰησοῦς**					
200	**Mt 28,18** → Mt 11,27 → Lk 10,22	καὶ προσελθὼν **ὁ Ἰησοῦς** ἐλάλησεν αὐτοῖς λέγων· ἐδόθη μοι πᾶσα ἐξουσία ἐν οὐρανῷ καὶ ἐπὶ [τῆς] γῆς.					

a Ἰησοῦς = Joshua (Acts 7,45)
b Ἰησοῦς = Joshua, son of Eliezer (Lk 3,29)
c Ἰησοῦς (ὁ) Βαραββᾶς (Mt 27,16; 27,17)
d Ἰησοῦς Χριστός, Χριστὸς Ἰησοῦς
e Ἰησοῦς ὁ λεγόμενος χριστός
f Ἰησοῦς and (ὁ) κύριος
g Ἰησοῦς (ὁ) υἱὸς (τοῦ) θεοῦ
h Ἰησοῦς υἱὸς Δαυίδ
j Ἰησοῦς (ὁ) υἱὸς (τοῦ) Ἰωσήφ
k Ἰησοῦς ὁ βασιλεὺς τῶν Ἰουδαίων
l Ἰησοῦς ὁ παῖς
m Ἰησοῦς (ὁ) Ναζωραῖος, ~ (ὁ) Ναζαρηνός, ~ ὁ ἀπὸ Ναζαρέθ
n Ἰησοῦς ὁ Γαλιλαῖος
p ὄνομα (τοῦ) Ἰησοῦ

Acts 1,1 τὸν μὲν πρῶτον λόγον ἐποιησάμην περὶ πάντων, ὦ Θεόφιλε, ὧν ἤρξατο **ὁ Ἰησοῦς** ποιεῖν τε καὶ διδάσκειν

Acts 1,11 (→ Lk 9,51; → Lk 24,51) ... **οὗτος ὁ Ἰησοῦς** ὁ ἀναλημφθεὶς ἀφ᾽ ὑμῶν εἰς τὸν οὐρανὸν οὕτως ἐλεύσεται ...

Acts 1,14 (→ Lk 8,2-3; → Lk 24,53) οὗτοι πάντες ἦσαν προσκαρτεροῦντες ὁμοθυμαδὸν τῇ προσευχῇ σὺν γυναιξὶν καὶ Μαριὰμ **τῇ μητρὶ τοῦ Ἰησοῦ** καὶ τοῖς ἀδελφοῖς αὐτοῦ.

Acts 1,16 ... ἔδει πληρωθῆναι τὴν γραφὴν ἣν προεῖπεν τὸ πνεῦμα τὸ ἅγιον διὰ στόματος Δαυὶδ περὶ Ἰούδα τοῦ γενομένου ὁδηγοῦ τοῖς συλλαβοῦσιν **Ἰησοῦν**

f **Acts 1,21** δεῖ οὖν τῶν συνελθόντων ἡμῖν ἀνδρῶν ἐν παντὶ χρόνῳ ᾧ εἰσῆλθεν καὶ ἐξῆλθεν ἐφ᾽ ἡμᾶς **ὁ κύριος Ἰησοῦς,** [22] ... μάρτυρα τῆς ἀναστάσεως αὐτοῦ σὺν ἡμῖν γενέσθαι ἕνα τούτων.

m **Acts 2,22**
→ Lk 24,19
ἄνδρες Ἰσραηλῖται,
ἀκούσατε τοὺς λόγους
τούτους·
Ἰησοῦν τὸν
Ναζωραῖον,
ἄνδρα ἀποδεδειγμένον
ἀπὸ τοῦ θεοῦ εἰς ὑμᾶς ...

Acts 2,32
τοῦτον τὸν Ἰησοῦν
ἀνέστησεν ὁ θεός, οὗ
πάντες ἡμεῖς ἐσμεν
μάρτυρες·

Acts 2,36
ἀσφαλῶς οὖν γινωσκέτω
πᾶς οἶκος Ἰσραὴλ ὅτι καὶ
κύριον αὐτὸν καὶ
χριστὸν ἐποίησεν ὁ θεός,
τοῦτον τὸν Ἰησοῦν
ὃν ὑμεῖς ἐσταυρώσατε.

dp **Acts 2,38**
... μετανοήσατε, [φησίν,]
καὶ βαπτισθήτω ἕκαστος
ὑμῶν
ἐπὶ τῷ ὀνόματι
Ἰησοῦ Χριστοῦ
εἰς ἄφεσιν τῶν ἁμαρτιῶν
ὑμῶν ...

dp m **Acts 3,6**
... ὃ δὲ ἔχω τοῦτό σοι
δίδωμι·
ἐν τῷ ὀνόματι
Ἰησοῦ Χριστοῦ
τοῦ Ναζωραίου
[ἔγειρε καὶ] περιπάτει.

l **Acts 3,13**
... *ὁ θεὸς τῶν πατέρων*
ἡμῶν, ἐδόξασεν
τὸν παῖδα αὐτοῦ
Ἰησοῦν
ὃν ὑμεῖς μὲν παρεδώκατε
καὶ ἠρνήσασθε κατὰ
πρόσωπον Πιλάτου, ...
➤ Exod 3,6

Acts 3,20
ὅπως ἂν ἔλθωσιν καιροὶ
ἀναψύξεως ἀπὸ
προσώπου τοῦ κυρίου
καὶ ἀποστείλῃ τὸν
προκεχειρισμένον ὑμῖν
χριστὸν
Ἰησοῦν

Acts 4,2
διαπονούμενοι διὰ τὸ
διδάσκειν αὐτοὺς τὸν
λαὸν καὶ καταγγέλλειν
ἐν τῷ Ἰησοῦ
τὴν ἀνάστασιν τὴν ἐκ
νεκρῶν

dp m **Acts 4,10**
γνωστὸν ἔστω πᾶσιν ὑμῖν
καὶ παντὶ τῷ λαῷ
Ἰσραὴλ ὅτι
ἐν τῷ ὀνόματι
Ἰησοῦ Χριστοῦ
τοῦ Ναζωραίου
ὃν ὑμεῖς ἐσταυρώσατε, ...

Acts 4,13
... ἐθαύμαζον
ἐπεγίνωσκόν τε αὐτοὺς
ὅτι
σὺν τῷ Ἰησοῦ
ἦσαν

p **Acts 4,18**
καὶ καλέσαντες αὐτοὺς
παρήγγειλαν τὸ καθόλου
μὴ φθέγγεσθαι μηδὲ
διδάσκειν
ἐπὶ τῷ ὀνόματι
τοῦ Ἰησοῦ.

l **Acts 4,27**
συνήχθησαν γὰρ
ἐπ' ἀληθείας ἐν τῇ πόλει
ταύτῃ
ἐπὶ τὸν ἅγιον παῖδά
σου Ἰησοῦν
ὃν ἔχρισας, Ἡρῴδης τε
καὶ Πόντιος Πιλᾶτος σὺν
ἔθνεσιν καὶ λαοῖς
Ἰσραήλ

lp **Acts 4,30**
ἐν τῷ τὴν χεῖρά [σου]
ἐκτείνειν σε εἰς ἴασιν
καὶ σημεῖα καὶ τέρατα
γίνεσθαι
διὰ τοῦ ὀνόματος
τοῦ ἁγίου παιδός
σου Ἰησοῦ.

f **Acts 4,33**
καὶ δυνάμει μεγάλῃ
ἀπεδίδουν τὸ μαρτύριον
οἱ ἀπόστολοι
τῆς ἀναστάσεως
τοῦ κυρίου Ἰησοῦ,
χάρις τε μεγάλη ἦν ἐπὶ
πάντας αὐτούς.

Acts 5,30
ὁ θεὸς τῶν πατέρων ἡμῶν
ἤγειρεν
Ἰησοῦν
ὃν ὑμεῖς διεχειρίσασθε
κρεμάσαντες ἐπὶ ξύλου·

p **Acts 5,40**
καὶ προσκαλεσάμενοι
τοὺς ἀποστόλους
δείραντες παρήγγειλαν
μὴ λαλεῖν
ἐπὶ τῷ ὀνόματι
τοῦ Ἰησοῦ
καὶ ἀπέλυσαν.

Acts 5,42
πᾶσάν τε ἡμέραν ἐν τῷ
ἱερῷ καὶ κατ' οἶκον οὐκ
ἐπαύοντο διδάσκοντες
καὶ εὐαγγελιζόμενοι
τὸν χριστόν
Ἰησοῦν.

m **Acts 6,14**
→ Mt 26,61
→ Mk 14,58
→ Mt 27,40
→ Mk 15,29
ἀκηκόαμεν γὰρ αὐτοῦ
λέγοντος ὅτι
Ἰησοῦς ὁ Ναζωραῖος
οὗτος
καταλύσει τὸν τόπον
τοῦτον καὶ ἀλλάξει τὰ
ἔθη ἃ παρέδωκεν ἡμῖν
Μωϋσῆς.

a **Acts 7,45**
ἣν καὶ εἰσήγαγον
διαδεξάμενοι οἱ πατέρες
ἡμῶν
μετὰ Ἰησοῦ
ἐν τῇ κατασχέσει τῶν
ἐθνῶν, ...

Acts 7,55
ὑπάρχων δὲ πλήρης
πνεύματος ἁγίου
ἀτενίσας εἰς τὸν οὐρανὸν
εἶδεν δόξαν θεοῦ καὶ
Ἰησοῦν
ἑστῶτα ἐκ δεξιῶν
τοῦ θεοῦ

f **Acts 7,59**
→ Lk 23,46
καὶ ἐλιθοβόλουν τὸν
Στέφανον ἐπικαλούμενον
καὶ λέγοντα·
κύριε Ἰησοῦ,
δέξαι τὸ πνεῦμά μου.

dp **Acts 8,12**
ὅτε δὲ ἐπίστευσαν τῷ
Φιλίππῳ εὐαγγελιζομένῳ
περὶ τῆς βασιλείας
τοῦ θεοῦ καὶ
τοῦ ὀνόματος
Ἰησοῦ Χριστοῦ,
ἐβαπτίζοντο ἄνδρες τε
καὶ γυναῖκες.

fp **Acts 8,16**
οὐδέπω γὰρ ἦν ἐπ' οὐδενὶ
αὐτῶν ἐπιπεπτωκός,
μόνον δὲ βεβαπτισμένοι
ὑπῆρχον
εἰς τὸ ὄνομα
τοῦ κυρίου Ἰησοῦ.

Acts 8,35
ἀνοίξας δὲ ὁ Φίλιππος τὸ
στόμα αὐτοῦ καὶ
ἀρξάμενος ἀπὸ τῆς
γραφῆς ταύτης
εὐηγγελίσατο αὐτῷ
τὸν Ἰησοῦν.

Acts 9,5
εἶπεν δέ· τίς εἶ, κύριε;
ὁ δέ· ἐγώ εἰμι
Ἰησοῦς
ὃν σὺ διώκεις·

f **Acts 9,17**
... Σαοὺλ ἀδελφέ,
ὁ κύριος ἀπέσταλκέν με,
Ἰησοῦς
ὁ ὀφθείς σοι ἐν τῇ ὁδῷ ᾗ
ἤρχου, ὅπως ἀναβλέψῃς
καὶ πλησθῇς πνεύματος
ἁγίου.

g **Acts 9,20**
καὶ εὐθέως ἐν ταῖς
συναγωγαῖς ἐκήρυσσεν
τὸν Ἰησοῦν
ὅτι οὗτός ἐστιν
ὁ υἱὸς τοῦ θεοῦ.

p **Acts 9,27**
... καὶ ὅτι ἐλάλησεν αὐτῷ
καὶ πῶς ἐν Δαμασκῷ
ἐπαρρησιάσατο
ἐν τῷ ὀνόματι
τοῦ Ἰησοῦ.

d **Acts 9,34**
... Αἰνέα, ἰᾶταί σε
Ἰησοῦς Χριστός·
ἀνάστηθι καὶ στρῶσον
σεαυτῷ. ...

df **Acts 10,36**
τὸν λόγον [ὃν] ἀπέστειλεν
τοῖς υἱοῖς Ἰσραὴλ
εὐαγγελιζόμενος εἰρήνην
διὰ Ἰησοῦ Χριστοῦ,
οὗτός ἐστιν πάντων
κύριος

m **Acts 10,38** **Ἰησοῦν τὸν ἀπὸ Ναζαρέθ,**
→ Lk 3,22
→ Lk 4,18
→ **Lk 24,19**
ὡς ἔχρισεν αὐτὸν ὁ θεὸς πνεύματι ἁγίῳ καὶ δυνάμει, ...

dp **Acts 10,48** προσέταξεν δὲ αὐτοὺς **ἐν τῷ ὀνόματι Ἰησοῦ Χριστοῦ** βαπτισθῆναι. ...

df **Acts 11,17** εἰ οὖν τὴν ἴσην δωρεὰν ἔδωκεν αὐτοῖς ὁ θεὸς ὡς καὶ ἡμῖν πιστεύσασιν **ἐπὶ τὸν κύριον Ἰησοῦν Χριστόν,** ἐγὼ τίς ἤμην δυνατὸς κωλῦσαι τὸν θεόν;

f **Acts 11,20** ... ἐλάλουν καὶ πρὸς τοὺς Ἑλληνιστάς εὐαγγελιζόμενοι **τὸν κύριον Ἰησοῦν.**

Acts 13,23 τούτου ὁ θεὸς ἀπὸ τοῦ σπέρματος κατ' ἐπαγγελίαν ἤγαγεν τῷ Ἰσραὴλ σωτῆρα **Ἰησοῦν**

Acts 13,33 ὅτι ταύτην ὁ θεὸς ἐκπεπλήρωκεν τοῖς τέκνοις [αὐτῶν] ἡμῖν ἀναστήσας **Ἰησοῦν** ὡς καὶ ἐν τῷ ψαλμῷ γέγραπται τῷ δευτέρῳ, *υἱός μου εἶ σύ, ἐγὼ σήμερον γεγέννηκά σε.*
➤ Ps 2,7

f **Acts 15,11** ἀλλὰ **διὰ τῆς χάριτος τοῦ κυρίου Ἰησοῦ** πιστεύομεν σωθῆναι καθ' ὃν τρόπον κἀκεῖνοι.

dp f **Acts 15,26** ἀνθρώποις παραδεδωκόσι τὰς ψυχὰς αὐτῶν **ὑπὲρ τοῦ ὀνόματος τοῦ κυρίου ἡμῶν Ἰησοῦ Χριστοῦ.**

Acts 16,7 ἐλθόντες δὲ κατὰ τὴν Μυσίαν ἐπείραζον εἰς τὴν Βιθυνίαν πορευθῆναι, καὶ οὐκ εἴασεν αὐτοὺς **τὸ πνεῦμα Ἰησοῦ·**

dp **Acts 16,18** ... παραγγέλλω σοι **ἐν ὀνόματι Ἰησοῦ Χριστοῦ** ἐξελθεῖν ἀπ' αὐτῆς· ...

f **Acts 16,31** ... πίστευσον **ἐπὶ τὸν κύριον Ἰησοῦν** καὶ σωθήσῃ σὺ καὶ ὁ οἶκός σου.

Acts 17,3 ... οὗτός ἐστιν ὁ χριστός **[ὁ] Ἰησοῦς** ὃν ἐγὼ καταγγέλλω ὑμῖν.

Acts 17,7 ... καὶ οὗτοι πάντες ἀπέναντι τῶν δογμάτων Καίσαρος πράσσουσι βασιλέα ἕτερον λέγοντες εἶναι **Ἰησοῦν.**
→ Lk 23,2

Acts 17,18 ... ξένων δαιμονίων δοκεῖ καταγγελεὺς εἶναι, ὅτι **τὸν Ἰησοῦν** καὶ τὴν ἀνάστασιν εὐηγγελίζετο.

Acts 18,5 ... συνείχετο τῷ λόγῳ ὁ Παῦλος διαμαρτυρόμενος τοῖς Ἰουδαίοις εἶναι τὸν χριστὸν **Ἰησοῦν.**

Acts 18,25 [24] Ἰουδαῖος δέ τις Ἀπολλῶς ὀνόματι, ... [25] ... ἐδίδασκεν ἀκριβῶς **τὰ περὶ τοῦ Ἰησοῦ,** ἐπιστάμενος μόνον τὸ βάπτισμα Ἰωάννου·

Acts 18,28 εὐτόνως γὰρ τοῖς Ἰουδαίοις διακατηλέγχετο δημοσίᾳ ἐπιδεικνὺς διὰ τῶν γραφῶν εἶναι τὸν χριστὸν **Ἰησοῦν.**

Acts 19,4 ... Ἰωάννης ἐβάπτισεν βάπτισμα μετανοίας τῷ λαῷ λέγων εἰς τὸν ἐρχόμενον μετ' αὐτὸν ἵνα πιστεύσωσιν, τοῦτ' ἔστιν **εἰς τὸν Ἰησοῦν.**
→ Mt 3,1-2
→ Mk 1,4
→ Lk 3,3
→ Acts 13,24
→ Mt 3,11
→ Mk 1,7-8
→ Lk 3,16

fp **Acts 19,5** ἀκούσαντες δὲ ἐβαπτίσθησαν **εἰς τὸ ὄνομα τοῦ κυρίου Ἰησοῦ**

fp **Acts 19,13 (2)** ἐπεχείρησαν δέ τινες καὶ τῶν περιερχομένων Ἰουδαίων ἐξορκιστῶν ὀνομάζειν ἐπὶ τοὺς ἔχοντας τὰ πνεύματα τὰ πονηρὰ **τὸ ὄνομα τοῦ κυρίου Ἰησοῦ** λέγοντες·
→ Lk 9,49
ὁρκίζω ὑμᾶς **τὸν Ἰησοῦν** ὃν Παῦλος κηρύσσει.

Acts 19,15 ἀποκριθὲν δὲ τὸ πνεῦμα τὸ πονηρὸν εἶπεν αὐτοῖς· **τὸν [μὲν] Ἰησοῦν** γινώσκω καὶ τὸν Παῦλον ἐπίσταμαι, ὑμεῖς δὲ τίνες ἐστέ;

fp **Acts 19,17** τοῦτο δὲ ἐγένετο γνωστὸν πᾶσιν Ἰουδαίοις τε καὶ Ἕλλησιν τοῖς κατοικοῦσιν τὴν Ἔφεσον καὶ ἐπέπεσεν φόβος ἐπὶ πάντας αὐτοὺς καὶ ἐμεγαλύνετο **τὸ ὄνομα τοῦ κυρίου Ἰησοῦ.**

f **Acts 20,21** διαμαρτυρόμενος Ἰουδαίοις τε καὶ Ἕλλησιν τὴν εἰς θεὸν μετάνοιαν καὶ πίστιν **εἰς τὸν κύριον ἡμῶν Ἰησοῦν.**

f **Acts 20,24** ... ὡς τελειῶσαι τὸν δρόμον μου καὶ τὴν διακονίαν ἣν ἔλαβον **παρὰ τοῦ κυρίου Ἰησοῦ,** διαμαρτύρασθαι τὸ εὐαγγέλιον τῆς χάριτος τοῦ θεοῦ.

f **Acts 20,35** ... μνημονεύειν τε **τῶν λόγων τοῦ κυρίου Ἰησοῦ** ὅτι αὐτὸς εἶπεν· μακάριόν ἐστιν μᾶλλον διδόναι ἢ λαμβάνειν.

fp **Acts 21,13** ... ἐγὼ γὰρ οὐ μόνον δεθῆναι ἀλλὰ καὶ ἀποθανεῖν εἰς Ἰερουσαλὴμ ἑτοίμως ἔχω **ὑπὲρ τοῦ ὀνόματος τοῦ κυρίου Ἰησοῦ.**

m **Acts 22,8** ... εἶπέν τε πρός με· ἐγώ εἰμι **Ἰησοῦς ὁ Ναζωραῖος,** ὃν σὺ διώκεις.

d **Acts 24,24** ... μετεπέμψατο τὸν Παῦλον καὶ ἤκουσεν αὐτοῦ **περὶ τῆς εἰς Χριστὸν Ἰησοῦν πίστεως.**

Acts 25,19 ζητήματα δέ τινα περὶ τῆς ἰδίας δεισιδαιμονίας εἶχον πρὸς αὐτὸν καὶ **περί τινος Ἰησοῦ τεθνηκότος** ὃν ἔφασκεν ὁ Παῦλος ζῆν.

m p **Acts 26,9** ἐγὼ μὲν οὖν ἔδοξα ἐμαυτῷ **πρὸς τὸ ὄνομα Ἰησοῦ τοῦ Ναζωραίου** δεῖν πολλὰ ἐναντία πρᾶξαι

Acts 26,15 ... ὁ δὲ κύριος εἶπεν· ἐγώ εἰμι **Ἰησοῦς** ὃν σὺ διώκεις.

Acts 28,23 ... πείθων τε αὐτοὺς περὶ τοῦ Ἰησοῦ ἀπό τε τοῦ νόμου Μωϋσέως καὶ τῶν προφητῶν, ἀπὸ πρωῒ ἕως ἑσπέρας.	*df* **Acts 28,31** κηρύσσων τὴν βασιλείαν τοῦ θεοῦ καὶ διδάσκων τὰ περὶ τοῦ κυρίου Ἰησοῦ Χριστοῦ μετὰ πάσης παρρησίας ἀκωλύτως.

ἱκανός

ἱκανός	Syn	Mt	Mk	Lk	Acts	Jn	1-3John	Paul	Eph	Col
	15	3	3	9	18			5		
	NT	2Thess	1/2Tim	Tit	Heb	Jas	1Pet	2Pet	Jude	Rev
	39		1							

sufficient; adequate; large enough; large; much; fit; appropriate; competent; qualified; able

	triple tradition																	double tradition			Sondergut		
		+Mt / +Lk			−Mt / −Lk			traditions not taken over by Mt / Lk							subtotals								
code	*222*	*211*	*112*	*212*	*221*	*122*	*121*	*022*	*012*	*021*	*220*	*120*	*210*	*020*	Σ⁺	Σ⁻	Σ	*202*	*201*	*102*	*200*	*002*	total
Mt							2^-									2^-		2			1		**3**
Mk							2							1			3						**3**
Lk			3^+				2^-								3^+	2^-	3	2				4	**9**

a ἱκανός with following infinitive
b ἱκανός with following ἵνα
c ἱκανός with reference to time
d τὸ ἱκανόν

a 020	Mt 3,11	... ὁ δὲ ὀπίσω μου ἐρχόμενος ἰσχυρότερός μού ἐστιν, οὗ οὐκ εἰμὶ **ἱκανὸς** τὰ ὑποδήματα βαστάσαι· ...	**Mk 1,7**	... ἔρχεται ὁ ἰσχυρότερός μου ὀπίσω μου, οὗ οὐκ εἰμὶ **ἱκανὸς** κύψας λῦσαι τὸν ἱμάντα τῶν ὑποδημάτων αὐτοῦ.	Lk 3,16	... ἔρχεται δὲ ὁ ἰσχυρότερός μου, οὗ οὐκ εἰμὶ **ἱκανὸς** λῦσαι τὸν ἱμάντα τῶν ὑποδημάτων αὐτοῦ· ...	→ Jn 1,27 → Acts 13,25 Mk-Q overlap
a 202	**Mt 3,11**	... ὁ δὲ ὀπίσω μου ἐρχόμενος ἰσχυρότερός μού ἐστιν, οὗ οὐκ εἰμὶ **ἱκανὸς** τὰ ὑποδήματα βαστάσαι· ...	Mk 1,7	... ἔρχεται ὁ ἰσχυρότερός μου ὀπίσω μου, οὗ οὐκ εἰμὶ **ἱκανὸς** κύψας λῦσαι τὸν ἱμάντα τῶν ὑποδημάτων αὐτοῦ.	**Lk 3,16**	... ἔρχεται δὲ ὁ ἰσχυρότερός μου, οὗ οὐκ εἰμὶ **ἱκανὸς** λῦσαι τὸν ἱμάντα τῶν ὑποδημάτων αὐτοῦ· ...	→ Jn 1,27 → Acts 13,25 Mk-Q overlap
b 202	**Mt 8,8**	... κύριε, οὐκ εἰμὶ **ἱκανὸς** ἵνα μου ὑπὸ τὴν στέγην εἰσέλθῃς, ...			**Lk 7,6**	... κύριε, μὴ σκύλλου, οὐ γὰρ **ἱκανός** εἰμι ἵνα ὑπὸ τὴν στέγην μου εἰσέλθῃς·	→ Jn 4,49
002					**Lk 7,12**	... καὶ ἰδοὺ ἐξεκομίζετο τεθνηκὼς μονογενὴς υἱὸς τῇ μητρὶ αὐτοῦ καὶ αὐτὴ ἦν χήρα, καὶ **ὄχλος τῆς πόλεως ἱκανὸς** ἦν σὺν αὐτῇ.	
c 112	**Mt 8,28**	... ὑπήντησαν αὐτῷ δύο δαιμονιζόμενοι ἐκ τῶν μνημείων ἐξερχόμενοι, ...	**Mk 5,2**	... ὑπήντησεν αὐτῷ ἐκ τῶν μνημείων ἄνθρωπος ἐν πνεύματι ἀκαθάρτῳ, [3] ὃς τὴν κατοίκησιν εἶχεν ἐν τοῖς μνήμασιν, ...	**Lk 8,27**	... ὑπήντησεν ἀνήρ τις ἐκ τῆς πόλεως ἔχων δαιμόνια καὶ **χρόνῳ ἱκανῷ** οὐκ ἐνεδύσατο ἱμάτιον καὶ ἐν οἰκίᾳ οὐκ ἔμενεν ἀλλ' ἐν τοῖς μνήμασιν.	
112	**Mt 8,30**	ἦν δὲ μακρὰν ἀπ' αὐτῶν **ἀγέλη χοίρων πολλῶν** βοσκομένη.	**Mk 5,11**	ἦν δὲ ἐκεῖ πρὸς τῷ ὄρει **ἀγέλη χοίρων μεγάλη** βοσκομένη·	**Lk 8,32**	ἦν δὲ ἐκεῖ **ἀγέλη χοίρων ἱκανῶν** βοσκομένη ἐν τῷ ὄρει· ...	

	Mt		Mk		Lk		
121	Mt 20,29 ⇩ Mt 9,27	καὶ ἐκπορευομένων αὐτῶν ἀπὸ Ἰεριχὼ ἠκολούθησεν αὐτῷ **ὄχλος πολύς.** [30] καὶ ἰδοὺ δύο τυφλοὶ καθήμενοι παρὰ τὴν ὁδόν ...	Mk 10,46	καὶ ἔρχονται εἰς Ἰεριχώ. καὶ ἐκπορευομένου αὐτοῦ ἀπὸ Ἰεριχὼ καὶ τῶν μαθητῶν αὐτοῦ καὶ **ὄχλου ἱκανοῦ** ὁ υἱὸς Τιμαίου Βαρτιμαῖος, τυφλὸς προσαίτης, ἐκάθητο παρὰ τὴν ὁδόν.	Lk 18,35	ἐγένετο δὲ ἐν τῷ ἐγγίζειν αὐτὸν εἰς Ἰεριχὼ τυφλός τις ἐκάθητο παρὰ τὴν ὁδὸν ἐπαιτῶν.	
	Mt 9,27 ⇧ Mt 20,29-30	καὶ παράγοντι ἐκεῖθεν τῷ Ἰησοῦ ἠκολούθησαν [αὐτῷ] δύο τυφλοὶ ...					
c 112	Mt 21,33	... ἄνθρωπος ἦν οἰκοδεσπότης ὅστις ἐφύτευσεν ἀμπελῶνα ... καὶ ἐξέδετο αὐτὸν γεωργοῖς καὶ ἀπεδήμησεν.	Mk 12,1	... ἀμπελῶνα ἄνθρωπος ἐφύτευσεν ... καὶ ἐξέδετο αὐτὸν γεωργοῖς καὶ ἀπεδήμησεν.	Lk 20,9	... ἄνθρωπός [τις] ἐφύτευσεν ἀμπελῶνα καὶ ἐξέδετο αὐτὸν γεωργοῖς καὶ ἀπεδήμησεν **χρόνους ἱκανούς.**	→ GTh 65
002					Lk 22,38 → Lk 22,49	οἱ δὲ εἶπαν· κύριε, ἰδοὺ μάχαιραι ὧδε δύο. ὁ δὲ εἶπεν αὐτοῖς· **ἱκανόν** ἐστιν.	
c 002					Lk 23,8 → Lk 9,9	ὁ δὲ Ἡρῴδης ἰδὼν τὸν Ἰησοῦν ἐχάρη λίαν, ἦν γὰρ **ἐξ ἱκανῶν χρόνων** θέλων ἰδεῖν αὐτὸν διὰ τὸ ἀκούειν περὶ αὐτοῦ, ...	
002	Mt 27,13	τότε λέγει αὐτῷ ὁ Πιλᾶτος· οὐκ ἀκούεις πόσα σου καταμαρτυροῦσιν; [14] καὶ οὐκ ἀπεκρίθη αὐτῷ πρὸς οὐδὲ ἓν ῥῆμα, ...	Mk 15,4	ὁ δὲ Πιλᾶτος πάλιν ἐπηρώτα αὐτὸν λέγων· οὐκ ἀποκρίνῃ οὐδέν; ἴδε πόσα σου κατηγοροῦσιν. [5] ὁ δὲ Ἰησοῦς οὐκέτι οὐδὲν ἀπεκρίθη, ...	Lk 23,9	ἐπηρώτα δὲ αὐτὸν **ἐν λόγοις ἱκανοῖς,** αὐτὸς δὲ οὐδὲν ἀπεκρίνατο αὐτῷ.	Mt/Mk: before Pilate; Lk: before Herod
d 121	Mt 27,24	ἰδὼν δὲ ὁ Πιλᾶτος ὅτι οὐδὲν ὠφελεῖ ἀλλὰ μᾶλλον θόρυβος γίνεται, ... [26] τότε ἀπέλυσεν αὐτοῖς τὸν Βαραββᾶν, ...	Mk 15,15	ὁ δὲ Πιλᾶτος βουλόμενος τῷ ὄχλῳ **τὸ ἱκανὸν** ποιῆσαι ἀπέλυσεν αὐτοῖς τὸν Βαραββᾶν, ...	Lk 23,24	καὶ Πιλᾶτος ἐπέκρινεν γενέσθαι τὸ αἴτημα αὐτῶν· [25] ἀπέλυσεν δὲ τὸν διὰ στάσιν καὶ φόνον βεβλημένον εἰς φυλακὴν ὃν ᾐτοῦντο, ...	
200	Mt 28,12	καὶ συναχθέντες μετὰ τῶν πρεσβυτέρων συμβούλιόν τε λαβόντες **ἀργύρια ἱκανὰ** ἔδωκαν τοῖς στρατιώταις					

c **Acts 8,11** προσεῖχον δὲ αὐτῷ διὰ τὸ **ἱκανῷ χρόνῳ** ταῖς μαγείαις ἐξεστακέναι αὐτούς.

c **Acts 9,23** ὡς δὲ ἐπληροῦντο **ἡμέραι ἱκαναί,** συνεβουλεύσαντο οἱ Ἰουδαῖοι ἀνελεῖν αὐτόν·

c **Acts 9,43** ἐγένετο δὲ **ἡμέρας ἱκανὰς** μεῖναι ἐν Ἰόππῃ παρά τινι Σίμωνι βυρσεῖ.

Acts 11,24 ... καὶ προσετέθη **ὄχλος ἱκανὸς** τῷ κυρίῳ.

Acts 11,26 ... ἐγένετο δὲ αὐτοῖς καὶ ἐνιαυτὸν ὅλον συναχθῆναι ἐν τῇ ἐκκλησίᾳ καὶ διδάξαι **ὄχλον ἱκανόν,** ...

Acts 12,12 ... ἦλθεν ἐπὶ τὴν οἰκίαν τῆς Μαρίας τῆς μητρὸς Ἰωάννου τοῦ ἐπικαλουμένου Μάρκου, οὗ ἦσαν **ἱκανοὶ** συνηθροισμένοι καὶ προσευχόμενοι.

c Acts 14,3 **ἱκανὸν μὲν οὖν χρόνον** διέτριψαν παρρησιαζόμενοι ἐπὶ τῷ κυρίῳ τῷ μαρτυροῦντι [ἐπὶ] τῷ λόγῳ τῆς χάριτος αὐτοῦ, ...

Acts 14,21 εὐαγγελισάμενοί τε τὴν πόλιν ἐκείνην καὶ μαθητεύσαντες **ἱκανοὺς** ὑπέστρεψαν εἰς τὴν Λύστραν καὶ εἰς Ἰκόνιον καὶ εἰς Ἀντιόχειαν

d Acts 17,9 καὶ λαβόντες **τὸ ἱκανὸν** παρὰ τοῦ Ἰάσονος καὶ τῶν λοιπῶν ἀπέλυσαν αὐτούς.

c Acts 18,18 ὁ δὲ Παῦλος ἔτι προσμείνας **ἡμέρας ἱκανὰς** τοῖς ἀδελφοῖς ἀποταξάμενος ἐξέπλει εἰς τὴν Συρίαν, ...

Acts 19,19 **ἱκανοὶ δὲ τῶν τὰ περίεργα πραξάντων** συνενέγκαντες τὰς βίβλους κατέκαιον ἐνώπιον πάντων, ...

Acts 19,26 ... ὁ Παῦλος οὗτος πείσας μετέστησεν **ἱκανὸν ὄχλον** λέγων ὅτι οὐκ εἰσὶν θεοὶ οἱ διὰ χειρῶν γινόμενοι.

Acts 20,8 ἦσαν δὲ **λαμπάδες ἱκαναὶ** ἐν τῷ ὑπερῴῳ οὗ ἦμεν συνηγμένοι.

c Acts 20,11 ἀναβὰς δὲ καὶ κλάσας τὸν ἄρτον καὶ γευσάμενος **ἐφ' ἱκανόν** τε ὁμιλήσας ἄχρι αὐγῆς, οὕτως ἐξῆλθεν.

Acts 20,37 **ἱκανὸς δὲ κλαυθμὸς ἐγένετο πάντων** καὶ ἐπιπεσόντες ἐπὶ τὸν τράχηλον τοῦ Παύλου ...

Acts 22,6 ... ἐξαίφνης ἐκ τοῦ οὐρανοῦ περιαστράψαι **φῶς ἱκανὸν** περὶ ἐμέ

c Acts 27,7 **ἐν ἱκαναῖς δὲ ἡμέραις** βραδυπλοοῦντες καὶ μόλις γενόμενοι κατὰ τὴν Κνίδον, ...

c Acts 27,9 **ἱκανοῦ δὲ χρόνου** διαγενομένου καὶ ὄντος ἤδη ἐπισφαλοῦς τοῦ πλοὸς ...

ἰκμάς

ἰκμάς	Syn 1	Mt	Mk	Lk 1	Acts	Jn	1-3John	Paul	Eph	Col
	NT 1	2Thess	1/2Tim	Tit	Heb	Jas	1Pet	2Pet	Jude	Rev

moisture

112	Mt 13,6	ἡλίου δὲ ἀνατείλαντος ἐκαυματίσθη καὶ διὰ τὸ μὴ ἔχειν ῥίζαν ἐξηράνθη.	Mk 4,6	καὶ ὅτε ἀνέτειλεν ὁ ἥλιος ἐκαυματίσθη καὶ διὰ τὸ μὴ ἔχειν ῥίζαν ἐξηράνθη.	Lk 8,6	... ἐξηράνθη διὰ τὸ μὴ ἔχειν **ἰκμάδα.**	→ GTh 9

ἱλάσκομαι

ἱλάσκομαι	Syn 1	Mt	Mk	Lk 1	Acts	Jn	1-3John	Paul	Eph	Col
	NT 2	2Thess	1/2Tim	Tit	Heb 1	Jas	1Pet	2Pet	Jude	Rev

propitiate; conciliate; expiate

002					Lk 18,13	... ἀλλ' ἔτυπτεν τὸ στῆθος αὐτοῦ λέγων· ὁ θεός, **ἱλάσθητί** μοι τῷ ἁμαρτωλῷ.	

ἵλεως	Syn 1	Mt 1	Mk	Lk	Acts	Jn	1-3John	Paul	Eph	Col
	NT 2	2Thess	1/2Tim	Tit	Heb 1	Jas	1Pet	2Pet	Jude	Rev

gracious; merciful

210	Mt 16,22	καὶ προσλαβόμενος αὐτὸν ὁ Πέτρος ἤρξατο ἐπιτιμᾶν αὐτῷ λέγων· ἵλεώς σοι, κύριε· οὐ μὴ ἔσται σοι τοῦτο.	Mk 8,32	... καὶ προσλαβόμενος ὁ Πέτρος αὐτὸν ἤρξατο ἐπιτιμᾶν αὐτῷ.			

ἱμάς	Syn 2	Mt	Mk 1	Lk 1	Acts 1	Jn 1	1-3John	Paul	Eph	Col
	NT 4	2Thess	1/2Tim	Tit	Heb	Jas	1Pet	2Pet	Jude	Rev

strap; thong

020	Mt 3,11	... ὁ δὲ ὀπίσω μου ἐρχόμενος ἰσχυρότερός μού ἐστιν, οὗ οὐκ εἰμὶ ἱκανὸς τὰ ὑποδήματα βαστάσαι· ...	Mk 1,7	... ἔρχεται ὁ ἰσχυρότερός μου ὀπίσω μου, οὗ οὐκ εἰμὶ ἱκανὸς κύψας λῦσαι τὸν ἱμάντα τῶν ὑποδημάτων αὐτοῦ.	Lk 3,16	... ἔρχεται δὲ ὁ ἰσχυρότερός μου, οὗ οὐκ εἰμὶ ἱκανὸς λῦσαι τὸν ἱμάντα τῶν ὑποδημάτων αὐτοῦ· ...	→ Jn 1,27 → Acts 13,25 Mk-Q overlap
102	Mt 3,11	... ὁ δὲ ὀπίσω μου ἐρχόμενος ἰσχυρότερός μού ἐστιν, οὗ οὐκ εἰμὶ ἱκανὸς τὰ ὑποδήματα βαστάσαι· ...	Mk 1,7	... ἔρχεται ὁ ἰσχυρότερός μου ὀπίσω μου, οὗ οὐκ εἰμὶ ἱκανὸς κύψας λῦσαι τὸν ἱμάντα τῶν ὑποδημάτων αὐτοῦ.	Lk 3,16	... ἔρχεται δὲ ὁ ἰσχυρότερός μου, οὗ οὐκ εἰμὶ ἱκανὸς λῦσαι τὸν ἱμάντα τῶν ὑποδημάτων αὐτοῦ· ...	→ Jn 1,27 → Acts 13,25 Mk-Q overlap

Acts 22,25 ὡς δὲ προέτειναν αὐτὸν
τοῖς ἱμᾶσιν,
εἶπεν πρὸς τὸν ἑστῶτα
ἑκατόνταρχον ὁ Παῦλος·
...

ἱματίζω	Syn 2	Mt	Mk 1	Lk 1	Acts	Jn	1-3John	Paul	Eph	Col
	NT 2	2Thess	1/2Tim	Tit	Heb	Jas	1Pet	2Pet	Jude	Rev

dress; clothe

122	Mt 8,34	καὶ ἰδοὺ πᾶσα ἡ πόλις ἐξῆλθεν εἰς ὑπάντησιν τῷ Ἰησοῦ ...	Mk 5,15	[14] ... καὶ ἦλθον ἰδεῖν τί ἐστιν τὸ γεγονὸς [15] καὶ ἔρχονται πρὸς τὸν Ἰησοῦν, καὶ θεωροῦσιν τὸν δαιμονιζόμενον καθήμενον ἱματισμένον καὶ σωφρονοῦντα, τὸν ἐσχηκότα τὸν λεγιῶνα, ...	Lk 8,35	ἐξῆλθον δὲ ἰδεῖν τὸ γεγονὸς καὶ ἦλθον πρὸς τὸν Ἰησοῦν καὶ εὗρον καθήμενον τὸν ἄνθρωπον ἀφ' οὗ τὰ δαιμόνια ἐξῆλθεν ἱματισμένον καὶ σωφρονοῦντα παρὰ τοὺς πόδας τοῦ Ἰησοῦ, ...	

ἱμάτιον	Syn 35	Mt 13	Mk 12	Lk 10	Acts 8	Jn 6	1-3John	Paul	Eph	Col
	NT 60	2Thess	1/2Tim	Tit	Heb 2	Jas 1	1Pet 1	2Pet	Jude	Rev 7

garment; cloak; robe

	triple tradition																	double tradition			Sondergut		
		+Mt / +Lk			–Mt / –Lk			traditions not taken over by Mt / Lk							subtotals								
code	*222*	*211*	*112*	*212*	*221*	*122*	*121*	*022*	*012*	*021*	*220*	*120*	*210*	*020*	Σ^+	Σ^-	Σ	*202*	*201*	*102*	*200*	*002*	total
Mt	5	2^+			2		2^-				3				2^+	2^-	12	1					**13**
Mk	5				2		2				3						12						**12**
Lk	5		2^+		2^-		2^-								2^+	4^-	7	1		1		1	**10**

a ἱμάτιον singular

code	Mt		Mk		Lk		
a 112 *a* 222	**Mt 9,16** **(2)**	οὐδεὶς δὲ ἐπιβάλλει **ἐπίβλημα ῥάκους ἀγνάφου** **ἐπὶ ἱματίῳ παλαιῷ·** αἴρει γὰρ τὸ πλήρωμα αὐτοῦ ἀπὸ τοῦ ἱματίου καὶ χεῖρον σχίσμα γίνεται.	**Mk 2,21**	οὐδεὶς **ἐπίβλημα ῥάκους ἀγνάφου** ἐπιράπτει **ἐπὶ ἱμάτιον παλαιόν·** εἰ δὲ μή, αἴρει τὸ πλήρωμα ἀπ᾽ αὐτοῦ τὸ καινὸν τοῦ παλαιοῦ, καὶ χεῖρον σχίσμα γίνεται.	**Lk 5,36** **(2)**	... οὐδεὶς **ἐπίβλημα ἀπὸ ἱματίου καινοῦ** σχίσας ἐπιβάλλει **ἐπὶ ἱμάτιον παλαιόν·** εἰ δὲ μή γε, καὶ τὸ καινὸν σχίσει καὶ τῷ παλαιῷ οὐ συμφωνήσει τὸ ἐπίβλημα τὸ ἀπὸ τοῦ καινοῦ.	→ GTh 47,5
a 202	**Mt 5,40**	καὶ τῷ θέλοντί σοι κριθῆναι καὶ τὸν χιτῶνά σου λαβεῖν, ἄφες αὐτῷ καὶ **τὸ ἱμάτιον·**			**Lk 6,29**	... καὶ ἀπὸ τοῦ αἴροντός σου **τὸ ἱμάτιον** καὶ τὸν χιτῶνα μὴ κωλύσῃς.	
a 222 *a* 211	**Mt 9,16** **(2)**	οὐδεὶς δὲ ἐπιβάλλει ἐπίβλημα ῥάκους ἀγνάφου **ἐπὶ ἱματίῳ παλαιῷ·** αἴρει γὰρ τὸ πλήρωμα αὐτοῦ **ἀπὸ τοῦ ἱματίου** καὶ χεῖρον σχίσμα γίνεται.	**Mk 2,21**	οὐδεὶς ἐπίβλημα ῥάκους ἀγνάφου ἐπιράπτει **ἐπὶ ἱμάτιον παλαιόν·** εἰ δὲ μή, αἴρει τὸ πλήρωμα **ἀπ᾽ αὐτοῦ** τὸ καινὸν τοῦ παλαιοῦ, καὶ χεῖρον σχίσμα γίνεται.	**Lk 5,36** **(2)**	... οὐδεὶς ἐπίβλημα ἀπὸ ἱματίου καινοῦ σχίσας ἐπιβάλλει **ἐπὶ ἱμάτιον παλαιόν·** εἰ δὲ μή γε, καὶ τὸ καινὸν σχίσει καὶ τῷ παλαιῷ οὐ συμφωνήσει τὸ ἐπίβλημα τὸ ἀπὸ τοῦ καινοῦ.	→ GTh 47,5
102	**Mt 11,8**	ἀλλὰ τί ἐξήλθατε ἰδεῖν; ἄνθρωπον **ἐν μαλακοῖς** ἠμφιεσμένον; ...			**Lk 7,25**	ἀλλὰ τί ἐξήλθατε ἰδεῖν; ἄνθρωπον **ἐν μαλακοῖς ἱματίοις** ἠμφιεσμένον; ...	→ GTh 78
a 112	**Mt 8,28**	... ὑπήντησαν αὐτῷ δύο δαιμονιζόμενοι ἐκ τῶν μνημείων ἐξερχόμενοι, χαλεποὶ λίαν, ...	**Mk 5,2**	... εὐθὺς ὑπήντησεν αὐτῷ ἐκ τῶν μνημείων ἄνθρωπος ἐν πνεύματι ἀκαθάρτῳ, [3] ὃς τὴν κατοίκησιν εἶχεν ἐν τοῖς μνήμασιν, ...	**Lk 8,27**	... ὑπήντησεν ἀνήρ τις ἐκ τῆς πόλεως ἔχων δαιμόνια καὶ χρόνῳ ἱκανῷ οὐκ ἐνεδύσατο **ἱμάτιον** καὶ ἐν οἰκίᾳ οὐκ ἔμενεν ἀλλ᾽ ἐν τοῖς μνήμασιν.	
a 222	**Mt 9,20** ↓ Mt 14,36	καὶ ἰδοὺ γυνὴ αἱμορροοῦσα δώδεκα ἔτη προσελθοῦσα ὄπισθεν ἥψατο **τοῦ κρασπέδου τοῦ ἱματίου αὐτοῦ·**	**Mk 5,27** ↓ Mk 6,56	[25] καὶ γυνὴ οὖσα ἐν ῥύσει αἵματος δώδεκα ἔτη ... [27] ἀκούσασα περὶ τοῦ Ἰησοῦ, ἐλθοῦσα ἐν τῷ ὄχλῳ ὄπισθεν ἥψατο **τοῦ ἱματίου αὐτοῦ·**	**Lk 8,44**	[43] καὶ γυνὴ οὖσα ἐν ῥύσει αἵματος ἀπὸ ἐτῶν δώδεκα, ... [44] προσελθοῦσα ὄπισθεν ἥψατο **τοῦ κρασπέδου τοῦ ἱματίου αὐτοῦ ...**	
a 220	**Mt 9,21** → Lk 8,47	ἔλεγεν γὰρ ἐν ἑαυτῇ· ἐὰν μόνον ἅψωμαι **τοῦ ἱματίου αὐτοῦ** σωθήσομαι.	**Mk 5,28** → Lk 8,47	ἔλεγεν γὰρ ὅτι ἐὰν ἅψωμαι κἂν **τῶν ἱματίων αὐτοῦ** σωθήσομαι.			

	Mt		Mk		Lk		Jn
121	Mt 9,22	ὁ δὲ Ἰησοῦς στραφεὶς ...	Mk 5,30	καὶ εὐθὺς ὁ Ἰησοῦς ἐπιγνοὺς ἐν ἑαυτῷ τὴν ἐξ αὐτοῦ δύναμιν ἐξελθοῦσαν ἐπιστραφεὶς ἐν τῷ ὄχλῳ ἔλεγεν· τίς **μου ἥψατο τῶν ἱματίων;**	Lk 8,45	καὶ εἶπεν ὁ Ἰησοῦς· τίς **ὁ ἁψάμενός μου; ...** [46] ... ἐγὼ γὰρ ἔγνων δύναμιν ἐξεληλυθυῖαν ἀπ᾽ ἐμοῦ.	
a 220	Mt 14,36 ↑ Mt 9,20	καὶ παρεκάλουν αὐτὸν ἵνα μόνον ἅψωνται **τοῦ κρασπέδου τοῦ ἱματίου αὐτοῦ·** ...	Mk 6,56 ↑ Mk 5,27	... καὶ παρεκάλουν αὐτὸν ἵνα κἂν **τοῦ κρασπέδου τοῦ ἱματίου αὐτοῦ** ἅψωνται· ...	↑ Lk 8,44		
221	Mt 17,2	**... τὰ δὲ ἱμάτια αὐτοῦ** ἐγένετο λευκὰ ὡς τὸ φῶς.	Mk 9,3	**καὶ τὰ ἱμάτια αὐτοῦ** ἐγένετο στίλβοντα λευκὰ λίαν, οἷα γναφεὺς ἐπὶ τῆς γῆς οὐ δύναται οὕτως λευκᾶναι.	Lk 9,29	**... καὶ ὁ ἱματισμὸς αὐτοῦ** λευκὸς ἐξαστράπτων.	
a 121	Mt 20,32	καὶ στὰς ὁ Ἰησοῦς ἐφώνησεν αὐτοὺς καὶ εἶπεν· ...	Mk 10,50	[49] καὶ στὰς ὁ Ἰησοῦς εἶπεν· φωνήσατε αὐτόν. καὶ φωνοῦσιν τὸν τυφλὸν λέγοντες αὐτῷ· θάρσει, ἔγειρε, φωνεῖ σε. [50] ὁ δὲ ἀποβαλὼν **τὸ ἱμάτιον αὐτοῦ** ἀναπηδήσας ἦλθεν πρὸς τὸν Ἰησοῦν. [51] καὶ ἀποκριθεὶς αὐτῷ ὁ Ἰησοῦς εἶπεν· ...	Lk 18,40	σταθεὶς δὲ ὁ Ἰησοῦς ἐκέλευσεν αὐτὸν ἀχθῆναι πρὸς αὐτόν. ἐγγίσαντος δὲ αὐτοῦ ἐπηρώτησεν αὐτόν·	
	Mt 9,28	ἐλθόντι δὲ εἰς τὴν οἰκίαν προσῆλθον αὐτῷ οἱ τυφλοί, καὶ λέγει αὐτοῖς ὁ Ἰησοῦς· ...					
222	Mt 21,7	ἤγαγον τὴν ὄνον καὶ τὸν πῶλον καὶ ἐπέθηκαν ἐπ᾽ αὐτῶν **τὰ ἱμάτια,** καὶ ἐπεκάθισεν ἐπάνω αὐτῶν.	Mk 11,7	καὶ φέρουσιν τὸν πῶλον πρὸς τὸν Ἰησοῦν καὶ ἐπιβάλλουσιν αὐτῷ **τὰ ἱμάτια αὐτῶν,** καὶ ἐκάθισεν ἐπ᾽ αὐτόν.	Lk 19,35	καὶ ἤγαγον αὐτὸν πρὸς τὸν Ἰησοῦν καὶ ἐπιρίψαντες **αὐτῶν τὰ ἱμάτια** ἐπὶ τὸν πῶλον ἐπεβίβασαν τὸν Ἰησοῦν.	
222	Mt 21,8	ὁ δὲ πλεῖστος ὄχλος ἔστρωσαν **ἑαυτῶν τὰ ἱμάτια** ἐν τῇ ὁδῷ, ...	Mk 11,8	καὶ πολλοὶ **τὰ ἱμάτια αὐτῶν** ἔστρωσαν εἰς τὴν ὁδόν, ...	Lk 19,36	πορευομένου δὲ αὐτοῦ ὑπεστρώννυον **τὰ ἱμάτια αὐτῶν** ἐν τῇ ὁδῷ.	→ Jn 12,13
a 221	Mt 24,18	καὶ ὁ ἐν τῷ ἀγρῷ μὴ ἐπιστρεψάτω ὀπίσω ἆραι **τὸ ἱμάτιον αὐτοῦ.**	Mk 13,16	καὶ ὁ εἰς τὸν ἀγρὸν μὴ ἐπιστρεψάτω εἰς τὰ ὀπίσω ἆραι **τὸ ἱμάτιον αὐτοῦ.**	Lk 17,31 → Lk 21,21	... καὶ ὁ ἐν ἀγρῷ ὁμοίως μὴ ἐπιστρεψάτω εἰς τὰ ὀπίσω.	
a 002					Lk 22,36	... καὶ ὁ μὴ ἔχων πωλησάτω **τὸ ἱμάτιον αὐτοῦ** καὶ ἀγορασάτω μάχαιραν.	
211	Mt 26,65	τότε ὁ ἀρχιερεὺς διέρρηξεν **τὰ ἱμάτια αὐτοῦ** λέγων· ἐβλασφήμησεν· τί ἔτι χρείαν ἔχομεν μαρτύρων; ...	Mk 14,63	ὁ δὲ ἀρχιερεὺς διαρρήξας **τοὺς χιτῶνας αὐτοῦ** λέγει· τί ἔτι χρείαν ἔχομεν μαρτύρων;	Lk 22,71	οἱ δὲ εἶπαν· τί ἔτι ἔχομεν μαρτυρίας χρείαν; ...	
220	Mt 27,31	καὶ ὅτε ἐνέπαιξαν αὐτῷ, ἐξέδυσαν αὐτὸν τὴν χλαμύδα καὶ ἐνέδυσαν αὐτὸν **τὰ ἱμάτια αὐτοῦ ...**	Mk 15,20	καὶ ὅτε ἐνέπαιξαν αὐτῷ, ἐξέδυσαν αὐτὸν τὴν πορφύραν καὶ ἐνέδυσαν αὐτὸν **τὰ ἱμάτια αὐτοῦ. ...**			

	Mt		Mk		Lk		
222	Mt 27,35	... *διεμερίσαντο* **τὰ ἱμάτια αὐτοῦ** *βάλλοντες κλῆρον* ➤ Ps 22,19	Mk 15,24	... καὶ *διαμερίζονται* **τὰ ἱμάτια αὐτοῦ** *βάλλοντες κλῆρον ἐπ' αὐτὰ* τίς τί ἄρῃ. ➤ Ps 22,19	Lk 23,34	... *διαμεριζόμενοι δὲ* **τὰ ἱμάτια αὐτοῦ** *ἔβαλον κλήρους.* ➤ Ps 22,19	→ Jn 19,24

Acts 7,58 ... καὶ οἱ μάρτυρες ἀπέθεντο **τὰ ἱμάτια αὐτῶν** παρὰ τοὺς πόδας νεανίου καλουμένου Σαύλου

Acts 9,39 ... καὶ ἐπιδεικνύμεναι **χιτῶνας καὶ ἱμάτια** ὅσα ἐποίει μετ' αὐτῶν οὖσα ἡ Δορκάς.

a **Acts 12,8** ... καὶ λέγει αὐτῷ· περιβαλοῦ **τὸ ἱμάτιόν σου** καὶ ἀκολούθει μοι.

Acts 14,14 ἀκούσαντες δὲ οἱ ἀπόστολοι Βαρναβᾶς καὶ Παῦλος διαρρήξαντες **τὰ ἱμάτια αὐτῶν** ἐξεπήδησαν εἰς τὸν ὄχλον κράζοντες

Acts 16,22 ... καὶ οἱ στρατηγοὶ περιρήξαντες **αὐτῶν τὰ ἱμάτια** ἐκέλευον ῥαβδίζειν

Acts 18,6 ... ἐκτιναξάμενος **τὰ ἱμάτια** εἶπεν πρὸς αὐτούς· τὸ αἷμα ὑμῶν ἐπὶ τὴν κεφαλὴν ὑμῶν· ...
→ Mt 10,14
→ Mk 6,11
→ Lk 9,5
→ Lk 10,11
→ Mt 27,24-25
→ Acts 20,26

Acts 22,20 ... καὶ αὐτὸς ἤμην ἐφεστὼς καὶ συνευδοκῶν καὶ φυλάσσων **τὰ ἱμάτια τῶν ἀναιρούντων** αὐτόν.

Acts 22,23 κραυγαζόντων τε αὐτῶν καὶ ῥιπτούντων **τὰ ἱμάτια** καὶ κονιορτὸν βαλλόντων εἰς τὸν ἀέρα

ἱματισμός

	Syn	Mt	Mk	Lk	Acts	Jn	1-3John	Paul	Eph	Col
	2			2	1	1				
	NT	2Thess	1/2Tim	Tit	Heb	Jas	1Pet	2Pet	Jude	Rev
	5		1							

clothing; apparel

	Mt		Mk		Lk		
102	Mt 11,8	... ἰδοὺ οἱ **τὰ μαλακὰ** φοροῦντες ἐν τοῖς οἴκοις τῶν βασιλέων εἰσίν.			Lk 7,25	... ἰδοὺ οἱ **ἐν ἱματισμῷ ἐνδόξῳ** καὶ τρυφῇ ὑπάρχοντες ἐν τοῖς βασιλείοις εἰσίν.	→ GTh 78
112	Mt 17,2	... **τὰ δὲ ἱμάτια αὐτοῦ** ἐγένετο λευκὰ ὡς τὸ φῶς.	Mk 9,3	**καὶ τὰ ἱμάτια αὐτοῦ** ἐγένετο στίλβοντα λευκὰ λίαν, οἷα γναφεὺς ἐπὶ τῆς γῆς οὐ δύναται οὕτως λευκᾶναι.	Lk 9,29	... **καὶ ὁ ἱματισμὸς αὐτοῦ** λευκὸς ἐξαστράπτων.	

Acts 20,33 ἀργυρίου ἢ χρυσίου ἢ **ἱματισμοῦ** οὐδενὸς ἐπεθύμησα·

ἵνα	Syn 149	Mt 39	Mk 64	Lk 46	Acts 15	Jn 144	1-3John 26	Paul 171	Eph 23	Col 13
	NT 662	2Thess 7	1/2Tim 20	Tit 13	Heb 20	Jas 4	1Pet 13	2Pet 2	Jude	Rev 42

in order that; so that; that

	triple tradition																	double tradition			Sondergut		
		+Mt / +Lk			–Mt / –Lk			traditions not taken over by Mt / Lk							subtotals								
code	*222*	*211*	*112*	*212*	*221*	*122*	*121*	*022*	*012*	*021*	*220*	*120*	*210*	*020*	Σ⁺	Σ⁻	Σ	*202*	*201*	*102*	*200*	*002*	total
Mt	7	5^+			5	6^-	15^-				5	10^-			5^+	31^-	22	3	3		11		**39**
Mk	7				5	6	15	1		9	5	10		6			64						**64**
Lk	7		6^+		5^-	6	15^-	1	1^+	9^-					7^+	29^-	21	3		6		16	**46**

Mk-Q overlap: 211: Mt 18,6 / Mk 9,42 / Lk 17,2 (?) 112: Mt 18,6 / Mk 9,42 / Lk 17,2 (?)

[a] ἵνα with following future indicative
[b] ἵνα (...) μή
[c] ἵνα μηδείς, ἵνα μήποτε
[d] ἵνα ὅταν
[e] ἵνα with reference to scripture

code	Mt		Mk		Lk		
002					**Lk 1,4**	[3] ... καθεξῆς σοι γράψαι, κράτιστε Θεόφιλε, [4] **ἵνα** ἐπιγνῷς περὶ ὧν κατηχήθης λόγων τὴν ἀσφάλειαν.	
002					**Lk 1,43**	καὶ πόθεν μοι τοῦτο **ἵνα** ἔλθῃ ἡ μήτηρ τοῦ κυρίου μου πρὸς ἐμέ;	
e 200	**Mt 1,22**	τοῦτο δὲ ὅλον γέγονεν **ἵνα** πληρωθῇ τὸ ῥηθὲν ὑπὸ κυρίου διὰ τοῦ προφήτου λέγοντος· [23] *ἰδοὺ ἡ παρθένος ἐν γαστρὶ ἕξει ...* ➤ Isa 7,14 LXX					
e 200	**Mt 2,15**	καὶ ἦν ἐκεῖ ἕως τῆς τελευτῆς Ἡρῴδου· **ἵνα** πληρωθῇ τὸ ῥηθὲν ὑπὸ κυρίου διὰ τοῦ προφήτου λέγοντος· *ἐξ Αἰγύπτου ἐκάλεσα τὸν υἱόν μου.* ➤ Hos 11,1					
202	**Mt 4,3** → Mt 27,40	... εἰ υἱὸς εἶ τοῦ θεοῦ, εἰπὲ **ἵνα** οἱ λίθοι οὗτοι ἄρτοι γένωνται.			**Lk 4,3**	... εἰ υἱὸς εἶ τοῦ θεοῦ, εἰπὲ τῷ λίθῳ τούτῳ **ἵνα** γένηται ἄρτος.	
e 200	**Mt 4,14**	[13] ... κατῴκησεν εἰς Καφαρναοὺμ τὴν παραθαλασσίαν ἐν ὁρίοις Ζαβουλὼν καὶ Νεφθαλίμ· [14] **ἵνα** πληρωθῇ τὸ ῥηθὲν διὰ Ἠσαΐου τοῦ προφήτου λέγοντος· [15] *γῆ Ζαβουλὼν* καὶ *γῆ Νεφθαλίμ, ...* ➤ Isa 8,23					

021			Mk 1,38	... ἄγωμεν ἀλλαχοῦ εἰς τὰς ἐχομένας κωμοπόλεις, ἵνα καὶ ἐκεῖ κηρύξω· εἰς τοῦτο γὰρ ἐξῆλθον.	Lk 4,43	... καὶ ταῖς ἑτέραις πόλεσιν εὐαγγελίσασθαί με δεῖ τὴν βασιλείαν τοῦ θεοῦ, ὅτι ἐπὶ τοῦτο ἀπεστάλην.
222	Mt 9,6	ἵνα δὲ εἰδῆτε ὅτι ἐξουσίαν ἔχει ὁ υἱὸς τοῦ ἀνθρώπου ἐπὶ τῆς γῆς ἀφιέναι ἁμαρτίας - τότε λέγει τῷ παραλυτικῷ· ...	Mk 2,10	ἵνα δὲ εἰδῆτε ὅτι ἐξουσίαν ἔχει ὁ υἱὸς τοῦ ἀνθρώπου ἀφιέναι ἁμαρτίας ἐπὶ τῆς γῆς - λέγει τῷ παραλυτικῷ·	Lk 5,24	ἵνα δὲ εἰδῆτε ὅτι ὁ υἱὸς τοῦ ἀνθρώπου ἐξουσίαν ἔχει ἐπὶ τῆς γῆς ἀφιέναι ἁμαρτίας - εἶπεν τῷ παραλελυμένῳ· ...
222	Mt 12,10	... καὶ ἐπηρώτησαν αὐτὸν λέγοντες· εἰ ἔξεστιν τοῖς σάββασιν θεραπεῦσαι; ἵνα κατηγορήσωσιν αὐτοῦ.	Mk 3,2	καὶ παρετήρουν αὐτὸν εἰ τοῖς σάββασιν θεραπεύσει αὐτόν, ἵνα κατηγορήσωσιν αὐτοῦ.	Lk 6,7 → Lk 14,3	παρετηροῦντο δὲ αὐτὸν οἱ γραμματεῖς καὶ οἱ Φαρισαῖοι εἰ ἐν τῷ σαββάτῳ θεραπεύει, ἵνα εὕρωσιν κατηγορεῖν αὐτοῦ.
020 *b* 020			Mk 3,9 (2) → Mt 13,2 → Mk 4,1 → Lk 5,1.3	καὶ εἶπεν τοῖς μαθηταῖς αὐτοῦ ἵνα πλοιάριον προσκαρτερῇ αὐτῷ διὰ τὸν ὄχλον ἵνα μὴ θλίβωσιν αὐτόν·		
	Mt 12,15	... καὶ ἐθεράπευσεν αὐτοὺς πάντας	Mk 3,10	πολλοὺς γὰρ ἐθεράπευσεν,	Lk 6,18 → Mk 3,11	... καὶ οἱ ἐνοχλούμενοι ἀπὸ πνευμάτων ἀκαθάρτων ἐθεραπεύοντο,
021				ὥστε ἐπιπίπτειν αὐτῷ ἵνα αὐτοῦ ἅψωνται ὅσοι εἶχον μάστιγας.	Lk 6,19 → Mk 5,30 → Lk 8,46	καὶ πᾶς ὁ ὄχλος ἐζήτουν ἅπτεσθαι αὐτοῦ, ὅτι δύναμις παρ' αὐτοῦ ἐξήρχετο καὶ ἰᾶτο πάντας.
b 220	Mt 12,16	καὶ ἐπετίμησεν αὐτοῖς ἵνα μὴ φανερὸν αὐτὸν ποιήσωσιν	Mk 3,12 → Mk 1,34	καὶ πολλὰ ἐπετίμα αὐτοῖς ἵνα μὴ αὐτὸν φανερὸν ποιήσωσιν.	Lk 4,41	... καὶ ἐπιτιμῶν οὐκ εἴα αὐτὰ λαλεῖν, ὅτι ᾔδεισαν τὸν χριστὸν αὐτὸν εἶναι.
b 200	Mt 5,29 ⇨ Mt 18,9	... συμφέρει γάρ σοι ἵνα ἀπόληται ἓν τῶν μελῶν σου καὶ μὴ ὅλον τὸ σῶμά σου βληθῇ εἰς γέενναν.	Mk 9,47	... καλόν σέ ἐστιν μονόφθαλμον εἰσελθεῖν εἰς τὴν βασιλείαν τοῦ θεοῦ ἢ δύο ὀφθαλμοὺς ἔχοντα βληθῆναι εἰς τὴν γέενναν		
b 200	Mt 5,30 ⇨ Mt 18,8	... συμφέρει γάρ σοι ἵνα ἀπόληται ἓν τῶν μελῶν σου καὶ μὴ ὅλον τὸ σῶμά σου εἰς γέενναν ἀπέλθῃ.	Mk 9,43	... καλόν ἐστίν σε κυλλὸν εἰσελθεῖν εἰς τὴν ζωὴν ἢ τὰς δύο χεῖρας ἔχοντα ἀπελθεῖν εἰς τὴν γέενναν, εἰς τὸ πῦρ τὸ ἄσβεστον.		
b 201	Mt 7,1	μὴ κρίνετε, ἵνα μὴ κριθῆτε·			Lk 6,37	καὶ μὴ κρίνετε, καὶ οὐ μὴ κριθῆτε· ...
202	Mt 7,12	πάντα οὖν ὅσα ἐὰν θέλητε ἵνα ποιῶσιν ὑμῖν οἱ ἄνθρωποι, οὕτως καὶ ὑμεῖς ποιεῖτε αὐτοῖς· ...			Lk 6,31	καὶ καθὼς θέλετε ἵνα ποιῶσιν ὑμῖν οἱ ἄνθρωποι ποιεῖτε αὐτοῖς ὁμοίως.

102	**Mt 5,47**	καὶ ἐὰν ἀσπάσησθε τοὺς ἀδελφοὺς ὑμῶν μόνον, τί περισσὸν ποιεῖτε; οὐχὶ καὶ οἱ ἐθνικοὶ τὸ αὐτὸ ποιοῦσιν;			**Lk 6,34** → Mt 5,42	καὶ ἐὰν δανίσητε παρ' ὧν ἐλπίζετε λαβεῖν, ποία ὑμῖν χάρις [ἐστίν]; καὶ ἁμαρτωλοὶ ἁμαρτωλοῖς δανίζουσιν ἵνα ἀπολάβωσιν τὰ ἴσα.	→ GTh 95
202	**Mt 8,8**	... κύριε, οὐκ εἰμὶ ἱκανὸς ἵνα μου ὑπὸ τὴν στέγην εἰσέλθῃς, ...			**Lk 7,6**	... κύριε, μὴ σκύλλου, οὐ γὰρ ἱκανός εἰμι ἵνα ὑπὸ τὴν στέγην μου εἰσέλθῃς·	→ Jn 4,49
222	**Mt 9,6**	ἵνα δὲ εἰδῆτε ὅτι ἐξουσίαν ἔχει ὁ υἱὸς τοῦ ἀνθρώπου ἐπὶ τῆς γῆς ἀφιέναι ἁμαρτίας - τότε λέγει τῷ παραλυτικῷ· ...	**Mk 2,10**	ἵνα δὲ εἰδῆτε ὅτι ἐξουσίαν ἔχει ὁ υἱὸς τοῦ ἀνθρώπου ἀφιέναι ἁμαρτίας ἐπὶ τῆς γῆς - λέγει τῷ παραλυτικῷ·	**Lk 5,24**	ἵνα δὲ εἰδῆτε ὅτι ὁ υἱὸς τοῦ ἀνθρώπου ἐξουσίαν ἔχει ἐπὶ τῆς γῆς ἀφιέναι ἁμαρτίας - εἶπεν τῷ παραλελυμένῳ· ...	
121 121	**Mt 10,1** → Mk 6,7	καὶ προσκαλεσάμενος τοὺς δώδεκα μαθητὰς αὐτοῦ ...	**Mk 3,14 (2)** → Mk 6,7 → Mt 10,5	[13] ... καὶ προσκαλεῖται οὓς ἤθελεν αὐτός, καὶ ἀπῆλθον πρὸς αὐτόν. [14] καὶ ἐποίησεν δώδεκα, [οὓς καὶ ἀποστόλους ὠνόμασεν] ἵνα ὦσιν μετ' αὐτοῦ καὶ ἵνα ἀποστέλλῃ αὐτοὺς κηρύσσειν	**Lk 6,13**	... προσεφώνησεν τοὺς μαθητὰς αὐτοῦ, καὶ ἐκλεξάμενος ἀπ' αὐτῶν δώδεκα, οὓς καὶ ἀποστόλους ὠνόμασεν·	
201	**Mt 10,25**	ἀρκετὸν τῷ μαθητῇ ἵνα γένηται ὡς ὁ διδάσκαλος αὐτοῦ καὶ ὁ δοῦλος ὡς ὁ κύριος αὐτοῦ. ...			**Lk 6,40**	... κατηρτισμένος δὲ πᾶς ἔσται ὡς ὁ διδάσκαλος αὐτοῦ.	
002	**Mt 26,6** → Lk 7,40	τοῦ δὲ Ἰησοῦ γενομένου ἐν Βηθανίᾳ ἐν οἰκίᾳ Σίμωνος τοῦ λεπροῦ, [7] ... αὐτοῦ ἀνακειμένου.	**Mk 14,3** → Lk 7,40	καὶ ὄντος αὐτοῦ ἐν Βηθανίᾳ ἐν τῇ οἰκίᾳ Σίμωνος τοῦ λεπροῦ, κατακειμένου αὐτοῦ ...	**Lk 7,36**	ἠρώτα δέ τις αὐτὸν τῶν Φαρισαίων ἵνα φάγῃ μετ' αὐτοῦ, καὶ εἰσελθὼν εἰς τὸν οἶκον τοῦ Φαρισαίου κατεκλίθη.	→ Jn 12,1-2
222	**Mt 12,10**	... καὶ ἐπηρώτησαν αὐτὸν λέγοντες· εἰ ἔξεστιν τοῖς σάββασιν θεραπεῦσαι; ἵνα κατηγορήσωσιν αὐτοῦ.	**Mk 3,2**	καὶ παρετήρουν αὐτὸν εἰ τοῖς σάββασιν θεραπεύσει αὐτόν, ἵνα κατηγορήσωσιν αὐτοῦ.	**Lk 6,7** → Lk 14,3	παρετηροῦντο δὲ αὐτὸν οἱ γραμματεῖς καὶ οἱ Φαρισαῖοι εἰ ἐν τῷ σαββάτῳ θεραπεύει, ἵνα εὕρωσιν κατηγορεῖν αὐτοῦ.	
b 220	**Mt 12,16**	καὶ ἐπετίμησεν αὐτοῖς ἵνα μὴ φανερὸν αὐτὸν ποιήσωσιν,	**Mk 3,12** → Mk 1,34	καὶ πολλὰ ἐπετίμα αὐτοῖς ἵνα μὴ αὐτὸν φανερὸν ποιήσωσιν.	**Lk 4,41**	... καὶ ἐπιτιμῶν οὐκ εἴα αὐτὰ λαλεῖν, ὅτι ᾔδεισαν τὸν χριστὸν αὐτὸν εἶναι.	
e 200	**Mt 12,17**	ἵνα πληρωθῇ τὸ ῥηθὲν διὰ Ἠσαΐου τοῦ προφήτου λέγοντος· [18] *ἰδοὺ* *ὁ παῖς μου ὃν ᾑρέτισα,* *ὁ ἀγαπητός μου εἰς ὃν* *εὐδόκησεν ἡ ψυχή μου·* ... ➤ Isa 42,1					

b 122	**Mt 13,13** → Mt 13,14-15	διὰ τοῦτο ἐν παραβολαῖς αὐτοῖς λαλῶ, ὅτι βλέποντες οὐ βλέπουσιν καὶ ἀκούοντες οὐκ ἀκούουσιν οὐδὲ συνίουσιν· ➤ Isa 6,9	**Mk 4,12** → Mk 8,18	[11] ... ἐκείνοις δὲ τοῖς ἔξω ἐν παραβολαῖς τὰ πάντα γίνεται, [12] ἵνα βλέποντες βλέπωσιν καὶ μὴ ἴδωσιν, καὶ ἀκούοντες ἀκούωσιν καὶ μὴ συνιῶσιν, ... ➤ Isa 6,9-10	**Lk 8,10**	... τοῖς δὲ λοιποῖς ἐν παραβολαῖς, ἵνα βλέποντες μὴ βλέπωσιν καὶ ἀκούοντες μὴ συνιῶσιν. ➤ Isa 6,9	→ **Jn 12,40** → Acts 28,26
b 112	**Mt 13,19**	... ἔρχεται ὁ πονηρὸς καὶ ἁρπάζει τὸ ἐσπαρμένον ἐν τῇ καρδίᾳ αὐτοῦ, ...	**Mk 4,15**	... εὐθὺς ἔρχεται ὁ σατανᾶς καὶ αἴρει τὸν λόγον τὸν ἐσπαρμένον εἰς αὐτούς.	**Lk 8,12**	... εἶτα ἔρχεται ὁ διάβολος καὶ αἴρει τὸν λόγον ἀπὸ τῆς καρδίας αὐτῶν, ἵνα μὴ πιστεύσαντες σωθῶσιν.	
 021 021 012	**Mt 5,15**	οὐδὲ καίουσιν λύχνον καὶ τιθέασιν αὐτὸν ὑπὸ τὸν μόδιον ἀλλ' ἐπὶ τὴν λυχνίαν, καὶ λάμπει πᾶσιν τοῖς ἐν τῇ οἰκίᾳ.	**Mk 4,21** (2)	... μήτι ἔρχεται ὁ λύχνος ἵνα ὑπὸ τὸν μόδιον τεθῇ ἢ ὑπὸ τὴν κλίνην; οὐχ ἵνα ἐπὶ τὴν λυχνίαν τεθῇ;	**Lk 8,16** ⇩ Lk 11,33	οὐδεὶς δὲ λύχνον ἅψας καλύπτει αὐτὸν σκεύει ἢ ὑποκάτω κλίνης τίθησιν, ἀλλ' ἐπὶ λυχνίας τίθησιν, ἵνα οἱ εἰσπορευόμενοι βλέπωσιν τὸ φῶς.	→ GTh 33,2-3 Mk-Q overlap
 021 021			**Mk 4,22** (2)	οὐ γάρ ἐστιν κρυπτὸν ἐὰν μὴ ἵνα φανερωθῇ, οὐδὲ ἐγένετο ἀπόκρυφον ἀλλ' ἵνα ἔλθῃ εἰς φανερόν.	**Lk 8,17** ⇩ Lk 12,2	οὐ γάρ ἐστιν κρυπτὸν ὃ οὐ φανερὸν γενήσεται οὐδὲ ἀπόκρυφον ὃ οὐ μὴ γνωσθῇ καὶ εἰς φανερὸν ἔλθῃ.	→ GTh 5 → GTh 6,5-6 (POxy 654) Mk-Q overlap
	Mt 10,26	... οὐδὲν γάρ ἐστιν κεκαλυμμένον ὃ οὐκ ἀποκαλυφθήσεται καὶ κρυπτὸν ὃ οὐ γνωσθήσεται.			**Lk 12,2** ⇧ Lk 8,17	οὐδὲν δὲ συγκεκαλυμμένον ἐστὶν ὃ οὐκ ἀποκαλυφθήσεται καὶ κρυπτὸν ὃ οὐ γνωσθήσεται.	
b 022			**Mk 5,10**	καὶ παρεκάλει αὐτὸν πολλὰ ἵνα μὴ αὐτὰ ἀποστείλῃ ἔξω τῆς χώρας.	**Lk 8,31**	καὶ παρεκάλουν αὐτὸν ἵνα μὴ ἐπιτάξῃ αὐτοῖς εἰς τὴν ἄβυσσον ἀπελθεῖν.	
    112 121	**Mt 8,31**	οἱ δὲ δαίμονες παρεκάλουν αὐτὸν λέγοντες· εἰ ἐκβάλλεις ἡμᾶς, ἀπόστειλον ἡμᾶς εἰς τὴν ἀγέλην τῶν χοίρων.	**Mk 5,12**	καὶ παρεκάλεσαν αὐτὸν λέγοντες· πέμψον ἡμᾶς εἰς τοὺς χοίρους, ἵνα εἰς αὐτοὺς εἰσέλθωμεν.	**Lk 8,32**	... καὶ παρεκάλεσαν αὐτὸν ἵνα ἐπιτρέψῃ αὐτοῖς εἰς ἐκείνους εἰσελθεῖν· ...	
   021			**Mk 5,18**	... παρεκάλει αὐτὸν ὁ δαιμονισθεὶς ἵνα μετ' αὐτοῦ ᾖ.	**Lk 8,38**	ἐδεῖτο δὲ αὐτοῦ ὁ ἀνὴρ ἀφ' οὗ ἐξεληλύθει τὰ δαιμόνια εἶναι σὺν αὐτῷ· ...	

121 121	**Mt 9,18**	... λέγων ὅτι ἡ θυγάτηρ μου ἄρτι ἐτελεύτησεν· **ἀλλὰ** ἐλθὼν ἐπίθες τὴν χεῖρά σου ἐπ' αὐτήν, **καὶ** ζήσεται.	**Mk 5,23 (2)**	καὶ παρακαλεῖ αὐτὸν πολλὰ λέγων ὅτι τὸ θυγάτριόν μου ἐσχάτως ἔχει, **ἵνα** ἐλθὼν ἐπιθῇς τὰς χεῖρας αὐτῇ **ἵνα** σωθῇ καὶ ζήσῃ.	**Lk 8,42** → Mk 5,42	[41] ... παρεκάλει αὐτὸν εἰσελθεῖν εἰς τὸν οἶκον αὐτοῦ, [42] ὅτι θυγάτηρ μονογενὴς ἦν αὐτῷ ὡς ἐτῶν δώδεκα καὶ αὐτὴ ἀπέθνῃσκεν. ...	
c 021			**Mk 5,43**	καὶ διεστείλατο αὐτοῖς πολλὰ **ἵνα** μηδεὶς γνοῖ τοῦτο, ...	**Lk 8,56**	... ὁ δὲ παρήγγειλεν αὐτοῖς μηδενὶ εἰπεῖν τὸ γεγονός.	
c 121	**Mt 10,9**	[5] ... παραγγείλας αὐτοῖς λέγων· ... [9] μὴ κτήσησθε χρυσὸν μηδὲ ἄργυρον μηδὲ χαλκὸν εἰς τὰς ζώνας ὑμῶν, [10] μὴ πήραν εἰς ὁδὸν μηδὲ δύο χιτῶνας μηδὲ ὑποδήματα μηδὲ ῥάβδον· ...	**Mk 6,8**	καὶ παρήγγειλεν αὐτοῖς **ἵνα** μηδὲν αἴρωσιν εἰς ὁδὸν εἰ μὴ ῥάβδον μόνον, μὴ ἄρτον, μὴ πήραν, μὴ εἰς τὴν ζώνην χαλκόν, [9] ἀλλὰ ὑποδεδεμένους σανδάλια, καὶ μὴ ἐνδύσησθε δύο χιτῶνας.	**Lk 9,3** ⇩ Lk 10,4 → Lk 22,35-36 **Lk 10,4** ⇧ Lk 9,3 → Lk 22,35-36	καὶ εἶπεν πρὸς αὐτούς· μηδὲν αἴρετε εἰς τὴν ὁδόν, μήτε ῥάβδον μήτε πήραν μήτε ἄρτον μήτε ἀργύριον μήτε [ἀνὰ] δύο χιτῶνας ἔχειν. μὴ βαστάζετε βαλλάντιον, μὴ πήραν, μὴ ὑποδήματα, καὶ μηδένα κατὰ τὴν ὁδὸν ἀσπάσησθε.	Mk-Q overlap
021			**Mk 6,12**	καὶ ἐξελθόντες ἐκήρυξαν **ἵνα** μετανοῶσιν	**Lk 9,6**	ἐξερχόμενοι δὲ διήρχοντο κατὰ τὰς κώμας εὐαγγελιζόμενοι ...	
120	**Mt 14,8**	... δός μοι, φησίν, ὧδε ἐπὶ πίνακι τὴν κεφαλὴν Ἰωάννου τοῦ βαπτιστοῦ.	**Mk 6,25**	... λέγουσα· θέλω **ἵνα** ἐξαυτῆς δῷς μοι ἐπὶ πίνακι τὴν κεφαλὴν Ἰωάννου τοῦ βαπτιστοῦ.			
222	**Mt 14,15** → Mt 14,16 → Mt 15,32	... ἀπόλυσον τοὺς ὄχλους, **ἵνα** ἀπελθόντες εἰς τὰς κώμας ἀγοράσωσιν ἑαυτοῖς βρώματα.	**Mk 6,36** → Mk 6,37 → Mk 8,3	ἀπόλυσον αὐτούς, **ἵνα** ἀπελθόντες εἰς τοὺς κύκλῳ ἀγροὺς καὶ κώμας ἀγοράσωσιν ἑαυτοῖς τί φάγωσιν.	**Lk 9,12** → Lk 9,13	... ἀπόλυσον τὸν ὄχλον, **ἵνα** πορευθέντες εἰς τὰς κύκλῳ κώμας καὶ ἀγροὺς καταλύσωσιν καὶ εὕρωσιν ἐπισιτισμόν, ...	
121	**Mt 14,19** ↓ Mt 15,36 → Mt 26,26	... καὶ κλάσας ἔδωκεν τοῖς μαθηταῖς τοὺς ἄρτους οἱ δὲ μαθηταὶ τοῖς ὄχλοις.	**Mk 6,41** ↓ Mk 8,6 → Mk 14,22	... καὶ κατέκλασεν τοὺς ἄρτους καὶ ἐδίδου τοῖς μαθηταῖς [αὐτοῦ] **ἵνα** παρατιθῶσιν αὐτοῖς, καὶ τοὺς δύο ἰχθύας ἐμέρισεν πᾶσιν.	**Lk 9,16** → Lk 22,19	... καὶ κατέκλασεν καὶ ἐδίδου τοῖς μαθηταῖς παραθεῖναι τῷ ὄχλῳ.	→ Jn 6,11
220	**Mt 14,36** → Mt 9,20	καὶ παρεκάλουν αὐτὸν **ἵνα** μόνον ἅψωνται τοῦ κρασπέδου τοῦ ἱματίου αὐτοῦ· ...	**Mk 6,56** → Mk 5,27	... καὶ παρεκάλουν αὐτὸν **ἵνα** κἂν τοῦ κρασπέδου τοῦ ἱματίου αὐτοῦ ἅψωνται· ...	→ Lk 8,44		
120	**Mt 15,3**	... διὰ τί καὶ ὑμεῖς παραβαίνετε τὴν ἐντολὴν τοῦ θεοῦ **διὰ τὴν παράδοσιν ὑμῶν;**	**Mk 7,9**	... καλῶς ἀθετεῖτε τὴν ἐντολὴν τοῦ θεοῦ, **ἵνα τὴν παράδοσιν ὑμῶν στήσητε.**			

120	**Mt 15,25**	ἡ δὲ ἐλθοῦσα προσεκύνει αὐτῷ λέγουσα· κύριε, βοήθει μοι.	**Mk 7,26**	[25] ... ἐλθοῦσα προσέπεσεν πρὸς τοὺς πόδας αὐτοῦ· [26] ... καὶ ἠρώτα αὐτὸν **ἵνα** τὸ δαιμόνιον ἐκβάλῃ ἐκ τῆς θυγατρὸς αὐτῆς.			
120	**Mt 15,30** → Mt 4,24b → Mt 8,16	καὶ προσῆλθον αὐτῷ ὄχλοι πολλοὶ ἔχοντες μεθ' ἑαυτῶν χωλούς, τυφλούς, κυλλούς, κωφούς, καὶ ἑτέρους πολλοὺς καὶ ἔρριψαν αὐτοὺς παρὰ τοὺς πόδας αὐτοῦ, καὶ ἐθεράπευσεν αὐτούς·	**Mk 7,32** → Mk 1,32	καὶ φέρουσιν αὐτῷ κωφὸν καὶ μογιλάλον καὶ παρακαλοῦσιν αὐτὸν **ἵνα** ἐπιθῇ αὐτῷ τὴν χεῖρα.			
c 020			**Mk 7,36**	καὶ διεστείλατο αὐτοῖς **ἵνα** μηδενὶ λέγωσιν· ...			
120	**Mt 15,36** ↑ Mt 14,19 → Mk 8,7	... ἔκλασεν καὶ ἐδίδου τοῖς μαθηταῖς, οἱ δὲ μαθηταὶ τοῖς ὄχλοις.	**Mk 8,6** ↑ Mk 6,41	... ἔκλασεν καὶ ἐδίδου τοῖς μαθηταῖς αὐτοῦ **ἵνα** παρατιθῶσιν, καὶ παρέθηκαν τῷ ὄχλῳ.	↑ Lk 9,16		
020			**Mk 8,22**	... καὶ φέρουσιν αὐτῷ τυφλὸν καὶ παρακαλοῦσιν αὐτὸν **ἵνα** αὐτοῦ ἅψηται.			
c 221	**Mt 16,20**	τότε διεστείλατο τοῖς μαθηταῖς **ἵνα** μηδενὶ εἴπωσιν ὅτι αὐτός ἐστιν ὁ χριστός.	**Mk 8,30**	καὶ ἐπετίμησεν αὐτοῖς **ἵνα** μηδενὶ λέγωσιν περὶ αὐτοῦ.	**Lk 9,21**	ὁ δὲ ἐπιτιμήσας αὐτοῖς παρήγγειλεν μηδενὶ λέγειν τοῦτο	→ GTh 13
c 121	**Mt 17,9**	... ἐνετείλατο αὐτοῖς ὁ Ἰησοῦς λέγων· μηδενὶ εἴπητε τὸ ὅραμα ἕως οὗ ὁ υἱὸς τοῦ ἀνθρώπου ἐκ νεκρῶν ἐγερθῇ.	**Mk 9,9**	... διεστείλατο αὐτοῖς **ἵνα** μηδενὶ ἃ εἶδον διηγήσωνται, εἰ μὴ ὅταν ὁ υἱὸς τοῦ ἀνθρώπου ἐκ νεκρῶν ἀναστῇ.	**Lk 9,36**	... καὶ αὐτοὶ ἐσίγησαν καὶ οὐδενὶ ἀπήγγειλαν ἐν ἐκείναις ταῖς ἡμέραις οὐδὲν ὧν ἑώρακαν.	
120	**Mt 17,12**	... οὕτως καὶ ὁ υἱὸς τοῦ ἀνθρώπου μέλλει πάσχειν ὑπ' αὐτῶν.	**Mk 9,12**	... καὶ πῶς γέγραπται ἐπὶ τὸν υἱὸν τοῦ ἀνθρώπου **ἵνα** πολλὰ πάθῃ καὶ ἐξουδενηθῇ;			
122	**Mt 17,16**	καὶ προσήνεγκα αὐτὸν τοῖς μαθηταῖς σου, καὶ οὐκ ἠδυνήθησαν αὐτὸν θεραπεῦσαι.	**Mk 9,18**	... καὶ εἶπα τοῖς μαθηταῖς σου **ἵνα** αὐτὸ ἐκβάλωσιν, καὶ οὐκ ἴσχυσαν.	**Lk 9,40**	καὶ ἐδεήθην τῶν μαθητῶν σου **ἵνα** ἐκβάλωσιν αὐτό, καὶ οὐκ ἠδυνήθησαν.	
120	**Mt 17,15**	... πολλάκις γὰρ πίπτει εἰς τὸ πῦρ καὶ πολλάκις εἰς τὸ ὕδωρ.	**Mk 9,22**	καὶ πολλάκις καὶ εἰς πῦρ αὐτὸν ἔβαλεν καὶ εἰς ὕδατα **ἵνα** ἀπολέσῃ αὐτόν· ...			
120	**Mt 17,22**	συστρεφομένων δὲ αὐτῶν ἐν τῇ Γαλιλαίᾳ ...	**Mk 9,30**	... παρεπορεύοντο διὰ τῆς Γαλιλαίας, καὶ οὐκ ἤθελεν **ἵνα** τις γνοῖ·			

b 112	**Mt 17,23**	... καὶ ἐλυπήθησαν σφόδρα.	**Mk 9,32** → Lk 18,34	οἱ δὲ ἠγνόουν τὸ ῥῆμα, καὶ ἐφοβοῦντο αὐτὸν ἐπερωτῆσαι.	**Lk 9,45** → Lk 18,34	οἱ δὲ ἠγνόουν τὸ ῥῆμα τοῦτο καὶ ἦν παρακεκαλυμμένον ἀπ' αὐτῶν **ἵνα** μὴ αἴσθωνται αὐτό, καὶ ἐφοβοῦντο ἐρωτῆσαι αὐτὸν περὶ τοῦ ῥήματος τούτου.	
b 200	**Mt 17,27**	**ἵνα δὲ** μὴ σκανδαλίσωμεν αὐτούς, πορευθεὶς εἰς θάλασσαν βάλε ἄγκιστρον ...					
211	**Mt 18,6** → Mt 18,10	ὃς δ' ἂν σκανδαλίσῃ ἕνα τῶν μικρῶν τούτων τῶν πιστευόντων εἰς ἐμέ, συμφέρει αὐτῷ **ἵνα** κρεμασθῇ μύλος ὀνικὸς περὶ τὸν τράχηλον αὐτοῦ καὶ καταποντισθῇ ἐν τῷ πελάγει τῆς θαλάσσης.	**Mk 9,42**	καὶ ὃς ἂν σκανδαλίσῃ ἕνα τῶν μικρῶν τούτων τῶν πιστευόντων [εἰς ἐμέ], καλόν ἐστιν αὐτῷ μᾶλλον **εἰ** περίκειται μύλος ὀνικὸς περὶ τὸν τράχηλον αὐτοῦ καὶ βέβληται εἰς τὴν θάλασσαν.	**Lk 17,2**	λυσιτελεῖ αὐτῷ **εἰ** λίθος μυλικὸς περίκειται περὶ τὸν τράχηλον αὐτοῦ καὶ ἔρριπται εἰς τὴν θάλασσαν ἢ ἵνα σκανδαλίσῃ τῶν μικρῶν τούτων ἕνα.	Mk-Q overlap?
200	**Mt 18,14** → Lk 15,7	οὕτως οὐκ ἔστιν θέλημα ἔμπροσθεν τοῦ πατρὸς ὑμῶν τοῦ ἐν οὐρανοῖς **ἵνα** ἀπόληται ἓν τῶν μικρῶν τούτων.					
e 200	**Mt 18,16**	ἐὰν δὲ μὴ ἀκούσῃ, παράλαβε μετὰ σοῦ ἔτι ἕνα ἢ δύο, **ἵνα** *ἐπὶ στόματος δύο μαρτύρων ἢ τριῶν σταθῇ πᾶν ῥῆμα·* ➤ Deut 19,15					
002					**Lk 10,40**	... κύριε, οὐ μέλει σοι ὅτι ἡ ἀδελφή μου μόνην με κατέλιπεν διακονεῖν; εἰπὲ οὖν αὐτῇ **ἵνα** μοι συναντιλάβηται.	
102	**Mt 5,15**	οὐδὲ καίουσιν λύχνον καὶ τιθέασιν αὐτὸν ὑπὸ τὸν μόδιον ἀλλ' ἐπὶ τὴν λυχνίαν, **καὶ** λάμπει πᾶσιν τοῖς ἐν τῇ οἰκίᾳ.	**Mk 4,21** (2)	... μήτι ἔρχεται ὁ λύχνος ἵνα ὑπὸ τὸν μόδιον τεθῇ ἢ ὑπὸ τὴν κλίνην; οὐχ ἵνα ἐπὶ τὴν λυχνίαν τεθῇ;	**Lk 11,33** ⇧ Lk 8,16	οὐδεὶς λύχνον ἅψας εἰς κρύπτην τίθησιν [οὐδὲ ὑπὸ τὸν μόδιον] ἀλλ' ἐπὶ τὴν λυχνίαν, **ἵνα** οἱ εἰσπορευόμενοι τὸ φῶς βλέπωσιν.	→ GTh 33,2-3 Mk-Q overlap
102	**Mt 23,35**	[34] διὰ τοῦτο ἰδοὺ ἐγὼ ἀποστέλλω πρὸς ὑμᾶς προφήτας καὶ σοφοὺς καὶ γραμματεῖς· ἐξ αὐτῶν ἀποκτενεῖτε ... καὶ διώξετε ἀπὸ πόλεως εἰς πόλιν· **[35] ὅπως** ἔλθῃ ἐφ' ὑμᾶς πᾶν αἷμα δίκαιον ἐκχυννόμενον ἐπὶ τῆς γῆς ...			**Lk 11,50**	[49] διὰ τοῦτο καὶ ἡ σοφία τοῦ θεοῦ εἶπεν· ἀποστελῶ εἰς αὐτοὺς προφήτας καὶ ἀποστόλους, καὶ ἐξ αὐτῶν ἀποκτενοῦσιν καὶ διώξουσιν, **[50] ἵνα** ἐκζητηθῇ τὸ αἷμα πάντων τῶν προφητῶν τὸ ἐκκεχυμένον ἀπὸ καταβολῆς κόσμου ἀπὸ τῆς γενεᾶς ταύτης	

002			**Lk 12,36** ↓ Lk 21,36	καὶ ὑμεῖς ὅμοιοι ἀνθρώποις προσδεχομένοις τὸν κύριον ἑαυτῶν πότε ἀναλύσῃ ἐκ τῶν γάμων, **ἵνα** ἐλθόντος καὶ κρούσαντος εὐθέως ἀνοίξωσιν αὐτῷ.	
a d 002			**Lk 14,10**	ἀλλ᾽ ὅταν κληθῇς, πορευθεὶς ἀνάπεσε εἰς τὸν ἔσχατον τόπον, **ἵνα** ὅταν ἔλθῃ ὁ κεκληκώς σε ἐρεῖ σοι· ...	
102	**Mt 22,10**	[9] πορεύεσθε οὖν ἐπὶ τὰς διεξόδους τῶν ὁδῶν καὶ ὅσους ἐὰν εὕρητε καλέσατε εἰς τοὺς γάμους. [10] καὶ ἐξελθόντες οἱ δοῦλοι ἐκεῖνοι εἰς τὰς ὁδοὺς συνήγαγον πάντας οὓς εὗρον, πονηρούς τε καὶ ἀγαθούς· **καὶ** ἐπλήσθη ὁ γάμος ἀνακειμένων.	**Lk 14,23** ⇨ Lk 14,21 → Lk 16,16	... ἔξελθε εἰς τὰς ὁδοὺς καὶ φραγμοὺς καὶ ἀνάγκασον εἰσελθεῖν, **ἵνα** γεμισθῇ μου ὁ οἶκος·	→ GTh 64
c 002			**Lk 14,29**	[28] ... οὐχὶ πρῶτον καθίσας ψηφίζει τὴν δαπάνην, εἰ ἔχει εἰς ἀπαρτισμόν; [29] **ἵνα** μήποτε θέντος αὐτοῦ θεμέλιον καὶ μὴ ἰσχύοντος ἐκτελέσαι ...	
002			**Lk 15,29**	... καὶ ἐμοὶ οὐδέποτε ἔδωκας ἔριφον **ἵνα** μετὰ τῶν φίλων μου εὐφρανθῶ·	
d 002			**Lk 16,4**	ἔγνων τί ποιήσω, **ἵνα** ὅταν μετασταθῶ ἐκ τῆς οἰκονομίας δέξωνταί με εἰς τοὺς οἴκους αὐτῶν.	
d 002			**Lk 16,9** → Lk 12,33	... ἑαυτοῖς ποιήσατε φίλους ἐκ τοῦ μαμωνᾶ τῆς ἀδικίας, **ἵνα** ὅταν ἐκλίπῃ δέξωνται ὑμᾶς εἰς τὰς αἰωνίους σκηνάς.	
002			**Lk 16,24**	... ἐλέησόν με καὶ πέμψον Λάζαρον **ἵνα** βάψῃ τὸ ἄκρον τοῦ δακτύλου αὐτοῦ ὕδατος καὶ καταψύξῃ τὴν γλῶσσάν μου, ...	
002			**Lk 16,27**	... ἐρωτῶ σε οὖν, πάτερ, **ἵνα** πέμψῃς αὐτὸν εἰς τὸν οἶκον τοῦ πατρός μου,	

b 002					Lk 16,28	ἔχω γὰρ πέντε ἀδελφούς, ὅπως διαμαρτύρηται αὐτοῖς, **ἵνα** μὴ καὶ αὐτοὶ ἔλθωσιν εἰς τὸν τόπον τοῦτον τῆς βασάνου.	
112	Mt 18,6 → Mt 18,10	ὃς δ' ἂν σκανδαλίσῃ ἕνα τῶν μικρῶν τούτων τῶν πιστευόντων εἰς ἐμέ, συμφέρει αὐτῷ ἵνα κρεμασθῇ μύλος ὀνικὸς περὶ τὸν τράχηλον αὐτοῦ καὶ καταποντισθῇ ἐν τῷ πελάγει τῆς θαλάσσης.	Mk 9,42	καὶ ὃς ἂν σκανδαλίσῃ ἕνα τῶν μικρῶν τούτων τῶν πιστευόντων [εἰς ἐμέ], καλόν ἐστιν αὐτῷ μᾶλλον εἰ περίκειται μύλος ὀνικὸς περὶ τὸν τράχηλον αὐτοῦ καὶ βέβληται εἰς τὴν θάλασσαν.	Lk 17,2	λυσιτελεῖ αὐτῷ εἰ λίθος μυλικὸς περίκειται περὶ τὸν τράχηλον αὐτοῦ καὶ ἔρριπται εἰς τὴν θάλασσαν ἢ **ἵνα** σκανδαλίσῃ τῶν μικρῶν τούτων ἕνα.	Mk-Q overlap?
b 002					Lk 18,5	διά γε τὸ παρέχειν μοι κόπον τὴν χήραν ταύτην ἐκδικήσω αὐτήν, **ἵνα** μὴ εἰς τέλος ἐρχομένη ὑπωπιάζῃ με.	
222	Mt 19,13	τότε προσηνέχθησαν αὐτῷ παιδία **ἵνα** τὰς χεῖρας ἐπιθῇ αὐτοῖς καὶ προσεύξηται· ...	Mk 10,13	καὶ προσέφερον αὐτῷ παιδία **ἵνα** αὐτῶν ἅψηται· ...	Lk 18,15	προσέφερον δὲ αὐτῷ καὶ τὰ βρέφη **ἵνα** αὐτῶν ἅπτηται· ...	→ GTh 22
221	Mt 19,16 → Mt 22,36	... διδάσκαλε, τί ἀγαθὸν ποιήσω **ἵνα** σχῶ ζωὴν αἰώνιον;	Mk 10,17 → Mk 12,28	... διδάσκαλε ἀγαθέ, τί ποιήσω **ἵνα** ζωὴν αἰώνιον κληρονομήσω;	Lk 18,18 ⇨ Lk 10,25	... διδάσκαλε ἀγαθέ, τί ποιήσας ζωὴν αἰώνιον κληρονομήσω;	
120	Mt 20,20	τότε προσῆλθεν αὐτῷ ἡ μήτηρ τῶν υἱῶν Ζεβεδαίου μετὰ τῶν υἱῶν αὐτῆς προσκυνοῦσα καὶ αἰτοῦσά τι ἀπ' αὐτοῦ.	Mk 10,35	καὶ προσπορεύονται αὐτῷ Ἰάκωβος καὶ Ἰωάννης οἱ υἱοὶ Ζεβεδαίου λέγοντες αὐτῷ· διδάσκαλε, θέλομεν **ἵνα** ὃ ἐὰν αἰτήσωμέν σε ποιήσῃς ἡμῖν.			
220	Mt 20,21	... εἰπὲ **ἵνα** καθίσωσιν οὗτοι οἱ δύο υἱοί μου εἷς ἐκ δεξιῶν σου καὶ εἷς ἐξ εὐωνύμων σου ἐν τῇ βασιλείᾳ σου.	Mk 10,37	... δὸς ἡμῖν **ἵνα** εἷς σου ἐκ δεξιῶν καὶ εἷς ἐξ ἀριστερῶν καθίσωμεν ἐν τῇ δόξῃ σου.			
222	Mt 20,31	ὁ δὲ ὄχλος ἐπετίμησεν αὐτοῖς **ἵνα** σιωπήσωσιν· οἱ δὲ μεῖζον ἔκραξαν λέγοντες· ἐλέησον ἡμᾶς, κύριε, υἱὸς Δαυίδ.	Mk 10,48	καὶ ἐπετίμων αὐτῷ πολλοὶ **ἵνα** σιωπήσῃ· ὁ δὲ πολλῷ μᾶλλον ἔκραζεν· υἱὲ Δαυίδ, ἐλέησόν με.	Lk 18,39	καὶ οἱ προάγοντες ἐπετίμων αὐτῷ **ἵνα** σιγήσῃ, αὐτὸς δὲ πολλῷ μᾶλλον ἔκραζεν· υἱὲ Δαυίδ, ἐλέησόν με.	

222	**Mt 20,33** ⇩ Mt 9,28	[32] ... καὶ εἶπεν· τί θέλετε ποιήσω ὑμῖν; [33] λέγουσιν αὐτῷ· κύριε, **ἵνα** ἀνοιγῶσιν οἱ ὀφθαλμοὶ ἡμῶν.	**Mk 10,51**	... ὁ Ἰησοῦς εἶπεν· τί σοι θέλεις ποιήσω; ὁ δὲ τυφλὸς εἶπεν αὐτῷ· ῥαββουνι, **ἵνα** ἀναβλέψω.	**Lk 18,41**	[40] ... ἐπηρώτησεν αὐτόν· [41] τί σοι θέλεις ποιήσω; ὁ δὲ εἶπεν· κύριε, **ἵνα** ἀναβλέψω.	
	Mt 9,28 ⇧ Mt 20,33	... καὶ λέγει αὐτοῖς ὁ Ἰησοῦς· πιστεύετε ὅτι δύναμαι τοῦτο ποιῆσαι; λέγουσιν αὐτῷ· ναὶ κύριε.					
002					**Lk 19,4**	... ἀνέβη ἐπὶ συκομορέαν **ἵνα** ἴδῃ αὐτὸν ὅτι ἐκείνης ἤμελλεν διέρχεσθαι.	
102	**Mt 25,19**	μετὰ δὲ πολὺν χρόνον ἔρχεται ὁ κύριος τῶν δούλων ἐκείνων **καὶ** συναίρει λόγον μετ' αὐτῶν.			**Lk 19,15**	καὶ ἐγένετο ἐν τῷ ἐπανελθεῖν αὐτὸν λαβόντα τὴν βασιλείαν καὶ εἶπεν φωνηθῆναι αὐτῷ τοὺς δούλους τούτους οἷς δεδώκει τὸ ἀργύριον, **ἵνα** γνοῖ τί διεπραγματεύσαντο.	
e 200	**Mt 21,4**	τοῦτο δὲ γέγονεν **ἵνα** πληρωθῇ τὸ ῥηθὲν διὰ τοῦ προφήτου λέγοντος· [5] *εἴπατε τῇ θυγατρὶ Σιών· ἰδοὺ ὁ βασιλεύς σου ἔρχεταί σοι ...* ➤ Isa 62,11; Zech 9,9					→ Jn 12,14 → Jn 12,15
020			**Mk 11,16**	καὶ οὐκ ἤφιεν **ἵνα** τις διενέγκῃ σκεῦος διὰ τοῦ ἱεροῦ.			
120	**Mt 6,14** → Mt 6,12 → Lk 11,4	ἐὰν γὰρ ἀφῆτε τοῖς ἀνθρώποις τὰ παραπτώματα αὐτῶν, ἀφήσει **καὶ** ὑμῖν ὁ πατὴρ ὑμῶν ὁ οὐράνιος·	**Mk 11,25** → Mt 5,23-24	καὶ ὅταν στήκετε προσευχόμενοι, ἀφίετε εἴ τι ἔχετε κατά τινος, **ἵνα καὶ** ὁ πατὴρ ὑμῶν ὁ ἐν τοῖς οὐρανοῖς ἀφῇ ὑμῖν τὰ παραπτώματα ὑμῶν.			
121	**Mt 21,23**	... ἐν ποίᾳ ἐξουσίᾳ ταῦτα ποιεῖς; καὶ τίς σοι ἔδωκεν τὴν ἐξουσίαν ταύτην;	**Mk 11,28**	... ἐν ποίᾳ ἐξουσίᾳ ταῦτα ποιεῖς; ἢ τίς σοι ἔδωκεν τὴν ἐξουσίαν ταύτην **ἵνα** ταῦτα ποιῇς;	**Lk 20,2**	... εἰπὸν ἡμῖν ἐν ποίᾳ ἐξουσίᾳ ταῦτα ποιεῖς, ἢ τίς ἐστιν ὁ δούς σοι τὴν ἐξουσίαν ταύτην;	→ Jn 2,18
a 122	**Mt 21,34** → Mk 12,5	ὅτε δὲ ἤγγισεν ὁ καιρὸς τῶν καρπῶν, ἀπέστειλεν τοὺς δούλους αὐτοῦ πρὸς τοὺς γεωργοὺς λαβεῖν τοὺς καρποὺς αὐτοῦ.	**Mk 12,2**	καὶ ἀπέστειλεν πρὸς τοὺς γεωργοὺς τῷ καιρῷ δοῦλον **ἵνα** παρὰ τῶν γεωργῶν λάβῃ ἀπὸ τῶν καρπῶν τοῦ ἀμπελῶνος·	**Lk 20,10**	καὶ καιρῷ ἀπέστειλεν πρὸς τοὺς γεωργοὺς δοῦλον **ἵνα** ἀπὸ τοῦ καρποῦ τοῦ ἀμπελῶνος δώσουσιν αὐτῷ· ...	→ GTh 65
112	**Mt 21,38**	... δεῦτε ἀποκτείνωμεν αὐτὸν **καὶ** σχῶμεν τὴν κληρονομίαν αὐτοῦ	**Mk 12,7**	... δεῦτε ἀποκτείνωμεν αὐτόν, **καὶ** ἡμῶν ἔσται ἡ κληρονομία.	**Lk 20,14**	... ἀποκτείνωμεν αὐτόν, **ἵνα** ἡμῶν γένηται ἡ κληρονομία.	→ GTh 65

122	**Mt 22,15** ↓ Mt 26,4	τότε πορευθέντες οἱ Φαρισαῖοι συμβούλιον ἔλαβον **ὅπως** αὐτὸν παγιδεύσωσιν ἐν λόγῳ. [16] καὶ ἀποστέλλουσιν αὐτῷ τοὺς μαθητὰς αὐτῶν μετὰ τῶν Ἡρῳδιανῶν ...	**Mk 12,13**	καὶ ἀποστέλλουσιν πρὸς αὐτόν τινας τῶν Φαρισαίων καὶ τῶν Ἡρῳδιανῶν **ἵνα** αὐτὸν ἀγρεύσωσιν λόγῳ.	**Lk 20,20** → Lk 16,15 → Lk 18,9 → Lk 23,2	καὶ παρατηρήσαντες ἀπέστειλαν ἐγκαθέτους ὑποκρινομένους ἑαυτοὺς δικαίους εἶναι, **ἵνα** ἐπιλάβωνται αὐτοῦ λόγου, ὥστε παραδοῦναι αὐτὸν τῇ ἀρχῇ καὶ τῇ ἐξουσίᾳ τοῦ ἡγεμόνος.	
121	**Mt 22,19**	ἐπιδείξατέ μοι τὸ νόμισμα τοῦ κήνσου. ...	**Mk 12,15**	... φέρετέ μοι δηνάριον **ἵνα** ἴδω.	**Lk 20,24**	δείξατέ μοι δηνάριον· ...	→ GTh 100
122	**Mt 22,24**	... *ἐάν τις* *ἀποθάνῃ* *μὴ ἔχων* *τέκνα,* *ἐπιγαμβρεύσει ὁ ἀδελφὸς* *αὐτοῦ τὴν γυναῖκα* *αὐτοῦ καὶ ἀναστήσει* *σπέρμα τῷ ἀδελφῷ* *αὐτοῦ·* ➤ Deut 25,5; Gen 38,8	**Mk 12,19**	... *ἐάν τινος ἀδελφὸς* *ἀποθάνῃ* καὶ καταλίπῃ γυναῖκα *καὶ μὴ ἀφῇ* *τέκνον,* **ἵνα** *λάβῃ ὁ ἀδελφὸς* *αὐτοῦ τὴν γυναῖκα* *καὶ ἐξαναστήσῃ* *σπέρμα τῷ ἀδελφῷ* *αὐτοῦ.* ➤ Deut 25,5; Gen 38,8	**Lk 20,28**	... *ἐάν τινος ἀδελφὸς* *ἀποθάνῃ* ἔχων γυναῖκα, καὶ οὗτος *ἄτεκνος ᾖ,* **ἵνα** *λάβῃ ὁ ἀδελφὸς* *αὐτοῦ τὴν γυναῖκα* *καὶ ἐξαναστήσῃ* *σπέρμα τῷ ἀδελφῷ* *αὐτοῦ.* ➤ Deut 25,5; Gen 38,8	
201	**Mt 23,26**	... καθάρισον πρῶτον τὸ ἐντὸς τοῦ ποτηρίου, **ἵνα** γένηται καὶ τὸ ἐκτὸς αὐτοῦ καθαρόν.			**Lk 11,41**	πλὴν τὰ ἐνόντα δότε ἐλεημοσύνην, **καὶ ἰδοὺ** πάντα καθαρὰ ὑμῖν ἐστιν.	→ GTh 89
b 220	**Mt 24,20**	προσεύχεσθε δὲ **ἵνα** μὴ γένηται ἡ φυγὴ ὑμῶν χειμῶνος μηδὲ σαββάτῳ.	**Mk 13,18**	προσεύχεσθε δὲ **ἵνα** μὴ γένηται χειμῶνος·			
112	**Mt 25,13** → Mt 24,42 → Mt 24,44 → Mt 24,50	γρηγορεῖτε οὖν, ὅτι οὐκ οἴδατε τὴν ἡμέραν οὐδὲ τὴν ὥραν.	**Mk 13,33** → Lk 21,34	βλέπετε, ἀγρυπνεῖτε· οὐκ οἴδατε γὰρ πότε ὁ καιρός ἐστιν.	**Lk 21,36** → Lk 12,35-38 ↑ Lk 12,36 → Lk 18,1	ἀγρυπνεῖτε δὲ ἐν παντὶ καιρῷ δεόμενοι **ἵνα** κατισχύσητε ἐκφυγεῖν ταῦτα πάντα τὰ μέλλοντα γίνεσθαι καὶ σταθῆναι ἔμπροσθεν τοῦ υἱοῦ τοῦ ἀνθρώπου.	
020	**Mt 25,15**	[14] ... ἐκάλεσεν τοὺς ἰδίους δούλους καὶ παρέδωκεν αὐτοῖς τὰ ὑπάρχοντα αὐτοῦ, [15] καὶ ᾧ μὲν ἔδωκεν πέντε τάλαντα, ᾧ δὲ δύο, ᾧ δὲ ἕν, ἑκάστῳ κατὰ τὴν ἰδίαν δύναμιν, καὶ ἀπεδήμησεν. ...	**Mk 13,34**	... καὶ δοὺς τοῖς δούλοις αὐτοῦ τὴν ἐξουσίαν ἑκάστῳ τὸ ἔργον αὐτοῦ, καὶ τῷ θυρωρῷ ἐνετείλατο **ἵνα** γρηγορῇ.	**Lk 19,13**	καλέσας δὲ δέκα δούλους ἑαυτοῦ ἔδωκεν αὐτοῖς δέκα μνᾶς καὶ εἶπεν πρὸς αὐτούς· πραγματεύσασθε ἐν ᾧ ἔρχομαι.	Mk-Q overlap
211	**Mt 26,4** → Mt 12,14 ↑ Mt 22,15	καὶ συνεβουλεύσαντο **ἵνα** τὸν Ἰησοῦν δόλῳ κρατήσωσιν καὶ ἀποκτείνωσιν·	**Mk 14,1** → Mk 3,6	... καὶ ἐζήτουν οἱ ἀρχιερεῖς καὶ οἱ γραμματεῖς **πῶς** αὐτὸν ἐν δόλῳ κρατήσαντες ἀποκτείνωσιν·	**Lk 22,2** → Lk 6,11	καὶ ἐζήτουν οἱ ἀρχιερεῖς καὶ οἱ γραμματεῖς τὸ **πῶς** ἀνέλωσιν αὐτόν,	
b 211	**Mt 26,5**	ἔλεγον δέ· μὴ ἐν τῇ ἑορτῇ, **ἵνα μὴ** θόρυβος γένηται ἐν τῷ λαῷ.	**Mk 14,2**	ἔλεγον γάρ· μὴ ἐν τῇ ἑορτῇ, **μήποτε** ἔσται θόρυβος τοῦ λαοῦ.		 ἐφοβοῦντο γὰρ τὸν λαόν.	

121	**Mt 26,15**	[14] τότε πορευθεὶς εἷς τῶν δώδεκα, ὁ λεγόμενος Ἰούδας Ἰσκαριώτης, πρὸς τοὺς ἀρχιερεῖς [15] εἶπεν· τί θέλετέ μοι δοῦναι, κἀγὼ ὑμῖν παραδώσω αὐτόν; ...	**Mk 14,10**	καὶ Ἰούδας Ἰσκαριὼθ ὁ εἷς τῶν δώδεκα ἀπῆλθεν πρὸς τοὺς ἀρχιερεῖς **ἵνα** αὐτὸν παραδοῖ αὐτοῖς.	**Lk 22,4**	[3] εἰσῆλθεν δὲ σατανᾶς εἰς Ἰούδαν τὸν καλούμενον Ἰσκαριώτην, ὄντα ἐκ τοῦ ἀριθμοῦ τῶν δώδεκα· [4] καὶ ἀπελθὼν συνελάλησεν τοῖς ἀρχιερεῦσιν καὶ στρατηγοῖς **τὸ πῶς** αὐτοῖς παραδῷ αὐτόν.	
211	**Mt 26,16**	καὶ ἀπὸ τότε ἐζήτει **εὐκαιρίαν ἵνα** **αὐτὸν παραδῷ.**	**Mk 14,11**	... καὶ ἐζήτει **πῶς αὐτὸν** **εὐκαίρως παραδοῖ.**	**Lk 22,6**	... καὶ ἐζήτει **εὐκαιρίαν τοῦ** **παραδοῦναι αὐτὸν** ἄτερ ὄχλου αὐτοῖς.	
122	**Mt 26,17**	... προσῆλθον οἱ μαθηταὶ τῷ Ἰησοῦ λέγοντες· ποῦ θέλεις ἑτοιμάσωμέν σοι φαγεῖν τὸ πάσχα;	**Mk 14,12**	... λέγουσιν αὐτῷ οἱ μαθηταὶ αὐτοῦ· ποῦ θέλεις ἀπελθόντες ἑτοιμάσωμεν **ἵνα** φάγῃς τὸ πάσχα; [13] καὶ ἀποστέλλει δύο τῶν μαθητῶν αὐτοῦ ...	**Lk 22,8**	καὶ ἀπέστειλεν Πέτρον καὶ Ἰωάννην εἰπών· πορευθέντες ἑτοιμάσατε ἡμῖν τὸ πάσχα **ἵνα** φάγωμεν. [9] οἱ δὲ εἶπαν αὐτῷ· ποῦ θέλεις ἑτοιμάσωμεν;	
102	**Mt 19,28**	... ἐν τῇ παλιγγενεσίᾳ, ὅταν καθίσῃ ὁ υἱὸς τοῦ ἀνθρώπου ἐπὶ θρόνου δόξης αὐτοῦ, καθήσεσθε καὶ ὑμεῖς ἐπὶ δώδεκα θρόνους κρίνοντες τὰς δώδεκα φυλὰς τοῦ Ἰσραήλ.			**Lk 22,30** → Lk 12,37 → Lk 14,15	[29] κἀγὼ διατίθεμαι ὑμῖν καθὼς διέθετό μοι ὁ πατήρ μου βασιλείαν, **[30] ἵνα** ἔσθητε καὶ πίνητε ἐπὶ τῆς τραπέζης μου ἐν τῇ βασιλείᾳ μου, καὶ καθήσεσθε ἐπὶ θρόνων τὰς δώδεκα φυλὰς κρίνοντες τοῦ Ἰσραήλ.	
b 002					**Lk 22,32**	ἐγὼ δὲ ἐδεήθην περὶ σοῦ **ἵνα** μὴ ἐκλίπῃ ἡ πίστις σου· ...	
121	**Mt 26,39**	καὶ προελθὼν μικρὸν ἔπεσεν ἐπὶ πρόσωπον αὐτοῦ προσευχόμενος ...	**Mk 14,35**	καὶ προελθὼν μικρὸν ἔπιπτεν ἐπὶ τῆς γῆς καὶ προσηύχετο **ἵνα** εἰ δυνατόν ἐστιν παρέλθῃ ἀπ᾽ αὐτοῦ ἡ ὥρα	**Lk 22,41**	καὶ αὐτὸς ἀπεσπάσθη ἀπ᾽ αὐτῶν ὡσεὶ λίθου βολὴν καὶ θεὶς τὰ γόνατα προσηύχετο	
b 222	**Mt 26,41**	γρηγορεῖτε καὶ προσεύχεσθε, **ἵνα** μὴ εἰσέλθητε εἰς πειρασμόν· ...	**Mk 14,38**	γρηγορεῖτε καὶ προσεύχεσθε, **ἵνα** μὴ ἔλθητε εἰς πειρασμόν· ...	**Lk 22,46** → Lk 22,40	... ἀναστάντες προσεύχεσθε, **ἵνα** μὴ εἰσέλθητε εἰς πειρασμόν.	
e 220	**Mt 26,56**	τοῦτο δὲ ὅλον γέγονεν **ἵνα** πληρωθῶσιν αἱ γραφαὶ τῶν προφητῶν. ...	**Mk 14,49**	... ἀλλ᾽ **ἵνα** πληρωθῶσιν αἱ γραφαί.			
211	**Mt 26,63** ↓ Mt 27,42	... καὶ ὁ ἀρχιερεὺς εἶπεν αὐτῷ· ἐξορκίζω σε κατὰ τοῦ θεοῦ τοῦ ζῶντος **ἵνα** ἡμῖν εἴπῃς εἰ σὺ εἶ ὁ χριστὸς ὁ υἱὸς τοῦ θεοῦ.	**Mk 14,61** ↓ Mk 15,32	... πάλιν ὁ ἀρχιερεὺς ἐπηρώτα αὐτὸν καὶ λέγει αὐτῷ· σὺ εἶ ὁ χριστὸς ὁ υἱὸς τοῦ εὐλογητοῦ;	**Lk 22,67** ⇩ Lk 22,70 → Lk 23,35	λέγοντες· εἰ σὺ εἶ ὁ χριστός, εἰπὸν ἡμῖν. ...	→ Jn 10,24
					Lk 22,70 ⇧ Lk 22,67	εἶπαν δὲ πάντες· σὺ οὖν εἶ ὁ υἱὸς τοῦ θεοῦ; ...	→ Jn 10,36

221	Mt 27,20	οἱ δὲ ἀρχιερεῖς καὶ οἱ πρεσβύτεροι ἔπεισαν τοὺς ὄχλους ἵνα αἰτήσωνται τὸν Βαραββᾶν, τὸν δὲ Ἰησοῦν ἀπολέσωσιν.	Mk 15,11	οἱ δὲ ἀρχιερεῖς ἀνέσεισαν τὸν ὄχλον ἵνα μᾶλλον τὸν Βαραββᾶν ἀπολύσῃ αὐτοῖς.	Lk 23,18	ἀνέκραγον δὲ παμπληθεὶ λέγοντες· αἶρε τοῦτον, ἀπόλυσον δὲ ἡμῖν τὸν Βαραββᾶν·	→ Jn 18,40
221	Mt 27,26	... τὸν δὲ Ἰησοῦν φραγελλώσας παρέδωκεν ἵνα σταυρωθῇ.	Mk 15,15	... καὶ παρέδωκεν τὸν Ἰησοῦν φραγελλώσας ἵνα σταυρωθῇ.	Lk 23,25	... τὸν δὲ Ἰησοῦν παρέδωκεν τῷ θελήματι αὐτῶν.	→ Jn 19,16
a 121	Mt 27,31	... καὶ ἀπήγαγον αὐτὸν εἰς τὸ σταυρῶσαι.	Mk 15,20	... καὶ ἐξάγουσιν αὐτὸν ἵνα σταυρώσωσιν αὐτόν.	Lk 23,26	καὶ ὡς ἀπήγαγον αὐτόν,	
221	Mt 27,32	ἐξερχόμενοι δὲ εὗρον ἄνθρωπον Κυρηναῖον ὀνόματι Σίμωνα, τοῦτον ἠγγάρευσαν ἵνα ἄρῃ τὸν σταυρὸν αὐτοῦ.	Mk 15,21	καὶ ἀγγαρεύουσιν παράγοντά τινα Σίμωνα Κυρηναῖον ἐρχόμενον ἀπ᾽ ἀγροῦ, τὸν πατέρα Ἀλεξάνδρου καὶ Ῥούφου, ἵνα ἄρῃ τὸν σταυρὸν αὐτοῦ.		... ἐπιλαβόμενοι Σίμωνά τινα Κυρηναῖον ἐρχόμενον ἀπ᾽ ἀγροῦ ἐπέθηκαν αὐτῷ τὸν σταυρὸν φέρειν ὄπισθεν τοῦ Ἰησοῦ.	
121	Mt 27,42 ↑ Mt 26,63 → Lk 23,37	... βασιλεὺς Ἰσραήλ ἐστιν, καταβάτω νῦν ἀπὸ τοῦ σταυροῦ καὶ πιστεύσομεν ἐπ᾽ αὐτόν.	Mk 15,32 ↑ Mk 14,61 → Lk 23,37	ὁ χριστὸς ὁ βασιλεὺς Ἰσραὴλ καταβάτω νῦν ἀπὸ τοῦ σταυροῦ, ἵνα ἴδωμεν καὶ πιστεύσωμεν. ...	Lk 23,35 ↑ Lk 22,67 → Lk 23,39	... εἰ οὗτός ἐστιν ὁ χριστὸς τοῦ θεοῦ ὁ ἐκλεκτός.	
121	Mt 28,1 → Mt 27,56 → Mt 27,61	ὀψὲ δὲ σαββάτων, τῇ ἐπιφωσκούσῃ εἰς μίαν σαββάτων ἦλθεν Μαριὰμ ἡ Μαγδαληνὴ καὶ ἡ ἄλλη Μαρία θεωρῆσαι τὸν τάφον.	Mk 16,1 → Mk 15,40 → Mk 15,47	καὶ διαγενομένου τοῦ σαββάτου Μαρία ἡ Μαγδαληνὴ καὶ Μαρία ἡ [τοῦ] Ἰακώβου καὶ Σαλώμη ἠγόρασαν ἀρώματα ἵνα ἐλθοῦσαι ἀλείψωσιν αὐτόν. [2] καὶ λίαν πρωῒ τῇ μιᾷ τῶν σαββάτων ἔρχονται ἐπὶ τὸ μνημεῖον ἀνατείλαντος τοῦ ἡλίου.	Lk 23,56 → Lk 8,2-3	ὑποστρέψασαι δὲ ἡτοίμασαν ἀρώματα καὶ μύρα. καὶ τὸ μὲν σάββατον ἡσύχασαν κατὰ τὴν ἐντολήν. [24,1] τῇ δὲ μιᾷ τῶν σαββάτων ὄρθρου βαθέως ἐπὶ τὸ μνῆμα ἦλθον φέρουσαι ἃ ἡτοίμασαν ἀρώματα. [24,10] ἦσαν δὲ ἡ Μαγδαληνὴ Μαρία καὶ Ἰωάννα καὶ Μαρία ἡ Ἰακώβου καὶ αἱ λοιπαὶ σὺν αὐταῖς ...	→ Jn 20,1
200	Mt 28,10 → Mt 28,7 → Mk 16,7 → Mt 28,16	... ὑπάγετε ἀπαγγείλατε τοῖς ἀδελφοῖς μου ἵνα ἀπέλθωσιν εἰς τὴν Γαλιλαίαν, κἀκεῖ με ὄψονται.					→ Jn 20,17

a ἵνα with following future indicative
b ἵνα (...) μή
c ἵνα μηδείς, ἵνα μήποτε
d ἵνα ὅταν
e ἵνα with reference to scripture

b	Acts 2,25	Δαυὶδ γὰρ λέγει εἰς αὐτόν· *προορώμην τὸν κύριον* *ἐνώπιόν μου διὰ παντός,* *ὅτι ἐκ δεξιῶν μού ἐστιν* *ἵνα* *μὴ σαλευθῶ.* ➤ Ps 15,8 LXX	b	Acts 4,17	ἀλλ᾽ ἵνα μὴ ἐπὶ πλεῖον διανεμηθῇ εἰς τὸν λαόν ἀπειλησώμεθα αὐτοῖς ...	Acts 5,15	ὥστε καὶ εἰς τὰς πλατείας ἐκφέρειν τοὺς ἀσθενεῖς καὶ τιθέναι ἐπὶ κλιναρίων καὶ κραβάττων, ἵνα ἐρχομένου Πέτρου κἂν ἡ σκιὰ ἐπισκιάσῃ τινὶ αὐτῶν.

Acts 8,19 ... δότε κἀμοὶ τὴν ἐξουσίαν ταύτην
ἵνα
ᾧ ἐὰν ἐπιθῶ τὰς χεῖρας λαμβάνῃ πνεῦμα ἅγιον.

Acts 9,21 ... καὶ ὧδε εἰς τοῦτο ἐληλύθει
ἵνα
δεδεμένους αὐτοὺς ἀγάγῃ ἐπὶ τοὺς ἀρχιερεῖς;

Acts 16,30 ... κύριοι, τί με δεῖ ποιεῖν
ἵνα
σωθῶ;

Acts 16,36 ἀπήγγειλεν δὲ ὁ δεσμοφύλαξ τοὺς λόγους [τούτους] πρὸς τὸν Παῦλον ὅτι ἀπέσταλκαν οἱ στρατηγοὶ
ἵνα
ἀπολυθῆτε· ...

Acts 17,15 ... καὶ λαβόντες ἐντολὴν πρὸς τὸν Σιλᾶν καὶ τὸν Τιμόθεον
ἵνα
ὡς τάχιστα ἔλθωσιν πρὸς αὐτὸν ἐξῄεσαν.

Acts 19,4 → Mt 3,1-2 → Mk 1,4 → Lk 3,3 → Acts 13,24 → Mt 3,11 → Mk 1,7-8 → Lk 3,16
... Ἰωάννης ἐβάπτισεν βάπτισμα μετανοίας τῷ λαῷ λέγων εἰς τὸν ἐρχόμενον μετ᾽ αὐτὸν
ἵνα
πιστεύσωσιν, τοῦτ᾽ ἔστιν εἰς τὸν Ἰησοῦν.

a **Acts 21,24** τούτους παραλαβὼν ἁγνίσθητι σὺν αὐτοῖς καὶ δαπάνησον ἐπ᾽ αὐτοῖς
ἵνα
ξυρήσονται τὴν κεφαλήν, ...

Acts 22,5 ... παρ᾽ ὧν καὶ ἐπιστολὰς δεξάμενος πρὸς τοὺς ἀδελφοὺς εἰς Δαμασκὸν ἐπορευόμην, ἄξων καὶ τοὺς ἐκεῖσε ὄντας δεδεμένους εἰς Ἰερουσαλὴμ
ἵνα
τιμωρηθῶσιν.

Acts 22,24 ... εἴπας μάστιξιν ἀνετάζεσθαι αὐτὸν
ἵνα
ἐπιγνῷ δι᾽ ἣν αἰτίαν οὕτως ἐπεφώνουν αὐτῷ.

Acts 23,24 κτήνη τε παραστῆσαι
ἵνα
ἐπιβιβάσαντες τὸν Παῦλον διασώσωσι πρὸς Φήλικα τὸν ἡγεμόνα

b **Acts 24,4** **ἵνα δὲ**
μὴ ἐπὶ πλεῖόν σε ἐγκόπτω, παρακαλῶ ἀκοῦσαί σε ἡμῶν συντόμως τῇ σῇ ἐπιεικείᾳ.

Acts 27,42 τῶν δὲ στρατιωτῶν βουλὴ ἐγένετο
ἵνα
τοὺς δεσμώτας ἀποκτείνωσιν, μή τις ἐκκολυμβήσας διαφύγῃ.

ἱνατί

ἱνατί	Syn	Mt	Mk	Lk	Acts	Jn	1-3John	Paul	Eph	Col
	3	2		1	2			1		
	NT	2Thess	1/2Tim	Tit	Heb	Jas	1Pet	2Pet	Jude	Rev
	6									

why? for what reason?

	Mt	Mk	Lk	
211	**Mt 9,4** → Mt 12,25 καὶ ἰδὼν ὁ Ἰησοῦς τὰς ἐνθυμήσεις αὐτῶν εἶπεν· **ἱνατί ἐνθυμεῖσθε πονηρὰ** ἐν ταῖς καρδίαις ὑμῶν;	**Mk 2,8** καὶ εὐθὺς ἐπιγνοὺς ὁ Ἰησοῦς τῷ πνεύματι αὐτοῦ ὅτι οὕτως διαλογίζονται ἐν ἑαυτοῖς λέγει αὐτοῖς· **τί ταῦτα διαλογίζεσθε** ἐν ταῖς καρδίαις ὑμῶν;	**Lk 5,22** → Lk 11,17 → Lk 6,8 ἐπιγνοὺς δὲ ὁ Ἰησοῦς τοὺς διαλογισμοὺς αὐτῶν ἀποκριθεὶς εἶπεν πρὸς αὐτούς· **τί διαλογίζεσθε** ἐν ταῖς καρδίαις ὑμῶν;	
002			**Lk 13,7** ... ἔκκοψον [οὖν] αὐτήν, **ἱνατί** καὶ τὴν γῆν καταργεῖ;	
210	**Mt 27,46** ... τοῦτ᾽ ἔστιν· *θεέ μου θεέ μου,* ***ἱνατί*** *με ἐγκατέλιπες;* ➤ Ps 22,2	**Mk 15,34** ... ὅ ἐστιν μεθερμηνευόμενον *ὁ θεός μου ὁ θεός μου,* ***εἰς τί*** *ἐγκατέλιπές με;* ➤ Ps 22,2		

Acts 4,25 ὁ τοῦ πατρὸς ἡμῶν διὰ πνεύματος ἁγίου στόματος Δαυὶδ παιδός σου εἰπών·
ἱνατί
ἐφρύαξαν ἔθνη καὶ λαοὶ ἐμελέτησαν κενά;
➤ Ps 2,1 LXX

Acts 7,26 ... ἄνδρες, ἀδελφοί ἐστε·
ἱνατί
ἀδικεῖτε ἀλλήλους;

Ἰορδάνης	Syn 12	Mt 6	Mk 4	Lk 2	Acts	Jn 3	1-3John	Paul	Eph	Col
	NT 15	2Thess	1/2Tim	Tit	Heb	Jas	1Pet	2Pet	Jude	Rev

Jordan

	triple tradition																	double tradition			Sondergut		
		+Mt / +Lk			–Mt / –Lk			traditions not taken over by Mt / Lk							subtotals								
code	222	211	112	212	221	122	121	022	012	021	220	120	210	020	Σ⁺	Σ⁻	Σ	202	201	102	200	002	total
Mt					2						2						4	1			1		**6**
Mk					2						2						4						**4**
Lk					2⁻											2⁻		1		1			**2**

a πέραν τοῦ Ἰορδάνου

202	**Mt 3,5**	τότε ἐξεπορεύετο πρὸς αὐτὸν Ἱεροσόλυμα καὶ πᾶσα ἡ Ἰουδαία καὶ **πᾶσα** **ἡ περίχωρος** **τοῦ Ἰορδάνου,**	**Mk 1,5** → Lk 3,7	καὶ ἐξεπορεύετο πρὸς αὐτὸν πᾶσα ἡ Ἰουδαία χώρα καὶ οἱ Ἱεροσολυμῖται πάντες, ...	**Lk 3,3** ⇨ Mk 1,4	[2] ... ἐγένετο ῥῆμα θεοῦ ἐπὶ Ἰωάννην τὸν Ζαχαρίου υἱὸν ἐν τῇ ἐρήμῳ. [3] καὶ ἦλθεν **εἰς πᾶσαν** **[τὴν] περίχωρον** **τοῦ Ἰορδάνου ...**	
220	**Mt 3,6**	καὶ ἐβαπτίζοντο **ἐν τῷ Ἰορδάνῃ** **ποταμῷ** ὑπ᾽ αὐτοῦ ἐξομολογούμενοι τὰς ἁμαρτίας αὐτῶν.	**Mk 1,5** → Lk 3,7	... καὶ ἐβαπτίζοντο ὑπ᾽ αὐτοῦ **ἐν τῷ Ἰορδάνῃ** **ποταμῷ** ἐξομολογούμενοι τὰς ἁμαρτίας αὐτῶν.			
221	**Mt 3,13**	τότε παραγίνεται ὁ Ἰησοῦς ἀπὸ τῆς Γαλιλαίας **ἐπὶ τὸν Ἰορδάνην** πρὸς τὸν Ἰωάννην τοῦ βαπτισθῆναι ὑπ᾽ αὐτοῦ.	**Mk 1,9**	... ἦλθεν Ἰησοῦς ἀπὸ Ναζαρὲτ τῆς Γαλιλαίας καὶ ἐβαπτίσθη **εἰς τὸν Ἰορδάνην** ὑπὸ Ἰωάννου.	**Lk 3,21**	ἐγένετο δὲ ἐν τῷ βαπτισθῆναι ἅπαντα τὸν λαὸν καὶ Ἰησοῦ βαπτισθέντος ...	
102	**Mt 4,1**	τότε ὁ Ἰησοῦς ἀνήχθη εἰς τὴν ἔρημον ὑπὸ τοῦ πνεύματος ...	**Mk 1,12**	καὶ εὐθὺς τὸ πνεῦμα αὐτὸν ἐκβάλλει εἰς τὴν ἔρημον.	**Lk 4,1**	Ἰησοῦς δὲ πλήρης πνεύματος ἁγίου ὑπέστρεψεν **ἀπὸ τοῦ Ἰορδάνου** καὶ ἤγετο ἐν τῷ πνεύματι ἐν τῇ ἐρήμῳ	Mk-Q overlap
a 200	**Mt 4,15**	*γῆ Ζαβουλὼν* καὶ *γῆ Νεφθαλίμ,* *ὁδὸν θαλάσσης,* ***πέραν τοῦ Ἰορδάνου,*** *Γαλιλαία τῶν ἐθνῶν* ➤ Isa 8,23					
a 221	**Mt 4,25** → Mt 12,15	καὶ ἠκολούθησαν αὐτῷ ὄχλοι πολλοὶ ἀπὸ τῆς Γαλιλαίας καὶ Δεκαπόλεως καὶ Ἱεροσολύμων καὶ Ἰουδαίας καὶ **πέραν τοῦ Ἰορδάνου.**	**Mk 3,8** → Mt 4,24a	[7] ... καὶ πολὺ πλῆθος ἀπὸ τῆς Γαλιλαίας [ἠκολούθησεν], καὶ ἀπὸ τῆς Ἰουδαίας [8] καὶ ἀπὸ Ἱεροσολύμων καὶ ἀπὸ τῆς Ἰδουμαίας καὶ **πέραν τοῦ Ἰορδάνου** καὶ περὶ Τύρον καὶ Σιδῶνα ...	**Lk 6,17**	... καὶ πλῆθος πολὺ τοῦ λαοῦ ἀπὸ πάσης τῆς Ἰουδαίας καὶ Ἰερουσαλὴμ καὶ τῆς παραλίου Τύρου καὶ Σιδῶνος	

	Mt		Mk		Lk		
a 220	**Mt 19,1** → Lk 9,51	... μετῆρεν ἀπὸ τῆς Γαλιλαίας καὶ ἦλθεν εἰς τὰ ὅρια τῆς Ἰουδαίας **πέραν τοῦ Ἰορδάνου.**	**Mk 10,1** → Lk 9,51	καὶ ἐκεῖθεν ἀναστὰς ἔρχεται εἰς τὰ ὅρια τῆς Ἰουδαίας [καὶ] **πέραν τοῦ Ἰορδάνου,** ...			

Ἰουδαία	Syn 21	Mt 8	Mk 3	Lk 10	Acts 12	Jn 6	1-3John	Paul 4	Eph	Col
	NT 43	2Thess	1/2Tim	Tit	Heb	Jas	1Pet	2Pet	Jude	Rev

Judea

	triple tradition																	double tradition			Sondergut		
		+Mt / +Lk			–Mt / –Lk			traditions not taken over by Mt / Lk							subtotals								
code	*222*	*211*	*112*	*212*	*221*	*122*	*121*	*022*	*012*	*021*	*220*	*120*	*210*	*020*	Σ⁺	Σ⁻	Σ	*202*	*201*	*102*	*200*	*002*	total
Mt	2										1		2^+		2^+		5				3		**8**
Mk	2										1						3						**3**
Lk	2		1^+						1^+						2^+		4					6	**10**

a πᾶσα ἡ Ἰουδαία, ὅλη ἡ Ἰουδαία

	Mt		Mk		Lk		
002					**Lk 1,5**	ἐγένετο **ἐν ταῖς ἡμέραις Ἡρῴδου βασιλέως τῆς Ἰουδαίας** ἱερεύς τις ὀνόματι Ζαχαρίας ἐξ ἐφημερίας Ἀβιά, ...	
002					**Lk 1,65**	καὶ ἐγένετο ἐπὶ πάντας φόβος τοὺς περιοικοῦντας αὐτούς, καὶ **ἐν ὅλῃ τῇ ὀρεινῇ τῆς Ἰουδαίας** διελαλεῖτο πάντα τὰ ῥήματα ταῦτα	
002					**Lk 2,4**	ἀνέβη δὲ καὶ Ἰωσὴφ ἀπὸ τῆς Γαλιλαίας ἐκ πόλεως Ναζαρὲθ **εἰς τὴν Ἰουδαίαν** εἰς πόλιν Δαυὶδ ἥτις καλεῖται Βηθλέεμ, ...	
200	**Mt 2,1**	τοῦ δὲ Ἰησοῦ γεννηθέντος **ἐν Βηθλέεμ τῆς Ἰουδαίας** ἐν ἡμέραις Ἡρῴδου τοῦ βασιλέως, ...					
200	**Mt 2,5**	οἱ δὲ εἶπαν αὐτῷ· **ἐν Βηθλέεμ τῆς Ἰουδαίας·** οὕτως γὰρ γέγραπται διὰ τοῦ προφήτου·					
200	**Mt 2,22**	ἀκούσας δὲ ὅτι Ἀρχέλαος βασιλεύει **τῆς Ἰουδαίας** ἀντὶ τοῦ πατρὸς αὐτοῦ Ἡρῴδου ἐφοβήθη ἐκεῖ ἀπελθεῖν· ...					

002					Lk 3,1	ἐν ἔτει δὲ πεντεκαιδεκάτῳ τῆς ἡγεμονίας Τιβερίου Καίσαρος, ἡγεμονεύοντος Ποντίου Πιλάτου **τῆς Ἰουδαίας,** καὶ τετρααρχοῦντος τῆς Γαλιλαίας Ἡρῴδου, ...	
210	Mt 3,1	ἐν δὲ ταῖς ἡμέραις ἐκείναις παραγίνεται Ἰωάννης ὁ βαπτιστὴς κηρύσσων **ἐν τῇ ἐρήμῳ τῆς Ἰουδαίας**	Mk 1,4	ἐγένετο Ἰωάννης [ὁ] βαπτίζων **ἐν τῇ ἐρήμῳ** καὶ κηρύσσων ...	Lk 3,2 → Lk 3,3	ἐπὶ ἀρχιερέως Ἅννα καὶ Καϊάφα, ἐγένετο ῥῆμα θεοῦ ἐπὶ Ἰωάννην τὸν Ζαχαρίου υἱὸν **ἐν τῇ ἐρήμῳ.** [3] καὶ ... κηρύσσων ...	→ Jn 3,23
a 210	Mt 3,5	τότε ἐξεπορεύετο πρὸς αὐτὸν Ἱεροσόλυμα καὶ **πᾶσα ἡ Ἰουδαία** καὶ πᾶσα ἡ περίχωρος τοῦ Ἰορδάνου	Mk 1,5 → Lk 3,7	καὶ ἐξεπορεύετο πρὸς αὐτὸν **πᾶσα ἡ Ἰουδαία χώρα** καὶ οἱ Ἱεροσολυμῖται πάντες, ...	Lk 3,3 ⇨ Mk 1,4	καὶ ἦλθεν εἰς πᾶσαν [τὴν] περίχωρον τοῦ Ἰορδάνου ...	
112	Mt 4,23 ⇩ Mt 9,35 → Mk 1,21	καὶ περιῆγεν **ἐν ὅλῃ τῇ Γαλιλαίᾳ** διδάσκων ἐν ταῖς συναγωγαῖς αὐτῶν καὶ κηρύσσων τὸ εὐαγγέλιον τῆς βασιλείας καὶ θεραπεύων πᾶσαν νόσον καὶ πᾶσαν μαλακίαν ἐν τῷ λαῷ.	Mk 1,39 ↓ Mk 6,6	καὶ ἦλθεν κηρύσσων εἰς τὰς συναγωγὰς αὐτῶν **εἰς ὅλην τὴν Γαλιλαίαν** καὶ τὰ δαιμόνια ἐκβάλλων.	Lk 4,44 → Lk 4,15 ↓ Lk 8,1	καὶ ἦν κηρύσσων εἰς τὰς συναγωγὰς **τῆς Ἰουδαίας.**	
	Mt 9,35 ⇧ Mt 4,23 → Mk 1,21	καὶ περιῆγεν ὁ Ἰησοῦς **τὰς πόλεις πάσας καὶ τὰς κώμας** διδάσκων ἐν ταῖς συναγωγαῖς αὐτῶν καὶ κηρύσσων τὸ εὐαγγέλιον τῆς βασιλείας ...	Mk 6,6 ↑ Mk 1,39	... καὶ περιῆγεν **τὰς κώμας κύκλῳ** διδάσκων.	Lk 8,1 ↑ Lk 4,44 → Lk 13,22	καὶ ἐγένετο ἐν τῷ καθεξῆς καὶ αὐτὸς διώδευεν **κατὰ πόλιν καὶ κώμην** κηρύσσων καὶ εὐαγγελιζόμενος τὴν βασιλείαν τοῦ θεοῦ καὶ οἱ δώδεκα σὺν αὐτῷ	
012			Mk 2,2 → Mk 3,20	καὶ συνήχθησαν πολλοὶ ὥστε μηκέτι χωρεῖν μηδὲ τὰ πρὸς τὴν θύραν, καὶ ἐλάλει αὐτοῖς τὸν λόγον.	Lk 5,17	καὶ ἐγένετο ἐν μιᾷ τῶν ἡμερῶν καὶ αὐτὸς ἦν διδάσκων, καὶ ἦσαν καθήμενοι Φαρισαῖοι καὶ νομοδιδάσκαλοι οἳ ἦσαν ἐληλυθότες **ἐκ πάσης κώμης τῆς Γαλιλαίας καὶ Ἰουδαίας** καὶ Ἰερουσαλήμ· καὶ δύναμις κυρίου ἦν εἰς τὸ ἰᾶσθαι αὐτόν.	
a 222	Mt 4,25 → Mt 12,15	καὶ ἠκολούθησαν αὐτῷ ὄχλοι πολλοὶ ἀπὸ τῆς Γαλιλαίας καὶ Δεκαπόλεως καὶ Ἱεροσολύμων καὶ **Ἰουδαίας** καὶ πέραν τοῦ Ἰορδάνου.	Mk 3,7 → Mt 4,24a	... καὶ πολὺ πλῆθος ἀπὸ τῆς Γαλιλαίας [ἠκολούθησεν], καὶ **ἀπὸ τῆς Ἰουδαίας** [8] καὶ ἀπὸ Ἱεροσολύμων καὶ ἀπὸ τῆς Ἰδουμαίας καὶ πέραν τοῦ Ἰορδάνου καὶ περὶ Τύρον καὶ Σιδῶνα πλῆθος πολύ ...	Lk 6,17	... καὶ πλῆθος πολὺ τοῦ λαοῦ **ἀπὸ πάσης τῆς Ἰουδαίας** καὶ Ἰερουσαλὴμ καὶ τῆς παραλίου Τύρου καὶ Σιδῶνος	

a 002					Lk 7,17 → Lk 5,15	καὶ ἐξῆλθεν ὁ λόγος οὗτος **ἐν ὅλῃ τῇ Ἰουδαίᾳ** περὶ αὐτοῦ καὶ πάσῃ τῇ περιχώρῳ.	
220	Mt 19,1 → Lk 9,51	... μετῆρεν ἀπὸ τῆς Γαλιλαίας καὶ ἦλθεν **εἰς τὰ ὅρια τῆς Ἰουδαίας** πέραν τοῦ Ἰορδάνου.	Mk 10,1 → Lk 9,51	καὶ ἐκεῖθεν ἀναστὰς ἔρχεται **εἰς τὰ ὅρια τῆς Ἰουδαίας** [καὶ] πέραν τοῦ Ἰορδάνου, ...			
222	Mt 24,16	τότε **οἱ ἐν τῇ Ἰουδαίᾳ** φευγέτωσαν εἰς τὰ ὄρη	Mk 13,14	... τότε **οἱ ἐν τῇ Ἰουδαίᾳ** φευγέτωσαν εἰς τὰ ὄρη	Lk 21,21 → Lk 17,31	τότε **οἱ ἐν τῇ Ἰουδαίᾳ** φευγέτωσαν εἰς τὰ ὄρη ...	
a 002					Lk 23,5	οἱ δὲ ἐπίσχυον λέγοντες ὅτι ἀνασείει τὸν λαὸν διδάσκων **καθ' ὅλης τῆς Ἰουδαίας,** καὶ ἀρξάμενος ἀπὸ τῆς Γαλιλαίας ἕως ὧδε.	→ Acts 10,37

a **Acts 1,8** → Acts 13,47 ... καὶ ἔσεσθέ μου μάρτυρες ἔν τε Ἰερουσαλὴμ καὶ **[ἐν] πάσῃ τῇ Ἰουδαίᾳ καὶ Σαμαρείᾳ** καὶ ἕως ἐσχάτου τῆς γῆς.

Acts 2,9 ... καὶ οἱ κατοικοῦντες τὴν Μεσοποταμίαν, **Ἰουδαίαν** τε καὶ Καππαδοκίαν, Πόντον καὶ τὴν Ἀσίαν

Acts 8,1 ... πάντες δὲ διεσπάρησαν **κατὰ τὰς χώρας τῆς Ἰουδαίας καὶ Σαμαρείας** πλὴν τῶν ἀποστόλων.

a **Acts 9,31** ἡ μὲν οὖν ἐκκλησία **καθ' ὅλης τῆς Ἰουδαίας καὶ Γαλιλαίας καὶ Σαμαρείας** εἶχεν εἰρήνην ...

a **Acts 10,37** → Lk 23,5 ὑμεῖς οἴδατε τὸ γενόμενον ῥῆμα **καθ' ὅλης τῆς Ἰουδαίας,** ἀρξάμενος ἀπὸ τῆς Γαλιλαίας μετὰ τὸ βάπτισμα ὃ ἐκήρυξεν Ἰωάννης

Acts 11,1 ἤκουσαν δὲ οἱ ἀπόστολοι καὶ οἱ ἀδελφοὶ οἱ ὄντες **κατὰ τὴν Ἰουδαίαν** ὅτι καὶ τὰ ἔθνη ἐδέξαντο τὸν λόγον τοῦ θεοῦ.

Acts 11,29 ... ὥρισαν ἕκαστος αὐτῶν εἰς διακονίαν πέμψαι τοῖς κατοικοῦσιν **ἐν τῇ Ἰουδαίᾳ** ἀδελφοῖς·

Acts 12,19 Ἡρῴδης ... κατελθὼν **ἀπὸ τῆς Ἰουδαίας** εἰς Καισάρειαν διέτριβεν.

Acts 15,1 καί τινες κατελθόντες **ἀπὸ τῆς Ἰουδαίας** ἐδίδασκον τοὺς ἀδελφοὺς ...

Acts 21,10 ἐπιμενόντων δὲ ἡμέρας πλείους κατῆλθέν τις **ἀπὸ τῆς Ἰουδαίας** προφήτης ὀνόματι Ἅγαβος

Acts 26,20 ἀλλὰ τοῖς ἐν Δαμασκῷ πρῶτόν τε καὶ Ἱεροσολύμοις, **πᾶσάν τε τὴν χώραν τῆς Ἰουδαίας** καὶ τοῖς ἔθνεσιν ἀπήγγελλον μετανοεῖν καὶ ἐπιστρέφειν ἐπὶ τὸν θεόν, ...

Acts 28,21 ... ἡμεῖς οὔτε γράμματα περὶ σοῦ ἐδεξάμεθα **ἀπὸ τῆς Ἰουδαίας** οὔτε παραγενόμενός τις τῶν ἀδελφῶν ἀπήγγειλεν ἢ ἐλάλησέν τι περὶ σοῦ πονηρόν.

Ἰουδαῖος	Syn 17	Mt 5	Mk 7	Lk 5	Acts 79	Jn 71	1-3John	Paul 25	Eph	Col 1
	NT 195	2Thess	1/2Tim	Tit	Heb	Jas	1Pet	2Pet	Jude	Rev 2

Jewish; Jew

	triple tradition																	double tradition			Sondergut		
		+Mt / +Lk			–Mt / –Lk			traditions not taken over by Mt / Lk							subtotals								
code	222	211	112	212	221	122	121	022	012	021	220	120	210	020	Σ⁺	Σ⁻	Σ	202	201	102	200	002	total
Mt	2						1⁻				1	2⁻				3⁻	3				2		**5**
Mk	2						1				1	2		1			7						**7**
Lk	2		1⁺				1⁻								1⁺	1⁻	3					2	**5**

a βασιλεὺς τῶν Ἰουδαίων
b ἀνήρ Ἰουδαῖος, ἄνθρωπος Ἰουδαῖος (Acts only)
c συναγωγὴ τῶν Ἰουδαίων (Acts only)
d Ἰουδαῖος and Ἕλλην (Acts only)

a 200	**Mt 2,2**	... ποῦ ἐστιν **ὁ τεχθεὶς βασιλεὺς τῶν Ἰουδαίων;** εἴδομεν γὰρ αὐτοῦ τὸν ἀστέρα ἐν τῇ ἀνατολῇ ...					
120	**Mt 3,5**	τότε ἐξεπορεύετο πρὸς αὐτὸν Ἱεροσόλυμα καὶ **πᾶσα ἡ Ἰουδαία** καὶ πᾶσα ἡ περίχωρος τοῦ Ἰορδάνου	**Mk 1,5** → Lk 3,7	καὶ ἐξεπορεύετο πρὸς αὐτὸν **πᾶσα ἡ Ἰουδαία χώρα** καὶ οἱ Ἱεροσολυμῖται πάντες, ...	**Lk 3,3** ⇨ Mk 1,4	καὶ ἦλθεν εἰς πᾶσαν [τὴν] περίχωρον τοῦ Ἰορδάνου ...	
002					**Lk 7,3**	ἀκούσας δὲ περὶ τοῦ Ἰησοῦ ἀπέστειλεν πρὸς αὐτὸν **πρεσβυτέρους τῶν Ἰουδαίων ...**	→ Jn 4,47
020			**Mk 7,3**	- οἱ γὰρ Φαρισαῖοι καὶ **πάντες οἱ Ἰουδαῖοι** ἐὰν μὴ πυγμῇ νίψωνται τὰς χεῖρας οὐκ ἐσθίουσιν, ...			
a 222	**Mt 27,11**	... καὶ ἐπηρώτησεν αὐτὸν ὁ ἡγεμὼν λέγων· σὺ εἶ **ὁ βασιλεὺς τῶν Ἰουδαίων;** ὁ δὲ Ἰησοῦς ἔφη· σὺ λέγεις.	**Mk 15,2**	καὶ ἐπηρώτησεν αὐτὸν ὁ Πιλᾶτος· σὺ εἶ **ὁ βασιλεὺς τῶν Ἰουδαίων;** ὁ δὲ ἀποκριθεὶς αὐτῷ λέγει· σὺ λέγεις.	**Lk 23,3**	ὁ δὲ Πιλᾶτος ἠρώτησεν αὐτὸν λέγων· σὺ εἶ **ὁ βασιλεὺς τῶν Ἰουδαίων;** ὁ δὲ ἀποκριθεὶς αὐτῷ ἔφη· σὺ λέγεις.	**→ Jn 18,33** → Jn 18,37
a 120	**Mt 27,17** → Mt 27,21	... εἶπεν αὐτοῖς ὁ Πιλᾶτος· τίνα θέλετε ἀπολύσω ὑμῖν, [Ἰησοῦν τὸν] Βαραββᾶν ἢ **Ἰησοῦν τὸν λεγόμενον χριστόν;**	**Mk 15,9**	ὁ δὲ Πιλᾶτος ἀπεκρίθη αὐτοῖς λέγων· θέλετε ἀπολύσω ὑμῖν **τὸν βασιλέα τῶν Ἰουδαίων;**			**→ Jn 18,39**
a 121	**Mt 27,22**	λέγει αὐτοῖς ὁ Πιλᾶτος· τί οὖν ποιήσω **Ἰησοῦν τὸν λεγόμενον χριστόν;** λέγουσιν πάντες· σταυρωθήτω.	**Mk 15,12**	ὁ δὲ Πιλᾶτος πάλιν ἀποκριθεὶς ἔλεγεν αὐτοῖς· τί οὖν [θέλετε] ποιήσω **[ὃν λέγετε] τὸν βασιλέα τῶν Ἰουδαίων;** [13] οἱ δὲ πάλιν ἔκραξαν· σταύρωσον αὐτόν.	**Lk 23,20**	πάλιν δὲ ὁ Πιλᾶτος προσεφώνησεν αὐτοῖς θέλων ἀπολῦσαι **τὸν Ἰησοῦν·** [21] οἱ δὲ ἐπεφώνουν λέγοντες· σταύρου, σταύρου αὐτόν.	**→ Jn 19,12**
a 220	**Mt 27,29**	... καὶ γονυπετήσαντες ἔμπροσθεν αὐτοῦ ἐνέπαιξαν αὐτῷ λέγοντες· χαῖρε, **βασιλεῦ τῶν Ἰουδαίων**	**Mk 15,18**	καὶ ἤρξαντο ἀσπάζεσθαι αὐτόν· χαῖρε, **βασιλεῦ τῶν Ἰουδαίων·**			**→ Jn 19,3**

a 002	Mt 27,42	[39] οἱ δὲ παραπορευόμενοι ... [40] καὶ λέγοντες· ... σῶσον σεαυτόν, εἰ υἱὸς εἶ τοῦ θεοῦ, ... [41] ... οἱ ἀρχιερεῖς ἐμπαίζοντες μετὰ τῶν γραμματέων καὶ πρεσβυτέρων ἔλεγον· [42] ... **βασιλεὺς Ἰσραήλ** ἐστιν, καταβάτω νῦν ἀπὸ τοῦ σταυροῦ καὶ πιστεύσομεν ἐπ' αὐτόν.	Mk 15,32	[29] καὶ οἱ παραπορευόμενοι ... καὶ λέγοντες· ... [30] σῶσον σεαυτὸν ... [31] ... οἱ ἀρχιερεῖς ἐμπαίζοντες ... μετὰ τῶν γραμματέων ἔλεγον· ... [32] ὁ χριστὸς **ὁ βασιλεὺς Ἰσραὴλ** καταβάτω νῦν ἀπὸ τοῦ σταυροῦ, ἵνα ἴδωμεν καὶ πιστεύσωμεν. ...	Lk 23,37 → Lk 23,35 → Lk 23,39	[36] ἐνέπαιξαν δὲ αὐτῷ οἱ στρατιῶται ... [37] καὶ λέγοντες· εἰ σὺ εἶ **ὁ βασιλεὺς τῶν Ἰουδαίων,** σῶσον σεαυτόν.	
a 222	Mt 27,37	καὶ ἐπέθηκαν ἐπάνω τῆς κεφαλῆς αὐτοῦ τὴν αἰτίαν αὐτοῦ γεγραμμένην· οὗτός ἐστιν Ἰησοῦς **ὁ βασιλεὺς τῶν Ἰουδαίων.**	Mk 15,26	καὶ ἦν ἡ ἐπιγραφὴ τῆς αἰτίας αὐτοῦ ἐπιγεγραμμένη· **ὁ βασιλεὺς τῶν Ἰουδαίων.**	Lk 23,38	ἦν δὲ καὶ ἐπιγραφὴ ἐπ' αὐτῷ· **ὁ βασιλεὺς τῶν Ἰουδαίων** οὗτος.	→ Jn 19,19
112	Mt 27,57	... ἦλθεν ἄνθρωπος πλούσιος ἀπὸ Ἁριμαθαίας, τοὔνομα Ἰωσήφ, ὃς καὶ αὐτὸς ἐμαθητεύθη τῷ Ἰησοῦ·	Mk 15,43	ἐλθὼν Ἰωσὴφ [ὁ] ἀπὸ Ἁριμαθαίας εὐσχήμων βουλευτής, ὃς καὶ αὐτὸς ἦν προσδεχόμενος τὴν βασιλείαν τοῦ θεοῦ, ...	Lk 23,51	[50] καὶ ἰδοὺ ἀνὴρ ὀνόματι Ἰωσὴφ βουλευτὴς ὑπάρχων ... [51] ... ἀπὸ Ἁριμαθαίας **πόλεως τῶν Ἰουδαίων,** ὃς προσεδέχετο τὴν βασιλείαν τοῦ θεοῦ	→ Jn 19,38
200	Mt 28,15	... καὶ διεφημίσθη ὁ λόγος οὗτος **παρὰ Ἰουδαίοις** μέχρι τῆς σήμερον [ἡμέρας].					

a βασιλεὺς τῶν Ἰουδαίων
b ἀνήρ Ἰουδαῖος, ἄνθρωπος Ἰουδαῖος (Acts only)
c συναγωγὴ τῶν Ἰουδαίων (Acts only)
d Ἰουδαῖος and Ἕλλην (Acts only)

Acts 2,5 ἦσαν δὲ εἰς Ἰερουσαλὴμ κατοικοῦντες **Ἰουδαῖοι,** ἄνδρες εὐλαβεῖς ἀπὸ παντὸς ἔθνους τῶν ὑπὸ τὸν οὐρανόν.

Acts 2,11 **Ἰουδαῖοί** τε καὶ προσήλυτοι, Κρῆτες καὶ Ἄραβες, ...

b **Acts 2,14** σταθεὶς δὲ ὁ Πέτρος σὺν τοῖς ἕνδεκα ἐπῆρεν τὴν φωνὴν αὐτοῦ καὶ ἀπεφθέγξατο αὐτοῖς· **ἄνδρες Ἰουδαῖοι** καὶ οἱ κατοικοῦντες Ἰερουσαλὴμ πάντες, ...

Acts 9,22 Σαῦλος δὲ μᾶλλον ἐνεδυναμοῦτο καὶ συνέχυννεν **[τοὺς] Ἰουδαίους** τοὺς κατοικοῦντας ἐν Δαμασκῷ συμβιβάζων ὅτι οὗτός ἐστιν ὁ χριστός.

Acts 9,23 ὡς δὲ ἐπληροῦντο ἡμέραι ἱκαναί, συνεβουλεύσαντο **οἱ Ἰουδαῖοι** ἀνελεῖν αὐτόν·

Acts 10,22 (→ Lk 7,5) ... Κορνήλιος ἑκατοντάρχης, ἀνὴρ δίκαιος καὶ φοβούμενος τὸν θεὸν, μαρτυρούμενός τε **ὑπὸ ὅλου τοῦ ἔθνους τῶν Ἰουδαίων,** ἐχρηματίσθη ὑπὸ ἀγγέλου ἁγίου μεταπέμψασθαί σε εἰς τὸν οἶκον αὐτοῦ ...

b **Acts 10,28** ... ὑμεῖς ἐπίστασθε ὡς ἀθέμιτόν ἐστιν **ἀνδρὶ Ἰουδαίῳ** κολλᾶσθαι ἢ προσέρχεσθαι ἀλλοφύλῳ· ...

Acts 10,39 καὶ ἡμεῖς μάρτυρες πάντων ὧν ἐποίησεν **ἔν τε τῇ χώρᾳ τῶν Ἰουδαίων** καὶ [ἐν] Ἰερουσαλήμ. ...

Acts 11,19 ... διῆλθον ἕως Φοινίκης καὶ Κύπρου καὶ Ἀντιοχείας μηδενὶ λαλοῦντες τὸν λόγον εἰ μὴ μόνον **Ἰουδαίοις.**

Acts 12,3 ἰδὼν δὲ ὅτι ἀρεστόν ἐστιν **τοῖς Ἰουδαίοις,** προσέθετο συλλαβεῖν καὶ Πέτρον, ...

Acts 12,11 ... ἐξαπέστειλεν [ὁ] κύριος τὸν ἄγγελον αὐτοῦ καὶ ἐξείλατό με **ἐκ χειρὸς Ἡρῴδου καὶ πάσης τῆς προσδοκίας τοῦ λαοῦ τῶν Ἰουδαίων.**

c **Acts 13,5** ... κατήγγελλον τὸν λόγον τοῦ θεοῦ **ἐν ταῖς συναγωγαῖς τῶν Ἰουδαίων.** ...

b **Acts 13,6** ... εὗρον ἄνδρα τινὰ μάγον **ψευδοπροφήτην Ἰουδαῖον** ᾧ ὄνομα Βαριησοῦ

Acts 13,43 λυθείσης δὲ τῆς συναγωγῆς ἠκολούθησαν **πολλοὶ τῶν Ἰουδαίων** καὶ τῶν σεβομένων προσηλύτων τῷ Παύλῳ καὶ τῷ Βαρναβᾷ, ...

Acts 13,45 ἰδόντες δὲ
οἱ Ἰουδαῖοι
τοὺς ὄχλους ἐπλήσθησαν ζήλου ...

Acts 13,50 **οἱ δὲ Ἰουδαῖοι**
παρώτρυναν τὰς σεβομένας γυναῖκας τὰς εὐσχήμονας καὶ τοὺς πρώτους τῆς πόλεως καὶ ἐπήγειραν διωγμὸν ἐπὶ τὸν Παῦλον καὶ Βαρναβᾶν ...

c **Acts 14,1** (2) ἐγένετο δὲ ἐν Ἰκονίῳ κατὰ τὸ αὐτὸ εἰσελθεῖν αὐτοὺς
εἰς τὴν συναγωγὴν τῶν Ἰουδαίων
d καὶ λαλῆσαι οὕτως ὥστε πιστεῦσαι
Ἰουδαίων τε καὶ Ἑλλήνων πολὺ πλῆθος.

Acts 14,2 **οἱ δὲ ἀπειθήσαντες Ἰουδαῖοι**
ἐπήγειραν καὶ ἐκάκωσαν τὰς ψυχὰς τῶν ἐθνῶν κατὰ τῶν ἀδελφῶν.

Acts 14,4 ἐσχίσθη δὲ τὸ πλῆθος τῆς πόλεως, καὶ οἱ μὲν ἦσαν
σὺν τοῖς Ἰουδαίοις,
οἱ δὲ σὺν τοῖς ἀποστόλοις.

Acts 14,5 ὡς δὲ ἐγένετο
ὁρμὴ τῶν ἐθνῶν τε καὶ Ἰουδαίων
σὺν τοῖς ἄρχουσιν αὐτῶν ὑβρίσαι καὶ λιθοβολῆσαι αὐτούς

Acts 14,19 ἐπῆλθαν δὲ ἀπὸ Ἀντιοχείας καὶ Ἰκονίου
Ἰουδαῖοι
καὶ πείσαντες τοὺς ὄχλους ...

d **Acts 16,1** ... καὶ ἰδοὺ μαθητής τις ἦν ἐκεῖ ὀνόματι Τιμόθεος,
υἱὸς γυναικὸς Ἰουδαίας πιστῆς,
πατρὸς δὲ Ἕλληνος

Acts 16,3 τοῦτον ἠθέλησεν ὁ Παῦλος σὺν αὐτῷ ἐξελθεῖν, καὶ λαβὼν περιέτεμεν αὐτὸν
διὰ τοὺς Ἰουδαίους
τοὺς ὄντας ἐν τοῖς τόποις ἐκείνοις· ...

Acts 16,20 ... οὗτοι οἱ ἄνθρωποι ἐκταράσσουσιν ἡμῶν τὴν πόλιν,
Ἰουδαῖοι
ὑπάρχοντες

c **Acts 17,1** ... ἦλθον εἰς Θεσσαλονίκην ὅπου ἦν
συναγωγὴ τῶν Ἰουδαίων.

Acts 17,5 ζηλώσαντες δὲ
οἱ Ἰουδαῖοι
καὶ προσλαβόμενοι τῶν ἀγοραίων ἄνδρας τινὰς πονηροὺς καὶ ὀχλοποιήσαντες ἐθορύβουν τὴν πόλιν ...

c **Acts 17,10** ... ἐξέπεμψαν τόν τε Παῦλον καὶ τὸν Σιλᾶν εἰς Βέροιαν, οἵτινες παραγενόμενοι
εἰς τὴν συναγωγὴν τῶν Ἰουδαίων
ἀπῄεσαν.

Acts 17,13 ὡς δὲ ἔγνωσαν
οἱ ἀπὸ τῆς Θεσσαλονίκης Ἰουδαῖοι
ὅτι καὶ ἐν τῇ Βεροίᾳ κατηγγέλη ὑπὸ τοῦ Παύλου ὁ λόγος τοῦ θεοῦ, ...

Acts 17,17 διελέγετο μὲν οὖν ἐν τῇ συναγωγῇ
τοῖς Ἰουδαίοις
καὶ τοῖς σεβομένοις καὶ ἐν τῇ ἀγορᾷ κατὰ πᾶσαν ἡμέραν πρὸς τοὺς παρατυγχάνοντας.

Acts 18,2 (2) καὶ εὑρών
τινα Ἰουδαῖον
ὀνόματι Ἀκύλαν, Ποντικὸν τῷ γένει προσφάτως ἐληλυθότα ἀπὸ τῆς Ἰταλίας
καὶ Πρίσκιλλαν γυναῖκα αὐτοῦ, διὰ τὸ διατεταχέναι Κλαύδιον χωρίζεσθαι
πάντας τοὺς Ἰουδαίους
ἀπὸ τῆς Ῥώμης, προσῆλθεν αὐτοῖς

d **Acts 18,4** διελέγετο δὲ ἐν τῇ συναγωγῇ κατὰ πᾶν σάββατον ἔπειθέν τε
Ἰουδαίους
καὶ Ἕλληνας.

Acts 18,5 ... συνείχετο τῷ λόγῳ ὁ Παῦλος διαμαρτυρόμενος
τοῖς Ἰουδαίοις
εἶναι τὸν χριστὸν Ἰησοῦν.

Acts 18,12 Γαλλίωνος δὲ ἀνθυπάτου ὄντος τῆς Ἀχαΐας κατεπέστησαν ὁμοθυμαδὸν
οἱ Ἰουδαῖοι
τῷ Παύλῳ καὶ ἤγαγον αὐτὸν ἐπὶ τὸ βῆμα

Acts 18,14 (2) μέλλοντος δὲ τοῦ Παύλου ἀνοίγειν τὸ στόμα εἶπεν ὁ Γαλλίων
πρὸς τοὺς Ἰουδαίους·
εἰ μὲν ἦν ἀδίκημά τι ἢ ῥᾳδιούργημα πονηρόν,
ὦ Ἰουδαῖοι,
κατὰ λόγον ἂν ἀνεσχόμην ὑμῶν

Acts 18,19 ... αὐτὸς δὲ εἰσελθὼν εἰς τὴν συναγωγὴν διελέξατο
τοῖς Ἰουδαίοις.

Acts 18,24 **Ἰουδαῖος δέ τις**
Ἀπολλῶς ὀνόματι, Ἀλεξανδρεὺς τῷ γένει, ἀνὴρ λόγιος, ...

Acts 18,28 εὐτόνως γὰρ
τοῖς Ἰουδαίοις
διακατηλέγχετο δημοσίᾳ ἐπιδεικνὺς διὰ τῶν γραφῶν εἶναι τὸν χριστὸν Ἰησοῦν.

d **Acts 19,10** τοῦτο δὲ ἐγένετο ἐπὶ ἔτη δύο, ὥστε πάντας τοὺς κατοικοῦντας τὴν Ἀσίαν ἀκοῦσαι τὸν λόγον τοῦ κυρίου,
Ἰουδαίους
τε καὶ Ἕλληνας.

Acts 19,13 → Lk 9,49 ἐπεχείρησαν δέ
τινες καὶ τῶν περιερχομένων Ἰουδαίων ἐξορκιστῶν
ὀνομάζειν ἐπὶ τοὺς ἔχοντας τὰ πνεύματα τὰ πονηρὰ τὸ ὄνομα τοῦ κυρίου Ἰησοῦ ...

Acts 19,14 ἦσαν δέ τινος Σκευᾶ
Ἰουδαίου ἀρχιερέως
ἑπτὰ υἱοὶ τοῦτο ποιοῦντες.

d **Acts 19,17** τοῦτο δὲ ἐγένετο γνωστὸν
πᾶσιν Ἰουδαίοις
τε καὶ Ἕλλησιν τοῖς κατοικοῦσιν τὴν Ἔφεσον ...

Acts 19,33 ἐκ δὲ τοῦ ὄχλου συνεβίβασαν Ἀλέξανδρον, προβαλόντων αὐτὸν
τῶν Ἰουδαίων· ...

Acts 19,34 ἐπιγνόντες δὲ ὅτι
Ἰουδαῖός
ἐστιν, φωνὴ ἐγένετο μία ἐκ πάντων ὡς ἐπὶ ὥρας δύο κραζόντων· μεγάλη ἡ Ἄρτεμις Ἐφεσίων.

Acts 20,3 ... γενομένης ἐπιβουλῆς αὐτῷ
ὑπὸ τῶν Ἰουδαίων
μέλλοντι ἀνάγεσθαι εἰς τὴν Συρίαν, ἐγένετο γνώμης τοῦ ὑποστρέφειν διὰ Μακεδονίας.

Acts 20,19 δουλεύων τῷ κυρίῳ μετὰ πάσης ταπεινοφροσύνης καὶ δακρύων καὶ πειρασμῶν τῶν συμβάντων μοι
ἐν ταῖς ἐπιβουλαῖς τῶν Ἰουδαίων

d **Acts 20,21** διαμαρτυρόμενος
Ἰουδαίοις
τε καὶ Ἕλλησιν τὴν εἰς θεὸν μετάνοιαν καὶ πίστιν εἰς τὸν κύριον ἡμῶν Ἰησοῦν.

Acts 21,11 ... τὸν ἄνδρα οὗ ἐστιν ἡ ζώνη αὕτη, οὕτως δήσουσιν ἐν Ἰερουσαλὴμ
οἱ Ἰουδαῖοι
καὶ παραδώσουσιν εἰς χεῖρας ἐθνῶν.

Acts 21,20 ... θεωρεῖς, ἀδελφέ, πόσαι μυριάδες εἰσὶν
ἐν τοῖς Ἰουδαίοις
τῶν πεπιστευκότων καὶ πάντες ζηλωταὶ τοῦ νόμου ὑπάρχουσιν·

Acts 21,21 κατηχήθησαν δὲ περὶ σοῦ ὅτι ἀποστασίαν διδάσκεις ἀπὸ Μωϋσέως
τοὺς κατὰ τὰ ἔθνη πάντας Ἰουδαίους
λέγων μὴ περιτέμνειν αὐτοὺς τὰ τέκνα μηδὲ τοῖς ἔθεσιν περιπατεῖν.

Acts 21,27 ὡς δὲ ἔμελλον αἱ ἑπτὰ ἡμέραι συντελεῖσθαι,
οἱ ἀπὸ τῆς Ἀσίας Ἰουδαῖοι
θεασάμενοι αὐτὸν ἐν τῷ ἱερῷ ...

b **Acts 21,39** εἶπεν δὲ ὁ Παῦλος· ἐγὼ
ἄνθρωπος μέν εἰμι Ἰουδαῖος,
Ταρσεὺς τῆς Κιλικίας, ...

b **Acts 22,3** ἐγώ εἰμι
ἀνὴρ Ἰουδαῖος,
γεγεννημένος ἐν Ταρσῷ τῆς Κιλικίας, ...

Acts 22,12 Ἁνανίας δέ τις, ἀνὴρ εὐλαβὴς κατὰ τὸν νόμον, μαρτυρούμενος
ὑπὸ πάντων τῶν κατοικούντων Ἰουδαίων

Acts 22,30 τῇ δὲ ἐπαύριον βουλόμενος γνῶναι τὸ ἀσφαλές, τὸ τί κατηγορεῖται
ὑπὸ τῶν Ἰουδαίων,
ἔλυσεν αὐτὸν ...

Acts 23,12 γενομένης δὲ ἡμέρας ποιήσαντες συστροφὴν
οἱ Ἰουδαῖοι
ἀνεθεμάτισαν ἑαυτοὺς ...

Acts 23,20 εἶπεν δὲ ὅτι
οἱ Ἰουδαῖοι
συνέθεντο τοῦ ἐρωτῆσαί σε ὅπως αὔριον τὸν Παῦλον καταγάγῃς εἰς τὸ συνέδριον ...

Acts 23,27 τὸν ἄνδρα τοῦτον συλλημφθέντα
ὑπὸ τῶν Ἰουδαίων
καὶ μέλλοντα ἀναιρεῖσθαι ὑπ' αὐτῶν ...

Acts 24,5 εὑρόντες γὰρ τὸν ἄνδρα τοῦτον λοιμὸν καὶ κινοῦντα στάσεις
πᾶσιν τοῖς Ἰουδαίοις τοῖς κατὰ τὴν οἰκουμένην
πρωτοστάτην τε τῆς τῶν Ναζωραίων αἱρέσεως

Acts 24,9 συνεπέθεντο δὲ καὶ
οἱ Ἰουδαῖοι
φάσκοντες ταῦτα οὕτως ἔχειν.

Acts 24,19 **τινὲς δὲ ἀπὸ τῆς Ἀσίας Ἰουδαῖοι,**
οὓς ἔδει ἐπὶ σοῦ παρεῖναι καὶ κατηγορεῖν εἴ τι ἔχοιεν πρὸς ἐμέ.

Acts 24,24 μετὰ δὲ ἡμέρας τινὰς παραγενόμενος ὁ Φῆλιξ
σὺν Δρουσίλλῃ τῇ ἰδίᾳ γυναικὶ οὔσῃ Ἰουδαίᾳ
μετεπέμψατο τὸν Παῦλον ...

Acts 24,27 διετίας δὲ πληρωθείσης ἔλαβεν διάδοχον ὁ Φῆλιξ Πόρκιον Φῆστον, θέλων τε χάριτα καταθέσθαι
τοῖς Ἰουδαίοις
ὁ Φῆλιξ κατέλιπε τὸν Παῦλον δεδεμένον.

Acts 25,2 ἐνεφάνισάν τε αὐτῷ οἱ ἀρχιερεῖς καὶ
οἱ πρῶτοι τῶν Ἰουδαίων
κατὰ τοῦ Παύλου καὶ παρεκάλουν αὐτὸν

Acts 25,7 παραγενομένου δὲ αὐτοῦ περιέστησαν αὐτὸν
οἱ ἀπὸ Ἱεροσολύμων καταβεβηκότες Ἰουδαῖοι
πολλὰ καὶ βαρέα αἰτιώματα καταφέροντες ...

Acts 25,8 τοῦ Παύλου ἀπολογουμένου ὅτι οὔτε
εἰς τὸν νόμον τῶν Ἰουδαίων
οὔτε εἰς τὸ ἱερὸν οὔτε εἰς Καίσαρά τι ἥμαρτον.

Acts 25,9 ὁ Φῆστος δὲ θέλων
τοῖς Ἰουδαίοις
χάριν καταθέσθαι ἀποκριθεὶς τῷ Παύλῳ εἶπεν· ...

Acts 25,10 ... ἐπὶ τοῦ βήματος Καίσαρός ἑστώς εἰμι, οὗ με δεῖ κρίνεσθαι.
Ἰουδαίους
οὐδὲν ἠδίκησα ὡς καὶ σὺ κάλλιον ἐπιγινώσκεις.

Acts 25,15 περὶ οὗ γενομένου μου εἰς Ἱεροσόλυμα ἐνεφάνισαν οἱ ἀρχιερεῖς καὶ
οἱ πρεσβύτεροι τῶν Ἰουδαίων
αἰτούμενοι κατ' αὐτοῦ καταδίκην.

Acts 25,24 ... θεωρεῖτε τοῦτον περὶ οὗ
ἅπαν τὸ πλῆθος τῶν Ἰουδαίων
ἐνέτυχόν μοι ἔν τε Ἱεροσολύμοις καὶ ἐνθάδε βοῶντες μὴ δεῖν αὐτὸν ζῆν μηκέτι.

Acts 26,2 περὶ πάντων ὧν ἐγκαλοῦμαι
ὑπὸ Ἰουδαίων,
βασιλεῦ Ἀγρίππα, ἥγημαι ἐμαυτὸν μακάριον ἐπὶ σοῦ μέλλων σήμερον ἀπολογεῖσθαι

Acts 26,3 μάλιστα γνώστην ὄντα σε
πάντων τῶν κατὰ Ἰουδαίους ἐθῶν τε καὶ ζητημάτων,
διὸ δέομαι μακροθύμως ἀκοῦσαί μου.

Acts 26,4 τὴν μὲν οὖν βίωσίν μου [τὴν] ἐκ νεότητος τὴν ἀπ' ἀρχῆς γενομένην ἐν τῷ ἔθνει μου ἔν τε Ἱεροσολύμοις ἴσασι
πάντες [οἱ] Ἰουδαῖοι

Acts 26,7 ... περὶ ἧς ἐλπίδος ἐγκαλοῦμαι
ὑπὸ Ἰουδαίων,
βασιλεῦ.

Acts 26,21 ἕνεκα τούτων με
Ἰουδαῖοι
συλλαβόμενοι [ὄντα] ἐν τῷ ἱερῷ ἐπειρῶντο διαχειρίσασθαι.

Acts 28,17 ἐγένετο δὲ μετὰ ἡμέρας τρεῖς συγκαλέσασθαι αὐτὸν
τοὺς ὄντας τῶν Ἰουδαίων πρώτους·
συνελθόντων δὲ αὐτῶν ἔλεγεν πρὸς αὐτούς· ...

Acts 28,19 ἀντιλεγόντων δὲ
τῶν Ἰουδαίων
ἠναγκάσθην ἐπικαλέσασθαι Καίσαρα ...

Ἰούδας	Syn 22	Mt 10	Mk 4	Lk 8	Acts 8	Jn 9	1-3John	Paul	Eph	Col
	NT 44	2Thess	1/2Tim	Tit	Heb 2	Jas	1Pet	2Pet	Jude 1	Rev 2

Judah; Judas

	triple tradition																	double tradition			Sondergut		
		+Mt / +Lk			–Mt / –Lk			traditions not taken over by Mt / Lk							subtotals								
code	222	211	112	212	221	122	121	022	012	021	220	120	210	020	Σ⁺	Σ⁻	Σ	202	201	102	200	002	total
Mt	3				1												4				6		10
Mk	3				1												4						4
Lk	3		2^+		1^-										2^+	1^-	5					3	8

a Ἰούδας, son of Jacob
b Ἰούδας, son of Joseph
c Ἰούδας ὁ Γαλιλαῖος (Acts only)
d Judas of Damascus (Acts only)
e Ἰούδας Ἰακώβου (the Apostle)
f Ἰούδας (ὁ) Ἰσκαριώτης, ~ Ἰσκαριώθ
g Ἰούδας ὁ καλούμενος Βαρσαββᾶς (Acts only)
h Ἰούδας, brother of Jesus

	Mt		Mk		Lk		
a 200	**Mt 1,2**	... Ἰακὼβ δὲ ἐγέννησεν **τὸν Ἰούδαν** καὶ τοὺς ἀδελφοὺς αὐτοῦ,			**Lk 3,34**	τοῦ Ἰακὼβ ...	
a 200	**Mt 1,3**	**Ἰούδας** δὲ ἐγέννησεν τὸν Φάρες καὶ τὸν Ζάρα ἐκ τῆς Θαμάρ, Φάρες δὲ ἐγέννησεν τὸν Ἑσρώμ, ...			**Lk 3,33**	... τοῦ Ἑσρὼμ τοῦ Φάρες **τοῦ Ἰούδα**	
a 002					**Lk 1,39**	ἀναστᾶσα δὲ Μαριὰμ ἐν ταῖς ἡμέραις ταύταις ἐπορεύθη εἰς τὴν ὀρεινὴν μετὰ σπουδῆς **εἰς πόλιν Ἰούδα**	
a 200 *a* 200	**Mt 2,6 (2)**	*καὶ σύ, Βηθλέεμ,* **γῆ Ἰούδα,** οὐδαμῶς *ἐλαχίστη εἶ* ***ἐν τοῖς ἡγεμόσιν Ἰούδα·*** *ἐκ σοῦ γὰρ ἐξελεύσεται ἡγούμενος, ὅστις ποιμανεῖ τὸν λαόν μου τὸν Ἰσραήλ.* ➤ Micah 5,1.3; 2Sam 5,2/1Chron 11,2					
b 002					**Lk 3,30**	τοῦ Συμεὼν **τοῦ Ἰούδα** τοῦ Ἰωσὴφ ...	
a 002	Mt 1,3	[2] ... Ἰακὼβ δὲ ἐγέννησεν τὸν Ἰούδαν καὶ τοὺς ἀδελφοὺς αὐτοῦ, [3] **Ἰούδας** δὲ ἐγέννησεν τὸν Φάρες καὶ τὸν Ζάρα ἐκ τῆς Θαμάρ, Φάρες δὲ ἐγέννησεν τὸν Ἑσρώμ, ...			**Lk 3,33**	... τοῦ Ἑσρὼμ τοῦ Φάρες **τοῦ Ἰούδα** [34] τοῦ Ἰακὼβ ...	
e 112 *f* 222	**Mt 10,4**	[3] ... καὶ Θαδδαῖος, [4] Σίμων ὁ Καναναῖος καὶ **Ἰούδας** **ὁ Ἰσκαριώτης** ὁ καὶ παραδοὺς αὐτόν.	**Mk 3,19**	[18] ... καὶ Θαδδαῖον καὶ Σίμωνα τὸν Καναναῖον [19] καὶ **Ἰούδαν** **Ἰσκαριώθ,** ὃς καὶ παρέδωκεν αὐτόν.	**Lk 6,16 (2)**	[15] ... Σίμωνα τὸν καλούμενον ζηλωτὴν [16] καὶ **Ἰούδαν Ἰακώβου** καὶ **Ἰούδαν** **Ἰσκαριώθ,** ὃς ἐγένετο προδότης.	

h 221	**Mt 13,55** → Mt 1,16	οὐχ οὗτός ἐστιν ὁ τοῦ τέκτονος υἱός; οὐχ ἡ μήτηρ αὐτοῦ λέγεται Μαριὰμ καὶ οἱ ἀδελφοὶ αὐτοῦ Ἰάκωβος καὶ Ἰωσὴφ καὶ Σίμων καὶ **Ἰούδας;**	**Mk 6,3** → Mt 1,16	οὐχ οὗτός ἐστιν ὁ τέκτων, ὁ υἱὸς τῆς Μαρίας καὶ ἀδελφὸς Ἰακώβου καὶ Ἰωσῆτος καὶ **Ἰούδα** καὶ Σίμωνος; ...	**Lk 4,22** → Lk 3,23	... οὐχὶ υἱός ἐστιν Ἰωσὴφ οὗτος;	→ Jn 6,42
f 222	**Mt 26,14**	τότε πορευθεὶς εἷς τῶν δώδεκα, **ὁ λεγόμενος Ἰούδας** **Ἰσκαριώτης,** πρὸς τοὺς ἀρχιερεῖς	**Mk 14,10**	καὶ **Ἰούδας** **Ἰσκαριὼθ** ὁ εἷς τῶν δώδεκα ἀπῆλθεν πρὸς τοὺς ἀρχιερεῖς ...	**Lk 22,3**	εἰσῆλθεν δὲ σατανᾶς **εἰς Ἰούδαν τὸν καλούμενον Ἰσκαριώτην,** ὄντα ἐκ τοῦ ἀριθμοῦ τῶν δώδεκα· [4] καὶ ἀπελθὼν συνελάλησεν τοῖς ἀρχιερεῦσιν καὶ στρατηγοῖς ...	
f 200	**Mt 26,25** → Mt 26,22	ἀποκριθεὶς δὲ **Ἰούδας** ὁ παραδιδοὺς αὐτὸν εἶπεν· μήτι ἐγώ εἰμι, ῥαββί; λέγει αὐτῷ· σὺ εἶπας.					**→ Jn 13,26**
f 222	**Mt 26,47**	καὶ ἔτι αὐτοῦ λαλοῦντος ἰδοὺ **Ἰούδας** εἷς τῶν δώδεκα ἦλθεν καὶ μετ' αὐτοῦ ὄχλος πολὺς ...	**Mk 14,43**	καὶ εὐθὺς ἔτι αὐτοῦ λαλοῦντος παραγίνεται **Ἰούδας** εἷς τῶν δώδεκα καὶ μετ' αὐτοῦ ὄχλος ...	**Lk 22,47**	ἔτι αὐτοῦ λαλοῦντος ἰδοὺ ὄχλος, καὶ **ὁ λεγόμενος Ἰούδας** εἷς τῶν δώδεκα προήρχετο αὐτοὺς ...	**→ Jn 18,3**
f 112	**Mt 26,50** → Lk 22,54	[49] ... καὶ κατεφίλησεν αὐτόν. [50] ὁ δὲ Ἰησοῦς εἶπεν αὐτῷ· **ἑταῖρε,** ἐφ' ὃ πάρει. τότε προσελθόντες ἐπέβαλον τὰς χεῖρας ἐπὶ τὸν Ἰησοῦν καὶ ἐκράτησαν αὐτόν.	**Mk 14,46** → Lk 22,54	[45] ... καὶ κατεφίλησεν αὐτόν. [46] οἱ δὲ ἐπέβαλον τὰς χεῖρας αὐτῷ καὶ ἐκράτησαν αὐτόν.	**Lk 22,48**	[47] ... φιλῆσαι αὐτόν. [48] Ἰησοῦς δὲ εἶπεν αὐτῷ· **Ἰούδα,** φιλήματι τὸν υἱὸν τοῦ ἀνθρώπου παραδίδως;	→ Jn 18,12
f 200	**Mt 27,3**	τότε ἰδὼν **Ἰούδας** ὁ παραδιδοὺς αὐτὸν ὅτι κατεκρίθη, μεταμεληθεὶς ...					

e **Acts 1,13** ... Ἰάκωβος Ἁλφαίου καὶ Σίμων ὁ ζηλωτὴς καὶ **Ἰούδας Ἰακώβου.**

f **Acts 1,16** ἄνδρες ἀδελφοί, ἔδει πληρωθῆναι τὴν γραφὴν ἣν προεῖπεν τὸ πνεῦμα τὸ ἅγιον διὰ στόματος Δαυὶδ **περὶ Ἰούδα** τοῦ γενομένου ὁδηγοῦ τοῖς συλλαβοῦσιν Ἰησοῦν

f **Acts 1,25** λαβεῖν τὸν τόπον τῆς διακονίας ταύτης καὶ ἀποστολῆς ἀφ' ἧς παρέβη **Ἰούδας** πορευθῆναι εἰς τὸν τόπον τὸν ἴδιον.

c **Acts 5,37** μετὰ τοῦτον ἀνέστη **Ἰούδας ὁ Γαλιλαῖος** ἐν ταῖς ἡμέραις τῆς ἀπογραφῆς καὶ ἀπέστησεν λαὸν ὀπίσω αὐτοῦ· ...

d **Acts 9,11** ... ἀναστὰς πορεύθητι ἐπὶ τὴν ῥύμην τὴν καλουμένην Εὐθεῖαν καὶ ζήτησον **ἐν οἰκίᾳ Ἰούδα** Σαῦλον ὀνόματι Ταρσέα· ἰδοὺ γὰρ προσεύχεται

g **Acts 15,22** ... ἐκλεξαμένους ἄνδρας ἐξ αὐτῶν πέμψαι εἰς Ἀντιόχειαν σὺν τῷ Παύλῳ καὶ Βαρναβᾷ, **Ἰούδαν** τὸν καλούμενον Βαρσαββᾶν καὶ Σιλᾶν, ἄνδρας ἡγουμένους ἐν τοῖς ἀδελφοῖς

g **Acts 15,27** ἀπεστάλκαμεν οὖν **Ἰούδαν** καὶ Σιλᾶν καὶ αὐτοὺς διὰ λόγου ἀπαγγέλλοντας τὰ αὐτά.

g **Acts 15,32** **Ἰούδας** τε καὶ Σιλᾶς καὶ αὐτοὶ προφῆται ὄντες διὰ λόγου πολλοῦ παρεκάλεσαν τοὺς ἀδελφοὺς ...

Ἰσαάκ	Syn 8	Mt 4	Mk 1	Lk 3	Acts 4	Jn	1-3John	Paul 3	Eph	Col
	NT 20	2Thess	1/2Tim	Tit	Heb 4	Jas 1	1Pet	2Pet	Jude	Rev

Isaac

	triple tradition																double tradition			Sondergut		
		+Mt / +Lk			–Mt / –Lk			traditions not taken over by Mt / Lk							subtotals							
code	222	211	112	212	221	122	121	022	012	021	220	120	210	020	Σ⁺	Σ⁻	Σ	202	201	102	200	002	total
Mt	1																1	1			2		**4**
Mk	1																1						**1**
Lk	1																1	1				1	**3**

code	Mt		Mk		Lk	
200 200	**Mt 1,2** (2)	Ἀβραὰμ ἐγέννησεν **τὸν Ἰσαάκ,** **Ἰσαὰκ** δὲ ἐγέννησεν τὸν Ἰακώβ, ...			**Lk 3,34**	τοῦ Ἰακὼβ **τοῦ Ἰσαὰκ** τοῦ Ἀβραὰμ ...
002	**Mt 1,2** (2)	Ἀβραὰμ ἐγέννησεν τὸν Ἰσαάκ, **Ἰσαὰκ** δὲ ἐγέννησεν τὸν Ἰακώβ, ...			**Lk 3,34**	τοῦ Ἰακὼβ **τοῦ Ἰσαὰκ** τοῦ Ἀβραὰμ ...
202	**Mt 8,11**	... πολλοὶ ἀπὸ ἀνατολῶν καὶ δυσμῶν ἥξουσιν καὶ ἀνακλιθήσονται μετὰ Ἀβραὰμ καὶ **Ἰσαὰκ** καὶ Ἰακὼβ ἐν τῇ βασιλείᾳ τῶν οὐρανῶν, [12] οἱ δὲ υἱοὶ τῆς βασιλείας ἐκβληθήσονται εἰς τὸ σκότος τὸ ἐξώτερον· ἐκεῖ ἔσται ὁ κλαυθμὸς καὶ ὁ βρυγμὸς τῶν ὀδόντων.			**Lk 13,28**	ἐκεῖ ἔσται ὁ κλαυθμὸς καὶ ὁ βρυγμὸς τῶν ὀδόντων, ὅταν ὄψεσθε Ἀβραὰμ καὶ **Ἰσαὰκ** καὶ Ἰακὼβ καὶ πάντας τοὺς προφήτας ἐν τῇ βασιλείᾳ τοῦ θεοῦ, ὑμᾶς δὲ ἐκβαλλομένους ἔξω. [29] καὶ ἥξουσιν ἀπὸ ἀνατολῶν καὶ δυσμῶν καὶ ἀπὸ βορρᾶ καὶ νότου καὶ ἀνακλιθήσονται ἐν τῇ βασιλείᾳ τοῦ θεοῦ.
222	**Mt 22,32**	*ἐγώ εἰμι ὁ θεὸς Ἀβραὰμ καὶ* ***ὁ θεὸς Ἰσαὰκ*** *καὶ ὁ θεὸς Ἰακώβ; ...* ➤ Exod 3,6	**Mk 12,26**	... *ἐγὼ ὁ θεὸς Ἀβραὰμ καὶ* ***[ὁ] θεὸς Ἰσαὰκ*** *καὶ [ὁ] θεὸς Ἰακώβ;* ➤ Exod 3,6	**Lk 20,37**	... *κύριον τὸν θεὸν Ἀβραὰμ καὶ* ***θεὸν Ἰσαὰκ*** *καὶ θεὸν Ἰακώβ·* ➤ Exod 3,6

Acts 3,13 *ὁ θεὸς Ἀβραὰμ καὶ* ***[ὁ θεὸς] Ἰσαὰκ*** *καὶ [ὁ θεὸς] Ἰακώβ, ὁ θεὸς τῶν πατέρων ἡμῶν,* ἐδόξασεν τὸν παῖδα αὐτοῦ Ἰησοῦν ... ➤ Exod 3,6

Acts 7,8 (2) καὶ ἔδωκεν αὐτῷ διαθήκην περιτομῆς· καὶ οὕτως ἐγέννησεν **τὸν Ἰσαὰκ** καὶ περιέτεμεν αὐτὸν τῇ ἡμέρᾳ τῇ ὀγδόῃ, καὶ **Ἰσαὰκ** τὸν Ἰακώβ, καὶ Ἰακὼβ τοὺς δώδεκα πατριάρχας.

Acts 7,32 *ἐγὼ ὁ θεὸς τῶν πατέρων σου, ὁ θεὸς Ἀβραὰμ καὶ* ***Ἰσαὰκ*** *καὶ Ἰακώβ. ...* ➤ Exod 3,6

ἰσάγγελος	Syn 1	Mt	Mk	Lk 1	Acts	Jn	1-3John	Paul	Eph	Col
	NT 1	2Thess	1/2Tim	Tit	Heb	Jas	1Pet	2Pet	Jude	Rev

like an angel

112	Mt 22,30	ἐν γὰρ τῇ ἀναστάσει οὔτε γαμοῦσιν οὔτε γαμίζονται, ἀλλ' **ὡς ἄγγελοι** ἐν τῷ οὐρανῷ εἰσιν.	Mk 12,25	ὅταν γὰρ ἐκ νεκρῶν ἀναστῶσιν οὔτε γαμοῦσιν οὔτε γαμίζονται, ἀλλ' εἰσὶν **ὡς ἄγγελοι** ἐν τοῖς οὐρανοῖς.	Lk 20,36	[35] οἱ δὲ καταξιωθέντες τοῦ αἰῶνος ἐκείνου τυχεῖν καὶ τῆς ἀναστάσεως τῆς ἐκ νεκρῶν οὔτε γαμοῦσιν οὔτε γαμίζονται· [36] οὐδὲ γὰρ ἀποθανεῖν ἔτι δύνανται, **ἰσάγγελοι** γάρ εἰσιν καὶ υἱοί εἰσιν θεοῦ τῆς ἀναστάσεως υἱοὶ ὄντες.	

ἴσθι, ἔστω, ἔστωσαν → εἰμί

Ἰσκαριώθ, Ἰσκαριώτης	Syn 6	Mt 2	Mk 2	Lk 2	Acts	Jn 5	1-3John	Paul	Eph	Col
	NT 11	2Thess	1/2Tim	Tit	Heb	Jas	1Pet	2Pet	Jude	Rev

Iscariot

a Ἰσκαριώθ

a 222	Mt 10,4	[3] ... Ἰάκωβος ὁ τοῦ Ἁλφαίου καὶ Θαδδαῖος, [4] Σίμων ὁ Καναναῖος καὶ **Ἰούδας** **ὁ Ἰσκαριώτης** ὁ καὶ παραδοὺς αὐτόν.	Mk 3,19	[18] ... καὶ Ἰάκωβον τὸν τοῦ Ἁλφαίου καὶ Θαδδαῖον καὶ Σίμωνα τὸν Καναναῖον [19] καὶ **Ἰούδαν** **Ἰσκαριώθ,** ὃς καὶ παρέδωκεν αὐτόν.	Lk 6,16	[15] ... καὶ Ἰάκωβον Ἁλφαίου καὶ Σίμωνα τὸν καλούμενον ζηλωτὴν [16] καὶ Ἰούδαν Ἰακώβου καὶ **Ἰούδαν** **Ἰσκαριώθ,** ὃς ἐγένετο προδότης.	
a 222	Mt 26,14	τότε πορευθεὶς εἷς τῶν δώδεκα, **ὁ λεγόμενος Ἰούδας** **Ἰσκαριώτης,** πρὸς τοὺς ἀρχιερεῖς	Mk 14,10	καὶ **Ἰούδας** **Ἰσκαριὼθ** ὁ εἷς τῶν δώδεκα ἀπῆλθεν πρὸς τοὺς ἀρχιερεῖς ...	Lk 22,3	εἰσῆλθεν δὲ σατανᾶς **εἰς Ἰούδαν** **τὸν καλούμενον** **Ἰσκαριώτην,** ὄντα ἐκ τοῦ ἀριθμοῦ τῶν δώδεκα· [4] καὶ ἀπελθὼν συνελάλησεν τοῖς ἀρχιερεῦσιν καὶ στρατηγοῖς ...	

ἴσος	Syn 4	Mt 1	Mk 2	Lk 1	Acts 1	Jn 1	1-3John	Paul 1	Eph	Col
	NT 8	2Thess	1/2Tim	Tit	Heb	Jas	1Pet	2Pet	Jude	Rev 1

equal

102	Mt 5,47	καὶ ἐὰν ἀσπάσησθε τοὺς ἀδελφοὺς ὑμῶν μόνον, τί περισσὸν ποιεῖτε; οὐχὶ καὶ οἱ ἐθνικοὶ τὸ αὐτὸ ποιοῦσιν;			Lk 6,34 → Mt 5,42	καὶ ἐὰν δανίσητε παρ' ὧν ἐλπίζετε λαβεῖν, ποία ὑμῖν χάρις [ἐστίν]; καὶ ἁμαρτωλοὶ ἁμαρτωλοῖς δανίζουσιν ἵνα ἀπολάβωσιν **τὰ ἴσα.**	→ GTh 95

code	Mt	Mk	Lk	
200	**Mt 20,12** ... οὗτοι οἱ ἔσχατοι μίαν ὥραν ἐποίησαν, καὶ **ἴσους** ἡμῖν αὐτοὺς ἐποίησας τοῖς βαστάσασι τὸ βάρος τῆς ἡμέρας καὶ τὸν καύσωνα.			
120	**Mt 26,60** καὶ οὐχ εὗρον πολλῶν προσελθόντων ψευδομαρτύρων. ...	**Mk 14,56** [55] ... καὶ οὐχ ηὕρισκον· [56] πολλοὶ γὰρ ἐψευδομαρτύρουν κατ' αὐτοῦ, καὶ **ἴσαι** αἱ μαρτυρίαι οὐκ ἦσαν.		
020		**Mk 14,59** καὶ οὐδὲ οὕτως **ἴση** ἦν ἡ μαρτυρία αὐτῶν.		

Acts 11,17 εἰ οὖν
τὴν ἴσην δωρεὰν
ἔδωκεν αὐτοῖς ὁ θεὸς ὡς καὶ ἡμῖν πιστεύσασιν ἐπὶ τὸν κύριον Ἰησοῦν Χριστόν, ...

Ἰσραήλ	Syn 26	Mt 12	Mk 2	Lk 12	Acts 15	Jn 4	1-3John	Paul 16	Eph 1	Col
	NT 68	2Thess	1/2Tim	Tit	Heb 3	Jas	1Pet	2Pet	Jude	Rev 3

Israel

	triple tradition																	double tradition			Sondergut		
		+Mt / +Lk			–Mt / –Lk			traditions not taken over by Mt / Lk							subtotals								
code	222	211	112	212	221	122	121	022	012	021	220	120	210	020	Σ+	Σ–	Σ	202	201	102	200	002	total
Mt					1		1^-						1^+		1^+	1^-	2	2	1		7		**12**
Mk					1		1										2						**2**
Lk					1^-		1^-									2^-		2				10	**12**

[a] υἱοὶ Ἰσραήλ
[b] οἶκος Ἰσραήλ
[c] φυλὴ τοῦ Ἰσραήλ
[d] λαὸς Ἰσραήλ, ὁ λαόν μου ὁ Ἰσραήλ, λαοὶ Ἰσραήλ
[e] θεὸς (τοῦ) Ἰσραήλ
[f] βασιλεὺς (τοῦ) Ἰσραήλ

code	Mt	Mk	Lk	
a 002			**Lk 1,16** καὶ **πολλοὺς τῶν υἱῶν Ἰσραὴλ** ἐπιστρέψει ἐπὶ κύριον τὸν θεὸν αὐτῶν.	
002			**Lk 1,54** ἀντελάβετο **Ἰσραὴλ παιδὸς αὐτοῦ,** μνησθῆναι ἐλέους	
e 002			**Lk 1,68** εὐλογητὸς **κύριος ὁ θεὸς τοῦ Ἰσραήλ,** ὅτι ἐπεσκέψατο καὶ ἐποίησεν λύτρωσιν τῷ λαῷ αὐτοῦ	
002			**Lk 1,80** → Lk 3,2 ... καὶ ἦν ἐν ταῖς ἐρήμοις ἕως ἡμέρας ἀναδείξεως αὐτοῦ **πρὸς τὸν Ἰσραήλ.**	

002					Lk 2,25	... ὁ ἄνθρωπος οὗτος δίκαιος καὶ εὐλαβὴς προσδεχόμενος **παράκλησιν τοῦ Ἰσραήλ,** καὶ πνεῦμα ἦν ἅγιον ἐπ' αὐτόν·	
d 002					Lk 2,32	φῶς εἰς ἀποκάλυψιν ἐθνῶν καὶ **δόξαν λαοῦ σου Ἰσραήλ.**	
002					Lk 2,34	... ἰδοὺ οὗτος κεῖται εἰς πτῶσιν καὶ ἀνάστασιν πολλῶν **ἐν τῷ Ἰσραὴλ** καὶ εἰς σημεῖον ἀντιλεγόμενον -	
d 200	Mt 2,6	*... ἐκ σοῦ γὰρ ἐξελεύσεται ἡγούμενος, ὅστις ποιμανεῖ* ***τὸν λαόν μου τὸν Ἰσραήλ.*** ➤ Micah 5,1.3; 2Sam 5,2/1Chron 11,2					
200	Mt 2,20	... ἐγερθεὶς παράλαβε τὸ παιδίον καὶ τὴν μητέρα αὐτοῦ καὶ πορεύου **εἰς γῆν Ἰσραήλ·** ...					
200	Mt 2,21	ὁ δὲ ἐγερθεὶς παρέλαβεν τὸ παιδίον καὶ τὴν μητέρα αὐτοῦ καὶ εἰσῆλθεν **εἰς γῆν Ἰσραήλ.**					
002					Lk 4,25	... πολλαὶ χῆραι ἦσαν ἐν ταῖς ἡμέραις Ἠλίου **ἐν τῷ Ἰσραήλ,** ὅτε ἐκλείσθη ὁ οὐρανὸς ἐπὶ ἔτη τρία καὶ μῆνας ἕξ, ...	
002					Lk 4,27	καὶ πολλοὶ λεπροὶ ἦσαν **ἐν τῷ Ἰσραὴλ** ἐπὶ Ἐλισαίου τοῦ προφήτου, ...	
202	Mt 8,10	... παρ' οὐδενὶ τοσαύτην πίστιν **ἐν τῷ Ἰσραὴλ** εὗρον.			Lk 7,9	... οὐδὲ **ἐν τῷ Ἰσραὴλ** τοσαύτην πίστιν εὗρον.	
201	Mt 9,33 ⇨ Mt 12,22-23	... καὶ ἐθαύμασαν οἱ ὄχλοι λέγοντες· οὐδέποτε ἐφάνη οὕτως **ἐν τῷ Ἰσραήλ.**			Lk 11,14	... καὶ ἐθαύμασαν οἱ ὄχλοι.	
b 200	Mt 10,6 ↓ Mt 15,24	πορεύεσθε δὲ μᾶλλον **πρὸς τὰ πρόβατα τὰ ἀπολωλότα οἴκου Ἰσραήλ.**					
200	Mt 10,23 → Mt 23,34 → Lk 11,49	... οὐ μὴ τελέσητε **τὰς πόλεις τοῦ Ἰσραὴλ** ἕως ἂν ἔλθῃ ὁ υἱὸς τοῦ ἀνθρώπου.					
b 200	Mt 15,24 ↑ Mt 10,6 → Mt 10,5	... οὐκ ἀπεστάλην εἰ μὴ **εἰς τὰ πρόβατα τὰ ἀπολωλότα οἴκου Ἰσραήλ.**					

e 210	**Mt 15,31** → Mt 11,5	ὥστε τὸν ὄχλον θαυμάσαι βλέποντας κωφοὺς λαλοῦντας, κυλλοὺς ὑγιεῖς, καὶ χωλοὺς περιπατοῦντας καὶ τυφλοὺς βλέποντας· καὶ ἐδόξασαν **τὸν θεὸν Ἰσραήλ.**	**Mk 7,37**	καὶ ὑπερπερισσῶς ἐξεπλήσσοντο λέγοντες· καλῶς πάντα πεποίηκεν, καὶ τοὺς κωφοὺς ποιεῖ ἀκούειν καὶ [τοὺς] ἀλάλους λαλεῖν.			
c 202	**Mt 19,28**	... καθήσεσθε καὶ ὑμεῖς ἐπὶ δώδεκα θρόνους **κρίνοντες τὰς δώδεκα φυλὰς τοῦ Ἰσραήλ.**			**Lk 22,30**	... καὶ καθήσεσθε ἐπὶ θρόνων **τὰς δώδεκα φυλὰς κρίνοντες τοῦ Ἰσραήλ.**	
121	**Mt 22,37**	ὁ δὲ ἔφη αὐτῷ· *ἀγαπήσεις κύριον τὸν θεόν σου ...* ➤ Deut 6,5	**Mk 12,29**	ἀπεκρίθη ὁ Ἰησοῦς ὅτι πρώτη ἐστίν· *ἄκουε,* ***Ἰσραήλ,*** *κύριος ὁ θεὸς ἡμῶν κύριος εἷς ἐστιν,* [30] *καὶ ἀγαπήσεις κύριον τὸν θεόν σου ...* ➤ Deut 6,4-5	**Lk 10,26**	ὁ δὲ εἶπεν πρὸς αὐτόν· ἐν τῷ νόμῳ τί γέγραπται; πῶς ἀναγινώσκεις; [27] ὁ δὲ ἀποκριθεὶς εἶπεν· *ἀγαπήσεις κύριον τὸν θεόν σου ...* ➤ Deut 6,5	
a 200	**Mt 27,9**	τότε ἐπληρώθη τὸ ῥηθὲν διὰ Ἰερεμίου τοῦ προφήτου λέγοντος· *καὶ ἔλαβον τὰ τριάκοντα ἀργύρια, τὴν τιμὴν τοῦ τετιμημένου ὃν ἐτιμήσαντο* **ἀπὸ υἱῶν Ἰσραήλ** ➤ Zech 11,13					
f 221	**Mt 27,42** → Mt 26,63-64	[39] οἱ δὲ παραπορευόμενοι ... [40] καὶ λέγοντες· ... σῶσον σεαυτόν, εἰ υἱὸς εἶ τοῦ θεοῦ, ... [41] ὁμοίως καὶ οἱ ἀρχιερεῖς ἐμπαίζοντες μετὰ τῶν γραμματέων καὶ πρεσβυτέρων ἔλεγον· [42] ἄλλους ἔσωσεν, ἑαυτὸν οὐ δύναται σῶσαι· **βασιλεὺς Ἰσραήλ** ἐστιν, καταβάτω νῦν ἀπὸ τοῦ σταυροῦ καὶ πιστεύσομεν ἐπ' αὐτόν.	**Mk 15,32** → Mk 14,61-62	[29] καὶ οἱ παραπορευόμενοι ... καὶ λέγοντες· ... [30] σῶσον σεαυτὸν ... [31] ὁμοίως καὶ οἱ ἀρχιερεῖς ἐμπαίζοντες πρὸς ἀλλήλους μετὰ τῶν γραμματέων ἔλεγον· ἄλλους ἔσωσεν, ἑαυτὸν οὐ δύναται σῶσαι· **[32] ὁ χριστὸς ὁ βασιλεὺς Ἰσραὴλ** καταβάτω νῦν ἀπὸ τοῦ σταυροῦ, ἵνα ἴδωμεν καὶ πιστεύσωμεν. ...	**Lk 23,35** → Lk 22,67 ↓ Lk 23,37 → Lk 23,39 **Lk 23,37** ↑ Lk 23,35 → Lk 23,39	καὶ εἱστήκει ὁ λαὸς θεωρῶν. ἐξεμυκτήριζον δὲ καὶ οἱ ἄρχοντες λέγοντες· ἄλλους ἔσωσεν, σωσάτω ἑαυτόν, εἰ οὗτός ἐστιν **ὁ χριστὸς τοῦ θεοῦ ὁ ἐκλεκτός.** [36] ἐνέπαιξαν δὲ αὐτῷ οἱ στρατιῶται ... [37] καὶ λέγοντες· εἰ σὺ εἶ **ὁ βασιλεὺς τῶν Ἰουδαίων,** σῶσον σεαυτόν.	
002					**Lk 24,21**	ἡμεῖς δὲ ἠλπίζομεν ὅτι αὐτός ἐστιν ὁ μέλλων λυτροῦσθαι **τὸν Ἰσραήλ· ...**	

- **Acts 1,6** ... κύριε, εἰ ἐν τῷ χρόνῳ τούτῳ ἀποκαθιστάνεις τὴν βασιλείαν **τῷ Ἰσραήλ;**
- *b* **Acts 2,36** ἀσφαλῶς οὖν γινωσκέτω **πᾶς οἶκος Ἰσραὴλ** ὅτι καὶ κύριον αὐτὸν καὶ χριστὸν ἐποίησεν ὁ θεός, τοῦτον τὸν Ἰησοῦν ὃν ὑμεῖς ἐσταυρώσατε.
- *d* **Acts 4,10** γνωστὸν ἔστω πᾶσιν ὑμῖν καὶ **παντὶ τῷ λαῷ Ἰσραὴλ** ὅτι ἐν τῷ ὀνόματι Ἰησοῦ Χριστοῦ τοῦ Ναζωραίου ὃν ὑμεῖς ἐσταυρώσατε, ...

d **Acts 4,27** συνήχθησαν γὰρ ἐπ᾽ ἀληθείας ἐν τῇ πόλει ταύτῃ ἐπὶ τὸν ἅγιον παῖδά σου Ἰησοῦν ὃν ἔχρισας, Ἡρῴδης τε καὶ Πόντιος Πιλᾶτος σὺν ἔθνεσιν καὶ **λαοῖς Ἰσραήλ**

a **Acts 5,21** ... παραγενόμενος δὲ ὁ ἀρχιερεὺς καὶ οἱ σὺν αὐτῷ συνεκάλεσαν τὸ συνέδριον καὶ **πᾶσαν τὴν γερουσίαν τῶν υἱῶν Ἰσραὴλ** καὶ ἀπέστειλαν εἰς τὸ δεσμωτήριον ἀχθῆναι αὐτούς.

Acts 5,31 τοῦτον ὁ θεὸς ἀρχηγὸν καὶ σωτῆρα ὕψωσεν τῇ δεξιᾷ αὐτοῦ [τοῦ] δοῦναι μετάνοιαν **τῷ Ἰσραὴλ** καὶ ἄφεσιν ἁμαρτιῶν.

a **Acts 7,23** ὡς δὲ ἐπληροῦτο αὐτῷ τεσσερακονταετὴς χρόνος, ἀνέβη ἐπὶ τὴν καρδίαν αὐτοῦ ἐπισκέψασθαι τοὺς ἀδελφοὺς αὐτοῦ **τοὺς υἱοὺς Ἰσραήλ.**

a **Acts 7,37** οὗτός ἐστιν ὁ Μωϋσῆς ὁ εἴπας **τοῖς υἱοῖς Ἰσραήλ·** *προφήτην ὑμῖν ἀναστήσει ὁ θεὸς ἐκ τῶν ἀδελφῶν ὑμῶν ὡς ἐμέ.*
➢ Deut 18,15

b **Acts 7,42** ... *μὴ σφάγια καὶ θυσίας προσηνέγκατέ μοι ἔτη τεσσεράκοντα ἐν τῇ ἐρήμῳ,* ***οἶκος Ἰσραήλ;***
➢ Amos 5,25 LXX

a **Acts 9,15** ... πορεύου, ὅτι σκεῦος ἐκλογῆς ἐστίν μοι οὗτος τοῦ βαστάσαι τὸ ὄνομά μου **ἐνώπιον ἐθνῶν τε καὶ βασιλέων υἱῶν τε Ἰσραήλ·**

a **Acts 10,36** τὸν λόγον [ὃν] ἀπέστειλεν **τοῖς υἱοῖς Ἰσραὴλ** εὐαγγελιζόμενος εἰρήνην διὰ Ἰησοῦ Χριστοῦ, ...

d e **Acts 13,17** **ὁ θεὸς τοῦ λαοῦ τούτου Ἰσραὴλ** ἐξελέξατο τοὺς πατέρας ἡμῶν καὶ τὸν λαὸν ὕψωσεν ἐν τῇ παροικίᾳ ἐν γῇ Αἰγύπτου ...

Acts 13,23 τούτου ὁ θεὸς ἀπὸ τοῦ σπέρματος κατ᾽ ἐπαγγελίαν ἤγαγεν **τῷ Ἰσραὴλ** σωτῆρα Ἰησοῦν,

d **Acts 13,24** προκηρύξαντος Ἰωάννου πρὸ προσώπου τῆς εἰσόδου αὐτοῦ βάπτισμα μετανοίας **παντὶ τῷ λαῷ Ἰσραήλ.**
→ Mt 3,1-2
→ Mk 1,4
→ Lk 3,3
→ Acts 19,4

Acts 28,20 διὰ ταύτην οὖν τὴν αἰτίαν παρεκάλεσα ὑμᾶς ἰδεῖν καὶ προσλαλῆσαι, **ἕνεκεν γὰρ τῆς ἐλπίδος τοῦ Ἰσραὴλ** τὴν ἅλυσιν ταύτην περίκειμαι.

ἵστημι

ἵστημι	Syn	Mt	Mk	Lk	Acts	Jn	1-3John	Paul*	Eph	Col
	57	21	10	26	35	18		11	3	1
	NT	2Thess	1/2Tim	Tit	Heb	Jas	1Pet	2Pet	Jude	Rev
	153		1		2	2	1		1	21

transitive: set; place; put; establish; set up; make stand; put forward; fix; pay; count out; hold against; *intransitive:* stand; stop; stand still; be confirmed, established; stand firm; hold one's ground; be; exist; stand up; be moored. - see also στήκω. - * including Rom 3,31: ἱστάνω

	triple tradition																	double tradition			Sondergut		
		+Mt / +Lk			–Mt / –Lk			traditions not taken over by Mt / Lk							subtotals								
code	*222*	*211*	*112*	*212*	*221*	*122*	*121*	*022*	*012*	*021*	*220*	*120*	*210*	*020*	Σ^+	Σ^-	Σ	*202*	*201*	*102*	*200*	*002*	total
Mt	3	5^+		1^+	1		1^-					1^-	1^+		7^+	2^-	11	2	1		7		**21**
Mk	3				1		1			1		1		3			10						**10**
Lk	3		5^+	1^+	1^-		1^-		2^+	1^-					8^+	3^-	11	2				13	**26**

a ἵστημι transitive
b ἵστημι passive
c ἕστηκα, εἱστήκειν (perfect and pluperfect)

code	Mt		Mk		Lk	
c 002					**Lk 1,11**	ὤφθη δὲ αὐτῷ ἄγγελος κυρίου **ἑστὼς** ἐκ δεξιῶν τοῦ θυσιαστηρίου τοῦ θυμιάματος.
b 200	**Mt 2,9**	... καὶ ἰδοὺ ὁ ἀστὴρ, ... προῆγεν αὐτοὺς, ἕως ἐλθὼν **ἐστάθη** ἐπάνω οὗ ἦν τὸ παιδίον.				
a 202	**Mt 4,5**	τότε παραλαμβάνει αὐτὸν ὁ διάβολος εἰς τὴν ἁγίαν πόλιν καὶ **ἔστησεν** αὐτὸν ἐπὶ τὸ πτερύγιον τοῦ ἱεροῦ			**Lk 4,9**	ἤγαγεν δὲ αὐτὸν εἰς Ἰερουσαλὴμ καὶ **ἔστησεν** ἐπὶ τὸ πτερύγιον τοῦ ἱεροῦ ...

c 002	Mt 4,18	περιπατῶν δὲ παρὰ τὴν θάλασσαν τῆς Γαλιλαίας	Mk 1,16	καὶ παράγων παρὰ τὴν θάλασσαν τῆς Γαλιλαίας	Lk 5,1	... καὶ αὐτὸς ἦν ἑστὼς παρὰ τὴν λίμνην Γεννησαρέτ	
c 002		εἶδεν δύο ἀδελφούς, Σίμωνα τὸν λεγόμενον Πέτρον καὶ Ἀνδρέαν τὸν ἀδελφὸν αὐτοῦ, βάλλοντας ἀμφίβληστρον εἰς τὴν θάλασσαν· ἦσαν γὰρ ἁλιεῖς.		εἶδεν Σίμωνα καὶ Ἀνδρέαν τὸν ἀδελφὸν Σίμωνος ἀμφιβάλλοντας ἐν τῇ θαλάσσῃ· ἦσαν γὰρ ἁλιεῖς.	Lk 5,2 → Mt 4,21 → Mk 1,19	καὶ εἶδεν δύο πλοῖα ἑστῶτα παρὰ τὴν λίμνην· οἱ δὲ ἁλιεῖς ἀπ᾽ αὐτῶν ἀποβάντες ἔπλυνον τὰ δίκτυα.	→ Jn 1,40-42
012 012			Mk 3,3	καὶ λέγει τῷ ἀνθρώπῳ τῷ τὴν ξηρὰν χεῖρα ἔχοντι· ἔγειρε εἰς τὸ μέσον.	Lk 6,8 (2)	... εἶπεν δὲ τῷ ἀνδρὶ τῷ ξηρὰν ἔχοντι τὴν χεῖρα· ἔγειρε καὶ στῆθι εἰς τὸ μέσον· καὶ ἀναστὰς ἔστη.	
112	Mt 12,15	ὁ δὲ Ἰησοῦς γνοὺς ἀνεχώρησεν ἐκεῖθεν. ...	Mk 3,7	καὶ ὁ Ἰησοῦς μετὰ τῶν μαθητῶν αὐτοῦ ἀνεχώρησεν πρὸς τὴν θάλασσαν, ...	Lk 6,17	καὶ καταβὰς μετ᾽ αὐτῶν ἔστη ἐπὶ τόπου πεδινοῦ, καὶ ὄχλος πολὺς μαθητῶν αὐτοῦ, ...	
c 200	Mt 6,5	καὶ ὅταν προσεύχησθε, οὐκ ἔσεσθε ὡς οἱ ὑποκριταί, ὅτι φιλοῦσιν ἐν ταῖς συναγωγαῖς καὶ ἐν ταῖς γωνίαις τῶν πλατειῶν ἑστῶτες προσεύχεσθαι, ὅπως φανῶσιν τοῖς ἀνθρώποις· ...					→ GTh 6,1 (POxy 654)
002					Lk 7,14	... οἱ δὲ βαστάζοντες ἔστησαν, καὶ εἶπεν· νεανίσκε, σοὶ λέγω, ἐγέρθητι.	
002	Mt 26,7	προσῆλθεν αὐτῷ γυνὴ ἔχουσα ἀλάβαστρον μύρου βαρυτίμου καὶ κατέχεεν ἐπὶ τῆς κεφαλῆς ...	Mk 14,3	... ἦλθεν γυνὴ ἔχουσα ἀλάβαστρον μύρου νάρδου πιστικῆς πολυτελοῦς, συντρίψασα τὴν ἀλάβαστρον κατέχεεν αὐτοῦ τῆς κεφαλῆς.	Lk 7,38	[37] καὶ ἰδοὺ γυνὴ ... κομίσασα ἀλάβαστρον μύρου [38] καὶ στᾶσα ὀπίσω παρὰ τοὺς πόδας αὐτοῦ κλαίουσα τοῖς δάκρυσιν ἤρξατο βρέχειν τοὺς πόδας αὐτοῦ ... καὶ ἤλειφεν τῷ μύρῳ.	→ Jn 12,3
b 020	Mt 12,25	... πᾶσα βασιλεία μερισθεῖσα καθ᾽ ἑαυτῆς ἐρημοῦται	Mk 3,24	καὶ ἐὰν βασιλεία ἐφ᾽ ἑαυτὴν μερισθῇ, οὐ δύναται σταθῆναι ἡ βασιλεία ἐκείνη·	Lk 11,17	... πᾶσα βασιλεία ἐφ᾽ ἑαυτὴν διαμερισθεῖσα ἐρημοῦται	Mk-Q overlap
b 020		καὶ πᾶσα πόλις ἢ οἰκία μερισθεῖσα καθ᾽ ἑαυτῆς οὐ σταθήσεται.		καὶ ἐὰν οἰκία ἐφ᾽ ἑαυτὴν μερισθῇ, οὐ δυνήσεται ἡ οἰκία ἐκείνη σταθῆναι.		καὶ οἶκος ἐπὶ οἶκον πίπτει.	
b 020	Mt 12,26	καὶ εἰ ὁ σατανᾶς τὸν σατανᾶν ἐκβάλλει, ἐφ᾽ ἑαυτὸν ἐμερίσθη· πῶς οὖν σταθήσεται ἡ βασιλεία αὐτοῦ;	Mk 3,26	καὶ εἰ ὁ σατανᾶς ἀνέστη ἐφ᾽ ἑαυτὸν καὶ ἐμερίσθη, οὐ δύναται στῆναι ἀλλὰ τέλος ἔχει.	Lk 11,18	εἰ δὲ καὶ ὁ σατανᾶς ἐφ᾽ ἑαυτὸν διεμερίσθη, πῶς σταθήσεται ἡ βασιλεία αὐτοῦ; ...	Mk-Q overlap

b 201	Mt 12,25	... καὶ πᾶσα πόλις ἢ οἰκία μερισθεῖσα καθ' ἑαυτῆς οὐ σταθήσεται.	Mk 3,25	καὶ ἐὰν οἰκία ἐφ' ἑαυτὴν μερισθῇ, οὐ δυνήσεται ἡ οἰκία ἐκείνη σταθῆναι.	Lk 11,17	... καὶ οἶκος ἐπὶ οἶκον πίπτει.	Mk-Q overlap
b 202	Mt 12,26	καὶ εἰ ὁ σατανᾶς τὸν σατανᾶν ἐκβάλλει, ἐφ' ἑαυτὸν ἐμερίσθη· πῶς οὖν σταθήσεται ἡ βασιλεία αὐτοῦ;	Mk 3,26	καὶ εἰ ὁ σατανᾶς ἀνέστη ἐφ' ἑαυτὸν καὶ ἐμερίσθη, οὐ δύναται στῆναι ἀλλὰ τέλος ἔχει.	Lk 11,18	εἰ δὲ καὶ ὁ σατανᾶς ἐφ' ἑαυτὸν διεμερίσθη, πῶς σταθήσεται ἡ βασιλεία αὐτοῦ; ...	Mk-Q overlap
c 211	Mt 12,46	ἔτι αὐτοῦ λαλοῦντος τοῖς ὄχλοις ἰδοὺ ἡ μήτηρ καὶ οἱ ἀδελφοὶ αὐτοῦ εἱστήκεισαν ἔξω ζητοῦντες αὐτῷ λαλῆσαι.	Mk 3,31	καὶ ἔρχεται ἡ μήτηρ αὐτοῦ καὶ οἱ ἀδελφοὶ αὐτοῦ καὶ ἔξω στήκοντες ἀπέστειλαν πρὸς αὐτὸν καλοῦντες αὐτόν.	Lk 8,19	παρεγένετο δὲ πρὸς αὐτὸν ἡ μήτηρ καὶ οἱ ἀδελφοὶ αὐτοῦ καὶ οὐκ ἠδύναντο συντυχεῖν αὐτῷ διὰ τὸν ὄχλον.	→ GTh 99
c 212	Mt 12,47	[εἶπεν δέ τις αὐτῷ· ἰδοὺ ἡ μήτηρ σου καὶ οἱ ἀδελφοί σου ἔξω ἑστήκασιν ζητοῦντές σοι λαλῆσαι.]	Mk 3,32	καὶ ἐκάθητο περὶ αὐτὸν ὄχλος, καὶ λέγουσιν αὐτῷ· ἰδοὺ ἡ μήτηρ σου καὶ οἱ ἀδελφοί σου [καὶ αἱ ἀδελφαί σου] ἔξω ζητοῦσίν σε.	Lk 8,20	ἀπηγγέλη δὲ αὐτῷ· ἡ μήτηρ σου καὶ οἱ ἀδελφοί σου ἑστήκασιν ἔξω ἰδεῖν θέλοντές σε.	→ GTh 99 Mt 12,47 is textcritically uncertain.
c 211	Mt 13,2	καὶ συνήχθησαν πρὸς αὐτὸν ὄχλοι πολλοί, ὥστε αὐτὸν εἰς πλοῖον ἐμβάντα καθῆσθαι, καὶ πᾶς ὁ ὄχλος ἐπὶ τὸν αἰγιαλὸν εἱστήκει.	Mk 4,1 → Mk 3,9	... καὶ συνάγεται πρὸς αὐτὸν ὄχλος πλεῖστος, ὥστε αὐτὸν εἰς πλοῖον ἐμβάντα καθῆσθαι ἐν τῇ θαλάσσῃ, καὶ πᾶς ὁ ὄχλος πρὸς τὴν θάλασσαν ἐπὶ τῆς γῆς ἦσαν.	Lk 8,4 ⇩ Lk 5,1.3 Lk 5,3 ⇧ Lk 8,4	συνιόντος δὲ ὄχλου πολλοῦ καὶ τῶν κατὰ πόλιν ἐπιπορευομένων πρὸς αὐτὸν ... [1] ἐγένετο δὲ ἐν τῷ τὸν ὄχλον ἐπικεῖσθαι αὐτῷ ... [3] ἐμβὰς δὲ εἰς ἓν τῶν πλοίων, ὃ ἦν Σίμωνος, ἠρώτησεν αὐτὸν ἀπὸ τῆς γῆς ἐπαναγαγεῖν ὀλίγον· καθίσας δὲ ἐκ τοῦ πλοίου ἐδίδασκεν τοὺς ὄχλους.	
112	Mt 9,22 → Mk 5,34	... καὶ ἐσώθη ἡ γυνὴ ἀπὸ τῆς ὥρας ἐκείνης.	Mk 5,29 → Lk 8,47	καὶ εὐθὺς ἐξηράνθη ἡ πηγὴ τοῦ αἵματος αὐτῆς καὶ ἔγνω τῷ σώματι ὅτι ἴαται ἀπὸ τῆς μάστιγος.	Lk 8,44	... καὶ παραχρῆμα ἔστη ἡ ῥύσις τοῦ αἵματος αὐτῆς.	
a 120	Mt 15,3	... διὰ τί καὶ ὑμεῖς παραβαίνετε τὴν ἐντολὴν τοῦ θεοῦ διὰ τὴν παράδοσιν ὑμῶν;	Mk 7,9	... καλῶς ἀθετεῖτε τὴν ἐντολὴν τοῦ θεοῦ, ἵνα τὴν παράδοσιν ὑμῶν στήσητε.			
c 222	Mt 16,28 → Mt 24,34	... εἰσίν τινες τῶν ὧδε ἑστώτων οἵτινες οὐ μὴ γεύσωνται θανάτου ἕως ἂν ἴδωσιν τὸν υἱὸν τοῦ ἀνθρώπου ἐρχόμενον ἐν τῇ βασιλείᾳ αὐτοῦ.	Mk 9,1 → Mk 13,30	... εἰσίν τινες ὧδε τῶν ἑστηκότων οἵτινες οὐ μὴ γεύσωνται θανάτου ἕως ἂν ἴδωσιν τὴν βασιλείαν τοῦ θεοῦ ἐληλυθυῖαν ἐν δυνάμει.	Lk 9,27 → Lk 21,32	... εἰσίν τινες τῶν αὐτοῦ ἑστηκότων οἳ οὐ μὴ γεύσωνται θανάτου ἕως ἂν ἴδωσιν τὴν βασιλείαν τοῦ θεοῦ.	→ Jn 21,22-23
a 222	Mt 18,2	καὶ προσκαλεσάμενος παιδίον ἔστησεν αὐτὸ ἐν μέσῳ αὐτῶν	Mk 9,36	καὶ λαβὼν παιδίον ἔστησεν αὐτὸ ἐν μέσῳ αὐτῶν καὶ ἐναγκαλισάμενος αὐτὸ εἶπεν αὐτοῖς·	Lk 9,47	... ἐπιλαβόμενος παιδίον ἔστησεν αὐτὸ παρ' ἑαυτῷ	→ GTh 22

b 200	**Mt 18,16**	*... ἐπὶ στόματος δύο μαρτύρων ἢ τριῶν* ***σταθῇ*** *πᾶν ῥῆμα·* ➤ Deut 19,15					
b 202	**Mt 12,26**	καὶ εἰ ὁ σατανᾶς τὸν σατανᾶν ἐκβάλλει, ἐφ' ἑαυτὸν ἐμερίσθη· πῶς οὖν **σταθήσεται** ἡ βασιλεία αὐτοῦ;	Mk 3,26	καὶ εἰ ὁ σατανᾶς ἀνέστη ἐφ' ἑαυτὸν καὶ ἐμερίσθη, οὐ δύναται **στῆναι** ἀλλὰ τέλος ἔχει.	**Lk 11,18**	εἰ δὲ καὶ ὁ σατανᾶς ἐφ' ἑαυτὸν διεμερίσθη, πῶς **σταθήσεται** ἡ βασιλεία αὐτοῦ; ...	Mk-Q overlap
c 002	Mt 25,11 → Mt 7,22	[10] ... ἦλθεν ὁ νυμφίος, ... καὶ ἐκλείσθη ἡ θύρα. [11] ὕστερον δὲ ἔρχονται καὶ αἱ λοιπαὶ παρθένοι λέγουσαι· κύριε κύριε, ἄνοιξον ἡμῖν.			**Lk 13,25**	ἀφ' οὗ ἂν ἐγερθῇ ὁ οἰκοδεσπότης καὶ ἀποκλείσῃ τὴν θύραν καὶ ἄρξησθε ἔξω **ἑστάναι** καὶ κρούειν τὴν θύραν λέγοντες· κύριε, ἄνοιξον ἡμῖν, ...	
002					**Lk 17,12** → Mt 8,2 → Mk 1,40 → Lk 5,12	... ἀπήντησαν [αὐτῷ] δέκα λεπροὶ ἄνδρες, οἳ **ἔστησαν** πόρρωθεν	
b 002					**Lk 18,11**	ὁ Φαρισαῖος **σταθεὶς** πρὸς ἑαυτὸν ταῦτα προσηύχετο· ...	
c 002					**Lk 18,13**	ὁ δὲ τελώνης μακρόθεν **ἑστὼς** οὐκ ἤθελεν οὐδὲ τοὺς ὀφθαλμοὺς ἐπᾶραι εἰς τὸν οὐρανόν, ...	
c 200	**Mt 20,3**	καὶ ἐξελθὼν περὶ τρίτην ὥραν εἶδεν ἄλλους **ἑστῶτας** ἐν τῇ ἀγορᾷ ἀργούς					
c 200 *c* 200	**Mt 20,6** **(2)**	περὶ δὲ τὴν ἑνδεκάτην ἐξελθὼν εὗρεν ἄλλους **ἑστῶτας** καὶ λέγει αὐτοῖς· τί ὧδε **ἑστήκατε** ὅλην τὴν ἡμέραν ἀργοί;					
b 222	**Mt 20,32** ⇨ Mt 9,28	καὶ **στὰς** ὁ Ἰησοῦς ἐφώνησεν αὐτοὺς ...	**Mk 10,49**	καὶ **στὰς** ὁ Ἰησοῦς εἶπεν· φωνήσατε αὐτόν. ...	**Lk 18,40**	**σταθεὶς** δὲ ὁ Ἰησοῦς ἐκέλευσεν αὐτὸν ἀχθῆναι πρὸς αὐτόν. ...	
b 002					**Lk 19,8** → Lk 3,13	**σταθεὶς** δὲ Ζακχαῖος εἶπεν πρὸς τὸν κύριον· ἰδοὺ τὰ ἡμίσιά μου τῶν ὑπαρχόντων, κύριε, τοῖς πτωχοῖς δίδωμι, ...	
c 021			**Mk 11,5**	[4] ... καὶ λύουσιν αὐτόν. [5] καί **τινες τῶν ἐκεῖ ἑστηκότων** ἔλεγον αὐτοῖς· τί ποιεῖτε λύοντες τὸν πῶλον;	**Lk 19,33**	λυόντων δὲ αὐτῶν τὸν πῶλον εἶπαν **οἱ κύριοι αὐτοῦ** πρὸς αὐτούς· τί λύετε τὸν πῶλον;	

b 121	Mt 10,18	καὶ ἐπὶ ἡγεμόνας δὲ καὶ βασιλεῖς **ἀχθήσεσθε** ἕνεκεν ἐμοῦ ...	Mk 13,9	... καὶ ἐπὶ ἡγεμόνων καὶ βασιλέων **σταθήσεσθε** ἕνεκεν ἐμοῦ ...	Lk 21,12 → Lk 12,11	... **ἀπαγομένους** ἐπὶ βασιλεῖς καὶ ἡγεμόνας ἕνεκεν τοῦ ὀνόματός μου·	
c 221	Mt 24,15	ὅταν οὖν ἴδητε *τὸ* *βδέλυγμα τῆς ἐρημώσεως* τὸ ῥηθὲν διὰ Δανιὴλ τοῦ προφήτου **ἑστὸς** ἐν τόπῳ ἁγίῳ, ὁ ἀναγινώσκων νοείτω ➤ Dan 9,27/11,31/12,11	Mk 13,14	ὅταν δὲ ἴδητε *τὸ* *βδέλυγμα τῆς ἐρημώσεως* **ἑστηκότα** ὅπου οὐ δεῖ, ὁ ἀναγινώσκων νοείτω, ... ➤ Dan 9,27/11,31/12,11	Lk 21,20 → Lk 19,43	ὅταν δὲ ἴδητε κυκλουμένην ὑπὸ στρατοπέδων Ἰερουσαλήμ, τότε γνῶτε ὅτι ἤγγικεν ἡ ἐρήμωσις αὐτῆς.	
b 112	Mt 25,13 → Mt 24,42 → Mt 24,44 → Mt 24,50	γρηγορεῖτε οὖν, ὅτι οὐκ οἴδατε τὴν ἡμέραν οὐδὲ τὴν ὥραν.	Mk 13,33 → Lk 21,34	βλέπετε, ἀγρυπνεῖτε· οὐκ οἴδατε γὰρ πότε ὁ καιρός ἐστιν.	Lk 21,36 → Lk 18,1	ἀγρυπνεῖτε δὲ ἐν παντὶ καιρῷ δεόμενοι ἵνα κατισχύσητε ἐκφυγεῖν ταῦτα πάντα τὰ μέλλοντα γίνεσθαι καὶ **σταθῆναι** ἔμπροσθεν τοῦ υἱοῦ τοῦ ἀνθρώπου.	
a 200	Mt 25,33	καὶ **στήσει** τὰ μὲν πρόβατα ἐκ δεξιῶν αὐτοῦ, τὰ δὲ ἐρίφια ἐξ εὐωνύμων.					
a 211	Mt 26,15	... οἱ δὲ **ἔστησαν** αὐτῷ τριάκοντα ἀργύρια.	Mk 14,11	οἱ δὲ ἀκούσαντες ἐχάρησαν καὶ **ἐπηγγείλαντο** αὐτῷ ἀργύριον δοῦναι. ...	Lk 22,5	καὶ ἐχάρησαν καὶ **συνέθεντο** αὐτῷ ἀργύριον δοῦναι.	
c 211	Mt 26,73	μετὰ μικρὸν δὲ προσελθόντες **οἱ ἑστῶτες** εἶπον τῷ Πέτρῳ· ἀληθῶς καὶ σὺ ἐξ αὐτῶν εἶ, καὶ γὰρ ἡ λαλιά σου δῆλόν σε ποιεῖ.	Mk 14,70	... καὶ μετὰ μικρὸν πάλιν **οἱ παρεστῶτες** ἔλεγον τῷ Πέτρῳ· ἀληθῶς ἐξ αὐτῶν εἶ, καὶ γὰρ Γαλιλαῖος εἶ.	Lk 22,59	καὶ διαστάσης ὡσεὶ ὥρας μιᾶς **ἄλλος τις** διϊσχυρίζετο λέγων· ἐπ' ἀληθείας καὶ οὗτος μετ' αὐτοῦ ἦν, καὶ γὰρ Γαλιλαῖός ἐστιν.	→ Jn 18,26
b 211	Mt 27,11 → Mt 27,2 → Mk 15,1 → Lk 23,1	ὁ δὲ Ἰησοῦς **ἐστάθη** ἔμπροσθεν τοῦ ἡγεμόνος· καὶ ἐπηρώτησεν αὐτὸν ὁ ἡγεμὼν λέγων· σὺ εἶ ὁ βασιλεὺς τῶν Ἰουδαίων; ...	Mk 15,2	καὶ ἐπηρώτησεν αὐτὸν ὁ Πιλᾶτος· σὺ εἶ ὁ βασιλεὺς τῶν Ἰουδαίων; ...	Lk 23,3	ὁ δὲ Πιλᾶτος ἠρώτησεν αὐτὸν λέγων· σὺ εἶ ὁ βασιλεὺς τῶν Ἰουδαίων; ...	→ Jn 18,33 → Jn 18,37
c 002	Mt 27,12	καὶ ἐν τῷ κατηγορεῖσθαι αὐτὸν ὑπὸ τῶν ἀρχιερέων καὶ πρεσβυτέρων ...	Mk 15,3	καὶ κατηγόρουν αὐτοῦ οἱ ἀρχιερεῖς πολλά.	Lk 23,10 ⇨ Lk 23,2	**εἱστήκεισαν** δὲ οἱ ἀρχιερεῖς καὶ οἱ γραμματεῖς εὐτόνως κατηγοροῦντες αὐτοῦ.	Mt/Mk: before Pilate; Lk: before Herod
c 112	Mt 27,39	οἱ δὲ παραπορευόμενοι ἐβλασφήμουν αὐτὸν κινοῦντες τὰς κεφαλὰς αὐτῶν	Mk 15,29	καὶ οἱ παραπορευόμενοι ἐβλασφήμουν αὐτὸν κινοῦντες τὰς κεφαλὰς αὐτῶν ...	Lk 23,35 → Lk 23,48	καὶ **εἱστήκει** ὁ λαὸς θεωρῶν. ...	
c 210	Mt 27,47	**τινὲς δὲ τῶν ἐκεῖ** **ἑστηκότων** ἀκούσαντες ἔλεγον ὅτι Ἠλίαν φωνεῖ οὗτος.	Mk 15,35	**καί τινες τῶν** **παρεστηκότων** ἀκούσαντες ἔλεγον· ἴδε Ἠλίαν φωνεῖ.			

	Mt		Mk		Lk		Jn
c 112	**Mt 27,55** → Mt 27,61	ἦσαν δὲ ἐκεῖ γυναῖκες πολλαὶ ἀπὸ μακρόθεν θεωροῦσαι, αἵτινες ἠκολούθησαν τῷ Ἰησοῦ ἀπὸ τῆς Γαλιλαίας διακονοῦσαι αὐτῷ·	**Mk 15,40** → Mk 15,47	ἦσαν δὲ καὶ γυναῖκες ἀπὸ μακρόθεν θεωροῦσαι, ... [41] αἳ ὅτε ἦν ἐν τῇ Γαλιλαίᾳ ἠκολούθουν αὐτῷ καὶ διηκόνουν αὐτῷ, ...	**Lk 23,49** → Lk 8,2-3 → Lk 23,55	**εἱστήκεισαν** δὲ πάντες οἱ γνωστοὶ αὐτῷ ἀπὸ μακρόθεν καὶ γυναῖκες αἱ συνακολουθοῦσαι αὐτῷ ἀπὸ τῆς Γαλιλαίας ὁρῶσαι ταῦτα.	→ Jn 19,25
b 002					**Lk 24,17**	... τίνες οἱ λόγοι οὗτοι οὓς ἀντιβάλλετε πρὸς ἀλλήλους περιπατοῦντες; καὶ **ἐστάθησαν** σκυθρωποί.	
002					**Lk 24,36**	ταῦτα δὲ αὐτῶν λαλούντων αὐτὸς **ἔστη** ἐν μέσῳ αὐτῶν καὶ λέγει αὐτοῖς· εἰρήνη ὑμῖν.	→ Jn 20,19

a ἵστημι transitive
b ἵστημι passive
c ἕστηκα, εἱστήκειν (perfect and pluperfect)

c **Acts 1,11** ... ἄνδρες Γαλιλαῖοι, τί **ἑστήκατε** [ἐμ]βλέποντες εἰς τὸν οὐρανόν; ...

a **Acts 1,23** καὶ **ἔστησαν** δύο, Ἰωσὴφ τὸν καλούμενον Βαρσαββᾶν ὃς ἐπεκλήθη Ἰοῦστος, καὶ Μαθθίαν.

b **Acts 2,14** **σταθεὶς** δὲ ὁ Πέτρος σὺν τοῖς ἕνδεκα ἐπῆρεν τὴν φωνὴν αὐτοῦ καὶ ἀπεφθέγξατο αὐτοῖς· ...

Acts 3,8 καὶ ἐξαλλόμενος **ἔστη** καὶ περιεπάτει καὶ εἰσῆλθεν σὺν αὐτοῖς εἰς τὸ ἱερὸν ...

a **Acts 4,7** καὶ **στήσαντες** αὐτοὺς ἐν τῷ μέσῳ ἐπυνθάνοντο· ...

c **Acts 4,14** τόν τε ἄνθρωπον βλέποντες σὺν αὐτοῖς **ἑστῶτα** τὸν τεθεραπευμένον οὐδὲν εἶχον ἀντειπεῖν.

b **Acts 5,20** πορεύεσθε καὶ **σταθέντες** λαλεῖτε ἐν τῷ ἱερῷ τῷ λαῷ πάντα τὰ ῥήματα τῆς ζωῆς ταύτης.

c **Acts 5,23** ... τὸ δεσμωτήριον εὕρομεν κεκλεισμένον ἐν πάσῃ ἀσφαλείᾳ καὶ τοὺς φύλακας **ἑστῶτας** ἐπὶ τῶν θυρῶν, ...

c **Acts 5,25** ... ἰδοὺ οἱ ἄνδρες οὓς ἔθεσθε ἐν τῇ φυλακῇ εἰσὶν ἐν τῷ ἱερῷ **ἑστῶτες** καὶ διδάσκοντες τὸν λαόν.

a **Acts 5,27** ἀγαγόντες δὲ αὐτοὺς **ἔστησαν** ἐν τῷ συνεδρίῳ. ...

a **Acts 6,6** [5] ... Στέφανον, ... καὶ Νικόλαον [6] οὓς **ἔστησαν** ἐνώπιον τῶν ἀποστόλων, ...

a **Acts 6,13** [12] ... ἤγαγον εἰς τὸ συνέδριον, [13] **ἔστησάν** τε μάρτυρας ψευδεῖς λέγοντας· ...

c **Acts 7,33** ... *λῦσον τὸ ὑπόδημα τῶν ποδῶν σου, ὁ γὰρ τόπος ἐφ' ᾧ* ***ἕστηκας*** *γῆ ἁγία ἐστίν.*
➤ Exod 3,5

c **Acts 7,55** ... ἀτενίσας εἰς τὸν οὐρανὸν εἶδεν δόξαν θεοῦ καὶ Ἰησοῦν **ἑστῶτα** ἐκ δεξιῶν τοῦ θεοῦ

c **Acts 7,56** → Lk 22,69 ... ἰδοὺ θεωρῶ τοὺς οὐρανοὺς διηνοιγμένους καὶ τὸν υἱὸν τοῦ ἀνθρώπου ἐκ δεξιῶν **ἑστῶτα** τοῦ θεοῦ.

a **Acts 7,60** [[→ Lk 23,34a]] ... κύριε, **μὴ στήσῃς** αὐτοῖς ταύτην τὴν ἁμαρτίαν. ...

Acts 8,38 καὶ ἐκέλευσεν **στῆναι** τὸ ἅρμα καὶ κατέβησαν ἀμφότεροι εἰς τὸ ὕδωρ, ...

c **Acts 9,7** οἱ δὲ ἄνδρες οἱ συνοδεύοντες αὐτῷ **εἱστήκεισαν** ἐνεοί, ἀκούοντες μὲν τῆς φωνῆς μηδένα δὲ θεωροῦντες.

Acts 10,30 ... καὶ ἰδοὺ ἀνὴρ **ἔστη** ἐνώπιόν μου ἐν ἐσθῆτι λαμπρᾷ

b **Acts 11,13** ἀπήγγειλεν δὲ ἡμῖν πῶς εἶδεν [τὸν] ἄγγελον ἐν τῷ οἴκῳ αὐτοῦ **σταθέντα** καὶ εἰπόντα· ...

c **Acts 12,14** ... εἰσδραμοῦσα δὲ ἀπήγγειλεν **ἑστάναι** τὸν Πέτρον πρὸ τοῦ πυλῶνος.

c **Acts 16,9** ... ἀνὴρ Μακεδών τις ἦν **ἑστὼς** καὶ παρακαλῶν αὐτὸν ...

b **Acts 17,22** **σταθεὶς** δὲ [ὁ] Παῦλος ἐν μέσῳ τοῦ Ἀρείου πάγου ἔφη· ἄνδρες Ἀθηναῖοι, ...

a **Acts 17,31** καθότι **ἔστησεν** ἡμέραν ἐν ᾗ μέλλει κρίνειν τὴν οἰκουμένην ἐν δικαιοσύνῃ, ...

c	**Acts 21,40**	ἐπιτρέψαντος δὲ αὐτοῦ ὁ Παῦλος **ἑστὼς** ἐπὶ τῶν ἀναβαθμῶν κατέσεισεν τῇ χειρὶ τῷ λαῷ. ...
c	**Acts 22,25**	... εἶπεν **πρὸς τὸν ἑστῶτα ἑκατόνταρχον** ὁ Παῦλος· εἰ ἄνθρωπον Ῥωμαῖον καὶ ἀκατάκριτον ἔξεστιν ὑμῖν μαστίζειν;
a	**Acts 22,30**	... καὶ καταγαγὼν τὸν Παῦλον **ἔστησεν** εἰς αὐτούς.
	Acts 24,20	ἢ αὐτοὶ οὗτοι εἰπάτωσαν τί εὗρον ἀδίκημα **στάντος** μου ἐπὶ τοῦ συνεδρίου,
c	**Acts 24,21**	ἢ περὶ μιᾶς ταύτης φωνῆς ἧς ἐκέκραξα ἐν αὐτοῖς **ἑστὼς** ὅτι περὶ ἀναστάσεως νεκρῶν ἐγὼ κρίνομαι σήμερον ἐφ᾽ ὑμῶν.
c	**Acts 25,10**	... ἐπὶ τοῦ βήματος Καίσαρός **ἑστώς** εἰμι, οὗ με δεῖ κρίνεσθαι. ...
b	**Acts 25,18**	περὶ οὗ **σταθέντες** οἱ κατήγοροι οὐδεμίαν αἰτίαν ἔφερον ὧν ἐγὼ ὑπενόουν πονηρῶν
c	**Acts 26,6**	καὶ νῦν ἐπ᾽ ἐλπίδι τῆς εἰς τοὺς πατέρας ἡμῶν ἐπαγγελίας γενομένης ὑπὸ τοῦ θεοῦ **ἕστηκα** κρινόμενος
	Acts 26,16	ἀλλὰ ἀνάστηθι καὶ **στῆθι** ἐπὶ τοὺς πόδας σου· ...
c	**Acts 26,22**	ἐπικουρίας οὖν τυχὼν τῆς ἀπὸ τοῦ θεοῦ ἄχρι τῆς ἡμέρας ταύτης **ἕστηκα** μαρτυρόμενος μικρῷ τε καὶ μεγάλῳ ...
b	**Acts 27,21**	πολλῆς τε ἀσιτίας ὑπαρχούσης τότε **σταθεὶς** ὁ Παῦλος ἐν μέσῳ αὐτῶν εἶπεν· ...

ἰσχυρός

Syn 11	Mt 4	Mk 3	Lk 4	Acts	Jn	1-3John 1	Paul 5	Eph	Col
NT 29	2Thess	1/2Tim	Tit	Heb 3	Jas	1Pet	2Pet	Jude	Rev 9

strong; mighty; powerful; violent

	triple tradition																	double tradition			Sondergut		
		+Mt / +Lk			–Mt / –Lk			traditions not taken over by Mt / Lk							subtotals								
code	222	211	112	212	221	122	121	022	012	021	220	120	210	020	Σ⁺	Σ⁻	Σ	202	201	102	200	002	total
Mt	2																2	1			1		4
Mk	2													1			3						3
Lk	2																2	1				1	4

Mk-Q overlap: 222: Mt 12,29 / Mk 3,27 / Lk 11,21 (?) 222: Mt 12,29 / Mk 3,27 / Lk 11,22 (?)

a ἰσχυρότερος

	Mt	Mk	Lk	
a 020	Mt 3,11 ... ὁ δὲ ὀπίσω μου ἐρχόμενος **ἰσχυρότερός μού** ἐστιν, οὗ οὐκ εἰμὶ ἱκανὸς τὰ ὑποδήματα βαστάσαι· ...	**Mk 1,7** ... ἔρχεται **ὁ ἰσχυρότερός μου** ὀπίσω μου, οὗ οὐκ εἰμὶ ἱκανὸς κύψας λῦσαι τὸν ἱμάντα τῶν ὑποδημάτων αὐτοῦ.	Lk 3,16 ... ἔρχεται δὲ **ὁ ἰσχυρότερός μου,** οὗ οὐκ εἰμὶ ἱκανὸς λῦσαι τὸν ἱμάντα τῶν ὑποδημάτων αὐτοῦ· ...	→ Jn 1,27 → Acts 13,25 → Acts 19,4 Mk-Q overlap
a 202	**Mt 3,11** ... ὁ δὲ ὀπίσω μου ἐρχόμενος **ἰσχυρότερός μού** ἐστιν, οὗ οὐκ εἰμὶ ἱκανὸς τὰ ὑποδήματα βαστάσαι· ...	Mk 1,7 ... ἔρχεται **ὁ ἰσχυρότερός μου** ὀπίσω μου, οὗ οὐκ εἰμὶ ἱκανὸς κύψας λῦσαι τὸν ἱμάντα τῶν ὑποδημάτων αὐτοῦ.	**Lk 3,16** ... ἔρχεται δὲ **ὁ ἰσχυρότερός μου,** οὗ οὐκ εἰμὶ ἱκανὸς λῦσαι τὸν ἱμάντα τῶν ὑποδημάτων αὐτοῦ· ...	→ Jn 1,27 → Acts 13,25 → Acts 19,4 Mk-Q overlap
222	**Mt 12,29 (2)** ἢ πῶς δύναταί τις εἰσελθεῖν **εἰς τὴν οἰκίαν τοῦ ἰσχυροῦ** καὶ τὰ σκεύη αὐτοῦ ἁρπάσαι,	**Mk 3,27 (2)** ἀλλ᾽ οὐ δύναται οὐδεὶς **εἰς τὴν οἰκίαν τοῦ ἰσχυροῦ** εἰσελθὼν τὰ σκεύη αὐτοῦ διαρπάσαι,	**Lk 11,21** ὅταν **ὁ ἰσχυρὸς** καθωπλισμένος φυλάσσῃ τὴν ἑαυτοῦ αὐλήν, ἐν εἰρήνῃ ἐστὶν τὰ ὑπάρχοντα αὐτοῦ·	→ GTh 21,5 → GTh 35 Mk-Q overlap?
a 222	ἐὰν μὴ πρῶτον δήσῃ **τὸν ἰσχυρόν;** καὶ τότε τὴν οἰκίαν αὐτοῦ διαρπάσει.	ἐὰν μὴ πρῶτον **τὸν ἰσχυρὸν** δήσῃ, καὶ τότε τὴν οἰκίαν αὐτοῦ διαρπάσει.	**Lk 11,22** ἐπὰν δὲ **ἰσχυρότερος αὐτοῦ** ἐπελθὼν νικήσῃ αὐτόν, τὴν πανοπλίαν αὐτοῦ αἴρει ἐφ᾽ ᾗ ἐπεποίθει, καὶ τὰ σκῦλα αὐτοῦ διαδίδωσιν.	Mk-Q overlap?

200	**Mt 14,30**	βλέπων δὲ τὸν ἄνεμον [ἰσχυρὸν] ἐφοβήθη, ...					
002					**Lk 15,14**	δαπανήσαντος δὲ αὐτοῦ πάντα ἐγένετο λιμὸς ἰσχυρὰ κατὰ τὴν χώραν ἐκείνην, καὶ αὐτὸς ἤρξατο ὑστερεῖσθαι.	

ἰσχύς	Syn 3	Mt	Mk 2	Lk 1	Acts	Jn	1-3John	Paul	Eph 2	Col
	NT 10	2Thess 1	1/2Tim	Tit	Heb	Jas	1Pet 1	2Pet 1	Jude	Rev 2

strength; power; might

122	**Mt 22,37**	*... ἀγαπήσεις κύριον τὸν θεόν σου ἐν ὅλῃ τῇ καρδίᾳ σου καὶ ἐν ὅλῃ τῇ ψυχῇ σου καὶ ἐν ὅλῃ τῇ διανοίᾳ σου·* ➢ Deut 6,5; Josh 22,5 LXX	**Mk 12,30**	*καὶ ἀγαπήσεις κύριον τὸν θεόν σου ἐξ ὅλης τῆς καρδίας σου καὶ ἐξ ὅλης τῆς ψυχῆς σου καὶ ἐξ ὅλης τῆς διανοίας σου καὶ ἐξ ὅλης τῆς ἰσχύος σου.* ➢ Deut 6,5; Josh 22,5 LXX	**Lk 10,27**	*... ἀγαπήσεις κύριον τὸν θεόν σου ἐξ ὅλης [τῆς] καρδίας σου καὶ ἐν ὅλῃ τῇ ψυχῇ σου καὶ ἐν ὅλῃ τῇ ἰσχύϊ σου καὶ ἐν ὅλῃ τῇ διανοίᾳ σου, ...* ➢ Deut 6,5; Josh 22,5 LXX	
020			**Mk 12,33**	καὶ τὸ *ἀγαπᾶν αὐτὸν ἐξ ὅλης τῆς καρδίας καὶ ἐξ ὅλης τῆς συνέσεως καὶ ἐξ ὅλης τῆς ἰσχύος* καὶ τὸ *ἀγαπᾶν τὸν πλησίον ὡς ἑαυτὸν* περισσότερόν ἐστιν πάντων τῶν ὁλοκαυτωμάτων καὶ θυσιῶν. ➢ Deut 6,5; Josh 22,5 LXX ➢ Lev 19,18			

ἰσχύω	Syn 16	Mt 4	Mk 4	Lk 8	Acts 6	Jn 1	1-3John	Paul 2	Eph	Col
	NT 28	2Thess	1/2Tim	Tit	Heb 1	Jas 1	1Pet	2Pet	Jude	Rev 1

be in possession of one's powers; be in good health; have power; be competent; be able; be mighty; have meaning; be valid

	triple tradition																	double tradition			Sondergut		
		+Mt / +Lk			–Mt / –Lk			traditions not taken over by Mt / Lk							subtotals								
code	*222*	*211*	*112*	*212*	*221*	*122*	*121*	*022*	*012*	*021*	*220*	*120*	*210*	*020*	Σ^+	Σ^-	Σ	*202*	*201*	*102*	*200*	*002*	total
Mt					3		1^-									1^-	3		1				**4**
Mk					3		1										4						**4**
Lk			1^+		3^-		1^-		1^+						2^+	4^-	2			2		4	**8**

221	**Mt 9,12**	... οὐ χρείαν ἔχουσιν οἱ ἰσχύοντες ἰατροῦ ἀλλ' οἱ κακῶς ἔχοντες.	**Mk 2,17**	... οὐ χρείαν ἔχουσιν οἱ ἰσχύοντες ἰατροῦ ἀλλ' οἱ κακῶς ἔχοντες· ...	**Lk 5,31**	... οὐ χρείαν ἔχουσιν οἱ ὑγιαίνοντες ἰατροῦ ἀλλὰ οἱ κακῶς ἔχοντες·	

		Mt		Mk		Lk	
201	Mt 5,13	ὑμεῖς ἐστε τὸ ἅλας τῆς γῆς· ἐὰν δὲ τὸ ἅλας μωρανθῇ, ἐν τίνι ἁλισθήσεται; εἰς οὐδὲν **ἰσχύει** ἔτι εἰ μὴ βληθὲν ἔξω καταπατεῖσθαι ὑπὸ τῶν ἀνθρώπων.	Mk 9,50	καλὸν τὸ ἅλας· ἐὰν δὲ τὸ ἅλας ἄναλον γένηται, ἐν τίνι αὐτὸ ἀρτύσετε; ...	Lk 14,35	[34] καλὸν οὖν τὸ ἅλας· ἐὰν δὲ καὶ τὸ ἅλας μωρανθῇ, ἐν τίνι ἀρτυθήσεται; [35] οὔτε εἰς γῆν οὔτε εἰς κοπρίαν **εὔθετόν ἐστιν,** ἔξω βάλλουσιν αὐτό. ὁ ἔχων ὦτα ἀκούειν ἀκουέτω.	Mk-Q overlap
102	Mt 7,25	καὶ κατέβη ἡ βροχὴ καὶ ἦλθον οἱ ποταμοὶ καὶ ἔπνευσαν οἱ ἄνεμοι καὶ προσέπεσαν τῇ οἰκίᾳ ἐκείνῃ, καὶ **οὐκ ἔπεσεν,** τεθεμελίωτο γὰρ ἐπὶ τὴν πέτραν.			Lk 6,48	... πλημμύρης δὲ γενομένης προσέρηξεν ὁ ποταμὸς τῇ οἰκίᾳ ἐκείνῃ, καὶ **οὐκ ἴσχυσεν σαλεῦσαι αὐτὴν** διὰ τὸ καλῶς οἰκοδομῆσθαι αὐτήν.	
221	Mt 8,28	... δύο δαιμονιζόμενοι ἐκ τῶν μνημείων ἐξερχόμενοι, χαλεποὶ λίαν, **ὥστε μὴ ἰσχύειν τινὰ** παρελθεῖν διὰ τῆς ὁδοῦ ἐκείνης.	Mk 5,4	[2] ... ἄνθρωπος ἐν πνεύματι ἀκαθάρτῳ, [3] ... [4] διὰ τὸ αὐτὸν πολλάκις πέδαις καὶ ἁλύσεσιν δεδέσθαι καὶ διεσπάσθαι ὑπ᾽ αὐτοῦ τὰς ἁλύσεις καὶ τὰς πέδας συντετρῖφθαι, καὶ **οὐδεὶς ἴσχυεν** αὐτὸν δαμάσαι·	Lk 8,29	[27] ... ἀνήρ τις ἐκ τῆς πόλεως ἔχων δαιμόνια ... [29] ... πολλοῖς γὰρ χρόνοις συνηρπάκει αὐτὸν καὶ ἐδεσμεύετο ἁλύσεσιν καὶ πέδαις φυλασσόμενος καὶ διαρρήσσων τὰ δεσμὰ ...	
221	Mt 9,12	... οὐ χρείαν ἔχουσιν **οἱ ἰσχύοντες** ἰατροῦ ἀλλ᾽ οἱ κακῶς ἔχοντες.	Mk 2,17	... οὐ χρείαν ἔχουσιν **οἱ ἰσχύοντες** ἰατροῦ ἀλλ᾽ οἱ κακῶς ἔχοντες· ...	Lk 5,31	... οὐ χρείαν ἔχουσιν **οἱ ὑγιαίνοντες** ἰατροῦ ἀλλὰ οἱ κακῶς ἔχοντες·	
012			Mk 5,26	καὶ πολλὰ παθοῦσα ὑπὸ πολλῶν ἰατρῶν καὶ δαπανήσασα τὰ παρ᾽ αὐτῆς πάντα καὶ **μηδὲν ὠφεληθεῖσα** ἀλλὰ μᾶλλον εἰς τὸ χεῖρον ἐλθοῦσα	Lk 8,43	... ἥτις [ἰατροῖς προσαναλώσασα ὅλον τὸν βίον] **οὐκ ἴσχυσεν** ἀπ᾽ οὐδενὸς θεραπευθῆναι	
121	Mt 17,16	καὶ προσήνεγκα αὐτὸν τοῖς μαθηταῖς σου, καὶ **οὐκ ἠδυνήθησαν** αὐτὸν θεραπεῦσαι.	Mk 9,18	... καὶ εἶπα τοῖς μαθηταῖς σου ἵνα αὐτὸ ἐκβάλωσιν, καὶ **οὐκ ἴσχυσαν.**	Lk 9,40	καὶ ἐδεήθην τῶν μαθητῶν σου ἵνα ἐκβάλωσιν αὐτό, καὶ **οὐκ ἠδυνήθησαν.**	
102	Mt 7,14	[13] εἰσέλθατε διὰ τῆς στενῆς πύλης· ὅτι πλατεῖα ἡ πύλη καὶ εὐρύχωρος ἡ ὁδὸς ἡ ἀπάγουσα εἰς τὴν ἀπώλειαν, καὶ πολλοί εἰσιν οἱ εἰσερχόμενοι δι᾽ αὐτῆς· [14] τί στενὴ ἡ πύλη καὶ τεθλιμμένη ἡ ὁδὸς ἡ ἀπάγουσα εἰς τὴν ζωὴν καὶ ὀλίγοι εἰσὶν οἱ εὑρίσκοντες αὐτήν.			Lk 13,24	ἀγωνίζεσθε εἰσελθεῖν διὰ τῆς στενῆς θύρας, ὅτι πολλοί, λέγω ὑμῖν, ζητήσουσιν εἰσελθεῖν καὶ **οὐκ ἰσχύσουσιν.**	
002					Lk 14,6 → Lk 13,17	καὶ **οὐκ ἴσχυσαν** ἀνταποκριθῆναι πρὸς ταῦτα.	

	Mt	Mk	Lk	
002			**Lk 14,29** ἵνα μήποτε θέντος αὐτοῦ θεμέλιον καὶ **μὴ ἰσχύοντος** ἐκτελέσαι πάντες οἱ θεωροῦντες ἄρξωνται αὐτῷ ἐμπαίζειν	
002			**Lk 14,30** λέγοντες ὅτι οὗτος ὁ ἄνθρωπος ἤρξατο οἰκοδομεῖν καὶ **οὐκ ἴσχυσεν** ἐκτελέσαι.	
002			**Lk 16,3** ... τί ποιήσω, ὅτι ὁ κύριός μου ἀφαιρεῖται τὴν οἰκονομίαν ἀπ᾽ ἐμοῦ; σκάπτειν **οὐκ ἰσχύω,** ἐπαιτεῖν αἰσχύνομαι.	
112	**Mt 22,22** → Mk 12,12 καὶ ἀκούσαντες ἐθαύμασαν, καὶ ἀφέντες αὐτὸν ἀπῆλθαν.	**Mk 12,17** ... καὶ ἐξεθαύμαζον ἐπ᾽ αὐτῷ.	**Lk 20,26** καὶ **οὐκ ἴσχυσαν** ἐπιλαβέσθαι αὐτοῦ ῥήματος ἐναντίον τοῦ λαοῦ καὶ θαυμάσαντες ἐπὶ τῇ ἀποκρίσει αὐτοῦ ἐσίγησαν.	
221	**Mt 26,40** ... οὕτως **οὐκ ἰσχύσατε** μίαν ὥραν γρηγορῆσαι μετ᾽ ἐμοῦ; [41] γρηγορεῖτε καὶ προσεύχεσθε, ἵνα μὴ εἰσέλθητε εἰς πειρασμόν· ...	**Mk 14,37** ... Σίμων, καθεύδεις; **οὐκ ἴσχυσας** μίαν ὥραν γρηγορῆσαι; [38] γρηγορεῖτε καὶ προσεύχεσθε, ἵνα μὴ ἔλθητε εἰς πειρασμόν· ...	**Lk 22,46** → Lk 22,40 ... τί καθεύδετε; ἀναστάντες προσεύχεσθε, ἵνα μὴ εἰσέλθητε εἰς πειρασμόν.	

Acts 6,10 → Lk 21,15 καὶ **οὐκ ἴσχυον** ἀντιστῆναι τῇ σοφίᾳ καὶ τῷ πνεύματι ᾧ ἐλάλει.

Acts 15,10 νῦν οὖν τί πειράζετε τὸν θεὸν ἐπιθεῖναι ζυγὸν ἐπὶ τὸν τράχηλον τῶν μαθητῶν ὃν οὔτε οἱ πατέρες ἡμῶν οὔτε ἡμεῖς **ἰσχύσαμεν** βαστάσαι;

Acts 19,16 καὶ ἐφαλόμενος ὁ ἄνθρωπος ἐπ᾽ αὐτοὺς ἐν ᾧ ἦν τὸ πνεῦμα τὸ πονηρὸν κατακυριεύσας ἀμφοτέρων **ἴσχυσεν** κατ᾽ αὐτῶν ὥστε γυμνοὺς καὶ τετραυματισμένους ἐκφυγεῖν ...

Acts 19,20 οὕτως κατὰ κράτος τοῦ κυρίου ὁ λόγος ηὔξανεν καὶ **ἴσχυεν.**

Acts 25,7 ... πολλὰ καὶ βαρέα αἰτιώματα καταφέροντες ἃ **οὐκ ἴσχυον** ἀποδεῖξαι

Acts 27,16 νησίον δέ τι ὑποδραμόντες καλούμενον Καῦδα **ἰσχύσαμεν** μόλις περικρατεῖς γενέσθαι τῆς σκάφης

ἴσως	Syn 1	Mt	Mk	Lk 1	Acts	Jn	1-3John	Paul	Eph	Col
	NT 1	2Thess	1/2Tim	Tit	Heb	Jas	1Pet	2Pet	Jude	Rev

perhaps; probably

	Mt	Mk	Lk	
112	**Mt 21,37** ὕστερον δὲ ἀπέστειλεν πρὸς αὐτοὺς τὸν υἱὸν αὐτοῦ λέγων· ἐντραπήσονται τὸν υἱόν μου.	**Mk 12,6** ἔτι ἕνα εἶχεν, υἱὸν ἀγαπητόν· ἀπέστειλεν αὐτὸν ἔσχατον πρὸς αὐτοὺς λέγων ὅτι ἐντραπήσονται τὸν υἱόν μου.	**Lk 20,13** εἶπεν δὲ ὁ κύριος τοῦ ἀμπελῶνος· τί ποιήσω; πέμψω τὸν υἱόν μου τὸν ἀγαπητόν· **ἴσως** τοῦτον ἐντραπήσονται.	→ GTh 65

Ἰτουραῖος

Syn 1	Mt	Mk	Lk 1	Acts	Jn	1-3John	Paul	Eph	Col
NT 1	2Thess	1/2Tim	Tit	Heb	Jas	1Pet	2Pet	Jude	Rev

Ituraea

code	Mt	Mk	Lk	
002			**Lk 3,1** ... Φιλίππου δὲ τοῦ ἀδελφοῦ αὐτοῦ τετρααρχοῦντος **τῆς Ἰτουραίας καὶ Τραχωνίτιδος χώρας**, ...	

ἰχθύδιον

Syn 2	Mt 1	Mk 1	Lk	Acts	Jn	1-3John	Paul	Eph	Col
NT 2	2Thess	1/2Tim	Tit	Heb	Jas	1Pet	2Pet	Jude	Rev

fish

code	Mt	Mk	Lk	
210	**Mt 15,34** → Mt 14,17 ↓ Mk 8,7 καὶ λέγει αὐτοῖς ὁ Ἰησοῦς· πόσους ἄρτους ἔχετε; οἱ δὲ εἶπαν· ἑπτὰ καὶ **ὀλίγα ἰχθύδια**.	**Mk 8,5** → Mk 6,38 καὶ ἠρώτα αὐτούς· πόσους ἔχετε ἄρτους; οἱ δὲ εἶπαν· ἑπτά.	→ Lk 9,13	
020		**Mk 8,7** ↑ Mt 15,34 → Mt 15,36 καὶ εἶχον **ἰχθύδια ὀλίγα**· καὶ εὐλογήσας αὐτὰ εἶπεν καὶ ταῦτα παρατιθέναι.		

ἰχθύς

Syn 16	Mt 5	Mk 4	Lk 7	Acts	Jn 3	1-3John	Paul 1	Eph	Col
NT 20	2Thess	1/2Tim	Tit	Heb	Jas	1Pet	2Pet	Jude	Rev

fish

	triple tradition																	double tradition			Sonder-gut		
		+Mt / +Lk			–Mt / –Lk			traditions not taken over by Mt / Lk							subtotals								
code	222	211	112	212	221	122	121	022	012	021	220	120	210	020	Σ⁺	Σ⁻	Σ	202	201	102	200	002	total
Mt	2						2^-						1^+		1^+	2^-	3	1			1		5
Mk	2						2										4						4
Lk	2						2^-									2^-	2	1		1		3	7

code	Mt	Mk	Lk	
002			**Lk 5,6** καὶ τοῦτο ποιήσαντες συνέκλεισαν **πλῆθος ἰχθύων πολύ**, διερρήσσετο δὲ τὰ δίκτυα αὐτῶν.	→ Jn 21,6 → Jn 21,11
002			**Lk 5,9** θάμβος γὰρ περιέσχεν αὐτὸν καὶ πάντας τοὺς σὺν αὐτῷ **ἐπὶ τῇ ἄγρᾳ τῶν ἰχθύων** ὧν συνέλαβον	

202	Mt 7,10	[9] ἢ τίς ἐστιν ἐξ ὑμῶν ἄνθρωπος, ὃν αἰτήσει ὁ υἱὸς αὐτοῦ ἄρτον, μὴ λίθον ἐπιδώσει αὐτῷ; [10] ἢ καὶ **ἰχθὺν** αἰτήσει, μὴ ὄφιν ἐπιδώσει αὐτῷ;			Lk 11,11 (2)	τίνα δὲ ἐξ ὑμῶν τὸν πατέρα αἰτήσει ὁ υἱὸς **ἰχθύν,** καὶ ἀντὶ ἰχθύος ὄφιν αὐτῷ ἐπιδώσει; [12] ἢ καὶ αἰτήσει ᾠόν, ἐπιδώσει αὐτῷ σκορπίον;	
222	Mt 14,17 → Mt 15,34	οἱ δὲ λέγουσιν αὐτῷ· οὐκ ἔχομεν ὧδε εἰ μὴ πέντε ἄρτους καὶ **δύο ἰχθύας.**	Mk 6,38 → Mk 8,5	ὁ δὲ λέγει αὐτοῖς· πόσους ἄρτους ἔχετε; ὑπάγετε ἴδετε. καὶ γνόντες λέγουσιν· πέντε, καὶ **δύο ἰχθύας.**	Lk 9,13	... οἱ δὲ εἶπαν· οὐκ εἰσὶν ἡμῖν πλεῖον ἢ ἄρτοι πέντε καὶ **ἰχθύες δύο,** ...	→ Jn 6,9
222 121	Mt 14,19 ↓ Mt 15,36 → Mt 26,26	... λαβὼν τοὺς πέντε ἄρτους καὶ **τοὺς δύο ἰχθύας,** ἀναβλέψας εἰς τὸν οὐρανὸν εὐλόγησεν καὶ κλάσας ἔδωκεν τοῖς μαθηταῖς τοὺς ἄρτους οἱ δὲ μαθηταὶ τοῖς ὄχλοις.	Mk 6,41 (2) ↓ Mk 8,6 → Mk 14,22	καὶ λαβὼν τοὺς πέντε ἄρτους καὶ **τοὺς δύο ἰχθύας** ἀναβλέψας εἰς τὸν οὐρανὸν εὐλόγησεν καὶ κατέκλασεν τοὺς ἄρτους καὶ ἐδίδου τοῖς μαθηταῖς [αὐτοῦ] ἵνα παρατιθῶσιν αὐτοῖς, καὶ **τοὺς δύο ἰχθύας** ἐμέρισεν πᾶσιν.	Lk 9,16 → Lk 22,19	λαβὼν δὲ τοὺς πέντε ἄρτους καὶ **τοὺς δύο ἰχθύας** ἀναβλέψας εἰς τὸν οὐρανὸν εὐλόγησεν αὐτοὺς καὶ κατέκλασεν καὶ ἐδίδου τοῖς μαθηταῖς παραθεῖναι τῷ ὄχλῳ.	→ Jn 6,11
121	Mt 14,20 → Mt 15,37	... καὶ ἦραν τὸ περισσεῦον τῶν κλασμάτων δώδεκα κοφίνους πλήρεις.	Mk 6,43 → Mk 8,8	καὶ ἦραν κλάσματα δώδεκα κοφίνων πληρώματα καὶ **ἀπὸ τῶν ἰχθύων.**	Lk 9,17	... καὶ ἤρθη τὸ περισσεῦσαν αὐτοῖς κλασμάτων κόφινοι δώδεκα.	→ Jn 6,12-13
210	Mt 15,36 ↑ Mt 14,19	ἔλαβεν τοὺς ἑπτὰ ἄρτους καὶ **τοὺς ἰχθύας** καὶ εὐχαριστήσας ἔκλασεν ...	Mk 8,6 ↑ Mk 6,41 → Mt 15,34	... καὶ λαβὼν τοὺς ἑπτὰ ἄρτους εὐχαριστήσας ἔκλασεν ... [7] καὶ εἶχον ἰχθύδια ὀλίγα· καὶ εὐλογήσας αὐτὰ εἶπεν καὶ ταῦτα παρατιθέναι.	↑ Lk 9,16		
200	Mt 17,27	... πορευθεὶς εἰς θάλασσαν βάλε ἄγκιστρον καὶ τὸν ἀναβάντα **πρῶτον ἰχθὺν** ἆρον, ...					
202 102	Mt 7,10	[9] ἢ τίς ἐστιν ἐξ ὑμῶν ἄνθρωπος, ὃν αἰτήσει ὁ υἱὸς αὐτοῦ ἄρτον, μὴ λίθον ἐπιδώσει αὐτῷ; [10] ἢ καὶ **ἰχθὺν** αἰτήσει, μὴ ὄφιν ἐπιδώσει αὐτῷ;			Lk 11,11 (2)	τίνα δὲ ἐξ ὑμῶν τὸν πατέρα αἰτήσει ὁ υἱὸς **ἰχθύν,** καὶ **ἀντὶ ἰχθύος** ὄφιν αὐτῷ ἐπιδώσει; [12] ἢ καὶ αἰτήσει ᾠόν, ἐπιδώσει αὐτῷ σκορπίον;	
002					Lk 24,42	οἱ δὲ ἐπέδωκαν αὐτῷ **ἰχθύος ὀπτοῦ μέρος·**	

Ἰωαθάμ

Syn 2	Mt 2	Mk	Lk	Acts	Jn	1-3John	Paul	Eph	Col
NT 2	2Thess	1/2Tim	Tit	Heb	Jas	1Pet	2Pet	Jude	Rev

Jotham

200 200	**Mt 1,9** (2) Ὀζίας δὲ ἐγέννησεν **τὸν Ἰωαθάμ, Ἰωαθὰμ** δὲ ἐγέννησεν τὸν Ἀχάζ, ...			

Ἰωανάν

Syn 1	Mt	Mk	Lk 1	Acts	Jn	1-3John	Paul	Eph	Col
NT 1	2Thess	1/2Tim	Tit	Heb	Jas	1Pet	2Pet	Jude	Rev

Joanan

002	**Mt 1,13** Ζοροβαβὲλ δὲ ἐγέννησεν τὸν Ἀβιούδ, ...		**Lk 3,27** [26] ... τοῦ Ἰωδὰ **[27] τοῦ Ἰωανὰν** τοῦ Ῥησὰ τοῦ Ζοροβαβὲλ ...	

Ἰωάννα

Syn 2	Mt	Mk	Lk 2	Acts	Jn	1-3John	Paul	Eph	Col
NT 2	2Thess	1/2Tim	Tit	Heb	Jas	1Pet	2Pet	Jude	Rev

Joanna

002			**Lk 8,3** → Mt 27,55-56 → Mk 15,40-41 → Lk 23,49.55 ↓ Lk 24,10 καὶ **Ἰωάννα** γυνὴ Χουζᾶ ἐπιτρόπου Ἡρῴδου καὶ Σουσάννα καὶ ἕτεραι πολλαί, ...	→ Acts 1,14
112	**Mt 28,1** → Mt 27,56 → Mt 27,61 ... ἦλθεν Μαριὰμ ἡ Μαγδαληνὴ καὶ ἡ ἄλλη Μαρία ...	**Mk 16,1** → Mk 15,40 → Mk 15,47 ... Μαρία ἡ Μαγδαληνὴ καὶ Μαρία ἡ [τοῦ] Ἰακώβου καὶ Σαλώμη ...	**Lk 24,10** → Lk 24,1 ↑ Lk 8,3 ἦσαν δὲ ἡ Μαγδαληνὴ Μαρία καὶ **Ἰωάννα** καὶ Μαρία ἡ Ἰακώβου καὶ αἱ λοιπαὶ σὺν αὐταῖς. ...	→ Jn 20,18

Ἰωάννης

Syn 83	Mt 26	Mk 26	Lk 31	Acts 24	Jn 23	1-3John	Paul 1	Eph	Col
NT 135	2Thess	1/2Tim	Tit	Heb	Jas	1Pet	2Pet	Jude	Rev 4

John

	triple tradition																	double tradition			Sondergut		
		+Mt / +Lk			–Mt / –Lk			traditions not taken over by Mt / Lk							subtotals								
code	*222*	*211*	*112*	*212*	*221*	*122*	*121*	*022*	*012*	*021*	*220*	*120*	*210*	*020*	Σ^+	Σ^-	Σ	*202*	*201*	*102*	*200*	*002*	total
Mt	8				4	1^-	2^-				3	5^-	1^+		1^+	8^-	16	6	2		2		**26**
Mk	8				4	1	2	3			3	5					26						**26**
Lk	8		2^+		4^-	1	2^-	3							2^+	6^-	14	6		3		8	**31**

[a] Ἰωάννης the Baptist
[b] οἱ μαθηταὶ Ἰωάννου
[c] Ἰωάννης, son of Zebedee
[d] Ἰωάννης, a Jewish priest (Acts only)
[e] Ἰωάννης ὁ ἐπικαλούμενος Μᾶρκος (Acts only)

a 002			**Lk 1,13** ... καὶ ἡ γυνή σου Ἐλισάβετ γεννήσει υἱόν σοι καὶ καλέσεις τὸ ὄνομα αὐτοῦ **Ἰωάννην**.	

a 002					Lk 1,60	καὶ ἀποκριθεῖσα ἡ μήτηρ αὐτοῦ εἶπεν· οὐχί, ἀλλὰ κληθήσεται Ἰωάννης.	
a 002					Lk 1,63	καὶ αἰτήσας πινακίδιον ἔγραψεν λέγων· Ἰωάννης ἐστὶν ὄνομα αὐτοῦ. ...	
a 002	Mt 3,1	ἐν δὲ ταῖς ἡμέραις ἐκείναις παραγίνεται Ἰωάννης ὁ βαπτιστὴς κηρύσσων ἐν τῇ ἐρήμῳ τῆς Ἰουδαίας	Mk 1,4	ἐγένετο Ἰωάννης [ὁ] βαπτίζων ἐν τῇ ἐρήμῳ ...	Lk 3,2 → Lk 1,80 ↓ Lk 3,3	ἐπὶ ἀρχιερέως Ἅννα καὶ Καϊάφα, ἐγένετο ῥῆμα θεοῦ ἐπὶ Ἰωάννην τὸν Ζαχαρίου υἱὸν ἐν τῇ ἐρήμῳ.	→ Jn 3,23
a 221	Mt 3,1 ↑ Lk 3,2	ἐν δὲ ταῖς ἡμέραις ἐκείναις παραγίνεται Ἰωάννης ὁ βαπτιστὴς κηρύσσων ἐν τῇ ἐρήμῳ τῆς Ἰουδαίας [2] [καὶ] λέγων· μετανοεῖτε· ἤγγικεν γὰρ ἡ βασιλεία τῶν οὐρανῶν.	Mk 1,4 ↑ Lk 3,2 → Mt 3,2	ἐγένετο Ἰωάννης [ὁ] βαπτίζων ἐν τῇ ἐρήμῳ καὶ κηρύσσων βάπτισμα μετανοίας εἰς ἄφεσιν ἁμαρτιῶν.	Lk 3,3 → Mk 1,5 → Mt 3,5 → Mt 3,2	καὶ ἦλθεν εἰς πᾶσαν [τὴν] περίχωρον τοῦ Ἰορδάνου κηρύσσων βάπτισμα μετανοίας εἰς ἄφεσιν ἁμαρτιῶν	→ Acts 13,24 → Acts 19,4
a 220	Mt 3,4 ↓ Lk 7,33	αὐτὸς δὲ ὁ Ἰωάννης εἶχεν τὸ ἔνδυμα αὐτοῦ ἀπὸ τριχῶν καμήλου καὶ ζώνην δερματίνην περὶ τὴν ὀσφὺν αὐτοῦ, ἡ δὲ τροφὴ ἦν αὐτοῦ ἀκρίδες καὶ μέλι ἄγριον.	Mk 1,6 ↓ Lk 7,33	καὶ ἦν ὁ Ἰωάννης ἐνδεδυμένος τρίχας καμήλου καὶ ζώνην δερματίνην περὶ τὴν ὀσφὺν αὐτοῦ, καὶ ἐσθίων ἀκρίδας καὶ μέλι ἄγριον.			
a 002					Lk 3,15	προσδοκῶντος δὲ τοῦ λαοῦ καὶ διαλογιζομένων πάντων ἐν ταῖς καρδίαις αὐτῶν περὶ τοῦ Ἰωάννου, μήποτε αὐτὸς εἴη ὁ χριστός,	
a 112	Mt 3,11	ἐγὼ μὲν ὑμᾶς βαπτίζω ἐν ὕδατι εἰς μετάνοιαν, ὁ δὲ ὀπίσω μου ἐρχόμενος ἰσχυρότερός μού ἐστιν, ...	Mk 1,7	καὶ ἐκήρυσσεν λέγων· ἔρχεται ὁ ἰσχυρότερός μου ὀπίσω μου, ... [8] ἐγὼ ἐβάπτισα ὑμᾶς ὕδατι, ...	Lk 3,16	ἀπεκρίνατο λέγων πᾶσιν ὁ Ἰωάννης· ἐγὼ μὲν ὕδατι βαπτίζω ὑμᾶς· ἔρχεται δὲ ὁ ἰσχυρότερός μου, ...	→ Jn 1,26 → Jn 1,27 → Acts 1,5 → Acts 11,16 → Acts 13,25 Mk-Q overlap
a 222	Mt 14,3	ὁ γὰρ Ἡρῴδης κρατήσας τὸν Ἰωάννην ἔδησεν [αὐτὸν] καὶ ἐν φυλακῇ ἀπέθετο ...	Mk 6,17	αὐτὸς γὰρ ὁ Ἡρῴδης ἀποστείλας ἐκράτησεν τὸν Ἰωάννην καὶ ἔδησεν αὐτὸν ἐν φυλακῇ ...	Lk 3,20 ↓ Mt 4,12 ↓ Mk 1,14	[19] ὁ δὲ Ἡρῴδης ... [20] προσέθηκεν καὶ τοῦτο ἐπὶ πᾶσιν [καὶ] κατέκλεισεν τὸν Ἰωάννην ἐν φυλακῇ.	
a 221	Mt 3,13	τότε παραγίνεται ὁ Ἰησοῦς ἀπὸ τῆς Γαλιλαίας ἐπὶ τὸν Ἰορδάνην πρὸς τὸν Ἰωάννην τοῦ βαπτισθῆναι ὑπ᾽ αὐτοῦ.	Mk 1,9	καὶ ἐγένετο ἐν ἐκείναις ταῖς ἡμέραις ἦλθεν Ἰησοῦς ἀπὸ Ναζαρὲτ τῆς Γαλιλαίας καὶ ἐβαπτίσθη εἰς τὸν Ἰορδάνην ὑπὸ Ἰωάννου.	Lk 3,21	ἐγένετο δὲ ἐν τῷ βαπτισθῆναι ἅπαντα τὸν λαὸν καὶ Ἰησοῦ βαπτισθέντος ...	
a 200	Mt 3,14	ὁ δὲ Ἰωάννης διεκώλυεν αὐτὸν λέγων· ἐγὼ χρείαν ἔχω ὑπὸ σοῦ βαπτισθῆναι, καὶ σὺ ἔρχῃ πρός με;					

		Mt		Mk		Lk	
a 221	Mt 4,12 ↑ Lk 3,20	ἀκούσας δὲ ὅτι **Ἰωάννης** παρεδόθη ἀνεχώρησεν εἰς τὴν Γαλιλαίαν.	Mk 1,14 ↑ Lk 3,20	μετὰ δὲ τὸ παραδοθῆναι **τὸν Ἰωάννην** ἦλθεν ὁ Ἰησοῦς εἰς τὴν Γαλιλαίαν ...	Lk 4,14	καὶ ὑπέστρεψεν ὁ Ἰησοῦς ἐν τῇ δυνάμει τοῦ πνεύματος εἰς τὴν Γαλιλαίαν. ...	→ Jn 4,3
c 222	Mt 4,21	καὶ προβὰς ἐκεῖθεν εἶδεν ἄλλους δύο ἀδελφούς, Ἰάκωβον τὸν τοῦ Ζεβεδαίου καὶ **Ἰωάννην** τὸν ἀδελφὸν αὐτοῦ, ἐν τῷ πλοίῳ μετὰ Ζεβεδαίου τοῦ πατρὸς αὐτῶν ...	Mk 1,19	καὶ προβὰς ὀλίγον εἶδεν Ἰάκωβον τὸν τοῦ Ζεβεδαίου καὶ **Ἰωάννην** τὸν ἀδελφὸν αὐτοῦ, ...	Lk 5,10	ὁμοίως δὲ καὶ Ἰάκωβον καὶ **Ἰωάννην** υἱοὺς Ζεβεδαίου, οἳ ἦσαν κοινωνοὶ τῷ Σίμωνι. ...	
c 121	Mt 8,14	καὶ ἐλθὼν ὁ Ἰησοῦς εἰς τὴν οἰκίαν Πέτρου ...	Mk 1,29	... ἦλθον εἰς τὴν οἰκίαν Σίμωνος καὶ Ἀνδρέου **μετὰ Ἰακώβου καὶ Ἰωάννου.**	Lk 4,38	... εἰσῆλθεν εἰς τὴν οἰκίαν Σίμωνος. ...	
b 221	Mt 9,14	τότε προσέρχονται αὐτῷ **οἱ μαθηταὶ Ἰωάννου** λέγοντες·	Mk 2,18 (2)	καὶ ἦσαν **οἱ μαθηταὶ Ἰωάννου** καὶ οἱ Φαρισαῖοι νηστεύοντες. καὶ ἔρχονται καὶ λέγουσιν αὐτῷ·	Lk 5,33	οἱ δὲ εἶπαν πρὸς αὐτόν·	
b 122		διὰ τί **ἡμεῖς** καὶ οἱ Φαρισαῖοι νηστεύομεν [πολλά], οἱ δὲ μαθηταί σου οὐ νηστεύουσιν;		διὰ τί **οἱ μαθηταὶ Ἰωάννου** καὶ οἱ μαθηταὶ τῶν Φαρισαίων νηστεύουσιν, οἱ δὲ σοὶ μαθηταὶ οὐ νηστεύουσιν;		**οἱ μαθηταὶ Ἰωάννου** νηστεύουσιν πυκνὰ καὶ δεήσεις ποιοῦνται ὁμοίως καὶ οἱ τῶν Φαρισαίων, οἱ δὲ σοὶ ἐσθίουσιν καὶ πίνουσιν.	→ GTh 104
c 222	Mt 10,2	... καὶ Ἰάκωβος ὁ τοῦ Ζεβεδαίου καὶ **Ἰωάννης** ὁ ἀδελφὸς αὐτοῦ	Mk 3,17	καὶ Ἰάκωβον τὸν τοῦ Ζεβεδαίου καὶ **Ἰωάννην** τὸν ἀδελφὸν τοῦ Ἰακώβου καὶ ἐπέθηκεν αὐτοῖς ὀνόμα[τα] Βοανηργές, ὅ ἐστιν υἱοὶ βροντῆς·	Lk 6,14	... καὶ Ἰάκωβον καὶ **Ἰωάννην ...**	
a 202	Mt 11,2	**ὁ δὲ Ἰωάννης** ἀκούσας ἐν τῷ δεσμωτηρίῳ τὰ ἔργα τοῦ Χριστοῦ			Lk 7,18 (2)	καὶ ἀπήγγειλαν **Ἰωάννῃ** οἱ μαθηταὶ αὐτοῦ περὶ πάντων τούτων.	
a 102		πέμψας διὰ τῶν μαθητῶν αὐτοῦ				καὶ προσκαλεσάμενος δύο τινὰς τῶν μαθητῶν αὐτοῦ **ὁ Ἰωάννης** [19] ἔπεμψεν πρὸς τὸν κύριον ...	
a 002					Lk 7,20	παραγενόμενοι δὲ πρὸς αὐτὸν οἱ ἄνδρες εἶπαν· **Ἰωάννης ὁ βαπτιστὴς** ἀπέστειλεν ἡμᾶς πρὸς σὲ λέγων· σὺ εἶ ὁ ἐρχόμενος ἢ ἄλλον προσδοκῶμεν;	
a 202	Mt 11,4	... πορευθέντες ἀπαγγείλατε **Ἰωάννῃ** ἃ ἀκούετε καὶ βλέπετε·			Lk 7,22	... πορευθέντες ἀπαγγείλατε **Ἰωάννῃ** ἃ εἴδετε καὶ ἠκούσατε· ...	

a 102 a 202	**Mt 11,7**	τούτων δὲ πορευομένων ἤρξατο ὁ Ἰησοῦς λέγειν τοῖς ὄχλοις **περὶ Ἰωάννου·** τί ἐξήλθατε εἰς τὴν ἔρημον θεάσασθαι; ...			**Lk 7,24** **(2)**	ἀπελθόντων δὲ **τῶν ἀγγέλων** **Ἰωάννου** ἤρξατο λέγειν πρὸς τοὺς ὄχλους **περὶ Ἰωάννου·** τί ἐξήλθατε εἰς τὴν ἔρημον θεάσασθαι; ...	→ GTh 78
a 202	**Mt 11,11**	ἀμὴν λέγω ὑμῖν· οὐκ ἐγήγερται ἐν γεννητοῖς γυναικῶν μείζων **Ἰωάννου** **τοῦ βαπτιστοῦ·** ὁ δὲ μικρότερος ἐν τῇ βασιλείᾳ τῶν οὐρανῶν μείζων αὐτοῦ ἐστιν.			**Lk 7,28**	λέγω ὑμῖν, μείζων ἐν γεννητοῖς γυναικῶν **Ἰωάννου** οὐδείς ἐστιν· ὁ δὲ μικρότερος ἐν τῇ βασιλείᾳ τοῦ θεοῦ μείζων αὐτοῦ ἐστιν.	→ GTh 46
a 201	**Mt 11,12**	 **ἀπὸ δὲ τῶν ἡμερῶν** **Ἰωάννου τοῦ** **βαπτιστοῦ** ἕως ἄρτι ἡ βασιλεία τῶν οὐρανῶν βιάζεται καὶ βιασταὶ ἁρπάζουσιν αὐτήν.			**Lk 16,16** ↓ **Mt 11,13** → Mt 22,9 → Lk 14,23	ὁ νόμος καὶ οἱ προφῆται μέχρι Ἰωάννου· **ἀπὸ τότε** ἡ βασιλεία τοῦ θεοῦ εὐαγγελίζεται καὶ πᾶς εἰς αὐτὴν βιάζεται.	
a 202	**Mt 11,13** → Mt 5,17	πάντες γὰρ οἱ προφῆται καὶ ὁ νόμος **ἕως Ἰωάννου** ἐπροφήτευσαν·			**Lk 16,16**	ὁ νόμος καὶ οἱ προφῆται **μέχρι Ἰωάννου· ...**	
a 102	**Mt 21,32**	ἦλθεν γὰρ Ἰωάννης πρὸς ὑμᾶς ἐν ὁδῷ δικαιοσύνης, καὶ οὐκ ἐπιστεύσατε αὐτῷ, οἱ δὲ τελῶναι καὶ αἱ πόρναι ἐπίστευσαν αὐτῷ· ...			**Lk 7,29**	καὶ πᾶς ὁ λαὸς ἀκούσας καὶ οἱ τελῶναι ἐδικαίωσαν τὸν θεόν βαπτισθέντες **τὸ βάπτισμα** **Ἰωάννου·** [30] οἱ δὲ Φαρισαῖοι καὶ οἱ νομικοὶ τὴν βουλὴν τοῦ θεοῦ ἠθέτησαν εἰς ἑαυτούς μὴ βαπτισθέντες ὑπ᾽ αὐτοῦ.	
a 202	**Mt 11,18**	ἦλθεν γὰρ **Ἰωάννης** μήτε ἐσθίων μήτε πίνων, καὶ λέγουσιν· δαιμόνιον ἔχει·			**Lk 7,33** ↑ **Mt 3,4** ↑ **Mk 1,6**	ἐλήλυθεν γὰρ **Ἰωάννης** **ὁ βαπτιστὴς** μὴ ἐσθίων ἄρτον μήτε πίνων οἶνον, καὶ λέγετε· δαιμόνιον ἔχει.	
c 022			**Mk 5,37**	καὶ οὐκ ἀφῆκεν οὐδένα μετ᾽ αὐτοῦ συνακολουθῆσαι εἰ μὴ τὸν Πέτρον καὶ Ἰάκωβον καὶ **Ἰωάννην** τὸν ἀδελφὸν Ἰακώβου.	**Lk 8,51**	... οὐκ ἀφῆκεν εἰσελθεῖν τινα σὺν αὐτῷ εἰ μὴ Πέτρον καὶ **Ἰωάννην** καὶ Ἰάκωβον ...	

	Mt 14,1	ἐν ἐκείνῳ τῷ καιρῷ ἤκουσεν Ἡρῴδης ὁ τετραάρχης τὴν ἀκοὴν Ἰησοῦ,	Mk 6,14	καὶ ἤκουσεν ὁ βασιλεὺς Ἡρῴδης, φανερὸν γὰρ ἐγένετο τὸ ὄνομα αὐτοῦ,	Lk 9,7	ἤκουσεν δὲ Ἡρῴδης ὁ τετραάρχης τὰ γινόμενα πάντα	
a 022			↓ Mk 8,28 ↓ Mt 14,2	καὶ ἔλεγον ὅτι Ἰωάννης ὁ βαπτίζων ἐγήγερται ἐκ νεκρῶν καὶ διὰ τοῦτο ἐνεργοῦσιν αἱ δυνάμεις ἐν αὐτῷ.	↓ Lk 9,19	καὶ διηπόρει διὰ τὸ λέγεσθαι ὑπό τινων ὅτι Ἰωάννης ἠγέρθη ἐκ νεκρῶν	
a 222	Mt 14,2 ↑ Mk 6,14 ↓ Mt 16,14	καὶ εἶπεν τοῖς παισὶν αὐτοῦ· οὗτός ἐστιν Ἰωάννης ὁ βαπτιστής· αὐτὸς ἠγέρθη ἀπὸ τῶν νεκρῶν καὶ διὰ τοῦτο αἱ δυνάμεις ἐνεργοῦσιν ἐν αὐτῷ.	Mk 6,16 ↓ Mk 6,27	ἀκούσας δὲ ὁ Ἡρῴδης ἔλεγεν· ὃν ἐγὼ ἀπεκεφάλισα Ἰωάννην, οὗτος ἠγέρθη.	Lk 9,9 → Lk 23,8	εἶπεν δὲ Ἡρῴδης· Ἰωάννην ἐγὼ ἀπεκεφάλισα· τίς δέ ἐστιν οὗτος περὶ οὗ ἀκούω τοιαῦτα; καὶ ἐζήτει ἰδεῖν αὐτόν.	
a 222	Mt 14,3	ὁ γὰρ Ἡρῴδης κρατήσας τὸν Ἰωάννην ἔδησεν [αὐτὸν] καὶ ἐν φυλακῇ ἀπέθετο ...	Mk 6,17	αὐτὸς γὰρ ὁ Ἡρῴδης ἀποστείλας ἐκράτησεν τὸν Ἰωάννην καὶ ἔδησεν αὐτὸν ἐν φυλακῇ ...	Lk 3,20 ↑ Mt 4,12 ↑ Mk 1,14	[19] ὁ δὲ Ἡρῴδης ... [20] προσέθηκεν καὶ τοῦτο ἐπὶ πᾶσιν [καὶ] κατέκλεισεν τὸν Ἰωάννην ἐν φυλακῇ.	
a 220	Mt 14,4 → Lk 3,19	ἔλεγεν γὰρ ὁ Ἰωάννης αὐτῷ· οὐκ ἔξεστίν σοι ἔχειν αὐτήν.	Mk 6,18 → Lk 3,19	ἔλεγεν γὰρ ὁ Ἰωάννης τῷ Ἡρῴδῃ ὅτι οὐκ ἔξεστίν σοι ἔχειν τὴν γυναῖκα τοῦ ἀδελφοῦ σου.			
a 120	Mt 14,5	καὶ θέλων αὐτὸν ἀποκτεῖναι ἐφοβήθη τὸν ὄχλον, ὅτι ὡς προφήτην αὐτὸν εἶχον.	Mk 6,20	[19] ἡ δὲ Ἡρῳδιὰς ἐνεῖχεν αὐτῷ καὶ ἤθελεν αὐτὸν ἀποκτεῖναι, καὶ οὐκ ἠδύνατο· [20] ὁ γὰρ Ἡρῴδης ἐφοβεῖτο τὸν Ἰωάννην, εἰδὼς αὐτὸν ἄνδρα δίκαιον καὶ ἅγιον, καὶ συνετήρει αὐτόν, καὶ ἀκούσας αὐτοῦ πολλὰ ἠπόρει, καὶ ἡδέως αὐτοῦ ἤκουεν.			
a 120	Mt 14,8	ἡ δὲ προβιβασθεῖσα ὑπὸ τῆς μητρὸς αὐτῆς·	Mk 6,24	καὶ ἐξελθοῦσα εἶπεν τῇ μητρὶ αὐτῆς· τί αἰτήσωμαι; ἡ δὲ εἶπεν· τὴν κεφαλὴν Ἰωάννου τοῦ βαπτίζοντος.			
a 220		δός μοι, φησίν, ὧδε ἐπὶ πίνακι τὴν κεφαλὴν Ἰωάννου τοῦ βαπτιστοῦ.	Mk 6,25	καὶ εἰσελθοῦσα εὐθὺς μετὰ σπουδῆς πρὸς τὸν βασιλέα ᾐτήσατο λέγουσα· θέλω ἵνα ἐξαυτῆς δῷς μοι ἐπὶ πίνακι τὴν κεφαλὴν Ἰωάννου τοῦ βαπτιστοῦ.			
a 210	Mt 14,10	καὶ πέμψας ἀπεκεφάλισεν [τὸν] Ἰωάννην ἐν τῇ φυλακῇ.	Mk 6,27 ↑ Mk 6,16 ↑ Lk 9,9	καὶ εὐθὺς ἀποστείλας ὁ βασιλεὺς σπεκουλάτορα ἐπέταξεν ἐνέγκαι τὴν κεφαλὴν αὐτοῦ. καὶ ἀπελθὼν ἀπεκεφάλισεν αὐτὸν ἐν τῇ φυλακῇ			

a 222	**Mt 16,14** ↑ Mt 14,2	οἱ δὲ εἶπαν· οἱ μὲν **Ἰωάννην** **τὸν βαπτιστήν,** ἄλλοι δὲ Ἠλίαν, ἕτεροι δὲ Ἰερεμίαν ἢ ἕνα τῶν προφητῶν.	**Mk 8,28** ↑ Mk 6,14	οἱ δὲ εἶπαν αὐτῷ λέγοντες [ὅτι] **Ἰωάννην** **τὸν βαπτιστήν,** καὶ ἄλλοι Ἠλίαν, ἄλλοι δὲ ὅτι εἷς τῶν προφητῶν.	**Lk 9,19** ↑ Lk 9,7	οἱ δὲ ἀποκριθέντες εἶπαν· **Ἰωάννην** **τὸν βαπτιστήν,** ἄλλοι δὲ Ἠλίαν, ἄλλοι δὲ ὅτι προφήτης τις τῶν ἀρχαίων ἀνέστη.	→ GTh 13
c 222	**Mt 17,1**	... παραλαμβάνει ὁ Ἰησοῦς τὸν Πέτρον καὶ Ἰάκωβον καὶ **Ἰωάννην** τὸν ἀδελφὸν αὐτοῦ καὶ ἀναφέρει αὐτοὺς εἰς ὄρος ὑψηλὸν κατ' ἰδίαν.	**Mk 9,2**	... παραλαμβάνει ὁ Ἰησοῦς τὸν Πέτρον καὶ τὸν Ἰάκωβον καὶ **τὸν Ἰωάννην** καὶ ἀναφέρει αὐτοὺς εἰς ὄρος ὑψηλὸν κατ' ἰδίαν μόνους. ...	**Lk 9,28**	... παραλαβὼν Πέτρον καὶ **Ἰωάννην** καὶ Ἰάκωβον ἀνέβη εἰς τὸ ὄρος προσεύξασθαι.	
a 200	**Mt 17,13**	τότε συνῆκαν οἱ μαθηταὶ ὅτι **περὶ Ἰωάννου** **τοῦ βαπτιστοῦ** εἶπεν αὐτοῖς.					
c 022			**Mk 9,38**	ἔφη αὐτῷ **ὁ Ἰωάννης·** διδάσκαλε, εἴδομέν τινα ἐν τῷ ὀνόματί σου ἐκβάλλοντα δαιμόνια ...	**Lk 9,49**	ἀποκριθεὶς δὲ **Ἰωάννης** εἶπεν· ἐπιστάτα, εἴδομέν τινα ἐν τῷ ὀνόματί σου ἐκβάλλοντα δαιμόνια ...	→ Acts 19,13
c 002					**Lk 9,54**	ἰδόντες δὲ οἱ μαθηταὶ Ἰάκωβος καὶ **Ἰωάννης** εἶπαν· κύριε, θέλεις εἴπωμεν *πῦρ καταβῆναι* *ἀπὸ τοῦ οὐρανοῦ καὶ* *ἀναλῶσαι αὐτούς;* ➤ 2Kings 1,10.12	
a 002					**Lk 11,1**	... κύριε, δίδαξον ἡμᾶς προσεύχεσθαι, καθὼς καὶ **Ἰωάννης** ἐδίδαξεν τοὺς μαθητὰς αὐτοῦ.	
a 202	**Mt 11,13** → Mt 5,17	πάντες γὰρ οἱ προφῆται καὶ ὁ νόμος **ἕως Ἰωάννου** ἐπροφήτευσαν·			**Lk 16,16**	ὁ νόμος καὶ οἱ προφῆται **μέχρι Ἰωάννου·** ...	
c 120	**Mt 20,20**	τότε προσῆλθεν αὐτῷ ἡ μήτηρ τῶν υἱῶν Ζεβεδαίου μετὰ τῶν υἱῶν αὐτῆς προσκυνοῦσα καὶ αἰτοῦσά τι ἀπ' αὐτοῦ.	**Mk 10,35**	καὶ προσπορεύονται αὐτῷ Ἰάκωβος καὶ **Ἰωάννης** οἱ υἱοὶ Ζεβεδαίου λέγοντες αὐτῷ· διδάσκαλε, θέλομεν ἵνα ὃ ἐὰν αἰτήσωμέν σε ποιήσῃς ἡμῖν.			
c 120	**Mt 20,24**	καὶ ἀκούσαντες οἱ δέκα ἠγανάκτησαν **περὶ τῶν δύο** **ἀδελφῶν.**	**Mk 10,41**	καὶ ἀκούσαντες οἱ δέκα ἤρξαντο ἀγανακτεῖν **περὶ Ἰακώβου καὶ** **Ἰωάννου.**			
a 222	**Mt 21,25**	**τὸ βάπτισμα τὸ** **Ἰωάννου** πόθεν ἦν; ἐξ οὐρανοῦ ἢ ἐξ ἀνθρώπων; ...	**Mk 11,30**	**τὸ βάπτισμα τὸ** **Ἰωάννου** ἐξ οὐρανοῦ ἦν ἢ ἐξ ἀνθρώπων; ...	**Lk 20,4**	**τὸ βάπτισμα** **Ἰωάννου** ἐξ οὐρανοῦ ἦν ἢ ἐξ ἀνθρώπων;	
a 222	**Mt 21,26** → Mt 21,46	... φοβούμεθα τὸν ὄχλον, πάντες γὰρ ὡς προφήτην ἔχουσιν **τὸν Ἰωάννην.**	**Mk 11,32**	... - ἐφοβοῦντο τὸν ὄχλον· ἅπαντες γὰρ εἶχον **τὸν Ἰωάννην** ὄντως ὅτι προφήτης ἦν.	**Lk 20,6**	... ὁ λαὸς ἅπας καταλιθάσει ἡμᾶς, πεπεισμένος γάρ ἐστιν **Ἰωάννην** προφήτην εἶναι.	

a 201	**Mt 21,32** ↑ Lk 7,29	ἦλθεν γὰρ **Ἰωάννης** πρὸς ὑμᾶς ἐν ὁδῷ δικαιοσύνης, καὶ οὐκ ἐπιστεύσατε αὐτῷ, ...			**Lk 7,30**	οἱ δὲ Φαρισαῖοι καὶ οἱ νομικοὶ τὴν βουλὴν τοῦ θεοῦ ἠθέτησαν εἰς ἑαυτούς μὴ βαπτισθέντες ὑπ' αὐτοῦ.	
c 121	**Mt 24,3**	καθημένου δὲ αὐτοῦ ἐπὶ τοῦ ὄρους τῶν ἐλαιῶν προσῆλθον αὐτῷ οἱ μαθηταὶ κατ' ἰδίαν λέγοντες· εἰπὲ ἡμῖν, πότε ταῦτα ἔσται ...	**Mk 13,3**	καὶ καθημένου αὐτοῦ εἰς τὸ ὄρος τῶν ἐλαιῶν κατέναντι τοῦ ἱεροῦ ἐπηρώτα αὐτὸν κατ' ἰδίαν Πέτρος καὶ Ἰάκωβος καὶ **Ἰωάννης** καὶ Ἀνδρέας· [4] εἰπὸν ἡμῖν, πότε ταῦτα ἔσται ...	**Lk 21,7**	ἐπηρώτησαν δὲ αὐτὸν λέγοντες· διδάσκαλε, πότε οὖν ταῦτα ἔσται ...	
c 112	**Mt 26,17**	... προσῆλθον οἱ μαθηταὶ τῷ Ἰησοῦ λέγοντες· ποῦ θέλεις ἑτοιμάσωμέν σοι φαγεῖν τὸ πάσχα; [18] ὁ δὲ εἶπεν· ὑπάγετε εἰς τὴν πόλιν ...	**Mk 14,13**	[12] ... λέγουσιν αὐτῷ οἱ μαθηταὶ αὐτοῦ· ποῦ θέλεις ἀπελθόντες ἑτοιμάσωμεν ἵνα φάγῃς τὸ πάσχα; [13] καὶ ἀποστέλλει **δύο τῶν μαθητῶν αὐτοῦ** καὶ λέγει αὐτοῖς· ὑπάγετε εἰς τὴν πόλιν, ...	**Lk 22,8**	καὶ ἀπέστειλεν **Πέτρον καὶ Ἰωάννην** εἰπών· πορευθέντες ἑτοιμάσατε ἡμῖν τὸ πάσχα ἵνα φάγωμεν. [9] οἱ δὲ εἶπαν αὐτῷ· ποῦ θέλεις ἑτοιμάσωμεν; [10] ὁ δὲ εἶπεν αὐτοῖς· ἰδοὺ εἰσελθόντων ὑμῶν εἰς τὴν πόλιν ...	
c 120	**Mt 26,37**	καὶ παραλαβὼν τὸν Πέτρον καὶ **τοὺς δύο υἱοὺς Ζεβεδαίου** ἤρξατο λυπεῖσθαι καὶ ἀδημονεῖν.	**Mk 14,33**	καὶ παραλαμβάνει τὸν Πέτρον καὶ **[τὸν] Ἰάκωβον καὶ [τὸν] Ἰωάννην** μετ' αὐτοῦ καὶ ἤρξατο ἐκθαμβεῖσθαι καὶ ἀδημονεῖν			

a **Acts 1,5** (→ Mt 3,11; → Mk 1,8; → Lk 3,16; → Acts 11,16; → Acts 19,4) ὅτι **Ἰωάννης** μὲν ἐβάπτισεν ὕδατι, ὑμεῖς δὲ ἐν πνεύματι βαπτισθήσεσθε ἁγίῳ ...

c **Acts 1,13** ... εἰς τὸ ὑπερῷον ἀνέβησαν οὗ ἦσαν καταμένοντες, ὅ τε Πέτρος καὶ **Ἰωάννης** καὶ Ἰάκωβος καὶ Ἀνδρέας, ...

a **Acts 1,22** (→ Lk 9,51; → Lk 24,51) ἀρξάμενος **ἀπὸ τοῦ βαπτίσματος Ἰωάννου** ἕως τῆς ἡμέρας ἧς ἀνελήμφθη ἀφ' ἡμῶν, ...

c **Acts 3,1** Πέτρος δὲ καὶ **Ἰωάννης** ἀνέβαινον εἰς τὸ ἱερὸν ...

c **Acts 3,3** ὃς ἰδὼν Πέτρον καὶ **Ἰωάννην** μέλλοντας εἰσιέναι εἰς τὸ ἱερὸν, ...

c **Acts 3,4** ἀτενίσας δὲ Πέτρος εἰς αὐτὸν **σὺν τῷ Ἰωάννῃ** εἶπεν· βλέψον εἰς ἡμᾶς.

c **Acts 3,11** κρατοῦντος δὲ αὐτοῦ τὸν Πέτρον καὶ **τὸν Ἰωάννην** συνέδραμεν πᾶς ὁ λαὸς πρὸς αὐτοὺς ...

d **Acts 4,6** καὶ Ἅννας ὁ ἀρχιερεὺς καὶ Καϊάφας καὶ **Ἰωάννης** καὶ Ἀλέξανδρος καὶ ὅσοι ἦσαν ἐκ γένους ἀρχιερατικοῦ

c **Acts 4,13** θεωροῦντες δὲ **τὴν τοῦ Πέτρου παρρησίαν καὶ Ἰωάννου** καὶ καταλαβόμενοι ὅτι ἄνθρωποι ἀγράμματοί εἰσιν καὶ ἰδιῶται, ...

c **Acts 4,19** ὁ δὲ Πέτρος καὶ **Ἰωάννης** ἀποκριθέντες εἶπον πρὸς αὐτούς· εἰ δίκαιόν ἐστιν ἐνώπιον τοῦ θεοῦ ὑμῶν ἀκούειν μᾶλλον ἢ τοῦ θεοῦ, κρίνατε·

c **Acts 8,14** ... ἀπέστειλαν πρὸς αὐτοὺς Πέτρον καὶ **Ἰωάννην**

a **Acts 10,37** (→ Lk 23,5) ... ἀρξάμενος ἀπὸ τῆς Γαλιλαίας μετὰ τὸ βάπτισμα ὃ ἐκήρυξεν **Ἰωάννης**

a **Acts 11,16** (→ Mt 3,11; → Mk 1,8; → Lk 3,16; → Acts 1,5; → Acts 19,4) ἐμνήσθην δὲ τοῦ ῥήματος τοῦ κυρίου ὡς ἔλεγεν· **Ἰωάννης** μὲν ἐβάπτισεν ὕδατι, ὑμεῖς δὲ βαπτισθήσεσθε ἐν πνεύματι ἁγίῳ.

c **Acts 12,2** (→ Mk 10,38-39; → Mt 20,22-23) ἀνεῖλεν δὲ Ἰάκωβον **τὸν ἀδελφὸν Ἰωάννου** μαχαίρῃ.

e **Acts 12,12** ... ἦλθεν ἐπὶ τὴν οἰκίαν τῆς Μαρίας **τῆς μητρὸς Ἰωάννου** τοῦ ἐπικαλουμένου Μάρκου, ...

e **Acts 12,25** Βαρναβᾶς δὲ καὶ Σαῦλος ... συμπαραλαβόντες **Ἰωάννην** τὸν ἐπικληθέντα Μᾶρκον.

e **Acts 13,5** ... εἶχον δὲ καὶ **Ἰωάννην** ὑπηρέτην.

e **Acts 13,13** ... ἦλθον εἰς Πέργην τῆς Παμφυλίας, **Ἰωάννης** δὲ ἀποχωρήσας ἀπ' αὐτῶν ὑπέστρεψεν εἰς Ἱεροσόλυμα.

a **Acts 13,24** (→ **Mt 3,1**, → **Mk 1,4**, → Lk 3,3, → **Acts 19,4**) προκηρύξαντος **Ἰωάννου** πρὸ προσώπου τῆς εἰσόδου αὐτοῦ βάπτισμα μετανοίας παντὶ τῷ λαῷ Ἰσραήλ.

a **Acts 13,25** (→ Mt 3,11, → Mk 1,7, → **Lk 3,16**, → Jn 1,27) ὡς δὲ ἐπλήρου **Ἰωάννης** τὸν δρόμον, ἔλεγεν· τί ἐμὲ ὑπονοεῖτε εἶναι; οὐκ εἰμὶ ἐγώ· ἀλλ' ἰδοὺ ἔρχεται μετ' ἐμὲ οὗ οὐκ εἰμὶ ἄξιος τὸ ὑπόδημα τῶν ποδῶν λῦσαι.

e **Acts 15,37** Βαρναβᾶς δὲ ἐβούλετο συμπαραλαβεῖν καὶ **τὸν Ἰωάννην** τὸν καλούμενον Μᾶρκον·

a **Acts 18,25** ... ἐδίδασκεν ἀκριβῶς τὰ περὶ τοῦ Ἰησοῦ, ἐπιστάμενος μόνον **τὸ βάπτισμα Ἰωάννου**·

a **Acts 19,3** εἶπέν τε· εἰς τί οὖν ἐβαπτίσθητε; οἱ δὲ εἶπαν· **εἰς τὸ Ἰωάννου βάπτισμα.**

a **Acts 19,4** (→ Mt 3,11, → Mk 1,7-8, → **Lk 3,16**, → **Acts 1,5**, → **Acts 13,24**, → **Acts 11,16**, → **Mt 3,1**, → **Mk 1,4**, → Lk 3,3) εἶπεν δὲ Παῦλος· **Ἰωάννης** ἐβάπτισεν βάπτισμα μετανοίας τῷ λαῷ λέγων εἰς τὸν ἐρχόμενον μετ' αὐτὸν ἵνα πιστεύσωσιν, τοῦτ' ἔστιν εἰς τὸν Ἰησοῦν.

Ἰωβήδ

	Mt	Mk	Lk	Acts	Jn	1-3John	Paul	Eph	Col
Syn 3	2		1						
NT 3	2Thess	1/2Tim	Tit	Heb	Jas	1Pet	2Pet	Jude	Rev

Obed

	Mt	Lk
200 200	**Mt 1,5** (2) ... Βόες δὲ ἐγέννησεν **τὸν Ἰωβὴδ** ἐκ τῆς Ῥούθ, **Ἰωβὴδ** δὲ ἐγέννησεν τὸν Ἰεσσαί	Lk 3,32 τοῦ Ἰεσσαὶ **τοῦ Ἰωβὴδ** τοῦ Βόος ...
002	Mt 1,5 (2) ... Βόες δὲ ἐγέννησεν τὸν Ἰωβὴδ ἐκ τῆς Ῥούθ, **Ἰωβὴδ** δὲ ἐγέννησεν τὸν Ἰεσσαί	**Lk 3,32** τοῦ Ἰεσσαὶ **τοῦ Ἰωβὴδ** τοῦ Βόος ...

Ἰωδά

	Mt	Mk	Lk	Acts	Jn	1-3John	Paul	Eph	Col
Syn 1			1						
NT 1	2Thess	1/2Tim	Tit	Heb	Jas	1Pet	2Pet	Jude	Rev

Joda

	Mt	Lk
002		**Lk 3,26** ... τοῦ Ἰωσὴχ **τοῦ Ἰωδὰ** [27] τοῦ Ἰωανὰν ...

Ἰωνάμ

	Mt	Mk	Lk	Acts	Jn	1-3John	Paul	Eph	Col
Syn 1			1						
NT 1	2Thess	1/2Tim	Tit	Heb	Jas	1Pet	2Pet	Jude	Rev

Jonam

	Mt	Lk
002		**Lk 3,30** ... τοῦ Ἰωσὴφ **τοῦ Ἰωνὰμ** τοῦ Ἐλιακὶμ

Ἰωνᾶς	Syn 9	Mt 5	Mk	Lk 4	Acts	Jn	1-3John	Paul	Eph	Col
	NT 9	2Thess	1/2Tim	Tit	Heb	Jas	1Pet	2Pet	Jude	Rev

Jonah

	triple tradition																double tradition			Sondergut		
		+Mt / +Lk			–Mt / –Lk			traditions not taken over by Mt / Lk							subtotals							
code	222	211	112	212	221	122	121	022	012	021	220	120	210	020	Σ⁺	Σ⁻	Σ	202	201	102	200	002	total
Mt													1⁺		1⁺		1	4					5
Mk																							
Lk																		4					4

code	Mt		Mk		Lk		
202	**Mt 12,39** ⇩ Mt 16,4	... καὶ σημεῖον οὐ δοθήσεται αὐτῇ εἰ μὴ **τὸ σημεῖον Ἰωνᾶ τοῦ προφήτου.**	**Mk 8,12**	... εἰ δοθήσεται τῇ γενεᾷ ταύτῃ σημεῖον.	**Lk 11,29**	... καὶ σημεῖον οὐ δοθήσεται αὐτῇ εἰ μὴ **τὸ σημεῖον Ἰωνᾶ.**	Mk-Q overlap
202	**Mt 12,40** → Mt 27,63	ὥσπερ γὰρ *ἦν* ***Ἰωνᾶς*** *ἐν τῇ κοιλίᾳ τοῦ κήτους τρεῖς ἡμέρας καὶ τρεῖς νύκτας,* οὕτως ἔσται ὁ υἱὸς τοῦ ἀνθρώπου ἐν τῇ καρδίᾳ τῆς γῆς τρεῖς ἡμέρας καὶ τρεῖς νύκτας. ➤ Jonah 2,1			**Lk 11,30**	καθὼς γὰρ ἐγένετο **Ἰωνᾶς** τοῖς Νινευίταις σημεῖον, οὕτως ἔσται καὶ ὁ υἱὸς τοῦ ἀνθρώπου τῇ γενεᾷ ταύτῃ.	
202 202	**Mt 12,41** **(2)** → Mt 12,6	ἄνδρες Νινευῖται ἀναστήσονται ἐν τῇ κρίσει μετὰ τῆς γενεᾶς ταύτης καὶ κατακρινοῦσιν αὐτήν, ὅτι μετενόησαν **εἰς τὸ κήρυγμα Ἰωνᾶ,** καὶ ἰδοὺ πλεῖον **Ἰωνᾶ** ὧδε.			**Lk 11,32** **(2)**	ἄνδρες Νινευῖται ἀναστήσονται ἐν τῇ κρίσει μετὰ τῆς γενεᾶς ταύτης καὶ κατακρινοῦσιν αὐτήν· ὅτι μετενόησαν **εἰς τὸ κήρυγμα Ἰωνᾶ,** καὶ ἰδοὺ πλεῖον **Ἰωνᾶ** ὧδε.	
210	**Mt 16,4** ⇧ Mt 12,39	... καὶ σημεῖον οὐ δοθήσεται αὐτῇ εἰ μὴ **τὸ σημεῖον Ἰωνᾶ.** ...	**Mk 8,12**	... εἰ δοθήσεται τῇ γενεᾷ ταύτῃ **σημεῖον.**	**Lk 11,29**	... καὶ σημεῖον οὐ δοθήσεται αὐτῇ εἰ μὴ **τὸ σημεῖον Ἰωνᾶ.**	Mk-Q overlap

Ἰωράμ	Syn 2	Mt 2	Mk	Lk	Acts	Jn	1-3John	Paul	Eph	Col
	NT 2	2Thess	1/2Tim	Tit	Heb	Jas	1Pet	2Pet	Jude	Rev

Joram

code	Mt		
200 200	**Mt 1,8** **(2)**	... Ἰωσαφὰτ δὲ ἐγέννησεν **τὸν Ἰωράμ,** **Ἰωρὰμ** δὲ ἐγέννησεν τὸν Ὀζίαν	

Ἰωρίμ

Syn 1	Mt	Mk	Lk 1	Acts	Jn	1-3John	Paul	Eph	Col	
NT 1	2Thess	1/2Tim	Tit	Heb	Jas	1Pet	2Pet	Jude	Rev	

Jorim

002					**Lk 3,29**	... τοῦ Ἐλιέζερ **τοῦ Ἰωρὶμ** τοῦ Μαθθὰτ ...	

Ἰωσαφάτ

Syn 2	Mt 2	Mk	Lk	Acts	Jn	1-3John	Paul	Eph	Col
NT 2	2Thess	1/2Tim	Tit	Heb	Jas	1Pet	2Pet	Jude	Rev

Jehoshaphat

200 200	**Mt 1,8** (2)	Ἀσὰφ δὲ ἐγέννησεν **τὸν Ἰωσαφάτ,** **Ἰωσαφὰτ** δὲ ἐγέννησεν τὸν Ἰωράμ, ...					

Ἰωσῆς

Syn 3	Mt	Mk 3	Lk	Acts	Jn	1-3John	Paul	Eph	Col
NT 3	2Thess	1/2Tim	Tit	Heb	Jas	1Pet	2Pet	Jude	Rev

Joses

a Ἰωσῆς, brother of Jesus - see Ἰωσήφ e

b Ἰωσῆς, son of Mary - see Ἰωσήφ j

a 121	**Mt 13,55** → Mt 1,16	οὐχ οὗτός ἐστιν ὁ τοῦ τέκτονος υἱός; οὐχ ἡ μήτηρ αὐτοῦ λέγεται Μαριὰμ καὶ οἱ ἀδελφοὶ αὐτοῦ Ἰάκωβος καὶ **Ἰωσὴφ** καὶ Σίμων καὶ Ἰούδας;	**Mk 6,3** → Mt 1,16	οὐχ οὗτός ἐστιν ὁ τέκτων, ὁ υἱὸς τῆς Μαρίας καὶ ἀδελφὸς Ἰακώβου καὶ **Ἰωσῆτος** καὶ Ἰούδα καὶ Σίμωνος; ...	**Lk 4,22** → Lk 3,23	... οὐχὶ υἱός ἐστιν Ἰωσὴφ οὗτος;	→ Jn 6,42
b 120	**Mt 27,56** ↓ Mt 27,61 → Mt 28,1	ἐν αἷς ἦν Μαρία ἡ Μαγδαληνὴ καὶ **Μαρία ἡ τοῦ Ἰακώβου καὶ Ἰωσὴφ μήτηρ** καὶ ἡ μήτηρ τῶν υἱῶν Ζεβεδαίου.	**Mk 15,40** ↓ Mk 15,47 → Mk 16,1	... ἐν αἷς καὶ Μαρία ἡ Μαγδαληνὴ καὶ **Μαρία ἡ Ἰακώβου τοῦ μικροῦ καὶ Ἰωσῆτος μήτηρ** καὶ Σαλώμη			→ Jn 19,25
b 121	**Mt 27,61** ↑ Mt 27,56 → Mt 28,1 → Lk 24,10	ἦν δὲ ἐκεῖ Μαριὰμ ἡ Μαγδαληνὴ καὶ **ἡ ἄλλη Μαρία** καθήμεναι ἀπέναντι τοῦ τάφου.	**Mk 15,47** ↑ Mk 15,40 → Mk 16,1 → Lk 24,10	ἡ δὲ Μαρία ἡ Μαγδαληνὴ καὶ **Μαρία ἡ Ἰωσῆτος** ἐθεώρουν ποῦ τέθειται.	**Lk 23,55** → Lk 23,49 → Lk 8,2-3	κατακολουθήσασαι δὲ αἱ γυναῖκες, αἵτινες ἦσαν συνεληλυθυῖαι ἐκ τῆς Γαλιλαίας αὐτῷ, ἐθεάσαντο τὸ μνημεῖον καὶ ὡς ἐτέθη τὸ σῶμα αὐτοῦ	

Ἰωσήφ	Syn 21	Mt 11	Mk 2	Lk 8	Acts 7	Jn 4	1-3John	Paul	Eph	Col
	NT 35	2Thess	1/2Tim	Tit	Heb 2	Jas	1Pet	2Pet	Jude	Rev 1

Joseph

	triple tradition																double tradition			Sondergut		
		+Mt / +Lk			−Mt / −Lk			traditions not taken over by Mt / Lk							subtotals							
code	*222*	*211*	*112*	*212*	*221*	*122*	*121*	*022*	*012*	*021*	*220*	*120*	*210*	*020*	Σ⁺	Σ⁻	Σ	*202*	*201*	*102*	*200*	*002*	total
Mt	1	2⁺										1⁻	1⁺		3⁺	1⁻	4				7		**11**
Mk	1											1					2						**2**
Lk	1		1⁺												1⁺		2					6	**8**

a Ἰωσήφ, son of Jacob (Acts only)
b Ἰωσήφ, son of Jonam
c Ἰωσήφ, son of Mattathias
d Ἰωσήφ, husband of Mary
e Ἰωσήφ, brother of Jesus - see Ἰωσῆς a
f Ἰωσὴφ ἀπὸ Ἁριμαθαίας
g Ἰωσὴφ ὁ ἐπικληθεὶς Βαρναβᾶς (Acts only)
h Ἰωσὴφ ὁ ἐπικαλούμενος Βαρσαββᾶς (Acts only)
j Ἰωσήφ, son of Mary - see Ἰωσῆς b

	Mt	Mk	Lk	
d 200	**Mt 1,16** ↓ Mt 13,55 ↓ Mk 6,3 Ἰακὼβ δὲ ἐγέννησεν **τὸν Ἰωσὴφ** τὸν ἄνδρα Μαρίας, ἐξ ἧς ἐγεννήθη Ἰησοῦς ὁ λεγόμενος χριστός.		**Lk 3,23** ↓ Lk 4,22 καὶ αὐτὸς ἦν Ἰησοῦς ἀρχόμενος ὡσεὶ ἐτῶν τριάκοντα, ὢν υἱός, ὡς ἐνομίζετο, **Ἰωσὴφ** τοῦ Ἠλὶ	
d 002			**Lk 1,27** ↓ Mt 1,18 ↓ Mt 1,20 πρὸς παρθένον ἐμνηστευμένην ἀνδρὶ ᾧ ὄνομα **Ἰωσὴφ** ἐξ οἴκου Δαυὶδ καὶ τὸ ὄνομα τῆς παρθένου Μαριάμ.	
d 200	**Mt 1,18** ↑ Lk 1,27 ... μνηστευθείσης τῆς μητρὸς αὐτοῦ Μαρίας **τῷ Ἰωσήφ**, ...			
d 200	**Mt 1,19** **Ἰωσὴφ** δὲ ὁ ἀνὴρ αὐτῆς, δίκαιος ὢν καὶ μὴ θέλων αὐτὴν δειγματίσαι, ἐβουλήθη λάθρᾳ ἀπολῦσαι αὐτήν.			
d 200	**Mt 1,20** ↑ Lk 1,27 ... ἄγγελος κυρίου κατ' ὄναρ ἐφάνη αὐτῷ λέγων· **Ἰωσὴφ** υἱὸς Δαυίδ, μὴ φοβηθῇς παραλαβεῖν Μαριὰμ τὴν γυναῖκά σου, ...			
d 200	**Mt 1,24** ἐγερθεὶς δὲ **ὁ Ἰωσὴφ** ἀπὸ τοῦ ὕπνου ἐποίησεν ὡς προσέταξεν αὐτῷ ὁ ἄγγελος κυρίου ...			
d 002			**Lk 2,4** ἀνέβη δὲ καὶ **Ἰωσὴφ** ἀπὸ τῆς Γαλιλαίας ἐκ πόλεως Ναζαρὲθ εἰς τὴν Ἰουδαίαν εἰς πόλιν Δαυὶδ ἥτις καλεῖται Βηθλέεμ, ...	
d 002			**Lk 2,16** καὶ ἦλθαν σπεύσαντες καὶ ἀνεῦραν τήν τε Μαριὰμ καὶ **τὸν Ἰωσὴφ** καὶ τὸ βρέφος κείμενον ἐν τῇ φάτνῃ·	

d 200	**Mt 2,13**	... ἄγγελος κυρίου φαίνεται κατ' ὄναρ **τῷ Ἰωσὴφ** λέγων· ἐγερθεὶς παράλαβε τὸ παιδίον καὶ τὴν μητέρα αὐτοῦ ...					
d 200	**Mt 2,19**	... ἄγγελος κυρίου φαίνεται κατ' ὄναρ **τῷ Ἰωσὴφ** ἐν Αἰγύπτῳ					
d 002	**Mt 1,16** ↓ Mt 13,55 ↓ Mk 6,3	Ἰακὼβ δὲ ἐγέννησεν τὸν Ἰωσὴφ τὸν ἄνδρα Μαρίας, ἐξ ἧς ἐγεννήθη Ἰησοῦς ὁ λεγόμενος χριστός.			**Lk 3,23** ↓ Lk 4,22	καὶ αὐτὸς ἦν Ἰησοῦς ἀρχόμενος ὡσεὶ ἐτῶν τριάκοντα, ὢν υἱός, ὡς ἐνομίζετο, **Ἰωσὴφ** τοῦ Ἠλὶ	
c 002	**Mt 1,15**	... Ματθὰν δὲ ἐγέννησεν τὸν Ἰακώβ			**Lk 3,24**	... τοῦ Ἰανναὶ **τοῦ Ἰωσὴφ** [25] τοῦ Ματταθίου ...	
b 002					**Lk 3,30**	... τοῦ Ἰούδα **τοῦ Ἰωσὴφ** τοῦ Ἰωνὰμ ...	
d 112 e 211	**Mt 13,55** ↑ Mt 1,16	οὐχ οὗτός ἐστιν **ὁ τοῦ τέκτονος υἱός;** οὐχ ἡ μήτηρ αὐτοῦ λέγεται Μαριὰμ καὶ οἱ ἀδελφοὶ αὐτοῦ Ἰάκωβος καὶ **Ἰωσὴφ** καὶ Σίμων καὶ Ἰούδας;	**Mk 6,3** ↑ Mt 1,16	οὐχ οὗτός ἐστιν **ὁ τέκτων, ὁ υἱὸς τῆς Μαρίας** καὶ ἀδελφὸς Ἰακώβου καὶ **Ἰωσῆτος** καὶ Ἰούδα καὶ Σίμωνος; ...	**Lk 4,22** ↑ Lk 3,23	... καὶ ἔλεγον· οὐχὶ **υἱός ἐστιν Ἰωσὴφ** οὗτος;	→ Jn 6,42
j 210	**Mt 27,56** → Mt 27,61 → Mt 28,1	ἐν αἷς ἦν Μαρία ἡ Μαγδαληνὴ καὶ **Μαρία ἡ τοῦ Ἰακώβου καὶ Ἰωσὴφ μήτηρ** καὶ ἡ μήτηρ τῶν υἱῶν Ζεβεδαίου.	**Mk 15,40** → Mk 15,47 → Mk 16,1	... ἐν αἷς καὶ Μαρία ἡ Μαγδαληνὴ καὶ **Μαρία ἡ Ἰακώβου τοῦ μικροῦ καὶ Ἰωσῆτος μήτηρ** καὶ Σαλώμη			→ Jn 19,25
f 222	**Mt 27,57**	... ἦλθεν ἄνθρωπος πλούσιος ἀπὸ Ἁριμαθαίας, τοὔνομα **Ἰωσήφ,** ὃς καὶ αὐτὸς ἐμαθητεύθη τῷ Ἰησοῦ·	**Mk 15,43**	ἐλθὼν **Ἰωσὴφ** [ὁ] ἀπὸ Ἁριμαθαίας εὐσχήμων βουλευτής, ὃς καὶ αὐτὸς ἦν προσδεχόμενος τὴν βασιλείαν τοῦ θεοῦ, ...	**Lk 23,50**	καὶ ἰδοὺ ἀνὴρ ὀνόματι **Ἰωσὴφ** βουλευτὴς ὑπάρχων [καὶ] ἀνὴρ ἀγαθὸς καὶ δίκαιος [51] ... ἀπὸ Ἁριμαθαίας πόλεως τῶν Ἰουδαίων, ὃς προσεδέχετο τὴν βασιλείαν τοῦ θεοῦ	→ Jn 19,38
f 120	**Mt 27,58**	... τότε ὁ Πιλᾶτος ἐκέλευσεν ἀποδοθῆναι.	**Mk 15,45**	καὶ γνοὺς ἀπὸ τοῦ κεντυρίωνος ἐδωρήσατο τὸ πτῶμα **τῷ Ἰωσήφ.**			→ Jn 19,38
f 211	**Mt 27,59**	καὶ λαβὼν τὸ σῶμα **ὁ Ἰωσὴφ** ἐνετύλιξεν αὐτὸ [ἐν] σινδόνι καθαρᾷ	**Mk 15,46**	καὶ ἀγοράσας σινδόνα καθελὼν αὐτὸν ἐνείλησεν τῇ σινδόνι ...	**Lk 23,53**	καὶ καθελὼν ἐνετύλιξεν αὐτὸ σινδόνι ...	→ Jn 19,40

h	**Acts 1,23**	καὶ ἔστησαν δύο, **Ἰωσὴφ** τὸν καλούμενον Βαρσαββᾶν ὃς ἐπεκλήθη Ἰοῦστος, καὶ Μαθθίαν.
g	**Acts 4,36**	**Ἰωσὴφ** δὲ ὁ ἐπικληθεὶς Βαρναβᾶς ἀπὸ τῶν ἀποστόλων, ὅ ἐστιν μεθερμηνευόμενον υἱὸς παρακλήσεως, Λευίτης, Κύπριος τῷ γένει
a	**Acts 7,9**	καὶ οἱ πατριάρχαι ζηλώσαντες **τὸν Ἰωσὴφ** ἀπέδοντο εἰς Αἴγυπτον. ...
a	**Acts 7,13 (2)**	καὶ ἐν τῷ δευτέρῳ ἀνεγνωρίσθη **Ἰωσὴφ** τοῖς ἀδελφοῖς αὐτοῦ
a		καὶ φανερὸν ἐγένετο τῷ Φαραὼ **τὸ γένος [τοῦ] Ἰωσήφ.**
a	**Acts 7,14**	ἀποστείλας δὲ **Ἰωσὴφ** μετεκαλέσατο Ἰακὼβ τὸν πατέρα αὐτοῦ ...
a	**Acts 7,18**	ἄχρι οὗ *ἀνέστη βασιλεὺς ἕτερος [ἐπ᾽ Αἴγυπτον] ὃς οὐκ ᾔδει* ***τὸν Ἰωσήφ.*** ➤ Exod 1,8 LXX

Ἰωσήχ

Syn	Mt	Mk	Lk	Acts	Jn	1-3John	Paul	Eph	Col
1			1						
NT	2Thess	1/2Tim	Tit	Heb	Jas	1Pet	2Pet	Jude	Rev
1									

Josech

	Mt	Mk	Lk	
002			**Lk 3,26** ... τοῦ Σεμεῒν **τοῦ Ἰωσὴχ** τοῦ Ἰωδὰ	

Ἰωσίας

Syn	Mt	Mk	Lk	Acts	Jn	1-3John	Paul	Eph	Col
2	2								
NT	2Thess	1/2Tim	Tit	Heb	Jas	1Pet	2Pet	Jude	Rev
2									

Josiah

	Mt	Mk	Lk	
200	**Mt 1,10** ...Ἀμὼς δὲ ἐγέννησεν **τὸν Ἰωσίαν,**			
200	**Mt 1,11** **Ἰωσίας** δὲ ἐγέννησεν τὸν Ἰεχονίαν καὶ τοὺς ἀδελφοὺς αὐτοῦ ἐπὶ τῆς μετοικεσίας Βαβυλῶνος.			

ἰῶτα

Syn	Mt	Mk	Lk	Acts	Jn	1-3John	Paul	Eph	Col
1	1								
NT	2Thess	1/2Tim	Tit	Heb	Jas	1Pet	2Pet	Jude	Rev
1									

iota

	Mt	Mk	Lk	
201	**Mt 5,18** → Mt 24,35 ἀμὴν γὰρ λέγω ὑμῖν· ἕως ἂν παρέλθῃ ὁ οὐρανὸς καὶ ἡ γῆ, **ἰῶτα ἓν** ἢ μία κεραία οὐ μὴ παρέλθῃ ἀπὸ τοῦ νόμου ἕως ἂν πάντα γένηται.	→ Mk 13,31	**Lk 16,17** → Lk 21,33 εὐκοπώτερον δέ ἐστιν τὸν οὐρανὸν καὶ τὴν γῆν παρελθεῖν ἢ τοῦ νόμου μίαν κεραίαν πεσεῖν.	